DICTIONNAIRE

DES

PARLEMENTAIRES

5970

TOME PREMIER

DICTIONNAIRE

DES

PARLEMENTAIRES

FRANÇAIS

COMPRENANT

tous les Membres des Assemblées françaises et tous les Ministres français

Depuis le 1ᵉʳ Mai 1789 jusqu'au 1ᵉʳ Mai 1889

AVEC LEURS NOMS ÉTAT CIVIL, ÉTATS DE SERVICES, ACTES POLITIQUES

VOTES PARLEMENTAIRES, ETC.

PUBLIÉ SOUS LA DIRECTION DE

MM. Adolphe ROBERT & Gaston COUGNY

PARIS

BOURLOTON, ÉDITEUR

20, BOULEVARD MONTMARTRE, 20

—

1889

Les Auteurs et Éditeur du Dictionnaire des Parlementaires français, recevront avec empressement les communications qui leur permettraient de corriger des inexactitudes ou de compléter des biographies.

Ils remercient MM. les Archivistes de Paris, des départements et de l'étranger, du concours qu'ils ont bien voulu leur prêter pour leurs recherches, ainsi que les personnes qui leur ont adressé d'utiles renseignements.

Ils tiennent à exprimer spécialement leur gratitude à M. Étienne Charavay, le savant expert en autographes, qui a mis avec tant de bienveillance, à leur disposition, ses précieuses collections d'archives.

PRÉFACE

Dans un pays de suffrage universel, à une époque où la politique gouverne impérieusement la marche économique et sociale des peuples, l'utilité du DICTION-NAIRE que nous présentons aujourd'hui au public, n'a pas besoin d'être démontrée. On y retrouve en effet non-seulement le compte rendu le plus complet et le plus précis des cent dernières années de notre histoire, mais encore, à côté des progrès accomplis, les tentatives provoquées, les formules proposées par les partis ou par les individus pour résoudre les graves problèmes de l'existence et de la prospérité nationales.

Cette œuvre n'avait pas encore été tentée, et, si les ouvrages biographiques déjà publiés n'ont pu se dispenser de donner une place aux membres les plus en vue de nos Assemblées, ils ne l'ont pas fait au point de vue spécial qui recommande précisément ces noms à l'attention de l'historien, et ils ont laissé dans l'ombre un grand nombre de personnages, dont le rôle, moins éclatant peut-être, n'a pourtant été ni sans influence ni sans honneur.

Notre DICTIONNAIRE aura, avant tout autre, le mérite d'être complet, car il contient, *sans en omettre un seul*, tous les membres de nos Assemblées délibérantes depuis 1789.

Pour cela, les *Archives de la Chambre des députés* ont été scrupuleusement compulsées, et nous avons relevé un à un les procès-verbaux d'élections, qui y sont conservés avec pièces à l'appui depuis 1815 jusqu'en 1889. Le même travail a été fait aux *Archives du Sénat*. D'autre part, nous avons retrouvé aux *Archives Nationales* :

1° Les *Procès-verbaux* de toutes les élections de 1789 à 1815 (les pièces d'état-civil n'y sont jointes que depuis 1806);

2° Les *Notices particulières* que tout candidat était tenu en ce temps de fournir sur lui-même, et dont nous donnons quelques curieux spécimens dans le cours du DICTIONNAIRE;

3° Un nombre considérable de *Dossiers* concernant des demandes de décoration, des demandes de place à tous les emplois civils, appuyées d'états de service.

La BIBLIOTHÈQUE NATIONALE, la BIBLIOTHÈQUE DE LA VILLE DE PARIS, la BIBLIOTHÈQUE DE L'ARSENAL nous ont donné :

1° Les *Collections* des journaux, revues et publications périodiques depuis 1789; nous avons spécialement dépouillé les collections du *Moniteur universel*, de la *Gazette de France*, des *Débats*, de la *Quotidienne* (plus tard l'*Union*), de la *Réforme*, du *National*, de la *Presse* de Girardin, du *Constitutionnel* et du *Temps*;

2° Les *Biographies particulières*, dont on ne doit user qu'après un sérieux contrôle;

3° Les *Nobiliaires généraux*, et les *Généalogies particulières* des familles;

4° Les *Catalogues d'archives des départements*, les *Histoires des départements* et les *Histoires locales :*

5° Les *Almanachs* et *Annuaires* des départements depuis 1789 ;

6° Le *Bulletin des lois* depuis sa création (14-16 frimaire an II) jusqu'à nos jours, d'où nous avons extrait les dates de nominations, de mises à la retraite, etc. qui sont données pour la première fois dans notre DICTIONNAIRE.

Ces renseignements, complétés par l'inventaire des principales *Collections d'autographes*, par des *Archives de famille* dues à l'obligeante communication des intéressés ou de leurs descendants, par les *Actes de baptême* et d'*état-civil* copiés sur les registres originaux, nous ont permis de donner un grand nombre de dates inédites, et de rectifier beaucoup d'erreurs, dues au début à un biographe peu scrupuleux, et reproduites *ne varietur* dans toutes les biographies parues depuis. Pour n'en citer qu'un des plus curieux exemples, les dictionnaires biographiques les plus récents et les plus autorisés font unanimement naître M. JULES GRÉVY, ancien président de la République, le 15 août 1813 ; or M. GRÉVY est né le 15 août 1807 : et il s'agit d'un contemporain !

En ce qui concerne l'orthographe des noms, aussi différente souvent dans les grands recueils biographiques que dans les études historiques qui font autorité, nous avons adopté pour règle la signature, ou, à son défaut, l'acte d'état civil. Exemple : l'acte de baptême du plus célèbre des Girondins, acte du 31 mai 1753 (*Archives de la Haute-Vienne*), porte VERNIAU ; nous avons cependant écrit VERGNIAUD, conformément à la signature constante du grand orateur.

Les *Origines de la France contemporaine*, le dernier ouvrage si documenté d'un éminent académicien, contiennent en ce genre de singulières erreurs : *Bayle (Moïse)* y devient *Baillevaise*, *Corbel* y est appelé *Corneille*, etc. De même la plupart des biographes ont confondu jusqu'ici, l'ami particulier de Blanqui, Flotte, avec le publiciste de Flotte, représentant en 1850, Arrighi (Jean) conventionnel avec Arrighi (Hyacinthe) député sous le premier Empire, Basterrèche (Jean-Pierre) député des Cent-Jours avec Basterrèche (Pierre) député en 1819, Bazoche (Claude-Hubert) député en 1789 avec son frère Bazoche (Dominique-Christophe), représentant aux Cent-Jours, Bodin conventionnel avec Bodin député aux Cinq-Cents, Champion député en 1791 avec Champion député aux Anciens, etc., etc.

Nous avons dû également rectifier les fréquentes erreurs commises dans les *Tables du Moniteur* relativement à l'orthographe des noms et aux actes de certains législateurs.

Notre propre expérience nous a montré que, pour les travaux de ce genre, des erreurs et des oublis se glissent fatalement dans l'énumération et le classement des milliers de documents mis en œuvre : toutes les fautes qui nous seront signalées trouveront place aux *erratas* qui seront publiés à la fin du DICTIONNAIRE, conçu dans un sincère esprit de vérité historique et d'impartialité politique.

Octobre 1889.

AVANT-PROPOS

LE GOUVERNEMENT REPRÉSENTATIF EN FRANCE

Le gouvernement représentatif, tel que le pratiquent les grands Etats modernes, nous vient d'Angleterre. Le contrôle populaire direct, qui fut en usage dans quelques républiques grecques de l'antiquité, et, depuis, dans plusieurs cantons suisses, est inapplicable à un grand pays. C'est l'Angleterre qui a organisé, la première, le contrôle légal et permanent des gouvernants par les gouvernés, et fixé, par l'équilibre de deux chambres, le libre jeu des pouvoirs.

Dès l'an 1215, les barons anglais imposaient à Jean sans Terre la grande Charte, dont l'article 14 dit : « Nous n'établirons aucun impôt dans notre royaume sans le consentement de notre commun Conseil du royaume. »

Cent ans plus tard, une Chambre des communes élue était instituée, et assurait la triple représentation des bourgs royaux et seigneuriaux, des villes dépendant de la couronne, et des agglomérations capables de subvenir à l'entretien de leur élu ; c'était le régime censitaire, avec l'élection à deux degrés.

La royauté française échappa plus longtemps à cette tutelle. Pour parer à des difficultés politiques ou financières, elle convoqua, à de longs intervalles, les Etats-Généraux, empressée de les congédier dès qu'elle avait obtenu d'eux les déclarations ou les subsides nécessaires. En vain les Etats-Généraux de 1356, dont la représentation du tiers-état de Paris avait pris la direction effective, demandèrent-ils la permanence. L'ordonnance de 1357 sembla leur donner satisfaction en remettant l'administration financière du royaume à une Commission composée de douze prélats, de douze seigneurs, et de douze bourgeois. Mais la Commission des Trente-Six, tiraillée par des ambitions rivales, dura peu, et la mort d'Etienne Marcel rendit au pouvoir royal assez d'autorité pour lui permettre de se débarrasser des Etats.

En vain les Etats-Généraux de 1484 votèrent-ils leur réunion de deux en deux ans « pour le bien et réformation du royaulme, n'entendant poinct que doresenavant on mette sus aulcune somme de deniers sans les appeler, et que ce soit de leur vouloir ». Charles VIII promit de se rendre à leurs vœux, et ne les réunit plus.

Les arbitres du droit de vote étaient en ce temps les baillis et les sénéchaux. Le roi leur mandait de convoquer à jour fixe les gens des trois états de chaque bailliage et de chaque sénéchaussée, et les trois états assemblés séparément nommaient chacun leurs représentants, dans une proportion qui n'avait rien de fixe, comme il ressort du nombre des députés de chaque ordre aux quatre derniers Etats-Généraux de la monarchie :

	En 1560	en 1576	en 1588	en 1614
Clergé	98	104	134	144
Noblesse	76	72	180	130
Tiers-Etat	219	150	191	192

La royauté eut recours le moins souvent possible à cet exigeant auxiliaire. L'expérience de 1356 avait suggéré à Charles V l'idée d'un contrôle plus docile; en 1369, il convoqua une Assemblée des notables, dont les membres étaient encore pris dans les trois ordres du royaume, mais choisis par le roi.

Ce fut à une Assemblée des notables, réunie à Versailles, le 22 février 1787, au nombre de 137 membres, que Calonne demanda d'abord les moyens de conjurer la crise financière qui privait l'Etat de ses ressources indispensables.

L'Assemblée ne put trouver le remède, et le général Lafayette, qui en faisait partie, demanda formellement la convocation des Etats-Généraux. La Cour résista, mais, le 6 juillet, le Parlement refusa d'enregistrer les édits bursaux qui lui étaient présentés, par la raison que les représentants de la nation avaient seuls le droit d'accorder les subsides, et qu'il fallait les convoquer au plus tôt.

Une déclaration royale du 16 décembre promit enfin la réunion des Etats-Généraux... dans cinq ans. Mais devant les protestations générales, et surtout en face des besoins urgents du Trésor, un arrêt du conseil d'Etat, du 8 août 1788, fixa au 1ᵉʳ mai 1789 l'ouverture des Etats.

Bien qu'une seconde Assemblée des notables, réunie à Versailles le 6 novembre, eût limité le nombre des députés à élire au chiffre des Etats de 1614, et refusé d'accorder au tiers-état un nombre de représentants supérieur à celui de chacun des deux autres ordres, l'ordonnance royale du 27 décembre, due à Necker, doubla la représentation du tiers, en lui accordant un nombre de députés égal à celui des deux autres ordres réunis.

L'édit de convocation du 24 janvier 1789 prit pour base électorale la population et les contributions de chaque bailliage, et fixa le nombre des députés à 1,200, dont 600 pour le tiers ; il maintenait d'ailleurs expressément le vote par ordre.

Le bailliage ou la sénéchaussée étaient la circonscription électorale commune aux trois ordres.

Etaient électeurs :

Pour le CLERGÉ, tout ecclésiastique tenant bénéfice, ou curé de paroisse ; en outre, les ecclésiastiques sans bénéfice, résidant dans les villes, nommaient un député par vingt votants, pour les représenter à l'assemblée du clergé du bailliage ; les communautés régulières avaient droit à un député;

Pour la NOBLESSE, tout noble possédant fief, les femmes et les mineurs pouvant se faire représenter par des procureurs, pris dans leur ordre ; aussi, les nobles authentiques et non possessionnés, à la condition d'être Français, âgés de 25 ans, et domiciliés dans le bailliage.

Pour les deux premiers ordres, les électeurs devaient être convoqués individuellement, par assignation d'huissier ; les électeurs du tiers n'étaient appelés que collectivement, par affiches. Ils comprenaient :

1° Les habitants des paroisses rurales, Français, âgés de 25 ans, inscrits au rôle des tailles ; assemblés devant le juge ou tout autre officier public du lieu, ils envoyaient à l'assemblée du bailliage un député par deux cents feux, et un député par chaque cent feux au-dessus ;

2° Les membres des corporations d'arts et métiers des villes, Français, âgés de 25 ans, qui nommaient un député par cent votants ;

3° Les membres des corporations d'arts libéraux et les gros négociants des villes, qui avaient droit à deux députés par cent votants ;

4° Les autres habitants des villes, Français, âgés de 25 ans, et inscrits au rôle de la capitation, qui nommaient deux députés par cent votants.

Dans ces assemblées primaires du tiers, le vote se faisait à haute voix.

Carte des députés à l'Assemblée nationale en 1789.

Les quatre séries de députés des villes se réunissaient à nouveau en assemblée du tiers-état de la ville, et choisissaient les députés à l'assemblée du bailliage, qui comprenait ainsi : les élus directs du clergé, les élus directs de la noblesse, les élus du premier degré des habitants des paroisses et les élus du second degré des corporations et des habitants des villes.

Chacun des trois ordres réunis au bailliage élisait séparément ses députés, au scrutin secret, à la pluralité des voix, et par tête, non par liste. Beaucoup de bailliages nommèrent aussi des suppléants ; un règlement du 3 mai 1789, pour prévenir tout abus, interdit aux suppléants de siéger, sauf décès ou démission du titulaire.

Les Etats-Généraux, ouverts à Versailles le 5 mai 1789, comptaient 1214 membres, dont 308 du clergé, 285 de la noblesse (quelques députés de cet ordre ayant voulu protester par leur absence), et 621 du tiers-état, non compris les 17 députés des colonies, élus sans distinction d'ordre, et qui, arrivés assez tardivement, siégèrent avec le tiers-état ; l'Ile de France, envoya 2 députés ; Pondichéry et les Indes, 2 ; Saint-Domingue, 6 ; la Guadeloupe et Marie-Galande, 5 ; la Martinique, 2.

Les députés avaient droit à une indemnité de dix-huit livres par jour.

Le 20 juin 1789, dans la salle du Jeu de paume, l'Assemblée nationale jura de ne pas se séparer avant d'avoir donné une constitution à la France; cette constitution fut votée le 3 septembre 1791.

Elle décrétait la convocation d'une Assemblée législative, permanente, renouvelable en entier tous les deux ans, composée de 745 membres élus par le suffrage à deux degrés et partagés entre les 83 départements proportionnellement au territoire, à la population et à la contribution directe, ainsi qu'il suit :

247 députés attribués au territoire, à raison de 3 par département, à l'exception du département de Paris qui n'en nomme qu'un;

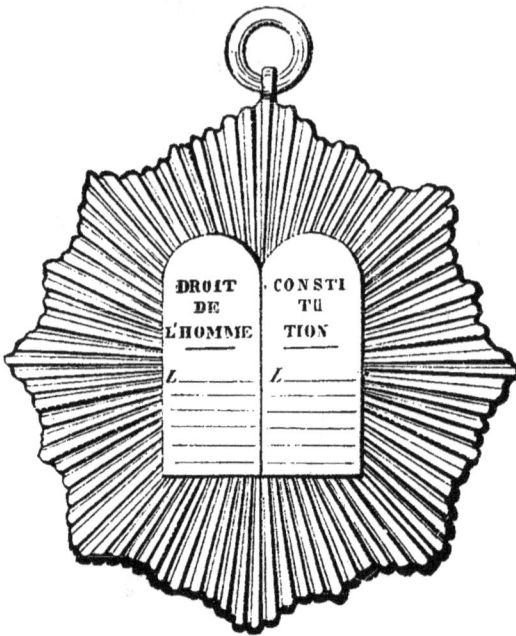

Insigne des membres de l'Assemblée législative en 1791.

249 attribués à la population : la population de la France est divisée en 249 parts, chaque département nomme, de ce chef, autant de députés qu'il a de parts de population ;

249 attribués à la contribution directe, dont la masse est divisée en 249 parts comme pour la population.

Les électeurs du premier degré sont dits *citoyens actifs* et composent les *assemblées primaires*; est *citoyen actif*, tout Français âgé de 25 ans, ayant un an de domicile dans le canton, payant une contribution directe égale à trois journées de travail (la journée évaluée à 3 livres), inscrit au rôle des gardes nationales, et non en état de domesticité.

Tous les deux ans, les *citoyens actifs* se réunissent d'office dans les villes ou cantons, en *assemblées primaires* , le deuxième dimanche de mars, pour nommer un *électeur* du second degré, par 100 citoyens actifs, 2, de 150 à 250, etc.

Ne peuvent être nommés *électeurs* que les *citoyens actifs* qui possèdent un revenu immobilier équivalant à 150 journées de travail dans les villes au-dessous de 6,000 âmes, et de 200 au-dessus.

Les *électeurs*, réunis en *assemblée électorale*, nomment à leur tour les représentants attribués au département, et des suppléants en nombre égal au tiers du nombre des représentants. L'élection se fait au scrutin successif et uninominal, à la pluralité absolue des suffrages, et ne peut porter que sur les *citoyens actifs* du département.

La Constitution ajoute que « les députés nommés dans un département, ne sont pas les députés d'un département particulier, mais de la nation entière; il ne pourra leur être donné aucun mandat ». Aucun député ne peut être ministre pendant la durée de la législature, ni pendant les deux années qui suivront; les membres de l'Assemblée législative prêteront tous ensemble le serment de « vivre libres ou mourir », et individuellement, le serment de « maintenir la Constitution, et d'être en tout fidèles à la nation, à la loi et au roi ».

Les désignations actuelles des partis, en droite, centre, gauche, etc., ne datent que de la Restauration, qui inaugura en réalité le vrai régime parlementaire. Dans l'Assemblée législative de 1791, les groupes, en partant de ce que l'on nomme aujourd'hui l'Extrême-Droite, s'appelaient Aristocrates, Monarchiens, Constitutionnels, Démocrates, Hommes du 14 Juillet, Feuillans, Fayettistes, Orléanistes, Cordeliers, Jacobins.

Ce vocabulaire se conserva en partie, et s'enrichit aussi par la suite.

Un décret de l'Assemblée, rendu le 10 août 1792, prononça, en même temps que la suspension du roi, la formation d'une CONVENTION NATIONALE ; trois décrets, en date des 10, 11 et 21 août, modifièrent la loi électorale de la future assemblée, en abolissant toute condition de cens, et en appelant au vote, dans les assemblées primaires, tous les Français, citoyens actifs ou non, âgés de 21 ans, domiciliés depuis un an, et non en état de domesticité ; tout électeur du premier degré, âgé de 25 ans, devint éligible comme électeur ou comme député.

Cartes des membres de la Convention en 1792.

La CONVENTION NATIONALE, composée légalement de 745 membres, en fait de 749, sans compter les 32 députés des colonies, et les 23 députés des départements du Mont-Blanc, des Alpes-Maritimes et de Jemmapes annexés en 1792 et 1793, s'ouvrit le 21 septembre 1792. Avec les divisions des partis s'accentuaient leurs désignations ; aux groupes précédents s'ajoutèrent ceux des Chevaliers du poignard. Partisans de la liste civile, Ministériels, Hommes du 10 Août, Girondins, Brissotins, Fédéralistes, Hommes d'Etat, Modérés, Suspects, Membres de la plaine, Crapauds du marais, Montagnards ; à partir de 1794, la liste s'accrut des Avilisseurs, Alarmistes, Endormeurs, Émissaires de Pitt et Cobourg, Hébertistes, Maratistes, Terroristes, Habitants de la crète, Patriotes de 1789, Sans-culottes, Égorgeurs, Thermidoriens.

Une Constitution nouvelle, œuvre de la Convention, avait bien été promulguée le 27 janvier 1793 ; elle abolissait toutes les distinctions censitaires, accordait un député par 40,000 habitants, élu pour un an ; mais elle resta lettre morte, la Convention ayant décidé, le 10 octobre suivant, que le gouvernement serait révolutionnaire jusqu'à la paix.

Le 22 août 1795, la Convention promulgua une nouvelle Constitution, dite de l'an III, essentiellement différente de celle de 1793. Le cens était non seulement rétabli, mais relevé : les citoyens français, de 21 ans, ayant un an de domicile, et payant une contribution directe, foncière ou personnelle, choisissaient dans les assemblées primaires 1 électeur par 200 citoyens inscrits. Les électeurs devaient avoir 25 ans accomplis, et être propriétaires, usufruitiers ou fermiers d'un revenu de 100,150 ou 200 journées de travail selon l'importance des localités ; chaque département formait un collège électoral.

Le corps législatif était divisé en deux conseils :

1° Le CONSEIL DES ANCIENS, de 250 membres, âgés d'au moins 40 ans, mariés ou veufs, et domiciliés depuis plus de quinze ans en France ;

2° Le CONSEIL DES CINQ-CENTS, de 500 membres, âgés de trente ans au moins, et ayant plus de dix ans de domicile.

Ces exigences particulières de domicile avaient pour but d'empêcher l'élection des émigrés.

Le conseil des Cinq-Cents proposait les lois, que le conseil des Anciens votait ou rejetait. Les deux conseils se renouvelaient par tiers chaque année, et leurs membres recevaient une indemnité égale à la valeur de 3,000 myriagrammes de froment (8,000 fr. environ).

Deux décrets spéciaux, des 5 et 13 fructidor an III, décidèrent que les assemblées électorales prendraient exclusivement dans la Convention les deux tiers des membres à élire. Le 5 brumaire suivant, le nouveau CORPS LÉGISLATIF prit séance et procéda à la répartition de ses membres entre les deux conseils, suivant les conditions d'âge, de situation et de domicile requises.

La Constitution de l'an III ne fixait aucun mode de scrutin ; en fait, les élections se firent au scrutin de liste en l'an IV et en l'an V, et au scrutin uninominal et successif, en l'an VI et en l'an VII.

Carte des membres de la Convention en 1793.

Lorsque le coup d'État du 18 Brumaire eut remis le pouvoir entre les mains des trois consuls, Bonaparte, Roger Ducos et Siéyès, il fallut préparer une constitution en rapport avec le nouvel état de choses.

L'ex-abbé Siéyès, métaphysicien politique bien plus qu'homme d'État, en rêvait une depuis longtemps. De ses longues et solitaires méditations, soumises à l'examen préalable de Boulay (de la Meurthe), et à la discussion d'une commission, dont les membres les plus en vue étaient, après les consuls, Régnier, Cabanis, Daunou, Garat, Lebrun, Lucien Bonaparte, Marie-

Joseph Chénier, etc., sortit la Constitution de l'an VIII. Siéyès comparait

Carte des membres du Conseil des Cinq-Cents en 1795. Même revers que la carte de 1793, sauf dans la bande, en haut : *Corps législatif*; en bas : *Conseil des Cinq-Cents*. En 1795, les cartes furent remplacées par des médailles de formes différentes pour chaque session.

Médailles en argent de la première session du Conseil des Anciens et du Conseil des Cinq-Cents.

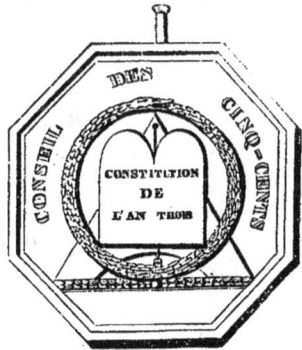

Médailles en argent de la deuxième session du Conseil des Anciens et du Conseil des Cinq-Cents ; le type resta le même pour la troisième session, mais les médailles furent rondes, et pour la quatrième session, avec médailles ovales.

volontiers à une pyramide son système représentatif, qui n'avait rien pourtant de la simplicité de cette figure géométrique.

A la base, 6 millions d'électeurs, âgés d'au moins 21 ans, et domiciliés depuis un an en France, se réunissent par arrondissement, et élisent un dixième d'entre eux pour former les *notabilités communales*; celles-ci choisissent à leur tour un dixième d'entre leurs membres pour former les *notabilités départementales*, lesquelles, par une nouvelle sélection, forment avec un dixième d'entre elles les *notabilités nationales*.

C'est sur la liste des *notabilités nationales* qu'étaient pris les membres des trois assemblées législatives qu'instituait la Constitution de l'an VIII :

1° Au premier rang, un SÉNAT CONSERVATEUR, de 80 membres, choisis au début par les deux consuls sortants et par le second et le troisième consul en charge. Le Sénat se recrutait ensuite lui-même sur une liste de trois candidats présentés : un par le Tribunat, un par le Corps législatif, un par le premier Consul. Nul ne pouvait être sénateur avant 40 ans , les sénateurs

Médailles en argent des cinquante membres, qui, après le 18 brumaire, composèrent les Commissions provisoires du Conseil des Anciens et du Conseil des Cinq-Cents.

étaient inamovibles et recevaient une indemnité égale au vingtième du traitement du premier consul ;

2° Un CORPS LÉGISLATIF, de 300 membres, âgés de 30 ans et plus, renouvelable chaque année par cinquième, et comprenant au moins un citoyen de chaque département. Une indemnité de 10,000 fr. était allouée à chaque député. La session annuelle était de 4 mois et s'ouvrait le 1er frimaire.

3° Un TRIBUNAT, de 100 membres, âgés d'au moins 25 ans, renouvelés tous les ans par cinquième, indéfiniment rééligibles, et nommés, comme le Corps législatif, par le Sénat, sur la liste des notabilités nationales; ses membres recevaient une indemnité de 15,000 fr.

La Constitution de l'an VIII donnait donc au Sénat une haute fonction électorale ; le Corps législatif n'avait plus qu'à voter au scrutin secret, et en silence, les lois qui lui étaient présentées par le Tribunat, seul chargé de les discuter contradictoirement devant lui avec les mandataires du pouvoir exécutif.

Ce système électoral ne fut appliqué qu'en partie ; en ventôse an X, par exemple, le Sénat désigna au scrutin, et non par tirage au sort, le cinquième à renouveler dans les deux autres assemblées. Le sénatus-consulte du 16 thermidor an X, lorsque Bonaparte fut nommé consul à vie, porta le nombre des sénateurs à 120, et donna au Premier Consul seul le droit de présenter les trois candidats, pris sur une liste de citoyens proposés par les collèges électoraux des départements, à raison de deux par collège.

Les trois cents membres du Corps législatif furent répartis entre les 102 départements que la France comprenait à cette époque .

Médailles gravées pour la cinquième session des Conseils qui devait s'ouvrir le 1er prairial an VIII. Le coup d'État de brumaire les rendit inutiles ; l'avers seul fut utilisé comme on le voit ci-dessous.

Médailles en argent du Tribunat et du Corps législatif avec l'avers ci-dessus.

Médaille en vermeil Sénat conservateur. (Constitution de l'an VIII).

Les citoyens, convoqués au canton, choisissaient :

1° Parmi les électeurs de l'arrondissement, un électeur par 500 habitants, sans condition de cens, pour siéger au collège électoral de l'arrondissement

2° Parmi les 600 plus imposés du département, un électeur par 1000 habitants, pour siéger au collège électoral du département.

Ces électeurs étaient nommés à vie, et le Premier consul avait le droit de leur adjoindre 10 électeurs par collège d'arrondissement, et 20 par collège de département.

Chaque collège d'arrondissement et de département présentait à son tour deux candidats, pris parmi les citoyens du département; sur cette liste, le Sénat choisissait enfin les députés des départements.

Le nombre des sénateurs fut encore augmenté au moment de l'établissement de l'Empire; le sénatus-consulte du 18 floréal an XII déclara sénateurs de droit, les membres de la famille impériale, et confirma les dotations fondées, sous le nom de sénatoreries, par le sénatus-consulte du 14 nivôse an XI. Ces sénatoreries avaient été constituées, dans chaque arrondissement

Médaille en argent du Corps Législatif de l'an XII à 1815: changement du millésime à chaque session.

de tribunal d'appel, avec une maison et un revenu de 20,000 à 25,000 fr. sur les domaines nationaux; le titulaire était obligé à 3 mois de résidence par an. Disons tout de suite que l'ordonnance royale du 4 juin 1814 réunit les sénatoreries de l'Empire au domaine de la couronne, et accorda en échange une pension de 36,000 francs aux sénateurs nés français.

Le Tribunat, déjà réduit à 50 membres, fut supprimé en vertu du sénatus-consulte du 19 août 1807; ses membres passèrent en partie au Corps législatif, pour lequel l'âge d'éligibilité fut élevé de trente à quarante ans; d'autres furent placés au Sénat, dans des préfectures ou dans les plus hauts emplois judiciaires.

Cette organisation se maintint jusqu'à la chute de l'Empire, et la première Restauration conserva même le Corps législatif élu, mais réduit à 252 membres par le départ des députés des départements enlevés à la France par le traité de Paris de 1814; cependant la Charte constitutionnelle, octroyée le 4 juin 1814, établissait sur de tout autres bases la représentation nationale.

Elle partageait la puissance législative entre deux assemblées:

1° Une CHAMBRE DES PAIRS, copie exacte de la Chambre haute d'Angleterre, composée de membres nommés par le roi, sans limitation de nombre, à titre viager ou héréditaire;

2° Une CHAMBRE DES DÉPUTÉS (le titre de Corps législatif avait dû être abandonné à cause de son impopularité) formée de propriétaires âgés d'au

moins 40 ans, et payant plus de 1000 francs de contributions directes,
élus par tout Français ayant 30 ans accomplis, et payant au moins 300 francs
de contributions directes.

Sous le régime de la Charte de 1814, la France ne comptait plus que
70,000 électeurs.

L'Acte additionnel des Cent-Jours, promulgué
par Napoléon le 22 avril 1815, conserva la Chambre des pairs héréditaire à la nomination de l'empereur, mais substitua à la Chambre censitaire,
une Chambre des Représentants de 529 membres,
âgés d'au moins 25 ans, et élus au second degré,
sans condition de cens, savoir : 268 par les collèges
électoraux d'arrondissement, 238 par les collèges
de département, et 23 par les mêmes collèges de
département, mais sur une liste d'éligibles dressée
par les Chambres de commerce.

Médaille en argent de la Chambre des Cents jours ; même
face que la précédente.

Ce retour partiel aux prescriptions du sénatus-
consulte de l'an X eut peu de durée, la CHAMBRE
DES REPRÉSENTANTS élue le 14 mai 1825, ayant été fermée au retour des
Bourbons, dans la nuit du 7 au 8 juillet.

De nouvelles élections furent décidées par l'ordonnance royale du 13
juillet, mais, la loi électorale annoncée par la Charte n'existant pas encore,
on conserva les collèges électoraux de l'empire, en n'admettant toutefois au vote et à l'éligibilité que les citoyens payant le cens de 300 francs
et de 1000 fr. ; le nombre des députés fut porté à 402 ; ce fut la « chambre
introuvable ».

L'ordonnance de dissolution du 5 septembre 1816 ramena le nombre des
députés à 258, et releva à 30 et à 40 ans l'âge des électeurs et des éligibles, en attendant la nouvelle loi électorale, qui fut promulguée le 5 fé-

Médaille en argent de la « Chambre introuvable ». À partir de 1816, l'effigie du roi régnant figure
toujours à l'avers, jusqu'en 1841. Au revers, couronne de chêne avec le millésime de la session
au-dessous de CHAMBRE DES DÉPUTÉS.

vrier 1817 ; celle-ci maintint les conditions d'âge et de cens; mais un seul
collège électoral par département nomme les députés, au scrutin de
liste.

La loi du « double vote » (29 juin 1820) rétablit les Collèges d'arrondissement et le scrutin uninominal. Elle divisa les départements en autant

de collèges d'arrondissement qu'ils avaient de députés à élire, sur les 258 dont se composait la Chambre ; elle créa en outre 272 sièges nouveaux, partagés entre les départements selon leur importance, et élus au scrutin de liste dans chaque département par un collège composé des électeurs les plus imposés, en nombre égal au quart de la totalité des électeurs du département. Ces plus imposés votaient donc à la fois dans les collèges d'arrondissement et dans le collège du département.

Les élections générales de novembre 1820, mars 1824, novembre 1827 et juillet 1830 se firent sous l'empire de la loi du double vote ; une loi du 16 juin 1824, avait substitué le renouvellement septennal au renouvellement quinquennal.

Les fameuses ordonnances du 25 juillet 1830 bouleversèrent encore ce système : elles ramenaient le nombre des députés à 258, supprimaient l'élection directe par les conseils d'arrondissement, auxquels elles ne laissaient que le droit de présenter des candidats au collège de département : la révolution de 1830 n'en permit pas l'application.

La charte de la monarchie de juillet (7 août 1830) abolit à la hâte l'hérédité de la pairie, abaissa à 25 et 30 ans l'âge des électeurs et des éligibles, et rétablit le renouvellement par cinq ans ; la véritable loi électorale promise par le pouvoir nouveau ne fut promulguée que le 19 avril 1831.

Médaille en argent des députés à partir de la session de 1842. A l'avers, effigie de Louis-Philippe.

Elle divisa la France en 452 collèges électoraux, nommant chacun un député, réduisit le cens à 500 francs pour les éligibles, à 200 francs pour les électeurs, et à 100 francs pour les officiers de terre et de mer, et admit dans le calcul du cens les centimes additionnels : cette dernière disposition fit plus que doubler le nombre des électeurs.

De toutes nos lois électorales, la loi de 1831 a fourni la plus longue carrière ; elle a duré 17 ans, et subi, intacte, l'épreuve de six élections générales, les 5 juillet 1831, 21 juin 1834, 4 novembre 1837, 2 mars 1839, 9 juillet 1842 et 1er août 1846.

Il est juste d'ajouter que c'est en s'obstinant à la défendre contre les attaques réitérées de l'opposition libérale qui réclamait l'abaissement du cens, l'adjonction des capacités, en un mot, une complète réforme électorale, que tomba la monarchie de 1830.

Le gouvernement provisoire, issu de la révolution du 24 février 1848, décréta, dès le 5 mars, la réunion d'une ASSEMBLÉE CONSTITUANTE élue au suffrage universel et au scrutin de liste, fixa à 21 ans l'âge des électeurs et à 25 ans l'âge des éligibles, et accorda un député par 40.000 habitants, soit 900 représentants, dont 16 pour l'Algérie et les colonies.

Les élections eurent lieu le 23 avril ; la nouvelle Assemblée Constituante n'apporta aucune innovation sérieuse dans le système électoral de la Constution qu'elle élabora, et qui fut promulguée le 4 novembre suivant. Elle consacra le suffrage universel, et réduisit la représentation à 750 membres dont 11 pour l'Algérie et les colonies ; tout Français âgé de 21 ans et jouis-sant de ses droits civils et politiques, était électeur ; tout électeur était éli-ible à partir de 25 ans ; les élec-ons devaient se faire par départe-ient, au chef-lieu de canton et au crutin de liste. L'Assemblée était per-anente, et élue pour 3 ans ; chaque nembre avait droit à une indemnité de ô francs par jour.

La loi du 31 mai 1850, en subor-onnant l'exercice du droit de vote à l'inscription depuis plus de 3 ans au ôle de la taxe personnelle ou des pres-ations en nature de la commune, ré-ablit en quelque sorte le cens, et put tre considérée comme une première tteinte au suffrage universel ; l'abro-ation de cette loi fut habilement ex-loitée, surtout auprès des ouvriers, au coup d'État du 2 décembre 1851.

Médaille en argent de membres de l'Assemblée nationale de 1848. Revers : couronne de chêne ; en légende : LIBERTÉ — EGALITÉ — FRATERNITÉ ; dans le champ : ASSEMBLÉE NATIONALE et le nom du Député.

La Constitution du 14 janvier 1852 rétablit, en effet, pleinement et entiè-ement le suffrage universel, et créa deux assemblées législatives :

1° Un SÉNAT « formé de toutes les illustrations du pays, pouvoir pondéra-eur, gardien du pacte fondamental et des libertés publiques », composé de 150 membres inamovibles et à vie, nommés par le pouvoir exécutif, et en plus, des cardinaux, maréchaux et amiraux déclarés sénateurs de droit ; leurs fonctions sont gratuites ; toute-fois le Président de la République peut accorder une dotation personnelle qui n'excédera pas 30,000 francs : cette dotation cessa d'être facultative en vertu du sénatus-consulte du 25 dé-cembre 1852.

Médaille en vermeil des sénateurs du second Empire. Revers : couronne de blé, chêne, laurier et grappes de raisin. Dans le champ, le nom du Sénateur.

2° Un CORPS LÉGISLATIF chargé de la discussion et du vote des lois, nommé au suffrage universel, sans scrutin de liste « qui fausse l'élection », formé de membres élus pour 6 ans, à raison d'un député par 35,000 électeurs, et siégeant 3 mois par an. Les minis-tres ne peuvent pas être députés ; les fonctions de député sont gratuites ; ce dernier article fut modifié par le sénatus-consulte du 30 décembre 1852 qui attribua aux députés une indemnité de 2,500 francs par mois de ses-sion.

Les dispositions électorales de la Constitution du 14 janvier furent com-

plétées par le décret organique du 2 février 1852 : un député de plus pa
département fut accordé aux excédents de 25,000 électeurs; le pouvoir exé
cutif se réserva le droit d'établir, à chaque législature, les circonscription
électorales; les législatures furent de 5 ans; les élections se firent au scruti
direct, uninominal et secret, le droit de vote étant subordonné à 6 mois d
domicile. Le nombre des députés fut de 251; l'Algérie et les colonies n'e
nommaient plus.

Cette organisation subit quelques changements de détail pendant l
durée du second Empire : le sénatus-consulte du 15 février 1858 exigea de
candidats le serment préalable de fidélité à l'Empereur et à la Constitution
Cette question divisa l'opposition républicaine; beaucoup refusèrent le ser
ment, d'autres comme Jules Favre
Henri Rochefort, Jules Simon, Jule
Ferry, le prêtèrent et furent élus.

Le mouvement de la population
modifiait le nombre de députés à cha
que élection générale : ce nombre fu
fixé à 267, aux élections de juin 1857
283, en juin 1863, 292 en mai 1869
chaque fois aussi des remaniement
plus ou moins arbitraires des circons
criptions soulevèrent les protestation
des adversaires de l'Empire.

Un sénatus-consulte du 14 juille
1866 abrogea le terme légal de 3
mois pour la durée de la session, ce
terme ayant toujours été dépassé, e
accorda aux députés une indemnit
fixée à 12,000 fr. par an.

Médaille en argent des députés du second Empire. Au revers, une couronne de lauriers,
dans le champ, le nom du Député.

Un décret du 5 février 1867 rétablit la tribune; jusque-là, sénateurs e
députés avaient parlé de leurs places ; le nombre des sénateurs fut augmenté
par la Constitution du 20 avril 1870, et porté, y compris les sénateurs de
droit, aux deux tiers du chiffre des députés.

Le système représentatif de l'Empire tomba avec lui, et, dès le
septembre 1870, un décret du gouvernement de la Défense nationale remi
en vigueur la loi électorale de 1849. L'ASSEMBLÉE unique, qui ne fut élu
que le 8 février 1871, compta donc 750 membres; elle se déclara consti
tuante en 1874, et promulgua, le 25 février 1875, une nouvelle constitution
la neuvième depuis moins de cent ans.

Elle dédoubla encore le pouvoir législatif, confié à un Sénat et à une
Chambre des députés.

Le SÉNAT est de 300 membres, dont 75 inamovibles, élus au débu
par l'Assemblée nationale, ensuite par le Sénat lui-même, au scruti
de liste et à la majorité absolue des suffrages. Les 225 autres séna
teurs sont répartis entre les départements, et élus au chef-lieu du
département, au scrutin de liste, par un collège composé des députés du
département, des conseillers généraux, des conseillers d'arrondissement e
d'un délégué choisi par chaque conseil municipal parmi les électeurs de
la commune.

Les sénateurs sont nommés pour 9 ans, renouvelables par tiers tous les trois ans, dans un ordre déterminé par le tirage au sort de trois séries dans l'ordre alphabétique des départements.

On ne peut être sénateur avant 40 ans ; chaque sénateur reçoit 9,000 francs de traitement.

La CHAMBRE DES DÉPUTÉS (loi du 30 novembre 1875) est élue pour 4 ans, au scrutin uninominal, à raison d'un député par arrondissement et par cent mille habitants, ou fraction de cent mille habitants ; même indemnité qu'aux sénateurs.

La loi du 24 décembre suivant fixa le nombre des circonscriptions

Médaille en argent des députés depuis 1876. Au revers : couronne de chêne ; en légende : Chambre des Députés avec la date ; dans le champ : le nom du Député.

Médaille en vermeil des sénateurs en 1888 ; le type change pour chaque législature. Au revers : large couronne de chêne et de laurier ; dans le champ : SÉNAT, le nom du Député et la date.

électorales à 533, dont 3 pour l'Algérie, et 1 pour l'Inde française, la Guadeloupe, la Martinique et la Réunion.

Depuis cette époque, la Guyane et le Sénégal ont obtenu chacune un député ; l'accroissement de la population de huit arrondissements départementaux, de sept arrondissements de Paris, de trois arrondissements de l'Algérie, et des colonies de la Réunion de la Martinique et de la Guadeloupe, enfin la représentation accordée à la Cochinchine ont augmenté de 24 le chiffre des députés (loi du 8 avril 1879), lequel aux élections générales d'août 1882, s'est trouvé porté à 557.

En 1882, le ministère Gambetta proposa le rétablissement du scrutin de liste, dont le rejet, à la séance du 26 janvier 1882, par 268 voix contre 218, entraîna la chute du « grand ministère ».

La proposition fut reprise trois ans plus tard par le ministère Brisson, et fut votée cette fois à la majorité de 385 voix contre 71, dans la séance du 9 juin 1885.

Le résultat des élections qui suivirent surprit le parti républicain en renforçant notablement l'opposition de droite, et jeta une certaine défaveur sur le scrutin de liste, qu'achevèrent de compromettre, auprès de la majorité, les succès persistants du général Boulanger dans les élections partielles de la Dordogne, du Nord, de la Charente-Inférieure (1888) et enfin de la Seine

2

(27 janvier 1889). Dans le but de rassurer cette majorité contre « le
manœuvres plébiscitaires », le ministère Floquet proposa le rétablissemen
du scrutin uninominal, qui a été voté dans la séance du 11 février 1889 pa
268 voix contre 222.

La revision partielle de la Constitution, au Congrès d'août 1884, avait déj
apporté des modifications importantes à l'élection des sénateurs. Aprè
avoir fait décider par le Congrès que les articles relatifs à ces élections cessaien
d'avoir le caractère de lois constitutionnelles, la Chambre a voté, le 9 dé
cembre suivant, la nouvelle loi électorale du Sénat ; cette loi maintient le
suffrage restreint à deux degrés, et supprime l'inamovibilité des 75 sièges au
fur et à mesure des vacances. Les collèges électoraux sénatoriaux compren
dront désormais, outre les députés, les conseillers généraux et les conseillers d'arrondissement du département, des délégués de chaque consei
municipal, dans la proportion suivante :

1	délégué pour un Conseil municipal de 10 membres
2	—	—	12	—
3	—	—	16	—
6	—	—	21	—
9	—	—	23	—
12	—	—	27	—
15	—	—	30	—
18	—	—	32	—
21	—	—	34	—
24	—	—	36	—
30	—	—	Paris

Dans l'Inde française, les membres des conseils locaux sont substitués aux
conseillers d'arrondissement. Le conseil municipal de Pondichéry doit élire
5 délégués, celui de Karikal, 3 ; chaque autre commune, 2.

Il est procédé de même et dans la même forme à l'élection des suppléants,
à raison de :

1	suppléant pour 1	à	3 délégués
2	—	6	à	9	—
3	—	12	à	15	—
4	—	18	à	21	—
5	—	24	
8	—	Paris	

Dans aucun autre pays, le fonctionnement du gouvernement représentatif n'a exigé, en cent ans, autant de remaniements, ni subi autant de
vicissitudes qu'en France. Les partis, qui se succèdent au pouvoir, sont
toujours disposés à attribuer leurs déceptions électorales à un vice de forme
plutôt qu'à leurs propres fautes, bien qu'une longue expérience démontre
l'erreur constante de ce calcul.

Le jour où les intérêts privés des partis tiendront moins de place dans
leur idéal politique que les intérêts généraux de la patrie, il sera peut-être
possible de s'entendre sur les conditions normales de fonctionnement du régime représentatif ; aux bouleversements périodiques, suscités par les luttes
stériles de coteries et de personnes, pourront succéder alors des institutions
stables, favorables aux luttes fécondes des doctrines et des idées, qui sont
le ressort le plus actif du progrès social, le profit direct et l'honneur même
de la liberté.

                                                                E. B.

DICTIONNAIRE

DES

PARLEMENTAIRES

A

ABANCOURT (Charles-Xavier-Joseph de Franqueville d'), dernier ministre de la Guerre de Louis XVI, né à Douai, le 4 juillet 1758, tué à Versailles, le 9 septembre 1792, était fils de Jacques-Joseph de Franqueville d'Abancourt, chevalier, conseiller du roi au parlement de Flandre, et de dame Marie-Charlotte-Eulalie de Pollinchove, dont la sœur avait épousé M. de Calonne. Volontaire à quinze ans dans les mousquetaires de la garde du roi, puis sous-lieutenant en 1777 à la suite du régiment Maistre de camp général de la cavalerie, lieutenant en second en 1779, capitaine en second (1784), et capitaine en premier le 1er mai 1788, lieutenant-colonel en 1752, au 5e régiment de chasseurs à cheval, il fut, grâce à l'influence de Calonne et à la protection des royalistes constitutionnels, nommé adjudant-général, puis ministre de la Guerre, après le renvoi du ministère girondin et la démission du ministère feuillant qui l'avait remplacé. D'Abancourt entra au ministère le 23 juillet 1792, le lendemain même du jour où avait été rendu le décret de la Patrie en danger.

A la publication du manifeste de Brunswick, d'Abancourt s'efforça vainement de rassurer l'Assemblée sur la situation militaire entre l'Escaut et la Sambre, sur l'organisation des bataillons de volontaires, et sur la formation du camp de Soissons. Trois commissaires enquêteurs, Lacombe-Saint-Michel, Gasparin et Carnot l'aîné, furent délégués pour connaître la vérité, et rendirent compte de leur mission dans la séance du 6 août, en constatant que l'alimentation et l'habillement des soldats étaient également défectueux.

Le 9 août, Lacroix montait à la tribune pour dénoncer les agissements du ministre, relativement à la formation du camp de Soissons.

Les dispositions défiantes de l'Assemblée à l'égard du ministre de la Guerre s'exaspérèrent encore par suite des mesures prises par lui, quelques jours avant le 10 Août. Un décret du roi ordonnant l'envoi à la frontière de deux bataillons de gardes suisses resta inexécuté; on soupçonna le ministre de préméditer une évasion du roi du côté de la Normandie, dont les autorités semblaient dévouées aux constitutionnels, et sa mise en accusation fut formellement réclamée une première fois, par Guadet; l'Assemblée ne passa à l'ordre du jour qu'après avoir déclaré *qu'aucun motif ne peut autoriser un ministre à retarder l'exécution d'un décret*, et après

avoir renvoyé au comité diplomatique l'examen de la conduite du ministre.

Après la journée du 10 Août, d'Abancourt qui avait pris aux Tuileries la direction de la résistance, fut, sur la proposition de Thuriot (de la Marne), décrété d'accusation. Arrêté immédiatement, il fut écroué d'abord à la Force et conduit ensuite à la prison d'Orléans, pour y être jugé par la haute Cour nationale « comme prévenu de crime contre la Constitution et d'avoir attenté contre la sûreté de l'État ». D'Abancourt fut arraché de la prison le 4 septembre, en même temps que cinquante-deux autres prisonniers, pour être transféré à Versailles, les fers aux pieds et les menottes aux mains, sous la garde de deux ou trois mille volontaires parisiens. A leur arrivée dans cette ville, le 9 septembre, au moment de franchir la grille de l'Orangerie, 44 d'entre eux furent massacrés par le peuple, sans que l'escorte pût ou voulût les défendre. D'Abancourt fut du nombre des victimes. *La liste des prisonniers traîtres à leur patrie, conspirateurs, détenus dans les prisons d'Orléans, et jugés en dernier ressort par le peuple souverain à Versailles*, liste qui fut criée le soir même dans Paris, porte cette laconique mention : *Dabancourt non interrogé*.

ABANCOURT (baron d'), voyez Harmand.

ABBADIE (Laurent d'), député sous la Restauration, né à Pau (Basses-Pyrénées), le 28 octobre 1776, mort à Ithorost-Olhaiby, le 2 août 1851, était, d'après la copie de son acte de naissance, fils de « messire Jean d'Abbadie, conseiller du roi en tous ses conseils, et son président à mortier au parlement de Navarre, conseiller honoraire à celui de Paris, seigneur de Bisanos en Béarn, baron de Saint-Loup en Poitou, etc., et de dame Marie de Lafaurie de Monbadon. Après avoir pris part aux guerres de Vendée, il s'établit dans son château de Saint-Loup (Deux-Sèvres). La Restauration le nomma successivement conseiller général, puis président du collège électoral de son département. En 1816, il affronta la lutte électorale, dans l'arrondissement de Parthenay, et échoua, avec 37 voix, contre le constitutionnel Jard-Panvilliers, qui en obtint 47. Une nouvelle loi électorale étant intervenue, il fallut procéder, l'année suivante, à de nouvelles élections, les Deux-Sèvres faisant partie de la première des cinq séries de départements appelés à voter. D'Ab-

ABB 2 ABB

badie fut battu au collége départemental, avec 102 voix, contre l'anvilliers réélu par 453 voix. Il échoua encore, après la mort de ce député, en 1822, dans l'arrondissement de Parthenay, contre Gilbert des Voisins qui fut élu par 217 voix. Ce ne fut qu'en 1824, sous l'administration préfectorale du marquis de Roussy (que l'opposition accusa vivement de pression électorale), que d'Abbadie parvint à se faire élire, au collége du département, au troisième tour, par 84 voix sur 193 inscrits et 142 votants. Son concurrent libéral était Morisset, ancien député. Il alla siéger à droite, mais ne monta jamais à la tribune. Le renouvellement électoral de 1827 ne fut pas favorable à d'Abbadie; il échoua à Parthenay. Enfin, candidat du gouvernement du roi, aux élections du 23 juin 1830, il n'obtint que 131 voix à Bressuire, malgré la circulaire préfectorale qui disait : « Je compte sur messieurs les maires, soutiens naturels de l'administration dont ils font partie. » Agier, député sortant de Parthenay, fut élu par 225 voix.

Après la Révolution de juillet, d'Abbadie quitta la politique : en 1832, il se mêla au mouvement provoqué dans le pays par la tentative de la duchesse de Berry. Le gouvernement n'exerça aucune poursuite contre lui, et il termina sa carrière dans la retraite, fidèle aux opinions légitimistes de toute sa vie.

ABBADIE DE BARRAU (Bernard-Gabriel-Xavier d') comte de Carrion de Calatrava, abbé laïque de Bastavès, seigneur de Cappedevielle de Bugnein, de Las de Maslacq, de Castex, représentant à l'Assemblée nationale de 1871, né à Dax (Landes), le 12 mars 1820, dut aux améliorations notables qu'il réalisa dans son domaine de Castex le titre de vice-président de la Société d'agriculture du Gers et une situation prépondérante dans le pays. Aux élections de l'Assemblée nationale (8 février 1871), il fut porté sur la liste conservatrice, qui passa tout entière, et élu par 59,004 voix. Il siégea à l'Extrême-Droite où il se distingua surtout parmi les catholiques militants. Dans la séance du 24 juillet 1871, il se trouva l'un des quatre rapporteurs des pétitions de l'épiscopat français, qui demandaient à l'Assemblée que la France apportât un prompt remède à la situation du Pape, dépossédé de Rome par Victor-Emmanuel; les rapporteurs concluaient à une démarche auprès du roi d'Italie. La demande fut renvoyée au ministère des Affaires étrangères. Le 30 juillet 1872, M. d'Abbadie de Barrau intervint dans la discussion d'un nouvel impôt sur les boissons, pour réclamer en faveur des bouilleurs de cru et des eaux-de-vie d'Armagnac. Le 17 février 1873, il interpella M. de Cissey, ministre de la Guerre, sur les modifications introduites dans le programme d'admission à l'Ecole de Saint-Cyr. M. de Cissey, qui était le beau-frère de M. de Barrau, rappela, dans sa réponse, que le fils du réclamant venait précisément d'échouer aux derniers examens d'entrée.

M. d'Abbadie de Barrau fut un des 94 députés signataires de la proposition tendant à rapporter les lois d'exil contre les Bourbons. Il suivit la majorité de droite dans ses luttes contre la politique de Thiers, et vota notamment :

Le 1er mars 1871, *pour* les préliminaires de paix, adopté;

Le 10 mars, *contre* le retour à Paris, rejeté;

Le 10 août, *pour* la loi organique départementale, adopté;

Le 22 juin 1872, *pour* l'amendement Target tendant à introduire le remplacement dans la nouvelle loi sur le recrutement militaire, rejeté;

Après le 24 mai 1873, M. d'Abbadie de Barrau se rangea avec ses amis de l'Extrême-Droite parmi les adversaires des orléanistes, et fut des 381 dont le vote hostile détermina la chute du cabinet de Broglie, le 16 mai 1874. Il vota, de plus : en faveur de l'établissement des aumôniers militaires; pour la stricte observation du dimanche : contre les propositions Périer et Malleville sur l'organisation des pouvoirs publics, et généralement *contre tous les projets tendant à cette organisation*, sauf pour l'article additionnel portant que des prières publiques seraient dites chaque année le dimanche qui suivrait la rentrée des Chambres.

Après la séparation de l'Assemblée nationale, il se présenta comme candidat légitimiste aux élections sénatoriales dans le Gers, mais il ne fut pas élu, et rentra dans la vie privée.

ABBAL (Pierre-Basile-Joseph), représentant du peuple à l'Assemblée constituante de 1848, né à Mélagues (Aveyron), le 2 mars 1799, fils d'un laboureur, entra dans les ordres et débuta comme curé d'une des plus petites paroisses de son département, celle de Gissac. Dans cette situation modeste, qu'il occupa pendant cinq ans, M. Abbal se signala par ses œuvres de propagande religieuse : fondation d'une école catholique dans le presbytère; allocation d'un traitement annuel à un instituteur et à une institutrice; création d'une lingerie et d'une literie, ainsi que d'une bibliothèque paroissiale (1832). D'abord grand vicaire de M. de Nérac, évêque de Tarbes, puis vicaire général de l'évêque de Rodez, M. Abbal, après la Révolution de 1848, se trouvait tout désigné pour prendre place, en qualité de représentant du clergé, sur la liste des candidats conservateurs à la Constituante; il fut élu, le troisième sur dix, par 55,466 voix sur 105,448 inscrits et 90,119 votants. A l'Assemblée, il ne prit que rarement la parole. Le 3 octobre 1848 (discussion du projet de décret relatif à l'enseignement agricole), il présenta, cet amendement : « Dans toute commune où sera formé un établissement agricole, les ministres des Cultes reconnus par la loi sont autorisés à faire aux élèves de leur religion, le jeudi de chaque semaine, une conférence d'une heure, dans une des salles de l'école. » L'amendement fut rejeté sans discussion à mains levées. Le 4 octobre (débat sur la Constitution), il proposa, sans succès d'ajouter à l'article 36, ainsi conçu : « Chaque représentant du peuple reçoit une indemnité à laquelle il ne peut renoncer », ces mots, « et qui ne pourra s'élever au-dessus de 450 francs par mois ». Enfin, le 27 octobre, dans le projet de décret relatif à l'élection du président de la République, il tenta d'introduire la disposition suivante : « Les citoyens votent au chef-lieu de la commune si la population est de mille âmes. Si la population est inférieure à ce chiffre, le vote aura lieu au chef-lieu de la commune la moins éloignée. » L'Assemblée décida, au contraire, que le vote aurait lieu au chef-lieu du canton.

M. Abbal prit soin de faire constater, par une lettre rectificative au *Moniteur*, son abstention dans le scrutin sur la loi de bannissement de la famille d'Orléans (26 mai 1848); au reste, il vota presque constamment avec la droite :

Le 5 juillet 1848, *pour* l'amendement Bonjean, destiné à marquer l'improbation de l'Assemblée à l'égard des circulaires de Carnot, ministre de l'Instruction publique, aux instituteurs primaires, adopté;

Le 27 septembre, *contre* l'amendement Duver-

gner de Hauranne, tendant à diviser le pouvoir
législatif en deux Chambres, rejeté;

Le 29 septembre, *pour* l'amendement Bérard,
établissant le vote au chef-lieu de la commune
dans les élections législatives, adopté;

Le 4 janvier 1840, *pour* l'ordre du jour motivé approuvant le retrait de la loi Carnot sur
l'instruction primaire, par M. de Falloux;
adopté;

Le 12 janvier 1840, *pour* la proposition
Rateau-Lanjuinais demandant la dissolution de
la Constituante, adopté;

Le 31 mars 1849, *pour* l'ordre du jour Bixio,
autorisant le gouvernement à intervenir en
Italie, adopté;

Le 3 avril 1849, *contre* la suppression du traitement du général Changarnier, commandant
des gardes nationales de la Seine, adopté;

Le 10 avril 1849, *pour* l'amendement Montalembert, tendant à maintenir l'inamovibilité de
la magistrature, adopté.

L'abbé Abbal ne se représenta pas à la Législative de 1849. Depuis, il n'a pris aucune part
aux luttes électorales.

On lui doit un certain nombre d'ouvrages de
piété, entre autres une *Vie des Saints.*

ABBATUCCI (JACQUES - PIERRE - CHARLES),
membre de la Chambre des députés sous Louis-
Philippe, représentant du peuple à l'Assemblée
constituante de 1848 et à l'Assemblée législative
de 1849, né à Zicavo (Corse), le 21 décembre
1791, mort à Paris, le 11 novembre 1857.
Dès le seizième siècle, les Abbatucci avaient
rempli la Corse du bruit de leurs aventures;
la République de Venise en avait eu plusieurs
à son service. Le grand-père de Jacques-
Pierre-Charles Abbatucci, qui s'appelait lui-
même Jacques-Pierre Abbatucci (1726-1813),
tour à tour rival et compagnon d'armes du célèbre Paoli, avait pris une très grande part à
la guerre de l'Indépendance en 1768, puis, sa
soumission faite, avait reçu de Louis XV le
grade de lieutenant colonel, et plus tard était
devenu général de division de la République
française. Quand il s'éteignit à Zicavo, à l'âge
de 86 ans, trois de ses quatre fils étaient déjà
morts sur les champs de bataille, dans les rangs
de l'armée française; l'aîné, qui fut le père de
Jacques-Pierre-Charles, était lié d'une étroite
amitié avec la famille Bonaparte, et le roi
Jérôme avait fait de lui son confident.

Conduit à Paris dès son enfance, le jeune
Abbatucci entra en 1799 au Prytanée de Saint-
Cyr, d'où il passa au lycée Napoléon. Il fit
ses études de droit à Pise, en Italie, et revint à
Zicavo en 1811, pour tirer à la conscription. Il
fut même, à cette occasion, l'objet d'une manifestation singulière, inscrite au registre des
délibérations du conseil de recrutement du
département de Liamone. En vertu d'un arrangement amiable auquel souscrivirent, avec
M. Arrighi, préfet de la Corse, le chef du 4e bataillon du régiment de la Méditerranée, le major
du 22e régiment d'infanterie légère et tous les
maires des communes du canton, il fut con-
venu, sur la demande unanime des conscrits, que
le petit-fils du général Abbatucci serait dispensé du tirage au sort et placé *d'office* au
dernier numéro de la liste.

Ainsi débarrassé des soucis du service militaire, Jacques-Pierre-Charles Abbatucci put se
livrer exclusivement à l'étude des lois. Il n'a-
vait que 24 ans quand il fut nommé procureur
du roi à Sartène, avec dispense d'âge. Conseiller à la Cour royale de Bastia en 1819, il
eut l'habileté de mettre fin, par une transac-

tion avantageuse, à un procès que des ban quiers
corses avaient intenté à la veuve de Joachim
Murat, Caroline, ex-reine de Naples.

C'est au lendemain de la Révolution de 1830
qu'il se lança dans la vie politique. Il avait
adhéré au Gouvernement de juillet et fut élu
contre M. de Casabianca aux élections de 1830,
par 24 voix sur 40. Très lié avec Odilon Barrot, qui avait été son condisciple, il obtint peu
après, par son influence, le poste de président
de chambre à la Cour royale d'Orléans. Il n'a-
vait pas négligé, d'autre part, les travaux parlementaires. Les deux discours qu'il prononça
sur la situation de la Corse, et son rapport favorable (4 avril 1831) sur la proposition Murat,
tendant à abroger la disposition de l'art. 4 de
la loi du 12 janvier 1816, aux termes de laquelle
était passible de la peine de mort tout membre
de la famille Bonaparte qui toucherait le sol
français, l'avaient mis en vue comme député.
Pourtant, malgré la protection avouée des Bonaparte et la recommandation formelle des ex-
rois Jérôme et Joseph, il échoua de quelques
voix aux élections générales de 1831; l'arrondissement d'Ajaccio lui préféra le général Ti-
burce Sébastiani, naguère son ami, devenu son
adversaire acharné. En 1834, sa candidature
avait été posée à Sartène, mais l'hostilité déclarée de l'administration lui fit craindre un
échec et l'engagea à se retirer. Cette hostilité
éclate dans des lettres confidentielles du préfet
d'alors, le baron Jourdan, au ministre de l'intérieur. Abbatucci y est dépeint comme « un
ambitieux qui fait du républicanisme » et qui
« voterait avec l'opposition ou plutôt avec
M. Odilon Barrot, son patron et son ami, à ce
qu'il a dit ».

Il prit sa revanche aux élections de 1839, à
Orléans. Le premier tour de scrutin n'avait
point amené de résultat. Pour faire échec au
candidat ministériel, Crillon de Montigny, la
coalition des libéraux et des légitimistes porta
son choix sur Abbatucci, qui s'était déclaré
dans sa profession de foi en faveur de « la liberté de la presse, de la sincérité des élections
et de l'indépendance réelle du pouvoir parlementaire ». 509 voix sur 901 votants l'envoyèrent siéger de nouveau à la Chambre. Mais
son élection donna lieu, lors de la vérification
de ses pouvoirs, à un débat assez vif. M. Persil soutint qu'Abbatucci payant moins de 500
francs de contributions directes, était inéligible, de par la loi électorale du 19 avril 1831.
A quoi M. Ducos, rapporteur de l'élection, appuyé par M. Berryer, répondit que M. Abbatucci était éligible en Corse comme compris
dans la liste des cinquante plus imposés de ce
département, bien que le chiffre de ses contributions n'atteignît pas 500 francs, et que, par
suite, il devait être considéré, en vertu de la
Charte, également comme éligible dans tout
autre collège. — La Chambre adopta ce
système, et l'admission du nouvel élu fut prononcée.

Le cabinet Thiers, du 1er mars 1840, compta
Abbatucci parmi ses amis; le retour de Guizot
au pouvoir le rejeta dans l'opposition. Réélu
en 1842 et en 1846, il mit tous ses votes d'accord avec la politique de son ami Odilon Barrot, avec lequel il entreprit, en 1845, une
grande tournée électorale en Corse.

Il s'associa à la campagne réformiste, présida
le 27 septembre 1847 le banquet d'Orléans à la
veille de la Révolution de février, et fut de ceux
qui opinèrent pour la résistance aux ordonnances du gouvernement. Le 24 février, au
matin, il tenta vainement avec Odilon Barrot,

ABB 4 ABB

d'organiser la régence de la duchesse d'Orléans. La République proclamée, il se rallia au gouvernement provisoire et accepta, le 2 mars, de Crémieux, son ancien collègue de la gauche libérale, un siège de conseiller à la Cour d'appel: quelques jours après, le 27 mars, il était nommé à la Cour de cassation.

Candidat aux élections d'avril pour la Constituante, dans le Loiret et dans la Corse, il protesta publiquement de sa « ferme volonté de maintenir la République envers et contre tous ». En Corse, il se prononça pour l'unité de l'île, alors divisée en deux départements rivaux et presque ennemis. Le Loiret le nomma par 66,294 voix sur 88,000 inscrits et 73,249 votants. En Corse, le bureau de recensement des votes lui attribua 15,753 voix seulement sur 58,467 inscrits et 50,947 votants, et ce n'est que par suite de l'annulation de l'élection de Louis Blanc, pour certaines irrégularités dans les opérations, qu'Abbatucci se trouva proclamé élu de la Corse. Il opta d'ailleurs pour le Loiret.

Abbatucci fit partie, dans la Constituante, du comité de législation, qui le choisit comme président.

Il vota le plus souvent avec la droite de l'Assemblée :

Le 9 août 1848, *pour* le cautionnement des journaux (contre-projet Pascal Duprat), rejeté;

Le 26 août, *pour* les poursuites contre Louis Blanc, en raison des événements du 15 mai, adopté :

Le 1er septembre, *pour* le rétablissement de la contrainte par corps, projet de décret, adopté :

Le 2 septembre, *pour* le maintien de l'état de siège pendant la discussion de la Constitution, sur la demande de Cavaignac, président du Conseil :

Le 18 septembre, *contre* l'abolition de la peine de mort, amendement Buvignier à la Constitution, rejeté;

Le 25 septembre, *pour* l'impôt proportionnel contre l'impôt progressif;

Le 7 octobre, *contre* l'amendement Grévy déléguant le pouvoir exécutif à un président du Conseil des ministres, rejeté;

Le 21 mars, 1849, *pour* l'interdiction des clubs, projet Odilon Barrot, adopté.

Il s'était séparé de la droite, le 26 mai 1848, pour voter le bannissement de la famille d'Orléans.

La candidature de Louis-Napoléon à la présidence n'eut pas de défenseur plus ardent ni d'agent plus zélé. Envoyé à l'Assemblée législative par le Loiret, le troisième sur sept, avec 33,264 voix sur 65,037 votants et 92,506 inscrits, il joua un rôle très actif, quoique parfois occulte, dans tous les événements qui préparèrent le coup d'État. Tout dévoué à l'Élysée, il fut, au lendemain du 2 décembre, nommé membre de la commission consultative, en attendant qu'il acceptât, le 21 janvier 1852, les fonctions de garde des sceaux, en remplacement de M. Rouher, démissionnaire.

En cette qualité, il présida à la confiscation des biens de la famille d'Orléans, contresigna le décret qui rétablissait les titres de noblesse, celui qui fixait à 70 ans pour les membres des tribunaux de première instance et à 75 ans pour les membres de la Cour de cassation la limite d'âge des magistrats, enfin celui qui abolissait la mort civile. La protection constante dont il couvrit les Corses, ses compatriotes, et les nombreuses grâces systématiquement accordées par lui, durant son ministère, aux fauteurs de vendettas, furent très diversement appréciées ; cette politique personnelle ajouta du moins à l'influence de sa famille.

Il mourut grand-croix de la Légion d'honneur, grand-croix de l'ordre portugais de Notre-Dame-de-la-Conception de Villa-Vigosa et grand-croix de l'ordre de Léopold.

ABBATUCCI (JEAN-CHARLES), fils aîné du précédent, représentant à l'Assemblée législative de 1849 et à l'Assemblée nationale de Versailles, membre de la Chambre des députés en 1877, né à Zicavo, le 25 mars 1816, mort à Paris, le 29 janvier 1885, entra de bonne heure dans la politique à la suite de son père. Avocat à Orléans, il assista au banquet réformiste en 1847, à Orléans, en compagnie de Marie et de Crémieux, et quand ce dernier fut devenu ministre provisoire de la Justice (1848), un de ses premiers actes fut de nommer Charles Abbatucci substitut du procureur général à Paris. Aux élections de 1849 à la Législative, il fut élu par la Corse, avec 23,121 voix sur 57,685 inscrits et 41,078 votants, tandis que son père l'était par le Loiret. Son concours fut acquis, dès le début, aux entreprises du parti napoléonien, qu'il seconda par l'action plus que par la parole. Mêlé à la rédaction des journaux de l'Élysée, aux menées des comités bonapartistes de Paris et des départements, il donnait le mot d'ordre et recrutait des adhérents. Au coup d'État, il devint chef de cabinet de son père, ministre de la Justice, et peu après maître des requêtes au conseil d'État (1852.) Il passa conseiller d'État en 1857 et en conserva le titre et les fonctions jusqu'en 1873.

Les élections complémentaires du 9 juin 1872 le rendirent à la vie législative. La Corse, dont il avait sollicité les suffrages en se proclamant catégoriquement bonapartiste, et en réclamant la restauration d'un gouvernement qui unirait « l'autorité à la démocratie », le nomma par 30,323 voix sur 74,433 inscrits et 45,020 votants. Le candidat républicain, M. Savelli, obtint 14,418 suffrages. Charles Abbatucci remplaçait à l'Assemblée M. Conti, décédé. Il le remplaça également dans le petit groupe des députés bonapartistes et vota, comme eux, avec la majorité de droite, pour la politique dite *de combat*. Il s'abstint, le 19 novembre 1873, lors de la constitution du septennat; il se prononça :

Le 16 mai 1874, *pour* le cabinet de Broglie (mise à l'ordre du jour de la loi électorale politique). Le cabinet de Broglie fut battu et se retira ;

Le 23 juillet 1874, *contre* la proposition Casimir-Périer, relative à l'organisation des pouvoirs publics, rejeté;

Le 29 juillet, *pour* la proposition Malleville, tendant à la dissolution de l'Assemblée.

Le 25 février 1875, *contre* la Constitution qui consacrait la forme républicaine.

Aux élections du 20 février 1876, il fut battu, dans l'arrondissement de Sartène par M. Bartoli à quelques voix de majorité (3,137 contre 3,106 sur 8,020 inscrits et 6,237 votants) ; mais, après la dissolution de la Chambre, en 1877, il fut le candidat officiel du gouvernement du 16 mai, et l'emporta, le 14 octobre, avec 4,086 voix sur M. Bartoli (1,659 voix) et M. Train (841). Bien que plusieurs protestations parvenues à la Chambre eussent dénoncé des faits de pression administrative, bien qu'il eût bénéficié de l'affiche blanche, etc., la validation de l'élection fut prononcée le 20 mars 1879, sur le rapport de M. Prax-Paris, et malgré la vive opposition de M. Laisant. Ch. Abbatucci appartenait, naturellement, au groupe parlementaire de «l'Appel au peuple», avec lequel il vota constamment. Il ne fut pas réélu le 21 avril 1881. Officier de la Légion d'honneur, du 13 août 1861.

ABBATUCCI (PAUL-SÉVERIN), député au Corps législatif du second Empire, et représentant à l'Assemblée nationale de 1871, né à Zicavo, le 1er juin 1821, mort à Olmeto, le 22 juin 1888, était le troisième fils de l'ancien garde des sceaux.

Séverin Abbatucci siégea au Corps législatif de 1852 à 1870, pendant toute la durée du règne de Napoléon III. Sa première élection comme député eut lieu le 29 février 1852, sans qu'il eût rencontré de concurrent. Désigné aux électeurs de la Corse par le « prince lui-même » ainsi que l'écrivait au préfet le ministre de l'intérieur, il obtint 48,294 suffrages sur 55,908 inscrits et 48,381 votants. La seconde fois (le 28 juin 1857), même absence de concurrent ; de plus, fait unique dans l'histoire des élections en France, il réunit, sur 28,996 inscrits et 25,991 votants, l'unanimité moins sept voix! En 1863 seulement, il rencontra quelque opposition, mais il fut nommé par 15,330 voix sur 31,988 inscrits et 24,576 votants. M. Bartoli, candidat libéral, en avait eu 8,312. En 1869, il fut encore une fois réélu par 15,913 voix. MM. Pozzo di Borgo (4,104 voix) et Ceccaldi (2,906) s'étaient partagé les suffrages de l'opposition.

Après la chute de l'Empire, il reparut encore à l'Assemblée nationale, les élections du 8 février 1871 l'ayant envoyé à Versailles, le second sur cinq, par 25,432 voix sur 74,498 électeurs inscrits et 42,637 votants. Il alla siéger à droite, et fut, dans la séance du 1er mars, un des six députés impérialistes qui protestèrent contre la motion Target, adoptée par l'Assemblée, et déclarant la dynastie déchue « responsable de la ruine, de l'invasion et du démembrement de la France, » Pour faire entrer MM. Rouher à l'Assemblée P.-S. Abbatucci adressa, le 16 août 1871, au président, sa démission de représentant de la Corse.

Il était officier de la Légion d'honneur.

ABBATUCCI (JACQUES - PIERRE - JEAN-CHARLES), membre de la Chambre des députés en 1885. — né à Zicavo, le 2 novembre 1857, est le fils du général de division Abbatucci, mort à Nancy en 1880, et le neveu de l'ancien garde des sceaux. — Licencié en droit, M. Jacques Abbatucci fut élu par la Corse, membre de la Chambre de 1885, au scrutin de ballottage du 18 octobre. Il venait le second sur quatre, de la liste bonapartiste, avec 26,367 voix sur 50,489 votants et 74,275 inscrits. M. Abbatucci ne siégea que six semaines, son élection ayant été, le 5 décembre, invalidée avec celle de ses trois compagnons de liste, MM. Gavini, de Montera et Multedo, et après un long débat.

La commission de vérification des pouvoirs concluait à la validation ; ce fut par voie d'amendement que M. Mérillon, au nom de la sous-commission des élections de la Corse, réclama et obtint l'invalidation ; MM. Laisant, Andrieux, Georges Laguerre, Gustave Rivet, avaient joint leurs efforts à ceux de M. Mérillon. D'après les protestations d'un certain nombre de communes, des bulletins de vote avaient été payés jusqu'à 45 fr. Aux élections suivantes,

du 14 février 1886, la liste républicaine l'emporta.

ABEILLE (VALENTIN), membre de la Chambre des députés, né à Montréjeau (Haute-Garonne), le 14 février 1843, débuta dans la vie publique comme sous-préfet de Villefranche-Lauraguais ; il occupa ce poste du 25 novembre 1870 au 15 mai 1871, puis se fit inscrire au barreau de Saint-Gaudens. En 1879, il rentra dans l'administration, comme sous-préfet de Figeac (Lot), et fut nommé, à la fin de 1883, secrétaire général de la préfecture du Tarn.

Aux élections du 4 octobre 1885, il fut porté candidat sur la liste dite du « Congrès républicain » avec MM. Constans, Germain, Latour, Montané, députés sortants, Castelbon et Calès. Trois autres listes étaient en présence : la première (liste radicale) portait en tête M. Duportal, député sortant ; la seconde, celle des conservateurs, était formée de MM. Niel, Pion, d'Ayguesvives, Duboul, Jaffary, etc ; la troisième (liste de concentration républicaine) comptait avec M. Caze, député sortant, trois des candidats radicaux et trois des candidats modérés. Le premier tour de scrutin ne donna de résultats définitifs que pour MM. Niel et Pion, conservateurs. Au second tour, grâce à la concentration qui s'opéra entre les diverses listes républicaines, M. Abeille fut élu, le troisième sur cinq, par 57,668 voix sur 138,226 inscrits et 113,803 votants. M. Abeille est inscrit à la gauche radicale ; il a toujours voté avec ce groupe, notamment pour le rétablissement du scrutin d'arrondissement, le 11 février 1889.

ABENDROTH (ARMAND-AUGUSTE), député du département des Bouches-de-l'Elbe au Corps législatif du premier Empire, né à Hambourg, le 16 octobre 1767, mort dans la même ville le 17 décembre 1842, exerçait la profession d'avocat, quand il fut nommé sénateur de Hambourg, en 1800 ; il occupa ces fonctions jusqu'en 1810, date de l'annexion à l'Empire français du territoire des villes anséatiques. Napoléon ayant alors, — suivant lui-même d'Abendroth lui-même dans une de ses lettres à M. de Montalivet, ministre de l'Intérieur, — entrepris d'établir à Hambourg « les principes de l'hiérarchie administrative de l'Empire », Abendroth fut nommé, le 13 mai 1811, maire de cette ville, devenue le chef-lieu du département des Bouches-de-l'Elbe. Les municipalités devaient être déléguées à Paris pour assister, le 2 juin, aux fêtes du baptême du roi de Rome, et le « conseiller d'Etat, intendant de l'Intérieur et des Finances » comte Chaban, consulté sur la délégation de Hambourg, avait fourni cette note : « Le maire provisoire est trop âgé pour aller à Paris et pour continuer ses fonctions. M. Abendroth est celui qu'on propose pour le remplacer. Ancien sénateur et bailli à Ritzebuttel, il a rempli ces fonctions avec distinction, ... etc. » Abendroth partit donc pour Paris, avec ses adjoints MM. Bartels et Knorre. Son dévouement au conquérant de l'Allemagne lui valut, en 1812, d'être choisi par l'Empereur comme député du département des Bouches-de-l'Elbe. Après la désastreuse retraite de Russie et l'évacuation d'Hambourg par les troupes françaises, Abendroth, à qui le préfet impérial avait remis l'administration des affaires locales, s'empressa d'envoyer aux Russes une députation pour hâter le rétablissement de l'ancien état de choses. Lui-même reprit son siège au Sénat hambourgeois ; il n'en correspondait pas moins activement, d'autre part, avec le ministre de l'Intérieur français, M. de Montalivet, qui, par une lettre du 19 mars 1813, lui annonça qu'il resterait député à la prochaine session du Corps législatif. Le 2 août 1813, Abendroth l'en remerciait dans une lettre dont nous respectons la forme et l'orthographe) :

« Monseigneur,

« Je reçois à l'instant par le directeur de la poste la lettre par laquelle Votre Excellence daigne m'écrire que Sa Majesté ne regarde pas incompatibles les fonctions du maire à celles du membre du Corps législatif. Mes très humbles rapports du 11 juin et du 28 juillet ont fourni à Votre Excellence les raisons qui m'ont engagé à quitter la ville à l'entrée des Français. » — Abendroth, en effet, prévenu de la rentrée dans Hambourg du maréchal Davout, était allé se mettre en lieu sûr dans le Holstein. — « J'ai sollicité M. le comte Chaban à intercéder auprès du prince d'Eckmühl, supposé le cas qu'il fût disposé à me faire rentrer dans les fonctions du maire pour me dédommager des souffrances non méritées, à différer cette marque de sa bienveillance jusqu'à la rentré de la Constitution... Je ne sçais où trouver des mots pour témoigner à Votre Excellence ma plus vive reconnaissance qu'Elle m'a soutenu dans la place du membre du Corps législatif, place, si elle ne convient pas tout à fait à un homme qui aime être actif et utile, me procurera la faculté précieuse de m'approcher à Votre Excellence pour implorer pour la ville et les habitans Votre clémence pour venir à notre secours et nous soulager le plus tôt possible.

« Agréez, Monseigneur, l'assurance de la plus haute considération de ma plus vive reconnaissance et de mon dévouement respectueux.

« Je suis, de Votre Excellence, le plus humble et plus obéissant serviteur,

« ABENDROTH. »

Abendroth n'avait pas été sans inquiétude : Napoléon voulait que le maréchal Davout fît fusiller tous les membres de l'ancien Sénat, qui avaient repris leurs fonctions pendant l'occupation russe. Les principaux meneurs de l'insurrection, les premiers négociants de la ville devaient être arrêtés et privés de leurs biens. Le maréchal laissa habilement aux personnes compromises le temps de fuir, et obtint ensuite que les premiers ordres fussent changés en celui d'une contribution de 48 millions. Un décret d'amnistie permit à Abendroth de revenir à Hambourg.

Le 4 septembre 1813, se trouvant à Paris, il fit remettre au ministre de l'Intérieur un volumineux mémoire sur l'état de la ville de Hambourg. Après avoir réclamé « un secours prompt pour cette ville infortunée », il exposait que : « la confiance publique s'était perdue : 1° par la contribution de 48 millions ; 2° par les réquisitions ; 3° par la transformation de la ville de Hambourg en une place forte ».

Le ministre lui en accusa réception assez sèchement, et ne répondit pas à la demande d'audience qu'Abendroth y avait formulée.

En 1814, après la reddition de Hambourg, vigoureusement défendue par Davout, Abendroth, de retour dans cette ville, contribua à l'accomplissement de diverses réformes administratives. Puis, il fut envoyé comme gouverneur à Ritzebuttel (territoire de Hambourg) — il avait déjà rempli cette fonction au début de

sa carrière, — enfin, il fonda à Cuxhaven, sur le littoral de la mer du Nord, un établissement de bains de mer considérable. Chef de la police hambourgeoise en 1825, puis bourgmestre en 1831, il sut gagner l'estime de ses concitoyens et une popularité dont le souvenir dure encore.

ABGRALL (FRANÇOIS), membre du conseil des Cinq-Cents, né en 1760, mort vers 1802, exerçait à Quimper, avant 1789, la profession d'homme de loi. Il fut un des rédacteurs du cahier des avocats pour la sénéchaussée de Quimper. Nommé administrateur du district de Quimper, puis procureur syndic, il publia le compte rendu des opérations de cette assemblée, et quitta ces fonctions en 1792 pour s'enrôler dans le bataillon des 300 volontaires fédérés du Finistère, appelés par les Girondins sous le titre de « Garde départementale » contre les 48 sections de Paris. C'est en sa qualité de premier volontaire inscrit qu'Abgrall parut devant la Convention, le 23 décembre 1792, à la tête des nouveaux fédérés bretons : la délégation fit entendre à l'assemblée un violent réquisitoire qui se terminait ainsi : « Que la ville de Paris soit notre sœur en amitié, notre égale en patriotisme, mais non pas notre supérieure en droit ; nous ne le souffrirons jamais ! Nous savons nous battre, nous ne savons pas assassiner ! »

Barère, qui présidait ce jour-là, répondit : « La Convention nationale connait ses forces, elle n'oubliera jamais ses devoirs. Les législateurs sont des hommes, les hommes ont des passions, mais elle fera en sorte de les sacrifier toutes pour les immoler sur l'autel de la Patrie. » Les délégués ne furent point admis aux honneurs de la séance ; mais à la séance du 13 janvier 1793, sur la motion d'un représentant breton, Kersaint, les fédérés du Finistère furent assimilés aux gardes nationaux de la capitale pour faire conjointement avec eux le service de la Convention. Vergniaud, qui occupait alors le fauteuil, les félicita de leur empressement à « se rallier autour des représentants du peuple pour les défendre ».

Abgrall joua, pendant son séjour à Paris, un rôle prépondérant dans les agissements de ces volontaires. Chargé ensuite d'une mission en Vendée, il favorisa la fuite des Girondins qui réussirent à s'échapper au 31 mai. Devenu suspect, de ce chef, il fut arrêté en Bretagne et incarcéré jusqu'au 9 thermidor. Nommé en l'an III, et renommé en l'an IV et en l'an V, administrateur du Finistère, ses relations avec les familles royalistes le firent destituer le 30 brumaire an VI. Son département l'ayant néanmoins choisi, en germinal, comme représentant au conseil des Cinq-Cents, il vit son élection annulée et tenta de se justifier des accusations portées contre lui, dans un curieux mémoire intitulé : *Observations du conseiller Abgrall, élu en l'an VI au conseil des Cinq-Cents par l'assemblée électorale du Finistère, sur les causes de l'annullation* (sic) *de son élection*. Il y prend à partie, personnellement, les signataires des protestations ou dénonciations parvenues à la commission centrale du conseil des Cinq-Cents, et accuse surtout la mauvaise foi du citoyen Guezno, son collègue, et son principal adversaire. Il y parle longuement de son administration dans le Finistère et se vante d'avoir contribué à rétablir l'ordre dans les finances.

Abgrall fut réélu le 26 germinal an VII au conseil des Cinq-Cents, et ne figura pas, au 18 Brumaire, parmi les députés républicains exclus de la représentation nationale, mais il ne fit point partie du Corps législatif.

ABOLIN (GERMAIN-THÉODORE), membre du conseil des Cinq-Cents, né à Montesquieu-Volvestre (Haute-Garonne), le 17 novembre 1757, mort à Noé (Haute-Garonne), le 10 juin 1842, était commissaire près le tribunal du district de Rieux, lorsqu'il entra au conseil des Cinq-Cents, le 25 vendémiaire an IV. Il y combattit la proposition du royaliste Dumolard, tendant à retirer au tribunal de l'Isère le jugement des nombreux attentats commis après thermidor dans la région lyonnaise ; mais une affaire assez délicate vint jeter sur son caractère une certaine défaveur. On lui reprocha de s'être approprié indûment une partie des biens d'une demoiselle Louise d'Espagne, dont les parents avaient émigré, mais qui, elle, n'avait jamais quitté la France, ainsi qu'elle l'avait fait constater par les autorités de la Haute-Garonne. Abolin, ancien protégé du marquis d'Espagne, avait été quelque temps administrateur de sa fortune. Mlle d'Espagne parut à la barre du conseil des Cinq-Cents pour y présenter ses réclamations : elles furent soutenues par les députés Golzart, Rouzet, Madier et Mailhe. Le conseil se rallia à l'opinion de Lecointe-Puyraveaux et de Bourdon (de l'Oise), et repoussa par la question préalable la pétition de Mlle d'Espagne.

Abolin, qui siégea jusqu'en prairial an VII, vota le plus souvent avec le centre. Il fit diverses motions sur l'organisation du notariat et sur les propriétaires de rentes; s'opposa, mais inutilement (28 fructidor an V), à ce que le Directoire fût autorisé à compléter les administrations, dans le cas où les administrateurs restants seraient réduits à un nombre inférieur à celui que prescrivait la loi pour délibérer. Nommé secrétaire du conseil en l'an VI, il intervint plusieurs fois dans les débats soulevés par la question judiciaire : pour demander, avec Roëmers, l'épuration de la magistrature d'alors; pour combattre la dénonciation en forfaiture contre les membres du tribunal criminel de la Drôme (29 floréal); pour obtenir l'adoption d'un projet de loi relatif à l'exécution de la loi du 12 vendémiaire dans la ci-devant Belgique (22 messidor); pour faire attribuer au Directoire la nomination des juges du Tribunal de cassation (23 messidor), etc. Il tenta, le 3 fructidor an VI, de faire opposer la question préalable à la motion de Lucien Bonaparte réclamant des explications au Directoire sur les bruits qui circulaient d'innovations rétrogrades projetées dans la Constitution de la République cisalpine, notre alliée, et fit voter l'ordre du jour, sur une proposition de Mortier-Duparc, tendant à envoyer le portrait du général Marceau à toutes les administrations centrales de la République.

Rallié sans hésitation au coup d'Etat du 18 Brumaire, Abolin reçut du gouvernement (prairial an VIII) la place de juge au tribunal civil de Toulouse, puis passa bientôt président de la seconde chambre au même tribunal. C'est alors que survint dans l'existence de l'ancien représentant du peuple un nouvel incident qui détermina (1808) le ministre de la Justice à lui imposer sa démission. Accusé d'avoir, comme juge, favorisé son fils, dans l'exercice de sa profession d'avocat, il se défendit de ces imputations dans un mémoire en date du 6 juin 1808, et où il dit :

« ... Je remplissais mes fonctions depuis quelques mois lorsque mon fils, licencié en droit depuis un an, parut au barreau dans le mois de juillet 1806. Il plaida quelques causes devant la première chambre. Les talents qu'il montra alarmèrent quelques-uns de ses collègues : ils voulurent le faire tomber en faisant courir le bruit qu'il n'était pas l'auteur de ses plaidoyers : ils s'aidèrent de cette circonstance qu'il n'avait pas de causes devant la chambre que je présidais. L'année suivante il porta la parole devant l'une et l'autre, mais par une fatalité, il se trouva plus occupé devant la seconde : alors ses ennemis firent courir le bruit que c'était à ma place qu'il devait son emploi... Je sus, à l'occasion des renseignements que prit M. le procureur général, qu'on vous avait dit que j'allais jusqu'à suppléer publiquement à la défense des parties qui lui avaient confié leurs intérêts, que j'intimais aux avoués l'ordre de lui donner exclusivement des causes. » Abolin terminait ainsi : ... « Oui, Monseigneur, ma conscience est pure comme mon attachement est sans bornes ; mais, je dois le dire, des intérêts personnels se sont rattachés aux calomnies que l'on a dirigées contre moi : je m'imposerai silence pour ne pas abuser des avis confidentiels qui m'ont été donnés et je me consolerai de mon éloignement des fonctions judiciaires par le souvenir du bien que j'y ai fait », etc. (*Arch. nat.*)

En dépit de ses efforts, Abolin ne put obtenir d'être replacé dans ses fonctions. Il vécut dès lors, jusqu'en 1842, dans ses propriétés, porté comme électeur censitaire sur les listes électorales de Rieumes (Haute-Garonne).

ABONCOURT, *Voy.* RICHARD.

ABOT (JACQUES-MARIE), représentant à la Chambre des Cent-Jours, né le 7 septembre 1759, à Beaumont-le-Vicomte (Sarthe), mort à La Flèche, le 1er novembre 1817, appartenait à une ancienne famille de la bourgeoisie du Maine, qui lui fit donner une bonne éducation classique et le dirigea vers le barreau. Après avoir suivi les cours de la Faculté de droit de Dijon, il revint dans sa ville natale, où il acquit bientôt comme avocat une certaine réputation. La Révolution de 1789 ayant rendu électives les fonctions de magistrat, le suffrage de ses concitoyens lui conféra celles de juge au tribunal du Mans; puis, lorsque le gouvernement consulaire eut entrepris de constituer sur de nouvelles bases l'organisation judiciaire, un décret de l'an VIII le nomma juge d'instruction au tribunal d'arrondissement de La Flèche. Il conserva ce poste jusqu'en 1816. Les qualités qu'il y montra, autant que la part prise par lui aux sacrifices que la France s'imposa pour faire honneur à d'onéreux engagements, lui valurent d'être choisi, après le retour de l'île d'Elbe, pour représenter le collège d'arrondissement de La Flèche à la Chambre de 1815, dite Chambre des Cent-Jours. Il fut élu par vingt et une voix, contre dix-sept données à Hardouin-Duparc, sur cinquante votants. Très attaché à la personne et au gouvernement de Napoléon, il fit partie, dès son arrivée à Paris, de la députation envoyée par son collège électoral, avant l'ouverture de la session, à la cérémonie du Champ de mai (Proclamation de l'*Acte additionnel*).

Son rôle dans l'assemblée fut assez effacé ; il n'y prit point la parole, et se contenta de donner à la politique impériale le fidèle concours de ses votes. La Chambre des Cent-Jours ayant été dissoute après Waterloo, Abot retourna à ses travaux judiciaires. Mais la

Restauration lui refusa l'institution dont il avait besoin pour conserver son titre de juge ; il rentra alors dans la vie privée.

ABOVILLE (MARIE-FRANÇOIS, COMTE D'), sénateur et pair de France, né à Brest le 23 janvier 1730, mort à Paris, le 1er novembre 1817, était originaire de Normandie et comptait dans sa famille, une des plus anciennes du pays, un grand nombre d'officiers distingués. Un arrêt de la cour des Aides du 19 mars 1486 maintient dans leur noblesse d'extraction sur preuve centenaire Guillaume, Gilles, Jacques, Thomas et Jean d'Aboville, de la paroisse de Gonneville, en la sergenterie de Valognes. Il était le neveu du général d'artillerie Julien d'Aboville, commandant sous le maréchal de Saxe, et il l'assista comme aide de camp aux batailles de Fontenoy (1745) et de Lawfeld (1747). S'étant signalé dans la suite, pendant la guerre de Sept ans, notamment au siège de Munster (1759), il passa successivement par tous les grades jusqu'à celui de colonel et prit, en cette qualité, une part glorieuse à l'expédition d'Amérique. Il fut de ceux qui contribuèrent puissamment à la réduction d'York-Town, et lord Cornwallis, généralissime des forces britanniques, dit en signant la capitulation : « C'est à M. d'Aboville que je rends les armes. » La campagne terminée, il fut fait général, puis maréchal de camp. En 1789, il était membre du comité militaire, et il y proposait d'importantes réformes, telles que la réunion de l'artillerie et du génie, et la création de l'artillerie à cheval, mesure qui fut adoptée. Partisan de la Révolution, il reçut en 1792 le commandement de l'armée du Nord, puis le commandement général de l'armée des Ardennes (1793). Là, il se déclara contre Dumouriez, après la défection de celui-ci, dans une curieuse proclamation, datée « de Sarre-louis, le 12 avril, an II de la République », et où il était dit : « L'audacieux et traître Dumouriez n'eut jamais les vertus d'un républicain. L'ambition dévorait son cœur, et l'égoïsme en fit un partisan de la Révolution ; il chercha à tourner à son avantage les succès des troupes qu'il commandait ; il fut trompé dans son espoir et dès lors il résolut de trahir sa patrie. »

Mais bientôt suspect lui même, d'Aboville fut décrété d'arrestation et retenu en prison jusqu'au 9 Thermidor. Relâché alors, il fut chargé de la direction de l'arsenal de Paris. Après le 18 Brumaire, Bonaparte le nomma premier inspecteur général de l'artillerie, et, le 27 fructidor an X, membre du Sénat conservateur. Le comte d'Aboville, vice-président du Sénat en 1803, et titulaire de la sénatorerie de Besançon la même année, reçut de Napoléon la mission d'aller chercher à Alexandrie le pape Pie VII et de l'accompagner à Paris pour la cérémonie du sacre. Le 14 juin 1804, il fut créé grand officier de la Légion d'honneur, pourvu du gouvernement de Brest le 26 mars 1807 et nommé comte héréditaire au mois de juin 1808. Enfin, il fut chargé, en 1809, du commandement d'une réserve destinée à secourir le port d'Anvers, assiégé par les Anglais. D'Aboville vota, au Sénat, la déchéance de l'Empereur et le rétablissement de la royauté. Louis XVIII le maintint parmi les membres de la nouvelle Chambre des pairs (juin 1814), et le fit, en outre, commandeur de l'ordre de Saint-Louis, le 25 août, puis grand-croix du même ordre en 1817. Napoléon ne tint pas rigueur à d'Aboville de son évolution et le maintint, lui aussi, à la Chambre des pairs des Cent-Jours. Louis XVIII,

rentrant pour la seconde fois, raya tout d'abord d'Aboville de la liste des pairs, par application de l'ordonnance du 23 juillet 1815, mais exception fut faite, à un mois de là, en sa faveur, et il fut compris dans la nomination ultérieure de 94 nouveaux pairs. Le général comte d'Aboville mourut à 88 ans doyen des pairs de France.

ABOVILLE (AUGUSTIN-GABRIEL, COMTE D'), fils aîné du précédent, pair de France, né à la Fère, le 20 mars 1774, mort à Paris, le 15 août 1820, entré au service comme sous-lieutenant d'artillerie à la suite dans le régiment de Toul, le 22 mai 1789, fut fait capitaine, le 1er novembre 1792, et servit dans ce grade aux armées du Nord, de la Moselle et de Sambre-et-Meuse. Employé à l'armée de réserve, que Bonaparte organisait à Dijon, en 1800, il passa chef de bataillon d'artillerie, le 13 mars de cette année. Peu de temps après la bataille de Marengo, il fut nommé directeur-général des parcs d'artillerie de l'armée d'Italie ; ce fut lui qui fit jeter le premier pont de bateaux pour le passage de l'Adige, à Bussolengo. Officier de la Légion d'honneur, lors de l'institution de cet ordre, il dirigea, après le traité de paix de Lunéville, les épreuves qui se firent à Milan sur le tir des boulets creux, fit la campagne d'Allemagne, en 1805, comme colonel, et conduisit à Vienne un matériel considérable d'artillerie pour l'armement des places d'Italie. Ces divers services lui valurent une dotation de 4,000 fr. de rente en Westphalie, le 28 mai 1809. Il se distingua encore à la belle défense de Tuy, en Galicie, à la sanglante victoire de Talavera, et aux sièges de Cadix et de Tarifa, pendant les campagnes de 1809, 1810 et 1811.

Créé baron le 20 février 1812, et nommé directeur général de l'artillerie en Espagne (1813), il fut assez heureux, lors des désastres qui forcèrent les Français à évacuer le pays, pour sauver une soixantaine de bouches à feu qu'il dirigea sur Bayonne. Rallié à la Restauration, il alla à Calais, au devant de Louis XVIII, qui le nomma, en juin 1814, chevalier de Saint-Louis, et, peu de temps après, commandeur de la Légion d'honneur. Il fut appelé ensuite à la place de commissaire royal près de l'administration des poudres et des salpêtres. A la mort de son père, le 1er novembre 1817, il lui succéda dans les honneurs de la pairie, et dans le titre de comte qui y était affecté. Il ne prit, d'ailleurs, la parole qu'une seule fois à la tribune de la Chambre haute : ce fut, dans la discussion du projet de loi relatif à la fabrication des poudres et des salpêtres, pour réclamer, vainement, contre l'article 2, lequel supprimait à l'avenir les fouilles obligatoires, et pouvait, d'après l'orateur, réduire brusquement au chômage un assez grand nombre de familles occupées à ce travail.

ABOVILLE (AUGUSTIN-MARIE, BARON D'), frère puîné du précédent, député sous la Restauration, né à la Fère, le 12 avril 1776, mort à Paris, le 20 janvier 1843, était en 1792 élève sous-lieutenant d'artillerie ; au mois d'octobre suivant, il passait lieutenant au 7e régiment. Sous les ordres de son père, il fit d'abord campagne aux armées du Nord et du Rhin ; mais bientôt, devenu suspect, il fut arrêté comme noble et détenu quelques mois. Nommé capitaine après sa sortie de prison, il servit en Italie, fut promu chef de bataillon en 1803, major du 2e régiment d'artillerie à cheval en 1804, et obtint, en 1805, le commandement de l'artillerie d'une expédition pour la Martinique, sous les ordres du lieutenant-général Lauriston. Au retour de cette expédition, il commanda la batterie de 36 du vaisseau le *Bucentaure*, qu'il montait, dans un combat engagé entre l'escadre française et celle de l'amiral Golder. Colonel d'artillerie en 1806, officier de la Légion d'honneur en 1807, pour avoir sauvé, sur les bords de la l'assarge, le parc de réserve d'artillerie du 6e corps, au moment où il allait tomber au pouvoir d'un parti de Cosaques, il prit, le 15 décembre 1808, le commandement de l'artillerie à cheval de la garde impériale, et fit ainsi la campagne de 1809 en Autriche.

A Wagram, le 6 juillet, il eut le bras droit et l'épaule emportés par un boulet de canon, et fut fait général sur le champ de bataille. Malgré sa mutilation, il resta dans le service actif, travailla utilement à la réorganisation de l'artillerie de la garde, et 'ut appelé, le 29 mars 1814, à mettre Paris en état de défense. Nommé par la Restauration chevalier de Saint-Louis et commandeur de la Légion d'honneur en 1814, le baron d'Aboville passa au commandement de l'École d'artillerie de la Fère; là, sa fermeté déjoua, dans les premiers jours de mars 1815, la conspiration militaire des généraux Lefebvre-Desnouettes et Lallemand, qui tentèrent de se rendre maîtres des canons et de marcher sur Paris. Retraité comme maréchal de camp, le 6 octobre 1815, il fit partie (1816) du conseil de guerre qui jugea le colonel Boyer, prévenu d'avoir, en 1815, proclamé le gouvernement impérial et arboré le drapeau tricolore à la Guadeloupe. Le colonel fut condamné à mort.

Élu député par le 1er arrondissement de Laon, le 25 février 1824, avec 153 voix sur 316 inscrits et 290 votants, contre M. Lecarlier d'Ardon, le baron d'Aboville vota avec la droite. Il siégea jusqu'en 1827, et ne fut pas réélu. Soldat avant tout, son rôle parlementaire se borna à présenter, en 1825, une réclamation tendant à faire augmenter l'indemnité des plus pauvres parmi les émigrés (l'amendement fut rejeté), et à soutenir, en 1826, le 11 avril, une proposition adoptée, pour le maintien des droits d'entrée établis sur les salpêtres étrangers, et le 20 mai, une pétition demandant un impôt sur les chiens.

ABOVILLE (ALPHONSE-GABRIEL, COMTE D'), pair de France sous Louis-Philippe, né à Paris, le 28 juillet 1818, est le fils aîné du comte Augustin-Gabriel et le petit-fils, par sa mère, du comte Drouin de Rocheplatte, qui fut maire d'Orléans et député du Loiret sous la Restauration.

M. A-G. d'Aboville, qui était encore en basâge à la mort de son père, ne lui succéda que le 20 juillet 1844 dans ses titres héréditaires. Pair de France depuis cette date jusqu'à la Révolution de février, il fit constamment partie des majorités ministérielles sans les soutenir autrement que par ses votes.

ABOVILLE (AUGUSTE-ERNEST, vicomte d'), frère du précédent, représentant à l'Assemblée nationale de 1871, né à Paris, le 4 décembre 1819, est le second fils du comte Augustin-Gabriel. M. d'Aboville commença ses études au collège Rollin, entra en 1839 à l'École polytechnique, et en 1840 à l'École d'application de Metz, d'où il sortit l'année suivante le premier de sa promotion. Mais il ne resta pas longtemps au service; il était lieutenant au 1er régiment d'artillerie, quand il donna sa démission pour se retirer dans sa terre de Rouville (Loiret) et

se consacrer plus spécialement à des travaux d'économie agricole. Grand propriétaire dans la Nièvre comme dans le Loiret, il avait été nommé maire de Glux (1858); mais il résigna tout à coup ces fonctions, en 1861, en refusant de servir un gouvernement dont l'attitude dans la question italienne blessait ses sentiments catholiques. Plus d'une fois, M. d'Aboville protesta ainsi contre la politique religieuse du second Empire; ces opinions, qui faisaient de lui un des personnages les plus militants du parti conservateur, le firent inscrire sur la liste que les monarchistes présentèrent avec succès, dans le Loiret, le 8 février 1871. Il fut élu, le 6e sur 7, par 32.241 voix sur 100.578 inscrits et 59.480 votants. M. d'Aboville siégea à droite, parmi les légitimistes qui composaient le groupe dit des Réservoirs. Il vota pour les préliminaires de paix, fut un signataire de la proposition d'abrogation des lois d'exil, se prononça pour la loi sur les conseils généraux, contre le retour de l'Assemblée à Paris, pour la pétition des évêques, contre la publication et l'affichage du discours du duc d'Audiffret-Pasquier sur les marchés de la guerre, et vota fréquemment contre le gouvernement de Thiers qu'il contribua à renverser, le 24 mai 1873. Mais il retira sa confiance au ministère issu de cette journée, dès qu'il eut, ainsi que ses amis de l'extrême-droite, perdu tout espoir d'une restauration prochaine de la monarchie de droit divin. Il vota, le 16 mai 1874, contre M. de Broglie et, le 25 février, contre la Constitution.

M. d'Aboville est intervenu à l'Assemblée dans plusieurs débats importants; le 13 août 1871, il déposa une proposition de loi signée de lui et de plusieurs de ses collègues, relativement à la réunion des conseils généraux dans certaines circonstances exceptionnelles, telles que le renversement du gouvernement central: l'urgence fut votée.

En juin et juillet 1872, il prit souvent la parole dans la discussion de la loi sur l'armée, soit pour faire étendre les dépenses, soit pour réclamer la rédaction d'un programme spécial applicable à ceux des candidats au volontariat d'un an qui appartiennent à la population agricole. M. d'Aboville devait revenir, le 6 août 1874, sur les conditions du volontariat, en demandant, sans succès, la réduction à 1,000 francs de la somme de 1,500 francs exigée comme équivalent aux dépenses de nourriture, d'armement, d'équipement et d'entretien des engagés conditionnels.

Le 25 janvier et le 5 juillet 1873, il s'opposa à un crédit supplémentaire demandé pour le traitement du grand chancelier de la Légion d'honneur, et attaqua certaines nominations ou promotions dans cet ordre faites par Thiers depuis le 17 février 1871.

Le 5 février 1874, il soutint, dans la discussion du projet de loi relatif aux nouveaux impôts, un amendement demandant le remplacement du droit de timbre unique de dix centimes sur les factures, quittances, reçus et décharges, par un droit gradué de dix centimes par cent francs. Combattu par M. Benoist d'Azy et par M. Magne, ministre des Finances, l'amendement fut repoussé.

Le 26 février 1875, il proposa et défendit un article additionnel (qui ne fut pas pris en considération) ayant pour objet l'organisation des pouvoirs publics: « La révision des lois constitutionnelles pourra avoir lieu sur l'initiative de M. le maréchal de Mac-Mahon avant que l'Assemblée nationale ait prononcé sa dissolution. »

Le 23 novembre, il soutint une amendement à la loi électorale, portant que l'élection se ferait à deux degrés, les électeurs primaires étant les électeurs inscrits, et les électeurs secondaires étant élus par les précédents dans la proportion de 1 pour 200 habitants de la commune. Rejeté sans discussion.

Le 25 novembre, il proposa les deux articles additionnels suivants à la même loi électorale : « Chaque électeur primaire reçoit un nombre de bulletins de vote égal au nombre de personnes dont il a la charge légale comme chef de famille. Il représente sa femme, ses enfants mineurs, ceux dont il devient le tuteur ou le curateur... » — Tout électeur qui paie de 20 à 100 fr. de contributions directes reçoit un bulletin supplémentaire, deux, s'il paie de 100 à 200 fr., et ainsi de suite. Rejeté. — Après la dissolution de l'Assemblée, M. d'Aboville a posé sa candidature dans le Loiret aux élections sénatoriales du 20 février 1876, mais sans succès.

ABRAHAM (Hippolyte), dit Abraham-Dubois, par l'addition du nom de famille de sa femme au sien, membre de la Chambre des députés sous Louis-Philippe, et représentant à l'Assemblée constituante de 1848, né à Avranches (Manche), le 11 mars 1794, mort à Paris le 3 octobre 1863, était fils de François Abraham, homme de loi à Avranches, et de Charlotte Blondel. Il suivit d'abord l'état militaire et s'y distingua comme sous-lieutenant ; à sa sortie de l'Ecole de Saint-Cyr, en 1812, il fit en Allemagne la campagne de 1813 ; blessé à Dresde et à Kűlhm, il fut fait prisonnier et interné au fond de la Hongrie.

La paix lui rendit la liberté ; mais la Restauration le mit à la demi-solde ; il donna sa démission, et acheta en 1813 une étude de notaire à Granville. Il accueillit avec joie le gouvernement de Juillet, qui lui donna la croix de la Légion d'honneur et le nomma maire de Granville, situation d'une certaine importance politique en raison des menées légitimistes alors très actives entre ce port et les îles anglo-normandes.

Abraham-Dubois s'acquitta, à la satisfaction du gouvernement, du rôle de surveillant qui lui était dévolu, et le ministère soutint sa candidature à la députation, en 1832, dans l'arrondissement d'Avranches. Il fut élu, le 27 mai, en remplacement de M. Angot des Rotours, fils de l'ancien constituant, par 208 voix sur 493 inscrits et 302 votants, et constamment réélu dans la suite, jusqu'à la fin du règne de Louis-Philippe : le 13 décembre 1833, par 220 voix sur 503 inscrits et 328 votants, contre M. Angot, qui obtint 78 voix ; aux élections générales de 1834, par 261 voix, contre M. Motet, président du tribunal civil d'Avranches, qui obtint 112 voix ; en 1837, par 281 voix, contre M. Lepigeon de Saint-Pair qui eut 97 voix ; en 1839, par 273 voix, contre 179 données à M. Angot ; en 1842, par 305 voix, contre 48 à M. de Saint-Germain ; enfin, en 1846, par 308 voix, contre MM. Bouvattier, 162 voix, et Lecampion, 46.

Abraham-Dubois qui siégeait au centre, vota d'abord avec la majorité gouvernementale. Il en fut récompensé, dès 1833, par un siège de conseiller référendaire de deuxième classe à la Cour des comptes. L'année d'après, il inclina, dans maintes circonstances, du côté de l'opposition dynastique.

Un recueil de biographies satiriques de l'époque, le *Procuste parlementaire*, par Fortu-

natus, consacrait à Abraham-Dubois cette notice épigrammatique : « M. Dubois, pour ménager la faiblesse du pouvoir veut bien, malgré ses élans patriotiques, n'être que centre gauche. C'est là ce qu'on appelle son sacrifice d'Abraham. »

C'est à l'occasion de la loi du 24 mai 1834, déterminant les infractions punissables de la déportation, et visant notamment les insurgés revêtus d'un uniforme ou d'insignes militaires, qu'il commença à abandonner le ministère. Le 25 avril 1833, à propos d'un amendement du général Bertrand qu'il soutint, sans succès, devant la Chambre, et qui avait pour but de faire toucher le traitement de la Légion d'honneur aux sous-officiers et soldats nommés par Napoléon du 27 février au 20 mars 1815, il s'était déjà fait reprocher par M. de Lamartine de *vouloir donner une prime à l'insurrection armée*. Les tendances bonapartistes plutôt que « philippistes » d'Abraham-Dubois s'accentuèrent bien plus encore, en 1837, à propos de la loi dite de *disjonction*. Sous l'empire des préoccupations qu'inspirèrent au gouvernement les conspirations militaires, dont le complot de Strasbourg n'était qu'un incident, et aussi sous l'influence de la mauvaise humeur qu'excita le verdict du jury de Strasbourg, qui acquitta plusieurs officiers impliqués dans ce complot, une loi fut présentée à la Chambre pour introduire le principe de disjonction dans la procédure criminelle. D'après ce projet, toutes les fois que pour un même crime on aurait des accusés militaires et des accusés civils, les militaires devaient être renvoyés devant les conseils de guerre et les civils devant les tribunaux ordinaires. Abraham-Dubois fut de ceux qui contribuèrent, par leur vote, au rejet du projet de loi.

Il prit la parole, le 4 mars 1833, dans les débats relatifs à la loi municipale, et fit adopter un amendement obligeant le préfet à statuer dans le délai de trois mois, dans les cas où il lui appartient de donner son approbation, faute de quoi la délibération du conseil municipal devient exécutoire de plein droit ;

Le 4 juin 1835, dans le débat sur la Légion d'honneur, dont il proposa, sans succès, que l'on étendît les attributions du grand Chancelier de de la Légion d'honneur, auquel toutes les demandes devraient être directement adressées. Un comité spécial serait chargé sous sa présidence de prendre les renseignements désirables, et les décorations ne pourraient être accordées que sur l'avis de ce comité ;

Le 16 mars 1837 (loi sur l'enseignement secondaire), il proposa un amendement aux termes duquel tout directeur d'établissement d'instruction secondaire serait tenu d'avoir un certificat délivré, non par le maire de la commune où il aurait résidé, mais par une délibération du conseil municipal revêtue de l'homologation du préfet ;

Le 8 mai 1837, il combattit le projet de loi sur le sel ;

Le 22 mars 1843, il combattit la proposition Duvergier de Hauranne pour le remplacement du vote secret par le vote au scrutin public. Abraham-Dubois allégua, en faveur du vote secret qui fut maintenu alors, le danger du vote public dans les temps de trouble, l'influence des amitiés politiques, l'influence du pouvoir et jusqu'à l'influence des électeurs.

Le 28 mai 1845 et le 8 juin 1846, il prit la parole pour demander une colonisation plus intelligente et plus féconde de l'Algérie, et pour déplorer, sans aller toutefois jusqu'à le condamner, le système de guerre atroce pratiqué à l'égard des Arabes.

Après 1848, Abraham-Dubois sollicita les suffrages des électeurs de la Manche. Il fut envoyé à la Constituante le 23 avril, par 81,204 voix, le 7ᵉ sur 15, avec MM. Havin, Vieillard, de Tocqueville, Gaslonde, etc. La liste qui triompha était une liste de fusion composée de conservateurs et de républicains de nuance très modérée. Abraham-Dubois vota presque toujours avec la droite de l'assemblée :

Le 9 août 1848, *contre* l'amendement Pascal Duprat à la loi rétablissant le cautionnement, rejeté ;

Le 1ᵉʳ septembre, *pour* le rétablissement de la contrainte par corps ;

Le 2 septembre, *pour* le maintien de l'état de siège (proposition Cavaignac, adoptée) ;

Le 25 septembre, *pour* l'impôt proportionnel préféré à l'impôt progressif ;

Le 21 octobre, *contre* l'amendement Deville portant abolition du remplacement militaire ;

Le 12 janvier 1849, *pour* la proposition Rateau (dissolution de la Constituante) ;

Le 21 mars, *pour* l'interdiction des clubs (proposition Odilon Barrot.) Il avait, le 8 juin 1848, d'accord avec son collègue M. Gaslonde, rédigé un projet de décret, qu'ils abandonnèrent depuis, portant qu'aucun papier monnaie, ayant cours legal et forcé, ne serait créé et mis en circulation sur le territoire de l'Empire.

Abraham-Dubois ne fut pas candidat à l'Assemblée législative de 1849. Il se consacra jusqu'à sa mort à ses fonctions de Conseiller référendaire à la Cour des comptes ; le second Empire l'avait élevé en 1854, à la première classe.

ABRIAL (André-Joseph, comte), pair de France, né à Annonay (Ardèche), le 19 mars 1750, mort à Paris, le 13 novembre 1828, fit ses études au collège Louis-le-Grand, puis fut reçu avocat au parlement où il ne tarda pas à se faire remarquer. Le coup d'État du chancelier Maupeou et l'exil des parlementaires, en 1771, l'éloignèrent momentanément du barreau ; il voyagea alors quelque temps au Sénégal, où il dirigea un comptoir. Une maladie grave le ramena en France ; la Révolution venait d'éclater. Après la réorganisation de l'administration judiciaire, en 1791, il entra en qualité de commissaire du roi au tribunal du sixième arrondissement de Paris ; la même année, il obtint l'emploi analogue près le Tribunal de cassation, en remplacement du célèbre Hérault de Séchelles. Il garda ce poste à travers tous les événements de la Révolution jusqu'en 1799. A cette époque, le Directoire l'ayant désigné pour aller organiser la République parthénopéenne, il s'acquitta habilement de sa mission, avec le concours du maréchal Mac Donald. A son retour, il fut nommé commissaire près l'administration du Prytanée français. Après le 18 Brumaire, Bonaparte l'appela au ministère de la Justice. Dans cette haute situation, que les circonstances rendaient particulièrement difficile, il sut faire preuve d'un réel talent. Quand il quitta le ministère, en 1802, ce fut pour entrer au Sénat. Napoléon l'avait nommé titulaire de la sénatorerie de Grenoble, et, peu de temps après, grand officier de la Légion d'honneur. En 1804, il fut envoyé dans le royaume d'Italie et les Etats de Gênes pour y introduire le code civil, à la discussion duquel il avait pris une large part. Il fut fait comte par l'Empereur, en 1808, et

reçut encore de lui la grande croix de l'ordre de la Réunion.

Nommé, en 1812, président du collège électoral du Cantal, il signa l'adresse envoyée par ce collège à Napoléon. Mais, bien qu'il eût été un membre fidèle, entre tous, de la majorité muette du Sénat et de la commission dite « de la liberté individuelle », le comte Abrial n'en vota pas moins, en 1814, la déchéance de l'Empereur. Louis XVIII l'en récompensa en le comprenant sur la liste des pairs de France, d'où l'écarta Napoléon à son retour de l'île d'Elbe, mais où il fut naturellement rétabli à la seconde Restauration. Le comte Abrial fut un des 139 pairs qui votèrent la mort du maréchal Ney.

Vers la fin de 1819, atteint d'une cécité presque absolue, il n'aborda plus la tribune jusqu'à l'époque de sa mort.

Le 27 août 1814, il avait parlé en faveur de l'établissement de la censure pour deux ans, à propos du projet de loi sur la presse.

Le 8 mars 1816, il déposa le rapport de la commission chargée d'examiner la résolution de la Chambre des députés du 9 février 1816, relative à la suppression des pensions ecclésiastiques dont jouissaient des prêtres mariés ou ayant renoncé à leur état en embrassant une profession incompatible avec le sacerdoce. Le comte Abrial combattit vivement la résolution de la Chambre, qui n'en fut pas moins adoptée, le 9 mars, par la Chambre des pairs, sur les instances de Châteaubriand.

Le 21 décembre 1816, Abrial déposa un long rapport sur le projet de loi relatif aux effets du divorce. Il insista surtout sur la nécessité d'interdire le mariage à tout conjoint précédemment divorcé avant le prédécès de l'autre conjoint, même quand celui-ci était remarié ; il défendit cette prohibition par des arguments tirés : « de l'état de la législation, » — la loi d'abolition du divorce devant produire tous ses fruits, — de « la morale, dont le domaine embrasse tous les temps, » — de « la religion, enfin, qui élève sa voix encore plus haut ».

Le 25 février 1817, il conclut, au nom de la commission, à l'adoption du projet de loi donnant au pouvoir le droit de renvoyer les ouvrages incriminés devant les tribunaux par la voie de la saisie. Adopté, le 11 mars, à l'unanimité par la Chambre des pairs.

Le 18 avril 1818, enfin, il présenta le rapport sur un projet qui réunissait, en une seule et même loi, tout ce qui concerne la contrainte par corps pour causes civiles et pour dettes commerciales.

Le comte Abrial avait épousé en secondes noces, au mois de juillet 1811, sa parente, Mlle Abrial, et Napoléon 1ᵉʳ avait voulu signer au contrat. — Plusieurs membres de la famille Abrial remplirent d'importantes fonctions publiques sous le gouvernement consulaire et impérial.

ABRIAL (André-Pierre-Etienne, comte), fils du précédent, né à Paris, le 5 décembre 1783, du premier mariage du comte Abrial, mort à Paris, le 26 décembre 1840, entra de bonne heure dans la carrière politique. Il fut nommé successivement auditeur près le ministre de la Justice, à la section de législation, auditeur au conseil d'État, commissaire-général de police à Lyon, le 12 septembre 1810, et préfet du Finistère en 1813. Le gouvernement de la première Restauration, qui le trouva dans cette dernière fonction, se borna à lui décerner le titre de maître des requêtes honoraire, le

29 juin 1814. Les Cent-Jours lui rendirent la situation administrative qu'il avait perdue : il fut nommé préfet du Gers au mois d'avril 1815. Cette circonstance ne l'empêcha point de faire adhésion, après Waterloo, à la royauté restaurée, et sa soumission lui valut, à défaut de la préfecture du Gers, la place de maître des requêtes au conseil d'État, en service extraordinaire, le 4 novembre 1818, et en service ordinaire, attaché au comité de la marine, le 12 juillet 1820. Ce fut le 14 février 1829 qu'il succéda à son père dans la dignité héréditaire de la pairie. Il avait porté d'abord le titre de *baron*, puis celui de *vicomte*, en vertu de l'ordonnance royale du 25 août 1817, réglant la hiérarchie des titres dans les familles des pairs de France. Le vicomte Abrial avait épousé Mlle Treilhard, fille du célèbre conseiller d'État de ce nom.

A la Chambre des pairs, Abrial prit part, les 21 et 22 avril 1829, à la discussion du Code pénal militaire : il présenta, le 13 novembre 1830, le rapport de la commission chargée d'examiner le projet de loi relatif à la suppression des juges auditeurs, et le 18 février 1834 celui de la commission de la loi relative à l'augmentation de la gendarmerie et de ses attributions dans les départements de l'Ouest, toujours troublés par les restes de la chouannerie. Abrial s'était rallié au Gouvernement de Juillet, et avait voté, en 1831, *contre* l'hérédité de la pairie.

ABRIAL (Jean-Pierre-Léon), député en 1884, né à Graulhet (Tarn), le 28 décembre 1836, était l'arrière petit-fils de Barthélemy Abrial, magistrat à Lavaur, en 1800, et l'arrière petit-neveu du comte André-Joseph Abrial. Il ne prit lui-même aucune qualification nobiliaire. Avocat, il fut élu, comme conservateur monarchiste, par la 1re circonscription de Castres, le 23 mars 1884, avec 9,182 voix sur 21,365 inscrits et 16,830 votants, contre 6,508 voix données à M. Dousset, républicain, et 1,005 à M. Ladevèze, candidat ouvrier. Il remplaçait à la Chambre M. Frédéric Thomas, député républicain, décédé. Pendant les quelques mois qu'il siégea, M. Abrial vota toujours avec la droite. Lors du renouvellement général de la Chambre, au scrutin de liste, le 4 octobre 1885, il fut porté sur la liste conservatrice du département du Tarn ; mais il échoua. Il avait obtenu 46,353 voix sur 110,561 inscrits et 94,149 votants. La liste républicaine fut élue avec un minimum de 47,226 voix.

ABZAC DE LA DOUZE (Jean, marquis de la Douze, baron de Lastours et de Montan-çais, seigneur de Reillac, de la Crosse, de Leguillac-en-Lanche, de Barière, de Vergnolles, de Sanillac, de Vieilleville, de Peyramond, etc., etc. en Périgord et en Limouzin), député sous la Restauration, né à Périgueux (Dordogne), le 20 avril 1781, mort à Périgueux, le 7 février 1834, était issu d'une illustre famille périgourdine que d'Hozier fait remonter au xiiie siècle. La branche aînée de la famille s'était éteinte à la fin du dix-septième siècle. Le député de la Restauration fut le chef de la branche cadette, alliée à celle des Talleyrand. Propriétaire de nombreux domaines dans l'ancien Périgord, le marquis d'Abzac, qui était maire de Périgueux et chevalier de Saint-Louis depuis 1814, fut élu, le 22 août 1815, député pour le département de la Dordogne par 125 voix sur 201 votants et 274 inscrits. Il siégea au centre de la Chambre de 1815, dite

Chambre *introuvable*, et y vota constamment avec la majorité. Lors des élections générales qui suivirent la dissolution, en 1816, d'Abzac de la Douze, ayant moins de quarante ans d'âge, ne put se représenter. Ses fonctions de maire cessèrent également en 1820. Il ne reparut à la Chambre qu'en 1827. Dans cette législature comme dans l'autre, il ne prit part que par ses votes aux travaux parlementaires.

ACCARIER (Jean-Baptiste-Joseph), membre de la Chambre des députés sous Louis-Philippe, né à Besançon, le 3 mars 1773, mort à Arc (Haute-Saône), le 7 août 1837, fut nommé comme candidat libéral, le 23 juin 1830, député de l'arrondissement de Gray (Haute-Saône), par 148 voix contre 91 données au candidat royaliste, M. de Villeneuve, directeur général des postes, sur 240 votants et 264 inscrits.

Accarier siégea à l'extrême-gauche. Il intervint, à l'Assemblée, surtout dans les matières de législation électorale ; demanda, le 7 février 1831, que, dans les communes qui ont des hameaux séparés ayant des intérêts autres que ceux de la commune principale ou chef-lieu, il soit attribué à chacun de ces hameaux un nombre de conseillers municipaux proportionné à sa population ; il réclama sans succès, le 4 mars, l'augmentation de la députation de la Haute-Saône, qui devait être, selon lui, de quatre députés au lieu de trois, d'après la proportion même établie par le projet du Gouvernement (un député par 70,000 habitants et 485,600 francs de contributions). — Après sa réélection par la même circonscription, le 6 juillet 1831, avec 180 voix sur 302 votants et 357 inscrits, contre MM. Dornier (105) et Brusset, ancien député légitimiste (10), le mauvais état de sa santé l'obligea presque constamment à solliciter des congés et le détermina enfin à donner sa démission, le 19 juin 1833.

ACHARD (Jacques-Michel-François, baron) représentant du peuple à la Législative de 1849, et sénateur du second Empire, né à l'île de Sainte-Lucie (Antilles), le 14 octobre 1778, mort à Paris, le 6 janvier 1865, s'enrôla dès l'âge de quatorze ans avec son frère aîné dans un bataillon de volontaires où son père commandait une compagnie, pour reconquérir la colonie au nom de la liberté. Ils parvinrent d'abord à chasser les Anglais ; mais un retour offensif de lord Abercromby avec 35,000 hommes obligea, en l'an III, les Français à capituler ; le jeune Achard, qui s'était distingué parmi les plus braves et avait été fait lieutenant sur le champ de bataille, resta jusqu'en l'an VI sur les pontons de Portsmouth. Rentré en France, il fit partie, comme lieutenant, du 13e puis du 19e léger, et prit part à la bataille de Marengo, puis à la campagne de l'an IX sur le Mincio. Ses brillants états de service et sa qualité de colon le firent désigner pour suivre l'expédition de Saint-Domingue sous le général Leclerc, contre Toussaint-Louverture. Nommé capitaine-adjudant-major, Achard fut blessé trois fois en diverses escarmouches ; au combat de la Croix-des-Bouquets, il reçut vingt-trois coups de sabre. Laissé pour mort, il guérit cependant, et après de nouveaux faits d'armes fut nommé capitaine de grenadiers, et proposé pour un sabre d'honneur, par le général Rochambeau, qui avait succédé au général Leclerc.

Complètement rétabli de ses blessures, il passa en Hollande, sous le prince Louis, assista comme chef de bataillon au siège d'Ebersberg

1809). Décoré à Vienne par Napoléon, il se trouva aux batailles d'Essling et de Wagram. Colonel lors de la campagne de Russie, il fut cité avec honneur dans les bulletins de la Grande Armée. En 1813, il était du corps d'armée qui, sous les ordres du prince d'Eckmühl, occupa Hambourg et ses environs.

La Restauration lui conserva le commandement de son régiment et le nomma (1815) chevalier de Saint-Louis. Mais le colonel Achard ayant accepté de Napoléon, pendant les Cent-Jours, le grade de général de brigade et le commandement des troupes envoyées en Vendée pour combattre l'insurrection, Louis XVIII, à sa seconde rentrée, le tint quelque temps en non-activité et en disgrâce. Il ne reprit son grade, avec le titre de maréchal de camp, qu'en 1824, après avoir fait la campagne d'Espagne. Il fut aussi en 1830 un des premiers qui mirent le pied en Afrique. Ce fut lui qui reçut la soumission du bey de Titery. Revenu avec le brevet de lieutenant-général, il commanda une division au siège d'Anvers (1832) et fut appelé en 1837 au commandement de la troisième division militaire (Metz) qu'il garda pendant dix ans.

Le Gouvernement de Juillet le nomma pair du royaume. En mai 1849, les électeurs du département de la Moselle, où se trouvait le chef-lieu de sa division, l'élurent, par 43,244 suffrages, pour le représenter à la Législative. A la Chambre des pairs, il avait fidèlement soutenu le gouvernement de Louis-Philippe; à l'Assemblée législative, il suivit la politique de l'Elysée, et vota, notamment :

20 octobre 1849, *pour* le projet de loi portant demande de crédits pour l'expédition romaine, adopté;

5 novembre, *pour* la proposition du général Baraguey d'Hilliers, tendant à abolir la gratuité absolue des Ecoles polytechnique et militaire, adopté;

8 décembre, *contre* la proposition Savatier-Laroche, tendant à l'abolition de la peine de mort, rejeté;

31 mai 1850, *pour* la nouvelle loi électorale, portant restriction du suffrage universel, adopté;

6 juin, *pour* la loi portant interdiction des clubs, adopté;

11 juillet, *pour* le maintien de l'état de siège à la Pointe-à-Pitre, et l'application de la même mesure à la colonie de la Guadeloupe, adopté;

16 juillet, *pour* le cautionnement et l'impôt du timbre des écrits périodiques, adopté;

27 novembre, *pour* la proposition du général de Grammont, demandant la translation du siège du gouvernement hors de Paris, rejeté.

Le général Achard ne prit la parole dans aucune assemblée. Au coup d'état, il fit partie de la commission consultative nommée par le prince-président, qui l'appela au Sénat en 1852.

Créé baron sous le premier Empire, il était grand-croix de la Légion d'honneur depuis 1832, commandeur de l'ordre de Saint-Ferdinand d'Espagne, du Lion belge, etc.

ACHARD (Antoine-Philippe-Adrien), membre de la Chambre des députés, né à Genève de parents français, le 12 décembre 1814, se fit connaître de bonne heure comme un membre militant du parti républicain, et fut compris, à ce titre, dans les proscrits du coup d'Etat, en décembre 1851. Il n'entra dans la vie parlementaire qu'à l'âge de 65 ans, les électeurs de la première circonscription de Bordeaux l'ayant élu député (le 14 septembre 1879, après l'annulation par la Chambre de l'élection de Blanqui) par 4,703 voix sur 9,344 votants et 24,149 inscrits; Blanqui n'obtint que 4,542 suffrages. M. Achard se fit inscrire au groupe de la Gauche radicale. Ses principaux actes, jusqu'aux élections générales de 1881, furent :

Le 8 juin 1880. Dépôt du rapport sur la proposition de loi de M. Benjamin Raspail ayant pour objet la consécration du 14 Juillet comme fête nationale. L'urgence fut déclarée et la proposition votée séance tenante;

Le 18 juin 1880 et le 6 mars 1881. Dépôt et défense d'un rapport sur une proposition de M. B. Raspail ayant pour objet de supprimer le chapitre métropolitain de Sainte-Geneviève et de rendre le Panthéon à sa destination première. La Chambre vota la prise en considération, l'urgence, puis la proposition elle-même;

Le 2 avril 1881. Discours contre les droits sur les vins, dans la discussion générale du tarif des douanes;

Le 2 juin 1881. Discours en faveur du système de la chaussure militaire dite « soulier Godillot » contre le brodequin napolitain, à propos du projet de loi présenté par le général Farre, ministre de la Guerre, pour modifier la chaussure des troupes à pied. Le brodequin napolitain fut adopté pour être mis en usage après l'épuisement du stock de souliers et de guêtres d'ancien système.

La 1re circonscription de Bordeaux ayant renouvelé à M. Achard son mandat lors des élections du 21 août 1881, par 6,533 voix contre 934 à M. Andrieux, candidat socialiste, sur 7,964 votants et 17,564 inscrits, il revint siéger sur les mêmes bancs. Plusieurs fois président du groupe de la Gauche radicale pendant cette législature, M. Achard se montra l'adversaire déterminé des théories protectionnistes; le 28 mars 1882 et le 22 décembre 1883, il parla en faveur de l'importation des viandes de porc de provenances étrangères; les 3, 21 février et 3 mars 1885, il combattit vivement le droit protecteur de 4 francs dans le débat sur les propositions de loi de MM. Georges Graux, Robert et Ganault portant modification du tarif général des céréales. D'autre part, le 18 janvier 1883, il défendit le principe de l'élection des juges (discussion sur la réforme judiciaire), et prit part, le 31 juillet de la même année, au débat sur les conventions avec les grandes Compagnies de chemins de fer; il attaqua particulièrement la convention avec la Compagnie du Midi. Le 29 novembre 1884 (discussion du projet de loi portant modification des lois organiques sur l'organisation du Sénat et les élections des sénateurs), il demanda par amendement la suppression absolue de l'inamovibilité des sénateurs. Défendu par son auteur, l'amendement fut pris en considération par la Chambre, mais rejeté le surlendemain sur la demande de la commission. Le 19 mars 1885 (débat sur la proposition Constans en faveur du scrutin de liste par département), il demanda le maintien du scrutin d'arrondissement, comme plus conforme aux principes républicains et plus favorable à la représentation des minorités. « C'est une grande erreur, dit-il, que de prétendre que ce n'est que par le scrutin de liste qu'on pourra constituer une majorité unie et compacte. »

Lors du renouvellement de la Chambre, le 4 octobre 1885, au scrutin de liste, M. Achard échoua avec la liste radicale de la Gironde; n'ayant obtenu, au premier tour, que 16,598 voix sur 162,286 votants et 203,661 inscrits, il se désista en faveur de la liste républicaine modérée. Compris, aux élections complémentaires de la Seine, sur la liste dressée sous l'influence des principaux journaux radicaux de Paris, il fut élu, au second tour, le 27 décembre 1885, par 157.448 voix sur 347.089 votants,en même temps que MM. de Douville-Maillefeu, Maillard, Brialou, Millerand et Labordère. Dans la nouvelle assemblée, M. Achard siégea à l'extrême-gauche : il a voté constamment avec les radicaux :

Le 3 décembre 1886, *pour* l'amendement Colfavru, portant suppression des sous-préfets d'amendement fut voté, mais n'eut d'autre effet que la chute du ministère Freycinet-Boulanger ;

Le 17 mai 1887,*pour* la proposition de résolution de la commission du budget,tendant à renvoyer en bloc au gouvernement son projet de budget, adopté (détermina la chute du ministère Goblet);

Le 19 novembre 1887,*pour* la discussion immédiate de l'interpellation Clémenceau sur la politique générale (chute du ministère Rouvier);

Le 31 mars 1888, *pour* l'urgence sur la proposition de loi de M. Camille Pelletan, relative à la revision des lois constitutionnelles, adopté; (chute du ministère Tirard);

Le 11 février 1889, *pour* le rétablissement du scrutin d'arrondissement, proposé par le ministère Floquet :

Le 14 février, *contre* l'ajournement du débat sur la revision des lois constitutionnelles,proposé par M. de Douville-Maillefeu (l'ajournement, adopté, amena la chute du ministère Floquet).

Très dévoué à la cause du libre-échange, M. Achard a encore prononcé, le 8 mars 1887 (discussion des propositions de loi élevant de 3 à 5 fr. le droit sur les céréales), un long discours pour soutenir un amendement signé de lui et de plusieurs de ses collègues radicaux, et ainsi conçu:

« *Article unique.* — A partir du 1er juillet prochain tous les droits sur les céréales sont supprimés. » L'amendement ne fut pas adopté.

ACHARD DE BONVOULOIR (Luc-René-Charles, comte), député aux Etats-Généraux de 1789, né au Passais (Orne), le 19 mars 1744, mort à Condé-sur-Sarthe, en 1827, appartenait à l'une des plus anciennes familles dont le nom se retrouve en Poitou, en Angoumois, en Dauphiné et en Normandie. La branche de Normandie, qui a donné son nom au Bourg-Achard, près de Rouen, et au Perthuis-Achard, près de Domfront, était établie dans le pays depuis le commencement du xie siècle (Achard, chevalier, châtelain de Domfront, en 1020, signa la charte de fondation de l'abbaye de Lonlay, en 1026). Cette branche normande se divisa en trois rameaux : les *Achard de Valognes*, les *Achard des Hautenses, de la Vente* et *de la Léluardière*, et les *Achard de Bonvouloir*.

Chevalier de Saint-Louis et capitaine de cavalerie, le comte Achard de Bonvouloir « demeurant en son château du Désert, élection de Saint-Lo », fut chargé, en 1789, du mandat de la noblesse du Cotentin aux Etats-Généraux. A l'Assemblée, il se montra le défenseur obstiné des privilèges de son ordre, protesta, le 30 mai 1789, contre la double représentation accordée au tiers-état, et ne revint siéger à l'Assemblée nationale que le 28 juillet suivant, après avoir donné connaissance de l'autorisation qui lui en était accordée par ses commettants. Le 2 octobre, il proposa d'autoriser le prêt à intérêt, afin de favo-

riser, dit-il, la circulation de l'argent. Reprise par Pétion et longuement débattue dans la séance suivante, la motion fut finalement adoptée par l'Assemblée sous cette forme : « L'Assemblée nationale décrète que tous particuliers, corps, communautés et gens de mainmorce pourront, à l'avenir, prêter de l'argent à terme fixe, avec stipulation d'intérêts, suivant le taux déterminé par la loi, sans entendre rien innover dans les usages des différentes places de commerce. » A la séance du 11 mars 1791, Achard de Bonvouloir s'éleva avec vivacité contre l'égalité proposée dans les partages de succession, déclarant que le projet du comité tendait à détruire les coutumes de la ci-devant province de Normandie, et que « la majorité des ci-devant Normands entendait conserver sa coutume ». La proposition n'en fut pas moins décrétée. Vers la fin de la session, il protesta encore contre l'abolition des prérogatives et des coutumes de Normandie, et se prononça pour une variété de lois et de règlements en rapport avec les mœurs et habitudes particulières à chaque province. — La dissolution de l'Assemblée constituante mit fin à la carrière politique du comte Achard de Bonvouloir ; il émigra presque aussitôt, et ne rentra en France qu'en 1801. Il vécut alors retiré dans ses terres, où il s'occupa surtout d'améliorations agricoles.

ACHARD DE BONVOULOIR (Eugène-François-Charles), député sous la Restauration, fils aîné du précédent et de Marie-Anne-Jeanne de Saint-Denis, né au Passais (Orne), le 7 décembre 1776, mort au château de Vaulaville (Calvados), le 2 mai 1866, était élève à l'Ecole de marine à l'époque de la Révolution. Il suivit son père dans l'exil, combattit à l'armée des princes, puis entra dans la marine russe où il servit jusqu'en 1801. De retour en France, il s'abstint, sous l'Empire, de toute participation aux affaires. Nommé plusieurs fois sous la Restauration président du collège électoral de Bayeux et notamment, en 1823, il fut, le 17 avril, élu député par ce collège avec 212 voix sur 316 votants et 543 inscrits, contre Népomucène Lemercier, le poète tragique, candidat libéral, qui en obtint 174. Il eut à peine le temps de siéger, la Chambre ayant été dissoute presque immédiatement.

Aux élections du 25 février 1824, il se représenta, mais il n'obtint que 233 voix contre Tardif, qui fut élu avec 256 voix sur 590 inscrits et 492 votants. Jusqu'en 1830, époque à laquelle il se retira de la vie publique, Achard de Bonvouloir fit partie à plusieurs reprises du conseil général du Calvados; il le présida même, de 1824 à 1830.

ACHARD DE BONVOULOIR (Charles), frère puîné du précédent, né au Désert, près Saint-Lô (Manche), le 15 mars 1780, mort au château de Chance (Calvados), le 14 décembre 1870, partagea, sous le premier Empire, la retraite de son père et ne fut mêlé aux affaires publiques qu'après le second retour de Louis XVIII. Conseiller général de la Manche de 1816 à 1830, il fut élu, le 24 novembre 1827, député du collège départemental de la Manche, au deuxième tour de scrutin, par 186 voix sur 259 votants et 357 inscrits. Il siégea à droite, et fut de ceux qui votèrent en 1830 contre l'adresse qui prépara la Révolution de Juillet. De ce jour, il ne put obtenir le renouvellement de son mandat, bien qu'il se fût représenté aux lections de 1839, et, dans l'arrondissement de Mortain, le 12 décembre 1840.

ACLOCQUE (Paul-Léon), représentant à l'Assemblée nationale de 1871, membre de la Chambre des députés de 1876, né à Montdidier (Somme), le 19 janvier 1834, entra à l'Ecole de Saint-Cyr en 1853. Promu lieutenant en 1857, après avoir passé par l'École d'application d'Etat-major, il donna presque aussitôt sa démission pour se consacrer à la création d'un grand établissement métallurgique dans l'Ariège.

Il avait, dans la garde nationale de la Seine, le grade de lieutenant-colonel d'état-major, quand il fut chargé, au début de la guerre franco-allemande, d'organiser le 69e bataillon de mobiles (mobiles de l'Ariège). Il fit à leur tête, comme colonel, les campagnes de la Loire et des Vosges, et fut décoré le 9 novembre 1870, sur le champ de bataille de Coulmiers. Il passa officier de la Légion d'honneur le 10 février 1878.

Le 8 février 1871, l'Ariège le nomma, le 5e et dernier sur la liste, représentant à l'Assemblée nationale, par 27,775 voix sur 72,427 inscrits et 46,250 votants. Tout d'abord, il se fit inscrire à la réunion Feray (Centre gauche) dont il fut quelque temps le secrétaire, et qui se proposait d'organiser provisoirement la République conservatrice, « tout en réservant la constitution définitive à donner à la France. » Mais, à partir du 24 mai 1873, il siégea au Centre droit, et suivit le plus souvent la politique des conservateurs orléanistes de l'Assemblée, sauf, pourtant, le 25 février 1875, époque à laquelle il vota la Constitution, de concert avec MM. Wallon, Léonce de Lavergne, et autres membres dissidents du Centre droit. Ils formèrent alors un nouveau groupe : le groupe Lavergne.

A l'Assemblée de Versailles, M. Aclocque défendit les théories protectionnistes (1er février 1872, débat sur les traités de commerce), et combattit (15 mai 1872) la liberté d'association.
Il vota :
Le 1er mars 1871, pour les préliminaires de paix ;
Le 16 mai 1871, pour les prières publiques, dans le but de « supplier Dieu d'apaiser nos discordes civiles et de mettre un terme aux maux qui nous affligent » (proposition Cazenove de Pradines) ;
Le 23 juillet 1873, contre la dissolution de l'Assemblée (proposition Malleville) ;
Les 19-20 novembre 1873, pour le septennat du maréchal de Mac-Mahon ;
Le 16 mai 1874, en faveur du ministère de Broglie, pour la priorité donnée à la loi électorale politique sur la loi électorale municipale.
Il s'abstint dans les questions suivantes :
Le 30 août 1871 : Pouvoir constituant de l'Assemblée (1er paragraphe du préambule de la constitution Rivet) ;
Le 24 juin 1873 : Arrêté de M. Ducros, préfet du Rhône, interdisant les enterrements civils.
Avant de voter la Constitution de 1875, M. Aclocque avait proposé que l'Assemblée nationale ne se séparât qu'en 1880. L'idée n'eut pas de succès, bien que soutenue dans la France par Emile de Girardin.
Ayant échoué aux élections sénatoriales de février 1876 dans l'Ardèche, où les conservateurs le portaient avec un bonapartiste, M. de Saint-Paul, il se représenta, le même mois, à la députation dans l'arrondissement de Foix, comme candidat « constitutionnel », et, cette fois, fut élu par 9,348 voix sur 24,135 inscrits et 18,617 votants, contre 9,182 voix à M. Dauzon, candidat républicain. Il siégea de nouveau dans le groupe dit « constitutionnel », et fut candidat officiel du maréchal de Mac-Mahon après le 16 Mai ; mais le candidat républicain, M. Anglade, l'emporta sur lui dans la circonscription de Foix. Il échoua encore aux élections générales de 1885, et n'obtint au scrutin de liste, que 26,538 voix sur 73,327 inscrits et 55,266 votants.
— Dans l'intervalle, en 1883, M. Aclocque avait été élu par les conservateurs du quartier de la Muette (XVIe arrondissement), conseiller municipal de Paris, avec 1,079 voix contre M. Chauvin radical (1,020). Il remplaçait M. Thulié, républicain démissionnaire. Il fit partie de la droite du conseil en compagnie de MM. Riant, Marius Martin, Hervé, Bartholoni, etc., et défendit ardemment, comme conseiller général de la Seine, diverses propositions en faveur du relèvement des tarifs des douanes et du système protectionniste. Il se représenta dans le même quartier aux élections municipales du 4 mai 1884, mais il échoua au scrutin de ballottage. M. Millerand, radical-autonomiste, fut élu à sa place par 1,491 voix ; M. Aclocque en obtint 1,401. — M. Aclocque possède un certain talent de peintre amateur ; on cite de lui quelques toiles remarquées.

ADAM (Jean-Charles), député à l'Assemblée législative de 1791, né à Bouzonville (Moselle), le 26 octobre 1754 (date de sa mort inconnue), fut successivement vice-président du district de Sarreguemines, puis accusateur public près le même district, avant d'être élu par ses concitoyens de la Moselle, député à la Législative, le 5 septembre 1791. Il siégea à gauche ; le Moniteur est muet sur son rôle dans l'assemblée.

ADAM (Antoine-Edmond), représentant à l'Assemblée nationale de 1871, né le 19 novembre 1816, d'une famille de cultivateurs, au Bec-Hellouin (Eure), mort à Paris, le 14 juin 1877, vint terminer à Paris, à l'Ecole de droit, ses études commencées au collège de Rouen, puis débuta dans le journalisme démocratique, au Précurseur d'Angers, dont il devint bientôt le rédacteur en chef. Il fit partie aussi, avant 1848, de la rédaction du National ; à la Révolution de février, comme Armand Marrast venait d'être appelé au poste de maire de Paris, Edmond Adam lui fut donné pour adjoint (10 mars 1848). Le 13 avril 1849, l'Assemblée constituante le comprit parmi les quarante membres désignés pour former le Conseil d'Etat, en même temps que Gauthier de Rumilly, Jean Reynaud, Edouard Charton, Jules Simon, etc. Il donna sa démission le lendemain du coup d'Etat, rentra dans la vie privée pour s'occuper activement d'affaires, et fut, jusqu'en 1866, secrétaire-général du Comptoir d'Escompte. Dans les dernières années de l'Empire, il contribua avec M. Peyrat, à la fondation du journal républicain, l'Avenir national.
Le 4 Septembre le rendit à la vie politique. Il fut (11 octobre 1870), nommé préfet de police par le gouvernement de la Défense nationale ; mais il donna sa démission à la suite des événements du 31 octobre, ne voulant pas s'associer aux mesures projetées, malgré les engagements pris, contre les principaux chefs du mouvement insurrectionnel. Edmond Adam dut à cette attitude d'être envoyé par le département de la Seine à l'Assemblée nationale, le 8 février 1871, avec 73,245 suffrages. A Bordeaux, puis à Ver-

3

sailles, il siégea sur les bancs de l'Union républicaine qui le choisit comme vice-président, puis comme président. Il se prononça le 1er mars 1871, *pour* les préliminaires de paix; le 10 juin, *contre* l'abrogation des lois d'exil des membres de la famille des Bourbons; le 30 août, *pour* la proposition Rivet; le 3 février 1872, *pour* le retour de la Chambre à Paris; le 24 août 1871, *contre* la dissolution des gardes nationales; appuya Thiers le 24 mai, vota enfin contre le septennat et *pour* la Constitution du 25 février 1875.

Alors que M. Henri Rochefort, condamné à la déportation, était relégué à la prison de l'île d'Oléron, Edmond Adam prit ses enfants sous sa protection et en réclama la tutelle; c'est encore lui qui aida puissamment 'à l'évasion de l'auteur de la *Lanterne*, en lui expédiant les 25,000 francs dont une forte partie était promise au capitaine du navire anglais qui était venu le chercher dans les eaux de Nouméa.

En décembre 1875, il fut élu sénateur inamovible par 314 voix. Moins de deux ans après, il mourait d'un anthrax à la nuque. Victor Hugo, présent aux funérailles, rappela « sa loyauté scrupuleuse, son respect de la parole donnée, son dévouement sans réserve à la liberté, à la République, à la Révolution. » — Edmond Adam avait épousé Mlle Juliette Lamber, qui s'était fait un nom dans la littérature, et dont le salon, fréquenté depuis dix-sept ans par les notabilités de la politique et des arts, est devenu un centre d'influence dans le monde parisien.

ADAM (GABRIEL-ANTOINE), sénateur en 1876, né à Rozoy-en-Brie (Seine-et-Marne), le 28 janvier 1800, mort à Paris, le 5 août 1885, exerça, avant d'entrer dans la vie politique, la profession d'avoué à Paris. Il fut maire de Clichy-la-Garenne (Seine), puis, se présenta le 30 janvier 1876, avec M. Foucher de Careil, comme candidat républicain au Sénat. Élu le second sur deux, par 321 voix sur 611 électeurs, il alla siéger à la gauche républicaine, ne parut à la tribune que rarement et pour y présenter de courtes observations, par exemple, le 3 mai 1877, sur le livre 1er du projet de Code rural (intervention des syndicats pour l'ouverture des chemins ruraux). Il vota :

Le 22 juin 1877, *contre* la dissolution de la Chambre des députés, demandée, au nom du maréchal de Mac-Mahon, par le gouvernement du Seize-Mai;

Le 9 mars 1880, *pour* l'article 7 du projet Ferry sur la liberté de l'enseignement supérieur;

Le 9 juillet 1880, *pour* le projet tendant à donner, sauf certaines exceptions, le caractère de l'amnistie aux grâces accordées par le gouvernement à des condamnés de la Commune.

M. Adam avait obtenu, en 1882, le renouvellement de son mandat sénatorial, par 467 voix sur 604 votants.

ADAM DE LA POMMERAYE (FRANÇOIS-ANASTASE), député sous la Restauration et sous le gouvernement de Juillet, né à Caen, le 1er mars 1779, mort à Paris, le 16 avril 1832, appartint d'abord à l'armée, où il parvint jusqu'au grade de chef d'escadrons. Il avait pris sa retraite quand il fut élu comme candidat libéral dans l'arrondissement de Caen, le 1er octobre 1821, par 368 voix sur 682 votants et 920 inscrits, contre M. Daigremont de Saint-Manvieux, ancien député, qui obtint 296 voix. La vérification de ses pouvoirs donna lieu, le

12 novembre, à un débat : M. Ravez, de l'extrême-droite, rapporteur, concluait à l'invalidation, s'appuyant sur ce que le président du collège avait négligé de faire prêter le serment à un certain nombre d'électeurs. L'élection fut validée, grâce à l'appui du général Sébastiani et de M. Courvoisier, et à l'appoint d'une partie de la droite.

Aux élections générales du 25 février 1824, M. Daigremont de Saint-Manvieux l'emporta à son tour avec 469 voix contre 403 sur 884 votants; mais Adam de la Pommeraye prit sa revanche, le 17 novembre 1827, avec 511 voix sur 764 votants et 887 inscrits. Les légitimistes lui avaient opposé cette fois M. Dupont-Longrais, président de la Cour royale de Caen.

Dans ces diverses législatures, Adam de la Pommeraye siégea sur les bancs de la gauche et vota constamment avec elle, sans monter à la tribune.

Après les journées de Juillet 1830, le député du Calvados fut adjoint aux commissaires chargés par Louis-Philippe de décider Charles X à quitter la France, et de l'accompagner jusqu'à Cherbourg. Le 10 août, il rejoignit à Falaise ses collègues, le maréchal Maison, de Schonen et Odilon Barrot : il avait reçu la mission spéciale de hâter la marche du cortège et de faire prendre au roi déchu la route de Caen. Informé des instructions d'Adam de la Pommeraye, Charles X reçut assez mal l'envoyé de Louis-Philippe, dans une petite auberge à quelque distance de Falaise, et se montra inébranlable dans sa volonté de prendre le chemin de Condé-sur-Noireau. Deux jours après, à Saint-Lô, Charles X ayant appris que les gardes nationaux de la ville, commandés par le général Hulot, s'étaient soulevés, et menaçaient de disperser son escorte, fit appel à l'intervention d'Adam de la Pommeraye qui calma les gardes nationaux, et obtint d'eux libre passage. Avant de s'embarquer, Charles X remit à Odilon Barrot, qui lui en avait exprimé le désir, un mot dans lequel il certifiait les égards dont il avait été l'objet de la part des commissaires, et « leurs attentions et leurs respects pour sa personne et sa famille ».

Adam de la Pommeraye fut réélu le 5 juillet 1831, dans l'arrondissement de Caen par 461 voix sur 493 votants et 623 inscrits; il fut un des premiers députés victimes du choléra de 1832, à Paris.

ADAM-DESCHAMPS (JEAN-LOUIS-URBAIN), député à l'Assemblée législative de 1791, né à Chinon, le 13 décembre 1754, mort à Chinon le 24 mai 1825, était homme de loi avant la Révolution. Procureur syndic du district de Chinon en 1789, il fut élu par le département d'Indre-et-Loire, le 29 août 1791, représentant à l'Assemblée législative. Il siégea sur les bancs de la gauche, et ne joua qu'un rôle assez effacé, puis se retira à Chinon, à l'expiration de son mandat. Ce vieux républicain, qui avait boudé l'Empire, se rallia à la Restauration, qui le nomma, en 1823, juge-suppléant au tribunal de 1re instance de Chinon, à l'âge de 69 ans, deux ans avant sa mort.

ADAM DE VERDONNE (LOUIS-JOSEPH), député à l'Assemblée constituante de 1789, né à Soissons (Aisne), le 7 décembre 1753, mort à Vailly (Aisne), le 6 novembre 1831, était conseiller du roi et lieutenant-général civil, criminel et de police au bailliage royal de Valois à Crépy, quand éclata la Révolution. Il habitait alors à Bucy-le-Long (Aisne). Élu député du tiers aux Etats-Généraux par le bailliage de Crépy-en-Valois, il fut de ceux qui prêtèrent le serment du Jeu de Paume; depuis, son nom ne figure plus dans l'histoire parlementaire. Il devint juge de paix de Vailly, et avait épousé, le 8 septembre 1783, dame Claudine-Julie Laurens de Waru.

ADAM - FONTAINE (Hercule - Charles - Achille), représentant à l'Assemblée nationale de 1871 et député en 1876 et en 1885, né à Boulogne-sur-Mer, le 29 novembre 1829, mort dans cette ville, le 9 février 1887, occupa d'abord les fonctions de juge au tribunal de commerce et de consul de Belgique à Boulogne-sur-Mer. Ancien membre du conseil général du Pas-de-Calais, il fut envoyé à l'Assemblée nationale par ce département en 1871, le 4e sur 15, avec 140,944 voix sur 206,432 inscrits et 169,532 votants. Il siégea au centre droit, déposa, le 31 mars 1871, un rapport favorable sur le projet de loi ajournant à une date indéfinie les élections des juges aux tribunaux de commerce, élections que la délégation de Tours avait fixées au 15 avril 1871; proposa sans succès, le 18 avril, la substitution facultative d'un acte sommaire appelée *nothing* au protêt des effets de commerce, et vota :

Le 1er mars 1871, *pour* le~ préliminaires de paix ;

Le 16 mai, *pour* les prières publiques (proposition Cazenove de Pradines):

Le 29 novembre 1872, *contre* le message de Thiers ;

Le 24 mai 1873, *pour* l'acceptation de la démission de Thiers ;

Le 10 juin, *pour* l'approbation de la circulaire Pascal ;

Le 20 janvier 1874, *pour* la loi des maires ;

Le 16 mai, *pour* le ministère de Broglie ;

Le 30 janvier 1875, *contre* l'amendement Wallon, reconnaissant implicitement la République :

Le 25 février, *contre* l'ensemble des lois constitutionnelles.

La 1re circonscription de Boulogne-sur-Mer le renomma aux élections du 26 février 1876, par 8,016 voix contre 6,078 à M. Henry, candidat républicain, sur 18,652 inscrits et 14,186 votants. Il faisait partie, à sa mort, de la droite de la Chambre élue le 4 octobre 1885, où il était entré le 9e sur 12, avec toute la liste conservatrice, par 101,901 voix sur 216,227 inscrits et 180,439 votants.

ADELSWARD (Reinhold-Oscar, baron d'), représentant du peuple à l'Assemblée constituante de 1848 et à la Législative de 1849, était né à Longwy (Meurthe), le 18 décembre 1811, d'un père suédois et d'une mère française. Après de bonnes études faites au collège Louis-le-Grand, il fut admis à l'Ecole militaire de Saint-Cyr, d'où il sortit en 1836 officier d'Etat-major. Détaché au camp de Compiègne en 1837, et au camp de cavalerie de Lunéville en 1838, il fit, en 1841, comme capitaine aide de camp du maréchal Baraguey d'Hilliers, la campagne d'Afrique, fut grièvement blessé dans un engagement et obtint, le 17 août, la croix de la Légion d'honneur. Le 1er décembre de la même année, il fut décoré de l'ordre militaire de l'Epée de Suède. Mis en disponibilité par décision ministérielle du 31 mars 1842, il rentra en France, devint (1843) aide de camp du général commandant la 1re brigade d'infanterie à Lyon, et quitta enfin le service en 1844. Il s'établit alors à Nancy, et y passa conseiller municipal et administrateur du bureau de bienfaisance.

Bien qu'il se fût déclaré, sous le gouvernement de Juillet, en faveur de l'opposition démocratique, et qu'il eût été élu à l'Assemblée constituante, le 23 avril 1848, sur une liste républicaine, par 42,123 voix sur 100,120 votants, en compagnie de Lionville, Laflize, Viox, de Ludre, etc., il prit place sur les bancs de la droite, et vota avec elle :

Le 28 juillet 1848, *pour* le décret contre les clubs :

Les 9 et 26 août, *pour* les poursuites contre Louis Blanc et Caussidière en raison des événements du 15 mai ;

Le 1er septembre, *pour* le rétablissement de la contrainte par corps ;

Le 25 septembre, *pour* l'impôt proportionnel préféré à l'impôt progressif ;

Le 30 novembre, *pour* l'ordre du jour sur l'expédition de Civita-Vecchia ;

Le 12 janvier 1849, *pour* la proposition Rateau ;

Le 2 mai, *contre* l'amnistie des transportés ;

L'un des promoteurs de la réunion de la rue de Poitiers, il prit part à tous ses travaux. Il s'y montra surtout le partisan de Cavaignac et fut des premiers à poser sa candidature au général aux fonctions de chef du pouvoir exécutif.

Il protesta à la tribune, le 15 mai 1848, contre l'envahissement de l'Assemblée nationale et contre les paroles prononcées par Raspail au Palais-Bourbon ; appuya, le 26 mai, le projet de décret de bannissement de la famille d'Orléans, tout en opinant de préférence pour le bannissement *à temps*, et combattit, le 12 juin, en termes très vifs, le projet de décret tendant à ouvrir à la Commission exécutive un crédit de confiance de 100,000 francs par mois. Il faisait partie, à la Constituante, du comité de l'Algérie et des colonies.

Réélu à la Législative, le 13 mai 1849, le 2e sur une liste conservatrice de 9 candidats, par 16,443 voix sur 122,416 inscrits et 85,081 votants, il s'associa le plus souvent, jusqu'au coup d'Etat, à la politique de la droite. Toutefois, il vota, avec la majorité, le 15 mars 1850, *contre* la loi sur l'enseignement (loi Falloux-Parieu)

Il proposa : le 21 juin 1849, à la suite des interpellations sur les affaires d'Italie et l'expédition romaine, un ordre du jour ainsi conçu : « L'Assemblée législative, persévérant dans la politique tracée par l'Assemblée constituante, invite le ministère à s'y conformer. » (L'ordre du jour pur et simple fut adopté.). Il appuya, le 5 novembre, la proposition du général Baraguey d'Hilliers, contre la gratuité des Ecoles polytechnique et militaire ; combattit, le 14 novembre, celle du général Fabvier pour la création d'un comité supérieur consultatif et permanent de la guerre.

Le 29 novembre, il déposa une proposition de loi tendant à prélever un impôt sur le produit des capitaux engagés dans la banque et dans les opérations industrielles et commerciales (il la développa et la défendit, sans succès, dans la séance du 19 juin 1850).

Le 22 décembre 1849, il combattit le projet de décret tendant à autoriser la Banque de France à émettre de nouveaux billets jusqu'à concurrence de 73 millions. Jaloux des prérogatives de l'Assemblée, il demanda, le 25 janvier 1851, à interpeller le ministre de la Guerre au sujet du droit de réquisition de la force publique par le président de l'Assemblée ; cette demande ayant été renvoyée à six mois, il déposa, le 30 du même mois, une proposition ainsi conçue : « Les dispositions militaires extérieures à prendre pour la sécurité de l'Assemblée nationale sont du ressort du pouvoir exécutif. Toutefois, le président de l'assemblée a le droit, dans les cas extraordinaires et d'urgence dont il reste le seul juge, de requérir directement la force armée et toutes les autorités dont il juge le concours nécessaire. » Cette proposition n'était autre que celle qui fut présentée onze mois plus tard, le 6 novembre, par les questeurs de l'Assemblée.

Au 2 Décembre, il fut incarcéré à Mazas pendant quelques jours, puis il renonça à la vie politique jusqu'en 1863 ; il se présenta alors, le 1er juin, comme candidat de l'opposition dans la 2e circonscription de la Meurthe, où il échoua avec 9,024 voix sur 36,273 inscrits et 29,080 votants ; contre le candidat officiel, M. Buquet, qui fut élu par 19,606 voix.

M. d'Adelsward a publié en 1861, *La Liberté de conscience en Suède*, et en 1862, *Considérations sur la réformation et les lois de 1860 en Suède*. Il s'attache dans ces ouvrages à prouver que les lois sur les cultes, promulguées par le gouvernement suédois en 1860, ont donné une satisfaction suffisante à la doctrine du libre examen.

ADET (PIERRE-AUGUSTE), chevalier, membre du Tribunat, puis du Corps législatif de l'Empire et de la Chambre des députés de 1814, né à Paris, le 17 mai 1763, mort dans la même ville le 19 mars 1834, se destina d'abord à l'armée, puis à la médecine, qu'il exerça quelque temps. La Révolution lui confia successivement (1791), les fonctions de secrétaire de la première commission envoyée à Saint-Domingue, de chef de l'administration des colonies, d'adjoint (il y en avait six), au ministre de la Marine, Dalbarade (1793). Après le 9 Thermidor il remplit les missions diplomatiques de résident à Genève et de ministre plénipotentiaire aux Etats-Unis. Dans le discours qu'il prononça au Conseil administratif de Genève, il promit à cette République, de la part de la Convention, le maintien de son indépendance. Comme représentant de la nation française aux Etats-Unis, ce fut lui qui, le 22 brumaire an V (12 novembre 1796) eut à notifier au secrétaire d'Etat l'arrêté du Directoire portant « que le pavillon de la République traiterait le pavillon neutre comme celui-ci se laisserait traiter par les Anglais ». Le président des Etats-Unis, John Adams, n'ayant pas accepté les termes de cette déclaration, Adet lui signifia son départ et quitta l'Amérique. De retour en France, il fut encore désigné pour être envoyé à Saint-Domingue en qualité de commissaire; mais, par une lettre du 15 fructidor an VII, il répondit qu'il ne pouvait accepter cette marque de confiance. Adet ne se montra pas hostile au 18 Brumaire, et le 3 nivôse an VIII, il fut appelé au Tribunat par le premier consul. Il y siégea jusqu'au 12 germinal an XI (31 mars 1803) comme secrétaire, et présenta des rapports sur différentes questions coloniales. Dans celui qu'il rédigea (20 floréal an X) sur le projet de loi relatif aux colonies restituées par le traité d'Amiens, Adet opina en faveur du maintien de l'esclavage et de l'importation des noirs : « Quelque horreur, disait-il, que l'esclavage inspire à la philanthropie, il est utile dans l'organisation actuelle des sociétés européennes, et aucun peuple ne peut y renoncer sans compromettre les intérêts des autres nations... » Il alla même jusqu'à soutenir que la traite était dans l'intérêt des noirs eux-mêmes, qui, n'ayant « aucune idée de cette obéissance volontaire qui caractérise le citoyen, briseraient le joug des lois qu'on voudrait leur imposer, et, après

avoir épouvanté le monde de scènes de carnage et de sang, retomberaient dans les fers de celui de leurs égaux à qui la nature aurait donné une plus grande force de corps, un plus grand courage ou une ambition plus ardente. »

Adet quitta le Tribunat (1803) pour la préfecture de la Nièvre. En 1804, il avait échoué comme candidat du collège de la Nièvre au Sénat conservateur. Mais, le 2 mai 1809, les électeurs du même département l'ayant présenté au Corps législatif, il fut agréé et élu. Son rôle parlementaire fut à peu près nul. Nommé le 31 août 1813, par un décret daté de Dresde, conseiller-maître à la Cour des comptes, il adhéra sous ce nouveau titre, à la déchéance de Napoléon, et siégea parmi les constitutionnels à la Chambre des députés de Louis XVIII. Il revint, d'ailleurs, à Napoléon après le retour de l'île d'Elbe, et son nom figure parmi les membres de la députation de la ville de Nevers qui, le 29 mai 1815, vinrent féliciter l'empereur. La seconde Restauration l'ayant maintenu dans ses fonctions de conseiller-maître, il les garda jusqu'à sa mort.— Adet avait été fait chevalier de la Légion d'honneur le 25 prairial an XII et officier du même ordre, le 11 novembre 1814. Napoléon l'avait créé chevalier de l'Empire, le 6 juin 1808. On doit à Adet plusieurs ouvrages de chimie, tels que : *Méthode de Nomenclature chimique proposée par MM. Moreau, Lavoisier, Berthollet et Fourcroy*, Paris, 1787, in-8o; *Cours élémentaire de Chimie*, Paris, 1804, in-8o, etc.

ADHÉMAR VICOMTE DE PANAT (FRANÇOIS-LOUIS D'), né au château de Panat en Rouergue (Aveyron), le 3 décembre 1715, d'une très ancienne famille du Dauphiné, de la Provence et de l'Albigeois, mort à Limbourg (Pays-Bas), le 12 avril 1792. Les d'Adhémar de Panat descendent directement de René d'Adhémar, qui avait épousé, en 1648, une petite nièce de Delphine de Fontanges, dernière héritière de la maison de Panat, reçut d'elle la terre et le château de Panat en Rouergue. Entré comme page du roi dans la grande écurie, en 1732, il fut nommé, en 1735, cornette du régiment de Royal-Navarre et franchit tous les grades jusqu'à celui de maréchal de camp, qu'il obtint le 1er mars 1780. Il fut aussi, avant 1789, commandant de l'Ecole d'équitation de Metz. Lors de la Révolution, la noblesse de la sénéchaussée de Rodez le choisit pour député aux Etats-Généraux, le 21 mars 1789. Il n'y prit jamais la parole, et se contenta d'adresser dès le début la déclaration suivante au président de l'assemblée :

« Je soussigné, député aux Etats-Généraux « pour la noblesse de la sénéchaussée de Rodez « et du bailliage de Millau, déclare que mon « cahyer ne me permet, dans aucun cas, de « voter autrement que par ordre séparé, et « que j'ay informé mes commettants de l'état « des choses; je m'abstiendrai de donner aucun « avis jusqu'à ce que j'aye reçu des nouveaux « pouvoirs, et je demande acte de la présente « déclaration, étant comptable de ma conduite « (sic) à ceux qui m'ont confié leurs intérêts. »

A Versailles, ce 30 juin 1789

Le vicomte de Panat.

Le vicomte d'Adhémar de Panat fit partie du comité militaire nommé par l'Assemblée constituante, le 4 octobre 1789 : il vota toujours avec la droite jusqu'en 1791, époque à laquelle il émigra. Il mourut à l'étranger l'année d'après.

ADMIRAULD (Jean-Louis), député au Corps législatif de l'Empire et sous la Restauration, né à La Rochelle, le 29 mai 1760, d'une ancienne famille du pays, mort à Lalaigne (Charente-Inférieure), le 16 octobre 1835, était armateur quand éclata la Révolution. Il en adopta les principes, fut nommé, en 1792, officier municipal à La Rochelle, puis maire de deux communes rurales à la fois : Lalaigne et Cramchaban ; il mérita l'estime de ses concitoyens par sa conduite généreuse et patriotique pendant la disette de 1793. Le 10 ventôse an XII, il entra dans le conseil général de la Charente-Inférieure, dont il fit partie jusqu'en septembre 1829.

Le 2 mai 1809, il fut élu par le Sénat député de la Charente-Inférieure au Corps législatif ; il avait été désigné comme candidat par les libéraux de son département, plutôt, dit un biographe, en raison de son caractère qu'en raison de ses talents. La veille de la première Restauration, il fut de ceux qui opinèrent pour la négociation de la paix et se montrèrent favorables au retour des Bourbons, sans abandonner complètement les traditions « libérales ». Il siégea au centre, et il prononça, le 19 novembre 1814, un discours contre le système des douanes. Admirauld ne fit point partie de la Chambre des Cent-Jours ; mais il fut de nouveau envoyé à la Chambre dite « introuvable, » le 22 août 1815, par le collège départemental de la Charente-Inférieure, avec 131 voix sur 149 votants et 296 inscrits : il y vota avec la minorité royaliste modérée. Réélu après la dissolution, le 4 octobre 1816, par 158 voix sur 162 votants et 279 inscrits, puis le 11 septembre 1819 par 669 voix sur 986 votants et 1,849 inscrits, il fut de la majorité constitutionnelle dans ces deux assemblées, et combattit à la tribune le second ministère Richelieu, quand celui-ci proposa la loi du « double vote ». Admirauld, répondant au marquis de Montcalm, protesta contre un « changement de système » que rien, selon lui, ne pouvait justifier. « Les ministres, dit-il, ont confondu l'arbitraire, qui leur est propre, avec les droits du trône, et les intérêts de l'oligarchie avec ceux de la liberté, dès lors ils ont dû chercher à se faire une nouvelle majorité, et le prix de leur alliance devait être le sacrifice d'une loi également en opposition avec leur nouveau système et leurs amis nouveaux ». Il condamna « cette mobilité funeste des idées du gouvernement, et cette inquiétude active qui le porte à changer le lendemain les institutions qu'il a créées la veille ». Il rapprocha le projet de loi d'une proposition faite peu de temps auparavant à la Chambre des pairs et qui tendait à autoriser des majorats sans titres, « c'est-à-dire une noblesse bourgeoise, qui s'emparera, avec ce qui reste de grandes fortunes nobiliaires, du privilège des hauts-collèges électoraux, auxquels nous devrons sans doute bientôt les *bourgs-pourris* d'Angleterre ». Ce discours fut très vivement applaudi par la gauche. Admirauld soutint également, àpropos de cette loi, l'amendement Camille Jordan et Courvoisier, tendant à faire nommer directement les députés par les collèges d'arrondissement formés en nombre égal aux députés à nommer. Le mauvais état de sa santé l'obligea à donner sa démission le 25 novembre 1821 ; il vécut dans la retraite jusqu'en 1830. Après la Révolution de juillet, nommé préfet de la Charente-Inférieure, en remplacement de M. Dalon, il occupa ce poste depuis le 6 août 1830 jusqu'à l'époque de sa mort.

ADMIRAULT (Louis-Gabriel), fils du précédent, député sous Louis-Philippe, né le 28 août 1784, à La Rochelle, mort dans la même ville, le 2 novembre 1850, servit dans l'artillerie jusqu'au grade de lieutenant-colonel. Il fut appelé à la députation, le 10 avril 1831, en remplacement de M. Gallot, décédé, par le premier collège d'arrondissement de la Rochelle, avec 132 voix sur 214 votants et 374 inscrits ; son concurrent, M. de Chassiron, n'obtint que 74 voix. Aux élections générales qui eurent lieu en juillet de la même année, il fut réélu dans le même collège par 128 voix sur 227 votants et 295 inscrits, contre M. Emery, et élu aussi dans le second collège de La Rochelle par 102 voix sur 194 votants et 239 inscrits. Il opta pour le premier, qui l'envoya encore à la Chambre le 21 juin 1834. — Admirault appartint aux majorités conservatrices qui soutinrent les différents ministères de Louis-Philippe ; il n'aborda jamais la tribune. Il fut retraité comme lieutenant-colonel, le 6 décembre 1840 ; il avait été nommé, sous la Restauration, officier de la Légion d'honneur, et décoré de l'ordre du Mérite militaire. Une rue de La Rochelle (anciennement rue de l'Evêché) a reçu depuis quelques années le nom de rue Admirault.

ADNET (Jean-Joseph-Marie-Eugène), représentant à l'Assemblée nationale de 1871, puis membre du Sénat en 1876, né à Donzacq (Landes), le 4 décembre 1829, après avoir exercé quelque temps la profession d'avocat, entra dans la magistrature. Il était procureur impérial à Tarbes, quand le gouvernement du 4 Septembre le révoqua de ses fonctions. Lors des élections pour l'Assemblée nationale, le 8 février 1871, il fut porté dans le département des Hautes-Pyrénées sur une liste où figurait M. Thiers, le 2e sur 5, par 31,540 voix. Il siégea d'abord au centre droit, et prit une part décisive à la discussion de la fameuse proposition Rivet (séance du 12 août 1871). A peine M. Rivet avait-il demandé que l'on conférât à M. Thiers, chef du pouvoir exécutif, le titre de président de la République, que l'on prorogeât ses pouvoirs de trois ans, que M. Adnet lui succéda à la tribune pour déposer une contre-proposition ayant pour objet de confirmer purement et simplement à M. Thiers les pouvoirs que l'Assemblée lui ... conférés à Bordeaux. « Elle n'a pas tout a fait le même but, dit à ce propos M. Adnet, mais elle est inspirée par la même pensée, qui est de donner un témoignage de gratitude et de confiance, au nom du pays, à l'homme éminent qui dirige nos destinées. » Très favorablement accueillie par la droite, la proposition Adnet obtint, comme l'autre, un vote d'urgence, mais ne fut pas adoptée ; elle n'eut pour effet que de retarder le vote de la proposition Rivet, et peut-être de lui faire subir quelques modifications.

M. Adnet n'intervint, à l'Assemblée, dans aucun autre débat important. Il vota avec la droite :

Le 1er mars 1871, *pour* les préliminaires de paix ;

Le 16 mai 1871, *pour* les prières publiques ;

Le 30 août 1871, *pour* le pouvoir constituant de l'Assemblée (1er paragraphe du préambule de la proposition Rivet-Vitet) ;

Le 29 novembre 1872, *contre* le message de Thiers contenant une déclaration républicaine ;

Le 24 mai 1873, *pour* la démission de Thiers ;

Le 16 mai 1874, *pour* l'ordre du jour de confiance au ministère de Broglie ;

Le 25 février 1875, *contre* l'ensemble des lois constitutionnelles.

Il se sépara, dans ce dernier vote, d'un grand nombre de ses amis du centre droit, et, se rapprochant de la droite, se fit inscrire au groupe de l'union conservatrice ou *Groupe de Clercq*.

Aux élections sénatoriales du 30 janvier 1876, M. Adnet fut élu par les conservateurs des Hautes-Pyrénées, le second sur deux, avec 312 voix sur 539 votants. Il siégea à la droite du Sénat, et, dans la séance du 20 juin 1877, demanda la discussion immédiate de la proposition de dissolution de la Chambre apportée à la Chambre haute par le ministère du 16 Mai. M. Adnet, non réélu au renouvellement triennal du 2 janvier 1882, est rentré dans la vie privée.

ADRIAN (ALFRED), député en 1876, né à Lempty (Puy-de-Dôme), le 16 mars 1819, mort à Paris, le 3 juin 1877, fit son droit à Toulouse, et, reçu docteur, fut inscrit au barreau de Gannat. Nommé maire de Gannat dans les dernières années de l'Empire, puis conseiller général, il fut choisi comme candidat par les républicains de l'arrondissement aux élections législatives du 20 février 1876, et fut élu par 7,734 voix sur 15,330 votants et 19,957 inscrits, contre M. Bonneton, candidat bonapartiste. Il siégea à gauche, à l'Union républicaine, et vota :

Le 19 mai, *pour* l'amnistie partielle en faveur des condamnés de la Commune (proposition Margue), après s'être abstenu la veille sur l'amnistie plénière (proposition Raspail) ;

Le 3 juin, *pour* la discussion des articles du projet de loi sur la collation des grades, modifiant la loi du 12 juillet 1875, dite de l'enseignement supérieur ;

Le 12 juillet, *pour* l'ensemble du projet de loi relatif à l'élection des maires, et modifiant la loi de 1874 ;

Le 28 décembre, *contre* la discussion des articles du budget renvoyé à la Chambre par le Sénat. (Le débat soulevait la question constitutionnelle des droits respectifs des deux Chambres en matière de budget) ;

Le 4 mai 1877, *pour* l'ordre du jour Laussedat, Leblond et de Marcère contre les menées ultramontaines.

AFFORTY (PIERRE), député de Paris, à l'Assemblée constituante de 1789, né à Aulnay-lès-Bondy (Seine-et-Oise), le 20 novembre 1724, mort à Annet (Seine-et-Marne), le 28 novembre 1802, était d'une famille de cultivateurs répandue dans ces deux départements. Il exerçait lui-même la profession d'agriculteur à Villepinte quand il fut nommé député du tiers aux États-Généraux, le 1er mai 1789, par la prévôté et vicomté de Paris. Le *Moniteur* ne fait aucune mention du nom d'Afforty dans les procès-verbaux de la Constituante. Après la séparation de cette Assemblée, il se retira à Annet (en février 1793, il est mentionné comme habitant de cette municipalité dans l'acte de naissance d'un de ses petits-fils, où il figura en qualité de témoin). Là il se tint à l'écart des luttes politiques, jusqu'au 7 frimaire an XI, époque de son décès.

AFFRE (JACQUES LOUIS-HENRI), dit AFFRE SAINT-ROMME, représentant du peuple à l'As-

semblée constituante de 1848, né à Saint-Romme-de-Tarn (Aveyron), le 3 décembre 1791, mort à Rodez le 5 janvier 1858, était fils de Jean-Louis Affre, magistrat, et de Marie-Christine Boyer, et neveu, par sa mère, de Denis Boyer, directeur du séminaire de Saint-Sulpice, connu par la publication de plusieurs ouvrages théologiques estimés. Son frère cadet, Denis-Auguste Affre, fut archevêque de Paris, de 1840 à 1848. La famille Affre était, de plus, apparentée à celle de M. de Frayssinous, évêque d'Hermopolis, qui fut pair de France, grand maître de l'Université et membre de l'Académie française.

Affre Saint-Romme se destina d'abord à la magistrature et se fit recevoir avocat ; puis, grâce aux alliances de sa famille et à ses sentiments religieux et politiques, fut nommé bientôt procureur du roi par le gouvernement de Louis XVIII. Lors du retour de l'île d'Elbe, Affre refusa de se soumettre à « l'Usurpateur », et donna sa démission ; la rentrée des Bourbons lui rendit son poste qu'il occupa jusqu'en 1830 ; il venait d'être nommé sous-préfet par Charles X, quand la Révolution de Juillet lui fit de nouveau résigner ses fonctions ; il se fixa alors à Rodez, et se fit inscrire au barreau de cette ville, où ses antécédents et la netteté de ses opinions le firent bientôt considérer comme le chef du parti légitimiste et catholique dans le département de l'Aveyron. C'est en cette qualité qu'il se présenta, comme candidat de l'opposition, aux élections générales du 1er août 1846, dans le troisième collège de l'Aveyron, contre le député ministériel sortant, M. Pons ; il n'obtint que 103 voix contre 193 données à M. Pons, qui fut élu. Après la proclamation de la République, en 1848, il brigua de nouveau le mandat législatif, et fut élu, le 23 avril 1848, par 42,592 voix sur 105,448 électeurs inscrits et 90,119 votants, le quatrième sur une liste d'union conservatrice formée par les conservateurs et les républicains très modérés. Le comité central républicain de l'Aveyron avait opposé une liste composée des citoyens Charles Blanc, Louis Boulommié, Cantagrel, Carcenac, Cluzel, Cure, Denayrouse, Médal fils, Raginel, Vincent Rozier ; le candidat le plus favorisé de cette liste, Carcenac, alors maire de Rodez, obtint 28,382 voix.

Durant la période électorale, Affre Saint-Romme avait montré dans ses déclarations assez de réserve au sujet de la forme du gouvernement ; il s'était borné à affirmer qu'il se rallierait à toutes les mesures libérales propres à assurer l'ordre public, les lois nécessaires à une monarchie n'étant point les mêmes que celles que réclame un gouvernement populaire.

L'Assemblée nationale s'étant organisée en quinze grands Comités, Affre fit partie du Comité des cultes. Il s'écarta peu, dans ses votes, de la majorité qui soutint la politique du général Cavaignac ; son frère, l'archevêque de Paris, ayant été tué sur une barricade, Affre Saint-Romme refusa de prendre part aux délibérations qui suivirent l'insurrection de Juin, par une lettre dont le président donna lecture à l'Assemblée dans la séance du 12 août 1848 :

« Monsieur le Président, j'ai l'honneur de demander à l'Assemblée de ne pas prendre part « aux débats qui peuvent s'ouvrir à la suite de « l'enquête ordonnée par l'Assemblée sur les « faits de l'insurrection. Des motifs de haute « convenance me font un devoir de m'abstenir. « Je suis avec respect, etc... AFFRE. »

Pendant la législature de 1848-49, Affre vota :

Le 9 août 1848, *pour* le « Cautionnement des journaux, » c'est-à-dire contre l'amendement Pascal Duprat, rejeté ;

Le 11 août, *contre* les « Invalides de la campagne » (proposition Ceyras) ajourné ;

Le 22 août, *contre* les « Concordats amiables », projet présenté par le Comité de législation, et adopté ;

Le 15 septembre, *contre* « le Droit au travail » (amendement Félix Pyat) :

Le 25 septembre, *pour* l'Impôt progressif (amendement Goudchaux), adopté ;

Le 27 septembre, *pour* l' « Institution des deux Chambres » (amendement Duvergier de Hauranne), rejeté ;

Le 29 septembre, *pour* le « Vote à la commune au lieu du vote au canton » (amendement Bérard), rejeté ;

Le 7 octobre, *contre* la « Délégation du pouvoir exécutif à un Président du Conseil des Ministres » (amendement Grévy), rejeté ;

Le 11 octobre, *contre* le projet de décret sur l' « Institution du Crédit foncier » : l'Assemblée refusa de passer à la discussion des articles ;

Le 20 octobre, *pour* le « Remplacement militaire » ;

Le 11 décembre, *contre* l'ensemble du projet sur les « Lois organiques », adopté ;

Le 28 décembre, *pour* la « Diminution de l'Impôt du sel » (amendement Anglade), adopté ;

Le 7 février 1849, *pour* la « Dissolution de l'Assemblée après le vote d'une loi électorale », et *pour* la « Convocation d'une Assemblée législative » (proposition Rateau-Lanjuinais), adopté ;

Le 21 mars, *pour* la « Suppression des Clubs » (proposition Odilon Barot), adopté.

Lors de l'élection du prince Louis-Napoléon à la Présidence de la République, Affre Saint-Romme garda vis-à-vis du gouvernement de l'Elysée une neutralité plutôt bienveillante ; son suffrage fut acquis à toutes les propositions émanant de la Droite à l'Assemblée constituante.

Après la dissolution de la Chambre, dissolution qu'il avait souhaitée et votée, Affre Saint-Romme rentra dans la vie privée, et se retira à Rodez, où il resta jusqu'à l'heure de sa mort.

AGAR. — *Voy.* Mosbourg (comte de).

AGIER (Charles-Gui-François), membre de l'Assemblée Constituante de 1789, né à Saint-Maixent (Deux-Sèvres), le 29 août 1753, mort à Niort le 20 mai 1828, était issu d'une famille de judicature des environs de Niort. Son père avait été commissaire des saisies-réelles, puis procureur du roi à Saint-Maixent ; un de ses cousins germains, Pierre-Jean Agier (1748-1823), était président de chambre à la Cour royale de Paris, et publia, outre les traductions et interprétations des Livres Saints, d'importants ouvrages de jurisprudence. Agier suivit la carrière paternelle, et, avant la Révolution, fut successivement lieutenant général criminel de la sénéchaussée, et procureur du roi de l'hôtel de ville de Saint-Maixent. Son esprit laborieux et l'estime qu'il avait acquise dans ses fonctions le désignèrent aux suffrages de ses concitoyens, lors des élections aux Etats-Généraux de 1789. Les procès-verbaux des séances sont muets sur le rôle qu'il y joua ; mais, à défaut de talent oratoire, il se distingua dans les conseils et dans les travaux préparatoires des Comités.

Quoique malade, il se fit porter au Jeu de Paume pour prêter serment avec ses collègues. Les intérêts de sa province trouvèrent toujours en lui un défenseur assidu. Sur les motions d'ordre général, il vota (1790), la suppression des ordres monastiques et la non responsabilité des officiers municipaux ; il fit substituer au nom de *paroisse* (décembre 1789) le nom de *commune*, qui ne rappelait alors que le souvenir des luttes émancipatrices du Moyen-Age.

Après le 21 juin 1791, lors du retour de Varennes, il s'opposa à la proposition de Robespierre qui demandait la mise en jugement du roi.

Les événements qui suivirent le départ de l'Assemblée constituante refroidirent le premier enthousiasme d'Agier pour les idées nouvelles. Il refusa un siège à la Cour de cassation, et revint en Poitou, où il s'efforça d'enrayer le mouvement révolutionnaire. Devenu suspect, il fut incarcéré en 1793, et ne dut la liberté et peut-être la vie qu'au 9 Thermidor.

En 1800, il accepta, du gouvernement consulaire, les fonctions de commissaire près le tribunal civil de Niort, titre qui fut bientôt changé en celui de procureur impérial. La Restauration le trouva en fonctions et l'y laissa. Il fut admis à la retraite en 1827, un an avant sa mort, avec le titre de président honoraire du tribunal civil de Niort.

AGIER (François-Marie), fils du précédent, député des Deux-Sèvres, né à Saint-Maixent (Deux-Sèvres), le 8 juillet 1780, mort à Paris, le 16 mars 1848, fut, après de brillantes études, désigné comme sujet d'élite par son département, et vint à Paris suivre les cours de jurisprudence et d'économie politique de l'Académie de législation. N'étant encore qu'élève de cette Académie, lors du procès du général Moreau, il apprit qu'un des coaccusés, Troche, n'avait pas de défenseur : il s'offrit et eut le bonheur de sauver son client. En 1808, présenté simultanément comme candidat à une place de conseiller auditeur aux cours impériales de Poitiers et de Paris, il fut nommé à cette dernière cour ; deux ans après, il y remplissait les fonctions de substitut du procureur général.

A la rentrée des Bourbons, Agier se mit à la tête des manifestations royalistes. Le 1er avril 1814, on le vit, suivi d'une troupe de jeunes gens, parcourir les rues de Paris avec des drapeaux blancs. Arrivé à la place Louis XV, Agier arrêta la colonne et s'écria : « A genoux, Messieurs, sur cette place où Louis XVI fut rendu à la vie immortelle ! A genoux devant Dieu, qui seul a pu produire le miracle de notre délivrance ! » Nommé capitaine d'une compagnie de volontaires royaux, il continua d'affirmer son zèle légitimiste ; l'Acte additionnel aux constitutions de l'Empire n'eut pas son adhésion, il refusa de s'associer à l'adresse que la Cour de Paris voulait envoyer à Napoléon après le 20 mars ; l'inamovibilité le tint à l'abri d'une révocation. En 1816, Agier compta parmi les plus ardents des « ultras » royalistes. Président de la Société secrète des « Francs régénérés, » que le garde des sceaux dut dissoudre, il collabora ensuite activement à la rédaction du *Conservateur*. Destitué, à cause de l'exaltation de ses opinions, par le ministère modéré du duc Decazes, il quitta pour quelque temps la Cour de Paris, puis y rentra bientôt sur une demande en réintégration adressée par ce corps au ministre de la Justice (1822).

Nommé président du collège électoral de Parthenay en 1824, Agier, candidat du gouvernement, fut élu, le 25 février, député du 1er arrondissement des Deux-Sèvres (Parthenay), par 286 voix contre 18 données à M. Gilbert des Voisins et 13 à M. d'Abbadie. Il prit place au Centre droit. A la mort de Louis XVIII, survenue la même année, il participa activement aux démonstrations du parti royaliste en l'honneur de la mémoire du roi défunt. En même temps, de concert avec le marquis de Roussy, préfet des Deux-Sèvres, il provoqua une souscription pour élever un monument aux vaincus de Quiberon. Mais, un peu plus tard, des missionnaires ayant organisé à Niort un grand jubilé, où figurèrent huit mille personnes, et qui produisit dans tout le pays une vive agitation, Agier se fit à la Chambre l'écho de certaines inquiétudes locales, et attaqua nettement la congrégation.

En 1827, à la présentation par M. de Villèle de la nouvelle loi sur la presse, dite *loi d'amour*, Agier parla le premier contre la loi, dans la séance du 13 février. « La France, dit-il, retrouvant ses princes légitimes, retrouva sa voix et ses libertés ; voilà pourquoi elle salua la Restauration avec transport ! Quel homme de bonne foi, quel sujet fidèle ne serait pas ému d'une profonde douleur, en comparant ces ravissants souvenirs à la route dans laquelle on s'est si imprudemment engagé. On veut conduire les choses comme on eût pu le faire il y a quatre siècles, et on ne voit pas que tout est changé sur la surface du globe... »

Il concluait :
« Quant à moi, le projet de loi me paraissant contraire à la Charte, au droit commun, à la plus précieuse de nos libertés, à la sûreté de la monarchie et aux intérêts de la propriété et de l'industrie, je vote son rejet. »

Agier venait de rompre ainsi définitivement avec les ultras. Réélu aux élections générales du 17 novembre 1827 par 164 voix seulement contre 118 données à M. d'Abbadie, il ne dut cette fois son succès qu'à l'appui de la puissante Société libérale : *Aide-toi, le ciel t'aidera*, qui soutenait dans les Deux-Sèvres une liste composée d'Agier, Tribert, Tonnet, d'Orfeuille et Mauguin, le célèbre avocat. — Mauguin, Agier et Tonnet furent seuls élus.

Vice-président de la Chambre des députés en 1828, sous le ministère Martignac, Agier groupa autour de lui une trentaine de ses collègues et disposa avec eux de la majorité. Lors de la discussion de l'adresse en réponse au discours de la Couronne, c'est à l'initiative du « parti Agier » que les « ultras » appelaient le « parti de la défection », que fut due l'adoption de cette phrase : « Les plaintes de la France ont repoussé le système *déplorable* qui a rendu illusoires les promesses de Votre Majesté. » Le 8 août 1829, à l'arrivée de M. de Polignac au pouvoir, Agier, qui avait été nommé conseiller d'État l'année d'avant, s'empressa de donner sa démission. Les élections du 23 juin 1830, qui suivirent la dissolution prononcée par le ministère, ayant conféré à Agier un nouveau mandat, cette fois pour l'arrondissement de Bressuire, par 225 voix contre 131 à M. d'Abbadie, il vint reprendre sa place au Centre droit et, dans la discussion de l'adresse au roi, le 15 juillet 1830, prononça un discours extrêmement hostile au cabinet.

Agier vota l'adresse des 221, et, le 31 juillet, se trouva parmi les députés présents à Paris qui, au nombre de 91, proclamèrent la régence du duc d'Orléans.

Agier ne fut pas réélu à la Chambre de 1831 ; il n'y rentra qu'aux élections du 21 juin

1834, par 89 suffrages contre 72 à M. Desgrange. Il se présenta sans succès aux élections du 4 novembre 1837 et du 2 mars 1839. — Agier était chevalier de la Légion d'honneur depuis 1815 ; il avait commandé, comme colonel, de 1824 à 1827, la 12e légion de la garde nationale parisienne.

AGNEL (Louis-Gaspard-Basile), député au Corps législatif du premier Empire, né à Embrun (Hautes-Alpes), le 14 juin 1761, mort à Brunoy (Seine-et-Oise), le 9 juillet 1840, fit toute sa carrière dans l'armée. Volontaire au 1er bataillon des Hautes-Alpes, le 18 octobre 1791, puis incorporé dans la 69e demi-brigade, devenue le 18e d'infanterie de ligne, il fut nommé presque aussitôt lieutenant, puis capitaine ; se distingua dans les campagnes de 1792, à l'armée des Alpes, et de 1793, à l'armée des Pyrénées-Orientales. Il assista aux sièges de Collioure, Saint-Elme, Port-Vendres et Bellegarde, et à la prise de la forteresse de Figuières, où il enleva à la baïonnette, avec 2 compagnies, la redoute de la Madeleine et mérita ce témoignage de la main du général Guyeux : « Le citoyen Agnel, capitaine au 1er bataillon des Hautes-Alpes, est celui que j'ai trouvé le plus digne pour remplir la place de commandant temporaire du fort. » Il défendit cette place contre les attaques réitérées des Espagnols, puis il passa à l'armée d'Italie ; commandant un bataillon à Montenotte, il fit 300 prisonniers à l'ennemi. Blessé à l'affaire de Lodi, il entra, le 28 floréal an V, dans l'état-major de Masséna, puis fut attaché au général Brune qu'il accompagna en Suisse et en Hollande. Brune et Masséna le signalèrent, après les victoires d'Alkmaer et de Beverwick, comme un officier du plus grand mérite ; il venait d'être fait, sur le champ de bataille, adjudant-général chef de brigade (26 vendémiaire an VIII).

Agnel était en Italie quand il apprit que le département des Hautes-Alpes l'avait désigné pour siéger au Corps législatif (an IX). Il n'occupa que trois ans ce poste, sans y jouer un rôle marquant. Ayant demandé à reprendre du service, il fut (an XIII) envoyé au camp de Boulogne, où il commanda successivement les places de Montreuil-sur-Mer (février 1807), Friedland et Greisswalde. Après avoir pris part à la guerre d'Espagne et notamment au siège de Saragosse, il rentra en France pour cause de santé et fut admis à la retraite le 6 octobre 1815. Il était chevalier de la Légion d'honneur depuis le 15 pluviôse an XII, et officier depuis le 25 prairial suivant. Louis XVIII lui donna aussi la croix de Saint-Louis. Mais Agnel ne reprit pas de service sous la Restauration. Il se retira au village de Brunoy, dont il devint maire après la Révolution de juillet ; il l'était encore à l'époque de sa mort. — En 1804, Agnel avait fait don à l'État d'une somme de 480 fr. pour la construction de bateaux plats destinés à opérer une descente en Angleterre ; son testament contenait cette clause : « Je lègue la somme de 250 fr. à chacun des soldats volontaires originaires d'Embrun ou hameaux en dépendant, ayant appartenu à la compagnie dite d'Embrun, et qui m'ont suivi au champ d'honneur pour la défense de la Liberté. » Cette compagnie faisait partie du 1er bataillon des Hautes-Alpes formé en 1791. Sept anciens volontaires purent encore profiter de ce legs.

AGNIEL (Louis), membre de la Chambre des députés en 1878, né à Montpellier (Hérault)

le 23 décembre 1829, mort dans la même ville, le 28 mars 1884, fut avocat au barreau de Montpellier sous l'Empire, et, au 4 Septembre 1870, nommé procureur général à cette cour.

Aux élections générales du 14 octobre 1877, M. Agniel fut candidat républicain et obtint 5,691 voix contre M. Fourcade, conservateur, qui fut élu par 6,280 suffrages dans l'arrondissement de St-Pons (Hérault). M. Fourcade ayant été invalidé, M. Agniel se représenta et, le 7 juillet 1878, fut élu sans concurrent par 6,518 voix sur 15,427 inscrits et 6,739 votants. Il siégea sur les bancs de la gauche modérée et vota :

Le 20 janvier 1879, *pour* l'ordre du jour de confiance en faveur du ministère Dufaure, déposé par M. Jules Ferry, à la suite de l'interpellation Sénard sur l'épuration du personnel judiciaire et administratif;

Le 30 janvier 1879 (les deux Chambres étant réunies en Assemblée nationale), *pour* l'élection de M. Jules Grévy comme président de la République;

Le 21 février, *pour* l'ensemble du projet de loi d'amnistie partielle sur lequel le gouvernement et la commission s'étaient mis d'accord;

Le 5 juin, *pour* l'invalidation de l'élection de Blanqui dans la 1re circonscription de Bordeaux;

Le 10 juin (les deux Chambres étant réunies en Congrès), *pour* l'abrogation de l'article 9 de la Constitution, c'est-à-dire pour le retour du Parlement à Paris;

Le 14 février 1880, *s'est abstenu* dans le scrutin sur la proposition Louis Blanc en faveur de l'amnistie plénière;

Le 16 mars 1880, *pour* l'ordre du jour Devès en faveur du gouvernement se déclarant prêt à appliquer les lois existantes aux congrégations religieuses non autorisées;

Le 8 février 1881, *pour* l'article 1er de la proposition tendant au rétablissement du divorce;

Le 19 mai, *contre* l'article 1er de la proposition Bardoux tendant au rétablissement du scrutin de liste.

M. Agniel fut membre de la commission chargée, en 1881, d'examiner le projet de loi du gouvernement sur la presse. En cette qualité, il prit une part active à la discussion et, dans la séance du 25 janvier 1881, il défendit l'article 24 du projet, contre M. Floquet, qui avait déposé un amendement ainsi conçu :

« Il n'y a pas de délit spécial de presse. Quiconque fait usage de la presse ou de tout autre moyen de publication est responsable suivant le droit commun. »

M. Agniel reprocha au système du « droit commun » de reposer sur une erreur juridique et de n'aboutir à aucune conclusion, à aucune mesure d'exécution. S'il n'y a plus de délits d'opinion, on ne peut pas dire qu'il n'y a pas de délits de presse. Or le droit commun n'est pas applicable, parce que notre Code pénal ne contient pas l'énumération de tous les délits de droit commun atteints par des peines de droit commun. L'amendement Floquet fut renvoyé à la commission, une transaction intervint. A la séance du 29 janvier, l'article 24 modifié fut voté par 251 voix contre 242.

M. Agniel prononça un nouveau discours en réponse à M. Gatineau, et fournit des explications juridiques sur la provocation, considérée comme une forme spéciale du délit de complicité.

M. Agniel ne fut pas candidat aux élections générales du 21 août 1881.

AGOULT (Jean-Antoine, comte d') député à l'Assemblée constituante de 1789, né à Grenoble (Isère), le 17 novembre 1753, d'une ancienne famille du Dauphiné et de la Provence, mort à Paris le 29 septembre 1826, appartenait à la branche des Vincent d'Agoult, descendants de Rostaing Vincent, seigneur en partie de Rognes, près Lambesc, en Provence, qualifié *noble et puissant homme* dans un acte de 1370. On compte parmi les membres de la famille d'Agoult huit sénéchaux de Provence, un podestat de la République d'Arles, un chancelier du royaume de Sicile, plusieurs officiers généraux.

Le frère aîné du comte était évêque de Pamiers et a laissé quelques écrits politiques. — Le comte Jean-Antoine, fut successivement sous-lieutenant au régiment de Clermont cavalerie en 1763, capitaine en 1769, lieutenant-colonel et sous-lieutenant des gardes du corps en 1784, mestre de camp le 30 mars 1788. Élu député aux États-Généraux de 1789 par la noblesse du Dauphiné, il signa, le 19 juin 1790, les protestations de cet ordre contre les actes de l'Assemblée nationale; il protesta aussi, lors des événements des 5 et 6 octobre, contre l'envahissement de l'Assemblée par le peuple.

En 1791, il émigra, et, après avoir rejoint les gardes du corps à Coblentz, il prit part à la campagne de 1792 et aux suivantes, dans l'armée de Condé, jusqu'au licenciement définitif (1801). Créé maréchal de camp le 17 février 1797, il couvrit, à la tête d'un fort détachement de cavalerie, l'aile droite de l'armée de Condé lors de la retraite, à Léoben, par la vallée de Rothmann, en 1800. Après la Restauration, le comte d'Agoult fut nommé aide-major général des gardes du corps. Il se trouvait en Dauphiné lors du débarquement de Napoléon, en mars 1815; il se rendit aussitôt à Lyon, puis à Paris, accompagna les princes jusqu'à Armentières, et rentra dans ses fonctions au second retour du roi. A la fin de 1815, ayant quitté l'armée, il se retira en Dauphiné. Le comte d'Agoult était officier de la Légion d'honneur et commandeur de l'ordre de Saint-Louis.

AGOULT (Antoine-Jean, vicomte d'), frère du précédent, pair de France sous la Restauration, né à Grenoble, le 22 novembre 1750, mort à Paris, le 9 avril 1828, entra à la 1re compagnie des mousquetaires le 18 juillet 1768, fut nommé lieutenant en second (5 juillet 1770) dans le corps royal d'artillerie, régiment de Toul, puis sous-lieutenant au régiment Royal-allemand cavalerie. De là il passa, le 21 avril 1777, capitaine réformé au régiment des cuirassiers du roi; il appartient ensuite, d'abord avec le grade de sous-lieutenant (1781), puis avec le rang de mestre de camp (1783), aux gardes du corps, compagnie de Noailles. — Le vicomte d'Agoult émigra en 1791, fit campagne avec l'armée des princes, rejoignit ensuite Louis XVIII à Vérone, voyagea avec lui en Allemagne, en Russie et en Angleterre. Revenu en France à sa suite en 1814, il devint écuyer de la duchesse d'Angoulême, et reçut presque aussitôt le grade de lieutenant-général des armées (1er novembre 1814) et les fonctions de gouverneur du château de Saint-Cloud. Enfin, le 23 décembre 1823, il fut appelé à la pairie, mais ne prit qu'une part très discrète aux travaux de la Chambre des pairs.

AGOULT (Hector-Philippe, comte d'), pair héréditaire, né à Grenoble, le 16 septembre 1782, mort à Beauplan (Isère), le 24 janvier 1856, était fils de Jean-Antoine d'Agoult (voir plus haut) et de Marie-Marguerite-Françoise d'Armand de Forest de Blacons. Il entra dans la diplomatie, comme secrétaire d'ambassade en Espagne (1814), puis exerça, à diverses reprises, les fonctions de chargé d'affaires, de 1814 à 1818. Il fut ensuite envoyé comme ministre plénipotentiaire auprès du roi de Hanovre, en 1819, et transféré l'année d'après avec le même caractère auprès du roi de Suède, et en 1823 auprès du roi des Pays-Bas. En sa qualité de neveu du vicomte Antoine-Jean d'Agoult, décédé sans enfants, le comte Hector-Philippe se trouva appelé à la pairie, après la mort de son oncle. En fait, jamais il ne siégea à la Chambre haute. Son nom ne figure sur la liste des pairs, de 1828 à 1830, que parmi les membres qui « n'ont pas encore pris séance ». Après 1830, son nom a disparu.

AGUESSEAU (Henri - Cardin - Jean - Baptiste, marquis d') député à la Constituante de 1789, membre du Sénat conservateur et pair de France, né à Paris, le 23 août 1752, mort à Paris, le 22 janvier 1826, était le petit-fils du chancelier d'Aguesseau. Il embrassa tout jeune la carrière illustrée par son aïeul, et débuta comme avocat du roi au Châtelet de Paris; le 31 décembre 1774, il passa avocat général au parlement, puis, conseiller d'Etat, et, en 1783, grand-prévôt maitre des cérémonies. En 1789, la noblesse du bailliage de Meaux le choisit pour le représenter aux Etats-Généraux. Il fut un des premiers de son ordre à se réunir au tiers-état, mais à l'Assemblée un rôle effacé et se démit de ses fonctions en juin 1790. Non émigré, il devint suspect; à la séance du 4 juin 1792, le capucin Chabot, dans son rapport sur le prétendu « Comité autrichien » de Paris, compta d'Aguesseau au nombre des gens soupçonnés de projeter et de préparer l'enlèvement du roi et la dissolution de l'Assemblée. L'Assemblée renvoya le rapport à ses comités et la dénonciation n'eut pas de suites. D'Aguesseau jugea prudent de se mettre à l'abri, et il se tint longtemps caché tantôt dans son château de Fresnes, tantôt dans un asile secret que lui avait ménagé un de ses serviteurs. L'avènement de Bonaparte le rappela à la vie publique; il fut, après le 18 Brumaire, nommé président du Tribunal d'appel de Paris; le 4 juillet 1800, présentant les hommages de ce corps au chef du gouvernement, il le félicita sur ses victoires d'Italie. Trois ans après, il fut envoyé à Copenhague en qualité de ministre plénipotentiaire; en 1805, Napoléon l'appela à faire partie du Sénat conservateur. Louis XVIII le comprit à son tour, en 1814, sur la liste des pairs qu'il institua, D'Aguesseau quitta la France pendant les Cent-Jours, revint avec la famille royale, et rentra à la Chambre des pairs. Il y fit partie de diverses commissions, notamment de la commission des « Douze », nommée pour la mise en accusation des prévenus de la conspiration militaire du 19 août. Il opina en faveur du projet de loi relatif à la contrainte par corps, qui lui parut réunir les dispositions diverses des lois déjà en vigueur. Dans la discussion, il répondit à ceux qui voulaient donner dans certains cas, à la détention pour dettes le caractère d'une peine à perpétuité, « que la loi proposée laissait un asile aux débiteurs malheureux, et qu'elle était indispensable pour mettre un terme aux incertitudes dans cette partie de la jurisprudence ». Il fit également partie (1817) d'une Société dont l'objet était l'amélioration du ré-

gime des prisons. Dans le procès du maréchal Ney, il vota pour la mort.

Déjà grand officier commandeur de l'ordre du Saint-Esprit dès 1783, d'Aguesseau reçut de Napoléon la croix de commandeur de la Légion d'honneur et le titre de comte. Il avait été reçu en 1787 à l'Académie française et maintenu par l'ordonnance royale du 21 mars 1816. Il était, à sa mort, le dernier survivant de l'ancienne Académie. Son successeur Brifaut, se tira adroitement de son éloge : « La mort, dit-il, a surpris M. d'Aguesseau à la Chambre des pairs, négligé par la renommée, pour laquelle il ne faisait plus rien, mais visité par la vertu, pour qui on peut toujours faire quelque chose. »

AGUESSEAU. *Voy.* Ségur comte d'.

AGUILLON (Alexandre-François), député du Var de 1824 à 1830, né à Toulon (Var), le 28 mai 1765, mort à Toulon, le 24 décembre 1845, était un des principaux négociants de cette ville quand il fut, le 25 février 1824, élu député par le 3e arrondissement électoral du Var, par 108 voix sur 205 inscrits. Aguillon, très dévoué à la cause de la monarchie légitime, fit partie, à son arrivée à la Chambre et durant la première législature, de la majorité qui soutenait le ministère Villèle; mais ayant été réélu le 17 novembre 1827, par la même circonscription, avec 100 voix contre 41 données à M. Pignol, également royaliste, et 46 à M. Cagniard, libéral, candidat de l'opposition, sur 210 inscrits et 188 votants, il montra une tendance à se rapprocher du centre, et vota quelquefois contre M. de Villèle, surtout dans la session de 1828. Aguillon n'aborda pas la tribune. « Ce député de la Provence, écrivait malicieusement un biographe de la Chambre septennale, n'est pas né orateur: mais quoiqu'il ait atteint la soixantaine, il peut devenir encore, si ce principe est vrai : *nascuntur pœtæ, fiunt oratores.* »

AIGUILLON (Armand-Désiré-Vignerot-Duplessis-Richelieu, duc d'), député à l'Assemblée constituante de 1789, né à Paris, le 31 octobre 1761, mort à Hambourg (Allemagne), le 3 mai 1800, était fils du duc d'Aiguillon qui fut ministre des Affaires étrangères sous Louis XV, et petit-fils d'un autre duc d'Aiguillon (1683-1750), auteur de poésies licencieuses.

Il fut, avant la Révolution, colonel du régiment de Royal-Pologne cavalerie, commandant des chevau-légers de la garde du roi, et pair de France. Elu par la noblesse de la sénéchaussée d'Agen, député aux États-Généraux de 1789, il fut de ceux qui allèrent se réunir au tiers-état. Membre de l'Assemblée constituante, il siégea à gauche; et, dans la nuit du 4 Août, il vint, après le vicomte de Noailles, provoquer l'abandon des privilèges « au nom de la saine philosophie, et de la régénération de l'Etat », ajoutant que l'effervescence du peuple « formant une ligue pour détruire les châteaux, et déchirer les titres des propriétés féodales, trouvait son excuse dans les vexations dont il était la victime ». Le 8 août, le duc d'Aiguillon donna lecture au nom du comité des finances, d'un rapport sur l'état des recettes et dépenses, et accusa un déficit de 30 millions 800,000 livres. Il conclut en proposant de décréter un emprunt de 30,000,000, lequel fut voté à l'unanimité. Attaché au duc d'Orléans, il trempa avec lui dans les événements des 5 et 6 octobre, et, déguisé en femme, il suivit, dit-on, le cortège royal de Versailles à Paris en excitant les colères populaires. Le 4 janvier 1790, l'Assemblée l'élut secrétaire avec le chevalier de Bonfflers et Barère de Vieuzac; le 15 avril suivant, il vota la création des assignats; le 15 mai, il combattit le projet d'alliance avec l'Espagne pour faire la guerre à l'Angleterre; élargissant le débat, il demanda même que le droit de paix et de guerre fût réservé à la nation. Le 7 décembre, Cazalès ayant attaqué à la tribune la mémoire de son père au sujet des événements de Bretagne, il prit avec chaleur la défense du feu duc d'Aiguillon. Le 13 août 1791, il proposa que le roi et l'héritier présomptif de la couronne ne pussent jamais commander aux armées.

Après la séparation de l'Assemblée constituante, et à la suite de la déclaration de guerre à l'Autriche, il prit rang dans les troupes de Lafayette, de Lückner et de Rochambeau, et remplaça bientôt Custine à la tête des soldats employés dans les gorges de Porentruy. L'insurrection du 10 août n'eut pas son approbation; une lettre qu'il écrivait à Barnave, et où l'Assemblée législative était qualifiée d'usurpatrice, ayant été saisie, il fut décrété d'accusation, quitta la France et se réfugia à Londres. Mal reçu par les émigrés, il n'en fut pas moins soupçonné d'intriguer avec eux; il s'en défendit par une lettre au *Moniteur* (1793). Il séjourna aussi à Hambourg assez longtemps avec ses amis, les frères de Lameth, et mourut subitement dans cette ville, au moment où le Premier Consul, en le rayant de la liste des émigrés, venait de lui rouvrir les portes de la France.

AIGLE (Augustin-Louis-Victor Desacres, comte de l'), député de l'Oise de 1824 à 1830, né à Paris, le 12 octobre 1766, mort à Tracy-le-Val (Oise), le 27 août 1867, appartenait à une ancienne famille de la noblesse de Normandie. Il était le fils du comte de l'Aigle, chevalier de Malte, puis guidon de gendarmerie en 1747, et de Anne Espérance de Chauvelin, fille du garde des sceaux. Présenté à la cour de Louis XV par sa mère, il avait suivi la carrière des armes, et était officier supérieur aux dragons d'Orléans quand éclata la Révolution. Il émigra après 1789; à son retour en France, Louis XVIII le nomma maréchal de camp et inspecteur de la cavalerie. Conseiller général du département de l'Oise, il fut élu député le 25 février 1824, par le 2e arrondissement électoral de Compiègne, avec 233 voix sur 427 inscrits et 386 votants, contre le député sortant, Tronchon, du « tiers parti, » qui n'eut que 152 voix. Le comte de l'Aigle vota fidèlement avec la majorité royaliste de la Chambre dite « septennale ». Il fit de même, après sa réélection le 24 novembre 1827 par le collège du département de l'Oise, qui lui donna 126 voix sur 273 inscrits et 237 votants. Quelques jours auparavant, le 17 novembre, il avait échoué au collège d'arrondissement de Compiègne, dont il était le député sortant, avec 98 voix sur 334 inscrits et 300 votants, contre 198 données à Tronchon, qui fut élu. Après les journées de Juillet 1830, le comte de l'Aigle se retira de la politique active, et vécut au château de Tracy-sur-Oise. Il était, à sa mort, le doyen des chevaliers de Saint-Louis.

AIGLE (Henry-Louis-Espérance Desacres, comte de l'), fils du précédent, député de Compiègne en 1839 et en 1846, et représentant de l'Oise à l'Assemblée nationale de 1871, né à Paris le 8 janvier 1803, mort à Paris, le 2 décembre 1875, entra à l'École de Saint-Cyr en 1818, et devint lieutenant de chasseurs à cheval en 1820. Il fit partie de l'expédition française de 1823 en Espagne et y obtint le grade de capitaine. Adjudant-major au 2e grenadiers de la garde royale en 1828, il fut licencié en 1830 et breveté chef d'escadrons. Lors de l'insurrection belge, en 1831, le comte de l'Aigle fut nommé officier d'ordonnance du maréchal comte Gérard, commandant de l'expédition de Belgique. Il se trouva au siège de la citadelle d'Anvers, qui capitula le 23 décembre 1832. Le comte de l'Aigle quitta l'armée en 1834 et se fixa dans le département de l'Oise. Partisan décidé de la monarchie constitutionnelle de 1830, il obtint, comme candidat gouvernemental à la Chambre des députés, les suffrages des électeurs du 2e arrondissement électoral de l'Oise (Compiègne), le 2 mars 1839: il avait battu avec 397 voix sur 840 inscrits et 729 votants, le député sortant, M. Barrillon, de l'opposition: il soutint de ses votes le ministère Guizot. L'année d'avant il avait été nommé membre du conseil général de l'Oise, où il siégea jusqu'à l'avènement du second Empire. Non réélu député au renouvellement de 1842, il n'obtint alors que 267 voix contre 330 à M. Barrillon: il l'emporta à son tour aux élections du 1er août 1846, avec 397 voix sur 840 inscrits et 729 votants (M. Barrillon n'en eut que 330). Dans cette dernière législature comme précédemment, il se montra dévoué à la politique conservatrice du nouveau cabinet Guizot. La Révolution de 1848, puis le coup d'État de 1851 le rendirent à la vie privée; retraité comme chef d'escadrons, il vivait depuis plusieurs années dans le château paternel de Tracy-le-Val (Oise), lorsque le parti conservateur de ce département le porta, avec MM. le duc d'Aumale, Albert Desjardins, de Kergorlay, etc., aux élections législatives du 8 février 1871. Il fut élu, le 6e sur 8, par 34,589 voix (118,866 inscrits, 73,957 votants). Il se fit inscrire au groupe du Centre droit, fut des 94 signataires de la proposition tendant à rapporter les lois d'exil contre les Bourbons, et vota : *pour* la paix; *pour* l'amendement Target qui introduisait le remplacement dans la nouvelle loi sur le recrutement de l'armée; *pour* l'impôt sur le chiffre des affaires (proposition Ducarre), et *contre* les lois constitutionnelles. Chevalier de la Légion d'honneur le 10 octobre 1823, le comte de l'Aigle avait été promu officier le 5 janvier 1833.

AIGLE (Robert-Espérance Desacres, comte de l'), fils du précédent, député de l'Oise en 1885, né à Carlepont (Oise), le 23 novembre 1843, entra dans la diplomatie et fut attaché, de 1862 à 1865, à l'ambassade de France à Vienne (Autriche), puis fut nommé secrétaire de l'ambassade de France à Londres où il resta jusqu'en 1868. Il entra alors au ministère des Affaires étrangères et il donna sa démission en 1871. Propriétaire à Ribécourt, et membre du conseil général de l'Oise depuis 1876, M. de l'Aigle fut porté sur la liste conservatrice de l'Oise aux élections législatives du 4 octobre 1885, et élu, le 3e sur 6, par 46,554 voix sur 110,857 inscrits et 94,002 votants. Il siégea à droite et a toujours voté avec les monarchistes. Il s'est prononcé, sauf vis-à-vis du ministère Rouvier (31 mai-19 novembre 1888), contre les divers cabinets républicains, et a voté : *pour* les droits sur les céréales; *pour* le rétablissement du scrutin d'arrondissement; *contre* le projet de révision déposé par le ministère Floquet (14 février 1889), *contre* les poursuites demandées à propos de l'affaire de la *Ligue des Patriotes* contre MM. G. Laguerre. Laisant et Turquet (mars 1889); *contre* la proposition de loi Lisbonne restrictive de la liberté de la presse (2 avril 1889); *contre* la demande en autorisation de poursuites contre le général Boulanger (4 avril 1889).

AIGREMONT. *Voyez* DAIGREMONT DE SAINT-MANVIEUX.

AILHAUD DE BRISIS (JOSEPH-ANTOINE-GASPARD-VINCENT D'), député de la Drôme de 1834 à 1837, né à Vitrolles (Vaucluse) le 17 juin 1784, mort à Nyons le 12 juillet 1867, issu d'une famille noble et influente de Vaucluse qui a donné des membres distingués à la magistrature et au clergé, était fils de Jean-Pierre-Gaspard d'Ailhaud, baron de Castelet, capitaine-général des guides, camps et armées du roi, et de Marguerite Caritat de Condorcet, fille du comte Caritat de Condorcet et de Marguerite d'Hérois, comtesse de Brisis. Après s'être fait recevoir docteur en médecine (1813), d'Ailhaud de Brisis vint s'établir à Nyons (Drôme), patrie de sa mère, où il possédait de vastes propriétés. Il établit dans le pays une fabrique de soie très importante, et acquit parmi ses concitoyens une légitime influence. Appelé le 14 juillet 1824 par Louis XVIII aux fonctions de juge de paix du canton de Nyons, il était encore à ce poste en 1857, sous le second Empire. En juin 1834, s'ouvrit pour lui la carrière parlementaire; dans l'arrondissement de Montélimart, il fut élu comme candidat par l'opposition légitimiste, contre le député constitutionnel sortant, M. Morin. Non réélu en 1837, il fut nommé, en 1838, membre du conseil général de la Drôme, où il siégea très longtemps et dont il devint vice-président en 1855, en vertu d'une décision impériale. D'Ailhaud de Brisis se rallia au gouvernement de Napoléon III, qui le nomma, le 22 août 1856, chevalier de la Légion d'honneur.

AILLECOURT. *Voyez* CHOISEUL D'.

AILLIÈRES (d'). *Voyez* CAILLARD.

AILLY (MARC-FRANÇOIS D'), député de Chaumont-en-Vexin à l'Assemblée constituante de 1789, puis membre du Sénat conservateur, né à Rocquancourt (Seine-et-Oise), le 26 décembre 1724, mort à Pannes (Loiret), le 20 août 1800), fut, avant la Révolution, procureur syndic de l'administration provinciale de l'Ile-de-France, directeur général des vingtièmes, et conseiller d'Etat. Le 19 mars 1789, le tiers-état du bailliage de Chaumont-en-Vexin l'envoya aux Etats-Généraux. Il y prit part à quelques délibérations. Choisi, le 12 mai, par l'assemblée du tiers pour représenter le gouvernement de l'Ile-de-France dans une commission chargée de préparer la réunion des ordres, il fut élu « doyen » par la même assemblée, le 1er juin, mais il se démit de ses fonctions deux jours après, pour raison de santé. (Ce fut Bailly, député de Paris, qui le remplaça.) Dans l'Assemblée nationale, il fit décréter, à la séance du 20 novembre 1789, que tous les députés, à titre de contribution patriotique, feraient don de leurs boucles d'argent. « L'honorable membre, dit le *Moniteur*, en donne le premier l'exemple, en ôtant les siennes ». Le 14 janvier 1790, il combattit, comme pouvant nuire à la circulation intérieure, une procla-

mation du roi destinée à arrêter l'exportation des grains. Très affaibli par la maladie, il eut recours, le 7 mars 1791, à Goupil-Préfeln pour donner lecture d'un discours contre la réunion du ministère des finances à celui de l'intérieur, proposée par le comité de constitution. D'Ailly disparut de la scène politique après la Constituante, jusqu'au coup d'Etat de Brumaire. Lors de la création du Sénat conservateur, il fut appelé, par les consuls, à en faire partie, le 3 nivôse an VIII. Il y siégea jusqu'à sa mort.

ALAMANNO. — *Voy.* PAZZI.

ALARDET (CLAUDE), représentant du Loir-et-Cher à la Chambre des « Cent-Jours », né à Gray (Haute-Saône), le 23 juillet 1759, mort à Blois (Loir-et-Cher), le 15 mars 1848, était fils de Dominique Alardet et de dame Barbe Gelot. Nommé conseiller de préfecture du département de Loir-et-Cher, à la création, il occupa ce poste jusqu'au 10 mai 1815, date à laquelle il fut élu par l'arrondissement de Vendôme représentant à la Chambre dite des « Cent-Jours ». (Sur 116 électeurs inscrits, 42 seulement prirent part au vote, et Alardet fut nommé avec 27 voix contre 14 données à M. Renou, de Vendôme.) Il ne prit aucune part aux débats de la Chambre des représentants, revint à Blois, et vécut dans la retraite pendant la Restauration. Le gouvernement de 1830 lui rendit ses fonctions de conseiller de préfecture, qu'il garda jusqu'en 1832. Il devint alors secrétaire général de la préfecture, et fut admis à la retraite, comme conseiller de préfecture, le 30 novembre 1840. — Alardet avait été nommé chevalier de la Légion d'honneur le 11 novembre 1814.

ALBA (MARIE-DAVID) dit LASOURCE, député à l'Assemblée législative de 1791 et membre de la Convention pour le département du Tarn, né à Anglès (Tarn), le 22 janvier 1763, exécuté à Paris le 31 octobre 1793, appartenait à la religion réformée; il avait étudié la théologie au séminaire de Lausanne et obtenu le certificat de sa consécration le 18 juin 1784: il assista comme secrétaire au Synode provincial du Haut-Languedoc, le 1er mai 1788. Pasteur à Castres au moment de la Révolution, la persécution l'obligea, comme « pasteur du désert », à se cacher sous un nom d'emprunt; il prit celui de LASOURCE, et il n'a figuré que sous ce nom dans l'histoire parlementaire. Le 30 août 1791, le département du Tarn, par 149 voix sur 278 votants, l'élut député à l'Assemblée législative. Il y prit souvent la parole : pour dénoncer les manœuvres des émigrés (22 novembre 1791); pour réclamer (3 décembre) les redditions de comptes des ministres. Le 16 janvier 1792, sur sa motion, l'Assemblée décréta que « Louis-Stanislas-Xavier », prince français, serait déchu de son droit à la régence ». Le 16 avril, Lasource prononça un grand discours en faveur de la nomination par le peuple des administrateurs des deniers publics. « Le pouvoir exécutif, dit-il à cette occasion, a une splendeur qui enchaîne les sens par l'empire du préjugé. Le corps législatif propose, le roi consent : il est donc évident que le pouvoir exécutif a des moyens beaucoup plus puissants pour s'agrandir au préjudice de l'autre. Voulez-vous lui laisser l'ascendant que donne la distribution des places sur ceux qui les obtiennent? Ne savez-vous pas que c'est en donnant des places qu'on fait des esclaves, et que cette espèce de servitude est comme la peste ?... etc. » Le 19 mai, il insista pour que les mesures les plus énergiques fussent prises à l'égard des « complots qui menaçaient la France » : il proposa un nouveau recrutement de deux cent mille hommes, et l'établissement de deux nouvelles fabriques d'armes. Le 20, il demanda et obtint la mise en accusation d'un juge de paix nommé Larivière, et fit encore, avant la fin de la législature, entre autres propositions, celles : de la formation d'un camp sous Paris (6 juin) ; de la fixation à 13 ans pour les femmes et à 15 ans pour les hommes de l'âge légal du mariage (29 juin) ; de la levée des bataillons de volontaires (10 juillet) ; de la mise en accusation de Lafayette (21 juillet) : « Je viens, s'écria-t-il, briser une idole que j'ai longtemps encensée. Je me ferais d'éternels reproches d'avoir été le partisan et l'admirateur le plus perfide des hommes, si je ne me consolais en pensant que la publicité de mon opinion expiera ma longue erreur..... » (L'impression de son discours fut votée, et l'arrestation décrétée dans la séance du 10 août.) Il fit arrêter de même Montmorin (ex-ministre des Affaires étrangères (21 août) ; appuya l'envoi de commissaires aux frontières (28 août) ; demanda « que tout citoyen qui a un fusil le donne, ou marche. » — « En vain, crions-nous vive la Nation, vive la Liberté, nous ne sauvons ni l'une ni l'autre. Agissons, marchons, parlons au peuple, il faut battre la générale dans l'opinion publique. »

Réélu à la Convention par son département, le 3 septembre 1792, par 275 voix sur 438 votants, il siégea à la Montagne et en fut secrétaire, le 21 septembre. Là il intervint encore très souvent, et avec une grande vigueur, dans les délibérations, proposa de s'emparer, en pays ennemi, des biens des princes, des seigneurs et des nobles, s'occupa activement des questions militaires, demanda l'ordre du jour sur les dénonciations apportées contre Robespierre par Barbaroux et Louvet. Envoyé en mission à Nice, il demanda la réunion à la France ; il fit décréter des poursuites contre les prévenus de la conspiration de Bretagne, puis contre Turin, adjudant général, et dénonça (avril 1793) Danton comme le complice de Dumouriez. Dans le procès du roi, Lasource avait voté pour la mort, en ces termes : « Mon opinion vous est connue. Je l'ai manifestée par écrit. Je vais la reproduire. Dans ma manière de voir il n'y a pas de milieu ; il faut que Louis règne ou qu'il aille à l'échafaud. Mais j'ai une observation à faire. La mesure que vous prenez suppose que vous êtes à une grande hauteur. Si la Convention s'y maintient, elle écrasera les factieux et établira la liberté. Mais à tous les partis, si les haines continuent, si la Convention n'a pas le courage de les étouffer, alors on dira qu'elle n'était composée que des plus vils, des plus lâches de tous les hommes ; elle ne passera à la postérité qu'avec l'exécration universelle. Après cette réflexion, je prononce la mort. »

Cependant, Alba-Lasource finit par se séparer de la Montagne : une attaque violente qu'il dirigea contre Robespierre au sujet de la pétition des sections de Paris qui demandaient l'expulsion de 22 députés, dont il était, le rapprocha de la Gironde. Compris dans la proscription du 2 juin 1793, il fut condamné par le tribunal révolutionnaire, le 30 octobre, avec Brissot, Vergniaud, Gensonné, Duperret, Carra, etc., comme ayant participé à « une conspiration contre l'unité et l'indivisibilité de la République, contre la liberté et la sûreté du peuple Français ». Le 8 juin, il présenta sa défense dans un écrit adressé à la Convention. Il se retournait contre ses accusateurs et les accusait à son tour : « Dites à ces monstres qu'ils tremblent ! Leur audace sacrilège va soulever la nature entière et appeler sur leurs têtes une vengeance aussi terrible que leurs crimes sont exécrables. Dites-leur que leur règne expire, et que bientôt il ne restera plus d'eux que leurs forfaits pour l'exécration publique, que leur supplice pour l'effroi des tyrans, que leurs noms pour l'opprobre..... etc. » (LASOURCE, *député du Tarn, au président de la Convention nationale.* — Bibl. nat.) Il fut exécuté le 31 octobre.

ALBARADE (D'). — *Voy.* DALBARADE.

ALBERT (JEAN-BERNARD), député à la Constituante de 1789, membre de la Convention, député aux Cinq-Cents, puis aux Anciens, et enfin au Corps législatif du premier Empire, né à Bouzonville (Moselle), le 2 octobre 1739, mort à Paris, le 20 juillet 1807, était avocat à Colmar quand éclata la Révolution. Élu député suppléant du tiers aux États-Généraux de 1789 par le bailliage de Colmar et Schelestadt, il ne fut appelé à siéger à l'Assemblée constituante que le 27 octobre 1790, par suite du décès de Herrmann, qu'il remplaça. Le 6 septembre 1792, le département du Haut-Rhin l'envoya à la Convention par 274 voix sur 391 votants. Il alla tout d'abord prendre place à la Montagne avec son compatriote et ami Rewbell ; mais il en descendit presque aussitôt, et, dans le procès du roi, après avoir répondu affirmativement au premier appel nominal : *Louis Capet ci-devant roi des Français est-il coupable ?...* etc. et négativement au second : *Le jugement sera-t-il soumis à la ratification du peuple ?* il opina pour la réclusion jusqu'à la paix, et, après la condamnation à mort, pour un sursis à l'exécution du jugement.

Albert fit partie, ainsi que Rewbell, des deux tiers des membres de la Convention qui entrèrent aux deux conseils des Cinq-Cents et des Anciens : il siégea aux Cinq-Cents le 21 vendémiaire an IV. Il en sortit deux ans après pour passer au Tribunal de cassation (6 septembre 1797). Les électeurs de la Seine le nommèrent, le 23 germinal an VI, au Conseil des Anciens, où son attitude, au 18 Brumaire, lui valut d'être compris, le 4 nivôse suivant, sur la liste des membres du Corps législatif ; il en fit partie jusqu'en 1803, et, comme dans les autres assemblées où il avait déjà siégé, il n'y joua qu'un rôle assez effacé.

ALBERT (JEAN-ÉTIENNE), député au conseil des Cinq-Cents et au Corps législatif du premier Empire, né en Lorraine en 1756, mort vers 1820, prêtait, en 1781, le serment d'avocat à Colmar, profession qu'il exerça jusqu'à la Révolution. En 1791, nommé « receveur des enregistrements », à Saverne (Bas-Rhin), puis élu, l'année d'après, juge au Tribunal du district de Colmar, il refusa, en février 1793, les fonctions de commissaire national au tribunal de Strasbourg, fonctions que lui offraient les commissaires de la Convention, Rewbell, Merlin et Haussmann, mandés à Strasbourg par la Société des Jacobins pour statuer sur la conduite de la municipalité. Mais il dut se conformer, le 19 mars, à l'arrêté des mêmes représentants qui le nommèrent juge au tribunal de Schelestadt. De là, il passa au tribunal criminel de

Cumont, fut élu par 96,495 voix. M. Allain-Targé, fit partie, en mars 1871, de la *Ligue républicaine des Droits de Paris*, et signa les manifestes publiés par cette association. Après la Commune, il se représenta sans succès à Paris aux élections complémentaires du 2 juillet, et obtint alors 67,000 suffrages. Le 30 du même mois, il fut élu au second tour de scrutin, membre du conseil municipal de Paris, par le 19ᵉ arrondissement. En même temps, il prenait part à la fondation du journal la *République française*, le 9 novembre 1871, avec Gambetta, pour directeur politique et M. Eugène Spuller pour rédacteur en chef, et soutint, en 1873, la candidature Barodet contre Rémusat. Réélu conseiller municipal du 19ᵉ arrondissement au renouvellement de 1874, M. Allain-Targé fut, le 5 mars 1876, nommé par le même arrondissement député de la Seine, au scrutin de ballottage, par 6,320 voix sur 15,125 inscrits et 10,091 votants. Il avait pour concurrents l'ancien général de la Défense nationale, Cremer, qui obtint 2,584 voix, et M. Mullet, qui en eut 993. Après avoir donné sa démission de conseiller municipal, il prit place à l'extrême-gauche de la Chambre, et vota avec elle, mais sans s'associer toutefois à la campagne « intransigeante », menée dès lors par quelques-uns de ses membres; il vota avec les 363, après l'acte du 16 Mai 1877, l'ordre du jour de défiance et de blâme présenté par les gauches réunies, et, candidat à ce titre, dans le même arrondissement de Paris, le 14 octobre 1877, il fut réélu, sans opposition, par 10,936 voix sur 16,063 inscrits et 12,117 votants. Dans cette nouvelle législature, comme dans la précédente, il intervint activement dans plusieurs discussions importantes, notamment dans les questions de finances, d'emprunts, de budget et de chemins de fer; défendit fréquemment à la tribune le rachat des chemins de fer par l'Etat, dont il s'est toujours montré le partisan résolu; vota *pour* l'amnistie plénière; *pour* l'invalidation de l'élection de Blanqui à Bordeaux; *pour* l'article 7, application des lois existantes aux congrégations non autorisées; *pour* le divorce et *pour* le scrutin de liste.

Les élections du 21 août 1881 le renvoyèrent à la Chambre : son arrondissement lui donna 8,883 voix sur 18,559 inscrits et 13,875 votants, contre 2,859 voix à M. Chabert, 1,353 à M. Cattiaux, et 641 voix à M. Fliche. Il se fit alors inscrire au groupe de l'union républicaine, et entra bientôt comme ministre des Finances dans le cabinet du 14 novembre 1881, présidé par Gambetta, son ami personnel; ce ministère ayant été mis en échec par la Chambre, le 26 janvier 1882, sur la question du scrutin de liste, M. Allain-Targé démissionnaire, reprit sa place à la gauche radicale, se mêla souvent aux grandes discussions économiques et financières, et combattit vivement les conventions des chemins de fer conclues par M. Raynal, ministre des Travaux publics dans le cabinet Jules Ferry. Après la chute de ce cabinet, séance du 28 mars 1885, chute à laquelle il contribua par son vote, M. Allain-Targé rentra au pouvoir dans le ministère présidé par M. Henri Brisson, avec le portefeuille de l'Intérieur. Il suivit une politique peu différente de celle du cabinet précédent. A l'ouverture de la période électorale de 1885 il adressa aux fonctionnaires de son département une circulaire où il leur recommandait une stricte neutralité. Il fut élu alors au scrutin de liste, et au scrutin de ballottage, dans le département de la Seine par 289,866 voix sur 564,338 inscrits et

416,886 votants. Il s'était présenté en même temps dans le département de Maine-et-Loire, où il n'obtint que 47,489 voix sur 151,859 inscrits et 123,110 votants. Le dernier élu de la liste conservatrice, M. de Terves, passa avec 72,820 voix. Il quitta le pouvoir avec ses collègues le 2 janvier 1886, à la suite de la réélection de M. Jules Grévy à la présidence de la République. Dans le cours de cette législature, M. Allain-Targé a voté :

Le 4 novembre 1888, *contre* le projet de conversion des titres 4 1/2 0/0 (ancien fonds) et rentes 4 0/0 en rentes 3 0/0, présenté par M. Rouvier, ministre des Finances.

Il a voté le plus souvent avec les opportunistes, et quelquefois avec les radicaux :

Le 6 février 1886, *contre* la proposition de M. H. Rochefort sur l'amnistie;

Le 8 février, *contre* la prise en considération de la proposition Michelin, tendant à rechercher les origines de l'expédition du Tonkin;

Le 13 mars, *contre* l'ordre du jour pur et simple en faveur des mineurs grévistes de Decazeville;

Le 29 mars, *contre* l'ordre du jour pur et simple à la suite de l'interpellation Delattre sur la catastrophe de Roquebrune-Monte-Carlo;

Le 20 avril, s'est abstenu dans le scrutin sur les crédits pour l'organisation des résidences à Madagascar;

En juillet 1886, *contre* le projet de loi concernant les céréales;

Le 3 décembre, *contre* l'amendement Colfavru portant suppression des sous-préfets (chute du ministère Freycinet);

Le 10 février 1887, *pour* l'ensemble de l'amendement Georges Périn en faveur de l'impôt sur le revenu;

Le 17 mai, *contre* la proposition de résolution présentée par la commission du budget (chute du ministère Goblet);

Le 9 juillet, *pour* l'ensemble du titre 1ᵉʳ du projet de loi organique militaire;

Le 19 novembre, *pour* la discussion immédiate de l'interpellation Clémenceau (chute du ministère Rouvier);

Le 30 mars 1888, *contre* l'urgence sur la proposition C. Pelletan relative à la revision (chute du ministère Tirard).

M. Allain Targé a soutenu le ministère Floquet. Le 11 février 1889, il s'est abstenu sur le projet de rétablissement du scrutin d'arrondissement et a voté, le 14 février, *contre* l'ajournement indéfini de la revision des lois constitutionnelles; le 14 mars, *pour* la demande en autorisation de poursuites contre 3 députés membres de la Ligue des Patriotes; le 2 avril, *contre* la proposition de loi Lisbonne, restrictive de la liberté de la presse; le 4 avril, *pour* la demande en autorisation de poursuites contre le général Boulanger.

ALLARD (LOUIS-FRANÇOIS), député du tiers-état d'Anjou à l'Assemblée constituante de 1789, né à Craon (Mayenne), le 10 mai 1734, mort à Château-Gontier (Mayenne), le 30 juin 1819, obtint très jeune encore le titre de docteur en médecine et s'établit à Château-Gontier. Il se déclara pour la Révolution, et ses habitudes de bienfaisance le firent élire par la sénéchaussée d'Anjou, le 20 mars 1789, député du tiers aux Etats-Généraux.

Dans l'Assemblée constituante il se sépara des plus ardents, et vota contre la Constitution civile du clergé et contre le veto suspensif. Il ne prit, d'ailleurs, jamais la parole dans les débats, et son nom n'est mentionné qu'une fois au *Moniteur*, quand il réclama, à la séance du 5 juillet 1789,

Strasbourg, comme juge trimestrier. En août 1793, tandis que les armées ennemies s'efforçaient d'envahir le Bas-Rhin, des libelles allemands, répandus dans Strasbourg et aux environs, appelèrent le peuple « aux armes pour la religion et contre les régicides ». Albert se transporta avec le tribunal criminel sur les points menacés et parvint à rétablir l'ordre sans recourir à la violence. En frimaire an II, après avoir refusé d'être membre de la commission révolutionnaire établie à Strasbourg, il requit, en qualité d'accusateur public au tribunal criminel ordinaire, la non exécution et la dénonciation à la Convention d'un arrêté des représentants Saint-Just et Lebas, ordonnant de raser la maison de « quiconque ferait différence d'assignats à numéraire ». L'arrêté ne fut pas exécuté.

Il était encore accusateur public, le 24 germinal an VI, lorsque le corps électoral du Bas-Rhin le choisit, au premier tour de scrutin, comme député au Conseil des Cinq-Cents. Tout d'abord, il crut devoir décliner ce mandat, et déclara, dans une lettre publique, qu'il n'accepterait « qu'autant que le corps électoral saurait se mettre au-dessus des manœuvres de quelques électeurs scissionnaires, disciples des *docteurs de l'an II* »; pourtant le 29, il se décida à accepter. Tout entier au travail des comités, il se fit peu remarquer à la tribune. En l'an VIII, un ancien membre du conseil des Cinq-Cents, Metzger, du Bas-Rhin, ayant dans une note imprimée, exprimé le regret que ce département ne se trouvât alors représenté que par un seul député « qui n'en est point originaire, disait-il, et qui n'y fut placé qu'en 1793, » Albert se défendit vivement dans une brochure datée du 2 pluviôse et intitulée: *Albert (du Bas-Rhin), membre du Corps législatif, au Sénat conservateur*. Partisan du coup d'État du 18 Brumaire, il siégea au Corps législatif de l'Empire, où le Sénat conservateur le maintint, le 4 nivôse an VIII. Par la suite, il remplit, jusqu'à la Restauration, les fonctions de procureur impérial à Schelestadt.

ALBERT (Jean-Baptiste-François), député de la Charente de 1816 à 1824, né à la Rochefoucauld (Charente), le 11 novembre 1759, mort à Angoulême (Charente), le 22 juillet 1837, étudia le droit, devint avocat à Angoulême, puis fut nommé juge au Tribunal de cassation. Il débuta dans la carrière parlementaire sous la Restauration : le 22 août 1815, le collège du département de la Charente l'envoya à la Chambre des députés par 117 voix sur 289 inscrits et 215 votants. Dans cette première législature il fit partie de la majorité royaliste, subit la dissolution de la Chambre « introuvable », et, le 4 octobre 1816, vit son mandat renouvelé par la même circonscription, avec 137 voix sur 280 inscrits et 217 votants. Il siégea, dès lors, au centre. Il avait été, le 13 mars de cette année, nommé président du tribunal de première instance d'Angoulême, et quelques jours après, président de la « Cour prévôtale » de la Charente. A la Chambre, il proposa divers amendements à la loi du 21 octobre 1816, sur la forme de procéder à l'égard des écrits saisis. Puis, comme rapporteur des pétitions, il demanda le renvoi à la commission du budget, d'une pétition de divers propriétaires ruraux d'Angoulême qui, en réclamant contre une délibération du conseil municipal de cette ville, accusaient le ministre des Finances et demandaient à le poursuivre devant la Chambre des pairs. Lors du débat sur la loi du 17 mai 1819 (répression

des délits de presse), il s'opposa à l'admission de la preuve testimoniale contre les fonctionnaires publics, et, dans le cas où son opinion ne prévaudrait pas, proposa qu'un prévenu ne fût autorisé à fournir cette preuve qu'à la condition d'avoir préalablement porté plainte en justice des faits pour la publication desquels il serait poursuivi en diffamation. Albert vota pour la loi dite du double vote. Au renouvellement de la Chambre, le 1er octobre 1821, il fut réélu par le 1er arrondissement électoral d'Angoulême avec 252 voix sur 702 inscrits et 474 votants, et continua de siéger au centre jusqu'au 25 février 1824: s'étant représenté alors aux élections générales, il n'obtint plus que 75 voix contre M. Descordes, qui fut élu par 296 voix sur 497 inscrits et 390 votants.

ALBERT (Philippe), fils du précédent, député de la Charente sous Louis-Philippe, né à Angoulême (Charente), le 4 mai 1788, mort à Paris, le 20 avril 1868, fut nommé en 1816 juge au tribunal d'Angoulême, que son père, la même année, fut appelé à présider. Il était juge-auditeur depuis 1813. Peu de jours avant la chute de la Restauration, il fut élu (3 juillet 1830) député de la Charente, au collège de département, par 120 voix sur 274 inscrits et 228 votants. Il se rallia au gouvernement de Juillet, ne fut pas réélu en 1831, mais en revanche fut successivement nommé par le 1er collège électoral d'Angoulême, les 21 juin 1834, 4 novembre 1837 et 2 mars 1839. Après avoir très longtemps voté avec la majorité conservatrice, il passa à l'opposition modérée, siégea au centre gauche, et suivit généralement, dans ses votes, l'inspiration de Thiers. Il se sépara du pouvoir dans les votes d'apanage et de disjonction. Il appuya la proposition Ganguier contre l'admissibilité des fonctionnaires publics aux fonctions de député, et vota, en 1841 et 1842, pour les propositions Mauguin, Pagès et Ducos en faveur de l'adjonction, au corps des électeurs censitaires, d'un nombre indéterminé de citoyens remplissant certaines conditions de capacité. Il se prononça enfin, à propos du nouveau mode de recensement des propriétés imposables, pour l'amendement Lestiboudois, demandant à la couronne la présentation d'un projet de loi plus complet sur la matière.

Aux élections générales du 9 juillet 1842, M. Albert échoua avec 398 voix contre le docteur Bouillaud, qui fut élu par 504 voix sur 1,082 inscrits et 910 votants. Mais il l'emporta le 1er août 1846, avec 685 voix sur 1,350 inscrits et 1,228 votants; le député sortant, docteur Bouillaud, de la gauche dynastique, n'obtint que 372 voix, M. Sazerac de Forge, 101 et M. Villeneuve, 65.

M. Albert reprit sa place au centre gauche. Après 1848, il se retira des luttes électorales. Il était conseiller général d'Angoulême et possédait une très grande fortune.

ALBERT (Alexandre Martin, dit) membre du Gouvernement provisoire de 1848 et représentant du peuple à l'Assemblée constituante, né à Bury (Oise), le 27 mars 1815, était fils d'un cultivateur. Il fut placé en apprentissage chez un de ses oncles, mécanicien-modeleur, et, après avoir fait son tour de France, vint à Paris, où il s'affilia aux Sociétés secrètes et se lia avec plusieurs membres du parti républicain. En septembre 1840, il fut un des fondateurs du journal populaire mensuel l'*Atelier*, organisé par des ouvriers, à leurs frais. « Pour être reçu fondateur, disait l'avis placé en tête de cette feuille, il faut vivre de son travail personnel, être présenté par deux des premiers fondateurs, qui se portent garants de la moralité de l'ouvrier convié à notre œuvre. Les hommes de lettres ne sont admis que comme correspondants. » Albert fut au nombre des rédacteurs anonymes du journal. Quand éclata la Révolution de 1848, il prit les armes, et se battit aux journées du 23 et du 24 février.

A la fin de la lutte, le peuple ayant envahi les bureaux de la *Réforme*, pour désigner par acclamation les membres du nouveau gouvernement, le nom d'Albert, qui ne figurait pas tout d'abord sur la liste du journal, fut prononcé; Louis Blanc, qui avait donné lecture du projet de liste, écrivit aussitôt le nom d'Albert, qu'il « n'avait jamais vu, » a-t-il dit depuis, et qui, suivi de la qualification d'ouvrier, parut pour la première fois au bas d'une proclamation officielle.

Dans les délibérations du Gouvernement provisoire, Albert vota constamment avec Louis Blanc; il lui fut adjoint comme vice-président de la commission de gouvernement pour les travailleurs, qui siégea au Luxembourg. Président de la commission des récompenses nationales, il fut élu le 23 avril 1848, par le département de la Seine, le 21e sur 34, avec 133,041 voix sur 399,191 inscrits et 267,888 votants. Il ne siégea que peu de jours; le 15 mai mit fin à sa carrière parlementaire.

Ce jour-là, au moment de l'envahissement de l'Assemblée par le peuple, Albert se rendit avec Louis Blanc à l'une des fenêtres de la cour donnant sur la place de Bourgogne, et joignit ses exhortations à celles de son collègue qui s'efforçait de calmer les envahisseurs. Cette attitude fut interprétée comme un encouragement à l'insurrection; Albert fut arrêté et conduit au fort de Vincennes. Traduit devant la haute Cour de justice de Bourges, il en déclina la compétence, refusa de répondre aux juges et fut condamné, le 2 avril 1849, à la peine de la déportation qu'il subit à Doullens, puis à Belle-Isle-en-Mer, d'où il passa au pénitencier de Tours. Après l'amnistie de 1859, il se fixa à Paris, accepta un modeste emploi dans l'administration de la Compagnie du gaz et cessa dès lors de jouer un rôle politique. Cependant, après le 4 Septembre 1870, il fut nommé par le gouvernement de la Défense nationale membre de la commission des barricades, avec MM. Henri Rochefort, Jules Bastide, Schœlcher, Martin Bernard, Dréo, Floquet et Cournet. Aux élections législatives du 8 février 1871, il figura sur quelques listes de candidats dans le département de la Seine, mais il n'obtint qu'un petit nombre de voix; il a toujours refusé, depuis, d'accepter les candidatures qui lui ont été offertes à la Chambre ou au Sénat.

ALBERT (Louis-Joseph-Charles-Amable d') duc de Luynes, député de la Touraine à la Constituante de 1789, et membre du Sénat conservateur de l'Empire, né à Paris, le 4 novembre 1748, mort à Paris, le 20 mai 1807, issu d'une très ancienne et très puissante famille de Florence, les Alberti, était fils de Marie-Charles-Louis d'Albert de Luynes, duc de Chevreuse, qui commanda avec distinction, sous Louis XV, dans les campagnes de Bohême et au siège de Berg-op-Zoom, et de Henriette-Nicole d'Egmont Pignatelli, femme d'un grand savoir, qui composa un cours de rhétorique et de philosophie. Un Léon d'Albert, qui servit en Piémont, sous le duc d'Enghien, et fut tué à la bataille de Cérisoles, en 1545,

porta pour la première fois le titre de seigneur de Luynes, du nom de la terre qu'il avait acquise en Provence, du chef de sa femme, Jeanne de Ségur. Depuis, la maison d'Albert, qui a possédé les trois duchés pairies de Chevreuse, de Luynes et de Chaulnes, a donné à la France un connétable et deux maréchaux de France, un cardinal et plusieurs officiers généraux. — Louis-Joseph-Charles-Amable d'Albert de Luynes était, au moment de la Révolution, maréchal de camp, pair de France et colonel général des dragons; il se démit de cette dernière charge, et présida les Etats provinciaux de Touraine. La noblesse du bailliage l'ayant élu, le 28 mars 1789, pour la représenter aux Etats-Généraux, il fut de ceux qui se rallièrent au tiers, le 25 juin, et qui votèrent avec la majorité. Le 24 octobre, il prit à l'Assemblée la défense de M. de Besenval, officier des gardes suisses, détenu à raison des ordres donnés par lui au gouverneur de la Bastille, le 14 juillet. L'Assemblée décida de renvoyer l'affaire au Châtelet. Le 22 juin 1791, il réclama, pour les officiers généraux comme lui, l'honneur de prêter le serment de fidélité imposé aux fonctionnaires membres de l'Assemblée. Le duc de Luynes n'émigra point, et se retira à Dampierre (Seine-et-Oise) en 1792, où il vécut en dehors de la politique jusqu'au coup d'Etat de Brumaire. Le 24 pluviôse an IV, une dénonciation anonyme ayant été faite contre lui au comité de la Convention, dit *comité d'aliénation et domaines réunis*, le « citoyen Albert-Luynes », répondit par des *Observations*. M. de Luynes était signalé comme détenant encore des biens confisqués sur le maréchal et la maréchale d'Ancre et donnés autrefois par Louis XIII au connétable de Luynes, « le plus indigne favori de nos anciens tyrans ». Il répondit que cette assertion était sans preuves; que d'ailleurs, suivant les anciennes ordonnances, « les biens provenant des confiscations n'étaient unis au domaine de la couronne qu'après une possession de dix années, et que jusque-là, les rois avaient droit d'en disposer et en disposaient en effet. » Il ajoutait : « Le dénonciateur qui me suppose 500,000 livres de rente, n'a pas calculé avec moi, et n'est sûrement pas l'agent de mes créanciers; il aurait pu facilement, s'il l'eût voulu, se convaincre de l'erreur extrême dans laquelle il est. Il aurait pu se convaincre que les ventes que je me propose de faire sont nécessitées par le besoin de mes affaires. »

Nommé conseiller général de la Seine le 29 ventôse an VIII, puis maire du IXe arrondissement de Paris le 4 frimaire an IX, il fut, en outre, appelé au Sénat conservateur le 14 fructidor an XI. Il fut fait membre de la Légion d'honneur le 9 vendémiaire an XII, et devint commandeur de cet ordre le 25 prairial de la même année.

ALBERT (Charles-Marie-Paul-André d'), duc de Luynes et de Chevreuse, pair de France sous la Restauration, fils du précédent et de Guyonne-Elisabeth-Joséphe de Montmorency-Laval, qui fut dame du palais de la reine Marie-Antoinette, écrivit et imprima elle-même plusieurs ouvrages et prit part à la grande fête de la Fédération du Champ de Mars, naquit à Paris le 16 octobre 1783, et mourut à Dampierre, le 20 mars 1839. Il n'accepta aucun emploi sous le régime impérial, et la duchesse sa femme, née Narbonne-Pelet, qui fut en 1806 nommée dame du palais de l'impératrice Joséphine, refusa d'être attachée avec la même qualité auprès de la reine d'Espagne, tenue alors en surveillance à Compiègne; ce refus la fit exiler d'abord à Tours, puis à Caen. Le duc de Chevreuse fut nommé pair de France le 4 juin 1814, et chevalier des ordres du roi le 30 mai 1825. En 1830, ayant refusé de prêter serment au nouveau gouvernement, il fut rayé de la liste des pairs.

ALBERT (Honoré-Théodoric-Paul-Joseph d'), duc de Luynes, fils du précédent et de Françoise-Marie-Félicité-Ermessinde de Narbonne-Pelet, représentant du peuple à l'Assemblée constituante de 1848, et à l'Assemblée législative de 1849 pour le département de Seine-et-Oise, né à Paris, le 15 décembre 1802, mort à Rome, le 15 décembre 1867, se fit dès sa jeunesse un nom comme amateur d'art et comme archéologue. En 1825, il quitta les gardes du corps, où il était entré à seize ans, et s'adonna entièrement à ses goûts pour l'étude. A la création du Musée des antiquités grecques et égyptiennes (Musée Charles X), il en fut nommé directeur-adjoint honoraire; quand l'organisation du Musée fut achevée, il résigna ses fonctions, qu'il avait exercées gratuitement. D'opinions libérales, il fut, après les journées de Juillet, élu commandant de la garde nationale de Dampierre(Seine-et-Oise). A la même époque, il entrait, en qualité de membre libre, à l'Académie des inscriptions et belles-lettres. Il s'appliqua à justifier cet honneur par de nombreux travaux publiés de 1833 à 1858, sur l'art antique, la numismatique, l'histoire, les arts industriels et l'économie politique. Il entreprit à ses frais de grandes publications et fit décorer son château de Dampierre par les premiers artistes. Il s'occupa aussi des perfectionnements industriels, et, pour ses travaux sur les aciers damassés, fut récompensé aux expositions. Membre du conseil général de Seine-et-Oise, il y fit adopter, à l'égard des entrepreneurs de travaux publics, une proposition les obligeant, en plus du cautionnement ordinaire, à fournir un cautionnement spécial, garantissant le salaire des ouvriers. La Révolution de 1848 le trouva prêt à faire adhésion à une République très modérée. Le 23 avril 1848, le département de Seine-et-Oise l'envoya siéger à l'Assemblée constituante, le 5e sur 12, par 63,925 voix (le procès-verbal de l'élection ne donne pas le chiffre exact des inscrits et des votants). Il figurait sur la même liste que Pagnerre, Barthélemy-Saint-Hilaire, etc. A l'Assemblée, il fit partie du comité de l'intérieur, et en devint le vice-président; le duc de Luynes suivit de soutint la politique du général Cavaignac, dont il défendit publiquement, auprès des électeurs de son département, la candidature à la présidence de la République. Le plus souvent, il vota avec la droite, notamment :

Le 28 juillet 1848, *pour* le décret contre les clubs;

Le 9 août, *pour* la loi rétablissant le cautionnement;

Le 25 septembre, *pour* l'impôt proportionnel préféré à l'impôt progressif;

Le 21 octobre, *contre* l'abolition du remplacement militaire;

Le 4 novembre, *pour* l'ensemble de la Constitution;

Le 25 novembre, *pour* l'ordre du jour : Le général Cavaignac a bien mérité de la patrie;

Le 12 janvier 1849, *pour* la proposition Rateau (dissolution de l'Assemblée);

Le 16 avril, *pour* le crédit de 1,200,000 francs demandé pour l'expédition de Rome;

Le 2 mai, *contre* l'amnistie des transportés.

Mais il se sépara de la droite dans quelques circonstances, et opina :

Le 26 mai 1848, *pour* le bannissement de la famille d'Orléans;

Le 27 septembre, *contre* l'institution des deux Chambres (proposition Duvergier de Hauranne);

Le 15 novembre, *contre* l'intérêt de 5 0/0 pour les prêts faits par le gouvernement aux associations ouvrières.

Pendant les journées de juin 1848, M. de Luynes occupa la place Maubert avec un bataillon de garde rurale. Réélu à la Législative, le 13 mai 1849, par le département de Seine-et-Oise, le 1er sur 10, avec 57,290 voix sur 139,436 inscrits et 96,950 votants, il continua de voter avec la droite, mais sans se ranger parmi les partisans du prince-président. Il donna son assentiment à toutes les mesures restrictives des libertés de la presse et de réunion, ainsi qu'à tous les crédits destinés à couvrir les frais de l'expédition romaine; accorda son vote à la proposition Baraguey-d'Hilliers, contre la gratuité des Ecoles polytechnique et militaire, et le refusa à la proposition d'amnistie en faveur des transportés de juin (proposition Napoléon-Bonaparte). M. de Luynes fut président de la commission permanente des beaux-arts, et de la commission des monuments historiques, et membre du conseil de surveillance de l'Assistance publique de la ville de Paris. Lors du coup d'Etat du 2 Décembre, il fut emprisonné avec les députés réunis à la mairie du Xe arrondissement pour protester contre l'expulsion de l'Assemblée; mais il fut mis en liberté presque aussitôt. Le 29 février 1852, il se représenta aux élections pour le Corps législatif, dans la 1re circonscription de Seine-et-Oise; il échoua avec 366 voix seulement contre M. Caruel de Saint-Martin, candidat officiel, qui fut élu par 17,040 voix sur 36,294 inscrits et 20,381 votants. Depuis lors, il rentra dans la vie privée. En 1854, il fut chargé de diriger l'exécution du catalogue de la Bibliothèque nationale. Plus tard (1864), il fit en Syrie et en Palestine un voyage d'exploration d'où il rapporta d'intéressants documents. La mort le surprit à Rome, où il était allé porter à Pie IX des témoignages de son attachement à la cause pontificale.

ALBERTAS (Jean-Baptiste-Suzanne, marquis d'), pair de France, né à Paris, le 24 mai 1747, mort à Gémenos (Bouches-du-Rhône), le 3 septembre 1829, était fils de Jean-Baptiste d'Albertas, chevalier, marquis de Bone, baron de Dauphin et de Saint-Maime, comte de Nesses, seigneur de Géménos, qui fut premier président de la Cour des comptes de Provence, et fut tué, en 1790, dans une émeute, pendant une fête qu'il donnait à ses vassaux; et de Marguerite-Françoise de Montullé. Il succéda à son père dans la place de premier président de la Cour des comptes de Provence, et il l'occupait quand la Révolution vint interrompre sa carrière. Il se tint jusqu'à la fin de l'Empire à l'écart de la scène politique, ne s'occupa que de spéculations commerciales qui augmentèrent considérablement sa fortune. « M. d'Albertas, dit un de ses biographes royalistes, n'a contribué que par ses vœux au retour de la maison de Bourbon, ou, s'il a fait quelques efforts pour elle, ils sont restés inaperçus. M. le marquis s'est dédommagé de cette contrainte à la rentrée du roi en 1814, et son zèle alors s'est montré d'autant plus ardent qu'il avait été plus longtemps comprimé. »

Nommé à cette époque, par Louis XVIII, préfet des Bouches-du-Rhône, il suivit, dans sa campagne du Midi, le duc d'Angoulême dont il contresigna tous les bulletins. Il fournit à ce prince de nombreux secours en hommes et en approvisionnements, et lui envoya même son fils aîné qui fit campagne à l'armée royale en qualité de capitaine d'artillerie. Le retour de Napoléon mit fin à ses fonctions administratives, qu'il reprit pour quelque temps à la seconde Restauration. Le 17 août 1815, une ordonnance royale l'appela à la Chambre des pairs dont il fit partie jusqu'à sa mort : il fut porté absent lors du jugement du maréchal Ney.

ALBESPY (JEAN), député de la Gironde aux Cinq-Cents, né à Bordeaux (Gironde) vers 1746, mort à Bordeaux, le 28 août 1826, était homme de loi dans cette ville à l'époque de la Révolution. Il en adopta les principes, fut élu en 1790 membre du conseil général de la commune, mais refusa les fonctions d'officier municipal qui lui étaient offertes par ses concitoyens. Ayant, en 1792, adhéré à une pétition tendant à la réouverture des églises, il fut, de ce chef, plusieurs fois arrêté comme suspect, incarcéré, puis relâché. Un jugement du 1er germinal an II, rendu par la « commission militaire établie et séante à Bordeaux » ordonna qu'il fût mis en liberté, « considérant que dès la naissance de la Révolution et pendant les deux premières années, il se prononça si fortement pour elle, que la confiance de ses concitoyens le porta successivement à différentes places municipales et militaires; que depuis et jusqu'à ce moment, il a fait très exactement son service, soit de nuit, soit de jour, dans la garde nationale; qu'il a donné constamment des secours à ses frères d'armes; qu'il a, dans toutes les occasions, fait ses offrandes à la Patrie;..... considérant, enfin que par ses divers actes de patriotisme, il a réparé, autant qu'il était en lui, la faute qu'il avait faite en se mêlant à une association fanatique; et que, sentant le prix de l'indulgence dont le tribunal veut bien user à son égard, il n'épargnera rien pour continuer de se rendre utile à la République. »

Le 23 germinal an V, Albespy fut élu député au Conseil des Cinq-Cents pour le département de la Gironde; il ne se signala par aucun acte parlementaire dans cette assemblée qu'il quitta à la fin de l'an VI. Il fut nommé le 11 prairial an VIII juge suppléant au tribunal civil de Bordeaux. Les diverses fonctions publiques remplies par lui pendant la période révolutionnaire ne l'empêchèrent pas d'être désigné par le roi Louis XVIII, le 30 décembre 1814, pour faire partie du conseil municipal de Bordeaux.

ALBIGNAC (JEAN-PHILIPPE-AYMAR, BARON D'), représentant du Calvados à la Chambre des Cent-Jours, né à Bayeux (Calvados), le 26 octobre 1782, mort à Madrid (Espagne), le 29 octobre 1823, était fils de d'Albignac (1750-1816) qui fut lieutenant des gardes du corps avant la Révolution, et major-général en 1814, et de la même famille que l'évêque d'Angoulême, Albignac de Castelnau, mais d'une autre branche. Le baron d'Albignac entra au service comme simple cavalier, et arriva par tous les grades à celui d'officier, aide-de-camp du maréchal Ney, qui l'avait

pris en amitié. Il fit avec ce général les campagnes d'Espagne et de Russie; dans la retraite qui mit fin à cette dernière entreprise, il eut les pieds et les mains gelés. Promu colonel du 138e régiment d'infanterie, il combattit encore à Leipsig, et prit part, en 1814, à la campagne entre la Seine et la Marne.

Après la chute de Napoléon, il se soumit au roi et reçut dans la nouvelle organisation de l'armée, le grade de maréchal-de-camp. Il fut même désigné, au mois de mars 1815, pour commander les volontaires qui se réunissaient à Vincennes afin de barrer la route à Napoléon revenant de l'île d'Elbe. Toute résistance étant devenue inutile, il se retira dans son pays natal, où il fut nommé, par le collège électoral du Calvados, représentant à la Chambre « des Cent-Jours ». Il y demeura fidèle au parti royaliste, qu'il ne soutint que de ses votes. Lors de la seconde Restauration, nommé par Louis XVIII président du collège électoral de Bayeux, il occupa par la suite les fonctions d'inspecteur général d'infanterie (1820), et de gentilhomme ordinaire de la chambre du roi (1821). Il avait pris en 1823, dans l'armée qui se rendait en Espagne sous les ordres du duc d'Angoulême, le commandement d'une brigade, et venait de coopérer au siège de Saint-Sébastien et à la prise de la Corogne, quand il succomba aux suites d'une maladie inflammatoire. D'Albignac était grand officier de la Légion d'honneur.

ALBIGNAC DE CASTELNAU (PHILIPPE-FRANÇOIS), député d'Angoulême à l'Assemblée constituante de 1789, né au château de Triadoux (Lozère), le 20 août 1742, mort à Londres, le 3 janvier 1806, appartenait à une famille originaire du Midi de la France et transplantée ensuite en Normandie, qui a fourni plusieurs personnages distingués. Il était évêque d'Angoulême depuis le 18 juillet 1784, quand il fut élu, par le bailliage de cette ville, le 27 mars 1789, député du clergé aux Etats-Généraux. Le 2 juillet, en même temps que l'archevêque de Bourges et quelques autres membres du clergé, il protesta en ces termes, contre la délibération par tête dans les trois ordres réunis :

« Je déclare qu'étant porteur du cahier de « l'ordre du clergé de la sénéchaussée d'Angou- « lême qui m'ordonne de *maintenir le droit de* « *voter par ordre*, je dois m'abstenir de « prendre part à aucunes délibérations des « Etats-Généraux jusqu'au moment où j'auray « reçu des nouveaux pouvoirs de mes commet- « tants, faisant pour eux toutes les réserves de « droit et dont je demande acte. »

« A Versailles, dans la salle des Etats-Géné- « raux, le 2 juillet 1789. »

+ PH. FR., év. d'Angoulême ».

(Arch. nat.)

A ce sujet, il fut interpellé, dans la séance du surlendemain, par un curé de sa province, M. Joubert, qui déclara que le cahier du clergé d'Angoulême était, au contraire, pour le vote par tête. « M. l'évêque d'Angoulême, dit le procès-verbal officiel, garda le silence. » Plus tard, en février 1791, il fut l'objet d'une dénonciation à l'Assemblée à propos d'un de ses mandements, qualifié « d'incendiaire » par le directoire de la Charente.

D'Albignac de Castelnau se joignit aux premiers émigrés qui quittèrent la France et se rendit à Londres; à la séance de la Convention du 7 décembre 1792, son nom fut cité dans un rapport de Chabot parmi les émigrés « tant prêtres que ci-devant seigneurs » qui intriguaient pour le rétablissement de la royauté. Il mourut dans l'exil.

ALBISSON (JEAN), membre du Tribunat, né à Montpellier (Hérault), le 31 janvier 1732, mort à Paris, le 22 janvier 1810, se livra de bonne heure à l'étude du droit et à la profession d'avocat. La réputation qu'il y acquit le fit appeler au conseil des États du Languedoc. Il publia alors plusieurs travaux sur des points importants de l'Histoire de cette province, notamment sur l'origine des municipalités diocésaines. La Révolution lui confia successivement différentes fonctions administratives et judiciaires : il était, depuis l'an VI, commissaire près le Tribunal correctionnel de Montpellier, en même temps que professeur de législation à l'École centrale de l'Hérault, quand il fut, le 6 germinal an X, nommé membre du Tribunat par le Sénat conservateur, sur la présentation de son département. Il prit, comme tribun, une part active et brillante aux discussions préparatoires des Codes civil, de procédure et de commerce, et fit d'importants discours ou rapports :

Le 3 germinal an IX, sur la puissance paternelle ;

Le 7 pluviôse an XII, sur le titre IV du second livre du Code civil (Servitudes) ;

Le 19 pluviôse an XII, sur le contrat de mariage et les droits respectifs des époux ;

Le 18 ventôse an XII, sur le projet relatif aux prêts ;

Le 28 ventôse an XII, sur le projet relatif aux transactions.

En 1804, le tribun Curée ayant fait au Tribunat une motion d'ordre tendant à confier à un empereur le gouvernement de la République et à rendre l'Empire héréditaire dans la famille de Napoléon Bonaparte, Albisson fut membre de la commission chargée d'examiner cette motion, et la soutint avec empressement. Napoléon le récompensa de son zèle en le nommant conseiller d'État lors de la suppression du Tribunat, le 14 août 1807, et en le créant chevalier de l'Empire (11 août 1808). Il fut constamment du nombre des orateurs choisis par le gouvernement dans les circonstances solennelles, pour célébrer officiellement les triomphes de l'Empire. Il avait été nommé membre de la Légion d'honneur le 25 prairial an XII. Son éloge fut prononcé, sur sa tombe, le 24 janvier 1810, par le chevalier Faure, son ami et son ancien collègue au Conseil d'État.

ALBITTE (ANTOINE-LOUIS), dit Albitte l'aîné, député à l'Assemblée législative et membre de la Convention pour le département de la Seine-Inférieure, né à Dieppe (Seine-Inférieure), le 30 décembre 1761, mort à Rosénié (Russie), le 25 décembre 1812, était avocat à Dieppe en 1789. Il adopta les principes de la Révolution, fut, le 7 septembre 1791, élu par son département député à l'Assemblée législative, et s'y fit remarquer par son zèle. Membre du comité militaire, il s'occupa de préférence des questions relatives à l'organisation de l'armée, présenta, le 31 octobre 1791, un décret sur le mode de remplacement militaire ; s'opposa (7 novembre) à ce que les troupes de ligne séjournassent auprès du Corps législatif ; combattit (17 novembre) divers articles d'un projet sur les prêtres perturbateurs, et de-

manda (27 décembre) que le ministre de la guerre répondît sur sa tête des détails transmis sur la situation des frontières. En janvier 1792, il combattit comme dangereux un projet tendant à augmenter la gendarmerie, la liberté politique ou civile ne pouvant, à son avis, subsister avec un corps nombreux de gendarmerie, mis à la disposition des ministres. Il s'éleva avec une grande vivacité contre la conduite des ministres Narbonne et Bertrand de Molleville, les accusa de négligence, d'incapacité et même de trahison, et demanda leur mise en accusation. Il insista pour faire décréter le séquestre des biens des émigrés, et prit la défense de Roland de la Platrière, qui fut plus tard ministre, et qui, alors, était accusé par le côté droit d'avoir favorisé l'évasion des prisonniers détenus à Avignon, comme prévenus des crimes commis dans ce pays quelques mois auparavant. A la suite du combat et de la déroute de Tournay, il appuya devant l'Assemblée une députation de pétitionnaires demandant qu'on ôtât aux généraux le droit de faire les règlements, et qu'on augmentât l'influence des soldats dans les conseils de guerre. Le 11 juillet, il provoqua la démolition des fortifications des villes de l'intérieur, comme pouvant servir de point d'appui aux contre-révolutionnaires ; il contribua violemment aux événements du 10 août, et, dès le lendemain, il fit décréter, concurremment avec son collègue Sers, que les statues des rois seraient renversées et remplacées par la statue de la Liberté.

Élu membre de la Convention nationale, le 6 septembre 1792, par la Seine-Inférieure, il siégea à la Montagne, fut envoyé, le même mois, dans son département avec Lecointre-Puyraveaux en qualité de commissaire, chargé d'opérer le désarmement des suspects et la déportation des prêtres insermentés. Il rendit compte de sa mission le 27 septembre et reçut les félicitations de l'Assemblée. Il demanda la vente des biens des émigrés, et fit voter le décret qui punissait de mort ceux d'entre eux qui seraient arrêtés en pays étranger, armés ou non armés. Dans le procès de Louis XVI, il vota la mort et se déclara contre l'appel au peuple et le sursis. Adversaire irréconciliable des Girondins, il provoqua des mesures de rigueur contre le ministre Roland. Chargé d'un grand nombre de missions, avec Dubois-Crancé, à Lyon ; auprès du général Cartaux, à l'armée du Midi ; en Savoie, à Marseille, à Toulon, dans le comté de Nice, il exerça avec la dernière rigueur son pouvoir illimité ; fit décréter l'arrestation des généraux Estournel et Ligneville, et condamner à mort par le tribunal révolutionnaire le général Brunet. Plusieurs dénonciations ayant été envoyées contre lui, il sollicita de la Commune de Paris l'approbation de ses arrêtés. Une longue et curieuse lettre d'Albitte à la Convention, datée de Pont Saint-Esprit (Gard), 17 juillet 1793, rend un compte détaillé des mesures prises par lui contre les rebelles de Lyon, Marseille, Nîmes, etc., et se termine ainsi :

« ... Je vous annonce, citoyens mes collègues, que beaucoup d'émigrés, de prêtres réfractaires sont rentrés dans ce pays ; ils sont les principaux moteurs des troubles qui nous agitent... Je ne balance pas à vous déclarer que les décrets importants sont ici méconnus, et sans exécution, et je blâme hautement la prétendue philanthropie d'un ministre de l'Intérieur (Garat), à qui j'ai le droit de reprocher de n'avoir pas mis la rigueur nécessaire pour rendre ces lois aussi utiles à la République qu'elles devaient

ALB

ALB

l'être, et que ses liaisons avec le président Chassey, un des principaux instigateurs de la contre-révolution de Lyon me rendent suspect.

Je me plains amèrement du comité de Salut public, qui n'a point donné connaissance à l'assemblée des lettres que nous lui avons écrites, et qui paraît nous avoir oubliés; mais rien de perdu : nous les ferons imprimer. Le temps de la faiblesse est passé; et, s'il se prolongeait, la coalition départementale reprendrait de nouvelles forces,... etc. » (*Arch. nat.*) Le 9 Thermidor mit un terme au pouvoir d'Albitte. Jusqu'au 1er prairial, il se tint à l'écart; on l'accusa d'avoir pris part au mouvement insurrectionnel de cette journée : d'après le *Moniteur* il aurait demandé que le bureau, vacant par l'absence des secrétaires, fût occupé « par les représentants qui avaient été aux armées. » Accusé aussitôt par Vernier et Tallien d'être un des auteurs de l'insurrection, il fut, séance tenante, décrété d'accusation avec Bourbotte, Romme, Duroy, Goujon, Duquesnoy et Soubrany. Il parvint à se soustraire, par la fuite, à l'exécution du décret, non sans avoir protesté de la « pureté et de la loyauté de ses intentions, » dans un mémoire qu'il publia sous le titre : *Albitte l'aîné, représentant du peuple, à qui il appartiendra.* (Paris, le 2 prairial, an III de la République). Il déclare qu'il a proposé, dans la séance du 1er prairial, le remplacement des bureaux par les anciens secrétaires, et non par des représentants revenus des armées, comme le *Moniteur* le lui fait infidèlement dire. — « Je le jure, écrit-il, sur tout ce que j'ai de plus sacré, mon but était d'arrêter l'effervescence; je ne pouvais autrement m'y opposer,... etc. »

Compris dans la loi d'amnistie du 14 brumaire an IV, il reparut alors sur la scène politique. Le Directoire le nomma, en 1796, maire de Dieppe. Son adhésion au 18 Brumaire lui valut les fonctions de sous-inspecteur aux revues. C'est à la suite de nos armées, dans la retraite de Russie, qu'il succomba, non loin de Moscou, après trois jours d'atroces souffrances, à la fatigue, au froid et à la faim.

ALBITTE (JEAN-LOUIS), frère du précédent, dit Albitte le jeune, membre de la Convention pour le département de la Seine-Inférieure, né à Dieppe (Seine-Inférieure), le 25 avril 1763, mort à une date inconnue, était négociant à Dieppe lors des élections du 12 septembre 1792 à la Convention nationale. Il fut choisi comme suppléant par la Seine-Inférieure, et, le 25 frimaire an II, Guyès étant décédé, il fut appelé à siéger à sa place. D'un caractère calme, qui contrastait avec la violence de son aîné, Albitte jeune ne parut à la tribune de la Convention qu'une seule fois, dans une circonstance toute particulière, à la séance du 1er prairial. Son frère ayant été décrété d'accusation, il entreprit sa défense : « Tout ce que mon frère a dit était conforme aux principes. On lui reproche d'avoir voulu concilier les deux partis; s'il eût mieux connu les coupables que vous venez de frapper, il n'aurait pas eu ce sentiment; mais il est toujours louable d'avoir voulu l'union. » La Convention n'en prononça pas moins le décret d'arrestation contre l'accusé. Albitte termina, avec la Convention, sa carrière législative. Quelques années après, il obtint une place d'inspecteur de la loterie, qu'il exerça sous le gouvernement impérial et sous la Restauration.

ALBON (ANDRÉ-SUZANNE, COMTE D'), député

du Rhône en 1815 et pair de France en 1827, né à Lyon (Rhône), le 15 mai 1760, mort dans sa terre d'Avange (Rhône), le 28 septembre 1834, était fils du comte Camille-Alexis-Eléonore-Marie d'Albon, héritier de la seigneurie d'Yvetot en Normandie, et descendant du maréchal de Saint-André, célèbre du temps de la Ligue. Ses ancêtres avaient donné des princes souverains, non seulement à Yvetot, mais encore à la Provence et au Dauphiné. Il suivit, dès son jeune âge, la carrière des armes, et obtint, à 17 ans, une compagnie de cuirassiers. A l'époque de l'émigration (1791), il fut un des premiers qui passèrent à Coblentz, où il obtint le grade de mestre-de-camp de cavalerie et contribua de ses deniers à la formation du corps des hommes d'armes à cheval. Nommé premier lieutenant d'une des compagnies que commandait le comte d'Artois, il fit avec elle la campagne de 1792. Après le licenciement de l'armée des princes, il entra au service de la Hollande, et contribua en 1793 à la défense de Maëstricht. La même année, il se rendit à Berne et sollicita vainement des cantons suisses du renfort contre l'armée républicaine qui assiégeait Lyon. Enfin en 1794, il passa au service de l'Angleterre, dans le régiment à cocarde blanche que commandait le marquis d'Autichamp. Après le 18 brumaire, le comte d'Albon dut aux relations de son frère avec Bonaparte, et à la part que ce frère avait prise, comme officier, au coup d'État, d'être rayé de la liste des émigrés. Il revint alors à Lyon, où il épousa Mlle de Viennois, unique descendante d'Humbert II, dauphin du Viennois; il vécut dans la retraite jusqu'en 1813. A cette époque, Napoléon le nomma maire de Lyon. Il occupait ce poste, lorsque, par la retraite d'Augereau, Lyon fut livrée aux alliés. Il reçut, à cette occasion, de l'empereur d'Autriche, le cordon de commandant de l'ordre impérial de Léopold. Le comte d'Albon accueillit avec enthousiasme le retour des Bourbons, et adressa à Louis XVIII une harangue qui débutait ainsi : « C'est avec un attendrissement religieux, sire, que la ville de Lyon, après tant d'infortunes, voit le fils de Saint Louis rendu aux vœux des Français, au trône de ses ancêtres » — et prit, comme maire, un arrêté qui défendait l'étalage des portraits de Napoléon et de sa famille. Ce zèle fut jugé imprudent par le gouvernement lui-même, qui destitua le comte d'Albon. Pendant les Cent-Jours, Napoléon fit lancer contre lui un mandat d'arrêt, auquel il échappa. Après le second retour du roi, le 22 août 1815, il fut élu député par le département du Rhône, avec 97 voix sur 228 inscrits et 161 votants; il vota constamment avec la majorité « ultra-royaliste »; appuya la mesure qui bannissait à jamais du royaume les conventionnels ayant voté la mort de Louis XVI, et exprima là-dessus son opinion en ces termes : « Les régicides seront bannis de France à perpétuité; une peine convenable sera infligée à ceux qui enfreindraient leur ban, et leurs biens serviront aux frais de la guerre. » Ce vœu ne fut adopté qu'en partie par la Chambre introuvable; celle-ci ayant été dissoute le 5 septembre 1816, d'Albon ne fut pas réélu. Mais à l'avénement de Charles X, il fut nommé commandant de l'ordre de Saint-Louis; puis, le 5 novembre 1827, le roi le mit en tête de la liste des 76 pairs que M. de Villèle introduisit dans la Chambre haute. Il siégea à l'extrême-droite, et soutint les ministères Villèle et Polignac. Après les journées de Juillet 1830, le comte d'Albon cessa de figurer sur la liste de la pairie.

ALBOUYS (BARTHÉLEMY), membre de la Convention pour le département du Lot, né à Cahors (Lot) le 9 juin 1750, mort à Paris, le 1er juin 1795, fut, après 1789, élu juge au tribunal du district de Cahors. Le 7 septembre 1792, le département du Lot l'envoya siéger à la Convention. Sa carrière parlementaire peut se résumer dans le vote qu'il émit au cours du procès du roi. Après avoir répondu *oui* au premier appel nominal, sur la question : « Louis Capet..., etc., est-il coupable ? » il répondit en ces termes à la question de l'appel au peuple : « La seule crainte qui peut entrer en mon âme est celle de surpasser les pouvoirs, celle de frayer la route à un nouveau tyran ; je dis *oui*. » Au troisième appel : (quelle peine encourue), Albouys s'exprima ainsi :

« Une crainte agite mon cœur, ce n'est pas celle des poignards. Comme juge, j'ouvre le code sacré que j'ai devant les yeux ; c'est là que je lis que nul homme ne peut être puni qu'en vertu d'une loi antérieure au délit. J'ouvre en même temps la Constitution, et j'y trouve qu'après l'abdication présumée, d'après les cas qui y sont prévus, le roi sera puni, comme les autres citoyens, pour les délits postérieurs à cette abdication. Dans mes principes, dire que pour les délits postérieurs à son abdication il sera puni comme les autres citoyens, c'est dire que pour les délits antérieurs il ne sera puni que de la peine que la Constitution lui inflige. Mais je dois en même temps prononcer sur Louis comme législateur et comme homme d'Etat. Le bonheur de l'Etat, d'après ma conviction, ne se trouve pas dans sa mort. Je crains au contraire, si je le vois mourir, un nouveau tyran, un nouveau trône. Qu'il reste enfermé jusqu'à ce que nous n'ayons plus rien à craindre, et qu'après il aille errer autour des trônes. Je vote pour la réclusion. »

Albouys mourut à Paris, pendant la session de la Convention ; il est donc inexact, comme on le lit dans certaines biographies, qu'il soit revenu dans son département et qu'il y ait vécu dans l'obscurité.

ALBRECHT (IGNACE), représentant du Bas-Rhin à l'Assemblée nationale de 1871, né à Schelestadt (Bas-Rhin), mort à Schelestadt, le le 22 mai 1884, était maire de Schelestadt lors des élections à l'Assemblée nationale, le 8 février 1871. Il fut élu représentant par le département du Bas-Rhin, le troisième sur douze, avec 94,091 voix sur 145,183 inscrits et 101,741 votants. Il se rendit à Bordeaux, mais ne siégea que peu de jours. L'Assemblée ayant, dans sa séance du 1er mars, adopté par 546 voix contre 107, le texte du projet de loi portant ratification du traité de paix avec l'Allemagne, malgré l'opposition de MM. Edgar Quinet, Bamberger, Victor Hugo, Louis Blanc, George (des Vosges) Keller, Jean Brunet, Millière et Langlois, — M. Albrecht signa avec ses collègues de la Moselle, du Haut-Rhin et du Bas-Rhin la protestation suivante :

« Au moment de quitter cette enceinte où notre dignité ne nous permet plus de siéger, et malgré l'amertume de notre douleur, la pensée suprême que nous trouvons au fond de nos cœurs est une pensée de reconnaissance pour ceux qui pendant six mois, n'ont pas cessé de nous défendre, et d'inaltérable attachement à la patrie dont nous sommes violemment arrachés.

« Nous vous suivrons de nos vœux, et nous attendrons avec une confiance entière dans l'avenir, que la France régénérée reprenne le cours de sa grande destinée.

« Vos frères d'Alsace et de Lorraine, séparés en ce moment de la famille commune, conserveront à la France, absente de leurs foyers, une affection filiale jusqu'au jour où elle viendra y reprendre sa place. »

M. Albrecht avait voté contre le projet de traité. Il quitta l'Assemblée, et vécut dans la retraite jusqu'à sa mort. Il était chevalier de la Légion d'honneur.

ALBUFÉRA (duc d'). *Voy.* SUCHET.

ALBY (MARC-FRANÇOIS), député du Tarn en 1831, né à Castres (Tarn), le 9 octobre 1778, mort à Castres, le 12 avril 1853, fut négociant à Marseille, et amassa une fortune considérable ; ayant quitté le commerce en 1811, il se fixa quelque temps à Nîmes. Là il géra la recette générale du Gard, après avoir, de ses deniers, comblé un déficit de 300,000 francs. Protestant, Alby, persécuté en 1815, fut forcé de fuir ; sa maison fut pillée. En 1820, il acheta à Paris une charge d'agent de change qu'il céda en 1823. Retiré dans son pays natal, il fut nommé en 1825 premier juge au tribunal de commerce, puis président en 1828. La Révolution de juillet l'appela aux fonctions de maire de Castres ; mais les luttes religieuses, très ardentes dans une ville qui comptait alors 16,000 catholiques et 800 protestants, rendirent son administration assez difficile pour l'engager à donner sa démission au bout de trois mois ; il ne la retira que sur les instances du conseil municipal. Le 6 septembre 1831, le 2e collège électoral du Tarn (Castres) l'élut député par 153 voix sur 392 inscrits et 294 votants, contre MM. Hennequin, avocat à Paris, qui n'obtint que 104 voix, et Seuilhes, chef de bataillon à Lacaune, 34 voix. Il siégea au centre gauche, ne se montra pas hostile au gouvernement de Juillet, mais vota plusieurs fois avec l'opposition. Il quitta la vie politique après la législature.

ALCAN (MICHEL), représentant du peuple à l'Assemblée constituante de 1848 pour le département de l'Eure, né à Donneley (Meurthe), le 21 mai 1811, mort à Paris, le 26 janvier 1877, était fils d'un ancien soldat de la République, de famille israélite ; il fut dans son enfance employé aux travaux des champs, puis mis en apprentissage chez un relieur de Nancy. En même temps il suivait des cours publics ; à force de travail et de persévérance, il fit ainsi des études sérieuses qu'il acheva à Paris, et parvint à entrer à l'Ecole centrale des arts et manufactures. Il avait pris part à la lutte sur les barricades en Juillet 1830. Devenu ingénieur civil, il se fixa à Louviers, et de là à Elbeuf ; on lui doit d'intéressants perfectionnements des procédés de tissage. Nommé, en 1845, professeur de filature et de tissage à l'Ecole centrale des arts et manufactures, il publia d'importants ouvrages sur l'industrie des matières textiles.

Après la Révolution de Février, il fut élu dans le département de l'Eure, comme candidat démocrate, représentant du peuple, le septième sur onze, par 59,267 voix sur 99,709 votants (le procès verbal d'élection ne donne pas le chiffre des électeurs inscrits). Il s'était présenté en même temps dans le département de la Seine. « Un des premiers devoirs de la nouvelle représentation, disait-il dans une de ses professions de foi, où il se recommandait de

Dupont (de l'Eure), sera d'assurer à notre peuple agricole d'importantes améliorations, parce qu'il est en même temps le père nourricier et le client le plus important du travailleur de nos ateliers et de nos usines .» A l'Assemblée, Alcan fit partie du comité de travail. Adversaire du communisme et des théories qui avaient prévalu à la commission du Luxembourg, il intervint à plusieurs reprises dans la discussion des propositions relatives au sort des ouvriers. Dans la séance du 15 novembre 1848, il appuya le projet du ministre de l'Agriculture et du Commerce, accordant une somme de 3 millions aux associations entre ouvriers et aux associations entre patrons et ouvriers. Il s'agissait de fixer le taux d'intérêt de la somme prêtée aux associations. Alcan, d'accord avec le gouvernement, proposa l'intérêt de 3 pour 0/0, quelque fut le montant du prêt. M. Paulin Gillon, au nom de la commission proposait l'intérêt de 5 0,0 pour les prêts de sommes au-dessus de 25,000 francs et de 3 0/0 seulement pour les prêts ne dépassant pas cette somme.

Le système de la commission fut adopté. Alcan soutint, avec la fraction la plus modérée de la gauche, l'administration de Cavaignac; il vota :

Le 26 mai 1848, *pour* le bannissement de la famille d'Orléans;

Le 28 juin, *pour* le décret contre les clubs;

Le 9 août, *contre* la loi rétablissant le cautionnement;

Le 26 août, *contre* les poursuites contre Louis Blanc;

Le 18 septembre, *pour* l'abolition de la peine de mort;

Le 25 septembre, *pour* l'impôt proportionnel préféré à l'impôt progressif;

Le 27 septembre, *contre* l'institution de deux Chambres;

Le 7 octobre, *pour* l'amendement Grévy contre la présidence;

Le 25 novembre, *pour* l'ordre du jour : « Le général Cavaignac a bien mérité de la patrie; »

Le 12 janvier 1849, *contre* la proposition Rateau;

Le 16 avril, *contre* le vote de 1,200,000 francs pour l'expédition de Rome;

Le 11 mai, *pour* la demande d'accusation contre le prince Louis-Napoléon et ses ministres.

Alcan ne cessa, depuis l'élection présidentielle du 10 décembre 1848, de se montrer hostile à la politique de l'Élysée. Il ne fut pas candidat aux élections de l'Assemblée législatives, et il reprit son cours de filature et de tissage, en même temps que ses recherches scientifiques. — A la suite de l'Exposition universelle de 1855, il fut, sur la proposition du jury, décoré de la Légion d'honneur.

ALCOCK (Joseph-François), député de la Loire de 1830 à 1832 et de 1839 à 1842, puis représentant de la Loire à l'Assemblée constituante de 1848, né à Roanne (Loire), le 20 février 1790, mort à Paris, le 7 novembre 1864, était fils de Joseph Alcock, d'origine anglaise, et de Louise Pernety. Il débuta dans la magistrature en 1813 comme juge auditeur au tribunal de Roanne. Substitut en 1816, puis juge d'instruction en 1820, il fut envoyé à la Chambre peu de jours avant la Révolution de juillet 1830, aux élections du 23 juin, par le 2e collège électoral de la Loire (Montbrison), avec 144 voix sur 297 inscrits et 281 votants; le général de Champagny en obtint 130. Il assista comme député à l'installation du gouvernement nouveau, dont il se déclara le partisan, et qui le nomma, le 8 septembre, président du tribunal civil de Roanne. Réélu député en octobre 1830, puis le 5 juillet 1831, à Roanne, sans concurrent, par 189 voix sur 324 inscrits et 199 votants, il abandonna bientôt les bancs de la majorité ministérielle pour l'opposition modérée, avec Dupont (de l'Eure), Mauguin, etc. Mécontent de la marche suivie par le ministère, il donna sa démission de député en 1832, et fut remplacé par M. Baude, alors dans l'opposition, et qui devint, par la suite, ministériel ardent. Conseiller à la Cour de Lyon, du 23 février 1837, il se présenta de nouveau, le 2 mars 1839, comme candidat constitutionel, aux suffrages des électeurs de Roanne, après l'évolution politique de M. Baude, et l'emporta sur le député sortant. Il soutint alors les intérêts de sa circonscription dans une brochure intitulée : *Projet d'une grande Ligne centrale de Chemin de fer par la vallée de la Loire*. La Chambre ayant été dissoute en 1842, Alcock fut battu aux élections générales de juillet, avec 19 voix seulement sur 432 inscrits et 195 votants, par M. Baude avec 163 suffrages. Chef de l'opposition libérale dans le département de la Loire et à Lyon, Alcock prit une grande part au mouvement réformiste dans la région lyonnaise, et présida le célèbre banquet de Lyon, auquel assistèrent seize cents convives. Le discours qu'il prononça en cette circonstance eut un grand retentissement.

La Révolution de février 1848 éleva Alcock au poste de procureur général près la Cour d'appel de Lyon; le mois d'après, le département de la Loire l'envoya, le 1er sur 11, par 86,336 voix, siéger à l'Assemblée constituante. Membre du comité de législation, il approuva la politique du général Cavaignac, puis se rallia, après l'élection du 10 décembre, à celle de Louis-Napoléon. Il adopta, dans son ensemble, la Constitution républicaine de 1848, mais son vote fut acquis à presque toutes les propositions de la droite. Il se prononça :

Le 26 mai 1848, *pour* le bannissement de la famille d'Orléans;

Le 9 août, *pour* le rétablissement du cautionnement;

Le 2 septembre, *pour* le maintien de l'état de siège;

Le 25 septembre, *pour* l'impôt proportionnel;

Le 7 octobre, *contre* l'amendement Grévy;

Le 12 janvier 1849, *pour* la proposition Rateau;

Le 21 mars, *pour* l'interdiction des clubs;

Le 16 avril, *pour* le vote de 1,200,000 francs, en vue de l'expédition de Rome;

Le 2 mai et 26 mai, *contre* l'amnistie des transportés.

A l'expiration de son mandat, il accepta du Prince-président, 31 mai 1849, le poste de conseiller à la Cour de cassation, où il siégea pendant quatorze ans. Il était décoré de la Légion d'honneur depuis le 30 avril 1836, et avait appartenu au conseil général de la Loire qu'il présida assez longtemps.

ALDEGUIER (Thérèse-Joseph-Hippolyte d'), député de la Haute-Garonne de 1815 à 1819, né à Toulouse (Haute-Garonne), le 7 mai 1767, mort à Toulouse, le 7 janvier 1834, fut élu, le 22 août 1815, député pour la Haute-Garonne par le collège de département, avec 94 voix sur 183 votants et 261 inscrits. Il fit partie de la majorité et siégea obscurément parmi les plus ardents royalistes. Réélu le 4 octobre 1816, par le même collège électoral, avec

107 voix sur 187 votants et 253 inscrits, il donna sa démission, après avoir été nommé président de chambre à la Cour royale de Toulouse, en juin 1819, et se consacra à ses fonctions de magistrat, qu'il ne résigna pas à la Révolution de juillet et qu'il exerça jusqu'à sa mort. M. d'Aldéguier était officier de la Légion d'honneur.

ALEM (François-Rousseau, dit Alem-Rousseau), ancien représentant du peuple à la Constituante de 1848, pour le département du Gers, né à Aubiet (Gers), le 21 décembre 1793, mort à Martinon (canton d'Aubiet), le 30 janvier 1868, fut soldat et fit les dernières guerres de l'Empire. Après la chute de Napoléon, il se fit recevoir avocat. Alem fut très activement mêlé aux luttes du parti libéral sous la Restauration. Arrêté à la suite des troubles causés par le meurtre du jeune Lallemand, tué par une sentinelle des Tuileries, il se défendit lui-même et fut acquitté. Le *Moniteur*, contre tout usage, donna même l'allocution du jeune prévenu à ses juges. Il travailla à l'évasion des quatre sergents de la Rochelle. Il avait réuni 80 hommes à la barrière de l'Ourcine et voulait marcher à leur tête contre la prison de Bicêtre. En 1823, il quitta Paris et parcourut la province pour y propager les ventes de *carbonari*. Il s'établit ensuite avocat à Auch, où il fut, sous le gouvernement de Juillet, un des chefs du parti républicain. En 1848, les suffrages de ses concitoyens l'élevèrent d'abord aux fonctions de maire de la ville d'Auch, puis, lors des élections d'avril, il fut élu représentant du peuple à la Constituante par le département du Gers, le 2e sur 8, avec 62,647 voix. (Le procès-verbal d'élection ne mentionne pas le chiffre des votants, ni celui des inscrits). Il alla siéger à gauche, parmi les républicains modérés, soutint la politique du général Cavaignac et combattit plus tard celle de l'Elysée. Il vota :

Le 7 juin 1848, *pour* la loi sur les attroupements ;

Le 27 juin, *pour* l'internement à l'intérieur, des jeunes gens compromis dans l'insurrection ;

Le 1er septembre, *pour* le rétablissement de la contrainte par corps ;

Le 2 septembre, *pour* le maintien de l'état de siège pendant la discussion de la Constitution ;

Le 27 septembre, *contre* l'institution de deux Chambres ;

Le 2 novembre, *contre* le droit au travail ;

Le 25 novembre, *pour* l'ordre du jour en l'honneur du général Cavaignac ;

Le 12 janvier 1849, *contre* la proposition Rateau ;

Le 18 mai, *pour* l'abolition de l'impôt sur les boissons ;

Le 26 mai, *pour* la mise en liberté des transportés.

Alem Rousseau fit partie de plusieurs commissions importantes, et présida celle qui fut chargée de dépouiller les papiers trouvés en février dans les résidences royales.

M. Lacave-Laplagne, ancien ministre des Finances sous Louis-Philippe, étant mort en mai 1849, au moment même où il était élu par le Gers représentant à la Législative, Alem fut candidat à l'élection complémentaire, qui eut lieu le 8 juillet, pour le remplacer. Il n'obtint que 2.286 voix sur 96,572 inscrits et 41,474 votants. Il se retira alors dans son pays natal, et ne s'occupa plus de politique militante.

Inquiété cependant à la suite des événements de Décembre 1851, et désigné pour la déportation à Lambessa, il fut gracié sur les instances du nouveau maire d'Auch, M. Soullier, qui certifia que « M. Alem-Rousseau avait toujours professé hautement et sans réserve des opinions anti-socialistes, et qu'il n'avait jamais été que républicain constitutionnel. »

ALENÇON (Charles-Mathias, comte d'), député à l'Assemblée constituante de 1789 par le bailliage de Toul, né à Bar-le-Duc (Meuse), le 25 février 1725, guillotiné à Paris, le 15 avril 1794, était seigneur de Neuville-sur-Ornain, en Lorraine. Il fut, le 7 avril 1789, élu suppléant de la noblesse aux Etats-Généraux pour le bailliage de Toul ; le 14 mars 1790, la démission de M. de Renel l'appela à l'Assemblée constituante. Il siégea à droite, mais ne prit jamais la parole. Sa naissance et son attitude politique ne tardèrent pas à le rendre suspect ; inculpé « d'avoir, à l'époque où les Prussiens occupaient le camp de la Lune, pratiqué des manœuvres et entretenu des intelligences avec les ennemis de la République, notamment avec les émigrés, tendant à faciliter les progrès de leurs armes, à leur fournir des soldats, argent, vivres et munitions, etc., » il fut, le 25 germinal an II (14 avril 1794), condamné par le tribunal criminel révolutionnaire à la peine de mort, et exécuté le lendemain. Le jugement de condamnation le qualifie ainsi : « C.-M. d'Alençon, natif de Bar-sur-Ornain, âgé de 67 ans, ex-comte, ex-seigneur de Neuville-sur-Ornain, département de la Meuse. »

ALENGRY (André-Louis), représentant de l'Aude à l'Assemblée législative de 1849 et député au Corps législatif pour le même département, de 1852 à 1860, né à Cazouls-lès-Béziers (Hérault), le 5 février 1786, mort à Narbonne (Aude), le 12 mai 1860, appartint d'abord à l'armée. Retraité avec le grade de chef de bataillon et commandant de la garde nationale de l'Aude, il fut, le 13 mai 1849, élu représentant du peuple à l'Assemblée législative par le département de l'Aude, le 2e sur 6, avec 37,416 voix sur 88,291 inscrits et 70,434 votants. Il alla siéger à droite, vota avec la majorité toutes les mesures conservatrices réclamées par les ministres de Louis-Napoléon, et fut de ceux qui soutinrent, jusqu'au coup d'Etat inclusivement, la politique du Prince-président. Après le 2 Décembre, il revint dans son département et y demeura jusqu'aux élections du 29 janvier 1852. La deuxième circonscription électorale de l'Aude l'envoya siéger au Corps législatif par 24,157 voix, contre MM. de Bunis (1,523 voix) et Allard, ancien sous-préfet (947), sur 42,139 inscrits et 27,074 votants. Il se montra absolument dévoué aux institutions du second Empire, et fut réélu, comme candidat officiel, par la même circonscription électorale, avec 28,585 voix contre M. Vallière, candidat de l'opposition, qui n'obtint que 1394 voix, sur 39,700 inscrits et 30,370 votants. Alengry était maire de la ville de Narbonne et membre du conseil général de l'Aude.

ALESSANDRI (Jean, baron degli), député au Corps législatif pour le département de l'Arno, né à Florence (Italie), le 8 septembre 1765, mort à Florence, le 20 septembre 1828, appartenait à une famille patricienne qui avait donné à l'Italie, dans la première moitié du XVIIe siècle, un jurisconsulte célèbre. Dès sa jeunesse il se livra à l'étude des beaux-arts. Ferdinand III, grand duc de Toscane, le nomma, en 1796, vice-président de l'Académie des

Beaux-Arts de Florence, emploi qu'il conserva sous Louis I, infant de Parme, en faveur de qui la Toscane, d'après le traité de Lunéville, avait été érigée en royaume d'Étrurie. Alessandri consacra une partie de sa fortune à la prospérité de l'Académie : de plus, ce fut lui qui appela à en faire partie le peintre Benvenuti et le sculpteur Canova. Bientôt la carrière politique s'ouvrit pour lui : la Toscane ayant été réunie à la France en 1808, Alessandri reçut la décoration de la Légion d'honneur, fut le 5 juillet 1809, nommé par le Sénat conservateur député au Corps législatif pour le département de l'Arno, et, le 26 mai 1810, créé baron de l'Empire. Le nouveau député prit une part effective aux travaux parlementaires de la session de 1810 ; il coopéra à la rédaction du Code pénal, plus sévère que celui que le grand-duc Léopold avait donné à ses États en 1786 : mais les observations des députés de l'Italie à ce sujet restèrent sans effet. Après les événements de 1814 et le retour de Ferdinand III à Florence, Alessandri reprit, par ordre de ce prince, la direction de l'Académie des Beaux-Arts, et fut envoyé à Paris en 1815, en qualité de commissaire du grand-duc, pour réclamer les objets d'art dont les conquêtes des Français avaient enrichi nos musées et nos bibliothèques. La manière dont il s'acquitta de cette mission lui valut des éloges et des récompenses de la part de son souverain. Il mourut comblé d'honneurs et de dignités.

ALEXANDRE (CHARLES-ALEXIS), membre du Tribunat, né à Paris, le 8 décembre 1759, mort le 27 septembre 1825 dans la même ville, se montra en 1789 zélé partisan de la Révolution et prit une part active aux mouvements populaires. Le 10 août 1792, il était à la tête du bataillon des Gobelins, dont il devait le commandement à la protection de Santerre, son ami.

Il était commissaire ordonnateur des guerres à l'armée des Alpes, en 1793, lorsque Hérault, au nom du comité de Salut public, dans la séance du 21 juin, le proposa pour être ministre de la Guerre, en remplacement de Bouchotte. L'assemblée décida, sur la proposition de Thuriot, de remettre sa résolution définitive au lendemain. Le 22, Barère insista pour qu'Alexandre fût choisi, et l'assemblée rendit alors, séance tenante, un décret nommant ministre de la Guerre le citoyen Alexandre. Mais ce choix fut aussitôt l'objet, de la part de divers représentants, des plus vives critiques : l'un d'eux reprocha à Alexandre d'avoir été, six mois auparavant, courtier à la Bourse ; Billaud-Varennes dit que « le ministère de la Guerre se divisant naturellement en trois parties, le comité de Salut public aurait dû porter ses vues sur cette nouvelle organisation ; alors on aurait pu conserver Bouchotte, et lui adjoindre deux citoyens dont le patriotisme et les talents auraient fait également le bien de l'État. » Enfin, Thuriot obtint de la Convention le rapport du décret qu'elle venait de rendre. Alexandre resta donc commissaire ordonnateur jusqu'en l'an V (1797), époque à laquelle il fut porté comme candidat au Directoire exécutif, concurremment avec Barthélemy, qui fut nommé. En septembre 1799, Bernadotte, qui plus tard fut roi de Suède, ayant quitté le ministère de la Guerre, Alexandre quitta les fonctions de chef de division à ce ministère. Après le 18 Brumaire, il fut nommé au Tribunat par le gouvernement consulaire ; il ne s'y fit remarquer que par un rapport sur l'établissement des bourses de commerce, et l'utilité des

agents de change ou courtiers pour établir d'une manière légale le cours des effets publics. Après la suppression du Tribunat, il devint chef de division aux droits réunis. La première Restauration l'en nomma directeur, au commencement de 1815. Au second retour de Louis XVIII, il passa directeur des contributions directes du département du Haut-Rhin, et s'y maintint jusqu'à sa mort.

ALEXANDRE (CHARLES-ÉMILE), représentant de Saône-et-Loire à l'Assemblée nationale de 1871, né à Morlaix (Finistère), le 23 août 1811, ancien secrétaire de Lamartine, était homme de lettres et résidait à Mâcon lors de son élection à l'Assemblée nationale, le 8 février 1871. Le département de Saône-et-Loire le nomma, le 7e sur 12, par 67,878 voix. (Le procès-verbal ne donne pas le chiffre des électeurs inscrits ni des votants.) Il siégea parmi les républicains modérés. Inscrit aux réunions de la gauche et du centre gauche, M. Alexandre vota :

Le 1er mars 1871, *pour* les préliminaires de paix ;

Le 10 juin, *pour* l'abrogation des lois d'exil concernant les Bourbons ;

Le 30 août, *pour* le pouvoir constituant de l'Assemblée ;

Le 24 mai 1873, *contre* l'ordre du jour Ernoul et *contre* la démission de Thiers ;

Le 20 janvier 1874, *contre* la loi des maires ;

Le 16 mai 1874, *contre* le ministère de Broglie ;

Le 30 janvier 1875, *pour* l'amendement Wallon ;

Le 25 février 1875, *pour* l'ensemble des lois constitutionnelles.

ALEXANDRY (FRÉDÉRIC D'), BARON D'ORANGIONI, sénateur de la Savoie en 1876, né à Chambéry (Savoie), le 9 mars 1829, fut, sous le gouvernement italien, de 1851 à 1859, syndic de la commune de Villardhery. Il se montra favorable à l'annexion française, fit même partie comme secrétaire du comité annexioniste, et devint maire français de Chambéry, de 1860 à 1870. Membre du conseil général depuis 1860, lauréat de la prime d'honneur du département de la Savoie en 1870, il fut porté par le parti conservateur aux élections sénatoriales du 30 janvier 1876, et élu avec 206 voix. « Catholique avec l'Église, avait-il dit dans sa profession de foi, je la défendrai toujours comme la gardienne des principes immuables qui seuls élèvent l'homme, assurent la grandeur et la prospérité d'une nation. » M. d'Alexandry s'engageait, en outre, à défendre le gouvernement du maréchal de Mac-Mahon « qui, en satisfaisant les aspirations légitimes de la nation, garantit l'ordre, le respect de la religion, de la famille et de la propriété, tout en combattant énergiquement les principes révolutionnaires. » Il se prononçait pour une réforme de la législation sur les droits réunis. Au Sénat, M. d'Alexandry a constamment voté avec la droite : *pour* la dissolution de la Chambre demandée par le gouvernement du maréchal, *contre* les lois sur l'enseignement et *contre* l'article 7, etc. M. d'Alexandry est officier de la Légion d'honneur, officier d'Académie et officier des SS. Maurice et Lazare. Il n'a pas été réélu au renouvellement partiel du Sénat en 1882 ; la liste républicaine l'a emporté.

ALICOT (JEAN-JACQUES-CÉSAR-EUGÈNE-MICHEL), député des Hautes-Pyrénées en 1876 et en 1881, né à Montpellier (Hérault), le 18 juillet 1842, était avocat au barreau de Paris quand il

il se présenta, comme candidat républicain, dans les Hautes-Pyrénées, le 17 janvier 1875 : il n'obtint que 23,018 voix contre M. Cazeaux, candidat conservateur, qui fut élu par 29,855 voix, sur 64,373 inscrits et 53,095 votants. Aux élections générales du 20 février 1876, M. Alicot fut élu, par l'arrondissement d'Argelès (Hautes-Pyrénées) avec 5,594 voix contre 4,064 à M. Sassère, sur 11,134 inscrits et 9,684 votants. Il alla siéger à la gauche modérée et fut des 363 qui votèrent l'ordre du jour de défiance et de blâme contre le ministère du Seize-Mai. Après la dissolution de la Chambre, lors du renouvellement du 14 octobre, M. Alicot n'obtint dans son arrondissement que 3,268 voix; le candidat bonapartiste, M. de Breteuil, fut élu par 6,807 voix sur 11,332 inscrits et 10,145 votants. Nommé maître des requêtes au conseil d'Etat, le 15 juillet 1879, M. Alicot se représenta aux élections générales du 21 août 1881, et fut élu par 5,354 voix, contre le député sortant qui en obtint 3,636 seulement (11,423 inscrits, 9,054 votants.) M. Alicot reprit sa place au groupe de l' « Union démocratique », dans les rangs de la majorité opportuniste de la Chambre. Il soutint le cabinet Gambetta, et dans la journée du 26 janvier 1882 qui vit tomber le « grand ministère, » il se rangea du côté de la minorité contre le projet de revision intégrale présenté par la commission. Il vota, en outre :

Le 4 mars 1882, *contre* l'amendement Jules Roche sur l'élection du maire de Paris;

Le 7 mars, *contre* la proposition Boysset tendant à l'abrogation du Concordat;

Le 29 janvier 1883, *contre* le principe de l'élection de la magistrature;

Le 1er février, *contre* l'ensemble du projet de la commission et du gouvernement sur l'expulsion des princes;

Le 6 mars, *pour* l'ordre du jour de confiance au ministère J. Ferry à propos de la revision.

M. Alicot se prononça encore *pour* les crédits du Tonkin, *pour* la loi sur les récidivistes, *pour* le maintien de l'ambassade auprès du pape, etc.

Aux élections du 4 octobre 1885, M. Alicot a échoué avec toute la liste républicaine des Hautes-Pyrénées : il ne réunit que 16,554 voix sur 65,208 inscrits et 54,119 votants. Le dernier élu de la liste conservatrice, M. Soucaze passa avec 29,422 voix. M. Alicot a signé, le 18 mars 1889, le manifeste de l'*Union libérale* formée sous l'inspiration de M. Léon Say et du *Journal des Débats*.

ALIGRE (ETIENNE-JEAN-FRANÇOIS-CHARLES, MARQUIS D'), pair de France en 1815, né à Paris, le 20 février 1770, mort à Paris, le 11 mai 1847, issu d'une ancienne et illustre famille de robe, était fils d'Etienne-François, marquis d'Aligre, comte de Marans, président à mortier du parlement de Paris, célèbre par l'opposition qu'il fit en 1788 dans les conseils du roi, au projet de convocation des Etats généraux, et de Mlle Baudry, sœur de M. Baudry, maître des comptes. Le marquis d'Aligre suivit son père dans l'émigration. Après la mort de ce dernier à Brunswick (1798), il rentra en France, y prit possession de l'immense héritage que l'extrême parcimonie de ses père et mère lui avait laissé, et, lors de l'avènement de Napoléon, accepta les fonctions de chambellan auprès de la princesse Pauline, épouse de Murat (1804). Il avait été, l'année d'avant, nommé membre du conseil général du département de la Seine. Toutefois, il ne con-

sentit jamais, malgré les plus vives instances de l'empereur, à donner sa fille en mariage au général Arrighi, parent de Napoléon. Deux fois président du collège électoral d'Eure-et-Loir, le marquis fut un des commissaires chargés de recevoir Louis XVIII à son entrée dans Paris. La Restauration l'appela, le 17 août 1815, à la dignité de pair de France. Il inaugura sa pairie à l'occasion du procès du maréchal Ney; à l'appel nominal qui eut lieu, dans la séance du 6 décembre, sur l'application de la peine, d'Aligre fut le premier des cinq membres qui s'abstinrent de prendre part au vote. Pendant toute la durée de la Restauration, partisan dévoué de la monarchie constitutionnelle, il n'accorda son suffrage à aucune des mesures réclamées par le ministère de M. de Villèle; aussi, après les journées de Juillet, fut-il du nombre des pairs que le gouvernement de Louis-Philippe conserva dans la Chambre haute. Il y siégea jusqu'à sa mort. Le marquis d'Aligre avait épousé, en 1810, Louise-Charlotte-Aglaé Camus de Pontcarré, sa cousine germaine, fondatrice de nombreux établissements de bienfaisance, entre autres de l'asile de Levés, près de Chartres.

ALLAFORT (JEAN), membre de la Convention et député au Conseil des Anciens pour le département de la Dordogne, né au Bourdeix, (Dordogne), en 1740, mort à Paris le 5 mai 1818, appartenait à une ancienne et riche famille de la bourgeoisie. Il étudia le droit, mais se sentant peu de goût pour la profession d'avocat, il se fixa à la campagne, et mit au service des populations agricoles de sa province ses connaissances juridiques. Lors des élections à la Convention nationale, le 8 septembre 1792, Allafort, qui s'était nettement prononcé, dès 1789, en faveur des idées nouvelles, fut élu représentant de la Dordogne par 375 voix sur 561 votants. Il prit place à l'assemblée parmi les révolutionnaires les plus ardents, et au cours du procès de Louis XVI, répondit *oui* sur la question de culpabilité, *non* sur la question de l'appel au peuple, et opina pour la mort en prononçant ces paroles : « Louis, tu es convaincu d'avoir fait verser le sang de tes frères. Tu rivais les fers de l'esclavage. Ma conscience me dit que tu as mérité la mort; je la prononce. » Ce vote est le seul acte parlementaire connu du représentant Allafort. Le 5 brumaire an IV, il fut appelé à faire partie du Conseil des Anciens; mais, compris par le sort dans la moitié à renouveler en germinal an V, il rentra volontairement dans la vie privée. Allafort ne se rallia pas au coup d'Etat de Brumaire et se tint, sous l'Empire, à l'écart des affaires publiques. Compris, comme ancien membre de la Convention ayant voté la mort de Louis XVI, parmi les proscrits du 12 janvier 1816, il fut soustrait à l'exécution de la loi par des amis qui lui donnèrent asile pendant les deux dernières années de sa vie; il fut inhumé à Souffrignac (Charente).

ALLAIN (FRANÇOIS-CÔME-DAMIEN), député à l'Assemblée constituante de 1789 pour l'évêché de Saint-Malo, né à Yvignac (Côtes-du-Nord), le 16 février 1743, mort à Nantes, le 18 juin 1809, était, — d'après son acte de naissance, sur les registres de la paroisse d'Yvignac, — fils de « maître Guillaume Allain et de demoiselle Louise Le Douyer »; son parrain fut « haut et puissant seigneur messire François Leroux, seigneur de Kermenou, et sa marraine demoiselle Françoise-Marcelle-Geslin de Coëtcou-

pour Château-Gontier, le siège épiscopal de la Mayenne. L'Assemblée l'accorda à la ville de Laval. Après la session, Allard se retira à Château-Gontier, où il vécut dans la retraite jusqu'à sa mort.

ALLARD (Marguerite-Anne-Louis), député de la Vienne à l'Assemblée législative de 1791, né à Surgères (Charente-Inférieure), le 16 octobre 1750, mort à Poitiers (Vienne), le 13 janvier 1827, avait obtenu en 1773, après de brillantes études, le grade de docteur agrégé près la Faculté de droit de Poitiers, et, en 1782, une chaire de droit à la même Faculté. Il en remplissait les fonctions à l'époque de la Révolution. Le 1er septembre 1791, les électeurs de la Vienne le choisirent, par 263 voix sur 298 votants, pour député à l'Assemblée législative. Il y prit la parole dans le débat sur le différend survenu entre deux députés, Jouneau, de la Charente-Inférieure, et Grangeneuve, de la Gironde. Ce dernier avait accusé son collègue de s'être livré envers lui à des voies de fait, et l'avait traduit devant le juge de paix, qui demandait à l'Assemblée l'autorisation de poursuivre. Allard soutint que cette autorisation n'était pas nécessaire. « Ce serait, dit-il, troubler l'ordre judiciaire, et la séparation des pouvoirs n'existerait plus, si, avant de décerner le mandat d'amener, il fallait s'adresser au corps législatif. » Après quelques paroles de Guadet et de Goujon, l'Assemblée passa à l'ordre du jour. A la séance du 10 août 1792, Allard intervint encore pour essayer de défendre un de ses collègues, Leroy de Flagis, dont Chabot dénonçait un écrit favorable au roi. Aussitôt la censure fut réclamée contre Allard par divers membres, notamment par Chabot, et décrétée par l'Assemblée. Après la séparation de la Législative, Allard rentra dans son département, pour y occuper diverses fonctions judiciaires. Juge au tribunal civil de la Vienne en l'an III, puis juge au tribunal criminel, il faillit, en l'an X, rentrer dans la politique active : l'arrondissement de Poitiers le désigna par 64 voix sur 82 votants pour la députation au Corps législatif. Mais ce choix fut nul, le Sénat conservateur ne l'ayant pas ratifié. Allard redevint donc, sous l'Empire, professeur à la Faculté de Poitiers ; il y enseigna le droit romain ; il fut, en dernier lieu, doyen de cette Faculté.

ALLARD (Pierre), membre de la Convention nationale pour le département de la Haute-Garonne, né à Revel (Haute-Garonne), vers 1760, mort à une date inconnue avait été maire de Montesquieu, puis commissaire national du district de Rieux au début de la Révolution. Le 9 septembre 1792, il fut élu membre suppléant de la Convention nationale par le département de la Haute-Garonne, avec 374 voix sur 556 votants. Mais au mois de décembre 1793, la Convention rendit contre lui un décret d'arrestation, qui, d'ailleurs, fut suspendu le lendemain sur la proposition de Vadier, pour être envoyé à l'examen du comité de Salut public. A la séance du 23 février 1794, de nouvelles accusations furent formulées contre Allard à la barre de l'assemblée par une députation de la commune de Saint-Girons (Ariège). Il fut accusé d'avoir exercé des vexations contre plusieurs patriotes, d'avoir soulevé les troupes, qui étaient cantonnées dans cette commune, contre les autorités constituées. La dénonciation fut renvoyée cette fois au comité des décrets. Puis, Dario, premier suppléant de la Haute-Garonne, qui avait été appelé quel-

ques temps à siéger à l'Assemblée, ayant été exécuté, Allard vint le remplacer le 3 août 1794. Il fut admis aux fonctions de représentant du peuple en vertu d'une décision de la Convention, rendue sur la proposition des trois comités de Salut public, de sûreté générale et des décrets et après un rapport très favorable de Dubarran. Le rapporteur félicitait Allard de sa conduite énergique à l'égard des prêtres réfractaires de l'Ariège, et de son opposition aux menées contre-révolutionnaires des corps constitués de Toulouse. « Nous nous résumons, en deux mots, conclut-il : depuis l'aurore de la Révolution, Allard s'est déclaré pour elle : il a fait la guerre aux aristocrates, et les aristocrates le dénoncent ; il a bravé les poignards des fédéralistes, et il est en butte à leur vengeance ; il a démasqué des prêtres fanatiques, et ceux-ci ont voulu l'immoler : mais il a répandu l'instruction parmi le peuple : il a soutenu les patriotes ; ce sont aussi les patriotes qui vous parlent pour lui. » Compromis à la suite des événements de prairial an III, il fut, cette fois, arrêté, mais l'amnistie du 4 brumaire le rendit à la liberté.

ALLARD (Pierre), député du Rhône au conseil des Anciens et au Corps législatif, né à Lyon, le 2 février 1749, mort à une date inconnue, était commissaire du pouvoir exécutif près l'administration centrale de Lyon lorsqu'il fut élu, le 25 germinal an VII, député par le département du Rhône au conseil des Anciens. Il avait rempli précédemment à Lyon les fonctions d'officier municipal, puis d'administrateur du département du Rhône. Le 4 nivôse an VIII, il fut désigné par le Sénat conservateur pour faire partie du Corps législatif, où il passa inaperçu.

ALLARD (Nelzir), député des Deux-Sèvres de 1837 à 1848, puis en 1876, né à Parthenay (Deux-Sèvres), le 27 octobre 1798, mort à Passy (Seine), le 23 octobre 1877, fit partie, comme élève de l'Ecole polytechnique, d'une des deux promotions licenciées en 1816 par les Bourbons pour avoir défendu Paris en 1814 et 1815. Admis à l'Ecole d'application du génie de Metz, il en sortit avec le grade de sous-lieutenant, le 1er octobre 1819, fut promu, en 1825, au grade de capitaine, et employé aux travaux de restauration et d'agrandissement des places de Toulon et de Perpignan. Appelé, en 1830, à prendre part à la campagne d'Alger, il coopéra à tous les préparatifs de l'expédition et gagna la croix de la Légion d'honneur. De retour en France, il seconda le général Valazé, en qualité d'aide de camp, dans l'exécution des premiers plans relatifs aux fortifications de Paris. (Ces plans qui donnèrent lieu à des débats passionnés comprenaient déjà une enceinte continue et des forts détachés, mais beaucoup plus rapprochés de la ville ; ils furent abandonnés en 1833, pour être repris plus tard, en 1840.)

Elu député, le 4 novembre 1837, par le 3e collège électoral des Deux-Sèvres (Parthenay), avec 97 voix contre Agier, député sortant qui n'obtint que 76 voix, il alla s'asseoir au centre gauche. Il fut réélu, le 2 mars 1839, par le même collège électoral avec 124 voix contre 82 à Agier. Nommé maître des requêtes la même année, il fut, d'autre part, promu chef de bataillon, et cet avancement lui imposa l'obligation de se représenter aux suffrages des électeurs : il fut renommé, le 5 septembre 1840, par 135 voix contre MM. Agier 52, et Henri Lacaze, 14.

Il s'occupa tout particulièrement, à la Chambre

vron, » Il fit de bonnes études au collège des Jésuites de Rennes, et entra au noviciat de la Compagnie. L'ordre des Jésuites ayant été supprimé, il fut nommé (1774) recteur de la paroisse de Notre-Dame du Roncier, à Josselin. Élu député du clergé aux États-Généraux pour l'évêché de Saint-Malo, en même temps que l'abbé Ratier, recteur de Broons, son compatriote, l'abbé Allain fut de ceux qui se réunirent au tiers-état pour former l'Assemblée constituante. Mais il refusa de voter les mesures qui consacraient absolument la souveraineté législative des États. Il se prononça *contre* la suppression des ordres religieux, et *contre* la constitution civile du clergé, et signa la déclaration concertée le 19 avril 1790, chez le cardinal de La Rochefoucauld, en faveur de l'orthodoxie catholique. Le 19 novembre de la même année, il adhéra à l'*Exposition des principes de l'Église catholique sur la Constitution civile du clergé*, rédigée par le cardinal de Boisgelin. Ayant contribué à répandre dans son ancien diocèse le bref du pape Pie VI, qui condamnait cette constitution, et ayant engagé ses commettants à ne pas suivre les offices des prêtres assermentés, il fut dénoncé à la barre de l'Assemblée, le 17 mai 1791, par les autorités du Morbihan, comme fauteur d'intrigues contre les lois. « C'est M. Allain, écrivaient les membres du district, qui a soulevé tous les ecclésiastiques de notre pays; c'est lui qui a favorisé et peut-être formé leur coalition. » L'Assemblée accueillit cette dénonciation le 6 juin, et en ordonna le renvoi au pouvoir exécutif. Mais l'abbé Allain devait bénéficier, à cet égard, de l'amnistie générale. Il continua de vivre avec la droite de l'Assemblée. Après la dissolution de la Constituante, il resta quelque temps en France et résida à Paris jusqu'à la fin de 1792; puis il passa en Angleterre, où il établit et dirigea une maison de missionnaires. De retour en France à la publication du Concordat, en 1801, il reçut de Bonaparte la dignité d'évêque de Tournay; il l'échangea, peu après, contre celle de vicaire-général de l'évêque de Vannes (10 septembre 1802), qu'il conserva jusqu'à sa mort.

ALLAIN-LAUNAY (François-Marie), député du Finistère à l'Assemblée législative de 1791, appartenait à une famille du pays de Léon, qui a compté au XVIIIe siècle des officiers de la milice de Morlaix, des avocats et maires de Carhaix, et, de nos jours, des officiers de marine distingués. Il était maître de forges à Belle-Isle-en-Terre, à la Révolution, et procureur-syndic du district de Carhaix en 1790. En cette qualité, plusieurs allocutions d'Allain-Launay figurent sur les registres de ce district, entre autres, du 26 décembre 1790, dans laquelle il reproche aux officiers municipaux du district, de venir aux séances en état d'ébriété. Élu par le Finistère, député à l'Assemblée législative de 1791, par 239 voix sur 440 votants, il ne joua aucun rôle dans le Parlement. L'*Almanach critique* de 1792 dit de lui : « Il a craint de compromettre la réputation dont il jouissait dans sa petite ville, et il l'a mise à l'abri d'un long silence. »

ALLAIN-TARGÉ (François-Henri), député de Maine-et-Loire en 1837, né à Saumur (Maine-et-Loire), le 9 août 1797, mort à la Rivière (Maine-et-Loire), le 23 juin 1884, appartenait à une famille angevine de magistrats ; son père, René-François Allain-Targé (1770-1835) fut président de chambre à la cour d'Angers, et

fit profession d'un grand attachement au premier Empire. Après de brillantes études, François-Henri Allain-Targé suivit la carrière, débuta comme avocat à la cour royale d'Angers, s'y fit remarquer, et ne tarda pas à être nommé (1819) conseiller auditeur à la même cour. Après la Révolution de juillet, il passa avocat général, et reçut, presque aussitôt, la décoration de la Légion d'honneur. Il était membre du conseil général du département de Maine-et-Loire, quand, le 12 juin 1837, il fut élu député dans le 6e collège électoral comme candidat du gouvernement, par 94 voix, sur 234 inscrits, et 161 votants, contre M. Tessié de la Motte, candidat centre-gauche, qui n'obtint que 67 voix. Allain-Targé remplaçait son compatriote et son ami, Félix Bodin, décédé. Il alla siéger, comme lui, au centre droit. Mais il ne resta que quelques mois dans l'Assemblée ; aux élections générales qui eurent lieu le 4 novembre 1837, il échoua, dans le même collège avec 79 voix, sur 316 inscrits et 216 votants; le candidat de l'opposition, M. Tessié de la Motte, fut élu, cette fois, par 129 suffrages. Les élections législatives qui suivirent, jusqu'en 1848, ne furent pas plus favorables à Allain-Targé, M. Tessié de la Motte fut constamment réélu : le 2 mars 1839, le 9 juillet 1842 et le 1er août 1846. — En 1844, Allain-Targé avait été élevé au poste de procureur général à la cour royale de Riom. Depuis la Révolution de février, il vécut dans la retraite.

ALLAIN-TARGÉ (François-Henri-René), fils du précédent, député de la Seine depuis 1876, né à Angers (Maine-et-Loire), le 17 mai 1832, fit son droit à Poitiers, s'inscrivit au barreau d'Angers en 1858, et fut un des avocats qui plaidèrent en 1855, dans le procès de la Marianne. Le passé politique et les relations de son père le destinaient à la magistrature. Il fut nommé, le 23 juillet 1861, substitut du procureur impérial à Angers. Trois ans après, ayant vainement sollicité le poste de substitut du procureur général près la même cour, il donna sa démission et vint se fixer à Paris. Il collabora alors avec MM. Henri Brisson, Challemel-Lacour, etc., à divers journaux qui combattaient l'Empire, au *Courrier du dimanche*, d'abord, puis à l'*Avenir national* et à la *Revue politique*. Il fut, avec MM. Gambetta, Spuller, Brisson, un des fondateurs de cette dernière feuille, qui fut supprimée par le pouvoir au bout de quelques mois. La notoriété qu'il avait acquise par ses études critiques sur les questions financières le fit choisir comme candidat de l'opposition libérale au Corps législatif, le 24 mai 1869, dans la 3e circonscription électorale de Maine-et-Loire. Il n'obtint que 7,135 voix sur 33,802 inscrits et 25,205 votants, contre 17,980 à M. Louvet, député sortant, réélu. Au 4 Septembre 1870, M. Allain-Targé fut nommé préfet de Maine-et-Loire; mais il ne remplit ces fonctions que pendant un mois, et les échangea contre celles de commissaire aux armées des départements de Maine-et-Loire, de la Sarthe et de la Mayenne. Nommé par Gambetta préfet de la Gironde, en décembre, il donna sa démission après la capitulation de Paris, comme partisan de la guerre à outrance. Le 8 février 1871, M. Allain-Targé fut candidat à l'Assemblée nationale sur la liste républicaine dans Maine-et-Loire; mais il échoua avec 19,980 voix sur 151,588 inscrits et 120,174 votants. La liste conservatrice passa toute entière; le moins favorisé de cette liste, M. de

des questions militaires et des travaux publics, et fut chargé de nombreux rapports sur le projet de loi relatif aux armes spéciales, sur les pensions militaires, sur l'achèvement des routes stratégiques de l'Ouest, sur divers chemins de fer, sur la création d'une rade au Havre, etc. Il prit surtout une grande part à l'élaboration et à la discussion du projet de loi définitif sur les fortifications de Paris. Réélu le 9 juillet 1842, par 181 voix, il soutint ce projet de toutes ses forces, d'abord dans la commission, puis à la séance du 23 février 1844, où il lut un rapport concluant au rejet des pétitions envoyées à la Chambre contre les fortifications. Il s'attacha à prouver que ces fortifications n'étaient dirigées que contre l'étranger et ne pouvaient mettre en danger nos libertés. « Ce sont des mois, disait-il, des années peut-être, données à la France, pour résister à une agression étrangère. C'est à toutes les époques un poids immense jeté dans la balance où se pèsent les résolutions des cabinets étrangers. Œuvre comminatoire et préventive, les fortifications de Paris auront toujours, quoi qu'il arrive, une influence considérable sur la conservation de la paix en Europe. »

Lieutenant-colonel en 1844, il fut encore à la Chambre, en 1845, le rapporteur du projet de loi relatif à l'armement des forts; dans la séance du 8 mai, il dénonça la Butte Montmartre comme pouvant servir à un moment donné, à une tentative de bombardement de Paris en général et de la Chambre des députés en particulier. M. Allard s'attira même, à ce propos, des critiques assez vives dans la presse parisienne. Les élections du 1er août 1846 le renvoyèrent à la Chambre, où il siégea jusqu'à la Révolution de février. Directeur par intérim des fortifications (1846), colonel en 1847, il fut quelque temps, en 1849, directeur du génie à Nantes. Son adhésion au coup d'Etat de Décembre le fit passer général de brigade en 1851 et général de division en 1857. Devenu président de la section de la guerre, de la marine et des colonies au conseil d'Etat, il fut plusieurs fois chargé, comme commissaire du gouvernement, de porter la parole au Corps législatif du second Empire, et de rédiger les exposés de motifs des projets de loi militaire.

Le 4 Septembre l'avait rendu à la vie privée; mais aux élections législatives du 20 février 1876, il se présenta, comme candidat des bonapartistes dans l'arrondissement de Parthenay, et fut élu par 8,806 voix sur 15,065 votants et 20,201 inscrits contre M. Ganne, candidat républicain (6,085 voix). Il siégea dans le groupe de l'appel au peuple et, dans cette courte session de 1876-77, vota constamment avec la droite pour le gouvernement du 16 Mai. Membre, à plusieurs reprises, du conseil général des Deux-Sèvres, qu'il présida, le général Allard avait été fait grand officier de la Légion d'honneur en 1860.

Il a laissé un certain nombre d'articles et de mémoires spéciaux sur les sciences militaires.

ALLARD-DUPLANTIER (GUY-JOSEPH), député du Dauphiné à l'Assemblée constituante de 1789, né à Grenoble (Isère), le 13 avril 1721, mort à Voiron (Isère), le 12 février 1801, était propriétaire à Voiron en 1789. Elu aux Etats-Généraux, le 5 janvier 1789, par le tiers-état du Dauphiné, il ne joua dans l'Assemblée aucun rôle marquant.

ALLARDE (BARON D'). *Voy.* LEROY.

ALLART (CONSTANT-PRUDENT-CASIMIR), représentant de la Somme à l'Assemblée constituante de 1848, et député de la Somme au Corps législatif de 1852 à 1857, né à Rugny (Yonne), le 3 mars 1796, mort à Amiens (Somme), le 13 septembre 1861, était, en février 1848, notaire à Amiens et lieutenant-colonel, depuis 1846, de la garde nationale. Par suite de la retraite du colonel, il fut investi alors du commandement en chef; en cette qualité, dans une visite que firent les officiers de la légion aux commissaires du Gouvernement provisoire à Amiens, il prit la parole pour désapprouver toute tentative qui aurait pour objet d'établir une forme de gouvernement qui ne serait pas soumise au vote de la nation.

Lors des élections du 23 avril, il fut élu représentant du peuple à l'Assemblée constituante, le 9e sur 14, avec 112,536 voix (le procès-verbal de l'élection ne donne pas les chiffres des inscrits et des votants.) Dès les premières séances de l'Assemblée, il fit partie de la commission chargée d'examiner s'il y avait lieu de déléguer le pouvoir exécutif à des mandataires spéciaux, ou de le conserver à l'Assemblée jusqu'au vote de la Constitution.

Il vota presque toujours avec la droite, sauf dans deux circonstances : Sur la question de l'incompatibilité des fonctions (4 octobre 1848) et sur l'ordre du jour portant que Cavaignac avait bien mérité de la patrie (25 novembre). Il se prononça :

Le 9 août 1848, *pour* le rétablissement du cautionnement;

Le 26 août, *pour* les poursuites contre Louis Blanc et Caussidière;

Le 1er septembre, *pour* le rétablissement de la contrainte par corps;

Le 25 septembre, *pour* l'institution de deux Chambres;

Le 7 octobre, *contre* l'amendement Grévy sur la présidence;

Le 12 janvier 1849, *pour* la proposition Rateau.

En mars 1849, Allart, qui n'avait jamais pris part que par ses votes aux travaux parlementaires, donna sa démission de représentant pour se consacrer exclusivement à sa profession. Cependant, admirateur du coup d'Etat, il accepta du prince-président, dont il avait, à l'Assemblée, soutenu la politique, les fonctions de maire de la ville d'Amiens. Il eut seul, pendant huit jours, le fardeau de l'administration communale, n'ayant pu, avant ce délai, former une administration complète. Le 29 février 1852, la première circonscription de la Somme l'envoya au Corps législatif par 16,264 voix sur 33,881 inscrits et 17,597 votants; son concurrent, M. Rabouille, candidat de l'opposition, n'obtint que 196 voix. La même circonscription le renomma, le 22 juin 1857, par 22,370 voix sur 44,009 inscrits et 31,087 votants, contre M. Porion, libéral, qui eut 8,236 voix. Il s'associa à tous les votes agréables au gouvernement impérial. Allart devint, depuis 1852, conseiller général de la Somme; il devint aussi président de la chambre des notaires de son arrondissement.

ALLASSEUR (PIERRE), membre de la Convention pour le département du Cher, (il n'a pas été possible de retrouver son état civil), était juge à Sancoins quand il fut élu par le Cher membre de la Convention, le 4 septembre 1792, avec 235 voix sur 325 votants.

Il prit séance vers la fin du mois de septembre, parmi les membres modérés de l'assemblée, et ne parut qu'une fois à la tribune : ce fut pour motiver son vote dans le procès de

Louis XVI : « Pour établir mon opinion, j'ai consulté l'histoire. Rome chassa ses rois et eut la liberté ; César fut assassiné par Brutus et eut un successeur ; les Anglais immolèrent leur tyran, mais bientôt ils rentrèrent dans les fers qu'ils venaient de briser. Je pense donc que, pour établir la liberté, Louis doit être enfermé jusqu'à la paix, et à cette époque, banni. »

Après la session de la Convention, Allasseur fut, le 23 vendémiaire an IV, élu juge au Tribunal de cassation pour le Cher. Depuis lors, il disparut de la scène politique.

ALLEAUME (Augustin-Pierre-Joseph), député de Paris à l'Assemblée législative de 1791, né à Paris, en 1744, mort à Paris, le 25 août 1794, était notaire à Paris, rue Croix-des-Petits-Champs, au moment de la Révolution. Il était inscrit sur la liste des électeurs de la « section de la Halle au Blé », quand il fut élu, le 3 octobre 1791, député suppléant de Paris à l'Assemblée législative, par 317 voix sur 549 votants. Il fut admis, le 9 février 1792, en remplacement de Cérutti, décédé. Son nom ne figure pas une seule fois dans l'histoire parlementaire.

ALLEAUME — *Voy.* Dalleaume.

ALLÈGRE (Jean-Marie), représentant de la Haute-Vienne à l'Assemblée constituante de 1848, né à Guéret (Creuse), le 12 avril 1793, mort à la Courtine (Creuse), le 1er juillet 1869, se prépara à l'Ecole polytechnique, puis se livra à l'étude du droit. Reçu avocat en 1819, il se fit inscrire au barreau de Limoges où il se fit une place honorable comme jurisconsulte. Républicain de la veille, il accueillit avec joie la Révolution de 1848. Le gouvernement provisoire le fit administrateur du parquet de Limoges, puis le ministre de la Justice le nomma procureur général à la Cour d'appel.

Sans s'être présenté lui-même aux suffrages des électeurs, il fut, le 23 avril, élu représentant à la Constituante, le 5e sur 8, par 31,841 voix sur 82,272 inscrits et 61,130 votants. Il se démit alors de ses fonctions judiciaires, vint siéger à la gauche de l'Assemblée, et soutint le général Cavaignac au pouvoir. Il se sépara, dans plusieurs scrutins, des républicains les plus avancés, et vota :

Le 9 août 1848, *pour* le rétablissement du cautionnement ;

Le 1er septembre, *pour* le rétablissement de la contrainte par corps ;

Le 27 septembre, *contre* l'institution de deux Chambres ;

Le 25 novembre, *pour* l'ordre du jour en l'honneur de Cavaignac ;

Le 12 janvier 1849, *contre* la proposition Rateau ;

Le 22 janvier, *contre* le renvoi des accusés du 15 mai devant la haute Cour ;

Le 21 mars, *contre* l'interdiction des clubs ;

Le 20 avril, *contre* le vote de 1,200,000 francs pour l'expédition de Rome.

L'avènement de l'Empire le rendit à la vie privée.

ALLÈGRE (Vincent-Gaetan), député de Toulon en 1876 et en 1877, né à Six-Fours (Var), le 7 août 1835, d'une famille légitimiste, se fit recevoir avocat et inscrire au barreau de Toulon. Après le 4 Septembre 1870, il fut nommé maire de cette ville, et en conserva les fonctions jusqu'au 24 mai 1873.

Républicain radical, il s'associa, en 1871, pendant son passage à la municipalité, à un appel en faveur de la guerre à outrance, ainsi qu'à des protestations contre l'exécution de Rossel et contre celle de Gaston Crémieux : il fit alors voiler, en signe de deuil, le drapeau tricolore qui flottait à l'Hôtel de Ville. M. Allègre fut révoqué de ses fonctions de maire sous le premier ministère de Broglie. Porté dans la deuxième circonscription de Toulon aux élections générales du 20 février 1876 à la Chambre des députés, comme candidat de l'opinion républicaine avancée, il fut élu au second tour de scrutin par 7,361 voix sur 19,302 inscrits et 8,227 votants. (Quelques dissidents donnèrent à Blanqui 169 voix). Il s'était engagé à demander l'amnistie et la séparation de l'Eglise et de l'Etat. M. Allègre se fit inscrire au groupe de l'union républicaine, et suivit dès lors, la politique « opportuniste », conseillée par Gambetta. Il vota avec la majorité : *pour* l'invalidation de l'élection Blanqui ; *pour* le retour de l'Assemblée à Paris ; *pour* l'application des lois existantes aux congrégations ; *pour* la gratuité et l'obligation de l'enseignement primaire ; *pour* l'ordre du jour de confiance au ministère présidé par M. J. Ferry (11 novembre 1880). Enfin, le 20 juillet 1881, peu de jours avant le renouvellement de la Chambre, M. Allègre accepta de ce même ministère la situation de gouverneur de la Martinique, qui entraînait sa démission de député. Il a été remplacé, en 1887, dans le gouvernement de la colonie par M. Albert Grodet. M. Allègre a été conseiller général du Var, pendant plusieurs années, pour le canton-ouest de Toulon ; il est chevalier de la Légion d'honneur, du 24 décembre 1882, et officier du même ordre, du 24 décembre 1886.

ALLEMAGNE — *Voy.* Dallemagne.

ALLEMAN (Augustin), représentant du Var à l'Assemblée constituante de 1848, né à Draguignan, le 24 décembre 1799, acquit de bonne heure, comme banquier, de l'influence dans le pays. Versé dans la science financière, et dévoué dès la monarchie de Juillet, aux idées libérales, il se trouva désigné, lors des élections du 23 avril 1848, aux suffrages des électeurs du Var. Il était alors président du tribunal de commerce de Draguignan. 34,362 suffrages sur 96,216 inscrits et 87,328 votants, l'envoyèrent à l'Assemblée constituante. M. Alleman siégea parmi les républicains les plus modérés, et vota, tantôt avec la droite, tantôt avec la gauche :

Le 26 mai 1848, *pour* le bannissement de la famille d'Orléans ;

Le 9 août, *pour* le rétablissement du cautionnement ;

Le 26 août, *contre* les poursuites à l'égard de Louis Blanc et Caussidière ;

Le 25 septembre, *pour* l'impôt proportionnel préféré à l'impôt progressif ;

Le 27 septembre, *contre* l'institution de deux Chambres ;

Le 28 décembre, *pour* la réduction de l'impôt sur le sel ;

Le 12 janvier 1849, *contre* la proposition Rateau ;

Le 21 mars, *pour* l'interdiction des clubs.

Après la dissolution de l'Assemblée constituante, M. Alleman renonça à la vie politique.

ALLEMAND (Pierre-Léger-Prosper), représentant des Basses-Alpes à l'Assemblée nationale de 1871, et député de Digne en 1876, né à Allemagne (Basses-Alpes), le 16 juillet 1815, avait été reçu docteur en 1841, puis, avait été nommé, au concours, chef interne des hôpitaux civils de Toulon. Il entra dans la politique sous le second Empire, fit une vive opposition au gouvernement, et fut nommé conseiller général du département des Basses-Alpes, où il était revenu se fixer. Maire de la commune de Riez, il se fit élire à l'élection complémentaire du 2 juillet 1871, représentant des Basses-Alpes, en remplacement de Thiers, qui avait opté pour la Seine: il l'emporta, avec 14,212 voix (43,848 inscrits et 27,302 votants), sur MM. Paulin Talabot, 7,412 voix et M. Arthur Picard, 3,755. Inscrit à la fois aux deux groupes de la gauche modérée et de l'union républicaine, il ne se mêla pas aux discussions, et se contenta de voter, avec les républicains de l'Assemblée: *contre* les préliminaires de paix; *contre* les prières publiques; *pour* le retour à Paris; *contre* le ministère du 24 mai 1873, qui le révoqua de ses fonctions de maire de Riez; *pour* les lois constitutionnelles et *contre* la loi dite de la liberté de l'enseignement supérieur.

Après avoir échoué aux élections sénatoriales du 30 janvier 1876 dans les Basses-Alpes, il fut plus heureux comme candidat à la députation, dans l'arrondissement de Digne, le 20 février suivant: 7,643 voix sur 14,529 inscrits et 10,811 votants, l'envoyèrent à la Chambre; son concurrent bonapartiste, M. Léon de Cimier, ancien préfet du département, n'obtint que 2,953 voix. M. Allemand reprit sa place à gauche et soutint les ministres « libéraux » que le maréchal de Mac-Mahon appela au pouvoir à la suite des élections de février. Il vota, en juin 1876, *pour* le nouveau projet déposé par M. Waddington sur la collation des grades, et, après l'événement du 16 Mai 1877, fut au nombre des 363 opposants au cabinet Fourtou-de Broglie. Il fut, comme tel, réélu le 14 octobre 1877, par la circonscription de Digne, avec 7,757 voix sur 14,576 inscrits et 11,415 votants, contre M. Fruchier, candidat officiel, qui eut 3,590 voix. Dans cette nouvelle législature, M. Allemand se prononça: *pour* l'amnistie partielle; *pour* l'invalidation de l'élection de Blanqui à Bordeaux; *pour* l'application des lois existantes aux congrégations non autorisées; *pour* le divorce, etc. Il ne s'est pas représenté aux élections législatives du 21 août 1881.

ALLENOU (Jean-Marie), représentant des Côtes-du-Nord à l'Assemblée nationale de 1871, et sénateur des Côtes-du-Nord en 1876, né à Quintin (Côtes-du-Nord), le 22 avril 1818, mort à Biarritz (Basses-Pyrénées), le 20 juillet 1880, était maître de forges, propriétaire influent, et étranger à la vie politique, lorsqu'il dut à sa situation dans le pays d'être élu avec la liste conservatrice par les Côtes-du-Nord, aux élections du 8 février 1871 à l'Assemblée nationale, le 8e sur 13, avec 69,121 voix (163,398 inscrits, 106,809 votants.) Il ne se fit d'abord inscrire à aucun groupe parlementaire, et vota: *pour* la paix; *pour* les prières publiques; *pour* l'abrogation des lois d'exil des princes d'Orléans; *pour* le pouvoir constituant de l'Assemblée; *pour* la constitution Rivet; *contre* le retour de la Chambre à Paris. Toutefois, jusqu'au 24 mai 1873, il ne se montra pas hostile à la politique de Thiers. Mais, au lendemain de la chute du président, il se rapprocha de la droite, et s'associa aux mesures présentées par le ministère de Broglie. Il fut de ceux qui votèrent la Constitution du 25 février 1875, bien qu'il eût précédemment repoussé les propositions Périer et Malleville, ainsi que l'amendement Wallon. Il affirma ses sentiments catholiques en votant, le 12 juil-

let 1875, le projet de loi sur la « liberté de l'enseignement supérieur. » Lors des élections sénatoriales du 20 janvier 1876, M. Allenou fut élu sénateur par les Côtes-du-Nord, avec 287 voix, en même temps que trois royalistes, MM. de Kerjégu, de Trévenuec et de Champagny. Dans sa profession de foi, il s'était engagé à favoriser « jusqu'en 1880 », l'application de la Constitution. Il ajoutait: « Catholique convaincu, je veux la liberté de conscience pour tous, mais protection et liberté aussi pour la religion de nos pères, qui a tant contribué à faire la France grande dans les siècles passés. » Au Sénat, où il siégea à droite, il vota constamment avec les conservateurs; il se prononça, notamment, en juin 1877, *pour* la dissolution de la Chambre demandée par le gouvernement du 16 Mai, et, en 1880, *contre* l'article 7 et *contre* les divers projets de loi de M. J. Ferry sur l'instruction publique. — M. Allenou avait été nommé, le 8 octobre 1871, conseiller général des Côtes-du-Nord pour le canton d'Uzel.

ALLENT (Pierre-Alexandre-Joseph, Chevalier), député du Pas-de-Calais en 1828, puis pair de France, né à Saint-Omer (Pas-de-Calais), le 9 août 1772, mort à Paris, le 6 juillet 1837, s'engagea, ses études à peine terminées, comme canonnier volontaire dans le bataillon de son département et se distingua au siège de Lille en 1792; adjoint au corps du génie décimé par le feu de l'ennemi, il y gagna les grades de lieutenant (1er Vendémiaire an III), et de capitaine, le 1er germinal suivant; il fit preuve de courage aux travaux de défense de la Lys, à Saint-Venant, à Dunkerque, au Fort-Louis et sur les côtes. Sa santé s'étant altérée, il fut appelé à Paris par Carnot, et attaché (9 pluviôse an IV) au cabinet topographique installé auprès du Directoire pour la centralisation des documents militaires, avec mission spéciale de rédiger les instructions pour les chefs des armées. Après avoir, conformément à la loi nouvelle sur l'état-major, subi avec succès l'examen exigé des officiers, il fut envoyé, le 24 germinal an V, à l'armée de Mayence comme sous-chef d'état-major, puis, à quelque temps de là, reçut la double mission de défendre les têtes de pont du Rhin et de diriger le mouvement des armées de réserve et du Rhin sur le Saint-Gothard. Nommé ensuite secrétaire permanent du comité des fortifications, en l'an VII, promu chef de bataillon en l'an VIII, et chef d'état-major du génie à l'armée de réserve des Grisons, il réunit bientôt à ses fonctions de secrétaire du comité celles de directeur du dépôt des fortifications et de la galerie des plans-reliefs, et du conseil de perfectionnement de l'École polytechnique. Napoléon le fit membre de la Légion d'honneur (25 prairial an XII), chevalier de l'Empire, maître des requêtes au Conseil d'État (1810) et major du génie (1811). Pendant vingt-cinq ans, Allent remplit au Conseil d'État, dans les deux sections de la guerre et du contentieux, une tâche difficile et délicate. Membre du conseil de défense, du 21 décembre 1813 au 30 mars 1814, il participa à la résistance de Paris, pourvut, le 30 mars, à la défense des routes et de la barrière de Clichy contre le corps du maréchal Blücher, assista à la conférence tenue à Montmartre pour faire cesser le feu et régler les avant-postes, puis à la conférence de Bondy, pour effectuer la remise des barrières et pour conserver à Paris la protection de la garde nationale. Le gouvernement de Louis XVIII lui maintint sa confiance; nommé aide-major général, chef d'état-major des gardes nationales du royaume et conseiller d'Etat honoraire, il se rallia au nouvel ordre de choses, et refusa, après le retour de l'île d'Elbe, d'être compris parmi les membres du Conseil d'Etat désignés par Napoléon. Avec la seconde Restauration, il rentra aux affaires, fut inspecteur-général des gardes nationales (24 nov. 1815), et sous-secrétaire d'Etat au département de la Guerre (19 septembre 1817). En cette dernière qualité, il rédigea le rapport sur la loi du recrutement due au maréchal Gouvion-Saint-Cyr.

Chevalier de Saint-Louis depuis le 6 janvier 1815, officier de la Légion d'honneur du 15 juillet 1820, et commandeur, le 22 mai 1825, il fut, le 29 juillet 1828, élu député du Pas-de-Calais par le collège de département, au troisième tour de scrutin, avec 126 voix sur 247 votants et 362 inscrits, contre Mallet de Coupigny, qui obtint 120 voix. Il fit partie à la Chambre de plusieurs commissions, où il traita surtout les questions militaires. Après la Révolution de juillet, on voulait lui confier un nouveau mandat législatif; mais ayant vendu l'unique propriété qu'il possédait, « pour en distribuer le prix, écrit un de ses biographes, à des parents peu fortunés du côté de sa femme », il avait cessé dès lors d'être éligible. Un peu plus tard, (11 octobre 1832), Louis-Philippe le nomma pair de France. Fatigué et malade depuis plusieurs années, il se mêla peu aux travaux de la Chambre haute; pourtant, il déposa, en 1833, un rapport favorable au projet de loi relatif à l'état de siège. La ville de Saint-Omer lui a élevé un monument en 1842.

ALLIER (Jean-Antoine-François), député des Hautes-Alpes de 1831 à 1838, né à Embrun (Hautes-Alpes), le 5 mai 1768, mort à Paris, le 7 avril 1838, fut, sous le premier Empire, payeur général du Trésor, en Hollande. Destitué à la Restauration, il vécut dans la retraite jusqu'en 1830. Peu de temps après la Révolution de juillet, aux élections de 1831, il fut élu par les libéraux du 1er arrondissement électoral des Hautes-Alpes (Embrun), avec 72 voix sur 140 votants et 152 inscrits, contre le baron de Ladoucette, ancien préfet, qui en obtint 64. Son élection ayant été annulée pour vices de forme, il fut réélu la même session (8 septembre), avec 74 voix: le baron de Ladoucette conserva son chiffre de 64 suffrages. Allier siégea à gauche et vota avec l'opposition. Dans la discussion sur la pairie, il proposa un amendement qui attribuait au roi la nomination des pairs sur des listes présentées par les collèges électoraux. Lors du débat sur le budget de 1833, il prononça un discours sur la Caisse des invalides de la marine, et demanda que les ressources et les charges de l'établissement des Invalides fussent réparties entre la Caisse des dépôts et consignations, la Caisse des gens de mer et le Trésor public. Il avait signé le « compte-rendu » du 28 mai 1832, rédigé par les chefs de l'opposition, Barrot, Garnier-Pagès et Cormenin; repoussé les lois de septembre, le projet de disjonction et les lois de famille. Réélu encore le 21 juin 1834, il conserva son rang dans l'opposition libérale, et mourut pendant la législature.

ALLIER (Antoine), fils du précédent, député des Hautes-Alpes de 1839 à 1847 et représentant du peuple à l'Assemblée constituante de 1848 et à l'Assemblée législative de 1849, né à Embrun (Hautes-Alpes), le 6 décembre 1793, mort à Paris, le 27 juillet 1870, fut d'abord militaire et devint capitaine de cavalerie dans les dernières années de l'Empire; ayant quitté le service, il se livra à l'étude de la statuaire. De 1822 à 1835, il exposa avec succès aux « Salons » annuels, un assez grand nombre d'ouvrages remarquables, entre autres les statues de *Philopœmen* et de l'*Eloquence*, destinées à la Chambre des députés; les bustes de *Sully*, aujourd'hui à la Bibliothèque de l'Arsenal, de *l'abbey de Pompières*, d'*Arago*, d'*Odilon Barrot*, etc. Le 2 mars 1839, après la mort de son père, il songea à briguer dans son pays d'origine le mandat de député, et le 1er collège électoral des Hautes-Alpes l'envoya siéger à la Chambre, par 78 suffrages. Cette élection fut une des trois sur lesquelles la Chambre ordonna une enquête, à cause des fraudes et des manœuvres dont s'accusèrent réciproquement les amis du ministère et ceux de l'opposition. Il prit place à gauche et vota généralement contre le gouvernement. Toutefois une biographie parlementaire du temps croyait pouvoir caractériser en ces termes son attitude à la Chambre : « M. Allier est aussi conservateur que possible, toutes les fois qu'il a l'honneur de s'entretenir avec un ministre. Et il est impossible d'être plus radical que lui, toutes les fois qu'il fait à un membre de l'opposition l'honneur de s'entretenir avec lui. Quand il est avec un ministre, les ministres sont des saints, l'opposition est un diable; quand il est avec l'opposition, l'opposition est la Vierge, mère de Dieu, et le cabinet, l'antre de Belzébuth. Il est toute l'année sans parler. En revanche, il songe toute l'année à quelque chose, ce quelque chose est sa réélection. »

Réélu, le 9 juillet 1842 par le même collège électoral avec 78 voix sur 148 votants et 153 inscrits, contre 70 voix données à M. Ardoin, il continua de voter silencieusement avec la gauche, jusqu'à la fin de la législature.

Le 23 avril 1848, il fut élu, comme candidat républicain, représentant du peuple par le département des Hautes-Alpes, le 1er sur 3, avec 21,962 voix (28,944 votants et 34,824 inscrits.) Il était, avec David (d'Angers), l'un des deux représentants artistes qui siégèrent à la Constituante. Il se rangea parmi les républicains modérés, amis de Cavaignac, et vota :

Le 26 août 1848, *pour* les poursuites contre Louis Blanc, en raison des événements du 15 mai;

Le 18 septembre, *contre* l'abolition de la peine mort;

Le 25 septembre, *pour* l'impôt proportionnel contre l'impôt progressif;

Le 27 septembre, *pour* l'institution des deux Chambres;

Le 25 novembre, *pour* l'ordre du jour : « Le général Cavaignac a bien mérité de la patrie »;

Le 27 décembre, *pour* la suppression de l'impôt sur le sel;

Le 12 janvier 1849, *pour* la proposition Rateau;

Le 21 mars, *pour* l'interdiction des clubs;

Le 14 mai, *pour* le blâme de la dépêche de M. Léon Faucher aux préfets après la discussion sur les affaires de Rome.

Réélu à l'Assemblée législative, le 13 mai 1849, par le même département, avec 6,935 voix sur 21,644 votants et 36,264 inscrits, Allier ne soutint pas la politique présidentielle, et vota avec les partisans modérés de la République. Le coup d'Etat de décembre 1851 mit fin à sa carrière politique : il reprit le ciseau, et produisit encore quelques œuvres, entre autres une statue de *Viala*, qui figura au Salon de 1866.

ALLONVILLE (Armand-Octave-Marie, vicomte d'), sénateur du second Empire, né à Hanovre, le 21 janvier 1809, mort à Versailles, le 18 octobre 1867, appartenait à une famille noble, dévouée à la cause des Bourbons : un chevalier d'Allonville, ancien sous-gouverneur du dauphin, fils de Louis XVI, avait été tué le 10 août 1792, en défendant les Tuileries; un baron d'Allonville était mort à l'armée de Condé, en décembre 1793. Le vicomte d'Allonville suivit les traditions de sa famille en entrant dans l'armée ; après avoir longtemps servi en Algérie, il devint colonel au 5ᵉ hussards en 1847, et général de brigade en 1851 ; il exerçait un commandement à Paris lors du 2 Décembre. Il fit la campagne de Crimée, fut appelé au commandement d'un corps d'armée et gagna le grade de général de division le 17 mars 1855. Le général d'Allonville fut nommé sénateur par décret du 31 décembre 1865. Il avait été promu, le 28 décembre 1855, grand-officier de la Légion d'honneur.

ALLOU (Edouard), sénateur inamovible de 1884 à 1888, né à Limoges (Haute-Vienne), le 6 mars 1820, mort à Paris, le 12 juillet 1888, après de brillantes études à Paris au collège Bourbon, puis à l'Ecole de droit, se fit inscrire au barreau de Paris, le 4 novembre 1841. Secrétaire de la conférence des avocats l'année suivante, il plaida avec distinction à la Cour d'assises, puis, pour se rompre à la pratique des affaires, travailla pendant deux ans dans une étude d'avoué, devint secrétaire de Liouville et acquit bientôt, au civil comme au criminel, une réputation méritée. En 1849, Odilon Barrot, garde des sceaux, l'appela à faire partie de la commission de réforme du Code d'instruction criminelle; il devint aussi avocat de l'administration des hospices et des douanes; élu pour la première fois membre du conseil de l'ordre en 1852, il en fit presque constamment partie. Bâtonnier en 1866 et en 1867, il plaida, sous le second Empire, de nombreux procès, parmi lesquels on cite les affaires Mérentié, Poulmann, Dubouchage, Patterson, Mirès, Laffitte, Bauffremont, Proudhon, Emile de Girardin; il se fit aussi une spécialité des affaires en séparation de corps. Mêlé à la politique du parti libéral, il lutta assez vivement contre le gouvernement de l'Empire. Aux élections générales de 1869, les libéraux du département de Maine-et-Loire ayant proposé à M. Allou d'appuyer sa candidature dans l'arrondissement de Baugé ou dans celui d'Angers, il écrivit une lettre adressée au journal radical l'Ouest, qui lui reprochait d'être patronné par MM. de Falloux et de Fitz-James : « Je ne parle que de liberté, écrivait-il, et c'est le mot démocratie que vous demandez; savez-vous pourquoi je ne le prononce pas? C'est qu'il peut s'y attacher une signification que je répudie. Dans le passé, j'ai le culte de la glorieuse tradition de 89, mais je ne respecte dans les souvenirs de 93 que la défense grandiose de la patrie menacée! » En réalité, sa candidature au Corps législatif ne fut sérieusement posée que le 1ᵉʳ novembre 1869, dans la 4ᵉ circonscription de la Seine, par suite de l'option d'Ernest Picard pour Montpellier. Il se présenta comme libéral modéré, également opposé au gouvernement autoritaire et à la révolution. Il échoua, avec 146 voix seulement sur 20,826 votants, contre M. Glais-Bizoin, candidat démocrate.

Au mois d'avril 1873, il mena une campagne dans les réunions publiques pour soutenir la candidature républicaine conservatrice de M. de Rémusat contre celle de M. Barodet. Plus tard, après l'acte du 16 Mai, il se chargea de la défense de Gambetta, poursuivi par le ministère pour la fameuse formule de son discours de Lille : « se soumettre ou se démettre, » et il prit une part considérable aux délibérations du comité de jurisconsultes dit de la « résistance légale. » Toutefois, il n'entra complètement dans la vie politique et parlementaire que le 10 juillet 1882, jour où il fut élu sénateur inamovible, par 159 voix sur 153 votants, en remplacement du général de Cissey, décédé. Il prit place au centre gauche, mais il se rapprocha de la droite dans la plupart des votes importants. C'est ainsi qu'il combattit, dans la séance du 4 décembre 1882, la loi nouvelle, votée par la Chambre, sur le serment judiciaire, en adjurant le Sénat de ne point priver le serment de son caractère religieux. « Je voterai, dit-il, contre le projet de loi parce qu'il abroge une formule que je considère comme une garantie nécessaire pour le juge et pour l'accusé, parce que l'image de la divinité me paraît nécessaire dans l'enceinte du prétoire. Je voterai contre le projet de loi parce que je ne veux pas m'associer à ces luttes stériles qui creusent l'intervalle qui sépare la République de tant de consciences honnêtes, de tant d'esprits généreux. » Il fut choisi, le 19 février 1883, comme rapporteur du projet de loi relatif à la situation des membres des familles ayant régné sur la France, avec mandat de conclure au rejet pur et simple de la loi. En juillet 1883, il attaqua le projet de loi tendant à suspendre l'inamovibilité de la magistrature. Enfin, en 1884, il se prononça nettement contre le rétablissement du divorce, et fit à ce sujet, dans la séance du 29 mai, un remarquable discours. Il soutint que l'indissolubilité du mariage était « un frein salutaire, une garantie », dont la suppression devait entraîner la disparition de la famille, et conclut par ces paroles : « Il y a là une grosse question de moralité sociale. A l'heure où nous sommes, de grandes libertés ont été prises au point de vue de la morale publique. Toute une littérature malsaine nous envahit et nous déborde... Ainsi s'infiltre un poison subtil qui empoisonne le sang si pur et si généreux de notre race française. Je redoute tout ce qui porte atteinte à cette pudeur publique, déjà mise à de si rudes épreuves. Si j'étais royaliste, je répudierais la Régence; pour la République, je ne veux pas du Directoire. » Nommé chevalier de la Légion d'honneur par M. Dufaure, après 1871, M. Allou avait été promu officier du même ordre le 16 janvier 1882.

ALLOUVEAU DE MONTRÉAL (Simon-François), sénateur du second Empire, né à Bachelery (Haute-Vienne), le 14 septembre 1791, mort à Laynac (Haute-Vienne), le 19 janvier 1873, suivit la carrière militaire, devint, en 1840, colonel du 75ᵉ de ligne, général de brigade en 1848, et général de division en 1852. De 1853 à 1856 il commanda l'armée de Rome; rentré à Paris le 9 mars 1857, il fut, par décret du 9 juin suivant, créé sénateur, et prit part en cette qualité au vote (1858) de la loi dite de « sûreté générale ». Il se retira dans son pays après le 4 Septembre 1870. Le général Allouveau de Montréal avait été promu, le 10 août 1853, grand-officier de la Légion d'honneur.

ALLUT (Antoine), député du Gard à l'Assemblée législative de 1791, né à Montpellier (Hérault), le 23 octobre 1743, exécuté à Paris, le 25 juin 1794, fut d'abord négociant à Uzès. Esprit cultivé et ouvert aux idées nouvelles, il fut un des collaborateurs de l'Encyclopédie.

Dès l'origine de la Révolution, il en accepta les idées; ses concitoyens l'appelèrent aux fonctions de procureur de la commune; puis, le 9 septembre 1791, le département du Gard l'envoya à la Législative, par 367 voix sur 389 votants. C'est surtout dans les comités qu'il exerça quelque influence. Après la session, il retourna à Uzès, où il exerça la profession d'avocat. Au 31 mai 1793, Allut se prononça catégoriquement pour le parti de la Gironde, rédigea et signa diverses adresses contre les Montagnards de la Convention. Poursuivi comme fédéraliste, il se cacha pendant quelque temps; mais il fut bientôt arrêté, condamné à mort par le tribunal révolutionnaire et exécuté avec 33 autres accusés, comme coupables de « s'être rendus les ennemis du peuple en participant aux crimes du dernier tyran de la France, à la rébellion de Lyon, en recélant les frères Rabaut et l'ex-ministre Lebrun, et leur donnant asile lorsqu'ils étaient décrétés d'accusation; en entretenant des intelligences avec les ennemis; en s'associant au parti des fédéralistes; en participant aux complots des nobles, des prêtres et autres brigands de la Vendée. » — Le fils d'Antoine Allut fut nommé auditeur au conseil d'État en 1809, puis sous-préfet de Montpellier, le 14 janvier 1811.

ALPHONSE. — *Voy.* DALPHONSE.

ALQUIER (CHARLES-JEAN-MARIE), député du tiers aux États-Généraux pour la sénéchaussée de La Rochelle, membre de la Convention et député aux Cinq-Cents pour Seine-et-Oise, né à Talmont (Vendée), le 13 octobre 1752, mort à Paris, le 3 février 1826, entra au barreau dans la magistrature, et fut conseiller du roi au présidial de La Rochelle, en même temps que procureur du roi au bureau des Finances. L'évêque de La Rochelle ayant vivement attaqué l'édit royal de novembre 1787 qui rendait aux protestants un moyen légal de constater leur état civil, Alquier incrimina le mandement au nom du respect dû à la loi et au roi, et parvint à le faire supprimer par arrêt du parlement. Ce succès le fit choisir pour maire de la Rochelle le 25 avril 1788. Le 29 décembre suivant, à propos de la prochaine convocation des États-Généraux, il prononça devant le corps de ville, un discours remarquable : « La dignité des deux premiers ordres, dit-il, ne peut-elle donc subsister que par l'asservissement du tiers? » Il rappela, qu'aux États de 1614, La Rochelle avait eu 4 députés, 1 pour l'ordre de la noblesse et 3 pour le tiers-état. Cette attitude lui valut, aux élections du 26 mars 1789, d'être élu par le tiers, le 1er sur 2; on fit alors courir le quatrain suivant :

> Quand des citoyens pour t'élire
> Tu vis les suffrages flatteurs,
> Alquier, alors tu pouvais dire
> Autant de voix, autant de cœurs.

Aux États-Généraux, Alquier se montra le champion des idées nouvelles, fit condamner le mandement réactionnaire de l'évêque de Tréguier, obtint l'impression et l'envoi aux départements du mandement de l'évêque d'Angers, devint membre du comité des colonies, fut chargé de plusieurs missions dans les départements, et passa secrétaire de l'Assemblée le 13 juillet 1790. Lors des élections des juges au tribunal de district de La Rochelle, le 22 novembre 1790, Alquier fut choisi, le 2e sur 5, et, à la dissolution de l'Assemblée nationale, fut nommé président du tribunal criminel de Seine-

et-Oise. En cette qualité, lorsque les prisonniers d'Orléans furent dirigés sur Versailles, Alquier vint demander à Danton, alors ministre de la Justice, s'il devait les interroger dans les 24 heures. Danton lui tourna le dos sans répondre, et les prisonniers furent égorgés au moment où ils passaient la grille de l'Orangerie.

Le 8 septembre 1792, le département de Seine-et-Oise élut Alquier à la Convention, par 335 voix sur 668 votants. Dans le procès de Louis XVI, au 3e appel nominal, Alquier répondit : « Je vote pour la mort; mais je demande que l'exécution soit différée jusqu'après la signature de la paix, et qu'elle ait lieu au cas d'une invasion des puissances étrangères. » Son rôle fut volontairement assez effacé à la Convention. « A 2 heures, dit un contemporain, il siégeait au Marais et riait avec Vergniaud; à 3, il était sur la Montagne, donnant la main à Danton, causant avec Saint-Just, et n'applaudissant jamais que du pied. »

Après le 9 Thermidor, Alquier fut envoyé aux armées du Nord, et prit part à l'organisation administrative de la Hollande nouvellement conquise.

Le 25 Vendémiaire an IV, le département de Seine-et-Oise l'envoya par 173 voix au conseil des Cinq-Cents, dont il fut nommé bientôt secrétaire. Il en sortit en mai 1798, comme consul à Tanger, poste qu'il échangea de suite contre celui de chargé d'affaires à Munich. Après le congrès de Rastadt, nommé receveur général de Seine-et-Oise, le 9 vendémiaire an VIII, il préféra l'ambassade de Madrid, où il fut envoyé le 9 frimaire, pour passer bientôt à Florence, puis à Naples; c'est lui qui obtint de cette dernière cour la cession de l'île d'Elbe. Ambassadeur à Rome, le 10 avril 1806, il ne réussit pas au gré de l'empereur auprès du Saint Père, et fut rappelé. « M. Alquier, lui dit Napoléon, vous avez voulu gagner des indulgences à Rome. » — « Sire, répondit Alquier, je n'ai jamais eu besoin que de la vôtre. » Dans une lettre à un ami, datée de Paris, du 7 juin 1806, Alquier ne dissimule pas « le chagrin qui l'accable; je ne me console pas de ce que l'empereur a paru croire que j'avais négligé mes devoirs... Après 18 ans de service, je suis obligé de vendre mes meubles pour vivre. »

La disgrâce prit fin, car Alquier fut créé, le 28 mai 1809, chevalier de l'Empire, et nommé ministre plénipotentiaire à Stockholm en 1810, puis à Copenhague en 1811, où il parvint à conclure (1813) une alliance offensive et défensive. Rappelé par la première Restauration, en juin 1814, il rentra dans la vie privée. La loi du 12 janvier 1816, qui bannissait les régicides, lui fut durement appliquée, bien que son vote n'eût pas été compté parmi ceux qui conduisirent Louis XVI à l'échafaud. Il se réfugia à Bruxelles et y vécut paisiblement, jusqu'au 14 janvier 1818, jour où il reçut l'autorisation de rentrer en France, grâce à l'intervention de Boissy d'Anglas, alors pair de France, et son ancien collègue à la Convention.

ALQUIER (CHARLES-ARTHUR BARON), député de la Vendée au Corps législatif en 1870, né à la Flocellière (Vendée), le 29 août 1827, mort à Paris, le 5 août 1871, se présenta, une première fois, comme candidat indépendant aux élections du Corps législatif, le 24 mai 1869, dans la 1re circonscription de la Vendée; sur 35,259 inscrits et 21,777 votants, il obtint 10,122 voix contre 11,487 données à M. de Sainte-Hermine, député sortant, légitimiste, qui fut réélu. Mais l'élection de M. de Sainte-Hermine ayant été invalidée, le baron Alquier fut nommé à sa place, le 9 janvier 1870, par 12.759 voix sur 35,312 inscrits et 25,174 votants; son concurrent, M. de Falloux, obtint 12,259 voix. Il siégea jusqu'à la Révolution du 4 Septembre et vota parfois avec l'opposition. Il se prononça :

Le 11 juillet 1870, *pour* l'amendement Steenackers au budget des cultes, portant suppression du traitement des chanoines de Saint-Denis;

Le 12 juillet, *contre* l'amendement Pelletan (suppression des fonds secrets);

Le 15 juillet, *contre* la proposition Jules Favre, tendant à la communication des dépêches diplomatiques; et *pour* le projet de loi accordant 50 millions au ministre de la Guerre;

Le 20 juillet, *pour* l'amendement Bethmont allouant une indemnité de 1 franc par jour pendant toute la durée du service actif aux femmes des soldats de la réserve et de la garde mobile;

Le 11 août, *pour* l'urgence de la proposition Jules Favre, relative à l'armement des gardes nationales;

Le 25 août, *contre* la proposition Jules Ferry, tendant à suspendre la loi de 1834 sur la fabrication des armes de guerre.

Le baron Alquier fut, avec MM. Lefèvre-Pontalis, d'Andelarre, Josseau, Martel, etc., à la séance du dimanche 4 Septembre 1870, un des signataires de la proposition Thiers tendant à la nomination par la Chambre d'une «Commission de gouvernement et de défense nationale.»

ALRICY ANTOINE-JOSEPH, député de l'Isère au conseil des Cinq-Cents, né à Crémieu (Isère), le 2 février 1759, mort à Crémieu, le 6 septembre 1839, avait été avocat au parlement de Grenoble, puis procureur-syndic du district de la Tour-du-Pin, quand il fut, le 24 vendémiaire an IV (septembre 1795), élu membre du conseil des Cinq-Cents, où il fut peu remarqué. Il ne fut pas réélu à la législature de 1797. Le 9 germinal an VIII, il passa conseiller de préfecture de l'Isère, poste qu'il occupa jusqu'en 1803, et qu'il échangea contre celui de juge de paix du canton de Crémieu. Il était chevalier de la Légion d'honneur.

ALSACE-HÉNIN-LIÉTARD (PIERRE-SIMON, COMTE D'), pair de France des Cent-Jours, né à Neufchâteau (Vosges), le 24 janvier 1773, mort à Paris, le 30 janvier 1825, appartenait à une branche collatérale de la grande famille des de Hénin-Liétard, princes de Chimay, dont l'origine remonte à Thierry d'Alsace, comte de Flandre. Il était, avant la Révolution, capitaine de cavalerie; en 1791, il émigra pour se ranger sous les drapeaux de Condé. Il devint colonel dans le corps des «hommes d'armes à cheval» qui fut licencié après le siège de Maëstricht. Rentré en France après 1801, il fut nommé comte de l'Empire (19 septembre 1810), chevalier de la Légion d'honneur, et chambellan de Napoléon qui, à son retour de l'île d'Elbe, lui conféra (2 juin 1815) la dignité de pair. Il ne fit partie que de la Chambre des pairs dite « des Cent-Jours », où il ne joua, d'ailleurs, aucun rôle important.

ALTAROCHE (DURAND-MICHEL-AGÉNOR), représentant du Puy-de-Dôme à l'Assemblée constituante de 1848, né à Issoire (Puy-de-Dôme), le 18 avril 1811, mort à Vaux (Allier), le 13 mai 1884, était fils d'un avocat qui le

destinait au barreau. Il vint à Paris en 1830 et collabora à divers journaux d'opposition républicaine (*Courrier des électeurs*, *Révolution de 1830*, *Diable boiteux*, *Tribune*, *Caricature*, *National*.) En même temps il publiait diverses brochures politiques, entre autres : la *Chambre et les Écoles*, satire en vers (1831) où la majorité du Parlement était très vivement prise à partie. L'auteur, qui signait « Altaroche, étudiant en droit » accusait la Chambre d'avoir trahi ses promesses, au lendemain de la Révolution :

« ..... Aux augustes accents qui descendent du trône,
Trois cents élus à mille francs,
Députés décrépits qui se proclament grands,
De leur éloge osent méler l'aumône !
Qu'en avons-nous besoin ? Nous les répudions
Ces vils remercîments, ces acclamations !... » etc.

Fondateur du *Charivari*, en décembre 1832, avec Louis Desnoyers et Albert Clerc (ils s'appelaient les « trois hommes d'Etat du *Charivari* »), il devint, en 1834, l'unique directeur de cette feuille satirique, qui fit au gouvernement de Louis-Philippe une guerre incessante d'épigrammes. Durant cette période, Altaroche écrivit encore plusieurs volumes de chansons, de contes, une étude historique sur Alexandre VI et Louis XV; il collabora au *Dictionnaire politique*, à *Paris révolutionnaire*, ainsi qu'à diverses pièces de théâtre.

Après le 24 février 1848, le gouvernement provisoire l'envoya en qualité de commissaire de la République, dans le département du Puy-de-Dôme. Il s'attacha, dans ses proclamations et dans ses actes, à garantir le respect de l'ordre et de la liberté. Aux élections du 23 avril, porté candidat républicain à l'Assemblée constituante par le « comité électoral de Clermont », il fut élu représentant du peuple pour le Puy-de-Dôme, le 1er de la liste sur 15, avec 110,033 voix (173,010 inscrits et 125,432 votants.) Altaroche siégea parmi les républicains modérés et vota avec la majorité qui soutint le général Cavaignac, c'est-à-dire tantôt avec la gauche et tantôt avec la droite :

Le 26 mai, *pour* le bannissement de la famille d'Orléans;

Le 26 août, *pour* les poursuites contre Caussidière au sujet du 15 mai;

Le 1er septembre, *pour* le rétablissement de la contrainte par corps;

Le 18 septembre, *pour* l'abolition de la peine de mort;

Le 25 septembre, *pour* l'impôt proportionnel contre l'impôt progressif;

Le 7 octobre, *contre* l'amendement Grévy sur la présidence;

Le 2 novembre, *contre* le droit au travail;

Le 25 novembre, *pour* l'ordre du jour : « le général Cavaignac a bien mérité de la patrie. »

Le 12 janvier 1849, *pour* la proposition Rateau;

Le 21 mars, *pour* l'interdiction des clubs;

Le 18 mai, *pour* l'abolition de l'impôt des boissons.

Non réélu en 1849 à l'Assemblée législative, Altaroche quitta la vie politique et prit la direction du théâtre de l'Odéon, qu'il garda de 1850 à 1852. Il fonda ensuite quelques scènes secondaires.

ALTIERI (LAURENT--DEDACUM--MARTIN--JOSEPH-BALTHAZAR-FRANÇOIS-AMPHRE), député de Rome au Corps législatif de 1811 à 1813, né à Rome, le 11 novembre 1767, mort à une date inconnue, était intendant général des postes à Rome. Il fut choisi, le 23 février 1811, par le

Sénat conservateur, comme député du département de Rome au Corps législatif, et réélu, le 14 janvier 1813. Il n'y a pas trace qu'il ait tenu un rôle politique.

ALTON-SHÉE DE LIGNÈRES (Édouard, COMTE D'), pair de France, né à Paris le 1er juin 1810, mort à Paris, le 22 mai 1874, fils unique de Jacques-Wulfranc, baron d'Alton, et de Françoise Shée, fille du comte Henri Shée, conseiller d'Etat et sénateur de l'Empire . Voy. ce nom.) Une ordonnance royale du 11 décembre 1816 le substitua à la pairie de son grand père maternel, et l'autorisa à joindre les deux noms de Shée et de d'Alton. Il entra à la Chambre des pairs en 1836 et vota avec les conservateurs. Très attaché d'abord à la monarchie constitutionnelle, il en exposa les doctrines dans une curieuse brochure : *De la Chambre des pairs dans le gouvernement représentatif* (Paris, 1839), où il se proposait un triple objet : « indiquer qu'elles sont les fonctions attribuées à la Chambre des Pairs dans le système actuel de notre Constitution; montrer le vice organique qui la rend impuissante à les remplir, chercher enfin le moyen de lui restituer l'indépendance et la force indispensables à chacun des trois pouvoirs de l'Etat. » Après un examen critique des publications récentes de Duvergier de Hauranne, Cormenin, etc., sur la pairie, et un historique complet des débats parlementaires à cet égard, l'auteur concluait : 1° au rétablissement de l'hérédité, « dont l'institution seule donne le sentiment et la force de l'indépendance, et à celui qui transmet la pairie et à celui à qui elle est transmise comme un droit; » 2° à un système qui « en faisant émaner la pairie à la fois et de l'élection populaire et du choix royal, la rendrait également indépendante de ces deux pouvoirs, par cela même qu'elle serait née de leur concours. »

Jusqu'en 1847, le comte d'Alton Shée resta dans les rangs du parti dynastique et appuya, en toutes circonstances, la politique de Guizot. Mais tout à coup, au début de l'agitation réformiste qui précéda la Révolution de 1838, il se jeta dans l'opposition et n'hésita pas à manifester, à la tribune même de la Chambre haute, des opinions nettement révolutionnaires. C'est ainsi qu'il fit, le 19 mai 1847, un grand discours contre le projet de loi relatif au chapitre royal de Saint-Denis. Il dit à ce propos : « Je ne veux tromper personne, je ne tiens à capter l'approbation de personne, mais je crois devoir et aux autres et à moi-même d'indiquer franchement, librement, et mon point de départ et le but que je poursuis : ainsi ne voyez en moi ni l'un de ces catholiques fervents réclamant pour leur religion les conséquences de notre Révolution de juillet; ne voyez pas en moi surtout l'un de ces chrétiens politiques qui, du haut de leur intelligence, professent la religion à cause de son utilité. Je ne suis ni catholique ni chrétien ! » Dans mainte discussion sur les affaires étrangères, il attaqua avec véhémence le duc de Modène qu'il appela un « Néron en raccourci », la reine de Portugal, « une princesse parjure, » et M. de Metternich, un « vieillard cruel et corrompu. » A dater de cette époque, le comte d'Alton-Shée, entièrement converti aux idées démocratiques, prit part à toutes les manifestations du parti avancé. Il s'arma comme garde national en faveur du mouvement, en février 1848; fut nommé colonel de la 2e légion de la banlieue, défendit dans les clubs, la personne et la politique de

Ledru-Rollin, combattit la dictature de Cavaignac et la présidence de Louis-Napoléon, et, à la suite d'une vive protestation signée de lui contre l'interdiction des clubs votée par la Chambre le 11 mars 1849, fut arrêté et emprisonné. Membre influent du comité démocratique socialiste de la Seine, il fut lui-même sur la liste des candidats de cette nuance à l'Assemblée législative; mais il échoua de quelques voix. Durant le second Empire, il vécut à l'écart de la vie politique, jusqu'aux élections générales de mai 1869 : il fut alors, sans succès, candidat républicain socialiste dans la 2e circonscription de la Seine contre MM. Devinck, candidat officiel, et Thiers, conservateur indépendant. Il obtint 8,714 suffrages sur 32,683 votants. Thiers qui avait eu 13,333 voix, ne fut élu qu'au second tour de scrutin. Après le 4 Septembre, il collabora à quelques feuilles radicales : le *Peuple souverain* (1872), le *Suffrage universel* (1873) dont il était le directeur politique. Gambetta prononça sur sa tombe, le 24 mai 1874, un discours où il loua l'ex-pair de France d'avoir, lui privilégié, noble et né dans l'aristocratie, pris parti pour la République et pour la démocratie. — Le comte d'Alton-Shée a laissé plusieurs ouvrages intéressants, parmi lesquels ses *Mémoires* (1868-69, 2 vol.)

ALYPE. — Voy. PIERRE-ALYPE.

ALZON (André-Henri Daudé, VICOMTE D'), député de l'Hérault de 1822 à 1830, né au Vigan (Gard), le 22 octobre 1774, mort au château de Lavagnac, le 2 novembre 1864, était grand propriétaire dans l'Hérault, où il fut élu par le collège du département, le 14 mai 1822, membre de la Chambre des députés, avec 215 voix sur 353 votants et 486 inscrits. Légitimiste ardent, il se prononça *pour* le remboursement et la réduction des rentes 5 0/0; *pour* l'indemnité aux émigrés; *pour* la loi du sacrilège; *pour* la loi concernant l'entrepôt des grains; *pour* les lois supprimant la liberté de la presse, etc. Réélu, le 24 novembre 1827, par le même collège électoral, avec 151 voix sur 303 votants et 394 inscrits, il continua de soutenir les doctrines qu'il avait défendues sous le ministère Villèle. « Encore un, écrivait à son sujet un biographe de 1829, qui a perdu dans M. de Villèle une utile boussole. Sa carrière politique est toute dans ce peu de mots. C'est du reste un brave homme, qui va tous les jours lire la *Quotidienne* en prenant sa tasse de chocolat, au café Laruette. » Réélu encore une fois, le 3 juillet 1830, par 201 voix sur 390 votants et 450 inscrits, il renonça à la politique au moment de la Révolution de juillet.

AMAGAT (Louis-Amant), député du Cantal depuis 1881, né à Saint-Flour (Cantal), le 13 juillet 1847, fut reçu docteur-médecin en 1873, puis agrégé à la Faculté de Montpellier en 1879. Il y fut chargé du cours d'Histoire naturelle et obtint un certain succès auprès de ses auditeurs par le tour varié et original qu'il donnait à son enseignement. Dénoncé au ministère de l'Instruction publique comme traitant à son cours des questions politiques, il fut remplacé dans sa chaire; mais il protesta, réclama une enquête, et tenta même de recommencer son cours, malgré la décision ministérielle. Les élèves se mutinèrent, il y eut des désordres, à la suite desquels la Faculté fut fermée, et M. Amagat, révoqué, fut déclaré par le conseil académique coupable d'avoir méconnu ses devoirs professionnels. Il entra alors dans la politique, et se présenta, le 21 août 1881, comme candidat radical-libéral contre M. Oudoul, député opportuniste sortant. Il fut élu par 4,850 voix sur 13,035 inscrits et 9,512 votants, contre 4,578 voix données à son concurrent. Il ne se fit inscrire à aucun groupe parlementaire. Dès l'ouverture de la session, il monta à la tribune à propos de l'interpellation sur les affaires tunisiennes (séance du 5 novembre 1881). Dans son discours, l'orateur rompit avec l'extrême-gauche qui avait patronné sa candidature, et fit l'éloge du « gouvernement réparateur de M. Thiers » : il se déclara, d'ailleurs, absolument opposé à l'expédition de Tunis. « Avec une politique heureuse comme celle que recommandaient le général Chanzy et M. de Freycinet, on aurait, dit-il, cueilli Tunis comme un fruit mûr. Aujourd'hui, au contraire, une armée permanente d'occupation est nécessaire. » À la suite de ce débat, M. Amagat vota avec la minorité *contre* l'ordre du jour Gambetta. Le 3 décembre, vint en discussion la validation de ses pouvoirs. Sur le rapport de M. Achard, qui lui reprocha l'appui ouvertement donné à sa candidature par tout le clergé de Saint-Flour, et malgré une vive défense présentée par M. Amagat, l'élection fut invalidée, par 218 voix contre 180. M. Amagat se représenta devant ses électeurs le 29 janvier 1882, et fut réélu par 6,704 voix sur 12,782 inscrits et 10,396 votants; M. Oudoul n'obtint que 3,630 voix. M. Amagat soutint le cabinet libéral de M. de Freycinet, reprit son attitude d'opposant à la chute de ce dernier (juillet 1882), et refusa de s'associer aux divers votes de confiance que la Chambre accorda, en 1883, au ministère Ferry. Dans la plupart des questions, il s'abstint ou vota avec la droite, qui l'encouragea de ses applaudissements chaque fois qu'il monta à la tribune; il attaqua principalement la politique financière du gouvernement et se fit une spécialité des questions de budget.

Réélu, le 14 octobre 1885, par le Cantal, en dehors de toute liste, comme républicain indépendant, avec 20,562 voix sur 61,184 inscrits et 41,552 votants, il continua de rester étranger aux divers groupes de la Chambre. Aux applaudissements de la droite, il intervint, en avril 1886, dans la discussion du projet de loi portant conversion des obligations du Trésor à court terme, et émission des rentes 3 0/0. Il fit, à ce propos, le procès de la gestion financière du gouvernement, rappela les promesses précédemment faites : « ni emprunt, ni impôt nouveau, » et combattit le remboursement des obligations sexennaires, proposé par M. Sadi-Carnot, ministre des Finances. Le 10 novembre de la même année, dans la discussion du budget de 1887, il formula les critiques les plus vives contre les projets d'impôt sur le revenu, de suppression du budget extraordinaire, enfin de remaniement de l'impôt des boissons et de surtaxation des alcools. En 1887, le projet de loi, déposé par M. Rouvier sur la conversion des rentes 4 1/2 et des rentes 4 0/0 en rentes 3 0/0, le ramena à la tribune; il reprocha à la conversion de n'être qu'un emprunt déguisé, et appliqua à cette combinaison le mot de Necker : « Là où l'artifice commence, en matière de finances, là aussi l'intelligence finit. »

Dans cette législature, M. Amagat a voté :

Le 8 février 1886, *pour* la proposition Michelin, tendant à rechercher les origines et les causes de l'expédition du Tonkin, et à déterminer la responsabilité de ses auteurs;

Le 10 avril, *pour* l'ordre du jour pur et simple sur l'interpellation Maillard à propos de la grève de Decazeville; il s'est abstenu, en juin, dans les divers scrutins sur le projet de loi interdisant le territoire de la République aux membres des familles ayant régné sur la France; il s'est abstenu de même dans le vote sur le projet de loi de l'enseignement primaire.

Il a voté, le 27 novembre, *pour* le maintien de l'ambassade du Vatican;

Le 2 décembre, *pour* l'amendement Colfavru, portant suppression des sous-préfets (chute du ministère Freycinet);

Le 17 mai 1887, *pour* la proposition de résolution de la commission du budget (chute du ministère Goblet);

Le 19 novembre, *pour* la discussion immédiate de l'interpellation Clémenceau (chute du ministère Rouvier);

Le 31 mars 1888, *contre* l'urgence de la proposition de revision (chute du ministère Tirard);

Le 14 février 1889, *contre* le projet de revision du ministère Floquet (chute du ministère Floquet);

Le 14 mars, *contre* la demande en autorisation de poursuites contre les députés, membres de la Ligue des patriotes;

Le 2 avril, *contre* le projet de loi Lisbonne restrictif de la liberté de la presse;

Le 4 avril, *contre* la demande en autorisation de poursuites contre le général Boulanger.

AMAR (Jean-Baptiste-André), membre de la Convention pour le département de l'Isère, né à Grenoble (Isère), le 11 mai 1755, mort à Paris, le 21 décembre 1816, appartenait à une famille aisée. Reçu avocat au parlement de Grenoble, il venait d'acheter une 200,000 francs la charge de trésorier de France, qui donnait la noblesse, quand éclata la Révolution. Amar, qui se trouvait des privilégiés, se montra d'abord réfractaire aux idées nouvelles; ce n'est que vers 1792 qu'il s'y rallia chaudement. Nommé, le 9 septembre, par le département de l'Isère, membre de la Convention nationale, par 276 voix sur 494 votants, il débuta dans l'assemblée en dénonçant les machinations qui se préparaient en Alsace et sur les bords du Rhin parmi les émigrés. Dans le procès de Louis XVI, un des plus ardents contre l'accusé, il attaqua avec force Lanjuinais, qui prétendait que la Convention était incompétente pour juger le procès du roi. Il vota successivement contre l'appel au peuple, pour la peine de mort, pour l'exécution dans les vingt-quatre heures et contre le sursis. Voici ses paroles en réponse au 2e appel nominal :

« J'énonce mon opinion et je la motive. Fidèle à la souveraineté du peuple, je maintiens les principes, et je le maintiendrai de tout mon pouvoir. La souveraineté du peuple consiste à faire des actes généraux; on ne doit pas confondre les actes délégués avec les actes de législation. Le peuple ne peut être magistrat; le peuple ne peut remplir aucune des fonctions qu'il a le droit de déléguer. Si vous envoyez cette affaire au peuple, souvenez-vous, citoyens, que vous oubliez le mandat qu'il vous a donné. L'Assemblée législative ne crut pas avoir les pouvoirs suffisants que des mesures de sûreté exigeaient. Le décret du 11 août nous a envoyés pour sauver la République, c'est pourquoi je dis non. »

Au 3e appel nominal, il dit :

« Louis est convaincu d'attentats contre la sûreté générale de l'État, et de conspiration contre la liberté; sa vie publique, depuis la

Révolution, est un long tissu de crimes: son existence est odieuse, sa mort est nécessaire pour consolider une Révolution dont il serait l'éternel ennemi. Ainsi le veut la liberté qu'il a outragée; ainsi l'ordonne l'égalité des droits; c'est le seul despotisme qui puisse nous diriger; j'en jure par Brutus; je le jure devant le peuple français. Je conclus à la mort. »

Dans la séance du 21 janvier, le jour même de l'exécution du roi, Amar demanda l'arrestation de tous ceux qui tiendraient des discours suspects. Le 10 mars, il appuya la création, proposée par Robert Lindet, d'un tribunal révolutionnaire, et dit que cette mesure seule pouvait sauver le peuple Le 21 mai, il dénonça Kellermann à la Convention, et protesta contre la décision qui venait de lui confier le commandement de l'armée des Alpes. Vers la même époque, il fut envoyé avec Merlin en mission dans les départements de l'Ain et de l'Isère; il y déploya la plus grande rigueur et ordonna de si nombreuses incarcérations, que les habitants envoyèrent une députation à la Convention (10 mai 1793), pour réclamer contre ces mesures exceptionnelles. La pétition des délégués, présentée par Populus, fut renvoyée au comité de sûreté générale, et Amar écrivit, le 16 mai, aux administrateurs du département de l'Ain: « S'il nous restait quelques regrets ce serait de ne pas avoir doublé la mesure (des arrestations.) Vous verrez incessamment que la Convention, loin de faire droit à votre adresse, rendra un décret qui vous obligera à rechercher jusqu'aux moindres suspicions. » Adversaire acharné de la Gironde, Amar devint plus influent encore après le 31 mai; ce fut lui qui provoqua le décret d'accusation contre Buzot, Duprat, Mainvielle; ce fut encore lui qui, le 3 octobre, fut chargé au nom du comité de sûreté générale de conclure contre Vergniaud, Guadet et les autres Girondins; lui même arrêta les deux frères Rabaud. Enfin il fut l'auteur du rapport qui inculpait de royalisme et d'agiotage Bazire, Chabot, Delaunay, Fabre d'Eglantine et Julien. Il s'efforçait de prouver que les dispositions du décret qui réglait les intérêts de la nation dans les comptes de la Compagnie des Indes avaient été falsifiées par eux. Après la chute d'Hébert et de ses adhérents, qui avaient attaqué Amar aux Cordeliers, il fut président de la Convention (4 avril 1794) et fit, en cette qualité, devant l'assemblée un discours sur Jean-Jacques Rousseau, dont il proclama les titres aux honneurs du Panthéon. Dans les jours qui précédèrent le 9 Thermidor, il se déclara violemment contre Robespierre, et contribua à l'envoyer à la mort. Mais les Thermidoriens au pouvoir le dénoncèrent à leur tour, le 11 fructidor (28 août); il fut absous cependant ce jour là par l'assemblée.

Le 12 germinal an III (avril 1795), impliqué dans la révolte contre la Convention avec Barrère, Collot d'Herbois et Billaud-Varennes, il fut arrêté et conduit au château de Ham, d'où l'amnistie du 4 brumaire suivant le fit bientôt sortir. Il vivait à Paris, éloigné des affaires, lorsque le Directoire ordonna de nouveau son arrestation, comme complice de la conspiration de Babœuf. Transféré à Vendôme devant la haute Cour de justice, il y fit l'apologie de sa conduite politique et du gouvernement révolutionnaire; le jugement le renvoya devant le tribunal de la Seine pour l'application de la loi du 22 floréal, qui exilait de Paris plusieurs conventionnels. Il n'en continua pas moins de vivre paisiblement à Paris, où il demeura tout le temps de l'Empire, complétement étranger

aux affaires publiques. A cause de cela sans doute il ne fut pas compris, après le retour des Bourbons, dans la catégorie des régicides proscrits en 1816.

AMARITHON (JEAN-BAPTISTE-LOUIS, BARON DE MONTFLEURY), député du Puy-de-Dôme de 1815 à 1824, né à Ambert (Puy-de-Dôme), le 24 septembre 1772, mort à Montfleury (Puy-de-Dôme), le 30 avril 1859, attaché à l'ancien régime, servit dans l'émigration sous le prince de Condé. Rentré en France après la paix d'Amiens, il se retira en Auvergne. Pendant les Cent-Jours, il leva à ses frais un corps de volontaires royalistes et tenta d'organiser la résistance contre Napoléon. Le parti légitimiste lui tint compte de ces services en le choisissant, le 22 août 1815, comme député du Puy-de-Dôme; le collège du département lui donna 120 voix sur 217 votants et 287 inscrits. Il ne fut pas réélu après la dissolution de la Chambre en 1816: mais le 13 novembre 1820, le grand collège du même département le renomma député, par 172 voix sur 316 votants et 349 inscrits. Président du collège électoral d'Ambert en 1824, il fut élu, le 25 février de cette année, député par ce collège avec 166 voix sur 227 votants et 277 inscrits, contre M. Pourrat, député sortant, qui n'obtint que 49 voix. Dans le cours de ces différentes législatures, Amarithon de Montfleury, qui avait fait partie de la majorité de la Chambre « introuvable », vota constamment avec le ministère. Il refusa son adhésion au gouvernement de Juillet, et se retira dans ses propriétés d'Auvergne. Il était chevalier de Saint-Louis.

AMAT (CLAUDE-SIMON), député des Hautes-Alpes à l'Assemblée législative de 1791, né à Ribiers (Hautes-Alpes), vers 1750, mort à Ribiers, le 13 septembre 1794, appartenait à la branche cadette d'une famille noble dès le XIII° siècle, maintenue dans sa noblesse par arrêt du parlement de Provence de 1382, sous le titre d'Amat du Brusset. Il acquit une charge de notaire à Ribiers, puis, en 1788, fut député par le bourg de Ribiers à l'assemblée provinciale du Dauphiné à Romans, nommé en 1790 administrateur du département des Hautes-Alpes, et élu député à l'Assemblée législative en 1791, par 143 voix sur 232 votants. Il siégea à droite, prononça quelques discours notamment sur le budget de la marine et des colonies, et après avoir tenté avec quelques-uns de ses collègues de protéger la liberté du roi au 20 juin et au 10 août, crut devoir se mettre en sûreté. Il reprit le chemin des Hautes-Alpes, vêtu d'une carmagnole et d'un bonnet rouge, avec un sabre en bandoulière, à pied, pour éviter les gardes nationales des villes à traverser. Ce voyage altéra gravement sa santé; rentré à Ribiers en 1793, il mourut l'année suivante d'une maladie de poitrine.

AMAT (JEAN-JOSEPH), fils du précédent et l'aîné de 12 enfants, député des Hautes-Alpes de 1827 à 1831, né à Ribiers (Hautes-Alpes), le 17 août 1779, mort à Gap (Hautes-Alpes), le 23 juillet 1848, était avoué à Gap quand il fut appelé par la Restauration aux fonctions de maire de cette ville, le 3 avril 1816; Charles X lui conféra la décoration de la Légion d'honneur, en mai 1825. Porté aux élections législatives du 17 novembre 1827, il fut élu député des Hautes-Alpes, au collège de département, par 77 voix sur 120 votants et 218 inscrits. Il siégea au centre droit, et appartint au groupe Agier, arbitre de la majorité, et sur lequel reposait tout l'espoir du ministère « libéral », de M. de Martignac. Réélu le 23 juin 1830, par le même collége électoral, avec 85 voix sur 120 votants et 125 inscrits, il prêta, à la séance du 29 août, le serment de fidélité au gouvernement de Juillet, et siégea jusqu'au 6 avril 1831. Il ne fit point partie des assemblées suivantes.

AMAT (HENRI), représentant des Bouches-du-Rhône à l'Assemblée nationale de 1871 et député de Marseille en 1878, né à Marseille (Bouches-du-Rhône), le 20 août 1813, était avocat dans cette ville en 1848. Activement mêlé au mouvement politique de cette époque, ses opinions républicaines le désignaient pour la proscription lors du coup d'État de 1851 : il passa en Italie, où il séjourna quelque temps. De retour à Marseille, il se fit élire conseiller municipal (1865), organisa la lutte contre l'Empire sur le terrain municipal, contre le maire nommé par le gouvernement, et s'occupa particulièrement des questions d'enseignement. Réélu conseiller en août 1870, il procéda à l'installation du préfet républicain envoyé à Marseille, après le 4 Septembre, par le Gouvernement de la défense nationale, et le 8 février 1871, il figura, le 10e sur la liste des onze élus des Bouches-du-Rhône à l'Assemblée nationale, avec 46,478 voix sur 140,189 inscrits et 75,803 votants. Il se fit inscrire aux groupes du centre gauche et de la gauche républicaine, et vota avec les républicains :

Le 1er mars 1871, *contre* les préliminaires de paix ;

Le 10 juin, *contre* l'abrogation des lois d'exil concernant les Bourbons ;

Le 30 août, *contre* le pouvoir constituant de l'Assemblée ;

Le 3 février 1872, *pour* le retour de l'Assemblée à Paris.

Le 24 mai 1873, *contre* la démission de Thiers ;

Les 19-20 novembre, *contre* la prorogation des pouvoirs du maréchal ;

Le 20 janvier 1874, *contre* la loi des maires ;

Le 30 janvier 1875, *pour* l'amendement Wallon ;

Le 25 février 1875, *pour* l'ensemble des lois constitutionnelles.

Au renouvellement du 20 février 1876, il fut battu dans la 2e circonscription de Marseille avec 3464 voix ; F. V. Raspail, républicain intransigeant, l'emporta sur lui après une lutte très vive, avec 5,456 voix. M. Amat ne fut pas candidat le 14 octobre 1877 ; il ne se représenta qu'à la mort de Raspail, comme candidat républicain modéré, et fut élu par 4,422 voix sur 17,314 inscrits et 9,344 votants. M. Clovis Hugues, radical socialiste, obtint 4,284 voix ; 566 voix furent données à Blanqui. Il fit partie de « l'union républicaine » et s'associa, par ses votes, à la politique dite opportuniste. Il se prononça notamment :

Le 20 janvier 1879, *pour* l'ordre du jour de confiance au ministère Dufaure ;

Le 5 juin, *pour* l'invalidation de l'élection Blanqui à Bordeaux ;

Le 19 juin (en séance du Congrès), *pour* le retour des Chambres à Paris ;

Le 16 mars 1880, *pour* l'application des lois existantes aux congrégations non autorisées ;

Le 8 février 1881, *pour* le rétablissement du divorce.

M. Amat ne s'est pas représenté aux élections générales du 21 août 1881.

AMAUDRIC. *Voy.* DUCHAFFAULT.

AMBERT (JOACHIM-MARIE-JEAN-JACQUES-ALEXANDRE-JULES), représentant du Lot à la Constituante de 1848 et à la Législative de 1849, né à Lagrezette (commune de Lugagnac, Lot), le 8 février 1804, est le fils du plus ancien général de division de la République. Il sortit de l'École militaire en 1824, et fit, pour ses débuts, les campagnes d'Espagne, de Belgique et d'Algérie. Lieutenant du 21 décembre 1830, capitaine en 1837, chef d'escadron en 1843, lieutenant-colonel en 1847, il commandait un régiment de dragons lorsque les électeurs du Lot l'envoyèrent à la Constituante, le 23 avril 1848, le 6e sur 7, par 37,403 voix. (Le procès-verbal de l'élection ne donne ni le chiffre des inscrits ni celui des votants). M. Ambert s'était fait surtout connaître comme journaliste militaire. Ses articles spéciaux dans le *National*, le *Siècle*, etc., les relations de ses voyages en Europe et en Amérique, ses études historiques sur l'armée française, sur les généraux de l'Empire, sur Duplessis-Mornay, avaient attiré l'attention.

Dans la profession de foi qu'il adressa, de Nantes, aux électeurs du Lot, il avait rappelé les états de service de son père et les siens : puis « j'ai visité, disait-il, les républicains des Etats-Unis. Une étude consciencieuse de l'organisation démocratique m'a appris que la vraie liberté était fille de l'ordre. C'est donc l'ordre qu'il faut établir, afin d'arriver à la liberté, à l'égalité, à la fraternité. » Plus loin, il se déclara « prêt à protéger la propriété, la famille, l'Église aussi bien que l'atelier, la maison du riche aussi bien que la chaumière du pauvre... »

A l'Assemblée, il siégea parmi les partisans très modérés de la République, et traita principalement les questions militaires dans les commissions. Il fut le rapporteur du décret de la garde mobile ; et lors des journées de juin, il reçut de Cavaignac un commandement. Après la répression de l'insurrection, il écrivit au président de l'Assemblée, le 1er juillet, une lettre où il rendait compte du concours apporté par la province. La lettre est signée : « le colonel Ambert, représentant du Lot, au poste du chemin de fer de Rouen. »

Il vota, le plus souvent, avec la droite, sauf, par exemple, dans le scrutin sur les poursuites intentées contre Louis Blanc après le 15 mai : il vota *contre* avec les plus avancés de la gauche. M. Ambert se prononça :

Le 26 mai 1848, *contre* le bannissement de la famille d'Orléans ;

Le 9 août, *contre* la loi rétablissant le cautionnement ;

Le 1er septembre, *pour* le rétablissement de la contrainte par corps ;

Le 25 septembre, *pour* l'impôt proportionnel contre l'impôt progressif ;

Le 27 septembre, *pour* l'institution de deux Chambres ;

Le 25 novembre, *pour* l'ordre du jour « le général Cavaignac a bien mérité de la patrie » ;

Le 28 décembre, *pour* la réduction de l'impôt du sel ;

Le 12 janvier 1849, *pour* la proposition Rateau ;

Le 21 mars, *pour* l'interdiction des clubs.

Un deuil de famille l'empêcha, à partir du mois d'avril 1849, d'assister aux dernières séances de la Constituante. Réélu, le 13 mai 1849, à la Législative, par le même département, le dernier de la liste, avec 29,312 voix sur 90,046 inscrits et 65,958 votants, son rôle dans la nouvelle assemblée fut assez effacé ;

il donna bientôt sa démission pour reprendre du service actif. S'étant rallié à la politique de l'Élysée, il fut promu colonel le 16 avril 1850. Le second empire le fit général de brigade le 12 août 1857, puis le nomma conseiller d'État en service ordinaire (5 mai 1866). Admis dans la réserve en 1867, il fut, après septembre 1870, rappelé à l'activité, mais le Gouvernement de la défense nationale le destitua presque aussitôt. Le général Ambert a publié depuis une *Histoire de la Guerre de 1870-1871*, et plusieurs autres ouvrages. Il est, depuis le 14 mars 1860, commandeur de la Légion d'honneur.

AMBLY (CLAUDE-JEAN-ANTOINE, MARQUIS D'), député de Reims à la Constituante de 1789, né à Ambly (Ardennes), le 12 décembre 1771, mort à Hambourg (Allemagne), en 1797, d'abord page de la grande écurie, puis cornette dans le régiment de royal-dragons, se trouva, en cette qualité, au siège de Prague, en 1742, fit ensuite toutes les campagnes de Flandre sous le maréchal de Saxe, comme brigadier et mestre de camp, et prit part à la guerre de Septans. Maréchal de camp en 1767 et chevalier de Saint-Louis, il fut élu, le 27 mars 1789, député de la noblesse aux États-Généraux par le bailliage de Reims, soutint opiniâtrement les privilèges de son ordre, et, dans la séance du 30 juin, remit au président la protestation suivante :

« Le marquis d'Ambly, député de la noblesse du bailliage de Reims, déclare que les cahiers luy enjoigne (*sic*) d'opiner par ordre, et, en conséquence il demande acte de la présente déclaration, ne pouvant prendre part aux délibérations des États-Généraux que les commettans n'aye (*sic*) à le convoquer et nave doner de nouveaux pouvoirs soit à luy ou à toute autre.

« A Versailles, le 30 juin 1789

Le marquis d'Ambly. »

Il prit une part assez active aux travaux de l'Assemblée, demanda, le 7 août, que le droit de chasse fût réservé à ceux qui possèdent « une certaine quotité de terre; » exprima, le 18 novembre, le vœu que les députés nommés par chaque assemblée de département fussent exclusivement choisis parmi les éligibles du département électeur. Il proposa aussi d'expulser de l'Assemblée tout député qui serait convaincu de calomnie; Mirabeau s'étant élevé avec vivacité contre cette proposition qu'il déclarait injurieuse pour l'assemblée, le marquis d'Ambly lui adressa des paroles offensantes et le provoqua en duel. Il demanda encore, de concert avec MM. d'Estourmel et de Bouville, la question préalable sur une proposition de Robespierre (25 janvier 1790) tendant à différer, jusqu'à l'établissement de l'égalité politique entre toutes les parties du royaume, l'exécution des dispositions concernant la nature et la quotité des contributions. Le 19 juin, il s'élança à la tribune pour protester contre le décret qui abolissait la noblesse. Adjoint, sur sa demande, dès le 15 décembre 1789, au comité militaire, il traita plusieurs fois les questions de cet ordre, parla sur les pensions, dénonça l'insurrection du régiment de Royal-Champagne, s'opposa, le 13 juin 1791, au serment proposé pour l'armée, prêta lui-même, le 21 juin, le serment de fidélité, mais le prêta en rappelant que les « Jacobins » l'avaient rayé de la liste des lieutenants-généraux : « Ma patrie, disait-il, a été ingrate envers moi, je jure de lui rester fidèle. » Il n'en quitta pas moins la France, après la séparation de l'As-

semblée constituante, pour faire, dans l'armée de Condé, la campagne de 1792. Il mourut dans l'émigration.

AMBOISE (D'). *Voy.* CRUSSOL.

AMBROSYS (JOSEPH-THOMAS DE) député du département des Apennins au Corps législatif de 1813, né à Novi (Italie), le 28 décembre 1755, mort à une date inconnue, avait rempli successivement les fonctions de membre du gouvernement ligurien, de provéditeur à Port-Maurice, de directeur général des ponts-et-chaussées à Gênes, et de secrétaire général de la préfecture à Chiavari, quand il fut élu, le 6 janvier 1813, par le Sénat conservateur, député du Corps législatif par le département des Apennins. Il soutint fidèlement de ses suffrages, jusqu'à la fin de la législature, le gouvernement impérial.

AMBRUGEAC (LOUIS-ALEXANDRE-MARIE VALON DE BOUCHERON, COMTE D'), député de la Corrèze de 1816 à 1823, puis pair de France, né à Paris, le 6 octobre 1771, mort à Paris, le 25 mars 1844, appartenait à une ancienne famille d'Auvergne. En 1791, il se rendit à Coblentz, et fit sa première campagne dans les hulans britanniques. De retour en France, il épousa Mlle de Marbœuf; l'intérêt que Napoléon portait aux membres de cette famille rendit cette alliance profitable à sa fortune. Il fit deux campagnes dans le corps d'armée du maréchal Victor, en Espagne, se trouva au blocus de Cadix, et obtint le brevet de colonel. Confirmé dans ce grade par la Restauration, il prit part, à la tête du 10e de ligne, à la campagne de 1815, sous les ordres du duc d'Angoulême. Les journaux du temps racontèrent, à ce propos, qu'au passage de la Drôme, un bataillon de son régiment feignit d'arborer le drapeau tricolore en signe d'union avec les soldats du 39e de ligne; il les laissa approcher jusqu'à une demi-portée de fusil, et alors une décharge générale qui en tua un certain nombre.

Le 14 octobre 1816, le comte d'Ambrugeac fut élu à la Chambre des députés par le collège électoral du département de la Corrèze, qui lui renouvela son mandat le 20 octobre 1818. Il siégea au côté droit, parut plusieurs fois à la tribune, par'a, dans la session de 1816 à 1817, sur les articles du budget, en faveur des sous-officiers et soldats retraités, fut rapporteur du projet de loi sur le recrutement, intervint fréquemment dans la discussion du budget de la guerre; enfin, à propos du projet de loi sur les salpêtres (session de 1818-1819) demanda que, pour tout bâtiment français, le droit à l'importation du salpêtre fût de 70 francs. Il se prononça pour les lois d'exception, ainsi que pour la nouvelle loi électorale. En 1819-1820, il vint réclamer le rappel à l'ordre de Manuel, qui, à l'occasion de la mort du jeune Lallemand, tué par un garde-royal, et de divers autres excès commis par des militaires, avait employé le mot « assassins ».

Réélu, le 13 novembre 1822, par le 2e arrondissement électoral de la Corrèze (Ussel), le comte d'Ambrugeac ne siégea, cette fois, à la Chambre des députés que jusqu'en 1823; il fut, le 23 décembre, fait pair de France par Louis XVIII. Ayant consenti à prêter le serment de fidélité à Louis-Philippe, après 1830, il conserva sa dignité de pair jusqu'à l'époque de sa mort; il était maréchal de camp et grand-officier de la Légion d'honneur.

AMÉ. — *Voy.* SAINT-DIDIER (DE).

AMELOT (CHARLES-PIERRE), député de l'Allier au Conseil des Cinq-Cents, né à Bost (Allier), le 29 juin 1760, mort à Cusset, le 23 juillet 1816, était, au début de la Révolution, administrateur du district de Cusset (Allier) et médecin; en cette qualité il suivit les armées en 1793, puis, revint dans son département où il remplit les fonctions de procureur de la commune de Cusset, et de membre du directoire de l'Allier. Élu, le 21 germinal an V, député au Conseil des Cinq-Cents, il ne prit la parole qu'une seule fois, à la séance du 9 brumaire an VI, pour demander à disculper des administrateurs et des officiers civils et militaires de l'Allier, dénoncés à l'Assemblée. Le conseil passa à l'ordre du jour. Après la session, il fut nommé (27 frimaire an VIII), administrateur de la loterie nationale. Il termina sa carrière politique comme sous-préfet de Montluçon, du 18 germinal an VIII à 1815.

AMIGUES (JULES-EMILE-MICHEL-LAURENT), député de Cambrai en 1877, né à Perpignan (Pyrénées-Orientales), le 10 août 1829, mort à Paris, le 29 avril 1883, après avoir parcouru une partie de l'Europe, débuta, comme journaliste, en 1860, par une correspondance d'Italie envoyée au journal le *Temps*; puis il entra au *Moniteur universel* (1864) et à la *Presse*, que dirigeait alors M. Emile Olivier. Décoré de la Légion d'honneur en 1867, il eut, à la fin de l'Empire, le projet de fonder un journal qui devait avoir pour titre : la *République*. La préfecture de police refusa de l'enregistrer. M. Jules Amigues ne cessa dès lors de professer une sorte d'opinion mixte où les aspirations démocratiques se mêlaient aux sentiments impérialistes. Après le 18 Mars 1871, tout en restant fidèle au régime déchu, il évita de prendre parti contre la Commune aussi vivement que ses coreligionnaires politiques. Il plaida même la cause des droits de Paris dans les journaux et dans les brochures. Il s'intéressa surtout, après la victoire du gouvernement de Versailles, à la défense personnelle du capitaine Rossel, dont il s'efforça d'obtenir la grâce. Il collabora aussi aux journaux dirigés par M. Ed. Portalis, le *Corsaire*, la *Constitution*; mais il ne tarda pas à se rejeter dans le mouvement bonapartiste. Directeur (1872) du journal l'*Espérance nationale*, il y publia de nombreux articles qui se ressentaient de ses longues entrevues avec MM. Rouher et Pietri; ce fut lui qui organisa, en janvier 1873, une députation d'ouvriers qu'il conduisit à Chislehurst pour assister aux obsèques de Napoléon III. Il se livra dès lors à une propagande de plus en plus active, s'efforçant de recruter partout des adhérents à l'Empire, et organisant, dans les arrondissements de Paris, des groupes affiliés au comité central de l'appel au peuple. Au moment de la lutte électorale entre MM. Barodet et de Rémusat, il conseillait au peuple de Paris de s'abstenir de voter, « jusqu'au jour, disait-il, où l'appel au peuple, terminant le règne des bavards, lui permettrait de constituer directement le gouvernement dictatorial et populaire qui pourra achever l'œuvre de la Révolution en organisant la démocratie ». L'enquête parlementaire qui eut lieu en 1875 sur les agissements du comité central bonapartiste, et les révélations de M. Léon Renault, alors préfet de police, ont mis en pleine lumière le rôle important joué dans cette affaire par M. Amigues. Devenu rédacteur de l'*Ordre*, il mena une campagne des plus violentes contre le gouvernement républicain. Aux élections générales du 14 octobre 1877, il fut le candidat officiel du ministère du Seize-Mai dans la deuxième circonscription de Cambrai, où sa candidature triompha avec 10,534 voix sur 23,981 inscrits et 20,697 votants, contre celle de M. Bertrand-Milcent, député républicain sortant, qui obtint 9,863 suffrages. Il siégea dans le groupe de l'appel au peuple et vota contre toutes les invalidations proposées par la majorité de gauche. Dans la séance du 9 mai 1878, il fut lui-même l'objet d'une demande d'invalidation sur le rapport du 7e bureau. Vainement M. Amigues s'efforça de démontrer que son élection n'avait pas eu le caractère officiel ; il affirma qu'il avait eu plutôt à régler qu'à exciter le mouvement dans sa campagne électorale. Les conclusions de M. Andrieux, rapporteur, furent adoptées par 327 voix contre 149. Au scrutin qui suivit cette invalidation, le 7 juillet 1878, il n'obtint, dans la même circonscription, que 8,413 voix sur 25,109 inscrits et 20,895 votants. Son concurrent, M. Bertrand-Milcent, l'emporta avec 12,274 voix. A la mort de ce dernier, les mêmes électeurs furent à nouveau convoqués, le 7 décembre 1879, et M. Amigues fut encore battu avec 8,381 voix sur 24,949 inscrits et 18,686 votants, par M. Cirier, républicain, élu par 9,979 voix. Il échoua encore une dernière fois aux élections générales du 21 août 1881; les électeurs de Cambrai ne lui donnèrent que 2,817 voix sur 22,679 inscrits et 15,677 votants, et renvoyèrent à la Chambre le député sortant, par 9,183 voix. Outre un grand nombre d'articles de journaux et de brochures politiques, M. Jules Amigues a laissé des romans et des nouvelles; il s'est essayé aussi au théâtre, sans succès. Dans les derniers mois de sa vie, il donnait au *Figaro* des chroniques signées du pseudonyme de *Sybil*.

AMILHAU (PIERRE-CATHERINE), député de la Haute-Garonne de 1830 à 1842, né à Toulouse (Haute-Garonne), le 3 avril 1793, mort à Toulouse, le 29 juin 1860, était le fils d'un notaire de cette ville. Il étudia le droit et fit à Toulouse des débuts remarqués : il sauva de l'échafaud un brigand piémontais du nom de Gasparini, qui, à l'aide de quelques mannequins artistement placés sur les bords d'une route, avait osé seul arrêter et dévaliser une diligence et dix-sept voyageurs. En politique, Amilhau commença par montrer des opinions royalistes dans une oraison funèbre de Louis XVI, que l'Académie des Jeux floraux couronna. Mais, froidement accueilli par la noblesse, il s'affilia aux carbonari, et devint même président d'une *vente*. Les événements de 1830 lui ouvrirent la carrière des honneurs; son ami et ex-condisciple, Barthe, le désigna au choix du garde des sceaux, Dupont (de l'Eure), qui le nomma procureur du roi près la cour royale de Toulouse. Aux élections générales du 5 juillet 1831, les 5e et 6e arrondissements électoraux le nommèrent: l'un, celui de Saint-Gaudens, par 120 voix sur 204 votants et 389 inscrits, contre Adolphe Martin, avocat général, 84 voix; le second, celui de Villefranche, par 149 voix sur 271 votants et 526 inscrits, contre Auguste Saubat, 119 voix. Arrivé à la Chambre, il se rangea parmi les défenseurs de la politique de résistance, et prit tout d'abord une part assez active aux travaux du Parlement. Réélu, le 8 janvier 1832, par le 5e collège électoral (Saint-Gaudens) avec 186 voix, il vit renouveler son mandat aux élections des 21 juin 1834, 14 mai 1836, 4 novembre

1837, 2 mars 1839 et 9 juillet 1842. Nommé président de chambre à la cour de Toulouse en 1832, il soutint avec beaucoup de zèle les ministères conservateurs du gouvernement de Louis-Philippe. Ayant été choisi, en 1834, comme rapporteur des pétitions sur la réforme électorale, il plaisanta les pétitionnaires et feignit de comprendre qu'ils réclamaient l'extension du droit de suffrage aux 33 millions d'habitants, femmes, enfants, aliénés, qui vivaient sur le sol de la France. En 1835, il soutint énergiquement le projet d'adresse, et fit aussi le rapport sur le projet de dotation. Pendant la session de 1844, il sembla, par quelques-uns de ses votes, se rapprocher un peu de l'opposition; mais il ne tarda pas à rentrer dans les rangs de la majorité conservatrice. Il avait été fait premier président de la cour royale de Pau (1836) et officier de la Légion d'honneur. La Révolution de février le rendit à la vie privée.

AMILLY (D'). *Voy.* LANGLOIS.

AMOUROUX (CHARLES), député de la Loire en 1885, né à Chalabre (Aude), le 24 décembre 1843, mort à Paris, le 23 mai 1885, commença par être ouvrier chapelier. En 1865, il fut, à Paris, un des orateurs les plus assidus des réunions publiques. Affilié à l'Internationale, ennemi de l'Empire, il eut de fréquents démêlés avec la police; poursuivi en avril 1869 pour excitation à la haine et au mépris du gouvernement, il fut condamné une première fois à quatre mois de prison, et deux autres fois (décembre 1869 et mars 1870), pour rébellion contre un commissaire de police dans une réunion publique de Belleville, et pour outrages au chef de l'État. L'amnistie du 15 août 1869 l'avait rendu à la liberté, mais il crut prudent de se réfugier en Belgique, d'où il ne revint qu'après le 4 Septembre 1870. Pendant le siège, Amouroux, qui appartenait à l'artillerie de la garde nationale, entra en lutte contre le Gouvernement de la défense nationale, notamment au 31 octobre. Son nom fut porté sur quelques listes, à Paris, aux élections du 8 février 1871, mais il n'obtint que 28,777 voix. Au début de l'insurrection communaliste, il fut chargé par le comité central d'une mission auprès des révolutionnaires de Lyon; il se rendit dans cette ville, y obtint l'adhésion de 18 bataillons de la garde nationale sur 24, et remplit une mission analogue à Saint-Etienne, à Toulouse, à Marseille. Elu membre de la Commune, le 26 mars, par le IVe arrondissement de Paris, il vint prendre séance à l'Hôtel de Ville, devint secrétaire de la Commune et se prononça, entre autres mesures, pour la création d'un comité de salut public. Après la défaite de la Commune, il fut arrêté et transféré sur les pontons à Brest, où il tenta de s'évader en se sauvant à la nage. Repris en mer et reconnu, le conseil de guerre de Lyon le condamna à la déportation dans une enceinte fortifiée, puis la cour d'assises de Riom le condamna aux travaux forcés à perpétuité, pour la part qu'il avait prise aux troubles de Saint-Etienne; enfin le 3e conseil de guerre de Versailles le condamna de nouveau aux travaux forcés à perpétuité, en mars 1872, pour sa participation aux actes de la Commune de Paris. Transporté à la Nouvelle-Calédonie, il forma, lors de la révolte des Canaques, une compagnie qui se distingua dans la répression des insurgés.

Rentré en France après l'amnistie, il fut un des rédacteurs fondateurs du journal le *Radical* (M. Henry Maret, rédacteur en chef). En 1881, le XXe arrondissement de Paris l'envoya au conseil municipal siéger dans le groupe de l'autonomie communale. La même année, il se présenta aux élections législatives dans la 1re circonscription de Saint-Etienne (Loire), et obtint 7,095 voix, mais échoua contre M. Bertholon, député sortant, réélu avec 9,685 voix. Après la mort de ce dernier, Amouroux fut nommé, le 5 avril 1885, comme candidat républicain intransigeant, avec 7,365 voix sur 24,289 inscrits et 14,631 votants, contre MM. Duché, républicain (6,366 voix) et Dommartin-Laroche (528). Dernier élu de la Chambre de 1881, en vertu de la loi du 2 avril sur le scrutin de liste, qui supprimait toute élection partielle dans les six mois précédant le renouvellement de la Chambre, il se fit inscrire à l'extrême gauche et, vota, le 16 mai, *pour* la proposition d'amnistie déposée par M. Clovis Hugues. Il ne siégea d'ailleurs, que quelques semaines. Le siège d'Amouroux resta vacant jusqu'aux élections générales d'octobre.

AMY (LOUIS-THOMAS-ANTOINE, dit LAMY), député d'Eure-et-Loir à l'Assemblée législative de 1791, né à Janville (Eure-et-Loir), le 29 juillet 1760, mort à Paris, le 26 février 1832, était président du tribunal de Janville, quand il fut élu, le 28 août 1791, député d'Eure-et-Loir à l'Assemblée législative par 238 voix sur 268 votants. Il s'y fit peu remarquer, le *Moniteur* est muet sur son compte. Il ne fit parler de lui qu'à la séance de la Convention du 4 février 1793: accusé de corruption, avec dix de ses anciens collègues à la Législative, il avait été arrêté; le représentant Gardien lui reprocha de s'être laissé gagner, alors qu'il était membre du comité de liquidation, par l'intendant de la liste civile, et obtint contre lui un décret d'accusation suivi d'une condamnation. Les autres inculpés, reconnus innocents, furent absous. Rendu plus tard à la liberté, Amy devint juge au tribunal de première instance de la Seine (14 germinal an VIII), et conseiller à la Cour d'appel de Paris (30 messidor an XIII).

AMY (CYR-VINCENT-CHARLES), représentant du Cher à l'Assemblée nationale de 1871, né à Sancoins (Cher), le 17 janvier 1813, mort à Sancoins, le 3 décembre 1886, était notaire à Sancoins et maire de cette ville en 1848. Riche propriétaire dans le pays, il se présenta en 1849, sans succès, comme candidat conservateur à l'Assemblée législative. (La liste républicaine passa tout entière.) Il avait été appelé, le 7 février de la même année, aux fonctions de juge de paix. Conseiller général du Cher, depuis 1848, il figura à nouveau, le 8 février 1871, sur la liste conservatrice des candidats à l'Assemblée nationale, et fut élu, cette fois, le 7e et dernier, par 50,256 voix sur 95,825 inscrits et 76,432 votants. Il siégea au centre droit, ne prit jamais la parole, et vota avec les conservateurs de l'Assemblée:

Le 1er mars 1871, *pour* les préliminaires de paix;

Le 16 mai, *pour* les prières publiques;

Le 10 juin, *pour* l'abrogation des lois d'exil contre les Bourbons;

Le 30 août, *pour* le pouvoir constituant de l'Assemblée;

Le 3 février 1872, *contre* le retour à Paris;

Le 26 mai 1873, *pour* la démission de Thiers;

Les 19-20 novembre, *pour* la prorogation des pouvoirs du maréchal;

Le 30 janvier 1875, *contre* l'amendement Wallon.

Il fut du nombre des membres du centre droit qui acceptèrent, le 25 février 1875, l'ensemble des lois constitutionnelles. Après la législature, M. Amy abandonna la vie politique.

AMYON (Jean-Claude), membre de la Convention et du Conseil des Anciens, pour le département du Jura, né à Poligny (Jura), le 3 avril 1735, mort à Poligny, le 17 juin 1803, s'occupait d'agriculture avant la Révolution. Il fut élu sans concurrent, à la Convention, le 6 septembre 1792, et vota la mort de Louis XVI, en ces simples termes : « Je vote pour la mort. » Ayant suivi ensuite la politique des Girondins, il fut, lors de leur procès, du nombre des 73 députés qui, ayant signé, après le 31 mai, des protestations en leur faveur, furent conduits dans une maison d'arrêt (article IV du décret de la Convention.) Enfermé aux Madelonnettes, il en sortit après le 9 Thermidor et reprit sa place à la Convention. Il fut, à l'organisation du Conseil des Anciens (22 vendémiaire an IV), élu membre de cette assemblée, par le Jura, avec 227 voix sur 260 votants ; il y siégea jusqu'en 1797, puis rentra dans son département. Le gouvernement consulaire le nomma adjoint à la mairie de Poligny.

ANCEL (Daniel-Edouard-Jules), représentant de la Seine-Inférieure à la Législative de 1849, député au Corps législatif de 1852 à 1869, représentant à l'Assemblée nationale de 1871, et sénateur depuis 1876, né au Havre (Seine-Inférieure), le 16 octobre 1812, est le fils de Daniel Ancel, notable négociant du Havre ; son grand-père avait été, lors de la première Révolution et sous l'Empire, premier adjoint au maire. M. Ancel s'adonna au commerce et devint un des plus riches armateurs de sa ville natale. Président de la chambre de commerce, puis maire du Havre en 1848, il fut, l'année d'après, porté sur la liste du comité « de la rue de Poitiers, » candidat à l'Assemblée législative, et élu, le 9e siège, avec 88,726 voix (213,301 inscrits, 146,223 votants.) Il alla siéger à droite, vota, avec la majorité conservatrice pour l'état de siège, pour l'expédition de Rome, pour les autorisations de poursuites contre les députés de la Montagne après l'affaire du 13 juin, etc. Mais il n'intervint de sa personne que dans les questions industrielles, commerciales et maritimes, dont il avait fait une étude spéciale. Il fut secrétaire de la commission de la loi sur les sucres. Après le coup d'Etat du 2 Décembre 1851, M. Ancel, rallié à la politique de Louis-Napoléon, accepta d'être, en 1852, le candidat officiel du gouvernement au Corps législatif dans la 6e circonscription de la Seine-Inférieure ; il fut élu, par 14,814 voix sur 36,275 inscrits et 16,975 votants, contre le général de Lamoricière, candidat de l'opposition, qui obtint 843 voix. Son vote fut acquis à toutes les propositions émanant du pouvoir impérial. Il en fut de même à la législature suivante, où il fut réélu, le 22 juin 1857, par 14,708 voix sur 34,496 inscrits et 16,261 votants. Pourtant en 1863, l'attitude plus indépendante qu'il prit lui enleva, lors du renouvellement du Corps législatif, l'appui du ministère : il n'en fut pas moins renvoyé au Palais-Bourbon, par 15,928 voix sur 34,496 inscrits et 24,198 votants ; son concurrent, M. Mazeline, en obtint 7,900. Il entra alors dans cette fraction de l'opposition qui suivait l'inspiration de Thiers, et se prononça : pour l'abrogation de la loi de sûreté générale, contre la loi sur la presse, contre la loi sur l'armée. Il reconquit la candidature officielle,

aux élections du 24 mai 1869, mais ce fut pour perdre le mandat législatif ; le candidat de l'opposition, M. Lecesne, l'emporta avec 15,775 voix, au second tour de scrutin.

Jusqu'en 1871, M. Ancel se borna à siéger au conseil général de la Seine-Inférieure, dont il faisait partie, depuis 1854, et dont il devint le président (1871). Aux élections du 8 février, à l'Assemblée nationale, il fut porté sur la liste conservatrice de la Seine-Inférieure ; élu le 16e et dernier, par 75,385 voix sur 203,718 inscrits et 120,899 votants, il se fit inscrire au centre droit en même temps qu'à la réunion du Cercle des Réservoirs (composée de membres appartenant aux trois groupes de la droite.) Avec les conservateurs monarchistes de l'assemblée, il vota : la paix, l'abrogation des lois d'exil contre les Bourbons ; se prononça pour le pouvoir constituant de l'Assemblée, pour le renversement de Thiers au 24 mai 1873, pour le ministère de Broglie, pour la prorogation des pouvoirs du maréchal, pour la loi sur l'enseignement supérieur. A la fin de la session, il repoussa l'amendement Wallon, ainsi que les lois constitutionnelles. Plusieurs fois rapporteur de la commission du budget, c'est surtout dans les débats de finances, de commerce et de marine qu'il prit la parole : notamment sur la revision des marchés pendant la guerre, sur le service des pensions, sur la loi des chemins vicinaux, sur la loi de la marine marchande, etc. Il fut, le 30 janvier 1876, élu sénateur par son département, le 2e sur 4, avec 571 voix sur 871 électeurs, et défendit à la Chambre haute, les mêmes doctrines qu'à l'Assemblée nationale. Protectionniste en économie politique et monarchiste en politique, il ne cessa de voter avec la droite : contre la loi Waddington sur la collation des grades, pour la dissolution de la Chambre des députés (juin 1877), pour le ministère du Seize-Mai, contre les lois Ferry sur l'enseignement (1880) et contre l'amnistie votée par la Chambre. Au renouvellement triennal du 8 janvier 1882, M. Ancel a été réélu, le 2e sur 4, par 493 voix sur 868 votants. Il a continué de s'associer aux votes de la droite conservatrice : contre la loi sur les syndicats professionnels, contre la loi sur l'organisation municipale, contre la loi sur le serment judiciaire ; contre le divorce ; contre la loi bannissant du territoire les familles ayant régné sur la France ; contre le service militaire des congréganistes, etc. — M. Ancel est décoré de la Légion d'honneur. Il a fait partie du conseil supérieur du commerce de l'agriculture et de l'industrie.

ANCEL (Albert-Daniel), membre de la Chambre des députés de 1876 à 1885, né à Paris, le 4 octobre 1844, était propriétaire à Bouchamp (Mayenne), maire de cette commune et conseiller général pour le canton de Craon, quand il fut porté, comme candidat conservateur monarchiste, dans l'arrondissement de Château-Gontier : il fut élu par 8,257 voix, contre M. Fournier, candidat républicain constitutionnel, qui en eut 7,722, sur 19,858 inscrits et 16,052 votants. Il siégea à droite, parmi les royalistes, et vota en toute circonstance contre le gouvernement républicain. S'étant associé à l'acte du 16 Mai 1877, il se représenta après la dissolution de la Chambre, dans la circonscription de Château-Gontier, qui le renomma, par 9,782 voix sur 20,728 inscrits et 17,724 votants, contre 7,664 à M. Duboys-Fresney, fils du sénateur, candidat républicain. Il reprit sa place à droite, et vota notamment :

Le 21 février 1879, *contre* l'amnistie ;

Le 19 juin (au Congrès), *contre* le retour des Chambres à Paris ;

Le 16 mars 1880, *contre* l'application des lois existantes aux congrégations non autorisées ;

Le 8 février 1884, *contre* le divorce ;

Le 19 mai, *contre* le scrutin de liste (proposition Bardoux.)

Réélu, le 21 août 1881, dans la même circonscription, par 8,375 voix, contre 7,537 données à M. Fournier, candidat républicain modéré, sur 20,729 inscrits et 16,040 votants, il assista rarement aux séances de la Chambre. Pendant la législature, une instance fut introduite près le tribunal civil de la Seine, tendant à lui attribuer un conseil judiciaire. L'affaire n'eut pas de suite. M. Ancel n'a pas été candidat aux élections du 4 octobre 1885.

ANCELON (Etienne-Auguste), représentant de la Meurthe à l'Assemblée nationale de 1871, né à Nancy (Meurthe), le 19 mai 1806, mort à Nancy, le 29 mars 1886, était, en 1828, médecin à Dieuze, et ne tarda pas à se faire remarquer par des publications spéciales estimées, et par de nombreux articles dans la *Gazette des hôpitaux*. En même temps, il acquérait, dans son pays, un certain renom comme praticien. Les idées démocratiques qu'il professait le désignèrent aux suffrages des électeurs républicains de la Meurthe, qui l'envoyèrent, le 8 février 1871, à l'Assemblée nationale, le 7e sur 8, par 47,296 voix (120,231 inscrits, 82,223 votants). Il siégea à la gauche républicaine et vota avec ce groupe jusqu'à la fin de la législature. Après le vote des préliminaires de paix, il remit, comme tous ses collègues des départements d'Alsace et de Lorraine, sa démission de représentant ; mais il la retira, l'Assemblée ayant décidé que la présence des députés de la Meurthe à la Chambre était nécessaire. Il se prononça :

Le 10 juin 1871, *contre* l'abrogation des lois d'exil concernant les Bourbons:

Le 30 août, *contre* le pouvoir constituant de l'Assemblée;

Le 3 février 1872, *pour* le retour à Paris;

Le 24 mai 1873, *contre* la démission de Thiers;

Les 19-20 novembre 1873, *contre* la prorogation des pouvoirs du maréchal de Mac-Mahon;

Le 30 janvier 1875, *pour* l'amendement Wallon ;

Le 25 février 1875, *pour* les lois constitutionnelles.

M. Ancelon, qui avait publié, entre autres ouvrages scientifiques, un *Mémoire sur l'état de la végétation dans les terrains salifères*, a pris la parole contre l'augmentation, proposée en 1874, par M. Magne, ministre des Finances, de l'impôt sur le sel, et contribué à faire rejeter cette augmentation par l'Assemblée. A l'expiration de son mandat de 1871, M. Ancelon s'est retiré de la lutte électorale.

ANDELARRE (Jules-François Jacquot-Rothier, marquis d'), député de la Haute-Saône de 1852 à 1870, représentant à l'Assemblée nationale de 1871, né à Dijon (Côte-d'Or), le 25 octobre 1803, mort à Andelarre (Haute-Saône), le 26 novembre 1885, étudia le droit et appartint quelque temps, comme procureur du roi, à la magistrature de la Restauration. Ayant donné sa démission en 1830, il s'occupa surtout, jusqu'en 1852, des intérêts du département de la Haute-Saône. Maire d'Andelarre, puis conseiller général du canton

de Vesoul, il n'entra véritablement dans la vie politique qu'après le coup d'Etat de Décembre. C'est comme candidat officiel qu'il obtint, le 29 février 1852, de représenter, au Corps législatif, la 1re circonscription de la Haute-Saône, par la presque unanimité des voix (21,703 sur 31,677 inscrits et 22,277 votants). L'appui de l'administration lui manqua en 1857 : il n'en retrouva pas moins à peu près les mêmes suffrages. Aux élections du 1er juin 1863, le ministère lui suscita un concurrent, M. Galmiche, qui eut 9,048 voix; mais M. d'Andelarre fut encore élu avec 17,640 voix. A dater de cette époque, sa timide opposition à l'Empire s'étant accentuée, il prit rang dans ce qu'on appela le « tiers-parti » libéral, dont M. Thiers était le chef, et qui poursuivait l'établissement des principes du régime parlementaire en France. Réélu, le 24 mai 1869, par 18,669 voix sur 30,607 inscrits et 22,021 votants, contre MM. Ricot (794 voix), baron Gourgaud (364) et Hérisson (126), il se sépara, à diverses reprises, de la majorité du Corps législatif, par exemple, pour voter l'abrogation de la loi de sûreté générale, et l'extension des « libertés nécessaires. » Toutefois, il fut, au plébiscite de 1870, parmi ceux qui recommandèrent de voter *oui*.

Il s'associa, le 4 Septembre, à la proposition de nomination par la Chambre d'une « Commission de défense nationale, » se retira dans la Haute-Saône au lendemain de la Révolution, et ne reparut que le 8 février 1871, comme candidat conservateur à l'Assemblée : 23,649 électeurs sur 93,897 inscrits et 34,563 votants lui donnèrent la majorité. Inscrit au centre droit et à la réunion du Cercle des Réservoirs, il vota, avec les conservateurs monarchistes de l'Assemblée : pour la paix, les prières publiques, le pouvoir constituant de l'assemblée, contre la dissolution, contre Thiers dans la journée du 24 mai; il appuya le gouvernement du maréchal de Mac-Mahon, dont il vota la prorogation des pouvoirs ; très activement mêlé auparavant aux démarches qui avaient pour objet le rétablissement de la monarchie, il avait expliqué sur quelles bases il souhaitait ce rétablissement, dans une brochure publiée en 1873, et intitulée les *Principes de la Révolution française, et le Programme de 1789*. Le marquis d'Andelarre y soutenait cette thèse, que le parti « conservateur parlementaire » était le seul véritable dépositaire des principes de la Révolution française. « Les traditions du parti conservateur, disait-il, ce sont celles que lui ont laissées ses pères, les rédacteurs des cahiers des Etats-Généraux, enfantant une société qu'ils ne devaient pas voir. Et lui, s'inspirant de leur pensée, résolu à terminer à Versailles ce que Versailles a vu commencer, l'œuvre de réforme sociale dont ils ont jeté les fondements, il travaille, comme eux, à construire l'édifice de la société moderne, avec ses conditions vieilles comme le monde, les vérités éternelles des sociétés humaines, avec ses conditions nouvelles, les vérités relatives à son époque, etc. »

Le marquis d'Andelarre vota encore pour la loi des maires, contre les propositions Casimir Périer et Malleville, pour la loi sur l'enseignement supérieur et contre les lois constitutionnelles. Il échoua lors de la nomination des 75 sénateurs inamovibles par l'Assemblée nationale, en 1875, ainsi qu'un certain nombre de candidats orléanistes, devant la coalition des gauches et de l'extrême droite. Il se présenta alors comme candidat constitutionnel à la Chambre des députés (bien qu'il eût repoussé la Constitution), dans l'arrondissement de Vesoul : il obtint en février 1876, 3,424 voix seulement au premier tour contre 11.915 données à M. Noirot, républicain. Deux autres candidats conservateurs, MM. Courcelle et de Saint-Mauris étaient entrés avec lui dans la lutte. Le marquis d'Andelarre ne maintint pas sa candidature au second tour de scrutin. Dans ces dernières années, il ne prenait plus aucune part aux affaires. — On a de lui, outre l'ouvrage cité plus haut, un certain nombre d'écrits politiques et économiques sur les questions forestières, le budget, la législation du travail, etc.

ANDIGNÉ (Henri-Marie-Léon, marquis d') pair héréditaire en 1847, puis sénateur de Maine-et-Loire en 1876, né à Orléans (Loiret), le 10 novembre 1821, était le second fils du général marquis d'Andigné et de Marie-Madeleine-Adélaïde-Alexandrine-Onéïde d'Armand de Blacons, fille du marquis de Blacons, député de la noblesse du Dauphiné aux Etat-Généraux. Le marquis d'Andigné suivit la carrière de son père, entra à l'Ecole militaire de Saint-Cyr en novembre 1840 et en sortit sous-lieutenant d'état-major (1842). Il était lieutenant depuis le 8 janvier 1845, quand il fut admis, le 11 février 1847, à l'âge de 25 ans, à occuper à la Chambre des pairs en vertu de la Charte constitutionnelle le siège laissé vacant par son père (son frère aîné était mort deux ans auparavant). La Chambre avait en effet, décidé, le 31 août 1839, que les pairs qui n'auraient pas prêté serment au nouveau gouvernement dans le mois de novembre seraient considérés comme démissionnaires, et leurs héritiers aptes à leur succéder. Le marquis d'Andigné siégea à l'extrême droite de la Chambre des pairs jusqu'au 24 février 1848. Promu capitaine le 8 septembre de la même année, chef d'escadron en 1859, lieutenant-colonel en 1864, colonel en 1869, il fit la campagne d'Italie, et prit part aux premiers combats contre l'Allemagne en 1870, comme chef d'état-major du général Lartigue, au 1er corps de l'armée du Rhin. Il fut criblé de balles et laissé pour mort sur le champ de bataille de Sedan.

Général de brigade le 3 mai 1875, il rentra, en 1876, dans la carrière parlementaire en se présentant aux élections sénatoriales de janvier, comme candidat conservateur, dans le département de Maine-et-Loire : l'union conservatrice l'envoya au Sénat par 345 voix sur 471 électeurs. « Étranger jusqu'à présent à nos divisions intestines, avait-il dit dans sa profession de foi, j'en déplore amèrement les erreurs... Mes sentiments personnels sont héréditaires et se résument en une seule pensée : dévouement au pays. » Il vota constamment avec la droite, se prononça pour la dissolution de la Chambre en 1877, et soutint le ministère du Seize-Mai. Au renouvellement triennal du 5 janvier 1879, il fut réélu par le même département, le 2e sur 3, avec 321 voix sur 459 votants. Il a voté *contre* l'article 7; *contre* les diverses lois sur l'enseignement; *contre* le divorce; *contre* la loi d'expulsion des princes; *contre* le service militaire des congréganistes, etc.

ANDIGNÉ DE LA BLANCHAYE (Louis-Marie-Auguste-Fortuné, comte d'), pair de France en 1815, né à Angers (Maine-et-Loire), le 12 janvier 1765, mort à Fontainebleau (Seine-et-Marne), le 30 janvier 1857, était d'une famille de vieille origine angevine, et second fils de

Guy-René-Charles-François, comte d'Andigné, ancien officier de dragons, et de Louise-Joséphine de Robien. La famille d'Andigné remonte, suivant d'Hozier, à Philippe-Auguste : elle a donné un chevalier croisé, des maréchaux de de camp, etc. Le titre de comte lui a été concédé par lettres patentes de 1747, et elle a été admise à la cour en 1771. Aspirant-garde dans la marine, en janvier 1779, au moment de la guerre d'Amérique, le jeune d'Andigné passa garde en mai, et fut embarqué le 22 juin, sur la frégate l'*Amphitrite* : il n'avait que quatorze ans et demi. Enseigne de vaisseau en 1782, lieutenant de vaisseau en 1786, il avait le rang de major au moment de la Révolution. Il émigra en 1791, fit campagne à l'armée des princes, puis reçut un commandement dans le régiment que formait en Angleterre, en 1794, le comte d'Hector, ancien commandant de la marine à Brest. Après avoir tenté vainement une descente sur les côtes de France, avec le chevalier de la Vieuville, il parvint à gagner le pays de Segré, où il combattit, avec le titre de major-général de l'armée royaliste. A la suspension des hostilités qui suivit le 18 Brumaire, d'Andigné alla trouver, au palais du Luxembourg, le premier consul qui avait été à l'Ecole militaire le camarade de Charles d'Andigné, son frère cadet, et lui proposa le rôle de Monk, au profit des Bourbons. L'échec de cette démarche le rejeta au milieu des ennemis de Bonaparte, avec lesquels il fut compromis dans l'affaire de la machine infernale (3 nivôse an IX). Arrêté en Anjou, et conduit à la prison du Temple, et de là à Dijon, à Salins, au fort de Joux, où il eut pour compagnon M. de Suzannet, il s'évada plusieurs fois, et parvint enfin à tromper les recherches des agents du premier consul. Interné de nouveau à Grenoble en 1804, il se retira l'année d'après à Francfort-sur-le-Mein, et vécut en Allemagne jusqu'au retour de Louis XVIII. La Restauration le ramena à Paris, en 1814, et le confirma dans le grade de maréchal de camp, qu'il avait reçu dans l'émigration. Lors des Cent-Jours, pendant que d'Autichamp, de Suzannet et de Sapinaud soulevaient la Vendée, il insurgeait l'Anjou; il déploya là beaucoup d'activité et de courage, et eut à Cossé un cheval tué sous lui. Refusant tout traité avec les généraux Lamarque et Achard, il avait enrégimenté 13,000 hommes, quand la seconde Restauration lui fit déposer les armes. Il fut alors appelé au commandement du département de la Mayenne, puis de celui du Maine-et-Loire, dont il présida aussi le collège électoral, et fut élevé (7 août 1815) à la dignité de pair de France. Il se montra à la Chambre haute le fidèle défenseur des Bourbons, mais combattit parfois les projets ministériels. Dans le procès du maréchal Ney, le comte d'Andigné vota pour la mort.

Légitimiste pur, d'Andigné se retira de la Chambre des pairs à la Révolution de juillet, lorsque l'on mit aux voix la déchéance de Charles X. En 1832, la duchesse de Berry ayant réclamé ses services en Anjou, il se rendit à son appel, fut arrêté et détenu quelque temps à Angers. Puis, il vécut dans la retraite, jusqu'à sa mort. — Il avait, en 1815, reçu la croix de la Légion d'honneur, puis celle de commandeur de l'ordre de Saint-Louis, et le 30 juillet 1823, avait été promu au grade de lieutenant-général.

ANDIGNÉ DE LA BLANCHAYE (Paul-Marie-Céleste, marquis d'), député de Segré de 1827 à 1837, puis pair de France, né à Angers (Maine-et-Loire), le 5 mai 1763, mort à Paris, le 17 février 1857, frère du général, avait débuté dans la carrière des armes comme page du roi Louis XVI en 1778, puis était devenu (1785) capitaine de cavalerie. A la Révolution, il suivit sa famille en émigration et revint en France sous le Consulat. Conseiller d'arrondissement de Segré, du 28 août 1808, maire (mai 1821) de Sainte-Gemmes-d'Andigné, il fut plusieurs fois, sans succès, candidat à la députation dans l'arrondissement de Segré; aux élections de 1824, il échoua contre son parent, d'Andigné de Mayneuf des Alliers. Il l'emporta enfin, le 17 novembre 1827, dans le 4e arrondissement électoral de Maine-et-Loire (Segré), par 122 voix sur 217 inscrits et 197 votants; le marquis de Préaulx, légitimiste, n'eut que 72 voix. Le marquis d'Andigné de la Blanchaye prit rang dans l'opposition libérale, et fut parmi les « 221 » de 1830. Quand il revint, le 6 juin, après la session, auprès de ses électeurs, une réception triomphale lui fut préparée, ainsi qu'à son collègue Guilhem, par le parti libéral d'Angers. Malgré la défense du préfet, qui voulut interdire l'entrée en ville des députés avant neuf heures du soir, et malgré l'intervention de la gendarmerie commandée par M. Cadoudal, une députation des électeurs alla les chercher à 6 lieues de la ville et les ramena aux acclamations de la foule. Le 13, dans un grand banquet « constitutionnel », d'Andigné porta un toast « à l'opposition libérale, à sa nécessité, à sa légalité. »

Réélu le 12 juillet 1830, par 137 voix sur 278 inscrits et 255 votants, contre M. de Rochebouët (118 voix), puis à la presque unanimité des suffrages lors des renouvellements des 5 juillet 1831 et 21 juin 1834, il soutint de ses votes le gouvernement de Louis-Philippe et ses divers ministères, jusqu'au jour où une ordonnance royale du 3 octobre 1837 l'appela à la pairie. Il siégea de 1837 à 1848 dans la Chambre haute, fidèle aux doctrines de la monarchie constitutionnelle qu'il suivit dans sa chute, en Février 1848. Il vécut alors à Paris, très retiré, dans un hôtel voisin du Luxembourg, où il est mort la même année que son frère le général, et, comme lui, à un âge très avancé.

ANDIGNÉ DE LA CHASSE (Charles-François, marquis d'), député de Montfort (Ille-et-Vilaine) de 1839 à 1846, représentant d'Ille-et-Vilaine en 1848 et 1849, né à Paris, le 6 janvier 1791, mort à Paris, le 20 janvier 1879, d'une branche de la famille d'Andigné établie en Bretagne, était officier de cavalerie en 1830, et donna sa démission à la Révolution de juillet. Conseiller général d'Ille-et-Vilaine, il fut élu député par le collège de Montfort, une première fois, le 2 mars 1839, une seconde fois, le 9 juillet 1842, par 99 voix sur 187 votants et 202 inscrits, contre M. Gaillard de Kerbertin, candidat centre gauche, qui réunit 87 voix; une troisième fois, le 1er août 1846, par 117 voix sur 218 votants et 231 inscrits contre M. Samailler qui n'eut que 100 voix. Il vota en général avec la droite, contre la politique ministérielle, notamment contre l'indemnité Pritchard et en faveur des députés fonctionnaires.

Élu représentant du peuple par l'Ille-et-Vilaine, aux élections générales du 23 avril 1848, au scrutin de liste, le 11e sur 14, par 77,999 voix sur 132,609 votants et 152,985 inscrits, il fut encore réélu le 23 mai 1849, le 4e sur 12, par 75,847 voix sur 106,407 votants et 154,958 inscrits. Il vota, avec la droite :

Le 7 juin 1848, *pour* la loi contre les attroupements;

Le 28 juillet, *pour* la suppression des clubs;

Le 31 juillet, *pour* l'ordre du jour motivé contre la proposition Proudhon;

Le 9 août, *pour* le rétablissement du cautionnement des journaux;

Le 26 août, *pour* les poursuites contre Louis Blanc;

Le 1er septembre, *pour* le rétablissement de la contrainte par corps;

Le 2 septembre, *pour* le maintien de l'état de siège pendant la discussion de la Constitution;

Le 8 septembre, *contre* le décret du 2 mars sur les heures de travail;

Le 18 septembre, *contre* l'abolition de la peine de mort (amendement Buvignier);

Le 27 septembre, *pour* l'impôt proportionnel préféré à l'impôt progressif;

Le 27 septembre, *pour* la proposition des deux Chambres (amendement Duvergier de Hauranne);

Le 4 octobre, *contre* l'incompatibilité des fonctions (amendement Boussi);

Le 7 octobre, *contre* la suppression de la présidence de la République (amendement Grévy);

Le 21 octobre, *pour* le remplacement militaire (contre l'amendement Deville);

Le 23 octobre, *contre* la sanction de la Constitution par le peuple (amendement Puységur;

Le 2 novembre, *contre* le droit au travail;

Le 4 novembre, *pour* le vote sur l'ensemble de la Constitution;

Le 30 novembre, *pour* l'expédition romaine (ordre du jour Tréveneuc);

Le 27 décembre, avec la gauche, *pour* la suppression complète de l'impôt du sel;

Le 22 janvier 1849, avec la droite, *pour* le renvoi des accusés du 15 mai devant la haute Cour de justice;

Le 12 mars, *pour* l'augmentation mensuelle de 50,000 francs du traitement du président de la République;

Le 21 mars, *pour* l'interdiction des clubs;

Le 2 mai, *contre* l'amnistie en faveur des transportés.

Pendant la législature de 1849 à 1851, il combattit vivement la politique de Louis-Napoléon, vota pour la proposition des questeurs, qui donnait au président de l'Assemblée le droit de requérir directement la force armée, et, le 2 Décembre 1851, protesta contre la dissolution de l'Assemblée. M. d'Andigné de la Chasse renonça à la politique, au rétablissement de l'Empire; il était chevalier de la Légion d'honneur du 27 janvier 1815.

ANDIGNÉ DE MAYNEUF DES ALLIERS (Louis-Gabriel-Auguste, comte d'), député de Maine-et-Loire de 1815 à 1827, né au Lion d'Angers (Maine-et-Loire), le 12 avril 1763, mort à sa terre des Alliers (Maine-et-Loire), le 17 mai 1839, était le cousin du général comte d'Andigné (V. p. haut). Voué d'abord à l'état ecclésiastique, il fit ses premières études au collège de La Flèche. Destiné plus tard à la magistrature, il fut (1788) conseiller au parlement de Bretagne, puis, quand arriva la Révolution, il se retira dans ses terres et s'occupa d'agriculture. Poursuivi et incarcéré à deux reprises, en 1793 et sous le Directoire, il prit le rôle de médiateur lors des troubles de l'an VII, et contribua à la pacification de sa région. Il entra, en l'an XIII, au conseil général de Maine-et-Loire, dont il devint le président. La Restauration, qui le trouva maire de Chambellay, le nomma de plus président du collège électoral de Segré et favorisa sa candidature à la députation, pour le département de Maine-et-Loire : il fut élu, le 22 août 1815, par 120 voix sur

211 votants et 276 inscrits. Il siégea au côté droit, vota toujours avec la majorité de la Chambre « introuvable », prit la parole en faveur des émigrés, et prononça, le 22 janvier 1816, un long discours pour demander que le clergé fût autorisé à recevoir des legs et fondations.

Réélu après la dissolution, le 4 octobre 1816, par 117 voix sur 224 votants et 269 inscrits, puis, le 14 novembre 1820, par 236 voix sur 401 votants et 424 inscrits, il reprit sa place à droite, parmi les « ultras », et vota toutes les lois d'exception, ainsi que la loi dite du double vote. Le collège de Segré le renvoya encore à la Chambre de 1824, par 102 voix sur 201 votants et 220 inscrits, contre son parent d'Andigné de la Blanchaye (V. ce nom) qui en obtint 98, comme candidat libéral. Le suffrage du député de Segré fut acquis à tous les actes du ministère de M. de Villèle, à la création du 5 0/0, etc. Nommé premier président de la Cour d'Angers, par ordonnance du 6 août 1824, et quelques jours après, chevalier de la Légion d'honneur, il se démit de ses fonctions en 1830, et se confina dans sa terre des Alliers-en-Chambellay.

ANDIGNÉ DE RESTEAU (Guillaume-Jean-Baptiste d'), député de la Sarthe de 1822 à 1830, né à Maigné (Sarthe), le 17 janvier 1771, mort à Maigné, le 4 avril 1842, d'une branche cadette de la maison d'Andigné, était maire de sa commune et membre du conseil général de la Sarthe, lorsqu'il fut, pour la première fois, le 20 novembre 1822, élu député de la Sarthe, au collège de département, par 210 voix sur 264 votants et 348 inscrits. Il ne se fit pas remarquer à la Chambre, et se contenta de voter avec la majorité royaliste. Réélu le 6 mars 1824 et le 24 novembre 1827, sans concurrent, il compta parmi les partisans dévoués de M. de Villèle. « Ce gentilhomme du pays des bons chapons, écrivait un biographe en 1826, ne dédaigne pas de s'asseoir quelquefois (tous les deux jours à cinq heures), à la table de M. de Villèle, où l'on mange des chapons de tous les pays du monde. L'excellence gasconne a l'art de flatter merveilleusement l'esprit national du gentilhomme manceau, en disant quelquefois à haute et intelligible voix, que les chapons du Mans sont sans égaux. »

Aux élections du 12 juillet 1830, d'Andigné de Resteau, s'étant porté candidat dans le 3e arrondissement électoral de la Sarthe (La Flèche), échoua avec 126 voix sur 273 votants et 294 inscrits, contre Bourdon-Durocher, qui fut élu par 145 voix. Ce fut la fin de sa carrière politique.

ANDLAU (Frédéric-Antoine-Marc, comte d'), député à l'Assemblée constituante de 1789, né à Hambourg (Haut-Rhin), le 15 avril 1736, mort à Paris, le 20 juillet 1820, appartenait à une vieille famille noble de l'Alsace. Il franchit tous les grades militaires jusqu'à celui de maréchal de camp; au commencement de la Révolution, il portait ce titre et celui de grand bailli d'épée. Il avait épousé la fille d'Helvétius. Député, le 4 avril 1789, aux Etats-Généraux, par la noblesse du bailliage de Hagueneau et Wissembourg, il prit parti pour le tiers-état, et ne joua dans l'assemblée qu'un rôle effacé. Le *Livre rouge* ayant fait mention d'une pension de 2,000 écus, accordée à la comtesse d'Andlau « Helvétius d'Andlau » il écrivit au *Moniteur*, le 13 avril, pour faire constater que cette pension ne lui était pas personnelle. Il fut, dans la suite, président du district d'Huningue; puis il renonça

à la vie politique. Le 7 août 1816, Louis XVIII le promut au grade de lieutenant-général; il avait refusé, l'année d'avant, la présidence de l'assemblée électorale du Haut-Rhin.

ANDLAU (Benoit-Antoine-Frédéric, baron d'), frère du précédent, député à l'Assemblée constituante de 1789, né à Hambourg (Haut-Rhin), le 15 août 1761, mort à Eichstaedt (Bavière), le 6 juin 1839, était en 1789, prince et abbé de Murbach. Elu, le 1er avril, député du clergé aux Etats-Généraux pour le bailliage de Colmar et Scheolestadt, il commença par incliner comme son frère, du côté du tiers-état. Mais les questions religieuses ne tardèrent pas à le ranger dans l'opposition de droite. C'est ainsi qu'il écrivit, en avril 1790, à ses commettants, une lettre où il déplorait vivement la suppression par l'assemblée des maisons religieuses d'Alsace, et où il insistait pour la conservation des biens ecclésiastiques qui, disait-il, « appartiennent, avant tout, au culte, aux pauvres, à l'éducation publique, aux hôpitaux de la province. » Il protesta aussi contre le décret par lequel l'assemblée déclarait l'entière liberté de conscience et la tolérance pour toutes les religions.

ANDLAU (Armand-Gaston-Félix comte d'), pair de France en 1827, né à Paris, le 16 novembre 1779, mort à Verderonne (Oise), le 16 juillet 1860, était le fils du comte Frédéric-Antoine-Marc d'Andlau cité plus haut. Il embrassa de bonne heure la carrière militaire, et fit plusieurs campagnes. Comte de l'Empire en 1810, il devint écuyer de l'Empereur, et fut nommé en 1813, chef d'escadron du 3e régiment des gardes d'honneur. C'est en cette qualité qu'il fit les campagnes de Saxe et de France; le 13 mars 1813, il reçut sur le champ de bataille la croix d'officier de la Légion d'honneur. La Restauration, à laquelle il s'était rallié, le fit chevalier de Saint-Louis et colonel des cuirassiers d'Angoulême, puis maréchal de camp. Enfin, le 5 novembre 1827, il fit partie de la promotion des 76 pairs introduits par Charles X dans la Chambre haute. Il y siégea peu de temps. En effet, lorsque après 1830, les pairs furent appelés à délibérer sur la proposition faite par la Chambre d'éliminer ceux de ses membres qui devaient leur élection à Charles X, le comte d'Andlau crut devoir revendiquer pour ceux qui étaient en cause l'initiative de la démission : il déclara se retirer de la Chambre des pairs; quelques collègues imitèrent son exemple. Resté dans le cadre des officiers généraux disponibles jusqu'en 1843, il fut placé ensuite dans le cadre de réserve de l'état-major général, et admis à la retraite en 1848.

ANDLAU (Gustave-Hardouin, baron d'), député de l'Orne en 1830, né à Paris le 2 septembre 1787, mort à Paris, le 8 juin 1850, était le fils cadet du comte Frédéric-Antoine-Marc d'Andlau (Voir plus haut). Ayant suivi la carrière des armes, il fut écuyer de l'impératrice Joséphine, créé baron de l'Empire en 1810, et sous-lieutenant des gardes du corps de Charles X. Le 3 juillet 1830, le collège du département de l'Orne l'élut député par 114 voix sur 218 votants et 286 inscrits. Sa carrière parlementaire fut courte et sans éclat. Les élections générales du 5 juillet 1831 le rendirent à la vie privée.

ANDLAU (Joseph-Hardouin-Gaston, comte d'), sénateur de l'Oise de 1876 à 1888, né à Nancy (Meurthe), le 1er janvier 1824, est le fils d'un général de brigade qui s'était fixé dans l'Oise où il représentait le canton de Liancourt au conseil général. Sorti en 1845, le second, de l'école de Saint-Cyr, il passa à l'école d'état-major. Lieutenant en 1847, capitaine en 1850, lieutenant-colonel en 1864 et colonel en 1869, il avait pris successivement aux guerres de Crimée et d'Italie, et avait été promu officier de la Légion d'honneur en 1861; puis il avait rempli des fonctions diplomatiques à Vienne, ainsi que diverses missions militaires en Allemagne, lorsqu'éclata la guerre de 1870. Chargé du service des opérations au grand-état-major de l'armée du Rhin, il assista aux diverses batailles qui furent livrées autour de Metz, et fut, après la capitulation de Bazaine, conduit prisonnier en Allemagne et interné à Hambourg.

Il n'attendit pas son retour en France pour exprimer, dans une lettre du 27 novembre 1870, qui fut rendue publique, les sentiments qu'avait inspirés à la garnison de Metz la trahison de son chef; il fut mis en disponibilité. Rendu à la liberté, il publia sous cette signature transparente : « Un officier supérieur de l'armée du Rhin, » un livre intitulé Metz, campagnes et négociations (1871) qui obtint un vif succès. L'auteur, bientôt dévoilé, fut appelé comme témoin au procès Bazaine : sa déposition fut accablante pour l'accusé. Porté dans le département de l'Oise aux élections sénatoriales du 30 janvier 1876, comme candidat constitutionnel, se déclarant « rallié au nouvel ordre de choses institué par l'assemblée, » il fut élu au second tour de scrutin, le 3e et dernier, par 484 voix sur 778 votants. Il siégea dans la fraction la moins avancée du centre gauche, et bien qu'il se fût prononcé pour la forme républicaine, il vota plus d'une fois avec la droite, ou s'abstint, comme dans le scrutin (juin 1877) sur la dissolution de la Chambre des députés. L'année d'après (février 1878), il fut parmi les sénateurs « constitutionnels » qui se rapprochèrent timidement de la gauche. Il fut réélu par son département le 5 janvier 1879, par 525 voix sur 774 votants, soutint de ses votes les ministères Dufaure et Waddington, se prononça néanmoins contre le retour des Chambres à Paris, vota en 1880 contre l'art. 7, et continua de flotter entre la gauche et la droite. Il était général de brigade du 14 janvier 1879. Dans ces dernières années, le général d'Andlau, dont la situation pécuniaire était de plus en plus embarrassée, avait peu à peu délaissé la politique pour s'occuper d'affaires. Compromis en 1887 dans les scandales de la « vente des décorations, » il fut impliqué, au mois de novembre, dans un procès correctionnel, qui se termina par sa condamnation à 5 ans de prison et 3000 francs d'amende pour délit d'« escroquerie. » — « Attendu, dit le jugement rendu par la 10e chambre correctionnelle, que le général comte d'Andlau, voulant à tout prix se procurer de l'argent, tenait à son domicile une agence de décorations ... qu'il a eu recours à plusieurs personnes chargées de rechercher les gens qui pouvaient désirer la croix de la Légion d'honneur, moyennant une somme d'argent versée à titre de prêts ou de dons, en échange de la promesse qui leur serait faite de les faire décorer, promesse que le général d'Andlau, aussi bien que ses auxiliaires, savait très bien ne pouvoir et ne devoir jamais être réalisée,... etc. » Ce jugement a été rendu par défaut, M. d'Andlau ayant quitté précipitamment le territoire français après les premières perquisitions opérées à son domicile.

ANDRAULT (Pierre), député des Deux-Sèvres en 1820, né à Château-Larcher (Vienne), le 29 octobre 1767, mort à Saint-Martin-lès-Melle (Deux-Sèvres), le 15 octobre 1844, était propriétaire à Saint-Martin-lès-Melle, quand il fut élu, comme candidat libéral, le 13 novembre 1820, au collège de département, par 142 voix, contre M. Chebrou de 'a Roulière, royaliste, qui en obtint 80. Il prit p'ace au côté gauche, et vota contre les « ultras » pendant l'unique session qu'il passa à la Chambre. Un biographe parlementaire du temps lui consacrait ces lignes : « M. Andrault, élu par les électeurs privilégiés, jouit d'une grande fortune honorablement acquise et dignement employée. Le sens droit et l'esprit juste qui le distinguent l'ont naturellement porté sur les bancs où siègent les défenseurs de nos libertés. »

ANDRÉ (Antoine-Balthazar-Joseph d'), député à l'Assemblée constituante de 1789, né à Aix (Bouches-du-Rhône), le 2 juillet 1759, mort à Paris, le 16 juillet 1825, était, dès l'âge de 19 ans, conseiller au parlement d'Aix. Il fut choisi, le 5 avril 1789, pour représenter la noblesse de Provence aux Etats-Généraux, et marqua parmi les membres les plus actifs de cette assemblée. Avec la minorité de son ordre, il se réunit au tiers-état après la séance du Jeu de Paume, et fut élu membre du comité de constitution. Il siégea parmi les « constitutionnels, » s'occupa avec ardeur des projets de réorganisation judiciaire, auxquels il adhéra au nom du parlement d'Aix, prit part à la discussion de la déclaration des droits, et fut chargé d'une enquête (7 décembre 1789) sur les troubles survenus à Toulon par suite de la défense faite au commandant du port aux ouvriers de l'arsenal de porter le pouf ou aigrette patriotique. Il se prononça (8 avril 1790), pour l'institution du jury au civil comme au criminel, pour l'amovibilité des juges et la fixation de la durée de leurs fonctions à 4 ans, proposa (8 mai) l'établissement d'un tribunal de cassation, vota l'admissibilité de tous les citoyens aux fonctions de juge (5 juillet), la publicité des opinions avec jugements motivés, et fut appelé, le 1er août, aux fonctions de président. Le 7 septembre, il provoqua, avec Dupont (de Nemours) la punition des « quidams » (sic) qui avaient fait, le 2, « des motions d'assassinat sous les fenêtres de l'Assemblée nationale; » il prit souvent la parole sur les questions d'impôt, intervint pour défendre « Mesdames, » arrêtées à Arnay-le-Duc, en février 1791, et demanda que leur arrestation fût déclarée illégale. A la séance du 7 avril suivant, il appuya une motion de Robespierre tendant à exclure du ministère pendant 4 ans, après l'exercice de leurs fonctions, les membres des législatures, du tribunal de cassation, etc., et à faire défendre de recevoir ou de solliciter du pouvoir exécutif aucune place, ni pensions, etc. Il proposa même que tous les membres de l'assemblée p.issent l'engagement de ne jamais solliciter de place pour qui que ce fût. Trois fois réélu président, il exprima, après la fuite du roi, le vœu que les décrets rendus par l'assemblée, quoique non revêtus de la sanction du pouvoir exécutif, eussent force de loi; mais, ayant été désigné, comme l'un des commissaires chargés d'interroger Louis XVI à son retour de Varennes, il s'opposa vivement à ce qu'il fût mis en cause, et réussit à faire écarter la question de déchéance. Cette attitude ayant provoqué dans les sociétés populaires de Paris et des départements un vif mécontentement, d'André résolut de tenir tête aux « clubistes » et fit voter (16 juillet) par l'assemblée, que le département et la municipalité de Paris recevraient l'injonction de veiller avec soin à la tranquillité publique ; que les 6 accusateurs publics de la ville de Paris seraient chargés de faire informer sur le champ contre tous les perturbateurs du repos public ; que les ministres feraient exécuter, sous peine de responsabilité, ces mesures dans toute leur rigueur. Le lendemain 17, le parti constitutionnel ayant proclamé la loi martiale contre les attroupements, le sang coula au Champ-de-Mars. En butte à l'animadversion croissante du peuple, d'André plaida sa cause dans un écrit adressé « aux citoyens de Paris » (imprimerie nationale, 1791). Il y maltraite les « clubistes de Marseille, » qui l'avaient dénoncé, dit qu'il a longtemps méprisé leurs « dégoûtantes platitudes, » et s'efforce de montrer que sa conduite, à Marseille comme à Paris, a été celle d'un « ami de la Constitution. » Le 23 août, d'André combattit les partisans de la liberté illimitée de la presse, et le 29 septembre, sur un sujet qui lui tenait au cœur, les sociétés populaires, il répondit très amèrement à Robespierre, qui portait à la tribune une réclamation de l'assemblée électorale de Paris. Le lendemain l'Assemblée constituante se sépara. Rentré dans la vie privée, d'André se livra au commerce ; il fut inquiété en 1792, comme suspect à la fois de connivence avec les émigrés et de faits d'accaparement ; il se réfugia alors en Angleterre, et, complètement rallié à la cause royaliste, il rendit divers services aux chefs de l'émigration. Ceux-ci le reconnurent en le faisant nommer, après 1814, directeur général de la police, puis intendant de la maison du roi. Fidèle à Louis XVIII pendant les Cent-Jours, il reprit ses fonctions après la seconde Restauration. Une attaque de goutte l'emporta presque subitement.

ANDRÉ (Charles-Michel) député de l'Orne à la Législative de 1791, né à Longni (Orne), le 7 septembre 1755, mort à Longni, le 13 mai 1800, remplissait à la Révolution les fonctions de lieutenant-général des eaux et forêts à Longni. Plus tard, il fut administrateur du département. Son élection à l'Assemblée législative le 8 septembre 1791, par le département de l'Orne, avec 258 voix sur 410 votants, est le seul fait marquant de sa carrière parlementaire.

ANDRÉ (Laurent-Yves-Antoine), député des Vosges à la Législative de 1791, né à Remiremont, le 20 octobre 1750, mort à Ramonchamp (Meuse), le 24 mai 1796, fut notaire à Thillot (Meuse) puis administrateur de son département, avant d'être élu, le 1er septembre 1791, député à l'Assemblée législative, par 359 voix sur 424 votants ; il y passa inaperçu.

ANDRÉ (Jean-Pierre), député de la Lozère au Conseil des Cinq-Cents, et de 1815 à 1830, né à Sainte-Eminie (Lozère) le 21 avril 1767, mort à sa terre d'Arthé (Yonne) le 28 janvier 1850, fut élu député de la Lozère au Conseil des Cinq-Cents, le 23 vendémiaire an IV. Il était alors agent de district, et devint par la suite administrateur de l'hospice d'Ille et directeur général des chauffages de l'armée à Calais. Bien que partisan des idées de la Révolution, il vota toujours avec la Droite, protesta, en 1796, contre la loi qui excluait des fonctions publiques les parents d'émigrés, et combattit en 1797, la proposition Dumolard qui exigeait des électeurs le serment préalable de haine à la royauté.

Au 18 fructidor, il fut condamné à la déportation, parvint à s'échapper et se réfugia en Allemagne. Le 18 brumaire lui rouvrit les portes de la France, mais il attendit le retour des Bourbons pour rentrer dans la vie politique. Louis XVIII lui accorda, le 18 août 1814, des lettres de noblesse, et la croix de la Légion d'honneur le 5 octobre suivant.

Le 22 août 1815, le collège du département de la Lozère l'envoya siéger à la Chambre des députés, au 3e tour de scrutin, par 66 voix sur 122 votants et 185 inscrits, et lui renouvela successivement son mandat : le 4 octobre 1816, par 86 voix sur 127 votants, contre M. Brun de Villeret, qui eut 33 voix ; le 9 mai 1822, par 253 voix sur 296 votants et 362 inscrits ; le 25 février 1824, par 259 voix sur 284 votants et 363 inscrits ; le 17 novembre 1827, par 159 voix sur 264 votants et 333 inscrits ; le 23 juin 1830, par 179 voix, sur 266 votants et 292 inscrits. Il appartenait au côté droit, et vota docilement avec les ministériels.

ANDRÉ (Pierre), député du Bas-Rhin au Conseil des Cinq-Cents, dates de naissance et de mort inconnues, était juge au Tribunal de Colmar au début de la Révolution. Le 24 germinal an VI, il fut élu par le département du Bas-Rhin député au Conseil des Cinq-Cents où il prit plusieurs fois la parole : le 4 août 1798, *pour* une motion d'ordre contre les maisons de jeu et les dilapidateurs ; le 25 août, *pour* s'opposer à la prorogation des mesures contre la Presse ; le 3 septembre, *pour* attaquer un projet d'impôt sur le tabac. Chargé du rapport sur les jeux de hasard, il conclut à la stricte exécution des lois prohibitives de ces jeux, et, sur sa motion, l'Assemblée décida, le 13 septembre, d'adresser un message dans ce sens au Directoire. Au lendemain du coup d'État de Brumaire, André (du Bas-Rhin) figura sur la liste des députés exclus par Bonaparte de la représentation nationale « pour les excès et les attentats, disait l'arrêté des Consuls, auxquels ils se sont constamment portés. » Rallié plus tard au gouvernement impérial, il accepta, le 10 juin 1811, les fonctions de Conseiller à la Cour de Colmar qu'il conserva sous la Restauration.

ANDRÉ (Jean-François), député du Haut-Rhin de 1827 à 1834, né à Toul (Meurthe) le 4 avril 1767, mort à Colmar (Haut-Rhin), le 15 octobre 1848, était conseiller à la Cour de Colmar quand il fut élu député, sans concurrent, le 24 novembre 1827, dans le collège du département du Haut-Rhin, par 105 voix sur 140 votants et 150 inscrits. Le 17 novembre 1827, il échoua dans le 2e arrondissement électoral (Colmar), avec 150 voix contre 158 voix données à M. le baron d'Anthès, élu. Les mêmes électeurs renommèrent André le 23 juin 1830 par 179 voix sur 316 votants et 328 inscrits ; M. d'Anthès n'obtint que 135 voix. Le 5 juillet 1831, André fut élu dans le 3e collège électoral par 337 voix sur 354 votants et 440 inscrits, et, le 4 décembre 1833, par 208 voix sur 407 votants et 543 inscrits, contre M. de Golbéry, qui obtint 197 suffrages. Sa carrière parlementaire fut modeste ; il siégea au Centre Gauche, et, dit un biographe du temps, « a toujours parlé en bon patriote et en loyal député. »

ANDRÉ (Marie-François-Joseph-Jules), représentant de l'Hérault à la Constituante de 1848, né à la Canourgue (Lozère), le 4 mai 1809, mort à Lodève (Hérault), le 7 janvier 1882. Établi négociant à Lodève, puis devenu maire de cette ville, il passa, le 1er de la liste républicaine modérée dans le département de l'Hérault aux élections pour la Constituante du 23 avril 1848, avec 61,655 voix (le procès-verbal de l'élection ne donne pas les chiffres des inscrits et des votants.)

Il fut du parti du général Cavaignac et vota :

Le 26 mai 1848, *pour* le bannissement de la famille d'Orléans;

Le 9 août, *contre* le rétablissement du cautionnement;

Le 1er septembre, *pour* le rétablissement de la contrainte par corps;

Le 25 septembre, *pour* l'impôt proportionnel ;

Le 27 septembre, *pour* l'institution des deux Chambres;

Le 4 octobre, *pour* l'incompatibilité des fonctions.

Le 27 décembre, *contre* la suppression de l'impôt du sel;

Le 12 janvier 1849, *pour* la proposition Rateau;

Le 21 mars, *pour* l'interdiction des clubs;

Le 18 mai, *pour* l'abolition de l'impôt des boissons. Sa carrière politique prit fin avec la session de l'Assemblée constituante.

ANDRÉ (MARIUS), représentant du Var à l'Assemblée constituante de 1848, né à la Bastide (Var), le 23 décembre 1808, mort à Bourgoin (Isère), le 6 octobre 1873, était contremaître mécanicien à Toulon quand éclata la Révolution de 1848. Élu le 23 avril, sur la liste républicaine, représentant du peuple le 3e sur 9, avec 35,605 voix sur 87,328 votants et 96,216 inscrits, il vota avec la majorité, se rangea du côté de Cavaignac, et parut à la tribune dans la séance du 2 novembre 1848 pour repousser le droit au travail que M. Félix Pyat proposait, par voie d'amendement, d'inscrire au chapitre VIII du préambule de la Constitution. Il termina son discours par ces paroles : « Eh bien, ce n'est pas un patron qui vous parle, c'est un ouvrier qui a passé sa vie à travailler (très bien! à droite), et qui vient vous assurer que le travail manque rarement à ceux qui le cherchent sérieusement (nouvelle marque d'approbation); quand cela arrive, c'est un devoir pour l'État d'intervenir, et son intérêt doit être garant qu'il n'y manquera point. Je voterai donc pour qu'on ne puisse pas exiger de la République le travail comme un droit (Mouvement prolongé et très vif d'approbation à droite). » Pelletier, représentant ouvrier du Rhône, répondit à André (du Var.)

André se prononça à l'Assemblée constituante :

Le 28 juillet, *pour* le décret sur les clubs;

Le 9 août, *contre* le rétablissement du cautionnement;

Le 26 août, *pour* les poursuites contre Louis Blanc et Caussidière;

Le 18 septembre, *contre* l'abolition de la peine de mort;

Le 25 septembre, *pour* l'impôt proportionnel;

Le 7 octobre, *contre* l'amendement Grévy;

Le 25 novembre, *pour* l'ordre du jour : « Le général Cavaignac a bien mérité de la patrie. »

Le 12 janvier 1849, *contre* la proposition Rateau;

Le 21 mars, *contre* l'interdiction des clubs.

André ne s'était pas rallié à la politique de Louis-Napoléon Bonaparte. Non réélu à la Législative, il rentra dans la vie privée, à l'expiration de son mandat.

ANDRÉ (JEAN-FRANÇOIS-GUSTAVE), représentant de la Charente à la Législative de 1849, député au Corps législatif de 1852 à 1870, représentant à l'Assemblée nationale de 1871 et sénateur en 1876, né à Aigre (Charente) le 15 octobre 1805, mort à Paris, le 27 novembre 1878, exerça longtemps à Aigre la profession de notaire. Après la révolution de Février, les électeurs de son canton le nommèrent conseiller général; puis le 13 mai 1849, il fut élu représentant du peuple à la Législative, le 7e sur 8, par la Charente, avec 31,691 voix sur 79,163 votants et 114,411 inscrits. Il fit partie de la majorité conservatrice de droite, ne prit point la parole dans l'Assemblée, travailla dans quelques commissions, et appuya constamment de ses votes les actes du Prince président et de ses ministres. Ayant adhéré au Coup d'État de décembre, il eut, le 29 février 1852, l'appui de l'administration du peuple candidat au Corps législatif dans la 3e circonscription de la Charente, et fut élu par 21,004 voix sur 24,811 votants et 38,153 inscrits, contre Guichard, maire de Ruffec, qui en obtint 3,279. Successivement réélu aux législatures qui suivirent : le 22 juin 1857 avec 18,248 voix contre Duclaud, candidat républicain (4,333), le 1er juin 1863 et le 24 mai 1869 par la presque unanimité des suffrages, il vota silencieusement avec la majorité impérialiste *pour* la loi de sûreté générale, l'expédition du Mexique et la déclaration de guerre à l'Allemagne. Après le 4 septembre, il se retira quelque temps dans la Charente, ne se présenta pas aux élections générales de février 1871, mais, une vacance s'étant produite par suite du décès de M. Pécounet, il se présenta au scrutin complémentaire du 2 juillet : 35,358 voix sur 62,546 votants et 115,031 inscrits lui donnèrent la majorité sur MM. Marrot (18,120 voix) et Laroche-Joubert (6,404). Il se fit bientôt inscrire au petit groupe de l'appel au peuple, vota *pour* la paix, les prières publiques, le renversement de Thiers, la prorogation des pouvoirs du Maréchal, combattit par un discours (avril 1873) le projet de loi qui accordait une indemnité à Paris et aux départements victimes de l'invasion, et se prononça en 1875, contre l'amendement Wallon et contre l'ensemble des lois constitutionnelles. Candidat bonapartiste aux élections sénatoriales dans la Charente le 30 janvier 1876, il fut élu, le premier sur deux, par 309 voix. Il siégea parmi les impérialistes du Sénat, et son vote fut acquis, pendant la période du Seize-Mai, à la dissolution de la Chambre des députés. Il se montra hostile aux divers cabinets « libéraux » formés après le 14 octobre 1877 par le maréchal de Mac-Mahon. M. André était, depuis le 14 août 1869, commandeur de la Légion d'honneur.

ANDRÉ (JEAN-FRANÇOIS-MARIE-RAOUL-JULES) député de la Charente de 1877 à 1885, né à Condéon (Charente), le 23 août 1852, mort le 29 novembre 1883, était fils de Jean-François Gustave André, mort sénateur de la Charente (V. plus haut). Reçu licencié en droit, M. Jules André fut admis au concours à la Cour des Comptes. Propriétaire dans l'arrondissement de Barbezieux auquel le rattachaient, en outre, des liens de famille, il y posa sa candidature impérialiste aux élections du 14 octobre 1877, et fut élu par 7,709 voix contre 3,271 données au candidat républicain, M. Oscar Planat, et 1,580 à M. Gellibert des Seguins, conservateur. À l'ouverture de la session il était le plus jeune député de la Chambre ; il fut appelé comme tel, à faire partie du bureau provisoire en qualité de secrétaire. M. Jules André prit place dans le groupe de l'appel au peuple, et vota notamment avec lui :

Le 20 janvier 1879, *contre* l'ordre du jour de confiance au ministère Dufaure ;

Le 30 janvier, au Congrès, *contre* l'élection de M. Grévy à la présidence de la République ;

Le 21 février, *contre* l'amnistie ;

Le 16 mars 1880, *contre* l'application des lois existantes aux Congrégations ;

Le 8 février 1881, *contre* le Divorce ;

Réélu, le 21 août 1881, par l'arrondissement de Barbezieux, avec 7,788 voix contre 3,808 voix données à M. Lafargue, républicain, sur 11,761 votants et 15,679 inscrits, il est mort dans le cours de la législature.

ANDRÉ (Antoine-Joseph-Maurice, Marquis d'), sénateur du second Empire, né à Aix (Bouches-du-Rhône) le 20 janvier 1789, mort à Paris, le 7 janvier 1860, issu d'une famille royaliste, suivit ses parents dans l'émigration, étudia à l'École militaire de Vienne (Autriche), et en sortit avec le grade de sous-lieutenant de chevau-légers, le 15 février 1809. Admis au service de la France en 1811 par Napoléon, il passa capitaine en 1813, chef d'escadron de gendarmerie en 1815 et colonel seulement en 1828. Après la révolution de Juillet il fut un des premiers maréchaux de camp créés par le gouvernement de Louis-Philippe (11 août 1830). Il commanda en cette qualité dans les Ardennes, reçut en 1844 le grade de lieutenant général et le commandement de la 5e division militaire, à Strasbourg. Frappé d'une disgrâce par Charras, ministre de la Guerre par intérim, en mai 1848, il rentra après le coup d'Etat dans le cadre d'activité et fut mis à la tête de la 3e division militaire (Lille). Grand officier de la Légion d'honneur depuis le 22 avril 1848, il fut appelé le 31 décembre 1852, à siéger dans le Sénat du second Empire, où il vota la loi « de sûreté générale ».

ANDRÉ (César-Ernest), député du Gard au Corps législatif de 1857 à 1864, né à Paris le 28 octobre 1803, mort à Paris, le 16 février 1864, dirigea longtemps à Paris une importante maison de banque, puis fut élu dans la 4e circonscription du département du Gard, le 22 juin 1857, député au Corps législatif par 24,034 voix sur 25,269 votants et 38,902 inscrits. M. Cazot, depuis député, sénateur et ministre, en obtint alors 1146, comme candidat de l'opposition. M. Ernest André, dont la candidature avait eu l'appui du gouvernement, vota avec la majorité impérialiste ; il fut réélu, le 1er juin 1863, par la 4e circonscription du même département, avec 13,047 voix sur 18, 576 votants et 27,671 inscrits, contre MM. André Pasquet (2,288 voix) et de Saint-Roman (3,218,) tous deux candidats de l'opposition. M. André était chevalier de la Légion d'honneur.

ANDRÉ (François-Edouard), fils du précédent, député du Gard au Corps législatif de 1864 à 1870, né à Paris, le 14 décembre 1833, était banquier à Paris, lorsqu'à la mort de son père, député bonapartiste du Gard au Corps législatif, il se présenta pour lui succéder, dans la 4e circonscription électorale de ce département, avec l'appui du gouvernement. Élu le 29 mai 1864, par 14,476 voix sur 19,853 votants et 27,732 inscrits, contre MM. André Pasquet, candidat de l'opposition, qui obtint 5,306 voix, il fit partie, comme son père, de la majorité qui

scrutin M. Rouher et approuva constamment ses actes. Réélu, par la même circonscription, au 2e tour, le 24 mai 1869, avec 11,824 voix sur 21,193 votants et 25,838 inscrits, contre MM. André Pasquet, 4,912 voix et de Chabaud Latour 4,457, candidats de l'opposition, il reprit sa place dans les rangs de la majorité, et s'associa au vote de la déclaration de guerre à l'Allemagne. Eloigné de la vie politique depuis le 4 septembre 1870, il s'est représenté aux élections législatives du 20 février 1876, dans l'arrondissement du Vigan (Gard), et a échoué avec 3,252 voix contre M. Marcellin Pellet, républicain, élu par 8,655 voix.

ANDRÉ (Prosper-Rémy), représentant de la Moselle à l'Assemblée nationale de 1871, né à Metz (Moselle), le 17 janvier 1827, mort à Fleurigué (Ille-et-Vilaine) le 15 juillet 1883, était docteur en médecine et maire d'Ars-sur-Moselle, quand il fut élu, le 8 février 1871, représentant de la Moselle à l'Assemblée nationale, le 6e sur 9, par 45,147 voix sur 76,631 votants et 89,850 inscrits. Républicain modéré, il vint s'asseoir sur les bancs de la gauche à l'Assemblée de Bordeaux ; il vota le 1er mars contre les préliminaires de paix, et fut au nombre des représentants des départements annexés qui donnèrent leur démission e, protestant contre la conclusion de la paix avec l'Allemagne (V. *Albrecht*). Plus tard, il entra dans l'administration et fut préfet de la Côte d'Or, puis de l'Ille-et-Vilaine. Mis en disponibilité (1882) par M. Goblet, ministre de l'Intérieur, il se retira à Fleurigné, près de Saint-Servan (Ille-et-Vilaine), et mourut un an après.

ANDRÉ (Louis-Édouard-Alfred), représentant de la Seine à l'Assemblée nationale de 1871, né à Paris, le 12 décembre 1827, s'était fait à Paris comme banquier, régent de la Banque de France, et membre de la Chambre de commerce, une situation considérable dans le monde financier, quand vint la révolution du 4 septembre 1870. Conservateur libéral, M. André s'était tenu, sous l'Empire, à l'écart de la politique : le gouvernement de la Défense nationale lui confia le poste d'adjoint au maire du IXe arrondissement ; il l'occupait, les 2 juillet 1871, lors des élections complémentaires à l'Assemblée nationale. Porté sur la liste conservatrice dite de l'*Union de la presse*, il fut élu représentant de la Seine, le 2e, par 131,208 voix sur 290,823 votants et 458,774 inscrits. Il fit partie avec MM. Casimir-Périer, Denormandie, Feray, Laboulaye, etc., du groupe des républicains conservateurs, ralliés à la suite de Thiers au gouvernement nouveau. Pourtant, il se sépara, dans les questions économiques et financières, du chef du pouvoir exécutif, dont il combattit à la tribune le projet d'impôt sur les matières premières (décembre 1872). M. André prit souvent la parole dans les premiers temps de l'Assemblée nationale, et intervint toutes les fois que des questions techniques furent en jeu : la limitation de l'émission des billets de Banque, la création de contributions extraordinaires de guerre, les privilèges des banques coloniales, l'emprunt de la ville de Paris furent, pour lui, l'occasion de prononcer d'importants discours. Il fut aussi un des rapporteurs (pour le département de l'intérieur) du budget de 1873, discuté du 27 novembre 1872 au 21 janvier 1873. Dans les délibérations politiques, M. André vota, tantôt avec la Droite, tantôt avec la Gauche : *pour* la dissolution des gardes nationales, *pour* le retour du gouvernement à Paris, *pour* le pouvoir constituant de l'assemblée. Le 24 mai 1873, il se prononça contre le renversement de Thiers, et se déclara, dans une lettre publique, écrite à quelque temps de là, opposé à toute tentative de restauration monarchique. Sous le ministère de Broglie, il garda une attitude favorable au gouvernement du Maréchal de Mac-Mahon, dont il vota la prorogation des pouvoirs. Toutefois, après le renversement du cabinet, il donna sa voix à la proposition Périer, puis, l'année d'après, à l'amendement Wallon ainsi qu'à l'ensemble des lois constitutionnelles. Partisan de la liberté de l'enseignement supérieur, mais avec attribution à l'État de la collation des grades, il s'abstint (1875) dans le scrutin sur la loi tout entière. — Candidat sans succès aux élections sénatoriales dans le département de l'Ain le 30 janvier 1876, il ne se représenta pas, le mois suivant, à la Chambre des députés. Depuis lors, il n'est pas rentré dans la vie politique.

ANDRÉ D'AUBIÈRES (Jean-Baptiste, baron), député du Puy-de-Dôme de 1820 à 1824, né à Clermont-Ferrand le 8 août 1767, mort dans la même ville le 15 décembre 1842, créé baron par décret royal du 16 août 1817, était propriétaire à Clermont-Ferrand, quand il fut nommé maire de cette ville en 1815, puis destitué en 1818. Renommé maire le 8 novembre 1820, il fut élu député le 14 novembre suivant, par le collège de département du Puy-de-Dôme, par 196 voix sur 316 votants et 349 inscrits. Le 10 octobre 1821, il fut réélu, par le même collège, par 161 voix sur 280 votants et 352 inscrits. Il appartint constamment au parti ministériel ; ayant abandonné la vie parlementaire, il fut nommé conseiller de préfecture du Puy-de-Dôme, le 10 décembre 1826.

ANDREI (Antoine-François), membre de la Convention et député au Conseil des Cinq-Cents, né à Moita (Corse), le 3 août 1733, mort à Moita le 4 mai 1815, était homme de lettres et compositeur, et vint à Paris où il s'attacha au théâtre de Monsieur, et y donna plusieurs opéras-bouffes traduits de l'italien. Élu membre de la Convention par le département de la Corse, le 18 septembre 1792, avec 254 voix sur 387 votants, il suivit le parti de la Gironde, vota pour la détention dans le procès de Louis XVI, et fut décrété d'arrestation le 31 mai 1793 et conduit dans une maison d'arrêt, avec la majeure partie des 72 autres députés proscrits le même jour. La mort de Robespierre lui rendit la liberté, et il reparut à la Convention le 18 frimaire an III. Le 23 vendémiaire an IV, il entra de plein droit au Conseil des Cinq-Cents, où il termina sa carrière parlementaire.

ANDRÉOSSI (Antoine-François, comte), pair des Cent-Jours et député de Castelnaudary en 1827, né à Castelnaudary le 6 mars 1761, mort à Montauban le 10 septembre 1828, était l'arrière-petit-fils de l'ingénieur italien Andréossi, qui concourut à l'exécution du canal du Languedoc. Lieutenant d'artillerie en 1787, fait prisonnier par les Prussiens, puis échangé, Andréossi était, en 1796, chef de bataillon d'artillerie à l'armée d'Italie. Le 18 juillet, au siège de Mantoue, il tenta, avec cinq chaloupes canonnières, une fausse attaque qui attira sur lui le feu de la place, et permit aux généraux Murat et Dallemagne d'attaquer sur un autre point. Devenu général de brigade, il se signala encore le 30 floréal an V ; Bonaparte l'avait chargé de reconnaître si le Lisongo était

guéable ; il se jeta lui-même dans la rivière et la traversa à pied. Il suivit Bonaparte en Égypte, fit partie de l'Institut du Caire, où ses mémoires sur le lac Menzaleh, sur la vallée du lac Natron, etc., furent justement remarqués. De retour en France en l'an VII, il aida à la journée du 18 brumaire, en qualité de chef d'état-major de Bonaparte, fut chargé ensuite de l'administration de l'artillerie et du génie au ministère de la guerre, et passa, en l'an IX, général de division.

À la paix d'Amiens, Bonaparte l'envoya ambassadeur à Londres ; après avoir été nommé membre de la Légion d'honneur le 19 frimaire an XII, et grand officier du même ordre le 25 prairial suivant, il accepta l'ambassade de Vienne, dont il devint gouverneur militaire (10 mai 1809), après la victoire de Wagram ; il avait été créé baron de l'Empire le 24 février de la même année. L'Empereur le chargea, en 1810, de présider la section de la Guerre au Conseil d'État, et lui confia, en 1813, l'ambassade de Constantinople où il publia sur l'irruption des eaux du Pont-Euxin dans la Méditerranée, et sur la distribution des eaux en Turquie, des observations d'un grand intérêt scientifique.

La rentrée des Bourbons le rappela de Constantinople, en même temps que Louis XVIII lui accordait, le 13 août 1814, la croix de Saint-Louis.

Au retour de l'île d'Elbe, il accepta de faire partie de la promotion des pairs des Cent-Jours (2 juin 1815), qui cessa de siéger à la chute de l'empire. Le 17 novembre 1827, le 1er arrondissement électoral de l'Aude (Castelnaudary) l'élut député par 298 voix sur 511 votants et 631 inscrits, contre MM. Bruyères de Chalabre, ancien député (157 voix), et de Gauzy (50 voix) ; il mourut moins d'un an après.

ANDRIEU (César-Pierre), député aux États-généraux de 1789, né à Maringues (Puy-de-Dôme) en 1735, mort à Tiranges (Haute-Loire) le 28 septembre 1809, était avocat général fiscal du duché de Montpensier, lorsqu'il fut élu, le 24 mars 1789, député du tiers-état par la sénéchaussée de Riom. Dans la séance du 22 mars 1791, il s'éleva contre la proposition faite à l'Assemblée de rendre des décrets de circonstance à l'occasion des troubles qui pourraient survenir dans les départements, et demanda que, dorénavant, les avis fussent remis au pouvoir exécutif, chargé de faire observer les lois. Il s'opposa également à ce qu'on exclût de la couronne la branche d'Orléans au profit de la branche d'Espagne. Sa carrière législative se termina avec la Constituante ; le 3 floréal an VIII, il fut nommé maire d'Aigueperse.

ANDRIEU (Mathias-Maurice), petit-neveu du précédent, député au Corps législatif de 1863 à 1869, né à Maringues (Puy-de-Dôme), le 22 juin 1813, était petit-fils par sa mère de M. Baudet-Lafarge, député au conseil des Cinq-Cents, et neveu de Baudet-Lafarge, représentant du peuple en 1848.

Après avoir été contrôleur des contributions, puis juge de paix et conseiller d'arrondissement de Thiers, il devint, en 1849, maire de Maringues, et, en 1851, entra au conseil général, où il remplit les fonctions de secrétaire. Très dévoué au second empire, il fut décoré en 1861, et élu député au Corps législatif, le 1er juin 1863, dans la 5e circonscription du Puy-de-Dôme, par 11,342 voix sur 19,481 votants et 27,944 inscrits, contre MM. de Barante

(4,752 voix), Gouillet (1,834 voix) et Baudet-Lafarge (1,501 voix).

Il se représenta devant ses électeurs le 24 mai 1869, mais fut battu, avec 12.611 voix, par M. de Barante, candidat de l'opposition, qui réunit 13,060 suffrages. Il avait toujours voté avec la majorité.

ANDRIEU (JOSEPH), représentant d'Oran à l'Assemblée nationale de 1871, né le 11 février 1815, mort à Oran, le 8 janvier 1872. — Élu par le département d'Oran le 1er sur deux, lors des élections du 8 février 1871, à l'Assemblée nationale, par 7,028 voix sur 10,167 inscrits, il donna sa démission avant d'avoir pris séance.

ANDRIEUX (FRANÇOIS-GUILLAUME-JEAN-STANISLAS), député au Conseil des Cinq-Cents et membre du Tribunat, né à Strasbourg (Bas-Rhin) le 6 mai 1759, mort à Paris, le 9 mai 1833, fit ses études à Paris au collège du Cardinal-Lemoine, et se lia avec Collin d'Harleville aux compositions du Concours général. Placé chez un procureur, il devint, par la mort de son père, le soutien de sa famille, fut reçu avocat en 1781, et après avoir été secrétaire du duc d'Uzès, entra dans l'administration des finances, au bureau de la liquidation de la dette, où il passa chef de bureau, puis chef de division. Il donna sa démission en mai 1793, pour se consacrer aux lettres, et se retira à Mévoisins, près de Chartres, dans la campagne de son ami Collin d'Harleville. Nommé, en 1795, juge au tribunal de cassation, il entra à l'Institut, au moment de sa réorganisation (avril 1796); le 26 germinal an VI, il fut élu député de la Seine au Conseil des Cinq-Cents, il y parla sur l'instruction publique, et se fit le champion de la liberté de la presse. A la suite du 18 Brumaire, il fut nommé au Tribunat (4 nivôse an VIII), et soutint énergiquement les velléités d'indépendance de ce corps. A Bonaparte, qui s'en plaignait devant lui, Andrieux répondit : « On ne s'appuie que sur ce qui résiste.» Cette attitude l'en fit éliminer, et il accepta peu après le poste de professeur de grammaire et de belles lettres à l'École Polytechnique; Fouché lui offrit en outre la place de censeur, appointée de 8,000 francs; mais Andrieux refusa en disant que « son rôle était d'être pendu et non d'être bourreau. » Bibliothécaire du Sénat, décoré de la Légion d'honneur, pourvu en 1814, de la chaire de littérature française au Collège de France, il fut choisi en 1829, comme secrétaire perpétuel de l'Académie française. Sa carrière littéraire a éclipsé son rôle politique; il a composé de charmantes comédies, parmi lesquelles il faut citer en première ligne *Anaximandre, Les Étourdis*, le *Souper d'Auteuil*, le *Vieux Fat*, etc; ses contes en vers, dont le *Meunier Sans-Souci* est un des plus charmants spécimens, ont mérité d'être comparés à ceux de Voltaire, et brillent par une facilité, une clarté et une gaieté d'esprit alliées à la plus aimable philosophie.

ANDRIEUX (PIERRE-JEAN), représentant à la Chambre des Cents-Jours, né à Parthenay (Deux-Sèvres), le 26 août 1754, mort à Parthenay, le 21 juillet 1820, était propriétaire dans cette ville lorsque son arrondissement le désigna, le 10 mai 1815 par 21 voix sur 38 votants (contre M. Fribault qui n'obtint que 16 suffrages), pour faire partie de la Chambre des représentants; son rôle fut insignifiant, et cessa, d'ailleurs, après les Cent-Jours.

ANDRIEUX (LOUIS), député de Lyon de 1876 à 1885, député des Basses-Alpes depuis 1885, né à Trévoux (Ain) le 24 juillet 1840, fit son droit à Paris, et rompit de bonne heure avec les traditions de dévouement dynastique de sa famille, en attaquant l'empire dans les petits journaux du quartier latin.

Il se fit inscrire au barreau de Lyon et fut délégué à la fin de 1869 par les radicaux de cette ville à l'anticoncile de Naples. L'année suivante, en juin, après un discours tenu à Lyon dans une réunion publique, il fut poursuivi sous la prévention d'outrages envers l'Empereur, et condamné à 3 mois de prison; le peuple le délivra le 4 septembre, et Crémieux le nomma d'emblée procureur de la République à Lyon.

La rapidité de son avancement lui valut de nombreuses attaques, et il obtint même contre la *Comédie politique*, journal lyonnais, une condamnation à 1000 francs de dommages intérêts; un député, M. Paris, se fit, à la Chambre, l'écho de ces animosités à l'occasion d'une profession de foi dans laquelle M. Andrieux affichait ses opinions de libre penseur. Pour dégager le ministère, M. Andrieux envoya sa démission au garde des sceaux, rentra au barreau, et devint conseiller municipal de Lyon, puis, en novembre 1875, conseiller général du canton de Neuville.

Le 20 février 1876, la 4e circonscription de Lyon l'élut député par 10,545 voix sur 16,705 votants et 21,883 inscrits, contre M. Rappet, qui n'obtint que 5,994 voix; dans cette législature, il s'abstint, le 18 mai 1876, sur la proposition Raspail (amnistie plénière), et vota, le 3 juin, *pour* le projet de loi sur la collation des grades, le 12 juillet *pour* le projet de loi sur l'élection des maires, le 4 mai 1877 *pour* l'ordre du jour Lausselat contre les menées réactionnaires, le 16 mai, parmi les 363, *pour* le fameux ordre du jour dit « des gauches. » Pendant la campagne électorale qui suivit la dissolution, M. Andrieux attaqua en justice le ministre de l'Intérieur, M. de Fourtou, qui avait fait publier, dans le *Bulletin des Communes*, affiché dans toutes les communes de France, que les députés avaient pour programme de désorganiser l'armée. Les élections du 14 octobre suivant le renvoyèrent à la Chambre, par 10,304 voix sur 18,639 votants et 22,860 inscrits, contre le candidat du maréchal de Mac-Mahon, M. de Fenoyl (8,224 voix); la vivacité des débats parlementaires amena à cette époque entre M. Paul de Cassagnac et lui (12 mars 1878) un duel qui n'eut pas de suites. M. Andrieux vota : le 20 janvier *contre* l'ordre du jour de confiance en faveur du ministère Dufaure; le 21 février *contre* l'amnistie plénière, et *pour* l'amnistie partielle. Au commencement d'avril 1879, il accepta de M. Wadington la préfecture de police, et pour bien disposer le Conseil municipal de Paris à son égard, prit avec lui M. Caubet, alors vice-président de ce Conseil, et qui, dit-il dans ses *Souvenirs*, « avait notamment connu l'acacia »; il disait aussi « que les fonctions publiques polissent les intransigeances les plus rugueuses. »

Soumis à la réélection par suite de sa nomination à la Préfecture, il obtint, le 6 avril, 9,676 voix sur 11,146 votants et 23,550 inscrits, contre M. Ranc qui eut 110 voix. Cependant, l'attitude du Conseil municipal, hostile à l'institution au moins autant qu'un titulaire, trompa ses prévisions; à l'occasion du rôle des agents dans la manifestation du 23 mai 1880 au Père-Lachaise, sur la tombe des fédérés de

1871, le Conseil vota un ordre du jour de blâme contre le préfet, qui fut en butte en même temps aux attaques systématiques que M. Yves Guyot multiplia dans le journal *La Lanterne*, sous le pseudonyme d'*Un vieux petit employé*. En juin 1881, le Conseil municipal adressa à M. Andrieux une interpellation à laquelle il refusa de répondre; le Conseil déclara alors qu'il n'examinerait aucune des questions se rattachant à la préfecture de police. Le gouvernement crut devoir préparer un projet de rattachement du budget de la préfecture de police au budget de l'État, mais M. Andrieux combattit lui-même la forme donnée à ce projet et proposa de rendre simplement les dépenses de police obligatoires pour le budget municipal. En désaccord sur ce point avec le ministère, il donna sa démission, le 16 juillet. Quelques semaines auparavant, il avait procédé à l'exécution des décrets contre les congrégations religieuses, et bien que dans ses *Souvenirs* (I, p. 223), il regrette d'avoir alors conservé ses fonctions, il procéda personnellement avec une certaine rigueur à l'évacuation de la maison des Jésuites, rue de Sèvres.

Pendant cette période, il avait voté, à la Chambre : le 5 juin 1879, *pour* l'invalidation de l'élection de Blanqui, le 19 juin, *pour* le retour du Parlement à Paris, le 8 février 1881, *pour* le rétablissement du divorce, et s'était abstenu, le 19 mars sur le rétablissement du scrutin de liste (proposition Bardoux).

Avant la fin de la législature, il fut envoyé, par M. de Freycinet, ambassadeur à Madrid, mais n'y resta que 6 mois. Réélu, le 21 août 1881 par 8,900 voix sur 13,056 votants et 23,949 inscrits, contre MM. Fontan, 1372 voix, Fouilloux 150, et de Fenoyl 255, il quitta l'Espagne en octobre, pour venir prendre sa place au Parlement. Le 23 janvier 1882, il fut chargé du rapport sur le projet de revision illimitée de la Constitution (proposition Barodet et Lockroy); sur la limitation des pouvoirs et du programme du futur congrès, il lutta avec adresse et tenacité contre Gambetta, dont le ministère fut renversé sur la question spéciale du scrutin de liste (26 janvier 1882).

La revision revint de nouveau à la Chambre, en novembre 1882, sur la proposition Barodet-Andrieux. M. Andrieux demandait qu'on se rapprochât de la constitution américaine; les débats furent assez vifs, les 5 et 6 mars 1883; devant l'opposition très-nette de M. J. Ferry, président du Conseil, M. Andrieux retira sa proposition « par esprit de gouvernement »; M. Clémenceau la soutint, mais elle fut repoussée par 303 voix contre 166.

Lors de l'interpellation sur les affaires de Corse (juin 1884), au sujet de la mort d'un journaliste et de paroles imprudentes du ministère public, M. Andrieux monta à la tribune et demanda l'élection d'une commission d'enquête parlementaire; s'il ne l'obtint pas, il parvint cependant à faire avouer au ministère que tout ne s'était pas passé très régulièrement. Le cabinet J. Ferry eut alors à se défendre souvent contre ses attaques, et put lui reprocher avec quelque amertume de n'avoir plus cet « esprit de gouvernement » dont il s'était vanté auparavant. Le Congrès du mois d'août 1884 vota l'amendement de M. Andrieux sur l'inéligibilité à la présidence de la République des membres des familles ayant régné sur la France, mais repoussa sa demande d'abrogation des lois constitutionnelles (art. 1 à 7) réglant l'élection des sénateurs : pour prévenir toute surprise, on se

contenta de « déconstitutionnaliser » ces 7 articles.

M. Andrieux se présenta dans le Rhône à l'élection sénatoriale partielle du 25 janvier 1885, et ne réunit que 16 suffrages sur 735 votants. Il fonda peu après le journal la *Ligue* où il publia ses piquants souvenirs d'un ancien préfet de police; le 28 mars il vota *contre* le cabinet J. Ferry, à propos des crédits demandés pour le Tonkin. Aux élections du 18 octobre 1885, il ne se représenta plus dans le Rhône, et fut élu dans les Basses-Alpes, au scrutin de liste, le 1er sur 3, par 16,757 voix sur 26,700 votants et 39,720 inscrits. Il vota : le 6 février, 1886, *contre* la proposition Rochefort sur l'amnistie; s'abstint, le 8 février, sur la proposition Michelin tendant à rechercher les auteurs responsables de l'expédition du Tonkin; vota le 20 avril, *pour* les crédits de Madagascar, en juillet, *pour* le droit sur les céréales, le 3 décembre *contre* l'amendement Colfavru portant suppression des sous-préfets (chute du ministère Freycinet), le 10 février 1887, *contre* l'impôt sur le revenu (amendement Georges Perin), le 17 mai, en faveur du ministère Goblet, qui fut renversé. Lors de la crise présidentielle provoquée, en décembre 1887, par les scandales de l'affaire des décorations (Wilson-Limouzin), M. Andrieux fut de ceux qui engagèrent M. Grévy dans la voie des atermoiements et des résistances, en s'appuyant sur la division des partis, et sur la crainte de voir arriver M. J. Ferry à la Présidence. M. Andrieux avait même formellement accepté, au cas où M. Grévy se maintiendrait, la présidence du Conseil. M. Grévy ne résista pas, et M. Andrieux ne put que concourir à la chute du ministère Tirard, le 30 mars 1888, en votant l'urgence sur la proposition C. Pelletan, relative à la revision.

Lorsque M. Numa Gilly, député du Gard, avança devant ses électeurs, à Alais, que la « Commission du budget renfermait au moins vingt Wilsons», M. Andrieux refusa de se contenter de la protestation platonique de la Commission insultée, et attaqua personnellement M. Gilly devant la Cour d'assises de Nîmes. Le président des assises ayant refusé d'entendre les députés appelés comme témoins pour faire la preuve, M. Andrieux, qui comptait sur un débat contradictoire, retira sa plainte, et M. Gilly fut acquitté.

M. Andrieux n'a point considéré, on le voit, le mandat parlementaire comme une sinécure; rebelle par tempérament à toute discipline de groupe, il se bat seul, en enfant perdu du parti républicain, incapable de résister en plaisir de tirer tantôt sur ses amis, tantôt sur ses adversaires, et toujours prompt à en faire naître l'occasion.

Dans la dernière législature, il s'est abstenu le 11 février 1889 sur le rétablissement du scrutin d'arrondissement, et le 14 février, sur l'ajournement indéfini de la revision (chute du ministère Floquet); il a voté : le 14 mars, *contre* la demande de poursuites contre les députés membres de la Ligue des Patriotes, le 2 avril, *contre* la proposition Lisbonne restrictive de la liberté de la presse. le 4 avril, *contre* la demande en autorisation de poursuites contre le général Boulanger. Le 13 avril 1889 dans une réunion publique tenue à Paris, rue des Martyrs, M. Andrieux a posé sa candidature républicaine revisionniste dans le 9e arrondissement, aux élections générales d'octobre 1889, tout en déclarant qu'il n'était pas boulangiste dans le sens étroit du mot, et que ces opinions étaient les siennes longtemps avant que le général Boulanger en eût fait la base de son programme.

ANDRYANE (GANGULPHE), représentant à la Chambre des Cent-Jours, né à Liége (Belgique), le 11 février 1753, mort à Paris, le 29 septembre 1828, fut élu, le 8 mai 1815, représentant du peuple à la Chambre, dite des Cent-Jours, par le département de l'Aube (arrondissement de Nogent-sur-Seine.) Il ne prit jamais la parole dans l'Assemblée, et le *Moniteur* est muet à son égard.

ANDURAND (ANTOINE), député à l'Assemblée constituante de 1789, né à Villefranche (Aveyron), le 3 avril 1747, mort à Villefranche, le 12 juillet 1818. Avocat dans cette ville, quand éclata la Révolution, il se déclara pour les idées nouvelles, fut député du tiers aux Etats-Généraux pour la sénéchaussée de Villefranche-de-Rouergue, siégea à la Constituante sans y laisser trace de son passage, puis fut investi de fonctions administratives et judiciaires : administrateur du département de l'Aveyron, le 17 septembre 1791, puis président du tribunal criminel de ce département, le 24 vendémiaire an IX.

ANDUZE-FARIS (JACQUES-JEAN-ANTOINE), représentant du peuple à l'Assemblée constituante de 1848 pour le département de l'Aveyron, né à Chalabre (Aude), le 14 août 1799, mort à Chalabre, le 2 octobre 1872. Fils d'un fabricant de draps, il suivit comme son père la carrière commerciale, et conquit bientôt, tant comme manufacturier que comme partisan zélé des idées libérales, une situation assez importante dans son pays natal. Deux projets d'intérêt général, qu'il élabora en 1846, et dont l'un consistait dans la création d'un canal de navigation et d'irrigation latéral à la rivière de l'Hers, destiné à faire jonction à Toulouse avec le canal du Midi, et l'autre dans l'établissement à l'anse de la Franque (cap Leucate) d'un grand port de refuge et de commerce, contribuèrent à augmenter sa notoriété. Il avait été, au lendemain de la Révolution de 1830, maire de Chalabre, et membre du Conseil général de l'Aude.

Lors des élections du 23 avril 1848, à la Constituante, il fut porté sur une liste de candidats républicains, et élu le 5e sur 7, par 30,918 voix sur 67,165 votants et 75,218 inscrits. Représentant de l'Aude, Anduze-Faris prit place parmi les républicains modérés et vota avec la majorité pour la politique du général Cavaignac. Il se prononça, notamment :

Le 26 mai 1848, *pour* le bannissement de la famille d'Orléans ;

Le 26 août, *pour* les poursuites contre Louis Blanc ;

Le 1er septembre, *pour* le rétablissement de la contrainte par corps ;

Le 2 septembre, *pour* le maintien de l'état de siège ;

Le 27 septembre, *contre* l'institution des deux Chambres ;

Le 2 novembre, *contre* le droit au travail ;

Le 25 novembre, *pour* l'ordre du jour : « Le général Cavaignac a bien mérité de la Patrie.

Le 28 décembre, *pour* la réduction de l'impôt du sel ;

Le 6 avril 1849, *pour* le vote de 1,200,000 fr. destinés à l'expédition de Rome ;

Le 14 mai, *pour* le blâme de la dépêche adressée aux préfets par le ministre Léon Faucher, à la suite du débat sur ces mêmes affaires d'Italie.

Anduze-Faris, n'appartint pas à la Législative. Il vécut sous l'Empire à l'écart de la politique militante, s'occupa de nouveau de ses projets de canaux et de ports ; le premier projet reçut l'approbation du Conseil général des Ponts et Chaussées et du ministère des travaux publics, et lui valut la décoration de la Légion d'honneur, le 31 août 1861.

ANGAR (AMANT-CONSTANT-MARIE-FIDÈLE), représentant de la Haute-Saône à l'Assemblée constituante de 1848, né à Paris, le 25 juillet 1789, mort à Louhans (Saône-et-Loire), le 11 octobre 1850, était maître de forges dans cette ville quand le suffrage des électeurs de la Haute-Saône l'appela à la Constituante, le 23 avril 1848, le 6e sur 9. Il avait obtenu 30,461 voix. Il joua dans cette assemblée un rôle très peu important, et se borna à voter, presque constamment, avec la majorité, c'est-à-dire le plus souvent avec la droite : *pour* les poursuites contre Louis Blanc et Caussidière, *pour* l'impôt proportionnel, *contre* l'amendement Grévy, *pour* les félicitations au général Cavaignac, *pour* l'interdiction des clubs, etc. Toutefois, il se prononça, avec la gauche, 26 mai 1848, *pour* le bannissement de la famille d'Orléans, le 15 novembre, *contre* le système de la commission à propos des prêts faits par le Gouvernement aux associations ouvrières, le 11 décembre, *pour* la loi relative à l'énumération des lois organiques.

Angar appartenait à l'opinion républicaine très modérée. Il ne fut pas de la Législative de 1849, et mourut peu de temps après.

ANGEVILLE (ADOLPHE, COMTE D'), député de l'Ain sous Louis-Philippe, né à Lompnes (Ain), le 20 mai 1796, mort à Lompnes, le 16 mai 1856. Entré dans la marine dès 1811, à l'âge de 15 ans, il la quitta volontairement en 1821 avec le grade de lieutenant de vaisseau. Il avait, dans cet espace de 10 années, fait deux campagnes aux Indes orientales, l'une à Pondichéry, pour prendre possession des établissements que la France y possède, l'autre aux îles Philippines et sur les côtes de Cochinchine. Retiré à la campagne où il était né, le comte d'Angeville s'adonna surtout à l'agriculture et prit une grande part à la propagation, dans le département de l'Ain, des prairies artificielles ; en même temps, il se déclarait contre la politique du ministère Villèle, et faisait la guerre aux congrégations. Il fut, en 1830, un des plus chauds partisans de la Révolution de Juillet et du gouvernement de Louis-Philippe. A la fin de 1832, il inclina vers le parti de la résistance, et c'est comme candidat conservateur qu'il l'emporta, aux élections législatives de 1834, dans l'arrondissement de Belley, sur le célèbre Cormenin. Il siégea au centre, et soutint constamment les ministres dans les débats politiques ; par contre, il témoigna d'une certaine indépendance de vues dans les questions administratives. Réélu à la presque unanimité des votants (142 voix sur 145) par le 4e collège de l'Ain, le 4 novembre 1837, puis le 2 mars 1839, il combattit assez vivement divers projets de travaux publics, du ressort des Ponts et Chaussées. Sa parole rude et incisive fit même plus d'une fois sensation à la Chambre des députés. C'est ainsi que dans la séance du 9 juillet 1836, il s'écria à la tribune : « M. le sous-secrétaire d'Etat n'est pas franc dans ses déclarations aux Chambres! Je dirai même que quelquefois il veut les tromper... »

Interrompu à ces paroles, il reprit : « Eh bien, je retire mon mot, si vous le voulez, et je dirai pour être parlementaire, qu'au ministère on enlève les pièces des dossiers quand elles gênent, ou, si vous préférez, qu'on oublie de les mettre; enfin que par des soustractions frauduleuses qui privent les députés des renseignements dont ils ont besoin, on fait passer telle ou telle loi que l'on a en vue et qui est contraire aux vrais intérêts du pays. »

Très attaché, d'ailleurs, à la personne du roi Louis-Philippe, le comte d'Angeville vota la dotation demandée pour le duc de Nemours et fit partie de la majorité qui approuva les actes du ministère Molé. La *Biographie des Hommes du jour*, par Germain Sarrut et B. Saint-Elme, s'exprimait ainsi sur son compte : « M. d'Angeville a ses travers, c'est un esprit fort disparate et de la famille de ceux auxquels on donne le titre d'*original*. C'est un mélange du noble et du roturier, de l'homme léger et de l'esprit appliqué, du royaliste et du démocrate. Nous ne répéterons pas ce que nous avons ouï dire, que M. d'Angeville va à la cour en souliers ferrés, comme l'honorable et lourd M. Dupin. Nous ne saurions concilier un fait aussi grotesque avec la passion bien connue du député de Belley pour la danse. La France n'a pas un représentant plus fervent du culte de Terpsichore, que celui qu'envoient à Paris les montagnes de l'Ain. »

Le comte d'Angeville fut encore réélu membre de la Chambre des députés, le 9 juillet 1842, par 85 voix contre 40 données à M. Ferrand, sur 130 votants et 192 inscrits, et le 1er août 1846, par 121 voix sur 211 votants et 226 inscrits, contre MM. Camille Garin (31 v.) et Humbert Ferrand (24). La Révolution de Février le rendit à la vie privée. Il avait publié en 1836, une statistique de la population française, qui fut l'objet d'un rapport flatteur à l'Académie des sciences.

ANGLADE (CLÉMENT-ETREMORE-BARTHÉLEMY-HIPPOLYTE-SOPHIE-AIMÉ), député de l'Ariège sous Louis-Philippe, représentant du peuple aux Assemblées constituante et législative de 1848 et de 1849, député en 1877, puis sénateur, né à Urs (Ariège), le 10 décembre 1800, mort à Saurat (Ariège), le 24 novembre 1881, fut reçu avocat sous la Restauration, entra tout jeune dans l'opposition libérale, et combattit avec ardeur le gouvernement de Louis-Philippe. Candidat, le 10 octobre 1832, dans le 2e collège électoral de l'Ariège (Foix), en remplacement de Justin Laffitte décédé, il fut élu et vint siéger à l'extrême gauche de la Chambre. Les questions économiques et agricoles le préoccupèrent particulièrement; il fut un des premiers qui réclamèrent la réduction de l'impôt sur le sel. Lors du procès intenté par la Chambre, en 1833, au journal la *Tribune*, qui l'avait qualifiée de « prostituée », Anglade fut au nombre des députés qui se récusèrent. Il vota d'ailleurs, pendant toute la session, avec ses amis Dupont (de l'Eure) et François Arago. Non réélu à la législature suivante, il retourna dans son pays et y demeura jusqu'à la Révolution de Février. Républicain de la veille, il fut le candidat des démocrates de l'Ariège aux élections de la Constituante, où 43,971 voix l'envoyèrent, le 1er sur 7 (65,072 votants et 71,717 inscrits.) Il siégea à gauche et fit partie du comité de législation. Il monta plusieurs fois à la tribune, notamment pour développer une proposition relative à la création de médecins cantonaux, et pour appuyer (28 décembre 1848), un amendement ainsi conçu :

(Première partie). « A dater du 1er janvier

1849, l'impôt sur le sel est réduit à 10 fr. par 100 kilogrammes. »

(Deuxième partie). « Il sera définitivement supprimé à partir du 1er avril 1849. »

Anglade ayant, au cours du débat, consenti à la suppression de la deuxième partie, il fut procédé par scrutin de division, au vote sur la première que l'Assemblée adopta par 403 voix contre 360. La seconde partie fut ensuite reprise par le représentant Vezin (de l'Aveyron), hostile à la proposition Anglade, et qui espérait en rendant nécessaire un vote sur l'ensemble de l'amendement, détruire la première partie précédemment adoptée. L'Assemblée décida qu'il n'y aurait pas de vote d'ensemble.

Anglade vota quelquefois avec la Montagne, et se prononça par exemple :

Le 26 août 1848, *contre* les poursuites intentées à Louis Blanc et à Caussidière;

Le 18 septembre, *pour* l'abolition de la peine de mort;

Le 25 septembre, *pour* l'impôt progressif;

Le 7 octobre, *pour* l'amendement Grévy;

Le 12 janvier 1849, *contre* la proposition Rateau;

Le 22 janvier, *contre* le renvoi des accusés du 15 mai devant la Haute-Cour;

Le 26 mai, *pour* la mise en liberté des transportés.

Cependant, il se sépara des républicains les plus avancés dans les questions suivantes : maintien de l'état de siège (1er septembre 1848); droit au travail (2 novembre); ordre du jour en l'honneur du général Cavaignac (25 novembre.)

Adversaire de la politique de l'Elysée, il continua la lutte à l'Assemblée législative, où il fut élu par son département, le 13 mai 1849, le 1er sur six, avec 34,407 voix sur 45,357 votants et 77,191 inscrits. Il vota le 15 mars 1850, *contre* la loi de Falloux sur l'enseignement, et le 31 mai, *contre* la loi qui portait atteinte à l'intégrité du suffrage universel. Au coup d'Etat de décembre 1851, il quitta la vie politique, puis tenta sans succès d'y rentrer aux élections législatives de 1863 et de 1869 : candidat de l'opposition dans la 1re circonscription de l'Ariège, il échoua, la première fois, avec 8,743 voix contre 20,919 obtenues par le candidat officiel, M. Didier, qui fut élu; la seconde, avec 7,385 voix contre M. Denat qui l'emporta (18,644 voix.) Après les événements du 4 septembre, le gouvernement de la Défense nationale le nomma préfet de l'Ariège; il occupait ce poste, lors des élections à l'Assemblée nationale le 8 février 1871. Porté sur la liste républicaine, dans ce département, il n'obtint que 18,514 voix sur 46,250 votants (le dernier élu de la liste conservatrice, qui passa tout entière, M. Aclocque, avait 27,775 voix.

Il prit sa revanche le 14 octobre 1877, et succéda à M. Aclocque comme député de la circonscription de Foix, avec 9,837 voix, contre 9,175. Dans cette législature, il siégea parmi les radicaux de la Chambre, et vota :

Le 20 janvier 1879, *contre* l'ordre du jour de confiance au ministère Dufaure;

Le 21 février, *pour* l'amnistie plénière (proposition Louis Blanc);

Le 4 juin, *pour* l'invalidation de l'élection Blanqui à Bordeaux;

Le 16 mars 1880, *pour* l'application des lois existantes aux Congrégations.

Élu sénateur de l'Ariège, le 10 octobre 1880, par 300 voix sur 382 votants, en remplacement de M. Laborde, démissionnaire pour raisons de santé, il donna son suffrage à toutes les propositions émanant de la gauche du Sénat, ainsi qu'aux projets sur l'instruction primaire obligatoire et sur la liberté de réunion, présentés en 1881 par le gouvernement.

ANGLÈS (Charles-Grégoire), député au Corps législatif de 1813 à 1815, né à Veynes (Hautes-Alpes) le 30 septembre 1753, mort à Veynes le 5 mai 1834, était maire de sa ville natale quand il fut choisi comme député des Hautes-Alpes au Corps législatif le 6 janvier 1813.

Il fut un membre docile et muet de la majorité d'alors.

ANGLÈS (Jules-Jean-Baptiste comte), fils du précédent, député des Hautes-Alpes en 1815, né à Grenoble (Isère) le 28 juillet 1778, mort au château de Cornillon (Loire) le 16 janvier 1828, entra dans l'administration comme auditeur au Conseil d'Etat, où il passa maitre des requêtes en 1809. Après une mission administrative en Autriche cette même année, il entra au ministère de la police, à la 3e division chargée de la correspondance avec les départements annexés. Il fut même un moment ministre de la police dans le gouvernement provisoire de 1814, puis conseiller d'Etat, et devint comte de l'Empire le 17 mars 1815, titre qui lui fut confirmé en mars 1816 par la Restauration.

Le 22 août 1815, élu député au collège du département des Hautes-Alpes avec 71 voix sur 119 votants et 185 inscrits, il rentra bientôt dans l'administration, remplaça à la préfecture de police le duc Decazes et fut remplacé en 1821 par M. Delaveau.

ANGLÈS (Jean-François), député des Hautes-Alpes de 1816 à 1820, né à Veynes (Hautes-Alpes) le 4 septembre 1736, mort à Grenoble (Isère) le 5 juin 1823, occupait le poste de premier président à la cour royale de Grenoble, quand il fut élu député des Hautes-Alpes, le 4 octobre 1816, par 95 voix sur 114 votants et 182 inscrits, contre M. de Ventavon, conseiller à la Cour, qui n'obtint que 38 suffrages. Réélu par le même département, le 20 septembre 1817, avec 76 voix sur 87 votants et 116 inscrits, il fut, pendant quelque temps, président de la Chambre.

Il vota le plus souvent avec la droite, notamment pour la restitution aux émigrés des biens non vendus, et pour une indemnité à accorder aux autres (1816); on sait que cette indemnité ne fut votée que neuf ans plus tard.

Étant président en qualité de doyen d'âge, il mit aux voix (fin de 1819), au sujet de l'élection de l'abbé Grégoire, l'indignité avant l'illégalité, motion qui passa malgré les protestations de la gauche. Anglès parla également en faveur de la suspension de la liberté de la presse, et pour la loi du double vote (1820).

Chevalier de la Légion d'honneur, du 3 novembre 1817.

ANGLÈS (François-Ernest), représentant du peuple à l'Assemblée législative de 1849, né à Paris le 1er janvier 1807, mort à Paris le 13 avril 1861, fut auditeur au conseil d'Etat de 1828 à 1832, puis s'occupa activement d'agriculture dans le département de la Loire, où il était propriétaire. Il fut nommé successivement président de la société d'agriculture de l'arrondissement de Roanne et membre du Conseil général de l'agriculture et du commerce. Il était en outre directeur de la ferme école de Roanne. Conservateur monarchiste, il fut élu comme tel par le département de la Loire le 10 mars

1850, avec 36,107 voix sur 71,849 votants et 117,550 inscrits, contre 35,138 voix données au candidat républicain, M. Antide Martin. Il remplaçait à l'Assemblée législative Martin Bernard condamné pour l'affaire du 13 juin 1849, dite des Arts-et-Métiers. Anglès alla siéger à droite, dans les rangs de la majorité et vota, sans jamais aborder la tribune, toutes les mesures que cette majorité accorda aux ministres du Prince-président. Il se prononça notamment : le 31 mai 1850, pour la nouvelle loi électorale, restrictive du suffrage universel; le 23 novembre, pour l'ordre du jour pur et simple dans l'interpellation Maigne, Gambon, Dussoubs, etc., relative au régime appliqué aux détenus politiques : le 3 décembre, contre la proposition Paulin Gillon sur les prestations en nature; le 27 décembre, contre l'admission des céréales en grains, comme devant pénétrer en France, en franchise, dans l'article 1er du projet de loi sur les relations commerciales de la France et de l'Algérie.

ANGOSSE (Jean-Paul, baron de Corbères, marquis d'), né à Arthez d'Asson (Basses-Pyrénées), le 18 juin 1732, mort le 3 mars 1798, avait été, avant la Révolution, fait maréchal de camp, gouverneur d'Armagnac et grand sénéchal. Le 24 mars 1789, il fut élu député de la noblesse aux Etats-Généraux par la sénéchaussée d'Armagnac. Il marqua peu dans l'Assemblée constituante. Plus tard il fut détenu comme suspect en 1793, et les représentants du peuple Pinet et Monestier (du Puy-de-Dôme) rendirent un arrêté en vertu duquel une partie de ses biens était confisquée. D'Angosse obtint, le 10 vendémiaire an V, du Conseil des Cinq-Cents, l'annulation de cet arrêté; c'est Fourcroy qui se fit l'interprète de sa réclamation.

ANGOSSE (Armand Mathieu baron d') frère puîné du précédent, député de 1816 à 1820 et pair de France, né à Arthez d'Asson (Basses-Pyrénées) le 27 février 1776, mort à Corbères (Basses-Pyrénées) le 8 juin 1852, était propriétaire et maire de Corbères, et chevalier de Malte. Il n'émigra pas et s'occupa d'agriculture. Il présida le collège électoral de l'arrondissement de Pau le 15 brumaire an XII, le 1er janvier 1808 et le 10 novembre 1809, et il fut membre et président du conseil général des Basses Pyrénées à la fin du premier empire. Elu député, le 4 octobre 1816, par le collège du département des Basses-Pyrénées, avec 81 voix sur 123 votants et 215 inscrits, il fut réélu par le même collège, le 12 septembre 1819, avec 171 voix sur 280 votants et 401 inscrits. Il siégea au centre, et vota constamment avec les ministériels. L'influence due à sa grande fortune lui valut la pairie le 9 juillet 1845.

ANGOSSE (Pierre-Constant-Gabriel-Joseph, marquis d'), pair de France sous la Restauration et sous le gouvernement de Louis-Philippe, né à Arthez-d'Asson (Basses-Pyrénées), le 4 octobre 1774, mort à Paris, le 20 décembre 1835, se destina à l'état militaire. Emigré en 1791, il rentra dix ans après, devint maire d'Arthez-d'Asson en 1803, chambellan de Napoléon 1er en 1806, membre de la Légion d'honneur en 1808, et fut envoyé à Vienne, en 1810, pour ramener à Paris l'archiduchesse Marie-Louise. Nommé préfet des Landes le 30 novembre 1810, il mérita, par le concours qu'il prêta au maréchal Soult, dans ses opérations militaires, la croix d'officier de la Légion d'honneur le 5 novembre 1813, mais fut destitué au

ANG
71
ANG

retour des Bourbons, en 1814. Pendant les Cent-Jours, l'empereur l'envoya préfet dans le Haut-Rhin, jusqu'au retour de Gand; cependant le gouvernement de Louis XVIII ne lui tint pas longtemps rigueur, et le nomma pair de France le 5 mars 1819.

Le marquis d'Angosse prit part l'année d'après au jugement et à la condamnation de Louvel, le meurtrier du duc de Berry, et vota avec la majorité de la Chambre haute jusqu'en 1830. Après Juillet, rallié au gouvernement de Louis-Philippe, il fut maintenu sur son siège de pair de France jusqu'à sa mort.

ANGOSSE (Claude-Alexandre-Casimir Marquis d'), frère du précédent, député de 1827 à 1830, puis pair de France sous Louis-Philippe, né à Paris, le 14 mai 1779, mort à Pau (Basses-Pyrénées), le 13 septembre 1838, avait déjà rempli, sous la Restauration, les fonctions de sous-préfet, quand il fut élu le 24 novembre 1827, député des Basses-Pyrénées, au collège du département, par 162 voix sur 289 votants et 366 inscrits. Il siégea au centre droit et soutint le ministère Martignac. Il vota l'adresse des 221 contre le cabinet présidé par M. de Polignac, et fut réélu le 3 juillet 1830, par le même collège électoral. Il ne fit point partie de la législature suivante. Partisan de la monarchie constitutionnelle de Louis-Philippe, il fut appelé à la pairie, par décret du 3 octobre 1837, un an avant sa mort.

ANGOT (Louis-Hector-Amédée), député à l'Assemblée constituante de 1789, né à Versailles, le 14 novembre 1739, mort à Bacilly (Manche), en juin 1827 était lieutenant général du bailliage de Coutances en même temps que président de l'assemblée municipale au moment de la Révolution. Élu, le 30 mars 1789, par son bailliage, député du tiers aux États-Généraux, il ne prit qu'une fois la parole à l'assemblée, dans une circonstance que rendait piquante la situation personnelle de l'orateur, pour faire adopter l'incompatibilité des fonctions municipales avec celles de judicature.

ANGOT (Auguste-François), député de 1827 à 1831, né à Avranches (Manche) le 25 avril 1763, mort à Paris, le 4 juin 1841, était propriétaire à Bacilly (Manche) quand les électeurs libéraux de la 2e circonscription de ce département posèrent sa candidature contre celle du député sortant, Lemoine des Mares : il fut élu le 17 novembre 1827 avec 180 voix sur 341 votants et 409 inscrits (Lemoine des Mares obtint 161 voix). Il siégea dans l'opposition constitutionnelle. Un recueil de biographies parlementaires de 1828, très favorable aux députés de l'opposition, parlait de M. Angot en ces termes :

« Ce député est un propriétaire connu par quarante années de vertus privées. Les amis de la liberté ont placé en lui leur confiance : c'est assez dire qu'il votera contre le triumvirat ministériel. M. Angot n'est encore connu par aucune action publique; mais il suffit d'être ami de la Charte pour combattre l'ancien maire de Toulouse (Villèle); il suffit de cultiver les lettres et les arts pour voter contre le ministre breton (Corbière); il suffit enfin de détester toutes les corruptions et toutes les fraudes, pour désirer d'arracher le sceptre de la justice à l'avocat de Bordeaux (Peyronnet). M. Angot remplira cette noble mission. C'en est assez pour l'inscrire au nombre des citoyens chers à la patrie. »

Après le renversement du « triumvirat, »

Angot continua de voter dans le sens libéral : il combattit le ministère Polignac et fit partie, contre lui, de la majorité des 221. Réélu, après la dissolution, le 23 juin 1830, par le même arrondissement électoral avec 206 voix contre 175 à Lemoine des Mares, sur 383 votants et 419 inscrits, il accueillit avec empressement le gouvernement de Louis Philippe et soutint de ses votes le cabinet présidé par Casimir Périer. Celui-ci ayant dissous à son tour la Chambre des députés, Angot fut encore réélu, le 5 juillet 1831, à Avranches, par 262 voix contre 25 données à Dupont (de l'Eure), sur 311 votants et 461 inscrits. Mais il ne tarda pas à donner sa démission. Depuis, il fut candidat, sans succès, contre Abraham Dubois qui l'emporta aux élections des 13 décembre 1833 et 2 mars 1839.

ANGOT DES ROTOURS (François-Mathieu, baron), député de 1824 à 1827, né à Falaise (Calvados), le 17 janvier 1768, mort à Corbeil (Seine-et-Oise), le 24 mai 1858, était le fils de Noël-François-Mathieu Angot des Rotours (1739-1821) un des plus habiles monétaires du XVIIIe siècle, que l'Assemblée constituante adjoignit à son comité des monnaies, et qui eut la plus grande part aux améliorations réalisées dans la fabrique des différentes espèces. Il était le frère aîné de l'amiral Jean-Julien Angot des Rotours, qui eut une brillante carrière sous l'Empire et la Restauration. Lui-même était, en 1789, élève au corps royal d'artillerie. Le 3e régiment de cette arme ayant, à l'instigation d'un de ses caporaux, participé à une émeute, le caporal, d'abord expulsé, ayant obtenu en février 1792, de l'Assemblée nationale, sa réintégration dans son ancienne compagnie, le lieutenant des Rotours, qui la commandait alors, en l'absence du capitaine, donna aussitôt sa démission. Il émigra, servit jusqu'en 1794 à l'armée de Condé, puis entra dans l'artillerie hollandaise. Après la conquête de la Hollande, il parvint avec quelques compagnies à gagner l'Angleterre.

Rentré en France en 1802, il avait occupé un emploi subalterne au ministère du trésor public, quand l'avènement de Louis XVIII le fit chef de bureau au ministère de la maison du roi, et chevalier de Saint-Louis. Après les Cent-Jours, il accepta la situation d'administrateur de la manufacture des Gobelins, et ne tarda pas à recevoir la croix de la Légion d'honneur, avec le titre de baron.

Appelé en 1824 à présider le collège électoral du 2e arrondissement du département de l'Orne, il fut élu, le 25 février de cette année, député d'Argentan par 194 voix sur 368 votants et 419 inscrits, contre M. Vattier de Saint-Alphonse, qui obtint 98 voix. A la chambre « septennale », Angot des Rotours soutint généralement le ministère. Pourtant, il fut dans quelques circonstances, notamment à propos du projet de remboursement des rentes, une attitude assez indépendante. Au surplus, il n'aborda point la tribune. « On lui donne l'esprit de conversation », écrivait-on au sujet du *Biographie des députés de la Chambre septennale.* (Paris-1826). « Mais son silence à la Chambre fait penser qu'il est chargé des intérêts des figures de tapisserie qu'il fait confectionner. »

Non réélu en 1827, il fut, en dédommagement de son échec, promu par Charles X officier de la Légion d'honneur. Le gouvernement de Juillet le maintint d'abord dans ses fonctions de directeur des Gobelins, puis lui donna pour successeur, en 1833, M. Lavocat. Il conserva alors le titre d'administrateur honoraire, et toucha une pension de retraite, qui ne figurait pas au budget, et qui, d'après une biographie, était prélevée sur les appointements de son successeur.

ANGOULÊME (LOUIS-ANTOINE DE BOURBON DUC D'), pair de France sous la Restauration, né à Versailles (Seine-et-Oise) le 6 août 1775, mort à Goritz (Autriche) le 3 juin 1844, était fils du roi Charles X et de Marie-Thérèse de Savoie. Nommé grand prieur de France en 1776, il émigra avec son père en 1789, et resta un an à Turin, près de son grand-père, le roi de Sardaigne, en suivant un cours d'artillerie. Il partit pour l'Allemagne, en août 1792, prendre le commandement d'un corps d'émigrés, qu'il quitta bientôt pour suivre le comte d'Artois, son père, à Edimbourg; il était à Milau, en juillet 1799, date de son mariage avec Marie-Thérèse-Charlotte de France, fille de Louis XVI.

Il accompagna Louis XVIII à Varsovie, puis à Hartwell: au moment des succès de Wellington en 1814, il partit pour la France, débarqua le 2 février à Saint-Jean-de-Luz, d'où il gagna Bordeaux, où il fit, le 12 mars, une entrée triomphale. Nommé, le 15 mai, colonel général des cuirassiers et des dragons et grand-amiral de France, il arriva à Paris le 27 mai, puis revint à Bordeaux en février 1815 avec la duchesse d'Angoulême. Le débarquement de Napoléon, revenant de l'île d'Elbe, lui fit prendre la route de Toulouse et de Nîmes afin d'organiser la résistance; cerné, grâce à la défection de ses troupes, il fut conduit à Cette où il s'embarqua pour Barcelone sur un navire suédois.

Après Waterloo, il rentra en France par la frontière d'Espagne, et organisa dans le midi, sur son passage, des corps de volontaires royaux, fut nommé, en août 1815, président du collège électoral de la Gironde et, le 12 octobre, président du cinquième bureau de la chambre des pairs, dont il était membre de droit comme prince du sang, et où il siégea peu, en raison de ses longs séjours dans le midi; il était absent lors du procès du maréchal Ney, et avait déjà fait mettre en liberté le maréchal Soult, arrêté sous la même inculpation. Louis XVIII le nomma généralissime des troupes françaises (29 janvier 1823) lors de la guerre d'Espagne, qu'il mena à bonne fin au point de vue militaire. Dauphin de France à la mort de Louis XVIII, il eut peu d'influence politique. Le 29 juillet 1830, il tenta de rallier les débris de l'armée royale, mais bientôt se décida à abdiquer, de concert avec Charles X, en faveur du duc de Bordeaux, et, sous le nom de comte de Marne, suivit son père dans les différentes étapes de son exil, Holyrood, Prague, Goritz.

ANGUISSOLA (RANUCE-CHARLES-JOSEPH-MARIE-FRANÇOIS-PAUL-LOUIS-BALTHAZAR-GASPARD, COMTE DE GRASSANO), membre du Sénat conservateur de 1809 à 1815, né à Plaisance (Italie), le 15 janvier 1752, mort à Plaisance, le 31 mars 1823, était propriétaire dans cette ville quand il fut choisi par Napoléon pour faire partie du Sénat conservateur, le 18 mars 1809. Il y siégea jusqu'à la chute du gouvernement impérial, dont il soutint naturellement la politique. Le 29 septembre 1809, il avait été fait comte de l'Empire.

ANISSON-DUPERRON (ALEXANDRE-JACQUES-LAURENT), député de 1830 à 1845 et pair de France, né à Paris, le 27 octobre 1776, mort à Dieppe, le 2 septembre 1852, fut chargé de missions en Italie et occupa quelques mois la préfecture de l'Arno (1808). Le premier empire le nomma en 1809 auditeur au Conseil d'Etat, et directeur de l'imprimerie impériale avec le titre d'inspecteur. À la Restauration il devient maître des requêtes au Conseil d'Etat (30 décembre 1814) et directeur de l'imprimerie royale, fonction qu'il perdit au retour de l'île d'Elbe, en avril 1815. Louis XVIII le réintégra dans ce poste, et dans celui de maître des requêtes en service ordinaire aux appointements de 6000 fr. La campagne entreprise par les imprimeurs de Paris, dès 1816, contre l'imprimerie royale, et soutenue à la Chambre des députés par M. Leroux du Châtelet, ne réussit pas à l'atteindre: il ne donna sa démission qu'au moment du rétablissement de la censure, en 1829. Le 23 juin 1830, il se présenta à la députation dans le 3e arrondissement électoral du Puy-de-Dôme, à Ambert, et fut élu; réélu également, le 7 septembre 1833, dans le 10e collège électoral de la Seine-Inférieure, à Yvetot, par 170 voix, sur 259 votants et 442 inscrits, contre M. Edouard Lemire, qui n'obtint que 67 voix, il se maintint dans le même collège aux élections du 4 novembre 1837 et du 2 mars 1839; le 9 juillet 1845, il fut promu pair de France, en récompense de l'appui constant qu'il avait donné aux différents ministères de Louis-Philippe.

M. Anisson-Duperron a publié deux ouvrages d'économie politique : *De l'affranchissement du commerce et de l'industrie* (1829), et *Essai sur les traités de commerce de Méthuen* (1847); il se montra toujours partisan résolu du libre-échange.

ANISSON-DUPERRON (ROGER-LÉON), fils du précédent, représentant à l'Assemblée nationale de 1871, et député de 1876 à 1881, né à Paris, le 27 avril 1829. Possesseur d'une fortune considérable, grand propriétaire dans l'arrondissement d'Yvetot (Seine-Inférieure), il fit en Europe et en Orient plusieurs voyages dont il publia la relation dans le *Correspondant*. Jusqu'en 1870, il s'occupa peu de politique. Conseiller d'arrondissement dans la Seine-Inférieure, il fut porté le 8 février 1871, sur la liste conservatrice qui l'emporta dans ce département, et passa le 11e sur 16, avec 77,282 voix (120,899 votants et 203,718 inscrits). Il se fit inscrire à la réunion du centre droit et vota constamment avec ce groupe. Il prit une certaine part aux discussions politiques et fut notamment l'auteur d'une proposition tendant à interdire aux membres de l'Assemblée de faire partie des conseils de guerre. Cette proposition introduite sous forme d'amendement dans le projet qui appelait le duc d'Aumale à juger le maréchal Bazaine, dut être retirée en présence de l'opposition que lui firent et la gauche et la droite. Il proposa également, à propos de la loi électorale, l'établissement d'un cens de 5 francs par électeur. Mais son influence s'exerça surtout dans ce qu'on a appelé les « coulisses parlementaires » : ce fut chez lui, par exemple, que se réunit, avant le 24 mai, sous la présidence du général Changarnier, le comité directeur « des six » où fut proposé et décidé le renversement de Thiers. Les cinq autres membres de ce comité étaient MM. Amédée Lefèvre-Pontalis, Baragnon, Pradié, Batbie et de Broglie; là, fut dressé tout le plan de la campagne qui se termina par la journée du 24 mai. M. Anisson-Duperron fut mêlé de même aux conciliabules des « neuf » qui s'étaient donné la tâche de préparer avec les bureaux des quatre groupes de droite, la « fusion » des deux branches des Bourbons, et le rétablissement de la monarchie. Il opina : le 1er mars 1871, *pour* les préliminaires de paix ;

Le 16 mai, *pour* les prières publiques;

Le 3 février 1872, *contre* le retour à Paris ;

Le 23 juillet 1873, *contre* la dissolution de l'Assemblée, avec les orléanistes.

M. Anisson-Duperron se félicita, dans une lettre rendue publique, d'avoir contribué à « maintenir les séances de l'Assemblée en dehors de l'enceinte tant de fois violée par les infatigables artisans de nos révolutions ».

Rallié à la combinaison du septennat, il appuya toute la série des mesures présentées par le ministère de Broglie, repoussa la dissolution chaque fois qu'elle fut proposée, vota *pour* la loi des maires, *contre* la proposition Périer tendant à l'organisation des pouvoirs publics, mais finit cependant par adopter l'ensemble des lois constitutionnelles (25 février 1875).

Aux élections législatives du 20 février 1876, il se présenta dans la 1re circonscription d'Yvetot, comme candidat « constitutionnel », après avoir échoué le mois précédent aux élections sénatoriales; il fut élu, au second tour de scrutin, par 6,440 voix contre 5,394 à M. Masurier, républicain (11,902 votants et 15,955 inscrits.) Un certain nombre de républicains s'étaient ralliés à sa candidature, dans l'intervalle des deux scrutins, afin d'éviter l'élection du candidat bonapartiste, M. Blanquart de Bailleul. Il fit partie de la minorité de droite, et vota, après le 16 mai, pour le ministère de Broglie ; réélu, le 14 octobre 1877, toujours dans la même circonscription, avec l'appui officiel du gouvernement du maréchal de Mac-Mahon, par 8,365 voix contre 4,652 au colonel Anfrye, républicain, il s'associa jusqu'en 1881, à tous les votes de la droite monarchiste : *contre* l'article 7 et contre l'application des lois existantes aux congrégations *non autorisées*, *contre* le retour du Parlement à Paris, *contre* le rétablissement du divorce, etc. Il s'est prononcé, toutefois, contre les doctrines protectionnistes.

M. Anisson-Duperron n'a pas fait partie de la Chambre de 1885. Depuis le 8 octobre 1871, il était membre du Conseil général de la Seine-Inférieure, pour le canton de Caudebec.

ANNECY (Jean-Louis), député de Saint-Domingue au conseil des Anciens, né à Saint-Domingue, propriétaire à Saint-Domingue, ainsi que le qualifie le procès-verbal de son élection, fut envoyé par l'île, le 22 germinal an V, comme député au Conseil des Anciens. L'admission des députés de couleur au Corps législatif ayant été combattue par le citoyen Brothier, Annecy, de concert avec son collègue Etienne Mentor, comme lui député de Saint-Domingue, publia des *Observations* où cette opinion était vivement combattue. Ils rappelaient que la loi fixait à 13 le nombre des députés à envoyer par la colonie, que ce nombre n'était pas dépassé et ajoutaient : « Pleins de confiance dans la sagesse et les lumières du Conseil des Anciens, nous attendons avec confiance sa décision, bien persuadés que l'intrigue et la mauvaise foi ne l'emporteront pas dans l'esprit des représentants sur le bon droit et le respect dû aux lois qui régissent notre République. »

Définitivement admis, Annecy fut choisi par le Conseil, à la séance du 1er prairial an VII,

pour remplir les fonctions de secrétaire avec Chassey, Savary et Morand.

ANQUETIN DE BEAULIEU (François-Noël), député au Conseil des Anciens et au Corps législatif, né à Beaulieu (Calvados) vers 1749, mort à Paris, le 15 février 1800, se déclara, en 1789, pour les principes de la Révolution; il exerçait alors la profession d'homme de loi. Nommé accusateur public, puis procureur général syndic dans la Seine Inférieure, il devint suspect de modérantisme en 1793 et fut quelque temps proscrit. Le 25 germinal an VII, il fut élu par son département député au Conseil des Anciens. Favorable au coup d'Etat de Brumaire, il entra le 4 nivôse an VIII, au Corps législatif, toujours comme député de la Seine-Inférieure : mais il n'y siégea que quelques semaines. En effet, son décès fut annoncé à la séance du 26 pluviôse. « Le Corps législatif, dit le procès-verbal officiel, ayant, en différentes circonstances, manifesté le désir et la volonté de rendre des hommages funèbres à ceux de ses membres que la mort lui avait enlevés, un membre propose : qu'il soit formé une députation de 64 membres chargés d'assister aux funérailles du citoyen Anquetin, au nom du Corps législatif. » La députation fut nommée, et le lendemain 27, jour des obsèques, Thiessé (de la Seine-Inférieure), membre du Tribunat, prononça son éloge sur sa tombe. Il loua la « fermeté courageuse » du défunt dans « ces temps orageux où la famine et l'oppression moissonnaient tour à tour les citoyens de tous les âges. »

ANSART-RAULT DU FIESNET (Edmond-Charles-Philippe), député en 1881, né à Paris, le 14 novembre 1827, mort à Outréau (Pas-de-Calais) le 20 septembre 1886, débuta dans la vie parlementaire aux élections générales du 21 août 1881; il fut alors élu député dans la 1re circonscription de Boulogne-sur-Mer (Pas-de-Calais) par 8707 voix sur 14,998 votants et 20,275 inscrits, contre M. Livois, député conservateur sortant, qui n'obtint que 6221 voix. M. Ansart-Rault du Fiesnet siégea parmi les républicains modérés et vota avec la majorité « opportuniste » de la Chambre de 1881. Il se prononça *pour* le maintien du budget des cultes, *contre* l'élection du Sénat par le suffrage universel, et vota tous les crédits demandés par le ministère Jules Ferry pour l'expédition du Tonkin. Le 4 octobre 1885, M. Ansart fut porté sur la liste républicaine du Pas-de-Calais; il obtint 75,400 voix; mais cette liste échoua tout entière, et le dernier de la liste conservatrice, M. de Clercq, fut élu avec 100,914 voix.

M. Ansart était membre du Conseil général du Pas-de-Calais; il le présidait en 1886, à l'époque de sa mort.

ANSEAUME (Louis-Michel), député à l'Assemblée législative de 1791, né à Douville, en 1750, mort à Douville à une date inconnue. Homme de loi dans le Calvados, il fut nommé administrateur de ce département, et reçut de ses concitoyens, le 9 septembre 1791, avec 173 voix sur 336 votants, le mandat de les représenter à l'Assemblée législative. Il remplit en dernier lieu les fonctions de juge de paix à Douville (Calvados.)

ANSON (Pierre-Hubert), député à l'Assemblée Constituante de 1789, né à Paris, le 11 juin 1744, mort à Paris, le 18 novembre 1810, était agrégé de la Faculté de droit, lorsque D'Ormesson, intendant des finances, l'appela auprès de son fils, qui depuis fut contrôleur-général. Ce fut pour lui le point de départ d'une brillante carrière dans l'administration des finances. Receveur-général du Dauphiné, puis membre du Comité central des receveurs généraux, il fut, de plus, choisi par les électeurs du tiers-état de la ville de Paris, 18 mai 1789, pour les représenter aux Etats-Généraux. Il y prit plusieurs fois la parole dans les questions économiques et financières, appuya les plans de Necker, en votant néanmoins pour que la caisse d'escompte ne reçut pas de privilèges, et, dans la séance du 25 septembre, lut et soutint un long projet de décret sur les impositions, qui fut rejeté. Rapporteur du Comité des finances, il fut chargé à maintes reprises, de rendre compte de ses travaux ; fit décréter le paiement des décimes pour 1789, et des mesures pour la vente des domaines du clergé et de la Couronne (23 janvier 1790) ; obtint que les petites rentes seraient payées avec les dons patriotiques ; proposa (9 avril), d'assurer cours de monnaie aux assignats ; fit adopter la suppression de la caisse du clergé ; prit part aux discussions sur l'état des dépenses de 1790, sur l'organisation du trésor public, sur l'abolition des ordres de chevalerie, etc. Nommé, le 21 octobre 1791, administrateur du département de la Seine, il signa, à ce titre, le 3 décembre, la pétition adressée au roi par « le département » afin de le supplier d'opposer son *veto* au décret du 21 novembre sur les prêtres non-assermentés. Il quitta ces fonctions en juillet 1792, après la rentrée de Pétion à la mairie de Paris. Devenu suspect en 1793 et poursuivi, il parvint à se cacher chez un membre influent de la société des Jacobins, et demeura jusqu'en l'an VIII étranger aux affaires. Alors il fut fait régisseur général des postes et membre du Conseil général de la Seine, qu'il présida. Il fut encore (an X), nommé administrateur du Prytanée français. — Indépendamment de ses connaissances financières, Anson avait cultivé la littérature avec un certain succès. On lui doit des mémoires historiques, une comédie, de nombreuses pièces de vers, et une traduction estimée des *Odes d'Anacréon*.

ANSTETT (François-Antoine), représentant du peuple à l'Assemblée législative de 1849, né à Schelestadt (Bas-Rhin), le 17 février 1810, dirigeait une brasserie à Schelestadt, quand il fut, le 13 mai 1849, élu représentant du Bas-Rhin, à l'Assemblée législative sur la liste des républicains démocrates-socialistes, par 34,400 voix (95,863 votants et 146,942 inscrits). En même temps que lui étaient élus : Bruckner, Chauffour, Westercamp, Ennery, etc. Il prit place au groupe de la Montagne, vota, dans la séance du 11 juin 1849, *contre* l'ordre du jour pur et simple, réclamé et obtenu par le gouvernement après l'interpellation Ledru-Rollin sur les affaires de Rome, et s'associa, le surlendemain 13, à la manifestation des députés de la Montagne et des membres du Comité démocratique socialiste, qui se rendirent au Conservatoire des Arts-et-Métiers pour protester contre la violation de la Constitution. Il avait signé la proclamation qui contenait l'appel aux armes. Il reprit ensuite son siège à l'Assemblée ; mais une demande en autorisation de poursuites, en raison de sa participation à la journée du 13 juin, ayant été portée le 5 juillet, au Palais-Bourbon, il fut décrété d'accusation par 301 voix contre 141. Dans la même séance furent également autorisées les

poursuites contre les représentants Beyer, Kopp, Hofer et Lourion. M. Anstett réussit à s'échapper ; il se retira en Suisse, et c'est par contumace qu'il fut condamné (octobre 1849) à la déportation dans une enceinte fortifiée. Depuis lors, il est demeuré étranger à la politique.

ANTÉROCHE (Alexandre-César d'), député à l'Assemblée Constituante de 1789, né à Saint-Flour (Cantal) en 1721, mort à Londres le 28 janvier 1793, était évêque de Condom à l'époque de la Révolution. Le clergé de la sénéchaussée de Nérac l'ayant choisi comme député aux Etats-Généraux, il siégea parmi les défenseurs de l'ancien régime, et, lors du projet de réunion des trois ordres, il remit sur le bureau de l'Assemblée une déclaration dont voici les termes :

« Le député des sénéchaussées de Nérac et
« Casteljaloux en Albret, n'ayant d'autre
« pouvoir que ceux qui lui ont été donnés par
« ses commettants, déclare ne devoir ni pouvoir
« voter par tête qu'à l'époque qu'il y aura une
« constitution consentie par les trois ordres et
« consommée, et que jusque-là il lui est expres-
« sément défendu d'opiner autrement que par
« ordre. Il déclare encore qu'ayant adhéré à la
« déclaration du roi du 23 juin 1789, il ne
« peut ni ne veut consentir qu'il n'y aura qu'un
« seul et unique président pour l'Assemblée des
« Etats-Généraux, conformément à l'article
« quatorze de la dite déclaration qui dit for-
« mellement que les trois ordres seront présidés
« chacun par le président choisi par lui et qu'ainsi
« il persiste à ne reconnaître pour président de
« l'ordre du clergé que son Em. Mgr.
« le cardinal de Larochefoucauld, élu par
« scrutin dans sa Chambre.

« En foi de quoi le député des sénéchaussées
« de Nérac, diocèse de Condom, et Casteljaloux
« en Albret a signé la présente déclaration, le
« 3 du mois de juillet 1789, et l'a remise sur le
« bureau de la salle des Etats-Généraux. »

       + A. C. évêque de Condom.

En 1791, d'Antéroche partit en émigration, et s'établit à Londres. Le *Moniteur* du 7 février 1793 annonça son décès par cette simple mention :

« M. d'Antéroche, ex-évêque de Condom, est mort, le 28 janvier, d'une hydropisie de poitrine. »

ANTHÈS (Joseph-Conrad baron d'), député de 1822 à 1830, né à Soultz (Haut-Rhin), le 8 mai 1773, mort à Soultz, le 1er septembre 1852. Riche propriétaire du Haut-Rhin, il fut élu le 9 mai 1822 membre de la Chambre des députés par le 2e arrondissement électoral du Haut-Rhin (Colmar). Il siégea à l'Extrême-droite, et vota toujours avec les ultra-royalistes. Successivement réélu les 25 février 1824, et 17 novembre 1827, il échoua le 23 juin 1830 contre M. André qui fut élu avec 179 voix (le baron d'Anthès n'en avait obtenu que 135). Ce législateur n'aborda jamais la tribune ; pourtant il n'intervint pas seulement par ses votes dans les débats parlementaires. « Il doit à la puissance de ses poumons, disait la *Nouvelle Biographie pittoresque des députés de la Chambre septennale*, ainsi qu'à l'amitié qu'il porte au triumvirat ministériel, le surnom de *général de la clôture*, surnom dont, par parenthèse, il se montre un peu trop fier. M. d'Anthès est un baron campagnard qui, avant d'être le mandataire du grand collège de Colmar, passait sa vie dans son domaine de Schultz, entre la choucroute et le tabac de contrebande. Aujourd'hui que M. le baron est chef de file de la phalange clôturière, il a quitté la choucroute pour la truffe insidieuse. Un électeur fonctionnaire le félicitait un jour de ce qu'il avait si bravement crié *la clôture! la clôture!* durant la dernière session : « J'espère, dit-il, crier bien davantage à la session prochaine. »

A partir de la Révolution de juillet, le baron d'Anthès vécut dans la retraite. Il avait été conseiller d'arrondissement, puis conseiller général du Haut-Rhin.

ANTHÈS, *Voy.* HEECKEREN (BARON DE).

ANTHOARD (JEAN-AUGUSTIN-ADOLPHE), député de 1876 à 1881, né à Luz-la-Croix-Haute (Drôme), le 3 septembre 1807. Propriétaire-cultivateur à Nogarey dans le canton de Sassenages, qu'il représenta plusieurs années au Conseil général de l'Isère, M. Anthoard avait rempli en 1848 les fonctions de maire de Grenoble, puis de juge suppléant au tribunal civil de cette ville. Opposé au Coup d'Etat de 1851, il donna sa démission et se tint à l'écart des affaires publiques pendant toute la durée de l'Empire. Le 4 septembre 1870 fit de lui le président de la commission municipale de Grenoble. Il était conseiller général depuis 1871, quand il se présenta comme républicain modéré, aux élections législatives du 20 février 1876, dans la 2ᵉ circonscription de Grenoble. Elu par 8,329 voix sur 15,843 votants et 22,372 inscrits contre MM. Félix Breton (3,357 v.) Aristide Roy (3,139) et de Combarieu (998), il prit place à gauche, vota *contre* la proposition Raspail tendant à l'amnistie plénière, *pour* la nouvelle loi sur l'élection des maires, et s'associa à la protestation des 363 contre le gouvernement du 16 mai. Après la dissolution de la Chambre, la même circonscription lui donna le 14 octobre 1877, 14,355 voix de majorité, (17,553 votants et 22,693 inscrits) contre M. Félix Breton, qui n'en eut que 3,144. Il continua de voter avec la majorité de la chambre, et se prononça *pour* l'ordre du jour Jules Ferry en faveur du ministère Dufaure ; *pour* l'invalidation de l'élection de Blanqui à Bordeaux ; *pour* l'article 7 et *pour* l'application des lois existantes aux congrégations; *pour* l'instruction obligatoire, *pour* le divorce, etc. — Il ne fut pas candidat aux élections de 1881.

ANTHOINE (FRANÇOIS-PAUL-NICOLAS), député aux Etats-Généraux et membre de la Convention nationale, né à Boulay (Moselle) en 1720, mort à Metz (Moselle), le 19 août 1793, fut avant la Révolution lieutenant général du bailliage de Boulay. Chaleureux partisan des idées nouvelles, il fut en 1789 élu député du tiers-état par le bailliage de Sarreguemines. Il siégea à gauche et se montra l'adversaire résolu du parti de la cour. Son début dans l'Assemblée eut pour occasion (1790) l'affaire suscitée à Danton par le Châtelet de Paris; ce tribunal avait rendu un décret de prise de corps contre Danton, qu'il accusait d'avoir tenu des discours de nature à compromettre l'ordre public. Cette affaire fit grand bruit; une plainte contre le Châtelet fut portée par le Club des Cordeliers devant l'Assemblée nationale, et Anthoine, qui se fit l'écho de ces réclamations, proposa nettement la mise en accusation des membres du tribunal du Châtelet comme prévaricateurs. L'affaire, cette fois,

n'eut pas de conséquence, le débat ayant été étouffé, mais, par la suite, le Châtelet se vit obligé de révoquer sa sentence. Plus tard, (5 avril) Anthoine prit la parole sur l'institution du jury et proclama que « sans elle il n'y a pas de constitution libre. » Il fit rendre (5 mai) un décret condamnant la conduite des officiers municipaux de la ville de Decize (Nièvre) qui avaient fait arrêter un convoi de blé appartenant à Nevers, sous le prétexte d'une créance que Decize avait sur cette ville. C'est peu de temps après qu'il publia une très-curieuse lettre, adressée à Necker, « sur son opinion relativement au décret abolissant les titres, les noms et les armoiries. » Necker était personnellement opposé à ce décret et il n'avait pas caché son sentiment, assurant qu'il ne résulterait de cette mesure « aucun avantage réel pour le peuple. »

« Voulez-vous dire, lui répondit Anthoine, que les impositions n'en diminueront pas d'un sou? C'est parler en bon financier: mais la remarque n'est pas saillante. Prétendez-vous que, sous aucun rapport, cette disposition n'est utile ni agréable au peuple? Ce n'est pas parler en bon publiciste.

« C'est calomnier le peuple, que de le séparer comme vous faites, en deux classes, dont l'une, selon vous, ne s'occupe et ne doit s'occuper que de sa subsistance, et dont l'autre n'est travaillée que du désir de ravaler les ci-devant nobles....

« ... Le prétendu reflet qui doit, selon vous, rejaillir des grands sur le peuple qui les sert, fait épigramme contre votre propre système. L'insolence du soudoyant ajoute à l'infériorité du soudoyé. Fabert et Jean Bart étaient nés dans cette classe que vous dépréciez tant. Peut-on douter qu'ils aient été plus d'une fois découragés par les bravades des gens titrés? et n'avouerez-vous pas qu'il est utile d'ôter ces motifs de découragement de la carrière des Faberts à venir?... etc. »

Elu secrétaire de l'Assemblée constituante il intervint encore dans les débats suivants : établissement d'un tribunal de cassation ; troubles survenus à Montauban; répartition par le roi des fonctions ministérielles; abolition des ordres de chevalerie; sur ce dernier point il opina néanmoins pour que le roi se vit accorder la « faveur » de porter comme insigne un ruban tricolore. Après la séparation de la Constituante, Anthoine devint maire de Metz. Cette ville ayant été un moment suspectée d'avoir des intelligences avec les frères du roi et le marquis de Bouillé, un mandat d'arrêt fut lancé contre le maire par le « département » de la Moselle. Mais Anthoine fut admis, pour se justifier, à la barre de l'Assemblée législative, et il finit par obtenir (18 août 1792) après un rapport favorable de Quinette (de l'Aisne), d'être rendu à ses fonctions. A leur tour, les président et procureur général-syndic du département furent suspendus par l'Assemblée.

Le 5 septembre 1792, les électeurs de la Moselle l'envoyaient à la Convention. Lors du procès du roi, il se prononça pour la mort, en ces termes:

2ᵉ appel nominal (question de l'appel au peuple) : « Je dis *non* parce que le peuple a prononcé déjà dans cette affaire, autant qu'il le peut, par l'insurrection générale, et en envoyant ici la Convention nationale, parce que je ne veux ni anarchie, ni guerre civile, ni l'entrée des puissances étrangères en France. »

3ᵉ appel nominal (application de la peine :) « Sur mon honneur Louis mérite la mort. »

Pendant l'hiver de 1793, Anthoine fut envoyé en mission avec son collègue Levasseur dans les départements de la Meurthe et de la Moselle. Le représentant Salles (de la Meurthe), ayant cherché à éloigner des envoyés de la Convention la confiance de la population, Anthoine écrivit de Nancy pour dénoncer ces manœuvres, à la séance du 30 mars 1793 ; après avoir entendu les explications de Salles et quelques observations de Danton et de Barbaroux, la Convention, sur la motion de Barrère, passa à l'ordre du jour. Cependant l'opposition faite à Anthoine ne désarma pas : accusé de vexations dans l'exercice de sa mission, il répondit par un mémoire détaillé. Se trouvant en congé à Metz, il y mourut d'une maladie de poitrine, le 19 août 1793. Son décès fut annoncé à la Convention par Thirion (de la Moselle), en ces termes : « La Convention nationale vient de perdre un de ses membres les plus purs et les plus zélés. Ses obsèques se firent le lendemain (20 août) ; on y remarquait principalement cette inscription qui peint bien le caractère de cet excellent citoyen : *Il est mort l'ami de ses ennemis et il vivra toujours à la mémoire du peuple son ami* ». Par testament il avait légué tous ses biens à la nation. Ce legs universel ayant été soumis à l'Assemblée le 26 août, elle déclara « la mémoire d'Anthoine chère aux Français » et ajourna sa décision quant à l'acceptation du legs. La question revint le 23 germinal an 2 (12 avril 1794), et finalement, sur un long rapport de Pons (de Verdun), au nom des comités de législation et de finances, le décret suivant fut rendu :

« La Convention nationale, déclare qu'elle n'accepte pas le legs universel que contient le testament d'Anthoine en faveur de la République, que les frais d'enregistrement perçus à raison dudit legs universel seront remboursés à la veuve Anthoine par le receveur des droits, à la présentation du présent décret. »

Cette décision était fondée, entre autres motifs, sur ce fait que les lois nouvelles n'admettaient point le legs universel d'Anthoine, puisqu'à partir du 14 juillet 1789, disait le rapport, elles ne laissent aux citoyens que la faculté de disposer du dixième et du sixième de leurs biens en ligne collatérale. « Or l'État devait donner l'exemple d'une exécution rigoureuse et ponctuelle des lois. »

ANTHOINE (ANTOINE-IGNACE, BARON DE SAINT-JOSEPH), représentant à la Chambre des Cent-Jours, né à Embrun (Hautes-Alpes) le 21 septembre 1749, mort à Marseille (Bouches-du-Rhône), le 22 juillet 1826. Bien qu'issu d'une famille de magistrats, il s'adonna au commerce, se vit confier, grâce à l'appui d'un négociant de Marseille la direction d'une importante maison de Constantinople, et y réalisa des bénéfices considérables. En même temps, il se préoccupait activement d'une union commerciale entre la Russie, la Pologne et la France, projet qui nous ouvrait un nouveau débouché par la mer Noire et le Bosphore. Anthoine de Saint-Joseph reçut du cabinet de Versailles la mission officielle de visiter la Russie pour travailler à la réalisation de ses plans ; après les avoir fait adopter par le prince Potemkin et par Catherine II, il obtint l'autorisation de fonder à Cherson un établissement qui réussit à souhait. L'expérience tentée par Anthoine eut les plus heureux résultats ; c'est depuis lors, et grâce à lui, que les blés de la Crimée ont pu devenir dans les temps de disette une ressource inappréciable. Il parvint encore à rendre à la marine française un service signalé, en faisant venir du centre de la Russie par la voie de Cherson, les bois de grande mâture, qui auparavant, étaient importés dans nos ports de l'Océan et de la Méditerranée par la voie de Riga, transport qui exigeait, seulement de la forêt à ce port de la Baltique, 18 mois à 2 ans. Ses spéculations ne profitèrent pas seulement à son pays ; il acquit lui-même en peu de temps une grosse fortune, qu'il expliqua dans son *Essai historique sur le commerce et la navigation de la mer Noire*, publié à Paris, en 1805. Créé baron par Louis XVI en 1786, il revint en France, épousa mademoiselle Clary, qui était la belle-sœur du général Bernadotte, depuis roi de Suède, et de Joseph Bonaparte. Sous la Révolution, Anthoine se retira à Gênes ; de retour à Marseille, le 18 brumaire, il devint membre de la Chambre de commerce, reçut la croix de la Légion d'honneur, établit un majorat sous le titre de baron de Saint-Joseph et fut nommé maire de Marseille, en 1805. (Jusque-là Marseille était divisé en trois mairies). Il présida en cette qualité à des constructions et à des restaurations de plusieurs monuments. On lui doit l'obélisque de la place de Castellane, la statue érigée à la Paix, l'achèvement de la place de Monthyou, l'agrandissement de celle des Accoules, les bas-reliefs de la fontaine à la porte des Fainéants, les travaux de l'église des Chartreux, etc. Il résigna ses fonctions en 1813, sa santé se trouvant trop affaiblie. Pourtant, il accepta encore, après le retour de l'île d'Elbe, le mandat de représentant que lui conférèrent les électeurs des Bouches-du-Rhône le 15 mai 1815. Il fit partie de la Chambre des « Cent-Jours » puis se retira dans sa famille. L'une de ses filles avait épousé le maréchal Suchet, l'autre, le duc Decrès ; il laissa aussi trois fils, dont le premier devint général de division.

ANTHOUARD (CHARLES-NICOLAS VRAINCOURT, COMTE D') député en 1822, puis pair de France, né à Verdun (Meuse), le 7 avril 1773, mort à Paris, le 14 mars 1852. Il suivit la carrière des armes, entra en 1789, comme sous-lieutenant, dans le corps royal d'artillerie, devint lieutenant la même année, capitaine en 1792, assista (1793) aux sièges de Genève et de Lyon, et fit de 1794 à 1797 les campagnes des Alpes et d'Italie. Appelé en 1798, à faire partie de l'expédition d'Égypte, il prit part aux combats d'Alexandrie, des Pyramides, et reçut le grade de chef de bataillon sur le champ de bataille. Il fit encore la campagne de Syrie avec le maréchal Lannes, fut promu colonel en 1800, décoré de la Légion d'honneur en 1804, et placé par Napoléon en qualité d'aide de camp auprès du prince Eugène nommé vice-roi d'Italie. Général de brigade en 1806, commandeur de la Légion d'honneur en 1807, il se distingua en Allemagne aux batailles de Rarb et de Wagram, et en fut récompensé par le grade de général de l'artillerie. A la bataille de la Moscowa, il fut blessé d'un boulet. Il fit à l'armée d'Italie la campagne de 1813. La Restauration lui conserva ses titres ; Louis XVIII l'éleva même au rang de grand officier de la Légion d'honneur, et l'employa comme inspecteur général de l'artillerie dans les places de l'Est. C'est alors qu'il fut (1826) élu député de la Meuse par le collège de ce département. Il défendit à la Chambre, mais seulement par ses votes, le gouvernement royal, et n'ayant pas été réélu à la législature suivante, il se cousacra jusqu'en 1830 à ses fonctions militaires. Le gouvernement de Louis-Philippe ne trouva pas en lui un adversaire ; grand cordon de la Légion d'honneur en 1831, le général comte d'Anthouard fut appelé à la pairie en 1832; il ne cessa jusqu'en 1848, de donner à la monarchie de Juillet le concours de ses votes. A cette époque, il fut admis à la retraite comme général de division.

ANTIBOUL (CHARLES-LOUIS), membre de la Convention nationale, né à Saint-Tropez (Var) le 20 mai 1752, ainsi qu'en témoigne son acte de baptême, ainsi conçu : « L'an mil sept cent cinquante-deux et le vingt-unième jour de mai sur les cinq heures du soir dans l'église paroissiale de Saint-Tropez par moi, prêtre soussigné, a été baptisé Charles-Louis Antiboul, fils de sieur Charles-Antoine et de demoiselle Magdalène Aubert, mariés, né le jour d'hier sur les dix heures du soir ; le parrein a été sieur Louis Antiboul, bourgeois, et la marreine demoiselle Thérèse Guirard Ménager. » Antiboul fut exécuté à Paris le 31 octobre 1793. Avocat à Saint-Tropez, il fut, après 1789, administrateur du Var; puis ce département, le 6 septembre 1792, l'envoya, par 277 voix sur 470 votants, siéger à la Convention. Dans le procès de Louis XVI, il refusa de prendre la qualité de juge, et répondit au 1er appel nominal (Louis Capet... etc... est-il coupable?)

« Je suis convaincu que mes commettants ne m'ont point nommé à un tribunal judiciaire, et, *seulement sous le rapport politique*, je vote *oui.* »

Au 3e appel nominal, Antiboul se prononça pour la détention. A la séance du 21 février 1793, il s'expliqua sur la conduite du procureur général syndic de son département, qui avait fait arrêter des fonds destinés à la trésorerie nationale, afin de pouvoir acheter des grains, et qui était taxé de fédéralisme. Une longue et orageuse discussion s'ensuivit. Les représentants Antiboul et Biroteau prirent la défense du département du Var, que Prieur et Jean Bon Saint-André attaquèrent très vigoureusement. Enfin la Convention annula les décrets pris par les corps administratifs du Var, en leur faisant « défense d'en prendre de pareils à l'avenir. » Le 8 mai, Antiboul fit décider que les bâtiments de guerre et corsaires français pourraient arrêter et amener dans les ports de la République les navires rentrés « qui se trouveraient chargés en tout ou partie, soit de comestibles appartenant à des puissances neutres chargés pour ports ennemis, soit de marchandises appartenant aux ennemis. » Nommé par l'Assemblée, le 29 mai, commissaire en Corse, avec Chiappe, député de ce département, il passa quelques mois dans l'île ; mais à son retour en France, il eut des démêlés à Marseille avec les sections insurgées. Accusé d'avoir compromis alors par son attitude la dignité de représentant du peuple, il fut, sur la motion de Jean Bon Saint-André, décrété d'arrestation. Impliqué peu de temps après, dans le procès des Girondins, et traduit devant le tribunal révolutionnaire avec Brissot et consorts, comme prévenu de « conspiration contre l'unité et l'indivisibilité de la République, contre la liberté et la sûreté du peuple français », il fut condamné à mort, et exécuté.

ANTIN-D'ARS (JEAN-DE-DIEU-PIERRE, BARON D'), député en 1815, né à Mugron (Landes), le 8 mars 1770, mort à Mugron, le 24 novembre 1840. Partisan dévoué de la royauté, il débuta

dans la vie politique comme préfet des Basses-Pyrénées, en 1814. Il occupait ce poste quand il fut élu député des Landes, le 22 août 1815, au collège de département. Il siégea dans les rangs de la majorité, à la Chambre « introuvable », et ne garda son siège que jusqu'en 1816, n'ayant pas été réélu à la législature suivante. Après, il disparut de la scène politique.

ANTOINE (ETIENNE-JOSEPH), représentant à l'Assemblée constituante de 1848, né à Metz (Moselle), le 9 avril 1793, mort à Metz, le 4 décembre 1855. Brasseur et cultivateur à Kédange, près de Hambourg-le-Haut (Moselle), il fut, le 23 avril 1848, élu sur une liste de républicains modérés, avec 69,795 voix (97,423 votants, 111,534 inscrits) par son département d'origine. Il soutint le parti de Cavaignac, mais vota plus souvent avec la gauche qu'avec la droite :

Le 26 mai 1848, *pour* le bannissement de la famille d'Orléans;

Le 26 août, *contre* les poursuites intentées à Louis Blanc et Caussidière;

Le 1er septembre, *pour* le rétablissement de la contrainte par corps;

Le 18 septembre, *contre* l'abolition de la peine de mort;

Le 7 octobre, *contre* l'amendement Grévy;

Le 2 novembre, *contre* le droit au travail;

Le 25 novembre, *pour* l'ordre du jour en l'honneur de Cavaignac;

Le 12 janvier 1849, *contre* la proposition Rateau;

Le 16 avril, *contre* le vote de 1,200,000 francs pour l'expédition de Rome;

Le 18 mai, *pour* l'abolition de l'impôt sur les boissons.

Antoine se déclara contre l'insurrection de juin 1848, et descendit dans la rue pour la combattre. Le *Moniteur* relate le fait suivant : « Comme une colonne de troupes allait attaquer la barricade du faubourg Poissonnière, le député de la Moselle remplaça le premier artilleur tué, fit feu sur les citoyens qui défendaient la barricade, puis, après l'épuisement des munitions, démonta la pièce avec le lieutenant d'artillerie pour qu'elle ne tombât point aux mains des insurgés. »

Non réélu à la Législative, Antoine rentra dans la vie privée.

ANTONELLE (PIERRE-ANTOINE MARQUIS D'), député à l'Assemblée législative de 1791, né à Arles (Bouches du Rhône) en 1747, mort à Arles le 26 novembre 1817, appartenait à une ancienne famille dont la noblesse remontait à Henri IV. Il suivit la carrière des armes, fut sous lieutenant, puis capitaine au régiment de Bassigny-infanterie, puis quitta le service en 1782. Possesseur d'une fortune considérable, il sacrifia à la Révolution naissante sa situation et ses titres nobiliaires, et publia un écrit extrêmement favorable aux idées nouvelles, intitulé *Catéchisme du tiers-état*. La popularité qu'il avait acquise dans sa ville natale le fit nommer maire; il était considéré à Arles comme le chef du parti le plus avancé; le parti contraire, dans lequel figuraient la plupart de ses amis et de ses parents, lui fit une guerre acharnée. Dénoncé plusieurs fois à la tribune de l'Assemblée nationale, notamment le 2 mai 1771, par le comte de Clermont-Tonnerre qui voulut le rendre responsable de tous les malheurs qui affligeaient Avignon, cette accusation ne fit qu'ajouter à sa popularité. D'Antonelle prouva qu'il s'était rendu en effet à Avignon mais pour opérer un rapprochement entre les « modérés » et les « exaltés ».

Le 30 août 1791, les Bouches du Rhône le nommèrent par 370 voix sur 598 votants député à l'Assemblée législative. Il était à peine en route pour Paris que ses ennemis firent courir un singulier bruit : on raconta dans les journaux que la populace d'Arles après avoir traîné son mannequin à travers les rues d'Arles, l'avait réduit en cendres; enfin qu'elle avait brisé une pierre sur laquelle était écrit le nom d'Antonelle. Les autorités d'Arles démentirent énergiquement cette assertion. Secrétaire de l'Assemblée, d'Antonelle fit entendre le 17 mars 1792, un long réquisitoire contre les commissaires civils envoyés à Arles pour y rétablir l'ordre; il les accusa d'avoir diffamé les patriotes et de s'être livrés à une « apologie scélérate des contre-révolutionnaires. »

Envoyé le 11 août à l'armée du Nord que commandait Lafayette, avec l'ordre de faire arrêter ce général, il fut arrêté lui-même à Mézières par les administrateurs du département, qui ne le relâchèrent que lorsque Lafayette fut en lieu sûr. Plus tard, Antonelle, devenu un des jurés influents du tribunal révolutionnaire prit part à la condamnation à mort de ces administrateurs. Non réélu à la Convention nationale, il fut chargé d'une mission à Saint-Domingue, mais les vents contraires ne lui permirent pas de se rendre à son poste. Il se fixa donc à Paris, et c'est alors qu'il siégea au tribunal révolutionnaire. Directeur du jury lors du procès des Girondins il manifesta quelque répugnance à les condamner et déclara que sa religion n'était pas suffisamment éclairée. Il devint, de ce chef, suspect au comité de Salut public qui le fit emprisonner au Luxembourg; il fut mis en liberté après le 9 Thermidor. Il avait été aussi rayé, comme ancien noble, de la liste des Jacobins de Paris.

Poursuivi une seconde fois, mais par le parti de la réaction, le 13 vendémiaire an IV (octobre 1795) il prit part, sous les ordres de Bonaparte, à la défense de la Convention nationale menacée. Il fit preuve dans cette journée du plus grand sang-froid et on le vit lire tranquillement un ouvrage de philosophie au milieu des balles et des boulets. Il rédigeait alors le Journal des hommes libres, un des organes les plus fidèles du parti révolutionnaire. Enfin, compromis encore dans la conspiration de Babeuf, il dépista quelque temps la police, mais ne tarda pas à se livrer; il comparut devant la haute cour de Vendôme, répondit avec courage aux juges, et se glorifia d'avoir connu Lepelletier Saint-Fargeau. Il fut acquitté, et put venir à Paris, reprendre ses travaux de publiciste. Toutefois il resta en butte aux persécutions de ses ennemis politiques; Merlin de Thionville essaya même de le faire comprendre dans la proscription qui suivit le 18 fructidor, mais ce fut en vain. Une fraction du collège électoral de la Seine ainsi que le département des Bouches-du-Rhône le nommèrent député au Conseil des Cinq-Cents; d'abord validée le 16 messidor an VII, sur le rapport de Perrin (de la Gironde), cette double élection fut définitivement annulée le 27 fructidor. Il y avait eu scission dans les assemblées électorales, et cette circonstance donna lieu à des débats assez vifs. Après Brumaire, d'Antonelle fut de nouveau menacé de la déportation, et au lendemain de la tentative de la machine infernale, il reçut l'ordre, de Fouché, de s'exiler à quarante lieues de Paris.

Il préféra passer en Italie où il resta quelques années. Il obtint ensuite l'autorisation de revenir terminer ses jours dans sa ville natale; il s'y occupa surtout de travaux philosophiques.

Cependant lors du rétablissement des Bourbons, en 1814, d'Antonelle à la surprise de tous, fit paraître un singulier écrit : le Réveil d'un vieillard, où il faisait, en quelque sorte, amende honorable de sa vie passée, et déclarait que la France ne pouvait attendre le bonheur que du roi légitime. L'autorité ecclésiastique n'en refusa pas moins de concourir à la cérémonie de ses obsèques.

Outre les ouvrages cités plus haut, le marquis d'Antonelle avait publié un assez grand nombre de brochures, Observations, Déclarations, sur diverses matières politiques, ainsi que beaucoup d'articles tant signés qu'anonymes, dans plusieurs journaux. Antonelle était humain et généreux, même prodigue : il avait dissipé toute sa fortune. Sa réputation d'après un de ses biographes, avait toujours été celle d'un « cerveau brûlé. » Est-ce pour cela que d'Antonelle, lorsqu'il écrivait, avait toujours à côté de lui une pile d'assiettes qu'il plaçait successivement sur son cou nu, et qu'il changeait à mesure qu'elles venaient à s'échauffer? (Michaud, Biographie universelle.) Sa plus proche parente était Mme de Clermont-Lodève, mère de l'aide de camp du duc de Berri.

ANTRAIGUES (EMMANUEL-LOUIS-HENRY-LAUNAY, COMTE D'), député à la Constituante de 1789, né à Antraigues (Ardèche), en 1750, mort à Barne (Angleterre), le 22 juillet 1812. Le comte d'Antraigues était le neveu du comte de Saint Priest, un des derniers ministres de Louis XVI. En 1788, il publia un Mémoire sur les États-Généraux, dans lequel il signalait avec force, « le danger qui menace la liberté publique quand les provinces sont régies par des états inconstitutionnels. » Ce mémoire favorable aux idées nouvelles, et écrit dans un style vif et coloré, produisit une grande impression sur les esprits. L'auteur avait pris pour épigraphe la formule du serment du justicier d'Aragon : « Nous qui valons chacun autant que vous, et qui tous ensemble, sommes plus puissants que vous, nous promettons d'obéir à votre gouvernement, si vous maintenez nos droits et nos privilèges; sinon, non. » Le comte d'Antraigues n'hésitait pas à se prononcer non seulement contre le pouvoir absolu, mais contre la noblesse héréditaire; il accusait la royauté d'avoir de plus en plus dégénéré depuis Charlemagne, et ne dissimulait pas ses préférences pour un gouvernement républicain : « Ce fut sans doute, écrivait-il, pour donner aux plus héroïques vertus une patrie digne d'elles, que le ciel voulut qu'il existât des républiques; et peut-être, pour punir l'ambition des hommes, il permit qu'il s'élevât de grands empires, des rois et des maîtres; mais toujours juste, même dans ses châtiments, Dieu permit qu'au fort de leur oppression il existât pour les peuples asservis des moyens de se régénérer et de reprendre l'éclat de la jeunesse en sortant des bras de la mort. » Dès que le comte de Saint Priest eut été appelé au ministère, son neveu s'empressa de lui adresser une lettre où il lui recommandait d'employer tous les moyens auprès du prince pour faire rendre au peuple son indépendance et ses droits. De Saint Priest répondit évasivement. Mais l'année d'après, (6 avril 1789), ayant été élu député de la noblesse aux Etats-Généraux par la sénéchaussée de Villeneuve-de-Berg, le comte d'Antraigues défendit, au sein de son ordre, des opinions sensiblement différentes des théories exprimées dans ses précédents écrits. Lorsque fut discutée la question de savoir si les pouvoirs des députés seraient vérifiés en commun ou dans les salles de chaque ordre, il fut précisément choisi par la noblesse pour défendre les anciens usages, et on le vit revendiquer les prérogatives de la noblesse, de concert avec le marquis de Bouthillier et Cazalès. Il insista pour la séparation des ordres, protesta contre leur réunion, et, dans l'Assemblée constituante, continua jusqu'à la fin de 1789, de se montrer le partisan de l'ancien ordre de choses. Il s'opposa aux systèmes d'emprunts du ministre Necker, puis, désapprouvant complètement la tournure prise par les événements, il quitta l'Assemblée, sortit de France, et se retira d'abord en Suisse. Dénoncé, pour avoir tenu le 5 mars 1790 des propos antipatriotiques à Bourg (Ain), il écrivit de Lausanne, au président de l'Assemblée, une lettre de justification, puis passa à la cour de Russie, et à la cour de Vienne où on lui confia un certain nombre de missions secrètes, bien rétribuées.

Mêlé aux émigrants, il publia à l'étranger de nouveaux mémoires où il réfutait ses propres opinions d'autrefois : *Exposé de notre antique et seule règle de la Constitution française*, 1792, *Lettre sur l'état de la France*, 1793, etc. Il s'offrit comme agent aux princes de la maison de Bourbon, et s'efforça de gagner à la cause royaliste plusieurs personnages importants de la Révolution ; il échoua auprès de Cambacérès, mais réussit avec Pichegru. Les menées du comte d'Antraigues ayant porté ombrage à Bonaparte, celui-ci le fit arrêter en 1797 à Milan ; mais le prisonnier, qui s'était fait naturaliser sujet de l'empereur de Russie, protesta au nom du droit des gens, et fit tant, qu'il réussit à s'échapper avec le concours de la célèbre chanteuse, la Saint-Huberti, qu'il avait épousée secrètement. Il résida encore quelque temps à Vienne, à Dresde, en Russie, où il embrassa la religion grecque et où il eut, a-t-on dit, communication des articles secrets du traité de Tilsitt ; il passa alors en Angleterre et songea à tirer parti auprès du ministère anglais de la précieuse communication qu'il avait surprise. Canning l'accueillit avec empressement et le gratifia, en échange, d'une pension considérable. Le comte d'Antraigues ne devait pas assister à la Restauration des Bourbons, qu'il avait contribué à préparer ; il fut assassiné par un italien à son service, au village de Barne, près de Londres, le 22 juillet 1812, au moment où il montait en voiture pour aller voir lord Canning ; la comtesse d'Antraigues fut mortellement frappée par le même individu ; l'assassin lui-même fut trouvé mort, et l'on prétendit qu'il s'était suicidé. Au fond, l'événement resta des plus mystérieux, et l'opinion publique supposa que cet obscur meurtrier avait dû recevoir la mort par l'ordre ou de la main de ceux qui l'avaient fait agir. L'importance des secrets politiques dont pouvait être dépositaire le comte d'Antraigues donna une certaine vraisemblance à cette dernière version.

ANTRECHAUX (Jean-Joseph-Geoffroy, baron d'), député en 1820, né à Toulon (Var), le 3 juillet 1765, mort à une date inconnue, appartenait à une famille dévouée à l'ancien régime et lui-même attaché à la cause royaliste. Il fit partie de l'expédition de Quiberon ; au moment où il sortait de prison pour être fusillé, il fut sauvé comme par miracle par la fille du geôlier. Capitaine de vaisseau, il ne fut pas hostile à l'Empire, qui le fit chevalier de la Légion d'honneur et baron (26 avril 1811). Après avoir pris sa retraite comme officier de marine, il fut sous la Restauration, le candidat du Gouvernement dans le Var aux élections du 14 novembre 1820. Élu au collège de département, il ne se fit point remarquer à la Chambre. Un biographe parlementaire, de 1822, disait de lui : « Nous avons été presque au moment de ne pas voir figurer M. d'Antrechaux dans la Chambre de nos représentants, car il est atteint d'une certaine paresse d'esprit, et il lui paraissait fort difficile, lors de sa nomination, d'accorder les devoirs austères d'un mandataire du peuple avec le charme de ce doux *far-niente* qui fait ses délices. » Le baron d'Antrechaux siégea sur les bancs de la droite et vota avec elle, jusqu'en 1822 ; son mandat législatif ne fut pas renouvelé.

AOUST (Eustache-Jean-Marie, marquis d'), député à la Constituante de 1789 et membre de la Convention, né à Douai (Nord), le 23 mars 1741, mort à Cuincy (Nord), le 17 février 1805, servit d'abord comme officier dans l'armée ; mécontent de certains passe-droits, il démissionna et se retira dans ses terres. La noblesse du bailliage de Douai l'envoya aux Etats-Généraux, le 4 avril 1789. Imbu des idées égalitaires du temps, il appuya avec empressement la réunion des trois ordres. En septembre 1792, le département du Nord l'élut à la Convention. Il vota la mort de Louis XVI en ces termes : « La mort de Louis ou de la République. Louis a trop vécu, sa mort est une justice. Les républicains ne connaissent d'autres principes que d'être justes. » Pendant la guerre sur nos frontières du Nord, la ville de Saint-Amand ayant reçu sans résistance les troupes autrichiennes, d'Aoust dénonça cette lâcheté à la barre de l'Assemblée (1792). Envoyé en mission dans le Nord et le Pas-de-Calais, il fut à son retour (fin 1793), rayé de la Société des Jacobins, comme ex-noble. Sous le Directoire, il devint président du district de Douai, alors et jusqu'en 1804 chef-lieu du département du Nord ; le Consulat le nomma maire de Cuincy et conseiller d'arrondissement.

APCHIER (Jean-Joseph Chateauneuf-Randon, marquis d'), député à la Constituante de 1789, né et mort à une date inconnue, avait été avant la Révolution officier de gendarmerie, puis mestre-de-camp de cavalerie. Le 30 mars 1789, la noblesse de la sénéchaussée de Gévaudan le choisit pour député aux Etats-Généraux ; il appartint à la droite de l'Assemblée, mais n'y siégea pas longtemps. En effet, il donna sa démission le 3 août, non sans avoir, lors de la réunion des trois ordres, protesté contre cette mesure par la déclaration suivante :

« Le député de la noblesse de Gévaudan déclare que son mandat lui prescrit de voter par ordre aux Etats-Généraux, et non par tête ; en conséquence, il s'est pourvu devant ses commettants, leur a demandé d'autres mandats, et déclare qu'il ne peut prendre part à aucune délibération jusqu'à ce qu'il les ait reçus. »

« A Versailles, ce 30 juin 1789. »

« Le marquis d'Apchier, député de la noblesse de Gévaudan. »

APPERT (Noel-Michel), député au Conseil des Anciens et au Corps législatif, né à Moutargis (Loiret), le 2 mars 1751, mort à Montargis, le 16 septembre 1836. Commissaire près l'Administration municipale du canton de Saint-Maurice, il fut, le 23 germinal an VI, envoyé par le département du Loiret au Conseil des Anciens, et réélu à cette Assemblée par le même département le 25 germinal an VII. Son rôle parlementaire fut des plus modestes : on trouve son nom cité dans le procès-verbal de la séance du 9 fructidor an VII (27 août 1799) : il avait fait approuver une résolution qui concédait la maison de l'émigré Castellane, à Paris, à la veuve du citoyen Roberjot, « l'un des ministres, dit le *Moniteur*, massacrés à Rastadt par les Autrichiens. » Rallié au Coup d'Etat de Brumaire, il entra au Corps législatif, le 4 nivôse an VIII. Classé par le sort dans la série des députés qui devaient être soumis au renouvellement en l'an XII, il quitta la vie parlementaire, à cette date, et pour n'y plus rentrer.

ARAGO (Dominique-François-Jean), député de 1831 à 1848, membre du Gouvernement provisoire de 1848, et représentant du peuple aux Assemblées constituante et législative de 1848-49, né à Estagel (Pyrénées-Orientales), le 26 février 1786, mort à Paris, le 2 octobre 1853, était le fils d'un modeste propriétaire-agriculteur, qui devint par la suite trésorier de la monnaie à Perpignan; un de ses frères, Jean Arago, fut général au service du Mexique, et y mourut en 1836; un autre, Jacques Arago (1790-1855) fut un littérateur et un voyageur célèbre; le 3e, M. Etienne Arago (V. plus loin) appartient à l'histoire parlementaire. Dès sa jeunesse, Dominique-François Arago songea à s'engager et dût être surveillé par sa famille; on lui permit de se préparer pour l'artillerie, et il fut admis à 17 ans à l'Ecole Polytechnique (1803), puis entra comme secrétaire au bureau des longitudes, et partit avec Biot, comme délégué, pour achever en Espagne la mesure de l'arc du méridien terrestre interrompue par la mort de Méchain. Il affronta dans cette expédition de grands dangers et de dures fatigues, entra le 18 septembre 1809, à l'Académie des sciences : il n'avait que 23 ans. Jusqu'en 1830, sa carrière scientifique ne fut qu'une suite de succès : professeur d'anatomie et de géodésie à l'Ecole Polytechnique, fonction qu'il exerça pendant 20 ans, directeur de l'Observatoire, où il fit des cours d'astronomie à des auditeurs n'ayant aucune notion des mathématiques, enfin secrétaire perpétuel de l'Académie pour les sciences mathématiques, sa réputation se répandit dans toute l'Europe savante. Ses travaux et ses découvertes comme savant, sur l'optique, la polarisation, la scintillation des étoiles, l'électromagnétisme, ont été maintes fois l écrits et appréciés.

Ce ne fut qu'après la Révolution de Juillet que François Arago se trouva mêlé à la politique active. Successivement élu député par le collège de département des Pyrénées-Orientales, en même temps que par le 12e arrondissement de Paris, le 15 juillet 1831; puis par les collèges de Perpignan et de Narbonne (Aude), le 21 juin 1834; par Perpignan et par le 6e arrondissement de Paris, le 4 novembre 1837; enfin par Perpignan en 1839, 1842 et 1846, il alla prendre place, dès le début, à l'extrême-gauche de la Chambre des députés, vota avec l'opposition et prit une part importante à tous les grands débats sur les questions de marine, de canaux, d'instruction publique, de chemins de fer, etc. Partisan de la République, il se prononça en toute circonstance

contre les divers ministères conservateurs d Louis-Philippe. Il fut parmi les 135 signataires du *compte-rendu* de l'opposition, publié après la mort de Casimir Périer, et qui était comme le programme de la gauche. Il vota naturellement *contre* les lois de septembre 1835, et plus tard, *contre* la dotation proposée pour le duc de Nemours. Cette opposition s'accentua encore à partir du 29 octobre 1840, lorsque le ministère Guizot se fut engagé encore plus à fond dans la politique dite de résistance. Arago refusa son vote à l'indemnité Pritchard (1845) que le ministère concéda aux réclamations impératives de l'Angleterre, après avoir désavoué l'amiral Dupetit-Thouars. Il fut alors de la minorité des 187 membres qui opina pour l'adoption d'un ordre du jour ainsi conçu : « La Chambre, sans approuver la conduite du ministère, passe à l'ordre du jour. »

Enfin, il vota dans les dernières législatures du règne de Louis-Philippe, *pour* les pétitions relatives aux fortifications de Paris, *pour* la proposition relative à la liberté des votes dans les élections, *contre* le million des fonds secrets, *pour* une proposition tendant à réduire le nombre des députés fonctionnaires, etc., etc. Il fut en même temps un ardent champion de la réforme électorale par l'adjonction des capacités.

Quand éclata la Révolution du 24 février 1848, François Arago fut porté par acclamation au Gouvernement provisoire dont il signa tous les décrets. L'opinion qu'il y représenta était l'opinion républicaine modérée, qui avait pour principal organe le *National*, et qui prévalut, d'ailleurs, dans les conseils du Gouvernement. Arago se montra opposé tant au radicalisme politique dont Ledru Rollin était le chef qu'aux doctrines socialistes exposées et défendues par Louis Blanc. Spécialement chargé, à titre provisoire, de la direction supérieure des ministères de la Marine et de la Guerre, il remit, ainsi que ses collègues, ses fonctions à l'Assemblée nationale constituante en mai 1848; il venait de recevoir une fois de plus, le 1er sur 5, le mandat de député des Pyrénées-Orientales, avec 36,390 voix sur 36,773 votants et 45,700 inscrits. Elu en même temps par la Seine, il opta pour ce dernier département. Il fit partie de la commission exécutive choisie par l'Assemblée, et marcha avec les troupes contre l'insurrection dans les journées de Juin. Son appui était acquis au Gouvernement du général Cavaignac : il se sépara donc de la Montagne, dans quelques circonstances, et vota tantôt avec la gauche, tantôt avec la droite :

Le 9 août 1848, *contre* la loi rétablissant le cautionnement;

Le 1er septembre, *contre* le rétablissement de la contrainte par corps;

Le 4 octobre, *contre* l'incompatibilité des fonctions;

Le 7 octobre, *pour* l'amendement Grévy relatif à la présidence de la République;

Le 25 novembre, *pour* l'ordre du jour en l'honneur de Cavaignac;

Il est d'ailleurs porté *absent* dans un très grand nombre de scrutins.

Très fatigué par ses luttes politiques autant que par ses travaux scientifiques, François Arago ne joua à l'Assemblée législative — où les Pyrénées-Orientales le renvoyèrent par 24,244 voix sur 32,466 votants et 47,330 inscrits — qu'un rôle effacé. Il n'y prit jamais la parole, et se borna à voter avec la gauche modérée. Il ne fit adhésion ni à la politique présidentielle de l'Elysée, qui prépara le coup d'État de Décembre 1851, ni à l'Empire restauré: il fut, dit-on, en 1852, dispensé de la formalité du serment au Gouvernement nouveau, serment que durent prêter tous les fonctionnaires. Il mourut peu de mois après.

ARAGO (Étienne-Vincent), frère du précédent, représentant du peuple à l'Assemblée constituante de 1848 et représentant à l'Assemblée de 1871, né à Estagel (Pyrénées-Orientales) le 9 février 1802, fut d'abord préparateur à l'École Polytechnique, mais quitta bientôt la chimie pour la littérature dramatique. De 1824 à 1847, il fit représenter, en collaboration avec Bayard, Dumanoir, Anicet-Bourgeois, etc., plusieurs comédies et vaudevilles qui eurent du succès. Son dernier ouvrage, dans ce genre, fut une comédie en cinq actes et en vers, *les Aristocrates*, jouée au Théâtre-Français, et empreinte des idées démocratiques chères à l'auteur.

En voici les derniers vers :

« Chacun doit ici-bas mettre la main à l'œuvre.
« Comme dans un navire, où tout homme manœuvre,
« A la proue, à la poupe, aux mâts, au gouvernail.
« La loi de l'univers, n'est-ce pas le travail?...

Directeur du théâtre du Vaudeville de 1830 à 1840, et très répandu dans le monde des arts, M. Étienne Arago écrivit en même temps dans plusieurs journaux, notamment dans le *Siècle* et dans la *Réforme* qu'il contribua à fonder, maint article politique et littéraire. Il avait été en 1830 parmi les combattants de Juillet, à qui il avait distribué les armes qui se trouvaient dans son théâtre, et depuis, il se trouva mêlé à toutes les luttes du parti républicain contre la royauté. Compromis dans la journée de juin 1832 et d'avril 1834, il réussit à se cacher à Puteaux. En février 1848, il prit possession de la direction des postes, qu'il conserva jusqu'à l'élection du prince L.-N. Bonaparte à la présidence. En cette qualité, il consentit à retarder, le 25 novembre 1848, de plusieurs heures, le départ ordinaire du courrier, pour permettre d'y joindre la nouvelle du vote de l'ordre du jour fameux qui déclarait que le général Cavaignac avait bien mérité de la patrie. Cet acte, diversement apprécié, donna lieu à de vives polémiques. On lui doit, comme directeur des postes, la création des timbres-postes à vingt centimes.
Élu, le 23 avril 1848, représentant du peuple à l'Assemblée constituante par le département des Pyrénées-Orientales, le 4e sur 5, avec 25,364 voix sur 36,773 votants et 45,700 inscrits, il siégea à la Montagne, et, sauf dans le scrutin sur l'ordre du jour cité plus haut, vota le plus souvent avec les républicains avancés. Il opina *contre* les poursuites intentées à Louis Blanc et à Caussidière, *pour* l'amendement Grévy, *pour* la suppression de l'impôt du sel, *contre* la proposition Rateau, *contre* l'interdiction des clubs, et *pour* l'amnistie des transportés. Adversaire déclaré de l'expédition de Rome et de toutes les mesures proposées par les ministres du prince-président, il observa la même attitude après la dissolution de la Constituante, et le 13 juin 1849 il se joignit, comme chef de bataillon, — il n'était pas représentant à la Législative, — aux députés et aux gardes nationaux qui protestèrent aux Arts et Métiers contre l'expédition de Rome. Poursuivi après cette journée, il se réfugia en Belgique, et fut condamné par contumace à la déportation. Il voyagea alors dans divers pays, à Bruxelles, en Angleterre, en Hollande, en Suisse, et publia, entre autres : *Spa et son histoire*, un poème : le *Deux-Décembre*, et un volume en vers : la *Voix de l'exil*. L'amnistie de 1859 lui ayant permis de rentrer en France, il rédigea à l'*Avenir national* de M. Peyrat, le feuilleton dramatique : ce ne fut qu'après le 4 septembre 1870 qu'il fut rendu à la politique militante. Nommé maire de Paris par le gouvernement de la Défense nationale, il prit une part active aux travaux de la défense. Au 31 octobre 1870, il promit aux envahisseurs de l'Hôtel-de-Ville, de concert avec Dorian, que les élections auraient lieu à bref délai et, le lendemain, confirma cette promesse dans un manifeste qu'il fit placarder sur les murs. Les élections ayant été ajournées par le gouvernement, M. Étienne Arago donna sa démission de maire de Paris : il refusa la place de commissaire général des monnaies, qui lui fut offerte en compensation, et fut, le 8 février 1871, élu représentant à l'Assemblée nationale, par les Pyrénées-Orientales, mais il donna sa démission au bout de dix jours. En fait, il ne prit pas même séance à l'Assemblée, se trouvant en Italie au moment de son élection, pour une mission dont l'avait chargé le gouvernement. Depuis, M. Étienne Arago a renoncé à la politique. En 1874, il a publié sous le titre : l'*Hôtel-de-Ville au 4 septembre et pendant le siège*, le récit des événements dont la mairie de Paris avait été le théâtre; cet ouvrage a surtout le caractère d'une défense personnelle en réponse au rapport hostile de M. Daru devant la commission d'enquête parlementaire. Il remplit actuellement les fonctions de conservateur du musée du Luxembourg, et a présidé, en 1887, à l'agrandissement et à l'installation nouvelle de ce musée.

ARAGO (François-Emmanuel-Victor), neveu du précédent, représentant du peuple aux Assemblées constituante et législative de 1848-49, député au Corps législatif en 1869, représentant à l'Assemblée nationale de 1871, sénateur depuis 1876, est le fils aîné de François Arago. Né à Paris, le 6 août 1812, il collabora dans sa jeunesse, à quelques vaudevilles. En même temps, il terminait ses études de droit et se faisait recevoir avocat (1836). Il se consacra alors exclusivement au barreau, et plaida, sous la monarchie de Juillet, dans plusieurs affaires politiques retentissantes, par exemple, en 1839, pour Martin Bernard et Barbès.

Il prit les armes en février 1848, protesta, le 24, dans la Chambre envahie, contre le projet de régence de la duchesse d'Orléans, et, la République proclamée, il fut nommé commissaire général près le département du Rhône. Les principaux actes de son administration furent : l'établissement d'un impôt de quatre-vingt-dix centimes et le prélèvement, sur un fonds de 500,000 francs destiné au Comptoir national de Lyon, de la somme nécessaire pour entretenir les ateliers nationaux. Un vote de l'Assemblée constituante, dans la séance du 15 février 1849, mit fin aux violentes accusations dont M. Emmanuel Arago était l'objet à ce propos. Un certain nombre de pétitionnaires, habitants de Lyon, avaient dénoncé ces actes comme illégaux et arbitraires : l'assemblée considéra que, pris dans des circonstances tout à fait exceptionnelles, et régularisés d'ailleurs par un décret du gouvernement provisoire, ils méritaient son approbation : elle passa à l'ordre du jour, après avoir entendu les explications du principal intéressé, et sur le rapport favorable de M. Frichon. Aux élections du 23 avril 1848, il fut élu, le 3e sur 5, représentant des Pyrénées-Orientales par 30,330 voix sur 36,773 votants et 45,700 inscrits. Mais il ne prit que très peu de part aux votes de la Constituante, ayant rempli, depuis son élection jusqu'à l'avènement à la présidence de Louis-Napoléon Bonaparte, les fonctions de ministre plénipotentiaire à Berlin. Démissionnaire au 10 décembre 1848, il revint à Paris occuper son siège de représentant, et vota avec la gauche:

Le 21 mars 1849, *contre* l'interdiction des clubs;

Le 3 avril, *pour* la suppression de 50,000 fr. sur le traitement du général Changarnier;

Le 20 avril, *pour* la suppression du cautionnement des journaux;

Le 26 mai, *pour* la mise en liberté des transportés.

Réélu le 13 mai 1849, à la Législative par son département, le 2e sur 4, avec 21,478 voix sur 32,466 votants et 47,330 inscrits, il vota ordinairement avec la Montagne, contre la droite monarchiste et contre la politique présidentielle. Il se prononça *contre* la loi du 31 mai 1850, *contre* le projet Falloux-Parieu sur l'enseignement, et se montra l'adversaire déterminé de l'expédition de Rome. Le 2 Décembre l'enleva à la vie parlementaire; il reprit sa profession d'avocat à Paris, et plaida notamment le procès de Berezowski (1867), qui avait, au bois de Boulogne, tiré un coup de pistolet sur l'empereur de Russie; dans l'affaire de la souscription Baudin, il fut chargé, avec Gambetta, de la défense du journal de Delescluze. Candidat de l'opposition démocratique aux élections du 22 juin 1857 dans les Pyrénées-Orientales, il échoua et se présenta, le 24 mai 1869, à la fois dans son département d'origine et dans le Var; il réunit un plus grand nombre de voix, mais sans réussir encore. Ce ne fut qu'aux élections partielles du 22 novembre 1869, dans la 8e circonscription électorale de la Seine, qu'il fut élu au Corps législatif, avec 19,832 voix sur 32,823 votants et 49,689 inscrits. Il remplaçait M. Jules Simon, qui venait d'opter pour la Gironde; il avait eu pour concurrents deux autres candidats de l'opposition républicaine, MM. Gent (5,230 voix) et Hérold (2,195). Il alla siéger à gauche, fit une vive opposition au ministère Ollivier, contre lequel il prit plusieurs fois la parole, et vota *contre* la déclaration de guerre à l'Allemagne. Après la chute de l'Empire, M. Emmanuel Arago fut, comme député de Paris, un des membres du gouvernement de la Défense nationale proclamé à l'Hôtel-de-Ville, le 4 septembre 1870. Lors du départ de MM. Crémieux, Glais-Bizoin et Fourichon, délégués à Tours pour représenter le gouvernement en province (12 septembre), il fut chargé, par intérim, du ministère de la justice pour la partie politique. La partie administrative était dévolue à M. Hérold, secrétaire général. Il se trouvait à l'Hôtel-de-Ville, le 31 octobre, lors du mouvement insurrectionnel. Prisonnier des envahisseurs, il fut, à la fin de la journée, délivré par la garde nationale. Après l'armistice, il fit lui-même partie de la seconde délégation envoyée à Bordeaux auprès de Gambetta, et chargée de faire exécuter le décret du gouvernement sur les élections. Gambetta ayant donné sa démission de ministre de l'intérieur, M. Emmanuel Arago fut nommé à sa place: il conserva cette fonction jusqu'à la nomination d'Ernest Picard par M. Thiers, qui (venait d'être élu chef du pouvoir exécutif (19 février 1871).

Élu lui-même, quelques jours auparavant,

représentant des Pyrénées-Orientales ave 23,162 voix sur 29,916 votants et 54,120 inscrits, il se fit inscrire au groupe de la gauche républicaine, qu'il présida, vota *contre* la paix, *contre* l'abrogation des lois d'exil, *contre* le pouvoir constituant de l'Assemblée, *pour* le retour de l'Assemblée à Paris, *contre* la dissolution des gardes nationales, *contre* la démission de Thiers au 24 mai. Il se prononça *contre* le septennat et *contre* le cabinet de Broglie, repoussa la loi sur l'enseignement supérieur et vota la Constitution du 25 février 1875. Douée d'une voix retentissante, M. Emmanuel Arago a fait dire de lui, qu'il était, à l'Assemblée nationale, un des orateurs les plus écoutés et certainement le mieux *entendu* de la gauche. Il a pris maintes fois la parole, notamment dans les débats relatifs aux élections des magistrats, aux attributions des pouvoirs publics, à la création des Facultés de médecine, etc. En avril 1873, converti à la République « conservatrice », il avait adhéré publiquement à la candidature de M. de Rémusat contre celle de M. Barodet.

Porté aux élections sénatoriales du 30 janvier 1876, dans les Pyrénées-Orientales, il fut élu avec 160 voix sur 277 votants et 277 inscrits, contre 121 voix données à M. Durand.

Réélu sénateur le 8 janvier 1882 par 157 voix contre M. Lazerme, 118 voix (273 votants, 273 inscrits), il a constamment voté avec la gauche sauf pendant les fréquentes absences nécessitées par ses nouvelles fonctions diplomatiques depuis 1880, M. Emmanuel Arago représente la France à Berne, comme ambassadeur près de la République helvétique.

ARAGON (JEAN-LOUIS-HENRI BANCALIS DE MAUREL MARQUIS D'), pair de France, de 1819 à 1848, né la Mastre (Ardèche), le 5 août 1763, mort au château de Saliès (Tarn), le 6 janvier 1848, entra dans l'armée après avoir été page du comte d'Artois, et dut à la protection de Monsieur sa nomination comme capitaine dans un régiment de cavalerie. Il était en possession de ce grade en 1789. Dévoué à la monarchie, il inclina vers des concessions à l'esprit nouveau, et, commissaire de la noblesse à l'Assemblée de la sénéchaussée de Carcassone, il insista fortement lors de la rédaction des cahiers, pour que son ordre fit le sacrifice des priviléges pécuniaires, ainsi que des règlements qui exigeaient des preuves de noblesse pour l'admission aux emplois. Il émigra cependant vers la fin de 1790, fit la campagne de 1792 en qualité d'aide-de-camp du maréchal de Castries, et ne rentra en France qu'en 1801. Son attitude à l'égard du Consulat fut des plus réservées; il resta de même à l'écart sous l'Empire, refusa constamment son adhésion à Napoléon et s'abstint de répondre à l'invitation qui lui fut faite de se joindre à la garde d'honneur formée pour recevoir l'empereur de passage à Toulouse en 1808. La Restauration le trouva au contraire parmi ses partisans les plus empressés. Après l'ordonnance du 5 septembre 1816, il fut nommé à la présidence du collège électoral du département du Tarn; il devait remplir encore ces mêmes fonctions en 1822. Elevé le 5 mars 1819 à la pairie, il prit place parmi ceux des défenseurs de la dynastie qui la jugèrent compromise par la politique des ministres *ultras*; et il vota avec les royalistes constitutionnels, contre les propositions émanant de ces ministres, notamment contre le rétablissement du droit d'aînesse (8 avril 1826). Après juillet 1830, il se rallia à Louis-Philippe, et conserva son siège de pair de France jusqu'à sa mort.

ARAGON Charles-François-Armand Bax-calis de Maurel, comte d'), fils du précédent, député de 1846 à 1848, représentant du peuple à l'Assemblée constituante de 1848, né à Lobez (Tarn), le 23 avril 1812, mort à Paris, le 15 septembre 1848, fut, sous le gouvernement de Louis-Philippe, auditeur au Conseil d'État, puis député, le 1er août 1846. Le premier collège électoral du Tarn (Albi), l'avait envoyé à la Chambre par 370 voix sur 615 votants et 656 inscrits, contre le comte Decazes (Léonard), député sortant, qui n'obtint que 242 voix. Au Palais-Bourbon, le comte d'Aragon soutint de ses votes la cause de la monarchie constitutionnelle, et lui demeura fidèle après la révolution de février. Il suivit constamment la même ligne politique que M. Thiers, dont il avait été quelque temps le secrétaire. Élu représentant du peuple pour le Tarn à l'Assemblée constituante, le 23 avril 1848, par 73.807 voix (90,456 votants), il siégea encore à droite et vota :

Le 26 mai 1848, *contre* le bannissement de la famille d'Orléans ;

Le 2e juillet, *pour* le décret contre les clubs ;

Le 9 août, *pour* le rétablissement du cautionnement ;

Le 26 août, *pour* les poursuites contre Caussidière, à propos du 15 mai.

Quant aux poursuites réclamées en même temps contre Louis Blanc et également votées par l'Assemblée, le comte d'Aragon est porté par le *Moniteur* comme *absent*, au moment du vote. D'autre part, Louis Blanc, faisant dans les *Pages d'histoire de la Révolution de 1848*, le récit de son évasion en Angleterre après la séance de nuit du 26 août 1848, a écrit : « Un représentant du peuple, homme loyal entre tous, M. d'Aragon, m'aborda, et me tendant la main :

« Je ne partage pas votre opinion, me dit-il, mais je vous estime et je vous aime. Si je vous parais digne de votre confiance, venez ! » Je le suivis aussitôt. J'ai appris, depuis, qu'il était mort, et cette nouvelle a été la première douleur ajoutée au deuil de mon exil. Il faisait jour quand je sortis de l'Assemblée. Arrivé chez M. d'Aragon, je me jetai tout habillé sur un lit, et je m'endormis profondément... »

Le comte d'Aragon mourut le mois suivant.

ARAMON (Pierre-Philippe-Auguste de Sauvan, marquis d'), pair de France, né au château d'Aramon (Gard), le 11 mars 1768, mort au même lieu le 26 janvier 1858, était à la tête d'un escadron de dragons au moment de la Révolution ; il quitta l'armée à cette époque, et ne prit aucune part aux événements qui suivirent. Nommé en 1816, après les Cent-Jours, à la présidence du collège électoral du Gard, et en 1826, à celle du Conseil général de ce département, il fut, en outre, appelé à la pairie par l'ordonnance du 5 mars 1819. Il vota avec les royalistes constitutionnels, prêta serment au gouvernement de Louis-Philippe après juillet 1830, et resta à la Chambre haute jusqu'à la Révolution de 1848.

ARBALESTIER (Louis-François-Régis, baron d'), député de 1830 à 1831, né à Loriol (Drôme), le 29 septembre 1789, mort au château de la Gardette (Drôme), le 3 novembre 1872, était propriétaire dans son pays natal, maire de Loriol et conseiller général, quand il fut élu député de la Drôme, par le collège de départe-ment, le 3 juillet 1830, avec 66 voix sur 125 votants et 143 inscrits, contre 44 voix données à M. Labretonnière, député sortant. Huit jours auparavant, dans le 2e arrondissement électoral de la Drôme (Montélimar), Arbalestier n'avait obtenu que 12 voix contre M. Morin, élu par 115 voix. Il adhéra au gouvernement de juillet ; à la Chambre, il vota avec le ministère, ne fut pas réélu l'année suivante, et ne fit plus partie, jusqu'à sa mort, d'aucune Assemblée législative. Il était officier de la Légion d'honneur.

ARBEL (Lucien), représentant à l'Assemblée nationale de 1871, puis sénateur de 1876 à 1882, né à Saint-Lupicin (Jura), le 5 septembre 1826, passa par l'école des Arts-et-Métiers d'Aix, puis s'occupa d'industrie métallurgique et prit la direction des forges du Rive-de-Gier. Colonel de la garde nationale en septembre 1870, et, d'ailleurs sans antécédents politiques, il fut le candidat des conservateurs républicains de la Loire aux élections de l'Assemblée nationale du 8 février 1871, et élu, le 10e sur 11, avec 47,704 voix (69,275 votants et 143,320 inscrits). Il prit place au centre gauche, et vota également avec les républicains dits « de raison » ralliés à la suite de Thiers. Il opina :

Le 1er mars 1871, *pour* les préliminaires de paix ;

Le 10 juin *contre* l'abrogation des lois d'exil ;

Le 30 août *pour* le pouvoir constituant de l'Assemblée ;

Le 3 février 1872, *pour* le retour du Parlement à Paris.

Cependant, il s'abstint, le 24 mai 1873, sur la proposition tendant à ne pas accepter la démission de Thiers. Mais il se prononça, par la suite, *contre* le ministère de Broglie, *pour* les propositions Casimir Périer et Wallon, *pour* l'amendement Pascal Duprat en faveur de l'élection des sénateurs par le suffrage universel, et *pour* l'ensemble des lois constitutionnelles. Le 30 juin 1876, M. Arbel, s'étant présenté aux élections sénatoriales de la Loire comme républicain très modéré, fut élu seulement au 3e tour de scrutin avec 208 voix sur 394 votants et 396 inscrits, contre 181 voix données à M. de Sugny, son collègue de l'Assemblée nationale. Réélu le 5 janvier 1879 avec 283 voix contre MM. de Montgolfier, 121, et de Meaux, 117, il siégea au centre gauche du Sénat, et y vota constamment avec ce groupe parlementaire jusqu'au 5 janvier 1888, époque à laquelle il fut remplacé par M. Brunon, également maître de forges, candidat républicain.

ARBEY (Pierre-François), représentant du peuple aux Assemblées constituante et législative de 1848-49, né à Chamesey (Doubs), le 22 septembre 1805, mort à Laon (Aisne), le 11 juillet 1857. Il quitta à l'âge de seize ans sa famille, dont la position était modeste, se rendit en Suisse chez un oncle qui se chargea de lui faire terminer ses études ; puis, de retour à Paris, il entra dans une étude d'avoué. Devenu lui-même avoué à Pithiviers, au mois de mai 1830, il s'occupa aussi de politique, ne cacha pas ses opinions libérales, et après avoir été quelques années adjoint au maire de Pithiviers, donna sa démission avec ses collègues de la municipalité, afin de protester contre le ministère (1843). Il assista, en 1847, au banquet réformiste d'Orléans. « J'étais, a-t-il dit plus tard dans sa profession de foi de 1848, en face du citoyen Crémieux qui me serra la main pour me féliciter de ma fermeté de principes. »

Le département du Loiret l'envoya, le 23

avril 1848, à l'Assemblée constituante, par 52,136 voix sur 73,249 votants et 88,000 inscrits. Il s'était déclaré républicain modéré. Il vota en effet avec les modérés de la Constituante, et souvent avec la droite, sauf dans les questions du bannissement de la famille d'Orléans, de l'institution des deux Chambres, de l'incompatibilité des fonctions, de la réduction de l'impôt du sel, et de la mise en liberté des transportés.

À l'Assemblée législative, où 33,012 voix l'envoyèrent siéger à nouveau, comme représentant du Loiret, il continua de voter avec la gauche modérée, sans se rallier à la politique de l'Elysée. Le Coup d'Etat de décembre 1851 le rendit à la vie privée.

ARBOGAST (LOUIS-FRANÇOIS-ANTOINE), député à l'Assemblée législative de 1791 et à la Convention, né à Mutzig (Bas-Rhin) le 4 octobre 1759, mort à Strasbourg le 8 avril 1803, avait été recteur de l'Université de Strasbourg et professeur de mathématiques à l'école d'artillerie et à l'Ecole centrale du département du Bas-Rhin, lorsqu'il fut élu député à l'Assemblée législative, pour ce département, le 31 août 1791, par 334 voix sur 605 votants.

Réélu, par le même département à la Convention, le 6 septembre 1792, par 380 voix sur 555 votants, il prononça ces paroles, au 3e appel nominal dans le procès de Louis XVI : «Je consulte l'Histoire, je consulte le salut de la République, je trouve le salut de la République dans la détention jusqu'à la paix.» Il fit partie du comité chargé en un rapport sur le procès de Carrier, après le 9 thermidor.

Ayant eu un mémoire, sur une question de mathématiques, couronné par l'Académie des sciences de Saint-Pétersbourg, il devint membre correspondant de cette Académie, et, le 9 ventôse an IV, membre de l'Institut. On a de lui : *Mémoire sur la nature des fonctions arbitraires qui entrent dans les intégrales des équations aux différences partielles (1790) — Calculs des dérivations et de ses usages dans la théorie des suites et dans le calcul différentiel* (an VIII), etc.

ARCHAMBAULT (EMILE-PHILIPPE), représentant du peuple à l'Assemblée constituante de 1848, né à Prémery (Nièvre), le 11 juin 1793, mort à Prémery, le 17 février 1873. Sa famille, trop pauvre pour le faire instruire, l'ayant abandonné à lui-même dès l'âge de 14 ans, il se mit dans le commerce des bestiaux, puis devint marchand de bois. En 1823, il fut nommé conseiller municipal de sa commune natale, adjoint, puis maire, et conseiller général du canton, il se montra le zélé partisan des idées libérales et démocratiques, manifesta une vive opposition aux tendances du gouvernement de Louis-Philippe, et lutta opiniâtrement contre la candidature, aux élections législatives, de M. Delangle, procureur général à la cour de Paris, soutenue par le ministère et par le préfet de la Nièvre, M. Mallac. «Sous l'influence de ces sentiments, dit un biographe, la sève vigoureuse de son esprit sans culture s'était assez développée toute seule pour le rendre capable d'un bel et bon délit de presse contre le Gouvernement.» Il allait pour ce délit subir une condamnation à la prison, quand la révolution de Février vint l'amnistier et faire de lui un représentant du peuple. Le 23 avril 1848, il fut élu le 3e sur 8, avec 34,070 voix sur 75,213 votants et 88,295 inscrits. À l'assemblée, il se sépara de ses collègues de la Montagne, et vota avec les républicains modérés, de la nuance du général Cavaignac :

Le 28 juillet 1848, *pour le décret sur les clubs*;
Le 1er septembre, *pour le rétablissement de la contrainte par corps*;
Le 2 novembre, *contre le droit au travail*;
Le 27 décembre, *pour la suppression complète de l'impôt du sel*;
Le 5 avril 1849, *pour la suppression des 50,000 francs de traitement au général Changarnier*;
Le 18 mai, *pour l'abolition de l'impôt des boissons.*

Absent le jour du vote sur la proposition Rateau (dissolution de la Constituante), il écrivit au *Moniteur* que, présent, il eût voté *contre* cette proposition.

Après la session, Archambault renonça à la vie parlementaire.

ARCHIER (JEAN-ANTOINE), député à l'Assemblée législative de 1791, né à Saint-Chamas (Bouches-du-Rhône), le 6 juillet 1752, mort à Saint-Chamas, le 4 octobre 1795, était administrateur des Bouches-du-Rhône, maire de Saint-Chamas en 1790 et résidait à Saint-Chamas, quand il fut élu, le 31 août 1791, député de ce département à l'Assemblée législative, par 373 voix sur 598 votants. Il fit, le 26 janvier 1792, un rapport relatif aux faux assignats remis aux receveurs de districts et conclut, au nom du Comité des assignats et monnaies, en proposant de décréter que, dès qu'une falsification serait découverte, il serait dressé, par les soins du commissaire de la caisse de l'Extraordinaire, et par les préposés à la fabrication, procès-verbal des signes caractéristiques, et que ce procès-verbal serait envoyé aux receveurs et rendu public. L'Assemblée vota l'ajournement. Le 6 mars, l'Assemblée venant de recevoir des dépêches importantes du département des Bouches-du-Rhône, où des troubles s'étaient produits, Archier fournit à ce sujet des explications. La ville de Marseille avait eu à se plaindre de la conduite «du régiment d'Ernest, suisse»; elle réclama son éloignement, mais on ne l'envoya qu'à Aix; en même temps, le directoire du département refusait à la commune de Marseille la permission d'acheter des armes pour la garde nationale. De là, une vive émotion dans la population; des citoyens se rendirent à Aix, désarmèrent les soldats, et l'ordre fut troublé. Archier intervint encore, le 13 mars, pour combattre le décret d'accusation proposé contre le directoire d'Arles, qui avait laissé mettre la ville sur le pied de guerre. L'Assemblée décida de mander à sa barre les membres du directoire du district et de celui du département. Archier était, à sa mort, commissaire de l'armée de la Moselle.

ARCHIMBAUD (JOSEPH-ALPHONSE-BONNAUD, MARQUIS D'), député de 1815 à 1816, né à Isle (Vaucluse), le 3 janvier 1767, mort à Vinsobres (Drôme), le 26 novembre 1857. Ancien capitaine de frégate, chevalier de Saint-Louis, et natif de Bédouin (Vaucluse), il fit partie de la Chambre introuvable, ayant été élu le 22 août 1815 député de Vaucluse au collège de département. Il y siégea dans les rangs de la majorité ultra-royaliste, et s'associa à tous ses votes, sans prendre une seule fois la parole.

ARCHINARD (JEAN-PIERRE), député à l'Assemblée nationale de 1791, né à Saillans (Drôme), le 26 juin 1742, mort à Crest (Drôme), le 13 janvier 1836, était issu d'une vieille famille protestante du Dauphiné, et en avait gardé des sentiments assez hostiles à l'ancien ordre de choses. Etabli à Crest comme négociant, il seconda, de concert avec le maire Durand, avec Daly et d'autres, le mouvement de résistance qui aboutit à l'Assemblée de Vizille. Ses relations commerciales l'appelant chaque année à Paris, il s'y lia avec les membres les plus marquants du parti avancé, notamment avec Camille Desmoulins; il haranguait lui aussi le peuple dans les jardins du Palais-Royal, où il était bien connu sous le nom d'Archinard de Crest. Ces antécédents le firent nommer, au début de la Révolution, administrateur du district de Crest, et lors des élections pour l'Assemblée législative, il fut nommé député de la Drôme par 262 voix sur 355 votants. Il siégea parmi ceux qui ne cachaient pas leurs tendances républicaines, et appuya de son vote toutes les mesures restrictives du pouvoir royal. Jullien (de la Drôme), dans sa correspondance publiée par M. Lockroy, le signale comme le député le plus avancé de ce département à la Législative. Il n'aborda la tribune que pour traiter des questions financières; à la séance du 8 février 1792, il proposa et fit adopter, en 27 articles, une loi d'organisation des bureaux de la comptabilité nationale, chargés de vérifier l'emploi des deniers publics et d'assurer le contrôle financier du Parlement.

M. Archinard ne se représenta pas aux élections pour la Convention nationale; il fut néanmoins retenu à Paris par l'éducation de ses filles, dont l'une épousa le général Gouvion-Saint-Cyr. Il remit à la Convention nationale une adresse des républicains de Crest, dont il resta toujours l'intermédiaire avec les pouvoirs publics, et qu'il tenait au courant des événements politiques par l'envoi de fréquentes lettres. L'une d'elles, du 21 prairial an II, parle ainsi de la fête de l'Etre Suprême : « La fête d'hier a été superbe et tout s'est passé au mieux; le peuple était dans le plus grand enthousiasme; il faut qu'il soit bien convaincu que la Convention doit être son seul pilote, et que c'est de son sein, de la sagesse de ses mesures, des lois qu'elle nous donne, que doit sortir le ciment de notre bonheur ».

Après la Révolution, Archinard rentra à Crest, où il fut membre du collège électoral et du Conseil général de la Drôme. Hostile au retour des Bourbons, il fut, aux Cent-Jours, délégué auprès de Napoléon, à qui il présenta une adresse d'adhésion au nom de son département. A l'écart des affaires pendant toute la Restauration, il salua avec enthousiasme l'avénement de la monarchie de Juillet, qui le nomma, en 1832, chevalier de la Légion d'honneur. M. Maurice Faure, député actuel de la Drôme, est le petit neveu d'Archinard.

ARÇON (JEAN-CLAUDE-ÉLÉONORE LE MICHAUD D'), membre du Sénat conservateur, né à Pontarlier (Doubs), le 18 novembre 1733, mort à Auteuil (Seine), le 1er juillet 1800, fut d'abord destiné à l'état ecclésiastique, il préféra être ingénieur et entra à l'école de Mézières à l'âge de 21 ans. Il en sortit ingénieur l'année suivante, prit part à la guerre de Sept ans et se distingua au siège de Cassel. Il fut chargé en 1774 de lever la carte des Vosges et du Jura, et, en 1782, au siège de Gibraltar, imagina des batteries flottantes, insubmersibles, incombustibles, blindées, et pouvant porter chacune 30 pièces de canon. Mais la rivalité des deux armées assiégeantes, française et espagnole, la

prévention qu'inspirait aux généraux de cour cet officier parvenu par son seul mérite, firent échouer ses plans, par de fausses manœuvres; sous prétexte d'empêcher l'ennemi de s'emparer de ses batteries, on y mit le feu. Le commandant anglais, sir Elliot, rendit publiquement justice aux talents de l'ingénieur.

D'Arçon était, au moment de la Révolution, chef de brigade du génie à Landau. Envoyé en Hollande dans l'armée de Pichegru, en 1792, avec le titre de général, il fit le siège de Bréda, que le comte de Byland lui rendit le 24 février 1793, et peu après prit Gertruydemberg. Sous la Convention, comme sous le Directoire il siégea, sous les ordres de Carnot, dans les conseils et les comités militaires, puis se retira dans son pays natal jusqu'à son entrée au Sénat conservateur, en 1799, un an avant sa mort.

Il a publié un certain nombre d'ouvrages fort estimés sur les questions de génie militaire.

ARDAILLON (JACQUES-MARIE), député de 1831 à 1842, né à Boulieu (Ardèche), le 7 mars 1795, mort à une date inconnue.

Riche propriétaire de forges à Saint-Julien, il se fit, sous la Restauration, la réputation d'un zélé partisan des idées libérales. En sollicitant, après la Révolution de Juillet, le 5 juillet 1831, les suffrages des électeurs du 2e collège électoral de la Loire (Saint-Chamond), il s'engagea à combattre les ministres qui s'écarteraient des principes de cette Révolution, et se déclara l'adversaire de l'hérédité de la pairie. Il fut élu par 119 voix sur 126 votants et 351 inscrits. Réélu successivement le 21 juin 1834 avec 174 voix (263 votants, 434 inscrits), le 4 novembre 1837, avec 222 voix (409 votants, 494 inscrits), et le 2 mars 1839, il fit toujours partie, dans ces diverses législatures, de la majorité ministérielle; toutefois, il se montra fidèle à sa promesse de voter contre l'hérédité de la pairie. M. Ardaillon ne joua guère, dans les délibérations de la Chambre des députés, que le rôle d'interrupteur. Il s'écria, par exemple, alors que M. Isambert parlait dans la discussion de la loi sur les barricades :

« Les Romains se servaient d'armes blanches, et non pas d'armes à feu ! »

« M Ardaillon, écrivait un biographe, s'adonne aussi à la spécialité du rire, dont il fait un fréquent usage, lorsque les orateurs patriotes s'efforcent d'émouvoir l'assemblée par le récit des malheurs des proscrits ou des victimes de la police. »

Il vota les poursuites contre le journal la *Tribune*, contre Audry de Puyravault et Cormenin, il vota enfin les projets de loi présentés, après l'attentat de Fieschi (1835) contre l'institution du jury et contre la presse. Aux élections du 9 juillet 1842, il échoua avec 193 voix; son concurrent, M. Gaultier, fut élu par 247 suffrages. M. Ardaillon était maire de Saint-Chamond, conseiller général de la Loire et officier de la Légion d'honneur.

ARDANT (PAUL-JOSEPH), député de 1842 à 1848, né à Metz (Moselle), le 22 décembre 1800, mort à Vincennes, le 25 novembre 1858, suivit la carrière militaire, dans l'arme du génie; il avait le grade de chef de bataillon quand, le 5 avril 1842, il fut, pour la première fois, élu député du 2e collège électoral de la Moselle (Metz), en remplacement de M. Parant, décédé. Il avait été le candidat de l'opposition. Il le fut encore aux élections générales du 9 juillet 1842, contre M. Pidancet. Mais à partir de cette époque, il se rangea parmi les conservateurs les plus décidés et vota presque toujours avec le gouvernement. Les projets de loi relatifs à la construction et à l'achèvement de plusieurs édifices publics, à la délimitation et à la décoration des abords du Panthéon, aux travaux à exécuter au palais de la Chambre des pairs, l'eurent pour rapporteur. Il prit part, avec une compétence professionnelle incontestable, à la discussion des lois concernant les chemins de fer, les finances, la marine, l'Algérie, l'administration civile.

Nommé lieutenant-colonel à la fin de juin 1845, il fut encore réélu député de Metz, avec 207 voix sur 380 votants et 425 inscrits, le 1er août 1846 : il avait eu cette fois deux concurrents, MM. Lallemand 103 voix , et de Curel 59 . La Révolution de Février mit fin à sa carrière parlementaire. Professeur de construction à l'école d'application du génie, à Metz, il passa général de brigade, le 16 mai 1855. Il mourut au Polygone de Vincennes, victime d'un accident.

ARDOIN (JACQUES-AUGUSTIN-JOSEPH-AIMÉ), représentant à la Chambre des Cent-Jours, puis député de 1837 à 1839, né à Embrun (Hautes-Alpes), le 12 septembre 1779, mort à Paris, le 2 juin 1854, était le fils « de M. Ardoin (Joseph), d'Embrun, avocat au ci-devant parlement de Grenoble, et de dame Catherine-Guillaume-Elisabeth Dornezan. » Banquier à Paris, il fut, lors des élections à la Chambre des représentants, sous les Cents-Jours, député par l'arrondissement d'Embrun, avec 57 voix sur 68 votants, contre 9 seulement données à M. Faure, capitaine retraité. Il ne s'y fit pas remarquer, non plus qu'à la Chambre de député de 1837, où il fut élu, le 4 novembre, et où il siégea parmi les conservateurs partisans du ministère, jusqu'en 1839; non réélu aux élections qui eurent lieu le 2 mars de cette année, il vécut, depuis, en dehors de la politique.

ARÉNA (BARTHÉLEMY), député à l'Assemblée législative de 1791 et au Conseil des Cinq-Cents, né à l'Ile-Rousse (Corse) en 1765, mort à Livourne (Italie) en 1829, adopta avec ardeur les principes de la Révolution, fut choisi par la Corse comme député suppléant aux Etats-généraux, puis élu, le 21 septembre 1791, député à l'Assemblée législative, avec 214 voix sur 368 votants. Il était alors procureur général syndic à l'Ile-Rousse. Il prit plusieurs fois la parole pendant la session : pour défendre (janvier 1792) le général Chollet impliqué dans les troubles de Perpignan ; pour réclamer en faveur des magistrats corses une indemnité égale à celle des magistrats français employés dans l'ile ; pour appuyer la mise en accusation du ministre de la guerre de Lessart. Plus tard il demanda compte des ordres donnés à Luchner, et ne manqua jamais d'attaquer vivement les ministres qui avaient succédé à Roland et à Dumouriez. Après la session, il revint en Corse, se jeta dans la lutte du parti patriote contre Paoli, accusé d'avoir, par ses manœuvres, fait échouer l'expédition que tentèrent en 1793 les Français en Sardaigne. Mais Paoli l'ayant emporté et ayant réussi à faire condamner Aréna par une Assemblée tenue à Corte, celui-ci dut s'expatrier. Il se rendit alors de nouveau à Paris, s'affilia aux Jacobins, et y tint des discours enflammés contre les traîtres qui à la suite de Paoli avaient livré l'ile aux Anglais. Répu-

blicain passionné, il fut comme tel, après le départ des Anglais, élu député au Conseil des Cinq-Cents, le 23 germinal an VI. Là encore il se montra le défenseur zélé des institutions républicaines, dénonça, à la séance du 3 thermidor an VI, un écrit propre à égarer l'armée et à la détacher de la République; se prononça 22 prairial an VII) pour la liberté de la presse, et vota le projet de Berlier, qui fut définitivement adopté le 29 prairial. Le 30, il monta à la tribune pour dénoncer une conspiration de Merlin contre la représentation nationale ; il ajouta que, depuis vingt-quatre heures, on brûlait, chez le ministre de la police, tous les papiers qui pourraient jeter quelque jour sur la conspiration. D'autre part, à une réunion populaire tenue au manege, le 28 messidor an VII, il appelait les citoyens à la défense de la Constitution : « Frères et amis, disait-il, pouvez-vous avoir une arrière pensée ?... (Non! non ! La Constitution de l'an III, rien que la Constitution !) Eh bien! je vous le proteste, les fidèles mandataires du peuple et le Directoire exécutif ont fait entre eux le respectable serment de mourir plutôt qu'il soit porté atteinte aux droits qu'elle vous accorde, soyez donc ses auxiliaires les plus dévoués et marchez d'un pas ferme et hardi dans le sentier de la République!... »

Adversaire résolu de Bonaparte, il fut du petit nombre des représentants qui tentèrent de s'opposer par la force au coup d'Etat du 18 Brumaire ; il résista jusqu'au dernier moment et tenta lui-même de saisir le dictateur au collet pour l'expulser de l'Assemblée. Les amis de Bonaparte répandirent, à ce sujet, le bruit qu'Aréna avait voulu le frapper d'un coup de poignard, et Fargues en porta la prétendue nouvelle au Conseil des Anciens. La vérité, reconnue depuis, est que Barthélemy Aréna n'était point armé ; il ne cessa, d'ailleurs, toute sa vie de réclamer contre cette légende, et il fit insérer, en mai 1815, dans les journaux italiens, une rectification positive. Voici le texte, d'après le Moniteur, des paroles qu'il prononça dans la séance du 19 brumaire, à Saint-Cloud : — « Je demande qu'il soit dressé une liste des membres qui ont répondu à l'appel nominal, et qu'elle soit imprimée et envoyée aux départements. Le Corps législatif ne peut avoir aucun changé de résidence sans de grands dangers; il faut que la France sache que nous sommes à notre poste, et que nous sommes décidés à périr pour le maintien de la Constitution républicaine. »

La proposition ne fut pas adoptée. C'est à la fin de cette même séance que les grenadiers entraînés par Bonaparte expulsèrent les représentants du château de Saint-Cloud. Compris, naturellement, par le premier consul, sur la liste de ceux qui devaient être déportés, Aréna réussit à échapper aux recherches de la police et se retira à Livourne, où il vécut dans l'obscurité, entouré de sa famille et fidèle aux principes qu'il avait constamment défendus.

ARÉNA (JOSEPH-ANTOINE), frère du précédent, député au Conseil des Cinq-Cents, né à l'Ile-Rousse (Corse) le 30 mai 1771, exécuté à Paris le 30 janvier 1802. Chef de bataillon en Corse, il devint adjudant général en 1793; il fit brillamment la campagne d'Italie et se distingua au siège de Toulon, ainsi qu'en témoigne le rapport de Dugommier, général en chef, inséré au Moniteur du 7 décembre 1793. En complète communauté d'idées et de sentiments avec son frère Barthélemy, il fut, avant lui, (21 germinal an V), membre du Conseil des Cinq-Cents, pour le département du Golo. Il fit dans cette Assemblée, le 6 brumaire an VI, un rapport sur la situation de la Corse, et annonça que « les rebelles avaient été vaincus et] dispersés par les républicains. » Après le 18 Brumaire, il protesta contre le coup d'Etat, en donnant la démission de son grade de chef de brigade de gendarmerie, et poursuivit dès lors Bonaparte de sa haine et de ses tentatives de vengeance. De concert avec le statuaire Ceracchi, Topino Lebrun, Demerville et Diana, il ourdit un complot qui avait, dit-on, pour but d'attenter aux jours du premier consul. Arrêté au théâtre de l'Opéra, avec les autres conjurés, le 18 vendémiaire an IX (10 octobre 1800) sur la dénonciation d'un officier nommé Harel, il fut détenu plus d'une année dans la tour du Temple, tandis que l'instruction s'efforçait de réunir les preuves de la conspiration. L'explosion de la machine infernale précipita le dénouement, et détermina la condamnation à mort, par le tribunal criminel, d'Aréna et de ses coaccusés. « Attendu, dit le jugement, que le complot déclaré constant par la déclaration du jury, tendait à troubler la République par une guerre civile, en armant les citoyens les uns contre les autres et contre l'exercice de l'autorité légitime,.., etc. »

Le plaidoyer du citoyen Guichard, défenseur d'Aréna devant le tribunal criminel, avait habilement, mais sans succès, tiré argument de la précipitation soudaine de l'accusation, impatiente de trouver des coupables après l'attentat de la rue Saint-Nicaise, et qui semblait saisir les premiers venus. Il insista aussi sur l'absence de preuves : « On aura sans doute trouvé chez Aréna ou ailleurs le plan de ce complot, on aura intercepté des lettres qui auront témoigné de son existence ; des personnes seront venues déposer qu'on a cherché à les faire entrer dans la conspiration, on aura acquis la preuve de certains paiements faits à des conjurés pour avoir des armes, des munitions? Rien de tout cela. Pas une seule lettre, pas un seul chiffon, pas un seul témoin, pas une seule arme, pas le plus léger indice qu'il trempât dans aucun complot,... etc. »

Une requête présentée par Joseph Aréna au tribunal de Cassation fut rejetée, et les condamnés furent fusillés le 30 janvier 1802.

ARENBERG (Auguste-Marie-Raymond comte de Lamarck et prince d'), député de la noblesse aux Etats-Généraux de 1789, pour le bailliage du Quesnoy (Nord), né à Bruxelles le 30 août 1753, mort à Bruxelles le 20 septembre 1833, avait reçu de son aïeul maternel la propriété du régiment de Lamarck, au service de la France, et qui partit pour les Indes, en 1780, contre les Anglais. Grand propriétaire en Belgique et dans la Flandre française, il prit parti pour les Belges insurgés contre la domination autrichienne, et, élu en France député de la noblesse aux Etats-Généraux, le 19 avril 1789, il se lia avec les membres les plus en vue du parti avancé, notamment avec Mirabeau et Talleyrand. Il était alors maréchal de camp dans l'armée française. Une lettre écrite par lui au comité de Gand, le 10 décembre 1789, montre qu'il ne se désintéressait pas de la révolution brabançonne, à laquelle les Etats de Flandre venaient de le rattacher en acceptant l'offre de ses services. Il conseille « l'union préalable des provinces belges, cette force sans laquelle la patrie ne recouvrera jamais sa liberté, et qui leur permettra de négocier facilement avec les puissances voisines qui, jusque-là, peuvent feindre d'ignorer, ou même ignorent réellement quelle cause, quels projets, quels hommes les étrangers serviraient en intervenant dans le mouvement des Pays-Bas, qu'on ne saurait encore qualifier au dehors d'insurrection vraiment nationale. Si c'est une constitution entièrement républicaine, et par conséquent la guerre, mais une sainte et juste guerre que vous voulez, il faut employer tous les moments de l'armistice qui vient d'être signé à y décider les provinces, à déterminer leur contingent d'hommes et d'argent, à se procurer avec abondance des armes et des munitions, en un mot à organiser très rapidement une force militaire, à intéresser les puissances voisines, ou plutôt à les désintéresser de cette grande révolution. Si ce n'est que pour regagner sur l'Empereur les avantages que vous avez perdus, il faut encore et la coalition des provinces, et l'intervention paisible et la garantie efficace des puissances voisines, mais par d'autres procédés, et avec des préparatifs d'une autre nature. Pour moi, qui verserai jusqu'à la dernière goutte de mon sang pour recouvrer la liberté de mon pays, et même pour en faire une heureuse république fédérative, je déclare que je ne consentirai jamais à donner mon pays à une autre puissance, et même que je m'opposerai de toutes mes forces à une révolution qui ne tournerait qu'au profit de quelques ambitieux subalternes et perfides. »

Les Impériaux, d'abord battus par les patriotes belges, eurent bientôt raison d'une révolution affaiblie par des dissentiments et des rivalités d'influence. Le prince d'Arenberg resta en France, et se tourna vers la cour, dont il devint un des conseillers les plus écoutés. Il servit d'intermédiaire entre elle et Mirabeau, et se chargea de l'échange de notes et de subsides qui furent le seul résultat pratique de ce secret accord, car Mirabeau mourut quelque temps après, dans les bras du prince d'Arenberg, qu'il avait nommé son exécuteur testamentaire. En 1793, le prince alla prendre du service en Autriche, et fut employé par le baron de Thugut dans quelques négociations contre Bonaparte, ce qui lui ferma, pendant la durée de l'Empire, les portes de la France. A la formation du royaume des Pays-Bas, en 1815, il rentra à Bruxelles avec le grade de lieutenant général ; il conserva, jusqu'à la fin, contre la France, une rancune que le temps ne put adoucir.

ARENBERG (Louis-Engelberg-Marie-Joseph-Augustin, prince d') membre du Sénat conservateur, né à Bruxelles, le 3 août 1750, mort à Bruxelles, le 6 mars 1820, était le petit-fils du duc Léopold Philippe-Charles-Joseph d'Arenberg, gouverneur de la province de Hainaut, et qui protégea et pensionna J.-B. Rousseau. La famille d'Arenberg, une des premières de l'aristocratie européenne, est issue de l'illustre maison de Ligne. — Le prince d'Arenberg passa dans la retraite tout le temps de la Révolution ; éloigné de la vie active par un accident de chasse qui l'avait rendu aveugle à l'âge de 24 ans, il fut uniquement, à cause de son nom et de son origine, recherché par Napoléon pour faire partie du Sénat conservateur : il y fut appelé le 20 mai 1806. En même temps, l'Empereur le dédommagea par des domaines en Westphalie de la perte des possessions que le traité de Lunéville lui avait enlevées sur la rive gauche du Rhin. Enfin le duc d'Arenberg dut échanger son titre de duc contre celui de comte de l'Empire (26 avril 1808.) Sa fille, Pauline d'Arenberg, épouse du prince de Schwarzenberg, périt dans un incendie, en 1810, au bal donné à l'ambassade d'Autriche à l'occasion du mariage de Napoléon et de Marie-Louise. Retiré à Bruxelles après la chute de Napoléon, d'Arenberg montra la plus vive aversion pour les partisans de l'empereur déchu, qu'il avait lui-même accepté de servir. Son passage au Sénat ne laissa d'ailleurs aucune trace.

ARENBERG (PIERRE D'ALCANTARA-CHARLES-MARIE, PRINCE D'), pair de France, né à Paris, le 2 octobre 1790, mort à Bruxelles, le 27 septembre 1877, était le quatrième fils du comte de la Marck (voir plus haut), et le frère du duc Louis Prosper, qui fit au service de Napoléon les campagnes de Prusse et d'Espagne, et devint ensuite membre héréditaire du collège des princes à la diète principale de la Westphalie prussienne, puis membre de la première chambre du royaume de Hanovre. — Lui-même fut officier d'ordonnance de Napoléon Ier. Après la chute de l'Empire, il se rallia à la Restauration, et fut créé duc et pair de France par Charles X (ordonnance du 5 novembre 1827). Avant de prendre séance il lui fallut recevoir du roi des lettres de grande naturalisation. « Sa nomination, dit un biographe du temps, a excité quelques murmures. On a pensé généralement que beaucoup de Français avaient plus de droits à un tel honneur qu'un étranger peu connu. »

ARENBERG (AUGUSTE-LOUIS-ALBÉRIC, PRINCE D'), fils du précédent, député de 1877 à 1881, né à Paris, le 15 septembre 1837, — appartient à la branche française de sa famille. En possession de propriétés considérables sur plusieurs points de la France, et notamment dans le Cher, à Menetou-Salon (canton de Saint-Martin d'Auxigny), sportsman distingué, ancien officier des mobilisés du Cher en 1870, il était, depuis peu, conseiller général de Saint-Martin, lorsqu'il fut, aux élections du 14 octobre 1877, dans la 1re circonscription de Bourges, le candidat heureux du gouvernement du maréchal de Mac-Mahon, après la dissolution de la Chambre des députés. Il fut élu, comme conservateur, avec 9,096 voix sur 16,090 votants et 19,401 inscrits, contre M. Devoucoux, député sortant, président de la gauche républicaine, l'un des signataires du fameux ordre du jour des gauches, dit des 363. M. Devoucoux n'obtint que 6,914 voix. (Un assez grand nombre d'électeurs, parmi les républicains avancés, mécontents de l'attitude politique de M. Devoucoux, s'étaient abstenus de prendre part au scrutin.) Le prince d'Arenberg siégea à droite et vota constamment avec les monarchistes *contre* les divers ministères qui se succédèrent au pouvoir, *contre* l'amnistie, *contre* le retour du Parlement à Paris, *contre* l'article 7, *contre* l'application des lois existantes aux congrégations non autorisées, *contre* le rétablissement du divorce, etc.

Aux élections du 21 août 1881, M. d'Arenberg fut candidat dans la même circonscription, et échoua avec 7,886 voix, contre M. Chéneau, conseiller général, maire de Brécy (Cher) candidat républicain opportuniste, et patronné par M. Henri Brisson. M. Chéneau fut élu au second tour avec 8,316 voix. Enfin, aux élections du 4 octobre 1885, M. d'Arenberg fut porté par les conservateurs du Cher; il obtint 37,778 voix. La liste opportuniste, restée seule en présence de la liste monarchiste, passa au second tour. Le prince A. d'Arenberg repré-

sente toujours au Conseil général du Cher le canton de Saint-Martin d'Auxigny.

ARÈNE (FRANÇOIS-MARC-ANTOINE), représentant du peuple aux Assemblées constituante et législative de 1848-49, né à Toulon (Var), le 8 septembre 1794, mort à Toulon, le 9 juillet 1852, exerçait en 1848 la profession d'avoué dans cette ville. La Révolution de Février l'appela aux fonctions de sous-commissaire du gouvernement provisoire. Aux élections d'avril, il fut élu représentant du Var à l'Assemblée constituante, le 9e et dernier de la liste, par 24,592 voix sur 87,328 votants et 96,216 inscrits. Il vota avec la majorité dans presque toutes les occasions, refusa toutefois son vote à l'ordre du jour « Le général Cavaignac a bien mérité de la patrie », se prononça *pour* le rétablissement de la contrainte par corps, *pour* l'impôt proportionnel, *contre* l'amendement Grévy, *contre* le droit au travail, *contre* la réduction de l'impôt du sel, et *pour* l'interdiction des clubs.

Réélu, le 13 mai 1849, par le même département, et cette fois le 1er sur 7, à la Législative, avec 28,958 voix, il continua d'y voter avec les républicains les plus modérés.

ARÈNE (EMMANUEL), membre de la Chambre des députés, né à Ajaccio (Corse), le 1er janvier 1856, passa son enfance à Marseille, puis à Aix, où il suivit les cours du lycée; il vint ensuite faire à Paris ses études de droit. M. Edmond About le prit alors pour secrétaire, et le fit débuter comme journaliste au *XIXe Siècle* qu'il dirigeait. Il passa de là au journal *Paris*, fondé en 1881 par d'anciens rédacteurs de la *France*. M. Arène avait, dans diverses polémiques des plus vives, très ardemment soutenu la politique de Gambetta, dont il était l'ami personnel ; la protection de cet homme politique ne fut pas étrangère à l'élection de M. Arène comme conseiller général de la Corse, en août 1880, — (M. Arène n'avait pas encore vingt-cinq ans accompli, il ne devint éligible que le 1er janvier suivant), — non plus qu'à son élection de député dans l'arrondissement de Corte, le 4 décembre 1881. (L'option de M. de Choiseul pour l'arrondissement de Melun (Seine-et-Marne), avait déterminé une vacance). Il l'emporta, avec 6,672 voix, sur 9,389 votants et 16,362 inscrits, sur M. Paschal Grousset, ancien membre de la Commune, candidat républicain radical, intransigeant. M. Arène avait été élu avec le programme de l'Union républicaine; il siégea, en effet, dans ce groupe et vota avec lui pour la politique opportuniste, représentée au pouvoir par les cabinets Gambetta et Jules Ferry. Il fut particulièrement, à son arrivée au Palais-Bourbon, un des plus ardents défenseurs du « grand ministère », qu'il soutint de ses articles dans la presse, autant que de ses votes à la Chambre. Il fut de la minorité gambettiste du 26 janvier 1882, garda une attitude très réservée à l'égard du ministère de M. de Freycinet, et vota :

Le 4 mars 1882, *contre* l'amendement Jules Roche (élection du maire de Paris);

Le 7 mars, *contre* la proposition Boysset tendant à l'abolition du Concordat;

Le 29 janvier 1883, *contre* l'élection de la magistrature par le peuple.

Il avait pris la parole, le 12 juillet 1882, en qualité de rapporteur d'un projet d'exploitation des services maritimes postaux entre le continent et la Corse.

Après que M. Jules Ferry eut repris la présidence du Conseil (22 février 1883). M. Emmanuel Arène se montra disposé à lui donner tout son concours.

Il vota, pour lui, le 6 mars, à propos de la révision, et, par la suite, chaque fois que les événements du Tonkin, les conflits avec la Chine, les entraînements de la politique coloniale, les embarras diplomatiques qui en furent la conséquence, enfin, à l'intérieur, les divisions et les querelles entre l'opportunisme et l'intransigeance posèrent devant la Chambre la « question de confiance ». Toutefois, M. Arène s'abstint de prendre part au vote de certaines demandes de crédits relatives à l'expédition du Tonkin. En revanche il accorda son vote à la loi sur les récidivistes, au maintien de l'ambassade auprès du pape. Il opina lors de la convocation du Congrès de Versailles (4-13 août 1884), pour la suppression des sénateurs inamovibles et l'augmentation du nombre des électeurs sénatoriaux. Enfin, il se prononça pour le rétablissement du scrutin de liste (proposition Constans).

Collaborateur du Matin, M. Arène, eut en août 1884, un démêlé retentissant avec MM. Granet, député, et Ernest Judet, directeur et rédacteur en chef de la Presse Libre. Une dépêche adressée de Bastia à M. Arène, ayant été textuellement reproduite dans un numéro de ce journal, M. Arène accusa « d'indélicatesse ou de vol » les auteurs de cette publication; un duel s'ensuivit entre MM. Judet et Arène; celui-ci fut blessé à la main. Cette affaire de dépêche se rattachait à une accusation formulée naguère contre M. Arène et son collègue du Sénat, M. Peraldi; M. Judet leur avait reproché à tous deux leur attitude favorable à la Compagnie Morelli, concessionnaire des « services maritimes postaux entre le continent et la Corse. » M. Arène protesta très vivement contre ces articulations. Il fut encore mêlé, comme ami du préfet André de Trémontels, à l'affaire du journaliste Saint-Elme, dont la mort fut imputée à ce fonctionnaire.

Le 28 mars 1885, jour de la chute du cabinet Ferry, le député de la Corse lui demeura fidèle. Il soutint également, mais avec plus de réserve, le cabinet Henri Brisson, qui présida aux élections d'octobre.

Candidat sur la liste républicaine de la Corse, il échoua avec un chiffre de 24,625 voix. (Le dernier élu de la liste conservatrice, M. de Montera, avait 24,953 voix). Mais l'élection des conservateurs ayant été invalidée par la Chambre, le 5 décembre 1885, les électeurs furent convoqués de nouveau le 14 février 1886, et, cette fois, M. Arène l'emporta, par 25,948 voix (49,382 votants, 73,887 inscrits.) Avec lui étaient élus MM. Astima, Ceccaldi, de Susini. Dans la nouvelle législature, il a continué son concours à la politique républicaine modérée; inscrit à l'Union des gauches, il a soutenu les ministères Rouvier et Tirard pour lesquels il a voté dans les séances des 19 novembre 1887 et 30 mars 1888. Précédemment, il s'était prononcé contre la proposition Rochefort sur l'amnistie, contre la proposition Michelin tendant à rechercher les origines et les auteurs responsables de l'expédition du Tonkin, contre l'ordre du jour Camélinat en faveur des grévistes de Decazeville, etc. En octobre 1888, à propos des réclamations de la presse contre l'attitude de la questure de la Chambre à son égard, M. E. Arène donna sa démission de vice-président de la Chambre, avec tout le bureau, puis la retira, en conformité du vote de la Chambre qui refusa de l'accepter.

Le 11 février 1889, il a voté pour le rétablissement du scrutin uninominal; et le 14, il s'est abstenu sur l'ajournement de la révision des lois constitutionnelles (chute du ministère Floquet). Nommé rapporteur de la Commission chargée d'examiner la demande en autorisation de poursuites contre trois députés, membres de la Ligue des Patriotes, il a montré, dans la discussion, une passion que le rôle de rapporteur ne comportait peut-être pas, mais aussi un entrain et un esprit d'à propos qu'on ne lui connaissait pas encore; le 4 avril, il a voté pour la demande en autorisation de poursuites contre le général Boulanger.

ARFEUILLÈRES (Jean-Baptiste-Hippolyte-Achille d'), représentant à l'Assemblée nationale de 1871, né à Millevaches (Corrèze) le 9 mai 1819, mort à Peyrelevade (Corrèze), le 30 mars 1880, avait été, sous l'Empire, maire de cette dernière commune où il était propriétaire; conseiller général, plusieurs fois réélu, du département de la Corrèze, il dut principalement aux protestations qu'il exprima contre la dissolution (décembre 1870) des conseils généraux par le gouvernement de Bordeaux, son élection législative du 8 février 1871. Les conservateurs de la Corrèze le nommèrent leur représentant à l'Assemblée nationale par 22,596 voix sur 54,642 votants et 83,707 inscrits. Le premier de la liste républicaine, M. Madesclaire, n'obtint que 12,157 voix. La même année (8 octobre), M. d'Arfeuillères fut nommé encore une fois conseiller général du canton de Sornac.

A l'Assemblée, il siégea à droite et prit part à la discussion de quelques lois, entre autres de la loi municipale; il fit aussi partie de plusieurs commissions. Il déposa une proposition tendant à empêcher l'abus des nominations faites à la dernière heure par les ministres sortant de fonctions. Inscrit aux deux réunions monarchistes Colbert et des Réservoirs, il fut des 80 signataires de l'Adresse au Pape, à propos du Syllabus, qui s'engageaient à « conformer non seulement leurs intelligences, mais toute leur conduite privée et publique aux prescriptions du grand et courageux Syllabus qui garde toute la vérité sociale. »

M. d'Arfeuillères vota, jusqu'en 1875 : pour la paix, les prières publiques, l'abrogation des lois d'exil contre les d'Orléans, le pouvoir constituant, le gouvernement du 24 mai, le Septennat; contre la dissolution, les propositions Casimir Périer et Wallon, l'amendement Pascal Duprat sur l'élection du Sénat, et les lois constitutionnelles.

ARGENCE (Jean-Baptiste-Désiré-Prosper), député au Corps législatif en 1869-70, né à Troyes (Aube), le 8 février 1812. Avocat et maire de Troyes sous l'Empire, puis conseiller général, M. Argence se présenta, avec l'appui officiel du gouvernement impérial, le 24 mai 1869, dans la 1re circonscription de l'Aube : il fut élu avec 20,878 voix sur 39,231 votants et 43,472 inscrits, contre les deux candidats de l'opposition libérale, MM. Casimir Périer (15,195 voix), et Mocqueris (2,949).

Au Corps législatif, M. Argence fit partie de la majorité qui s'efforça de soutenir, quoique sans enthousiasme, l' « Empire libéral » de M. Émile Ollivier. Il s'associa à tous les votes de cette majorité, y compris celui de la déclaration de guerre, et rentra dans la vie privée au lendemain du 4 septembre. Il tenta vainement d'en sortir le 16 novembre 1873. Une élection partielle ayant eu lieu dans l'Aube, pour remplacer M. Lignier, démissionnaire pour cause de santé, il obtint 17,844 voix seulement contre le général Saussier, candidat républicain, élu avec 42,294 voix.

ARGENSON *Voy.* VOYER D'ARGENSON.

ARGENT-DE-DEUX FONTAINES (CHARLES-MARIE, BARON), député au Corps législatif en 1852, né à Soissons (Aisne), le 26 novembre 1789, mort au château de Bouville (Eure-et-Loir), le 8 octobre 1852, appartenait à la branche aînée d'une ancienne famille originaire de Hainaut. Il entra à l'Ecole Polytechnique en 1806, et servit, comme officier supérieur dans la maison militaire des rois Louis XVIII et Charles X, du 16 juin 1814 jusqu'en 1830. Compris dans le licenciement de cette maison à la Révolution de Juillet, ayant alors le grade de chef d'escadron, et officier de la Légion d'honneur, il se retira dans sa terre de Bouville, commune de Cloyes (Eure-et-Loir), où il s'occupa d'améliorations agricoles. Maire de Cloyes depuis 1841, conseiller général du département d'Eure-et-Loir en 1845, il fut, le 29 février 1852, élu député au Corps législatif par la 1re circonscription d'Eure-et-Loir, avec 19,417 voix sur 28,017 votants et 44,061 inscrits, contre MM. Gouvion-Saint-Cyr (6,738 voix), Noël Parfait (236) et Barthélemy (213). Il siégea parmi les défenseurs du gouvernement nouveau issu de la Constitution de 1852, et qui allait bientôt devenir de nom ce qu'il était déjà de fait, le gouvernement impérial. Il mourut d'ailleurs avant la proclamation définitive de l'Empire, et ne siégea que quelques mois au Palais-Bourbon.

ARGENTEUIL (D'). *Voy.* DARGENTEUIL.

ARGENTEUIL (D'). *Voy.* LE BASCLE.

ARGENTRÉ (LOUIS-CHARLES DUPLESSIS D'), député à la Constituante de 1789, né à Argentré-Duplessis (Ille-et-Vilaine), le 10 juin 1723, mort à Munster (Allemagne), le 28 mars 1808. Evêque de Limoges, il fut élu député du clergé aux Etats-Généraux de 1789, le 21 mars, par la sénéchaussée de Limoges. Il fut de ceux qui restèrent attachés aux prérogatives de leur ordre et qui refusèrent de suivre l'Assemblée dans la voie où elle s'engagea. Adversaire de la Révolution, il favorisa, de concert avec l'évêque de Clermont, les ecclésiastiques non assermentés. Bientôt la marche de la Révolution l'obligea à quitter la France ; il se réfugia en Allemagne, à Munster, et il continua de donner par lettres ses instructions à ses grands vicaires, restés dans son diocèse. Il ne revint pas en France après le Concordat, et se contenta de faire passer, le 20 février 1803, aux fidèles de son diocèse, un avertissement qui les invitait à reconnaître pour leur évêque, celui qui venait d'entrer en fonctions avec l'autorisation du pape Pie VII. Il mourut en émigration.

ARGOUT (APOLLINAIRE-ANTOINE-MAURICE, COMTE D'), pair de France en 1819, ministre sous Louis-Philippe et sénateur du second Empire, né à Vassolin (Isère), le 28 août 1782, mort à Paris, le 15 janvier 1858, issu d'une vieille famille du Dauphiné, débuta dans l'administration comme receveur des contributions à Anvers (1806), devint inspecteur (1811), maître des requêtes au Conseil d'Etat (1814), puis en service extraordinaire et préfet des Basses-Pyrénées en 1815. Ensuite préfet du Gard, il avait réussi à calmer les passions politiques, très excitées dans ce département, quand M. Decazes le nomma pair de France, le 5 mars 1819. Il y défendit le ministère, notamment contre les violentes attaques de M. Clausel de Caussergues, et vota constamment avec la droite modérée. Aux journées de Juillet 1830, il s'efforça d'obtenir le retrait des ordonnances ; on a même dit, qu'avec M. de Sémonville, il engagea le duc de Raguse, qui était à la tête des forces militaires, à arrêter les ministres, et à transiger, au nom du roi, avec les insurgés. Le 29 juillet, tous les deux se rendirent à Saint-Cloud, auprès du roi, et ne purent obtenir que la formation d'un nouveau ministère ; ils vinrent en apporter la nouvelle à l'Hôtel de Ville, où ils furent fort mal reçus. M. d'Argout retourna à Saint-Cloud avec M. de Virolles le lendemain, et arracha enfin à Charles X la révocation des ordonnances ; mais quand ils se présentèrent devant la commission municipale, on refusa de recevoir les pièces, par ces mots : Il est trop tard !

Les opinions modérées du comte d'Argout s'accommodèrent de la monarchie de Juillet, et, dès le 17 novembre 1830, il entra dans le ministère Laffitte comme ministre de la marine, en remplacement du général Sébastiani ; il resta comme ministre du Commerce et des Travaux publics dans le cabinet Casimir Périer, le 13 mars 1831, et dans le ministère Soult (11 octobre 1832) ; il prit le portefeuille de l'Intérieur et des Cultes, du 31 décembre 1832 au 4 avril 1834, date à laquelle il fut remplacé par Thiers, et devint gouverneur de la Banque de France. Le 18 janvier 1836, il remplaça au ministère des Finances M. Humann démissionnaire, garda ce poste dans le cabinet Thiers du 22 février suivant, et tomba avec ce ministère, le 6 septembre, sur le refus du roi d'intervenir dans les affaires d'Espagne. Il reprit le poste moins tourmenté de gouverneur de la Banque de France, qu'il ne quitta plus. Nommé le 7 octobre 1847 grand croix de la Légion d'honneur, il fit partie de la première promotion des sénateurs du second empire, le 26 janvier 1852.

Sous le gouvernement de Juillet, le nez de M. d'Argout fut la cible des traits les plus piquants des caricaturistes ; après Louis-Philippe, ce fut certainement le ministre le plus malmené par la *Caricature* et par le *Charivari* ; Barthélemy ne le ménagea guère aussi dans la *Némésis* ; mais ces attaques firent plus pour sa popularité que ses services ministériels et parlementaires.

ARJUZON (GABRIEL-THOMAS-MARIE, COMTE D'), pair de France pendant les Cent-Jours et sous la Restauration, né à Paris, le 1er février 1761, mort à Paris, le 9 décembre 1851, était le fils d'un fermier général. Il entra dans l'administration des finances, où il fut quelque temps receveur général. En 1789, il était électeur de la noblesse d'Evreux. Chef de bataillon de la garde nationale de cette ville en 1790, il traversa la Révolution sans y jouer aucun rôle marqué, fut nommé en 1806, président du collège électoral de l'Eure, et passa la même année, en qualité de chambellan, au service de Louis-Napoléon, roi de Hollande. Madame d'Arjuzon avait été elle-même dame du palais de la reine Hortense, avant l'époque où cette princesse monta sur le trône de Hollande. Le comte d'Arjuzon avait, en outre, servi comme aide-de-camp du général en chef de l'armée du Nord, en 1805 et 1806. Napoléon le fit comte de l'Empire le 2 février 1809. En 1814, il était chef de bataillon de la garde nationale parisienne ; à l'arrivée de Louis XVIII, il reçut la décoration de la Légion d'honneur, ce qui n'empêcha pas Napoléon de le comprendre, pendant les Cent-Jours, parmi les pairs qu'il institua. La même dignité lui fut d'ailleurs rendue par ordonnance du 5 mars 1819. Le comte d'Arjuzon, qui cessa de siéger peu après la Révolution de Juillet, compta à la Chambre haute, parmi les défenseurs modérés de la Restauration ; il vota avec les royalistes constitutionnels.

ARJUZON (Félix-Jean-François-Thomas, comte d'), fils du précédent, député au Corps législatif du second Empire, né à Paris, le 28 avril 1800, mort à Paris, le 24 septembre 1874. Il fut, sous Charles X, gentilhomme de la chambre du roi, puis débuta dans la carrière politique comme conseiller général du canton de Montfort (Eure). Rallié au gouvernement du Prince-Président, il accepta d'être son candidat officiel au Corps législatif, le 29 février 1852, dans la 3e circonscription de l'Eure ; il fut élu avec 26,071 voix sur 29,975 votants et 48,830 inscrits, contre M. d'Osmoy, candidat de l'opposition, qui n'eut que 2,766 voix. Il s'associa, comme membre de la majorité, à tous les actes du règne de Napoléon III, ayant été successivement réélu par la même circonscription : le 22 juin 1857, avec 27,093 voix sur 33,121 votants et 46,323 inscrits, contre 5,399 à Dupont de l'Eure fils ; le 1er juin 1863, par 20,833 voix (M. Dupont de l'Eure en obtint 4,939), et le 24 mai 1869 par 14,826 voix contre deux nouveaux candidats de l'opposition : MM. d'Osmoy qui obtint 8,212 voix et Edmond Adam (1,541). Le comte d'Arjuzon était chambellan de l'Empereur, qui l'avait fait officier de la Légion d'honneur le 13 août 1861.

ARMAILLÉ (D') *Voy.* LAFOREST.

ARMAN (Jean-Lucien), député au Corps législatif de 1857 à 1863, né à Bordeaux, le 22 novembre 1811, mort à Bordeaux, le 6 octobre 1873, se livra à l'étude des sciences applicables à la construction des navires de commerce à voiles et à vapeur, et reçut le diplôme de constructeur. Inventeur d'un système mixte de construction en fer et bois, il se fit remarquer par d'importantes améliorations réalisées dans les bâtiments de commerce et les bâtiments à vapeur pour la marine française. En 1854, il fut le premier qui conduisit à Paris le navire à vapeur *le Laromiguière*, de 700 tonneaux et de la force de 150 chevaux, sorti de Bordeaux, et reçut, à l'Exposition de 1855, la grande médaille d'honneur de la classe *Marine et arts militaires*. Membre du Conseil municipal de Bordeaux, du Conseil général de la Gironde, ainsi que de la Chambre de commerce, il fut, en outre, le 22 juin 1857, élu député au Corps législatif, comme candidat officiel du gouvernement, dans la 5e circonscription de la Gironde (Libourne). Il avait obtenu 13,179 voix sur 20,529 votants et 33,422 inscrits, contre 7,247 données à M. David, député sortant. A la Chambre, il vota avec la majorité, mais s'occupa surtout de questions commerciales et maritimes. Il fut réélu, le 1er juin 1863, par 16,552 voix contre deux candidats de l'opposition, MM. le duc Decazes (12,838) et Brisson (887). Commandeur de la Légion d'honneur, du 20 avril 1864.

ARMAND (François), député à l'Assemblée

constituante, puis au Conseil des Cinq-Cents, né à Allanche (Cantal), le 19 mai 1734, mort à Riom (Puy-de-Dôme), le 26 juin 1812. Avocat à Aurillac en 1789, il fut, le 26 mars, choisi comme député aux Etats-Généraux par les électeurs du tiers du bailliage de Saint-Flour. Il se fit remarquer principalement dans les discussions financières, et, à propos des assignats, dans la séance du 17 avril 1790, se prononça contre la conversion en *promesses d'assignats* des billets de caisse. Vers la même époque, il blâma le choix des commissaires envoyés par le roi dans les départements, et se plaignit même à ce sujet de la mauvaise foi du ministère. Lors du débat sur la Constitution, il proposa, pour soustraire le Corps législatif à l'influence du pouvoir exécutif, que le séjour des assemblées fût éloigné de la cour d'au moins 20 lieues. Enfin il fit, dans la séance du 28 mai 1791, la motion que les députés ne pussent être nommés haut-jurés, ce qui lui attira cette réplique de Rœderer :

— Je demande que, pour s'élever à la hauteur de la proposition du préopinant, l'Assemblée décide, qu'après la session actuelle, tous ses membres se retireront dans un couvent !

La motion d'Armand ayant été rejetée, le député de Saint-Flour fut lui-même nommé haut-juré par le département du Cantal, le 1er septembre 1791.

Plus tard, il fut rappelé à des fonctions législatives par le même département, lors des élections au Conseil des Cinq-Cents (22 vendémiaire an IV). Là encore la question des assignats et des transactions contractées pendant la dépréciation de ce papier-monnaie, le préoccupa et l'amena à la tribune ; il y parut encore pour appuyer le projet de Camus en faveur d'une augmentation de traitement pour les fonctionnaires publics. Il dit à ce sujet : « Loin que ce que vous accordez aux fonctionnaires puisse les empêcher de mourir de faim, ils n'auront pas même de quoi se faire enterrer. »

Armand quitta la vie parlementaire après le 18 Brumaire an VIII. Désigné, le 28 floréal de la même année, pour exercer les fonctions de juge au tribunal d'appel de Riom, il devint, sous l'Empire, (auquel il s'était complètement rallié), conseiller à la même cour (17 avril 1811). Il mourut l'année d'après.

ARMAND (Joseph-Marie-Rose), représentant à la Chambre des Cent-Jours, né à Chindrieux (Savoie), le 30 août 1757, mort à une date inconnue. Il fut élu, le 11 mai 1815, membre de la Chambre des représentants par l'arrondissement de Rumilly (département du Mont-Blanc), avec 34 voix sur 48 votants, contre 14 obtenues par M. Jérôme Milliet, ex-sous-préfet de Thonon. Il était alors avocat. Précédemment, il avait occupé les fonctions de président du tribunal de Rumilly.

ARMAND (Germain), député de 1834 à 1846, né à Paris le 23 juin 1784, mort à Saint-Omer (Pas-de-Calais) le 21 juillet 1854. Ancien officier de la garde impériale, propriétaire à Saint-Omer, et maire de cette ville, M. Armand, qui s'était déclaré en faveur de la révolution de Juillet, fut élu, sans opposition, le 21 juin 1834, député du grand Collège électoral du Pas-de-Calais. Ses opinions libérales le détachèrent bientôt de la majorité ministérielle, et, obéissant à l'inspiration d'Odilon Barrot, il prit place à gauche, parmi les membres de l'opposition dynastique, avec lesquels il vota jusqu'en 1846, sans prendre jamais la parole dans l'Assemblée. C'est ainsi qu'il repoussa l'indemnité Pritchard. Il avait été réélu par le même collège les 2 mars 1839 et 9 juillet 1842. Aux élections du 1er août 1846, il échoua avec 141 voix contre M. Quanson, élu par 217 suffrages. — Il était conseiller général du Pas-de-Calais et chevalier de la Légion d'honneur.

ARMAND (Jean-François), député de 1837 à 1848, né à Bar-sur-Aube (Aube), le 24 juin 1789, mort à Gravières (Aube), le 27 mars 1883, — avait été élève de l'École polytechnique et appartint quelque temps à l'administration des Ponts-et-Chaussées. Sous le premier Empire, il fut, en cette qualité, chargé d'ouvrir une route de Paris à Madrid; il fit à travers les Pyrénées le tracé de ce travail, puis fut employé en Belgique jusqu'à la paix. En 1826, il compta parmi les promoteurs du chemin de fer de Saint-Étienne à Lyon, qui fut la première tentative de voie ferrée réalisée en France, à l'exemple de l'Angleterre, des États-Unis, de la Belgique, etc. Après avoir donné sa démission d'ingénieur, il s'occupa de travaux agricoles et de diverses spéculations; il fut, par exemple, un des gérants de l'entreprise des diligences Armand, Lecomte et Compagnie dont la liquidation fit grand bruit. Le 4 novembre 1837, le 4e collège électoral de l'Aube (Bar-sur-Aube), l'envoya, avec 159 voix sur 317 votants et 367 inscrits, siéger à la Chambre des députés; il remplaçait M. Pavée de Vandœuvre, nommé pair de France. L'élection ayant été annulée, il dut se représenter aux suffrages des électeurs de Bar, qui lui confirmèrent son mandat. Ses premiers votes furent en opposition avec le ministère; mais cette attitude dura peu. Rallié au pouvoir, il fit partie de la majorité du ministère Molé, et opina dès lors pour toutes les mesures réclamées par le gouvernement, par exemple, pour l'indemnité Pritchard. Il fut réélu le 9 juillet 1842 par 270 voix sur 295 votants et 460 inscrits, et le 1er août 1846 par 239 voix sur 459 votants et 506 inscrits: son concurrent, M. Danton, avait réuni 219 voix.

ARMAND DE FOREST. *Voy.* Blacons (marquis de).

ARMENONVILLE. *Voy.* Le Cousturier.

ARMEZ (Nicolas), représentant à la Chambre des Cent-Jours, né à Paimpol (Côtes-du-Nord), le 15 avril 1754, mort à Paris, le 27 avril 1825. Il habitait Plourivo, où il était propriétaire, quand les électeurs du collège des Côtes-du-Nord le choisirent, le 14 mai 1815, pour leur représentant, par 78 voix sur 150 votants et 283 inscrits. Il siégea pendant la durée des Cent-Jours, et ne prit part que par ses votes à cette courte législature.

ARMEZ (Charles-Louis-Marie), député de 1834 à 1848, né à Vannes (Morbihan), le 2 décembre 1799, mort à Bourg-Blanc (Côtes-du-Nord), le 11 septembre 1882, était fils d'un membre de la Haute Cour criminelle. Il sollicita pour la première fois les suffrages des électeurs des Côtes-du-Nord le 21 juin 1834, et le 2e collège de ce département (Saint-Brieuc) l'envoya siéger à la Chambre des députés, où il se rangea tout d'abord sur les bancs du tiers parti. Réélu le 4 novembre 1837, par la même circonscription, avec 94 voix sur 169 votants et 236 inscrits, il ne tarda pas à se rallier aux

ministères les plus conservateurs de la monarchie de Juillet. Il soutint, notamment, de ses votes le cabinet du 15 avril 1837 (ministère Molé). Les électeurs des Côtes-du-Nord ayant renouvelé à M. Armez son mandat législatif le 2 mars 1839, puis le 9 juillet 1842 et enfin le 1er août 1846, il siégea jusqu'à la Révolution de Février et vota dans ces diverses législatures :

Le 9 août 1842, *pour* le projet de loi sur la Régence, établissant : 1° que le roi serait majeur à 18 ans; 2° que pendant sa minorité le prince le plus proche du trône serait investi de la régence;

Le 27 janvier 1844, *pour* le projet d'adresse se félicitant de la « cordiale entente qui, d'après le discours de la Couronne, régnait entre la France et l'Angleterre »;

Les 29 février et mars 1844, *pour* le désaveu de l'amiral Dupetit-Thouars.

En janvier 1845, M. Armez, absent de Paris, n'eut pas à prendre part au vote sur l'indemnité qui fut allouée au missionnaire Pritchard.

De retour à son poste, il vota *pour* l'adjonction des capacités, *contre* la réduction du nombre des députés fonctionnaires, *pour* le maintien de la faculté accordée aux cours royales de distribuer aux journaux les annonces judiciaires, etc.

M. Armez qui avait fait partie de la majorité du dernier ministère Guizot, fut rendu à la vie privée par les événements de 1848. Depuis, il vécut retiré dans son château du Bourg-Blanc. Il était chevalier de la Légion d'honneur.

ARMEZ (Louis), fils du précédent, député en 1876 et 1881, est né à Paris le 19 août 1838. Ingénieur civil en 1863, maire de Plourivo en 1871, révoqué par M. de Broglie en 1873, mais maintenu de fait, personne n'ayant voulu le remplacer, il était conseiller général du canton de Paimpol (Côtes-du-Nord), lorsqu'il fut élu député, le 20 février 1876, par la 1re circonscription de Saint-Brieuc, avec 8,460 voix sur 15,287 votants et 22,786 inscrits, contre M. Duval, qui obtint 6,778 voix. Il siégea à la gauche modérée et vota : *pour* le nouveau projet de loi sur la collation des grades, *pour* le projet de loi relatif à l'élection des maires, et *pour* l'ordre du jour des gauches contre le cabinet de Broglie après le 16 mai.

Présenté comme l'un des 363 aux électeurs de sa circonscription, le 14 octobre 1877, il échoua avec 7,835 voix contre 8,615 données à M. Garnier-Bodéléac, conservateur, qui fut élu. Mais cette élection ayant été invalidée, les électeurs convoqués à nouveau le 3 mars 1878 donnèrent, cette fois, une majorité de 10,040 voix à M. Armez (son concurrent n'en obtint que 6,204). Dans cette législature, comme dans la suivante, M. Armez vota en faveur des ministères opportunistes en opposition à la fois avec la droite et avec l'extrême-gauche. Le 21 août 1881, il se vit renouveler son mandat dans la 1re circonscription de Saint-Brieuc par 8,632 voix sur 14,386 votants et 23,168 inscrits. (M. de Boisgelin en eut 5,682). Il fut secrétaire de la Chambre pendant la session.

On lisait dans sa circulaire aux électeurs : « Les gouvernements précédents promettaient la paix, ils ont fait la guerre; la République vous a promis la paix, elle l'a maintenue et la maintiendra avec toutes les puissances ». M. Armez crut cependant devoir voter les crédits demandés pour le Tonkin, ce qui fit dire alors à un biographe intransigeant :

« C'est en vain, espérons-le, qu'aux élections prochaines cet étrange ami de la paix invoquera le dieu des *Armez*. »

En effet, il échoua, avec toute la liste républicaine, aux élections du 15 octobre 1885, et n'obtint que 42,660 voix. Le dernier conservateur élu, M. Larère en avait 70,119.

En décembre 1886, la famille Armez offrit à l'État la tête du cardinal de Richelieu, qu'elle possédait depuis la violation révolutionnaire du tombeau, et qui fut, à la même date, solennellement replacée dans le beau monument dû à Girardon, dans l'église de la Sorbonne, à Paris.

ARMONVILLE (Jean-Baptiste), membre de la Convention, né à Reims (Marne), le 18 novembre 1756, mort à Reims, le 11 décembre 1808, était cardeur de laine, quand éclata la Révolution, et se fit bientôt remarquer par l'exaltation de ses idées, qui lui valurent d'être élu par le département de la Marne, le 3 septembre 1792, membre de la Convention, par 130 voix sur 203 votants. Dans le procès de Louis XVI, il répondit au 2e appel nominal (appel au peuple) : « Comme un assassin ne doit pas occuper le souverain pouvoir, je dis *non* ». Au 3e appel, il dit : *Je vote pour la mort.* Assis à la Montagne, auprès de Marat, qu'il admirait, il singeait, autant qu'il le pouvait, les excentricités de son modèle ; on l'appelait *Bonnet rouge*, à cause de la coiffure qu'il ne quittait jamais.

Il essaya de s'opposer de force, en novembre 1794, à la fermeture du club des Jacobins, dont il était un membre assidu ; son rôle politique finit avec la Convention. Il retourna à Reims, où il reprit son ancien métier, qui ne prospéra point, et mourut, dit-on, à l'hôpital de Reims à cinquante-deux ans.

ARNAUD (Jean-Baptiste-Bernard-Antoine), député de 1815 à 1816, né à Perpignan (Pyrénées-Orientales), le 20 août 1768, mort à Perpignan le 26 janvier 1839, fut maire de Perpignan en 1809, et conseiller de préfecture de son département en 1813 . Il était président du collège électoral des Pyrénées-Orientales, quand il fut élu par le collège du département, le 22 août 1815, avec 106 voix sur 118 votants et 179 inscrits. Son rôle fut des plus modestes à la Chambre introuvable, où il siégea parmi les plus modérés, et son mandat cessa avec elle. Il fut mis à la retraite, comme conseiller de préfecture, le 19 septembre 1838, quatre mois avant sa mort.

ARNAUD (Jean-Baptiste, C lier), député de 1817 à 1820, né à Puimoisson (Basses-Alpes), le 24 juin 1753, mort à Puimoisson, le 4 mars, 1820, étudia le droit et fut avocat au Parlement d'Aix. Ses succès au barreau lui ayant ouvert la carrière de la magistrature, il fut successivement juge de paix, juge de district et enfin, sous le premier Empire, procureur-général près la Cour criminelle des Basses-Alpes. En 1811, lors de la réorganisation des Cours et Tribunaux, un décret impérial du 1er juin l'appela à la Cour d'Aix, avec les mêmes fonctions ; il les garda après la chute de l'Empire, jusqu'en 1820. Président, à plusieurs reprises, du collège électoral des Basses-Alpes, il fut, le 20 septembre 1817, élu par ce collège, membre de la Chambre des députés, avec 103 voix sur 111 votants et 274 inscrits, contre M. de Gassaud, maire de Manosque (77 voix.) Arnaud, qui s'était, sans

hésitation, rallié au gouvernement royal, prêta constamment au ministère l'appui de son vote. Il garda, d'ailleurs, dans les débats parlementaires un silence complet. Réélu député le 20 octobre 1818, avec 97 voix sur 143 votants et 281 inscrits contre M. de Laplane, conseiller général (34 v.), il siégea sur les bancs de la droite jusqu'en 1820, époque à laquelle l'état de sa santé le détermina à refuser une nouvelle candidature législative. Il fut, la même année, admis à la retraite avec le titre de président honoraire. Chevalier de la Légion d'honneur depuis le 25 prairial an XII, il avait été créé chevalier de l'Empire, le 28 janvier 1809.

ARNAUD (Henri), représentant du peuple aux Assemblées constituante et législative de 1848-49, né à Draguignan (Var) le 8 janvier 1798, mort à Brignoles (Var) le 9 juillet 1866, était négociant (confiseur) à Toulon au moment de la Révolution de Février 1848. Ayant été mêlé, sous Louis-Philippe, aux luttes de l'opposition avancée contre le pouvoir, il fut porté le 23 avril par les républicains comme candidat à l'Assemblée constituante, et élu, le 5e sur 9, par 30,704 voix (87,328 votants, 96,216 inscrits.) Appartenant à l'opinion républicaine modérée, il vota généralement avec la gauche ; toutefois il s'abstint dans plusieurs circonstances importantes ; c'est ainsi qu'au lendemain du vote (4 novembre 1848) de l'ordre du jour présenté par Dupont de l'Eure : « Le général Cavaignac a bien mérité de la patrie », Arnaud, porté absent par le *Moniteur*, écrivit que, présent à la séance, il s'était volontairement abstenu. Le 2 septembre, il avait voté avec la droite, *pour* le maintien de l'état de siège pendant la discussion de la Constitution. A ces exceptions près, il opina comme les démocrates de l'Assemblée : *contre* le décret sur les clubs, *contre* la loi rétablissant le cautionnement, *contre* les poursuites intentées à Louis Blanc et à Caussidière, *contre* le rétablissement de la contrainte par corps, et *pour* l'abolition de la peine de mort. En congé de septembre à novembre 1848, il se prononça, le 12 janvier 1849, *contre* la proposition Rateau et le 16 avril *contre* l'expédition de Rome. Adversaire de la politique de Louis-Napoléon, il la combattit encore par ses votes à l'Assemblée législative, où 28,773 voix l'envoyèrent, le 13 mai 1849 : il passa le 2e sur 7. Avec la gauche de l'assemblée, où il siégea, il refusa son suffrage à toutes les demandes de crédits pour l'expédition romaine, ainsi qu'à la loi Falloux-Parieu sur l'enseignement et à la nouvelle loi électorale du 31 mai 1850. Il ne joua plus aucun rôle politique après le coup d'État de Décembre.

ARNAUD (Frédéric), représentant du peuple aux Assemblées constituante et législative de 1848-49, représentant à l'Assemblée nationale de 1871 et sénateur de 1876 à 1878, né à Saint-Girons (Ariège) le 8 avril 1819, mort à Versailles, le 30 mai 1878. — Avocat à Paris, il se fit une réputation sous Louis-Philippe, dans le parti démocratique, par l'ardeur de sentiments catholiques qu'il croyait conciliables avec ses opinions républicaines. Après la Révolution de Février 1848, il sollicita, comme candidat républicain modéré à l'Assemblée constituante, les suffrages des électeurs de l'Ariège, dans une profession de foi où il se prononçait contre le communisme, et ajoutait : « Je veux les cultes libres et indépendants. Plus de servitudes pour l'église, qu'elle se déguisent sous le voile menteur des libertés gallicanes, ou qu'elles reposent sur le séduisant prétexte des droits de la nation. Je veux qu'un traitement, distribué par l'Etat, comme une dette nationale, aux ministres de tous les cultes, soit pour eux une garantie de plus d'indépendance et de dignité. »

Il réclamait la réduction du nombre des fonctions publiques, une répartition nouvelle des impôts, la revision de la législation forestière et l'abolition de l'impôt du sel. Il terminait par ces mots : « Après m'être religieusement interrogé devant Dieu, j'ose aspirer à l'insigne honneur de vous représenter à l'Assemblée nationale, sûr d'apporter à l'œuvre commune, l'esprit de justice qui convient au législateur, le sentiment de fraternité qui fait le républicain. »

Il fut élu le 23 avril, le 4e sur 7, avec 29,515 voix sur 65,072 votants et 71,717 inscrits. Il siégea à gauche, et catholique démocrate, se déclara à la tribune *contre* l'expédition de Rome ; toutefois, il ne s'associa pas, lorsqu'elle fut proposée par Ledru Rollin, à la demande de mise en accusation du président et de ses ministres. Le *Moniteur* le porta comme *absent* lors des votes : sur les poursuites contre Louis Blanc et Caussidière (26 août 1848), sur le droit au travail (2 novembre) et sur l'amnistie des transportés (2 mai 1849). Dans les autres questions, il vota le plus souvent avec la gauche, notamment *contre* le rétablissement de la contrainte par corps, *pour* l'abolition de la peine de mort, *pour* la suppression de l'impôt du sel, *contre* la proposition Rateau, et *contre* l'interdiction des clubs. Avec le parti modéré, il s'associa à la politique de Cavaignac et au vote (25 novembre 1848) de l'ordre du jour en son honneur. Réélu à l'Assemblée législative le 13 mai 1840, le 2e sur 6, avec 22,161 voix sur 45,357 votants et 77,191 inscrits, il y combattit la politique de l'Elysée et, sans faire partie de la Montagne, la plupart du temps vota avec la gauche contre les lois restrictives des libertés et du suffrage universel, présentées par les ministres du Président.

Lors du coup d'Etat de Décembre 1851, Arnaud (de l'Ariège), prit part, avec Victor Hugo, Schœlcher, Madier de Montjau, et autres représentant de la gauche, aux tentatives de résistance qui marquèrent la première journée. Il accompagnait Victor Hugo sur le boulevard, lorsque, devant un régiment de cuirassiers qui défilait le sabre nu, tous deux poussèrent ce cri : *A bas les traîtres* ! « A voir Arnaud, a écrit Victor Hugo (*Histoire d'un crime*) avec son geste intrépide, sa belle tête pâle et calme, son regard ardent, sa barbe et ses longs cheveux châtains, on croyait voir la rayonnante et foudroyante figure d'un christ irrité. » Le succès du coup d'Etat rendit Arnaud (de l'Ariège) à la vie privée. Sous l'empire, il se tint à l'écart des affaires publiques et se contenta de publier divers ouvrages : *L'Indépendance du pape et les droits des peuples* (1860), *la Papauté temporelle et la Nationalité italienne* etc. où il continuait de poursuivre la solution de son problème favori, la réconciliation du catholicisme et de la démocratie moderne ; il s'y déclarait contre l'infaillibilité du pape et contre le pouvoir temporel. Son dernier ouvrage, la *Révolution et l'Eglise*, avait pour conclusion ces lignes caractéristiques :

« Quand donc se trouvera-t-il un pape, tout pénétré de la foi vivante des temps apostoliques qui, par un acte d'autorité réparatrice, rompra avec ces traditions si contraires à l'esprit de l'Evangile, dégagera le pontife du monarque, délivrera Rome de la garde des armes temporelles rendra à l'Italie sa capitale et au monde chrétien le centre vénéré de son unité religieuse? De quelles bénédictions ne serait-il pas l'objet, lorsque, redevenu simplement et saintement le chef de l'Eglise, il ne ferait plus entendre que des paroles de paix et de liberté ! »

Candidat sans succès, aux élections du Corps législatif, le 22 juin 1857 et le 24 mai 1869, il réunit la dernière fois 7,308 voix contre 21,181 données au député officiel sortant M. Denat. Arnaud de l'Ariège fut rendu à la vie publique par la Révolution du 4 Septembre. Nommé membre de la Commission provisoire chargée de remplacer le conseil d'Etat, puis élu le 4 novembre 1870, maire du 7e arrondissement de Paris, il fut, aux élections du 8 février 1871, porté candidat, dans le département de la Seine, à l'Assemblée nationale, à la fois par les républicains modérés et, par un certain nombre de conservateurs, auxquels ne déplaisaient pas ses opinions religieuses : il fut élu avec 79,955 voix sur 328,970 votants et 547,858 inscrits. (Il échouait à la même date dans l'Ariège avec 18,223 voix.) Il fit partie de la gauche républicaine et vota *contre* les préliminaires de paix. Au moment de l'insurrection communaliste du 18 mars 1871, il fut comme député et maire de Paris l'interprète de ses collègues des autres arrondissements, qui étaient venus à Versailles pour demander à être entendus par l'Assemblée. Il déclara qu'il fallait « s'unir de cœur avec Paris et ne fermer avec lui qu'une âme nationale et républicaine ». Tumultueusement accueillie par la droite de l'Assemblée, cette intervention resta sans effet. M. Arnaud (de l'Ariège) s'abstint dans le vote sur les prières publiques, en disant « qu'il avait trop le respect de Dieu pour abaisser son âme dans des querelles de partis. » Il vota : *pour* l'abrogation des lois d'exil contre les Bourbons, *contre* la dissolution des gardes nationales, *pour* le retour de l'assemblée à Paris, *pour* les lois constitutionnelles, et *contre* la loi sur l'enseignement supérieur. Il fit, le 14 juin 1875, un discours contre les empiétements du parti clérical. Candidat républicain aux élections sénatoriales du 30 janvier 1876, il fut élu par 208 voix sur 386 votants *contre* MM. de Saint-Paul (147 v.) et Aclocque (133). Il siégea à gauche, vota en Juin 1877, contre la dissolution réclamée par le gouvernement du 16 Mai, et s'associa, jusqu'à sa mort, à tous les votes des républicains de la Chambre haute.

ARNAUD (JOSEPH-PIERRE), député au Corps législatif de 1852 à 1863, né à Grenoble (Isère), le 14 juin 1801, mort à Grenoble le 12 janvier 1885. Négociant à Grenoble et maire de cette ville, dévoué à la politique du 2 Décembre, M. Arnaud fut, le 29 février 1852, le candidat officiel du gouvernement dans la 1re circonscription de l'Isère. Il l'emporta avec 26,231 voix (28,018 votants et 45,537 inscrits) sur M. Bordillon qui n'obtint que 1,041 voix. Réélu le 22 juin 1857 par la même circonscription avec 24,491 voix contre le candidat de l'opposition, M. Dupont-Delporte (3,669 voix), il fit partie, en toute occasion, de la majorité du Corps législatif et prit part, entre autres, au vote de la loi de sûreté générale (1858). Il cessa, en 1863, de représenter le département de l'Isère et il resta jusqu'à sa mort à l'écart de la politique active.

ARNAUD. *Voy.* VITROLLES (BARON DE).

ARNAULDET (LOUIS-CHRISTOPHE), député de 1839 à 1842, né à Niort (Deux-Sèvres), le

6 mars 1792, mort à Niort, le 10 juin 1873, était fils de Honoré-François-Marie Arnauldet, qui mourut président du tribunal civil de Niort. Après avoir fait à Poitiers ses études de droit, il revint (1813) dans sa ville natale et y exerça, jusqu'en 1819, la profession d'avocat; puis il entra dans la magistrature comme substitut au parquet de Civray (Vienne); il passa presque aussitôt en la même qualité à Fontenay (Vendée), fut plus tard juge au tribunal de Niort et devint, en 1833, le président de ce tribunal.

Conseiller municipal de Niort, il brigua, le 2 mars 1839, le mandat législatif, et fut élu député du 1er collège électoral des Deux-Sèvres (Niort), avec 310 voix ; son concurrent, qui était Michel de Bourges, avant obtenu 242 suffrages; il siégea dans les rangs de la majorité conservatrice de la Chambre jusqu'en 1842, sans s'y faire remarquer autrement que par ses votes (en faveur du ministère) et par la part qu'il prit aux travaux des commissions et des bureaux.

ARNAULT (Antoine-Vincent, chevalier), représentant à la Chambre des Cent-Jours, né à Paris, le 22 janvier 1766, mort à Goderville (Seine-Inférieure), le 16 septembre 1834, fils de Nicolas-Vincent Arnault, bourgeois de Paris, et de Marie-Jacqueline Leduc, appartenait, par sa famille, à la maison du comte de Provence; était, en 1785, secrétaire du cabinet de la comtesse de Provence et acquit, en 1787, une charge de cour dont l'émigration lui fit perdre l'exercice et le prix. Il publia quelques poésies et fit jouer, avec succès, en 1791, sa première tragédie, *Marius à Mainturnes*.

Émigré en Angleterre, après le massacre des prisons (septembre 1792), il rentrait en France, lorsqu'il fut arrêté à Dunkerque; sa réputation d'auteur tragique lui valut la liberté. Il entra dans l'administration en 1797 et fut chargé par le général Bonaparte de l'organisation des îles Ioniennes. L'année d'après, il voulut accompagner l'armée d'Égypte, mais il s'arrêta à Malte avec son beau-frère Regnault de Saint-Jean-d'Angély, fut pris, au retour, par les Anglais, qui ne le retinrent prisonnier qu'une semaine.

Élu membre de l'Institut en septembre 1799, il obtint, en récompense de son adhésion et de son concours au 18 Brumaire, d'être attaché à la 3e division du ministère de l'Intérieur et d'accompaguer Lucien Bonaparte, nommé, en 1801, ambassadeur à Madrid; il était membre de la Légion d'honneur au 26 frimaire an XII. Vice-président de l'Institut en 1805, il présenta à Napoléon, au retour de la campagne, l'adresse de félicitations de cette compagnie.

En septembre 1808, il fut nommé conseiller ordinaire au Conseil général de l'Université réorganisée, et créé chevalier de l'Empire, le 3 mai 1809.

Bien qu'ayant adhéré, le 6 avril 1814, à la déchéance de Napoléon et étant même allé au devant de Louis XVIII jusqu'à Compiègne, il fut révoqué de toutes ses fonctions, qui lui revinrent en partie au retour de l'île d'Elbe. Le 6 mai 1815, le 4e arrondissement électoral de Paris l'élut représentant à la Chambre des Cent-Jours, au troisième tour de scrutin, par 30 voix sur 59 votants, à la majorité d'une voix, contre M. Agier, ex-président de la Cour impériale de Paris.

Après Waterloo, il ne se rallia plus à la Restauration et fut du nombre des députés qui protestèrent contre la fermeture de la Chambre par ordre du nouveau préfet de police (juillet 1815).

Proscrit peu après, il gagna la Hollande, ne s'y plut pas, rentra en France dès qu'on lui en rouvrit les portes (novembre 1819), et ne s'occupa plus que de littérature. L'État lui accorda une pension de retraite. Il est l'auteur d'un certain nombre de tragédies : *Lucrèce*, *Cincinnatus*, *Germanicus*, etc. Cette dernière, jouée en 1817, provoqua, par des allusions très transparentes au prisonnier de Sainte-Hélène, une vive critique du royaliste Martainville, qui dut se battre en duel avec un des fils de l'auteur et fut légèrement blessé; il a publié également une *Vie de Napoléon* en 3 volumes, et de curieux mémoires, *Souvenirs d'un octogénaire*. Il ne reprit qu'en 1829 sa place à l'Académie française, dont il fut élu secrétaire perpétuel un an avant sa mort.

ARNAULT (Ferdinand-Louis-Barthélemy), membre de la Chambre des députés, né à Tours (Indre-et-Loire), le 21 septembre 1837, est le fils d'un professeur agrégé de l'Université. Après de solides études juridiques qu'il poussa jusqu'à l'agrégation, M. Arnault fut, en 1875, nommé professeur d'économie politique à la Faculté de droit de Toulouse. Il occupait cette chaire lors des élections législatives de 1885; il était en même temps vice-président du Conseil général de Tarn-et-Garonne, où il représentait le canton de Montpezat; il fut, dans ce département, élu le 3e de la liste conservatrice, avec 31,041 voix sur 59,851 votants et 69,647 inscrits. Les élections de Tarn-et-Garonne ayant été invalidées dans la séance du 20 décembre 1885, les électeurs, convoqués à nouveau, nommèrent, cette fois, deux conservateurs et deux républicains. Les deux républicains étaient MM. Lasserre et Trubert, les deux conservateurs, MM. Prax-Paris et Arnault; M. Arnault avait 30,965 voix sur 61,785 votants et 70,064 inscrits. Dans le cours de la législature, M. Arnault, qui siège à droite, a constamment voté avec les monarchistes de la Chambre; il a refusé son suffrage aux divers cabinets de gauche qui se sont succédé au pouvoir et est intervenu, pendant la dernière législature, dans la discussion du projet de loi organique militaire, contre lequel il a voté; il a présenté, de concert avec M. Amagat, un amendement créant une exception en faveur des élèves des facultés et écoles supérieures de l'État, il s'est prononcé en dernier lieu contre les ministères Floquet et Tirard, et a voté *contre* le rétablissement du scrutin uninominal (11 février 1889), *pour* l'ajournement indéfini des projets de révision (14 février), *contre* la demande en autorisation de poursuites contre trois députés, membres de la Ligue des Patriotes (14 mars); *contre* les poursuites intentées par le gouvernement au général Boulanger (4 avril). M. Arnault a publié un cours d'économie politique, un ouvrage sur la Commune de 1871, plusieurs opuscules de droit et de jurisprudence, et divers discours prononcés comme secrétaire perpétuel de l'Académie de législation de Toulouse. On lui doit aussi un rapport sur le projet de loi destiné à modifier la loi du 24 juillet 1867 sur les sociétés. Ce rapport fut rédigé par lui en qualité de membre et rapporteur de la Commission extra-parlementaire qui élabora en décembre 1882 un projet voté par le Sénat en décembre 1884.

ARNAVON (Louis-Honoré), député en 1831, né à Marseille (Bouches-du-Rhône), le 10 juin 1786, mort à Marseille, le 18 octobre 1841.

Fabricant de savons à Marseille, il était en 1830, conseiller municipal de cette ville et colonel de la garde nationale. Le 8 septembre 1831, une élection partielle ayant eu lieu dans le premier collège électoral des Bouches-du-Rhône (Marseille), deux tours de scrutin successifs, ne donnèrent pas de résultat définitif, à cause du petit nombre des électeurs qui prirent part au vote : au 3e tour seulement, M. Arnavon, conservateur, fut élu, mais avec 38 voix seulement sur 55 votants et 244 inscrits. M. Mignet en avait obtenu 14. M. Arnavon siégea seulement quelques semaines ; dans la séance du 21 octobre suivant, il fit parvenir au président sa démission de député.

ARNEAUDEAU (Eugène-Jean-Marie), membre du Sénat, né à Laon (Aisne), le 8 septembre 1821, passa par l'Ecole polytechnique, et en sortit comme officier du génie. Sous-lieutenant en 1843, lieutenant en 1845, capitaine en 1849, il devint chef de bataillon, le 17 janvier 1855, lieutenant-colonel le 21 janvier 1860, colonel le 16 mai 1863, général de brigade le 27 février 1868 et général de division le 30 décembre 1875. Il avait quitté l'arme du génie pour celle de l'infanterie. Il fit en Afrique ses premières campagnes, et prit part, en 1870, à la guerre franco-allemande ; il commandait une brigade dans le 3e corps d'armée (maréchal Bazaine). Par la suite, il fut successivement pourvu du commandement de la brigade d'Angoulême, puis de celui de la 16e division d'infanterie, comprenant les subdivisions des régions de Cosne, Bourges et Nevers. En 1877, M. Bourbeau, ancien ministre de l'Instruction publique, sénateur de la Vienne, étant mort, les conservateurs de ce département firent choix du général Arneaudeau, pour le remplacer au Sénat ; il fut élu, le 2 décembre, par 203 voix sur 364 votants et 375 inscrits, contre 171 voix données à M. Gassau. M. Arneaudeau prit place à droite et vota avec les conservateurs : *contre* l'article 7 et les lois présentées par M. Ferry sur l'enseignement, *contre* l'amnistie, etc. Réélu le 8 janvier 1882 avec 202 voix sur 375 votants, contre M. Salomon, ancien député (167 voix), il se prononça : *contre* la loi sur le serment judiciaire, *contre* l'expulsion des princes, *contre* le rétablissement du divorce, et *contre* le nouveau projet de loi sur l'armée (mai 1888), dans lequel il blâma la réduction du service à trois ans, et la complète suppression des dispenses conditionnelles. Il a voté, le 13 février 1889, *contre* le rétablissement du scrutin uninominal, le 18 février contre la proposition de loi Lisbonne restrictive de la liberté de la presse, le 29 mars *contre* la proposition de loi érigeant le Sénat en haute cour de justice pour juger les attentats commis contre la sûreté de l'Etat. Le général Arneaudeau est commandeur de la Légion d'honneur, du 7 juin 1865.

ARNIM (Charles-Rodolphe-Bernard d'), député de l'Ems-supérieur au Corps législatif du premier Empire, né à Minden (Allemagne), en 1753, mort à une date inconnue. Après la constitution des nouveaux départements, formés des pays annexés à la France, Bernard d'Arnim, d'une ancienne famille qui a fourni à l'Allemagne plusieurs personnages de marque, fut directement désigné par l'Empereur, le 12 avril 1812, sur une liste de présentation dressée par le préfet de l'Ems-supérieur, pour représenter au Corps législatif ce département. Il était propriétaire à Minden et remplissait les fonctions de président du Tribunal de première instance dudit lieu. Précédemment, il avait été président de la régence de la principauté de Minden. Il siégea, sans jamais prendre la parole, jusqu'en 1815.

ARNOUL (Jean-Baptiste-Bernard), député au Conseil des Cinq-Cents, né à Provins (Seine-et-Marne), le 1er juillet 1761, mort à Provins, le 27 octobre 1838, était entré dans les ordres et appartint au clergé, avant la Révolution, comme grand-vicaire à Hasselt, dans le Limbourg. Rentré dans la vie civile, il fut, le 22 germinal an VII, élu député au Conseil des Cinq-Cents, pour le département des Forêts. Plus tard, il obtint la majorité des voix comme candidat au Corps législatif impérial, dans l'arrondissement d'Hasselt (38 suffrages sur 74 votants), mais le Sénat conservateur ne ratifia pas le choix des électeurs. Le Consulat le nomma sous-préfet d'Hasselt, le 25 germinal an VIII, et l'Empire, procureur impérial près du tribunal de cette ville : il fut fait en dernier lieu conseiller de préfecture du Bas-Rhin, en mai 1808.

ARNOULD (Ambroise-Henry, chevalier), député au Conseil des Anciens, au Conseil des Cinq-Cents, puis membre du Tribunat, né à Paris, le 26 mars 1757, mort à Paris, le 4 juillet 1812, fit ses études à Dijon, puis revint à Paris, où il s'occupa d'économie politique et de questions financières. Partisan modéré de la Révolution, il était en 1791 sous-directeur du bureau de la Balance et du Commerce, quand il publia, sur les *Relations commerciales de la France dans toutes les parties du globe*, un ouvrage qui fut remarqué. En l'an III, il s'attacha, dans une nouvelle brochure intitulée : *Point de terrorisme contre les assignats*, à démontrer l'utilité de l'émission de ce papier-monnaie ; puis, ayant pris parti après le 9 Thermidor contre la Convention nationale, il fut mêlé à l'insurrection du 13 Vendémiaire an IV ; obligé de fuir, il reprit ses études économiques et publia encore un ouvrage sur le *Système maritime et politique des Européens pendant le XVIIIe siècle*. Il y propose de faire de Paris une ville maritime afin d'égaler les forces navales de la France à celles de l'Angleterre.

Elu le 26 germinal an VI, par le département de la Seine, député au Conseil des Anciens, il y fit partie de la commission des finances, fut chargé de plusieurs rapports sur le commerce, l'administration, etc., et appuya le rétablissement de l'impôt sur le sel. Il contribua au rappel de la loi des neutres, rappel qui, en réponse à la conduite du gouvernement anglais, lequel n'en avait jamais tenu compte, ordonna la saisie en mer des bâtiments de commerce des nations qui s'étaient déclarées neutres. En l'an VII, il sortit du Conseil des Anciens et entra, toujours comme représentant de Paris, au Conseil des Cinq-Cents ; il concourut au renversement du Directoire et à l'établissement du Consulat. Bonaparte l'appela à faire partie (19 brumaire an VIII) de la Commission législative intérimaire qu'il forma après son Coup d'Etat ; ce fut lui que le premier consul chargea de demander en faveur de Sieyès la dotation du domaine de Crosne comme récompense nationale. Il fut encore l'auteur d'un long rapport sur les moyens de relever le crédit public. Son zèle lui valut une place au Tribunat (4 nivôse an VIII). Il fut secrétaire de cette assemblée, et, en cette qualité, fit partie de la commission chargée d'examiner la motion de Curée en faveur de l'établissement du régime impérial. Dans la discussion qui eut lieu sur ce grave sujet, Arnould combattit avec beaucoup de vivacité et d'aigreur l'opinion de Carnot, qui y était opposé; le débat dégénéra presque en altercation. Comme orateur du Tribunat, il soutint devant le Corps législatif divers projets importants sur les finances, et, lors de la suppression de cette assemblée il fut nommé conseiller-maître à la Cour des Comptes. Chevalier de la Légion d'honneur, le 25 prairial an XII, il avait été, de plus, fait chevalier de l'Empire en mai 1808. Indépendamment des mémoires cités plus haut, Arnould est l'auteur d'une *Histoire générale des finances depuis le commencement de la monarchie, pour servir d'introduction au budget annuel.*

ARNOULT (Charles-André-Remy), député à l'Assemblée constituante de 1789, né à Bèze (Côte-d'Or), le 11 août 1754, mort à Bèze, le 30 juillet 1796. Avocat à Dijon, il fut, le 7 avril 1789, élu député du Tiers aux Etats-Généraux pour le bailliage de Dijon. Il se montra dans l'assemblée le partisan décidé des idées nouvelles, y demanda la suppression des dîmes, proposa de décréter l'inadmissibilité de la branche d'Espagne au trône de France, et fit, à la séance du 21 juin 1790, un curieux rapport sur l'état de désorganisation complète du Parlement de Dijon. « Ce n'est pas, dit-il, mauvaise volonté de la part des magistrats, c'est une impossibilité physique. La chambre des vacations est composée d'un président dont le père, octogénaire, est depuis trois mois à la dernière extrémité. Ce magistrat donne tous ses soins à son père, et l'on ne peut lui en faire un crime. Trois autres sont passés *dans l'étranger (sic)*; à cela, il n'y a pas encore de remède : l'on ne guérit pas de la peur. Deux conseillers-clercs ne peuvent pas être juges en matière criminelle. Ainsi il reste sept juges, dont le plus ancien n'a pas vingt-sept ans. Depuis le 1er mars, ce tribunal est sans activité : les prisons regorgent d'accusés... etc. » Il proposa enfin, vers la fin de la session de la Constituante, de déclarer propriétés nationales les rivières navigables et réclama l'abolition des baux à domaines congéables usités dans les départements du Finistère, des Côtes-du-Nord et du Morbihan. Arnoult exposa que ce reste de la féodalité soumettait les cultivateurs bretons à une véritable sujétion et devait disparaître avec l'établissement de la liberté. (*Moniteur* du 28 mai 1791.)

Arnoult fut élu, le 6 septembre 1791, procureur-général syndic de la Côte-d'Or. Il ne quitta plus sa province jusqu'à l'époque de sa mort. Il avait publié en 1792, une *Collection des décrets des Assemblées constituantes et législatives.*

ARNOULT (Georges-Marie), député de 1876 à 1885, né à Pont-l'Abbé (Finistère), le 9 juin 1832, mort à Quimper (Finistère), le 7 mai 1887. Propriétaire à Pont-l'Abbé et président du comice agricole, M. Arnoult fut élu pour la première fois député par la 2e circonscription de Quimper, comme républicain conservateur, avec 7,832 voix sur 12,417 votants et 17,855 inscrits, contre M. Boloré, 4,586 voix. Inscrit au centre gauche, il vota *pour* les nouveaux projets de loi sur la collation des grades et sur l'élection des maires, se prononça *contre* l'acte du 16 mai et fut des 363. A ce titre, il obtint de ses électeurs (14 octobre 1877) le renouvellement de son mandat, avec 9,364 voix sur 14,356 votants et 18,795 inscrits, contre M. de Lécluse (5,001 voix.) Avec les modérés de la gauche, il s'abstint dans plusieurs délibérations

et vota, en faveur du ministère Dufaure, *pour* l'élection de M. Grévy, comme président de la République, *pour* l'invalidation de l'élection Blanqui, *contre* l'amnistie plénière, etc. Réélu le 21 août 1881, par 7,705 voix contre 5,868 au candidat monarchiste, M. de Fretay, M. Arnoult, qui s'était déclaré le « candidat constitutionnel de l'ordre et de la paix, » se prononça dans la législature de 1881-85 *pour* les divers crédits demandés pour l'expédition du Tonkin, *pour* le maintien de l'ambassadeur près du pape, *pour* le maintien du budget des cultes et *contre* l'élection du Sénat par le suffrage universel. Il échoua dans son département, lors des dernières élections générales (4 octobre 1885), ainsi que toute la liste républicaine, sur laquelle il figurait ; il avait obtenu 57,076 voix au scrutin de liste.

ARNOUS (Marie-Gustave-Louis-Eugène), membre de la Chambre des députés, né à Toulouse (Haute-Garonne), le 30 juin 1846, est fils du général d'artillerie Arnous, et petit-neveu de l'amiral Arnous, ancien gouverneur de la Martinique, mort gouverneur du palais de Fontainebleau. Il s'engagea pendant la guerre de 1870 dans la garde mobile, où il fut capitaine, et prit part à la défense de Paris, notamment au combat de Buzenval. Après la conclusion de la paix, il se présenta au concours du Conseil d'Etat, y fut admis comme auditeur, et conserva ces fonctions jusqu'en 1879. Démissionnaire à cette date, il entra dans la politique militante, comme conservateur bonapartiste. Son mariage avec Mlle André, fille de l'ancien député et sénateur de la Charente (*V. ce nom*) et sœur de M. Jules André, mort en 1883, député de Barbezieux, avait fait à M. Arnous une situation importante dans la Charente. Il sollicita, le 20 janvier 1884, la succession de son beau-frère dans la circonscription de Barbezieux ; il fut élu par 7,080 voix contre M. Trarieux, candidat républicain (5,207 voix), sur 12,380 votants et 15,315 inscrits. Peu de temps après, il fut élu aussi conseiller général de la Charente par le canton de Brossac. A la Chambre, il siégea à droite et vota constamment avec les conservateurs, au nom desquels il attaqua plusieurs fois la politique financière du gouvernement républicain ; il intervint dans la discussion du budget de 1885, parla sur le contrôle financier du service de la trésorerie et de l'émission des emprunts, sur l'accroissement des pensions civiles et ses rapports avec la politique des « épurations ». Il défendit à la tribune des amendements relatifs à la loi électorale du Sénat, au dégrèvement des populations viticoles atteintes par le phylloxera, etc. Réélu aux élections générales du 4 octobre 1885, sur la liste conservatrice de la Charente, le 3e, avec 48,577 voix (88,972 votants, 112,037 inscrits), il y a repris sa place à droite, et son attitude d'opposant déclaré. Il a toujours refusé son vote aux ministères que soutenait la gauche de l'Assemblée, et s'est prononcé le 11 février 1889, *contre* le rétablissement du scrutin uninominal, le 14 février *pour* l'ajournement indéfini du projet de revision, le 14 mars *contre* la demande en autorisation de poursuites contre trois députés, membres de la Ligue des Patriotes, le 2 avril *contre* le projet de loi Lisbonne restrictif de la liberté de la presse, le 4 avril *contre* la demande en autorisation de poursuites contre le général Boulanger.

AROUX (Michel-Jean-Baptiste-Jacques), député au Corps législatif du premier Empire, né à Yebleron (Seine-Inférieure), le 24 juin 1761, mort à Rouen, le 13 juillet 1841, exerça successivement dans cette dernière ville, sous la Révolution et sous l'Empire, les fonctions de membre du Bureau de paix, de juge au tribunal de district, de directeur du jury, de substitut au tribunal d'appel, de premier avocat général, puis de président de Chambre à la Cour. Il fut nommé, le 2 fructidor an XII (1805), député au Corps législatif et réélu à la même assemblée, le 10 août 1810. Pendant toute la durée du régime impérial, il se montra fidèle à la personne et à la politique de Napoléon. Il quitta, après 1815, la vie parlementaire, où il s'était peu signalé.

AROUX (Eugène), fils du précédent, député de 1831 à 1837, né à Rouen (Seine-Inférieure), le 21 octobre 1793, mort à Paris, le 17 octobre 1859, fit ses études au collège de Sainte-Barbe et suivit les cours de l'Ecole de droit. Avocat à Rouen à partir de 1815, il obtint au barreau quelques succès, s'occupa de politique et se fit un nom parmi les membres les plus actifs de l'opposition libérale sous la Restauration. Le 28 juillet 1830, dès cinq heures du matin, il se rendait au *Journal de Rouen*, barricadait les portes de l'imprimerie, rédigeait et faisait composer, sous forme de lettre au préfet, une énergique protestation contre les actes du ministère. Trois jours après, il était élu secrétaire d'une commission municipale chargée d'administrer provisoirement la ville de Rouen. Partisan déclaré de la monarchie de Juillet, il reçut du gouvernement (septembre 1830) le poste de procureur du roi à Rouen, et, à peine entré en fonctions, eut à réprimer un soulèvement des ouvriers de Darnétal. Appelé à la Chambre des députés le 6 septembre 1831, par le 8e collège électoral de la Seine-Inférieure, avec 98 voix sur 176 votants et 379 inscrits, contre le général Athalin, 78 voix, puis réélu le 21 juin 1834, il vota généralement avec les conservateurs, non sans montrer, dans plusieurs occasions, une certaine indépendance. Il fut même (août 1832) destitué de ses fonctions de procureur du roi pour avoir fait adopter par le tribunal de Rouen cette opinion : que la présence officielle, obligatoire, des autorités constituées à une cérémonie religieuse, impliquait la reconnaissance d'une religion d'Etat, et conséquemment, méconnaissait les principes de la Charte de 1830. Rentré au barreau, ses confrères le choisirent pour bâtonnier de l'ordre.

A la Chambre des députés, M. Aroux prit une part sérieuse aux discussions d'affaires. Il fut l'un des auteurs de la proposition de loi sur les chemins vicinaux. Une autre proposition de loi sur les cours d'eau, formant un système complet, dont il donna lecture à la Chambre, fut renvoyée à l'examen d'une commission qui conclut à l'adoption. Il intervint dans les débats suivants : 1832, budget des Travaux publics et des Affaires étrangères; loi sur la pêche de la baleine et de la morue. — 1833, loi sur l'organisation départementale, loi sur l'instruction primaire, dont il amenda l'article 15. — 1834, projet concernant les crieurs publics, sur lequel il proposa un amendement; navigation de la basse Seine, vente des fruits et récoltes pendant par racines. — 1835, budget des Finances, loi sur les chemins vicinaux, à la rédaction de laquelle il contribua activement comme membre de la commission parlementaire chargée de l'examiner, et comme membre de la commission instituée par le ministre de l'Intérieur. — 1836, loi sur les justices de paix.

Il ne se présenta pas aux élections de 1837, et se consacra tout entier à des travaux littéraires : traductions de Thomas Moore, de Milton, de Dante et de l'*Histoire universelle* de C. Cantu.

ARPIN (Jacques), représentant à la Chambre des Cent-Jours, né à Saint-Quentin (Aisne), le 30 novembre 1763, mort à Roupy (Aisne), le 27 octobre 1831, était manufacturier à Saint-Quentin, quand les électeurs du collège du département de l'Aisne (64 sur 117 votants, 280 inscrits), l'appelèrent à la Chambre des représentants, dite des Cent-Jours, le 8 mai 1815. Il y prit la parole, dans la dernière séance du 7 juillet 1815, sur la question de la pairie, et combattit très vivement le principe de l'hérédité, qui fut d'ailleurs adopté, ce même jour, par la Chambre, au milieu d'une agitation des plus vives.

« Depuis vingt-cinq ans, dit-il, la France lutte contre les préjugés qui, semblables à une hydre, se reproduisent à chaque nouvelle constitution, malgré les efforts de la sagesse et de la nation. »

Il reprocha au projet de constitution de proposer l'établissement d'une « aristocratie semblable à celle de Berne et mille fois plus intolérable que celle de la noblesse ». Il s'écria :

« Quoi! la nation française, pour prix de ses sacrifices, verrait consacrer par une œuvre constitutionnelle l'exclusion de son immense majorité du droit de siéger dans la Chambre des pairs? Est-ce pour asseoir dans les fauteuils de la pairie 100 ou 200 favoris de la Fortune, avides du pouvoir, que tant de sang a coulé et va couler encore? Non! cette idée révoltante ne peut fructifier dans une cour vraiment française et imbue d'idées libérales. »

Très opposé au gouvernement de Louis XVIII restauré, pour la seconde fois, le lendemain même du jour où Arpin s'exprimait en ces termes, l'ancien représentant, de retour dans son département, vécut jusqu'à sa mort loin des affaires publiques.

ARRAING (Jean-Pierre d'), député à l'Assemblée constituante de 1789, né à Moncayolle (Basses-Pyrénées), le 29 août 1756, mort à Mauléon, le 17 mars 1833, était, au moment de la Révolution, avocat au Parlement de Paris. En 1789, le pays de Soule (en Gascogne), qui avait Mauléon pour chef-lieu, le choisit comme représentant du Tiers aux Etats-Généraux; il était maire de Mauléon depuis 1786. A l'Assemblée constituante, il compta parmi les partisans de la Révolution; son rôle, d'ailleurs, y fut modeste. Dans la séance du 4 juillet 1791, Fréteau (de Melun) ayant communiqué à ses collègues une lettre de l'ambassadeur d'Espagne qui niait que les Espagnols eussent fait, comme on le prétendait, une incursion sur le territoire français, d'Arraing prit la parole dans le même sens. Il ajouta que les Basques « qui ont eu assez d'énergie pour vivre toujours francs et libres, qui ne se sont unis à la France que pour vivre tels, sauraient défendre leur liberté et leur pays, si l'envie prenait aux Espagnols d'aller les attaquer. » Le pays de Soules étant devenu le district de Mauléon, d'Arraing en fut élu procureur-syndic. Il remplit encore, pendant la période révolutionnaire, les fonctions de président de canton, de commissaire national près le tribunal de Mauléon, puis, entre l'an V et l'an VIII, d'administrateur du département des Basses-Pyrénées. Après le 18 Brumaire, il fut nommé conseiller de préfecture du même département; il occupa ce poste pendant toute la durée du premier Empire et le conserva sous la Restauration.

ARRAS (Frédéric Charles d'), député de 1877 à 1878, né à Dunkerque (Nord), le 28 janvier 1825, mort à Dunkerque, le 25 octobre 1879. Élu, le 14 octobre 1877, député de la 1re circonscription électorale de Dunkerque avec 5,911 voix sur 10,863 votants et 14,409 inscrits contre M. Trystram, député républicain sortant, un des 363, qui n'obtint que 4,905 voix, M. d'Arras vint siéger à droite, et vota avec les conservateurs monarchiste, *contre* toutes les invalidations réclamées et prononcées par la majorité. L'élection de Dunkerque ayant été précisément comprise parmi ces invalidations, M. d'Arras dut se représenter devant les électeurs, le 7 juillet 1878, et il échoua, cette fois, avec 2,248 voix seulement contre l'ancien député M. Trystram, qui reconquit son siège avec 5,495 suffrages.

ARRAZAT (Eugène), représentant à l'Assemblée nationale de 1871, puis député de 1878 à 1883, né à Lodève (Hérault), le 3 octobre 1826, mort à Gauges (Hérault), le 24 septembre 1883, propriétaire et avocat dans sa ville natale, conseiller général du canton de Lodève, fut élu, le 2 juillet 1871, représentant de l'Hérault par 51,863 voix sur 90,104 votants et 140,493 inscrits, en remplacement de Thiers, qui avait opté pour la Seine. Il fit partie de l'Union républicaine, et vota à l'Assemblée : *pour* la dissolution, *contre* le gouvernement du 24 Mai, *contre* le septennat, *contre* la loi des maires, *contre* la loi sur l'enseignement supérieur (1875) et *pour* les lois constitutionnelles. Aux élections du 20 février 1876, de même qu'à celles du 14 octobre 1877; M. Arrazat échoua dans la circonscription de Lodève contre le candidat conservateur, M. Vitalis ; il avait obtenu la première fois 7,021 voix, la seconde 7,344. Mais l'élection de M. Vitalis fut comprise dans les invalidations prononcées par la Chambre, et, le 7 juillet 1878, la candidature républicaine radicale de M. Arrazat ne se trouva plus en présence que d'une candidature républicaine conservatrice, celle de M. Leroy-Beaulieu : M. Arrazat fut élu avec 8,038 voix sur 12,612 votants et 18,454 inscrits. Il vota : *pour* l'amnistie, *pour* le retour du Parlement à Paris, *pour* l'article 7, *pour* les lois sur l'instruction, *pour* le rétablissement du divorce. Réélu, le 21 août 1881, par 7,281 voix sur 13,758 votants et 17,801 inscrits, contre 6,405 données à son ancien concurrent, M. Leroy-Beaulieu, il s'inscrivit au groupe de la gauche radicale et vota souvent avec les intransigeants contre la politique opportuniste. Il fut, le 26 janvier 1882, de la majorité des 268 qui, en adoptant le dernier paragraphe de la résolution de la commission « des Trente-Trois », en faveur de la revision intégrale, détermina la retraite du ministère Gambetta. Il se prononça encore : le 4 mars 1882, *pour* l'amendement Jules Roche sur la mairie de Paris; le 7 mars, *pour* la proposition Boysset, favorable à l'abrogation du Concordat; le 29 janvier 1883, *pour* l'expulsion des princes.

M. Arrazat fit partie de la minorité d'extrême-gauche hostile au ministère du 22 février 1883, présidé par M. Jules Ferry, lequel eut la direction et la responsabilité de l'expédition du Tonkin. Il mourut pendant que ce ministère était au pouvoir.

ARRIGHI (Jean), membre de la Convention et député au Conseil des Cinq-Cents, né à Corte (Corse), fut élu le 21 septembre 1792 député-suppléant de la Corse à la Convention nationale, et, par suite de l'exclusion du représentant Andréi, admis à prendre séance à sa place, le 1er ventôse an II. Dans la séance du 18 vendémiaire an III (9 octobre 1794), il prononça un long discours en faveur des patriotes corses réfugiés sur le continent de la République et demanda « s'il ne serait pas expédient, pour faciliter de plus en plus la propagation de la langue française dans le département de la Corse et pour resserrer ainsi les liens qui l'unissent à la République, de disperser, dans les différentes écoles et établissements d'instruction publique, les enfants de ces patriotes âgés de moins de 18 ans, les autres devant être aux frontières. » Il proposa en même temps que les vrais patriotes en fuite, pour échapper à la tyrannie du « traître Paoli » et des Anglais, ne puissent être confondus avec les contre-révolutionnaires pris sur des bâtiments portant le pavillon paoliste. Le 23 brumaire an IV, Jean Arrighi entra au Conseil des Cinq-Cents, toujours comme représentant de la Corse ; il prit peu de part aux délibérations de cette Assemblée.

ARRIGHI (Hyacinthe), député au Corps législatif de l'an VIII, né à Corte (Corse) le 3 mars 1748, mort à Ajaccio, le 24 février 1819, cousin-germain, par alliance, de la mère de Napoléon Bonaparte, était en 1773, avocat au Conseil supérieur de la Corse, d'où il passa dans la magistrature. A partir de 1782, on le voit successivement député des États de la Corse à la cour de France, procureur du roi à Vigo, juge royal à Cervione, commissaire du roi près le tribunal de la Corse, membre, puis président de l'administration centrale du département du Golo, et commissaire du Directoire exécutif près la même administration. Exilé de Corse pendant l'occupation anglaise, il entra, le 8 pluviôse an VIII, au Corps législatif comme député de la Corse, fut nommé le 19 germinal an XI préfet du département du Liamone, chevalier de la Légion-d'honneur le 20 prairial an XII, et officier du même ordre le 30 juin 1811. Les deux départements corses ayant été réunis en un seul, il devint préfet de la Corse le 16 juillet 1811, et fut destitué en 1814, au retour des Bourbons. Après avoir fait partie de la junte, organisée en Corse, en 1815, à la nouvelle du retour de l'Ile d'Elbe, il disparut de la vie politique.

ARRIGHI (Jean Thomas) de Casanova, duc de Padoue, pair des Cent-Jours, représentant du peuple à l'Assemblée législative de 1849 et sénateur du second Empire, fils de Hyacinthe Arrighi, né à Corte (Corse), le 8 mars 1778, mort à Paris, le 22 mars 1853. Admis en 1787 à l'école militaire de Rebais, près Meaux, comme élève du roi, il passa à l'Université de Pise en 1793, lors de la suppression des écoles militaires; c'est là qu'il termina son éducation. Sa parenté avec les Bonaparte aida à son avancement dans la carrière militaire : il fut successivement lieutenant dans une compagnie franche levée en Corse, adjoint aux adjudants-généraux, et secrétaire d'ambassade attaché à la personne de Joseph Bonaparte, qu'il suivit à Parme et de là à Rome. Plus tard, il prit part à l'expédition d'Égypte, fut, après la bataille des Pyramides, nommé aide de camp du général Berthier, et capitaine au combat de Salahieh, 11 août 1798. Il fit aussi toute la campagne de Syrie, entra à Saint-Jean d'Acre avec le maréchal Lannes, et fut grièvement blessé lors du dernier assaut. Promu chef d'escadron sur le champ de bataille de Marengo, puis colonel du 1er régiment de dragons, il fit les campagnes d'Ulm, d'Austerlitz, de Friedland, (où il passa général de brigade, 1807). C'est alors que Napoléon le fit duc de Padoue (19 mars 1808): il l'avait déjà nommé commandeur de la Légion d'honneur.

A la tête de son régiment des dragons de la garde, il passa en Espagne, puis en Autriche, devint général de division après Essling, se distingua particulièrement à la bataille de Wagram, ainsi que dans la campagne de Russie. Il commanda en 1813 le 3e corps de cavalerie, et lorsque les communications avec la France furent interceptées et Leipzig menacé par les armées de la coalition, le duc de Padoue réussit à mettre pour un moment la ville à l'abri de tout danger. Mais, après les désastres qui suivirent, le 3e corps de cavalerie, extrêmement réduit, fut dissous pour augmenter l'effectif des autres régiments de l'armée. Arrighi fut alors chargé d'appuyer le maréchal Marmont dans sa retraite depuis Châlons jusqu'à Paris. A la prise de Paris (1814), il occupa, sous les ordres du duc de Raguse, les hauteurs de Belleville et de Romainville, où il eut un cheval tué sous lui. N'ayant pas sollicité de commandement après l'abdication de Napoléon, il reçut, au retour de l'île d'Elbe, la dignité de pair de France avec les fonctions de gouverneur militaire de la Corse. Il se donna surtout la tâche d'organiser les gardes nationales de l'île. Mais la seconde Restauration lui enleva à la fois son commandement et son siège de pair de France. Compris sur la liste des proscrits du 24 juillet 1815, il dut passer à l'étranger et ne fut rappelé qu'en 1820. Le gouvernement de Louis-Philippe, qui l'avait en suspicion comme bonapartiste militant, le tint à l'écart de la Chambre haute et l'admit à la retraite en 1838, comme lieutenant général, avant l'âge fixé par les ordonnances. Les élections du 13 mai 1849 à l'assemblée législative lui rouvrirent les portes du Parlement. Il fut élu en Corse, le premier sur cinq, avec 27,738 voix sur 41,078 votants et 57,685 inscrits, siégea à droite et compta parmi les partisans les plus actifs de la politique napoléonienne. Toutes les mesures de réaction votées par la majorité de l'assemblée obtinrent son assentiment. Peu de jours après le coup d'Etat, il fut récompensé de son zèle par le grand cordon de la Légion d'honneur. De plus, M. Arrighi de Padoue fit partie des premiers sénateurs nommés le 26 janvier 1852 : il mourut l'année d'après, gouverneur des Invalides.

ARRIGHI (ERNEST-LOUIS-HENRI-HYACINTHE) de CASANOVA, duc de PADOUE, sénateur du second Empire, puis député de 1876 à 1881, né à Paris, le 26 septembre 1814, mort à Paris, le 27 mars 1888, était le fils du précédent et de Rose-Zoé de Montesquiou-Fezensac, fille du comte Henri de Montesquiou-Fezensac, chambellan de Napoléon Ier. Entré en 1833 à l'Ecole polytechnique, d'où il sortit en 1835 comme officier du génie, il devint lieutenant en premier au 3e régiment de cette arme, puis donna sa démission en 1839. Dès lors il fut tenu, comme son père, éloigné des fonctions publiques par la monarchie de Juillet. Très attaché à la famille Bonaparte, il n'aborda la scène politique qu'après l'avènement de Louis Napoléon à la Présidence. Il fut, en

1849, nommé préfet de Seine-et-Oise, et prêta, comme tel, tout son concours au coup d'Etat de Décembre 1851. Il appartint notamment aux « commissions mixtes » de son département. Il passa de là au Conseil d'Etat, où il resta jusqu'en juin 1853. Promu alors sénateur, peu de temps avant la mort du duc de Padoue, son père, il fut un des porte-paroles attitrés du gouvernement impérial, et fit plusieurs fois partie de la commission de l'Adresse. Vice-secrétaire du Sénat en 1856, secrétaire en 1857, il fut nommé ministre de l'Intérieur en mai 1859 : il occupait ce poste au moment de la guerre d'Italie. Il adressa alors aux préfets une circulaire où il affirmait « son dévouement sans réserve à la dynastie ». Il ajoutait que cette dynastie était « la clef de voûte de l'édifice social », et recommandait aux préfets de s'attacher à prévenir et à dissiper les « préoccupations » que pourrait faire naître le départ de l'Empereur. Il contresigna les bulletins et les correspondances officielles de la campagne, ainsi que les décret d'amnistie du 15 août suivant, et fit remise des avertissements donnés aux journaux. Aux mois de novembre, il abandonna son portefeuille à M. Billault, pour raisons de santé, et reçut, comme compensation, la Grand-Croix de la Légion d'honneur. A partir de ce moment, il continua de siéger au Sénat jusqu'au 4 septembre, qui le rendit à la vie privée. Retiré dans le département de Seine-et-Oise, où il était conseiller général, il devint un des membres les plus militants du Comité de l'Appel au peuple. Le gouvernement du 24 Mai le nomma maire de la commune de Courson-Launay. Il était en fonctions lorsqu'il alla haranguer, le 16 mars 1874, à Chiselhurst, le Prince impérial, au nom des fidèles du parti; il fut, de ce fait, suspendu par le préfet de Seine-et-Oise, M. Limbourg. Après avoir vainement essayé, à deux reprises, de se faire élire à l'Assemblée nationale dans Seine-et-Oise, — la première fois il avait échoué avec 45,900 voix contre M. Senard, républicain conservateur, la seconde fois contre M. Valentin, — il se retourna vers les électeurs de la Corse, et le 20 février 1876, il fut élu député de l'arrondissement de Calvi, comme conservateur bonapartiste : il avait réuni 2,535 voix sur 4,848 votants et 6,498 inscrits; ses deux concurrents étaient MM. Savelli (1,306 voix) et Graziani (989). Il siégea au groupe de l'appel au peuple, s'associa à l'acte du Seize-Mai, et soutint, avec la minorité, le ministère du duc de Broglie. Aux élections du 14 octobre 1877, la même circonscription le réélut à la Chambre par 3,429 voix sur 4,737 votants et 6,548 inscrits; il s'était présenté en même temps dans Seine-et-Oise où il avait été battu par M. Carrey, un des 363. Dans la législature de 1877-1881, le duc de Padoue vota contre les divers ministères de gauche qui furent appelés aux affaires; il se prononça *contre* l'amnistie, *contre* le retour du Parlement à Paris, *contre* l'article 7, *contre* l'application des lois existantes aux congrégations non-autorisées, *contre* le rétablissement du divorce, etc. Un assez grave incident fut soulevé à son sujet en juin 1880 devant la Chambre des députés : accusé d'avoir profité d'une double inscription de domicile pour voter deux fois, à Paris et à Rambouillet, il fut l'objet d'une demande de poursuites que l'Assemblée accorda. Mais le duc de Padoue bénéficia de l'amnistie du 14 juillet, et l'affaire n'eut pas de suites. Il mourut l'année suivante.

ARRIVEUR (Jean-Marie), député à l'Assemblée constituante de 1789, né à Saint-Étienne-sur-Chalaronne (Ain), le 25 mai 1728, mort à Genouilleux (Ain), le 23 avril 1800), était fils de Jean Arriveur, châtelain et seigneur du fief de Talard. Il fut commissaire enquesteur à la sénéchaussée et au présidial de Lyon avant la Révolution et exerça ces fonctions pendant trente-et-un ans, de 1758 à 1789. La sénéchaussée de Trévoux le choisit pour député du tiers aux États-Généraux. Il assista au serment du Jeu de paume, et lorsque la députation des Dombes eut à correspondre avec les autorités de Trévoux, c'est lui que ses collègues chargèrent de ce travail. Après la législature, il se retira à Genouilleux : il fut arrêté, et incarcéré quelque temps à Trévoux, comme suspect de modérantisme.

ARROS (Joseph-Philippe-Charles comte d'), né à Plappeville (Moselle), d'une ancienne famille originaire du Béarn, le 19 septembre 1779, mort à Metz (Moselle), le 20 novembre 1855, passa par l'École polytechnique, puis revint dans son pays natal, où il fut nommé maire de Longeville-lès-Metz, et élu capitaine adjoint à l'état-major général de la garde nationale de Metz. Ayant refusé son adhésion à l'acte additionnel des Cent-Jours, il fut destitué; mais la seconde Restauration le nomma sous-préfet de Thionville : il reçut en cette qualité, la décoration de l'Aigle rouge de Prusse, en « témoignage de reconnaissance, dit un biographe », pour « l'harmonie qu'il avait su établir entre son arrondissement et la province prussienne frontière ». Il passa, en 1819, à la préfecture du Finistère, en 1820, à celle de l'Aveyron, et enfin en 1828, à celle de la Meuse.
Le 3 juillet 1830, le collège de ce dernier département, par 76 voix sur 125 votants et 141 inscrits, l'envoya siéger à la Chambre, peu de jours avant la Révolution de Juillet. Il se rallia au gouvernement nouveau, resta préfet de la Meuse, et conserva en même temps son siège de député jusqu'au moment où la loi du 19 avril 1831 prononça l'incompatibilité des deux fonctions. Il opta pour la préfecture de la Meuse. Dans cet intervalle, il avait fait partie de la majorité ministérielle. La Révolution de 1848 le rendit à la vie privée; il fut admis à la retraite le 24 août 1848. Le comte d'Arros était officier de la Légion d'honneur.

ARSAC (René-Henri-Louis-Jérome comte de Ternay), né au château de Ternay (Vienne), le 4 mai 1730, mort à Londres en 1796. Son rôle parlementaire se borna, après son élection comme député de la noblesse aux États-Généraux par le bailliage de Loudun, à rester fidèle à son parti et à voter avec lui, jusqu'au jour où il émigra en Angleterre; il y mourut, sous le Directoire.

ARSSAUD (Jean-François-Régis), député à l'Assemblée législative de 1791, dates de naissance et de mort inconnues. Homme de loi à Rodez au moment de la Révolution, il fut élu, le 9 septembre 1791, député à l'Assemblée législative par 208 voix sur 362 votants. Son rôle politique y fut sans importance; partisan modéré de la Révolution, il se rallia plus tard au 18 Brumaire et devint maire de Rodez, le 22 germinal an VIII.

ARTAULD DE BLANVAL (Joseph), membre de la Convention et député au Conseil des Anciens, né à Clermont-Ferrand (Puy-de-Dôme), dates de naissance et de mort inconnues, était propriétaire et négociant à Clermont-Ferrand, et l'un des chefs du parti révolutionnaire de cette ville. Élu membre de la Convention nationale par le Puy-de-Dôme, le 7 septembre 1792, il ne prit la parole que pour motiver son vote dans le procès de Louis XVI. Il se prononça contre l'appel au peuple, répondit : la mort, sur l'application de la peine, et non sur la question du sursis. Son département le nomma encore député au Conseil des Anciens, le 22 vendémiaire an IV et le 23 germinal an VI; au 1er germinal an VI, il avait été choisi comme secrétaire de ce Conseil, en même temps que Havin, Topsent et Mailly. Puis, le Directoire l'envoya en mission dans le Puy-de-Dôme. Il refusa son adhésion au 18 Brumaire, et s'occupa dès lors exclusivement d'affaires commerciales.

ARTHAUD. — Voy. Ferrière (comte de la).

ARTHENAY. — Voy. Darthenay.

ARTOIS. — (Comte d'). Voy. Charles X.

ASINARI. — Voy. Saint-Marsan (comte de).

ASSELIN (Eustache-Benoît), membre de la Convention, né à Nesle (Somme) en 1762, mort à Paris, le 5 décembre 1793, était avocat au Parlement de Paris, au début de la Révolution. En 1790, il publia un ouvrage alors estimé : Coutume du gouvernement, bailliage et prévôté de Chauny, et fut élu, le 8 septembre 1792, par le département de la Somme, membre de la Convention, avec 449 voix sur 493 votants. Siégeant parmi les modérés, il vota, dans le procès de Louis XVI, pour la détention, le bannissement à la paix, et l'appel au peuple en cas de condamnation à mort. Ayant protesté les 6 et 9 juin contre les événements du 31 mai, il fut du nombre des 73 députés mis en arrestation, et mourut en prison.

ASSELIN (Jean-Augustin), député au Conseil des Cinq-Cents et représentant à la Chambre des Cent-Jours, né à Cherbourg (Manche), le 1er janvier 1756, mort à Cherbourg, le 9 novembre 1845, était dans les ordres avant la Révolution, mais y renonça, en 1790, pour suivre les idées nouvelles. Officier municipal à Cherbourg en 1791, puis maire de cette ville en 1792, il devint, en 1795, administrateur du département de la Manche, qui l'envoya au Conseil des Cinq-Cents, le 24 janvier an VI. Après le 18 Brumaire, le gouvernement consulaire le nomma sous-préfet de Vire; en 1804, l'arrondissement de Vire le choisit comme candidat au Corps législatif par 54 voix sur 64 votants, mais ce choix ne fut pas ratifié par le Sénat conservateur. Il resta dans l'administration et obtint, le 18 septembre 1811, la sous-préfecture de Cherbourg. Élu représentant à la Chambre des Cent-Jours par le collège du département de la Manche, le 11 mai 1815, il termina sa carrière politique dans cette courte législature. Asselin a publié, en 1811, une édition des Vaux de Vire, d'Olivier Basselin de Vire, maître foulon et chansonnier du XVe siècle.

ASSELIN (Pierre), représentant à la Chambre des Cent-Jours, né à Orbec (Calvados), le 16 avril 1753, mort à une date inconnue. Son rôle parlementaire fut court : élu le 10 mai 1815, par 43 voix sur 51 votants, membre de la Chambre des Cent-Jours pour l'arrondissement de Lisieux, il siégea pendant la législature et disparut ensuite de la scène politique.

ASSELIN DE VILLEQUIER (Marie-Jacques-François-Alexandre, baron), représentant à la Chambre des Cent-Jours et député de 1827 à 1833, né à Villequier (Seine-Inférieure), le 1er juillet 1759, mort à Villequier le 30 juillet 1833, appartenait à une vieille famille de robe de Normandie. Conseiller au Parlement de Rouen, en 1779, il conserva ces fonctions jusqu'à la suppression des cours de Parlement en 1790, et, sans avoir quitté la France, fut porté comme émigré dans plusieurs départements où il était propriétaire. Arrêté comme suspect, il recouvra sa liberté au 9 Thermidor et obtint sa radiation de la liste des émigrés en 1799. A la réorganisation des tribunaux, il fut nommé président de chambre à la cour de Rouen, mars 1811, et, huit mois après, premier président de la même cour. Le 12 mai 1815, le collège électoral du département de la Seine-Inférieure l'élut représentant à la Chambre des Cent-Jours, par 84 voix sur 98 votants. Le même collège le réélut député, sans concurrent, le 24 novembre 1827 et le 19 juillet 1830; le 5 juillet 1831, c'est le dixième collège électoral de la Seine-Inférieure (Yvetot) qui l'envoya à la Chambre par 186 voix sur 268 votants et 416 inscrits, contre M. Edouard Lemire, qui n'eut que 77 voix. Asselin de Villequier siégea parmi les modérés de la majorité; il était chevalier de la Légion d'honneur.

ASSIER DE VALLENCHES (Pierre-Christophe d'), député de 1818 à 1824, né à Saint-Etienne (Loire), le 15 avril 1756, mort en 1837. Riche propriétaire dans la Loire, à Saint-Victor, et tout dévoué à la cause royaliste, il fut, en 1818, le candidat et l'élu des conservateurs ministériels au collège du département, dans la Loire, avec 279 voix, sur 535 votants et 1,070 inscrits.

Le 20 novembre 1822, le même collège électoral lui renouvela son mandat par 91 voix (142 votants, 218 inscrits). Il ne parut jamais à la tribune et vota toujours avec la majorité. La *Biographie des députés pendant les sessions de 1820 à 1822* l'appelle un « député malgré lui » et ajoute : « On l'a fait asseoir à droite; or, l'on sait que c'est de ce côté que sont venus les votes auxiliaires qui ont aidé les ventrus à garrotter la Charte et nos libertés. »

ASTAIX (Joseph), représentant du peuple à l'Assemblée Constituante de 1848, né à Clermont-Ferrand (Puy-de-Dôme), le 26 mars 1814, mort à Paris, le 1er décembre 1865. Le département du Puy-de-Dôme l'envoya le 23 avril 1848, à l'Assemblée constituante, le 15e et dernier de la liste, par 46,333 voix sur 125,432 votants et 173,000 inscrits. M. Astaix, au moment de son élection, était fabricant de fromages à Clermont-Ferrand et remplissait les fonctions d'adjoint au maire de cette ville. Il siégea parmi les républicains avancés de la Constituante et vota avec le groupe de la Montagne : *contre* le cautionnement, *contre* les poursuites intentées à Louis Blanc et Caussidière, *contre* le rétablissement de la contrainte par corps, *contre* l'état de siège, *contre* l'impôt du sel et *contre* l'impôt des boissons, *pour* l'abolition de la peine de mort, *pour* l'amendement Grévy sur la Présidence et *pour* l'ins-

cription du droit au travail dans la Constitution. Il se prononça, le 25 novembre 1848, *contre* l'ordre du jour de Dupont de l'Eure : « Le général Cavaignac a bien mérité de la patrie. » Il ne fut pas de l'Assemblée législative.

ASTIMA (Ange-Gaetan), membre de la Chambre des députés, né à Cervione (Corse) le 7 août 1826, appartint longtemps à l'armée. Retraité après la guerre de 1870, avec le grade de lieutenant-colonel, il se mêla avec ardeur aux luttes politiques en Corse, se déclara républicain et devint maire de Cervione et conseiller général du canton. Il fut nommé en 1875 lieutenant-colonel, commandant le régiment d'infanterie territoriale d'Ajaccio. Lors des élections législatives du 14 octobre 1877, il sollicita une première fois, des électeurs de l'arrondissement de Corte, le mandat législatif, mais il échoua avec 3,659 voix contre M. Gavini, député impérialiste, élu par 7,717 voix. Porté sur la liste républicaine de la Corse, le 4 octobre 1885, il obtint 24,371 voix, mais la liste conservatrice l'emporta. L'élection ayant été invalidée (5 décembre), M. Astima fut de nouveau candidat le 14 février 1886 et passa cette fois, le second sur quatre, avec 25,680 voix sur 49,382 votants et 73,887 inscrits. Le premier de la liste conservatrice, M. Gavini, n'avait que 24,433 voix. M. Astima siège à gauche, il est inscrit au groupe parlementaire de l'union des gauches. Il a soutenu de ses votes les ministères opportunistes de MM. Rouvier et Tirard, s'est abstenu, le 27 février 1885, dans le vote sur le traité de Madagascar, et le 4 mars, sur les propositions Duché et Rivet relatives à l'expulsion des princes, et s'est prononcé, le 13 mars 1885, *contre* l'ordre du jour Ernest Lefèvre après l'interpellation sur la grève de Decazeville; son suffrage a été acquis, depuis lors, aux différents ministères qui se sont succédé au pouvoir; il s'est abstenu, le 11 février 1889, dans le scrutin relatif au rétablissement du scrutin uninominal, et le 14 mars sur la demande en autorisation de poursuites contre les députés membres de la Ligue des Patriotes; il a voté, le 14 février, *contre* l'ajournement indéfini de la revision des lois constitutionnelles, et le 2 avril, *pour* le projet de loi Lisbonne, restrictif de la liberté de la presse; il est porté absent par congé lors du scrutin sur la demande en autorisation de poursuites contre le général Boulanger (4 avril).

ASTOIN (Jean-Baptiste), député de 1820 à 1824, né à Carcassonne (Aude), le 29 juillet 1758, mort à Roquecourbe (Aude), le 15 avril 1824, avocat à Carcassonne, obtint du succès au barreau et devint populaire par ses opinions libérales. Le 4 novembre 1820, il fut élu député du 2e arrondissement de Narbonne, par 274 voix sur 538 votants et 653 inscrits contre Barthe-Labastide, député sortant, qui obtint 258 voix seulement dans la circonscription, mais qui fut élu au collège de département. Astoin siégea à gauche, parmi les partisans d'une monarchie très tempérée. Les libéraux faisaient grand cas de son dévouement à leur cause et un biographe du parti écrivait lors de son élection : « L'éloquence et les talents de M. Astoin seront d'un grand secours à nos libertés, dans le procès que les lois d'exception leur intentent. Il n'est pas probable qu'il puisse gagner leur cause, mais du moins il empêchera que ses clientes soient définitivement jugées et se réservera toujours la voie de l'appel. » Astoin vota, en effet, avec l'opposition jusqu'à la fin de la législature. Il ne fit pas partie de la Chambre septennale.

ASTORG (JACQUES-PIERRE-PROTHADE, COMTE D'), député au Corps législatif en 1810, né à Poligny (Jura), le 1er août 1759, mort à Saint-Cyr-la-Rivière (Seine-et-Oise), le 23 janvier 1828, descendait d'une vieille famille espagnole, établie en Guyenne. Entré dès 1777 dans la marine, il fit six campagnes de guerre, notamment dans l'Inde sous le bailli de Suffren, et quatre de paix, au bout desquelles il fut nommé lieutenant de vaisseau à 26 ans. Ayant quitté le service, il se retira en Franche-Comté, où il commanda la garde nationale de son canton, de 1789 à 1793 ; le gouvernement consulaire le nomma successivement maire, puis président de canton. En 1809, il se fixa dans Seine-et-Oise, fut président du collège électoral d'Étampes, et élu, par le Sénat conservateur, député au Corps législatif pour son département, le 10 août 1810 ; le gouvernement impérial l'avait, la même année, nommé conseiller général de Seine-et-Oise. En décembre 1814, à la présentation du projet de restitution de deux cents millions de biens au duc d'Orléans et au prince de Condé, il protesta contre cette mesure qu'il déclara injuste sous cette forme, parce qu'elle favorisait certains émigrés et oubliait tous les autres ; dans la même session, il demanda la franchise des ports de Marseille, de Bayonne, de Dunkerque, et de la ville de Strasbourg. Président du collège électoral de Rambouillet en 1815, il fut appelé, la même année, au commandement d'un vaisseau de ligne à Toulon ; il était chevalier de la Légion d'honneur, chevalier de Saint-Louis et de l'ordre américain de Cincinnatus, créé par Whasington en 1783, et qui ne survécut pas à son fondateur.

ASTORG (ALEXANDRE-EUGÈNE-LOUIS-FRANÇOIS-SATURNIN DE BARBASAN, COMTE D'), pair de France, né à Paris, le 5 janvier 1787, mort à Paris le 29 avril 1852, entra en 1803 à l'École militaire de Fontainebleau, qui venait de se former, et fut nommé l'année suivante sous-lieutenant au 2e régiment de chasseurs à cheval. Appelé, avec ce régiment, à faire partie du 3e corps de la grande-armée, il fit les campagnes d'Austerlitz, d'Iéna, de Pologne, fut blessé à Anostaedt, se distingua aux batailles d'Eylau, d'Heilsberg, de Friedland. Lieutenant au 16e chasseurs, il fut envoyé en Espagne, comme aide de camp du 2e corps de l'armée d'observation (général Dupont) ; après la capitulation de Baylen, il passa quelque temps sur les pontons de Cadix ; puis il fit en 1809 la campagne de Wagram, avec le général Beaumont. Il retourna ensuite en Espagne (1810-1812), fut promu capitaine, puis chef d'escadrons au 5e hussards et devint colonel du 7e chasseurs, après s'être signalé sur les bords du Rhin (1813). Napoléon l'avait fait officier de la Légion d'honneur. Après le retour des Bourbons, il accepta d'entrer comme officier supérieur dans les gardes du corps ; et il fut même aide de camp du duc de Berry, et il le suivit à Gand pendant les Cent-Jours. A la mort de ce prince, Louis XVIII donna au comte d'Astorg le commandement du 6e régiment de hussards, à la tête duquel il fit, sous les ordres du maréchal Moncey, la guerre d'Espagne de 1823 ; elle lui valut le grade de maréchal de camp. En 1828, il commanda à Lunéville une brigade de carabiniers. Comme il n'avait pas manifesté de sentiments hostiles au gouvernement de Juillet, il fut, en 1834,

investi de l'administration militaire du département d'Eure-et-Loir, en 1840 du commandement de la brigade de Fontainebleau, et le 9 avril 1843, chargé, avec le grade de lieutenant-général, d'une inspection générale de cavalerie.

Son oncle, le comte du Puy, étant mort, il avait été appelé, le 13 mai 1834, par droit héréditaire, à siéger à sa place à la Chambre des pairs. Jusqu'en 1848, il conserva le siège qu'il occupait à la droite de la Chambre haute, intervint plusieurs fois dans les grandes discussions politiques de l'époque, et vota toujours avec les conservateurs les plus décidés.

ASTOUIN (LOUIS-MARIUS), représentant du peuple à l'Assemblée constituante de 1848, né à Marseille (Bouches-du-Rhône), le 10 octobre 1822, mort à Marseille, le 2 août 1855. Syndic de la puissante corporation des portefaix de Marseille, il acquit une réelle influence sur la population laborieuse de cette ville, et fut choisi comme candidat des démocrates modérés aux élections de l'Assemblée constituante, le 23 avril 1848 ; il fut élu le 6e sur 10, avec 37,528 voix, siégea à gauche et vota généralement avec le parti de Cavaignac. Toutefois, il repoussa la mise en état de siège de Paris, demandée et obtenue dans la séance permanente du 23 juin 1848, par Pascal Duprat : le vote eut lieu par assis et levé, et les noms des opposants ne furent connus que par une protestation qu'ils signèrent le lendemain, 24, et que publièrent les journaux la *Réforme* et le *Représentant du peuple* : Astouin était parmi les signataires. Ils déclaraient que s'ils étaient désignés par l'Assemblée nationale pour intervenir dans les troubles de Paris, ils se rendraient « avec enthousiasme au plus fort de la lutte, mais pour n'y porter que des paroles de paix, bien convaincus que le meilleur moyen de rétablir l'ordre et de sauver la République, c'est de rappeler la devise, écrite sur le drapeau républicain, et d'invoquer le sentiment de la fraternité. » Astouin se prononça :

Le 9 août 1848, *contre* la loi rétablissant le cantonnement ;

Le 26 août, *pour* les poursuites contre Louis Blanc et Caussidière ;

Le 18 septembre, *pour* l'abolition de la peine de mort ;

Le 25 septembre, *pour* l'impôt proportionnel ;

Le 7 octobre, *pour* l'amendement Grévy sur la présidence de la République ;

Le 25 novembre, *pour* l'ordre du jour en l'honneur du général Cavaignac ;

Le 27 décembre, *pour* la suppression de l'impôt du sel ;

Le 12 janvier 1849, *contre* la proposition Rateau ;

Le 16 avril, *contre* les crédits de l'expédition de Rome ;

Le 11 mai, *pour* la mise en accusation du président et de ses ministres.

Astouin siégeait à l'assemblée en habit d'ouvrier. Il se montra jusqu'à la fin de la session l'adversaire de la politique de Louis-Napoléon. Il était poète, et voici des vers extraits d'un recueil publié par lui en 1847 :

Mon esprit vent de l'air et de la liberté ;
On ne me verra pas avide de richesses
Echanger mon honneur pour d'infâmes bassesses,
Je suis pauvre ; avant tout, j'aime ma pauvreté.
C'est fort de la vertu qui guide ma pensée,
Qu'à travers les écueils, où ma muse est lancée,
J'ose, simple penseur, sourire à l'avenir.

ATHALIN (LOUIS-MARIE-JEAN-BAPTISTE, BA

ron), député de 1831 à 1832, et pair de France. — né à Colmar (Haut-Rhin), le 22 juin 1784, mort à Colmar, le 3 septembre 1856. Il fut élève de l'Ecole Polytechnique (1802), en sortit dans le génie, et fut attaché, comme capitaine, à la personne de Napoléon, en qualité d'officier d'ordonnance (14 avril 1811). Avant la chute de l'Empire, il parvint au grade de colonel (1814). Il avait fait brillamment, dans l'intervalle, les campagnes de la grande armée, celle de Catalogne, celles de Russie, d'Allemagne et de France; au blocus de Landau, il avait le commandement du génie. Sous la Restauration, il remplit, auprès du duc d'Orléans, les fonctions d'aide de camp, qu'il conserva après 1830, lorsque le duc monta sur le trône sous le nom de Louis-Philippe. Nommé maréchal de camp, le 12 août 1830, il reçut du nouveau roi la mission de notifier aux cabinets de Berlin et de Saint-Pétersbourg les dispositions favorables du gouvernement français à l'égard des traités. Le 23 janvier 1831, élu député du 4ᵉ collège électoral du Bas-Rhin (Strasbourg) par 192 voix sur 263 votants et 295 inscrits, contre Jacques Coulmann (65 voix), il appuya de ses votes les ministres du roi, jusqu'au 11 octobre 1836, époque à laquelle il fut appelé à la pairie. Il continua comme pair à soutenir fidèlement la monarchie de juillet, qui l'éleva (16 novembre 1840) au grade de lieutenant général. La chute et l'exil de la famille d'Orléans le privèrent de toutes ses dignités. Il fut mis à la retraite le 14 août 1848, et vécut jusqu'à sa mort à l'écart de la politique. Commandeur de la Légion d'honneur, il avait été fait baron de l'Empire en 1813, après la bataille de Dresde. — Le baron Athalin cultivait avec succès les arts, et surtout l'aquarelle et la lithographie.

AUBE (HYACINTHE-LAURENT-THÉOPPILE), ministre de la marine en 1886-1887, né à Toulon (Var) le 22 novembre 1826, entra à l'école navale en 1840, passa aspirant (1842), enseigne de vaisseau (1846), lieutenant de vaisseau (1853) et capitaine de frégate (1862). Il fit plusieurs campagnes en Extrême-Orient, et exécuta au Japon des travaux hydrographiques remarqués, puis il commanda au Sénégal l'*Etoile* et le *Podor*, sous les ordres du général Faidherbe et de Jaurégniberry, dont il épousa la sœur. Sa santé, très gravement atteinte en 1864, l'obligea à revenir en France. Au début de la guerre franco-allemande de 1870, il commandait la *Mégère*, dans l'Océan Pacifique; promu capitaine de vaisseau dès le début de la campagne, il organisa, avec les pouvoirs de commandant en chef devant l'ennemi, la défense des lignes de Carentan. Il fit aussi partie de l'armée des Vosges et assista à tous les combats contre le corps d'armée du général de Werder, autour de Besançon. De là il passa à l'armée de la Loire, se battit encore à Beaune-la-Rolande et à Orléans. La guerre terminée, il fit sa deuxième campagne dans le Pacifique, comme commandant du croiseur le *Seignelay*. Il commanda ensuite la *Savoie* dans l'escadre d'évolutions. Le 20 novembre 1879, un décret l'appela au poste de gouverneur de la Martinique. La fièvre jaune y sévissait avec force; elle frappa mortellement Mᵐᵉ Aube; le gouverneur lui-même faillit succomber. Nommé contre-amiral, il rentra en France à la fin de 1881, et fut promu commandeur de la Légion d'honneur. Il dirigea en 1882 une division de l'escadre d'évolutions et fut spécialement chargé de surveiller les expériences nouvelles sur

les torpilles, dont il avait, par ses travaux spéciaux, puissamment contribué à faire admettre le système. En effet l'amiral Aube, écrivain militaire distingué, avait, depuis 1859, publié dans divers recueils, entre autres dans la *Revue des Deux-Mondes*, une série d'articles d'un grand intérêt : *Trois ans de campagne au Sénégal*, (1862), les *Réformes de la Marine* (1871), *De la marine française* 1873, la *Guerre navale et les ports militaires de la France* (1879), etc. Les idées neuves et originales qu'il y exprimait et la réelle compétence que les hommes du métier s'accordaient généralement à lui reconnaître, le désignaient pour les fonctions de ministre de la marine des colonies; il y fut appelé, le 7 janvier 1886, en remplacement du vice-amiral Galiber, dans le cabinet que présida M. de Freycinet; deux mois après, il fut élevé à la dignité de vice-amiral. Au moment de son entrée au ministère, M. Aube venait précisément d'exposer ses idées sur la défense nationale et en particulier sur celle des colonies dans une intéressante étude qu'il publia (décembre 1885) l'*Atlas colonial*. Après avoir soutenu que la guerre d'escadre a vécu, que la « torpille » a tué le « cuirassé » et que certaines opérations maritimes, blocus des côtes, débarquement des corps d'armée, batailles navales, sont aujourd'hui un véritable anachronisme, l'amiral continuait en ces termes :

« La guerre navale, c'est désormais la guerre industrielle, la guerre de course. Les instruments de cette guerre sont : au nombre maximum, les torpilleurs et les canonnières de défense, unités de combat, et avec eux les croiseurs, tous ayant une vitesse maximum, tous réduits aux dimensions minimum qui en assurent l'autonomie et la puissance effective : le nombre, la vitesse, l'invisibilité sont les facteurs de la supériorité de ces instruments de guerre.

« Mais cette guerre de l'avenir, cette guerre industrielle, cette guerre de course à la fois *offensive* et *défensive*, n'est possible qu'à une condition, c'est que torpilleurs et croiseurs, écumeurs sans merci des routes commerciales de l'Océan, puissent *vivre*, c'est-à-dire s'approvisionner et aussi trouver dans tous les parages des abris sûrs, des refuges toujours ouverts.... »

Plus loin, l'auteur insistait sur cette affirmation : que « tout est *non seulement permis mais légitime* contre l'ennemi », et il justifiait l'emploi des engins de guerre les plus redoutables en disant : « De même que le lion est lion pour déchirer sa proie surprise sans défense, le torpilleur est torpilleur pour torpiller les navires ennemis surpris sans défense. D'autres peuvent protester; pour nous, nous saluons dans ces atrocités (*sic*) la sanction suprême d'une loi supérieure du progrès... etc. » Par suite, un des principaux actes du nouveau ministre fut l'organisation des fameuses expériences maritimes de mai 1886. Le torpilleur est-il habitable pendant une véritable traversée? Qu'y a-t-il à faire pour améliorer le sort de l'équipage chargé de le conduire? Quelles sont ses imperfections au point de vue militaire? Enfin la grosse mer lui permettra-t-elle de naviguer longtemps? Tel était l'ensemble des questions sur lesquelles il s'agissait d'éclairer le pays. Deux divisions navales d'expériences furent constituées, la première, placée sous les ordres du vice-amiral Lafont, comprenait des forces considérables; M. le contre-amiral Brown de Colstoun, chef d'état-major général du ministre, commandait la division des torpilleurs proprement dite. Le programme des manœuvres comprenait cinq parties qui furent successivement réalisées :

1° Bombardement du port de Toulon par l'escadre, le port étant défendu par les torpilleurs ;

2° Blocus du port de Toulon par l'escadre ;

3° Passage du cap Corse défendu par les torpilleurs ;

4° Contre-partie de l'expérience précédente :

5° Attaque, par une flottille de torpilleurs, d'une escadre venant de la côte africaine.

Cette cinquième et dernière partie des expériences était la plus difficile de toutes pour les torpilleurs : l'escadre cuirassée les rencontra sous les îles Baléares, et, d'après les rapports officiels, les nouveaux engins sortirent à leur honneur de l'épreuve à laquelle on les avait soumis.

L'amiral Aube eut plusieurs fois à intervenir, comme ministre, dans les délibérations des Chambres ; il le fit avec vigueur et précision. Questionné, par exemple, le 17 avril 1886, à la Chambre des députés, par M. Liais au sujet d'une mesure prise par le ministre sans consulter le Conseil d'amirauté, M. Aube releva les interruptions de la droite avec une vivacité qui fut très applaudie à gauche, mais dont se plaignit M. Paul de Cassagnac, qui s'écria : « On peut être un loup de mer sans être un ours de mer. »

M. Aube prit encore part, en 1886, aux discussions suivantes : projet de loi de crédit pour la construction d'un atelier de torpilles ; question de M. Gerville Réache sur la prétendue perte de 8 torpilleurs ; question de M. Georges Roche sur la réorganisation du corps de santé de la marine ; discussion du budget en 1887 : il eut à répondre à de vives demandes d'explications présentées par M. Maurel (du Var) au sujet de diverses subventions accordées à des Compagnies de transports, et s'élevant à un total de 3,750,000 francs. M. Maurel exprima la crainte que la santé de nos soldats ne fût pas assez ménagée, et le désir que le service des transports de troupe fût exclusivement réservé à l'État. Peu après ce débat, le 31 mars 1887, l'amiral Aube quitta le ministère, M. Goblet étant encore président du Conseil.

AUBERGÉ (FIRMIN-LOUIS), représentant du peuple aux Assemblées constituante et législative de 1848-49, né à Moissy-Cramayel (Seine-et-Marne), d'une famille de cultivateurs, le 16 décembre 1788, mort à Malassise (Seine-et-Marne), le 7 mai 1851, fit ses études à l'école militaire de Fontainebleau, devint officier de cavalerie, et prit part, en cette qualité, aux guerres d'Italie, d'Allemagne et de Russie, où il reçut plusieurs blessures. Il fut décoré à Moscou. A son retour de l'armée, en 1813, il alla se fixer à Malassise, et se consacra, comme son père, à l'agriculture. Nommé maire de cette commune en 1818, et successivement vice-président de la Société d'agriculture de Melun, président du comité agricole de Seine-et-Marne, il fut, le 23 avril 1848, élu représentant du peuple par son département, le 8e sur 9, avec 33,651 voix sur 81,011 votants et 96,947 inscrits. Il vota constamment avec la droite, appuya le général Cavaignac, et se montra favorable à l'expédition de Rome. Il n'avait pas été élu en mai 1849 à la Législative ; mais un des représentants de Seine-et-Marne, M. Chappon, étant décédé, il se présenta, le 8 juillet, pour le remplacer, et l'emporta avec 16,593 voix (37,537 votants, 95,361 inscrits) sur MM. Georges de Lafayette (8,412), Clary (8,107) et Auguste Lu-

chet (4,681). A la Législative comme à la Constituante, il appartint à la majorité de droite. La mort le surprit pendant la session.

AUBERJON (JEAN-ANTOINE-PAUL-SERGE, MARQUIS D'), député de 1820 à 1827, né à Limoux (Aude), le 11 décembre 1772, mort à Limoux, le 25 août 1832. Propriétaire dans cette ville, il fut élu la 1re fois comme royaliste constitutionnel et modéré, le 13 novembre 1820, par le collège du département de l'Aude, avec 160 voix sur 306 votants et 341 inscrits. Aussitôt arrivé à Paris, il compta parmi les membres les plus ardents de la minorité opposée au ministère de M. de Villèle, qui venait de succéder au duc Decazes. Il ouvrit même chez lui, rue Taranne, un salon parlementaire, qui devint le centre de cette opposition. Mais à quelque temps de là, c'est-à-dire dans la législature suivante, M. d'Auberjon devint un partisan aussi décidé du même ministre, qu'il s'en était montré précédemment l'adversaire acharné. Réélu député le 25 février 1824, par le 1er arrondissement électoral de l'Aude (Castelnaudary), avec 359 voix sur 545 votants et 637 inscrits, contre Rouger de Villasavary, maire de la ville (172 voix), il siégea parmi les *ultras* et vota avec eux. « Instabilité des choses humaines! dit la *Biographie des députés de la Chambre septennale*. C'est dans ce même salon de la rue Taranne, où M. de Villèle fut démasqué, maudit, conspué, que l'on prépare aujourd'hui son apothéose.

Comment en un plomb vil l'or pur s'est-il changé ?

Comment? Par le don de la préfecture des Pyrénées-Orientales, d'un titre de marquis dont les lettres-patentes ont coûté 8,000 francs, et du ruban de la Légion d'honneur. » En effet, d'Auberjon avait été nommé, le 1er mars 1824, préfet des Pyrénées-Orientales ; il passa presque aussitôt, au même titre, dans la Charente ; la *Biographie* ajoutait : « En parcourant la partie officielle du *Moniteur*, on pourra se convaincre que l'égoïsme n'est pas le vice de M. d'Auberjon, qui montre au contraire une tendre sollicitude pour tous les membres de sa nombreuse famille ; aussi la manne ministérielle est-elle tombée sur le département de l'Aude : un frère a été nommé sous-préfet à Limoux, un beau-frère s'est vu porter au Conseil général à Toulouse et décorer de la Légion d'honneur, etc., etc. »

AUBERJON LOUIS-ANTOINE COMTE D'), représentant à l'Assemblée nationale de 1871, né à Gramazie (Aude), le 10 septembre 1815, mort à Toulouse (Haute-Garonne), le 26 avril 1873, figura, à titre de grand propriétaire, sur la liste conservatrice de la Haute-Garonne lors des élections à l'Assemblée nationale de 1871, et fut élu, le 8 février, le 6e sur 10, par 78,057 voix sur 122,845 votants et 145,055 inscrits. Il siégea à droite, fit partie à Versailles de la réunion des *Réservoirs*, et vota : le 1er mars 1871, *pour* la paix ;

Le 16 mai, *pour* les prières publiques (proposition Cazenove de Pradines) ;

Le 10 juin, *pour* l'abrogation des lois d'exil frappant les princes de la maison Bourbon ;

Le 30 août, *pour* le pouvoir constituant de l'Assemblée ;

Le 3 février 1872, *contre* le retour de l'Assemblée à Paris. Il mourut pendant la session, avant le 24 Mai. — M. d'Auberjon était, depuis le 8 octobre 1871, conseiller général du canton de Revel (Haute-Garonne).

AUBERJON. Voy. MÉRINAIS (marquis de).

AUBERMESNIL (STANISLAS-JULES LEMOYNE D'), représentant du peuple à l'Assemblée législative de 1849, né à Dieppe (Seine-Inférieure), le 6 juin 1792, mort à Aubermesnil (Seine-Inférieure), le 14 Juillet 1855. — Sous la Restauration, il avait rempli les fonctions de substitut près le tribunal civil de Dieppe, puis de Rouen, enfin celles de procureur du roi à Dieppe. Attaché à la cause légitimiste, il donna sa démission après les journées de juillet, et il vivait retiré à la campagne, s'occupant principalement d'institutions de bienfaisance, quand les électeurs de la Seine-Inférieure l'appelèrent, par 80,211 voix sur 146,223 votants et 213,301 inscrits, à l'Assemblée législative, le 13 mai 1849. Il était déjà membre du Conseil général de son département. Il vota avec la Droite de l'Assemblée, dans le sens conservateur, sans toutefois combattre ouvertement le principe républicain et sans se rallier au gouvernement de l'Élysée. Opposé au coup d'État de décembre, il lutta, mais sans succès, aux élections du 29 février 1852, pour le Corps Législatif : il obtint alors, comme candidat de l'opposition, dans la 4e circonscription électorale de la Seine-Inférieure, 3,612 voix, contre M. Ledier, candidat officiel du gouvernement, élu avec 16,641 voix.

AUBERNON (JOSEPH-VICTOR), député de 1830 à 1832 et pair de France, né à Antibes (Var), le 28 novembre 1783, mort à Paris le 29 octobre 1851, entra d'abord dans l'administration de la guerre, fut nommé adjoint au commissaire des guerres en octobre 1804, devint commissaire en 1808, fit à ce titre la campagne de Wagram, passa auditeur au Conseil d'État en 1809, et remplit des fonctions de comptabilité administrative en Italie et en Hollande. En 1812, il fut adjoint, en qualité d'auditeur d'ambassade, à la mission de M. de Pradt à Varsovie ; à son retour, il seconda le comte de Valence dans l'organisation de la défense du midi, fut nommé par l'Empereur préfet de l'Hérault en 1814, et démissionna le 3 avril 1815 à la nouvelle du retour de l'île d'Elbe. Renonçant alors à l'administration, il acheta à Paris une charge d'agent de change, qu'il ne conserva que peu d'années. Le 28 octobre 1830, il fut élu député, sans concurrent, par le collège du département du Var, son pays natal, en remplacement du marquis de Lyle-Taulanne, démissionnaire, pour ne pas siéger sous le gouvernement de Juillet. M. Aubernon vota avec la majorité ministérielle, et fut nommé pair de France le 11 octobre 1832 ; le 3 juin 1848, il fut mis à la retraite comme ancien préfet ; il était chevalier de la Légion d'honneur.

AUBERT (EDME), député à l'Assemblée constituante de 1789, né à Bar-sur-Aube (Aube), le 24 septembre 1738, mort à Bar-sur-Aube le 17 août 1804. Curé de Couvignon (Aube), il fut choisi, le 26 mars 1789, comme député du clergé aux Etats-Généraux par le bailliage de Chaumont en Bassigny. Il siégea à gauche et ne fut pas hostile aux idées de la Révolution naissante ; à la séance du 17 juin 1790, dans la discussion sur le traitement des curés, comme l'abbé Jaquemard venait de réclamer contre le projet du comité qu'il qualifiait de « mesquin », M. le curé Aubert se leva et désavoua les paroles de son collègue en demandant que ce « désaveu formel » fût consigné au procès-verbal. Le 27 décembre de la même année, il fut du nombre des ecclésiastiques membres de l'Assemblée constituante qui, à la suite de l'abbé Grégoire, prêtèrent à la tribune le serment civique, dont la formule était :

— « Je jure de veiller avec soin aux fidèles dont la direction m'est confiée. Je jure d'être fidèle à la nation, à la loi et au roi. Je jure de maintenir de tout mon pouvoir la Constitution française, et notamment les décrets relatifs à la constitution civile du clergé. »

AUBERT (FRANÇOIS), député au Conseil des Cinq-Cents et au Corps législatif de l'an VIII, né à Troyes, le 1er septembre 1736, mort à Paris, à une date inconnue, appartenait à une famille de la Champagne, attachée au fisc. Nommé, en 1761, commissaire adjoint aux impositions de l'élection de Troyes, dans les bureaux de son oncle, il devint, en 1772, commissaire général des impositions dans la généralité de Paris, à Tonnerre et Vézelay, puis, de 1778 à 1780, fut délégué commissaire général des impositions à Beauvais, subdélégué au département de Paris, commissaire général des impositions dans l'élection de Paris, et inspecteur des frais de recouvrement dans toute la généralité faisant fonctions de subdélégué général jusqu'à la mort de M. Berthier.

En septembre 1787, Aubert figurait à l'Assemblée provinciale de Corbeil, qui comprenait presque tout le département de Paris, en qualité de premier secrétaire, et était électeur de Paris en 1789.

La Révolution n'entrava pas sa carrière. En février 1790, il fut nommé directeur du Bureau des comités ecclésiastiques et d'aliénation des domaines nationaux ; en 1791, chef du bureau des contributions, au premier département de Paris ; en 1792, inspecteur des contributions du département de la Seine, envoyé commissaire aux Salines en 1794, rappelé à Paris, dix-huit mois après, comme chef du Bureau des contributions, et enfin inspecteur des contributions de la Seine en 1797.

Le 25 germinal an VI, il fut élu, par le département de la Seine, député au Conseil des Cinq-Cents. Il y fit voter deux projets, l'un relatif à l'établissement d'un octroi à Paris, l'autre sur un dégrèvement des contributions directes. Après le 18 Brumaire, il devint directeur des contributions directes de la Seine, et entra au Corps législatif, le 4 nivôse an VIII. Il en sortit en 1802, passa à la commission de vérification des comptes arriérés des receveurs des contributions de la ville de Paris, et fut nommé la même année régisseur de l'octroi de Paris, place qu'il occupa jusqu'au 15 janvier 1815.

AUBERT (FRANÇOIS-MARIE-HONORÉ-LAUDOALD), député au Corps Législatif en 1808, représentant à la Chambre des Cent-Jours, député de 1831 à 1837, et pair de France, né à Paris, le 5 octobre 1765, mort à Paris, le 18 avril 1845, fit partie, au début de la Révolution, de la commission populaire de Bordeaux, dévouée aux Girondins ; à ce titre, proscrit au 31 mai, il se cacha à la campagne. Après le 9 Thermidor, il devint président de district ; juge suppléant, et juge de paix, et fut nommé sous-préfet de Blaye, en 1800. Candidat au Corps législatif pour l'arrondissement de Blaye, par 38 voix sur 44 votants, il fut nommé député par le Sénat conservateur en 1808, devint, le 18 février 1813, secrétaire de cette assemblée, où il ne s'occupa que de questions de finances. Elu sans concurrents par l'arrondissement de Blaye, à la Chambre des Cent-Jours, le 21 mai 1815. il s'éloigna de la politique après cette législature, et ne rentra à la Chambre des députés que sous le gouvernement de Juillet, toujours pour le même arrondissement, aux élections du 5 juillet 1831 et du 24 juin 1834.

Il siégea constamment parmi les modérés, et passa à la Chambre des pairs le 7 novembre 1837. Chevalier de la Légion d'honneur, nommé par l'empereur, en 1814.

AUBERT. — *Voy.* (DUPETIT-THOUARS).

AUBERT DE TRÉGOMAIN (GUY-MARIE-ELOY), député de 1822 à 1830, né à Montauban-de-Bretagne (Ille-et-Vilaine), le 15 décembre 1774, mort à Rennes le 6 décembre 1860, appartenait à une vieille famille noble de la Haute-Bretagne. Pendant la Révolution, il lutta opiniâtrement, de concert avec ses frères, pour le rétablissement de l'ancien régime et fut un des chefs de la chouannerie. Riche propriétaire dans l'Ille-et-Vilaine, conseiller général, il fut, le 14 mai 1822, élu député par le collège de département avec 198 voix sur 242 votants et 315 inscrits. Réélu les 24 novembre 1827 et 3 juillet 1830, il fut à la Chambre ce qu'il avait été dans la lutte, un royaliste convaincu. Les biographes libéraux de l'époque rendent hommage à la sincérité des opinions de M. Aubert de Trégomain et à l'aménité de son caractère. « Ce député, écrit l'un d'eux, a des mœurs fort douces; sa figure exprime la plus grande bonté, et il est d'une rare obligeance envers ses commettants; aussi est-il généralement aimé et estimé de tous ceux qui l'approchent. » — Il était officier supérieur des haras.

AUBERT DU BAYET (JEAN-BAPTISTE-ANNIBAL), député de l'Isère à l'Assemblée législative de 1791, né à la Louisiane (États-Unis), le 29 août 1759, mort à Constantinople, le 17 décembre 1797, s'engagea jeune encore dans le régiment de Bourbonnais. Sous-lieutenant en 1780, il partit pour l'Amérique, devint capitaine pendant la guerre de l'Indépendance. De retour en France, enthousiaste des idées de 89, il créa à Grenoble la première Société populaire qui ait existé en France, et fut élu député de l'Isère, le 28 août 1791, par 312 voix sur 530 votants. Il proposa, à la séance du 22 octobre, que le roi demandât aux puissances étrangères de désarmer et de dissoudre les corps d'émigrés; le 19 avril 1792, il conseilla l'alliance avec l'Angleterre et la Suisse contre l'Autriche, et, président de l'Assemblée pendant le mois de juillet, se fit remarquer par sa fermeté et son impartialité. Opposé tour à tour aux Girondins et aux anarchistes, il lutta constamment contre l'intervention des fédérés, empêcha la destruction des anciens drapeaux, se montra favorable au divorce « pour conserver, dit-il, dans le mariage, cette quiétude heureuse qui rend les sentiments plus vifs; désormais il ne sera plus une chaîne, mais l'acquit d'une dette agréable envers la patrie «. Après le 10 août, il vota systématiquement contre la minorité terroriste de l'Assemblée.

Il reprit du service, à la fin de la législature, et, le 2 avril 1793, il était général de brigade. Envoyé à Mayence, il fut décrété d'arrestation après la capitulation, la Convention n'admettant pas que, même après un blocus de huit mois et le sacrifice de 30,000 hommes sans secours, une place tenue par des Français dût se rendre. Mis en liberté sur la caution de Thuriot et de Merlin de Thionville, il écrivait de Sarre-libre, le 30 juillet an II, à la Convention :

« Citoyens représentants, après avoir fourni une carrière pénible et dangereuse, je viens de remplir une tâche bien précieuse à mon cœur : j'ai ramené dans ma patrie 8,000 soldats courageux et fidèles. J'ai escorté les représentants du peuple Rewbell et Merlin, les commissaires du pouvoir exécutif et tous ces hommes intéressants et malheureux que la colère des petits despotes avait destinés aux plus sanglantes vengeances, etc. »

Admis à la barre de la Convention le 7 août suivant, il se défendit avec courage et fit décréter à l'unanimité que les Mayençais avaient bien mérité de la patrie.

On le laissa à leur tête, lorsqu'on les envoya en Vendée, la capitulation de Mayence leur interdisant de servir avant un an contre les armées de la coalition. Battu d'abord à Clisson, Aubert Du Bayet recevait sa destitution au moment même où il gagnait une autre bataille, et dut se rendre à Paris comme suspect : les Jacobins obtinrent son emprisonnement à l'Abbaye; mais le 9 Thermidor lui sauva la vie, et le rendit à la liberté. Il se retira à Grenoble pour y vivre dans l'étude; la nostalgie des camps le reprit bientôt, et, en plein hiver (1794), il vint demander à Kléber, alors devant Mayence, de servir comme simple volontaire. Ses services furent acceptés, mais en qualité de commandant en chef de l'armée des côtes de Cherbourg (16 pluviôse an III), où, de concert avec le général Hoche, il contribua, par de nombreux succès militaires, à la pacification.

Nommé ministre de la guerre après le 13 vendémiaire, Aubert Du Bayet remit de l'ordre dans l'administration, en lutte avec le directeur Carnot, il préféra donner sa démission au bout de quatre mois, en échange de l'ambassade de Constantinople (19 pluviôse an IV). A cette occasion, il écrivait à un ami, le 3e jour complémentaire de l'an IV, qu'il tenait à se présenter pompeusement devant le sultan : « il faut que les Russes, les Allemands et ces insolents Anglais voient de quelle manière les bons Musulmans reçoivent un ambassadeur républicain français. »

De fait, par son attitude et par la suite nombreuse qu'il amena, il restaura à Constantinople le prestige de la France et jouit du plus grand crédit au sérail. Malheureusement pour notre influence en Orient, une fièvre maligne l'emporta quinze mois seulement après son arrivée.

AUBERTHIER (PIERRE), représentant du peuple à l'Assemblée Constituante de 1848, né à Neuville-sur-Saône (Rhône), le 10 mars 1801, mort à Lyon, le 28 mars 1870.

Fils d'un tailleur, il vint à Lyon, à l'âge de quatorze ans, pour y exercer la profession de tisseur de soie : il fut successivement ouvrier, puis chef d'atelier. En novembre 1847, il entra au Conseil municipal de Lyon, et, bientôt après, fut nommé premier adjoint au maire. Confirmé dans ce poste, après la Révolution de février, il accepta le gouvernement républicain, mais ne cessa de manifester des tendances nettement conservatrices. Aussi les conservateurs du Rhône soutinrent-ils sa candidature à la Constituante le 23 avril 1848; il fut élu, le 3e sur 14, avec 84,664 voix. (Les républicains très modérés lui avaient donné leurs suffrages. Il vota le plus souvent avec la droite : *contre* l'amendement Grévy, *contre* le droit au travail, *pour* l'interdiction des clubs, *pour* l'expédition de Rome, etc. Il faut ajouter qu'il opina, d'autre part, avec la gauche : *contre* le rétablissement du cautionnement, *pour* la réduction de l'impôt du sel, *contre* le renvoi des accusés du 15 mai devant la Haute Cour, *pour* le blâme de la dépêche Léon Faucher et *pour* l'abolition de l'impôt des boissons. Il fut, en somme, du parti du général Cavaignac. M. Auberthier n'appartint pas à la Législative de 1849.

AUBERTIN (Édouard), représentant du peuple aux Assemblées constituante et législative de 1848-49, né à Châlons-sur-Marne (Marne), le 21 juillet 1815, fit ses études à Châlons et fut reçu licencié en droit. Commissionnaire de roulage dans sa ville natale, il devint juge au tribunal de Commerce et membre du Conseil municipal. Après avoir fait dans les dernières années du règne de Louis-Philippe une timide opposition au gouvernement, il se rallia sans enthousiasme à la République de 1848, et, candidat à l'Assemblée constituante, le 23 avril, fit une profession de foi assez vague, où il disait : « Je veux la liberté dans toute son expansion, mais avec les limites que la raison lui assigne ; l'amélioration du sort des travailleurs, par des mesures progressives, et non par des actes violents qui, en tuant le crédit, tuent le travail, le respect à la propriété et aux droits de la famille, la paix enfin. La France, assez riche de gloire, servira mieux la liberté par la propagande de ses idées que par l'éclat de ses conquêtes! » A l'Assemblée, il ne se sépara guère de la majorité conservatrice, vota avec elle *contre* les clubs, *contre* l'amendement Grévy, *contre* le droit au travail, *contre* l'amnistie, *pour* la proposition Rateau. Il se prononça seulement avec la gauche, le 14 mai 1849, *pour* le blâme de la dépêche du ministre Léon Faucher aux préfets, après la discussion sur les affaires de Rome. Il fut élu de nouveau à l'Assemblée législative, par le même département, le 3e sur 8, avec 54,613 voix (78,836 votants et 105,296 inscrits). Son rôle y fut très effacé, et il se borna à voter avec les républicains très modérés, non ralliés à la politique du Prince Président.

AUBERVILLE (Louis-Charles), député de 1831 à 1834, né à Louvières (Orne), le 30 novembre 1777, mort à Vimoutiers, le 12 mai 1862. Négociant à Vimoutiers, et sans antécédents politiques, il fut, en 1831, comme partisan du gouvernement nouveau, élu député du 4e collège électoral de l'Orne (Gacé), avec 153 voix sur 168 votants et 387 inscrits. Il vota pour le ministère jusqu'à la fin de la législature, et prit part, notamment, au scrutin d'où sortit la condamnation du gérant de la *Tribune*.

AUBIÈRES (baron d'). — *Voy.* André.

AUBIN (Jacques-Gabriel), représentant à la Chambre des Cent-Jours, né à Latillé (Vienne), le 21 avril 1784, mort à Bressuire (Deux-Sèvres), le 12 avril 1852, fit sa carrière dans la magistrature. Procureur impérial à Bressuire, en 1815, il fut, le 10 mai de cette année, élu représentant par cet arrondissement, avec 18 voix seulement sur 35 votants; son concurrent, M. Rilhon, maire de Thouars, en avait obtenu 17. Aubin appartenait à l'opinion constitutionnelle modérée. Peu de jours après cette élection, un mou-

vement royaliste, vite réprimé, et qui fut un fait de guerre plutôt qu'une manifestation d'opinion, éclata dans les Deux-Sèvres; les Vendéens s'emparèrent de Bressuire. Quand la Chambre des Cent-Jours eut été dissoute, Aubin revint dans les Deux-Sèvres. Il fut, par la suite, président du tribunal civil de Niort et conseiller à la cour royale de Poitiers. Membre du Conseil général des Deux-Sèvres, en 1830, pour le canton de Bressuire, il l'était encore en 1848. Sous le gouvernement de Juillet, il brigua sans succès le mandat législatif dans le 4e collège électoral des Deux-Sèvres (Bressuire), et n'obtint que 27 voix contre le député sortant, M. Tribert, élu avec 88 voix.

AUBRÉE DE KARNAOUR (Louis-Anne-Marie), député au Conseil des Anciens, né à Rennes (Ille-et-Vilaine), le 14 novembre 1750, mort à Rennes, le 2 février 1842, étudia le droit, devint un jurisconsulte distingué et se fit recevoir docteur agrégé à la Faculté de Rennes. Élu, le 25 germinal an V, député au Conseil des Anciens par le département d'Ille-et-Vilaine, il accepta, plus tard, le coup d'État de Brumaire, et fut investi par Napoléon des fonctions de juge au tribunal civil de Rennes, puis de conseiller à la Cour. En 1806, il enseignait le Droit à la Faculté où il avait conquis ses grades. Sous la Restauration, il fut encore conseiller d'arrondissement, puis conseiller général dans son département. Le rôle parlementaire d'Aubrée de Karnaour fut des moins importants.

AUBRELICQUE (Jean-Louis), sénateur de 1876 à 1879, né à Roye (Somme), le 7 avril 1814, mort à Compiègne (Oise), le 2 avril 1879, appartint d'abord à l'administration de l'enregistrement, comme receveur à Ribécourt et à Attichy, comme vérificateur dans le Midi, puis dans le département de l'Oise. Démissionnaire en 1862, il fut élu membre du Conseil d'arrondissement de Compiègne, qu'il présida. Maire de cette ville, le 2 février 1872, il fut, la même année, conseiller général de l'Oise. Il quitta la mairie en 1876, et la reprit en 1877. Aux élections sénatoriales du 30 janvier 1876, il se présenta dans l'Oise avec cette déclaration qui lui rallia les suffrages de la plupart des électeurs républicains : « Faisant abstraction de toute préférence extérieure, j'ai accepté depuis longtemps les institutions qui nous régissent et que viennent de consacrer, sous la forme républicaine, les lois constitutionnelles que nous allons être appelés à pratiquer pour la première fois. Quant à la clause de revision, ce droit inscrit dans la Constitution est à mes yeux un moyen pour améliorer les institutions, les consolider, et non une arme pour les détruire. » Élu second sur trois par 497 voix sur 773 votants et 778 inscrits, M. Aubrelicque siégea au Sénat dans le petit groupe des « Constitutionnels »; il s'abstint de paraître à la séance du 22 juin 1877, où fut autorisée la dissolution de la Chambre des députés; mais il vota avec la droite dans mainte circonstance importante. Le gouvernement du maréchal de Mac-Mahon le nomma (juin 1877) chevalier de la Légion d'honneur ; le maréchal lui en remit lui-même les insignes, au cours de la tournée électorale qu'il accomplissait alors à la suggestion du cabinet du 16 Mai. Mais, à partir de mars 1878, M. Aubrelicque se rapprocha des républicains : rallié au ministère Dufaure, il vota généralement avec le centre gauche jusqu'à la fin de la session. Il renonça, d'ailleurs, à se représenter au renouvellement triennal du 5 janvier 1879. L'année cavant. il s'était démis de ses fonctions de maire et de conseiller général.

AUBRY (JEAN-BAPTISTE), député à l'Assemblée Constituante de 1789, né à Saint-Aubin (Meuse), le 27 avril 1736, mort à Commercy (Meuse), le 1er juin 1813. Curé de Véel, il fut député par le clergé aux Etats-Généraux de 1789 pour le bailliage de Bar-le-Duc. Il inclina vers la cause populaire. Le 27 décembre, il prêta le serment civique (V. Ambert), et fut élu, d'après (21 février 1791), fut élu évêque constitutionnel de la Meuse. Le président de l'Assemblée en fit la communication officielle dans la séance du 24.

AUBRY (FRANÇOIS), membre de la Convention et du Conseil des Cinq-Cents, né à Paris, le 12 décembre 1747, mort à Démérary (Guyane hollandaise), le 17 juillet 1798, était capitaine d'artillerie en 1789. Partisan déclaré des idées de la Révolution, maire de Nîmes en 1790, il fut élu membre de la Convention par le département du Gard, le 6 septembre 1792, avec 315 voix sur 492 votants. Envoyé de suite en mission dans le Midi, il se trouva, au siège de Toulon, en contradiction avec Bonaparte dont il n'approuvait pas les plans d'attaque. Rentré à la Convention, il assista au jugement de Louis XVI et fit la déclaration suivante au 3e appel nominal : « J'ai déclaré hier Louis coupable de conspiration contre la liberté et d'attentats contre la sûreté générale de l'Etat; je vote pour la mort et je renvoie l'exécution après les assemblées primaires qui auront lieu pour la ratification de la Constitution. Mon opinion est indivisible. »

Le 3 août 1793, il fit décréter que, dans chaque commune, toutes les cloches, sauf une, seraient à la disposition du ministre de la Guerre. Signataire de la protestation des 73 contre le 31 Mai, il fut arrêté et détenu jusqu'au 9 Thermidor; il rentra alors à la Convention et succéda à Carnot au Comité de Salut Public pour les questions militaires; en cette qualité, il destitua un grand nombre d'officiers accusés de terrorisme, entre autres Masséna, Bonaparte, etc., et prit personnellement la plus grande part au mouvement de Prairial. Accusé, de ce chef, à la séance du 14 thermidor an III, il quitta le Comité de Salut Public et s'allia plus étroitement au club monarchique dit de Clichy, où dominait l'élément contre-révolutionnaire et dont l'influence devenait prépondérante. Il fut du nombre des conventionnels qui entrèrent au Conseil des Cinq-Cents, le 23 vendémiaire an IV, et fut décrété d'arrestation, en raison de son attitude anticonstitutionnelle au 13 vendémiaire; mais le décret ne fut pas exécuté. Il appuya le projet d'amnistie générale de Camus, fit rapporter la loi du 3 brumaire qui déclarait inadmissibles aux fonctions publiques les nobles et les parents d'émigrés, et travailla activement au renversement du Directoire. Le 18 Fructidor déjoua tous ses projets; arrêté et transporté à Rochefort, il fut embarqué pour Cayenne, d'où il réussit à s'échapper sur une petite barque, avec Pichegru et quelques autres; il aborda à Démérary où il mourut.

AUBRY (PIERRE-FRANÇOIS-JOSEPH), représentant du peuple aux Assemblées constituante et législative de 1848-49, né à Cambrai (Nord), le 8 mai 1789, mort à Avesnes (Nord), le 25 mai 1861, était le petit-fils du constituant Aubry du Bochet (v. p. bas); il fut successivement négociant à Avesnes, notaire, ingénieur en chef du cadastre à Montauban et président de la Société d'agriculture. Comme négociant, il ouvrit, un des premiers, en 1822, dans son arrondissement, des carrières de marbre pour y établir ensuite des scieries et des ateliers de marbrerie; il occupait, en 1847, plusieurs milliers d'ouvriers. Comme ingénieur, on lui doit l'achèvement du cadastre de Tarn-et-Garonne, la carte topographique de ce département, et un projet de chemin de fer de Valenciennes à Metz, destiné à relier, par une communication plus directe, Dunkerque à Strasbourg. Président de la Société d'agriculture d'Avesnes, il présenta au conseil général du Nord et au gouvernement plusieurs propositions concernant la réduction de l'impôt sur le sel, l'amélioration des races d'animaux domestiques, l'extension des voies de communication.

Après la Révolution de février, il fut nommé sous-commissaire du Gouvernement provisoire dans l'arrondissement d'Avesnes. Républicain très modéré, il fut, le 23 avril 1848, élu représentant du Nord à l'Assemblée constituante, le 28e et dernier de la liste, avec 93,666 voix sur 234,867 votants et 278,352 inscrits. Il siégea dans les rangs de la majorité, soutint le général Cavaignac, et vota longtemps avec la droite :

Le 28 juillet 1848, pour le décret sur les clubs;

Le 9 août, pour le rétablissement du cautionnement;

Le 25 septembre, pour l'impôt proportionnel;

Le 2 novembre, contre le droit au travail;

Le 28 décembre, contre la réduction de l'impôt du sel (quoiqu'il s'en fût déclaré autrefois le partisan).

Mais dans la seconde partie de la législature, Aubry, nettement hostile au gouvernement de l'Elysée, se rapprocha sensiblement de la gauche et se prononça :

Le 16 avril 1849, contre les crédits demandés pour l'expédition de Rome;

Le 2 mai, pour l'amnistie des transportés;

Le 11 mai, pour la mise en accusation du président et de ses ministres;

Le 18 mai, pour l'abolition de l'impôt des boissons.

Réélu à l'Assemblée législative, le 13 mai 1849, le 13e sur 24, par 91,135 voix sur 183,521 votants et 290,196 inscrits, il siégea à gauche, vota constamment avec la minorité républicaine, protesta contre le coup d'Etat de décembre, et quitta la vie politique.

AUBRY (CLAUDE-MAURICE), représentant des Vosges à l'Assemblée législative de 1849, puis à l'Assemblée nationale de 1871, né à Mirecourt (Vosges), le 22 septembre 1820. Avocat inscrit au barreau de sa ville natale en 1845, il se fit journaliste en 1848, puis organisa les comptoirs nationaux dans le département des Vosges. Elu à une très faible majorité (20,707 voix sur 71,000 votants et 116,982 inscrits) représentant des Vosges, le 8e sur 9, à l'Assemblée législative du 13 mai 1849, il siégea à droite parmi les conservateurs, s'associa aux mesures de réaction votées par la majorité, sans se déclarer toutefois sur la politique présidentielle; lors du coup d'Etat de décembre, il se rendit, avec plusieurs de ses collègues de la droite et de la gauche, à la mairie du Xe arrondissement, afin de protester contre le fait accompli. Arrêté à la porte de la mairie, et conduit à l'Abbaye, M. Aubry fut bientôt mis en liberté et se retira momentanément de la politique, pour fonder à Paris, en 1852, une importante maison de banque, qui est devenue la Société des Dépôts et Comptes courants.

Le 1ᵉʳ juin 1863, il fut candidat de l'opposition orléaniste dans la 2ᵉ circonscription des Vosges, et échoua avec 13,765 voix contre le candidat officiel, M. Aymé de la Herlière, député sortant, élu par 16,088 voix. Il se représenta, également sans succès, aux élections de 1869. Au lendemain du 4 Septembre 1870, il fut nommé adjoint au maire du VIIIᵉ arrondissement de Paris; puis, lors des élections à l'Assemblée nationale, les conservateurs modérés des Vosges l'y envoyèrent, le 3ᵉ sur 8, par 31,735 voix (58,175 votants et 119,746 inscrits). Toutefois, il n'est pas douteux que plusieurs républicains durent voter pour lui, sur la foi de cette déclaration : « Je suis profondément convaincu que la République, c'est-à-dire le vrai gouvernement du pays par le pays, en dehors de toute préoccupation dynastique, peut seule nous procurer une paix honorable et régénérer, en la sauvant, notre malheureuse et héroïque patrie » M. Aubry commença par faire partie du centre droit; puis, ses opinions monarchistes s'accentuèrent, et il s'inscrivit aux réunions Colbert et des Réservoirs. Il fut l'auteur d'une proposition de loi sur la constatation du domicile en matière électorale et d'un projet d'impôt sur le revenu; il prononça des discours sur les effets de commerce, l'impôt du timbre, etc. C'est du reste dans les salons de M. Aubry que se tinrent, en octobre 1873, quelques-unes des réunions où l'on étudia les plans d'une restauration monarchique; c'est chez lui également que siégea souvent la commission dite des Neuf, qui tenta vainement la « fusion. » Le représentant des Vosges vota, d'ailleurs, en toute circonstance, avec la droite : *pour* les prières publiques; *pour* l'abrogation des lois d'exil et le pouvoir constituant de l'Assemblée; *pour* le gouvernement du 24 mai; *pour* la prorogation des pouvoirs du maréchal; *pour* la loi des maires; *contre* le retour du Parlement à Paris; *contre* la dissolution et *contre* les lois constitutionnelles. Il s'abstint sur la question des préliminaires de paix. Il avait été (mai 1873) du nombre des députés signataires de l'adresse au Pape en l'honneur du « grand et courageux *Syllabus*. » Après 1876, il fut chargé de formuler dans le journal l'*Union* la doctrine du parti royaliste en matière économique et financière. Il critiqua dans ses articles les plans Freycinet et Léon Say et le système des emprunts. Jusqu'à la mort du comte de Chambord, il fut président du comité royaliste du département des Vosges. Enfin, ce fut lui que choisit la comtesse de Chambord pour rembourser à tous les royalistes de France les sommes que ceux-ci avaient mises à la disposition du prince depuis 1879, sommes qui formaient la fameuse *caisse noire*. M. Maurice Aubry est l'auteur de plusieurs brochures sur des questions de finances et d'économie politique, notamment sur les banques d'émission et d'escompte.

AUBRY-DUBOCHET (Pierre-François), député à la Constituante de 1789, né à la Ferté-Milon (Aisne), le 13 septembre 1737, mort à la Ferté-Milon, le 7 septembre 1800, était fils de André Aubry, procureur fiscal du bailliage de Marigny-en-Orxeois (Aisne), et arrière-petit-neveu de Jean Racine, par son aïeule, Marie Racine, sœur de notre grand poète tragique.

Il portait, dans son contrat de mariage, du 13 janvier 1763, le titre d'ingénieur féodiste; en 1778, il était lieutenant de la prévôté; en 1781, commissaire réformateur aux droits seigneuriaux, et en 1783, premier échevin, gouverneur et maire de la Ferté-Milon, fonctions qu'il ne conserva que deux ans. Élu, le 13 mars 1789, député du Tiers-État aux États-Généraux par le bailliage de Villers-Cotterets, il se mêla souvent aux discussions financières et économiques de l'Assemblée. Ayant déjà pris la parole les 14 et 18 octobre 1789 sur une proposition de plan cadastral du royaume, il présenta, le 3 novembre, le projet suivant :

1° L'Assemblée nommera un comité de cinq membres pour vérifier tous les plans de de cette espèce;

2° Ce Comité s'appellera Comité du cadastre, et il y sera adjoint des gens éclairés;

3° Toute discussion sera ajournée après cette vérification.

A la séance du 14 septembre 1790, il présenta une motion relative à la liquidation de la dette publique, et réclamant l'interdiction absolue en France de tout emprunt s'il n'était pourvu en même temps aux moyens de remboursements; il ajoutait que « l'impôt pesant également sur chaque citoyen serait la seule mesure par laquelle on pourrait pourvoir aux besoins ordinaires ».

Neuf jours après, dans la discussion sur la contribution foncière, il dit : « J'ai à vous présenter, pour l'établissement de l'impôt, un cadastre qui porte sur les bases de la population et sur celles de l'étendue territoriale; je pense cependant que, sous quelque forme que la richesse se présente, elle doit supporter l'impôt; j'établis trois genres de contributions : la contribution foncière, la contribution facultative et la contribution industrielle ». Il présenta en même temps son cadastre, divisé en autant de parties que de départements, avec les sommes que chacun d'eux devait produire.

Très opposé, le 4 novembre 1790, à la création d'une administration des ponts et chaussées, il n'en proposa pas moins, le 31 décembre suivant, la création de plusieurs écoles gratuites des ponts et chaussées, en ces termes : « Plusieurs écoles sont nécessaires, afin que chaque élève puisse faire preuve de son talent dans son pays, afin qu'ils s'instruise des connaissances locales et particulières aux besoins du son département. Si les directoires n'ont pas les élèves sous leurs yeux, comment pourraient-ils choisir leurs ingénieurs? La capitale a-t-elle seule le droit de posséder les établissements utiles?.. Je demande qu'il y ait neuf ou dix écoles des ponts et chaussées ».

Aubry-Dubochet fut un des députés laborieux de l'Assemblée Constituante; son *cadastre général de France* fut imprimé, en 1790, au frais de l'État.

Un de ses fils, André Lambert, prêtre, ayant émigré en 1793, Aubry-Dubochet, alors membre de l'Assemblée départementale, donna sa démission et instruisit de sa fausse situation les représentants Lejeune et Leroux, commissaires pour le département de l'Aisne, qui s'empressèrent de déclarer (9 octobre 1793) que son civisme et son patriotisme éprouvés le mettaient hors de cause. Il reprit ses fonctions. Envoyé à Laon par le Directoire comme administrateur du département de l'Aisne, le 18 septembre 1797, il devint président de cette administration, le 21 juin 1798; mais son ardeur au travail et son activité altérèrent sa santé; il ut se retirer le 9 février 1800, et le 2 mars suivant, fut remplacé par le citoyen Dauchey à la préfecture de l'Aisne.

AUBUSSON DE LA FEUILLADE (PIERRE-HECTOR-RAYMOND, COMTE), pair des Cent-Jours et sous Louis-Philippe, né à Varetz (Corrèze), le 11 janvier 1765, mort à Paris, le 7 mars 1848, fut, sous le premier Empire, chambellan de l'impératrice Joséphine, ministre plénipotentiaire auprès de la reine d'Etrurie (1806), et ambassadeur près de Joseph, roi de Naples 1807); il avait présidé, entre ces deux missions, le collège électoral de la Corrèze.

Démissionnaire au retour des Bourbons, il fut nommé pair, par Napoléon, le 2 juin 1815, et s'opposa aux mesures de sûreté générale proposées le 26 juin, en déclarant qu'il serait préférable de vivre en Turquie, sous le joug d'un pacha. La seconde Restauration l'éloigna de la politique, et il ne rentra que le 19 novembre 1831 à la chambre des pairs, où il vota avec la majorité ministérielle.

AUBUSSON DE SOUBREBOST (LOUIS), député au Corps législatif de 1813 à 1815, né à Champrouai (Creuse), le 3 février 1748, mort à Limoges (Haute-Vienne), le 15 avril 1820, entra en 1778 comme lieutenant dans le régiment colonial qui partait pour Saint-Domingue, et quitta le service quelques années après, avec le grade de capitaine. Rentré à Bourganeuf (Creuse) où il avait ses propriétés, il y remplit les fonctions de maire, et fut nommé par le Sénat conservateur député de la Creuse au Corps législatif, le 6 janvier 1813. Il abandonna la politique au retour des Bourbons, et revint dans son pays natal où il se livra à l'application des nouvelles méthodes d'agriculture.

AUBUSSON DE SOUBREBOST (JOSEPH-CHARLES), fils du précédent, député de 1822 à 1823, né à Bourganeuf (Creuse), le 4 novembre 1777, mort à Limoges (Haute-Vienne), le 2 septembre 1823, fut élu, le 9 mai 1822, député par le 2e arrondissement électoral de la Creuse (Aubusson), avec 97 voix sur 172 votants et 204 inscrits, contre Tixier de la Chapelle (72 voix). Il passa inaperçu au Parlement, où sa carrière fut d'ailleurs de courte durée. Il avait appartenu à la magistrature du premier Empire, comme président de chambre à la Cour de Limoges.

AUBUSSON DE SOUBREBOST (LOUIS-JEAN-HENRY), fils du précédent, député sous Louis-Philippe, né à Bourganeuf (Creuse), le 14 octobre 1810, mort à Limoges (Haute-Vienne), le 11 avril 1865, n'eut, dans la session de 1842-46, à laquelle il appartint, qu'une existence parlementaire d'emprunt. Aux élections générales de 1842, Emile de Girardin fut élu dans deux collèges électoraux : celui de Bourganeuf (Creuse), et celui de Castelsarrasin (Tarn-et-Garonne). Ayant opté pour le second, il recommanda aux électeurs du premier, dans lequel il était tout-puissant, la candidature de M. Aubusson de Soubrebost, qui fut nommé, et vota comme lui. Mais, vers la fin de la législature, soit que les idées de M. Aubusson de Soubrebost ne fussent plus conformes à celle de son patron politique, soit, au dire d'un biographe, que le nouveau député de Bourganeuf commençât à prendre dans l'arrondissement trop d'influence personnelle, Emile de Girardin renonça tout à coup à représenter la circonscription de Castelsarrasin, et, revenant aux électeurs de la Creuse, il redevint leur député par 81 suffrages; — M. A. de Soubrebost n'en eut que 63. — Il mourut sous le second Empire, conseiller à la Cour de Limoges: il avait été, avant son élection à la Chambre des députés, procureur du roi à Tulle.

AUCLERC-DES-COTTES (JEAN-BAPTISTE), député à l'Assemblée constituante de 1789, né à Argenton (Indre), le 11 mai 1737, mort à Argenton, le 28 juillet 1826, était médecin du comte d'Artois. Le bailliage du Berry l'envoya aux Etats-Généraux comme député du Tiers, le 26 mars 1789. A la mort du Dauphin (Louis-Joseph, fils ainé de Louis XVI), Auclerc-des-Cottes fit partie de la députation chargée (séance du 6 juin 1789), de « témoigner à Sa Majesté », suivant les paroles de Bailly, président, « la sensibilité et la douleur des communes ». Cette députation avait été réduite à vingt membres, conformément au désir exprimé par le roi.

Les procès-verbaux de l'Assemblée ne mentionnent que cette fois le nom d'Auclerc-des-Cottes.

AUDEBARD. — Voy. FÉRUSSAC (BARON DE).

AUDIER–MASSILLON (BRUNO - PHILIBERT, CHEVALIER), député à la Constituante de 1789, né à Aix (Bouches-du-Rhône), le 1er juillet 1746, mort à Aix, le 29 septembre 1822, était lieutenant-général de la sénéchaussée d'Aix quand il fut élu, par cette sénéchaussée, député du Tiers-Etat aux Etats-Généraux, le 7 avril 1789. Le 30 décembre 1790, il fit rendre par l'Assemblée un décret permettant aux officiers ministériels, dont les offices n'étaient pas encore liquidés, d'employer leurs finances en acquisition de biens nationaux ; à la séance du 15 juin 1791, il annonça que son ami, l'abbé Rochon, venait de découvrir le moyen de monnayer le métal des cloches, et demanda qu'il fût expressément enjoint au Comité des monnaies de faire un rapport sur la question.

Elu juge au Tribunal de cassation, le 11 germinal an VIII, nommé membre de la Légion d'honneur le 25 prairial an XII, et chevalier de l'Empire le 3 juin 1808, il adhéra néanmoins, en 1814, à la déchéance de Napoléon, et vota contre l'Acte additionnel aux Constitutions de l'Empire. Dans le discours qu'il adressa à Louis XVIII, au retour de Gand, il ne manqua pas de revendiquer les bénéfices de sa conduite « courageuse », pendant les Cent-Jours. Il fut mis à la retraite comme conseiller à la Cour royale d'Aix, le 9 juillet 1820. On lui attribue un ouvrage dont il pouvait en effet traiter le sujet *ex professo*, intitulé : *l'Art de traverser les révolutions*.

AUDIFFRED (JEAN-HONORÉ), membre de la Chambre des députés, né à Jausiers (Basses-Alpes), le 12 décembre 1840, fils d'un riche marchand de toiles de Roanne, était avocat au barreau de Roanne, quand il fut nommé sous-préfet de cet arrondissement, le 8 octobre 1870; il resta en fonctions jusqu'au 5 avril 1871. Cette même année, il fut nommé membre du Conseil municipal de Roanne, ainsi que du Conseil général, dont il fait encore partie. M. Cherpin, député, ayant été élu sénateur au renouvellement du 5 janvier 1879, M. Audiffred se porta à sa place comme candidat républicain opportuniste, dans la 1re circonscription de Roanne ; il fut élu, le 6 avril, par

8,465 voix sur 10,272 votants et 20,889 inscrits. Blanqui en avait obtenu 1,487. Il suivit à la Chambre l'inspiration de Gambetta, et vota :

Le 4 juin 1879, *pour* l'invalidation de l'élection de Blanqui à Bordeaux :

Le 19 juin (au Congrès), *pour* le retour du Parlement à Paris ;

Le 16 mars 1880, *pour* l'application des lois existantes aux congrégations non-autorisées ;

Le 8 février 1881, *pour* le rétablissement du divorce.

Aux élections du 21 août 1881, la même circonscription électorale lui donna 8,872 voix sur 14,725 votants et 21,184 inscrits, contre MM. Chassain de la Plasse (5,084), et Déparis (667). Comme précédemment, il fit partie du groupe de l'*Union républicaine*, avec lequel il continua de voter. Favorable au ministère Gambetta, il lui donna sa voix, le 26 janvier 1882, contre la revision, fut opposé en outre à l'institution d'un maire de Paris, à l'élection des juges par le peuple, à la nomination des sénateurs au suffrage universel. Il accorda tous les crédits pour le Tonkin ; dans le scrutin sur le maintien de l'ambassadeur près du pape, ayant été porté absent, il déclara que, s'il n'avait été retenu à la Commission des Quarante-Quatre (Commission d'enquête ouvrière), il aurait voté *pour* le maintien. M. Audiffred fut membre, dans la législature de 1881-1885, de plusieurs autres commissions importantes : celles de la liberté de fabrication des armes de guerre, des sociétés de secours mutuels, de la caisse nationale des retraites, des prud'hommes mineurs, des délégués mineurs, des caisses de secours, etc. A la tribune, il est intervenu, à plusieurs reprises, dans le débat sur le budget de l'instruction publique. Rapporteur des projets de loi sur la caisse d'épargne postale, sur la réorganisation des collèges communaux, sur la Caisse nationale des retraites, on lui accorde, dans les questions d'affaires, une certaine compétence, mal servie d'ailleurs par une élocution embarrassée. « Audiffred, plus généralement connu sous le nom de Bredouillard », disait le *Pilori* de l'*Intransigeant*, par M. T. Vaughan (1885). Aux élections d'octobre 1885, il fut, le 3e sur 9 de la liste opportuniste, élu au second tour de scrutin par 65,091 voix (116,857 votants et 151,072 inscrits.) — Une liste radicale-socialiste portait MM. Girodet, député radical sortant, Maujan, directeur de la *France Libre*, etc. — Dans la dernière session, M. Audiffred, membre de l'*Union des Gauches*, a voté : le 11 février 1889, *pour* le rétablissement du scrutin uninominal, le 14 février *pour* l'ajournement indéfini du projet de revision des lois constitutionnelles (chûte du ministère Floquet), le 14 mars *pour* la demande en autorisation de poursuites contre trois députés membres de la Ligue des patriotes, le 2 avril *pour* le projet de loi Lisbonne restrictif de la liberté de la presse, le 4 avril *pour* la demande en autorisation de poursuites contre le général Boulanger.

AUDIFFRET (Charles-Louis-Gaston, marquis d'), pair de France et sénateur du second Empire, né à Paris, le 10 octobre 1787, mort à Paris, le 19 avril 1878. Son père était colonel de cavalerie et chevalier de Saint-Louis ; son grand-père, officier supérieur, lieutenant du roi à Besançon, avait donné un mémorable exemple de désintéressement en vendant sa vaisselle d'argent et tous ses bijoux pour secourir des blessés recueillis dans les murs de sa ville fortifiée, après la fatale bataille d'Exil-

les en 1747. Originaire d'Italie, et établie d'abord dans la vallée de Barcelonnette, puis répandue dans le Languedoc, la Provence, le Dauphiné, etc., la famille d'Audiffret, ou d'Audiffredi, avait donné à l'ancienne France un grand nombre d'officiers, de membres du clergé, de la diplomatie, de la magistrature, etc. Le jeune Charles-Louis-Gaston d'Audiffret fit de bonnes études au lycée Bonaparte, puis, sa famille se trouvant sans fortune, entra en octobre 1805 à la Caisse d'amortissement et des dépôts, en qualité de surnuméraire ; il passa, le 18 août 1808, au ministère du Trésor, parcourut assez rapidement les premiers degrés de la hiérarchie administrative, et devint (janvier 1812) chef de bureau. Nommé directeur adjoint le 1er juin de la même année, M. d'Audiffret reçut, quelques mois après, le titre d'auditeur au Conseil d'Etat. Une décision du 22 juin 1814 le créa directeur de la comptabilité générale des finances. Le 11 février suivant, il fut nommé membre de la Légion d'honneur. Fonctionnaire public, il refusa, pendant les Cent-Jours, de donner son adhésion à l'acte additionnel ; il écrivit *non* sur la formule. Il n'en conserva pas moins sa place. Livré tout entier aux travaux de sa spécialité, il obtint le rang de premier commis des finances, le 1er janvier 1816, et celui de maître des requêtes au Conseil d'Etat, le 19 avril 1817 ; il fut en outre promu, le 22 mai 1825, au grade d'officier de la Légion d'honneur, et, le 3 janvier 1828, nommé conseiller d'Etat.

Après vingt-cinq ans de travail administratif, M. d'Audiffret fut appelé, par une ordonnance royale du 29 octobre 1829, aux fonctions de président à la Cour des Comptes, et reçut, le 9 mai 1830, le cordon de commandeur de la Légion d'honneur. Il concourut puissamment, vers cette époque, à l'organisation de la comptabilité de tous les services publics ; on lui doit plusieurs améliorations introduites dans l'administration des finances. Ses travaux se résument dans un très grand nombre de rapports, d'instructions, d'arrêtés et d'ordonnances préparées par lui. Comme président de la Cour des Comptes, il fut choisi constamment, pendant trente années que dura sa présidence, pour remplir le rôle de rédacteur des rapports de ce corps judiciaire, distribués aux chambres législatives à l'ouverture de chaque session. Une notice historique annexée au règlement général sur la comptabilité publique, du 31 mai 1838, notice dont il est l'auteur, expose dans le détail les conséquences des mesures successivement proposées par lui.

Une décision royale du 3 octobre 1837 l'appela à la pairie. Il fit, dans la première session où il assista, plusieurs discours spéciaux sur la conversion des rentes, sur l'exploitation des sels de l'Etat, et sur le budget des dépenses de 1839 ; de plus, il fut presque toujours désigné par ses collègues comme le rapporteur des lois de finances.

Grand-officier de la Légion d'honneur du 7 octobre 1847, il fut nommé sénateur, le 26 janvier 1852. Il reprit alors ses travaux à la Chambre haute ; le réglement général de la comptabilité publique, qui porte la date de 1862, est encore son œuvre. Sous sa présidence, furent enfin délibérés une grande quantité de règlements spéciaux, avec le concours des directeurs de différents ministères. Membre de l'Institut, le marquis d'Audiffret a rassemblé lui-même tous les travaux et les principaux épisodes de sa vie laborieuse dans le livre qu'il a publié en 1876 : *Souvenirs de ma carrière*, qui forme l'introduction du *Système financier de la France*, grand ouvrage en six volumes « où se trouvent expliquées et enseignées la théorie et la pratique de l'administration des finances. » Cette longue série d'études, qui constitue un véritable monument, est complétée par des rapports techniques sur le service de trésorerie de la France, des enquêtes sur la circulation, sur le taux légal de l'intérêt, des rapports sur les contrôles de la fortune nationale, sur le budget de l'État et la situation des finances.

AUDIFFRET-PASQUIER (EDME-ARMAND-GASTON, DUC D') représentant à l'Assemblée nationale de 1871 et sénateur inamovible, né à Paris, le 20 octobre 1823, est le fils du comte d'Audiffret, receveur général, qui avait épousé la nièce du duc Pasquier, chancelier de France, et le fils adoptif de ce dernier, qui lui a transmis son titre. Il entra au Conseil d'État en 1840, et devint maître des requêtes après la révolution de 1848. Il avait épousé, en 1845, Mlle Fontenillat, fille d'un ancien receveur général. Éloigné des fonctions publiques sous l'Empire, il fut élu conseiller-général de Mortrée (Orne), et maire de la commune de Saint-Christophe-le-Papolet (Orne), où il possède le beau château de Sacy.

Dans une élection partielle, le 7 janvier 1866, pour le remplacement de M. David-Deschamps, décédé, il se présenta comme candidat de l'opposition dans la 2e circonscription de l'Orne, et obtint, au second tour, 14,859 voix, contre M. le baron de Mackau, candidat officiel, qui fut élu par 15,992 suffrages. Pendant la campagne électorale, M. d'Audiffret avait été accusé, dans une circulaire émanant du comité électoral de M. de Mackau, d'avoir, au Conseil général de l'Orne, réclamé le rétablissement du droit d'aînesse. Le témoignage unanime de ses collègues au Conseil général justifia M. d'Audiffret de cette assertion; mais cette manœuvre, dénoncée à la Chambre, le 7 février 1866, lors de la vérification des pouvoirs, ne parut pas suffisante, malgré le faible écart des voix obtenues, pour invalider l'élection du candidat officiel.

M. d'Audiffret-Pasquier ne fut pas plus heureux aux élections générales du 24 mai 1869, dans la 4e circonscription de l'Orne, où il échoua avec 8,250 voix contre 15,824 voix à M. le baron de Mackau, député sortant, réélu.

Le 8 février 1871, le département de l'Orne l'élut au scrutin de liste, le 1er sur 8, par 60,226 voix sur 65,515 votants et 123,713 inscrits. Il vota *pour* la paix (1er mars 1871), *pour* les prières publiques (16 mai 1871), *pour* l'abrogation des lois d'exil (10 juin 1871), *pour* le pouvoir constituant de l'Assemblée (30 août 1871), *contre* le retour de l'Assemblée à Paris (3 février 1872). Nommé président de la Commission des marchés de la guerre, il protesta contre une lettre un peu vive adressée à cette Commission par le général Susanne, alors directeur au ministère de la guerre, et qui fut destitué, et prononça, à la séance du 22 mai, en réponse à une interpellation de M. Rouher, un discours dans lequel il dénonça impitoyablement les abus administratifs et les malversations de l'Empire. L'Assemblée vota d'enthousiasme l'impression et l'affichage dans toutes les communes de France de ce discours, qui plaça le duc d'Audiffret au premier rang des orateurs parlementaires. Le 24 mai 1872, il vota *pour* l'acceptation de la démission de Thiers, et le 24 juin, *pour* l'arrêté contre les enterrements civils. Quelques jours auparavant, il avait fait partie de la délégation dite « des Bonnets à poil », envoyée auprès de Thiers pour arrêter son mouvement marqué vers la gauche. La question des marchés souscrits par le gouvernement de Tours l'amena encore à la tribune le 29 juillet, et il ne ménagea ni M. Gambetta ni M. Naquet.

Dans les premiers mois de 1873, le duc d'Audiffret joua un rôle des plus actifs dans les négociations parlementaires qui amenèrent, le 24 mai, la chute de Thiers et son remplacement par le maréchal de Mac-Mahon. Il s'efforça, en novembre 1873, de rallier toutes les forces conservatrices dans le but de restaurer, avec le comte de Chambord, mais sans conditions, la monarchie vraiment constitutionnelle, « la forme supérieure de gouvernement, » selon lui. Le comte de Chambord ayant obstinément résisté sur la question du drapeau, la combinaison échoua, et le duc d'Audiffret vota, le 20 novembre, *pour* le septennat du maréchal de Mac-Mahon. Le 4 décembre, il se prononça *pour* le maintien de l'état de siège, contribua, le 16 mai 1874, au renversement du ministère de Broglie, et s'opposa, le 23 juillet, à la dissolution de l'Assemblée nationale. Déjà président du centre droit depuis le mois de mai 1873, il fut élu, le 2 décembre 1874, vice-président de la Chambre, vota, le 13 janvier 1875, *contre* l'amendement Wallon, et, le 25 février suivant, *pour* les lois constitutionnelles. L'hostilité systématique des bonapartistes et les rancunes de l'extrême droite, qui lui reprochait l'avortement de la restauration monarchique, lui firent rechercher alors, du côté des gauches modérées, la formation d'une majorité de gouvernement. N'ayant pu obtenir le portefeuille de l'Intérieur, il crut devoir refuser d'entrer dans le nouveau ministère formé par M. Buffet, et fut élu, quelques jours après, grâce à l'appui des gauches, président de l'Assemblée nationale (15 mars 1875), par 240 voix contre 130 bulletins blancs. Il fit, dans son discours d'ouverture, l'éloge du gouvernement parlementaire et déclara que la liberté est la plus sûre garantie de l'ordre et de la sécurité.

Lors de l'élection des sénateurs inamovibles par la Chambre, porté sur les listes de droite et de gauche, il fut élu au premier tour, le 9 décembre 1875, par 511 voix sur 688 votants. Trois mois après, le 13 mars 1876, il fut élu président du Sénat par 205 voix.

Lors des tentatives de résistance du maréchal de Mac-Mahon et de la formation du cabinet de Rochebouët, le duc d'Audiffret, en qualité de président du Sénat, fit part au préfet de police, M. Félix Voisin, des craintes que lui inspirait, pour la sécurité de la représentation nationale, l'attitude hostile du gouvernement, et manifesta l'intention de s'installer à Versailles. Mandé, par suite de cette conversation, près du maréchal, il insista vivement auprès de lui sur le respect dû à la Constitution et aux vœux non douteux du pays, et ne cacha pas que ses amis n'étaient nullement disposés à suivre le gouvernement dans la voie de résistance où il paraissait vouloir s'engager; il eut même à ce propos, avec M. Batbie, une vive altercation. Après quelques résistances, et sur une nouvelle démarche de M. d'Audiffret, le maréchal consentit enfin à charger M. Dufaure de former un ministère.

M. d'Audiffret a pris part à tous les débats importants de la Chambre haute; son éloquence, que les questions de pure doctrine n'échauffent pas, n'est jamais plus à l'aise qu'en face d'adversaires à combattre, et laisse souvent percer, sous la correction de race et sous la maîtrise de la forme, l'ardeur contenue de la passion politique. Il a parlé, le 25 juin 1880, *contre* l'application des décrets aux congrégations non autorisées, le 1er mars 1883 *contre* le décret de mise en non-activité par retrait d'emploi des princes d'Orléans; le 4 avril 1885, a interpellé le gouvernement au sujet des événements de Lang-Son; en avril 1886, a vivement attaqué le gouvernement sur l'odieux de son attitude dans l'affaire de Châteauvillain; le 21 juin 1886, a solennellement protesté, au nom de la droite, contre la loi générale d'expulsion des princes. Le 25 août 1887, par une lettre destinée à la publicité, il a encouragé M. Cornélis de Witt, organisateur de conférences monarchiques dans le Sud-Ouest, à lutter pour la liberté de conscience et pour le succès des principes monarchiques dont M. le comte de Paris est le légitime représentant; le 25 mars 1888, il a fait un remarquable discours sur la comptabilité des approvisionnements de la guerre.

M. d'Audiffret-Pasquier a toujours voté, depuis lors, avec la droite du Sénat, et s'est prononcé notamment, le 13 février 1889 *contre* le rétablissement du scrutin uninominal, le 18 février *contre* la loi Lisbonne restrictive de la liberté de la presse, le 29 mars *contre* le projet de loi constituant le Sénat en haute cour de justice pour connaitre des attentats commis contre la sûreté de l'Etat. La précipitation avec laquelle cette loi fut votée était motivée par le désir d'intenter immédiatement des poursuites contre le général Boulanger; à cette occasion, le Sénat résolut d'offrir, dans la Commission des 9 chargée de l'instruction de l'affaire, une place à la Droite dans la personne de M. d'Audiffret-Pasquier; mais cette offre a été immédiatement déclinée.

AUDOUIN (Pierre-Jean), membre de la Convention et député aux Cinq-Cents, né à Paris en 1760, mort à une date inconnue, surnommé le *Sapeur*, parce qu'il fut sapeur du bataillon de la section des Carmes au début de la Révolution, était d'origine plus que modeste, et embrassa vite les idées les plus avancées d'alors; il fonda deux journaux, le *Journal universel*, en 1790, puis le *Journal des hommes libres*, où il se montra, par sa violence, le digne précurseur de Marat et d'Hébert. Le département de Seine-et-Oise l'élut à la Convention nationale, le 11 septembre 1792, par 237 voix sur 670 votants. Dans le procès de Louis XVI, au 3e appel nominal, il dit : « Les hommes d'état qui viennent de se multiplier ne m'ont pas fait changer d'opinions. Je persiste à croire que je mériterais moi-même la mort, si je ne la demandais pour le tyran. Je vote pour la mort. » Il demanda en outre l'exécution dans les 24 heures.

En mai 1794, les représentants Bourbotte et Julien, en mission dans la Vendée, ayant pris un arrêté pour défendre certains journaux et en recommander d'autres, le *Journal universel* se trouva inscrit le premier sur la liste des recommandés. Audoin écrivit immédiatement au rédacteur en chef du *Moniteur* :

Paris, le 24 Mai, l'an II de la république, 9 h. du matin.

Au Rédacteur.

« Citoyen rédacteur, je viens de lire dans le « n° 144 du *Moniteur* un arrêté des représen-« tants de la nation dans les départements et près « l'armée de la Vendée. Cet arrêté, signé Bour-« botte et Julien, a de quoi me surprendre; et « en effet, comment arrive-t-il que moi qui n'ai « appartenu qu'aux principes, je sois rangé le

« premier sur la liste des écrivains que l'on re-« commande? Je crois bien que, parmi les jour-« naux proscrits par ces deux députés, il en est « qui désavouent dans leur cœur de vrais répu-« blicains; mais quel triomphe laisserez-vous à « la raison, à la vérité, au patriotisme, en leur « ôtant la facilité de combattre la folie, le men-« songe et l'aristocratie? Quant à moi, je dé-« clare que c'est me rendre le plus mauvais ser-« vice (tout en violant les principes), que de « m'inscrire dans le petit nombre des élus. Eh ! « de quel droit s'il vous plait, mes collègues, « m'accorderiez-vous l'honneur de votre pro-« tection? Si vous aviez le pouvoir de me placer « parmi vos amis, vous auriez donc celui de me « ranger parmi ceux que vous n'aimez pas? « D'autres intercaleraient peut-être ici cette « phrase de Jean-Jacques : « Il ne faut pas que « les chefs d'une grande nation, épars pour la « gouverner, puissent trancher du souverain « chacun dans leur département, et commencer « par se rendre indépendants pour devenir enfin « les maitres.» Mais moi, je n'en tire aucune « conclusion, car vous n'êtes point chefs, car « vous ne gouvernez pas, car vous n'êtes point « indépendants, de moi tout le premier qui use « de mon droit de réclamer contre votre pro-« tection. Mon journal a toujours été à moi, « à moi seul; il n'appartiendra jamais à qui « que ce soit, et seront toujours mal venus ceux « qui auront l'air de me mettre dans un autre « parti que celui de la liberté, de l'égalité du « peuple souverain.

Signé P. J. Audouin, *député de Seine-et-Oise à la Convention nationale, et, depuis quatre ans, auteur du «Journal universel», sur lequel n'ont pas plus de droit ceux qui se disent patriotes que ceux qui passent pour aristocrates.*

Le 23 vendémiaire an IV, il entra, comme conventionnel, au Conseil des Cinq-Cents, prononça un discours, le 27 messidor an V, sur la liberté des cultes, et surprit les Jacobins, ses amis, en demandant qu'on n'exigeât aucune déclaration des ministres des cultes; le 19 fructidor, il fit l'éloge des événements de la veille, célébra le triomphe du Directoire sur les royalistes, et proposa, quelques jours après, que ce jour fût reconnu comme fête nationale.

Nommé vice-consul à Messine, le 26 prairial an VI, il abandonna la politique après le 18 Brumaire, et se fit si bien oublier, qu'on ne sait où ni quand il est mort.

AUDOY (Pierre-Séverin), député à l'Assemblée législative de 1791, né à Lavaur (Tarn) en 1755, mort à une date inconnue. On ne trouve à signaler, dans sa carrière politique, que son élection, le 28 juin 1791, comme député à l'Assemblée législative par le département du Tarn, avec 375 voix sur 403 votants; il était alors membre du Directoire du district de Lavaur.

AUDREIN (Yves-Marie), député à l'Assemblée Législative de 1791 et membre de la Convention, né à Goarec (Finistère) en octobre 1741, assassiné à Briec (Finistère), le 17 novembre 1800, était le fils de Yves Audrein, marchand de porcs. Ayant fait ses études ecclésiastiques, il fut nommé professeur de seconde à Quimper; préfet des études à Louis-le-Grand, à Paris, au début de la révolution; il eut pour élèves Camille Desmoulins et Robespierre, et fut auprès d'eux l'apôtre des idées nouvelles. Il adressa même à l'Assemblée constituante un plan d'éducation qui enlevait complètement l'enseignement au clergé. En mai 1791, il était premier vicaire de Lemasle, évêque constitutionnel, et fut élu, le 3 septembre suivant, député du Morbihan à l'Assemblée législative, par 197 voix sur 367 votants. Il ne fut pas un des membres les moins remuants de cette assemblée, dénonça d'abord l'ambassadeur d'Espagne comme complice de la réaction, puis le ministre de la guerre, demanda la suppression du traitement des prêtres non assermentés, fut chargé, après le 10 août, du dépouillement des papiers trouvés chez l'intendant de la liste civile, et fut au nombre de ceux que l'Assemblée délégua en vain, les 2 et 3 septembre, aux prisons pour arrêter le massacre. Réélu par le même département à la Convention, à la pluralité des voix sur 415 votants, il se prononça, dans le procès de Louis XVI, au 2e appel nominal, sur la ratification par le peuple :

« Le moyen le plus sûr de réunir les forces du peuple, c'est de lui faire exercer sa souveraineté : je dis oui. » Sur le 3e appel nominal concernant la peine, il dit : « Je déclare qu'étranger à tout parti, et ne consultant que ma conscience et la nécessité de consolider la révolution, je vote pour la peine de mort, et je demande que la Convention examine s'il est expédient de surseoir à l'exécution du jugement. »

Il demanda et obtint quelques adoucissements dans le traitement de la fille du roi, enfermée au Temple ; il ne rentra ni au Conseil des Anciens ni à celui des Cinq-Cents. Sacré, le 22 juillet 1798, évêque du Finistère, il modifia singulièrement ses opinions, publia des apologies de la religion et de la famille royale, et dans le concile convoqué en 1800, accusa la philosophie moderne de tous les maux que la France venait de traverser. Il mourut d'une façon tragique. Le 28 brumaire, partant en tournée pastorale, il monta, à 8 heures du soir, à Quimper, dans la diligence qui va de Lorient à Brest. « A minuit environ, sur la butte St-Hervé, la voiture fut arrêtée par une bande de chouans qui obligèrent les voyageurs à descendre. Audrein, reconnu, fut forcé de revêtir ses habits épiscopaux, et la troupe procéda à son jugement, lui reprochant d'avoir trahi la sainte Église et d'avoir voté la mort de Louis XVI. Affolé de terreur, Audrein supplie ses juges de lui accorder le temps de se réconcilier avec Dieu, mais ils restent insensibles et tirent sur lui à bout portant. » (*Arch. du Finistère*). Son corps fut jeté dans une fosse creusée à quelques pas de la route.

AUDREN-DE-KERDREL (Vincent-Paul-Marie-Casimir), représentant du peuple aux Assemblées constituante et législative de 1848-49, député au Corps législatif en 1852, représentant à l'Assemblée nationale de 1871, puis sénateur, — né à Lorient (Morbihan), le 27 septembre 1815, est issu d'une famille noble du pays de Léon, qui compte parmi ses membres Dom Audren de Kerdrel (1651-1725) savant bénédictin. Il passa par l'École des Chartes, et débuta dans la politique comme rédacteur en chef du *Journal de Rennes*, organe légitimiste. La Révolution de 1848 le trouva à ce poste de combat. Élu, le 23 avril, le 8e sur 14, représentant d'Ille-et-Vilaine, par 83,571 voix (132,609 votants, 152,958 inscrits), il prit plusieurs fois la parole à l'Assemblée constituante pour appuyer les mesures contre-révolutionnaires, et vota toujours sans exception avec la droite, où il siégeait, parmi les conservateurs monarchistes : dans le scrutin (9 août 1848) sur l'amendement Pascal Duprat ; contre la loi qui rétablissait le caution-

nement ; il délara pourtant s'être abstenu volontairement, parce que l'amendement proclamait deux principes distincts : 1° l'abolition du cautionnement, 2° la responsabité des rédacteurs remplaçant celle du gérant. « Partisan du premier, dit-il, mais opposé au second, je n'ai pu voter ni pour ni contre. »

Le *Journal des Débats* désigne M. de Kerdrel, sous le nom de *Kerdul*, et les autres feuilles sous son vrai nom, comme un des premiers qui, dans la journée du 15 mai, allèrent faire appel au zèle de la garde nationale : il était, en effet, sorti avec M. de Falloux de la petite réunion qui se tenait à l'hôtel de la vice-présidence, pour se rendre au milieu du 12e bataillon de la garde mobile. La *Véritable physiologie de la constituante de 1848*, par Raincelin de Sergy, prit occasion de cet acte pour faire ressortir « la bonne foi et le dévouement de leurs auteurs à la République (*sic*); car, s'ils avaient été des réactionnaires ou des fédéralistes, ils n'eussent pas pris une initiative qui devait porter un coup terrible à l'anarchie, ils n'eussent pas employé le moyen le plus décisif pour maintenir l'Assemblée nationale à Paris, et dans le palais même où elle avait siégé jusqu'alors. »

Réélu à la Législative (13 mai 1849) par 76,607 voix, dans le même département, il fit partie du comité de la rue de Poitiers, et fut un des chefs les plus actifs et les plus écoutés de la majorité de droite. Le coup d'État de Décembre n'ayant pas donné satisfaction à ses préférences légitimistes, il se joignit d'abord aux représentants protestataires réunis à la mairie du Xe arrondissement; puis son opposition parut fléchir aux élections du 29 février 1852 : il fut alors élu avec 12,745 voix membre du Corps législatif dans la 3e circonscription d'Ille-et-Vilaine, sans que l'administration eût bien nettement combattu sa candidature ; il avait eu pour adversaire M. Bertin, ancien représentant (11,772 v.). Il siégea jusqu'au 22 novembre, donna sa démission « pour ne pas proclamer l'Empire » et se retira des affaires publiques. Plus tard, en 1869, il posa un instant sa candidature, mais il la retira devant celle de M. Dupuy de Lôme, candidat officiel, son parent. C'est le 8 février 1871 qu'il rentra au parlement. Élu à la fois représentant l'Ille-et-Vilaine par 89,367 voix, et du Morbihan par 56,830, il opta pour ce dernier département et compta parmi les principaux orateurs du parti monarchiste. Adversaire déclaré du gouvernement républicain, président de la réunion Colbert, il fut un des neuf députés délégués près de Thiers, au 20 juin 1872, pour lui porter l'*ultimatum* des droites; cette démarche fut appelée plaisamment la manifestation des *Bonnets à poil*. Après le célèbre message dont le chef du pouvoir exécutif donna lecture le 13 novembre, il se fit encore l'interprète des mêmes sentiments, en demandant qu'une commission fût nommée pour examiner le message présidentiel. Il fit partie de cette commission, ainsi que de plusieurs autres, et porta la parole dans la plupart des grandes discussions politiques. Le 12 juillet 1873, il souleva un incident tumultueux sur le procès-verbal pour avoir mis en cause le discours de Gambetta à Grenoble et son fameux mot de *couches sociales*; il était encore considéré alors comme un légitimiste irréconciliable. Mais, après la chute de Thiers, à laquelle il avait beaucoup contribué, on le vit avec les membres de la droite modérée, se rallier à la combinaison du septennat, interpeller complaisamment le cabinet de Broglie

(12 janvier 1874) afin de lui permettre de rester au pouvoir. Il n'alla pas, cependant, jusqu'à accepter l'amendement Wallon ni l'ensemble des lois constitutionnelles. Choisi comme vice-président de l'Assemblée, le 1er décembre 1874, il apporta au fauteuil, quand il lui arriva de l'occuper, les qualités maîtresses de son tempérament d'orateur. « Grand, maigre et sec, a dit M. Jules Clère (Biographie des députés), on ne peut mieux le comparer qu'au fameux héros de Cervantes, plein de prétention, parlant avec recherche, s'écoutant et s'admirant à la tribune. A son banc, le pétulant monarchiste s'agite sans cesse, se démène continuellement sans pouvoir rester un instant en repos et semble un télégraphe vivant, un de ces télégraphes à grands bras destinés par l'électricité, un télégraphe d'ancien régime. » Son adhésion au ministère de Broglie lui fit perdre l'appui des légitimistes purs lors des élections sénatoriales du 30 janvier 1876, où il se présenta, après avoir échoué devant l'Assemblée nationale comme sénateur inamovible. Il n'en fut pas moins élu dans le Morbihan en tête de liste par 230 voix sur 329 votants et 833 inscrits, contre 113 voix à M. Duplessis. Dans cette nouvelle Assemblée, dont il fut aussi le vice-président (du 13 mars 1876 jusqu'en 1879), il se prononça contre l'abrogation des jurys mixtes (collation des grades), contre la suppression du traitement des aumôniers, etc., fit une guerre active aux cabinets républicains, notamment au cabinet Jules Simon, dont il amena en grande partie la chûte, et vota (juin 1877) la dissolution de la Chambre des députés. Après les élections d'octobre, qui condamnaient la politique du gouvernement du 16 mai, le sénateur du Morbihan ne désarma pas ; il poussa le ministère de Broglie-Fourtou dans la voie de la résistance, et ne recula pas devant la perspective d'un conflit entre les deux chambres, en proposant au Sénat un ordre du jour de blâme contre l'enquête parlementaire votée par la Chambre ; l'ordre du jour fut adopté le 19 novembre, à une majorité de 22 voix. Depuis cette époque, M. de Kerdrel, toujours membre influent de la droite sénatoriale, est encore intervenu dans de nombreuses discussions, entre autres, dans le débat des lois Ferry sur l'enseignement.

Au Congrès du 28 décembre 1885, il présenta, au nom des droites réunies, une proposition d'ajournement, fondée sur « l'illégalité » d'une Assemblée dont 22 membres étaient exclus par des invalidations. La majorité ne permit pas la lecture de cette protestation dont le texte fut publié par les journaux, et à la suite de laquelle la droite refusa de prendre part à l'élection du président de la République. Dans la dernière session, M. Audren de Kerdrel a voté : le 13 février 1889 contre le rétablissement du scrutin uninominal, le 18 février contre la proposition de loi Lisbonne restrictive de la liberté de la presse, le 20 mars contre la proposition de loi déférant au Sénat, constitué en Haute-Cour de justice, les personnes inculpées d'attentat contre la sûreté de l'Etat.

AUDREN-DE-KERDREL (Paul-Vincent-Eugène), cousin du précédent, représentant du peuple à l'Assemblée législative de 1849, né à Lorient (Morbihan), le 15 novembre 1809, mort à Vannes, le 31 janvier 1889, était propriétaire et membre du Conseil général du Morbihan, lorsque le comité électoral conservateur de Saint-Paterne le désigna, le 8 juillet 1849, comme candidat à la succession électorale de

Crespel de la Touche, décédé. M. Paul Audren de Kerdrel fut élu représentant à l'Assemblée législative par 42,565 voix sur 56,403 votants et 124,139 inscrits : ses concurrents étaient MM. de Lamartine (4,558 voix), le colonel de Cadoudal (2,698), le docteur Guépin (540) et Beslay, ancien représentant (440). A l'Assemblée, il siégea à droite, et imita la conduite de son parent. Partisan, comme lui, de toutes les mesures destinées à contenir la liberté et à préparer la monarchie, il refusa pourtant d'adhérer à la préparation et à l'exécution du Coup d'Etat de Décembre, qui le rendit à la vie privée. Plus tard, en 1872, lors d'une élection complémentaire dans le Morbihan où il représentait encore le canton de Rochefort, il songea à rentrer au Parlement ; mais, froidement accueilli, a-t-on dit, par son propre parti, comme entaché de libéralisme, il vit sa candidature évincée.

AUDRY DE PUYRAVAULT (Pierre-François), député sous la Restauration, sous le gouvernement de Juillet, et représentant du peuple en 1848, né à Puyravault (Charente-Inférieure), le 27 septembre 1773, mort à Maison-Laffitte (Seine-et-Oise), le 6 décembre 1852, était propriétaire dans son département, lorsqu'il fut élu, le 28 janvier 1822, député du 2e arrondissement électoral de la Charente-Inférieure (Rochefort), par 162 voix sur 233 votants et 318 inscrits, contre M. Bonnet de Lescure, député sortant, qui n'eut que 66 voix. La même circonscription l'élut encore, le 17 novembre 1827, par 138 voix sur 251 votants et 294 inscrits, contre M. Bonnet de Lescure (108 voix). Audry de Puyravault fit une opposition opiniâtre au gouvernement de la Restauration, et fut activement mêlé à la Révolution de 1830. Le 16 mars 1830, il fut au nombre des 221 députés qui votèrent l'adresse hostile au ministère Polignac, vote qui amena la dissolution de la Chambre. Les 221 furent tous réélus les 23 juin et 3 juillet suivants ; Audry obtint, à Rochefort, 220 voix sur 300 votants et 331 inscrits, contre 75 voix données à M. de Lescure.

La publication des Ordonnances (25 juillet) ayant provoqué la résistance des journalistes et des députés libéraux, le 27, à la réunion qui se tint chez Laffitte, au milieu des tergiversations inspirées par la peur ou par le respect de la légalité, Audry se montra parmi les cinq ou six députés les plus décidés à pousser la lutte jusqu'au bout. Le lendemain, mercredi 28, il réunit les députés de la gauche dans sa maison, siège d'une entreprise de roulage qu'il dirigeait ; la cour était pleine d'ouvriers et d'étudiants armés, convoqués par lui pour exciter l'énergie de ses hôtes. Mauguin demanda la formation d'un gouvernement provisoire ; mais on ne put qu'adopter une protestation que Guizot avait apportée toute rédigée, et dont la phrase la plus compromettante était que « les conseillers de la couronne trompaient les intentions du monarque. » Encore personne ne voulut-il signer ; on se contenta de mettre au bas : Etaient présents.

Désespérant de l'efficacité des protestations parlementaires, Audry fit imprimer et afficher dans la nuit la nomination de Lafayette comme général de la garde nationale ; le lendemain, 29, il installa le nouveau général à l'Hôtel-de-Ville, et fut nommé, le cinquième sur six, membre de la Commission municipale qui prit la direction du mouvement et qui plaça Louis-Philippe sur le trône.

Aux élections du 5 juillet 1831, Audry fut réélu à Rochefort par 271 voix sur 334 votants et 377 inscrits, contre le contre-amiral Jacob (45 voix); un passeport, daté du 15 avril de la même année, donne de lui ce signalement : « âgé de 57 ans, taille 5 pieds 5 pouces, cheveux gris, front élevé, sourcils châtains, yeux gris-bleus, nez fort, bouche moyenne, barbe châtain, menton à fossette, visage plein, teint brun, demeure à Paris, 8, rue de Valois ».

La solution orléaniste des journées de Juillet ne l'avait satisfait qu'à demi, car, en 1832, il contribua, comme membre du Comité directeur, à la fondation de la « Société des droits de l'homme » destinée à entretenir les sentiments révolutionnaires.

Aux élections générales du 21 juin 1834, Rochefort élut le vice-amiral Grivel; mais l'élection fut annulée; les électeurs, le 20 septembre 1834, rendirent à Audry son siège à la Chambre, au deuxième tour de scrutin, par 156 voix contre 149 restées au vice-amiral Grivel.

Lors du procès des accusés d'avril (insurrection de Lyon) (1834) devant la Chambre des pairs, Audry, l'un de leurs défenseurs, signe l'adresse aux accusés, qui se terminait par ces mots : « L'infamie du juge fait la gloire de l'accusé » (mai 1835). La Chambre des députés autorisa pour ce fait des poursuites contre Audry, qui refusa de comparaître devant la Chambre des pairs et qui ne fut pas inquiété, Michel de Bourges et Trélat, co-signataires, ayant assumé toute la responsabilité.

Audry ne fut pas réélu, le 30 octobre 1837, aux élections générales qui suivirent la dissolution obtenue par le ministère Molé. La politique avait fort dérangé ses affaires privées, et il se décida, comme il le dit dans plusieurs lettres à ses amis, « à mettre ses biens en loterie pour se tirer de la misère ». Il promettait 10 et 15 0/0 à ceux qui lui placeraient des coupons, et offrait en outre, après le tirage, de prendre les biens de ferme sur le pied de 4 0|0. Nous n'avons pu savoir le résultat de l'opération.

Audry de Puyravault reparut sur la scène politique après février 1848; il fut élu, le 23 avril, représentant du peuple à l'Assemblée constituante, par le département de la Charente-Inférieure, le 9e sur 12, avec 56,508 voix sur 111,907 votants et 136, 016 inscrits, et présida, comme doyen d'âge, les premières séances, jusqu'à l'élection de Buchez. Il vota :

Le 28 juillet 1848, *contre* le décret sur les clubs ;

Le 9 août, *contre* le rétablissement du cautionnement ;

Le 26 août, *contre* les poursuites contre Louis Blanc et Caussidière, à propos du 15 mai ;

Le 18 septembre, *pour* l'abolition de la peine de mort ;

Le 25 septembre, *pour* l'impôt proportionnel et contre l'impôt progressif ;

Le 7 octobre, *pour* l'amendement Grévy sur la présidence ;

Le 23 octobre, *contre* la sanction de la Constitution par le peuple ;

Le 2 novembre, *contre* l'amendement Pyat sur le droit au travail ;

Le 25 novembre, *pour* la déclaration que « le général Cavaignac a bien mérité de la patrie » ;

Le 22 janvier 1849, *contre* le renvoi des accusés du 15 mai devant la Haute Cour ;

Le 24 mars, il s'abstint sur l'interdiction des clubs ;

Le 2 mai, il vota *pour* l'amnistie des transportés ;

Le 18 mai, *pour* l'abolition de l'impôt sur les boissons ;

Le 23 mai, *pour* l'ordre du jour sur les affaires d'Italie et de Hongrie.

AVERSTAED (DUC DE). *Voy.* DAVOUT.

AUGER (ANTOINE-AUGUSTIN), membre de la Convention nationale et député au conseil des Cinq-Cents, né à Liancourt (Oise), le 8 mai 1761, mort à une date inconnue. Élu membre suppléant de la Convention, le 6 septembre 1792, (il était alors administrateur du district de Chaumont), il fut admis au sein de l'assemblée, le 20 juillet 1793, en remplacement de Villette, décédé. Chargé, en compagnie de ses collègues Dornier et Guyardin, d'une mission dans les départements de l'Ouest, il en rendit compte par une lettre qui porte leurs trois signatures et qui fut communiquée à l'Assemblée, le 27 frimaire an III (17 décembre 1794). Les représentants annoncent qu'ils ont fait élargir plus de 400 détenus « gémissant dans les fers depuis longtemps, et dans la plus affreuse misère », et qu'ils ont parcouru les chefs-lieux de département et de district pour y réorganiser les autorités constituées. Le 1er vendémiaire an IV (22 septembre 1795), Auger devint secrétaire de la Convention. Choisi, le 4 brumaire de la même année, par ses collègues dans cette Assemblée pour faire partie du Conseil des Cinq-Cents, il y présenta, le 5 ventôse, un projet très complet en 33 articles, destiné à rétablir le crédit des assignats, « à leur rendre leur valeur réelle et la confiance qui leur appartient et qu'ils n'ont perdue que parce que leur gage a toujours été ignoré et leur masse inconnue. » Auger recommandait, comme mesure immédiate, la vente de ceux d'entre les biens nationaux qui dépérissaient ou dont l'administration était dispendieuse. Le projet, après avoir subi quelques modifications, fut adopté par le Conseil des Cinq-Cents, le 21 ventôse.

L'année d'après, Auger entra dans la magistrature et y remplit, jusque sous la Restauration, d'importantes fonctions : juge au tribunal de cassation (20 fructidor an V), puis juge au tribunal criminel du département de l'Oise, il fut, en dernier, lieu juge d'instruction, puis juge au tribunal civil de Beauvais (1824). Dans l'intervalle, il avait été quelque temps receveur particulier à Chaumont (18 vendémiaire an VI.)

AUGÈRE (FRANÇOIS-AUGUSTE), député en 1888, né à Cosne (Nièvre), le 10 mai 1824, était propriétaire et conseiller général du Loiret, quand il a été élu, le 26 février, député du Loiret, par 41,625 voix sur 79,365 votants et 103,468 inscrits. M. Augère siège à la gauche radicale et n'est jamais monté à la tribune. Dans la dernière session, il a voté : le 11 février 1889, *pour* le rétablissement du scrutin uninominal, le 14 février *contre* l'ajournement indéfini de la revision des lois constitutionnelles, le 14 mars *pour* l'autorisation de poursuites contre trois députés membre de la Ligue des Patriotes, le 2 avril *pour* le projet de loi Lisbonne restrictif de la liberté de la presse, le 4 avril *pour* la demande en autorisation de poursuites contre le général Boulanger.

AUGEREAU (PIERRE-FRANÇOIS-CHARLES, DUC DE CASTIGLIONE), député au Conseil des Cinq-

Cents et pair de France, né à Paris, le 21 octobre 1757, mort à la Houssaye (Seine-et-Marne), le 12 juin 1816, était fils d'un maçon et d'une marchande des quatre saisons. Sans instruction première, il s'enrôla dans les carabiniers de France, et, étant passé sous-officier, s'engagea au service du roi de Naples pour l'instruction de ses troupes. Renvoyé en France en avril 1792, à cause de ses opinions révolutionnaires, il s'engagea dans les volontaires, se distingua en mainte occasion par une heureuse témérité, et, de grade en grade, devint général de brigade à l'armée des Pyrénées en 1794 ; on lui doit en grande partie la prise de Figuières et la victoire de la Fluvia (1795).

Général de division à l'armée d'Italie l'année suivante, il seconda avec un courage et un esprit de décision remarquables les plans de Bonaparte, s'empara, le 10 avril 1790, des gorges de Millesimo, fit prisonnier le général autrichien Provera, enleva, à la tête de ses grenadiers, le pont de Lodi, s'empara de Castiglione et de Bologne, et termina cette prodigieuse campagne à Arcole, où, saisissant le drapeau, il s'élança le premier sur l'ennemi et entraîna, par son exemple, les troupes hésitantes en face d'une formidable artillerie. Le Directoire lui fit solennellement don de ce drapeau. Le pillage de Lugo jeta une ombre sur ces triomphes, et le *fourgon* d'Augereau, où il entassa les objets précieux achetés à vil prix, devint légendaire dans l'armée.

De retour à Paris, il fut choisi par le Directoire pour la besogne du 18 fructidor ; et, bien qu'interrogé quelques jours avant sur ce qui se préparait, il eût répondu : « Je suis enfant de Paris, Paris n'a rien à craindre de moi, » il s'acquitta sans ménagements de sa mission, et saisit lui-même au collet le général Pichegru. Il fut alors porté comme candidat à la place d'un des deux Directeurs arrêtés; on lui préféra Merlin (de Douai) et François (de Neufchâteau). Pour le dédommager de cet échec, le Directoire le nomma, en septembre 1797, général en chef de l'armée du Rhin et Moselle, en remplacement de Hoche, qui venait de mourir ; puis, comme on le trouvait peut être trop près de Paris, on l'envoya commander la 10e division militaire à Perpignan. Pour sortir de cet exil, Augereau se fit nommer, le 27 germinal an VII, député au Conseil des Cinq-Cents par la Haute-Garonne, et vint à Paris occuper son siège à l'Assemblée (1799). C'était au moment où l'on accusait Bonaparte, qui revenait d'Egypte, de projets menaçants contre le Directoire. Augereau rassura le gouvernement établi, mais n'en prit pas moins vite son parti du 18 Brumaire ; il alla complimenter Bonaparte, en lui reprochant affectueusement de n'avoir pas réclamé son concours, l'embrassa, et fut envoyé a la tête de l'armée franco-batave en Hollande, où il contribua grandement à la victoire de Hohenlinden. De retour en France, en 1801, il se reposa pendant quelques années, dans sa belle terre de la Houssaye, songea à reprendre un commandement à la rupture de la paix d'Amiens, et assista au sacre de Napoléon qui le combla d'or et de dignités, le nomma maréchal de France et chef de la 15e cohorte de la Légion d'honneur (29 floréal an XII). Les campagnes d'Autriche, de Prusse, d'Espagne, lui valurent de nouveaux triomphes; le 26 octobre 1806, il s'empare de Berlin; à Eylau, atteint d'une fièvre grave, il se fait lier sur son cheval, et a le bras traversé d'une balle : le 19 mars 1808, il est créé duc de Castiglione. Après quelques mois de repos, il passe

en Espagne, force Girone à capituler (11 décembre 1809) ; mais, battu en avril 1810, il est forcé de se mettre en retraite sur Barcelone : Napoléon le rappela, et, après une courte disgrâce, l'envoya, en 1812, commander le 11e corps à Berlin. Il y réprima une émeute à coups de canon, se retira à Francfort dont il devint gouverneur, et se battit comme un lion à Leipsig.

Chargé, en 1814, d'organiser la défense à Lyon, il résista mollement au général de Bubna, délia l'armée de ses serments à la nouvelle de l'abdication de l'empereur « qui, disait-il dans sa proclamation, après avoir immolé des millions de victimes à sa cruelle ambition, n'a pas su mourir en soldat. » La Restauration le nomma membre du Conseil de guerre, chevalier de Saint-Louis, enfin pair de France (4 juin 1814), et lui confia, en mars 1815, le commandement de la 14e division militaire à Caen.

Napoléon, débarquant de l'île d'Elbe, ne l'oublia pas dans sa proclamation datée du golfe Juan : « Un homme sorti de nos rangs a trahi nos lauriers, son pays, son prince, son bienfaiteur; la défection du duc de Castiglione livra Lyon sans défense à nos ennemis. » Augereau ne lui tint pas rancune, et convia ses soldats à « se rallier aux aigles immortelles de Napoléon, qui seules conduisent à l'honneur et à la victoire. » Napoléon dédaigna ses services ; n'ayant pas trouvé meilleur accueil auprès de la seconde Restauration, Augereau se retira à la Houssaye, où il mourut bientôt d'une hydropisie de poitrine.

AUGIER (Etienne-Jean), député à la Constituante de 1789, né à Cognac (Charente), le 15 janvier 1735, mort à Cognac le 20 juillet 1826, faisait dans cette ville le commerce des eaux-de-vie, quand il fut élu, le 23 mars 1789, député du Tiers-Etat aux Etats-Généraux par le bailliage d'Angoulême. Bien qu'appartenant à la religion réformée, il n'embrassa pas les idées de la révolution, défendit les prérogatives de la couronne, fut du nombre des 290 députés qui se déclarèrent, le 30 juin 1791, contre la suspension de l'inviolabilité royale, décrétée après l'arrestation de Varennes, et signa la protestation des 12 et 15 septembre contre les actes de l'Assemblée nationale. Il se désintéressa ensuite de la politique. A la Restauration, Louis XVIII, en récompense de sa longue fidélité, le nomma chevalier de la Légion d'honneur et lui accorda des lettres-patentes de noblesse, le 6 septembre 1814.

AUGIER (Antoine-Joseph), député au conseil des Anciens, dates de naissance et de mort inconnues. On ne sait rien de ce député, sur qui le *Moniteur* a gardé le silence, si ce n'est la date de son élection (25 germinal an VII) au conseil des Anciens; il y représentait le département de Vaucluse.

AUGIER (Jean-Baptiste, baron), député de 1813 à 1817, né à Bourges (Cher), le 25 janvier 1769, mort à Bourges le 3 septembre 1819, était fils du doyen de la Faculté de droit de Bourges. Il avait commencé ses études de droit, quand il s'engagea, au début de la Révolution, il fit remarquer par son courage, et fut chargé de la défense du fort de Bitche où il fut blessé d'un éclat d'obus. Il obtint alors le commandement sédentaire des divisions du Cher, puis de la Manche; fut nommé chevalier de la Légion d'honneur, le 19 frimaire an XII, officier le 25 prairial suivant, et reprit du service actif dans l'armée d'Espagne. En 1812, à l'armée de Russie, il commanda la place de Kœnigsberg. De retour en France, le Sénat conservateur l'élut député au Corps législatif le 14 janvier 1813. Partisan déclaré du retour des Bourbons, il mit son épée au service de Louis XVIII, lors du retour de l'île d'Elbe, et reçut la croix de Saint-Louis à la seconde Restauration. A la séance du 14 octobre 1814, il protesta contre l'importation des fers étrangers, et prit la défense des propriétaires d'usines, ruinés par la législation d'alors. En novembre suivant, il se prononça pour l'exportation des laines, dans les intérêts du commerce. Chargé du rapport sur l'affaire de M. de Blons, qui, se trouvant à la messe auprès du maire de sa commune, prétendit qu'on devait lui présenter d'abord le pain bénit, et cria tout haut : « Sacristain, apporte! »,] il proposa des mesures de sévérité contre les prétentions des nobles. Le roi le nomma, le 27 juillet 1825, président du collège électoral d'arrondissement de Saint-Amand (Cher); le 22 août, il fut élu député par le collège du département du Cher avec 114 voix sur 134 votants et 188 inscrits, et réélu, par le même collège, le 4 octobre 1816, avec 87 voix sur 136 votants et 185 inscrits. Il siégea au centre et fit toujours partie de la majorité ministérielle. Louis XVIII le créa baron le 1er février 1817.

AUGIER DE CHEZEAU (CLAUDE), député de 1817 à 1827, né à Evaux (Creuse), le 16 novembre 1756, mort à Evaux, le 20 janvier 1847. Membre du conseil général de la Creuse, maire d'Aubusson en 1815, il fut nommé, par ordonnance du roi, le 15 janvier de la même année, président du collège électoral d'Aubusson. Les royalistes l'élurent député de la Creuse, au collège de département, le 20 septembre 1817, par 155 voix sur 330 votants et 475 inscrits, et lui renouvelèrent son mandat le 16 mai 1822, par 44 voix (81 votants, 108 inscrits), contre Voysin de Gartempe, député sortant (36 voix). Il fit encore partie de la Chambre de 1824, où l'envoyèrent siéger 47 voix sur 86 votants et 108 inscrits, et ne cessa, durant toute cette période, de voter avec la majorité.

AUGIER DE LA SAUZAYE (PHILIPPE), neveu du précédent, député à la Constituante de 1789, et au Corps législatif en 1804, né à Saint-Jean-d'Angely (Charente-Inférieure), le 22 avril 1758, mort à Paris le 2 mars 1837, fit de bonnes études au collège de Sorèze, et, au contraire de son oncle, se montra partisan de la Révolution. Elu député du Tiers-Etat aux Etats-Généraux, le 21 mars 1789, par la sénéchaussée de Saintes, il se lia avec les membres les plus en vue de l'assemblée, où il se fit peu remarquer.

Peu de mois après le coup d'état de brumaire, il fut nommé par le gouvernement consulaire sous-préfet de Rochefort (11 germinal an VIII), et élu, par le Sénat conservateur, député de la Charente-Inférieure au Corps législatif, le 27 brumaire an XII. En 1811, il fut envoyé comme commissaire du gouvernement à Hambourg, avec mission de faire une enquête sur les accusations de concussion portées contre le chargé d'affaires de France, Fauvelet de Bourrienne. Le rapport d'Augier conclut à une restitution de deux millions, que Napoléon réduisit de moitié. Augier de la Sauzaye a laissé quelques mémoires estimés sur des questions touchant à la marine et aux colonies.

AUGUIS (PIERRE-JEAN-BAPTISTE), député à l'Assemblée législative de 1791, membre de la Convention, député au Conseil des Anciens, au Conseil des Cinq-Cents et au Corps législatif, de l'an VIII à 1810, né à Melle (Deux-Sèvres) en 1742, mort à Melle le 17 février 1810, appartenait à une vieille famille du Poitou; il entra dans l'armée, et était capitaine de dragons en 1789. Imbu des idées de la Révolution, il quitta l'épée pour la toge, et devint président du tribunal de Melle; il refusa, peu après, le poste de procureur-général en Corse. Le 4 septembre 1791, il fut élu député des Deux-Sèvres à l'Assemblée législative par 145 voix sur 310 votants, et réélu à la Convention, le 5 septembre 1792, par 220 voix sur 385 votants. Dans le procès de Louis XVI, au 2e appel nominal, Auguis s'exprima ainsi : « La Convention, par son décret, m'a rendu juge; elle eût pu faire autrement, mais le peuple qui est souverain, et dont les droits sont imprescriptibles, ne m'a chargé d'aucune représentation à ce sujet. J'ai pensé que l'appel au peuple serait une mesure dangereuse, les malveillants, tant intérieurs qu'extérieurs, profitant de ce mouvement dans la République pour y répandre un trouble universel. Pour éviter ces malheurs, je dis : non. » Au 3e appel nominal, il motiva son vote comme suit : « J'obéis au décret qui m'a rendu juge. Le tyran mérite la mort; mais ne serait-il pas plus utile de le garder pendant la guerre et de le déporter à la paix? Je vote pour ce dernier parti. »

Après le 9 thermidor, il fut chargé de poursuivre à Marseille les complices de Robespierre, fut nommé, à son retour, membre du Comité de salut public, et, lors du mouvement du 12 germinal (avril 1795), marcha contre les faubourgs et fut blessé. Le 1er prairial, il se mit à la tête des troupes, et délivra la Convention envahie par le peuple. Elu député des Deux-Sèvres au Conseil des Anciens, le 21 vendémiaire an IV, il entra au conseil des Cinq-Cents le 22 germinal an VI. Auguis accueillit avec faveur le coup d'état de brumaire, fut nommé, par le Sénat conservateur, député au Corps législatif, le 4 nivôse an VIII, et fut confirmé par le Sénat conservateur comme député des Deux-Sèvres, le 18 février 1807.

AUGUIS (PIERRE-RENÉ), fils du précédent, né à Melle (Deux-Sèvres), le 6 octobre 1783, mort à Paris, le 21 décembre 1844. Après avoir terminé ses études au collège Louis-le-Grand, il fut quelque temps professeur de littérature, et servit comme militaire en France et en Hollande. Sous la Restauration, il acquit une certaine renommée par les nombreuses publications auxquelles il attacha son nom : auteur plus fécond qu'estimé, il fut le collaborateur du Journal de Paris, du Courrier français, des Annales encyclopédiques, du Nain Jaune, etc.; il fournit une quantité considérable d'extraits, de notices, édita les œuvres de Sterne, de Mme Cottin, de Rulhière, de Thomas, de Dupaty, de Retz, de Malherbe, de Molière, de Champfort, etc. Son principal ouvrage : les Révélations indiscrètes du XVIIIe siècle (1814), eut surtout un succès de scandale; les réclamations des intéressés ou de leurs descendants obligèrent l'auteur à introduire dans le livre des « cartons » qui lui prêtèrent un intérêt particulier. Dans un autre volume, les Conseils du Trône (1823), Auguis entreprit de démasquer les plagiats et les supercheries dont s'étaient rendus coupables un grand nombre d'écrivains ou de personnages célèbres; mais il arriva à Augnis lui-même d'être soupçonné d'intercaler parfois dans ses écrits des morceaux entiers pris aux travaux de ses prédécesseurs. Il s'occupait aussi de polémique politique ; ayant procuré à des libraires, qui les publièrent sous ce titre : *Extrait du Moniteur*, diverses pièces compromettantes pour Louis XVIII, il fut arrêté, condamné à cinq ans de détention, relâché durant les Cent-Jours, puis incarcéré de nouveau jusqu'à la fin de 1817. Rentré en grâce sous le ministère modéré du duc Decazes, il fut nommé, en 1820, conservateur du Musée des Thermes ; mais ses relations avec le parti libéral le firent destituer deux ans après.

Il conserva ses allures frondeuses au lendemain de la Révolution de Juillet. Élu, le 5 juillet 1831, député du 2e collège électoral des Deux-Sèvres (Melle), par 167 voix sur 254 votants et 304 inscrits, contre MM. de Beauséjour, 71 voix, et Jard-Panvilliers, 11 voix, il se fit une spécialité d'intervenir à la Chambre dans les questions budgétaires ; dès 1832, il attaquait vigoureusement les projets du gouvernement, et chaque année, il montait à la tribune pour réclamer force réductions dans les dépenses. Il mérita d'être surnommé, par M. de Cormenin, *l'ichneumon du budget.*

« En effet, dit un biographe de 1839, M. Auguis s'attache avec courage aux flancs du monstre, et ne lâche pas prise sans lui avoir fait de profondes blessures. On doit à la persévérance consciencieuse de M. Auguis quelques économies utiles. » Réélu les 21 juin 1834, 4 novembre 1837, 2 mars 1839 et 9 juillet 1842, député de Melle, il s'associa à la plupart des votes des députés de l'opposition, et se prononça, notamment, contre la dotation demandée pour le duc de Nemours ; il combattit aussi la politique de résistance du ministère Guizot, — jusqu'au jour où il accepta du pouvoir (1842) la situation de conservateur de la Bibliothèque Mazarine.

AUJAME (Pierre-François), membre de la Chambre des députés, né à Saint-Pourçain (Allier), le 6 mars 1834, s'établit de bonne heure à Commentry, où il s'occupa d'industrie et de commerce, dirigeant à la fois une maison de nouveautés et une fabrique de meubles, et présidant la Société anonyme des Forges du Centre. Il fut un adversaire militant de l'Empire, fit contre la candidature officielle de M. Ed. Fould une vive campagne, et après 1870, fut chargé par Gambetta d'organiser la fabrication des vêtements des mobilisés dans le département de l'Allier. Maire de Commentry, conseiller général depuis 1871, président et fondateur de la société de secours mutuels de Commentry (1872), enfin président du Tribunal de commerce de Montluçon à sa création (1880), M. Aujame fut porté dans l'Allier, le 4 octobre 1885, en qualité de républicain opportuniste, sur une liste de concentration où dominait la nuance radicale ; il fut élu le 4e sur 6, avec 50,498 voix (94,228 votants, 120,068 inscrits). Inscrit à l'Union des Gauches, M. Aujame a toujours voté avec ce groupe politique et n'a pas soutenu les radicaux. Son rôle à la tribune a été secondaire ; il a pris part, en 1886, à la discussion de l'élection de M. Blancsubé (Cochinchine), élection que la Commission proposait d'invalider (des faits graves avaient été reprochés à M. Blancsubé. — V. ce nom). M. Aujame prit chaleureusement la défense de son collègue, qui fut admis le 1er mars. En 1887, le député de l'Allier a parlé sur les contributions direc-

tes, sur les introductions temporaires de fontes à charge d'exportation, etc. Dans la dernière session, il a voté : le 11 février 1889, *pour* le rétablissement du scrutin uninominal, le 14 février, *contre* l'ajournement indéfini de la revision des lois constitutionnelles (chute du ministère Floquet), le 14 mars, *pour* la demande en autorisation de poursuites contre trois députés membres de la Ligue des Patriotes, le 2 avril, *pour* la proposition de loi Lisbonne restrictive de la liberté de la presse, le 4 avril, *pour* la demande en autorisation de poursuites contre le général Boulanger.

AULAN (Marie-Jean-Arthur Harouard de Suarez, comte d'), député de 1876 à 1881, né à Paris, le 24 mai 1833. Ancien élève de l'école de Saint-Cyr, il servit comme officier au 1er régiment de carabiniers, de 1856 à 1860, époque à laquelle il donna sa démission. Il fut écuyer de l'Empereur de 1868 à 1870. Maire de la commune d'Aulan, conseiller général de la Drôme, il se présenta comme candidat impérialiste aux élections de 1876, dans l'arrondissement de Nyons, et fut élu au scrutin de ballottage le 5 mars, par 5,097 voix sur 9,020 votants et 10,536 inscrits, contre le candidat républicain, M. Bertrand, qui obtint 3,873 voix. Il alla siéger au groupe de « l'Appel au peuple », et vota, avec la droite, pour le gouvernement du 16 mai. Membre de la minorité du 19 juin, il eut l'appui officiel du ministère, après la dissolution de la Chambre, aux élections du 14 octobre 1877, et fut réélu par 5,575 voix contre 3,574 à M. Richard, républicain (9,192 votants, 10,630 inscrits). La validité de cette élection ayant été vivement contestée, à la séance du 23 février 1878, par M. Lisbonne (de l'Hérault), qui révéla plusieurs faits graves de pression et d'intimidation, ainsi que par M. Clémenceau, M. d'Aulan fut, malgré la défense que présenta en son nom M. Prax-Paris, invalidé par 238 voix contre 215. Les électeurs de Nyons, convoqués à nouveau le 7 avril 1878, donnèrent cette fois la majorité au candidat républicain, M. Richard, qui passa avec 4,599 voix, contre 4,559 au comte d'Aulan. Mais M. Richard ayant été, à son tour, invalidé, une 3e convocation des électeurs eut lieu, le 27 avril 1879, et M. d'Aulan, définitivement réélu avec 4,679 voix contre 4,465, reprit son siège à la Chambre ; il continua de voter avec le groupe impérialiste jusqu'à la fin de la législature. Il ne fit pas partie des Assemblées suivantes, son ancien concurrent, M. Richard, ayant repris l'avantage aux élections de 1881. (M. d'Aulan fut battu avec 3,571 voix contre 4,780). Porté sur la liste conservatrice en 1885, dans la Drôme, il ne réunit que 29,440 suffrages, tandis que le dernier élu de la liste républicaine, M. Bizarelli, en obtint 43,018.

AUMALE (Henri-Eugène-Philippe-Louis d'Orléans, duc d'), 4e fils du roi Louis-Philippe, pair de France et membre de l'Assemblée nationale de 1871, né à Paris, le 16 janvier 1822, fit ses études au collège Henri IV. Sous-lieutenant en 1839, il partit pour l'Algérie en 1840 et assista au combat de l'Afroun et à la prise du col de Mouzaïa. Il rentra en France l'année suivante, pour raison de santé, avec le grade de lieutenant-colonel du 17e léger ; de retour en Algérie, en 1842, comme maréchal de camp (7 septembre), il conduisit la brillante campagne qui aboutit, le 16 mai 1843, à la prise de la smala d'Abdel-Kader, et passa lieutenant-général le 3 juillet 1843. En 1844, il dirigea l'expédition de Biskra. Gouverneur de l'Algérie, du 21 septembre 1847, il remit patriotiquement ses pouvoirs au gouvernement issu de la Révolution de février, le 3 mars 1848, et se retira en Angleterre. Là, il se livra à des travaux historiques qui lui ont fait une place parmi nos meilleurs écrivains, publia ses recherches sur *la Captivité du roi Jean* et sur le *Siège d'Alésia*, fit paraître, dans la *Revue des Deux-Mondes*, des études sur les *Zouaves*, sur les *Chasseurs à pied* et sur l'*Autriche*, et réunit les éléments de sa remarquable *Histoire des princes de la maison de Condé*, dont la grande fortune lui avait été léguée par le dernier prince de Condé, son oncle et son parrain (voy. ce nom).

Le 1er mars 1861, le prince Napoléon, dans un discours au Sénat, ayant cru devoir « flétrir ces membres des familles royales qui, voulant se faire une situation anormale, injuste, immorale, trahirent leur drapeau, leur cause et leur prince, pour se faire une fallacieuse popularité personnelle », le duc d'Aumale répondit au cousin de l'Empereur par une *Lettre sur l'histoire de France adressée au prince Napoléon*, où il disait : « Auriez-vous oublié, par hasard, les démarches faites par le roi Jérôme et par vous, leur heureux succès en 1847, la faculté qui vous fut accordée de rentrer en France, d'où le roi vous bannissait, et l'accueil plein de bienveillance qui vous fut fait à Saint-Cloud? Mais parmi les huissiers qui remplissent l'antichambre de l'Empereur, vous pourriez reconnaître celui qui vous introduisit dans le cabinet de Louis-Philippe, lorsque vous veniez le remercier de ses bontés et en solliciter de nouvelles » En lui rappelant la clémence dont on avait usé envers l'auteur des échauffourées de Strasbourg et de Boulogne, il ajoutait : « Ces d'Orléans sont incorrigibles, et ce serait à recommencer, que je crois vraiment qu'ils seraient aussi cléments que par le passé. Mais pour les Bonaparte, quand il s'agit de faire fusiller, leur parole est bonne. Et tenez, prince, de toutes les promesses que vous et les vôtres avez faites ou pourrez faire, celle-là est la seule sur l'exécution de laquelle je compterais. »

La brochure était déjà dans toutes les mains, lorsque le ministre de l'intérieur, de Persigny, en ordonna la saisie ; l'éditeur et l'imprimeur furent condamnés, le premier à un an de prison, le second, à six mois, et chacun à 5,000 francs d'amende ; le duc d'Aumale envoya, dit-on, ses témoins au prince Napoléon, qui refusa de se battre.

En 1865, le gouvernement impérial s'opposa à la publication de l'*Histoire de la maison de Condé*, qui ne put paraître qu'en 1869. Dans cet intervalle, le duc d'Aumale perdit (1866) son fils aîné, le prince de Condé, mort en Australie d'une fièvre typhoïde, et en 1869, sa femme, la princesse Marie-Caroline de Bourbon, fille du prince Léopold de Salerne. Son dernier fils, le duc de Guise, mourut en 1872.

A la nouvelle de nos premières défaites en août 1870, le duc d'Aumale demanda (9 août) au ministre de la Guerre l'autorisation de servir dans l'armée active ; aucune réponse ne fut faite à sa lettre. En septembre 1870, il posa, dans la Charente, sa candidature à la future Assemblée nationale dont le gouvernement de la Défense nationale venait de décréter la convocation ; mais les élections furent ajournées jusqu'en février 1871, et le duc, toujours en exil, s'adressa alors aux électeurs de l'Oise, en

marquant ses préférences pour une monarchie constitutionnelle, mais en se déclarant prêt à s'incliner devant tout gouvernement issu de la volonté nationale. Il fut élu, le 8 février, par le département de l'Oise, le 2e sur 8, par 52,222 voix, sur 73,957 votants et 118,886 inscrits, mais ne put venir siéger, les lois d'exil n'ayant pas été rapportées. Elles ne furent abrogées que le 8 juin suivant, malgré M. Thiers, qui ne céda qu'après avoir obtenu du duc d'Aumale et du prince de Joinville, également élu dans la Manche et dans la Haute-Marne, la promesse de ne point siéger. Mais, après le vote de la proposition Rivet (30 août 1871) (voy. ce nom), les princes s'estimèrent déliés de leur promesse ; M. Thiers ne pensa pas ainsi, mais finit par céder, après un débat assez tumultueux provoqué à la Chambre par une interpellation de M. Jean Brunet (voy. ce nom) : la Chambre refusa de se prononcer, et les princes prirent séance le 19 décembre 1871.

Le duc d'Aumale s'abstint de voter, le 3 février 1872, sur le retour de l'Assemblée à Paris ; il fut peu après réintégré dans le service actif en qualité de général de division, et, le 16 mai, monta à la tribune au sujet de la composition du Conseil de guerre qui avait à juger Bazaine ; le 28 mai, il parla sur la loi de réorganisation de l'armée, s'éleva contre le remplacement, et termina par un appel à la concorde « sous le drapeau chéri, symbole de gloire et d'union. »

Le 24 mai 1873, il vota *pour* l'acceptation de la démission de M. Thiers, le 10 juin *pour* l'approbation de la circulaire Pascal, le 24 juin *pour* l'arrêté concernant les enterrements civils, et, nommé président du Conseil de guerre appelé à juger Bazaine, il se consacra entièrement à cette affaire, dont il dirigea fort habilement les débats.

Le 20 novembre 1873, il se prononça *pour la* prorogation des pouvoirs du maréchal de Mac-Mahon ; il fut placé ensuite à la tête du 7e corps d'armée à Besançon. Le 20 janvier 1874, il s'abstint sur la loi des maires, et, le 16 mai, sur la proposition relative à la priorité à accorder à la loi d'élections politiques sur la loi d'élections municipales, proposition dont le rejet, voté par 381 voix contre 317, amena la chute du ministère de Broglie.

Le 29 juillet, il vota *contre* la dissolution de la Chambre, le 30 janvier 1875, *contre* l'amendement Wallon, et s'abstint, le 25 février, sur l'ensemble des lois constitutionnelles. En décembre 1875, il prévint les électeurs de l'Oise qu'il refusait tout nouveau mandat, et resta à la tête du 7e corps d'armée.

Elu membre de l'Académie française, le 30 décembre 1871, le duc d'Aumale ne s'occupait guère que de ses travaux historiques et de la restauration de son magnifique château de Chantilly, lorsque fut promulguée la loi du 22 juin 1886, « interdisant le territoire de la République aux chefs des familles ayant régné en France », et dont l'art. 4 entraînait l'exclusion des armées de terre et de mer de tous les membres de ces mêmes familles. Le duc, mis en disponibilité en 1882, ayant été rayé, par suite de cette loi, des contrôles sur lesquels il figurait encore, introduisit devant le conseil d'Etat un recours pour excès de pouvoirs, et écrivit au président de la République, Jules Grévy, une lettre qui se terminait ainsi : « Quant à moi, doyen de l'état-major général, ayant rempli, en paix comme en guerre, les plus hautes fonctions qu'un soldat puisse exercer, il m'appartient de vous rappeler que les grades militaires sont au-dessus de votre atteinte, et je reste

> le général HENRI D'ORLÉANS
> duc D'AUMALE. »

Un décret rendu en conseil des ministres expulsa le duc d'Aumale qui se retira à Bruxelles.

A la fin de septembre 1886, le duc d'Aumale fit donation à l'Institut, sous la seule réserve d'usufruit, du domaine et du château de Chantilly avec les précieuses collections qu'il y a réunies. La presse, en général, se montra à ce moment favorable au rappel du prince, mais le décret d'expulsion ne fut rapporté que le 8 mars 1889, sur l'avis unanime du ministère Tirard-Constans; la protestation émanée de l'extrême-gauche et développée, le lendemain, à la tribune de la Chambre, n'aboutit pas; l'ordre du jour accepté par le ministère fut voté par 316 voix contre 147. Le duc d'Aumale rentra le 12 mars au château de Chantilly ; il a été élu membre de l'Académie des sciences morales et politiques, le 30 mars 1889, par 32 voix sur 34 votants.

AUMONT (CHARLES-ARMAND-NICOLAS), « commissaire provisoire des administrations civiles de police et des tribunaux », *faisant fonction de ministre* de fructidor an II à brumaire an IV, — né à Rennes (Ille-et-Vilaine), le 15 février 1749, mort à Paris, le 20 août 1825, avait appartenu, comme substitut du procureur-général du Parlement de Bretagne, à la magistrature de l'ancien régime. Rallié à la Révolution, il fut encore, en 1790, membre du parquet de la Cour provisoire établie à Rennes, commissaire du roi près le tribunal du district de Rennes, et juge suppléant au même tribunal. Après la proclamation de la République, il fut appelé (Gohier étant ministre), aux fonctions de secrétaire général du ministère de la justice. Puis, la loi du 1er avril 1794 ayant supprimé tous les ministères et les ayant remplacés par les commissions exécutives, Aumont reçut, en fructidor an II (août 1794), le titre et les fonctions, équivalents à ceux de ministre, de commissaire provisoire pour les administrations civiles, la police et les tribunaux ; il avait eu pour prédécesseurs, depuis le mois d'avril, Herman, puis Mourre. Mis à la tête du département de la justice par la réaction thermidorienne, Aumont y resta jusqu'à la fin de la session de la Convention (11 brumaire an IV, 2 novembre 1795). Trois semaines après, les ministères étaient rétablis, et Merlin (de Douai) recevait celui de la justice.

Le rôle politique d'Aumont comme « commissaire » paraît avoir été assez effacé. Deux documents, signés de lui, et insérés au *Moniteur*, sont relatifs, l'un à la prétendue construction de nouvelles maisons d'arrêt à Paris, — Aumont s'attache à démentir le bruit qui en avait couru, — l'autre, à la nouvelle de l'assassinat d'une femme près de Corbeil. Aumont donne aux journaux le signalement exact de la victime.

Le Gouvernement ayant décidé de fortifier l'action de la police en la concentrant davantage et ayant créé, le 12 nivôse an IV, un septième ministère chargé de la « police générale », c'est-à-dire de l'exécution des lois relatives à la sûreté et à la tranquillité intérieure de la République, etc., Aumont y entra comme chef de division. En l'an VIII, il devint juge au tribunal de cassation, et l'Empire, comme le Consulat, la Restauration comme l'Empire,

le maintinrent dans ces nouvelles fonctions, dont il reçut l'investiture royale, le 15 février 1815. Plein de zèle pour la monarchie restaurée, il fut, comme « conseiller en la cour de cassation », nommé rapporteur dans l'affaire de la conspiration bonapartiste de 1816, et conclut au rejet du pourvoi des huit condamnés, Plaignier, Carbonneau, Tolleron, Lebrun, Lascaux, Sourdon, Bonnassier père et fils, qui s'étaient pourvus en cassation. — Napoléon l'avait fait membre de la Légion d'honneur, le 25 prairial an XII.

AUMONT (LOUIS-MARIE-CÉLESTE, DUC D', pair de France, né à Paris, le 7 septembre 1762, mort à Paris, le 9 juillet 1831, cadet d'une des plus anciennes familles de la noblesse de Picardie, entra au régiment du roi à l'âge de 15 ans, émigra en 1791, gagna la Suède où il se lia avec le comte de Fersen et où il obtint l'autorisation de lever un régiment, qu'il appela le Royal Suédois, pour combattre Napoléon. La paix de Tilsitt entrava ses projets. Il ne quitta la Suède qu'en 1814, et rentra avec les Bourbons, qui le mirent à la tête de la 14e division militaire. Aux Cent-Jours, il passa à Jersey, puis en Angleterre, et rejoignit le roi à Gand; à la seconde Restauration, il reprit son commandement en Normandie, fut créé pair de France, le 17 août 1815, et revint à Paris avec la charge de premier gentilhomme de la chambre du roi, de laquelle relevait l'administration du théâtre Feydeau. Dans le procès du maréchal Ney, il vota pour la mort. Il garda en outre le grade de lieutenant-général des armées du roi.

AUMONT. *Voy.* VILLEQUIER (DUC DE).

AUMONT-THIÉVILLE (ARSÈNE), député de 1837 à 1846, né à Victot (Calvados), le 18 juin 1805, était notaire à Paris, quand il fut élu député du 1er collège électoral du Calvados (Caen), en remplacement d'un député ministériel, M. Chatry-Lafosse. Partisan décidé d'une politique progressiste et réformatrice, M. Aumont-Thiéville prit place à l'extrême gauche de la Chambre, aux côtés de Dupont, de l'Eure, et d'Arago, et vota presque toujours avec eux. Un recueil de biographies parlementaires du temps signale ce député comme « un de ceux qui ont l'excellente habitude de rendre à leurs commettants un compte public de leurs votes pendant la session ». Le biographe ajoute sentencieusement : « Si la franchise était bannie de la terre, elle devrait se retrouver dans les rapports entre un député et ses commettants ».

D'autre part, le *Procuste Parlementaire*, par *Fortunatus*, œuvre satirique favorable aux conservateurs, consacrait à M. Aumont-Thiéville les lignes suivantes : « Cet honorable de trente-sept ans est dévoué corps et âme à la réforme électorale et se fait honneur de porter, pendant toute la session, un cierge de quinze livres devant M. Dupont (de l'Eure), du côté duquel il se tourne sans cesse pour lui vociférer avec onction : O patriote indélébile! O révolutionnaire pur-sang! O brave et saint vieillard! O le dernier des Romains français! O le dernier exemple des antiques vertus! *O ter quaterque justus!* — A ce M. Dupont (de l'Eure) s'incline et répond en manière d'*amen* et de *cum spiritu tuo* : O mon Thiéville! »

M. Aumont-Thiéville obtint, aux élections de mars 1839 et de juillet 1842, le renouvellement de son mandat. Il échoua, le 1er août 1846, avec 401 voix contre M. Vautier, élu par 433 suffrages.

AUPÉPIN (CLAUDE-EMMANUEL-JOSEPH), député au Conseil des Cinq-Cents, né en 1747, mort à une date inconnue, appartint, avant comme après son élection au conseil des Cinq-Cents par le département du Nord (23 germinal an V), à l'administration des forêts : conservateur des forêts au Quesnoy en l'an V, puis, en l'an IX, conservateur des bois et forêts à Bruxelles.

AUPETIT-DURAND (JEAN-LOUIS), député de 1815 à 1824, né à Collombier (Allier), le 21 décembre 1764, mort à Collombier, le 6 juillet 1843, fut d'abord avocat, puis, au début de la Restauration, procureur du roi à Montluçon (29 novembre 1815). Élu député par le collège du département de l'Allier, le 22 août 1815, avec 74 voix sur 143 votants et 256 inscrits, il se contenta de voter silencieusement avec la majorité. Réélu, le 4 octobre 1816, par le même collège électoral, avec 99 voix sur 125 votants et 196 inscrits, il prit la parole en février 1818 sur l'assiette de l'impôt : « Depuis trois ans, dit-il, je me suis tu, mais ma conscience m'impose de protester contre une répartition de l'impôt que je trouve vicieuse. — Attendez! cria une voix. — Attendez! répliqua-t-il ; les intérêts n'attendent pas. Vous devez m'entendre, que je parle bien ou mal : je m'acquitte de mon mandat, vaille que vaille; écoutez-moi! » Aupetit-Durand fut réélu, le 13 novembre 1820, par 126 voix sur 191 votants et 212 inscrits; mais il ne remonta pas à la tribune et ne fit plus partie des autres législatures.

AUPICK (JOSEPH-JACQUES), sénateur du second Empire, né à Gravelines (Nord), le 28 février 1789, mort à Paris, le 27 avril 1857, passa aux écoles militaires de La Flèche et de Saint-Cyr, entra en 1809 comme sous-lieutenant dans un régiment d'infanterie, et fit toutes les campagnes de l'Empire. Nommé capitaine adjudant-major en 1815, il fut grièvement blessé à la bataille de Ligny, et ne reprit le service qu'en 1817, dans l'état-major. Il prit part à l'expédition de 1823 en Espagne, fut nommé chef de bataillon, et gagna, en 1830, à la conquête de l'Algérie, le grade de lieutenant-colonel. Colonel en 1834, et maréchal-de-camp en 1839, il reçut, un peu plus tard, le commandement de la place de Paris. En 1847, il fut placé à la tête de l'École polytechnique. Le gouvernement républicain de 1848 donna l'ambassade de Constantinople au général Aupick, qui, devenu le partisan du prince Louis-Napoléon, remplit encore sous sa présidence d'autres fonctions diplomatiques importantes : il fut ambassadeur à Londres, puis à Madrid. Après le rétablissement de l'Empire, un décret du 8 mars 1853 le fit sénateur. Il siégea au Luxembourg jusqu'à sa mort : son vote fut acquis à tous les actes du gouvernement impérial. — Grand officier de la Légion-d'honneur, du 7 novembre 1845.

AURELLE DE PALADINES (LOUIS-JEAN-BAPTISTE, MARQUIS D'), représentant à l'Assemblée nationale de 1871, puis sénateur inamovible, né au Malzieu (Lozère), le 9 janvier 1804, mort à Versailles, le 16 décembre 1877. — Sorti de l'école de Saint-Cyr en 1824 sans avoir obtenu aucun grade à cause de son insubordination, il dut s'engager comme simple soldat, et franchir tous les grades de la hiérarchie militaire. Lieutenant en 1830, capitaine en 1834, chef de bataillon en 1843, lieutenant-colonel en 1847, il coopéra comme colonel à l'expédition de Rome, après avoir passé plusieurs années en Afrique. Il se fit ensuite remarquer, au 2 décembre 1851, par l'ardeur de son adhésion au coup d'État : vingt jours après, il était nommé général de brigade. Lors de la guerre de Crimée, à laquelle il prit part, il fut fait général de division. En 1859 (guerre d'Italie), il eut à s'occuper, comme commandant de la 9e division militaire à Marseille, de l'expédition des hommes et du matériel. Il fut, cette même année, nommé officier de la Légion d'honneur; il devint grand-croix en 1868.

Il se trouvait dans le chef-lieu des Bouches-du-Rhône en 1864, lorsque Napoléon III, se rendant en Algérie, passa en revue, dans la rade, une partie de l'escadre de la Méditerranée. Les journaux du temps racontent que le général d'Aurelle de Paladines avait pris place, pour assister à la fête nautique, sur une corvette avec les principales autorités de la ville. Au moment où cette corvette s'avançait vers le yacht impérial, elle fut heurtée perpendiculairement par un navire cuirassé qui la fendit en deux. Les autorités se sauvèrent comme elles purent. Quant au général, lancé violemment par dessus bord, il n'évita de se noyer qu'en s'accrochant à la gueule d'un canon, où il resta assez longtemps suspendu. L'aventure fit beaucoup de bruit à Marseille, où l'on crut à la malveillance de la part du commandant du navire cuirassé.

Dans les dernières années de l'Empire, le général d'Aurelle passait pour être moins bien en cour qu'au début du règne. Il allait entrer dans le cadre de réserve, au moment de la déclaration de guerre, quand il fut rappelé à l'activité et replacé dans la 9e division militaire. La révolution du 4 Septembre et les démêlés qu'il eut avec M. Esquiros, préfet de la Défense nationale, obligèrent le général à quitter Marseille; mais, après les défaites du général de La Motterouge près d'Orléans, un décret de la délégation de Tours (14 novembre 1871) lui confia le commandement de la 1re armée de la Loire. Il y débuta par un succès, la victoire de Coulmiers, qui fit naître de vives espérances bientôt déçues. Le général d'Aurelle ne profita pas de sa victoire, et laissa reprendre Orléans par les Prussiens, forcés d'abord de se retirer sur Saint-Péravy et sur Toury, reprirent l'offensive ; le général d'Aurelle battit en retraite à son tour, et la délégation de Tours elle-même dût se replier en toute hâte sur Bordeaux (9 décembre). Elle se montra exaspérée de cet échec inattendu, accusa le général d'Aurelle de n'avoir pas obéi aux pressantes dépêches qui lui enjoignaient d'arrêter son mouvement de retraite, et nomma une commission d'enquête chargée d'examiner sa conduite ; en même temps, elle lui donnait pour remplaçant le général Chanzy. L'ancien commandant de l'Armée de la Loire réclama la juridiction du Conseil de guerre et se retira à Belley, dans l'Ain, après avoir donné sa démission. Jusqu'à la fin de la guerre, il resta à l'écart des opérations. Il ne sortit de sa retraite que pour aller siéger à l'Assemblée nationale où l'envoyèrent, le 8 février 1871, deux départements, la Gironde et l'Allier.

Il opta pour l'Allier, qui lui avait donné 51,004 voix sur 76,640 votants et 106,359 inscrits, et se fit inscrire au groupe de la Droite modérée. Il fut désigné comme membre de la commission chargée de suivre les négociations avec la Prusse, et, le 3 mars 1871, Thiers le nomma commandant supérieur de la garde nationale de la Seine : interprétée comme un acte de provocation à l'égard de la population parisienne, cette nomination ne fut pas sans influence sur les événements du 18 mars. Au mois de juillet suivant, M. d'Aurelle fut mis à la tête de la 14e division, à Bordeaux. Lorsque ces fonctions ne le retinrent pas à sa résidence militaire, il vota avec la droite de l'Assemblée, notamment : *pour* la proposition Cazenove sur les prières publiques, *pour* l'abrogation des lois d'exil, la validation de l'élection des princes, etc. Après s'être abstenu, le 24 mai 1873, sur la démission de Thiers, il adhéra au septennat, le 19 novembre, et ne refusa son acquiescement à aucune des mesures du gouvernement dit « de combat ». En mars 1875, il signa la lettre adressée par plusieurs députés à l'archevêque de Paris, pour souscrire à l'érection de l'église du Sacré-Cœur. Il vota enfin, *contre* la constitution de 1875. Au mois de septembre 1873, il avait reçu le commandement du 18e corps d'armée; mais, atteint par la limite d'âge, il dut, en janvier 1874, se démettre de son commandement. Le 10 décembre 1875, il fut élu le 19e sénateur inamovible, sur les 75 nommés par l'Assemblée nationale : il avait réuni 346 voix sur 690 votants, un certain nombre de représentants de la gauche lui ayant donné leurs suffrages, qui s'ajoutèrent à ceux de la droite. Au Sénat comme à l'assemblée nationale, l'action parlementaire du général a été peu importante ; il s'est borné à voter constamment avec la droite, par exemple, en juillet 1877, *pour* la dissolution de la Chambre des députés. Il était, à sa mort, un des trois questeurs de la Chambre haute. Le général d'Aurelle a publié sous ce titre : la *Première armée de la Loire* (1872), un récit apologétique de ses opérations ; il s'est attaché surtout, dans cet ouvrage, à combattre les assertions de M. de Freycinet, qui, dans la *Guerre en province pendant le siège de Paris*, s'était fait l'interprète des griefs du gouvernement de la Défense à l'égard du général. Incriminé à propos des revers de l'armée de la Loire, M. d'Aurelle répondit en prétendant qu'ils étaient dûs à l'ingérence de l'élément civil dans la conduite de la campagne.

AURICH (JEAN-TOBIE), député au Conseil des Cinq-Cents, dates de naissance et de mort inconnues, était greffier au tribunal du département du Bas-Rhin, qui l'envoya aux Cinq-Cents, le 24 germinal an VII. L'année d'après (22 prairial an VIII), il fut nommé commissaire près le tribunal civil de Wissembourg.

AURILLAC (PIERRE-FRANÇOIS SAINT-MARTIAL, BARON D'), député à l'Assemblée Constituante de 1789, né au château de Couros (Cantal), le 2 janvier 1753, mort le 8 novembre 1804, était ancien capitaine aux cuirassiers du roi. La noblesse du bailliage de Saint-Flour l'élut, le 28 mars 1789, député aux Etats-Généraux ; il siégea à la droite de l'Assemblée, et s'y montra attaché aux prérogatives de son ordre.

AURRAN-PIERREFEU (JACQUES-CASIMIR, BARON), député de 1815 à 1820 et en 1830, né à Cuers (Var), le 11 mars 1769, mort à Cuers, le 2 août 1835, appartenait à une famille noble de Provence, et était propriétaire et maire de Cuers, quand il fut élu député, le 22 août 1815, par le collège du département du Var, avec 81 voix

sur 114 votants et 230 inscrits. Réélu, le 4 octobre 1816, par le même collège, avec 82 voix sur 126 votants et 232 inscrits, il siégea à droite, parla quelquefois sur des questions de contributions indirectes, et vota constamment avec les membres ultra-royalistes de la Chambre. Le 23 juin 1830, le 3e arrondissement électoral du Var (Toulon), lui renouvela son mandat ; ne se représenta plus après. Il était conseiller général du Var, et fut créé baron le 22 mars 1832.

AURY (JEAN), député à l'Assemblée nationale de 1789, né à Saint-Amand (Cher,) le 9 février 1745, mort à Hérisson, le 19 janvier 1821. Curé de Hérisson, en Bourbonnais, il fut, le 26 mars 1789, élu par la sénéchaussée de Moulins, député du clergé aux Etats-Généraux. A l'Assemblée, il opina dans le sens des idées nouvelles, et fit partie, le 25 juin 1789, de la délégation élue, sur la motion de Barnave, pour « porter au roi les plaintes de l'Assemblée sur ce que le lieu de ses séances est environné de soldats, son entrée interdite au public, et pour lui représenter que la police de la salle où elle se réunit ne peut appartenir qu'à elle même. » Le 27 décembre 1790, il prêta le serment civique à la Constitution du clergé. Rentré dans le département de l'Allier, à la séparation de la Constituante, il devint, le 11 floréal an VIII, conseiller général de ce département.

AUSAN. — *Voy.* EGREMONT (D').

AUTICHAMP (CHARLES-MARIE-AUGUSTE-JOSEPH BEAUMONT, COMTE D'), pair de France né à Angers (Maine-et-Loire), le 8 août 1770, mort au château de la Rochefaton (Deux-Sèvres), le 6 octobre 1859, entra dans les gendarmes d'élite à l'âge de douze ans, fut nommé, en 1787, capitaine au régiment de Royal-dragons et adjudant-major de la garde à cheval du roi en 1791. Retiré en Anjou après le 10 août, il prit les armes lors du soulèvement de la Vendée, servit sous Cathelineau et sous Bonchamps, dont il était le cousin-germain, et commanda une des colonnes de l'armée catholique dans la marche sur Nantes, fin avril 1793. « C'était, dit Mme de la Rochejaquelein dans ses *Mémoires*, un jeune homme bien fait, d'une jolie figure, l'air très noble; il passait pour bon officier de cavalerie. » Il assista à la défaite de Doué, et, après l'affaire de Chollet, commanda une des cinq grandes colonnes de l'armée royale qui franchit la Loire à Varades. Il passa pour mort à la déroute du Mans; en réalité, il fut pris, reconnu par son parent, M. de Saint-Gervais, colonel de hussards républicains, et incorporé dans cette armée sous le faux nom de Villemet; il servit ainsi pendant un an dans l'armée du Nord, et se trouvait à Anvers au moment du premier traité de pacification de la Vendée. D'Autichamp obtint, des commissaires de la Convention, à qui il se fit alors connaître, de pouvoir retourner chez lui.

Il reprit les armes en 1795, succéda à Stofflet dans le commandement de l'armée royale d'Anjou, et, découragé par la perte de Charrette, accepta la paix offerte par le général Hoche. Désigné comme otage en 1799, il se mit de nouveau en campagne, mais ne tarda pas à demander la paix au général de Hédouville (janvier 1800). S'étant rendu à Paris, il reçut l'accueil le plus flatteur de Bonaparte, qui le nomma officier de la Légion d'honneur. En 1814, puis en 1815, au retour de l'Ile d'Elbe, il tenta de soulever la Vendée, au nom des Bourbons, mais la chute définitive de Napoléon rendit ce mouvement inutile; Louis XVIII l'avait créé chevalier de Saint-Louis, l'avait nommé président du collège électoral de Baupréau (juillet 1814); il le fit pair de France, le 7 août 1815, et gouverneur de la 11ᵉ division militaire (Bordeaux), avec le titre de lieutenant-général des armées du roi, le 10 janvier 1816. En 1823, il commandait la 1ʳᵉ division du premier corps de l'armée d'Espagne, puis resta quelques temps en non-activité, et ne reprit qu'en 1828 son commandement à Bordeaux.

A la nouvelle des journées de juillet 1830, il accourut à Rambouillet auprès de Charles X, mais ne put le décider à se retirer en Vendée. Il se démit alors de la pairie et de tous ses titres et pensions, et, lors de la levée de 1832, en Vendée, se présenta en armes avec ses deux fils; pour échapper aux poursuites, il se déguisa en jardinier, et fut caché chez M. Bédeau, curé de Saint-Serge d'Angers. Le ministre des affaires étrangères, Sébastiani, lui délivra un passeport qui lui permit de se réfugier en Allemagne. La Cour d'Orléans le condamna à la déportation (18 mars 1833); mais, étant revenu cinq ans après purger sa coutumace, il fut acquitté (3 novembre 1838), et se retira dans son château de la Rochefaton, qu'il ne quitta plus jusqu'à sa mort.

AUVERLOT (Pierre-Albert-Joseph), député au Conseil des Cinq-Cents et au Corps législatif, né à Tournai (Belgique), le 8 juillet 1762, mort à Tournai en 1820. Ses études terminées au collège de sa ville natale, il passa quelque temps comme clerc chez un procureur, puis se jeta avec ardeur dans le mouvement révolutionnaire, et, après l'entrée des troupes républicaines à Tournai, le 8 novembre 1792, il fut adjoint d'office par les commissaires de la nation aux membres de l'administration provisoire élue par les habitants. Le 30 mars, la retraite des Français suspendit les pouvoirs des administrateurs; puis, la victoire de Fleurus les remit en fonctions. Auverlot fut alors nommé procureur fiscal et accusateur public de la Commune (1794). Ses connaissances juridiques le désignèrent en même temps pour faire partie de la commission provisoire de justice destinée à remplacer, jusqu'à la constitution des nouveaux tribunaux, l'ancienne organisation judiciaire de la « ci-devant Belgique. » Plus tard, le Directoire lui donna le titre de commissaire du pouvoir exécutif près la municipalité de Tournai. Enfin les électeurs du département de Jemmapes l'élurent, le 25 germinal an VI, député au Conseil des Cinq-Cents. Ne s'étant pas montré hostile au 18 Brumaire, il fut, le 4 nivôse an VIII, admis par le Sénat conservateur sur la liste des membres du Corps législatif pour le même département; il y siégea jusqu'en l'an XII (1803). Ses dernières années se passèrent en dehors de la politique, dans l'exercice d'une charge de notaire, qu'il possédait depuis l'an V.

AUVRAY (Louis-Jean-Baptiste), député de 1868 à 1870, né à Saint-Lô (Manche), le 14 novembre 1808, mort à Saint-Lô, le 8 avril 1871, entra à l'Ecole Polytechnique en 1827, en sortit en 1829 sous-lieutenant d'artillerie, démissionna en 1830, et, de retour à Saint-Lô, monta une grande maison de commerce de bois. Successivement conseiller d'arrondissement, conseiller général, membre, puis président du tribunal de commerce et de la Chambre consultative des Arts et Manufactures, enfin maire de Saint-Lô

en 1868, il fut élu, le 2 janvier 1869, député de la 1ʳᵉ circonscription de la Manche, en remplacement de M. Havin, décédé, par 17,719 voix sur 28,502 votants et 38,752 inscrits, contre M. Lenoël (10,679 voix). Son élection ayant été invalidée, les électeurs furent convoqués à nouveau le 24 mai suivant, et M. Auvray fut réélu par 23,309 voix sur 33,421 votants et 39,907 inscrits; M. Lenoël n'obtint que 10,043 voix. M. Auvray fit partie de la majorité de la Chambre et fut décoré de la Légion d'Honneur le 11 août 1869.

AUVRY (Jacques-Mathurin), député à l'Assemblée constituante de 1789, né à une date inconnue, mort à Versailles, le 15 juillet 1805. Quand éclata la Révolution, dont il se déclara le partisan, il était avocat bailli à Crécy, près Dreux. Il fit partie de l'Assemblée constituante comme député du Tiers-Etat pour le bailliage de Montfort-l'Amaury, et devint plus tard (28 vendémiaire an IV) juge à Versailles, où il mourut.

AUVYNET (Charles-Joseph), député à l'Assemblée constituante de 1789, né à Legé (Loire-Inférieure), le 30 avril 1741, mort à une date inconnue. Sénéchal à Montaigu, il fut élu, le 2 avril 1789, député du Tiers aux Etats-Généraux par les marches communes de Poitou et de Bretagne; il traversa la Révolution sans se signaler par aucun acte important, et devint ensuite président du tribunal de première instance de Bourbon-Vendée.

AUVYNET (Augustin-Moyse), fils du précédent, député en 1815, né à Nantes (Loire-Inférieure, le 20 avril 1771, mort au château de Pierre Levée, près les Sables d'Olonne, le 12 octobre 1853, fit partie de la Chambre en 1815, où il siégea dans la minorité des royalistes modérés : il avait été élu, le 22 août, par le collège du département de la Vendée avec 106 voix sur 143 votants et 204 inscrits. Précédemment juge à Bourbon-Vendée, il fut promu, le 13 octobre 1819, président du tribunal. A l'époque de sa mort, il était, depuis longtemps, en dehors de la politique.

AUXAIS (Jules-Charles-François-Alexis, comte d'), représentant à l'Assemblée nationale de 1871, puis sénateur de 1876 à 1879, né à Périers (Manche), le 10 juillet 1818, mort à Saint-Aubin-du-Perron (Manche), le 24 août 1881, ne compte dans l'histoire parlementaire que depuis le 8 février 1871, date de son élection à l'Assemblée nationale par le département de la Manche, sur la liste conservatrice monarchiste, le 5ᵉ sur 11, avec 72,390 voix sur 88,856 votants et 153,878 inscrits; il fut de la réunion des Réservoirs, et vota constamment avec la Droite. Il se prononça contre Thiers au 24 mai, et, royaliste pur, n'accorda son adhésion ni au Septennat, ni à la Constitution de 1875. Le 30 janvier 1876, il se présenta dans son département aux élections sénatoriales, comme candidat conservateur, et fut élu en cette qualité, le dernier sur trois, par 404 voix (740 votants, 749 inscrits), contre M. Dumanoir (300 voix.) Il siégea à l'extrême-droite, jusqu'au renouvellement triennal de 1879, qui le rendit à la vie privée. Il avait voté la dissolution de la Chambre en juin 1877. Le comte d'Auxais, riche propriétaire dans la Manche, était vice-président du Conseil général de ce département, où il représentait le canton de Saint-Sauveur-Lendelin.

AUX-LALLY (Henry-Raymond Patron de Lescaut, marquis d'), pair de France, né à Bordeaux, le 31 août 1782, mort le 7 mars 1870, était issu, suivant les uns, d'une très ancienne famille noble que certains généalogistes font remonter jusqu'aux premiers comtes d'Armagnac, et, suivant d'autres (V. Germain Sarrut et Saint-Elme, *Biographie des hommes du jour*), d'un cultivateur de la commune de Saint-Yzans (Bas-Médoc).

Il suivit la carrière militaire, fut nommé, en 1814, sous-lieutenant des gardes du corps (compagnie de Noailles) et, après avoir accompagné, en mars 1815, le roi et les princes jusqu'à la frontière, il rentra dans ses foyers et ne reprit du service qu'au retour des Bourbons. Il prit part à l'expédition d'Espagne, puis fut nommé colonel dans un régiment de ligne. En vertu d'une ordonnance de Louis XVIII, du 13 décembre 1815, Henry-Raymond d'Aux fut désigné pour succéder aux titres et dignités de son beau-père, le marquis de Lally-Tollendal, alors pair de France. Rallié à la révolution de juillet, il fut en effet appelé à la pairie, par droit héréditaire, le 13 novembre 1830, bien qu'il existât à la Guadeloupe un neveu direct de Lally-Tollendal, appelé Lally de Lanenville. Il se montra, dans la Chambre haute, le zélé défenseur de la royauté nouvelle ; son dévouement alla même jusqu'à lui faire accepter les fonctions de juge dans un procès contre Lally de Lanenville, cousin de sa femme. Toutefois, le journal la *Tribune* ayant signalé le fait, M. d'Aux se récusa. Membre de la majorité gouvernementale jusqu'en 1848, il vécut dans la retraite sous la seconde république et sous l'Empire.

AVARAY (Claude-Antoine de Besiade, duc d'), député à la Constituante de 1789, et pair de France, né à Paris, le 16 juillet 1740, mort à Avaray (Loir-et-Cher), le 25 avril 1829, était, avant la Révolution, chevalier des Ordres du roi, pair de France, lieutenant-général et maître de la garde-robe de Monsieur, Comte de Provence. Le 1er avril 1789, il fut élu député de la noblesse aux Etats-Généraux par le bailliage d'Orléans. Dans la séance du 4 août 1789, il proposa de publier une déclaration des devoirs du citoyen, l'Assemblée ayant décrété que la Constitution serait précédée de la Déclaration des droits de l'homme et du citoyen. Sa proposition était ainsi conçue :

1° Tout Français doit respect à Dieu, à la religion et à ses ministres ; il ne doit jamais troubler le culte public ;

2° Il doit respect au roi dont la personne est sacrée et inviolable ;

3° La première des vertus d'un Français est la soumission aux lois ; toute résistance à ce qu'elles lui prescrivent est un crime ;

4° Il doit contribuer, dans la proportion de ses propriétés, de quelque nature qu'elles soient, aux frais nécessaires à la défense de l'Etat et à la tranquillité qu'un bon gouvernement lui assure ;

5° Il doit respecter le droit d'autrui.

Ce projet fut renvoyé à l'examen des bureaux. M. d'Avaray fit toujours partie de la minorité de l'Assemblée Constituante. Emprisonné pendant la Terreur, il recouvra sa liberté au 9 Thermidor, émigra, et ne rentra en France qu'en 1814. Une ordonnance du 13 août de cette même année l'éleva au grade de lieutenant-général, puis il fut nommé pair de France le 17 août 1815, membre du Conseil d'administration de l'hôtel des Invalides le 10 janvier 1816, créé duc le 16 août 1817, et

nommé premier chambellan le 25 novembre 1820. Dans le procès du maréchal Ney, le duc d'Avaray vota pour la mort.

AVARAY (Joseph--Théophile--Parfait de Besiade, marquis d'), pair de France de 1829 à 1832, né à Paris, le 22 octobre 1770, mort à Paris, le 14 avril 1859, était le dernier fils de Claude-Antoine d'Avaray, l'aîné étant mort en 1811, et le second ayant été fusillé à Quiberon en 1795. Il suivit, comme son père et comme ses frères, la carrière des armes, et parvint, en 1824, au grade de lieutenant-général. Il avait lui aussi prêté un appui constant, quoique plus modeste, à la cause royaliste. Le 23 juillet 1829, la mort récente de son père et le prédécès de ses deux frères l'appelèrent à la pairie, par droit héréditaire. En même temps, il hérita du titre de duc d'Avaray. Après la Révolution de juillet 1830, il continua de siéger, jusqu'au jour où, l'hérédité de la pairie ayant été abolie, il donna (9 janvier 1832) sa démission de pair de France, en compagnie de douze de ses collègues : MM. d'Arjuzon, de Beurnonville, Lecoulteux de Candelou, etc. — Le baron Pasquier, qui présidait la séance de la Chambre haute, annonça ces démissions en disant qu'elles reposaient toutes sur le fait que « la pairie n'étant plus héréditaire, les démissionnaires ne pensaient plus pouvoir être utiles à leur pays en continuant à siéger dans une chambre privée de sa qualité essentielle. » Le marquis de Dreux-Brézé réclama la lecture des lettres de démission ; MM. Tascher et le comte d'Argout, ministre du commerce et des travaux publics, demandèrent, au contraire, qu'elle n'eût pas lieu. A l'unanimité moins cinq voix, la Chambre des pairs en décida ainsi. Mis à la retraite, le 4 septembre 1833, comme lieutenant-général, d'Avaray ne joua plus aucun rôle politique.

AVELINES (Jean-Baptiste), député à l'Assemblée législative de 1791, né à Caumont (Calvados), le 1er avril 1747, mort à Caumont, le 15 mars 1812. Au début de la Révolution, il fut administrateur du département, puis juge de paix du canton de Caumont. Le 8 septembre 1791, le département du Calvados l'envoya, par 230 voix sur 367 votants, à l'Assemblée législative, où son rôle fut sans importance.

AVESSENS DE SAINT-ROME (Jacques-Paul-Marie marquis d'), député à l'Assemblée constituante de 1789, né à Toulouse (Haute-Garonne), le 2 mars 1749, mort à une date inconnue. Riche propriétaire de la province du Languedoc où il possédait le château des Aguts et remplissait les fonctions de premier sénéchal, il fut, le 7 avril 1789, élu par la 1re sénéchaussée député de la noblesse aux Etats-Généraux, où il compta parmi les défenseurs de l'ancien régime.

AVIAU DU BOIS DE SANZAY (Charles-François, comte d'), pair de France sous la Restauration, né à Saint-Martin de Sanzay (Deux-Sèvres), le 7 août 1736, mort à Bordeaux, dont il était l'archevêque, le 11 juillet 1826. L'aîné de sa famille, il renonça aux avantages du droit d'aînesse pour se consacrer à l'état ecclésiastique ; il se fit recevoir docteur à la Faculté de théologie d'Angers, fut nommé chanoine à la collégiale de Saint-Hilaire et devint grand vicaire du diocèse. Il fut alors chargé de prononcer l'oraison funèbre de Louis XV. Proposé plus tard au roi, en 1789, par Lefranc de Pompignan, archevêque démissionnaire de Vienne, pour lui succéder dans cette dignité, il fut mandé à Paris, s'y rendit à pied, dit-on, et n'accepta le siège d'archevêque que sur les ordres formels de Louis XVI. Sous la Révolution, il fut de ceux qui refusèrent d'accepter la constitution civile du clergé; il quitta la France, séjourna quelque temps à Annecy, puis, la Savoie ayant été envahie par les armées de la République française, se rendit à Rome auprès du pape, qui le prit en affection et l'appelait le « saint archevêque. » En 1797, il rentra secrètement en France, et, déguisé en paysan, parcourut les montagnes du Dauphiné, du Vivarais et du Forez, exerçant son ministère malgré les autorités du pays, disant la messe sur le tombeau de Saint-François Régis, et se réfugiant, quand il était poursuivi de trop près, dans le château de Mme de Lestranges, près d'Annonay. Après le Concordat, il fut nommé (9 avril 1802) archevêque de Bordeaux; là, il fonda un grand nombre d'établissements religieux, maison de missionnaires, séminaires, couvents d'ursulines et de trappistes, etc. En 1811, Napoléon ayant convoqué à Paris les évêques de France pour leur faire approuver sa conduite envers le pape, l'archevêque de Bordeaux se prononça contre l'empereur, qui n'exerça d'ailleurs aucune représaille contre lui. Tout dévoué à l'ancien régime, il accueillit avec empressement le retour des Bourbons; il reçut en grande pompe le duc d'Angoulème à la porte de la cathédrale de Bordeaux, et lui dit : « Affligés par une suite de calamités, nous avons gémi pendant que nous adressions nos prières au ciel, afin qu'il daignât y mettre un terme; nous ne cessions d'être agités par la crainte et l'espérance. Ces émotions pénibles sont enfin calmées par la présence de Votre Altesse Royale, etc... »

Après les Cent Jours, il fut appelé (4 août 1821) à la pairie; il siégea parmi les défenseurs ardents de la royauté. Le 11 juillet 1826, il succomba aux suites d'un accident : le feu prit aux rideaux de son lit, et, malgré des secours rapides, il fut mortellement atteint. Ses obsèques furent célébrées le 18 juillet avec une grande solennité et aux frais de l'État. Le comte de Marcellus, son collègue à la Chambre haute, lui consacra, le 23, dans la *Quotidienne*, organe des « ultra-royalistes », une notice nécrologique : « La vie du saint prélat était un holocauste perpétuel... La France chrétienne se souviendra à jamais de sa noble résistance aux volontés du despote, de sa courageuse obéissance à l'Eglise, de son attachement inviolable au centre de l'unité catholique et au vicaire de Jésus-Christ. C'est un prélat digne des premiers siècles, disait Pie VI. Pie VII l'appelait un prélat saint et savant, *uno santo e uno dotto*; et, toujours brebis fidèle du grand troupeau confié à saint Pierre et à ses successeurs, il fixait avec respect ses derniers regards sur les traits de Léon XII, dont le portrait ornait sa chambre modeste, en parallèle avec celui de Charles X. Ces nobles et pieux sentiments lui furent transmis par la respectable famille qui a eu le bonheur de donner un tel prélat à l'Eglise, et dont tous les membres, dignes voisins de l'héroïque et chrétienne Vendée, ont orné le sanctuaire par leurs vertus ou défendu leur roi sous les drapeaux de leurs princes. »

AVOND (Antoine-Joseph-Auguste), représentant du peuple à l'Assemblée constituante de 1848, né à Paulhaguet (Haute-Loire), le 9 novembre 1819, mort à Lyon (Rhône), le 22 avril 1866. Venu très jeune à Paris, il s'y occupa de journalisme et de travaux littéraires, en même temps qu'il terminait ses études de droit. Reçu avocat en 1841, il débuta au barreau par un éloge de Philippe Dupin. Les opinions démocratiques, de nuance très modérée, qu'il avait exprimées dans ses premiers essais, l'ayant mis en relations assez étroites avec Crémieux, il accepta de lui, devenu garde des sceaux en février 1848, le poste de chef du cabinet au ministère de la justice; il eut part, de la sorte, à plusieurs nominations dans la magistrature. Lors des élections à la Constituante (23 avril 1848), Avond fut élu représentant du peuple par la Haute-Loire, le 6e sur 8, par 24,252 voix sur 54,302 votants et 72,701 inscrits. Il siégea parmi les républicains modérés, prit plusieurs fois la parole dans les discussions politiques, toujours pour appuyer la majorité, avec laquelle il vota le plus souvent. Il ne s'en sépara que le 7 octobre 1848, en faveur de l'amendement Grévy sur la présidence, et le 21 mars 1849, *contre* l'interdiction des clubs. Il vota d'ailleurs avec la droite : les poursuites contre Louis Blanc et Caussidière, le rétablissement de la contrainte par corps, la proposition Rateau, les crédits de l'expédition de Rome, etc. Partisan du général Cavaignac, Avond ne se rallia pas à la présidence du prince Louis-Napoléon; mais il renonça, après 1849, à la politique militante. Il revint au palais et ne le quitta que pour s'occuper d'affaires; il fut secrétaire général de la *Caisse des chemins de fer*, exploitée par Mirès. Il sut traverser cette délicate et dangereuse situation sans encourir, après la débâcle financière, aucun reproche ni aucun soupçon; mais ces événements avaient profondément affecté son humeur, et il mourut d'une décomposition du sang. Homme d'esprit, amateur d'art et ami intime de Théophile Gautier, Avond fréquentait assidument les cercles littéraires; il avait réuni chez lui une belle collection de tableaux et de faïences rares.

AVOYNE DE CHANTEREINE (Victor), député au Corps législatif de 1813 à 1815 et député de 1817 à 1827, né à Cherbourg (Manche), le 22 juin 1762, mort à Paris, le 29 novembre 1834, était avocat à Paris avant la Révolution. Après 1789, il devint procureur de la commune de Cherbourg, procureur-général syndic du département de la Manche et président du district de Cherbourg. Nommé plus tard substitut du procureur général à Caen, il passa, sous le gouvernement impérial, premier avocat-général près la même cour, et le 6 janvier 1813, fut élu par le Sénat conservateur député au Corps législatif pour le département de la Manche. Dans cette législature, il parla contre la liberté de la presse, et demanda l'ordre du jour sur la pétition des libraires détenus pour avoir publié des pièces injurieuses contre le roi; il proposa une réforme du code criminel, demanda la réduction des membres de la Cour de cassation, et vota docilement avec la majorité ministérielle. Le roi le nomma chevalier de la Légion d'honneur en novembre 1814. Le 20 septembre 1817, élu député par le collège du département de la Manche avec 978 voix sur 1,205 votants et 2,031 inscrits, il vota pour la contrainte par corps, même contre les septuagénaires, et parla sur plusieurs questions relatives à la marine et aux contributions indirectes. Sur la pétition des étudiants en droit, protestant contre la destitution de leur professeur, M. Bavoux, il conclut, comme rapporteur, au rejet de la pétition. Il était président de la cour royale d'Amiens depuis le mois de juillet 1818, et avait été réélu député le 20 octobre de la même année par 790 voix sur 1,371 votants et 2,137 inscrits. Nommé, le 9 juillet 1820, conseiller à la Cour de cassation, il vota cette même année pour la nouvelle loi électorale et pour les lois suspensives de la liberté de la presse et de la liberté individuelle. Le 13 novembre 1822, le 4e arrondissement électoral de la Manche le renvoya à la Chambre par 236 voix sur 392 votants et 507 inscrits, contre MM. S. de Beaulieu, ancien député (132 voix), et Duparc de Barville, ancien député (23 voix), et le réélut encore, le 25 février 1824, par 242 voix sur 364 votants et 471 inscrits, contre 96 voix à M. S. de Beaulieu et 22 voix à M. Duparc de Barville. En 1825, il vota pour le renouvellement septennal et monta souvent à la tribune. « Heureusement, dit un biographe du temps, il ne bégaye pas, et n'est pas homme à manger la moitié de son nom. » Le 17 novembre 1827, M. Avoyne se représenta comme député, mais échoua avec 144 voix contre M. de Bricqueville, qui fut élu au second tour par 164 suffrages.

AVRIL (JACQUES-PIERRE), député de 1834 à 1837, né à Saint-Côme-du-Mont (Manche), le 2 décembre 1770, mort à Périers (Manche), le 13 juillet 1859, appartenait à cette fraction de l'opinion « conservatrice libérale », que l'on désignait, pendant la monarchie de juillet, sous le nom de *tiers-parti*, et dont les chefs parlementaires furent MM. Dupin, Étienne, Passy, etc. Juge de paix à Périers (Manche), il fut élu, le 21 juin 1834, député du 6e collège électoral de ce département, par 160 voix (173 votants, 268 inscrits). Pendant la législature, tout en se montrant, par ses votes, essentiellement hostile aux tendances de la gauche, il garda, à l'égard des ministères doctrinaires, une attitude assez indépendante, et soutint le cabinet du 22 février 1836, présidé par Thiers. Le 4 novembre 1837, il se représenta dans le même collège électoral, mais n'y obtint que 96 voix (son concurrent, M. Rihouet, fut élu par 172 voix). Il quitta alors la vie politique.

AVRIL (JOSEPH-LOUIS-JEAN), représentant du peuple à l'Assemblée législative de 1849, né à Steinach (Tyrol), le 7 juin 1807, mort à la Pointe-à-Pitre, le 27 février 1878, était venu s'établir, avant la Révolution de 1848, instituteur primaire dans le département de l'Isère. Tout dévoué aux idées démocratiques et socialistes, il avait été élu sur la liste du parti républicain avancé représentant à l'Assemblée législative par le département de l'Isère, avec 60,129 voix sur 105,869 votants et 160,492 inscrits. L'affaire du 13 juin 1849, dite du « Conservatoire des arts et métiers », survenue peu de jours après l'ouverture de la session, mit fin presque aussitôt à la carrière législative de ce représentant. Ayant appuyé de son vote, le 11 juin, l'interpellation de Ledru-Rollin sur les affaires de Rome et signé avec lui, le surlendemain, l'appel de la « Montagne » ainsi conçu :

« Au peuple français, à la garde nationale et à l'armée.

« La Constitution est violée, le peuple se lève pour la défendre !

« La Montagne est à son poste.

« Vive la République! Vive la Constitution ! » Avril fut décrété d'accusation par l'As-

semblée dans la séance du 15 juin ; il échappa aux poursuites, ne fut jugé que par contumace et se retira en Belgique; de là, il passa en Suisse, puis se rendit au Venezuela. Il venait de fonder une école libre à la Guadeloupe, quand la mort le frappa, à l'âge de 71 ans.

AVRIL DE PIGNEROLLES (ARSÈNE-MARIE), député de 1829 à 1830, né à Angers (Maine-et-Loire), le 15 octobre 1786, mort à une date inconnue, était issu d'une famille d'écuyers qui fondèrent et soutinrent à Angers une des plus célèbres Académies d'équitation de France; son père, hostile à la Révolution, avait émigré. Lui-même ne dissimula pas ses sentiments royalistes, et lorsque M. de Berset, député de la Mayenne, eut donné sa démission, les légitimistes du département l'envoyèrent siéger à sa place, le 28 septembre 1829. Il approuva les derniers actes du règne de Charles X, ne fut pas des « 221 », et, la révolution accomplie, refusa le serment au gouvernement nouveau, renonçant ainsi à son mandat de député (19 août 1830).

AYEN (DUC D'). *Voy.* NOAILLES.

AYGUEVIVES (JACQUES-AUGUSTE MARTIN, COMTE D'), député au Corps législatif de 1863 à 1870, et de 1876 à 1881, né à Toulouse (Haute-Garonne), le 25 mai 1829, mort à Toulouse, le 12 juin 1887, descendait d'une vieille et riche famille de robe; il fut nommé chambellan le 6 février 1854, et écuyer de l'Empereur le 30 octobre suivant. Conseiller général du canton de Montgiscard en 1860, il fut élu député de la 1re circonscription de la Haute-Garonne au Corps législatif, le 31 mai 1863, par 17,905 voix sur 23,134 votants et 32,055 inscrits, contre M. Mulé, ancien représentant et candidat de l'opposition républicaine (4,872 voix).

Réélu dans la même circonscription le 24 mai 1869, par 15,611 voix sur 27,470 votants et 34,853 inscrits, contre MM. Caze (4,965 voix) et Mulé (6,600 voix), M. d'Ayguevives continua à siéger dans la majorité; il vota pourtant *contre* la guerre de 1870.

Le 20 février 1876, la 3e circonscription de Toulouse l'élut, au second tour de scrutin, par 8,703 voix sur 16,311 votants et 19,813 inscrits, contre M. Montané, candidat républicain (7,945 voix). M. d'Ayguevives siégea au groupe de « l'appel au peuple » et vota avec ce groupe. Il fut également réélu, le 14 octobre 1877, par 9,341 voix sur 17,557 votants et 20,213 inscrits, contre M. Montané (8,038 voix). Mais cette élection fut invalidée par la majorité républicaine, et les électeurs, convoqués à nouveau le 7 juillet 1878, choisirent M. Montané par 9,530 voix, contre 292 voix seulement données à M. d'Ayguevives. Aux élections du 4 octobre 1885, M. d'Ayguevives échoua encore avec toute la liste conservatrice; il réunit 55,667 voix, tandis que le dernier de la liste républicaine, M. Duportal, passa avec 56,181 voix.

AYLIES (RAYMOND-SÉVERIN-ANDRÉ), député de 1842 à 1846, représentant du peuple à l'Assemblée constituante de 1848 et député au Corps législatif en 1869-70, né à Auch (Gers), le 11 février 1798, mort à Paris, le 24 janvier 1875, étudia le droit, et inscrit au barreau de Paris, manifesta sous la Restauration des opinions libérales qui, au lendemain de la révolution de Juillet, le firent appeler par Dupont de l'Eure aux fonctions de substitut du procureur du roi près le tribunal civil de la

Seine : il ne tarda pas à devenir conseiller à la Cour d'appel de Paris. Il continua à s'occuper de politique, et, le 9 juillet 1842, fut élu, comme candidat de l'opposition, et, le 9 juillet 1842, fut élu, comme candidat de l'opposition, député du 5ᵉ collège électoral de l'Orne (Domfront), contre le vicomte Lemercier, colonel de 1ʳ 10ᵉ légion de Paris, ministériel. Il prit place . gauche, parmi les « constitutionnels », et vota souvent contre le gouvernement, par exemple dans l'affaire Pritchard ; il se prononça encore, quoique fonctionnaire, *pour* l'exclusion des fonctionnaires de la Chambre ; il fut même l'auteur d'une proposition formelle à cet égard. Il s'intéressa aussi, pendant la session, aux questions de politique étrangère , sur lesquelles il apporta plusieurs fois à la tribune des documents intéressants. Après avoir échoué aux élections du 1ᵉʳ août 1846 (il n'eut que 238 voix contre 330 données à M. Villedieu de Torcy, élu), il fut de nouveau candidat à l'Assemblée constituante de 1848, et, cette fois, fut élu dans deux départements, dans le Gers avec 41,263 voix, et dans l'Orne avec 81,133 voix. Il opta pour le Gers, siégea à droite et vota en toutes circonstances avec les conservateurs de l'Assemblée, même dans le scrutin (4 octobre 1848) sur l'incompatibilité des fonctions. Il était, depuis le 12 mai 1848, président de chambre. Suivant, dès lors, une ligne de conduite toute différente de celle qu'il avait tenue sous la monarchie de Juillet, il appuya Louis Napoléon et ses ministres, se déclara, le 16 avril 1849, comme membre de la commission, favorable à l'urgence demandée par le gouvernement pour les crédits de l'expédition de Rome, et, le 23 mai 1849, soutint l'ordre du jour du général Cavaignac, invitant le pouvoir exécutif à prendre immédiatement les mesures les plus énergiques pour faire respecter l'honneur et les intérêts de la République, en même temps que l'indépendance et la nationalité des peuples. Il adhéra au coup d'État de 1851, et reçut, le 23 octobre 1852, le titre de conseiller à la Cour de cassation. Vers la fin de l'Empire, il rentra pour peu de temps dans la carrière parlementaire : élu député au Corps législatif, le 24 mai 1869, avec l'appui de l'administration, dans la 1ʳᵉ circonscription du Gers, par 17,109 voix (25,933 votants, 30,966 inscrits), contre M. Jean David, candidat de l'opposition, 8,699 voix, il apporta au ministère de M. Emile Ollivier le concours de ses votes, notamment pour la déclaration de guerre (juillet 1870). Au 4 Septembre, il disparut de la scène politique. — M. Aylies est l'auteur d'une étude, parue en 1887, sur le système pénitentiaire.

AYMAR (ANTOINE, BARON), pair de France, né à Lézignan (Aude), le 13 octobre 1773, mort à Paris, le 20 avril 1861, entra jeune dans l'armée, fit les campagnes de la Révolution. et était chef de bataillon au 8ᵉ de ligne en 1807. Il se distingua à la bataille d'Eylau, et y gagna les épaulettes de colonel du 32ᵉ de ligne, qu'il suivit en Espagne en 1808. Nommé baron de l'Empire, le 20 juillet de la même année, il fit campagne en Murcie et prit une part brillante aux combats de Rio-Almanza (4 décembre 1810), et de Baza (17 avril 1812). Après la retraite de l'armée vers le nord, il fut promu général de brigade (1813), et chargé par le maréchal Augereau d'enlever le défilé de Wathan, très bien défendu, mais dont il s'empara avec 3 bataillons d'infanterie légère (10 octobre 1813). Rentré en France, il se battit à Montmirail (11 janvier 1814) contre les troupes prussiennes. La première Restauration le fit

chevalier de Saint-Louis (1814), puis lieutenant-général ; il était commandeur de la Légion d'honneur du 8 décembre 1808. Nommé pair de France, le 13 septembre 1824, il adhéra à la monarchie de juillet, devint en avril 1834 commandant de la division militaire de Lyon, grand-croix de la Légion d'honneur le 14 octobre 1841, et fut mis à la retraite comme général de division le 31 mai 1848.

AYMARE DE CAMY (ANTOINE-BAPTISTE), député de 1824 à 1827, né à Gourdon (Lot), le 24 mars 1774, mort à une date inconnue. Sans antécédents politiques, il fut, aux élections du 6 mars 1824, le candidat officiel du gouvernement royal dans le Lot, où il fut élu par le collège de département, avec 90 voix sur 120 votants et 162 inscrits. « C'est un homme nouveau à la Chambre, disait de lui une notice biographique de 1826 ; il a, comme beaucoup d'autres, remboursé en votes et en opinions les frais que sa nomination a pu coûter. » Aymare de Camy se prononça, dans la session, *pour* la réduction des rentes 5 0/0, *pour* l'indemnité aux émigrés, *pour* la loi du sacrilège, *pour* les lois sur la presse, etc. Il ne fut pas réélu à la législature suivante.

AYMÉ (JEAN-JACQUES), député au Conseil des Cinq-Cents, né à Montélimar (Drôme), le 13 janvier 1752, mort à Bourg-de-Péage (Drôme), le 1ᵉʳ novembre 1818, était avocat avant la Révolution, et, en ayant adopté les principes, fut nommé procureur-général syndic du département de la Drôme. Le 24 vendémiaire an IV, il fut élu député de la Drôme au Conseil des Cinq-Cents par 168 voix sur 234 votants. A la séance du 28 frimaire an IV, il fut dénoncé par Génissieux, et, le lendemain, par Goupilleau de Montaigu, comme chef des royalistes du Midi et des *Compagnons de Jésus*. Goupilleau s'efforça de prouver que, de son aveu même, il s'était mis à la tête de 20,000 royalistes, et Génissieux ajouta qu'Aymé était inscrit sur une liste d'émigrés. Aymé répondit : « J'ai cherché à garantir ma vie et ma liberté ; quel que soit le résultat de cette affaire, je subirai mon sort sans remords, parce que j'ai toujours vécu sans crime, et je ferai même des vœux pour la prospérité de la République. »

En descendant de la tribune, il fut brusquement assailli par plusieurs députés exaltés ; on put le faire échapper, mais l'altercation devint très vive et le président fut obligé de se couvrir. Le 14 nivôse suivant, sur le rapport de Woussen, Treilhard fit décréter qu'Aymé, dit Job-Aymé, ne pourrait plus, jusqu'à la paix, exercer les fonctions législatives ; Aymé demanda la parole, mais elle lui fut refusée. Quelques mois après, les esprits s'étant apaisés, Penières et Dumolard obtinrent son rappel ; Aymé rentra au Conseil le 30 floréal an IV, et en devint bientôt secrétaire. Le 22 messidor suivant, il demanda l'exécution du décret de déportation rendu en germinal an III contre Collot-d'Herbois, Billaud-Varennes, Vadier et Barrère, auquel ces deux derniers seuls avaient pu se soustraire ; il demanda aussi qu'on s'informât près du Directoire de l'âge de Barras qui, disait-on, n'avait point les quarante ans exigés par la Constitution. S'étant opposé à la célébration de la fête commémorative de la chute de Robespierre, il fut compris parmi les déportés de fructidor, parvint à se cacher pendant quelques temps, mais fut arrêté le 15 nivôse an VI aux portes de Paris, et compris dans le second transport des déportés. Après le coup d'état de brumaire, il fut rappelé par un arrêté des Consuls (5 nivôse an VIII), et interné à Dijon. Là, il publia un mémoire sur sa déportation, et prit vivement parti pour Napoléon, qui songea à l'envoyer grand-juge à la Louisiane. Mais Bonaparte n'ayant pas donné suite à ce projet de colonisation, nomma Aymé, le 5 germinal an XII, directeur des droits réunis dans le département du Gers, puis, plus tard, dans le département de l'Ain. Il exerçait encore ces fonctions au moment de sa mort.

AYMÉ DE LA CHEVRELIÈRE (LOUIS-MARIE-ÉMILE), représentant à l'Assemblée nationale de 1871, et député en 1876-77, né à la Chevrelière (Deux-Sèvres), le 22 septembre 1820, mort au château de Saint-Benoît (Haute-Vienne), le 30 septembre 1885. Propriétaire à Gournay et conseiller-général des Deux-Sèvres pour le canton de Melle, M. Aymé de la Chevrelière n'entra dans la vie politique que le jour de son élection à l'Assemblée nationale par le département des Deux-Sèvres (8 février 1871), le 2e sur 7, avec 58,120 voix. Il siégea parmi les monarchistes, se fit inscrire à la fois au groupe du centre droit et aux réunions Colbert et des Réservoirs, et, sans prendre jamais la parole, vota dans l'Assemblée : *pour* la paix, *pour* les prières publiques, *pour* l'abrogation des lois d'exil, *pour* la démission de Thiers, *pour* le septennat, *pour* la loi des maires et *pour* le ministère de Broglie, *contre* le retour du Parlement à Paris, *contre* la dissolution de l'Assemblée, *contre* la proposition Périer, *contre* l'amendement Wallon et *contre* les lois constitutionnelles.

Réélu, le 20 février 1876, à la Chambre des députés par l'arrondissement de Melle, avec 10,023 voix sur 19,064 votants et 23,164 inscrits, contre M. Giraud, candidat républicain, qui obtint 8,868 voix, il s'associa, comme précédemment, à tous les votes de la droite, se prononça *contre* les nouveaux projets du gouvernement sur la collation des grades par l'État et l'élection des maires, *contre* l'ordre du jour Laussedat-Leblond de Marcère sur les menées ultramontaines (4 mai 1877) et fut, après l'acte du 16 mai, de la minorité favorable au gouvernement du maréchal. Cependant, la dissolution de la Chambre le rendit à la vie privée : aux élections du 14 octobre 1877, M. Giraud, candidat républicain, l'emporta avec 10,459 voix sur M. Aymé de la Chevrelière, qui en obtint 10,001.

AYMÉ DE LA HERLIÈRE (JAQUES-GABRIEL), député au Corps législatif de 1852 à 1869, né à Médonville (Vosges), le 14 juin 1806, mort à Neufchâteau (Vosges), le 12 avril 1887. Reçu avocat, M. Aymé de la Herlière entra dans la magistrature, fut substitut du procureur du roi, puis juge d'instruction. Il occupa cette fonction au tribunal de Neufchâteau, et, de plus, était maire de cette ville et conseiller-général des Vosges, quand il entra au Corps législatif, le 29 février 1852; sa candidature, appuyée par le gouvernement, l'avait emporté avec 20,125 voix sur celle de M. Louis Bresson, opposant, 6,705 voix. Réélu le 22 juin 1857 et 1er juin 1863, la première fois par 24,354 voix contre 2,494 voix à M. Buffet, la seconde par 16,088 voix contre 13,765 à M. Aubry, ancien député, il siégea jusqu'en 1869 dans la majorité impérialiste, qui approuva tous les actes du pouvoir, depuis le rétablissement de l'Empire jusqu'à l'expédition du Mexique, etc.

AYMOND. — *Voy.* MONTÉPIN (DE).

AYRAL (BERNARD-LOUIS), membre de la Convention, né à Saint-Nicolas de la Grave (Tarn-et-Garonne), le 26 avril 1736, mort à Saint-Nicolas de la Grave, le 10 avril 1810, était médecin dans cette paroisse avant la Révolution et devint ensuite administrateur du département de la Haute-Garonne. Le 7 septembre 1792, il fut élu membre de la Convention par le département de la Haute-Garonne avec 492 voix sur 628 votants. Il s'y fit peu remarquer, et, dans le procès de Louis XVI, vota *pour* la mort, *pour* l'appel au peuple, et *contre* le sursis. Il ne fit pas partie d'autre législature, et retourna exercer dans son pays natal sa profession de médecin.

AYROLES (PAUL), député à l'Assemblée constituante de 1789, né à Lunan (Lot), en 1731, mort à Clermont-Ferrand, le 20 juin 1795, était curé de Reyrevignes (Lot). Son rôle parlementaire fut court et obscur; on sait seulement que, député du clergé, le 24 mars 1789, aux États-Généraux, pour la sénéchaussée du Quercy, il prit place à droite, soutint l'ancien régime et ses privilèges, ne prêta point le serment civique, et fut, sous la Convention, poursuivi et arrêté. Il mourut en prison.

AZAIS (JEAN-FRANÇOIS-JOSEPH), député au Conseil des Cinq-Cents, né à Castres (Tarn), le 2 janvier 1770, mort à Castres, le 22 avril 1837. Administrateur à Castres, il fit partie du Conseil des Cinq-Cents, où il fut élu, le 25 germinal an V, par le département du Tarn. Il entra ensuite dans la magistrature et mourut président du tribunal civil de Castres. Il était, en outre, conseiller général du département et chevalier de la Légion d'honneur.

AZAIS (JEAN-MARTIAL), député de 1835 à 1842, né à Espérausses (Tarn), le 3 janvier 1794, mort à Toulouse (Haute-Garonne), le 3 juillet 1863, était, en 1818, substitut du procureur du roi au tribunal de Saint-Pons (Hérault), et fut élu, le 3 janvier 1835, à la Chambre des députés, par le 5e collège électoral de l'Hérault (Saint-Pons), en remplacement du maréchal Soult, qui avait opté pour un autre collège. Il se rangea, dès son arrivée au Palais-Bourbon, parmi les membres de la majorité conservatrice, et, réélu les 4 novembre 1837, 2 mars 1839, 5 décembre 1840, ne se sépara jamais du pouvoir. Expliquant qu'il ne fallait pas confondre ce député avec l'auteur du fameux *Système des Compensations*, un biographe écrivait : « Pendant la session de 1838, M. Azaïs a été ministériel; pendant la session de 1839, il l'a été encore. Vous voyez bien qu'il n'y a pas là la moindre compensation. » Azaïs se prononça pour l'adresse amendée de 1839 et soutint le cabinet Molé. Président du tribunal de Saint-Pons, il fut nommé, en 1840, conseiller à la Cour royale de Poitiers. Décoré de la Légion d'honneur en 1838.

AZÉMA (MICHEL), député à l'Assemblée législative de 1791 et membre de la Convention, né à Argelliers (Aude), le 12 juin 1752, mort à Argelliers, le 28 octobre 1827, était homme de loi à Argelliers en 1789 et devint administrateur du département de l'Aude. Le 31 août 1791, il fut élu député à l'Assemblée législative par le département de l'Aude, avec 185 voix sur 344 votants, et, le 3 septembre 1792, élu membre de la Convention par le même département, avec 231 voix sur 388 votants. Il ne prit la parole que dans le procès de Louis XVI, en motivant son vote comme suit, sur le 3e appel nominal : « Louis a été déclaré convaincu du crime de conspiration. Il est question d'appliquer une peine. La peine contre les conspirateurs est la peine de mort : je vote pour la mort. » Il vota également sans appel au peuple et sans sursis. Après cette législature, Azéma devint commissaire du Directoire dans son département; sous l'Empire, il fut nommé juge au tribunal de Pamiers (1806), puis revint bientôt à Paris, où il entra dans les bureaux du ministère de la Justice. On croit qu'il rendit quelques services à la police du premier Empire.

AZÉMAR (Louis-Armand-Auguste), député de 1876 à 1881, né à Rodez (Aveyron), le 21 février 1815, mort à Rodez, le 6 avril 1884. Avocat du barreau de Rodez, il devint sous le second Empire adjoint au maire de cette ville, puis conseiller de préfecture de l'Aveyron. Le 4 Septembre lui ayant retiré ces fonctions, il se fit élire par les conservateurs, d'abord conseiller général pour le canton de Marcillac, en 1871, ensuite député de la 1re circonscription de Rodez aux élections du 20 février 1876 : il avait obtenu alors 6,280 voix sur 10,705 votants et 13,877 inscrits, contre 3,936 données à M. Mazenc, candidat républicain. Sa profession de foi disait : « Je défendrai tous les intérêts religieux et tous les principes fondamentaux de l'ordre social. Je suis franchement conservateur. » Il siégea au groupe de l'appel au peuple, et soutint avec la minorité le ministère de Broglie-Fourtou, issu du 16 mai, et dont il fut le candidat officiel après la dissolution de la Chambre. Le 14 octobre 1877, il fut réélu par 6,258 voix sur 11,516 votants et 14,548 inscrits, contre MM. Rodat, 3,046 voix et Mazenc 2,157. Dans la législature de 1877 à 1881, il se prononça contre tous les ministères de centre gauche et de gauche qui se suivirent au pouvoir, vota : le 20 janvier 1879, contre le ministère Dufaure; le 16 mars 1880, contre l'application des lois existantes aux congrégations non autorisées, et, le 8 février 1881 pour le rétablissement du divorce. Il repoussa de même « l'article 7 » et toutes les lois présentées par M. J. Ferry sur l'organisation de l'enseignement. Il échoua au renouvellement de la Chambre, le 21 août 1881, avec 5,314, contre M. J. Fabre, républicain, élu par 6,072 suffrages.

AZERM (Gustave-Louis), représentant à l'Assemblée constituante de 1848, né à Toulouse (Haute-Garonne), le 2 mai 1798, mort à Muret (Haute-Garonne), le 11 janvier 1867. Propriétaire-agriculteur à Anneville, sa notoriété n'avait pas dépassé les limites de son pays natal, quand il fut, le 11e sur 12, élu représentant du peuple à l'Assemblée constituante, le 23 avril 1848, par 43,720 voix. Républicain mo-

déré, il prit place à gauche, mais suivit le parti du général Cavaignac, et vota :
Le 2 septembre 1848, pour le maintien de l'état de siège;
Le 4 octobre, contre l'incompatibilité des fonctions;
Le 7 octobre, contre l'amendement Grévy;
Le 2 novembre, contre le droit au travail.
Après l'élection de Louis Napoléon à la présidence de la République, Azerm tendit à se rapprocher des républicains plus avancés; il se prononça, par exemple :
Le 27 décembre, pour la suppression de l'impôt du sel;
Le 12 janvier 1849, contre la proposition Rateau;
Le 21 mars, contre l'interdiction des clubs;
Le 16 avril, contre l'expédition de Rome.
Azerm fut, le 26 mai 1848, un des signataires de la proposition tendant à ce que les noms des représentants ayant pris part aux scrutins les plus importants fussent insérés au Moniteur. Son nom figura aussi, après les journées de juin, au bas d'une protestation contre le vote récent de l'état de siège par l'Assemblée; mais il réclama, le lendemain, contre l'apposition de sa signature sur ce document. Non réélu à la Législative, Azerm rentra dans la vie privée.

AZUNI (Dominique-Albert, chevalier), député au Corps législatif en 1808, né à Sassari (Sardaigne), le 3 août 1749, mort à Cagliari, le 23 janvier 1827, se livra de bonne heure à l'étude du droit commercial et maritime, et acquit une réputation qui le fit entrer aux Académies de Turin, de Naples et de Florence. Bonaparte le fit venir à Paris à son retour d'Égypte et le chargea de rédiger la partie maritime du Code de commerce. En 1807, il fut nommé président du Tribunal d'appel de Gênes, et, le 3 octobre 1808, élu par le Sénat conservateur député au Corps législatif pour le département de Gênes; l'arrondissement de Novi l'avait préalablement choisi comme candidat au Corps législatif par 26 voix sur 44 votants et 67 inscrits. Il était en même temps vice-intendant de Nice et sénateur en Italie. À la réorganisation des tribunaux, en 1811, il fut maintenu dans ses fonctions de président de la Cour d'appel de Gênes, qu'il conserva jusqu'à la Restauration. Il fut créé, le 19 juin 1813, chevalier de l'Empire, chevalier de la Légion d'honneur et de l'Ordre de la Réunion, fondé en 1811 par Napoléon 1er, en mémoire de la réunion de la Hollande à la France. On cite parmi ses ouvrages les plus estimés : le Système universel des droits maritimes de l'Europe, traduit en plusieurs langues, un Dictionnaire universel de jurisprudence commerciale, le Système universel des armements en course, etc. Dans une Dissertation sur l'origine de la boussole (1805), il attribue aux Français l'invention de cet instrument, que les Italiens avaient toujours revendiquée jusqu'alors.

B

BABAUD-LARIBIÈRE (François-Saturnin-Léonide), représentant du peuple à l'Assemblée constituante de 1848, né à Confolens (Charente), le 5 avril 1819, mort à Perpignan, le 25 avril 1873, fit ses études de droit à Poitiers, se fit inscrire,

en 1840, au barreau de Limoges et collabora à plusieurs journaux républicains de la région : l'Écho du peuple de Poitiers, le Progressif de Limoges, l'Indépendant de la Charente, etc. La part qu'il prit à la campagne des banquets, en 1848, lui valut du gouvernement provisoire le poste de commissaire de la République dans la Charente. Elu, le 23 avril 1848, représentant du peuple dans le département de la Charente le 7ᵉ sur 9, par 35,919 voix sur 92,994 votants, il siégea à gauche, et prit une part active aux travaux de l'Assemblée constituante, où il fit partie du comité de l'intérieur.

A la séance d'ouverture, le 4 mai 1848, il proposa « d'acclamer la République à la face du soleil en face de l'héroïque population de Paris ». En conséquence, l'Assemblée entière, conduite par son doyen d'âge, Audry de Puyravault, se rendit sur le péristyle du Palais-Bourbon, et là, devant la foule assemblée, proclama la République démocratique au nom du peuple et de l'Assemblée nationale. La foule répondit par une longue acclamation.

Le 14 mai, la veille de la manifestation sur les affaires de Pologne et d'Italie, à la réunion des députés républicains qui se tint dans la bibliothèque du Conseil d'Etat, Babaud-Laribière fut le seul qui se prononça contre la guerre, en objectant qu'une guerre européenne pourrait entraîner la perte de la République. On traita alors cette politique d'antirépublicaine et de matérialiste, mais les troubles du lendemain la firent cependant adopter.

La commission exécutive ayant été attaquée à la séance du 12 juin, au sujet du crédit de 100,000 fr. par mois qu'on demandait pour elle, Babaud-Laribière prit sa défense, sans réussir à faire voter le projet. Il prit également la parole lors de la proposition de rétablissement du cautionnement des journaux, et soutint que la loi de 1830, qui exigeait de chaque journal un cautionnement de 24,000 fr. et qu'on voulait faire revivre, avait été abrogée par la loi de 1835 ; le général Cavaignac lui répondit que la loi de 1835 avait été abrogée par la Révolution de 1848, et que celle de 1830 restait par conséquent en vigueur. Malgré la faiblesse de cette argumentation, l'Assemblée rétablit le cautionnement.

La proposition de l'élection du président de la République par le suffrage universel amena de nouveau Babaud-Laribière à la tribune, le 26 octobre 1848; il ne prit pas la question de front, mais s'efforça de démontrer que l'Assemblée, en se séparant avant d'avoir voté dans leur intégralité les lois organiques de la République, manquait à son mandat et laissait le pays dans une situation anormale.

Pendant cette législature, il vota : le 26 mai 1848, pour le bannissement de la famille d'Orléans ; le 7 juin, contre la loi sur les attroupements ; le 28 juillet, avec la droite, pour le décret contre les clubs; le 31 juillet, contre la proposition Proudhon; le 9 août, contre la loi rétablissant le cautionnement; le 26 août, contre les poursuites intentées à Louis Blanc et à Caussidière ; le 21 octobre, avec la droite, pour le remplacement militaire; le 23 octobre, contre la sanction de la constitution par le peuple ; le 2 novembre, contre le droit au travail (amendement Félix Pyat); le 4 novembre, pour l'ensemble de la constitution; le 25 novembre, avec la droite, pour la proposition de Dupont de l'Eure : le général Cavaignac a bien mérité de la patrie; le 27 décembre, pour la suppression de l'impôt du sel; le 12 janvier 1849, contre la proposition Rateau; le 22 janvier, contre le renvoi des accusés du 15 mai devant la Haute-Cour; le 31 janvier, pour la mise en accusation des ministres; le 16 avril, contre le vote de 1,200,000 francs pour l'expédition de Rome; le 20 avril, pour la suppres-

sion du cautionnement des journaux; le 2 mai, pour l'amnistie des transportés ; le 11 mai, pour la mise en accusation du Président et de ses ministres; le 18 mai, pour l'abolition de l'impôt des boissons; le 23 mai, pour l'ordre du jour de la gauche sur les affaires d'Italie et de Hongrie. Babaud-Laribière ne fut pas réélu à la Législative de 1849, et échoua également à l'élection partielle du 3 février 1850, avec 24,892 voix contre Edgar Ney, candidat de L. Napoléon, qui fut élu par 58,750 voix ; les électeurs de la Charente étaient convoqués pour remplacer un député, M. Sazerac de Forge, décédé.

Pendant le second Empire, il se livra à des travaux historiques : Histoire de l'Assemblée constituante (2 vol.), Etudes historiques et administratives (2 vol.), Lettres charentaises (2 vol.), Questions de chemins de fer, etc. Au 4 septembre 1870, le gouvernement de la Défense nationale le nomma préfet de la Charente; il avait été élu, quelques mois auparavant, Grand-Maître de la Franc-maçonnerie française.

BABEY (PIERRE-MARIE-ATHANASE), député à la Constituante de 1789, membre de la Convention et député au Conseil des Cinq-Cents, né à Orgelet (Jura), le 2 mai 1743, mort à Salins (Jura), le 9 novembre 1815, était avocat du roi à Orgelet au moment de la Révolution, dont il embrassa les idées avec une inflexible fermeté. Elu député du Tiers-Etat aux Etats-Généraux, le 15 avril 1789, par le bailliage d'Aval, par 188 voix sur 372 votants, il fit annuler, le 7 décembre 1790, les remerciements votés au départ de la Meurthe au sujet de la sédition de Nancy, demanda que l'Assemblée se déclarât en permanence pour attendre l'acceptation du roi lors de la présentation de la constitution civile du clergé, et, le 28 février 1791, prit la parole pour démontrer l'urgence d'une loi contre les émigrés, et émit des propos menaçants contre les membres du Comité de Constitution qui refusaient de présenter ce projet de loi.

Le 15 juillet suivant, il demanda de convertir en décret l'avis des comités portant que le roi serait suspendu de ses fonctions jusqu'à l'achèvement de la Constitution, et déchu du trône, s'il ne l'acceptait pas.

Elu membre de la Convention par le département du Jura, le 5 septembre 1792, à la pluralité des voix sur 430 votants, il apporta dans cette assemblée des opinions modérées. Dans le procès de Louis XVI, il répondit, au 3ᵉ appel nominal : « Je vote pour la réclusion de Louis jusqu'à la paix, et pour le bannissement à cette époque. » Il réclama en même temps la convocation des assemblées primaires. Inclinant du côté de la Gironde, et ayant protesté contre le 31 mai, il fut au nombre des 73 conventionnels arrêtés pour ce fait.

Le 21 vendémiaire au IV, il fut compris, comme député du Jura, parmi les membres de la Convention qui entrèrent au Conseil des Cinq-Cents, par 221 voix sur 254 votants, et fit partie de ce Conseil jusqu'en floréal an VII. Il ne joua aucun rôle politique sous l'Empire.

BABEY (MARIE-FRANÇOIS-VINCENT-MICHEL), neveu du précédent, député sous la Restauration, né à Orgelet (Jura), le 5 avril 1774, mort à une date inconnue, était, en 1793, réquisitionnaire à l'armée du Rhin. Membre du conseil d'arrondissement de Lons-le-Saulnier, et maire d'Orgelet en 1811, il complimenta, en octobre le comte d'Artois passant par Lons-le-Saulnier, fut décoré de la Légion d'honneur, et fut élu député à la Chambre introuvable par le collège du département du Jura, le 22 août 1815, avec 130 voix sur 193 votants et 281 inscrits. Il échoua dans le même collège, aux élections du 4 octobre 1816, avec 87 voix sur 204 votants, mais fut réélu, le 10 octobre 1821, par 75 voix sur 112 votants et 159 inscrits, contre M. Gagneur, député sortant, qui ne réunit que 30 voix. Il fut moins heureux aux élections du 23 juin 1830, dans le 1er arrondissement électoral du Jura (Lons-le-Saulnier), où il fut battu, avec 65 voix, par M. Cordier qui réunit 122 suffrages. Il avait été nommé, le 18 avril 1816, conseiller à la Cour royale de Besançon, et ne se fit pas remarquer à la Chambre.

BABIN-CHEVAYE (Louis-Marie-Mathurin), représentant à l'Assemblée nationale de 1871, né à Nantes (Loire-Inférieure), le 2 novembre 1824, mort à Nantes, le 6 avril 1887, était constructeur de navires. Membre de la Chambre et du tribunal de commerce de Nantes, conseiller municipal, il n'avait pris aucune part aux événements politiques, quand il fut, le 8 février 1871, élu représentant à l'Assemblée nationale le 1er sur 12, avec 71,613 voix sur 95,897 votants et 155,400 inscrits. Il se fit d'abord inscrire à la réunion Feray, comme républicain-conservateur, puis fut membre, à la fois, du centre droit et du centre gauche. C'est dire qu'il vota tantôt avec la droite, tantôt avec la gauche, acceptant tour à tour le Septennat et la Constitution de 1875. Il se prononça :

Le 1er mars 1871, *pour* les préliminaires de paix;

Le 16 mai, *pour* les prières publiques (proposition Cazenove de Pradines);

Le 30 août, *pour* le pouvoir constituant de l'Assemblée;

Le 3 février 1872, *contre* le retour du Parlement à Paris;

Le 24 mai 1873, *contre* la démission de Thiers;

Le 20 janvier 1874, *pour* la loi sur les maires;

Le 25 février 1875, *pour* l'ensemble des lois constitutionnelles.

Il ne fit partie d'aucune autre assemblée.

BABOIN (Jean-Aimé-Henri), député au corps législatif en 1869-1870, né à Lyon (Rhône), le 4 mars 1839. Riche manufacturier, M. Baboin fut, dans la 3e circonscription de l'Isère, le candidat officiel du gouvernement impérial au corps législatif, le 6 juin 1869; il fut élu avec 17,005 voix contre M. Réal (12,417), sur 29,503 votants et 35,559 inscrits, siégea avec la majorité et s'associa à tous ses votes, y compris celui de la déclaration de guerre à la Prusse. Depuis le 4 Septembre, son nom n'a plus été mêlé à la politique.

BABORIER (François), député au Conseil des Anciens, né à Saint-Vallier (Drôme), le 15 août 1746, mort à Saint-Vallier, le 26 juillet 1811. Lors d'une élection comme député de la Drôme au Conseil des Anciens, le 23 germinal an VI, il était notaire à Saint-Vallier. Il n'adhéra pas au 18 Brumaire, et rentra dans la vie privée sous le Consulat.

BAC (Jean-Baptiste-Théodore), représentant du peuple aux Assemblées constituante et législative de 1848 et 1849, né à Limoges (Haute-Vienne), le 14 avril 1809, mort à Paris, le 30 mai 1865. Ses études classiques terminées, il suivit les cours de la Faculté de Droit. Licencié en 1830, il débuta au barreau de Limoges, et s'y fit bientôt une place honorable, surtout dans les procès criminels: les deux procès célèbres de Mme Lafarge et de Marcellange, qu'il plaida, appelèrent sur lui l'attention et lui donnèrent une grande notoriété. En même temps, dans les divers procès intentés par le gouvernement de Louis-Philippe à la presse départementale de l'opposition, il affichait nettement ses opinions démocratiques. La République de 1848, dont il salua l'avènement, le nomma commissaire du gouvernement provisoire dans la Haute-Vienne; les électeurs de ce département l'envoyèrent à l'Assemblée constituante, le 3e sur 8, par 38,778 voix sur 61,130 votants et 82,272 inscrits. Il prit place à la Montagne, et tous ses votes, — sauf, à la fin de la session, dans quelques scrutins où il est porté absent, — furent d'accord avec ceux de ses collègues de l'extrême-gauche. Il prit plusieurs fois la parole dans les grandes discussions politiques, notamment pour combattre la demande en autorisation de poursuites contre Louis Blanc, et se prononça :

Le 1er septembre 1848, *contre* le rétablissement de la contrainte par corps;

Le 18 septembre, *pour* l'abolition de la peine de mort;

Le 7 octobre, *pour* l'amendement Grévy sur la présidence;

Le 2 novembre, *pour* le Droit au travail;

Le 23 novembre, *contre* l'ordre du jour : « Le général Cavaignac a bien mérité de la patrie »;

Le 27 décembre, *pour* la suppression complète de l'impôt du sel;

Le 12 janvier 1849, *contre* la proposition Rateau, etc.

Il prit encore une part active aux discussions des bureaux, des commissions, ainsi que du comité des affaires étrangères, dont il faisait partie.

Le 13 mai 1849, il fut réélu par ses concitoyens de la Haute-Vienne à l'Assemblée législative, le 2e de la liste, avec 36,609 suffrages sur 57,464 votants et 81,891 inscrits. En même temps, les électeurs de la Seine l'avaient élu leur représentant par 112,259 voix; il opta pour la Haute-Vienne et siégea, comme à la Constituante, sur les bancs de la Montagne. Le 11 juin, il vota *contre* l'ordre du jour pur et simple après l'interpellation Ledru-Rollin sur les affaires de Rome. Pourtant, son nom ne figura point au bas de l'appel aux armes lancé le surlendemain par ses collègues de l'extrême-gauche; il s'absenta de Paris vers cette époque, et plaida, à Bordeaux, pour le représentant Lagrange, diffamé par un journal conservateur local. Il revint occuper son siège, vota *contre* les poursuites réclamées par le gouvernement contre plusieurs députés en raison de leur participation à l'affaire du 13 juin, monta souvent à la tribune pour se prononcer énergiquement contre les projets et les actes de la majorité conservatrice, combattit d'autre part la politique de l'Élysée, et fut, le 2 décembre 1851, au nombre des représentants qui se groupèrent autour de Victor Hugo pour arrêter un plan de résistance. Le triomphe du Coup d'État rendit ce plan inutile; en vertu du décret du 11 janvier 1852, Bac dut quitter la France. Il y rentra quelques années plus tard, et se fit inscrire sur le tableau des avocats du barreau de Paris.

BACCIOCHI (Félix-Pascal. Prince de Lucques et de Piombino), membre du Sénat conservateur, né à Ajaccio (Corse), le 18 mai 1762, mort à Bologne (Italie), le 28 avril 1841, d'une famille noble de Corse, entra dans l'armée. Simple capitaine d'infanterie en 1796, il demanda à Napoléon Bonaparte, qui venait d'être nommé général en chef de l'armée d'Italie, la main de sa sœur Elisa. Napoléon refusa; le mariage n'en fut pas moins célébré à Marseille, le 5 mai 1797, et le général Bonaparte, qui était à cette époque en Italie, accepta le fait accompli. Bacciochi fut nommé peu après colonel du 26e régiment d'infanterie légère. Il devint ensuite membre de la Légion d'honneur le 19 frimaire an XII, officier du même ordre le 25 prairial suivant, membre du Sénat conservateur le 8 frimaire an XIII, grand cordon de la Légion d'honneur le 15 ventôse an XIII, président du collège électoral des Ardennes et général.

Lorsque, en 1805, Napoléon érigea Lucques et Piombino en principauté pour donner une couronne à sa sœur Elisa, Baciochi fut couronné en même temps que la princesse; mais, reconnaissant la haute supériorité de sa femme, lui laissa en apparence et en réalité l'entière direction des affaires et se contenta du rôle effectif de simple aide-de-camp. On raconte que le prince dépossédé de Piombino se plaignait à M. de Talleyrand de ne plus savoir quel nom prendre : « Prenez donc celui de Bacciochi, il est vacant », lui répondit de Talleyrand. Après les événements de 1814, Bacciochi suivit la princesse Elisa à Bologne, à Trieste, en Allemagne et au château de Santo-Andrea, près de Trieste, où la princesse mourut, le 7 août 1820; après cet événement, il se fixa à Bologne jusqu'à sa mort.

BACCIOCHI (Félix-Marnès, comte), petit-neveu du précédent, sénateur du second Empire, né à Ajaccio (Corse), le 2 mars 1803, mort à Paris, le 23 septembre 1866, était le neveu de la princesse Napoléone-Elisa Bacciochi, fille de Félix Bacciochi et d'Elisa Bonaparte; héritier de la plus grande partie des biens de l'ex-prince de Lucques, il fut chargé, en 1852 par Louis-Napoléon alors président de la République, d'une mission diplomatique en Grèce, en Egypte et en Turquie. Sous le second Empire, il devint premier Chambellan de l'Empereur « et surintendant des spectacles de la cour. » Un décret du 2 juillet le créa surintendant général des théâtres de l'Empire à la suite d'un remaniement complet de l'administration des beaux-arts. Trois ans plus tard, il était appelé au Sénat (5 mars 1866). Il n'y siégea que quelque mois, et mourut la même année. Il était grand officier de la Légion d'honneur. La chronique scandaleuse de l'empire l'accusa de couvrir de son titre de premier chambellan des fonctions moins enviables auprès de Napoléon III; aussi le public souligna-t-il avec malice la part que lui fit M. Troplong, président du sénat, dans le mémento nécrologique de rigueur des sénateurs décédés. « Dans ce haut poste de confiance, dit-il, il sut être modeste : il évita le bruit autour de son nom, et échappa à cette loi que La Bruyère semble imposer à l'homme de cour d'être martyr de son ambition. »

BACHARETIE. *Voy.* Beaupuy (de)

BACHASSON. *Voy.* Montalivet (de)

BACHELLERIE (Guillaume-Michel) représentant à la Chambre des Cent-Jours et député en 1820, né à Pierre-Buffière (Haute-Vienne), le 22 novembre 1764, mort à une date inconnue, était conseiller à la Cour impériale de Limoges, lorsqu'il fut élu, le 17 mai 1815, représentant de la Haute-Vienne à la Chambre des Cent-Jours par le collège de département, avec 49 voix sur 73 votants, contre M. Bordas (Pardoux), ancien député (24 voix). Le 22 août suivant, il échoua, dans le même collège, avec 60 voix sur 178 votants; mais, le 4 novembre 1820, le 1er arrondissement de la Haute-Vienne (St-Junien) le réélut à la Chambre des députés, où il passa inaperçu.

BACHELOT (François-Marie) député au Conseil des Cinq-Cents, né à Piriac (Loire-Inférieure) le 26 juillet 1758, mort à Vannes (Morbihan), le 22 janvier 1827, fut un député du Morbihan au Conseil des Cinq-Cents, le 24 vendémiaire an IV. Il monta une fois à la tribune, le 26 septembre 1797, pour appuyer vivement le projet de loi qui excluait les nobles de toutes les fonctions publiques. Il sortit de l'assemblée peu après, et ne prit plus part aux affaires politiques.

BACHELU (Gilbert-Désiré-Joseph, baron), député de 1830 à 1834, né à Dôle (Jura), le 9 février 1777, mort à Paris, le 16 juin 1849, était fils d'un conseiller-maître à la Cour des comptes de Dôle, et entra en 1784 comme sous-lieutenant à l'école du génie de Metz. Il fit, comme capitaine, la campagne du Rhin en 1795, passa en Egypte où il fut nommé chef de bataillon par Kléber à cause de sa belle conduite au siège du Caire, servit dans l'expédition de Saint-Domingue (1802) comme colonel du génie, et, après la mort du général Leclerc, commandant en chef, et dont il était l'aide-de-camp, fut chargé de porter en France les dépêches du commandant par intérim. Il fut nommé chevalier de la Légion d'honneur le 19 frimaire an XII, officier du même ordre le 25 prairial suivant, passa chef d'état-major du génie au camp de Boulogne, commandant du 11e d'infanterie de ligne en 1805, et général de brigade en 1809, après une marche brillante à travers la Croatie. Créé baron de l'Empire en août 1810, il commanda en second la place de Dantzig (1811), et fut promu général de division en 1813.

Après avoir reçu de la Restauration la croix de Saint-Louis, le 19 juillet 1814, il suivit la campagne des Cent-Jours, prit part au premier engagement du 15 juin 1815 sur la Sambre, et fut blessé à Waterloo.

Il rentra à Paris après le licenciement de l'armée de la Loire, et, le 15 octobre 1815, fut arrêté, incarcéré pendant quatre mois, puis exilé.

Revenu en France en 1817, il fut rayé du cadre de l'état-major par suite de la mesure générale prise par le gouvernement royal en 1824. Le 21 octobre 1830, le département du Jura l'élut député par 140 voix sur 189 votants et 278 inscrits, contre M. Lempereur de Saint-Pierre (45 voix); aux élections du 5 juillet 1831, échoua avec 93 voix, contre M. Lempereur de Saint-Pierre, qui fut élu par 110 voix; mais, le 27 décembre 1832, le 1er collège électoral du Jura lui rendit son siège à la Chambre, par 93 voix sur 166 votants et 267 inscrits, contre M. Dusillet, maire de Dôle (65 voix). Il vota à la Chambre avec la gauche dynastique. Il ne fut pas réélu à la législature suivante, mais, le 3 mars 1838, le 4e collège électoral de Saône-et-Loire (Châlons-sur-Saône) l'envoya à la Chambre, en remplacement de M. Thiard, qui avait opté pour un autre collège: il eut 206 voix sur 388 votants et 547 inscrits, contre 176 voix données à M. Lerouge. Réélu dans le même collège, le 2 mars 1839, par 249 voix sur 461 votants et 548 inscrits contre le général Brunet-Denon (203 voix), il échoua aux élections du 9 juillet 1842, avec 219 voix contre 251 obtenues par ce même concurrent. Retraité comme général de division le 30 janvier 1848.

BACO DE LA CHAPELLE (René-Gaston), député à l'Assemblée constituante de 1789 et au Conseil des Cinq-Cents, né à Nantes (Loire-Inférieure), le 28 avril 1751, mort à la Guadeloupe, le 29 novembre 1800, était fils de Pierre Baco, négociant et capitaine de navire, et d'Anne de la Ville, qui appartenait à la famille de Pierre de la Ville de Chambardet, maire de Nantes en 1772. Le grand-père paternel de Baco de la Chapelle était « noble homme », Louis Baco, sieur de la Boulais, avocat au Parlement de Paris. Il commença par suivre lui-même cette carrière, fut substitut, puis procureur du roi au présidial de Nantes; à la fin de 1788, il devint un des principaux promoteurs des agitations du tiers-état nantais. M. Kerviler (Revue historique de l'Ouest 1885) en a rapporté, d'après les mémoires inédits du greffier Blanchard, un curieux épisode. Le sénéchal de Nantes, Bellabre, voulant se signaler par un nouvel ennoble, donna en l'honneur du rétablissement du Parlement de Bretagne (octobre 1788) un grand banquet où il imagina de faire distribuer de petites « médailles en sucrerie » chargées des emblèmes du clergé, de la noblesse et du tiers-état; or, le tiers y était représenté par un balai, signe de la servitude. Baco, invité à la fête, se leva indigné de cet outrage et se retira brusquement. L'aventure, connue bientôt dans la ville, y produisit une profonde émotion. Vers la même époque, les chefs des corporations et de la bourgeoisie ayant établi, en face du conseil communal de Nantes, un comité ou conseil extraordinaire siégeant aussi à l'Hôtel-de-Ville et portant le nom de Commune, Baco devint l'orateur habituel de cette assemblée, et, de fait, le véritable maire, en attendant qu'il le fût plus tard de droit. L'influence très considérable qu'il avait prise dans le pays le désignait aux suffrages de ses concitoyens; d'abord député de Nantes (décembre 1788) aux Etats de Bretagne, puis troisième électeur-rédacteur (avril 1789) du cahier des doléances, il fut enfin élu député du Tiers aux Etats-Généraux par la sénéchaussée de Nantes, le 18 du même mois. A la Constituante, son rôle fut assez modeste; membre assidu du club breton dont il suivait les inspirations, il siégea à gauche, et prit la parole, le 13 novembre 1790, pour accuser l'abbé Maury d'être l'instigateur de l'émeute et du pillage de l'hôtel de Castries. En récompense de son civisme, il fut, le 28 août 1791, avec son collègue Giraud, élu haut juré à la Haute-Cour nationale pour la Loire-Inférieure. Giraud, maire de Nantes, ayant donné sa démission, Baco le remplaça à l'Hôtel-de-Ville (décembre 1792). Il y resta dix mois, pendant lesquels il eut à défendre la ville contre les entreprises des Vendéens. Dès le lendemain de son installation, il fit prendre par le conseil de la Commune une délibération pour protester contre les « attaques de la Convention par les énergumènes », et fit envoyer à la barre de l'Assemblée deux délégués avec mission d'y prononcer un discours extrêmement hardi, dont Baco était l'auteur, et où il était dit :

« Citoyens représentants, nous venons vous apporter la vérité; mais faites plus que l'entendre, sachez en profiter. Vos divisions, vos débats scandaleux ont retenti dans tous les coins de la France. Le peuple en est affligé. Il vous avait envoyés pour faire des lois et vous ne savez pas vous en imposer à vous mêmes... etc. »

En mars 1793, les Vendéens s'étant pour la première fois présentés devant Nantes, Baco déploya de l'énergie et de la décision, institua un comité directorial de cinq membres chargé de présider aux mesures de défense, en même temps qu'un tribunal criminel extraordinaire pour juger sans appel les révoltés. Son esprit d'indépendance était tel, qu'il reçut fort mal, au mois de mai, les quatre commissaires envoyés par la Convention, Merlin, Sevestre, Gillet et Cavaignac, et qu'il eut avec eux de terribles démêlés. Dénoncé par eux comme fédéraliste, il fut mis hors la loi par la Convention dans la séance du 17 juillet, tandis que de son côté, il traitait publiquement de « calomniateurs » et de « traîtres à la patrie » les représentants Gillet et Merlin. Il fit plus : il eut l'audace de se présenter lui-même, le 2 août 1793, à la barre de la Convention ; il rappela, au milieu d'une grêle d'interruptions, les services qu'il avait rendus à la ville de Nantes, et, comme Fayau, après Chabot, Thuriot et Collot-d'Herbois, accusant l'ex-constituant d'avoir pactisé avec les Vendéens :
— « Tu en as menti, j.... f...! » s'écria Baco. Sur la motion de Legendre, il fut décrété d'accusation, et envoyé à l'Abbaye ; mais on s'abstint de le traduire devant le tribunal révolutionnaire, et il bénéficia même bientôt d'une certaine liberté, et put sortir en surveillance dans les rues de Paris.

Mis en liberté en 1794, il revint à Nantes, et élu, le 24 vendémiaire an IV, député de la Loire-Inférieure au Conseil des Cinq-Cents, il y parut quelquefois à la tribune, parla sur la création des percepteurs intérimaires et sur l'organisation de la marine, puis fut envoyé, avec Burnel, comme agent du Directoire aux îles de France et de la Réunion pour surveiller l'exécution du décret relatif à l'émancipation des noirs. Là encore son humeur batailleuse lui attira de graves conflits avec les autorités militaires; le gouverneur de Malartic et le contre-amiral Sercey refusèrent de reconnaître sa mission et le firent déporter aux Manilles ; il s'en plaignit, dans une lettre écrite en décembre 1796, au Directoire, qui le rappela et lui confia quelque temps la direction de l'Opéra. Il échangea ce poste contre une nouvelle mission à la Guadeloupe ; c'est là qu'il termina, au moment du coup d'état de brumaire, son existence agitée.

BACON (Luc-Joseph), député au Conseil des Anciens, dates de naissance et de mort inconnues, était cultivateur-propriétaire à Hesdin, où il avait occupé successivement les fonctions de président de l'administration municipale, de maire et d'agent national, quand il fut élu, le 23 germinal an V, député du Pas-de-Calais au Conseil des Anciens. Il y apporta des idées modérées qui lui imposèrent un rôle assez effacé. Rendu à la vie privée, après le 18 fructidor, il revint à Hesdin, où il reprit ses travaux agricoles, et devint peu de temps après conseiller général du Pas-de-Calais.

BACONNIÈRE. Voy. Salverte (de).

BACOT (César-Joseph), député de 1830 à 1848 et représentant du peuple à l'Assemblée constituante de 1848, né à Paris, le 4 août 1787, mort à la Croix (Indre-et-Loire), le 20 avril 1870. Ses études militaires terminées à l'école de Fontainebleau, il fit les campagnes d'Allemagne, de Russie, de Saxe et de France, fut blessé à la Moskowa et à Leipsig, et devint (1814) chef de bataillon dans la garde. Le retour des Bourbons le laissa sans emploi. Réintégré dans son grade pendant les Cent-Jours, il réussit, comme commandant maritime des arrondissements de Dieppe et d'Abbeville, à s'opposer au projet du duc de Castries, qui s'efforçait de conserver au roi la place de Dieppe. Mais la seconde Restauration le fit rentrer encore une fois dans la retraite ; mis à la demi-solde, il vécut obscurément à Tours, jusqu'au mois de juillet 1830, date de sa première élection comme député par le collège de cette ville. Successivement réélu pendant tout le règne de Louis-Philippe, les 5 juillet 1831, 21 juin 1834, 4 novembre 1837, 2 mars 1839, 9 juillet 1842 et 1er août 1846, et cette dernière fois avec 340 voix contre deux concurrents, dont l'un, M. Richemont, obtint 255 voix, il siégea dans l'opposition constitutionnelle sur les bancs opposés à ceux qu'avait longtemps occupés son frère, Bacot de Romand (V. p. bas), et vota avec les conservateurs « libéraux », le plus souvent même avec la gauche, *contre* l'indemnité Pritchard, *pour* la proposition concernant les députés fonctionnaires, etc. Il était retraité, depuis le 29 avril 1834, avec le grade de lieutenant-colonel. Ce fut lui qui parvint à obtenir du gouvernement la communication annuelle des documents statistiques propres à faire connaître notre situation commerciale en Algérie. Il fut aussi l'auteur d'une proposition de réduction de 100,000 francs sur les constructions d'établissements militaires. Il était intervenu avec une certaine vivacité dans la discussion relative à la liste des nouveaux pairs choisis par Casimir Périer en 1831 ; il parla encore sur les droits des officiers et des légionnaires créés à l'époque des Cent-Jours et, dans la session de 1840, attaqua les crédits complémentaires et extraordinaires présentés par le gouvernement.

Après la révolution de février, les électeurs du département d'Indre-et-Loire le nommèrent, le 23 avril 1848, le 3e sur 8, avec 62,175 voix, représentant du peuple à l'Assemblée constituante. Mais il y marqua peu et n'y siégea pas longtemps, ayant remis sa démission le 6 novembre 1848. Jusque là, il avait voté avec la droite : *pour* le rétablissement du cautionnement, *pour* les poursuites contre Louis Blanc et Caussidière, *pour* le rétablissement de la contrainte par corps, *pour* l'impôt proportionnel, *contre* l'abolition de la peine de mort et *contre* le droit au travail. Il resta, dans ses dernières années, étranger à la politique. César Bacot était officier de la Légion d'honneur.

BACOT DE ROMAND (Claude-René, baron) frère du précédent, député de 1815 à 1830, né à Paris, le 9 octobre 1782, mort à Vernou (Indre-et-Loire), le 29 mars 1853, fut nommé de bonne heure auditeur au Conseil d'Etat, après d'intéressants voyages en Allemagne et en Italie. Préfet d'Indre-et-Loire en 1814, il conserva ce poste sous la première Restauration, demanda un congé pour motif de santé au retour de l'île d'Elbe, mais se rendit à Paris où il attendit le retour de Gand ; il fut alors nommé préfet de Loir-et-Cher, et, le 22 août 1815, élu député par le collège du département d'Indre-et-Loire,

avec 119 voix sur 190 votants et 244 inscrits. Il vota docilement et silencieusement avec la majorité, fut créé baron, le 16 mai 1816, à la signature de son contrat de mariage avec Mlle de Romand, puis préfet de Vaucluse, le 19 février 1817.

Le 6 mars 1824, le même collège d'Indre-et-Loire l'élut à la Chambre des députés par 111 voix, sur 201 votants et 246 inscrits. A la séance du 17 février 1825, lors de la discussion du milliard des émigrés, il exposa que la Chambre ne pouvait pas se contenter d'une estimation arbitraire des biens enlevés aux émigrés, et demanda que toutes les confiscations subissent une règle uniforme d'estimation basée sur la contribution foncière actuelle.

Il fut encore réélu, le 24 novembre 1827, par 111 voix, comme aux élections de 1824, sur 205 votants et 231 inscrits. Il a publié à Tours, en 1823, un ouvrage qui n'est pas sans valeur, sous le titre : *Observations administratives.*

BACQUIAS (Verle-Marie-Joseph-Eugène), député de 1881 à 1885, né à Essoyes (Aube), le 18 avril 1825, mort à Essoyes, le 17 juillet 1888, était docteur en médecine à Troyes depuis 1853, lorsqu'il fut choisi comme candidat républicain opportuniste, le 21 août 1881, dans la 1re circonscription de cette ville ; il passa, au second tour de scrutin, avec 4,640 voix sur 9,061 votants et 14,226 inscrits, contre M. Boullier, républicain, 3,741 voix. (Au premier tour, il avait eu pour adversaires trois candidats radicaux et deux monarchistes). Dans sa profession de foi, il s'engageait à « favoriser le développement des forces individuelles et des associations libres, sous l'égide de la loi. » Son rôle dans la législature fut peu important : il se contenta de voter avec le groupe de l'Union républicaine, auquel il appartenait, *pour* les crédits du Tonkin, *pour* le maintien de l'ambassadeur auprès du pape, *pour* le maintien du budget des cultes, et *contre* l'élection du Sénat par le suffrage universel.

Il ne fut pas réélu à la Chambre de 1885.

BADENS (Gabriel-Marie Dupac, marquis de), député à l'Assemblée constituante de 1789, né à Badens (Aude), le 22 octobre 1737, mort à Paris, le 29 avril 1829, fut envoyé par la noblesse de la sénéchaussée de Carcassonne, le 26 mars 1789, aux Etats-Généraux. Il siégea à droite, n'adopta pas les idées de la Révolution, et quitta d'ailleurs l'assemblée le 10 février 1790, en se démettant de son mandat.

Il avait appartenu aux armées du roi comme officier d'infanterie.

BADON (Alphonse), représentant du peuple à l'Assemblée constituante de 1848, né à Valence (Drôme), le 4 décembre 1791, mort au Puy (Haute-Loire), le 28 décembre 1870. Il exerçait au Puy la profession de docteur en médecine lorsque, le 24 février 1848, il fut nommé maire de la ville. Le 23 avril 1848, élu représentant du peuple par le département de la Haute-Loire, avec 35,858 voix sur 54,302 votants et 72,701 inscrits, il alla siéger, dans l'Assemblée Constituante, sur les bancs de la majorité de droite, avec laquelle il vota jusqu'à la fin : *pour* le rétablissement du cautionnement et de la contrainte par corps, *pour* le maintien de la peine de mort, *pour* l'état de siège, *pour* l'impôt proportionnel, *pour* la proposition Rateau, *contre* la réduction de l'impôt du sel, *contre* la suppression de l'impôt des boissons, *contre* la mise en accusation du président et de ses ministres (11 mai 1849). Il vota

avec la gauche, *contre* les poursuites intentées
à Caussidière pour les événements du 23 juin,
et *pour* le blâme (14 mai 1849) de la dépêche
Léon Faucher aux préfets. Il ne fut pas réélu
à l'Assemblée législative, et quitta la vie politique. Badon était conseiller général de la
Haute-Loire.

BADUEL dit **BADUEL D'OUSTRAC** (MARIE-
JOSEPH-LÉON), député de 1877 à 1881, né à La-
guiole (Aveyron), le 18 mai 1843, appartient à
une famille originaire d'Oustrac et qui compte
parmi ses membres un évêque. Ancien sous-
préfet de l'Empire, gendre de M. Mayran, sénateur bonapartiste, il était déjà membre du
Conseil général de l'Aveyron, quand il fut élu
député, le 28 octobre 1877, au second tour de
scrutin par l'arrondissement d'Espalion, avec
8,356 voix sur 13,525 votants et 16,569 inscrits ;
il s'était présenté comme candidat bonapartiste. Son concurrent républicain, M. Devic,
eut 5,059 voix. Au premier tour de scrutin, il
avait lutté contre M. de Valady, député sortant
légitimiste, candidat officiel du gouvernement
du 16 mai. Inscrit au groupe de l'appel au
peuple, M. Baduel d'Oustrac vota jusqu'à la
fin de la législature, avec la droite, *contre*
tous les ministères qui occupèrent le pouvoir,
contre l'amnistie, *contre* les lois Ferry sur l'enseignement, *contre* l'application des lois aux
congrégations. Il se prononça *pour* le rétablissement du scrutin de liste.

BAERT-DUHOLANT (CHARLES-ALEXANDRE-
BALTHAZAR-FRANÇOIS-DE-PAULE, BARON), député à l'Assemblée législative de 1791 et de
1815 à 1816, né à Saint-Omer (Pas-de-Calais),
le 9 décembre 1751, mort à Paris, le 23 mars 1825,
se livra dans sa jeunesse au goût qu'il avait
pour les voyages, visita l'Angleterre en 1787 et
1788, puis l'Espagne, et rentra à Saint-Omer
au commencement de la Révolution. Élu député du Pas-de-Calais à l'Assemblée législative,
le 31 août 1791, par 397 voix sur 628 votants,
il vota constamment avec la minorité modérée ;
dans la séance du 21 octobre 1791, il parla en
faveur de la liberté des cultes, tout en demandant expressément que les registres de l'état-
civil fussent enlevés au clergé et confiés aux
officiers municipaux. Il fut un des sept députés, qui, le 20 avril 1792, votèrent contre la
déclaration de guerre à l'Autriche ; le 20 juin,
lors de l'invasion des Tuileries, il resta auprès
de Louis XVI pour le protéger contre les fureurs de la multitude. Découragé par les événements du 10 août, il partit pour l'Amérique,
revint à Saint-Omer après le 18 brumaire et
épousa Mlle de Montboissier, la petite-fille de
Malesherbes. Élu député par le collège du
département du Loiret, le 22 août 1815, au
2e tour de scrutin, par 107 voix sur 206 votants
et 281 inscrits, il fit partie de la minorité dans
la Chambre introuvable, et renonça à la vie
politique après cette législature. Baert-Duholant a publié plusieurs ouvrages, fruits des
notes réunies dans ses voyages ; le plus important est le *Tableau de la Grande-Bretagne,
de l'Irlande et des possessions anglaises dans
les quatre parties du monde*, 4 vol. in-8° avec
cartes, figures (Paris, 1800).

BAFFOIGNE (LAURENT), député à l'Assemblée législative de 1791, né à Tartas (Landes),
le 11 février 1749, mort à Pau (Basses-Pyrénées), le 14 avril 1806. La Révolution fit de lui,
au début, un administrateur du département
des Landes ; puis, le 5 septembre 1791, ce dé-

partement le députa à l'Assemblée législative,
par 176 voix sur 276 votants. Il y passa inaperçu. Après le 18 brumaire, il entra dans la
magistrature, fut nommé (6 prairial an VIII)
président du tribunal criminel de Mont-de-
Marsan, et, presque aussitôt, juge au tribunal
d'appel de Pau. Il termina sa carrière comme
conseiller à la Cour d'appel de cette ville. Il
était chevalier de la Légion d'honneur du
25 prairial an XII.

BAGLIONI-ODDI (ALEXANDRE), député au
Corps législatif de 1811 à 1815, né le 31 mars 1759,
mort à une date inconnue, représenta au Corps
législatif, sous le premier Empire, le département de Trasimène (chef-lieu Spolète), alors
annexé à la France, et formé d'une partie du
territoire des États romains.

BAGNEUX (PAUL-ZÉNOBLE-LOUIS-MARIE
FROTTIER COMTE DE), député de 1827 à 1830,
né à Gouex (Vienne), le 26 mars 1783, mort
au château de la Pélissonnière (Vendée), le
11 décembre 1858, était fils d'un gentilhomme
poitevin qui n'émigra pas pendant la Révolution, et fut délégué par son département à
Paris lors du sacre de l'empereur. Napoléon,
remarquant, dit un biographe, la bonne mine
du jeune de Bagneux qui suivait la députation,
lui offrit un brevet de lieutenant dans la
garde. Son père refusa alors ; mais en 1811, il
le fit entrer dans la carrière administrative
comme auditeur au Conseil d'État. Il fut appelé bientôt, en cette qualité, à faire partie de la
commission des magistrats du Rhin, dont les
fonctions consistaient à veiller, de la source
du fleuve à son embouchure, aux intérêts qui
concernaient le cours du Rhin, alors français.
Pendant les Cent-Jours, le comte de Bagneux,
abandonna la cause de l'Empire, prit parti
dans le soulèvement de la Vendée et assista à
l'affaire de Rocheservière, où les Vendéens furent battus par le général Lamarque.

Au retour de Gand, Louis XVIII nomma
M. de Bagneux sous-préfet de Bourbon-Vendée.
Par une ordonnance royale du 17 avril 1816,
il devint membre du Conseil général de la
Vendée, et, par une autre de 1822, il fut nommé à la préfecture des Côtes-du-Nord, qu'il
quitta pour celle de Maine-et-Loire, le 1er novembre 1826. Le 27 février 1827, il fut élu par
le collège du département des Côtes-du-Nord,
avec 117 voix sur 173 votants et 205 inscrits,
membre de la Chambre des députés. Il y
siégea dans les rangs de la majorité royaliste
et ministérielle jusqu'en 1830.

Fait chevalier de la Légion d'honneur en
1824 et officier en 1829, il allait être promu à
la pairie quand arriva la Révolution de juillet.
Préfet de Maine-et-Loire, il avait fermé l'entrée de la ville d'Angers, le 6 juin 1830, à une
immense démonstration en l'honneur des députés de l'opposition, MM. d'Andigné de la
Blanchaye et Guilhem. Après juillet, se
rejeta dans le mouvement légitimiste, et quand
la duchesse de Berry débarqua sur les côtes
de Provence, elle adressa à M. de Bagneux
des lettres patentes écrites de sa main, datées
de Massa, le 6 mars 1832, où elle le nommait
commissaire extraordinaire en la province du
Poitou. Lorsque la partie fut perdue, il se tint
caché quelque temps pendant que le président
du tribunal de Fontenay rendait contre lui
une ordonnance qui le déclarait rebelle à la
loi. Mais en 1833, il se présenta de lui-même
devant le jury de Bourbon-Vendée, qui l'ac-

quitta. Depuis lors, il vécut en dehors des préoccupations politiques.

BAGNEUX (Louis-Charles-Alfred Frottier, comte de), représentant à l'Assemblée nationale de 1871, né à Amiens (Somme), le 10 septembre 1816, était un riche propriétaire de Limesy (Seine-Inférieure). Longtemps membre du Conseil général de ce département, il fut élu à l'Assemblée nationale, le 8 février 1871, dans la Seine-Inférieure, le 12e sur 16, par 77,226 voix (120,899 votants, 203,718 inscrits); il siégea à droite, sans jamais monter à la tribune, se fit inscrire au cercle des *Réservoirs*, et vota : *pour* la paix, *pour* les prières publiques, *pour* l'abrogation des lois d'exil, *pour* le pouvoir constituant de l'Assemblée, *pour* la démission de Thiers, *pour* la loi sur les maires, *pour* le ministère de Broglie, *contre* le retour du Parlement à Paris, *contre* la dissolution de l'Assemblée, *contre* les propositions Périer et Wallon et *contre* les lois constitutionnelles.

BAGOT (Jean-Louis), député à l'Assemblée législative de 1791, né aux Manchamps, en Trégueux (Côtes-du-Nord), en 1728, mort à Saint-Brieuc, le 28 février 1794, d'une famille d'officiers municipaux de Saint-Brieuc, fut d'abord chirurgien de marine et docteur-médecin en réputation à Saint-Brieuc. Nommé par le roi, en 1789, un des trois commissaires chargés de l'organisation du département, maire de Saint-Brieuc le 8 février 1790, il fut élu député des Côtes-du-Nord à l'Assemblée législative, le 11 septembre 1791, par 241 voix sur 388 votants. Il siégea parmi les modérés et lors de la proposition des lois répressives contre les prêtres qui refusaient le serment, demanda (séance du 20 octobre 1791) de limiter la répression à ceux qui troubleraient l'ordre public, ajoutant « qu'il serait injuste et indigne des législateurs de la France d'opprimer des citoyens sous un prétexte aussi léger que l'incompatibilité des opinions. » Fort hostile au régime de la Terreur, il quitta la vie politique à la fin de la Législative, revint à Saint-Brieuc exercer la médecine et mourut des suites d'une maladie contractée dans son service à l'hôpital de cette ville.

BAIGNOUX (Pierre-Philippe), député à l'Assemblée législative de 1791, né à Blois (Loir-et-Cher), le 1er mai 1852, mort à Tours (Indre-et-Loire), le 3 janvier 1848, était homme de loi à Tours, et fut nommé, à la Révolution, administrateur du district. Le 31 août 1791, le département d'Indre-et-Loire l'envoya, par 163 voix sur 331 votants, à l'Assemblée législative, où il fit partie du Comité des contributions. Le 13 novembre 1791, il prit la parole, pour annoncer qu'une insurrection venait d'éclater à Tours à l'occasion de l'ouverture d'une église par des prêtres non assermentés; en mars 1792, il intervint pour la fixation de la contribution foncière au sixième du revenu net; le 16 mai suivant, il fit décréter la suppression des rentes apanagées accordées aux princes frères du roi, et ordonna la vente de leurs biens, avec conversion en rente viagère au profit de leurs créanciers; il fit voter les crédits nécessaires aux paiements des rentiers de Paris. Après le 10 août, il contribua à l'adoption de l'acte d'accusation contre Barnave et Alexandre Lameth, prévenus de complicité avec la cour dans ses projets contre la liberté du peuple, et obtint le paiement des gages des anciens serviteurs du roi et des princes, qui s'étaient engagés comme volontaires.

Il fit aussi refuser des brevets d'invention aux auteurs de projets financiers, afin de ne créer aucun privilège en une matière si importante pour l'intérêt général. Revenu à Tours à la fin de la législature, Baignoux fut nommé magistrat de sûreté et juge. Il a publié quelques ouvrages sur des sujets assez divers : *Plan de Géographie méthodique et universelle* (Paris, 1784), *Traité de la Sphère* (Paris, même date), *Gustave Wasa* ou *la Suède délivrée* (3 vol. Tours 1822), ainsi que des traités sur l'algèbre, l'économie politique, etc.

BAIHAUT (Charles), membre de la Chambre des députés depuis 1877, ministre des travaux publics en 1886, né à Paris, le 2 avril 1843, fit ses études au lycée de Versailles, entra en 1862 à l'Ecole polytechnique et suivit les cours de l'Ecole des mines. Ayant donné sa démission d'ingénieur, il fixa sa résidence à Mollans, près de Lure (Haute-Saône). Aux élections du 14 octobre 1877, il fut nommé, comme candidat républicain, député de la 1re circonscription de Lure, par 9,394 voix sur 16,368 votants et 18,935 inscrits, contre le député conservateur sortant, M. Desloge. M. Baïhaut se fit inscrire au groupe de l'Union républicaine, s'attacha à la politique opportuniste, vota les poursuites contre les ministres du Seize Mai, et s'occupa surtout des questions de travaux publics, sur lesquelles il prit plusieurs fois la parole. Avec la gauche de la Chambre, il se prononça :

Le 20 janvier 1879, *pour* l'ordre du jour de confiance en faveur du ministère Dufaure (interpellation Sénard);

Le 30 janvier, au Congrès, *pour* l'élection de M. J. Grévy à la Présidence de la République;

Le 21 février, *pour* l'amnistie partielle proposée par le gouvernement et par la Commission;

Le 5 juin, *pour* l'invalidation de l'élection Blanqui;

Le 16 mars 1880, *pour* l'ordre du jour Devès en faveur du gouvernement *pour* l'application des lois existantes aux congrégations;

Le 8 février 1881, *pour* le rétablissement du divorce;

Le 19 mai, *pour* l'article 1er de la proposition Bardoux (rétablissement du scrutin de liste).

Réélu le 21 août 1881, avec 9,207 voix contre 5,953 à M. de Raincourt, monarchiste, sur 15,274 votants et 19,154 inscrits, il continua de siéger au groupe de l'Union républicaine, montra très favorable à la politique de Gambetta, et fut nommé, l'année d'après (10 août 1882), sous-secrétaire d'Etat au ministère des travaux publics dans le cabinet Duclerc ; il entra avec le même titre dans le ministère Ferry du 21 février 1883, et défendit à la Chambre et au Sénat les conventions avec les grandes compagnies de chemins de fer. En août 1884, il répondit au nom du gouvernement à l'interpellation Raspail sur la circulaire des compagnies d'Orléans et de Lyon interdisant à leurs employés de faire partie des conseils électifs, et montra que l'Etat n'avait, à ce point de vue, aucune action sur les compagnies, maîtresses d'ailleurs de se réserver l'emploi et le contrôle du temps de leurs employés. Il tomba, le 28 mars 1885, avec le ministère. Il avait, dans le cours de la législature 1881-1885, constamment marché d'accord avec son chef de file, M. Jules Ferry, et avait voté, *pour* les crédits de l'expédition du Tonkin, *pour* le maintien de l'ambassadeur auprès du pape, *pour* le maintien du budget des cultes et *contre* l'élection des sénateurs par le suffrage universel. Rapporteur du budget des postes et télégraphes, il prit la défense du ministre, M. Cochery, dont les procédés de comptabilité avaient été l'objet de certaines attaques. Il se représenta au renouvellement du 4 octobre 1885 dans le département de la Haute-Saône. Malgré l'ardente campagne menée contre sa candidature par la presse intransigeante, au sujet de sa participation dans l'administration de la « Société des pêcheries françaises, » alors en triste état, il n'en fut pas moins réélu à la nouvelle Chambre, au scrutin de liste, le 1er sur 5, par 36,513 voix (71,568 votants, 87,067 inscrits.) Il reprit place sur les mêmes bancs, et fit partie de l'Union des gauches, où il est encore inscrit. Le 7 janvier 1886, il fut appelé par M. de Freycinet au ministère des travaux publics. En mars, dans l'affaire de Decazeville, M. Baïhaut fut interpellé par M. Basly, puis par M. Camélinat, qui posa la question sur le terrain de la déchéance de la Compagnie des houillières de l'Aveyron, toute la responsabilité des événements remontant, d'après lui, à une affiche « séditieuse », qui réduisait de 10 centimes le prix de la banne de charbon extraite par le mineur. De plus, l'orateur accusait le gouvernement de mettre ses baïonnettes au service du capital contre le prolétariat. M. Baïhaut répondit, le 11 mars, en protestant contre ce langage : « Il y a quelques jours, dit-il, lors de l'interpellation de M. Basly, je répondais au sentiment de la Chambre en flétrissant le meurtre de Watrin. Aujourd'hui, en présence du langage de M. Camélinat, qui s'est efforcé par une audacieuse interversion des rôles de rendre le gouvernement responsable de la prolongation de la grève, j'ai la conviction, j'ai conscience d'être de nouveau votre interprète en portant un jugement sévère, au nom de la dignité de cette assemblée, contre l'attitude de certains membres de cette Chambre. »

Un incident assez vif s'ensuivit. M. Baïhaut termina en se déclarant opposé à la déchéance des sociétés actuelles, « parce qu'elle ne résoudrait rien. » Le lendemain, 12 mars, il reconnut cependant la nécessité de réviser la législation minière, déclara qu'il y avait lieu « de s'inspirer des dispositions contenues dans les législations étrangères, qui sont plus récentes que la nôtre, » et prit, au nom du gouvernement, l'engagement de déposer un projet de loi relatif à cette réforme. Finalement, la Chambre adopta, le 3e jour de la discussion, un ordre du jour de MM. Steeg, Barodet et Remoiville, que le ministère accepta. L'affaire de Decazeville revint au mois d'avril. M. Maillard ayant de nouveau interpellé le gouvernement, à propos de l'arrestation de MM. Duc-Quercy et Jules Roche, et s'étant plaint, d'autre part, du refus d'un ingénieur en chef d'admettre les délégués grévistes à descendre avec lui dans la mine, M. Baïhaut renouvela ses déclarations précédentes contre tout projet de déchéance de la compagnie; il déclara aussi qu'aucun texte de loi ne permettait de lui imposer un arbitrage entre elle et ses ouvriers mineurs. La Chambre lui donna raison; (la droite se joignit à la plus grande partie de la gauche pour former la majorité). M. Baïhaut eut à s'occuper encore, comme ministre, des études faites par la Commission parlementaire des chemins de fer en vue de l'établissement, à Paris, d'un « chemin de fer métropolitain ». Le 2 novembre 1886,

mécontent de la politique suivie par la majorité des membres du cabinet Freycinet, qui semblait depuis quelque temps incliner davantage vers le radicalisme, il donna sa démission et fut remplacé deux jours après par M. Edouard Millaud, sénateur.

Dans la dernière législature, M. Baïhaut a voté :

Le 3 décembre 1886, *contre* l'amendement Colfavru portant suppression des sous-préfets;

Le 17 mai 1887, *pour* la résolution de la Commission du budget réclamant des économies (chute du ministère Goblet);

Le 19 novembre, *contre* la discussion immédiate de l'interpellation Clémenceau (chute du ministère Rouvier);

Le 31 mars 1888, *contre* l'urgence sur la proposition Pelletan relative à la révision chute du ministère Tirard);

Le 11 février 1889, *pour* le rétablissement du scrutin uninominal;

Le 14 février, absent par congé lors du scrutin sur l'ajournement indéfini du projet de révision des lois constitutionnelles (chute du ministère Floquet);

Le 14 mars, a voté *pour* la demande en autorisation de poursuites contre trois députés membres de la Ligue des patriotes;

Le 2 avril, *pour* le projet de loi Lisbonne restrictif de la liberté de la presse;

Le 4 avril, *pour* la demande en autorisation de poursuites contre le général Boulanger.

BAILLARDEL. *Voy.* LAREINTY (BARON DE).

BAILLE (PIERRE-MARIE), membre de la Convention, né à Marseille en 1750, mort dans les prisons de Toulon en septembre 1793, embrassa avec ardeur les idées de la Révolution, et était administrateur des Bouches-du-Rhône, quand il fut élu, le 7 septembre 1792, membre de la Convention par ce département, par 676 voix sur 702 votants. Il siégea à la Montagne, et, lorsqu'on discuta la question de savoir si Louis XVI était justiciable de la Convention, il demanda qu'il fût jugé dans huit jours. Dans le procès du roi, il vota pour la mort, contre l'appel au peuple et contre le sursis. Le 25 août 1793, il fut chargé de faire exécuter, dans le midi, les décrets relatifs à la levée en masse; c'est ainsi qu'il se trouva à Toulon, lorsque les Anglais s'emparèrent de cette place. Fait prisonnier et sommé de crier : Vive Louis XVII! il répondit : « Je n'ai pas voté la mort du tyran pour voir régner son fils. » Il fut incarcéré; quelques jours après, on le trouva étranglé dans sa prison.

BAILLEUL (ANTOINE-LOUIS-PHILIBERT), député à la Constituante de 1789 et au Conseil des Cinq-Cents, né à la Ferté-Bernard (Sarthe), le 7 octobre 1751, mort en 1807, avait été avocat, puis président du tribunal de l'élection de Bellême avant la Révolution. Elu, le 9 avril 1789, député du Tiers-Etat aux Etats-Généraux par le bailliage du Perche, il ne prit jamais la parole, et fut presque constamment absent. Il n'en fut pas moins élu député de l'Orne au Conseil des Cinq-Cents, le 27 germinal an VII, en fut exclu en raison de sa modération silencieuse, après le 18 fructidor, et revint vivre ignoré dans son pays natal.

BAILLEUL (JACQUES-CHARLES), membre de la Convention, député au Conseil des Cinq-Cents et membre du Tribunat, né à Bretteville

(Seine-Inférieure), le 12 décembre 1762, mort à Paris le 16 mars 1843, fils de cultivateur, reçut une sérieuse éducation et fut avocat au parlement de Paris, jusqu'à la suppression des parlements en 1790. Il revint dans son pays d'origine, exerça la profession d'avocat à Montivilliers, puis au Hâvre, où il fut nommé juge de paix, et fut élu, le 8 septembre 1792, membre de la Convention par le département de la Seine-Inférieure à la pluralité des voix. Il fut du petit nombre des modérés. Dans le procès de Louis XVI, au 3e appel nominal, il motiva ainsi son vote : « Si l'esprit de vengeance vous anime, songez que devant la postérité, l'illusion cessera et les passions disparaîtront. Le but de la Convention nationale est de faire le bonheur du peuple; avec une armée formidable et la tête de Louis, vous aurez la paix. Ne vous privez donc point d'un otage qui peut concourir à l'affermissement de la République. Je vote pour la détention, et je dépose mes motifs sur le bureau. » Le 31 mai, lors de la mise en accusation des Girondins, il défendit l'inviolabilité de la représentation nationale, et signa, quelques jours après, la protestation des 73. Proscrit en octobre, il fuyait lorsqu'il fut reconnu, à Provins, par son collège Dubouchet qui s'y trouvait en mission. Dubouchet le fit arrêter, lui fit mettre les fers aux pieds et aux mains (Bailleul l'appela plus tard, dans un de ces livres, son maréchalferrant) et le renvoya à Paris où il fut enfermé à la Conciergerie avec les 22 Girondins qui allaient être bientôt jugés et exécutés.

Bailleul eut a subir une longue procédure, comparut successivement devant le tribunal révolutionnaire, puis devant les Comités de salut public et de sûreté générale, fut promené de prison en prison, et enfin remis en liberté au bout de seize mois. Il rentra à la Convention (décembre 1794), y prit à toute occasion la défense des collègues qui avaient été arrêtés comme lui, et, devenu membre du Comité de salut public, fit poursuivre à son tour les plus turbulents terroristes. Le 23 vendémiaire an IV, plusieurs départements l'élurent au Conseil des Cinq-Cents; il opta pour la Seine-Inférieure. C'est lui qui présida l'Assemblée le jour de l'inauguration du Palais-Bourbon, appelé alors Maison de la Révolution, et dont les architectes, Gisors et Lecomte, venaient de transformer en salle de séance les grands salons de réception (1795). Appelé au Tribunat lors de sa création, le 4 nivôse an VIII, il s'y occupa surtout de questions de finances; mais l'indépendance de son caractère l'en fit sortir, à la première élimination de 1802; il obtint en 1804 le poste de directeur des droits-réunis dans le département de la Somme, et il s'y maintint jusque sous la seconde restauration. Bailleul a publié un grand nombre d'ouvrages sur la géographie, la politique, les finances; Quérard, dans la France Littéraire, en cite plus de cinquante; il a composé aussi quelques comédies, et a collaboré au Journal du Commerce, fondé par son frère Antoine, imprimeur-libraire à Paris, et qui fusionna en 1816 avec le Constitutionnel.

BAILLION (JEAN-ANTOINE-JOSEPH), député au Conseil des Anciens et au Corps législatif du premier Empire, né au Quesnoy (Nord), le 11 janvier 1756, mort au Quesnoy le 2 mai 1815, fut élu maire du Quesnoy, le 25 germinal an VII, membre du Conseil des Anciens par le département du Nord; il n'y prit jamais la parole, adhéra au coup d'état de Bonaparte, qui

le fit entrer au Corps législatif, le 4 nivôse an VIII; il y siégea jusqu'en 1815, et vota docilement pour le gouvernement impérial, qui, par une décision du Sénat conservateur, en date du 8 mai 1811, l'avait maintenu dans ses fonctions de député.

BAILLIOT (CLAUDE), député de 1828 à 1833 et pair de France, né à Saint-Germain-en-Laye (Seine-et-Oise), le 12 août 1771, mort à Paris, le 15 décembre 1836, était, lors de sa première élection à la Chambre des députés, agent de change à Paris et conseiller général de Seine-et-Marne. Le 3e arrondissement électoral de ce département (Melun) lui donna, le 21 avril 1828, 232 voix sur 330 votants et 409 inscrits. Le vicomte Emmanuel d'Harcourt n'en obtint que 66. Bailliot, élu comme candidat libéral, s'assit au centre gauche, vota contre les ministères Villèle et Polignac, signa l'adresse des 221, et, réélu le 3 juillet 1830, prononça la déclaration de la vacance du trône et la déchéance de la branche aînée des Bourbons. Il adhéra, le 11 août, au gouvernement du roi Louis-Philippe, et vota, jusqu'en 1834, avec la majorité ministérielle, notamment dans le procès de la Tribune. Le 15 avril 1834, il devint pair de France, et termina à la Chambre haute sa carrière politique. Il était commandeur de la Légion d'honneur.

BAILLOD (JEAN-PIERRE, BARON) député de 1830 à 1834, né à Sougieu (Ain), le 20 août 1771, mort à Valognes (Manche), le 1er mars 1853, s'engagea en 1792 dans le 11e bataillon de l'Ain, et eut un avancement rapide pendant les guerres de la Révolution. Officier de la Légion d'honneur le 25 prairial an XII, il passa adjudant-commandant en mars 1807, et, cinq mois après, général de brigade; commandeur de la Légion d'honneur en avril 1809, il fut créé baron de l'Empire le 3 mai suivant, fut appelé au commandement du département de la Manche en novembre 1811, et envoyé au camp de Boulogne en mars 1812. Le 23 novembre 1813, Napoléon signa son contrat de mariage avec Mlle Guyard. Il fut chargé une seconde fois, en janvier 1814, de commander le département de la Manche, et, en mai 1815, fut mis à la tête des 14e et 15e divisions militaires. Il avait été blessé aux batailles d'Eylau, d'Essling et de Leipsig. Après la chute de Napoléon, il subit le sort des officiers de l'armée de la Loire et se retira à Valognes.

Le 3 juillet 1830, le collège du département de la Manche l'envoya à la Chambre des députés, par 179 voix sur 339 votants et 392 inscrits; le 5 juillet 1831, il fut réélu par le 4e collège électoral de la Manche (Valognes) avec 279 voix sur 389 votants et 578 inscrits, contre M. Sivard de Beaulieu (74 voix). Il siégea à côté du général Lamarque, son ancien compagnon d'armes. Retraité comme général de division, le 7 janvier 1824.

BAILLOT (ETIENNE-CATHERINE), député à la Constituante de 1789, né à Ervy-sur-Aube (Aube), le 25 novembre 1759, mort à Ervy-sur-Aube, le 15 avril 1825, était avocat au bailliage de Troyes, lorsqu'il fut élu par ce même bailliage, le 6 avril 1789, député du Tiers-État aux États-Généraux, par 139 voix sur 174 votants. Partisan de la Constitution, il siégea à la gauche modérée et, après la législature, fut élu, le 16 mars 1791, juge au tribunal de cassation, qu'il quitta cinq ans après pour se retirer à la campagne et s'occuper d'études historiques et littéraires. Il publia, l'année même de sa mort, une traduction des *Satires de Juvénal*, et a laissé en manuscrit d'intéressantes recherches généalogiques sur les familles de l'ancienne Champagne.

BAILLY (Charles-Maximin), député à l'Assemblée constituante de 1789, né en 1739, mort à une date inconnue. D'une origine très modeste, il était laboureur à Crécy-en-Mont, quand les électeurs du Tiers-État l'envoyèrent représenter aux États-Généraux, le 13 mars 1789, le bailliage de Vermandois. Il fut de la gauche de la Constituante, où il ne se fit, d'ailleurs, pas remarquer. Il devint, dans la suite, conseiller général de l'Aisne.

BAILLY (Jean-Sylvain), député à la Constituante de 1789, né à Paris au palais du Louvre, le 15 janvier 1736, exécuté à Paris, le 12 novembre 1793, était fils de Jacques Bailly, garde des tableaux du roi, logé au Louvre, peintre, et médiocre auteur dramatique. Son père lui apprit la peinture et la poésie, et le jeune Sylvain composa même, à 16 ans, deux tragédies : *Clotaire* et *Iphigénie en Tauride;* mais le comédien La Noue le détourna de cette voie, et les conseils affectueux de l'abbé Lacaille, l'illustre astronome, l'entraînèrent vers les études scientifiques. A 27 ans, il succéda à Lacaille à l'Académie des sciences; des travaux d'érudition lui ouvrirent successivement les portes de l'Académie française (1784) et de l'Académie des inscriptions et belles-lettres (1785).

En 1754, il avait succédé à son père comme garde général des tableaux du roi; la nature de ses travaux ayant paru peu en rapport avec cette fonction, il fut nommé garde honoraire en 1779, malgré ses vives réclamations. Il avait, en effet, publié déjà l'*Essai sur la théorie des satellites de Jupiter* (1766), l'*Histoire de l'astronomie ancienne* (1775), les *Éloges de Lacaille, de Liebnitz, de Corneille, de Molière, de Charles V* (1770), et commencé l'*Histoire de l'astronomie moderne* (1778-1785). La Révolution l'enthousiasma, et il se mêla aux réunions qui précédèrent les élections aux États-Généraux : « Quand je me trouvai au milieu de l'Assemblée du district, a-t-il dit, je crus respirer un air nouveau. » Il fut nommé premier électeur de son district, élu, le 12 mai 1789, premier député de Paris aux États-Généraux pour le Tiers-État, président de la Chambre du Tiers-État, puis, après la réunion des trois Ordres, président de l'Assemblée constituante, et (le 16 juillet) premier maire de Paris. Le 20 juin, le roi ayant fait fermer la salle des États, Bailly entraîna les députés à la salle du jeu de paume, répondit au maître des cérémonies chargé de faire évacuer la salle : « La nation assemblée n'a pas d'ordres à recevoir de vous », et présida à la prestation du serment célèbre qui inaugurait la Révolution.

Lors du massacre de Delaunay, Flesselles, Berthier et Foulon, à la prise de la Bastille (14 juillet 1789), Bailly garda un silence qui lui fut vivement reproché depuis. Nommé maire de Paris le 16 juillet, il reçut, le 17, Louis XVI à l'Hôtel-de-Ville : « Henri IV, lui dit-il, avait reconquis son peuple, la France a reconquis son roi »; et il donna au roi reconquis la cocarde aux deux couleurs de la ville.

Mais, représentant de la bourgeoisie bien plus que du peuple, Bailly considéra la Révolution comme achevée, lorsqu'il crut le Tiers-État suffisamment émancipé de la noblesse, et

se mit du parti de la résistance. Au retour de Varennes, il n'hésita pas à appliquer vigoureusement la loi martiale contre les pétitionnaires qui se réunissaient en masse au Champ-de-Mars pour signer sur l'autel de la patrie la demande de déchéance du roi. Il s'y rendit en personne, à la tête du corps municipal, fit vainement les sommations légales, et ordonna aux soldats de faire feu. Il y eut quelques morts, et Bailly, déjà mal vu par la cour, devenu odieux au peuple, prévint sa révocation en donnant sa démission (novembre 1791). Il se retira dans la maison de campagne d'un ami, près de Nantes, et, malgré de pressantes instances, refusa de passer en Angleterre. Après le 10 août 1792, il crut plus prudent de se rapprocher de Paris, et sur le conseil de son collègue et ami, Laplace, se rendit auprès de lui, à Melun. Reconnu à son arrivée, il fut arrêté, conduit à la municipalité, retenu, malgré les efforts du maire, M. Tarbé des Sablons, ramené à Paris sur l'ordre du comité de salut public qui avait été immédiatement prévenu, et enfermé à la Force, puis à la Conciergerie. Peu de temps après, amené comme témoin dans le procès de la reine, Bailly n'essaya pas de prévenir, par de lâches complaisances, le sort qui le menaçait, et protesta hautement de l'innocence de Marie-Antoinette. Cette déposition fut invoquée contre lui, comme preuve de complicité, quand il parut à son tour devant le tribunal révolutionnaire, le 10 novembre 1793. Il fut condamné le lendemain, et exécuté le surlendemain; comme on l'amenait à la place de la Révolution, la foule prétendit qu'il devait être exécuté au Champ-de-Mars, où il avait lui-même fait massacrer le peuple; l'échafaud démoli y fut transporté, et Bailly, ferme jusqu'au bout, bien qu'abreuvé d'injures et d'outrages, fut exécuté au-dessus d'un tas de fumier « afin que son sang ne souillât pas le champ de la fédération. »

BAILLY (Jacques-François), député au Conseil des Cinq-Cents, dates de naissance et de mort inconnues, fut élu, le 27 germinal an VII, député de la Haute-Garonne au Conseil des Cinq-Cents; il était alors ingénieur à Rieux. Dans la séance du 2 fructidor an VII (19 août 1799), il communiqua au Conseil une lettre des administrateurs de son département annonçant de nouveaux succès obtenus par les républicains de la contrée sur un attroupement de royalistes armés qui avaient attaqué et pillé la maison d'un représentant du peuple. Fermement attaché à la constitution de la République, Bailly (de la Haute-Garonne) se prononça contre le coup d'état du 18 brumaire; aussi fut-il compris le lendemain sur la liste des « individus » exclus de la représentation nationale.

BAILLY (François), représentant à la Chambre des Cent-Jours, né à Baccarat (Meurthe), le 3 octobre 1747, mort à Lunéville (Meurthe) en 1820, était président du tribunal à Lunéville quand l'arrondissement électoral de cette ville le nomma, le 10 mai 1815, représentant à la chambre des Cent-Jours. Il n'y prit pas une seule fois la parole, réoccupa pour quelque temps, après Waterloo, son siège de magistrat, mais fut bientôt mis à la retraite (4 septembre 1816).

BAILLY (Marc-Benjamin-Cimber), représentant du peuple à l'Assemblée Constituante de 1848, né à Montmirail (Marne), le 12 mai 1797. Partisan très modéré de la République, il fut élu représentant de la Marne à la Constituante, le 4e sur 9, avec 71,022 voix (93,164 votants et 101,527 inscrits). Il prêta constamment son appui au parti de Cavaignac, et vota avec la droite le 26 août 1848 *pour* les poursuites contre Louis Blanc, 1er septembre *pour* le rétablissement de la contrainte par corps, 7 octobre *contre* l'amendement Grévy (Présidence de la République), 25 novembre *pour* l'ordre du jour en l'honneur du général Cavaignac, 16 avril 1849 *pour* le crédit de 1,200,000 francs destinés à l'expédition de Rome, 26 mai *contre* la mise en liberté des transportés.

Il se prononça avec la gauche, le 12 janvier 1849, *contre* la proposition Rateau.

M. Bailly ne fit point partie de l'Assemblée législative. Il était conseiller général de la Marne et avait rempli les fonctions de maire de Montmirail, puis de Sézanne.

BAILLY (JEAN-BAPTISTE-JOSEPH, marquis de FRESNAY), député à l'Assemblée constituante de 1789, né au château de Fresnay (Mayenne), le 4 janvier 1732, mort à Laval le 8 juin 1811; ancien capitaine aux armées du roi, il fut, le 29 mars 1789, élu député de la noblesse par la sénéchaussée du Maine aux Etats-Généraux où il siégea obscurément parmi les partisans de l'ancien ordre de choses. Le *Moniteur* ne mentionne pas son nom.

BAILLY CHARLES-GASPARD-ELISABETH-JOSEPH, marquis de FRESNAY), fils du précédent, député de 1815 à 1816, puis de 1824 à 1827, et pair de France, né à Bourgneuf-Laforêt (Mayenne), le 16 janvier 1765, mort à Bourgneuf-Laforêt, le 7 janvier 1850. Royaliste fervent, il fut, le 22 août 1815, élu député à la chambre introuvable par le collège du département de la Mayenne ; il y fit partie de la majorité. Plus tard, réélu aux élections du 6 mars 1824, il continua à soutenir le gouvernement ; toutefois, il appuya la proposition de M. Jan Kowitz, qui avait pour objet de rendre exclusive de l'éligibilité la qualité de salarié du gouvernement. Il fut compris, le 5 novembre 1827, dans la liste des 76 nouveaux pairs destinés à briser la majorité « nationale » de la Chambre haute. Fidèle à la monarchie légitime, il quitta le Luxembourg en 1830, ne voulant pas recevoir l'investiture du gouvernement de juillet.

BAILLY DE JUILLY (EDME-LOUIS-BARTHÉLEMY, BARON), membre de la Convention et député au Conseil des Cinq-Cents, né à Saint-Phal (Aube), le 18 mars 1760, mort à Paris, le 26 juillet 1819, était orateur et professeur au collège de Juilly au moment de la Révolution. Il prit alors une charge d'avocat au Parlement et devint, en 1790, administrateur du département de Seine-et-Marne. Elu, le 6 novembre 1792, membre de la Convention pour ce département, par 259 voix sur 349 votants, il siégea parmi les modérés et prit deux fois la parole dans le procès de Louis XVI; au 2e appel nominal, il répondit : « Citoyens, je n'examinerai point dans ce moment si vos commettants vous ont déféré des pouvoirs judiciaires, mais je vous citerai un fait : dans l'assemblée électorale du département de Seine-et-Marne, lorsqu'on eut nommé les députés à la Convention nationale, on était si persuadé qu'ils ne seraient point les juges de Louis XVI, qu'en procédant à la nomination du Haut-jury, on eut soin d'inviter les électeurs à ne choisir que des patriotes fermes et intrépides, parce que l'on dit qu'ils

avaient à juger Louis Capet. D'après ce fai dont je prends à témoin mes collègues, co vaincu que la seule mesure de légaliser l marche que nous avons suivie jusqu'ici est l sanction du peuple, je dis *oui*; » Au 3e app nominal, il dit : « Louis mérite la mort. Mai dans mon opinion, je le regarde comme u otage nécessaire à la tranquillité publique J'adopte donc, comme mesure de sûreté géné rale, la réclusion provisoire, et le bannissemen perpétuel deux ans après la paix. »

Il fut secrétaire de la Convention en 179 puis envoyé en mission à Strasbourg, où s modération lui valut la haine et les dénoncia tions des Jacobins. En août 1795, il s'élev contre les dénonciations incessantes de Dubois Crancé, et, devenu membre du Comité de sû reté générale, lutta autant qu'il put contre l système des proscriptions en masse.

Le 22 vendémiaire an IV, le département d Seine-et-Marne l'envoya au Conseil des Cin Cents; là, il fit partie du club de Clichy, et fu inscrit sur la liste des déportés au 18 fructido Malès l'en fit rayer en assurant, contre l vérité, qu'il était prêtre assermenté et marié Réélu au Conseil des Cinq-Cents, le 28 germina an VII, il en sortit après le 18 brumaire, e fut nommé à la préfecture du Lot, qu'il oc cupa jusqu'en 1813, et où il obtint la croix d la Légion d'honneur, le 25 prairial an XII, cell d'officier, le 29 juillet 1808, et le titre de baro de l'Empire, le 30 septembre 1811. Il quitta so poste par suite d'ennuis administratifs dûs des abus de confiance commis dans ses bureaux et se retira à la campagne, où il mourut de suites d'un accident de diligence.

BAILLY DE MONTHYON (FRANÇOIS-GÉDÉON COMTE), pair de France, né à l'Ile-Bourbon, l 27 janvier 1776, mort à Paris, le 7 septembr 1850, fils d'un officier au régiment de Condé infanterie, entra, dès l'âge de 17 ans, comm sous-lieutenant, au 74e régiment d'infanterie. Bientôt le décret de la Convention qui prescri vait à tous les officiers nobles de quitter le ser vice vint interrompre sa carrière ; replacé su les cadres d'activité le 19 vendémiaire an II il se distingua aux armées des Pyrénées-Orien tales, de l'intérieur, de l'Ouest et d'Italie. I était alors aide-de-camp du général Turreau Il passa capitaine adjoint le 14 vendémiaire an V; remarqué par Berthier à la bataille d Marengo, il fut attaché comme chef d'escadro à l'état-major de ce général. Attaché plus tar à l'état-major de la grande armée, il prit par à toutes les campagnes de l'Empire, assista au batailles d'Eylau, d'Heilsberg, de Friedland, eut, pendant le séjour des souverains à Tilsitt le commandement de cette place, et se battit à Eckmühl, à Essling, à Wagram; promu gé néral, il commanda une division de réserve su la frontière d'Espagne, et remplit enfin, e l'absence du prince de Wagram, de 1812 à 1814, les fonctions de major-général de la grande armée. Il avait été créé baron de l'Em pire, le 28 janvier 1809, puis comte en décembr suivant; il reçut (14 octobre 1813) la croix d grand officier de la Légion d'honneur.

Ses services finirent avec la campagne d 1814. Mis en non-activité par la Restauration il fut rappelé à l'état major-général pendan les Cent-Jours et se battit encore à Waterloo. Après être resté à l'écart durant la seconde Res tauration, il fut nommé en 1835, inspecteu général de l'infanterie par le gouvernement d Juillet, qui le fit entrer aussi à la Chambre de pairs, le 3 octobre 1837. Il y resta jusqu'e

1848, et fit partie de toutes les majorités ministérielles. Sa dernière inspection d'infanterie eut lieu en 1843. Définitivement retraité, le 30 mai 1848, il mourut à un âge avancé. Le général Oudinot de Reggio prononça un discours sur sa tombe.

BAJARD (HIPPOLYTE-EGALITÉ), représentant du peuple aux Assemblées constituante et législative, né à Saint-Donat (Drôme), le 8 octobre 1793, mort à Saint-Donat, le 25 janvier 1863, vint étudier la médecine à Paris, et se fit recevoir docteur en 1820, puis il alla exercer sa profession à Romans, en même temps qu'il s'occupait activement de politique. Lié avec les chefs du parti libéral et démocratique, il s'affilia à plusieurs sociétés secrètes, aux *Carbonari*, aux *Droits de l'homme*. Il continua sous Louis-Philippe son opposition au Gouvernement, fut quelque temps président de la « Société républicaine » de Romans, et reçut enfin, en avril 1848, des électeurs de la Drôme, le mandat de représentant du peuple à la Constituante par 34,744 voix sur 76,005 votants et 92,501 inscrits. Nettement républicain, il vota presque toujours avec la gauche de l'Assemblée, sauf, le 2 septembre 1848, *pour* le maintien de l'état de siège, et le 25 septembre, *pour* l'impôt proportionnel *contre* l'impôt progressif. Il se prononça, d'ailleurs, *contre* les poursuites intentées à Louis Blanc et à Caussidière, *contre* le rétablissement de la contrainte par corps, *pour* l'amendement Grévy, *pour* la suppression de l'impôt du sel, *contre* la proposition Rateau, *contre* l'expédition de Rome, et *pour* l'amnistie des transportés. Il est porté *absent* le 25 novembre 1848, jour du vote de l'ordre du jour de félicitations à Cavaignac. Adversaire du prince-président et de ses ministres, il refusa constamment son approbation à leurs actes, dans la Constituante comme dans la Législative, où 42,292 électeurs de son département le renommèrent, le 13 mai 1849. Il vota avec la minorité de gauche :

Le 20 octobre 1849, *contre* les crédits réclamés pour l'expédition romaine ;

Le 8 décembre, *pour* l'abolition de la peine de mort ;

Le 31 mai 1850, *contre* la nouvelle loi électorale portant restriction du suffrage universel ;

Le 6 juin, *contre* l'interdiction des clubs ;

Le 16 juillet, *contre* le cautionnement et l'impôt du timbre sur les écrits périodiques, etc. Il protesta enfin contre le coup d'état de décembre 1851, qui l'éloigna de la vie politique.

BALAY (JEAN-FRANÇOIS-MARIE), fils du suivant, député au Corps législatif de 1863 à 1869, né à Saint-Etienne (Loire), le 5 avril 1820, mort à Sourcieux (Rhône), le 1er mai 1872. Manufacturier à Saint-Etienne, il succéda à son père comme député de la Loire au Corps législatif : la 1re circonscription lui donna 10,218 voix sur 19,313 votants et 35,068 inscrits, contre 8,957 obtenues par M. Fourneyron, ancien représentant, candidat de l'opposition. Il suivit en politique l'exemple de son père et vota fidèlement avec la majorité. Il ne fut pas réélu en 1869.

BALAY-DE-LA-BERTRANDIÈRE (JEAN-JULES), député au Corps législatif de 1852 à 1862, né à Saint-Etienne (Loire), le 3 mai 1795, mort à Paris, le 30 novembre 1862, entra de bonne heure dans l'industrie, dirigea une importante fabrique de rubans à Saint-Etienne et obtint plusieurs brevets d'invention, notamment pour

avoir créé et perfectionné l'article satin grège. Le 29 février 1852, le gouvernement appuya sa candidature au Corps législatif dans la 3e circonscription de la Loire, où il fut élu avec 12,145 voix sur 22,113 votants et 48,167 inscrits.

Ses concurrents avaient obtenu : M. Mathon de Fogères, ancien député, 4,093 voix, MM. Fourneyron, ancien représentant, 4,225, Neyrau 1,016, et Antide Martin, 229. Tous les quatre étaient candidats de l'opposition. Dans sa profession de foi, il s'était recommandé de ses efforts pour le progrès de l'industrie stéphanoise et avait affirmé son intention de « soutenir le gouvernement de Louis-Napoléon, dont le nom glorieux a fait le salut de la France. » Il prit part à la constitution de l'Empire, et, réélu le 22 juin 1857, par la 1re circonscription de la Loire, avec 13,224 voix contre 7,218 à M. Eugène Pelletan, opposant, il vota jusqu'à sa mort avec la majorité impérialiste et approuva toutes les mesures présentées par le gouvernement, y compris la loi de sûreté générale.

BALBIS-BERTON *Voy.* CRILLON (MARQUIS DE).

BALGUERIE (JEAN-ETIENNE), député de 1827 à 1830, né à Montpellier (Hérault), le 31 juillet 1756, d'une famille de la haute bourgeoisie de Guienne, mort à Bordeaux, le 11 mars 1831, était le petit-fils d'un consul général de Suède à la Haye. Il fit dans sa jeunesse de longs voyages sur mer et obtint, en qualité de capitaine au long cours, d'importants commandements dans les parages de l'Inde et de la Chine. Sa réputation de marin fixa même sur lui l'attention du gouvernement républicain. Désigné par le comité de marine de Rochefort comme très capable de commander un navire de guerre, on songea à lui en confier un dans l'escadre de l'amiral Villaret-Joyeuse ; il déclina cette mission pour se consacrer tout entier à la maison de commerce qu'il avait fondée en 1788, à Bordeaux, pour les expéditions maritimes et les armements. Ce fut Balguerie, qui, en 1817, expédia le navire le *Bordelais* sous le commandement du marquis de Roquefeuil, lieutenant de vaisseau, pour un voyage d'exploration autour du monde. Le voyage du *Bordelais* ouvrit de nouveaux débouchés au commerce français, mais fut, paraît-il, très préjudiciable aux intérêts de l'armateur qui perdit de ce chef près de 200,000 francs. Depuis lors, la fortune ne cessa de lui être contraire, et ses dernières entreprises furent malheureuses.

Le 17 novembre 1827, Balguerie, dont la notoriété et la popularité étaient des mieux assises, fut élu par le 3e arrondissement de la Gironde (Blaye), membre de la Chambre des députés, avec 728 voix sur 1,107 votants et 1,451 inscrits. Son concurrent était M. Ravez, candidat des ultra-royalistes, dont la défaite fut saluée à Bordeaux par les acclamations des libéraux. Il prit place au centre gauche, et vota avec les constitutionnels. Mais en 1830, affaibli par l'âge et par de longs travaux, il fut obligé de se démettre de ses fonctions législatives. Il mourut l'année suivante ; les revers de fortune qu'il avait essuyés hâtèrent, dit-on, sa fin.

BALGUERIE (JEAN-ISAAC), frère du précédent, député de 1827 à 1830, né à Bordeaux, le 27 mai 1771, mort à Bordeaux, le 15 décembre 1855, était négociant comme son frère aîné. Libéral comme lui, mais d'une nuance politique plus accentuée, il fut élu aussi, le 17 novembre 1827, député de la Gironde, par le 1er arrondissement électoral (Bordeaux), avec 110 voix sur 168 votauts: M. de Gères, député sortant, n'obtint que 52 voix. Il siégea à l'extrême-gauche. « Bien que les deux frères ne soient pas placés tout à fait sur les mêmes bancs, disait une Biographie de 1829, nous sommes assurés néanmoins que leurs votes seront toujours les mêmes et que le commerce, auquel ils appartiennent par les liens les plus honorables, trouvera en eux de dignes interprètes et de zélés défenseurs. » Balguerie fut réélu, le 23 juin 1830, par le 5e arrondissement de la Gironde (la Réole), avec 89 voix sur 172 votants, contre 82 à M. Auguste Journu. Il adhéra des premiers, en août 1830, au gouvernement de Louis-Philippe, à qui il prêta serment. Il siégea jusqu'en 1831. Un troisième frère, Balguerie-Stuttenberg (1778-1825), s'occupa également d'armements, fonda à Bordeaux, au Havre, etc., plusieurs établissements considérables et contribua à la création de la banque de Bordeaux. Son nom a été donné à une rue de cette ville. Il appartenait, lui aussi, au parti libéral sous la Restauration; mais il n'accepta jamais de candidature à la Chambre, bien qu'elle lui ait été plusieurs fois offerte.

BALISSON (URBAIN), député de 1820 à 1822, né à Auch (Gers), le 20 mai 1770, mort à une date inconnue. « Riche propriétaire dont nous ne connaissons pas les titres à la législature. Il doit son élection aux électeurs à double vote. » Ainsi le qualifie une Biographie publiée en 1822. Il avait été élu, le 14 novembre 1820, par le collège du département de la Manche, avec 241 voix sur 377 votants et 501 inscrits. Il siégea au côté droit et vota avec les purs royalistes. Il ne fut pas réélu dans la suite.

BALIVET (CLAUDE-FRANÇOIS), membre de la Convention, député au Conseil des Anciens et au Conseil des Cinq-Cents, né à Gray (Haute-Saône), le 19 novembre 1754, mort à Fresne-Saint-Mamès (Haute-Saône), le 29 avril 1813, était avocat au bailliage de Gray avant la Révolution. Le 5 septembre 1792, il fut élu membre de la Convention pour le département de la Haute-Saône, par 246 voix sur 397 votants; il y siégea parmi les modérés, et, dans le jugement de Louis XVI, au 3e appel nominal, il répondit: « Je demande la détention provisoire et le bannissement à la paix. »

Son département l'envoya siéger au Conseil des Anciens, le 21 vendémiaire an IV, et lui renouvela son mandat, pour le Conseil des Cinq-Cents, le 24 germinal an VII. Sa prudence silencieuse lui permit de traverser sans accident ces périlleuses législatures; indifférent au 18 brumaire, il se laissa oublier et se retira à la campagne où il finit tranquillement ses jours.

BALLA (JOSEPH-FRANÇOIS), membre de la Convention, né à Vallerangue (Gard), le 25 juillet 1737, mort au Vigan (Gard), le 8 septembre 1806, était juge royal au Vigan avant 1789, et fut élu par le département du Gard membre de la Convention, le 7 septembre 1792, avec 332 voix sur 483 votants. D'opinions modérées, il vota, dans le procès de Louis XVI, pour l'appel au peuple, pour la réclusion pendant la guerre et le bannissement à la paix. A la fin de la législature, il fut élu juge à Nîmes (23 germinal an V), et devint, sous le Consulat, président du tribunal du Vigan, poste qu'il conserva jusqu'à sa mort.

BALLAND (CHARLES-ANDRÉ), membre de la Convention et député au Conseil des Cinq-Cents,

né à Sainte-Hélène (Vosges), le 15 février 1761, mort à Paris, le 27 décembre 1810, était procureur-syndic du district de Bruyères (Vosges), quand il fut élu membre de la Convention, le 4 septembre 1792, par le département des Vosges, avec 185 voix sur 347 votants. Dans le procès de Louis XVI, au 3e appel nominal, il fit cette singulière réponse : « L'intérêt public commande que le tyran n'ait jamais de successeur. Ainsi, je vote, quant à présent, pour sa détention, sauf à le bannir et à le faire mourir, si le peuple le veut. »

Le 21 vendémiaire an IV, son département l'envoya siéger au Conseil des Cinq-Cents, où il ne prit part qu'aux discussions de finances. Il en sortit au premier renouvellement, et fut nommé juge au tribunal de cassation, le 8 septembre 1797.

BALLARD (PHILIBERT), député au Conseil des Anciens, né à Luzy (Nièvre), le 8 février 1750, mort à une date inconnue, était avant la Révolution avocat et membre de l'administration provinciale du Nivernais, puis devint, le 31 mai 1793, procureur-général-syndic du département de la Nièvre. Dénoncé à la Convention comme partisan des Girondins, il fut décrété d'accusation, mais parvint à se soustraire aux poursuites par la fuite. Il revint après thermidor, et fut élu, le 24 vendémiaire an IV, député de la Nièvre au Conseil des Anciens. Il y prit une seule fois la parole pour proposer et pour soutenir l'impôt sur le sel. Le gouvernement consulaire le nomma juge à la Cour d'appel de Bourges (18 floréal an VIII), et l'empereur le choisit, en 1806 et en 1812, comme président du collège électoral de Bourges; il fut même, à cette dernière date, candidat au Corps législatif, mais non agréé par le Sénat conservateur. Il était conseiller à la Cour impériale de Bourges du 14 avril 1811.

BALLART (DAVID-PIERRE), député à l'Assemblée constituante de 1789, né à Fontenay-le-Comte (Vendée), le 20 août 1728, mort à Fontenay-le-Comte en 1795. Il était curé du Poiré (Vendée), lorsqu'il fut élu, le 27 mars 1789, député du clergé aux États-Généraux par la sénéchaussée du Poitou. Le 13 juin, il demanda, un des premiers avec ses collègues, les curés Lecesve et Jallet, à se joindre aux « communes », c'est-à-dire aux représentants du Tiers-État, pour former « l'Assemblée générale »; à l'appel de la sénéchaussée du Poitou, les trois curés s'avancèrent vers le bureau, déposèrent leurs pouvoirs, et déclarèrent qu'ils venaient « précédés du flambeau de la raison, conduits par l'amour du bien public, se placer à côté de leurs concitoyens, de leurs frères. » Le Moniteur, qui rend compte de l'incident, ajoute : La salle retentit d'applaudissements; chacun se presse autour des curés; on les embrasse, chacun s'intéresse à leur sort. « Faisons en sorte, s'écrie un membre, qu'ils ne soient pas abandonnés au despotisme des évêques; mettons ces braves citoyens à l'abri de la vengeance et de l'animosité des potentats de leur ordre ; que leurs noms soient consacrés dans nos annales; ils se sont élevés au-dessus de la superstition, ils ont vaincu les préjugés. » A la séance du 20 juin, le même enthousiasme se manifesta, pendant l'appel des 149 députés du clergé qui s'étaient ralliés aux décisions de l'Assemblée nationale, et des applaudissements unanimes accueillirent les noms des trois curés du Poitou qui avaient donné l'exemple de la « réunion ». Le curé Ballart prêta le serment civique et siégea jusqu'à la séparation de la Constituante.

BALLEROY (Albert-Félix-Justin-Pierre Delacour de), représentant à l'Assemblée nationale de 1871, né à Igé (Orne), le 15 août 1828, mort à Baudicourt (Seine-et-Oise), le 19 août 1872, était issu d'une ancienne famille de Normandie, et descendait du marquis Jacques-Claude-Augustin de la Cour de Balleroy (1694-1773), qui fut l'ami et le correspondant de d'Argenson, et fit partie de l'Académie libre de l'*Entresol*. Propriétaire à Balleroy, et maire de cette commune, il fut élu des conservateurs du Calvados représentant à l'Assemblée nationale, le 1er sur 9, avec 78,369 voix (86,564 votants et 139,207 inscrits). Il devint conseiller général de son canton, le 8 octobre suivant. A l'Assemblée, où il ne siégea que dix-huit mois environ, étant mort pendant la session, il vota, avec la droite :

Le 1er mars 1871, *pour* les préliminaires de paix ;

Le 16 mai, *pour* les prières publiques ;

Le 10 juin, *pour* l'abrogation des lois d'exil ;

Le 30 août, *pour* le pouvoir constituant de l'Assemblée ;

Le 3 février 1872, *contre* le retour du Parlement à Paris.

BALLET (Jean), député à l'Assemblée législative de 1791 et représentant à la Chambre des Cent-Jours, né à Evaux (Creuse), le 31 août 1760, mort à Limoges (Haute-Vienne), le 30 avril 1832, était avocat à Evaux en 1789, y devint juge au tribunal en 1791, et fut élu député de la Creuse à l'Assemblée législative, le 3 septembre 1791, par 163 voix sur 283 votants. Il y fut nommé membre et rapporteur du Comité des finances, lut à la tribune, le 2 avril 1792, un rapport sur la caisse de l'extraordinaire, demanda que la circulation des assignats fût élevée à 1,050 millions, et obtint le remboursement de l'emprunt de 1782. Après la journée du 10 août, il fit décréter que les premières pages du *Livre rouge* seraient envoyées aux 83 départements, comme preuves des dilapidations de la couronne.

Non réélu à la Convention, il rentra au barreau, et fut nommé, le 8 floréal an VIII, commissaire près le tribunal de Chambon. Son adhésion à l'empire lui valut, le 25 floréal an XII, la croix de la Légion d'honneur, le 24 février 1809, le titre de chevalier de l'Empire, et le 1er juin. 1811, le poste d'avocat-général à la Cour impériale de Limoges.

Envoyé par le département de la Creuse, en juin 1815, à la Chambre des Cent-Jours, Ballet se montra très prudent sur les questions d'impôts, et demanda que la discussion du budget fût précédée de l'examen sérieux, par la Chambre, du travail des bureaux. A la séance du 6 juillet, Paris étant déjà occupé par les alliés, il fit adopter à l'unanimité la motion de ne point élever de statue à aucun monarque vivant.

BALLIDART (Jean-Baptiste-David, chevalier de), député à l'Assemblée constituante de 1789, né à Vitry-le-François (Marne), le 21 novembre 1748, mort à une date inconnue, appartenait à la magistrature de l'ancien régime en qualité de procureur du roi près le présidial de Vitry. Député de la noblesse aux Etats-Généraux (21 mars 1789) pour le bailliage de Vitry-le-François, il accueillit froidement la Révolution et ses nouveaux principes ; les procès-verbaux de l'Assemblée ne font d'ailleurs aucune mention du chevalier de Ballidart.

BALLOT (Jean-François), député de 1830 à 1848 et représentant du peuple à l'Assemblée Constituante de 1848, né à Bellême (Orne), le 28 février 1778, mort à Paris, le 5 avril 1849. Appelé au service militaire par la conscription, il fut, comme simple soldat, incorporé, en pluviôse an VII, dans la 90e demi-brigade d'infanterie ; il fit avec elle les campagnes de l'an VII et de l'an VIII, puis s'embarqua en l'an X avec un bataillon de ce corps pour Saint-Domingue, sous les ordres du général Leclerc. Il y gagna rapidement les épaulettes de capitaine, après avoir franchi tous les grades inférieurs. Fait prisonnier (an XII) par les Anglais aux Cayes Saint-Louis, il fut conduit à la Jamaïque ; la même année, il était mis en liberté sur parole. De retour en France, le mauvais état de sa santé l'ayant forcé de quitter le service, il se retira dans sa ville natale, fut appelé en 1807 aux fonctions d'adjoint au maire de Bellême. La Restauration le révoqua en 1815. Attaché aux idées libérales, il se déclara en faveur de la Révolution de juillet, adhéra au gouvernement de Louis-Philippe, et fut nommé maire de Bellême (août 1830). Le 28 octobre de la même année, M. de Choiseul d'Aillecourt, légitimiste, ayant donné sa démission de député de l'Orne pour n'avoir pas à prêter le serment, M. Ballot brigua sa succession et l'obtint au collège de département. Le 5 juillet 1831, le 7e collège électoral lui renouvela son mandat par 191 voix sur 233 votants et 318 inscrits. Dans la suite, il fut successivement réélu par le même collège, aux élections des 21 juin 1834, 4 novembre 1837, 2 mars 1839, 9 juillet 1842 et 1er août 1846 : cette dernière fois, avec 252 voix contre 138 à son concurrent, M. de Blanpré. Après avoir d'abord voté avec le ministère, il siégea dans l'opposition dynastique et s'associa à la plupart des propositions et des votes de la gauche. Le 16 avril 1833, dans le procès intenté devant la Chambre des députés au journal la *Tribune*, il déclara s'abstenir. Il repoussa la dotation Nemours, l'indemnité Pritchard, le million des fonds secrets, appuya les motions relatives aux députés fonctionnaires (mars 1846) et à la distribution des annonces judiciaires (mai). Rallié à la République modérée, après février 1848, il fut encore élu représentant à l'Assemblée Constituante, le 23 avril, par le département de l'Orne, le 4e sur 11, avec 85,763 voix. Il y vota :

Le 26 mai 1848, *pour* le bannissement de la famille d'Orléans ;

Le 9 août, *pour* le rétablissement du cautionnement des journaux ;

Le 2 septembre, *pour* le maintien de l'état de siège ;

Le 7 octobre, *contre* l'amendement Grévy sur la Présidence de la République ;

Le 2 novembre, *contre* le droit au travail.

Partisan de Cavaignac, il fut de ceux qui lui votèrent, le 25 novembre, un ordre du jour de félicitations. Opposé à la politique présidentielle de L.-N. Bonaparte, il vota, le 31 janvier, *pour* le renvoi aux bureaux de la demande de mise en accusation des ministres, et le 12 mars, *contre* l'augmentation de 50,000 francs par mois du traitement du président; il mourut avant la fin de la session.

BALLUE (François-Firmin), député à l'Assemblée législative de 1791, né à Péronne (Somme), le 4 octobre 1749, mort à Amiens

(Somme), le 16 mars 1807, était notaire à Péronne avant 1789, puis juge de paix en 1790. Le 6 septembre 1791, il fut élu député de la Somme à l'Assemblée législative par 214 voix sur 270 votants; il n'y prit qu'une fois la parole, assez malheureusement, le 26 août 1792, pour déclarer « qu'en qualité de bon citoyen, il venait d'écrire à la Commune de Paris pour lui annoncer que plusieurs de ses collègues, attachés au parti royaliste, et effrayés de la journée du 10, devaient demander des passeports pour aller parcourir des départements infectés d'aristocratie. » L'Assemblée ne pouvait qu'approuver la lettre, et Ballue s'en tint à ce succès. Rendu à la vie privée par la dissolution de l'Assemblée, dans le mois suivant, il voulut initier la jeunesse de sa ville natale à la vie politique, et fonda à Péronne des écoles gratuites sur un plan inspiré des théories de J.-J. Rousseau, mais singulièrement développé : les élèves élisaient entre eux toute une administration, maires, officiers municipaux, juges, etc,; deux fois par semaine, ils se réunissaient en club, auquel le public était admis; le chansonnier Béranger fut un de ces élèves. Mais les mêmes haines et les mêmes dissensions qui déchiraient le gouvernement véritable se glissèrent vite dans ce gouvernement en miniature, qu'on eut du moins la ressource de supprimer sans violences.

BALLUE (Auguste-Eléonor-Arthur), membre de la Chambre des députés, né à Conty (Somme), le 16 décembre 1835, est le descendant en ligne directe de Dufriche-Valazé, membre de la Convention et girondin. Il passa par l'Ecole de Saint-Cyr, et fit, comme officier d'ordonnance du maréchal Randon, la campagne de Crimée, qui lui valut la croix de la Légion d'honneur (1855). Il était encore au service lors de la guerre franco-allemande, et commanda, pendant le siège de Paris, un bataillon de zouaves. Retraité en 1871, avec le grade de capitaine, il entra dans la presse départementale, fit partie de la rédaction du *Progrès de Lyon*, du *Lyon républicain*, et subit plusieurs condamnations pour délits de presse; s'étant vu, à la suite d'un de ces jugements, rayé des cadres de la Légion d'honneur, il en appela au Conseil d'Etat et obtint (janvier 1875) l'annulation, pour abus de pouvoir, du décret qui l'avait frappé. Après avoir été quelque temps l'éditeur-gérant de la revue l'*Art*, il revint à Lyon et se mêla activement aux polémiques locales, comme champion du parti « opportuniste ». Le 23 mai 1890, la 1re circonscription de Lyon ayant eu à nommer un député en remplacement de M. Ed. Millaud, passé sénateur, donna un très grand nombre de suffrages à Blanqui. Les républicains modérés, unis à certains radicaux, pour faire échec à cette candidature révolutionnaire dont le succès au second tour paraissait certain, firent appel à M. Ballue, qui obtint au scrutin de ballottage 8,280 voix (14,988 votants, 24,142 inscrits), et fut élu. Blanqui n'eut que 5,947 voix. A la Chambre, M. Ballue vota parfois avec l'extrême gauche, sans s'associer toutefois à la ligne politique suivie par le petit groupe des députés intransigeants. Il demanda, en janvier 1881, avec Madier de Montjau, dans la discussion de la loi sur la presse, la suppression du délit d'outrage au Président de la République, pour ne pas rétablir le crime de lèse-majesté; en mars, il proposa à la loi militaire un amendement qui plaçait les instituteurs dans la seconde portion du contingent et assu-

jettissait les séminaristes au droit commun, vota *pour* le projet de loi sur le divorce, *pour* le projet du gouvernement sur la liberté de la presse, etc., et fut l'auteur, dans la session, d'une proposition de loi concernant les nominations civiles dans la Légion d'honneur. Réélu, le 21 août 1881, par 11,695 voix (17,220 votants, 24,223 inscrits) contre 2,402 données à M. Félix Pyat, 1,360 à M. Rogelet, et 538 à M. Reverchon, il s'inscrivit à la gauche radicale et intervint dans un assez grand nombre de débats concernant la loi militaire, les chemins de fer, le budget, particulièrement celui de la guerre. En janvier 1883, il proposa la nomination d'une commission qui concentrerait l'examen de tous les projets de lois militaires, interpella, le 4 mai, M. de Freycinet sur l'incident de l'oasis de Figuig, et, le 4 juillet, sur l'indemnité due par l'Espagne à nos nationaux victimes de l'insurrection carliste. On lui doit aussi une proposition de loi, déposée en 1883, et tendant à faire rayer de l'armée les princes d'Orléans. Il se prononça, avec les radicaux : *contre* le maintien de notre ambassadeur auprès du pape (1886) *pour* la suppression du budget des cultes et *pour* la nomination du Sénat par le suffrage universel, mais vota avec les opportunistes tous les crédits demandés pour le Tonkin et Madagascar.

M. Ballue figura sur la liste des candidats radicaux, le 4 octobre 1885; il passa le 1er sur 11 avec 87,531 voix (136,430 votants, 178,887 inscrits), et revint dans la nouvelle Chambre siéger à la gauche radicale. Il signa, en février 1886, le projet de loi déposé par M. Duché demandant la remise en vigueur des lois d'expulsion de 1832 et 1848 contre les Bonapartes et les Bourbons, et le soutint à la tribune à la séance du 4 mars. Son acte parlementaire le plus important, durant cette législature, a été le dépôt (1886) d'un projet de loi vivement discuté à la commission du budget et dans la presse en faveur de l'impôt sur le revenu. Cet impôt, dans le système de M. Ballue, aurait frappé les diverses sources de revenus. La commission du budget, saisie vers la même époque de deux autres projets analogues, l'un de M. C. Dreyfus, qui semblait tendre à une taxe unique sur les revenus pris en bloc , l'autre de M. Yves Guyot, qui comprenait l'impôt sur le revenu comme un impôt sur le capital, se prononça pour le principe de cette réforme, que l'on put croire sur le point d'aboutir, mais qui fut cependant ajournée.

A la fin de cette année, le député du Rhône, tombé gravement malade, est devenu complètement étranger aux travaux parlementaires; son état mental inspira d'assez sérieuses inquiétudes à ses amis pour qu'on le fit admettre dans une maison de santé où il est encore. M. Ballue a été conseiller général du Rhône pour l'un des cantons de Lyon.

BALMAIN (Jacques-Antoine), membre de la Convention et député au Conseil des Cinq-Cents, né à Saint-Sorlin-d'Arves (Savoie), le 11 avril 1751, mort à Chambéry en 1828, était avocat au Sénat de Savoie, jurisconsulte estimé, lorsqu'il fut député par Saint-Jean de Maurienne à l'Assemblée nationale souveraine des Allobroges convoquée à Chambéry, le 21 octobre 1792, par les soins des commissaires envoyés par la Convention après l'occupation de la Savoie par l'armée française. Elu membre de la Convention par le département du Mont-Blanc, le 10 février 1793, il prit séance en mars suivant, siégea parmi les modérés, et fut, après le 9 thermidor, membre du Comité des finances et secrétaire de l'Assemblée.

Aux élections du 22 vendémiaire an IV qui suivirent la promulgation de la Constitution de l'an III, il fut réélu par le même département, député au Conseil des Cinq-Cents où il ne prit pas plus la parole qu'à la Convention. Éliminé par le sort, le 20 mai 1797, il fut élu par son département membre du tribunal de cassation, mais n'y fut pas maintenu par le gouvernement consulaire, qui le nomma, le 12 prairial an VIII, juge au tribunal d'appel de Grenoble. Quand le département du Mont-Blanc cessa de faire partie du territoire français (1815), Balmain reprit sa profession d'avocat à Chambéry, et l'exerça jusqu'à sa mort.

BALSAN (Jean-Jacques-Martin-Auguste), représentant à l'Assemblée nationale de 1871, né à Paris, le 6 juin 1836, grand manufacturier, fabricant de draps à Châteauroux, chevalier de la Légion d'honneur, ancien juge au tribunal de commerce et conseiller général, fut élu, le 8 février 1871, par les conservateurs de l'Indre représentant à l'Assemblée nationale, le 1er de la liste, avec 48,980 voix sur 58,022 votants, et 79,482 inscrits. « Son élection à l'assemblée, écrivait en 1875 M. Jules Clère dans la *Biographie des députés*, a été son début politique, début peu brillant du reste, car M. Balsan semble n'avoir eu jusqu'ici qu'un but, qu'il a du reste complètement atteint, celui de faire ignorer son existence. »

D'abord membre de la réunion Feray (républicains-conservateurs) et du groupe Target, dont le concours fit l'appoint de la majorité de droite, le 24 mai, pour l'adoption de l'ordre du jour Ernoul et le renversement de Thiers, il s'inscrivit plus tard au centre droit; il vota toujours d'accord avec la droite, *pour* la paix, *pour* les prières publiques, *pour* l'abrogation des lois d'exil, *pour* le pouvoir constituant de l'Assemblée, *pour* la prorogation des pouvoirs du maréchal, *pour* l'état de siège, *pour* la loi des maires, *pour* le ministère de Broglie, *contre* le retour du Parlement à Paris, *contre* la dissolution et *contre* l'amendement Wallon (30 janvier 1875). Il vota, le 25 février, pour l'ensemble des lois constitutionnelles.

BALTET (Stanislas), membre de la Chambre des députés, né à Troyes (Aube), le 25 novembre 1832, s'occupa de politique en même temps que d'industrie, devint directeur de *l'Avenir républicain* de Troyes, et fut élu conseiller général de l'Aube, puis député aux élections du 21 août 1881 dans la 2e circonscription de Troyes. Il obtint 5,894 voix sur 11,750 votants et 15,409 inscrits; son concurrent, M. Louis Saussier, frère du général, candidat centre gauche, en eut 4,594. Il siégea à l'Union républicaine, *s'abstint* lors du vote sur le suffrage universel applicable au Sénat, se prononça *pour* la séparation de l'Église et de l'État, *pour* la suppression de l'ambassade auprès du pape, *pour* l'expédition du Tonkin. Inscrit sur la liste républicaine opportuniste de l'Aube aux élections du 4 octobre 1885, il ne fut élu qu'au scrutin de ballottage, le 4e et dernier de la liste, par 39,468 voix sur 66,086 votants et 78,207 inscrits. M. Baltet a voté dans la dernière session : le 11 février 1889 *pour* le rétablissement du scrutin uninominal, le 14 février *pour* l'ajournement indéfini du projet de revision des lois constitutionnelles (chute du ministère Floquet); le 14 mars *pour* la demande en autorisation de poursuites contre trois députés

membres de la Ligue des Patriotes; le 2 avril *pour* le projet de loi Lisbonne restrictif de la liberté de la presse; le 4 avril *pour* la demande en autorisation de poursuites contre le général Boulanger.

BALZAC (Marie-Auguste, baron de), député de 1829 à 1830, puis de 1834 à 1837, et représentant du peuple à l'Assemblée législative de 1849, né à Colombiès (Aveyron) le 4 août 1788, mort au château de Mazet (Aveyron), le 5 février 1880, entra dans l'administration comme auditeur au conseil d'État en 1810, et suivit la carrière sous l'Empire et la Restauration. Successivement préfet des départements de Tarn-et-Garonne, de l'Oise et de la Moselle, puis conseiller d'État, secrétaire général du Ministère de l'intérieur et directeur de l'administration départementale, il s'était complètement rallié au gouvernement de la Restauration, et c'est comme royaliste dévoué qu'il fut, le 20 juin 1829, élu député de la Moselle au collège de département, en remplacement de M. Durand, démissionnaire. L'année d'après, il fut élu dans son département d'origine (2e arrondissement de l'Aveyron). Lors du renouvellement de juin 1834, nommé encore une fois avec 120 suffrages, il fut un des 25 députés légitimistes qui firent partie de la session de 1834-37. Il entra ensuite dans la vie privée jusqu'en 1849, époque à laquelle les conservateurs monarchistes de l'Aveyron l'envoyèrent à l'Assemblée législative, le 5e sur 8, par 43,226 voix sur 79,850 votants et 112,514 inscrits. Il y vota avec la droite, et donna son approbation à toutes les propositions émanées, soit de cette fraction de l'Assemblée, soit des ministres du prince-président.

BAMBERGER (Edouard-Adrien), représentant à l'Assemblée nationale de 1871, député de 1876 à 1881, né à Strasbourg, le 25 septembre 1825, d'une famille israélite influente de l'Alsace, vint s'établir à Metz, en 1858, pour y exercer la médecine. Jusqu'à la fin de l'Empire, il s'occupa peu de politique militante, et se fit surtout connaître comme vice-président du cercle Messin de la Ligue de l'enseignement, et par de nombreuses conférences populaires sur des questions d'enseignement. Élu représentant de la Moselle, le 8 février 1871, par 33,632 voix (76,631 votants, 89,850 inscrits), il prit séance à l'Assemblée de Bordeaux, protesta énergiquement contre les préliminaires de paix, et fut même, à ce sujet, l'auteur d'une interruption qui amena un incident célèbre dont la conséquence fut le vote de déchéance de l'Empire. « Le projet de traité avec la Prusse, — s'écria M. Bamberger, — constitue, selon moi, une des plus grandes iniquités que l'histoire des peuples et les annales diplomatiques auront à enregistrer. Un seul homme, et je le déclare tout haut, un seul homme devait le signer : cet homme, c'est Napoléon III ! »

A ce nom, un grand tumulte s'éleva dans l'Assemblée, et, en dépit de la protestation de cinq représentants bonapartistes, la dynastie déchue fut, à la presque unanimité des voix, déclarée « responsable de la ruine et du démembrement de la France. »

La paix votée, M. Bamberger signa la lettre d'adieu et de démission adressée à l'Assemblée par les représentants des territoires cédés à la Prusse; mais il revint, trois semaines après, reprendre à Versailles son siège de député, cédant à l'invitation du chef du pouvoir exécutif. « En présence des événements actuels, écrivit alors M. Bamberger, je croirais commettre une désertion, si je n'offrais à mes collègues le faible concours de mon dévouement et de mes efforts. »

Peu de temps après, il attacha son nom à une proprosition restée également célèbre, et qui tendait à la publication immédiate des décisions des commissions d'enquête sur les capitulations. Cette proposition visait directement le maréchal Bazaine dont l'arrestation et la mise en jugement furent presque aussitôt décidées.

A l'Assemblée nationale, M. Bamberger, inscrit au groupe de la gauche républicaine, a voté :

Le 1er mars 1871, *contre* la paix ;

Le 16 mai, s'est *abstenu* dans le scrutin sur les prières publiques ;

Le 10 juin, a voté *contre* l'abrogation des lois d'exil ;

Le 30 août, *contre* le pouvoir constituant de l'Assemblée ;

Le 3 février 1872, *pour* le retour du Parlement à Paris ;

Le 24 mai 1873, *contre* la démission de Thiers ;

Le 19-20 novembre, *contre* le septennat ;

Le 30 janvier 1874, *contre* la loi des maires ;

Le 25 février 1875, *pour* les lois constitutionnelles.

Lors du renouvellement de la Chambre des députés, en 1876, il fut élu au second tour de scrutin, le 5 mars, dans la 2e circonscription de l'arrondissement de Saint-Denis (Seine), par 4,893 voix sur 9,624 votants, et 12,900 inscrits, contre 4,453 au docteur Villeneuve, candidat républicain radical.

Il siégea sur les mêmes bancs, s'associa au vote des 363 contre le ministère du 16 mai, et, la Chambre ayant été dissoute, fut renommé le 14 octobre 1877 dans la même circonscription, par 8,871 voix (12,199 votants, 14,667 inscrits). M. Détroyat, candidat conservateur, en réunit 3,204. Dans la législature de 1877-1881, il vota notamment :

Le 20 janvier 1879, *pour* l'ordre du jour de confiance accordé au ministère Dufaure ;

Le 4 juin, *pour* l'invalidation de l'élection Blanqui ;

Le 16 mars 1880, *pour* l'application des lois existantes aux congrégations.

Il échoua aux élections du 21 août 1881, avec 1,592 voix seulement contre le docteur Villeneuve, son ancien concurrent, qui fut élu.

BANASSAT (ANTOINE), député à l'Assemblée constituante de 1789, né à Guéret (Creuse), en 1729, mort à Rochefort, le 18 août 1794, était curé de la paroisse de Saint-Fiel (Creuse), quand il fut, le 21 mars 1789, élu député du clergé aux Etats-Généraux par la sénéchaussée de Guéret. Son rôle dans l'Assemblée fut peu important. Le 23 octobre 1790, à propos de l'organisation des tribunaux, il prit la parole pour demander « si un chanoine, qui n'est ni prêtre, ni diacre, ni sous-diacre, mais seulement tonsuré, et qui n'a autre chose à faire qu'à recevoir sa pension, peut être éligible aux places de juges. » La question fut renvoyée à l'examen des comités. De retour dans la Creuse après la session de la Constituante, l'abbé Banassat fut, plus tard, dénoncé, et arrêté comme suspect, puis condamné à la déportation. Il était détenu à Rochefort, à bord d'un bâtiment de l'Etat, quand il y mourut.

BANCAL DES ISSARTS (JEAN-HENRI), membre de la Convention et député au Conseil des Cinq-Cents, né à Saint-Martin-de-Londres (Hérault), le 3 novembre 1750, mort à Paris le 27 mai 1826, était notaire à Clermont-Ferrand avant la Révolution. Elu membre de la Convention par le département du Puy-de-Dôme, le 6 septembre 1792, à la pluralité des voix sur 671 votants, il siégea à la plaine, et affirma en toute occasion la modération de ses opinions. Après l'occupation de la Savoie par l'armée française (1792), il protesta, à la séance du 27 septembre, contre l'annexion décrétée par la Convention, et soutint le droit de la Savoie de choisir elle-même son gouvernement. Dans le procès de Louis XVI, il prit la parole en ces termes, sur les deux appels nominaux. Relativement à l'appel au peuple :

« Comme l'histoire de toutes les républiques atteste éternellement qu'il s'y est formé des factions puissantes qui ont fini par les renverser, parce qu'elles n'étaient pas appuyées de la volonté puissante du peuple ; que les volontés particulières luttent dans ce moment contre la volonté générale, et que le seul moyen d'anéantir les volontés privées et les factions est d'appeler la volonté nationale ; que les despotes de l'Europe sont tous intéressés à ce que la France ne se maintienne pas en république ; comme je vois approcher une guerre plus sérieuse que celle de l'année dernière ; qu'il faudra pour la soutenir, que le peuple en peu de temps se lève tout entier ; que le sentiment même du danger fortifiera encore plus l'union nationale et l'indivisibilité de la République ; que la question a à décider par les assemblées primaires est très simple, très aisée ; que je pense que le peuple sera docile à la voix de la Convention nationale, comme il l'a déjà été du temps de l'Assemblée législative, et qu'il se bornera à prononcer soit la mort, soit le bannissement ; comme je pense qu'il s'agit moins ici d'anéantir un roi que la royauté, moins encore d'anéantir la royauté française que d'anéantir toutes les royautés de l'Europe, qui lutteraient sans cesse contre notre République ; la liberté et la vertu ne peuvent avoir de stabilité sans le peuple ; enfin, comme Louis Capet est un otage dont la conservation jusqu'à la fin de cette guerre tend à épargner le sang français, je dis *oui*. »

Relativement à la peine :

« Je ne vote point la mort actuelle de Louis Capet : 1° Parce qu'un décret de l'Assemblée législative rendu le jour même de la Révolution glorieuse du 10 août l'a déclaré un otage national, et que l'existence provisoire de cet otage peut épargner le sang des Français ;

2° Parce que Louis Capet a un très grand nombre de complices qu'il appartient à la République de connaître ;

3° Parce que la mort d'un ci-devant roi, surtout dans un temps de guerre est un événement qui peut amener une révolution dont personne ne peut calculer les suites ; et lorsqu'on ne voit pas sa marche sûre, lorsqu'il y a du doute, la sagesse prescrit de rester dans l'état où on est jusqu'à ce qu'on ait acquis de plus grandes lumières ;

4° Parce que l'histoire d'Angleterre donne une grande leçon à tous les peuples qui fondent des républiques ;

5° Parce qu'après la mort de cet homme avili, les cours étrangères et les factions seront encore plus actives, plus puissantes, pour tenter de lui donner un successeur ;

6° Que les prétentions des trônes ont causé le plus grand nombre des guerres qui ont affligé l'humanité, et inondé la terre de sang. L'ambition fut la même dans tous les siècles. Elle aime mieux périr que de renoncer à ses projets homicides;

7° Parce qu'un supplice qui ne cause qu'un instant de souffrance me paraît moins punir un criminel qu'une vie couverte d'opprobres, surtout lorsque l'homme tombe du rang le plus élevé;

8° Parce que j'aime mieux pour la vengeance du peuple et l'instruction du monde voir le premier roi de l'univers condamné à faire un métier pour gagner sa vie;

9° Parce que la soif de la vengeance et du sang ne sont que dans les individus et les factions, jamais dans une grande nation prise en masse, surtout lorsqu'elle est victorieuse;

10° Parce que, dans toutes ses actions, le législateur doit être le fidèle interprète de la volonté générale, et je pense que la majorité des citoyens français ne voterait pas pour la mort actuelle. Je pense que ce jugement sera celui non des rois, qui aiment mieux un roi mort qu'un roi avili, mais le jugement des nations et de la postérité, parce qu'il est celui de Thomas Payne, le plus mortel ennemi des rois et de la royauté, dont le suffrage est pour moi une postérité anticipée;

11° Parce que la peine de mort est absurde, barbare et propre à rendre les masses féroces, et est une des grandes causes des maux dont gémit la société. Cependant, comme la peine de mort n'est point encore abolie, je pourrai peut-être me déterminer à voter cette peine après la guerre, parce que je crois que Louis Capet a mérité la mort et qu'alors les plus grands dangers seront passés; mais dans le moment présent, obligé de porter un suffrage positif, mon devoir me prescrit de préférer le bannissement comme la mesure la plus grande, la plus efficace contre les factions, la plus sûre pour maintenir en France la liberté, l'égalité et la forme du gouvernement républicain, parce que, quoi qu'il arrive, je vivrai et mourrai républicain, et comme le législateur doit résister aux passions privées qui l'entourent, braver avec fermeté, avec dignité tous les périls, et n'obéir qu'à sa conscience et à la raison, je vote pour que Louis Capet continue à rester emprisonné et en otage, qu'après la guerre il soit banni à perpétuité du territoire de la République. »

En février 1793, Bancal des Issarts monta à la tribune pour accuser Marat de folie, et demander son admission dans une maison de santé; il combattit la formation d'un comité de salut public, et, heureusement pour lui peut-être, fut un des commissaires envoyés, peu après, à l'armée du Nord pour surveiller la conduite de Dumouriez. Le général fit arrêter les commissaires, qui furent livrés aux Autrichiens, et détenus en prison par ces derniers jusqu'au traité de Bâle, en nivôse an IV, qui stipula leur échange contre la fille de Louis XVI. A son retour, Bancal des Issarts occupa au conseil des Cinq-Cents la place que lui avaient réservée ses collègues, reçut l'accolade du Président et fut gratifié d'un vote de l'Assemblée déclarant qu'il avait bien rempli sa mission. Dans cette assemblée, il parla sur les théâtres et contre les maisons de jeux, et demanda, le 21 nivôse an V, l'abolition de la loi qui permettait le divorce pour incompatibilité d'humeur. Sorti du Conseil en mai 1797, il se retira à Clermont; il étudia l'hébreu pour lire la Bible dans le texte original et poursuivit les travaux dont son premier ouvrage, publié

dès 1797, donne le sens : *Du nouvel ordre social, fondé sur la religion*. Sainte-Beuve a publié en 1835 une assez volumineuse correspondance de Bancal des Issarts avec Mme Roland.

BANCALIS DE MAUREL, *Voy.* ARAGON (MARQUIS D').

BANCEL (JEAN-BAPTISTE-FRANÇOIS-DÉSIRÉ), représentant à l'Assemblée législative de 1849 et député en 1869-70, né à la Mastre (Ardèche), le 12 février 1822, mort à la Mastre, le 23 janvier 1871, était le fils d'un avocat de Valence qui s'était acquis de la réputation au barreau de cette ville et qui fut aussi membre du Conseil général de l'Ardèche. Il étudia le droit sous les auspices de son père, et en 1848 écrivit, en collaboration avec lui, une étude sur le *Crédit hypothécaire* envisagé au point de vue du crédit public et de l'organisation du travail. Inscrit lui-même au barreau de Valence, et, connu pour ses opinions ardemment républicaines, il fut nommé, le 13 mai 1849, représentant du peuple à l'Assemblée législative par le département de la Drôme, qui lui donna 41,104 voix sur 67,889 votants et 94,136 inscrits. Il siégea à la Montagne, et se montra un des plus résolus adversaires de la politique napoléonienne ou royaliste. Il se mêla à plusieurs discussions publiques, principalement à celle de la révision de la Constitution, et vota :

Le 20 octobre 1849, *contre* les crédits demandés pour l'expédition romaine;

Le 8 décembre, *pour* la proposition Savatier-Laroche (abolition de la peine de mort);

Le 31 mai 1850, *contre* la nouvelle loi électorale;

Le 16 juillet, *contre* le cautionnement et l'impôt du timbre sur les écrits périodiques.

Après le coup d'état du 2 Décembre, contre lequel il avait protesté, il fut (9 janvier 1852) envoyé en exil : il se réfugia à Bruxelles. Quatre ans après, l'Université libre l'y chargea de lectures publiques, destinées à remettre en faveur la littérature française des XVII° et XVIII° siècles, et qui ne tardèrent pas à prendre le caractère de véritables harangues démocratiques; elles obtinrent, d'ailleurs, le plus brillant succès, non seulement à Bruxelles, mais dans toute la Belgique, que Bancel parcourait activement en orateur de la libre-pensée. Rentré en France après l'amnistie, il fut, en 1864, lors des deux élections complémentaires de Paris, présenté comme candidat; l'autorité refusa d'admettre son serment voyagé de Bruxelles par le télégraphe. A cette occasion, il poursuivit même judiciairement le préfet de police, mais l'affaire n'eut pas de suites. Sa candidature fut posée à nouveau et dans de meilleures conditions de réussite, le 24 mai 1869, à la fois dans la Drôme, dans la 2° circonscription du Rhône et dans la 3° circonscription de la Seine, où il engagea la lutte contre M. Émile Ollivier. Bancel était le candidat des républicains radicaux dits « irréconciliables »; toutefois, il déclara qu'il prêterait le serment à l'Empire, et, dans une réunion tenue à la salle de la Redoute, à Paris, il fit entendre cette déclaration : « La démocratie est sainte et sacrée; je suis son enfant, je serai son défenseur, son apôtre, mais la démagogie n'est pas autre chose que la route tracée aux dictatures et aux despotismes. Je ne suis ni jacobin, ni montagnard, ni girondin, ni maratiste, ni hébertiste, mais le fils dévoué de la révolution et l'amant de la liberté! » Il se prononçait contre les armées permanentes; quant à la liberté d'enseignement telle que la réclament les catholiques, il la considérait comme la « liberté de ne pas enseigner ».

Cette élection donna lieu à un incident particulier. On attendait la profession de foi de M. Emile Ollivier; mais on lut, à la place, dans les journaux, la lettre suivante adressée à M. Bancel : « Monsieur, 1,073 électeurs de la 3e circonscription, dont j'ignore le nom, vous ont offert une candidature contre moi, parce que je me suis rendu indigne de la confiance de la démocratie. Vous avez accepté cette offre; par là, vous vous êtes engagé à reproduire, en ma présence, et à justifier l'accusation d'indignité qui est la raison de votre candidature. Je vous engage publiquement à remplir cet engagement.

Agréez..., etc. EMILE OLLIVIER. »

M. Bancel répondit qu'il n'était point partie dans ce procès entre M. E. Ollivier et ses électeurs, procès qui ne pouvait se débattre que dans les réunions publiques. Après la réunion privée convoquée par M. E. Ollivier au théâtre du Châtelet, qui fut envahi par les partisans de Bancel, ce dernier, soutenu par les journaux de la démocratie avancée, et notamment par le Rappel, fut élu à Paris par 22,848 voix (36,343 votant, 44,032 inscrits); M. Emile Ollivier n'obtint que 12,848 suffrages. En même temps, la 2e circonscription de Lyon lui donnait également la majorité : 16,953 voix contre MM. Hénon, député sortant, 6,936, et Mathevon, 5,433 (29,495 votants, 40,220 inscrits); quoique assermenté à l'Empire, Bancel, qui avait promis de représenter a la Chambre « l'opposition irréconciliable et l'éternelle revendication », vota pendant la dernière session du Corps législatif avec l'opposition parlementaire la plus accentuée. Il s'était prononcé contre la déclaration de guerre à la Prusse; mais sa santé l'ayant obligé à se retirer dans la Drôme, avant le 4 septembre 1870, il ne put prendre part aux événements politiques qui accompagnèrent et suivirent la chute du gouvernement impérial. Gravement malade à la Mastre, il y mourut pendant la guerre franco-allemande.

BANDSEPT (NICOLAS), représentant du peuple à l'Assemblée législative de 1849, né à Strasbourg, le 1er février 1818, était ouvrier cordonnier dans cette ville, lorsque, aux élections du 13 mai 1849, il fut l'élu des démocrates socialistes du Bas-Rhin, le 10e sur 12, avec 34,472 voix (95,863 votants, 146,942 inscrits). Il prit place à la Nouvelle-Montagne et opina, jusqu'au coup d'état de décembre, avec les représentants de l'extrême-gauche. Il se prononça contre l'ordre du jour pur et simple (11 juin 1849) dans l'interpellation Ledru-Rollin sur les affaires d'Italie. Signataire de l'appel aux armes lancé le 13 juin par la Montagne, il ne fut cependant l'objet d'aucune poursuite, vota contre celles qui furent demandées par le gouvernement contre plusieurs de ses collègues, ainsi que contre tous les crédits destinés à l'expédition romaine. Il fut l'adversaire de la loi électorale du 31 mai 1850, comme de la loi Falloux-Parieu sur l'enseignement.

Après le coup d'état de L. N. Bonaparte, dont il avait combattu la politique par ses votes, il fut un des 66 représentants républicains que le président expulsa de France par décret spécial. Il passa en Angleterre. Depuis, M. Bandsept s'est tenu à l'écart de la politique.

BANDY DE LA CHAUD (LÉONARD), député à l'Assemblée constituante de 1789, né à Felletin (Creuse), le 21 décembre 1729, mort à une date inconnue, était lieutenant au maire et marchand à Felletin; la sénéchaussée de la Basse-Marche le députa aux Etats-Généraux comme représentant du Tiers, le 24 mars 1789. Il s'y montra le partisan réservé et surtout très obscur des idées nouvelles.

BANDY DE NALÊCHE (GILBERT-JACQUES), représentant à la Chambre des Cent-Jours, né à Felletin (Creuse), le 3 avril 1756, mort à Felletin, le 20 avril 1820, était le fils du précédent. Entré au service, il devint (1791) capitaine de grenadiers, puis chef d'escadron; à la suite du siège de Thionville (1792) où il s'était fait remarquer, il reçut le commandement du 20e régiment de chasseurs à cheval. L'année d'après, il passa général de brigade. De nombreuses blessures le forcèrent de rentrer en France en 1796, et d'accepter les fonctions d'inspecteur de la 13e légion de gendarmerie. Après le 18 brumaire le général Bandy de Nalêche ayant émis un vote négatif sur la question du consulat à vie, fut mis à la réforme et resta six ans en disgrâce. Napoléon ne cessa de lui tenir rigueur le 10 février 1810; il le nomma alors gouverneur de Bréda, puis commandant supérieur de toutes les îles de la Zélande, qu'il reçut l'ordre, en 1814, de céder aux troupes hollandaises. Le 10 mai 1825, l'arrondissement d'Aubusson (Creuse) le nomma représentant à la Chambre des Cent-Jours; il n'y prit pas la parole, et, après Waterloo, rentra définitivement dans ses foyers.

BANDY DE NALÊCHE (CHARLES-LÉONARD-LOUIS), petit-fils du précédent, député de 1876 à 1879, né à Aubusson (Creuse), le 28 juillet 1828, mort à Versailles, le 15 février 1879, se fit un certain renom comme publiciste par divers travaux de littérature et d'histoire sur la Moldo-Valachie, sur Michel de l'Hospital, dont il publia les poésies, sur le département de la Creuse, etc. Il exerça, de 1858 à 1862, la profession d'avocat au Conseil d'Etat et à la Cour de cassation, et se tint d'ailleurs, sous l'Empire, à l'écart de toute fonction gouvernementale. Attaché aux idées libérales et complètement rallié à la République après 4 septembre 1870, il fut, aux élections du 20 février 1876, le candidat et l'élu des républicains de la 2e circonscription d'Aubusson avec 6,580 voix sur 7,437 votants et 11,718 inscrits, contre 640 à M. de Cornudet. Il fut de la gauche modérée, et vota ainsi ce groupe :

Le 19 mai 1876, pour l'amnistie partielle;

Le 3 juin, pour le projet de loi sur la collation des grades;

Le 12 juillet, pour la nouvelle loi sur l'élection des maires;

Le 28 décembre, contre la discussion des articles du budget renvoyés à la Chambre par le Sénat;

Le 4 mai 1877, pour l'ordre du jour Laussedat contre les menées ultramontaines.

M. Bandy de Nalêche fit partie de la majorité des 363 qui résista au gouvernement du 16 mai; il fut, à ce titre, réélu par sa circonscription, qui lui donna, le 14 octobre 1877, 5,393 voix contre 1,625 à M. Dupic (7,067 votants, 11,664 inscrits). Rentré à la Chambre, il vota l'ordre du jour du 24 novembre 1877 contre le ministère éphémère de M. de Rochebouët, soutint celui de M. Dufaure, et mourut pendant la session.

BANNEVILLE (Gaston-Robert Morin, marquis de), ministre des affaires étrangères en 1877, né le 26 avril 1818, mort à Paris le 13 juin 1881, entra de bonne heure dans la carrière diplomatique, fut attaché d'abord au ministère (1835), puis à l'ambassade de Londres (1840) et à celles de Berne et de Munich. Il occupait dans cette dernière les fonctions de secrétaire, quand la Révolution de 1848 lui fit donner sa démission, et le rendit momentanément à la vie privée. Adversaire des institutions républicaines, il accepta de servir le second Empire, fut envoyé comme secrétaire successivement à Naples (1852) et à Vienne (1856). En 1859, il assista en qualité de second plénipotentiaire aux conférences de Zurich. Il fut plus tard titulaire de l'ambassade de Berne, et représenta quelque temps le gouvernement impérial auprès du pape. Nommé à Vienne en 1871, il prit sa retraite deux ans après. Les circonstances dans lesquelles le portefeuille des affaires étrangères lui fut offert sont particulières : le maréchal de Mac-Mahon, après l'insuccès de l'acte du 16 mai et la démission de MM. de Fourtou, de Broglie, Decazes, Caillaux, Brunet, etc., ne pouvant se résoudre tout d'abord à prendre de nouveaux ministres dans la majorité républicaine de la Chambre, songea à la constitution d'un cabinet « d'affaires », choisi tout entier hors du Parlement, et dont la présidence fut confiée au général de division M. de Grimaudet de Rochebouët. C'est dans ce cabinet, formé le 23 novembre 1877, que M. le marquis de Banneville fut, pour quelques jours, ministre des affaires étrangères. Très mal accueillis par la Chambre des députés qui dès le lendemain, déclara par 315 voix, dans un ordre du jour motivé, qu'elle ne pouvait entrer en rapport » avec eux, les membres du cabinet Rochebouët estimèrent, le 7 décembre, que leur dignité leur faisait un devoir de se retirer ; ils furent alors remplacés par le ministère parlementaire de M. Dufaure. M. de Banneville n'avait d'ailleurs signalé son court passage aux affaires par aucun acte politique important.

BANSARD DES BOIS (Alfred-Alexandre), député de 1881 à 1885, né à Rémalard (Orne), le 29 avril 1848, appartint quelque temps à l'administration des contributions directes, qu'il quitta, après avoir recueilli un héritage, pour se consacrer à la politique. Les républicains du département de l'Orne l'élurent d'abord conseiller général pour le canton de Bellême, puis député de la 1re circonscription de Mortagne. Rallié ostensiblement à la République, le représentant de cette circonscription, M. Dugué de la Fauconnerie, venait de donner sa démission pour solliciter des électeurs l'approbation de sa conduite. M. Bansard des Bois obtint contre lui, le 6 mars 1881, 6,659 voix sur 11,988 votants et 14,214 inscrits. Ses premiers votes à la Chambre furent quelquefois d'accord avec ceux des radicaux; mais ayant été réélu le 21 août de la même année avec 6,537 voix contre 5,876, données à M. de Lévis-Mirepoix, légitimiste, il s'attacha jusqu'en 1885 à la politique de M. Jules Ferry, et vota : *pour* l'expédition du Tonkin, *pour* le maintien de l'ambassadeur près du pape,

pour le maintien du budget des cultes, *contre* l'élection du Sénat par le suffrage universel. Il fut porté sur la liste républicaine, mais sans succès, lors du renouvellement de la Chambre le 4 octobre 1885. Le dernier élu de la liste conservatrice, son ancien concurrent, M. de Lévis-Mirepoix, eut 45,479 voix. M. Bansard des Bois venait ensuite avec 41,276 suffrages.

BANYULS-FOURADES. — Voy. Montferré (chevalier de).

BAR (Jean-Étienne), membre de la Convention, député au Conseil des Anciens, né à Anneville-sur-Mer (Manche), le 3 décembre 1749, mort à Thionville (Moselle), le 3 mars 1801, était avocat à Thionville avant la Révolution, et greffier de la municipalité de cette ville, lorsqu'il fut élu, le 8 septembre 1792, membre de la Convention par le département de la Moselle, à la pluralité des voix sur 301 votants. Il siégea à la Montagne, et, dans le procès de Louis XVI, au 3e appel nominal, ne dit que ces mots : « Louis mérite la mort. » Envoyé en mission à l'armée du nord, à la fin de 1793, il annonça à la Convention la levée du blocus de Maubeuge, et, de retour à Paris, devint secrétaire de l'Assemblée après le 9 thermidor, et prit la parole pour demander de suspendre toute radiation de la liste des émigrés, dont les jacobins signalaient alors la rentrée.

Il entra au Conseil des Anciens, le 17 nivôse an IV, où il protesta contre l'admission de Job-Aymé (Voy. *Aymé*) au corps législatif, en sortit en 1797, et fut envoyé, le 1er prairial an V, comme commissaire près les tribunaux du département du Bas-Rhin. Favorable au coup d'état de brumaire, il fut nommé, le 28 floréal an VIII, président du tribunal civil de Thionville, poste qu'il occupa jusqu'à sa mort.

BAR (Adrien-Aimé-Fleury comte de), représentant du peuple à l'Assemblée législative de 1849 et sénateur du second Empire, né à Thiais (Seine), le 13 décembre 1783, mort à Paris, le 24 décembre 1861. Engagé volontaire en 1805, il gagna ses premiers grades dans les campagnes de Portugal et d'Allemagne, fut grièvement blessé à Bautzen (1813), et resta quelque temps en captivité. Il se battit ensuite à Waterloo, à la tête d'un régiment de ligne. Demeuré au service sous la Restauration, il prit part à la guerre d'Espagne (1823) ainsi qu'à la conquête de l'Algérie (1830). Nommé maréchal de camp, puis lieutenant-général, il se distingua devant Cherchell où il battit Abdel-Kader, et devint le principal lieutenant du maréchal Bugeaud; plusieurs fois même, il le suppléa comme gouverneur général de l'Algérie. Mis à la retraite avec le grade de général de division en 1848, il montra peu de sympathie pour le gouvernement républicain, et accepta d'être le candidat des monarchistes dans le département de la Seine, lors des élections complémentaires du 8 juillet 1849 à la Législative.

Il s'agissait de remplacer un certain nombre de représentants, Ledru-Rollin, Félix Pyat, et autres, élus dans plus d'un département et dont l'option avait déterminé quelques vacances. La liste républicaine fut battue, et celle des conservateurs, où figurait le général de Bar avec Benjamin Delessert, Ferdinand Barrot, etc., passa tout entière. Élu par 122,894 voix sur 234,588 votants et 373,800 inscrits, M. de Bar vota avec la majorité, seconda les vues du

Président, et se déclara : *pour* l'expédition romaine, *pour* la proposition du général Baraguey d'Hilliers tendant à abolir la gratuité de l'École polytechnique, *contre* l'abolition de la peine de mort, *pour* l'interdiction des clubs, *pour* la loi organique sur l'enseignement (loi Falloux), etc. Après le coup d'état de décembre, il fut appelé à faire partie du Sénat; il y siégea jusqu'à sa mort parmi les partisans dévoués du régime impérial, et concourut au vote de la loi de sûreté générale.

BARA (JEAN-BAPTISTE), député au Conseil des Cinq-Cents et membre du Tribunat, né le 22 septembre 1760, mort à une date inconnue, était commissaire près de l'administration centrale du département des Ardennes, lorsqu'il fut élu par ce département député au Conseil des Cinq-Cents, le 23 germinal an VI. Partisan du coup d'état de brumaire, il fit partie, le 19 frimaire an VIII, de la Commission des Cinq-Cents dite Commission intermédiaire chargée d'organiser le gouvernement issu de la constitution de l'an VIII. Nommé au Tribunat, à sa création, et maintenu en 1802, il prit quelquefois la parole, notamment au commencement de l'an IX, pour approuver le maintien des lois qui avaient prononcé la confiscation des biens des émigrés, comme propre à sauvegarder l'existence de la République. Il revint d'ailleurs sur cette opinion, quand Napoléon ne la trouva plus conforme aux intérêts de sa politique. On croit qu'après la suppression du Tribunat, il siégea au parquet du tribunal des Ardennes.

BARADA (JEAN-PIERRE), député de 1831 à 1848, né à Auch (Gers), le 19 mars 1789, mort à Montégut (Gers), le 22 mars 1872. Avocat, puis conseiller municipal à Auch, il fut élu, le 5 juillet 1831, député du 1er collège électoral du Gers. Il se rangea de suite dans la majorité ministérielle. Réélu les 21 juin 1834 et 4 novembre 1837, il ne cessa de voter avec la majorité conservatrice dont il faisait partie. Après les élections du 2 mars 1839, qui le renvoyèrent au Palais-Bourbon, il tenta de se rapprocher du centre gauche, et vota quelque temps avec MM. Dufaure et Passy; cette velléité d'opposition prit fin au moment de la nomination de M. Barada au poste de conseiller-maître à la Cour des Comptes. A dater de cette époque jusqu'à la révolution de février, c'est-à-dire dans les législatures de 1839, 1842 et 1846, où il siégea comme l'élu de la presque unanimité des votants de sa circonscription, il fut le fidèle soutien des ministres, et s'associa autant qu'il le put à la politique de Guizot : il vota (1845) *pour* le paragraphe de l'adresse qui avait pour but d'excuser, en l'approuvant, la solution de l'affaire Pritchard. Ce paragraphe était ainsi conçu :

« Des incidents qui, au premier moment, semblaient de nature à troubler les bons rapports de la France et de l'Angleterre, avaient ému vivement les deux pays et appelé toute l'attention de notre gouvernement. Nous sommes *satisfaits* d'apprendre qu'un sentiment réciproque de bon vouloir et d'équité a maintenu entre les deux Etats cet heureux accord qui importe à la fois à leur prospérité et au repos du monde. »

M. Barada, que la révolution de 1848 avait fait rentrer dans l'obscurité, fut retraité le 27 août 1864, comme conseiller-maître à la Cour des Comptes. Il avait été élu conseiller général du Gers, le 22 juin 1833.

BARAGNON (NUMA-PIERRE-JOSEPH), député de 1854 à 1857, né à Nîmes, (Gard), le 4 octobre 1797, mort à Nîmes le 23 septembre 1871, d'une famille d'ancienne bourgeoisie de Nîmes, était avocat dans cette ville en 1821, et devint bâtonnier de l'ordre en 1830. Il entra cette même année dans l'administration, comme conseiller de préfecture, poste qu'il occupa jusqu'à son élection comme député en 1854. Le 2 février 1854, il fut élu député au Corps législatif dans la 1re circonscription du Gard, en remplacement de M. Curnier, nommé receveur général, par 12,830 voix sur 12,947 votants et 39,678 inscrits ; il siégea avec les bonapartistes libéraux, et présida, en juillet 1855 les commissions des nouveaux impôts.

Ayant accepté, en 1857, le poste de préfet, il renonça à son mandat de député. Chevalier de la Légion d'honneur en 1844, il fut nommé officier du même ordre en 1852, et fut mis à la retraite comme préfet le 12 juin 1867.

BARAGNON (PIERRE-JOSEPH-LOUIS-NUMA), fils du précédent, représentant à l'Assemblée nationale de 1871, député en 1877, et sénateur depuis 1878, né à Nîmes (Gard), le 24 novembre 1835; élève de l'abbé d'Alzou, il hérita de l'esprit remuant de ce prêtre distingué d'ailleurs, et débuta dans la vie politique en faisant, comme légitimiste, de l'opposition au gouvernement de Napoléon III. Avocat à Nîmes, il y devint conseiller municipal, collabora à plusieurs feuilles catholiques de la région, entre autres à l'*Indépendance du Midi*. Au moment de la guerre, il organisa la garde nationale du Gard, et fit partie, après le 4 septembre, de la commission municipale provisoire de Nîmes : il avait fait, à cette occasion, une profession de foi républicaine. « République et patrie, écrivait-il le 6 septembre, sont deux expressions inséparables; attaquer l'une serait perdre l'autre. » Il écrivait encore : « La République, c'est le gouvernement de tous, la France maîtresse de ses destinées, la liberté reconquise. » Il ajoutait enfin : « La victoire est facile, quand le drapeau qui va marcher au-devant de l'ennemi est le drapeau de la République ». Elu, le 8 février 1871, représentant du Gard à l'Assemblée nationale, il alla cependant siéger à droite et devint un des principaux orateurs du parti monarchiste. Il avait d'ailleurs, comme candidat à la députation, été patronné par les conservateurs. En février 1872, il alla à Anvers avec M. Ernoul porter le manifeste légitimiste et le projet de constitution au comte de Chambord, qui le reçut plus que froidement. Il compta parmi les adversaires les plus ardents du gouvernement de Thiers, et, dans la séance du 24 mai 1873, il prit l'initiative de proposer, aussitôt après l'adoption de l'ordre du jour Ernoul, une séance de nuit pour mettre plus vite les ministres en demeure de donner leurs démissions. Membre du comité des Six, il avait longuement élaboré et préparé cette victoire de la Droite. Plus tard, il fit aussi partie du comité des Neuf, qui s'était donné pour mission de rendre la couronne au comte de Chambord. Rapporteur de l'élection de M. Ranc dans le Rhône, il fut chargé, quelques jours après, d'appuyer également, comme rapporteur, la demande en autorisation de poursuites contre ce député, ancien membre de la Commune de Paris en 1871. Il fut appelé, le 23 novembre 1873, au poste de sous-secrétaire d'État à l'Intérieur, lorsque M. de Broglie remplaça M. Beulé. En cette qualité, il eut à défendre devant l'Assemblée la loi des maires et surtout à l'appliquer. Il se montra le collaborateur dévoué de M. de Broglie, contresigna la révocation d'un très grand nombre de maires républicains, et prononça, à l'occasion de cette loi, un mot resté célèbre et qui lui fut souvent reproché dans la suite : « Il faut que la France marche... »

La chute de M. de Broglie n'entraîna pas celle de son sous-secrétaire d'Etat, qui se borna à échanger sa situation à l'Intérieur contre la situation analogue au ministère de la Justice. Il eut là une altercation assez violente avec son ministre, M. Tailhand, au sujet de décorations étrangères qu'il avait obtenues à l'insu de son supérieur hiérarchique et dont la variété lui valurent, à Nîmes, le surnom de *Calvaire* ; mais il ne résigna ces fonctions qu'après le vote sur l'ensemble des lois constitutionnelles (25 février 1875). M. Baragnon fut un instant candidat lors des premières élections sénatoriales de 1876 ; mais il n'affronta pas le scrutin. Aux élections législatives du 20 février 1876, il posa sa candidature à Uzès, où il échoua avec 7,920 voix contre M. Mallet, républicain, élu par 11,233 suffrages. Elu après le 16 mai, à la dissolution de la Chambre, par 12,408 voix (le député sortant en obtint 10,202) il vit son élection invalidée, et M. Mallet reprit définitivement son siège, le 7 juillet 1878. Le Sénat l'élut sénateur inamovible, par 157 voix, le 15 novembre de la même année. Il a pris souvent la parole dans cette Assemblée. En mai 1880, dans la discussion de la loi sur l'enseignement supérieur, il demanda pour les diplômes délivrés par les jurys mixtes la même valeur que pour les diplômes délivrés par les facultés de l'Etat, proposa, en janvier 1881, de retirer au ministre de la justice la présidence du tribunal des conflits, attaqua vivement (juin 1883) la disposition testamentaire de la loi sur les enterrements civils, sous prétexte qu' « après avoir aboli la religion d'Etat, on allait créer une irréligion d'Etat » ; critiqua (juillet 1883) le principe et certaines dispositions de la loi Martin-Feuillée sur la réforme de la magistrature, et présenta un amendement tendant à soustraire les magistrats du parquet, légalement amovibles, aux éliminations autorisées ; dans la discussion de la loi municipale (février 1884, il protesta contre les sectionnements arbitraires de communes produisant des majorités factices, et défendit, en août, au Congrès, le principe du grand *quorum* nécessaire pour la revision des lois constitutionnelles. En décembre 1888, il adressa une question au gouvernement au sujet de la révocation de M. Gilly, comme maire de Nîmes (après la publication de son livre : *Mes dossiers*), et d'un certain nombre de conseillers municipaux de cette ville qui faisaient cause commune avec lui, et obtint la promesse que des élections nouvelles se feraient immédiatement. Dans la dernière session, M. Baraguon a voté, le 13 février 1889, *contre* le rétablissement du scrutin uninominal, le 18 février *contre* la proposition de loi Lisbonne restrictive de la liberté de la presse, le 29 mars *contre* la loi érigeant le Sénat en haute cour de justice pour connaître des attentats contre la sûreté de l'Etat (affaire Boulanger).

BARAGUEY D'HILLIERS (ACHILLE, COMTE), représentant aux Assemblées constituante et législative de 1848-49 et sénateur du second Empire, né à Paris, le 6 septembre 1795, mort à Amélie-les-Bains (Pyrénées-Orientales), le 6 juin 1878, était le fils d'un général du premier Empire, qui mourut après la campagne de Russie, disgrâcié par Napoléon. Destiné dès son enfance au métier militaire, il entra en

1807 au Prytanée et fut, en 1812, nommé sous-lieutenant aux chasseurs à cheval. A la suite de la campagne qui fut si funeste à son père, il devint aide de camp du maréchal Marmont et fit, en cette qualité, la guerre d'Allemagne en 1813 : à Leipsig, un boulet de canon lui emporta le poignet gauche. Capitaine en février 1814, il se rallia aux Bourbons après la chute de Napoléon, refusa de servir ce dernier pendant les Cent-Jours et ne reprit son grade qu'après Waterloo. Promu chef de bataillon au 9e de ligne le 26 février 1818, il prit part, en 1823, à l'expédition d'Espagne et devint, deux ans après, lieutenant-colonel. La prise d'Alger, à laquelle il concourut, lui valut ensuite les épaulettes de colonel (31 août 1830). Puis le gouvernement de Juillet lui confia le commandement en second de l'Ecole de Saint-Cyr. Il régnait alors (1832) dans cette maison une certaine agitation démocratique : Baraguey d'Hilliers la réprima avec une rigueur dont le pouvoir lui sut gré ; parmi les élèves exclus par lui de l'Ecole se trouvait M. de Trévenouc, alors républicain, et qui devait être plus tard son collègue monarchiste à l'Assemblée constituante. Investi bientôt du commandement en chef de l'Ecole, il l'exerça jusqu'en 1840 ; il avait été fait maréchal de camp, le 29 septembre 1836. Il fut envoyé plusieurs fois en Algérie, combattit avec le maréchal Bugeaud, dont il était le second, et avec le duc d'Aumale, qu'il eut sous ses ordres, et gagna le rang de lieutenant-général (1843). Mais, nommé commandant supérieur de Constantine, il éprouva quelques échecs et fut rappelé en France ; cette disgrâce momentanée prit fin en 1847. La Révolution de Février le trouva inspecteur général de l'infanterie. Il accepta du gouvernement provisoire le commandement de la division militaire de Besançon ; mais les sentiments hostiles qu'il ne dissimula en aucune circonstance à l'égard du gouvernement républicain ne devaient lui attirer que la confiance des monarchistes. Ils le nommèrent, le 23 avril 1848, représentant du Doubs à la Constituante, le 5e sur 7, avec 31,933 voix (67,322 votants, 78,670 inscrits). Quelques républicains modérés lui avaient aussi donné leurs voix. Devenu, dès son arrivée à l'Assemblée, un des chefs les plus actifs de la droite, il ne se borna pas à voter avec elle : *contre* les clubs, *pour* le cautionnement, *pour* l'état de siège, *pour* les poursuites intentées à Louis Blanc et à Caussidière, *pour* l'expédition de Rome et *contre* l'amnistie des transportés ; il fut mêlé aux travaux du comité dit de la rue de Poitiers, dont il fut président, et mit son influence au service des projets de restauration monarchique. Toutefois son vote sur la question de la présidence de la République (7 octobre 1848) est à noter : il se sépara de la droite et vota *pour* l'amendement Grévy. Adversaire du général Cavaignac, qui lui offrit vainement, aux journées de juin, un commandement et une part dans la répression des insurgés, il se prononça (25 novembre) *contre* l'ordre du jour déclarant que le général avait bien mérité de la patrie. Rallié sans réserve au prince-président, il fut, tant à la Constituante qu'à la Législative où l'envoyèrent, le 13 mai 1849, 34,913 suffrages ; un des plus ardents défenseurs de la politique de l'Elysée. Il vota constamment avec la majorité antirépublicaine et fut plusieurs fois son porte-parole, notamment, le 5 novembre 1849, quand il fit adopter une proposition abolissant la gratuité absolue des Ecoles polytechnique et de Saint-Cyr. Louis Napoléon, qui voulait se l'attacher plus étroitement encore, le mit (novembre 1849) à la tête du corps d'armée de Rome, en remplacement du général d'Hautpoul; il y travailla à consolider l'autorité du pape, qu'il réintégra dans sa capitale (12 avril 1850). De retour en France, il fut appelé, en 1851, après la destitution retentissante du général Changarnier, à commander l'armée de Paris. La majorité de l'Assemblée prit quelque ombrage de cette nomination, et les protestations de respect et de dévouement que lui adressa Baraguey d'Hilliers ne l'empêchèrent pas de manifester sa défiance en renversant le ministère Baroche. Son mandat de député ne lui permit de conserver ces fonctions militaires que six mois, jusqu'à la promulgation de la loi sur les incompatibilités parlementaires. Il concourut au coup d'état de décembre, fit partie (1851-52) de la commission consultative et fut chargé, sous l'Empire, dès le début de la guerre de Crimée, d'un commandement important. C'est lui qui, à la tête du corps expéditionnaire de la Baltique, emporta d'assaut Bomarsund (16 août 1854). Cette victoire lui valut le grade de maréchal de France (28 août). Baraguey d'Hilliers entra, par suite, au Sénat dont il devint peu après vice-président. Pendant la guerre d'Italie, en 1859, le 1er corps de l'armée française, placé sous ses ordres, ouvrit les hostilités par l'heureux combat de Montebello et la prise de Melegnano (8 juin). Le maréchal eut aussi une part considérable à la bataille de Solferino (24 juin). Nommé (juillet 1870) commandant de Paris, qui venait d'être mis en état de siège, il fut presque aussitôt, sur sa demande, déchargé de ces fonctions à l'avènement du ministère Palikao. En 1871, il présida la commission d'enquête sur les capitulations, ainsi que le conseil de guerre qui eut à juger, en 1872, le général Cremer. Les dernières années de sa vie se sont passées dans la retraite. Il était grand-croix de la Légion d'honneur depuis le 11 décembre 1850.

BARAIL (François-Claude du), ministre de la guerre en 1873-74, né à Versailles (Seine-et-Oise), le 28 mai 1820, s'engagea volontairement à l'âge de dix-neuf ans et devint sous-lieutenant trois ans après. Il se distingua en Algérie, notamment à la prise de la Smala d'Abd-el-Kader, et fut décoré pour ce fait d'armes (1843). Lieutenant après Isly, chef de bataillon en 1853, lieutenant-colonel en 1854, colonel en 1857, il fut promu général de brigade le 2 juillet 1863, commanda la 1re brigade de cavalerie de la garde impériale, et passa enfin général de division le 23 mars 1870. Prisonnier à Metz, il fut envoyé en Allemagne. A son retour de captivité, il demanda et obtint un commandement dans l'armée de Versailles qui opérait contre la Commune. Il fut fait, pendant la guerre civile (avril 1871), grand officier de la Légion d'honneur. Après la chute de Thiers au 23 mai, le premier cabinet formé par le maréchal de Mac-Mahon, comprit, comme ministre de la guerre, le général du Barail. Il resta en fonctions un an, ne prit aucune mesure importante et ne se signala que par son interdiction aux troupes de rendre les honneurs militaires à quiconque, soldat ou membre de la Légion d'honneur, étant enterré sans l'assistance des ministres d'un culte. Il dut prendre la parole à l'Assemblée sur cette même question des honneurs militaires, à propos de l'enterrement civil d'un représentant, M. Brousses : son inexpérience de la tribune fut remarquée. Le 24 mai 1874, M. du Barail donna sa démission de ministre et céda son portefeuille au général de Cissey ; placé à la tête du 9e corps d'armée (Tours), où il resta jusqu'à sa mise à la retraite, il fut encore président de la Commission des manœuvres de la cavalerie. Dans le ministère conservateur du 24 mai, M. du Barail avait représenté l'élément impérialiste ; quand il eut quitté le service actif, il se rejeta avec plus d'ardeur encore dans le bonapartisme militant. Aux élections du mois d'octobre 1885, il fut le candidat malheureux des conservateurs monarchistes de la Seine. Il est aujourd'hui à la tête des comités impérialistes qui reconnaissent pour chef et pour prétendant le prince Victor-Napoléon.

BARAILLER (Jean-Félix-Eugène), représentant du peuple à l'Assemblée constituante de 1848, né à Abbeville (Somme), le 3 mars 1822, avocat à Paris, fut élu, comme partisan très modéré des institutions républicaines, représentant de la Dordogne à l'Assemblée constituante, le 4 juin 1848. (Une élection partielle avait eu lieu à cette date, dans le département, afin de remplacer Lamartine, qui avait opté pour la Seine.) Il fit partie de la majorité, vota *pour* le rétablissement du cautionnement et de la contrainte par corps et *pour* le maintien de l'état de siège, approuva, le 16 avril 1849, l'expédition de Rome, vota *pour* la proposition Rateau, et ne vota guère avec la gauche que dans deux scrutins importants : *pour* la suppression de l'impôt du sel (27 décembre 1848) et *contre* l'augmentation de 50,000 francs au traitement du président de la République. Non réélu à la Législative, M. Barailler est devenu depuis étranger à la politique.

BARAILON (Jean-François), membre de la Convention, député au Conseil des Cinq-Cents, au Conseil des Anciens et au Corps législatif en l'an VIII, né à Chambon (Creuse), le 12 janvier 1743, mort à Chambon le 14 mars 1816, était médecin à Chambon, avant 1789, puis juge de paix en 1790, et fut élu, le 6 septembre 1792, membre de la Convention par le département de la Creuse, à la pluralité des voix (le procès-verbal d'élection ne mentionne pas de chiffres). Il siégea d'abord parmi les modérés, dénonça le premier l'ambition de Robespierre, et attaqua l'administration de Pache, ministre de la guerre. Dans le procès de Louis XVI, il répondit, au 2e appel nominal : « Je demande que, si l'on condamne Louis à mort, la sanction soit renvoyée au peuple. » Au 3e appel nominal : « Je vote, dit-il, non comme juge, car je déclare derechef que je ne le suis point, ni je n'entends point l'être, mais comme représentant de la nation et pour son intérêt. Je demande en conséquence que Louis Capet soit d'abord condamné à la détention, et sauf à prendre par la suite telle autre mesure que la sûreté générale exigera à son égard. Mais pour prouver en même temps à toutes les *altesses* possibles que je les regarde comme une surcharge, comme une souillure dans le pays de l'égalité, je demande que l'on décrète, dans cette séance à jamais mémorable, la peine de l'ostracisme contre tous les Bourbons sans exception, et contre tout ce qui porte ou a porté le titre de prince en France. »

Le 11 mai 1793, il prit la parole pour proposer une amnistie en faveur des Vendéens qui mettraient bas les armes ; le 9 septembre 1793, il provoqua la suppression des loteries, et, après la chute de Robespierre, se montra un des plus ardents contre les terroristes, parla en faveur des prêtres détenus, et demanda qu'on célébrât par une fête patriotique l'anniversaire de l'exécution de Louis XVI. En germinal an III, il fut nommé membre de la commission de l'instruction publique, présenta plusieurs rapports en cette qualité, et fut délégué comme médecin pour panser les défenseurs de la Convention, blessés au 13 vendémiaire.

Le 21 vendémiaire an IV, il fut élu député de la Creuse au Conseil des Cinq-Cents, par 148 voix sur 218 votants; il était absent le 18 fructidor, mais il applaudit à cette journée, et stimula le zèle du Directoire dans la poursuite de tous les agents contre-révolutionnaires.; le 7 nivôse an VII, il accusa Grégoire de fanatiser la France par ses nombreuses correspondances comme évêque. Elu, le 24 germinal an VII, au Conseil des Anciens par son département, il se convertit aux opinions modérées, qui préparèrent son adhésion et son concours au coup d'état de brumaire et son entrée, le 4 nivôse an VIII, au Corps législatif dont il devint le président à la fin de l'an X. Sorti de cette Assemblée en 1806, il fut nommé substitut du procureur impérial à Chambon, puis procureur impérial au même tribunal. Au retour de l'île d'Elbe, en 1815, Barailon, qui venait d'être nommé président du collège électoral de la Creuse, vint complimenter l'Empereur sur ses nouveaux projets constitutionnels :

« Il était digne, dit-il, du prince qui a illustré le nom français par l'éclat des armes et par une grande supériorité de génie et de talents, d'améliorer nos institutions politiques ; ce que vous avez fait assez que les sacrifices de l'autorité ne vous coûteront point quand il s'agira de la félicité publique : aussi l'amour du peuple s'alliera à son admiration pour Votre Majesté. »

Ce fut le dernier acte de la vie politique de Barailon, qui mourut moins d'un an après. Il a publié des *Recherches sur plusieurs monuments anciens du centre de la France.*

BARANTE (Amable - Guillaume - Prosper Brugière, baron de), député de 1815 à 1816 et pair de France, né à Riom (Puy-de-Dôme), le 10 juin 1782, mort à Dorat (Puy-de-Dôme), le 21 novembre 1866, entra à l'École polytechnique en 1799, en sortit en 1800, et débuta dans l'administration à Carcassonne, où son père était préfet. Surnuméraire au ministère de l'intérieur en 1802, il collabora au *Publiciste* et à la *Décade philosophique*, passa auditeur au Conseil d'État le 12 mars 1806, envoyé extraordinaire en Espagne le 9 août, intendant à Dantzig le 8 novembre et fut chargé d'une mission à Varsovie le 9 décembre de la même année. Nommé sous-préfet de Bressuire, le 8 juillet 1807, il fut souvent reçu au château de Clisson, à quelques kilomètres de sa résidence, par Mme de la Rochejaquelein, qui lui communiqua ses *Mémoires* sur les guerres de la Vendée, mémoires qu'il publia plus tard, en grande partie, en 1814, et dont on lui attribua longtemps à tort la rédaction.

Appelé à la préfecture de la Vendée le 1er février 1809, il épousa, le 26 novembre suivant, Mlle d'Houdetot, petite-fille de la célèbre Mme d'Houdetot, amie de J.-J. Rousseau et de Saint-Lambert. Il publia, cette même année, un *Tableau de la littérature française au* XVIIIe *siècle*, qui eut de nombreuses éditions et mérita les éloges de Mme de Staël. Préfet de la Loire-Inférieure le 12 mars 1813, il se maintint à ce poste jusqu'au 20 mars 1815, et donna alors sa démission, par respect pour son serment. Après le retour de Gand, il fut nommé conseiller d'État et secrétaire général du ministère de l'intérieur, remplit le poste de ministre de l'intérieur par intérim, et, à l'arrivée de M. de Vaublanc, devint directeur-général des contributions indirectes. Elu député le 22 août 1815 dans deux départements, par le collège de département de la Loire-Inférieure, avec 79 voix sur 156 votants et 215 inscrits, et par le collège de département du Puy-de-Dôme avec 145 voix sur 226 votants et 287 inscrits, il siégea avec la minorité libérale dont MM. Royer-Collard et de Serre étaient les chefs. A la séance du 28 novembre, il protesta contre la proposition de M. Hyde de Neuville demandant à réduire le nombre des tribunaux et à suspendre l'institution royale des juges; le 25 novembre, il soutint là discussion du budget, comme commissaire du gouvernement, et remit en vigueur la législation des contributions indirectes, abrogée pendant les Cent-Jours.

Devenu inéligible par suite de l'ordonnance royale du 5 septembre qui fixait à 40 ans l'âge d'éligibilité, M de Barante siégea à la Chambre comme commissaire du gouvernement, prit la parole dans la discussion de la loi Gouvion-Saint-Cyr sur le recrutement, et fit voter le monopole des tabacs. Elevé à la dignité de pair, le 5 mars 1819, M. de Barante n'abdiqua pas ses opinions libérales, et monta à la tribune dans la discussion de la loi destinée à réprimer les crimes et délits commis par la voie de la presse, pour déclarer qu'à son sens, les articles 6 et 7 de la Charte ne devaient point être entendus comme donnant à la religion catholique une situation privilégiée.

Le ministère de réaction qui succéda au ministère Decazes (17 février 1820), élimina M. de Barante du Conseil d'État, et lui offrit en échange l'ambassade de Danemark, qu'il refusa. Il se livra alors entièrement à ses travaux historiques tout en s'associant, à la Chambre haute, à l'opposition ferme et modérée que la minorité fit aux ministères de la Restauration sauf à M. de Martignac. Il commença, en 1824, la publication de son *Histoire des ducs de Bourgogne de la maison de Valois*, qui lui ouvrit, en 1828, les portes de l'Académie française.

L'avènement de la monarchie de juillet parut réaliser son idéal politique; il vota constamment avec la majorité ministérielle, et fut envoyé comme ambassadeur à Turin en octobre 1830, et à Saint-Pétersbourg en 1835. La Révolution de 1848 l'éloigna de la vie publique. M. de Barante est l'auteur d'un grand nombre d'ouvrages qui diffèrent de mérite et d'intérêt; nous citerons : l'*Histoire de la Convention nationale* (6 vol. 1851-1853), l'*Histoire du Directoire* (3 vol. 1855), une *Vie de Royer-Collard*, des *Discours*, etc.

BARANTE (Prosper-Claude-Ignace-Constant Brugière, baron de), fils du précédent, député au Corps législatif de 1869 à 1870, représentant à l'Assemblée nationale de 1871 et sénateur de 1876 à 1882, né à Paris, le 27 août 1816, mort à Paris, le 10 mai 1889, débuta dans la diplomatie en 1837 comme attaché d'ambassade à Saint-Pétersbourg auprès de son père, fut attaché au cabinet de M. de Salvandy, ministre de l'Instruction publique, et nommé sous-préfet à Boussac, puis à Autun (1842) et chevalier de la Légion d'honneur en 1844. Préfet de l'Ardèche l'année suivante, il démissionna à la Révolution de 1848 et rentra dans la vie privée jusqu'en 1863, date à laquelle il accepta le mandat de conseiller général du canton de Saint-Remy (Puy-de-Dôme). Le 1er juin de la même année, il se présenta à la députation comme candidat de l'opposition dans la 5e circonscription électorale du Puy-de-Dôme, et échoua avec 4,732 voix contre 11,342 données à son concurrent, M. Andrieu. Plus heureux aux élections du 24 mai 1869, il fut élu par 13,069 voix sur 25,770 votants et 29,453 inscrits, contre M. Andrieu, député officiel sortant, qui obtint 12,611 suffrages; il siégea au centre gauche et signa l'interpellation des 116, sur la nécessité de donner satisfaction aux sentiments du pays en l'associant d'une manière plus directe à la direction de ses affaires par la constitution d'un ministère responsable, et le droit pour le Corps législatif de régler les conditions organiques de ses travaux et ses communications avec le gouvernement (juillet 1869). Cette interpellation amena le sénatus-consulte libéral du 8 septembre. Réélu, le 8 février 1871, à l'Assemblée de Bordeaux, le 5e sur 11, par 49,738 voix sur 96,000 votants et 170,401 inscrits, il prit place au centre droit, et vota : le 1er mars 1871 *pour* les préliminaires de paix, le 16 mai *pour* les prières publiques, le 10 juin *pour* l'abrogation des lois d'exil, le 30 août *pour* le pouvoir constituant de l'Assemblée, le 3 février 1872 *contre* le retour de l'Assemblée à Paris, le 24 mai 1873 *pour* l'acceptation de la démission de Thiers, le 10 juin *pour* l'approbation de la circulaire Pascal, le 24 juin *pour* l'arrêté contre les enterrements civils, le 21 novembre *pour* la prorogation des pouvoirs du maréchal de Mac-Mahon, le 4 décembre *pour* le maintien de l'état de siège, le 16 mars 1874 *pour* le ministère de Broglie renversé sur la question de priorité de la loi d'élections politiques sur la loi d'élections municipales, le 29 juillet *contre* la dissolution de l'Assemblée, le 30 janvier 1875 *contre* l'amendement Wallon, le 25 février *pour* les lois constitutionnelles.

Le 30 janvier 1876, M. de Barante, rallié à la Constitution, fut élu sénateur du Puy-de-Dôme par 295 voix sur 572 votants et 574 inscrits; il vota la dissolution de la Chambre demandée par le ministère du 16 mai 1877, et ne fut pas réélu au renouvellement de 1882. Il était président honoraire de la Société de secours mutuels de Thiers, et administrateur de la Compagnie de l'Est.

BARASCUD (ANTOINE-HIPPOLYTE), représentant à l'Assemblée nationale de 1871, député de 1876 à 1881 et de 1885 à 1889, né à Saint-Affrique (Aveyron), le 10 juin 1819, avocat à Montpellier en 1844, quitta le barreau pour l'agriculture (1848), fut maire de Saint-Affrique et conseiller général en 1866. Il fit établir dans le pays de grands canaux d'arrosage qui améliorèrent un grand nombre de propriétés, et ayant acquis, de ce chef, une grande influence, se porta comme candidat de l'opposition en 1869, contre M. Calvet-Rogniat, qui fut élu.

Le 8 février 1871, il fut élu représentant à l'Assemblée nationale pour le département de l'Aveyron, le 1er sur 8, par 62,321 voix sur 65,273 votants et 118,224 inscrits. Il siégea à la gauche modérée, entra dans plusieurs commissions et fut chargé du rapport sur l'élection du duc d'Aumale et du prince de Joinville. Le 20 février 1876, l'arrondissement de Saint-Affrique le réélut, une première fois par 10,635 voix sur 11,063 votants et 16,905 inscrits, et une seconde fois, le 14 octobre 1877, par 8,940 voix sur 13,809 votants et 17,063 inscrits, contre

M. Mallevialle (4,787 voix).

Il échoua, le 21 août 1881, dans le même arrondissement, avec 6,496 voix, contre M. Mallevialle, élu par 7,799 suffrages; mais, le 4 octobre 1885, porté sur la liste conservatrice, il fut élu le 2e sur 6 avec 53,327 voix sur 94,179 votants et 118,271 inscrits. Dans ces différentes législatures, il a voté : le 1er mars 1871, *pour* les préliminaires de paix; le 16 mai, *pour* les prières publiques; le 10 juin, *pour* l'abrogation des lois d'exil; le 30 août, *pour* le pouvoir constituant de l'Assemblée; le 3 février 1872, *contre* le retour de l'Assemblée à Paris; le 24 mai 1873, s'est abstenu sur la démission de Thiers; le 10 juin, a voté *pour* l'approbation de la circulaire Pascal; le 24 juin, s'est abstenu sur l'arrêté contre les enterrements civils; le 20 novembre, a voté *pour* la prorogation des pouvoirs du maréchal de Mac-Mahon; le 4 décembre, *pour* le maintien de l'état de siège; le 16 mai 1874, *pour* le ministère de Broglie; le 30 janvier 1875, *contre* la dissolution de l'Assemblée; le 25 février, s'est abstenu sur les lois constitutionnelles. Dans la dernière session, il s'est prononcé : le 11 février 1889, *contre* le rétablissement du scrutin uninominal; le 14 février, *pour* l'ajournement indéfini du projet de revision des lois constitutionnelles (chute du ministère Floquet); le 14 mars, *contre* la demande en autorisation de poursuites contre trois députés membres de la Ligue des Patriotes; le 2 avril, *contre* le projet de loi Lisbonne restrictif de la liberté de la presse; le 4 avril, *contre* la demande en autorisation de poursuites contre le général Boulanger.

BARBANÇOIS (LÉON-FORMOSE MARQUIS DE), représentant du peuple aux Assemblées constituante et législative de 1848-49, puis sénateur du second Empire, né à Villegongis (Indre), le 24 mars 1792, mort à Tours (Indre-et-Loire), le 9 novembre 1863, était le fils du marquis Charles-Hélion de Barbançois, le célèbre agronome qui, le premier, importa les mérinos dans le centre de la France. Son père avait approché en 1815 de la vie parlementaire; comme président du collège électoral de l'Indre, il avait tenté, mais vainement, d'arriver à la députation. Avec plus de succès, Léon-Formose de Barbançois se présenta dans l'Indre lors de l'élection partielle du 7 janvier 1849, à l'Assemblée constituante, en remplacement de Bethmont, démissionnaire : il fut élu avec 14,255 voix sur 29,723 votants et 71,211 inscrits. Après avoir pris place à droite, il s'associa à la plupart des votes des monarchistes de l'Assemblée :

Le 1er février 1849, *contre* les propositions d'amnistie générale;

Le 21 mars *pour* l'interdiction des clubs;

Le 16 avril, *pour* le crédit de 1,200,000 francs (expédition de Rome);

Le 11 mai, *contre* la demande de mise en accusation du président et de ses ministres.

Par exception, il vota avec la gauche :

Le 14 mai 1849, *pour* le blâme de la dépêche Léon Faucher;

Le 18 mai, *pour* l'abolition de l'impôt des boissons.

Réélu à l'Assemblée législative, le 13 mai 1849, par le même département, le 3e sur 5 avec 26,445 voix sur 50,138 votants et 73,546 inscrits, il ne cessa, jusqu'à la fin de la session, d'opiner avec la majorité de droite dont il faisait partie, approuvant et appuyant tous les actes du président L.-N. Bonaparte, y compris le coup d'état, qui le fit sénateur (décret du 27 mars 1852). Il fut au Sénat le dévoué serviteur de la politique impérialiste, et concourut au vote de la loi de sûreté générale.

BARBANÇON (Augustin-Jean-Louis-Antoine Duprat, marquis de), député à la Constituante de 1789, né à Paris, le 18 juin 1756, mort en émigration à Manheim (Allemagne), le 19 mars 1797, était colonel et grand bailli lors de son élection comme député de la noblesse aux Etats-Généraux par le bailliage de Villers-Cotterets, le 13 mars 1789. Il fut du parti de la résistance, et protesta, le 30 juin, contre la réunion des trois Ordres, en ces termes :

« Le mandat du député de Villers-Cotterets pour la noblesse portant le désir formel *d'opiner* par ordre, il doit, d'après le vœu exprimé dans son cahier, protester contre toutes délibérations par tête et demander acte à l'Assemblée des Etats-Généraux.

Le comte de Barbançon a l'honneur de demander *cette* acte à l'Assemblée.

Fait à Versailles, le 30 juin 1789.

Le comte de Barbançon ».

M. de Barbançon signa, en septembre 1791, les protestations contre les décrets de l'Assemblée, émigra, et fut fait maréchal de camp à l'armée de Condé, le 24 mars 1796, un an avant sa mort.

BARBAROUX (Charles-Jean-Marie), membre de la Convention, né à Marseille, le 6 mars 1767, exécuté à Bordeaux, le 25 juin 1794, fit ses études au collège de l'Oratoire et s'adonna un moment aux études scientifiques. Ses débuts au barreau de Marseille furent marqués par la défense d'une colonie de pêcheurs catalans établis près de la ville et qu'on voulait expulser; il réussit à les y maintenir. La Révolution l'entraîna alors dans la politique : il fut secrétaire de la commune de Marseille, et, en qualité d'envoyé extraordinaire de cette ville, vint déposer, le 27 juillet 1792, sur le bureau de l'Assemblée législative, les procès-verbaux des 23 sections de Marseille demandant la déchéance du roi et le renouvellement du pouvoir exécutif par le peuple. Ce fut dans ce voyage qu'il s'affilia au club des Jacobins et devint l'ami des Girondins qui y dominaient alors, surtout du ministre Roland. Barbaroux prit, avec les Marseillais, une grande part à la journée du 10 août; à son retour à Marseille, il fut nommé président de l'Assemblée électorale du département, et, le 5 septembre, élu membre de la Convention par les Bouches-du-Rhône à la quasi-unanimité de 775 voix sur 776 votants. Dans cette Assemblée, il ne manqua pas une occasion de dénoncer l'ambition de Robespierre et d'attaquer Marat, demanda qu'on poursuivît les massacreurs de septembre, exigea des règlements de comptes de la Commune de Paris, et proposa la dissolution des sections; il fit rendre des décrets établissant la responsabilité pécuniaire des fonctionnaires publics, la répartition des grains dans les départements du Midi ; il vota *contre* l'emprunt forcé d'un milliard, *contre* la taxe des grains, et proposa des mesures économiques pour les travaux publics, les dépenses des armées, etc. Dans le procès de Louis XVI, il répondit, au 2e appel nominal :

« Le serment que j'ai prêté dans l'Assemblée électorale des Bouches-du-Rhône de juger Louis Capet n'exclut pas la sanction du peuple. Je vote donc pour cette sanction, parce qu'il est temps que le peuple des quatre-vingt-quatre départements exerce sa souveraineté, et qu'il écrase, par la manifestation de sa volonté suprême, une faction au milieu de laquelle je vois Philippe d'Orléans, et que je dénonce à la République, en me vouant avec tranquillité aux poignards de ses assassins (On murmure). J'ajoute que, comme dans des temps orageux, l'homme n'est pas sûr de voir le lendemain, je dois à moi-même de déclarer que le tyran m'est odieux, que j'ai fortement coopéré à le renverser du trône, et que je prononcerai contre lui la peine la plus sévère. Je dis *oui*. »

Au 3e appel nominal, il dit :

« Je déclare que je vote librement, car jamais les assassins n'ont eu d'influence sur mes opinions. Louis est convaincu d'avoir conspiré contre la liberté. Les lois de toute société prononcent contre les conspirateurs la peine de mort. Je vote donc pour la mort de Louis; dans quelques heures je voterai pour l'expulsion de toute la race des Bourbons. »

Il avait demandé pour l'accusé la plus grande liberté de défense, et avait protesté contre la proposition de Robespierre de faire fusiller les défenseurs du roi. Robespierre ne lui pardonna pas son opposition constante, et, même avant le 31 mai, l'Assemblée recevait des pétitions réclamant la mise en accusation de Barbaroux : successivement secrétaire de l'Assemblée, membre du Comité de constitution, membre du Comité de salut public, dont il avait en vain demandé la dissolution et où il avait combattu la création du tribunal révolutionnaire, il s'était attiré la haine de la Montagne. Après la proscription du 31 mai, il gagna la Normandie et chercha à soulever les départements contre la Convention. Thuriot demanda contre lui un décret d'arrestation, et Saint-Just le fit déclarer traître à la patrie. La mort de Marat le fit accuser aussi sans preuves, de complicité avec Charlotte Corday, qu'il n'avait vue que deux fois à Caen, et qui lui gardait reconnaissance d'un service rendu à une de ses amies : la beauté remarquable de Barbaroux, qui avait déjà compromis Mme Roland, ne paraît point avoir touché le cœur de Charlotte. Poursuivi dans le Calvados, Barbaroux gagna Bordeaux par mer, et se cacha à Saint-Emilion avec Buzot et Pétion, chez un perruquier nommé Troquart. Après l'arrestation de Guadet et de Salles, la crainte de perdre leur hôte les fit partir de nuit pour Castillon. Entendant des cris de soldats, et se croyant poursuivis, Buzot et Pétion s'enfuirent dans les bois, et Barbaroux se brisa la mâchoire d'un coup de pistolet. Les soldats, qui n'étaient que des volontaires, accoururent au bruit, le transportèrent à Bordeaux, où, sur la constatation de son identité, la commission révolutionnaire le fit porter à l'échafaud, et exécuter. Il avait 27 ans.

BARBAROUX (Charles-Ogé), fils du précédent, représentant du peuple à l'Assemblée législative de 1849 et sénateur du second Empire, né à Marseille le 16 août 1792, mort à Vaux (Saône-et-Loire), le 5 juillet 1867, fit ses études au collège Louis-le-Grand et son droit à Aix. Nommé substitut du procureur impérial à Marseille pendant les Cent-Jours, il se fit inscrire au barreau de Nîmes après la chute de Napoléon, et débuta par la rédaction d'une pétition à la Chambre des députés, au nom de plusieurs familles de Nîmes, qui avaient eu quelques-uns de leurs membres tués pendant la réaction de juillet 1815. Cette pétition ne vit jamais le jour, et attira à son auteur des haines violentes qui, deux fois, faillirent lui coûter la vie et l'engagèrent à se retirer à Paris. Là, il collabora à l'*Encyclopédie moderne*, publia une *Histoire des États-Unis d'Amérique* (1824), les *Mémoires d'un sergent* et une partie des *Mémoires* de son père, cachés par un ami dans le creux d'un chêne de la forêt de Montmorency.

Nommé par le gouvernement de juillet, le 31 août 1830, procureur-général à la cour royale de Pondichéry, il passa avec le même titre à l'île de la Réunion, puis à Alger (1848).

Élu représentant du peuple à l'Assemblée législative par l'île de la Réunion, le 28 octobre 1849, le 1er sur 2, avec 5,398 voix sur 9,186 votants et 34,810 inscrits, il siégea à la droite de l'Assemblée, vota *pour* l'expédition de Rome et *pour* la loi du 31 mai restrictive du suffrage universel. Partisan du coup d'état du 2 décembre, il fut l'un des défenseurs les plus zélés de la politique du second empire et fut nommé sénateur le 8 février 1858. Il était officier de la Légion d'honneur.

BARBAROUX, (Jean-Joseph-Antoine-Marcel), représentant à l'Assemblée nationale de 1871, né à Brignoles (Var), le 8 juillet 1803, mort à Brignolles, le 15 mars 1871, était docteur-médecin. Il fut élu sur la liste républicaine, le 8 février 1871, représentant du Var à l'Assemblée de Bordeaux, avec 28,316 voix sur 41,928 votants et 89,418 inscrits, mais ne siégea que peu de jours, étant mort le mois suivant. Son vote le plus important fut, le 1er mars 1871, *contre* les préliminaires de paix. M. Barbaroux siégeait à la gauche radicale (Union républicaine). Il eut pour successeur, le 2 juillet, M. Dréo.

BARBARY DE LANGLADE (Aubin), représentant à la Chambre des Cent-Jours, puis député de 1817 à 1820, né à Excideuil (Dordogne), le 1er mai 1768, mort à Excideuil, le 7 septembre 1836, était officier de cavalerie au commencement de la Révolution, dont il adopta les idées. Il fut agent municipal, membre du conseil d'arrondissement et maire d'Excideuil. Député, le 17 mai 1815, par le collège de département de la Dordogne, à la Chambre des Cent-Jours, avec 45 voix sur 80 votants, il y vota, sans prendre jamais la parole, avec les libéraux constitutionnels. C'est la même nuance politique qu'il représenta, de 1817 à 1820, à la Chambre des députés de la Restauration, ayant été élu, le 20 septembre 1817, par le collège de département de la Dordogne (486 voix sur 896 votants). Il siégea au centre gauche, au « centre de gauche », comme on disait alors, et se prononça notamment, dans la session de 1819, *contre* la suppression de la liberté individuelle et de la liberté de la presse (lois d'exception) et *pour* le projet de loi sur les élections amendé.

BARBAULT DE LA MOTTE (Denis), représentant à la Chambre des Cent-Jours, né à Poitiers (Vienne), le 14 juillet 1769, mort en 1845, appartint à la magistrature du premier Empire, de la Restauration et de la Monarchie de juillet, d'abord comme juge à Poitiers (7 décembre 1809), puis comme conseiller à la Cour (19 mai 1811), et comme premier président de Chambre (17 décembre 1818). Le 10 mai 1815, il fut nommé, par l'arrondissement de Poitiers, représentant à la Chambre des Cent-Jours, où il passa inaperçu. Rendu après la session à ses fonctions judiciaires, il mourut, sous Louis-Philippe, président honoraire à la Cour de Poitiers, et chevalier de la Légion d'honneur.

BARBE (François-Paul), membre de la Chambre des députés, ministre de l'agriculture en 1887, né à Nancy (Meurthe), le 4 février 1836, entré à l'École polytechnique en 1855, en sortit officier d'artillerie, mais donna sa démission en 1862 pour se livrer entièrement à l'agriculture et à l'industrie. Dans la guerre de 1870-71, il commanda l'artillerie pendant la défense de Toul et fut décoré; après la reddition de la ville, Gambetta le chargea d'établir, pour le service des armées, la première fabrique de dynamite. La paix conclue, il organisa des exploitations agricoles en Algérie et en Cochinchine, où il se livra surtout à la culture d'une plante textile, la ramie, et poursuivit avec M. Frémy des études sur les engrais chimiques. Il ne débuta dans la carrière politique qu'en 1885, aux élections générales; le scrutin de ballottage du 18 octobre, en Seine-et-Oise, lui donna 58,419 voix sur 119,995 votants et 153,342 inscrits : il passait le premier avec toute la liste radicale où figuraient, avec lui, MM. de Mortillet, Hubbard, Vergoin, Périllier, etc. Il siégea à la gauche radicale et vota constamment avec ce groupe. Lors de la formation laborieuse du ministère Rouvier (mai 1887), il se sépara de ses amis politiques pour accepter, dans la nouvelle combinaison ministérielle le portefeuille de l'agriculture, fut vivement attaqué à ce sujet par la presse radicale, tomba avec le ministère en novembre suivant, lors du vote sur la proposition Colfavru (affaire Wilson), et revint à la gauche radicale. Dans la dernière session, il a voté : le 11 février 1889, *pour* le rétablissement du scrutin uninominal; le 14 février, s'est abstenu sur le projet de revision des lois constitutionnelles (chute du ministère Floquet); le 14 mars, à voté *pour* l'autorisation de poursuites contre trois députés membre de la Ligue des Patriotes; le 2 avril, *pour* le projet de loi Lisbonne restrictif de la liberté de la presse; le 4 avril, *pour* la demande en autorisation de poursuites contre le général Boulanger.

BARBÉ-MARBOIS (François, marquis de), député au Conseil des Anciens, membre du Sénat conservateur, pair de France et ministre, né à Metz (Moselle), le 31 janvier 1745, mort à Paris, le 12 janvier 1837, était fils du directeur des monnaies de Metz, et après une éducation soignée, choisi par M. de Castries, ministre de la marine, comme précepteur de ses enfants, obtint de lui, plus tard, le poste de consul aux États-Unis, puis d'intendant à Saint-Domingue. Son administration économe et réformatrice lui valut des éloges du roi (juillet 1789). Il rentra en France en 1790 aux affaires étrangères; il fut adjoint à M. de Noailles, ambassadeur de France près la Diète de l'Empire, pour le règlement des droits des princes possessionnés en Alsace, et se reposa de la politique jusqu'à son élection au Conseil des Anciens par le département de la Moselle, le 25 vendémiaire an IV. Dans cette Assemblée, accusé d'avoir contribué à la déclaration de Pilnitz (août 1791) par laquelle l'empereur Léopold II et le roi de Prusse promettaient leur appui aux émigrés, il se défendit avec chaleur et obtint un vote favorable. Le 24 janvier 1796, il parla sur l'organisation de la marine sous une forme qui donne une idée singulière du style parlementaire d'alors : « Hâtons-nous de porter le désordre et le trouble dans ce gouvernement anglais qui voudrait voir l'Océan desséché jusque dans ses abîmes, plutôt que d'en partager les fruits avec les autres habitants du globe; et puisqu'il est dévoré de la soif de l'or et des richesses, coupons, détournons tous les canaux, arrêtons toutes les sources qui servaient à le désaltérer. »

Secrétaire du Conseil, en septembre 1796, il tenta, à plusieurs reprises, d'obtenir des adoucissements à la loi de brumaire an IV, qui excluait des fonctions publiques les nobles et les parents d'émigrés. Dans des papiers saisis sur un agent royaliste, on le trouva désigné comme futur ministre: aussi fut-il, en fructidor an V, compris sur la liste des déportés, et transporté à la Guyane, puis, sur les sollicitations de sa femme, ramené à l'île d'Oléron, qu'il quitta pour rentrer à Paris après le 18 brumaire; il ne tarda pas à être nommé conseiller d'État le 5 thermidor an VIII, directeur du Trésor public le 5 ventôse an IX, ministre du Trésor public le 5 vendémiaire an X, quand cette direction fut érigée en ministère, grand officier de la Légion d'honneur le 25 prairial an XII, grand-aigle le 13 pluviôse an XIII, et, la même année, président du collège électoral de l'Eure. En 1806, une mesure financière imprudente provoqua une baisse subite des fonds d'État; la force armée fut obligée d'intervenir contre la foule qui exigeait le remboursement des billets de banque: c'était au moment d'Austerlitz; Napoléon, à son arrivée à Paris, tança vertement son ministre: « J'ose espérer, sire, dit Barbé-Marbois, que S. M. ne me prend pas pour un voleur? » — « Je l'aimerais cent fois mieux, répondit l'Empereur, la friponnerie a des bornes, la bêtise n'en a point. » Il resta en disgrâce jusqu'en 1808, et fut nommé alors président de la Cour des Comptes, et membre du Sénat conservateur, le 5 avril 1813. M. de Barbé-Marbois vota la déchéance de Napoléon, et le rétablissement de Louis XVIII, qui le nomma pair de France, le 14 juin 1814, conseiller honoraire de l'Université, et le confirma dans la présidence de la Cour des Comptes, le 27 février 1815. Au retour de l'île d'Elbe, Napoléon, résistant aux prières du général Lebrun, gendre de Barbé-Marbois, « qui, tenant tout de lui, avait montré un empressement d'ingratitude que la nécessité ne justifiait même pas », l'exila de Paris et le remplaça à la Cour des Comptes; mais il reprit cette fonction au retour des Bourbons, fut nommé président du collège électoral du Bas-Rhin, et, en août 1815, succéda à M. Pasquier comme garde des sceaux. Malgré son grand âge, il prit souvent la parole à la Chambre haute, et dans la discussion du projet de loi sur les cris séditieux, obtint, par une peinture saisissante des souffrances des transportés, de faire substituer la déportation à la mort. Dans le procès du maréchal Ney, il s'abstint, étant, comme ministre, un des accusateurs. Il quitta le ministère le 10 mai 1816 et retrouva la présidence de la Cour des Comptes qu'il occupa jusqu'en 1834. M. de Barbé-Marbois a publié de nombreux ouvrages historiques, économiques, littéraires, entre autres : *Julienne*, conte physique et moral (1869), traduit de l'anglais, *Essai de morale* (1772), *Culture du trèfle, de la luzerne et du sainfoin* (1792), *Essai des finances de Saint-Domingue* (1792), et une *Histoire de la Louisiane* (1829), dont l'Empereur l'avait chargé, en 1805, de traiter la cession aux États-Unis.

BARBEAU-DU-BARRAN (Joseph-Nicolas),

membre de la Convention et représentant à la Chambre des Cent-Jours, né à Magnan (Gers), le 3 juillet 1761, mort en exil, à Aassens, canton de Vaud (Suisse), le 16 mai 1816, était procureur-général syndic du département du Gers lors de son élection, par ce département, à la Convention, le 5 septembre 1792, avec 404 voix sur 513 votants. Il fut un des montagnards les plus ardents et les plus influents de l'Assemblée. Dans le procès de Louis XVI, il répondit au 3e appel nominal. « J'ai consulté la loi; elle me dit que tout conspirateur mérite la mort. La même loi me dit aussi que la même peine doit s'appliquer aux mêmes crimes : je vote pour la mort. » Président du club des Jacobins, membre du Comité de salut public, il fit condamner son collègue Asselin pour avoir reçu chez lui la marquise Luppé de Chaury, que Du Barran fit également condamner à mort; envoyé en mission dans le Gers, il se signala par sa cruauté; il combattit pourtant Robespierre, mais pour le remplacer, sans y parvenir. Après le 9 thermidor, il lutta contre la réaction dont il craignait peut-être les justes retours, prit avec Carnot la défense de Billaud-Varenne et de Barrère, refusa de mettre en accusation les anciens membres du Comité de salut public; mais, impliqué dans la conspiration de prairial an III, il fut condamné à être déporté, et amnistié l'année d'après.

Après avoir vécu dans la retraite pendant la durée de l'Empire, il fut élu par le collège de département du Gers député à la Chambre des Cent-Jours; condamné à l'exil comme régicide par la loi du 12 janvier 1816, il se retira en Suisse où il mourut cinq mois après.

BARBEDETTE (Pierre-Léandre-Hippolyte), député de 1878 à 1885, puis membre du Sénat, né à Poitiers (Vienne), le 17 mars 1827, étudia le droit et débuta dans la magistrature comme substitut du procureur impérial à la Rochelle, puis devint juge au même tribunal; il donna sa démission en 1870 pour protester contre la révocation de M. Chaudreau, président du tribunal de la Rochelle, prononcée par le gouvernement de la Défense Nationale. Il s'occupa en même temps beaucoup de musique théorique et pratique, collabora au *Ménestrel* et publia des études sur Beethoven (1859), Chopin (1861), Weber (1852), Schubert (1866), Mendelssohn (1869), Chants populaires de la Pologne (1870), plus une brochure : *Du progrès* (1856) et des *Études sur la littérature contemporaine* (1865). Il écrivit aussi dans les journaux, notamment au *Courrier de la Rochelle*, qu'il ne quitta qu'à la suite d'attaques violentes de M. Valleton, rédacteur de la *Charente-Inférieure*, qu'il fit condamner devant le tribunal de la Rochelle. Rallié par la suite à la République, il brigua d'abord le mandat législatif dans le département de la Charente-Inférieure, le 20 février 1876; les électeurs de la Rochelle ne lui donnèrent que 8,044 voix contre 9,442 à M. Fournier, candidat bonapartiste élu. Le 14 février 1877, il échoua une seconde fois avec 9,431 voix contre le même concurrent, qui passa avec 9,957 voix. Mais l'élection de M. Fournier fut invalidée, et les électeurs de la Rochelle, convoqués à nouveau, donnèrent 9,528 voix à M. Barbedette et 8,367 seulement au candidat conservateur. Barbedette siégea à l'Union républicaine et vota avec les opportunistes à la fois contre la droite et contre les intransigeants. Aux élections générales du 21 août 1881, il fut renommé, cette fois sans concurrent, par 11,495 voix sur 13,581 votants et 23,506 inscrits.

Il appartint, sous la législature de 1881-85, à la majorité qui soutint les ministères Ferry et Gambetta, et sanctionna la politique coloniale et la guerre du Tonkin. Enfin, le 6 janvier 1885, il a été élu sénateur de la Charente-Inférieure par 546 voix sur 1,041 électeurs, il prit place à gauche, et a voté, le 22 juin 1886, *pour* l'expulsion des princes, et, dans la dernière session, le 13 février 1889, *pour* le rétablissement du scrutin uninominal, le 18 février *pour* la proposition de loi Lisbonne restrictive de la liberté de la presse, le 29 mars *pour* la procédure à suivre devant le Sénat érigé en haute Cour de justice (affaire Boulanger).

BARBENTANE (Louis-Antoine de Robin, comte de), député au Corps législatif de 1852 à 1869, né à Tarascon (Bouches-du-Rhône), le 3 août 1812, mort au château de Saint-Jean (Saône-et-Loire), le 16 janvier 1869, était le fils d'un ancien chevalier de Malte qui avait été capitaine de vaisseau dans la marine royale et appartenait à une famille de vieille noblesse provençale. Après avoir fait ses études à Sorèze, il s'occupa d'agriculture dans sa propriété de de Saint-Jean-le-Priche (Saône-et-Loire) et fut maire de cette commune en 1848. A titre de bonapartiste militant, il fut choisi comme candidat officiel en 1852 et élu, le 29 février, par la 1re circonscription électorale de Saône-et-Loire (Mâcon), avec 21,913 voix sur 24,211 votants et 38,921 inscrits, contre M. de Lamartine qui n'obtint que 1,796 voix. En 1852, il entra au Conseil général de Saône-et-Loire. Les mêmes électeurs lui renouvelèrent son mandat le 21 juin 1857, par 16,950 voix sur 20,845 votants et 37,798 inscrits, contre MM. de Lamartine (2,373 voix), et le baron de Romain (1,446 voix); et, le 1er juin 1863, par 15,971 voix sur 20,569 votants et 29,556 inscrits contre M. Rolland, ancien représentant (4,487 voix). Il vota fidèlement avec la majorité, et s'intéressa surtout aux questions d'agriculture. Le 13 août 1855, il avait été nommé chevalier de la Légion d'honneur; il avait en outre reçu les ordres de Saint-Etienne de Toscane, et de l'Immaculée Conception de Portugal. Il avait épousé Mlle de Bongars, fille de l'écuyer commandant des écuries de Charles X, remariée depuis avec le général comte Reille.

BARBÈS (Armand), représentant du peuple à l'Assemblée constituante de 1848, né à la Pointe-à-Pitre, le 18 septembre 1809, mort à la Haye (Hollande), le 26 juin 1870, vint tout enfant habiter en France, près de Carcassonne, dans le pays de sa famille; il fit ses études au collège de Sorèze; puis, son père, qui était négociant, lui ayant laissé de bonne heure une assez grande fortune, il vint à Paris vers 1830 pour prendre sa part de toutes les luttes et de tous les complots du parti républicain contre Louis-Phillippe. M. Jules Claretie raconte (*Le Plutarque populaire* : *Armand Barbès*), qu'Etienne Arago, alors directeur du Vaudeville, vit entrer dans son cabinet, rue de Chartres, un grand et beau jeune homme qu'il prit tout d'abord pour un jeune premier : il était porteur d'une lettre de recommandation d'un ami commun, condisciple d'Arago.

« — Les camarades de nos camarades de « classe sont nos amis, lui dit Arago en l'ac- « cueillant. Vous venez à Paris pour voir Paris « et sans doute, avant toutes choses, nos théâ- « tres? Vous voulez vos entrées au Vaudeville « probablement? Vous les avez. Ce soir, votre « nom sera inscrit sur le registre du contrôle

« et vous entrerez ici quand il vous plaira. »

Le jeune homme avait écouté sans mot dire. Lorsqu'Arago eut fini : « Citoyen, dit-il simplement, et, de cette voix musicale où l'accent méridional a gardé comme une grâce de l'accent créole, citoyen, je ne viens pas « à Paris pour voir Paris. Je suis jeune. Mon « nom, ma fortune, ma vie, je vous apporte « tout et veux tout donner à la République. »

« Etienne Arago regarda, joyeux et conquis, celui qui venait de parler, et qui, à vingt et un ans, était déjà Armand Barbès. »

Peu de temps après, il était parmi les insurgés d'avril 1834. Arrêté, emprisonné à Sainte-Pélagie, il fut relâché en 1835, après cinq mois de détention. La même année, il facilitait l'évasion, de Sainte-Pélagie, de ses amis Guinard, Godefroy Cavaignac, Armand Marrast qui avaient creusé une galerie souterraine, partant du préau de la prison et allant aboutir sous le jardin d'un propriétaire du voisinage. Barbès réussit, de concert avec une jeune fille, sœur d'un de ses amis, à s'introduire, sous un prétexte, dans cette maison, à y prendre le plan des lieux, puis à y revenir au jour fixé pour l'évasion. Puis il se remit à conspirer. Traduit en mars 1836, devant la police correctionnelle pour fabrication clandestine de poudre, il fut encore frappé d'un an de prison. Il en sortit pour fonder, avec Martin Bernard et Blanqui, les sociétés révolutionnaires des *Droits de l'homme*, des *Saisons*, et pour préparer l'insurrection du 12 mai 1839. Cette dernière société ne comprenait que 1,200 adhérents; ils n'en décidèrent pas moins de profiter d'une revue au Champ-de-Mars pour exciter le peuple à un « mouvement ». Groupés dans la rue Bourg-l'Abbé, ils se jetèrent sur le poste de la Conciergerie afin de gagner la préfecture de police; puis, pressés par les soldats qui accouraient par le quai des Orfèvres, ils se retranchèrent derrière les barricades de la Cité. Barbès les commandait. Blessé à la tête, il fut pris par les gardes municipaux. Pendant ce temps, le lieutenant Drouineau, commandant du poste, tombait mortellement frappé. Quelques heures après, l'insurrection était réprimée.

Barbès comparut le 27 juin suivant, avec Roudil, Nougués, Martin Bernard, Mialhou, Martin Noël, etc., devant la Cour des pairs. Il était accusé d'avoir tué net et à bout portant le lieutenant Drouineau, tombé en réalité dans le combat sous une décharge des insurgés. La réquisitoire fut prononcé par M. Franck-Carré, la défense de Barbès par MM. Emmanuel Arago et Dupont. Barbès se leva ensuite, après avoir déclaré qu'il ne répondrait à aucune des questions posées par l'accusation, ajouta :

« J'étais un des chefs de l'association, c'est moi qui ai préparé le combat, tous les moyens d'exécution; j'y ai pris part, je me suis battu contre vos troupes; mais si j'assume sur moi la responsabilité pleine et entière de tous les faits généraux, je dois aussi décliner la responsabilité de certains actes que je n'ai ni conseillés, ni ordonnés, ni approuvés. Je veux parler d'actes de cruauté que la morale réprouve. Parmi ces actes, je cite la mort donnée au lieutenant Drouineau, que l'acte d'accusation signale comme ayant été commis par moi, avec préméditation et guet-apens. Ce n'est pas pour vous que je dis cela, vous n'êtes pas disposés à me croire, car vous êtes mes ennemis. Je le dis pour que mon pays l'entende. C'est là un acte dont je ne suis ni coupable ni capable. Si j'avais tué ce militaire, je l'aurais fait dans un combat à armes égales, autant que cela peut se faire dans le combat de la rue, avec un partage égal de champ et de soleil. Je n'ai point assassiné, c'est une calomnie dont on veut flétrir un soldat de la cause du peuple. Je n'ai pas tué le lieutenant Drouineau. Voilà tout ce que j'avais à dire. »

Ces paroles prononcées, il se renferma dans un morne silence et ne fit plus entendre que ces mots : « Quand l'Indien est vaincu, quand le sort de la guerre l'a fait tomber au pouvoir de son ennemi, il ne songe pas à se défendre; il n'a pas recours à des paroles vaines, il se résigne et donne sa tête à scalper. »

Le 12 juillet 1839, Barbès fut condamné par la Cour des pairs à la peine de mort. A la sortie de l'audience, on le fouilla, on lui enleva ses boucles de pantalon et de gilet, sa bague, on lui mit la camisole de force. « Je n'éprouvais, a-t-il écrit plus tard, dans une brochure extrêmement rare, *Deux jours de condamnation à mort*, datée des prisons de Nîmes (1847) et où il a retracé ses impressions, je n'éprouvais d'autre sensation en ce moment qu'une légère surexcitation d'énergie et comme une pointe d'orgueil de voir que j'étais appelé à donner mon sang pour ma cause. »

Cependant, à la nouvelle de la condamnation capitale de Barbès, plus de 3,000 étudiants vinrent, au ministère de la justice demander une grâce que le condamné s'était hautement refusé à implorer. Des employés, des ouvriers tentèrent de se livrer à une manifestation devant le Palais-Bourbon. Victor Hugo, lui aussi, s'était ému, et, le soir de l'arrêt de mort, à minuit, il avait écrit au roi Louis-Philippe, frappé par la mort de sa fille, la princesse Marie, les vers que tout le monde connaît :

Par votre ange envolée ainsi qu'une colombe,
Par ce royal enfant, doux et frêle roseau,
Grâce encore une fois ! grâce au nom de la tombe !
Grâce au nom du berceau !

Louis-Philippe, a-t-on dit, répondit au poète : « Je vous accorde cette grâce. Il ne me reste plus qu'à l'obtenir ! »

Malgré l'opposition très vive que firent les ministres, et particulièrement le maréchal Soult, la grâce fut décidée. Quand on l'apporta à Barbès, le matin même du jour où il devait être exécuté, il en reçut froidement la nouvelle. Il partit alors pour Doullens, sa peine ayant été commuée, d'abord en celle des travaux forcés à perpétuité, puis en celle de la déportation, enfin en celle de la détention perpétuelle. De Doullens, il passa à la prison de Nîmes, où il resta jusqu'à la Révolution de 1848, qui lui apporta sa mise en liberté immédiate.

Il revint aussitôt à Paris, fut élu président du club de la Révolution, nommé gouverneur du palais du Luxembourg, et acclamé colonel de la 12e légion de la garde nationale. Très hostile personnellement à Blanqui, avec qui l'histoire de ses démêlés est célèbre autant qu'obscure, il combattit la manifestation du 15 mai 1848, et parut soutenir d'abord le gouvernement provisoire où siégeaient ses amis Louis Blanc et Ledru-Rollin. Le 13 avril, le département de l'Aude l'avait élu par 36,703 voix (67,165 votants et 75.218 inscrits), représentant du peuple à la Constituante. Il s'assit à la Montagne, mais ne resta que peu de jours dans l'Assemblée et n'eut le temps de prendre part à aucun vote important. Il avait vivement protesté, au début de la session, contre la répression des troubles de Rouen, où la garde nationale avait fusillé, au moment des élections, les ouvriers socialistes. Le rôle prépondérant joué par Barbès dans la

journée du 15 mai mit fin à sa carrière parlementaire. Arrêté à l'Hôtel de ville, il fut détenu en prévention au donjon de Vincennes et traduit, le 2 avril 1849, devant la haute Cour de justice séant à Bourges, sous l'inculpation de complot tendant au renversement du gouvernement. L'accusation lui reprochait, entre autres griefs, d'avoir encouragé les envahisseurs de l'Assemblée, d'avoir demandé un impôt d'un milliard sur les riches, et d'avoir crié : « On va massacrer nos frères ! Aux armes ! A l'Hôtel de Ville ! » En effet, Barbès s'était mis en marche sur l'Hôtel de Ville, à la tête du peuple, et les listes de gouvernement, retrouvées dans les salles, portaient son nom. Il fut condamné encore à la détention perpétuelle et dirigé sur Doullens, d'où on le transféra (octobre 1849) à Belle-Isle-en-Mer. De cette prison, il écrivait le 17 février 1850, à Brives, son collègue à la Constituante, au sujet du projet de loi de déportation aux îles Marquises proposé à l'Assemblée : « Jusqu'à nouvel ordre, je ne me préoccupe pas beaucoup de cette loi, et je regarde comme certain que, même votée, elle ne produira ses effets que dans le cas où M. Bonaparte réussirait à faire son coup d'état. Or, dans ce cas, il n'aura pas besoin de loi de déportation pour nous expédier tous hors de France, toi qui es dehors comme moi qui suis dedans, et par conséquent nous restons comme ci-devant à la disposition des événements. »

Il était encore prisonnier quand éclata la guerre de Russie; il écrivit à plusieurs de ses amis des lettres dans lesquelles il exprimait son grand désir et sa ferme espérance de voir triompher les Français. Placées sous les yeux de Napoléon III, ces lettres déterminèrent l'empereur à faire grâce à Barbès. Barbès répondit par une lettre au *Moniteur*, où il disait :

« J'arrive à Paris, je prends la plume et je vous prie d'insérer bien vite cette note dans votre journal. Un ordre dont je n'examine pas les motifs m'a tiré, le 5 de ce mois, au directeur de la maison de détention de Belle-Isle. Au premier énoncé de cette nouvelle j'ai frémi d'une indicible douleur de vaincu, et j'ai refusé tant que je l'ai pu, durant deux jours, de quitter ma prison. Je viens ici pour parler de plus près et mieux me faire entendre... » Il terminait ainsi : « Décembre n'est-il pas, et pour toujours, un combat indiqué entre moi et celui qui l'a fait? A part donc ma dignité personnelle blessée, mon devoir de loyal ennemi est de déclarer à tous, et à chacun ici, que je repousse de toutes mes forces la mesure prise à mon endroit. Je vais passer à Paris deux jours, afin qu'on ait le temps de me remettre en prison, et, ce délai passé, vendredi soir, je cours moi-même chercher l'exil.

Paris, 11 octobre 1854, 10 heures du matin, *Grand-Hôtel du Prince-Albert*, rue Saint-Hyacinthe-Saint-Honoré. »

N'ayant pas été arrêté, Barbès quitta la France, alla s'établir à Bruxelles, puis en Espagne; il se fixa ensuite à La Haye : il habitait une petite maison sur le Plaatz. En novembre 1869, sa candidature au Corps législatif fut posée par les républicains les plus avancés de la 3e circonscription de Paris. Le mauvais état de sa santé ne lui permit pas d'accepter. Il mourut quelques mois après, le 26 juin 1870, avant la proclamation de la République.

BARBET (Henri), député de 1831 à 1846, pair de France en 1846 et député au Corps législatif de 1863 à 1869, né à Deville-lès-Rouen (Seine-Inférieure), le 23 juin 1789, mort au château de Belmont (Seine-Inférieure), le 18 mars 1875, était grand industriel, maire de Rouen et membre du conseil général (1830), lorsqu'il fut élu, le 5 juillet 1831, par le 1er collège électoral de la Seine-Inférieure (Rouen) avec 504 voix sur 790 votants; il vota, dans cette session, *contre* l'hérédité de la pairie. Successivement réélu, le 21 juin 1834, par 428 voix sur 788 votants et 1,014 inscrits; le 4 novembre 1837, par 610 voix sur 995 votants et 1,152 inscrits; le 2 mars 1839, par 615 voix sur 998 votants et 1,158 inscrits; et le 25 juin 1844, en remplacement de Jacques Laffitte, décédé, par 704 voix. sur 997 votants et 1,160 inscrits, il ne se sépara pas de la majorité ministérielle et fut créé pair de France le 21 juillet 1846. Depuis 1836, il était président du conseil général de la Seine-Inférieure, membre du tribunal de commerce, président du conseil d'administration de la Banque, et commandeur de la Légion d'honneur (1844). Rallié au second Empire, il entra comme candidat officiel au Corps législatif, le 30 mai 1863, pour représenter la 5e circonscription de la Seine-Inférieure, par 19,862 voix sur 23,107 votants et 35,065 inscrits, fut fait grand officier de la Légion d'honneur le 30 août 1865, mais échoua, aux élections du 24 mai 1869, avec 12,839 voix contre le candidat de l'opposition, M. Buisson, élu par 13,935 suffrages.

BARBEY (Edouard), sénateur, ministre de la marine et des colonies en 1887, né à Béziers (Hérault), le 2 septembre 1831, est allié, par son père, à plusieurs familles de Genève, du canton de Vaud et du canton de Neufchâtel. Un de ses parents, M. William Barbey-Boissier-d'Orbe, est membre du conseil fédéral. Il passa par l'École navale de Brest; aspirant en 1849, il fit successivement plusieurs campagnes importantes, celle de la *Belle Poule*, dans les mers des Indes, puis celle de Crimée sur le *Jean-Bart* et le *Magellan*. Il n'avait que vingt-cinq ans et était enseigne de vaisseau, lorsque sa conduite dans l'expédition de Cazamance, sur les côtes d'Afrique, lui valut la décoration de la Légion d'honneur. En 1862, il donna sa démission de lieutenant de vaisseau, se maria et s'occupa, jusqu'en 1870, d'affaires industrielles, aidant son père dans la direction des filatures de laines que ce dernier possédait à Mazamet (Tarn). Il reprit du service lors de la guerre franco-allemande. Le gouvernement de la Défense nationale lui donna le grade de commandant dans l'artillerie de la rive gauche à Paris, où il se distingua pendant le siège. Promu officier de la Légion d'honneur, il retourna dans le Tarn après la conclusion de la paix, devint maire de Mazamet (fonction qu'il occupa jusqu'en 1883, sauf pendant la période du Seize-Mai), et conseiller général de ce canton. Il avait essayé à trois reprises, en 1876, en 1879 et en 1881, d'être élu député de l'arrondissement de Castres ; mais il avait échoué comme candidat républicain contre le baron Reille, bonapartiste, ancien sous-secrétaire d'État au Seize-Mai. Lors du renouvellement triennal du 8 janvier 1882, il fut élu sénateur du Tarn, par 225 voix, sur 396 votants. Il s'inscrivit à la gauche républicaine, vota avec ce groupe politique, et déposa (1883) un amendement qui fit assez de bruit relatif à la situation des membres des familles ayant régné sur la France ; cet amendement adoucissait la loi votée par la Chambre en supprimant l'inéligibilité des princes et en substituant à l'incapacité légale de remplir des fonctions militaires la mise en disponibilité facultative. Le gouvernement se

rallia à cet amendement qui fut soutenu par le ministre, mais rejeté par le Sénat à 3 voix de majorité. M. Barbey prit part aussi à la discussion des lois sur l'organisation municipale, sur l'instruction primaire, où il proposa d'autoriser le ministre à conserver l'école congréganiste sur la demande du conseil municipal et l'avis conforme du conseil départemental de l'instruction publique ; cet amendement fut rejeté par 135 voix contre 132. Il parla aussi sur le budget de la marine, la politique coloniale, etc. Il fut un des secrétaires du Sénat. Enfin, dans le ministère du 31 mai 1887 (ministère Rouvier), M. Barbey fut appelé à prendre le portefeuille de la marine et des colonies jusqu'à la chute du ministère (novembre 1887). M. Barbey a continué de siéger à la gauche républicaine et a voté, dans la dernière session : le 13 février 1889, *pour* le rétablissement du scrutin uninominal ; le 18 février, *pour* le projet de loi Lisbonne restrictif de la liberté de la presse ; le 29 mars, *pour* la proposition de loi sur la procédure à suivre devant le Sénat pour juger toute personne inculpée d'attentat contre la sûreté de l'Etat (affaire Boulanger).

BARBEYRAC (Charles-Marie, marquis de Saint-Maurice), député à l'Assemblée constituante de 1789, né à Montpellier (Hérault), mort à une date inconnue, fut élu député de la noblesse aux Etats-Généraux (8 avril 1789) par la sénéchaussée de Montpellier. Aucun acte notable ne signala sa présence dans l'Assemblée ; on sait seulement qu'il ne se rallia pas au Tiers-Etat et qu'il resta attaché aux idées de l'ancien régime.

BARBIÉ (Pierre-François), député à l'Assemblée constituante de 1789, né à Vitry-le-François (Marne), le 31 août 1753, mort à Vitry-le-François, le 4 mars 1808, était, en 1789, lieutenant-général au bailliage de Vitry, qui le choisit par 176 voix sur 286 votants pour le représenter, comme député du tiers, aux Etats-Généraux (21 mars 1789). Il se prononça pour la réunion des trois ordres et se déclara en faveur des idées nouvelles. Il ne joua cependant qu'un rôle effacé pendant toute la période révolutionnaire. Bonaparte le nomma (le 14 germinal an VIII) président du tribunal de Vitry-le-François.

BARBIER (Gaspard-Augustin), député de 1815 à 1820, né à Rennes (Ille-et-Vilaine), le 6 janvier 1763, mort à une date inconnue. Propriétaire à Nantes, il entra dans la vie politique au moment de la Restauration, manifesta beaucoup de zèle pour la cause royaliste, et appartint, sans s'y faire d'ailleurs remarquer, à la majorité de la Chambre « introuvable » de 1815, où le collège de département de la Loire-Inférieure l'avait envoyé, le 22 août 1815, par 100 voix sur 160 votants et 212 inscrits. Réélu après la dissolution, le 4 octobre 1816, par le même collège, avec 86 voix (158 votants, 204 inscrits), il siégea au « centre de droite », et prit part à tous les votes réactionnaires de la session de 1819 : loi contre la liberté de la presse, modification du système électoral, etc. Barbier ne fut pas réélu en 1820, quoiqu'un biographe royaliste du temps comprenne son nom dans un recueil de notices intitulé : *La Chambre de 1820 ou la Monarchie sauvée.* Il y est représenté comme « un homme qui saisit une question avec la plus grande facilité, qui l'examine sous toutes ses faces, et qui sait parfaitement les inconvénients qu'elle offre et les

avantages qu'elle présente ; seulement il manque
d'habitude pour exprimer son opinion à la tribune, et il n'y monte jamais... » Cette bienveillante appréciation ne saurait s'appliquer à
la session de novembre 1820, Barbier n'ayant
« sauvé la Monarchie » qu'antérieurement à
cette date.

BARBIER (Pierre-Alexandre-Victor), sénateur du second Empire, né à Huningue (Haut-
Rhin), le 14 mai 1800, mort à Paris, le 6 février
1874. Haut fonctionnaire du second Empire, il
appartenait à l'administration des contributions
indirectes dont il devint, en 1861, le directeur
général : il succédait dans ces fonctions à
M. Forcade la Roquette, et les occupait encore
le 18 mars 1869, quand il fut appelé, par décret
impérial, à siéger au Sénat. Son rôle parlementaire fut court et assez effacé. La Révolution du 4 septembre le rendit à la vie privée ;
il était grand officier de la Légion d'honneur.

BARBIER DE LANDREVIE (Joseph), député
u Corps législatif en 1808, né à Confolens
Charente), le 22 avril 1764, mort à Confolens,
le 17 juin 1829, appartint, sous l'ancien régime,
aux armées du roi. Comme il s'était embarqué
en 1783, pour aller servir dans le « régiment
de la Martinique », il fit naufrage, puis revint
sur le continent et fut officier au régiment de
Barrois-Infanterie. Il finit par rentrer dans la
vie civile, et par exercer les fonctions d'entre-
poseur des tabacs et de juge de paix à Confolens. Sous le premier Empire, il avait été élu
par le Sénat conservateur, le 18 février 1808,
député au Corps législatif : le choix du Sénat
ratifiait le vœu des électeurs de l'arrondissement de Confolens, qui l'avaient élu *candidat*
par 37 voix sur 70 votants.

BARBIER DE SOLIGNY (Joseph), député
au Corps législatif en 1809, né à Vitry-le-
François (Marne), le 23 août 1756, mort à
Vitry-le-François, le 19 mai 1821. Etant avocat
et adjoint au maire de sa ville natale, il fut,
le 2 mai 1809, élu par le Sénat conservateur
député au Corps législatif pour le département
de la Marne. Le *Moniteur* ne fait nulle mention du nom de ce législateur, qui opina sans
prendre la parole, de même que la grande majorité des collègues, en faveur du gouvernement impérial.

BARBIER-JENTY (Jean-François), député
au conseil des Cinq-Cents, dates de naissance
et de mort inconnues, était avocat au début de la
Révolution. Commissaire du Directoire exécutif
à Amiens, les élections du 24 germinal an VI
l'envoyèrent au conseil des Cinq-Cents, où il
représenta le département de la Somme. Il ne
figura aux procès-verbaux de l'Assemblée
qu'une seule fois : le 29 thermidor an VII
(16 août 1799), il donna lecture d'une lettre de
l'administration municipale d'Amiens, « annonçant que les troubles de cette commune avaient
été suscités par des émigrés et des chouans. »

BARBOTAN (Clair-Joseph Carris, comte
de), député à la Constituante de 1789, né à
Mormès (Gers) en 1719, exécuté à Paris, le
1er avril 1794, était maréchal de camp en
retraite quand il fut, le 31 mars 1789, député de la noblesse aux Etats-Généraux par la
sénéchaussée de Dax. Il siégea à droite, et,
après la session, se retira dans son pays où,
considéré bientôt comme suspect en sa qualité
de noble, il fut accusé, avec un de ses fer-

miers, de correspondre avec les émigrés, traduit, le 7 janvier 1794, devant le tribunal criminel du Gers et acquitté. Mais ses accusateurs
s'adressèrent à Barbeau du Barran, alors député du Gers à la Convention, et obtinrent par
son entremise, de cette Assemblée, la cassation
du jugement et le renvoi des accusés devant
le tribunal révolutionnaire de Paris, qui les
envoya à l'échafaud.

BARBOTIN (Emmanuel), député à l'Assemblée constituante de 1789, né à Wavrechain-
sous-Faulx (Nord), le 25 mars 1741, mort à une
date inconnue, n'a pas laissé de traces de son
passage à l'Assemblée où il fut élu comme
député du clergé, le 18 avril 1789, par le bailliage du Quesnoy. Il était alors curé de Prouvy
(Nord).

BARBOTTE (Guillaume-François-Bonaven-
ture), député à l'Assemblée législative de 1791,
né à Domfront (Orne), le 25 septembre 1764,
mort à Domfront, le 22 novembre 1818. Le
4 septembre 1791, fut élu député à l'Assemblée
législative par le département de l'Orne, avec
289 voix sur 514 votants. Auparavant, il avait
exercé la profession d'avocat et avait rempli
les fonctions d'administrateur (1790) du directoire du département de l'Orne ; à l'Assemblée
législative, il siégea à gauche et se montra
partisan éclairé de la Révolution et toujours
plein d'humanité. Il devint, après la session,
agent national, puis procureur syndic du district de Domfront et juge au tribunal civil du
département. Enfin il accepta du gouvernement consulaire, après le coup d'état de brumaire, le poste de sous-préfet de Domfront. En
cette qualité, alors que la guerre des Chouans
avait ruiné le pays (1801), Barbotte avança de
sa bourse, à l'hospice de Domfront, l'argent
nécessaire à la nourriture des pauvres pendant
un certain temps. Il resta sous-préfet sous
l'Empire, et occupait encore ce poste en 1811.

BARROU (Pierre-Louis), député à l'Assemblée constituante de 1789, dates de naissance
et de mort inconnues, était curé de la paroisse d'Isles-les-Villenoy (Seine-et-Marne).
Il fut, le 21 mars 1789, député par son ordre
aux Etats-Généraux, pour le bailliage de
Meaux ; mais, très opposé au mouvement révolutionnaire, il donna sa démission et quitta
l'Assemblée le 15 octobre, quelques jours après
la marche du peuple sur Versailles. Par la
suite, il fut arrêté comme suspect, et condamné à la déportation, le 2 avril 1793. On ne
retrouve plus sa trace à partir de cette date.

BARCHOU DE PENHOEN (Auguste-Théo-
dore-Hilaire, baron), représentant du peuple
à l'Assemblée législative de 1849, né à Morlaix
(Finistère), le 28 avril 1801, mort à Saint-Germain-en-Laye (Seine-et-Oise), le 28 juillet 1855,
entra dans la carrière militaire sous la Restauration et prit part à l'expédition d'Alger
comme capitaine d'état-major. Après la Révolution de 1830, il donna sa démission pour ne
pas servir le gouvernement de Louis-Philippe,
et s'adonna aux lettres, ainsi qu'à la philosophie. Il fut un des premiers collaborateurs de
la *Revue des Deux-Mondes* ; il y publiait, en
1831, un *Essai d'une formule générale de
l'histoire de l'humanité*, d'après les idées de
M. Ballanche ; en 1832, un article sur la *Philosophie de Fichte*, et des *Souvenirs de l'expédition d'Afrique* ; en 1833, *Schelling, Philosophie de la nature*, etc. Traducteur de Fichte,

il publia encore une estimable *Histoire de la philosophie allemande*, intéressante surtout par les critiques qu'elle renferme sur l'éclectisme, alors tout-puissant. Son *Histoire de la domination anglaise dans les Indes* (6 volumes) acheva de le faire connaître comme publiciste et comme savant. Vers la même époque, il fut admis à l'Institut (Académie des inscriptions et belles-lettres). Adversaire déclaré du gouvernement de juillet, il accueillit sa chute avec empressement, sans se rallier toutefois à la République. C'est comme légitimiste qu'il fut, le 13 mai 1849, élu représentant du peuple à l'Assemblée législative par le département du Finistère, le 7e sur 13, avec 54,755 voix (86,649 votants, 150,165 inscrits). Le procès verbal d'élection le qualifie de « propriétaire à Brest ». Il fit partie de la coalition monarchique qui forma la majorité de cette Assemblée, vota *pour* l'expédition de Rome, *pour* les poursuites contre les représentants de la Montagne après l'affaire du 13 juin; *pour* l'interdiction des clubs; *pour* la loi organique de l'enseignement et *pour* la loi restrictive du suffrage universel. Il fit peu de bruit dans la session, se contenta d'exposer ses sentiments conservateurs et catholiques dans les deux brochures : *Un mot sur la situation politique* (1849), et *Lettre d'un membre de la majorité à ses commettants* (1850). N'ayant pas adhéré au coup d'état de décembre, il rentra, après 1851, dans la vie privée, et reprit jusqu'à sa mort ses études littéraires. A la cérémonie de ses obsèques, à Saint-Germain-en-Laye, le 1er août 1855, M. Laboulaye prononça son éloge au nom de l'Institut. « Dans un temps de révolution, dit-il, où l'ambition est partout, M. Barchou de Penhoën a voulu être qu'un homme de lettres et un philosophe; c'était là sa vocation; vous savez s'il l'a fidèlement remplie. Il a servi avec distinction sous le drapeau de la France; législateur dans un moment de danger, il a défendu avec courage l'ordre et les lois menacés; mais, soldat ou représentant, tout, dans cette tête bien faite, se ramenait à la réflexion, et il a toujours été plus inquiet de trouver la raison des choses que de ménager son intérêt ou sa fortune. »

BARCILON (FÉLICIEN-JACQUES-AUGUSTIN), député en 1877, né à Carpentras (Vaucluse), le 25 juillet 1822. Avocat dans cette ville et conservateur militant, il fut, une première fois, candidat dans l'arrondissement de Carpentras aux élections du 20 février 1876, mais il n'obtint alors que 7,245 voix, contre 7,251 accordées au candidat républicain, M. Poujade, élu. Après la dissolution de la Chambre, en 1877, M. Barcilon, candidat officiel du gouvernement du 16 Mai, fut proclamé élu à Carpentras, le 14 octobre, avec 8,159 voix (14,297 votants, 16,987 inscrits). Le député sortant, M. Poujade, n'eut que 6,065 voix. Mais de nombreuses protestations s'élevèrent contre cette élection, dont la campagne avait été des plus mouvementées. Le 2 mars 1878, M. Barcilon eut à se défendre contre les conclusions du 11e bureau, qui réclamait son invalidation. Vainement le député de Carpentras affirma que son élection était l'expression sincère, honnête et loyale des sentiments de la majorité; vainement il reprocha aux commissaires envoyés par la Chambre dans le département de Vaucluse d'avoir fait œuvre de parti et d'intenter un procès de tendances au député conservateur; la Chambre, après un discours de M. Margue prononça, à 244 voix contre 126, l'invalidation de M. Bar-

cilon. Ce scrutin n'eut lieu que dans la séance du 6 mars, parce que le premier vote n'avait pas été valable, un nombre insuffisant de suffrages ayant été exprimé. (La tactique de la droite était alors de s'absenter ou de s'abstenir, lorsqu'à la fin d'une séance la Chambre devait se prononcer sur une élection.) Au reste, M. Barcilon avait déclaré qu'il acceptait la responsabilité de la candidature officielle, et que le « seul tort du Seize-Mai était de n'avoir pas réussi ». Il renonça à la lutte, quand les électeurs de Carpentras eurent été convoqués à nouveau pour le 7 avril 1878 : M. Poujade fut élu à cette date, sans concurrent.

BARD (ANTOINE-ANNE-MARIE), représentant du peuple à l'Assemblée législative de 1849, né à Toulon-sur-Arroux (Saône-et-Loire) le 17 février 1821, petit-fils du général Bard, était notaire à Paray-le-Monial. Républicain, il fut élu par les démocrates de Saône-et-Loire, représentant à l'Assemblée législative, le 13 mai 1849, avec 72,241 voix (109,200 votants, 152,441 inscrits). Il siégea à la Montagne et vota comme ses collègues de ce groupe. « Un homme d'affaire socialiste! s'écriait à ce propos un biographe conservateur, tout se voit en France. » Après avoir appuyé l'interpellation Ledru-Rollin sur les affaires d'Italie, il se prononça *contre* les poursuites intentées à la suite de l'affaire du Conservatoire des Arts et Métiers à plusieurs de ses collègues; *contre* les nouveaux crédits demandés le 20 octobre 1849 pour l'expédition romaine; le 8 décembre, *pour* la proposition Savatier-Laroche, tendant à l'abolition de la peine de mort; le 31 mai 1850, *contre* la nouvelle loi électorale portant restriction du suffrage universel; le 16 juin, *contre* la loi portant interdiction des clubs; le 16 juillet, *contre* le cautionnement et l'impôt du timbre sur les journaux. Après le 2 décembre 1851, M. Bard quitta la vie politique.

BARDENET (JACQUES, CHEVALIER), député au Corps législatif en l'an X, né à Vesoul (Haute-Saône), le 17 février 1754, mort à Vesoul, le 3 septembre 1833, suivit la carrière des armes. Entré au service le 23 avril 1770, dans le régiment d'artillerie de Besançon, devenu plus tard le 3e régiment à pied, il gagna un à un tous ses grades et devint, de 1790 à 1794, lieutenant, capitaine, chef de bataillon et colonel. Il prit part à la bataille de Jemmapes, aux sièges de Lille, d'Ypres, de Nieuport, du fort de l'Écluse, de Bois-le-Duc, de Grave et de Nimègue. Il commanda ensuite l'artillerie française en Hollande (1795-96), à Gênes (1797), et à Naples (1798). Fait général de brigade sur le champ de bataille de la Trébia (juin 1799), il eut quelque temps maille à partir avec le Directoire, qui refusait d'enregistrer cette nomination. Placé par les électeurs de la Haute-Saône sur la liste des « notables nationaux », — on appelait ainsi les candidats aux fonctions législatives désignés par les collèges d'arrondissement et de département en vertu de la Constitution de l'an VIII, — il fut appelé, le 6 germinal an X, par le Sénat conservateur à siéger au Corps législatif. Plus tard, il fit les campagnes de 1806 et de 1807 dans la Poméranie suédoise, et fut fait officier de la Légion d'honneur (18 juillet 1807). Après avoir combattu encore à Wagram (1809), à l'armée d'Espagne, en Allemagne, il concourut brillamment à la défense de Magdebourg avec le général Lemarrois, et réussit à ramener en France toute la garnison de cette place (18,000 hommes et 52 pièces de canon). Le gouvernement de la Restauration montra une certaine réserve à l'égard du général Bardenet, le fit chevalier de Saint-Louis (19 juillet 1814), mais ne réclama pas ses services. Mis à la retraite par décision royale du 12 août, il revint dans sa ville natale et habita tantôt Montigny-les-Nones où il avait une maison de campagne, tantôt Vesoul, s'occupant surtout, jusqu'à la fin de sa carrière, d'améliorations agricoles.

BARDIN (Libre-Irmand), représentant du peuple à l'Assemblée constituante de 1848, né à Montargis (Loiret), le 18 novembre 1794, mort à Paris, le 20 décembre 1867. Après avoir servi dans l'artillerie, il devint professeur à l'Ecole d'application de Metz. Elu conseiller municipal de cette ville, il y fonda les premiers cours gratuits de sciences appliquées à l'industrie. En même temps il se signalait, par ses opinions démocratiques, à l'attention du ministre de la guerre, qui voulut l'envoyer en disgrâce. Il donna sa démission, vint à Paris, et y prit la direction d'une école libre des Arts et Métiers. Le 23 avril 1848, le département de la Moselle l'envoya, le 8ᵉ sur 11, avec 78,048 voix sur 97,423 votants et 111,534 inscrits, siéger à l'Assemblée constituante. Ses votes furent conformes à ceux des républicains modérés de l'Assemblée; il accorda, le 25 novembre 1848, son approbation à la conduite du général Cavaignac, et se prononça : 26 août 1848, *pour* les poursuites contre Louis Blanc (affaire du 15 mai); 4 octobre, *contre* l'incompatibilité des fonctions; 7 octobre, *contre* l'amendement Grévy sur la Présidence.

Après l'élection de Louis Napoléon à la présidence de la République, Bardin se déclara contre lui, et ses votes, jusqu'à la fin de la législature, se rapprochèrent des votes de la Montagne.

Il opina : 12 janvier 1849, *contre* la proposition Rateau; 12 mars, *contre* l'augmentation du traitement du président de la République; 21 mars, *contre* l'interdiction des clubs; 16 avril, *contre* l'expédition de Rome; 20 avril, *pour* la suppression du cautionnement des journaux; 18 mai, *pour* l'abolition de l'impôt des boissons.

Il ne se présenta pas à la Législative. Répétiteur à l'Ecole polytechnique, où il enseignait les travaux graphiques, il se consacra dès lors entièrement à ces fonctions. On doit à Bardin un travail très estimé : la *Topographie enseignée par des plans-reliefs et des dessins*, dont une partie est aujourd'hui la propriété de l'Ecole nationale des mines.

BARDON (Léonard), député à l'Assemblée législative de 1791, né à Tulle (Corrèze), en 1757, mort à une date inconnue, était juge au tribunal de Tulle quand, le 3 septembre 1791, il fut élu par la Corrèze député à l'Assemblée législative. Le *Moniteur* ne mentionne pas une seule fois son nom.

BARDON, représentant à l'Assemblée nationale de 1871, (ni ses prénoms, ni ses date et lieu de naissance ne figurent, contrairement à l'usage, sur les registres des archives de la Chambre des députés).

Manufacturier à Sarreguemines, il fut élu, le 8 février 1871, représentant de la Moselle à l'Assemblée nationale, le 8ᵉ sur 9, avec 38,185 voix (76,631 votants, 89,850 inscrits); mais, signataire de la protestation des députés des départements d'Alsace-Lorraine contre le traité de paix, il donna sa démission comme

ses collègues (Voy. *Albrecht*) et se retira de l'Assemblée (mars 1871).

BARDONIN. *Voy.* Sansac (comte de).

BARDOU-BOISQUETIN (Philippe-René), député à l'Assemblée législative de 1791 et membre du Conseil des Cinq-Cents, né à Savigné (Sarthe), en 1756, mort à Paris, le 3 juin 1816, était cultivateur à Sillé-Guillaume avant la Révolution, et procureur-syndic du district de Fresnay, quand il fut élu, le 4 septembre 1791, député de la Sarthe à l'Assemblée législative par 260 voix sur 318 votants. A la séance du 21 février 1792, un pétitionnaire, M. Hupier, ayant été admis à la barre de l'Assemblée, se plaignit « de M. Bardou-Boisquetin, relativement à un domaine national que ce dernier s'est adjugé au mépris de la loi qui défend aux administrateurs de se faire des adjudications, et au préjudice de l'exposant qui avait surenchéri pour cette acquisition. Il se plaint d'un jugement du tribunal du district qui a confirmé l'arrêté de la Sarthe contre le pétitionnaire. » L'Assemblée renvoya la pétition au pouvoir exécutif, et Bardou-Boisquetin répondit par la lettre suivante (mars 1792) : « J'ai été méchamment calomnié par M. Hupier, dans une pétition qu'il a faite à l'Assemblée, le 21 février, et dont vous avez rendu compte le 24. Mon silence sert de réponse à la diatribe. Le département de la Sarthe, le tribunal du district de Fresnay m'ont rendu justice. Je l'obtiendrai partout. Mon ennemi aura beau faire, l'honnête homme n'a rien à craindre.

> Bardou-Boisquetin,
> député du département de la Sarthe à l'Assemblée nationale. »

Elu le 24 vendémiaire an IV, et réélu le 25 germinal an VII par le même département au Conseil des Cinq-Cents, il y prit souvent la parole, pour faire voter des félicitations aux habitants de Beaumont-sur-Sarthe, qui avaient repoussé les Vendéens, pour demander vengeance des crimes commis par les soi-disant révolutionnaires, entre autres de l'assassinat de Maguin envoyé par le directoire dans son département, pour augmenter les troupes républicaines dans l'Ouest, pour mettre en jugement les autorités du Mans complices de l'occupation de la ville par les Chouans, pour punir le fanatisme des prêtres, etc.

Le 18 brumaire mit fin à sa carrière politique.

BARDOUX (Benjamin-Joseph-Agénor), représentant à l'Assemblée nationale de 1871, député de 1876 à 1881, et sénateur inamovible, né à Bourges (Cher), le 15 janvier 1829, était fils d'un receveur des contributions directes, se fit inscrire en 1856 au barreau de Clermont-Ferrand, dont il devint bâtonnier en 1869. La même année, il entra au Conseil municipal de cette ville, et remplit les fonctions de maire après le 4 septembre 1870. Sous l'Empire, il avait affirmé ses opinions républicaines en collaborant à l'*Indépendant du centre*, qui ouvrit un des premiers ses colonnes à la souscription Baudin.

Elu, le 8 février 1871, représentant du Puy-de-Dôme à l'Assemblée nationale, le 1ᵉʳ sur 11, par 81,205 voix sur 96,000 votants et 170,401 inscrits, il siégea à la gauche républicaine et vota : le 1ᵉʳ mars 1871 *pour* les préliminaires de paix, le 16 mai il s'abstint sur les prières publiques, le 10 juin il vota *pour* l'abrogation des lois d'exil, le 30 août *contre* le pouvoir constituant de l'Assemblée, le 3 février 1872 *pour* le retour de l'Assemblée à Paris, le 24 mai 1873 *contre* l'acceptation de la démission de Thiers, le 10 juin *contre* la circulaire Pascal, le 24 juin *contre* l'arrêté sur les enterrements civils, le 20 novembre *contre* la prorogation des pouvoirs du maréchal de Mac-Mahon, le 4 décembre *contre* le maintien de l'état de siège, le 16 mai 1874 *contre* le ministère de Broglie, le 29 juillet *contre* la dissolution de l'Assemblée, le 30 janvier 1875 *pour* l'amendement Wallon, le 25 février *pour* l'ensemble des lois constitutionnelles. Il entra dans le ministère du 11 mars, si laborieusement obtenu du maréchal de Mac-Mahon, comme sous-secrétaire d'Etat à la justice; il donna sa démission après le vote du scrutin d'arrondissement (11 novembre), si vivement défendu par deux ministres, MM. Dufaure et Buffet; il fut élu président du centre gauche.

Aux élections générales du 20 février 1876, la 1re circonscription électorale de Clermont-Ferrand l'élut par 11,998 voix sur 16,572 votants et 23,332 inscrits, contre MM. Rouher (2,652 voix) et Thibaud (1,723). MM. Boysset et Talandier (novembre 1876) ayant demandé la suppression du budget des cultes, M. Bardoux fit repousser cette proposition au nom des intérêts de la République naissante que troubleraient trop profondément la dénonciation du Concordat et la revendication des anciens biens du clergé. Il fut un des chefs les plus en vue des 363 qui luttèrent contre le ministère de Broglie, et, réélu à Clermont-Ferrand, le 14 octobre 1877, après la dissolution de la Chambre, par 13,201 voix sur 14,782 votants et 23,716 inscrits, il entra comme ministre de l'instruction publique et des cultes, dans le ministère Dufaure du 14 décembre, qui termina la crise constitutionnelle provoquée par la longue résistance du maréchal de Mac-Mahon. M. Bardoux a été un des ministres de l'instruction publique les plus brillants de la troisième République; il étonnait, par l'aimable et inaltérable égalité de sa courtoisie et de sa bienveillance vis-à-vis de tous, le président du conseil, M. Dufaure, qui brillait surtout par d'autres qualités : « Bardoux, disait-il, il a des préférences pour tout le monde ».

Dans la discussion du budget des cultes (janvier 1879), il défendit, comme ministre, le texte de la commission, « supprimant les bourses des séminaires où professaient des membres des corporations religieuses non reconnues par l'Etat, » et le fit voter par 307 voix contre 103; il prépara aussi la loi obligatoire sur l'enseignement primaire, que la démission du maréchal (30 janvier 1879) et le remaniement ministériel qui suivit ne lui permirent pas de déposer. On lui offrit, dans le nouveau cabinet Waddington (4 février 1879), de créer pour lui un ministère des cultes; il refusa. Il déposa, en juillet 1880, une proposition pour le rétablissement du scrutin de liste, demanda vainement, en novembre, dans la discussion de la loi sur la réforme judiciaire, l'attribution au jury de *tous* les procès politiques, et protesta, en décembre, dans l'intérêt même de l'instruction primaire, contre la laïcisation obligatoire des écoles proposée par M. Paul Bert.

Le 19 mai 1881, il monta à la tribune pour combattre les conclusions du rapport de M. Boysset contre la proposition de rétablissement du scrutin de liste, déposée par lui en juillet 1880, et qui fut votée à la Chambre par 267 voix contre 202, mais rejetée au Sénat, le 9 juin, par 148 voix contre 114; il proposa alors en vain aux groupes républicains de provoquer la dissolution de la Chambre, mais il ne déposa pas sa motion qui, dans les réunions, n'avait réuni que 70 voix contre 250.

Aux élections générales du 21 août 1881, M. Bardoux succomba, avec 6,369 voix contre 7,944 voix accordées à son concurrent radical, M Tisserand; mais, le 7 décembre 1882, il fut élu par le Sénat sénateur inamovible; après l'arrêt de non lieu, rendu par la Chambre des mises en accusation, le 9 février 1883, dans l'affaire du prince Jérôme-Napoléon Bonaparte, il déposa un projet de loi générale assez mitigé sur les attentats contre la sûreté de l'Etat et qu'on ne discuta pas, en présence du projet plus radical de M. Barbey; un projet sur l'élection à deux degrés des juges consulaires, qu'il présenta en 1883, n'échoua que d'une voix; une proposition tendant à supprimer la publicité des exécutions capitales, déposée par lui en décembre 1884, ne fut adoptée qu'en première lecture.

Lorsque la loi de réorganisation de l'enseignement primaire votée par la Chambre en 1884 vint devant le Sénat (février 1886), M. Bardoux demanda à subordonner la laïcisation à l'avis conforme de chaque conseil municipal, et à rendre aux recteurs la nomination des instituteurs réservée aux préfets; en juin suivant, il prononça un éloquent discours contre l'efficacité de la loi d'expulsion des princes : « Les proscriptions, dit-il, ne sont pas une fin; elles sont un commencement pour les légendes, un commencement pour les revendications, un commencement pour les espérances : elles sont aussi, quelquefois, un commencement pour les violations successives du droit. » Il n'y a guère de discussion importante à laquelle n'ait pas part M. Bardoux, qui peut être considéré comme un membre des plus actifs et des plus laborieux de la Chambre haute. Dans la dernière session, il a voté : le 13 février 1889, malgré ses longues luttes en faveur du scrutin de liste, *pour* le rétablissement du scrutin uninominal; le 18 février *pour* la proposition de loi Lisbonne restrictive de la liberté de la presse; le 29 mars, *pour* la procédure à suivre devant le Sénat, érigé en haute Cour de justice, contre les personnes inculpées d'attentat contre la sûreté de l'Etat (affaire Boulanger). Il est président du conseil général du Puy-de-Dôme, dont il fait partie comme représentant le canton de Saint-Amant-de-Tallende.

M. Bardoux n'est pas seulement un de nos meilleurs orateurs parlementaires, il est encore un écrivain distingué; outre des Mémoires sur les légistes de l'ancienne monarchie, il a publié un volume de vers : *Loin du monde* (1857), et des études historiques : *Le comte de Montlosier et le gallicanisme, La comtesse Pauline de Beaumont, La Bourgeoisie française, Madame de Custine,* etc.

BARDY (NICOLAS-FRANÇOIS), membre de la Convention nationale, né en 1740, mort à une date inconnue, était homme de loi et maire à Vézézoux, (Haute-Loire), quand il fut, le 6 septembre 1792, élu membre suppléant de la Convention par ce département, « à la pluralité des voix, » dit le procès-verbal de l'élection. C'est tout ce qu'on sait de la vie parlementaire de ce représentant, qui prit séance seulement le 5 floréal an III, comme membre titulaire, son nom

BAR   167   BAR

ayant été désigné par voie de tirage au sort, avec ceux de onze autres suppléants, pour remplacer autant de députés morts ou déportés. (*Moniteur* du 8 floréal an III, 27 avril 1795).

BARDY (MATHIEU-NAPOLÉON), représentant à l'Assemblée constituante de 1848, né à Belfort (Haut-Rhin), le 16 août 1804, mort à Belfort, le 5 juin 1884, entra dans la magistrature. Il était, en 1848, juge d'instruction à Belfort, quand il fut, le 23 avril, élu représentant du peuple par le département du Haut-Rhin, le 7e sur 12, avec 45,853 voix sur 94,408 votants. A l'Assemblée constituante, il vota avec les républicains de nuance modérée, *pour* le bannissement de la famille d'Orléans, *contre* le rétablissement du cautionnement, *pour* l'impôt proportionnel, *contre* le droit au travail, *pour* la suppression de l'impôt du sel, *contre* la proposition Rateau, et *contre* l'expédition de Rome. Il se rapprocha de la Montagne en quelques circonstances, notamment pour donner sa voix à l'amendement Grévy sur la Présidence. Bardy est porté *absent par congé* dans plusieurs scrutins importants, entre autres celui du 25 novembre sur l'ordre du jour en l'honneur du général Cavaignac. Adversaire de la politique présidentielle de Louis-Napoléon, il rentra dans la vie privée après la session de la Constituante. Le 4 septembre 1870 lui rendit son poste dans la magistrature ; le 14 janvier 1875, il fut retraité comme président de tribunal.

BARDY — *Voy.* FOURTOU (DE).

BARENNES (RAYMOND DE), député à l'Assemblée législative de 1791 et au Conseil des Anciens, né à Agen (Lot-et-Garonne), le 22 septembre 1739, mort à Paris, le 15 septembre 1800, fut d'abord avocat à Bordeaux ; il y professait le droit français et était procureur général-syndic de la Gironde, quand il fut élu, le 28 août 1791, député de ce département à l'Assemblée législative par 287 voix sur 547 votants. A la séance du 25 janvier 1792, Hérault de Sechelles, appuyé par Condorcet, ayant proposé de décréter l'envoi d'un ultimatum à l'empereur d'Autriche, de Barennes dit : « J'adopte les projets présentés par MM. Hérault et Condorcet, seulement j'y proposerai un article additionnel. Un roi de Syracuse ayant été forcé de faire la guerre aux Carthaginois, en défit trois cent mille. On lui demanda la paix ; il l'accorda à condition que les Carthaginois aboliraient la coutume barbare d'immoler des enfants à leurs dieux. Eh bien, déclarons que nous ne déposerons les armes qu'après avoir établi la liberté de tous les peuples. » Cinq ou six membres de l'Assemblée et les tribunes applaudirent à cette motion.

L'enthousiasme de M. de Barennes ne résista pas aux événements qui suivirent ; après le 10 août il se retira à Bordeaux, et ne rentra dans la vie politique qu'en l'an VI. Il fut élu le 24 germinal député de la Gironde au Conseil des Anciens, dont il fut secrétaire et où il présenta plusieurs rapports sur des questions judiciaires ; le gouvernement consulaire le nomma membre du conseil des prises, peu de temps avant sa mort.

BARENTIN (CHARLES-LOUIS-FRANÇOIS-DE-PAULE DE), ministre de la justice du 19 septembre 1788 au 3 août 1789, né le 1er juillet 1736, mort à Paris, le 30 mai 1819, fut en 1757 conseiller au Parlement de Paris, avocat général au même Parlement en 1765, remplaça Males-

herbes à la présidence de la Cour des Aides en 1775, et enfin reçut les sceaux, en remplacement de Lamoignon, en 1788. Il se montra fort au-dessous de sa tâche, et fit, à l'ouverture des Etats-Généraux, un discours qui déplut par sa faiblesse oratoire et politique. Le garde des sceaux fut attaqué dans le public et dans l'Assemblée ; dans un pamphlet ayant pour titre : *le testament de M. Lamoignon*, ancien garde *des sceaux*, celui-ci léguait à son successeur « un bourrelet, des lisières et une paire de lunettes, dont l'effet magnétique empêche les cerveaux timbrés et sans énergie de faire des sottises ; » à l'Assemblée, Mirabeau l'accusait d'indisposer le roi contre l'Assemblée par de perfides avis. Barentin démissionna, et, accusé de complot contre la sûreté de Paris, se cacha ; jugé par contumace, le 1er mars 1790, il fut acquitté par le Châtelet, mais crut prudent de passer la frontière. Rentré en France après le 18 brumaire, bien qu'agent discret de Louis XVIII, il ne fut pas inquiété par le gouvernement d'alors ; la Restauration le nomma chancelier honoraire, et donna le titre et les fonctions de chancelier à son gendre, M. Dambay.

BARÈRE (JEAN-PIERRE), député au Conseil des Cinq-Cents, cousin du suivant, né à Tarbes (Hautes-Pyrénées), le 27 janvier 1758, mort à une date inconnue, se fit graduer en droit canon, fut avocat à Tarbes, puis président du bureau de conciliation et haut juré, avant d'être élu par son département au Conseil des Cinq-Cents, le 25 germinal an VI. Il y passa inaperçu. Après le 18 brumaire, le premier Consul le nomma conseiller général, puis conseiller de préfecture en 1803 ; en 1805, son département le présenta comme candidat au Corps législatif, mais il n'y fut pas admis par le Sénat conservateur. A la fin de l'Empire, il était vice-président du tribunal civil à Tarbes.

BARÈRE DE VIEUZAC (BERTRAND), député à la Constituante de 1789, membre de la Convention, député au Conseil des Cinq-Cents, représentant à la Chambre des Cent-Jours, né à Tarbes (Hautes-Pyrénées), le 10 septembre 1755, mort à Tarbes, le 13 janvier 1841, était avocat distingué au Parlement de Toulouse, lauréat des jeux floraux pour un *Eloge de Louis XII*, et conseiller-doyen de la sénéchaussée de Bigorre, (1775 à 1778), qui l'envoya comme représentant du Tiers-Etat aux Etats-Généraux, le 23 avril 1789. Il siégea parmi les libéraux modérés, dont son journal, le *Point du Jour*, devint l'organe, vota pour la liberté de la presse, « garantie de toutes les autres libertés », fit voter une pension à la veuve de J.-J. Rousseau, une statue à l'auteur du *Contrat Social*, et des honneurs extraordinaires à la mémoire de Mirabeau, demanda l'émancipation des noirs, et s'appliqua à restreindre le plus possible les prérogatives du pouvoir exécutif. Avant l'expiration de la législature, Barère fut appelé au tribunal de cassation (28 avril 1791). Le 4 septembre 1792, il fut élu membre de la Convention par deux départements, dans les Hautes-Pyrénées par 274 voix sur 278 votants, et dans Seine-et-Oise par 456 voix sur 673 votants ; il opta pour les Hautes-Pyrénées. Il n'apporta pas, à la Convention, l'esprit de modération relative dont il avait fait preuve à la Constituante, et, résolu de se mettre du côté du plus fort, se signala surtout par les tergiversations de son zèle et de ses violences. Un jour, il demande la suppression de la Commune de Paris « du sein de laquelle s'élève le monstre de l'anarchie », et, quelque temps après, il la loue des massacres de septembre. Il présidait la Convention lors de l'interrogatoire de Louis XVI ; il y montra une partialité cruelle, qui n'était guère dans son caractère, et dont il se défendait, dit-on, en particulier. Mais la peur talonnait sa timidité, et, défaut méridional, l'ancien lauréat de Clémence Isaure se grisait aussi de son éloquence. Au moment du jugement, il répondit, au 3e appel nominal :

« Si les mœurs des Français étaient assez douces, et l'éducation publique assez perfectionnée pour recevoir de grandes institutions sociales, et des lois humaines, je voterais dans cette circonstance unique pour l'abolition de la peine de mort, et je porterais ici une opinion moins barbare. Mais nous sommes encore loin de cet état de moralité ; je suis obligé d'examiner avec une justice sévère la question qui m'est proposée. La réclusion jusqu'à la paix ne me présente aucun avantage solide, un roi détrôné par une nation me paraît un mauvais moyen diplomatique. Le bannissement me semble un appel aux puissances étrangères et un motif d'intérêt de plus en faveur du banni. J'ai vu que la peine de mort était prononcée par toutes les lois, et je dois sacrifier ma répugnance naturelle pour leur obéir. Au tribunal du droit naturel, celui qui fait couler injustement le sang humain doit périr ; au tribunal de notre droit positif, le code pénal frappe de mort le conspirateur contre sa patrie et celui qui a attenté à la sûreté intérieure et extérieure de l'État ; au tribunal de la justice des nations, je trouve la loi suprême du salut public. Cette loi me dit qu'entre les tyrans et les peuples, il n'y a que des combats à mort. Elle me dit aussi que la punition de Louis, qui sera la leçon des rois, sera encore la terrible leçon des factieux, des anarchistes, des prétendants à la dictature ou à tout autre pouvoir semblable à la royauté. Il faut que les lois soient sourdes et inexorables pour tous les scélérats et ambitieux modernes. L'arbre de la liberté, a dit un auteur ancien, croît lorsqu'il est arrosé du sang de toute espèce de tyrans : la loi dit la mort, et je ne suis ici que son organe. »

Nommé, un des premiers, membre du Comité de salut public, il ne prit pas parti au 31 mai, et offrit même aux Girondins compromis d'envoyer, dans leurs départements, des otages ; mais le triomphe de la Montagne et du Comité de salut public n'eut pas de soutien plus zélé que lui ; il prit part à tous les actes de la Terreur, rédigea tous les décrets, dénonça Danton et Hébert : « il n'y a que les morts, disait-il, qui ne reviennent pas. » Protégé par Robespierre, la peur le reprit, quand il vit *l'incorruptible* entrer en lutte avec le Comité de sûreté générale, et demander des têtes : « Ce Robespierre est insatiable, disait-il » ; il l'abandonna, revint à lui le 8 thermidor, après l'effet de son discours à la Convention, discours dont Barère s'empressa de demander l'impression ; il resta neutre le 9 thermidor ; mais, Robespierre mort, il proposa une adresse au peuple sur le « monstre qu'on venait de punir ». Mais Lecointre d'abord (8 fructidor an II), puis Legendre (12 vendémiaire an III), demandèrent l'arrestation des membres des anciens Comités ; Barère fut décrété d'accusation avec Collot d'Herbois et Billaud-Varennes, et condamné à la déportation ; transféré à Rochefort, il ne fut pas embarqué pour Cayenne avec les deux autres ; bientôt, le décret de déportation fut rapporté, après les événements de prairial, puis

renouvelé après le 13 vendémiaire : Barère put y échapper par la fuite.

Élu, le 25 germinal an V, par les Basses-Pyrénées, député au Conseil des Cinq-Cents, il ne put siéger, le Conseil ayant donné l'ordre d'exécuter le décret de déportation. Barère s'enfuit de nouveau, mais réussit à profiter du décret d'amnistie qui suivit le coup d'État de brumaire ; il en remercia le premier consul, en lui dénonçant un complot ourdi contre lui.

Présenté, en 1805, par son département comme candidat au Corps législatif, sa candidature n'obtint pas une seule voix dans le Sénat conservateur ; il se consacra alors à des travaux littéraires, tels que : *La Vie de Cléopâtre*, *Voyage de Platon en Italie*, *Géochronologie de l'Europe*, *Époques de la nation française*, *Théorie de la Constitution de la Grande-Bretagne*, etc. Il collaborait en même temps au *Journal de Paris* et à une feuille anti-britannique, *The Argus*. Le 15 mai 1815, l'arrondissement d'Argelès l'envoya à la Chambre des Cent-Jours, où il reparut tel qu'il avait été à la Constituante, demanda des ministres responsables, défendit la liberté de la presse, et proposa, en présence des armées alliées, de mettre la représentation nationale sous la sauvegarde du peuple. Proscrit, au retour des Bourbons, par la loi du 12 janvier 1816 contre les régicides, il se réfugia à Bruxelles, y prit le nom de Barère de Roquefeuille, rentra en France après la révolution de Juillet, et se retira à Tarbes, son pays natal, sans renoncer encore à s'y faire oublier. Dans une lettre datée de Tarbes, 16 juin 1834, il écrit à Thiers, qui l'avait proposé à l'Académie comme titulaire d'une pension vacante par la mort de Garat : « L'illustre historien de la Révolution française s'est souvenu d'un député que les événements et ses concitoyens lancèrent dans le volcan de 1789. J'ai publié plus de vingt-cinq volumes de littérature et de traductions de l'anglais et de l'italien ; je croyais que la mort de Garat, mon ancien ami, aurait été l'occasion de me transmettre sa pension littéraire ; mais vos immortels ne laissent rien échapper des petites ambitions de la terre. »

Sa position devint des plus précaires, et le 9 juin 1840, il écrivait à Louis-Philippe, à l'occasion de l'anniversaire de sa naissance, pour solliciter un secours, « n'ayant pas de quoi passer l'année. » Il a émis, dans une lettre du 23 décembre 1838, son opinion sur la Convention : « La Convention est venue trop tôt pour la liberté démocratique, mais seulement à temps pour sauver le territoire et la nationalité de la France. Elle n'a pas été comprise et fort mal jugée par ses contemporains, qui étaient passionnés et sans portée politique. L'avenir sera plus juste. »

BARET (JEAN-FRANÇOIS), député au Conseil des Anciens et membre du Tribunat, né près de Boulogne-sur-Mer en 1756, mort à Valenciennes (Nord), le 11 janvier 1800, fit ses premières armes dans le journalisme, fonda, au service de l'empereur Joseph II, le *Courrier de l'Escaut*, qui eut un réel succès, collabora aux *Éphémérides de l'humanité* et aux *Annales de la Monarchie*. Ses opinions flottaient encore de la république à la monarchie, lorsque l'entrée de l'armée de Dumouriez en Belgique les orienta décidément du côté des Jacobins, dont Baret présida alors le club à Bruxelles. Après neuf mois d'exil volontaire, lors de l'évacuation, il devint membre du comité de sûreté générale à Bruxelles, accusateur public devant le tribunal d'Anvers, puis commissaire du Directoire exécutif dans le département de la Lys. Le 23 germinal an VI, élu député du département de la Lys au Conseil des Anciens, il parla pour la célébration des fêtes décadaires, pour le décret prohibitif des marchandises anglaises, pour l'annulation de l'élection d'Antonelle et de ses collègues des Bouches-du-Rhône.

Aussitôt après le 18 brumaire, le gouvernement consulaire l'envoya dans les départements du Nord pour épurer les administrations; il fut nommé, pendant son absence, membre du Tribunat (4 nivôse an VIII), et écrivit à ce sujet la lettre suivante :

« Maubeuge, le 11 nivôse an VIII de la République française.

J.-F. BARET (de la Lys), ex-membre du Conseil des Anciens, au citoyen Président du Tribunat.

Citoyen Président,

Les papiers publics et quelques lettres particulières m'ont annoncé que j'étais nommé membre du Tribunat. Si des hommes, dont le suffrage est si glorieux, m'ont honoré de cette marque de confiance, je m'en rendrai digne, et je coopérerai peut-être au bonheur qu'ils préparent au Peuple français.

Mon zèle m'eût fait aussitôt retourner à Paris, mais je suis retenu depuis douze jours à Maubeuge par une maladie très grave, qui toutefois, je l'espère, ne me laissera pas le regret d'avoir perdu des moments bien précieux dans cette circonstance.

Salut et respect.

Excusez-moi si ma faiblesse m'oblige de me servir d'une autre main.

J.-F. BARET. »

Il voulut revenir quand même à Paris, et mourut en chemin, à Valenciennes, quelques jours après.

BARGY (NICOLAS-JULIEN, DIT AMÉDÉE), membre de la Chambre des députés, né à Dijon (Côte-d'Or), le 22 juin 1847, a été élu député de la Côte-d'Or, le 10 février 1888, en remplacement de M. Dubois, membre de la gauche radicale, décédé. Au premier tour, les suffrages des électeurs s'étaient répartis entre M. Bargy, candidat des républicains opportunistes, et MM. Prost, radical de la nuance de l'extrême-gauche, Toussaint, conservateur, et le général Boulanger. M. Bargy ayant obtenu la majorité relative, M. Prost, radical, se retira de la lutte, et M. Bargy, devenu le seul candidat des républicains, l'emporta au second tour par 39,787 voix sur 74,833 votants et 115,618 inscrits, contre M. Toussaint (32,545 voix). Il s'est fait inscrire à la gauche radicale; son nom ne figure à aucune place au scrutin du 11 février 1889 sur le rétablissement du scrutin uninominal, ni à celui du 14 février sur le projet de revision des lois constitutionnelles (chute du ministère Floquet); il a voté, le 14 mars, *pour* la demande en autorisation de poursuites contre trois députés membres de la Ligue des patriotes; le 2 avril, *contre* le projet de loi Lisbonne restrictif de la liberté de la presse; et le 4 avril, *pour* la demande en autorisation de poursuites contre le général Boulanger.

BARIEN (PIERRE-MARTIN), représentant à la Chambre des Cent-Jours, né en 1759, mort à une date inconnue. Procureur impérial à Paimbœuf sous le premier Empire, il ne fit que traverser la carrière parlementaire, comme représentant à la Chambre des Cent-Jours, élu par

l'arrondissement de Paimbœuf avec 22 voix sur 37 votants et 98 inscrits, contre 15 à M. Gahon le 13 mai 1815. Il rentra ensuite dans l'obscurité.

BARLIER (JEAN-BAPTISTE), député en 1824, né à Chaudesaigues (Cantal), le 2 février 1780, mort à Sainte-Périue (Cantal), le 14 mai 1865, était propriétaire et maire de Chaudesaigues, lorsqu'il fut élu, le 25 février 1824, député du 2ᵉ arrondissement électoral du Cantal (Saint-Flour), par 145 voix sur 167 votants et 200 inscrits, contre M. Ganilh, ancien député, qui eut 18 voix. Il ne se fit remarquer à la Chambre septennale que par son zèle à réclamer la clôture après les discours des ministres. Cette spécialité lui attira des coups de plume des chroniqueurs libéraux; on raconta notamment qu'à son arrivée à Paris, il avait invité à dîner tous les chaudronniers étameurs, poêliers et serruriers de la capit e, originaires du Cantal, et qu'au dessert, on lui avait voté d'enthousiasme une statue en cuivre repoussé à ériger sur la place de Chaudesaigues.

BARMOND (C.-F. PERROTIN DE), député à l'Assemblée constituante de 1789, dates de naissance et de mort inconnues, était, lors de la Révolution, conseiller-clerc au Parlement de Paris. Élu le 30 avril 1789 député du clergé aux Etats-Généraux par la ville de Paris, il ne tarda pas à prendre dans l'Assemblée une certaine situation, et fut choisi comme secrétaire, d'abord de son ordre, puis de l'Assemblée tout entière. Le 5 février 1790, « M. l'abbé de Barmond », répondant à une proposition du comité ecclésiastique pour obliger tous les membres du clergé possesseurs de bénéfices à en déclarer, sous quinzaine, le titre et le nombre, sous peine de déchéance, fit observer que le délai était « trop court » et la « clause comminatoire trop dure ». La question du *droit de triage* le ramena à la tribune le 4 mars. On appelait ainsi le droit reconnu aux seigneurs, par une ordonnance de 1669, de s'emparer d'une partie (un tiers) du bien des communautés. L'abolition de ce droit aurait-elle un effet rétroactif? Avec le comité féodal, M. de Barmond opina pour la négative. Après une longue discussion, à laquelle prirent part Robespierre, Goupil de Préfeln, Merlin, l'abbé Grégoire, etc., l'Assemblée révoqua, par un décret, « les arrêts du Conseil et lettres-patentes rendus depuis trente ans, et qui avaient autorisé le triage hors des cas permis par l'ordonnance de 1669. » Dans la même séance, Barmond prit encore la défense du Parlement de Bordeaux, qui avait rendu un arrêt hostile à l'Assemblée nationale. Son attitude peu favorable aux idées révolutionnaires, dans les principaux débats de la Constituante, le rendit bientôt tout à fait suspect aux membres du côté gauche. En juillet 1790, comme il avait donné asile à M. de Bonne-Savardin, évadé des prisons de l'Abbaye, il fut arrêté avec lui à Châlons-sur-Marne et emprisonné. L'Assemblée, informée de cet événement, décréta, sur la motion de Barnave, que le sieur de Barmond, serait traduit à sa barre et entendu par elle. Plusieurs séances furent consacrées à l'examen de cette affaire. Voidel, comme rapporteur, Robespierre, Foucault, l'abbé Maury, Pétion, portèrent successivement la parole. Finalement, la mise en accusation de « M. l'abbé Perrotin, dit Barmond » fut décrétée; en conséquence il fut maintenu en état d'arrestation et de détention, malgré les fréquentes réclamations qu'il fit entendre, notamment par une lettre à l'Assemblée (26 septembre 1790).

BARNAVE (Antoine-Joseph-Marie-Pierre), député à la Constituante de 1789, né à Grenoble (Isère), le 22 octobre 1761, exécuté à Paris, le 18 novembre 1793, fils d'un avocat consultant de Grenoble, était lui-même, à 21 ans, avocat au Parlement de cette ville. Épris de la constitution anglaise, il prononça, en 1783, un *Discours sur la nécessité de la division des pouvoirs dans le corps politique*, discours qui le mit en évidence, et publia, en 1788, une brochure contre les idées de la féodalité, qui lui valut d'être élu député aux États-Généraux, le 2 janvier 1789, par l'Assemblée des trois ordres du Dauphiné. Mais l'enthousiasme des idées nouvelles entraîna vite au delà de son but le jeune avocat de talent qui devait rester toujours plus théoricien que politique habile: aussi il fut des premiers à soutenir les revendications populaires, avec Mounier, quand on substitua le nom de Commune à celui de Tiers-État, avec Siéyès, quand l'Assemblée se déclara nationale, avec Bailly au Serment du jeu de paume, avec les vainqueurs de la Bastille, quand il laissa échapper ces paroles qu'il regretta si amèrement plus tard, et qui lui furent si cruellement reprochées le jour où il marcha à l'échafaud : « Le sang qui coule est-il donc si pur ! » Il appuya la déclaration des droits (1er août), demanda l'institution de la garde nationale, s'éleva contre le veto absolu (2 septembre), et fit déclarer les biens du clergé propriétés nationales (13 octobre). Lié avec les Lameth, il dirigeait le groupe hostile à Mirabeau, que celui-ci essayait vainement de faire taire en criant : « Silence aux trente voix! » Le 10 décembre, il visa directement son terrible adversaire en parlant contre l'éligibilité des membres de l'Assemblée aux fonctions salariées par l'État ; en janvier, il demanda d'exclure du serment civique les mots de « fidélité au roi », fit accorder aux Juifs les droits civils, et vota la suppression des ordres religieux. Comme membre du comité des colonies, il fut l'éloquent défenseur de la liberté humaine, et s'il ne prononça peut-être pas le mot célèbre : « Périssent les colonies plutôt qu'un principe », il conseilla une politique dont ce mot était du moins la formule.

La discussion de l'exercice du droit de paix et de guerre (22 mai), le mit encore une fois en face de Mirabeau : celui-ci accordait ce droit au roi et à l'Assemblée, Barnave le refusait au roi. Mirabeau l'accabla d'invectives : « Pour un homme, dit-il, à qui tant d'applaudissements étaient préparés au dedans et au dehors de cette salle, M. Barnave n'a point du tout abordé la question, et, s'il a fait voir du talent de parleur, il n'a jamais montré la moindre connaissance d'un homme d'État. »

Cette rivalité de deux grands talents et de deux grandes influences excitait Barnave à précipiter une révolution que Mirabeau, acquis à la Cour, s'efforçait maintenant d'enrayer ; par exemple, en janvier 1791, Barnave défendit énergiquement le club Jacobin, dit la *Société des amis de la Constitution*, contre le club monarchique qu'il traita de « ramas de factieux » ; mais dès que la mort de Mirabeau (2 avril 1791) eut en quelque sorte rendu à Barnave sa liberté d'action, on le vit avec étonnement revenir sur ses pas, même sur la question des colonies (11 mai 1791). Ses ennemis, et notamment Robespierre, en profitèrent pour lui reprocher sa trahison envers les noirs; ce fut pis encore lorsque Barnave, chargé avec Latour-Maubourg et Pétion de ramener de Varennes la famille royale, témoigna au roi les plus grands égards, et, séduit par le malheur,

défendit Louis XVI à l'Assemblée, attaqua les républicains, et réussit à faire proclamer l'inviolabilité royale, « principe conservateur de toute monarchie constitutionnelle. » Dévoué désormais à la cause monarchique, il conseilla souvent le roi, défendit les prêtres réfractaires, attaqua les libellistes, ennemis de tout gouvernement régulier, et perdit vite à ce jeu sa popularité, sans gagner la confiance de la couronne. A la fin de la législature, découragé, il rentra à Grenoble, comptant y vivre dans la retraite, lorsque la découverte des papiers de l'armoire de fer, après la journée du 10 août 1792, précisèrent ses relations avec la Cour. Décrété d'accusation, comme Alexandre Lameth et Duport-Dutertre, il fut arrêté et détenu à Grenoble pendant quinze mois. De sa prison, en décembre 1792, il écrivait à Mme Roland : « Il n'est que trop vrai que nous avons une Constitution faite pour un peuple jeune et pur, et que nous avons une nation vieillie et corrompue. Il faut donc que la Constitution change le peuple, ou que le peuple change la Constitution, ou que l'un et l'autre fassent quelques pas pour se rapprocher. » Traduit à Paris devant le tribunal révolutionnaire, il se défendit avec autant de talent que de dignité ; mais l'arrêt fatal était prononcé d'avance, et il monta sur l'échafaud à 32 ans, en saluant une dernière fois la noble et décevante abstraction à laquelle il donnait sa vie : « Voilà donc le prix de ce que j'ai fait pour la liberté! »

Sa statue, placée dans le palais du Luxembourg, par ordre du premier consul, en fut enlevée à la Restauration et brisée par les Prussiens en 1815. Ses *Œuvres* ont été publiées en 1843.

BARNE (Henry-Guillaume-Euthyme), sénateur en 1879, né à Arles (Bouches-du-Rhône), le 9 septembre 1831, était avocat à Marseille, avait souvent plaidé pour les journaux républicains de la région, et présidait le conseil général des Bouches-du-Rhône, lorsqu'il fut élu sénateur par ce département, le 5 janvier 1879, avec 141 voix sur 167 votants et 170 inscrits, en remplacement d'Alphonse Esquiros. Son élection fut considérée comme une victoire de la bourgeoisie d'Aix contre la démocratie marseillaise; mais bien qu'inscrit au groupe de l'Union républicaine, M. Barne a voté quelquefois avec les radicaux, notamment dans la demande d'amnistie générale présentée par Victor Hugo (janvier 1879). Il prit la parole, en mars 1884, dans la discussion de la loi municipale pour protester contre certains sectionnements de communes établis surtout dans un intérêt électoral.

Réélu dans le même département aux élections sénatoriales du 25 janvier 1885, par 203 voix sur 419 votants et 422 inscrits, contre M. Bouquet, ancien député (167 voix), il vota, le 11 juin 1886, l'expulsion des princes, et proposa, en novembre 1888, une modification à la loi des associations syndicales qui permettrait aux particuliers de se syndiquer pour exécuter dans les villes, aux lieu et place de l'administration, certains travaux publics. Dans la dernière session, il a voté : le 13 février 1889, *pour* le rétablissement du scrutin uninominal ; le 18 février, *pour* la proposition de loi Lisbonne restrictive de la liberté de la presse ; le 29 mars, *pour* la loi de procédure à suivre devant le Sénat pour juger les attentats commis contre la sûreté de l'État (affaire Boulanger).

BARNI (Jules-Romain), représentant à l'Assemblée nationale de 1872 à 1875, député de 1876 à 1878, né à Lille (Nord), le 1er juin 1818, mort à Mers (Somme), le 4 juillet 1878, était originaire d'Italie. Après de brillantes études commencées au collège d'Amiens et terminées au collège Rollin à Paris, puis à l'École normale supérieure, d'où il sortit, en 1840, premier agrégé de philosophie, Jules Barni fut quelque temps professeur au collège de Reims : il revint à Paris, et Cousin, qui préparait alors une édition personnelle de ses premiers cours, se l'attacha comme secrétaire. La connaissance approfondie de la langue allemande qu'avait le jeune agrégé rendit sa collaboration particulièrement précieuse au philosophe universitaire, qui n'avait jamais lu Kant dans le texte. Jules Barni en profita lui-même pour étudier plus à fond la doctrine du penseur allemand, dont il songea dès lors à publier une traduction française. Après être resté une année seulement près de Cousin, — c'était la durée habituelle de ces fonctions de secrétaire, récompense en quelque sorte consacrée du premier rang à l'agrégation de philosophie. — Barni enseigna successivement la philosophie à Louis-le-Grand, à Charlemagne, à Bonaparte, en même temps qu'il commençait la publication de sa grande traduction de Kant, et qu'il donnait de nombreux articles à une revue libérale, la *Liberté de penser*, fondée à la fin de 1847 et qui était devenue, en 1848, nettement républicaine. Un de ses articles avait pour titre : le *Suffrage universel et l'instruction primaire*. Ils excitèrent bientôt la défiance du pouvoir, et Barni fut, en 1850, brusquement envoyé de Paris au lycée de Rouen, en disgrâce. Il se rendit à son nouveau poste ; mais plus tard, lorsque le coup d'État imposa aux fonctionnaires l'obligation de prêter le serment de fidélité, il refusa, et quitta l'Université. « Il avait alors, » a écrit M. Janet, « sans être marié, tous les devoirs de la famille : un père aveugle, une nièce orpheline, qu'il dut élever. »

Il reprit sa traduction de Kant, qu'il accompagnait d'études et d'analyses critiques où, parlant en son propre nom, il exprimait hautement ses espérances démocratiques, et collabora, sous l'Empire, avec d'autres universitaires insermentés, MM. Vacherot, Despois, Frédéric Morin, Albert Le Roy, à divers recueils périodiques d'opposition : la *Revue de Paris*, l'*Avenir*. En 1861, il accepta à l'Académie de Genève la chaire d'histoire, où il remplaça un autre exilé du 2 décembre, l'ancien représentant Victor Chauffour ; il occupa cette situation jusqu'en 1870. Plusieurs de ses ouvrages, *Les martyrs de la libre-pensée*, *Napoléon Ier et son historien M. Thiers*, *Histoire des idées morales et politiques en France*, *La morale dans la démocratie*, ne sont que le résumé des idées exposées par lui dans ses cours de Genève. Barni fut encore, en 1867, un des fondateurs de la *Ligue internationale de la paix et de la liberté*, qui a pour objet la substitution de l'arbitrage à la guerre, et dont il présida le premier congrès.

Le 4 septembre 1870 le rappela en France. Il se mit aussitôt à la disposition du gouvernement de la Défense nationale, et prit la direction d'un journal officiel populaire, le *Bulletin de la République*, qui cessa de paraître au moment de la conclusion de la paix. La Délégation de Tours avait nommé Barni inspecteur général de l'Université ; mais cette nomination, irrégulière parce qu'il n'existait alors aucun vide dans le cadre « inspecteurs, dut rester nulle et non avenue. Barni rentra dans la politique. Un grand nombre d'électeurs républicains de la Somme songèrent à lui pour la députation ; mais il échoua d'abord à l'élection complémentaire du 7 janvier 1872, en remplacement du général Faidherbe qui venait d'opter pour le Nord. Candidat radical, il obtint 40,660 voix seulement contre 52,826 voix accordées à M. Dauphin, républicain conservateur, qui fut élu. Mais M. Dauphin s'étant presque aussitôt démis de son mandat, Barni se trouva seul, le 9 juin 1872, contre deux candidats conservateurs, MM. Cornuau et Lejeune. Il fut élu par 54,820 voix. Il s'était déclaré, dans sa profession de foi, disposé à soutenir la politique de Thiers.

À l'Assemblée de Versailles, il siégea à gauche, se fit inscrire aux deux groupes de la *gauche* et de l'*Union républicaine*, et donna dès lors tout son concours à la politique conseillée par Gambetta, qui devait aboutir au vote de la Constitution de 1875. Sans aborder la tribune, il vota à l'Assemblée nationale : 29 novembre 1872, *pour* le message de Thiers contenant une déclaration en faveur de la République ; 24 juin 1873, *contre* la démission de Thiers ; 24 mai, *contre* l'approbation de l'arrêté du préfet Ducros sur les enterrements civils ; 19-20 novembre, *contre* la prorogation des pouvoirs du maréchal ; 20 janvier 1874, *contre* la loi des maires ; 30 janvier 1875, *pour* l'amendement Wallon sur la réélection septennale du président de la République ; 25 février, *pour* l'ensemble des lois constitutionnelles.

Le rôle parlementaire de Barni prit plus d'importance à la Chambre des députés de 1876, où il fut, le 20 février, élu par la 1re circonscription d'Amiens avec 11,133 voix sur 20,974 votants et 26,958 inscrits, contre 9,448 à M. de Fourment, conservateur. Il avait voté, dans l'Assemblée précédente, *contre* la loi de 1875 sur l'enseignement supérieur. Nommé (1876) membre et président des commissions saisies de la révision de cette loi ainsi que de celles qui régissaient l'enseignement primaire, il prit la parole à la Chambre dans la discussion sur la collation des grades, combattit deux amendements tendant à l'institution de jurys spéciaux qui auraient été désignés soit par le conseil supérieur, soit par le ministre, et s'attacha à prouver que de tels jurys seraient loin d'offrir les mêmes garanties de compétence et d'impartialité que les facultés. Il opposa (7 juin 1876) l'esprit religieux, qu'il déclarait « infiniment respectable » à l'esprit clérical, « qui en est la contrefaçon », et, comme la droite, irritée et tumultueuse, le sommait de s'expliquer : « Il y a, dit-il, une religion qui console, qui purifie, qui moralise, qui prêche la concorde et la charité : celle-là, nous la bénissons, nous la respectons profondément... Il y a une religion qui opprime, qui persécute, une religion qui excommunie, qui est synonyme d'intolérance et de fanatisme : celle-là, nous la détestons. » Le projet soumis à la Chambre en 1876 ne visait que la collation des grades et la suppression des jurys mixtes de 1875 ; Barni, qui aurait souhaité une réforme plus complète, déposa la même année une proposition spéciale, qui avait pour but de favoriser l'initiative individuelle, c'est-à-dire les cours isolés et les conférences ; elle fut momentanément écartée.

Barni s'associa, d'ailleurs, à tous les votes de la majorité de gauche, notamment : 19 mai 1876, *pour* la proposition Margue tendant à une amnistie partielle des condamnés de la Commune : 12 juillet, *pour* le projet de loi relatif à l'élection des maires et modifiant la loi de 1874 : 28 décembre, *contre* la discussion des articles du budget renvoyés à la Chambre par le Sénat : 4 mai 1877, *pour* l'ordre du jour Lausselat, Leblond, de Marcère, sur les menées ultramontaines.

Il fit partie enfin des 363 députés qui témoignèrent de leur défiance à l'égard du gouvernement du 16 mai. Mais sa santé, gravement altérée depuis quelque temps, ne lui permit pas d'accepter, après la dissolution de la Chambre, le renouvellement de son mandat. Il vécut encore une année et fut inhumé civilement à Amiens.

BAROCHE (PIERRE-JULES), député en 1847-1848, représentant du peuple aux Assemblées constituante et législative de 1848 et de 1849, sénateur du second Empire et ministre, né à la Rochelle (Charente-Inférieure), le 18 novembre 1802, mort à Londres, le 29 octobre 1870, se fit recevoir avocat (1823), plaida avec succès dans plusieurs affaires retentissantes, notamment dans le procès des Messageries françaises contre les Messageries royales et les Messageries générales. MM. Chaix d'Est-Ange, Philippe Dupin, Delangle plaidèrent pour les Messageries royales. Les Messageries françaises, dont Baroche était l'avocat, perdirent leur procès devant la Cour de Lyon, mais Baroche devint célèbre. Deux fois élu bâtonnier de l'ordre des avocats, il se lança, sous Louis-Philippe, dans l'opposition libérale et essaya, dès 1840, de parvenir à la députation. Après avoir vainement, plusieurs fois, sollicité les suffrages des électeurs du collège de Mantes (Seine-et-Oise), contre le député conservateur sortant, le contre-amiral Hernoux constamment réélu, Baroche, appuyé par son confrère Bethmont, reçut du comité de Rochefort l'offre d'une candidature qu'il accepta. L'aide de camp de Louis-Philippe, M. Dumas, qui venait d'être nommé général, était soumis à la réélection, et, le 27 novembre 1847, ce fut Baroche qui l'emporta sur lui, avec 246 voix contre 235 sur 486 votants. Arrivé à la Chambre, il vota généralement avec l'opposition, dont il était un des représentants, tout en observant une certaine réserve. « L'esprit de conduite, écrivait Hippolyte Castille (*Portraits historiques du XIXᵉ siècle*, 1859), joue un rôle considérable dans la carrière de M. Baroche. Le désir de briller ne l'emporte jamais chez lui sur les calculs de la raison. » Il préféra, donc, pour ses débuts, le travail des commissions et des bureaux aux luttes de la tribune. Ami d'Odilon Barrot, et son voisin sur les bancs de la gauche, il se montra, comme lui, l'adversaire du ministère Guizot, dont il signa, le 23 février 1848, la mise en accusation après s'être associé, dans une certaine mesure, à l'agitation des banquets réformistes, ce qui lui permit de se vanter, après la chute du trône de juillet, d'avoir devancé la justice du peuple. Lorsque Odilon Barrot vint à penser que son arrivée au ministère suffirait à calmer le peuple, il se promena à cheval sur les boulevards, en compagnie de Baroche ; mais cette démarche ne porta pas ses fruits. La monarchie tombée, Baroche déclara qu'il se ralliait à la forme républicaine, et fut élu, sur une profession de foi très démocratique, représentant de la Charente-Inférieure à l'Assemblée constituante, le 23 avril 1848, par 93,280 voix sur 111,907 votants et 136,016 inscrits. Le gouvernement provisoire ayant remis

ses pouvoirs entre les mains de l'Assemblée, un des premiers actes des représentants devait être de constituer un pouvoir exécutif intérimaire, en attendant le vote de la Constitution. Dans le débat qui s'ouvrit (8 mai) sur cette question, Baroche, dont le but était d'écarter de la future commission exécutive tous les membres du gouvernement provisoire, demanda le renvoi des diverses propositions dans les bureaux ; sa demande fut rejetée. Au 15 mai , il réclama la destitution de Caussidière, préfet de police, et le licenciement de sa garde républicaine. Il s'éleva ainsi dans l'estime des « hommes d'ordre, » et conquit, peu de temps après, « celle des gens en place, » en combattant un amendement de M. Flandin, qui voulait que dans la huitaine, les représentants du peuple pourvus de fonctions publiques fussent tenus d'opter entre ces fonctions et le poste de représentant (14 juin). Baroche répondit en s'abritant derrière la « souveraineté du peuple ». L'amendement Flandin fut rejeté. Le 1ᵉʳ juillet (discussion de la loi sur les conseils municipaux), il proposa avec succès que, dans les communes de plus de trois mille âmes, le pouvoir exécutif restât en possession de nommer les maires et les adjoints. Il tint une ligne de conduite analogue dans la discussion du projet de Constitution, et essaya de faire attribuer au pouvoir exécutif, plutôt qu'à l'Assemblée nationale, la nomination des membres du Conseil d'Etat. Il défendit encore contre certains projets de réduction les traitements des magistrats et des préfets, intervint, avec les sentiments les plus conservateurs, dans les débats suivants : loi sur les coalitions (3 janvier 1849), loi sur l'organisation judiciaire (12 février). Rapporteur de la loi sur la presse, il s'en montra le défenseur opiniâtre, ainsi que du maintien du cautionnement : il obtint, à ce sujet, le rejet des amendements Pascal Duprat et Valette. Devenu un des chefs les plus influents de la majorité de droite, il consolida encore cette situation dans l'Assemblée législative, où 74,563 voix (99,799 votants, 142,041 inscrits) l'envoyèrent représenter à nouveau la Charente-Inférieure. Le 30 mai 1849, il était nommé, par 405 voix, premier vice-président de la Chambre. Précédemment, le prince-président, dont la politique n'avait pas de soutien plus fidèle, l'avait fait procureur général près la Cour d'appel de Paris. Plus que jamais il se fit le champion des idées de réaction, parlant sans cesse en faveur des projets du gouvernement présidentiel, notamment dans les questions relatives aux condamnés politiques (8 décembre 1849) et à la transportation en Algérie des insurgés de juin (23 et 24 janvier 1850). Son zèle répressif ne s'exerçait pas seulement à l'Assemblée. Procureur général, il fit pleuvoir sur les journaux républicains une grêle de condamnations ; désigné, par décret du 28 janvier 1849, pour remplir ces mêmes fonctions près la haute Cour de Bourges, réunie pour juger les accusés du 15 mai (Barbès, Blanqui, Sobrier, etc.) il requit contre eux les condamnations les plus sévères. Après l'affaire du 13 juin 1849, Baroche proposa, à l'Assemblée législative, la mise en accusation des représentants Ledru-Rollin, Considérant, Boichot, etc ; mais, épuisé de fatigue, il ne put porter lui-même la parole devant la haute Cour de Versailles, près de laquelle un nouveau décret l'avait nommé procureur général. Peu après, le 15 mars 1850, il était appelé au ministère de l'intérieur, en remplacement de Ferdinand Barrot. Il reçut, à ce propos, de Thiers, une lettre ainsi conçue :

« Mon cher collègue,

« J'apprends que vous devenez ministre de « l'Intérieur, je me hâte de vousdire que cette « nouvelle nous cause à tous le plusgrand plai- « sir. Vous êtes un homme d'esprit et de cœur « que nous appuierons de toutes nos forces; « comptez sur moi en particulier. Dans des « temps comme ceux-ci, on doit son concours « aux hommes qui savent se dévouer. »

« Mille amitiés.

« A. Thiers. »

Il fit voter, comme ministre, la suspension du droit de réunion, la faculté d'interdire les réunions électorales, le rétablissement de l'impôt du timbre sur les journaux, l'augmentation du chiffre du cautionnement, la loi sur la déportation des condamnés politiques à Nouka-Hiva. Puis, de concert avec les chefs de la droite, il proposa la célèbre loi de restriction du suffrage universel, dite *du 31 mai*. Sa participation active à la confection de cette loi lui avait gagné la confiance entière de la majorité; mais son attachement particulier, de plus en plus marqué à la politique personnelle de L. N. Bonaparte, excita, à la fin, quelques défiances parmi les membres de la droite. Très vivement combattu, d'autre part, en toute occasion, par l'opposition de gauche, il fut contraint de se retirer devant le vote de l'ordre du jour Sainte- Beuve, soutenu par MM. de Rémusat, Berryer, Thiers et Cavaignac, et ainsi conçu : — L'Assemblée déclare qu'elle n'a pas confiance dans le ministère et passe à l'ordre du jour. Son dernier acte avait été la destitution du général Changarnier.

Le 10 avril 1851, il rentra au pouvoir en qualité de ministre des Affaires étrangères, mais dut donner sa démission, le 14 octobre, pour n'avoir point à soutenir une politique qui allait demander le retrait de la loi du 31 mai. Après le coup d'État du 2 décembre, il accepta la vice-présidence de la commission consultative puis (1852) la présidence du Conseil d'État, avec droit de prendre part aux travaux des ministres. L'Empire rétabli, il conserva cette situation et fut, en 1855, nommé grand-croix de la Légion d'honneur. Chargé, au mois de janvier 1860, de l'intérim du ministère des Affaires étrangères, entre la retraite de M. Walewski et l'installation de M. Thouvenel, il devint (novembre de la même année) ministre sans portefeuille, et prit, en cette qualité une part très considérable aux discussions du Corps législatif et à celles du Sénat. Il entra aussi dans le conseil privé. Remplacé en 1863 par Rouher, il ne tarda pas à remplacer lui-même Delangle comme ministre de la justice; il joignit à ses attributions le ministère des Cultes, et obtint de l'empereur, en 1864, le décret qui défendit aux évêques de publier dans les paroisses la première partie de la fameuse encyclique de Pie IX, *Quanta cura....* Le 20 octobre 1864, il avait été élevé à la dignité de sénateur. Un autre acte important de Baroche, comme ministre de la justice, fut la circulaire adressée par lui (septembre 1868), lors de la souscription Baudin, aux magistrats des parquets, pour leur recommander l'attitude la plus sévère à l'égard des journaux. Baroche se démit enfin de son portefeuille le 17 juillet 1869, et se borna dès lors à siéger au Sénat, jusqu'au 4 septembre 1870; dans cette dernière séance, pendant que la Chambre était envahie, il proposa au Sénat et fit adopter l'idée de se séparer immédiatement « dans le but de mieux défendre au dehors, par les moyens personnels, l'ordre et la dynastie ».

BARODET (DÉSIRÉ), représentant à l'Assemblée nationale de 1873 à 1875, et député depuis 1876, né à Sermesse Saône-et-Loire), le 27 juillet 1823, après des études faites au petit séminaire d'Autun, puis à l'École normale de Mâcon, fut d'abord instituteur communal comme son père. Destitué en 1849 par M. de Falloux pour ses opinions avancées, il ouvrit une école libre à Louhans, vint à Lyon en 1856 comme précepteur, puis comme teneur de livres, dirigea, deux ans après, une fabrique de produits chimiques à 16 kilomètres de Lyon, à Vernaison, et fut agent d'assurances. Son attitude nettement républicaine lui avait donné une certaine influence dans la démocratie lyonnaise: il soutint aux élections de 1869 la candidature de M. Hénon, qui ne fut pas élu, mais qui, devenu maire de Lyon au 4 septembre 1870, le prit comme adjoint; c'est à ce titre que, pendant la Commune, il fit partie de la députation lyonnaise qui essaya de s'interposer entre Paris et le gouvernement de Versailles. Le 8 février 1871, il fut porté sur la liste républicaine radicale du Rhône aux élections à l'Assemblée nationale, et il échoua avec 36,176 voix. Nommé maire de Lyon le 23 avril 1872, à la mort de M. Hénon, il resta en fonction jusqu'à la suppression de la mairie centrale (loi du 4 avril 1873); M. Édouard Portalis, directeur du *Corsaire* et de l'*Avenir National*, eut alors l'idée de lancer la candidature radicale de M. Barodet aux élections qui devaient se faire à Paris, le 27 du même mois, pour remplacer M. Sauvage, décédé; Gambetta approuva et soutint cette candidature. La lutte devint exceptionnellement vive; à l'instigation du gouvernement, quelques maires de Paris avaient d'avance posé la candidature à M. de Rémusat, ami personnel de M. Thiers; les conservateurs présentaient, d'autre part, l'ex-lieutenant-colonel Stoffel. Les électeurs parisiens, un peu pour protester contre la dernière loi municipale, beaucoup pour ne pas laisser échapper l'occasion de faire au chef de l'État une opposition personnelle, élurent M. Barodet par 180,045 voix sur 345,759 votants et 457,049 inscrits, contre 135,028 voix données à M. de Rémusat et 26,644 à M. Stoffel. M. Barodet, dont pendant la lutte, on avait exagéré à dessein le radicalisme, prit place à l'extrême-gauche, vota avec ce groupe et en devint président.

Aux élections générales du 20 février 1876, il fut élu dans le IVᵉ arrondissement de Paris, par 8,930 voix sur 15,461 votants et 19,199 inscrits, contre MM. Vautrain (4,385 voix), Loiseau (1,485), et Haussmann (266). Il fut du nombre des 363, et, après la dissolution de la Chambre, fut réélu dans le même arrondissement, le 14 octobre 1877, par 12,170 voix sur 15,512 votants et 19,075 inscrits, contre M. Touchard (247 voix); puis, le 21 août 1881, par 11,851 voix, sur 15,309 votants et 20,320 inscrits, contre M. Brenot (2,677 voix). Dans la discussion du projet de loi Ferry sur l'enseignement primaire (mai 1880), il avait déclaré, avec Louis Blanc, que la laïcité était un corrollaire nécessaire de l'obligation, avait pris une part active à la campagne de révision de 1881, et déposé, le 15 mars, une proposition demandant la modification de la loi des élections sénatoriales, la permanence des Assemblées, l'élection d'une Constituante, etc. En septembre 1881, il riposta adroitement au discours assez opportuniste de Gambetta à Neubourg, en demandant la rédaction d'un cahier des professions de foi des nouveaux élus, qui détermineraient « la nature et la portée des réformes réclamées par le pays »; cette proposition, après des fortunes assez diverses, fut adoptée le 7 février 1882. Le 15 novembre, à l'avénement du ministère Gambetta, il renouvela sa proposition de revision de la Constitution, dont l'urgence, malgré l'appui de M. Clémenceau, fut repoussée par 345 voix sur 120. Candidat aux élections sénatoriales, le 8 janvier 1882, il échoua avec 66 voix sur 202 votants. Le 20 septembre 1883, au lendemain de l'incident de Bac-Ninh, il signa hors session avec quatre autres députés de l'extrême-gauche, une déclaration réclamant la convocation immédiate de la Chambre, sous peine de violation de la Constitution. En mars 1884, il demanda la nomination des instituteurs communaux par les conseils municipaux (rejeté par 342 voix contre 122), déposa le 27, au nom de 110 de ses collègues, une nouvelle proposition de revision de la Constitution, pour laquelle l'urgence fut repoussée par 292 voix contre 205, la défendit à la tribune en juin suivant, et, le 1er septembre, dans une lettre adressée à Mont-sous-Vaudrey, au Président de la République, et rendue publique, réclama expressément au nom de l'extrême-gauche, la convocation des Chambres au sujet de l'état de guerre avec la Chine. M. Grévy répondit simplement « qu'il avait transmis la lettre au président du Conseil, ne pouvant y répondre personnellement sans sortir de la réserve constitutionnelle qui lui est imposée. » Réélu le 4 octobre 1885, député de la Seine, au second tour de scrutin, par 289,336 voix sur 416,886 votants et 544,338 inscrits, il combattit en juin 1886, au nom de la liberté, les mesures d'expulsion proposées contre les princes. Après une interpellation adressée au ministère Rouvier (mai 1887) sur sa politique, il déposa un ordre du jour de défiance qui fut rejeté par 285 voix contre 139; en novembre 1888, après la proposition inattendue de M. Laisant, député boulangiste, de transférer au Panthéon les cendres de Baudin, il demanda aussitôt, au nom de l'extrême-gauche, qui tenait à ne pas se laisser devancer, le transfert au Panthéon des cendres de Carnot, de Hoche et de Marceau; l'urgence, refusée à M. Laisant, fut accordée à M. Barodet.

M. Barodet a pris part à toutes les discussions importantes de la Chambre, et est resté un des membres les plus actifs et les plus influents de l'extrême-gauche; dans la dernière session, il a voté : le 11 février 1889, *pour* le rétablissement du scrutin uninominal; le 14 février, *contre* l'ajournement indéfini de la revision des lois constitutionnelles; le 14 mars, *pour* la demande en autorisation de poursuites contre trois députés membres de la Ligue des patriotes; le 2 avril, *contre* le projet de loi Lisbonne restrictif de la liberté de la presse; le 4 avril, *pour* les poursuites contre le général Boulanger.

BARON (François-Louis-Jérome), député à la Constituante de 1789, au Conseil des Anciens et au Corps législatif de l'an VIII, né à Plomion (Aisne), le 7 janvier 1750, mort à Paris, le 11 mai 1833, était avocat à Reims, lors qu'il fut élu, le 27 mars 1789, député du tiers-état aux Etats-Généraux pour le bailliage de Reims. Il n'y prit jamais la parole, et, après la législature, fut nommé juge à Reims. Le 23 germinal an VII, le département de la Marne l'envoya siéger au Conseil des Anciens, et le 4 nivôse an VIII, il fut choisi par le Sénat conservateur pour représenter le département de la Marne au Corps législatif. Il en sortit en 1805, pour devenir magistrat de sûreté à Reims, puis président du tribunal criminel de la Marne,

et enfin conseiller à la Cour d'appel de Paris (1810).

BARON (Guillaume-Antoine, baron), député de 1821 à 1830, né à Anos (Var), le 17 janvier 1774, mort à une date inconnue, était directeur du Mont-de-piété de Paris, quand il fut élu, le 4 octobre 1821, sans opposition, député dans le 2e arrondissement électoral du Var (Grasse), et réélu dans le même collège le 25 février 1824, puis le 17 novembre 1827, par 102 voix sur 152 votants et 184 inscrits, contre le général Gazan, libéral (47 voix), enfin, le 23 juin 1830, par 93 voix sur 185 votants et 200 inscrits, contre M. Courmes (91 voix). Il prit deux fois la parole pour défendre les monts-de-piété attaqués au double point de vue du grand écart entre le prêt et la valeur du gage, et du taux énorme de l'intérêt. Créé baron par la Restauration le 22 novembre 1817.

BARON (Léonidas-Louis-Marie-Joseph), député de 1844 à 1848, né à Fontenay (Vendée), le 20 janvier 1802, mort à Fontenay, le 8 mars 1884. Avocat et propriétaire à Fontenay, M. Baron se déclara, sous Louis-Philippe, partisan de la réforme électorale, ainsi que de la plupart des revendications inscrites au programme de l'opposition avancée. Il fut, en conséquence, le 24 février 1844, le candidat et l'élu des radicaux du 2e collège électoral de la Vendée, en remplacement de M. Chaigneau, démissionnaire. Il siégea à gauche, et vota généralement contre le ministère, avec le groupe politique dont Dupont de l'Eure était le principal chef. Son rôle à la Chambre fut, d'ailleurs, peu marqué. Un biographe contemporain s'exprime ainsi sur son compte en 1846 : « Outre son titre de député et ses idées radicales, M. Baron possède un frac noir inusable à force d'être usé; un chapeau vainqueur de toutes les pluies et de tous les orages qui l'ont couvert de cicatrices; des souliers avec lesquels il a le pied mieux ferré que ne le fut jamais celui d'un cheval de roulier. Il a voulu avoir des souliers très forts, parce qu'il aime mieux trépigner à la Chambre que d'applaudir, et qu'il userait en trépignant, deux paires d'escarpins par séance,... etc. »

M. Baron fut réélu, le 1er avril 1846, par le même collège électoral avec 167 voix sur 330 votants et 455 inscrits, contre 89 voix au général de Lamoricière, et 39 à M. de Genoude, candidat légitimiste. Il continua de voter avec l'opposition, jusqu'en 1848.

BARON. — *Voy.* Montbel (comte de).

BARON. — *Voy.* Canson (de).

BAROUILLE (François-Barni-Alfred), député depuis 1885, né à Meslay (Mayenne), le 30 août 1840, étudia le droit à Paris, succéda, en 1878, à son père, notaire à Château-Gontier, s'occupa en outre d'agriculture, devint conseiller d'arrondissement et président du comice agricole de l'arrondissement de Château-Gontier. Le 4 octobre 1885, il fut élu député de la Mayenne, le 5e et dernier de la liste conservatrice, par 41,217 voix sur 72,815 votants et 91,008 inscrits. Il siégea à la droite orléaniste, et vota avec ce groupe; il s'est prononcé dans la dernière session : le 11 février 1889 *pour* le rétablissement du scrutin uninominal, le 14 février *pour* l'ajournement indéfini de la revision des lois constitutionnelles (chute du ministère Floquet), le 14 mars *contre* la demande en autorisation de poursuites contre trois députés membres de la Ligue des Patriotes, le 2 avril *contre* le projet de loi Lisbonne restrictif de la liberté de la presse, le 4 avril *contre* la demande en autorisation de poursuites contre le général Boulanger. Il a publié: l'*Enquête agricole et les vœux de l'agriculture* (1870).

BARRACHIN (Augustin), député de 1831 à 1834, né à Reims (Marne), le 26 août 1797, mort à Château-Regnault (Ardennes), le 7 mai 1883. Maître de forges dans les Ardennes, il fut, le 5 juillet 1831, élu député du 1er collège électoral de ce département, à Mézières: il siégea dans les rangs de la majorité conservatrice jusqu'en 1834, et ne fut pas réélu le 21 juin de cette année; il n'obtint, en effet, que 142 voix contre 148 à M. Oger, qui l'emporta. Il s'associa, durant la législature, à tous les votes en faveur du ministère, entre autres à celui d'avril 1833, dans l'affaire du journal la *Tribune*. Barrachin est au nombre des députés qui déclarèrent « ne pas s'abstenir », et qui se prononcèrent pour la condamnation du gérant du journal, Lionne.

BARRAIRON (François-Marie-Louis), député de 1816 à 1820, né à Gourdon (Lot), le 10 juin 1746, mort à Château-Regnault (Ardennes), le 5 décembre 1820, était employé comme directeur à l'administration des domaines au moment de la Révolution. La sympathie qu'il manifesta pour les idées nouvelles le fit nommer commissaire-administrateur en décembre 1790; il sut toujours se plier avec adresse aux circonstances politiques, divorça en 1792, se remaria richement en 1793, servit le Directoire, le gouvernement consulaire, et obtint, par son dévouement à l'Empire, le titre de baron. Proposé, en 1804, par le département du Lot comme candidat au Corps législatif, et, en 1812, par le département d'Indre-et-Loire comme candidat au Sénat conservateur, il ne fit partie du Parlement que sous la Restauration. En 1814, au retour des Bourbons, il lança une circulaire menaçante pour les employés de son administration qui donneraient quelques regrets à l'Empire tombé et, au retour de Gand, Louis XVIII reconnut ce zèle, en nommant le baron Barrairon directeur général de l'enregistrement et des domaines, et, l'année d'après, conseiller d'Etat honoraire.
Le 6 octobre 1816, le collège de département du Lot l'élut député par 104 voix sur 188 votants et 242 inscrits; il siégea au centre, et vota constamment avec les ministériels. Créé comte par le roi le 11 octobre 1820, et président du collège électoral de son département, il fut élu, le 4 novembre 1820, dans le 4e arrondissement électoral du Lot (Gourdon) par 96 voix sur 136 votants et 200 inscrits, contre MM. Verninac, ancien ambassadeur (23 voix), et Lachèze-Murel de Martel (14 voix). Il mourut juste un mois après, à Château-Regnault, dont il se disait *seigneur*, et où le clergé lui refusa d'abord les honneurs funèbres à cause de son divorce, mais fut obligé de céder à des ordres supérieurs.

BARRAL Louis-Mathias, comte de), membre du Sénat conservateur, pair de France en 1814 et pendant les Cent-Jours, né à Grenoble (Isère), le 20 avril 1746, mort à Paris, le 6 juin 1816, appartenait à une vieille famille de magistrats, entra dans les ordres et dut autant à son mérite qu'aux relations de sa famille l'avancement rapide qu'il y obtint. Attaché au cardinal de Luynes, il le suivit à Rome, et à son retour, devint, en 1785, agent général du clergé. Son oncle, l'évêque de Troyes, l'ayant appelé près de lui comme coadjuteur, lui céda, le 5 octobre 1788, son siège épiscopal. Ayant refusé de prêter le serment à la nouvelle Constitution civile du clergé (1791), et, émigra en Suisse, puis en Angleterre, et rentra, après le 18 brumaire an VIII, en prêtant le serment au gouvernement consulaire, en engageant les prêtres de son diocèse à en faire autant, et en se démettant spontanément de son évêché pour faciliter le Concordat. Le premier consul lui confia aussitôt une mission de confiance et de conciliation dans le diocèse de Poitiers, et, après succès, le nomma évêque de Meaux, puis, à l'institution de l'Empire, aumônier de la princesse Murat, et enfin archevêque de Tours. Napoléon le chargea de toutes les délicates négociations avec le pape: il s'en acquitta si bien que l'empereur le fit entrer (20 mai 1806), au Sénat conservateur, le créa (11 août 1808) comte de l'Empire, et lui donna (3 avril 1813) la grand-croix de l'ordre de la Réunion. L'archevêque de Tours ne se crut pas délié, par la chute de Napoléon, de ses serments et de la reconnaissance; le 2 juin 1814, il prononça l'oraison funèbre de l'impératrice Joséphine, et Louis XVIII, appréciant cet acte de fidélité si rare surtout à cette époque, l'en récompensa en le nommant, deux jours après, pair de France. Il fut maintenu par l'empereur à la Chambre des pairs des Cent-Jours (2 juin 1815), et le même jour il officia pontificalement à la messe du Champ-de-Mai; il refusa toutefois de signer l'Acte additionnel aux Constitutions de l'Empire. Au retour de Gand, il fut déclaré démissionnaire (24 juillet 1815), au moment où il donnait lui-même sa démission, par probité politique. Il rédigea un mémoire justificatif de sa conduite, et mourut un an après d'une attaque d'apoplexie. Il avait laissé plusieurs ouvrages relatifs à l'histoire ecclésiastique, et à des questions de polémique religieuse.

BARRAL (Amédée-François-Joseph-Hippolyte, comte de), cousin du précédent, sénateur du second Empire, né à Troyes (Aube), le 21 août 1787, mort à Paris, le 12 avril 1856, fut page de Napoléon Ier, puis officier de cavalerie. Il se tint à l'écart sous la Restauration, fut un instant conseiller municipal de Grenoble pendant le règne de Louis-Philippe. La notoriété de sa famille, beaucoup plus que ses propres services, le désigna au choix de Napoléon III, qui l'appela au Sénat, par décret du 31 décembre 1852. Il y siégea obscurément jusqu'à sa mort.

BARRAL (Octave-Philippe-Anne-Amédée, vicomte de), député au Corps législatif de 1854 à 1856 et sénateur du second Empire, né à Voiron (Isère), le 1er juillet 1791, mort au château de Moisre (Creuse), le 26 septembre 1884, était de noblesse dauphinoise, et cousin de l'impératrice Joséphine qui le plaça dans les pages de Napoléon en 1807. Étant entré dans l'armée, il fit la guerre d'Espagne, y fut blessé et fait prisonnier par les Anglais en 1812; il était alors capitaine de cavalerie. Il rentra dans la vie civile à la Restauration, commanda la garde nationale de sa commune sous la monarchie de juillet, entra au conseil général de l'Isère en 1848, et fut nommé préfet du Cher en 1852. Le 24 décembre 1854, la 2e circonscription électorale du département l'envoya siéger au Corps législatif par 21,983 voix sur 22,259 votants et 40,595 inscrits, en remplacement de M. Bidault, décédé; l'empereur le nomma sénateur le 24 juin 1856, et officier de la Légion d'honneur le 14 août 1862. Dans l'une et dans

13

l'autre Assemblée, il ne se sépara jamais de la majorité dynastique.

BARRAL (JOSEPH-MARIE, MARQUIS DE MONT-FERRAT, ET COMTE DE), frère aîné du précédent, député au Corps législatif, en l'an XII, né à Grenoble, (Isère), le 21 mars 1742, mort à Grenoble le 14 juin 1828, était, avant la Révolution, président au Parlement de Grenoble; en adoptant les idées nouvelles, il se rendit populaire dans sa ville natale, qui le déclara digne du nom de « sans-culotte, » et, malgré la loi qui excluait les ex-nobles de toutes fonctions, le nomma maire de Grenoble (1790), président au tribunal criminel (1794), administrateur de la commune, haut-juré, président du tribunal d'appel de l'Isère, et candidat au Corps législatif où le Sénat conservateur le fit entrer le 5 nivôse an XII. Le gouvernement consulaire l'avait déjà choisi pour président du collège électoral de ce département. Le dévouement qu'il montra à l'Empire lui valut, le 25 prairial an XII, la croix de la Légion d'honneur, et le 17 janvier 1806, le titre de membre du Conseil de discipline et d'enseignement à l'Ecole de droit de Grenoble; Napoléon le créa en outre, le 3 juin 1808, chevalier de l'Empire, et l'éleva, la même année à la première présidence de la Cour impériale de Grenoble. En 1814, M. de Barral ne fut pas un des moins empressés à se rallier aux Bourbons; mais la Restauration, comptant peu sur un dévouement si fragile, le rendit à la vie privée.

BARRAS (PAUL-FRANÇOIS-JEAN-NICOLAS, VI-COMTE DE), membre de la Convention, député au Conseil des Cinq-Cents et au Conseil des Anciens, membre du Directoire, né à Fox-Amphoux (Var), le 20 juin 1755, mort à Chaillot (Seine), le 29 janvier 1829, descendait d'une famille de vieille noblesse de Provence, dont on disait : « Nobles comme les Barras, aussi anciens que nos rochers. » Il entra dans l'armée comme sous-lieutenant au régiment de Languedoc, et se rendit, en 1775, à l'Ile-de-France, près du gouverneur, son parent. Capitaine au régiment de Pondichéry, il échappa à la capitulation de cette ville consentie à l'armée anglaise, servit sous le bailly de Suffren, et mécontent de la conduite des affaires militaires dans les colonies, rentra à Paris, où il dissipa rapidement en plaisirs tout son patrimoine. Dans cet état, il embrassa avec ardeur la cause de la Révolution, concourut à la prise de la Bastille, parla cependant en faveur du roi et de la reine quand le peuple envahit Versailles, le 6 octobre, mais abandonna vite le parti monarchique, dès qu'il le crut perdu sans ressources, s'affilia des premiers aux Jacobins, les poussa aux événements du 10 août 1792, et fut nommé administrateur du département du Var, haut-juré à Orléans, commissaire à l'armée d'Italie, et administrateur du comté de Nice. Le 7 septembre 1792, le département du Var l'élut membre de la Convention par 268 voix sur 467 votants. Dans le procès de Louis XVI, il ne dit que ces mots : « Je vote pour la mort, » refusa l'appel et le sursis, et vota, le 31 mai 1793, contre les Girondins.

Envoyé en mission à l'armée d'Italie, il apprit à Nice que Toulon venait d'être pris par les Anglais; il réunit aussitôt quelques troupes, vint bloquer la ville, et reçut du général Dugommier le commandement de l'aile gauche de l'armée assiégeante; c'est là qu'il connut Napoléon Bonaparte, alors capitaine d'artillerie. Toulon repris fut décimé : « Les seuls honnêtes gens que j'ai trouvés, écrivit Barras à la Convention, sont les galériens. » Il ne se mêla point ostensiblement, sans doute, à ces cruelles représailles, car il fut excepté, avec Fréron, des dénonciations qui furent rédigées par les sociétés populaires du midi contre les autres représentants envoyés en mission, Robespierre jeune, Salliceti et Ricord. Barras, froidement accueilli par les comités à son retour à Paris, attendit les événements, résista aux froides séductions de Robespierre, et prépara activement le 9 thermidor. Chargé de défendre la Convention contre la garde nationale soulevée par Hanriot, il parvint en une nuit à réunir assez de troupes pour prendre l'offensive, s'emparer de l'Hôtel de Ville et se saisir de Robespierre et de ses partisans qui s'y étaient réfugiés.

Il revint alors à des idées plus modérées, alla voir au Temple le Dauphin et Mme Royale, et obtint pour eux quelques adoucissements, devint secrétaire, puis président de la Convention (novembre 1794) et membre du comité de sûreté générale, et s'efforça de se maintenir entre les partis extrêmes, attaquant les émigrés (janvier 1795), faisant proclamer jour de fête publique l'anniversaire de la mort de Louis XVI, poursuivant, le 1er prairial (20 mars), les derniers terroristes, et mitraillant le 13 vendémiaire (5 octobre), les sections mutinées de Paris. La Convention l'avait, la veille de cette journée, nommé général en chef à l'unanimité; il s'adjoignit Bonaparte, pour qui il obtint, avec assez de peine, quelques jours après, le titre de général de l'armée de l'intérieur.

La mise en vigueur de la Constitution de l'an III modifia la forme du gouvernement: Barras fut élu par le Conseil des Anciens membre du Directoire exécutif, le 5e sur 5 (octobre 1795); sa nomination fut attaquée, on prétendit à tort qu'il n'avait pas les quarante ans exigés par la Constitution; il alla habiter le palais du Luxembourg, avec 150,000 francs de traitement, et, véritable chef du pouvoir exécutif, put donner libre carrière à ses appétits de luxe et de jouissances; la « cour de Barras » donna le ton à la « jeunesse dorée », dont Mme Tallien fut la reine. Bonaparte y rencontra la veuve du général Beauharnais; Barras la lui fit épouser, et lui fit donner le commandement en chef de l'armée d'Italie.

Les élections de l'an V ayant été favorables aux royalistes, la représentation nationale se mit elle-même à conspirer. Barras, le plus résolu des Directeurs, se décida à résister et, le 18 fructidor (4 septembre 1797), aidé par Augereau, surprit les Tuileries, arrêta Pichegru, Barthélemy son collègue, et tous les représentants réactionnaires, aux cris de : « A bas les aristocrates! » Bien que son énergie eut découragé les royalistes, il vit bien que le Directoire se discréditait tous les jours, et songea à l'avenir. Après sa victoire du 18 fructidor, il fit rompre brusquement les conférences ouvertes à Lille avec l'Angleterre au sujet de la paix, puis écrivit en secret à Pitt, offrant d'accepter les conditions proposées en échange de cinquante millions pour ses amis et pour lui. L'importance de la somme et l'incertitude du résultat firent échouer l'affaire, et, après le 30 prairial (18 juin 1799), qui fut la revanche parlementaire du 18 fructidor, la revanche des Conseils contre le Directoire, Barras entra en pourparlers avec Louis XVIII, par l'intermédiaire de David Mounier; Barras devait recevoir douze millions; l'agent royal, le chevalier Tropez de Guérin, écrivait à Louis XVIII : « Ce n'est pas une misérable conspiration qui se trame par des particuliers sans moyens, sans alentours; c'est le chef du gouvernement, c'est l'homme presque assis à votre place, qui vous l'offre. » Mais la lenteur des négociations, du côté des royalistes, laissa à Bonaparte le temps de revenir d'Egypte, et de faire le 18 brumaire.

Pendant ces événements, Barras avait été élu député du Var au Conseil des Cinq-Cents, le 23 germinal an VI, et au Conseil des Anciens, le 23 germinal an VII. Le 18 brumaire mit fin à sa carrière politique; il se retira à Grosbois escorté par un escadron de cavalerie, et donna sa démission de législateur « en confiant les destins de la République au guerrier illustre à qui il avait eu le bonheur d'ouvrir le chemin de la victoire. » Bonaparte lui fit offrir l'ambassade de Dresde, celle des Etats-Unis, et le commandement de l'armée de Saint-Domingue; Barras refusa, et ce refus irrita le premier consul, qui tenait à l'éloigner, et qui fut obligé de lui rappeler la loi qui interdisait aux officiers destitués le séjour à moins de 40 lieues de la capitale. Barras se retira à Bruxelles, mais cette retraite lui pesait, et il demanda à plusieurs reprises à « la justice du gouvernement, de faire cesser son exil. » Il n'obtint, qu'en 1805, pour raisons de santé, l'autorisation d'habiter Marseille. On l'accusa, en 1813, de conspirer avec les Anglais, et on l'exila à Rome, où il vécut sous la surveillance d'un ancien émigré. Il fut encore impliqué dans un autre complot avec l'ancien roi d'Espagne, Charles IV, arrêté à Turin au moment où il revenait en France, et mis en surveillance à Montpellier. Il ne revint à Paris qu'au retour des Bourbons, et vécut tranquille dans sa belle maison de Chaillot, ayant été le seul régicide excepté de l'application de la loi du 12 janvier 1816.

BARRAULT (Pierre-Ange-Casimir-Emile), représentant du peuple à l'Assemblée législative de 1849, né à Paris, le 17 mars 1799, mort à Paris, le 2 juillet 1869, débuta dans l'enseignement comme professeur de lettres au collège de Sorèze. Très épris des idées saint-simoniennes, il prit une grande part à la prédication de la doctrine, compta parmi les conférenciers de la salle Taitbout, et lorsque le journal le *Globe*, abandonné après juillet 1830 par ses rédacteurs, appelés pour la plupart à des fonctions publiques, eut été acheté (1831) par le groupe des saint-simoniens, Emile Barrault fut un des principaux écrivains de cette feuille, devenue l'organe de l'église nouvelle. De juillet 1831 à avril 1832, le *Globe*, dont chaque numéro portait cette déclararation : « La publication du *Globe* n'est pas une spéculation c'est une œuvre d'apostolat. L'enseignement politique renfermé dans ce journal est distribué aux mêmes conditions que les autres enseignements de la religion saint-simonienne, c'est-à-dire gratuitement. Le membre du collège directeur du *Globe* l'adresse ainsi à des personnes choisies par lui ou par lui *acceptées* », — le *Globe* insèra plusieurs articles d'Emile Barrault. Barrault se trouvait, comme « prédicateur », à la salle Taitbout, le 22 janvier 1832, lorsque M. Desmortiers, procureur du roi, et M. Zangiacomi, juge d'instruction, suivis de deux commissaires de police et escortés de gardes municipaux et de troupes de ligne, se présentèrent pour signifier aux assistants que la prédication n'aurait pas lieu et pour leur enjoindre de se dissoudre. Les agents de l'autorité judiciaire étaient porteurs des mandats d'amener contre les « pères » Enfantin et Olindes Rodrigues; ils firent mettre les scellés à la salle Taitbout, tandis que Barrault exhortait au calme la « famille saint-simonienne. »

A la suite du procès qui mit fin à la propagande des disciples de Saint-Simon, Emile Barrault parcourut l'Orient avec ses amis et coreligionnaires, le père Enfantin, Félicien David et M. Talabot. A son retour, il s'occupa plus spécialement de travaux politiques et historiques. Propriétaire à l'Arba, il fut, le 13 mai 1849, élu, comme républicain modéré, représentant du peuple à l'Assemblée législative de 1849 par l'Algérie, le 1er sur 3 avec 7,567 voix sur 25,283 inscrits. — (L'Algérie, assimilée comme colonie à un seul département, ne nommait alors que *trois* représentants.) Il siégea à gauche et vota la plupart du temps avec la minorité démocratique de l'Assemblée, *contre* les projets de lois répressifs et restrictifs de la liberté présentés par les ministres de Louis-Napoléon, et *pour* les amendements libéraux que la gauche opposait vainement aux projets de lois. Il vota notamment *pour* l'abolition de la peine de mort, *contre* le cautionnement et l'impôt du timbre, *pour* la gratuité des écoles polytechnique et de Saint-Cyr, *contre* la loi du 31 mai 1850 portant atteinte au suffrage universel, et *contre* la loi organique sur l'enseignement. Le 2 décembre 1851 le trouva parmi les adversaires du coup d'Etat, et le rendit à la vie privée. Il s'occupa, sous le second Empire, à peu près exclusivement de littérature, d'économie politique et d'affaires, et publia plusieurs *Etudes* sur les chemins de fer du Nord de l'Espagne, les chemins de fer russes, etc. On lui doit encore un grand nombre d'articles de journaux, dans le *Globe*, le *Propagateur*, la *Patrie*, le *Courrier Français*, et quelques écrits sur l'Orient. — Lors de la réapparition du *National*, en 1869, sous la direction de M. J. Rousset, Emile Barrault fit quelque temps partie de la rédaction.

BARRÉ (René-François-Jacques), député à l'Assemblée législative de 1791, au Conseil des Anciens, et au Corps législatif de l'an VIII, né à Dollon (Sarthe), en 1751, mort à une date inconnue, était administrateur du département de la Sarthe et habitait Dollon, quand il fut élu, le 4 septembre 1791, député de son département à l'Assemblée législative, par 273 voix sur 350 votants. Partisan modéré de la Révolution, il fit peu de bruit dans cette Assemblée, comme dans celles où il fut admis plus tard, au Conseil des Anciens par l'élection du 4 germinal an VII, et au Corps législatif par décision du Sénat conservateur en date du 4 nivôse an VIII.

BARRE (Jean-Méry), député en 1836 et représentant du peuple à l'Assemblée législative de 1849, né à Maintenon (Eure-et-Loir), les 21 mars 1796, appartint quelque temps, sous Louis-Philippe, à la majorité ministérielle de la Chambre des députés, où le 3e collège électoral d'Eure-et-Loir (Dreux) l'avait envoyé le 29 mai 1836. Il était alors propriétaire-agriculteur dans ce département. Non réélu, au renouvellement de la Chambre, il ne rentra dans la vie parlementaire que le 13 mai 1849, comme représentant de Seine-et-Oise à l'Assemblée législative. Il y fut élu, le 9e sur 10, avec 40,335 voix sur 96,950 votants et 139,436 inscrits, siégea à droite, et vota constamment avec la majorité : *pour* l'expédition romaine, *contre* l'abolition de la peine de mort, *pour* la loi restreignant le suffrage universel, *pour* la loi portant interdiction des clubs, *pour* la loi sur la

---

cautionnement et le timbre des écrits périodiques, *pour* le douaire de Mme la duchesse d'Orléans, s'élevant à 300.000 francs (chapitre X, du budget des dépenses), etc., etc. — Barre ne joua plus, dans la suite, aucun rôle politique appréciable.

BARRÉ (Joseph), député depuis 1885, né à Changé-Mayenne, le 5 novembre 1836, fut élève du collège Chaptal, à Paris, s'engagea, à 24 ans, dans les mille de Garibaldi, et, au retour, professa au collège Chaptal et à l'École supérieure de commerce. Pendant le siège, il commanda le 116e bataillon de la garde nationale ; nommé maire de Carrières-Saint-Denis, il fut élu député de Seine-et-Oise, le 18 octobre 1885, au second tour de scrutin, le 7e sur 9, par 55,677 voix sur 119,995 votants et 153,342 inscrits. Il siégea à la gauche radicale et vota avec les membres indépendants de ce groupe. Dans la dernière session, il s'est prononcé :

Le 11 février 1889, *contre* le rétablissement du scrutin uninominal ;

Le 14 février, *contre* l'ajournement indéfini de la revision des lois constitutionnelles ;

Le 14 mars, *pour* la demande en autorisation de poursuites contre trois députés membres, de la Ligue des patriotes ;

Le 2 avril, *contre* le projet de loi Lisbonne restrictif de la liberté de la Presse ;

Le 4 avril, *pour* la demande en autorisation de poursuites contre le général Boulanger.

BARREAU (Louis), député au Conseil des Anciens, dates de naissance et de mort inconnues, était défenseur officieux à Chartres au moment de son élection (23 vendémiaire an IV) comme député d'Eure-et-Loir au Conseil des Anciens, par 112 voix sur 218 votants. Il fut un des secrétaires de l'Assemblée, appuya (11 messidor an V) la résolution du 18 floréal précédent relative aux transactions antérieures à la dépréciation du papier-monnaie. Il avait été voté que « les parties ne pourraient en aucune manière revenir sur les obligations éteintes par des payements définitifs, même sous prétexte de lésion quelconque dans la nature de ces payements. » Le 28 messidor an VI, il s'opposa à l'adoption d'une autre résolution relative aux créanciers des émigrés solvables et aux co-partageants et co-obligés de ces émigrés attendu qu'elle portait atteinte à la propriété et à des stipulations que les principes reçus avaient dû faire regarder comme inviolables.

BARREL. — *Voy.* Pontevès (de).

BARRETY (Pierre), membre de la Convention nationale, né à la Piarre (Hautes-Alpes), le 28 novembre 1748, mort à la Piarre, le 14 février 1796. Membre de la Convention nationale comme représentant du département des Hautes-Alpes, élu « à la pluralité des voix », dit le procès-verbal d'élection, sur 227 votants, il siégea à la « plaine », se prononça, lors du procès de Louis XVI, pour la ratification du jugement par le peuple, puis, interrogé sur l'application de la peine, répondit : « Je demande la détention pendant la guerre et l'exil à la paix. » Après que la condamnation à mort eut été prononcée, il vota pour le sursis.

BARRIÈRE (Jean-Antoine), né à Saint-Jeannet (Alpes-Maritimes), en 1752, mort à Castel-lane, le 9 avril 1836, député au Conseil des Cinq-Cents et au Corps législatif de l'an VIII, était accusateur public à Castellane (Basses-Alpes), quand il fut élu député des Basses-Alpes au Conseil des Cinq-Cents, le 23 germinal an VII. Il ne prit jamais la parole, mais adhéra au 18 brumaire, ce qui lui valut un siège au Corps législatif, le 4 nivôse an VIII ; il y resta jusqu'en 1801, et disparut alors de la vie publique.

BARRIÈRE (Charles-Claude), député depuis 1885, né à Saint-Germain-l'Herm Puy-de-Dôme), le 27 septembre 1837, se fit inscrire au barreau de Clermont-Ferrand, et commanda les mobiles d'Ambert pendant la guerre de 1870. Avocat, maire de Saint-Germain-l'Herm et conseiller général du Puy-de-Dôme depuis 1871, il se présenta à la députation, le 14 octobre 1877, dans l'arrondissement d'Ambert, et échoua avec 1,444 voix contre 9,692 données à son concurrent, M. Costes. Il fut plus heureux aux élections du 4 octobre 1885, et passa le 1er de la liste républicaine sur 9, avec 78,533 voix sur 132,128 votants et 169,883 inscrits. Il a soutenu les différents ministères de gauche, et, dans la dernière session, a voté *pour* le rétablissement du scrutin uninominal, *contre* l'ajournement indéfini de la revision des lois constitutionnelles, *pour* la demande en autorisation de poursuites contre trois députés membres de la Ligue des patriotes, *pour* le projet de loi Lisbonne restrictif de la liberté de la presse, *pour* la demande en autorisation de poursuites contre le général Boulanger. Chevalier de la Légion d'honneur depuis mars 1883.

BARRILLON (Jean-Joseph-François-Alexandre), représentant à la Chambre des Cent-Jours, né à Serres (Hautes-Alpes), en 1762, mort à Paris le 19 mai 1817, fut élevé à Bayonne et s'embarqua, à 20 ans, pour Haïti, où il entra chez un riche planteur, M. d'Anglade, et put bientôt, grâce à son travail et à son esprit d'ordre, acheter, de moitié avec un autre colon, une vaste plantation. Au moment de la révolte des noirs de Saint-Domingue, il fut mis à la tête des blancs, et parvint à rejeter les révoltés hors de son territoire, après six mois de combats, à l'un desquels il fut blessé. Mais, las de cette lutte, il rentra en France, défendit Lyon insurgé contre la Convention, et, après la prise de la ville, se cacha dans son pays natal. Après la Terreur, il monta à Paris une maison de banque (1795), qui, d'abord très prospère, faillit sombrer en 1803, au moment de la déclaration de guerre à l'Angleterre. M. Barrillon désintéressa absolument tous ses créanciers. Capitaine dans la garde nationale parisienne en 1814, il se battait, le 30 mars, à la barrière du Roule contre les troupes russes, lorsqu'on vint lui annoncer l'armistice conclue aux Buttes-Chaumont. Afin d'éviter une inutile effusion de sang, il prit avec lui un tambour, traversa le champ de bataille au plus fort de la lutte, fut entouré et faillit être massacré par les Cosaques, mais put arriver enfin auprès du général russe, qui fit aussitôt cesser le feu. Le 16 mai 1815, il fut élu représentant des Hautes-Alpes à la Chambre des Cent-Jours, par 29 voix sur 48 votants, dans le collège d'arrondissement de Gap ; il y prit la parole une seule fois, pour appuyer un projet de loi tendant « à régulariser le service des réquisitions, tout en admettant que, dans des circonstances aussi urgentes, on pouvait, on devait même déroger aux règles ordinaires. »

BARRILLON (François-Sophie-Alexandre), député de 1837 à 1842, représentant du peuple aux Assemblées constituante et législative de 1848 et 1849, député au Corps législatif de 1865 à 1870, né à Paris le 5 avril 1801, mort à Elincourt (Oise), le 2 octobre 1871. Il se fit inscrire au barreau de Paris en 1821, et acquit une situation politique dans l'Oise, où il était propriétaire et où il devint maire d'Elincourt (1838), étant déjà conseiller général (1833). Le 4 novembre 1837, il fut élu député dans le 5ᵉ collège électoral de l'Oise (Compiègne) par 265 voix sur 468 votants et 687 inscrits, contre M. Tronchon, député sortant (177 voix). Il siégea à la gauche constitutionnelle. Non réélu aux élections générales qui suivirent la chute du ministère Molé (janvier 1839), il ne rentra à la Chambre qu'aux élections générales du 9 juillet 1842, élu par le même collège, fit partie de l'opposition; mais, combattu par le ministère Guizot, aux élections du 1ᵉʳ août 1846, il échoua avec 330 voix contre 397 accordées à M. le comte de l'Aigle. Il n'en continua pas moins à combattre la politique de résistance du gouvernement, et présida le banquet réformiste de Compiègne, en novembre 1847. Un biographe de 1848 appréciait ainsi sa carrière parlementaire : « Le député de Compiègne votait avec l'opposition dynastique; il passait à la Chambre pour un homme spécial dans les questions administratives et agricoles. Il montait rarement à la tribune, mais parlait souvent dans les bureaux. » Le gouvernement provisoire de février 1848 le nomma commissaire du gouvernement dans l'Oise, le 27 février, et le révoqua en avril comme trop modéré; mais, le 23 avril, le département de l'Oise l'élut représentant du peuple, le 1ᵉʳ sur 10, par 92,588 voix, et le réélut à l'Assemblée législative, le 13 mai 1849, le 4ᵉ sur 8, par 41,118 voix. Il siégea au centre droit et vota : le 26 mai 1848, avec la gauche, pour le bannissement de la famille d'Orléans; le 7 juin, avec la droite, pour la loi sur les attroupements; le 31 juillet, contre les poursuites contre Proudhon; le 26 août, pour les poursuites contre Louis Blanc et Caussidière; le 2 septembre, pour le maintien de l'état de siège pendant la discussion de la Constitution; le 18 septembre, contre l'abolition de la peine de mort; le 25 septembre, pour l'impôt proportionnel; le 7 octobre, contre l'amendement Grévy; le 2 novembre, contre le droit au travail (amendement Félix Pyat); le 27 décembre, contre la suppression de l'impôt du sel; le 22 janvier 1849, pour le renvoi des accusés du 15 mai devant la haute-Cour; le 31 janvier, contre la mise en accusation des ministres; le 21 mars, pour l'interdiction des clubs; le 16 avril, pour le vote de 1,200,000 francs (expédition de Rome); le 11 mai, contre la demande de mise en accusation du président et de ses ministres; le 18 mai, contre l'abolition de l'impôt des boissons; le 23 mai, contre l'ordre du jour sur les affaires d'Italie et de Hongrie.
Partisan de la candidature du général Cavaignac à la présidence de la République, il protesta, le 2 décembre 1851, à la mairie du Xᵉ arrondissement, contre le coup d'Etat, et fut enfermé quelques jours à Mazas. Il ne rentra dans la vie politique qu'à l'élection qui eut lieu dans l'Oise, le 23 septembre 1865, pour remplacer M. Lemaire, député décédé; il dut, à la neutralité bienveillante de l'administration d'être élu par 17,297 voix sur 27,945 votants et 39,588 inscrits, contre MM. Buffard, candidat démocrate (5,178 voix), Corbin (4,937) et Tremblay (393). Aux élections générales du 24 mai 1869,

il fut réélu par 20,859 voix sur 31,297 votants, et 42,962 inscrits, contre 13,166 voix données à M. Buffard. M. Barrillon s'était franchement rallié à l'Empire qui lui donna la croix d'officier de la Légion d'honneur à la promotion du 15 août 1868: il était chevalier du 5 juillet 1851.

BARRIN. — Voy. GALLISSONNIÈRE (COMTE DE LA).

BARRIS (Pierre-Joseph-Paul, baron), député à l'Assemblée législative de 1791, né à Montesquiou (Gers), le 30 juin 1753, mort à Paris, le 27 juillet 1824, était commissaire du roi au tribunal de Mirande, lorsqu'il fut élu, le 5 septembre 1791, député du Gers à l'Assemblée législative, par 166 voix sur 277 votants; il prit une fois la parole dans une question d'administration relative au remplacement des membres des directoires, et ne se mit plus en évidence. Nommé juge au tribunal de cassation pour le département du Gers, le 24 vendémiaire an IV, confirmé dans ce poste, le 1ᵉʳ germinal an VIII, membre de la Légion d'honneur, le 4 frimaire an XII, président à la Cour de cassation le 9 avril 1806, créé chevalier de l'Empire le 26 avril 1808, baron de l'Empire, le 16 octobre 1810, officier de la Légion d'honneur, le 6 avril 1813, il servit avec un zèle égal et également apprécié le Directoire, l'Empire et la Restauration. Il présidait, le 14 décembre 1815, la section criminelle de la Cour de cassation qui rejeta le pourvoi du comte de Lavalette.

BARROIS (Jean-Baptiste-Joseph), député de 1824 à 1830, né à Lille (Nord), le 22 février 1784, mort à Lille, le 17 juillet 1855, fils d'un riche négociant de cette ville, voyagea dans sa jeunesse, visita la Grèce, et se montra, à son retour, dévoué aux idées libérales. Négociant et adjoint au maire de Lille, il fut élu député, le 6 mars 1824, par le collège de département du Nord, avec 406 voix sur 431 votants et 715 inscrits, et réélu par le même collège, le 24 novembre 1827, avec 304 voix sur 482 votants et 657 inscrits. Son libéralisme de jeunesse s'atténua sensiblement à la Chambre; il siégea parmi les ministériels, et quitta la vie politique en 1830.

BARROIS-VINOT (François-Joseph), né à Lille (Nord), le 22 mars 1759, mort à Lille, le 19 décembre 1848, fut élu député par le 3ᵉ collège électoral du Nord (Lille), le 21 octobre 1830, avec 241 voix sur 380 votants et 516 inscrits, contre M. Testelin-Waresquelle (130 voix). Conservateur, il soutint de ses votes tous les ministères qui se succédèrent au pouvoir jusqu'en 1834, ayant été réélu, le 5 juillet 1831, dans la même circonscription, par 188 voix (367 votants, 459 inscrits); son concurrent, M. Testelin-Waresquelle, en obtint alors 174. Dans le procès (avril 1833) intenté au gérant du journal la Tribune sur la dénonciation de de M. Viennet, M. Barrois-Vinot accepta de siéger comme juge et vota la condamnation.

BARROT (Jean-André), membre de la Convention, député au Conseil des Anciens et au Corps législatif, de l'an VIII à 1815, représentant à la Chambre des Cent-Jours, né à Planchamp (Lozère), le 30 juin 1753, mort à Paris, le 19 novembre 1845, était juge au tribunal de district de Langogne, lorsqu'il fut élu, le 4 septembre 1792, membre de la Convention par le département de la Lozère, à la pluralité des voix sur 218 votants. Dans le procès de Louis XVI, il répondit, au 3ᵉ appel nominal : « Comme je suis parfaitement convaincu qu'il n'existe plus parmi nous de traces de la royauté ; comme la mort de Louis ne me paraît pas nécessaire, utile même à l'intérêt de la République, je vote pour la réclusion pendant la guerre. » Il fut, le 23 vendémiaire an IV, du nombre des conventionnels élus au Conseil des Anciens, où il fut réélu par le département de la Lozère, le 23 germinal an VI. Il fit ensuite partie du Corps législatif pendant toute sa durée, du 4 nivôse an VIII à 1814, le Sénat conservateur lui ayant renouvelé son mandat le 18 février 1807 et le 6 janvier 1813 ; il vota, en 1814, la déchéance de l'empereur, et, en mars 1815, parla en faveur des Bourbons ; quelques semaines après, il faisait partie de la députation de la Chambre chargée de féliciter Napoléon à son retour de l'île d'Elbe, et fut envoyé à la Chambre des Cent-Jours par le collège du département de la Lozère (14 mai 1815). Louis XVIII, le nomma, le 15 octobre 1815, juge au tribunal de première instance de la Seine ; mais, devant les protestations de ses collègues, il préféra donner sa démission.

BARROT (HYACINTHE-CAMILLE-ODILON), fils du précédent, député de 1830 à 1848, et représentant du peuple aux Assemblées constituante et législative de 1848 et 1849, né à Villefort (Lozère), le 19 juillet 1791, mort à Bougival (Seine-et-Oise), le 6 août 1873, commença ses études au prytanée de Saint-Cyr, et vint les terminer à Paris au lycée Napoléon. Au sortir du collège, il fit son droit.

Elevé par son père dans les idées « constitutionnelles », qui étaient celles des royalistes modérés sous la Restauration, il avait sollicité et obtenu, en 1814, des dispenses pour être admis comme avocat aux conseils du roi et à la Cour de cassation. « Un goût dominant pour les régions arides du droit strict à un âge où l'on aime de préférence les débats passionnés et les émotions de cour d'assises, dit M. Loménie, révélait déjà cette aptitude de théoricien qui distingua particulièrement M. Odilon Barrot. Son premier acte politique fut, au moment des Cent-Jours, une protestation contre le rétablissement de l'Empire. « Au mois de mars 1815, a-t-il écrit lui-même, lorsque le gouvernement fit appel à la garde nationale de Paris, j'écrivis au capitaine de la compagnie de grenadiers du 4ᵉ bataillon de la 11ᵉ légion, pour me mettre, avec quelques amis, à sa disposition. Je montais la garde dans les appartements du roi, dans la nuit de son départ. Sa Majesté vit nos larmes et contint l'élan de notre enthousiasme. Je suis certain que cette scène touchante ne s'est pas effacée de sa mémoire ; elle est à jamais gravée dans la mienne. »

Cependant, l'attachement du jeune avocat ne résista pas au régime de la « Terreur blanche » ; il se jeta bientôt dans l'opposition libérale qui s'appuyait sur la Charte, et acquit une notoriété considérable dans de nombreux procès politiques. Quelques protestants d'une petite ville du midi ayant refusé de tapisser, au passage de la procession de la Fête-Dieu, la façade de leurs maisons, le juge de paix les avait condamnés à l'amende : Odilon Barrot accepta de les défendre et parvint à obtenir la cassation de l'arrêt, après un plaidoyer qui souleva des tempêtes. Il défendit aussi Wilfrid Regnauld, impliqué par des rancunes politiques dans une affaire d'assassinat,

et plaida dans le procès du lieutenant-colonel Caron. Lié avec la plupart des hommes marquants du parti libéral, il épousa la petite-fille de l'un d'eux, Labbey de Pompières, entra, en 1827, dans la fameuse société Aide-toi, le Ciel t'aidera, avec Audry de Puyravault, Béranger, Barthe, Duchâtel, Auguste Blanqui, Armand Carrel et Guizot, et, devenu le président de cette association, fit tous ses efforts pour la maintenir dans les voies d'une opposition pacifique et parlementaire. La révolution de Juillet, dont il n'avait pas donné le signal, le surprit quelque peu. Premier secrétaire de la commission de gouvernement qui siégea à l'Hôtel de Ville, il détourna formellement La Fayette de proclamer la République, dont la présidence éventuelle lui était offerte par un groupe de jeunes démocrates, amenés à l'Hôtel de Ville par Pierre Leroux, prépara activement l'établissement d'une monarchie nouvelle en faveur du duc d'Orléans, et fut chargé peu après par Louis-Philippe de protéger, de concert avec deux autres commissaires, MM. de Schonen et le maréchal Maison, le départ de Charles X. Très mal accueilli d'abord par le roi déchu, il finit pourtant par réussir assez complètement dans sa mission, pour que Charles X consentit à reconnaître, dans un certificat, les « attentions » et les « respects » qu'il avait eus pour la personne et la famille royale. Au retour, Odilon Barrot fut nommé préfet de la Seine. Vers la même époque, il était élu (28 octobre 1830) député de l'Eure par le collège de département. Mais de fréquents conflits s'élevèrent entre Odilon Barrot, préfet de la Seine, et les ministres doctrinaires de Louis-Philippe, Guizot, Montalivet ; quand Laffitte et Dupont de l'Eure eurent quitté le pouvoir, il ne tarda pas (février 1831) à les suivre dans leur retraite. Renommé député, le 5 juillet de la même année, par trois collèges électoraux, le 2ᵉ collège de l'Eure (Verneuil), le 2ᵉ collège de l'Aisne (Chauny) et le 2ᵉ collège du Bas-Rhin (Strasbourg), il siégea à gauche, parmi les partisans d'une sorte de « royauté républicaine », telle que semblait la promettre la Charte de 1830, prit la direction de l'opposition dynastique, combattit vivement le ministère Casimir Périer, fut chargé du rapport sur le rétablissement du divorce, rédigea, avec Cormenin, au nom des gauches, le célèbre Compte-rendu dont l'insurrection démocratique des 5 et 6 juin 1832 fut la conséquence directe, et, après la défaite des républicains, s'éleva, quoique monarchiste, contre les représailles et les mesures d'exception. « Nonobstant toutes ses colères à la Chambre, a écrit M. Eug. de Mirecourt, il entretenait au fond de son cœur, pour le roi citoyen, une sympathie pleine de tendresse. De son côté, Louis-Philippe ne gardait pas rancune au chef de la gauche. Il ne se trompait point au mobile qui le faisait agir ». Il défendit aussi le droit d'association (avril 1834), demanda l'amnistie pour les insurgés de Lyon, et combattit vainement les lois de septembre (1834-1835), joignant d'ailleurs constamment à la revendication des libertés l'assurance de son dévouement à la monarchie constitutionnelle. Son opposition, comme celle des députés qui suivaient ses inspirations, ne désarma que durant les deux ministères de Thiers, en 1836 et 1840 : il fit alors partie de la majorité. En revanche, il lutta avec force contre le ministère Molé, qu'il ne réussit à renverser après deux ans, que par une coalition restée célèbre (1839). Le cabinet formé le 29 octobre 1840 n'eut pas non plus d'adversaire plus opiniâtre qu'Odilon Barrot. Successivement réélu en 1834, en 1837, 1839, 1842 et 1846, il ne négligea aucun moyen pour triompher de la politique de résistance de Guizot, travailla à rendre plus intime la fusion du centre gauche (tiers-parti) et de l'opposition de gauche, et appuya de son vote et de sa parole toutes les propositions faites contre le ministère. Lorsque Guizot chercha à justifier devant la Chambre son voyage à Gand, Odilon Barrot monta à la tribune et prononça ces paroles :

« Croyez-moi, c'est un triste chemin pour rentrer en France que celui qui vous a fait passer sur les cadavres des Français tués par l'étranger. » Il vota contre l'indemnité Pritchard, et fut l'auteur d'un très grand nombre de propositions et d'amendements contre la corruption politique, contre l'envahissement de la Chambre par les députés fonctionnaires, etc. Partisan de la réforme électorale, qu'il avait fréquemment, mais sans succès, portée devant la Chambre, il fut, en 1847, un des promoteurs de la « campagne des banquets », assista à *seize* de ces réunions, et, quand le gouvernement voulut y mettre un terme, déposa au nom de la gauche une demande en accusation du ministère.

Mais, cette fois encore, la Révolution vint contrarier ses prévisions. Appelé trop tard au pouvoir (24 février 1848), il tenta inutilement, en se montrant à cheval sur les boulevards, de calmer l'effervescence générale et de sauver la monarchie; le mouvement populaire, cette fois, était allé jusqu'à la proclamation de la République, qu'Odilon Barrot n'avait point souhaitée. S'il ne la combattit pas ouvertement dès la première heure, il travailla du moins à l'entourer d'institutions « conservatrices. » Élu, le 23 avril 1848, représentant de l'Aisne à l'Assemblée constituante, le 4e sur 14, par 107,005 voix sur 130,363 votants et 154,878 inscrits, il prit cette fois, place à droite, fut désigné par la majorité pour présider la commission d'enquête sur les événements du 15 mai et sur les journées de juin, prit une part active aux débats, essaya (27 septembre 1848) de faire prévaloir le système des deux Chambres, et vota : *pour* le maintien de l'état de siège, *contre* l'abolition de la peine de mort, *contre* l'incompatibilité des fonctions, *contre* l'amendement Grévy, *contre* le droit au travail, *pour* la proposition Rateau, *pour* l'expédition de Rome, *contre* la suppression de l'impôt du sel et de celui des boissons. Louis-Napoléon Bonaparte, après son avènement à la présidence, confia à Odilon Barrot (20 décembre 1848) la direction de son premier ministère, avec le portefeuille de garde des sceaux, et la mission de proposer d'importantes restrictions au droit de réunion, à la liberté de la presse, etc., et de défendre à la tribune, contre la Montagne et contre son orateur, Ledru-Rollin, tous les crédits réclamés pour l'expédition de Rome. C'est sur son initiative que fut votée aussi l'interdiction des clubs (21 mars 1849.) Puis, quand le prince-président commença à dévoiler davantage ses desseins personnels, il se sépara d'Odilon Barrot (30 octobre 1849.) « Dès la fin de septembre, dit un biographe, on put lire dans les journaux quelques faits-Paris annonçant une indisposition de M. Odilon Barrot. Ce n'était pas lui, c'était son portefeuille qui se trouvait malade, et cela sans guérison possible. On l'enterra définitivement le 30 octobre. Pour mettre le comble aux douleurs du ministre congédié, son frère, son propre frère, entra dans le nouveau cabinet. Jamais Odilon ne pardonna ce méchant tour à Ferdinand. Sa

rancune, dit la chronique intime, alla jusqu'à s'exprimer du bout de la botte par un geste peu fraternel. La scène se passait en famille, et le ministre du 30 octobre, rendit, séance tenante, à l'ex-président du Conseil, le geste et l'apostrophe. »

À l'Assemblée législative, où deux départements l'élirent, l'Aisne, avec 63,782 voix (112,795 votants, 160,698 inscrits,) et la Seine avec 112,675 voix (281,140 votants, 378,043 inscrits), Odilon-Barrot continua de soutenir la politique de réaction, en appuyant notamment la loi Falloux-Parieu sur l'enseignement, et la loi du 31 mai contre le suffrage universel.

Comme, toujours, il n'avait pas prévu le coup d'État; Odilon Barrot, qui protesta contre cet acte à la mairie du Xe arrondissement, fut arrêté, et presque aussitôt relâché. Il parut alors renoncer à la politique ; admis à l'Institut (1855), comme membre libre de l'Académie des sciences morales et politiques, il se consacrait, depuis le rétablissement de l'Empire, à des études de législation, quand Odilon « libéral » de M. Émile Ollivier réussit à lui faire accepter, à la suite d'une entrevue aux Tuileries avec Napoléon III, la présidence d'une commission extra-parlementaire, chargée d'étudier des projets de décentralisation. Le gouvernement du 4 septembre l'avait tenu à l'écart ; l'Assemblée nationale le nomma membre du Conseil d'État réorganisé, et Thiers (27 juillet 1872) lui en confia la présidence. Il occupait ce poste quand il mourut, l'année d'après. Odilon Barrot était membre titulaire de l'Académie des sciences morales depuis 1870. On lui doit une *Étude sur l'organisation judiciaire,* et d'intéressants *Mémoires,* publiés après sa mort.

BARROT (FERDINAND-VICTORIN), frère du précédent, député de 1842 à 1848, représentant aux Assemblées constituante et législative de 1848 et 1849, sénateur du second Empire et sénateur inamovible, né à Paris, le 10 janvier 1806, mort à Paris, le 12 novembre 1883, fit ses études de droit, devint avocat sous la Restauration, fut un moment, après les journées de Juillet 1830, substitut du procureur du roi près le tribunal civil de la Seine, mais renonça la magistrature quelques années après, pour rentrer au barreau, et plaida dans plusieurs procès politiques, notamment pour le colonel Vaudrey, impliqué dans l'échauffourée bonapartiste de Strasbourg et acquitté par le jury (18 janvier 1837), et pour Barbès (1839). « D'une famille, dit un biographe, qui a pour maxime de cumuler les honneurs de l'opposition et les profits du pouvoir », Ferdinand Barrot, élu député dans le 3e collège électoral d'Indre-et-Loire (Loches), le 9 juillet 1842, siégea au centre-gauche, devint avocat du Trésor et obtint de grandes concessions de terrain en Algérie. Le collège électoral de Loches le réélut, le 1er août 1846, par 189 voix sur 336 votants, et 414 inscrits, contre M. Delaville-Leroux (136 voix); il s'occupa surtout à la Chambre des affaires algériennes. Aussi, quand des députés furent accordés à cette colonie, il fut élu par l'Algérie représentant le peuple, le 18 juin 1848, avec 3,055 voix, contre MM. Warnier (1,679 voix), Ch. Mathis (1,573), Bodichon (878), Maggiolo (312) et Thiers (261), en remplacement de Ledru-Rollin qui avait opté pour la Seine. Après avoir échoué aux élections générales du 23 mai 1849 pour la Législative, il fut élu, le 8 juillet 1849, par le département de la Seine, le 7e sur 11, avec 118,429 voix sur 234,588 votants et 373,800 inscrits, dans l'élection partielle nécessitée par l'option de onze représentants pour d'autres départements. Il vota généralement avec la droite : le 18 juin 1848, *pour* le décret contre les clubs ; le 9 août, avec la gauche, *contre* le rétablissement du cautionnement des journaux ; le 26 août, *pour* les poursuites contre Louis Blanc et Caussidière ; le 21 octobre, *pour* le remplacement militaire ; le 2 novembre, *contre* le droit au travail (amendement F. Pyat) ; le 30 novembre, *pour* l'expédition de Rome ; le 27 décembre, *contre* la suppression de l'impôt du sel ; le 22 janvier 1849, *pour* le renvoi des accusés du 15 mai devant la haute-Cour ; le 21 mars, *pour* l'interdiction des clubs ; le 11 mai, *contre* la demande de mise en accusation du président et de ses ministres ; le 23 mai, *contre* l'ordre du jour sur les affaires d'Italie et de Hongrie. Lié avec le prince L. Napoléon, qu'il avait assisté devant la Chambre des pairs après l'affaire de Boulogne (octobre 1840), il s'associa à sa politique, fut nommé secrétaire de la présidence en 1849, ministre de l'intérieur la même année (31 octobre), et ambassadeur à Turin, à sa sortie du ministère (mars 1850). Membre de la Commission consultative nommée à la suite du coup d'Etat de 1851, puis conseiller d'Etat, il entra au Sénat le 4 mars 1852, devint grand-référendaire de cette Assemblée, et fut promu grand-officier de la Légion d'honneur, le 12 août 1857.

La chute de l'Empire rendit M. F. Barrot à la vie privée. Le 16 mai 1877, il se présenta, avec l'appui du gouvernement du maréchal de Mac-Mahon, dans l'arrondissement de Courbevoie, et échoua contre M. E. Deschanel ; il visa alors le Sénat, où, en vertu de l'accord intervenu entre les trois fractions monarchiques pour les élections aux sièges inamovibles, il fut élu à l'un de ces sièges en remplacement de M. Lanfrey, et comme bonapartiste, le 4 décembre 1877, par 142 voix sur 280 votants, contre 133 données à M. Victor Lefranc.

BARROT (Théodore-Adolphe), frère des précédents, sénateur du second Empire, né à Paris, le 14 octobre 1801, mort à Paris, le 16 juin 1870, fit sa carrière dans la diplomatie, comme ministre plénipotentiaire au Brésil (1849), à Lisbonne (1849), à Naples (1851), à Bruxelles (1863), et comme ambassadeur à Madrid, d'août 1858 à octobre 1864. Nommé sénateur, le 5 octobre 1864, il fut retraité, comme ambassadeur, le 17 février 1865, et vota avec la majorité dynastique.

BARSALOU (Roech), député de 1839 à 1842, né à Agen (Lot-et-Garonne), le 26 avril 1794, mort à Agen, le 14 juillet 1887, était banquier dans cette ville. Le marquis de Lusignan, député pour la circonscription de Nérac, ayant été nommé pair de France, les électeurs de ce collège, convoqués le 4 décembre 1839, lui donnèrent pour successeur M. Barsalou, qui conforma son attitude et ses votes à l'attitude et aux votes de son prédécesseur. Il appartint, jusqu'à la fin de la session, à la majorité conservatrice.

BARTHE (Félix), député de 1830 à 1834, ministre, pair de France et sénateur du second Empire, né à Narbonne (Aude), le 28 juillet 1795, mort à Paris, le 28 février 1863, fit ses études au collège Saint-Remi de Toulouse, et, après avoir suivi les cours de la Faculté de droit, vint faire son stage à Paris et s'affilia aux carbonari. Il acquit de bonne heure une situation en vue dans le parti libéral en prononçant

un discours aux funérailles du jeune Lallemand, tué par un garde royal (juin 1820) en criant : « Vive la Charte ! » dans une émeute sur la place de la Concorde : Barthe attaqua le meurtrier devant le conseil de guerre qui refusa de l'entendre, et adressa aux journaux une protestation dont la censure arrêta la publication. Il plaida dès lors dans la plupart des procès politiques, fit acquitter le lieutenant-colonel Caron devant la Chambre des pairs, défendit, à Colmar, trois des accusés de Béfort, puis, à Paris, les quatre sergents de la Rochelle, et le député du Bas-Rhin, Koechlin, pour sa brochure sur le complot de Colmar ; dans cette dernière affaire (juillet 1823), Barthe paya d'une suspension d'un mois la vivacité de sa défense ; il plaida encore, devant la Chambre des députés, pour le « Journal du Commerce », coupable d'avoir apprécié trop librement les élections, et qui fut condamné au minimum de la peine.

Barthe prit une part active à la Révolution de 1830, à la protestation des journalistes et aux travaux de la commission municipale, et fut nommé alors procureur du roi près le tribunal civil de la Seine. Elu député, le 21 octobre 1830, dans le 7e arrondissement électoral de Paris, par 381 voix sur 709 votants, en remplacement de M. Bavoux, nommé conseiller-maître à la Cour des comptes, M. Barthe entra dans le ministère disloqué de M. Laffitte, 27 décembre 1830, pour remplacer à l'instruction publique M. Mérilhou, qui devint garde des sceaux ; il fut soumis de ce chef à la réélection, et élu, dans le même arrondissement, le 10 février 1831, par 527 voix contre 286 données à son concurrent, M. Bavoux. Le 12 mars suivant, il échangea, dans le nouveau cabinet Casimir Périer, le portefeuille de l'Instruction publique contre celui de la Justice, et fut réélu député, le 5 juillet, dans le 11e arrondissement électoral de Paris, par 589 voix sur 976 votants, contre 330 voix données à M. Boulay de la Meurthe. Il garda les sceaux jusqu'au 4 avril 1834, et tomba avec le ministère de Broglie ; il avait fait adopter quelques modifications au Code pénal, dont la nouvelle édition fut promulguée par ses soins, le 28 avril 1832 ; il fut alors nommé pair de France, et président de la Cour des Comptes. Il reprit les sceaux dans le ministère Molé, le 15 avril 1837, et les garda jusqu'au renversement de ce ministère par la coalition, le 31 mars 1839. Rendu à la présidence de la Cour des Comptes, il fut fait grand-croix de la Légion d'honneur le 19 avril 1846, révoqué comme premier président en 1848, mais réintégré en 1849, et fut nommé sénateur du second Empire le 31 décembre 1852. Ses opinions d'autrefois s'étaient singulièrement adoucies ; il prit quelquefois la parole dans la Chambre haute, et notamment dans la discussion de l'adresse, le 6 mars 1861, en soutenant un amendement qui demandait « le maintien à Rome de la souveraineté temporelle du Saint-Siège, sur laquelle repose l'indépendance de son autorité spirituelle. » Dans une lettre du 8 mars 1861, M. Mérimée, collègue de M. Barthe, donna une explication de ce discours, qui avait un peu surpris de la part d'un ancien carbonaro : « Savez-vous, dit-il, pourquoi M. Barthe, qui d'ordinaire est assez lourd, a été meilleur que de coutume dans son discours sur l'amendement ? C'est qu'il avait consulté une nymphe Egérie, et cette nymphe n'est autre que notre ami Thiers. »

BARTHE (Jean-Marcel), représentant du peuple à l'Assemblée constituante de 1848, député de 1871 à 1881, et sénateur, né à Pau

(Basses-Pyrénées), le 15 janvier 1813, d'une famille d'artisans aisés, fit son droit à Paris, collabora à l'*Artiste* et au *Temps*, puis vint s'établir avocat à Pau, étudia Fourier et Saint-Simon, et, tout en embrassant les idées phalanstériennes, fit à la politique de la monarchie de juillet une opposition active, qui lui valut d'être nommé conseiller municipal de Pau par les républicains. Élu représentant du peuple pour les Basses-Pyrénées, le 4 juin 1848, par 12,972 voix sur 42,986 votants et 115,623 inscrits, contre MM. Chaho (7,276 voix), Rouy (6,716), Casteran (6,557) et Thiers (6,224), en remplacement d'Armand Marrast, qui avait opté pour la Haute-Garonne, il fit partie. à l'Assemblée, du Comité de l'instruction publique, suivit le général Cavaignac, et vota : le 28 juillet 1848, *contre* les clubs; le 31 juillet, *contre* la proposition Proudhon; le 9 août, *contre* le rétablissement du cautionnement des journaux; le 26 août, *pour* les poursuites contre Louis Blanc et Caussidière; le 18 septembre. *pour* l'abolition de la peine de mort; le 25 septembre, *pour* l'impôt proportionnel; le 7 octobre, *contre* l'amendement Grévy; le 2 novembre, *contre* le droit au travail; le 28 décembre, *contre* la réduction de l'impôt du sel; le 5 février 1849, *contre* l'ordre du jour Oudinot; le 21 mars, *contre* l'interdiction des clubs; le 2 mai, *pour* l'amnistie des transportés; le 23 mai, *contre* l'ordre du jour sur les affaires d'Italie et de Hongrie.

M. Barthe, non réélu à l'Assemblée législative, se tint à l'écart de la politique depuis l'avènement du second Empire; le 4 novembre 1865, il se présenta cependant comme candidat de l'opposition dans la 1re circonscription des Basses-Pyrénées, au siège vacant par suite de la nomination de M. O'Quin, député sortant, à la recette générale du département; mais il échoua avec 6,572 voix, contre 20,688 données à M. Larrabure, élu. Il fut plus heureux aux élections du 8 février 1871; le département des Basses-Pyrénées l'élut le 2e sur 9, avec 53,047 voix sur 61,049 votants et 110,425 inscrits. Dans cette Assemblée, il a voté : le 1er mars 1871, *pour* la paix; le 16 mai, s'est abstenu sur les prières publiques; le 10 juin, a voté *contre* l'abrogation des lois d'exil; le 30 août, *contre* le pouvoir constituant de l'Assemblée; le 3 février 1872, *pour* le retour de l'Assemblée à Paris; le 24 mai 1873, *contre* la démission de Thiers; le 24 juin, *contre* les arrêtés contre les enterrements civils; le 20 novembre, *contre* la prorogation des pouvoirs du maréchal de Mac-Mahon; le 4 décembre, *contre* le maintien de l'état de siège; le 16 mai 1874, *contre* le ministère de Broglie; le 29 juillet, *pour* la dissolution de la Chambre; le 30 janvier 1875, *pour* l'amendement Wallon; le 25 février, *pour* l'ensemble des lois constitutionnelles. En décembre 1872, il fit partie de la commission des Trente, et demanda, par un projet séparé, la prorogation pour trois ans du pouvoir de Thiers; en avril 1873, il proposa la dissolution de l'Assemblée dans les deux mois qui suivraient la libération du territoire; il monta aussi à la tribune dans la plupart des discussions importantes, combattit par lettres les tentatives de restauration monarchique, et parla contre le projet de loi réintégrant dans l'armée active les princes d'Orléans (28 mars 1874). M. Barthe avait été élu conseiller général du canton-est de Pau, le 8 octobre 1871.

Aux élections du 28 février 1876, il se présenta dans la 1re circonscription de Pau, en affirmant « qu'appuyé sur le principe de la souveraineté nationale, il avait toujours appelé de ses vœux un gouvernement républicain ». et fut élu par 6,920 voix sur 12,051 votants et 15,990 inscrits, contre M. de Luppé (4,962 voix). Mais, après la dissolution de la Chambre par le gouvernement du 16 mai. M. Barthe, un des 363, échoua dans la même circonscription avec 6,419 voix, contre M. de Luppé, candidat du maréchal de Mac-Mahon, élu par 6,862 suffrages.

Cette élection fut invalidée, et les électeurs, convoqués à nouveau le 7 juillet 1878, élurent M. Barthe par 6,574 voix, contre 5,805 données à M. de Luppé. Lors de la discussion du projet d'amnistie générale présenté par Louis Blanc, il proposa un article additionnel excluant de l'amnistie les individus condamnés pour assassinat ou pour incendie; l'article fut rejeté à cause des difficultés pratiques qu'on trouverait à distinguer un délit politique d'un délit de droit commun.

Réélu, le 21 août 1881, par 6,858 voix sur 12,078 votants et 16.542 inscrits, contre M. Fourcade, candidat conservateur, qui eut 5,128 voix, il se présenta aux élections sénatoriales dans les Basses-Pyrénées et fut élu. Son rôle ne fut pas moins actif au Sénat qu'à la Chambre. Rapporteur de la loi relative aux syndicats professionnels (août 1882), il la défendit contre les orateurs de la droite qui la qualifiaient d'injuste, inutile et dangereuse: il ne put faire adopter la formation d'unions de syndicats divers, vivement attaquée par M. Bérenger, mais triompha de M. Tolain, qui demandait pour les syndicats l'autorisation de se former sans aucune condition, et sans la publication de leurs statuts. En février 1883, il signa, avec M. Bardoux (Voyez ce nom), une proposition de loi destinée à remplacer le texte de loi contre les prétendants voté par la Chambre; hostile à la liberté absolue des congrégations, il prit la parole, en mars, dans la discussion du projet de loi sur la liberté d'association, projet qui fut rejeté, et fut rapporteur (juin-novembre) du projet de loi supprimant les livrets d'ouvriers; et (février 1884) du projet de loi sur les ventes judiciaires d'immeubles de peu de valeur; il proposa (octobre 1884), dans la discussion relative à la réforme des élections sénatoriales, un amendement déclarant électeurs directs *tous* les conseillers municipaux; cet amendement fut rejeté par 107 voix contre 145. Lors du rétablissement du scrutin de liste proposé par M. Constans, soutenu par le ministère Brisson, et voté par la Chambre, M. Barthe protesta vainement (mai 1885) en faveur du scrutin d'arrondissement: il combattit aussi (décembre 1885) la liberté du taux de l'intérêt en matière commerciale. Les 20 et 21 juin 1886, dans la discussion de la loi Brousse, relative à l'expulsion des princes, il présenta un amendement déférant au Sénat, en vertu de la Constitution de 1875, « les manifestations de prétentions dynastiques ou plébiscitaires contraires à la Constitution »; l'amendement fut repoussé par la Commission; il intervint encore (février 1888) dans la question de l'organisation du crédit agricole pour protéger l'agriculture contre les usuriers. Dans la session de 1889, il a voté : le 13 février, *pour* le rétablissement du scrutin uninominal; le 18 février, *pour* le projet de loi Lisbonne restrictif de la liberté de la presse; le 29 mars, *pour* la proposition de loi fixant la procédure à suivre devant le Sénat pour juger toute personne inculpée d'attentat contre la sûreté de l'État (affaire Boulanger).

BARTHE-LABASTIDE (Louis-Jacques-Guillaume), député de 1815 à 1827, né à Narbonne (Aude), le 17 novembre 1762, mort à Paris, le 16 janvier 1840, était négociant à Narbonne, quand il fut élu député, le 22 août 1815, par le collège de département de l'Aude, avec 107 voix sur 164 votants et 221 inscrits. Réélu le 4 octobre 1816 par 85 voix sur 115 votants et 213 inscrits, il échoua le 5 novembre 1820 dans le 2ᵉ arrondissement électoral de l'Aude, avec 258 voix contre 274 accordées à M. Astoin, élu.

Huit jours après, le 13 novembre, le collège de département lui renouvela son mandat par 164 voix sur 306 votants et 341 inscrits. Aux élections du 25 février 1824, il fut élu par le 2ᵉ arrondissement électoral de l'Aude (Narbonne) avec 421 voix sur 491 votants et 591 inscrits, contre M. Vincent Despeyroux (58 voix); ce fut sa dernière législature, car il échoua successivement ensuite, dans le même arrondissement, le 17 novembre 1827 avec 227 voix contre 250 données à son concurrent M. Sernin, élu; le 23 juin 1830, avec 230 voix contre 358 à M. de Podenas, élu; et le 5 juillet 1831 (Narbonne était devenu le 5ᵉ collège électoral de l'Aude), avec 131 voix contre 360 données à M. de Podenas, élu.

Membre fidèle de la majorité de droite, Barthe-Labastide prit fréquemment la parole, surtout dans la chambre introuvable; ses propositions et ses discours étaient plus souvent inspirés par des réminiscences historiques imprévues, que par la conscience des nécessités politiques de son temps. Le 13 janvier 1816, par exemple, il déplora amèrement la mort du cardinal de Richelieu, mais il se montra, en d'autres circonstances, plus pratiquement monarchiste; il demanda la signature des articles de journaux, la restitution des forêts des anciens couvents aux corporations religieuses actuelles, l'abolition du recrutement militaire (les missionnaires étant plus utiles que les soldats), et de l'avancement à l'ancienneté; il dénonça, comme factieux, tout signataire de pétitions demandant le maintien de la Charte, etc.

BARTHÉLEMY (Jean-André), membre de la Convention et député au Conseil des Cinq-Cents, né au Puy (Haute-Loire), le 23 septembre 1742, mort à une date inconnue, était avocat au Puy au moment de la Révolution dont il adopta les idées avec ardeur; il s'enrôla dans les canonniers volontaires du Puy, où il passa lieutenant. Élu membre de la Convention, le 6 septembre 1792, il ne prit la parole qu'une seule fois, dans le procès de Louis XVI, pour dire : « Je vote la mort! » Quelques mois après, il fut nommé membre du Directoire de la Haute-Loire, et, le 22 vendémiaire an IV, élu de nouveau, par le même département, au Conseil des Cinq-Cents, avec 173 voix sur 177 votants. Il était depuis longtemps rentré dans l'obscurité, lorsque la loi du 12 janvier 1816, contre les régicides, l'envoya en exil. Il se réfugia en Suisse, puis en Autriche, où il mourut.

BARTHÉLEMY (Nicolas), député au Conseil des Cinq-Cents, et représentant à la Chambre des Cent-Jours, né à Forges (Meuse), le 12 octobre 1758, mort à une date inconnue, était, avant la Révolution, procureur au bailliage de Metz, puis, dévoué aux idées nouvelles, devint juge de paix, juge au tribunal du district, et commissaire du gouvernement près du tribunal. Élu député de la Moselle au conseil des Cinq-

Cents, le 25 germinal an VI, il était inspecteur de la salle (questeur) en l'an VIII, et, quelques jours avant le 18 brumaire, annonça que le général Lefebvre, commandant la place de Paris, refusait de mettre à sa disposition la garde de l'Assemblée. Il adhéra d'ailleurs au coup d'État du général Bonaparte, et fut nommé président du tribunal civil de Metz le 28 floréal an VIII. Élu à la Chambre des Cent-Jours par le département de la Moselle, le 12 mai 1815, avec 69 voix sur 107 votants et 253 inscrits, il assista silencieusement aux débats de cette courte législature, et disparut de la vie politique.

BARTHÉLEMY (François, marquis de), membre du Directoire, membre du Sénat conservateur et pair de France, né à Aubagne (Bouches-du-Rhône), le 20 octobre 1747, mort à Paris le 3 avril 1830, était neveu de l'abbé Barthélemy, garde des médailles du roi et auteur du *Voyage d'Anacharsis*: cet oncle se chargea de son éducation, le fit entrer aux affaires étrangères sous le duc de Choiseul, et attacher aux ambassades de Berne, de Stockholm et de Londres : ce fut lui qui fut chargé de notifier à cette dernière cour l'acceptation de la Constitution par Louis XVI. Ministre plénipotentiaire à Berne en 1791, il ne fit remarquer, dans ce poste, par la modération dont il fit preuve tant vis-à-vis des conventionnels mis hors la loi, que vis-à-vis des émigrés; il négocia ensuite avec succès la paix avec la Prusse (avril 1795), avec l'Espagne, avec l'électeur de Hesse, et, sans résultat, avec le cabinet britannique ; en messidor an V (1797), il fut nommé par l'influence du parti de Clichy membre du Directoire exécutif en remplacement de Letourneur (de la Manche). La journée du 18 fructidor, fatale à ce parti, le renversa; il fut arrêté dans son lit, emprisonné, condamné à la déportation, et transporté à la Guyane.

Après cinq mois de séjour à Sinnamari, Barthélemy s'échappa avec cinq de ses compagnons, gagna les États-Unis et l'Angleterre, et fut porté par le Directoire sur la liste des émigrés. Il rentra en France aussitôt après le 18 brumaire, et, le 4 pluviôse an VIII, fut nommé, par le premier consul, membre du Sénat conservateur, et chevalier de la Légion d'honneur, le 9 vendémiaire an XII. Napoléon le créa comte de l'Empire le 26 avril 1808, et le fit, en 1814, président du Sénat conservateur : à ce titre, il présida la séance où fut proclamée la déchéance de l'empereur, et fut chargé de féliciter l'empereur de Russie sur sa magnanimité. Il fut de la commission chargée de l'examen de la charte de 1814, et fut élevé par le roi à la pairie (4 juin 1814) et à la dignité de grand officier de la Légion d'honneur (4 janvier 1815). Il se fit oublier pendant les Cent-Jours, et reprit toutes ces dignités au retour de Gand, y ajouta le titre de ministre d'État le 5 octobre 1815, et celui de marquis le 2 mai 1818; dans le procès du maréchal Ney, il vota la mort. M. de Barthélemy prit rarement la parole à la Chambre Haute, et dans un sens peu libéral; en février 1819, il demanda quelques restrictions à la loi électorale déjà si étroite, et fit adopter, le 2 mars suivant, des modifications dans l'organisation des collèges électoraux.

BARTHÉLEMY (Antoine-Auguste), représentant du peuple aux Assemblées constituante et législative de 1848 et 1849, né à Paris, le

11 avril 1802, fit ses études au collège Sainte-Barbe et exerça la profession d'imprimeur sous la Restauration. Retiré en 1829 dans le département d'Eure-et-Loir, il s'y fit une situation dans l'opposition libérale, fut, après 1830, nommé maire de Bailleau-Lévêque, où il résidait, puis conseiller général de son canton. Après avoir sollicité, sans succès, les suffrages des électeurs de Chartres, le 1er août 1846, comme candidat de l'opposition démocratique, il se déclara en faveur de la révolution de Février, qui le fit commissaire de la République dans Eure-et-Loir, et fut élu (23 avril 1848) par 57,548 suffrages sur 72,675 votants et 87,002 inscrits, représentant de ce département à l'Assemblée constituante, le 4e sur 7. Il opina ordinairement avec le parti du général Cavaignac, c'est-à-dire qu'il s'associa, comme républicain très modéré, à la plupart des votes de la droite : *pour* le décret sur les clubs; *pour* le rétablissement de la contrainte par corps; *pour* la proposition Rateau, *contre* l'abolition de la peine de mort; *contre* le droit au travail; *contre* la suppression de l'impôt du sel. Pourtant, il vota avec la gauche dans quelques circonstances, par exemple : 7 mai 1849, *pour* l'amnistie des transportés; 14 mai, *pour* le blâme de la dépêche Léon Faucher, etc.

Après l'élection présidentielle du 10 décembre, Barthélemy ne se rallia pas à Louis-Napoléon, et lui fit une opposition timide. Elle s'accentua davantage à l'Assemblée législative, où 21,953 suffrages (63,593 votants, 84,674 inscrits) l'envoyèrent, le 13 mai 1849, représenter le même département. Il y fit partie jusqu'au bout de l'opposition de gauche, vota avec elle, et se montra nettement opposé à la loi du 31 mai, qui restreignait le suffrage universel.

Après le coup d'État de décembre, il essaya de rentrer dans la vie politique, d'abord lors des élections législatives du 29 février 1852, où il n'obtint contre le marquis d'Argout, candidat officiel élu, qu'un très petit nombre de suffrages, puis, le 22 juin 1857; il réunit alors, comme candidat de l'opposition, 6,963 voix, contre 18,046 accordées au vicomte Gustave Reille, candidat du gouvernement, élu.

BARTHÉLEMY (JEAN-JOSEPH-HIPPOLYTE), représentant du peuple à l'Assemblée constituante de 1848, né à Lauterbourg (Bas-Rhin), le 8 février 1801, mort à Lyon (Rhône), le 16 janvier 1863, était conseiller à la Cour d'appel de Poitiers, quand, porté dans la Vienne par les républicains de nuance modérée candidat à l'Assemblée constituante du 23 avril 1848, il fut élu le 3e sur 8, avec 48,613 voix (70,722 votants). Partisan du général Cavaignac, il vota parfois avec la gauche, mais le plus souvent avec la droite : 9 août 1848, *pour* le rétablissement du cautionnement; 26 août, *contre* les poursuites intentées à Caussidière; 18 septembre, *contre* l'abolition de la peine de mort; 27 septembre, *contre* l'institution de deux Chambres; 7 octobre, contre l'amendement Grévy; 2 novembre, *contre* le droit au travail; 25 novembre, *pour* l'ordre du jour en l'honneur de Cavaignac; 21 mars, *contre* l'interdiction des clubs; 16 avril, *contre* le crédit de 1.200.000 francs pour l'expédition de Rome; 20 avril, *pour* le maintien du cautionnement des journaux; 18 mai, *pour* l'abolition de l'impôt des boissons.

BARTHÉLEMY (JOSEPH-EMMANUEL), représentant du peuple à l'Assemblée constituante de 1848, né à Marseille, le 22 juillet 1804, mort à Marseille, le 10 décembre 1880, était le fils d'un notaire très dévoué à la Restauration. Rompant avec les traditions monarchistes de sa famille, il se jeta de bonne heure dans la lutte contre la royauté, et prêta à l'opposition un concours que sa situation de courtier de commerce rendait aussi actif que pratique. Il usa de son influence contre les ministères doctrinaires de Louis-Philippe, salua l'avènement de la République de 1848 et fut maire de Marseille après la révolution de Février. L'habileté qu'il déploya dans ces fonctions lui valut, aux élections du 23 avril pour la Constituante, un très grand nombre de voix dans les Bouches-du-Rhône. Barthélemy obtint 72,084 suffrages, et, bien que le procès-verbal de l'élection ne fasse mention ni du chiffre des votants, ni de celui des inscrits, il est probable qu'il approcha de l'unanimité. Il siégea à gauche, mais pas à la Montagne, prit quelquefois la parole, et vota avec les républicains de l'Assemblée, sans s'associer, toutefois, aux manifestations du parti socialiste. C'est ainsi qu'il se prononça : *pour* le décret sur les clubs; *contre* l'abolition de la peine de mort et *contre* le droit au travail, et qu'il vota, d'autre part : *contre* les poursuites intentées à Louis Blanc et à Caussidière: *pour* l'amendement Grévy; *pour* la suppression de l'impôt du sel; *contre* la proposition Rateau; *contre* l'expédition de Rome et *pour* la mise en liberté des transportés. Adversaire du gouvernement de Louis-Napoléon Bonaparte, il obtint encore 5,305 voix, le 29 février 1852, comme candidat d'opposition dans la première circonscription des Bouches-du-Rhône, contre 12,502 au candidat officiel, M. de Chantérac, élu. Il n'avait pas appartenu à la Législative. Sous l'Empire, il renonça définitivement à la politique.

BARTHÉLEMY-SAINT-HILAIRE (JULES), représentant du peuple aux Assemblées constituante et législative de 1848-1849, député au Corps législatif de 1869 à 1870, représentant à l'Assemblée nationale de 1871 et sénateur inamovible et ministre, né à Paris, le 19 août 1805, entra, sous la Restauration au ministère des finances, collabora au *Globe* à partir de 1826, et, en qualité de rédacteur de ce journal, signa, en juillet 1830, la protestation de la presse contre les Ordonnances.

Sous la monarchie de juillet, il écrivit dans le *Constitutionnel*, dans le *National*, etc., devint, en 1834, professeur de littérature française à l'École polytechnique, puis professeur de littérature grecque au Collège de France (1838), membre de l'Académie des sciences morales et politiques (1839), chef du cabinet du ministre de l'instruction publique, M. Cousin (1840), et, après février 1848, secrétaire principal du gouvernement provisoire. Élu représentant du peuple par le département de Seine-et-Oise, le 23 avril 1848, le 11e sur 12, avec 48,970 voix, il vota : le 26 mai, *pour* le bannissement de la famille d'Orléans; le 7 juin, avec la droite, *pour* la loi contre les attroupements; le 28 juillet, avec la droite, *pour* le décret contre les clubs; le 9 août, *contre* le cautionnement des journaux; puis, avec la droite, le 26 août, *pour* les poursuites contre Louis Blanc et Caussidière; le 18 septembre, *contre* l'abolition de la peine de mort; le 25 septembre, *pour* l'impôt proportionnel; le 7 octobre, *contre* l'amendement Grévy; le 2 novembre, *contre* le droit au travail (amendement F. Pyat). Le 25 novembre, au moment où se posaient les deux candidatures à la présidence du prince Louis-Napoléon et de Cavaignac. M. Barthélémy-Saint-Hilaire monta à la tribune et lut un long discours blâmant les temporisations calculées du général Cavaignac aux journées de juin, et attaquant la faction qui avait contribué à renverser la commission exécutive. C'est alors que Dupont de l'Eure fit adopter l'ordre du jour : « Le général Cavaignac a bien mérité de la patrie. » Il continua de voter avec la droite : le 29 décembre 1848, *contre* la suppression de l'impôt du sel ; le 22 janvier 1849 *pour* le renvoi des accusés du 15 mai devant la Haute-Cour ; le 1er février, *contre* l'amnistie générale ; le 21 mars, *pour* l'interdiction des clubs ; le 11 mai, *contre* la mise en accusation du président et de ses ministres ; le 18 mai, *contre* l'abolition de l'impôt des boissons.

Réélu par Seine-et-Oise à l'Assemblée législative, le 13 mai 1849, le 4e sur 10, avec 49,960 voix, sur 96,959 votants et 139,436 inscrits, il vota généralement avec la droite, et, en qualité d'administrateur du Collége de France depuis janvier 1849, provoqua et obtint la suspension du cours de Michelet (1851). Le coup d'Etat de Napoléon le rapprocha alors de la gauche ; il protesta contre le 2 Décembre, et, bien que gracieusement dispensé du serment, donna sa démission de professeur et d'administrateur, et se consacra aux études sur la philosophie de l'Inde, à la traduction d'Aristote, et aux autres travaux qu'il avait toujours poursuivis même pendant sa carrière politique. En 1855, il fit un voyage en Egypte, en qualité de membre de la commission d'études du canal de Suez, et, le 1er juin 1863, se présenta comme candidat de l'opposition dans la 1re circonscription de Seine-et-Oise, où il échoua avec 11,768 voix, contre M. Caruel de Saint-Martin, candidat officiel, élu par 16,314 suffrages. Il fut plus heureux, le 24 mai 1869, contre le candidat officiel, M. Hély d'Oissel, et fut élu, dans la même circonscription, par 18,655 voix, contre 12,421 données à son concurrent, sur 31,786 votants et 40,675 inscrits. Il siégea à gauche, et fit partie du groupe dissident des Dix-sept, qui, à l'occasion du plébiscite de mai 1870, refusèrent de signer le manifeste anti-plébiscitaire des députés et des journalistes républicains (19 avril) et se déclarèrent partisans d'une gauche ouverte à tous ceux « qui voulaient hâter le retour de l'opinion publique en faveur de la liberté, sans faire ni vouloir faire aucune révolution. »

Elu, le 8 février 1871, représentant de Seine-et-Oise à l'Assemblée de Bordeaux, le 1er sur 11, par 47,224 voix, sur 53,390 votants et 123,875 inscrits, il reprit sa place à gauche, déposa, le 16 février, la proposition : « M. Thiers est nommé chef du pouvoir exécutif de la République française », et devint secrétaire général du chef du pouvoir exécutif, auquel le rattachait une vieille et étroite amitié ; il refusa tout traitement pour cette fonction, qu'il exerça jusqu'à la chute de Thiers (24 mai 1873). A l'Assemblée nationale, il vota : le 1er mars 1871, *pour* la paix ; s'abstint, le 16 mai, sur les prières publiques, vota, le 10 juin, *pour* l'abrogation des lois d'exil ; le 30 août, *pour* le pouvoir constituant de l'Assemblée ; le 3 février 1872, *pour* le retour de l'Assemblée à Paris ; le 24 mai 1873, *contre* la démission de Thiers ; le 24 juin, *contre* l'arrêté sur les enterrements civils ; le 20 novembre, *contre* la prorogation des pouvoirs du maréchal de Mac-Mahon ; le 4 décembre, *contre* le maintien de l'état de siège ; le 16 mai 1874, *contre* le ministère de Broglie ; le 29 juillet, *pour* la dissolution de l'Assemblée ;

le 30 janvier 1875, *pour* l'amendement Wallon ; le 25 février, *pour* l'ensemble des lois constitutionnelles.

Le 10 décembre 1875, il fut élu sénateur inamovible par la Chambre, le 14e, le second jour de scrutin, avec 349 voix sur 690 votants, siégea à gauche, fut rapporteur du projet de loi sur le conseil supérieur de l'instruction publique, et vice-président du Sénat (janvier 1880). Il accepta, dans le cabinet J. Ferry (septembre 1880), le ministère des Affaires étrangères, débuta par une circulaire très pacifique (24 septembre) à nos agents diplomatiques, et proposa l'arbitrage européen dans le conflit gréco-turc (décembre 1880). On taxa de faible et sénile la conduite politique tenue en cette circonstance, surtout lorsque le *Morning-Post*, d'une part, et la *Presse*, de Vienne, d'autre part, publièrent trois circulaire de M. Barthélemy-Saint-Hilaire contestant la légalité de l'arbitrage, et rejetant sur la Grèce seule la responsabilité des événements. Interpellé à la Chambre par M. Antonin Proust, le 3 février 1881, il affirma la politique pacifique de la France, et son refus d'aller jusqu'aux mesures de coercition. En décembre 1881, il obligea M. Roustan, notre résident à Tunis, à poursuivre devant la cour d'assises le journal l'*Intransigeant*, qui l'accusait de tripotages financiers en Tunisie, et accepta, un peu trop facilement, le principe d'une indemnité demandée par l'Espagne en faveur de ses nationaux tués dans les chantiers d'alfa de Saïda, lors des troubles dans le Sud-Oranais. Il quitta le ministère à la chute du cabinet Ferry (10 novembre 1881).

En février 1883, il prit la parole dans la discussion du projet de loi Brousse (expulsion des prétendants), pour combattre le texte du gouvernement, auquel il préférait le projet général et facultatif présenté par MM. Barthe et Bardoux. Dans la dernière session, il a voté : le 13 février 1889, *pour* le rétablissement du scrutin uninominal ; le 18 février, *pour* la proposition de loi Lisbonne restrictive de la liberté de la presse ; le 29 mars, *pour* la procédure à suivre par le Sénat érigé en haute-Cour de justice (affaire Boulanger).

Outre sa traduction d'Aristote, qui est son œuvre capitale, M. Barthélemy Saint-Hilaire a publié de nombreux rapports à l'Institut sur les philosophies grecque et indoue, des *Lettres sur l'Egypte* (1856) une étude sur *Mahomet et le Coran* (1865), une traduction en vers de l'*Iliade* (1869), etc.

BARTHELOT *Voy.* RAMBUTEAU (COMTE DE).

BARTHOLONY (CÉSAR - ALEXANDRE - ANATOLE), député au Corps législatif de 1860 à 1869, né à Versailles (Seine-et-Oise), le 22 août 1822, descend d'une famille noble de Florence, émigrée à Genève à la fin du xvie siècle, et établie en France depuis 1814. Il se fit recevoir ingénieur civil, devint maire de Sciez (Haute-Savoie), conseiller général dans ce département, et fut élu député de la 2e circonscription de la Haute-Savoie (Thonon), le 10 décembre 1860, avec 10,913 voix, sur 20,522 votants et 33,542 inscrits, contre MM. Quétand (6,411 voix) et Ramel (3,193). L'élection fut invalidée, mais les électeurs, convoqués à nouveau le 15 avril 1861, réélurent M. Bartholony par 13,722 voix, contre 5,652 données à M. Quétaud. Il vota avec la majorité dynastique, et fut réélu, le 1er juin 1863, par 17,158 voix sur 23,939 votants et 34,527 inscrits, contre

MM. de Viry, 4,882 voix, et Quétaud, 1,914. Aux élections du 24 mai 1869, il échoua au scrutin de ballottage avec 13,338 voix, contre 14,344 données à M. le baron d'Yvoire, candidat de l'opposition, élu. Il était président du comice agricole de Bonneville, chevalier de la Légion d'honneur de la promotion du 15 août 1863, et chevalier de l'ordre espagnol de Charles III. Aux élections du 20 février 1876, il se présenta à la députation comme partisan déclaré de l'appel au peuple, dans le VII° arrondissement de Paris, où il échoua contre le candidat de l'extrême-gauche, M. Frébault.

BARTOLI (Hector-Alexandre), député en 1876, puis de 1881 à 1883, né à Sartène (Corse), le 11 mai 1822, mort à Sartène, le 4 novembre 1883, étudia la médecine, se fit recevoir docteur en 1843, exerça avec succès sa profession à Marseille et devint professeur de pathologie interne à l'école préparatoire de médecine de cette ville. Républicain déterminé, il débuta dans la vie politique comme candidat de l'opposition démocratique au Corps législatif, le 1er juin 1863, dans la 1re circonscription électorale de la Corse : il obtint alors 8,312 voix contre le candidat officiel, Sévezin Abbatucci, qui fut élu par 15,390 suffrages. Présentée de nouveau à toutes les élections législatives jusqu'à la fin de l'Empire, sa candidature réunit chaque fois un assez grand nombre de suffrages, mais sans triompher. Il échoua encore le 8 février 1871. Ce n'est qu'aux élections du 20 février 1876, que l'arrondissement de Sartène l'envoya à la Chambre des députés, par 3,137 voix (6,237 votants, 8,020 inscrits), contre 3,106 à M. Charles Abbatucci, bonapartiste. Il siégea à gauche, vota pour l'amnistie, pour la loi nouvelle sur l'enseignement supérieur et la collation des grades, pour la loi nouvelle sur l'élection des maires, pour l'ordre du jour du 4 mai 1877 contre les menées ultramontaines, et fit partie des 363. Les républicains de Sartène l'opposèrent, le 14 octobre, au candidat officiel du maréchal ; mais ce candidat, qui était son ancien concurrent, M. Ch. Abbatucci, l'emporta par 4,086 voix ; M. Bartoli n'en avait recueilli que 1,659. Il fut plus heureux au renouvellement suivant de la Chambre. Élu le 21 août 1881, avec 3,509 suffrages (6,674 votants, 8,856 inscrits), contre MM. Ch. Abbatucci (2,214) et Train (942), il prit place à la gauche radicale, vota, le 26 janvier 1882, contre le cabinet Gambetta, c'est-à-dire pour le projet de revision intégrale de la commission, se prononça pour la proposition Boysset tendant à l'application du concordat, s'abstint (13 juin 1882) dans le scrutin sur le rétablissement du divorce, etc. Puis, la maladie le tint éloigné du Parlement ; il dut cesser de prendre part aux travaux de la Chambre, et revenir en Corse, où il mourut.

BARTOLI (François-Marie), frère du précédent, né à Sartène (Corse), le 27 décembre 1814, fut élu en remplacement de son frère cadet, le 20 janvier 1884, par l'arrondissement de Sartène, avec 3,768 voix, sur 6,392 votants et 8,834 inscrits. D'opinions moins avancées, il siégea à l'union républicaine et soutint la politique opportuniste du ministère Ferry. « Autant le docteur Bartoli votait bien, écrit à la veille des élections de 1885 un biographe intransigeant, autant le Bartoli actuel vote mal. Cet ancien garibaldien, qui parle et entend très difficilement le français — peut-être est-ce là son excuse ? — n'est ni plus ni moins qu'un ferryste

ordinaire. » Il vota notamment : pour les crédits de l'expédition du Tonkin, pour le maintien du budget des cultes, et contre l'élection des sénateurs par le suffrage universel.

Sa carrière parlementaire fut courte : il ne fut pas réélu aux élections d'octobre 1885.

BARVILLE (Louis-François de), député à l'Assemblée constituante de 1789, né le 19 octobre 1749, mort à une date inconnue, officier aux gardes françaises, fut élu, le 2 avril 1789, député de la noblesse aux Etats-Généraux par le bailliage d'Orléans. Il fut de la minorité, protesta contre la réunion des trois ordres, et, finalement, se retira de l'Assemblée après avoir donné sa démission, le 17 août 1790.

BARY (Louis-François), représentant à la Chambre des Cent-Jours, né à Paris, le 15 octobre 1776, mort à une date inconnue, entra dans l'administration en 1798 comme employé au secrétariat du Directoire (21 novembre), devint secrétaire d'Etat après le 18 brumaire, receveur particulier des contributions le 25 mai 1803, et archiviste du cabinet de l'empereur le 30 janvier 1810.

Il fut élu représentant à la Chambre des Cent-Jours par l'arrondissement de Saint-Pol, le 14 mai 1815. Les journaux de l'époque publièrent un discours, qu'il n'avait pu prononcer à la tribune, sur l'abolition de la confiscation, discours rempli d'idées de justice et d'humanité.

La monarchie de juillet lui rendit ses fonctions d'archiviste et le plaça au ministère de la justice ; il fut nommé chef de seconde classe le 15 mai 1838 et admis à la retraite le 31 mars 1848.

BASCHI. Voy. Cayla (comte de).

BASÈQUE (Albert-François-Marie Imbert, comte de la), député de 1824 à 1830, né à Lille (Nord), le 10 décembre 1755, mort à Aire (Pas-de-Calais), le 1er janvier 1840, fut élu député, le 25 février 1824, par les royalistes du 2e arrondissement du Nord (Hazebrouck). Le procès-verbal de l'élection le qualifie ainsi : « propriétaire à Maubeuge et chevalier de Saint-Louis. » Son mandat lui fut renouvelé par la même circonscription, le 17 novembre 1827. Il vota avec la droite, — quand il vota, car, s'il faut en croire la Biographie des députés de la Chambre septennale, publiée en 1826, ce député n'était rien moins qu'assidu aux séances. « Sans ambition et sans intrigue, y est-il dit, M. de La Basèque refusait l'élection, protestant que ses habitudes et sa santé ne lui permettaient pas de séjourner à Paris. Mais ces dispositions, qui l'éloignaient de la Chambre, étaient un nouveau motif pour que le ministre mit tout en œuvre pour l'y faire entrer, puisque sa place eût pu échoir à l'un de ces fâcheux à conscience qui vous dérangent toute l'économie d'un projet. M. de la Basèque fut donc élu, et il a parfaitement rempli le mandat... des ministres, nous voulons dire qu'il n'a point encore assisté aux séances : sa figure et sa voix y sont totalement inconnues, et, s'il s'avise de se présenter à la Chambre, nous lui conseillons de se munir de sa médaille, autrement, il courrait grand risque d'être éconduit par les huissiers, comme intrus. »

BASLY (Emile-Joseph), député depuis 1885, né à Valenciennes (Nord), le 29 mars 1854, fut d'abord ouvrier mineur, et fut un des inspirateurs de la grève d'Anzin (1880) qui aboutit, trois ans après, au Syndicat des ouvriers mineurs, dont Basly devint le secrétaire général. Il fut délégué, cette même année, par les mineurs du Nord au congrès des mineurs à Saint-Etienne, soutint avec énergie leurs revendications, et, lors de la seconde grève d'Anzin (mars-avril 1884), vint défendre à Paris, devant la Commission parlementaire nommée à cet effet, les griefs et les réclamations des grévistes. Il parla dans plusieurs réunions publiques, et, en raison de la polémique soulevée dans la presse par l'ardeur de ses opinions socialistes, acquit bientôt une notoriété qui lui valut d'être porté, aux élections du 4 octobre 1885, sur la liste radicale du département de la Seine. Il ne fut élu qu'au second tour, le 18 octobre, le 37e sur 38, par 267,376 voix sur 416,886 votants et 564,338 inscrits. A Denain, où il se présentait simultanément, il échouait avec 7,526 voix sur 291,457 votants. Il siège à l'extrême gauche et fait partie du groupe ouvrier socialiste.

Lors de la grève de Decazeville, M. Basly, dans une réunion publique traita de « justiciers » les assassins de l'ingénieur Watrin. A cette occasion, le bureau de la gauche du Sénat crut devoir faire une démarche auprès du gouvernement pour signaler le danger de semblables excitations. M. de Freycinet se déclara suffisamment armé par la loi, et lorsque l'interpellation de M. Basly sur cette grève vint en discussion, le 11 février 1886, la Chambre se déclara, par 287 voix contre 182, « confiante dans la sollicitude du gouvernement pour les intérêts des travailleurs et dans son énergie pour assurer la sécurité publique. » M. Basly se rendit alors à Decazeville, pour encourager la résistance des grévistes, au nom du groupe ouvrier de la Chambre, qui avait décidé d'avoir toujours un délégué auprès des mineurs. Le gouvernement, pour contenir ces excitations dans les limites de la loi, fit arrêter MM. Roche et Duc-Quercy, et obtint l'approbation de la Chambre, pour cette mesure, par 419 voix contre 92.

M. Demôle, ministre de la justice, ayant présenté, le 27 mai, le projet de loi d'expulsion des princes, M. Basly déposa immédiatement une proposition tendant à la confiscation des biens de la famille d'Orléans; lors de la discussion (10 et 11 juin), il se rangea du côté de M. Barodet, qui combattait l'expulsion au nom de la liberté, et vota contre le projet. Le 18 octobre, il interpella, sans résultat, le gouvernement sur son attitude provocatrice, dans la grève de Vierzon. Lorsque le général Boulanger, à la séance du 4 juin 1888, demanda la revision de la constitution, M. Basly prit la parole contre la proposition, et, dans la discussion sur le travail des mineurs et des femmes dans les manufactures (juillet 1888), demanda en vain la limitation de la journée à huit heures de travail. Dans la dernière session, M. Basly a voté :

Le 11 février 1889, *contre* le rétablissement du scrutin uninominal;

Le 14 février, *contre* l'ajournement indéfini de la revision des lois constitutionnelles;

Le 14 mars, *contre* la demande en autorisation de poursuites contre trois députés membres de la Ligue des patriotes;

Le 2 avril, *contre* le projet de loi Lisbonne restrictif de la liberté de la presse; il s'est abstenu, le 4 avril, sur la demande en autorisation de poursuites contre le général Boulanger.

BASQUIAT-MUGRIAT (ALEXIS), député à l'Assemblée constituante de 1789, né à Saint-Sever, (Landes), le 25 avril 1758, mort à Saint-Sever, le 21 décembre 1844, était lieutenant-général de la sénéchaussée de Saint-Sever. Le tiers état de la « sénéchaussée de Dax et Saint-Sever », le députa, le 1er avril 1789, à l'Assemblée des Etats généraux, où son rôle fut modeste. Inclinant, mais avec modération, vers les idées nouvelles, il figura, en 1790, parmi les députés, qui, inscrits sur la liste des abstentionnistes dans la question du renvoi des ministres, s'adressèrent au *Moniteur* pour protester contre cette inscription. Il était, ce jour-là, « absent par congé de l'Assemblée nationale. »

BASSAGET (ANDRÉ), député au Conseil des Anciens et au Corps législatif en l'an VIII, né à Marsillargues (Gard), le 12 février 1758, mort à Marsillargues, le 28 janvier 1843, avait été élevé à Genève, s'établit comme ministre protestant à Lourmarin (Vaucluse), et, partisan actif de la Révolution, devint juge de paix de sa résidence, puis accusateur public près le tribunal criminel du département. Elu, le 23 germinal an VI, député de Vaucluse au Conseil des Anciens, il prit une fois la parole au sujet d'une courte mission qu'il était allé remplir en Hollande.

Il entra au Corps législatif, le 4 nivôse an VIII, et en fit partie jusqu'en 1808, sans rompre une seule fois le silence. Il se retira alors dans ses propriétés de Vaucluse, et, par une prudente administration, se constitua une belle fortune. La réaction de 1815 l'exila un moment de Lourmarin et le mit en surveillance à Narbonne, jusqu'à l'ordonnance du 5 septembre, qui lui permit de rentrer chez lui.

BASSAL (JEAN), député à l'Assemblée législative de 1791 et membre de la Convention, né à Béziers (Hérault), le 12 septembre 1752, mort à Paris en 1802, était membre de la congrégation de la mission avant 1789, et fut nommé, en 1790, curé constitutionnel de Saint-Louis à Versailles, puis vice-président du district. Le 3 septembre 1791, il fut élu député de Seine-et-Oise à l'Assemblée législative, par 299 voix sur 553 votants, afficha des opinions très avancées, et soutint, à la tribune, la proposition d'amnistie pour les massacres d'Avignon et les poursuites contre le duc de Brissac, commandant de la garde constitutionnelle du roi. Dans le procès de Louis XVI, il vota contre l'appel et contre le sursis, et répondit, au 3e appel nominal : « Je ne suis pas du nombre de ceux qui pensent que la conservation du tyran est nécessaire au maintien de la République, à la répression des factions. Louis est le fatal auteur de tous les massacres qui ont eu lieu pendant la Révolution. S'il restait chez nous, il ne cesserait d'exciter toutes les factions; au dehors il irriterait toutes les puissances : je vote donc pour la mort. »

Envoyé en mission dans le Jura, et nommé secrétaire de la Convention à son retour, il fut accusé de modérantisme, et se défendit en rappelant qu'il avait reçu chez lui Marat poursuivi par Lafayette. Président du club des Jacobins, il fut envoyé en Suisse pour organiser l'approvisionnement de l'armée d'Italie, puis il accompagna à Naples le général Championnet, et fut bientôt accusé par le Directoire de provoquer le trouble entre le commissaire civil et l'agent militaire, et d'en profiter pour dilapider la caisse publique : il fut ramené à Milan, avec Championnet, et ne fut sauvé que par la révolution du 3 prairial an VII, qui renversa trois directeurs. Championnet, ayant été replacé à la tête de l'armée en l'an VIII, Bassal resta auprès de lui, et, à la mort du général, survenue peu après, se retira à Paris, où il mourut obscurément.

BASSANO (DUC DE), *Voy.* MARET.

BASSE (LOUIS), député de 1837 à 1848, né à Roëzé (Sarthe), le 22 mai 1768, mort au Mans (Sarthe), le 11 juin 1851, fut investi, sous la Révolution, de plusieurs fonctions administratives et judiciaires : juge de paix et président de l'administration municipale du canton de Mayet de l'an II à l'an V, il fut nommé, en l'an VI, commissaire du pouvoir exécutif près le tribunal correctionnel du Mans, mais ne put prendre possession de ce poste, faute d'avoir atteint l'âge exigé par la loi. En l'an IX, il devint avoué près le tribunal civil du Mans. La Révolution de 1830 lui ouvrit plus tard la carrière parlementaire. Partisan de la monarchie de juillet maire de la ville du Mans, il sollicita d'abord plusieurs fois, sans les obtenir, les suffrages des électeurs de cette villes; il ne parvint à être élu député qu'à un âge déjà avancé, le 4 novembre 1837. Il siégea dans la majorité conservatrice et ne cessa de voter avec elle. Peu de temps après son entrée à la Chambre, M. Basse fut le héros d'une mésaventure qui fit quelque bruit : la police le surprit un jour dans une maison de jeu clandestine, et M. l'avocat du roi, Thévenin, n'hésita pas à livrer son nom à la publicité. Il n'en continua pas moins d'occuper son siège à la Chambre jusqu'à la révolution de Février, ayant été successivement réélu par le 1ᵉʳ collège de la Sarthe, les 2 mars 1839 et 9 juillet 1842. M. Basse se prononça en faveur de l'indemnité Pritchard, et soutint la politique de Guizot.

BASSENGE (JEAN-NICOLAS), député au Conseil des Cinq-Cents, puis au Corps législatif, né à Liège (Belgique), le 24 novembre 1758, mort à Liège le 16 juillet 1811, était fils de Marie-Gertrude Legrand et de Thomas Bassenge, procureur. Il fit ses études au collège de Visé (principauté liégeoise), dirigé alors par les oratoriens, puis s'essaya dans la littérature par une épître à *Raynal*, imbues des idées philosophiques du temps. Il vint en France, et séjourna à Paris de 1781 à 1785. Promoteur, à son retour en Belgique, de la *Société patriotique*, il attira sur lui l'animadversion du gouvernement et de l'échevinage de Liège et dut se réfugier quelque temps à Cologne, puis il rentra dans la lutte, devint le principal rédacteur (février 1789) du journal l'*Avant-Coureur*, publié aux portes de Liège, mais sur terre impériale; enfin, au lendemain de l'insurrection du 17 août, entra au conseil municipal de sa ville natale. Mais la réaction arriva; poursuivi, en 1790, avec les autres membres du parti patriote, et abandonné par les puissances germaniques, Bassenge prit encore le chemin de l'exil; il se retira à Givet, puis à Bouillon, et se tournant du côté de la France, accepta (1792), après la bataille de Jemmapes et la conquête de Liège par nos soldats, les fonctions de secrétaire du conseil municipal de Liège, puis celles de vice-président de l'Assemblée provinciale provisoire (février 1793), dont la présidence avait été confiée au patriote Fabry. Chargé de présider la dernière séance de cette Assemblée, il quitta Liège que lorsque l'évacuation en était déjà commencée (4 mars). Proscrit une fois de

plus, il rédigea et présenta à la Convention le vœu de réunion à la France (avril); mais, ayant signé avec plusieurs de ses amis une lettre de sympathie au ministre Lebrun, frappé en même temps que Vergniaud et les autres Girondins, il eut des démêlés avec les montagnards liégeois les plus ardents, fut arrêté comme suspect et relâché seulement quelques jours avant le 9 thermidor. Reprenant alors son influence dans le pays, il se livra à d'incessantes démarches auprès de la Convention afin d'obtenir la réunion définitive du pays de Liège à la France. Elle ne fut décidée que le 9 vendémiaire an IV. Nommé, vers la même époque, procureur de la Commune, avec Hyacinthe Fabry et Henkart comme substituts, il présida la *fête de la réunion* donnée en l'honneur de la France, fut ensuite un des cinq administrateurs que l'arrêté du 27 brumaire, donna au département de l'Ourthe, et reçut de ses concitoyens, le 24 germinal an VI, le mandat de député de ce département au conseil des Cinq-Cents. Plus tard, il fit partie également du Corps législatif (an VIII), mais ne tarda pas à en être écarté, bien qu'il eût applaudi au coup d'État de brumaire, à cause de ses velléités d'opposition, et de sa collaboration avec Guinguené et Amaury Duval à la *Décade philosophique*. Après cette exclusion, il rentra dans la vie privée et exerça les fonctions de bibliothécaire jusqu'à l'époque de sa mort.

BASSENGE (JEAN-THOMAS-LAMBERT), frère du précédent, député au Corps législatif du premier Empire, né à Liège (Belgique), le 30 juillet 1767, mort à Épinal (Vosges) en 1821, embrassa, comme son frère aîné, les principes de la Révolution, et s'enrôla dans un corps de volontaires qui s'était formé pour défendre contre l'armée des princes le territoire national. Exilé à Cologne, il fit ensuite partie du conseil municipal élu en janvier 1793, puis de l'Assemblée provinciale provisoire. Après les désastres éprouvés par Dumouriez et l'évacuation de Liège par les Français, il se rendit à Paris, ainsi que plusieurs de ses compatriotes, et partit comme volontaire pour la Vendée; il en revint quelque temps avant la bataille de Fleurus. L'année suivante, il eut un différend avec le comité de surveillance de Liège à propos d'une lettre de son frère contre le maintien du maximum et la contribution d'un million de livres en numéraire. Les détails de l'interrogatoire qu'il subit nous apprennent qu'il était alors attaché à l'armée du Nord en qualité de chef de division des transports militaires. Fondateur du *Courrier du département de l'Ourthe*, il lutta d'abord dans cette feuille contre la réaction thermidorienne; mais en décembre 1795, il accepta un siège dans le conseil municipal institué alors, puis se rallia à Bonaparte, et, après avoir été (1802) sous-préfet de Malmédy, fut, le 18 frimaire an XII (1804), nommé par le Sénat conservateur député au Corps législatif pour le département de l'Ourthe. Son mandat lui fut renouvelé le 2 mai 1809; il le remplit jusqu'en 1811. Revenu dans son pays à cette époque, il occupa dans l'administration des tabacs un poste assez élevé, garda cet emploi après 1814, quand le traité de Paris eut enlevé la Belgique à la France, et termina son existence dans le département des Vosges.

BASSETIÈRE (JEAN-BAPTISTE-HENRI-ÉDOUARD, MORISSON DE LA), représentant à l'Assemblée nationale de 1871, et député de 1876 à 1885, né à Saint-Julien-des-Landes (Vendée), le 9 mars 1825, mort à Saint-Julien-des-Landes, le 23 octobre 1885. Riche propriétaire vendéen, très attaché à la cause royaliste et catholique, il fut porté sur la liste conservatrice de la Vendée, le 8 février 1871, et élu représentant à l'Assemblée nationale, le 6e sur 8, par 59.221 voix (66,286 votants, 102,701 inscrits). Il alla siéger à l'extrême-droite, coopéra à toutes les tentatives de restauration monarchique et vota : 1er mars 1871, *pour* les préliminaires de paix; 16 mai, *pour* les prières publiques; 10 juin, *pour* l'abrogation des lois d'exil; 30 août, *pour* le pouvoir constituant de l'Assemblée; 3 février 1872, *contre* le retour de l'Assemblée à Paris; 24 mai 1873, *pour* l'acceptation de la démission de Thiers; 24 juin, *pour* l'arrêté contre les enterrements civils; 20 novembre, *pour* la prorogation des pouvoirs de Mac-Mahon; 4 décembre, *pour* le maintien de l'état de siège.

Il fut de ceux des membres de la droite qui contribuèrent, le 16 mai 1874, au renversement du ministère de Broglie, et, dès lors, il fit partie le plus souvent de la minorité, refusant de se rallier, comme un grand nombre de ses collègues de la droite, à la République constitutionnelle dont on préparait l'établissement. Il repoussa en effet, le 30 janvier 1875, l'amendement Wallon, ainsi que l'ensemble de la Constitution, le 25 février de la même année. M. de la Bassetière fut membre, dans l'Assemblée nationale, de plusieurs commissions politiques importantes, notamment de la commission des Trente et de celle qui élabora la loi sur les conseils généraux. Les élections du 20 février 1876 le renvoyèrent à la Chambre des députés; il y représenta la 1re circonscription des Sables-d'Olonne, avec 6,922 voix, sur 11,808 votants et 16,690 inscrits; son concurrent républicain, M. Fruneau, avait obtenu 4,657 voix. Avec la minorité monarchiste, il vota : *contre* l'amnistie, *contre* les projets de loi nouveaux, déposés par le gouvernement sur la collation des grades et sur l'élection des maires, *pour* les prérogatives du Sénat en matière de budget, *contre* l'ordre du jour Laussedat sur les menées ultramontaines, enfin *contre* l'ordre du jour présenté par les gauches réunies en réponse à l'acte du 16 mai, et qui fut voté par 363 députés. Candidat officiel du gouvernement après la dissolution de la Chambre, il fut réélu par 7,476 voix (13,638 votants, 17,336 inscrits), contre MM. Garnier (4,581 voix) et Pugliesi-Conti (1,470). Dans cette nouvelle législature, M. de la Bassetière ne cessa de refuser son vote aux projets émanés, soit de la gauche, soit de l'initiative gouvernementale, se prononça encore *contre* l'amnistie, *contre* le retour du Parlement à Paris, *contre* les lois sur la liberté de réunion et la liberté de la presse, *contre* le rétablissement du divorce, etc. Il s'opposa opiniâtrement (mars 1880) aux mesures arrêtées par le ministère, d'accord avec la majorité parlementaire, à l'égard des congrégations religieuses non autorisées, et à la séance du 16, il protesta énergiquement à la tribune contre l'exécution prochaine de ses mesures. Comme il déclarait, à ce propos, que les républicains s'apprêtaient à renier leurs principes libéraux pour faire appel *à la force*, toute la gauche l'interrompit pour lui crier : *à la loi!* et le président intervint à son tour pour inviter l'orateur à ne pas se servir d'une pareille expression. M. de la Bassetière termina par un parallèle entre la France persécutrice des congrégations et l'Allemagne négociant avec le Saint-Siège. Il s'attira une très vive réplique de M. Madier de Montjau.

M. de la Bassetière fut encore réélu le 21 août 1881, avec 7,027 voix, sur 12,739 votants et 17,816 inscrits, contre 5,562 voix à M. Marcel Garnier; toujours hostile à toutes les propositions de la gauche, il continua de combattre à l'extrême-droite de l'Assemblée, pour les mêmes doctrines politiques et religieuses. Après le rétablissement du scrutin de liste, il avait figuré avec succès, aux élections du 4 octobre 1885, parmi les candidats conservateurs et royalistes du département de la Vendée; mais, élu le 1er sur 7, avec 51,887 voix, sur 92,162 votants et 120,430 inscrits, il eut à peine le temps de prendre séance et mourut aussitôt.

BASSETIÈRE (Marie-Joseph-Louis Morisson de la), fils du précédent, membre de la Chambre des députés, né à Saint-Julien-des-Landes (Vendée), le 24 mai 1857. Docteur en droit, il fut élu, le 6 décembre 1885, député de la Vendée, en remplacement de son père, par 47,751 voix sur 84,115 votants et 119,618 inscrits, contre M. Léon Bienvenu, ancien député, candidat républicain, qui obtint 35,541 suffrages. Il siégea, comme son père, à la droite monarchique, et vota constamment avec ce groupe, sans prendre la parole. Dans la dernière session, il s'est prononcé : 11 février 1889, *contre* le rétablissement du scrutin uninominal; 14 février, *pour* l'ajournement indéfini de la révision des lois constitutionnelles; 14 mars, *contre* la demande en autorisation de poursuites contre trois députés membres de la Ligue des patriotes; 2 avril, *contre* le projet de loi Lisbonne restrictif de la liberté de la presse; 4 avril, *contre* la demande en autorisation de poursuites contre le général Boulanger.

BASTARD-D'ESTANG (Dominique-François-Marie, comte de), pair de France, né à Nogaro (Gers), le 31 octobre 1783, mort à Paris, le 23 janvier 1844, descendait d'une ancienne famille noble, originaire au xie siècle du comté nantais, et était fils de Jean comte de Bastard d'Estang, chevalier d'honneur près la Cour souveraine des aides et finances de Montauban, et d'Elisabeth de Villeneuve-Lévis, fille du marquis de Villeneuve-Lévis, baron des Etats de Languedoc. Il débuta comme avocat, fut nommé conseiller-auditeur à la Cour d'appel de Paris, puis conseiller à la même cour en 1810. Ayant voté contre l'acte additionnel des Cent-Jours, non seulement il conserva son poste sous la Restauration, mais encore passa, en septembre 1815, président à la Cour de Paris, et, le 25 octobre suivant, premier président à la Cour royale de Lyon. Nommé pair de France, le 5 mars 1819, il fut chargé, après l'assassinat du duc de Berri, de l'instruction du procès de Louvel (1820). Le roi le créa baron, le 3 novembre 1820, et le nomma président de la Chambre criminelle à la Cour de cassation, le 10 juin 1829. En 1830, rapporteur du procès des ministres, il accomplit cette tâche délicate avec une courageuse modération; il a laissé une réputation méritée d'intégrité et de savoir. Conseiller général dans le département de la Loire en 1833, il fut nommé vice-président de la Chambre des pairs e. 183?. et mourut grand-officier de la Légion d'l .neur.

BASTARD-D'ESTANG (Adélaïde-Philibert-Marthe-Victor, vicomte de), frère du précédent, député de 1832 à 1837, né à Nogaro (Gers), le 16 novembre 1785, mort à Barsac (Gironde), le 1er janvier 1875, embrassa la carrière des armes, entra, en 1807, dans le corps des vélites de la garde, et gagna les épaulettes de sous-lieutenant à Iéna, de lieutenant à Eylau, e capitaine dans la guerre d'Espagne, en 1813; attaché à l'état-major du général Rapp, il se distingua au siège de Dantzig (novembre 1813), où, frappé grièvement dans une sortie, il entraîna quand même ses soldats en avant et réussit à reprendre un ouvrage avancé à l'ennemi. La Restauration le nomma (1816), chef de bataillon du 1er régiment d'infanterie de la garde royale, et chevalier de la Légion d'honneur en 1819. En mai 1816, il fut adjoint au rapporteur du conseil de guerre devant lequel comparut le général Bonnaire, qui, commandant la place de Condé pendant les Cent-Jours, avait refusé de l'ouvrir au général hollandais Gordon se présentant au nom du roi, et avait tiré, ou laissé tirer sur le parlementaire.

M. de Bastard d'Estang se retira du service actif en 1819. Membre du Conseil général du Lot-et-Garonne, il fut élu député, le 27 mai 1832, par le 3e collège électoral du Lot-et-Garonne (Marmande), et réélu, le 21 juin 1834, par 229 voix sur 276 votants et 726 inscrits, contre 44 voix données à Châteaubriand. Cette élection ayant été annulée, les électeurs, convoqués à nouveau, le 6 septembre 1834, donnèrent à M. de Bastard-d'Estang, qui fut élu, 146 voix, sur 244 votants et 719 inscrits, contre 95 voix obtenues par M. Cazenoves. M. de Bastard ne fit pas partie d'autres législatures.

BASTARD-D'ESTANG (GUILLAUME-AMABLE-OCTAVE, COMTE DE), neveu des précédents, représentant à l'Assemblée nationale de 1871, et sénateur de 1876 à 1879, né à Enghien (Seine-et-Oise), le 21 août 1831, mort à Montpellier (Hérault), le 11 mai 1884, était fils du comte Jean-François-Auguste de Bastard d'Estang (1792-1883), ancien officier supérieur d'état-major et célèbre archéologue, à qui est due la publication du recueil des *Peintures et ornements des manuscrits français*. Sorti de l'école de Saint-Cyr en 1851, il fut attaché, comme sous-lieutenant, à l'état-major du maréchal Baraguey-d'Hilliers; capitaine en 1856, il fit la campagne d'Italie, et reçut, après Solférino, la croix de la Légion d'honneur. Promu chef d'escadron en 1869, il fit partie, lors de la guerre franco-allemande de 1870-71, de l'état-major du maréchal de Mac-Mahon. Grièvement blessé à Sedan, il fut fait officier de la Légion d'honneur. Il entra dans la vie politique le 8 février 1871, comme représentant du Lot-et-Garonne à l'Assemblée nationale, où il fut élu le 6e et dernier, par 55,266 voix sur 76,859 votants et 103,962 inscrits. Il siégea à droite, fit partie des commissions des grâces, des marchés et de la réorganisation de l'armée, et montra dans les questions militaires une réelle compétence; il vota constamment avec les conservateurs monarchistes: 1er mars 1871, *pour* les préliminaires de paix; 16 mai, *pour* les prières publiques; 10 juin, *pour* l'abrogation des lois d'exil; 30 août, *pour* le pouvoir constituant de l'Assemblée; 3 février 1872, *contre* le retour de l'Assemblée à Paris; 24 mai 1873, *pour* la démission de Thiers; 24 juin, *pour* l'arrêté contre les enterrements civils; 20 novembre, *pour* la prorogation des pouvoirs du maréchal de Mac-Mahon; 4 décembre, *pour* le maintien de l'état de siège; 16 mai 1874, *contre* le ministère de Broglie; 25 février 1875, *contre* les lois constitutionnelles.

A l'organisation du Sénat, il en fut élu membre, le 30 janvier 1876, par le département du Lot-et-Garonne, le 1er sur deux, avec

203 voix sur 394 votants. Il porta la parole dans quelques discussions, notamment dans celle de la loi sur le colportage, et réclama tout un système de garanties destiné à rendre assez difficile l'exercice du métier de colporteur. Non réélu au renouvellement triennal du 5 janvier 1879, il fut appelé par le général Borel au poste de chef d'état-major général du 17e corps, à Toulouse, mais n'occupa ce poste que fort peu de temps, le successeur du général Borel au ministère de la guerre le lui ayant retiré presque aussitôt. M. de Bastard-d'Estang avait été promu colonel en 1875, il était décoré des ordres de Saint-Grégoire-le-Grand et de l'ordre royal et militaire de Savoie, conseiller général du Lot-et-Garonne pour le canton de Bourglau, et vice-président du Comice agricole de l'arrondissement de Marmande. A sa mort, il commandait la brigade de cavalerie du 16e corps, à Carcassonne.

BASTARD DE SAINT-DENIS (DOMINIQUE-GABRIEL-EDOUARD, BARON DE), de la même famille que les précédents, député de 1846 à 1848, né à Lectoure (Gers), le 28 mars 1797, mort au château de Saint-Denis-sur-Garonne (Lot-et-Garonne), le 3 octobre 1868, était le petit-fils de François-Dominique, baron de Bastard de Saint-Denis, grand-maître des Eaux et Forêts de Guyenne, Béarn et Navarre, et petit-neveu de François de Bastard de la Fitte, premier président du parlement de Toulouse. Il entra dans la magistrature; nommé, après 1830, conseiller à la Cour royale de Bordeaux, et, tout dévoué au gouvernement de Louis-Philippe, il fut, aux élections générales du 1er août 1846, le candidat agréable au ministère de l'Intérieur, M. Duchâtel, dans le 3e collège de la Gironde à Bordeaux: 195 voix sur 346 votants et 404 inscrits, contre 148 obtenues par M. Desmirail, l'envoyèrent à la Chambre des députés, où il siégea dans la la majorité conservatrice. Il vota avec elle: *pour* la validation des élections contestées par l'opposition; *pour* l'élection de Sauzet comme président de la Chambre contre Odilon Barrot, candidat de la gauche; *contre* les propositions de réforme électorale et *pour* le ministère Guizot.

Après la révolution de Février, il quitta la politique; il fut admis à la retraite, comme conseiller à la Cour de Bordeaux, le 16 février 1856.

BASTERRÈCHE (JEAN-PIERRE), représentant à la Chambre des Cent-Jours et député de 1824 à 1827, né à Bayonne (Basses-Pyrénées), le 19 février 1762, mort au château de Biardet (Basses-Pyrénées), le 5 janvier 1827, était un riche armateur de Bayonne, quand il fut élu représentant à la Chambre des Cent-Jours par le collège de département des Basses-Pyrénées, le 13 mai 1815, avec 51 voix sur 64 votants. Il siégea au centre et se fit peu remarquer dans cette Assemblée. Le 25 février 1824, le 3e arrondissement électoral des Basses-Pyrénées (Bayonne) l'envoya siéger à la Chambre septennale par 81 voix sur 138 votants et 162 inscrits, contre M. de Saint-Cricq, qui obtint 56 voix; là il prit une attitude moins soumise et monta parfois à la tribune pour défendre des mesures libérales, avec une chaleur toute différente du silence résigné d'autrefois, ce qui fit supposer, témérairement sans doute, à un biographe du temps que « ses discours ne lui appartenaient que parce qu'il les avait payés ». Il mourut dans le cours de la législature.

BASTERRÊCHE (Pierre), député de 1819 à 1820, né à Bayonne (Basses-Pyrénées), le 24 mars 1761, mort à une date inconnue, était négociant armateur à Bayonne, quand il fut élu, le 11 septembre 1819, député par le collège de département des Basses-Pyrénées, avec 183 voix sur 280 votants et 401 inscrits. Bien que toutes les biographies l'aient confondu jusqu'ici avec le précédent, Pierre Basterrêche n'avait rempli, avant 1819, aucun mandat législatif. Son rôle à la Chambre des députés fut assez important. Membre influent de la gauche libérale, il prit plusieurs fois la parole en son nom. A propos de la loi suspensive de la liberté individuelle (mars 1819), il fit ressortir le caractère absolument inconstitutionnel de cette loi, compara l'état dans lequel elle allait mettre la France à celui de la Turquie et ajouta que, pour lui, il n'était nullement jaloux de voir les ministres nous gouverner en viziers. Il se déclara (en avril), hautement partisan de la liberté du commerce, et attaqua le système général des douanes, ainsi que divers amendements tendant à augmenter les droits d'entrée sur les laines étrangères. Se prononçant de même (20 mai) contre la nouvelle loi sur les élections, il déplora que la charte ne fût plus considérée que comme une concession temporaire révocable à volonté. « Pour connaître les sentiments de la masse du peuple, qui est assez généreux pour ne pas se plaindre d'être privé des droits électoraux, ne fallait-il pas du moins laisser les élections à ceux qui, étant plus près de lui, possèdent toute sa confiance? » Il conclut en demandant au roi de gouverner pour le peuple, et non pour les privilégiés.

BASTERRÊCHE (Joseph-Armand-Eugène), fils du précédent, député de 1831 à 1834, né à Bayonne (Basses-Pyrénées), le 10 mai 1800, mort au château de Biardet (Basses-Pyrénées), le 7 mars 1843. Ancien officier de marine, il devint maire de Bayonne en 1830, et fut bientôt (5 juillet 1831), élu député du 2e collège électoral des Landes (Dax). Libéral, il vota généralement avec l'opposition et combattit les tendances doctrinaires des ministres de Louis-Philippe. Les biographies le comptaient en 1831 parmi les députés « patriotes » qui avaient justifié les espérances de leurs électeurs. Basterrêche se trouvait sans doute au nombre des « 68 membres non-présents par congé ou autrement », le 16 avril 1833, lorsque la Chambre se constitua en cour de justice pour juger et condamner le gérant du journal la Tribune, car son nom ne figure ni parmi les députés qui déclarèrent s'abstenir, ni parmi les membres présents qui ont pris part à la délibération. Basterrêche siégea jusqu'en 1834, et ne fut pas réélu à la législature suivante.

BASTIAN (Claude-François), représentant à la Chambre des Cent-Jours, né à Annecy (Haute-Savoie), le 13 février 1764, mort à Frangy (Haute-Savoie), le 10 janvier 1838, exerça la profession de notaire et fut maire de Frangy. Le 12 mars 1815, le collège de département du Mont-Blanc l'élut représentant à la Chambre des Cent-Jours, où il siégea sans prendre jamais la parole. Il demeura ensuite étranger à la politique.

BASTIAT (Frédéric), représentant du peuple aux Assemblées constituante et législative de 1848-49, né à Bayonne (Basses-Pyrénées), le 27 juin 1801, mort à Rome, le 24 décembre 1850, était fils d'un négociant. Orphelin de bonne heure, il fut élevé par son grand-père paternel, qui, à sa mort le laissa propriétaire de domaines assez étendus dans les Landes ; il s'occupa, tout d'abord, de leur exploitation, puis il remplit dans le canton, à Mugron, les fonctions de juge de paix. En même temps, il tentait de jouer un rôle actif dans la politique; conseiller général du département des Landes, auteur d'une adresse (novembre 1830) aux électeurs de ce département en faveur d'un candidat que son opposition à la politique des « 221 » avait rendu impopulaire, puis candidat lui-même à plusieurs reprises mais sans succès, il s'affirmait, dès lors, comme un adversaire déclaré de l'intervention de l'État en matière économique et comme un partisan du laissez-faire, laissez-passer. Toutefois, sa réputation n'avait pas dépassé les limites de sa région, quand une étude inspirée par les théories de Richard Cobden, sur la question des tarifs français et anglais, et envoyée par lui au Journal des Économistes, à Paris, eut un grand retentissement. A dater de ce jour, Bastiat, en relations personnelles avec Cobden, se consacra avec ardeur à la propagande des Libre-échangistes, organisa le mouvement à Bordeaux, puis à Paris (1844), fonda un journal dont le titre était le Libre-échange, s'entendit avec un certain nombre d'économistes tels que Blanqui aîné, Joseph Garnier, Guillaumin, etc, pour multiplier en faveur de sa doctrine brochures, manifestes et réunions. « Quand la liberté du commerce serait une chimère, écrivait-il alors à M. Fonteyrand, la ligue n'en serait pas moins glorieuse ; car elle a donné au monde le plus puissant et le plus moral de tous les instruments de civilisation. » Son goût décidé pour l'individualisme le porta à écrire à M. de Lamartine, dans les dernières années du règne de Louis-Philippe, une curieuse lettre où il lui reprochait au poète d'incliner vers le socialisme. (Lettre à M. de Lamartine sur le Droit au travail). La lutte contre le socialisme fut en effet une des préoccupations dominantes de Bastiat, et la révolution de Février 1848 ne fit, à cet égard, que surexciter son zèle. Assez indifférent, d'ailleurs, aux questions de politique pure et favorable au maintien de la forme existante du gouvernement quelle qu'elle fût, il ouvrit, rue Taranne, une série de conférences où il se prononça contre toute modification de l'état actuel, harangua fréquemment les ouvriers dans les réunions publiques, et, lors des élections à la Constituante (23 avril 1848), fut élu représentant des Landes, le 2e sur 7, par 56.445 voix. Il fit partie, dans l'Assemblée, du Comité des finances, dont il fut huit fois le vice-président, exerça dans les délibérations une grande influence, mais s'occupa à peu près exclusivement de questions économiques et financières. Au point de vue politique, il soutint le général Cavaignac au pouvoir, en vertu de sa doctrine qu'il faut toujours appuyer le gouvernement de fait, et vota, tantôt avec la gauche, tantôt avec la droite : 26 mai 1848, pour le bannissement de la famille d'Orléans ; 9 août, contre le rétablissement du cautionnement; 26 août, contre les poursuites intentées à Louis Blanc (dont il était, en économie sociale, l'adversaire déclaré) : 1er septembre, contre le rétablissement de la contrainte par corps ; 18 septembre, pour l'abolition de la peine de mort ; 21 octobre, contre l'abolition du remplacement militaire ; 25 novembre, pour l'ordre du jour en l'honneur de Cavaignac ; 28 décembre, contre la réduction de l'impôt du sel ; 12 janvier 1849, contre la proposition Rateau ; 21 mars, pour l'interdiction des clubs; 16 avril, *contre* les crédits de l'expédition de Rome; 2 mai, *contre* l'amnistie des transportés.

A l'Assemblée législative, dont il fit encore partie, ayant été élu, le 13 mai 1849, par son département, avec 25,726 voix (49,762 votants, 82,019 inscrits), il continua de se mêler activement aux discussions économiques, se prononça à la tribune pour l'abolition de l'impôt sur les boissons, réclamant des économies pour couvrir le déficit qui en résulterait, fit un autre discours (novembre 1849) pour la liberté des coalitions. Mais la maladie de poitrine qui le minait lui défendit bientôt l'accès de la tribune. Aux discours qu'il ne pouvait plus prononcer, il suppléa par des mémoires écrits aux cours des discussions. Il donna ainsi son avis sur l'*incompatibilité parlementaire* sur le *Baccalauréat*, dont il demanda la suppression : Bastiat voyait dans l'enseignement classique universitaire l'école du communisme, etc. Sa polémique avec Proudhon est restée célèbre. Le journal la *Voix du peuple* ayant critiqué un travail de Bastiat intitulé *Capital et rente*, celui-ci riposta aussitôt, et les deux adversaires échangèrent à ce sujet quatorze lettres. C'est au cours de cette discussion que Proudhon, prenant Bastiat à partie, écrivit ces lignes : « Scientifiquement, vous êtes un homme mort. Ma consultation va commencer pour vous cette éducation intellectuelle sans laquelle on n'est, suivant Aristote, qu'un animal parlant. » La *Voix du peuple* ayant été supprimée par le pouvoir, la polémique prit fin. Comme sa santé déclinait de plus en plus, Bastiat tenta de la rétablir par un voyage en Italie (novembre 1850); mais il mourut à Rome, au bout de quelques semaines, assisté à ses derniers moments par un de ses amis, M. Paillotet. Parmi les très nombreux ouvrages de Frédéric Bastiat, il faut citer encore : *Cobden et la ligue* (1845), *Sophismes économiques* (1847-48), *Harmonies économiques* (1850), ainsi qu'une grande quantité de pamphlets et d'articles de revue. Un de ses plus fidèles disciples, M. Frédéric Passy, actuellement député de la Seine, a écrit, dans une notice biographique sur F. Bastiat (Paris 1857) : « Si d'autres noms continuent à porter justement, aux yeux des détracteurs et des partisans de l'économie politique, la honte ou l'honneur d'avoir fondé cette science, nul, assurément, plus que Bastiat, n'a mérité d'être signalé pour le zèle et pour les succès de l'apostolat.»

BASTID (MARTIAL-RAYMOND), député au Corps législatif en 1869-70, représentant à l'Assemblée nationale de 1871, député de 1876 à 1880, né à Aurillac (Cantal), le 30 juin 1831, mort à Paris le 30 mars 1880. Avocat distingué du barreau de sa ville natale, il essaya de débuter dans la vie politique comme candidat de l'opposition, au Corps législatif, le 1er juin 1863, dans la 1re circonscription du Cantal, contre M. de Parieu; il obtint alors 9,560 suffrages, et M. de Parieu fut élu avec 12,894 voix. Par contre, aux élections du 7 juin 1869, M. Bastid l'emporta à une forte majorité : le 2e tour de scrutin lui donna 19,017 voix, sur 19,745 votants (32,945 inscrits); M. de Parieu, député sortant, n'eut que 494 voix. Il fit partie de l'opposition libérale, s'associa à l'interpellation des 116, demanda et obtint, comme rapporteur, l'abrogation de la loi de sûreté générale, et fut enfin de la minorité qui vota contre la déclaration de guerre en 1870. Après le Quatre-Septembre, il prit part, dans son département, à l'organisation de la Défense, et à l'armement

des mobiles. Les élections du 8 février 1871 l'envoyèrent représenter le Cantal à l'Assemblée nationale, le 1er sur 5, avec 25,297 voix (35,107 votants, 59,650 inscrits). Il siégea au centre gauche, suivit la politique de ce groupe, et travailla à l'établissement d'une République conservatrice. Il vota : 1er mars 1871, *pour* les préliminaires de paix ; 16 mai, *pour* les prières publiques; *s'abstint* dans le scrutin du 10 juin sur l'abrogation des lois d'exil; vota : 30 août, *contre* le pouvoir constituant de l'Assemblée; 3 février 1872, *pour* le retour de l'Assemblée à Paris; 24 mai 1873, *contre* la démission de Thiers; 24 juin, *pour* l'arrêté contre les enterrements civils; 20 novembre, *contre* la prorogation des pouvoirs du maréchal de Mac-Mahon; 4 décembre, *contre* le maintien de l'état de siège; 30 janvier 1875, *pour* l'amendement Wallon; 25 février, *pour* l'ensemble des lois constitutionnelles.

La Constitution votée, il se présenta aux élections du 20 février 1876, et fut élu dans l'arrondissement d'Aurillac, par 13,042 voix, sur 14,010 votants et 22,444 inscrits. Il reprit sa place au centre gauche, se prononça contre l'acte du Seize Mai et fut des « 363 ». Sa candidature, très vivement combattue par l'administration de M. de Fourtou au profit de M. de Chazelles, ancien préfet, candidat officiel, l'emporta néanmoins à la majorité de 14,834 voix, contre 3,884, aux élections du 14 octobre 1877. Membre du conseil général du Cantal pour le canton de Saint-Cernin, il prit, vers la même époque, la place de président de ce conseil, jusqu'alors occupée par M. de Parieu. Dans la législature de 1877, M. R. Bastid vota le plus souvent avec la majorité. Il s'était adonné surtout aux questions d'affaires. Rapporteur de plusieurs lois importantes, notamment de celle sur la reconstitution de la caisse des chemins vicinaux, il venait d'être nommé membre de la commission du budget de 1881, quand il mourut, après une courte maladie. « Modeste et laborieux, dit le *Temps* dans la notice nécrologique qu'il lui consacra, M. Bastid était, dans une assemblée, l'homme utile par excellence. Aucune tâche ne l'effrayait; il avait pris dans nos Chambres la spécialité de travailleur. »

BASTID (ADRIEN-PIERRE-REMY), fils du précédent, membre de la Chambre des députés, né à Aurillac (Cantal), le 1er octobre 1853, fit, comme son père, des études juridiques, et se destina à l'enseignement du droit. Il était professeur suppléant à la Faculté de Douai, lorsqu'il brigua dans l'arrondissement d'Aurillac, à l'élection du 23 mai 1880, la succession politique de son père, récemment décédé. Un comité républicain local avait adopté pour candidat M. le docteur Léon Cabanes, maire de Saint-Mamet, ancien conseiller général, de la nuance de l'union républicaine; malgré ce choix, les partisans de la candidature « centre gauche » de M. Adrien Bastid, décidèrent de le maintenir, aucune candidature monarchiste n'étant posée. Les deux candidats républicains firent, d'ailleurs, des déclarations à peu près semblables, s'engageant à « soutenir le gouvernement dans sa lutte contre le cléricalisme », mais ajoutant qu'ils entendaient « assurer le respect de la religion et son libre exercice ». M. Ad. Bastid l'emporta avec 8,947 voix, sur son concurrent qui en obtint 7,076 (16,333 votants, 23,583 inscrits). A la Chambre il soutint avec la majorité les ministères de gauche qui occupèrent successivement le pouvoir, et vota les projets de loi de M. Jules Ferry sur l'enseignement. Réélu, le 21 août 1881, par 9,899 voix, sur 16,658 votants et 23,697 inscrits, contre 6,433 à M. Joseph Cabanes, avocat, maire d'Aurillac, il s'associa à tous les votes des républicains modérés en faveur de la politique opportuniste, se prononça *pour* l'expédition du Tonkin, *pour* le maintien du budget des cultes, et *contre* l'élection des sénateurs par le suffrage universel. Les élections du 4 octobre 1885 le ramenèrent à la législature suivante. Élu député du Cantal, par 26,820 voix, sur 43,490 votants et 61,184 inscrits, en juillet 1886 il prit la parole pour soutenir un amendement de M. le comte Duchâtel, relatif à un dégrèvement partiel de la propriété non bâtie. Dans la dernière session, il a voté : le 11 février 1889, *pour* le rétablissement du scrutin uninominal : le 14 février, *pour* l'ajournement indéfini du projet de revision des lois constitutionnelles (chute du ministère Floquet); le 14 mars, *pour* les poursuites contre trois députés membres de la Ligue des patriotes; le 2 avril, *pour* le projet de loi Lisbonne restrictif de la liberté de la presse; le 4 avril, *pour* les poursuites contre le général Boulanger.

BASTIDE (JEAN-FRANÇOIS), député à l'Assemblée législative de 1791, né à Gropierres (Ardèche), le 16 décembre 1754, mort à une date inconnue, était homme de loi, puis conseiller à la sénéchaussée de Villeneuve-de-Borg avant la Révolution, dont il embrassa les idées. Nommé successivement membre du Directoire du département de l'Ardèche, agent national du district de Tanargues, il fut élu, le 4 septembre 1791, député de l'Ardèche à l'Assemblée législative, par 182 voix sur 344 votants. Il ne prit pas une seule fois la parole dans l'Assemblée. Il devint ensuite juge suppléant au tribunal de cassation, et, après le 18 brumaire, auquel il donna son adhésion, conseiller général de l'Ardèche, et sous-préfet de Largentière.

BASTIDE (JULES), représentant du peuple à l'Assemblée constituante de 1848, et ministre, né à Paris, le 21 novembre 1800, mort à Paris, le 2 mars 1879, était le fils d'un agent d'affaires. Il fut élevé au lycée Henri IV, suivit les cours de l'école de droit, et s'occupa quelque temps de commerce. Libéral ardent sous la Restauration, affilié aux sociétés secrètes, notamment à celle des *carbonari*, il fit une guerre opiniâtre au gouvernement de Charles X et contribua de sa personne au renversement de la royauté. Il passe pour avoir été le premier qui arbora, en juillet 1830, le drapeau tricolore au faîte des Tuileries. Après la reconstitution de la monarchie au profit de Louis-Philippe, Bastide, partisan de la République, resta dans l'opposition, se fit élire commandant en chef de la Légion de l'artillerie de la garde nationale, où étaient entrés un de ses plusieurs personnages marquants du parti démocratique, et conspira activement contre le pouvoir. Impliqué dans le mouvement insurrectionnel de Grenoble, en 1832, il passa en justice et fut acquitté par le jury; mais l'émeute des funérailles du général Lamarque, à laquelle il avait pris part, le 5 juin de la même année, le fit condamner à mort. Il parvint à s'échapper de sa prison et à se réfugier à Londres. Au bout de deux ans d'exil, il revint à Paris, se présenter devant ses juges, qui l'acquittèrent. Rédacteur du *National*, il dirigea quelque temps ce journal, après la mort d'Armand Carrel; mais des dissentiments philosophiques avec la plupart de ses collaborateurs, par exemple avec Armand Marrast, vol-

tairien décidé, rendirent bientôt sa situation délicate : en 1846, il prit le parti de se retirer. Jules Bastide était demeuré attaché aux principes du christianisme; il appartenait même à la petite école néo-catholique dont Buchez était alors un des principaux représentants. Avec lui, Bastide collabora (1847) à la *Revue nationale*, où ces doctrines particulières étaient émises et commentées. Il y signa plusieurs articles sur la politique extérieure, sur l'Angleterre et la Chine, l'Italie, l'Autriche, etc. Dans une étude intitulée : *Le pape et le clergé français*, il s'exprimait ainsi : « Aujourd'hui, l'on peut, sans se mettre en désaccord avec le chef de l'église, manifester sa sympathie en faveur des principes populaires. Il y a plus, le chef même de l'église souffre pour ces principes. Le pape nouvellement élu, a, dès son avènement, commencé l'œuvre hardie d'une réforme politique, difficile partout, plus difficile encore dans un pays désorganisé par un despotisme séculaire. Il est superflu d'énumérer ici les diverses tentatives faites par Pie IX pour régénérer le centre de l'Italie. Tout le monde les connaît, tout les peuples savent gré au pape de ce qu'il fait et surtout de ce qu'il veut faire. » (*Revue Nationale*, août 1847). A la même époque, et avec le même collaborateur, il entreprenait de reviser, pour une édition nouvelle, l'*Histoire parlementaire de la Révolution française*, histoire qui a pour objet essentiel le développement de cette proposition : « La Révolution est la conséquence dernière et la plus avancée de la civilisation moderne, et la civilisation moderne est sortie tout entière de l'Evangile. » Bastide s'était chargé principalement de « revoir et de parfaire », disait la préface, « tout ce qui est relatif à l'histoire des cabinets étrangers et des chambres anglaises pendant la Révolution. »

En 1848, les hommes du *National* qui tenaient la majorité du gouvernement provisoire, firent une place parmi eux à Jules Bastide; Armand Marrast solda, en cette circonstance, les rancunes d'autrefois par ce mot, qui a plusieurs fois servi depuis : « Bastide est étranger aux affaires, plaçons-le aux affaires étrangères. » Il fut nommé en effet, le 28 février, secrétaire-général du ministère des affaires étrangères. Lorsque la Commission exécutive eut remplacé le gouvernement provisoire, Bastide devint titulaire du même ministère (11 mai). Il avait été élu, le 23 avril, représentant du peuple à l'Assemblée constituante dans les départements de : la Seine, le 30e sur 34, avec 110,228 voix (267,888 votants, 399,191 inscrits.) de Saône-et-Loire, le 12e sur 14, avec 70,163 voix (131,092 votants, 136,000 inscrits.) et de Seine-et-Marne, le 7e sur 9, avec 35,020 voix (81,011 votants, 96,947 inscrits.) Il opta pour le département de Seine-et-Marne, et conforma ses actes, comme ministre et comme représentant, à ceux du parti républicain modéré. Le 23 juin, dans la séance où fut décidée la mise en état de siège de Paris, Bastide pressa instamment l'Assemblée d'en finir : « Citoyens, je vous supplie de mettre un terme à vos délibérations, et de voter le plus tôt possible : dans une heure peut-être l'Hôtel de ville sera pris. » Le décret de mise en état de siège fut adopté par assis et levé à une très grande majorité. Confirmé le 28 juin dans ses fonctions de ministre des affaires étrangères par le général Cavaignac, président du Conseil, chargé du pouvoir exécutif, Bastide échangea, le lendemain, son portefeuille contre celui de la marine. Puis il reprit les affaires étrangères, qu'il conserva jusqu'au 20 décembre 1848. Il fut alors remplacé par M. Drouyn de Lhuys. Après avoir pris part à la répression de l'insurrection de juin, il continua d'appuyer la politique de Cavaignac, et vota : le 26 août, *pour* les poursuites contre Louis Blanc et Caussidière; le 7 octobre, *contre* l'amendement Grévy sur la présidence; le 25 novembre, *pour* l'ordre du jour en l'honneur de Cavaignac; le 12 janvier 1849, *contre* la proposition Rateau; le 1er février, *contre* l'amnistie; le 16 avril, *contre* l'expédition de Rome.

Toutefois, il ne s'associa pas, le 11 mai, à la demande d'accusation contre le prince-président et ses ministres. Dans la séance du 23 mai 1849, il déposa, avec M. Joly, un ordre du jour motivé, ainsi conçu :

« L'Assemblée nationale, considérant que le principe de l'indépendance des nations de l'Europe et la sécurité même de la République française sont menacés par les manifestes et les mouvements de troupes des puissances étrangères, invite le pouvoir exécutif à prendre immédiatement les mesures les plus énergiques pour faire respecter l'honneur et les intérêts de la République, en même temps que l'indépendance et la nationalité des peuples, et passe à l'ordre du jour. »

Il se rallia, d'ailleurs, à un ordre du jour analogue, présenté par Cavaignac et qui fut voté.

Non réélu à la Législative, il se tint à l'écart de la politique jusqu'en 1857; il tenta alors de se faire élire au Corps législatif dans le 7e arrondissement de Paris et obtint 3,607 voix comme candidat de l'opposition, contre 10,609 données au candidat officiel, M. Lanquetin, et 6,826 à un autre opposant, M. Darimon. Outre sa collaboration à divers journaux et revues, on a de Jules Bastide un travail intitulé : *De l'éducation publique en France* (1847); le tome Ier d'une *Histoire de la Législative* (1847) restée inachevée; la *République française et l'Italie* (1858); et une *Histoire des guerres religieuses en France* (1859).

BASTIDE D'IZARD (LAMBERT-GUILLAUME-AUGUSTE), député de 1832 à 1837, né à Saint-Lys (Haute-Garonne), le 19 juillet 1790, mort à Toulouse le 29 juillet 1867, était propriétaire à Toulouse, quand il fut, le 8 janvier 1832, élu député du 2e collège électoral de la Haute-Garonne, en remplacement de M. Chalret-Durieux, magistrat, promu à une fonction supérieure. Il vota avec l'opposition, et, le 16 avril 1833, déclara s'abstenir dans le procès intenté devant la Chambre au gérant du journal la *Tribune*. Réélu le 21 juin 1834 avec 157 voix contre 69 à M. Sans, il s'abstint encore, le 25 mai 1835, avec 44 autres députés, dans l'affaire du *Réformateur*, dont le gérant fut déclaré, par 264 voix, coupable de délit d'offense envers la Chambre, pour un article intitulé *Assommeurs législatifs*. Au nom des abstentionnistes, Arago avait déclaré que le jugement des délits de presse devait, d'après eux, appartenir qu'au jury. Démissionnaire la même année (1835), Bastide d'Izard fut remplacé, en septembre, par M. de Malaret, du tiers-parti.

BASTIEN (CHRISTOPHE-CLAUDE-NICOLAS), député à l'Assemblée constituante, né le 10 février 1753, mourut à Paris, le 24 mai 1790, pendant la session de l'Assemblée, où le bailliage de Toul l'avait élu, le 7 avril 1789, comme député du clergé. Il était curé de Xueilley. Le *Moniteur* est muet sur son compte.

BASTIL (FRANÇOIS), député au Corps législatif en l'an XII, né à la Bastide-du-Haut-Mont (Lot), le 25 mars 1743, mort à une date inconnue. Le Sénat conservateur le nomma, le 2 fructidor an XII, député au Corps législatif pour le département du Lot. Il avait été administrateur de district et devint, plus tard, sous-préfet de Gourdon.

BASTON. — *Voy.* RIBOISSIÈRE (COMTE DE LA).

BASTOULH (RAYMOND-MARIE-HYACINTHE DE), député de 1827 à 1830, né à Toulouse (Haute-Garonne), le 4 juin 1783, mort à Toulouse, le 4 décembre 1838, fut nommé par le gouvernement de la Restauration procureur général près la Cour royale de Toulouse. L'influence de M. de Villèle le fit élire, le 24 novembre 1827, député de la Haute-Garonne au collège de département, par 136 voix sur 253 votants et 326 inscrits. Il alla siéger à l'extrême droite, et était prêt à défendre le cabinet, mais la majorité de la Chambre nouvelle s'étant trouvée hostile aux idées des ultra-royalistes, que représentaient plus directement MM. de Villèle, de Peyronnet et Corbière, un remaniement ministériel s'ensuivit au début de l'année 1828. A l'ouverture de la session législative, le cabinet Martignac était installé, ce qui fit dire à un biographe de M. Bastoulh : « Ami de M. de Villèle, cet honorable député a dû éprouver un grand désappointement en arrivant à Paris où il n'avait plus à lui faire qu'un compliment de condoléance. Il s'en est consolé en votant avec les débris dispersés du parti du grand homme. » Réélu le 23 juin 1830, dans le 3e arrondissement de la Haute-Garonne (Villefranche), par 164 voix sur 249 votants et 284 inscrits, contre 81 à M. Auguste Le Courben, il ne fit point partie, après la dissolution, de la Chambre de 1831. Son nom ne figure pas parmi ceux des députés qui acceptèrent de prêter le serment de fidélité au roi Louis-Philippe.

BATAILLE (MARTIAL-EUGÈNE), représentant du peuple à l'Assemblée législative en 1851, né à Kingstown (Jamaïque), le 15 novembre 1814, mort à Paris le 5 août 1878, fit ses études à Rouen, où son père avait exercé la médecine, se fit recevoir à l'Ecole polytechnique, et publia, en 1836, dans *le Capitole*, des articles sur la question d'Orient, qui furent remarqués et qui lui valurent d'être présenté au prince Louis-Napoléon, alors en exil à Londres. Il l'accompagna dans la tentative de Boulogne (1840), fut arrêté et gracié en 1844. Ingénieur et chef d'état-major de la garde nationale de Paris, il fut élu représentant du peuple à l'Assemblée législative, par le département de la Haute-Vienne, le 10 juillet 1851, avec 11,980 voix sur 13,868 votants et 45,788 inscrits, en remplacement de M. Coralli, décédé.

Tout dévoué à la politique de l'Elysée, il fut nommé membre de la commission consultative du 2 Décembre 1851, puis maître des requêtes au Conseil d'Etat l'année suivante, et conseiller d'Etat en 1857. Chevalier de la Légion d'honneur du 5 septembre 1849, officier du même ordre du 12 août 1864, retraité, comme conseiller d'Etat, le 12 décembre 1873.

BATAULT (CLAUDE), député à l'Assemblée législative de 1791, né en 1722, mort à une date inconnue, appartenait à la magistrature, au début de la Révolution, comme président du tribunal d'Arnay-sur-Arroux. Le 3 septembre 1791, il fut élu par 215 voix sur 322 inscrits, député de la Côte-d'Or à l'Assemblée législative. Il avait alors soixante-neuf ans. Aussi, dès la première séance tenue par l'Assemblée nouvelle, le samedi 1er octobre 1791, fut-il appelé à la présidence par le bénéfice de l'âge. Le « Bulletin de l'Assemblée », inséré au *Moniteur* du 2, s'exprime en ces termes : « Conformément à l'article XXIV de la loi du 17 juin, l'Assemblée doit se constituer provisoirement sous la présidence du doyen d'âge. Les députés les plus âgés se présentent au nombre de trois. M. Batault, l'un d'eux, député pour le département de la Côte-d'Or, et âgé de soixante-neuf ans, se place dans le fauteuil du président.

M. LE DOYEN D'AGE, président : A l'ordre, messieurs. (La salle retentit d'applaudissements.) Aux termes de la loi, les deux membres les moins âgés doivent faire les fonctions de secrétaire. L'âge nécessaire pour être élu, est de vingt-cinq ans : si parmi MM. les députés, il en est qui n'aient pas encore atteint leur vingt-sixième année, qu'ils se présentent... etc. »

Batault se montra, dans ses votes, favorable à la cause de la Révolution ; mais à part cette présidence d'un jour, son rôle parlementaire fut sans importance.

BATBIE (ANSELME-POLYCARPE), représentant à l'Assemblée nationale de 1871, ministre et sénateur de 1876 à 1887, né à Seissan (Gers), le 31 mai 1828, mort à Paris, le 12 juin 1887, fit ses études à Auch, son droit à Toulouse, passa, au concours, auditeur au Conseil d'Etat en 1849, et, président d'un comité électoral démocratique à Paris, se présenta dans le Gers comme candidat républicain aux élections pour l'Assemblée législative, où il échoua. Il rentra à Paris et se fit recevoir docteur en droit en 1850. La réorganisation du Conseil d'Etat, en 1852, le priva de sa place d'auditeur ; il concourut alors pour l'enseignement du droit, fut nommé à la Faculté de Dijon, le 1er juin 1852, puis à celle de Toulouse en janvier 1853, et à celle de Paris, en janvier 1857, comme chargé du cours de droit administratif. En 1860, le ministre de l'instruction publique, M. Rouland, lui confia la mission d'étudier dans les universités allemandes, anglaises et hollandaises, l'enseignement du droit administratif. Son *Traité théorique du droit public et administratif* (1861-1867), fut le fruit de ces voyages. Cette même année (1860), son *Mémoire sur Turgot philosophe, économiste et administrateur*, et son travail sur le *Crédit populaire*, lui méritèrent, de l'Académie des sciences morales et politiques, les prix Faucher et Beaujour ; il fut nommé, en 1862, membre de la Société d'économie politique. Le 8 février 1871, le département du Gers l'élut représentant à l'Assemblée nationale, le 1er sur 6, par 59,860 voix sur 74,830 votants et 98,233 inscrits. Il siégea au centre droit, où il conquit bientôt une influence prépondérante, fut un des 15 députés chargés d'accompagner M. Thiers à Versailles pour la discussion des préliminaires de paix, fit partie de la commission de permanence et de la commission des grâces, et fut un des orateurs les plus écoutés dans les questions de réorganisation de la magistrature et du Conseil d'Etat. Rapporteur du projet abolissant les lois d'exil, du projet de loi électorale, et de la commission nommée sur la proposition de M. de Kerdrel pour répondre au message de M. Thiers trouvé trop républicain par la droite (13 novembre 1872), il rédigea, en cette dernière qualité, le véritable programme du « gouvernement de

combat » (26 novembre), dont les conclusions furent rejetées par 372 voix contre 335, mais dont, en réalité, le triomphe n'était ajourné qu'à six mois. A ce propos, on rappela à M. Batbie le manifeste républicain qu'il avait adressé, en 1849, aux électeurs du Gers ; mais il s'en excusa comme d'une erreur de jeunesse.

A la démission de M. Thiers (24 mai 1873), il reçut, dans le nouveau ministère de Broglie, le portefeuille de l'instruction publique, qu'il ne conserva que jusqu'à la réorganisation du cabinet (16 novembre), le lendemain du vote du septennat. Durant ces quelques mois, il se prononça contre l'enseignement obligatoire, malgré l'opinion contraire qu'il avait défendue dans ses ouvrages, et contribua à faire déclarer d'utilité publique la construction de l'église du Sacré-Cœur à Montmartre. Il présida ensuite la commission des Trente. Dans la discussion de la loi électorale (mars 1874), il demanda qu'on ne pût être député que là où on était électeur ; vota, à l'Assemblée nationale : le 1er mars 1871, *pour* la paix ; le 16 mai, *pour* les prières publiques ; le 10 juin, *pour* l'abrogation des lois d'exil ; le 30 août, *pour* le pouvoir constituant de l'Assemblée ; le 3 février 1872, *contre* le retour de l'Assemblée à Paris ; le 24 mai 1873, *pour* l'acceptation de la démission de Thiers ; le 24 juin *pour* l'arrêté contre les enterrements civils ; le 20 novembre *pour* la prorogation des pouvoirs du maréchal de Mac-Mahon ; le 4 décembre, *pour* le maintien de l'état de siège ; le 16 mai 1874, *pour* le ministère de Broglie ; le 29 juillet, *contre* la dissolution de l'Assemblée ; le 30 janvier 1875, *contre* l'amendement Wallon ; le 25 février, *contre* l'ensemble des lois constitutionnelles.

M. Batbie ne fut pas du nombre des sénateurs inamovibles, mais il fut élu dans le Gers, le 30 janvier 1876, aux élections sénatoriales des départements, par 285 voix sur 537 votants et 542 inscrits contre M. Maumus, ancien procureur de la République au 4 Septembre, qui eut 246 voix. Il appuya vivement les projets de résistance du maréchal de Mac-Mahon, dans la crise gouvernementale de décembre 1877, et fit ses efforts pour rallier à cette cause les constitutionnels du Sénat. Il eut même, avec M. d'Audiffret-Pasquier, une altercation violente qui faillit les conduire sur le terrain. M. Batbie échoua complètement dans ses négociations, et le maréchal dut céder, en acceptant un ministère Dufaure.

Réélu, au renouvellement triennal, le 5 janvier 1879, dans le même département, par 297 voix sur 537 votants et 540 inscrits, contre 242 voix à M. Maumus, il interpella le gouvernement (mai 1881) au sujet de la fermeture de certains établissements religieux d'enseignement secondaire, et fit voter, en novembre, une proposition relative aux enfants d'étrangers naturalisés, leur permettant d'adopter la nationalité française même pendant leur minorité, et sous certaines conditions. Il ne put faire prendre en considération (mars 1882) une proposition sur la garantie des droits de citoyen, qui était surtout une condamnation des décrets exécutés contre les congrégations, et prit part à la discussion de la réforme du Code d'instruction criminelle (juin 1882). Il protesta, en mai 1883, contre l'avis du Conseil d'Etat donnant au gouvernement le droit de retenir les traitements des fonctionnaires indociles, de quelque ordre qu'ils soient, et combattit, en décembre 1884, l'article du budget des recettes, qui soumettait à l'impôt les associations charitables. Il déposa, en octobre 1886, un important projet de loi sur la nationalité et la naturalisation, qui ne vint en seconde lecture qu'en janvier 1887, et qui rendit la naturalisation plus facile et moins onéreuse. M. Batbie mourut cinq mois après. Chevalier de la Légion d'honneur de la promotion du 14 août 1867, et membre de l'Académie des sciences morales et politiques, du 14 février 1885.

BATIE (MARIE-JULES DE LA), député depuis 1885, né au Puy (Haute-Loire), le 8 septembre 1832, se fit recevoir licencié en droit à Paris, rentra comme avocat au Puy, devint, à plusieurs reprises, bâtonnier de l'ordre, et fut élu conseiller municipal en 1884. Le 18 octobre 1885, le département de la Haute-Loire l'élut député, le 4e sur 5 et le seul de la liste conservatrice, par 35,348 voix sur 70,769 votants et 86,398 inscrits. Il a pris incidemment la parole dans plusieurs discussions et a toujours voté avec la droite monarchiste, notamment dans la dernière session :

Le 11 février 1889, *contre* le rétablissement du scrutin uninominal;

Le 14 février, *pour* l'ajournement indéfini du projet de revision des lois constitutionnelles;

Le 14 mars, *contre* la demande en autorisation de poursuites contre trois députés membres de la Ligue des patriotes;

Le 2 avril, *contre* la proposition de loi Lisbonne restrictive de la liberté de la presse;

Le 4 avril, *contre* la demande en autorisation de poursuites contre le général Boulanger.

BATTAUT DE POMÉROL (DAMIEN), député de 1815 à 1818 et de 1820 à 1827, né à Montbrison (Loire), le 19 juin 1763, mort à Montbrison, le 7 avril 1849, appartenait à la magistrature, comme président du tribunal de Montbrison. Il fut, le 22 août 1815, élu député de la Loire par le collège de département, avec 92 voix sur 173 votants et 234 inscrits, et siégea dans la majorité de la Chambre dite « introuvable ». Il y fit un rapport sur une proposition de Piet, tendant à ce que le sursis accordé par l'article 14 de la loi du 5 décembre 1814 (créances des émigrés) fût prorogé jusqu'au 1er janvier 1818.

Réélu après la dissolution le 4 octobre 1816, dans le même collège, par 87 voix (152 votants, 228 inscrits), il intervint dans la discussion du budget, à propos du cadastre, en faveur des communes qui avaient réclamé contre les répartitions. Le renouvellement du 20 octobre 1818 ne fut pas favorable à M. Battaut de Pomérol ; il ne rentra au Parlement qu'aux élections de 1820 (103 voix sur 192 votants et 236 inscrits); puis il obtint, du 1er arrondissement électoral de la Loire, la confirmation de son mandat législatif successivement en novembre 1822, et février 1824. Son rôle parlementaire semble, d'ailleurs, avoir été assez discret. Un de ses biographes constate que sa modestie l'empêchait de figurer au nombre des orateurs de la Chambre, mais qu'il faisait bonne figure dans les comités. Un autre se contente de reproduire l'extrait suivant du compte rendu de la séance du 14 mai 1825 :

« M. de Pomérol présente des observations fort étendues sur les ponts et chaussées. Pendant le discours de l'honorable membre, les bancs se dégarnissent, et, lorsqu'il termine, il reste tout juste dans la Chambre la majorité nécessaire pour voter l'impression ».

Légitimiste, il vota toujours avec la droite de la Chambre. Aux élections du 17 novembre 1827, il n'obtint que 56 voix et fut battu par

M. de Chantelauze, élu avec 65 suffrages. Il était chevalier de la Légion d'honneur et membre du Conseil général de la Loire, qu'il présida.

BATTELIER (JEAN-CÉSAR), membre de la Convention, né à Vitry-le-François (Marne), le 13 décembre 1757, mort à Vitry-le-François, le 3 octobre 1808, était horloger et maire de sa ville natale, quand il fut élu membre de la Convention par le département de la Marne, le 3 septembre 1792, avec 232 voix sur 456 votants. Il siégea à la Montagne, et, dans le procès de Louis XVI, répondit, au 3e appel nominal : « Si je n'étais bien convaincu, je le serais en jetant les yeux sur le territoire entier de mon département : je verrais les campagnes ravagées par des satellites armés au nom de Louis, les filles violées, le sein des femmes arraché, les enfants immolés dans les berceaux. Un tel tableau, et il n'est que trop réel, n'est pas fait sans doute pour apitoyer sur le tyran, qui, pour rétablir sa domination absolue, a provoqué tant de crimes. Je vote pour la mort ». En 1794, il fut, un moment, directeur de l'atelier d'aérostats militaires de Meudon. Après le 9 thermidor, les officiers municipaux de Vitry le dénoncèrent comme terroriste, et l'accusèrent d'entretenir, par de fréquents voyages, l'esprit révolutionnaire dans son département. Il se disculpa assez pour être nommé commissaire du Directoire de la Marne. Lors de la réorganisation de la magistrature par l'empereur, il fut nommé procureur impérial à Vitry-le-François, et occupait encore ce poste quand il mourut.

BATZ (JEAN-PIERRE-LOUIS, BARON DE SAINTE-CROIX, DE), député à la Constituante de 1789, né à Gousse (Landes), le 26 décembre 1760, mort à Chadieu (Puy-de-Dôme), le 10 janvier 1822, était grand sénéchal du duché d'Albret, lorsqu'il fut élu député de la noblesse aux États-Généraux par la sénéchaussée de Nérac, le 5 avril 1789. Il s'occupa surtout de questions financières, fit, le 3 juillet 1790, un rapport sur la dette publique, et combattit, en septembre, l'émission des assignats, qu'il assimila aux billets de Law ; pour remédier à la situation des finances, il dénonça de gros financiers comme redevables envers l'État, et, bien que dévoué d'abord aux idées de réforme, protesta à la fin, les 12 et 15 septembre 1791, contre les actes de l'Assemblée constituante. Après la condamnation de Louis XVI, il organisa un complot pour enlever le roi pendant le trajet du Temple à l'échafaud ; mais les conjurés manquèrent au rendez-vous ; il faillit réussir, un peu plus tard, à sauver la reine et ses enfants, et fut mêlé à la conspiration de l'Œillet-rouge, que les soupçons du gendarme de garde à la porte de la reine firent échouer.

Il se lia par la suite avec les montagnards, Chabot, Bazire et Delaunay (d'Angers) ; lorsqu'on les accusa de trafiquer sur les fonds publics et de provoquer des décrets financiers destinés à faciliter leurs opérations de hausse ou de baisse, il fut compromis avec eux et décrété d'arrestation ; mais il put échapper, et ne fut incarcéré qu'un peu plus tard, au commencement de l'an IV, comme vendémiairiste ; il s'évada encore de la prison du Plessis où on l'avait enfermé, et disparut de la scène politique.

Il revint réclamer à la Restauration le bénéfice des malheurs qu'il avait endurés sous la

Révolution, fut nommé maréchal de camp le 1er mars 1815, et mis à la retraite au bout de quelques années.

BAUCARNE-LEROUX (LOUIS-JOSEPH), représentant à l'Assemblée nationale de 1871 et député depuis 1885, né à Roubaix (Nord), le 6 janvier 1817, mort à Paris, le 22 novembre 1888, put, grâce à sa grande fortune, se livrer aux entreprises agricoles dans sa belle propriété de Croix (Nord), et devint maire de sa commune en 1853.

Il fut nommé à plusieurs reprises, en 1863, 1864 et 1869, président du Comice agricole de Lille, et fut élu, le 8 février 1871, représentant du département du Nord à l'Assemblée nationale, le 20e sur 28, par 202,549 voix sur 262,927 votants et 326,440 inscrits. Il siégea au centre droit, fit partie de plusieurs commissions importantes, et prit la parole dans les questions relatives à l'agriculture. Il vota : le 1er mars 1871, *pour* la paix; le 16 mai, *pour* les prières publiques; le 10 juin, *pour* l'abrogation des lois d'exil; le 3 février 1872, *contre* le retour de l'Assemblée à Paris; le 24 mai 1873, *pour* l'acceptation de la démission de Thiers; le 24 juin, *pour* l'arrêté contre les enterrements civils; le 20 novembre, *pour* la prorogation des pouvoirs du maréchal de Mac-Mahon; le 4 décembre, *pour* le maintien de l'état de siège; le 16 mai 1874, *pour* le ministère de Broglie; le 29 juillet, *contre* la dissolution de l'Assemblée; le 30 janvier 1875, *contre* l'amendement Wallon; le 25 février, *contre* l'ensemble des lois constitutionnelles.

Il échoua aux élections du 20 février 1876, du 14 octobre 1877 et du 21 août 1881; mais fut réélu dans le même département, le 4 octobre 1885, le 7e sur 20, par 162,358 voix, sur 292,696 votants et 348,224 inscrits. Il n'a pas cessé de voter avec la droite monarchiste, et est mort pendant la session.

BAUCHART (ALEXANDRE-QUENTIN), représentant du peuple aux Assemblées constituante et législative de 1848-1849, sénateur du second Empire, né à Villers-le-Sec (Aisne), le 1er février 1809, mort à Villers-le-Sec, le 5 novembre 1887, occupait au barreau de Laon une place distinguée, était conseiller général de l'Aisne, et président de la Société d'agriculture de Saint-Quentin, et comptait, sous la monarchie de juillet, parmi les républicains en vue de la région, lorsqu'il se présenta aux élections de 1846 et échoua contre M. Debrotonne. Le 23 avril 1848, le département de l'Aisne l'élut représentant du peuple à l'Assemblée constituante, le 11e sur 14, par 65,305 voix sur 130,365 votants et 154,878 inscrits. Il vota avec la gauche, le 26 mai, *pour* le bannissement de la famille d'Orléans, et se prononça constamment ensuite avec la droite, le 7 juin, *pour* la loi sur les attroupements; le 26 août, *pour* les poursuites contre L. Blanc et Caussidière; le 1er septembre, *pour* le rétablissement de la contrainte par corps; le 7 octobre, *contre* l'amendement Grévy sur la présidence; le 2 novembre, *contre* l'amendement F. Pyat sur le droit au travail; le 27 décembre, *contre* la suppression de l'impôt du sel; le 22 janvier 1849, *pour* le renvoi des accusés du 15 mai devant la haute-Cour; le 1er février, *contre* l'amnistie générale; le 5 février, *pour* l'ordre du jour Oudinot; le 21 mars *pour* l'interdiction des clubs; le 20 avril, *pour* le maintien du cautionnement des journaux; le 2 mai, *contre* l'amnistie des transportés; le 11 mai, *contre* la

demande de mise en accusation du Président et de ses ministres; le 18 mai, *contre* l'abolition de l'impôt des boissons; le 14 mai, il avait voté avec la gauche, *pour* le blâme de la dépêche Léon Faucher.

Il fut l'auteur du remarquable rapport de la Commission d'enquête sur les journées de juin. Réélu par le même département à la Législative, le 13 mai 1849, le 2e sur 12, avec 64,544 voix, sur 112,795 votants et 160,698 inscrits, il adhéra à la politique du prince président, qui le nomma conseiller d'Etat, le 25 janvier 1852, et le chargea de la revision du procès des accusés de décembre. Président de la section du contentieux au Conseil d'Etat en 1861, il fut retraité pour cette fonction, le 27 mars 1867, après avoir été nommé sénateur, le 22 janvier précédent. Dans cette Assemblée, il vota avec la majorité dynastique, et disparut de la scène politique au 4 septembre 1870. Commandeur de la Légion d'honneur de la promotion du 14 août 1866. On lui doit, outre son intéressant ouvrage sur les journées du 15 mai et de juin 1848 (3 vol. in-4°), un *Manuel de l'électeur et de l'éligible* (1849).

BAUCHETON (FRANÇOIS), député à l'Assemblée constituante de 1789, membre de la Convention nationale, député au Conseil des Cinq-Cents et représentant à la Chambre des Cent-Jours, né à Massay (Cher), le 2 mars 1749, mort à Massay, le 9 juin 1838, était avocat à Issoudun, quand il fut désigné par le bailliage de cette ville pour faire partie, comme membre de l'ordre du tiers, de l'Assemblée bailliagère du Berry, où il fut chargé de la rédaction du cahier des remontrances et doléances. La manière dont il s'acquitta de cette mission le fit élire, le 26 mars 1789, par ses collègues député du tiers aux Etats-Généraux. Baucheton s'associa à toutes les manifestations de son ordre, et signa le serment du Jeu de Paume; mais ce fut, dit M. Th. Lemas (*Etudes sur le Cher pendant la Révolution*) son seul acte d'énergie. « D'une nature timide et silencieuse, Baucheton manquait d'initiative et de volonté. »

D'après les documents parlementaires, il prit qu'une fois la parole à l'Assemblée constituante, pour demander que le siège de l'évêché de l'Indre fût établi à Issoudun. Sa proposition fut rejetée. Après la session, Baucheton vint se fixer à Vierzon (Cher), où habitait son père, et dont les électeurs, à la fin de 1791, l'appelèrent aux fonctions de juge au tribunal du district. Le 5 septembre 1792, l'Assemblée électorale du département du Cher le choisissait, par 200 voix sur 213 votants, comme député à la Convention. Félicité sur sa nomination par le président de l'assemblée électorale, Baucheton répondit par ces paroles : « Je vous offre, messieurs, tout ce qui est en moi : vœux sincères pour le bonheur de tous les Français, une âme pure, une opinion tout entière à moi et dégagée de toute influence étrangère, respect pour les propriétés, amour sans borne pour ma patrie, fidélité à la nation, désir ardent de la liberté et de l'égalité, et dévouement entier aux intérêts de mes commettants. » (*Archives du Cher.*)

A la Convention, Baucheton siégea à la Plaine. Lors du procès de Louis XVI, il vota la détention et le bannissement à la paix, l'appel au peuple et le sursis à l'exécution. Il salua avec joie le 9 thermidor; ses opinions modérées le firent désigner, le 23 vendémiaire an IV, par le collége électoral du Cher (97 voix sur 201 votants) pour entrer au Conseil des

Cinq-Cents; il y fit partie du comité chargé de l'examen des comptes. Un an après, ses pouvoirs ayant pris fin, il fut nommé président de l'administration centrale du Cher et, prêtant serment de fidélité à la République, s'écria : « Je jure haine à la royauté, et comment les Français pourraient-ils ne pas la haïr, elle qui a causé tant de maux et pendant si longtemps à la patrie!... » (*Bibliothèque de la ville de Bourges*). Successivement nommé accusateur public près le tribunal criminel du Cher, et commissaire du gouvernement près le même tribunal, il accepta le 18 brumaire, n'hésita pas à se rallier à l'Empire, fut fait, par Napoléon, membre de la Légion d'honneur et procureur-général près la Cour criminelle de Bourges, enfin 1er avocat général, en avril 1811, lors de la réorganisation des cours de justice. Il remplissait ces fonctions lorsque, le 11 mai 1815, il fut élu membre de la Chambre des représentants (Chambre des Cent-Jours) par le collège de département du Cher. En informant du pouvoir central de cette nomination, le préfet du Cher signalait Baucheton comme « dévoué à l'Empereur ». Waterloo n'empêcha cependant pas Baucheton de poursuivre sa carrière dans la magistrature. La royauté, à laquelle il avait juré « une haine éternelle », le nomma le 21 décembre 1818 conseiller à la Cour de Bourges. Il fut admis à la retraite le 29 janvier 1823, avec le titre de conseiller honoraire : son âge très avancé ne lui permit pas de se rallier à la monarchie de juillet et de servir un gouvernement de plus.

BAUDE (JEAN-JACQUES, BARON), député de 1830 à 1839, puis de 1842 à 1846, né à Valence (Drôme), où son père était procureur-général, le 19 février 1792, mort à Paris, le 6 février 1862, entra dans l'administration à la fin du règne de Napoléon 1er, et occupa successivement les fonctions de sous-préfet de Confolens (8 avril 1813), sous-préfet de Roanne (2 novembre 1814) et sous-préfet de Saint-Étienne (4 juin 1815). Démissionnaire en juillet de la même année, il combattit le gouvernement de la Restauration dans une brochure politique intitulée *le Lundi gras et le Mercredi des cendres* qui le fit condamner par la Cour de Grenoble ; il continua ses attaques dans la presse libérale et signa, comme rédacteur du journal le *Temps*, la protestation des journalistes contre les Ordonnances de Charles X. La Révolution de juillet, qui portait au pouvoir ses amis politiques, lui donna tout d'abord une place importante dans le parti orléaniste. Secrétaire de la Commission municipale de Paris le 29 juillet 1830, il fut, le 1er août, nommé secrétaire général du ministère de l'Intérieur, dont même, pendant quelques jours, ministre intérimaire, en attendant que Guizot prit le portefeuille (11 août). Le 10 novembre, lorsque le comte de Montalivet succéda à Guizot, Baude fut nommé sous-secrétaire d'État à l'Intérieur. Dans l'intervalle, il avait été directeur général des ponts et chaussées et des mines, et conseiller d'État en service ordinaire. Enfin il fut, le 26 décembre 1830, appelé, en remplacement de Treilhard, à la Préfecture de police, dont il ne conserva la direction que jusqu'au 25 février 1831. Le collège du département de la Loire l'avait, le 28 octobre 1830, élu député avec 356 voix sur 436 votants et 955 inscrits, contre M. Verne de Bachelard, ancien député, 75 voix. Il succédait à la Chambre au vicomte de Champagny, démissionnaire.

Sa première proclamation, comme préfet de police, eut un certain succès : « Habitants de Paris, disait-il, le roi m'impose la tâche honorable et laborieuse de veiller au repos de cette capitale du monde civilisé... Le Gouvernement fera son devoir. Les agitateurs n'arracheront point impunément le peuple à son repos et à ses occupations; la jeunesse de nos écoles se souviendra qu'elle doit à la patrie de se préparer, par des études sérieuses, à nous remplacer un jour dans les affaires publiques. Le temps ni le calme ne manqueront à la discussion ferme et paisible, éclairée et complète, de droits et d'intérêts qui sont aussi ceux de nos frères des départements... » Son passage à la Préfecture de police fut signalé par un événement grave. Le 14 février 1831, jour anniversaire de la mort du duc de Berry, quelques légitimistes ayant, à la suite du service funèbre, placé sur le catafalque l'image du duc de Bordeaux avec une couronne d'immortelles, le peuple se souleva et se porta à l'église Saint-Germain-l'Auxerrois, où avait eu lieu la cérémonie, ainsi qu'à l'archevêché, où tout fut brisé. Les croix qui ornaient, soit les clochers, soit les façades des églises, furent également renversées ou enlevées. Pendant trois jours, il y eut des rassemblements, et l'on se rendit à Conflans, où l'archevêque avait une maison de campagne, ainsi qu'à Montrouge, où avaient habité les jésuites. Enfin la garde nationale apaisa cette émeute, mais des explications furent demandées aux ministres à la tribune de la Chambre. M. Baude, ayant parlé dans ce débat, non seulement pour expliquer sa conduite, mais encore pour signaler comme une des causes de l'inquiétude publique la mollesse du gouvernement, M. d'Argout rappela le préfet de police à la circonspection du subordonné, et, le jour même, on lui notifia son remplacement.

Peu de temps après l'affaire de l'archevêché, dans la séance du 15 mars 1831, Baude présenta à la Chambre, d'accord avec le Gouvernement, la proposition suivante, qui fut appuyée par le président du Conseil, Casimir Périer, combattue par Berryer, et finalement adoptée dans son principe, mais avec des amendements qui la dénaturaient en partie :

« Article 1er. — L'ex-roi, Charles X, ses descendants et les alliés de ses descendants sont bannis à perpétuité du territoire français, et ne pourront y acquérir, à titre onéreux ou gratuit, aucun bien, y jouir d'aucune rente ou pension.

« Article 2. — Les personnes désignées dans l'article précédent sont tenues de vendre, dans les six mois, à partir de la promulgation de la présente loi, les biens, sans exception, qu'elles posséderaient en France.

« Article 3. — Si la vente desdits biens n'est pas effectuée dans le délai prescrit, il y sera procédé dans les formes déterminées pour l'aliénation des biens de l'État par l'administration des domaines. Le produit des ventes, déposé à la caisse des consignations, sera tenu à la disposition des fondés de pouvoir des anciens propriétaires, déduction faite du montant des droits des créanciers et des dommages qui seraient exigibles en raison des événements du mois de juillet 1830. »

Au cours de la discussion, Baude, trouvant que les changements qu'on avait fait subir à sa proposition l'avaient trop détournée de son but, déclara qu'il la retirait; elle ne fut votée qu'après avoir été reprise par M. Benjamin de Lessert. Baude qui, lors de ses nominations comme sous-secrétaire d'État, puis comme préfet de police, avait obtenu deux fois le renouvellement de son mandat, échoua aux élections générales du 5 juillet 1831, dans le 1er collège électoral de la Loire (Saint-Etienne): il n'obtint que 68 voix contre 139 à M. Robert (Fleury), élu. Il fut plus heureux le 1er mars 1832 : le collège de Roanne le renvoya à la Chambre avec 105 voix (187 votants, et 338 inscrits), en remplacement de M. Alcock, démissionnaire. Il votait alors, le plus souvent, avec la majorité, et notamment, le 16 avril 1833, pour le jugement et la condamnation du gérant de la *Tribune*. Toutefois, il demanda à retrancher de la citation devant la Chambre l'un des articles incriminés.

Pourtant, dans les sessions de 1834, de 1835 et de 1836, on le retrouve plutôt dans les rangs de l'opposition; il avait été destiné comme conseiller d'Etat, et réélu député le 21 juin 1834, par 150 voix (223 votants, 337 inscrits), contre 69 voix à M. Méaudre, ancien député. Il demanda que sur le crédit de 750.000 francs ouvert au ministère des Finances pour distribution de secours aux pensionnaires indigents de l'ancienne liste civile, il fût distrait 220.000 fr. pour être appliqués aux condamnés politiques sous la Restauration. Plus tard, il soutint aussi le projet de loi tendant à accorder des pensions aux veuves de plusieurs généraux; puis il appuya la proposition Dubois-Aymé en faveur des membres de la famille Napoléon, et présenta, dans la discussion des légionnaires de l'île d'Elbe, un amendement qui fut rejeté. Lorsque le *Réformateur* publia sous le titre « Assommeurs législatifs » le récit des mauvais traitements que certains députés de la majorité avaient fait endurer à un jeune journaliste, expulsé de la tribune de la presse, ainsi que ses confrères, sur la dénonciation de M. Jaubert, l'auteur de l'article écrivit : « M. Baude, qui voulait arracher le journaliste à la fureur de ces énergumènes, a reçu, dit-on, un violent coup de canne. La garde municipale est accourue et elle est venue à bout de préserver la victime et de débarrasser en même temps M. Baude. » Le jeune journaliste s'appelait Eugène Raspail. On sait que le *Réformateur* fut poursuivi devant la Chambre pour la publication de cet article, et condamné par elle. Renommé au Conseil d'Etat, Baude obtint le renouvellement de son mandat de député, le 4 novembre 1837, mais ne fit point partie de la législature de 1839 : M. Alcock prit alors sa place. Il revint au Parlement le 9 juillet 1842, par 163 voix sur 195 votants et 432 inscrits, et, abandonnant toute velléité d'opposition, se rallia pleinement à la politique de résistance. Son rôle, en même temps, devint plus effacé. « L'éloquence de M. Baude, dit un biographe de 1846, s'est réfugiée dans les bureaux. Il se venge du silence qu'il garde à la Chambre sur les commissions de travaux publics, dont quelques-unes l'ont choisi pour leur rapporteur, sans doute pour faire goûter à tous le plaisir qu'il leur avait procuré. M. Baude vote invariablement pour le ministère du 29 octobre. Il a indemnisé Pritchard et repoussé la proposition sur les députés fonctionnaires. » Sa carrière parlementaire prit fin le 1er août 1846 : son concurrent, M. de Raineville, l'emporta sur lui, par 277 voix contre 186. Il rentra alors dans la vie privée. On a de lui un assez grand nombre de mémoires techniques : sur la navigation de la Loire, sur l'isthme de Suez, etc., un ouvrage sur l'*Algérie*, enfin un volume intitulé : les *Côtes de la Manche* (1859).

BAUDE. — *Voy.* VIEUVILLE (COMTE DE LA).

BAUDEL-MARTINET (CHARLES--JOSEPH-

ALEXANDRE), député de 1824 à 1827, né à Bourmont (Haute-Marne), le 14 septembre 1771, mort à une date inconnue, émigra sous la Révolution, mais ne resta que deux mois absent. De retour en France, il y mena une existence assez obscure jusqu'à l'époque (25 février 1824) où le 3e arrondissement électoral des Vosges, Neufchâteau, le nomma, par 63 voix, membre de la Chambre des députés. Il était alors propriétaire et maire de Lamarche. Très favorable au ministère Villèle-Peyronnet-Corbière, qui avait soutenu sa candidature, il fut à son tour un des plus fidèles soutiens des ministres. Il reçut au sacre du roi la croix de la Légion d'honneur.

BAUDELOT (JOSEPH-ALPHONSE), représentant à l'Assemblée constituante de 1848 et député au Corps législatif de 1858 à 1862, né à Hirson (Aisne), le 22 décembre 1804, mort à Bondoncourt (Aisne), le 15 novembre 1862, était fils de Louis-Bernard Baudelot, qui fut juge de paix. Lui-même remplit successivement, au tribunal de Vervins, les fonctions de juge-suppléant (janvier 1832), de procureur du roi (septembre 1833) et de président du tribunal (juin 1845). Décoré de la Légion d'honneur par le gouvernement de Louis-Philippe, conseiller général de l'Aisne en 1846, il reçut, aux élections du 23 avril 1848 des électeurs de ce département, le mandat de représentant du peuple, par 115,339 voix sur 130,363 votants et 154,878 inscrits, vota à peu près constamment avec la droite de l'Assemblée constituante, sauf, toutefois, pour le bannissement de la famille d'Orléans, le 26 mai 1848.

Plus tard, rallié au gouvernement impérial, il fut, le 21 novembre 1858, élu député de de la 3e inscription de l'Aisne au Corps législatif à la presque unanimité des suffrages exprimés (30,493 voix sur 30,658 votants). Il remplaçait M. Debrotonne, décédé. Les élections du 25 avril 1859 lui renouvelèrent son mandat par 32,113 voix sur 32,192 votants. Vers la même époque, il prit sa retraite de magistrat.

BAUDET-DULARY (ALEXANDRE-FRANÇOIS), député de 1831 à 1834, né à Paris, le 6 mai 1792, mort à Paris, le 29 juin 1878, était médecin à Etampes, quand il fut, le 5 juillet 1831, élu par 189 voix sur 300 votants et 328 inscrits, député du 4e collège électoral de Seine-et-Oise (Etampes), contre 103 voix à M. de Bizemont. Fervent disciple de Fourier, il siégea dans l'opposition et figura parmi les députés qui « étaient présents et n'ont pas déclaré s'abstenir dans le procès (avril 1833) du gérant de la *Tribune* ». Baudet-Dulary donna sa démission avant les élections générales, au commencement de l'année 1834; et se consacra à la propagande des idées phalanstériennes, commandita les journaux fouriéristes, la *Réforme industrielle* et la *Phalange* (1836-1843), et versa même les fonds nécessaires à la construction d'un phalanstère d'essai à Condé-sur-Vesgres (Seine-et-Oise) ; il ne réussit à créer sur ses propriétés qu'une ferme modèle. Il a publié la *Crise sociale* (1834), les *Harmonies physiologiques* (1845), l'*Hygiène populaire* (1856).

BAUDET-LAFARGE (MATHIEU-JEAN), député au Conseil des Cinq-Cents et de 1831 à 1834, né à Maringues (Puy-de-Dôme), le 8 novembre 1765, mort à Maringues, le 2 mai 1837, fut d'abord clerc-commissaire dans la marine, puis, administrateur du Puy-de-Dôme au début de la

Révolution. Le 23 germinal an VI, ce département l'élut député au Conseil des Cinq-Cents; là, il vota pour la mort des émigrés qui, ayant pris du service en Angleterre pour aller faire campagne aux Indes, avaient été jetés par la tempête sur les côtes de France et obligés de prendre terre à Calais; il estimait dangereux de les conserver en prison : « Le sort unique qui attend les émigrés sur le sol de la République, dit-il est irrévocablement prononcé, c'est la mort ». Il parla aussi contre les candidatures officielles et en faveur de la liberté de la presse, et lutta obstinément contre le Directoire ; il demanda la clôture des listes d'émigrés, la suppression, dans la formule du serment, des mots : « traître à la royauté et à l'anarchie », à cause de l'abus qu'en faisaient les partis. En mission au moment du 18 brumaire, il déclara hautement, à son retour, que, présent, il eût voté contre le coup d'Etat; aussi n'entra-t-il pas au Corps législatif de l'an VIII; mais cette rancune ne fut pas de longue durée, puisqu'il fut nommé, le 23 floréal an XI, conseiller, général du Puy-de-Dôme et juge de paix. Président du collège électoral du Puy-de-Dôme en 1815, il présenta, à ce titre, une adresse à Napoléon et porta ce toast, qu'on trouva alors très républicain : « A la patrie! à la liberté! puissent l'énergie de la représentation nationale et l'union de tous les Français en assurer le triomphe. » Il essaya de rentrer dans la vie politique sous la Restauration, et se présenta, le 1er octobre 1821, dans le 4e collège électoral de son département (Issoire); ayant échoué avec 92 voix contre 122 données à M. Pourrat, élu, il se tint à l'écart jusqu'à la chute des Bourbons. Le 28 octobre 1830, il fut élu député par le collège de département du Puy-de-Dôme avec 569 voix sur 855 votants et 1,175 inscrits; et réélu, le 5 juillet 1831, par le 3e collège électoral du Puy-de-Dôme (Riom) avec 135 voix sur 211 votants et 284 inscrits, contre M. Jacques Lefebvre, qui n'obtint que 53 voix. Il siégea au centre gauche et mourut pendant la session.

BAUDET-LAFARGE (JACQUES-ANTOINE), fils du précédent, représentant du peuple à l'Assemblée constituante de 1848, né à Maringues (Puy-de-Dôme), le 28 janvier 1803, resta fidèle aux opinions de son père, et, libéral sous la Restauration, salua avec joie la révolution de Juillet 1830, qui le fit sous-préfet d'Ambert (Puy-de-Dôme); mais il ne tarda pas à quitter la carrière administrative pour s'occuper surtout d'agriculture. A la mort de son père, il lui succéda comme conseiller général du Puy-de-Dôme. Rallié, en 1848, au parti de la République modérée, il fut le candidat et l'élu de ce parti aux élections du 23 avril (74,849 voix sur 125,432 votants et 173,000 inscrits). Dans l'Assemblée constituante où il marqua peu, il vota :
28 juillet, *pour* le décret sur les clubs; 9 août, *pour* le rétablissement du cautionnement; 26 août, *pour* les poursuites contre Louis Blanc; 2 novembre, *contre* le droit au travail; 28 décembre, *pour* la réduction de l'impôt du sel; 12 janvier 1849, *pour* la proposition Rateau; 21 mars, *pour* l'interdiction des clubs; 2 mai, *pour* l'amnistie des transportés; 18 mai, *pour* l'abolition de l'impôt des boissons.
Non réélu à la Législative, M. Baudet-Lafarge reprit ses travaux agricoles, et ne reparut plus sur la scène politique, ayant échoué, le 1er juin 1863, dans la 5e circonscription électorale du Puy-de-Dôme, avec 1,501 voix contre 11,342 accordées à son neveu, candidat officiel, M. Andrieu, qui fut élu.

BAUDIER (JEAN-NICOLAS), représentant à la Chambre des Cent-Jours, né à Aix (Bouches-du-Rhône), le 24 mars 1766, mort à une date inconnue, resta dans l'obscurité pendant la Révolution, puis entra, sous le premier Empire, dans l'administration. Il était sous-préfet de Châteaulin, quand, le 15 mai 1815, les électeurs de cet arrondissement l'envoyèrent à la Chambre des représentants qui siégea durant les Cent-Jours. Le gouvernement de la Restauration le trouva, d'ailleurs, tout prêt à le servir; il devint, le 6 septembre 1820, sous-préfet de Barcelonnette. Baudier fut admis à la retraite le 12 juin 1832.

BAUDIN (PIERRE-CHARLES-LOUIS), député à l'Assemblée législative de 1791, membre de la Convention et député au Conseil des Anciens, né à Sedan (Ardennes), le 18 décembre 1748, mort à Paris, le 14 octobre 1799, d'une famille d'origine Lorraine, fixée depuis le milieu du XVIIe siècle à Sedan, où elle exerça diverses fonctions de magistrature et de finances, se chargea d'abord de l'éducation des fils du célèbre avocat-général Gilbert des Voisins, puis, de retour dans sa ville natale, y devint directeur des postes en 1783, et maire de la ville en 1790. Elu député des Ardennes à l'Assemblée législative, le 2 septembre 1791, par 168 voix sur 299 votants, il y parla peu, quoique doué d'un certain talent de parole, mais peut-être en raison de la modération de ses opinions. Elu par le même département membre de la Convention, le 5 septembre 1792, il motiva deux fois ses votes dans le procès de Louis XVI; sur le 2e appel nominal (l'appel au peuple), il dit : « Quatre années d'expérience dans les assemblées primaires me forcent de dire oui. » Au 3e appel nominal (la peine), il répondit : « Je n'ai jamais pu me persuader que mon mandat m'autorisât à exercer les fonctions de juge. Mes commettants ont nommé des jurés pour la haute-Cour nationale; ils n'ont donc pas cru m'investir des pouvoirs de juge. Je ne vois pas de tribunal dans une Assemblée dont les membres ne sont astreints à aucune forme. Au reste, la mort de Louis me paraît avoir deux grands inconvénients : l'un, de rendre la guerre meurtrière et sanglante; l'autre, de donner ouverture à des desseins ambitieux dont je n'ai nul indice, il est vrai, mais qui sont possibles. Je vote pour la réclusion pendant la guerre, et pour le bannissement après la paix. »
Il se prononça également pour le sursis.
Membre de la commission de rédaction de la Constitution de l'an III, il présidait la Convention en 1795, aux journées de vendémiaire, et, le jour où la Convention se sépara (4 brumaire an IV), fit proclamer une amnistie générale pour les délits révolutionnaires, et prononcer l'abolition de la peine de mort à dater du jour de la conclusion de la paix.
Elu député au Conseil des Anciens par le département des Ardennes, le 21 vendémiaire an IV, avec 182 voix sur 188 votants, et réélu, le 22 germinal an V, il continua, dans cette Assemblée, de suivre le parti modéré, combattit les Clichiens, devint secrétaire-commissaire des archives et président. A l'occasion de l'anniversaire du 14 juillet, il célébra dans un discours la marche progressive de la Révolution. Mais, frappé de la faiblesse du Directoire, il désespérait du salut de la république, et disait à son collègue Cornet : « La Constitution de l'an III ne peut plus aller, seulement je ne vois pas où prendre le bras d'exécution », lorsqu'on annonça le retour imprévu de Bonaparte re-

venant d'Egypte. Il en ressentit une telle joie, qu'il se livra, dit Dulaure, à des actes étrangers à son caractère !?», et fut, le soir même, attaqué d'une goutte remontée dont il mourut. Il était membre de l'Institut depuis le 14 décembre 1795. On lui doit des *Anecdotes et réflexions sur la Constitution* (1794), et des *Eclaircissements sur l'article 355 de la Constitution et sur la liberté de la presse* (1795).

BAUDIN (Jean-Baptiste-Alphonse-Victor), représentant du peuple à l'Assemblée législative de 1849, né à Nantua (Ain), le 23 octobre 1811, tué à Paris, dans la journée du 3 décembre 1851, commença ses études de médecine à Lyon, et les termina à Paris, au Val-de-Grâce. Chirurgien militaire, il exerça d'abord en France, puis dans un régiment d'Afrique, où l'avaient fait envoyer ses opinions républicaines. Baudin était signalé comme adepte des théories socialistes, et particulièrement des doctrines de Saint-Simon et de Fourier. En Algérie, il connut Eugène Cavaignac, qui devint plus tard chef du pouvoir exécutif. Sans espoir d'avancement, il donna sa démission, se rendit à Paris, s'y établit médecin, et s'occupa activement de politique dans les sociétés maçonniques et révolutionnaires. Il accueillit avec enthousiasme la révolution de Février et la proclamation de la République, et fut un instant compromis dans l'affaire du 15 mai 1848 et arrêté; mais il bénéficia d'une ordonnance de non lieu. Le 13 mai 1849, les électeurs du département de l'Ain l'envoyèrent comme représentant du peuple à l'Assemblée législative, le 5e sur 8, avec 46,739 voix. Il siégea à la Montagne, et vota avec ses collègues de ce groupe : le 20 octobre 1849, *contre* le projet de loi portant demande de crédits pour l'expédition romaine; le 5 novembre, *contre* la proposition Baraguey d'Hilliers, tendant à abolir la gratuité des écoles polytechnique et militaire; le 8 décembre, *pour* l'abolition de la peine de mort; le 31 mai 1850, *contre* la nouvelle loi électorale, portant restriction du suffrage universel; le 6 juin, *contre* la loi portant interdiction des clubs; le 16 juillet, *contre* le cautionnement et l'impôt du timbre sur les écrits périodiques, etc. Adversaire déterminé de l'expédition de Rome et de la politique présidentielle, il avait, en juin 1849, signé la demande de mise en accusation de Louis Napoléon et de ses ministres. Pourtant il ne fut pas impliqué dans les poursuites dirigées contre plusieurs représentants après la prise d'armes des Arts et Métiers. Il vota naturellement *contre* toutes les demandes de poursuites, et prit plusieurs fois la parole à la tribune de l'Assemblée. Il combattit le projet de loi organique sur l'enseignement, élaboré par M. de Falloux, et présenté par M. de Parieu, ainsi que le projet spécial relatif à la nomination et à la révocation des instituteurs communaux ; il prononça à ce sujet, le 8 janvier 1850, un grand discours en réponse à celui du ministre de l'instruction publique, et dénonça le projet gouvernemental comme faisant partie « d'une politique depuis longtemps suivie, la politique de répression, nous pourrions dire la politique de compression et d'oppression ». Il ajoutait : « Nous sommes venus dans cette Assemblée pour faire des lois organiques, c'est-à-dire pour donner à la constitution votée par nos prédécesseurs le complément indispensable impatiemment attendu de nos mandataires. Il semblait, citoyens, que l'esprit de ces lois organiques dût être un es-

prit d'expansion, un esprit de libéralisme, un esprit qui secondât, par des dispositions efficaces, les tendances démocratiques d'une constitution républicaine. Eh bien, au contraire, on s'est adressé à toutes les mesures qui pouvaient comprimer l'esprit public et nous ramener à la restauration des vieilles idées. Après nous avoir enlevé toutes les libertés qui avaient été conquises sous la première période de la République, on ne se tient point encore pour content, et l'on va jusque dans l'arsenal législatif de la royauté chercher les quelques garanties conquises dans les premières années de la révolution de Juillet. On attaque, en un mot, jusqu'à la loi de 1833... » Le projet soumettait les instituteurs aux préfets des départements : Baudin insista sur l'atteinte portée par cette disposition « à la propriété », comme aux droits et à la liberté des pères de famille. Il revendiqua enfin pour l'instituteur la faculté de manifester librement ses sentiments politiques : « Eh quoi, parce qu'ils sont des instituteurs, ils ne pourront pas s'occuper des intérêts les plus précieux de leur pays, de la société, de l'humanité? Ils ne pourront pas, si telle est leur conviction, entrer dans l'arène électorale et chercher, par tous les moyens que les lois autorisent, à faire triompher le parti sous la bannière duquel leur conviction les engage? Sous quel prétexte allez-vous les dépouiller de ces droits? De quelle autorité ne ferez-vous pas pour eux ce que vous faites pour les autres? Pourquoi, par exemple, le prêtre pourra-t-il se servir d'un instrument sacré, de la chaire, pour y prêcher en faveur de certains candidats, tandis que l'instituteur ne pourra pas exercer sa part d'une plus légitime influence?.. » A quelques jours de là, Baudin, inscrit de nouveau pour parler contre la loi d'enseignement, céda son tour de parole à Victor Hugo, qui a rappelé ce fait dans l'*Histoire d'un crime*. « La parole de Baudin, dit encore Victor Hugo, était hésitante dans la forme, énergique dans le fond. Il avait l'esprit ferme et les manières timides. De là, dans toute sa personne, je ne sais quel embarras mêlé à la décision. C'était un homme de moyenne taille. Sa face, colorée et pleine, sa poitrine ouverte, ses épaules larges, annonçaient l'homme robuste, le penseur paysan. Il avait cette ressemblance avec Bourzat. Baudin penchait la tête sur son épaule, écoutait avec intelligence et parlait avec une voix douce et grave. Il avait le regard triste et le sourire amer d'un prédestiné. »

Mais les incidents de la carrière politique de Baudin ont été surpassés par sa conduite lors du coup d'Etat de Louis Napoléon, et par sa mort sur la barricade, le 3 décembre 1851. Ce jour-là à huit heures du matin, Baudin arriva au rendez-vous de la salle Roysin dans le faubourg Saint-Antoine, où se trouvaient aussi Bruckner, Maigne, Brillier, Charamaule, Madier de Montjau, de Flotte, etc. Il revêtit une écharpe improvisée avec des bandes de calicot rouge, blanc et bleu, prit part avec ses amis au désarmement de deux postes de soldats, et à la construction d'une barricade au point d'intersection des rues Sainte-Marguerite et de Cotte, et mit en devoir de la défendre contre deux compagnies de ligne qui arrivaient de la Bastille au pas de course par le faubourg, échelonnées par pelotons, de distance en distance, et barrant toute la rue. « En ce moment, quelques hommes en blouse, de ceux que la police avait embrigadés, parurent à l'angle de la rue Sainte-Marguerite, tout près de la barricade, et crièrent : — A bas les vingt-cinq francs ! Baudin, qui avait déjà choisi son poste de combat et qui était debout sur la barricade, regarda fixement ces hommes et leur dit :

— Vous allez voir comment on meurt pour vingt-cinq francs. »

Les deux colonnes d'attaque étaient arrivées en vue de la barricade. M. Schœlcher descendit alors dans la rue, suivi des représentants de Flotte, Dulac, Malardier, Brillier, Maigne, Bruckner, et se mit à haranguer les soldats, mais vainement. Au coup de fusil tiré de la barricade, les deux compagnies ripostèrent par une décharge générale. Baudin fut tué.

« Il était resté debout à sa place de combat sur l'omnibus. Trois balles l'atteignirent. Une le frappa de bas en haut à l'œil droit et pénétra dans le cerveau. Il tomba. Il ne reprit pas connaissance. Une demi-heure après, il était mort. On porta son cadavre à l'hôpital Sainte-Marguerite. » (Histoire d'un crime). Le représentant Gindrier et le frère de Baudin, alors étudiant en médecine, réclamèrent son corps; le commissaire ne consentit à le rendre à la famille que sur la promesse qu'on l'enterrerait sur le champ et sans bruit, et qu'on ne le montrerait pas au peuple. Le 5, Baudin fut inhumé secrètement au cimetière Montmartre. Le véritable lieu de sa sépulture était si peu connu, qu'au début de l'Empire, de faux renseignements avaient fait croire que son corps avait été transporté dans la Nièvre. Bientôt cependant la vérité fut connue, et les groupes démocratiques se succédèrent chaque année, le jour des morts, autour de la pierre sur laquelle on lisait à grand'peine le nom de Baudin, avec cette légende : « Mort représentant du peuple, le 3 décembre 1851. » La manifestation du 2 novembre 1868 eut un caractère particulier. Au nom de la jeunesse des écoles, M. Ch. Quentin, rédacteur du Réveil, prononça sur la tombe une allocution très hostile à l'Empire, et, dès le lendemain, le Réveil ouvrait une souscription pour élever un monument à Baudin. De ce chef, le journal fut poursuivi en police correctionnelle dans la personne de son rédacteur en chef gérant, Delescluze (v. ce nom), et de son rédacteur, M. Ch. Quentin : tous deux étaient prévenus, ainsi que MM. Peyrat, de l'Avenir national, Duret, de la Tribune et Challemel-Lacour, de la Revue politique, d'avoir, « en 1868, à Paris, dans le but de troubler la paix publique et d'exciter à la haine et au mépris du gouvernement, pratiqué des manœuvres à l'intérieur, délits prévus par les art. de la loi du 27 février 1858 et du décret du 11 août 1848. » — On sait quel retentissement eut ce procès, où Gambetta (v. ce nom) plaida pour Delescluze.

Récemment, le 2 décembre 1888, dans le dessein de protester contre les « menées plébiscitaires » du général Boulanger et de ses partisans, la Société dite des droits de l'homme et du citoyen prit l'initiative d'une grande manifestation en l'honneur de la mémoire de Baudin. Les manifestants, sénateurs, députés, conseillers généraux et municipaux, délégués des groupes républicains de Paris et des départements, étudiants, francs-maçons, etc., partirent de la place de l'Hôtel-de-Ville et se rendirent au cimetière Montmartre, devant la porte duquel avait été placée la statue du représentant, œuvre d'Aimé Millet.

BAUDIN (CHARLES), fils du conventionnel, sénateur du second Empire, né à Paris, le 21 juillet 1784, mort à Paris, le 7 juin 1854, fut élevé d'abord au collège de Sedan, puis placé à Paris, en 1794, dans la pension Savouré. Il venait d'y terminer sa rhétorique, quand la mort subite de son père, le laissant sans fortune, ne lui permit pas de finir ses humanités. Cette mort lui fit une impression profonde. « Aujourd'hui encore, écrivait-il dans les dernières années de sa vie, je ressens, après plus de quarante-cinq ans, la douleur de la mort de mon père, qui ne cessera qu'avec moi. Je n'ai jamais connu au monde, d'homme plus vertueux que mon père. Je n'en ai jamais rencontré, si élevé qu'il fût en fortune, en dignités, en talents, en vertus même, de qui je me sois dit : je voudrais être son fils plutôt que celui du père que la nature m'avait donné. »

Le général Bonaparte poussa Baudin dans la marine et le fit embarquer au Havre (décembre 1799), comme novice sur la prame le Foudroyant. Baudin passait avec distinction, six mois après, l'examen d'aspirant de deuxième classe. Puis, désireux de prendre part à une expédition sérieuse, il obtint d'être envoyé aux terres australes, sous le commandement du capitaine Nicolas Baudin, du même nom que le jeune aspirant, mais sans parenté avec lui. Interrompue au bout de trois ans par la mort de son chef, l'expédition rentra à Lorient, en 1803, après avoir découvert et reconnu une portion considérable des côtes ouest et sud de la Nouvelle-Hollande, et enrichi la science de travaux hydrographiques estimés.

Nommé enseigne de vaisseau à son retour, Baudin reçut à Brest, en 1805, à vingt ans à peine, le commandement d'une canonnière, d'où il passa successivement sur deux des navires de l'escadre que l'amiral Ganteaume tenta vainement de conduire de Brest à Boulogne, et qui était destinée, dans la pensée de Napoléon, à assurer la descente en Angleterre. Il embarqua ensuite sur la Piémontaise, puis sur la Sémillante, qui, pendant plusieurs années, fit avec succès la guerre aux Anglais; c'est à bord de cette frégate qu'il eut le bras droit enlevé par un boulet, au moment où, le capitaine et le second étant blessés et hors de combat, il indiquait à un chef de pièce la direction dans laquelle il devait pointer sur la frégate ennemie. Il fut promu lieutenant de vaisseau en 1809, et fait chevalier de la Légion d'honneur.

Rentré en France et commandant le brick le Renard, il défit, devant Saint-Tropez, le brick anglais Swalow. Les Chambres de commerce de Marseille et de Gênes lui décernèrent alors chacune une épée d'honneur, et Baudin, capitaine de frégate, prit une part active au combat du 13 février 1814, devant Toulon, le dernier que soutint la marine impériale contre la flotte anglaise. Baudin était prêt à prendre la mer sur la corvette la Dryade, au commencement de mars 1815, quand le débarquement de Napoléon au golfe Juan modifia ses projets : il adhéra à l'acte additionnel, et, après Waterloo, se chargea d'organiser la fuite de l'empereur en Amérique : à cet effet, il retint, dans la Gironde, tous les navires en partance, dans la pensée d'appareiller avec eux dès que le vent serait favorable; mais un contre-ordre arriva, et l'entreprise fut abandonnée. Peu de temps après, Baudin, placé en non activité, donna sa démission pour entrer dans la marine du commerce. De 1816 à 1822, il commanda ainsi plusieurs navires dans les mers des Indes, puis il créa au Havre une importante maison de commerce. Les événements de 1830 le rendirent à la marine militaire. Nommé au commandement de la corvette l'*Héroïne*, il fut chargé d'une mission politique devant Lisbonne, auprès de la reine doña Maria. Ce fut encore lui qui, en 1838, conduisit à Saint-Domingue le commissaire français chargé de régler la question de l'indemnité imposée au gouvernement Haïtien ; il fut fait contre-amiral après le succès de cette mission, puis il dut aller demander, avec une escadre, réparation au gouvernement mexicain des insultes adressées à notre pavillon. Après avoir épuisé tous les moyens de conciliation, l'amiral Baudin résolut d'attaquer le fort de Saint-Jean d'Ulloa, construit sur un récif, devant la ville de Vera-Cruz, et réputé imprenable. Le feu, ouvert le 27 novembre, à midi, ne fut suspendu qu'à la nuit ; le fort et la ville se rendirent le lendemain.

Ce fait d'armes eut un grand retentissement. Nommé vice-amiral, Baudin fut appelé (1840) au commandement des forces navales françaises dans le Rio de la Plata, et, l'année d'après, envoyé à Toulon, comme préfet du 5ᵉ arrondissement maritime. Il exerça ces fonctions jusqu'en 1847, et fut ensuite président du Conseil d'amirauté.

Adversaire de la Révolution de 1848, il accepta cependant d'Arago, ministre de la marine du gouvernement provisoire, son ami et son confrère au bureau des Longitudes, le commandement des forces navales de toute la Méditerranée ; mais il refusa, un peu plus tard, la grand-croix de la Légion d'honneur que lui offrit Cavaignac.

Il ne fut élevé à la dignité d'amiral que quelques jours avant sa mort, le 27 mai 1854. En même temps, il devint sénateur. Il était président du Conseil central des Églises réformées. M. le pasteur Athanase Coquerel père, qui prononça un discours sur sa tombe, le loua d'avoir pris une grande part, lui, protestant, à la mesure du gouvernement qui rétablissait le service des aumôniers à bord des vaisseaux, et d'avoir donné ainsi un mémorable exemple de tolérance.

BAUDOIN (ANTOINE), représentant à la Chambre des Cent-Jours, né à Aubigny (Cher), le 28 mars 1768, mort à Bourges, le 7 mars 1853, ne joua dans la politique qu'un rôle modeste. Il avait été sous la Révolution, président d'administration cantonale, et il occupait à Sancerre, depuis 1813, le poste de procureur-impérial — en 1814 et 1815, procureur du roi, — lorsqu'il fut le 10 mai 1815, élu représentant de l'arrondissement de Sancerre à la Chambre des Cent-Jours. Il n'y prit jamais la parole, continua, après Waterloo, ses fonctions de magistrat, et resta procureur du roi jusqu'en 1817. De 1826 à 1830, il fut conseiller à la cour royale de Bourges.

BAUDOT (MARC-ANTOINE), député à l'Assemblée législative de 1791 et membre de la Convention, né en 1765, mort à Moulins (Allier), le 23 mars 1837, était médecin à Charolles, lorsqu'il fut élu, le 1ᵉʳ septembre 1791, député suppléant de Saône-et-Loire à l'Assemblée législative, et fut appelé à siéger le 10 juillet 1792, en remplacement de Desplaces, démissionnaire. Réélu à la Convention, il motiva aussi son vote, sur le 3ᵉ appel nominal : « J'attends avec impatience les circonstances qui vous permettent d'abolir la peine de mort, mais je réserverai toujours cette peine pour les traîtres. Je prononce donc la peine de mort contre Louis, et que le jugement soit exécuté dans les 24 heures. » Il dénonça MM. de Choiseul-Gouffier, Courvoisier et Maury comme entretenant des relations avec les princes émigrés, puis fut envoyé en mission à Montauban, à Toulouse ; il écrivait de cette ville à Jean Bon Saint-André, le 8 octobre 1793, qu'il fallait renouveler les députés de l'Aveyron et de la Lozère « parce que l'habitude efface le charme de la représentation. »

En mission à l'armée du Rhin, il se battit vaillamment à Kaiserslautern, et défendit le général Hoche auprès de Saint-Just. Secrétaire de la Convention, en mars 1794, il partit, après le 9 thermidor, en mission à l'armée des Pyrénées-Orientales, avec Projean et Chaudron-Rousseau ; il écrivait de Bayonne à la Convention, le 2 mai 1794, que la Société populaire de Pau avait, sur leur avis et d'un élan unanime, condamné au feu le berceau d'Henri IV, qui « ayant appartenu à un roi, pouvait en retracer l'idée. »

À son retour, dix mois après, il apprit qu'il avait été décrété d'arrestation comme terroriste ; il réussit à s'échapper. Rentré en grâce l'année d'après, il devint chef de division au ministère de la guerre, sous Bernadotte, et se retira avec ce ministre, pour reprendre sa profession de médecin. Pendant les Cent-Jours, il fut chargé d'une mission en Bretagne, puis, banni, en janvier 1816, par la loi contre les régicides. Mal reçu en Suisse, il se retira à Liège, et rentra en France après la chute des Bourbons. Il a laissé des *Mémoires* dont Edgar Quinet, qui en était le dépositaire, a tiré parti dans son livre sur la Révolution.

BAUDOT (FRANÇOIS-XAVIER), député au Conseil des Cinq-Cents, dates de naissance et de mort inconnues, était inspecteur des domaines. Il fut, le 28 germinal an V, élu député de la Loire-Inférieure au Conseil des Cinq-Cents, où il ne prit jamais la parole. Le *Moniteur* officiel ne fournit sur lui aucun renseignement.

BAUDOUIN DE LA MAISON BLANCHE (JEAN-MARIE), député à l'Assemblée constituante de 1789, né à Châtelaudren (Côtes-du-Nord), le 9 janvier 1742, ainsi qu'en témoigne son acte de naissance, reproduit par M. Kervi-ler : « Jean-Marie, fils naturel et légitime de M. Pierre Baudouin de la Maison Blanche et de demoiselle Renée Nicolas du Puits, son épouse, né le neuvième janvier 1742, a été baptisé le même jour par moi, recteur soussignant : le parrain, M. Jean Nicolas (de la Lande) et la marraine Demoiselle Anne Maillon qui signent, tous de cette ville. — Signé : Lalande Nicolas, Marie-Anne Maillon, Baudouin, N. Prat, recteur. » — Baudouin de la Maison Blanche mourut à Lannion (Côtes-du-Nord), le 6 décembre 1812.

Reçu avocat au Parlement de Bretagne, il vint s'établir à Lannion et fit une étude toute spéciale des coutumes ou *usements* qui régissaient les domaines congéables, et dont il débrouilla le chaos dans un remarquable traité intitulé : *Institutions convenantières*. Après avoir établi que l'essence du titre convenantier réside dans l'aliénation des superficies au colon, avec la faculté de jouir précairement du fond à la charge de redevances et sous l'obligation imprescriptible de souffrir le remboursement, Baudouin faisait découler de ce principe plusieurs conséquences de droit commun et groupait autour d'elles, en les développant comme des déductions logiques, les divers usages particuliers.

Il s'occupait d'économie politique en même temps que de jurisprudence, et, dans une lettre intéressante qu'il adressa au Chancelier, le 10 juillet 1788, lorsqu'il fut question, après l'assemblée des notables, de la création des grands bailliages, il se prononçait pour la réforme des tribunaux. Député, avec Rivoallan, à la session des Etats de Bretagne de février 1789, il était en outre, deux mois après (14 avril), élu par la sénéchaussée de Lannion et Morlaix représentant du Tiers-état aux Etats-Généraux.

Dans de curieux mémoires qu'il écrivit jour par jour, du 27 avril au 23 mai, sous la dictée en quelque sorte des événements, Baudouin déclare, à la date du 5 mai, qu'il a été « attendri jusqu'aux larmes » pendant la séance solennelle, et qu'il a crié *Vive le roi!* à en ébranler la salle; il remarque avec peine qu'on a fort peu crié *Vive la reine!* puis il insiste sur l'union qui règne déjà entre les députés du Tiers; chez eux, dit-il, nulle difficulté sur les préséances; et pourtant « nous avons malheureusement des nobles parmi nous, et nul roturier parmi les nobles. »

Baudouin se déclara pour la vérification des pouvoirs en assemblée commune, et, le 14, signa la motion de Lechapelier pour dresser une déclaration des principes du Tiers et inviter la noblesse et le clergé à se réunir à lui. Son rôle à l'Assemblée se confond d'ailleurs avec celui de la députation. Il n'aborda pas la tribune et travailla plutôt dans les comités: le 6 décembre 1789, il présenta un *Rapport au comité féodal sur les usements de la Basse-Bretagne*, et, peu après, publia un *Projet de décret sur les domaines congéables*, dont s'est inspirée la loi du 9 brumaire an VI, laquelle régit encore aujourd'hui la propriété convenancière.

De retour à Lannion, après la session de la Constituante, Baudouin fut élu maire de la ville (5 novembre 1791). Il occupa cette fonction jusqu'au 21 novembre de l'année suivante, puis on le retrouve, de 1792 à 1794, suppléant du juge de paix, administrateur de l'hôpital et membre du comité révolutionnaire. Nommé, après le 9 thermidor, administrateur du département des Côtes-du-Nord, par arrêté du conventionnel Boursault (décembre 1794), il déclina cet honneur en s'excusant sur la nécessité où il était d'exercer, pour vivre, sa profession d'homme de loi. « Qu'on me place où l'on voudra, fût-ce à la brèche, j'y consens, pourvu qu'il me soit possible d'y vivre ou d'y mourir honnête, je ne saurais avec honnêteté demeurer administrateur du département, et je me démets... » Toutefois, il finit par accepter les fonctions de juge suppléant au tribunal civil des Côtes-du-Nord (10 pluviôse an IV), puis celles de président de l'administration centrale du même département. En cette qualité, il adressa au gouvernement divers mémoires sur les réformes qui lui paraissaient nécessaires dans la constitution ou dans les lois, par exemple sur la réduction du nombre des députés qu'il voulait porter de 1 pour 40,000 habitants à 1 pour 100,000; sans cela, dit-il, on n'a que des gens incapables.

Après le 18 brumaire, Baudouin exerça encore les fonctions de juge suppléant au tribunal civil de Saint-Brieuc, et de conseiller de préfecture. En brumaire an XIII, il remplaça, comme préfet intérimaire, le préfet titulaire, Boullé, qui allait assister officiellement aux cérémonies du sacre impérial. Il résigna d'ailleurs, quelques mois après, ses fonctions administratives. Il écrivit alors au ministre: « La délicatesse et le goût de la vie privée, m'ordonnent de *désatteler* (sic) plus tôt que trop tard. »

Il avait été, en pluviôse an XII, désigné par l'assemblée du collège électoral des Côtes-du-Nord, comme l'un de ses deux candidats au Corps législatif; mais le Sénat conservateur ne rendit pas ce choix définitif.

BAUDRAN (MATHIAS), membre de la Convention, né à Crémieu (Isère), le 19 septembre 1734, mort à Vienne (Isère) le 4 mars 1810, fut d'abord avocat, puis juge au tribunal du district de Vienne. Élu, le 4 septembre 1792, membre de la Convention par le département de l'Isère, par 296 voix sur 549 votants, il motiva ainsi ses votes: Sur le 1er appel nominal, Louis est-il coupable?

« Je déclare que Louis est convaincu de conspiration contre la liberté et la souveraineté nationale, et que de toute sa conduite il résulte ou qu'il n'avait pas accepté sincèrement la Constitution, ou que, depuis, il a trahi son serment. Je n'ai pas cru qu'un juge pût émettre son opinion avant que d'entamer le procès; or, comme vous avez tous divisé le fait du droit, je déclare que je suis convaincu que Louis est coupable, et que je trouve cette conviction dans une lettre adressée par Laporte au ci-devant roi, cotée n° 43 dans le recueil des pièces imprimées, pièce qui prouve que Louis employait une partie de sa liste civile à salarier des contre-révolutionnaires. En conséquence, je vote *oui*. »

Sur le 2e appel nominal (la sanction par le peuple):

« A cause des grands inconvénients qui pourraient résulter de l'appel, et parce qu'il n'y a sur ce sujet ni loi existante, ni vœu exprimé de la part du peuple, je dis: *non*. »

Sur le 3e appel nominal (la peine):

« Louis n'ayant jamais pu être regardé comme un roi constitutionnel, je vote pour la mort, d'après le code pénal. »

Il fut ensuite envoyé en mission dans la Mayenne, et, quoique attaché à la Montagne, montra une certaine modération; chargé d'instruire le procès de Carrier, il fit ressortir sans ménagement tous ses crimes. A la fin de la législature, il refusa d'entrer dans les Conseils, et ne consentit à accepter que la place de commissaire près le tribunal correctionnel de Vienne. Rallié cependant au 18 brumaire, il fut nommé président du tribunal civil de Vienne, le 12 prairial an VIII.

BAUDRAND (MARIE-ETIENNE-FRANÇOIS-HENRI), pair de France sous Louis-Philippe, né à Arbois (Jura), le 21 août 1774, mort à Paris le 7 septembre 1848, était fils d'un avocat au Parlement de Besançon. Destiné au barreau, il préféra la carrière militaire et, engagé comme simple soldat dans le 12e bataillon du Doubs, il servit à l'armée du Haut-Rhin, depuis le mois d'août 1793 jusqu'au 22 ventôse an II. Admis alors à l'Ecole de Metz en qualité d'élève sous-lieutenant du génie, il obtint le grade de lieutenant à sa sortie de l'Ecole, et fut employé en sous-ordre à Valenciennes. Nommé capitaine et attaché à l'état-major du général Championnet, il fit partie de la première expédition de Naples, puis fut incorporé dans l'armée d'Italie. Il reçut deux blessures à la défense de la tête du pont du Var, marcha avec le général Suchet, lors de l'occupation de Gênes, se trouva au blocus de Savone, puis au siége de Peschiera. Forcé de rentrer en France à cause de sa santé, il fut décoré de la Légion d'honneur, le 14 juillet 1804; fit ensuite les campagnes de la Grande Armée, assista aux combats de Wertingen et de Langenau, et retourna à l'armée de Naples, où il gagna le grade de chef de bataillon. Il commanda, peu après, le génie dans une expédition aux îles Ioniennes. Promu lieutenant-colonel (1810), puis colonel (1812), il voyait s'ouvrir un brillant avenir militaire devant lui, quand il fut fait prisonnier sur mer par le commodore Taylor, commandant l'escadre anglaise de blocus. Il resta captif en Sicile et à Malte jusqu'en 1814. Pendant les Cent-Jours, il exerça les fonctions de secrétaire d'une commission de défense, puis de chef d'état-major du génie dans la campagne de Waterloo; après la défaite, il suivit l'armée sur les bords de la Loire.

De retour à Paris, il accepta de la Restauration le poste de directeur du génie à Cambrai, et, en 1821, le grade de maréchal de camp. Il fut encore chargé de plusieurs missions dont la dernière avait pour objet l'inspection des établissements français de l'Amérique ; il y gagna la fièvre jaune, dont il guérit à grand'peine. Commandeur de l'ordre de Saint-Louis (1826), il fut attaché, en août 1828, à la personne du jeune duc de Chartres, en qualité d'aide de camp, et voyagea avec lui en Angleterre, en Écosse et en Irlande. Au lendemain de la révolution de Juillet, ce fut lui que le roi Louis-Philippe chargea d'aller notifier à la cour de Londres son récent avènement. Le général Baudrand fut nommé, le 18 octobre 1830, grand officier de la Légion d'honneur, et lieutenant-général en décembre de la même année. Il venait d'accompagner le duc d'Orléans dans l'expédition de Belgique, quand il fut, par ordonnance du 11 octobre 1832, appelé à la pairie, en même temps que les maréchaux Gérard et Grouchy, que les généraux Haxo, de Caux, Lallemand et Berthézène. Il y soutint, de ses votes, la monarchie de juillet, et eut, comme pair, à prononcer l'éloge du général Rogniat, son collègue, décédé. « Lorsque arrivèrent les journées de février », a dit Charles Dupin dans le discours qu'il prononça le 11 septembre 1848 aux obsèques du général Baudrand, « il se fit porter à ce palais d'où sont tombés à tant de reprises des rois et des empereurs. Il essaya d'y faire entendre une dernière fois ses sages conseils, il ne fut pas heureux. » Il se retira alors et mourut au bout de six mois.

BAUDRY (JEAN), député de 1815 à 1819, né à Lonzac (Charente-Inférieure), le 13 janvier 1763, mort à Saintes, le 14 octobre 1830, entra dans la magistrature, et, procureur impérial à Saintes sous l'Empire, fut confirmé dans cet emploi par la Restauration, le 17 février 1816. Le 22 août 1815, il fut élu député dans le collège de département de la Charente-Inférieure, avec 133 voix sur 149 votants et 296 inscrits, et réélu, le 4 octobre 1816, dans le même collège électoral, par 156 voix, sur 162 votants et 279 inscrits. Il se fit peu remarquer à la Chambre, siégea au centre, et conserva son poste dans la magistrature, lorsqu'il ne fut plus réélu.

BAUDRY-D'ASSON (LÉON-ARMAND-CHARLES), député depuis 1876, né au château de la Touche, à Rocheservière (Vendée), le 15 juin 1836, descend d'une vieille famille royaliste de la Vendée dont un membre, Gabriel Baudry-d'Asson, a été tué dans la guerre de Vendée en 1793. Grand propriétaire-éleveur, il fut élu

député, le 20 février 1876, dans la 2e circonscription de l'arrondissement des Sables-d'Olonne, par 6,240 voix sur 9,813 votants et 14,107 inscrits, contre M. Richer, 3,483 voix ; il était conseiller général du canton de Challans depuis octobre 1871. Il siégea à l'extrême droite et fut réélu, dans la même circonscription, le 14 octobre 1877, par 8,560 voix sur 9.397 votants et 14,413 inscrits (contre Grévy (130 voix et Richer, 83), ces deux derniers n'étaient pas candidats. Il interpella le gouvernement (janvier 1880) sur la révocation de quelques maires vendéens, qui avaient pris part aux banquets légitimistes d'octobre 1879, et se signala par la fréquence et par la vivacité de ses interruptions qui lui attirèrent, spécialement à la séance du 10 novembre 1880, la censure et l'exclusion temporaire de quinze séances, suivant le règlement. Malgré cette interdiction il parvint, le lendemain 11, à s'introduire au Palais-Bourbon, et à reprendre sa place à son banc. Le président Gambetta l'ayant en vain rappelé au règlement, leva la séance et envoya les questeurs l'inviter à se retirer. Mais encouragé par l'appui de ses collègues de la droite qui l'entouraient, M. Baudry d'Asson refusa, et un piquet de vingt soldats, sans armes, commandés par le colonel Riu fut chargé de faire exécuter le règlement. Après un échange de coups et une forte bousculade, les soldats purent saisir le député par les bras et par les jambes et l'emporter dans la chambre d'arrêt du palais législatif, dite *le petit local*; il en sortit dès le lendemain, après une démarche de MM. Le Gonidec de Tressan et de Valfons auprès du président de la Chambre, et sur la promesse de se soumettre au règlement. Les poursuites intentées alors par M. Baudry-d'Asson devant le tribunal correctionnel contre le président et les questeurs n'aboutirent qu'à un déclinatoire d'incompétence.

Réélu, le 21 août 1881, dans la même circonscription par 7,270 voix sur 8,347 votants et 14,376 inscrits, il porta à la tribune, le 19 mars 1884, une demande d'un crédit de deux millions pour venir en aide aux ouvriers de Paris; en janvier 1884, dans la discussion de l'interpellation Langlois sur la politique économique du gouvernement, il préconisa la restauration de la monarchie comme le seul remède à la crise économique; il soutint les droits sur les céréales, pour remédier à la crise agricole (mars 1885).

Le 4 octobre 1885, il fut élu député de la Vendée, le 4e sur 7, avec 51,693 voix, sur 92,162 votants et 120,430 inscrits. Il continua de voter avec l'extrême droite et de ne point ménager les interruptions, et monta parfois à la tribune, par exemple, en décembre 1885, pour interpeller le ministre des cultes au sujet de la suspension des traitements d'un certain nombre de prêtres. La Chambre ordonna l'affichage de la réponse de M. Goblet, et lui vota un ordre du jour de confiance par 317 voix contre 156. Dans la dernière session M. Baudry-d'Asson a voté (février, mars et avril 1889), *contre* le rétablissement du scrutin uninominal, *pour* l'ajournement indéfini de la révision de la constitution (chute du ministère Floquet), *contre* les poursuites contre trois députés membres de la Ligue des patriotes, *contre* le projet de loi Lisbonne restrictif de la liberté de la presse, *contre* les poursuites contre le général Boulanger.

BAUFREMONT (ALEXANDRE-EMMANUEL-LOUIS, DUC DE), pair des Cent-Jours et pair de

France, né à Paris, le 27 avril 1773, mort à Paris, le 22 décembre 1833, grand propriétaire, d'une des plus anciennes familles de France, émigra en Allemagne, puis prit du service en Espagne, fit les campagnes de 1793 et 1794, obtint, en 1795, sa radiation de la liste des émigrés, et vécut en France en dehors de la politique. Nommé par l'Empereur comte de l'Empire, en 1810, puis président du collège électoral de la Haute-Saône en 1812, il protesta, en cette qualité, de son dévouement à Napoléon, refusa cependant la pairie qu'il lui offrit en 1814, mais l'accepta pendant les Cent-Jours le 2 juin 1815, fut nommé de nouveau pair par la Restauration le 17 août 1815, et créé duc par Louis XVIII le 31 août 1817. Dans le procès du maréchal Ney, il vota pour la mort.

BAUFREMONT (ALPHONSE-CHARLES-JEAN, PRINCE DE), fils aîné du précédent, sénateur du second Empire, né à Madrid (Espagne), le 5 février 1792, mort à Paris, le 10 mars 1860, fut créé comte par Napoléon Ier et devint aide de camp de Murat. Il se distingua à la bataille de la Moskowa, ainsi que dans la campagne de Saxe en 1813. Pendant les Cent-Jours, il fut chargé par Murat d'apporter à Napoléon des dépêches confidentielles. Comme il revenait en Italie, la police autrichienne l'arrêta et l'envoya à Paris. Plus tard, il prit quelque temps du service dans l'armée russe. Un décret du 26 janvier 1852 l'appela à siéger au Sénat. Il y vota notamment pour la loi dite de sûreté générale.

BAUGIER (PIERRE-ANTOINE), représentant du peuple à l'Assemblée constituante de 1848, né à Niort (Deux-Sèvres), le 24 février 1809, mort à Sainte-Pézenne (Deux-Sèvres), le 11 septembre 1863, était, au lendemain de la révolution de Février 1848, conseiller municipal et maire de Niort. Républicain de la veille, un de ses biographes le signale comme un homme d'une réelle valeur intellectuelle, qui avait le goût du beau et du vrai, et avait puisé aux meilleures sources de l'antiquité...

« Il embrassait dans ses vastes connaissances, ajoute ce panégyriste un peu enthousiaste, l'antique comme le moderne, l'histoire, la philosophie, la géologie et les arts avec les sciences. Il était, pour ainsi dire, peintre, musicien, artiste, historien, géologue, littérateur, philosophe à la fois. Sa riche et puissante organisation le rendait propre à tout. »

Quelques jours après la proclamation de la République, à l'ouverture de la période électorale, Baugier signait avec les citoyens Jozeau et Jules Richard, de Niort, le manifeste suivant :

« Salut à la République française! Salut à ce gouvernement qui a été toute notre vie le plus sacré de nos vœux et le plus invincible de nos espérances! nous sommes fiers de le dire. Honneur et reconnaissance au gouvernement provisoire! Avant tout, honneur éternel, éternelle reconnaissance à ce peuple de Paris qui n'avait jamais été aussi brave dans le combat, aussi modéré dans la victoire. Que chaque canton ait son comité! Dans une République, il n'y a, aux yeux de l'Etat, et en présence du droit, ni riche ni pauvre, ni grand ni petit. On ne rencontre que des citoyens. »

Porté sur la liste démocratique, Antoine Baugier fut élu représentant à l'Assemblée constituante, le 23 avril, avec 45,250 voix sur 78,335 votants. Il siégea à la gauche modérée,

mais vota souvent avec les démocrates-socialistes : le 26 août 1848, *contre* les poursuites intentées à Louis Blanc et à Caussidière; le 1er septembre, *contre* le rétablissement de la contrainte par corps; le 18 septembre, *pour* l'abolition de la peine de mort; le 7 octobre, *pour* l'amendement Grévy; le 27 décembre, *pour* la suppression de l'impôt sur le sel; le 12 janvier 1849, *contre* la proposition Rateau; le 21 mars, *contre* l'interdiction des clubs; le 16 avril, *contre* les crédits de l'expédition de Rome.

Toutefois, il soutint le général Cavaignac et prit part au vote de félicitations proposé (25 novembre 1848) par Dupont de l'Eure.

Candidat du comité démocratique de Niort à l'Assemblée législative, avec Jules Richard, Chevallon, Boussi, Blot, Douhaud et J. Maichain, il échoua comme eux devant la liste monarchiste. Baugier quitta alors la vie politique. En 1853, le bibliothécaire de Niort étant mort, M. Proust, maire de cette ville, offrit à Baugier de le remplacer : il accepta d'abord, puis se démit de ses fonctions lorsqu'on voulut lui imposer l'obligation de prêter le serment de fidélité à l'Empire; il continua, d'ailleurs, gratuitement ses travaux à la Bibliothèque. Il mourut en pleine période électorale de 1863. M. Ricard, avocat à Niort, depuis représentant à l'Assemblée nationale de 1871 et ministre, prononça son éloge sur sa tombe.

BAUME (LOUIS-EDMOND), représentant du peuple à l'Assemblée constituante de 1848, né à Draguignan (Var), le 15 octobre 1803, mort à Paris, le 20 septembre 1863, fils d'un compositeur typographe, après avoir reçu une instruction élémentaire, s'embarqua comme mousse sur un navire de l'Etat. Plus tard, étant apprenti charpentier au port de Toulon, il parvint dans les heures de loisir que lui laissait son labeur, à compléter lui-même son éducation. La protection d'un homme que son intelligence et ses aptitudes avaient frappé, le fit entrer assez tard au collège de Toulon; il y fit des progrès rapides, et, ses études classiques terminées, alla étudier le droit à Paris, sous la Restauration. De retour à Toulon, après la Révolution de 1830, il y fonda une feuille démocratique intitulée l'*Aviso de la Méditerranée*, dont la publication, qui dura quatre années, fut marquée par de nombreux procès : elle ne survit pas aux lois de septembre 1835. Edmond Baume dut alors reprendre, à Paris, sa place au barreau, où il se fit une assez belle situation. Le 23 avril 1848, il fut élu dans le Var représentant du peuple à l'Assemblée constituante, le 8e sur 9, avec 25,935 voix (87,328 votants, 96,216 inscrits).

Il prit place à gauche et vota plusieurs fois avec la Montagne. Toutefois il se prononça contre l'insurrection de juin, et fut de ceux qui votèrent, le 25 novembre 1848, l'ordre du jour portant « que le général Cavaignac avait bien mérité de la patrie ». Edmond Baume vota : le 28 juillet 1848, *contre* le décret sur les clubs; le 9 août, *contre* le rétablissement du cautionnement; le 26 août, *contre* les poursuites intentées à Louis Blanc et à Caussidière; le 18 septembre, *pour* l'abolition de la peine de mort; le 7 octobre, *contre* l'amendement Grévy sur la présidence; le 27 décembre, *pour* la suppression de l'impôt sur le sel; le 12 janvier 1849, *contre* la proposition Rateau; le 21 mars, *contre* l'interdiction des clubs; le 26 mai, *pour* la mise en liberté des transportés. Il est porté *comme absent sans congé* au moment des scrutins d'avril et

15

mai 1849 sur l'expédition romaine.

Non réélu à l'Assemblée législative, il vécut désormais à l'écart des affaires publiques.

BAUMES (Guillaume-Marc-Antoine-Marguerite Bouquet), député de 1837 à 1846, né à Lunel (Hérault), le 10 juillet 1786, mort à une date inconnue, servit d'abord le premier Empire comme fonctionnaire, et débuta en qualité de subdélégué à Lintz (Provinces Illyriennes) d'où il passa sous-préfet à Hasselt (Meuse-Inférieure). Il se rallia sans hésitation à la Restauration qui le nomma successivement, de 1814 à 1830, sous-préfet de Tonnerre, conseiller de préfecture de la Seine, préfet du Lot, puis du Lot-et-Garonne. Conseiller d'Etat en service extraordinaire après la Révolution de juillet, il soutint le gouvernement de Louis-Philippe avec le même zèle, et, candidat du ministère aux élections du 4 novembre 1837, dans le 5e collège électoral de l'Yonne (Tonnerre), il prit place au centre, et vota en toute occasion avec la majorité conservatrice. Les élections des 2 mars 1839 et 9 juillet 1842 le renvoyèrent à la Chambre : il s'y prononça, notamment, en janvier 1845, pour l'adresse au roi contenant le passage relatif à la solution de l'affaire Pritchard, puis, contre les propositions sur l'adjonction des capacités, sur la réduction du nombre des députés fonctionnaires, etc.

BAUNE (Eugène), représentant du peuple aux Assemblées constituante et législative de 1848 et 1849, né à Montbrison (Loire), le 5 septembre 1799, mort à Bâle (Suisse), le 8 mars 1880, se fit connaître, dès la Restauration, comme un partisan convaincu des idées libérales et démocratiques. Ingénieur civil et journaliste, affilié aux Sociétés des « Carbonari » et des « Droits de l'homme », il fut un des chefs les plus militants du parti républicain dans les départements de la Loire et du Rhône, après comme avant la révolution de Juillet. Compromis dans le procès d'avril 1834, il lut devant la Chambre des pairs, au nom de ses coaccusés, une défense collective rédigée en commun, ou plutôt une protestation contre les restrictions apportées au droit de la défense. Baune fut condamné à la prison. Etant parvenu à s'évader de Sainte-Pélagie, il se réfugia en Belgique, puis, bénéficiant d'une amnistie, rentra en France, où il reprit aussitôt la campagne contre le gouvernement de Louis-Philippe. Il collabora au *National* et à la *Réforme*, compta parmi les plus ardents promoteurs de la lutte contre le système du cens électoral, organisa plusieurs banquets réformistes, et, après l'avènement de la République, auquel il avait, pour sa part, activement contribué, reçut du gouvernement provisoire les fonctions de commissaire à Montbrison. Elu représentant du peuple, le 23 avril 1848, à l'Assemblée constituante par le département de la Loire avec 70,169 voix, le 3e sur 11, il vota constamment avec la gauche, sauf dans le scrutin sur l'ordre du jour de félicitations au général Cavaignac : il écrivit, le lendemain, au *Moniteur*, qu'il était présent à la séance, mais qu'il s'était volontairement abstenu. Après s'être prononcé à la Constituante *contre* les poursuites intentées à Louis Blanc et à Caussidière, *contre* le rétablissement du cautionnement et le maintien de l'état de siège, *pour* l'amendement Grévy, *pour* le droit au travail, *contre* la proposition Rateau et *contre* l'expédition de Rome, il fit encore partie de l'Assemblée législative, où le réélut son département, par 35,098 voix (75,232 votants, 118,427 inscrits). Membre du groupe de la Montagne, il continua de se montrer défavorable à toutes les propositions ministérielles relatives à l'expédition romaine, et repoussa, avec la gauche, les projets de loi sur l'enseignement et sur la restriction du suffrage universel. Son attitude nettement hostile à la politique du prince-président le fit porter, après le coup d'Etat de décembre, sur la première liste de proscription. Il séjourna d'abord à Bruxelles, puis de là, passa en Suisse, où il se fixa.

BAURY (Antoine), député de 1876 à 1881, né à Saint-Yrieix (Haute-Vienne), le 29 juin 1817, fut d'abord avocat, puis avoué. Il entra ensuite dans la magistrature, comme juge au tribunal civil de Saint-Yrieix. Lors des élections à la Chambre des députés, le 20 février 1876, il donna sa démission de magistrat pour poser sa candidature républicaine, qui triompha dans l'arrondissement de Saint-Yrieix, par 3,938 voix, contre 2,106 à M. Saint-Marc Girardin fils, et 1,654 à M. Pisani-Jourdan (7,708 votants, et 11,444 inscrits). Après avoir voté avec la gauche *pour* les projets de lois nouveaux sur la collation des grades et sur l'élection des maires, *pour* l'ordre du jour du 4 mai 1877 contre les menées ultramontaines, ainsi que *pour* le fameux ordre du jour des gauches, dit des 363, il se représenta aux élections du 14 octobre 1877, obtint 5,806 voix, contre M. Lensaud, 2,857, et, réélu, vint reprendre à la gauche de la Chambre la place qu'il occupait auparavant. Il fit partie du groupe de la gauche modérée et, jusqu'à la fin de la législature, vota avec les opportunistes : *pour* le ministère Dufaure, *pour* l'invalidation de l'élection de Blanqui, *pour* le retour du Parlement à Paris, *contre* le rétablissement du divorce repoussé le 8 février 1881 par 247 voix contre 216. M. Baury *s'abstint* le 19 mai, dans le scrutin sur la proposition Bardoux, tendant au rétablissement du scrutin de liste. Il ne fit plus partie de la Chambre aux élections du 21 août 1881.

BAUSSET (Louis-François, duc et cardinal de), pair de France, né à Pondichéry (Inde), le 14 décembre 1748, mort à Paris, le 21 juin 1824, fut confié à son oncle, l'évêque de Béziers, qui le fit élever aux Jésuites de la Flèche, puis à Paris au collège de Beauvais, et enfin au collège de Navarre, où il prit ses degrés ; il était déjà chanoine du diocèse de Béziers et recteur de la chapelle du Saint-Esprit à Fréjus. En 1770, il fit partie de l'Assemblée du clergé, et fut nommé, en 1772, vicaire-général d'Aix, puis vicaire-général-administrateur à Digne (1782), et sacré, le 18 juillet 1784, évêque d'Alais. Chargé de présenter au roi les cahiers des Etats du Languedoc, il fit partie de l'Assemblée des notables en 1787, et fut sur le point d'être nommé précepteur du dauphin. En 1790, l'Assemblée constituante supprima le siège épiscopal d'Alais; M. de Bausset, obligé d'abandonner son diocèse, malgré ses protestations très mesurées, émigra en Suisse au commencement de 1791, revint à Paris en septembre, fut incarcéré, et, après le 9 thermidor, se retira près de Longjumeau. Il fut des premiers à donner sa démission à la demande du pape, lors du Concordat, et aurait été très probablement du nombre des nouveaux évêques, si sa santé lui eût permis d'accepter encore un ministère actif; il souffrait de la goutte, et mit à profit ses loisirs pour composer l'*Histoire de Fénelon*, que l'Institut récompensa, en 1810, du deuxième prix décennal de seconde classe. L'empereur l'avait nommé, le 17 avril 1806, chanoine du Chapitre impérial de Saint-Denis, et créé baron de l'Empire le 15 juin 1808, ainsi que conseiller titulaire de l'Université. Le 17 février 1815, il fut nommé président du conseil royal de l'instruction publique, pair de France le 17 août 1815, membre de l'Académie française en 1816, cardinal le 28 juillet 1817, et créé duc par Louis XVIII le 4 septembre 1817. L'état de sa santé ne lui permit guère d'assister aux séances de la Chambre haute; mais il inspira souvent, dans le sens d'une forte modération, les évêques qui siégeaient dans cette Assemblée et qui se réunissaient chez lui : on les appelait les *cardinalistes*. Le roi le nomma commandeur de ses ordres le 30 septembre 1820, et ministre d'État l'année suivante; un de ses derniers actes politique fut l'éloge du duc de Richelieu, qu'il fit lire à la tribune de la Chambre des pairs, et dont la mort l'avait péniblement affecté. On doit à ce prélat, écrivain élégant et disert, outre l'*Histoire de Fénelon*, quelques *Lettres* de circonstance, des *Notices*, une *Histoire de Bossuet* (1814, 4 vol.); il avait aussi réuni tous les matériaux d'une *Histoire du cardinal de Fleury*, que la maladie l'obligea d'abandonner.

BAUSSET (François-Louis-Nicolas, marquis de), cousin du précédent, député de 1815 à 1816, puis de 1820 à 1830, né à Paris, le 22 mars 1764, mort à Marseille (Bouches-du-Rhône), le 10 décembre 1841, avait servi, sous l'ancien régime, dans le régiment du roi (infanterie) comme officier. Étranger à la vie politique jusqu'au 22 août 1815, il fut élu, à cette date, député des Bouches-du-Rhône, par le collège de département, avec 129 voix (185 votants et 289 inscrits). Il figura parmi les membres de la majorité de la Chambre « introuvable ». La dissolution l'éloigna de la vie politique; il y entra de nouveau en 1820, comme élu du 2e arrondissement des Bouches-du-Rhône (Aix), avec 165 voix sur 243 votants et 301 inscrits; M. Jauffret avait obtenu 69 voix. Successivement réélu, sous la Restauration, dans la même circonscription : le 25 février 1824, par 174 voix, sur 187 votants et 228 inscrits; le 17 novembre 1827, par 133 voix sur 186 votants, 252 inscrits, et le 23 juin 1830, par 170 voix sur 227 votants, 260 inscrits, le marquis de Bausset siégea à droite et soutint la politique de Villèle. « Il n'est pas orateur », écrit un biographe parlementaire, « tout son talent consiste à réclamer la clôture avec le baron d'Anthès (v. ce nom), lorsque les membres du côté gauche montent à la tribune. Il n'a jamais demandé la parole. Les seuls mots suivis qu'il ait prononcés à la Chambre sont ceux-ci : « Les bureaux sont rompus... on ne peut pas... on ne peut plus réunir les bureaux et... » (Séance du 25 mars 1828). — Légitimiste, le marquis de Bausset ne se rallia pas au gouvernement de Louis-Philippe.

BAUSSET-ROQUEFORT (Pierre-François-Gabriel-Raymond-Ignace-Ferdinand, comte de), pair de France, né à Béziers (Hérault), le 31 décembre 1757, mort à Aix (Bouches-du-Rhône), le 29 janvier 1829, cousin des précédents, entra dans les ordres et fut grand vicaire de l'archevêque d'Aix, puis de l'évêque d'Orléans; il résigna ses fonctions, en 1791, après avoir refusé le serment exigé par l'Assemblée nationale, puis il émigra et passa en Angleterre et en Italie. De retour en France à l'époque du concordat, il fut nommé chanoine du chapitre d'Aix, plus tard évêque de Vannes (1808). La même année, il était créé baron de l'Empire. Le gouvernement de la Restauration le nomma archevêque d'Aix, Arles et Embrun et l'appela à la pairie, par une ordonnance du 21 décembre 1825. Il se fit peu remarquer à la Chambre des pairs.

BAUTIER (Alexandre), représentant du peuple à l'Assemblée constituante de 1848, né à Rouen (Seine-Inférieure), le 30 mai 1801, était petit-fils d'un notaire de Bernay, et, par sa mère, d'un avocat de Rouen. A vingt ans, il entra comme associé chez un négociant de Louviers, mais dut bientôt, après des pertes sérieuses, choisir une autre carrière : il prit ses inscriptions à la Faculté de médecine de Paris, et devint préparateur des cours de M. Gerdy; les soins nécessités par une affection maligne, contractée à l'amphithéâtre de dissection, l'entraînèrent en Italie; il en profita pour visiter la Suisse, la Belgique, l'Angleterre, et revint à Paris, où il publia la *Flore parisienne* (1827) et fut reçu docteur (1830). Il s'établit à Rouen, puis à Dieppe, où il devint conseiller municipal, adjoint au maire, et enfin maire provisoire en 1848. Les opinions radicales qu'il avait manifestées pendant sa carrière administrative se modérèrent, lorsqu'il eut été élu, le 23 avril 1848, représentant de la Seine-Inférieure à l'Assemblée constituante, le 15e sur 19, par 104,950 voix (le procès-verbal d'élection ne donne ni le chiffre des votants ni celui des inscrits). Il siégea au centre gauche et fit partie du comité de l'Instruction publique; le 26 mai 1848, il ne figura pas au Moniteur, dans le scrutin sur le bannissement de la famille d'Orléans : il vota, le plus souvent avec la droite : le 28 juillet, *contre* les clubs; le 9 août, *pour* le rétablissement du cautionnement des journaux; le 26 août, *pour* les poursuites contre Louis Blanc et Caussidière; le 1er septembre, *pour* le rétablissement de la contrainte par corps; le 18 septembre, *pour* l'abolition de la peine de mort; le 25, *pour* l'impôt proportionnel; le 7 octobre, *contre* l'amendement Grévy sur la présidence; le 21 octobre, *pour* le remplacement militaire; le 2 novembre, *contre* le droit au travail; le 25 novembre, *pour* l'ordre du jour de félicitations au général Cavaignac; le 28 décembre, *pour* la réduction de l'impôt du sel; le 22 janvier 1849, *contre* le renvoi des accusés du 15 mai devant la haute-Cour; le 1er février, *contre* l'amnistie générale; le 5 février, *pour* l'ordre du jour Oudinot; le 21 mars, *pour* l'interdiction des clubs; le 20 avril, *pour* le maintien du cautionnement des journaux; le 2 mai, *contre* l'amnistie des transportés; le 11 mai, *contre* la demande de mise en accusation du président et de ses ministres; le 14 mai, *pour* le blâme de la dépêche Léon Faucher; le 18 mai, *contre* l'abolition de l'impôt des boissons.

M. Bautier, n'ayant pas été réélu à la Législative et n'ayant plus fait partie du Parlement, a continué à exercer la médecine à Dieppe, où il a publié successivement plusieurs éditions de sa *Flore parisienne* (12e édition en 1868), et des *Flores particulières de la France comparées*.

BAVOUX (Jacques-François-Nicolas) député de 1828 à 1834, né à Saint-Claude (Jura), le 6 décembre 1774, mort à Paris, le 23 janvier 1848, débuta dans la vie publique, sous le premier Empire, comme professeur suppléant à l'École de Droit de Paris (1805), puis comme juge au tribunal civil (1811), en conservant toujours sa chaire de professeur. Il accepta d'abord le retour des Bourbons, car, le 5 avril 1814, il signa, en qualité de magistrat, une adresse dans laquelle on lisait : « Le tribunal de première instance de Paris exprime au Sénat et au gouvernement provisoire sa profonde reconnaissance pour le décret qui prononce la déchéance de Napoléon-Bonaparte : il forme le vœu le plus ardent pour que le sceptre de Louis XVI soit replacé dans les mains de Louis XVIII, son légitime successeur. » Mais, peu de temps après, ayant été appelé (juin 1819) à remplir momentanément à l'École de Droit la chaire de procédure civile et de législation criminelle, il se livra, dans son cours à des commentaires très diversement appréciés, sur la mort civile des émigrés et sur la confiscation de leurs biens. Des applaudissements et des murmures, des bravos et des sifflets accueillirent pendant plusieurs jours le professeur, et l'autorité intervint pour suspendre les leçons de M. Bavoux, saisir ses manuscrits et ses papiers et le traduire lui-même devant la Cour d'assises, sous la prévention d'avoir, par des discours tenus un lieu public, excité les citoyens à désobéir aux lois. Le 31 juillet, Bavoux comparut devant ses juges, avec Persil et Dupin pour défenseurs. Me Persil, qui devait, douze ans plus tard, prononcer comme procureur général maint réquisitoire dans des circonstances analogues, s'éleva alors avec force contre l'illégalité des arrêts de renvoi qui, en violation, dit-il, de l'article 6 de la loi du 26 mai 1819, ne précisaient point l'accusation et les passages au sujet desquels le prévenu était traduit devant le jury. Malgré les efforts de l'avocat général Vatimesnil, l'acquittement fut prononcé, et Bavoux devint populaire. Le 21 avril 1828, les électeurs libéraux du 7e arrondissement de Paris le donnèrent pour successeur à Royer-Collard, qui venait d'opter pour une autre circonscription. Rédacteur du *Journal de Paris* et député, il fit, à la Chambre comme dans la presse, la campagne contre le gouvernement de Charles X, et s'associa à tous les actes de la gauche jusqu'à la révolution de Juillet. Une biographie parlementaire du temps s'exprime ainsi sur son compte : « On le dit magistrat intègre, sévère même ; on assure que si M. Bavoux n'a pas une belle figure, il a un beau caractère. On dit encore que son frère le libraire, qui, en langage commercial, a éprouvé des malheurs, eût prospéré dans ses affaires si le magistrat l'eût aidé de sa bourse et de son crédit. Mais que ne dit-on pas? Les journaux ont assez parlé de M. Bavoux. » Réélu, le 12 juillet 1830, par la 7e circonscription de Paris, Bavoux se trouvait, le 28, à la réunion parlementaire tenue chez Audry de Puyravault (*V.* ce *nom*); il fut un des quatre députés qui appuyèrent la formation d'un gouvernement provisoire. Dès le lendemain, la Révolution faite, il fut choisi pour remplir les fonctions de préfet de police; mais il eut à peine le temps de prendre le chemin de la préfecture; le surlendemain, 30, le duc d'Orléans, nommé lieutenant-général du royaume, y appelait Girod (de l'Ain). A la séance du 9 août, Bavoux fit la motion d'élever un monument à la ville de Paris au nom de la France reconnaissante. Ce monument ne fut jamais édifié, bien que la Chambre eût voté la proposition. Le 17 du même mois, il fit annuler deux élections, celles de MM. Roux et Pardessus, dans les Bouches-du-Rhône. Nommé conseiller-maître à la Cour des Comptes, il dut subir les chances d'une réélection; elles ne lui furent point favorables; il se vit préférer

par les électeurs de Paris M. Barthe; il est vrai que ceux du 4e collège du Jura (Saint-Claude) le renvoyèrent bientôt à la Chambre, le 5 juillet 1831. Là, il proposa et fit adopter (7 décembre 1831) l'abolition de toute pénalité pour l'usurpation des titres de noblesse, dits *titres royaux*, puis il obtint (17 février 1832) une réduction de 42.000 francs sur le conseil de l'instruction publique. Il demanda aussi la réduction du traitement des députés fonctionnaires, et appuya la proposition Glais-Bizoin sur les émoluments du président de la Chambre et des questeurs. Il se déclara encore partisan de l'élection directe des pairs par les collèges (10 octobre 1831) et présenta, le 29 décembre 1832, un projet, resté célèbre, sur le rétablissement du divorce: ce projet, développé par son auteur, fut pris d'abord en considération par la Chambre des députés, puis discuté et adopté; mais, mal accueilli par la Chambre des pairs, il fut définitivement rejeté.

Dans la discussion du budget de 1833, Bavoux reprocha au ministre Guizot d'avoir prélevé sur les fonds secrets 25,000 francs de « premier établissement, » détournant ainsi une somme de sa destination spéciale, pour une application personnelle. — Dans la session suivante, il reproduisit, mais sans succès, sa proposition relative au divorce.

Pendant toute la législature, il ne cessa de voter avec l'opposition dynastique. Il ne fut pas réélu aux élections du 21 juin 1834 : son concurrent, M. Monnier, l'emporta sur lui à deux voix de majorité (53 contre 51). On doit à Nicolas Bavoux un assez grand nombre d'ouvrages estimés sur le Code civil, la jurisprudence des Cours de cassation et d'appel, sur les Conflits, enfin un volume qui a pour titre : *Conseil d'État, Conseil royal, Chambre des pairs, vénalité des charges, duel et peine de mort* (1838). Dans ce très curieux ouvrage, Bavoux fait connaître et développe son opinion touchant la plupart des grandes questions politiques et constitutionnelles. Il s'y prononce contre l'institution du Conseil d'État, et propose de laisser « aux tribunaux ordinaires toutes les matières litigieuses, quelle qu'en soit l'origine. » Il réclame aussi l'abolition du conseil royal de l'instruction publique, « composé factice sans base, qui ne s'harmonise avec rien de ce qui est, et qui, loin de concourir à l'action, ne peut que l'entraver et la fausser davantage. » La transformation de la Chambre des pairs, que Bavoux voudrait « éviter de faire apparaître trop fréquemment comme Cour de justice », et où il se plaît à voir, dans l'avenir, la « patronne des intérêts nationaux et populaires », la suppression de la vénalité des charges d'avoués, d'huissiers, de commissaires-priseurs, de notaires, etc. fournissent encore à l'auteur d'intéressants développements.

BAVOUX (ANTOINE-JOSEPH-EVARISTE), fils du précédent, représentant du peuple aux Assemblées constituante et législative de 1848-1849, et député au Corps Législatif de 1852 à 1857, né à Paris, le 5 octobre 1809, après de brillantes études à Louis-le-Grand et à Charlemagne, se fit inscrire au barreau de Paris, en 1834. Après avoir, plusieurs fois et en vain, posé sa candidature d'opposition à Provins, sous le gouvernement de Juillet, il fut élu, le 23 avril 1848, représentant de Seine-et-Marne à l'Assemblée constituante, le 9e et dernier de la liste, par 26,262 voix sur 81,011 votants et 96,947 inscrits. Il avait déjà publié quelques études de philosophie politique et de législation, et la relation d'un voyage à Alger. A la Constituante, il siégea au centre, et vota, rarement avec la gauche : le 26 mai 1848, *pour* le bannissement de la famille d'Orléans; le 7 juin, *pour* la loi contre les attroupements; le 9 août, *pour* le rétablissement du cautionnement des journaux; le 26 août, *pour* les poursuites contre L. Blanc et Caussidière; le 18 septembre, *contre* l'abolition de la peine de mort; le 25 septembre, *pour* l'impôt proportionnel; le 7 octobre, *contre* l'amendement Grévy sur la présidence: le 2 novembre, *contre* le droit au travail; le 30 novembre, *pour* l'expédition de Civita-Vecchia: le 28 décembre, *contre* la réduction de l'impôt du sel; le 22 janvier 1849, *pour* le renvoi des accusés du 15 mai devant la haute-Cour; le 1er février, *contre* le projet d'amnistie générale; le 21 mars, *pour* l'interdiction des clubs; le 2 mai, *contre* l'amnistie des transportés.

Réélu dans le même département à la Législative, le 13 mai 1849, le 4e sur 7, par 35,917 voix sur 70.887 votants et 98.983 inscrits, il vota constamment avec la droite jusqu'au coup d'Etat de décembre 1851. Rallié à la politique de l'Elysée, il fut élu, comme candidat officiel, dans la 3e circonscription de Seine-et-Marne, le 29 février 1852, par 15,663 voix sur 22,817 votants et 31,476 inscrits, contre M. Henri de Greffulhe, qui réunit 5,436 voix. Il fit partie de la majorité dynastique d'alors, et fut nommé, à la fin de la législature, conseiller d'Etat, poste qu'il occupa jusqu'au 4 septembre 1870, et dont il a été retraité le 29 mai 1874. Depuis cette époque, M. Bavoux a collaboré à quelques journaux du parti et publié des ouvrages de propagande bonapartiste, tels que *la France sous Napoléon* (1870), *Chislehurst et les Tuileries* (1873), *Appel à la Nation, Il y a dix-neuf ans*, etc. Officier de la Légion d'honneur de la promotion du 13 août 1864.

BAVOUX (HIPPOLYTE-NAPOLÉON), député de 1881 à 1885, né aux Molunes (Jura), le 7 avril 1817, exerça la médecine à Saint-Claude (Jura), et s'occupa activement de propagande républicaine. Pour avoir combattu le coup d'Etat de décembre 1851, il fut condamné à la déportation. De retour dans son pays natal, il fut, pour la première fois, candidat aux élections législatives, le 4 septembre 1881, dans l'arrondissement de Saint-Claude, qui l'élut par 5,879 voix (11,554 votants, 14,853 inscrits), contre M. Victor Poupin, républicain radical, 5,511 voix. M. Bavoux s'était prononcé en faveur de la politique opportuniste. Il siégea à l'Union républicaine de la Chambre, soutint le ministère Gambetta, et vota *pour* l'expédition du Tonkin, *pour* le maintien du budget des Cultes, et *contre* l'élection des sénateurs par le suffrage universel. A la veille des élections générales de 1885, un biographe radical écrivait dans une courte notice sur M. Bavoux : « Républicain d'avant-hier, dont le devoir est de céder la place à de plus énergiques et à de plus jeunes. Le docteur Bavoux n'a qu'une circonstance atténuante à invoquer : son grand âge. Législateur récidiviste, il deviendrait inexcusable. »

M. Bavoux ne fut pas réélu au scrutin de liste, le 4 octobre 1885 : la liste opportuniste, sur laquelle il était porté, échoua devant la liste radicale, dont le dernier élu, M. Bourgeois, obtint 39,299 suffrages. Il n'en eut lui-même que 18,044.

BAVOUZ (PIERRE), député au Corps législatif de l'an XII à 1815, né à Chambéry (Savoie), le 18 août 1754, mort à une date inconnue, rem-

plit d'abord, successivement, sous le gouvernement sarde, les fonctions de secrétaire à l'ambassade d'Espagne, de sous-secrétaire, puis de secrétaire d'Etat aux Affaires étrangères. Le 5 nivôse an XII, après l'annexion de plusieurs nouveaux départements au territoire français, le département de la Sésia, formé de la partie orientale du Piémont, et qui avait pour chef-lieu Verceil, fut représenté au Corps législatif par Pierre Bavouz. Le Sénat conservateur le maintint, le 2 mai 1809, dans ces fonctions, qu'il occupa jusqu'en 1815. Il fut aussi, sous le premier Empire, sous-préfet de Bielle (Sésia), et président du collège électoral de cette localité.

BAYARD DE PLAINVILLE (ANDRÉ-JOSEPH), député au Conseil des Cinq-Cents, et de 1815 à 1816, né à Saint-Domingue, le 25 février 1754, mort à Paris, le 5 janvier 1820, ne quitta Saint-Domingue qu'après la Révolution, et après avoir fait partie du conseil supérieur du Cap. Etant venu habiter Plainville, dans le département de l'Oise, où il avait des intérêts et dont il devint maire, il fut, le 23 germinal an V, élu député au Conseil des Cinq-Cents par ce département. En raison de la modération de ses opinions, il se lia avec les Clichiens, et fut du nombre des députés condamnés à la déportation après le 18 fructidor, mais il parvint à s'échapper; le Directoire prit alors, à la date du 7 thermidor, un nouvel arrêté contre lui et contre ses collègues qui étaient dans le même cas, comme Camille Jordan, Conchery, Henry Larivière, Quatremère de Quincy, Carnot, etc. : « Les noms des individus ci-dessus désignés seront transmis aux administrations centrales de leur domicile respectif, pour être procédé à leur égard, en conséquence de l'article 1er de la loi du 19 brumaire. » Il rentra en France après le 18 brumaire an VIII, fut décoré de la Légion d'honneur et nommé conseiller général; le 22 août 1815, le collège de département de l'Oise l'envoya siéger à la Chambre introuvable par 94 voix sur 141 votants et 281 inscrits; il fit partie de la majorité, et fut fait, par le roi, chevalier de Saint-Louis, et officier de la Légion d'honneur.

BAYET (ANTOINE), député de 1815 à 1820, né à Issoire (Puy-de-Dôme), le 1er septembre 1761, mort à une date inconnue, fut d'abord avocat; il était président du tribunal civil d'Issoire, quand il fut élu député du Puy-de-Dôme par le collège de département, le 22 août 1815, avec 117 voix, sur 229 votants et 287 inscrits, et réélu dans le même collège, le 4 octobre 1816, par 139 voix, sur 227 votants et 280 inscrits. Il prit place au centre avec les ministériels. Le général Brun de Villeret ayant demandé au ministère de présenter un code rural, M. Bayet s'éleva à la tribune contre la demande, comme contraire à la prérogative royale, et la fit rejeter. Il fut retraité comme président de tribunal à la date du 31 janvier 1827.

BAYLAC (JEAN-MARC-MARIE), représentant à la Chambre des Cent-Jours, né à Muret (Haute-Garonne), le 19 avril 1766, mort à Muret le 16 août 1836, négociant à Muret, ne siégea que dans la Chambre des Cent-Jours, où l'avait envoyé le 15 mai 1815, l'arrondissement du Muret, avec 28 voix, sur 39 votants et 153 inscrits. Sa courte carrière parlementaire n'offre rien de remarquable.

BAYLE (MOISE), membre de la Convention nationale, né à Montpellier (Hérault) en 1760, mort en 1815, habitait Marseille au moment de la Révolution; il fut alors nommé procureur-général-syndic des Bouches-du-Rhône, puis, le 7 septembre 1792, élu membre de la Convention pour le même département, avec 376 voix, sur 725 votants. Révolutionnaire ardent, il prit place à la Montagne, et vota la mort de Louis XVI. Au deuxième appel nominal (appel au peuple), il motiva en ces termes sa réponse négative : « Je ne veux ni rois, ni protecteurs, ni dictateurs, ni triumvirs, ni aucun genre de despotisme. Je veux la république indivisible. L'appel au peuple est le signal de la guerre civile et du retour de la tyrannie; c'est pourquoi je dis non. » Au 3e appel (la peine) : « Le seul moyen, dit-il, d'anéantir la tyrannie est d'anéantir les tyrans. Donnons cet exemple à l'univers; je vote pour la mort, et je demande l'exécution dans les vingt-quatre heures. ».

Envoyé avec son collègue Boisset dans les départements de la Drôme et des Bouches-du-Rhône, il rendit compte de sa mission dans la séance du 2 juin 1793, dénonça le « tribunal populaire » établi par les sections de Marseille, comme « ayant répandu le sang des meilleurs patriotes », et fut lui-même violemment dénoncé par Barbaroux. Après avoir voté, tout d'abord, la suspension et la cassation de deux de ses arrêtés, l'Assemblée finit par lui donner raison. Peu de temps après, il fut président de la Convention nationale (22 octobre 1793), avec Bazire, Duval et Fourcroy pour secrétaires; c'est à la première séance qu'il eut à présider que fut donnée lecture de l'acte d'accusation contre les Girondins. Moïse Bayle fut membre du comité de sûreté générale jusqu'au 9 thermidor. Le 26 décembre 1793, il appuya le décret proposé par Barère sur les suspects. En septembre 1794, il se vit en butte à l'hostilité de plusieurs représentants et fut accusé d'avoir favorisé la contre-révolution à Marseille, et d'avoir, avec Granet, signé une diatribe contre Marat; ces accusations s'étant renouvelées le 5 avril 1795 (rapport de Pémartin), et Moïse Bayle étant d'ailleurs suspect comme jacobin à la nouvelle majorité de la Convention, il fut, séance tenante, décrété d'arrestation; le décret lui enjoignait de se constituer prisonnier dans le délai de vingt-quatre heures, sous peine d'encourir la déportation. Compris cependant dans l'amnistie du 4 brumaire et rendu à la liberté, il remplit, pendant quelque temps, sous le Directoire, un modeste emploi dans les bureaux du ministre de la police, Bourguignon. Bonaparte, après le 18 brumaire, l'exila dans une petite commune des environs de Lyon. Il mourut dans la plus grande misère.

BAZAINE (François-Achille), sénateur du second Empire, né à Versailles (Seine-et-Oise), le 13 février 1811, mort à Madrid, le 23 septembre 1888. Après avoir, a-t-on dit, échoué aux examens de l'École polytechnique, il s'engagea, en 1831, dans un régiment qui devait partir pour l'Afrique; son avancement fut très rapide. Sous-lieutenant en 1833, lieutenant en 1835, il devint chef d'état-major du petit corps de légion étrangère mis par Louis-Philippe au service de Christine, reine d'Espagne, pour la défendre contre les carlistes; cette expédition terminée, il retourna en Afrique, et entra dans les chasseurs à pied. Capitaine en 1839, chef de bataillon en 1844, lieutenant-colonel en 1848, colonel en 1850, il fut attaché aux bureaux arabes, puis il eut quelque temps le commandement de la légion étrangère, prenant part surtout à des guerres de partisans et développant en lui

l'énergie, la ruse et le talent des coups de main habiles. La guerre de Crimée le fit général de brigade, général de division et gouverneur de Sébastopol. La guerre d'Italie et principalement l'expédition du Mexique achevèrent de mettre Bazaine en relief. Le général de Lorencez, premier commandant en chef du corps expéditionnaire, était revenu en France profondément découragé par les malheureuses tentatives qui avaient marqué le début de la campagne; il céda la place au général Forey, qui, à la tête d'une armée de 30,000 hommes, dont Bazaine commandait la première division, s'empara de Mexico et de Puebla (février 1862). Le général Forey ayant été rappelé à son tour, avec le bâton de maréchal de France à titre de compensation, Bazaine ne tarda pas à conquérir dans le pays une influence considérable, dont il essaya de se servir à son profit exclusif. Il continua à outrance la lutte contre les « guerilleros », recueillit, à coups de fusil, à travers les provinces, un grand nombre d'adresses d'adhésion à l'empire mexicain qu'il s'agissait de créer; bref, à la fin de janvier 1864, les défenseurs de l'indépendance mexicaine étaient réduits à l'impuissance. On n'attendait plus que Maximilien, le futur empereur choisi par la complaisante assemblée des « notables » de Mexico. Il arriva à la Vera-Cruz, le 28 mai 1864; mais Bazaine, créé maréchal par décret du 5 septembre, devait rester le véritable maître de l'Empire. En même temps, il devenait sénateur. Nous n'avons pas à raconter en détail les opérations militaires qu'il dirigea contre Juarez. Bazaine, d'ailleurs, ne fut mêlé personnellement qu'à une seule affaire, au siège d'Oajaca; le chef mexicain, Porfirio Diaz, capitula avec 4,000 hommes. Le maréchal préférait s'occuper de politique, conspirant secrètement avec les « conservateurs » à la perte de Maximilien, (qui, dans mainte correspondance, se plaignait amèrement aux Tuileries de son singulier protecteur), et, poursuivant la réalisation de son rêve, devenir vice-roi du Mexique.

Quelle qu'ait été la pensée qui fit agir Bazaine, elle eut bientôt pour résultat de rendre inévitable un désastre facile à prévoir. Les États-Unis, débarrassés (mai 1865) de leur guerre civile, commencèrent à exiger de Napoléon III le retrait des troupes françaises, dont l'intervention leur portait ombrage. Il fallut céder (février 1866). A mesure que nos troupes revenaient sur Mexico, celles de Juarez prenaient possession du territoire abandonné. Cependant Bazaine concentrait tous ses efforts non contre l'ennemi, mais contre Maximilien, pour lui arracher une abdication. N'ayant pu y réussir, il se retira avec le général Castelnau, et quitta Mexico, le 7 février, avec les dernières troupes françaises. Le 19 juin, Maximilien était pris par les troupes de Juarez, condamné à mort et exécuté.

Débarqué à Toulon, en disgrâce, — car, par ordre de Napoléon, les honneurs militaires ne lui furent pas rendus, — Bazaine n'hésita pas à se tourner du côté de l'opposition, et à entrer en relations avec Thiers. Vers la même époque (1867), M. de Kératry publiait sous ce titre : *l'Élévation et la chute de l'empereur Maximilien*, une véritable apologie du maréchal. C'est ainsi que Bazaine, soldat de fortune, jouissait auprès de l'opinion publique d'une certaine popularité, quand éclata la guerre d'Allemagne. Notre armée, très inférieure en nombre, morcelée, par surcroît, en sept corps éparpillés de Belfort à Thionville, fut bientôt écrasée par les fortes masses de l'armée allemande, qui débouchait sur nous dans les directions de Strasbourg et de Metz. Bazaine qui se trouvait, le 6 août, tout près de Forbach, avec un corps d'armée, laissa accabler le général Frossard, qu'il avait été blessé de voir mis sur le même pied que lui. La double défaite de Wœrth et de Forbach, qui allait ouvrir aux Allemands la route de Metz, eut pour conséquence immédiate une pressante démarche de MM. de Kératry, Jules Favre et Ernest Picard auprès du ministre de la guerre, pour obtenir que le commandement de l'armée entière fût donné au maréchal Bazaine. Ainsi fut-il fait.

Pendant que le maréchal de Mac-Mahon rassemblait à Châlons les débris des corps battus à Wœrth, le reste de l'armée avait été réuni sous les murs de Metz, où se trouvaient Bazaine et Napoléon. On avait résolu la retraite sur Verdun; mais, trop lents à nous mettre en marche, nous fûmes surpris par l'ennemi. Bazaine s'attarda encore un jour entier dans un engagement inutile qui aboutit à la déroute de Gravelotte. Après avoir laissé le temps aux troupes allemandes de recevoir tous leurs renforts, il donna enfin l'ordre de revenir du côté de Metz, révélant ainsi son véritable objectif : il se coupait la route à lui-même et se trouvait seul en présence de l'armée allemande.

Tout un jour fut rempli par une lutte acharnée; l'armée française se surpassa, tandis que Bazaine la laissait systématiquement sans commandement, jusqu'au moment où il donna à Bourbaki l'ordre de rentrer dans le camp de Metz avec toute la garde. L'officier chargé de ce message, M. de Beaumont, déclara au procès de Trianon qu'il n'avait pu en croire ses oreilles. Mais le maréchal insista et dit : « La journée est terminée; les Prussiens *ont voulu nous tâter, et c'est fini.* » Peu après, Canrobert, soutenait dans Saint-Privat le dernier assaut; quand il fut obligé de se retirer, la victoire était acquise aux Allemands. Le maréchal était isolé dans Metz investi; il avait dans les mains la dernière armée française, il se flattait de commander aux événements. Les événements, on sait quelle tournure ils prirent; on a raconté souvent les vains efforts de Mac-Mahon pour aider Bazaine à percer les lignes allemandes, l'inaction calculée de celui-ci, et les deux capitulations, terribles pour nous, qui en résultèrent : celles de Sedan et de Metz. Il fut établi, au procès de Trianon, que Bazaine avait connu par une dépêche, à lui remise le 23 août par le colonel Lewal, la marche de Mac-Mahon, et que Bazaine n'avait véritablement engagé l'action que le 31 au soir. Le lendemain, il ordonnait aux troupes de regagner leurs campements. La défaite de Sedan ayant, d'autre part, ouvert la France tout entière à l'invasion, et la République ayant été proclamée à Paris, Bazaine pensa que son heure cette fois avait sonné; on allait enfin traiter, et il allait avoir, dans les destinées du pays, un rôle prépondérant. Impatient d'être fixé sur les intentions politiques des Allemands, il entra en rapport avec le prince Frédéric-Charles pour lui demander des renseignements; celui-ci lui laissa entendre que l'Allemagne ne reconnaissait en France que le gouvernement impérial et ne pouvait consentir à traiter « qu'avec l'Empereur, l'Impératrice, ou le *maréchal Bazaine.* » Avec cette amorce, l'ennemi n'eut pas de peine à conduire le commandant en chef de l'armée du Rhin jusqu'à la capitulation. Obtenir une convention qui lui permit, d'accord avec M. de Bismarck, d'employer son armée non contre l'ennemi, mais contre la République, au profit de sa domination personnelle, à lui Bazaine : telle fut sa pensée dominante. Un aventurier, nommé Régnier, servit d'intermédiaire et de négociateur entre Bazaine et l'Allemagne, et l'on savait pleinement à quoi s'en tenir sur le maréchal. Dès l'entrevue de Ferrières (19 septembre), M. de Bismarck disait à Jules Favre : « Etes-vous bien sûr du maréchal Bazaine? » Et, comme celui-ci répondait affirmativement : « Vous avez tort, ajoutait-il, j'ai des raisons de croire que M. Bazaine ne vous appartient pas. » A la fin de septembre, Bazaine, dans une lettre au général de Stiehle, offrait d'accepter une « capitulation » avec les honneurs de la guerre; la réponse se faisant attendre, il en vint à arrêter, dans Metz, la fabrication des munitions, à gaspiller les vivres, et à obtenir finalement, le 10 octobre, des chefs de corps, une décision favorable à l'ouverture des négociations. Fort de cette décision, il envoyait le général Boyer à Versailles proposer aux Prussiens le rétablissement de l'Empire. Cette nouvelle tentative politique étant demeurée sans résultat, Bazaine recommença à agir auprès de Frédéric-Charles et lui envoya le général Changarnier. Les deux derniers conseils, tenus à Metz, le 26 et le 28, ne purent qu'enregistrer les conditions désastreuses faites à l'armée de Metz. Toute l'armée (139.000 hommes), était prisonnière de guerre. La place de Metz était remise à l'ennemi avec tout son matériel et celui de l'armée : il y avait 1.665 canons, 274.000 fusils, 3.000.000 de projectiles, 23.000.000 de cartouches, 9.000 voitures et affûts, etc. La capitulation fut exécutée le 29 octobre. Bazaine reçut pour prison une somptueuse résidence près de Napoléon III, qui lui fit parvenir le témoignage de sa sympathie. Il y eut dans tout le pays une émotion profonde, quand fut connue la dépêche du gouvernement de la Défense nationale, signée : Ad. Crémieux, Glais-Bizoin, Léon Gambetta, et qui contenait ce passage :

« Metz a capitulé!

« Un général sur qui la France comptait, même après le Mexique, vient d'enlever à la Patrie en danger plus de deux cent mille de ses défenseurs.

« Le maréchal Bazaine a trahi!

« Il s'est fait, comme l'homme de Sedan, le complice de l'envahisseur, etc... »

A Paris, l'atroce nouvelle, publiée par le journal le *Combat*, de M. Félix Pyat (Voy. ce nom), et d'abord dissimulée et même démentie par le gouvernement, fut la cause déterminante de l'insurrection du 31 octobre. L'indignation générale ne fit que s'accroître à la publication des récits et des déclarations de plusieurs officiers de l'armée de Metz, par exemple, du colonel d'Andlau (Voy. ce nom) : *Metz, combats et négociations* (1871). L'Assemblée nationale, après la paix, dut instituer un conseil d'enquête pour examiner les circonstances de la capitulation. Bientôt (le 2 mai 1872), le ministre de la Guerre, général de Cissey, annonçait l'intention du gouvernement était de traduire le maréchal devant un Conseil de guerre. Un projet de loi spécial fut voté en conséquence pour régler la composition de ce Conseil; enfin, le 24 juillet 1873, le général du Barail, ministre de la Guerre, rendit l'ordonnance de mise en jugement sous les trois chefs d'accusation suivants :

1° « D'avoir capitulé avec l'ennemi et rendu la place de Metz, dont il avait le commandement supérieur, sans avoir épuisé tous les moyens de défense dont il disposait, et sans avoir fait tout ce que lui prescrivaient le devoir et l'honneur;

2° D'avoir, commandant en chef devant Metz, signé en rase campagne une capitulation qui a eu pour résultat de faire poser les armes à ses troupes;

3° De n'avoir pas fait, avant de traiter verbalement ou par écrit, tout ce que lui prescrivaient le devoir et l'honneur. »

M. le duc d'Aumale (Voy. ce nom) accepta la présidence du Conseil, où siégèrent, comme juges, les généraux de la Motte-Rouge, de Chabaud-Latour, Tripier, Princeteau, Martineau-Deschenez, Pourcet, Lallemand, Ressayre et Malroy. Rapporteur le général Séré de Rivières, Commissaire du Gouvernement le général Pourcet.

Les débats, qui durèrent du 6 octobre au 10 décembre 1873, eurent lieu à Versailles, au grand Trianon. « Le décor, a écrit M. Camille Pelletan dans une notice sur Bazaine, faisait un étrange contraste avec la scène. Le Conseil siégeait au milieu d'un parc de Watteau, coloré de tous les ors et de toutes les pourpres de l'automne... » Bazaine garda une attitude morne et apathique. « On avait peine à reconnaître, dans l'accusé, le chef militaire qui avait eu un si grand rôle dans de si grands événements. On ne voyait qu'un gros homme à la figure éteinte, à la physionomie et à la parole indifférentes, qui semblait presque étranger aux choses dont on parlait, et s'en remettait, le plus possible, pour répondre, à son avocat (Me Lachaud). » Après le très long défilé des témoins, généraux, officiers, sous-officiers, hommes d'État de l'Empire et de la République, le 10 décembre, à 9 heures du soir, le duc d'Aumale donna lecture, « au nom du peuple français », du jugement du 1er Conseil de guerre permanent de la 1re division militaire. Ce jugement, à l'unanimité, reconnaissait l'accusé coupable sur tous les chefs d'accusation, et, toujours à l'unanimité des voix, condamnait « François-Achille Bazaine, maréchal de France, à la peine de mort, avec dégradation militaire. » Toutefois les membres du Conseil, aussitôt ce jugement prononcé, croyaient devoir écrire au ministre pour lui « indiquer » des circonstances atténuantes, « et pour prier » le président de la République de ne pas laisser exécuter la sentence qu'ils venaient de prononcer. Le surlendemain, la peine était commuée en prison perpétuelle. Huit mois après, Mme Bazaine faisait évader son mari de l'île Sainte-Marguerite, à l'aide d'une corde à nœuds, et le recevait dans une barque, au bas de la terrasse. Poursuivi à la suite de cette trop facile évasion, qui n'a jamais été éclaircie, le directeur de la prison, M. Marchi, fut acquitté. L'ex-maréchal se retira en Espagne avec Mme Bazaine; il y publia (1873) un mémoire sur le *Blocus de Metz*, et fut d'abord assez bien reçu, à-t-on dit, à la cour du roi Alphonse XII, puis il tomba dans l'oubli, et même dans la gêne. En 1887, un Français, nommé Hillairaud, exaspéré à la vue de Bazaine et du souvenir de sa trahison, lui porta un coup de couteau qui l'atteignit à peine. Hillairaud fut condamné à la prison. Bazaine mourut l'année d'après.

BAZE (JEAN-DIDIER), représentant du peuple aux Assemblées constituante et législative de 1848-1849, à l'Assemblée nationale de 1871, et sénateur inamovible, né à Agen (Lot-et-Garonne), le 8 janvier 1800, mort à Paris, le 14 avril 1881, était fils d'un ouvrier graveur sur bois, fit ses études à Agen, son droit à Paris, et s'établit comme avocat à Agen en 1821. Ses opinions libérales lui valurent d'être nommé adjoint au maire d'Agen en 1830, et commandant de la garde nationale de cette ville. Le 23 avril 1848, le département du Lot-et-Garonne l'élut représentant à l'Assemblée constituante, le 4e sur 9, par 42,645 voix sur 88,758 votants et 94,809 inscrits; après cette élection, les membres du « Club Noir » d'Agen disaient de lui : « Il gagnait par an, comme avocat, vingt-cinq mille francs qu'il dépensait largement, et il va à Paris pour vingt-cinq francs par jour : il doit avoir une arrière-pensée. » À l'Assemblée, il siégea au centre droit, fit partie du Comité de la justice, s'efforça de jouer un rôle marquant et vota : le 26 mai 1848, *pour* le bannissement de la famille d'Orléans; le 28 juillet, *contre* les clubs; le 1er septembre, *pour* le rétablissement de la contrainte par corps; il s'abstint sur les poursuites contre Louis Blanc et Caussidière; vota, le 18 septembre, *contre* l'abolition de la peine de mort; le 25 septembre, *pour* l'impôt proportionnel; le 7 octobre, *contre* l'amendement Grévy sur la présidence; le 2 novembre, *contre* le droit au travail (amendement Félix Pyat); le 28 décembre, *contre* la réduction de l'impôt du sel; le 21 mars 1849, *pour* l'interdiction des clubs; le 20 avril, *pour* le maintien du cautionnement des journaux.

Réélu dans son département à l'Assemblée législative, le 13 mai 1849, le 5e sur 7, par 47,802 voix sur 90,297 votants et 107,493 inscrits, il appartint à un groupe d'indépendants dont faisaient partie MM. Creton, Lamoricière, Bedeau etc.; ayant été nommé questeur, il put exercer dans ces nouvelles fonctions son activité remuante. Le député Mauguin ayant été arrêté pour dettes, malgré son inviolabilité, M. Baze, armé d'un vote de l'Assemblée, alla lui-même à Clichy délivrer le prisonnier et le ramena triomphalement sur son banc. Hostile aux menées politiques de l'Élysée, et prévoyant la nécessité prochaine de les combattre par la force, M. Baze ne fit que précipiter les événements en déposant sur le bureau de l'Assemblée (octobre 1851) la célèbre proposition des questeurs, ainsi conçue :

« Sera promulgué comme loi, mis à l'ordre du jour de l'armée, et affiché dans les casernes, l'article 6 du décret du 12 mai 1848, dans les termes ci-après :

« Article unique. — Le président de l'Assemblée nationale est chargé de veiller à la sûreté intérieure et extérieure de l'Assemblée.

« À cet effet, il a le droit de requérir la force armée et toutes les autorités dont il juge le concours nécessaire.

« Les réquisitions peuvent être adressées directement à tous les officiers, commandants et fonctionnaires qui sont tenus d'y obtempérer immédiatement, sous les peines portées par la loi. »

La proposition, combattue par Michel de Bourges, par Jules Favre, par une partie de la Montagne et par une portion de la droite, fut rejetée le 17 novembre par 408 voix contre 300. Au coup d'État de décembre, M. Baze fut arrêté dans son lit, par le commissaire de police Primorin, à la tête d'une compagnie du 42e de ligne, malgré une vive résistance, conduit à Mazas, puis transféré à Ham, en compagnie des généraux arrêtés à la même occasion, et, un mois après, exilé. Il se réfugia à Liège, où il obtint, par faveur spéciale, du gouvernement belge, le droit de pouvoir exercer sa profession d'avocat, refusa de Napoléon III sa grâce demandée sans son aveu par son compatriote le poète Jasmin, et ne rentra en France qu'à l'amnistie générale de 1859. Il se fit inscrire au barreau de Paris, et échoua deux fois, comme candidat d'opposition, aux élections du 1er juin 1863, dans le 1er arrondissement électoral de Lot-et-Garonne. avec 10,349 voix contre 15,139 accordées à M. Noubel, député sortant, et aux élections du 24 mai 1869, avec 7,545 voix contre 19,879 à M. Noubel. Mais, le 8 février 1871, son département l'élut à l'Assemblée nationale, le 3e sur 6, par 57,107 voix sur 76,859 votants et 103,962 inscrits ; les souvenirs de 1851 lui firent rendre la questure (16 février 1871) ; ses démêlés fréquents avec les journalistes, vis-à-vis desquels il se montrait peu courtois, ne l'empêchèrent pas de prendre souvent la parole, de demander la revision des décrets du gouvernement de la Défense nationale, de proposer, le 15 juin 1871, à l'Assemblée de fixer dès à présent à deux années la durée maximum de son mandat, motion qui fut repoussée, de présider, en juin 1872, la commission chargée de préparer la liste des candidats au Conseil d'Etat, etc.

Il vota *pour* la paix, *contre* l'abrogation des lois d'exil, *contre* la pétition des évêques relative « à la situation intolérable faite au Souverain-Pontife »; *pour* le pouvoir constituant de l'Assemblée, *contre* le service militaire de trois ans (8 juin 1872), s'abstint sur l'acceptation de la démission de Thiers, vota *pour* la prorogation des pouvoirs du maréchal de Mac-Mahon, *pour* le maintien de l'état de siège (4 décembre 1873), *pour* l'admission à titre définitif dans l'armée des membres de la famille d'Orléans pourvus d'un titre provisoire (28 mars 1874), *pour* l'ensemble des lois constitutionnelles (février 1875). Dans les derniers mois de 1874, M. Baze avait incliné vers le centre gauche et était entré dans le groupe Wallon-Lavergne.

Elu sénateur inamovible, le 3e jour de scrutin, 11 décembre 1875, par 345 voix sur 690 votants, il siégea au centre droit, fut nommé questeur honoraire de la Haute-Assemblée, et vota avec les républicains modérés. Conseiller général dans le Lot-et-Garonne de 1864 à octobre 1871.

BAZILLE (Jean-François-Gaston), sénateur depuis 1879, né à Montpellier (Hérault), le 29 septembre 1819, avocat à Montpellier, mais surtout agriculteur et viticulteur distingué, président de la Société d'agriculture de l'Hérault, membre du Conseil supérieur de l'agriculture et du commerce, de la Commission du philloxera et de la Société nationale d'agriculture de France, fut élu sénateur, le 5 janvier 1879, par le département de l'Hérault, en tête de la liste républicaine, par 281 voix sur 418 votants, contre 139 voix données au 1er candidat de la liste conservatrice. M. Bazille a pris place à gauche, sans s'associer toutefois à tous les votes de son groupe; en juin 1886, il a voté notamment *contre* l'expulsion des princes. Dans les questions agricoles, il a montré une sérieuse compétence soutenue par un certain talent de parole ; en janvier 1879, il défendit les élections de son département violemment attaquées par M. Baragnon; il intervint dans la discussion du tarif général des douanes (8 mars 1881).

La Chambre des députés proposait un droit de 4 fr. 50 sur les vins; la commission du Sénat, de son côté, élevait ce chiffre à 6 francs; M. Gaston Bazille défendit avec chaleur le chiffre adopté par la Chambre. Il se plaça au point de vue des consommateurs : « Dans ce pays où le vin est un élément indispensable de la nourriture de l'ouvrier, la situation est devenue très difficile par suite de la pénurie de vin actuelle, et il ne faut pas l'aggraver encore par une augmentation de droits. » — Il montra par des chiffres la diminution de notre production depuis 55 années. — Appuyée par M. Griffe, la diminution de M. G. Bazille fut combattue par M. Cherpin, rapporteur, ainsi que par le ministre du commerce. Le chiffre de la commission fut adopté.

Dans la même séance (articles du tarif des douanes relatifs au papier), M. Gaston Bazille, rapporteur, fournit quelques explications sur les tarifications proposées par la commission sénatoriale.

Enfin au chapitre : « Ouvrages en métaux », M. G. Bazille présenta des observations sur l'article des machines à coudre. La commission proposait un droit de 20 francs. M. G. Bazille le combattit comme excessif, et réclama avec insistance le maintien du droit actuel (6 francs). M. Robert-Dehault, rapporteur, s'étant rallié à ce système, le Sénat finit par l'adopter.

M. Bazille ne s'est pas représenté au renouvellement sénatorial de 1888. Officier de la Légion d'honneur du 2 février 1875.

BAZIN (Jean), député à l'Assemblée constituante de 1789 et au Conseil des Cinq-Cents, né à Poilly (Loiret), à une date inconnue, mort en 1802, était avocat à Gien, lorsqu'il fut élu député du Tiers-Etat aux Etats-Généraux pour le bailliage de Gien, le 20 mars 1789; il passa inaperçu dans cette Assemblée, fut nommé, le 10 septembre 1791, administrateur du département du Loiret, et élu député au Conseil des Cinq-Cents par ce département, le 24 germinal an VI. Il adhéra au 18 brumaire, et le gouvernement consulaire le nomma, le 28 floréal an VIII, juge suppléant au tribunal civil de Gien.

BAZIN (Antoine-François), représentant à la Chambre des Cent-Jours, né à Estissac (Aube), le 16 mai 1765, mort à Bercenay-sur-Othe (Aube), le 24 avril 1858, était avocat à Auxerre. Le collège de département de l'Yonne, le nomma, le 13 mai 1815, par 64 voix sur 110 votants, membre de la Chambre des représentants: après les Cent-Jours, il rentra dans l'obscurité.

BAZIRE (Claude), député à l'Assemblée législative de 1791 et membre de la Convention, né à Dijon (Côte-d'Or), le 15 mai 1764, exécuté à Paris, le 5 avril 1794, appartenait à une honorable famille de négociants de Dijon, fit ses études chez les Oratoriens, devint avocat et commis aux Archives des Etats de Bourgogne. Ayant pris parti pour les principes de la révolution, il fut nommé, en 1790, membre du Directoire du district de Dijon, et élu, le 3 septembre 1791, député de la Côte-d'Or à l'Assemblée législative, par 202 voix sur 402 votants. Il ne tarda pas à faire preuve, dans cette Assemblée, d'un patriotisme parfois imprudent, dénonça le comité autrichien, et, poursuivi pour ce fait par le juge de paix La Rivière, avec Chabot et Merlin (de Thionville), le *trio cordelier*, comme on les appelait, obtint de l'Assemblée l'arrestation du juge de paix et son renvoi devant la haute-Cour d'Orléans. Il demanda le licenciement de la garde du roi, la nomination des officiers par les soldats, la mise en accusation de Lafayette, la sécularisation des ordres religieux, la liberté de tous les cultes, et vota (23 novembre 1791) la suppression des costumes religieux.

Très avancé en doctrine, il donnait encore, en pratique, des preuves d'humanité, en faisant placer sous la sauvegarde de la loi les Suisses arrêtés au 10 août. Mais élu par le même département membre de la Convention, le 4 septembre 1792, avec 368 voix sur 531 votants, il ne garda plus la même mesure, vota l'abolition de la royauté et la peine de mort contre quiconque tenterait de la rétablir. Dans le procès de Louis XVI, il motiva ainsi son vote, au 3e appel nominal :

« Tarquin, exilé, se présenta bientôt devant Rome avec une armée. Coriolan, simple sénateur banni, mit en péril la république romaine. Consultez l'histoire, vous verrez que les despotes ne pardonnent jamais à leur patrie. D'un autre côté, si Louis Capet restait enfermé, votre repos serait troublé bientôt par les clameurs d'une pitié factice et les allusions d'une romance trop connue; il occasionnerait l'effusion du sang. La politique des hommes libres, c'est la justice, c'est leur conscience. Je n'en connais pas d'autre. Je vote pour la mort. »

Il demanda, le 11 novembre 1793, la promulgation d'une loi qui déclarât le tutoiement obligatoire, dénonça les Girondins et provoqua un grand nombre d'arrestations.

La proscription des 73 conventionnels qui avaient protesté contre le 31 mai sembla le ramener à des sentiments plus modérés et il prit, au comité de salut public, la défense de bon nombre de suspects, appuya la suppression des clubs de femmes, et demanda la fin de la Terreur : « Quand donc finira cette boucherie de députés? » Deux jours après, il était dénoncé aux Jacobins, arrêté, par ordre de la Convention, comme conspirateur, accusé de complicité dans la falsification des décrets concernant la Compagnie des Indes (fait dont il était certainement innocent), et, après une assez longue détention au Luxembourg, condamné à mort par le tribunal révolutionnaire et exécuté.

Sa probité et son désintéressement sont restés au-dessus de tout soupçon, et il sacrifia son propre patrimoine au service de ses opinions. Le gouvernement dut accorder, peu après, une pension alimentaire à sa veuve.

BAZIRE (Pierre), député de 1820 à 1827, né à Avranches (Manche), le 1er septembre 1772, mort à Paris, le 10 décembre 1829, était fils d'un boucher d'Avranches, fit son droit et était avocat dans sa ville natale, lorsqu'il fut élu député, le 14 novembre 1820, par le collège de département du Calvados, avec 394 voix, sur 627 votants et 726 inscrits. Réélu le 1er octobre 1821 par le 3e collège électoral du Calvados (Falaise), avec 394 voix sur 413 votants et 548 inscrits, contre M. Fleury (204 voix), et le 25 février 1824, dans le même collège par 249 voix sur 448 votants et 511 inscrits, contre M. Fleury (199 voix), il avait manifesté, dans sa carrière parlementaire, des velléités d'opposition, que l'intérêt ministériel sut calmer par une nomination de conseiller à la Cour royale de Caen (1825). Le nouveau conseiller vota docilement avec le centre et ne fit plus partie de la Chambre aux élections de 1827.

BAZOCHE (Claude-Hubert), député à l'Assemblée constituante de 1789, membre de la Convention, député au Conseil des Anciens et au Corps législatif de l'an VIII, né à Saint-Mihiel (Meuse), le 22 janvier 1748, mort à

une date inconnue, fut d'abord nommé, le 1er octobre 1768, avocat du roi au bailliage de Saint-Mihiel, puis adjoint à son père à la subdélégation de Saint-Mihiel (11 avril 1778), subdélégué en remplacement de son père décédé (1781), procureur-syndic de l'Assemblée provinciale de Lorraine à Saint-Mihiel (1788). Élu, le 1er avril 1789, député du Tiers-Etat aux Etats-Généraux pour le bailliage de Bar-le-Duc, il siégea parmi les modérés, et fut nommé, à l'élection, président du tribunal de district de Saint-Mihiel (octobre 1791).

Élu à la Convention par le département de la Meuse, le 7 septembre 1792, avec 98 voix sur 180 votants, il motiva ainsi son vote sur le 3e appel nominal, dans le procès de Louis XVI :

« J'ai été envoyé à une Convention nationale. J'ai été revêtu de pouvoirs illimités; mais je n'ai jamais pensé que le pouvoir judiciaire en fit partie, à moins que je n'eût été délégué par un mandat spécial de la nation. Je conclus à ce que Louis soit détenu comme otage jusqu'à l'époque où les représentants ne verront plus d'obstacle à la déportation. »

Il vota aussi l'appel au peuple.

Le 21 vendémiaire an IV, le département de la Meuse l'envoya siéger au Conseil des Anciens, et l'y réélut, le 23 germinal an VI. D'opinions très modérées, il accepta le 18 brumaire, et passa au Corps législatif, le 4 nivôse an VIII, traversant ainsi toutes les Assemblées sans y laisser de souvenirs oratoires, mais avec la réputation rare et incontestée d'être ce qu'on appelait alors « un citoyen vertueux. »

BAZOCHE (Dominique-Christophe), frère du précédent, représentant à la Chambre des Cent-Jours et député de 1815 à 1817, né à Saint-Mihiel (Meuse), le 26 février 1757, mort à Saint-Mihiel, le 29 octobre 1817. Procureur du roi au bailliage de Saint-Mihiel en 1782, il occupa sous la Révolution les fonctions d'administrateur de son département, de maire de Saint-Mihiel, de commissaire près le tribunal du district de Saint-Mihiel. L'Empire le nomma procureur-général près la cour de justice criminelle de la Meuse. Président du collège électoral de ce département en 1808, il fit partie (12 mai 1815), de la Chambre des Cent-Jours, où l'avaient envoyé 112 voix sur 151 votants et 242 inscrits. La même année, le grand collège de la Meuse le nomma encore membre de la Chambre des députés, le 22 août 1815, avec 83 voix sur 263 inscrits ; il appartint à la minorité libérale, et continua, aux élections du 4 octobre 1816 (92 voix sur 154 votants et 254 inscrits), de siéger parmi les royalistes modérés. Il mourut peu de jours après le renouvellement électoral de 1817: cette fois il n'avait pas été renommé. Bazoche était membre de la Légion d'honneur.

BÉARN (Louis-Hector de Galard, comte de Brassac, comte et prince de), sénateur du second Empire, né à Paris, le 12 avril 1802, mort à Bruxelles, le 26 mars 1871, descendant, d'après les généalogistes, en ligne masculine directe de Eudes, roi d'Aquitaine et duc de Gascogne en 688, et appartenait à l'ancienne maison souveraine de Béarn, fondée sous Louis-le-Débonnaire. Sa mère, née Pauline de Tourzel, avait partagé au Temple la captivité de Louis XVI et de sa famille. M. H. de Béarn passa par l'École polytechnique et l'École d'état-major, puis il accompagna, sous la Restauration, la Dauphine dans son voyage en Vendée; il débuta ensuite, comme attaché militaire à l'état-major de l'armée russe, pour suivre les opérations de la guerre contre les Turcs, en 1828, reçut de Nicolas Ier, à l'assaut de Varna, la croix militaire de Saint-Wladimir, et. de retour en France, entra dans la diplomatie, comme chargé d'affaires à Naples, puis comme envoyé extraordinaire, ministre plénipotentiaire, et enfin ambassadeur auprès de différentes cours de l'Allemagne. M. de Béarn ne combattit pas le second Empire, qu'il le comprit, le 19 juin 1854, sur la liste des membres du Sénat. Opposé à l'unité italienne et dévoué aux intérêts « ultramontains », il prit au Sénat la défense du Saint-Siège, ainsi que de l'enseignement catholique. Il se montra aussi très hostile à la liberté de la presse, et vota la loi de sûreté générale.

BEAU (Jean-Charles-Amédée), représentant à l'Assemblée nationale de 1871, né à Paris, le 24 juin 1820, fut notaire à Paris, puis se retira dans l'Orne, dont il représenta un des cantons au Conseil général. Il n'avait d'autre antécédent politique que sa signature au bas du programme de la *Ligue de décentralisation* (1870), quand il fut élu représentant de l'Orne, le 8 février 1871, le 6e sur 8, par 53,443 voix. Il s'inscrivit d'abord au groupe Feray et vota avec les « républicains conservateurs » qui le composaient; mais, à partir du 24 mai, il inclina davantage vers la droite, et passa, en 1875, au groupe Lavergne, intermédiaire entre le centre droit et le centre gauche. M. Beau vota à l'Assemblée nationale : *pour* la paix, *pour* les prières publiques, *pour* l'abrogation des lois d'exil, *pour* le pouvoir constituant de l'Assemblée, *pour* le retour à Paris, *pour* la prorogation des pouvoirs du maréchal, *pour* la loi des maires, *pour* le ministère de Broglie. Il se prononça : *contre* la dissolution de l'Assemblée et *contre* la proposition du centre gauche (29 janvier 1875), ainsi conçue : « Le gouvernement de la République se compose de deux Chambres et d'un président. » Mais il se rallia à l'ensemble des lois constitutionnelles, qu'il vota, le 25 février. Il s'était abstenu sur l'acceptation de la démission de Thiers, le 24 mai 1873.

BEAUCHAMP (Charles-Grégoire, marquis de), député à la Constituante de 1789, né à Saint-Jean-d'Angély (Charente-Inférieure), le 25 juillet 1731, mort à Saint-Jean-d'Angély, le 5 mai 1817, embrassa la carrière des armes, prit part à la bataille de Rosbach (5 novembre 1757), y reçut quatorze blessures et put rapporter sur sa poitrine son drapeau en lambeaux. Il était colonel de cavalerie, lorsqu'il fut élu (avril 1789) député de la noblesse aux Etats-Généraux pour la sénéchaussée de Saint-Jean-d'Angély. Très attaché aux idées de l'ancien régime, mais plus habile à manier l'épée que la parole, il pria son compatriote et son ami Regnault de Saint-Jean-d'Angély, bien que d'opinion opposée, de rédiger en son nom une vigoureuse protestation contre les actes de l'Assemblée, ce qui fut fait. De Beauchamp émigra auprès de Liège, où il avait des propriétés; à l'approche des armées républicaines, il courut prévenir lui-même les ducs d'Angoulême et de Berry, qui purent échapper avec lui; mais tous ses biens de France et de Belgique furent confisqués. En 1802, il voulut se faire rayer de la liste des émigrés, et réclama, dans ce but, la protection de Regnault de Saint-Jean-d'Angély, très haut placé et ce moment auprès du premier consul. Regnault lui répondit que sa demande était arrêtée par certaine protestation retrouvée dans les dossiers de la police : « Eh! sans doute,

dit de Beauchamp. celle que tu avais rédigée pour moi. » Il fut rayé de la liste et put rentrer en France. A la rentrée des Bourbons, il sentit se réveiller en lui son vieux dévouement monarchique, et. en 1815, avant les Cent-Jours, âgé de 84 ans, il écrivit à Louis XVIII : « On ne compte plus ses années, sire, quand il s'agit de défendre un roy que l'on adore; j'avais demandé ma retraite à Votre Majesté, à cause de mon grand âge, et dans l'espoir où j'étais que l'universalité des Français aimerait à jouir de la bienfaisante constitution que venait d'accorder Votre Majesté. Puisque je suis aussi cruellement détrompé, disposez de moi, Sire, désignez-moi un poste, soyez sûr de ma fidélité et je remerciray Dieu de m'avoir fait vivre aussi longtemps pour pouvoir prouver à Votre Majesté mon dévouement sans borne.

Paris, rue Saint-André-des-Arts, no 55. »

Il fut promu au grade de maréchal de camp, le 29 février 1816, et mourut l'année d'après.

BEAUCHAMP (Joseph), membre de la Convention, député au Conseil des Cinq-Cents, puis au Corps législatif en l'an VIII, né à Saint-Julien de Jonzy (Saône-et-Loire), le 26 août 1761, mort à Saint-Léon (Allier), le 21 février 1842, occupa, au début de la Révolution, des fonctions administratives. Elu, le 6 septembre 1792, membre de la Convention par le département de l'Allier. « à la pluralité des voix », dit le procès-verbal de son élection, il y vota la mort de Louis XVI, en prononçant les paroles suivantes: « Je demande la mort avec l'amendement de Mailhe (*V. ce nom*). » C'était le sursis. A la séance du 2 novembre 1794, Beauchamp fit, au nom du comité de législation, un rapport relatif à la question de savoir quels juges devaient être portées les affaires d'état civil. « Assez ordinairement, dit-il, les tribunaux de district s'en sont attribué la connaissance, et la loi du 12 brumaire, mal entendue ou perfidement interprétée, est restée en partie sans exécution. » Par ces motifs, il obtint de la Convention l'annulation d'un jugement du tribunal du 2e arrondissement, et le renvoi des parties devant arbitres. Il prit encore la parole dans plusieurs circonstances analogues, sur des points de droit ou de jurisprudence. Il fut du nombre des membres de la Convention désignés pour entrer au Conseil des Cinq-Cents; mais il donna sa démission dès le lendemain; il fit cependant partie de cette Assemblée, le 23 germinal an VII, après avoir reçu son mandat du département de l'Allier. Rallié au coup d'Etat de brumaire, il obtint, le 4 nivôse an VIII, l'agrément du Sénat conservateur pour entrer au Corps législatif. Quand il mourut, à un âge avancé, il était depuis longtemps en dehors de la politique.

BEAUCHAMP (Louis-Evariste Robert de), député au Corps législatif de 1864 à 1870, de 1876 à 1881, et membre du Sénat depuis 1885, né à Lhommaizé (Vienne), le 1er avril 1820, était maître de forges, maire de sa commune et conseiller général du canton de Lussac (depuis 1846), lorsqu'il fut élu député dans la 2e circonscription de la Vienne, le 24 septembre 1854, par 15,735 voix sur 15,857 votants, et 43,113 inscrits, en remplacement de M. Charles Dupont, décédé. Réélu successivement, le 22 juin 1857, par 21,051 voix sur 22,867 votants et 43,521 inscrits, contre M. Vergnaud, colonel d'artillerie en retraite (1,746 voix); le 1er juin 1863, par 18,216 voix sur 24,061 votants et 31,296 inscrits, contre M. Proa, ancien député, 5.793 voix : et le 24 mai 1869, par 18,849 voix sur 25,068 votants et 33.441 inscrits, contre MM. Hérault, candidat républicain (5.384 voix), et de La Guéronnière (775), il vota constamment avec la majorité de résistance dynastique et fut élu secrétaire du Corps législatif dans la dernière session. M. de Beauchamp se retira de la vie politique à la chute de l'Empire, jusqu'au 1er mars 1874, date à laquelle il posa sa candidature dans une élection partielle, pour remplacer M. Laurenceau décédé, et échoua avec 31,214 voix contre 34,189 accordées à son concurrent républicain, élu, M. Lepetit, soutenu par M. Thiers. Mais M. de Beauchamp fut élu aux élections générales du 20 février 1876, à Montmorillon, par 10,026 voix sur 15.087 votants et 18,508 inscrits, contre M. Buteau, candidat républicain (4,987 voix), et réélu aux élections nouvelles du 14 octobre 1877 par 9,525 voix sur 11.896 votants et 18,891 inscrits, contre M. Corderoy, candidat républicain (5,278 voix). Il siégea à droite. Les élections du 21 août 1881 ne lui furent pas favorables ; il fut battu à Montmorillon, avec 7,810 voix contre 7,951 accordées à son concurrent, M. Demarçay, candidat républicain ; il en fut de même aux élections sénatoriales du 8 janvier 1882 ; en minorité au premier tour, il se retira avant le second tour et céda la place au général de Ladmirault. Mais il fut élu sénateur, à l'élection complémentaire du 15 février 1885, par 365 voix contre 326 données à M. Salomon, candidat républicain et ancien député. M. de Beauchamp siège toujours à droite ; il a voté, dans la dernière session, contre le rétablissement du scrutin uninominal (13 février 1889), contre la proposition de loi Lisbonne restrictive de la liberté de la presse (18 février), contre la loi de procédure à suivre devant le Sénat pour juger toute personne inculpée d'attentat contre la sûreté de l'Etat (affaire Boulanger) (29 mars). M. de Beauchamp est le beau-frère de M. le baron de Soubeyran. Officier de la Légion d'honneur de la promotion du 14 août 1862 et commandeur de la promotion du 14 août 1869.

BEAUDEL (PIERRE-DIEUDONNÉ), représentant à la Chambre des Cent-Jours, né à Saint-Dié (Vosges), le 2 décembre 1763, mort à Strasbourg (Bas-Rhin), le 21 août 1838, appartint à la magistrature du premier Empire. Aux Cent-Jours, il fut élu (10 mai 1815), représentant de l'arrondissement de Schelestadt ; peu en vue avant cette courte législature, il ne sortit de son obscurité ni pendant ni après.

BEAUDRAP DE SOTTEVILLE (PIERRE-FRANÇOIS, CHEVALIER), député à l'Assemblée constituante de 1789, né à Valognes (Manche), le 29 novembre 1742, mort à une date inconnue, ancien officier de cavalerie, résidait au château de Sotteville, en Normandie. Il fut élu, le 29 mars 1789, député de la noblesse aux Etats-Généraux par le bailliage de Coutances, et refusa son adhésion aux idées nouvelles. On perd sa trace sous la Révolution. Le *Moniteur* ne fait aucune mention de son rôle parlementaire.

BEAUFORT (LOUIS-EDOUARD DE), député de 1835 à 1842, né à Frampaz (Haute-Marne), le 6 septembre 1786, mort à Frampaz, le 21 avril 1849, suivit l'état militaire, devint chef de bataillon d'infanterie, puis lieutenant-colonel.

Maire de Frampaz, il entra à la Chambre des députés, en remplacement de M. Failly, démissionnaire, le 15 juillet 1835 : il représentait le 4e collège électoral de la Haute-Marne (Vassy). Il jouissait alors d'une réputation d'indépendance que la plupart de ses votes à l'Assemblée ne vint pas corroborer. Il siégea, en effet, au centre, et fit partie de la majorité conservatrice. Réélu dans la même circonscription, en novembre 1837 et en mars 1839, il se prononça, le 25 janvier 1840, pour le projet de loi tendant à faire attribuer au duc de Nemours une dotation annuelle de 500,000 fr. Il vota également pour le projet de loi du ministère Thiers sur les fortifications et contre l'amendement Lestiboudois qui demandait à la couronne de compléter la législation sur le recensement des propriétés imposables et de garantir tous les droits du Trésor en consacrant le concours régulier de l'autorité municipale. Il se déclara enfin contre les propositions Gauguier, Remilly, Ganneron, tendant à établir l'incompatibilité de certaines fonctions publiques avec le mandat de député, ainsi que contre les diverses propositions de réforme électorale (adjonction des capacités) faites par MM. Mauguin, Pagès (de l'Ariège), Ducos, etc. M. de Beaufort ne fit point partie de la législature de 1842.

BEAUFRANCHET D'AYAT (LOUIS-CHARLES-ANTOINE PETET, COMTE), député au Corps législatif en l'an XI, né au château d'Ayat (Puy-de-Dôme), le 22 novembre 1757, mort à Ayat, le 2 juillet 1812, servit d'abord comme aspirant au corps royal du génie, fut ensuite page du roi, et successivement sous-lieutenant et capitaine au régiment de Berry-cavalerie. Colonel du 2e régiment de carabiniers, il fut blessé, en 1792, au camp de Famars, et assista à la bataille de Valmy, sous les ordres du général Kellermann. Promu au garde de maréchal de camp, il fut chef d'état-major général du camp retranché, sous les murs de Paris, commandé par le général Berruyer, puis il fit la campagne de Vendée : les troupes républicaines lui durent leur salut à la première bataille de Fontenay. A la seconde, elles furent, au contraire, mises en déroute, malgré la résistance des chasseurs de la Gironde, des volontaires de l'Hérault et de Toulouse, et les efforts de sept représentants du peuple qui excitaient le courage des soldats. Beaufranchet contribua, avec le général Nouvion et quelques gendarmes, à arrêter, dans cette journée, la poursuite de l'ennemi. Le 18 brumaire an VII, il fut nommé membre du conseil d'administration des hôpitaux militaires ; plus tard (1809), il devint inspecteur général des haras. Dans l'intervalle (9 thermidor an XI), il avait été nommé, par le Sénat conservateur, député du Puy-de-Dôme au Corps législatif. — C'est le général Beaufranchet qui servit de père à l'illustre général Desaix, né à Saint-Hilaire d'Ayat.

BEAUGEARD (PIERRE-JEAN-BAPTISTE), membre de la Convention, député au Conseil des Cinq-Cents, et représentant à la Chambre des Cent-Jours, né à Vitré (Ille-et-Vilaine), le 18 février 1764, mort à Vitré, le 3 octobre 1832, était avocat à Vitré au moment de la Révolution, dont il devint un agent actif dans sa région, en s'occupant surtout d'y organiser des clubs. Elu membre de la Convention par le département d'Ille-et-Vilaine, le 7 septembre 1792, à la pluralité des voix (le procès-verbal d'élection ne donne pas de chiffres), il se déclara pour la mort, et sans sursis, dans le procès de Louis XVI. Après la session, il fut nommé commissaire du Directoire exécutif près l'administration centrale du département d'Ille-et-Vilaine, et, le 25 germinal an VI, fut nommé député par son département au Conseil des Cinq-Cents. Le coup d'État de brumaire l'éloigna de la politique; l'arrondissement de Vitré l'envoya, le 11 mai 1815, siéger à la Chambre des Cent-Jours; la Restauration lui appliqua la loi contre les régicides (12 janvier 1816) et l'exila. Il rentra en France après la Révolution de Juillet, pour y mourir deux ans après. On croit qu'il est l'auteur d'un *Résumé des principaux écrits sur la prochaine convocation des États-Généraux*, publié en 1788.

BEAUHARNAIS (CLAUDE, COMTE DE), député à l'Assemblée constituante de 1789, membre du Sénat conservateur et pair de France, né à la Rochelle (Charente-Inférieure), le 26 septembre 1756, mort à Paris, le 10 janvier 1819, était le fils du comte Claude et de la comtesse Fanny, née Marie-Anne-Françoise Mouchard, qui visait au bel esprit et tint un salon célèbre à Paris; il prit de bonne heure du service dans l'armée, et quand éclata la Révolution, il était capitaine au régiment des gardes françaises. Élu, le 16 mai 1789, député suppléant de la noblesse aux États-Généraux par la ville de Paris, il prit séance à l'Assemblée nationale le 3 novembre, par suite de la démission de Lally-Tollendal. Il fut peu partisan des idées nouvelles, et écrivait à sa femme en 1794 : « Qu'on ne me parle plus de république; l'on ne connaît le crime, le vol, le pillage, que depuis que nous en avons une; c'est un malheur d'être né dans un pareil temps. Mon fils a trouvé les demoiselles de chez Mme Campan fort aimables; la sœur de Bonaparte lui ressemble, il l'a trouvée assez bien, ainsi que Mlle de Beauharnais (la reine Hortense); ce sont toutes fameuses danseuses et grandes musiciennes... Les privations sont notre pain quotidien; tous les scélérats, avec leur pouvoir sans borne, ne pourront jamais rien sur notre cœur et nos sentiments, c'est un bien dont nous restons toujours les maîtres. » Nommé, le 5 pluviôse an XII, président du collège électoral du département de la Vendée, il entra au Sénat conservateur le 1er floréal de la même année, et fut créé membre de la Légion d'honneur le 25 prairial suivant. Napoléon Ier lui donna la sénatorerie d'Amiens, le 16 mars 1806; il reçut le titre de comte de l'Empire, le 6 juin 1808. Il devint, en 1810, membre du conseil d'administration du Sénat, chevalier d'honneur de l'Impératrice, grand-croix de l'ordre de la Fidélité (24 février) et obtint, le 30 juin 1811, le titre de grand officier de la Légion d'honneur. Louis XVIII ajouta encore de nouveaux honneurs à ceux qu'il tenait de Napoléon : Claude de Beauharnais fut appelé à la pairie, le 4 juin 1814. Dans le procès du maréchal Ney, il vota la mort.

BEAUHARNAIS (ALEXANDRE-FRANÇOIS-MARIE, VICOMTE DE), frère cadet du précédent, député aux États-Généraux de 1789, né à Port-Royal (Martinique), le 28 mai 1760, exécuté à Paris, le 23 juillet 1794, était major en second d'un régiment d'infanterie à la Martinique, lorsqu'il épousa, en 1779, Joséphine Tascher de la Pagerie. Il servit sous Rochambeau dans la guerre d'indépendance en Amérique, fut reçu avec faveur à la cour de France à son retour, et nommé major en second d'infanterie. D'un libé-

ralisme éclairé, il fut élu, le 30 mars 1789, député de la noblesse aux États-Généraux par le bailliage de Blois, et fut un des premiers députés de cet ordre qui se réunit au Tiers. Dans la nuit du 4 août, il vota la suppression des privilèges, l'égalité de tous les citoyens devant la loi et leur admissibilité à tous les emplois. Après avoir été élu secrétaire de l'Assemblée, il entra au comité militaire et y proposa les mesures capables de maintenir l'ordre dans l'armée. On put le voir, au Champ-de-Mars, lors des préparatifs de la fête de la fédération « attelé, dit Mercier, à la même charrette que l'abbé Sièyès ». Au nom de la discipline militaire, il loua Bouillé de la fermeté qu'il avait montrée dans les troubles de Nancy, et, président de l'Assemblée, annonça avec beaucoup de sang-froid la fuite du roi à Varennes : « Messieurs, le roi est parti cette nuit, passons à l'ordre du jour. » La fermeté calme qu'il montra en cette circonstance lui valut de être réélu président de l'Assemblée, le 31 juillet. Après la session, il partit pour l'armée du Nord avec le grade de colonel, commanda le camp de Soissons sous les ordres de Custine, reçut, après le 10 août, les félicitations de l'Assemblée législative pour sa « fidélité à l'honneur et à la patrie », refusa, en 1793, le ministère de la guerre, nommé général en chef de l'armée du Rhin, donna presque aussitôt sa démission, lorsque la loi interdit aux ex-nobles les fonctions militaires. Il en discuta les motifs dans la lettre qu'il écrivit alors :

« Au quartier général, à Wissembourg, 20 juin 1793, l'an 2e de la République.

Lettre du citoyen Alexandre Beauharnais, général-commandant en chef l'armée du Rhin, aux citoyens composant le conseil général de la commune de Paris.

« J'ai appris avec peine, magistrats du peuple qu'à l'occasion de ma nomination au ministère de la guerre, il avait été fait, dans votre sein, une proposition de demander qu'on éloignât les ci-devant nobles de toutes les fonctions publiques.

« Déjà le vœu de quelques sections de Paris et de plusieurs sociétés populaires, justement irritées contre les trahisons qui viennent sans cesse traverser la marche de la Révolution, semblait présager une mesure sévère contre tous ceux qui, dans l'ancien régime, faisaient partie d'une classe privilégiée; déjà plusieurs motions faites dans les Assemblées, où la liberté publique a tenu son berceau, indiquaient que, parmi les patriotes, il en est qui désirent que ceux des Français que jadis on appelait nobles, et ceux qui sont dans l'état ecclésiastique soient rayés de la liste des citoyens, et déclarés incapables de servir la République dans aucune fonction. Si cette proscription politique doit amener le calme dans la France, si elle peut mettre de côté tous les mauvais citoyens, n'appeler que des patriotes et des hommes éclairés aux fonctions civiles et militaires, enfin terminer cette guerre intestine qui s'élève aux dépens du bonheur public entre une majorité de la nation qui veut la République et une minorité très divisée en principes, qui ne s'entend que pour combattre la liberté, certes on ne saurait hésiter à prendre une mesure enfin salutaire, et l'intérêt du peuple commanderait même une ingratitude nécessaire envers ceux qui, nés malheureusement dans les classes ci-devant privilégiées, auraient cependant, par leur conduite, bien mérité de la patrie; mais, citoyens, l'intérêt du peuple est loin, ce me semble, de commander une proscription qui envelopperait, sans distinction, ses amis et ses ennemis, les bons et les méchants, les courageux partisans de la Révolution et ses lâches détracteurs.

« Vous savez, citoyens magistrats, qu'un peuple libre ne doit jamais perdre de vue qu'il mine la statue de la Liberté le jour qu'il ne lui laisse plus la même base qu'à celle de la Justice; or, quelle est la base première sur laquelle repose la justice éternelle, si ce n'est sur cette incontestable vérité : que les fautes étant personnelles, les peines doivent l'être également? Qui ne serait pas révolté de l'idée de sévir contre tous les habitants d'un département indistinctement parce que des actes multipliés d'incivisme auraient convaincu de défaut d'esprit public parmi la grande majorité? Qui ne sait pas que c'est ordinairement dans les pays ou dans les classes qui présentent une plus forte majorité de gens sans patriotisme qu'en opposition, les hommes qui composent la minorité, ont le plus de feu et le plus d'ardeur; pourrait-on donc confondre dans la même peine et le criminel envers la patrie, dont il conjure à chaque instant la ruine, et l'innocent dont tous les moments de la vie se dévouent à défendre son pays et à concourir à sa gloire? Non, une telle détermination ne saurait être prise à la fin du XVIIIe siècle, et quand un principe de justice tel que celui de rendre les fautes personnelles, est, par l'effet des lumières, respecté parmi les peuples esclaves, la France régénérée n'en présentera pas le mépris; vous ne souffrirez pas qu'on dise : Il est en France des hommes vertueux qui ont contribué à détruire le despotisme, qui ont concouru à rendre aux hommes l'exercice de leurs droits, et dont la récompense a été de s'en voir frustrés ; ces hommes étaient du nombre de ceux qui ont arraché au despotisme son sceptre de fer, ils l'ont brisé, et l'on en a rapproché les débris pour l'appesantir sur leurs têtes.

« Vous savez, citoyens administrateurs, que j'ai prié avec instance la Convention nationale de nommer un autre que moi au ministère de la guerre. La faiblesse de mes talents, qui sont loin d'être au niveau de mon zèle, me fera toujours fuir les postes éminents; mais si je suis si peu jaloux du commandement des armées et de places qui donnent une influence sur les affaires publiques, je le serai toujours de l'estime de mes concitoyens et en particulier d'une commune qui se distingue par son ardeur républicaine, d'une commune à laquelle la France doit, non seulement la chute du trône, mais encore cet esprit public qui peut préserver à jamais des despotes, en formant des amis à la liberté et des Brutus contre la tyrannie.

« Zélé partisan de la République, constamment attaché à la cause du peuple, je n'ai jamais cessé de défendre ses droits dans les sociétés populaires, où des milliers de nos concitoyens attesteront qu'avec courage j'ai attaqué le trône, les prêtres, les nobles, les feuillants, les modérés, et enfin tout ce qui mettait obstacle à la révolution la plus complète ou pouvait seulement faire transiger sur le bonheur public; tel je serai toujours, citoyens administrateurs. Soldat de ma patrie, je combattrai pour elle jusqu'à la mort, et quand la philosophie vous commande de ne plus voir dans les hommes que leurs vertus ou leurs vices personnels, accordez votre confiance à celui qui ne veut d'autre récompense de son dévouement, à celui dont le dernier soupir sera pour le bonheur de l'humanité, la liberté des peuples et la gloire du nom français.   Alex. de Beauharnais. »

Il se retira alors dans sa terre de Beauharnais (Loir-et-Cher); mais les dénonciations vinrent l'y poursuivre; arrêté et enfermé à Paris dans la prison des Carmes, il fut accusé devant le tribunal révolutionnaire d'avoir contribué à la capitulation de Mayence en ne secourant pas cette place; condamné à mort et exécuté, sa dernière pensée fut pour sa femme et pour ses enfants à qui il confia, dans un suprême adieu, la réhabilitation de sa mémoire. Il avait 34 ans.

BEAUHARNAIS (EUGÈNE-ROSE, PRINCE DE), pair des Cent-Jours, né à Paris, le 3 septembre 1781, mort à Munich (Bavière), le 21 février 1824, était fils du général vicomte Alexandre de Beauharnais (v. p. haut) et de Joséphine Tascher de la Pagerie. Tandis que son père était condamné à mort et exécuté et que sa mère était incarcérée (1794), Eugène fut mis d'abord en apprentissage chez un menuisier; puis il trouva un protecteur dans le général Hoche, qui le prit bientôt pour officier d'ordonnance. Grâce à la réaction thermidorienne, il put revenir à Paris, où sa mère, rendue à la liberté, venait de se lier avec le général Bonaparte : leur mariage (8 mars 1796) valut à Eugène le plus puissant de tous les patronages. Appelé en Italie, vers la fin de la même année, il fut conduit à Milan par le général Masséna, élevé au grade de sous-lieutenant et nommé aide de camp du général en chef; il reçut ensuite une mission pour les îles Ioniennes, que le traité de Campo-Formio venait de faire passer sous la domination française. Au retour, il arriva à Rome, où Joseph Bonaparte résidait en qualité d'ambassadeur, précisément à l'époque où le général Duphot perdit la vie dans une émeute (décembre 1797). Aide-de-camp de Bonaparte, son beau-père, pendant l'expédition d'Égypte (1798), il se signala à la prise de Suez et au siège de Saint-Jean-d'Acre, et fut du petit nombre des officiers qui accompagnèrent le général en chef, quand la marche des événements l'eut forcé de quitter l'Égypte. Nommé capitaine des chasseurs à cheval de la garde consulaire, il le suivit encore en Italie, gagna, à Marengo, le grade de chef d'escadron (1800). Deux ans après, il devenait colonel; en 1803, il recevait la décoration de la Légion d'honneur, et en 1804, il était promu général de brigade. Napoléon, proclamé empereur, le fit prince, archi-chancelier d'État de l'Empire (1805), enfin, lorsque la République italienne eut fait place à la monarchie, vice-roi d'Italie, en résidence à Milan. Peu après la journée d'Austerlitz et les victoires de Masséna, chargé de la direction de toutes les opérations militaires, qui eurent pour résultat l'annexion du territoire vénitien au royaume d'Italie, Beauharnais épousa (16 janvier 1806), la princesse Auguste-Amélie, fille du roi de Bavière. Sans prendre part à la guerre, Beauharnais seconda les vues de Napoléon par les mesures qu'il sut prendre pour organiser et consolider l'administration intérieure. D'habiles ministres, dont il suivit les conseils, introduisirent dans son royaume les codes français, fortifièrent les places, créèrent une armée, ouvrirent de nombreuses écoles, multiplièrent les routes et les canaux, favorisèrent les arts et l'industrie, et réalisèrent de sérieuses économies. En 1809, lorsque l'Autriche, cherchant à venger de nombreuses défaites, voulut profiter de la guerre funeste qui occupait en Espagne une partie de nos forces pour reprendre contre nous les hostilités, Eugène fut chargé par Napoléon d'arrêter l'ennemi sur l'Isonzo ; ses débuts, comme commandant en chef, furent médiocres. Il dut se replier sur Mestre, puis sur Sacile, où il fut battu par les troupes de l'archiduc Jean ; continuant son mouvement rétrograde, il recula jusqu'au delà de Padoue. Il fallut, pour lui permettre de reprendre l'offensive avec avantage, les renforts et les secours que lui apportèrent Macdonald et Grenier. Après une suite de victoires remportées à Tarvis, à Malborghetto, à Leoben, il put faire sa jonction à Vienne avec la grande armée, et contribuer au succès de la bataille de Wagram, dans la journée du 6 juillet 1809.

Cependant Napoléon songeait à dissoudre son mariage avec Joséphine et à s'unir avec une princesse de la maison d'Autriche ; Eugène Beauharnais accepta le singulier rôle de préparer sa mère au divorce et d'annoncer lui-même au Sénat la déchéance de l'Impératrice. Il ne reçut d'ailleurs, pour prix de sa résignation, que la survivance du grand-duché de Francfort. Il ne se rendit pas moins auprès de l'Empereur, lors de la cérémonie de son nouveau mariage, refusa, au dire de quelques biographes, le trône de Suède que lui aurait offert Duroc de la part de Napoléon, et revint en Italie. Bientôt éclata la guerre contre la Russie. Eugène, toujours docile à la volonté impériale, se dirigea sur le Tyrol pour se réunir à la grande armée qui s'avançait vers la Pologne. A la tête du 4e corps, dont il avait le commandement, il assista, dans cette campagne, aux combats d'Ostrowno, de Witepsk, de Smolensk, et à la bataille de la Moskowa. Pendant la retraite mémorable qui suivit l'occupation de Moscou, il montra de la résolution et de la persévérance ; au passage de la Bérésina, il perdit presque tous ses hommes. Sa conduite lui attira de grands éloges de Napoléon, qui le choisit pour succéder à Murat, quand celui-ci annonça l'intention de retourner dans ses Etats. Eugène rallia les débris de l'armée, les ramena du fond de la Pologne jusqu'au milieu de la Saxe, contribua, le 2 mai 1813, à la victoire de Lützen, mais dut quitter précipitamment l'Allemagne pour aller défendre l'Italie, menacée par la cour de Vienne. Là, il tint quelque temps en respect l'armée ennemie, jusqu'au moment où les défections du roi de Bavière et de Murat l'obligèrent à se réfugier derrière le Mincio ; bientôt l'entrée des alliés à Paris et l'abdication de Napoléon rendirent sa résistance inutile (avril 1814). — On a prétendu, non sans vraisemblance, qu'Eugène fit à cette époque tous ses efforts pour obtenir de la coalition des conditions spéciales qui lui eussent garanti la possession du royaume d'Italie. Quoi qu'il en soit, il est certain qu'il s'empressa de faire transporter à Mantoue ce qu'il avait de plus précieux, et de se retirer en Bavière après avoir adressé à son armée une proclamation où il disait : « Soldats français ! vous allez reprendre le chemin de vos foyers ; il m'eût été bien doux de pouvoir vous y ramener : dans d'autres circonstances je n'eusse cédé à personne le soin de conduire au terme du repos les braves qui ont suivi avec un dévouement si noble et si constant les sentiers de la gloire et de l'honneur. » Le prince gagna le Tyrol sous la protection du colonel autrichien commandant la place de Roveredo, qui mit à sa disposition sa voiture, son uniforme, ses gens, sa livrée. Arrivé à Munich, où il apportait une somme de trente millions, il fut doté par le roi Maximilien du duché de Leuchtenberg et de la principauté d'Eischstaedt.

Enfin, il se risqua à se rendre à Paris, et à présenter ses devoirs à Louis XVIII, qui accueillit avec beaucoup de distinction le « marquis de Beauharnais ». En même temps, il tâchait de gagner les bonnes grâces des souverains étrangers ; il assista même au congrès de Vienne, et sollicita particulièrement du czar Alexandre une principauté, qu'il ne réussit pas à obtenir. Le retour de l'île d'Elbe, et la nouvelle distinction qu'il accepta alors de Napoléon (il fit partie de la Chambre des pairs des Cent-Jours), le rendirent suspect à la seconde Restauration. Malgré l'attitude extrêmement réservée qu'il observa en 1815 à l'égard de l'Empereur il dut, après Waterloo, quitter la France, et se retirer à Bayreuth, puis à Munich, où il passa les dernières années de sa vie, devenu absolument étranger à sa patrie et exclusivement occupé de régir et d'accroître son immense fortune.

BEAUJOUR (Louis-Auguste Félix, baron de), membre du Tribunat, député de 1831 à 1834, et pair de France, né à Callas (Var), le 28 décembre 1765, mort à Paris, le 1er juillet 1836, fit ses études à Aix et les termina à Paris, puis il entra dans la carrière diplomatique, fut successivement secrétaire de légation à Munich (1790) et à Dresde (1791), consul général en Grèce (1794), puis, en 1799, consul général chargé d'affaires en Suède. De retour à Paris en 1800, il obtint un vif succès par la publication d'un remarquable ouvrage intitulé : *Tableau du commerce de la Grèce, formé d'après une année moyenne depuis 1787 jusqu'en 1797.* Peu de temps après, il fut appelé au Tribunat, où il prit assez souvent la parole et dont il fut le secrétaire (21 juin 1803), puis le président (24 octobre). Deux nouveaux opuscules de lui, l'un sur le *Traité de Lunéville*, l'autre sur le *Traité d'Amiens*, parus en 1801, fixèrent l'attention du 1er consul, qui confia à Beaujour, après qu'il eut quitté le Tribunat, l'emploi de commissaire général à Georgetown (Etats-Unis). Il rapporta de cette mission un nouveau livre : *Aperçu des Etats-Unis au commencement du XIXe siècle*, dont il fit hommage, en 1814, à la Chambre des pairs. La Restauration nomma le baron de Beaujour consul général à Smyrne, en mai 1816, puis, l'année d'après, inspecteur général de tous les consulats du Levant. En cette qualité, il visita les Echelles et les divers établissements français. Il reçut le titre de baron à son retour à Paris. Il se remit alors à ses études favorites, écrivit encore plusieurs ouvrages politiques et statistiques : une *Théorie des Gouvernements* (1824), un *Tableau des révolutions de la France*, un *Voyage dans l'empire ottoman*, etc., avec tableaux et cartes. Le 5 juillet 1831, le 3e collège électoral des Bouches-du-Rhône (Marseille), où ses services, pendant son administration de consul, l'avaient rendu populaire, le désigna, par 162 voix sur 175 votants et 468 inscrits, pour le représenter à la Chambre des députés, où il siégea dans la majorité ministérielle jusqu'à la fin de la législature sans s'y faire remarquer. Non réélu au renouvellement de 1834, il fut appelé, le 11 septembre 1835, un an avant sa mort, à la Chambre des pairs par Louis-Philippe. Le baron Félix de Beaujour était membre correspondant de l'Institut et officier de la Légion d'honneur du 30 avril 1836.

BEAULIEU, ministre des Finances de mars à juillet 1792. Il n'a pas été possible de trouver un seul document d'état civil sur ce ministre, qui, modeste commissaire de la comptabilité nationale, fut nommé « ministre des contributions publiques » en remplacement de Clavière, par l'influence du député Chapelier. En rendant compte de la situation de son ministère, 4 mois après, il donna sa démission, qui fut acceptée, fut arrêté pendant quelques jours, et disparut de la scène politique.

BEAUMELIN (François-Joseph), député à l'Assemblée législative de 1791, né à Thann (Haut-Rhin), le 18 avril 1761, mort le 16 février 1834, devint avocat au Conseil souverain d'Alsace en 1785, et exerça en 1790 les fonctions de membre du directoire du district de Belfort. L'année suivante (4 septembre 1791) il fut élu député du Haut-Rhin à l'Assemblée législative, par 192 voix sur 367 votants. Il ne fit point partie de la Convention nationale. Arrêté comme fédéraliste en 1793, il devint, après le 9 thermidor, substitut de l'agent national du territoire de Belfort. Il reprit ensuite sa place au barreau de Colmar.

BEAUMETZ (de). — *Voy.* Briois.

BEAUMONT (Christophe-Armand-Paul-Alexandre, vicomte de), député de 1824 à 1830, né à Paris, le 30 décembre 1770, mort à Pau (Basses-Pyrénées), le 12 juillet 1841, appartint à l'armée et à l'administration préfectorale, il fut notamment préfet des Basses-Pyrénées. Le 6 mars 1824, élu député par le collège de département de la Dordogne, avec 145 voix sur 204 votants et 323 inscrits, il vota à la Chambre avec les royalistes constitutionnels, défenseurs de la Charte, et combattit la politique de M. de Villèle. Les libéraux du temps le considéraient (*Biographie des députés de la Chambre septennale*) comme « un caractère plein de noblesse, de fermeté et d'indépendance. » Il monta quelquefois à la tribune, notamment lors de la discussion sur le milliard des émigrés, et soutint, dans la séance du 7 février 1825, que « le roi n'avait pas plus le pouvoir de sanctionner la spoliation d'une classe que la spoliation d'un particulier, et que la Charte n'avait entendu que préserver les acquéreurs de poursuites judiciaires. Pour satisfaire à tous les vœux, il faut rendre à chacun ce qui lui appartient : les biens aux émigrés et l'indemnité aux acquéreurs ». Il fut l'auteur de plusieurs propositions assez importantes, dont l'une, présentée de concert avec M. Mestadier, dans la séance du 30 avril 1825, avait pour objet d'obliger les ministres à apporter, dans la session suivante, les comptes de leurs opérations relatives à la guerre d'Espagne et de la liquidation définitive des fournitures faites par le munitionnaire général. Cet amendement, qui fut adopté par la Chambre, fit alors un certain bruit.

Le vicomte de Beaumont fut réélu le 24 novembre 1827 (173 voix sur 204 votants, 309 inscrits). Il échoua au renouvellement du 3 juillet 1830 avec 97 voix, contre M. Chilhaud de la Rigaudie, élu par 116 voix. Chevalier de la Légion d'honneur, il fut retraité comme préfet le 8 juin 1833.

BEAUMONT (Félix-Bellator, comte de, dit Beaumont de la Somme), député de 1839 à 1848, représentant du peuple aux Assemblées constituante et législative de 1848-49, et sénateur du second Empire, né à Paris, le 25 décembre 1793, mort à Paris, le 22 février 1866, prit part, comme officier, aux dernières campagnes du 1ᵉʳ Empire, fut fait prisonnier par les Russes à la bataille de Dresde, et ne revint en France qu'en 1815. En 1816, il entra au 1ᵉʳ léger et devint capitaine en 1823; mais ses opinions bonapartistes le firent mettre en non-activité (1826). Il quitta alors définitivement l'armée pour se livrer dans ses propriétés à des travaux agricoles. Ses connaissances spéciales le firent admettre dans le Conseil général d'agriculture. Au Conseil général de la Somme, dont il faisait également partie, et plus tard, à la Chambre des députés, où il entra, le 2 mars 1839, comme l'élu du 7ᵉ collège de la Somme (Péronne), avec 331 voix, il traita tout particulièrement les questions agricoles. Réélu député successivement les 9 juillet 1842 et 1ᵉʳ août 1846, il prit une part active aux travaux des bureaux et des commissions et aborda aussi la tribune dans les discussions relatives aux divers projets d'adresse, aux budgets, aux sucres, aux fortifications de Paris, aux douanes, au recrutement de l'armée, aux chemins de fer, aux patentes, aux prisons, etc. C'était un orateur d'affaires. Il vota d'ailleurs régulièrement avec l'opposition et suivit en politique, jusqu'à la révolution de Février, les inspirations de Dupont (de l'Eure). Mais, la République proclamée, il ne compta point parmi les défenseurs du gouvernement démocratique. Le département de la Somme l'ayant envoyé à l'Assemblée constituante, le 23 avril 1848, le 1ᵉʳ sur 14, avec 138,463 voix, ce fut à droite qu'il alla prendre place, votant avec la majorité de l'Assemblée : le 26 août 1848, *pour* les poursuites intentées à Louis Blanc et à Caussidière; le 1ᵉʳ septembre, *pour* le rétablissement de la contrainte par corps; le 2 septembre, *pour* le maintien de l'état de siège; le 2 novembre, *contre* le droit au travail; le 28 décembre, *contre* la réduction de l'impôt du sel; le 12 janvier 1849, *pour* la proposition Rateau; le 1ᵉʳ février, *contre* l'amnistie; le 21 mars, *pour* l'interdiction des clubs; le 16 avril, *pour* les crédits de l'expédition de Rome; le 11 mai, *contre* la demande de mise en accusation du président et de ses ministres.

Partisan du prince Louis-Napoléon Bonaparte, il ne cessa de soutenir, depuis son avènement jusqu'au 2 décembre 1851 inclusivement, la politique personnelle du président. Représentant à l'Assemblée législative (13 mai 1849) où le renvoya le département de la Somme, par 88,585 voix sur 106,444 votants et 169,321 inscrits, il siégea encore à droite, appuya l'expédition d'Italie et donna son suffrage à toutes les lois répressives soumises par le gouvernement à l'Assemblée. Après le coup d'État, M. de Beaumont fut compris dans la 1ʳᵉ promotion de sénateurs (26 janvier 1852) ; il concourut ainsi, la même année, au rétablissement de l'Empire et vota, plus tard, la loi de sûreté générale. Son rôle au Sénat fut d'ailleurs peu important.

BEAUMONT (Marc-Antoine la Bonninière, comte de), membre du Sénat conservateur et pair de France, né à Beaumont-la-Rance (Indre-et-Loire), le 23 septembre 1763, mort à Paris, le 4 février 1830, fut admis parmi les pages de Marie-Antoinette en 1777, et était capitaine de cavalerie en 1788. N'ayant pas émigré, il devint colonel du 5ᵉ dragons en 1793, et prit part aux campagnes du Nord et de Sambre-et-Meuse. En mission à Lyon, et incarcéré comme suspect, il fut condamné à mort; mais ses dragons le réclamèrent sur un ton qui ne souffrait pas de refus, et le sauvèrent.

Général de brigade à l'armée d'Italie, en

1797, il eut l'épaule traversée d'une balle, en avril 1797, au massacre des « pâques véronaises ». Chevalier de la Légion d'honneur le 19 frimaire an XII, commandeur le 25 prairial an XII, il fut nommé général de division en 1803, grand-officier de la Légion d'honneur le 10 février 1806, et se battit courageusement à Austerlitz, à Iéna et à Eylau. Nommé membre du Sénat conservateur, le 14 août 1807, il fut créé comte de l'Empire le 26 avril 1808, commanda en 1809 le corps d'observation d'Augsbourg, et devint, à sa rentrée en France, premier chambellan de Madame, mère de l'Empereur, et grand croix de l'ordre militaire de Bavière. La première Restauration l'éleva à la dignité de pair de France (4 juin 1814) et lui donna la croix de Saint-Louis (27 juin 1814). Au retour de Gand, il commanda un corps d'armée à Paris et fut chargé de l'inspection des 3ᵉ et 4ᵉ corps. Dans le procès du maréchal Ney, il vota pour la mort. Il était beau-frère du maréchal Davoust.

BEAUMONT (ANDRÉ-CHARLES DE LA BONNINIÈRE, COMTE DE), frère du précédent, député au Corps législatif de 1813 à 1815 et de 1815 à 1816, né à Beaumont-la-Ronce (Indre-et-Loire), le 6 juin 1768, mort à la Motte-Souzay (Indre-et-Loire), le 9 mars 1836, entra dans les pages de Louis XVI, n'émigra pas à la Révolution, et fut quelque temps sous l'Empire, chevalier d'honneur de l'impératrice Joséphine, et créé baron de l'Empire le 26 avril 1811.

Il vivait dans sa terre de Notre-Dame-d'Oé (Indre-et-Loire), lorsqu'il fut élu par le Sénat conservateur député au Corps législatif pour le département d'Indre-et-Loire, le 6 janvier 1813, et réélu, le 22 août 1815, par le collège de ce même département, avec 99 voix sur 190 votants et 244 inscrits. Il siégea au centre, et se fit peu remarquer dans ces courtes législatures.

BEAUMONT (LOUIS-NAPOLÉON LA BONNINIÈRE, COMTE DE), pair de France, né à Paris, le 22 mars 1803, mort au château de Marly-le-Roi, le 27 septembre 1877, entra à la Chambre des pairs par droit héréditaire, le 6 mai 1833, après la mort de son père. Il y siégea obscurément jusqu'à la révolution de Février 1848, sans que les documents parlementaires aient gardé aucune trace de son passage à la Chambre haute.

BEAUMONT (GUSTAVE-AUGUSTE LA BONNINIÈRE, COMTE DE), député de 1839 à 1848 et représentant du peuple aux Assemblées constituante et législative de 1848 et 1849, né à Beaumont-la-Chartre (Sarthe), le 16 février 1802, mort à Tours (Indre-et-Loire), le 30 mars 1866, entra dans la magistrature sous la Restauration, et y resta après 1830; il était procureur du roi au début du règne de Louis-Philippe. Chargé par le gouvernement, en 1831, d'une mission aux États-Unis afin d'étudier le système pénitentiaire américain, il s'acquitta de cette tâche avec M. de Tocqueville; à son retour, il fut désigné pour être l'organe du ministère public dans le procès intenté par la baronne de Feuchères à la famille de Rohan. Sur son refus, on le destitua. Il se retira alors dans son département et s'y occupa de travaux littéraires et historiques. Son voyage aux États-Unis lui fournit la matière de deux ouvrages qui lui valurent chacun un prix Monthyon, l'un sur le *Système pénitentiaire* en collaboration avec Tocqueville, l'autre sur

la question de l'*Esclavage*. Le 15 décembre 1839, les électeurs du 6ᵉ collège de la Sarthe (Mamers) l'appelèrent au siège de M. Letrône, décédé. Il prit place dans l'opposition dynastique, et se posa en adversaire résolu et redoutable des ministres doctrinaires de Louis-Philippe. Il parla sur les chemins de fer, sur l'Algérie, etc. Réélu, le 9 juillet 1842, avec 226 voix (287 votants, 368 inscrits), puis le 1ᵉʳ août 1846 avec 233 voix (299 votants, 362 inscrits) dans le même collège électoral, il fut également, à cette dernière date, l'élu du 4ᵉ collège de la Sarthe (Saint-Calais): il opta alors pour la circonscription de Mamers, et reprit sa place dans les rangs de la gauche constitutionnelle. En 1844, il proposa un amendement au paragraphe du projet d'adresse relatif à la politique extérieure, et intervint fréquemment dans le débat sur la réforme des prisons. En 1845, il soutint la proposition Rémusat sur les incompatibilités, celle de M. Vatry, sur les députés intéressés dans les marchés passés avec l'État, et celle de Crémieux en faveur de la réforme électorale. Son infatigable activité parlementaire était diversement appréciée : « Aucune fatigue ne l'arrête, aucun échec ne le décourage, » écrivait en 1846 l'auteur de la *Biographie des députés*. « Sa vie est un combat perpétuel où se déploient toutes les ressources de son esprit et les qualités de son cœur. » Par contre, un biographe légitimiste (le *Procuste parlementaire*), l'appelle par dérision « ce grand cœur » et « ce beau génie », et le dépeint comme « une vanité impuissante qui se croit un Hercule, parce qu'elle fait le moulinet dans le vide avec un bâton de sureau. »

Après la révolution de Février 1848, M. Gustave de Beaumont fut élu représentant du peuple par le département de la Somme, le 5ᵉ sur 12, avec 83,935 voix (114,212 votants).

Rallié à une République très modérée, il soutint dans l'Assemblée constituante la politique de Cavaignac, fit partie du Comité de constitution, mais fut empêché de prendre part à un grand nombre de débats par les fonctions diplomatiques dont l'investit le gouvernement : il représenta, en effet, la France d'abord à Londres, puis à Vienne, comme ambassadeur. Ses principaux votes furent d'accord avec ceux de la droite :

Le 9 août 1848, *pour* le rétablissement du cautionnement; 28 décembre, *contre* la réduction de l'impôt du sel; 12 janvier 1849, *pour* la proposition Rateau; 16 avril, *pour* les crédits de l'expédition romaine; 2 mai, *contre* l'amnistie des transportés.

Dans la séance du 23 mai 1849 (affaires d'Italie et de Hongrie), M. de Beaumont prit la parole pour soutenir l'amendement Cavaignac, qui fut adopté par 436 voix contre 184. Cet amendement recommandait au gouvernement de « prendre les mesures nécessaires pour protéger énergiquement » les intérêts intérieurs et extérieurs de la République.

Réélu à l'Assemblée législative, le 13 mai 1849, par 67,850 voix (103,029 votants et 135,640 inscrits), il resta fidèle à la même politique, conservant ses préférences pour la république constitutionnelle, mais assez loin de la Montagne et des représentants de la démocratie avancée. Il ne soutint pas le prince président dans les préparatifs de son coup d'État, et protesta contre le 2 décembre à la mairie du Xᵉ arrondissement. Arrêté et conduit au Mont-Valérien, il fut relâché au bout de quelques jours, et rendu à la vie privée. Il faisait partie de l'Institut (Académie des sciences morales et

16

politiques) depuis 1841. Le 1er juin 1863, il fit une tentative infructueuse, comme candidat de l'opposition, pour entrer au Corps législatif : il échoua, dans la 4e circonscription de la Sarthe, avec 7,078 voix contre 14,708 accordées au député impérialiste sortant, M. Marc de Beauvau, qui fut réélu.

— L'ouvrage le plus remarquable de M. G. de Beaumont est une étude sur l'*Irlande politique, sociale et religieuse* (1839-1842).

BEAUMONT. — *Voy.* AUTICHAMP (COMTE D').

BEAUNAY (ALFRED-LOUIS-HIPPOLYTE DE), représentant du peuple à l'Assemblée législative de 1849, né à Noyen (Sarthe), le 12 août 1792, mort à Noyen, le 17 février 1856, entra à l'Assemblée législative, le 13 mai 1849, comme représentant de la Sarthe, élu le 9e sur 10, avec 51,748 voix (103,029 votants, 135,640 inscrits). Légitimiste, il fit partie de la majorité de droite et s'associa à tous les votes de la réaction monarchiste qui dominait à la Législative. Il vota *pour* l'expédition romaine, *pour* les poursuites intentées aux représentants compromis dans l'affaire du 13 juin 1849, *pour* la loi organique sur l'enseignement présentée par M. de Parieu, ministre de l'instruction publique, et *pour* la loi du 31 mai 1850 restreignant l'exercice du suffrage universel. Après le Deux Décembre 1851, M. de Beaunay se retira de la vie politique active.

BEAUNE (JEAN-BAPTISTE-AUGUSTIN DE), représentant du peuple à l'Assemblée législative de 1849, né à Roquemaure (Gard), le 15 janvier 1796, mort à Paris le 22 novembre 1849, était propriétaire à Roquemaure, quand les électeurs monarchistes du département du Gard le choisirent, le 13 mai 1849, pour représentant à l'Assemblée législative, par 50,032 voix sur 91,741 votants et 121,533 inscrits. Il siégea à droite, et vota : 20 octobre 1849, *pour* le projet de loi portant demande de crédits pour l'expédition romaine ; 5 novembre, *pour* la proposition du général Baraguey d'Hilliers, tendant à abolir la gratuité absolue des Ecoles polytechnique et de Saint-Cyr. Il mourut l'année même de son élection, pendant la session législative.

BEAUPERREY (PIERRE-JEAN-ANTOINE), député à l'Assemblée constituante de 1789, né le 13 octobre 1745, mort à une date inconnue. Laboureur à la Chapelle-Moyenneville (Eure), à l'époque (27 mars 1789) de son élection, par le bailliage d'Evreux aux Etats-Généraux, il fut un des plus modestes membres du Tiers-Etat et de la majorité de l'Assemblée, où il ne prit jamais la parole, à en juger par le silence du *Moniteur Officiel* à son égard.

BEAUPOIL DE SAINT-AULAIRE (MARTIAL-LOUIS), député de l'Assemblée constituante de 1789, né au château de Barry (Bouches-du-Rhône), le 1er janvier 1719, mort à Fribourg (Allemagne), le 17 mars 1798, était issu d'une très ancienne famille noble que quelques-uns font remonter au XIIIe siècle, d'autres seulement au XVe, et qui, d'abord établie en Bretagne, passa ensuite dans le Limousin et donna des généraux, des prélats, des littérateurs. — Martial-Louis Beaupoil de Saint-Aulaire entra dans les ordres et fut sacré évêque de Poitiers en 1759. Député du clergé, le 27 mars 1789, aux Etats-Généraux, où il représenta la sénéchaussée du Poitou, il s'était

montré, dans l'Assemblée préparatoire de son ordre tenue à Poitiers pour la rédaction des cahiers, très opposé aux prétentions du bas-clergé. Le curé de Notre-Dame de Poitiers s'en plaignit officiellement dans une lettre adressée à Necker, où il prétendit « que les évêques de Poitiers et de Luçon s'étaient opposés constamment à admettre dans le procès-verbal les demandes, réclamations et protestations qu'ont voulu faire] Messieurs les curés, relativement au susdit cahier, de manière que le cahier n'est, à proprement parler, que celui de Messeigneurs les évêques ; aussi est-il sans ordre, sans style et sans franchise ». L'évêque s'efforça du moins de prévenir dans son clergé le goût des innovations : « Nos biens, disait-il, notre existence civile et politique, tout est menacé. Fasse le ciel que l'orage qui gronde sur la tête des ministres des autels respecte les autels mêmes. » Il siégea parmi les plus obstinés défenseurs de l'ancien régime et se montra, dès le début, l'adversaire de toutes les innovations et de toutes les réformes proposées. Démissionnaire « pour raison de santé », le 10 septembre, il rentra sans doute, quelque temps après, dans l'Assemblée, car on le retrouve à la séance du 4 janvier 1791, protestant contre la Constitution civile du clergé par ces paroles : « J'ai soixante-dix ans, j'en ai passé trente-cinq dans l'épiscopat où j'ai fait tout le bien que je pouvais faire. Accablé d'années et d'études, je ne veux pas déshonorer ma vieillesse, je ne veux pas prêter un serment..... *(Il s'élève beaucoup de murmures.)* Je prendrai mon sort en esprit de pénitence. *(La partie droite applaudit.)* » Il quitta la France aussitôt après la session et émigra en Allemagne, où il mourut sous le Directoire.

BEAUPOIL DE SAINT-AULAIRE (JOSEPH, MARQUIS), pair de France, né à Périgueux (Dordogne), le 19 mars 1758, mort à Paris, le 19 février 1829, suivit la carrière militaire, fut admis au nombre des pages du roi Louis XV en 1771, et mena une vie dispendieuse qui obligea sa femme — il avait épousé la fille du comte de Noyan, blessé à la bataille de Lawfeld — à demander une séparation de biens. Il suivit alors son régiment de garnison en garnison, puis émigra en 1791, et fit campagne contre la Révolution à l'armée des princes.

En 1807, il habitait Bucharest et fut porté sur la dernière liste d'émigrés dressée par ordre de Napoléon, le 15 novembre 1807, « pour servir à l'exécution des lois de l'Etat relativement aux individus qui y sont compris », et datée « en notre palais impérial de Fontainebleau. » Rentré en France à la Restauration, il fut retraité comme chef d'escadron, et, appelé, par ordonnance du 5 mars 1819, à la Chambre des pairs, y prit séance le 27 juin 1821, et y siégea obscurément jusqu'à sa mort.

BEAUPOIL DE SAINT-AULAIRE (LOUIS-CLAIR, COMTE DE), fils du précédent, député de 1815 à 1829, et pair de France, né à Bagner-Pican (Ille-et-Vilaine), le 9 avril 1778, mort à Paris, le 12 novembre 1854. Sa mère, née de Ranconnet de Noyan, séparée de son mari, surveilla l'éducation de son fils et le plaça au collège Louis-le-Grand, puis au collège Mazarin ; les personnages politiques, pour la plupart royalistes du côté droit de l'Assemblée constituante qu'elle recevait dans son salon, exercèrent, dès le début de la Révolution, une décisive influence sur l'esprit et les opinions du jeune Louis de Saint-Aulaire. Au 10 août,

Mme de Saint-Aulaire, déjà ruinée par son mari, se trouvait logée dans un modeste appartement de la rue des Marais à Paris. Après avoir vu plusieurs de ses parents ou de ses amis frappés par la Révolution, elle fut elle-même atteinte (mai 1794) par le décret qui enjoignait à tous les nobles de sortir de Paris; elle se retira alors à Vaugirard, tandis que son fils terminait ses études à l'Ecole des ponts et chaussées. Garde national, il fit partie au 9 thermidor, de l'escorte qui conduisit Saint-Just de l'Hôtel-de-Ville aux Tuileries. Il fut admis peu après (novembre 1794) à l'Ecole centrale des travaux publics, qui devint l'Ecole polytechnique, puis entra dans le corps des ingénieurs géographes. On était alors en pleine réaction. Il se fixa à Paris avec sa mère, épousa (1798) Mlle de Soyecourt, petite-fille du prince de Nassau-Sarrbrück, qui mourut en 1808, laissant deux filles dont l'une devint la femme du comte Decazes, alors ministre de la police. Rallié à Bonaparte après le 18 brumaire, il accepta de l'Empire d'importantes fonctions administratives. Il s'était remarié en 1809 avec Mlle du Roure. Nommé préfet de la Meuse, le 12 mars 1813, alors que la retraite de l'armée française avait rempli de malades et de blessés les hôpitaux de l'Alsace et de la Lorraine, il quitta Bar-le-Duc lors de l'occupation de cette ville par les alliés (janvier 1814), revint à Paris et se chargea de remettre à M. de Metternich une lettre particulière de l'impératrice Marie-Louise au moment de l'abdication de Napoléon. Non moins empressé auprès des Bourbons, il fut (octobre 1814), préfet de Louis XVIII dans la Haute-Garonne, mais il sembla désespérer de la cause royaliste, au retour de l'île d'Elbe, et recommanda alors aux habitants de Toulouse de s'abstenir de toute tentative de résistance. Cette manifestation équivoque fut, pendant la seconde restauration, considérée par les légitimistes purs comme une véritable trahison qu'ils ne lui pardonnèrent pas. Membre de la Chambre introuvable de 1815, où le collège de département de la Meuse l'envoya avec 81 voix (84 votants, 263 inscrits), il siégea dans la minorité. Puis, l'ordonnance du 5 septembre ayant rétabli les conditions d'éligibilité prescrites par la charte, Saint-Aulaire, qui n'avait que 38 ans, ne devint éligible qu'en 1818. Le collège électoral du département du Gard lui confia, le 21 octobre de cette année, un nouveau mandat législatif. Ce département qui avait été le théâtre d'une impitoyable réaction, avait alors pour préfet le comte d'Argout. Lorsque M. de Villèle attaqua la validité et la sincérité des opérations électorales, Saint-Aulaire lui répondit que, en 1815, treize protestants avaient été égorgés dans les rues de Nimes, la veille de l'élection, tandis qu'en 1818, les électeurs de cette religion avaient pu voter sans courir risque de la vie. Il parla dans plusieurs autres débats intéressants, souleva un incident le 15 février 1819, en répondant à Clausel de Coussergues, qui accusait le ministre Decazes de complicité dans l'assassinat du duc de Berry: « Je déclare à M. Clausel de Coussergues qu'il est un calomniateur », vota avec la droite (10 mars) le projet de loi suspensif de la liberté individuelle, mais refusa de s'associer, le 22 mai, à l'adoption de la nouvelle loi sur les élections; il soutint, à ce sujet, que la loi détruisait les libertés publiques, avilissait la Chambre, anéantissait le gouvernement représentatif. « On nous promet, dit-il en substance, que la féodalité ne reviendra pas. C'est nous supposer absurdes. Quand nous parlons de l'effroi qu'on

a du retour de l'aristocratie, nous ne parlons pas de l'aristocratie purement féodale. Nous savons bien qu'il ne s'agit pas d'aller à ses affaires, le casque en tête et la rondache en main; aucun des membres du côté droit n'a encore décoré sa maison de créneaux et de machicoulis. Mais si c'est une aristocratie moins burlesque, elle sera peut-être plus dangereuse et plus puissante. » Royaliste constitutionnel, il tint la même ligne de conduite aux législatures suivantes; réélu le 13 novembre 1822, par le 2e arrondissement du Gard (Alais) et le 17 novembre 1827, par le 4e arrondissement de la Gironde (Libourne) en même temps que par le 2e arrondissement de la Meuse (Verdun), il combattit le triumvirat Villèle-Corbière-Peyronnet, se fit remarquer dans la discussion de la loi sur la presse, demanda, à propos du procès du général Berton, que le procureur-général de la cour de Poitiers eût à répondre devant la Chambre, des insinuations dirigées par lui contre certains députés de l'opposition, et prit la parole dans la séance où fut votée l'exclusion de Manuel : « On vous demande, s'écria-t-il, d'appliquer à M. Manuel la peine la plus sévère que vous ayez non pas le droit mais la puissance de prononcer, l'exclusion de la Chambre, c'est-à-dire l'interdiction des droits civils, peine classée parmi les peines infamantes... Si votre jugement n'obtient pas l'approbation de la France, le sentiment d'indignation et d'horreur que vous prétendez attacher à sa personne retombera sur vous. On vous accusera avec raison d'avoir violé les droits du département qui l'a élu et les principes consacrés par la charte pour satisfaire votre haine. »

Non réélu dans le Gard aux élections suivantes en attendant la double élection qui devait le ramener à la Chambre, Beaupoil de Saint-Aulaire s'occupa activement de littérature, traduisit Lessing, Gœthe, et écrivit une *Histoire de la Fronde* (1827), qui eut un succès marqué. Favorable au ministère Martignac, il devint à la session de 1829, vice-président de la Chambre; mais il entra presque aussitôt à la Chambre des pairs, par suite de la mort de son père. Au moment de la Révolution de juillet 1830, il était en voyage à Amsterdam; il revint en hâte à Paris; après quelques hésitations, il adhéra au gouvernement nouveau, reçut du général Sébastiani, alors ministre des affaires étrangères, l'ambassade de Rome, où il eut à défendre l'autorité spirituelle et temporelle du pape, menacée par de graves insurrections, puis celle de Vienne (1833), où il se trouva aux prises avec la question d'Orient, enfin celle de Londres, qu'il occupa de 1841 à 1847. Il avait succédé, le 7 janvier 1841, comme membre de l'Académie française, à M. de Pastoret. La Révolution de 1848, et la proclamation de la République n'étaient pas pour lui plaire; elles mirent fin à sa carrière parlementaire et diplomatique. Il a pour successeur, à l'Académie française, le duc de Broglie.

BEAUPOIL DE SAINT-AULAIRE (Joseph-Louis-Camille, comte), député de 1842 à 1846, né à Paris, le 25 mars 1810, fils aîné du précédent et de Louise-Charlotte-Victorine de Grimoard de Beauvoir du Roure de Beaumont. Propriétaire à Nontron, il dut à la situation considérable de sa famille et particulièrement de son père, alors ambassadeur de France en Angleterre, d'abord le poste de secrétaire d'ambassade à Vienne, puis le mandat que lui confièrent, le 9 juillet 1842, les électeurs du 5e collège de la

Dordogne (Nontron). Élu avec 161 voix sur 310 votants et 366 inscrits contre 149 à M. Dusollier, député sortant, il siégea parmi les conservateurs, et vota sans cesse avec eux, notamment *pour* l'indemnité Pritchard, *contre* les projets de réforme électorale, et *contre* les incompatibilités.

BEAUPUY (Nicolas-Michel-Pierre-Armand Bacharetie de), député à l'Assemblée législative de 1791, au Conseil des Anciens et membre du Sénat conservateur, né à Mussidan (Dordogne), le 25 novembre 1752, mort à Mussidan, le 19 septembre 1802, d'une vieille famille du Périgord, entra dans l'armée à 25 ans comme sous-lieutenant au régiment de Dauphin-dragons, eut un avancement fort lent, et fut nommé, peu de temps avant la Révolution, capitaine dans le régiment de Mestre-de-camp-dragons. Lorsque la loi interdit aux nobles les fonctions militaires, il prit sa retraite (27 juillet 1791) étant déjà chevalier de Saint-Louis, et devint commandant de la garde nationale et maire de Mussidan, puis administrateur de la Dordogne et commissaire près l'administration centrale du même département; c'était un partisan éclairé des principes de 1789. Élu député de la Dordogne à l'Assemblée législative, le 11 septembre 1791, par 244 voix sur 444 votants, il siégea parmi les modérés, et membre du comité militaire, déposa sur le bureau de l'Assemblée, après la journée du 17 août 1792, sa croix de Saint-Louis, afin d'en frapper une médaille destinée à récompenser le premier soldat qui se distinguerait contre l'ennemi, et fut envoyé en mission au camp de Châlons. Pendant la session, on voulut l'obliger à dénoncer les membres fayettistes de l'Assemblée pour les arrêter : « Commencez par moi, répondit-il, ouvrez mon cœur, vous y verrez qu'on peut voter pour Lafayette avec des intentions pures. » Non réélu à la Convention, il revint à Mussidan exercer ses fonctions municipales, y accepta, dans l'intérêt du bon ordre, la présidence du comité révolutionnaire, mais, suspect de modérantisme, fut suspendu de ses fonctions. Après thermidor, il fut nommé (floréal an III) commissaire du directoire exécutif près le district de Mussidan, et élu, le 24 germinal an VII, à la presque unanimité, député de la Dordogne au Conseil des Anciens. Ayant prêté son concours au coup d'état de brumaire, il fut nommé, le lendemain, par les Consuls, membre de la commission intérimaire des Anciens, et le 3 nivôse suivant (an VIII) entra au Sénat conservateur. Il mourut pendant un voyage qu'il avait fait à Mussidan.

BEAUPUY (Joseph-Jean-Baptiste-Pierre Genis de), député de 1821 à 1827, né à Sarlat (Dordogne), le 2 avril 1776, mort à une date inconnue, appartenait à une vieille famille noble du Périgord. Il s'occupa spécialement d'agriculture, s'efforçant d'appliquer, dans ses domaines de Sarlat, de nouveaux procédés d'amélioration. Le 15 mars 1821, il fut élu député du 4e collège de la Dordogne (Sarlat) avec 84 voix sur 143 votants et 188 inscrits, contre 56 obtenues par M. Julien Bessières. Il remplaçait à la Chambre M. Laval, démissionnaire. M. Genis de Beaupuy siégea à droite et vota constamment avec les royalistes, sans jamais demander, toutefois, ainsi que le constate un biographe libéral, aucune faveur aux ministres. Réélu le 9 mai 1822 et le 25 février 1824, il marqua, d'ailleurs, très peu dans la Chambre, n'aborda pas la tribune, et se borna à faire partie de quelques commissions. Aux élections de novembre 1827, son concurrent de 1821 et de 1822, Julien Bessières l'ayant emporté sur lui, il vécut dès lors en dehors de la politique.

BEAUQUESNE (Luc-Antoine-Henry), député de 1827 à 1830, né à Auvillars (Tarn-et-Garonne), le 18 octobre 1766, mort à une date inconnue, resta, jusqu'au 17 novembre 1827, sans antécédents politiques notables. Propriétaire à Arques, conseiller général et maire de la commune de Merles, il fut, à cette date, élu député de 2e arrondissement du Tarn-et-Garonne (Moissac). Il siégea à droite, sans monter à la tribune, et fit dire de lui (*Biographie des députés*, par J. Dourille, 1829) : « Inconnu avant l'ouverture de la nouvelle Chambre, il y a été transporté par les bons électeurs de l'arrondissement de Moissac. Il valait tout autant réélire le noble comte de Caumont dont il partage les opinions. Du reste, il n'a pas fait grand bruit à la Chambre jusqu'à ce moment. Il s'est borné à déposer des boulettes noires dans l'urne législative, lorsqu'on a présenté des projets de loi favorables aux intérêts populaires. » Réélu, le 23 juin 1830, par le même collège, avec 211 voix sur 408 votants et 485 inscrits contre 196 données au baron de Férussac, il quitta la vie parlementaire après la révolution de Juillet.

BEAUQUIER (Charles), député depuis 1880, né à Besançon (Doubs), le 19 décembre 1833, suivit les cours de l'Ecole de Droit à Paris, et entra à l'Ecole des Chartes. Ayant obtenu les diplômes de licencié en droit et d'archiviste-paléographe, il s'occupa d'abord de critique musicale, puis de politique, collabora à la *Gazette musicale*, au *Ménestrel*, aux revues *britannique*, *générale*, *libérale*, et *des traditions populaires*, au *Réveil* (1870), à la *Marseillaise*, au *Mot d'ordre*, à la *Constitution*, etc., et fonda, à Besançon, le journal le *Doubs* (1868). Sous-préfet de Pontarlier, le 6 septembre 1870, il donna sa démission à la signature de la paix (1871), devint rédacteur en chef, à Besançon, du *Républicain de l'Est*, qui ne put résister que quelques années aux condamnations qui le frappèrent, entra au conseil général du Doubs (1871), au conseil municipal de Besançon (1873) et fonda le journal la *Fraternité* (1875). Candidat dans la 1re circonscription électorale de Besançon, en remplacement de M. Albert Grévy, nommé sénateur inamovible, il fut élu député, le 25 avril 1880, au 2e tour de scrutin, par 3,989 voix sur 7,797 votants et 13,677 inscrits, contre M. Olivier Ordinaire (3,560 voix). Il siégea à la gauche radicale et vota constamment avec ce groupe, s'appliquant particulièrement aux questions de réforme administrative. Dans la discussion du projet Bardoux relatif au rétablissement du scrutin de liste, il déposa (avril 1881) une proposition tendant à déclarer la Chambre incompétente en matière électorale, tant que le pays n'aura pas été directement consulté. Candidat aux élections générales du 21 août 1881, il fut élu au scrutin de ballotage, le 4 septembre, dans la même circonscription, par 4,162 voix, sur 8,446 votants et 14,023 inscrits, contre 4,135 voix données à M. Olivier Ordinaire, et réélu aux élections générales du 4 octobre 1885, par le département du Doubs, le 5e et dernier de la liste, avec 35,409 voix sur 64,794 votants et 81,221 inscrits; il a conservé sa place dans les rangs de la gauche radicale. En février 1886, il demanda l'institution auprès de chaque ministère d'une commission de réforme et d'épuration administrative, vota, en juin, l'expulsion totale des princes, et proposa, à ce propos, l'abolition des titres de noblesse, motion qui fut écartée par la Chambre. Dans la dernière session, il a voté *pour* le rétablissement du scrutin uninominal (11 février 1889), *contre* l'ajournement indéfini de la revision des lois constitutionnelles (14 février, chute du ministère Floquet), *pour* l'autorisation des poursuites contre trois députés membres de la ligue des Patriotes (14 mars), *pour* le projet de loi restrictif de la liberté de la presse (2 avril), *pour* l'autorisation de poursuites contre le général Boulanger (4 avril). M. Beauquier a publié : *Notice historique et pittoresque sur le Rainey* (1869), *Philosophie de la Musique* (1866), *Les dernières campagnes de l'Est* (1872), *Dictionnaire étymologique des provincialismes franc-comtois* (1881), *La musique et le drame* (1884), et des notices sur *Émile Vernier, peintre et lithographe* et sur *Les musiciens franc-comtois* (1887); il est aussi l'auteur du livret d'un grand opéra : *Fiesque* musique de Lalo, et d'un livret d'opéra-comique : *Ruses d'amour*, musique de Ratez : ce dernier a été représenté à Besançon en 1884.

BEAUREGARD (DE). — *Voy.* DOMERGUE.

BEAUREPAIRE (JOSEPH-CLAUDE-FRANÇOIS, MARQUIS DE), député de 1815 à 1827 et pair de France, né à Beaurepaire (Saône-et-Loire), le 11 avril 1769, mort à Paris, le 9 juin 1854, d'une famille noble fixée dans le Louhannais depuis le XIVᵉ siècle, entra comme cadet-gentilhomme à l'École militaire à l'âge de 14 ans, passa sous-lieutenant au régiment de chasseurs du Gévaudan (1786), puis au régiment de chasseurs à cheval de Normandie (1788), et, hostile au mouvement de la Révolution, mit son épée au service de l'émigration de 1792 à 1797. Rentré en France sous le premier Empire, il devint conseiller municipal (1810) et maire de Beaurepaire (1813). La Restauration lui reconnut le grade de capitaine, et il commandait la garde nationale à cheval de l'arrondissement de Louhans, lorsque le collège de département de Saône-et-Loire l'élut député, le 22 août 1815, par 122 voix sur 166 votants et 266 inscrits. Successivement réélu, dans le même collège, le 4 octobre 1816 par 95 voix sur 182 votants et 267 inscrits, et le 13 novembre 1820 par 245 voix sur 449 votants et 527 inscrits, puis, le 25 février 1824, dans le 4ᵉ arrondissement électoral de Saône-et-Loire (Charolles) presque à l'unanimité, 173 voix sur 181 votants et 317 inscrits, il siégea toujours au centre et soutint fidèlement les ministères qui se succédèrent au pouvoir. Conseiller général de 1822 à 1830, il fut élevé à la pairie le 5 novembre 1827. Chevalier de Saint-Louis depuis 1815, et de la Légion d'honneur depuis 1825.

BEAUSÉJOUR (ANTOINE BOURREAU DE), député de 1819 à 1820, et de 1831 à 1834, né à Saint-Saturnin (Aveyron), le 14 avril 1771, mort à la Turpinerie (Charente-Inférieure), le 31 août 1855, fut élevé à Paris, y resta jusqu'en 1792, retourna alors dans son département, servit quelque temps dans les armées républicaines de la Vendée, devint officier du génie militaire en 1794, continua ce service jusqu'en l'an IX, fut chargé du cadastre de son département en l'an XI, et vécut dans la retraite de 1818 à 1819, ne s'occupant que d'agriculture, de plantations, de dessèchements, etc. Le 11 septembre 1819, il fut élu député par le collège de département de la Charente-Inférieure; d'opinions libérales, il siégea dans l'opposition, vota avec la minorité

contre les lois d'exception, *contre* le nouveau système électoral, et *contre* tous les projets ministériels que la gauche dénonçait comme autant de violations de la charte. Son action parlementaire, de 1819 à 1820, ne fut pas sans importance; il opina, le 24 décembre 1819, dans le débat sur les douzièmes provisoires, pour qu'il ne fût accordé que trois douzièmes : le 29 mars 1820, il proposa, à l'article 4 de la loi relative à la censure des journaux, un amendement additionnel portant :

« Le censeur donnera reçu du dépôt, duquel il constatera la date. Il ne pourra conserver le manuscrit plus de vingt-quatre heures. » L'amendement fut rejeté. Le 3 juillet, à propos du budget, Beauséjour fit entendre ces paroles, qui parurent alors très hardies. « Au degré de civilisation où est parvenue la société dans toute l'Europe, il n'existe plus aujourd'hui que deux classes d'hommes : ceux qui vivent de leur travail ou du produit de leurs capitaux, et ceux qui sont nourris sur les capitaux et l'industrie des autres. Plus il y a des premiers dans une nation, plus elle est riche; plus y a des derniers, plus elle est pauvre... L'intérêt de chaque peuple est de se faire gouverner au meilleur marché possible...; c'est de quoi l'on ne s'occupe guère chez nous. » L'orateur calcula avec effroi qu'en réunissant les budgets particuliers au budget de l'État, on levait en France au moin 1,500 millions d'impôts par année. « Il est vrai, observait-il, que nous avons 400 officiers-généraux, de nombreux états-majors, une police inquisitoriale bien organisée, un clergé bien doté dans les grades supérieurs, des missionnaires bien fanatiques, parcourant le royaume pour y prêcher autre chose que l'évangile; une censure bien rigoureuse, des couvents, des jésuites, des trappistes, des lazaristes, des séminaires, des pénitents de toutes couleurs; il faut bien que toutes ces nombreuses classes vivent aux dépens des producteurs et qu'elles absorbent la partie utile de la nation... » Beauséjour conclut en déclarant nettement que le gouvernement ne méritait pas que la France le paie, et qu'il refusait de prendre part au vote d'un budget destiné à couvrir beaucoup trop de dépenses abusives et inutiles.

En septembre 1820, Beauséjour, s'étant rendu à Bordeaux pour affaire personnelle, son séjour dans cette ville fut marqué par des désordres assez graves, pour qu'il se crût obligé d'écrire au maire de Bordeaux, à la date du 30 septembre :

« J'ai été surpris d'apprendre que ma présence fût un sujet d'inquiétude pour les autorités administratives, qui suspectaient les motifs de mon arrivée. J'aurais cru que la qualité dont j'ai l'honneur d'être revêtu, mon caractère connu de modération et ma conduite passée, auraient pu leur offrir une garantie suffisante... Je ne croyais pas que les opinions émises à la tribune nationale, opinions qu'aucune autorité n'a le droit de rechercher légalement et dont l'indépendance absolue est garantie par la Charte, puissent être poursuivies par les séditieux. Si nous en étions arrivés à ce terme, il n'y aurait plus de liberté pour le Corps législatif; il n'y aurait plus de Constitution, plus de Charte, plus de roi; il y aurait alors le despotisme absolu des factions, l'anarchie populaire, enfin le régime de 1793, etc. »

Beauséjour salua avec joie la révolution de Juillet; toutefois, le gouvernement de Louis-Philippe n'ayant pas donné pleine satisfaction à ses aspirations libérales, il se rejeta dans l'opposition. Élu, le 5 juillet 1831, par le 3ᵉ collège de la Charente-Inférieure, avec 204 voix sur 331 votants et 368 inscrits, il fit partie de la gauche dynastique, et vota : 22 octobre 1831, *contre* l'ordre du jour motivé de M. Ganneron, déclarant que « la Chambre était satisfaite des explications données par les ministres sur la situation extérieure, et qu'elle se confiait à la sollicitude du ministère du soin de veiller à la dignité et aux intérêts de la France. » Il se prononça, le 31 novembre, *contre* les ordonnances relatives à la nomination de 36 pairs au moment où allait être discutée la loi sur l'hérédité de la pairie.

Il signa, le 28 mai 1832, le célèbre « compte-rendu des députés de l'opposition à leurs commettants ».

Toutefois, l'on ne trouve pas son nom parmi les députés qui, lors du procès (1833) intenté au journal la *Tribune*, déclarèrent s'abstenir pour ne pas cumuler les fonctions d'accusateur et de juge avec la qualité d'offensé.

Sollicité en mars 1833 de faire partie de la Société de statistique de Paris, il refusa et adressa, le 1er avril, au président de cette Société, M. Moreau, une lettre où il dit : « J'ai vu dans cette Société tant de sommités dynastiques, d'illustrations nobiliaires et même féodales, et, d'autre part, tant de notabilités scientifiques et sociales, que j'ai pensé que moi, chétif paysan obscur des bords de la Charente, étranger à toutes ces pompeuses prééminences et dénué des titres brillants qui les constituent, je ne pourrais qu'être fort déplacé au milieu d'une société semblable. »

Beauséjour ne fit point partie de la législature de 1834; il échoua, le 21 juin, dans son collège avec 123 voix contre 142 données à son concurrent, M. Desmortiers, qui fut élu. En 1849, on lui offrit de l'envoyer à l'Assemblée législative, mais il refusa et travailla à l'élection du docteur Montègre, « bon républicain, connu de Béranger et recommandé par Littré ». M. de Beauséjour, dont la fortune était considérable, a marié sa fille à M. Bethmont, ancien député, aujourd'hui président de la Cour des comptes.

BEAUSSIER (JOSEPH-ADOLPHE), membre de la Chambre des députés, né à Joyeuse (Ardèche), le 24 janvier 1826, était avocat à Largentière. Le comité républicain de l'Ardèche le désigna pour lutter, à l'élection complémentaire du 22 juillet 1888, contre le général Boulanger, dont une coalition formée d'éléments où le parti conservateur dominait, avait entrepris de poser la candidature, en remplacement de M. Deguilhem, décédé. L'élection eut lieu quelques jours après le duel Boulanger-Floquet, circonstance qui empêcha le général, blessé dans cette rencontre, d'aller soutenir lui-même sa candidature; élu dans la Dordogne, il échoua dans le département de l'Ardèche, avec 27,454 voix ; M. Beaussier fut élu par 43,295 suffrages (71,411 votants, 113,987 inscrits). Son succès fut salué par les cris de victoire de toute la presse anti-boulangiste. Dans le *Rappel*, M. Auguste Vacquerie alla jusqu'à terminer son article par cet à peu près à l'adresse du général : « Quelle *Ardèche*, mon empereur! » Sur un ton plus grave, le *Temps*, organe des opportunistes, appréciait ainsi la situation : « Mettons que parmi les revisionnistes et les dissolutionnistes beaucoup aient arboré cette étiquette pour ne pas l'abandonner à M. Boulanger et avec l'illusion que le suffrage universel leur saurait gré de lui offrir une revision qui ne fût pas un piège plébiscitaire et césarien. Ces dis-

solutionnistes et ces revisionnistes-là doivent être, à l'heure présente, revenus de leur trop longue erreur. Ils ont vu le cas que les électeurs républicains de l'Ardèche font des deux points de leur programme. Ils ont vu aussi le cas qu'en font les électeurs bonapartistes de la Dordogne. La contradiction de ce double scrutin est frappante : ici, tous les républicains unanimes à repousser la dissolution et la revision; là, les pires ennemis de la République d'accord pour l'acclamer. A qui profiteraient-elles, si jamais elles étaient votées? A qui nuiraient-elles? L'hésitation n'est pas possible. »

M. Beaussier est un député obscur de « l'Union des gauches »; dans la dernière session, il a voté : *pour* le rétablissement du scrutin uninominal (11 février 1889), *pour* l'ajournement indéfini de la revision de la Constitution (14 février, chute du ministère Floquet), *pour* les poursuites contre trois députés membres de la ligue des Patriotes (14 mars), *pour* le projet de loi Lisbonne, restrictif de la liberté de la presse (2 avril), *pour* les poursuites contre le général Boulanger (4 avril).

BEAUSSIER-MATHON (ALEXANDRE-EUSTACHE), député de 1815 à 1817, né à Lille (Nord), le 28 novembre 1757, mort à Lille, le 5 janvier 1826, était négociant à Lille et appartenait à l'opinion royaliste modérée. Elu, le 22 août 1815, membre de la Chambre des députés par le collège de département du Nord avec 173 voix (204 votants, 298 inscrits), il siégea dans la minorité, et se tint d'ailleurs à l'écart des grandes discussions politiques ; son rôle paraît s'être borné à réclamer, dans la discussion du budget, contre le monopole du tabac: il déclara que ce monopole ne devrait être accordé que pour un an au plus. Après la dissolution, son département le renvoya à la Chambre, le 4 octobre 1816. Il revint à la charge dans la législature de 1816 à 1818 contre le monopole et s'opposa à l'allocation de la somme de seize millions demandée par la régie des contributions indirectes pour les rachats de tabacs en feuilles. En matière de douanes, il se prononça pour le maintien des prohibitions.

BEAUSSIRE (EMILE-JACQUES-ARMAND), représentant à l'Assemblée nationale de 1871, et député de 1876 à 1881, né à Luçon (Vendée), le 26 mai 1824, mort à Paris le 9 mai 1889, fils d'un négociant de Luçon, fit de brillantes études à la Roche-sur-Yon et au lycée Louis-le-Grand à Paris, entra à l'Ecole normale à l'âge de 20 ans, et fut reçu agrégé de philosophie en 1848 le second, Renan étant le premier et Caro le troisième, et docteur ès lettres en 1855. Professeur de philosophie à Lille, Rennes et Grenoble, professeur de littérature étrangère à la Faculté de Poitiers, puis professeur de philosophie à Paris au collège Rollin et au lycée Charlemagne, il collabora à la *Revue des Deux Mondes* et y publia notamment une *Etude sur Hegel* qui fut remarquée. Etant à Paris pendant la Commune, il fut arrêté, le 13 mai 1871, par ordre du Comité de salut public, qui le relâcha au bout de quelques jours. Candidat républicain dans la Vendée, aux élections du 8 février 1871, il échoua avec 15,542 voix; le dernier élu de la liste conservatrice, M. de Fontaine, obtint 53,467 voix.

Mais le général Trochu, élu en Vendée, ayant opté pour le Morbihan, M. Beaussire fut élu à sa place aux élections complémentaires du 2 juillet 1871, par 34,475 voix sur 61,498 votants et 114,665 inscrits, contre M. de la Boutetière, candidat conservateur, qui eut 25,987 voix. Dans cette Assemblée, il siégea à la gauche modérée, s'abstint (22 juillet 1871) sur la pétition des évêques, relative « à la situation intolérable faite au Souverain-Pontife », ainsi que sur la proposition Vitet relative au pouvoir constituant de l'Assemblée (30 août), vota *pour* le retour de l'Assemblée à Paris (2 février 1872), *contre* le service de trois ans (8 juin), et parla, dans cette discussion, *contre* le volontariat d'un an (18 juin). En janvier 1873 il prit plusieurs fois la parole dans la discussion de la loi sur l'enseignement supérieur et vota *contre* la démission de Thiers (24 mai 1873), s'abstint, le 24 juin, sur l'interpellation Leroyer relative à l'arrêté préfet du Rhône sur les enterrements civils, vota *contre* la prorogation des pouvoirs du maréchal de Mac-Mahon (19 novembre), *pour* la levée de l'état de siège (4 décembre), *contre* la loi sur la nomination des maires (17 janvier 1874), et s'abstint, le 28 mars, sur l'admission à titre définitif dans l'armée des princes de la famille d'Orléans. Il combattit le ministère de Broglie, et vota *pour* la dissolution de l'assemblée, *pour* l'amendement Wallon (30 janvier 1875) et *pour* l'ensemble des lois constitutionnelles (25 février). Il avait pris part à un certain nombre de discussions notamment sur la loi des maires, sur la loi d'électorat municipal, des écoles militaires, des pensions de retraite, etc.

M. Beaussire échoua, avec tous les candidats républicains, aux élections sénatoriales de la Vendée le 30 janvier 1876, mais, aux élections législatives du 2 février suivant, en ballottage au premier tour avec M. Pugliesi-Conti dans la 2ᵉ circonscription électorale de Fontenay-le-Comte, il fut élu, au second tour, le 5 mars, par 8,544 voix sur 16,020 votants et 20,369 inscrits, contre son concurrent bonapartiste qui eut 7,330 voix. Il continua à siéger à la gauche modérée, présenta, en avril, un projet de loi sur les retraites universitaires, combattit (novembre) la subvention accordée à l'Ecole des Carmes, et fut des 363; aux élections du 14 octobre 1877, qui suivirent la dissolution, il échoua, dans sa circonscription, avec 7,598 voix contre 9,806 voix accordées à M. Alfred Le Roux, bonapartiste. Mais l'élection ayant été invalidée, les électeurs, convoqués à nouveau le 2 février 1879, choisirent M. Beaussire par 9,085 voix, sur 11,986 votants et 20,864 inscrits, contre 1,333 voix données à M. Alfred Le Roux. Dans la discussion de la loi sur l'enseignement primaire (novembre 1880), il se prononça pour l'obligation et la laïcité, mais combattit vivement la gratuité, prétendant qu'on transformait en question politique une question jusque-là purement municipale, et qu'il était injuste de faire payer à tous l'instruction de quelques-uns.

Nommé membre de l'Académie des sciences morales et politiques, le 22 mai 1880, M. Beaussire ne se représenta pas aux élections du 21 août 1881; il fit partie du Conseil supérieur de l'instruction publique. Outre de nombreux articles dans le *Temps*, la *Revue des Deux Mondes*, et la *Revue des cours littérairez*, ses principaux ouvrages sont : *Lectures philosophiques* (1857), *Antécédents de l'hégélianisme dans la philosophie française* (1865), *La liberté dans l'ordre intellectuel et moral* (1866), *La Guerre étrangère et la Guerre civile* (1871), *Les Principes de la morale*, *Les Principes du droit*, etc. M. Beaussire était chevalier de la Légion d'honneur.

BEAUVAIS (Jean-Baptiste-Charles-Marie), député aux Etats-Généraux de 1789, né à Cherbourg (Manche), le 10 décembre 1731, mort à Paris le 4 avril 1790, était fils d'un avocat de Cherbourg, entra dans les ordres, et, doué d'un grand talent de parole, fut chargé de prêcher devant le roi, et prononça le panégyrique de St-Louis devant l'Académie française, et celui de St-Augustin devant l'Assemblée générale du clergé (1765); grand vicaire de l'évêque de Noyon, recommandé par Mesdames de France et par l'évêque de Carcassonne, il ne put qu'à grand'peine arriver à l'épiscopat; le cardinal de la Roche-Aymon, qui tenait la feuille des bénéfices, lui opposait l'obstacle insurmontable de sa naissance; il fut enfin pourvu, en 1774, d'un des plus petits évêchés de France, celui de Sénez. Prédicateur de la cour et prêchant le jeudi-saint de la même année devant Louis XV, il prit pour texte les paroles de Jonas : « Dans quarante jours Ninive sera détruite », et s'écria : « Sire, mon devoir de ministre du Dieu de vérité m'ordonne de vous dire que vos peuples sont malheureux, que vous en êtes la cause et qu'on vous le laisse ignorer. » Chargé par Louis XVI du panégyrique du roi défunt, c'est à cette occasion qu'il prononça la phrase célèbre : « Le silence des peuples est la leçon des rois. » Puis il rentra dans son diocèse où des démêlés et la tristesse du séjour le déterminèrent à donner sa démission (1783) et à revenir à Paris, auprès de l'archevêque M. de Juigné; il vécut dans son intimité, et venait de fonder avec son appui un séminaire de jeunes prédicateurs, quand la Révolution éclata. Elu, le 1ᵉʳ mai 1789, député du clergé aux Etats-généraux par la prévôté et vicomté de Paris, M. Beauvais que depuis son épiscopat on appelait M. de Beauvais, se montra modéré et, déjà malade, se résigna à un rôle effacé. Il mourut pendant la session. On a de lui des sermons, des panégyriques et les oraisons funèbres du duc de Parme, du maréchal de Muy, de M. de Broglie, évêque de Noyon, de Louis XV, etc.

BEAUVAIS (Pierre-David), député au Conseil des Cinq-Cents et membre du Tribunat, né à Rouen (Seine-Inférieure), le 28 janvier 1754, mort à Paris, le 2 décembre 1808. Président du Conseil municipal de sa ville natale, il fut appelé au Conseil des Cinq-Cents, le 26 germinal an VI, par les électeurs de la Seine-Inférieure. Confirmé dans ces fonctions, le 26 germinal de l'année suivante, il parut une seule fois à la tribune de l'Assemblée : ce fut pour proposer des dispositions relatives aux exemptions du service militaire. Entré, après le 18 brumaire, dont il s'était déclaré partisan, dans la Commission législative provisoire désignée le lendemain du coup d'Etat par Bonaparte, il fut admis au Tribunat, le 4 nivôse an VIII, et en devint secrétaire (1ᵉʳ prairial an XI). Le 12 floréal an XII, Beauvais fut de ceux qui appuyèrent la motion de Curée, tendant à confier au premier Consul le titre d'empereur héréditaire. Il siégea au Tribunat jusqu'à sa dissolution, le 19 août 1807, et mourut l'année d'après. — Membre de la Légion d'honneur du 25 prairial an XII.

BEAUVAIS DE PRÉAUX (Charles-Nicolas), député à l'Assemblée législative de 1791 et membre de la Convention nationale, né à Orléans (Loiret), le 1ᵉʳ août 1745, mort à Montpellier (Hérault), le 27 mars 1794, commença par exercer la médecine à Paris. Au début de la Révolution, il fut nommé juge de paix du quartier de la Croix-Rouge. Élu député de Paris à l'Assemblée législative, le 5 septembre 1791, par 498 voix sur 799 votants, il eut le principal rôle dans un incident tumultueux qui marqua la séance du 1er juillet 1792. Le procès-verbal en rend compte en ces termes : « Un particulier, placé dans une des tribunes se lève, crie, et semble inviter du geste les tribunes voisines à sortir. Le président donne des ordres au commandant pour maintenir la tranquillité.....

« M. le président annonce que le commandant de service demande la parole.

« Elle lui est accordée.

M. le Commandant. — D'après l'ordre que m'avait donné M. le président, je m'étais assuré, avec deux gendarmes, de la personne qui avait été désignée dans la tribune de MM. les commissaires. Sur l'escalier, nous avons rencontré un particulier qui m'a demandé l'ordre; je lui ai répondu que j'étais commandant du poste; il m'a dit qu'il s'en moquait, m'a pris au collet et m'a déchiré ma chemise. J'ai crié aux gendarmes d'arrêter ce particulier. Il s'est confondu dans la foule et s'est dit député. Les deux gendarmes le connaissent. »

Le « particulier » dont parlait le chef du poste n'était autre que M. Beauvais, député de Paris, investi à ce moment des fonctions de commissaire-inspecteur de la salle des séances.

Il demanda la parole et affirma qu'il avait reçu du commandant, bien qu'il lui eût fait connaître sa qualité de représentant, « un coup de pied dans l'aine. » — « Alors, ajouta-t-il, je me suis jeté à son cou, et on nous a séparés. »

L'incident n'eut, d'ailleurs, pas d'autre conséquence. Le perturbateur fut relâché, et l'Assemblée passa à l'ordre du jour, non sans avoir constaté que « le député et le commandant s'étaient un moment oubliés, en voulant remplir leur devoir. »

Le 15 septembre 1792, les électeurs de Paris, par 389 voix sur 664 votants, réélurent Beauvais à la Convention nationale. Le 25 décembre, il fit un rapport sur les secours à accorder aux victimes du 10 août, à cette occasion, exprima des sentiments très hostiles à Louis XVI. Il débutait ainsi : « Un roi parjure, replacé sur le trône, lorsque peut-être il eût dû monter sur l'échafaud, sourd à la voix de la reconnaissance envers un peuple trompé, sans doute, mais généreux, qui n'avait oublié ses crimes qu'avec l'espérance de leur voir succéder des vertus, menaçait depuis près d'un an la liberté, à laquelle seule il devait l'affermissement de sa couronne... Tout à coup le cri de la patrie opprimée qui appelle ses enfants se fait entendre..... etc. » Dans le procès du roi, Beauvais de Préaux se prononça laconiquement : « Je vote la mort », dit-il. Il prit encore la parole dans la Convention, au nom du Comité des secours publics, pour dénoncer (31 janvier 1793) les agissements des administrateurs de l'hospice des Quinze-Vingts, et pour faire adopter par l'Assemblée (19 mars) un long décret sur l'organisation et la répartition des secours « suivant les règles de l'égalité la plus parfaite qui puisse être atteinte. » — La Convention déclara sur sa proposition, comme principes : 1° que tout homme a droit à sa subsistance par le travail, s'il est valide; par des secours gratuits, s'il est hors d'état de travailler; 2° que le soin de pourvoir à la subsistance du pauvre est une dette nationale. Envoyé en mission à Toulon par la Convention nationale, il se trouvait à son poste dans cette ville (septembre 1793), quand elle tomba au pouvoir des Anglais qui, d'accord avec le parti royaliste, l'emprisonnèrent. L'Assemblée entendit, le 3 septembre, un rapport détaillé de Saint-André sur ces événements, et décréta :

« Les Anglais, qui sur le territoire de la République, ont été mis en état d'arrestation, ou qui le seraient à l'avenir, seront soigneusement resserrés sous la responsabilité individuelle des corps administratifs; ils seront regardés comme otages et répondront sur leur tête de la conduite que l'amiral Hood et les sections de Toulon tiendront à l'égard des patriotes opprimés et incarcérés à Toulon. » Quand l'armée française eut repris l'avantage, Beauvais fut nommé commissaire à l'armée d'Italie; mais il déclara, dans une lettre à la Convention, datée de « Marseille, 7 nivôse, l'an II de la République une et indivisible », qu'il était hors d'état d'accepter cet emploi, parce qu'il avait été accablé de mauvais traitements lors de sa captivité. « Mes forces ne me permettent pas d'aller m'asseoir au poste que mes commettants m'avaient confié. En attendant je me ferai rendre compte des mémorables événements qui ont eu lieu depuis ma triste séparation d'avec vous. Je calmerai mes douleurs par le récit des étonnantes choses que la nation a faites; ce sera un adoucissement bien efficace à mes maux que d'apprendre que partout la France est triomphante, que ses ennemis les plus acharnés, les fédéralistes, ne sont plus. J'oublie tout ce que j'ai souffert, puisque Toulon est réduit, que l'étranger en est chassé et ne souille plus de sa présence la terre de la liberté. » Quelques jours après, dans une nouvelle lettre, Beauvais sollicitait de ses collègues « un congé d'un ou deux mois pour rétablir les ressorts d'une vie altérée jusque dans ses principes fondamentaux que je veux et je dois dorénavant consacrer tout entière et sans partage à la République. » Il remerciait la nation d'avoir « bien voulu couvrir sa famille de bienfaits. » Mais étant retombé, à quelque temps de là, au pouvoir des Anglais, il fut pendu par leur ordre à Montpellier. Les plus grands honneurs furent rendus par la Convention à ses dépouilles; son corps fut brûlé avec cérémonie; ses cendres déposées dans une urne aux Archives nationales, son buste placé dans la salle des séances de l'Assemblée. Ses enfants reçurent en outre une récompense nationale; l'un d'eux, Théodore Beauvais de Préaux, devint général et baron de l'Empire.

BEAUVAU (MARC-ÉTIENNE-GABRIEL, PRINCE DE), pair des Cent-Jours et pair de France, né à Paris, le 22 septembre 1773, mort à Paris, le 28 janvier 1849, servit l'empereur Napoléon qui le nomma chambellan en 1809, le créa comte de l'Empire le 21 novembre 1810, et l'éleva à la pairie le 2 juin 1815, pendant les Cent-Jours. Mme la princesse de Beauvau, née de Mortemart, était dame du palais de l'impératrice Marie-Louise. La Restauration éloigna le prince de Beauvau de la vie politique; il ne retrouva son siège à la Chambre des pairs que sous la monarchie de juillet, le 19 novembre 1831, et s'y fit peu remarquer. Il était grand d'Espagne de première classe et prince du Saint-Empire.

BEAUVAU (FRANÇOIS-VICTURNIEN-CHARLES-JUST, PRINCE DE CRAON ET DE), fils du précédent, né à Haroué (Meurthe), le 17 mars 1793, mort à Paris, le 15 mars 1864, servit le premier Empire comme officier de carabiniers, et assista à la plupart des campagnes de Napoléon Ier. Il était à la retraite de Russie où il se distingua. Grièvement blessé au combat de Weronowo, il dut quitter le service et passa la plus grande partie de son existence éloigné de la politique. Ce ne fut qu'en 1852 (26 janvier) qu'un décret du prince L. N. Bonaparte le nomma sénateur. Il vota toujours au Sénat dans le sens du gouvernement impérial, notamment pour l'adoption de la loi de sûreté générale (1858).

BEAUVAU (MARC-RENÉ-ANTOINE-VICTURNIEN, PRINCE DE) député au Corps législatif de 1852 à 1870, né à Paris, le 29 mars 1816, mort à Nice, le 30 mars 1883, fils du précédent, consacra ses loisirs et son immense fortune à l'amélioration de la race chevaline en France. Son écurie fut célèbre, et il fut un des membres les plus actifs du Jockey-Club. Sa haute situation le fit porter candidat aux élections législatives dans la Sarthe, le 29 février 1852, et il fut élu dans la 4e circonscription électorale par 18,888 voix sur 22,123 votants et 28,346 inscrits, contre MM. de Riancey (453 voix), Gendron (1,732) et Ledru-Rollin (565). Il fut successivement réélu dans la même circonscription le 22 juin 1857 par 16,538 voix sur 17,417 votants et 26,839 inscrits, contre Raspail (576 voix), le 1er juin 1863 par 14,708 voix sur 22,752 votants et 27,554 inscrits, contre M. Gustave de Beaumont, candidat de l'opposition (7,078 voix), et le 24 mai 1869, par 12,130 voix sur 22,508 votants et 27,320 inscrits, contre MM. Busson-Duviviers (9,048 voix) et Goussault (1,267). Le prince de Beauvau s'associa parfois aux votes de l'opposition dynastique, se rapprocha du centre gauche et signa l'interpellation des 116. Officier de la Légion d'honneur depuis 1866.

BEAUVERGER (CLAUDE-AUGUSTE PETIT, BARON DE), député au Corps législatif en 1808, né à Aignay-le-Duc (Côte-d'Or), le 7 octobre 1748, mort à Paris, le 6 septembre 1819, exerçait la profession d'homme de loi à Paris au moment de la Révolution. Sous l'Empire, il devint tout d'abord conseiller général de la Seine; puis le Sénat conservateur le nomma pour ce département député au Corps législatif, le 18 février 1808. Il y servit docilement la politique impériale, reçut en récompense, de Napoléon Ier, les titres de chevalier de l'Empire (11 juillet 1810) et de baron (16 septembre 1811), puis les fonctions de préfet de l'Ems-Occidental, qu'il remplit du 9 décembre 1813 jusqu'en 1815.

BEAUVERGER (AUGUSTE-EDMOND PETIT, BARON DE), député au Corps législatif de 1852 à 1869, né à Paris, le 18 juillet 1818, mort à Paris, le 14 juin 1873, fit ses études à Louis-le-Grand, fut reçu avocat et s'occupa de travaux d'économie politique. Maire de Chevry-Corsigny (Seine-et-Marne) et conseiller-général pour le canton de Tournan, il publia en 1852, les *Études politiques sur les constitutions de la France et sur le système politique de l'empereur Napoléon*, qui furent très remarquées et lui concilièrent les sympathies de L. Napoléon, alors président de la République. Candidat officiel aux élections du 29 février 1852, il fut élu dans la 1re circonscription électorale de Seine-et-Marne par 20,337 voix sur 28,313 votants et 40,591 inscrits, contre M. Leboeuf fils (6,803 voix), et deux fois réélu : le 22 juin 1857, par 21,321

voix sur 24,665 votants et 38,216 inscrits, contre le marquis de Béthisy (2,487 voix), et le 1er juin 1863, par 19,459 voix sur 25,419 votants et 34,516 inscrits, contre M. Fontaine (2,964 voix). Il ne sépara pas ses votes de ceux de la majorité dynastique. Sa candidature échoua le 24 mai 1869, dans la même circonscription, avec 13,378 voix, contre la candidature d'opposition de M. le comte de Choiseul-Praslin, élu par 17,634 suffrages. M. de Beauverger a publié : *Institutions civiles de la France considérées dans leurs principes, leur histoire et leurs analogies* (1854) et *Tableau historique des progrès de la philosophie politique* (1858). Commandeur de la Légion d'honneur de la promotion du 14 août 1868.

BEAUVILLIER (CHARLES-PAUL-FRANÇOIS DE, DUC DE SAINT-AIGNAN, pair de France, né à Paris, le 17 décembre 1746, mort à Paris, le 19 décembre 1828, appartenait à une illustre famille d'où sont sortis plusieurs hommes de guerre et diplomates français, entre autres Paul-Hippolyte de Beauvillier, duc de Saint-Aignan, comte de Montrésor (1684-1776), qui fut, de 1715 à 1718, ambassadeur extraordinaire à Madrid. Maréchal de camp avant la Révolution, Charles-Paul-François de Beauvillier émigra et ne revint en France que lors de la première Restauration. Tout dévoué aux intérêts de la monarchie de Louis XVIII, il fut nommé par le roi lieutenant-général, puis, après son admission à la retraite, élevé à la pairie, le 4 juin 1814. Dans le procès du maréchal Ney, il vota la mort. Beauvillier de Saint-Aignan était membre du conseil général de l'Indre, qu'il présida.

BÉCAYS DE LA CAUSSADE (TIMOTHÉE), député de 1821 à 1827, né à Lacaussade (Lot-et-Garonne), le 30 mars 1760, mort au château de Lacaussade, le 3 septembre 1852, appartint aux armées du roi avant la Révolution, et fut, en 1772, sous-lieutenant au régiment de Normandie en 1779, lieutenant au régiment de Nenstrie, et, en 1786, capitaine. Hostile aux idées révolutionnaires, il quitta le service en juin 1792, et ne fit point parler de lui jusqu'à la Restauration. « Propriétaire et maire de Montflanquin », ainsi que le qualifie le procès-verbal de son élection, il reçut le 1er octobre 1821, des électeurs du 3e arrondissement de Lot-et-Garonne (Villeneuve-d'Agen), le mandat de député avec 191 voix sur 355 votants et 477 inscrits. Il fut, peu après, élu conseiller général de son département. Membre de la majorité royaliste et ministérielle, il soutint à la Chambre la politique de M. de Villèle et se signala, au dire des publicistes libéraux de l'époque, par son ardeur à réclamer la clôture quand les orateurs de la gauche occupaient la tribune. « Clôturier peu fortuné, écrivait-on de lui, et ayant beaucoup d'enfants, on l'a nommé faute de mieux : il dîne fréquemment chez M. le ministre des finances, qui lui rend en outre des services plus solides. On a vu souvent des orateurs s'élever contre les subventions accordées aux théâtres, aux conservatoires, aux entreprises littéraires, aux dépenses secrètes, aux cadeaux diplomatiques, etc. M. Bécays de la Caussade n'est point de ces orateurs-là, et l'on a pu même observer qu'il ne demandait jamais la clôture avec plus de véhémence que lorsqu'il s'agissait d'étouffer ces importunes réclamations. » Un autre biographe exprimait la même opinion sur son compte dans ces termes plus concis :

« Il a peu de faconde, beaucoup d'enfants et un extraordinaire appétit. »

Après avoir tout d'abord, lors du renouvellement de la Chambre en 1824, échoué, le 25 février dans le collège de son arrondissement, contre M. Vassal de Montviel, maire de Villeneuve-d'Agen, Bécays de la Caussade réussit à se faire réélire, le 6 mars, au collège de département de Lot-et-Garonne, avec 188 voix sur 260 votants et 377 inscrits. Il continua de voter avec la droite jusqu'en 1827. Le reste de son existence s'écoula sans bruit, dans le château de la Caussade, qu'il tenait de son père et dont la possession l'avait rendu éligible.

BECCARIA DE PAVIE. *Voy.* FOURQUEVAUX (MARQUIS DE).

BÉCHADE (ANDRÉ-DIDIER), député de 1820 à 1824, né à Bordeaux (Gironde), le 24 mai 1760, mort à Bordeaux en 1836. Négociant et président du tribunal de commerce de Bordeaux, il fut, aux élections du 14 novembre 1820, le candidat heureux du gouvernement dans la Gironde, au collège de département. Il prit place au côté droit, et, durant toute la session, vota avec la fraction la plus accentuée des royalistes : le 21 avril 1821, *pour* la nouvelle dotation attribuée au clergé (pensions ecclésiastiques) ; en janvier-février 1822, *pour* le nouveau projet sur « les délits de la presse » ; en mars 1823, *pour* la mesure d'exclusion prise contre Manuel, député de la Vendée.

Didier Béchade fut fait, le 1er mai 1821, chevalier de la Légion d'honneur.

BÉCHADE-CASAUX (JEAN), député au Conseil des Cinq-Cents, frère du précédent, né le 5 mai 1762, mort à Bordeaux en 1834, était négociant à Ambès (Gironde), quand il fut, le 24 germinal an V, élu député de la Gironde au Conseil des Cinq-Cents, où il ne se fit point remarquer. Rallié plus tard au gouvernement de Bonaparte, [il devint, sous l'Empire, le 20 mars 1812, conseiller général de la Gironde.

BÉCHAMEIL (JEAN-FRANÇOIS-THÉODORE), député de 1836 à 1848, né à Chirat (Charente), le 25 juin 1795, mort à Chirat, le 1er juillet 1867, servit dans la marine et parvint au grade de capitaine de vaisseau. Le 1er août 1846, il fut élu, comme conservateur, député par le 4e collège de la Charente (Confolens), avec 194 voix sur 372 votants et 456 inscrits, contre 174 voix à M. Garnier de Laboissière. Il fit partie de la majorité qui soutint le ministère Guizot et vota notamment (mars 1847) contre les propositions de M. Duvergier de Hauranne sur la réforme électorale, et de M. de Rémusat sur l'incompatibilité des fonctions publiques avec le mandat de député. La Révolution de 1848 termina sa carrière de législateur. M. Béchameil fut, le 27 juillet 1849, admis à la retraite comme capitaine de vaisseau.

BÉCHANT (FRANÇOIS), député à l'Assemblée constituante de 1789, né à Chaumont (Haute-Marne), le 17 février 1752, mort à Paris, le 17 décembre 1809, suivit l'état ecclésiastique et devint grand vicaire à Chartres. Quoique membre du clergé, il fut élu, le 29 mars 1789, député suppléant du tiers-état aux Etats-Généraux par le bailliage de Dourdan, et prit séance à l'Assemblée, le 3 juillet 1790, pour remplacer M. de Gauville, député de la noblesse, démissionnaire du 30 juin. En effet,

l'Assemblée constituante avait décidé que, pour combler les vides résultant des démissions, elle prendrait indifféremment dans la noblesse, le clergé ou le tiers-état, les suppléants antérieurement élus. Le nom de François Béchant ne figure d'ailleurs pas autrement dans le *Moniteur* du temps.

BÉCHARD (PAUL-ALEXANDRE), représentant à la Chambre des Cent-Jours, né à Ledignan (Gard), le 27 janvier 1766, eut une carrière parlementaire aussi brève que modeste. Envoyé à la Chambre des « Cent-Jours » par l'arrondissement d'Alais, le 14 mai 1815, il n'y prit jamais la parole et revint, après Waterloo, dans son pays d'origine, où il avait rempli les fonctions de juge de paix.

BÉCHARD (JEAN-JACQUES-MARIE-FERDINAND), député de 1837 à 1846, représentant du peuple aux Assemblées constituante et législatives de 1848-1849, né à Saint-Gervasy (Gard), le 15 novembre 1799, mort à Paris, le 6 janvier 1870, était avocat au barreau de Nîmes et conseiller général lorsqu'il fut, le 4 novembre 1837, élu député du 1er collège du Gard (Nîmes), avec 413 voix sur 809 votants et 884 inscrits. Son mandat lui fut successivement renouvelé les 2 mars 1839 et 9 juillet 1842. Devenu avocat à la Cour de cassation, M. Béchard prit place comme député à la droite de la Chambre, dans le groupe légitimiste. Il vota parfois avec le ministère ; cependant, il repoussa l'indemnité Pritchard, et appuya la proposition relative à l'élection au Parlement des fonctionnaires publics.

Le 1er août 1846, il échoua au renouvellement de la Chambre, avec 366 voix contre 425 accordées à M. Feuchères qui resta député de Nîmes jusqu'en 1848.

Les élections du 23 avril à l'Assemblée Constituante ramenèrent M. Béchard au Palais-Bourbon. Il fut élu représentant du Gard par 55,418 voix (103,556 votants, 116,415 inscrits), siégea à droite et vota : 26 mai 1848, *contre* le bannissement de la famille d'Orléans ; 9 août, *pour* le rétablissement du cautionnement ; 26 août, *pour* les poursuites contre Louis Blanc et Caussidière ; 18 septembre, *contre* l'abolition de la peine de mort ; 7 octobre, *contre* l'amendement Grévy ; 12 janvier 1849, *pour* la proposition Rateau ; 21 mars, *pour* l'interdiction des clubs ; 16 avril, *pour* les crédits de l'expédition romaine ; 20 avril, *pour* le maintien du cautionnement ; 2 mai, *contre* l'amnistie des transportés.

Il vota de même avec les monarchistes qui formèrent la majorité de l'Assemblée législative où son collège l'avait nommé, le 13 mai 1849, le 4e sur 8, avec 50,740 voix (91,741 votants, 121,533 inscrits). Il s'associa à toutes les mesures réactionnaires et répressives prises dans la législature ; puis il rentra dans la vie privée après la session.

BÉCHEREL (FRANÇOIS, BARON), député aux Etats-Généraux de 1789, né à Saint-Hilaire-du-Harcouet (Manche), le 8 mars 1732, mort à Valence (Drôme), le 25 juin 1815, était curé de Saint-Loup, diocèse de Coutances, quand il fut élu député du clergé aux Etats-généraux par le bailliage de Coutances, le 26 mars 1789. Il siégea dans les rangs du parti avancé, prêta serment à la Constitution civile du clergé, et fut sacré évêque constitutionnel de la Manche le 20 mars 1791. Il s'effaça pendant la période révolutionnaire et ne reparut qu'en 1802 pour être nommé, après le Concordat, évêque de Valence, et recevoir, le 16 messidor an XII, la croix de la Légion d'honneur. Après la victoire d'Austerlitz, il publia un mandement qui fit quelque bruit et dans lequel il célébrait la gloire et les vertus de Napoléon, qui le créa, le 18 juin 1809, baron de l'Empire. Il ne fit pas preuve de moins d'éloquence au retour des Bourbons, à l'éloge desquels il ajouta, à l'usage de ses diocésains, le conseil prudent d'accepter les faits accomplis et d'oublier le passé. Il mourut pendant les Cent-Jours.

BECKER (JOSEPH DE), membre de la Convention et député au Conseil des Anciens, né à Saint-Avold (Moselle), vers 1750, mort à Saint-Avold en 1820, était homme de loi avant la Révolution, devint juge de paix du canton de Saint-Avold en 1790, puis administrateur du département de la Moselle, et fut élu membre de la Convention par ce département, le 8 septembre 1792, à la pluralité des voix sur 338 votants. Siégeant parmi les modérés, il dit dans le procès de Louis XVI, an 3e appel nominal : « Ni les menaces dont cette tribune a retenti, ni cette crainte puérile dont on a cherché à nous environner, ne me feront trahir mon sentiment. Je vote pour la réclusion. » Il se prononça aussi pour le sursis. Quoique membre du Comité des décrets, il ne parut plus à la tribune, même comme rapporteur, et, après le 9 thermidor, fut envoyé à Landau avec la mission de réprimer les terroristes ; il fit même rentrer près de dix mille émigrés qui avaient fui devant les menaces de Lebas et de Saint-Just. Élu par la Moselle au Conseil des Anciens, le 23 vendémiaire an IV, il en sortit en 1798, et se montra favorable au 18 brumaire ; le gouvernement impérial le nomma percepteur en 1804.

BECQUET (CHARLES-MARIE), député au Corps législatif en 1852, né à Asnières (Seine), le 1er août 1804, fut élu, le 29 février 1852, député au Corps législatif (Marne), comme candidat agréable au gouvernement, par la 4e circonscription du Bas-Rhin, avec 19,311 voix sur 20,251 votants et 24,327 inscrits. Étant alors conservateur des forêts à Hagueneau, il dut, presque aussitôt après sa nomination, donner sa démission de député, pour cause d'incompatibilité entre ses fonctions et son mandat.

BECQUEY (FRANÇOIS-LOUIS), député à l'Assemblée législative de 1791, au Corps législatif en l'an XII et de 1815 à 1830, né à Vitry-le-François (Marne), le 24 septembre 1760, mort à Paris, le 2 mai 1849, était le fils d'un lieutenant-criminel au présidial de Vitry.

Élu député de la Haute-Marne à l'Assemblée législative, le 30 août 1791, après avoir été membre de l'Assemblée provinciale de Champagne et procureur-général syndic du département de la Haute-Marne, il siégea dans les rangs des constitutionnels, près de Quatremère, de Beugnot, de Dumas, de Jaucourt, de Ramond, etc., et, bien que sa première motion semblât indiquer un adversaire de la royauté (il demanda que les députés ne fussent pas tenus de rester debout devant le roi quand il viendrait à l'Assemblée), il compta, dans la suite, parmi les plus zélés défenseurs du trône, parla en faveur des prêtres non-assermentés, prit la défense de Varnier, receveur des finances, dénoncé par Bazire comme coupable de menées contre-révolutionnaires, combattit Lamarque qui demandait le séquestre des biens des émigrés, et demanda qu'on fit au moins exception pour la fortune des femmes. Il se prononça, le 20 avril 1792, contre la déclaration de guerre : « Pourquoi, dit-il, vouloir nous précipiter dans la guerre ? Pourquoi appeler ce fléau cruel ? Pourquoi surtout dire qu'elle est inévitable, puisque toutes les puissances ont un intérêt contraire, et qu'elles déclarent qu'elles ne veulent pas nous attaquer ? On suppose un concert entre l'Autriche et la Prusse ; sans doute la nation a de justes raisons de se plaindre de cette coalition de rois ; sans doute la cour de Vienne a des torts, et nous ne devons pas souffrir qu'elle usurpe notre souveraineté en intervenant dans notre administration intérieure ; mais en supposant que ces puissances refusassent de renoncer à ce concert, serait-ce une raison suffisante pour leur déclarer la guerre ? Doit-on la déclarer pour un simple soupçon, pour une menace non fondée ? Ce concert n'est qu'un système défensif qu'elles ont adopté plutôt pour elles que contre nous. » Malgré les efforts de Becquey, le décret de déclaration de guerre fut adopté à la presque unanimité, moins sept voix, qui furent, avec celle de Becquey, les voix de Théodore de Lameth, Jaucourt, Mathieu Dumas, Gentil, Baert et Hua. Becquey eut alors de fréquentes entrevues avec le roi, la reine et madame Élisabeth : quand madame de Navarre fut détenue à la prison de la Force, il conçut le dessein de pénétrer dans la prison et de délivrer la prisonnière ; il réussit à faire mettre en liberté avec elle vingt-quatre autres personnes. Pendant la session de la Convention, Becquey, caché tantôt à Vitry, tantôt à Saint-Dizier, vécut dans la retraite, et échappa à toute poursuite. Revenu à Paris sous le Directoire, il se mit en relations avec les royalistes les plus en vue, conspira activement pour le retour de Louis XVIII, et fit partie d'un comité secret qui correspondait avec l'étranger : ce comité fut dissous au moment de l'élévation de Bonaparte au consulat. Mais après l'établissement de l'Empire, en 1810, il ne fit point de difficulté d'accepter de Napoléon la fonction de conseiller de l'Université. Il avait été précédemment, le 8 frimaire an XII, nommé par le Sénat conservateur député au Corps législatif. Malgré tout, il gardait une secrète préférence pour la royauté. Aussi, dès la première Restauration fut-il nommé (16 mai 1814) « directeur général de l'agriculture, du commerce, des arts et des manufactures, » en même temps que son ami Royer Collard devenait directeur-général de la librairie. Les ordonnances rendues le même jour les nommèrent aussi l'un et l'autre conseillers d'État et membres de la Légion d'honneur. Becquey parut plusieurs fois à la tribune de la Chambre, en sa qualité de directeur général du commerce, et ce fut lui qui présenta au nom du gouvernement les projets de loi sur la réforme provisoire du tarif des douanes, sur l'exportation des laines et des grains, le rétablissement de la franchise du port de Marseille, etc. En économie politique, Becquey professait une opinion mixte : il admettait des restrictions à la liberté commerciale, sans se déclarer partisan absolu de la prohibition.

Élu membre de la Chambre des députés, le 22 août 1815, par le collège de département de la Haute-Marne, avec 77 voix sur 139 votants et 217 inscrits, il fut de la minorité de la Chambre « introuvable » avec Lainé, de Serre, Royer-Collard, Colomb, Siméon, etc., et s'inscrivit fréquemment contre certaines propositions inspirées au gouvernement par les « ultra-royalistes » par exemple, contre la loi dite d'amnistie. Il fut réélu le 4 octobre 1816, puis, le 12 septembre 1819, par la même circonscription, et vota avec le ministère *pour* la censure des journaux et *contre* la liberté de la presse. La seconde Restauration l'avait nommé, le 8 mai 1816, sous-secrétaire d'État au ministère de l'intérieur, et cette place ayant été supprimée, il avait pris ensuite celle de directeur des ponts et chaussées. Dans la session de 1819-1820, ainsi que dans les suivantes, il continua de siéger au centre, donna, après quelques hésitations, son suffrage aux deux lois d'exception et au nouveau système électoral, parla contre l'admission du député Grégoire, qui, suivant lui, devait être rejeté comme *indigne*, et se mêla à la discussion des lois sur les douanes, des lois de finances, du budget, etc. Jusqu'à la fin de la restauration, Becquey, réélu encore le 25 février 1824 et le 24 novembre 1827, suivit une politique royaliste; des trois ministères qui se succédèrent de 1820 à 1830, et qui eurent pour chefs Richelieu, Villèle et Martignac, celui du duc de Richelieu, répondait le mieux à ses opinions; cependant il resta, comme fonctionnaire du gouvernement, le collaborateur de Villèle pour toutes les grandes entreprises de travaux publics, routes, canaux, premiers essais de chemins de fer. Son rapport du 4 août 1820 sur la *Navigation intérieure de la France* présentait d'intéressantes statistiques et l'exposé de tout un vaste projet dont le but était de procurer à la France un système complet de communications par eau. Les ports maritimes, les phares, les mines, furent également l'objet de ses préoccupations. Le ministère Martignac lui ayant semblé trop engagé dans la voie des concessions au libéralisme, Becquey résigna ses fonctions en mai 1830, et reçut de Charles X, en compensation, les titres de ministre d'État, membre du conseil privé et commandeur de la Légion d'honneur. « Il était, dit un de ses biographes, de ceux qui plaçaient dans leurs doctrines le roi avant la charte. » Il se prononça donc pour la résistance aux progrès des idées libérales, vota contre l'adresse des 221, puis, réélu le 3 juillet 1830, continua, quelque temps après la révolution, de siéger dans la Chambre, parmi les députés légitimistes. Il crut même devoir prêter le serment exigé par la loi du 31 août 1830; mais il prit, à partir de cette époque, peu de part aux débats parlementaires. Becquey ne se représenta pas aux élections de 1831. Il vécut dans la retraite jusqu'à sa mort.

BEDEAU (MARIE-ALPHONSE), représentant du peuple aux Assemblées constituante et législative de 1848-1849 et ministre, né à Vertou, près de Nantes (Loire-Inférieure), le 19 août 1804, mort à Nantes, le 28 octobre 1863. Son père, capitaine de vaisseau à l'époque de la Révolution, quitta le service à son retour de l'Inde en 1793. Élève des écoles militaires de la Flèche et de Saint-Cyr, Bedeau servit (1825) en qualité d'officier d'état-major au 8e dragons; il passa de là aux lanciers de la garde royale, (1826), au 2e d'artillerie à cheval (1829) et au 3e d'infanterie légère (1830). Capitaine en 1831, il fut attaché, comme aide de camp au général de division Gérard, puis, à la mort de cet officier, il alla assister au siège d'Anvers, reçut, en 1833, la croix de la Légion d'honneur, et devint, le 2 février 1836, chef de bataillon dans la Légion étrangère. La même année, sur son refus de passer provisoirement au service de l'Espagne, il fut envoyé en Algérie, à la tête d'un bataillon, prit part à l'expédition de Constantine, et, après la prise de cette ville, fut in-

vesti du commandement de la place. Lieutenant-colonel en 1837, puis colonel en 1839, il combattit les Arabes pendant près de dix ans dans des luttes presque quotidiennes, fut promu officier de la Légion d'honneur (1840) et général de brigade (mai 1841). En février 1842, le gouverneur général de l'Algérie remettait au général Bedeau la direction des affaires politiques et militaires de la colonie et le chargeait d'assurer l'occupation de Tlemcen. Après de nombreux combats livrés par lui à l'émir Abd-el-Kader, il prit une part considérable à la victoire d'Isly (1844), fut nommé général de division, commandeur de la Légion d'honneur, battit et soumit les Kabyles, et prit, le 1er juillet 1847, à Alger, en vertu d'une ordonnance royale, le gouvernement général de la colonie. Grand officier de la Légion d'honneur, le général de division Bedeau se trouvait en congé à Paris lors des événements de février 1848. Dans la matinée du 24, le maréchal Bugeaud le chargea de commander une des six colonnes de troupes destinées à combattre l'insurrection, si la formation du ministère Thiers et Odilon Barrot ne suffisait pas à contenter le peuple. La colonne commandée par le général marcha sur les barricades construites dans la rue Montmartre, et les enleva rapidement. Arrivé sur le boulevard, il comprit que les événements allaient prendre une tournure nouvelle, et s'arrêta. Quelques instants après, il recevait l'ordre de laisser à la garde nationale le soin de rétablir la tranquillité publique. Depuis, le maréchal Bugeaud lui reprocha sa mollesse dans cette journée.

Le même jour, à 10 heures du soir, Bedeau fut invité par une lettre signée Lamartine et Garnier-Pagès à se rendre à l'Hôtel de Ville. On le pria de prendre le commandement des troupes de Paris. Il refusa d'abord en faisant remarquer qu'il valait mieux s'adresser à des généraux qui n'avaient pas encore été employés ce jour là dans Paris. Lamartine et Garnier-Pagès insistèrent. Le général accepta alors, à la condition que pas un officier ne serait inquiété par le gouvernement nouveau pour cause politique. Son nom avait même figuré comme ministre provisoire de la guerre sur un premier décret du gouvernement en date du 24 février 1848; mais il était, dès le lendemain, remplacé à ce poste par le général Subervie.

Commandant de la 1re division militaire, il s'opposa à l'établissement des clubs militaires, et insista auprès du gouvernement provisoire pour que l'organisation militaire du régime précédent fût conservée intacte. Aux élections du 23 avril 1848, le département de la Loire-Inférieure l'ayant nommé représentant du peuple à la Constituante, le 3e sur 13, avec 97,430 voix (124,699 votants, 153,494 inscrits), il vota presque sans exception avec la droite : *contre* le bannissement de la famille d'Orléans, *contre* l'amendement Grévy sur la présidence, *contre* l'abolition du remplacement militaire, *contre* le droit au travail, *pour* l'ordre du jour en l'honneur du général Cavaignac, *pour* la proposition Rateau, *contre* l'amnistie et *pour* l'expédition de Rome. Il ne vota avec la gauche que dans les questions du maintien de l'état de siège (2 septembre 1848) et de la réduction de l'impôt du sel (28 décembre.)

Après la journée du 15 mai, Bedeau se mit à la tête de la garde nationale mobile; il entretint dans cette troupe l'esprit de résistance qui y domina constamment, et qui éclata surtout dans les journées de juin. Chargé, le 23 juin, par Cavaignac, ministre de la guerre, du commandement de dix bataillons réunis à l'Hôtel de Ville, Bedeau engagea un des premiers combats contre les insurgés; il leur avait péniblement enlevé dans la cité neuf barricades, opiniâtrement défendues: « mais les munitions vont manquer; les barricades se multiplient à mesure qu'on avance... La nuit tombe, il n'est plus possible de songer à gagner la place du Panthéon; le général Bedeau donne l'ordre de se replier sur l'Hôtel de Ville. On l'y ramène sur un brancard; un coup de feu, parti de la rue des Noyers vient de l'atteindre à la cuisse. » Quelques jours après, le 29 juin, il acceptait le portefeuille des affaires étrangères en remplacement de Bastide (v. ce nom) nommé de la veille, et qui passait au ministère de la marine. Le 17 juillet, nouvelle modification : la chaleur de la saison, jointe à l'irritation de sa blessure, avait rallumé les fièvres d'Afrique, et Bedeau avait dû renoncer à occuper le ministère : Bastide revint aux affaires étrangères.

Sa santé rétablie, Bedeau reprit sa place à l'Asssemblée. Dans la séance du 25 novembre 1848, où Cavaignac présenta à la tribune la longue justification de sa conduite personnelle pendant les événements de juin, justification qui aboutit au vote de l'ordre du jour Dupont (de l'Eure), le général Bedeau ajouta au récit de l'ancien ministre de la guerre quelques observations touchant les difficultés que la concentration des troupes avait éprouvées pour s'effectuer le 23 juin à l'Hôtel de Ville.

Réélu, le 13 mai 1849, représentant à l'Assemblée législative par le département de la Seine, le 5e sur 28, avec 125,110 voix (281,140 votants, 378.043 inscrits), il y vota presque toujours avec la majorité de droite, et appuya l'expédition de Rome. En juillet 1849, il avait été chargé par le président de la République d'une mission confidentielle auprès du commandant en chef du corps expéditionnaire de la Méditerranée qui assiégeait Rome; mais l'occupation ayant eu lieu avant que le général ait pût arriver auprès du commandant en chef, la mission devint sans objet. Dans les derniers mois de la législature, le général Bedeau, nommé questeur de l'Assemblée législative, prit une attitude peu favorable aux projets du coup d'Etat médité et préparé par le prince président; il fut un des auteurs de la proposition dite des « questeurs » qui mettait la force armée à la disposition du président de la Chambre.

Arrêté dans la nuit du 2 décembre 1851, il fut exilé bientôt après, et ne rentra en France qu'à la suite de l'amnistie de 1859. Il vécut, alors très retiré dans son pays natal.

BEDOCH (PIERRE-JOSEPH, CHEVALIER), député au Corps législatif de 1813 à 1815, représentant à la Chambre des Cent-Jours, député de 1818 à 1820, et de 1831 à 1837, né à Sereilhac (Haute-Vienne) le 28 décembre 1761, mort à Paris, le 15 février 1837, était avocat à Tulle avant la Révolution. Il embrassa les idées nouvelles, fut, sous la République, maire de Tulle, suppléant au tribunal de cassation, accusateur public, commissaire du gouvernement près le tribunal criminel, président de canton, etc. Rallié au gouvernement consulaire, il devint, sous Napoléon Ier, procureur impérial à Tulle, et le 6 janvier 1813, fut élu par le Sénat conservateur député au Corps législatif pour le département de la Corrèze. Dans l'allocution qu'il prononça devant l'empereur en lui présentant la députation de son collège électoral, il fit preuve d'une indé-

pendance relative et déplora que les « sujets » de Sa Majesté « n'eussent presque que leur sang à lui offrir. » Bientôt il se rangea parmi les membres du Corps législatif qui, dans l'intérêt du rétablissement de la paix, opinèrent pour la déchéance de Napoléon et le retour des Bourbons avec la charte. La Restauration le maintint dans ses fonctions de magistrat. En même temps, il continua de siéger à la Chambre des députés (ancien Corps législatif) et y devint un des chefs du parti constitutionnel. Rapporteur de plusieurs commissions, notamment de celle qui fut chargée de l'examen du projet de loi restituant au duc d'Orléans et au prince de Condé deux cent millions de propriétés non aliénées, il conclut à l'adoption (17 octobre 1814), mais s'éleva avec force contre cette théorie du ministre Ferrand : « Tout Français qui n'a point émigré n'a pas suivi la droite ligne et doit implorer la royale indulgence du monarque. » Il protesta aussi contre les « fausses espérances » que ce commencement de restitution avait fait naitre, et, le 31 octobre, rappela que la plupart des grandes familles nobles n'avaient été enrichies que de biens confisqués par les rois.

Représentant de la Corrèze (12 mai 1815) à la Chambre dite des Cent-Jours, il revint au parti de Napoléon, qui l'appela au conseil d'Etat, et prit la parole dans la discussion sur le mode de serment. Le 22 juin 1815, la Chambre, réunie à 8 heures du matin, obligea Bedoch, qui était secrétaire, à ouvrir la séance en l'absence du président et des vice-présidents. Après Waterloo, Bedoch resta quelque temps éloigné du Parlement: il y rentra le 20 octobre 1818, toujours comme député de la Corrèze (au collège de département). Il siégea au côté gauche, et la part qu'il prit aux débats de la Chambre fut considérable, surtout dans la session de 1818 à 1819. A propos du premier projet sur la presse, il demanda la suppression de l'article relatif à l'enlèvement des signes publics de l'autorité royale et au port public de tout signe extérieur de ralliement non autorisé par les lois. Il appuya aussi un amendement de Chauvelin, modifié par Courvoisier, et tendant à établir que la responsabilité de l'imprimeur n'existerait que lorsqu'il aurait agi sciemment ; il proposa que jamais on ne pût lui enlever son brevet sans jugement; il réclama la question préalable sur un amendement de Mestadier relatif à la péremption de saisie; se prononça contre les moyens indirects qu'on employait pour rendre la liberté de la presse illusoire, et vota pour la preuve testimoniale contre les fonctionnaires. Il fut le rapporteur d'un grand nombre de pétitions, et intervint fréquemment dans la discussion du budget. De 1819 à 1820, il vota contre les deux lois d'exception, et, avec les 95, contre le nouveau système électoral. Sur le projet de loi suspensif de la liberté individuelle, il défendit un amendement de Lacroix-Frainville, donnant au détenu la faculté de choisir un conseil : « On lui permet, dit-il, d'adresser des renseignements et des mémoires; mais qui les réunira, ces renseignements, et qui les rédigera, ces mémoires, si le prévenu ne sait ni lire ni écrire ? » Il se déclara, à propos de la loi de censure, favorable à la proposition du général Foy, exemptant de la censure les estampes publiées jusqu'à la sanction de la loi. Rapporteur, comme à la précédente session, de plusieurs pétitions importantes, il demanda et obtint l'ordre du jour sur celle qui réclamait la destitution du comte Decazes, ministre de l'intérieur, l'accusant d'avoir chassé de toutes les administrations les anciens amis de la monarchie. de les avoir remplacés par des traîtres, d'avoir perverti le peuple et l'armée et d'avoir aiguisé le poignard de la révolte, etc. Le rapporteur établit que ces pétitions, quoique envoyées d'endroits différents et revêtues de signatures différentes, avaient été faites par la même personne. Il s'opposa à ce que Manuel fût rappelé à l'ordre pour avoir cité, parmi les pensionnés du roi, un chef vendéen frappé de condamnations infamantes; défendit l'élection du général Tarayre, libéral, et fit partie de la commission nommée pour examiner le projet de loi concernant l'exécution d'un traité avec le dey d'Alger : il soutint, à ce propos, que la Chambre pouvait allouer ou refuser les fonds que le roi demande, sans avoir le droit, toutefois, de modifier un traité.

Non réélu aux législatures suivantes sous la Restauration, il reparut à la Chambre quelques jours avant la Révolution de juillet, aux élections du 5 juillet 1830, comme député du 1er collège de la Corrèze (Tulle). L'opinion qu'il avait toujours suivie le disposait assez à se rallier à la royauté de Louis-Philippe ; c'est ce qu'il fit. De 1831 à 1837, — il obtint le 21 juin 1834 le renouvellement de son mandat, avec 106 voix sur 208 votants et 232 inscrits, — Bedoch vota presque toujours avec la majorité conservatrice. A l'ouverture des sessions de 1834, 1835 et 1836, il fut président d'âge, et eut, en cette qualité, le 30 décembre 1836, avant de quitter le fauteuil pour le céder à Dupin, l'occasion d'exprimer au roi, sur qui Meunier venait de tirer, « un sentiment douloureux, dit-il, qui me suivra jusqu'au dernier de mes jours. » Il n'eut pas longtemps, observe un biographe, à supporter ce souvenir pénible, car il mourut l'année d'après.

BEEREMBROECK (Arnold-Barthélemy), député au Conseil des Anciens et au Corps législatif, né à Anvers (Belgique), le 23 mai 1751, mort à Paris, le 30 avril 1824, était fils de Jean Beerembroeck, natif d'Aelst, près d'Eyndhoven, et d'Elisabeth-Marie Sledde. Il étudia la médecine, prit ses grades à l'Université de Louvain, puis à celle de Leyde, et visita la Hollande, l'Angleterre et l'Ecosse. Devenu, à Edimbourg, un des plus fervents adeptes du célèbre médecin Cullen, il traduisit en latin le principal ouvrage de ce réformateur ; puis, il revint dans sa patrie, où il s'abstint de pratiquer la médecine, s'en tenant à ses études théoriques. Elu, le 24 germinal an V, député du département des Deux-Nèthes au Conseil des Anciens par les simulacres de réunions électorales de la commune d'Anvers, il prit une part assez active aux délibérations, presque toujours dans le sens de la majorité. Le 9 nivôse an VI, il déclara « bienfaisante et dictée par l'intérêt général du commerce » la résolution de réduction du droit d'entrée sur les toiles de coton blanches venant de l'étranger. Le 12 fructidor, il fit approuver une résolution fixant les dépenses du ministère des relations extérieures pour l'an VII; le 14 brumaire de l'année suivante, il obtint sa radiation de la liste des émigrés, parla encore sur l'annulation des élections de juges dans le département des Deux-Nèthes, et réclama vivement, le 29 thermidor an VII, contre la publication dans le Journal des hommes libres d'un article où les directeurs Sièyes et Barras étaient pris à partie; il demanda qu'un message fût adressé au Directoire « pour faire exécuter contre le journaliste la loi du 27 germinal an IV ». La dénonciation

renvoyée au Directoire fut suivie d'effet : le Journal des hommes libres fut poursuivi.

Beerembroeck, rallié au coup d'Etat de Bonaparte, fit partie également du Corps législatif, où il fut nommé, le 4 nivôse an VIII, par le Sénat conservateur pour y représenter le département des Deux-Nèthes. Il s'y montra favorable au pouvoir consulaire. Lors de l'institution de l'école centrale d'Anvers, il fut membre du jury de l'instruction publique de cet établissement, ainsi que de la commission des arts et des sciences du département des Deux-Nèthes. Après la chute de l'Empire, Beerembroeck se fixa à Bruxelles, et reprit ses travaux scientifiques. En 1825, il entreprit un voyage à Paris et il y mourut. Il avait publié divers mémoires sur des questions médicales, entre autres des Remarques sur la paralysie des extrémités inférieures (1779).

BEFFROY DE BEAUVOIR (Louis-Etienne), membre de la Convention et député au Conseil des Cinq-Cents, né à Laon (Aisne), le 2 avril 1755, mort en exil à Liège (Belgique), le 6 janvier 1825, entra dans le génie militaire, puis dans la cavalerie, et fut nommé, en 1777, capitaine aide-major de la compagnie des 50 cadets gentilshommes envoyés par Louis XV au roi de Pologne sous le commandement du baron de Rullecourt. Revenu en France, il était, au moment de la Révolution, officier aux grenadiers royaux de Champagne. Député à la première assemblée bailliagère de Laon, il fut nommé procureur de la commune, membre du Directoire de l'Aisne, suppléant à l'Assemblée législative, où il ne siégea pas, substitut du procureur général syndic, et, le 10 septembre 1792, député à la Convention pour le département de l'Aisne, par 401 voix sur 638 votants. Il y traita surtout les questions financières et administratives, demanda l'abrogation de la loi du maximum, et, dans le procès de Louis XVI, motiva son vote, au 3e appel nominal : « Par respect pour les principes, par amour pour la liberté, j'invoque contre Louis la loi qui prononce la peine de mort contre les conspirateurs. » Il vota en outre pour le sursis. Il se rangea ensuite parmi les modérés et se déclara contre Robespierre, au 9 thermidor ; envoyé en mission à l'armée d'Italie (1794), il fit rouvrir les églises de Nice et fermer les clubs, faillit faire arrêter le général Bonaparte considéré comme ami de Robespierre, et fut bientôt suspect de fanatisme et d'aristocratie. Il put se justifier et fit partie des conventionnels nommés le 24 vendémiaire an IV, au Conseil des Cinq-Cents. Il y parla en faveur de la loterie, contre l'emprunt forcé, et contre la suspension des ventes de biens nationaux. En raison du luxe qu'il affichait à Laon, on l'accusa (1802) d'avoir falsifié des pièces de liquidation; il se défendit en arguant de la vente de manuscrits importants, fut acquitté, et fut nommé administrateur de l'hôpital militaire de Bruxelles. Il était de retour à Laon, quand la loi du 12 janvier 1816 contre les régicides le força de s'exiler. Il s'établit à Liège, où il exerça la profession d'avocat jusqu'à sa mort. Il a publié, entre autres brochures sur l'agriculture, l'Avantage du desséchement des marais (1793).

BEGON. Voy. Rouzière (marquis de la).

BÉGOUEN (Jacques-François, comte), député à l'Assemblée constituante de 1789, puis membre de la Chambre des députés de 1816 à

1819, né à Petit-Goave (Saint-Domingue), le 29 décembre 1743, mort au Hâvre (Seine-Inférieure), le 21 octobre 1831, était négociant au Hâvre. Il se déclara avec modération pour les principes de la Révolution, fut élu, le 25 mars 1789, député du tiers aux États-Généraux pour le bailliage de Caux, et se fit remarquer à l'Assemblée dans plusieurs discussions spéciales sur des questions commerciales, coloniales et financières. Ses opinions étaient un curieux mélange de tendances rétrogrades et d'idées avancées. Il parla (2 avril 1790) contre le privilège de la Compagnie des Indes et observa que ce privilège avait été accordé par arrêt du conseil, rendu sur requête non communiquée, et nullement revêtu de lettres patentes enregistrées. « On n'aperçoit point ici, dit-il, de contrat synallagmatique; tout a été accordé au nom de la nation et contre la nation; rien n'a été stipulé pour elle. C'est donc en vain que la Compagnie des Indes regarde son privilège comme une propriété, puisqu'il n'est autre chose qu'une violation de la propriété... »

Le 28 août, il demanda qu'avant de procéder à une nouvelle émission d'assignats et de doubler le numéraire, l'Assemblée entendît les députés extraordinaires du commerce établis près d'elle. Le 1er décembre, dans le débat sur les droits de traite, il fit contre le système de la liberté commerciale une déclaration des plus catégoriques : « Je regarde comme sinistre ce système de liberté que l'on voudrait faire prévaloir. » (Il répondait à Boislandry, député de Paris). « La prohibition est la clef de voûte de la finance... » Par contre, il combattit (15 février 1791) le projet sur les patentes présenté au nom du comité des contributions publiques, par d'Allarde, député de Saint-Pierre-le-Moutier, et dit : « Autrefois, le droit de travailler était un droit régalien; nous pensons maintenant que c'est un droit national. Cependant, le projet tend à faire renaître le jour où l'on s'enorgueillissait de vivre sans rien faire : on appelait cela vivre noblement. Au lieu d'exiger des patentes pour travailler, il faut plutôt soumettre à en prendre ceux qui resteront oisifs. Je demande donc la question préalable sur le projet de décret. » (On murmure et on rit.)

Il fut également l'adversaire du décret sur les colonies et se fit (31 août 1791) l'écho des réclamations des armateurs et capitaines de navires du Hâvre qui en sollicitaient l'abrogation; le décret en date du 15 mai admettait au droit de cité les hommes de couleur libres. Enfin, il contribua à faire conserver la caisse des vétérans de la marine, et à fixer les revenus qui devaient l'alimenter. Son modérantisme le rendit suspect en 1793; il fut incarcéré, avec plusieurs habitants du Hâvre, au château de Noirtot, près de Bolbec. Rendu à la liberté après le 9 thermidor, il ne s'occupa, sous le Directoire, que de son commerce; mais il accepta de Bonaparte, après le 18 brumaire, divers titres et dignités. Nommé conseiller d'État, le 3 floréal an XI, chevalier de la Légion d'honneur, le 9 vendémiaire an XII et commandeur du même ordre, le 25 prairial, il fut fait en outre (1808) chevalier et comte de l'Empire. Bégouen signa l'avis du conseil d'État portant que le comte Frochot, préfet du département de la Seine, avait « manqué de fermeté » dans la conspiration de Malet, en 1812. Cette attitude ne l'empêcha pas de se prononcer deux ans plus tard, le 11 avril 1814, pour la déchéance de Napoléon. Rallié aux Bourbons, il refusa, dit-on, lors du retour de l'île d'Elbe, de se rendre aux instances de l'empereur qui le pressait de rentrer au Conseil d'État; il ne revint aux affaires qu'après les Cent-Jours, comme conseiller d'État, membre de la section de la marine et des colonies, puis comme président (1816) du collège électoral de la Seine-Inférieure, qui le nomma député, le 4 octobre, par 96 voix sur 191 votants et 233 inscrits. Bégouen siégea au centre. Il parut à la tribune pour demander que le budget de la marine fût porté à 48 millions, dont 6 destinés aux colonies; pour combattre le transit, pour donner son opinion sur l'achèvement des travaux du port du Hâvre, etc. En 1818, il fut chargé, comme conseiller d'État, de défendre à la Chambre des pairs le projet de loi sur la Banque de France, qui fut adopté. Admis à la retraite et au titre de conseiller d'État honoraire en 1820, il se retira dans sa terre de Valau, près du Hâvre, où il passa les dernières années de sa vie.

BÉGUIN (Louis), député à l'Assemblée législative de 1791, né à Baigneux-les-Juifs (Côte-d'Or), en 1747, mort à Paris, le 25 juin 1831, fut élu, étant juge à Semur, député de la Côte-d'Or à l'Assemblée législative (septembre 1791), par 191 voix sur 375 votants. Il fit partie, sans éclat, de la majorité. Partisan des idées nouvelles, il devint, dans la suite, administrateur de son département et rentra dans l'obscurité après la Révolution.

BÉGUIN (Pierre-Gabriel), député au Corps législatif en 1807, né à Saint-Amand (Cher), le 13 juillet 1762, mort à Saint-Amand, le 9 février 1818, exerça dans sa ville natale la profession d'avocat; dévoué alors au régime impérial, il fut désigné par le Sénat conservateur, le 17 février 1807, pour représenter au Corps législatif le département du Cher. Après la session, il entra dans la magistrature et fut président du tribunal civil de Saint-Amand; il conserva jusqu'à sa mort ce dernier poste, qui lui avait été confirmé, le 9 avril 1816, par le gouvernement de la Restauration.

BÉGUINOT (François-Barthélemy, comte), député au Corps législatif et membre du Sénat conservateur, né à Paris, le 22 janvier 1747, mort à Paris, le 26 septembre 1808, entra dans l'armée comme simple soldat au début de la Révolution et conquit un à un tous ses grades. Nommé général de brigade à l'armée des Pyrénées-Orientales, il reçut l'ordre, en 1795, de se rendre à l'armée du Nord, puis à l'armée de Sambre-et-Meuse, où il obtint (17 pluviôse an VII) le grade de général de division. Béguinot commandait la 24e division militaire en Belgique, lorsque 20,000 paysans en armes se soulevèrent dans les départements de l'Escaut et des Deux-Nèthes. Quoiqu'il n'eût que de faibles détachements à leur opposer, Béguinot marcha contre les insurgés; il les battit à Oudenarde, à Halles, à Ypres, à Louvain et près d'Anvers, et déploya contre eux une extrême rigueur, qui lui fut reproché. Remplacé par le général Colaud dans le commandement de sa division, Béguinot reçut l'ordre de se rendre à l'armée d'observation qui se forma sur la Lahn, sous les ordres de Bernadotte; puis il reprit sa situation précédente, établit son quartier général à Bruges, et repoussa les agresseurs sur les frontières maritimes de la France. Il passa ensuite au commandement de la 2e division qu'il conserva pendant les ans IX et X. C'est alors qu'il devint (6 germinal) député au Corps législatif. Chevalier de la Légion d'honneur du 4 frimaire an XII et commandeur du même ordre le 25 prairial, il fut nommé, le 14 août 1807, membre du Sénat conservateur. Au Sénat comme à la Chambre, il se montra tout dévoué à la personne et aux actes de Napoléon Ier, qui, le 23 mai 1808, lui conféra, peu de mois avant sa mort, le titre de comte de l'Empire.

BÉHAGHEL (Louis-Henri), député de 1842 à 1846, représentant du peuple à l'Assemblée législative de 1849, né à Cassel (Nord), le 18 avril 1792, mort à Bailleul (Nord), le 25 juillet 1868, était le fils d'un ancien conseiller à la Cour de Cassel. Il appartint quelque temps, comme contrôleur, à l'administration des contributions directes. Propriétaire dans la commune de Bailleul, il y exerçait les fonctions de maire, lorsque, le 24 septembre 1842, il fut élu député du collège d'Hazebrouck (Nord). Il remplaçait Berryer, élu par Hazebrouck en même temps que par Marseille, et qui venait d'opter pour cette dernière circonscription. Légitimiste comme Berryer, il vint s'asseoir à la Chambre sur les bancs de la droite. Il fit partie, contre le gouvernement de Louis Philippe, de l'opposition royaliste qui refusa, d'ailleurs, de s'associer aux propositions émanant de la gauche. Avec son groupe, M. Béhaghel se prononça (1845) contre l'indemnité Pritchard. Les électeurs monarchistes du Nord lui conférèrent, le 13 mai 1849, un nouveau mandat : il fut élu, le 11e sur 24, représentant à l'Assemblée législative, par 91,751 voix sur 183,521 votants et 290,196 inscrits. Il était alors conseiller général de son département. Il siégea à droite, vota avec la majorité *pour* l'expédition de Rome, *pour* les lois sur l'enseignement et contre le suffrage universel, sans se rallier à la politique personnelle du prince président ni à son coup d'Etat.

BÉHIC (Louis-Henri-Armand), député de 1846 à 1848, sénateur du second empire, ministre et sénateur de 1876 à 1879, né à Paris le 15 janvier 1809, se fit recevoir licencié en droit et entra dans l'administration des finances en 1826. Attaché à la trésorerie de l'armée lors de l'expédition d'Alger, en 1830, il suivit la carrière, devint inspecteur des finances en 1845, et, après avoir visité en cette qualité la Corse et les Antilles, fut nommé, la même année, directeur du contrôle et de la comptabilité générale au ministère de la marine. Élu, le 1er août 1846, député par le 11e collège électoral du Nord (Avesnes), avec 418 voix sur 748 votants et 816 inscrits, contre M. Marchant, député sortant, qui eut 324 voix, il siégea au centre droit, vota avec lui, donna sa démission après les journées de février 1848, et dirigea les forges de Vierzon jusqu'à son rappel au Conseil d'Etat par l'Assemblée législative, au premier tour de scrutin (1849); il fit partie de la section de législation. Après le coup d'Etat de décembre et la dissolution du Conseil d'Etat, M. Béhic reprit la direction des forges et hauts fourneaux de Vierzon, devint, en 1853, inspecteur général des Messageries maritimes, spécialement chargé de l'organisation des lignes postales, puis passa administrateur et président du conseil d'administration de cette puissante Société. En 1854, il s'occupa activement des transports pour la guerre de Crimée, annexa aux Messageries Maritimes la Société des forges et chantiers de la Méditerranée (1856), et présida la commission d'organisation des banques coloniales. Conseiller général des Bouches-du-Rhône pour le canton de La Ciotat, il fut appelé par l'empereur au ministère de l'agriculture, du commerce et des travaux publics, le 23 juillet 1865, en remplacement de M. Rouher, provoqua les enquêtes importantes sur la Banque de France, sur le service des chemins de fer, sur l'état de l'agriculture (1866), et fut le promoteur du règlement sanitaire concernant le choléra, et de la convention monétaire entre la France, l'Italie, la Belgique et la Suisse. Il démissionna le 17 janvier 1867, fut nommé sénateur trois jours après, grand croix de la Légion d'honneur, et membre du conseil de perfectionnement de l'enseignement secondaire spécial (novembre 1867). Le 4 septembre 1870 éloigna momentanément M. Béhic de la politique ; il y rentra en 1876 ; il était vice-président du comité électoral dit « national conservateur », et, sur une profession de foi nettement bonapartiste, fut élu, le 30 janvier, sénateur par la Gironde, le 3e sur 4, au 3e tour de scrutin, avec 367 voix sur 672 votants. Il siégea dans le groupe de l'Appel au peuple, mais ne fut pas réélu aux élections du 5 janvier 1879, n'ayant obtenu que 319 voix, sur 664 votants. M. Béhic préside le conseil général des Bouches-du-Rhône. Chevalier de la Légion d'honneur en 1834, officier en 1847, commandeur en 1860, grand-croix en 1867, commandeur de l'ordre de Sainte-Anne de Russie, grand-croix de la Rose du Brésil, d'Isabelle la Catholique, de l'Etoile polaire de Suède, de la Conception de Portugal, du Metjidié, etc.

BÉHIN (Pierre-Florent-François), député à l'Assemblée constituante de 1789, né à Béthune (Pas-de-Calais), le 8 avril 1742, mort à une date inconnue, était curé d'Hersin-Coupigny, au moment de son élection comme député du clergé aux Etats-Généraux pour la province d'Artois. Le *Moniteur* ne mentionne pas son nom.

BÉJARRY (Amédée-François-Paul, chevalier de), député de 1816 à 1818, né à Luçon (Vendée), le 25 janvier 1770, mort à Nantes (Loire-Inférieure), le 10 mai 1844. Très attaché à la royauté, il combattit pendant la Révolution dans l'armée vendéenne où il fut aide-de-camp de Royrand, puis officier supérieur, plusieurs fois blessé. Chargé par Puisaye, en 1794, de concerter les efforts des royalistes armés du Morbihan avec le plan général des opérations, il remplit cette mission avec succès, puis passa dans l'armée de Charette qui le choisit comme un des négociateurs de la convention de Nantes (5 février 1795), et le chargea d'une mission près le comité de salut public. Il revint à l'armée et signa, avec son frère aîné, la capitulation acceptée par Hoche. La reprise d'armes de 1799 aboutit à l'amnistie de 1800 ; de Béjarry se retira alors dans ses foyers et resta, sous l'Empire, étranger à la vie politique. La Restauration le fit chevalier de Saint-Louis, sous-préfet de Beaupréau, alors chef-lieu d'arrondissement de Maine-et-Loire. Le 4 octobre 1816, il fut élu, par 82 voix sur 147 votants et 197 inscrits, député de la Vendée au collège de département. Il siégea au côté droit de la Chambre, vota avec les ultra-royalistes, et ne prit qu'une seule fois la parole, dans la session de 1816-1817, dans la discussion du budget, à l'article *pensions*; après avoir exprimé toute sa sollicitude pour « cette masse de soldats vendéens, si dignes de toucher le cœur du roi et d'intéresser sa justice, » il proposa en leur faveur un supplément de crédit de 250,000 francs. Il n'appartint pas à la législature qui suivit.

BÉJARRY (Amédée-Paul-Armand de), membre du Sénat, né à Saint-Vincent-Puymaufrais, (Vendée), le 30 juin 1840, fut élu, le 2 mai 1886, sénateur monarchiste de la Vendée par 465 suffrages sur 853 votants et 855 inscrits, contre 383 voix données à M. Daniel-Lacombe, candidat républicain. Il s'agissait de remplacer M. de Cornulier, également monarchiste, décédé. M. de Cornulier, aux élections sénatoriales précédentes (janvier 1882), avait été élu premier de la liste conservatrice par 200 voix seulement. Depuis, est intervenue la loi du 9 décembre 1884, qui augmenta dans une assez forte proportion le nombre des électeurs sénatoriaux.

Au Sénat, M. de Béjarry siège à droite : il a voté notamment, dans la dernière session, *contre* le rétablissement du scrutin uninominal (13 février 1889), *contre* le projet de loi Lisbonne restrictif de la liberté de la presse (18 février), *contre* le projet de loi réglant la procédure à suivre devant le Sénat pour juger les attentats contre la sûreté l'État (affaire Boulanger, 29 mars).

BÉJOT (Charlemagne), député à l'Assemblée législative de 1791, né à Messy (Seine-et-Marne), le 14 mai 1755, mort à une date inconnue.

Agriculteur et maire de sa commune, il devint plus tard administrateur du département de Seine-et-Marne. Il fut élu, le 2 septembre 1791, député de ce département à l'Assemblée législative, avec 212 voix sur 344 votants, et vota avec la gauche sans paraître à la tribune.

BEKER (Nicolas-Léonard, comte de Mons,) représentant à la Chambre des Cent-Jours, et pair de France, né à Obenheim (Bas-Rhin), le 14 janvier 1770, mort à Clermont-Ferrand (Puy-de-Dôme), le 18 novembre 1840, entra en 1786 au régiment de Languedoc-dragons, traversa rapidement les grades inférieurs, passa en 1793 à l'état-major général où il servit successivement dans les armées du Nord, de l'Ouest, de Sambre-et-Meuse, de Saint-Domingue et d'Italie. Il contribua à la première pacification de la Vendée. Lors des préliminaires de paix de Leoben, il alla en Hollande réprimer, sous les ordres du général Dejean, des troubles dans la province de Frise. A la paix de Campo-Formio, un ordre du ministre de la guerre appela l'adjudant-général Beker à Paris, pour faire partie de l'expédition de Saint-Domingue, comme chef d'état-major du général Hédouville, agent du Directoire, chargé de prendre possession de la partie espagnole de cette île, cédée à la France par le traité de Bâle avec l'Espagne. De retour en France au bout d'un an, il fut envoyé en Italie à la tête d'une brigade, se distingua à la bataille de Cassano, où il fut laissé pour mort, fut employé ensuite comme général de brigade dans la division Grouchy pendant la campagne de Hohenlinden à l'armée du Rhin, et, à la paix de Lunéville, nommé par le premier Consul au commandement du département du Puy-de-Dôme, patrie du général Desaix, dont le général Beker avait épousé la sœur. Il conserva ce commandement jusqu'en 1805, puis fut promu général de division, fit encore la campagne de Prusse et celle de Pologne, avec le 5e corps d'armée qu'il suivit en Silésie ; là il reçut le titre de comte de l'Empire. Enfin il remplit les fonctions de chef d'état-major du maréchal Masséna dans la dernière campagne contre l'Autriche, en 1809. Grand officier de la Légion d'honneur après Essling, il devint cependant suspect à Napoléon Ier à cause de l'opinion qu'il n'avait pas craint d'exprimer sur les conséquences du système de guerre à outrance, et il dut se rendre en disgrâce à Belle-Isle-en-mer pour en prendre le commandement.

De retour dans ses foyers en 1814, il usa de son influence pour empêcher, pendant l'occupation étrangère, une collision prête à éclater entre les militaires et les citoyens. Le 13 mai 1815, le collège de département du Puy-de-Dôme le nomma représentant à la Chambre des Cent-Jours. Lors de la seconde abdication de Napoléon, le gouvernement provisoire lui donna l'ordre de se rendre à la Malmaison pour veiller à la sûreté de l'empereur et l'accompagner jusqu'à Rochefort. Cet ordre était conçu dans les termes suivants :

« Je vous transmets, général, copie d'un arrêté du gouvernement qui vous charge d'accompagner l'empereur Napoléon. Votre caractère connu est une garantie que vous aurez et que vous ferez rendre à ce prince les égards et respects que l'on doit au malheur et vous trouverez chez chaque autorité civile et militaire, dans l'âme de chaque citoyen, les secours que vous pourriez être dans le cas de réclamer pour la sûreté de sa personne. »

« Le maréchal, prince d'Eckmühl, ministre de la guerre. »

Le général Beker s'acquitta habilement de la mission, puis se retira dans son département. Il ne fut pas exempt de persécutions en 1816 : le préfet du Puy-de-Dôme l'envoya en surveillance à Poitiers ; mais le roi révoqua la mesure en son conseil, et, à quelques années de distance, dédommagea Beker en l'appelant à la Chambre de pairs (5 mars 1819). Il s'y montra le partisan modéré de la royauté, et après juillet 1830, se rallia au gouvernement de Louis-Philippe qui le conserva jusqu'à la fin de ses jours sur la liste des pairs de France.

BEL (François), député de 1876 à 1885, né à Rumilly (Haute-Savoie), le 25 novembre 1805, fut avocat, puis juge à Chambéry, sous le gouvernement sarde. Membre, pour le canton de Montmélian, du conseil général de la Savoie, qu'il présida, il fut élu, le 20 février 1876, député de la 2e circonscription de Chambéry, avec 7,204 voix sur 14,271 votants et 17,155 inscrits, contre M. de la Chambre, conservateur monarchiste, 6,984 voix. M. Bel avait, dans sa profession de foi, qualifié les bonapartistes : « Un parti qui s'est emparé de la France en 1851, par un guet-apens, et n'a pu se maintenir au pouvoir que par des guerres incessantes et un arbitraire inouï. » Les adversaires de M. Bel lui reprochèrent alors d'avoir accepté de ce parti un pouvoir de fonctions municipales et la décoration de la Légion d'honneur. Il fit partie du groupe de la gauche républicaine et vota : 3 juin 1876, *pour* le projet de loi sur la collation des grades ; 12 juillet, *pour* le projet de loi relatif à l'élection des maires ; 4 mai 1877, *pour* l'ordre du jour contre les menées ultramontaines. Il fut des 363 députés qui protestèrent contre l'acte du 16 mai ; cette protestation lui valut sa réélection, le 14 octobre 1877, par 8,511 voix (15,495 votants, 17,565 inscrits), contre 6,809 voix à M. de la Chambre. Il soutint le ministère parlementaire de Dufaure, vota dans la session avec la majorité opportuniste de gauche : *pour* l'invalidation de l'élection Blanqui, *pour* le retour du Parlement à Paris, *pour* l'application des lois existantes aux congrégations non autorisées, *pour* la proposition Bardoux tendant au rétablissement du scrutin de liste. Il s'abstint dans le scrutin du 8 février 1881 sur le rétablissement du divorce.

Réélu, le 21 août 1881, avec 7,934 voix (11,629 votants, 17,642 inscrits), contre MM. L. Thiabaud, 2,608 voix et de la Chambre, 646, il reprit sa place à gauche, soutint, dans la législature 1881-85, les ministères Gambetta et Ferry, et vota *pour* l'expédition du Tonkin, *pour* le maintien du Concordat, *contre* l'élection des sénateurs par le suffrage universel; par suite du décès (septembre 1881) de M. Chavoix (de la Dordogne), M. Bel se trouva dans cette législature, avec M. Pierre Blanc, également député de la Savoie, le membre le plus âgé de la Chambre des députés. Il ne fut pas réélu en octobre 1885.

BELBEUF LOUIS-PIERRE-FRANÇOIS GODARD, MARQUIS DE), député aux Etats-Généraux de 1789, né à Rouen (Seine-Inférieure), le 24 janvier 1757, mort au château de Belbeuf (Seine-Inférieure), le 27 août 1832, fils d'un procureur général du parlement de Rouen, embrassa d'abord la carrière des armes, devint officier de carabiniers, puis entra dans la magistrature, et était, au moment de la Révolution, avocat général au parlement de Normandie. Elu, le 23 avril 1789, député de la noblesse aux Etats-Généraux par le bailliage de Rouen, il se montra, dans cette Assemblée, partisan aveugle de l'ancien régime, hostile à toute innovation, et signa toutes les protestations de l'extrême droite contre l'Assemblée. Il accusa le duc d'Orléans de conspirer contre le roi, émigra en 1791, laissant en France sa femme et quatre enfants, servit bravement dans l'armée des princes, et, rentré en France après le 18 brumaire, resta en dehors de la vie politique.

BELBEUF (ANTOINE-LOUIS-PIERRE-JOSEPH GODARD, MARQUIS DE), pair de France et sénateur du second Empire, fils du précédent, né à Rouen le 20 octobre 1791, mort à Belbeuf (Seine-Inférieure), le 16 février 1872, se rallia à la cause impériale, et tandis que son père demeurait volontairement étranger aux affaires publiques, entra dans la magistrature en 1813, comme juge-auditeur au tribunal civil de Nogent-sur-Seine. Le gouvernement de la Restauration ne lui tint pas rigueur; il fut, sous Louis XVIII, conseiller auditeur à la Cour royale de Paris et devint, en 1821, conseiller titulaire. A son tour, la royauté de Louis-Philippe l'appela à la première présidence de la Cour de Lyon, puis, le 3 octobre 1837, le nomma pair de France. Il soutint constamment, jusqu'en 1848, la politique conservatrice des ministres du roi, et, après avoir vu sa carrière interrompue quelque temps par la République de février, il passa, le 26 janvier 1852, au Sénat institué par le prince président en vue du prochain rétablissement de l'Empire. Il y vota toutes les lois agréables au gouvernement de Napoléon III, y compris la loi de sûreté générale, et rentra dans la vie privée, au 4 septembre 1870. Commandeur de la Légion d'honneur en 1864.

BELCASTEL (JEAN-BAPTISTE-GASTON-GABRIEL-MARIE-LOUIS LACOSTE, BARON DE), représentant à l'Assemblée nationale de 1871 et sénateur de 1876 à 1879, né à Toulouse (Haute-Garonne), le 26 octobre 1821, fut élevé à l'institution des jésuites de Vaugirard et, reçu avocat en 1821, retourna dans son département où il s'occupa de littérature et d'agriculture. Un *Discours sur le progrès* lui valut, en 1850, une églantine d'or aux Jeux Floraux et son

élection comme membre titulaire de cette Académie en 1853.

Des raisons de famille lui firent passer quelques années dans le midi de l'Europe et aux îles Canaries; de retour en France, il reprit ses études agronomiques, et, après une série d'articles sur les *Céréales*, entra à la Société d'agriculture de la Haute-Garonne (1867). Dans une brochure sur la question romaine, qui fut peu lue, il se montra (1869) ultramontain intransigeant.

Elu, le 8 février 1871, représentant de la Haute-Garonne à l'Assemblée nationale, le 10e et dernier de la liste, par 63,123 voix sur 122,845 votants et 145,055 inscrits, il fut le seul à Bordeaux qui vota contre le décret nommant Thiers chef du pouvoir exécutif de la République française (17 février) « ne voulant pas, même pour un jour, a-t-il dit dans une lettre à l'*Univers*, de l'étiquette républicaine. » Il combattit le retour de l'Assemblée à Paris, demanda des concessions de terrains en Algérie pour les Alsaciens-Lorrains (juin 1871), et se prononça *pour* la paix, *pour* les prières publiques, *pour* l'abrogation des lois d'exil, *pour* la pétition des évêques (la parole lui fut retirée par un vote de la majorité): en septembre, il envoya au pape, avec 45 de ses collègues, une adresse contre « les usurpations sacrilèges de l'Italie », affirmant en outre une adhésion absolue aux doctrines du *Syllabus*. Il se prononça *contre* le retour de l'Assemblée à Paris (3 février 1872), combattit dans une lettre (12 février) toute tentative de fusion avec les orléanistes, vota *contre* le service de trois ans et demanda le maintien du remplacement militaire (juin), contribua au renversement de Thiers (mai 73), réclama du ministère de Broglie le renvoi de M. de Guerle, préfet de la Haute-Garonne, parce qu'il était protestant, fut un des principaux promoteurs du pèlerinage de Paray-le-Monial (juin) et de la construction de l'église du Sacré-Cœur, à Montmartre, s'abstint sur la prorogation des pouvoirs du maréchal de Mac-Mahon (19 novembre) et vota *contre* le ministère de Broglie (16 mai 74), *contre* l'amendement Wallon (30 janvier 1875), et *contre* l'ensemble des lois constitutionnelles (25 février), en conjurant l'Assemblée « de ne pas consommer l'infidélité au mandat qu'elle avait reçu de la Providence et de la patrie. »

Le 30 janvier 1876, il fut élu sénateur de la Haute-Garonne, au 3e tour de scrutin, par 368 voix sur 674 votants, après avoir refusé de profiter de la coalition d'une partie de l'extrême droite et des gauches pour la nomination des sénateurs inamovibles. Comme à la Chambre, il siégea à l'extrême droite, s'éleva (mars 1876) au nom du parti catholique, contre les modifications apportées à la loi réglant l'obtention des diplômes dans les Facultés libres, et protesta contre le recensement des congrégations religieuses (décembre). Il échoua au renouvellement triennal du 5 janvier 1879, avec 287 voix sur 672 électeurs. M. de Belcastel a publié une *Etude sur les îles Canaries* (1862), la *Citadelle de la liberté ou la question romaine au point de vue de la liberté du monde* (1867), *Ce que garde le Vatican* (1871), brochure qui lui valut une lettre approbative de Pie IX, et a collaboré à l'*Univers* et à plusieurs journaux de province. Il est chevalier de l'ordre de Pie IX.

BELDERBUSCH (CHARLES-LÉOPOLD VON HEYDEN, COMTE DE), membre du Sénat conservateur, né au château de Terworm près de Meersen (Ourthe), le 11 octobre 1749, mort à Paris, le 22 janvier 1826, était d'une ancienne famille du pays de Cologne, où un de ses oncles occupait le poste de grand-maître héréditaire de la Cour électorale. Devenu lui-même (1785) l'agent du prince-électeur Maximilien-François à la Cour de Louis XVI, il se fit remarquer à Versailles par son goût pour la faste, pour les arts et pour les plaisirs. Peu disposé à se rallier à la Révolution, il s'empressa de quitter Paris dès que l'Assemblée législative eut, le 26 avril 1792, déclaré la guerre à l'empereur d'Allemagne, et résida tour à tour à son château de Terworm, à Cologne et en Suisse. L'annexion de la Belgique et des provinces rhénanes le rendit français : il revint à Paris sous le consulat, se montra très empressé auprès de Bonaparte, et, s'aidant d'autre part de la recommandation de divers personnages qu'il avait connus dans les dernières années du règne de Louis XVI et qui étaient redevenus influents, il obtint aisément sa nomination aux fonctions de préfet de l'Oise. Dans ce nouveau poste, il s'attacha surtout à favoriser, par une protection constante et officielle, les anciens religieux qui tenaient des établissements d'instruction et d'éducation. Présenté, dès le commencement de l'an XII, par le corps électoral de son département comme candidat au Sénat, il fut encore sur les rangs en 1809 pour le département de la Roer (Aix-la-Chapelle); il ne réussit que le 5 février 1810 à obtenir l'agrément de Napoléon Ier, qui, en même temps, le fit comte de l'Empire.

Belderbusch, toutefois, ne fut pas des derniers à voter l'acte de déchéance (avril 1814), dont un autre de ses compatriotes, l'ancien professeur de Louvain, Lambrechts, portait depuis plusieurs mois les « considérants » dans sa poche. Cette attitude lui gagna les bonnes grâces de Louis XVIII, qui lui accorda la même année ses lettres de grande naturalisation; elles furent transcrites sur le registre de la Chambre, le 29 décembre 1814.

A partir de 1815, le comte de Belderbusch, rentré dans la vie privée, partagea ses loisirs entre Terworm et Paris; il laissa en mourant, à des collatéraux éloignés, une fortune immobilière considérable. — On lui doit quelques écrits politiques, parus de 1795 à 1814, sous le voile de l'anonyme : *Sur les affaires du temps*, *Lettres sur la paix*, *Le cri public*, etc.

BELGRAND. *Voy.* VAUBOIS (COMTE DE).

BELIN (JEAN-FRANÇOIS), député à l'Assemblée législative de 1791, membre de la Convention et député au Conseil des Anciens, dates de naissance et de mort inconnues, était propriétaire-cultivateur à Guise (Aisne), lorsqu'il fut élu, le 7 septembre 1791, député de l'Aisne à l'Assemblée législative, par 338 voix sur 593 votants, et le 5 septembre 1792, député du même département à la Convention, par 349 voix sur 600 votants. Il motiva ainsi son vote dans le procès de Louis XVI : « Je demande la détention jusqu'à la paix, et, si les puissances étrangères entrent en France, la mort. » Il vota pour l'appel au peuple et pour le sursis. Il fut, le 4 brumaire an IV, du nombre des membres de la Convention qui entrèrent au Conseil des Anciens, et en sortit en 1797. L'absence de son nom au *Moniteur* montre qu'il ne prit point la parole dans ces Assemblées.

BELIN (PIERRE-JOSEPH), député au Conseil des Cinq-Cents, né à Delle (Haut-Rhin), le 10 décembre 1760, mort en 1835, débuta dans les fonctions publiques, le 3 septembre 1791, comme administrateur du directoire du district de Belfort. Le 17 septembre 1792, il était procureur général syndic du Haut-Rhin et fut élu, le 23 vendémiaire an IV, au Conseil des Cinq-Cents, par le département du Haut-Rhin. Commissaire près le tribunal de Belfort, le 18 prairial an VII et près le tribunal de Délémont l'année suivante (24 prairial an VIII), il devint, sous l'Empire, président de ce dernier tribunal (19 mai 1808), et enfin (10 juin 1811) conseiller à la cour de Colmar. Il cessa ces fonctions sous la Restauration pour les reprendre après 1830.

BELIN (PIERRE-LOUIS), représentant du peuple aux Assemblées constituante et législative de 1848-1849, né à Valence (Drôme), le 13 décembre 1810, étudia le droit et, reçu docteur, s'inscrivit au barreau de Valence, d'où il vint s'établir à Lyon en 1845. Le 23 avril 1848, il fut, le 8e et dernier élu par le département de la Drôme à l'Assemblée constituante où il fit partie du comité de l'agriculture et du Crédit foncier : il prit rarement la parole. M. Belin siégeait à gauche, parmi les républicains modérés; partisan de Cavaignac, il accentua sa politique et ses votes après l'avènement de L.-N. Bonaparte à la présidence de la République. Il opina : 9 août 1848, *contre* le rétablissement du cautionnement; 26 août, *contre* les poursuites intentées à Louis Blanc et à Caussidière; 1er septembre, *pour* le rétablissement de la contrainte par corps; 18 septembre, *contre* l'abolition de la peine de mort; 2 novembre, *contre* le droit au travail; 27 décembre, *pour* la suppression de l'impôt sur le sel; 12 janvier 1849, *contre* la proposition Rateau; 16 avril, *contre* l'expédition de Rome; 2 mai, *pour* l'amnistie des transportés; 18 mai, *pour* l'abolition de l'impôt des boissons.

Réélu à l'Assemblée législative, le 13 mai 1849, le 6e sur 7, par le même département, avec 41,545 voix (67,889 votants, 94,136 inscrits), il vota régulièrement contre les propositions de la droite et du gouvernement présidentiel; toutefois, il ne fit point partie du groupe de la Montagne. Adversaire déclaré du coup d'État, il figura sur un décret d'expulsion après le 2 décembre, se retira en Belgique, mais reçut presque aussitôt (août 1852) la permission de rentrer en France. Cette permission, d'après une lettre de M. Belin qui fut rendue publique, avait été obtenue pour lui à son insu. Il se consacra, sous l'Empire, à des travaux littéraires, fut employé de librairie, puis chef du contentieux chez un banquier de Paris. Le gouvernement du 4 septembre 1870 le nomma inspecteur général des établissements de bienfaisance, fonctions qu'il échangea bientôt contre celles de conseiller de préfecture de la Seine. Révoqué après le 24 mai, et réintégré en 1878, il occupa ce dernier poste jusqu'en 1885 ; il est aujourd'hui conseiller honoraire.

BELIN DE BÉRU (JACQUES-LOUIS), député au Conseil des Anciens, né au Mans (Sarthe), le 21 décembre 1747, mort au Mans, le 29 novembre 1828, servit, sous l'ancien régime, dans la gendarmerie de la garde (1770). Il entra ensuite dans la magistrature, et occupa (1775) les fonctions de procureur du roi près les sénéchaussée et siège présidial du Mans. Pendant la Révolution, il fit peu parler de lui, et n'est connu que par son élection (le 25 germinal an V) comme député de la Sarthe au Conseil des Anciens. Après le 18 brumaire, le gouvernement le nomma conseiller général de la Sarthe.

BÉLIZAL (LOUIS-ADOLPHE-MARIE GOUZILLON, VICOMTE DE), député de 1876 à 1888, né à Saint-Brieuc (Côtes-du-Nord), le 6 mars 1834, mort à Moncontour (Côtes-du-Nord), le 21 septembre 1888, petit-fils d'une victime de Quiberon et gendre de M. de Foucault ancien représentant des Côtes-du-Nord, était propriétaire, habitant le château des Granges, et conseiller général du canton de Moncontour depuis 1872, lorsqu'il fut élu, le 20 février 1876, député de la 2e circonscription de Saint-Brieuc, par 10,520 voix sur 16,723 votants et 23,283 inscrits, contre M. Lebreton, candidat républicain (6,078 voix). Il siégea à l'extrême droite, et vota constamment avec ce groupe, ayant été successivement réélu dans la même circonscription le 14 octobre 1877, comme candidat officiel du maréchal de Mac-Mahon, par 12,499 voix sur 18,075 votants et 23,346 inscrits. contre M. Lebreton (5,504 voix), le 21 août 1881, par 10,820 voix sur 13,147 votants et 24,064 inscrits, et le 4 octobre 1885, par le département des Côtes-du-Nord, le 6e sur 9, avec 70,587 voix sur 113,479 votants, et 163,318 inscrits. Il mourut pendant la législature.

BELLAIGUE (CLAUDE), député de 1831 à 1834, né à Moulins (Allier), le 3 août 1787, mort à Paris, le 12 mars 1873, était avocat à Sens, quand il fut, le 5 juillet 1831, élu député du 4e collège de l'Yonne (Sens) avec 166 voix sur 284 votants et 320 inscrits, contre le baron Thénard, membre de l'Institut, 106 voix. Il siégea d'abord dans l'opposition et vota parfois contre le ministère, notamment contre l'ordre du jour Gauneron (1831). Mais son attitude fut beaucoup moins nette par la suite. Porté sur une liste supplémentaire, comme signataire de la protestation (janvier 1832) des membres de l'opposition contre l'emploi par les ministres de la dénomination inconstitutionnelle de roi de France et de sujets du roi, il écrivit aux journaux pour déclarer qu'il n'adhérait point à cette proposition. Il ne fut pas davantage parmi les députés signataires du compte-rendu du 28 mai 1832, ni parmi ceux qui se récusèrent dans l'affaire de la *Tribune*. Il ne fit pas partie d'autres législatures.

BELLART (NICOLAS-FRANÇOIS), député de 1815 à 1820, né à Paris, le 20 septembre 1761, mort à Paris, le 7 juillet 1826, était le fils d'un charron ; placé au collège Mazarin, il fut un élève peu appliqué. Entré à seize ans, comme clerc chez son parent, le praticien Pigeau, procureur au Châtelet, il s'adonna à la déclamation dramatique en même temps qu'à l'étude du droit, et Talma fut alors son ami et son condisciple. Bellart ne se fit inscrire au tableau des avocats qu'en 1785; sa réputation se fit jour à la barre du tribunal révolutionnaire : il y plaida avec succès pour Mme de Rohan, Dufresne de Saint-Léon, Lacoste, dernier ministre de la marine de Louis XVI, dont il partagea la défense avec Tronchet. Il réussissait mieux au criminel qu'au civil, « car il avait, dit un de ses biographes, plus d'âme et de chaleur que de logique, plus d'imagination que de connaissances. » Il fut chargé aussi de la défense de l'abbé Salamon, ancien clerc au parlement de Paris, prévenu de conspiration contre le gouvernement directorial, et, plus tard, de celle de Mlle de Cicé, convaincue d'avoir reçu et caché dans son domicile Saint-

Régent et Carbon, auteurs de la machine infernale : son plaidoyer dans cette affaire ajouta beaucoup à l'opinion qu'on avait de son habileté. Dans l'exorde, l'orateur protestait tout d'abord de son « attachement sincère » à ce gouvernement « qui s'est élevé pour le bonheur de la France, qui inspire la confiance, commande l'amour et fait germer les idées libérales. » Il continuait : « Peut-être, ne sera-ce point ce qu'un jour la postérité admirera le moins dans l'histoire de cet illustre citoyen (Bonaparte), que l'adresse avec laquelle il sut dans son pays, déchiré trop longtemps par des guerres sacrées, rallier à lui, et au bien public, les opinions religieuses, en les honorant toutes sans distinction comme des liens sociaux, en les honorant toutes, non pas en sectaire, mais en homme d'Etat, et sans jamais leur sacrifier la véritable philosophie. » Bellart ne manquait pas de rendre aussi un éclatant hommage aux fondateurs de la liberté; de rappeler les droits du peuple reconquis, et le signal de la guerre faite au despotisme; il s'applaudissait de parler devant une assemblée de philosophes, qui ne font à personne un crime de son opinion, qui trouvent tous les dogmes bons, pourvu qu'ils inspirent l'horreur du mal et le goût du bien. Sa cause l'amenant à parler des chouans, il flétrissait ces hommes qui ont « joué un rôle si funeste dans nos troubles civils. » — « J'ai vainement cherché, s'écriait-il, nulle part je n'ai trouvé dans nos monuments historiques que la légende des chouans fût *vaincre ou mourir*. Ce cri sublime fut souvent poussé par un parti plus glorieux. Nos victorieuses et républicaines armées plus d'une fois le firent retentir, en marchant la baïonnette en avant, et si ces mots sont un signe de ralliement, c'était non de nos ennemis, mais de nos guerriers qu'Adelaïde de Cicé aurait été complice. » (Un morceau de papier, trouvé dans un vieux livre d'église de la prévenue et sur lequel on avait inscrit en lettres moulées les mots *vaincre ou mourir*, était présenté, dans l'acte d'accusation, comme un signe de ralliement). Enfin Bellart tonnait « contre ces émigrés véritablement condamnables, enfants parricides de la patrie, modernes Coriolans qui ont été de cour en cour mendier des outrages et des ennemis contre le pays natal. » — Bientôt Bonaparte, qui avait connu Bellart dans le salon de Bénezech, le nomma membre du Conseil général du département de la Seine; il en fut fréquemment le président et l'orateur.

Bien qu'il se fût alors retiré du palais, il continua, cependant, de figurer dans le Conseil de tous les grands procès et d'assister régulièrement à toutes les séances du Conseil de discipline; à ces titres, il fut choisi, en 1810 pour prononcer l'éloge de Férey, le jurisconsulte, en présence de l'archichancelier de l'Empire. Lié d'amitié avec le préfet Frochot, il est juste de dire qu'après la destitution de ce fonctionnaire, à la suite de la tentative faite par Malet, le 23 octobre 1812, contre le gouvernement impérial, Bellart fit entendre devant le nouveau préfet Chabrol, l'éloge de son prédécesseur. Il n'en continua d'ailleurs pas moins de présenter à l'empereur nombre d'adresses où se le chef de l'Etat était divinisé. Rien ne devait faire présumer son explosion soudaine de malveillance à l'égard de Napoléon au moment de la chute de son ancien protecteur. Les armées de la coalition étant arrivées sous les murs de Paris, il employa toute son influence pour les détacher de la cause impériale; signa, le 1er avril 1814, la fameuse adresse aux habitants de Paris : « Vos magistrats seraient traîtres envers vous, s'ils comprimaient plus longtemps la voix de leur conscience : elle vous crie que vous devez tous les maux qui vous accablent à un seul homme... le plus épouvantable oppresseur qui ait pesé sur l'espèce humaine. » Cette adresse, rédigée par l'avocat Quéquet, fut approuvée par onze membres du Conseil sur vingt-cinq et affichée par ordre de Sacken, gouverneur de Paris pour les alliés. Après la déchéance de Napoléon, décrétée par le Sénat le 4 avril, Bellart reçut de Louis XVIII le ruban de la Légion d'honneur, des lettres de noblesse et un brevet de conseiller d'État. A juste titre, il jugea prudent de se mettre en lieu sûr à la première nouvelle du retour de l'île d'Elbe; il se retira en Angleterre, et revint à la seconde Restauration. Nommé procureur général, le 14 août 1815, près la cour royale de Paris, il employa, dès lors, tous ses efforts à la défense du « trône et de l'autel. » Membre de la majorité de la Chambre introuvable (22 août), il y représenta le département de la Seine et y parla en faveur de la loi sur la détention arbitraire des prévenus d'attentats politiques : « Nulle part, dit-il, la charte n'interdit à la loi d'étendre son pouvoir et sa prévoyance aussi loin que la sûreté de l'État peut l'exiger. » Il défendit jusqu'aux massacres du Midi que dénonçait Voyer d'Argenson. Magistrat, il porta la parole, comme procureur général, dans le procès du maréchal Ney devant la Chambre des pairs; la première séance fut extrêmement curieuse par l'attitude de Bellart à l'égard des témoins. A l'avocat Berryer, qui invoquait le bénéfice de la convention militaire de Paris entre les alliés et le gouvernement provisoire, il répondit : « Avant que les défenseurs du maréchal s'engagent dans de nouveaux raisonnements absolument étrangers au fait de l'accusation, je dois éviter un scandale de plus dans ces pénibles discussions. Nous sommes français; ce sont les lois françaises qu'il faut invoquer. Nous avions bien pressenti qu'on avait en l'idée de nous présenter les moyens qu'on se dispose à faire valoir; mais nous avions cru, je l'avoue, que la réflexion y ferait renoncer. Nous attendions, pour y répondre, qu'on développât la défense de l'accusé; mais puisqu'on s'écarte si notoirement de la controverse, puisqu'on oublie même l'arrêt que la cour a rendu sur la question préjudicielle, je déclare que les commissaires du roi s'opposent formellement à ce que les défenseurs de l'accusé s'écartent du point de fait qu'ils sont appelés à discuter. » Trois pairs seulement, MM. Lanjuinais, d'Aligre et de Nicolaï, protestèrent, alléguant qu'ils ne pouvaient juger en conscience, attendu le refus qu'on avait fait à l'accusé d'entendre la fin de sa défense sur la convention du 3 juillet. Le maréchal Ney fut condamné à mort.

Réélu député par le département de la Seine, le 4 octobre 1816, avec 126 voix (191 votants, 228 inscrits); puis, le 20 septembre 1817, avec 4,023 voix sur 7,378 votants et 9,677 inscrits, il siégea jusqu'au bout sur les bancs de la droite, et resta le champion passionné de la légitimité. En 1817-1818, il parla dans la discussion de la loi sur la presse, et demanda qu'un écrit prévenu de sédition pût être saisi dans les mains mêmes de l'imprimeur. La question du dépôt à la police, considéré comme publication, ayant été écartée, il demanda qu'au moins le simple dépôt donnât ouverture à la poursuite en calomnie ; et, ajouta-t-il, peut-être devrait-

on revoir avec plus d'attention l'article qui a été adopté (murmure d'improbation.) En 1818-1819, il fit un important discours à propos de la résolution de la Chambre des pairs contre la loi électorale. Les royalistes constitutionnels invoquaient l'opinion. « L'opinion, répliqua Bellart, mais où est-elle? Est-ce dans ces pamphlets dont nous inondent les écrivains qui spéculent, au profit de leur cupidité affamée, des trésors grossis au prix du sang et des larmes des citoyens? Non, l'opinion publique n'est pas là: elle choisit des organes moins impurs. Est-elle dans les pétitions dont le bureau est encombré depuis quelques jours? S'imagine-t-on trouver dans cette enceinte des âmes assez pusillanimes pour s'en laisser imposer par cette tactique décriée? Ce n'est pas à la multitude à décider de ces questions abstraites du contrat social, dans lesquelles les meilleurs esprits ne sont pas bien sûrs de ne pas s'égarer... » Bellart nia que la résolution de la Chambre des pairs eût causé la moindre agitation en France, s'affligea de voir le ministère Decazes différer avec lui d'opinion, et invita la Chambre à maintenir les termes de la loi. Il intervint encore dans les débats sur la presse et sur les affaires étrangères : à propos de la loi du 9 novembre 1815, il se plaignit amèrement de la « douceur » avec laquelle elle avait été appliquée par les tribunaux, et se prononça pour le retour au système de la censure abolie par le projet nouveau. « Ce n'est point le temps, dit-il, d'être populaire, mais celui d'être impassible et énergique. » La preuve testimoniale contre les fonctionnaires ayant été adoptée, il se leva seul, avec Mestadier, à la contre-épreuve. Sur le budget des affaires étrangères, il provoqua une vive et longue agitation en soutenant que c'était usurper les droits de l'administration et sortir des limites constitutionnelles que de « déterminer que telle somme sur tel objet de dépense ne sera pas allouée... » Dans la session de 1819-1820, il vota pour les lois d'exception et le nouveau système électoral. Tant qu'il fut procureur-général, Bellart poursuivit avec autant d'acharnement les livres et les journaux que les personnes. Avec MM. de Marchangy, de Broé, de Vatimesnil, Jacquinot de Pampelune pour substituts et pour auxiliaires, il montra la vigueur la plus impitoyable dans les procès de La Valette, des patriotes de 1816, de l'« épingle noire », « du coup de pistolet »; dans la condamnation du Censeur, dans l'arrestation de Donnadieu, de Canuel et de leurs amis. Le garde des sceaux, de Serre, dut lui enjoindre formellement de n'intenter, sans un ordre exprès, aucun procès relatif à des écrits. Pourtant son ardeur ne se ralentit pas. Ce fut lui qui entreprit de ramener par la voie correctionnelle le professeur Bavoux (v. ce nom) à un enseignement plus orthodoxe. Ce fut lui qui, ayant intenté des poursuites aux éditeurs de la Bibliothèque historique et du Nouvel homme gris, pour quelques réflexions satiriques contre l'emploi des régiments suisses capitulés, fit maintenir l'accusation, malgré le garde des sceaux, par les Chambres assemblées de la cour royale. La décision du jury acquitta les prévenus. Bellart fut chargé de porter la parole à la Chambre des pairs en qualité de procureur général dans le procès de Louvel. Enfin, lorsqu'en 1825 (un an avant sa mort), il s'agit de la fameuse poursuite générale des journaux, représentés par le Constitutionnel et le Courrier, Bellart, quoique malade, voulut compulser lui-même tous les dossiers et rédiger l'acte d'accusation. Louis XVIII lui avait dit : « Vous avez le malheur d'être procureur-général comme j'ai celui d'être roi. Aussi longtemps que je serai roi, vous serez mon procureur-général. » Il le fut de même de son frère, jusqu'au jour où, trop affaibli par les souffrances physiques, il alla porter sa démission à Charles X, qui le vit mourir quelques jours avant d'avoir eu le temps de lui donner un successeur.

On a de Bellart, outre ses divers plaidoyers, mémoires ou discours, un *Essai sur la légitimité des rois considérée dans ses rapports avec l'intérêt des peuples, en particulier avec l'intérêt des Français,* imprimé à Bruxelles (1815). « Son art, a dit de lui un de ses amis et correspondants, Madrolle, tenait toute sa force de la chaleur de l'âme, de l'audace de la parole et aussi de l'habitude de ses organes. Quand il s'animait, le sang lui montait à la tête, au point qu'il devenait rouge comme un homme ivre. »

BELLART D'AMBRICOURT (LOUIS-ALBERT), représentant du peuple à l'Assemblée constituante de 1848, né à Saint-Omer (Pas-de-Calais), le 13 mars 1796, mort à Hallines (Pas-de-Calais), le 13 novembre 1864, était négociant en farines à Wizernes. Les électeurs du Pas-de-Calais l'envoyèrent à l'Assemblée constituante, le 7e sur 17, par 79,381 voix (161,957 votants 188,051 inscrits). Il fit partie de la majorité, et vota : *pour* la loi sur les attroupements, *pour* le décret sur les clubs, *pour* les poursuites contre Louis Blanc et Caussidière, *pour* l'impôt proportionnel, *pour* les félicitations à Cavaignac, *pour* la proposition Rateau, *pour* l'expédition de Rome, *contre* l'abolition de la peine de mort, *contre* l'amendement Grévy, *contre* l'abolition du remplacement militaire et *contre* le droit au travail. Il se rapprocha de la gauche pour voter : 27 décembre 1848, la suppression de l'impôt du sel ; 2 mai 1849, l'amnistie des transportés. Il ne se rallia pas à L.-N. Bonaparte, et se retira, après la session, dans son département, où il mourut.

BELLE (JEAN-BAPTISTE-JULIEN), député à l'Assemblée législative de 1791, né à Neuvy-le-Roi (Indre-et-Loire) en 1740, mort à Paris, le 9 septembre 1810, fut élu, le 30 août 1791, député d'Indre-et-Loire à l'Assemblée législative par 214 voix sur 291 votants. Il était notaire à Neuvy. Il fut aussi administrateur du département d'Indre-et-Loire, à Tours. Son rôle politique fut sans importance.

BELLE (ANTOINE-DIEUDONNÉ), député depuis 1876, né à Mont-Louis (Indre-et-Loire), le 8 décembre 1824, fils d'un notaire de Mont-Louis, se fit inscrire comme avocat au barreau de Tours, devint juge-suppléant au tribunal de cette ville jusqu'en 1866, date à laquelle il accepta les fonctions d'adjoint, mais, partisan du régime impérial, appuya le plébiscite de 1870. Engagé volontaire (il était marié) au moment de la guerre, il passa capitaine dans la mobile, et fut nommé, l'année suivante, conseiller général, et plus tard, maire de Tours. Porté candidat sur la liste républicaine aux élections du 8 février 1871, dans le département d'Indre-et-Loire, il échoua avec 11,077 voix ; le dernier de la liste élue, M. Wilson, eut 31,302 voix. Il fut plus heureux aux élections du 20 février 1876, dans la 1re circonscription de Tours, qui l'élut sur une profession de foi nettement républicaine, par 11,078 voix, (il avait obtenu une voix de moins au scrutin de liste en 1871), sur 17,532 votants et 22,287 inscrits, contre MM. Charpentier conservateur (5,571 voix), et Lefebvre (753 voix). Il siégea à

« l'Union républicaine », fut des 363, fonda à Tours la première école laïque de filles, et fut révoqué, comme maire, par le maréchal de Mac-Mahon. Successivement réélu, le 14 octobre 1877, par 12,006 voix sur 19,500 votants et 23,630 inscrits, contre M. Mame, conservateur (7,472 voix) ; le 21 août 1881, par 10,758 voix, sur 18,349 votants et 24,064 inscrits, contre MM. de Biencourt (4,492 voix) et Richard (2,696) ; et le 14 octobre 1885, le 4e sur 5, par 38,697 voix sur 77,527 votants et 98,850 inscrits, il vota avec les opportunistes tous les crédits demandés pour le Tonkin, et l'expulsion des princes. Il s'est prononcé, dans la dernière session, *pour* le rétablissement du scrutin uninominal (11 février 1889), *contre* l'ajournement indéfini de la revision de la Constitution (chute du ministère Floquet, 14 février), *pour* les poursuites contre trois députés membres de la ligue des Patriotes (14 mars), *pour* le projet de loi Lisbonne restrictif de la liberté de la presse (2 avril), *pour* les poursuites contre le général Boulanger (4 avril).

BELLEAU (COMTE DE). — *Voy.* GRAIMBERG.

BELLECIZE (DE). — *Voy.* REGNAULD.

BELLEGARDE (GUILLAUME, BARON), député au Corps législatif de 1811 à 1815, né à Toulouse (Haute-Garonne), le 8 juin 1768, mort à Toulouse, le 21 février 1837, était propriétaire à Toulouse et maire de cette ville quand il fut nommé, le 4 mai 1811, par le Sénat conservateur, député au Corps législatif pour le département de la Haute-Garonne. Il y soutint la politique impériale, fut créé baron de l'Empire (25 mars 1813) par Napoléon qui l'avait déjà fait chevalier, le 18 juin 1809. Après l'abdication de Napoléon, le baron Bellegarde paraît avoir eu une attitude assez hésitante pendant la première Restauration. Il siégea au Corps législatif, devenu la « Chambre des députés des départements », en évitant de se prononcer dans les questions les plus importantes, et mérita la vague qualification que lui donna le *Guide électoral* de Brissot-Thivars : « Bellegarde (le baron), 1814 : incertain. » Il ne fit pas partie d'autres législatures.

BELLEGARDE (DE). — *Voy.* LAFORGUE.

BELLEMARE (JOSEPH-FRANÇOIS DE), député de 1824 à 1830 et pair de France, né à Lisieux (Calvados) le 19 mars 1773, mort à Lisieux, le 13 avril 1858, émigra au moment de la Révolution, fit les campagnes de l'armée de Condé et rentra en France en 1801. La Restauration le nomma chevalier de Saint-Louis, maire de Lisieux et conseiller général, et le collège de département du Calvados l'élut député le 6 mars 1824, par 312 voix sur 539 votants et 701 inscrits, et le réélut successivement le 24 novembre 1827 par 278 voix sur 499 votants et 610 inscrits, et le 3 juillet 1830 par 294 voix sur 525 votants et 600 inscrits. Sans monter jamais à la tribune, il fut un des membres influents de la contre-opposition. Rallié à la monarchie de Juillet, il fut nommé pair de France le 11 septembre 1835.

BELLENCONTRE (JOSEPH-PIERRE-FRANÇOIS), représentant du peuple à l'Assemblée constituante de 1848, né à Guibray (Calvados), le 23 novembre 1785, mort à Paris, le 26 mars 1849, suivit la carrière militaire, et prit sa retraite avec le grade de colonel d'artillerie. Après février 1848, le gouvernement provisoire le nomma sous-commissaire de la République à

Falaise ; il s'y montra le partisan d'une politique très modérée, qu'il continua de soutenir par ses votes à l'Assemblée constituante. Élu représentant du Calvados aux élections du 23 avril 1848, par 96,610 voix, il vota, comme la plupart des amis de Cavaignac, presque toujours avec la droite : le 9 août 1848, *pour* la loi rétablissant le cautionnement; le 26 août, *pour* les poursuites contre Louis Blanc et Caussidière; le 1er septembre, *pour* le rétablissement de la contrainte par corps; le 7 octobre, *contre* l'amendement Grévy sur la présidence; le 21 octobre, *contre* l'abolition du remplacement militaire; le 2 novembre, *contre* le droit au travail; le 25 novembre, *pour* l'ordre du jour de félicitations au général Cavaignac; le 12 janvier 1849, *contre* la proposition Rateau; le 12 mars, *contre* l'augmentation de 50,000 par mois du traitement du président de la République; le 21 mars, *pour* l'interdiction des clubs.

Ce fut son dernier vote important : Bellencontre mourut, peu de jours après, pendant le cours de la session.

BELLEROCHE (PIERRE-THOMAS), député à l'Assemblée législative de 1791, né en 1747, mort à une date inconnue, fut, avant d'entrer dans la vie parlementaire, maire de Saint-Sauveur (Vienne), et administrateur de ce département. Il siégea dans la majorité de l'Assemblée législative où il représenta la Vienne, élu le 3 septembre 1791, par 188 voix sur 301 votants.

BELLEVILLE (BARON DE). — *Voy.* REDON.

BELLEY (JEAN-BAPTISTE), membre de la Convention, et député au conseil des Cinq-Cents, dates de naissance et de mort inconnues, était capitaine d'infanterie aux colonies au moment de la Révolution; quand il fut décidé que les colonies éliraient des représentants à la Convention nationale, il fut nommé, le 24 septembre 1793, membre de cette Assemblée par la colonie de Saint-Domingue, « à la pluralité de voix » dit le procès-verbal de l'élection. Il ne put, par conséquent, prendre part aux votes de janvier 1793 dans le procès du roi. Après la session, il entra, comme conventionnel, au Conseil des Cinq-Cents, le 4 brumaire an IV, s'y montra fidèle à ses convictions républicaines; puis il retourna, en 1797, à Saint-Domingue. Lors de l'expédition du général Leclerc, il se trouvait chef d'une division de gendarmerie; il se réunit aux Français, mais il tomba entre les mains des ennemis et fut fusillé peu de temps après le départ des troupes françaises.

BELLEYME (DE). — *Voy.* DEBELLEYME.

BELLIARD (AUGUSTIN-DANIEL, COMTE), pair de France en 1814, pendant les Cent-Jours et de 1819 à 1832, né à Fontenay-le-Comte (Vendée), le 25 mai 1769, mort à Bruxelles, le 28 janvier 1832, entra au service à l'âge de vingt ans, et fit les campagnes de 1792 et de 1793 en qualité d'aide de camp du général Dumouriez. Le général en chef de l'armée d'Italie le cita dans un de ses bulletins comme ayant puissamment contribué au succès du combat de Saint-Georges, près Mantoue. Sa conduite à Arcole, où il eut deux chevaux tués sous lui, lui valut le grade de général de brigade. En Égypte, il conquit celui de général de division, après s'être distingué aux batailles des Pyramides, de Chebreiss, d'Héliopolis, de Damiette et de Balbéis. Nommé commandant du Caire, il y tint jusqu'à la capitulation de l'armée, et ra-

mena avec lui, aux frais des alliés, les blessés, les bagages et la commission de savants et d'artistes qui composaient l'Institut d'Égypte. Il remplit, en 1805, les fonctions de chef d'état-major du corps de Murat, contribua à la victoire d'Austerlitz, et plus tard à celles de Iéna et de Rentzlow. Après avoir assisté aux premiers événements de la guerre d'Espagne, coopéré à la reddition de Madrid, et exercé les fonctions de gouverneur de cette capitale, il fut rappelé à la grande armée, fit la campagne de Russie, et prit part à la retraite désastreuse qui la termina. A la bataille de Leipsig, le général Belliard eut le bras gauche fracassé par un boulet. Il avait été nommé, en 1812, « colonel général des dragons », et ce fut en cette qualité qu'il fit, à la tête de la cavalerie, la campagne de France, où il assista à toutes les affaires qui se terminèrent par la première abdication. Rallié à la Restauration, il fut nommé pair de France le 4 juin 1814, et accompagna les Bourbons, lors de leur départ, jusqu'à Beauvais, où ils lui enjoignirent de revenir à Paris. Pendant les Cent-Jours, il se rapprocha de Napoléon, commanda pour lui le corps d'armée de la Moselle et figura (2 juin 1815) sur la liste des pairs « des Cent-Jours »; mais Louis XVIII ne lui en garda pas rancune; tout d'abord il avait rayé son nom de la liste des pairs, et bientôt même, le général compromis dans le procès de Ney, avait été arrêté et emprisonné à l'Abbaye. Cependant on ne le mit point en jugement, et après quelques mois de captivité, on lui rendit sa liberté. Il fut réintégré à la Chambre haute par l'ordonnance du 5 mars 1819, dans la grande promotion décidée par le ministre Decazes pour faire écarter la proposition Barthélemy (*v. ce nom*). Il siégea à la Chambre des pairs parmi les défenseurs des principes constitutionnels, mais ne fut que spectateur des débats législatifs. C'est dans cette situation que le trouva la révolution de Juillet. Il se déclara en faveur du nouveau roi, qu'il connaissait, d'ailleurs, personnellement, pour l'avoir vu autrefois à l'état-major de Dumouriez, et fut nommé, en mars 1831, ambassadeur en Belgique. Là il fut d'un grand secours aux Belges pour l'organisation de leur armée, aigua la séparation de la Hollande et de la Belgique, prit part au choix et à l'installation du prince de Saxe-Cobourg, ainsi qu'au mariage qui suivit de près cet événement, et mourut subitement d'une attaque d'apoplexie dans le parc du roi, comme il sortait du palais. Il a laissé des *Mémoires* diplomatiques et militaires. « Sa mort, a écrit son ancien aide de camp, M. Vinet, fut un deuil général pour les Belges. Quant à Léopold, le jour même où mourut le général Belliard, il donna un bal où ses courtisans dansèrent jusqu'au lendemain. »

BELLIARD (JEAN), représentant du peuple à l'Assemblée législative de 1849, député au Corps législatif de 1852 à 1869, né à Lectoure (Gers), le 20 novembre 1800, mort à Paris, le 23 janvier 1885, avocat dans son pays natal, fut nommé sous-commissaire de la République en 1848 par la Commission exécutive et devint préfet du Gers, le 4 juin de la même année. « M. Belliard, dit une biographie, est un de ces avocats dont M. Dufaure fit des préfets au temps de la présidence de Cavaignac, pour mieux assurer sa réélection. Il avait, dit-on, les meilleures dispositions du monde, et l'on en donne pour preuve l'empressement avec lequel il s'informait de ce que c'était que le *socia-*

lisme, et de la manière dont il fallait entendre le *républicanisme* modéré. Malgré ses preuves de capacité, il fut obligé de résigner ses fonctions, et de laisser la place à M. Lerat de Magnitot. Pour le consoler, on l'envoya à l'Assemblée législative, où il montra le même esprit de conciliation que dans sa préfecture. » M. Belliard fut, en effet, le 13 mai 1849, élu représentant du Gers, le 4e sur 7, avec 31,164 voix (70,087 votants, 96,572 inscrits). Il vota avec la majorité de droite et soutint la politique du prince-président. Après le coup d'État, il fut le candidat du gouvernement au Corps législatif dans la 1re circonscription du Gers, et fut élu, le 29 février 1852, avec 19,715 voix (20,180 votants, 30,489 inscrits). Successivement réélu les 22 juin 1857 par 20,607 voix sur 20,743 votants, et le 1er juin 1863 par 16,066 voix contre 6,930 à M. de Lavergne (23,088 votants et 29,462 inscrits), il ne cessa de faire partie de la majorité impérialiste de l'Assemblée. M. Belliard a été membre du Conseil général du Gers pour le canton de Lectoure. Chevalier de la Légion d'honneur.

BELLIER DU CHESNAY (ALEXANDRE-CLAUDE), né à Chartres (Eure-et-Loir), le 5 mai 1739, mort à Chartres, le 2 novembre 1810, s'occupait de littérature et se fit, en son temps, un certain nom comme éditeur en même temps que comme homme politique. Maire de Chartres au début de la Révolution, dont il servit la cause, il eut la plus grande part à la fondation et aux travaux de la Société des *Amis de la Constitution*, établie dans sa ville natale. Il en était le président, quand cette société décida (février 1791) l'organisation d'une « caisse patriotique », dont les fonds, fournis en argent par chacun des actionnaires, étaient destinés à réaliser des mandats distribués par les officiers municipaux aux ouvriers des *ateliers de charité* (décret de l'Assemblée constituante en date du 31 décembre 1790). A la même époque, il rédigea, au nom de la Société, une *Adresse aux habitants des campagnes*, afin de démentir les faux bruits répandus par « des ennemis de la Constitution et de la tranquillité publique au sujet du prétendu rétablissement de la gabelle par l'Assemblée, dans un proche délai. » Le *Moniteur* du 11 février 1791 signale, à ce propos, « M. Bellier-Duchesnay, ancien maire de Chartres, comme un homme recommandable par sa probité, ses connaissances, son patriotisme éclairé, et qui depuis longtemps a mérité l'estime et la considération de ses concitoyens. » Le 26 août 1791, le département d'Eure-et-Loir confia à Bellier du Chesnay, par 206 voix sur 341 votants, le mandat de député à l'Assemblée législative, où il fit partie de la majorité. Comme homme de lettres, on doit à Bellier-du-Chesnay deux importantes publications : la *Collection de la Bibliothèque des Dames*, et les 66 premiers volumes de la Collection des *Mémoires relatifs à l'Histoire de France*.

BELLIGNY (MARIE-MICHEL) député au Conseil des Cinq-Cents, dates de naissance et de mort inconnues, juge de paix à Caudebec, entra, le 22 germinal an V, au Conseil des Cinq-Cents pour y représenter le département de la Seine-Inférieure. Il siégea obscurément dans l'Assemblée et en sortit en l'an VII.

BELLISSEN (JACQUES-HENRI-GABRIEL, MARQUIS DE), député de 1822 à 1830, né à Montauban (Tarn-et-Garonne), le 1er juillet 1779, mort à Paris le 1er mars 1869, se montra d'abord favorable au gouvernement de Napoléon qui le fit comte de l'Empire, le 9 septembre 1810. Puis il devint, sous la Restauration, gentilhomme de la Chambre du roi. Il fut élu député, pour la première fois, le 19 février 1822, par le 1er arrondissement de Tarn-et-Garonne (Montauban) en remplacement de M. de Portal, nommé pair de France, et réélu au renouvellement du 20 novembre par le collège de ce département. A cette législature comme aux suivantes, car les élections du 6 mars 1824, du 24 novembre 1827 et du 3 juillet 1830 lui renouvelèrent successivement son mandat, le marquis de Bellissen siégea parmi les royalistes constitutionnels et se montra peu disposé à suivre la politique de M. de Villèle. « L'indépendance de M. de Bellissen, écrivait un biographe libéral en 1826, est d'autant plus honorable que le ministère a fait plus d'efforts pour le circonvenir; quoiqu'il n'ait paru que rarement à la tribune, on connaît ses opinions : elles sont excellentes; et si on peut lui reprocher une tiédeur apparente à la Chambre, on doit aussi lui savoir gré de ses bonnes intentions et de son empressement à réunir chez lui ceux de ses collègues que le ministère n'a jamais vu courir après ses pommes d'or. » Il resta pourtant fidèle à la légitimité, et rentra dans la vie privée à l'avènement de Louis-Philippe.

BELLISSEN (CYPRIEN-EMMANUEL-MARIE DE), député de 1880 à 1881, né à Toulouse (Haute-Garonne), le 7 octobre 1840, était sans antécédents politiques quand il fut, en remplacement de M. Anglade nommé sénateur, élu le 19 décembre 1880 député de l'arrondissement de Foix (Ariège), avec 10,344 voix sur 15,960 votants et 24,283 inscrits, contre M. Frézoul, 5,393. Républicain très modéré. M. de Bellissen siégea à gauche et vota avec la majorité opportuniste. Il quitta le Palais-Bourbon aux élections générales du 21 août 1881, ayant échoué avec 6,199 voix contre un concurrent républicain, M. Massip, élu par 8,997 suffrages.

BELLONET (ADOLPHE-PIERRE-MARIE DE), député de 1842 à 1846, né à Béthune (Pas-de-Calais), le 29 juin 1789, mort à Paris, le 22 septembre 1851, fut dès sa jeunesse destiné au métier des armes. Après avoir fait ses études classiques au gymnase littéraire de Versailles, puis au collège de la Marche, il entra en 1805 à l'Ecole polytechnique, d'où il passa à l'Ecole d'application du génie, arme dans laquelle son père avait servi avec distinction. Avant même d'avoir terminé les deux années réglementaires du cours d'études, il dut se rendre au quartier général de la grande armée, qui se rassemblait à Strasbourg, comme lieutenant de sapeurs. La campagne de 1809, pendant laquelle il prit part aux batailles de Ratisbonne et de Wagram, lui valut la décoration de la Légion d'honneur. Chargé par le général Bertrand de veiller à l'exécution du traité de Vienne, de faire la reconnaissance de la Save, puis de fixer, de concert avec un officier autrichien, la limite des nouvelles frontières de la France, il fut promu capitaine en 1810, et envoyé dans le Brabant, récemment réuni à l'Empire. Bellonet fut appelé, de 1810 à 1812, dans les Conseils d'administration du génie; en 1813, il eut à défendre contre plusieurs corps, avec une faible garnison, la place de Juliers. La première Restauration le nomma chef du génie; après avoir consenti à servir Napoléon pendant les Cent-Jours à l'état-major du corps de réserve de l'armée du Nord et à la bataille de Waterloo, il fut, lors du second retour de Louis XVIII, attaché comme ingénieur en chef aux places de Saint-Venant et de Calais. Chef de bataillon en 1825, détaché l'année d'après comme ingénieur en chef à Belfort pour y surveiller les travaux de défense, il conserva ce poste jusqu'en 1835. Le gouvernement de juillet, après l'avoir nommé (1831) lieutenant-colonel et officier de la Légion d'honneur, lui donna, en 1835, le grade de colonel et le titre de directeur des fortifications à la Rochelle, puis en Algérie. Général de brigade (1840) et commandant supérieur du génie en Afrique, membre du comité des fortifications (1841), du conseil de perfectionnement de l'Ecole polytechnique et de diverses commissions spéciales, comme celle qui fut instituée pour éclairer le gouvernement sur les questions relatives à la colonisation de l'Algérie, il entra dans la carrière législative, le 9 juillet 1842 : les électeurs du 5e collège du Haut-Rhin (Belfort) le nommèrent député par 188 voix sur 272 votants et 337 inscrits, contre M. Henri Koechlin, 78 voix; ils lui renouvelèrent son mandat le 1er août 1846, avec 180 voix sur 306 votants et 337 inscrits, contre 123 voix à M. Migeon. A la Chambre, le général de Bellonet siégea sur les bancs ministériels, et vota l'indemnité Pritchard. Il fut chargé de présenter divers rapports, notamment, en 1844, sur le projet de crédits extraordinaires applicables à l'armée d'Afrique, et en 1845, sur le projet de chemin de fer de Dijon à Mulhouse. Commandeur de la Légion d'honneur le 30 septembre 1845 et général de division en novembre 1847, il fut compris, après la révolution de Février, dans le décret du gouvernement provisoire qui mit à la retraite un certain nombre d'officiers généraux. L'Assemblée législative le rappela à l'activité, le 11 août 1849; mais il mourut peu de temps après.

BELLOT (MICHEL), député de 1881 à 1885, né à Valigny (Allier), le 19 juin 1824, était instituteur libre à Sancoins (Cher), maire de cette commune, et conseiller général du canton, quand il fut, aux élections générales de 1881, nommé député de la 2e circonscription de l'arrondissement de Saint-Amand (Cher), au second tour de scrutin. Le premier tour (21 août) avait réparti les voix entre M. Ch. Daumy, conseiller général, opportuniste, Bellot, radical, et A. Cougny, radical socialiste. Au scrutin de ballottage (4 septembre), M. Bellot l'emporta avec 4,823 suffrages sur M. Daumy, seul rival (9,080 votants, 15,944 inscrits). Il se fit inscrire à l'extrême gauche de la Chambre, et, sans prendre jamais la parole, vota, la plupart du temps avec ce groupe; toutefois il s'abstint dans quelques questions importantes. Le rétablissement du scrutin de liste, contre lequel M. Bellot s'était prononcé le 24 mars 1885, fut fatal à la réélection de ce député. N'ayant trouvé place, pour le renouvellement d'octobre 1885, ni sur la liste opportuniste, ni sur la liste socialiste qui se partagèrent alors la grande majorité des voix républicaines dans le Cher, il figura sur une liste dite « radicale anti-opportuniste », que tenta de former, à la dernière heure, M. Eugène Brisson, maire de Bourges, et n'obtint qu'un nombre de suffrages extrêmement restreint. M. Bellot représente encore actuellement au Conseil général du Cher le canton de Sancoins.

BELLOY (JEAN-BAPTISTE, COMTE ET CARDINAL DE), membre du Sénat conservateur, né à Morangles (Oise), le 19 octobre 1709, mort à Paris, le 10 juin 1808, d'une famille de noblesse militaire, embrassa de bonne heure l'état ecclésiastique, devint vicaire-général, official et archidiacre de Beauvais. Nommé évêque de Glandèves en 1751, il fut député à la célèbre Assemblée du clergé de 1755, chargée de rétablir la paix dans l'église gallicane, et prit place dans les rangs des modérés, surnommés « feuillants » parce qu'ils suivaient le cardinal de La Rochefoucauld qui tenait alors la « feuille » des bénéfices. Appelé, cette même année, au siège épiscopal de Marseille, vacant par la mort de l'illustre Belsunce, il parvint à force de douceur, à rétablir le calme dans son diocèse troublé par la discussion de la bulle *Unigenitus*. La Révolution l'obligea à quitter Marseille; il n'émigra pas, se retira dans son pays à Chambly, où il attendit paisiblement le retour de temps moins difficiles, et fut des premiers à offrir le sacrifice de son titre à la conclusion du Concordat de 1801. Le premier consul le nomma, en 1802, archevêque de Paris (il avait 93 ans) et en 1803, il fut appelé au cardinalat au titre de Saint-Jean-Porte-Latine. Une bonté enjouée, une simplicité toute patriarcale distinguaient ce prélat vénéré de tous. — « Vous vivrez cent cinquante ans, Monseigneur », lui disait Napoléon en revenant de sa campagne de Prusse. — « Sire, répondit le cardinal, vous comptez mes années par vos victoires. » Nommé membre du Sénat conservateur le 27 fructidor an X, membre de la Légion d'honneur le 9 vendémiaire an XII, grand officier de même ordre le 25 prairial an XII, et grand croix le 13 pluviôse an XIII, il fut créé comte de l'Empire le 26 avril 1808, deux mois avant sa mort, à près de 99 ans.

BELLUNE (CLAUDE-VICTOR PERRIN, DUC DE), pair de France, né à Lamarche (Vosges), le 6 décembre 1766, mort à Paris, le 1er mars 1841, entra comme tambour à 15 ans (10 décembre 1781) dans le 4e régiment d'artillerie en garnison à Auxonne, et quitta l'armée en 1789, pour se marier et prendre une maison de commerce à Valence. Alexandre Dumas a prétendu depuis, dans *La jeunesse de Napoléon*, que le duc de Bellune fut à ce moment épicier et ménétrier. Le duc le menaça d'un procès en diffamation, mais Dumas maintint ce qu'il avait écrit et le procès n'eut jamais lieu. A l'appel des volontaires de 1792, Victor reprit du service dans le 3e bataillon de la Drôme, alla aux frontières et devint rapidement adjudant-major. Etant passé à l'armée d'Italie, il fut mis à l'ordre du jour après le combat de Coarara, se distingua au siège de Toulon (1793) en s'emparant des hauteurs de Pharon et de la redoute anglaise dite le Petit-Gibraltar, où il fut blessé, et fut nommé adjudant-général. Il passa à l'armée des Pyrénées-Orientales à la fin de 1793 avec le grade de général de brigade, et eut une grande part aux sièges de Collioures et de Roses. La paix conclue le 22 juillet 1795 avec l'Espagne le ramena à l'armée d'Italie sous les ordres de Schérer; il fut placé à l'avant-garde, se signala à Borghetto, puis, lorsque Bonaparte remplaça Schérer, se battit bravement à Loano, à Dego et à Mondovi, fut cité de nouveau à l'ordre du jour, et fut un des auxiliaires les plus braves et les plus précieux du général en chef à Lonado, à Castiglione, à Roveredo, à la Favorite, etc. Il suivit le maréchal Lannes dans sa marche sur Rome, battit les troupes

papales sur le Sério, prit Faïenza, surprit An-
cône et déjoua un complot tramé par la République de Venise. Après le traité de Campo-
Formio, il fut appelé au commandement du
département de la Vendée, où sa modération
ramena un moment le calme, et où le Directoire le maintint malgré le désir exprimé par
Bonaparte de l'emmener avec lui en Egypte,
et bien qu'il eût demandé de son côté à être
compris dans l'armée préparée contre l'Angleterre. Appelé en Italie en 1798, à la tête d'une
division, il accomplit en un an des prodiges de
valeur dans la campagne malheureuse du général Moreau; mais Bonaparte étant revenu à
la tête de l'armée d'Italie, Victor commanda
l'avant-garde aux trois journées de Marengo,
et reçut un sabre d'honneur en souvenir de
son héroïque conduite à cette mémorable bataille. Envoyé, le 25 juillet 1800, comme lieutenant du général en chef à l'armée gallo-ba-
tave, il fut nommé (février 1805) ambassadeur
en Danemark, rentra dans le service militaire
actif au moment de la campagne de Prusse
(1806), fut blessé à Iéna, peu après fait prisonnier par une troupe de partisans, échangé, puis
à la tête du 1er corps, détermina le succès de
la bataille de Friedland, qui lui valut le
bâton de maréchal de France. Après Tilsitt,
il fut, pendant quinze mois, gouverneur de
Berlin, créé duc de Bellune le 10 septembre
1808, et envoyé en Espagne la même année
à la tête du 1er corps d'armée. Il battit les
Espagnols à Spinosa, Sommo-Sierra, Madrid,
Uclès et Medelin, fut moins heureux à Talavera, investit Cadix, mais quitta le blocus de
cette place pour rejoindre la grande armée en
Russie (1812), où il eut le commandement du
9e corps. En 1813, il était à la tête du 2e corps
qui décida la victoire de Dresde et prit part à
tous les combats de la campagne d'Allemagne.
De retour en France, il organisa la défense de
l'Alsace et disputa à l'armée russe le passage
des Vosges, battit l'ennemi à Saint-Dizier (27
janvier 1814), et le délogea de Brienne à la
baïonnette. A Craonne (7 mars), où il commandait l'avant-garde, il fut gravement blessé à la
tête, et dut résigner le commandement. Le duc
de Bellune offrit ses services aux Bourbons dès
leur rentrée en France, reçut d'eux le gouvernement de la 2e division militaire, la croix de
Saint-Louis (2 juin 1814) et la pairie. Il suivit le
roi à Gand, et fut nommé l'un des quatre ma-
jors-généraux de la garde royale (septembre
1815); il accepta en outre la présidence de la
commission chargée d'examiner la conduite
des officiers pendant les Cent-Jours, et déploya
dans cette fonction une rigueur qui lui fut
vivement reprochée; dans le procès du maréchal Ney, il vota la mort. Appelé, le 10 janvier
1816, au gouvernement de la 16e division militaire, et en, 1821, au gouvernement supérieur
des 6e, 7e, 8e et 19e divisions, il fut nommé, le
14 décembre de la même année, ministre de la
guerre, et resta jusqu'au 19 octobre 1823 à ce
poste où il fit preuve de médiocres talents administratifs; il fut un instant major-général de
l'armée d'Espagne (1823), mais revint en
France et remit son portefeuille à la suite des
bruits soulevés par les marchés Ouvrard. Il
commanda le camp de Reims en 1825, et, encore major-général de la garde en 1830, se
montra tellement hostile à la monarchie de
Juillet, qu'on l'accusa de menées légitimistes,
et qu'il n'échappa à l'arrestation qui le menaçait que parce qu'il fut prévenu à temps par
le maréchal Soult, son ancien compagnon
d'armes, alors ministre. Il était grand officier
de la Légion d'honneur du 25 prairial an XII,
et grand cordon du 15 ventôse an XIII. Il termina ses jours dans la retraite.

BELLUNE (VICTOR-FRANÇOIS PERRIN, DUC DE),
fils du précédent, sénateur du second Empire,
né à Milan (Italie), le 24 octobre 1796, mort à
Paris, le 2 décembre 1853, dut plutôt à son nom,
semble-t-il, qu'à ses talents personnels d'être
compris, le 9 février 1853, dans une promotion
de sénateurs nommés par Napoléon III, après
le rétablissement de l'Empire. Il siégea quelques
mois et mourut la même année.

BELMONT (PIERRE DE), député au Conseil
des Cinq-Cents, né à Saint-Ilpize (Haute-Loire),
en 1751, mort à une date inconnue, exerça la
profession de notaire à Brioude, et les fonctions
d'administrateur du département de la Haute-
Loire, qui l'envoya siéger au Conseil des Cinq-
Cents, le 23 germinal an VI. Le coup d'Etat
du 18 brumaire le rallia à la politique de
Bonaparte, et le fit, le 3 floréal an VIII, adjoint
au maire de Brioude, et le 28 floréal, juge au
tribunal d'appel de Riom.

BELMONT (MARIE-LOUIS-GABRIEL-ALFRED-
STANISLAS BRIANÇON-VACHON, MARQUIS DE),
député de 1855 à 1857, né à Amiens (Somme),
le 10 décembre 1804, mort en son château de
Quevillon, le 12 juillet 1857. Chambellan de
l'empereur et chevalier de la Légion d'honneur,
il fut, le 12 août 1855, élu comme candidat
officiel, député au Corps législatif par la 2e circonscription des Basses-Pyrénées (23,322 voix
sur 24,707 votants et 36,895 inscrits). Il remplaçait M. Planté, décédé. Il donna son approbation silencieuse à tous les actes du gouvernement impérial. Il venait d'être réélu (22 juin
1857) par la même circonscription, avec 29,387
voix sur 29,485 votants et 36,015 inscrits, quand
il mourut quelques jours après.

BELMONTET (LOUIS), député au Corps législatif de 1852 à 1870, né à Montauban (Tarn-
et-Garonne), le 26 mars 1799, mort à Paris, le
13 octobre 1879, fils d'un ancien militaire de la
République, qui, italien de naissance, s'était retiré à Toulouse, fut boursier au lycée de cette
ville, mais fut obligé d'en partir pour avoir exprimé hautement, en 1815, ses sentiments
napoléoniens; il entra chez un avoué, fit son
droit, composa un poème, les *Mânes de Waterloo*, que les Jeux floraux refusèrent pour
raison politique, et combattit la Restauration
dans deux brochures, sa *Mission* et son *Apologie*, qui le firent expulser de Toulouse (1819),
ce qui ne l'empêcha pas de continuer ses
attaques. Il vint à Paris, se lia avec l'opposition libérale, et poursuivit ses travaux littéraires, collabora à la *Muse française*, organe
des romantiques, devint successivement maître
d'études à la pension Goubaux en remplacement de Michel de Bourges, puis précepteur
chez le comte Germain, pair de France. Sa tragédie, *Une Fête de Néron*, donnée à l'Odéon en
1829, en collaboration avec Soumet, eut cent cinq
représentations; il refusa à cette occasion une
pension que lui offrit M. de Montbel. Après
les journées de Juillet 1830, il se rendit en Suisse,
auprès de la reine Hortense, et ne put obtenir
d'elle la publication d'un manifeste, revint
combattre la monarchie de Juillet dans les
rangs des républicains, collabora à la *Tribune*,
fut arrêté sous le ministère Casimir Périer pour
avoir défendu les droits de Napoléon II dans
le *Tribun du peuple*, qui fut supprimé, et se

battit en duel, pour la même cause, avec le général Jacqueminot. Il se lia alors avec le prince Louis-Napoléon et le roi Joseph, devint rédacteur au *Capitole*, journal bonapartiste, fut chargé de publier les *Mémoires de la reine Hortense* et rédigea la *Biographie* de L.-Napoléon qui, lors de l'échauffourée de Strasbourg, fut distribuée dans les casernes. Nommé membre de la commission de surveillance des toutines, il fut décoré, en 1846, après la publication des *Nombres d'or*, recueil de vers qui eut du succès. N'ayant pu se faire élire député après la Révolution de 1848, il s'efforça de préparer une restauration impériale, et, l'Empire rétabli, fut, comme candidat officiel, élu au Corps législatif, le 29 février 1852, dans la 2ᵉ circonscription électorale de Tarn-et-Garonne (Castel-Sarrazin) par 18,554 voix sur 22,908 votants et 35,021 inscrits, contre 3,324 voix accordées à M. Detours, ancien représentant et 775 à M. Tournayre, tous les deux candidats de l'opposition. Le même jour, il obtenait dans la 1ʳᵉ circonscription du même département 1,005 voix, contre 18,874 données à M. Elie Janvier, élu. Il prit souvent la parole dans cette Assemblée, notamment dans la discussion du budget de 1855, pour protester contre l'augmentation de la subvention des théâtres, pour déplorer l'abandon de la tragédie « si chère à Napoléon Iᵉʳ », et demander au gouvernement de faire passer les beaux-arts, du ministère d'Etat au ministère de l'instruction publique, et de faire servir le Théâtre-Français à l'éducation de la jeunesse.

Réélu le 22 juin 1857 par 20,159 voix sur 21,370 votants et 35,865 inscrits, contre M. Tournayre (1,032 voix), et le 1ᵉʳ juin 1863, par 23,048 voix sur 26,427 votants et 35,115 inscrits, contre MM. Chabrié (2,314 voix) et Tournayre (845 voix), il manifesta, en avril 1865, quelques velléités d'indépendance, en signant, seul de la droite, un amendement présenté par la gauche au projet d'adresse, et demandant plus de liberté pour les comités électoraux. Rapporteur de la loi accordant des secours aux anciens soldats de l'Empire, il demanda et obtint pour les officiers décorés un traitement de décoration, et reçut, à cette occasion, de sept mille d'entre eux, un médaillon commémoratif. Enfin il ne cessa de réclamer la restitution d'une somme dont les traités de 1815 avaient mis le remboursement à la charge de l'Angleterre et qui, avec les intérêts accumulés, montait, dès ce temps, à plus de cinq cents millions.

Réélu le 24 mai 1869, avec 18,619 voix sur 29,223 votants et 35,182 inscrits, contre MM. Chabrié 7,081 voix, de Mauvoisin 3,001, et Tournayre 451, il engagea vivement les électeurs à voter *oui* lors du plébiscite, en leur promettant que « ce passage de la Mer Rouge les conduirait à la terre promise ». La chute de l'Empire le rendit à la vie privée. Candidat malheureux aux élections sénatoriales de janvier 1876, il songea à se présenter aux élections législatives du mois suivant, mais se désista solennellement en faveur de la candidature de M. Buffet, sans pouvoir obtenir, par son désistement, les honneurs réclamés du *Journal officiel*. M. Buffet ne fut d'ailleurs, pas élu.

M. Belmontet était officier de la Légion d'honneur du 16 janvier 1862. Il a publié un grand nombre de brochures politiques et de volumes de vers qui ne sont pas sans mérite, et qu'il ne faudrait pas juger sur le fameux vers :

Le vrai feu d'artifice est d'être magnanime,

si malignement exploité par les adversaires politiques de l'auteur.

BELON (JEAN-JULES-HENRI), député de 1879 à 1885, né à Meyrueis(Lozère), le 6 janvier 1834, se fit recevoir avocat en barreau de Florac. Après le 4 Septembre 1870, il fut procureur de la République à Florac, puis à Tournon : révoqué par le ministère du 24 mai 1873, il resta quelque temps à Tournon, s'y occupa de politique, surtout pendant la période du 16 Mai. Le 20 avril 1879, les électeurs de l'arrondissement de Florac étant appelés à donner un successeur à M. Roussel, député, élu sénateur de la Lozère, M. Belon posa sa candidature républicaine modérée et l'emporta avec 4,982 voix (5,777 votants, 11,479 inscrits). Il siégea à gauche et vota avec la majorité opportuniste. Il fit de même dans la Chambre de 1881-1885, où il représenta le même arrondissement, avec 4,396 voix (8,868 votants, 11,362 inscrits). Le *Pilori* (1885) s'est montré peu bienveillant pour le député de Florac : « Belon, dit l'auteur, par un B. C'est bien Belon que nous voulons dire. Cette explication est indispensable pour ceux qui, connaissant de vue seulement le personnage, pourraient et devraient nous croire enrhumés du cerveau. Belon — par un B, — s'est offert aux suffrages des républicains de Florac, sous les auspices du sénateur Rampon et des députés Seignobos et Boissy-d'Anglas. Depuis neuf ans qu'il rumine paisiblement dans l'étable parlementaire, Belon — par un B, — n'a cessé de se montrer digne de ses illustres patrons. Il n'en faut pas plus au suffrage universel pour proclamer l'indignité du calamiteux Belon, par un B. » M. Belon avait, dans cette législature, voté : *pour* l'expédition du Tonkin, *pour* le maintien de l'ambassadeur près du pape, *contre* la séparation de l'Eglise et de l'Etat, et *contre* l'élection du Sénat par le suffrage universel. Il ne s'est pas représenté en 1885.

BELOT DE LA DIGNE (JOSEPH), député à l'Assemblée législative de 1791, dates de naissance et de mort inconnues, fut, sous l'ancien régime, colonel d'un régiment et chevalier de Saint-Louis. Rallié modérément aux idées de la Révolution, il reçut en septembre 1791, des électeurs de l'Aude, par 236 voix sur 328 votants, le mandat de député; il s'en acquitta, sans appeler sur lui d'une façon particulière l'attention publique.

BELVÈZE (LOUIS-MARIE-GUSTAVE DUPUY DE), représentant à l'Assemblée législative de 1849, né à Limoux (Aude), le 11 février 1809, était propriétaire dans l'Aude et connu pour ses opinions monarchistes. Il fut (13 mai 1849), le 4ᵉ élu sur 6 de la liste conservatrice, avec 36,965 voix (70,434 votants, 88,291 inscrits), siégea à droite et s'associa à tous les votes de la majorité : *pour* les crédits de l'expédition romaine, *pour* la proposition Baraguey d'Hilliers tendant à abolir la gratuité absolue des Ecoles polytechnique et de Saint-Cyr, *pour* la loi portant restriction du suffrage universel, *pour* la loi sur l'enseignement, *pour* l'interdiction des clubs, et *pour* le cautionnement et le timbre appliqués aux écrits périodiques, etc. Il ne se rallia pas à la politique du prince-président lors du coup d'Etat de 1851, et rentra dans la vie privée.

BELZAIS-COURMÉNIL (NICOLAS - BERNARD-JOACHIM-JEAN), député à la Constituante de 1789, au Conseil des Cinq-Cents et au Corps législatif de l'an VIII, né à Ecouché (Orne), le

19 octobre 1747, mort à Laon (Aisne), le 26 août 1804, d'une famille de robe, étudia le droit auprès de Goupil de Préfeln, qui devint plus tard son beau-père, fut reçu avocat et devint procureur du roi à Argentan. Élu, le 24 mars 1789, député du tiers-état aux États-Généraux pour le bailliage d'Alençon, il proposa de partager l'écu tournois en fractions décimales et fit changer ensuite l'empreinte des monnaies. Maire d'Argentan après cette législature, il fut élu député de l'Orne au Conseil des Cinq-Cents le 24 germinal an VI, et présenta d'importants rapports sur l'administration des hospices. Partisan du coup d'État de brumaire, il fut désigné par le Sénat conservateur, le 4 nivôse an VIII, pour représenter le département de l'Orne au Corps législatif, qu'il présida quelque temps, puis fut nommé préfet de l'Aisne le 30 fructidor an X, et membre de la Légion d'honneur le 25 prairial an XII. Il s'occupa surtout, dans ce département, d'améliorations agricoles.

BÉNARD DE MOUSSINIÈRES, (EUGÈNE-BALTHAZARD-CRESCENT, CHEVALIER), représentant à la Chambre des Cent-Jours, né à Caudebec (Seine-Inférieure), le 6 janvier 1758, mort à Paris, le 16 mai 1833, fut avant la Révolution chef du contentieux de la comptabilité des fermes du roi. D'abord garde, puis capitaine de grenadiers dans la garde nationale de Paris en 1789, il fut blessé en 1791 en voulant soustraire le duc d'Aumont à la colère du peuple : le duc d'Aumont, commandant le bataillon de service auprès du roi le 5 juin, était accusé d'avoir favorisé la fuite de Louis XVI ; on en voulait à sa vie, mais Bénard de Moussinières parvint à le conduire à l'Hôtel de Ville et à le mettre à l'abri du ressentiment public. Élu plus tard (1er germinal an VI) président de l'administration municipale du 8e arrondissement de Paris, et assesseur du juge de paix du même arrondissement le 12 germinal suivant, il donna sa démission du premier de ces emplois le 22 ventôse an VII, pour s'occuper exclusivement de la statistique du département de la Seine en qualité de membre de la commission formée à cet effet par arrêté du Directoire du 24 nivôse précédent. Adjoint au maire du 8e arrondissement le 8 ventôse an VIII, membre du Conseil de commerce de la Seine le 30 fructidor an X, juge suppléant au tribunal de commerce le 8 vendémiaire an XII, il devint maire de son arrondissement et membre du 2e collège électoral le 25 nivôse an XII. Chevalier de la Légion d'honneur (25 prairial de la même année), un arrêté du préfet de la Seine le nomma (an XIII) l'un des administrateurs des lycées de Paris. Appelé pour la seconde fois aux fonctions de maire le 18 mars 1808, il obtint, le 10 septembre suivant, des lettres patentes de chevalier de l'Empire. Maire de son arrondissement le 25 mars 1813, il remplissait encore ces fonctions lorsque, le 2 août 1814 et le 18 janvier 1815, Louis XVIII lui accorda des lettres de noblesse et le promut officier de la Légion d'honneur. Bénard de Moussinières accepta, le 6 mai 1815, le mandat de représentant à la Chambre des Cent-Jours, que lui offrait le 3e arrondissement de Paris : le procès verbal de son élection le qualifie : « négociant et maire du 8e arrondissement. » Ayant signé, à cette époque, l'adresse du corps municipal de Paris à Napoléon Ier, il devint suspect à la seconde Restauration, et une ordonnance royale du 12 septembre suivant pourvut à son remplacement.

BÉNARD-LAGRAVE (PIERRE-ANTOINE-MA-

RIE), député au Conseil des Cinq-Cents, né à Calais (Pas-de-Calais), le 31 mai 1754, mort à Saint-Omer (Pas-de-Calais) le 11 septembre 1808, était négociant à Calais, et s'appelait Bénard, lorsque, ayant épousé, le 19 juin 1787, Mlle Marie-Gabrielle-Antoinette Cazalis de Lagrave, il ajouta ce nom au sien. Élu, le 24 vendémiaire an IV, député au Conseil des Cinq-Cents par le département du Pas-de-Calais, il y prit part aux discussions financières, déposa des rapports sur la nécessité et les moyens de détruire les Chauffeurs, sur l'opportunité qu'il y avait à accueillir les propositions de paix de l'Angleterre, « la paix étant plus utile à la France que la possession de la Belgique », sur la restitution à leurs propriétaires des actions de la Banque espagnole de Saint-Charles et de la compagnie des Philippines, sur l'abrogation de la loi contre les fugitifs de Toulon ; il se retira de la vie parlementaire au 18 brumaire, et accepta du gouvernement consulaire la sous-préfecture de Saint-Omer (14 floréal an VIII) ; il mourut à ce poste.

BÉNAZET (CLÉMENT-FRANÇOIS), député à l'Assemblée constituante de 1789, né à Saissac (Aude), le 28 mai 1740, mort à une date inconnue, fut élu, le 27 mars 1789, député du tiers aux États-Généraux par la sénéchaussée de Carcassonne ; il était alors « bourgeois à Saissac ». Il fut un des membres obscurs de la majorité de l'Assemblée constituante.

BÉNAZET PAUL-ANTOINE-THÉODORE), député depuis 1878, né à Paris, le 22 novembre 1843, fit son droit, entra à l'école des Beaux-Arts dans la section d'architecture, puis au ministère d'État sous l'Empire. Capitaine de mobiles à l'armée de la Loire pendant la guerre franco-allemande, il devint, à la paix, maire de Merigny et conseiller général de l'Indre, et se présenta comme candidat bonapartiste dans l'arrondissement du Blanc, à l'élection partielle du 17 novembre 1878, en remplacement de Clément Laurier, décédé. Il fut élu par 7,323 voix, sur 13,009 votants et 17,300 inscrits, contre M. Fombelle 5,597 voix, prit place dans le groupe de l'Appel au peuple, et fut un des secrétaires de la Chambre. Réélu dans le même arrondissement, le 21 août 1881, par 7,250 voix sur 14,331 votants et 17,662 inscrits, contre MM. Fombelle (3,914 voix), Saucier (1,768), et Resnier (1,342), il fut encore élu par le département de l'Indre, le 4 octobre 1885, le 2e sur 5 avec toute la liste conservatrice, par 35,633 voix sur 69,748 votants et 83,936 inscrits. Il a toujours voté avec le groupe bonapartiste, et notamment, *contre* le scrutin de liste (24 mars 1885) et, dans la dernière session, *contre* le rétablissement du scrutin uninominal (11 février 1889), *pour* l'ajournement indéfini de la revision de la constitution (chute du ministère Floquet), *contre* les poursuites contre trois députés membres de la ligue des Patriotes (14 mars), *contre* la proposition de loi Lisbonne restrictive de la liberté de la presse (2 avril), *contre* les poursuites contre le général Boulanger (4 avril). Chevalier de la Légion d'honneur.

BÉNÉVENT (PRINCE DE). *Voy.* TALLEYRAND-PÉRIGORD.

BÉNÉZECH (PIERRE), ministre de l'Intérieur pendant la Révolution, né à Montpellier (Hérault) en 1749, mort à Saint-Domingue, le 13 juin 1802, était fils d'un receveur de la cour des aides, attaché à l'administration des domaines. Il dirigea avant la Révolution un bureau d'agent d'affaires et fut propriétaire des *Petites Affiches de Paris*. En même temps, il remplissait les fonctions d'agent principal des Etats de Languedoc en résidence à Paris, et s'occupait aussi d'agriculture, en gérant la fortune de sa femme, veuve du baron de Boeils, fortune consistant principalement en la terre du Petit Val, en Brie. Quand éclata la Révolution, Bénézech en adopta les principes et fut successivement commandant de la garde nationale, juge de paix du canton de Sucy, administrateur du département de Seine-et-Oise.

L'activité intelligente qu'il déploya en cette dernière qualité, lors de la levée en masse, lui valut une grande notoriété. Lors de l'abolition des ministères (1794) remplacés par douze commissions, composées chacune en général de deux membres et d'un adjoint nommés par la Convention sur la présentation du Comité de salut public, Bénézech fut appelé à diriger la onzième commission des armes, poudres et exploitation des mines. Dans ses attributions rentrait la surveillance des manufactures d'armes, des fonderies, des machines de guerre, des munitions. Bénézech, avec le concours de Fourcroy, de Chaptal et de Guiton, donna une grande impulsion aux ateliers de fabrication d'armes; il appela de l'étranger des ouvriers habiles, et les établit à Versailles.

Il se lia avec le jeune général Bonaparte, alors âgé de 25 à 26 ans, et fut aussi l'ami de Bellart qui devint plus tard procureur général à la cour royale de Paris.

La Convention ayant fait place au Directoire, et les ministères ayant été rétablis, Bénézech entra, le 12 brumaire an IV (novembre 1795) comme ministre de l'Intérieur, dans le premier cabinet que formèrent les directeurs. Il avait pour collègues Merlin de Douai à la Justice, Ch. Delacroix aux Relations extérieures, Gaudin aux Finances, Aubert-Dubayet à la Guerre Truguet à la Marine. Préposé spécialement aux subsistances à une époque où la disette était particulièrement intense, et où les Parisiens se voyaient réduits, dit un historien, à « manger quelques onces seulement d'un mélange dégoûtant de graines étonnées d'être devenues l'aliment de l'homme », il montra un zèle méritoire et contribua à rétablir une abondance relative. Il centralisa aussi les administrations de son ministère, et créa des conseils d'agriculture, commerce et arts; c'est sous son administration qu'a été conçu le projet de donner une nouvelle édition des ouvrages d'Olivier de Serres. Enfin, il ne négligea pas l'instruction publique, réforma l'Ecole polytechnique, et favorisa les beaux-arts. Mais Bénézech, qui avait usé de son influence pour rendre à la liberté la fille de Louis XVI, fut en butte à de très vives attaques de la part des journalistes. Compromis, d'autre part, en 1797, lors de la saisie des papiers de Duverne de Presle, de Brothier et de la Villeheurnoy, qui le désignaient pour être maintenu dans ses fonctions en cas de succès de la conspiration royaliste, il eut beau protester de son attachement à la République, le Directoire le destitua aux approches du 18 fructidor (2 septembre 1797) et le remplaça par François de Neufchâteau (*V. ce nom*). Après le 18 brumaire, auquel Bénézech se rallia, il fut nommé conseiller d'Etat et « inspecteur du palais des Tuileries », — singulière fonction qui faisait de lui une espèce de maître des cérémonies. Il accepta d'abord, puis demanda bientôt à accompagner le général Leclerc dans son expédition à Saint-Domingue. Nommé par le premier consul préfet du Cap, il

s'embarqua avec sa femme et ses deux filles; mais, à peine arrivé à destination, il fut atteint de la fièvre jaune, et succomba. — On a de Bénézech un *Compte rendu* de son administration depuis le 13 brumaire an IV jusqu'au 1er vendémiaire suivant (Paris 1797.)

BENGY DE PUYVALLÉE (PHILIPPE-JACQUES CHEVALIER DE), député à l'Assemblée constituante de 1789, né à Bourges (Cher), le 1er mai 1743, mort à Bourges, le 3 octobre 1823, appartenait à une famille de magistrats et d'hommes de guerre, et descendait d'Antoine Bengy, seigneur de Puy-Vallée (1569-1616) qui succéda à Cujas dans la chaire de jurisprudence à l'Université de Bourges. Entré comme sous-lieutenant dans le régiment de la Vieille-Marine en 1763, à la fin de la guerre de Sept ans, il quitta le service en 1775, consacra ses loisirs à l'étude, et à l'exploitation de ses propriétés, fut nommé, en 1778, administrateur de l'Hôtel-Dieu de Bourges, et enfin, le 27 mars 1789, député de la noblesse aux Etats-Généraux par le bailliage du Berry. Les trois ordres s'étaient réunis à Bourges le 16 mars, pour cette élection de députés; le président de la séance, le comte de la Châtre, bailli d'épée du bailliage de Berry, maréchal de camp, inspecteur de cavalerie, premier gentilhomme de la chambre de Monsieur frère du Roi, était assisté de son lieutenant général, Claude de Bengy,

A l'Assemblée constituante, Bengy de Puyvallée siégea à droite et défendit l'ancien régime; il opina en faveur du *veto* absolu, demanda que le droit de paix et de guerre fût dévolu au roi, et que les apanages des enfants de France fussent considérés comme domaines privés; son discours le plus remarquable fut celui qu'il prononça, à la séance du 5 novembre 1789, sur la division territoriale de la France en départements. « Nul n'attaqua, a écrit Louis Blanc *Histoire de la Révolution française*, tome III) le plan du comité de constitution par de plus sérieux arguments, par des considérations puisées dans une connaissance plus exacte de la situation géographique du pays, et ce fut probablement sous l'impression de ses paroles qu'on renonça à la division uniforme, invariable, fixée d'avance, de chaque département en neuf districts et de chaque district en neuf cantons. » Bengy de Puyvallée avait également insisté en termes précis sur les vices de la combinaison adoptée qui donnait comme base à la représentation nationale, la contribution directe. « Si l'on examine, dit-il, l'intérêt que chaque division du royaume peut avoir à la représentation nationale, il semble au premier coup d'œil que plus un département contribue à l'entretien de la chose publique, plus il doit avoir d'influence sur la législation. Mais on ne fait pas attention que plus un pays est fertile, plus il a de richesses, plus ses habitants ont de jouissances, et plus ils sont redevables à la puissance qui les défend, à la force publique qui protège leurs propriétés. Le tribut qu'ils payent à la patrie est proportionné à l'avantage qu'ils en retirent et à la protection qu'ils en reçoivent; la contribution qu'ils acquittent est de leur part un devoir de justice rigoureux. Mais un devoir ne constitue pas un droit exclusif. La représentation ne peut donc avoir pour base la contribution. Quand il s'agit de défendre la patrie, chaque homme est soldat et doit payer de sa personne; de même, lorsqu'il s'agit de représenter la nation, tout homme est citoyen et a le droit de faire représenter son suffrage. C'est donc par le nombre des citoyens qu'il faut calculer la représentation nationale. La population en est la base véritable. » — L'Assemblée fut sourde à ce langage, et ne tint pas compte davantage des réflexions présentées par Bengy de Puyvallée sur l'inconvénient d'attribuer à des départements fort inégaux, soit en population, soit en richesses, un nombre égal d'administrateurs. « Le département de Berry, avait dit l'orateur, serait à celui de Flandre, égal en superficie, comme deux cent mille est à un million. Or, des frais d'administration qui, répartis sur un million d'hommes, peuvent être fort supportables, deviennent, répartis sur deux cent mille, un fardeau accablant. »

Après la session de la Constituante, Bengy de Puyvallée quitta la France et émigra ; pourtant, il ne resta pas au service des princes, et revint en France en 1792. Mais son attitude à l'Assemblée et son départ avaient suffi à le rendre suspect ; ses biens furent séquestrés, et il eut grand'peine à se soustraire à la condamnation capitale dont il était menacé. Rayé, sous le Directoire, de la liste des émigrés, puis replacé sur cette liste et frappé d'une mesure de proscription, il multiplia les démarches auprès des députés de Paris. Un d'eux, Guyot des Herbiers, finit par obtenir pour lui, de Merlin de Douai, la faveur de résider en France. Redevenu, sous le consulat, membre de la commission administrative des hospices de Bourges, il n'accepta point d'autres fonctions de Napoléon Ier, et ne dut qu'à la Restauration les titres et grades de chevalier de Saint-Louis (1814), de président (1820) du collège électoral du Cher, et de conseiller général de ce département. Bengy de Puyvallée a laissé divers mémoires sur des questions politiques ou économiques : Réflexion sur le cadastre (1818) ; Essai sur l'état de la Société religieuse en France et sur les rapports avec la Société politique depuis l'établissement de la monarchie jusqu'à nos jours (1820), etc.

BENGY DE PUYVALLÉE (CLAUDE-AUSTREGILLE, CHEVALIER DE), fils aîné du précédent, député de 1820 à 1824, né à Bourges (Cher), le 19 mai 1778, mort à Bourges, le 23 mars 1836. Propriétaire dans le Berry et conseiller général, il fut élu, le 14 novembre 1820, député par le collège de département du Cher. Fidèle aux traditions de sa famille, il s'assit au côté droit, et vota comme ses collègues de cette partie de la Chambre ; M. de Bonald avait été son éducateur politique. Bengy de Puyvallée ne paraît pas avoir répondu aux espérances que les royalistes « libéraux » se plaisaient à mettre en lui. « Comme en lui suppose, écrivait l'un d'eux, cette noble indépendance qui nous permet de nous rendre à l'évidence d'un raisonnement, nous pouvons presque assurer qu'il fera quelquefois infidélité à ses nobles collègues, pour voter en faveur des principes soutenus par le côté gauche. » Jusqu'à la fin de la législature, Bengy de Puyvallée vota avec la droite.

BÉNIER (JACQUES-GRÉGOIRE) représentant du peuple à l'Assemblée législative de 1849, né à Montoire (Loir-et-Cher), le 8 juin 1788, mort à Montoire, le 8 novembre 1855, était propriétaire et marchand de bois dans le Loir-et-Cher, quand ce département (13 mai 1849) le nomma représentant du peuple, le 3e sur 5, avec 26,008 voix (54,330 votants, 71,600 inscrits.) Il était aussi conseiller général. Bénier, qui était un des doyens de l'Assemblée, siégea à la Montagne et vota pendant toute la législature

constamment avec la gauche de l'Assemblée, à la fois contre la politique de l'Elysée et contre la majorité monarchiste. Il se déclara contre l'expédition de Rome et contre les lois réactionnaires sur l'enseignement et sur l'exercice du suffrage universel, etc., qui furent l'œuvre de cette majorité. Le coup d'Etat de 1851 mit fin à sa carrière politique. Ce fut vainement qu'il sollicita encore, le 29 février 1852, le mandat de député au Corps législatif dans la 2e circonscription de Loir-et-Cher ; il n'obtint contre le candidat officiel, M. Crosnier, élu par 22,043 voix, qu'une très faible minorité de 528 suffrages.

BENJAMIN-CONSTANT Voy. CONSTANT DE RÉBECQUE.

BENOID (JEAN-JOSEPH), député à l'Assemblée législative de 1791, né à Allanche (Cantal), le 10 février 1762, mort à une date inconnue, était homme de loi dans son pays natal ; il devint ensuite accusateur public. Le 28 août 1791, il fut élu député du Cantal à l'Assemblée législative, par 215 voix sur 311 votants, et passa inaperçu dans cette assemblée. Le gouvernement consulaire lui donna plus tard les fonctions de commissaire au tribunal civil de Murat (28 floréal an VIII) ; il resta dans la magistrature sous l'Empire, sous la Restauration et sous le gouvernement de Juillet. Sa nomination comme président du tribunal de 1re instance de Murat date, en effet, du 21 février 1816 ; il occupait encore ce poste en 1833.

BENOIST (ANTOINE), député à l'Assemblée constituante de 1789, né à Mende (Lozère), le 17 octobre 1718, mort à une date inconnue, était curé de Pont-Saint-Esprit (Gard). Il fut élu, le 31 mars 1789, député du clergé aux Etats-Généraux pour la sénéchaussée de Nimes et Beaucaire, et se montra très attaché aux prérogatives de son ordre. Il s'opposa à la réunion des trois ordres en assemblée nationale et, dans la séance du 1er juillet 1789, il fut des premiers à protester, avec les évêques de Clermont, de Laon et de Montauban, les archevêques de Reims, de Rouen, de Toulouse et quelques curés, contre « leur comparution à l'Assemblée ».

BENOIST (PIERRE), député à la Constituante de 1789 et au Conseil des Anciens, né à Frolois (Côte-d'Or), le 20 février 1753, mort à Frolois, le 16 juin 1818, était avocat et notaire à Frolois lorsqu'il fut élu, le 26 mars 1789, député du tiers-état aux Etats-Généraux par le bailliage de Châtillon-sur-Seine ; il passa inaperçu dans cette assemblée. Elu haut-juré par le département de la Côte-d'Or, le 24 vendémiaire an IV, il fut envoyé par le même département au Conseil des Anciens, le 24 germinal an V ; mais s'étant joint au parti clichien, il en fut éliminé le 18 fructidor, et ne joua plus aucun rôle politique.

BENOIST (FRANÇOIS-JOSEPH, CHEVALIER), député de 1815 à 1816, né à Valenciennes (Nord), le 5 août 1756, mort à Valenciennes, le 19 décembre 1833, était propriétaire et maire de Valenciennes lorsqu'il fut élu député par le collège de département du Nord, le 22 août 1815, avec 105 voix sur 192 votants et 298 inscrits. Il siégea à la droite de la Chambre introuvable et fut membre de la commission chargée des Codes. Le roi lui conféra des lettres de noblesse en 1816 ; il ne fit pas partie d'autres législatures.

BENOIST (Pierre-Vinçent, comte), député de 1815 à 1827, né à Angers (Maine-et-Loire), le 5 janvier 1758, mort à Paris, le 1er décembre 1834, était fils d'un lieutenant de la sénéchaussée d'Angers, et publia dans divers journaux des articles d'économie politique. En 1794, son nom fut mêlé peu heureusement aux accusations de falsification des comptes de la Compagnie des Indes, qui amenèrent Delaunay d'Angers, Chabot, Fabre d'Eglantine et Bazire devant le tribunal révolutionnaire; aussi ne put-il entrer dans l'administration qu'assez tard, grâce à la protection de Maret, depuis duc de Bassano, qui le fit nommer chef de division et directeur de la correspondance au ministère de l'intérieur. Napoléon ne lui accorda aucune distinction honorifique; le Gouvernement provisoire de 1814 le nomma commissaire à l'intérieur, et la Restauration l'appela au Conseil d'Etat (29 mai 1814), qu'il quitta au retour de l'île d'Elbe.

Nommé par Louis XVIII, après Waterloo, directeur général de la comptabilité des communes, il fut, le 22 août 1815, élu député par le collège de département de Maine-et-Loire, avec 115 voix sur 213 votants et 276 inscrits, et vota avec la majorité de la Chambre introuvable. Le 24 février 1816, il demanda que l'âge de l'éligibilité fût fixé à trente ans, et que la Chambre fût renouvelée intégralement tous les cinq ans : « Songez-y bien, dans cinq ans, les jeunes gens qui en auront trente, n'auront pas pris part aux événements désastreux, qui, depuis vingt-cinq ans, désolent notre malheureux pays. Lorsqu'ils lèveront la main dans cette enceinte pour prêter leur serment de fidélité, ils n'auront point à se reprocher d'en avoir prêté d'autres; lorsqu'ils se présenteront devant la fille auguste de nos rois, elle ne pourra lire dans leurs yeux inquiets leurs remords ni leurs regrets; ils auront des mains vierges, un cœur pur, des âmes sans reproche et sans honte. » La motion fut repoussée. Réélu le 4 octobre 1816, par 120 voix sur 229 votants et 269 inscrits, il échoua le 5 novembre 1820, dans le 1er arrondissement électoral d'Angers, avec 209 voix contre 402 accordées à son concurrent, M. Gautret, élu, mais huit jours après, le 13 novembre, fut réélu par 246 voix sur 401 votants et 424 inscrits; le 25 février 1824, ce fut le 2e arrondissement électoral de Maine-et-Loire (Saumur) qui l'envoya à la Chambre par 345 voix sur 423 votants et 479 inscrits; M. Bodin, député sortant, n'obtint que 71 voix. M. Benoist, créé comte par Louis XVIII, ne fit pas partie d'autres législatures. On lui doit quelques publications traduites de l'anglais : le *Moine*, traduction du roman de Lewis (1797), *Voyages dans le Sud de l'Amérique septentrionale*, traduit de Bartram (1798), *Mémoires de Miss Bellamy* (1799), le *Cultivateur anglais* (1801), etc.

BENOIST (Jacques-Constant), député de 1839 à 1841, né à Noirmoutiers (Vendée), le 21 novembre 1794, mort à Pornic (Loire-Inférieure), le 7 janvier 1866, était docteur-médecin à Nantes, quand la démission de M. Cossin, député de Paimbœuf, le fit entrer dans la carrière politique. En remplacement de ce député, il fut élu par le 6e collège de la Loire-Inférieure, le 2 mars 1839, il vota, le plus souvent, avec l'opposition de gauche. Ayant lui-même donné sa démission de député il fut à son tour, le 20 mars 1841, remplacé par le contre-amiral Le Ray.

BENOIST (Louis-Victor, baron de), député au Corps législatif de 1858 à 1870, né à Dugny (Meuse), le 29 octobre 1813, agronome distingué, était président de la Société d'Agriculture de Verdun, correspondant de la Société centrale d'Agriculture, membre du Conseil général de la Meuse pour le canton de Friancourt depuis 1848, lorsqu'il fut élu, le 21 novembre 1858, député au Corps législatif dans la 2e circonscription électorale de la Meuse, par 11,134 voix sur 21,537 votants et 26,500 inscrits, contre M. Clément 10,306 voix, en remplacement de M. Briot de Monremy, décédé. Il siégea à la droite dynastique, et fut réélu, le 1er juin 1863, presque à l'unanimité, par 20,597 voix sur 20,862 votants et 27,115 inscrits. Il prit une part importante à la discussion du budget de 1864, fit partie de la commission de l'enquête agricole de 1866, et, réélu le 24 mai 1869, par 19,680 voix sur 20,594 votants et 26,477 inscrits, entra à la commission du budget en 1869, et à celle du Code rural en 1870. Du groupe parlementaire ultra-conservateur dit de la rue de l'Arcade, il avait interpellé le gouvernement, le 1er février 1869, sur l'application trop large du droit de réunion, et demandé l'application plus stricte de l'article 13 de la loi qui permet d'interdire les réunions publiques, alléguant que la tolérance du gouvernement effrayait les capitaux. La chute de l'Empire (1870) l'éloigna de la vie politique. Officier de la Légion d'honneur du 14 juillet 1866, et commandeur de Saint-Grégoire-le-Grand depuis 1861.

BENOIST (Albert), député de 1876 à 1885, né à Saint-Mathurin (Maine-et-Loire), le 11 juin 1842, se destina d'abord au notariat. Après avoir passé quelque temps comme principal clerc dans l'étude d'un notaire d'Angers, il fut nommé par le gouvernement de la Défense nationale sous-préfet de Beaugé le 28 septembre 1870; il ne resta en fonctions que jusqu'au 14 juin 1871. Elu, comme candidat républicain, le 20 février 1876, député de l'arrondissement de Beaugé par 10,817 voix sur 17,152 votants et 21,322 inscrits, contre M. de Rochebouët (6,038) candidat conservateur, il s'inscrivit au groupe de l'union républicaine, avec lequel il vota *pour* les lois nouvelles sur la collation des grades et l'élection des maires, *pour* l'ordre du jour sur les menées ultramontaines, et, après l'acte du 16 mai, *pour* l'ordre du jour de défiance présenté par les gauches. Réélu, comme un des 363, le 14 octobre 1877, par 9,648 voix (19,050 votants, 22,021 inscrits), il fut un membre obscur et silencieux de la majorité opportuniste de la Chambre, et suivit la même politique le 21 août 1881, ayant encore obtenu, avec 11,598 voix contre 6,579 à M. d'Andigné, le renouvellement de son mandat. Dans sa profession de foi, il avait réclamé : « le maintien de la paix, une administration prudente et le contrôle sévère des finances. » Il se prononça en faveur des ministères Gambetta et Ferry, opina *pour* l'expédition du Tonkin, *pour* le maintien de l'ambassadeur près du pape, *pour* le maintien du budget des cultes et *contre* l'élection des sénateurs par le suffrage universel. L'auteur du *Pilori* (1885), combattant la réélection de M. Albert Benoist dans Maine-et-Loire, prétendit qu'il avait voté absolument comme jugeait le président célébré par Barraton dans le sixain bien connu :

Huissiers, qu'on fasse silence.
Dit en tenant audience.
Un président de Beaugé.

C'est un bruit à tête fendre :
Nous avons déjà jugé
Dix causes sans les entendre...

BENOIST-D'AZY (DENIS-AIMÉ-RENÉ-EMMA-
NUEL, COMTE), député de 1841 à 1848, représentant du peuple en 1849 et en 1871, né à Paris,
le 3 janvier 1796, mort à Saint-Bernin-d'Azy
(Nièvre), le 25 février 1880, fils du comte
Benoist, député sous la Restauration et ministre (*Voy. plus haut*), fut, sous la Restauration,
secrétaire de légation en Allemagne, puis entra dans l'administration des contributions indirectes, devint inspecteur général des finances
sous le ministère Villèle, puis directeur de la
dette inscrite, et fut nommé chevalier de la
Légion d'honneur le 26 octobre 1826. Démissionnaire après les journées de Juillet 1830, il
se retira en Nivernais, prit la direction des
mines d'Alais, et s'intéressa à la création des
chemins de fer.

Candidat légitimiste dans le 1er collège électoral de la Nièvre (Nevers) aux élections du
21 juin 1834, il n'obtint que 120 voix contre
159 données à M. Boigues, député sortant
réélu. Le 2e collège électoral de la Nièvre
(Château-Chinon) l'élut le 4 avril 1841, en
remplacement de M. Pelletier-Dulas, dont
l'élection avait été annulée, et lui renouvela
successivement son mandat, le 9 juillet 1842,
par 132 voix sur 222 votants et 261 inscrits,
contre M. Delangle, avocat (78 voix), et le
1er avril 1848, par 127 voix sur 253 votants et
276 inscrits, contre M. Alloury, 125 voix. Il
fit constamment partie de la droite légitimiste
et continua de s'occuper activement des questions de chemins de fer. Il ne fut pas élu à
l'Assemblée constituante de 1848, mais fut envoyé à l'Assemblée législative, le 13 mai 1849,
par le département du Gard, le 1er sur 8, avec
52,514 voix sur 91,741 votants et 121,533 inscrits,
siégea à la majorité monarchique, fut élu vice-
président de l'Assemblée, combattit la politique
de l'Élysée, fit partie de la commission dite
des Burgraves qui élabora la loi du 31 mai restrictive du suffrage universel, et demanda la
revision de la Constitution. Le 2 Décembre 1851,
il présida, avec M. Vitet, à la mairie du Xe arrondissement, la réunion des représentants qui
protestèrent contre le coup d'État, fut arrêté
avec eux et remis en liberté quelques jours
après. Il abandonna alors la politique pour se
consacrer aux questions industrielles, contribua à l'établissement du Crédit Foncier et devint administrateur des Compagnies d'Orléans
et de Paris-Lyon-Méditerranée. Après la guerre
franco-allemande, les électeurs de la Nièvre et
du Gard l'élurent à l'Assemblée de Bordeaux;
il opta pour la Nièvre, bien que nommé le 7e et
dernier de la liste par 30,793 voix sur 64,512
votants et 97,485 inscrits, présida les premières
séances comme doyen d'âge et fut élu vice-président. Il a voté *pour* la paix (1er mars 1871),
pour les prières publiques (16 mai), *pour*
l'abrogation des lois d'exil (10 juin), *pour* le
pouvoir constituant de l'Assemblée (30 août),
contre le retour de l'Assemblée à Paris (3 février 1872), *pour* la démission de Thiers (24
mai 1873) *pour* l'arrêté contre les enterrements
civils (24 juin), *pour* la prorogation des pouvoirs du maréchal de Mac-Mahon (20 novembre),
pour le ministère de Broglie (16 mai 1874),
contre la dissolution de la Chambre (29 juillet),
contre l'amendement Wallon (30 janvier 1875),
contre l'ensemble des lois constitutionnelles
(25 février). Il avait été en 1871 un des 15 députés chargés d'accompagner MM. Thiers et

Jules Favre à Versailles pour discuter les préliminaires de paix, et fit partie de la commission
du budget. Par une lettre rendue publique
(décembre 1875) il déclina toute candidature
aux futures élections sénatoriales et législatives.

BENOISTON DE LA SERPANDAIS (JEAN-
MARIE), député à l'Assemblée législative de
1791, né à Savenay (Loire-Inférieure), le 16 février 1754, mort à Nantes, le 25 avril 1794,
avocat en 1780, sénéchal de Coislin en 1784,
maire de Savenay en 1790, puis membre et
président du directoire du département, fut,
en raison de son attitude hostile au clergé, élu
le 1er septembre 1791, député de la Loire-Inférieure à l'Assemblée législative par 224 voix
sur 355 votants. C'est sur sa motion que fut
rendu, le 24 mai 1792, le décret de déportation
des prêtres non assermentés qui seraient dénoncés par vingt citoyens. Il fut ensuite membre du comité des domaines. Élu député suppléant à la Convention le 2 septembre 1792, il
ne fut pas appelé à y siéger et fut nommé,
l'année suivante, commissaire-adjoint du comité
de sûreté générale de Savenay. Ayant protesté
en cette qualité contre le 31 mai, on s'appuya
plus tard sur cette protestation pour l'accuser
de fédéralisme; malgré les mémoires justifica-
tifs qu'il adressa alors aux clubs et aux ministres, il fut incarcéré le 14 mars 1794 et mourut
un mois après dans la prison du Sanitat à
Nantes; on croit qu'il s'empoisonna.

BENOIT (GUILLAUME-RAYMOND-JOSEPH DE),
député de 1827 à 1830, né à Saint-Geniez (Aveyron), le 8 juillet 1773, mort à Saint-Geniez, le
2 décembre 1849, fut juge de paix à Rodez.
Appelé pour la première fois au Parlement le
24 novembre 1827, et réélu le 3 juillet 1830 par
le collège de département de l'Aveyron, il siégea au centre droit de la Chambre des députés,
et soutint de ses votes le gouvernement de la
Restauration, mais se sépara plus d'une fois
des *ultras*, principalement dans la session de
1828. Il avait conquis l'estime de ses adversaires
politiques. « C'est, écrivait l'un d'eux en 1829,
moins à l'influence de l'ex-triumvirat qu'à la
réputation d'homme de bien dont il jouit à
Rodez que M. de Benoit est redevable de l'honneur qu'il a reçu. » M. de Benoit ne se rallia
pas à la monarchie de Juillet.

BENOIT (MARIE-SOLANGE-GUILLAUME-NOR-
BERT DE), petit-fils du précédent, député depuis
1885, né à Saint-Geniez (Aveyron), le 12 mai
1838, fut avocat à la cour de Montpellier.
Entré dans la magistrature sous le second
Empire, il fut successivement, en 1865, substitut à Prades, et en 1868 juge à Rodez. Il était
resté en fonctions après le 4 Septembre; ce
n'est qu'en octobre 1883 que M. Norbert de
Benoit fut compris dans le décret réformant
la magistrature. Membre du Conseil municipal
de Saint-Geniez, il se présenta sans succès à
une élection législative partielle, le 4 mai 1884,
dans l'arrondissement d'Espalion, contre le
candidat républicain M. Louis Denayrouze qui
fut élu. Après l'élection, M. N. de Benoit fut
l'instigateur de diverses protestations qui furent
envoyées à la Chambre contre la validation de
M. Denayrouze. Porté sur la liste conservatrice de l'Aveyron le 4 octobre 1885, il fut élu
le 6e et dernier de cette liste, par 52,449 voix
94,179 votants, 118,271 inscrits). A la Chambre
il siégea à droite, se prononça, lors des événements de Decazeville, *contre* les ordres du jour

présentés par l'extrême-gauche et le groupe ouvrier socialiste à la suite des interpellations adressées au gouvernement; il a voté (juin 1886), *contre* l'expulsion des princes, et, dans la dernière session s'est abstenu sur le rétablissement du scrutin uninominal (11 février 1889), et s'est prononcé *pour* l'ajournement indéfini de la revision de la Constitution (chute du ministère Floquet, 14 février), *contre* les poursuites contre trois députés membres de la ligue des Patriotes (14 mars); absent par congé dans les deux scrutins sur le projet de loi Lisbonne restrictif de la liberté de la presse, et sur les poursuites contre le général Boulanger (4 avril).

BENOIT (Joseph-Marie), représentant du peuple aux Assemblées constituante et législative de 1848 et de 1849, né à Saint-Martin de Bovel (Ain), le 15 septembre 1812, mort à Lyon (Rhône), le 3 mars 1880, était d'une famille de cultivateurs. Il suivit d'abord l'état de son père, puis entra dans l'industrie de la soie, et, partisan déterminé des idées républicaines et socialistes, devint, sous Louis-Philippe, un des orateurs écoutés de la démocratie lyonnaise. Après avoir pris part à la rédaction du journal la *Fraternité*, il fut, au lendemain de la révolution de Février, le candidat désigné des faubourgs de Lyon à l'Assemblée constituante. Élu, le 23 avril 1848, représentant du Rhône, le 9e sur 14, par 63,981 voix, avec Greppo, Pelletier, etc., il fit partie de la Montagne et vota sans exception dans le sens démocratique et socialiste : *pour* le bannissement de la famille d'Orléans, *pour* l'abolition de la peine de mort, *pour* l'incompatibilité des fonctions, *pour* l'amendement Grévy, *pour* l'abolition du remplacement militaire, *pour* le droit au travail, *pour* la suppression complète de l'impôt du sel, *pour* l'amnistie générale, *pour* la mise en accusation du président et de ses ministres; *contre* le décret sur les clubs, *contre* le rétablissement du cautionnement, *contre* les poursuites intentées à Louis Blanc et Caussidière, *contre* la proposition Rateau, *contre* l'interdiction des clubs, *contre* l'expédition de Rome, etc. Il se prononça : le 4 novembre 1848, *contre* l'ensemble de la Constitution, et le 25 novembre, *contre* l'ordre du jour : « Le général Cavaignac a bien mérité de la patrie. » La politique de Louis-Napoléon Bonaparte l'avait eu pour adversaire à la Constituante; représentant du même département à l'Assemblée législative (70,961 voix sur 110,722 votants, 154,740 inscrits), il s'opposa avec une énergie soutenue aux menées du président et participa à tous les votes de la minorité démocratique, notamment *contre* l'expédition d'Italie et le siège de Rome. Il fut lui-même l'auteur de quelques propositions favorables au développement du socialisme et que la majorité de droite repoussa. Au 2 Décembre 1851, M. Benoit fut inquiété et dut se retirer en Suisse.

BENOIT (Charles-Louis), représentant à l'Assemblée nationale de 1871, né à Saint-Mihiel (Meuse), le 8 novembre 1803, fut maire de Verdun pendant la guerre. Sans autres antécédents politiques, il fut nommé, le 8 février 1871, représentant de la Meuse à l'Assemblée nationale, le 2e sur 6, avec 24,044 voix (40,190 votants, 89,314 inscrits). M. Benoit siégea au centre droit, et ne cacha point ses espérances de restauration monarchique, dans un discours qu'il prononça à une distribution de prix dans

une petite localité de son département. « La royauté, disait-il, à ses jeunes auditeurs, sans nous enlever, croyez-le bien, une seule des libertés reconnues nécessaires et dont nous sommes en possession, rétablira le principe d'autorité si fortement ébranlé par les secousses politiques, et nous rendra, par l'hérédité, le calme et la stabilité dont nous avons tant besoin. »

M. Benoit était conseiller général de la Meuse, pour le canton de Verdun. Il vota dans l'Assemblée : 1er mars 1871, *pour* les préliminaires de paix; 16 mai, *pour* les prières publiques; 10 juin, *pour* l'abrogation des lois d'exil; 30 août, *pour* le pouvoir constituant de l'Assemblée; 3 février 1872, *contre* le retour de l'Assemblée à Paris; 24 mai 1873, *pour* la démission de Thiers; 19-20 novembre, *pour* la prorogation des pouvoirs du maréchal; 4 décembre, *pour* le maintien de l'état de siège; 20 janvier 1874, *pour* la loi des maires, M. Benoit s'est abstenu, le 30 janvier 1875, dans le vote sur l'amendement Wallon, et le 25 février, dans le vote sur l'ensemble des lois constitutionnelles.

BENOIT-CHAMPY (Adrien-Théodore), représentant du peuple à l'Assemblée législative de 1849, député au Corps législatif de 1855 à 1857, né à Provins (Seine-et-Marne), le 24 mai 1805, mort à Paris, le 22 juin 1872, se fit remarquer comme avocat au barreau de Paris, et, pendant dix-huit années, fut membre du conseil de l'ordre. Les tendances libérales qu'il avait paru manifester sous Louis-Philippe le firent désigner, après la Révolution de février, pour le poste d'avocat général à la Cour de cassation; il le refusa et préféra se charger d'une mission extraordinaire à Florence. Là, il favorisa la politique de Joseph Montanelli et la cause de l'indépendance italienne; puis, revenu en France, il se rallia au parti conservateur. Son élection, le 13 mai 1849, comme représentant de la Côte-d'Or à l'Assemblée législative (49,792 voix sur 92,695 votants et 118,563 inscrits), l'empêcha de remplir des fonctions diplomatiques analogues à la précédente, dans le Grand-Duché de Bade et le royaume de Hanovre.— Il avait obtenu l'année d'avant, lors des élections de la Constituante, 38,000 suffrages.

Membre de la majorité de la Législative, il vota *pour* l'expédition de Rome, *pour* la loi organique de l'enseignement, *pour* la loi portant restriction du suffrage universel, se déclara en faveur de l'Élysée et soutint la politique qui aboutit au coup d'État présidentiel de Décembre 1851. Redevenu, après la session, membre du conseil de l'ordre des avocats, il ne rentra au Parlement, comme député de l'Ain au Corps législatif que le 7 janvier 1855, avec 16,495 voix (16,670 votants, 29,345 inscrits). Il remplaçait M. de Lormet, démissionnaire. Aux élections du 29 février 1852, il s'était vu préférer, par les électeurs de la Côte-d'Or, M. Ouvrard. Il fit partie de la majorité dynastique du Corps législatif, jusqu'au 7 mars 1857. A cette date, comme il venait d'être nommé président du tribunal de la Seine, à la place de M. Debelleyme, il dut résigner son mandat législatif : il eut pour successeur au Corps législatif M. Lebon. — M. Benoit-Champy fut un des dix-huit sénateurs que le décret *in extremis* du 27 juillet 1870, avait créés : la chute de l'Empire empêcha la promulgation de ce décret qui fut retrouvé aux Tuileries, après le 4 Septembre. M. B. Champy était grand-officier de la Légion d'honneur, du 12 août 1865.

BENOIT DU BUIS (Pierre-Joseph) représentant à l'Assemblée nationale de 1871, né à Couzeix (Haute-Vienne), le 14 mars 1817, fut élu par la Haute-Vienne à l'Assemblée nationale de 1871, le 8 février, avec 43,107 voix sur 62,174 votants et 87,375 inscrits. On ne lui connaissait alors aucun antécédent politique. Son passage au Parlement ajouta peu à sa notoriété. Inscrit au centre droit, M. Benoit du Buis « propriétaire », a voté *pour* la paix, *pour* les prières publiques, *pour* l'abrogation des lois d'exil, *pour* le pouvoir constituant de l'Assemblée, *pour* la démission de Thiers au 24 mai 1873, *pour* la prorogation des pouvoirs du maréchal de Mac-Mahon, *pour* la loi des maires et *pour* le ministère de Broglie; *contre* le retour de l'Assemblée à Paris, *contre* la dissolution, *contre* l'amendement Wallon et *contre* les lois constitutionnelles. — Il n'a pas fait partie de la Chambre de 1876.

BENTABOLLE (Pierre-Louis), membre de la Convention et député au conseil des Cinq Cents, né à Landau (Haut-Rhin), en 1753, mort à Paris, le 22 avril 1798, fils d'un entrepreneur de vivres militaires pendant la guerre de Sept ans, était avocat au moment de la Révolution, dont il adopta les idées avec l'emportement d'un caractère violent. Procureur-général syndic du département du Bas-Rhin, il fut élu par ce département membre de la Convention, le 4 septembre 1792, avec 293 voix sur 586 votants. Là, il vota avec les plus avancés. Dans le procès de Louis XVI, il répondit au 2ᵉ appel nominal : « Aux motifs qui ont été rapportés ici contre l'appel au peuple j'en ajouterai un seul qui n'a pas été développé, et qui est très court. Quand il ne serait pas démontré, comme il l'a été évidemment, que l'appel au peuple entraînerait sûrement la nation dans des dissensions intestines et la guerre civile, il suffit qu'il soit possible que cette mesure entraîne la nation dans des malheurs, pour que les représentants auxquels la nation a confié ses intérêts n'exposent pas la République à une mesure aussi dangereuse. Un législateur, un représentant du peuple, doit s'exposer à mourir mille fois plutôt que d'exposer la nation à des dangers si évidents; je dis : *non*. »

Au 3ᵉ appel nominal, il dit :

« Comme juge, je demande s'il peut y avoir deux poids et deux mesures sous le règne de la justice. Eh bien! je prends le livre de la loi; je trouve la mort, je prononce la mort. Comme législateur, je suis envoyé pour veiller à la sûreté générale de l'Etat. Je vois Louis souillé du sang de ses victimes; pour la tranquillité de ma patrie, pour son bonheur, je vote la mort. »

Ennemi acharné des Girondins, il s'opposa à la défense de Ducos, Vigée et Fonfrède, accusés par Amar, et fit décréter d'accusation, après le 31 mai 1793, Wimpfen, ex-constituant, chef des fédérés du Calvados. En mission à l'armée du Nord (1793), il destitua le général Hédouville, et, le 19 nivôse an II, fit accorder à la veuve de Châlier, le dictateur lyonnais, une pension égale à celle que recevait la veuve de J.-J. Rousseau. Mais, à ce moment, une liaison formée, lors de sa mission dans le Nord, avec une femme distinguée, le ramena à des sentiments moins farouches; il défendit les suspects contre Robespierre, se porta garant du patriotisme d'Hérault de Séchelles, qui allait

périr sur l'échafaud, et ne joua plus qu'un rôle modéré à la Convention. La haine qu'il voua ouvertement à Robespierre, après l'exécution de Danton, compromit même un instant sa sûreté. Le 23 vendémiaire an IV, il fut du nombre des conventionnels qui entrèrent au conseil des Cinq-Cents, où il resta modéré; il s'éleva parfois contre les dilapidateurs des finances publiques, avec d'autant plus de droit que son désintéressement resta toujours à l'abri de tout soupçon.

BERA (Joseph-Charles), représentant à la Chambre des Cent-Jours, né à Champagné-Saint-Hilaire (Vienne), le 4 novembre 1758, mort à Poitiers (Vienne), le 25 mai 1839. Avocat dans cette ville au moment de la Révolution, il en adopta les principes avec modération, fut nommé commissaire du gouvernement près les tribunaux de la Vendée le 19 frimaire an IV, et appelé aux mêmes fonctions le 24 floréal au VIII près le tribunal d'appel de la Vienne; il reçut, le 25 prairial an XII, la croix de la Légion d'honneur. A cette époque, il échangea, conformément au sénatus-consulte organique du 28 floréal, son titre de commissaire du gouvernement contre celui de procureur impérial. En 1812, lors de la réorganisation des tribunaux et des cours de justice, il devint procureur général près la même cour. Privé de son emploi au retour de Louis XVIII, le collège de département de la Vienne l'envoya par 67 voix sur 110 votants et 208 inscrits, siéger à la Chambre des Cent-Jours, le 11 mai 1815. A la seconde Restauration, il reprit sa profession d'avocat à Poitiers. Désigné, en 1819, comme candidat à la Chambre des députés par les électeurs libéraux de Civray, il ne réussit pas à être nommé. Le gouvernement de Juillet le rappela dans la magistrature. Substitut du procureur général (1832) près la cour de Poitiers, il devint peu après procureur du roi près le tribunal de première instance de la même ville, et mourut dans l'exercice de ses fonctions. Il a publié: *Choix de plaidoyers* (1812), *Proposition d'un électeur de la Vienne* (1815).

BÉRAL (Eloi-Bernard), membre du Sénat, né à Cahors (Lot), le 1ᵉʳ août 1838, fut élève de l'Ecole polytechnique et de celle des mines, devint ingénieur ordinaire de 3ᵉ classe (186...), puis ingénieur de 1ʳᵉ classe (1875), et fut successivement chargé, en cette qualité, de surveiller l'exploitation des mines de cuivre et de plomb argentifère de Padern et de Montgaillard dans l'Aude, et de préparer la construction de chemins de fer d'intérêt local.

Préfet du Lot après le 4 Septembre 1870, quitta ses fonctions en 1871, et, après avoir vainement tenté, aux élections du 14 octobre 18..., comme candidat républicain, de se faire élire député dans la 2ᵉ circonscription de Cahors, réussit, le 10 juin 1883, à remplacer au Sénat M. Delord, décédé. Il fut élu alors par 241 voix contre 103 à M. Pagès-Duport, ancien député monarchiste. Inscrit au groupe de l'union républicaine, M. Béral, qui échangeait les fonctions d'ingénieur en chef (1879), de conseiller d'Etat contre le titre de sénateur, vota avec la majorité. Il fut (décembre 1885) rapporteur de la loi instituant des délégués mineurs pour la surveillance des travaux de fonds, défendit alors contre les attaques de la droite et la soutint de nouveau, comme rapporteur, lorsqu'elle revint devant le Sénat (juillet 18...)

après des modifications demandées par la Chambre.

Réélu sénateur du Lot le 5 janvier 1888, par 406 voix sur 693 votants, M. Béral a voté, dans la dernière session, *pour* le rétablissement du scrutin uninominal (13 février 1889): *pour* le projet de loi Lisbonne restrictif de la liberté de la presse (18 février); *pour* la procédure à suivre devant le Sénat, contre toute personne inculpée d'attentat contre la sûreté de l'État (29 mars).

Une décision de la Cour des comptes, constatant que « divers mandats avaient été payés au nom du sieur Decroissant, à titre d'indemnité allouée au sieur Béral, sénateur, pour frais de mission concernant l'examen des projets de loi relatifs aux mines et à l'étude comparative des législations minières à l'étranger, et avaient été délivrés sans crédit régulier », provoqua, le 25 juin 1889, à la Chambre, une interpellation de M. Le Provost de Launay. Il fut reconnu qu'une indemnité mensuelle de 700 francs avait été accordée de 1884 à 1888 à M. Béral, par M. Raynal, ministre des travaux publics, pour le dédommager, même au delà, de la différence entre son traitement de conseiller d'État (15,000 francs) et son traitement de sénateur (9,000 francs). L'ordre du jour pur et simple, accepté par le gouvernement, fut repoussé par 243 voix contre 182, et on adopta par 364 voix contre 142 l'ordre du jour de M. Achard : « La Chambre, constatant avec satisfaction que le fait regrettable signalé par l'interpellation a pris fin, passe à l'ordre du jour », et, par 426 voix contre 19, un second ordre du jour de M. Le Provost de Launay, réclamant la communication au Parlement de la liste des sénateurs et députés qui touchent des indemnités sur les fonds du budget, ainsi que la valeur de ces indemnités.

BÉRALDI (Pierre-Louis), sénateur de 1876 à 1885, né à Fort-Royal (Martinique), le 24 août 1821, entra dans l'administration de la marine. Sous-directeur de la comptabilité commerciale au ministère, il fut, aux élections sénatoriales du 30 janvier 1876, le candidat et l'élu des conservateurs du département de l'Aude, par 266 voix sur 512 votants. M. Béraldi représentait au conseil général de l'Aude le canton de Salles-sur-l'Hers. Il a été président de ce conseil. Il siégea dans le groupe dit des « constitutionnels » avec lequel il vota, en juin 1877, la dissolution de la Chambre des députés, mais protesta, en décembre suivant, contre l'approbation, réclamée par M. de Broglie, de la politique du gouvernement depuis le 16 Mai : « Si le Sénat, dit-il, se compromettait par un vote tel que celui-ci, je n'oserais me représenter dans mon département : les pierres mêmes se soulèveraient contre moi. »

M. Béraldi, lors du renouvellement triennal du 25 janvier 1885, se présenta comme candidat indépendant, et échoua avec 275 voix contre 439 accordées au moins favorisé de la liste républicaine, M. Marcou.

BÉRANGER (Pierre-Jean de), représentant du peuple à l'Assemblée constituante de 1848, né à Paris, le 19 août 1780, mort à Paris, le 16 juillet 1857. Son acte de baptême enregistré à la paroisse de Saint-Sauveur est ainsi rédigé : « Le même jour (20 août) a esté baptisé Pierre-Jean, né d'hier, fils de Jean-François Béranger, négociant, et de Marie-Jeanne Champy, son épouse, rue Montorgueil ; parrain, Pierre Champy, maître tailleur, de cette paroisse, marraine

Marie-Jeanne Grisel, veuve de Nicolas Dupré, tailleur, paroisse Saint-Germain-l'Auxerrois, l'ère absent pour affaires. Signé : Grisel, Champy. » Picard par son origine, parisien par sa naissance, Béranger enfant resta chez son aïeul jusqu'à l'âge de neuf ans, et fut, ainsi qu'il le rappela, dans une de ses chansons, témoin de la prise de la Bastille :

> J'étais bien jeune ; on criait : Vengeons-nous !
> A la Bastille ! Aux armes ! vite aux armes !
> Marchands, bourgeois, artisans couraient tous...

Puis il quitta Paris pour Péronne, où il fut quelque peu « garçon d'auberge » dans la maison de sa tante. A quatorze ans, il entra en apprentissage dans une imprimerie ; il suivit les cours de l'*Institut patriotique*, sorte d'école primaire fondée à Péronne par un ancien député à l'Assemblée législative, M. Balluc (*V. ce nom*) et organisée d'après le système de J.-J. Rousseau. A douze ans, il haranguait les représentants de passage à Péronne, et rédigeait des adresses à la Convention. A seize ans, il revint à Paris auprès de son père ; celui-ci, entiché de noblesse, était le banquier des royalistes, et le fils portait souvent aux conspirateurs l'argent provenant de Londres ; entre temps, il appliquait à la comédie et à l'épopée ses premiers efforts poétiques ; le succès ne répondant pas à tous ces débuts, et son père ruiné ayant été réduit à tenir un cabinet de lecture au coin de la rue Saint-Nicaise, il se vit bientôt « privé de ressources, las d'espérances déçues, versifiant sans but et sans encouragement, sans instruction et sans conseil. » Alors il eut l'idée de mettre sous enveloppe ses poésies et de les adresser à Lucien Bonaparte, qui, devenu le protecteur de Béranger, l'aida de ses conseils et de son appui ; en 1809, il fut attaché au secrétariat de l'Université. Il resta douze ans dans ce modeste emploi, dont les appointements ne s'élevèrent jamais au-delà de 2,000 fr. Dès lors le plaisir qu'il éprouvait à formuler ses pensées en chansons l'éclaira sur sa véritable vocation et sur la nature particulière de son talent. Membre du Caveau, il y paya tout d'abord sa bienvenue par d'aimables fautaisies, où perce déjà parfois l'allusion politique : témoin, la chanson du *Roi d'Yvetot*, parue sous l'Empire, et dont l'antithèse piquante essayait de faire la leçon au soldat couronné. « Admirateur enthousiaste du génie de l'Empereur, il ne s'aveugla pas, en effet, sur le despotisme toujours croissant de l'Empire » (*Préface* des chansons, 1833) ; témoin aussi le *Sénateur*, qui est de la même époque (1813). Mais les événements de 1814 vinrent réveiller chez le poète, qui commençait à être célèbre, la fibre patriotique. Pendant la campagne de France, sa muse entonna le cri de guerre :

> Gai ! gai ! serrons nos rangs !
> En avant, Gaulois et Francs !

puis, quand les défenseurs du sol eurent succombé sous le nombre, il osa, au Cadran Bleu, devant les aides de camp de l'empereur Alexandre, chansonner l'*Anglomanie* et lord *Vilain-Ton*. Ces refrains populaires eurent alors un très vif succès et contribuèrent à consoler la France des malheurs d'une double invasion. La censure littéraire ayant été rétablie par Louis XVIII, Béranger se moqua gaiement du roi, de la censure et des censeurs :

> « Rats de caves littéraires. »

La censure, cependant, fut impuissante à

empêcher de chanter dans les ateliers, les boutiques et les « guinguettes, » de fines satires comme *Vieux habits, vieux galons* (novembre 1814), où l'auteur passe en revue les rénégats de la République et de l'Empire.

Le gouvernement des Cent-Jours offrit à Béranger un avancement qu'il refusa; puis vint la seconde Restauration : ce fut la plus belle époque de son talent. D'anciens privilèges revendiqués, de vieux usages mis en honneur, la religion au service de la politique, tout cela fut ridiculisé par Béranger avec une finesse qui n'excluait pas la force. A la face de la jeunesse dorée qui se pressait dans les salons des Tuileries, il jeta son *Habit de cour*, son *Marquis de Carabas*, *Paillasse*, la *Marquise de Pretintaille*, l'*Enfant de bonne maison*, en même temps qu'il flétrissait l'adulation servile dans la *Sainte-Alliance barbaresque*, le *Juge de Charenton*, etc. Bientôt Béranger s'éleva jusqu'à l'ode : la *Sainte-Alliance des peuples*, le *Vieux drapeau*, les *Adieux à la gloire*, les *Enfants de la France*, poésies riches tour à tour de sentiments patriotiques et de pensées morales, excitèrent dans le peuple et dans la bourgeoisie un véritable enthousiasme; elles attirèrent aussi sur l'employé pamphlétaire les sévérités du pouvoir. Le « libéralisme, » dont Béranger fut un des champions les plus populaires, suivait alors deux courants d'opinion, de principes contraires, mais unis dans un même esprit d'opposition au gouvernement : l'un remontait à l'Empire et personnifiait en lui la gloire nationale, l'autre, élargissant le cercle des libertés politiques, tendait à la Révolution et devait aboutir à la République. Béranger suivit cette double tendance en poète-citoyen. Destitué de sa modeste fonction, il fut, sur la dénonciation de Martainville, rédacteur en chef du *Drapeau blanc*, cité par le parquet devant la Cour d'assises de la Seine, comme prévenu d'outrage à la morale publique, aux bonnes mœurs, à la religion et à la personne du roi. Les fougueux réquisitoires de Marchangy firent plus d'impression sur le jury que le plaidoyer de Dupin aîné : le chansonnier fut condamné à trois mois de prison et 500 francs d'amende. A part la liberté qui lui était ravie, Béranger ne fut pas trop malheureux sous les verrous de Sainte-Pélagie, où il ne perdit rien de sa gaieté. Avant sa condamnation il composa la *Muse en fuite* ou *Ma première Visite au Palais de justice*; après, il écrivit la *Liberté*, l'*Agent provocateur*, *Mon Carnaval*, etc. Sorti de prison, il put donner un libre cours à sa verve, et reprendre ses chansons. Mais la pièce des *Révérends Pères* :

> Moitié renards, moitié loups,
> Dont la règle est un mystère,

avait allumé contre lui l'implacable haine de ce qu'on appelait alors le « parti-prêtre » : les *Chantres de paroisse*, les *Missionnaires*, la *Messe du Saint-Esprit* mirent le comble à l'exaspération des hommes du gouvernement. Poursuivi et condamné encore une fois, Béranger fut enfermé pour neuf mois à la Force; il avait à payer 10,000 francs d'amende, mais jamais il ne consentit à désarmer :

> « Dans un vieux carquois où font brèche
> Les coups de vos juges maudits,
> Il me reste encore une flèche,
> J'écris dessus : pour Charles X. »

On sait avec quel intérêt passionné l'opinion libérale suivait alors les débats du Parlement. Béranger ne manquait pas de mettre en chansons et en satires chacune des entreprises des *ultras* contre la liberté et contre la Charte. Tour à tour il raillait les nouvelles lois d'exception (mars 1820).

> Amis, il pleut, il pleut des lois,
> L'air est malsain, j'en perds la voix.

et les prières de M. de Quélen, archevêque de Paris, à l'ouverture des Chambres :

> Hier, monseigneur, le front ceint
> De sa mitre épiscopale,
> En ces mots à l'Esprit-Saint
> Parlait dans la cathédrale :
> « Tant de bons nobles devenus
> Députés du peuple, au peuple inconnus,
> Dans notre Chambre septennale,
> N'ont que tes clartés pour guider leurs pas.
> Saint-Esprit, descends, descends jusqu'au bas !
> — Non, dit l'Esprit-Saint, je ne descends pas. »

et la guerre d'Espagne, votée par les Chambres en 1823 :

> Nous allons tirer d'peine,
> Des moin's blancs, noirs et roux
> Dont on prendra d'la graine
> Pour en r'planter chez nous.

La politique cependant le tentait peu, et il avait des jours de découragement; retiré à Péronne en 1828, pour s'y reposer, il écrivait le 28 mai à Madame Cauchois-Lemaire : « Il en est de mes chansons comme des beaux discours de nos orateurs, on doit en être las. Je le suis furieusement du bavardage parlementaire; il me vient ici l'idée de renoncer à Paris et d'aller vivre au fond de quelque province. Ce ne sera pourtant pas au Picardie. »

La Révolution de 1830 fut au début le triomphe des idées et des vœux de Béranger, qui rêvait la République; mais, dès le 31 juillet, il était désabusé et écrivait à un ami : « Je ne suis pas orléaniste; je ne veux pas être en désaccord avec ceux que j'aime et que j'estime et je n'ai pas l'ambition de les diriger; je vais partir pour la campagne. »

Aussi, en dépit des avances qui lui furent faites, se tint-il constamment en dehors du pouvoir :

> Non, mes amis, non, je ne veux rien être.

Sa sympathie revint par la suite au gouvernement de Louis-Philippe et le 19 août 1838, il écrivait même à un ami : « Quoique républicain, j'ai poussé tant que j'ai pu au duc d'Orléans; » mais s'apercevant

> ... Qu'on rebadigeonne
> Un trône noirci,

il reprit la plume, se montra républicain dans le *Conseil aux Belges*, et inaccessible à toute faveur, surtout secrète, dans le *Refus* adressé au général Sebastiani :

> Pourquoi pensionner
> Ma muse indépendante et vraie?
> Je suis un sou de bon aloi;
> Ma's en secret argentez-moi,
> Et me voilà fausse monnaie.

Jacques, le *Vieux Vagabond*, la *Pauvre femme*, les *Fous*, la *Prédiction de Nostradamus*, etc., eurent une haute portée politique et sociale. Pourtant, il s'abstint de faire à la royauté de 1830 la guerre d'épigrammes dont il avait poursuivi la Restauration; il vécut retiré à Passy, loin du bruit des affaires, et il songeait, a-t-il dit lui-même, à la publication d'un *Dictionnaire historique des contemporains*, quand l'avénement de la République de 1848 apporta encore au poète une recrudescence de popularité. Élu, le 23 avril 1848, représentant du peuple de la Seine à l'Assemblée constituante, le 8e sur 34 (immédiaten ent après les membres du gouvernement provisoire), par 204,271 voix (267,888 votants, 399,191 inscrits), il accepta d'abord le mandat parlementaire et vint s'asseoir à la Montagne : il avait pour voisins Lamennais et Félix Pyat : mais « dès qu'il eut pu apprécier, a écrit M. Arthur Arnould (*Béranger, ses amis et ses ennemis*), les hommes qui remplissaient l'Assemblée et l'esprit qui la dominait, et quelle scission profonde s'opérait entre Paris révolutionnaire et les députés des départements, dès qu'il comprit que la guerre civile, devenue chaque jour plus imminente, allait éclater, » il jugea la partie perdue et voulut se retirer. Une première lettre de démission fut envoyée par lui, le 8 mai, au président ; à l'unanimité la démission fut repoussée par l'Assemblée. Huit jours après, le représentant malgré lui revint à la charge et écrivit à M. Buchez :

« Citoyen président,

« Si quelque chose pouvait mettre en oubli mon âge, ma santé et mon incapacité législative, ce serait la lettre que vous avez eu l'obligeance de m'écrire, et par laquelle vous m'annoncez que l'Assemblée nationale a honoré ma démission d'un refus... Heureux d'avoir été l'occasion de cet exemple encourageant, je viens de nouveau *supplier à mains jointes* l'Assemblée nationale de ne pas m'arracher à l'obscurité de la vie privée.

« Ce n'est pas le vœu d'un philosophe, encore moins d'un sage, c'est le vœu d'un rimeur qui croirait se survivre s'il perdait, au milieu du bruit des affaires, l'indépendance de l'âme, seul bien qu'il ait jamais ambitionné.

« Pour la première fois je demande quelque chose à mon pays ; que ses dignes représentants ne repoussent donc pas la prière que je leur adresse en réitérant ma démission et qu'ils veuillent bien pardonner aux faiblesses d'un vieillard qui ne peut se dissimuler de quel honneur il se prive en se séparant d'eux.

« En vous chargeant de présenter mes très humbles excuses à l'Assemblée, recevez, citoyen président, l'hommage de mon respectueux dévouement.

« Salut et fraternité.

« BÉRANGER. »

La démission de Béranger fut acceptée au début de la séance orageuse du 15 mai. Cette démission a été depuis, de la part de certains détracteurs de Béranger, l'objet de critiques assez vives : pourtant la plupart des personnages les plus marquants comme les plus avancés du parti démocratique ne lui en gardèrent pas rancune. Béranger passa les dernières années de sa vie dans la retraite, à Passy, à Fontainebleau, à Tours, dans le paisible quartier Beaujon, à Paris, enfin dans un modeste logement du Marais, où il mourut. On a dit que Béranger, en popularisant le nom de Napoléon, avait contribué, plus que personne, au mouvement qui porta Louis-Napoléon à la présidence de la République ; Béranger s'en est défendu, au moins comme intention, dans mainte conversation particulière avec des amis ou des étrangers. Très diversement appréciée, la carrière littéraire de Béranger et les tendances politiques de son œuvre ont rencontré une malveillance marquée chez MM. de Pontmartin, Louis Veuillot, Renan, Alexandre Vinet, Athanase Coquerel,

Proudhon et Eugène Pelletan, dont le pamphlet célèbre, *Une Étoile filante*, fit un certain bruit en 1866. Par contre, on peut citer parmi les admirateurs fidèles de Béranger : Lamartine, Louis Blanc, Félix Pyat, George Sand, Laurent Pichat, Alexandre Dumas et Michelet.

Le gouvernement impérial voulut se charger des funérailles de Béranger ; il leur donna ainsi un caractère officiel qui prévint toute manifestation démocratique.

BÉRANGER (PAUL), député de 1885 à 1886, né à Saint-Quentin (Aisne), le 10 mai 1834, mort à Paris, le 7 août 1886, fils d'un avoué de Saint-Quentin, suivit les cours de l'École de droit de Paris, et, après avoir obtenu, le diplôme de licencié, prit l'étude de son père en 1869. Élu à cette époque membre du conseil municipal de sa ville natale comme candidat d'opposition, il concourut à la défense de la ville pendant la guerre de 1870, et, sur son refus d'être maire, fut nommé adjoint en 1884. Les électeurs républicains de l'Aisne l'élurent député, aux élections générales d'octobre 1885, au 2e tour de scrutin, le 4e sur 8, par 63,893 voix sur 117,821 votants et 147,808 inscrits. Il prit place à gauche, vota , en juin 1886, l'expulsion des princes, et mourut moins de deux mois après.

BÉRARD (AUGUSTE-SIMON-LOUIS), député de 1827 à 1834, né à Paris, le 3 juin 1783, mort à la Membrolle (Maine-et-Loire), le 23 janvier 1859, était d'une ancienne famille protestante de Provence qui dut, lors des guerres de religion, se réfugier dans les montagnes du haut Dauphiné ; son père, négociant estimé, fondateur de la dernière Compagnie des Indes, avait commandé à Paris un bataillon de la garde nationale, puis devenu suspect avait été condamné à mort et exécuté en 1794. Auguste-Simon-Louis Bérard n'en fut pas moins, sous la Restauration, un champion des idées libérales. Sorti de l'École polytechnique, il fut nommé en 1810 auditeur et, en 1814, des requêtes au Conseil d'État. Pendant les Cent-Jours il fut chargé de plusieurs missions importantes, et reprit, au nom du gouvernement, possession de l'Imprimerie « impériale, » qui en 1814 était redevenue une propriété particulière. Éloigné du Conseil d'État lors de la rentrée de Louis XVIII, Bérard y fut rappelé au commencement de 1817, mais pour être destitué bientôt définitivement par le ministère réactionnaire de 1820. Membre de la Chambre de commerce de Paris en 1825, fondateur à Paris d'une maison de banque destinée à concourir à l'exécution des travaux publics, et, à Alais, d'un établissement de forges considérable, il fut, dès qu'il eut atteint l'âge de l'éligibilité (40 ans) nommé, le 17 novembre 1827, député du 2e arrondissement électoral de Seine-et-Oise (Arpajon) ; il siégea à gauche, dans l'opposition libérale, et combattit le ministère Villèle ; mais il aborda rarement la tribune et son activité s'exerça plutôt dans les bureaux et les commissions. Après la session de 1829 les rangs de l'opposition s'étant grossis au point de devenir la majorité, Bérard fut parmi les 221 députés qui, le 16 mars 1830, votèrent, en réponse au discours de la couronne, la déclaration du refus de concours. Réélu le 12 juillet 1830, il se trouvait à Paris, avec quelques-uns seulement de ses collègues de la nouvelle Chambre, au moment où parurent les Ordonnances du 25 juillet. S'étant réuni à un petit groupe de

députés il leur proposa, le 26, à la réunion qui
eut lieu chez M. de Laborde, de signer, au nom
de la Chambre, une protestation contre les
ordonnances, et d'aller la porter à Charles X ;
cette proposition ne fut pas accueillie, et Bérard la renouvela sans plus de succès le lendemain, chez Casimir Périer : « Je ne m'attendais pas, dit-il alors à Villemain, à trouver tant
de poltrons réunis. » Ce fut chez lui, le 28,
que les députés protestataires tinrent une de
leurs réunions les plus importantes. Il fit partie
de la commission chargée de se rendre, les 30
et 31 juillet, auprès du duc d'Orléans pour lui
offrir la lieutenance générale du royaume. A la
Chambre, Bérard prononça, le 5 août, un discours dont la conclusion fut la déchéance de
Charles X et de sa famille et l'établissement
de la royauté de Louis-Philippe. Le même
mois il fut nommé directeur général des ponts
et chaussées et des mines ; peu de temps après
il devint aussi conseiller d'Etat. Il fut encore
réélu par le 3e collège de Seine-et-Oise (Corbeil) le 5 juillet 1831, et vota jusqu'en 1834,
avec la majorité conservatrice de la Chambre ;
mais certains démêlés qu'il eut avec les ministres à propos de ses fonctions l'obligèrent
à quitter la vie publique ; il se retira en Touraine. Il s'y occupait de la direction d'une
filature de lin et de chanvre, lorsque le
ministère Molé lui donna la recette générale
du Cher : ce fut sa dernière situation officielle.

BÉRARD (JACQUES-ETIENNE), député de
1837 à 1839, né à Montpellier (Hérault) le 12
octobre 1789, mort à Montpellier, le 10 juin
1869, fit de bonnes études classiques et médicales et entra, pour se consacrer spécialement
à la chimie, dans le laboratoire d'Arcueil, où
il resta huit ans, sous la direction du célèbre
Berthollet. En 1812, il remporta, conjointement
avec M. de la Roche, le grand prix de physique de
l'Académie des sciences, dont il devait, en 1818,
être élu membre correspondant, et publia,
avec succès, plusieurs mémoires sur des questions spéciales, la chaleur spécifique du gaz, la
maturation des fruits, etc. Nommé, en 1834, professeur de chimie générale et de toxicologie à
la Faculté de médecine de Montpellier, il
exerçait encore ces fonctions quand il fut, le
4 novembre 1837, élu, par 288 voix sur 528
votants et 697 inscrits, député du 2e collège de
l'Hérault. « Libéral modéré », dit un biographe,
il vota plusieurs fois avec l'opposition dynastique, dans la session de 1838-39, et fut, notamment, l'un des 213 députés qui se prononcèrent
contre l'adresse de 1839, amendée d'une manière favorable au ministère par MM. Debel-
leymo, Jussieu et de la Pinsonnière. Il ne fut
pas candidat au renouvellement de 1839 ; lors
des élections du 9 juillet 1842, il se présenta,
mais vainement, et ne réunit que 339 voix
contre 410 accordées à l'élu, M. de Larcy.
La nuance libérale de certains de ses votes à
la Chambre le fit écarter pendant quelque
temps de sa fonction de doyen de la Faculté
de médecine ; mais il ne tarda pas à y être
réintégré. Conseiller municipal de Montpellier en 1852, Bérard ne joua plus, jusqu'à sa
mort, qu'un rôle politique secondaire. Il était
membre de la chambre de commerce, de la
Société des sciences et lettres et de la Société
d'agriculture de Montpellier.

BÉRARD (JULES), représentant du peuple aux
Assemblées constituante et législative de 1848-
1849, né à Lacépède (Lot-et-Garonne), le 22 octobre 1818, d'une famille d'artisans, parvint à

se faire admettre à l'Ecole polytechnique, d'où
il fut renvoyé en 1843 pour un discours prononcé à l'enterrement de Jacques Laffitte, et
imbu d'idées démocratiques. Il était alors républicain : le gouvernement provisoire lui conféra
après Février 1848, d'abord le grade de lieutenant
d'artillerie, puis les fonctions de commissaire
de la République dans le département de Lot-
et-Garonne. Elu, le 23 avril, représentant à
l'Assemblée constituante par ce département,
le 9e et dernier, avec 39,238 voix (88,758 votants,
94,809 inscrits), il fit partie du comité des
affaires étrangères, prit quelquefois la parole
dans l'Assemblée, et vota toujours avec la majorité de droite. Il fut de ceux qui favorisèrent
l'élection de Louis-Napoléon Bonaparte à la
présidence et qui le soutinrent dans toutes les
mesures de répression dont son gouvernement
prit l'initiative.
Il fut réélu à l'Assemblée législative par
47,912 voix (90,297 votants, 107,493 inscrits),
appartint au fameux comité de la rue de Poitiers, opina toujours avec la droite, et se rangea,
vers la fin de la législature, du côté du prince
président, dont le coup d'Etat le fit préfet de
l'Isère. Il quitta l'administration en 1856. Chevalier de la Légion d'honneur du 25 décembre 1851.

BÉRARD. — *Voy.* CHAZELLES (DE).

BÉRARD-BLAY (LOUIS-FRANÇOIS) député au
Corps législatif de 1866 à 1870, né à Moutiers
(Savoie), le 26 novembre 1827, était avocat à
Moutiers, lorsque, désigné par le gouvernement impérial comme candidat officiel aux électeurs de la 2e circonscription de la Savoie, il fut
élu, le 9 septembre 1866, député au Corps législatif avec 15,563 voix (21,508 votants, 32,114 inscrits), contre 5,932 voix à M. Brunier. Il remplaçait M. Palluel, décédé. Renommé aux élections du 24 mai 1869 par 21,830 voix, il vota
constamment, depuis 1866 jusqu'au 4 Septembre 1870, avec la majorité impérialiste dont
il faisait partie, notamment pour la déclaration
de guerre à la Prusse.
Plusieurs fois candidat conservateur depuis
lors, M. Bérard-Blay n'a pas réussi à rentrer
au Parlement. Il a successivement échoué : le
20 février 1876, dans l'arrondissement de Moutiers, avec 3,375 voix contre 3,759 à M. Mayet
élu, le 14 octobre 1877, avec 3,690 voix contre
3,934 au député sortant réélu, et le 4 octobre
1885, sur la liste conservatrice de la Savoie,
avec 23,612 suffrages, le moins favorisé de la
liste républicaine élue, M. Jules Roche, ayant
réuni 29,120 voix.

BÉRARDIER DE BATAUT (DAVID-FRANÇOIS-
JOSEPH), député aux Etats-Généraux de 1789,
né à Quimper (Finistère), en 1720, mort à
Paris, le 1er mai 1794, entra dans les ordres, fut
reçu docteur de théologie en Sorbonne, devint
principal du collège de Quimper, et était grand-
maître du collège Louis-le-Grand, à Paris,
quand il fut élu, le 16 mai 1789, député suppléant du clergé aux Etats-Généraux par la
ville de Paris. Admis à siéger, le 22 janvier 1790, en remplacement de l'abbé Legros,
décédé, il vota constamment avec la droite, et
signa la protestation du 12 septembre 1791
contre les décrets de l'Assemblée.
Détenu bientôt comme suspect, et en prison
lors des massacres de septembre, il fut sauvé
par Camille Desmoulins, qui avait été son élève
à Louis-le-Grand, et qui lui avait gardé une
vive affection, témoignée d'ailleurs dans son

épître en vers : *Mes Adieux au collège*. L'abbé Bérardier publia, par la suite, contre la constitution civile du clergé, les *Principes de la foi sur le gouvernement de l'Église*, ouvrage qui fit en son temps beaucoup de bruit et épuisa quatorze éditions en six mois.

BÉRAUD (MARCELLIN), membre de la Convention et député au Conseil des Anciens, né à Lyon (Rhône), le 30 novembre 1741, mort à Valbenoite (Rhône), le 24 juillet 1809, était juge de paix, lorsqu'il fut élu député à la Convention, le 6 septembre 1792, par le département de Rhône-et-Loire, avec 444 voix sur 853 votants. Dans le procès du roi, il vota : « La réclusion et le bannissement à la paix », et le, sursis. Nommé, le 23 vendémiaire an IV, député de la Loire au Conseil des Anciens, par 160 voix sur 162 votants, il en sortit au renouvellement de 1797, et disparut alors de la vie politique.

BÉRAUD (PAUL-ÉMILIEN), député au Conseil des Cinq-Cents, né à Lyon (Rhône), le 28 mai 1751, mort à Nice (Alpes-Maritimes), le 9 avril 1836, était avocat à Lyon au moment de la Révolution, remplit les fonctions de procureur général de la commune pendant le siège de la ville, put s'enfuir à Neufchâtel (Suisse), et, rentré après le 9 thermidor, devint juge à Lyon. Le 29 vendémiaire an IV, il fut élu député du Rhône au Conseil des Cinq-Cents par 124 voix, défendit Lyon dans cette Assemblée (4 juillet 1797) contre les attaques du pouvoir exécutif qui représentaient cette ville comme un centre de contre-révolution, réclama pour elle un hôtel des monnaies, et fut un des promoteurs de la discussion des lois sur le divorce. Favorable au coup d'État de brumaire, il fut nommé, le 19 germinal an VIII, juge au tribunal d'appel de Lyon, passa sous l'Empire conseiller à la Cour impériale de Lyon (2 avril 1811), et fut confirmé dans cette fonction par le gouvernement de Louis XVIII, le 25 octobre 1815. Il a publié une *Relation du siège de Lyon* (1794).

BÉRAUD (JEAN-BAPTISTE-GABRIEL), député de 1830 à 1831, né à Laleu (Charente-Inférieure), le 16 septembre 1772, mort à une date inconnue, était propriétaire à La Rochelle, ainsi qu'il résulte du procès-verbal de son élection à la Chambre des députés, le 3 juillet 1830, par le collège de département de la Charente-Inférieure, avec 141 voix sur 260 votants et 316 inscrits. Il siégea obscurément à la Chambre dans la majorité qui prit part à la déclaration de la vacance du trône, à la déchéance de la branche aînée des Bourbons, à la revision de la Charte et à l'établissement, au profit de Louis-Philippe, de la royauté de Juillet. Il prêta (11 août) le serment au nouveau roi.

BÉRAUD DES RONDARS (PIERRE), député de 1824 à 1830, né à Moulins (Allier), le 31 mars 1783, mort à Moulins le 9 septembre 1850, était conseiller de préfecture, lorsque le 1er collège électoral de l'Allier (Moulins) l'élut député, le 25 février 1824, par 304 voix sur 417 votants et 467 inscrits, contre 108 voix données à M. de Tracy. Il siégea au centre et vota docilement avec les ministériels. Il échoua aux élections du 17 novembre 1827, avec 155 voix, contre 206 accordées à son concurrent, M. de Tracy, qui fut élu; mais, huit jours après (24 novembre), il fut élu au collège de département par 86 voix sur 165 votants et 207 inscrits.

M. Béraud des Rondars inclina faiblement vers la contre-opposition; il se représenta à Moulins, aux élections du 23 juin 1830, contre M. de Tracy, député sortant, et n'obtint que 218 voix contre 282 données à son adversaire, réélu; mais, cette fois encore, il triompha, dix jours plus tard (3 juillet) au collège de département, qui le réélut par 121 voix sur 208 votants et 233 inscrits. Il refusa de prêter serment à la monarchie de Juillet, et démissionna en ces termes, le 12 août 1830 : « Monsieur le président, ne pouvant trouver dans le mandat que j'ai reçu en d'autres circonstances, les instructions qui me seraient nécessaires pour me diriger dans celles où nous nous trouvons, je donne ma démission.

J'ai l'honneur d'être...

BÉRAUD. »

BERBIS (HENRI-JULES, CHEVALIER DE), député de 1820 à 1832, né à Auxonne (Côte-d'Or), le 7 novembre 1773, mort à Dijon le 11 janvier 1852, appartenait à une ancienne famille bourguignonne. Lorsque la Révolution éclata, il servait dans un régiment d'artillerie; il émigra pour combattre dans l'armée des princes, puis revint en France et réussit à se faire rayer de la liste des émigrés. « Mais il refusa, dit un biographe royaliste modéré, tous les emplois que lui offrit ou que lui fit proposer le soldat audacieux qui avait usurpé le trône de ses maîtres. Retiré au sein de sa famille, il se rendit utile à tous ceux que leurs opinions exposaient aux persécutions de Bonaparte et de ses séides. » Au retour des Bourbons, il fut nommé membre du conseil municipal de Dijon et du conseil général de la Côte-d'Or, refusa, pendant les Cent-Jours, de prêter serment à l'acte additionnel, et ne reprit ses fonctions qu'à la seconde Restauration; il eut à les exercer pendant les 15 mois que dura dans le département de la Côte-d'Or l'occupation étrangère. Vice-président de la commission de liquidation des fournitures et réquisitions faites pour l'armée ennemie, il employa 5 années à en apurer les comptes. Le gouvernement le fit chevalier de Saint-Louis et de la Légion d'honneur, et le nomma député sur la présentation du collège de département de la Côte-d'Or, qui lui avait donné 211 voix (404 votants, 435 inscrits), le 14 novembre 1820. Il se fit remarquer à la Chambre dans les discussions financières et administratives, et, réélu, par la suite, les 14 mai 1822, 6 mars 1824, 24 novembre 1827, et 3 juillet 1830, il combattit plus d'une fois avec succès le système de M. de Corbière. « Il traite habituellement avec une grande lucidité, disait le biographe cité plus haut, les questions inhérentes au budget annuel, et il discute avec habileté tout ce qui se rapporte aux municipalités et aux communes. M. le chevalier de Berbis est un homme petit, mince et un peu voûté; ses cheveux commencent à grisonner ; sa figure n'a rien de remarquable, mais quand il parle elle s'anime singulièrement et devient expressive. Dans la vie privée, ses manières affables, ses entretiens faciles et variés le rendent cher à tous ceux qui l'approchent. » Il fut rapporteur du budget des recettes en 1826, et du budget des dépenses en 1827, secrétaire, puis vice-président de la Chambre.

Royaliste constitutionnel, M. de Berbis se prononça contre la politique de Villèle et de Polignac. En 1830, il s'efforça d'amender dans le sens de la conciliation la fameuse adresse qui fut définitivement votée, et n'ayant pu y réussir, il ne fit pas partie des 221. Après l'avènement de Louis-Philippe, il se résigna à prêter le serment au gouvernement nouveau, mais non sans réserves : « Dans les dernières séances, dit-il (août 1830), je n'ai pas cru pouvoir prendre part aux délibérations de la Chambre sur la vacance du trône, non plus qu'à la déclaration qui en a été la suite. Mais dans les circonstances graves, extraordinaires, urgentes où nous nous trouvons, une seule considération me frappe : *Salus populi suprema lex*. Dans l'intérêt de mon pays et pour ce seul motif, je jure. » A quelque temps de là, une ordonnance du 11 octobre 1832 appelait M. de Berbis à la Chambre des pairs. Resté légitimiste quand même, il ne crut pas pouvoir accepter cette dignité.

BERCKEIM (SIGISMOND-FRÉDÉRIC, BARON DE), député de 1815 à 1817, né à Ribeauvillé (Haut-Rhin), le 9 mai 1775, d'une vieille famille de noblesse d'Alsace, mort à Paris, le 28 décembre 1819, entra à 14 ans, comme sous-lieutenant, dans le régiment de Lamarck, parcourut rapidement les grades inférieurs, et devint, à peine âgé de 30 ans, colonel du 1er régiment de cuirassiers. Il assista aux combats de Heilsberg, Friedland, Eckmühl, Essling, Wagram, Znaïm, reçut sur le champ de bataille les grades de général de brigade et de général de division, se distingua encore à Polotsk, où il dégagea une grande partie de l'artillerie du 2e corps enveloppée dans une charge de cavalerie ennemie, et à Borilow. Ecuyer de Napoléon 1er, il reçut le commandement de la division de cavalerie formée des quatre régiments des gardes d'honneur, et fut créé baron de l'Empire (9 mars 1810). La Restauration, à laquelle il se rallia en 1814, ce qui ne l'empêcha pas de revenir à l'Empereur pendant les Cent-Jours, lui conféra d'autres titres : deux fois désigné par le collège de département du Haut-Rhin, les 22 août 1815 et 4 octobre 1816, il fut nommé député, et devint inspecteur-général de la cavalerie, par la protection du duc d'Angoulême. Il vota à la Chambre avec les royalistes constitutionnels, sans jamais monter à la tribune.

BÉRENGER (MARCELLIN-RENÉ), député aux Etats-Généraux de 1789, né à Valence (Drôme), le 17 avril 1744, mort à Valence, le 2 mai 1822, était procureur du roi à l'élection de Valence au moment de la Révolution. Le Dauphiné l'élut député du tiers-état aux Etats-Généraux, le 2 janvier 1789; il y prit une fois la parole pour réclamer contre l'insertion de son nom sur la liste des députés qui, le 20 octobre 1790, s'étaient prononcés en faveur des ministres. Le 7 septembre 1791, après la session, il fut élu président du tribunal criminel de la Drôme, et, partisan du 18 brumaire, nommé le 12 prairial an VIII, juge au tribunal d'appel de Grenoble. Il démissionna en 1806, et revint à Valence où il est mort.

BÉRENGER (JEAN, COMTE), député au Conseil des Cinq-Cents, membre du Tribunat et pair de France, né à Mons (Isère), le 8 avril 1767, mort à Saint-Germain (Seine-et-Oise), le 4 avril 1850, fils d'un ministre protestant, étudia la chimie et les sciences naturelles; reçu docteur, il exerça la médecine à Voiron, puis fut élu, le 22 germinal an V, député de l'Isère au Conseil des Cinq-Cents. Il n'y resta pas inactif; il demanda, le 9 messidor, l'ajournement de la proposition Gilbert-Desmolières, tendant à suspendre les bons et ordonnances des ministres (il s'agissait d'entraver la marche du gouvernement et de compromettre la Constitution de l'an III); se prononça, en l'an VI, pour l'impôt

du sel et pour celui du tabac, et appuya le projet d'Aubert d'attribuer au Directoire la nomination des préposés à l'octroi. En l'an VII, il prit la défense des directeurs Merlin, Larévellière-Lépeaux et Rewbel, combattit, le 19 prairial et le 27 fructidor, la proposition de déclarer la patrie en danger. Enfin, il fut un des promoteurs de l'acte du 18 brumaire an VIII, dont il se fit l'apologiste au sein du Conseil : une résolution ayant pour objet de témoigner la reconnaissance nationale au général Bonaparte, aux généraux et à l'armée sous ses ordres, fut adoptée sur son initiative. Elu aussitôt membre de la Commission législative intérimaire du Conseil des Cinq-Cents, il fit passer, entre autres motions relatives aux finances, celle qui allouait une pension de 600 francs aux grenadiers « qui avaient couvert de leur corps le général Bonaparte dans la journée du 19 brumaire ». Membre du Tribunat le 4 nivôse an VIII, Bérenger soutint, contre Benjamin Constant, qu'il n'était pas de l'essence du gouvernement représentatif que le Tribunat discutât les lois contradictoirement avec le Conseil d'Etat; il appuya le projet de loi de division du territoire en départements et en arrondissements communaux : il fut, le 11 ventôse, un des trois orateurs choisis par le Tribunat pour aller porter aux consuls le vœu « que le peuple français, pénétré des sentiments de sa gloire, seconde de tous ses moyens l'action du gouvernement qu'il s'est donné, que ses nouveaux sacrifices obtiennent le prix dû aux sacrifices qu'il a déjà faits, enfin que le 1er consul de la République revienne victorieux et pacificateur. » Dans un discours du 17 ventôse il s'éleva avec force contre le cabinet britannique, auquel il attribua la continuation d'une guerre désastreuse pour l'Europe. Il défendit, en l'an IX, l'institution de tribunaux criminels spéciaux, et en l'an XII (8 ventôse) il présenta avec Treilhard et Portalis un projet de loi relatif aux peines à infliger à ceux qui recéleraient Georges Cadoudal et ses complices. Tant de zèle pour la cause de Bonaparte valut à Bérenger mainte distinction : membre du conseil d'administration de la guerre, membre de la Légion d'honneur, et conseiller d'Etat, il devint, au début de l'Empire, directeur général de la caisse d'amortissement et reçut aussi le titre de conseiller. Lors de la présentation au Tribunat (18 septembre 1807) du sénatus-consulte du 19 août, qui prononçait la suppression de ce corps politique et confiait ses attributions au Corps législatif, il s'efforça de justifier cette mesure; il opina aussi comme conseiller d'Etat (*Moniteur* de 1812) pour la destitution et la mise en jugement de Frochot, préfet de la Seine, pour sa conduite dans l'affaire du général Malet. Puis, quand vint la Restauration, Bérenger passa au service de la royauté, remplaça quelque temps François de Neufchâteau à la direction générale des contributions directes, et continua de siéger au Conseil d'Etat. En 1819, le gouvernement le chargea de défendre, comme commissaire royal, devant la Chambre des députés, un certain nombre de projets de loi de finances. Il parut ensuite se renfermer à peu près exclusivement dans ses fonctions de conseiller d'Etat, jusqu'au jour où l'ordonnance du 11 octobre 1832 l'appela à la pairie. Il s'était, sans difficulté, rallié au gouvernement de Juillet. Son rôle à la Chambre haute fut, d'ailleurs, limité aux discussions financières; il prit plusieurs fois la parole, surtout dans les sessions de 1834 à 1838. Admis à la retraite comme conseiller d'Etat, le 26 octobre 1846.

BÉRENGER (Alphonse-Marc-Marcellin-Thomas), fils de Marcellin-René le constituant de 1789, représentant à la Chambre des Cent-Jours, député de 1827 à 1839, et pair de France, né à Valence (Drôme), le 31 mai 1785, mort à Paris, le 9 mars 1866. Après avoir terminé de fortes études de jurisprudence, il entra dans la magistrature où il eut un avancement rapide. Conseiller auditeur à Grenoble en 1808, il reçut le titre d'avocat général en 1811. Envoyé le 12 mai 1815, par les électeurs de l'arrondissement de Valence à la Chambre des représentants, avec 50 voix sur 83 votants, contre 33 à M. Charles, il se fit remarquer par son opiniâtreté à proposer que la reconnaissance de Napoléon II suivit l'abdication de l'empereur. Quand la Chambre des Cent-Jours fut dissoute, Bérenger signa la protestation délibérée et rédigée chez Lanjuinais, puis il adressa au pouvoir royal sa démission d'avocat général, et rentra dans la vie privée, s'occupant de l'enseignement du droit et étudiant la réforme de la législation criminelle. La mystérieuse affaire de la conspiration de Grenoble qui, en 1816, fit répandre tant de sang dans le Dauphiné, et où l'on vit un officier général, un préfet, investis de pouvoirs discrétionnaires, décréter des délits non prévus par la loi, imaginer des peines arbitraires et créer des commissions militaires pour les charger, fournit à Bérenger l'occasion de publier ses idées sur notre organisation criminelle. Son livre de la *Justice criminelle en France, d'après les lois permanentes, les lois d'exception et les doctrines des tribunaux*, attira vivement l'attention. Lorsqu'il eut atteint l'âge de l'éligibilité à la Chambre, il fut élu député, le 17 novembre 1827, par le 1er arrondissement de la Drôme, prit place parmi les libéraux, et ne tarda pas à être considéré comme un des chefs de l'opposition constitutionnelle. La discussion sur la vérification des pouvoirs lui servit de début. On lui dut alors la disposition, admise par amendement, qui autorisa le recours aux cours royales des décisions rendues par les préfets en matière d'élections. Il fut encore mêlé au grand débat de la session de 1828, sur l'exécution des lois fondamentales du royaume à l'égard des congrégations, et défendit, d'accord avec le ministère Martignac, les « droits de l'État » et de la société civile. Quand la Chambre déclara, à l'ouverture de la session de 1830, que le ministère Polignac n'aurait point le concours des représentants de la nation, Bérenger fut des 221 qui votèrent cette adresse. Réélu le 23 juin 1830, il protesta contre les ordonnances de juillet, prit part aux événements parlementaires qui amenèrent la chute de Charles X, et, après la Révolution, fut nommé rapporteur de la proposition de mise en accusation des ex-ministres, et commissaire chargé de soutenir cette accusation devant la Chambre des pairs, mission dont il s'acquitta avec une modération calculée.

Député jusqu'en 1839, — il vit en effet son mandat renouvelé pour l'arrondissement de Valence les 5 juillet 1831, 21 juin 1834, et 4 novembre 1837, — il appartint à la majorité conservatrice et intervint dans un grand nombre de discussions : sur la loi électorale de 1831, sur la pairie et en faveur de l'hérédité, sur l'abolition de la peine de mort, sur la responsabilité ministérielle, etc. Il fut vice-président de la Chambre pendant plusieurs sessions consécutives. Nommé en 1831 conseiller à la Cour de cassation, il se fit, à la Chambre des députés, le promoteur d'une revi-

sion du Code pénal, et fut désigné par le gouvernement pour coopérer officiellement à cette réforme, qui effaça la marque et le carcan des châtiments juridiques. Les élections du 2 mars 1839 l'avaient encore renvoyé à la Chambre, mais une ordonnance du même jour le créa pair de France. Rapporteur, à la Chambre haute, du projet relatif au régime des prisons (1847), c'est à la question pénitentiaire que Bérenger consacra la meilleure part de son activité et de ses efforts. Membre de l'Institut, il écrivit de nombreux mémoires sur l'organisation des prisons et sur les moyens pratiques d'obtenir l'amendement des condamnés. La révolution de Février mit fin à sa carrière législative, mais il resta dans la magistrature, et, nommé président de la haute Cour de Bourges, il eut à juger les accusés du 15 mai 1848 et ceux du 13 juin 1849. Il devint enfin président de Chambre à la Cour de cassation. La limite d'âge l'atteignit le 31 mai 1860.

BÉRENGER (René), représentant à l'Assemblée nationale de 1871, ministre en 1873, et sénateur inamovible depuis 1875, né à Bourg-lès-Valence (Drôme), le 22 avril 1830, fils du précédent, fit son droit à Paris, fut reçu docteur en droit (1853), et fut nommé la même année substitut à Evreux. Il passa ensuite procureur à Bernay, puis à Neuchâtel (1855), substitut du procureur général à Dijon (1859), avocat général près la cour de Grenoble (1862), puis près la cour de Lyon (1867) où il prononça un discours de rentrée qui demandait la réforme de l'organisation judiciaire et qui lui valut les éloges de la presse libérale. Partisan actif du plébiscite de 1870, il fut, après le 4 Septembre, jeté en prison par les ordres du comité de salut public de Lyon, pour avoir voulu s'opposer à l'arrestation du procureur général. Le procureur général du gouvernement de la Défense nationale, M. Le Royer, le fit remettre en liberté au bout de douze jours, où il se fit inscrire au barreau de Lyon, entra dans la garde nationale, réclama et obtint une distribution de cartouches pour les bataillons décidés à maintenir l'ordre contre les agitateurs, et aurait encore été arrêté sans l'intervention de M. Le Royer et du maire Hénon. Marié et père de famille, il s'engagea dans les mobilisés du Rhône, et fut blessé à la bataille de Nuits (18 décembre 1870). Élu dans deux départements, le 8 février 1871, dans le Rhône, le 4e sur 13, par 72,696 voix sur 117,523 votants et 185,134 inscrits, et dans la Drôme, pour lequel il opta, le 2e sur 6, par 36,417 voix sur 64,809 votants et 100,516 inscrits, il fit partie du groupe Feray, puis passa au centre gauche, tout en conservant sa liberté de ses votes. Il se prononça *pour* la paix (1er mars 1871), *contre* l'abrogation des lois d'exil (8 juin), *pour* le cautionnement des journaux (5 juillet), *contre* la pétition des évêques (22 juillet), *pour* le pouvoir constituant de l'Assemblée (30 août), *pour* le retour des Chambres à Paris (2 février 1872), *contre* la proposition de trois ans pour la durée du service militaire (8 juin), *contre* la démission de Thiers (24 mai 1873), *pour* la prorogation des pouvoirs du maréchal de Mac-Mahon (19 novembre), *pour* l'admission à titre définitif, dans l'armée, des princes de la famille d'Orléans (28 mars 1874), *contre* le ministère de Broglie (16 mai), *pour* l'amendement Wallon (30 janvier 1875), *pour* l'ensemble des lois constitutionnelles (25 février). Dans la même législature il proposa la création d'un jury spécial en matière de presse et présenta (mai 1872) un projet de réorganisation de la magistrature qui fut repoussé. Il entra aussi, le 19 mai 1873, comme ministre des travaux publics, dans la combinaison Casimir Périer, mais en sortit cinq jours après, le 24 mai, à la chute de Thiers.

Le 16 décembre 1875, l'Assemblée nationale l'élut sénateur inamovible, le 61e sur 75, par 325 voix; il a pris place au centre gauche et a voté plus fréquemment qu'à la Chambre avec les groupes républicains. En juin 1877, il parla contre la dissolution de la Chambre, redoutant « l'écrasante responsabilité de l'acte du 16 Mai » au nom « du pays si calme aujourd'hui, et demain peut-être si irrité de ces inutiles et lâches complaisances. » En mars 1880, lors de la discussion de l'article 7 de la loi Jules Ferry sur la liberté de l'enseignement supérieur, il soutint que « les lois existantes » ne pouvaient pas s'appliquer aux congrégations non autorisées, et, précisant le débat, s'écria : « Quand j'aurai reconnu le danger de la doctrine des Jésuites, quand j'aurai reconnu qu'ils sont les adversaires de la société moderne, quand j'aurai reconnu — je ne le reconnais pas — qu'ils sont des conspirateurs acharnés contre nos institutions, je demanderai : ne leur devez-vous pas la liberté? » Enfin il reprocha à M. Ferry d'opposer les convictions religieuses aux convictions politiques et de jeter un brandon de discorde dans le parti républicain. Il proposa sans succès (mai 1881) un amendement à la loi sur les titres de capacité exigés pour l'enseignement primaire, demandant la dispense de brevet pour les congréganistes entrés en fonctions avant le 1er mars 1880, parla (juin 1882) sur la réforme du Code d'instruction criminelle, et, dans la discussion de la loi des syndicats professionnels (août 1882) combattit l'article 5, qui permettait l'union des syndicats de diverses professions, union qui amènerait la formation de grandes fédérations que la lutte des intérêts jetterait vite dans la politique. Le 29 mai 1883, il protesta contre la suppression des aumôniers dans les hôpitaux de Paris, contesta l'autorité prise par le conseil municipal sur l'Assistance publique, parla contre la suspension de l'inamovibilité de la magistrature proposée par le ministre de la justice Martin-Feuillée (juillet 1883), et proposa, en décembre, un projet de loi sur la recherche de la paternité, qui, déjà admise en cas d'enlèvement, devait être étendue, selon lui, aux cas de viol, de séduction et de possession d'état. Le projet fut repoussé par 174 voix contre 60. Dans la discussion de la loi municipale (mars 1884), il réclama en vain contre la publicité des séances des conseils municipaux ; il fit adopter une proposition sur la loi des récidivistes relative aux moyens préventifs de combattre la récidive, mais combattit le projet de loi lui-même (octobre 1884), et développa (février 1885) un contre-projet qui substituait à la relégation des aggravations successives de peines, et qui fut rejeté. Nommé, en juin 1886, rapporteur de la commission chargée d'examiner le projet d'expulsion des princes, il conclut au rejet de la proposition : « Le retour aux idées de classe et de distinctions sociales fondées sur la naissance, dit-il, nous reporte à plus d'un siècle en arrière ; il est particulièrement étrange sous une forme de gouvernement dont l'égalité est devenue la devise... La majorité de votre commission repousse une mesure d'exception incompatible avec les principes de liberté, d'égalité sur lesquels doit rester solidement assis, en dépit des factions, le gouvernement de la République, une mesure nuisible à notre consi-

dération au dedans, à nos bonnes relations au dehors, dangereuse par ses conséquences, propre uniquement à satisfaire les partis violents et à effrayer le pays par une nouvelle concession à leurs exigences, et qui ne serait au fond, par son caractère personnel, qu'une condamnation sans loi, sans formes et sans défense, arbitrairement prononcée par le pouvoir législatif. » Le projet de loi fut voté à la majorité de 141 voix contre 107.

M. Bérenger a parlé, en février 1888, *contre* la loi accordant des pensions viagères aux blessés de Février 1848, et dans la dernière session a voté *pour* le rétablissement du scrutin uninominal (13 février), *pour* le projet de loi Lisbonne restrictif de la liberté de la presse (18 février); il s'est abstenu (29 mars) dans le scrutin sur la loi de procédure à suivre devant le Sénat pour juger des attentats contre la sûreté de l'État (affaire Boulanger).

BÉRENGER (ANTOINE-RAYMOND, COMTE DE), pair de France, né à Paris, le 20 novembre 1774, mort à Paris, le 25 février 1849, d'une ancienne famille noble du Dauphiné, fut appelé à la pairie le 5 mars 1819, vota contre les lois d'exception, et se montra libéral selon la Charte. Il conserva son siège à la Chambre haute sous la monarchie de Juillet.

BÉRENGER (RAYMOND-ISMIDON-MARIE, MARQUIS DE), député de 1846 à 1848, né à Paris, le 22 octobre 1811, mort à Paris, le 13 décembre 1875, ne joua qu'un rôle très modeste dans la Chambre des députés élue le 1er août 1846 et où il représenta le 5e collège de l'Isère (Saint-Marcellin); il avait obtenu 192 voix sur 367 votants et 400 inscrits, contre 175 à M. Saint-Romme, candidat de l'opposition démocratique. Membre de la majorité conservatrice, le marquis de Bérenger soutint le ministère Guizot et la royauté de Louis-Philippe. Quand celle-ci sombra, il quitta la vie politique.

BÉRENGER (OCTAVE CAMILLE), représentant du peuple à l'Assemblée constituante de 1848, né à Monts (Vienne), le 11 février 1815, se fit à Loudun, où il exerçait la profession d'avocat, la réputation d'un partisan zélé des idées démocratiques. Après Février 1848, le département de la Vienne l'envoya à l'Assemblée constituante, le 4e sur 8, par 48,473 voix (70,722 votants). Il y siégea à gauche dans les rangs des républicains modérés, appuya le général Cavaignac et se sépara assez fréquemment de ses collègues plus avancés, surtout dans les questions où le socialisme était en jeu. Pourtant il se déclara très nettement contre l'expédition de Rome et opina avec la Montagne pour la demande de mise en accusation du président et de ses ministres (11 mai 1849.) Il vota le 26 mai 1848, *contre* le bannissement de la famille d'Orléans; le 9 août, *contre* le rétablissement du cautionnement; le 1er septembre, *contre* le rétablissement de la contrainte par corps; le 18 septembre, *pour* l'abolition de la peine de mort; le 7 octobre, *contre* l'amendement Grévy; le 2 novembre, contre le droit au travail; le 12 janvier 1849, *contre* la proposition Rateau; le 16 avril, *contre* les crédits de l'expédition de Rome; le 2 mai, *pour* l'amnistie des transportés.

Il ne fut pas réélu à l'Assemblée législative. Plus tard, en janvier 1876, M. Bérenger a été, sans succès, candidat aux élections sénatoriales de la Vienne.

BERGASSE (NICOLAS), député à l'Assemblée

constituante de 1789, né à Lyon (Rhône), en 1750, d'une famille originaire d'Espagne qui était venue se fixer dans le midi de la France, mort à Paris, le 28 mai 1832, suivit la carrière du barreau. Sa réputation commença avec le discours « *sur l'honneur* » qu'il prononça à Lyon en 1772, le jour de « la Saint-Thomas » à l'occasion de son inscription comme avocat. Diverses harangues et publications touchant la législation criminelle et « l'humanité des juges » (1774) les « progrès de l'industrie et du commerce » et le « magnétisme animal » (1784) dont il se déclarait hautement, à la suite de Mesmer, le partisan enthousiaste, vinrent contribuer à répandre son nom. Un procès retentissant, celui de Kornmann (1788) acheva de rendre Bergasse célèbre, et comme avocat et comme publiciste. « L'éclat mémorable de cette cause, a-t-on dit, fit perdre de vue, dans les salons, l'assemblée des notables qui avait occupé tous les esprits.» En effet, l'on se mit à parler en tous lieux beaucoup moins de Necker et de Calonne que de Bergasse et de Beaumarchais. Guillaume Kornmann, ancien magistrat à Strasbourg, connu à Paris dans la banque, avait intenté contre sa femme un procès en adultère. L'ex-lieutenant de police Lenoir, conseiller d'État, qui venait de partager la disgrâce de Calonne, fut attaqué comme corrupteur, et le brillant auteur du *Mariage de Figaro* comme le principal agent de la corruption. Les mémoires de Bergasse, pour l'époux trahi, eurent un succès prodigieux et, singulier retour de la fortune, amenèrent contre Beaumarchais un déchaînement aussi violent qu'avait été empressée à son égard la faveur publique en 1774, dans cette autre affaire, — le procès Goëzman, — qui avait tant fait pour sa réputation. A son tour, et pour des raisons analogues, Bergasse seul devait profiter du procès Kornmann. Beaumarchais eut beau multiplier les mémoires, on les trouva sans verve; ceux par lesquels Bergasse riposta allèrent aux nues. La cause en elle-même était des plus scandaleuses, puisque Lenoir était accusé d'avoir, à la sollicitation de Beaumarchais et du prince de Nassau, levé la lettre de cachet que Kornmann avait obtenue contre sa femme ; d'avoir ensuite livré cette femme à Beaumarchais, puis d'avoir fait offrir 600.000 francs pour acheter le silence de Bergasse. Celui-ci fit de ses mémoires un véritable traité de morale austère, où il introduisit du même coup la politique, l'attaque contre l'arbitraire, et de nombreux développements sur la nécessité de réformer les mœurs et les lois. Dans un mémoire du 11 juin 1788, dédié au roi, Bergasse n'hésitait pas à dénoncer les ministres de Louis XVI ; dans un autre, du 11 août, il les appelait : ces hommes « justement détestés ». En tout, le nombre des écrits imprimés mémoires, précis, observations, requêtes, plaidoyers, qu'il présenta dans l'affaire, fut de dix-sept.

Bientôt, passant des clients aux avocats eux-mêmes, Bergasse et Beaumarchais plaidèrent l'un contre l'autre devant le Parlement (19 mars 1789). Après un échange extrêmement violent de diatribes et d'injures, où Bergasse se distingua par son âpre et fougueuse éloquence, le Parlement, le 2 avril 1789, un mois avant l'ouverture des États-Généraux, rendit un arrêt qui prononçait la séparation des deux époux, et ruinait Kornmann en l'obligeant à restituer une dot de 364.000 livres. Bergasse s'écria que cet arrêt «blessait le ciel et déshonorait la terre», et se posa personnellement en victime de tout ce qu'il y avait en France de personnages éle-

vés en nom et en crédit. L'opinion publique lui donna raison. Elle attendait beaucoup d'un orateur, d'un écrivain, d'un politique qui se peignait (*Lettre sur les États-Généraux*), comme l'homme à qui la nation devrait la liberté, le retour de la justice et des lois, etc. Sa célébrité était si grande, que des libellistes sans scrupules l'exploitèrent et signèrent du nom de Bergasse de grossiers phamphlets qu'il lui fallut désavouer. Élu le 5 mars 1789 député du tiers aux États-Généraux par la sénéchaussée de Lyon, il parut d'abord devoir prendre une part active aux travaux législatifs, soutint l'opinion de Sieyès sur la dénomination à adopter pour les communes, présenta avec Lechapelier un projet d'adresse au roi, fit, au nom du comité de Constitution, un rapport intéressant sur l'*organisation du pouvoir judiciaire* et publia son opinion sur « la manière dont il convient de limiter le pouvoir exécutif dans une monarchie. » Mais il ne tarda pas à trouver trop rapide le mouvement dans lequel il était entré avec la secrète intention de le diriger ou de le maîtriser. Partisan d'un « corps législatif divisé en deux Chambres, » il donna, avec Mounier et Lally-Tollendal, sa démission de membre du comité de constitution quand celui-ci eut fait décréter par la Constituante que le Corps législatif serait constitué en une assemblée unique. Bergasse était, d'ailleurs pour le droit de veto, pour la noblesse héréditaire, etc. Après les événements des 5 et 6 octobre, il ne reparut plus parmi ses collègues, et fit connaître dans plusieurs écrits, son intention de refuser le serment à la Constitution. Retiré de l'Assemblée, il continua d'écrire. Chaque grande question à l'ordre du jour : création du papier monnaie, établissement d'une banque nationale, était de sa part l'objet d'une brochure où il l'examinait par le menu. La Constitution de 1791 ayant été traitée par lui de « grande absurdité », Louis XVI s'adressa à l'auteur pour lui demander de recueillir ses idées en un corps d'ouvrage où il exposerait le plan de gouvernement qu'il croirait le plus convenable dans ces temps de crise. Bergasse s'était alors rapproché de la cour, au point d'encourir la suspicion et même la réprobation des révolutionnaires. Il dut quitter Paris, et après avoir tenté de passer en Espagne, il resta caché à Tarbes jusqu'en 1794. Arrêté alors, il fut, comme suspect, jugé et condamné à la détention jusqu'à la paix. Ce fut pendant sa captivité qu'il écrivit à la Convention pour lui demander la mise en accusation de Vadier ; Vadier fut exécuté. Devenu libre sous le Directoire, il garda le silence pendant le Consulat et l'Empire, se retira près de Lyon, chez son frère, et ne publia, dans cette période, qu'un volume de *Discours et fragments*. La Restauration remit le nom de Bergasse en honneur. Auteur (1814) d'une petite brochure de *Réflexions sur l'acte constitutionnel du Sénat*, il eut de fréquentes entrevues chez madame de Krudner avec l'empereur Alexandre, dont il resta le correspondant, influa, dit-on, sur l'entrée au ministère du duc de Richelieu, de Dubouchage et du marquis de Vaublanc, mais sollicita vainement la grâce du maréchal Ney. Il était alors comme l'avocat consultant du gouvernement royal, et se mêlait activement de politique. Châteaubriand lui écrivait, le 5 août 1818: « Venez à notre secours, nous avons besoin de vos talents et de votre courage; vous devez aux hommes compte du génie que le ciel vous a donné. » Très dévoué aux Bourbons, il se trouva parfois en grave dissentiment avec leurs ministres, et fut même (1821) traduit par eux en cour d'assises pour un *Essai sur la propriété* relatif à la restitution des biens des émigrés. Défendu par Berryer, il fut acquitté le 28 avril. Dans les dernières années de la Restauration il cessa ses publications politiques pour n'avoir pas à blâmer certaines mesures gouvernementales. Il était octogénaire, quand arriva la révolution de 1830. Elle raya son nom de la liste des pensions où il figurait pour une somme de 6,000 francs. Une de ses lettres annotée par Madrolle, son ami, porte ce jugement : « Grand niais de la Constituante qui a eu besoin de trente ans d'expérience pour ouvrir les yeux et n'être plus avocat. »

BERGASSE-LARIZOULE (GEORGES), député aux Etats-Généraux de 1789 et au Conseil des Cinq-Cents, né à Saurat (Ariège) en 1763, mort à une date inconnue, était officier d'artillerie en retraite à Saurat au moment de la Révolution. La sénéchaussée de Pamiers l'élut député du tiers-état aux Etats-Généraux, le 8 avril 1789; il y protesta contre l'émission des assignats. Après la Terreur, il fut nommé substitut du commissaire du Directoire près le tribunal civil de l'Ariège, et fut élu député de l'Ariège au Conseil des Cinq-Cents, le 24 germinal an VI, par 175 voix. Il devint secrétaire du Conseil et prit plusieurs fois la parole, pour faire annuler l'élection de Treilhard comme membre du Directoire, pour se rallier à la proposition qui ordonnait la célébration du 9 thermidor, en ajoutant que le président, dans son discours rappellerait aussi les victoires remportées les 13 vendémiaire et 18 fructidor sur les royalistes ; pour le maintien de la loi frappant de déportation les prêtres non assermentés (1799). Hostile au coup d'Etat de brumaire, il se retira absolument, à cette date, de la vie politique.

BERGE (ALBERT-RAPHAEL MARCHAIS DE LA), député depuis 1888, né à Paris, le 21 juin 1845, d'une vieille famille de noblesse militaire de l'Angoumois, fit d'abord ses études de médecine, puis collabora, sous l'Empire, à plusieurs journaux politiques et littéraires. Arrêté en 1867, sous l'inculpation de délit de Société secrète (affaire dite du café de la Renaissance) il fut relâché au bout d'un mois, et, devint rédacteur de l'*Eclaireur* de Saint-Étienne, où l'avait appelé son ami M. Dorian. Le lendemain du 4 Septembre 1870, il forma une compagnie de francs-tireurs avec lesquels il prit part, en qualité de lieutenant, à la campagne de l'armée des Vosges, aux combats d'Autun, de Montbard, de Messigny, de Fontaine et de Dijon. Garibaldi le nomma capitaine après l'affaire de Montbard.

La guerre terminée, il collabora au *Peuple souverain* de Paris, dirigea le *Progrès du Midi* à Avignon, puis la *Tribune républicaine* et le *Petit Provençal* à Marseille, entra au *Siècle* en 1871, et devint, à partir de 1882, le principal rédacteur politique de ce journal; il adressait en même temps au *Lyon-Républicain* et à d'autres journaux de province des correspondances politiques dans lesquelles la netteté des principes républicains de gouvernement se teintait légèrement de socialisme.

Candidat du congrès républicain de Saint-Etienne à l'élection partielle du 26 février 1888, dans la Loire, en remplacement de M. Duché, décédé, il fut élu député de la Loire par 43,000 voix sur 59,529 votants et 153,078 inscrits; le général Boulanger, présenté par M. Georges Thiébaud, et quoique inéligible à

ce moment, eut 12,500 voix. M. de la Berge siégea à la gauche républicaine, et déposa en mars une proposition invitant le gouvernement à s'entendre avec le Saint-Siège pour tenter dans l'un des départements ayant élu des députés favorables à cette réforme, un essai de séparation de l'Eglise et de l'Etat, pendant quatre ans seulement et à dater du 1er janvier 1889 ; les fonds du budget des cultes attribués à ce département seraient employés pendant ce temps à des œuvres d'assistance publique. Cette tentative de politique expérimentale n'eut pas de suite. M. de la Berge a voté *contre* la suppression des cultes, *contre* l'interdiction du travail de nuit dans les ateliers, *pour* le service militaire de trois ans, *pour* l'incorporation des séminaristes dans l'armée, et, dans la dernière session, s'est abstenu sur le rétablissement du scrutin uninominal, et s'est prononcé *pour* l'ajournement indéfini de la revision des lois constitutionnelles (chute du ministère Floquet), *pour* les poursuites contre trois députés membres de la ligue des Patriotes, *pour* le projet de loi Lisbonne restrictif de la liberté de la presse, *pour* les poursuites contre le général Boulanger. Il a pris une part active aux travaux parlementaires comme membre de la commission du budget et de la commission de la réforme de l'impôt des boissons; a parlé dans la discussion de la loi militaire, et a déposé un amendement demandant l'assimilation des élèves des Ecoles de génie civil aux élèves de l'Ecole polytechnique ; il est l'auteur de trois propositions de loi prises en considération, l'une portant à six mois le privilège des ouvriers en cas de faillite, l'autre demandant l'inégibilité pendant 5 ans de tout individu condamné pour fraudes électorales, la troisième relative à la réforme du notariat.

M. de la Berge a publié des brochures sur le plébiscite, sur la liberté de fabrication des armes de guerre, et une étude estimée sur *La Tunisie* (1881).

BERGEON (ÉMILE-FIRMIN), membre du Sénat, né à Argenton-Château (Deux-Sèvres), le 21 juillet 1828, était conseiller général des Deux-Sèvres pour le canton de Thouars et maire de Sainte-Verge où il possède le château de la Gosselinière. En remplacement de M. de Reignié, décédé, il fut élu, comme républicain radical, sénateur de son département, le 26 avril 1885, par 421 voix contre 355 à M. Antonin Proust, candidat opportuniste. Il siège à gauche a voté l'expulsion des princes, et, dans la dernière session, s'est prononcé *pour* le rétablissement du scrutin uninominal (13 février 1889), *pour* le projet de loi Lisbonne restrictif de la liberté de la presse (18 février), *pour* la procédure à suivre devant le Sénat contre toute personne inculpée d'attentat contre la sûreté de l'Etat (28 mars, affaire Boulanger).

BERGER (JEAN-JACQUES), député de 1837 à 1848, représentant du peuple aux Assemblées de 1848-1849, et sénateur du second Empire, né à Thiers (Puy-de-Dôme), le 21 juin 1790, de Pierre-Jacques Berger, fabricant de papiers à Thiers et d'Antoinette Brugière, mort à Paris, le 8 novembre 1859, étudia le droit, puis exerça pendant plusieurs années la profession d'avoué à Paris. A la suite de la révolution de Juillet, pour laquelle il avait combattu, il fut décoré de la Légion d'honneur et nommé maire du 2e arrondissement; mais il se sépara bientôt du pouvoir et, mêlé à l'opposition démocratique, fut destitué de ses fonctions municipales. Ce n'est qu'en 1847, après avoir été plusieurs fois placé en tête de la liste des candidats, qu'il fut réintégré dans son poste de maire. Élu membre de la Chambre des députés pour la première fois, le 4 novembre 1837, par le 6e collège électoral du Puy-de-Dôme, avec 104 voix sur 184 votants et 253 inscrits, et successivement réélu les 9 juillet 1842 et 1er août 1846, il siégea dans les rangs de l'opposition dynastique. Très populaire à cette époque, le « maire des barricades », comme il s'intitulait lui-même, avait eu, en 1846, les honneurs d'une double élection dans le Puy-de-Dôme, et dans le 2e arrondissement de Paris. Choisi par la Chambre pour l'un de ses secrétaires, il représentait au bureau la gauche constitutionnelle, avec laquelle il vota jusqu'en 1848, soutenant contre les doctrinaires les projets de réforme électorale et se mêlant activement, à la fin du règne, à la campagne des banquets. Après avoir assisté à celui du Château-Rouge, il signa, le 21 février 1848, l'acte d'accusation dirigé contre le ministère Guizot, et le 24, se mit à la tête d'une colonne d'Auvergnats, ses compatriotes, qui descendit en armes, à dix heures du matin, de la Bastille, et marcha sur les Tuileries. Le gouvernement provisoire le maintint dans ses fonctions ; c'est comme républicain qu'il fut élu, le 15e sur 34, avec 136,699 voix (267,888 votants, 399,191 inscrits), représentant du peuple par le département de la Seine. Dès la première séance de l'Assemblée constituante (4 mai 1848), il s'empressa de monter à la tribune et s'écria, au nom de la députation de Paris :

« J'ai l'honneur de proposer à l'Assemblée le projet de proclamation suivante :

« L'Assemblée nationale,

« Fidèle interprète des sentiments du peuple qui vient de la nommer, avant de commencer ses travaux, déclare, au nom du peuple français et à la face du monde entier, que la République, proclamée le 24 février 1848, est et restera la forme du gouvernement de la France. (Oui ! oui ! Acclamations unanimes et prolongées.) La République que veut la France a pour devise : Liberté, Égalité, Fraternité. (Bravo ! Bravo !)

« Au nom de la Patrie, l'Assemblée conjure tous les Français de toutes les opinions d'oublier d'anciens dissentiments, de ne plus former qu'une seule famille (Vifs et unanimes applaudissements).

« Le jour qui réunit les représentants du peuple est pour les citoyens la fête de la concorde et de la fraternité. » (Vive la République !)

— Suivaient les signatures des représentants de la Seine.

(De toutes parts : Vive la République ! Longues et chaleureuses acclamations. Toute l'Assemblée se lève d'un mouvement spontané en criant : Vive la République !)

Quatre mois plus tard, le 7 septembre, le nom de M. Berger figurait au Moniteur, dans le scrutin sur l'article suivant de la Constitution : « La République française est démocratique, une et indivisible », parmi ceux des représentants « absents au moment du vote, soit par force majeure, soit par négligence ou pour s'abstenir de prendre part au vote. » Il fut, au reste, plusieurs fois porté absent ; mais, chaque fois qu'il lui arriva de voter, ce fut avec la droite, dont il n'avait pas tardé à suivre la politique. Il se prononça, par exemple : le 28 juillet 1848, pour le décret sur les clubs ; le 9 août, pour le rétablissement du cautionne-

ment ; le 26 août, pour les poursuites contre Louis Blanc et Caussidière ; le 2 novembre, contre le droit au travail. Après avoir favorisé de tout son pouvoir l'élection de L.-N. Bonaparte à la présidence de la République, il reçut de lui, le 20 décembre, le titre de préfet de la Seine. Trouvé-Chauvel et Recurt avaient, sous Cavaignac, occupé ce poste avant lui ; en même temps, Rébillot, commandant de gendarmerie de la Seine, était nommé préfet de police. Il sut se maintenir en faveur auprès des nombreux cabinets qui se succédèrent alors, en tenant la balance égale entre les diverses fractions du « parti de l'ordre ». Sous son administration préfectorale furent commencés à Paris les travaux de canalisation du bras gauche de la Seine, l'achèvement du Palais de Justice, l'empierrement des quais et boulevards, l'isolement de l'Hôtel-de-Ville, l'achèvement de la rue de Rivoli, etc. Représentant du Puy-de-Dôme à la Législative, le 13 mai 1849, avec 52,250 voix, il y défendit la politique du gouvernement présidentiel, dont il était le fonctionnaire, sans prendre, d'ailleurs, une part bien active aux travaux parlementaires ; puis il concourut au coup d'État de 1851. Après Décembre, il fut appelé à la commission consultative, et, en 1852, recevant à l'Hôtel de Ville le prince président qui revenait de son voyage dans l'Est, le Midi et l'Ouest, il lui dit : « Cédez, Monseigneur, aux vœux d'un peuple tout entier. La Providence emprunte sa voix pour vous dire de terminer la mission qu'elle vous a confiée, en reprenant la couronne de l'immortel fondateur de votre dynastie. » Il fut nommé, le 23 janvier 1853, au nouveau Sénat impérial. La même année, M. Haussmann prenait sa succession à la préfecture de la Seine. M. Berger vota au Sénat dans le sens le plus favorable à la politique impériale et coopéra au vote de la loi de sûreté générale (1858).

BERGER (François-Eugène), député de 1866 à 1870, et depuis 1876, né à Cholet (Maine-et-Loire), le 10 janvier 1829, fit son droit à Paris ; reçu avocat (1851), il entra au ministère de l'Intérieur, fut nommé conseiller de préfecture à Digne (1853), à Orléans (1856), sous-chef du cabinet du ministre de l'Intérieur (1857), et chef du bureau du personnel au même ministère (1860). Élu comme candidat officiel, le 28 juillet 1866, dans la 2e circonscription électorale de Maine-et-Loire, en remplacement de M. Bucher de Chauvigné décédé, par 19,129 voix sur 26,412 votants et 33,012 inscrits, contre M. de Falloux, ancien député (7,262 voix), il siégea dans la majorité dynastique, et fut réélu aux élections générales du 24 mai 1869, par 21,287 voix, sur 23,239 votants et 34,267 inscrits, contre M. Morain (320 voix). La chute de l'Empire le rendit momentanément à la vie privée, et il se présenta sans succès à une élection partielle en 1874, avec un programme bonapartiste qui provoqua une interpellation à la Chambre, et qui eût amené des poursuites contre son auteur si celui-ci ne s'était désisté avant le second tour de scrutin. Il se présenta de nouveau aux élections de février 1876, mais en ne revendiquant cette fois que les droits de la souveraineté nationale, et fut élu au 2e tour de scrutin, dans l'arrondissement de Saumur, par 12,423 voix sur 20,765 votants et 26,610 inscrits, contre 8,227 voix données à M. Bury, candidat républicain ; il soutint le ministère de Broglie, dont il fut le candidat officiel, le 14 octobre 1877, et fut élu par 13,441 voix sur 22,584 votants et 27,540 inscrits, contre MM. Genet (6,358 voix) et Combier

42,732 voix », tous les deux candidats républicains. M. Bury, son concurrent précédent, le battit aux élections du 21 août 1881, avec 11,182 voix, il en obtint 10,890 ; mais il fut réélu, avec toute la liste conservatrice, le 4 octobre 1885, le 7e sur 8, par 72,870 voix sur 123,110 votants et 151,859 inscrits. M. Berger siège au groupe de l'Appel au peuple et a voté, dans la dernière session, *contre* le rétablisssement du scrutin uninominal (11 février 1889), *pour* l'ajournement indéfini de la revision de la Constitution (14 février, chute du ministère Floquet), *contre* les poursuites contre trois députés membres de la ligne des Patriotes (14 mars), *contre* le projet de loi Lisbonne restrictif de la liberté de la presse 2 avril, *contre* les poursuites contre le général Boulanger (4 avril). Nommé conseiller général de Maine-et-Loire en 1873, chevalier de la Légion d'honneur de la promotion du 15 août 1862, et officier de l'Instruction publique. Il a publié quelques morceaux littéraires, entre autres une *Étude sur Volney*.

BERGER (Pierre-Célestin-Maurice), député depuis 1885, né à Chiddes (Nièvre), le 25 septembre 1852, propriétaire agriculteur, maire de Chiddes, et conseiller général de la Nièvre pour le canton de Luzy, fut élu député de la Nièvre aux élections générales d'octobre 1885, au second tour de scrutin (18 octobre), le 5e et dernier de la liste radicale, par 42,869 voix sur 83,419 votants et 101,298 inscrits. Il prit place à l'Extrême-Gauche et vota avec ce groupe. Dans la dernière session, il s'est prononcé *pour* le rétablissement du scrutin uninominal (11 février 1889), *contre* l'ajournement indéfini de la revision de la Constitution (14 février, chute du ministère Floquet), *pour* les poursuites contre trois députés membres de la ligne des Patriotes (14 mars), *pour* le projet de loi Lisbonne restrictif de la liberté de la presse (2 avril), *pour* les poursuites contre le général Boulanger (4 avril).

BERGERAS (Pierre), député à l'Assemblée législative de 1791, au Conseil des Anciens et au Corps législatif de l'an VIII, né à Salies (Basses-Pyrénées), le 28 février 1737, mort à une date inconnue, était homme de loi à Salies avant la Révolution, et devint, en 1790, procureur-général syndic du département des Basses-Pyrénées. Élu député de ce département à l'Assemblée législative, le 10 septembre 1791, par 188 voix sur 291 votants, il monta une fois à la tribune pour combattre le projet de Brissot sur les colonies. Juge, puis président au tribunal civil de Pau à partir de 1794, il fut élu par le même département au Conseil des Anciens, le 26 germinal an VII, y prit assez souvent la parole, et fit rejeter notamment le projet de loi contre les émigrés naufragés à Calais (*Voy.* Merlin de Douai). Favorable au coup d'État de brumaire, il fut choisi par le Sénat conservateur pour représenter les Basses-Pyrénées au Corps législatif, le 4 nivôse an VIII. Il y siégea jusqu'en l'an XIII, époque à laquelle il se démit de toutes ses fonctions. Le duc de Wellington le nomma, en 1814, maire de Salies; en cette qualité, il publia, le 24 avril, une remarquable adresse de dévouement à la royauté restaurée.

BERGERET (Jacques), pair de France et sénateur du second Empire, né à Bayonne (Basses-Pyrénées), le 19 mai 1771, mort à Paris, le 29 août 1857, s'embarqua pour Pondichéry à l'âge de douze ans sur la *Bayonnaise*, obtint peu après de passer comme volontaire sur la corvette de l'État l'*Auguste*, dont le commandant le prit sous sa protection, et, de retour en France, débuta dans la marine nationale (avril 1793), comme enseigne sur la frégate l'*Andromaque*. Il fit les guerres de la République, devint lieutenant de vaisseau en 1795, commanda avec distinction la *Virginie*, et promu l'année suivante, à 25 ans, capitaine de vaisseau, livra aux Anglais un combat malheureux, mais dont il se tira avec honneur. Prisonnier quelque temps en Angleterre, il eut à son retour en France le commandement de la *Psyché*, puis fut chargé (1808) d'opérer dans les villes hanséatiques une levée de trois mille matelots. Le gouvernement de la Restauration fit Bergeret chevalier de St-Louis, commandant d'une division navale, puis contre-amiral (27 janvier 1819), avec le commandement de la station des Antilles. Il fut aussi, en 1823, major-général à Brest, puis il reparut de 1826 à 1828 dans la mer des Antilles dont la station se composait de 12 bâtiments, 4 frégates, 2 bricks, 3 bricks-goélettes et 3 goélettes.

Lié d'amitié avec Jacques Laffitte, il refusa après la Révolution de 1830 le portefeuille de la marine et des colonies, qui lui était offert, mais accepta le titre de membre du conseil d'amirauté, le grade de vice-amiral (1er mars 1831), les fonctions (1832) de préfet maritime à Brest, enfin, le 25 décembre 1841, la dignité de pair de France. Il prit quelquefois la parole à la Chambre des pairs, lorsque les intérêts de la marine étaient en jeu. Créé (1847) grand officier de la Légion d'honneur, il vit sa carrière interrompue par la Révolution de 1848, et se tint à l'écart jusqu'à l'établissement du second Empire. Napoléon III, par un décret du 31 décembre 1852, l'appela à faire partie du Sénat, où il ne joua, d'ailleurs, aucun rôle, étant tenu à une retraite absolue par le grand âge et par les infirmités.

BERGEROT (Alphonse), député depuis 1880, né à Bordeaux (Gironde), le 7 septembre 1820, fils d'un directeur des contributions indirectes, entra en 1838 à l'administration centrale des douanes à Paris, passa en Algérie (1842) à l'administration chargée d'organiser les services civils dans la colonie, et fut nommé vérificateur des douanes à Lille en 1848. Démissionnaire en 1851, à la suite d'un riche mariage, il se fixa à Esquelbecq (Nord) dont il possède l'ancien château seigneurial, devint maire de cette commune (1862) et membre du conseil général du Nord pour le canton de Wormhoudt (1869). Candidat malheureux à une élection partielle en 1872, il fut plus heureux à l'élection partielle du 4 juillet 1880, en remplacement de M. Ioos, démissionnaire, et fut élu, comme conservateur, dans la 2e circonscription de Dunkerque par 6,669 voix, sur 11,463 votants et 14,679 inscrits, contre M. Claeys, candidat républicain, qui obtint 4,723 voix. Il siégea à droite, et fut réélu le 21 août 1881, par 7,959 voix sur 9,327 votants et 14,851 inscrits, contre M. Claeys (427 voix), et le 4 octobre 1885, au scrutin de liste, le 17e sur 20, par 161,430 voix sur 292,696 votants et 348,224 inscrits. M. Bergerot a toujours voté avec la droite, notamment, dans la dernière session, *contre* le rétablissement du scrutin uninominal (11 février 1889), *pour* l'ajournement indéfini de la revision de la Constitution (14 février, chute du ministère Floquet), *contre* les poursuites contre trois députés membres de la ligne des Patriotes (14 mars), *contre* le projet de loi Lisbonne restrictif de la liberté de la presse (2 avril), *contre* les poursuites contre le général Boulanger (4 avril). Il a publié en collaboration avec M. Diegerick, architecte, le *Château et les Seigneurs d'Esquelbecq*.

BERGEVIN OLIVIER), député au Conseil des Cinq-Cents, né à Brest (Finistère), le 26 novembre 1750, mort à Brest, le 4 septembre 1818, était magistrat lors de son élection (25 vendémiaire an IV), comme député du Finistère au Conseil des Cinq-Cents, par 141 voix sur 258 votants. Il se fit une sorte de spécialité, dans l'Assemblée, de traiter les questions maritimes, parla sur les pensions des veuves des agents civils de la marine, sur les secours accordés aux marins blessés, etc. Son acte parlementaire le plus important fut le rapport, lu à la séance du 15 nivôse an IV, sur l'organisation de la marine. Ce rapport, très complet, contenait un historique détaillé du sujet, et contrairement à un récent message du Directoire, concluait au maintien des lois existantes sur la matière. « Ces lois, disait le rapporteur, reposent sur des principes incontestables et généralement reconnus par tous les législateurs : je veux dire la division des pouvoirs. En effet, l'*administration* est séparée de l'*action*, en sorte que, dans les ports, le service de la marine est réellement réparti entre deux autorités distinctes, l'une administrative et l'autre militaire. » — Bergevin reprochait au contraire au projet d'organisation proposé par le Directoire de préparer un régime administratif purement militaire, « l'autorité qui conserve et celle qui consomme étant réunies dans la même personne. »

BERGEVIN (AUGUSTE-ANNE, CHEVALIER), frère du précédent, député de 1824 à 1827, né à Brest, le 26 novembre 1753, mort à Bordeaux, le 9 février 1831, remplit, sous la Révolution et l'Empire, les fonctions de commissaire principal de la marine à Bordeaux, puis devint président du tribunal de première instance de Brest. Il avait été fait membre de la Légion d'honneur, le 25 prairial an XII et chevalier de l'Empire, le 18 juin 1809. Rallié à la Restauration, il débuta dans la politique le 6 mars 1824, comme député du 1er arrondissement électoral du Finistère (Brest). Porté à la députation par le ministère, il ne l'emporta que d'une voix sur M. de Kératry : « Cette élection, dit un biographe, n'a pas laissé que de faire du scandale dans le département où se trouve Landerneau. » A la Chambre, Bergevin siégea sur les bancs de la droite, et prit quelquefois la parole, « notamment, lisons-nous dans la *Biographie des députés de la Chambre septennale*, à cette séance remarquable où le général Foy, en regardant MM. Piet, Chifflet, d'Auberjon, Cardonnel, etc., s'écria : *Il y a donc ici des clôturiers de profession!* et où M. Syrieys de Mayrinhac, comparant le département de la Corrèze à l'Arabie, transforma les compatriotes de M. de Pourceaugnac en Mamelouks. Il voulut parler sur les secours accordés aux colons réfugiés, mais l'Assemblée était montée à un tel diapason d'hilarité, que la voix du député du Finistère fut entièrement couverte par des éclats de rire. »

BERGEVIN (LOUIS-CATHERINE), député de 1845 à 1848, né à Blois (Loir-et-Cher), le 12 janvier 1798, mort au château de Saint-Gervais (Loir-et-Cher), le 28 janvier 1876, appartenait à

la magistrature. Une élection partielle du 20 septembre 1845 le fit député du 1er collège électoral de Loir-et-Cher (Blois), en remplacement du général Doguereau, nommé pair de France. Il fut réélu par le même collège le 1er août 1846, avec 644 voix sur 691 votants et 1,082 inscrits. Il fit partie jusqu'en 1848 de la majorité ministérielle. Sous l'Empire, M. Bergevin resta dans la magistrature; il fut admis à la retraite, comme président du tribunal de Blois, le 13 juin 1868.

BERGEY (MICHEL-LOUIS), député au Corps législatif en l'an X, né le 16 octobre 1751, mort à une date inconnue, fut sous le Consulat, un membre peu marquant du Corps législatif, où l'élut le Sénat conservateur, le 6 germinal an X, pour le département d'Indre-et-Loire. Il était conseiller de préfecture à Tours.

BERGHES DE SAINT-WINOCK (CHARLES-ALPHONSE-DÉSIRÉ-EUGÈNE, PRINCE DE), pair de France de 1827 à 1830, né à Ecaussine (Pays-Bas), le 4 août 1791, mort à Paris, le 5 octobre 1864, appartenait à une vieille et riche famille de l'Artois. Sans être personnellement connu par aucun acte politique, il fut compris, par l'ordonnance du 5 novembre 1827, dans les soixante-seize pairs que nomma M. de Villèle avant de quitter le ministère, afin de modifier les tendances de la majorité. Légitimiste ardent, le prince de Berghes répondit à ce qu'on attendait de lui; il ne se rallia pas au gouvernement de Louis-Philippe, et quitta la pairie en 1830.

BERGIER (ANTOINE), député au Conseil des Cinq-Cents et au Corps législatif, né à Malhat (Puy-de-Dôme), le 11 décembre 1742, mort à Clermont-Ferrand (Puy-de-Dôme), le 23 décembre 1826, avait été avocat, échevin et procureur du roi avant la Révolution, qui le fit juge de paix. Elu député du Puy-de-Dôme au Conseil des Cinq-Cents, le 24 vendémiaire an IV, par 252 voix, il se consacra surtout aux questions de finances, présenta des rapports sur les assignats (25 frimaire an V), sur l'emprunt forcé, sur le régime hypothécaire, sur les pensions militaires, demanda aussi que la Belgique jouît enfin du régime civil, et combattit le maintien de la loi du 3 brumaire an IV. Il adhéra au coup d'Etat de brumaire et fut choisi par le Sénat conservateur pour représenter le Puy-de-Dôme au Corps législatif le 4 nivôse an VIII ; il y appuya, en l'an XI, le sénatus-consulte qui prolongeait de 10 années le consulat de Bonaparte. On doit à Bergier : *Instruction facile sur l'exercice de la faculté de disposer à titre gratuit* (1800); *Manuel général des officiers et agents de la police judiciaire* (1801); *Traité manuel du dernier des justices de paix* (1801); *Mémoire sur la nécessité de revoir, amender et perfectionner les nouveaux Codes* (1815), etc.

BERGOEING (FRANÇOIS), membre de la Convention et député au Conseil des Cinq-Cents, né à Saint-Macaire (Gironde), le 31 mars 1750, mort le 28 novembre 1829, exerçait à Bordeaux la profession de chirurgien et était maire de Saint-Macaire, lorsqu'il fut nommé membre de la Convention par le département de la Gironde, le 11 septembre 1792, avec 489 voix sur 647 votants. Il suivit dans cette Assemblée le parti auquel les députés de la Gironde ont donné leur nom. Dans le procès de Louis XVI, il vota pour la détention jusqu'à la paix, pour l'appel au peuple et pour le sursis, et dit : « Si je croyais que mes malheureux frères d'armes, morts pour la défense de notre glorieuse Révolution, ne s'y fussent exposés seulement qu'en haine contre Louis Capet, je repousserais, en montant à cette tribune, les douloureux sentiments que leurs ombres plaintives impriment à mon âme... Mais que je suis loin de leur faire cette injure !... Ce ne fut que pour détruire la tyrannie, qu'ils combattirent contre le tyran et ses délégués !... Aussi placerai-je ma conscience entre leur vœu présumé, c'est-à-dire ce que réclame le salut de mon pays, et la raison privée de la justice ; aussi n'est-ce qu'après avoir réfléchi à tout ce qui m'entoure, à tout ce que l'histoire peut me faire pressentir de dangereux pour notre République naissante, enfin à tout ce que la plus scrupuleuse comparaison des hommes au milieu de qui j'opine peut fournir à mon opinion que je m'arrête fermement à celle-ci : la réclusion de Louis, — et je le dis sans crainte. »

En mars 1793, il fit partie de la commission des Douze, chargée de surveiller la commune de Paris. Dénoncé pour ses menées contre-révolutionnaires, après le 31 mai 1793, il fut mis hors la loi (décret du 3 octobre); mais il parvint à se cacher et ne reparut plus qu'après le 9 thermidor. Alors il se signala parmi les réactionnaires les plus fougueux, et porta de nombreuses accusations contre les Montagnards. Au 1er prairial an III il combattit l'insurrection des faubourgs, et fut nommé membre du comité de sûreté générale. A l'époque du coup de main tenté par les royalistes au 13 vendémiaire, il servit efficacement la Convention. Après la session, il fit partie (23 vendémiaire an IV) du Conseil des Cinq-Cents, où il continua de représenter la Gironde, avec 206 voix sur 363 votants. Il parut alors rentrer dans la voie révolutionnaire et, devenu secrétaire de l'Assemblée, défendit l'arrêté qui privait les émigrés du droit de vote, dénonça les manœuvres des royalistes, et le danger des brochures qu'ils faisaient circuler, enfin se rangea du côté du Directoire au moment du coup d'Etat exécuté le 18 fructidor. Lors du 18 brumaire, il imita Barras avec lequel il était lié et donna sa démission. Murat, devenu roi de Naples, lui confia dans ses états une place qu'il occupa jusqu'en 1815. Bergoeing revint alors dans sa patrie, et ne fit plus parler de lui jusqu'à sa mort.

BERGONDI (Constantin). représentant à l'Assemblée nationale de 1871, né à Val-de-Blore (Alpes-Maritimes), le 14 décembre 1819, mort à Nice (Alpes-Maritimes), le 6 mai 1874, était avocat à Nice. Le 8 février 1871, il fut élu représentant des Alpes-Maritimes à l'Assemblée nationale, le 2e sur 4, avec 14,618 voix (29,928 votants et 61,367 inscrits). Il s'était déclaré républicain. A l'Assemblée il siégea à la gauche modérée et vota avec ce groupe politique. Il y passa, du reste, inaperçu, et sa mort fit plus de bruit que n'en avait fait sa vie. Au mois de mai 1874, les journaux annoncèrent, en effet, que M. Bergondi venait de se suicider à Nice. Les motifs de son suicide sont restés assez mystérieux. On l'attribua généralement à des affaires de famille, et l'on prit soin de déclarer (Soir, Opinion nationale, etc.), que la politique avait été tout à fait étrangère à l'événement. C'était peu de temps après l'incident Piccon (V. ce nom). M. Bergondi laissait sept jeunes orphelins. Ses obsèques furent célébrées à Nice, en grande pompe. Le bâtonnier de l'ordre des

avocats, M. Ourdan, prononça le discours d'adieu.

BÉRIGNY (Charles), député de 1828 à 1842, né à Fécamp (Seine-Inférieure), le 17 mars 1772, mort à Paris, le 6 octobre 1842, entra à l'Ecole polytechnique à l'époque de sa fondation. Ingénieur des ponts et chaussées il fut chargé (1798) de travaux relatifs à la navigation de la Somme et au port de Cherbourg, et de la direction (1802) de ceux de Dieppe, Saint-Valéry et Tréport. En 1809 il devint ingénieur en chef, et comme tel, envoyé à Strasbourg, il eut une grande part à la réfection des routes du département du Bas-Rhin. Secrétaire (1814 du conseil général des ponts et chaussées, inspecteur de l'Ecole, puis inspecteur divisionnaire, il eut à étudier (1823) un projet d'amélioration de la navigation de la Seine; il en a publié l'analyse dans un Mémoire sur « les moyens de faire remonter jusqu'à Paris tous les bâtiments qui peuvent entrer au port du Havre ». Enfin il fut, en 1830, nommé inspecteur général.

Sa carrière parlementaire avait commencé le 26 décembre 1828. Elu député par le 5e arrondissement de la Seine-Inférieure (Dieppe), il vota avec les 221 l'adresse contre le ministère Polignac et fut membre de plusieurs commissions importantes. Partisan du gouvernement de Juillet, il le soutint de ses votes jusqu'à l'époque de sa mort, ayant obtenu le renouvellement de son mandat : les 12 juillet 1830, 27 novembre de la même année (quand il fut nommé inspecteur général), 5 juillet 1831, 21 juin 1834, 4 novembre 1837, 2 mars 1839 et 9 juillet 1842. Bérigny intervint à la Chambre dans un grand nombre de discussions spéciales : projet de loi (1830) relatif à la suppression des juges auditeurs, loi sur la garde nationale, dont il amenda les articles 73 et 83, loi municipale (1831) dont il amenda l'article 11, budget des travaux publics, organisation départementale (1833), chemins vicinaux (1836), remboursement des rentes 5 pour cent, amélioration des ports (1839), chemins de fer, etc. — Il était officier de la Légion d'honneur.

BERLET (Albert-Ernest-Edmond), représentant à l'Assemblée nationale de 1871, député de 1876 à 1883, et sénateur de 1883 à 1886, né à Nancy (Meurthe), le 18 octobre 1837, mort à Nancy, le 28 juillet 1886, fut avocat à Nancy et fit partie, à la fin du second Empire, du comité décentralisateur de cette ville. Elu représentant de la Meurthe à l'Assemblée nationale, le 8 février 1871, le 8e et dernier de la liste, par 46,600 voix sur 83,223 votants et 120,231 inscrits, il prit place à la gauche républicaine et vota contre la paix (1er mars 1871), s'abstint sur les prières publiques et sur l'abrogation des lois d'exil, se prononça pour le pouvoir constituant de l'Assemblée (30 août 1871), pour le retour de l'Assemblée à Paris (3 février 1872), contre la démission de Thiers (24 mai 1873), contre la circulaire Pascal (10 juin), contre l'arrêté sur les enterrements civils (24 juin), contre la prorogation des pouvoirs de Mac-Mahon (20 novembre), contre le ministère de Broglie (16 mai 1874), s'abstint sur la dissolution de la Chambre (29 juillet), vota pour l'amendement Wallon (30 janvier 1875), et pour l'ensemble des lois constitutionnelles (25 février). Réélu le 20 février 1876, dans la 2e circonscription de Nancy, par 11,917 voix sur 19,244 votants et 26,249 inscrits, contre MM. Masson (4,121 voix) et Fernel (3,025), candidats conservateurs, il combattit le ministère de Broglie, fut des 363, et fut réélu le 14 octobre 1877 par 14,610 voix sur 21,596 votants et 26,748 inscrits, contre le général de Verely, candidat du gouvernement du 16 Mai, qui eut 6,749 voix.

Les élections générales du 21 août 1881 le renvoyèrent à la Chambre par 15,880 voix sur 17,684 votants et 27,529 inscrits. Nommé, dans le cabinet Freycinet du 30 janvier 1882, sous-secrétaire d'État des colonies au ministère de la marine, il tomba avec ce ministère le 7 août suivant, et fut élu sénateur de Meurthe-et-Moselle, le 10 juin 1883, par 393 voix, en remplacement de M. Varroy, décédé. Lors du projet de revision des lois constitutionnelles présenté par le gouvernement et discuté en juillet 1884, M. Berlet déposa un amendement demandant qu'en matière de budget les réductions et suppressions de crédits devinssent définitives après deux délibérations de celle des deux Chambres qui en aurait pris l'initiative. Il continua de siéger à gauche, et, déjà malade, était absent par congé lors du scrutin sur l'expulsion des princes (juin 1886). Il mourut un mois après.

BERLIER (THÉOPHILE, COMTE), membre de la Convention nationale et député au Conseil des Cinq-Cents, né à Dijon (Côte-d'Or), le 1er février 1761, mort à Dijon, le 12 septembre 1844, exerçaît dans cette ville, avant la Révolution, la profession d'avocat. Il adopta les principes nouveaux et fut élu membre du conseil général de la Côte-d'Or (1791); il faisait partie du directoire départemental lorsqu'il fut nommé député à la Convention nationale par le département de la Côte-d'Or, avec 282 voix sur 418 votants. Il prit la parole pour la première fois dans le procès de Louis XVI, et s'attacha à démontrer que l'Assemblée avait le droit de juger le roi. La Convention ordonna l'impression de son discours sur cette question de savoir « si Louis pouvait et devait être jugé ». Lors des appels nominaux, Berlier vota contre l'appel au peuple, et pour la mort : « L'humanité gémit, mais ma conscience commande », dit-il, et contre le sursis. Le 27 août 1792, il fut envoyé en mission à Dunkerque et y fit preuve d'un certain courage. Revenu à Paris, il s'effaça jusqu'au 9 thermidor, et dix jours après cet événement, il rentra dans la politique active et fit un rapport sur l'organisation des comités de gouvernement. Cette prudente attitude inspira à un de ses biographes cette appréciation : « Esprit souple et délié, il fut spectateur tranquille des débats personnels de ses collègues jusqu'à la chute de Robespierre; il se montra courageux quand le danger fut passé. » Son rôle parlementaire se borna, en effet, durant la période la plus orageuse de la Révolution, à faire rendre des décrets particuliers, tantôt pour ajouter quelques dispositions nouvelles à la loi sur les successions, tantôt pour faire décider dans quelles conditions aurait lieu l'action civile, etc. Envoyé une seconde fois dans les départements du Nord et du Pas-de-Calais, il put donner carrière à ses principes modérés; il écrivait de Calais, le 9 fructidor an II, au Comité de sûreté générale : « L'arrestation des gens qui avaient terrorisé le pays a rempli de joie tous les citoyens. » Il y institua aussi un tribunal destiné à juger les prévenus d'émigration, et, le 15 brumaire an III, mandait à la Convention : « Egalement ennemis de la domination des Capet et de celle de Robespierre, adversaires implacables des partisans des rois, et de cette autre espèce

d'hommes qui, tyrans par essence, croyaient qu'il leur était permis d'asservir tous les autres au nom même du patriotisme, les citoyens de ces deux départements ne sont pas disposés à souffrir qu'il s'élève parmi eux quelques nouveaux dominateurs, au grand scandale de la vraie liberté. »

Rentré à l'Assemblée, il défendit, contre l'opinion de Lanjuinais, l'effet rétroactif de la loi du 17 nivôse sur les successions, fut nommé membre de la commission des lois organiques de la Constitution, se montra d'avis, dans la séance du 14 floréal an III (3 mai 1795), d'annuler les confiscations prononcées par les tribunaux révolutionnaires, et proposa, à la même séance, la suppression immédiate de ces tribunaux. Lorsque Sieyès eut soumis à l'Assemblée l'idée de son jury constitutionnaire, Berlier demanda la priorité pour le plan de la commission dont il était membre, fit adopter, au nom de cette même commission, un projet d'adresse au peuple français, et obtint qu'on levât le séquestre mis sur les biens des prêtres déportés. Membre du Comité de salut public le 15 fructidor an III avec Daunou, Cambacérès et Laréveillère-Lépeaux, il fut, le lendemain, 16, nommé président de la Convention, et répondit en cette qualité, à une députation de la section des Arcis, que « la Convention conserverait le pouvoir constituant jusqu'au moment où le vœu du peuple serait légalement constaté. »

Berlier fut élu par les trois départements de la Côte-d'Or, du Nord et du Pas-de-Calais, député au premier Conseil des Cinq-Cents, le 25 vendémiaire an IV; il opta pour la Côte-d'Or, qui lui avait donné 171 voix sur 335 votants, et apporta dans la nouvelle Assemblée le même esprit de conciliation. Il proposa de porter devant les juges ordinaires les affaires qui étaient attribuées d'office aux arbitres, et fit relever de la déchéance, en matière judiciaire, les citoyens qui s'étaient pourvus contre des arrêts des comités de la Convention ou des représentants. A l'issue de la session, il fut attaché au bureau de consultation établi près le ministère de la justice, puis appelé par le Directoire aux fonctions de substitut du commissaire du gouvernement près la Cour de cassation (avocat général).

Berlier ne resta à ce poste que pendant une année, et fut élu pour la seconde fois, le 25 germinal an VI, par les deux assemblées scissionnaires des électeurs de Paris, membre du Conseil des Cinq-Cents. Il en devint secrétaire (2 messidor), puis président (1er nivôse de l'année suivante), fit plusieurs rapports sur le régime de la presse, à l'égard de laquelle il proposa des dispositions pénales, appuya vivement la loi dite des otages proposée par Brichet (V. ce nom), soutint d'abord le maintien de la loi du 19 fructidor contre la presse, pour en demander ensuite le retrait, proposa encore que l'autorité exécutive fût investie du droit de former dans certains départements un conseil de guerre séparé de la division militaire.

Quelques jours avant le 18 brumaire, Berlier jugea habile de se tenir à l'écart du mouvement politique, et se rendit à Dijon; quand il fut de retour à Paris, il ne tarda point, après avoir fait effacer son nom d'une liste de proscription, à accepter de Bonaparte les fonctions de conseiller d'État, puis de président du conseil des prises. Il prit dans le conseil d'État une part importante aux travaux de législation; divers essais sur les droits à restituer aux enfants naturels ou nés hors mariage, sur l'adoption,

19

sur la puissance ou protection paternelle, qu'il avait publiés sous la Convention, servirent de bases à des dispositions corrélatives, adoptées dans le Code civil. Ce fut aussi sur son rapport que furent rendues les lois relatives aux inscriptions hypothécaires. Il fut nommé commandeur de la Légion d'honneur, lorsque cette institution fut organisée, et reçut plus tard le titre de comte de l'Empire. En 1806, il eut à s'acquitter d'une mission en Belgique, relative à des détentions arbitraires exercées contre plusieurs citoyens. Lors de la déchéance de Napoléon, et, bien qu'il eût reçu de l'empereur 60.000 francs de gratifications, plus un majorat d'un revenu annuel de 10.000 francs en terres situées dans la Poméranie suédoise, de 4.000 francs dans l'Illyrie, et enfin de quatre actions du canal de Languedoc (V. Germain Sarrut et Saint-Elme, *Biographie des hommes du jour*), Berlier fut un des fonctionnaires les plus empressés à adhérer à cette déchéance; il remplit, pendant les Cent-Jours, les fonctions de secrétaire du gouvernement provisoire.

Il quitta ensuite la politique, échappa à la proscription de Juillet 1815, mais fut atteint comme régicide, par la loi dite d'*amnistie* de janvier 1816, dut s'expatrier à Bruxelles, où il s'occupa de travaux historiques, littéraires et de jurisprudence. La révolution de Juillet lui rouvrit les portes de la France. Il se fixa alors à Dijon, dont il devint conseiller municipal. L'Institut l'admit au nombre de ses correspondants (Académie des sciences morales et politiques). Il vivait ainsi dans une sorte de retraite, quand les auteurs de la *Biographie des hommes du jour*, ayant à écrire, en 1838, une notice sur Berlier, eurent l'idée originale d'obtenir de lui-même des éclaircissements sur les « tergiversations » dont son existence politique leur semblait pleine. Berlier ne fit point de difficulté de leur répondre.

Sur la première question: *Quels ont été les motifs de votre opinion dans le jugement de Louis XVI?* il s'expliqua en ces termes: « Quelle était la peine à infliger? Ici j'avoue que celle de mort répugnait beaucoup à mon caractère et que le bannissement immédiat s'était d'abord offert à ma pensée, car quelque coupable que l'accusé fût à mes yeux, je sentais que les préjugés de son éducation royale, selon le droit divin, pouvaient justifier une atténuation de peine; mais en considérant l'effervescence publique alors portée à son comble, je restai convaincu, comme je le suis encore aujourd'hui, qu'il eût été impossible de tirer ce grand accusé de prison, et de le conduire sain et sauf jusqu'aux frontières; j'en jugeais même la simple tentative comme appelant inévitablement des résistances qui compromettraient beaucoup de vies autres que celles du roi, sans que la sienne fût sauvée... »

La deuxième question était si délicate: *Comment le titre de comte peut-il se concilier avec vos antécédents?* Berlier avoua dans sa réponse qu'il n'avait cédé qu'à l'intérêt personnel. Il déclara qu'après avoir été «opposant» à l'institution de la Légion d'honneur, « plus particulièrement encore à l'hérédité et à l'établissement de l'Empire », il accepta cependant le titre de comte comme une conséquence inévitable des institutions impériales : «Tout cela s'est arrangé dans le cabinet de l'Empereur, j'ignore par qui; j'y prenais très peu d'intérêt, et ne fus instruit qu'en recevant mes lettres patentes. Singulière destinée! je m'étais opposé à l'institution de la Légion d'honneur, et l'institution admise, je fus nommé commandant; depuis, je m'étais

opposé aux institutions héréditaires qui devaient amener la noblesse, et je fus nommé comte... Dira-t-on que je pouvais refuser le titre et renvoyer le brevet? Sans doute ; mais le pouvais-je sans renoncer en même temps à mes places de conseiller d'Etat et de président du Conseil des prises? Ces places me donnaient à moi et à ma nombreuse famille une existence honorable et une honnête aisance. Pouvais-je renoncer à ces avantages?... Qu'est-ce, d'ailleurs, que le pays eût gagné à ma retraite? Les choses en auraient-elles été autrement?... etc. »

BERMOND (Marie-Joseph-Jacques-François-Cécille), député au Conseil des Cinq-Cents, et député de 1831 à 1834, né à Toulouse (Haute-Garonne), le 18 juin 1759, mort à Gaillac (Tarn), le 9 juillet 1838, fut, sous la Révolution, président de l'administration municipale de Gaillac, puis agent municipal et procureur de la commune. Membre du Conseil des Cinq-Cents le 25 germinal an VII, il y représenta sans éclat le département du Tarn, puis il entra dans l'administration après le coup d'Etat de brumaire, comme sous-préfet de Gaillac. Sous la Restauration, il essaya, le 28 septembre 1829, de succéder comme député d'Albi, à M. Cardonnel, décédé, mais il n'obtint que 56 voix contre 273 à M. de Gélis, élu. Il fut plus heureux le 5 juillet 1831 : le 4e collège électoral du Tarn lui donna 262 voix sur 307 votants et 553 inscrits. Il fit partie, jusqu'en 1834, de la majorité ministérielle de la Chambre, et vota (16 avril 1833) la condamnation du gérant du journal la *Tribune*.

BERMOND (Alexandre-Charles de), petit-fils du précédent, représentant à l'Assemblée nationale de 1871, né à Toulouse (Haute-Garonne), le 12 août 1813, mort à Versailles (Seine-et-Oise), le 2 février 1875. Son père et son oncle avaient rempli d'importantes fonctions publiques. M. Alexandre-Charles de Bermond fit ses études au collège de Sorèze, puis s'établit dans le département du Tarn, où il possédait le château de Roquenaud, près Lovaux. D'opinions conservatrices modérées, il fut, sous l'Empire, candidat indépendant aux élections du Corps législatif (24 mai 1869) dans la 3e circonscription du Tarn et réunit 6,975 voix contre 16,046 au candidat officiel, M. Daguilhon-Pujol qui fut élu. Après la guerre, il se représenta, le 8 février 1871, aux élections de l'Assemblée nationale et fut élu, le dernier de la liste conservatrice, représentant du Tarn, par 39,508 voix (78,096 votants, 112,556 inscrits). Il siégea au centre droit, et vota *pour* la paix, *contre* le retour à Paris, *pour* la démission de Thiers et *pour* le gouvernement du 24 mai. Il mourut avant la fin de la session.

BERNADOTTE (Jean-Baptiste-Jules), ministre de la guerre de l'an VII à l'an VIII, né à Pau (Basses-Pyrénées), le 26 janvier 1764, mort roi de Suède et de Norvège, sous le nom de Charles-Jean XIV, à Stockholm, le 8 mai 1844. Fils d'un avocat, mais ayant peu de goût pour la carrière paternelle, il s'engagea dans le régiment royal-marine et s'embarqua pour la Corse. Sous-officier en 1790 il sauva son colonel un jour d'émeute à Marseille. Dès lors son avancement fut rapide : colonel sous Custine, il fut nommé général de brigade par Kléber. A Fleurus, en 1794, il était à la tête d'une division. Après s'être distingué sur la Lahn, sur le Rhin, à Mayence, à Neuhof, au passage de la Rednitz, à la prise d'Altorf, etc., il se trouva, à l'armée d'Italie, en présence de Bonaparte, qu'il jugea ainsi : « Je viens de voir, dit-il, un homme de vingt-six à vingt-sept ans, qui veut avoir l'air d'en avoir cinquante, et cela ne me présage rien de bon pour la République. » Il prit avec ses soldats une part active aux succès de la campagne, revint à Paris chargé de drapeaux pris à l'ennemi, puis retourna à l'armée d'Italie; cette fois sa gloire naissante porta ombrage à Bonaparte qui l'éloigna. Bientôt un arrêté du Directoire l'appela à l'ambassade de Vienne. Là, ayant arboré à la porte de son hôtel le drapeau tricolore surmonté du bonnet rouge, avec la devise : « Liberté, Egalité, » il fut insulté par le peuple qui faillit piller l'hôtel (13 avril 1798.) Au renouvellement des hostilités qui suivit le congrès de Rastadt, il refusa le commandement de la 8e division militaire, puis il accepta celui de l'armée d'observation du Bas-Rhin, où il débuta par le bombardement de Philipsbourg et la prise de Manheim. A quelque temps de là, il épousa Mlle Clary, fille d'un négociant de Marseille, belle-sœur de Joseph Bonaparte. Cette personne avait été demandée en mariage, précédemment, par Napoléon Bonaparte lui-même; mais le père avait, dit-on, répondu : « C'est assez d'un Bonaparte dans la famille. »

Le 15 messidor an VII, Bernadotte fut chargé du portefeuille de la guerre. Il eut à réorganiser la garde nationale, à former des légions nouvelles entre le Rhin et la Moselle, à remplacer par les bataillons de vétérans les régiments chargés de défendre les frontières, à augmenter la cavalerie, etc. Il déploya une grande activité. Mais la majorité du Directoire était hostile à Bernadotte, que l'on trouvait alors trop républicain, et qui ne cachait pas son opposition aux desseins de Bonaparte.

Cependant l'Empire allait faire du général républicain un maréchal et un prince (de Ponte-Corvo). Malgré tout, un dissentiment assez profond demeura toujours dans ses relations entre le nouveau chef de la France et Bernadotte à qui, au début, on offrit le poste d'ambassadeur aux Etats-Unis (1803); mais il ne partit pas et écrivit, le 13 juin, à Talleyrand, ministre des affaires étrangères « que s'étant rendu à la Rochelle pour gagner son poste, il a attendu 45 jours une frégate; pendant ce temps la guerre avec l'Angleterre a éclaté et il a offert son épée au premier consul. » Mis à la tête du corps d'observation placé au nord de l'Allemagne, Bernadotte établit son quartier général à Hambourg et traita le pays avec humanité. C'était au moment où Gustave IV était précipité du trône de Suède. Le duc de Sudermanie prit le gouvernement sous le nom de Charles XIII, la diète avait désigné pour lui succéder le prince de Holstein-Augustenbourg, quand le nouvel élu périt mystérieusement. Dans ces circonstances la diète imagina d'opposer à la candidature du roi de Danemark celle du « prince de Ponte-Corvo, » dont on avait apprécié la conduite et les talents militaires dans la Poméranie suédoise. Il était à Paris quand la nouvelle lui en fut annoncée (août 1810). Napoléon lui laissa toute liberté d'accepter, et Bernadotte partit, avec deux millions de francs, empruntés en partie à l'empereur, arriva à Elseneur, le 19 octobre 1810, abjura le catholicisme, se présenta à la diète, prêta serment comme prince royal de Suède et fut proclamé *héritier du trône*, sous le nom de Charles-Jean. Charles XIII resta nominalement en possession de la couronne. Un antagonisme très marqué éclata

bientôt entre la France et la Suède, à propos du blocus continental, qui lésait les intérêts de ce dernier pays. Les puissances ennemies de Napoléon songèrent à profiter de ce conflit; les conférences d'Abo eu 1812 s'ouvrirent et l'accession de la Suède à la coalition y fut arrêtée entre l'empereur Alexandre, Charles-Jean et le plénipotentiaire anglais. Toutefois, sa correspondance avec l'empereur (lettre du 23 mars 1813) semble prouver que Bernadotte ne voulait point pousser les choses à l'extrême, et qu'il eût préféré le rôle de médiateur. « Je suis né dans cette belle France que vous gouvernez, Sire ; sa gloire et sa prospérité ne peuvent jamais m'être indifférentes; mais sans cesser de faire des vœux pour son bonheur, je défendrai de toutes les facultés de mon âme les droits du peuple qui m'a appelé et l'honneur du souverain qui a daigné me nommer son fils.» Mais il fallut aller jusqu'au bout; après la bataille de Lutzen et l'armistice qui en fut la conséquence, Charles-Jean rejoignit avec 30,000 suédois l'armée alliée sous les murs de Berlin, et repoussa à Interbock le corps d'armée du maréchal Ney. Ce fut encore lui qui, à Leipsig, décida du sort de la bataille si funeste aux armes françaises; Alexandre et le roi de Prusse l'embrassèrent sur la place de Leipsig et l'appelèrent leur libérateur.

Il vint à Paris avec les alliés; il s'était fait précéder d'une proclamation dont les termes donnèrent à penser qu'il avait pu nourrir le secret espoir de remplacer alors Napoléon sur le trône de France. Déçu sans doute dans ses projets personnels, il ne voulut pas se mêler des affaires de la France pendant les Cent-Jours. Les souverains se refroidirent alors sensiblement à son égard ; l'empereur de Russie accorda même sa protection au jeune Gustave Vasa son compétiteur; mais Charles-Jean refusa de se retirer et ce fut lui qui, avec l'appui des Diètes suédoise et norvégienne, succéda à Charles XIII, le 5 février 1818, sous le nom de Charles-Jean XIV; le 17 mai, il fut couronné à Stockholm, et le 7 septembre à Drontheim. Les années de ce règne furent marquées par des travaux et des réformes considérables. Frappé d'apoplexie le 26 janvier 1844, il put lutter six semaines encore contre la maladie qui l'emporta. Il eut pour successeur son fils, le prince Oscar, qui lui avait fait de son vivant une sérieuse opposition.

BERNADOU (Jean-Louis-Vincent), député de 1837 à 1846, né à Castres (Tarn), le 2 mars 1800, mort à Vielmur (Tarn), le 31 juillet 1868, était propriétaire, conseiller général et maire de Castres. Elu, le 4 novembre 1837, député du 3e collège du Tarn (Castres), par 179 voix sur 347 votants et 449 inscrits, contre M. de Falguerolles, député sortant (164 voix), et réélu les 2 mars 1839 et 9 juillet 1842 par le même collège, il vota parfois avec l'opposition dynastique, notamment *contre* l'indemnité Pritchard. Il ne fit pas partie de la législature de 1846.

BERNARD (Joseph-Charles), député à l'Assemblée constituante de 1789, né à une date inconnue, mort à Colmar (Haut-Rhin), le 18 janvier 1809, fut élu par l'Alsace (31 mars 1789) député du tiers aux Etats-Généraux. Il était syndic du chapitre de Wissembourg. Le procès-verbal de la séance du 5 août, à l'Assemblée contient cette mention : «M. le prince de Broglie, parlant au nom des députés du clergé de la noblesse d'Alsace, et MM. Rewbell et Bernard, députés des communes et villes impériales de la même province, ne s'étant pas trouvés hier en nombre, se sont réunis ce matin, et déclarent adhérer à ce qui a été décidé hier par la pluralité des provinces. L'un d'eux a dit : « Renoncer en ce moment au privilège de sa province est un acte où il y a bien peu de mérite car c'est devenir plus français encore, et le nom de français est aujourd'hui le plus beau nom que l'on puisse porter sur la terre. » Mais Bernard ne tarda pas à se séparer de ses collègues. Le 3 novembre 1789, il donna sa démission.

BERNARD (Joseph), dit Bernard d'Ugny, député à l'Assemblée législative de 1791, né à Ugny (Meuse), le 28 juillet 1745, mort à une date inconnue, fut élu, étant cultivateur et maire d'Ugny, député à l'Assemblée législative, le 8 septembre 1791, avec 206 voix. Son nom n'est pas mentionné une seule fois dans les procès-verbaux officiels des séances.

BERNARD (Pierre), dit Bernard d'Héry), député à l'Assemblée législative de 1791, né à Héry (Yonne), le 3 juillet 1755, mort à Sens (Yonne), le 23 avril 1833, était avocat dans son département dont il devint un des administrateurs. Le 2 septembre 1791, il fut élu député de l'Yonne à l'Assemblée législative par 383 voix sur 437 votants ; il fit partie de la majorité réformatrice de cette Assemblée, et prit quelquefois la parole, pour faire (24 décembre 1791) suspendre l'adjudication définitive du bail de l'Ecole Militaire, pour donner lecture (13 juin 1792), au nom du comité des secours publics, d'un long et intéressant rapport, qui fut accueilli par des applaudissements, sur l'organisation nouvelle de ces secours et la destruction de la mendicité, enfin pour faire voter (10 août) le renouvellement de toutes les administrations des départements. « Elles ont été, dit-il, en grande partie corrompues par le pouvoir exécutif, sous les ordres duquel elles sont immédiatement placées. Le petit nombre de patriotes qui s'y trouvent sera probablement élu à la prochaine Convention nationale, en sorte qu'il n'y resterait que les membres gangrenés. » Rallié plus tard au gouvernement consulaire, Bernard d'Héry fut nommé, le 9 germinal an VIII, conseiller de préfecture à Auxerre.

BERNARD (Marc-Antoine-François), membre de la Convention, né à Cadenet (Vaucluse), le 29 octobre 1755, exécuté à Paris, le 22 janvier 1794, était chirurgien à Tarascon et fut un instant, au début de la Révolution, administrateur du département des Bouches-du-Rhône, qui le désigna le 7 septembre 1792, comme membre-suppléant de la Convention. Il y prit séance après l'expulsion de Barbaroux, le 20 août 1792, et, pendant les quatre mois et vingt-cinq jours qu'il siégea dans l'Assemblée, continua le rôle politique de son prédécesseur. A la séance du 29 brumaire an II, Bernard fut dénoncé par le représentant Monnel, de la Haute-Marne, comme ayant invité les tribunaux et les municipalités des Bouches-du-Rhône à s'insurger contre la Convention ; il eut beau se défendre d'être fédéraliste, il fut, sur la proposition de Charlier, mis en état d'arrestation, traduit au tribunal révolutionnaire et condamné à mort. « Marc-Antoine Bernard, dit le jugement de condamnation, natif de Cadnay (sic), département du Vaucluse, chirurgien, âgé de trente-six ans, député suppléant de Barbaroux à la Convention, convaincu d'être auteur ou

complice d'une conspiration contre l'unité et l'indivisibilité de la République. »

BERNARD (Charles-Dominique), député de 1815 à 1816, né à Lille (Nord), le 2 décembre 1762, mort à Lille, le 12 janvier 1845, fut, sous l'ancien régime, avocat au parlement de Flandre. Après la Révolution, il devint. à Lille, officier municipal, et se rallia successivement : au gouvernement consulaire qui fit de lui un deuxième adjoint au maire de Lille, à l'Empire qui le nomma (17 mai 1809) conseiller de préfecture du Nord, enfin à la Restauration. Député du Nord, le 22 août 1815, avec 105 voix, obtenues au collège de département, sur 192 votants et 298 inscrits, il fit partie de la majorité de la Chambre introuvable, avec laquelle il vota d'ailleurs silencieusement.

BERNARD (Louis-Rose-Désiré, dit Bernard de Rennes), député de 1830 à 1834, et de 1836 à 1848, né à Brest (Finistère), le 11 mai 1788, mort à Paris, le 9 janvier 1858, était fils d'un négociant de Brest. Après avoir fait ses études à La Flèche, puis au collège Sainte-Barbe, il fut, en 1810, admis au barreau de Rennes, et, quoiqu'il eût voté contre l'acte additionnel, fut, pendant les Cent-Jours, conseiller à la Cour impériale. Au retour des Bourbons, il redevint avocat et plaida, en 1815, pour le général Travot. Dix ans plus tard, une attaque du journal l'Etoile contre la mémoire de La Chalotais lui fournit l'occasion de se faire connaître à Paris (1825) ; il s'y lia avec Odilon Barrot. Il défendit encore, sous le ministère Polignac, le Journal du commerce. Candidat des libéraux le 23 juin 1830, dans deux circonscriptions : à Lannion (Côtes-du-Nord) et à Rennes (Ille-et-Vilaine), il fut élu par toutes les deux, protesta avec l'opposition contre les Ordonnances de juillet, fit partie de la Commission envoyée par la Chambre auprès du nouveau lieutenant-général du royaume et prit part à l'établissement du gouvernement nouveau, qui le fit procureur général près la Cour royale de Paris. En cette qualité, il organisa les parquets du ressort, dirigea à Saint-Leu l'instruction de la procédure relative à la mort mystérieuse du prince de Condé, et présida à l'interrogatoire des ministres de Charles X. Soumis comme fonctionnaire à la réélection, il obtint, le 21 octobre 1830, le renouvellement de son mandat, puis, sauf aux élections générales de 1834, fut constamment réélu jusqu'en 1848. Il était rentré à la Chambre, le 19 mars 1836, comme député du Morbihan, en remplacement de M. Caradec, démissionnaire.

Il ne garda pas longtemps ses fonctions de procureur général, et préféra les échanger contre celles de conseiller à la Cour de cassation. A la Chambre des députés, il montra d'abord une certaine indépendance à l'égard du pouvoir, contre lequel il votait souvent. Il proposa d'abolir entièrement le cautionnement des journaux politiques, d'abaisser le cens électoral jusqu'à 150 francs, et se prononça même pour la liberté absolue de réunion et d'association. Mais à partir de 1833, il se rangea du côté de la majorité conservatrice et soutint, jusqu'à la fin, les derniers ministères du règne. Il vota ainsi l'indemnité Pritchard. — En 1851, il devint président de la Cour de cassation. On doit à M. Bernard (de Rennes) un assez grand nombre d'ouvrages de genres divers, depuis un *Résumé de l'Histoire de Bretagne* (1826) jusqu'à un vaudeville, *La Craniomanie*.

BERNARD (Joseph), frère de Bernard de Rennes, député de 1831 à 1834, né à Brest (Finistère), le 15 août 1792, mort à Paris, le 10 août 1864, fit à Rennes ses études de droit, s'inscrivit au barreau de cette ville, puis s'occupa d'anatomie. En 1828, il fit paraître un petit livre populaire inspiré par les idées libérales et intitulé : *Le Bon sens d'un homme de rien.* Membre de la Société « Aide-toi, le Ciel t'aidera », il prit une assez grande part à ses travaux et surtout aux publications entreprises sous son patronage. Le gouvernement de Juillet compta d'abord M. J. Bernard parmi ses partisans et parmi ses fonctionnaires : il administra successivement les préfectures des Basses-Alpes et du Var; puis ayant été révoqué en juin 1831 par le ministère Casimir Périer, dont il avait refusé de suivre les instructions, il sollicita des électeurs du 1er collège du Var (Toulon) le mandat législatif, et l'obtint, contre l'amiral de Rigny, avec 135 voix sur 254 votants, le 5 juillet 1831. Il siégea dans l'opposition et vota généralement avec la gauche. Après la session il ne se représenta point, quitta la vie politique, et accepta de M. de Salvandy, ministre de l'instruction publique, le poste de conservateur de la bibliothèque Sainte-Geneviève. Il passa plus tard (1854) à la Bibliothèque impériale en la même qualité.

BERNARD (Pierre-Marie), député de 1834 à 1839, né à Bourg (Ain), le 25 septembre 1777, mort à Bourg, le 9 décembre 1839, avait appartenu à l'armée, qu'il quitta avec le grade de capitaine adjudant-major. Le 21 juin 1834, il fut, par 137 voix sur 183 votants et 236 inscrits, élu député du 2e collège de l'Ain. Il était alors maire de Bourg. Les élections des 4 novembre 1837 et 2 mars 1839 le renvoyèrent à la Chambre, où il siégea obscurément parmi les membres du tiers-parti.

BERNARD (Simon, baron) pair de France et ministre de la guerre sous Louis-Philippe, né à Dôle (Jura), le 28 avril 1779, mort à Paris, le 5 novembre 1839, d'une famille indigente, fut admis gratuitement à l'école centrale de Dôle tenue par l'abbé Jantet, s'y distingua par de rares aptitudes pour les sciences exactes, et entra à l'École polytechnique dès l'âge de quinze ans. On raconte qu'il arriva à Paris au milieu d'un hiver des plus rigoureux, à pied, le sac sur le dos et un bâton ferré à la main, avec une lettre de recommandation pour l'illustre Lagrange. Épuisé de fatigue, transi de froid, il se traînait le long des quais, lorsqu'il fut sauvé par une bonne femme qui l'emmena chez elle, le réchauffa et le conduisit à l'École. Sorti le second dans la promotion du génie, en 1799, Bernard fit sa première campagne à l'armée du Rhin et y gagna bientôt les épaulettes de capitaine. Chargé par Napoléon, pendant la campagne de 1805, de pousser une reconnaissance jusque sous les murs de Vienne, il s'acquitta de cette mission de manière à mériter le grade de chef de bataillon, et épousa, à Ingolstadt, la sœur d'un ancien ministre de la guerre du roi de Bavière. Il passa quelque temps en Illyrie, d'où il revint en 1809, pour prendre la direction des travaux d'Anvers avec le grade de major; il fut alors choisi comme aide de camp par l'empereur. Créé chevalier de l'Empire en 1812, avec un majorat de 4,000 francs, et promu colonel à l'ouverture de la campagne de 1813, il assista aux batailles de Lutzen, de Wurtzen, etc. Une

chute dans un ravin, près de Zittau, lui fracassa la jambe le 16 août. On dut le transporter à Torgau, et il put encore concourir à la défense de cette place quand les ennemis vinrent en faire le siège. Ses blessures l'empêchèrent de prendre part aux combats de 1814; l'empereur le créa, le 22 mars, baron de l'Empire. Après l'abdication de Napoléon, il se rallia à Louis XVIII, qui le nomma maréchal de brigade le 23 juillet, et chevalier de Saint-Louis le 20 août suivant. Mais il « rejoignit », comme dit un biographe, « les aigles de Napoléon » dès qu'il apprit son retour en France, et partagea la déception et le désastre de Waterloo. Malgré la grande réserve de sa conduite, — il avait consenti à exécuter pour le ministre de la guerre Clarke un important travail de topographie. — il devint suspect à la seconde Restauration, reçut l'ordre de quitter Paris et refusait les offres brillantes que lui firent plusieurs souverains, notamment le czar, il préféra s'embarquer pour les Etats-Unis, dont le gouvernement utilisa ses connaissances techniques. « Un des premiers et des plus importants travaux du général Bernard » a écrit M. Roux de Rochelle dans une notice nécrologique lue à la Société de géographie (1840) « est la reconnaissance géodésique qu'il eut à faire pour ouvrir des routes de communication entre Washington et la Nouvelle-Orléans, à travers des contrées dont une grande partie était encore occupée par des nations sauvages. Cette distance, d'environ 400 lieues de France, fut parcourue quatre fois par notre intrépide voyageur; il essayait, il suivait plusieurs directions différentes qui arrivaient toutes aux mêmes points par leurs extrémités, afin que le gouvernement fédéral pût choisir et adopter les lignes de communication qui lui paraîtraient préférables sous les rapports militaires, politiques et commerciaux, etc. »

De nombreuses études de géologie et d'histoire naturelle furent aussi faites par le général Bernard, qui dressa encore le plan (1824) d'un canal projeté par Washington entre le cours du Potomac et celui de l'Ohio. Le général Bernard était aidé dans ses travaux par le major-général Poussin.

La Révolution de 1830 rappela le général en France ; Louis-Philippe en fit son aide de camp, le nomma lieutenant-général du génie (15 octobre 1831) et l'appela au comité général des fortifications où il fut chargé d'exécuter les plans de l'enceinte de Paris. En 1834, l'embarras où se trouva le roi de composer un ministère fit de Bernard pour quelques jours et malgré lui, contrairement à sa vocation et à ses goûts, un homme politique et un ministre. Le 10 novembre, il entra, avec le portefeuille de la guerre et l'intérim des affaires étrangères, dans le cabinet dit de *conciliation*, présidé par le duc de Bassano, ministre de l'intérieur, et qui dura 3 jours. La même ordonnance appelait Simon Bernard à la pairie. Tant de faveurs coup sur coup furent vivement critiquées par la presse, qui rappela ce mot de Napoléon : « Mon cher Bernard, ne parle donc jamais politique, tu n'y entends rien; tu es un excellent maçon, ne sors pas de là. » Deux ans après, lorsque le ministère dit du 22 février dut se retirer, Bernard prit une seconde fois (6 septembre 1836) le ministère de la guerre en y joignant l'intérim de la marine. Il ne marqua d'ailleurs nullement, ni comme ministre ni comme pair de France, dans les débats législatifs. Il conserva son portefeuille jusqu'à la chute du cabinet doctrinaire du 16 avril. Au commencement de 1839, ce cabinet, attaqué vivement par la majorité de la Chambre, se décida à la dissoudre. Bernard eut alors, comme ses collègues, à se mêler d'élections, et les journaux de l'opposition signalèrent ses efforts malheureux, mais obstinés, pour faire triompher à Dôle, sa ville natale, la candidature du baron Janet. Les ministériels ayant eu le dessous dans les élections, Bernard et ses collègues se retirèrent. La promotion du général Bernard au ministère de la guerre n'avait pas été bien accueillie dans l'armée, qui l'appelait *le grand terrassier*. Il avait été fait, le 18 février 1836, grand officier, et le 9 mars 1839, grand-croix de la Légion d'honneur. A ses funérailles des discours furent prononcés par le général Rogniat, le baron Athalin et le major Poussin. Le comte Molé fit son éloge à la Chambre des pairs, le 22 février 1840.

BERNARD (MARTIN, dit MARTIN-BERNARD), représentant du peuple aux Assemblées constituante et législative de 1848-1849, et représentant à l'Assemblée nationale de 1871, né à Montbrison (Loire), le 17 septembre 1808, mort à Paris, le 22 octobre 1883, fils cadet d'un imprimeur de Montbrison, suivit la profession de son père, et vint à Paris en 1826 pour se perfectionner dans son art. Affilié à la « Société des Droits de l'homme » en 1830, il se battit aux barricades de Juillet, fut un des défenseurs choisis par les accusés d'avril en 1835, fonda, avec Barbès et Blanqui, la « Société des Familles » et « des Saisons ». et, compris dans les poursuites provoquées par l'insurrection du 12 mai 1839, refusa de se défendre devant la Chambre des pairs : « Vous êtes mes ennemis, dit-il, vous n'êtes pas mes juges ». Condamné à la déportation, et interné d'abord au Mont-Saint-Michel, puis (1844) dans la citadelle de Doullens, il fut, à la révolution de Février 1848, nommé commissaire-général dans les départements de l'Ardèche, de la Loire, de la Haute-Loire et du Rhône, où il contribua à empêcher la guerre civile. Elu, le 28 avril 1848, représentant du peuple dans la Loire, le 6e sur 11, par 47,066 voix (le procès-verbal d'élection ne donne ni le chiffre des votants ni celui des inscrits), il siégea à la Montagne et vota constamment avec elle : *contre* le rétablissement du cautionnement (9 août 1848), *contre* les poursuites contre Louis Blanc et Caussidière (26 août), *pour* l'abolition de la peine de mort (18 septembre), *pour* l'incompatibilité des fonctions (4 octobre), *pour* l'amendement Grévy (7 octobre), *pour* le droit au travail (2 novembre), *contre* l'ordre du jour de félicitations au général Cavaignac (25 novembre), *contre* l'expédition de Rome (30 novembre), *pour* la suppression de l'impôt du sel (27 décembre), *contre* le renvoi des accusés du 15 mai devant la haute Cour (22 janvier 1849), *pour* l'amnistie générale (1er février), *contre* le vote de 1,200,000 francs pour l'expédition romaine (16 avril), *pour* l'amnistie des transportés (2 mai), *pour* la demande de mise en accusation du président et de ses ministres, *contre* l'ordre du jour sur les affaires d'Italie et de Hongrie (23 mai).

Réélu à la Législative dans le même département, le 4e sur 9, par 36,014 voix sur 75,232 votants et 118,427 inscrits, il prit une part des plus actives à la tentative révolutionnaire du 13 juin 1849, avec Ledru-Rollin, Pyat, Gambon, Deville, Boichot, etc., fut condamné à la déportation, mais parvint à s'échapper, et se réfugia en Belgique, puis en Angleterre, jusqu'à l'amnistie de 1859. Aux élections de 1869, il refusa de poser sa candidature dans la 1re circonscription de la Loire, pour ne pas prêter serment à l'Empire; mais, le 8 février 1871, candidat dans la Loire et dans la Seine, il échoua dans ce 1er département avec 38,520 voix (le dernier élu de la liste conservatrice, M. Callet, obtint 46,938 suffrages), et fut élu à Paris, le 22e sur 43, par 102,366 voix sur 328,970 votants et 547,858 inscrits. Il prit place à l'extrême-gauche et vota *contre* la paix (1er mars 1871), *contre* l'abrogation des lois d'exil (10 juin), *contre* le pouvoir constituant de l'Assemblée (30 août), *pour* le retour de l'Assemblée à Paris (3 février 1872), *contre* la démission de Thiers (24 mai 1873), *contre* l'arrêté sur les enterrements civils (24 juin), *contre* la prorogation des pouvoirs de Mac-Mahon (19 novembre), *contre* le maintien de l'état de siège (4 décembre), *contre* le ministère de Broglie (10 mai 1874), *pour* la dissolution de l'Assemblée (29 juillet), *pour* l'amendement Wallon (30 janvier 1875), *pour* l'ensemble des lois constitutionnelles (25 février). Il ne se représenta pas aux élections suivantes. On a de lui un ouvrage illustré : *Dix ans de prison au Mont-Saint-Michel et à la citadelle de Doullens* (1851).

BERNARD (CLAUDE), sénateur du second Empire, né à Saint-Julien (Rhône), le 12 juillet 1813, mort à Paris, le 10 février 1878, d'une famille peu aisée, entra d'abord chez un pharmacien de Villefranche-sur-Saône, puis vint à Paris, pour soumettre à Saint-Marc Girardin une tragédie en 5 actes et en vers, *Charles VI*. Sur le conseil qui suivit cette communication, il se hâta de prendre sa 1re inscription à la Faculté de médecine. Interne des hôpitaux en 1837, préparateur de Magendie en 1841, docteur-médecin en 1843, suppléant de Magendie en 1847 dans la chaire de physiologie expérimentale au Collège de France, il fit des cours très suivis et fort remarqués sur le foie et sur le grand sympathique. Docteur ès sciences en 1853, il fut nommé, en 1854, titulaire de la chaire de physiologie générale, créée pour lui à la Sorbonne, membre de l'Académie des sciences, la même année, et membre de l'Académie de médecine (1861). En 1855, il succéda à Magendie dans la chaire de médecine expérimentale au Collège de France, et 3 mois après, était appelé au Muséum, comme professeur de physiologie générale. Membre de l'Académie française (mai 1868), il fut nommé sénateur le 6 mai 1869. « Cet honneur, dit un biographe, ne l'éblouit pas au point de faire de lui un homme politique ; il était décidément supérieur en toutes choses. » Claude Bernard est le véritable créateur de la physiologie expérimentale, dont il a remporté trois fois le grand prix à l'Académie des sciences en 1849, en 1851 et en 1853. « On m'a reproché a-t-il dit, de n'être qu'un empirique, soit, mais guidé du moins par une raison et par une volonté sûres d'elles-mêmes. L'expérimentateur qui ne sait pas ce qu'il cherche, ne comprend pas ce qu'il trouve. » Claude Bernard a publié de nombreux travaux, la plupart résumés de ses cours au Collège de France. Commandeur de la Légion d'honneur de la promotion du 14 août 1867.

BERNARD (CHARLES DE), représentant à l'Assemblée nationale de 1871, né à Bourg (Ain), le 1er février 1812, avait été maire de Bourg, et comptait parmi les grands propriétaires de l'Ain, lorsqu'il fut, le 8 février 1871, élu re présentant de ce département à l'Assemblée nationale, le 5e sur 7, avec 55,823 voix (71,803 votants, 107,184 inscrits.) Ses premiers votes furent favorables à la politique conservatrice, puis il s'inscrivit au centre gauche et soutint M. Thiers. Il vota : le 1er mars 1871, *pour* la paix ; le 30 août, *pour* le pouvoir constituant ; le 8 février 1872, *pour* le retour à Paris ; le 24 mai 1873, *contre* la démission de Thiers ; les 19-20 novembre, contre la prorogation des pouvoirs du maréchal ; le 20 janvier 1874, *contre* la loi des maires ; le 30 janvier 1875, *pour* l'amendement Wallon ; le 25 février, *pour* les lois constitutionnelles.

Il *s'abstint* dans les scrutins sur les prières publiques, l'abrogation des lois d'exil, l'état de siège et l'amendement Pascal Duprat (élection des sénateurs par le suffrage universel.)

BERNARD (Auguste-Joseph), député de 1881 à 1885, né à Aubencheul-au-Bac (Nord), le 24 juillet 1834, conseiller général, ancien vétérinaire, cultivateur et fabricant de sucre, sollicita, le 21 août 1881, les suffrages des électeurs républicains de la 1re circonscription de Cambrai par une profession de foi où il déclarait : « Les charges qui pèsent sur les contribuables et en particulier sur la classe si intéressante des ouvriers sont exorbitantes. » De plus, il exprimait l'opinion que « le Concordat est en contradiction formelle avec les idées de liberté de justice, d'égalité, » mais il ajoutait que « tant qu'il existe, le Concordat demeure loi de l'Etat, et doit être respecté de tous. » — « Conclusion logique, observait à ce propos un biographe intransigeant de 1885, M. Bernard attendra que le Concordat s'abroge tout seul ou que les curés en demandent l'abolition. »

M. Bernard, élu par 11,579 voix contre 7,711 à M. Boitelle, s'inscrivit à l'Union républicaine, et vota avec la majorité opportuniste : *pour* les cabinets présidés par Gambetta et par M. Jules Ferry, *pour* l'expédition du Tonkin et *pour* le maintien du budget des cultes. Il ne se représenta pas en 1885.

BERNARD (Jean-Gustave), député de 1878 à 1889, puis sénateur, né à Baume-les-Dames (Doubs) le 11 novembre 1836, avocat, maire de Baume et conseiller général du Doubs, se présenta, comme candidat républicain, aux élections du 14 octobre 1877, qui suivirent la dissolution de la Chambre par le ministère du 16 Mai, et échoua, avec 500 voix de minorité, contre le candidat officiel, M. Estignard. Mais cette élection ayant été invalidée, les électeurs de la circonscription de Baume convoqués à nouveau le 3 mars 1878, élurent M. Bernard par 7,479 voix sur 14,652 votants et 16,779 inscrits, contre 7,070 voix données à M. Estignard. M. Bernard siégea à la gauche républicaine, et fut réélu, le 21 août 1881, par 8,545 voix sur 14,833 votants et 17,321 inscrits, contre 6,136 voix à M. Estignard. Il prit part surtout aux discussions agricoles et économiques comme protectionniste ; en février 1884, lors de la discussion de la loi sur l'enseignement primaire, il ne put obtenir, par voie d'amendement, que les conseils municipaux fussent appelés à donner leur avis sur les déplacements des instituteurs par les préfets ; dans la discussion du budget de 1886, il demanda la remise en vigueur d'une loi oubliée de l'an XIII, qui accordait au père de sept enfants le droit de les faire élever aux frais de l'Etat. Le ministre objecta que c'était une dépense de 50 millions ; M. Bernard, pour sauver le principe, se contenta de demander 400,000 f. qui furent votés, et réservés sous forme de bourses aux familles de sept enfants dont l'indigence serait constatée. M. Bernard a voté avec les crédits du Tonkin, et, en juin 1886, l'expulsion des princes. Réélu député par le département du Doubs, le 4 octobre 1885, le 2e sur 5, avec 37,166 voix sur 64,794 votants et 81,221 inscrits, il fut nommé, dans le cabinet Freycinet, sous-secrétaire d'Etat au ministère de l'intérieur (26 janvier 1886) ; lors de la discussion du budget de 1887 (décembre 1886), la Chambre ayant paru manifester par ses votes le dessein de supprimer les sous-secrétaires d'Etat, M. de Freycinet prit leur défense dans la discussion du budget du ministère de l'intérieur, et le traitement de M. Bernard fut voté à 24 voix de majorité. Mais le ministère, battu le lendemain, 3 décembre, sur la question de la suppression des sous-préfets, donna sa démission, et le ministère Goblet qui fut formé le 11, ne conserva qu'un seul sous-secrétaire d'Etat, celui des colonies, et encore temporairement. M. Bernard a continué de voter avec la gauche, notamment dans la dernière session, *pour* le rétablissement du scrutin uninominal (11 février 1889), *contre* l'ajournement indéfini de la révision des lois constitutionnelles (14 février, chute du ministère Floquet), *pour* les poursuites contre trois députés membres de la ligue des Patriotes (14 mars) ; absent par congé lors du scrutin sur le projet de loi Lisbonne restrictif de la liberté de la presse (2 avril), et lors du scrutin relatif aux poursuites contre le général Boulanger (4 avril). Le département du Doubs ayant été désigné par le sort pour nommer un sénateur, en remplacement de M. Schérer, sénateur inamovible, décédé, M. Bernard a été élu sénateur du Doubs, le 26 mai 1889, par 555 voix sur 903 votants, contre 343 voix données à M. de Mérode, conservateur.

BERNARD (Auguste-Joseph-Emile), sénateur de 1876 à 1883, né le 1er décembre 1824, à Château-Salins (aujourd'hui annexé à l'Allemagne), mort à Ramouchamp (Vosges), le 19 août 1883, se fit inscrire au barreau de Nancy en 1845, et fut successivement membre du conseil de l'ordre et bâtonnier. Pendant vingt-cinq ans il fit partie du conseil municipal de Nancy. Adjoint au maire, de 1852 à 1857, il fut décoré de la Légion d'honneur en 1866, à l'occasion du centenaire de la réunion de la Lorraine à la France, mais, depuis l'annexion, il ne porta plus cette décoration. Il remplit de nouveau les mêmes fonctions municipales pendant la guerre de 1870 ; il opta pour la France en 1871, et fut nommé maire de Nancy en 1872. Rallié à la République conservatrice, M. Bernard fut porté aux élections sénatoriales du 30 janvier 1876 sur la liste républicaine de Meurthe-et-Moselle, avec M. Varroy ; il fut élu contre M. Michaud, candidat conservateur, par 396 voix sur 667 votants, et réélu, le 5 janvier 1879, par 540 voix sur 646 votants. Conseiller à la Cour de cassation en 1881, il était, en outre, officier de la Légion d'honneur à l'époque de sa mort, survenue le lendemain du jour du mariage de son fils. Pendant son passage à la Chambre haute, M. Bernard, qui siégeait au centre gauche, a toujours voté avec la majorité républicaine.

BERNARD DE MONTESSUI. (*Voy.* Rully, comte de).

BERNARD DE SAINT-AFFRIQUE (Louis), membre de la Convention et député au Conseil des Anciens, né à Vallerangue (Gard) en 1745, mort à Belmont (Aveyron) en 1825, était (ministre protestant à Saint-Affrique, d'où son nom), et se montra partisan d'une révolution favorable à la liberté de ses croyances. Élu député à la Convention par le département de l'Aveyron, le 7 novembre 1792, avec 321 voix sur 513 votants, il siégea parmi les modérés, et, dans le procès de Louis XVI, répondit au 3e appel nominal : « Je demande que Louis soit enfermé dans un lieu sûr pendant la durée de la guerre, pour être banni ensuite. » Il fit partie d'un grand nombre de commissions, remplit une courte mission à l'armée du Nord, et mit parfois son inépuisable bienveillance au service de causes singulières : le 8 ventôse an III, le fameux marquis de Sade, ruiné, s'adressa à lui pour « obtenir une place quelconque ; on ne doit pas douter, écrivait-il, que les effets de ma reconnaissance ne animent alors dans mon cœur le foyer de toutes les vertus qui caractérisent un républicain. » Bernard de Saint-Affrique apostilla bravement la lettre en ces termes : « J'appuye avec une entière confiance la réclamation du citoyen Sade », et le « citoyen Sade » fut nommé secrétaire de la section de la place Vendôme.

Le 23 vendémiaire an IV, Bernard fut élu député de l'Aveyron au Conseil des Cinq-Cents par 165 voix sur 296 votants, et devint secrétaire, puis président de cette assemblée, de messidor an V à floréal an VI. Après cette législature, il renonça aux fonctions publiques et vécut étranger à la politique.

BERNARD DE SASSENAY (CLAUDE HENRY-ETIENNE, MARQUIS), député à l'Assemblée constituante de 1789, et député en 1830-31, né à Dijon (Côte-d'Or), le 25 novembre 1760, mort à Nice (Alpes-Maritimes), le 22 novembre 1840, fut avant la Révolution capitaine de dragons. Le 30 mars 1789, il fut élu député de la noblesse pour le bailliage de Châlon-sur-Saône. Adversaire des idées nouvelles, il ne siégea que peu de temps dans l'Assemblée, qu'il quitta le 10 novembre 1789. Secrétaire des commandements de la duchesse de Berry sous la Restauration, il entra comme légitimiste à la Chambre des députés, le 3 juillet 1830, ayant obtenu, au collège de département de Saône-et-Loire, 181 voix sur 356 votants et 388 inscrits. Il avait échoué, le 23 juin, dans le 2e arrondissement de Saône-et-Loire (Châlon) avec 109 voix contre 354 accordées à l'élu, M. de Thiard. Après la révolution de Juillet, il adhéra cependant au fait accompli et prêta serment, le 11 août 1830, sans aucune restriction. Il ne fit pas partie de la Chambre de 1831.

BERNARD DES SABLONS (CLAUDE), membre de la Convention et député au Conseil des Cinq-Cents, né à Moret-sur-Loing (Seine-et-Marne), le 2 septembre 1757, mort à Moret, le 16 novembre 1831, fut élu député à la Convention par le département de Seine-et-Marne, le 7 septembre 1792, avec 316 voix sur 336 votants ; se il montra un partisan timide de la Gironde, et, dans le procès de Louis XVI, répondit au 3e appel nominal : « Louis mérite la mort, mais j'en demande la suspension jusqu'à l'acceptation de la Constitution. » Effrayé bientôt par la marche des événements, il voulut se retirer, mais fut du nombre des 73 conventionnels décrétés d'arrestation après le 31 mai 1793, pour complicité avec les Girondins, et ne retrouva sa liberté qu'après la chute de Robespierre. Il entra comme conventionnel au Con-

seil des Cinq-Cents, le 4 brumaire an IV ; il y resta jusqu'en 1798, et quitta alors la vie politique.

BERNARD DES ZEUZINES (ANDRÉ-ANTOINE, dit BERNARD DE SAINTES), député à l'Assemblée législative et membre de la Convention nationale, né à Corme-Royal (Charente-Inférieure), le 21 juin 1751, mort en Amérique en 1819, était commandant de la garde nationale de Saintes, et présidait le tribunal de cette ville, lorsqu'il fut envoyé à l'Assemblée législative par les électeurs de la Charente-Inférieure avec 324 voix sur 523 votants. Il siégea dans la majorité, et réclama un décret d'accusation contre Lajard, ministre de la guerre. Nommé, le 4 septembre 1792, membre de la Convention par son département (431 voix sur 582 votants), il se rangea parmi les Montagnards et vota la mort de Louis XVI : « Quand la loi a parlé, répondit-il au premier appel nominal, je ne sais que m'y conformer ; elle m'a ordonné de juger Louis ; elle m'a ordonné de déclarer si je le crois coupable ; sous quelque qualité qu'on me considère, comme je suis certain que jamais on ne m'ôtera celle d'homme de bien, je réponds oui. » Et au 3e appel : « Comme je ne crois pas que la conservation d'un ex-roi soit propre à faire oublier la royauté, comme je suis intimement convaincu que le plus grand service à rendre au genre humain c'est de délivrer la terre des monstres qui la dévorent, je vote la mort du tyran dans le plus bref délai. »

Il fit ensuite partie du comité de sûreté générale, et fut envoyé successivement en mission dans le Jura et dans la Côte-d'Or. Il s'était donné le surnom de « Pioche-fer » pour bien attester la rigidité de ses principes. Après la prise de Lyon, il eut l'idée d'annexer à la France la principauté de Montbéliard, qui appartenait à la maison de Wurtemberg : « Je me sers d'un papier de deuil trouvé dans le château du duc de Wurtemberg, écrit-il à la Convention le 10 octobre 1793, pour vous apprendre que la principauté de Montbéliard est conquise à la France. J'y suis entré sans façon, ce matin à six heures, avec le bataillon de nouvelle levée de Dôle ; nous avons pris la ville sans peine et sans user de poudre. » Il imposa les habitants de 400,000 livres, et partit de là pour organiser le département de Mont-Terrible, réuni à la France le 23 mars précédent, sur le vœu des habitants de Porentruy, constitués, dès le 27 novembre 1792, en République de Rauracie. « J'arrive du département du Mont-Terrible, écrit-il le 30 nivôse an II, où, j'ai épuré les autorités constituées... Pour commencer la destruction du fanatisme et verser plus promptement du numéraire dans nos caisses, j'ai autorisé le district de Porentruy à échanger contre du numéraire les calices, pour que les citoyens puissent se servir à leur tour de ces saints gobelets ; les membres de la commission extraordinaire et moi nous avons donné l'exemple : il a de suite trouvé des imitateurs qui boivent gaiement et sans craindre le châtiment céleste dans cette coupe jadis divine. Ainsi tomberont le fanatisme et le mensonge ; ainsi la coupe consacrée à l'imposture servira à porter des santés à la République et à ses défenseurs... » A Dijon, il fit arrêter et traduire devant le tribunal révolutionnaire plusieurs « aristocrates » de cette ville. Il remplit aussi une mission dans l'Eure, et par mesure expéditive, envoyait guillotiner les suspects à Paris : « Dépêche-toi de les faire partir pour Paris, écrivait-il au commissaire national du district d'Evreux, il ne faut pas laisser vivre les scélérats ni jeûner la guillotine. » A son retour il devint secrétaire de la Convention. Après le 9 thermidor, Tallien le fit écarter du Comité de salut public, comme ayant des attaches avec le parti de Robespierre. Il n'en devint pas moins président de la Convention, et répondit favorablement à plusieurs députations de Jacobins qui étaient venues se plaindre de l'incarcération des patriotes et de la mise en liberté des aristocrates.

Ses antécédents par trop révolutionnaires déterminèrent, en 1795, son arrestation, décrétée sur la motion de Gouly, et contre laquelle il réclama vainement à la suite des événements de prairial (*Bernard de Saintes, représentant du peuple, à la Convention nationale*, in-8°). Il ne dut son élargissement qu'à l'amnistie du 4 brumaire an IV. Sous l'Empire, il fut avocat près la cour criminelle de son département. Forcé en 1816 de quitter la France comme régicide, il se réfugia en Belgique et y créa un journal démocratique, le *Surveillant*; mais bientôt le gouvernement hollandais l'ayant expulsé, il s'embarqua pour les Etats-Unis, fit naufrage sur les côtes de Madère, et put arriver cependant en Amérique, où il mourut deux ans après.

BERNARD-DUTREIL (Nicolas-Charles), député au Corps législatif de 1810 à 1815, né à Châteaubriant (Loire-Inférieure), le 18 mars 1746, mort à une date inconnue, fut sénéchal avant 1789. Il se distingua peu durant la période révolutionnaire, devint, le 17 germinal an VIII, sous-préfet de Châteaubriant, puis commissaire du gouvernement près le tribunal de Redon, enfin servit l'Empire comme député au Corps législatif, où le Sénat conservateur l'envoya, le 10 août 1810, représenter le département de la Loire-Inférieure. Il quitta la vie parlementaire à la Restauration.

BERNARD-DUTREIL (Jules), représentant du peuple à l'Assemblée constituante de 1848, représentant à l'Assemblée de 1871, sénateur en 1876, né à Laval (Mayenne), le 5 mai 1804, mort à Laval, le 14 juin 1876, d'une riche famille de la Mayenne, entra à l'Ecole polytechnique en 1824, à l'Ecole d'application de Metz en 1826, en sortit officier du génie en 1828, et démissionna en 1830. Quoique riche de plus de soixante mille livres de rentes (sa cote d'impôts fonciers montait alors à 2,212 francs), il sollicita une place de conseiller de préfecture aux appointements de 1,500 francs, l'obtint (1831), et la garda quinze ans. Il démissionna en 1846, pour se présenter, le 9 juillet, devant les électeurs de la Mayenne, comme candidat d'opposition; mais il ne recueillit que 14 voix contre 145 accordées à M. Boudet, député sortant. Sur une profession de foi républicaine, il fut élu, le 23 avril 1848, représentant de la Mayenne à l'Assemblée constituante, le 6e sur 9, par 46,184 voix sur 93,437 votants et 105,259 inscrits; il fit partie du comité de l'instruction publique, s'assit à la gauche modérée, et vota, *pour* le bannissement de la famille d'Orléans (26 mai 1848); *pour* le décret sur les clubs (28 juillet); *pour* les poursuites contre Louis Blanc et *contre* les poursuites contre Caussidière (26 août); *contre* l'abolition de la peine de mort (18 septembre); *pour* l'impôt proportionnel (25 septembre); *contre* l'amendement Grévy (7 octobre); *contre* le droit au travail (2 novembre); *pour* l'expédition de Rome (30 novembre); *contre* la suppression de l'impôt du

sel (27 décembre); *contre* l'amnistie générale (1er février 1849); *pour* l'interdiction des clubs (21 mars); *contre* l'amnistie des transportés (2 mai); *contre* la demande de mise en accusation du président et de ses ministres; *contre* l'abolition de l'impôt des boissons (18 mai). L'élection de L.-Napoléon Bonaparte à la présidence de la République parut modifier les opinions de M. Bernard-Dutreil qui se tourna complètement vers la droite et ne vota plus qu'avec elle. Il ne fut point réélu à la Législative, et resta, pendant la durée de l'Empire, à peu près en dehors de la vie politique, n'ayant rempli que les fonctions de maire de Saint-Denis-d'Arques et de conseiller général de la Sarthe pour le canton de Loué.

Le 8 février 1871, le département de la Sarthe l'envoya siéger à l'Assemblée nationale, le 4e sur 9, par 53,534 voix sur 84,400 votants et 135,095 inscrits; il alla siéger à droite et vota *pour* la paix (1er mars 1871); *pour* les prières publiques (16 mai); *pour* l'abrogation des lois d'exil (10 juin); *pour* la pétition des évêques (22 juillet); *pour* le pouvoir constituant de l'Assemblée (30 août); *contre* le retour de l'Assemblée à Paris (3 février 1872); *pour* la démission de Thiers (24 mai 1873); *pour* l'arrêté contre les enterrements civils (24 juin); *pour* le septennat (19 novembre); *pour* le maintien de l'état de siège (4 décembre; *pour* le ministère de Broglie (16 mai 1874); *contre* la dissolution de l'Assemblée (29 juillet); *contre* l'amendement Wallon (30 janvier 1875); *contre* les lois constitutionnelles (25 février). Candidat aux élections sénatoriales du 30 janvier 1876 dans la Mayenne, il fut élu par 184 voix sur 338 votants, sur une profession de foi déclarant qu'il défendrait les grands principes religieux et sociaux; il prit place dans les rangs de la droite et mourut moins de six mois après.

BERNARD-DUTREIL (Paul-Marie), fils du précédent, sénateur de 1876 à 1879, né à Laval (Mayenne), le 11 novembre 1831, se destina à la diplomatie. Secrétaire d'ambassade de 1re classe et chevalier de la Légion d'honneur, il fut, sous le gouvernement du 24 mai, chef de cabinet du duc Decazes, ministre des affaires étrangères, avec le vicomte de Salignac Fénelon et le prince Victor de Broglie pour sous-chefs. Il occupa cette situation jusqu'en 1876. Le 20 août de cette même année, M. Bernard-Dutreil fut élu, en remplacement de son père décédé, sénateur de la Mayenne par 198 voix sur 338 inscrits, contre 139 données à M. Goyet-Dubignon, républicain. Comme son père, il siégea à la droite monarchique et vota, notamment, *pour* la dissolution de la Chambre des députés, en juin 1877. Il quitta la Chambre haute au renouvellement de 1879.

BERNARD-DUTREIL (Eugène), député de 1877 à 1878, né à Laval (Mayenne), le 15 juillet 1838, se présenta, n'ayant point d'antécédents politiques, aux élections du 14 octobre 1877, comme candidat conservateur, dans la 2e circonscription de Laval. Avec l'appui officiel du gouvernement du maréchal Mac-Mahon, il fut élu par 6,022 voix (11,551 voix, 14,046 inscrits), contre 5,508 à M. Lecomte, républicain. Il siégea à droite et vota avec la minorité conservatrice contre toutes les invalidations prononcées par la Chambre après la période du Seize-Mai. Son élection ayant été invalidée en 1878, les électeurs furent convoqués à nouveau le 7 juillet de cette même année. M. Eugène Bernard-Dutreil abandonna la lutte, et son concurrent de 1877, M. Lecomte, fut élu. Vainement il essaya de reprendre l'avantage aux élections du 21 août 1881 ; il n'obtint cette fois que 1,736 voix contre 5,502 au député républicain sortant.

BERNARDI (Joseph-Elzéar-Dominique de), député au Conseil des Cinq-Cents, né à Monieux (Vaucluse), le 16 mars 1751, mort à Monieux, le 25 octobre 1824, était lieutenant-général du comté de Sault au moment de la Révolution, et, déjà célèbre par ses travaux de législation, mais hostile aux idées de la Révolution, ne voulut accepter qu'une place de juge de district. Il avait publié un *Discours sur la justice criminelle* (1780), un *Essai sur les révolutions du droit français* (1781), les *Principes des lois criminelles* (1788), etc. Arrêté en 1793, en raison de ses opinions, il fut sauvé par le soulèvement des fédéralistes, émigra, rentra en France après la chute de Robespierre, et devint président du tribunal criminel de Vaucluse. Élu député de ce département au Conseil des Cinq-Cents, le 23 germinal an V, par 109 voix, il y prit la défense des émigrés de Toulon qui avaient appelé les Anglais, et réussit à faire rapporter les décrets portés contre eux. Le coup d'État du 18 fructidor l'expulsa du Corps législatif: aussi se montra-t-il favorable au coup d'État de brumaire ; le 22 prairial suivant il fut nommé chef de division des affaire civiles au ministère de la justice. Membre de l'Institut en 1812, de la Légion d'honneur en 1814, de l'Académie des inscriptions en 1816, il fut, cette même année, nommé censeur royal. M. de Bernardi a composé surtout des ouvrages de législation, parmi lesquels: *Théorie nouvelle des lois civiles* (1802), *Cours complet de droit civil français* (1803), *Histoire du droit public et privé de la France* (1817), *De l'influence de la philosophie sur les forfaits de la Révolution* (1800), etc. Il a collaboré aux *Archives littéraires de l'Europe*, au *Magasin encyclopédique*, à la *Biographie universelle*; on lui doit aussi une édition de *Pothier*, et un grand nombre de *Commentaires* et de *Mémoires*.

BERNARDI (Amédée-Elzéar-Félicien de), député de 1834 à 1837, de 1843 à 1846, représentant du peuple à l'Assemblée législative de 1849, né à Monieux (Vaucluse), le 12 avril 1788, mort à Carpentras (Vaucluse), le 27 juillet 1873, suivit la carrière militaire jusqu'au grade de chef de bataillon. Propriétaire dans le département de Vaucluse, chevalier de la Légion d'honneur, il fut avec succès, le 21 juin 1834, candidat légitimiste dans la circonscription électorale de Carpentras, élu par 72 voix (142 votants et 162 inscrits) contre M. de Gérente, 69 voix. Aux élections de novembre 1837, M. de Gérente le remplaça et M. de Bernardi ne revint à la Chambre que par suite d'une élection partielle qui eut lieu le 17 juin 1843, en remplacement de M. Floret, invalidé. Il siégea alors jusqu'au 1er août 1846, époque à laquelle M. de Gérente obtint une seconde fois l'avantage, avec 131 voix contre 26. M. de Bernardi vota constamment avec la droite légitimiste et se prononça (1845), seul des quatre députés de Vaucluse, contre l'indemnité Pritchard.

Le 13 mai 1849, porté sur la liste des candidats monarchistes à l'Assemblée législative, il fut élu représentant de Vaucluse par 28,787 voix (58,830 votants, 78,705 inscrits), fit partie de la majorité et vota avec elle toutes les lois répressives. Il ne fut pas de ceux qui se rallièrent au coup d'État de décembre 1851, et

sous l'Empire, il vécut dans la retraite.

BERNARDIN (Jean-Baptiste), représentant à la Chambre des Cent-Jours, né à Melle (Deux-Sèvres), le 16 octobre 1764, mort à une date inconnue. Avocat au Parlement sous l'ancien régime, il remplit, pendant la Révolution, les fonctions de président de district et d'administrateur du département des Deux-Sèvres. C'est en 1793, que le conventionnel Ingrand, de Châtellerault, membre du Comité de sûreté générale, envoyé dans l'Ouest pour épurer les fonctionnaires, fit entrer Bernardin dans l'administration des Deux-Sèvres. Il s'y maintint après thermidor, fut nommé (19 germinal an VIII) conseiller de préfecture, administra pour Murat, devenu comte, les domaines des Parabère et des Carvoisin et le château de la Mothe, et débuta dans la magistrature comme procureur impérial à Bressuire. Le 10 mai 1815, il fut désigné par 36 voix sur 70 votants, contre 34 à M. Bujault, avoué à Melle, pour représenter les Deux-Sèvres à la Chambre des Cent-Jours. Il appartenait alors à l'opinion constitutionnelle modérée. La Restauration lui conserva son poste dans la magistrature; il mourut conseiller à la cour royale de Poitiers.

BERNARDY (Jean-Pierre-Auguste de), député de 1830 à 1831, né à Aubenas (Ardèche), le 23 février 1771, mort à Aubenas, le 2 janvier 1846, s'engagea comme volontaire dans le bataillon de l'Ardèche où il resta deux ans. De retour à Aubenas, il devint, à l'âge de vingt-cinq ans, maire de cette ville, et resta en fonctions jusqu'en 1815. Ayant, comme fonctionnaire, prêté serment à Louis XVIII lors de la première Restauration, il se retira pendant les Cent-Jours. Au lendemain de la Révolution de 1830, quand la démission du marquis de Bernis (V. ce nom) eut déterminé une vacance à la Chambre des députés, pour le 1er collège électoral de l'Ardèche (Privas), M. de Bernardy fut élu à sa place, le 21 octobre, soutint les gouvernement sans aborder la tribune, et après la dissolution de la Chambre en 1831, ne se représenta pas aux élections suivantes. Il redevint alors maire d'Aubenas et fut nommé chevalier de la Légion d'honneur. Il partagea ses dernières années entre ses fonctions municipales et l'étude et la pratique des sciences agronomiques.

BERNIER (Louis-François), député à l'Assemblée législative de 1791, né à Passy-en-Valois (Aisne), le 28 décembre 1754, mort à Marizy-le-Grand (Aisne), le 12 avril 1823, était simple cultivateur à Marizy, lorsqu'il fut élu député de l'Aisne à l'Assemblée législative, le 9 septembre 1791, par 317 voix sur 574 votants. Son nom ne figure pas au *Moniteur* ; tous les biographes l'ont confondu avec Bernier (de Seine-et-Marne) qui siégea à la Convention et aux Cinq-Cents.

BERNIER (Louis-Théophile-Cécile), membre de la Convention et député au Conseil des Cinq-Cents, né à Crécy-en-Brie (Seine-et-Marne), le 20 janvier 1761, mort à Vareddes (Seine-et-Marne), le 26 novembre 1801, était fils de Toussaint Bernier, marchand, et de Cécile-Euphrosine Juvigny. Il étudia le droit et devint avocat. En 1792 il occupait à Meaux une modeste charge quand il fut élu maire, et bientôt (8 septembre) membre de la Convention, par 223 voix sur 320 votants. Dans le procès de Louis XVI, Bernier vota pour la détention jusqu'à l'acceptation de la Constitution, avec sursis.

Au 2e appel nominal, il dit :

« Comme je suis convaincu que Louis Capet mérite la mort, et que je n'ai point reçu le pouvoir de juger souverainement; comme il y a au moins beaucoup d'incertitude dans les malheurs dont on nous menace, et qu'il est permis de ne pas croire aux prophètes, je m'attache aux principes invariables de la souveraineté du peuple que j'ai juré de maintenir. L'étendue de mes pouvoirs me donne la liberté de faire des lois. C'est un principe inattaquable ; vous avez vous-mêmes déclaré que tout ce qui aurait rapport au sort général de la République, que tout ce qui pourrait influer sur la constitution, serait soumis à la sanction ou à la ratification du peuple; j'ai la conviction intime que la décision que vous porterez sur Louis Capet aura une très grande influence sur le sort général de la République, sur la constitution que vous préparez. Je dis *oui*. »

Au 3e appel nominal, il s'exprima ainsi :

« Je le déclarai hier, et je le répète : puisque la peine de mort souille encore notre code, Louis la mérite, parce que je ne connais pas de plus grand crime que celui de conspirer contre le peuple, parce qu'il m'a toujours paru hors de raison qu'il existât sur la terre un être impunissable. Mais j'ai ajouté que, suivant ma conscience, ce jugement devait être nécessairement soumis à la sanction du peuple, parce que, d'un côté, je ne me crois pas investi de pouvoirs suffisants; et de l'autre, parce que, dans l'incertitude des événements, cette mesure me paraît conforme aux principes. La majorité en a décidé autrement; je respecte sa décision, et je désire, comme citoyen, comme père de famille, surtout comme représentant du peuple, qu'elle sauve ma patrie du précipice où veulent l'entraîner des prêtres et des nobles, sous le masque d'un patriotisme exagéré. Mais, à moins d'être en contradiction avec moi-même, le décret que nous avons rendu hier me réduit à l'impossibilité de voter pour la peine à infliger. Je me borne donc à demander que Louis continue à garder la prison jusqu'à ce que la constitution soit acceptée. Alors le peuple prononcera sur le sort de ce monstre d'ingratitude, qui employait à le faire égorger l'or que ce peuple lui avait prodigué. Ce jugement, quel qu'il soit, sera respecté du peuple, parce qu'il sera l'expression de la volonté générale; il sera respecté enfin des puissances étrangères, et admiré de la postérité. »

Bernier fut chargé, après le 9 thermidor, de plusieurs missions; dans les départements d'Eure-et-Loir et de l'Eure, il procéda au désarmement des anciens comités révolutionnaires; à la séance du 25 germinal an III, le député Auguis, du Comité de sûreté générale, lut à la Convention une lettre où Bernier rendait compte de la répression d'une émeute soulevée à Evreux à l'occasion du transport des grains destinés à la ville de Paris. La Convention approuva la conduite de Bernier, qui reprit sa place à l'Assemblée; il y faisait partie du comité de législation. Réélu, le 4 brumaire an IV, au Conseil des Cinq-Cents, avec les deux tiers de l'ancienne assemblée, il en sortit au mois de mai 1798; pendant cette période, il prit la parole notamment contre l'aliénation du domaine de Chézy « prononcée malgré toutes les règles et au détriment de la nation, au profit du citoyen Fabre du Bosquet. » Il fut ensuite nommé commissaire du pouvoir exécutif près le tribunal correctionnel de Meaux; puis un arrêté du premier consul (14 germinal an VIII) l'appela aux mêmes fonctions près le tribunal civil.

BERNIER (JACQUES), représentant à la Chambre des Cent-Jours, né à Château-Gontier (Mayenne), le 16 novembre 1755, date de mort inconnue, était contrôleur des contributions directes à Château-Gontier, quand cet arrondissement le choisit pour son représentant (11 mai 1815) à la Chambre des Cent-Jours, par 29 voix sur 52 votants et 138 inscrits, contre M. Lemotheux-Daudier (9 voix). Il n'y joua aucun rôle marquant.

BERNIER (MESMIN-FLORENT), député depuis 1876, né à Vineuil (Loir-et-Cher), le 28 janvier 1809, fut reçu licencié en droit à Paris, s'établit notaire à Orléans en 1837, fut président de la Chambre des notaires, administrateur du comice agricole, et céda sa charge en 1868. Conseiller général du Loiret pour le canton Est d'Orléans depuis 1871 et, depuis, vice-président du conseil général, il fut élu, le 20 février 1876, député dans la 2e circonscription électorale d'Orléans, par 8,926 voix sur 17,919 votants et 22,927 inscrits, contre M. Darblay, candidat conservateur, qui eut 8,415 voix. Il siégea à la gauche républicaine, vota contre le ministère de Broglie, et fut, comme un des 363, réélu le 14 octobre 1877, par 10,411 voix sur 20,604 votants et 23,486 inscrits, contre le comte d'Harcourt, ancien représentant, frère du secrétaire du maréchal de Mac-Mahon et candidat officiel, qui réunit 9,597 suffrages. Il a siégé avec les « opportunistes », et voté les crédits du Tonkin et l'application des lois existantes aux congrégations non autorisées. Le département du Loiret le renvoya à la Chambre, le 18 octobre 1885, au second tour de scrutin, le 1er sur 6, par 48,646 voix sur 83,675 votants et 102,589 inscrits; il a voté (juin 1886), l'expulsion des princes, et s'est prononcé, dans la dernière session, *pour* le rétablissement du scrutin uninominal (11 février 1889): *pour* l'ajournement indéfini de la révision des lois constitutionnelles (14 février, chute du ministère Floquet); *pour* les poursuites contre trois membres de la ligue des Patriotes (14 mars); *pour* le projet de loi Lisbonne restrictif de la liberté de la presse (2 avril); *pour* les poursuites contre le général Boulanger (4 avril).

BERNIGAUD DE CHARDONNET (LOUIS-MARIE-HILAIRE), député en 1827, né à Châlon-sur-Saône (Saône-et-Loire), le 25 novembre 1777, mort à Châlon-sur-Saône, le 12 février 1855, appartint d'abord à l'armée, et se tint, pendant la Révolution, en dehors de la politique. Conseiller municipal de Châlon, puis conseiller d'arrondissement et commandant de la garde nationale de cette ville, il entra, sous la Restauration, dans l'administration et devint (5 février 1823) sous-préfet de sa ville natale. Aux élections du 24 novembre 1827, il fut candidat des royalistes constitutionnels à la Chambre des députés, dans Saône-et-Loire. Un accord entre l'opposition libérale et les royalistes modérés qui formaient, à l'égard du ministère Villèle, la « contre-opposition », fit passer dans le département six constitutionnels sur sept députés. « Trois, écrivait un biographe parlementaire, appartiennent aux constitutionnels libéraux, trois à la contre-opposition. M. de Chardonnet, qui fait partie de ces derniers, défendra avec un zèle égal la dynastie et les libertés publiques. »

M. de Chardonnet ne fut pas en état de défendre longtemps, par ses votes, les principes constitutionnels : inéligible comme ne payant pas le cens exigé par la loi électorale alors en vigueur, il vit son élection annulée le 11 février 1828. Il était chevalier de la Légion d'honneur.

BERNIGAUD DE GRANGES (JEAN-LOUIS), député aux États-Généraux de 1789, né à l'aray-le-Monial (Saône-et-Loire), le 25 mars 1740, mort à Paris, le 29 mars 1798, était lieutenant-général du bailliage de Charolles (Saône), lorsqu'il fut élu, par le bailliage de Châlon-sur-Saône, député du tiers-état aux États-Généraux, le 3 avril 1789, avec 142 voix sur 245 votants. Il siégea à droite, publia, en 1790, un recueil des bévues du comité des finances, et signa les protestations générales des 12 et 15 septembre 1791 contre les décrets de l'Assemblée constituante ; puis il quitta la vie politique et mourut sous le Directoire. La plupart des biographes l'ont confondu avec son fils, qui, à la rentrée des Bourbons et en mémoire de l'attitude de son père, fut anobli par lettres patentes du 6 septembre 1814, et décoré de la Légion d'honneur le 24 du même mois.

BERNIS (FRANÇOIS PIERRES, COMTE DE), député aux États-Généraux de 1789 et pair de France, né à Nimes (Gard), le 29 décembre 1752, mort à Paris, le 3 février 1823, était le neveu du célèbre cardinal de Bernis, qui le fit entrer dans les ordres, le fit venir auprès de lui à Albi comme coadjuteur, et nommer archevêque de Damas *in partibus*. Député des États du Languedoc à la cour, et membre de l'Assemblée des notables en 1787, il fut élu député du clergé aux États-Généraux par la sénéchaussée de Carcassonne, le 24 mars 1789, et se montra attaché aux idées de l'ancien régime, combattit la suppression des dimes, la constitution civile du clergé, la vente des biens de l'Église, etc. Émigré en 1791, il rentra avec les Bourbons en 1814, et fut nommé par Louis XVIII archevêque de Lyon ; mais le cardinal Fesch vivant encore, les bulles ne purent être expédiées, et le gouvernement le nomma archevêque de Rouen, dont il occupa le siège de 1819 à 1823, puis pair de France, le 4 août 1821. Le cardinal de la Fare a prononcé son éloge à la Chambre des pairs, le 23 février 1823, et a vanté la droiture de son caractère et la fermeté de son jugement.

BERNIS (JACQUES-RENÉ-PHILIPPE-HIPPO-LYTE PIERRES, COMTE DE), député de 1815 à 1827, et pair de France, né à Versailles (Seine-et-Oise), le 23 juillet 1780, mort à Lunel (Hérault), le 23 février 1838, chevalier de Malte, neveu du cardinal, émigra en 1795, obtint sa radiation sous l'Empire, et, rentré en France, resta étranger à la politique. La Restauration le nomma capitaine aux gardes du corps du comte d'Artois ; il l'accompagna à Lyon en 1815, puis rejoignit le duc d'Angoulême et passa avec lui en Espagne. En juin 1815, il souleva une partie du Gard et de la Lozère, entra dans Nimes, où il ne put empêcher les massacres de juillet, et fut élu, le 22 août 1815, par le collège de département du Gard, député à la Chambre introuvable où il siégea parmi les ultras. Élu dans le collège de département de la Lozère, le 14 novembre 1820, et réélu successivement dans le même collège, le 9 mai 1822, par 244 voix sur 290 votants et 362 inscrits, et, le 25 février 1824, par 249 voix sur 284 votants et 363 inscrits, il a toujours voté avec l'extrême droite, bien que dans les dernières sessions il ait fait preuve d'opinions

moins exaltées. Nommé pair de France le 5 novembre 1827, il a renoncé à siéger à la Chambre haute à l'avènement de la monarchie de Juillet, et a terminé sa vie dans la retraite.

BERNIS (ALEXANDRE-FRANÇOIS-AIMÉ-RAYMOND PIERRES, MARQUIS DE), de la famille du cardinal de Bernis, député de 1827 à 1830, né à Rome (Italie), le 12 février 1777, mort à une date inconnue, resta attaché aux idées de l'ancien régime, et fut appelé à les défendre, comme député du 1er arrondissement électoral de l'Ardèche (Privas), le 17 novembre 1827. Il était alors propriétaire et maire de Saint-Marab ; le ministère Villèle avait soutenu sa candidature. M. de Bernis siégea à l'extrême-droite. « Dans la séance du 29 mars 1828 », raconte la *Biographie des députés*, par J. Dourille (1829), « un membre du côté droit demande la parole ; elle lui est accordée et l'on voit un homme à tournure féodale monter gravement à la tribune : c'était M. de Bernis. Il s'agissait de la pétition des électeurs de Tournon qui réclamaient contre les scandaleuses opérations du collège de leur arrondissement. — Messieurs, dit l'honorable membre, M. le comte de Montureux, préfet du département de l'Ardèche, y a laissé d'immenses regrets... (*On rit*) ; son administration fut toute paternelle... (*On rit plus fort*), toute franche, toute loyale... (*Violents murmures*). Puis, concluant à ce que M. le ministre de l'intérieur voulût bien faire rechercher les faux électeurs : « Peut-être, ajouta-t-il, trouvera-t-on qu'ils sont là où ils n'ont pas été indiqués par la pétition... (*Rumeurs diverses*), et je suis convaincu qu'il en résultera la preuve de l'impartialité et de la bonne foi qui ont présidé à la confection des listes électorales... (*Dénégations et rires ironiques*). » La *Biographie* ajoutait que la démission de M. Dubay, député de l'Ardèche, et la destitution de M. de Montureux suffisaient à démentir les assertions de M. de Bernis.

Réélu le 23 juin 1830, le député de Privas vota jusqu'au bout avec l'extrême droite. Il soutint le ministère Polignac, et, quand le trône de Charles X eut été renversé, refusa de prêter serment à Louis-Philippe, et donna sa démission de député par la lettre suivante, insérée au *Moniteur* :

« 26 août 1830.

« Monsieur le Président,

« J'ai été nommé membre de la Chambre des députés par le 1er arrondissement électoral de l'Ardèche, sous l'empire d'une charte à laquelle par conviction j'ai juré obéissance, comme au seul moyen possible d'ordre et de stabilité.

« Loyalement investi d'un mandat que je n'ai point sollicité, je l'ai reçu pour affermir et consolider nos institutions.

« Elles n'existent plus. Dès lors ma conscience et ma raison se refusent tout à fait à le croire suffisant pour siéger aujourd'hui à la Chambre.

« Mon devoir est donc de ne point prendre part à ses délibérations.

« Simple citoyen, mes vœux seront, comme ils l'ont toujours été, pour le bonheur, la paix et la prospérité de mon pays.

« Veuillez faire part à la Chambre de ma détermination. »

J'ai l'honneur, etc.

Le marquis de BERNIS.

M. de Bernis était conseiller général, chevalier de Saint-Louis et de la Légion d'honneur.

BERNIS (HERVÉ-MARIE PIERRES, MARQUIS DE), député en 1885, né à Montpellier (Hérault), le 3 février 1839, s'engagea comme volontaire à l'âge de 20 ans, prit part, dans le 101e régiment de ligne, à la campagne de Chine et se retira avec le grade d'officier en 1868. Il parut pour la première fois sur la scène politique aux élections du 4 octobre 1885. Porté sur la liste conservatrice, dans le département de l'Ardèche, il fut élu député, le 5e sur 6, par 45,149 voix (88,137 votants, 111,845 inscrits). Il vint siéger à droite et vota avec la minorité conservatrice. Mais, dans la séance du 15 décembre 1885, un vif débat s'engagea devant la Chambre au sujet des élections de l'Ardèche, dont M. Leporché, contrairement aux conclusions du 1er bureau, demanda l'invalidation, en alléguant comme principal motif l'ingérence cléricale. M. Madier de Montjau joignit ses efforts à ceux de M. Leporché, et l'invalidation des élections de l'Ardèche fut prononcée par 302 voix contre 201. Convoqués à nouveau le 14 février 1886, les électeurs donnèrent cette fois la majorité à la liste républicaine, dont le candidat le moins favorisé, M. Saint-Prix, fut élu avec 47,193 voix. M. de Bernis, candidat des conservateurs, n'obtint que 45,039 suffrages.

BERNOT (ACHILLE-JOSEPH), député de 1881 à 1885, né à Ham (Somme), le 10 juin 1842, propriétaire-cultivateur, était conseiller général de la Somme pour le canton de Ham au moment des élections législatives de 1881. Il fut élu comme républicain modéré, le 21 août, député de la 1re circonscription de Péronne, avec 6,116 voix (11,232 votants, 14,096 inscrits), contre 4,962 voix à M. Fernet, conservateur monarchiste. Il siégea dans la majorité opportuniste et vota avec elle, *pour* les ministères Ferry et Gambetta, *pour* l'expédition du Tonkin, *contre* l'élection de la magistrature, *pour* le maintien de l'ambassade auprès du pape, *contre* l'élection des sénateurs par le suffrage universel, etc. M. Bernot, porté le 4 octobre 1885 sur la liste républicaine de la Somme, échoua avec 66,139 voix.

BERNUZOT (PIERRE-FRANÇOIS), député au Conseil des Anciens, dates de naissance et de mort inconnues, fut élu, le 22 germinal an V, au Conseil des Anciens, par le département des Bouches-du-Rhône. Aucun document parlementaire ne fait mention de Bernuzot, dont le nom a même été omis par l'*Almanach national de France* sur la liste des membres composant le Corps législatif.

BERQUIER-NEUVILLE (PIERRE-JACQUES-AUGUSTIN), député au Conseil des Cinq-Cents et au Corps législatif, né à Boulogne-sur-Mer (Pas-de-Calais), le 4 septembre 1760, mort à Boulogne-sur-Mer, le 18 janvier 1840, était le fils d'un artisan. Il reçut une éducation libérale, et fut d'abord destiné à la prêtrise; mais ne se sentant aucune vocation pour cet état, il alla chercher fortune en Angleterre, et revint à Paris où il travailla comme traducteur dans une imprimerie. Partisan de la Révolution, il fut nommé, en 1792, administrateur du district de Boulogne-sur-Mer, un moment suspendu de ses fonctions en 1793, et réintégré après thermidor. Devenu (5 pluviôse an IV) commissaire du Directoire près l'administration municipale du canton de Condette, puis secrétaire général (11 brumaire an VI) de l'administration centrale du Pas-de-Calais, enfin juge de paix du canton de Boulogne, il reçut, en outre, aux élections

du 26 germinal an VII, le mandat de député au Conseil des Cinq-Cents. Son rôle parlementaire paraît s'être borné au dépôt d'un rapport sur la création d'un octroi municipal et de bienfaisance dans les communes de Béthune et de Boulogne-sur-Mer. Après le coup d'État de brumaire, et en vertu de la nouvelle Constitution, Berquier-Neuville fut appelé par décision du Sénat conservateur (4 nivôse an VIII), à représenter le Pas-de-Calais au Corps législatif. Il en sortit en 1804, avec la deuxième portion renouvelable, et fut nommé (10 ventôse an XII) conseiller de l'arrondissement de Boulogne. Il conserva cette fonction sous la Restauration, qui le fit, en 1819, receveur municipal. Comme il s'était, dans les loisirs que lui laissait la politique, occupé aussi de commerce, il fut à plusieurs reprises président de la Chambre et du tribunal de commerce de sa ville natale.

BERRY (CHARLES-FERDINAND DE BOURBON DUC DE), pair de France, né à Versailles (Seine-et-Oise), le 24 janvier 1778, mort à Paris, le 14 février 1820, second fils du comte d'Artois (Charles X), avait douze ans lorsqu'il suivit son père dans l'émigration. Il entra presque aussitôt dans l'armée des princes comme commandant des chasseurs nobles et fit ses premières armes en 1792 au siège de Thionville. « Au jour où sur les rives étrangères, écrit un biographe légitimiste (*Mémorial universel*), on proclamait l'immuable transmission des droits entre lesquels l'intérêt de la nation et l'intérêt de la royauté se confondent, le plus vieux soldat de l'armée présenta le plus jeune à ses compagnons : c'était M. le prince de Condé, tenant par la main M. le duc de Berry. » Le duc de Berry prit part à tous les combats que les émigrés livrèrent sur le Rhin aux armées françaises. Après la conclusion de l'armistice de Léoben, il prit du service en Russie, et, licencié en 1801 avec les restes de l'armée de Condé, il passa en Angleterre, à Londres, où se trouvait déjà sa famille. Il se maria alors avec une jeune Anglaise, miss Brown, qu'il délaissa après en avoir eu deux enfants, Louis XVIII n'approuvant pas cette union. Il fut mêlé à tous les plans d'attaque contre le gouvernement français, entre autres à celui qui révéla la proclamation de Tarragone. Il débarqua à Cherbourg, à la première Restauration, le 13 avril 1814. Pendant les Cent-Jours, il commanda les troupes qui allèrent de Paris à Gand et qui revinrent de Gand à Paris. Ce fut lui qui présida le collège électoral du Nord en 1815. Le 17 juin 1816, le duc de Berry épousa la sœur de Christine, reine d'Espagne, la princesse Caroline de Naples, dont le goût pour les plaisirs modifia les habitudes de la cour de Louis XVIII. Le duc de Berry était le seul prince qui pût donner des héritiers au trône. Quatre ans après son mariage, il assistait avec la duchesse, le dimanche 13 février 1820, à une représentation à l'Opéra : se trouvant fatiguée, la duchesse se retira avant le ballet, et le prince, après lui avoir donné la main pour monter en voiture, se tenait encore auprès du factionnaire placé à la sortie de l'Opéra réservée à la famille royale, quand il se sentit frapper d'un coup de poignard au cœur. Au bout de quelques heures il était mort.

Le meurtrier, qui s'appelait Louvel, fut conduit au ministère de l'intérieur, interrogé, puis écroué à la Conciergerie. On l'avait revêtu de la camisole de force. Son sang-froid ne se démentit pas un instant. « Reconnaissez-vous, lui dit-on, cette blessure et le poignard qui l'a faite? — Oui. répondit Louvel impassible. — Avez-vous des complices? — Aucun. » Une ordonnance royale constitua la Chambre des pairs en cour de justice pour procéder au jugement de Louvel, qui, le 23 mars, fut interrogé par les commissaires de la Chambre, MM. Bastard d'Estang et Séguier. Le 5 juin, le procès s'ouvrit sous la présidence du chancelier Dambray. La cour avait donné d'office pour défenseurs à l'accusé les avocats Archambault et Bonnet. Le meurtrier déclara qu'il ne fallait voir en lui qu'un Français qui s'était sacrifié. « Sans doute, dit-il, c'est une chose horrible que d'aller derrière un homme pour le poignarder; c'est un crime! Mais je n'avais pas le choix des moyens pour punir ceux qui ont trahi la nation. » Le lendemain, 6 juin, après un court réquisitoire du procureur général, et quelques paroles de l'avocat, Louvel affirma une fois de plus sa haine implacable des Bourbons, cette « race de traitres », et entendit sans émotion prononcer contre lui la peine de mort.

Le meurtre du duc de Berry fut mis à profit par les ultra-royalistes qui renversèrent le ministère Decazes, et firent voter les lois d'exception, la censure, une nouvelle loi électorale, etc. La duchesse de Berry mit au monde le 29 septembre, sept mois et quinze jours après la mort de son mari, un fils qui reçut à sa naissance le nom de duc de Bordeaux.

BERRYER (Pierre-Antoine), député de 1830 à 1848, représentant du peuple aux Assemblées constituante et législative de 1848-49, député au Corps législatif de 1863 à 1868, né à Paris, le 4 janvier 1790, mort à Angerville (Seine-et-Oise), le 29 novembre 1868, était fils de Pierre-Nicolas Berryer, avocat et frère du général Hippolyte-Nicolas Berryer; il fut un élève assez médiocre des Oratoriens du collège de Juilly. Si l'on eût cédé alors aux pieuses aspirations du jeune homme, on l'eût laissé suivre la carrière ecclésiastique; mais son père combattit cette vocation; il avait reconnu en lui les qualités qui constituent l'orateur et lui fit faire son droit. Il eut pour répétiteur un ex-membre de l'Assemblée constituante, M. Bonnemaut, et étudia la procédure chez M. Normand, avoué. Encore étudiant, il épousa, à vingt ans, Mᶜⁱᴵᵉ Caroline Gauthier, fille de l'administrateur des vivres militaires de la division de Paris, et débuta au barreau peu de temps après. Contrairement à ce qu'on attendait de lui, ses débuts furent sans éclat. Vers la même époque (1810) il avait publié à Paris une petite brochure in-4°, en vers, avec l'épigraphe virgilienne :

Deus nobis hœc otia fecit;
Namque erit ille mihi semper Deus.

Les vers d'Antoine Berryer célébraient, avec l'enthousiasme de la jeunesse, l'entrée à Paris de Napoléon Iᵉʳ et de Marie-Louise. Mais ces sentiments bonapartistes ne tinrent pas longtemps. Dès 1812, Berryer affirmait ses préférences royalistes; la marche des événements, les désastres militaires de la fin du règne attachèrent définitivement le jeune avocat aux opinions légitimistes qu'il devait invariablement professer et défendre toute sa vie. Il s'engagea en 1815 dans les volontaires royaux, et fit, dit-on, le voyage de Gand.

C'était le début de sa chevaleresque carrière. Royaliste, on le voit, en effet, sous la Restauration, proclamer des principes libéraux, dé-

fendre des généraux de l'Empire ; il fut adjoint à son père et à Dupin aîné pour la défense du maréchal Ney ; puis, sous le règne de Louis-Philippe, faire sans hésitation l'éloge des républicains du Comité de salut public. Son indépendance fut telle que, partisan, en politique, du royalisme pur qui, sous la Restauration, avait pour interprète le *Conservateur*, pour organes Chateaubriand, de Bonald, Lamennais, et pour tacticiens Villèle et Corbière, il se faisait systématiquement, comme avocat, le défenseur de Debelle et de Cambrone, de Canuel et de Donnadieu. A l'occasion du procès de ce dernier, il se sépara même complètement du ministère, se rangea du côté des libéraux et publia contre Decazes un mémoire très violent (1820); il y accusait le ministre d'avoir fomenté l'insurrection de Grenoble et de solder, au prix de 300,000 francs, une correspondance anglaise. D'autres affaires retentissantes contribuèrent en outre à la célébrité de Berryer : telles les défenses de Chedel, illégalement emprisonné par le préfet de police Anglès, de M. de Nérac, de Ségnin contre Ouvrard, des journaux le *Drapeau blanc*, les *Débats*, et la *Quotidienne*, le procès Castaing (1821), etc. Il plaida aussi pour l'abbé de Lamennais, traduit en justice (1826) pour son livre : *De la religion considérée dans ses rapports avec l'ordre politique et civil*, qui accusait l'Etat d'athéisme et attaquait la fameuse déclaration gallicane de 1682. L'année suivante, Berryer publiait une brochure contre l'ordonnance qui soumettait les petits séminaires à l'inspection de l'Université. Enfin, il ne tarda pas à se jeter avec ardeur dans les luttes parlementaires. M. Chabron de Solilhac, député de la Haute-Loire, étant mort, le parti légitimiste songea à Berryer pour le remplacer. Il accepta la candidature, mais il fallait satisfaire à la loi du cens, et ses amis durent lui venir en aide; avec leur concours pécuniaire, il acheta la terre d'Angerville et fut, le 26 janvier 1830, élu à une grande majorité par le collège de département. Il n'avait l'âge fixé par la loi constitutionnelle que depuis seize jours seulement. Il aborda pour la première fois la tribune le 9 mars 1830, dans la discussion de la fameuse adresse des 221, qui devait aboutir à la révolution de Juillet. Au milieu des applaudissements de la droite, des cris et des interruptions de la gauche, il défendit chaleureusement la couronne et attaqua très vivement l'amendement Lorgeril :

« Je ne m'étonne pas, concluait-il, que, dans leur pénible travail, les rédacteurs du projet aient dit qu'ils se sentaient condamnés à tenir au roi un pareil langage; et moi aussi, plus occupé des soins de l'avenir que des ressentiments du passé, je sens que si j'adhérais à une telle adresse, mon vote pèserait à jamais sur ma conscience comme une désolante condamnation... » — « Voilà une puissance », aurait dit Royer-Collard à l'issue de cette séance, en parlant de l'orateur.

Berryer déclina l'offre, qui lui fut faite, d'un portefeuille dans le cabinet Polignac, et, après les journées de Juillet 1830, — il avait été réélu, le 5 du même mois, par le 3ᵉ collège de la Haute-Loire, — ne voulut point d'autre rôle que celui d'orateur de l'opposition. Le 7 août, il protesta à la Chambre contre les faits accomplis, nia que les députés, en fait et en droit, eussent qualité pour délibérer sur la vacance du trône et pour élire un nouveau roi, prêta pourtant le serment de fidélité exigé par la Charte, mais n'en commença pas moins contre la monarchie de Juillet une guerre acharnée.

Elle s'ouvrit par la discussion relative à la mise en accusation des ministres, et se continua, dès lors, en toute occasion. Profitant habilement, dans l'intérêt de sa cause, de l'origine révolutionnaire de cette monarchie, Berryer entreprit de la pousser aux conséquences extrêmes de la souveraineté populaire et réclama, comme député de l'opposition, l'application du jury aux délits de presse, la nomination des maires par les communes, l'abolition du cens. Toutefois, il soutint l'hérédité de la pairie. Lorsque la duchesse de Berry songea à organiser contre Louis-Philippe une prise d'armes dans le Bocage vendéen, les chefs du parti légitimiste envoyèrent Berryer auprès d'elle pour l'en dissuader. Il la rencontra dans une ferme isolée, et eut avec elle un long entretien, où il usa vainement de toute son éloquence; la duchesse persista à vouloir tenter la fortune, on sait ce qui en résulta. Berryer lui-même fut arrêté, reconduit à Nantes de brigade en brigade, et mis au secret; il allait être traduit devant une commission militaire, quand la protestation de l'ordre des avocats et de son bâtonnier, Manguin, le fit renvoyer devant le jury de Loir-et-Cher, qui l'acquitta, après une délibération d'une minute. Des bravos accueillirent la lecture du verdict. Quand l'accusé était entré dans la salle d'audience, les avocats avaient ôté leurs toques, et les jurés s'étaient inclinés devant lui. Après son acquittement, Berryer défendit Chateaubriand, arrêté également, se multiplia en faveur de la Gazette de France, de la Quotidienne, du Rénovateur, etc., appuya les pétitions pour l'élargissement de la duchesse de Berry, et, à la grande joie des deux oppositions, républicaine et légitimiste, qui faisaient alors cause commune, poursuivit sa guerre au pouvoir, chaque jour plus ardente et plus implacable. Réélu, le 21 juin 1834, dans trois collèges : à Marseille, à Toulouse et à Yssingeaux (il opta alors pour Marseille), réélu encore à Marseille en 1837 et en 1839, à Marseille et à Hazebrouck en 1842, à Marseille seulement les 2 mars 1844 et 1er août 1846, il ne fit grâce au gouvernement, durant les dix-huit années du règne, d'aucune accusation, d'aucune attaque.

Un jour, M. Guizot ayant dit : — « Je ne connais rien de plus ignoble que le cynisme révolutionnaire. — Et le cynisme des apostasies! » répliqua Berryer d'une voix vibrante.

La tribune lui ayant fait négliger le barreau, le grand avocat, d'ailleurs généreux et prodigue, dut mettre en vente (6 août 1836) sa propriété d'Angerville. Elle fut rachetée par souscription et lui fut rendue. Puis, il voyagea en Allemagne, visita Charles X et le duc d'Angoulême, fit partie, en 1840, après l'affaire de Boulogne, du conseil de défense du prince L. N. Bonaparte, traduit devant la Cour des pairs, et se trouva compromis à son tour, dans l'affaire de Belgrave-Square (visite au comte de Chambord et prestation solennelle du serment des chefs légitimistes à leur roi). Le gouvernement répondit à cette démarche par des paroles qui «flétrissaient » les députés membres de la délégation. Quatre fois Berryer monta à la tribune et soutint opiniâtrement son drapeau; à la fin il lança sa démission à la face de l'ennemi : il fut alors réélu, au milieu de la législature, eu 1844.

La révolution de Février, à laquelle Berryer avait si puissamment travaillé, ne lui causa pas plus de peine que de surprise; mais la république n'était pas le gouvernement qu'il aimait.

Louis-Philippe renversé, les légitimistes retournèrent contre la démocratie au pouvoir la tactique de coalition qui leur avait si bien réussi contre le roi déchu. Tandis qu'un petit nombre parmi les partisans du comte de Chambord (le marquis de La Rochejaquelein entre autres), étaient alors d'avis qu'on en appelât au suffrage universel et déclaraient attendre le retour du roi de la volonté du peuple. Berryer opina, avec la majorité des royalistes et avec le comte de Chambord lui-même, pour manœuvrer, au sein de l'Assemblée nationale constituante, contre la République et pour la reconnaissance parlementaire du «droit divin. »

Il représentait à la Constituante le département des Bouches-du-Rhône, qui, le 23 avril 1848, lui avait donné 44.169 voix. Il siégea à la droite de l'Assemblée, s'en sépara pour voter : le 9 août, contre le rétablissement du cautionnement, et le 26 août contre les poursuites intentées à Louis Blanc; opina, d'autre part, avec elle, contre l'abolition de la peine de mort, contre l'amendement Grévy, contre la suppression du remplacement militaire, pour la proposition Rateau, pour l'interdiction des clubs, pour l'expédition de Rome, contre l'amnistie des transportés. Il vota, le 4 novembre 1848, contre l'ensemble de la Constitution. Réélu par les Bouches-du-Rhône, le 2e sur 9, représentant à la Législative, le 13 mai 1849, avec 45,163 voix, il continua de faire campagne avec la droite pour le triomphe de l'idée monarchiste, sans favoriser les menées de l'Elysée. Lors du coup d'État, après avoir voté à la mairie du Xe arrondissement la déchéance de Louis-Napoléon, il se retira du mouvement, et refusa toute candidature. « En prenant cette résolution, écrivait-il à un ami, le 5 février 1852, je n'obéis pas au ressentiment des événements du 2 Décembre. Mais qu'irais-je faire dans le nouveau Corps législatif d'où la vie politique est entièrement retirée, où je ne retrouverais ni l'action publique ni l'indépendance que les révolutions de 1830 et de 1848 ne nous avaient pas ravies? »

Il revint au barreau qui le nomma bâtonnier en 1854, plaida avec éclat dans les affaires de Célestine Boudet, de Mme de Caumont-Laforce (1855), et de Jonfosse (1857), et entra (1855) à l'Académie française en remplacement de M. de Saint-Priest. A cette occasion, il écrivit à M. Mocquart, « son ancien confrère, » chef du cabinet de l'empereur, pour être dispensé de la visite obligatoire au chef de l'État : « Je crois avoir acquis, il y a quinze ans, le droit de m'abstenir aujourd'hui d'une formalité dont l'accomplissement ne serait pas pénible pour moi seul. » M. Mocquart répondit que « l'empereur regrettait que dans M. Berryer les inspirations de l'homme politique l'aient emporté sur les devoirs de l'académicien... M. Berryer est parfaitement libre d'obéir à ce que lui prescrit l'usage ou à ce que ses répugnances lui conseillent. » Depuis 1851, Berryer n'avait touché à la politique que par sa participation aux tentatives de fusion entre les deux branches de la maison de Bourbon, lorsque, le 1er juin 1863, il accepta d'être porté comme candidat de l'opposition dans la 1re circonscription des Bouches-du-Rhône, et fut élu par 14,425 voix sur 22,513 votants et 40,960 inscrits, contre 7,818 à M. Lagarde, maire de Marseille. Le même département lui donna pour collègues Thiers et Marie. L'ex-orateur de la légitimité prit souvent la parole dans la Chambre et sut s'y faire écouter. Le 27 novembre 1863, il parla contre la mauvaise gestion des finances, et montra le déficit toujours croissant; le 6 mai 1865, il soutint la demande de désarmement présentée par l'opposition, ajoutant que la France payait cher sa gloire et qu'il était temps de lui rendre sa liberté; en juin, il parla contre la loi sur les chèques « contraire aux habitudes commerciales françaises », signala, le 23 juillet 1867, l'attitude peu loyale du gouvernement dans l'affaire des emprunts mexicains, et adhéra (1868) à la souscription Baudin. Il mourut la même année dans sa terre d'Angerville.

Une lettre adressée, quelques jours auparavant, au comte de Chambord qu'il appelait « Monseigneur, mon roi », témoigna de son inaltérable fidélité à la cause de toute sa vie. Ses funérailles se firent à Angerville, avec une grande solennité, au milieu de députations des corps auxquels il avait appartenu. L'Académie française, malgré sa règle de ne pas prendre part aux cérémonies de cette nature qui se font hors Paris, s'y fit représenter. Une souscription ouverte pour lui élever un monument produisit 100,000 francs en quelques jours.

« Depuis Mirabeau, a dit Cormenin, personne n'a égalé M. Berryer. » M. Hippolyte Castille a écrit plus justement peut-être : « Il y a loin de l'éloquence prudente et tacticienne de M. Berryer, aux questions habiles, de ses adroites interpellations, de sa sensibilité, au colossal bon sens de Mirabeau, à ses foudroyantes sorties, à cette parole dictatoriale qui gouverna les premiers essais de la Révolution. Il y a loin des passions comme il faut de l'honorable M. Berryer, aux tempestueuses folies de cette race des Riquetti dont le comte de Mirabeau fut le mâle le plus accentué. A la place de M. de Cormenin, j'aurais dit Barnave au lieu de Mirabeau, et sans rien ôter à M. Berryer de sa valeur, je me serais peut-être moins écarté de la vérité. »

BERSET (CLAUDE-RENÉ DE), député de 1820 à 1824, et de 1827 à 1830, né à Laval (Mayenne), le 27 décembre 1776, mort à Paris, le 23 janvier 1831. Membre du conseil de préfecture de la Mayenne depuis le 25 avril 1816, il fut élu député pour la première fois le 13 novembre 1820, par le collège de département de la Mayenne en vertu de la loi du « double vote. » Il siégea à l'extrême-droite et donna son suffrage à toutes les mesures défendues par les ultra-royalistes : loi d'indemnité, loi du sacrilège, loi d'amour, etc. Non réélu en 1824, il fut avec plus de succès, aux élections du 24 novembre 1827, le candidat de la contre-opposition que certains royalistes d'extrême-droite, entre autres M. de la Bourdonnaye, firent alors au ministère Villèle. Il se rapprocha, dans la législature de 1827 à 1830, des défenseurs de la Charte. Il n'était plus député lors de la révolution de Juillet 1830.

BERSET (LOUIS DE), représentant à l'Assemblée législative de 1849, fils du précédent, né à Avenières (Mayenne), le 3 juin 1805, mort à Laval (Mayenne), le 20 février 1873, entra dans la politique aux élections de 1849. Propriétaire dans la Mayenne, et royaliste comme son père, il figura sur la liste des candidats de droite à l'Assemblée législative, le 13 mai 1849, dans la Mayenne. Élu représentant le 1er sur 8, avec 32,786 voix (70,210 votants, 106,272 inscrits), il appartint, en toutes circonstances, à la majorité et approuva l'expédition romaine, la loi Falloux, la loi restrictive du suffrage universel

(31 mai). Quand cette majorité se trouva en conflit avec le prince président, M. de Berset ne fut pas de ceux qui se rangèrent du côté de L.-N. Bonaparte. Le coup d'État le rendit à la vie privée. Il n'obtint, le 29 février 1852, que 3,279 voix, comme candidat indépendant, contre le général Duvivier, candidat officiel, élu par 16,568 suffrages.

BERT (ADOLPHE-CLAUDE-FRANÇOIS), député de 1842 à 1846, et de 1847 à 1848, né à la Côte-Saint-André (Isère), le 17 février 1803, mort à Commelle (Isère), le 20 octobre 1871, suivit de bonne heure la carrière du barreau, puis entra dans la magistrature et fut nommé (1828) juge auditeur du tribunal de Valence, (1830) substitut du procureur du roi à Briançon. Quelques mois plus tard il revint à Valence, pour y remplir les mêmes fonctions. Rallié au gouvernement de Louis-Philippe, il fut procureur du roi à Montélimar en 1834, passa en la même qualité (1835) au tribunal civil de Valence et à celui de Grenoble (1837). Le 9 juillet 1842, il débuta dans la vie parlementaire, comme l'élu du 4e collège de l'Isère (Vienne) par 176 voix sur 342 votants et 412 inscrits, contre 93 voix à M. de Terrebasse, député sortant. Il appartint à la majorité ministérielle et conservatrice, avec laquelle il opina constamment. « Il siège, dit la *Biographie des députés de 1842 à 1846*, derrière le banc de M. Duchâtel, dont il a l'oreille, fait des rapports de pétitions qu'on n'écoute pas, et ne se lasse jamais ni d'applaudir les discours de ces messieurs, ni de voter en faveur de leurs actes ou pour leurs projets. » Il approuva notamment (janvier 1845) l'adresse au roi relative à l'indemnité Pritchard, et repoussa les propositions en faveur de l'adjonction des capacités, sur les députés fonctionnaires, etc. M. Bert, après avoir échoué le 1er août 1846, avec 214 voix contre 247 accordées à M. Jourdan, reparut à la Chambre après la mort de son successeur, le 21 août 1847 : il obtint alors 224 voix sur 442 votants, reprit sa place dans la majorité et soutint le ministère Guizot jusqu'aux derniers jours de la monarchie de Louis-Philippe.

BERT (PAUL), représentant à l'Assemblée nationale en 1872 et député de 1876 à 1886, né à Auxerre (Yonne), le 19 octobre 1833, mort à Hanoï (Tonkin), le 11 novembre 1886, après avoir fait ses études à Auxerre, suivit à Paris les cours de l'Ecole de droit et de l'Ecole de médecine, fut reçu licencié en droit, puis docteur en médecine (1864) et docteur ès sciences naturelles deux ans après. Il fut préparateur du cours de Claude Bernard au Collège de France, nommé professeur à la Faculté des sciences de Bordeaux, suppléant de Flourens au Muséum, et professeur de physiologie à l'Ecole pratique des hautes études à Paris (décembre 1869). Pour ses remarquables travaux sur l'influence de l'air comprimé sur les fermentations, et sur les conditions de la vie humaine à différentes altitudes, il reçut, en 1875, de l'Académie des sciences, le grand prix de 20,000 francs. Il était entré dans la vie politique, après le 4 septembre 1870, comme secrétaire général de la préfecture de l'Yonne, et avait été nommé, le 15 janvier 1871, préfet du Nord, poste qu'il occupa moins d'un mois, ayant démissionné au moment où Gambetta, qui l'avait fait nommer, quittait le ministère de l'Intérieur et de la Guerre. Paul Bert, qui avait décliné la candidature aux élections du 8 février suivant, obtint néanmoins dans l'Yonne 10,828 voix.

M. Javal, député de l'Yonne, étant mort le 28 mars 1872, Paul Bert se présenta pour le remplacer, à l'élection partielle du 9 juin suivant, comme candidat républicain radical, et fut élu par 34,813 voix, sur 70,541 votants et 111,547 inscrits, contre MM. Javal fils, candidat centre gauche, qui eut 21,554 voix, et de Clermont-Tonnerre, candidat conservateur, 13,080 voix.

Il prit place à l'extrême-gauche, se mêla aux discussions relatives aux questions d'instruction publique, présenta même à la fin de la législature un projet de réorganisation de l'enseignement supérieur, et vota *contre* la démission de Thiers (24 mai 1873), *contre* l'arrêté sur les enterrements civils (24 juin, *contre* le septennat (20 novembre), *contre* le maintien de l'état de siège (4 décembre), *contre* le ministère de Broglie (16 mai 1874), *pour* la dissolution de l'Assemblée (29 juillet), *pour* l'amendement Wallon (30 janvier 1875), *pour* l'ensemble des lois constitutionnelles (25 février). La vie politique avait pour lui beaucoup d'attraits, et, à la veille des élections de 1876, il écrivait à un ami (31 décembre 1875) « que la bataille électorale allait commencer, et qu'il comptait s'y jeter à corps perdu. » Il fut élu le 20 février suivant, dans la 2e circonscription électorale d'Auxerre, par 8,466 voix sur 13,580 votants et 17,740 inscrits, contre M. Cherest, candidat conservateur (4,986 voix). Il déposa des projets de loi sur les commissions d'enseignement, sur le recrutement des instituteurs primaires, et fut au nombre des 363 députés qui entrèrent en lutte contre le ministère de Broglie. Réélu, le 14 octobre 1877, par 9,739 voix contre M. Tarbé des Sablons, bonapartiste (4,912 voix), il poursuivit la réorganisation de l'enseignement, dont il s'était fait le champion au double point de vue de l'obligation et de la laïcité. En juin 1879, il présenta à la tribune la loi sur l'enseignement supérieur comme une loi de défense sociale, attaqua l'intolérance de l'Eglise, et soutint « que la tolérance n'est pas due aux intolérants ». L'article 7 le ramena, quelques jours après, à la tribune; il attaqua vivement les congrégations, surtout les Jésuites, au moyen de citations choisies dans leurs auteurs, et à la session du conseil général qui se tint au mois d'août suivant, à Auxerre, dans un dîner officiel, porta le toast suivant : « Je bois à la destruction des phylloxeras. Le département de l'Yonne a eu le bonheur jusqu'ici d'échapper à ces deux fléaux : le phylloxera qui se cache sous la vigne, et le phylloxera que l'on cache avec des feuilles de vigne. Pour le premier, nous avons le sulfure de carbone, pour le second, l'article 7 de la loi Ferry, etc. » En avril 1880, il déposa une proposition tendant à exiger des membres de l'enseignement et des ministres des cultes une année de service militaire, parla, en mai, contre les lettres d'obédience « condamnées par tous les inspecteurs d'Académie, et même par les évêques d'Angers et de Nancy », et prit une part importante à la discussion de la loi sur l'enseignement primaire dont il était rapporteur, en demandant l'exclusion de l'enseignement religieux de l'école, en défendant la gratuité absolue attaquée par M. Beaussire, et en insistant sur le principe de l'obligation, qui fut d'ailleurs le moins discuté. Le 11 avril 1881, sur une interpellation de M. Janvier de la Motte relative à l'entreprise de Tunisie, Paul Bert déposa un ordre du jour « qui approuvait la conduite du gouvernement, avec confiance dans sa prudence et dans son énergie », et qui fut

voté par 322 voix contre 124. Paul Bert fut réélu, sans concurrent, aux élections du 21 août 1881 par 9,368 voix sur 10,357 votants et 18,072 inscrits. Lorsque Gambetta accepta le ministère (15 novembre 1881), il donna le portefeuille de l'Instruction publique et des Cultes à Paul Bert, qui avait le plus rigoureusement fait de la parole du maître : « Le cléricalisme, voilà l'ennemi », la devise constante de sa politique; mais le « grand ministère » tombait (22 janvier 1882), avant même que son programme de réformes eût reçu un commencement d'exécution. Dans la discussion relative au certificat pédagogique (2 juillet 1882), Paul Bert obtint que l'examen portât exclusivement sur l'histoire des doctrines pédagogiques et sur la législation de l'enseignement; il demanda aussi, à propos du budget, la faculté pour le gouvernement de supprimer ou de suspendre les traitements ecclésiastiques. Le 15 octobre 1883, dans une réunion à Saint-Étienne, il soutint les doctrines de gouvernement exposées par M. J. Ferry dans son discours du Havre et tendant à se séparer du radicalisme; il suivit d'ailleurs obstinément ce ministre dans la question du Tonkin, et fit voter à plusieurs reprises des ordres du jour de confiance à ce sujet; il interpella, en décembre 1883, le gouvernement pour l'inviter à surseoir à l'importation des salaisons américaines jusqu'au vote d'une loi sur la matière. Dans la délibération sur la loi militaire (juin-juillet 1884), il fit repousser un amendement de M. Durand demandant l'exemption de 300 ou 400 jeunes gens de l'enseignement supérieur, interpella le gouvernement sur le choléra de Toulon, et en décembre 1884, demanda 5,000,000 pour l'amélioration du traitement des instituteurs; la Chambre accorda 1,150,000 francs; elle rejeta, en janvier 1885, par 267 voix contre 177, l'amendement qu'il proposa au budget, tendant à désaffecter immédiatement les biens domaniaux affectés à des services du culte en dehors des prescriptions du Concordat.

Elu dans l'Yonne, aux élections d'octobre 1885, au 2e tour de scrutin, le 4e sur 10, par 53,253 voix sur 86,690 votants et 109,551 inscrits, également élu dans la Seine, il opta pour son département d'origine. Il parla encore, en décembre, en faveur des crédits demandés pour le Tonkin, et fut nommé par M. de Freycinet, le 31 janvier 1886, résident général dans cette colonie et s'embarqua à Marseille le 14 février. Il s'occupait activement sur place de la réorganisation des services multiples de la colonie, lorsqu'il fut emporté par le choléra, le 11 novembre. Il avait été élu membre de l'Académie de médecine, le 3 avril 1882.

BERTAULD (CHARLES-ALFRED), représentant à l'Assemblée nationale de 1871 et sénateur inamovible de 1875 à 1882, né à Verson (Calvados), le 9 juin 1812, mort à Paris, le 8 avril 1882, fit son droit à Caen, fut reçu licencié en 1834, et docteur en 1841, et se fit inscrire au barreau de Caen en 1844. Agrégé deux ans après, il était nommé professeur suppléant, puis en 1853 professeur de procédure civile, et en 1853 professeur de Code civil à la Faculté de droit de Caen. Conseiller municipal depuis 1849, il fut élu six fois bâtonnier de l'ordre des avocats, et fut envoyé par le Calvados à l'Assemblée nationale, le 8 février 1871, le 7e sur 9, avec 53,676 voix sur 86,564 votants et 139,207 inscrits. Il prit place au centre gauche, dont il devint le président, se mêla à la plupart des discussions sur la réorganisation du Conseil d'Etat, sur la législation, sur la presse, (à cette dernière occasion, il fit ajouter au texte présenté par le gouvernement les mots : « Gouvernement de la République », omis par M. Buffet), sur la réforme de la magistrature, sur le droit d'association, contre l'Internationale, sur le jury, sur le conseil de l'instruction publique, contre le projet de loi concernant l'église du Sacré-Cœur, sur la loi d'organisation municipale, etc., et fit preuve le plus souvent d'un sérieux talent de dialecticien mêlé à une certaine humeur normande. Il vota *pour* la paix (1er mars 1871), *pour* l'abrogation des lois d'exil (10 juin), *pour* le pouvoir constituant de l'Assemblée (30 août), s'abstint sur la question du retour du parlement à Paris (3 février 1872), se prononça *contre* la démission de Thiers (21 mai 1873), *contre* l'arrêté sur les enterrements civils (24 juin , *contre* le septennat (20 novembre), *contre* le ministère de Broglie (16 mai 1874), *pour* la dissolution de l'Assemblée (29 juillet), *pour* les lois constitutionnelles (25 février 1875). Depuis la chute de Thiers il avait sensiblement incliné à gauche. Nommé maire de Caen en juillet 1875, et déjà conseiller général pour le canton ouest de Caen, il fut élu sénateur inamovible par l'Assemblée nationale, le 36e, au 4e tour de scrutin, avec 350 voix (13 décembre 1875). Au Sénat, il prit place à la gauche républicaine, parla contre l'abolition de la peine de mort, combattit, en juin 1877, la dissolution de la Chambre demandée par le gouvernement du 16 Mai, et fit partie des commissions de la réforme judiciaire, du droit d'association, de l'enseignement supérieur, etc. En mars 1880, lors de la discussion de l'article 7 de la loi Ferry, il fit l'historique de la question des congrégations non autorisées, déclara que le Code pénal ne leur était pas applicable, mais que d'autres textes de la loi autorisaient le gouvernement à les dissoudre. Le gouvernement de la République le nomma, le 11 février 1879, procureur général à la Cour de cassation. Il était chevalier de la Légion d'honneur de la promotion du 11 août 1859.

BERTEAUX (NICOLAS-FRANÇOIS), député au Corps législatif en l'an XI, né à Metz (Moselle), le 10 octobre 1743, mort à Metz, le 3 mai 1820. Secrétaire de l'administration provinciale, puis secrétaire général de la préfecture à Metz, il servit encore le gouvernement consulaire en qualité de député ; le Sénat conservateur le désigna, le 9 thermidor an XI, pour représenter le département de la Moselle au Corps législatif.

BERTEREAU (LOUIS), député à l'Assemblée constituante de 1789, né à Saint-Georges-le-Gauthier (Sarthe), en 1734, mort en 1796, était curé de Teillé, dans le Maine, aujourd'hui département de la Sarthe. Il fut, le 25 mars 1789, élu député du clergé aux Etats-Généraux par la sénéchaussée du Maine, partagea les sentiments de la majorité de l'Assemblée sur la réunion des trois ordres, et, dans la séance tenue par « les communes », le 16 juin 1789, s'exprima en ces termes que le *Moniteur* n'a pas exactement reproduits :

« Messieurs,

« Le second député du clergé de la sénéchaussée du Maine, intimement persuadé que l'ordre des communes de France est fondé à demander une vérification commune et respective des pouvoirs entre les trois ordres, s'em-

presse de vous présenter les siens. La justice et son inclination naturelle lui prescrivent également cette démarche. Citoyen, avant que d'être promu au sacerdoce, il n'a point cessé de l'être, ni oublié le rang auquel il doit sa naissance. Il n'a vu dans sa qualité de pasteur que des raisons multipliées de s'unir plus étroitement aux malheureux, et à la classe si nécessaire des cultivateurs laborieux, victimes infortunées de la main cruelle du fisc. Il ne se croit pas, moins que vous, chargé de leurs plus chers intérêts, et le désir le plus ardent de son cœur a toujours été de pouvoir les soulager. Un monarque bienfaisant nous en procure l'occasion, en nous rassemblant ici, messieurs, pour tarir les sources diverses des malheurs publics. Vos projets conçu avec sagesse, conduits avec prudence, pesés dans la balance de la plus sévère justice, et soutenus avec fermeté, seront toujours étayés du suffrage de ma faible voix. Ce sont les sentiments et les dispositions sincères de mon cœur, et je vous prie, messieurs, de les consigner dans le procès-verbal de votre assemblée. »

« BERTEREAU, curé de Teillé. »

Le curé Bertereau vota jusqu'à la fin de la session avec la gauche de l'Assemblée constituante ; il mourut pendant la Révolution.

BERTHAUT (JEAN-AUGUSTE), ministre de la guerre en 1876-1877, né à Genlis (Côte-d'Or), le 29 mars 1817, mort à Paris, le 24 décembre 1881, sortit de l'Ecole de Saint-Cyr dans l'état-major et fit plusieurs campagnes en Afrique. Lieutenant en 1842, capitaine en 1844, chef d'escadron en 1854, lieutenant-colonel en 1859, colonel en 1864, il fut, en cette dernière qualité, chargé d'organiser la garde mobile dans les régions du Nord et de l'Est en 1869. Général de brigade au moment de la déclaration de guerre à l'Allemagne, il commanda la garde mobile, au camp de Châlons, puis à Paris, se battit pendant le siège au Bourget, à Champigny, à Buzenval, et après la conclusion de la paix fut promu général de division, et appelé à présider (1874) la commission d'organisation de l'armée territoriale.

Après la retraite du général de Cissey, M. Berthaut, qui avait été président de la commission de réorganisation militaire, reçut dans le cabinet Dufaure le portefeuille de la guerre, le 15 août 1876. Son arrivée au ministère fut d'abord assez bien accueillie des républicains ; sa circulaire du 8 septembre 1876, recommandant, à propos des discours de distribution de prix, l'abstention à MM. les officiers généraux de «toute appréciation personnelle se rattachant à la politique », lui aliéna la droite. Enfin, au cours d'une interpellation qui lui fut adressée à la Chambre en octobre 1886, sur le refus des honneurs militaires aux légionnaires enterrés civilement, l'interprétation qu'il donna aux règlements militaires ne fut pas du goût de la majorité de gauche. Il offrit sa démission, le 2 décembre de la même année, lorsque le cabinet Dufaure se retira ; mais il rentra au pouvoir aussitôt, ayant été compris par M. Jules Simon dans la nouvelle combinaison ministérielle. Le général Berthaut conserva encore son portefeuille après le coup d'Etat du Seize-Mai, et resta en fonctions jusqu'au 22 novembre 1877. Parmi les actes d'administration qui signalèrent le passage du général aux affaires, ou peut citer : la défense faite aux officiers généraux de se livrer à des appréciations politiques dans les cérémonies où ils pourraient être appelés, le maintien en fonctions de tous les commandants de corps d'armée au delà du terme strictement légal de tr... ans, les mesures de rigueur prises contre sa publicité du *Figaro*, officier de l'armée territoriale, M. Bucheron, dit Saint-Genest, qui avait vivement, et à plusieurs reprises, attaqué le ministre et demandé son renvoi.

Le général Berthaut commanda quelque temps (1878) le 18e corps d'armée, à Bordeaux. Enveloppé, le 16 mars 1879, dans le vote qui atteignit tous les membres du cabinet du Seize-Mai, il donna sa démission et vécut retiré jusqu'à sa mort. — Grand officier de la Légion d'honneur, du 7 février 1878.

BERTHELMY (Etienne-Ambroise), député au Conseil des Cinq-Cents, et membre du Tribunat, né à Vauvillers (Haute-Saône), le 24 septembre 1764, mort à Paris, le 24 juin 1841, était, en 1791, ingénieur des ponts et chaussées dans le département de la Corrèze. S'étant engagé, il devint capitaine dans un bataillon de volontaires, et fut chargé de relever, au point de vue de la défense militaire, la carte de la frontière du Rhin. Il prit part à l'attaque de Mayence du côté du fleuve, fit les campagnes de 1792 et 1793; le soir de la bataille d'Hondschoote, il proposa de couper la retraite aux Anglais en portant l'armée sur Furne; on lui répondit qu'il était trop jeune pour donner des conseils. A la suite de cette affaire, il fut quelque temps arrêté, enfermé à la Conciergerie, et délivré sur la recommandation de Hoche (août 1794); il passa à l'armée des Pyrénées (1795), mais la paix l'empêcha de s'y signaler; il était maréchal de camp. Elu député de la Corrèze au Conseil des Cinq-Cents, le 22 germinal an VI, puis membre du Tribunat le 4 nivôse an VIII, il joua un rôle modeste dans ces deux assemblées. Partisan du coup d'Etat de brumaire, il devint, le 2 frimaire an VIII, commissaire central du département de la Moselle. En 1811, il refusa de reprendre du service, malgré les vives instances du général Saint-Cyr, son ami, et renonça aux fonctions publiques.

BERTHELOT (Pierre-Eugène-Marcellin), sénateur inamovible et ministre de l'instruction publique, né à Paris, le 25 octobre 1827, fils d'un médecin, fit ses études au collège Henri IV, et mérita le prix d'honneur de philosophie au concours général. Reçu docteur ès sciences en avril 1854, il obtint un remarquable succès avec sa thèse sur les *Corps gras neutres naturels*; plus tard (1861), l'Académie couronna ses travaux sur la chimie organique. Depuis 1851 il était attaché au Collège de France comme préparateur du cours de chimie, lorsqu'il fut (décembre 1859) nommé professeur de chimie à l'Ecole de pharmacie; puis, une chaire de chimie organique fut, sur la demande de l'Académie des sciences, créée pour lui au Collège de France (1865). Membre de l'Académie de médecine en 1863 (section de physique et de chimie médicale), il entra à l'Académie des sciences (section de physique), le 3 mars 1873. Entre temps, il publia une série d'ouvrages, dont le premier surtout a fait époque dans la science : *Chimie organique fondée sur la synthèse* (2 vol. 1860); *Leçons sur les principes sucrés* (1862); *Leçons sur l'isomérie* (1865); *Leçons sur les méthodes générales de la synthèse* (1864); *La force de la poudre et des matières explosives* (1872); *Traité élémentaire de chimie organique* (1872), etc. Il écrivit aussi de très nombreux articles de science et de philo-

sophie dans les journaux et dans les revues, *Temps, Revue des Deux-Mondes, Annales de physique et de chimie*, etc. Tous ces travaux ont eu pour objet principal la « synthèse chimique », c'est-à-dire la reproduction des substances qui entrent dans la composition des êtres organisés; les résultats de ses recherches ont ouvert une voie nouvelle à la science, qui, jusqu'à lui, s'était bornée presque entièrement à l'analyse.

Au moment du siège de Paris, le gouvernement institua, le 2 septembre 1870, un comité scientifique pour la défense de Paris, sous la présidence de M. Berthelot. Ce comité s'occupa de la fabrication des canons, de la poudre et surtout de la dynamite, dont plusieurs fabriques furent établies sur sa proposition et d'après ses conseils. Aux élections générales de 1871, M. Berthelot réunit, sans être élu, et d'ailleurs sans avoir lui-même posé sa candidature, 30,913 voix à Paris. Décoré de la Légion d'honneur en 1861, officier de cet ordre en 1867 et commandeur en 1879, inspecteur général, depuis le 6 avril 1876, de l'enseignement supérieur, M. Berthelot prit, comme membre du conseil supérieur de l'instruction publique, une part très active à la discussion des nouveaux programmes de l'enseignement universitaire. Il entra au Parlement le 16 juillet 1881. Rallié, depuis les événements de 1870, au gouvernement républicain, M. Berthelot qui, jusque-là, s'était montré assez indifférent à la politique et qui avait, a-t-on dit, frayé sous l'Empire avec le prince Napoléon en compagnie de MM. Renan, About, etc., brigua et obtint de la majorité du Sénat un siège de sénateur inamovible; candidat de la gauche républicaine, il fut élu par 157 voix sans concurrent. Lors de la formation du ministère Goblet (décembre 1886), il accepta le portefeuille de l'instruction publique. Dans la discussion du budget de son ministère (janvier 1887), il convint, avec Mgr. Freppel, qu'il était nécessaire d'alléger les programmes scolaires, et tomba, le 17 mai, sur le cabinet, sur la question des économies à introduire dans le budget. Au Sénat, lors de la discussion de la loi militaire, il combattit avec l'union du jour la proposition du général Campenon tendant à incorporer pour trois ans tous les jeunes gens qui se destinent aux carrières libérales, soutint que cette prétendue égalité profiterait bien moins aux pauvres qu'aux riches, et fit rejeter la proposition par 185 voix contre 85.

Depuis son entrée au Sénat, M. Berthelot a voté généralement avec la gauche républicaine, et notamment, dans la dernière session, *pour* le rétablissement du scrutin uninominal (13 février 1889), *pour* la proposition de loi Lisbonne restrictive de la liberté de la presse (18 février); il s'est abstenu sur le scrutin relatif à la procédure à suivre devant le Sénat pour juger les attentats commis contre la sûreté de l'Etat (affaire Boulanger, 29 mars).

BERTHEREAU (Thomas, chevalier), député à l'Assemblée constituante de 1789, né à Coulommiers (Seine-et-Marne), le 22 novembre 1733, mort à Paris, le 22 septembre 1817, fut élu député du tiers aux Etats-Généraux, le 16 mars 1789, par la ville de Paris. Il ne joua dans l'Assemblée qu'un rôle des plus modestes; plus tard, on le retrouve président du tribunal de première instance de Paris, et officier de la Légion d'honneur (11 janvier 1811).

BERTHEREAU (François-Etienne), député au Conseil des Anciens, dates de naissance et de mort inconnues, avait été jugé à Mortagne, quand il fut élu, le 24 germinal an V, député de l'Orne au Conseil des Anciens par 228 voix. Il n'y prit la parole que dans la séance du 26 thermidor, pour « faire approuver, dit le *Moniteur*, la résolution qui ouvre un crédit au ministre de l'Intérieur, pour le paiement des secours qui sont dus aux déportés et réfugiés des colonies. »

BERTHEZÈNE (JEAN-ETIENNE-ANTOINE), membre de la Convention, député au Conseil des Cinq-Cents, et au Corps législatif en l'an VIII, né le 15 mars 1759, mort à une date inconnue, était avocat à Saint-Jean-du-Gard. Élu membre suppléant de la Convention nationale par le département du Gard, avec 278 voix sur 475 votants, le 9 septembre 1792, il fut admis à siéger le 13 janvier 1793, en remplacement d'un démissionnaire, Tavernel, prit part au jugement de Louis XVI, et motiva, en ces termes, son vote au 3e appel nominal :
— « Je vote pour la mort ; mais je pense que l'exécution du jugement doit être suspendue jusqu'à l'époque où la constitution sera présentée à l'acceptation du peuple. »
A la séance du 25 germinal an III (14 avril 1795), Berthezène appuya la dénonciation dirigée contre le représentant Borie, accusé d'avoir « dansé en costume de représentant devant la guillotine. »
Le département du Gard renomma Berthezène député au Conseil des Cinq-Cents, le 21 vendémiaire an IV, par 169 voix sur 225 votants. Il marqua peu dans cette nouvelle assemblée, ne se montra pas hostile au 18 brumaire, et fut admis par le Sénat conservateur, le 4 nivôse an VIII, parmi les membres du Corps législatif. Il y resta jusqu'en 1805, quitta alors la vie politique ; mais atteint par la loi de janvier 1816 contre les régicides, il dut quitter la France et mourut en exil.

BERTHEZÈNE (PIERRE, BARON DE), pair de France, né à Vendargues (Hérault), le 24 mai 1775, mort à Vendargues, le 9 octobre 1847, n'avait pas encore terminé ses études lorsque les événements de la Révolution le déterminèrent à s'enrôler (1793) dans l'armée des Pyrénées-Orientales. Sept jours après (22 septembre), il obtint le grade de sergent-major. Son bataillon ayant été envoyé plus tard au siège de Toulon, il se distingua à la prise de la fameuse redoute et fut nommé sous-lieutenant. Il fit les campagnes d'Italie comme lieutenant dans la 11e demi-brigade. Chacune de ses campagnes, — il prit part à presque toutes les guerres de l'Empire, — lui valut un grade nouveau. Major du 65e régiment de ligne, il devint, en 1807, colonel du 10e d'infanterie légère ; Napoléon lui dit, en lui confiant ce dernier commandement : « Je vous donne un régiment qui vaut ma garde. » Berthezène avait été compris, comme membre de la Légion d'honneur, dans la promotion du 25 prairial an XII ; après le combat de Heilsberg (10 mai 1807), il fut fait officier du même ordre, et l'année suivante créé baron de l'Empire (19 mars 1808.) Le 10e régiment s'étant particulièrement distingué au combat de Tann et à la bataille d'Eckmühl, son colonel, qui avait été blessé, fut nommé commandeur de la Légion d'honneur. Après Wagram, il devint général de brigade, et bientôt adjudant-général des grenadiers de la garde. C'est en cette qualité qu'il prit part, pendant la campagne de Russie, à la destruction de Moscou, et contribua à assurer

à l'armée le passage de la Bérézina. Pendant la campagne de 1813, il gagna sur les champs de bataille de Lutzen et de Bautzen son titre de général de division. Fait prisonnier à Dresde, le général Berthezène ne revint en France qu'après la première abdication de Napoléon ; mais, pendant les Cent-Jours, il reprit du service, et fut à Fleurus, à Bierge et à Namur. Il commanda quelque temps le 3e corps derrière la Loire jusqu'au licenciement de l'armée ; ensuite il voyagea en Belgique, sur l'ordre du ministre de la guerre, et y passa environ huit mois, non pas, comme on l'a prétendu, pour y accompagner « son père compris, comme régicide, dans la loi de 1816, » car Berthezène de la Convention (*V. plus haut*) n'était pas le père du général, — mais en vertu d'une mesure spéciale dont il fut l'objet. Plus tard, à son retour, le maréchal Gouvion Saint-Cyr lui confia diverses missions avec le titre d'inspecteur général. Enfin, en 1830, à la fin du règne de Charles X, il fut désigné pour commander la première division de l'armée expéditionnaire d'Afrique. Il débarqua le premier sur le sol africain, et le même jour il s'empara de la position des Turcs, défendue par seize pièces de 16 et par deux mortiers ; ensuite, il se rendit maître du camp ennemi à Staoueli et de la forte position du Boujareah. Les bulletins de l'armée témoignent de la part prépondérante qu'eut le général Berthezène dans la conquête de l'Algérie. Après l'orage du 16 juin, pendant lequel les munitions avaient été avariées, il s'opposa à la retraite sur Sidi-Feruch ordonnée par M. de Bourmont, et déclara « que dans le cas même où ses troupes seraient réduites à ne se servir que de leurs baïonnettes, il répondait de conserver sa position. » Le titre de grand-croix de la Légion d'honneur (décembre 1830) fut conféré au général, qui deux ans plus tard (11 octobre 1832) se vit appelé à la pairie, après avoir rempli en 1831 les fonctions de gouverneur à Alger. Il eut pour successeur à ce poste le duc de Rovigo.
Pair de France jusqu'à l'époque de sa mort, le général Berthezène vota dans la Chambre haute pour le gouvernement, sans se montrer, d'ailleurs, très exact aux séances : dans les dernières années de sa vie, il se tenait de préférence à l'écart de la politique.

BERTHIER (PIERRE), député à l'Assemblée constituante de 1789, né en 1715, mort à Paris, le 10 janvier 1790, ne siégea que pendant quelques mois à l'Assemblée où il avait été élu, le 16 mars 1789, député du tiers par le bailliage de Nemours, avec 155 voix sur 208 votants. Avant la Révolution il avait été avocat à Nemours, et bailli de Puiseaux.

BERTHIER (LOUIS-ALEXANDRE, PRINCE DE WAGRAM ET DE NEUFCHATEL), ministre de la Guerre du 21 brumaire au 12 germinal an VIII, puis du 16 vendémiaire an IX au 1er septembre 1807, pair de France, né à Versailles (Seine-et-Oise), le 20 septembre 1753, mort à Bamberg (Bavière), le 1er juin 1815, était le fils d'un ingénieur géographe de mérite, qui l'éleva militairement. Il servit en Amérique sous Lafayette, fut nommé major-général de la garde nationale de Versailles en 1789, puis commandant général, et, en 1791, sauva de la colère du peuple Mesdames tantes du roi qui partaient pour l'émigration. Chef d'état-major du général Lükner, à Metz, à la fin de la même année, il fit aussi campagne dans l'Ouest, et, soldat avant tout, traversa, sans être inquiété, la Terreur et

Thermidor. Nommé, en 1796, général de division et chef d'état-major de l'armée d'Italie, il s'attacha à la fortune de Bonaparte, fut chargé par lui d'apporter au Directoire le traité de Campo-Formio, et reçut le commandement général de l'armée au départ de Bonaparte. Il s'empara de Rome, y organisa l'administration républicaine, et lors de la campagne d'Égypte reprit auprès de Bonaparte le grade de chef d'état-major. Au retour, il fut un des plus dévoués coopérateurs du coup d'État de brumaire, et y gagna le portefeuille de la Guerre (21 brumaire an VIII), qu'il remit le 12 germinal, pour reprendre le titre de général en chef de l'armée d'Italie, mais en réalité les fonctions de major-général du premier consul. Après Marengo, il organisa le Piémont, mena à bien un traité important avec l'Espagne, et redevint ministre de la Guerre le 16 vendémiaire an IX. A la création de l'Empire, Napoléon, qui estimait moins ses talents que ses services, le combla de faveurs, le nomma maréchal de l'Empire (18 mai 1804), chef de la première cohorte et grand cordon de la Légion d'honneur, grand-veneur, major-général de la grande armée destinée à marcher sur l'Allemagne, et l'attacha à sa personne. Il le créa prince souverain de Neufchâtel (31 mars 1806), lui fit épouser la nièce du roi de Bavière, et le nomma vice-connétable, prince de Wagram (30 décembre 1809), et président à vie du collège électoral du Pô (10 janvier 1812). C'est pour conserver ces dignités et ces titres que Berthier fut des plus empressés à abandonner Napoléon en 1814, à aller au-devant de Louis XVIII, et à lui prouver sa fidélité. Le roi le nomma pair de France, le 4 juin 1814, et capitaine des gardes. Napoléon connaissait bien ce caractère faible et versatile, il crut pouvoir compter quand même sur son dévouement pour restaurer l'Empire. Confident malgré lui du retour de l'île d'Elbe, Berthier ne sut se mettre ni du parti du roi, ni du parti de l'empereur, qui aux Cent-Jours, espérait toujours le voir revenir auprès de lui : « Je ne veux d'autre vengeance de cet imbécile de Berthier, disait-il, que de le voir dans son costume de capitaine des gardes de Louis XVIII. » Il ajoute, dans le *Mémorial de Sainte-Hélène* : « J'ai été trahi par Berthier, véritable oison que j'avais fait une espèce d'aigle. » Berthier, miné de remords, s'était retiré à Bamberg, en Bavière ; dans un accès de folie, il se précipita des fenêtres du château sur le pavé et se tua.

BERTHIER (NAPOLÉON-ALEXANDRE-LOUIS-JOSEPH, PRINCE DE WAGRAM), fils du précédent, pair de France, et sénateur du second Empire, né à Paris, le 11 septembre 1810, mort à Paris, le 10 février 1887, fut appelé, lors de la mort du maréchal Berthier son père, le 1er juin 1815, à lui succéder dans sa dignité de pair de France : il avait alors *cinq ans*, et son âge ne lui permit de prendre séance au Luxembourg que le 15 avril 1836. A cette époque il était chef de bataillon de la garde nationale de Boissy-Saint-Léger et s'occupait d'agriculture. Il refusa de participer au jugement de Louis-Napoléon après l'affaire de Strasbourg. Le gouvernement de Louis-Philippe le fit, en 1846, chevalier de la Légion d'honneur. En 1848, il devint membre du conseil général de Seine-et-Oise où il possédait des propriétés foncières considérables et conserva ce mandat jusqu'en 1870. Il entra le 26 janvier 1852 au Sénat institué par L.-N. Bonaparte, y soutint de ses votes la politique impériale et rentra dans la vie privée au 4 Septembre 1870.

BERTHOIS (JOSEPH-CONSTANT-AMÉDÉE-CONRAD, CHEVALIER DE), député de 1830 à 1832, né à Piré (Ille-et-Vilaine), le 31 août 1775, mort à Paris, le 18 avril 1832, était le fils d'un officier. Il entra dans l'arme du génie, servit le premier Empire qui le créa chevalier le 3 juillet 1813. Retraité comme chef de bataillon, le 30 janvier 1822, il fut sous-préfet après les journées de Juillet, et entra à la Chambre des députés le 28 octobre 1830 : il avait été le candidat du gouvernement au collège de département d'Ille-et-Vilaine. Mais il ne tarda pas à se séparer de la majorité ministérielle ; il vota : le 22 octobre 1831, *contre* l'ordre du jour Ganneron, approuvant les explications des ministres sur la situation extérieure ; *contre* les ordonnances du 31 novembre 1831 relatives à la nomination de 36 pairs à la fois, et protesta aussi contre la dénomination inconstitutionnelle de « sujets » (janvier 1832).

BERTHOIS (AUGUSTE-MARIE, BARON DE), frère du précédent, député de 1832 à 1848, né à Calais (Pas-de-Calais), le 17 mai 1787, mort à Paris, le 15 février 1870, entra en 1804 à l'École polytechnique, devint lieutenant du génie en 1809, rejoignit le grand quartier général de Napoléon 1er à Vienne et fut chargé de reconnaître la vallée de la Drawe et quelques positions sur la frontière d'Autriche, du côté de l'Italie et de la Turquie.

Envoyé ensuite en Espagne, il fit, avec le troisième corps (maréchal Suchet), les sièges de Mequinenza, de Sagonte et de Valence, assista au passage du Guadalaviar, et à la bataille de Castalla, ainsi qu'à la reconnaissance d'Alicante. Il passa de là à la Grande Armée (1813), concourut aux travaux de la défense de Dresde et de Mayence et prit part, en une seule année, à dix-neuf combats. Capitaine en Espagne, il devint chef de bataillon après Leipsig, et légionnaire en 1813. Le 1er juin 1814, à la rentrée des Bourbons, il fit partie du corps du génie de la maison du roi, et, nommé chevalier de Saint-Louis, le 5 septembre, il suivit le duc de Berry jusqu'à la frontière. De retour à Paris, il fut désigné pendant les Cent-Jours pour travailler avec le général Haxo aux travaux de défense de Paris. Mis d'abord en disponibilité au retour de Gand, il ne fut promu au grade de lieutenant-colonel qu'en 1828 ; le gouvernement de Juillet le fit colonel en 1831, commandeur de la Légion d'honneur et plus tard maréchal de camp. Allié à la famille du comte Lanjuinais, dont il avait épousé la fille en 1822, M. de Berthois était devenu sous la Restauration, l'aide de camp du duc d'Orléans, le futur roi des Français, qu'il ne quitta pas un instant pendant les journées de Juillet et qui le récompensa, par la suite, de son zèle et de son dévouement. Mais le ministre Casimir Périer, qui voyait d'un œil jaloux l'influence de l'aide de camp sur l'esprit de Louis-Philippe, s'abstint de soutenir la candidature de M. de Berthois aux élections législatives de 1831, dans la circonscription de Redon, et réussit à le faire échouer d'une voix. Ce ne fut que le 27 mai 1832, en remplacement de son frère, décédé, que le baron Auguste-Marie, put être nommé par le 4e collège d'Ille-et-Vilaine (Vitré). Il fut successivement réélu les 21 juin 1834, 6 novembre 1837, 23 janvier 1839, 9 juillet 1842 et 1er août 1846, siégea dans la majorité ministérielle de la Chambre, mais s'y renferma le plus souvent dans sa spécialité technique, comme membre de la commission relative à l'état des officiers (1836), de celle des rivières (1837), de celle des comptes de 1835 (section de la marine) et de la commission du budget de 1839. Il se prononça contre les pensions des Chouans dont les amis, lors de sa première élection en 1832, avaient fomenté une émeute à Vitré et tenté de piller son château.

BERTHOLLET (CLAUDE-LOUIS, COMTE), membre du Sénat conservateur et pair de France, né à Talloires (Haute-Savoie), le 9 décembre 1748, mort à Arcueil (Seine), le 6 novembre 1822, fit ses études à Turin, vint à Paris où il se fit naturaliser français en février 1778, fut reçu docteur-médecin, et obtint, par la protection de Tronchin, le titre et les fonctions de médecin du duc d'Orléans. Ses travaux d'analyse chimique sur l'azote, l'hydrogène sulfuré, sur les teintures, le mirent en réputation; il entra à l'Académie des sciences en 1780, fut nommé professeur de chimie à l'Ecole polytechnique (9 novembre 1794), puis membre de la commission chargée du choix et du transport des objets d'art conquis en Italie (1795). Il accompagna Bonaparte en Egypte; ses études sur la formation du carbonate de soude dans le lac Natron ouvrirent à la chimie théorique des voies nouvelles. A son retour, il fut nommé à la direction de l'agriculture (20 novembre 1799). Bonaparte, qui le tenait en haute estime le fit entrer, après le 18 brumaire, au Sénat conservateur (nivôse an VIII), le nomma, par la suite, membre de la Légion d'honneur (9 vendémiaire an XII), grand-officier du même ordr. (25 prairial suivant), titulaire de l'opulente sénatorerie de Montpellier (1804), président du collège électoral des Pyrénées-Orientales (1806), grand-croix de l'ordre de la Réunion (1813). Berthollet vota la déchéance de Napoléon en 1814, et fut appelé par Louis XVIII à la pairie, le 4 juin suivant. Dans le procès du maréchal Ney, il vota pour la déportation, et se montra toujours le défenseur des libertés octroyées par la charte. Il vivait dans sa maison d'Arcueil, près de son laboratoire, entouré de jeunes gens qui suivaient ses leçons, et de savants qui formèrent avec lui la réunion connue sous le nom de *Société d'Arcueil*, et publièrent d'intéressants *Mémoires* sur les recherches et les découvertes faites sous les yeux de l'illustre savant.

BERTHOLON (CHRISTOPHE-CÉSAR), représentant du peuple aux Assemblées constituante et législative de 1848-1849, et député de 1876 à 1885, né à Lyon (Rhône), le 18 janvier 1808, mort à Rochambon (Loire), le 6 janvier 1885, après avoir fait fortune dans le commerce des soieries, devint un des chefs de la démocratie lyonnaise. Il organisa à Lyon après 1830, la Société des Droits de l'homme, fonda et rédigea le journal républicain le *Censeur*, et, cité comme témoin dans le procès d'avril (1835), répondit : « Ma place n'est pas ici, elle est au banc des accusés. » Il présida en 1840 un banquet patriotique de plus de six mille personnes, et se présenta aux élections législatives du 1er août 1846, dans le 3e collège électoral de l'Isère (Vienne), où il échoua avec 167 voix, contre 216 accordées au candidat ministériel, M. Lombard de Buffière, élu. Bertholon entretint activement l'agitation des banquets réformistes, fut nommé sous-commissaire de la république à Vienne (Isère), et le 23 avril 1848, fut élu représentant du peuple dans l'Isère, le 5e sur 15, par 106,186 voix sur 136,486 votants et 159,723 inscrits. Il s'assit à l'extrême-gauche, et vota avec ce groupe *pour* le bannissement

de la famille d'Orléans (28 mai 1848), *contre* la loi sur les attroupements (7 juin), *contre* la proposition Proudhon (31 juillet), *contre* les poursuites contre Louis Blanc et Caussidière (26 août), *contre* le rétablissement de la contrainte par corps (1er septembre), *pour* l'abolition de la peine de mort (18 septembre), *pour* l'amendement Grévy (7 octobre), *pour* les félicitations au général Cavaignac (25 novembre), *pour* le rejet d'une proposition d'amnistie générale (1er février 1849), *pour* la demande de mise en accusation du président et de ses ministres (11 mai). Il s'était abstenu (2 novembre 1848) dans le scrutin sur le droit au travail. Réélu à l'Assemblée législative, le 13 mai 1849, le 4e sur 12, par 70,682 voix sur 105,869 votants et 160,450 inscrits, il combattit la politique de l'Elysée, et fut du nombre des représentants qui tentèrent de soulever le peuple le 13 juin 1849: arrêté après le coup d'Etat du 2 décembre, il fut d'abord interné en Algérie, puis se retira en Angleterre, et ne rentra en France qu'à l'amnistie générale de 1859. Le 24 mai 1869, il se présenta comme candidat d'opposition dans la 1re circonscription de la Loire et n'échoua qu'à une très faible minorité, ayant obtenu 14,130 voix contre 14,830 données au candidat officiel, M. de Charpin-Feugerolles. Nommé préfet de la Loire au 4 Septembre 1870, sur la demande du conseil municipal de Saint-Etienne, il maintint l'ordre avec fermeté, donna sa démission au moment de la signature de la paix, à laquelle il était opposé, se présenta comme candidat à Alger, le 17 février 1871, en même temps que Garibaldi, et n'obtint que 1,984 voix, tandis que Garibaldi, le moins favorisé des deux députés élus, réunit 10,680 suffrages.

Bertholon se mit à la tête d'un petit journal destiné aux campagnes : la *République des paysans*, et sollicita encore plusieurs, fois en vain, les suffrages des électeurs d'Alger : le 11 juillet 1871, en remplacement de Garibaldi, démissionnaire, et de Gambetta qui avait opté pour un autre département; Bertholon eut 5,682 voix contre 6,371 à M. Vuillermoz, élu; le 20 octobre 1872, en remplacement de M. Vuillermoz, démissionnaire, il obtint 4,446 voix contre 5,552 à M. Crémieux, élu; le 20 février 1876, il réunit 2,544 voix contre 5,822 à M. Gastu, élu. Mais, aux mêmes élections générales de février 1876, la 1re circonscription de Saint-Etienne l'envoya à la Chambre par 7,865 voix sur 14,598 votants et 31,286 inscrits, contre 5,181 données à M. Martin Bernard. Il siégea à l'extrême-gauche, combattit le gouvernement du maréchal de Mac-Mahon, et, signataire de la protestation des 363, fut réélu, le 14 octobre 1877, par 15,067 voix sur 17,807 votants et 22,443 inscrits, contre M. Auguste Gérin, candidat officiel, qui n'eut que 2,596 voix. Il reprit sa place à la gauche avancée, et fut maintenu aux élections générales du 21 août 1881, par 9,625 voix sur 17,887 votants et 27,534 inscrits, contre MM. Amouroux (7,095 voix) et Epitalon (425). Il mourut avant la fin de la législature.

BERTHOLON DE POLET (DENIS), député de 1831 à 1834, né à Lyon (Rhône), le 19 novembre 1776, mort au château de Polet (Ain) le 28 mars 1847, fit ses études au collège de l'Oratoire à Lyon, puis quitta la France au début de la Révolution, et y rentra à l'époque du siège de Lyon. Dénoncé alors et emprisonné à Montluel, il fut relâché après le 9 thermidor se retira dans ses propriétés à Polet, se maria et s'occupa de littérature. Commandant de la garde nationale de Montluel sous la Restauration, il accepta avec joie la révolution de Juillet, devint conseiller général de l'Ain pour le canton de Maximieux, et bientôt (5 juillet 1831) député du 3e collège électoral de l'Ain (Trévoux), avec 85 voix sur 163 votants et 255 inscrits. Il siégea dans la majorité, soutint les divers ministères qui se succédèrent pendant la législature, et reçut du gouvernement la décoration de la Légion d'honneur. — Après la session il retourna à ses travaux littéraires. On a de M. Bertholon de Pol t une traduction en vers français des *Bucoliques* de Virgile (1809), une traduction de l'*Oaristys* de Théocrite, etc.

BERTHOMIER DE LA VILETTE (Jean-Gilbert), député à l'Assemblée constituante de 1789, né à Vitray (Allier), le 19 mai 1742, mort à une date inconnue, était procureur du roi à Cerilly, à l'époque de son élection (25 mars 1789) comme député du tiers aux Etats-Généraux par la sénéchaussée de Moulins, avec 122 voix sur 214 votants. Le *Moniteur* officiel est muet sur le compte de Berthomier de la Vilette.

BERTHOT (Clément-Louis-Charles), député au Conseil des Cinq-Cents, né à Vaux (Haute-Marne), le 17 février 1758, mort à Vaux, le 26 septembre 1832, fut avocat et président de l'administration centrale du département de la Haute-Marne, avant d'être, le 22 germinal an V, élu député de la Haute-Marne au Conseil des Cinq-Cents, par 157 voix. A la séance du 7 fructidor an VI (24 août 1798), il prit la parole pour appuyer un projet de Fabre, de l'Aude, (*V. ce nom*), relatif aux dépenses des communes. A la suite du coup d'Etat de brumaire an VIII, Berthot devint sous-préfet de Langres ; il conserva cette situation sous l'Empire et sous la Restauration.

BERTIER (Antoine) dit Bertier de Roville, représentant à la Chambre des Cent-Jours, né à Nancy (Meurthe), le 24 septembre 1761, mort à Roville (Meurthe), le 4 décembre 1854, était fils d'un négociant estimé de Nancy, qui l'envoya de bonne heure à Hambourg pour y étudier le commerce. Antoine Bertier alla ensuite s'établir dans la colonie française de Saint-Domingue, où il acquit rapidement une fortune considérable, puis il revint en France en 1789. Il se déclara en faveur de la Révolution, fut nommé, dans sa ville natale, officier de la garde nationale, et délégué à la fédération de Lyon. Propriétaire à Roville (Meurthe), il s'occupait de faire valoir son domaine, quand il apprit que l'insurrection des nègres de Saint-Domingue avait complètement ruiné les établissements qu'il possédait là-bas. Il se remit alors avec ardeur au travail et à l'étude, s'occupa activement d'améliorations agricoles, en même temps qu'il remplissait (1793) les fonctions de membre de l'administration de son district, et celles de juge de paix. « Jamais, a dit M. Viox, ancien représentant, dans une *Notice biographique sur Antoine Bertier de Roville*, jamais, pendant qu'il exerça cette magistrature paternelle, des adversaires ne sortirent de son cabinet sans être conciliés. » Sous la Restauration, Bertier ne craignit pas de faire entendre au comte d'Artois, qui traversait son département, une allocution courageuse, où il rappelait le sort des Stuarts à celui qui, plus tard, fut Charles X ; il expia sa hardiesse par plusieurs jours de détention. Quand arrivèrent les Cent-Jours, le collège de département de la Meurthe

le nomma (10 mai 1815) membre de la Chambre des représentants. Il se lia avec Lafayette, Lafitte, Dupont de l'Eure, Manuel, Benjamin Constant, et vota avec eux jusqu'à la fin de cette courte session. Puis il retourna dans son pays, où il favorisa l'instruction primaire et les progrès agricoles, par d'intéressantes fondations (fermes-modèles, institut agronomique de Roville, etc.) Membre du conseil général de la Meurthe, il continua de s'occuper de politique, dans le sens libéral, sans vouloir accepter, par la suite, aucune candidature à la Chambre des députés. Antoine Bertier a publié plusieurs travaux techniques sur des questions agricoles. De plus, il fut constamment en correspondance, pendant le cours de sa très longue carrière, avec plusieurs agronomes, administrateurs et hommes d'Etat célèbres. Il mourut à quatre-vingt-treize ans.

BERTIER DE SAUVIGNY (Anne-Ferdinand-Louis, comte), député de 1815 à 1816, et de 1824 à 1827, né à Paris le 13 mai 1782, mort à Versailles, le 5 septembre 1864, était le fils de l'intendant Bertier de Sauvigny, massacré par le peuple le 14 juillet 1789. Il émigra en 1791, servit dans l'armée de Condé, et fut, sous la Restauration, colonel des chevau-légers de la garde, et attaché à l'état-major du duc d'Angoulême, lors de l'expédition d'Espagne (1823). Le 22 août 1815, il avait été élu député par le collège de département de Seine-et-Oise, avec 84 voix sur 168 votants et 251 inscrits ; il prit place à l'extrême droite, et accepta, momentanément, le 13 novembre 1815, les fonctions de préfet du Calvados. Il se représenta aux élections du 6 mars 1824, et fut élu par le collège de département de la Seine, avec 1,160 voix sur 2,300 votants. Dans la session de 1824-1825, il exposa le programme des « nécessités à satisfaire » : Abolir les lois impies de la Révolution et punir le sacrilège ; rendre aux liens du mariage toute leur sainteté en donnant le premier pas à la cérémonie religieuse ; consoler le roi de la spoliation de ses compagnons d'infortune ; revoir nos Codes et les mettre plus en harmonie avec nos sentiments religieux et nos institutions monarchiques ; diminuer les rouages de l'administration, réduire le nombre des tribunaux et des cours royales pour les rapprocher des anciens parlements. Il combattit la subvention de 400,000 francs accordée au Conservatoire et aux théâtres « institutions peu conformes aux convenances et à la morale » ; demanda la réduction du nombre des préfectures, l'augmentation du budget des cultes, et se montra des plus ardents partisans de l'indemnité d'un milliard aux émigrés. Bertier de Sauvigny ne fit pas partie d'autres législatures.

BERTIN (Jean), député au Corps législatif en l'an X, né à Guignen (Ille-et-Vilaine) en 1750, mort à Paris, le 17 mars 1803, était agriculteur, quand il fut, le 6 germinal an X, élu par le Sénat conservateur, député d'Ille-et-Vilaine au Corps législatif. Il s'y montra dévoué au gouvernement de Bonaparte, qui le fit plus tard conseiller de préfecture.

BERTIN (Amédée-Joseph), représentant du peuple à l'Assemblée constituante de 1848, né à Rennes (Ille-et-Vilaine), le 23 octobre 1805, fut reçu docteur en médecine en 1829 et exerça sa profession à Rennes, où il enseignait aussi la chimie, lorsqu'il fut, en août 1830, envoyé comme sous-préfet à Fougères, centre de l'ancienne chouannerie. En 1831, lors des troubles de l'Ouest, il se fit remarquer par son attitude conciliante, resta dans l'administration jusqu'à la fin du règne de Louis-Philippe, établit à Fougères les premières salles d'asile du département, organisa le service des chemins vicinaux, fonda dans l'arrondissement un conseil agricole, publia une *Histoire économique de Fougères*, et reçut la croix de la Légion d'honneur. En 1847, il fut nommé sous-préfet de Cambrai, par une sorte de disgrâce et pour s'être montré, a-t-on dit, trop peu empressé à soutenir les candidats du gouvernement. Après février 1848, rallié timidement à la République, il fut élu représentant d'Ille-et-Vilaine à l'Assemblée constituante, le 2e sur 14, avec 113,522 voix (132,699 votants et 152,985 inscrits). Il fit partie du comité de l'administration départementale et communale, compta parmi les partisans de Cavaignac et se prononça : le 26 mai 1848, *pour* le bannissement de la famille d'Orléans ; le 9 août, *contre* le rétablissement du cautionnement ; le 26 août, *pour* les poursuites contre Louis Blanc et Caussidière ; le 18 septembre, *contre* l'abolition de la peine de mort ; le 4 octobre, *pour* l'incompatibilité des fonctions ; le 7 octobre, *contre* l'amendement Grévy sur la présidence ; le 2 novembre, *contre* le droit au travail ; le 25 novembre, *pour* l'ordre du jour de félicitations à Cavaignac ; le 27 décembre, *pour* la suppression de l'impôt du sel ; le 12 janvier 1849, *pour* la proposition Rateau ; le 16 avril, pour les crédits de l'expédition de Rome ; le 2 mai, *contre* l'amnistie ; le 18 mai, *pour* l'abolition de l'impôt des boissons.

Il ne fit point partie de l'Assemblée législative. Le 29 février 1852, il réunit, comme candidat indépendant au Corps législatif, dans la 3e circonscription d'Ille-et-Vilaine, 11,772 voix contre 12.745 accordées à M. Audren de Kerdrel, élu. Il n'obtint plus que 2,137 suffrages, le 30 janvier 1853, contre M. Le Harivel, candidat officiel. Depuis lors, il s'est retiré de la vie publique.

BERTIN DE VEAUX (Louis-François), député de 1820 à 1821, de 1824 à 1832, et pair de France, né à Paris, le 18 août 1771, mort à Paris, le 23 avril 1842, d'une famille originaire de Picardie, était le fils d'un ancien capitaine à la suite du régiment des cuirassiers du roi, et le frère de Bertin l'aîné, avec qui il fonda le *Journal des Débats* dont le 1er numéro parut le 29 août 1789. Il dirigea aussi, après thermidor, le journal l'*Eclair* destiné à combattre le parti jacobin. Dans le n° du 20 vendémiaire an V, il accusa vivement le député Abolin (*Voy. ce nom*), d'avoir dépouillé de ses biens Mlle d'Espagne. Arrêté sur la plainte du député, et mis à la Force, il passa devant le jury sous la prévention d'avoir « avili la représentation nationale », et fut acquitté. L'*Eclair* fut supprimé après le 18 fructidor. Tout en restant journaliste, Bertin devint agent de change, créa (1801) une maison de banque à Paris, et siégea comme juge et comme vice-président au tribunal de commerce de la Seine (1805). Président du collège électoral du 2e arrondissement de Paris (1815), il devint secrétaire général de M. Decazes, ministre de la police, qu'il quitta en 1818, en désaccord avec la politique de bascule du ministre. Elu député, le 14 novembre 1820, par le collège de département de Seine-et-Oise, il devint à la Chambre un des chefs de l'opposition royaliste, se mêla aux discussions relatives aux questions de crédit public, et lut un discours contre la censure (6 juillet 1821). Il ne fut réélu que le

25 février 1824, dans le 4e arrondissement électoral de Seine-et-Oise (Versailles) par 253 voix sur 499 votants, contre M. de Jouvenel, candidat libéral, qui eut 147 voix ; il accepta la place de conseiller d'Etat lorsque Chateaubriand entra dans le premier ministère Villèle, pour démissionner, dès que son illustre ami et collaborateur aux *Débats* se vit arracher son portefeuille. Dès lors, Bertin combattit le ministère Villèle et ses plans financiers, notamment ceux concernant la dette publique et l'amortissement (22 mars 1825).

Réélu le 17 novembre 1827, par 239 voix sur 357 votants et 390 inscrits, contre M. Usquin, ancien député (105 voix), il rentra au Conseil d'Etat sous le ministère Martignac, se retira de nouveau à l'avènement du cabinet Polignac, et fit partie des 221 qui protestèrent contre ce ministère. Les élections du 12 juillet 1830 le renvoyèrent à la Chambre par 331 voix sur 442 votants et 459 inscrits, contre 71 voix données à M. Gauthier, avocat ; il applaudit à la révolution de Juillet, fut rappelé au Conseil d'Etat par le gouvernement nouveau, et nommé ministre plénipotentiaire près du roi des Pays-Bas (septembre 1830). Cette nomination entraîna sa réélection, qu'il obtint, le 21 novembre 1830, par 332 voix sur 409 votants et 507 inscrits, contre M. Benoist, avoué, qui réunit 32 suffrages. Réélu aux élections du 5 juillet 1831, par 334 voix sur 399 votants et 461 inscrits, il fut nommé pair de France, le 11 octobre 1832, et siégea parmi la majorité libérale, très assidu aux séances, parlant quelquefois, n'improvisant jamais. Ses fonctions publiques ne l'empêchèrent pas de continuer jusqu'à sa mort, au *Journal des Débats*, sa très active direction.

BERTIN DE VEAUX (Auguste-François-Thomas), fils du précédent, député de 1837 à 1842, pair de France, né à Paris, le 26 mai 1799, mort à Villepreux (Seine-et-Oise), le 3 septembre 1879, était officier de cavalerie. Il dut à la situation de son père et à la faveur dont il jouissait lui-même auprès du pouvoir, — il était attaché comme officier d'ordonnance au duc d'Orléans, — son élection à la Chambre des députés, le 4 novembre 1837. Il y représenta le 2e collège de Seine-et-Oise (Saint-Germain-en-Laye), qui lui avait donné 237 voix sur 467 votants et 674 inscrits, et qui le renomma le 2 mars 1839, et le 21 décembre de la même année, après sa promotion au grade de chef d'escadron. Dans ces diverses législatures, il suivit la politique du journal paternel, c'est-à-dire qu'il se montra toujours le partisan du cabinet au pouvoir. Il vota, notamment pour l'adresse de 1839, amendée par MM. Debelleyme, Jussieu et de la Pinsonnière, d'accord avec le ministère Molé.

Le 13 décembre 1845, Auguste Bertin de Veaux entra à la Chambre des pairs ; il y défendit sans grand éclat, jusqu'en 1848, la politique du gouvernement de Louis-Philippe, dont la chute mit fin à sa carrière parlementaire.

Après la Révolution de février, colonel au 5e lanciers, il fut employé pendant les journées de juin. Il devint général de brigade le 23 octobre 1852, et général de division le 7 mars 1861. — Grand officier de la Légion d'honneur du 5 août 1867.

BERTRAND (Pierre), député à l'Assemblée constituante de 1789, né à Saint-Flour (Cantal), le 21 mars 1747, mort à Saint-Flour, le

BER 295 BER

20 août 1820, a été confondu par tous les biographes avec son frère Antoine (V. p. bas), membre de la Convention, puis du Conseil des Anciens. — Pierre Bertrand, qui était, en 1789, avocat et procureur du roi à Saint-Flour, et qui devint juge au tribunal de ce district sous la Révolution, ne fit partie que de la Constituante où l'avait élu (26 mars 1789), comme député du tiers, le bailliage de Saint-Flour. Il fit rendre, le 15 novembre 1790, au nom du comité d'agriculture et de commerce, un décret rétablissant les bureaux de perception des douanes nationales sur les frontières et côtes de la ci-devant province de Roussillon.

BERTRAND (Antoine), membre de la Convention, député au Conseil des Anciens et au Conseil des Cinq-Cents, né à Saint-Flour (Cantal), le 14 septembre 1749, mort à Saint-Flour, le 6 novembre 1816, fut homme de loi à Saint-Flour, puis procureur du roi près le bailliage de cette ville, et devint, sous la Révolution, secrétaire en chef de l'assemblée d'élection, puis secrétaire général du département. Élu, le 6 septembre 1792, député suppléant à la Convention par le département du Cantal, à la pluralité des voix, il ne fut admis à siéger qu'en nivôse an III, en remplacement de Carrier, condamné à mort. Le 22 vendémiaire an IV, son département l'envoya siéger au Conseil des Anciens, à la pluralité des voix sur 224 votants, et, le 24 germinal an VI, l'élut député au Conseil des Cinq-Cents, par 152 voix.

Bertrand fut favorable au coup d'État de brumaire, et fut nommé, quatre mois après (18 germinal an VIII), sous-préfet de Murat; il resta à ce poste jusqu'en 1815, et rentra alors dans la vie privée.

BERTRAND (Louis-Marie), député à l'Assemblée législative de 1791, dates de naissance et de mort inconnues, fut élu par l'île Bourbon député à la Constituante, arriva à Paris trop tard pour siéger dans cette Assemblée, et prit séance, exceptionnellement, à la Législative (il avait été décidé que l'Assemblée législative ne comprendrait pas de députés des colonies). A son arrivée, il dut, pour qu'il fût statué sur son cas, écrire au président de l'Assemblée la lettre suivante :

« A l'Assemblée nationale.

« Monsieur le Président,

« J'ai eu l'honneur de vous écrire, le 17 de ce mois, pour vous prier de consulter l'Assemblée sur le bureau qui doit vérifier les pouvoirs que m'a donnés la colonie de Bourbon pour la représenter dans le sein de l'Assemblée nationale; elle a renvoyé mon adresse au comité colonial; ce comité n'est pas formé, et la formation peut encore entraîner de grandes longueurs. Je suis porteur des pétitions de la colonie de Bourbon et du plan de constitution qu'elle a préparée pour son régime intérieur, conformément aux décrets des 8 et 28 mars 1790, rendus pour les colonies; mon admission dans le Corps législatif est instante; je demande à l'Assemblée nationale la permission de paraître à la barre pour mettre sous ses yeux les motifs pressants qui me déterminent à faire promptement vérifier mes pouvoirs.

« Je suis avec respect,

« Monsieur le Président,

« Votre très humble et très obéissant serviteur, « BERTRAND,

« député de l'île de Bourbon. »

La validation de ses pouvoirs fut très discutée. Enfin, l'on fit droit à sa réclamation: Merlet (de Maine-et-Loire) proposa de déclarer que « les pouvoirs du député de l'île de Bourbon étaient valides et qu'il pouvait prendre place parmi les représentants de la nation », et l'Assemblée rendit, malgré une observation du député Tartanac, un décret ainsi conçu :

— « L'Assemblée nationale, après avoir entendu le rapport de son comité central, relatif à la députation de l'île Bourbon, déclare les pouvoirs de M. Bertrand, son député, vérifiés et valides ; décrète qu'il sera admis parmi les représentants de la nation. »

Bertrand était juge assesseur au Conseil supérieur de la colonie. Après la session de la Législative, il remplit, à l'île Bourbon, les fonctions de procureur-général syndic (25 pluviôse an II), de président du tribunal criminel (26 prairial an XII), de président du tribunal d'appel (27 thermidor an VI), et de président du tribunal de première instance (an XII). Puis, il revint en France, où il termina sa carrière comme conseiller à la cour impériale de Limoges.

BERTRAND (Isaac), député au Conseil des Cinq-Cents, né le 17 novembre 1760, date de mort inconnue. Après avoir été négociant à Bischwiller, puis commandant civil à l'armée du Rhin, il reçut du département du Bas-Rhin, le 25 vendémiaire an IV, le mandat de député au Conseil des Cinq-Cents, avec 172 voix. Il y parla sur les questions économiques et financières, annonça le 10 ventôse an IV (1er mars 1796) que l'emprunt forcé de 600 millions en numéraire, récemment décrété, s'acquittait dans son département avec le plus grand zèle. « On y est généralement convaincu, dit-il, que cette mesure doit sauver la chose publique, en affermissant la propriété, et ranimant le commerce et l'agriculture. » Plus tard, il fit abroger (germinal an VI) la loi du 24 février 1792, qui prohibait la sortie des chanvres blancs peignés, et, le 25 thermidor, souleva une vive discussion avec son rapport sur les moyens d'obtenir une perception de 30 millions par un impôt sur l'extraction du sel. Les cris : la question préalable ! s'élevèrent, dit le Moniteur, dans diverses parties de la salle. D'autres membres réclamèrent l'impression du rapport, qui, finalement, fut ordonnée. Le défait revint à la séance du 11 fructidor et donna lieu encore à de vives critiques, surtout de la part de Couturier (de la Moselle).

BERTRAND (Henri-Gratien, comte), pair des Cent-Jours et député de 1831 à 1834, né à Châteauroux (Indre), le 28 mars 1773, mort à Châteauroux le 31 janvier 1844, se destinait au génie civil, quand il fut entraîné par le mouvement militaire de la Révolution. Le 10 août 1792, il faisait partie d'un bataillon de garde nationale qui marcha sur les Tuileries pour défendre le roi; il entra ensuite dans le corps du génie comme élève sous-lieutenant à l'École du génie (17 septembre 1793), en sortit lieutenant (23 brumaire an III), passa capitaine (1er germinal), fit la campagne d'Égypte, fut nommé chef de bataillon (27 pluviôse an VII), chef de brigade (prairial an VIII), sous-directeur des fortifications au Caire (7 germinal an VIII), et général de brigade du génie (19 fructidor an VIII). Membre de la Légion d'honneur (19 frimaire an XII), officier du même ordre (25 prairial), il se battit vaillamment à Austerlitz, fut nommé aide de camp de l'empereur, assista à la bataille de Friedland et prépara le passage du Danube qui précéda la bataille de Wagram. Après la campagne de Russie, où il se distingua encore, Napoléon le nomma, à la mort du maréchal Duroc, grand-maréchal du palais (18 novembre 1813). Il prit une part importante aux campagnes d'Allemagne et de France, protégea la retraite après Leipzig, et, de retour à Paris, fut nommé, le 16 janvier 1814, aide-major-général de la garde nationale et de l'armée de Paris. Compagnon de Napoléon à l'île d'Elbe, il prépara activement les Cent-Jours ; l'empereur l'éleva à la pairie le 2 juin 1815 ; rare modèle d'une fidélité et d'un dévouement qui survit au malheur, il suivit l'empereur à Sainte-Hélène et ne le quitta plus. Condamné à mort par contumace, le 7 mai 1816, il fut à son retour, après la mort de Napoléon (1821), réintégré dans tous ses grades par Louis XVIII, dont une ordonnance annula l'arrêt de condamnation de 1816. Il se retira alors dans ses domaines de l'Indre, et ne consentit à rentrer dans la vie politique qu'après la révolution de Juillet. Élu, le 5 juillet 1831, député du 1er collège électoral de l'Indre (Châteauroux), par 155 voix sur 305 votants et 408 inscrits, contre M. Muret de Bort (126 voix), il siégea à la gauche modérée, et vota notamment pour la liberté de la presse. Il ne fit point partie d'autres législatures, ayant échoué le 21 juin 1834, dans le même collège électoral, avec 112 voix, contre M. Godeau d'Entraigues, élu par 160 suffrages.

BERTRAND (HENRY-ALEXANDRE-ARTHUR, VICOMTE), fils du précédent, représentant à l'Assemblée constituante de 1848, né à Trieste (Autriche), le 6 décembre 1811, mort à Paris, le 22 janvier 1878, entra à l'École polytechnique en 1830, et prit part à l'insurrection républicaine qui fit renvoyer de l'École (juin 1832) un grand nombre de ses camarades ; frappé lui-même par cette mesure de rigueur, il fut réintégré au bout de quelques mois. Sous-lieutenant d'artillerie en janvier 1833, il se battit en Algérie sous les ordres du maréchal Clausel, et, revenu en France, fut fait capitaine en 1839. Après la Révolution de 1848, il se présenta comme républicain aux suffrages des électeurs de l'Indre, fut élu par 39,477 voix (60,569 votants, 71,004 inscrits) représentant à l'Assemblée constituante, où il fit partie du comité de la guerre et soutint le parti de Cavaignac, votant tantôt avec la gauche et tantôt avec la droite : le 26 mai 1848, *pour* le bannissement de la famille d'Orléans ; le 26 août, *pour* les poursuites contre Louis Blanc et *contre* les poursuites contre Caussidière ; le 18 septembre, *contre* l'abolition de la peine de mort ; le 21 octobre, *pour* l'abolition du remplacement militaire ; le 2 novembre, *contre* le droit au travail ; le 27 décembre, *pour* la suppression de l'impôt du sel ; le 12 janvier 1849, *contre* la proposition Rateau ; le 21 mars, *contre* l'interdiction des clubs ; le 16 avril, *contre* l'expédition de Rome ; le 20 avril, *pour* la suppression du cautionnement des journaux ; le 18 mai, *pour* l'abolition de l'impôt des boissons. Le capitaine Bertrand avait combattu, après le 10 décembre 1848, la politique des ministres de L.-N. Bonaparte. Non réélu à l'Assemblée législative, il reprit ses fonctions d'officier d'artillerie, et fut nommé chef d'escadron en 1852. Il fit la campagne d'Orient, assista au siège de Sébastopol, et, rallié au gouvernement impérial, devint lieutenant-colonel, officier d'ordonnance du prince Jérôme, puis colonel, inspecteur général des manufactures d'armes et enfin général de brigade en 1864. — Grand-officier de la Légion d'honneur du 4 décembre 1873, époque de son passage dans le cadre de réserve.

BERTRAND (ALEXANDRE-EDME-GABRIEL), représentant à la Chambre des Cent-Jours, né à Boulages (Aube), le 19 mars 1758, mort à Abbaye-sous-Plancy (Aube), à une date inconnue, fut substitut du procureur impérial à Arcis-sur-Aube, et représentant (8 mai 1815) de cet arrondissement électoral à la Chambre des Cent-Jours ; l'histoire parlementaire ne fournit pas d'autre document sur son compte.

BERTRAND (JOSEPH-JACQUES), député de 1829 à 1836, né au Puy (Haute-Loire), le 14 juin 1785, mort au Puy, le 5 janvier 1864, débuta en 1810, dans les fonctions militaires de payeur provisoire, chargé d'un important intérim ; puis il servit, de 1813 à 1814, dans le 4e régiment des gardes d'honneur, reçut de ses concitoyens, pendant l'occupation étrangère, la mission d'aller auprès du général qui commandait l'armée autrichienne à Lyon, débattre l'indemnité de guerre imposée au département de la Haute-Loire : cette indemnité, fixée d'abord à deux millions, ne fut, en fait, jamais payée. Nommé (juin 1815) adjoint au maire de la ville du Puy, et juge (1820) au tribunal de commerce, qu'il présida, il appartint, sous la Restauration, à l'opposition constitutionnelle qui s'appuyait sur la Charte. Élu, le 4 juillet 1829, député du Puy (1er arrondissement électoral de la Haute-Loire), en remplacement de Calemard de La Fayette, décédé, il soutint d'abord le ministère Martignac, vota, après le renversement de ce ministre, l'adresse des 221, et, réélu le 23 juin 1830, accepta, sans grand enthousiasme, la révolution de Juillet. Rallié pourtant à la monarchie nouvelle, c'est avec l'appui du gouvernement qu'il fut encore élu député du Puy, les 5 juillet 1831 et 21 juin 1834, cette dernière fois par 208 voix sur 402 votants et 445 inscrits, contre 194 voix données à Berryer. Il fit constamment partie de la majorité ministérielle, et, comme il manifestait, en 1834, quelque hésitation à accepter une candidature nouvelle, Thiers, alors ministre, lui écrivit : « Je prends la plume pour essayer de vaincre votre hésitation à vous remettre sur les rangs pour la prochaine législature. Je vous demande un intérêt public de vaincre vos répugnances... Dans la session prochaine, les amis du pays auront un dernier effort à faire... » Il prit la parole, cette même année, pour le maintien de l'évêché du Puy, qu'il avait été question de supprimer. Mais Bertrand ne resta à la Chambre que jusqu'au mois de janvier 1836. A cette époque, il donna sa démission de député pour se consacrer à la gestion d'une maison de banque qu'il dirigeait au Puy. Membre du conseil municipal de cette ville et du conseil général de la Haute-Loire, dont il fut plusieurs fois le président, Joseph Bertrand avait reçu, sous Louis-Philippe, la décoration de la Légion d'honneur.

BERTRAND (JEAN), représentant du peuple aux Assemblées constituante et législative de 1848-49, né à Vitry-le-François (Marne), le 11 janvier 1809, mort à Vitry-le-François, le 2 juin 1869, étudia le droit et se fit recevoir avocat. Après avoir été successivement membre du conseil municipal et adjoint au maire, puis maire de sa ville natale, il fut élu, le 23 avril 1848, représentant de la Marne à l'Assemblée constituante, le 3e sur 9, par 77,207 voix (93,164 votants, 101,527 inscrits). Précédemment, aux élections de 1846, M. Bertrand avait échoué de quelques voix seulement à la députation comme candidat de l'opposition libérale. Bien que partisan déclaré de la République, il siégea à la droite de l'Assemblée constituante et vota : le 28 juillet 1848, *pour* le décret sur les clubs ; le 9 août, *pour* le rétablissement du cautionnement ; le 26 août, *pour* les poursuites contre Louis Blanc et Caussidière ; le 1er septembre, *pour* le rétablissement de la contrainte par corps : le 7 octobre, *contre* l'amendement Grévy sur la présidence ; le 2 novembre, *contre* le droit au travail ; le 25 novembre, *pour* l'ordre du jour de félicitations au général Cavaignac ; le 28 décembre, *contre* la réduction de l'impôt du sel ; le 12 janvier 1849, *pour* la proposition Rateau ; le 21 mars, *pour* l'interdiction des clubs ; le 16 avril, *pour* le crédit de 1,200,000 fr. (expédition de Rome) ; le 2 mai, *contre* l'amnistie des transportés.

Réélu, le 13 mai 1849, représentant du même département à l'Assemblée législative, le 1er sur 8, avec 55,983 voix (78,836 votants, 105,296 inscrits), il y soutint la même politique conservatrice et fut du comité de la rue de Poitiers, sans toutefois se rallier à L.-N. Bonaparte. Sous l'Empire, il fut, sans succès, candidat indépendant, le 13 novembre 1864, dans la 1re circonscription de la Marne et obtint 5,248 voix contre le candidat officiel, M. Duguet, élu par 14,689 suffrages. Il s'agissait alors de remplacer M. Haudos, décédé.

BERTRAND (Toussaint-Jean-Pierre-Louis), représentant du peuple à l'Assemblée constituante de 1848, né à Saint-André (Hérault), le 27 octobre 1795, mort à Montpellier (Hérault), le 27 avril 1870, étudia la médecine et la chirurgie, et après avoir passé quelques années comme interne à l'Hôtel-Dieu de Montpellier, fut reçu docteur (1823), et plus tard agrégé à la Faculté de médecine. Hostile aux Bourbons, il adhéra, en 1815, à l'acte additionnel, fut emprisonné après les Cent-Jours, sous la prévention d'avoir conspiré contre le gouvernement du roi, et bientôt relâché faute de preuves, n'en demeura pas moins sous la surveillance de la police. En novembre 1816, comme il s'était rendu à Lyon, dans le dessein de concourir pour la place de chirurgien en chef de l'Hôtel-Dieu, ses opinions politiques servirent de prétexte à l'administration pour le forcer à quitter Lyon, la veille du concours. Il se montra, jusqu'en 1830, l'adversaire déclaré de la Restauration, et continua, sous la monarchie de Juillet, de manifester les mêmes opinions démocratiques. La révolution de Février 1848 donna satisfaction à ses sentiments politiques et lui ouvrit les portes de l'Assemblée constituante ; élu, le 23 avril, le 7e sur 10, avec 33,105 voix, représentant du peuple par le département de l'Hérault, il vota le plus souvent avec la gauche, sans toutefois appartenir à la Montagne : le 9 août, *contre* le rétablissement du cautionnement ; le 26 août, *contre* les poursuites intentées à Louis Blanc et à Caussidière ; le 18 septembre, *pour* l'abolition de la peine de mort ; le 7 octobre, *pour* l'amendement Grévy sur la présidence ; le 27 décembre, *pour* la suppression de l'impôt du sel ; le 12 janvier 1849, *contre* la proposition Rateau ; le 1er février, *pour* l'amnistie générale. Il se rapprocha de la droite pour voter : le 2 septembre 1848, *pour* le maintien de l'état de siège, et le 2 novembre, *contre* le droit au travail. Il est porté *absent*, le 25 novembre, lors du scrutin sur l'ordre du jour en l'honneur de Cavaignac. A partir du mois de mars 1849, Toussaint Bertrand, qui était en congé, ne prit part à aucun des derniers votes de l'Assemblée.

BERTRAND (Laurent-Horace), représentant du peuple à l'Assemblée législative de 1849, député au Corps législatif de 1852 à 1857, né à Vermanton (Yonne), le 8 septembre 1795, mort à Fontainebleau (Seine-et-Marne), le 6 novembre 1861, gagna dans le commerce une fortune considérable. Il passait pour libéral dans son pays, sous le règne de Louis-Philippe ; ce fut pourtant avec les suffrages des conservateurs (36,342 voix sur 80,826 votants et 111,917 inscrits) qu'il fut, le 13 mai 1849, élu représentant de l'Yonne à l'Assemblée législative. Il y soutint la politique de l'Élysée, et, après le coup d'État présidentiel, redevint (29 février 1852) député de la 2e circonscription de l'Yonne, avec 18,559 voix sur 24,874 votants et 35,016 inscrits. Son concurrent, M. Thénard, n'obtint que 4,759 suffrages. « M. Bertrand » écrivit alors l'auteur des *Profils critiques et biographiques des Sénateurs, Conseillers d'État et députés*, « était autrefois un libéral, mais il porte fort légèrement ce souvenir : à tout péché miséricorde. Négociant habile autant qu'heureux, il possède la moitié de Paris, disent dans leur naïve exagération les bons Sénonais, qui n'ont pas cru pouvoir, plus aujourd'hui qu'en 1849, refuser leurs voix à un homme qui est propriétaire de la moitié de Paris. La vérité est que le passage Vendôme est à M. Bertrand, ainsi qu'une partie des maisons du boulevard du Temple. C'est assez dire qu'il déteste l'émeute qui détériore les maisons, et la révolution de Février, qui mit des drapeaux noirs chez les propriétaires n'ayant pas fait remise du terme. Il votera contre tout ce qui pourrait lui rappeler ses rêves désagréables de 1848. » —

Les votes de M. Bertrand furent en effet constamment d'accord avec ceux de la majorité dynastique, jusqu'au jour (22 juin 1857) où il échoua dans sa circonscription avec 11,029 voix contre le candidat de l'opposition, M. Léopold Javal, élu par 14,089 suffrages.

BERTRAND (François-Gabriel), député au Corps législatif de 1863 à 1869, né à Valognes (Manche), le 15 décembre 1797, mort à Caen (Calvados), le 24 avril 1875, débuta comme professeur suppléant de seconde au collège de Valognes le 6 mai 1825, devint titulaire le 29 juillet suivant, professeur de rhétorique au même collège (31 janvier 1826), professeur de troisième au lycée de Caen (13 décembre 1826), professeur de rhétorique au même lycée (25 septembre 1827), et fut reçu docteur ès lettres le 5 juillet 1829. Nommé professeur adjoint de littérature grecque à la Faculté de cette ville (16 janvier 1830), et titulaire de la chaire (7 mars 1831), il entra au conseil académique le 28 janvier 1832, fut nommé doyen de la Faculté des lettres (6 juillet 1840), conseiller municipal de Caen (1er juillet 1841), maire de cette ville (19 août 1848), chevalier de la Légion d'honneur (11 décembre 1849), membre de l'Institut des provinces (2 février 1850), et conseiller général du Calvados en 1852. Le 4 août 1858, il était promu officier de la Légion d'honneur. Élu comme candidat officiel, par la 1re circonscription du Calvados, le 4 juin 1863, avec 14,268 voix sur 23,098 votants et 31,724 inscrits, contre MM. Foucher de Careil (5,182 voix) et Leprestre (3,549), il donna sa démission de doyen de la Faculté, passa doyen honoraire, et, à la Chambre, vota avec les libéraux dynastiques qui composaient le groupe dit le tiers-parti. Il ne se représenta pas aux élections de 1869, et se consacra à ses fonctions municipales. Les *Mémoires* de l'Académie de Caen, dont il fut président, ont publié de lui des *Études sur Aristophane*. Il se retira de la vie politique en 1870.

BERTRAND (JULES-FRANÇOIS-FÉLIX), sénateur de 1876 à 1882, né à Saint-Flour (Cantal), le 18 septembre 1808, mort à Saint-Flour, le 13 mars 1882, entra, sous Louis-Philippe, dans la magistrature, et fut substitut à Saint-Flour en 1843, procureur du roi à Ambert en 1845, substitut du procureur général à Riom, avocat général à Grenoble, puis à Bastia. Il termina sa carrière de magistrat comme président du tribunal civil de Saint-Flour. Démissionnaire en 1876, il fut porté avec M. de Parieu, sur la liste des candidats conservateurs aux élections sénatoriales du 30 janvier, pour le département du Cantal; il représentait dans cette combinaison l'élément « constitutionnel ». Il fut élu par 186 voix sur 328 votants, prit place au centre droit du Sénat et vota presque toujours avec les conservateurs monarchistes, notamment en 1877 *pour* la dissolution de la Chambre des députés, et en 1880 *contre* les projets de loi présentés par le gouvernement sur l'enseignement.

BERTRAND DE GESLIN (JEAN-BAPTISTE-CHARLES, BARON), représentant à la Chambre des Cent-Jours, né au Luc (Var) le 10 septembre 1770, mort au Luc, le 6 octobre 1843, était fils de Jean-Baptiste-Louis Bertrand, capitaine au régiment de Languedoc infanterie, et de dame Anne-Françoise Charles. Il suivit la carrière paternelle, fit les premières campagnes de la Révolution, et se retira à Nantes chef de bataillon. Nommé par l'Empereur maire de Nantes, et président du collège électoral de la Loire-Inférieure (1809), il fut chargé de complimenter Napoléon sur la paix de Vienne, et reçut à cette occasion le titre de baron de l'Empire (11 juillet 1810) et la croix de la Légion d'honneur. Après la désastreuse campagne de 1812, il offrit à l'empereur, au nom de la ville de Nantes, cinquante cavaliers équipés. La première Restauration le destitua de ses fonctions de maire, qu'il reprit aux Cent-Jours, en même temps qu'il était élu député par le collège du département de la Loire-Inférieure, le 12 mai 1815, avec 24 voix sur 47 votants et 211 inscrits. La seconde Restauration le destitua de nouveau; candidat aux élections du 1ᵉʳ octobre 1821, dans le 2ᵐᵉ arrondissement électoral de la Loire-Inférieure (Saint-Philbert), il échoua avec 66 voix, contre 109 accordées à son concurrent, le comte de Juigné, élu. Bertrand de Geslin ne reparut plus sur la scène politique.

BERTRAND DE GREUILLE (JOSEPH, CHEVALIER), membre du Tribunat, né à Châteauroux (Indre), le 20 octobre 1758, mort à Châteauroux, le 19 mars 1833, exerça, de juin 1790 à octobre 1791, les fonctions de vice-président du directoire du district de Châteauroux, puis celles de membre du conseil général de l'Indre jusqu'en janvier 1792. Il devint alors commissaire près le tribunal criminel de ce département, et accusateur public. Admis au Tribunat le 6 germinal an X, il fut chargé par cette assemblée de présenter au Corps législatif un projet de loi attribuant au tribunal criminel de

la Seine la connaissance de tous les crimes de faux en valeurs nationales et pièces de comptabilité, dans quelque département qu'ils eussent été commis. Il fit, le 6 pluviôse an XII, un rapport sur le titre III du livre 3 du Code civil, relatif aux engagements qui se forment sans convention, et, le 9 pluviôse suivant, parut à la tribune du Corps législatif pour y développer, au nom du Tribunat, les motifs du titre de la *Propriété* (même Code). Membre de la Légion d'honneur, le 25 prairial, il envoya de Châteauroux, le 17 floréal suivant, son adhésion au vote du Tribunat qui instituait l'empire au profit du premier consul. Il fut nommé par Napoléon Iᵉʳ, à la dissolution du Tribunat, procureur général près la cour criminelle de l'Indre, chevalier de l'Empire, officier de la Légion d'honneur, puis substitut du procureur général près la cour impériale de Bourges. La Restauration le priva d'abord (1815) de cet emploi, puis le réintégra (1819) dans la magistrature comme procureur du roi près le tribunal de première instance de Châteauroux, dont il devint ensuite le président.

BERTRAND DE LA HOSDINIÈRE (CHARLES-AMBROISE), membre de la Convention et député au Conseil des Cinq-Cents, né à La Carneille (Orne), le 25 mai 1756, mort à La Carneille, le 30 mai 1819, était avocat puis procureur du roi à Falaise avant la Révolution, devint administrateur du Calvados, et fut élu, le 6 septembre 1792, député à la Convention par le département de l'Orne, à la pluralité des voix. Dans le procès de Louis XVI, il répondit au 2ᵉ appel nominal : « Comme l'appel au peuple est le seul moyen d'excuser le despotisme qu'a exercé la Convention par la confusion de tous les pouvoirs, je dis *oui*. » Au 3ᵉ appel nominal, il dit : « Si en 1789 on m'avait demandé quelle peine méritait Louis Capet, j'aurais répondu : la mort. Ses crimes ont toujours augmenté en nombre et en gravité, la peine n'a pas dû diminuer. Hier, en votant pour la sanction du peuple, je croyais devoir rendre un hommage sincère à sa souveraineté et à l'égalité en déclarant que Louis doit être puni de mort : car le souverain seul a droit de faire grâce. » Il accusa en même temps Garat, ministre de la Justice, d'avoir détourné les pièces les plus utiles à la défense du roi. Le décret sur le partage des biens communaux fut rendu sur son initiative. Membre de la commission des Douze favorable aux Girondins, il s'en retira avant le 31 mai 1793, quand il vit le danger, fut arrêté le 2 juin sur la motion de Bourdon de l'Oise, et écrivit au Comité de sûreté générale « qu'il était victime d'une erreur, n'ayant été occupé dans la commission des Douze que de l'examen des registres de la commune et des sections de Paris. » Saint-Just le fit remettre en liberté le 8 juillet. Après la législature, il fut nommé commissaire du Directoire exécutif dans le Calvados, qui l'envoya siéger au Conseil des Cinq-Cents, le 25 germinal an VI. Toujours indécis et craintif, il finit par se déclarer contre le Directoire, fit poursuivre les émigrés cachés sous de faux noms, défendit les institutions républicaines contre la presse, et attaqua « les triumvirs directoriaux », Merlin, Treilhard, Larevellière, qu'il contribua à renverser; mais après le 30 prairial, il s'opposa à leur mise en jugement et à leur exil; il défendit l'élection de Sieyès comme directeur, combattit les Jacobins et en même temps fut un des actifs promoteurs du 18 fructidor. Hostile au coup d'État de brumaire, il proposa de retirer à Bonaparte le commandement de la garde des Consuls. Exclu du Corps législatif par le gouvernement consulaire, il rentra dans la vie privée. La loi du 12 janvier 1816 contre les régicides l'obligea de se retirer momentanément à Bruxelles.

BERTRAND DE MOLLEVILLE (ANTOINE-FRANÇOIS, COMTE), né à Toulouse (Haute-Garonne), en 1744, mort à Paris, le 19 octobre 1818, fut nommé maître des requêtes par le ministre Maupeou, puis intendant de Bretagne. Chargé comme commissaire du roi de dissoudre le parlement breton (1778), il manqua être tué dans l'émeute où la jeunesse de Rennes prit la défense de son parlement. Nommé ministre de la Marine le 4 octobre 1791, il présenta un rapport sur la situation des colonies; flottant entre la cour et l'Assemblée, il s'aliéna bientôt l'un et l'autre parti, fut dénoncé par les députés du Finistère pour avoir donné de faux états de revue des officiers de Brest, et pour avoir employé des ennemis de la patrie dans l'expédition du Saint-Domingue. L'Assemblée écouta assez favorablement sa défense, mais le 15 janvier 1792, attaqué par Cavelier, il fit acte de faiblesse en accordant la destitution de M. de Vaudreuil, officier général, et les attaques, renouvelées en février, furent officiellement exposées par Hérault de Séchelles à Louis XVI, qui répondit que « ces dénonciations n'avaient rien diminué de sa confiance ». Cet appui perdit le ministre, qui s'empressa de donner sa démission. Le roi le chargea de la direction d'une police secrète de surveillance contre les Jacobins. Il présenta à la cour un plan peu pratique pour arrêter la Révolution, et ayant, après le 20 juin 1792, préparé une nouvelle fuite du roi, il fut dénoncé par Gohier, et décrété d'arrestation le 15 août; il parvint à gagner l'Angleterre, et y resta jusqu'en 1814, occupé de travaux historiques et littéraires, parmi lesquels : *Histoire de la Révolution de France* (1801), *Histoire d'Angleterre jusqu'à la paix de 1763* (1815), etc. Ces travaux ne lui donnèrent pas la fortune, et il revint pauvre en France à la première rentrée des Bourbons, qui le reçurent froidement et l'obligèrent à implorer bientôt la générosité de l'empereur. Dans une lettre de juin 1815, il écrit à Napoléon pour « le remercier de l'avoir fait rayer de la liste des émigrés après 22 ans d'exil », et il réclame : « 1° une pension de 12,000 livres, qui lui avait été accordée en 1788, pour ses services à l'intendance de Bretagne; 2° une pension de retraite comme ancien ministre, étant le seul à qui Louis XVIII n'en a pas accordé; 3° la restitution d'une somme de 600,000 livres prêtée par lui à Louis XVI, le 29 septembre 1792. »

Le vaincu de Waterloo n'eut pas le loisir de répondre, et Bertrand de Molleville s'adressa, le 29 juillet, à Fouché, duc d'Otrante, en lui demandant une place quelconque pour son père et pour lui, réduits à la plus extrême détresse : « J'espère, écrit-il, que M. d'Otrante voudra bien mettre sous les yeux de Sa Majesté la note ci-jointe et l'appuyer de son zèle officieux auquel rien ne résiste. » Fouché resta sourd, sans doute, à cette flatterie, car une nouvelle lettre de Bertrand de Molleville au baron Louis, du 2 septembre 1815, réclama encore le paiement de la pension de 12,000 livres accordée par Louis XVI.

BERTRAND DU MONTFORT (LOUIS-AN-

TOINE-FRANÇOIS), député à l'Assemblée constituante de 1789, né au Buis (Drôme), le 3 décembre 1739, mort au Buis, le 8 mars 1821, n'a laissé aucun souvenir politique dans les procès-verbaux de l'Assemblée dont il fit partie (2 janvier 1789), comme député du tiers pour la province du Dauphiné. Il était, lors de son élection, vice-bailli des baronnies.

BERTRAND-MILCENT (PIERRE-JOSEPH), député de 1876 à 1879, né à Cambrai (Nord), le 19 septembre 1812, mort à Cambrai, le 5 novembre 1879, fut un des grands industriels de la région du Nord; il occupait dans sa filature, de nombreux ouvriers et avait une importante succursale à Paris. Le 1er octobre 1876, en remplacement de M. Parsy, décédé, il fut élu député de la 2e circonscription de Cambrai, par 11,671 voix sur 14,091 inscrits, alla siéger dans les rangs de la gauche républicaine et vota avec la majorité : le 28 décembre, *contre* la discussion des articles du budget renvoyé à la Chambre par le Sénat; le 4 mai 1877, *pour* l'ordre du jour Laussedat, de Marcère et Leblond contre les menées ultramontaines, etc. Il fut des 363 qui protestèrent contre le ministère du Seize-Mai, et, présenté par le comité directeur des gauches aux élections qui suivirent la dissolution de la Chambre, il fut battu à une faible majorité, dans sa circonscription, par M. Jules Amigues (*V. ce nom*), candidat officiel du Maréchal. L'année d'après, la Chambre ayant invalidé l'élection de M. Amigues, M. Bertrand-Milcent fut élu à son tour (7 juillet 1878), par 12,274 voix contre 8,413 à son concurrent (20,895 votants, 25,109 inscrits). Il reprit son siège à la gauche républicaine, vota avec ce groupe en faveur du ministère Dufaure, *pour* l'élection de M. Grévy à la présidence de la République, etc., et mourut pendant la session. A l'issue de l'Exposition universelle de 1878, il avait été nommé chevalier de la Légion d'honneur, comme l'un des exposants les plus remarquables de la section des tissus.

BERTUCAT (CLAUDE-MATHIEU-NICOLAS), membre de la Convention nationale, né à Paray-le-Monial (Saône-et-Loire), le 6 décembre 1767, mort à Charolles (Saône-et-Loire), le 1er mai 1825, maire de Paray-le-Monial, au début de la Révolution, fut élu (7 septembre 1792) membre de la Convention par le département de Saône-et-Loire (Le procès-verbal des élections de ce département ne fait pas mention du chiffre des voix obtenues par chaque représentant, et se borne à noter qu'il y avait 682 votants.) Bertucat siégea à la Plaine; il se prononça, lors du procès de Louis XVI, pour l'appel au peuple et la détention à vie, et répondit au 2e appel nominal : « Citoyens, j'entends dire d'un côté : la République est perdue si Louis meurt; d'un autre : la République est perdue si Louis ne périt pas. J'en conclus, avec une raison irrésistible, pour l'appel au peuple; et, comme c'est en vain qu'on cherche à m'effrayer par la crainte de la guerre civile... je dis *oui*. »

Au 3e appel nominal, Bertucat déclara ceci : « Je croirais porter atteinte à la souveraineté du peuple, si je jugeais souverainement dans cette affaire. Je crois qu'il faut conserver au peuple la sanction tacite et présumée qui lui est incontestablement due sur les actes de ses représentants, car sa souveraineté ne peut s'aliéner. Je vote pour la mesure qui laisse sans cesse au peuple le droit de manifester utilement son vœu, pour la détention perpétuelle. » Il prit part jusqu'à la fin de la session, aux travaux de l'Assemblée, et motiva longuement (séance du 3 messidor an III) son opinion sur un projet de loi de finances présenté par Rewbell, et auquel il opposa lui-même un contre-projet détaillé. V. le *Moniteur* du 24 juin 1795.) Ce contre projet disposait :

« Art. 1er. — Tous les baux à ferme des biens ruraux, dont le prix n'est pas stipulé en nature, les usines, autres que les moulins à blé, exceptées, sont résiliés à compter de la publication du présent décret.

« II. — Tous les baux à ferme des usines exceptées dans l'article 1er. et dont le prix n'est pas stipulé en nature, sont résiliés à compter du jour où écherra l'année courante du bail, lors de la publication du présent décret... etc. »

La Convention repoussa le contre projet de Bertueat et adopta le système de Rewbell.

BERVILLE (PIERRE-JOSEPH), représentant à la Chambre des Cent-Jours, né à Amiens (Somme), le 23 septembre 1751, mort à Charenton (Seine). le 2 mars 1832, était homme de loi à l'époque de la Révolution. Il s'était acquis une assez grande notoriété dans son pays natal et avait, de 1782 à 1787, rempli à l'assemblée provinciale de Picardie les fonctions de secrétaire général. Elu, en 1789, premier suppléant des députés aux Etats-Généraux, il fut encore, pendant la période révolutionnaire, membre et secrétaire du conseil général de la Somme, (1790), administrateur des hospices d'Amiens en l'an IV, devint en l'an VIII conseiller municipal de cette ville, et, sous l'Empire, secrétaire général de la préfecture de la Somme. Le collège électoral de ce département l'envoya, le 11 mai 1815, siéger à la Chambre des représentants où il vota avec les partisans du régime constitutionnel.

BERVILLE (ALBIN DE), fils du précédent, député de 1838 à 1848, représentant du peuple à l'Assemblée constituante de 1848, né à Amiens (Somme), le 22 octobre 1788, mort à Fontenay-aux-Roses (Seine), le 25 septembre 1868, fit dans sa ville natale, en raison de sa mauvaise santé, de médiocres études qu'il vint compléter à Paris.

Reçu avocat en 1812, il ne tarda pas à se distinguer au barreau par son caractère autant que son talent; il s'essayait en même temps à des travaux littéraires qui lui valurent plus d'une couronne académique. Mais bientôt les plaidoyers politiques allaient l'enlever à la littérature. Berville, tout dévoué au « libéralisme », devint l'avocat attitré des causes libérales. La première affaire importante dans laquelle il plaida fut celle des *Patriotes* de 1816, où il obtint un vif succès personnel, bien que Me Mauguin eût dans le procès le rôle principal. Il défendit en la personne de MM. Simon Lorière et Gévaudan, la *Société des Amis de la liberté de la presse*, et le fit avec une puissance de dialectique qui fut plus tard retournée contre lui, et non sans à propos. quand il remplit les fonctions d'accusateur public contre le journal la *Tribune*. Il défendit encore M. Léon Thiessé, l'auteur des *Lettres normandes*, poursuivi pour une appréciation de la cérémonie expiatoire du 21 janvier; plaida pour l'éditeur des *Mémoires de Levasseur*, et fut au premier rang parmi les avocats des accusés du 19 août 1820, devant la Chambre des pairs. Il y avait 29 prévenus; MM. de Peyronnet et de Vatimesnil soutenaient l'accusation,

les défenseurs s'appelaient Odilon Barrot, Hennequin, Legouix, Chaix d'Est-Ange, Philippe Dupin, Persil, Berville, etc. Berville, qui plaidait pour le capitaine Delamotte, développa devant les juges un véritable traité *ex-professo* de la théorie de la loi pénale sur le complot, et fit si habilement ressortir l'iniquité qui résulterait de l'application brutale du Code, qu'il obtint un acquittement. Dans l'affaire des *carbonari*, il sauva la tête du jeune avocat Baradère; il prêta aussi son concours à Paul-Louis et à Béranger. Le vigneron de la Chavonnière a raconté lui-même comment il eut recours à l'assistance de Berville. On en voulait à son *Simple discours*. Etant « à labourer un jour », il reçut « un long papier, signé Jacqueminot-Pampelune, dans lequel on l'accusait d'avoir offensé la morale publique en disant que la cour autrefois ne vivait pas exemplairement; d'avoir en même temps offensé la personne du roi, et de ce non content. provoque à offenser la dite personne. A raison de quoi, Jacqueminot proposait de le mettre en prison. Si jamais homme tomba des nues, ce fut Paul-Louis, à la lecture de ce papier timbré. Il quitte ses bœufs, sa charrue, et s'en vient courant à Paris, où il trouva M. Berville, jeune avocat déjà célèbre, qui lui défendit de transiger, se faisant fort de le tirer de là, et de gagner sa cause qui était, disait-il, imperdable... » Pourtant l'écrivain fut, cette fois condamné à l'unanimité. Berville prit sa revanche dans maint autre procès, notamment celui de M. de Senancourt, qu'il gagna en appel. Ce vieillard avait été condamné par la police correctionnelle à neuf mois d'emprisonnement, en 1828. pour avoir réimprimé un *Résumé des traditions religieuses*. Berville ne soutenait pas seulement par la parole les idées libérales; il combattit la plume à la main, dans le *Constitutionnel*, le *Journal de Paris*, etc., la plupart des projets de lois de la Restauration; il collabora aussi à la *Revue encyclopédique*. à la *Minerve littéraire*, aux *Mémoires sur la Révolution française*... etc.

Après la révolution de Juillet, qui devait avoir toutes ses sympathies, Berville, sur l'insistance de ses amis au pouvoir, accepta le poste d'avocat général à la Cour royale de Paris. Cette situation nouvelle mit parfois l'ancien défenseur de la liberté de la presse dans l'obligation de requérir contre des journalistes : le *National*, la *Tribune*, l'*Avenir* furent poursuivis par lui. Toutefois, les biographes s'accordent à reconnaître qu'il apporta à « fuir les occasions de paraître dans les procès politiques le même soin que d'autres mettent à les rechercher. »

La carrière parlementaire devait tenter son talent. Après avoir échoué, le 21 juin 1834, comme candidat à la députation dans le 3e collège de Seine-et-Oise (Pontoise), il fut plus heureux le 8 juin 1838; depuis cette date jusqu'en 1848, Pontoise lui renouvela constamment son mandat. A la Chambre, il siégea au centre, parmi les partisans de la monarchie constitutionnelle, mais ne craignit pas, en plus d'une circonstance, de s'associer aux votes de l'opposition dynastique. « Il lui arriva plus d'une fois, a-t-on dit, de donner en même temps, sur les marches de la tribune, des boules noires au ministère et des poignées de mains aux ministres, lesquels eussent peut-être bien préféré le contraire. » Il présenta, en 1840, les rapports sur la loi des fonds secrets, et sur la loi touchant l'organisation du tribunal de la Seine. On lui doit encore, comme député, une proposition relative aux droits des veuves et des enfants des auteurs dramatiques, ainsi que plusieurs discours sur la propriété littéraire, la question des sucres, etc. Berville proposa, enfin, de rendre au jury la compétence exclusive des délits de presse. Il fut moins net sur la question de la réforme électorale, et avoua à ce propos qu'il souhaitait bien moins l'extension du droit de suffrage qu'une meilleure distribution des électeurs ; les petits collèges lui apparaissaient comme le refuge de la corruption.

Partisan, au fond, de la monarchie de Juillet, Berville ne se rallia pas au gouvernement républicain de 1848. Élu le 23 avril, par le département de Seine-et-Oise, représentant à l'Assemblée constituante, avec 56,775 voix, il prit place à droite, vota le rétablissement du cautionnement, les poursuites contre Louis Blanc et Caussidière, la proposition Rateau, l'interdiction des clubs, et repoussa l'abolition de la peine de mort, l'amendement Grévy sur la présidence, le droit au travail, l'amnistie des transportés. Il ne prit, du reste, que très peu de part aux délibérations de la Constituante, et ne se présenta pas aux élections pour la Législative : la loi avait déclaré le mandat de représentant incompatible avec ses fonctions de magistrat.

Il resta premier avocat général à la Cour de Paris ; puis il fut, sous l'Empire, nommé président de Chambre, et mis à la retraite, le 20 avril 1859.

BÉSIADE. — *Voy.* AVARAY (DUC ET MARQUIS D').

BESLAY (CHARLES-HÉLÈNE-BERNARDIN), député au Corps législatif de l'an X à 1815, représentant à la Chambre des Cent-Jours, député de 1815 à 1824, et de 1830 à 1839, né à Dinan (Côtes-du-Nord), le 1er septembre 1768, mort à Dinan, le 12 octobre 1839, était le fils de M. François-Marie Beslay, notaire, procureur en la juridiction royale de Dinan, et trésorier en charge de la paroisse, et de demoiselle Guillemette-Françoise Néel. Il venait d'être reçu avocat au Parlement, quand la Révolution supprima les parlements ; il fonda alors une maison de commerce à Dinan. Le 6 germinal an X, le Sénat conservateur le choisit comme député des Côtes-du-Nord au Corps législatif ; il fut réélu au même titre par son département le 2 mai 1809, et réélu par le collège de département, le 14 mai 1815, à la Chambre des Cent-Jours, avec 111 voix sur 150 votants et 283 inscrits. Il avait voté, en avril 1814, la déchéance de Napoléon ; il parla en 1815 en faveur du budget présenté par le baron Louis, et fit partie de la commission des réquisitions militaires. Réélu, le 4 octobre 1816, par 108 voix sur 203 votants et 274 inscrits, il soutint en 1818 la pétition présentée en faveur du rappel des bannis, combattit les lois d'exception, et présenta, le 20 mars 1819, un rapport sur les subsistances. Le 4e arrondissement électoral des Côtes-du-Nord le renvoya à la Chambre, le 4 novembre 1820, par 109 voix sur 195 votants et 204 inscrits ; il continua de siéger à la gauche constitutionnelle, tout en conservant une complète indépendance dans ses votes.

Non réélu à la Chambre septennale, il se représenta aux élections du 23 juin 1830, dans le 3e collège électoral des Côtes-du-Nord (Guingamp), et fut nommé par 111 voix sur 197 votants et 218 inscrits. Aux élections du 5 juillet 1831, ce fut le collège de Dinan qui lui renouvela son mandat, par 91 voix sur 138 votants et 238 inscrits, contre 39 voix données à M. de Saint-Pern ; puis il fut deux fois l'élu du 2e collège d'Ille-et-Vilaine (Saint-Malo),

le 21 juin 1834, par 136 voix sur 237 votants et 374 inscrits, contre M. Gandon (15 voix, et le 6 novembre 1837. Il fit aux différents ministères de la monarchie de Juillet une opposition qui n'eut rien de systématique, et mourut pendant la session de 1839.

BESLAY (CHARLES-VICTOR), fils du précédent, député de 1831 à 1837, représentant du peuple à l'Assemblée constituante de 1848, né à Dinan (Côtes-du-Nord), le 4 juillet 1795, mort à Neufchâtel (Suisse), le 30 mars 1878, fut d'abord négociant à Dinan, puis se livra à l'étude des sciences, et travailla quelque temps comme ingénieur au canal de Nantes à Brest. Ses fonctions l'ayant appelé à Pontivy, il contribua dans cette ville, en 1830, à la répression pacifique d'un soulèvement des ouvriers de Glomel. Ce fut son principal titre, comme candidat à la Chambre des députés, le 5 juillet 1831, dans le 5e collège du Morbihan (Pontivy). Élu, il siégea à l'extrême gauche et s'associa à tous les votes de l'opposition démocratique ; son mandat lui fut renouvelé le 21 juin 1834, par les mêmes électeurs, avec 115 voix sur 162 votants et 220 inscrits : le général Fabre n'avait obtenu contre lui que 39 voix. En même temps, il entrait au conseil général du Morbihan. N'ayant pas été réélu en 1837, il vint à Paris, y établit, dans le quartier Popincourt, des ateliers de construction de machines où il tenta d'appliquer le système d'association dont il était partisan. En 1842, il fut nommé inspecteur du travail des enfants dans les manufactures.

Le gouvernement provisoire de 1848 fit de Charles Beslay son commissaire général dans le Morbihan ; ce département l'élut à l'Assemblée constituante, le 1er sur 12, par 95,282 voix sur 105,877 votants et 123,200 inscrits. Républicain modéré, et d'opinion incertaine sur la plupart des questions, il vota plus souvent avec la droite qu'avec la gauche, soutint le général Cavaignac, et se prononça, par exemple : le 26 mai 1848, *contre* le bannissement de la famille d'Orléans ; le 31 juillet, *pour* l'ordre du jour contre la proposition Proudhon, consistant à s'emparer du tiers des fermages, des loyers, des intérêts de capitaux, dans un double but d'intérêt et de crédit, (cet ordre du jour déclarait que la proposition était « une atteinte odieuse aux principes de la morale publique » ; le 9 août, *contre* le rétablissement du cautionnement ; le 26 août, *pour* les poursuites intentées à Louis Blanc ; le 1er septembre, *pour* le rétablissement de la contrainte par corps ; le 18 septembre, *contre* l'abolition de la peine de mort ; le 25 septembre, *contre* l'impôt progressif ; le 21 octobre, *contre* l'abolition du remplacement militaire ; le 2 novembre, *contre* le droit au travail ; le 25 novembre, *pour* l'ordre du jour de félicitations à Cavaignac ; le 27 décembre, *pour* la suppression de l'impôt du sel ; le 12 janvier 1849, *pour* la proposition Rateau ; le 16 avril, *pour* les crédits de l'expédition de Rome ; le 18 mai, *contre* l'abolition de l'impôt des boissons.

Beslay avait gardé, dans les derniers temps de la session, une neutralité à peu près complète à l'égard du prince président et de son gouvernement ; membre du comité du travail, il s'était, d'autre part, prononcé en toute occasion contre le socialisme. Non réélu à l'Assemblée législative de 1849, il s'occupa de nouveau d'industrie et d'économie politique, et se rallia, du moins en partie, aux doctrines particulières de Proudhon, qu'il avait contribué naguère à repousser et à « flétrir », comme membre de l'Assemblée constituante.

Ch. Beslay a raconté lui-même, dans une autobiographie, l'origine de ses relations avec le polémiste franc-comtois : « En sortant un jour du ministère des finances, par une pluie battante, j'aperçois M. Proudhon qui attendait à la porte la fin de l'averse. Il n'avait pas de parapluie et j'avais le mien. C'était l'heure de l'ouverture de la Chambre... » Beslay offrit son parapluie. Proudhon lui dit à brûle-pourpoint :

— Vous ne vous occupez probablement pas de questions de banques de crédit? Ces questions-là sont si négligées chez nous.

— Au contraire, ce sont celles qui m'intéressent le plus. J'ai passé ma vie dans les affaires, et les questions de finance, de crédit et de banque m'ont toujours sérieusement préoccupé.

— Eh bien, que pensez-vous de ma Banque du peuple?

— Vous me permettez, mon cher collègue, d'être sincère? Je suis breton, et je ne dis que ce que je pense. J'ai lu très attentivement les statuts de votre Banque du peuple, et pour moi, elle n'est pas née viable... »

Proudhon se récria, entreprit de convaincre son interlocuteur, et n'y réussissant guère tout d'abord, prit rendez-vous avec lui pour le lendemain. Ils dînèrent ensemble chez M. Audiffred, juge au tribunal de commerce, et ce fut le début d'une liaison qui dura jusqu'à la mort de Proudhon.

Beslay se mit quelque peu en avant, au coup d'État du 2 décembre 1851, parut à la mairie du Xᵉ arrondissement, et réunit dans sa maison quelques protestataires sous la présidence du représentant Joly, mais il ne joua qu'un rôle politique assez effacé jusqu'aux dernières années de l'Empire. Un projet de banque d'escompte, dans lequel il perdit sa fortune, l'occupa durant cette période : il se fit aussi affilier à l'*Association internationale des travailleurs*, et prit part à ses premiers travaux. A la nouvelle de la déclaration de guerre en 1870, il voulut, âgé alors de 75 ans, s'engager comme volontaire dans un régiment de ligne, mais le mauvais état de sa santé l'obligea à s'abstenir. Il reparut après le 4 Septembre, se déclara en faveur d'une politique républicaine plus accentuée que celle du gouvernement de la Défense, et tenta vainement, le 8 février 1871, de se faire élire représentant à l'Assemblée nationale. Après le 18 Mars, il fit partie de la Commune de Paris, comme élu du VIᵉ arrondissement. Il présida la première séance en qualité de doyen d'âge, le 29 mars, mais ne tarda pas à se trouver en désaccord avec le plus grand nombre de ses collègues, opina contre toutes les mesures révolutionnaires, et, préposé sur sa demande, le 11 avril, à la conservation de la Banque de France, se conduisit de telle sorte, que M. Thiers, « en considération des services rendus par lui au crédit public, » lui permit de quitter la France, après la défaite de la Commune, sans être inquiété. Il se retira en Suisse, où il publia, en 1873, sous ce titre : *Mes souvenirs (1830-1848-1870)*, un volume assez curieux déjà cité plus haut. Rappelant, dans un des chapitres, son séjour à Paris comme député sous Louis-Philippe, il en vient à parler de la majorité que Guizot menait avec « l'arrogance d'un maître et la morgue d'un parvenu. Un jour, cette majorité n'ayant pas compris quelle était la volonté du ministre dans une question, émit un vote absolument contraire au programme ministériel. En entendant prononcer le résultat du scrutin, M. Guizot se retourne irrité vers le centre et dit à mi-voix : Tas d'imbéciles ! — Ils n'ont pas entendu, M. le ministre, lui dis-je, voulez-vous que je leur transmette votre compliment? — Non M. Beslay, me dit-il, je vous en prie. — N'importe! répliquai-je, je n'oublierai pas le mot. » — Dans le même ouvrage, Charles Beslay déclare qu'il n'a été personnellement pour rien dans l'instruction de son procès, à la suite de la Commune, et dans l'ordonnance de non-lieu rendue en sa faveur, et qu'il n'a jamais chargé son fils de faire à cet égard aucune démarche. Ce fils, M. François Beslay, du parti conservateur, a été le fondateur (1ᵉʳ août 1868) du journal le *Français*, sous la haute direction du duc de Broglie et de l'évêque d'Orléans.

BESNARD (PIERRE-CHARLES-EMMANUEL), membre de la Convention et député au Conseil des Anciens, dates de naissance et de mort inconnues, n'a laissé de traces de son passage ni dans l'une ni dans l'autre des deux assemblées dont il fit partie, comme représentant de l'île de la Réunion. Il avait été élu membre de la Convention, le 6 octobre 1793, avec 8 voix seulement sur 14 votants. Le 4 brumaire an IV, il entra d'office au Conseil des Anciens comme député des colonies. Il logeait alors à Paris, « rue Montmartre nᵒ 115 : » c'est le seul document recueilli sur son compte.

BESNARD (JEAN-CHARLES), représentant à l'Assemblée constituante de 1848, né à Vire (Calvados), le 23 novembre 1802, mort à Paris, le 8 mai 1849, était fils d'un boucher de Vire et exerçait lui-même dans cette ville la profession d'agent d'affaires. En 1848, le gouvernement provisoire l'y nomma sous-commissaire de la République: puis le département du Calvados l'envoya, le 23 avril, par 66,783 voix, siéger à l'Assemblée constituante. Il ne s'y fit nullement remarquer, et, jusqu'à l'époque de sa mort, survenue avant la fin de la session, il se borna à voter avec la majorité de droite : le 9 août 1848, *pour* le rétablissement du cautionnement; le 26 août, *pour* les poursuites contre Louis Blanc et Caussidière; le 1ᵉʳ septembre, *pour* le rétablissement de la contrainte par corps; le 25 septembre, *contre* l'impôt progressif; le 2 novembre, *contre* le droit au travail; le 25 novembre, *pour* l'ordre du jour de félicitations à Cavaignac; le 28 décembre, *contre* la réduction de l'impôt du sel; le 12 janvier 1849, *pour* la proposition Rateau; le 2 mai, *contre* l'amnistie des transportés.

BESNARD (HENRI), représentant à l'Assemblée nationale de 1871, né à Pontchartrain (Seine-et-Oise), le 12 septembre 1833, n'avait obtenu d'autres honneurs que ceux des concours agricoles de son département, quand il fut élu représentant de l'Eure à l'Assemblée nationale, le 8 février 1871, le 7ᵉ sur 8, avec 38,735 voix (59,749 votants, 122,706 inscrits). Dès le début, il siégea au centre gauche, se prononça en faveur d'une République conservatrice, et renouvela cette déclaration à l'époque où les royalistes travaillaient à la restauration monarchique. « Une République constitutionnelle, écrivait-il à ses électeurs, donnant à nos institutions libérales une nouvelle garantie de durée, me paraît aujourd'hui encore la seule forme de gouvernement réalisable. » M. Henri Besnard vota : le 1ᵉʳ mars 1871, *pour* la paix ; le 10 juin, *pour* l'abrogation des lois d'exil; le 30 août, *pour* le pouvoir constituant de l'Assemblée; le 3 février 1872, *contre* le retour de l'Assemblée à Paris; le 24 mai 1873, *contre* la démission de Thiers; le 19-20 novembre, *contre* la prorogation des pouvoirs de Mac-Mahon; le 29 juillet, *pour* la dissolution de l'Assemblée; le 20 janvier 1874, *contre* la loi des maires; le 30 janvier 1875, *pour* l'amendement Wallon; le 25 février, *pour* l'ensemble des lois constitutionnelles. Il *s'abstint* de voter : le 16 mai 1871, sur les prières publiques; le 4 décembre, sur le maintien de l'état de siège; le 11 février 1875, sur l'amendement Pascal Duprat (institution d'un Sénat nommé par le suffrage universel.)

BESNARD-DUCHÊNE (GUILLAUME), député à l'Assemblée constituante de 1789, et représentant à la Chambre des Cent-Jours, né à Montebourg (Manche), le 26 septembre 1747, mort à Saint-Vaast-la-Hougue (Manche), le 29 août 1826, lieutenant particulier au bailliage de Valognes, se déclara avec modération pour les principes de 1789, et fut élu, le 28 mars, député du tiers aux Etats-Généraux; il ne prit jamais la parole dans l'Assemblée. Devenu plus tard, en l'an VIII, commissaire du tribunal civil de Valognes, il reparut à la Chambre des Cent-Jours, le 11 mai 1815, comme représentant de la Manche, puis retourna, après la session, dans son département d'origine, où il mourut.

BESQUENT (JEAN-LOUIS-AUGUSTIN), député au Corps législatif en l'an XII, né au Puy (Haute-Loire), le 17 décembre 1746, mort en 1808, fut, le 29 thermidor an XII, désigné par le Sénat conservateur pour représenter au Corps législatif le département de la Haute-Loire; il y soutint le gouvernement impérial. Précédemment, il avait été juge de paix, maire de la ville du Puy et président de l'assemblée du canton.

BESSE (JACQUES-JOSEPH), député à l'Assemblée constituante de 1789, né à Trélon (Nord), le 20 août 1747, mort à une date inconnue, étant curé de Saint-Aubin (Nord), fut élu, le 17 avril 1789, député du clergé aux Etats-Généraux par le bailliage d'Avesnes. Il se réunit au tiers-état, et prêta le serment civique.

BESSE DE LA ROMIGUIÈRE (PIERRE-ALEXANDRE-CHARLES), représentant à la Chambre des Cent-Jours, né à Cahors (Lot), le 9 décembre 1775, mort à Cahors, le 18 janvier 1854, fut élu, le 15 mai 1815, par le collège du département du Lot, membre de la Chambre des représentants. Sa courte carrière parlementaire fut sans intérêt. Magistrat, il avait été nommé, le 1er février 1808, juge de paix du canton de Saint-Géry, et était devenu, le 9 juillet 1811, vice-président du tribunal de Cahors. La Restauration lui donna de l'avancement : il fut président du même tribunal le 9 avril 1816, et conserva ce poste après 1830, pendant le règne de Louis-Philippe. En 1851, il avait le titre de président honoraire. — Chevalier de la Légion d'honneur.

BESSE-LAMOTHE (RAYMOND), représentant du peuple à l'Assemblée législative de 1849, né à Bourg-sur-Gironde (Gironde), le 30 mai 1816, mort à Lavaur (Tarn), le 20 août 1856, était propriétaire dans cette ville, lors de son élection sur la liste des républicains démocrates-socialistes, comme représentant du peuple à la Législative. Il passa, le 6e sur 8, avec 45,709 voix (79,583 votants, 107,875 inscrits), fit partie du groupe de la Montagne, et vota avec la minorité contre l'expédition de Rome et contre tou-

tes les lois de réaction. Il protesta contre le Deux-Décembre.

BESSIÈRES (FRANÇOIS), frère aîné du maréchal, représentant à la Chambre des Cent-Jours, né à Montauban, (Tarn-et-Garonne), le 22 avril 1755, mort à Montauban, le 25 septembre 1825, suivit la carrière militaire. Il était général de division dès 1793. Mis à la retraite en 1811, il reprit de l'activité pendant les Cent-Jours, où il fut maire de Montauban et membre de la Chambre des représentants (13 mai 1815), comme élu de l'arrondissement de Montauban. Remis une seconde fois à la retraite en octobre 1815, il mourut sous la Restauration.

BESSIÈRES (HENRI-GÉRAUD-JULIEN, CHEVALIER), cousin-germain du maréchal, député de 1827 à 1831, de 1834 à 1837, et pair de France, né à Gramat (Lot), le 30 juillet 1777, mort à Paris, le 30 juillet 1840, fut admis, sur la recommandation de son parent, à faire partie de l'expédition d'Egypte en qualité d'adjoint à la commission des sciences. Comme il revenait en France, il fut pris, avec MM. Pouqueville, de l'Institut, Poitevin, colonel du génie, et Carbonnel, chef d'escadron d'artillerie, par un corsaire de Tripoli. Après une assez longue captivité à Janina, Corfou et Constantinople, il parvint à s'évader avec ses compagnons, fut repris, et enfin remis en liberté, à la sollicitation des ambassadeurs de Russie et d'Angleterre. Rentré dans sa patrie, il fut nommé directeur des droits réunis dans le département des Hautes-Alpes (1803). L'année suivante, il débuta dans la diplomatie avec une mission auprès d'Ali, pacha de Janina, dont il avait été l'esclave au cours de sa mésaventure précédente. Il devint consul général à Venise, commissaire impérial à Corfou, intendant de la Navarre en 1810, puis intendant de l'armée et des provinces du Nord de l'Espagne. Après la perte de la bataille de Vittoria, Julien Bessières revint en France, et fut fait préfet du Gers, le 16 décembre 1813; il avait été créé antérieurement membre de la Légion d'honneur et chevalier de l'Empire. Bessières ne fit point de difficulté de servir la Restauration, accepta (15 juillet 1814) la préfecture de l'Aveyron, souscrivit pour la statue de Henri IV, et, lors des événements du mois de mars 1815, envoya une adresse dans laquelle il renouvelait son serment de fidélité au roi. C'est probablement ce qui l'empêcha d'être compris dans les premières promotions faites par Napoléon pendant les Cent-Jours. Néanmoins, au mois d'avril, cédant aux sollicitations des protecteurs de Bessières, l'empereur lui confia encore la préfecture de l'Ariège, poste délicat entre tous, parce que le duc d'Angoulême devait, dit-on, pénétrer par ce département frontière. Bessières eut beau, dans cette situation difficile, se ménager autant que possible pour l'avenir, il n'évita pas, lors de la seconde Restauration, une disgrâce méritée. Il perdit sa place, et resta sans fonctions jusqu'en 1818. Mais il finit par rentrer en faveur, fut nommé maître des requêtes, attaché au comité de liquidation des créances étrangères, et bientôt promu au grade d'officier de la Légion d'honneur. En même temps il siégea à la Chambre des députés.

Une première candidature posée par lui, le 9 mai 1822, auprès des électeurs de la Dordogne, avait échoué à quelques voix près. Le 17 novembre 1827, il réussit, dans le 4e collège de ce département :Sarlat,à l'emporter, avec 140 voix (151 votants, 181 inscrits) sur M. Daussel, (32 voix); il fut réélu, le 23 juin 1830, par 94 voix contre 59 à M. de Mirandol. Il siégea parmi les royalistes constitutionnels, et vota constamment pour le ministère Martignac. Dans la séance du 17 février 1828, il prononça un grand discours à l'occasion des élections du Lot, pour dénoncer la violence employée par le préfet de ce département envers ses électeurs : « Conçoit-on, s'écria-t-il, le gouvernement représentatif comme étant fait dans le but unique de représenter seulement l'administration, et toujours la même ? Écartez d'abord, disait-on aux électeurs, ceux qui nous ont déplu, et nommez ceux que nous nommerions à votre place : vous les connaissez, vous les avez vus faire; et, quant à ceux que vous ne vous recommandons pas, soyez tranquilles, ils ont la pairie,... etc. » Lors de l'avénement de M. de Polignac au pouvoir, il vota l'adresse des 221. Il adhéra à la révolution de Juillet et au gouvernement de Louis-Philippe, fut battu aux élections de 1831 par M. Mérilhou, et ne revint à la Chambre que le 21 juin 1834, comme l'élu de deux colléges, le 3e collége du Lot (Figeac), où il avait obtenu 120 voix contre 107 à M. Laronfille, et la circonscription de Sarlat, où il avait, par 154 voix contre 75, regagné son siège sur M. Mérilhou. Membre de la majorité conservatrice, il prêta son appui aux lois de septembre, au projet de disjonction, en un mot à toutes les propositions ministérielles. La croix de commandeur de la Légion d'honneur, et enfin la dignité de pair, que lui conféra l'ordonnance du 3 octobre 1837, mirent le comble à sa fortune politique.

BESSIÈRES (CHARLES-PIERRE), cousin du précédent, député de 1837 à 1842, né à Gramat (Lot), le 17 juin 1792, était, depuis plusieurs années chef de bataillon « en traitement de réforme », lorsqu'il fut, le 4 novembre 1837, élu à la place de son parent, Julien Bessières passé à la Chambre haute, député du 3e collége du Lot (Figeac), par 165 voix (245 votants, 326 inscrits). Il était le candidat de l'administration. Aussitôt après son élection, il fut remis en activité de service. M. Ch. Bessières soutint la politique conservatrice et le ministère Molé; il fut réélu, le 2 mars 1839, mais rentra dans la vie privée au renouvellement de 1842.

BESSIÈRES (NAPOLÉON, DUC D'ISTRIE), pair de France, né à Paris, le 2 août 1802, mort à Arnouville (Seine-et-Oise), le 21 juillet 1856, était le fils du célèbre maréchal Jean-Baptiste Bessières, duc d'Istrie (1768-1813) qui mourut la veille de la bataille de Lutzen. Le maréchal, sans fortune, n'avait laissé à sa famille que des dettes. L'empereur écrivit alors à sa veuve que les enfants du duc d'Istrie « hériteraient de l'affection qu'il portait à leur père », et, en effet, il inscrivit à Sainte-Hélène, sur son testament, le jeune duc d'Istrie pour un don de 100,000 francs. Napoléon Bessières fut, le 28 juin 1828, nommé pair de France par le gouvernement de la Restauration. Il siégea à la Chambre haute sous le gouvernement de Louis-Philippe, qu'il soutint de ses votes jusqu'à la révolution de Février.

BESSON (ALEXANDRE), député à l'Assemblée législative de 1791, membre de la Convention nationale, et député au Conseil des Cinq-Cents, né à Amancey (Doubs), le 15 mai 1758, mort à Amancey, le 29 mars 1826, exerçait la profession de notaire à l'époque de la Révolution il fut nommé, en 1790, administrateur du département du Doubs, et, le 30 août 1791, élu député de ce département à l'Assemblée législative, où il siégea dans la majorité, et passa d'ailleurs inaperçu. Élu membre de la Convention par le département du Doubs, le 6 septembre 1792, avec 209 voix sur 312 votants, il fit partie de la Montagne, et vota la mort du roi en ces termes : « Toute raison d'État me paraît inutile au moins et même dangereuse; nos armées seules peuvent imposer à nos ennemis extérieurs, et notre fermeté à ceux du dedans. La loi et la politique condamnent Louis à la mort; je vote pour la mort. » En 1793, il contribua à faire rendre un décret tendant à accélérer la vente des biens des émigrés, et l'année suivante il fit porter un autre décret sur la vente de leur mobilier. Après le neuf thermidor, envoyé en mission dans les départements du Jura, de la Haute-Marne, de la Gironde, de la Dordogne et de Lot-et-Garonne, il réussit à rétablir dans cette dernière région la tranquillité publique, et, de concert avec son collègue Boussion, écrivit à l'Assemblée (floréal an III) : « Nous nous faisons un devoir de vous annoncer que les mesures que nous avons prises ont parfaitement rempli les vues de la Convention nationale et les nôtres. L'exécution des lois et la justice prendront la place de la vengeance anarchique et atroce que les royalistes perfides avaient su inspirer un instant à des jeunes gens égarés... » Le 2 fructidor, il rendit compte de l'accomplissement de sa tâche à Bordeaux : « Le meilleur esprit républicain, dit-il, anime ses habitants. Cependant, cette commune intéressante a été plusieurs fois l'objet des tentatives de la malveillance, surtout depuis l'époque de la descente des émigrés à Quiberon jusqu'à celle de leur entière défaite; mais, toutes les fois qu'elle est parvenue à égarer quelques citoyens, il a suffi de leur remettre sous les yeux les principes pour rétablir le calme..., etc. »

Alexandre Besson passa ensuite au Conseil des Cinq-Cents, où l'envoya le département du Doubs, par 148 voix sur 220 votants. Là, il appuya l'affermage des salines, combattit l'aliénation des forêts nationales, et fit adopter diverses dispositions relatives à l'établissement de la nouvelle administration forestière. Il ne fut investi, sous le Consulat et sous l'Empire, d'aucune fonction publique, et reparut en 1815, comme électeur du département du Doubs, à la Fédération du Champ de mai. Atteint, à la Restauration, par la loi rendue contre les régicides, il fut obligé de chercher un asile à l'étranger, puis il revint mourir dans son pays.

BESSON (CLAUDE-LOUIS), député au Corps législatif en 1807, né à Seyssel (Ain), le 27 août 1752, mort à une date inconnue, propriétaire à Seyssel, fut caissier général aux États de Bourgogne, puis administrateur des Messageries. Le Sénat conservateur l'admit, le 7 mars 1807, au nombre des députés au Corps législatif. Il y figura jusqu'en 1811, comme représentant du département de l'Ain.

BESSON (LOUIS-EDOUARD), fils du précédent, pair de France, né à Dijon (Côte-d'Or), le 9 juin 1783, mort à Paris, le 19 janvier 1865, fut élève de l'École polytechnique et entra fort jeune dans la vie publique. Auditeur au Conseil d'État, de l'an X jusqu'en 1809, il devint, le 13 avril 1812, sous l'administration du comte Frochot, secrétaire général de la préfecture de la Seine. Les événements de 1815 interrompirent sa carrière. Il succéda alors à son père comme administrateur des Messageries royales, puis, ayant été nommé, après la révolution de Juillet, membre du conseil général de la Seine, il en fut plusieurs fois le président. C'est à cette fonction et à l'attachement dont il y fit preuve pour le gouvernement d'alors, qu'il dut son élévation (11 octobre 1832) à la pairie. Sous l'empire de la loi portant organisation départementale et municipale de la Seine et de Paris, il fut constamment nommé par son arrondissement (le 3e) membre du conseil municipal en même temps que du conseil général. Il fut aussi colonel de la garde nationale et commandeur de la Légion d'honneur. Dans la Chambre des pairs, il vota selon les vœux du pouvoir. La révolution de 1848 le rendit à la vie privée.

BESSON (Paul-Xavier), député à l'Assemblée nationale de 1871, né à Lons-le-Saulnier (Jura), le 5 juin 1831, docteur en droit depuis 1860, et avocat à la Cour de cassation et au Conseil d'État depuis 1867, défendit en cette qualité, et avec succès, les Dominicains contre un frère du P. Lacordaire, dans le procès relatif à la succession de ce dernier. Il se présenta dans son département d'origine aux élections du 8 février 1871, et fut élu, le 3e sur 6, par 27,738 voix sur 49,963 votants et 89,769 inscrits. Dès le 19 septembre 1870, alors qu'il était question de la convocation d'une Assemblée constituante, il avait sollicité les suffrages de ses concitoyens dans une profession de foi où il disait : « Je n'ai à briser aucune attache à aucun régime pour me dévouer, sous la forme acceptée de la nation, au salut et à la prospérité de la France. Étant de ceux qui ont gémi douloureusement du pouvoir arbitraire et sans contrôle, je n'imputerai pas à la République les embarras qui naîtront pour elle d'une situation qu'elle n'a pas faite. Je la servirai loyalement... » Son attitude à l'Assemblée nationale ne parut pas justifier ces déclarations, et M. Besson, qui s'était assis d'abord au centre gauche, passa successivement au centre droit, à la droite et à l'extrême droite. Il vota pour la paix (1er mars 1871), contre l'abrogation des lois d'exil (8 juin), contre la pétition des évêques « sur la situation intolérable faite au souverain pontife » (22 juillet), pour le pouvoir constituant de l'Assemblée (30 août), contre le retour des ministères à Paris (8 septembre), contre le retour de la Chambre à Paris (2 février 1872), contre le service de trois ans (8 juin), pour l'acceptation de la démission de Thiers (24 mai 1873), pour la prorogation des pouvoirs du maréchal de Mac-Mahon (19 novembre), pour le maintien de l'état de siège (4 décembre), pour l'admission à titre définitif dans l'armée des princes d'Orléans (28 mars 1874), contre l'ensemble des lois constitutionnelles (25 février 1875). M. Besson a pris deux fois la parole à l'Assemblée : le 11 juillet 1871, dans la discussion relative à l'organisation et aux attributions des conseils généraux, il déposa un amendement demandant que tous les députés fissent partie de droit des conseils généraux, l'amendement fut repoussé ; le 15 mai 1872, dans la discussion du projet de loi sur le droit d'association, il réclama une très grande liberté pour les associations religieuses. Il figura, en juin 1873, au pèlerinage de Paray-le-Monial. Candidat aux élections sénatoriales du 30 janvier 1876, il échoua, et quitta la vie politique.

L'année d'avant, il avait eu à soutenir et avait gagné contre son beau-père, M. Bréan, un procès qui eut quelque retentissement, au sujet du testament considérable fait en sa faveur par sa femme, morte peu de temps après son mariage.

BÉTHISY (Charles, marquis de), député de 1815 à 1816, de 1820 à 1823 et pair de France, né à Paris, le 9 août 1770, mort à Paris, le 24 septembre 1827, d'une ancienne famille du Valais, suivit la carrière des armes: capitaine de cavalerie en 1788, il émigra en 1791, revint combattre dans les rangs des Vendéens, reçut la croix de Saint-Louis, et fit la campagne de Hollande (1794-1795), comme lieutenant-colonel des hussards de Rohan. A la rentrée des Bourbons, il fut nommé lieutenant dans les gardes du corps, et bientôt maréchal de camp et gouverneur des Tuileries. Élu député, le 22 août 1815, dans le collège de département du Nord, par 109 voix sur 195 votants et 298 inscrits, il prit la parole, en décembre 1815, dans la discussion de la loi dite d'amnistie, et demanda, malgré les ministres et contre le désir exprimé par le roi, le bannissement perpétuel des régicides, qui fut voté à la presque unanimité. Deux jours après, il fut nommé président du deuxième bureau de la Chambre, et le 10 janvier 1816, gouverneur militaire de la douzième division. Réélu dans le même collège, le 13 décembre 1820, et dans le 2e arrondissement électoral du Nord (Hazebrouck), le 13 novembre 1822, il continua de voter avec les ultras; ce fut lui qui cria à la Chambre : « Vive le roi quand même ! » Promu, le 23 juillet 1823, au grade de général de division, il fut élevé à la pairie le 23 décembre suivant.

BÉTHISY (Alfred-Charles-Gaston, marquis de), fils puîné du précédent, pair de France, né à Paris, le 10 mars 1815, mort à Paris, le 7 février 1881, se vit, dès qu'il eut atteint l'âge fixé par la loi, admis à siéger dans la Chambre haute, le 8 janvier 1846, par droit héréditaire. Son frère aîné, le marquis Richard de Béthisy, était mort le 25 septembre 1830, à l'âge de 21 ans, à son retour d'Alger, où il avait servi comme officier de cavalerie. Il garda jusqu'en 1848 le titre et les fonctions de pair de France.

BÉTHISY DE MÉZIÈRES (Henri-Benoît-Jules de), oncle du précédent, député aux États-Généraux de 1789, né au château de Mézières (Somme), le 28 juillet 1744, mort à Londres (Angleterre), le 8 août 1817, entra dans les ordres, devint vicaire général de l'archevêque de Reims, Talleyrand-Périgord, puis évêque d'Uzès (16 janvier 1780). Élu député du clergé aux États-Généraux, le 30 mars 1789, par la sénéchaussée de Nîmes et Beaucaire, il vota avec la majorité de son ordre, consentit, dans la nuit du 4 août, à l'abandon des dîmes, mais résista à la reprise des biens du clergé par l'État, et protesta, au nom du droit sacré de la propriété, contre l'injustice et l'inutilité de la vente de ces biens « dont la valeur avait été fort exagérée. » Il s'éleva également contre la constitution civile du clergé, et fut du nombre des 300 membres qui refusèrent de voter sur cette question. Émigré en 1792, puis rentré en France en 1793, il n'y fit qu'un court séjour, et passa à Bruxelles, puis à Londres. De là, il protesta, en 1803, contre le Concordat, refusant au pape le pouvoir de le conclure, et ne rentra en France qu'en 1814. Mais la Restauration, obligée à certains ménagements, l'ayant accueilli froidement, il retourna à Londres. Louis XVIII ayant demandé la démission de tous les évêques réfugiés, M. de Béthisy fit une réponse dilatoire, se réservant « de juger par lui-même de l'utilité de cette démarche. »

BETHMONT (Eugène), député de 1842 à 1848, représentant à l'Assemblée constituante de 1848, et ministre, né à Paris, le 12 mars 1804, mort à Paris, le 1er avril 1860, était fils d'un boulanger de la rue du Pont-aux-Choux, au Marais. Il fit ses études chez les Oratoriens de Juilly, qui l'admirent gratuitement, ses parents ayant eu des revers de fortune, et se voua d'abord à l'enseignement; mais bientôt entraîné vers le barreau, et reçu avocat en 1827, il débuta au palais l'année suivante, et acquit rapidement une brillante réputation en plaidant plusieurs affaires de cour d'assises. Après la révolution de 1830, Eugène Bethmont, qui ne cachait point ses tendances libérales, défendit souvent les écrivains de l'opposition, les publicistes de la *Caricature*, du *Charivari*, etc. Son nom se trouva mêlé, comme avocat, à presque tous les grands procès politiques de l'époque, tels que ceux de la conspiration du pont des Arts, de la Société des Amis du peuple, de l'émeute de Saint-Germain-l'Auxerrois; dans le terrible accident du chemin de fer de Saint-Germain où périt Dumont-d'Urville, il défendit la Compagnie de l'Ouest. Il faisait partie du conseil de l'ordre, quand les électeurs de la 8e circonscription de Paris l'envoyèrent, le 8 juillet 1842, siéger à la Chambre des députés, par 550 voix (1,085 votants et 1,223 inscrits), contre 524 accordées à Beudin, député conservateur sortant; de suite il prit place au premier rang des orateurs de l'opposition. Dans la session de 1842-1846, il intervint spécialement dans les questions d'économie politique et de travaux publics, et sut y faire preuve, écrit un biographe de 1846, « d'une souplesse de talent et d'une portée dans l'esprit que ses admirateurs eux-mêmes ne lui supposaient pas. Dans les questions de chemins de fer, M. Bethmont a parlé mieux qu'un ingénieur, dans les questions de finances mieux qu'un économiste, et à plusieurs reprises la Chambre entraînée a voté selon l'avis de M. Bethmont. » Il prit une part active, soit dans les bureaux, soit à la tribune, aux projets de loi sur les brevets d'invention, sur les prisons, sur les irrigations, sur les eaux minérales, sur les caisses d'épargne, etc. A propos du régime pénitentiaire, qui soumettait les prévenus à la cellule, il demanda, avec M. Maurat-Ballange, que le tourment de la solitude fût au moins épargné à ceux dont la loi présume l'innocence : « Prenez garde, dit-il, à la situation des prévenus innocents. J'en ai vu, messieurs, j'en ai vu plus d'un. Je les ai vus prévenus pour ces fautes que les agitations politiques font naître, je les ai vus rechercher presque la société des misérables, quand ils manquaient de toute autre société. C'est que dans une âme, même dépravée, il reste toujours de l'homme, à qui Dieu a donné un cœur qui sait compatir à vos maux. »

Il repoussa, avec toute la gauche, l'indemnité Pritchard (1845), flétrit avec Odilon Barrot le système de corruption électorale reproché alors au ministère, vota avec Vivien contre l'arbitraire de la rétribution des annonces judiciaires, et avec Rémusat pour la réforme parlementaire et la diminution du nombre des députés fonctionnaires. Lors des élections générales du 1er août 1846, le ministère combattit vivement la réélection de Bethmont, et réussit à le faire échouer : M. Beudin, l'ancien député, fut réélu par le 8e arrondissement de Paris. Mais les électeurs du 1er collège de la Charente-Inférieure (La Rochelle) vengèrent Bethmont de cet échec, le 10 octobre de la même année. Il revint donc à son banc d'opposant, et pendant la législature qui se termina par la révolution de Février, n'épargna pas les attaques au parti doctrinaire. Il fut un des signataires de la proposition de mise en accusation du ministère Guizot. Au lendemain de la révolution de Février, un des premiers actes du gouvernement provisoire fut la nomination de Bethmont comme «ministre provisoire au commerce » (24 février 1848). Il échangea ensuite ce portefeuille contre celui des cultes dans le ministère du 11 mai, formé par la commission exécutive, et plus tard contre celui de la justice dans le cabinet nommé le 28 juin par Cavaignac, président du Conseil et chef du pouvoir exécutif.

Le 23 avril, Bethmont avait été élu représentant du peuple à l'Assemblée constituante par les départements de la Seine, de la Charente-Inférieure et de l'Indre. Il opta pour l'Indre, qui lui avait donné 40,534 voix sur 60,569 votants et 71,004 inscrits. Républicain modéré, il s'associa, tant comme ministre que comme représentant, à la politique du général Cavaignac, et vota : 26 mai 1848, *pour* le bannissement de la famille d'Orléans; 25 septembre, *contre* l'impôt progressif; 7 octobre, *contre* l'amendement Grévy, et 2 novembre, *contre* le droit au travail; mais l'état de sa santé, qui l'avait tenu le plus souvent éloigné des séances, l'obligea, le lendemain de ce dernier vote (3 novembre) à donner sa démission de représentant. Bethmont s'était effacé un peu pendant cette session. « Admirable, a écrit son panégyriste, M. Barboux, dans un conseil paisible par la pénétrante sagacité de ses lumières, il devait singulièrement souffrir au milieu d'une assemblée orageuse. » La Constituante l'avait nommé l'un de ses vice-présidents. Plus tard, lorsque la même assemblée fut appelée par la Constitution à élire les membres du Conseil d'Etat, le nom de Bethmont sortit de l'urne (11 avril 1849) avec les deux tiers des suffrages. Le choix des conseillers, ses collègues, lui déféra la présidence de la section d'administration, puis du comité des travaux publics, de l'agriculture et du commerce, et le délégua près du conseil supérieur de l'instruction publique. Bethmont refusa du prince président l'offre de former un ministère, et resta conseiller d'Etat jusqu'au 2 Décembre 1851. Il protesta avec ses collègues contre le coup d'Etat, et échappa aux recherches de la police en se réfugiant chez son ami, M. Bugnet, professeur à l'Ecole de droit ; il reprit sa place au barreau et n'accepta jusqu'à sa mort aucune fonction.

BETHMONT (Paul-Louis-Gabriel), fils du précédent, député au Corps législatif de 1865 à 1870, représentant à l'Assemblée nationale de 1871 et député de 1876 à 1882, né à Vitry-sur-Seine (Seine), le 12 octobre 1833, après avoir fait ses études à Paris, débuta brillamment au barreau, et, sur sa réputation, sans se porter candidat, eut aux élections du 1er juin 1863, 227 voix dans la 2e circonscription de la Charente-Inférieure (Rochefort), où il a des propriétés; le candidat officiel, M. Roy-Bry, fut élu par 12,831 voix contre 8,601 à M. Dufaure, candidat de l'opposition. M. Roy-Bry étant décédé, les électeurs furent convoqués le 8 janvier 1865, pour nommer son remplaçant, et donnèrent à M. Bethmont, candidat de l'opposition, au 2e tour de scrutin (22 janvier), 13,317 voix sur 22,872 votants et 29,576 inscrits, contre 9,463 voix à M. Leclerc, candidat bonapartiste; il entra, deux mois après, au conseil général de la Charente-Inférieure. A la Chambre, il siégea au centre gauche et prit fréquemment la parole surtout sur les questions relatives à la marine. En juin 1865, il demanda, par amendement à la loi du budget, la suppression des conseils de préfecture qui jugent les actes de l'administration tout en en faisant eux-mêmes partie, et leur remplacement par la juridiction des tribunaux ordinaires, des conseils généraux et municipaux, selon le cas. L'amendement fut repoussé comme contraire au principe de la séparation des pouvoirs. Il fut aussi membre de la commission de la marine marchande.

Candidat aux élections du 24 mai 1869, il inscrivit dans sa profession de foi : « L'ordre et la liberté avec l'empereur », fut élu par 13,328 voix sur 25,608 votants et 30,405 inscrits, contre MM. Guillemain (11,321 voix) et Cordier (698), et, au moment du plébiscite de 1870, fut des *dix-sept* qui se séparèrent de la « gauche fermée », et déclarèrent qu'ils revendiquaient la liberté « sans faire ni vouloir faire aucune révolution ». Pendant le siège de Paris, il s'engagea comme volontaire dans un bataillon de marche de la garde nationale. La Charente-Inférieure l'envoya siéger à l'Assemblée de Bordeaux, le 8 février 1871, le 2e sur 10, par 86,183 voix sur 105,000 votants et 118,277 inscrits; il siégea au centre gauche, qu'il présida; inscrit aussi à la gauche républicaine, il fut plusieurs fois secrétaire de l'Assemblée, et occupa fréquemment la tribune dans les discussions du budget, de la loi militaire, etc. Il vota *pour* la paix, s'abstint sur les prières publiques, se prononça *pour* l'abrogation des lois d'exil, *pour* le pouvoir constituant de l'Assemblée, *pour* le retour de l'Assemblée à Paris, *contre* la démission de Thiers, *contre* la circulaire Pascal, *contre* l'arrêté sur les enterrements civils, *contre* le septennat, *contre* le maintien de l'état de siège, *contre* le ministère de Broglie, *pour* la dissolution de l'Assemblée, *pour* l'amendement Wallon, *pour* les lois constitutionnelles.

Réélu le 20 février 1876, dans l'arrondissement de Rochefort, par 6,844 voix sur 13,380 votants et 17,377 inscrits, contre M. Georges Roche (6,407 voix), et nommé vice-président de la Chambre le 13 mars, puis membre de la commission du budget et président de la commission des ports, il déposa avec M. Houyvet, en novembre, lors de la discussion de la proposition Gatineau demandant la cessation de poursuites pour faits de la Commune, un contre-projet portant que la prescription serait acquise à tout individu qui n'aurait encore été l'objet d'aucune poursuite; le principe du contre-projet fut adopté. Hostile au ministère de Broglie, il fut chargé, en juin 1877, de développer le premier l'interpellation déclarant que « la présence du cabinet au pouvoir compromettait la paix intérieure et extérieure », interpellation qui aboutit au refus de confiance des 363 et à la dissolution. Il fut réélu, le 14 octobre 1877, par 7,726 voix sur 14,843 votants et 17,901 inscrits, contre M. Georges Roche, candidat du maréchal de Mac-Mahon. Nommé premier président de la Cour des comptes le 23 octobre 1880, il fut, de ce chef, soumis à la réélection, et élu, le 12 décembre 1880, par 9,277 voix sur 13,553 votants et 18,698 inscrits. Aux élections générales du 21 août 1881, son mandat lui fut encore renou-

velé par 7,706 voix sur 10,635 votants et 19,221 inscrits, contre 1,923 voix données à M. Capoulun, mais il donna sa démission le 6 mars 1882, pour se consacrer entièrement à ses fonctions de premier président de la Cour des comptes. Chevalier de la Légion d'honneur de la promotion du 8 juillet 1886.

BÉTHUNE (JACQUES-LAURENT), député au Conseil des Cinq-Cents, né en 1733, mort à Paris, le 14 janvier 1799, était juge au tribunal civil du département du Nord; il entra au Conseil des Cinq-Cents le 25 germinal au VI comme député du Nord, et ne joua aucun rôle dans cette Assemblée.

BÉTHUNE (GASTON-MAXIMILIEN-LOUIS-EUGÈNE, COMTE DE), représentant à l'Assemblée nationale de 1871, né à Compiègne (Oise), le 15 septembre 1813, fut d'abord page de Charles X et suivit la carrière militaire; il entra à l'École de Saint-Cyr en 1831, et donna sa démission d'officier de cavalerie en 1842, pour diriger la gestion de ses grandes propriétés des Ardennes. Il fut nommé, en 1848, commandant de la garde nationale de Mézières, contribua à la création des courses de Nice, dont il fut président en 1868, et accepta avec dévouement les difficiles et pénibles fonctions de maire de Mézières au moment de l'entrée en France des armées Allemandes, qui bombardèrent cette ville et l'occupèrent quelque temps après. Elu, le 8 février 1871, représentant des Ardennes à l'Assemblée nationale, le 6e et dernier de la liste, par 16,715 voix sur 57,130 votants et 90,265 inscrits, il siégea à droite, et vota *pour* la paix, *pour* les prières publiques, *pour* l'abrogation des lois d'exil, *pour* le pouvoir constituant de l'Assemblée, *contre* le retour de l'Assemblée à Paris, *pour* la démission de Thiers, *pour* l'arrêté contre les enterrements civils, *pour* le septennat de Mac-Mahon, *pour* le maintien de l'état de siège, *pour* le ministère de Broglie, *contre* la dissolution de la Chambre, *contre* l'amendement Wallon, et *contre* l'ensemble des lois constitutionnelles. Aux élections sénatoriales du 30 janvier 1876, M. de Béthune échoua avec 181 voix contre 439 accordées à M. Toupet des Vignes, élu. Il renonça alors à la vie politique et ne se représenta pas aux élections législatives du 20 février suivant; les électeurs de l'arrondissement de Mézières lui donnèrent pourtant encore 219 voix. M. de Béthune a été président du conseil général des Ardennes, où il entra, pour le canton de Mézières, le 8 octobre 1871.

BÉTHUNE DE SULLY (ARMAND-LOUIS, MARQUIS), député au Corps législatif de 1810 à 1814, né à Paris, le 20 janvier 1756, mort à une date inconnue, propriétaire et maire de Chabris, descendait de Quesnes de Béthune, un des ancêtres de Sully. Les Béthune, comtes de Selles et de Charost, s'étaient établis dans le Berry sous Henri IV; Armand-Louis Béthune de Sully appartenait à la branche cadette de la famille. Il fut désigné, le 10 août 1810, comme député de l'Indre par le Sénat conservateur. Il quitta le Corps législatif en 1814, à la dissolution, sans y avoir joué un rôle personnel.

BETTING DE LANCASTEL (MICHEL-EUSÈBE-MATHIAS), représentant du peuple à l'Assemblée législative de 1849, né à Saar-Union (Bas-Rhin), le 5 mars 1797, mort à Paris le 18 février 1863, était négociant et membre du conseil municipal de Nantes en 1849. Précédemment il avait rempli les fonctions de vice-président du conseil d'administration du chemin de fer de Tours à Nantes, de président de la chambre de commerce de Nantes, de secrétaire général de la préfecture du Haut-Rhin, puis de directeur général de l'intérieur à l'île Bourbon. Après son départ de l'île, en souvenir de son administration, le nom de Lancastel fut donné à un des canaux de la colonie. Élu représentant de la Loire-Inférieure à l'Assemblée législative, le 7e sur 11, par 69,225 voix, il siégea à droite et vota l'expédition de Rome, ainsi que les lois nouvelles sur la liberté de l'enseignement et sur la réforme du suffrage universel.

BEUDIN (JACQUES-FÉLIX), député de 1837 à 1842 et de 1846 à 1848, né à Paris le 2 avril 1796, mort à Paris, le 6 septembre 1850, était banquier et lieutenant-colonel dans la garde nationale. Il fut élu député du 8e arrondissement de Paris, le 4 novembre 1837, par 436 voix sur 815 votants et 985 inscrits, et réélu par la même circonscription le 2 mars 1839. S'il faut en croire les biographes parlementaires du temps, il avait été choisi à défaut d'autres concurrents de la même nuance, comme un homme très constitutionnel, très modéré, très indépendant. « M. Beudin, ajoute l'un d'eux, a bien prouvé aux électeurs qu'ils s'étaient trompés, car il a appuyé un cabinet violent et antiparlementaire. » Il fit partie, jusqu'en 1842, de la majorité conservatrice de la Chambre des députés, fut, aux élections de cette année, remplacé par M. Béthmont qui obtint 550 voix contre 524, et battit à son tour son concurrent libéral, le 1er août 1846. Il soutint dès lors jusqu'à la révolution de Février le ministère Guizot.

BEUGNOT (JACQUES-CLAUDE, COMTE), député à l'Assemblée législative de 1791, puis de 1816 à 1820, et pair de France, né à Bar-sur-Aube (Aube), le 25 juillet 1761, mort à Bagneux (Seine), le 24 juin 1835, était, avant la Révolution, lieutenant-général du présidial de Bar-sur-Aube. Nommé, en 1790, procureur-général syndic de son département, il fut élu député de l'Aube à l'Assemblée législative, le 8 septembre 1791, par 223 voix sur 350 votants, et siégea parmi les constitutionnels. En arrivant à Paris, il fréquenta Danton, mais fut bientôt effrayé de son énergie. Danton disait à son collègue Courtois : « Ton grand Beugnot n'est qu'une dévote ; il n'y a rien à faire de lui. » A l'Assemblée, il prit assez souvent la parole, pour provoquer une demande d'explications à l'empereur sur le traité de Pilnitz, pour combattre l'élection par le peuple des agents de la trésorerie, proposition de Condorcet, pour dénoncer Marat comme l'assassin du général Dillon, et pour le faire décréter d'accusation. Cette attitude lui valut la haine de la gauche; on ne le revit plus à l'Assemblée après le 10 août 1792 ; il fut emprisonné à la Force en 1793, et n'en sortit qu'après le 9 thermidor. Il ne reparut qu'après le 18 brumaire, comme conseiller intime de Lucien Bonaparte ministre de l'intérieur, qui le chargea de choisir les préfets du nouveau régime. Beugnot prit pour lui-même la préfecture de Rouen (11 ventôse au VIII), qu'il quitta, le 11 mars 1806, pour entrer au Conseil d'Etat, après avoir été nommé membre de la Légion d'honneur, le 25 prairial au XII. Chargé de l'organisation du nouveau royaume de Westphalie (1807), il fut nommé ministre des Finances du roi Jérôme, puis administrateur du grand-duché de Berg (1808), chevalier de l'Empire (6 juin de la même année), officier de la Légion d'honneur (3 dé-

cembre 1809) et comte de l'Empire (24 février 1810). En 1813, il fut rappelé en France et envoyé préfet à Lille ; en 1814, le gouvernement provisoire le nomma ministre de l'Intérieur. Ce fut à ce moment que, sur la demande de Talleyrand, il rédigea pour le *Moniteur* une allocution au nom du comte d'Artois à son entrée à Paris. L'allocution était longue ; Talleyrand n'en conserva que la phrase : « Il n'y a rien de changé en France, il n'y a qu'un Français de plus », contre laquelle le comte d'Artois protesta, mais qui fit fortune. Beugnot échangea ses fonctions, par ordre de Louis XVIII, contre celles de directeur général de la police ; par une ordonnance du 7 juin 1814, Beugnot rétablit les processions et le repos obligatoire du dimanche, « considérant que l'observation des jours consacrés aux solennités religieuses est une loi qui remonte au berceau du monde. » Le gouvernement royal pensa avoir ailleurs meilleur emploi de son zèle et lui confia le portefeuille de la Marine, au moment où Napoléon revenait de l'île d'Elbe. Beugnot suivit le roi à Gand, reçut au retour la direction générale des postes (9 juillet 1815), qui lui fut bientôt retirée en échange du titre surtout honorifique de ministre d'Etat. Elu député par le collège de département de la Seine-Inférieure, le 4 octobre 1816, avec 111 voix sur 188 votants et 233 inscrits, il vota souvent avec la petite fraction des libéraux appelés « doctrinaires » : « Ce parti est donc bien puissant ? » lui demandait-on. — « Je suis allé le visiter, répondit-il, il tiendrait tout entier sur mon canapé. »

Il était doué à un haut degré de cet esprit français si fécond en saillies et en mots heureux. Une de ses plus fines plaisanteries est celle qu'il laissa échapper dans une séance des comités secrets de la Chambre en 1815. Un membre ayant demandé que la figure du Christ sur la croix fût placée au-dessus de la tête du président : « Je demande, en outre, ajouta le comte Beugnot, qu'on inscrive au-dessous ses dernières paroles : « *Mon Dieu, pardonnez-leur, car ils ne savent pas ce qu'ils font !* » Grand officier de la Légion d'honneur, le 24 avril 1817, directeur général de la caisse d'amortissement le 16 juin suivant, Beugnot fut réélu député, le 11 septembre 1819, par 1,034 voix sur 2,026 votants et 4,812 inscrits. Il se rapprocha du ministère Decazes, contribua au rejet de la proposition Barthélemy, et parla, en 1819, en faveur de la liberté de la presse, qu'il combattit à la session suivante.

Cette même année (1820), il donna sa démission de député, et ne rentra plus dans la vie politique. Il a laissé des *Mémoires* intéressants, mais qui ne doivent être consultés qu'avec une certaine circonspection.

BEUGNOT (AUGUSTE-ARTHUR, COMTE), fils du précédent, pair de France, représentant du peuple à l'Assemblée législative de 1849, né à Bar-sur-Aube, le 25 mars 1797, mort à Paris, le 15 mars 1865, ne suivit son père ni dans le royaume de Westphalie, dont il était ministre des finances, ni dans le grand-duché de Berg, dont il fut administrateur. Il était alors élève au lycée Bonaparte à Paris et ne se rendait en Allemagne que pendant les vacances. Il se destinait à la carrière militaire. La chute de l'Empire modifia ses intentions; il fit son droit. Avocat à la cour royale, il plaida plusieurs fois aux assises, et fut, devant la cour des pairs, un des défenseurs des accusés du 19 août 1820; il réussit à faire acquitter son client, Thévenin, ex-capitaine dans la première légion de la

Seine, à qui l'on reprochait d'avoir connu la conspiration, et de ne l'avoir pas révélée. Plusieurs fois couronné par l'Institut, en 1818, en 1822 et en 1832, pour d'intéressants mémoires sur les *Institutions de Saint-Louis*, l'*Histoire de la destruction du paganisme en Occident*, etc., il fut reçu, à la suite de ce dernier travail, membre de l'Académie des inscriptions et belles lettres, en remplacement de M. Thurot. En dehors de ces travaux, le comte Beugnot attacha particulièrement son nom à deux grandes publications : les *Historiens des Croisades* et les *Olim*, anciens registres du Parlement de Paris. En 1838, dans un rapport au ministre de l'instruction publique, il avait signalé l'intérêt qu'il y aurait à imprimer ces anciens registres. La résolution de les publier étant prise, il fut chargé officiellement de ce soin. En même temps, le comte Beugnot, émule de Pardessus et de Guérard, faisait paraître plusieurs travaux remarqués sur le droit au moyen âge, divers articles dans la *Revue française* sur « l'Origine et les développements des municipalités rurales en France, » ainsi qu'une nouvelle édition du livre de Beaumanoir sur les *Coutumes de Beauvoisis*, etc.

Sa carrière parlementaire s'ouvrit en 1841 : le 25 décembre, il fut nommé pair de France. Dans la Chambre haute, où il vota constamment avec le gouvernement de Louis-Philippe, il fut, jusqu'à la fin du règne, orateur et rapporteur dans un grand nombre de discussions importantes : le budget des recettes (1843), les livrets d'ouvriers (mars 1845), l'abolition de l'esclavage (avril 1845), l'organisation du conseil royal de l'Université (janvier 1846), les défrichements, les douanes, l'organisation de la flotte, la loi sur la médecine (mars 1847). Mais la question dont il s'occupa le plus volontiers, et avec le plus d'ardeur, fut celle de la liberté de l'enseignement (juin 1845). Il prit place, au cours de ce débat, à côté de Montalembert, qu'il seconda par la parole et par la plume ; il ne voyait, lui aussi, dans les attaques dirigées alors contre les Jésuites, qu'une atteinte à la « liberté des associations », et une immixtion fâcheuse de l'État dans les questions religieuses. Quand le gouvernement eut trouvé, grâce à des négociations avec la cour de Rome, une transaction qui permettait de donner satisfaction aux congrégations et à leurs adversaires, le comte Beugnot fut désigné par les Jésuites pour traiter en leur nom au sujet d'un *modus vivendi* acceptable : la loi sur la liberté de l'enseignement fut retirée alors de l'ordre du jour du Parlement pour ne plus occuper que la presse.

Elle devait revenir, après la révolution de Février, devant l'Assemblée législative de 1849, où Beugnot fut élu représentant de la Haute-Marne, le 3e sur 5, par 31,397 voix (57,693 votants, 80,385 inscrits). Rédacteur de l'*Ami de la religion*, il s'était déclaré avec plus de vivacité que jamais l'adversaire des « doctrines antisociales »; plus que jamais, cherchant dans « l'éducation » la solution du problème politique, il recommandait la « liberté de l'enseignement » comme une mesure salutaire. Il se trouvait donc tout désigné aux suffrages de la majorité de droite comme le rapporteur de la loi (15 mars 1850) qui portait ce titre. Il prit plusieurs fois la parole dans la discussion, et fut, en outre, membre de commissions importantes, notamment de la commission dite des *Burgraves* qui prépara la loi électorale du 31 mai, restrictive du suffrage universel. Puis, lorsqu'en novembre 1851, les questeurs de l'As-

semblée, pressentant un peu tard le coup d'État, imaginèrent la proposition qui garda leur nom, Beugnot fut du nombre des signataires. Il ne s'associa pas à l'acte du 2 décembre, mais on ne le vit point à la réunion de la mairie du Xe arrondissement : il l'ignora peut-être, dit son biographe, M. Wallon. Le prince-président l'ayant inscrit d'office sur la 2e liste des anciens députés dont il eût voulu s'entourer, après la dissolution de l'Assemblée, Beugnot s'en fit rayer et rentra dans la vie privée. Il reprit ses travaux littéraires et publia encore plusieurs ouvrages, entre autres une *Vie de M. Bresnay*, ancien député, qui avait été l'ami personnel de son père et le sien. — Chevalier de la Légion d'honneur en 1871, le comte Beugnot avait été promu officier en 1847.

BEULÉ (CHARLES-ERNEST), représentant à l'Assemblée nationale de 1871 et ministre, né à Saumur (Maine-et-Loire), le 29 juin 1826, mort à Paris, le 4 avril 1874, élève de l'École normale en 1845, puis agrégé des classes supérieures, fut nommé, en 1848, professeur de rhétorique au lycée de Moulins. Envoyé à l'École française d'Athènes, il poussa avec activité les fouilles de l'Acropole : les importantes découvertes qu'il y fit établirent sa réputation dans le monde savant, et consolidèrent l'École française d'Athènes dont l'utilité était discutée. A son retour en France en 1853, Beulé fut décoré de la Légion d'honneur, se fit recevoir docteur ès-lettres, et obtint, l'année suivante, la succession de Raoul-Rochette qui venait de mourir, dans la chaire d'archéologie de la Bibliothèque impériale. Il entreprit à ses frais des fouilles considérables à Carthage, entra à l'Académie des inscriptions et belles-lettres en 1860, et fut élu, contre Berlioz, secrétaire perpétuel de l'Académie des beaux-arts en 1862. En cette qualité, il attaqua avec vivacité, dans la *Revue des Deux-Mondes*, le décret du 13 novembre 1863, qui dégageait l'École des beaux-arts de la routine classique, mais que combattirent également à ce moment Ingres et Hippolyte Flandrin. Les *Éloges* d'Halévy, de Flandrin, d'Horace Vernet, de Meyerbeer, qu'il prononça en séance publique, furent remarqués. Lors de la cession consentie par l'empereur à l'Angleterre des statues des Plantagenets, Beulé attaqua le décret impérial devant le Conseil d'État ; le mouvement d'opinion qui s'en suivit fit rapporter le décret. Il publia encore, pendant cette période : l'*Architecture au siècle de Pisistrate* (1860), *Phidias*, drame antique (1863), *Histoire de la sculpture avant Phidias* (1864), *Auguste, sa famille et ses amis* (1867), *le Sang de Germanicus* (1869), etc. Dans ces dernières publications, l'allusion, facile, au régime impérial était ménagée, sans être jamais indiscrète. Pendant la guerre de 1870, il fut chargé d'organiser les ambulances dans l'Ouest. Le 8 février 1871, représentant de Maine-et-Loire à l'Assemblée nationale, le 1er sur 11, par 101,364 voix sur 120,174 votants et 151,588 inscrits, il siégea au centre droit orléaniste, présenta le rapport favorable à la proposition de transfert du Parlement à Versailles, parla sur la loi des conseils généraux, et demanda en mars 1872, dans un discours qui le classa parmi les orateurs de la Chambre, le maintien des subventions théâtrales. Il vota *pour* la paix, *pour* les prières publiques, *pour* l'abrogation des lois d'exil, *pour* la pétition des évêques, *pour* le pouvoir constituant de l'Assemblée, *contre* le service militaire de trois ans, et signa (le 24 mai 1873) l'ordre du jour de la droite destiné à ramener le gouvernement à « une politique résolument conservatrice », et dont le vote par 360 voix contre 344 amena la démission de Thiers. Le lendemain, M. Beulé entrait, comme ministre de l'Intérieur, dans le cabinet présidé par le duc de Broglie, mais il ne montra à ce poste que des qualités administratives de second ordre. Il révoqua des préfets et des sous-préfets, et suspendit un certain nombre de journaux républicains. Il tenta d'organiser (circulaire du 4 juin 1873) une presse départementale dévouée. « Sachez, disait aux préfets la circulaire rédigée par M. Pascal, sous-secrétaire à l'intérieur, sachez le prix que ces journaux pourraient attacher au concours bienveillant de l'administration »; mais Gambetta porta cette circulaire à la tribune le 10 juin, et si la Chambre donna un vote favorable au ministre, qui en assuma la responsabilité, l'opinion n'en fut pas moins frappée de la maladresse de la combinaison. D'autres erreurs, comme l'affirmation à la tribune de l'état de siège dans le département des Vosges, alors que le décret n'était qu'en projet, ni voté, ni promulgué, et sa réponse malheureuse à l'interpellation Léon Say (24 novembre) sur la non-convocation des électeurs dans les départements dont les sièges étaient vacants, l'obligèrent de résigner ses fonctions. Il parut encore une fois à la tribune et parla sur la surveillance de la haute police, mais il était profondément aigri. Le 4 avril 1874, on le trouva mort dans son lit; il s'était frappé de deux coups de stylet, pour mettre fin, a-t-on dit, aux souffrances occasionnées par une maladie de cœur.

BEURGES (Henri-Charles-Louis, comte de), représentant à l'Assemblée nationale de 1871, né à Bar-le-Duc (Meuse), le 25 septembre 1822, grand propriétaire dans son département, et capitaine de mobiles pendant la guerre franco-allemande, avait été conseiller général et maire de la commune d'Écot, avant son élection, le 8 février 1871, comme représentant de la Haute-Marne à l'Assemblée nationale, par 35,159 voix sur 50,334 votants et 76,862 inscrits. Sans autres antécédents politiques, il vint siéger à la droite de l'assemblée de Bordeaux, puis à Versailles, s'inscrivit aux groupes monarchistes Colbert et des Réservoirs, et vota: pour les prières publiques, pour l'abrogation des lois d'exil, pour le pouvoir constituant de l'Assemblée, pour la démission de Thiers, pour les arrêtés contre les enterrements civils, pour la prorogation des pouvoirs du maréchal, pour la loi des maires et pour le ministère de Broglie, contre le retour du Parlement à Paris, contre la dissolution, contre l'amendement Wallon et contre les lois constitutionnelles. Le comte de Beurges ne se signala dans les discussions parlementaires que par des interruptions. Après le vote de la Constitution, il fut candidat conservateur, le 20 février 1876, dans l'arrondissement de Chaumont (Haute-Marne), et échoua avec 9,753 voix contre son concurrent républicain, M. Maitret, élu par 10,347 suffrages. Plusieurs tentatives faites par lui pour rentrer à la Chambre n'eurent pas plus de succès; le 14 octobre 1877, il réunit 10,527 voix, mais M. Maitret en eut 10,909; le 21 août 1881, il en obtint 9,673 seulement contre 10,008 à l'élu radical, M. Dutailly; enfin, le 4 octobre 1885, M. de Beurges, porté sur la liste conservatrice de la Haute-Marne, échoua avec 26,121 suffrages; le moins favorisé

de la liste républicaine, M. Steenackers, fut élu par 31,875 voix.

BEURNONVILLE (Pierre Riel, marquis de), ministre, membre du Sénat conservateur, et pair de France, né à Champignol (Aube), le 10 mai 1752, mort à Paris, le 23 avril 1821, fut destiné par sa famille à l'état ecclésiastique, mais préféra le métier des armes, s'engagea comme surnuméraire dans les grenadiers de la reine, d'où, trouvant l'avancement trop lent, il partit comme sergent pour les Indes sous les ordres du bailli de Suffren, qui lui donna le commandement de la milice de l'île Bourbon. Ayant épousé une riche créole, et ayant éprouvé dans son commandement des difficultés qui provoquèrent assez arbitrairement sa destitution, il revint en France, reçut, en dédommagement, la croix de Saint-Louis, acheta une charge d'officier aux Suisses du comte de Provence, et devint maréchal de camp (13 mai 1792), puis lieutenant-général lors des premières guerres de la Révolution. Il commanda sous Dumouriez à l'armée du Nord, et, malgré une grande bravoure personnelle, ne fut pas heureux dans ses premières rencontres avec les Autrichiens. Son rapport, sur le combat de Grew-Marchem disait : « Après trois heures d'une action terrible, et dans laquelle l'ennemi a perdu 10,000 hommes, la perte des Français s'est réduite au petit doigt d'un chasseur ». Paris n'accepta qu'en souriant ce bulletin de victoire, et en courut un quatrain qui se terminait ainsi :

Le petit doigt n'a pas tout dit.

Appelé au ministère de la guerre le 4 février 1793, il donna bientôt sa démission (11 mars), se reconnaissant plus habile à se servir de l'épée que de la plume, fut rappelé, un mois après, au ministère, et considéré comme un soutien de l'ordre, fut victime d'une tentative d'assassinat. A ce moment, Dumouriez essaya de le gagner à son projet de traiter avec l'Autriche et d'attaquer la Convention. Beurnonville ayant communiqué ces propositions au comité de défense générale, fut chargé d'aller examiner la conduite de Dumouriez et de prendre les mesures nécessaires; mais Dumouriez le fit arrêter à son arrivée avec les représentants qui l'accompagnaient, et le livra aux Autrichiens, qui l'enfermèrent à Olmütz, jusqu'au 3 novembre 1795, date de l'échange des commissaires contre la fille de Louis XVI. A son retour, il fut nommé général en chef de l'armée de Sambre-et-Meuse, puis de l'armée du Nord. Le 28 septembre 1797, dans une proclamation datée d'Utrecht, il parlait de l'heureuse journée du 18 fructidor », et terminait par ce cri : « Haine au royalisme, haine à l'anarchie! » Démissionnaire en décembre suivant, il passa inspecteur-général en 1798; après le coup d'État de brumaire, auquel il se montra favorable, le gouvernement consulaire l'envoya comme ambassadeur à Berlin, puis à Madrid; membre de la Légion d'honneur, le 9 vendémiaire an XII, grand officier le 25 prairial suivant, il entra au Sénat conservateur le 12 pluviôse an XIII, fut créé comte de l'Empire le 23 mai 1808, et grand-aigle de la Légion d'honneur le 7 avril 1809. Il vota, en avril 1814, la déchéance de Napoléon, devint membre du gouvernement provisoire et demanda le rappel des Bourbons. Le 26 avril, le comte d'Artois récompensa son zèle en l'appelant au Conseil d'État, et Louis XVIII le nomma ministre d'État, pair de France le 4 juin 1814 (il vota pour la mort dans le procès du maréchal Ney), commandeur de Saint-Louis le 3 mai 1816, maréchal de France le 3 juillet, le créa marquis en 1817, et lui donna le cordon bleu à l'occasion de la naissance du duc de Bordeaux. Beurnonville mourut peu de mois après, d'une attaque de goutte.

BEURNONVILLE (Étienne-Martin Riel, baron de), neveu du précédent, pair de France, né à la Ferté-sur-Aube (Haute-Marne), le 11 juillet 1789, mort au château de la Chapelle (Seine-et-Oise), le 30 janvier 1876, succéda comme pair à son oncle, le 24 avril 1821, en l'absence d'héritier direct. Elevé, d'ailleurs, et adopté par cet oncle comme son fils, Etienne-Martin de Beurnonville avait suivi, lui aussi, la carrière militaire et y avait gagné de hauts grades. L'empereur l'avait fait baron le 3 février 1815. La Restauration le nomma maréchal de camp, et grand officier de la Légion d'honneur (23 mai 1825). Il fut admis à la retraite, comme général, sous le règne de Louis-Philippe, après avoir donné sa démission, le 5 janvier 1832, de membre de la Chambre des pairs, où son rôle avait été des plus modestes.

BÉVIÈRE (Jean-Baptiste-Pierre), député aux Etats-Généraux de 1789, et membre du Sénat conservateur, né à Paris, le 20 octobre 1723, mort à Paris, le 11 mars 1807, était notaire à Paris, lorsqu'il fut élu député du tiers-état aux Etats-Généraux par la ville de Paris, le 13 mai 1789. Il siégea parmi les modérés, s'effaça pendant la période révolutionnaire, et, favorable au 18 brumaire, fut nommé maire du IVᵉ arrondissement de Paris en l'an VIII, membre de la Légion d'honneur le 25 prairial an XII, et appelé au Sénat conservateur le 25 frimaire an XIII.

BEYER (Philippe-Eugène), représentant du peuple à l'Assemblée législative de 1849, né à Strasbourg (Bas-Rhin), le 8 février 1817, était artiste peintre. Connu pour ses opinions républicaines, il fut élu représentant du peuple à l'Assemblée législative le 13 mai 1849, avec 35,009 voix, le 8ᵉ sur la liste démocratique socialiste qui triomphe dans le Bas-Rhin. Il fit partie de la Montagne, appuya, le 11 juin, Ledru-Rollin lors de son interpellation sur l'expédition romaine, et signa l'appel aux armes rédigé dans la nuit du 12 aux bureaux de la *Démocratie pacifique* par Ledru-Rollin, Considérant et Félix Pyat. Le 13, il se rendit au Conservatoire des arts et métiers avec ses amis, afin de protester contre la violation de la Constitution. L'Assemblée ayant voté, de ce chef, sa mise en accusation, Beyer fut traduit, en octobre, devant la Haute-Cour de justice siégeant à Versailles, sous la présidence de M. Bérenger. L'acte d'accusation dont M. Ganthier, greffier en chef de la haute Cour, donna lecture à l'audience du 14 octobre, constata que Beyer était allé au Conservatoire, que de là il s'était rendu, revêtu de son écharpe, rue Saint-Denis, au poste des bains Saint-Sauveur, pour engager les gardes nationaux à venir avec lui délivrer la Montagne, « englobée au Conservatoire »; il dit qu'il était représentant du peuple, et qu'à ce titre il déliait les gardes nationaux de leurs engagements envers le gouvernement et le président de la République ; puis il parcourut la rue Saint-Sauveur, et la rue Montorgueil en criant : *Aux armes ! Vive la Constitution ! A bas le président de la République !* Beyer quitta Paris le 20 juin, échappant aux poursuites dont il était l'objet. Il avait écrit

lui-même sur la porte de sa chambre ces mots : « Je pars le 20 juin, » puis il adressa au président de l'Assemblée législative une lettre ainsi conçue :

« Monsieur le président de l'Assemblée législative,

« Sur mon âme et sur ma conscience, devant Dieu et devant les hommes, oui, la Constitution a été violée. En conséquence j'ai signé l'acte d'accusation des ministres et du président de la République, et le manifeste du 13 juin publié par les journaux démocratiques; en outre, j'ai fait partie des représentants assemblés au Conservatoire des arts et métiers. Pour ne pas compromettre un autre représentant, je vous déclare que c'est moi qui ai engagé les gardes nationaux postés aux bains Saint-Sauveur à me suivre pour dégager les membres de la Montagne. J'accepte la conséquence de ces actes devant mes électeurs.

« J'ai l'honneur de vous saluer. »

« Eugène Beyer

« peintre, représentant du peuple (Bas-Rhin). »

La haute Cour de Versailles condamna, par contumace, à la peine de la déportation, Eugène Beyer qui s'était rendu en Suisse. Après y avoir séjourné plusieurs années, il revint dans son pays, qu'il dut quitter lors de l'annexion, pour se fixer à Paris, après avoir opté pour la nationalité française. Depuis, il a vécu en dehors de la politique militante.

BEYLIÉ (Philibert-Augustin-Bernard de), député à l'Assemblée constituante de 1789, né à Grenoble (Isère) en 1730, mort à Paris, le 6 mai 1797, servit dans les armées du roi, entra en 1750 comme enseigne dans le corps royal d'artillerie des colonies, gagna tous ses grades dans nos possessions d'outre-mer, et parvint à celui de maréchal de camp. Elu député du tiers, le 13 mars 1789, aux Etats-Généraux, par les Indes orientales, il fut admis à l'Assemblée le 19 septembre 1790, ainsi qu'en témoigne cet extrait du *Moniteur* : « Les députés des Indes orientales à l'Assemblée nationale qui ont prêté le serment civique à la séance du 19 septembre sont MM. Beylié et Louis Monneron. » Le 6 juin 1791, ces deux députés signèrent ensemble une lettre à M. Desmeuniers, membre du comité de constitution, lettre dans laquelle ils faisaient connaître leur opinion relativement à la représentation des colonies dans la législature prochaine; l'Assemblée constituante n'avait encore rien décidé à cet égard.

« Notre vœu, disaient-ils, est de rentrer dans la classe ordinaire de la société, et de propager comme nos collègues cet esprit public, et cette soumission aux lois qui doivent consolider les bases de notre sublime Constitution, qui a rendu à l'homme sa dignité et qui doit faire le bonheur de l'esprit français. Mais si le principe de la non rééligibilité s'applique à toutes nos colonies, nos établissements de l'Inde vont être pendant quinze mois sans représentants, malgré notre exactitude à les instruire, par sextuplicata, le 17 du mois dernier, du décret rendu la veille, qui porte que les membres composant la législature actuelle ne peuvent pas être réélus pour la législature suivante. Il en résultera que tous les mémoires que nous avons publiés, que toutes les démarches que nous avons faites auprès de l'Assemblée nationale pour l'engager à prendre en considération la situation critique de ces établissements, resteront sans effet. Nous croirions donc, monsieur, que le principe d'un renouvellement total des membres de la législature serait conservé dans son intégrité si l'Assemblée admettait nos suppléants à nous remplacer provisoirement... etc. »

BEYNAGUET. — *Voy.* PENNAUTIER (COMTE DE).

BEYTS (JOSEPH-FRANÇOIS, BARON DE),député au Conseil des Cinq-Cents, né à Bruges (Belgique). le 17 mai 1763, mort à Bruxelles, le 18 février 1832, fit de brillantes études à Louvain, devint substitut du procureur général du conseil souverain de Flandre, puis conseiller pensionnaire et greffier en chef de la ville de Bruges, secrétaire municipal archiviste, et après la réunion de la Belgique à la France, fut élu, le 23 germinal an V, député du département de la Lys au Conseil des Cinq-Cents. Membre très actif de ce Conseil. il exposa les suites funestes du régime de la Terreur dans le Haut et le Bas-Rhin, demanda l'exclusion des nobles des emplois publics, parla en faveur des émigrés et des rentiers de l'État. Les événements du 30 prairial l'engagèrent à demander pour le Corps législatif une garde composée de soldats des départements; il ne put l'obtenir et s'en prit au ministre Duval qu'il accusa d'arrestations arbitraires. Hostile au 18 brumaire, il fut exclu du Corps législatif, et un moment mis en surveillance; mais son opposition dura peu, car, dès le 10 ventôse an VIII, il était nommé préfet de Loir-et-Cher, transféré sur sa demande, le 17 messidor suivant, au poste de commissaire du gouvernement près le tribunal d'appel de Bruxelles, d'où il passa, le 28 floréal an XII, procureur général près la Cour d'appel de la Dyle. Membre de la Légion d'honneur, du 25 prairial an XII, il fut nommé le 10 brumaire an XIII, inspecteur général des Écoles de droit de Bruxelles, Coblentz et Strasbourg, procureur général à la Cour impériale de la Haye (30 octobre 1810), et premier président à la Cour impériale de Bruxelles (30 avril 1811). La chute de l'Empire le priva de ses fonctions. En 1830, il se montra un des plus ardents partisans de la révolution de Belgique, et entra au Sénat belge, après l'avènement de Léopold Ier.

BEZANÇON (ADOLPHE), représentant du peuple à l'Assemblée constituante de 1848, né à Réthel (Ardennes), le 25 mars 1804, mort à Poissy (Seine-et-Oise), le 28 avril 1860, était sous Louis-Philippe, notaire à Poissy. Il faisait partie du conseil d'arrondissement de Versailles, dont il était devenu, en 1845, le président; il était aussi suppléant du juge de paix de son canton. Il siégea, sans s'y faire remarquer, à la droite de l'Assemblée constituante, où les électeurs de Seine-et-Oise l'envoyèrent, le 23 avril 1848, le 6e sur 12, par 60,180 voix. Il vota : le 9 août 1848, *pour* le rétablissement du cautionnement; le 26 août, *pour* les poursuites contre Louis Blanc et Caussidière; le 25 septembre, *contre* l'impôt progressif ; le 7 octobre, *contre* l'amendement Grévy; le 2 novembre, *contre* le droit au travail; le 25 novembre, *pour* l'ordre du jour « Le général Cavaignac a bien mérité de la patrie »; le 28 décembre, *contre* la réduction de l'impôt du sel; le 12 janvier 1849, *pour* la proposition Rateau; le 21 mars, *pour* l'interdiction des clubs; le 16 avril, *pour* les crédits de l'expédition de Rome ; le 13 mai, *contre* l'abolition de l'impôt des boissons; le 26 mai, *contre* la mise en liberté des transportés.

BEZANÇON-PERRIER (CHARLES-EUPHRASIE), député à l'Assemblée législative de 1791, dates de naissance et de mort inconnues, était cultivateur à Reims. Il fit partie de l'Assemblée législative, où le département de la Marne l'envoya par 258 voix sur 415 votants, et y vota obscurément avec la majorité.

BÉZARD (FRANÇOIS-SIMÉON), membre de la Convention, député au Conseil des Cinq-Cents et membre du Tribunat, né à Rogny (Aisne), le 8 octobre 1760, mort à Amiens (Somme), le 28 novembre 1849, était avocat à Liancourt, et partisan ardent des idées de la Révolution fut élu, le 6 septembre 1792, membre de la Convention par le département de l'Oise, avec 204 voix sur 279 votants. Il siégea à la Montagne, demanda d'excepter de la déportation et de la réclusion les prêtres mariés, et, dans le procès de Louis XVI, répondit au 3e appel nominal : « Le souverain m'a nommé l'un de ses représentants, la Convention m'a constitué juge de Louis. Ces deux qualités ne peuvent diviser ma conscience. Six cent quatre-vingt treize voix ont déclaré Louis coupable. J'ouvre la loi pour appliquer la peine; comme elle, je dis la mort. » Il refusa en outre l'appel au peuple et le sursis. Sur sa motion, la Convention restitua leurs biens aux descendants de Calas (11 février 1794), enleva aux prêtres réfractaires le bénéfice de l'appel, et ordonna la confiscation des biens de tous les suspects arrêtés, condamnés ou en fuite; il siégeait au comité de législation, et fut secrétaire de la Convention, le 16 ventôse an III. Après le 9 thermidor, chargé d'une mission en Vendée, il modéra ses sentiments et contribua utilement à la pacification. Le 24 vendémiaire an IV, le département de l'Oise l'élut député au Conseil des Cinq-Cents par 91 voix. Il fit rayer de la liste des émigrés (janvier 1796) les députés décrétés d'arrestation le 31 mai 1793, fit voter l'impression du discours de Treilhard pour l'anniversaire de la mort du roi, combattit le rétablissement de la loterie, réclama des mesures rigoureuses contre les parents d'émigrés dans l'intérêt de la République, parla sur le papier monnaie qui n'était, selon lui, qu'un à-compte, et fut rapporteur d'un projet de décret sur les successions des Chouans (mai 1796). Nommé peu après consul à Messine, il ne prit pas possession de ce poste, et fut appelé, le 22 fructidor an V, aux fonctions de substitut du commissaire du Tribunal de cassation. Réélu au Conseil des Cinq-Cents, le 25 germinal an VI, il adhéra au coup d'État de brumaire, et entra au Tribunat, le 4 nivôse an VIII. Il échangea, deux ans après, cette place pour celle de procureur impérial à Fontainebleau, et passa comme conseiller à la Cour impériale d'Amiens, le 2 avril 1811. La Restauration brisa sa carrière ; la loi du 12 janvier 1816 contre les régicides le chassa de France. Il se réfugia en Belgique, rentra après 1830, et resta en dehors de la politique.

BEZAVE DE MAZIÈRES (MELCHIOR), député au Corps législatif en l'an X, né à Sisteron (Basses-Alpes), le 9 septembre 1762, mort à Bourges (Cher), le 12 mars 1836, était conseiller de préfecture du Cher, depuis le 21 mars 1800, quand le Sénat conservateur le désigna, le 6 germinal an X (1er avril 1802), pour représenter ce département au Corps législatif. Il fut député jusqu'au 1er janvier 1807, puis il entra dans la magistrature. Nommé conseiller à la Cour impériale de Bourges, le 14 avril 1811, il reçut du gouvernement de la Restauration, auquel il s'était rallié, une investiture nouvelle, le 13 janvier 1819. Il fut admis à la retraite le 5 septembre 1835, comme conseiller à la Cour. Pendant la Révolution, en 1792, Melchior Bezave, qui se qualifiait alors « ancien grammairien », fut employé, avec Félix Bonnaire (*V. ce nom*), au classement des livres qui devaient composer la Bibliothèque publique de la ville de Bourges.

BEZOUT (Etienne-Louis), membre de la Convention nationale, né à Nemours (Seine-et-Marne), le 27 septembre 1760, mort à Melun (Seine-et-Marne), le 4 mai 1822, était le neveu et le filleul du mathématicien Bezout (1730-1783). Avocat à Melun, il fut, le 8 septembre 1792, élu par le département de Seine-et-Marne, membre suppléant de la Convention. Après s'être fait, en 1793, dans le district de Nemours, l'agent du représentant Dubouchet, envoyé en mission, il se trouva appelé à siéger à la Convention dans les circonstances suivantes : quand Léonard Bourdon demanda la convocation des suppléants pour combler les vides et renforcer l'Assemblée, le député Maure (d'Auxerre) combattit la proposition, en qualifiant cette catégorie d'élus de *mauvaise marchandise*. La loi du 5 floréal an III décida qu'on en appellerait seulement douze, et qu'on les tirerait au sort. Bezout fut du nombre des rentrants. Après la session de la Convention, il devint (28 germinal an VI) administrateur du département de Seine-et-Marne, puis avoué et conseiller de préfecture.

BIAILLE DE GERMON (François-Thomas), député à l'Assemblée constituante de 1789, né à Fontenay-le-Comte (Vendée), le 28 novembre 1747, mort à Cezais (Vendée), le 16 septembre 1814, était procureur du roi dans l'administration des eaux et forêts à Fontenay-le-Comte, au moment de la Révolution. Ce fut lui qui rédigea le cahier du bailliage de Fontenay. Élu député du tiers-état de la sénéchaussée du Poitou (21 mars 1789) aux États Généraux, il vota d'accord avec la majorité de la Constituante, et devint, le 9 septembre 1791, deuxième haut-juré de la Vendée. Il ne fit partie d'aucune autre législature.

BIANCHI (Marius), député de 1876 à 1881, né à Saint-Tropez (Var), le 7 juillet 1823, était agent de change à Paris lors des élections législatives de 1876. Candidat conservateur impérialiste, dans la 2e circonscription de Mortagne (Orne), il l'emporta au scrutin de ballottage du 5 mars, avec 7,102 voix (12,904 votants, 15,570 inscrits) sur son concurrent républicain, M. Fleury (5,692 voix). Il siégea à droite, dans le groupe de l'Appel au peuple, et vota avec la minorité de la Chambre : *contre* les propositions d'amnistie, *contre* le projet de loi sur la collation des grades, et *pour* le gouvernement du Seize-Mai, dont il fut le candidat officiel après la dissolution. Réélu, le 14 octobre 1877, par 7,220 voix (13,755 votants, 15,970 inscrits), contre 6,478 à M. Fleury, il vota encore, pendant la législature 1877-1881, avec la droite contre les ministères de gauche et les divers projets de loi sur l'enseignement, sur la presse, sur le droit de réunion, etc., présentés par le gouvernement et adoptés par la majorité. Il se prononça : 20 janvier 1879, *contre* l'ordre du jour de confiance au cabinet Dufaure; 16 mars 1880, *contre* l'application des lois existantes aux congrégations; 8 février 1881, *contre* le divorce; 19 mai, *contre* le projet de rétablisse-

ment du scrutin de liste. M. Bianchi ne fit point partie de la Chambre élue le 21 août 1881; le candidat républicain, M. Fleury, fut nommé à sa place, par 6,750 voix contre 5,866.

BIANCOUR (Charles de), député de 1821 à 1827, né à Tranquanbar (Indes orientales), le 11 juillet 1762, mort à Paris, le 31 mai 1837, débuta dans la vie publique en 1815, comme maire de la commune de Montfort-l'Amaury, chargé par le gouvernement de la Restauration de pourvoir à la subsistance des troupes étrangères qui y étaient cantonnées. Président du collège électoral, membre du conseil d'arrondissement de Rambouillet, il fut élu député, le 15 mars 1821, par les royalistes du 3e arrondissement électoral de Seine-et-Oise, en remplacement du baron de Jumilhac, décédé, et successivement renommé dans la même circonscription les 1er octobre 1821 et 25 février 1824. Il siégea à la droite de la Chambre, parmi les amis de M. de Villèle, et appuya notamment le système proposé par ce ministre, d'un remboursement de la dette publique et d'une diminution des intérêts, ainsi que la loi d'indemnité et la loi du sacrilège. Il se fit, d'ailleurs, personnellement, assez peu remarquer au Parlement. « On a de ce député à peu près inconnu », écrivait un biographe de la Chambre septennale, « un rapport prononcé le 7 avril 1825, sur la demande faite par son département de s'imposer extraordinairement. C'est la seule pièce d'éloquence produite par M. de Biancour. On assure que sa taciturnité cède à l'influence du vin de Champagne des dîners ministériels, et que là seulement il se fait remarquer par des saillies pleines de grâce. »
Officier de la Légion d'honneur en 1823, M. de Biancour ne se représenta pas aux élections de 1827, et se contenta de faire partie, jusqu'à la révolution de Juillet, du conseil d'arrondissement de Rambouillet.

BIAUDOS. — *Voy.* Casteja (comte et vicomte de).

BIDARD (Théophile-Jean-Marie), représentant du peuple à l'Assemblée constituante de 1848, et représentant à l'Assemblée nationale de 1871, né à Rennes (Ille-et-Vilaine), le 11 mars 1804, mort à Rennes, le 23 octobre 1877, comptait parmi ses ascendants le jurisconsulte Poullain-Duparc et l'avocat Gerbier; il fit son droit à Rennes, et fut reçu docteur en 1824. Nommé substitut à Rennes le 23 août 1830, il sut calmer, sans poursuites, les passions politiques du moment, passa substitut du procureur général le 1er février 1831, et obtint, au concours, la chaire de procédure civile à la Faculté de Rennes, le 3 novembre 1832. En 1835, tout en restant professeur, il reprit sa place au barreau, où il se fit une brillante réputation. En 1847, il défendit les prérogatives des écoles de province contre le ministre de l'Instruction publique, de Salvandy, qui avait ouvert à Paris un concours pour une chaire vacante à Rennes; ce démêlé le désigna au choix des électeurs libéraux d'Ille-et-Vilaine après la révolution de 1848; il fut élu à l'Assemblée constituante le 23 avril, le 12e sur 14, par 77,599 voix sur 132,609 votants, et 152,985 inscrits. Il siégea à la gauche modérée, fit partie du comité d'instruction publique, vota *pour* le bannissement de la famille d'Orléans (26 mai 1848), *pour* la loi sur les attroupements (7 juin), *pour* le décret sur les clubs (28 juillet), *contre* l'abolition de la peine de mort (18 septembre), *pour* l'impôt proportionnel (25 septembre), *contre* l'amendement Grévy (7 octobre), *contre* le droit au travail (2 novembre), *pour* la réduction de l'impôt du sel (28 décembre). L'état de sa santé l'éloigna de l'Assemblée le 12 janvier 1849, et l'obligea à donner sa démission le 24 février suivant.

Nommé doyen de la Faculté de droit à Rennes en 1860, il renonça au barreau en 1864 à la suite du déplacement injuste selon lui, d'un magistrat de ce ressort et, en hostilité avec le nouveau recteur de l'Académie de Rennes, il donna sa démission de doyen et demanda sa mise à la retraite (1867). M. Duruy, alors ministre de l'Instruction publique, répondit que le droit à la retraite était à apprécier par le ministre; Bidard déféra cette réponse au Conseil d'État, et, dans l'intervalle, s'étant présenté au conseil général avec une profession de foi qui attaquait les candidatures officielles (juillet 1867), il fut mis immédiatement à la retraite, liquidée le 11 janvier 1868. Conseiller municipal à Rennes en août 1870, élu maire à la presque unanimité, il démissionna le 12 janvier 1871, pour n'avoir pas à lutter contre la politique de la délégation de Bordeaux. Le département d'Ille-et-Vilaine l'élut, le 8 février 1871, député à l'Assemblée nationale, le 5ᵉ sur 12, par 90,783 voix sur 109,672 votants et 142,751 inscrits; il siégea à la droite orléaniste, et vota *pour* la paix, *pour* les prières publiques, s'abstint sur l'abrogation des lois d'exil, se prononça *pour* la pétition des évêques, *contre* le retour de l'Assemblée à Paris, *pour* le service militaire de trois ans, *pour* l'acceptation de la démission de Thiers, *pour* le septennat, *pour* l'admission à titre définitif des princes d'Orléans dans l'armée, *contre* les lois constitutionnelles (25 février 1875). Dans cette législature, il proposa le rétablissement de la monarchie constitutionnelle, fut rapporteur des lois sur l'organisation de la magistrature, sur l'indemnité réclamée pour les victimes du 2 Décembre, et prit la parole sur la réforme judiciaire, sur des questions de finances, etc. M. Bidard n'a pas fait partie d'autres assemblées. Chevalier de la Légion d'honneur de la promotion du 14 août 1863.

BIDAULT (REMY-HIPPOLYTE), député à l'Assemblée constituante de 1789, né à Poligny (Jura), le 15 janvier 1747, mort à Poligny, le 14 mars 1810, était lieutenant criminel du bailliage de Poligny. Le bailliage d'Aval l'ayant nommé, le 16 avril 1789, député du tiers aux États-Généraux, il intervint, à la séance du 11 décembre 1789, dans le débat sur la conservation des bois communaux, pour demander « que les communautés villageoises fussent rétablies dans l'usage et la propriété de leurs bois communaux, dont une adroite et fausse interprétation des coutumes les avait privées pendant longtemps. » Son opinion fut appuyée par Gourdan, également député de Franche-Comté. L'Assemblée adopta un décret qui mettait les « forêts, bois et arbres, sous la sauvegarde de la nation, de la loi, du roi, des tribunaux, des assemblées administratives et municipales, des communes et gardes nationales, sans préjudice des titres, droits et usages des communautés et particuliers. »

BIDAULT (LAURENT-MATHIEU-GERVAIS), membre de la Convention nationale et député au Conseil des Cinq-Cents, né en 1757, mort au Neubourg (Eure), le 1ᵉʳ février 1841, était négociant à la Haye-de-Calleville. Élu, par le département de l'Eure, membre suppléant de la Convention, le 10 septembre 1792, avec 301 voix, il fut admis à prendre séance, comme titulaire, le 23 nivôse an II, par suite de la démission de Lemaréchal, d'Évreux. Membre du comité du commerce, il prononça, le 12 frimaire an III, un long discours relativement au mode de vente des marchandises prises sur l'ennemi, et fit adopter un décret disposant que « toutes ces marchandises seraient vendues en vente publique, au plus offrant et dernier enchérisseur; elles seront considérées entre les mains de l'acquéreur comme produits du commerce extérieur; en conséquence, elles pourront être revendues aux prix convenus de gré à gré. » Étaient exceptées les denrées et matières nécessaires à l'approvisionnement de la marine et des armées; le décret les laissait à la disposition de la commission de commerce et d'approvisionnement, ainsi que les marchandises prohibées.

Le 21 vendémiaire an IV, Bidault fut élu par le département de l'Eure, avec 154 voix sur 307 votants, membre du Conseil des Cinq-Cents, où il ne se fit pas remarquer.

BIDAULT (LOUIS-ETIENNE), député au Conseil des Cinq-Cents, né à Paris, le 3 octobre 1760, mort à une date inconnue, était fils de Pierre Bidault et de Catherine Petit. Avocat au Parlement en 1779, et inscrit au tableau en 1784, après le stage exigé, il fut élu juge en 1790 dans plusieurs districts à la fois; il opta pour Melun. Au mois de mars 1791, appelé à Paris en qualité de membre de l'un des six tribunaux criminels provisoires établis par la Constituante, Bidault y siégea pendant deux ans; réélu juge au district de Melun, il revint dans cette ville en 1793, et présida le tribunal criminel de Seine-et-Marne. L'assemblée électorale de l'an IV, devant laquelle il prit la parole, le confirma dans sa présidence, à l'unanimité des suffrages, moins une voix. Il y fut également maintenu par le gouvernement en vertu de la loi du 21 nivôse an VI. C'est alors que les électeurs le nommèrent, par 171 voix (27 germinal), député au Conseil des Cinq-Cents. Une scission s'était produite dans l'assemblée électorale et une partie des électeurs avaient tenu séance sous la présidence du citoyen Hattingais, de Meaux, ésigné par l'administration centrale, tandis qu'une autre fraction de 43 électeurs était allée siéger à la mairie. Chacune opéra de son côté, mais le Conseil des Anciens annula les opérations qui avaient eu lieu à la mairie de Melun, et Bidault se trouva au nombre des députés dont l'élection fut déclarée valable. Il se montra favorable au coup d'État de brumaire et fut porté sur la liste arrêtée par les commissions législatives pour former la nouvelle députation de l'an VIII; n'ayant pas été agréé par le Sénat conservateur, il quitta la vie politique pour reprendre, avec le titre de juge au tribunal d'appel de la Seine, sa place dans la magistrature. Puis il revint à Melun, où il paraît avoir terminé sa carrière.

BIDAULT (JEAN-BAPTISTE), dit BIDAULT DE FRETIGNÉ, député de 1830 à 1839, né à Laval (Mayenne), le 22 mars 1791, mort à Laval, le 27 février 1851, appartenait à la magistrature. Les démissions de plusieurs députés légitimistes, et, parmi eux, de MM. Avril de Pignerolles et Dumans, députés de la Mayenne, ayant déterminé, dans la Chambre des députés de 1830, un certain nombre de vacances, des élections complémentaires eurent lieu le 28 octobre, et Bidault de Fretigné, candidat du gouvernement, fut élu par le collège de département de la Mayenne. Il était alors président du tribunal de Laval. Réélu le 5 juillet 1831 par le 2e collège (Laval) avec 76 voix contre 61 à M. Dumoulinet, puis le 21 juin 1834 avec 114 voix contre 54 à M. Boudet, et enfin le 4 novembre 1837, par 158 voix (213 votants, 314 inscrits), il s'associa à tous les votes des partisans « du juste milieu », membres de la majorité conservatrice, et se montra notamment un soutien fidèle du ministère Molé.

BIDAULT (JEAN-JOSEPH), représentant du peuple à l'Assemblée constituante de 1848, et à l'Assemblée législative de 1849, député au Corps législatif de 1852 à 1854, né à Dun-sur-Auron (Cher), le 9 mars 1796, mort à Crézancy (Cher), le 2 novembre 1854, étudia le droit et se mêla de politique à Paris, étant étudiant, en luttant dès 1814 contre la Restauration ; il fut compromis dans plusieurs émeutes et complots du parti démocratique, notamment dans la conspiration Nautil et Laverderie. Reçu avocat en 1820, il alla s'établir dans le Cher, à Saint-Amand, se déclara partisan de la République, et prit part, le 30 juillet 1830, au renversement et à l'expulsion des autorités « carlistes » de Saint-Amand. Il fut alors nommé membre du conseil municipal de cette ville, et commandant de la garde nationale ; en cette qualité, il eut à haranguer (juin 1831) le duc d'Orléans, et lui fit entendre un langage républicain. Lors des massacres de Lyon, Bidault fit décider par le conseil municipal de Saint-Amand que la souscription aurait lieu « au profit de « des soldats et des citoyens blessés. » Le conseil fut dissous quinze jours après, puis réélu.

En 1846, Bidault s'était retiré à sa maison des champs. C'est là que vint le trouver la nouvelle de la révolution de Février 1848, et sa nomination comme sous-commissaire du gouvernement provisoire à Saint-Amand. Imitant l'exemple de M. Félix Pyat, commissaire en chef pour le département du Cher, il abandonna au Trésor national les 40 francs de traitement journalier qui lui étaient alloués comme fonctionnaire. Porté, par la plupart des clubs électoraux républicains du Cher, comme candidat à l'Assemblée constituante, il fut élu, le 23 avril, le 2e sur 7, par 47,012 voix, et, se séparant de la Montagne, vota avec le parti de Cavaignac : le 9 août, *pour* le rétablissement du cautionnement ; le 26 août, *pour* les poursuites contre Louis Blanc et Caussidière ; le 25 septembre, *contre* l'impôt progressif ; le 7 octobre, *contre* l'amendement Grévy ; le 2 novembre, *contre* le droit au travail ; le 12 janvier 1849, *contre* la proposition Rateau ; le 16 avril, *pour* les crédits de l'expédition de Rome ; le 26 mai, *contre* la mise en liberté des transportés. — Il déclara dans une note au *Moniteur*, s'être *abstenu* volontairement dans le scrutin (22 janvier 1849) sur le renvoi des accusés du 15 mai devant la haute Cour, parce qu'il avait été entendu comme témoin dans l'instruction. — L'attitude de Bidault à la Constituante l'empêcha d'être réélu, le 13 mai 1849, à l'Assemblée législative ; le Cher, en effet, donna la majorité à la liste la plus avancée. Mais il y eutra à l'élection partielle du 24 novembre 1850, par suite du décès de M. Poisle-Desgranges, et fut élu par 16,791 voix sur 27,405 votants et 55,762 inscrits. Dès lors, il ne cessa de voter avec la droite. Favorable à la politique présidentielle, il accepta le coup d'État de 1851, ainsi que la

candidature officielle aux élections du 29 février 1852, fut élu député au Corps législatif dans la 2e circonscription du Cher par 27,647 voix sur 28,611 votants et 42,760 inscrits, et, définitivement rallié à l'Empire, siégea dans la majorité dynastique jusqu'à sa mort.

BIENCOURT (CHARLES, MARQUIS DE), député aux États-Généraux de 1789, né au château de Musfort (Creuse), le 7 novembre 1747, mort au château d'Azay (Indre-et-Loire), le 23 décembre 1824, avait suivi la carrière des armes, et était maréchal de camp, lorsqu'il fut élu député de la noblesse aux États-Généraux pour la sénéchaussée de Guéret, le 21 mars 1789. Animé d'idées libérales, il fut des premiers de son ordre à se joindre au tiers-état, et à voter les décrets de l'Assemblée constituante. Après la fuite de Varennes, à la séance du 22 juin, il prêta, avec un grand nombre de ses collègues de la noblesse, le serment suivant : « Je jure d'employer les armes remises dans mes mains à la défense de la patrie, et à maintenir contre tous ses ennemis du dedans et du dehors, la Constitution décrétée par l'Assemblée nationale, de mourir plutôt que de souffrir l'invasion du territoire français par des troupes étrangères, et de n'obéir qu'aux ordres qui seront donnés en conséquence des décrets de l'Assemblée nationale. »

Le *Moniteur* ne fait pas d'autres mentions du nom du marquis de Biencourt, qui, après cette législature, rentra dans la vie privée.

BIENVENU (LÉON), député de 1876 à 1885, né à Pouzauges, (Vendée), le 19 novembre 1835, propriétaire, maire de Saint-Hilaire-des-Loges, conseiller général de la Vendée, fut, pour la première fois, candidat dans la 1re circonscription de Fontenay-le-Comte à la Chambre des députés, le 20 février 1876, et fut élu par 9,335 voix sur 15,141 votants et 19,345 inscrits, contre 5,656 à M. de Fontaine, conservateur, ancien représentant de 1871 ; il siégea à la gauche modérée et fut des 363. Comme tel, il obtint, le 14 octobre 1877, sa réélection, par 8,665 voix (16,647 votants, 20,162 inscrits), contre 8,004 voix à M. Sabouraud, monarchiste. Il vota, dans la Législature, *pour* la plupart des invalidations prononcées par la majorité, *pour* le ministère Dufaure, *pour* l'élection de M. Grévy à la présidence de la République, *pour* l'application des lois existantes aux congrégations, *pour* le divorce, et *contre* la proposition Bardoux tendant à rétablir le scrutin de liste. M. Léon Bienvenu appartient encore, comme membre de la majorité opportuniste, à la Chambre de 1881, où il fut maintenu par 9,298 voix (16,626 votants, 20,429 inscrits), contre M. Godet de la Riboullerie, ancien représentant, 7,214 voix. Il soutint de ses votes le ministère Ferry, approuva l'expédition du Tonkin, vota *pour* le maintien du Concordat, *contre* l'élection des juges, etc. Lors de la discussion de la loi sur la réforme judiciaire, présentée par M. Martin Feuillée, ministre de la Justice (mai 1883), il déposa un amendement demandant la nomination des magistrats sur une triple liste de présentation arrêtée par une commission spéciale de capacités professionnelles et d'élus du suffrage universel. L'amendement fut repoussé comme trop compliqué et comme exigeant de trop longs délais dans la pratique.

Aux élections du 4 octobre 1885, porté sur la liste républicaine dans la Vendée, il échoua avec elle, et n'obtint que 38,960 voix contre

51.611 à M. Godet de la Riboullerie, l'élu le moins favorisé de la liste conservatrice, qui passa tout entière. A l'élection partielle du 6 décembre 1885, pour remplacer M. de la Bassetière, décédé, M. Bienvenu obtint 35,541 voix contre M. de la Bassetière fils, élu par 47.751 suffrages. M. Bienvenu est aujourd'hui percepteur dans le département du Nord.

BIENVENUE (Louis-René-François), représentant à la Chambre des Cent-Jours, né à Plancoët (Côtes-du-Nord), le 29 janvier 1760, mort à Saint-Brieuc (Côtes-du-Nord), le 4 avril 1835, avait exercé à Saint-Brieuc la profession d'avocat, et les fonctions de juge de paix, et était vice-président du tribunal civil, quand il fut élu, le 14 mai 1815, représentant à la Chambre des Cent-Jours pour l'arrondissement de Saint-Brieuc, par 45 voix sur 81 votants et 184 inscrits. Il signa l'Acte additionnel, et se montra favorable au régime impérial. La seconde Restauration le priva de ses fonctions judiciaires et lui refusa même la retraite qui lui était due comme ancien magistrat.

BIENVENUE (Zozime-Paulin-Aldéric), représentant à l'Assemblée nationale de 1871, né à Saint-Brieuc (Côtes-du-Nord), le 19 mars 1807, mort à Morlaix (Finistère), le 15 février 1879, avait été, avant 1871, avoué à Morlaix et conseiller général de son département. Il n'avait aucun antécédent politique, quand, aux élections du 8 février 1871, il fut élu représentant du Finistère, le 3e sur 13, par 60,370 voix (76,088 votants, 162,667 inscrits). Il ne parut jamais à la tribune. Membre du centre droit, M. Bienvenue a voté : le 1er mars 1871, *pour* les préliminaires de paix ; 16 mai, *pour* les prières publiques ; 10 juin, *pour* l'abrogation des lois d'exil ; 30 août, *pour* le pouvoir constituant de l'Assemblée ; 3 février 1872, *contre* le retour de l'Assemblée à Paris ; 24 mai 1873, *pour* la démission de Thiers ; 19-20 novembre, *pour* la prorogation des pouvoirs du maréchal ; 30 janvier 1874, *pour* la loi des maires ; 30 janvier 1875, *contre* l'amendement Wallon ; 25 février, *pour* l'ensemble des lois constitutionnelles.

BIENVILLE (comte de). — *Voy.* Thomassin.

BIGARRÉ (Auguste-Julien, baron de), représentant à la Chambre des Cent-Jours, né au Palais (Morbihan), le 1er janvier 1775, mort à Rennes (Ille-et-Vilaine), le 14 mai 1838, s'engagea comme volontaire dans les canonniers de la marine (3 avril 1791), et alla à Saint-Domingue. Nommé sous-lieutenant du 9e régiment d'infanterie à l'armée de l'Ouest, le 23 février 1793, il passa lieutenant (2e jour complémentaire de l'an IV), dans la 1re légion des Francs (21 vendémiaire an IV), légion qui devint la 14e demi-brigade d'infanterie légère. Fait prisonnier, le 29 germinal an V, dans l'expédition d'Irlande (il montait le vaisseau les *Droits de l'homme*), il fut remis en liberté le 16 floréal suivant, passa à l'armée de Masséna, fut grièvement blessé à Lucerne (1799), et se distingua à Hohenlinden, où il s'empara d'une pièce de canon (2 décembre 1800). Membre de la Légion d'honneur, le 25 prairial an XII, major du 4e régiment de ligne le 17 pluviôse an XIII, officier de la Légion d'honneur le 5 nivôse an XIV, il commanda le 4e régiment de ligne à Austerlitz, devint aide de camp de Joseph, roi de Naples, le 30 novembre 1806, colonel du 1er régiment d'infanterie de ligne napolitain (3 février 1807), général de brigade (9 juin 1808), puis en Espagne, à la suite de Joseph, baron de l'Empire (1810), général de division (24 juin 1813),

et commandeur de l'Ordre royal d'Espagne. Il fit la campagne de France comme général dans la jeune garde, et se battit notamment à la Fère-Champenoise. La Restauration lui donna la croix de Saint-Louis (23 juillet 1814), et le promut commandeur de la Légion d'honneur (28 septembre 1814). Le retour de l'île d'Elbe le ramena à Napoléon, qui lui donna, le 1er mai 1815, le commandement de la 13e division militaire à Rennes. Le 12 mai suivant, le collège de département d'Ille-et-Vilaine l'élut représentant à la Chambre des Cent-Jours. Il y siégea peu, étant retenu dans son commandement militaire par le soulèvement du Morbihan, contre lequel il avait organisé des colonnes mobiles : il faillit même perdre la vie au combat d'Auray (juin 1815), où il défit la petite armée royaliste. Au retour de Gand, la Restauration le mit en non activité (21 juillet 1815), et l'admit à la retraite, le 1er décembre 1815. Le gouvernement de Juillet le nomma grand officier de la Légion d'honneur le 29 avril 1833.

BIGNAN (Jean-Louis-Dominique) dit Bignan de Coyrol, député à l'Assemblée constituante de 1789, né à Suze-la-Rousse (Drôme), le 4 novembre 1743, mort à Suze-la-Rousse, le 6 novembre 1824, était négociant à Suze. Peu de temps avant la Révolution, il acheta la terre de Coyrol, située entre Piolenc et Orange (Vaucluse) et se fit dès lors appeler *Bignan de Coyrol, seigneur du grand et du petit Frigoulet.* Député du tiers-état de Dauphiné le 4 janvier 1789, il ne coopéra que par ses votes aux travaux de l'Assemblée constituante, rentra dans l'obscurité après la session, et mourut à Orange, retiré chez sa fille, Mme d'Hugnes, mère du général de ce nom.

BIGNON (Louis-Pierre-Edouard, baron), représentant à la Chambre des Cent-Jours, député de 1817 à 1837, pair de France, et ministre, né à Guerbaville (Seine-Inférieure), le 15 juillet 1771, mort à Paris, le 6 janvier 1841, exerça pendant cinquante ans, à divers titres, une influence considérable sur les affaires du pays. Son père était capitaine au cabotage ; la protection de la marquise de Hagu fit entrer le jeune Bignon au collège de Lisieux, à Paris, où il eut des succès. Il embrassa la cause de la Révolution, s'enrôla dans un bataillon de volontaires pour défendre « la patrie en danger », puis quitta l'armée sous le Directoire pour briguer des fonctions diplomatiques. Une requête en vers adressée au Directoire, et où Bignon, sollicitant une place de secrétaire d'ambassade, exprimait son avis sur les qualités et les devoirs d'un bon diplomate, attira l'attention du ministre des relations extérieures, et Bignon fut nommé, en 1797, secrétaire de légation près la Confédération helvétique. Le 12 brumaire an VII (1799), il alla remplir les mêmes fonctions près la République cisalpine ; sous le Consulat, il fut ensuite envoyé à Berlin, au même titre, puis il passa chargé d'affaires. Durant les années 1804, 1805 et 1806, il fut accrédité à Cassel comme ministre plénipotentiaire. Ce fut, dit-on, un ministre de l'électeur de Hesse qui lui donna le premier l'idée d'une confédération des princes allemands intermédiaires, qui serait protégée conjointement par la France et la Russie. Cette idée n'avait rien de nouveau : c'était le *Fürstenbund* imaginé par Frédéric II contre l'Autriche, et peut-être faut-il remonter à Richelieu pour en trouver la première inspiration. Quoiqu'il en soit, la Confédération du Rhin sortit de ce conseil, mais avec le protectorat de la France seulement.

La veille de la bataille d'Iéna, Bignon offrit à l'électeur de Hesse de signer une convention de neutralité, qui fut d'abord repoussée. Quand les résultats de la journée furent connus, Bignon à son tour refusa de traiter. Napoléon entra à Berlin, et l'électorat de Hesse fut rayé de la carte politique de l'Allemagne. Nommé commissaire impérial auprès des autorités prussiennes, chargé de l'administration générale des domaines et des finances des provinces conquises, Bignon conserva ces fonctions tant que l'armée française occupa la Prusse, jusqu'en 1808. A Carlsruhe, où il remplit, l'année suivante, la place de ministre plénipotentiaire auprès du grand-duc de Bade, un décret, daté de Schœnbrunn, vint lui apprendre qu'il était élevé à la situation d'administrateur général de l'Autriche. De là, il fut envoyé à Varsovie, où pendant trois ans, il servit les vues du gouvernement impérial sur la Pologne.

Après la bataille de Leipzig, Bignon était à Dresde auprès du roi de Saxe : il s'y trouva aussi pendant le siège. Gouvion Saint-Cyr, qui commandait, capitula ; mais la capitulation ayant été violée, Bignon fut un moment prisonnier d'un aide de camp du prince de Schwarzenberg. Cependant le prince, accueillant sa réclamation, le fit reconduire aux avant-postes français à Strasbourg. Il fut de retour à Paris, le 7 décembre 1813, et ce fut lui qui annonça à l'empereur la défection de Murat.

Bignon disparut un moment de la scène politique après les événements de 1814. Il consacra ses loisirs à un *Exposé comparatif de l'état financier, militaire, politique et moral de la France et des principales puissances de l'Europe* (Paris 1814). Mais il reparut aux affaires lors des Cent-Jours. Son *Précis de la situation politique de la France* (1815) date de cette époque. Napoléon le nomma sous-secrétaire d'État du ministère des Affaires étrangères, conjointement avec M. Otto, et, le 12 mai, le département de la Seine-Inférieure l'élut membre de la Chambre des représentants, par 46 voix sur 73 votants. Chargé du portefeuille des Affaires étrangères, il dut signer, en cette qualité, la convention du 3 juillet, qui reléguait l'armée française au delà de la Loire et ouvrait Paris à l'invasion. Lorsque le drapeau blanc flotta sur les Tuileries, Bignon remit son portefeuille aux mains de Talleyrand et se retira momentanément de la politique active ; mais bientôt le département de l'Eure (20 septembre 1817) le rappela à la Chambre des députés, par 559 voix sur 963 votants et 2,073 inscrits. Membre de l'opposition, il proposa d'importants amendements à l'adresse au roi, protesta contre la loi sur la presse, et fit en 1818 un grand discours sur le budget : « Les déclarations du ministre affligent, s'écria-t-il ; ses réticences épouvantent (*Murmures au centre.*) J'admire l'optimisme heureux qui voit sans crainte des milliards de dettes s'accumuler sur nous, et qui, tout en périssant, rêve une prospérité imaginaire. » Il passa alors en revue la conduite du ministère, notamment quant à la retraite de l'armée d'occupation, et rappela le dernier discours du ministre Pasquier prétendant que pour calmer tous les esprits, il fallait jeter un voile sur le passé : « Eh bien, faut-il jeter aussi un voile sur ces listes trop fameuses sur lesquelles ont été entassés des noms pris au hasard parmi vingt-huit millions de noms qu'on eût pu y placer au même titre (*violents murmures*) ; faut-il jeter un voile sur cette loi du 12 janvier 1816, loi qui a frappé un si grand nombre de familles, loi dont l'initiative fut dans cette Chambre, à

laquelle on refuse maintenant toute initiative, loi repoussée par le gouvernement lui-même, comme étant une violation formelle de l'article 11 de la Charte...? Des murmures s'élèvent à droite : quelques membres, avec une extrême chaleur : *Jamais jamais !*) « Il est temps, poursuivit l'orateur qui se fit rappeler à l'ordre, qu'il n'y ait plus d'émigrés ni de bannis ; il est temps que la France soit rendue à tous les Français, que les étrangers en sortent, que les bannis y rentrent... » Il avait au cours de cette discussion, menacé le gouvernement d'une révélation qu'il annonçait comme un argument nouveau en faveur du rappel des bannis, argument « sur un fait particulier dont il avait connaissance, et dont il se réservait de faire usage quand le moment en serait venu. » Sommé par M. Decazes de s'expliquer, Bignon refusa. Son silence fut diversement commenté ; on pensa généralement qu'il avait voulu parler de quelques circonstances spéciales de la convention de 1815. Dans la session de 1819, il vota constamment avec la gauche contre les lois d'exception, et fut des 95 opposants au nouveau système électoral. A propos de la loi de censure (23 mars), il dit :

— « C'est pour sauver la Charte qu'on la viole. C'est pour préserver nos institutions qu'on les enlève, ou seulement qu'on les prend en dépôt, pour nous les rendre, quand nous en serons plus dignes... Si les lois actuelles sur la liberté de la presse ne sont pas assez rigoureuses, que l'on propose des dispositions plus fortement répressives... Dans la politique astucieuse qui est à l'ordre du jour, le point important est l'opportunité. Il faut saisir l'à-propos. » Les *ultras* profitaient alors du meurtre du duc de Berry dans l'intérêt de leur politique. Sur la loi des élections (mai), Bignon s'efforça de prouver qu'elle serait funeste pour la monarchie constitutionnelle et pour la dynastie elle-même ; il termina par ces mots : « Nation française, il n'est plus dans ta destinée d'être esclave, ou du moins ta servitude ne pourrait durer qu'un jour ; la liberté te réclamerait le lendemain ! »

Aux élections du 4 novembre 1820, Bignon échoua d'abord dans le 4e arrondissement de l'Eure (des Andelys) avec 138 voix contre 246 à l'élu, M. de Vatimesnil ; mais huit jours après, il était élu député du Haut-Rhin au collège de département. Dès lors il fut successivement réélu, à la Chambre des députés de la Restauration : le 9 mai 1822, par l'arrondissement d'Altkirch (Haut-Rhin) ; le 1er mai 1827, par le 1er arrondissement de la Seine-Inférieure (Rouen), en remplacement de Stanislas de Girardin décédé ; le 17 novembre de la même année, par les trois collèges de Rouen, d'Yvetot et des Andelys, et le 12 juillet 1830, par celui des Andelys, avec 176 voix contre 102 à M. Lecouteux. En maintes circonstances, dans le cours des diverses législatures, Bignon fit au gouvernement de la Restauration une vive et éloquente opposition.

— « Vous avez beau faire, dit-il un jour, l'esprit de liberté, combattu partout, partout invincible, brave le sabre des gendarmes, et passe inaperçu à travers le fer croisé des baïonnettes. Plus les gouvernements s'attachent à rendre sensible la ligne de démarcation qui les sépare les uns des autres, plus cette ligne s'efface pour les peuples. »

La révolution de Juillet sembla rouvrir pour Bignon la carrière des hautes fonctions administratives. Chargé, du 31 juillet au 2 août, par la commission municipale de Paris, de diriger provisoirement le ministère des Affaires étrangères, il le céda presque aussitôt au maréchal Jourdan, et prit le portefeuille de l'Instruction publique. Mais il ne le garda que jusqu'au 27 octobre. Il retrouva alors sa place à la Chambre, où la circonscription des Andelys le réélut encore les 5 juillet 1831 et 21 juin 1834. Il soutint le gouvernement de Louis-Philippe, mais attaqua parfois les ministres doctrinaires. « L'on éprouve, dit un biographe démocrate, quelque étonnement à le voir se porter le défenseur du système de paix adopté par la camarilla du château; mais lorsque la pensée du ministère Périer fut mise à nu, le député patriote retrouva toute sa chaleureuse énergie. Il démontra plusieurs fois toute l'insuffisance et la faiblesse du parti qui livrait la Belgique à l'Angleterre et déclara qu'il n'est point donné à la diplomatie de faire, dans le cours d'un siècle, deux fautes pareilles à celle-là. » Il réclama aussi en faveur de la nationalité polonaise et demanda, dans l'adresse de 1833, une phrase expresse en faveur de ceux qu'on appelait alors les « héros de la Vistule. » Dans les sessions suivantes, il prit encore fréquemment la parole, par exemple : sur la situation extérieure de la France (à propos de l'emprunt grec), sur la loi contre les associations. Il rappela même, à ce sujet, le mot de Mirabeau, en 1791, sur les lois dont on ne peut dire qu'une chose : *Je jure de leur désobéir.*

Le nom de Bignon fut plusieurs fois, sous le règne de Louis-Philippe, mêlé à des projets de combinaisons ministérielles; mais ses réclamations fréquentes en faveur de la Pologne et ses sympathies pour l'Espagne et l'Italie devinrent un invincible obstacle à sa rentrée au pouvoir. Il existe, aux Archives, des notes de la Russie et de l'Autriche exprimant le déplaisir avec lequel ces puissances verraient le portefeuille des Affaires étrangères confié au baron Bignon. Bignon ayant accepté, le 3 octobre 1837, le titre de pair de France, ses dernières années s'écoulèrent dans un silence, qui n'était peut-être, a dit un de ses biographes, que « le résultat d'une vie épuisée par la lutte et les désenchantements. »

On lui doit la publication d'un très grand nombre d'ouvrages politiques et historiques : *Du Système suivi par le Directoire exécutif relativement à la République cisalpine* (an VII); *Coup d'œil sur les démêlés des cours de Bavière et de Bade; Histoire de France depuis le 18 brumaire jusqu'à la paix de Tilsitt* (1829-30), etc. Ce dernier travail avait été entrepris sur la recommandation testamentaire de Napoléon.

BIGNON (François), député de 1834 à 1848, né à Orléans (Loiret), le 18 janvier 1789, mort à Paris, le 25 juillet 1863, était négociant à Nantes et chevalier de la Légion d'honneur. Il fut pour la première fois, le 21 juin 1834, élu député du 2e collège électoral de la Loire-Inférieure (Nantes), avec 238 voix sur 405 votants et 547 inscrits, contre 133 à M. Chaillou, député sortant; son mandat lui fut renouvelé par les mêmes électeurs, jusqu'à la fin du règne de Louis-Philippe : les 4 novembre 1837, 9 juillet 1842 et 1er août 1846. Il vota presque toujours avec la majorité conservatrice, sauf dans les questions de finances, où sa connaissance des affaires lui permettait de prendre une attitude plus indépendante. Il fut plusieurs fois rapporteur du budget. « Hors de la finance, écrivent les auteurs de la *Biographie des députés* (1846), M. Bignon ne sait qu'approuver. Ses votes pour Pritchard et contre la proposition sur les députés fonctionnaires disent assez tout son amour pour la politique ministérielle. M. Bignon vient d'être nommé maître des comptes. »

BIGONNET (Jean-Adrien), député au Conseil des Cinq-Cents et représentant à la Chambre des Cent-Jours, né à Mâcon (Saône-et-Loire), le 15 mars 1755, mort à Mâcon, le 2 juin 1832, était président de la municipalité de Mâcon, lorsqu'il fut élu, le 23 germinal an VI, député de Saône-et-Loire au Conseil des Cinq-Cents, par 294 voix sur 397 votants et 420 inscrits. Il y prit la parole, le 8 fructidor an VI, pour s'opposer au rétablissement des impôts abolis par la Révolution : « Où les impôts qu'on veut rétablir sont injustes, dit-il, ou la Révolution qui les a abolis n'est elle-même qu'une injustice. » Le 22 fructidor an VII, il dénonça la réaction intérieure comme la cause des revers éprouvés par les armées françaises, et ajouta que le meilleur moyen de l'enrayer était d'organiser la liberté de la presse et les sociétés politiques. Au coup d'État du 18 brumaire, il se fit remarquer par son énergie, et quand Bonaparte pénétra dans la salle des séances à la tête des grenadiers (19 brumaire), il s'élança vers lui en s'écriant : « Que faites-vous? téméraire! vous violez le sanctuaire des lois, sortez. » Bigonnet vécut dans la retraite pendant toute la durée de l'Empire. Nommé maire de Mâcon en 1815, il fut élu, le 14 mai, représentant à la Chambre des Cent-Jours par l'arrondissement de Mâcon, avec 48 voix sur 78 votants, contre M. Bruys-Charly, qui eut 24 voix. Il y combattit l'avènement de Napoléon II, et, après cette courte période, renonça à la vie politique. Il a publié : *Coup d'État du 18 brumaire* (1819), et *Napoléon considéré sous le rapport de son influence sur la Révolution* (1821).

BIGORIE. *Voy.* CHAMBON (DU).

BIGOT (Louis-Julien-Henry), député de 1846 à 1848, représentant du peuple aux Assemblées constituante et législative de 1848-49, né à Saulges (Mayenne), le 11 septembre 1805, mort à Aron (Mayenne), le 10 septembre 1883, était maître de forges à Aron. Il entra dans la vie parlementaire, comme élu de l'opposition, le 1er août 1846; le collège de Mayenne lui avait donné 104 voix sur 201 votants et 226 inscrits, contre 82 à M. Lepescheux, ancien député. Il vota avec la gauche dynastique jusqu'à la révolution de Février et signa la demande de mise en accusation du ministère Guizot. Après l'établissement de la République, il siégea à l'Assemblée constituante, ayant été élu, le 23 avril 1848, représentant de la Mayenne, le 1er sur 9, avec 77,796 voix (93,437 votants, 105,259 inscrits). Il vota constamment avec la droite : 26 août, *pour* les poursuites contre Louis Blanc et Caussidière; 25 septembre, *contre* l'impôt progressif; 7 octobre, *contre* l'amendement Grévy; 28 décembre, *contre* la réduction de l'impôt du sel; 12 janvier 1849, *pour* la proposition Rateau; 21 mars, *pour* l'interdiction des clubs; 2 mai, *contre* l'amnistie des transportés.

Il était absent, le 16 avril, lors du vote de 1,200,000 francs pour l'expédition d'Italie. Mais il appuya de ses votes cette expédition avec toutes ses conséquences, dans l'Assemblée législative élue le 13 mai 1849, où son département l'avait envoyé par 31,725 voix sur 70,210 votants et 106,272 inscrits. Il continua de suivre la politique de la majorité conservatrice, se sépara avec elle du prince président à l'approche du coup d'Etat, et rentra dans la vie privée. Candidat d'opposition, le 29 février 1852, aux élections du futur Corps législatif impérial, n'obtint que 4,164 voix contre le candidat du gouvernement, M. Th. Mercier, élu par 19,418 suffrages.

BIGOT (Julien-Armand), représentant à l'Assemblée nationale de 1871 et député depuis 1885, né à Couptrain (Mayenne), le 18 janvier 1831, élève du lycée de Laval, puis du lycée Louis-le-Grand à Paris, fit son droit à Paris où il fut reçu docteur en 1854. Secrétaire de la conférence des avocats en 1855, il fut nommé substitut à Mayenne (5 avril 1856), à Laval (1858), à Angers (1861) où il devint substitut du procureur général en 1863, et avocat général en 1868. Démissionnaire avec la plupart de ses collègues du parquet, le 9 septembre 1870, par suite de la révocation du procureur général d'Angers, et du choix fait pour le remplacer par M. Crémieux, ministre de la Justice, il se fit inscrire au barreau d'Angers, et plaida notamment contre le préfet nommé par Gambetta, M. Engelhard. Elu, le 8 février 1871, représentant de la Mayenne à l'Assemblée nationale, le 5e sur 7, par 61,538 voix sur 72,352 votants et 98,165 inscrits, il prit place au centre droit, entra à la commission des grâces, et à la commission de réorganisation de la magistrature, et vota : *pour* la paix, *pour* les prières publiques, *pour* l'abrogation des lois d'exil, *pour* le pouvoir constituant de l'Assemblée, *contre* le retour de l'Assemblée à Paris, *pour* la démission de Thiers, *pour* la circulaire Pascal, *pour* l'arrêté contre les enterrements civils, *pour* le septennat, *pour* le maintien de l'état de siège, *pour* le ministère de Broglie, *contre* la dissolution de l'Assemblée, *contre* l'amendement Wallon, *pour* les lois constitutionnelles. Ayant échoué aux élections du 20 février 1876 contre M. Bruneau, candidat républicain, il fut nommé, le 7 juin 1877, président de chambre à la Cour d'Angers, puis, compris dans « les épurations » de la loi Martin-Feuillée sur la magistrature (7 août 1883), il reprit sa place au barreau d'Angers. Il fut retraité comme président de chambre le 21 mars 1884. Les électeurs de la Mayenne l'ont renvoyé à la Chambre, le 4 octobre 1885, le 2e sur 5, par 41,405 voix sur 72,815 votants et 94,008 inscrits ; il siège à droite et a voté : *contre* l'expulsion des princes, *contre* les lois Ferry sur l'enseignement, *contre* les crédits du Tonkin, et, dans la dernière session, *contre* le rétablissement du scrutin uninominal (février 1889), *pour* l'ajournement indéfini de la revision de la Constitution (chute du ministère Floquet), *contre* les poursuites contre trois députés membres de la ligue des Patriotes, *contre* le projet de loi Lisbonne restrictif de la liberté de la presse, *contre* les poursuites contre le général Boulanger (4 avril). On lui doit: *Eloge de Prévôt de la Chancellière*, et *Essai sur l'Histoire du droit en Anjou.*

BIGOT DE BEAUREGARD (Claude-Nicolas-Jacques, le), né le 16 octobre 1748, mort à une date inconnue, fut gendarme de la garde de la reine. Il était maire d'Alençon, quand il fut élu, le 25 mars 1789, député du tiers-état de ce bailliage aux Etats-Généraux ; il prit la parole, dans l'Assemblée, à la séance du 15 mars 1790, sur la gabelle. Le Bigot de Beauregard, après diverses observations présentées par MM. de Montlosier, de Crillon, de Cazalès, de Perviuière, de Foucault, Dupont, etc., fit cette proposition :

« Par le soulagement que vous allez accorder aux provinces de gabelle, le Trésor public éprouvera un déficit de 18 millions; il faudra asseoir un impôt sur tout le royaume pour couvrir ce déficit. Je demande qu'alors il soit accordé aux provinces rédimées une diminution sur leurs contributions directes, pour les dédommager de la partie qu'elles auront à payer dans cette nouvelle imposition. » L'Assemblée écarta la motion.

BIGOT DE MOROGUES (Pierre-Marie-Sébastien, baron), pair de France, né à Orléans (Loiret), le 5 avril 1776, mort à Orléans, le 15 juin 1840, était le petit-fils du vicomte Sébastien-François Bigot de Morogues (1705-1781), qui fut le fondateur et le premier directeur de l'Académie de la marine, et qui laissa des travaux de premier ordre sur l'hydrographie et les sciences nautiques. Destiné comme son aïeul à la marine, Bigot de Morogues s'appliquait aux sciences exactes à l'école militaire de Vannes lorsque la Révolution amena la suppression de ce collège. Entré en 1794 à l'Ecole des mines de Paris, il y étudia, sous la direction de Vauquelin et de Haüy, la chimie et la minéralogie, puis il parcourut, dans le dessein de compléter ses observations et ses recherches, le Limousin, l'Auvergne, la Bretagne, le Jura, les Vosges, les Alpes, et, revenu dans sa province natale, s'adonna à l'agriculture. Les mémoires très nombreux et très remarqués qu'il publia sur la minéralogie, la géologie, et sur divers points de droit constitutionnel et d'économie sociale, lui ouvrirent les portes de l'Académie des sciences morales et politiques. Chevalier de la Légion d'honneur, il fut admis à la Chambre des pairs, le 11 septembre 1835. Il prit une part assez considérable aux travaux de cette assemblée où il votait avec le gouvernement : Bigot de Morogues était un royaliste constitutionnel. Un mois avant sa mort, il se faisait porter à son fauteuil pour assister, ainsi qu'il l'annonça lui-même, une dernière fois aux séances. En dehors de ses publications purement techniques, on doit citer, parmi les opuscules dus à Bigot de Morogues : *De l'Influence de la forme du gouvernement sur la gloire, l'honneur et la tranquillité nationale* (1815); *De l'Influence des arts sur l'opinion publique* (1821); la *Noblesse constitutionnelle*, ou *Essai sur l'importance politique des honneurs et des distinctions héréditaires appliqués et modifiés conformément aux progrès actuels de la société* (1825); *De la Misère des ouvriers* (1832); etc.

BIGOT DE PRÉAMENEU (Félix-Julien-Jean, comte), député à l'Assemblée législative de 1791, ministre des Cultes et pair des Cent-Jours, né à Rennes (Ille-et-Vilaine), le 26 mars 1747, mort à Paris, le 31 juillet 1825, était avocat au Parlement de Paris avant la Révolution, dont il embrassa la cause avec une certaine réserve. Lors de l'établissement des premiers tribunaux qui succédèrent aux anciennes Cours, en 1790, il fut élu juge du quatrième arrondissement de la capitale; distingué par le « ministère constitutionnel », il fut envoyé commissaire à Uzès, pour y apaiser des troubles d'ailleurs sans gravité. L'année d'après (6 septembre 1791), Bigot de Préameneu fut nommé député de Paris à l'Assemblée législative, par 387 voix sur 609 votants; il y opina d'abord avec les défenseurs de la royauté, et prononça, le 7 janvier 1792, en faveur de la sanction royale, un discours qui provoqua les huées des tribunes. Peu après, il fit décréter pour Paris la prompte organisation du jury, demanda que l'incompatibilité des fonctions de législateur et de juré fût prononcée, improuva un arrêté du parlement de Paris contre les prêtres insermentés, et obtint, dans la séance du 22 mai, que, par la loi qui ordonnait le séquestre des biens des émigrés, il fût accordé un mois de délai à ceux qui voudraient rentrer. Quelques jours après, il fut élu président, et, en cette qualité, fit, le 20 avril, à Louis XVI, qui venait déposer sa déclaration de guerre à l'Autriche, cette réponse sommaire : « L'Assemblée examinera votre proposition, et elle vous instruira du résultat de ses délibérations. » Le 25 du même mois, il s'opposa au projet de loi que Thuriot présentait contre les ecclésiastiques qui refusaient de prêter serment à la Constitution ; peut-être cette circonstance ne fut-elle pas étrangère, plus tard, à sa nomination comme ministre des Cultes de Napoléon Ier. Il est vrai qu'on en donna une raison plus futile : lui-même répétait que c'était à cause de son nom (Bigot, en quelque sorte prédestiné, que l'empereur avait songé à lui.

Bigot de Préameneu, qui avait encore obtenu de l'Assemblée un décret interdisant aux pétitionnaires de se présenter en armes à sa barre, dut se tenir caché sous le régime révolutionnaire ; après s'être prudemment dérobé, il reparut le 18 brumaire, applaudit au coup d'Etat de Bonaparte et fut nommé par le premier consul commissaire du gouvernement près le Tribunal de cassation, et conseiller d'Etat. C'est à ce poste qu'il concourut, avec Portalis, Tronchet et autres, à la rédaction des Codes. Parmi les nombreux discours qu'il prononça à la tribune du Corps législatif pour soutenir les projets de loi du Code civil, on a remarqué surtout celui qui a pour objet les Contrats ou les Obligations conventionnelles en général. Napoléon Ier le fit comte de l'Empire et officier de la Légion d'honneur, puis, à la mort de Portalis (1808), l'appela au ministère des Cultes. Il ne fit preuve, d'ailleurs, dans ces fonctions, d'aucune initiative personnelle, se bornant à exécuter exactement les ordres du maître jusqu'à la chute du gouvernement impérial. Son plus important travail était d'analyser les mandements des évêques sur les victoires de l'Empire, et d'en extraire les passages les plus saillants à la louange de l'empereur pour les insérer au Moniteur. Bigot de Préameneu, qui s'était réfugié en Bretagne à la première Restauration, en revint aux Cent-Jours, et fut appelé à la Chambre des pairs de l'Empire, mais il n'eut cette fois que le titre, plus modeste, de directeur général des cultes. Il perdit encore toutes ses dignités au second retour des Bourbons et, depuis ce temps, il ne reparut plus sur la scène politique. Vivant dans la retraite, il ne s'occupa que de visiter les prisons et les hospices, dont il était administrateur. Admis en 1800, à l'Académie française, il répondit au discours de réception de l'évêque d'Hermopolis (M. de Frayssinous) : c'est même son seul titre littéraire. À sa mort il laissa une fortune considérable, qui était surtout le fruit de son extrême parcimonie.

BIGOT DE PRÉAMENEU (ALEXANDRE-ETIENNE), représentant à la Chambre des Cent-Jours, né à Rennes (Ille-et-Vilaine), le 8 mars 1755, mort à une date inconnue, avant avocat avant 1789, et occupa ensuite les fonctions de receveur de l'enregistrement, de président de l'administration municipale et de juge de paix.

Elu, le 11 mai 1815, représentant à la Chambre des Cent-Jours par l'arrondissement de Redon, il ne figura que par ses votes, acquis à la majorité, dans cette courte législature.

BIGOT DE SAINTE-CROIX (LOUIS-CLAUDE), ministre des Affaires étrangères en 1792, né à Paris, le 3 mai 1744, mort à Londres, le 2 août 1803, entra, sous l'ancien régime, dans la diplomatie et fut successivement chargé d'affaires de France à Turin, à Stockholm et à Saint-Pétersbourg. Le 19 novembre 1791, il fut envoyé à Coblentz pour « notifier, dit le Moniteur, à l'électeur de Trèves la résolution que Sa Majesté a fait connaître à l'Assemblée nationale le 14 de ce mois, et déclarer à ce prince que si, avant le 15 janvier, il ne fait pas cesser dans ses Etats tout attroupement, et toutes dispositions hostiles de la part des Français qui s'y sont réfugiés, le roi ne verra plus en lui qu'un ennemi de la France. » Il s'agissait du décret contre les émigrés. Bigot de Sainte-Croix s'acquitta de sa mission, et le ministre de l'Intérieur en rendit compte à l'Assemblée législative le 16 janvier 1792. « M. Sainte-Croix, dit-il, a veillé avec la plus grande attention sur l'efficacité des dispositions ordonnées pour la dispersion des rassemblements formés par les émigrés français. Par sa dernière dépêche, il m'annonce positivement que cette dispersion est aussi réelle et aussi complète que la nation l'a désiré et que le roi l'a ordonné... etc. » L'Assemblée renvoya la communication du ministre au comité diplomatique. A plusieurs reprises elle eut à s'occuper du rôle joué à Trèves par le ministre plénipotentiaire, dont la conduite était l'objet des critiques les plus vives. Dans une lettre de la Haye (10 février 1792) adressée au Moniteur, il est représenté comme la dupe de l'électeur : « Il y a bien eu quelque mouvement à Coblentz, quelques départs, pour en imposer à M. de Sainte-Croix et pour le mettre à même d'écrire les dépêches pacificatoires qu'on a vues il y a trois semaines ; mais depuis ce moment tout est revenu, tout est rentré, sinon tout, du moins la plus grande partie, et le prince de Condé lui-même y était à l'époque du 2 février... etc. » D'autres accusaient nettement notre envoyé de livrer la France au mépris des puissances.

Il n'en fut pas moins désigné par Louis XVI, après la démission en masse des ministres, pour succéder à Scipion de Chambonas, comme titulaire du portefeuille des Affaires étrangères. Sa nomination passa presque inaperçue et son passage au ministère fut aussi court qu'insignifiant. Cependant, le 3 août, ce fut lui qui communiqua officiellement à l'Assemblée, de la part du roi, la célèbre déclaration de Brunswick. Enfin, dans la mémorable séance du vendredi 10 août, à deux heures du matin, Guadet et Brissot ayant fait voter que les ministres actuellement en activité n'avaient pas la confiance de la nation, et qu'un nouveau ministère serait provisoirement composé par l'Assemblée qui en désignerait les membres au scrutin individuel, Bigot de Sainte-Croix fut, sur-le-champ, déclaré « hors de fonctions ». Pour la nomination de son successeur aux Affaires étrangères, les suffrages se trouvèrent partagés entre « M. Lebrun 109 voix et M. Grouvelle 91 ». Lebrun fut proclamé ministre et Grouvelle secrétaire du Conseil. Bigot de Sainte-Croix quitta alors la France et se retira en Angleterre, où il mourut sous le Consulat.

BIGOT DE VERNIÈRE (Jean-Joseph), député à l'Assemblée constituante de 1789, dates de naissance et de mort inconnues, était curé de Saint-Flour, quand il fut élu par ce bailliage, le 27 mars 1789, député du clergé aux États-Généraux. Il fut de ceux qui se réunirent au tiers-état et prêtèrent, en 1791, le serment civique décrété par l'Assemblée.

BIGREL (Théophile), représentant du peuple à l'Assemblée législative de 1849, puis député au Corps législatif de 1852 à 1857, né à Loudéac (Côtes-du-Nord), le 9 mai 1802, mort à Loudéac le 6 décembre 1861, était sous-préfet d'Argentan au moment de la révolution de Février; il fut révoqué par le gouvernement provisoire. Bien qu'il eût servi la monarchie de Juillet, M. Bigrel avait plutôt des tendances légitimistes; il s'était prononcé aussi pour la décentralisation administrative. Élu en mai 1849 par les monarchistes du département des Côtes-du-Nord, représentant à l'Assemblée législative, le 12e sur 13, avec 38,226 voix (110,201 votants et 164,242 inscrits), il vota avec la majorité de droite, et se montra si peu hostile au coup d'État de décembre qu'il put être candidat officiel et élu, le 29 février 1852, au Corps législatif dans la 5e circonscription des Côtes-du-Nord, par 15,718 voix sur 16,283 votants et 27,934 inscrits. Il resta député jusqu'en 1857 et soutint les institutions impériales.

BIJON (Claude-Henri), député à l'Assemblée législative de 1791, né à Rigny-sur-Arroux (Saône-et-Loire), le 2 mai 1745, mort à Dijon (Côte-d'Or), le 1er juillet 1831, était avocat à Bourbon-Lancy, quand il fut élu député de Saône-et-Loire à l'Assemblée législative, en septembre 1791; il vota avec la majorité de l'Assemblée. Nommé, après la session, membre du directoire du département (novembre 1792), il prit, à la promulgation du nouveau calendrier, les prénoms d'*Ail-Pavot*, et siégea à l'assemblée départementale jusqu'en 1795. Ayant adhéré au coup d'État de brumaire, il fut nommé aussitôt après (an VIII), conseiller à la cour de Dijon, et mourut en 1831, dans l'exercice de cette fonction.

BILIAIS (Henri-Victor-Marie. Le Loup de la), député depuis 1876, né à Nantes (Loire-Inférieure) le 22 mars 1836, propriétaire, conseiller général de la Loire-Inférieure pour le canton de Machecoul et maire de Machecoul, protesta dans les journaux (octobre 1870), contre la dissolution des conseils généraux décrétée par Gambetta, et servit, dans la guerre franco-allemande comme chef de bataillon de mobilisés. Élu député dans la 3e circonscription de Nantes, le 5 mars 1876, au 2e tour de scrutin, par 8,593 voix sur 15,150 votants et 21,161 inscrits, contre M. Roch (6,484 voix), il prit place à l'extrême droite, soutint le ministère de Broglie, et après la dissolution de la Chambre fut réélu, le 14 octobre 1877, comme candidat du gouvernement du Seize-Mai, par 9,545 voix sur 15,623 votants et 21,441 inscrits, contre le candidat républicain, M. Roch qui eut 6,014 voix. Les électeurs nantais lui renouvelèrent son mandat le 21 août 1881, par 9,542 voix sur 15,975 votants et 22,105 inscrits, contre 6,313 voix données à M. Roch, et le département de la Loire-Inférieure le renvoya à la Chambre aux élections du 4 octobre 1885, au scrutin de liste, le 2e sur 9, par 72,450 voix sur 121,474 votants et 165,624 inscrits. Il con-

tinua de voter avec la droite monarchique et demanda sans succès, le 1er juillet 1886, l'insertion au *Journal officiel* des noms des soldats morts au Tonkin et à Madagascar. Dans la dernière session, M. de La Biliais a voté *contre* le rétablissement du scrutin uninominal (11 février 1889), *pour* l'ajournement indéfini de la revision des lois constitutionnelles (14 février, chute du ministère Floquet), *contre* les poursuites contre trois députés membres de la ligue des Patriotes (14 mars), *contre* le projet de loi Lisbonne restrictif de la liberté de la presse 2 avril, *contre* les poursuites contre le général Boulanger (4 avril).

BILIOTTI (Raoul-Victor-Pierre-Hippolyte Joachim, marquis de), député en 1877, né au château de Beauregard-Jonquières Vaucluse, le 22 décembre 1828, mort à la Grande-Chartreuse, le 15 septembre 1882, était fils de François-Victor-Julien-Joachim de Biliotti, qui fut auditeur au Conseil d'État sous Napoléon Ier, et sous-préfet d'Avignon en 1815. Il fit ses études au collège d'Avignon, puis légitimiste ardent, se jeta dans la politique active. Il soutiat de toute son influence la cause du comte de Chambord dans le Midi, et tenta plusieurs fois sans succès les luttes électorales dans Vaucluse, où il échoua, le 1er mars 1874, avec 27,953 voix contre Ledru-Rollin, républicain radical intransigeant, élu par 31,534 suffrages, en remplacement de M. Monier, décédé; et encore le 20 février 1876, à Orange avec 5,938 voix contre 9,435 à l'élu républicain, Alphonse Gent. Enfin il l'emporta aux élections du 14 octobre 1877, sur le député sortant, par 10,484 voix sur 19,036 votants et 22,555 inscrits : M. Gent n'obtint que 8,582 voix. Mais cette élection donna lieu à de nombreuses protestations et à une vive discussion devant la Chambre. A la suite d'une enquête parlementaire, l'élection de M. de Biliotti fut invalidée comme entachée de fraudes graves. Il ne fut pas réélu le 7 avril 1878, avec 8,093 voix contre 10,325, données à M. Gent.

BILLARD (Nicolas-Pierre-Dominique), député de 1815 à 1816, né à Chartres (Eure-et-Loir), le 4 novembre 1766, mort à Paris, le 29 octobre 1831, était propriétaire à Chartres. Légitimiste militant, il fut élu, le 22 août 1815, député d'Eure-et-Loir, au collège de département, et fit partie de la majorité de la « Chambre introuvable. » Après la session, il fut nommé (24 mai 1816) maire de la ville de Chartres.

BILLARDET (Bernard), député de 1820 à 1824, né à Beaune (Côte-d'Or), le 8 novembre 1772, mort à Chevannes (Saône-et-Loire) le 10 mai 1854, est qualifié « propriétaire et maire d'Autun », dans le procès-verbal officiel de son élection, le 4 novembre 1820, comme député du 3e arrondissement de Saône-et-Loire (Autun), par 173 voix sur 256 votants et 277 inscrits, contre 76 à M. J. Martin. Il siégea au centre, et soutint le gouvernement. Billardet devait à la nouvelle loi électorale de juin 1820 (loi du double vote) son élection à la Chambre : il y représentait, en effet, le quart des plus imposés de son département. Après la session, il se retira de la vie politique.

BILLAUD-VARENNES (Jacques-Nicolas), membre de la Convention, né à La Rochelle (Charente-Inférieure), le 23 avril 1756, mort à Port-au-Prince, le 3 juin 1819, était fils d'un avocat de La Rochelle. Destiné de bonne heure à l'état ecclésiastique, il entra dans la congrégation de l'Oratoire, et devint, par la suite, professeur et préfet au collège de Juilly; en août 1784, il cherchait à faire jouer un opéra intitulé *Morgan*, qu'il avait composé; son goût pour le théâtre le fit congédier par ses supérieurs: il quitta, en 1785, l'habit d'oratorien, et vint à Paris, où il épousa la fille naturelle du fermier général de Verdun.

Il resta dans une profonde obscurité jusqu'aux premiers jours de la Révolution; c'est, à cette époque seulement qu'il se fit connaître par la publication de quelques brochures. Nommé, en 1792, substitut du procureur de la commune, en cette qualité, aux massacres de Septembre. Dans le même mois, il fut envoyé à Châlons avec le titre de commissaire de la commune de Paris, et dénonça la municipalité de cette ville à l'Assemblée législative, qui n'eut point égard à la dénonciation. Les électeurs de Paris le choisirent (7 septembre 1792) pour leur député à la Convention nationale. Élu par 472 voix sur 676 votants, il proposa, dès la quatrième séance, de décréter la peine de mort contre le lâche qui introduirait l'ennemi sur le territoire français. Le 29 octobre, il défendit Robespierre accusé par Louvet, et demanda le rappel à l'ordre de ce député. Dans le procès de Louis XVI, il vota pour la mort sans sursis; au 2e appel nominal, il avait répondu : « Comme Brutus n'hésita pas à envoyer ses enfants au supplice, je dis *non*. » Au 3e appel, il s'écria : « La mort dans les vingt-quatre heures. » Le 5 mars, la nouvelle de la trahison de Dumouriez étant parvenue à la Convention, Billaud, qui voyait qu'on hésitait à publier ce malheur, s'écria qu'il ne fallait rien cacher au peuple. « C'est, dit-il, à la nouvelle de la prise de Verdun qu'il s'est levé et qu'il a sauvé la patrie! » En mission à Rennes au moment de l'insurrection de la Vendée, il s'efforça d'étouffer cette guerre, et, pour y parvenir, demanda des troupes qui ne furent pas envoyées, ce qui le porta alors à accuser de trahison le conseil exécutif. Plus tard il se prononça violemment contre les Girondins, et proposa de faire pour eux l'appel nominal et de les mettre aussitôt en jugement. Le 25 juin, il dénonça comme anarchiste Jacques Roux, prêtre et membre de la commune de Paris, qui avait lu à la Convention une adresse contre l'agiotage et l'accaparement. Après avoir rempli une mission dans les départements du Nord et du Pas-de-Calais, il revint à la Convention et demanda que les troupes employées à l'intérieur marchassent sans délai aux frontières et que tous les citoyens de vingt à trente ans fussent mis en réquisition. Le 5 septembre, il soutint la demande, faite par les sections, de la formation d'une armée révolutionnaire, et fit hâter la mise en jugement de Clavière et de Lebrun; le soir même, il fut nommé président de la Convention et adjoint au comité de Salut public; quelques jours après, il défendit ce comité attaqué à la Convention. Le 29, il fit décréter que le tribunal criminel extraordinaire prendrait le titre de tribunal révolutionnaire. Le 18 novembre, il proposa au nom du comité de Salut public, l'établissement d'un gouvernement provisoire révolutionnaire, et ce fut d'après son rapport, que ce régime fut effectivement organisé. Le 29 décembre, il déjoua les projets de ceux qui demandaient que le comité de Salut public fût appelé un comité de gouvernement. « C'est la Convention qui doit seule gouverner, » s'écria-t-il. Le 1er janvier 1794, il demanda que la Convention se

rendît en corps à la fête célébrée le 21 janvier en commémoration de l'exécution de Louis XVI, et il fut désigné, le lendemain, par le club des Jacobins pour rédiger « l'acte d'accusation de tous les rois du monde ». Il était un des membres les plus influents de cette société, et ce fut encore lui qui, le 14 mars, développa devant elle le plan de la conspiration formée par Hébert : il fit prêter à tous les membres le serment de punir les conspirateurs.

Jusque-là, Billaud-Varennes avait constamment marché avec Robespierre, dont il partageait les vues sur le gouvernement révolutionnaire; mais, effrayé, a-t-on dit, d'une phrase échappée à Maximilien et qui semblait l'accuser de trahison, il se joignit aux ennemis de ce député, qu'il attaqua bientôt avec une animosité extrême. Il fut de ceux qui, le 8 et le 9 thermidor, le dénoncèrent avec le plus d'acharnement et contribuèrent surtout à le faire décréter d'accusation. Six jours après, il se retira du comité de Salut public. Dénoncé le 28 août, par Lecointre (de Seine-et-Oise), il fut mis hors de cause et sa conduite fut approuvée. Legendre prit encore la parole contre lui au 30 octobre; mais cette nouvelle attaque échoua comme la première. Jusqu'au 4 novembre, Billaud-Varennes garda le silence; puis, vivement affecté de la marche des événements, il éclata, à la tribune des Jacobins, contre ceux qui voulaient enrayer la Révolution, et dit que le temps était venu d'écraser les « scélérats » qui perdaient la République. Son discours produisit une grande sensation, et, le lendemain, il fut accusé à la Convention d'avoir excité le peuple contre l'Assemblée; il repoussa cette inculpation, en avouant toutefois qu'il désapprouvait le système de *modérantisme* nouvellement adopté. Dès lors, il compta parmi les adversaires des « réacteurs » thermidoriens, qui ne tardèrent pas à le décréter d'accusation, à son tour, le 12 germinal an III, en même temps que Collot d'Herbois, Barère et Vadier. Arrêté le lendemain, il fut condamné à la déportation le 1er avril 1795. Le décret qui le déportait fut rapporté lors des journées de prairial, et la Convention ordonna que Billaud fût traduit devant le tribunal criminel de la Charente-Inférieure; mais il était déjà embarqué pour Cayenne. En y arrivant, il fut transporté dans l'intérieur du pays, et il resta pendant vingt ans à Sinnamari. Il parvint pourtant à s'enfuir en 1816 et se réfugia à Port-au-Prince, dans la République de Haïti, dont le président, Péthion, le traita avec égard et lui fit une pension qu'il toucha jusqu'à sa mort. Billaud-Varennes supporta l'exil avec courage; dans une lettre écrite de là-bas, il disait, en revenant sur le passé : « Les décisions que l'on nous reproche tant, nous ne les voulions pas le plus souvent deux jours, un jour avant de les prendre : la crise seule les suscitait. » Doué d'un réel talent de parole et de plume, il avait publié un certain nombre d'ouvrages : le *Dernier coup porté aux préjugés* (1789); *Peintre politique*, le *Despotisme des ministres de France* (1790, 3 volumes); *Éléments de républicanisme* (1793); *Opinions politiques et morales* (1794), etc.

BILLAUDEL (Jean-Baptiste-Bazile), député de Bordeaux de 1837 à 1846 et représentant de la Gironde en 1848, né à Rethel (Ardennes), le 12 juin 1793, mort à Cenon-la-Bastide (Gironde), le 23 juin 1851, était fils de Balthazar Billaudel, receveur des finances à Rethel, de 1794 à 1836, et de Marie-Antoinette

Taine, dont le frère unique, receveur des tailles à Rethel, de 1745 à 1794, est l'aïeul de M. Taine, aujourd'hui membre de l'Académie française.

Billaudel, admis au lycée de Reims au concours en 1804, y termina, en août 1810, de brillantes études, pour entrer, en novembre suivant, à peine âgé de 17 ans, à l'École polytechnique. Sorti le second de l'École, en octobre 1812, il suivit, à Paris, les cours de l'École des ponts-et-chaussées, et remplit, l'été suivant, des missions d'ingénieur dans les Landes, la Gironde et la Moselle. Il coopéra, en 1814, à la défense de Paris, en mai 1815 à la construction des redoutes aux environs de Metz, où il fut bloqué, après Waterloo, pendant plus d'un mois.

A la paix, il fut chargé du service des ponts-et-chaussées à Digne, Nevers, Rethel, et en mai 1818, fut attaché à la construction du grand pont de Bordeaux, sous les ordres de l'éminent inspecteur général, M. Deschamps, dont il épousa la fille en décembre de la même année. C'est à l'occasion de ce travail, qu'il se servit le premier en France de la cloche à plongeur importée d'Angleterre, fit fabriquer les briques des voûtes avec les vases de la Garonne, et réprima, au péril de sa vie, une émeute des ouvriers du pont, en janvier 1820.

Chevalier de la Légion d'honneur du 23 mai 1825, nommé ingénieur en chef de la Gironde en 1830, il fit partie, comme secrétaire, puis comme président, de l'Académie de Bordeaux et de plusieurs sociétés savantes, et publia de nombreux travaux scientifiques, économiques et littéraires.

Le 30 mai 1837, il fut élu au Conseil municipal de Bordeaux, et, le 4 novembre suivant, les électeurs du 3e collège électoral de cette ville le nommèrent député par 189 voix sur 286 votants et 362 inscrits. Bien que la loi électorale n'édictât aucune incompatibilité dans ce cas, le ministère Molé, par abus de la candidature officielle, le mit en disponibilité d'emploi le 26 décembre; la pression préfectorale ne put réussir à le faire échouer aux élections du 2 mars 1839, et du 9 juillet 1842, où il réunit 172 voix sur 304 votants et 394 inscrits, contre 51 voix à M. Dupuch, 50 à M. de Genoude, et 23 à M. de Salvandy.

Il défendit, à la Chambre, la liberté religieuse, la liberté de l'enseignement, la liberté commerciale, et prit part à toutes les grandes questions de travaux publics : achèvement des canaux, chemins de fer, police du roulage, question des sucres (1840), travail des enfants dans les ateliers, etc. Il vota contre l'indemnité Pritchard, pour la proposition sur les députés fonctionnaires et contre le projet des fortifications de Paris, trouvant dangereux de faire dépendre le salut du pays d'une seule place vulnérable par tant de côtés.

Aux élections de juillet 1846, il se retira dans sa propriété de Cenon, où il s'occupa de dessèchements, et refusa, en février 1848, de s'associer à la campagne des banquets.

Nommé maire de Bordeaux le 10 mars 1848, il put y maintenir l'ordre, par la seule influence de son caractère, et sauva, le 20 mars 1848, en haranguant la foule ameutée devant la Préfecture, le commissaire du gouvernement envoyé par Ledru-Rollin, Latrade, qui s'échappa par les mansardes. Les électeurs de la Gironde l'élurent représentant du peuple, le 23 avril suivant, au scrutin de liste, le 2e sur 15, par 130,381 voix sur 146,606 votants; Lamartine venait en tête de la liste, avec 137,609 voix.

A la Constituante, il vota : le 26 mai 1848, pour le bannissement de la famille d'Orléans; le 31 juillet, pour l'ordre du jour contre la proposition Proudhon ; le 19 août, contre le rétablissement du cautionnement; le 26 août, pour les poursuites contre Louis Blanc ; le 1er septembre, pour le rétablissement de la contrainte par corps; le 18 septembre, contre l'abolition de la peine de mort; le 27 septembre, pour l'impôt proportionnel préféré à l'impôt progressif; le 7 octobre, contre l'amendement Grévy au sujet de la présidence; le 21 octobre, pour le remplacement militaire ; le 23 octobre, contre la sanction de la Constitution par le peuple : le 27 décembre, contre la suppression de l'impôt du sel; le 1er février 1849, contre la proposition d'amnistie générale; le 21 mars, pour l'interdiction des clubs; le 2 mai, pour l'amnistie des transportés; le 11 mai, contre la demande de mise en accusation contre le Président et ses ministres; le 14 mai, pour le blâme de la dépêche Léon Faucher; le 18 mai, pour l'abolition de l'impôt sur les boissons.

M. Billaudel ne se représenta pas aux élections de 1849 pour l'Assemblée législative, et se retira à Cenon.

BILLAULT (Adolphe-Augustin-Marie), député de 1837 à 1848, représentant du peuple à l'Assemblée constituante de 1848, député au Corps législatif de 1852 à 1854, sénateur du second Empire, et ministre, né à Vannes (Morbihan), le 12 novembre 1805, mort à Nantes, (Loire-Inférieure), le 13 octobre 1863, eut une carrière politique et parlementaire dont un biographe a pu dire qu'elle était tout entière dans la négociation de son mariage :

« Jeune avocat, d'une famille obscure, sans fortune, M. Billault demanda la main d'une riche héritière, et, comme on paraissait étonné : « Je suis sans richesse et sans nom, dit-il a un futur beau-père; mais je ne suis pas sans avenir; dans trois ans je serai le premier avocat de Nantes; trois ans après je serai député; trois ans encore, et je serai ministre. » Un homme qui décrit nettement les phases de sa fortune et de son ambition, doit être décidé à ne pas heurter ce qui donne les faveurs, et à rechercher le succès, sous toutes les formes et par tous les moyens. Mme Billault eut confiance dans cet horoscope, et épousa le jeune avocat. Il lui a tenu parole. » Adolphe Billault était déjà, dès 1830, conseiller municipal de Nantes, puis il devint bâtonnier de son ordre, et membre du Conseil général de la Loire-Inférieure. Député, le 4 novembre 1837, du 4e collège électoral de la Loire-Inférieure (Ancenis), avec 192 voix sur 346 votants et 458 inscrits, (il avait été élu le même jour par le 3e collège (Pont-Rousseau), Adolphe Billault prit place à gauche, et vota avec l'opposition. Il devint comme avocat, le conseiller du duc d'Aumale, et, après avoir été réélu député le 2 mars 1839, il accepta les fonctions de sous-secrétaire d'État du ministère de l'Agriculture et du Commerce, avec M. Gouin pour ministre. Dans cette situation, il acheva de se rendre spécial dans les grandes questions d'intérêt public, qu'il avait toujours étudiées : dès 1838, il était membre et secrétaire de la Commission des chemins de fer. Quand le cabinet du 1er mars se retira, Billault donna sa démission pour retourner dans l'opposition. Dès lors, sa carrière devint essentiellement politique; il se fit surtout connaître lors de la discussion du droit de visite, dans laquelle il obligea le ministre Guizot à déchirer le traité qu'il venait de conclure. Réélu le 9 juillet 1842 par 103 voix sur 113 votants et 146 inscrits, et le 1er août 1846, par 99 voix, (117 votants, 166 inscrits), il continua de voter le plus souvent avec l'opposition dynastique, tout en se rapprochant de temps à autre du ministère : c'est ainsi qu'il soutint Guizot à propos des mariages espagnols, et, dans la discussion de l'adresse de janvier 1848, il ne s'associa pas à la demande de mise en accusation du cabinet. La révolution de Février le trouva dans ces dispositions. Élu, le 23 avril 1848, représentant de la Loire-Inférieure, le 4e sur 13, avec 88.858 voix (121,699 votants, 153,494 inscrits), il fit une déclaration républicaine, vota avec le parti de Cavaignac : 9 août 1848, *contre* le cautionnement ; 26 août, *pour* les poursuites intentées à Louis Blanc et à Caussidière ; 1er septembre, *pour* le rétablissement de la contrainte par corps ; 25 novembre, *pour* l'ordre du jour en l'honneur de Cavaignac ; 27 septembre, *contre* la suppression de l'impôt du sel ; 21 mars, *contre* l'interdiction des clubs ; 2 mai, *pour* l'amnistie des transportés. Il est porté absent lors des divers scrutins relatifs à l'expédition de Rome. A la Constituante, Billault parut chercher sa voie ; votant le plus souvent avec la droite, contre la Montagne, il affectait par moments de se rapprocher de ce dernier groupe, et réclamait, par exemple, le droit au travail, en ces termes : — « Qui de nous niera qu'une société civilisée ne doive à l'enfant abandonné sa nourriture, sa vie ? Personne. Qui de nous niera qu'on ne la doive également au vieillard, à l'estropié ? Personne encore, assurément... Il y avait, citoyens, sous l'ancien régime, un proverbe qui disait : Noblesse oblige ; moi, je vous dirai : civilisation oblige ; je vous dirai plus : révolution oblige. » (*Approbation à gauche*.)

Non réélu à l'Assemblée législative, il redoubla cependant d'activité et se trouva bientôt mêlé aux conciliabules extra-parlementaires qui devaient décider du sort de la République. Complétement rallié à la politique de L.-N. Bonaparte, il devint un des familiers de l'Elysée, « y perdit ses heures, mais non son temps, » écrit le biographe déjà cité, y donna des conseils, s'y fit écouter et faillit recevoir, à la retraite de Léon Faucher, la mission de former un ministère ; mais la combinaison échoua. Il devint du moins candidat officiel : la 2e circonscription de l'Ariège l'envoya au Corps législatif le 29 février 1852, par 26,962 voix sur 27,009 votants. Louis-Napoléon le nomma président du Corps législatif. Dans son discours d'installation, il s'exprima ainsi : « Nous n'aurons plus autour de l'urne législative les évolutions des partis tenant sans cesse le ministère en échec, le forçant de s'absorber en un soin unique, celui de sa défense, et n'aboutissant trop souvent qu'à énerver le pouvoir. » Cette oraison funèbre du régime parlementaire ne fut pas prononcée par lui sans un certain embarras. Comme président du Corps législatif, Billault dut aller dans la soirée du 1er décembre 1852, à Saint-Cloud, porter à Louis-Napoléon le résultat officiel du plébiscite qui votait le « rétablissement de la dignité impériale héréditaire », et salua le premier du titre de *Sire* le président de la République devenu empereur : « Abritant, dit-il, dans un immense souvenir de gloire ce qu'elle a de plus précieux, son honneur au dehors, sa sécurité au dedans, et ces immortels principes de 89, bases désormais inébranlables de la nouvelle société française si puissamment organisée par votre oncle, notre nation relève avec un orgueilleux amour cette dynastie des Bonaparte, sortie de son sein, et qui ne

fut point renversée par les mains françaises. »

L'empereur le choisit comme ministre de l'Intérieur, le 19 juin 1854, et le nomma sénateur, le 4 décembre suivant : il resta au ministère jusqu'à l'attentat d'Orsini, et fut remplacé par le général Espinasse (8 février 1858). Lorsque Napoléon III tenta d'inaugurer, le 24 novembre 1860, *l'empire libéral*, il appela aux fonctions de ministre sans portefeuille Billault, qui fut dès lors l'orateur parfois éloquent et le défenseur attitré de la politique impériale. Les luttes de la tribune, auxquelles il prit constamment la plus grande part, épuisèrent sa santé, et il mourut à la peine, au moment même où les élections de 1863 allaient rendre plus lourde et plus difficile encore la tâche qu'il avait acceptée. « La mort de M. Billault, écrivit à ce moment Mérimée (lettre du 20 octobre 1863) est un coup funeste ; c'était assurément le plus habile et le plus propre à lutter avec courage contre les orateurs de l'opposition. Ce n'était pas un homme d'Etat, mais c'était un instrument merveilleux entre les mains d'un homme d'Etat. »

Billault avait été en butte jusqu'à sa mort aux attaques et aux réclamations d'un ancien avocat de Limoges, nommé Sandon, et la presse avait quelque peu parlé de cette affaire, sur laquelle la vérité ne fut connue qu'en mai 1865. M. Billault ayant eu à plaider une affaire avec Sandon, en 1848, à Limoges, avait fait part à son confrère de son désir de se présenter dans la Haute-Vienne au poste alors vacant de représentant à l'Assemblée constituante ; Sandon promit son concours, et Billault échangea avec lui une longue correspondance, dans laquelle, avec la véhémence de formes qu'il conserva jusqu'à la fin de sa vie, il professait les opinions socialistes et antibonapartistes les plus accentuées. Devenu ministre de l'Empire, Billault offrit de racheter ses lettres ; Sandon refusa, mais eut la naïveté de les confier à un ami, qui les porta tout droit au ministre. Sandon fit assigner l'ami et le ministre, et alors commença, contre lui, la persécution la plus étrange : il fut arrêté seize fois, se rétractant, une fois écroué à Mazas, et recommençant ses poursuites dès qu'il en était sorti ; Billault le fit enfin enfermer à Charenton, comme fou. Sandon n'en sortit qu'à la mort de son persécuteur. Le prince Napoléon lui fit accorder un secours de dix mille francs, et M. de Persigny écrivit, dans le même sens, à M. Conti, chef du cabinet de l'Empereur, le 29 août 1866 : « Mon cher Conti, voilà une affaire grave qu'il importe d'étouffer. La conduite de M. Billault a été inouïe ; il y a d'ailleurs une iniquité épouvantable, il importe de la réparer. »

La ville de Nantes a élevé une statue à Billault en 1867.

BILLEREY (ANATOLE), député au Conseil des Cinq-Cents, né à Vesoul (Haute-Saône), le 17 décembre 1759, mort à Fresne-Saint-Mamès (Haute-Saône), le 18 juin 1850, était fils de Nicolas Billerey, conseiller et procureur du roi à la maîtrise des eaux et forêts. Lui-même était juge au tribunal civil de son département, lorsqu'il fut, le 25 germinal an VII, élu député de la Haute-Saône au Conseil des Cinq-Cents. Il prit part, jusqu'au 18 brumaire, aux travaux de cette Assemblée, et devint plus tard, membre du conseil général de la Haute-Saône. Il mourut à Fresne-Saint-Mamès où il s'était retiré depuis longtemps, à l'âge de quatre-vingt onze ans.

BILLETTE DE VILLEROCHE (Vincent-Samuel), député à l'Assemblée constituante de 1789, né à Quimperlé (Finistère), le 10 octobre 1729, mort à Quimperlé, le 18 septembre 1811, appartenait à une des plus anciennes familles de Quimperlé. Son grand-père, Samuel Billette, sénéchal de Carnoët et procureur fiscal de l'abbaye de Sainte-Croix, avait été maire de Quimperlé et député par cette ville aux Etats de Bretagne tenus à Nantes en 1681. Son père, « noble homme Vincent-Samuel Billette de Villeroche, » était changeur du roi, c'est-à-dire banquier dans la même localité, et à la tête d'une fortune assez considérable.

Le futur député aux Etats-Généraux fit ses études à Paris, au collège Louis-le-Grand, puis entra dans les agences de la Compagnie des Indes, accomplit trois voyages en Extrême-Orient, en qualité de subrécargue ou représentant officiel de la Compagnie, prenant rang immédiatement après le capitaine, et, de retour à Quimperlé, prit la direction d'une manufacture de cuirs.

Maire de sa ville natale de 1768 à 1772, il fut choisi par le tiers-état de la sénéchaussée de Carhaix, convoqué le 10 avril 1789, pour le représenter aux Etats-Généraux. Il avait 59 ans, et c'était un des doyens de la députation bretonne. Il vota avec la majorité de l'Assemblée constituante, et approuva la constitution civile du clergé. Son nom ne figure dans aucun procès-verbal des séances; on sait seulement qu'il fit partie, le 8 octobre 1789, de la députation de cinquante membres, chargée d'accompagner le roi dans son voyage à Paris.

Rentré à Quimperlé après l'expiration de son mandat, il n'accepta point de fonctions publiques, et reprit, avec le dernier de ses fils, — il en avait dix, — la direction de sa maison de banque et de commerce. Sous le Consulat, Billette de Villeroche devint membre du conseil général du Finistère. Il figura sur la liste des notables de l'arrondissement de Quimperlé arrêtée le 9 vendémiaire an X (27 novembre 1801), avec deux de ses fils, l'un âgé de 36 ans, receveur particulier des finances à Quimperlé et conseiller d'arrondissement, l'autre, âgé de 23 ans, qualifié simplement de propriétaire.

BILLIET (Alexis, cardinal), sénateur du second Empire, né aux Chapelles (Savoie), le 28 février 1783, mort à Chambéry, le 30 avril 1873, fit ses études au séminaire de Chambéry, où il professa la philosophie en 1806 et la théologie en 1807. Vicaire général de Chambéry en 1818, chanoine et supérieur du séminaire en 1822, il fut sacré évêque de Maurienne le 19 mars 1826, et nommé commandeur de l'ordre des Saints Maurice et Lazare en 1834. Il fut promu à l'archevêché de Chambéry le 27 avril 1840, et, après l'annexion de la Savoie à la France, reçut le chapeau de cardinal le 27 septembre 1861, et entra de droit au Sénat le 27 octobre suivant. Le cardinal Billiet, comme membre de la Société académique de Savoie depuis sa fondation (1818), s'était fait remarquer par de savants travaux sur de nombreuses questions des sciences naturelles, notamment sur le crétinisme et sur le goître. Il faisait aussi partie de l'Académie de Turin, de l'Académie des arts, sciences et belles-lettres de Lyon, et des Académies de Dijon et de Rouen. Il ne joua à la Chambre haute qu'un rôle politique modeste; il était commandeur de la Légion d'honneur, du 29 août 1860, et grand-officier, de la promotion du 11 août 1869.

BILLION (François-Joseph, dit Noël-Billion), député au Conseil des Cinq-Cents, né à Arras (Pas-de-Calais), le 4 mars 1752, mort à une date inconnue, débuta dans les fonctions publiques sous la Révolution, comme administrateur du directoire du district d'Arras, le 18 octobre 1791, et plus tard (15 nivôse an IV), comme administrateur et président des hospices civils. Il fut, après le 18 brumaire, juge au tribunal civil d'Arras. L'Empire et la Restauration le confirmèrent dans ce dernier poste. Il avait représenté le département du Pas-de-Calais au Conseil des Cinq-Cents, où il était entré le 25 germinal an VII, et où il s'était montré favorable au coup d'Etat du 18 brumaire.

BILLOT (Jean-Baptiste), représentant à l'Assemblée nationale de 1871, sénateur inamovible et ministre, né à Chaumeil (Corrèze), le 15 août 1828, sortit de l'Ecole de Saint-Cyr en 1849, entra dans l'état-major, et servit en Algérie, où il devint lieutenant en 1852, et capitaine en 1854. Il fit la campagne du Mexique et passa chef d'escadron, puis lieutenant-colonel après la prise de Puebla (1865), retourna en Algérie, et fut promu chef d'état-major de la division de Constantine (13 août 1869). Ramené en France par la guerre franco-allemande, il réussit à s'échapper de Metz, fut nommé colonel le 9 novembre 1870, puis général de brigade, chef d'état-major du 18e corps à l'armée de Bourbaki, dont il prit le commandement comme général de division au titre auxiliaire; c'est à la tête de ces troupes qu'il contribua largement aux succès de Beaune-la-Rolande et de Villersexel. La commission de révision des grades le remit général de brigade. Aux élections du 8 février 1871, le département de la Corrèze l'élut représentant à l'Assemblée nationale, le 4e sur 6, par 28,246 voix, sur 54,642 votants et 83,707 inscrits : il siégea à l'union républicaine, dont il devint président, et prit fréquemment la parole, notamment dans les questions militaires. Il vota contre la paix, pour l'abrogation des lois d'exil, contre la pétition des évêques, contre le pouvoir constituant de l'Assemblée, contre le service militaire de trois ans, contre la démission de Thiers; le 5 juin 1873, sur une proposition relative à la Légion d'honneur, il déposa un article additionnel : « Une commission composée de membres de la Légion d'honneur, nommée par le président de la République, examine les titres des candidats. Nul ne peut être nommé, s'il n'est maintenu sur la liste de la commission, excepté en campagne, pour blessures ou faits de guerre. » L'article fut rejeté par 377 voix contre 225. Il se prononça contre l'admission à titre définitif dans l'armée des membres de la famille d'Orléans, contre le ministère de Broglie (16 mai 1874), pour la dissolution de l'Assemblée, et pour les lois constitutionnelles (25 février 1875).

Le 16 décembre 1875, l'Assemblée nationale l'élut sénateur inamovible, le 70e sur 75, par 299 voix. Il y parla sur les questions militaires, fut nommé général de division le 9 mars 1878, commanda la 1re division du 1er corps, et, le 30 janvier 1882, entra dans le cabinet Freycinet comme ministre de la Guerre. En raison de l'insuffisance des crédits votés, il prescrivit (5 janvier 1883) l'envoi en congé d'un cinquième de l'effectif, combattit, d'accord avec l'amiral Jauréguiberry, ministre de la Marine, l'expulsion des membres des familles ayant régné sur la France, et donna sa démission, le 28 janvier, à cette occasion. Lorsque la question d'expulsion des princes revint devant le Sénat, le 22 juin 1886, il s'abstint de prendre part au vote. En mai 1888, dans la discussion de la loi sur le recrutement, il critiqua la réduction de la durée du service et la suppression des dispenses, et proposa, sur le service de trois ans, plusieurs amendements qui furent écartés. Dans la dernière session, il a voté *pour* le rétablissement du scrutin uninominal (13 février 1889), s'est abstenu sur le projet de loi Lisbonne restrictif de la liberté de la presse (18 février), et s'est prononcé *pour* la proposition de loi sur la procédure à suivre devant le Sénat pour juger les attentats contre la sûreté de l'État (29 mars, affaire Boulanger . Chevalier de la Légion d'honneur du 19 mars 1859, officier du 1er février 1867, grand officier du 4 juin 1884.

BILLY (Joachim-Nicolas), député à l'Assemblée constituante de 1789, né à Provins (Seine-et-Marne), le 22 octobre 1748, mort à Provins, le 8 juin 1831, était cultivateur dans la Brie. Élu député suppléant du tiers aux États-Généraux de 1789, le 20 mars, par le bailliage de Provins, il fut appelé, le 17 mai 1791, à siéger à la place de Paroy, démissionnaire. Il vota jusqu'à la fin de la session avec la gauche de l'assemblée, et devint, dans la suite, officier municipal de sa ville natale, puis assesseur du juge de paix.

BILLY (Jean-Eugène), représentant à l'Assemblée nationale de 1871, et député de 1876 à 1878, né à Metz (Moselle), le 30 mars 1820, mort à Spincourt (Meuse) le 20 novembre 1878, se destina d'abord au notariat; ses études de droit terminées, ils s'inscrivit au barreau de Metz. Nommé conseiller de préfecture de la Moselle en 1848, il fut révoqué en 1849, puis, après le coup d'État de décembre, frappé comme républicain, par une décision des commissions mixtes, et interné à Spincourt. Il quitta alors le barreau pour s'adonner à l'agriculture. En 1867, malgré les efforts de l'administration pour faire échouer sa candidature, il réussit à devenir conseiller d'arrondissement, et fit dans sa région une opposition constante au gouvernement impérial. Candidat indépendant, le 24 mai 1869, au Corps législatif, il réunit dans la 3e circonscription de la Meuse, 4,193 voix ; le candidat officiel et député sortant, M. Chadenet, fut élu avec 17,063 voix, M. Billy protesta en 1870 contre le plébiscite. Après la guerre franco-allemande, il sollicita avec succès les suffrages des électeurs de la Meuse, et fut élu, le 8 février 1871, représentant de ce département à l'Assemblée nationale, le 3e sur 6, par 21,309 voix (40,190 votants, 89,314 inscrits).
Messin d'origine, M. Billy s'unit à ses collègues d'Alsace et de Lorraine dans leur protestation contre toute cession de territoire, et fut l'auteur d'un projet de loi tendant à conserver le nom de département de la Moselle aux parties de ce département restées françaises. Inscrit à la gauche de l'Assemblée, il vota, avec les républicains: *pour* le retour de l'Assemblée à Paris, *pour* la dissolution, *pour* l'amendement Wallon, *pour* les lois constitutionnelles, *contre* la paix, *contre* l'abrogation des lois d'exil, *contre* le pouvoir constituant de l'Assemblée, *contre* le 24 mai, *contre* le septennat, *contre* la loi des maires et *contre* le ministère de Broglie.
Réélu, le 20 février 1876, député de l'arrondissement de Montmédy, par 7,673 voix sur 13,659 votants et 16,928 inscrits, contre 5,716 à

M. Péchenard, il fit partie de la majorité de la Chambre nouvelle, et s'associa au vote des 363 contre le ministère du Seize-Mai. Il échoua d'abord aux élections d'octobre 1877: son concurrent, officiellement soutenu par le gouvernement, M. d'Egremont, l'emporta avec 7,702 voix ; il en avait obtenu lui-même 7,057. Mais cette élection ayant été comprise dans les invalidations prononcées par la Chambre, la candidature de M. Billy, posée de nouveau le 5 mai 1878, triompha avec 8,436 voix contre 6,274 à M. d'Egremont (14,782 votants et 17,239 inscrits.)
M. Billy mourut quelques mois après. — Il était conseiller général de la Meuse pour le canton de Spincourt.

BINACHON (Fleury), député de 1879 à 1881, et depuis 1885, né à Rive-de-Gier, le 21 mars 1816, était maître de forges, et directeur des mines de Pont-Salomon. Élu maire de Pont-Salomon, puis membre du conseil général de la Haute-Loire (1871), il fut, pour la première fois, candidat à la députation le 20 février 1876, comme républicain, dans l'arrondissement d'Yssingeaux, et échoua contre M. Malartre, conservateur, qui fut renommé, après invalidation de sa première élection, le 21 mai 1877. (M. Binachon avait réuni alors 7,775 voix.) Il ne se représenta pas le 14 octobre 1877; M. Malartre fut réélu avec l'appui officiel du gouvernement du 16 Mai ; mais, cette élection ayant été encore invalidée par la majorité de la Chambre, M. Binachon se remit sur les rangs, avec une profession de foi où il disait: « Si vos suffrages, ainsi que je l'espère, font de moi votre représentant à l'Assemblée, vous me trouverez parmi les soutiens dévoués du gouvernement qui préside désormais à la paix, à la grandeur de la République française. » Il fut élu le 16 février 1879, par 9,383 voix sur 18,542 votants et 22,573 inscrits, contre 9,071 à M. Malartre. Il vota constamment, jusqu'en 1881, avec le groupe de l'Union républicaine, où il siégeait, et échoua aux élections du 21 août 1881, contre M. Malartre, nommé au 9,207 voix contre 8,159. M. Binachon reçut au mois de janvier de l'année suivante (1882) la croix de la Légion d'honneur. Les élections au scrutin de liste, du 4 octobre 1885, renvoyèrent M. Binachon à la Chambre des députés. Porté sur la liste républicaine modérée, il obtint au premier tour de scrutin 25,754 voix (65,674 votants), et passa au scrutin de ballottage, le 2e sur 5, avec 35,670 voix sur 70,699 votants.
M. Binachon a continué de siéger à gauche, et, dans la dernière session, s'est abstenu (11 février 1889) sur le rétablissement du scrutin uninominal, a voté (14 février) *pour* l'ajournement indéfini de la revision de la Constitution, (14 mars) pour les poursuites contre 3 députés membres de la ligue des Patriotes, (2 avril) pour le projet de loi Lisbonne restrictif de la liberté de la presse, (4 avril) pour les poursuites contre le général Boulanger.

BINEAU (Jean-Martial), député de 1841 à 1848, représentant aux Assemblées constituante et législative de 1848-49, ministre et sénateur du second Empire, né à Gennes (Maine-et-Loire), le 18 mai 1805, mort à Chatou (Seine-et-Oise), le 8 septembre 1855, fut élève de l'École polytechnique, entra à l'École des mines et parvint de bonne heure au grade d'inspecteur général. Il signala son passage dans cette carrière par plusieurs découvertes remarquées et se créa une réputation qui lui ouvrit les portes du Palais-Bourbon, le 19 juin 1841. Elu, en remplacement de M. Robineau, démissionnaire, député du 2ᵉ collège électoral de Maine-et-Loire (Angers), par 140 voix sur 276 votants et 396 inscrits, contre 133 voix à M. Augustin Giraud, il collabora activement aux travaux de la Chambre, et, réélu le 9 juillet 1842 et le 1ᵉʳ août 1846, prit la parole sur les chemins de fer, sur la police du roulage, sur la question des sucres, sur les brevets d'invention, sur la réforme postale, sur la conversion des rentes, sur la navigation intérieure, sur le budget, etc. Il siégeait dans l'opposition dynastique, mais il ne signa pas la proposition de mise en accusation du ministère Guizot. Elu représentant de Maine-et-Loire à la Constituante, le 23 avril 1848, avec 118,827 voix, il prit place à droite et débuta par un rapport fait au nom du comité des finances dont il était membre, et qui avait trait à la proposition de rachat des chemins de fer par l'État; il combattit ce projet opiniâtrément et avec succès. Rapporteur de la commission du budget rectifié de 1848, il devint un des orateurs financiers de la majorité conservatrice les plus écoutés. En politique, il vota : *pour* le rétablissement du cautionnement, *pour* les poursuites contre Louis Blanc et Caussidière, *pour* la proposition Rateau, *pour* l'interdiction des clubs, *pour* l'expédition de Rome, *contre* l'abolition de la peine de mort, *contre* l'impôt progressif, *contre* l'amendement Grévy, *contre* le droit au travail, *contre* la réduction de l'impôt du sel et *contre* l'amnistie des transportés.

Il eut la même attitude à l'Assemblée législative élue le 13 mai 1849, où les électeurs de Maine-et-Loire le renvoyèrent par 84,762 voix (104,313 votants, 151,062 inscrits). Là encore, tout en appuyant de ses votes la politique du prince Louis-Napoléon, il se fit surtout remarquer par son intervention dans les discussions des lois de finances et d'affaires, jusqu'au jour où le prince président l'appela, par décret du 31 octobre 1849, au ministère des Travaux publics. Démissionnaire au commencement de l'année 1850, il reprit sa place à droite, parmi les partisans du gouvernement présidentiel; il approuva le coup d'État du 2 décembre 1851, devint, au lendemain de cet événement, membre de la commission consultative; en janvier 1852, le jour où parut le décret de la confiscation des biens de la famille d'Orléans, il prit dans la nouvelle combinaison ministérielle, le portefeuille des Finances. Il inaugura cette fonction par une grave mesure, la conversion de la rente 5 0/0 en 4 1/2 0/0.

M. Bineau était entré au Sénat le 27 mars 1852. Le 23 décembre suivant, il y prit la parole comme ministre des Finances, dans la discussion du senatus-consulte, qui fut voté le 25, et définit ainsi le rôle réservé par l'Empire au contrôle parlementaire : « A la France, par ses mandataires, à voter l'impôt, à dire qu'elle somme elle veut mettre entre les mains du gouvernement pour l'administration et la protection du pays; au gouvernement à administrer ces fonds au mieux des intérêts de tous. » Le comte de Ségur-d'Aguesseau protesta contre ces paroles, mais le projet présenté fut voté après une réplique de Baroche. Des concessions de longue durée accordées aux compagnies de chemins de fer, et l'inauguration du système des emprunts nationaux, marquèrent surtout l'administration financière de M. Bineau. Nommé grand-croix de la Légion d'honneur, le 4 février 1855, il entra à l'Académie des sciences morales et politiques, et fut contraint, par le mauvais état de sa santé, de se retirer du

ministère, le 16 août suivant. Il mourut moins d'un mois après.

BINOT (JACQUES), député à l'Assemblée constituante de 1789, né à Ancenis (Loire-Inférieure), le 17 octobre 1750, mort à Nantes (Loire-Inférieure), le 16 avril 1808, était le sixième enfant d'un tailleur d'Ancenis « honorable homme Pierre Binot », et de Marie Bourget. Ordonné prêtre le 17 décembre 1774, il se trouvait, au moment de la Révolution, co-principal, depuis 1785, du collège d'Ancenis. Elu, le 25 septembre 1789, 3ᵉ député supplémentaire du clergé aux Etats-Généraux par la sénéchaussée de Nantes et Guérande, Binot commença par signer l'*Exposition des principes* publiée par les évêques députés, et par refuser le serment à la constitution civile du clergé; mais, cédant à l'influence de l'évêque constitutionnel de Nantes, Minée, qui le fit nommer vicaire de la cathédrale, il se rallia aux idées nouvelles, quitta la prêtrise et se maria, à l'exemple de l'évêque Minée : il épousa à l'âge de 44 ans, Ursule-Rose-Reine-Aimée-Sophie Borin, qui en avait 42.

Jacques Binot, après avoir, en l'an VIII, résidé quelque temps à Paris, revint dans son pays natal où il accepta les fonctions de receveur particulier des finances à Ancenis. Mais les haines politiques lui créèrent de nombreux ennuis; son humeur s'en altéra, et, le 16 avril 1808, l'ex-abbé Binot, après s'être attaché une pierre au cou, se jeta dans la Loire, au Port-Maillard à Nantes, et y périt.

BIOCHE (JACQUES-NICOLAS), député de 1831 à 1834, né à Tilleul-Lambert (Eure), le 27 décembre 1789, mort à une date inconnue, issu d'une famille de commerçants, fut lui-même négociant à Thibouville, et accrut sa fortune patrimoniale déjà considérable. Comme il s'était acquis, sous la Restauration, une certaine popularité en combattant dans les rangs de l'opposition constitutionnelle, il devint, après la révolution de Juillet, le député du 7ᵉ collège de l'Eure (Brionne), et fut élu le 1ᵉʳ octobre 1831, par 255 voix sur 281 votants et 428 inscrits, en remplacement d'Odilon Barrot, qui venait d'opter pour un autre collège. Il siégea dans la majorité sans « rechercher, dit un biographe, les honneurs et les succès de la tribune », et donna son suffrage au gouvernement jusqu'au 21 juin 1834, époque où il échoua, avec 118 voix dans sa circonscription, contre Dupont de l'Eure, nommé par 165 suffrages.

BION (JEAN-MARIE), député aux Etats-Généraux de 1789, membre de la Convention et député au Conseil des Cinq-Cents, né à Loudun (Vienne), le 28 août 1730, mort à Poitiers (Vienne), le 30 septembre 1798, était avocat à Loudun quand il fut élu le 19 mars 1789, député du tiers aux Etats-Généraux par le bailliage de Loudun; il ne se fit point remarquer dans cette Assemblée. En revanche, il prit fréquemment la parole à la tribune de la Convention nationale, dont il fut secrétaire, et où il représenta (4 septembre 1792) le département de la Vienne, élu par 152 voix sur 292 votants. Partisan modéré de la Révolution, il intervint dans les débats spéciaux sur les postes et messageries, et se mêla aussi aux discussions politiques. Il vota « la détention et le bannissement »dans le procès de Louis XVI, se déclara l'adversaire de Lejuinio et opina pour son arrestation, ainsi que pour celle de Fouché. Réélu, le 21 vendémiaire an IV, député de la Vienne au Conseil des Cinq-Cents, il y remplit encore les fonctions de secrétaire et prit une part très active aux délibérations. Il demanda une amnistie pour tous les citoyens mis hors la loi, parla sur la vérification des pouvoirs, proposa de confier aux tribunaux le droit de prononcer sur les radiations des listes d'émigrés, réclama (29 fructidor an IV) contre les déserteurs à l'ennemi la peine de mort dans le Code des délits et peines militaires. Sur la question des postes, il fit adopter (4 nivôse au V) un nouveau prix des ports de lettres, proposa (21 nivôse) de confier les postes et messageries à une régie intéressée, et obtint gain de cause le 14 floréal. Lorsqu'il fut question, le 20 du même mois, de la loi d'amnistie et des exceptions qu'il convenait d'y faire, il s'acharna contre l'un des exceptés, Barrère, et se joignit à plusieurs de ses collègues pour demander comment « le plus grand des scélérats » pourrait échapper à la déportation.

Bion cessa de faire partie du Conseil en 1798; il se retira dans son pays natal, et mourut presqu'aussitôt.

BIRÉ (ALFRED-AUGUSTIN), sénateur, né à Luçon (Vendée), le 29 septembre 1826, docteur en droit et ancien notaire, fut élu comme candidat des conservateurs monarchistes, le 1er mai 1887, sénateur de la Vendée, par 464 voix sur 854 votants, contre M. Daniel-Lacombe, républicain, 381 voix. Il s'agissait de remplacer M. Gaudineau, sénateur monarchiste décédé. M. Biré siège à droite et a pris quelquefois la parole, notamment en février 1888, dans la discussion d'une modification à l'article 1780 du Code civil sur le louage de services; il demanda que la rupture du contrat de louage ne fit pas perdre à l'ouvrier ou employé son droit de participation à une caisse de retraite alimentée par les retenues opérées sur son salaire. M. Biré a voté avec la droite, notamment, dans la dernière session, *contre* le rétablissement du scrutin uninominal (13 février 1889); *contre* le projet de loi Lisbonne restrictif de la liberté de la presse (18 février); *contre* la procédure à suivre devant le Sénat pour juger les attentats commis contre la sûreté de l'État (29 mars, affaire du général Boulanger).

BIRON (DUC DE). — *Voy.* GONTAUT.

BIROTEAU (ANTOINE-BONAVENTURE-EUGÈNE) député au Corps législatif de 1869 à 1870, né à Ganges (Hérault), le 18 septembre 1813, exerçait à Carcassonne la profession d'avocat et les fonctions de maire. Conseiller général de son département, et tout dévoué au gouvernement impérial, il fut élu avec l'appui de l'administration, le 24 mai 1869, député au Corps législatif dans la 1re circonscription de l'Aude, par 22,230 voix (31,019 votants, 38,666 inscrits), contre quatre candidats de l'opposition républicaine ou « indépendante », qui obtinrent : MM. Marcou, 4,694 voix ; Trinchan, 2,268; de Pujol 1,465 et Fargues, 284.

Il siégea dans la majorité, vota avec elle la déclaration de guerre à l'Allemagne, et rentra dans la vie privée au 4 Septembre. — M. Biroteau est chevalier de la Légion d'honneur.

BIROTEAU DES BURONDIÈRES (PIERRE-AIMÉ-CALIXTE), député à l'Assemblée Constituante de 1789, né à Olonne (Vendée), le 11 août 1743, mort à une date inconnue, avait été homme d'affaires à Saint-Julien-des-Landes, puis à Saint-Gilles-sur-Vie, et était avocat aux Sables-d'Olonne, lors de son élection, le 24 mars 1789, comme député du tiers aux Etats-Généraux par la sénéchaussée du Poitou. Son nom n'est pas mentionné dans le *Moniteur* du temps.

BIROTTEAU (JEAN-BONAVENTURE-BLAISE-HILARION, membre de la Convention, né à Perpignan (Pyrénées-Orientales), le 21 octobre 1758, exécuté à Bordeaux, le 24 octobre 1793, était secrétaire du district, puis officier municipal de Perpignan au début de la Révolution dont il avait embrassé les idées avec ardeur. Administrateur du département en 1792, il fut élu, le 3 septembre 1792, par les Pyrénées-Orientales, membre de la Convention, avec 98 voix sur 154 votants, et prit place parmi les Girondins. Il demanda le châtiment des « assassins de Septembre, » fit réintégrer le général Montesquiou, et réclama, avec Buzot, la formation d'une garde départementale pour la Convention. En mission dans Eure-et-Loir, il signala les injustices dont ce département était victime : dans le procès de Louis XVI, il répondit au 2e appel nominal :

« Citoyens, dans une assemblée où pas un seul membre n'a déclaré Louis innocent, on ne peut pas y voir un ami des rois, on ne peut pas y voir un ennemi de la liberté du peuple : comme le salut de la République ne dépend pas de Louis détrôné, mais qu'il dépend de l'anéantissement des factions qui le déchirent; comme un vrai républicain peut craindre, par tout ce qui s'est passé, que les ambitieux ne fassent servir le cadavre de Louis de marchepied à une puissance individuelle ; comme je crois absurde de dire que la majorité de la nation ne sera composée que d'aristocrates et de factieux; comme ce malheur ne serait pas moins à craindre, lorsque le peuple sanctionnera la Constitution et que si malheureusement les factieux et les aristocrates dominaient nous devrions désespérer de voir jamais la République se consolider, je dis *oui*. »

Au 3e appel nominal, il dit : « J'ai dit que Louis était coupable. Comme législateur, chargé de travailler pour le bonheur de la République naissante, j'ai voté pour la sanction du peuple; c'est encore comme législateur que je voterai aujourd'hui; car si c'était comme juge, je me demande comment, entouré de scélérats... » — de violents murmures interrompent l'opinant. On demande à grands cris qu'il soit rappelé à l'ordre, envoyé à l'Abbaye. Je suis au désespoir qu'un mot général ait paru à certains membres une personnalité qui, certes, n'entre pas dans mon cœur. Comme législateur, je dois amalgamer ce décret à la sûreté publique, afin de déjouer les complots des partisans de la royauté. Je vote pour que ce ne soit qu'après la paix et l'expulsion des Bourbons qu'on exerce la peine de mort que je prononce contre Louis. »

Le 9 mars 1793, il s'efforça d'empêcher l'organisation du tribunal révolutionnaire, et lutta énergiquement contre la Montagne et contre Robespierre. Le 31 mai marqua la défaite de la Gironde, et Pache comprit Birotteau dans la liste des 22 députés dont il demanda la tête à la Convention. Arrêté le 2 juin, il écrivit le 7, à la Convention, afin « d'être condamné s'il était coupable, vengé s'il était innocent », ajoutant que « les départements ne pouvaient rester plus longtemps privés de l'intégrité (*sic*) de leur représentation. » Il parvint à s'évader et gagna Lyon, d'où il lança son *Appel aux Français* (juillet 1793), et où il organisa un comité d'insurrection contre la Convention, qui le mit hors la loi.

L'intervention des royalistes dans le comité empêcha Birotteau de donner suite à son projet; il gagna Bordeaux sous un faux nom. Arrêté au moment où il s'embarquait, il fut traduit devant la commission militaire, dont il refusa la juridiction comme membre de la Convention; puis, retrouvant tout son courage, il dit en face, à Tallien, que « la guillotine ne l'eût pas manqué, s'ils avaient été les maîtres. » Au moment de l'exécution, la foule criait autour de l'échafaud : « Quel peuple pour une République !» murmura Birotteau, et il se livra à l'exécuteur. Après le 9 thermidor la Convention accorda des secours à sa veuve.

BISSACCHIA (DE). — *Voy.* LA ROCHEFOUCAULD.

BISCHOFFSHEIM (RAPHAEL-LOUIS), député de 1881 à 1885, né à Amsterdam (Hollande), le 22 juillet 1823, est le fils du banquier israélite, Louis Bischoffsheim. Avant de succéder à son père dans la direction de sa maison de banque, il entra à l'École centrale des arts et manufactures (1842), puis fut attaché comme ingénieur-inspecteur aux chemins de fer de la Haute-Italie. Il se distingua par de fréquentes libéralités envers nos établissements scientifiques : l'intérêt particulier qu'il portait aux progrès de l'astronomie, le concours pécuniaire qu'il prêta à la construction d'appareils pour les Observatoires de Paris, de Montsouris, du pic du Midi, la fondation et la construction, à ses frais, de l'Observatoire de Nice, et surtout l'aimable attitude d'un Mécène bon enfant des arts et de la littérature, lui conquirent dans la presse du boulevard et dans le monde où l'on s'amuse une certaine notoriété.

Après avoir obtenu, le 24 avril 1880, « pour services rendus au pays », ses lettres de grande naturalisation, M. Bischoffsheim se présenta aux suffrages des électeurs de la 2ᵉ circonscription de Nice, le 21 août 1881 : il fut élu, comme candidat républicain, par 8,691 voix sur 9,437 votants et 14,794 inscrits, contre 621 voix à M. de Jean. Il siégea à gauche, soutint les ministères Ferry et Gambetta, sans se faire d'ailleurs inscrire à aucun groupe, et s'abstint de voter dans toutes les questions où la religion et les intérêts d'un culte quelconque se trouvaient en jeu. Aux élections du 4 octobre 1885, il fut porté dans les Alpes-Maritimes sur la liste républicaine, réunit 17,652 voix au premier tour de scrutin, sans être élu ; il s'effaça alors, au second tour, devant M. Ronvier qui, à la suite d'un double échec dans les Bouches-du-Rhône et dans l'Indre, venait demander les suffrages des électeurs des Alpes-Maritimes.

BISSARDON (JEAN-PIERRE), représentant à la Chambre des Cent-Jours, né à Lyon (Rhône), le 7 novembre 1764, mort à Lyon, le 23 septembre 1816, était fils de Noël Bissardon, fabricant de soieries, et de demoiselle Clémence Goujon, et avait succédé à son père, négociant à Lyon, lorsqu'il fut élu, le 13 mai 1815, représentant du commerce et de l'industrie à la Chambre des Cent-Jours, par le collège de département du Rhône, avec 37 voix sur 68 votants. Son rôle fut insignifiant ; il avait demandé, au bout de quelques jours, un congé pour affaires privées ; la Chambre le lui refusa par le motif que, dans les circonstances difficiles où se trouvait la France, un député ne pouvait s'absenter sans déshonneur que pour cause d'utilité publique. Il était chevalier de la Légion d'honneur du 24 septembre 1814.

BISSETTE (CYRILLE-CHARLES-AUGUSTE), représentant du peuple aux Assemblées constituante et législative de 1848-49, né à Fort-Royal (Martinique), le 9 juillet 1795, mort à Paris, le 22 janvier 1858, était homme de couleur. Il se mêla de bonne heure aux luttes en faveur de l'émancipation des noirs, fut condamné, le 15 janvier 1824, au bannissement pour colportage d'écrits séditieux, et, sur appel, vit cette peine transformée par la Cour royale de la Martinique en celle des travaux forcés à perpétuité, qui entraînait alors l'exposition publique et la marque. Il ne gagna sa cause que devant la Cour de cassation (28 septembre 1826), après des plaidoiries de Chauveau-Lagarde et d'Isambert. La Cour de la Guadeloupe, qui eut à le juger à nouveau, ayant prononcé contre lui le bannissement pour dix ans, il vint à Paris et publia, de 1827 à 1833, un très grand nombre d'articles et d'opuscules sur la question coloniale et sur l'émancipation des mulâtres et des noirs : il réclamait l'abolition de l'esclavage et, de concert avec son ami Fabien, multipliait les lettres, les mémoires, les pétitions. Collaborateur assidu du *Courrier français*, du *Constitutionnel*, du *Commerce*, de la *Tribune des départements*, il fonda bientôt, afin de rendre à sa cause des services encore plus efficaces, un recueil mensuel intitulé la *Revue des colonies* (1834). Il eut, vers cette époque, de violentes discussions et se battit deux fois en duel, avec un colon de la Martinique, et avec M. Cicéron, avocat à Saint-Pierre (Martinique). Un écrit de Bissette, les *Observations sur les projets de lois coloniales présentés à la Chambre des députés* (1832), attira sur lui l'attention du Parlement ; Bissette fut entendu dans ses observations à la Chambre des pairs et au Palais-Bourbon, par les commissions spéciales chargées de préparer les lois coloniales. Son zèle et son activité lui avaient concilié de vives sympathies, lorsque de graves dissentiments, suivis de polémiques acharnées entre lui et M. Victor Schœlcher, contre qui il lança (1840-1844) une *Réfutation* des plus mordantes, vinrent diminuer le nombre de ses partisans. Quand la révolution de Février 1848 eut fait de M. Schœlcher un sous-secrétaire d'État du ministère de la Marine, et le président de la commission qui élabora le décret du 27 avril sur l'abolition de l'esclavage, Bissette, fort dépité, résolut de se tenir à l'écart du mouvement et de rompre en visière à la démocratie. Il avait été élu, le 9 août 1848, représentant de la Martinique à l'Assemblée constituante, le 1ᵉʳ sur 3, par 19,850 voix (26,698 votants); l'invalidation de son élection, prononcée le 17 octobre 1848, son remplacement par le nombre suppléant Mazuline, achevèrent de l'exaspérer. Lorsqu'il entra à l'Assemblée législative, après avoir été élu représentant de la même colonie le 3 juin 1849, par 16,527 voix (17,328 votants et 29,841 inscrits), ce fut pour siéger à droite, et pour voter constamment avec les partis hostiles à la République. Chevalier de la Légion d'honneur, du 9 mars 1851, il ne protesta point contre le coup d'État de décembre, mais il rentra, à cette époque, dans la vie privée.

BISSEUIL (EUGÈNE-AIMÉ), député de 1881 à 1885, né à Lajard (Charente-Inférieure), le 23 avril 1833, avait été avoué dans ce département. Conseiller général pour le canton de Saint-Pierre d'Oléron, il fut élu, le 21 août 1881, dans la 1ʳᵉ circonscription de Saintes, comme candidat républicain, par 6,686 voix (12,744 votants, 15,768 inscrits), contre 5,994 à M. d'Aussy,

conservateur monarchiste: précédemment, aux
élections de 1877, il avait échoué contre
M. Eschasseriaux père.

Il siégea à la gauche modérée et vota avec
la majorité opportuniste, *pour* les cabinets
Gambetta et Ferry, *pour les crédits du Tonkin,
pour le maintien du Concordat* et contre l'élection des sénateurs par le suffrage universel.
Porté, le 4 octobre 1885, sur la liste républicaine de la Charente-Inférieure, il fut battu au
scrutin de ballottage et n'obtint que 61,797 voix.
Le moins favorisé de la liste conservatrice,
M. Vast-Vimeux, fut élu avec 62,157 suffrages.

BISSY (Jacques-François), député à l'Assemblée législative de 1791, membre de la Convention et député au Conseil des Cinq-Cents, né à
Mayenne (Mayenne), le 4 septembre 1756, mort
à Mayenne, le 13 avril 1831, exerça d'abord la
profession d'avocat dans sa ville natale, puis
de juge au même tribunal, et fut élu, le
27 août 1791, député de la Mayenne à l'Assemblée législative, par 204 voix sur 336 votants.
Le même département l'envoya, le 3 septembre 1792, siéger à la Convention, par
331 voix sur 407 votants. Dans le procès de
Louis XVI, il répondit au 3ᵉ appel nominal :
« Je vote pour la mort mais avec sursis jusqu'au moment où les puissances étrangères voudraient envahir le territoire de la République.
Et dans le cas où elles feraient la paix, je vote
pour qu'on examine alors s'il n'y a pas lieu de
commuer la peine. Mon opinion est indivisible. »
Élu par la Mayenne, le 21 vendémiaire an IV,
député au Conseil des Cinq-Cents par 51 voix, et
réélu, le 25 germinal an VI, il se montra assez
ardent contre les royalistes, demanda qu'on
protégeât les patriotes « toujours en butte à
leurs poignards », et fit voter un décret favorable aux coupables qui dénonceraient leurs
complices. Il adhéra néanmoins au coup d'État
de brumaire, et fut nommé, le 9 floréal an
VIII, juge au tribunal d'appel d'Angers ; il
occupa ce poste jusqu'en 1818.

BITOUZET DE LIGNÈRES (Jean-Charles),
député au Conseil des Cinq-Cents et membre du
Tribunat, né à Bricquebec (Manche) à une date
inconnue, mort à Paris, le 15 octobre 1813, était
avocat. Il fut, le 25 germinal an VI, élu député
de la Manche au Conseil des Cinq-Cents, où son
rôle fut modeste. Ses dispositions favorables au
coup d'État de brumaire an VIII, le firent
nommer, le 4 nivôse, membre du Tribunat : il
ne s'y distingua pas davantage.

BIVAUD (Théodore), représentant à la
Chambre des Cent-Jours, né à Petit-Mars
(Loire-Inférieure), le 24 janvier 1775, mort à
une date inconnue, était avoué à Châteaubriant
et devint, le 10 mai 1815, représentant à la
Chambre dite des Cent-Jours pour l'arrondissement de Châteaubriant, par 9 voix sur 17 votants, contre 8 à M. Lesage. Il ne prit pas la
parole dans l'Assemblée et se retira de la vie
politique après la session.

BIXIO (Jacques-Alexandre) représentant
du peuple aux Assemblées constituante et législative de 1848-49, et ministre, né en Italie, à
Chiavari (alors département des Apennins), le
20 novembre 1808, mort à Paris, le 16 décembre 1865, fut envoyé en France de bonne heure
et fit ses études au collège Sainte-Barbe. Il
étudia ensuite la médecine et fut reçu docteur ; mais il n'exerça point et se livra à
des publications scientifiques et littéraires.

Doué d'une grande activité et possédant à un
haut degré l'esprit des affaires, il commença
par participer avec Buloz, à la création de la
Revue des Deux Mondes, fonda, en 1837, avec
M. Barral, le *Journal d'agriculture pratique*,
auquel tous deux, depuis, ont continué de collaborer. En 1844, il reprit, avec M. Ysabeau, la
direction de la *Maison rustique au* XIXᵉ *siècle*,
puis publia l'*Almanach du jardinier*, l'*Almanach du cultivateur*, l'*Annuaire de l'horticul-
teur*, etc.

Comme presque toute la jeune génération
d'alors, Bixio avait adopté les opinions libérales ; il avait été affilié au *carbonarisme* et était
lié avec les chefs principaux de l'opposition,
plus particulièrement avec la rédaction du
National. Au moment de la révolution de 1848
il présidait le comité électoral du 10ᵉ arrondissement de Paris ; le 23 février, défenseur de
l'ordre, il se porta à la tête de 200 hommes
contre les baricades de la rue Saint-Jacques ;
après l'abdication de Louis-Philippe, il se
prononça pour la régence, et fut même chargé,
a-t-on dit, par les membres les plus modérés
du gouvernement provisoire, d'aller retirer de
l'imprimerie royale la proclamation de la République destinée au *Moniteur*. Mais, lorsque les
événements se furent précipités, Bixio accepta
les fonctions de chef du cabinet du gouvernement nouveau ; puis, l'Italie s'étant soulevée
contre l'Autriche, il fut envoyé, en qualité de
« chargé d'affaires de la République » près la
cour de Sardaigne. Il y était encore lorsque le
département du Doubs le nomma par 22,849
voix (67,322 votants, 78,670 inscrits), représentant à l'Assemblée constituante. A la nouvelle
de la tentative du 15 mai, il envoya au ministre
des affaires étrangères une protestation contre
les promoteurs de l'envahissement de l'Assemblée, et, prévoyant d'autres événements, sollicita son rappel. Le désir de Bixio ne fut exau-
cé que dans les premiers jours de juin.

De retour à Paris, il siégea à l'Assemblée
dans les rangs de la gauche modérée, prit part
avec les députés partisans de Cavaignac à la
répression de l'insurrection de juin, qu'il combattit les armes à la main. Il se trouvait auprès
du général Bedeau, lorsque cet officier fut
blessé rue Saint-Jacques et obligé de s'éloigner.
Bixio ramena alors à l'attaque les troupes, fort
ébranlées par la résistance opiniâtre des défenseurs de la barricade, et à son tour fut frappé
d'une balle qui lui traversa la poitrine. La
blessure étant moins grave qu'on ne l'avait cru
d'abord, Bixio reprit bientôt sa place à l'Assemblée, qui le nomma son vice-président, et
le confirma cinq fois de suite dans cette fonction. Bixio vota à la Constituante : le 26 août
1848, *pour* les poursuites contre Louis Blanc et
Caussidière ; le 18 septembre, *pour* l'abolition
de la peine de mort ; le 25 septembre, *contre*
l'impôt progressif ; le 4 octobre, *contre* l'amendement Grévy ; le 21 octobre, *pour* l'abolition
du remplacement militaire (amendement Deville) ; le 2 novembre, *contre* le droit au travail ; le 25 novembre, *pour* l'ordre du jour de
félicitations au général Cavaignac ; le 28 décembre, *contre* la réduction de l'impôt du sel ;
le 12 janvier 1849, *pour* la proposition Rateau ;
le 16 avril, *pour* le crédit de 1.200,000 fr. (expédition de Rome) ; le 2 mai, *pour* l'amnistie des
transportés.

Dans le premier cabinet formé par L.-N. Bonaparte, après son avènement à la présidence
de la République, Bixio avait accepté le portefeuille de l'Agriculture et du Commerce (20 décembre 1848) ; il le déposa huit jours après, et

fut remplacé (29 décembre) par M. Buffet.

A la séance du 30 mars 1849, sous le coup de l'émotion produite par la nouvelle de la défaite de l'armée piémontaise et du roi Charles-Albert, à Novare, Bixio fut chargé par le comité des Affaires étrangères de proposer à l'Assemblée la résolution suivante:

— « L'Assemblée nationale, jalouse d'assurer la conservation des deux plus grands intérêts qui lui soient confiés, la dignité de la France et le maintien de la paix fondée sur le respect des nationalités; s'associant au langage tenu, dans la séance du 28 mars courant, par M. le président du conseil; confiante, d'ailleurs, dans le gouvernement du président de la République (*Bruits divers*), déclare que, si, pour mieux garantir l'intégrité du territoire piémontais et mieux sauvegarder les intérêts et l'honneur de la France, le pouvoir exécutif croyait devoir prêter à ses négociations l'appui d'une occupation partielle et temporaire de l'Italie, il trouverait dans l'Assemblée nationale le plus sincère et le plus entier concours. »(*Mouvements en sens divers*).

Après une longue discussion à laquelle prirent part le ministre des Affaires étrangères Drouyn de Lhuys, MM. Billault, Thiers, Ledru-Rollin, Cavaignac, Odilon Barrot, président du Conseil, et Dupont (de Bussac), l'ordre du jour pur et simple, réclamé par le général Baraguey d'Hilliers fut rejeté, et l'ordre du jour Bixio, appuyé par Jules Favre et amendé par le représentant Payer (des Ardennes), fut adopté à 444 voix de majorité contre 320. (La droite tout entière vota pour l'ordre du jour.)

Réélu par le Doubs à l'Assemblée législative, le 13 mai 1849, avec 31,637 voix sur 52,664 votants et 81,875 inscrits, en même temps que par le département de la Seine, le 14e sur 28, avec 112,917 voix (281,140 votants, 378,043 inscrits), Bixio opta pour le Doubs, vota, comme à la Constituante, avec les républicains modérés, suivit jusqu'au bout l'inspiration de Cavaignac, et ne s'associa pas aux votes de la majorité monarchiste de l'Assemblée. C'est vers cette époque qu'il fit, avec M. Barral, une ascension aérostatique assez périlleuse, et qu'il eut un duel, sans conséquence sérieuse, avec Thiers, au sujet d'un propos attribué à ce dernier, concernant l'élection du 10 décembre.

Au 2 décembre 1851, il fut un des représentants qui se rendirent à la mairie du Xe arrondissement et y prononcèrent la déchéance du prince-président. Il portait le décret à l'imprimerie, lorsque ses collègues furent arrêtés; il alla aussitôt réclamer sa place parmi eux. Après un mois de captivité, Bixio rentra dans la vie privée, et ne s'occupa plus que de science et d'entreprises industrielles, et notamment de la direction d'une librairie agricole. A la cérémonie civile de ses obsèques, le 18 décembre 1865, le prince Jérôme-Napoléon, arrivé de Prangins tout exprès dans la nuit, marchait à côté de M. Nigra, ambassadeur d'Italie à Paris.

BIZARD (MAURICE), député du tiers-état de Saumur aux Etats-Généraux de 1789, né à Saumur (Maine-et-Loire), le 1er décembre 1726, mort dans la même ville, le 20 juillet 1804, était avocat au présidial de Saumur, fonctions que ses ancêtres avaient occupée sans interruption pendant douze générations. Elu premier échevin en 1762, puis nommé trois fois maire, par brevet royal les 27 mai 1768 et 21 avril 1771, et par le choix des habitants en 1774, il dut se démettre pour raison de santé, en

1777. Bien que ne plaidant pas, car il était bègue, il fut nommé bâtonnier de l'ordre des avocats, et élu, le 27 mars 1789, député du tiers aux Etats-Généraux, par la sénéchaussée de Saumur. Il ne joua qu'un rôle effacé dans cette Assemblée, revint dans sa ville natale en 1791, fit partie du bureau de conciliation, et fut nommé, en 1792, commissaire du tribunal civil de Saumur, charge qu'il conserva jusqu'à sa mort.

BIZARD (MAURICE-AUGUSTIN), fils du précédent, représentant de l'arrondissement de Saumur à la Chambre des Cent-Jours, né à Saumur, le 5 février 1781, mort à Angers, le 4 juillet 1848, entra dans la magistrature en 1806, fut nommé juge en 1809, substitut du procureur général à Angers en 1811, et conseiller à la même cour en 1812. Le 16 mai 1815, les électeurs de l'arrondissement de Saumur l'élurent représentant à la Chambre des Cent-Jours par 45 voix sur 82 votants et 173 inscrits : il était le plus jeune de la Chambre; à ce titre, il devait prononcer le discours solennel du Champ de mai, mais la faiblesse de sa voix le fit suppléer dans cette mission. Un décret royal, du 1er juillet 1818, le confirma dans le poste de conseiller à la cour.

BIZARELLI (LOUIS), député depuis 1879, né à Saint-Florent (Corse), le 25 juillet 1836, fit ses études de médecine. Reçu docteur en 1860, il alla exercer sa profession au Grand-Sèvre (Drôme), où il fut bientôt nommé conseiller général; candidat républicain, à l'élection partielle du 14 septembre 1879 pour remplacer, dans la 2e circonscription de Valence, M. Christophe, décédé, il fut élu par 10,432 voix sur 12,995 votants et 22,513 inscrits, contre M. Rivoire, conservateur, qui eut 1,962 voix. Il siégea à la gauche radicale, et fut réélu, sans concurrent, aux élections générales du 21 août 1881, par 12,115 voix sur 13,103 votants et 22,465 inscrits; dans sa profession de foi, il avait demandé la révision de la Constitution, la suppression du Sénat, la suppression de l'inamovibilité de la magistrature, la réduction du service militaire rendu obligatoire pour tous, la décentralisation communale et départementale, la dénonciation du Concordat, le maintien du scrutin d'arrondissement, etc. A la Chambre, il vota conformément à ce programme et accorda les crédits demandés pour le Tonkin. Réélu sur la liste républicaine, le 5e et dernier, aux élections générales du 4 octobre 1885, par 43,018 voix sur 74,089 votants et 95,343 inscrits, il a voté (juin 1886) l'expulsion des princes, et, dans la dernière session, *pour* le rétablissement du scrutin uninominal (11 février 1889), *contre* l'ajournement indéfini de la révision de la Constitution (14 février, chute du ministère Floquet), *pour* les poursuites contre trois députés membres de la ligue des Patriotes, *pour* le projet de loi Lisbonne restrictif de la liberté de la presse, *pour* les poursuites contre le général Boulanger (4 avril).

BIZEMONT (LOUIS-GABRIEL, MARQUIS DE), député de 1815 à 1820, de 1827 à 1831, et pair de France, né à Gironville (Seine-et-Oise), le 3 août 1756, mort à Gironville, le 5 juin 1840, n'était guère connu que comme grand-père de Pradel, intendant de la liste civile, quand le collège du département de Seine-et-Oise, par 100 voix sur 175 votants et 251 inscrits, l'appela à la Chambre des députés du 22 août 1815. Le marquis de Bizemont siégea dans la majorité de la Chambre introuvable et fut réélu le 4 octobre 1816, par 136 voix (162 votants, 249 inscrits). Il s'associa, jusqu'en 1820, à tous les votes de la droite ministérielle *pour* les lois d'exception et *pour* le nouveau système électoral. Il prit une fois la parole dans le cours de ces six années: ce fut le 4 juillet 1819. Il s'agissait d'une pétition qui lui avait été recommandée et sur laquelle il avait oublié de parler la veille. Il demanda la parole sur le procès-verbal et déclara que s'il n'avait rien dit : « c'est qu'il n'était pas à la séance ». *M. le président* : Le procès-verbal d'aujourd'hui fera mention de votre observation. — Non réélu au renouvellement de 1820, M. de Bizemont ne revint à la Chambre que le 24 novembre 1827 : il avait obtenu, dans le même collège. 169 voix sur 288 votants et 314 inscrits. Il se rapprocha alors du centre gauche, et vota, à la fin du règne de Charles X, avec les royalistes constitutionnels. « On assure, dit la *Biographie des députés* (J. Dourille, 1829), avoir vu M. de Bizemont applaudir à ces paroles mémorables que M. le marquis de Leyval prononça naguère : « *Le royalisme est devenu libéral et le libéralisme est devenu monarchique* ». Il fut réélu le 19 juillet 1830, par 190 voix (330 votants, 356 inscrits) ; il prêta serment à la monarchie de Juillet, puis se retira définitivement de la vie politique, après avoir échoué, le 5 juillet 1831, dans le 4e collège de Seine-et-Oise, contre Baudet-Dulary; il s'occupa, dans ses dernières années, d'industrie. Il refusa même la dignité de pair de France qu'une ordonnance du 19 novembre 1831 lui avait conférée. Le marquis de Bizemont fut président du conseil général de Seine-et-Oise. Il était officier de la Légion d'honneur et chevalier de Saint-Louis.

BIZIEN DU LÉZARD (Jean-Baptiste-Joseph, MARQUIS DE), député de 1827 à 1831, né à Nantes (Loire-Inférieure), le 14 septembre 1785, mort à Paris, le 25 janvier 1865, appartenait à une ancienne famille de Bretagne, et était le troisième fils de Jean-René, marquis de Bizien du Lézard. Légitimiste comme tous les siens, il fut, le 17 novembre 1827, élu par les royalistes du 2e arrondissement des Côtes-du-Nord (Dinan) membre de la Chambre des députés; il était propriétaire à Saint-Hélen. Bizien du Lézard prit part aux débats parlementaires, parla (1829) dans la discussion relative au vote par assis et levé, proposa un amendement au projet de loi sur la refonte des anciennes monnaies, etc., et se prononça, en 1830, contre la fameuse adresse des 221, qui entraîna la dissolution de la Chambre. Réélu le 23 juin 1830, il resta fidèle à la monarchie de Charles X, tout en prêtant le serment exigé par la Charte de 1830, et monta plusieurs fois à la tribune, au cours des discussions du projet de loi sur la réélections des députés promus à des fonctions publiques, du vote annuel du contingent de l'armée, de la proposition Bavoux relative aux journaux périodiques. Il appuya la pétition des étudiants de Paris contre le monopole de l'université et résista énergiquement à la proposition Baude, tendant au bannissement de la branche aînée des Bourbons. La dissolution de la Chambre mit fin à ses pouvoirs et le fit rentrer dans la vie privée.

BIZOT DE FONTENY (PIERRE), député de 1873 à 1888, et sénateur, né à Versailles (Seine-et-Oise), le 29 août 1825, d'une vieille famille monarchiste de la Haute-Marne, alliée au maréchal de Mac-Mahon, était fils d'un ancien garde

du corps et neveu d'un procureur du roi sous la Restauration: il débuta dans l'administration comme sous-préfet de Vassy, après la chute du second Empire, le jour même de l'occupation de Vassy par l'ennemi. Son attitude patriotique vis-à-vis des Allemands le fit condamner à un an de forteresse en Allemagne, et à une amende de 2,000 francs. Rendu à la liberté après la paix, il revint à Vassy; mais le candidat républicain ayant été élu par son arrondissement dans une élection partielle de mars 1874, il fut envoyé en disgrâce à Embrun, par le ministre de l'Intérieur général Chabaud-la-Tour, refusa ce poste, et se présenta aux élections générales du 20 février 1876, dans la circonscription de Langres, où il fut élu par 12,123 voix sur 23,525 votants et 28,262 inscrits, contre un ancien représentant, M. de Breuil-de-Saint-Germain, qui réunit 11,125 suffrages. Il prit place au centre gauche, combattit le ministère de Broglie, et fut des 363. Réélu, le 28 octobre 1877, au 2e tour de scrutin, par 13,010 voix sur 24,544 votants et 28,156 inscrits, contre M. de Breuil-de-Saint-Germain, candidat du gouvernement du Seize-Mai (11,423 voix), il continua de voter avec les opportunistes, *pour* les crédits du Tonkin, *pour* le maintien de l'ambassade au Vatican, etc. Les électeurs de Langres, le renvoyèrent à la Chambre, le 4 septembre 1881, au second tour de scrutin, par 13,091 voix sur 23,415 votants et 28,051 inscrits, contre 10,113 voix données à M. de Breuil-de-Saint-Germain: dans sa profession de foi, il réclamait des modifications profondes dans le mode d'élection des sénateurs, le service militaire de trois ans, des dégrèvements pour l'agriculture, la suppression de la concurrence du travail dans les prisons, des réformes judiciaires, etc. Il ne se sépara pas des « opportunistes », et fut réélu, par la Haute-Marne, le 4 octobre 1885, le 2e sur 4 de la liste républicaine, par 33,812 voix sur 63,737 votants et 75,013 inscrits.

Au renouvellement partiel du Sénat, le 5 janvier 1888, il se présenta dans la Haute-Marne comme candidat sénatorial, et fut élu par 453 voix sur 777 votants. Dans la dernière session, il a voté *pour* le rétablissement du scrutin uninominal (13 février 1889), *pour* le projet de loi Lisbonne restrictif de la liberté de la presse (18 février), *pour* la procédure à suivre devant le Sénat pour juger les attentats contre la sûreté de l'Etat (affaire Boulanger, 29 mars).

BLACAS D'AULPS (PIERRE-LOUIS-JEAN-CASIMIR, DUC DE), pair de France, né à Vérignon (Var), le 10 janvier 1771, mort à Prague (Bohême), le 17 novembre 1839, descendait d'une famille de Provence de très ancienne noblesse et de très mince fortune. Il était capitaine de cavalerie au moment de la Révolution, émigra dès 1790, servit à l'armée de Condé et en Vendée. Etant passé en Italie, il obtint la confiance du comte de Provence (depuis Louis XVIII), confiance qu'il justifia par le service le plus constant et le plus désintéressé. Ce fut lui qui décida Paul Ier à ouvrir aux Bourbons l'asile de Mittau, jusqu'à ce que sa réconciliation avec la France (1800) l'obligeât à les en chasser; M. de Blacas suivit Louis XVIII en Angleterre, et devint son confident et son seul ministre. A la Restauration, il était maréchal de camp; les titres de ministre de la maison du roi, de grand-maître de la garde-robe, d'intendant des bâtiments, enfin de pair de France, 17 août 1815, récompensèrent son dévouement et maintinrent son influence, non sans faire beaucoup de jaloux parmi les courtisans, tandis que l'opinion publique le rendait responsable de toutes les mesures maladroites ou malveillantes du pouvoir. Les haines de cour s'accentuèrent si fortement pendant l'exil de Gand, que Louis XVIII dut se séparer de M. de Blacas, et le nomma ambassadeur à Naples, où il conclut le mariage du duc de Berry avec la princesse Marie-Caroline ; de Naples, il passa à l'ambassade de Rome, où il fut le véritable négociateur du Concordat de 1815. Bientôt il rentra en faveur auprès des ultra-royalistes, fort mécontents du nouveau favori, le ministre Decazes : ils rappelèrent M. de Blacas à Paris, mais Louis XVIII résista à tout retour d'influence de son ancien ministre, et pensa s'acquitter envers lui en le créant duc (30 avril 1821). A partir de cette époque, il vécut en dehors de la politique active. M. le duc de Blacas était un archéologue de mérite, et fut le protecteur de Champollion.

BLACHE (ALEXANDRE-JOSEPH FALCOS, COMTE DE LA), député aux Etats-Généraux de 1789, né à Anjou (Isère), le 11 avril 1739, mort à Paris, le 5 décembre 1799, avait suivi la carrière des armes, et était maréchal de camp au moment de la Révolution. Beaumarchais l'avait mis en évidence par les traits qu'il lui décocha dans les procès Goezman et Kornman. Elu, le 2 janvier 1789, député de la noblesse aux Etats-Généraux, par la province de Dauphiné, il siégea sur les bancs de la droite et fut un des signataires des protestations générales des 12 et 15 septembre 1791, contre les actes de l'Assemblée. Son nom ne figure pas autrement au *Moniteur*.

BLACHÈRE (HENRI-BERNARD-ERNEST), député de 1876 à 1881 et de 1885 à 1886, né à Largentière (Ardèche), le 3 mai 1837, est le petit-fils du conventionnel Gariste (*V. ce nom*) et le gendre de M. Tailhand, ancien ministre. Après avoir terminé ses études au collège Stanislas, M. Blachère entra à l'Ecole de Saint-Cyr et servit quelque temps dans l'armée comme sous-lieutenant au 87e régiment de ligne. En 1859, il donna sa démission pour des raisons de santé et s'occupa d'archéologie. Il fit partie de l'Ecole des hautes études fondée par M. Duruy, et publia divers travaux sur l'archéologie orientale, ainsi qu'un *Essai sur la légende de Mélusine*. Pendant la guerre il commanda le bataillon des mobilisés de l'Ardèche, devint, en 1871, conseiller général de ce département et maire de Largentière, et se livra à une active propagande conservatrice. Le 20 février 1876, M. Blachère fut élu député de la 1re circonscription de Largentière par 7,488 voix contre 4,132 à M. Odilon Barrot, républicain. Membre du groupe bonapartiste de la Chambre, il fit partie de la minorité qui soutint l'acte du Seize-Mai, et, candidat officiel du gouvernement, le 14 octobre 1877, fut réélu par 8,492 voix contre 4,253 à M. Jules Roche, sur 12,863 votants et 15,869 inscrits. Il reprit sa place à la droite et mena à la Chambre une vive campagne contre le gouvernement républicain, dans un grand nombre de discussions.

Le 21-juin 1879, il demanda que la séance fût levée à l'occasion de la mort du « prince Louis-Napoléon ». Il se prononça : le 20 janvier 1879, *contre* l'ordre du jour de confiance accordé au ministère Dufaure, le 30 janvier, au Congrès, *contre* l'élection de M. Grévy à la

présidence de la République, le 21 février, *contre* l'amnistie, le 16 mars 1880, *contre* l'application des lois existantes aux congrégations, le 8 février 1881, *contre* le divorce. Il ne fit pas partie de la Chambre de 1881, ayant échoué aux élections du 21 août, dans sa circonscription, avec 5,173 voix contre 6,527 données à l'élu républicain, M. Vielfaure, et ne revint à la Chambre qu'après les élections du 4 octobre 1885, ayant obtenu, sur la liste conservatrice de l'Ardèche, 45,442 voix sur 88,137 votants et 111,845 inscrits. Son séjour au Parlement fut de courte durée ; invalidé, avec ses compagnons de liste, il se présenta de nouveau, le 14 février 1886, devant ses électeurs, qui lui donnèrent cette fois 45,166 voix seulement, tandis que le moins favorisé de la liste républicaine, M. Saint Prix, fut élu avec 47,193 suffrages.

BLACONS (HENRI-FRANÇOIS-LUCRÈCE-ARMAND DE FOREST, MARQUIS DE), député aux Etats-Généraux de 1789, né en 1758, mort à Paris, par suicide, le 13 mars 1805, adopta avec enthousiasme les idées de la Révolution, après avoir été élu, le 2 janvier 1789, député de la noblesse aux Etats-Généraux par la province de Dauphiné. Il fut un des deux premiers députés de son ordre qui se réunirent au tiers-état (22 juin 1789), demanda l'abolition du costume distinctif des trois ordres, mais, gagné bientôt par le parti de la cour, se rangea dans la minorité royaliste d'opposition, prit la défense du roi, lorsque celui-ci partit pour St-Cloud, disant que Louis XVI « n'avait entrepris ce voyage que pour avoir l'air d'être libre, » et signa les protestations générales des 12 et 15 septembre 1791 contre les décrets de l'Assemblée constituante. Il émigra bientôt après, et s'endetta ; en 1801, Bonaparte lui rouvrit les portes de la France, mais les créanciers du marquis de Blacons le poursuivirent avec tant de rigueur, que, se voyant réduit à la misère, il se brûla la cervelle, à Paris.

BLACQUE-BELAIR (FRANÇOIS-CHARLES), député de 1830 à 1839, né à Paris, le 17 avril 1781, mort à Paris le 20 avril 1860, propriétaire et maire de Poullaouen (Finistère), se déclara en faveur de la révolution de 1830, qui le fit conseiller général et député. Elu à la Chambre, le 21 octobre, par le 3e arrondissement du Finistère (Châteaulin), et réélu le 5 juillet 1831, il ne tarda pas à se ranger parmi les membres de l'opposition libérale. C'est ainsi qu'il vota *contre* l'ordre du jour ministériel présenté par M. Ganneron à propos de la situation extérieure de la France, *contre* les ordonnances du 19 novembre 1831 relatives à la nomination de 36 nouveaux pairs, et *contre* l'hérédité de la pairie, et qu'il protesta (janvier 1832) contre l'emploi par les ministres de la double expression de *roi de France* et *sujets du roi*, rayée de la Charte de 1830, comme inconciliable avec le principe de la souveraineté nationale. Il signa (28 mai 1832) le « compte-rendu des députés de l'opposition à leurs commettants. » Toutefois, il ne se récusa pas dans l'affaire de la *Tribune*.

Son mandat lui ayant été successivement renouvelé aux élections des 21 juin 1834, par 79 voix sur 93 votants et 147 inscrits, et le 4 novembre 1837 par 63 voix sur 109 votants et 150 inscrits, Blacque-Belair continua de voter presque toujours avec l'opposition de gauche, notamment *contre* les lois de septembre, d'apanage, de disjonction. Il ne fut pas réélu en 1839.

BLACQUETOT — *Voy.* DECAUX (VICOMTE).

BLAD (CLAUDE-ANTOINE-AUGUSTE), membre de la Convention et député au Conseil des Cinq-Cents, né à Brest (Finistère), le 20 avril 1764, mort à Toulon, le 8 décembre 1802, était employé d'administration de la marine à Brest avant la Révolution. Le 6 septembre 1792, le département du Finistère l'élut membre de la Convention, par 264 voix sur 417 votants; il siégea parmi les Girondins: dans le procès de Louis XVI, il vota l'appel au peuple et le sursis, et répondit, au 3e appel nominal :
« Je déclare voter en liberté pleine et entière, et n'être mû par aucun sentiment de crainte ni de haine. Je déclare me croire revêtu de pouvoirs suffisants, et même d'un mandat tacite pour juger Louis. Je suis persuadé qu'il a mérité la mort; mais, dit-on, toutes les puissances de l'Europe vont nous faire une guerre terrible. Je réponds que dans toutes les hypothèses, leurs efforts seront les mêmes, puisqu'elles combattent, non pour le roi, mais pour la royauté. Je vote donc pour la mort.
Mais si, à l'exemple des Anglais, vous faites tomber la tête d'un roi conspirateur sur l'échafaud, vous devez, à l'exemple de Rome, chasser la famille des Tarquins. En conséquence, je vote pour que la mort de Louis soit le signal de l'expulsion de toute sa famille. »
Signataire de la protestation du 6 juin 1793 contre la journée du 31 mai, si fatale à la Gironde, il fut du nombre des 73 députés décrétés d'arrestation et fut emprisonné jusqu'au 9 thermidor, qui lui rendit son siège à la Convention. Sa longue détention et les dangers courus expliquent presque l'ardeur qu'il montra comme thermidorien, ce qui ne l'empêcha pas de conserver dans sa mission dans l'Ouest, avec Tallien, une modération qui tempérait heureusement la brutalité de son collègue. Après Quiberon, il demanda instamment qu'on épargnât au moins les émigrés âgés de moins de 16 ans au moment de leur départ; mais la Convention prit un décret contraire. Le 4 brumaire an IV, Blad entra au Conseil des Cinq-Cents conventionnel; il y siégea parmi la majorité suspecte de royalisme, en sortit en 1798, et disparut de la scène politique.

BLAIN (JEAN-FRANÇOIS), député au Conseil des Cinq-Cents, né à Arles (Bouches-du-Rhône), le 2 avril 1758, mort à une date inconnue, avait été avocat au Parlement de Provence depuis 1777, administrateur de l'hôpital général de la Charité d'Arles en 1789, président de l'administration du district en 1790, juge au tribunal du district, agent national et procureur-général syndic d'Arles, administrateur des Bouches-du-Rhône, substitut du commissaire du pouvoir exécutif près les tribunaux civil et criminel des Bouches-du-Rhône, et, en 1794, arrêté et enfermé dans la prison de Nîmes comme fédéraliste, avant d'être élu, le 22 germinal an V, député des Bouches-du-Rhône au Conseil des Cinq-Cents, par 236 voix; quelques mois après, condamné à la déportation le lendemain du 18 fructidor, il réussit à quitter la France et ne rentra qu'à l'amnistie de 1799; le gouvernement consulaire le nomma administrateur de l'hôpital militaire de Besançon, et, en l'an XI, premier suppléant des Bouches-du-

Rhône au Corps législatif. Envoyé sous-préfet à Toulon le 31 janvier 1806, il salua avec empressement le retour des Bourbons, fut décoré par Louis XVIII en 1814, et obtint, le 23 septembre 1815, le poste de président du tribunal de première instance de Tarascon.

BLAIZE (LOUIS), député de 1830 à 1833, né à Saint-Malo (Ille-et-Vilaine), le 26 juillet 1784, mort à Saint-Malo, le 12 avril 1864, était négociant, armateur, président du tribunal de commerce, membre du conseil municipal de Saint-Malo et du conseil général du département, lorsqu'à la fin du règne de Charles X, le 23 juin 1830, il fut élu député par le 1er arrondissement d'Ille-et-Vilaine, avec le mandat de défendre contre le ministère Polignac les « libertés constitutionnelles ». Il arriva à Paris le 26 juillet et, le 28 au matin, dans un conseil tenu chez Audry de Puyravault, il se fit remarquer parmi ceux qui protestaient le plus énergiquement contre les ordonnances. Il assista ensuite aux réunions qui eurent lieu chez Laffitte, prononça la déchéance de Charles X, et vota l'avènement de Louis-Philippe au trône. Dans les journées des 28 et 29, M. Blaize avait sauvé la vie d'un officier d'état-major et d'un grenadier, sur lesquels le peuple exaspéré voulait venger le sang répandu.
Aux élections du 5 juillet 1831, M. Blaize fut nommé à la presque unanimité par sa circonscription. De retour à la Chambre il siégea parmi les défenseurs de la royauté nouvelle et ne s'associa à aucun des actes politiques de l'opposition, tels que le *compte rendu* de mai 1832; il vota cependant avec la gauche dans quelques scrutins d'intérêt local. Des raisons de famille le portèrent à donner sa démission de député avant la fin de la législature (avril 1833). — Chevalier de la Légion d'honneur du 16 mai 1836.

BLANC (JEAN-DENIS-FERRÉOL), député à l'Assemblée constituante de 1789, né à Besançon en 1744, mort à Versailles, le 13 juillet 1789, se distingua au barreau de sa ville natale, publia plusieurs mémoires dans l'affaire de l'enlèvement de Mme Monnier par Mirabeau, et contribua beaucoup à faire condamner le ravisseur. A l'assemblée des États de Franche-Comté, Blanc fut un des commissaires chargés de rédiger les cahiers du tiers-état, et il s'acquitta de cette mission avec tant de succès, que l'assemblée lui témoigna sa satisfaction en faisant frapper une médaille avec cette inscription : *Les Gens du tiers-état de Franche-Comté, assemblés le 26 novembre 1788;* et au revers : *Sequani civi Bisuntino Dyon.-Ferr. Blanc.* Il fut ensuite élu député du tiers aux États-Généraux, le 13 avril 1789, par le bailliage de Besançon ; mais, déjà souffrant à son départ, il ne prit que peu de part aux délibérations des trois ordres, et mourut à Versailles au bout de deux mois. La ville de Besançon lui fit faire des funérailles solennelles.

BLANC (FRANÇOIS-JOSEPH), membre de la Convention et député au Conseil des Anciens, né à Vitry-le-François (Marne), dates de naissance et de mort inconnues, était propriétaire et administrateur municipal de Vitry, quand le département de la Marne l'élut membre de la Convention, le 3 septembre 1792, par 234 voix sur 336 votants. Dans le procès de Louis XVI, il répondit au 3e appel nominal : « La réclusion pendant la guerre et le bannissement à la paix. » Découragé par la marche et par l'incertitude des événements. il donna sa démission de conventionnel en 1795, mais l'Assemblée refusa de l'accepter. Le département de la Marne l'élut au Conseil des Anciens, le 21 vendémiaire an IV, par 183 voix; il y siégea silencieusement jusqu'en mai 1797, et ne reprit des fonctions publiques que sous l'Empire, ayant été nommé maire de Vitry en 1805. En 1814, il mit un zèle empressé à arborer le drapeau blanc à Vitry, dont il était toujours maire. La Restauration l'en récompensa par des lettres de noblesse et une place de sous-préfet.

BLANC (JEAN-LOUIS), député au Conseil des Cinq-Cents et au Corps législatif en l'an VIII, date de naissance inconnue, mort le 17 avril 1802, était commissaire près le tribunal correctionnel d'Embrun, quand il fut élu député des Hautes-Alpes au Conseil des Cinq-Cents, le 24 germinal an VII. Favorable au 18 brumaire, il entra au Corps législatif, par décision du Sénat conservateur, le 4 nivôse an VIII.

BLANC (CLAUDE), député au Corps législatif en l'an X, né à Lyon (Rhône), le 10 décembre 1758, mort à Guéreins (Ain), le 1er septembre 1807, était un jurisconsulte de mérite. Procureur-syndic, puis administrateur du département de l'Ain et juge au tribunal d'appel de Bourg, il fut, en outre, membre du Corps législatif pour le département de l'Ain, depuis le 6 germinal an X, date de son élection par le Sénat conservateur, jusqu'en 1806. Il y soutint la politique impériale.

BLANC [ADOLPHE-EDMOND), député de 1832 à 1839, et de 1842 à 1848, né à Paris, le 4 octobre 1799, mort à Paris, le 4 avril 1850, se fit recevoir avocat et devint, au début du gouvernement de Louis-Philippe, maître des requêtes au Conseil d'État. Le 2 juillet 1832, il entra au Parlement comme député de la Haute-Vienne (5e collège électoral (Saint-Junien), en remplacement de M. Pouliot, décédé. Il siégea dans la majorité conservatrice, prit part au jugement et à la condamnation (1833) du journal la *Tribune*, devint, en avril 1834, secrétaire-général au ministère de l'Intérieur (Thiers étant ministre), et fut réélu: le 21 juin, par 128 voix sur 214 votants et 243 inscrits, contre 65 à Odilon Barrot, puis le 4 novembre 1837, par 143 voix sur 202 votants et 260 inscrits. Il ne cessa de soutenir le pouvoir, sauf pendant quelque temps « pour une de ces raisons qu'on n'avoue guère, » dit une *Biographie des députés*. La notice ajoute : « A présent (1846), la réconciliation est complète entre les deux anciens amis, si bien faits pour s'entendre. » En effet, M. Edmond Blanc, encore réélu les 7 juillet 1842 et 1er août 1846, obtint successivement du gouvernement la croix d'officier de la Légion d'honneur, la direction des travaux publics, la présidence du conseil des bâtiments civils et celle du conseil des haras. Lors du vote sur l'indemnité Pritchard, M. E. Blanc s'était *abstenu*; mais il vota *contre* la proposition relative aux députés fonctionnaires, *contre* la proposition relative à la distribution arbitraire des annonces judiciaires, et *contre* tout projet de réforme électorale. Les ministères Molé et Guizot le comptèrent parmi leurs partisans les plus dévoués et leurs agents les plus actifs. « On sait, écrivait un biographe parlementaire, la part qu'il prend avec M. de Girardin à la *bonne* direction des élections. » Son rôle parlementaire cessa en 1848.

BLANC (JEAN-GUSTAVE-ALPHONSE), représentant du peuple à l'Assemblée constituante de 1848, né à Grenoble (Isère) le 7 janvier 1796, mort à Paris, le 4 mai 1867, était le fils d'un menuisier. Il se distingua comme ingénieur-mécanicien : on lui doit l'invention d'une machine pour la fabrication des compas. Il avait étudié quelque temps la médecine à Paris, et ses connaissances en physique l'avaient fait remarquer du savant Biot, qui utilisa sa collaboration pour un de ses ouvrages. De son côté, François Arago ne tarda pas à apprécier les mérites d'Alphonse Blanc, il le fit entrer à l'Observatoire; Blanc y resta quelque temps, compléta ses études scientifiques, puis revint à Grenoble, où il s'occupa d'industrie et de beaux-arts. Il achevait d'organiser dans son pays une fabrique de compas à la mécanique, lorsque la révolution de Février provoqua sa candidature, nettement républicaine, à l'Assemblée constituante. Alphonse Blanc, élu le 23 avril 1848, représentant de l'Isère, le 9e sur 15, avec 92,549 voix (136,486 votants, 159,723 inscrits), siégea à gauche et vota le plus souvent avec les républicains avancés : *contre* le rétablissement du cautionnement, *contre* les poursuites intentées à Louis Blanc et à Caussidière, *contre* le rétablissement de la contrainte par corps, *contre* la proposition Rateau, et *contre* l'expédition de Rome; *pour* l'abolition de la peine de mort, *pour* l'impôt progressif, *pour* l'incompatibilité des fonctions, *pour* le droit au travail, *pour* la suppression de l'impôt du sel, et *pour* l'amnistie des transportés. Il se sépara cependant de la Montagne, pour voter : le 2 septembre 1848, *pour* le maintien de l'état de siège; le 7 octobre, *contre* l'amendement Grévy, et le 25 novembre, *pour* l'ordre du jour de félicitations à Cavaignac. Il ne fit pas partie d'autres législatures.

BLANC (JEAN-JOSEPH-LOUIS), membre du gouvernement provisoire de 1848 représentant du peuple à l'Assemblée constituante, représentant à l'Assemblée nationale de 1871 et député de 1876 à 1882, né à Madrid (Espagne), le 29 octobre 1811, mort à Cannes (Alpes-Maritimes), le 6 décembre 1882, était le fils de Jean-Charles Blanc, inspecteur général des finances sous le roi Joseph, et d'Estelle Pozzo di Borgo. Son grand-père était mort sur l'échafaud, condamné comme royaliste, et son père, lui-même, sans le secours d'un serviteur dévoué, n'eût point échappé à la guillotine. Louis Blanc n'a donc dû ses convictions qu'à lui-même. « La haine de la Révolution, a-t-il écrit dans une des préfaces de l'*Histoire de la Révolution française*, est le premier sentiment fort qui m'ait agité. » Quand le frère de Napoléon dut abandonner le trône d'Espagne après la défaite de Vittoria, le père de Louis Blanc regagna la France et s'établit dans le Rouergue. Louis Blanc entra à 7 ans au collège de Rodez, où son frère Charles, qui fut depuis directeur des Beaux-Arts et membre de l'Académie française, ne tarda pas à le suivre, et où ils firent l'un et l'autre de brillantes études. Lorsqu'ils en sortirent, leur mère était morte, leur père ruiné; ils vinrent à Paris, dans une chambrette de l'hôtel de l'*Étoile du Nord*, rue Saint-Honoré, et Louis Blanc qui avait dix-sept ans à peine, frêle d'aspect et de taille exiguë, obtint de maigres leçons de mathématiques, puis se fit admettre en qualité de petit clerc à l'étude de Me Collot, avoué à la cour royale, position qu'il quitta, dès qu'il le put, pour aller faire à Arras l'éducation des fils d'un constructeur de machines, M. Hallette. Il y passa deux années, occupant ses loisirs à des études personnelles, s'essayant au journalisme dans le *Progrès du Pas-de-Calais*, et même à la poésie. Les deux premiers ouvrages de Louis Blanc furent deux poèmes : l'*Hôtel des Invalides* et *Mirabeau*, et l'Académie d'Arras les couronna. Encouragé par ces succès, il revint à Paris, comptant sur ses vers : il a raconté lui-même comment Béranger, timidement consulté par lui, l'éclaira sur sa véritable vocation et exigea du jeune homme le *serment* qu'il n'écrirait plus de sa vie un seul vers. Il se tourna alors vers le journalisme.

Muni d'une lettre de recommandation de Frédéric Degeorges pour M. Conseil, collaborateur d'Armand Carrel au *National*, il essaya, d'abord vainement, d'entrer au journal : M. Conseil lui faisait le plus aimable accueil, mais ne se pressait pas de l'introduire auprès du rédacteur en chef. « Econduit à chaque démarche de cette façon, raconte M. Charles Edmond (Choïeski), un des exécuteurs testamentaires de Louis Blanc, il enregistrait un jour une déception de plus, lorsque, à la sortie des bureaux du *National*, dans la cour même de la maison de la rue du Croissant, ses yeux s'arrêtèrent sur une enseigne qui portait les mots : « *Le Bon Sens*, journal politique quotidien. » Louis Blanc résolut d'aller droit aux directeurs du journal, sans autre lettre d'introduction qu'un article destiné à montrer ce dont il était capable. Le *Bon Sens* était, à cette époque, dirigé conjointement par deux hommes fort différents l'un de l'autre, Cauchois-Lemaire, esprit très fin, très délié, très défiant, et Rodde, franche et robuste nature, athlète au physique, et au moral le plus bienveillant des hommes. Louis Blanc les trouva ensemble, et comme il tendait modestement l'article qu'il avait apporté, Cauchois-Lemaire se mit à sourire dédaigneusement, se contentant de dire :

— Nous avons plus de collaborateurs qu'il ne nous en faut.

Louis Blanc se retira fort confus et regrettant amèrement de s'être exposé à cette déception nouvelle, lorsque d'un geste brusque Rodde l'arrêta, lui prit l'article des mains, y jeta les yeux et s'écria :

— Mais comment ? c'est excellent, cela ! Est-ce vous jeune homme, qui êtes l'auteur de ce travail ?

— Parfaitement, monsieur, et vous verrez bientôt si je suis à même d'en écrire de pareils, au cas où il vous plairait de m'admettre au nombre de vos collaborateurs.

— Eh bien, je vous admets, moi, et je suis sûr que Cauchois-Lemaire m'en remerciera demain... »

Rodde n'eut qu'à s'applaudir de sa confiance : la collaboration de Louis Blanc apporta au journal un nouveau et puissant ressort. En même temps la réputation commençait pour le jeune écrivain. Armand Carrel lui fit bientôt demander une série de travaux pour le *National* ; alors Louis Blanc, profitant de la publication d'un ouvrage de Claudon sur le XVIIIe siècle, présenta à Carrel une étude sur les philosophes de cette période. Carrel l'inséra sans y rien changer, bien que les opinions exprimées par l'auteur fussent tout le contraire des siennes : Voltaire, le dieu du jour, était traité presque en adversaire de la démocratie, tandis que Rousseau était exalté, comme l'ami du peuple et son vrai représentant par ses écrits et par ses souffrances. Après la retraite de Cauchois-Lemaire et la mort de Rodde, Louis

Blanc partagea avec M. Maillefer la direction du *Bon Sens*. Il l'abandonna en 1838, par suite d'un dissentiment avec les propriétaires du journal au sujet du rachat des chemins de fer, dont Louis Blanc se déclara partisan ; il fonda alors la *Revue du progrès*, où l'on remarqua beaucoup un article consacré à la critique des *Idées napoléoniennes*, que venait de publier Louis Bonaparte.

« — Vous nous proposez, s'écriait Louis Blanc en termes de conclusion, ce qui fut l'œuvre de votre oncle, moins la guerre? Ah! monsieur! Mais c'est le despotisme, moins la gloire ; c'est la cour sur nos têtes, moins l'Europe à nos pieds ; c'est l'empire, moins l'empereur! » Une tentative mystérieuse, et qui n'a jamais pu être expliquée, suivit de près cette polémique. Le 19 août 1839, la nuit, dans la rue Louis-le-Grand, on relevait Louis Blanc, étendu sans connaissance, à moitié assommé.

Rétabli, il reprit sa tâche et publia son premier livre : l'*Organisation du travail* (1839), où ses idées socialistes sont méthodiquement exposées. Le but de l'auteur est « l'amélioration morale et matérielle du sort de tous par le libre concours de tous et leur fraternelle association ». Comme moyen, il proposait un vaste système d'association entre les travailleurs solidarisés et commandités par l'Etat au moyen d'un budget spécial, dont il indiquait les éléments et pour l'application duquel il réclamait la création d'un ministère du travail.

L'idée d'une grande étude sur les événements contemporains s'empara ensuite de l'esprit de Louis Blanc. Il compulsa les documents, consulta les témoins, contrôla leurs dépositions, accumula les matériaux, et bientôt le public se disputait les premiers exemplaires de l'*Histoire de dix ans*, dont le succès littéraire, historique et politique fut considérable. Louis Blanc avait eu cette bonne fortune de trouver les principaux acteurs du temps disposés à lui ouvrir leurs cartons, à lui faire part de leurs souvenirs, à laisser échapper devant lui leurs secrets. C'est ainsi qu'il recueillit de la bouche même de M. Dupanloup, confesseur *in articulo mortis* de Talleyrand, le fameux mot « déjà! » qu'arracha à Louis-Philippe cette plainte du mourant : *Je souffre comme un damné!* C'est ainsi encore qu'il dut à huit jours d'hospitalité que l'accoucheur de la duchesse de Berry lui offrit à Nogent-le-Rotrou, communication d'un manuscrit où celui-ci avait consigné jour par jour, heure par heure, tout ce qui s'était passé dans la citadelle de Blaye pendant que la duchesse y était prisonnière. Thiers, Guizot, Dupont (de l'Eure), Laffitte, d'Argout, Mortemart, Molé et beaucoup d'autres personnages politiques apportèrent à l'historien leur contingent de documents et de révélations. Bientôt Louis Blanc concevait le plan d'une nouvelle *Histoire de la Révolution française* ; le premier volume parut en 1847 ; l'œuvre ne devait être achevée que dans l'exil. En 1846, il avait décliné la candidature que lui offraient les électeurs radicaux de Villefranche. C'est en dehors du Parlement que, jusqu'à la révolution de Février, il propagea ses idées de rénovation politique et sociale. Rédacteur de la *Réforme*, organe de la fraction extrême du parti républicain, il commença par improuver, de même que tous ses amis politiques, la campagne des banquets ; puis il s'y rallia, avec Ledru-Rollin, et se rendit au banquet de Dijon, où il prononça un discours, menace et prophétie à la fois. Les événements de Février éclatèrent ; Louis Blanc, porté au pouvoir par l'acclamation populaire, fit partie du gouvernement provisoire. Avec l'ouvrier Albert (*v. ce nom*), il représentait dans le conseil du gouvernement l'élément démocratique le plus avancé, et particulièrement les doctrines sociales dont il avait donné la formule : *De chacun suivant ses facultés; à chacun selon ses besoins*. Il se trouva presque aussitôt en contradiction, pour ainsi dire permanente, avec la plupart de ses collègues, par exemple avec Lamartine, bien qu'il se fût flatté de vivre, politiquement, en bonne harmonie avec lui, et qu'il lui eût dit : « Nous sommes l'un et l'autre dans cette situation singulière que vous êtes responsable du progrès et que je suis responsable de l'ordre. » Il obtint cependant de la majorité l'abolition de la peine de mort en matière politique, ainsi que la création d'une « commission de gouvernement pour les travailleurs », dont il fut nommé le président, et qui siégea au Luxembourg, sur les bancs vides des pairs. Là furent discutées par un grand nombre d'orateurs, philosophes, publicistes, ouvriers, les questions sociales qui passionnaient alors l'opinion. Mais Louis Blanc, qui avait demandé sans succès l'adoption officielle du drapeau rouge par la République, devint tout à fait suspect à ses collègues modérés à cause de l'enthousiasme dont il fut personnellement l'objet de la part des manifestants du 17 mars : la « promenade des 200,000 hommes » fut une véritable invitation à la dictature qui lui était adressée par le prolétariat et le socialisme. Il n'en voulut pas profiter. Quant aux fameux « ateliers nationaux », dont la fondation et la responsabilité furent si souvent attribuées à Louis Blanc, il est avéré qu'ils furent l'œuvre de Marie, son adversaire déclaré, qui en confia la direction à M. Émile Thomas.

Élu représentant du peuple à l'Assemblée constituante par la Seine et par la Corse, il vit son élection en Corse annulée pour irrégularités dans les opérations du scrutin, resta représentant de la Seine, avec 121,140 voix (267,888 votants et 399,191 inscrits), et s'assit à la Montagne avec Barbès. L'Assemblée l'ayant écarté du gouvernement en ne le nommant pas membre de la commission exécutive, il donna sa démission de président de la commission pour les travailleurs, et demanda, mais sans succès, à l'Assemblée, de substituer à cette commission devenue sans objet un ministère du travail et du progrès. Il vota, le 26 mai, *contre* le bannissement de la famille d'Orléans et prit la parole pour s'opposer à l'exclusion du prince Louis-Napoléon, avec qui il avait eu naguère, au fort de Ham, une curieuse entrevue qu'il a lui-même racontée; il proposa, pour parer au danger des prétendants, d'inscrire dans la future constitution cette phrase : « La République française n'a pas de président. » Il parla encore contre le rétablissement du cautionnement des journaux, et se prononça : le 7 juin 1848, *contre* la loi sur les attroupements; le 28 juillet, *contre* le décret sur les clubs. La dernière séance à laquelle il assista fut la célèbre séance de nuit du 26 août, dans laquelle l'Assemblée, par 504 voix contre 252, accorda au procureur général Portalis l'autorisation de le poursuivre, à raison de l'attentat du 15 mai. Une première fois déjà, une pareille proposition avait été présentée, appuyée par Jules Favre, rapporteur, mais rejetée par 369 voix contre 337. Le 26 août, la discussion fut longue, passionnée; Louis Blanc se défendit à la tribune et discuta un à un tous les griefs du rapport. Le principal,

c'était la part qu'on l'accusait d'avoir prise à l'envahissement de l'Assemblée dans la journée du 15 mai. Louis Blanc s'efforça, en pure perte, de démontrer qu'il avait été opposé personnellement à ce mouvement; que s'il avait pris ce jour-là la parole dans l'Assemblée envahie, il l'avait fait sur la prière instante du président Buchez, et uniquement pour calmer le peuple; que s'il avait été porté en triomphe par les envahisseurs, c'était malgré ses protestations... À la fin de la séance, les amis de Louis Blanc l'entourèrent et le conjurèrent de se dérober à l'arrestation. Il accepta l'asile que lui offrait un représentant, adversaire de ses opinions, M. d'Aragon (*V. ce nom*), chez qui MM. Duclerc et Félix Pyat vinrent le chercher pour l'accompagner jusqu'à Saint-Denis. Là il prit le chemin de fer et put gagner la Belgique. Arrêté à Gand et emprisonné, il fut relâché le lendemain et se réfugia définitivement en Angleterre, où il continua et acheva, à l'aide de précieux documents inédits, trouvés au *British Museum*, la publication de sa remarquable *Histoire de la Révolution française*. Il refusa de comparaître devant une juridiction exceptionnelle, et la haute Cour de Bourges le condamna par contumace à la déportation.

Pendant ses deux premières années d'exil, Louis Blanc publia un journal mensuel, le *Nouveau Monde*, qu'il rédigeait seul, et dans lequel il exposa ses théories sur l'intégrité du suffrage universel, contre l'institution d'une seconde Chambre et d'une présidence de la République; il y protesta aussi contre l'accusation d'avoir créé les ateliers nationaux, « organisés et dirigés non seulement sans lui, mais contre lui, » et eut d'ardentes polémiques avec Proudhon, dont le système économique était si opposé au sien. Il publia aussi, en anglais et en français, la réfutation d'un pamphlet de lord Normanby, ancien ambassadeur d'Angleterre: cette réfutation devint l'*Histoire de la Révolution de 1848*. En 1857, il fournit pendant six mois une correspondance de Londres au *Courrier de Paris* sous le pseudonyme de Weller; il publia dans la suite quelques lettres à l'*Étoile belge*, et enfin, lorsque le *Temps* fut fondé (1862), il en devint le correspondant et prit une longue série de *Lettres sur l'Angleterre*. Vers la fin de l'Empire, il refusa les offres de candidature au Corps législatif que lui adressa la démocratie radicale de Paris, et prit rang parmi les *intransigeants*. Il donna alors au *Rappel* un certain nombre d'articles qui ont été réunis, ainsi que plusieurs de ses travaux politiques antérieurs, sous le titre de : *Questions d'aujourd'hui et de demain*. Le 25 octobre 1865, Louis Blanc avait épousé, à Brighton, Mlle Christina Groh, qui mourut à Paris le 21 avril 1876 (Victor Hugo fit un discours sur sa tombe.)

Dès qu'il connut la proclamation de la République de 1870, Louis Blanc accourut à Paris. Il observa pendant le siège une attitude très réservée, évitant presque de se mêler de politique, et fut étranger au mouvement du 31 octobre, bien qu'il désapprouvât la conduite du gouvernement de la Défense nationale. Quelques jours avant l'investissement, il avait été chargé d'une mission pacifique auprès du ministère Gladstone; mais le refus de sauf-conduit par l'état-major prussien en empêcha la réalisation. À la fin de décembre, il écrivait à Victor Hugo une lettre rendue publique, pour inviter la population à une résistance énergique et à un suprême effort. Le 8 février

1871, Louis Blanc fut élu, le 1er sur 43, représentant de la Seine à l'Assemblée nationale, par 216,530 voix (328,970 votants, 547,858 inscrits.) Il se rendit à Bordeaux, et siégea à l'extrême-gauche de l'Assemblée nationale ; son premier discours fut consacré à la défense de Paris, où il supplia vainement l'Assemblée de venir siéger. Lors de l'insurrection du 18 mars, il se tint à l'écart du mouvement communaliste, s'efforça, avec Quinet, Schœlcher, etc., de concilier Paris et Versailles, et ne donna pas sa démission de représentant. Ses amis lui reprochèrent, plus tard, d'avoir, au moment de la répression de la Commune, voté les remerciements à l'armée de Versailles proposés par M. Cochery (V. ce nom). Il s'en est défendu dans une lettre à M. Charles Edmond :

« Je crois, sans pouvoir toutefois l'affirmer, puisque les nous ne se trouvent pas au Journal officiel, que la proposition Cochery ne fut votée par aucun des membres, fort peu nombreux, hélas! qui composaient alors l'extrême-gauche, mais elle ne le fut certainement ni par moi, ni par Edgar Quinet et Peyrat, qui siégeaient à mes côtés, et qui, pendant toute la durée de l'Assemblée nationale, ont invariablement agi et voté d'accord avec moi. Et comment aurions-nous pu nous associer à une victoire remportée par des Français sur des Français, nous qui n'avions cessé un seul instant de manifester l'affreuse douleur dont le spectacle de cette guerre civile remplissait notre âme?... etc. » A l'Assemblée nationale, Louis Blanc prononça de très nombreux discours, préparés avec soin et débités avec un art consommé, parmi lesquels on peut citer ceux qu'il fit en faveur des pétitions dissolutionnistes, contre la loi relative à l'Internationale, la loi des Trente, la loi des maires, le projet de loi électorale politique, etc.; ce dernier fut regardé généralement comme le plus remarquable de tous. « La marque distinctive de son éloquence lettrée, a écrit M. Jules Claretie, est une sorte d'onction qui la fait ressembler à quelque oraison religieuse autant qu'au discours d'un tribun. » Président de l'Union républicaine (extrême-gauche), dans les derniers mois de la législature, il se sépara cependant, avec M. Peyrat et Marcou, de la presque unanimité de ses amis politiques, empressés à voter la Constitution de 1875. Il s'abstint, en effet, de prendre part au vo e sur « l'ensemble des lois constitutionnelles. » En 1876, il fut porté comme candidat au Sénat, mais déjà malade et ne pouvant prendre la parole dans les réunions préparatoires, il subit un échec. Il prit sa revanche aux élections pour la Chambre des députés, où il entra, le 20 février, comme l'élu du 13e arrondissement de Paris, avec 6,938 voix contre 1,355 à M, Perron; de la 1re circonscription de Saint-Denis, avec 8,386 voix ; enfin du 5e arrondissement de Paris, pour lequel il opta (9,809 voix, sur 15,693 votants et 20,248 inscrits, contre MM. Delacour, 3,890, et Galloni d'Istria 1,572). A cette époque, il entreprit la publication d'un journal quotidien, l'Homme libre, organe de la politique « intransigeante, » et antiopportuniste, qui ne végéta que quelques mois. Adversaire du gouvernement du Seize-Mai, Louis Blanc fut, comme président de l'extrême-gauche, un des auteurs du fameux ordre du jour des 363, et, réélu le 14 octobre 1877 dans le 5e arrondissement par 12,333 voix (15,851 votants, 20,175 inscrits), il reprit sa place à l'avant-garde du parti républicain, et devint, dans la législature de 1877-1881, en dehors de l'influence de Gambetta et de M. Clémenceau, le véritable chef d'une minorité, d'ailleurs très faible, toujours prête à se compter sur les questions de principes, et se refusant, avant comme après le remplacement du maréchal de Mac-Mahon, aux transactions et aux « atermoiements » de la politique gouvernementale. C'est ainsi qu'il présenta et soutint en 1879, devant la Chambre des députés, en faveur des condamnés de la Commune, un projet d'amnistie plénière que Victor Hugo, de son côté, s'était chargé de porter devant le Sénat. Louis Blanc qui vota en toutes circonstances avec la fraction la plus avancée de l'extrême-gauche, pour l'adoption de chacun des articles du programme radical socialiste, liberté absolue de la presse, droit illimité de réunion et d'association, séparation de l'Eglise et de l'Etat, etc., prit plusieurs fois la parole pour porter à la tribune ces revendications. Président de la commission qui élabora (1881) la loi nouvelle sur le droit de réunion, il demanda qu'une seule et même loi prononçât l'abrogation de toutes les dispositions antérieures restreignant l'exercice du droit de se réunir et s'associer. A ce sujet, les opportunistes lui reprochèrent, une fois de plus, de préconiser la politique du tout ou rien. Louis Blanc intervint de sa personne chaque fois que la question de l'amnistie se représenta et soutint, à plusieurs reprises, une proposition dont il était l'auteur en faveur de l'abolition de la peine de mort. En 1879, il fit une tournée politique dans le midi de la France et prononça à Marseille et à Montpellier, sur les questions politiques et sur la question sociale, des discours qui eurent un grand retentissement.

Réélu encore le 21 août 1881 par la 1re circonscription du 5e arrondissement, avec 6,837 voix sur 8.540 votants et 12,116 inscrits, Louis Blanc, dont l'état de santé s'était fort affaibli, ne prit plus, jusqu'à sa mort, qu'une faible part aux discussions parlementaires. Toutefois, il ne s'était pas désintéressé de la lutte, et ne pouvant plus assister régulièrement aux séances de la Chambre, il adressait aux électeurs, sur les sujets les plus importants du moment, de longues lettres que reproduisaient les journaux. Il mourut à Cannes, où il s'était retiré sur les instances de ses amis. Le conseil municipal de cette ville prit l'initiative de ses funérailles, qui furent célébrées à Paris aux frais de l'Etat. Louis Blanc, dont le rôle politique a donné matière à de si violentes discussions, était personnellement estimé de ses adversaires autant que de ses amis. M. Ed. Scherer, qui ne partageait aucune de ses opinions, écrivit dans le Temps du 11 décembre : « J'indiquerai un trait qui domine, pour ainsi parler, tous les autres, en constatant la noblesse et la pureté de l'image que ce tribun du peuple, mêlé à tant de passions d'intrigues et d'événements, laisse dans le souvenir de ceux qui l'ont connu. »

BLANC (PIERRE), député depuis 1876, né à Beaufort (Savoie), le 20 juin 1806, avocat depuis 1836, ancien membre du parlement sarde, se présenta comme candidat républicain aux élections de 20 février 1876, et fut élu, pour la première fois, à l'âge de soixante-dix-ans, député de la circonscription d'Albertville, par 4,403 voix (6,822 votants, 8,454 inscrits) contre M. Perrier de la Bathie, 2,404 voix. Il siégea à gauche et s'associa à tous les votes de la majorité républicaine, notamment contre le gouvernement du Seize-Mai. Ayant fait partie des 363, il fut réélu le 14 octobre 1877, par 4,749 voix sur 7,343 votants, et 8,536 inscrits, contre M. de Tours, 2.584 voix. Il vota la plupart des invalidations, soutint le ministère Dufaure et les cabinets qui lui succédèrent jusqu'en 1881, et opina avec la majorité opportuniste pour les projets de loi présentés ou acceptés par le gouvernement (droit de réunion, loi sur la presse, loi sur l'enseignement, etc.) Réélu le 21 août 1881, par 4,663 voix (5,076 votants, 8,749 inscrits), il se trouva, au lendemain des élections, le membre plus âgé de la Chambre, après son collègue du même département, M. Bel, né en 1805. En conséquence, il fut, à défaut de ce dernier, appelé à présider comme doyen d'âge la séance d'ouverture de la session.

Depuis lors, à chaque législature nouvelle, c'est à M. Pierre Blanc qu'est revenu l'honneur d'inaugurer les travaux de la Chambre des députés. Les élections de 1885, lui ayant donné 29,835 voix sur 53,829 votants et 67,617 inscrits, il revint occuper son siège de député; il a voté dans la dernière session, pour le rétablissement du scrutin uninominal (11 février 1889), contre l'ajournement indéfini de la revision des lois constitutionnelles (14 février, chute du ministère Floquet), pour les poursuites contre trois députés membres de la ligue des Patriotes (14 mars), pour le projet de loi Lisbonne restrictif de la liberté de la presse (2 avril), pour les poursuites contre le général Boulanger (4 avril).

BLANC (XAVIER), sénateur depuis 1876, né à Gap (Hautes-Alpes), le 5 août 1817, débuta en 1837 au barreau de Gap dont il fut vingt-quatre fois élu bâtonnier. Conseiller général des Hautes-Alpes en 1846, il fut chargé par intérim de l'administration du département en 1848, et, le 2 décembre 1851, donna sa démission de conseiller général pour ne pas prêter serment à l'Empire. Chargé de nouveau, par intérim, des fonctions de préfet, après le 4 septembre 1870, il devint, à la fin de 1871, président de la commission départementale, et, candidat républicain aux élections sénatoriales du 30 janvier 1876, fut élu sénateur des Hautes-Alpes par 153 voix sur 247 votants, et réélu, dans le même département, au renouvellement du 6 janvier 1885, par 322 voix sur 358 votants. Il a pris place à la gauche républicaine, et a fait partie, comme rapporteur et comme président, de plusieurs commissions. Il a voté, en juin 1886, contre l'expulsion des princes, et, dans la dernière session, pour le rétablissement du scrutin uninominal (13 février 1889), pour la proposition de loi Lisbonne restrictive de la liberté de la presse, et pour la procédure à suivre devant le Sénat contre toute personne inculpée d'attentat contre la sûreté de l'État (29 mars, affaire du général Boulanger).

BLANC. — Voy. GUIZARD (DE).

BLANC DE SERVAL (JEAN-BAPTISTE-BENOÎT), membre de la Convention, né et mort à Saint-Rémy (Bouches-du-Rhône), à des dates inconnues, était homme de lettres, et débuta dans la politique comme officier municipal de la ville des Beaux. Il commença par dénoncer au conseil de département le prince de Monaco, comme possédant injustement le marquisat des Beaux, et demanda la réunion de ce terreau domaine national. Son zèle lui attira bientôt une querelle plus sérieuse. Les ordres du gouverneur de la province avaient enjoint aux officiers municipaux des Beaux de réduire leur compagnie de garde nationale à l'effectif fixé par les décrets de l'Assemblée nationale; Blanc de Serval qui avait été élu capitaine, refusa de congédier « des officiers qui s'étaient donnés volontaire-

ment à lui. » M. de Bournissac, grand-prévôt de Provence, envoya aux Beaux quelques dragons, et des cavaliers de la garde nationale de Tarascon, qui s'emparèrent de Blanc de Serval, et le conduisirent à la citadelle Saint-Nicolas à Marseille. Là, dans un long mémoire, Blanc de Serval protesta contre sa détention, et menaça le gouverneur de la province de le dénoncer à l'Assemblée nationale. Il fut relâché quelque temps après, mais « le prisonnier de la citadelle Saint-Nicolas » était devenu populaire, et fut bientôt dédommagé de ses malheurs comme capitaine de la garde nationale, par son élévation, le 10 septembre 1791, aux fonctions de deuxième haut-juré des Bouches-du-Rhône, et, le 8 septembre 1792, par son élection comme député suppléant des Bouches-du-Rhône à la Convention, par 298 voix sur 589 votants. Il ne fut admis à siéger que le 22 nivôse an II, en remplacement de Barbaroux, et prit place à la Montagne. Il tenta de défendre Collot d'Herbois, qui demandait que l'on fit miner toutes les maisons d'arrêt; les murmures de l'assemblée l'obligèrent de quitter la tribune. Après thermidor, il dénonça avec succès la réaction du Midi, et, la législature terminée, disparut de la scène politique.

BLANC-LANAUTE. — Voy. HAUTERIVE (COMTE D').

BLANCARD (GUY), député à l'Assemblée constituante de 1789, né à Allan (Drôme), le 3 avril 1743, mort à Loriol (Drôme), le 18 juin 1816, d'une famille protestante, était avocat à Loriol au commencement de la Révolution. Il en adopta les idées et fut, le 4 janvier 1789, élu député du tiers aux États-Généraux par la province du Dauphiné. Il fit partie à l'Assemblée des comités de l'agriculture et du commerce. Retiré à Loriol après la session, les suffrages de ses concitoyens l'appelèrent plusieurs fois à des fonctions municipales et judiciaires; sous l'Empire, il devint membre du conseil général du département de la Drôme et juge de paix à Loriol en 1807. Son fils, Amable-Guy Blancard, fut général et baron de l'Empire, et prit une part brillante à la victoire d'Austerlitz.

BLANCGILLY (MATHIEU), député à l'Assemblée législative de 1791, dates de naissance et de mort inconnues, était négociant à Marseille, et administrateur des Bouches-du-Rhône, lorsqu'il fut élu, le 3 septembre 1791, député de ce département à l'Assemblée législative, par 323 voix sur 579 votants. Il fit partie du comité du commerce, et ne prit jamais la parole. Compromis par les papiers trouvés aux Tuileries dans l'armoire de fer après le 10 août, comme complice de projets de contre-révolution, il s'empressa de se mettre en sûreté, et disparut de la scène politique. On lui doit : Éloge du capitaine Cook (1787), Plan de la Révolution concernant ses finances; Découvertes consolantes de l'impôt unique du toisé (1789); Observations sur les troubles de Saint-Domingue (1792).

BLANCHARD (CLAUDE), député à l'Assemblée législative de 1791, né à Arras (Pas-de-Calais), le 16 mai 1742, mort à Paris, le 11 mai 1803, entra dans l'armée comme commissaire des guerres, fit les campagnes de Corse en 1768, passa commissaire principal en 1780, suivit Rochambeau en Amérique, et se trouvait, en 1789, commissaire ordonnateur des guerres à Arras; on l'y nomma bientôt commandant général de la garde nationale. Élu député du Pas-de-Calais à l'Assemblée législative, le 31 août 1791, par 371 voix sur 591 votants, il siégea parmi les modérés, fut nommé, le 1er octobre 1791, grand-juge militaire, et fut adjoint au ministre de la Guerre. Le 22 août 1792, il fit don à l'Assemblée de sa croix de Saint-Louis, en faveur des veuves et des orphelins des citoyens tués à la journée du 10 août. Après la législature, il reprit du service militaire actif, devint commissaire ordonnateur en chef à l'armée de Sambre-et-Meuse, puis à l'armée de l'intérieur, et, après le 18 brumaire, auquel il s'était rallié, fut appelé à remplir les mêmes fonctions à l'hôtel des Invalides, où il mourut.

BLANCHARD (JEAN-BAPTISTE-NICOLAS), député de 1835 à 1837, né à Saint-Georges (Vendée), le 25 avril 1790, mort à Nantes (Loire-Inférieure), le 17 octobre 1858, vint habiter Nantes, avec sa famille, sous la Révolution; il fit ses études dans cette ville, qu'il quitta à l'âge de 18 ans pour suivre les cours de l'École de droit à Rennes, puis à Paris. Reçu avocat en 1811, il exerça quelque temps près le tribunal de Nantes, puis s'occupa à peu près exclusivement d'agriculture. Il applaudit à la révolution de juillet, accepta du gouvernement de Louis-Philippe la place de juge suppléant au tribunal de Nantes, combattit l'insurrection légitimiste dans son département, fut nommé membre du conseil d'arrondissement de cette ville, et enfin élu député, le 3 janvier 1835, par le 3e collège de la Loire-Inférieure (Pont-Rousseau), avec 119 voix sur 239 votants et 390 inscrits, contre 115 à M. Laënnec. Il remplaçait M. Laffitte, qui avait opté pour un autre collège, et en faveur duquel il s'était désisté aux élections générales de 1834. À la Chambre des députés, Blanchard siégea à gauche. Il vota régulièrement avec l'opposition, sans aborder d'ailleurs la tribune, sauf une seule fois : pour appuyer une pétition de ses concitoyens de Nantes, contre une pension de 6,000 francs accordée en 1835 par le gouvernement à M. de Vaussay, ancien préfet de la Loire-Inférieure; la conduite de ce fonctionnaire au moment de la révolution de Juillet avait inspiré la protestation dont Blanchard se faisait l'organe.

BLANCHARD (JOSEPH-EUGÈNE), représentant du peuple à l'Assemblée constituante de 1848, né à Sedan (Ardennes), le 14 juillet 1809, mort à Sedan, le 11 août 1862, fut reçu avocat à Paris en 1829, et revint se faire inscrire au barreau de Sedan (mai 1830). Lors de la révolution de Février 1848, il remplit les fonctions de maire provisoire, et fut élu, le 23 avril, représentant des Ardennes à l'Assemblée constituante, le 3e sur 8, avec 46,106 voix (72,152 votants, 85,403 inscrits.) Il se démit alors de ses fonctions de maire (1er mai) et vint siéger à la gauche modérée. M. Blanchard fut mêlé surtout aux questions d'affaires, dans les bureaux, les commissions et au comité du commerce et de l'industrie dont il faisait partie. En politique, il soutint le général Cavaignac et vota avec les républicains, sans s'associer toutefois à la plupart des propositions et manifestations de la Montagne. Il se prononça : 9 août 1848, *contre* le rétablissement du cautionnement; 26 août, *contre* les poursuites intentées à Louis Blanc et à Caussidière; 18 septembre, *pour* l'abolition de la peine de mort; 7 octobre, *pour* l'amendement Grévy; 2 novembre, *contre* le droit au travail; 25 novembre, *pour* l'ordre du jour : « Le général Cavaignac a bien mérité de la patrie;» 12 janvier 1849, *contre* la proposition Rateau; 16 avril, *contre* l'expédition de Rome; 2 mai, *pour* l'amnistie des transportés; 11 mai, *pour* la demande de mise en accusation du président et de ses ministres.
Adversaire de la politique présidentielle de L.-N. Bonaparte, il la combattit jusqu'à la fin de la session. Il ne se représenta pas aux élections pour l'Assemblée législative, et reprit sa place au barreau de Sedan.

BLANCHON (JEAN-FRANÇOIS), député à l'Assemblée législative de 1791, né à Saint-Maurice (Charente), le 26 février 1763, mort à Paris, le 6 janvier 1830, était homme de loi à Confolens, puis administrateur de la Charente, avant son élection à l'Assemblée législative pour ce département, le 4 septembre 1791, par 212 voix sur 339 votants. Il prit la parole dans cette Assemblée, sur l'envoi de troupes dans les colonies et sur les rassemblements des réfugiés du Brabant à Lille et à Douai. Nommé, après la session, commissaire des guerres, il devint chef de division au ministère de la Guerre, fut envoyé, en l'an VI, commissaire ordonnateur à l'armée de Sambre-et-Meuse, et resta au même titre dans le service actif des armées jusqu'au 7 décembre 1825, date à laquelle il fut admis à la retraite.

BLANCHON (MATHIEU), député à l'Assemblée législative de 1791, né à Chazelles-sur-Lyon (Loire), le 26 février 1735, mort à Chazelles-sur-Lyon, le 18 juillet 1809, était cultivateur à Montferrand. Élu, le 2 septembre 1791, député du département de Rhône-et-Loire à l'Assemblée législative, par 271 voix sur 542 votants, il siégea, sans s'y distinguer, dans la majorité de l'Assemblée.

BLANCSUBÉ (MARIE-JULES), député de 1881 à 1888, né à Gap (Hautes-Alpes), le 11 décembre 1834, mort à Paris, le 2 mars 1888, après avoir appartenu au barreau de Marseille, partit pour la Cochinchine en 1864, et s'établit à Saïgon comme avocat. Il fut nommé maire de cette ville et président du conseil colonial ; il fut longtemps aussi le conseiller de Norodom, roi du Cambodge. Lorsque, le 20 novembre 1881, la Cochinchine fut appelée à élire un député au Parlement, M. Blancsubé obtint 491 voix sur 930 votants et 1,398 inscrits, et fut élu, contre MM. Vienot, 230 voix, et Vinson, 182. À la Chambre, il vota le plus souvent avec l'Union républicaine, et intervint surtout dans la discussion des affaires coloniales. Le 19 juillet 1882, il interpella le gouvernement en réclamant pour Paris le droit commun en matière d'organisation municipale; rapporteur, en mai 1883, d'un projet de crédit de 5 millions et demi pour le Tonkin, il soutint la demande du ministère, en ajoutant au projet l'institution d'un commissaire civil. Réélu, le 25 octobre 1885, par 418 voix (856 votants, 1,740 inscrits), contre 412 voix à M. Ternisien, M. Blancsubé prit encore la parole, le 29 novembre 1886, quelques jours après la mort de Paul Bert, pour soutenir une nouvelle demande de 30 millions de crédits pour le Tonkin, et, en janvier 1887, il attaqua l'amiral Aube, ministre de la Marine, et lui reprocha de réaliser de funestes économies en rapatriant les soldats du Tonkin sur des navires de commerce insalubres, au lieu d'employer à cet usage les transports de l'État.
M. Blancsubé mourut au cours de la session, laissant une veuve et huit enfants.

BLANDIN (LIPHARD-DANIEL), député à l'Assemblée constituante de 1789, né à une date inconnue, mort à Orléans (Loiret), le 14 septembre 1816, fut envoyé aux États-Généraux comme député du clergé, le 28 mars 1789, par le bailliage d'Orléans; il était alors curé de la paroisse de Saint-Pierre de Puellier, à Orléans. Il ne prêta pas le serment civique et termina sa carrière comme chanoine honoraire de la cathédrale d'Orléans.

BLANDIN (EUGÈNE), député depuis 1876, né à Villeneuve-les-Convers (Côte-d'Or), le 28 juillet 1830, fut d'abord avoué à Epernay, puis s'associa à une maison de commerce de vins de Champagne. Conseiller municipal et maire d'Epernay, il montra pendant l'occupation allemande (1870-1871) une énergie qui lui valut la croix de la Légion d'honneur. Aux élections du 8 février 1871, il échoua cependant, sur la liste républicaine de la Marne avec une honorable minorité de 28,000 voix, mais, le 20 février 1876, il fut élu, dans l'arrondissement d'Epernay, par 13,813 voix sur 22,371 votants et 27,421 inscrits, contre MM. le comte de Villiers (7,981 voix) et de Baye (446). Il siégea à la gauche républicaine, combattit le ministère de Broglie et fut des 363. Réélu successivement, le 14 octobre 1877, après la dissolution de la Chambre, par 14,787 voix, sur 24,302 votants, et 28,083 inscrits, contre M. Gaston Chandon de Briailles (9,374 voix); et le 21 août 1881, par 14,231 voix sur 22,389 votants et 27,468 inscrits, contre le même concurrent (7,879 voix), il fut nommé, dans le ministère Gambetta du 14 novembre 1881, sous-secrétaire d'Etat au ministère de la Guerre, poste qu'il occupa jusqu'à la chute du «grand ministère», le 26 janvier 1882.

Aux élections du 4 octobre 1885, au scrutin de liste, M. Blandin, porté sur la liste républicaine de la Marne, fut élu, le 5e sur 6, par 52,288 voix sur 94,874 votants et 117,802 inscrits; il continua de siéger à la gauche républicaine et se prononça notamment (juin 1886) *pour* l'expulsion des princes. Dans la dernière session, il a voté *pour* le rétablissement du scrutin uninominal (11 février 1889); *pour* l'ajournement indéfini de la révision de la Constitution (14 février, chute du ministère Floquet); *pour* les poursuites contre trois députés membres de la ligue des Patriotes (14 mars); *pour* le projet de loi Lisbonne restrictif de la liberté de la presse (2 avril); *pour* les poursuites contre le général Boulanger (4 avril).

BLANGY (BON-HENRI-PIERRE-LEVICOMTE, COMTE DE), député de 1815 à 1816 et de 1824 à 1827, né à Paris, le 27 octobre 1775, mort à Boissey-le-Châtel (Eure), le 30 octobre 1827, était propriétaire et maire de Boissey-le-Châtel, quand il fut élu député par le collège de département de l'Eure, le 22 août 1815. A la Chambre introuvable, il fut un des orateurs les plus exaltés du côté droit; il demanda qu'on privât de leurs pensions les prêtres qui s'étaient mariés. Il ne fut pas réélu aux élections de 1816, mais entra à la Chambre septennale, le 6 mars 1824, comme élu du collège de département de l'Eure, par 243 voix sur 273 votants et 483 inscrits. Il soutint avec ardeur le ministère Villèle, qui obtint pour lui la croix de Saint-Louis, et le titre de membre du conseil général de l'Eure. M. de Blangy mourut pendant le cours de la législature.

BLANMONT (MARIE-PIERRE-ISIDORE, BARON DE), représentant à la Chambre des Cent-Jours, né à Gisors (Eure), le 23 février 1770, mort à Gisors, le 19 décembre 1846. Soldat au régiment d'Auvergne-infanterie, le 15 juillet 1786, il prit son congé de libération le 16 mai 1790, et entra comme volontaire, en 1792, dans le 3e bataillon de l'Eure, où il devint capitaine. Blessé à la bataille d'Arlon (1793), il fut mis plus tard à l'ordre du jour de l'armée pour sa conduite dans une sortie de la garnison de Maubeuge. Aide de camp du général Turreau le 15 brumaire an II, il le suivit à l'armée de l'Ouest, et se distingua à Palluau, au combat de Viers, près de Cholet, où il gagna le grade d'adjudant général chef de bataillon; à Machecoul, il fut suspendu par arrêté du comité de Salut public du 29 thermidor an II, puis réintégré sur sa demande dans ses fonctions le 6 messidor an III, avec le grade de capitaine. Redevenu chef de bataillon et aide de camp du général Turreau en l'an VI, il fit les campagnes de l'an VI à l'an IX aux armées du Rhin, d'Helvétie et d'Italie, fut nommé adjudant-général chef de brigade provisoire par le général en chef de l'armée du Danube le 7 thermidor an VII, et confirmé dans ce grade le 27 vendémiaire an VIII. En germinal de cette année, à l'affaire du pont d'Exilles, étant à la tête de l'avant-garde du général Turreau, il pénétra dans la vallée de Suze, repoussa l'ennemi jusqu'à Saint-Chaumont et se replia après avoir fait quelques prisonniers, puis il enfonça la colonne qui tentait de revenir en force sur le pont de la Doire; dans cet engagement une balle lui traversa la cuisse droite et le jeta à bas de son cheval. Compris sur la liste des adjudants-commandants le 1er fructidor an IX, il fut employé, le 2 vendémiaire an X, dans la 23e division militaire (Corse), et y reçut, le 15 pluviôse et le 25 prairial an XII, la décoration et le titre d'officier de la Légion d'honneur. Colonel du 105e régiment de ligne (1808), commandeur de la Légion d'honneur (1809), il fit la guerre d'Allemagne, prit part à l'expédition de Russie comme général de brigade, et y fut fait prisonnier. Rentré en France le 30 juillet 1814, et mis en non activité le 1er septembre de la même année, il obtint, les 6 et 26 octobre, le commandement de l'arrondissement d'Abbeville et la croix de chevalier Saint Louis. Lors de son passage à Abbeville pour se rendre à Lille, Louis XVIII l'éleva au grade de lieutenant-général; mais cette nomination ne fut pas confirmée au second retour des Bourbons. Le département de l'Eure l'appela, pendant les Cent-Jours, à la Chambre des représentants; il fut employé, le 20 juin 1815, à la défense de Paris, et figura parmi les commissaires députés par la Chambre auprès de l'armée.

Placé en traitement de non activité le 30 décembre 1815, il fut compris par le gouvernement, le 30 décembre 1818, comme maréchal de camp en disponibilité, dans le cadre de l'état-major général de l'armée, et appelé, le 24 février 1819 au commandement de la 1re subdivision de la 20e division militaire, puis à celui de la 1re subdivision de la 21e division (1820). Il obtint sa retraite en 1826, reprit quelque temps du service actif après la révolution de Juillet 1830, et fut définitivement retraité le 14 juin 1832. Il se retira alors à Gisors, où il mourut.

BLANQUART-DE-BAILLEUL (HENRI-JOSEPH, BARON), député au Corps législatif de l'an X à 1815, député de 1815 à 1820, né à Calais (Pas-de-Calais), le 27 avril 1758, mort à

Versailles (Seine-et-Oise), le 4 janvier 1841, fut avocat avant la Révolution, puis devint procureur du roi au bailliage de Calais, commissaire du roi, procureur-syndic de district dans le Pas-de-Calais, et président de l'administration départementale, enfin maire de Boulogne et membre du conseil général. Partisan du coup d'Etat de brumaire, il entra, le 27 brumaire an XII, au Corps législatif, par le choix du Sénat conservateur, pour y représenter le Pas-de-Calais; son mandat lui fut renouvelé le 2 mai 1809. Il vota docilement d'après les vues de Napoléon Ier, qui le nomma au poste lucratif de questeur du Corps législatif, et lui conféra (22 octobre 1810) le titre de chevalier, celui de baron (6 septembre 1811), et la croix de la Légion d'honneur. Ces faveurs n'empêchèrent point Blanquart-de-Bailleul de voter la déchéance, en 1814, et de se rallier au nouveau gouvernement. Dans son zèle, il s'écriait à la tribune, en apprenant le débarquement de Napoléon : « Non, il n'est aucun de nous qui n'aimât mieux mourir que de subir encore une fois le joug honteux de cet usurpateur. » Il ne mourut pas, et se retira dans son pays pendant les Cent-Jours. Le 22 août 1815, il fut élu député par le collège de département du Pas-de-Calais, appartint, dans la Chambre introuvable, à la minorité ministérielle, fut nommé, le 26 avril 1816, procureur général à la Cour royale de Douai, et, réélu député le 4 octobre 1816, s'associa, avec la droite, au vote des lois d'exception et du nouveau système électoral de 1819. Il prit fréquemment la parole dans les diverses législatures dont il fit partie sous la Restauration. En 1814-1815, il parla sur les biens des émigrés, et demanda l'ordre du jour pur et simple sur la pétition du lieutenant-général Excelmans, qui se plaignait de la violation de son domicile. En 1816-1817, il fit l'apologie du projet de loi sur la liberté individuelle, et celle du projet de loi sur la presse : la question du dépôt considéré comme publication étant décidée négativement, il insista pour qu'au moins le dépôt pût donner lieu à l'action civile; dans la même discussion (16 décembre 1817), il se prononça en faveur de la juridiction des tribunaux correctionnels et contre le jury en matière de procès de presse, et, comme plusieurs députés inscrits pour parler dans le même sens avaient changé d'avis en abordant la tribune, et parlaient contre, Blanquart les traita de « mauvais avocats qui auraient volé leurs honoraires en parlant contre une cause en faveur de laquelle ils auraient conclu », et dut descendre de la tribune devant les réclamations de la Chambre. En 1818-1819, il s'opposa à la proposition de Dumeylet relative au droit de pétition, notamment à l'analyse de l'objet de la pétition et au mode de recommandation par un membre de la Chambre; il fit observer qu'un député peut se laisser entraîner par l'esprit de parti, vouloir faire naître un peu de scandale (Murmures). « Demander des explications à un ministre, dit-il, c'est faire passer le gouvernement dans les Chambres ; laissons aller le cours des choses; il est inutile que le public soit informé par un article spécial du droit qu'aurait la Chambre de recommander une pétition. La Charte veut qu'il y ait des pétitions, et non des pétitionnaires. » Enfin, dans la session de 1819-1820, il demanda le rappel à l'ordre de Corcelles pour avoir appelé le ministre Pasquier par son nom (sic); combattit la proposition de Benjamin Constant, relative à la régularisation des scrutins, et accusa les libéraux de vouloir ra-

lentir toutes les délibérations et de répandre « sur le calme de la France du bitume et du soufre. » — « Si je voulais, ajouta-t-il, je dirais des choses effroyables. » Au cours du débat sur la nouvelle loi électorale, il combattit l'amendement de Delaunay de l'Orne, tendant à conserver une sorte d'égalité dans l'élection.

Blanquart-de-Bailleul appartenait dans la Chambre à la fraction dont Lainé était regardé comme le chef. Il ne fut point de la Chambre septennale; mais, « non moins zélé », écrit un biographe royaliste, « dans ses fonctions de procureur général que dans celles de député », il poursuivit avec rigueur les délits de presse dans le ressort de la cour de Douai. Il prit sa retraite sous le ministère Villèle, après avoir échangé son titre de procureur général contre celui de premier président honoraire. Il passa ses dernières années à Paris et à Versailles.

BLANQUART DES SALINES (NICOLAS), député aux Etats-Généraux de 1789, né à Arles (Bouches-du-Rhône), en septembre 1728, mort à une date inconnue, était avocat à Calais avant la Révolution. Elu, le 16 mars 1789, député du tiers aux Etats-Généraux par le bailliage de Calais, il parut une seule fois à la tribune pour demander « que les députés s'engageassent à ne faire usage que d'objets manufacturés en France, et que le roi et la famille royale fussent invités à donner l'exemple. » Il revint à Calais, après la session, et, en 1794, fut, sur l'ordre de Joseph Lebon, traduit devant le tribunal révolutionnaire d'Arras, sous l'accusation de correspondance avec l'ennemi : il fut reconnu innocent et acquitté.

BLANQUI (JEAN-DOMINIQUE), membre de la Convention et député au Conseil des Cinq-Cents, né à Drap (Alpes-Maritimes), le 24 avril 1757, mort à Paris, le 31 mai 1832, était, sous la Révolution, manufacturier en cuirs et également homme de lettres, et fut élu, en septembre 1792, membre de la Convention par le département des Alpes-Maritimes. Partisan des Girondins, il signa la protestation du 6 juin 1793 contre la journée du 31 mai, et fut au nombre des 73 députés décrétés d'arrestation, le 3 octobre, sur le rapport d'Amar. Blanqui, dans Mon angoisse de dix mois (1794), raconte que les conventionnels qui, comme lui, furent arrêtés séance tenante, furent enfermés « dans le réduit qui donne entrée aux latrines », où ils restèrent jusqu'à la nuit, puis furent transférés au corps de garde du Palais-National. A 2 heures du matin, on les conduisit à la chambre d'arrêt de l'Hôtel de Ville, et, le lendemain, à la Force, au 6e étage, dans une chambre sans air, et n'ayant pour tout meuble que le baquet destiné aux usages communs. On les installa un peu moins sommairement par la suite, et on leur fit payer 22 livres par mois pour frais de logement. Blanqui fut remis en liberté après le 9 thermidor, réintégré comme conventionnel en juillet 1795, et fit partie, le 4 brumaire an IV, des conventionnels qui entrèrent au Conseil des Cinq-Cents; il y resta jusqu'en 1797, et, s'étant montré favorable au coup d'Etat de brumaire, fut nommé le 5 floréal an VIII, sous-préfet de Puget-Théniers.

BLANQUI (LOUIS-ADOLPHE), fils aîné du précédent, député de 1846 à 1848, né à Nice (Alpes-Maritimes), le 21 novembre 1798, mort à Paris, le 29 janvier 1854, commença dans sa ville natale, sous les auspices de son père, de bonnes études qu'il vint terminer à Paris. Il suivit d'abord la carrière de l'enseignement, s'adonna aux sciences médicales, à la chimie, et remplit à l'institution Massin les fonctions de répétiteur. Ces fonctions le mirent en rapport avec le célèbre économiste J.-B. Say, qui désira l'avoir pour disciple, et lui inspira le goût des études économiques. Son patronage valut bientôt à Blanqui la chaire d'histoire et d'économie industrielle à l'Ecole spéciale du commerce, puis la place de directeur de cette Ecole (1830.) Un cours à l'Athénée sur l'histoire de la civilisation industrielle des nations européennes, cours qui fut très suivi, d'autres cours, soit à l'Ecole du commerce, où il prononça plusieurs discours remarquables, soit au Conservatoire des arts et métiers, où il succéda comme professeur, en 1833, à J.-B. Say, de nombreuses publications, ayant toutes pour objet les progrès de l'industrie et du commerce, plusieurs voyages entrepris dans les mêmes intentions (quinze en France, dix en Angleterre, cinq en Italie, deux en Espagne, et d'autres en Allemagne, en Autriche, en Serbie, en Orient, en Algérie) signalèrent le zèle de cet écrivain, dont les idées furent très discutées, mais auquel on s'accorda à reconnaître un réel talent d'exposition, et une rare facilité de travail. En outre, il n'avait presque pas cessé de concourir par des articles, rapports, mémoires, etc,. à la propagation des doctrines de liberté industrielle et commerciale qui lui étaient chères : il collabora au *Producteur*, journal saint-simonien, au *Figaro*, au *Courrier français*, et fonda le *Journal des Economistes* ; il publia un *Résumé* de l'*Histoire du commerce et de l'industrie* (1826), un *Précis élémentaire d'économie politique*, des *Voyages à Madrid, en Angleterre*, des *Rapports* sur l'état économique et moral de la *Corse* (1838), de l'*Algérie* (1839), une notice sur la *Vie et les travaux de J. B. Say*, un travail sur les *Classes ouvrières en France*, et surtout une *Histoire de l'économie politique en Europe* (1837, 5 volumes) qui est considérée comme son principal ouvrage.

Le 1er août 1846, Louis-Adolphe Blanqui fut élu député dans le 1er collège électoral de la Gironde (Bordeaux), par 352 voix sur 709 votants et 888 inscrits, contre 348 à M. Larrieu, candidat de l'opposition démocratique. Conservateur en politique, il soutint la monarchie de Louis-Philippe, et ne brilla pas par son talent oratoire, préférant les travaux des commissions aux luttes de la tribune. Pourtant, il ne manquait pas de verve. En 1847, ses discours au congrès des libre-échangistes tenu à Bruxelles, firent sensation : certains les trouvèrent même trop anecdotiques et trop spirituels. De même que la plupart des penseurs et des polémistes de l'école individualiste, Blanqui aîné affectait de dénigrer et de combattre l'enseignement universitaire, qu'il regardait comme nuageux et peu pratique.

On raconte qu'à une séance de l'Académie des sciences morales et politiques (dont il faisait partie depuis 1838), il demanda un jour, à brûle-pourpoint, à ses collègues : « Savez-vous seulement par quel procédé on prépare les plumes d'oie à l'aide desquelles écrivent tant de gens d'esprit ? » Les académiciens sourirent à cette épigramme, où ils ne virent qu'un compliment pour eux.

Lorsque la mort le frappa, Blanqui aîné préparait, à la suite d'une enquête faite par ordre de l'Institut, un important travail sur les *Populations rurales de la France*.

BLANQUI (LOUIS-AUGUSTE), frère du précédent, député en 1879, né à Puget-Théniers (Alpes-Maritimes), le 7 février 1805, mort à Paris, le 1er janvier 1881, débuta de très bonne heure, par l'insurrection, dans la politique militante. « Pendant le combat qui eut lieu rue Saint-Denis en 1827, à propos des élections, dit M. Hippolyte Castille, on releva presque mourant un jeune étudiant en droit de vingt et un ans, qu'une balle venait de frapper au cou. Ce jeune homme pâle, maigre et d'apparence chétive, guérit si bien que, trois ans après, à la révolution de Juillet, il prenait une seconde fois les armes et contribuait à renverser la dynastie des Bourbons. » Avant d'arriver à Paris, le jeune Auguste Blanqui avait été précepteur, à 19 ans, des enfants d'un général de cavalerie. Il étudia tour à tour le droit et la médecine, et lorsque éclata la révolution de 1830, il se rendit, le 28 juillet, dans les bureaux du journal le *Globe*, où Cousin, Villemain, Sainte-Beuve, etc., s'entretenaient de la situation, que chaque minute rendait plus grave :

— « Que faire? demanda l'un d'eux.

— « Pour moi, s'écria Blanqui, je prends mon fusil...

— « Prenez garde à ce que vous allez faire, monsieur, interrompit Cousin, le drapeau blanc est le drapeau de la France ! »

Auguste Blanqui prit les armes en effet, et se battit sur les barricades. Irrité de l'issue de la révolution, il n'en redoubla pas moins de confiance dans l'efficacité des moyens violents, et recommença contre la branche cadette la même lutte que contre la branche aînée. Dès lors, chaque fois que l'émeute gronda dans Paris, Blanqui fut là, soufflant la révolte, et se multipliant dans une dévorante activité. Au milieu des jours de trouble qui suivirent l'avènement de Louis-Philippe, un noyau de démocrates s'était formé sous le nom de *Société des Amis du peuple*. Blanqui, membre du comité de rédaction du journal que cette Société publia pendant quelques semaines, fut bientôt compromis, et traduit devant la cour d'assises : ce fut le procès des Dix-Neuf. Il refusa le ministère d'un avocat et exposa lui-même avec une amère éloquence ses doctrines et ses revendications : « Qui aurait pu penser, s'écria-t-il, que les bourgeois appelleraient les ouvriers la plaie de la société? Les privilégiés vivent grassement de la sueur du peuple. Qu'est-ce que votre Chambre des députés? Une machine impitoyable qui broie vingt-cinq millions de paysans et cinq millions d'ouvriers pour en tirer toute la substance, qui est transvasée dans les veines des privilégiés. »

Il parla des ouvriers « grands de six pieds dont on baissait à l'envi les haillons »; il évoqua les « ombres magnanimes » des prolétaires décédés et montra pour récompense leurs enfants « au fond des cachots ». — « Chaque soir, dit-il, je m'endormais sur mon grabat au bruit de leurs gémissements, aux imprécations de leurs bourreaux et au sifflement du fouet qui faisait taire leurs cris. »

Le jury acquitta Blanqui; mais la cour lui infligea pour délit d'audience un an de prison et deux cents francs d'amende.

Quand vint le procès d'avril, il reparut sur la scène politique, et figura à la Chambre des pairs parmi les défenseurs des accusés. Il fut aussi impliqué, en 1836, dans le procès des poudres, et condamné à deux ans de prison et trois mille francs d'amende. Amnistié en 1837, il se retira avec sa femme et ses enfants à Pontoise. mais cette retraite n'était qu'apparente. Pendant les débats du procès d'avril 1833, une société secrète s'était formée sous le nom de *Société des Familles*; en 1838, elle s'était transformée en *Société des Saisons* par les soins d'Auguste Blanqui, de Raisant, de Lamieussens et de Martin Bernard. On recruta des adhérents jusqu'en 1839, époque à laquelle la Société compta 850 membres. Vers le commencement du mois de mai, Blanqui jugea la situation propice à une prise d'armes. La classe moyenne semblait se désaffectionner du roi, le commerce souffrait, une longue crise ministérielle augmentait le mécontentement. Le 12, tandis que la famille royale assistait aux courses du Champ-de-Mars : « Marchons ! » s'écria Blanqui, un pistolet à la main, suivi de Barbès, de Martin Bernard et de ses autres compagnons. Un instant après, la troupe envahissait les magasins de l'armurier Lepage. La tentative des insurgés fut promptement réprimée. Blanqui, après avoir, pendant six mois, échappé à toutes les recherches, fut arrêté au moment où il allait s'embarquer et traduit, en janvier 1840, devant la Chambre des pairs, constituée en haute Cour: il fut condamné à mort sans avoir voulu se défendre. Cette condamnation, comme celle de Barbès (*V. ce nom*) fut commuée en détention perpétuelle. Le 6 février 1840, Blanqui arriva au Mont-Saint-Michel. Barbès et Martin Bernard l'y avaient déjà précédé. La situation des prisonniers et les traitements exercés contre eux prirent bientôt un caractère grave : un d'eux, nommé Delsade, fut même frappé d'un coup d'épée. L'air des grèves bretonnes, « pointu, a écrit Blanqui, comme une ode en losange de M. Victor Hugo », déchirait les poitrines affaiblies par le mauvais régime, par l'humidité et par la fièvre. Une évasion fut tentée; elle avorta. La captivité devint encore plus dure. Le pouvoir redouta peut-être l'effet moral que la mort de Barbès et de Blanqui pourrait produire dans l'opinion; il envoya Barbès à Nîmes et Blanqui à Tours. C'est là que Blanqui apprit la révolution de 1848.

Le 25 février, il était à Paris, et le soir même, à huit heures, plusieurs centaines d'hommes armés se pressaient autour de lui dans la salle du Prado, pour l'aider à renverser le gouvernement provisoire. Blanqui opina d'abord pour l'expectative, organisa son club, la *Société républicaine centrale*, qui tenait ses séances dans la salle du spectacle du Conservatoire, rue Bergère, essaya en vain d'influer sur la marche des événements, puis se décida à l'action. Il inspira et dirigea la manifestation du 17 mars à l'Hôtel de Ville pour l'ajournement des élections, et celle du 16 avril, à l'issue de laquelle la majorité du gouvernement eût fait arrêter Blanqui, sans l'opposition, assez inattendue, de Lamartine. C'est vers la même époque que fut publiée dans la *Revue rétrospective*, par M. Taschereau, une pièce non signée, adressée au ministre de l'Intérieur de Louis-Philippe, et contenant des détails circonstanciés sur l'affaire du 16 mai 1839. Il semblait résulter de sa rédaction que Blanqui seul pouvait en être l'auteur. « Vous seul, lui dit plus tard Barbès, pouviez savoir les détails contenus dans ce rapport. » On nomma un jury, on fit une enquête, les tribunaux furent saisis; en dehors de l'action judiciaire, des conciliabules se formèrent. Blanqui refusa toujours de répondre, dédaignant l'accusation. Bref, aucun résultat décisif ne fut obtenu, et l'affaire demeura toujours sans solution.

Blanqui joua un des principaux rôles au 15 mai 1848, jour où l'Assemblée fut envahie par le peuple. Il avait décidé son club à se joindre aux corporations qui devaient manifester en faveur de la Pologne. Il entra lui-même un des premiers dans l'Assemblée et après la lecture de la pétition par Raspail, monta à la tribune, demanda un vote immédiat sur les conclusions de la pétition, réclama justice au nom du peuple à l'occasion des événements de Rouen et, parlant de la misère du peuple, somma l'Assemblée de s'occuper, sans désemparer, des moyens de donner de l'ouvrage aux millions de citoyens qui en manquaient. Le nom de Blanqui figura sur les listes du nouveau gouvernement provisoire que voulaient instituer les insurgés. Blanqui, après l'insuccès de la journée, se réfugia à Maisons-Laffitte, puis rentra dans Paris, travesti en officier de la garde nationale; le 28 mai, il fut arrêté rue Montholon, 14, avec ses amis Flotte, Lacambre, etc. Traduit devant la haute Cour de Bourges, il rompit, en audience publique, le silence qu'il avait gardé dans l'instruction, déclina la compétence de la Cour, et eut dans la dernière audience, avec Barbès devenu son irréconciliable ennemi, les plus violentes altercations. Il fut condamné cette fois à dix ans de prison, et subit cette peine à Belle-Isle, puis à Corte en Corse. Rendu à la liberté par l'amnistie générale de 1859, il ne tarda pas à être englobé de nouveau, en mars 1861, dans une accusation de société se rête; une nouvelle condamnation de ce chef, à quatre ans de prison, cinq cents francs d'amende et cinq ans de privation des droits civiques le frappa, le 16 juin. Il fut incarcéré à Sainte-Pélagie, et plus tard, dans une maison de santé, où il resta jusqu'au 4 Septembre 1870. Aussitôt la République proclamée, il accourut à Paris, et y fonda, pour combattre les tendances, « rétrogrades, » du gouvernement de la Défense nationale, le journal la *Patrie en danger*. Il y réclama l'institution de la commune, l'enrôlement et l'armement des prêtres, la construction des barricades et le retour au régime révolutionnaire avec toutes ses conséquences. Chef du 169e bataillon de la garde nationale, à Montmartre, il fut mêlé à toutes les tentatives hostiles au gouvernement, et particulièrement à l'insurrection du 31 octobre; désigné comme membre du comité de Salut public par les soldats de l'insurrection, il occupa pendant quelques heures l'Hôtel de Ville, essaya de prendre ses dispositions en vue de s'emparer de la préfecture de police et de faire surveiller les commandants des secteurs, mais, à l'arrivée des gardes nationaux de l'ordre, fut arrêté par le 17e bataillon; relâché le lendemain, il se déroba pendant quelque temps, puis reprit la direction de son journal, qui parut jusqu'au 6 décembre 1870.

Il quitta Paris après l'armistice, fut porté dans la Seine, le 8 février 1871, sur quelques listes dressées par le parti socialiste révolutionnaire, mais n'obtint que 52,389 voix sur 328,970 votants. En même temps, il réunissait, sur la liste socialiste du Rhône, 36,030 voix, sans être élu. Il fut nommé lors de l'insurrection du 18 mars, membre de la Commune de Paris, par le 18e arrondissement, mais il ne put y siéger. Il se trouvait alors dans le Midi, et Thiers en profita pour le faire arrêter comme otage, et incarcérer au fort du Taureau, sur les côtes de Bretagne. Après être resté quatre mois au secret, il fut condamné par le 4e conseil de guerre pour « excitation à la guerre civile », à la déportation dans une enceinte fortifiée (février 1872). Le mauvais état de la santé de Blanqui fit retarder son départ pour la Nouvelle-Calédonie ; ou l'interna provisoirement au fort de Quélern, et enfin ou l'envoya à la maison centrale de Clairvaux : ce fut sa dernière prison. Il y écrivit un livre, le seul qu'il ait jamais publié, intitulé l'*Eternité dans les astres, hypothèses astronomiques* (1872, in-18).

Plusieurs fois le nom de Blanqui avait été mis en avant dans des élections législatives partielles, à Paris, à Marseille, etc., par des comités socialistes; mais il n'avait obtenu, par exemple, le 3 mars 1878, dans la 2e circonscription de Marseille, en remplacement de F.-V. Raspail, qu'un nombre très restreint de suffrages, lorsque la campagne menée à cette époque par la presse radicale et intransigeante en faveur de la mise en liberté des condamnés de la Commune vint rappeler sur le vieux conspirateur l'attention du parti républicain. Quand le président de la République eut signé les premiers décrets d'amnistie partielle, la presse démocratique et l'extrême-gauche de la Chambre des députés insistèrent en faveur de l'élargissement de Blanqui. C'est alors que sa candidature, posée dans la 1re circonscription de Bordeaux, triompha au second tour de scrutin (20 avril 1879) avec 6,891 voix sur 12,354 votants et 24,429 inscrits, contre 5,330 à M. Lavertujon, opportuniste. Il s'agissait de remplacer M. Simiot, décédé. Blanqui était toujours à Clairvaux. Aux termes de la loi qui l'avait frappé, il n'était pas éligible à la Chambre. Le gouvernement s'abstint de proclamer l'élection de Bordeaux au *Journal officiel*, et quand la validation de ses pouvoirs vint en discussion devant la Chambre, elle fut rejetée à une très grande majorité. Seuls, quelques membres de l'extrême-gauche, et parmi eux, M. Louis Blanc qui n'était pas des amis personnels de Blanqui, votèrent *pour* la validation. L'élection « annulée », M. Grévy se borna à *gracier* Blanqui, le 9 juin de la même année, afin de lui conserver la situation d'inéligible. L'amnistie plénière ne vint qu'ensuite. Aussitôt libre, Blanqui se rendit à Bordeaux pour soutenir en personne une nouvelle candidature qui échoua le 14 septembre, au scrutin de ballottage, avec 4,542 voix contre M. Achard (*V. ce nom*), élu par 4,703 suffrages. Le 23 mai 1880, Blanqui obtint encore dans la 1re circonscription de Lyon 5,947 voix; le candidat élu, M. Ballue, opportuniste, réunit 8,280 voix, en remplacement de M. Ed. Millaud, nommé sénateur.

« Il n'est pas facile, a dit un historien, de définir la manière dont M. Blanqui conçoit l'idée républicaine. Depuis que la question sociale est venue compliquer ce vaste problème gouvernemental, cinq ou six écoles ont surgi. A laquelle M. Blanqui donne-t-il la préférence? on l'ignore. Soit habileté, soit dédain de la plume à une époque où chacun est si pressé d'écrire, il a toujours évité de formuler une doctrine. » On peut croire cependant, d'après le témoignage de ses partisans et de ses amis les plus directs, que Blanqui était favorable à l'établissement d'un système communiste, avec la révolution, ou plutôt avec l'insurrection pour moyen.

BLANVAL (DE). *Voy.* ARTAUD.

BLAREAU (NICOLAS-DOMINIQUE-JOSEPH), député au Conseil des Anciens et au Corps législatif, né à Mons (Belgique), en 1756, mort à Bruxelles, le 25 janvier 1808, fut élu député au Conseil des Anciens, le 28 germinal an V, pour le département de Jemmapes avec 71 voix ; il devint secrétaire de cette assemblée six mois

après. Favorable au coup d'Etat de brumaire, il fut nommé, le 4 nivôse an VIII, par le Sénat conservateur, député de Jemmapes au Corps législatif. A l'expiration de son mandat, il entra dans la magistrature impériale. Il était juge à la Cour d'appel de Bruxelles quand, le 30 janvier 1807, il fut subitement frappé de folie, état qui motiva un jugement d'interdiction, auquel il ne survécut que quelques mois.

BLATIN (JEAN-BAPTISTE-ANTOINE), député depuis 1885, né à Clermont-Ferrand (Puy-de-Dôme), le 1er août 1841, appartient à une ancienne famille du pays, dont plusieurs membres, y ont, depuis le XVe siècle, rempli des fonctions municipales. Fils d'un médecin, il suivit la même carrière, et, reçu docteur, vint s'établir dans sa ville natale, et fut nommé par la suite professeur à l'Ecole de médecine de Clermont et médecin de l'hôpital général. Pendant la guerre de 1870-71, chargé, comme médecin en chef, du service médical du camp de Pont-du-Château, sur les bords de l'Allier, il fit preuve de dévouement. Sous l'Empire, il avait commencé à s'occuper de politique dans les loges maçonniques et dans divers journaux de l'opposition démocratique. En 1885, il prononça au Grand-Orient de France, rue Cadet, comme membre du conseil de l'ordre, un discours qui eut du retentissement ; on lui doit aussi un certain nombre de conférences et d'ouvrages sur des matières scientifiques. Sa nomination comme maire de Clermont-Ferrand en 1884 accrut son rôle politique. Son nom se trouva mêlé à des polémiques locales extrêmement vives ; une de ces polémiques se termina même par un duel. En octobre 1885. M. Antoine Blatin fut élu député du Puy-de-Dôme, le 9e et dernier de la liste républicaine, avec 74,050 voix (132,128 votants, 169,883 inscrits). Il donna sa démission de maire, s'inscrivit à la gauche radicale et vota avec ce groupe. En février 1886, dans la discussion de la loi relative à la liberté des funérailles, il fit adopter, par 321 voix contre 174, un article portant que l'incinération pourrait être substituée à l'inhumation. Membre de la commission du budget en 1888, il reprit, avec M. Yves Guyot, un amendement approuvé naguère par M. Peytral, depuis ministre des Finances, demandant la transformation de l'impôt foncier sur les propriétés bâties en impôt de quotité. Le ministre refusa d'appuyer tout amendement.

M. Blatin s'est séparé de la gauche, dans la dernière session, lors du vote sur le rétablissement du scrutin uninominal, en votant *contre* (11 février 1889) ; il s'est prononcé *contre* l'ajournement indéfini de la révision de la Constitution, *contre* le projet de loi Lisbonne restrictif de la liberté de la presse, et *contre* les poursuites intentées à trois députés membres de la ligue des Patriotes, et au général Boulanger.

BLAUDAIN DE VALLIÈRE CLAUDE-HYACINTHE), représentant à la Chambre des Cent-Jours, né à Nevers (Nièvre), le 7 juillet 1762, mort à Nevers, le 7 octobre 1847 était procureur-syndic à Nevers en novembre 1791, e devint successivement juge au tribunal de district de Nevers (6 pluviôse an III), commissaire national près le même tribunal (10 floréal an III), juge au tribunal civil du département (1er brumaire an IV), commissaire du gouvernement près le tribunal criminel du département de la Nièvre (18 floréal an VIII), procureur général près la Cour de justice criminelle de la Nièvre (18 floréal an XII), membre de la Légion d'honneur (25 pairial an XII), substitut près du procureur général près la cour impériale de Bourges, chargé du service de la Cour d'assises de la Nièvre (1er mai 1811). Le 13 mai 1815, l'arrondissement de Nevers le nomma représentant à la Chambre des Cent-Jours; il avait présenté à l'empereur l'adresse du collège électoral de son département. Il fut nommé, sous la Restauration, conseiller à la Cour de Bourges.

BLAUX (Nicolas-François), membre de la Convention et député au Conseil des Anciens, né à Rambervillers (Vosges) en 1731, mort à une date inconnue, était avocat en 1751; officier dans la garde nationale de Sarreguemines en 1789, et maire de Sarreguemines. L'ardeur avec laquelle il embrassa les idées de la Révolution le fit élire, le 7 septembre 1792, membre de la Convention par le département de la Moselle, à la pluralité des voix sur 320 votants. Il siégea au côté droit, et, dans le procès de Louis XVI, répondit, au 3e appel nominal : « J'avais trois fils; le premier est mort en Amérique, le second à Francfort; je viens d'offrir le troisième à Custine. Je suis convaincu que Louis a mérité la mort par ses crimes, mais comme je serais récusable si je la prononçais, je vote, comme législateur, pour la peine la plus légère, pour la détention jusqu'à la paix, et pour le bannissement à cette époque. » Favorable au parti de la Gironde, et signataire de la protestation du 6 juin 1793 contre la journée du 31 mai, il fut des 73 conventionnels décrétés d'arrestation le 12 vendémiaire an II; déjà âgé et malade d'une hernie, il écrivit au comité de Salut public pour être mis en arrestation chez lui, ce qui fut accordé.

Envoyé en mission dans la Somme, le 14 germinal an III, pour y activer l'arrivée des subsistances à Paris, il se trouvait à Amiens, le 3 avril 1795, lorsqu'une émeute y éclata par suite de la cherté des vivres. Assailli par une bande de huit à neuf cents hommes et femmes, qui lui arrachèrent son costume, « un tiers de ses cheveux », ses souliers, son mouchoir et un assignat de 25 francs, Blaux refusa de crier: « Vive Louis XVII ! » Alors on lui cracha au visage, et on faillit l'étrangler, dit son rapport, avec la cravate de son chapeau. Jeté par les émeutiers dans la prison de l'évêché, il fut délivré six heures après. Trente-trois séditieux furent déférés au tribunal criminel d'Amiens, qui les acquitta. Blaux s'empressa, quand même, de les faire remettre en prison, mais leur accorda bientôt la liberté sous caution. Le 24 vendémiaire an IV, le département de la Moselle envoya Blaux, par 116 voix, siéger au Conseil des Anciens, où il compta parmi les modérés. Il en sortit en 1798, et quitta la vie politique.

BLAVIEL (Antoine-Innocent), membre de la Convention et député au Conseil des Anciens, né à Cajarc (Lot), le 9 février 1757, mort à Cajarc, le 25 août 1842, était homme de loi à Cajarc avant la Révolution; il fut nommé, le 6 septembre 1791, administrateur du département du Lot, et élu, le 7 septembre 1792, par le même département, député à la Convention, à la pluralité des voix. Dans le procès de Louis XVI, il répondit, au 3e appel nominal : « C'est en législateur que je prononce et non en juge, je vote pour la réclusion. » Il suivit le parti de la Gironde, protesta le 6 juin 1793

contre la journée du 31 mai, fut arrêté avec 73 de ses collègues, et détenu à Paris, puis remis en liberté après le 9 thermidor, et réintégré à la Convention. Le 23 vendémiaire an IV, le département du Lot l'élut député au Conseil des Cinq-Cents, par 290 voix : il y resta jusqu'au renouvellement de 1798, et rentra dans la vie privée.

BLAVIER (Aimé-Étienne), membre du Sénat, né à Montjean (Maine-et-Loire), le 21 août 1827, passa par l'École polytechnique et par l'École des mines, d'où il sortit en 1849. D'abord ingénieur de l'État, il entra bientôt dans l'industrie privée. Pendant la guerre franco-allemande, il prit du service et commanda un bataillon de mobiles dans le département de Maine-et-Loire, où il fixa sa résidence. Officier de la Légion d'honneur du 28 février 1871, il n'avait d'ailleurs aucun antécédent politique, lorsqu'il fut élu, le 25 janvier 1885, comme candidat des conservateurs, sénateur de Maine-et-Loire, en remplacement de M. Achille Joubert, décédé; il avait obtenu 662 voix sur 969 votants, contre 298 à M. Maillé, candidat républicain. M. Blavier fait partie de la droite sénatoriale. Il prit la parole en mars 1885, dans la discussion générale du budget et attribua aux fautes de la République l'état précaire de nos finances, renouvela ces critiques, quatre mois après, dans la discussion relative à l'émission, réclamée par M. Sadi Carnot, ministre des finances, de 320 millions d'obligations à court terme, et affectée en grande partie à la caisse des écoles, et combattit certaines dispositions de la loi instituant des délégués mineurs pour la surveillance des travaux de fond (décembre 1885). Sa compétence en matière financière l'amena à la tribune en avril 1886, lors de la discussion de l'emprunt de 500 millions; il a pris part également, dans chaque session, à la discussion du budget. Les votes de M. Blavier se sont toujours réunis à ceux de la droite, par exemple, dans la dernière session, contre le rétablissement du scrutin uninominal (13 février 1889), contre le projet de loi Lisbonne restrictif de la liberté de la presse (18 février), contre la procédure à suivre devant le Sénat pour juger des attentats commis contre la sûreté de l'État (29 mars, affaire du général Boulanger).

BLAVOYER (Joseph-Arsène), représentant du peuple aux Assemblées constituante et législative de 1848-1849, et représentant en 1871, né à Troyes (Aube), le 28 janvier 1815, mort à Troyes, le 11 août 1884, fit ses études à Troyes, son droit à Paris, revint s'occuper d'agriculture à Bourguignon-Faula (Aube), et devint ensuite maire de Troyes sous la monarchie de Juillet. Candidat à l'Assemblée constituante, après la révolution de février 1848, fut élu représentant du peuple de l'Aube, le 23 avril 1848, le 7e et dernier de la liste, par 26,674 voix. Un journal républicain de l'Aube l'avait appelé à cette occasion le *candidat des dévots*; il protesta par une lettre rendue publique contre cette qualification, et se prétendit républicain démocrate. Cependant, à l'Assemblée, il siégea à droite, et vota presque toujours avec les monarchistes, *pour* le décret sur les clubs, *pour* les poursuites contre Louis Blanc et Caussidière, *contre* l'abolition de la peine de mort, *contre* l'impôt progressif, *contre* l'amendement Grévy, *pour* le remplacement militaire, *contre* le droit au travail, *pour* le renvoi des accusés du 15 mai devant la haute Cour, *pour* l'interdiction des clubs, *contre* l'amnistie des transportés: il n'avait voté avec la gauche que *pour* le bannissement de la famille d'Orléans. Le département de l'Aube le renvoya à la Législative, le 13 mai 1849, le 1ᵉʳ sur 5, par 30.998 voix, sur 60,618 votants et 81.911 inscrits: il se prononça *pour* les crédits de l'expédition romaine, *pour* la loi du 31 mai restrictive du suffrage universel, et *pour* toutes les mesures proposées par les monarchistes ; il fut de ceux pourtant qui luttèrent contre la politique du prince président, dès qu'ils reconnurent les dangers que cette politique faisait courir au régime parlementaire. Le coup d'État de décembre le rendit à la vie privée; mais il se présenta, comme candidat de l'opposition, aux élections du 29 février 1852, et ne recueillit que 1,170 voix contre 28,953 accordées au candidat officiel, M. Rambourgt.

Après la chute de l'Empire, les électeurs de l'Aube l'envoyèrent, le 8 février 1871, siéger à l'Assemblée nationale, le 4ᵉ sur 5, par 27,615 voix sur 56,484 votants et 82,271 inscrits. Il prit place à droite, et vota *pour* la paix, *pour* les prières publiques, *pour* les pétitions des évêques, *pour* l'abrogation des lois d'exil, *pour* le pouvoir constituant de l'Assemblée, *pour* le retour de l'Assemblée à Paris, *pour* la démission de Thiers, *pour* l'arrêté contre les enterrements civils, *contre* le service militaire de trois ans, *pour* le ministère de Broglie, *contre* la dissolution de l'Assemblée, *contre* l'amendement Wallon, *pour* l'ensemble des lois constitutionnelles. M. Blavoyer se retira de la vie politique à la fin de la législature.

BLEUART (JEAN-RAPHAEL), député de 1831 à 1834, né à Paris, le 23 mai 1792, ancien préfet sous la Restauration, propriétaire à Ousson (Loiret), se présenta d'abord sans succès, le 5 juillet 1831, aux élections de la Chambre des députés et n'obtint que 88 voix contre 160 à M. de Cormenin, qui fut élu. Mais ce dernier ayant opté pour un autre collège électoral, M. Bleuart fut de nouveau candidat, et passa cette fois, au second tour de scrutin, avec 174 voix contre 100 au général Fabvier. Il ne fit pas partie de l'opposition, vota l'ordre du jour Ganneron (1831) par lequel la Chambre se déclara satisfaite des explications données par les ministres, et s'associa au jugement et à la condamnation (1833) du journal la *Tribune*. Sa carrière parlementaire fut, d'ailleurs, des plus modestes.

BLIN (FRANÇOIS-PIERRE), député à l'Assemblée constituante de 1789, né à Rennes (Ille-et-Vilaine), le 8 juin 1756, mort à Chautenay (Loire-Inférieure), le 4 novembre 1834, fils de « noble homme Jacques Blin, maître en chirurgie de Rennes », fut reçu par son père à la médecine, se fit recevoir docteur à Montpellier et s'établit à Nantes en 1783. L'Université de Nantes, très jalouse alors de ses privilèges, ayant voulu assujettir le jeune docteur à toutes les épreuves d'une nouvelle réception, sous peine d'interdiction d'exercice, Blin s'y refusa, ainsi que Laënnec et Lefebvre de la Chauvière (V. ces noms), plus tard députés à la Convention, et qui se trouvaient dans le même cas que lui. Il en résulta un procès qui donna naissance à de vifs et curieux mémoires publiés par les trois interdits. Le parlement de Rennes leur donna raison (V. *Kerviler, Revue historique de l'Ouest*, 1885), et les admit à l'agrégation dans la Faculté de médecine de Nantes, sous la seule charge de soutenir aux Écoles de Rennes une thèse probatoire.

En 1788, Blin fut nommé par les Nantais député aux États de Bretagne et envoyé plusieurs fois auprès du ministère pour se faire l'écho des réclamations du tiers-état. Aussi fut-il élu, le 4 avril 1789, un des 50 mandataires de cet ordre, pour la ville de Nantes à l'Assemblée générale de la sénéchaussée, et devint-il, quelques jours après, le 18, député aux États-Généraux.

À Versailles, il montra une grande ardeur pour les idées nouvelles et fut un des principaux fondateurs du Club breton. Il vota constamment avec les plus avancés, combattit les projets de constitution de Mounier, se mêla avec Target, Boisgelin, Salle, etc., à la discussion de la déclaration des droits de l'homme, demanda (1ᵉʳ septembre) une définition exacte de la monarchie, et discuta avec Freteau (8 octobre) l'établissement de l'impôt. Le 28 octobre, il s'opposa à ce qu'on ajournât la proposition d'exclure de l'éligibilité les enfants héritiers ou donataires d'un failli; quelques jours plus tard, en s'appuyant sur l'exemple de l'Angleterre, sur des arguments de raison et de politique, et en mettant Mirabeau en contradiction avec lui-même, il fit décréter que les ministres ne pourraient ni siéger, ni être choisis dans l'Assemblée.

Toujours sur la brèche, il présenta, le 24 novembre, un amendement visant les troubles de Cambrai, fit un long discours, le 26, sur la députation de Saint-Domingue, et s'opposa vigoureusement, le 1ᵉʳ décembre, à la formation d'un comité colonial. Il ne voulait pas qu'il en fût question, tant que les colonies et Saint-Domingue en particulier, n'auraient pas exprimé légalement leurs vœux et leurs doléances, car il contestait les pouvoirs des députés de Saint-Domingue. Il allait presque jusqu'à refuser aux colonies le droit de députation. « Les colonies, disait-il dans son langage pittoresque, doivent être pour la France ce qu'est une bonne ferme pour un riche propriétaire et rien au delà. » Il avait fréquemment de ces boutades, comme le jour où l'on parlait de donner la préférence, en cas d'égalité de suffrages pour les élections de département et de district, à l'élu qui serait marié : Blin, pour décider la question, voulut que les députés mariés se retirassent. « Un mouvement léger de gaieté, dit le *Journal des États-Généraux*, a déridé un instant les fronts de l'auguste Assemblée. »

Il combattit encore la motion de l'abbé Maury pour la suppression de l'impôt des aides et son remplacement par des octrois dans les villes, se joignit à ceux qui réclamèrent, en février 1790, la suppression des établissements religieux, puis ses opinions parurent se modérer et il accepta une collaboration à la feuille de Regnault de Saint-Jean-d'Angely, l'*Ami des patriotes*, rédigée dans le sens de la Constitution de 1791 et publiée aux frais de la liste civile. On le retrouve cette même année approuvant à l'Assemblée, après un assez long silence, le système de Champagny sur l'organisation de la marine, défendant contre Malouet la cause des noirs, et présentant une adresse du commerce de Nantes contre le décret du 15 mai sur les colonies.

Après la session, Blin revint exercer la médecine à Nantes. En 1793, il prit parti pour la fédération girondine et fut obligé de fuir devant Carrier, exécuteur des décrets de la Convention; il se réfugia alors dans l'île de Noirmoutiers. Après thermidor, il aida de tout son pouvoir à la réaction, puis fut nommé (nivôse an X) médecin en chef de l'armée de l'Ouest, et sous l'Empire (1808), professeur d'hygiène et de thérapeutique à l'École secondaire de médecine ; il garda cette fonction jusqu'en 1822. Converti en 1815 au royalisme militant, il avait accepté, tout en restant professeur, un poste de conseiller de préfecture à Nantes. Ses dernières années s'écoulèrent dans un aimable scepticisme : il s'était retiré à Chantenay, traduisait Horace, vivait largement et comme son ancien collègue Laënnec lui reprochait un jour publiquement d'avoir « retourné le bonnet rouge » qu'il portait pendant la Révolution, il n'y contredit point et répondit en riant qu'en effet, *il avait bien mérité d'être pendu !* — Il fut emporté par une attaque de dyssentrie.

BLIN (Joseph-Marie-Jacques), frère du précédent, député au Conseil des Cinq-Cents, né à Rennes (Ille-et-Vilaine), le 31 mars 1764, mort à Rennes, le 22 juillet 1834, était directeur de la poste aux lettres à Rennes, quand il fut élu, le 26 germinal an VI, député d'Ille-et-Vilaine au Conseil des Cinq-Cents. Il combattit la politique du Directoire, fut également opposé au coup d'État de brumaire, et, de ce chef, fut exclu du Corps législatif créé en l'an VIII. Il reprit à Rennes la direction des postes, qui lui fut enlevée en 1815, au retour de Gand, en raison de l'attitude anti royaliste active de Blin pendant les Cent-Jours.

BLIN DE BOURDON (Marie-Louis-Alexandre, vicomte), député de 1815 à 1816, de 1823 à 1831, de 1834 à 1848, et représentant du peuple à l'Assemblée constituante de 1848, né à Amiens (Somme), le 27 avril 1782, mort à Paris, le 23 mars 1849, débuta dans l'administration comme sous-préfet de Doullens, et fut élu député, le 22 août 1815, par le collège de département de la Somme, par 124 voix ; à la Chambre introuvable, il combattit la consolidation de l'emprunt de cent millions, et demanda d'imposer extraordinairement de 15 centimes les contributions directes. Non réélu en 1816, il devint préfet de l'Oise, et, le 6 mars 1823, fut envoyé à la Chambre par le 1er arrondissement électoral de la Somme (Abbeville), avec 286 voix, en remplacement de M. d'Hardivilliers, décédé. Le même arrondissement lui renouvela son mandat aux élections du 25 février 1824 à la Chambre septennale, par 247 voix contre 101 accordées au général Dejean. Le 27 mars 1824, M. de Girardin attaqua à la tribune les circulaires préfectorales de M. Blin de Bourdon, comme entachées de pression administratives. Blin de Bourdon essaya de les justifier, et ses explications parurent suffisantes au moins aux ministres, qui le nommèrent préfet du Pas-de-Calais. Successivement réélu le 17 novembre 1827 par 174 voix contre M. de Riencourt (132 voix), et le 3 juillet 1830, par 287 voix, il vota silencieusement pour les ministères qui se succédèrent au pouvoir, mais il échoua aux élections du 23 juin 1830, avec 172 voix contre 210 accordées à M. Boulon-Martel, élu. Le 21 juin 1834, candidat dans le 5e collège électoral de la Somme (Doullens), et dans le 2e collège (Amiens), il fut élu dans le premier avec 120 voix sur 206 votants et 237 inscrits, et n'obtint dans le second que 108 voix contre 205 accordées à M. Massey, élu. Il prit place dans les rangs de l'opposition légitimiste, sans toutefois faire aux ministères de Louis-Philippe une opposition systématique. Il siégea à la Chambre jusqu'à la révolution de Février, ses électeurs lui ayant renouvelé son mandat, le

4 novembre 1837, par 119 voix sur 235 votants et 272 inscrits, le 2 mars 1839 par 128 voix, le 9 juillet 1842 par 207 voix, le 2 mars 1844 (élection partielle), il avait donné sa démission après le vote de « flétrissure » des pèlerins de Belgrave-Square, dont il faisait partie), par 146 voix, et le 1er août 1846, par 239 voix sur 469 votants et 494 inscrits, contre M. Delapalme (230 voix). Dans ces diverses législatures, M. Blin de Bourdon avait voté *contre* l'indemnité Pritchard, *contre* les députés fonctionnaires et *contre* le ministère Guizot.

Aux élections qui suivirent la révolution de Février, le département de la Somme l'élut, le 23 avril 1848, représentant du peuple à l'Assemblée constituante, le 7e sur 14, avec 128,373 voix. Il prit place à la droite légitimiste, vota avec la gauche, *pour* le bannissement de la famille d'Orléans (26 mai 1848), et se prononça ensuite, avec la droite, *pour* le rétablissement du cautionnement des journaux, *pour* les poursuites contre Louis Blanc et Caussidière, *contre* l'abolition de la peine de mort, *contre* l'impôt progressif, *contre* l'amendement Grévy sur la présidence, *contre* le droit au travail, *contre* les félicitations au général Cavaignac, *contre* la suppression de l'impôt du sel, *pour* le renvoi des accusés du 15 mai devant la haute Cour, *pour* l'interdiction des clubs. Il mourut du choléra avant la fin de la session.

BLIN DE BOURDON (Marie-Alexandre-Raoul, vicomte), petit-fils du précédent, représentant à l'Assemblée nationale de 1871 et député depuis 1876, né à Abbeville (Somme), le 20 mai 1837, compléta son instruction par des voyages en Afrique, en Asie, et dans les deux Amérique ; capitaine pendant la guerre de 1870, dans le bataillon des mobiles de Doullens, il fut blessé à Breteuil, et décoré de la Légion d'honneur après l'affaire de Pont-Noyelles, où il se distingua. Le département de la Somme l'élut à l'Assemblée nationale, le 8 février 1871, le 4e sur 11, par 96,987 voix sur 123,345 votants et 167,374 inscrits. Il siégea à droite, fit partie des réunions « Colbert » et « des Réservoirs », fut secrétaire de l'Assemblée en 1873-1874, et vota *pour* la paix, *pour* les prières publiques, *pour* l'abrogation des lois d'exil, *pour* la pétition des évêques, *pour* le pouvoir constituant de l'Assemblée, *contre* le retour de l'Assemblée à Paris, *pour* le service militaire de trois ans, *pour* la démission de Thiers, *pour* l'arrêté contre les enterrements civils, *pour* le septennat, *pour* le ministère de Broglie, *contre* la dissolution de l'Assemblée, *contre* l'amendement Wallon, *contre* l'ensemble des lois constitutionnelles. La circonscription électorale de Doullens lui renouvela son mandat, aux élections du 20 février 1876, par 10,602 voix sur 13,068 votants et 16,261 inscrits ; il soutint le ministère de Broglie, et, après la dissolution, fut réélu, le 14 octobre 1877, comme candidat officiel, par 9,085 voix sur 14,492 votants et 16,935 inscrits, contre le candidat républicain, M. Ernest Legrand (5,118 voix). Son élection donna lieu à une vive discussion, mais fut validée. Le département de la Somme le renvoya encore à la Chambre, le 4 octobre 1885, par 70,608 voix sur 133,484 votants et 158,196 inscrits, le premier de la liste conservatrice élue. Il a toujours fait partie de la minorité monarchiste, et a voté contre les ministères de gauche, notamment, dans la dernière session, *contre* le rétablissement du scrutin uninominal (11 février 1889), *pour* l'ajournement indéfini de la révision des lois constitutionnelles (14 février, chute

du ministère Floquet), *contre* les poursuites
contre trois députés membres de la ligue des
Patriotes (14 mars), *contre* le projet de loi Lisbonne restrictif de la liberté de la presse (2 avril),
contre les poursuites contre le général Boulanger (4 avril).

BLOIS DE LA CALANDE (AYMAR-GABRIEL
DE), représentant du peuple à l'Assemblée législative de 1849, né à Ergué-Armel (Finistère),
le 11 septembre 1804, mort le 7 décembre 1874,
était avocat. Royaliste en vue, il fut porté, dans
le Finistère, sur la liste des candidats conservateurs à l'Assemblée législative (13 mai 1849),
et élu avec eux, le 11ᵉ, par 50,934 voix (86,649
votants, 159,165 inscrits). Il vota toujours avec
la majorité de droite, dont il faisait partie,
s'associa au vote de l'expédition de Rome, aux
poursuites décrétées contre les auteurs de la
manifestation des Arts-et-Métiers, à la loi du
31 mai 1850 contre le suffrage universel, à la
loi Falloux-Parieu sur l'enseignement, etc. Il
ne se rallia pas au coup d'État de décembre
1851, et reprit sa place au barreau.

BLONDEAU (AUGUSTE-JOSEPH-DONAT DE),
député de 1831 à 1836, né à Haguenau (Bas-
Rhin), le 18 août 1791, mort à une date inconnue, appartenait à une famille de noblesse militaire. Orphelin de bonne heure, il fut élevé
par son tuteur, M. Véjux, conseiller à la Cour
de Besançon, entra dans l'administration de
l'enregistrement, et démissionna en 1815, pour
s'enrôler dans la garde nationale mobile. Il
s'occupa activement de politique libérale, prit
part aux luttes contre la Restauration, applaudit à la révolution de Juillet et devint colonel
de la garde nationale, conseiller municipal et
conseiller général du Doubs. Le 5 juillet 1831,
le 4ᵉ collège de ce département l'élut député
sur une profession de foi dont la devise était :
« Ordre et liberté. » D'abord sincèrement attaché à la monarchie nouvelle comme à la
Charte, il ne tarda pas à entrer dans les rangs
de l'opposition en protestant contre les tendances rétrogrades du pouvoir. Il s'associa au
compte rendu des députés de la gauche en 1832,
tout en prenant part au jugement du journal la
Tribune en 1833. Membre de plusieurs commissions importantes, il fut (1831) l'auteur d'une
proposition ayant pour but de réduire de moitié
les appointements des députés fonctionnaires
qui touchaient, hors de Paris, un traitement au
dessus de 3,000 francs. La proposition, prise en
considération par la Chambre, ne fut pas discutée. Il réclama, la même année, une réduction de l'impôt sur le sel, et fit rétablir dans
l'administration de l'enregistrement une importante disposition en matière d'échange.
Réélu, le 21 juin 1834, dans la même circonscription, par 88 voix sur 142 votants et 160 inscrits, contre 43 voix à M. Humann, ministre
des Finances, il se rapprocha du gouvernement
en quelques circonstances, puis, empêché par
ses propres affaires d'assister assidûment aux
séances, il donna sa démission dans le courant
de l'année 1836. Il resta conseiller général du
Doubs, et fut candidat, après février 1848, à
l'Assemblée constituante : M. de Montalembert,
qui combattit vivement sa candidature, ne
l'emporta sur lui que de 21 voix.

BLONDEL (JACQUES), membre de la Convention nationale et député au Conseil des
Cinq-Cents, dates de naissance et de mort inconnues, était rentier à Lalobbe; il adopta les
principes de la Révolution, fut élu, le 5 sep-

tembre 1792, membre de la Convention nationale par le département des Ardennes, « à la
pluralité des voix », siégea dans la Plaine et
vota en ces termes lors du 3ᵉ appel nominal
dans le procès de Louis XVI : — « Comme juge,
je déclarerais que Louis a mérité la mort;
comme législateur et comme homme d'État, je
vote pour la réclusion, sous la condition expresse qu'il soit puni de mort si les ennemis de
l'État mettent le pied sur le territoire de la République. » Il fit partie ensuite du Conseil des
Cinq-Cents, où le département des Ardennes
l'envoya, le 21 vendémiaire au IV, par 170 voix
sur 188 votants. Son passage dans cette assemblée n'a laissé aucune trace au *Moniteur*.

BLONDEL (ANTOINE-PHILIPPE-LÉON), sénateur du second Empire, né à Paris, le 16 novembre 1795, mort à Paris, le 27 avril 1886,
suivit la carrière administrative et devint conseiller d'État en 1854. Le 5 mars 1866, il entra
au Sénat impérial, où il siégea, jusqu'au 4 Septembre, parmi les plus dévoués partisans du
régime auquel il devait sa situation. Il avait
été admis à la retraite comme conseiller d'État,
le 8 octobre 1866.

BLONDEL D'AUBERS (LOUIS-MARIE-JO-
SEPH), député de 1815 à 1816 et de 1820 à 1821,
né à Douai (Nord), le 11 mars 1765, mort à
Paris, le 22 mars 1830, était, avant la Révolution, conseiller au Parlement de Paris, et émigra en 1791. Rentré après le 18 brumaire, il
devint membre de l'administration des hospices
de Lille, puis débuta dans les fonctions publiques comme sous-préfet de Spire, passa sous-
préfet de Porentruy le 1ᵉʳ vendémiaire an XII,
et fut nommé par Napoléon 1ᵉʳ conseiller à la
Cour de cassation. Élu, le 22 août 1815, député
à la Chambre introuvable par le collège de département du Pas-de-Calais, il se montra très
autoritaire en politique, fit partie de la commission de substitution des cours prévôtales
aux tribunaux, substitution qu'il défendit avec
chaleur; les élections de septembre 1816 lui furent défavorables, mais le même collège électoral le renvoya à la Chambre le 14 novembre
1820. Compris dans le premier renouvellement
du cinquième, en octobre 1821, il ne fut pas
réélu, et se consacra à ses fonctions de conseiller à la Cour de cassation, jusqu'à sa retraite, qui lui fut accordée le 28 décembre 1828,
avec le titre de conseiller honoraire.

BLOSSEVILLE (BÉNIGNE PORET, MARQUIS
DE), député de 1815 à 1816, né à Rouen (Seine-
Inférieure), le 15 mars 1768, mort à Amfreville-
la-Campagne (Eure), le 1ᵉʳ janvier 1845, était
propriétaire à Amfreville, quand il fut élu député de l'Eure, par le collège de département,
sans concurrent, le 22 août 1815. Il siégea dans
la majorité de la Chambre introuvable, et, législateur obscur, n'occupa un instant l'opinion
publique que par sa malencontreuse intervention dans le procès de Wilfrid Regnault. Regnault était sous le coup d'une accusation capitale, quand M. de Blosseville, maire de la
commune d'origine de l'accusé, le dénonça dans
le *Journal des Débats* comme un des massacreurs de Septembre 1792. Regnault, pour qui
on implorait à ce moment la clémence du roi,
attaqua la dénonciation devant le tribunal correctionnel, qui condamna M. de Blosseville
comme calomniateur; mais le jugement fut re-
formé devant la Cour royale. La plaidoirie
d'Odilon Barrot pour Regnault et le concours
de la clémence royale frappèrent surtout l'opi-

nion. Depuis ce procès, M. de Blosseville a renoncé à la vie politique.

BLOSSEVILLE (Bénigne-Ernest Poret, marquis de), fils du précédent, député au Corps législatif de 1857 à 1863, né à Rouen (Seine-Inférieure), le 19 juillet 1799, mort à Amfreville-la-Campagne (Eure), le 25 septembre 1886, était le frère du navigateur Jules-Alphonse-René Poret de Blosseville (1802-1833), qui périt si malheureusement sur les côtes de l'Islande, sans qu'on ait jamais découvert la moindre trace de son sort. De même que son frère, le marquis Bénigne-Ernest de Blosseville publia d'intéressants travaux sur les questions extérieures, maritimes et coloniales. Chargé d'une mission particulière en Espagne, lors de la guerre de 1823, il se montra le serviteur fidèle du gouvernement de Charles X, et se démit, en 1832, des fonctions de conseiller de préfecture de l'Eure, qu'il tenait de la Restauration. Collaborateur actif et même directeur de plusieurs journaux légitimistes, tels que le *Courrier de l'Europe*, le *Rénovateur*, la *Quotidienne*, il écrivit encore dans la *Revue archéologique*, publia une *Histoire des colonies pénales de l'Angleterre dans l'Australie*, ouvrage qui obtint le prix Monthyon (1832), et beaucoup plus tard (1874) une étude sur les *Puységur, leurs œuvres de littérature*, etc. Dans l'intervalle, sous le second Empire, il avait été élu, comme légitimiste, et sans l'appui du gouvernement, député au Corps législatif le 22 juin 1857, dans la 2e circonscription de l'Eure, par 18,469 voix (27,130 votants, 38,405 inscrits). Ses concurrents avaient été MM. de Montreuil (4,873 voix), Guillaume Petit (1,390) et Dupont de l'Eure fils (812). M. de Blosseville vota parfois avec la majorité, mais en réservant ses préférences royalistes : il ne fut pas réélu le 1er juin 1863, le candidat officiel, M. Guillaume Petit l'ayant emporté sur lui avec 20,567 voix contre 2,855 seulement, dans la 4e circonscription de l'Eure.

BLOT (Jean-François-Joseph), représentant du peuple à l'Assemblée constituante de 1848, né à Etreux (Aisne), le 22 avril 1781, mort à Niort (Deux-Sèvres), le 25 décembre 1857, entra au service dans le 26e régiment de chasseurs à cheval, et fut fait sous-lieutenant après Austerlitz. Promu lieutenant en premier aux chasseurs à cheval de la garde impériale, il commanda la 12e compagnie de ce régiment pendant les campagnes de 1813 à 1814, fut placé pendant les Cent-Jours à la tête d'une compagnie d'élite, et quitta le service à la Restauration, qui le mit en demi-solde. Il fonda alors, avec plusieurs de ses anciens compagnons d'armes, une filature de laine dans le département des Deux-Sèvres ; c'est la première qui ait été établie dans cette contrée. Il se distingua jusqu'à la révolution de Février par la vivacité de ses sentiments démocratiques, et, candidat républicain à l'Assemblée constituante le 23 avril 1848, il fut élu représentant des Deux-Sèvres, le 5e sur 8, par 38,711 voix (78,335 votants). Il siégea à la gauche modérée, et vota : 9 août 1848, *contre* le rétablissement du cautionnement ; 26 août, *contre* les poursuites intentées à Louis Blanc et à Caussidière ; 1er septembre, *contre* le rétablissement de la contrainte par corps ; 2 septembre, *pour* le maintien de l'état de siège ; 18 septembre, *pour* l'abolition de la peine de mort ; 7 octobre, *contre* l'amendement Grévy ; 21 octobre, *pour* l'abolition du remplacement militaire ; 25 novembre *pour*

l'ordre du jour : « Le général Cavaignac a bien mérité de la patrie » ; 12 janvier 1849, *contre* la proposition Rateau ; 16 avril, *contre* les crédits de l'expédition de Rome ; 11 mai, pour la mise en accusation du président et de ses ministres ; 26 mai, *pour* la mise en liberté des transportés. Il ne fit pas partie d'autres législatures.

BLOU (Philippe-Charles-Jean-Hyacinthe-Xavier, comte de), député en 1830, né à Thueyts (Ardèche), le 27 novembre 1789, mort à Thueyts, le 12 octobre 1848, avait été capitaine de la garde royale et appartenait à l'opinion légitimiste. Élu, le 3 juillet 1830, député de l'Ardèche par le collège du département, par 48 voix sur 53 votants et 98 inscrits, il n'adhéra pas à la révolution de 1830, refusa le serment au gouvernement nouveau et se retira. Il fut remplacé, en octobre, comme député de l'Ardèche, par M. de Bernardy. Admis à la retraite, le 18 juin 1837, avec le grade de chef de bataillon, il resta jusqu'à sa mort en dehors de la politique.

BLUGET (Nicolas), député à l'Assemblée constituante de 1789, né aux Riceys (Aube), le 11 septembre 1731, mort aux Riceys, le 9 novembre 1817, nommé docteur en Sorbonne après de fortes études ecclésiastiques, fut doyen-curé des Riceys. Le clergé du bailliage de Bar-sur-Seine l'envoya siéger comme député à l'Assemblée constituante, le 24 mars 1789. Le reste de sa vie s'est passé dans l'obscurité.

BLUTEL (Charles-Auguste-Esprit-Rose), membre de la Convention et député au Conseil des Cinq-Cents, né à Caen (Calvados), le 29 mai 1757, mort à Anvers (Belgique), le 1er novembre 1806, avait été avocat et était juge de paix à Rouen lors de son élection (7 septembre 1792) comme membre de la Convention par le département de la Seine-Inférieure, à « la pluralité des voix ». Il siégea parmi les modérés, vota pour la détention et le bannissement de Louis XVI et échappa à toute mesure de rigueur sous le régime révolutionnaire. Après le 9 thermidor, envoyé en mission à Rochefort, il trouva encore la ville sous le régime de la Terreur, s'efforça d'y mettre un terme et fit arrêter un des principaux « agents de ce système ». Député au Conseil des Cinq-Cents, le 23 vendémiaire an IV, pour le même département, avec 286 voix, il défendit les décrets de la Convention prohibitifs des marchandises anglaises, donna sa démission le 14 ventôse an V et devint régisseur général des douanes, puis directeur à Rouen, et à Anvers, où il mourut.

BO (Jean-Baptiste-Jérome), député à l'Assemblée législative de 1791, et membre de la Convention nationale, né à Mur-de-Barrez (Aveyron), le 1er juillet 1743, mort à Fontainebleau (Seine-et-Marne), le 15 mai 1814. Après avoir étudié la médecine, il se fit recevoir docteur à l'Université de Montpellier le 5 mai 1770, et s'établit dans son pays natal. En 1790, placé à la tête du parti populaire, il devint procureurs-syndic près l'administration de son district, puis, le 4 septembre 1791, député de l'Aveyron à l'Assemblée législative, par 249 voix sur 407 votants. Il y présenta, au nom de la commission spéciale, l'état des armes existantes dans les magasins. Le nombre total des fusils à cette époque était de 169,336, et celui des pistolets de 19,959.

Le 5 septembre 1792, Bo fut réélu membre de la Convention par son département, avec 355 voix sur 495 votants. Dans le procès de Louis XVI, il répondit seulement : « La mort». Il fit partie de plusieurs commissions, s'y occupa surtout d'instruction populaire et de secours publics, et entra en 1793, avec Fourcroy, Mathieu, Grégoire, Guyton-Morveau, Moïse Bayle etc., dans le premier comité d'instruction publique organisé par la Convention. Envoyé en mission en Corse, il fut arrêté et malmené à Toulon par des gardes nationaux marseillais, insurgés contre les décrets de l'Assemblée ; il demeura trois mois en prison et ne fut délivré qu'à la prise de Marseille par Carteaux. Bo partit aussitôt, chargé d'une autre mission dans les Ardennes, d'où il revint dans l'Aube et dans la Marne pour réprimer des troubles, puis il passa dans le Lot, l'Aveyron et le Cantal. Il courut encore de réels dangers en Aurillac, et faillit être tué d'un coup de feu, pour avoir sévi contre des fonctionnaires infidèles, « contre les intrigants, jaloux de n'avoir pas de places, particulièrement les délégués de son collègue et prédécesseur Châteauneuf-Randon, qui, fâchés de voir finir des pouvoirs illimités qui leur valaient un salaire de quinze livres par jour, voulaient être indemnisés par des places *que* la plupart avaient démérités par leur conduite ou despotique ou incivique (lettre du 27 février 1794) ». De Cahors, il écrit au comité de Salut public, en avril 1794, « qu'il ne négligera rien pour monter à Cahors le grand *ressort* politique ; les sans-culottes n'ont ici que de la bonne volonté ; ils auraient besoin d'avoir auprès d'eux un conducteur électrique.» A l'instigation de la Société populaire de Cahors, il avait pris, en mars 1794, un arrêté qui demeura d'ailleurs lettre morte, prescrivant la démolition des clochers, «signe *hideux* du fanatisme ». « Au fur et à mesure que j'avance, écrivait-il, les prêtres se hâtent de déménager et de faire place à l'opinion publique » ; il demandait qu'on les employât aux travaux des champs, « considérant que les ci-devant prêtres peuvent utiliser leur religieuse nonchalance en se joignant aux citoyens agriculteurs.» On le retrouve avec Bourbotte à Nantes, après le départ de Carrier. Lorsque Granet obtint de la Convention, le 26 janvier 1795, un décret de poursuites contre les Marseillais qui avaient emprisonné Bo, ce dernier déclara que l'injure avait été suffisamment punie, qu'il fallait s'appliquer désormais à concilier les partis et à pacifier le pays. Ces paroles soulevèrent des applaudissements de toutes parts, et, sur le rapport de Durand-Maillane, le décret fut rapporté. Une nouvelle mission avait appelé Bo à l'armée des Pyrénées, lorsque la réaction thermidorienne qui poursuivait les membres de l'ancienne Montagne l'attaqua à son tour, sur la dénonciation de Génissieu, et malgré l'opposition de Lofficial et d'Aubanel. Génissieu l'accusa (séance du 22 thermidor an III) « d'avoir créé à Aurillac une commission révolutionnaire composée d'hommes atroces et perdus de débauches. Ces hommes avaient fabriqué des timbres étrangers, et menaçaient les citoyens aisés de leur faire parvenir des lettres timbrées de Worms et de Coblentz, s'ils ne leur apportaient telle somme qu'ils désignaient. » Tallien, Penières, Defermon et Legendre obtinrent contre lui (8 août 1795) en même temps que contre Lequinio, Lefiot, Lanot, Dupin, Piorry, Chaudron-Rousseau, Laplanche, Massieu et Fouché (de Nantes) un décret de mise en accusation.

Bo fut compris dans l'amnistie du 25 octobre 1795 (4 brumaire an III.) Sans fortune et fatigué de la politique active, il accepta plus tard (22 thermidor an VII) le poste de chef du bureau des émigrés au ministère de la Police. Il quitta au coup d'Etat de brumaire, pour aller reprendre l'exercice de la médecine à Fontainebleau, et publia, en 1811, une *Topographie médicale* de cette ville (in-8° de 63 p.).

BOBILIER (CLAUDE-FERDINAND), représentant à la Chambre des Cent-Jours, né aux Gras (Doubs), le 11 janvier 1761, mort à Vesoul (Haute-Saône), le 5 mars 1839, était professeur à Vesoul, et fut élu le 13 mai 1815, représentant de cet arrondissement, par 39 voix sur 63 votants et 171 inscrits, contre 20 à M. Bardeux, vice-président du tribunal civil. Bobilier fut un des nombreux membres de la Chambre des Cent-Jours que ne mentionnent pas les documents parlementaires de cette législature de six semaines.

BOBLAYE (DE). *Voy.* LE PUILLON.

BOCH (CHARLES), représentant à l'Assemblée législative de 1849, né à Strasbourg (Bas-Rhin), le 24 mars 1824, mort à Bâle (Suisse), le 18 février 1871, était vigneron à Mittelschaeffolsheim. Porté sur la liste des républicains démocrates socialistes, il fut élu, le 13 mai 1849, représentant du peuple à l'Assemblée législative par le département du Bas-Rhin, le 6e sur 12, avec 36,453 voix (95,863 votants, 146,942 inscrits). Boch était un des plus jeunes représentants de la Législative. Il s'assit à la Montagne, et s'associa à toutes ses protestations contre l'expédition romaine ; signataire de la proposition de mise en accusation du président L.-N. Bonaparte, présentée à l'Assemblée dans la séance du 11 juin, il fut également, le même jour, un des auteurs d'une proclamation de la Montagne à la démocratie allemande (11 juin, où il était dit :

« Frères !

« Au signal donné par notre Révolution sociale de février, l'Allemagne s'est ébranlée. Mûre pour les idées nouvelles, elle s'est levée contre les despotes ; elle a revendiqué ses droits si longtemps méconnus de la souveraineté populaire... L'Allemagne et la France ont reçu du ciel une mission sacrée; en leurs mains sont les destinées du monde. Sous la bannière de la démocratie elles forment, entre l'Orient et l'Occident, le rempart de la civilisation contre la barbarie. Unies par le bras et par l'idée, elles édifieront la société nouvelle... Frères! espoir et persévérance! et bientôt, dans une fraternelle étreinte, sur les ruines des trônes et des privilèges, deux grands peuples pourront s'écrier, pleins du saint enthousiasme de la victoire : Allemagne et France pour le pain et le bonheur de l'humanité!... » Il signa aussi la proclamation au peuple française insérée dans les journaux du 13, et rappelant la violation de l'article 5 du préambule de la Constitution, ainsi que l'appel aux armes daté du Conservatoire des arts et métiers. C'est que le représentant Boch fut arrêté, par un capitaine du 62e de ligne, au moment où il sortait d'une des salles intérieures. Il s'était revêtu de ses insignes, et s'avançait, dit-il dans un premier interrogatoire, au devant des troupes pour empêcher l'effusion du sang. Après cette explication, Boch déclara aux juges qu'il n'opposerait que le silence aux questions qui lui seraient faites. En effet, à une des premières audiences de la haute Cour de justice siégeant à Versailles, le samedi 15 octobre, « l'accusé Boch » déclara simplement ceci : « Je persiste dans ma protestation contre un pouvoir violateur de la Constitution ; je proteste aussi contre le droit qu'on s'arroge ici de vouloir nous juger, et je déclare ne vouloir répondre à aucune des questions qui me seront adressées. » Boch entendit prononcer contre lui, le 15 novembre, la peine de la déportation.

BOCHARD (Charles-Aimé), représentant à la Chambre des Cent-Jours, né à Poncin (Ain), le 9 mai 1760, mort à Poncin, le 10 mars 1850, était fils de Joachim Bochard, notaire royal à Poncin, et de demoiselle Louise Durand ; il fut avocat et conseiller de préfecture à Bourg. Les électeurs du département de l'Ain, convoqués le 14 mai 1815, l'élurent, par 62 voix sur 99 votants et 278 inscrits, à la Chambre des représentants, où il ne se fit pas remarquer. Il se retira ensuite dans son pays natal et mourut à un âge très avancé.

BOCHARD (Jean-Stanislas), fils du précédent, représentant du peuple aux Assemblées constituante et législative de 1848-1849, né à Marboz (Ain), le 19 janvier 1779, mort à Bourg (Ain), le 20 février 1857, se fit recevoir avocat et acquit au barreau de Bourg de la réputation. Le 23 avril 1848, il fut élu, comme républicain modéré, représentant de l'Ain à l'Assemblée constituante, le 1er sur 9, par 72,162 voix. Il soutint le général Cavaignac et vota tantôt avec la droite, tantôt avec la gauche : 9 août, *pour* le rétablissement du cautionnement ; 26 août, *contre* les poursuites intentées à Louis Blanc et à Caussidière ; 1er septembre, *contre* le rétablissement de la contrainte par corps ; 18 septembre, *pour* l'abolition de la peine de mort ; 4 octobre, *contre* l'incompatibilité des fonctions ; 7 octobre, *pour* l'amendement Grévy ; 2 novembre, *contre* le droit au travail ; 25 novembre, *pour* l'ordre du jour : « Le général Cavaignac a bien mérité de la patrie ; » 28 décembre, *pour* la suppression de l'impôt du sel ; 21 mars 1849, *contre* l'interdiction des clubs ; 16 avril, *contre* les crédits de l'expédition de Rome ; 2 mai, *pour* l'amnistie des transportés ; 11 mai, *pour* la mise en accusation du président et de ses ministres. A l'Assemblée législative, où il fut réélu, le 13 mai 1849, par le même département, avec 52,111 voix (82,754 votants, 102,031 inscrits), le 2e sur 8, Bochard, sans faire partie du groupe de la Montagne, vota souvent avec elle contre les lois répressives élaborées par le gouvernement présidentiel d'accord avec la majorité de droite. Il fut l'adversaire du coup d'État de décembre, et, candidat de l'opposition le 29 février 1852, au Corps législatif, il obtint 1,116 voix dans la 1re circonscription de l'Ain, contre le candidat officiel élu, M. de Lormet. Il se retira alors de la politique.

BOCHER (Pierre-Henri-Edouard), représentant du peuple à l'Assemblée législative de 1849, représentant en 1871, et sénateur depuis 1876, né à Paris, le 16 février 1811, fils d'un agent de change, suivit les cours de l'École de droit, après de brillantes études au lycée Henri IV, entra comme auditeur au Conseil d'État en 1833, et, par l'influence de son beau-père, M. de Laborde, alors député d'Étampes,

fut nommé, en 1834, sous-préfet de cet arrondissement. Il devint préfet du Gers en 1839, et fut envoyé à Toulouse, en 1841, pour apaiser une émeute provoquée par le recensement et qui avait chassé le préfet : il s'acquitta fort habilement de cette mission, passa préfet à Caen (janvier 1842), et conserva ce poste jusqu'à la révolution de 1848. Il se présenta dans le Calvados aux élections législatives du 13 mai 1849, avec une profession de foi républicaine, et fut élu, le 4e sur 10, par 64,368 voix sur 86,996 votants et 137,851 inscrits. A l'Assemblée législative, il prit place à droite, fit preuve de réelles qualités oratoires dans les discussions d'administration et de finances, fut membre de plusieurs commissions, fut rapporteur du projet de loi sur l'impôt des boissons, se tint à l'écart des menées politiques de l'Élysée, et protesta contre le coup d'État du 2 décembre 1851.

L'ex-roi l'avait nommé administrateur des biens de la famille d'Orléans situés en France ; à ce titre, il s'opposa, par tous les moyens en son pouvoir et avec une rare énergie, à l'exécution des décrets de spoliation du 22 janvier 1852. Arrêté pour avoir fait distribuer une protestation contre ces décrets, il comparut en police correctionnelle, et fut condamné à un mois de prison pour contravention à la loi sur le colportage. Aux élections du 24 mai 1869, M. Bocher se porta comme candidat de l'opposition dans la 1re circonscription du Calvados, et échoua avec 4,533 voix, contre le candidat officiel, M. de Germiny, élu par 13,402 voix. Le 8 février 1871, les mêmes électeurs l'envoyèrent à l'Assemblée nationale, le 2e sur 9, par 77,241 voix sur 86,564 votants et 139,207 inscrits. Il prit place au centre droit dont il devint le président, défendit contre Pascal Duprat, en qualité de rapporteur, le projet de loi de restitution à la famille d'Orléans des biens non vendus, fit partie de nombreuses commissions, contribua activement à faire voter par le centre droit les lois constitutionnelles, et refusa, pour raison de santé, le portefeuille de l'Intérieur qui lui fut offert par le maréchal de Mac-Mahon. Dans cette législature, il a voté *pour* la paix, *pour* l'abrogation des lois d'exil, *pour* la pétition des évêques, *pour* le pouvoir constituant de l'Assemblée, *contre* le service militaire de trois ans, *pour* la démission de Thiers, *pour* l'arrêté contre les enterrements civils, *pour* le septennat, *pour* le ministère de Broglie, *contre* la dissolution de l'Assemblée, *pour* les lois constitutionnelles.

Le 30 janvier 1876, il se présenta aux élections sénatoriales dans le Calvados, déclarant « qu'il ne songerait point à modifier la loi constitutionnelle, qu'il avait votée parce qu'il l'avait crue nécessaire, avant le temps qu'elle a elle-même fixé et sans en avoir fait une sincère et sérieuse épreuve. » Élu par 651 voix sur 865 votants, en opposition à la liste bonapartiste, il prit place à droite, proposa, en mars 1878, un amendement au projet de loi sur l'état de siège, autorisant le président de la République à le déclarer, en cas de dissolution de la Chambre, à la condition de convoquer immédiatement les collèges électoraux, et de réunir les Chambres dans le plus bref délai, prononça (mars 1881) un éloquent discours en faveur de la loi de 1850 sur l'enseignement (interpellation de M. Batbie sur la fermeture d'établissements libres d'enseignement secondaire), défendit (février 1882) l'adjonction des plus imposés aux conseils municipaux pour le vote des contributions extraordinaires, attaqua (avril 1883, discussion sur la conversion) le programme des travaux publics entrepris par le gouvernement, « à qui les tristes expériences du passé auraient dû commander plus de modération dans les dépenses, » et protesta énergiquement, en décembre, contre la décision de la gauche sénatoriale de voter de confiance le budget ordinaire de 1884 faute de temps pour le discuter. En janvier 1884, il critiqua vivement le budget extraordinaire, et s'éleva, en août suivant, au Congrès de Versailles, contre l'article 2 de la nouvelle loi constitutionnelle qui décidait « que la forme républicaine du gouvernement ne pouvait pas faire l'objet d'une proposition de revision ». Réélu dans le Calvados au renouvellement du 6 janvier 1885, par 665 voix sur 1,174 votants, M. Bocher ne prit plus, en raison de sa santé, une part aussi active que par le passé aux discussions de la Chambre haute. Il monta parfois à la tribune sur des questions de finances, et fit, surtout par ses votes, de l'opposition aux ministères qui se succédèrent. Dans la dernière session, il s'est prononcé *contre* le rétablissement du scrutin uninominal (13 février 1889), *contre* le projet de loi Lisbonne restrictif de la liberté de la presse (18 février), *contre* la loi de procédure à suivre devant le Sénat pour juger les attentats commis contre la sûreté de l'Etat (29 mars, affaire du général Boulanger). — Officier de la Légion d'honneur du 29 avril 1846.

BODIN (Pierre-Joseph-François), membre de la Convention et député au Conseil des Cinq-Cents, né le 2 mars 1748, mort à Blois (Loir-et-Cher) en 1809, était chirurgien à Limeray en 1789, et se montra partisan des idées nouvelles. Elu, le 6 septembre 1792, membre de la Convention par le département d'Indre-et-Loire, avec 216 voix sur 431 votants, il siégea parmi les modérés et, dans le procès de Louis XVI, répondit au 3ᵉ appel nominal :

« Louis a rompu le contrat social qui l'unissait au peuple : il a parjuré son serment et conspiré contre la liberté. Tels sont les crimes, et tel est le coupable sur le sort duquel il s'agit de prononcer, non en juges, mais en hommes d'Etat, non en gens passionnés, mais en hommes sages, lisant dans le passé, réfléchissant sur l'avenir, et de manière à faire tourner le sort de Louis au plus grand bien de la République. Donc, comme le monde entier nous contemple, que la postérité nous jugera, et que le salut public dépend de notre détermination; comme on n'est pas grand par de grandes exécutions, mais par de grands exemples de modération et d'humanité, par des actes de prudence, et non par le sentiment de la haine et l'amour de la vengeance; comme enfin jamais un holocauste de sang humain ne put fonder la liberté, je vote pour la réclusion de Louis et de sa famille, pour être déportés à la paix. »

En 1794, il parla, avec Bourdon de l'Oise, en faveur des suspects détenus, fit voter l'exemption du service de la garde nationale pour les ouvriers pauvres, et, en mission à l'armée de l'Ouest, fit preuve de modération et de sang-froid. Le 22 vendémiaire an IV, le département d'Indre-et-Loire l'élut député au Conseil des Cinq-Cents par 135 voix sur 251 votants. Lorsqu'il sortit de l'Assemblée au premier renouvellement, il fut nommé capitaine de gendarmerie à Blois, où il mourut. — On lui doit un *Essai sur les accouchements* (1797).

BODIN (Vincent-Jacques), député au Conseil des Cinq-Cents, frère du précédent (que

tous les biographes, à l'exemple du *Moniteur officiel*, ont jusqu'ici confondu avec lui), né à Thouars (Deux-Sèvres), le 4 décembre 1758, mort à une date inconnue, était, en 1789, maire et commandant de la garde nationale de Gournay (Deux-Sèvres). Membre, le 11 août 1790, du directoire des Deux-Sèvres, et président du tribunal de Thouars en octobre 1792, il fut élu député au Conseil des Cinq-Cents, le 23 germinal an VII : il y demanda, à la séance du 24 fructidor, « la peine de mort contre les déserteurs à l'intérieur. » Le Consulat le fit juge au tribunal d'appel de Poitiers (24 floréal an VIII), et l'Empire, président de la Cour criminelle des Deux-Sèvres (3 janvier 1809), puis président de chambre à Poitiers, le 19 mai 1811.

BODIN (Jean-François), député de Saumur en 1820, né à Angers, le 26 septembre 1766, mort à Chemellier (Maine-et-Loire), le 5 février 1829, était fils d'un maître maçon de Baupreau. Après quelques études à Angers, Bodin essaya de l'architecture, mais le mouvement de la Révolution l'entraîna : en 1792, il était un des administrateurs du district de St-Florent, puis devint payeur à l'armée de l'Ouest; il refusa à cette époque le poste de payeur général de la Vendée, mais accepta, en 1794, la recette particulière de Saumur, où il épousa Mlle Lenoir de la Motte, d'une famille de vieille bourgeoisie de Baugé. A la pacification de 1796, il reprit un moment ses travaux d'architecture à l'occasion du concours ouvert par l'Institut pour élever un monument à la gloire des armées françaises: il envoya un projet d'arc de triomphe à ériger sur l'emplacement actuel de l'arc de l'Etoile, mais qui fut trouvé trop dispendieux.

En 1815, Bodin coopéra personnellement au licenciement de l'armée de la Loire, en avançant de sa poche une partie des fonds nécessaires à cette opération; ce sacrifice ne désarma pas l'opinion ultra-royaliste qui lui reprochait ses relations avec les hommes de la Révolution et l'esprit antireligieux qui perçait dans les *Recherches historiques sur Saumur et le Haut-Anjou*, publiées par lui en 1812 et 1815. Il prévint une révocation en se démettant de sa place (1817).

Le 4 novembre 1820, il fut élu député du 2ᵉ arrondissement électoral de Maine-et-Loire (Saumur), par 271 voix sur 449 inscrits, contre MM. Budon, maire d'Allonnes, qui obtint 137 voix, et Allain-Targé, 29. Il continua de publier quelques études historiques sur l'Anjou, et prit peu de part aux travaux parlementaires, mais fut nommé membre correspondant de l'Institut. Quelque peu impliqué dans la conspiration Berton, il subit une visite domiciliaire, n'invoqua point alors l'inviolabilité parlementaire, et ne dut qu'à une longue maladie de n'être pas compromis davantage.

Les élections du 6 mars 1824 lui furent défavorables; il échoua, avec 13 voix, au collège de département, et avec 71 voix à Saumur, dans son arrondissement, contre M. Benoît, élu avec 345 voix.

Bodin se retira alors dans sa maison de campagne de Launay, aux Tuffeaux, et ne s'occupa plus que de la correction de ses ouvrages. La perte d'un œil, en juin 1828, lui rendit bientôt ce dernier travail impossible, et il mourut sans regret sept mois après. Le bruit courut alors que Bodin à son lit de mort, à l'instigation du curé de Saint-Florent, avait abjuré solennellement tout ce qu'il avait pu dire et écrire de contraire à la religion. Ce fait a été l'objet de vives controverses locales, qui n'ont réussi ni à le prouver ni à l'infirmer.

BODIN (Félix), fils du précédent, député de Saumur de 1831 à 1837, né à Saumur, le 29 décembre 1795, mort à Paris, le 8 mai 1837, montra de bonne heure des aptitudes artistiques, contrariées par une santé très éprouvée. Après avoir tenté des spéculations industrielles, qui ne réussirent pas, il publia des études historiques sur les assemblées représentatives, sur l'histoire de France et d'Angleterre, et composa deux complaintes, une sur le *Droit d'aînesse*, et l'autre sur la *Loi d'amour*, qui lui valurent une certaine notoriété, et lui ouvrirent les colonnes des principaux journaux et revues du temps. Il se lia ainsi avec Thiers, qui lui communiqua le manuscrit de son *Histoire de la Révolution française*. Bodin l'emmena chez son éditeur; celui-ci refusa d'abord d'imprimer, sans garantie, un ouvrage aussi considérable : « Si c'était de vous, M. Bodin, je ne dirais pas non; mais qui connaît M. Thiers? » Thiers supplia alors son ami de le couvrir de sa célébrité, et voilà pourquoi les deux premiers volumes de l'*Histoire de la Révolution française* parurent, en 1823, sous le nom de Félix Bodin et Thiers.

Bodin s'occupa activement de propager l'enseignement mutuel, et de vulgariser les caisses d'épargne, les monts-de-piété, les salles d'asile; il en fonda une, à ses frais, dans sa maison de Chaillot.

Ses relations avec les hommes politiques de l'époque l'engagèrent à se présenter à la députation : il échoua, une première fois, le 28 octobre 1830, dans l'arrondissement de Saumur, avec 196 voix contre M. Robineau, qui en réunit 292, et M. Laréveillère qui fut élu par 570. Bodin s'était troublé devant les électeurs, n'avait pu que balbutier quelques mots, et était rentré chez lui malade. « Que va dire M. Thiers? » murmurait-il en souriant.

Il fut plus heureux aux élections générales du 5 juillet 1831 : le sixième collège électoral de Maine-et-Loire (Doué) le nomma député par 92 voix, sur 146 votants et 205 inscrits, contre M. de Marcombe, qui n'eut que 50 voix. Il monta plusieurs fois à la tribune, sur des questions de détail. Son mandat lui fut renouvelé le 21 juin 1834, dans le même collège, par 97 voix sur 135 votants et 202 inscrits, contre M. de Contades, qui réunit 33 voix. Bodin mourut pendant la session.

BODIN (Alexandre-Marcel-Melchior, dit Bodin de Montrilon), représentant à l'Assemblée constituante de 1848, et député au Corps législatif de 1852 à 1869, né à Lyon (Rhône), le 23 avril 1804, s'établit dans le département de l'Ain, à Saint-André-de-Corsy, où il possédait de grandes propriétés, et s'occupa d'agriculture en même temps que de politique. D'opinions conservatrices, il inclinait sous le règne de Louis-Philippe vers le royalisme légitimiste. Le 23 avril 1848, il entra dans la lutte électorale et fut nommé représentant du département de l'Ain à l'Assemblée constituante, le 7e sur 9, avec 40,922 voix. Il fit partie du comité de l'agriculture et du crédit foncier, et vota toujours avec la droite : le 9 août 1848, *pour* le rétablissement du cautionnement; le 26 août, *pour* les poursuites contre Louis Blanc et Caussidière; le 1er septembre, *pour* le rétablissement de la contrainte par corps; le 18 septembre, *contre* l'abolition de la peine de

mort : le 7 octobre, *contre* l'amendement Grévy le 11 octobre, *contre* le cours forcé des bons hypothécaires; le 2 novembre, *contre* le droit au travail; le 28 décembre, *contre* la réduction de l'impôt du sel; le 12 janvier 1849, *pour* la proposition Rateau : le 16 avril, *pour* les crédits de l'expédition de Rome; le 2 mai, *contre* l'amnistie des transportés; le 18 mai, *contre* l'abolition de l'impôt des boissons.

Non réélu à l'Assemblée législative, il entra, après s'être rallié à la politique présidentielle, au Corps législatif, le 29 février 1852 : il y représenta la 3e circonscription électorale de l'Ain, avec 16,302 voix sur 21,362 votants et 36,221 inscrits, et fut successivement réélu : le 22 juin 1857, par 18,470 voix (19,062 votants, 34,819 inscrits), et, le 1er juin 1863, par 22,789 voix (23,189 votants, 36,191 inscrits.) Il vota constamment avec la majorité dynastique, et échoua aux élections du 24 mai 1869, avec 10,190 voix, contre le candidat indépendant, M. Germain, élu par 18,073 suffrages.

BODINEAU (Jean-Pierre-Etienne-Lazare), député à l'Assemblée constituante de 1789, né à Chauvigny (Loir-et-Cher), le 21 mars 1749, mort à une date inconnue, était curé de Vendôme. Ce bailliage l'élut député du clergé aux Etats-Généraux, le 24 mars 1789, par 123 voix sur 165 votants. Il se réunit au tiers-etat, dont il appuya les revendications, et prêta le serment civique. Rentré dans son pays après la session de la Constituante, il devint plus tard, sous le régime consulaire, juge au tribunal civil de Vendôme, (28 floréal an VIII); il termina sa carrière dans la magistrature.

BODINIER (Jean-Julien), député au Conseil des Cinq-Cents, puis au Corps législatif, de l'an VIII à 1810, né à Saint-Malo (Ille-et-Vilaine), le 5 janvier 1747, mort à Saint-Servan (Ille-et-Vilaine), le 16 octobre 1819, était fils du sieur Toussaint Bodinier négociant, et de demoiselle Olive Le Maire, et frère de l'abbé Bodinier qui fut déporté, comme prêtre réfractaire dans les premiers jours de 1792, entra en France à l'époque du Concordat, et devint recteur de Châteauneuf. Il s'occupa, à vingt-huit ans, de commerce maritime, et s'associa avec un armateur nommé Guillemant-Dudemaine, puis avec son propre beau-frère, Etienne Huard, (V. ce nom) plus tard député aux Etats-Généraux. Il avait accepté la charge de receveur général de la navigation, du port du Havre au port de Saint-Malo, lorsqu'il fut élu second député suppléant aux Etats-Généraux pour la sénéchaussée de Rennes, au mois d'avril 1789. Il se rendit à Versailles, comme la plupart des suppléants, au début de la session, et il s'y trouvait encore au mois d'octobre lorsque son beau-frère Huard, député titulaire, fut tué en duel. Il ne le remplaça pas, n'étant que deuxième suppléant, et ne siégea pas davantage à l'Assemblée législative où il fut aussi nommé député suppléant en 1791. Bodinier fomenta dans sa région, en 1793, le mouvement de résistance girondin; organisateur d'un bataillon de l'armée fédérale du Calvados, il fut emprisonné par ordre du représentant Le Carpentier, resta huit mois sous les verrous, et dut la liberté au 9 thermidor. L'année suivante, (25 vendémiaire an IV), le département d'Ille-et-Vilaine l'élut député au Conseil des Cinq-Cents, à la « pluralité des voix » sur 250 votants, malgré la vive opposition du parti jacobin. Lecointe-Puyraveau tenta de le faire exclure de l'assemblée comme frère d'émigré; son élection pourtant fut validée sur la motion de Defermon, qui déclara que c'était aux efforts de Bodinier que la place et le port de Saint-Malo avaient dû d'échapper au sort de Toulon et de n'être pas livrés aux Anglais ni aux Chouans. Du Conseil des Cinq-Cents, Bodinier passa au Corps législatif, le 8 pluviôse an VIII, où le Sénat conservateur l'avait nommé pour représenter le département de l'Ain. Un nouveau mandat lui fut confié à la date du 4e jour complémentaire de l'an XIII. Après ses travaux législatifs, il se retira à Saint-Servan ; mais la « nostalgie de la mort, » suivant l'expression d'un de ses biographes, qui s'était déjà emparée de deux de ses frères, « le toucha de son aile » : à son tour il se suicida. Il avait alors soixante-douze ans.

BODITOUX (DE). — *Voy.* LE DEIST.

BODUIN (CHARLES-LOUIS-NARCISSE), député au Corps législatif de 1869 à 1870, représentant à l'Assemblée nationale de 1871, né à Pecquencourt (Nord), le 21 février 1808, fit son droit à Paris, s'inscrivit au barreau de Douai, puis exerça les fonctions de notaire à Valenciennes. Devenu notaire honoraire, il fut nommé administrateur de diverses sociétés, se présenta aux élections du 6 juin 1869, comme candidat indépendant, dans la 6e circonscription du Nord, et fut élu au second tour, par 14,439 voix sur 25,852 votants et 33,540 inscrits, contre le candidat officiel, M. Dehaynin, qui n'obtint que 11,385 voix. Il ne vota pas la déclaration de guerre à la Prusse et s'associa aux propositions du « tiers-parti ».

A l'Assemblée nationale, où il fut élu représentant du Nord, le 8 février 1871, le 5e sur 8, par 213,778 voix (262,927 votants, 326,440 inscrits), M. Boduin siégea au centre droit, et vota le plus souvent avec les monarchistes, bien qu'il eût, dans un discours prononcé au mois d'octobre 1872, fait une demi-adhésion à la République conservatrice : « Je serai le premier, disait-il, à sacrifier les convictions de toute ma vie au bien de mon pays, s'il veut manifestement continuer à vivre sous le régime d'une République librement acceptée après l'essai loyal que nous en avons fait en honnêtes gens. »

M. Boduin vota : le 1er mars 1871, *pour* la paix ; le 16 mai, *pour* les prières publiques ; le 10 juin, *pour* l'abrogation des lois d'exil ; le 30 août, *pour* le pouvoir constituant de l'Assemblée ; le 3 février 1872, *pour* le retour de l'Assemblée à Paris ; le 24 mai 1873, *pour* la démission de Thiers ; le 19-20 novembre, *pour* le septennat ; le 4 décembre, *pour* le maintien de l'état de siège ; le 20 janvier 1874, *pour* la loi des maires ; le 16 mai, pour le ministère de Broglie ; le 30 janvier 1875, *contre* l'amendement Wallon ; le 25 février, *pour* l'ensemble des lois constitutionnelles. Il n'a pas fait partie d'autres législatures.

BOELL (JEAN-GASPARD), député au Conseil des Cinq-Cents et représentant à la Chambre des Cent-Jours, né à Wissembourg (Bas-Rhin), le 15 février 1765, mort à Wissembourg, le 18 décembre 1833, était avocat dans cette ville, quand il fut élu, le 24 germinal an VI, député du Bas-Rhin au Conseil des Cinq-Cents ; favorable au coup d'État de brumaire, il entra sous le Consulat dans la magistrature, et fut nommé le 22 prairial an VIII, président du tribunal civil de Wissembourg. Plus tard, cet arrondissement l'envoya (10 mai 1815) à la Chambre des représentants. Après les Cent-Jours, il disparut de la scène politique.

BOELL (CHARLES-GUSTAVE-ALBERT), représentant à l'Assemblée nationale de 1871, né à Oberrotterbach (Bavière), le 17 décembre 1820, mort à Wissembourg (Bas-Rhin), le 4 décembre 1872, était avoué à Wissembourg lors des élections du 8 février 1871 à l'Assemblée nationale. Il fut élu représentant sur la liste républicaine du Bas-Rhin, le 5e, par 65,697 voix (101,741 votants, 145,183 inscrits). Il se rendit à Bordeaux et siégea à gauche, mais quitta l'Assemblée aussitôt après le vote du traité de paix avec l'Allemagne ; il avait signé, avec tous ses collègues des départements de l'Est la protestation dont il fut donné lecture à la tribune, et avait voté *contre* les préliminaires de paix.

BOERIO (PIERRE-JEAN-THOMAS), député à l'Assemblée législative de 1791, né à Corte (Corse), en 1738, mort à Ajaccio (Corse), le 17 décembre 1808, était président du tribunal de Corte quand il fut élu, le 20 septembre 1791, député de la Corse à l'Assemblée législative, par 193 voix sur 377 votants. Il y prit la parole, à la séance du 13 juillet 1792, sur le rapport relatif à la suspension de Pétion, maire de Paris. Comme Muraire, député du Var, proposait à l'Assemblée de décréter que la suspension du maire serait levée, Boerio s'y opposa et demanda la question préalable. Malgré ses efforts, le projet de décret fut adopté.

Après le 18 brumaire, Boerio, partisan de Bonaparte, devint (7 messidor an VIII) président du tribunal d'appel à Ajaccio, et le 25, prairial an XII, membre de la Légion d'honneur.

BOERSCH (CHARLES), représentant à l'Assemblée nationale de 1871, né à Strasbourg (Bas-Rhin), le 12 mars 1811, mort à Nancy (Meurthe-et-Moselle) le 25 mai 1874, fut conseiller municipal à Strasbourg, et rédacteur en chef du *Courrier du Bas-Rhin*, journal républicain. Il siégea quelques jours à la gauche de l'Assemblée de Bordeaux, où l'avait élu représentant, le 8 février 1871, le département du Bas-Rhin, par 54,703 voix (101,741 votants, 145,183 inscrits). Avec toute la députation du Bas-Rhin, il vota *contre* les préliminaires de paix, protesta contre la conclusion du traité avec l'Allemagne, et se retira de l'Assemblée, en donnant sa démission. Il se fixa alors à Nancy, où il est mort.

BOERY (GUILLAUME-BARTHÉLEMY), député aux Etats-Généraux de 1789, au Conseil des Cinq-Cents et au Corps législatif de l'an VIII, né à Chénérailles (Creuse), le 30 décembre 1748, mort à Châteauroux (Indre), le 15 juillet 1822, fut, avant la Révolution, avocat et président de l'élection à Châteauroux. Le 26 mars 1789, le bailliage du Berry l'élut député du tiers aux Etats-Généraux ; en 1791, il demanda des poursuites contre un de ses collègues accusé d'avoir fait aux Jacobins la motion de ne plus reconnaître l'autorité du roi ; la demande de Boëry ne fut pas accueillie par l'Assemblée. Après la tourmente révolutionnaire, dont il se tint éloigné, Boëry fut élu, le 23 vendémiaire an IV, juge à Châteauroux, puis, le 23 germinal an VII, député de l'Indre au Conseil des Cinq-Cents. Favorable au coup d'Etat de brumaire, il fut désigné, le 4 nivôse an VIII, par le Sénat conservateur, pour représenter le département de l'Indre au nouveau Corps législatif. Napoléon le nomma (5 germinal an XII) directeur des droits réunis dans l'Indre, et le créa chevalier de l'Empire, le 13 avril 1811 ; Boëry quitta les droits réunis en 1816, et fut nommé, le 23 avril 1849, président honoraire à Châteauroux.

BOESSIÈRE (DE LA. — Voy. CHAMBORS (COMTE DE).

BOFFINTON (JEAN-BAPTISTE-STANISLAS), représentant à l'Assemblée nationale en 1873, membre du Sénat de 1876 à 1885, né à Bordeaux (Gironde), le 27 août 1817, commença par être commis-voyageur, puis entra dans l'administration sous la présidence de L.-N. Bonaparte, comme sous-préfet de Jonzac, et, après avoir occupé successivement les sous-préfectures de Saintes et d'Alais, devint, sous l'Empire, préfet de la Charente-Inférieure, puis des Basses-Pyrénées et de la Dordogne. Il passa pour pratiquer largement la candidature officielle; serviteur dévoué du gouvernement, il s'efforçait en 1869, dans une circulaire aux électeurs, de les prémunir contre les « promesses des agents de désordre qui intimident les fonctionnaires. » La révolution du 4 septembre 1870 écarta M. Boffinton des fonctions publiques, jusqu'en 1873. A cette époque, le 11 mai, il se présenta dans la Charente-Inférieure, en remplacement de M. Chasseloup-Laubat, comme candidat conservateur, partisan de la liberté commerciale. Il évitait de mettre en avant ses préférences bien connues pour le régime impérial, et se bornait à dire dans sa profession de foi : « Homme d'ordre avant tout, je soutiendrai avec énergie une politique ferme et résolue qui seule peut nous préserver de la ruine sociale, et je demanderai que la France directement consultée désigne elle-même dans la plénitude de ses droits la forme définitive de son gouvernement. » Il fut élu par 51,050 voix sur 99,242 votants et 141,396 inscrits, contre 47,127 voix accordées au candidat républicain, M. Rigaud. Les légitimistes du département avaient voté pour M. Boffinton, qui, à l'Assemblée, siégea à droite, dans le groupe de l'appel au peuple, et vota le plus souvent avec les conservateurs, sauf dans la question de la loi de 1875 sur l'enseignement supérieur, qu'il repoussa, et dans quelques autres circonstances. Il se prononça : 24 mai 1873, *pour* la démission de Thiers, *s'abstint*, les 19-20 novembre, sur la prorogation des pouvoirs du maréchal Mac-Mahon, ainsi que le 20 janvier 1874, sur la loi des maires, et vota, le 16 mai 1874, *contre* le ministère de Broglie; le 30 janvier 1875, *contre* l'amendement Wallon, et le 11 février, *pour* l'amendement Pascal Duprat, tendant à faire élire le Sénat par le suffrage universel : il rejeta, le 25 février, l'ensemble des lois constitutionnelles. M. Boffinton s'était rendu, le 16 mars 1874, à Chislehurst, pour saluer le prince impérial, le jour de sa majorité.

Élu, le 30 janvier 1876, sénateur de la Charente-Inférieure, par 341 voix sur 583 votants, il siégea pendant neuf ans à la droite sénatoriale et vota constamment avec elle. Il échoua au renouvellement de janvier 1886, avec 486 voix sur 1,036 votants. Le moins favorisé des candidats républicains élus, M. Combes, obtint 538 voix. M. Boffinton représente au conseil général de la Charente-Inférieure le canton de Saint-Geniès. Officier de la Légion d'honneur, du 10 août 1863.

BOGNE DE FAYE (PIERRE-FRANÇOIS-JEAN, CHEVALIER), député de 1818 à 1820, né à Clamecy (Nièvre), le 5 octobre 1778, mort à Clamecy, le 30 juillet 1838, débuta dans la diplomatie; il fut envoyé en 1798, à Londres, par

le Directoire, comme secrétaire de la commission des échanges pour les prisonniers de guerre français. A son retour, il se rendit en Allemagne, où il remplit successivement, près de plusieurs cours, les fonctions de secrétaire de légation, de chargé d'affaires et de ministre. Il fut aussi nommé auditeur de 1re classe au Conseil d'Etat, et maître des requêtes. Pendant sa longue résidence à Munich, à Vienne et à Darmstadt, il avait pris part aux négociations de divers traités importants, et avait reçu le titre de chevalier de l'Empire (1813), et les décorations de commandeur de la Légion d'honneur et de la Couronne de fer d'Italie.

Retiré dans ses foyers au moment de la Restauration, il fut appelé le 21 octobre 1818, par le collège électoral de département de la Nièvre, à siéger à la Chambre des députés. Libéral constitutionnel, ami de Bignon, il prit place à gauche, et proposa, dans la discussion de la loi sur la presse, divers amendements favorables aux écrivains et demanda, entre autres, que le jury fixât le degré de culpabilité qui rapproche la peine du maximum ou du minimum, et déterminât les dommages-intérêts que pourrait réclamer la partie plaignante. Il demanda le rappel des bannis, et vota pour l'admission de Grégoire, se déclara l'adversaire des lois d'exception et fut des 95 opposants au nouveau système électoral. A propos du projet de loi suspensif de la liberté individuelle, il essaya, vainement, d'obtenir que les détenus fussent placés dans les plus saines parties des maisons d'arrêt, et qu'il leur fût payé six francs par jour sur les fonds de la police. Dans le débat relatif aux comptes arriérés, il remarqua que l'on venait d'ôter à la France la liberté de la presse, et que, si cependant cette liberté eût été donnée en 1817 et 1818, on eût évité beaucoup de fautes, « beaucoup de dépenses désastreuses dont on sent enfin les conséquences. » Il rappela que le ministère avait parlé des anciennes libertés et des vieilles franchises du peuple français, comme pour lui faire regretter de n'en plus jouir. « Ces paroles sont d'autant plus remarquables que du temps de ces libertés et de ces franchises, c'est-à-dire sous l'ancien régime, et même encore en 1781, au sein du Parlement, on définissait la nation française, *gent corvéable et taillable à merci et miséricorde...* Pour qui donc étaient ces libertés? Pour les agents du pouvoir; et voilà pourquoi on les regrette... » Il discuta aussi le budget, se plaignit de l'augmentation des dépenses pour le clergé « qui ne se montaient, en 1815, qu'à 11,500,000 francs et s'élèvent aujourd'hui à 33,000,000 », et signala le scandale du casuel, les sacrements vendus et marchandés, etc.

Bogne de Faye ne fut point réélu aux législatures suivantes.

BOHAN (ALAIN), député à l'Assemblée législative de 1791, membre de la Convention et député au Conseil des Cinq-Cents, né à Hanvec (Finistère), en 1750, mort à Rennes (Ille-et-Vilaine), le 26 février 1814, était juge au tribunal de Châteaulin, quand il fut élu, le 12 septembre 1791, député du Finistère à l'Assemblée législative, par 259 voix sur 425 votants; le 5 septembre 1792, le même département l'envoya siéger à la Convention, par 263 voix sur 340 votants. Dans le procès de Louis XVI, il répondit, au 2e appel nominal :

« Il est sans doute plus courageux de braver les menaces des factieux et des scélérats, sans trahir sa conscience, que d'empêcher le peuple, sous des prétextes ridicules, d'exercer sa souveraineté. D'ailleurs, je suis persuadé que je ne puis être en même temps juge et législateur; que la très grande majorité est vraiment républicaine et indignée des perfidies de Louis; que la décision que vous allez prendre doit être soumise à la sanction du peuple; et je dis *oui*. »

Au 3ᵉ appel nominal, il dit : « Je vote pour la mort; » il se prononça pour le sursis. Ayant signé la protestation du 6 juin 1793 contre la journée du 31 mai, il fut des 73 députés décrétés d'arrestation comme complices des Girondins, et sauvés par le 9 thermidor. Réintégré à la Convention, il passa, comme conventionnel, au Conseil des Cinq-Cents, le 4 brumaire an IV, et, au renouvellement de l'an VI, y fut renvoyé, le 25 germinal, par le Finistère, avec 146 voix. Le 18 brumaire mit fin à la carrière politique de Bohan.

BOICHOT (Jean-Baptiste), représentant du peuple à l'Assemblée législative de 1849, né à Villiers-sur-Suize (Haute-Marne), le 20 août 1820, d'une famille de cultivateurs, s'engagea le 2 mars 1839, dans le 7ᵉ léger en garnison à Nancy. En 1849, il avait le grade de sergent-major d'une compagnie d'élite, et il était, a-t-on dit, porté sur le tableau d'avancement pour le grade d'officier, quand les sous-officiers de la garnison de Paris fixèrent leur choix sur lui pour être, avec Rattier, le candidat militaire des républicains démocrates socialistes de la Seine à l'Assemblée législative. Tous deux furent élus, le 13 mai 1849 : Boichot, qui passa le 4ᵉ sur 28, eut 127,998 voix (281,140 votants, 378,043 inscrits). Il s'assit à la Montagne en uniforme de sergent-major, s'associa à Ledru-Rollin dans son interpellation au gouvernement sur les affaires d'Italie, dénonça avec lui la violation de la Constitution, et signa le manifeste au peuple ainsi que l'appel aux armes. Boichot se trouva, le 13 juin, au rendez-vous de la rue du Hasard, au Palais National ; de là, il se dirigea, accompagnant Ledru-Rollin, au bureau de l'état-major de l'artillerie, puis au Conservatoire des arts et métiers avec la colonne des représentants de la Montagne et des artilleurs de la garde nationale. Poursuivi et décrété d'accusation, il réussit à se dérober à la police et se réfugia en Suisse, tandis que la haute Cour de Versailles instruisait son procès. Outre sa participation à la tentative du 13 juin, l'acte d'accusation avait relevé contre le représentant Boichot le passage suivant d'une lettre adressée à ses camarades du 7ᵉ léger, et insérée dans la *Vraie République* du 10 juin : « Chaque fois que les droits des citoyens seront violés dans la personne du soldat, écrivez-moi; alors j'userai du levier révolutionnaire que je tiens des socialistes pour détruire la tyrannie de quelques-uns en défendant les droits de tous. »

M. Boichot fut condamné par contumace à la déportation. En 1850, il publia deux adresses : *Aux démocrates socialistes du département de la Seine*, et *Aux électeurs de l'armée*, rentra en France au 2 décembre 1851, pour combattre le coup d'État, puis après l'insuccès de la résistance républicaine, erra quelque temps dans les montagnes des Alpes et du Jura, et passa en Angleterre au mois de février 1852. Établi à Londres, il prit part, avec Félix Pyat, Caussidière, Louis Avril (de l'Isère), etc., à la fondation d'une Société de proscrits sous le nom de *Commune révolutionnaire*, et qui publia une série d'écrits politiques : Les *Lettres au peuple français*, *à l'armée*, *au peuple américain*, *au peuple suisse*, *à la bourgeoisie*, etc. En

1854, cette Société ayant donné à M. Boichot la mission de se rendre à Paris pour juger de l'état des esprits, il quitta Londres secrètement, se rendit d'abord en Hollande, puis en Belgique, et de là pénétra en France. Il se disposait à se rendre à une réunion révolutionnaire qui devait se tenir à Plaisance, quand il fut arrêté et conduit à Mazas. « A peine arrivé dans la rue, a-t-il raconté lui-même (*Souvenirs d'un prisonnier d'État*), j'aperçus, s'avançant vers moi, une troupe d'hommes en blouse, qui m'interpellèrent par mon nom, et me dirent qu'ils venaient m'avertir que j'étais découvert par la police et qu'ils étaient chargés de me mettre à l'abri de ses poursuites chez une personne amie. Je les suivis non sans méfiance. Nous marchions à travers champs, lorsque tout à coup deux des prétendus ouvriers armèrent chacun un pistolet, en me déclarant que j'étais leur prisonnier; des agents postés aux environs se précipitèrent sur moi, me saisirent par les bras et m'entraînèrent du côté de la barrière. A ce moment, un mouvement se produisit dans la foule qui longeait la chaussée, et Jérôme, l'ex-roi de Westphalie, coiffé d'une calotte rouge, apparut à demi-couché dans une voiture découverte. Un peu en arrière se trouvait le préfet de police Piétri, qui semblait donner des ordres... » La 6ᵉ chambre du tribunal correctionnel de la Seine condamna par défaut M. Boichot, qui avait refusé de comparaître, à cinq ans de prison et dix mille francs d'amende. Il subit sa peine d'abord à Belle-Isle-en-Mer, puis fut transféré à Corte, avec Blanqui, Delescluze, Gambon, etc. L'amnistie de 1859 le mit en liberté. Il habita alors la Suisse, l'Angleterre et la Belgique, où il se fixa définitivement. M. Boichot réside encore à Bruxelles, où il dirige, avec Mme Boichot, une maison d'éducation.

Outre ses écrits politiques, on lui doit un grand nombre d'ouvrages, édités à Bruxelles, sur l'enseignement élémentaire.

BOIDI D'ARDIZZONI (Gaspard-Pierre-Joseph-Charles-Marie, baron), député au Corps législatif de 1808 à 1815, né à Alexandrie (Italie), le 22 mars 1764, mort à Alexandrie, en 1832, servit dans l'armée italienne où il parvint jusqu'au grade de capitaine. Après l'annexion à la France du territoire italien qui forma le département de Marengo, Boidi d'Ardizzoni, qui avait été adjoint au maire, puis maire d'Alexandrie, fut désigné par le Sénat conservateur pour représenter ce département au Corps législatif. Il y entra le 3 octobre 1808, qui récompensa de son dévouement aux institutions impériales par le titre de chevalier (23 juin 1810), puis par celui de baron (27 décembre 1811), après avoir été réélu la même année (4 mai) député du même département.

BOIGNE (Paul-Ernest-Marie, comte de), député au Corps législatif de 1860 à 1870, né à Chambéry (Savoie), le 7 décembre 1829, était propriétaire dans cette ville, et conseiller général de la Savoie pour le canton d'Yenne, quand il fut élu pour la première fois, avec l'appui officiel du gouvernement, député au Corps législatif, le 10 décembre 1860, dans la 1ʳᵉ circonscription de la Savoie, avec 19,542 voix (23,400 votants, 38,574 inscrits), contre 3,614 voix au docteur Paul Caffe. Il fit partie de la majorité et vota, jusqu'au 4 Septembre 1870, conformément à la politique impériale (y compris la déclaration de guerre à l'Allemagne).

M. de Boigne avait été réélu, le 1er juin 1863, par 25,216 voix (25,404 votants, 37,840 inscrits, et le 24 mai 1869, par 20,641 voix 28,458 votants, 37,456 inscrits). Pendant la période du 16 mai, après la dissolution de la Chambre, il tenta de succéder au député républicain sortant, M. Parent, des 363, mais il ne réunit que 6,428 voix contre 10,135. — M. de Boigne est chevalier de la Légion d'honneur.

BOIGNE (Octave, comte de), député en 1876, né à Chambéry (Savoie), le 4 décembre 1833, était sans antécédents politiques, quand il se présenta, le 20 février 1876, dans la 1re circonscription de la Haute-Savoie : il fut élu par 6,931 voix sur 13,578 votants et 17,437 inscrits, contre 6,699 voix à M. Folliet, député sortant. Mais cette élection ayant été invalidée par la Chambre, le nouveau scrutin du 24 mai de la même année donna 7,943 voix à M. Folliet qui fut élu, et 6,814 seulement à M. Octave de Boigne.

BOIGNE (de). — Voy. Leborgne.

BOIGUES (Jean-Louis), député de 1828 à 1838, né à Lascelle (Cantal), le 25 avril 1784, mort à Fourchambault (Nièvre), le 14 novembre 1838, était maître de forges à Fourchambault et chevalier de la Légion d'honneur, lorsqu'il fut élu député du 1er arrondissement de la Nièvre (Nevers), le 21 avril 1828, comme candidat de l'opposition libérale. Beaucoup de royalistes avaient voté pour lui ; le premier scrutin n'avait donné aucun résultat, et les voix s'étaient trouvées ainsi partagées : MM. Bogne de Faye, 71 ; de Montigny, 68 ; de Bouillé, 64 ; Chabrol de Chaméane, 40, et Boigues, 27 seulement. Le lendemain une majorité, formée des royalistes modérés et des « patriotes », se prononça en faveur de Boigues. Il siégea au centre gauche, défendit la Charte, et vota contre le ministère Polignac. Il fut réélu successivement le 23 juin 1830, le 5 juillet 1831, le 21 juin 1834 par 159 voix contre 120 à Benoist d'Azy légitimiste, enfin le 4 novembre 1837, il fit constamment partie de la majorité ministérielle et prit part, notamment au jugement et à la condamnation du journal la *Tribune*. Il mourut pendant la session.

BOILLEAU (Jean-Edme), député au Conseil des Cinq-Cents, puis au Corps législatif en l'an VIII, né à Avallon (Yonne), en 1740, mort à Avallon, le 28 mars 1840, était juge de paix dans cette localité. Député de l'Yonne au Conseil des Cinq-Cents, le 24 germinal an VI, il passa, le 4 nivôse an VIII, au Corps législatif, où l'admit le Sénat conservateur pour le département de l'Yonne. Il s'était rallié à la fortune de Bonaparte.

BOILLEAU D'AUSSON (Jacques), frère du précédent, membre de la Convention, né à Avallon (Yonne), le 25 mai 1751, exécuté à Paris, le 31 octobre 1793, était, avant la Révolution, avocat à Avallon, où il fut nommé juge de paix en 1791. Le 5 août de cette année, il fit hommage à l'Assemblée constituante des appointements de sa place, « voulant surtout, dit-il, qu'il soit prélevé annuellement sur cette somme, celle de 300 livres, pour payer l'abonnement des *Journaux patriotiques*, propres à éclairer le peuple des campagnes voisines d'Avallon. » Le 6 septembre 1792, le département de l'Yonne l'élut député à la Convention par 296 voix sur 539 vo-

tants. Dans le procès de Louis XVI, il répondit au 2e appel nominal :

« C'est une erreur, selon moi, de croire que nous ne sommes pas revêtus de pouvoirs suffisants pour prononcer sur le sort de Louis !

« Le peuple nous a dit : *Allez, sauvez-nous, notre sort est entre vos mains* ; cela, je crois, veut tout dire. Enfin, nous avons été envoyés pour prendre toutes les mesures nécessaires au salut public. Selon moi, la mort de Louis est nécessaire à la tranquillité de l'État ; et, si on en appelait au peuple, son vœu aurait-il un cours libre et naturel ? les prêtres ne diraient-ils pas aux bons habitants des campagnes : *qu'il ne faut pas la mort du pécheur, que l'évangile recommande le pardon des injures* ; et avec ces doléances, Louis échapperait à la peine qui lui est due : alors, je ne vois que des malheurs dans la République.

« Tous ceux qui se sont occupés du droit politique ont reconnu que le peuple ne devait jamais rien prononcer ni sur un fait, ni sur un homme. C'est l'opinion de Rousseau. Montesquieu dit : *C'est toujours un inconvénient que le peuple juge lui-même ses offenses.*

« Solon, pour éviter l'abus des jugements du peuple sur des faits ou des hommes en particulier, avait fait une loi par laquelle l'Aréopage revoyait encore l'affaire jugée par le peuple, pour la lui renvoyer de nouveau à juger, si l'Aréopage avait trouvé coupable l'homme absous par le peuple. De telles précautions annoncent combien les législateurs trouvaient d'inconvénients à rendre le peuple juge sur un *fait* ou sur un *homme.*

« Je finis par vous prophétiser que, si l'appel au peuple a lieu, le peuple, travaillé et séduit, exercera une indulgence qui le perdra : que ce sera prolonger l'anarchie pendant vingt à trente ans de plus. La tour du Temple sera le jardin des *Hespérides*. — Louis sera la *toison d'or* ; et tous les aristocrates intérieurs et extérieurs seront autant d'*Argonautes*, qui entreprendront sans cesse d'en faire la conquête et inquiéteront toujours les citoyens ; je ne suis pas pour l'appel, et je dis *non*. »

Au 3e appel nominal il dit :

« J'ai été envoyé ici pour concourir avec vous au salut de la patrie, pour faire usage de toutes les mesures que je croirais propres à sauver le peuple.

« Si donc les lumières de ma raison et de ma conscience me disent que la mort de Louis est, de ces mesures, l'une des plus importantes, en prononçant sa condamnation, je ne fais que mon devoir, et je ne vais pas au delà de mes pouvoirs.

« Ce n'est pas moi qui me suis constitué juge ; c'est la souveraineté du peuple, ce sont les circonstances, ce sont les *principes qui m'ont créé tel.*

« Où il existe un crime, je veux une punition, non par vengeance, car la vengeance ne fut jamais une vertu, et par cela seul elle doit être étrangère à des républicains, qui ne doivent être que généreux ; mais je la veux, cette punition, *par respect pour la justice, et aussi pour l'utilité de la morale.*

« Un roi détrôné intéresse l'*espèce d'honneur* des autres rois ; il peut même intéresser les peuples à sa cause par une conduite adroite dans son exil.

« Mais s'il expie ses crimes sous le glaive des lois d'un peuple libre, cet acte de vigueur étonne tous les potentats ; ils restent effrayés, consternés, ils tremblent d'éprouver son sort ; ils sont moins entreprenants, surtout lorsque tous les peuples sont prêts à sonner contre eux le tocsin de l'insurrection, et à faire retentir le canon d'alarme.

« On ne fait pas assez d'attention à cette dernière circonstance lorsqu'on semble craindre les suites de la mort de Louis par rapport aux étrangers.

« Les peuples, accoutumés à considérer les rois comme des objets sacrés, se diront nécessairement : *Mais, il faut pourtant bien que ces têtes de roi ne soient pas si sacrées, puisque la hache en approche, et que le bras vengeur de la justice soit les frapper;* et c'est ainsi que vous les poussez dans la carrière de la liberté.

« Citoyens, on parle de factions, de projets liberticides : eh bien! s'il en existe, cette mesure fera tomber les masques; elle mettra les lâches à découvert : moi, je suis las de marcher dans les ténèbres; je veux voir mon ennemi en face.

« Rassurez-vous, citoyens, si des fourbes et des ambitieux osent manifester quelques intentions liberticides... nous sommes là... — nous les anéantirons, car nous nous réunirons tous pour tous les combattre; alors nous aurons doublement mérité de la patrie.

« Je suis humain, j'abhorre le sang; ainsi, je crois déjà bien mériter d'elle en votant pour la mort. »

De retour d'une mission à l'armée du Nord, il dénonça à la Convention la Commune de Paris et Marat, demandant que la tribune fût purifiée « quand ce monstre y aurait paru », et lutta contre la Montagne, qui le proscrivit, après le 31 mai, sur la liste de proscription des 22 Girondins. Arrêté et traduit devant le tribunal révolutionnaire, en octobre 1793, il essaya en vain de conjurer le sort qui le menaçait; il écrivit au président de la Convention, « qu'il était jacobin, montagnard, et qu'il se repentait d'avoir abandonné le bon chemin. J'ai été trompé, et j'espère qu'on ne me fera pas un crime d'un moment d'égarement. » Il suppliait en même temps Léonard Bourdon de se charger de sa défense. Ce suprême appel ne le sauva pas; il fut condamné à mort et exécuté, à 42 ans.

BOIN (ANTOINE), député de 1815 à 1827, né à Bourges (Cher), le 19 janvier 1769, mort à Saint-Denis-de-l'alin (Cher), le 29 janvier 1852, était étudiant en médecine au moment de la Révolution; il fut employé pendant dix ans comme médecin à l'armée du Nord. Ayant obtenu sa retraite, il retourna à Bourges, où il exerça sa profession avec succès. Il refusa pendant les Cent-Jours son adhésion au gouvernement impérial, et fut nommé par la Restauration inspecteur général des eaux minérales aux appointements de 20,000 francs par an. Élu député du Cher, le 22 août 1815, au collège de département, par 69 voix sur 134 votants et 188 inscrits, puis réélu le 4 octobre 1816, par 72 voix (136 votants, 185 inscrits), il fit partie, dans la Chambre introuvable, de la minorité ministérielle, puis siégea au centre gauche dans les législatures suivantes. Il prit une part très active aux débats parlementaires. Le 9 novembre 1815, Boin avait demandé la peine de mort contre quiconque arborerait le drapeau tricolore. Dans la loi sur les élections il se prononça pour les élections cantonales, à deux degrés, et pour le renouvellement partiel. En 1817-1818 (projet de loi sur la presse), il opina en faveur du jury et il fit ressortir les avantages. Rapporteur de la commission des pétitions, il proposa, notamment, l'ordre du jour sur une pétition du sieur Brissot-Thi-

vars, le publiciste libéral, qui se plaignait d'avoir été arrêté à onze heures du soir par cinq agents de police habillés en bourgeois, spolié de ses papiers sans notification légale, d'avoir été mis sous la surveillance de deux gendarmes, comme prévenu d'attentat contre Wellington (coup de pistolet), et d'avoir été sur simple mandat de dépôt, incarcéré définitivement; comme prévenu d'avoir enfin, dans l'intérêt des bannis, fait un ouvrage qui n'a pas été publié. — Il intervint souvent dans la discussion du budget, parla contre la manie des places, et blâma la forme de perception des contributions directes. A propos de la faculté donnée aux plus imposés de voter les taxes d'urgence, il mit en contradiction ses adversaires avec eux-mêmes en soutenant, lors de la discussion sur la loi des élections, qu'il fallait appeler dans le collège les plus petits propriétaires, et en demandant de restreindre aux plus imposés la faculté de voter seuls les sommes auxquelles tous les contribuables doivent être assujettis. Il défendit le monopole des tabacs.

Dans la session de 1819, il vota contre les deux lois d'exception et pour le nouveau système électoral amendé. Son amendement, analogue à celui de Courvoisier, était inspiré par le ministère; il augmentait la Chambre de 172 députés et donnait aux plus imposés le droit de nommer ces 172 députés.

Très attaché au ministre Decazes, c'est peu de temps après le dépôt de cet amendement, qui décida, d'ailleurs, du sort de la loi, que Boin reçut le titre et les fonctions d'inspecteur des eaux minérales.

Resté ministériel après l'avènement de M. de Villèle, « quoique ce dernier, dit un biographe, ne lui ait point encore demandé d'amendement, » il fut réélu le 4 novembre 1820 et le 25 février 1824, par le 1er arrondissement du Cher (Bourges), et parut alors moins souvent à la tribune. « M. Boin, médecin de Bourges, et médecin aussi des ministères, réserve, disait-on, ses ordonnances pour les grandes crises. » — Il fut fait officier de la Légion d'honneur en 1823; en 1815, il avait reçu la croix de chevalier, des mains du duc d'Angoulême. On doit à Antoine Boin, comme médecin, quelques ouvrages spéciaux : *Dissertation sur la chaleur vitale;* un *Coup d'œil sur le magnétisme,* et un *Mémoire sur la maladie qui, en 1809, régna sur les Espagnols prisonniers de guerre à Bourges.*

BOINVILLIERS (ÉLOI-ERNEST FORESTIER), représentant à l'Assemblée législative de 1849, sénateur du second Empire, né à Beauvais (Oise), le 28 novembre 1799, mort au château de Beauval (Loir-et-Cher) le 11 mars 1886, était le fils du grammairien Boinvilliers-Desjardins (1764-1830). Il étudia le droit, s'inscrivit au barreau de Paris en 1822, et tout en publiant divers écrits, dont son père faisait peu de cas, sur *Tacite,* les *Orateurs sacrés,* l'*Éloquence judiciaire,* il s'occupait de politique et se liait avec les chefs de l'opposition libérale. Il se battit sur les barricades en Juillet 1830, et fut aide de camp de La Fayette. Le gouvernement de Louis-Philippe le nomma, à Paris, juge suppléant au tribunal de première instance, et vice-président du comité consultatif du département de la Seine. Il fut membre du conseil de l'ordre des avocats, et bâtonnier en 1848. Après plusieurs tentatives infructueuses pour être élu, sous Louis-Philippe, à la Chambre des députés, il fut envoyé par la Seine à l'Assemblée législative, lors des élections complémentaires qui eurent lieu le 8 juillet 1849, pour remplacer ceux des représentants qui avaient opté pour d'autres départements ou qui avaient perdu leur mandat comme condamnés pour l'affaire du 13 juin; il avait obtenu 110,875 voix sur 234,588 votants et 373,800 inscrits. Il vota généralement avec la droite de l'Assemblée, puis se rallia au parti de l'Élysée, appuya le coup d'État, et fut nommé, après le 2 décembre, membre du Conseil d'État. Il appartint d'abord à la section des Finances, et présida ensuite celle de l'Intérieur, de l'Instruction publique et des Cultes, et celle des Travaux publics, de l'Agriculture et du commerce. Un décret du 5 octobre 1864 l'appela au Sénat impérial; il y siégea parmi les plus dévoués partisans du régime jusqu'au 4 septembre 1870, qui le rendit à la vie privée.

Il était grand officier de la Légion d'honneur du 3 mai 1868. Son plus jeune fils, M. Édouard Boinvilliers, ancien maître des requêtes au Conseil d'État, a été porté, sans succès, lors des élections de 1885, sur la liste conservatrice dans le Cher, avec MM. A. d'Arenberg, de Montsaulnin, de Vogüé, etc.

BOIRON (JEAN-BAPTISTE), membre de la Convention, né à Saint-Chamond (Loire), le 26 janvier 1759, mort à Saint-Chamond le 8 mai 1825, était tonnelier à Saint-Chamond avant la Révolution; s'étant montré, quoique avec modération, partisan des idées nouvelles, il devint officier municipal, et le 10 septembre 1792, fut élu par le département de Rhône-et-Loire, député suppléant à la Convention, avec 654 voix sur 796 votants. Il ne fut admis à siéger que le 7 août 1793, en remplacement de Vitet, qui s'était retiré momentanément de l'Assemblée pour cause de santé. Hostile au parti de la Montagne, Boiron se rangea du côté des Girondins, fut poursuivi avec eux, mais put se justifier des accusations lancées contre lui, et, après la session, revint à Avallon reprendre son métier de tonnelier.

BOIROT (ANTOINE), député au Conseil des Anciens, au Corps législatif et à la Chambre des Cent-Jours, né à Vic (Puy-de-Dôme), le 30 août 1744, mort à Clermont-Ferrand, le 24 mars 1831, était avocat à Clermont-Ferrand au moment de la Révolution, et était passé président de canton, quand il fut élu, le 23 germinal an V, député du Puy-de-Dôme au Conseil des Anciens, par 266 voix. Favorable au coup d'État de brumaire, il fut nommé par le gouvernement consulaire conseiller général du Puy-de-Dôme, et, par l'Empire, président du collège électoral de Clermont-Ferrand. Le Sénat conservateur l'élut député du Puy-de-Dôme au Corps législatif, le 18 février 1808; il siégeait encore en 1814; il fit, le 28 juin, un rapport sur l'examen des pouvoirs des députés des départements annexés, et demanda qu'on rendît aux émigrés leurs propriétés non encore aliénées. Le 13 mai 1815, le collège de département du Puy-de-Dôme l'élut représentant à la Chambre des Cent-Jours; cette courte législature termina sa carrière politique.

BOIROT (ÉTIENNE), député de 1834 à 1839, né à Charroux (Allier), le 6 octobre 1779, mort à Charroux, le 4 septembre 1849, maire de cette commune, propriétaire et conseiller d'arrondissement, fut élu, le 21 juin 1834, député du 3e collège électoral de l'Allier, par 134 voix (217 votants, 285 inscrits), contre 40 à M. Delafargues. Il siégea à gauche, ne parut jamais à la tribune, et vota avec l'opposition dynastique contre les lois de septembre et la loi

d'apanage. Retenu par une grave maladie, il ne put figurer parmi les adversaires de la loi de disjonction présentée en 1837 par le gouvernement après l'affaire de Strasbourg : en vertu de cette loi, lorsque des civils et des militaires seraient impliqués dans un même crime, comme c'était le cas à Strasbourg, les premiers devaient être jugés par la justice civile, les seconds par la justice militaire. M. Boirot fut des 213 députés qui se prononcèrent, en 1839, contre l'adresse amendée favorablement au ministère Molé par MM. Debelleyme, Jussien et de la Pinsonnière. Il ne fit pas partie d'autres législatures.

BOIS DE MOUZILLY (THÉODORE-EUGÈNE), député au Corps législatif de 1852 à 1864, né à Châteaulin (Finistère), le 19 juillet 1813, mort à Marseille (Bouches-du-Rhône), le 18 novembre 1864, appartenait à une riche famille originaire de l'Auvergne. Négociant, membre du conseil d'arrondissement de Châteaulin, il se présenta comme candidat officiel, le 29 février 1852, et fut élu député de la 4e circonscription du Finistère, par 15,018 voix (15,945 votants, 36,319 inscrits), contre 418 voix à M. Heuzé. « Il a voulu être député au Corps législatif, écrit un biographe de l'époque : les électeurs ont pensé qu'autant valait celui-ci qu'un autre. Il est des moments où il faut faire flèche de tout bois; mais celle-ci, croit-on, ne blessera personne. » M. Bois de Mouzilly fut réélu le 22 juin 1857, par 25,594 voix (25,793 votants, 35,451 inscrits), et le 1er juin 1863, par 20,381 (23,461 votants, 36,204 inscrits), contre 2,892 à M. Leroy de Keraniou, et fit partie, jusqu'à sa mort, de la majorité impérialiste.

BOIS-LE-COMTE (CHARLES-JOSEPH-EDMOND, COMTE DE), pair de France, né à Paris, le 23 janvier 1796, mort à Paris, le 9 mars 1863, entra sous la Restauration dans la diplomatie. Sa première ambassade fut celle de Lisbonne (1835), où il appuya autant qu'il put la tentative des constitutionnels pour reprendre le pouvoir. De là, il passa, en 1838, à La Haye, et, en 1846, à Berne. Le 29 septembre 1841, il avait été promu grand officier de la Légion d'honneur, et le 19 avril 1845, appelé à la pairie par le gouvernement de Louis-Philippe. Collaborateur (1845-47) de la seconde édition de l'*Histoire parlementaire de la Révolution*, par Buchez et Roux, le comte de Bois-le-Comte resta, après 1848, dans la diplomatie, et représenta, jusqu'en 1850, la France à la cour de Sardaigne. Depuis lors, il ne remplit aucune fonction.

BOIS-ROUVRAY (DENIS-CHRISTOPHE PASQUIER, CHEVALIER DE), député à l'Assemblée constituante de 1789, né à Mantes (Seine-et-Oise), le 1er avril 1751, mort à une date inconnue, était capitaine de cavalerie en 1789. Élu, le 13 mars, député suppléant de la noblesse aux États-Généraux par le bailliage de Château-Thierry, il fut admis à siéger dans l'Assemblée constituante par suite de la démission de Graimberg de Belleau. Il y prit place à droite, et se fit, dans la séance du 5 mars 1791, le défenseur de l'abbé de Bouvans, suppléant de l'évêque de Tours démissionnaire, qui avait voulu prêter le serment civique *avec des restrictions*, et que l'Assemblée avait exclu pour cette raison en le déclarant déchu de son droit de suppléant. Malgré l'insistance du chevalier de Bois-Rouvray, qui invitait l'Assemblée à revenir sur sa décision, on décida de passer à l'ordre du jour.

BOIS-VIEL (Eugène), parent de Bois de Mouzilly, député au Corps législatif de 1865 à 1870, né à Châteaulin (Finistère), le 18 décembre 1808, était négociant dans ce pays, quand le choix et l'appui de l'administration le firent élire, le 1er janvier 1865, député au Corps législatif, par la 4e circonscription du Finistère, avec 21,787 voix sur 23,963 votants et 36,477 inscrits, contre M. de Gasté, candidat de l'opposition, 2,148 voix. Il remplaçait M. Bois de Mouzilly (V. p. haut) décédé. Comme son prédécesseur, il siégea dans la majorité dynastique, et, réélu, le 24 mai 1869, par 14,064 voix (18,073 votants, 25,932 inscrits), contre 3,957 à M. de Blois, vota la déclaration de guerre à l'Allemagne.

BOISBERTRAND (Étienne, Tessière de), député de 1824 à 1831, né le 23 août 1780, mort au château de Lampourdier (Vaucluse), le 16 mars 1858, remplit sous la Restauration plusieurs fonctions importantes dans l'administration. Il fut secrétaire général de la préfecture de la Vienne et devint chef de division au ministère de l'Intérieur, puis maître des requêtes, directeur de l'administration des établissements d'utilité publique, commissaire général de police à Bordeaux, etc. Élu député de la Vienne, au collège de département, le 6 mars 1824, il se montra tout dévoué aux ministres, vota sans cesse avec eux et prit parfois la parole pour soutenir la politique gouvernementale. « La reconnaissance sans bornes qu'il a vouée aux hommes du pouvoir, disait une biographie de 1826, est pour lui une sorte de culte et comme une poésie de l'âme. » Et l'on en citait pour preuve un discours prononcé à la Chambre, le 28 avril 1825, par M. de Boisbertrand, à propos de l'affaire des marchés de Bayonne (marchés Ouvrard). Il s'écria « qu'on avait eu tort de déplacer la question en amenant les ministres sur le terrain de l'accusation. » Il continua : « En sanctionnant leurs actes, vous avez prouvé que la France monarchique leur accordait leur confiance. Depuis cette époque, le ministère a-t-il dévié?... Tout prouve le contraire... » Et plus loin : « Voilà ce que je lis dans une feuille, l'organe le plus envenimé de la nouvelle opposition » c'était le Journal des Débats : s'adressant au centre : « On vous accuse de manquer d'indépendance et d'énergie; on vous fait un crime d'être fermes dans vos principes et fidèles dans vos affections. » (On rit). Il termina en disant : « Vous n'ordonnerez point d'enquête; vous n'ajournerez point les comptes. Vous renverrez l'esprit de parti se pourvoir par une accusation régulière. Il la fera s'il le veut, s'il le peut; et quand il l'aura faite, vous jugerez, avec la France, entre les accusateurs et les accusés. » Un arrêt de la Cour royale, du 17 décembre 1825, et une ordonnance du roi, du 21 du même mois, renvoya devant la Cour des pairs l'instruction et le jugement de l'affaire relative aux marchés Ouvrard. Le triumvirat Villèle-Corbière-Peyronnet n'eut pas de défenseur plus fidèle que M. de Boisbertrand : réélu les 24 novembre 1827 et 3 juillet 1830, il soutint également le cabinet Polignac. Pourtant il ne refusa pas le serment au gouvernement de Juillet; mais il quitta la vie politique en 1831. Officier de la Légion d'honneur.

BOISBOISSEL (Anne-Marie-Hyacinthe,

comte de), représentant à l'Assemblée nationale de 1871, né à Albi (Tarn), le 26 juillet 1819, mort au château d'Isambart (Loiret), le 17 août 1881, appartint à la magistrature. Au moment de son élection, le 8 février 1871, il était juge d'instruction, en même temps que conseiller général de son département. 63,016 suffrages sur 106,809 votants et 163,398 inscrits l'envoyèrent siéger à l'Assemblée nationale, comme représentant des Côtes-du-Nord : il prit place à droite, s'inscrivit à la réunion des « Réservoirs », signa la proposition tendant au rétablissement de la monarchie, ainsi que l'adresse au pape en faveur du Syllabus et vota : 1er mars 1871, pour la paix; 16 mai, pour les prières publiques; 10 juin, pour l'abrogation des lois d'exil; 30 août, pour le pouvoir constituant de l'Assemblée; 24 mai 1873, pour l'acceptation de la démission de Thiers; 24 juin, pour l'arrêté contre les enterrements civils; 19-20 novembre, pour la prorogation des pouvoirs du maréchal; 4 décembre, pour le maintien de l'état de siège; 20 janvier 1874, pour la loi des maires. Avec les députés légitimistes, il se prononça le 16 mai 1874, pour le renversement du ministère de Broglie; Il vota encore : 30 janvier 1875, contre l'amendement Wallon; 11 février, contre l'amendement Pascal Duprat, et 25 février, contre l'ensemble des lois constitutionnelles. Le 7 décembre 1814, pendant la législature, M. de Boisboissel fut mis à la retraite comme juge d'instruction « pous infirmités contractées dans l'exercice de ses fonctions. » Un journal orléaniste, le Conservateur libéral, de Loudéac, le pressa alors, mais sans succès, de donner sa démission de représentant : « On dit, écrivait l'auteur de l'article, que M. le comte pèche par l'oreille, la langue et les parties intérieures; qu'il ne pourrait rester trois heures assis dans un fauteuil, entendre une plaidoirie ni rendre un jugement. Mais alors pourquoi ne donne-t-il pas sa démission de député?... » M. de Boisboissel prouva sa vigueur en interrompant fréquemment les orateurs de la gauche, et garda son mandat jusqu'à la fin de la session.

BOISCLAIREAU (Jean-René-Guillaume, Guéroust, comte de), député de 1816 à 1818 et de 1820 à 1827, né au Mans (Sarthe), le 11 mai 1754, mort à Ballon (Sarthe), le 2 février 1825, servit, avant la Révolution, dans le régiment du roi-infanterie, et émigra en 1790. Rentré en France sous l'Empire, il était propriétaire à Saint-Germain-en-Laye, lorsque, après le retour des Bourbons, il fut élu député par le collège de département de la Sarthe, le 4 octobre 1816, avec 79 voix sur 111 votants et 219 inscrits. Il échoua aux élections du 20 octobre 1818, mais le même collège le réélut, le 13 novembre 1820, par 248 voix sur 294 votants et 367 inscrits. Le 13 novembre 1822, ce fut le 1er arrondissement électoral de la Sarthe (le Mans), qui lui renouvela son mandat, par 283 voix sur 416 votants et 447 inscrits contre La Goupillière de Dollon (124 voix); ainsi qu'aux élections du 25 février 1824, où il fut nommé par 334 voix sur 367 votants et 453 inscrits, contre M. Bourdon-Durocher (32 voix). Dans toutes ces législatures, M. le comte de Boisclaireau siégea silencieusement dans la majorité ministérielle; il termina sa carrière politique avec la Chambre septennale.

BOISGELIN (Paul-Gabriel-Bruno, marquis de), pair de France, né à Pléhédel (Côtes-du-Nord), le 26 août 1767, mort à Paris, le 3 mai 1827, suivit la carrière de la marine, était capitaine de vaisseau en 1789, et émigra, en 1792, pour servir à l'armée de Condé. A la rentrée des Bourbons, il fut nommé (1814) maître de la garde-robe, et commissaire extraordinaire dans la 8e division militaire (Toulon). Commandant de cavalerie dans la garde nationale, il refusa le service pendant les Cent-Jours, et, au retour de Gand, fut nommé pair de France le 17 août 1815. Dans le procès du maréchal Ney, il vota pour la mort, combattit, en 1818, la loi militaire de Gouvion-Saint-Cyr, déclarant que, bien plus encore que les emplois civils, les emplois militaires devaient être à la nomination du roi, que le silence de la Charte sur ce point prouvait qu'il n'était pas discutable, et que l'avancement à l'ancienneté serait une source d'abus en même temps qu'il mettait obstacle à la pleine autorité de la couronne. Lors de la discussion de la loi sur la presse, il proposa un amendement libéral, qui fut rejeté : il vota du reste contre les lois d'exception. Il avait été nommé, le 25 novembre 1820, chambellan de Louis XVIII.

BOISGELIN (ALEXANDRE-JOSEPH-GABRIEL, COMTE DE), frère cadet du précédent, né à Plébédel (Côtes-du-Nord), le 14 avril 1770, mort à Paris, le 21 juin 1831, avait, comme son frère, suivi la carrière des armes et émigré. A la Restauration, il fut nommé commandant de la 10e légion de la garde nationale de Paris, refusa de servir pendant les Cent-Jours, et ne reprit son commandement qu'au retour de Gand. Le 22 août 1815, le collège de département de la Seine l'ayant élu député, il écrivit à la 10e légion de la garde nationale que « les électeurs de la Seine avaient voulu récompenser en sa personne la garde nationale de ses sacrifices et de son dévouement pour le salut de la capitale. » A la Chambre introuvable, il siégea dans la majorité; il échoua aux élections de 1816, après la dissolution, mais il fut renvoyé à la Chambre, le 20 septembre 1817, par le collège de département d'Ille-et-Vilaine et prit place à l'extrême droite. Il était entré dans les gardes du corps comme lieutenant, et fut nommé maréchal de camp le 20 avril 1818.

A la mort de son frère aîné, pair de France, il fut admis à lui succéder à la Chambre haute, le 19 mai 1827, en vertu de l'ordonnance royale du 1er août 1817, autorisant la transmission de la pairie en ligne collatérale. Il se retira de la vie politique à la chute des Bourbons (Juillet 1830).

BOISGELIN (EDOUARD-RAYMOND-MARIE, MARQUIS DE), fils du précédent, pair de France, né à Paris, le 17 octobre 1802, mort au château de Saint-Fargeau (Yonne), le 2 janvier 1866, fut admis à la Chambre des pairs, par droit d'hérédité, en remplacement du marquis de Boisgelin, son père, le 31 août 1831. Il ne prit qu'une part modeste aux travaux de la Chambre haute, dont il fit partie jusqu'en 1848.

BOISGELIN DE CUCÉ (JEAN-DE-DIEU-RAYMOND, CARDINAL DE), oncle des précédents, né à Rennes (Ille-et-Vilaine), le 17 février 1732, mort à Angervilliers (Seine-et-Oise), le 22 août 1804, d'une vieille famille noble de Bretagne, fut destiné à la carrière ecclésiastique, passa grand-vicaire de Pontoise, puis évêque de Lavaur (1766) et archevêque d'Aix (1770). Quand Mirabeau excita la populace d'Aix au pillage des greniers publics et que l'archevêché fut menacé, M. de Boisgelin convoqua chez lui les magistrats de la ville, les principaux citoyens et négociants, ranima les courages, et, afin de pro-

curer à la ville le blé nécessaire, s'engagea personnellement pour cent mille francs. Le lendemain, il convoqua aussi les curés d'Aix, et, par leur entremise, obtint que le peuple rapportât aux greniers publics une partie du blé enlevé ; la population lui fit une ovation à ce sujet, et une cérémonie officielle eut lieu à la cathédrale pour célébrer le retour de la paix (1789). Président de l'Assemblée qui avait succédé aux Etats de Provence, il avait fait voter la construction d'un canal, d'un pont à Lavaur, et d'une maison d'éducation à Lambesc pour les jeunes filles de noblesse pauvres. L'oraison funèbre du dauphin, fils de Louis XV, du roi Stanislas, et son discours sur le sacre de Louis XVI, deux fois interrompu, malgré l'usage, par des applaudissements, lui avaient valu d'entrer à l'académie française (1776) en remplacement de l'abbé de Voisenon. En 1787, il fit partie de l'assemblée des notables, et, le 6 avril 1789, fut élu député du clergé aux Etats-Généraux par la sénéchaussée d'Aix. Il se prononça pour la réunion des trois ordres, pour l'abolition des privilèges, pour le vote annuel de l'impôt, et demanda que l'emprunt projeté fût hypothéqué sur les biens du clergé, dont la propriété était inaliénable. Nommé président de l'Assemblée, le 29 novembre 1789, il parla pour le maintien des dimes, offrit quatre cent millions au nom du clergé, soutint la prérogative royale du droit de paix et de guerre, combattit la prise de possession des biens d'église par l'Etat en garantie des assignats, proposa la réunion d'un concile général, et publia l'*Exposé des principes des évêques de l'Assemblée*. Lorsqu'un archevêque constitutionnel eût été nommé à Aix, M. de Boisgelin se retira en Angleterre, y fit paraître une traduction des psaumes en vers français, et soulagea autant qu'il put les misères de l'émigration, abandonnant lui-même aux curés pauvres la pension que lui faisait le gouvernement anglais. De retour en France à la signature du Concordat, il prononça à N.-D. de Paris, le jour de Pâques, un discours sur le rétablissement du culte catholique, fut nommé archevêque de Tours (1804), puis cardinal, et candidat au Sénat conservateur, où il n'entra pas.

On doit au cardinal de Boisgelin un certain nombre de publications : *Mémoires pour le clergé de France* (1785), une traduction en vers des *Héroïdes d'Ovide* (1786), le *Temple de Gnide* (imité de Montesquieu), *Considérations sur la paix publique* (1791), etc.

BOISJOLIN (JACQUES-FRANÇOIS-MARIE VIEILH DE), membre du Tribunat, né à Alençon (Orne), le 29 juillet 1760, mort à Auteuil (Seine), le 27 mars 1841, était fils d'un publiciste qui fut emprisonné à la Bastille, en 1788, pour un *Essai sur les finances*, et qui mourut conseiller de préfecture à Alençon sous le Consulat. Lui-même se fit connaître, à dix-sept ans, par une comédie pastorale en 3 actes : l'*Amitié et l'Amour* (1778), qui n'était pas sans mérite, et par un certain nombre de poésies et d'écrits divers. La Révolution le détourna de ses occupations littéraires; du moins il ne les reprit qu'à d'assez longs intervalles. On ne trouve guère à citer de lui, durant cette période, qu'un *Chant funèbre en l'honneur des ministres français assassinés à Rastadt*, (1799), et un *Hymne à la souveraineté du peuple* (même année). Il remplissait alors les fonctions de chef de division au ministère des Relations extérieures; il les échangea bientôt pour un poste de consul à l'étranger. Lors du coup d'Etat de brumaire, il était de retour à Paris, et professait un cours d'histoire à l'École centrale du Panthéon. Il se montra dévoué aux intérêts politiques de Bonaparte, qui l'admit, le 4 nivôse an VIII, parmi les membres du Tribunat : il y siégea deux ans; puis il fut nommé sous-préfet et resta dans l'administration sous l'Empire, la Restauration et la monarchie de Juillet, jusqu'au 3 décembre 1839. Quand il fut mis à la retraite à cette date, il était, à Louviers, le doyen des sous-préfets de France. Il avait collaboré au *Mercure*, au *Journal de Paris*, à l'*Almanach des muses*, avait quelque temps dirigé, après Guinguené, la *Décade philosophique*, et avait chanté dans une ode, publiée en 1811, « l'affermissement de la 4ᵉ dynastie par la naissance du roi de Rome. » — Son fils, Claude-Augustin Vieilh de Boisjolin (1788-1832), fut lui aussi un publiciste d'un certain renom. Entre autres ouvrages, il a rédigé en grande partie, après la mort de Rabbe, la *Biographie portative des contemporains*.

BOISLANDRY (François-Louis Legrand de), député aux États-Généraux de 1789, né à Paris, le 6 mai 1750, mort à Champ-Guesnier (Seine-et-Marne), le 28 octobre 1834, était négociant à Versailles, quand il fut élu, le 3 mai 1789, député du tiers aux États-Généraux, par la prévôté et vicomté de Paris. Membre du comité ecclésiastique et du comité de la constitution, il présenta, le 6 juillet 1790, un rapport sur l'obligation de la résidence pour les évêques, s'opposa à une nouvelle création d'assignats proposée par Mirabeau, et exposa l'idée d'éteindre la dette publique par l'émission de délégations garanties par la nation et rapportant cinq pour cent d'intérêt. En février 1791, il s'éleva contre l'établissement des octrois, et fit hâter la discussion du projet d'impôt des patentes; il ne fit point partie d'autres législatures. On lui doit quelques publications sur les finances : *Vues impartiales sur l'établissement des assemblées provinciales, sur l'impôt territorial et sur les traites* (1787), *Considérations sur le discrédit des assignats* (1791), *Des Impôts et des Charges du peuple en France* (1821), etc.

BOISLANDRY (Paul-Théophile Legrand de), représentant à la Chambre des Cent-Jours, né le 8 septembre 1751, mort à une date inconnue, était négociant à Laigle, et juge au tribunal de commerce. Il devint maire de cette ville, puis, le 15 mai 1815, fut élu par le collège de département de l'Orne, avec 54 voix sur 93 votants, représentant à la Chambre des Cent-Jours, où il siégea sans prendre jamais la parole.

BOISROND (Louis-François, dit Boisrond jeune), député au Conseil des Cinq-Cents, né à Saint-Joseph d'Orbek (Saint-Domingue), le 16 décembre 1753, mort à Paris, le 11 avril 1800, fut élu, le 22 vendémiaire an IV, député de la colonie de Saint-Domingue au Conseil des Cinq-Cents. Il y prit assez souvent la parole, combattit, le 19 germinal an VI, une nouvelle résolution présentée par Chollet sur les élections de Saint-Domingue en remplacement de celle que les Anciens venaient de rejeter, et fit accorder, le 16 vendémiaire an VII, une pension de 2,400 francs à la veuve du contre-amiral Vaustabel, de Dunkerque, qui se distingua aux États-Unis et en Hollande, et mourut en 1797. Il est vrai que cette pension, d'abord réduite de moitié, fut à la fin supprimée par le Conseil des Anciens sur la motion de Marbot (de la Corrèze). Marbot reçut à ce

sujet, de Boisrond jeune, une lettre des plus vives, datée du 2ᵉ frimaire an VII, et où il était dit :

« J'ai lu votre rapport du 18 brumaire, qui nous a été distribué hier au Conseil des Cinq-Cents. L'analyse de ce rapport se fera dans une réponse que je ferai imprimer et distribuer aux deux Conseils. D'un côté, je vois qu'à la tribune nationale vous traînez dans la boue les mânes d'un défenseur de la patrie, que ni vous, ni le ministre de la marine, dont vous êtes étayez, n'osez prétendre surpasser en patriotisme et en vertu. De l'autre, je vois que sans respect, sans égards pour les devoirs que commande le caractère qui nous est commun, vous vous permettez, du haut de la tribune nationale, de m'indiquer, à la face de la République, comme un médiocre intrigant, dont il faut repousser les prétentions avec éclat. » Boisrond en appelle à l'opinion publique qui jugera, dit-il, à leur juste valeur les fausses imputations lancées contre le rapporteur du projet de résolution relatif à sa veuve.

Boisrond parut encore à la tribune pour demander (8 floréal an VII) l'admission des trois députés nommés par la colonie de Saint-Domingue en l'an VI, et pour faire valider (26 floréal) les opérations de l'assemblée électorale de la Corrèze.

BOISROT DE LA COUR (Jacques, Baron), député à l'Assemblée législative de 1791, né à Montluçon (Allier), le 22 février 1758, mort à une date inconnue, remplit successivement plusieurs fonctions administratives et judiciaires dans le département de l'Allier. Avant son élection comme député, il avait été (19 novembre 1790) juge au tribunal de district de Montluçon; il devint, par la suite, procureur de la commune de Montluçon, maire de Zeuzat, administrateur du district de Gannat, etc. Le 30 août 1791, son département l'envoya siéger à la Législative, par 151 voix sur 293 votants. Il y fit partie de la majorité, sans que le *Moniteur* ait jamais noté son nom parmi les orateurs de l'Assemblée.

On retrouve Boisrot de la Cour membre de l'administration centrale de l'Allier, le 12 fructidor an V, puis président de cette administration, et juge au tribunal civil de Gannat. Le gouvernement de la Restauration le fit maire de Saint-Didier, et lieutenant de louveterie. Boisrot de la Cour est l'auteur d'un *Traité sur l'art de chasser* avec le chien courant, « ouvrage qui contient la manière de former, de conserver et de diriger une meute, ainsi que les principes et la théorie de l'art du veneur, et où l'on traite en détail les chasses du lièvre, du chevreuil, du renard, du loup et du sanglier. » (Clermont, 1808).

BOISSE (Adolphe-André-Marie), représentant à l'Assemblée nationale de 1871, et sénateur de 1876 à 1885, né à Rodez (Aveyron) le 16 septembre 1810, était ingénieur civil, directeur des mines de Carmaux et du chemin de fer de Carmaux à Albi, et présidait, d'autre part, la Société des Lettres, Sciences et Arts de l'Aveyron, quand il fut élu par les conservateurs de ce département, le 8 février 1871, représentant à l'Assemblée nationale : il avait réuni 59,841 voix sur 67,273 votants et 118,224 inscrits. M. Boisse siégea obscurément sur les bancs du centre droit, fut un des signataires de l'adresse (mai 1873) envoyée au pape par un certain nombre de députés en l'honneur du

« grand et courageux *Syllabus* » et vota : 1er mars 1871, *pour* la paix ; 16 mai, *pour* les prières publiques ; 10 juin, *pour* l'abrogation des lois d'exil ; 30 août, *pour* le pouvoir constituant de l'Assemblée ; 3 février 1872, *contre* le retour de l'Assemblée à Paris ; 24 mai 1873, *pour* la démission de Thiers ; 24 juin, *pour* l'arrêté contre les enterrements civils ; 19-20 novembre, *pour* le septennat ; 4 décembre, *pour* le maintien de l'état de siège ; 29 janvier 1874, *pour* la loi des maires ; 16 mai, *pour* le ministère de Broglie ; 30 janvier 1875, *contre* l'amendement Wallon ; 25 février, *contre* l'ensemble des lois constitutionnelles.

Après la session, M. A. Boisse se présenta aux élections sénatoriales du 30 janvier 1876, dans l'Aveyron, et fut élu par 210 voix sur 286 votants. Au Sénat, comme à l'Assemblée nationale, il prit place à droite et se contenta, sans paraître à la tribune, de voter régulièrement avec les conservateurs monarchistes. Il appuya, en juin 1877, la dissolution de la Chambre réclamée par le gouvernement du Seize-Mai. Plus tard, il se prononça *contre* l'article 7 et les lois présentées par M. Jules Ferry sur l'enseignement (1880), *contre* la loi sur le serment judiciaire (1882), *contre* la loi tendant à l'expulsion des princes, *contre* le divorce, etc. M. Boisse ne se représenta pas au renouvellement de 1885.

BOISSE DE LA THÉNAUDIÈRE (BARTHÉLEMY, CHEVALIER), député à l'Assemblée constituante de 1789, né en 1747, mort le 22 février 1829, n'avait pas d'antécédents connus lors de son élection, le 28 mars 1789, comme député de la noblesse aux États-Généraux, par la ville et sénéchaussée de Lyon. Il y siégea à droite, et devint plus tard juge de paix, puis conseiller général.

BOISSEAU (JEAN-ANTOINE), député à l'Assemblée législative de 1791, né en 1748, mort à Roissy (Seine-et-Oise), le 12 octobre 1843, était cultivateur à Roissy. Le département de Seine-et-Oise le nomma, le 4 septembre 1791, député à l'Assemblée législative, par 294 voix sur 431 votants. Il fit partie de la majorité et se retira à Boissy, où il mourut à un âge très avancé.

BOISSEL (JEAN-MARIE-HERCULE), député de 1841 à 1848, représentant du peuple à l'Assemblée constituante de 1848, né à Vincennes (Seine), le 8 janvier 1795, mort à Paris, le 12 février 1861, était pharmacien à Paris, et devint, sous le gouvernement de Juillet, adjoint au maire du XIIe arrondissement (composé alors des quartiers Saint-Jacques, de l'Observatoire, du Jardin-du-Roi et Saint-Marcel). Chevalier de la Légion d'honneur, M. Boissel brigua, le 21 septembre 1841, les suffrages de ses administrés, et fut élu en remplacement de M. Cochin, décédé. Libéral, il siégea à la gauche dynastique, fut réélu le 9 juillet 1842, par 497 voix (620 votants, 764 inscrits) contre M. Chevreuil, 106 voix, et le 1er août 1846, par 495 voix (587 votants, 753 inscrits), contre M. Hallays (79 voix), et s'associa à la plupart des actes et des votes de l'opposition constitutionnelle. C'est ainsi qu'il se prononça, en 1845, avec la majorité de ses collègues de la Seine, contre l'indemnité Pritchard, et qu'il signa, en Février 1848, la proposition de mise en accusation du ministère Guizot. Il ne prit d'ailleurs qu'une part modeste aux discussions de la tribune, et se contenta de présenter quelques observations au sujet de la bibliothèque Sainte-Geneviève, placée dans son quartier, de l'impôt des portes et fenêtres, de l'embarcadère du chemin de fer de Lyon et de la vente des substances vénéneuses.

Le 4 juin 1848, M. Boissel, par suite d'une élection partielle motivée par les options ou les démissions de plusieurs membres, entra à l'Assemblée constituante, comme représentant du peuple de la Seine, avec 77,247 voix (248,392 votants, 414,317 inscrits). Il fit partie de la majorité et vota avec la droite : 28 juillet, *pour* le décret sur les clubs ; 9 août, *pour* le rétablissement du cautionnement ; 26 août, *pour* les poursuites contre Louis Blanc et Caussidière ; 1er septembre, *pour* le rétablissement de la contrainte par corps ; 18 septembre, *contre* l'abolition de la peine de mort ; 7 octobre, *contre* l'amendement Grévy ; 2 novembre, *contre* le droit au travail ; 25 novembre, *pour* l'ordre du jour : « Le général Cavaignac a bien mérité de la patrie » ; 12 janvier 1849, *pour* la proposition Rateau ; 16 avril, *pour* les crédits de l'expédition de Rome ; 2 mai, *contre* l'amnistie des transportés ; 11 mai, *contre* la demande de mise en accusation du président et de ses ministres. Il s'était rapproché de la gauche pour voter (28 décembre 1848) la réduction de l'impôt du sel.

Non réélu à l'Assemblée législative, bien que souvent désigné comme candidat par « l'Union électorale », il se rallia tout à fait à la politique de l'Élysée, et devint, après le coup d'État, membre de la commission municipale et départementale de la Seine et de la ville de Paris.

BOISSEL DE MONVILLE (THOMAS-CHARLES-GASTON, BARON), pair de France, né à Paris le 1er août 1763, mort à Paris, le 7 avril 1832 était originaire de Normandie. Il fut reçu conseiller au Parlement de Paris en 1785, et prit part aux délibérations de ce corps jusqu'à sa dissolution. Il adopta avec modération les idées nouvelles, dut, pendant le régime révolutionnaire, se dérober aux poursuites dont il était menacé, et chercha un emploi comme ingénieur sous le simple nom de *Boissel*. Il en profita pour étudier sérieusement la mécanique exécuta plusieurs machines utiles, entre autres une faux à couper le blé, et perfectionna le moulins à vent. Sous le Consulat, il se rendit à Rouen avec sa famille, s'engagea, peu de temps après, dans la légion de la garde nationale de la Seine-Inférieure mobilisée pour la défense des côtes, fut nommé major et reçut, en 1810, le titre de baron de l'Empire avec la croix de la Légion d'honneur. Au retour des Bourbons, l'attitude qu'il prit à l'égard du gouvernement royal ne fut rien moins qu'hostile : elle lui valut la dignité de pair de France le 17 août 1815. Boissel de Monville était déjà conseiller général de la Seine-Inférieure. A la Chambre haute, il siégea parmi les royalistes modérés ; il vota pour la mort dans le procès du maréchal Ney. En 1819, il contribua à fonder la Société des prisons, dont l'objet était l'amendement et le relèvement moral des détenus. Il resta pair de France après la révolution de Juillet, s'étant rallié sans effort à la monarchie nouvelle ; il se prononça, vers la fin de sa vie, contre l'hérédité de la pairie. — On a de Boissel de Monville plusieurs ouvrages techniques assez remarquables, parmi lesquels le récit d'un « *Voyage pittoresque* » exécuté par lui en 1794 depuis le fort de L'Écluse jusqu'à Seyssel, sur une partie du Rhône réputé non navigable, afin de « tirer pour la marine des mâtures que peuvent fournir les mélèzes »

une *Description des atomes*; la *Législation des cours d'eau*, etc.. et quelques pièces de théâtre.

BOISSET (Joseph-Antoine), membre de la Convention et député au Conseil des Anciens, né à Montélimart (Drôme), le 7 octobre 1748, mort à Lyon (Rhône), le 15 septembre 1813, était administrateur de Montélimart dès les débuts de la Révolution; l'enthousiasme avec lequel il adhéra aux idées nouvelles le fit élire, le 8 septembre 1792, membre de la Convention par le département de la Drôme, avec 305 voix sur 469 votants. Il prit place à la Montagne, vota la mort de Louis XVI, en refusant l'appel au peuple et le sursis, et, peu après, fut envoyé en mission dans le Midi. A Marseille, il cassa le tribunal populaire soupçonné d'être girondin: à la Convention, il fut chargé (août 1793) d'organiser la première levée en masse, et hâta, autant qu'il put, le jugement des Girondins, de la reine Marie-Antoinette et de Brissot. En mission dans l'Hérault et le Gard, en 1794, il se montra modéré, fit arrêter quelques terroristes, destitua Courbis, maire de Nîmes, surnommé le *Marat du Midi*, et fut accusé aux Jacobins, par la Société populaire de Nîmes, d'avoir opprimé les patriotes; il demanda une enquête (lettre du 22 septembre 1794), qui le disculpa, et fut envoyé de là en Saône-et-Loire.

A son retour à Paris, il proposa aux Jacobins (6 thermidor an II) une loi contre les abus de la presse, fut envoyé de nouveau dans l'Ain où il délivra quelques nobles, mais «donna la chasse», par compensation aux prêtres réfractaires. A Lyon, où il se trouvait en pluviôse an III, il encouragea les vengeances contre les terroristes et fut rappelé à Paris, où il attaqua l'influence des royalistes et des sections. Il fut du nombre des conventionnels qui passèrent au Conseil des Anciens le 23 vendémiaire an IV, et se déclara contre les Clichiens au 18 fructidor. Au renouvellement du 28 germinal an VI, il fut élu député de la Drôme au Conseil des Anciens à l'unanimité des voix, et devint secrétaire de cette assemblée. Le coup d'État du 18 brumaire l'éloigna de la vie politique. Le 21 fructidor an IX, il fut nommé inspecteur des poids et mesures à Montélimart. et, le 14 avril 1813, cinq mois avant sa mort, conseiller de préfecture à Lyon.

BOISSIÉ (Pierre), représentant du peuple aux Assemblées constituante et législative de 1848-1849, né à Cours (Lot-et-Garonne), le 26 mai 1806, propriétaire dans ce département et maire de Laugnac, professa, pendant le règne de Louis-Philippe, des opinions libérales qui le firent porter le 23 avril 1848, candidat à l'Assemblée constituante dans le Lot-et-Garonne: il fut élu, le 8e sur 9, avec 40,027 voix (88,758 votants, 94,809 inscrits.) Il était conseiller général et s'était déclaré républicain. Il siégea cependant à la droite de l'Assemblée, et vota avec elle: le 9 août, *pour* le rétablissement du cautionnement; le 18 septembre, *contre* l'abolition de la peine de mort; le 25 septembre, *contre* l'impôt progressif; le 7 octobre, *contre* l'amendement Grévy; le 2 novembre, *contre* le droit au travail; le 28 décembre, *contre* la réduction de l'impôt du sel; le 12 janvier 1849, pour la proposition Rateau; le 16 avril, *pour* les crédits de l'expédition de Rome; le 25 mai, *contre* la mise en liberté des transportés. M. Boissié fut porté *absent* dans plusieurs scrutins, entre autres sur l'ordre du jour (25 novembre (1848) en l'honneur du général Cavaignac.

Il faisait partie du comité de l'intérieur. La politique du prince L.-N. Bonaparte eut d'abord son appui, et il continua même de la soutenir de ses votes au début de la session de l'Assemblée législative, où son département le réélut, le 6e sur 7, par 47,757 voix (90,297 votants, 107,493 inscrits.) Membre de la majorité de droite, favorable à toutes les mesures proposées au nom du président par ses ministres, il se sépara de l'Élysée après la retraite d'Odilon Barrot, et se montra, en décembre 1851, l'adversaire, d'ailleurs timide, du coup d'État. Il ne fit pas partie d'autres législatures.

BOISSIER (Pierre-Bruno), membre de la Convention nationale, et député au Conseil des Cinq-Cents, dates de naissance et de mort inconnues, fut nommé, le 10 septembre 1792, député suppléant à la Convention nationale par le département du Finistère avec 225 voix sur 383 inscrits. Admis à siéger seulement le 7 août 1793, il ne monta qu'une fois à la tribune, en 1794, pour faire décréter l'établissement des écoles de navigation et de canonage, et fixer la solde des marins. Il passa ensuite au Conseil des Cinq-Cents (4 brumaire an IV) en qualité d'ancien conventionnel; il y présenta un nouveau rapport sur l'organisation maritime, fit décréter, en 1797, l'envoi au Directoire d'un message relatif la situation des îles de France et de la Réunion, et provoqua plus tard la création d'une direction des travaux hydrauliques dans les ports. Sorti du Conseil en 1798, il devint commissaire de la marine. D'après le *Dictionnaire encyclopédique* de Ph. Le Bas, il aurait plus tard, pendant les Cent-Jours, présidé le collège électoral de Nîmes.

BOISSIÈRE (François-Antoine de la), député à l'Assemblée constituante de 1789, né à Perpignan (Pyrénées-Orientales), le 25 septembre 1734, mort à Perpignan, le 9 août 1809, était chanoine et vicaire général dans cette ville, et fut élu, le 21 avril 1789, député du clergé aux Etats Généraux par la viguerie de Perpignan; il siégea à droite et refusa de prêter le serment à la constitution civile du clergé.

BOISSIÈRE (Antoine-Louis), député de 1834 à 1837, né à Paris, le 25 août 1790, mort à Paris, le 16 février 1851, ancien officier du génie, s'était retiré à Grisy-Suines (Seine-et-Marne), lorsque le collège électoral de Melun l'élut député le 21 juin 1834, par 264 voix, contre 121 à M. Chamblain, sur 432 votants et 568 inscrits.

Il siégea dans les rangs de la majorité conservatrice, vota les lois de septembre, et ne fut pas réélu en 1837.

BOISSIEU (Pierre-Joseph-Didier), membre de la Convention et député au Conseil des Cinq-Cents, né à Saint-Marcellin (Isère), le 15 mars 1757, mort à Saint-Marcellin le 23 novembre 1812, était homme de loi à Saint-Marcellin au moment de la Révolution, et devint administrateur du département de l'Isère, puis fut élu suppléant à l'Assemblée législative de 1791, où il ne fut pas appelé à siéger. Le 10 septembre 1792, le département de l'Isère l'élut membre de la Convention par 265 voix sur 490 votants. Dans le procès de Louis XVI, il répondit, au 3e appel nominal : « Comme je pense que nous n'avons pas le mandat de juger, je ne me regarde pas comme applicateur des lois pénales. Je vote pour la réclusion et le bannissement. » Il se tint à l'écart des discussions de l'assemblée jusqu'au 9 thermidor; mais, après la chute de Robespierre, il protesta contre le culte dont Marat était l'objet, appuya une pétition qui demandait la suppression du calendrier républicain, et fit rejeter, pour les émigrés qui réclamaient leur radiation, la nécessité de se constituer préalablement prisonnier.

Élu député de l'Isère au Conseil des Cinq-Cents le 23 vendémiaire an IV, par 244 voix sur 361 votants, il combattit aussi la proposition d'armer des citoyens qui étaient venus spontanément au secours de la Convention le 13 vendémiaire : il donna sa démission quelques jours après, et abandonna la vie politique; il fut seulement, en 1811, conseiller d'arrondissement dans l'Isère.

BOISSON (Joseph), membre de la Convention, et député au Conseil des Cinq-Cents, dates de naissance et de mort inconnues, se fit peu remarquer dans les deux assemblées dont il fit successivement partie : on sait seulement qu'étant commerçant au Cap, il fut, le 24 septembre 1793, élu membre de la Convention par la colonie de Saint-Domingue, et qu'il entra, ensuite, le 4 brumaire an IV, au Conseil des Cinq-Cents comme ancien conventionnel, pour y représenter la même colonie.

BOISSONNET (André-Denis-Alfred), sénateur de 1876 à 1879, né à Sézanne (Marne), le 19 décembre 1812, est le fils d'un général du génie du premier Empire et frère d'un général d'artillerie, le baron Boissonnet. Sorti lui-même de l'École polytechnique, dans cette arme, en 1834, avec le grade de sous-lieutenant, il passa successivement lieutenant en 1836, capitaine en 1840, chef d'escadron en 1855, lieutenant-colonel en 1860, colonel en 1864, et général de brigade le 27 octobre 1870. Ses campagnes en Algérie, à Rome, en Crimée, lui valurent la croix du commandeur de la Légion d'honneur (6 mars 1867). Il venait d'être mis à la tête de l'École polytechnique, quand éclata la guerre franco-allemande; il prit part, comme chef d'état-major général du génie, aux divers combats livrés sous Metz, et fut fait prisonnier dans cette ville après la capitulation. De retour en France, il s'occupa assez activement de politique conservatrice. Déjà membre et président du conseil général de la Marne, il tenta d'abord de se faire élire représentant de ce département à l'Assemblée nationale lors d'une élection partielle qui eut lieu en 1873 : il échoua contre le candidat républicain, M. Alph. Picart. Aux élections du 30 janvier 1876, le suffrage des électeurs sénatoriaux de la Marne lui fut plus favorable : il l'emporta avec 394 voix sur 752 votants, s'inscrivit au centre droit et vota d'abord avec la majorité monarchiste du Sénat, notamment, en juin 1877, pour la dissolution de la Chambre des députés, réclamée par le gouvernement du 16 mai. Mais, en mars 1878, M. Boissonnet fut précisément de ceux qui contribuèrent à déplacer cette majorité de droite à gauche, en se ralliant à la politique « constitutionnelle » du ministère Dufaure (M. Boissonnet appartenait alors au petit groupe des sénateurs dits *constitutionnels*). Non réélu, le 5 janvier 1879, — il n'eut alors que 237 voix, tandis que le moins favorisé des candidats républicains, M. Lebloud, en obtenait 483, — il fut mis à la retraite, comme général de brigade, au mois de juin de la même année. Grand officier de la Légion d'honneur du 18 décembre 1874.

BOISSONNOT (François), député à l'Assemblée constituante de 1789, né à Saint-Paul (Gironde), en 1752, mort à une date inconnue, était notaire à Saint-Paul quand il fut élu, le 9 avril 1789, député du tiers aux États-Généraux par la sénéchaussée de Bordeaux. Il siégea à gauche, et se fit, dans la séance du 17 février 1791, l'interprète de la municipalité de Blaye qui l'avait chargé de mettre sous les yeux de l'Assemblée le procès-verbal de la prestation de serment faite par « M. Siozard, curé de cette ville, et M. Lavergne, ci-devant chanoine, actuellement aumônier de l'hôpital ». Le *Moniteur* du 5 septembre 1791 cite encore Boissonnot parmi les soixante députés choisis par le président de l'Assemblée, qui furent chargés de porter à Louis XVI l'acte constitutionnel.

BOISSY (Hilaire-Etienne-Octave Rouillé, marquis de), fils du marquis de Boissy du Coudray (*V. p. bas*), pair de France et sénateur du second Empire, né à Paris, le 5 mai 1798, mort à Louveciennes (Seine-et-Oise), le 26 septembre 1866, était par sa mère neveu du marquis d'Aligre, aussi pair de France. Conseiller général du Cher, où il possédait de vastes propriétés, il fut appelé, le 7 novembre 1839, par ordonnance royale, à la Chambre des pairs. Il ne tarda pas à s'y faire remarquer, dit un biographe, « par un genre oratoire en opposition constante avec les convenances parlementaires établies dans la haute Chambre. » Ses opinions politiques, assez difficiles à préciser, le tenaient, pour ainsi dire, en dehors de tous les partis, et son caractère, aussi original qu'indépendant, le portait à combattre une proposition avec d'autant plus d'acharnement qu'il savait, d'avance, qu'elle réunirait la presque unanimité des suffrages. Il débuta au palais du Luxembourg en s'opposant avec une grande vivacité à un projet de loi tendant à accorder, à titre de récompense nationale, une pension à la veuve du colonel Combes.

— « La Chambre, dit-il, n'interprétera point avec sévérité ma persistance. Elle sera juste : elle y verra la religion du devoir devant lequel aucun de nous ne recule : toujours émettre son opinion quand il la juge utile qu'elle soit connue, la toujours soutenir quand il lui paraît important qu'elle triomphe, et cela alors même que, pour ses convenances personnelles et pour ses affections, il préférerait ne point élever la voix... »

M. de Boissy n'en souleva pas moins, contre lui, ce jour-là, de violentes exclamations. Vivement interrompu, depuis lors, chaque fois qu'il monta à la tribune, il ne se fit pas faute d'en user de même lorsque les orateurs du gouvernement prenaient la parole. Un jour qu'il demandait aux ministres pourquoi ils tenaient la garde nationale en suspicion, il répondit à la majorité et au président, le chancelier Pasquier :

— « Je ne conçois pas qu'on ne permette pas de dire ici ce qui se dit à une autre tribune. Nous pairs de France, montrons-nous donc un peu plus conservateurs de la dignité, des prérogatives de la pairie. Deux tribunes existent, égales en droit, quoiqu'avec des droits différents; n'abaissons pas la nôtre, et disons donc ce qui est dans notre opinion et ce que nous croyons utile au pays. »

Il dit un jour à Guizot, qui justifiait sa politique par des raisons diplomatiques :

— « A mon sens, la vérité est le moyen d'arriver plus vite au but; la plus grande habileté, c'est la franchise. »

Adversaire des traités de 1831 et de 1834, et de

la fameuse *entente cordiale*, dont s'applaudissait tant le gouvernement de Louis-Philippe, entre la France et l'Angleterre, il demanda la révision de la convention du droit de visite :

— « Ce n'est pas, dit-il, élever une prétention imprudente qui puisse compromettre la paix. C'est, au contraire, écarter avec une sollicitude intelligente ce qui, certainement, la troublerait dans un avenir prochain. »

Il réclama aussi (1840) la suppression du gouvernement militaire en Algérie et son remplacement par un gouvernement civil :

« Il est plus dangereux qu'utile de réunir tous les pouvoirs sur un seul individu. D'ailleurs, rappelez-vous, messieurs, les paroles de la couronne, rappelez-vous les promesses qu'elle a faites au pays, que la domination française ne quittera plus la terre d'Afrique. Qu'a voulu dire la couronne? Qu'a-t-elle promis? Évidemment que l'Algérie était élevée au rang de province française. Or, si à ce titre elle est soumise à nos lois, à ce titre aussi elle a droit à être protégée par elles. Par conséquent, elle doit être protégée par l'autorité civile, tout à fait distincte de l'autorité militaire, qui n'y doit, comme en France, venir que la seconde... »

Plusieurs fois, il intervint dans les discussions sur les affaires étrangères, pressant le gouvernement de prendre une attitude plus ferme à l'égard des puissances, et sur le budget, comme dans la séance du 18 juillet 1843 :

M. LE MARQUIS DE BOISSY. — Je ne répéterai pas ce que je disais tout à l'heure sur les soldats malades : je sais que l'on ne s'en occupe pas. (*Murmures*).

M. LE CHANCELIER. — On n'use pas de pareils procédés, M. le marquis de Boissy! On n'apostrophe pas de cette manière des personnes respectables (*Aux voix! aux voix!*)

M. LE MARQUIS DE BOISSY. — J'ai cité un fait; j'ai dit qu'il est scandaleux que la Chambre des pairs, un des trois pouvoirs de l'État, n'ait pas pu discuter contradictoirement le budget; voilà un scandale qui portera ses fruits... (*Murmures*).

M. LE CHANCELIER. — Monsieur de Boissy, je dois saisir cette occasion pour vous avertir que vous n'êtes pas la Chambre des pairs tout entière, et que vous ne pouvez pas, par conséquent, parce qu'on ne vous a pas répondu, dire que la Chambre des pairs n'a pas reçu de réponse...

M. LE MARQUIS DE BOISSY. — Je maintiens ce que j'ai dit à la Chambre, qu'il y a eu discussion, mais non pas discussion contradictoire. Je répète qu'il était de la dignité de la Chambre de demander une réponse adressée non pas à moi (je me mets tout à fait en dehors, plus tard je me mettrai en avant), mais à la Chambre, sur le fait honteux que j'ai cité, à savoir que nos soldats sont traînés dans des charrettes, sur de la paille fraîche, comme des animaux.

M. LE CHANCELIER. — Monsieur de Boissy, vous n'avez pas le droit de calomnier le gouvernement à ce point de dire que des soldats français sont traités comme des animaux. S'il y avait un seul endroit où cela eût lieu, la France entière se soulèverait contre une pareille indignité, etc. »

Le franc parler du marquis de Boissy avait le don d'exaspérer ses collègues, tandis que la presse et le public s'amusaient fort de ses saillies.

« Voyez plutôt, écrit un biographe. Il n'y a qu'un seul instant, la Chambre languissait, les ministres roulaient sur leurs portefeuilles, les journalistes bâillaient sur leurs notes, quand tout à coup ce mot a retenti : *Je demande la parole*. Aussitôt la Chambre se réveille comme en sursaut, les ministres en font autant, et regardent avec inquiétude M. de Boissy qui s'élance à la tribune : les journalistes se préparent à écouter de toutes leurs oreilles : on se croirait au théâtre, au dénoûment d'un drame qui a mal commencé, mais qui offre une péripétie intéressante. Cependant M. le baron Pasquier dispute la parole au noble pair; mais celui-ci défend son droit contre les arguties du président... »

A la mort de son père (1840), M. de Boissy devenu marquis et maître de sa fortune, avait créé le journal le *Législateur*, qui n'eut qu'une existence éphémère. Comme il s'était fait, en dénonçant à la tribune tous les « scandales du jour », une sorte de popularité, il fut invité à l'approche de la révolution de février 1848, au banquet réformiste du XIIe arrondissement, et accepta l'invitation. Il posa, sans succès, sa candidature aux élections de la Constituante (avril 1848), donna une nouvelle preuve d'originalité en épousant (1851) la comtesse Guiccioli, que sa liaison avec lord Byron avait rendue célèbre, et fut appelé, après le rétablissement de l'Empire, le 4 mars 1853, au Sénat par Napoléon III. A demi rallié au gouvernement impérial, il se signala encore par de bruyantes interruptions et par quelques discours, notamment sur la question du pouvoir temporel du pape (1865), qui ne laissèrent pas d'être assez désagréables au pouvoir. Ces discours, parfois incohérents, entremêlés souvent de mots spirituels, contenaient toujours des protestations de dévouement envers l'empereur, qui, par les critiques qui les accompagnaient, prenaient, peut-être en dépit de leur auteur, des airs de cruelles railleries. Il parut pour la dernière fois à la tribune du Sénat en 1866, l'année même de sa mort, dans la discussion de l'adresse :

— « Existe-t-il au monde, dit-il, quelqu'un qui soit complètement satisfait de la situation? »

Des voix nombreuses, dit le *Moniteur officiel*, répondirent :

— « Oui, sans doute, nous sommes tous très contents.

— « Je ne le crois pas », répliqua le marquis de Boissy.

Chevalier de la Légion d'honneur, dès 1828, il avait été promu officier de cet ordre en 1856.

BOISSY DU COUDRAY (HILAIRE ROUILLÉ MARQUIS DE), pair de France, né à Paris, le 23 février 1765, mort à Plessis-aux-Bois (Seine-et-Marne), le 28 juin 1840, appartenait à une famille originaire de Bretagne et qui remonte à Jacques Rouillé, conseiller du roi et receveur des finances à Rouen, mort en 1646. Le père du marquis de Boissy du Coudray s'était distingué dans les guerres de la succession d'Autriche et avait été fait maréchal de camp. Lui-même servit comme officier dans le régiment de Languedoc. Il fut appelé à la pairie le 17 août 1815, à cause du dévouement qu'il avait montré à la cause royaliste pendant les Cent-Jours, et aussi en raison de la grande fortune qu'il tenait en partie de son alliance avec la sœur du marquis d'Aligre. Dans le procès du maréchal Ney, il vota la mort et siégea à la Chambre des pairs après 1830, ayant prêté serment au gouvernement de Juillet. Quelques mois avant sa mort, son fils, alors comte, et depuis marquis de Boissy (V. p. haut) avait été appelé lui-même à la Chambre haute.

BOISSY D'ANGLAS (FRANÇOIS-ANTOINE, COMTE), député aux États-Généraux de 1789, membre de la Convention, député au Conseil des Cinq-Cents, membre du Tribunat, membre du Sénat conservateur et pair de France, né à Saint-Jean-Chambre (Ardèche), le 8 décembre 1756, mort à Paris, le 20 octobre 1826, d'une famille protestante, avait été reçu avocat au Parlement de Paris avant la Révolution, avait acheté la charge de maître d'hôtel de Monsieur depuis Louis XVIII, mais s'était exclusivement occupé de littérature, et était membre de plusieurs Académies de province, et correspondant de l'Académie des inscriptions et belles-lettres de Paris. Ses œuvres littéraires, dans lesquelles il défendait les principes de la Révolution, le firent élire, le 25 mars 1789, député du tiers aux États-Généraux par la sénéchaussée d'Annonay. Il y vota avec la majorité, aborda rarement la tribune, demanda des mesures sévères contre le camp de Jalès devenu pour le Midi un foyer de guerre civile, dénonça un mandement réactionnaire de l'archevêque de Vienne, et prit la défense des hommes de couleur. Un libelle, publié à cette occasion, ayant porté son nom sur la *liste des députés qui ont voté pour l'Angleterre contre la France*, il protesta (mai 1791) contre cette assertion, en ajoutant que les députés qui avaient voté autrement « étaient de ceux qu'on appelle du *côté droit*, et dont les opinions ne passent pas pour excessivement populaires ».

Après la session, il fut nommé procureur-syndic de l'Ardèche et déclara, dans sa lettre d'acceptation (27 décembre 1791), qu'« il était attaché à la Constitution, et la regardait comme le plus bel ouvrage que des hommes aient pu créer. » Il montra dans ce poste, alors difficile, autant de justice que de fermeté, notamment lorsqu'il défendit en personne et sauva les prêtres enfermés dans la prison d'Annonay et qu'une bande armée voulait massacrer. C'est sur son initiative que le directoire de l'Ardèche réclama à l'Assemblée législative un arrêté sur les formes nouvelles des actes d'état civil.

Le 4 septembre 1792, le département de l'Ardèche l'élut à la Convention par 288 voix sur 387 votants; il fut envoyé en mission à Lyon, avec Vitet et Legendre, pour y rétablir l'ordre, puis, chargé de veiller à l'approvisionnement de l'armée des Alpes, il revint à la Convention pour le jugement de Louis XVI. Il vota pour l'appel au peuple, pour le sursis, et répondit au 3e appel nominal : « Il s'agit moins pour moi d'infliger un juste châtiment, de punir des attentats nombreux, que de procurer la paix intérieure. Je rejette donc l'opinion de ceux qui veulent faire mourir Louis; je vote pour que Louis soit retenu dans un lieu sûr, jusqu'à ce que la paix et la reconnaissance de la République par toutes les puissances permettent d'ordonner son bannissement hors du territoire. » Après ce vote, il se tint à l'écart jusqu'au 9 thermidor, vota pourtant avec les Girondins, et, après le 31 mai 1793, protesta, dans une lettre adressée au vice-président de l'administration centrale de l'Ardèche, contre la tyrannie de la Montagne. Cette pièce fut souvent dénoncée au comité de sûreté générale, mais Voulland, qui était lié avec Boissy d'Anglas, parvint toujours à l'écarter. Après le 9 thermidor, Boissy d'Anglas fut nommé secrétaire de la Convention, octobre 1794, membre du comité de

Salut public (5 décembre suivant), avec mission de veiller à l'approvisionnement de la capitale; à ce poste, il gagna, dans les pamphlets du jour, le surnom de *Boissy-Famine*, et s'éleva contre les menaces apportées par les sections à la barre de la Convention; il était à la tribune, le 1er avril 1795, présentant un rapport sur les subsistances, quand la salle fut envahie par une foule criant : *Du pain et la Constitution de 1793*. Boissy d'Anglas ne quitta pas la tribune, et quand la foule prise de peur se retira, au bruit de la générale et au son du tocsin, il acheva froidement la lecture de son rapport.

Le 1er prairial, les faubourgs Saint-Antoine et Saint-Marceau soulevés venaient d'envahir l'assemblée. Verneret, puis André Dumont avaient tour à tour abandonné le fauteuil de la présidence, impuissants devant l'émeute: Boissy d'Anglas l'occupa à son tour, et resta impassible devant les menaces armées d'hommes et de femmes ivres de colère et de vin; le député Kevelgan est frappé de coups de sabre; Féraud est égorgé, et sa tête est présentée au bout d'une pique à Boissy d'Anglas, qui la salue avec respect. Cette scène horrible ne cessa qu'à la nuit, à l'arrivée de la garde nationale. Le lendemain lorsque Boissy-d'Anglas parut à la tribune, il fut salué d'unanimes applaudissements, et Louvet lui fit voter un hommage public de reconnaissance.

Il fut nommé membre du comité de constitution, déposa, le 13 juin 1795, un rapport relatif à la conservation des places fortes de la Hollande, et aux colonies, prononça (27 août), sur la situation de l'Europe, un important discours, où il demandait d'adoucir la sévérité des lois révolutionnaires, et dont la Convention ordonna la traduction en plusieurs langues; il réclama la présentation, par le comité de l'instruction publique, d'une liste des Français qui méritaient une statue, et fut le rapporteur du projet de Constitution de l'an III (13 juin 1795), que les Jacobins appelèrent la *Constitution babebibobu*, par allusion au léger bégayement du rapporteur. Quelque peu compromis dans le mouvement des sections, au 13 vendémiaire, ainsi que par la correspondance saisie sur un intrigant royaliste nommé Lemaire, il n'en fut pas moins élu au Conseil des Cinq-Cents, le 22 vendémiaire an IV, par 72 départements; il opta pour l'Ardèche, qui lui avait donné 191 voix sur 218 votants. Secrétaire de cette Assemblée, il appuya la demande de mise en liberté présentée par les femmes de Collot-d'Herbois et de Billaud-Varenne, parla en faveur de la liberté illimitée de la presse, fut élu président de l'Assemblée (19 juillet 1796), s'opposa à l'amnistie réclamée pour les faits révolutionnaires, vota contre la loi qui excluait les parents d'émigrés des fonctions publiques, et accusa le Directoire de protéger le vice. Il avait été réélu, par le département de la Seine, au Conseil des Cinq-Cents, le 22 germinal an V, avec 525 voix. Affilié au parti clichien, il fut proscrit au 18 fructidor, mais il réussit à se cacher, puis vint, deux ans après, se constituer prisonnier à l'île d'Oléron, au moment où le coup d'État de brumaire allait lui rendre sa liberté. Le 4 germinal an IX, il fut nommé membre du Tribunat, puis membre du Sénat conservateur le 28 pluviôse an XII, de la Légion d'honneur le 4 frimaire an XII, et commandeur du même ordre, le 25 prairial suivant, créé comte de l'Empire le 26 avril 1808, et grand officier de la Légion d'honneur le 30 juin 1811. En 1814, Napoléon l'envoya comme commissaire extraordinaire dans la 12e division militaire (La Rochelle), où il sut organiser la résistance et maintenir la paix intérieure. C'est de là qu'il envoya son acte d'adhésion à la déchéance de Napoléon prononcée par le Sénat. Louis XVIII le nomma pair de France (4 juin 1814). L'empereur, de retour de l'île d'Elbe, le chargea pourtant de mettre le Midi en état de défense, et le créa pair des Cent-Jours (2 juin 1815). Après Waterloo, Boissy d'Anglas vota contre l'avènement de Napoléon II, fut éliminé de la Chambre des pairs au retour de Gand (24 juillet 1815), puis réintégré par une ordonnance royale du 17 août suivant, et compris dans la réorganisation de l'Institut (21 mars 1816). Son nom ne figure pas dans le scrutin du jugement du maréchal Ney. A la Chambre haute, il se montra le défenseur des libertés publiques, réclama (1818) l'application du jury aux procès de presse, combattit la modification de la loi électorale, et contribua à faire rappeler d'exil plusieurs conventionnels atteints par la loi du 12 janvier 1816 contre les régicides. — Boissy d'Anglas a publié un grand nombre d'ouvrages politiques et littéraires, entre autres : *Essai sur les fêtes nationales* (1794); *Mémoire sur les limites territoriales de la République française* (1795); *Discours sur la liberté de la presse* (1817); *Essai sur M. de Malesherbes* (1819); *Recueil de divers écrits en prose et en vers* (1825), etc.

BOISSY D'ANGLAS (François-Antoine, comte), fils aîné du précédent, pair de France, né à Nîmes (Gard), le 23 février 1781, mort à Champrosay (Seine-et-Oise), le 17 septembre 1850, débuta dans l'administration, le 10 fructidor an XIII, comme sous-préfet des Andelys; il devint préfet de la Charente, le 12 février 1810, baron de l'Empire le 24 août 1811, puis maître des requêtes au conseil d'État le 22 mars 1815. Sous la Restauration, il entra aussi à la Chambre des pairs, à titre héréditaire, le 15 janvier 1827; il y défendit les principes constitutionnels et s'y montra royaliste modéré. Il accepta la révolution de Juillet, conserva son siège de pair sous Louis-Philippe, et fut rendu à la vie privée par la république de 1848. Un certain nombre d'associations philanthropiques le comptèrent parmi leurs membres, et il accepta la présidence de plusieurs de ces sociétés, protestantes pour la plupart.

BOISSY D'ANGLAS (Jean-Gabriel-Théophile, comte), frère cadet du précédent, député de 1828 à 1848, et député au Corps législatif de 1852 à 1864, né à Nîmes (Gard), le 2 avril 1783, mort à Paris, le 6 mai 1864, fit toutes les guerres de l'Empire comme administrateur militaire, fut nommé intendant et appelé à la direction de l'administration de la Guerre sous le ministère du maréchal Maison, puis devint intendant de la 1re division militaire (Paris.) Le 17 novembre 1827, pour la première fois candidat à la Chambre des députés, il échoua dans le 2e arrondissement de l'Ardèche (Tournon), avec 72 voix contre 92 accordées à l'élu, M. Dubay. Mais M. Dubay ayant donné sa démission, les électeurs, convoqués le 8 avril 1828, donnèrent la majorité à Boissy d'Anglas par 100 voix sur 159 votants et 210 inscrits, contre 51 à M. de Lestrange. Il prit place dans les rangs de l'opposition constitutionnelle, fit partie des 221 qui votèrent l'adresse hostile au ministère Polignac, et réélu le 23 juin 1830, par 104 voix contre 54 à M. Benjamin Rabouin, adhéra au gouvernement de Louis-Philippe. Sa nomination comme intendant militaire l'obligea à solliciter le renouvellement de son mandat, qu'il obtint le 10 avril 1831, puis le 5 juillet de la même année élections générales : dans sa profession de foi il déclarait « s'être associé avec empressement, avec enthousiasme, aux événements mémorables qui ont placé sur le trône le roi patriote à qui la France a confié ses destinées. » Membre dévoué de la majorité conservatrice, il vota presque toujours, pendant la durée du règne, pour les divers ministères qui furent appelés au pouvoir, parla (janvier 1831) sur le budget de 1832, proposa l'abrogation des ordonnances de 1815 portant annulation des promotions faites dans l'armée et dans la Légion d'honneur pendant les Cent-Jours, présenta diverses objections au projet de loi relatif au traité de 25 millions avec les États-Unis, intervint fréquemment dans les débats sur les chemins de fer, et combattit le système du prêt à intérêt pour les entreprises industrielles. En 1838, il fit un discours sur l'état du protestantisme en France et réclama « des mesures promptes et efficaces pour organiser à Paris une Faculté de théologie protestante. » Il se déclara (9 juin 1843) l'adversaire du projet de loi portant demande d'un crédit extraordinaire pour les établissements français aux îles Marquises et à Taïti.

Plusieurs fois secrétaire de la Chambre des députés, Boissy d'Anglas l'était encore lorsque le bureau fut vivement attaqué pour certaines décisions que l'un des secrétaires, membre de l'opposition, désavoua. L'affaire Bénier (1846) vint porter un coup assez rude à la réputation du député fonctionnaire, que le gouvernement avait fait grand officier de la Légion d'honneur. Ce Bénier, directeur, pour le compte de l'État, de la manutention générale des vivres de l'armée, faisait acheter et garder en magasin les blés et les farines employés dans la confection du pain nécessaire à la garnison de Paris; mais, profitant de la confiance qu'avaient en lui ses supérieurs, il spéculait avec l'argent de l'administration. Lorsque, après sa mort, on vérifia l'état de sa caisse et de ses magasins, on trouva un déficit de plus de 300,000 francs. Ce qui donnait dans cette affaire le plus de gravité à la responsabilité administrative, c'est que Bénier avait été exempté de fournir un cautionnement. Sur un vote de la Chambre des députés une enquête fut ouverte : elle eut pour résultat de faire mettre à la réforme l'intendant militaire Joinville, comme coupable d'un défaut de surveillance et d'une négligence impardonnables. Quant au comte Boissy d'Anglas, il dut faire valoir ses droits à la retraite : il avait commis l'imprudence de défendre à la tribune son subordonné, tandis que le commissaire royal et le ministre avouaient les faits, et avait eu le malheur de prononcer cette phrase sur laquelle on s'égaya : « La probité de cet agent est *proverbiale* dans les bureaux des ministres. »

Réélu successivement député, dans sa circonscription de Tournon, le 21 juin 1834, par 74 voix contre 39 à M. Auguste Faure; le 13 janvier 1835, à la suite de sa nomination comme directeur de l'administration de la guerre; le 4 novembre 1837, le 2 mars 1839, enfin, les 9 juillet 1842 et 1er août 1846, il ne cessa jusqu'en 1848 de soutenir le gouvernement, s'effaça à la révolution de février, et ne reparut qu'après le coup d'État, aux élections législatives du 29 Février 1852. Élu député au Corps législatif dans la 3e circonscription de l'Ardèche, par 10,811 voix (20,115 votants, 38,953 inscrits, contre 8,899 voix à M. de la Tourrette, ancien représentant, il justifia l'appui officiel que lui avait prêté le gouvernement par un complet dévouement aux institutions impériales, bientôt rétablies. « Les électeurs de l'Ardèche, écrivait alors un biographe parlementaire, peuvent connaître, par avance, le compte rendu qu'il sera en mesure de leur fournir à la fin de la session. Il aura voté, voté, voté. » L'élection du 22 juin 1857 donna au comte Boissy d'Anglas 23,581 voix sur 25,246 votants et 36,426 inscrits, contre 1,524 à M. Carnot, et celle du 1er juin 1863, 19,197 voix sur 19,748 votants et 36,426 inscrits : il appartint, jusqu'à sa mort, à la majorité dynastique.

BOISSY D'ANGLAS (François-Antoine, baron), second fils du précédent, et petit-fils du célèbre conventionnel, député depuis 1877, né à Paris le 19 février 1846, fut conseiller de préfecture et membre du conseil général de l'Ardèche. Lors des élections du 14 octobre 1877, il se présenta, comme républicain modéré, aux suffrages des électeurs de la 2e circonscription de Tournon, qui l'envoyèrent à la Chambre des députés avec 9,065 voix sur 15,420 votants et 19,645 inscrits, contre 6,321 voix à M. Lacaze. Il fit partie de la majorité, vota avec elle les invalidations des députés monarchistes, soutint le ministère Dufaure et les ministères qui suivirent, se prononça *pour* l'amnistie partielle, *pour* l'application des lois existantes aux congrégations, *pour* le divorce, etc., et appuya la politique « opportuniste ». Le 21 août 1881, il fut réélu par 8,265 voix (15,035 votants, 20,314 inscrits), contre 6,710 voix à M. Benjamin Chomel ; il soutint, pendant cette législature, les ministères Gambetta et Ferry, et se prononça *pour* les crédits du Tonkin.

Lorsque les relations diplomatiques furent reprises avec le Mexique, M. Boissy d'Anglas y fut envoyé comme ministre plénipotentiaire en mission temporaire, par décret du 5 octobre 1880 ; cette mission fut prorogée en avril 1881 ; il rentra à Paris le 27 juin suivant. Candidat sur la liste républicaine aux élections du 4 octobre 1885, il n'obtint que 39,427 voix, tandis que le moins favorisé des élus de la liste conservatrice, M. Chevreau, en réunissait 44,689. Mais les élections de l'Ardèche furent invalidées par la nouvelle Chambre, et les électeurs du département furent convoqués à nouveau le 14 février 1886 ; la liste républicaine passa alors, et M. Boissy d'Anglas fut élu par 47,426 voix (92,766 votants, 111,395 inscrits). M. de Montgolfier arrivait le premier de la liste conservatrice, avec 45,171 voix seulement. Dans la dernière session, M. Boissy d'Anglas, inscrit à la gauche radicale, a voté, comme la plupart des membres de ce groupe : *contre* l'ajournement indéfini de la revision des lois constitutionnelles (14 février 1889), chute du ministère Floquet) ; *pour* les poursuites contre trois députés membres de la ligue des Patriotes (14 mars) ; *pour* le projet de loi Lisbonne, restrictif de la liberté de la presse (2 avril) ; *pour* les poursuites contre le général Boulanger (4 avril).

BOISVERD (François-Augustin-Raymond), député au Conseil des Cinq-Cents, né à Veurey (Isère), le 17 avril 1745, mort à Grenoble en 1800, fut conseiller correcteur à la cour des comptes du Dauphiné, puis devint membre du directoire de son département, et plus tard conseiller d'arrondissement de Grenoble. Le 23 ger-

minal an VI, il fut élu, pour un an, député de l'Isère au Conseil des Cinq-Cents. Son nom ne figure au *Moniteur officiel* qu'une seule fois, à l'article « Variétés. » Le journal ayant annoncé que « de fréquentes relations s'étaient établies à Madrid entre les ministres et le commissaire français Segui, » Boisverd écrivit au rédacteur pour déclarer que « le citoyen Segui s'est rendu à Madrid pour des affaires personnelles, et qu'il n'a été chargé d'aucune mission par le gouvernement français. »

BOITTELLE (Symphorien-Casimir-Joseph), député de 1863 à 1864, né à Fontaine(Nord), le 23 février 1813, fut élu, le 15 juin 1863, au deuxième tour de scrutin, et avec l'appui de l'administration, député au Corps législatif par la 7e circonscription du Nord, avec 15,429 voix sur 30,415 votants et 35,084 inscrits, contre 14,953 voix accordées à M. Stiévenart, candidat de l'opposition. Cette élection ayant été annulée, à cause des abus graves auxquels avait donné lieu la campagne menée en faveur du candidat officiel, les électeurs de la circonscription furent convoqués à nouveau pour le 6 mars 1864, et M. Stiévenart-Béthune, candidat indépendant, l'emporta avec 16,159 voix (29,638 votants, 32,981 inscrits), sur son concurrent impérialiste, qui n'eut que 13,429 voix

BOITTELLE (Édouard-Charles-Joseph), sénateur du second Empire, né à Fontaine(Nord), le 9 novembre 1816, entra à l'École militaire de Saint-Cyr en 1833. Sous-lieutenant au 5e lanciers en 1835, il quitta l'armée en 1841. Après le coup d'État de 1851, il entra dans l'administration et mit toute son activité au service de la politique impérialiste. Successivement sous-préfet de Saint-Quentin, préfet de l'Aisne et préfet de l'Yonne, il acquit, dans ces divers postes, la réputation de ce qu'on appelait alors un administrateur « à poigne ». M. Boittelle fut choisi, après l'attentat d'Orsini (février 1858), pour succéder en qualité de préfet de police à M. Pietri, qui venait de donner sa démission, à propos de la réorganisation de la police générale. La loi dite de sûreté générale venait d'être votée ; en même temps le général Espinasse était nommé ministre de l'Intérieur et de la Sûreté générale, et M. Boittelle eut à arrêter avec lui les nouvelles mesures de rigueur dont le gouvernement de Napoléon III avait décidé l'exécution. En 1866, M. Boittelle se démit de ses fonctions de préfet de police et fut nommé sénateur par un décret du 20 février. Tous ses votes, jusqu'en 1870, furent acquis au gouvernement. Grand officier de la Légion d'honneur le 14 août 1862, M. Boittelle a été retraité, comme ancien préfet de police, le 4 août 1874.

BOIXO (Ganderique-Pierre-Joseph), député en 1831, né à Prades (Pyrénées-Orientales), le 6 juillet 1782, mort à Paris, le 11 avril 1858, était sous-inspecteur des domaines lorsqu'il fut élu, le 5 juillet 1831, député du 3e collège des Pyrénées-Orientales, à Prades. Cette élection fut l'objet de réclamations très vives. A la séance du 26 juillet, M. Fleury, rapporteur, en proposant l'admission de MM. Arago et Garcias, également députés des Pyrénées-Orientales, demanda à la Chambre qu'il ne fût statué qu'au bout de quelques jours sur la situation de M. Boixo.

Sur ces entrefaites M. Boixo donna sa démission. Réélu encore une fois le 8 septembre de la même année, il donna de nouveau sa démission, qui cette fois devint définitive. Il n'avait pas siégé.

BOLLET (Philippe-Albert), membre de la Convention, député au Conseil des Cinq-Cents et au Corps législatif de l'an VIII, né à Oblinghem (Pas-de-Calais), le 4 novembre 1755, mort à Violaines (Pas-de-Calais), en 1811, était cultivateur à Cuinchy, et devint maire de Violaines au début de la Révolution. Le 8 septembre 1792, le département du Pas-de-Calais l'élut député à la Convention, par 414 voix sur 764 votants ; il siégea à la plaine, et, dans le procès de Louis XVI, répondit au 3ᵉ appel nominal : « Convaincu que l'égalité et la liberté ne peuvent se consolider qu'autant que la tête du tyran tombera, je vote pour la mort. » Envoyé en mission à l'armée du Nord, il se déclara, à son retour, contre le comité de Salut public, et fut adjoint à Barras pour diriger la lutte, le 9 thermidor, contre la commune de Paris. Il se rendit ensuite en Vendée et seconda les projets de pacification de Hoche. Il fut un des trois représentants chargés de négocier avec Charette et Sapinaud le traité de la Saussaye (17 février 1795), dont les articles secrets étaient tout en faveur des chefs vendéens. Élu, le 22 vendémiaire an IV, député du Pas-de-Calais au Conseil des Cinq-Cents par 274 voix, il demanda et obtint un congé pour aller se reposer à Violaines. Là, dans la nuit du 24 au 25 octobre 1796, des brigands s'introduisirent dans sa maison, et le frappèrent ainsi que sa femme, de plusieurs coups de couteau. Il ne put revenir que l'année suivante siéger au Conseil des Anciens où le même département l'avait élu, le 25 germinal an VII ; il se montra favorable au coup d'État de brumaire, et fut choisi, le 4 nivôse an VIII, par le Sénat conservateur pour représenter le Pas-de-Calais au Corps législatif. Il en sortit en 1803, et revint exercer les fonctions de maire à Violaines jusqu'à sa mort.

BOLLIOUD (Pierre-Marie-Christophe), député au Conseil des Cinq-Cents et au Corps législatif de l'an VIII, né le 4 décembre 1755, mort à une date inconnue, fut administrateur du département de l'Ardèche, puis, le 24 germinal an VI, élu député de ce département au Conseil des Cinq-Cents ; il ne prit aux travaux de cette Assemblée qu'une part très modeste, de même qu'au Corps législatif où l'admit, le 4 nivôse an VIII, le Sénat conservateur, pour y représenter l'Ardèche.

BOLOT (Claude-Antoine), membre de la Convention et député au Conseil des Anciens, né à Gy (Haute-Saône), le 14 août 1742, mort à la Chapelle-Saint-Quillain (Haute-Saône), le 28 juin 1812, appartenait à une riche famille du pays. Après avoir terminé ses études à l'Université de Besançon, il se fit recevoir avocat au parlement, mais passa hors du barreau et dans les plaisirs les années de sa jeunesse ; puis il s'établit à Vesoul en 1770. Au moment de la Révolution, il en adopta les principes, fut élu procureur de la commune à Vesoul, puis, le 6 septembre 1792, membre de la Convention par le département de la Haute-Saône, avec 203 voix sur 394 votants. Dans le procès de Louis XVI, il vota contre l'appel au peuple : « Citoyens, dit-il, je considère particulièrement dans cette circonstance la Convention nationale comme le peuple entier, » — et pour la peine, de mort : « Des preuves multipliées m'ont donné la conviction des crimes de Louis. La loi l'a confirmée. Aujourd'hui la justice, le salut de la République, la loi, la politique commandent que Louis périsse. La pitié ne doit même pas être écoutée. Je condamne Louis à mort. »

Cependant il se déclara pour le sursis. Après la session, le 21 vendémiaire an IV, il entra au Conseil des Anciens, comme l'élu de la Haute-Saône, avec 185 voix ; il ne s'y fit pas remarquer, fut nommé bientôt substitut au IV, puis juge au tribunal de cassation, et devint enfin (an VII) juge au tribunal de Vesoul. N'ayant point été maintenu dans ses fonctions à la réorganisation des tribunaux, il se retira dans le domaine qu'il possédait à la Chapelle-Saint-Quillain, arrondissement de Gray, où il mourut.

BOMMART (Amédée-Alexandre-Hippolyte) député de 1846 à 1848, né à Donai (Nord), le 11 mai 1807, mort à Paris, le 18 juillet 1865, passa par l'École polytechnique et par l'École des ponts et chaussées. Ingénieur en chef, puis inspecteur de cette dernière École, et chevalier de la Légion d'honneur, il fut élu, comme candidat conservateur, le 1ᵉʳ août 1846, député du 4ᵉ collège du Nord (Douai) par 312 voix sur 574 votants et 613 inscrits, contre 259 à M. Choque, député sortant. Il appuya de ses votes le ministère Guizot, et quitta la politique en février 1848. En 1850, il fut promu officier de la Légion d'honneur, puis devint inspecteur général des ponts et chaussées et directeur des études à l'École polytechnique.

BOMPARD (Barthélemy), député de 1837 à 1839, né à Châtenois (Vosges), le 1ᵉʳ septembre 1784, mort à Thionville (Moselle), le 28 février 1867, était le fils d'un commerçant. Il établit en 1806, à Metz, une maison de draperie, qui prospéra, et il devint successivement juge suppléant au tribunal de commerce, puis juge titulaire (1818) et président (1830) de ce tribunal. Il était déjà président de la chambre de commerce depuis 1829. Membre, sous la Restauration, du « comité constitutionnel » de Metz, qu'il avait concouru à créer, il se déclara pour le gouvernement de Juillet, fonda le journal l'*Indépendant de la Moselle*, devint adjoint au maire, puis maire, chevalier de la Légion d'honneur, et conseiller général : il déploya une certaine activité pendant l'épidémie cholérique de 1832, et fut enfin élu député du 3ᵉ collège de Metz, le 4 novembre 1837, par 103 voix sur 205 votants et 275 inscrits ; il remplaçait M. Genot, député de l'opposition. Conservateur, il vota le plus souvent avec le ministère dans la session de 1837-1838 ; il s'en sépara, pourtant, dans certaines questions, par exemple, en repousser la proposition de faire exécuter par les agents du gouvernement simultanément quatre grandes lignes de chemin de fer, et se prononça aussi pour la réduction des rentes cinq pour cent. Il prit parti en 1838-39 contre la « coalition », et échoua aux élections de 1839 contre M. Charpentier, premier président de la Cour royale de Metz.

M. Bompard quitta alors la vie parlementaire et donna sa démission de maire de Metz, le 7 mai 1839, à la suite de différents incidents tumultueux soulevés au conseil municipal de cette ville, notamment à propos des agents de la police locale, que le maire était accusé d'avoir employés soit à recruter des électeurs, soit à s'informer de ce qui se passait au sujet de la pétition pour la réforme électorale.

BOMPARD (Henri-Raymond), représentant à l'Assemblée nationale de 1871, sénateur de 1876 à 1879, né à Bar-le-Duc (Meuse), le 2 mars 1821, grand industriel, était à la tête d'une importante maison de filature, et présidait la chambre de commerce de Bar-le-Duc, où il avait rempli les fonctions de maire pendant la guerre de 1870, lorsqu'il fut élu, le 8 février 1871, représentant de la Meuse, le 1er sur 6, par 27,561 voix (40,190 votants, 89,314 inscrits). Siégeant à l'Assemblée nationale sur les limites des deux centres, il vota d'abord avec la droite : 1er mars 1871, *pour* la paix; 16 mai, *pour* les prières publiques; 10 juin, *pour* l'abrogation des lois d'exil: 30 août, *pour* le pouvoir constituant de l'Assemblée; 3 février 1872, *contre* le retour de l'Assemblée à Paris; puis il sembla se rapprocher du centre gauche, et, après s'être *abstenu*, le 24 mai 1873, sur la démission de Thiers, il vota, le 23 juillet, la proposition Casimir Périer relative à l'organisation de la République sur la base du septennat, avec deux Chambres et le droit de revision. Il *s'abstint* sur l'amendement Wallon (30 janvier 1875), puis se décida, le 25 février, à adopter l'ensemble des lois constitutionnelles. Il s'était inscrit dans les derniers mois de la législature au « groupe Lavergne », et avait donné, à la suite des élections municipales du 22 novembre 1874, sa démission de maire de Bar-le-Duc. Ce fut comme « constitutionnel » qu'il brigua, le 30 janvier 1876, les suffrages des électeurs sénatoriaux de la Meuse, et qu'il fut élu, avec 400 voix sur 657 votants; ce fut aussi dans le groupe « constitutionnel », qu'il prit place au Sénat. Il n'en vota pas moins la dissolution de la Chambre réclamée par les ministres du Seize-Mai (juin 1877), et lors de la manifestation que firent, en mars 1878, un certain nombre de ses collègues qui déclarèrent se rallier au ministère Dufaure, M. Bompard fut de ceux qui persistèrent à voter avec la droite. Membre du conseil général de la Meuse, qu'il présida jusqu'en 1878, il ne fut pas réélu aux élections sénatoriales du 5 janvier 1879, n'ayant obtenu que 252 voix contre 398 à M. Honoré, républicain. M. Bompard est chevalier de la Légion d'honneur.

BONABRY (Jean-Baptiste Lecorgne, comte de), député en 1830, né le 13 mars 1786, mort à Rennes (Ille-et-Vilaine), le 26 août 1843, était propriétaire et conseiller d'arrondissement, quand il fut élu, le 23 juin 1830, député du 1er arrondissement des Côtes-du-Nord (Saint-Brieuc). Légitimiste, il n'accepta ni la révolution de Juillet, ni le régime issu de cette révolution et adressa, le 17 août 1830, au président de la Chambre des députés, une lettre de démission ainsi conçue :

« Saint-Brieuc, 17 août 1830.

« Monsieur le Président,

« La Chambre ayant écarté le principe de la légitimité, mon devoir et ma conscience me défendent de prendre part à ses délibérations. Les sentiments que je vous exprime ont été développés par M. de Conny, mon honorable collègue, avec autant de noblesse que de courage. Ses opinions sont les miennes, et bien que mon admission soit encore ajournée, je viens vous prier de faire agréer ma démission.

« J'ai l'honneur, etc...

« Lecorgne de Bonabry,

« député élu par l'arrondissement de Saint-« Brieuc. »

BONAFOUS (Eustache-Eugène-Antoine-Paul), sénateur de 1876 à 1879, né à Cannes (Aude), le 11 juin 1812, appartint, sous le gouvernement de Juillet et sous le second Empire, à la magistrature, et fut successivement procureur du roi à Saint-Pons en 1841, substitut du procureur général à Montpellier, avocat général à Toulouse, procureur général à Grenoble (1858) et président de cette cour en 1861.

Propriétaire à Saint-Pons (Hérault), il fit de la politique conservatrice, tenta, sans succès, d'entrer au conseil général de l'Hérault en 1871, mais fut plus heureux comme candidat monarchiste au Sénat, le 30 juin 1876, et dut à l'accord des royalistes et des bonapartistes de l'Hérault d'être élu par 217 voix sur 423 votants. (En même temps que lui étaient élus MM. Pagézy et Rodez-Bénavent.) Il appartint, jusqu'en 1879, à la droite sénatoriale, vota avec elle, en juin 1877, la dissolution de la Chambre, et soutint le ministère du Seize-Mai. Il ne fut pas réélu au renouvellement du 5 janvier 1879 : M. Griffe, le moins favorisé des candidats républicains, l'emporta sur lui avec 272 voix contre 125. — M. Bonafous a été admis à la retraite, comme premier président, le 7 novembre 1882.

BONAL (François de), député à l'Assemblée constituante de 1789, né au château de Bonal (Lot-et-Garonne), le 9 mai 1734, mort à Munich (Bavière), le 2 septembre 1800, se destina à l'état ecclésiastique, assista, comme député du deuxième ordre, à l'assemblée du clergé de 1758, et devint successivement grand-vicaire et grand-archidiacre de Châlon-sur-Saône, directeur général des Carmélites, et évêque de Clermont en 1776. Avant la révolution de 1789, ce prélat s'était déjà fait connaître par des mandements où il s'élevait contre la « licence de la presse », et prophétisait, en quelque sorte, la ruine de la royauté. Le clergé du bailliage de Clermont-Ferrand l'élut, le 29 mars 1789, député aux Etats-Généraux. Il siégea à droite, et se distingua parmi les plus ardents opposants aux idées nouvelles. Luttant de tout son pouvoir contre chaque décision de l'Assemblée, il commença par protester, le 1er juillet, contre la réunion des trois ordres. Le *Moniteur* officiel se borne à noter que « plusieurs membres du clergé, entre autres MM. l'évêque de Clermont, l'évêque de Couserans, etc., etc., remirent sur le bureau des déclarations signées d'eux, par lesquelles ils faisaient des réserves et des protestations relatives à leur comparution à l'Assemblée ». Voici le texte authentique de la protestation de François de Bonal; nous l'empruntons aux *Archives nationales* :

« L'article quarante-quatrième du cahier d'instruction remis au député de la sénéchaussée de Clermont-Ferrand aux Etats-Généraux porte en termes exprès, ce qui suit : *que l'ancienne forme de constitution soit gardée et qu'en conséquence, on ne puisse y voter que par ordre et non par tête.*

« D'après une expression si formelle et si impérative, M. l'évêque de Clermont croit devoir à sa conscience et à son honneur de faire aux trois ordres actuellement réunis dans la salle commune des Etats-Généraux la déclaration suivante et en demander acte pour sa justification vis-à-vis de ses commettants :

« 1° Qu'il ne s'est décidé à passer avec son ordre dans la salle commune que pour donner au roi, qui a désiré avec ardeur cette démarche pour accélérer le bien de la nation, une preuve de sa déférence, de son respect, de son amour et de sa fidélité;

« 2° Qu'en remettant ses pouvoirs sur le bureau de cette salle commune, il n'a prétendu, ni pu prétendre les soumettre à une vérification nouvelle; mais seulement en donner aux deux autres ordres une communication qui leur avait toujours été offerte ;

« 3° Qu'il ne croit pas pouvoir se permettre de voter en commun dans l'assemblée générale, jusqu'à ce que ses commettants, s'ils jugent à propos de l'honorer ultérieurement de leur confiance, lui aient donné pleine liberté de voter par tête ; et qu'en attendant, il est décidé à se restreindre à la voix consultative : le tout, sous les réserves de droit.

« A Versailles, ce premier juillet mil sept cent quatre-vingt-neuf.

« † François, évêque de Clermont. »

Sa conduite, à dater de ce jour, resta invariablement conforme à ses sentiments religieux et monarchiques. La discussion sur la suppression des ordres monastiques, le 11 février 1790, l'amena à la tribune : — « Je suis chargé par mon cahier de demander, non seulement que les ordres ne soient pas supprimés, mais encore qu'ils reprennent leur ancienne splendeur. Je dois à mon mission aussi formelle de combattre l'avis du comité ; sans elle je le devrais à ma conscience. »

Il refusa le serment civique le 9 juillet suivant, demanda, le 11 octobre, la suspension des décrets jusqu'à ce que le roi eût reçu une réponse de Rome et réclama un concile, le 26 novembre. Il apporta à la tribune les protestations du haut clergé, à propos de la religion d'Etat (19 avril 1790), sur la captivité du roi (20 juin 1791), sur la revision des décrets (31 août 1791), sur l'administration des finances (29 septembre). Quand la constitution civile du clergé eut été votée, il protesta encore par une Lettre, du 1er février 1791, aux électeurs du Puy-de-Dôme, et s'efforça de les détourner de prendre part au « schisme » par une élection anti-canonique ; il multiplia ensuite les ordonnances et les lettres pastorales pour condamner la nomination de l'évêque constitutionnel, Perrier. Interrogé par Louis XVI sur le point de savoir si le roi pouvait aller faire ses pâques dans une église occupée par le nouveau clergé, il répondit négativement. Enfin, après avoir signé avec 25 autres évêques et 115 ecclésiastiques une sorte de compte rendu de leur mandat, il dut quitter la France, passa en Flandre, et de là en Hollande. Arrêté par les Français en 1795 au Texel, il fut jugé à Bréda et condamné à la déportation. Il se rendit alors à Altona, puis habita diverses parties de l'Allemagne. Il mourut à Munich, laissant à son diocèse, sous le titre de Testament spirituel, ses dernières instructions.

BONALD (Louis-GABRIEL-AMBROISE, VICOMTE DE), député de l'Aveyron de 1815 à 1823, et pair de France en 1823, né à Millau (Aveyron), le 2 octobre 1754, mort dans la même ville, le 23 novembre 1840, fit ses études au collège de Juilly, et entra ensuite aux mousquetaires, où il resta jusqu'à leur suppression en 1776. Nommé maire de Millau en 1785, il fut maintenu dans ces fonctions par les suffrages de ses concitoyens, lorsqu'elles devinrent électives en 1790 : cette même année il fut élu membre de l'assemblée départementale, puis président du département. Pour ne pas concourir à l'exécution de la loi relative à la constitution civile du clergé, il ne tarda pas à donner sa démission, émigra en janvier 1792, et se rendit à l'armée des princes où il fit campagne sous le duc de Bourbon. Il se retira ensuite en Suisse pour s'occuper de l'éducation de ses enfants, et publia, en 1796, son premier ouvrage, la Théo-

rie du pouvoir politique et religieux. Rentré secrètement en France en 1797, il se réfugia à Paris après le 18 fructidor, et fit paraître, de 1797 à 1802, trois de ses principaux ouvrages : l'Essai analytique, le Divorce, et la Législation primitive. Rayé de la liste des émigrés en 1802, il vécut dans la retraite jusqu'en 1810, se contentant de collaborer au Mercure de France et au Journal des Débats. Sur les instances de M. de Fontanes, il accepta, en 1810, les fonctions de conseiller de l'université, auxquelles il avait été nommé en 1808, et qu'il avait jusqu'alors refusé d'occuper. Il publia, en 1815, ses Réflexions sur l'intérêt général de l'Europe, pour démontrer que l'extension de la France jusqu'au Rhin importait au repos de l'Europe, collabora, en 1818, au Conservateur, et fit paraître un de ses plus importants ouvrages, les Recherches philosophiques sur les premiers objets des connaissances morales. Le 23 août 1815, les électeurs du collège de département de l'Aveyron l'envoyèrent siéger à la Chambre des députés, par 135 voix sur 206 votants et 275 inscrits, et, le 4 octobre 1816, par 103 voix, sur 196 votants et 265 inscrits. Le 1er octobre 1821, le 3e collège électoral de l'Aveyron (Millau) renouvela son mandat par 193 voix sur 343 votants et 448 inscrits, contre M. Nogaret, ancien préfet de l'Hérault, qui ne réunit que 137 suffrages. Le roi Louis XVIII l'éleva à la dignité de pair de France, le 23 décembre 1823. Dans l'une et l'autre Chambre, il prit une part active aux travaux et aux discussions, proposa de rendre à l'Eglise les biens non encore vendus de l'ancien clergé, demanda l'abolition du divorce, la suppression de nombreux emplois publics dont l'utilité ne compensait pas la charge budgétaire, protesta contre l'aliénation des forêts, s'opposa au renvoi des Suisses, parla en faveur de la censure des journaux, sur la loi de recrutement, contre une aliénation de biens de l'état destinés à donner au duc de Richelieu une récompense nationale, pour la diminution du budget de la Guerre, etc. Ses discours parlementaires forment un volume de ses œuvres. Il avait été nommé, dès 1822, ministre d'Etat et membre du conseil privé ; il était entré à l'Académie française, en 1816, au moment de sa réorganisation, et fut, pendant la Restauration, président du conseil général de l'Aveyron.

Ayant quitté Paris quelque temps avant la révolution de Juillet, il refusa de prêter serment au nouveau gouvernement, et renonça ainsi à la vie publique. Les dix dernières années de sa vie s'écoulèrent dans sa terre du Monna, où il mourut âgé de 86 ans. Nous trouvons dans une lettre de M. de Bonald à M. de Villeneuve, à la date du 25 novembre 1835, l'expression, en quelques lignes, de ses sentiments politiques : « Louis XVIII, bel esprit, avec plus de mémoire que de bon esprit, élève de la philosophie et fils de son siècle, a tout perdu : le pouvoir, en le partageant avec les Chambres ; la religion, en décrétant l'égalité des Cultes ; la noblesse, en la changeant en patriciat ; le tiers état lui-même, en appelant tous les individus à une participation au pouvoir politique qui ne devrait appartenir qu'à la famille à mesure de ses progrès en fortune et en instruction. Jamais on ne gouvernera la France avec ce gouvernement représentatif et ses accompagnements de Chambres, d'élections, etc., etc. »

BONALD (LOUIS-JACQUES-MAURICE VICOMTE DE), troisième fils du précédent, sénateur du second Empire, né à Millau (Aveyron, le 30 octobre 1787, mort à Lyon, le 25 février 1870, entra dans les ordres, fit ses études à St-Sulpice, fut ordonné prêtre en 1811, attaché à la grande aumônerie en qualité de clerc de la chapelle impériale, aumônier de la Salpétrière, puis secrétaire de M. de Pressigny, évêque de St-Malo; il se rendit à Rome, avec ce prélat, qui ne put y faire aboutir l'affaire du Concordat, et revint en France, après avoir fondé à Rome un couvent de dames françaises. Il eut à Paris de grands succès de prédication, et devint successivement aumônier du comte d'Artois, vicaire-général du diocèse de Chartres, et évêque du Puy (1823). En cette qualité, il s'éleva contre la liberté de la presse, et signa, avec la plupart des évêques français, la lettre à Charles X en faveur des libertés de l'Eglise gallicane.

Nommé archevêque de Lyon en 1839, M. de Bonald revendiqua en mainte circonstance la liberté de l'enseignement, et, ayant attaqué, dans un mandement le *Manuel de droit ecclésiastique* de Dupin aîné, fut condamné comme d'abus par le Conseil d'Etat sur la plainte de l'auteur. Cardinal du 1er mars 1841, M. de Bonald entra de droit au Sénat du second Empire, le 26 janvier 1852. Il y défendit surtout l'occupation romaine, notamment en produisant des lettres personnelles que lui avait adressées Pie IX, et dont la révélation fit alors quelque bruit. Tout entier à ses fonctions épiscopales, il prit d'ailleurs peu de part aux travaux de la haute Assemblée.

BONALD (Victor-Marie-Etienne, vicomte de), fils aîné du vicomte de Bonald pair de France (*Voy. ci-dessus*), représentant de l'Aveyron à l'Assemblée nationale de 1871, né à Montpellier, le 3 mai 1844, fut élu représentant de l'Aveyron, le 8 février 1871, au scrutin de liste, le 3e sur 8, par 59,563 voix, sur 65,273 votants et 118,224 inscrits. Déjà membre du conseil général de l'Aveyron pour le canton de Peyreleau, de 1852 à 1867, démissionnaire à cette date, il fut réélu dans le même canton, le 8 octobre 1871, puis en 1874, en 1880 et en 1886, et présida le conseil général, de 1871 à 1880.

Le 20 février 1876, M. de Bonald se présenta dans l'arrondissement de Millau, où il échoua, avec 6,632 voix, contre le candidat républicain, M. Mas, qui fut élu par 8,139 voix; le 14 octobre 1877, M. Mas, député sortant, l'emporta encore, avec 8,097 voix, contre M. de Bonald, qui ne réunit 7,671. Dans l'Assemblée de 1871, M. de Bonald siégea au centre droit, parmi les députés monarchistes; il a voté :

Le 1er mars 1871, *pour* la paix; le 16 mai, *pour* les prières publiques; le 10 juin, *pour* l'abrogation des lois d'exil; le 22 juillet, *contre* l'amendement Marcel Barthe; le 30 août, *pour* le pouvoir constituant de l'Assemblée; le 3 février 1872, *contre* le retour de l'Assemblée à Paris; le 24 mai, *pour* l'acceptation de la démission de M. Thiers ; le 10 juin 1873, *pour* l'approbation de la circulaire Pascal; le 24 juin, *pour* l'arrêté du préfet du Rhône contre les enterrements civils; le 20 novembre, *pour* la prorogation des pouvoirs de Mac-Mahon; le 4 décembre, *pour* le maintien de l'état de siège; le 20 janvier 1874, *pour* la loi sur les maires; le 16 mai, *contre* le renversement du ministère de Broglie; le 23 juillet, *contre* la proposition Casimir Périer, demandant le septennat avec deux Chambres et le droit de revision; le 29 juillet, *contre* la dissolution de l'Assemblée ; le 29 janvier 1875, *contre* la proposition du centre gauche demandant deux

Chambres et un président: le 30 janvier *contre* l'amendement Wallon; le 25 février, *contre* les lois constitutionnelles. Dans la même Assemblée, M. de Bonald a fait partie d'un grand nombre de commissions, notamment, à Bordeaux, de la commission de constitution du pouvoir exécutif, et, à Versailles, des commissions de décentralisation, de revision des services administratifs, du travail des femmes et des enfants dans les manufactures, de la construction de l'église du Sacré-Cœur à Montmartre ; il fut rapporteur de la proposition du général Trochu pour les honneurs à rendre à la mémoire des généraux Lecomte et Clément Thomas, et d'une proposition de revision des services administratifs pour la réunion de la direction des forêts au ministère de l'Agriculture.

BONAPARTE (Joseph, comte de Survilliers), député au Conseil des Cinq-Cents et au Corps législatif de l'an VIII, membre du Sénat conservateur, et pair des Cent-Jours, né à Ajaccio (Corse), le 7 janvier 1768, mort à Florence (Italie), le 28 juillet 1844, était le fils aîné de Charles Bonaparte et de Lætitia Ramolino. On le destinait au barreau, et il étudiait le droit à Pise, lorsque la révolte de Paoli (1793) l'obligea à partager en Provence l'exil de sa famille; il y épousa, en 1794, la fille d'un riche négociant de Marseille, M. Clary, et, par l'influence de son frère Napoléon, devint secrétaire de Salicetti, puis (1797) commissaire des guerres à l'armée d'Italie, sous les ordres de son frère. Elu, le 23 germinal an V, député du département du Golo au Conseil des Cinq-Cents, il vit son admission combattue par le parti clichien, qui, depuis le 13 vendémiaire, jour où le général Bonaparte mitrailla les sections, considérait les Bonapartes comme des jacobins. Il put siéger, après le 18 fructidor, et fut nommé ambassadeur à Parme, puis à Rome. Dans cette dernière ville, il eut à lutter contre les tendances réactionnaires de l'entourage du pape, fit remettre en liberté les patriotes emprisonnés, fut attaqué, par la population ameutée, dans sa résidence du palais Corsini, vit tomber à ses côtés le général Duphot percé de balles, et dut partir en secret de Rome pour échapper lui-même à la mort. A son retour à Paris, le Directoire approuva sa conduite. Joseph, réélu le 23 germinal an VI par le département du Golo au Conseil des Cinq-Cents, devint secrétaire de l'Assemblée le 21 janvier 1798, prit une part discrète au coup d'Etat de brumaire, donna sa démission de député le 8 pluviôse an VIII, fut nommé ministre plénipotentiaire le 13 ventôse suivant, concourut en cette qualité au traité de paix et de commerce conclu la même année avec les Etats-Unis, au traité de Lunéville signé l'année suivante avec l'Autriche, et enfin (18 vendémiaire an X) au traité d'Amiens avec l'Angleterre. Il était entré au Conseil d'Etat le 15 floréal an VIII, avait été nommé (19 vendémiaire an IX) ministre plénipotentiaire en Bohême, promu grand électeur le 28 floréal an XII, à l'établissement de l'Empire, puis connétable, sénateur de droit le 22 thermidor an XII, et grand officier de la Légion d'honneur le 10 pluviôse an XIII. Investi du gouvernement pendant la campagne d'Austerlitz, il se distingua par une aménité et une simplicité de mœurs qui lui valurent des remontrances de Napoléon devenu fort exigeant sur l'étiquette, il lui offrit cependant, en raison de la popularité qu'il s'était acquise, la couronne d'Italie. Joseph y mit des conditions d'indépendance politique et financière qui furent rejetées. Nommé général de division le 3 janvier 1806, il accepta, le 31 mars suivant, la couronne de Naples et des Deux-Siciles, et exerça, avec une rare conscience et un grand dévouement pour les intérêts de son nouveau royaume, son métier de roi, s'inspirant surtout des institutions alors en vigueur en France. Cette conduite lui aliéna l'ancienne noblesse, et après l'abdication imposée aux Bourbons d'Espagne, il quitta Naples pour Madrid et vint s'asseoir sur le trône de Charles-Quint (22 janvier 1809). Mais l'état insurrectionnel de la péninsule demandait un dictateur militaire bien plus qu'un philosophe aimable ; Joseph resta malgré lui à Madrid, plusieurs fois chassé de sa capitale, roi nominal du seul territoire occupé en fait par nos armées. Il sortit d'Espagne avec les derniers bataillons français, en 1813, et reçut le titre de lieutenant-général de l'Empire, et le grade de commandant en chef de la garde nationale en janvier 1814. Il engagea énergiquement Paris à résister aux armées alliées, mais, donnant un exemple, contraire, il abandonna Paris le 30 mars pour suivre à Blois l'impératrice Marie-Louise. Après l'abdication de l'empereur, Joseph gagna la Suisse, où il acheta la terre de Prangins (aujourd'hui propriété et résidence du prince Jérôme Napoléon), fut appelé (2 juin 1815) à siéger à la Chambre des pairs, au retour de l'île d'Elbe, et, quelques jours après, chargé de la présidence du conseil des ministres pendant l'absence de l'empereur. Joseph quitta Paris après Waterloo, et s'embarqua à Rochefort pour les Etats-Unis. Il s'y établit, près de Philadelphie, sous le nom de comte de Survilliers. A l'avènement de Louis-Philippe, il protesta au nom de Napoléon II contre l'établissement du nouveau gouvernement, et vint habiter l'Angleterre en 1832 ; deux ans après, il réclama contre le maintien des lois d'exil concernant la famille Bonaparte. Après un nouveau séjour de deux ans en Amérique (1837-1839), il revint en Angleterre, puis obtint, en 1844, du grand-duc de Toscane, l'autorisation de résider à Florence, où il mourut deux ans après.

BONAPARTE (LUCIEN, PRINCE DE CANINO), député au Conseil des Cinq-Cents, ministre, membre du Tribunat, membre du Sénat conservateur et pair des Cent-Jours, né à Ajaccio (Corse), le 21 mars 1775, mort à Viterbe (Italie), le 29 juin 1840, était le frère cadet de Napoléon Bonaparte et le troisième fils de Charles Bonaparte et de Lœtitia Ramolino. Tout jeune, il se lia avec Paoli, qui l'appelait « son petit philosophe » ; mais lors du soulèvement de la Corse, ayant pris parti pour la Convention, Lucien, Louis et Joseph Bonaparte furent bannis, et gagnèrent la Provence où ils vécurent d'abord des secours accordés aux « patriotes réfugiés. » Lucien entra dans l'administration des vivres militaires et devint garde-magasin à Marathon, ci-devant Saint-Maximin (Var), aux appointements de 1,200 livres. Il se fit appeler *Brutus Bonaparte, citoyen sans-culotte*, fréquenta les clubs, devint le chef du parti révolutionnaire de l'endroit, et, entre temps, épousa (4 mai 1794) la sœur de son aubergiste, Catherine Boyer, alors aussi illettrée que jolie ; comme Lucien n'était pas majeur, il emprunta sans scrupules, pour contracter cette union, l'acte de naissance de son frère Napoléon. Nommé, peu après, inspecteur des charrois à Saint-Chamans, il fut arrêté, après les journées de prairial, puis relâché en août 1795, et vint à Marseille, d'où

la protection de son frère Napoléon, général en chef de l'armée de Paris, le fit partir comme commissaire des guerres à l'armée du Rhin. Ce poste lui déplut, et il alla s'en plaindre, à Milan, à son frère qui « le reçut, dit Lucien, sans la moindre démonstration de tendresse », et le fit envoyer comme commissaire en Corse, où, aux élections du 23 germinal an VI, Lucien fut élu député du département du Liamone au Conseil des Cinq-Cents, avant d'avoir encore l'âge légal de 25 ans ; on discuta vivement sa validation, mais ce fut tout l'ennui qu'en éprouva le frère du général Bonaparte. « Je passai, a-t-il dit, les premiers mois sans prendre dans le Conseil une couleur décidée, » tout en étant un des orateurs habituels de la tribune, parlant facilement sur tout, en méridional. Le 18 juillet 1798, on proposait, pour assurer la célébration des fêtes décadaires, d'obliger les marchands à ouvrir leurs boutiques le dimanche : « La tolérance est sœur de la liberté, conclut Lucien après un long discours; nous n'avons pas le droit d'empêcher un homme de célébrer la fête que son culte lui indique. » Rapporteur, en août, de la commission des finances, il dénonça les agioteurs, et fit voter des secours aux veuves et orphelins des soldats morts pour la patrie. Nommé secrétaire du Conseil, il parla en faveur de la liberté illimitée de la presse, fit renouveler (22 septembre 1799) le serment de fidélité à la Constitution de l'an III, s'éleva contre l'impôt du sel, contre la déclaration de la patrie en danger (an VIII), et contre les craintes d'un coup d'État exprimées par le général Jourdan. Instruit de la situation des partis, le général Bonaparte revenait alors inopinément d'Egypte, et arrivait à Paris (2 brumaire an VIII). Lucien venait d'être nommé président du Conseil des Cinq-Cents; il appuya le projet de coup d'État, qui, sans son habileté et son énergie, n'eût pas réussi, le 18 suivant. La majorité du Conseil des Cinq-Cents était dévouée à la Constitution de l'an III.

Lucien gagna d'abord les incertains et les timides, en leur montrant l'anarchie qui menaçait la France; dès l'ouverture de la séance du 19 brumaire, dans l'orangerie de Saint-Cloud, où le Conseil avait été subitement transféré, un complice demande la nomination d'une commission chargée de proposer des mesures de salut public. On crie : « La Constitution! » Delbrel fait renouveler le serment de fidélité, que Lucien s'empresse de prêter, et, pendant que l'on discute sur les mesures de circonstance à prendre, on voit arriver le général Bonaparte, qui est reçu aux cris de : « A bas le tyran, le dictateur hors la loi! » Lucien refuse « d'être l'assassin de son frère », jette au milieu de la salle sa toque et sa ceinture, sort au milieu des grenadiers, saute à cheval et harangue les troupes : « Guerriers, délivrez la majorité de vos représentants de l'oppression où elle se trouve; vous ne reconnaîtrez, comme législateurs de la France, que ceux qui vont se rendre auprès de leur président. Quant à ceux qui sont dans l'orangerie, que la force les expulse. Ces brigands ne sont plus les représentants du peuple, mais les représentants du poignard : vive la République! » La salle fut bientôt évacuée tambour battant, et, le soir, à la séance de la commission provisoire des Cinq-Cents, Lucien célébra cette journée dans un discours, qui se terminait ainsi : « Si la liberté naquit dans le Jeu de paume de Versailles, elle fut consolidée dans l'orangerie de Saint-Cloud : les constituants de 1789 furent les pères de la Révolution, mais les législateurs de l'an VIII sont les pères et les pacificateurs de la patrie. » Le 4 nivôse an VIII. Lucien succéda à Laplace comme ministre de l'Intérieur; il s'y montra le protecteur des lettres, qu'il cultivait lui-même avec un certain succès, et sut rallier au régime nouveau les noms considérés alors comme illustres de Fontanes, La Harpe, Arnault; ses soirées devinrent célèbres; le vieux chevalier de Boufflers y faisait connaître son *Traité de métaphysique*, Chateaubriand, à peine rentré de l'émigration, y lisait *Atala*. Administrativement, Lucien organisa les préfectures nouvellement établies, et, malgré son culte pour la liberté de la presse, ne protesta pas quand un arrêté des consuls (17 février 1800) supprima tous les journaux de Paris, sauf le *Journal des Débats* et douze autres petites feuilles sans importance.

La mort de sa femme (mai 1800 et des dissentiments avec son frère Napoléon, dont l'ambition lui paraissait insatiable, lui firent échanger le portefeuille de l'Intérieur, contre le poste d'ambassadeur à Madrid (6 novembre 1800): il séduisit vite une cour facile et présomptueuse: la substitution de l'influence française à celle de l'Angleterre, la solution du ravitaillement de l'armée d'Égypte, la cession à la France, d'une part, de la Louisiane, et, d'autre part, des duchés de Parme, Plaisance et Guastalla, pour former le royaume d'Étrurie, la déclaration de guerre au Portugal et l'heureux traité de Badajoz (29 novembre 1801), furent autant de succès pour le jeune diplomate de vingt-cinq ans. A l'occasion de ce dernier traité, la munificence de la cour espagnole le combla de riches présents. « Je n'ose, disait-il, regarder avec attention une chose qui me plaît, de peur qu'elle ne me soit offerte. » Il trouva, dans ses bagages, en quittant Madrid, plusieurs millions de diamants : « Telle est, ajoute-t-il, l'origine de ma fortune indépendante. » Le succès l'avait réconcilié avec son frère, qui le fit entrer au Tribunat, le 6 germinal an X. C'est lui qui présenta à cette Assemblée le Concordat conclu avec Pie VII, le 15 juillet 1801, et fit adopter, le 18 mai 1802, le projet de loi qui créait l'ordre de la Légion d'honneur, dont il fut nommé d'emblée grand officier (10 pluviôse an XII); sénateur de droit, il fut pourvu de la riche sénatorerie de Trèves. La vente de la Louisiane, que Lucien considérait comme « le plus beau fleuron de sa couronne diplomatique », vente clandestine au point de vue constitutionnel, et consentie personnellement par le premier consul aux Américains, remit les deux frères aux prises. Napoléon fut violent, et se moqua brutalement des scrupules constitutionnels et intéressés de l'ancien président du Conseil des Cinq-Cents. Cette disgrâce rendit Lucien à jamais républicain; il se retira de la vie politique, entra à l'Institut dans la classe de la langue et littérature françaises, lors de la réorganisation de ce corps (février 1803), alla prendre possession, en juillet, des biens de la sénatorerie de Trèves, et revint à Paris faire de la littérature dans son château de Plessis-Chamant, où la meilleure société de l'époque venait chasser et jouer la comédie, plus gaiement qu'à la cour gravement consulaire de la Malmaison. Lucien enfin se remaria, à l'insu de son frère, avec Mme Jouberthon, veuve d'un agent de change. Napoléon, ayant besoin de lui pour les combinaisons de sa politique, lui proposa, au même moment, la reine d'Étrurie; à ce sujet il y eut entre les deux frères, et en présence de Joseph, une nouvelle scène terminée par un

ordre de Napoléon, et par un refus catégorique de la part de Lucien, qui décida de se fixer en Italie (avril 1804), et se rendit à Rome où le pape lui fit le meilleur accueil, et s'empressa d'ériger sa terre de Canino en principauté.

Lucien s'adonna exclusivement aux distractions artistiques et littéraires. Une nouvelle tentative de rapprochement avec l'empereur eut lieu à Milan en novembre 1807, mais n'eut d'autre suite que de creuser plus profondément encore la séparation. Napoléon ayant de nouveau en vain demandé à Lucien de divorcer, celui-ci se retira dans sa terre de Canino, près Viterbe, mais la malveillance non dissimulée de son frère le décida à gagner l'Amérique. 29 mai 1810, il annonçait à sa nièce sa proposition : « Ma plus grande peine en partant est de vous quitter; mais il le faut, puisque l'empereur renonce à mon égard à toute justice, vous-même aussi. Quand je serai loin, vous m'apprécierez mieux. Ma famille est ingrate et injuste, car j'ai aussi contribué à votre élévation à tous au 18 brumaire. » Le 1ᵉʳ août, il s'embarqua avec sa famille, à Civita-Vecchia, fut pris par un croiseur anglais, conduit à Naples, puis amené en surveillance en Angleterre, à Ludlow, où il resta trois ans. Remis en liberté en 1814, il revint à Rome auprès de Pie VII, puis, au retour de l'île d'Elbe, se rendit à Paris solliciter l'évacuation des États du pape, occupés par Murat. Cette mission remplie, il résista aux instances de l'empereur qui voulait le garder près de lui et reprit le chemin de Rome; mais faute de passeport, il ne put franchir la frontière, vit Mme de Staël à Versoix, près Genève, et revint à Paris au moment où le collège de département de l'Isère le nommait (13 mai 1815) représentant à la Chambre des Cent-Jours. Il dut refuser ce mandat, ayant été nommé à la Chambre des pairs, le 2 juin 1815. Dans un conseil privé tenu au moment du départ de l'empereur pour l'armée, Lucien proposa d'accepter l'abdication offerte par Napoléon et d'instituer la régence de Marie-Louise; le conseil fut du même avis, mais Napoléon qui avait adhéré, refusa le lendemain, et partit pour Waterloo. Le 20 juin, Lucien conseilla la dictature, si la Chambre n'accordait pas son concours à l'empereur, fut rappelé vivement par Pontécoulant aux principes d'égalité qu'il avait professés jadis; il se retira à Neuilly, puis repartit pour l'Italie, et, arrêté à Turin, ne dut sa liberté qu'à l'intervention bienveillante de Pie VII auprès des souverains alliés. Lucien se retira auprès de Viterbe; en 1817, il faillit être victime d'une tentative d'enlèvement de la part de brigands qui voulaient le mettre à rançon; mais ce fut son secrétaire qui fut enlevé à sa place. Lucien, dont la carrière politique était terminée, continua d'écrire; ses œuvres les plus importantes sont : un roman, *Stelli* (1799), un poème épique, *Charlemagne* l'Église délivrée (1815) dédié à Pie VII, et autre poème, la *Cyrnéide*, ou la *Corse sauvée* (1819).

BONAPARTE (LOUIS, COMTE DE SAINT-LEU, pair des Cent-Jours, né à Ajaccio (Corse), 4 septembre 1778, mort à Florence (Italie), 25 juillet 1846, était le quatrième fils de Charles Bonaparte et de Lætitia Ramolino. Il suivit la carrière militaire, fit les campagnes d'Italie d'Égypte, et partit de ce dernier pays, 14 mars 1799, pour remettre au Directoire des dépêches de son frère. Après le coup d'État brumaire, Louis fut nommé ambassadeur auprès du czar, Paul Iᵉʳ, mais il n'alla pas plus loin que Berlin, où il resta un an. Paul Iᵉʳ ayant été assassiné. De retour en France en 1801, il devint colonel de dragons, puis général de brigade, épousa, sur l'ordre formel de son frère Napoléon, Hortense de Beauharnais, fille de Joséphine, et fut nommé, en 1805, président du collège électoral du Pô. A l'établissement de l'empire, il passa grand connétable et colonel-général des carabiniers, suivit l'empereur en Italie, et devint gouverneur général du Piémont. Nommé, au commencement de 1806, général en chef de l'armée du Nord, il se rendit en Hollande, dont il fut proclamé roi, le 5 juin.

Louis se consacra entièrement aux intérêts de ses nouveaux sujets, qui, notamment sur la question du blocus continental, n'étaient pas toujours d'accord avec les exigences politiques de Napoléon. La mort de son fils aîné, que l'empereur avait adopté malgré lui, les soupçons qu'il conçut sur la conduite de la reine Hortense, enfin sa résistance comme roi de Hollande aux injonctions de l'empereur, firent trouver la couronne trop lourde à ce prince philosophe et épris d'érudition : il abdiqua, se retira en Styrie, puis en Suisse, lors de la déclaration de guerre de l'Autriche à la France (1813). Le 7 août 1810, il écrivait à sa mère, des bains de Teplitz : « Je suis aussi bien que possible et hors des affaires, pour n'y jamais rentrer, je vous en réponds bien. J'espère que mon frère permettra que je reste avec vous et un de mes enfants le reste de mes jours, mais je vous prie de ne lui plus parler de moi. » En 1814, il était à Rome, fut nommé pair le 2 juin 1815, mais refusa d'occuper son siège. Le procès qu'il eut à soutenir contre la reine Hortense et la séparation de son fils achevèrent de lui inspirer le dégoût du monde, et il se retira dans la solitude, demandant aux lettres une suprême consolation. On a de lui un roman : *Marie ou les peines de l'amour* (1808), des *Documents historiques sur le gouvernement de Hollande* (1820), et un *Essai sur la versification* (1825) souvent réimprimé.

BONAPARTE (JÉRÔME, COMTE DE MONTFORT), pair des Cent-Jours et sénateur du second Empire, né à Ajaccio (Corse), le 15 novembre 1784, mort à la Villegenis, le 24 juin 1860, était le plus jeune frère de l'empereur. Élevé au collège de Juilly, il entra dans la marine après le coup d'Etat de brumaire, et accompagna, avec le grade de lieutenant, son beau-frère le général Leclerc, à Saint-Domingue, d'où il revint bientôt porteur de dépêches importantes. Commandant de la frégate l'*Epervier*, il partit pour la Martinique, fut chargé, en 1802, d'établir une croisière devant l'île de Tabago, puis se retira à New-York, où il épousa (1803), la fille d'un riche commerçant de Baltimore, Mlle Paterson. Ce mariage gêna bientôt les vues politiques de l'empereur, qui autorisa Jérôme à rentrer en France, mais sans sa femme ; dans une lettre du 2 mai 1805, Talleyrand annonçait à l'empereur que Jérôme venait d'arriver à Madrid avec un secrétaire seulement, et que Mme Paterson était partie pour Amsterdam. Quelques jours après, Jérôme rejoignait son frère en Piémont, il se réconciliait avec lui, en consentant à divorcer pour cause de minorité, et bien qu'ayant un enfant de son mariage. Nommé capitaine de frégate, il se présenta en août suivant devant Alger à la tête d'une escadre de six vaisseaux, obtint du dey la délivrance des esclaves d'origine française et génoise, et fut récompensé du succès

de sa mission par le grade de capitaine de vaisseau ; en 1806, il commandait à la Martinique une escadre de huit vaisseaux de ligne, et rentré en France, fut promu contre-amiral. Il servit dans l'armée de terre pendant la campagne de 1807 s'empara de la Silésie à la tête d'un corps de Wurtembergeois et de Bavarois, fut nommé général de division, le 14 mars 1807, marié, le 12 août, à la princesse Frédérique-Catherine, fille du roi de Wurtemberg, et, six jours après, fut créé roi de Westphalie, et reconnu aussitôt par les puissances. Il montra plus d'ardeur pour les plaisirs que pour les affaires, et se soumit d'ailleurs aveuglément aux exigences de la politique napoléonienne. En 1812, à la tête d'un corps d'armée allemand, il prit part aux combats d'Ostrowa et de Mohilew ; mais surpris à Smolensk, il fut renvoyé à Cassel qu'il dut abandonner à la suite des troupes françaises (1813). En mars 1814, Jérôme accompagna à Blois l'impératrice Marie-Louise, puis rejoignit la reine Catherine à la cour de Stuttgard, pour se retirer de là en Italie où il comptait résider. Ayant appris à Trieste le retour de l'île d'Elbe, il put s'embarquer en secret et gagner Paris. Napoléon le nomma à la Chambre des pairs (2 juin 1815), et l'emmena avec lui en Belgique ; sa conduite à Waterloo fut héroïque, et il fut des derniers à quitter le champ de bataille. Après la seconde abdication, il revint encore près de son beau-père, qui lui donna le château d'Elvangers et le titre de prince de Montfort (juillet 1816) : il résida tantôt près de Vienne, tantôt à Trieste, mais resta, pendant la Restauration, en dehors de la politique. La princesse Catherine mourut en 1836 ; le comte de Montfort dut vivre d'une pension que lui fit sa fille, la princesse Mathilde, mariée au comte Demidoff, pension qui dura jusqu'au divorce, consenti mutuellement entre le comte et la princesse, en 1845. Le prince Jérôme songea alors à profiter personnellement des dispositions bienveillantes de Louis-Philippe pour les membres de la famille Bonaparte, et écrivit de Bruxelles au gouvernement français (1847), pour demander l'autorisation de rentrer en France, autorisation qui lui fut accordée pour trois mois, le 22 décembre. Il alla remercier Louis-Philippe, et fut très bien reçu aux Tuileries ; le lendemain de la révolution de Février 1848, c'est-à-dire moins de deux mois après, on trouva sur le bureau du roi deux ordonnances qui n'attendaient que la signature royale : l'une accordait au prince Jérôme une pension de cent mille francs, l'autre le nommait pair de France.

La révolution de 1848 fit cesser l'exil de sa famille. Le prince Jérôme écrivit, dès le 26 février, la lettre suivante aux membres du gouvernement provisoire : « La nation vient de déchirer les traités de 1815. Le vieux soldat de Waterloo, le dernier frère de Napoléon, rentre dès ce moment au sein de la grande famille. Le temps des dynasties est passé pour la France ! La loi de proscription qui me frappait est tombée avec le dernier des Bourbons. Je demande que le gouvernement de la République prenne un arrêté qui déclare que ma proscription était une injure à la France et a disparu avec tout ce qui nous a été imposé par l'étranger. » Il favorisa, autant qu'il le put, l'élection de son neveu, le prince Louis-Napoléon, à la présidence de la République, après avoir songé un instant à se présenter lui-même comme frère incontesté de Napoléon. Du moins il fut promu gouverneur des Invalides (27 décembre 1848), et maréchal de France (1ᵉʳ janvier 1850). Mais le coup d'Etat de 1851 le surprit, et il hésita sur le parti qu'il avait à prendre, craignant surtout les remontrances habituelles de son fils, très lié alors avec le parti montagnard. Il se décida pourtant à aller à l'Elysée : Napoléon III lui donna la présidence du Sénat, le titre de premier prince du sang, ainsi que les avantages pécuniaires et honorifiques attachés à cette dignité. Le prince Jérôme a présidé plusieurs fois le conseil des ministres pendant l'absence de l'empereur; mort des suites d'une bronchite pulmonaire, en son château de la Villegenis, il fut inhumé aux Invalides. L'évêque de Troyes, Mgr Cœur, a prononcé son oraison funèbre.

BONAPARTE (LOUIS-LUCIEN, PRINCE), représentant de la Corse aux Assemblées constituante et législative de 1848-1849, et sénateur du second Empire, né à Thorngrave (Angleterre), le 4 janvier 1813, est le second fils de Lucien, frère de Napoléon Ier. Sa jeunesse fut moins agitée que celle de ses frères, et il n'avait, personnellement, aucun antécédent politique quand la révolution de 1848 lui permit de rentrer en France, puis lui ouvrit les portes de l'Assemblée constituante. En remplacement de son cousin Louis-Napoléon Bonaparte, qui avait opté pour un autre département, il fut élu, le 26 novembre 1848, représentant du peuple de la Corse par 11,677 voix (22,992 votants, 45,329 inscrits). Mais son élection fut annulée le 9 janvier 1849, sans qu'il ait eu le temps de prendre part à aucun vote important. Peu de mois après, il fut un des candidats choisis par l'« Union électorale » pour les élections complémentaires de la Seine à l'Assemblée législative : il s'agissait de remplacer onze représentants dont les sièges étaient devenus vacants. Louis-Lucien Bonaparte fut élu, le 8 juillet 1849, représentant de la Seine, avec 124,726 voix (234,588 votants, 273,800 inscrits). Elu avec l'appui des conservateurs, il vota constamment avec eux, s'associa à toutes les propositions et manifestations de la droite, et ne se sépara de la majorité que pour soutenir, en 1851, la politique personnelle de son cousin le président. Le coup d'Etat de décembre ne modifia pas, tout d'abord, sa situation : mais le rétablissement de l'Empire lui valut, le 31 décembre 1852, la dignité de sénateur, avec les titres de « prince » et d'« altesse ». Il fut, naturellement, un des soutiens du régime impérial, bien qu'il parut s'occuper de politique moins volontiers que de linguistique et de sciences. On lui doit, en effet, plusieurs ouvrages de chimie en français et en italien, une *Grammaire* basque, une traduction en langue basque du *Cantique des Cantiques*, etc. Grand croix de la Légion d'honneur, du 15 mars 1863.

BONAPARTE (NAPOLÉON-PIERRE, PRINCE), représentant aux Assemblées constituante et législative de 1848-49, né à Rome (Italie), le 12 septembre 1815, mort à Versailles, le 7 avril 1881, était le troisième fils de Lucien. Tout enfant, il se montra épris d'aventures. « Son sang, dit un biographe ami, bouillait à briser ses artères. » A l'âge de 15 ans, il tenta d'envahir la Corse, de concert avec son frère Antoine, afin de s'y faire reconnaître pour le neveu de Napoléon Ier et de soulever la population au nom de Napoléon II, alors aux mains de l'Autriche; à 16 ans, il prit part au mouvement insurrectionnel toscan, fut rejoint par la police, et emprisonné pendant six mois dans le fort de Livourne. Puis, il alla chercher fortune en Amérique, où se trouvait son oncle, l'ancien roi Joseph, combattit quelque temps dans la Nou-

velle-Grenade, et revint en Italie, où, toujours accompagné de son frère Antoine, il mena une existence sauvage et se trouva mêlé à des scènes sanglantes qui jetèrent l'épouvante dans le pays : tous deux furent arrêtés, reconnus coupables de meurtre et de viol, et condamnés à la peine de mort; mais la sentence ne fut pas exécutée, et après avoir fait subir quelques mois de détention, le pape se contenta de les expulser de ses Etats. Pierre Bonaparte traversa encore l'Atlantique, et eut de nouvelles mésaventures aux Etats-Unis, puis il passa en Angleterre, et s'embarqua de là pour l'Archipel ionien; il se fit expulser de Corfou, gagna Gibraltar, Lisbonne, offrit tour à tour son épée au roi des Belges qui s'excusa, à la Suisse qui répondit par un refus motivé, au czar Nicolas, qui lui opposa une fin de non recevoir, et à Louis-Philippe, auprès duquel il ne fut pas plus heureux.

Il profita de la révolution de Février pour venir en France et écrivit aux membres du gouvernement provisoire : « Messieurs, fils de Lucien Bonaparte, nourri de ses opinions républicaines, idolâtre comme lui de la grandeur et du bonheur de la France, j'accours, enfant de la patrie, me mettre à la disposition des éminents citoyens qui forment le Gouvernement provisoire. Le sentiment qui me domine, c'est un patriotique enthousiasme et la conviction que la prospérité et l'avenir de la République ont été résolus le jour où le Peuple vous a mis à sa tête. Comme mon père qui n'a jamais trahi son serment, j'engage le mien entre vos mains à la République française.

« Recevez, Messieurs, cette acte de sympathie et d'un dévouement qui ne demande que d'être mis à l'épreuve

PIERRE-NAPOLÉON BONAPARTE.

Paris, le 29 février 1848. »

Il fut bientôt, le 23 avril 1848, élu représentant de la Corse à l'Assemblée constituante, le 6e et dernier de la liste, par 15,813 voix sur 50,947 votants, et 58,467 inscrits. Il siégea à gauche, et fit partie du comité de la Guerre. Le 12 juin 1848, il repoussa à la tribune les soupçons jetés par Lamartine sur les intentions du prince Louis-Napoléon : « La République, dit-il, je la veux inviolable : elle est mon idole, je ne veux qu'elle, et j'aimerais mieux mourir que de voir un autre chose. » Il vota : 9 août, *contre* le rétablissement du cautionnement; 1er septembre, *contre* le rétablissement de la contrainte par corps; 7 octobre, *contre* l'amendement Grévy ; 21 octobre, *contre* l'abolition du remplacement militaire (amendement Deville); 27 décembre, *pour* la suppression de l'impôt du sel; 12 janvier 1849, *contre* la proposition Rateau ; 12 mars, *pour* une augmentation de 50,000 francs par mois au traitement du président de la République; 21 mars, *pour* l'interdiction des clubs; 16 avril, *contre* l'expédition de Rome; 11 mai, *contre* la demande de mise en accusation du président et de ses ministres. A plusieurs occasions, Pierre Bonaparte se porta garant des sentiments républicains de son cousin Louis-Napoléon. Il vota régulièrement avec la droite, après l'élection du 10 décembre, chaque fois que la personne du président était en jeu.

Sans donner sa démission de représentant, il obtint un emploi de commandant au titre étranger et fut envoyé en Afrique; mais ayant un jour brusquement quitté le champ de bataille de la Zaatcha, il fut au *Moniteur officiel* du 19 décembre 1849 l'objet du décret suivant :

« ... Considérant que M. Pierre-Napoléon Bonaparte n'a pas rempli sa mission : qu'un officier servant en France à titre étranger est tenu d'accomplir le service commandé : que M. Pierre-Napoléon Bonaparte n'était ni le maître de quitter son poste, ni... etc.

« Art. 1er. — M. Pierre-Napoléon Bonaparte est révoqué du grade et de l'emploi de chef de bataillon dans la légion étrangère, etc. »

Pierre-Bonaparte protesta contre la révocation dont le frappait son cousin, et porta à la tribune de l'Assemblée sa réclamation, appuyée d'un ordre du jour motivé. Aucune main ne se leva en sa faveur. Il resta à l'Assemblée, et consacra toute son activité à la politique.

Réélu à l'Assemblée législative le 13 mai 1849, en Corse, par 21.765 voix (41.078 votants et 57.685 inscrits), et dans l'Ardèche par 32.331 voix (68.890 votants, 105.091 inscrits), il porta pour la Corse, et se fit remarquer par son excitation, chaque fois que la cause bonapartiste lui semblait mise en jeu. L'excessive violence de son caractère lui valut alors plusieurs duels, notamment avec M. Adrien de Lavalette, directeur du journal l'Assemblée nationale, et avec le duc de Rovigo. C'est aussi vers cette époque qu'il se porta à des voies de fait sur un de ses collègues. Un représentant lisait à la tribune un extrait d'un journal où le rôle historique des Napoléon était sévèrement apprécié. Pierre Bonaparte entendit d'un banc au-dessus de lui partir des paroles d'assentiment.

— « Vieil imbécile » ! s'écria-t-il en se retournant. Et il frappa d'un violent soufflet l'auteur de l'interruption, âgé de 70 ans, le représentant Gastier (V. ce nom). Pierre Bonaparte ne fut condamné qu'à 200 francs d'amende. Le procès, du reste, ne se passa pas sans scandale, car au moment où l'avocat de M. Gastier esquissait le caractère de l'accusé, celui-ci se leva furieux et cria :

— « Cessez ce système de dénigrement, ou il vous arrivera ce qui est arrivé à votre client. »

A la Chambre, Pierre Bonaparte se montrait opposé aux lois de réaction : il repoussait la loi Falloux-Parieu sur l'enseignement, et demandait la question préalable sur le projet de loi présenté par Baroche contre le suffrage universel. Comme il n'avait pris, personnellement, aucune part au coup d'État de décembre 1851, et que Louis-Napoléon jugeait son concours inutile, sinon dangereux, il fut tenu à l'écart sous l'Empire ; il vivait assez retiré, tantôt en Corse, tantôt à Auteuil, et se contentait d'adresser à Napoléon III de très fréquentes demandes d'argent, lorsque, au mois de janvier 1870, éclata l'affaire Victor Noir. Cette affaire naquit d'une polémique avec un journal anti-bonapartiste de Bastia, la Revanche. Pierre Bonaparte, dans une lettre à l'Avenir de la Corse, avait traité les rédacteurs de la Revanche de mendiants (furdani) et de traitres (vittoli), et les avait menacés de leur mettre « le stentine per le porrette », les « tripes aux champs. » Ceux-ci lui répondirent :

« La renommée aux mille voix nous avait appris déjà les brillants faits et gestes de M. Pierre-Napoléon Bonaparte ; mais nous n'avions jamais pu apprécier comme aujourd'hui les fleurs de sa rhétorique, l'aménité de son style, la noblesse de ses pensées, la générosité de ses sentiments.

« Non, cet aigle n'est pas né, il n'a pas grandi dans un nid de lauriers !

« Non, ce prince n'est pas Corse !

« Il traite de mendiants des hommes qui n'ont jamais frappé ni à sa porte ni à celle d'aucun Bonaparte ; il qualifie de traîtres des citoyens indépendants qui pourraient lui donner des leçons de patriotisme.

« Prince Pierre-Napoléon Bonaparte, avez-vous oublié ce que vous écriviez aux citoyens de la Corse le 12 mars 1848 ? Alors vous étiez aussi pauvre que nous, et vous veniez mendier nos suffrages : alors vous étiez plus républicain que nous, car vous voyiez dans le gouvernement de la République le moyen de faire fortune.

« Nous sommes des traîtres à notre pays, nous qui, en 1848, avons eu la naïveté de croire à la profession de foi des Bonaparte !... etc. »

Pierre envoya ses témoins à M. Tomassi, rédacteur en chef de la Revanche. Puis, comme la Marseillaise avait publié sur cette polémique un article violent contre le prince, celui-ci provoqua également M. Henri Rochefort, alors député de la 1re circonscription de la Seine et directeur du journal. Il lui écrivit :

« J'apprends que vos électeurs vous ont donné le mandat impératif de refuser toute réparation d'honneur et de conserver votre précieuse personne. Néanmoins j'ose tenter l'aventure... Si donc, par hasard, vous consentez à tirer les verrous protecteurs qui rendent votre honorable personne deux fois inviolable, vous ne me trouverez ni dans un palais, ni dans un château. J'habite tout bonnement, 59, rue d'Auteuil, et je vous promets que si vous vous présentez, on ne vous dira pas que je suis sorti. »

« PIERRE-NAPOLÉON BONAPARTE. »

Le lendemain, au lieu de M. Rochefort, ou de ses témoins, Pierre vit arriver ceux de M. Paschal Grousset, Corse d'origine et représentant à Paris du journal la Revanche, qui, ayant pris à son compte les outrages contenus dans la lettre à l'Avenir, voulait en obtenir raison. Ces témoins étaient deux journalistes, MM. Ulrich de Fonvielle et Victor Noir, ce dernier, rédacteur à la Marseillaise. On sait ce qui se passa. Après un échange de quelques paroles, le prince tira sur ses interlocuteurs trois coups de revolver, visant d'abord Victor Noir, puis M. de Fonvielle. Victor Noir fut frappé en pleine poitrine. M. de Fonvielle, en entendant la détonation, tira sa poche un revolver sans parvenir à l'armer ; mais, s'abritant derrière un meuble il put éviter d'être atteint. Les deux hommes se précipitèrent hors de la maison, à la porte de laquelle Victor Noir tomba mort. Cet événement, connu aussitôt dans Paris, y causa une profonde émotion. Dans la soirée, une note émanant du ministère de la Justice fut adressée aux journaux pour leur annoncer que le prince était arrêté et une instruction judiciaire commencée.

Le lendemain, la Marseillaise publia, en tête du journal, un article à sensation, signé Henri Rochefort, et qui débutait par cette phrase : « J'ai eu la faiblesse de croire qu'un Bonaparte pouvait être autre chose qu'un assassin... etc. »

Les funérailles de la victime se firent le 12 janvier au milieu d'un immense concours de spectateurs qu'on évalua à plus de cent mille. Bon nombre étaient armés de revolvers et de pistolets. Peu s'en fallut que la cérémonie ne tournât en insurrection. Le 17 janvier, la Chambre autorisa le gouvernement à poursuivre M. Henri Rochefort pour l'article de la Marseillaise où il commentait le crime d'Auteuil : en même temps ses collaborateurs furent arrêtés.

Un décret avait convoqué à Tours, pour juger

Pierre Bonaparte, la haute Cour, dont étaient justiciables, d'après la Constitution de 1852, les princes de la famille impériale. Cette Cour était composée de magistrats de la Cour de cassation désignés par l'Empereur; le jury était ainsi formé : chaque conseil général désignait un de ses membres comme juré, et c'est parmi ces 92 jurés qu'étaient tirés au sort les 40 jurés du jugement. M. Glandaz présidait. Les juges étaient: M. Zangiacomi, Poulliaude de Carnières, Bouchy, Gastambide, Savary, suppléant. Le procès commença le 21 mars. Les débats furent marqués par des incidents violents entre l'accusé et plusieurs témoins. Pierre Bonaparte se défendit en prétendant, contrairement aux constatations légales, que Victor Noir l'avait insulté et frappé violemment au visage. Il ajoutait que les deux autres coups avaient été tirés sur M. de Fonvielle qui le menaçait de son arme, et il terminait ses explications en disant que s'il avait rechargé son arme, c'était par habitude. Au grand étonnement de l'opinion publique, Pierre Bonaparte fut acquitté. Il fallait 21 voix pour la condamnation; 18 seulement répondirent affirmativement à cette question :

— « Le prince Pierre-Napoléon Bonaparte est-il coupable d'avoir, le 10 janvier dernier, à Auteuil-Paris, commis un homicide volontaire sur la personne d'Yvan Salmon, dit Victor Noir ? » Une condamnation pourtant fut prononcée. M. de Fonvielle fut condamné à dix jours de prison pour avoir, pendant l'audience, cédé à un mouvement d'impatience et appelé l'accusé *assassin* (25 mars).

Comme conclusion, la *Marseillaise* du lendemain publia ces simples lignes :

« Pierre Bonaparte est acquitté ;
« Victor Noir est dans la tombe ;
« Ulrich de Fonvielle est en prison;
« Henri Rochefort est en prison;
« Millière, Rigault, Bazire, Dereure sont en prison. »

Afin de calmer le mauvais effet produit par l'acquittement, l'empereur ordonna à son cousin de quitter la France pendant quelque temps. En réalité, Pierre se retira dans sa propriété d'Épioux (Ardennes). Après le désastre de Sedan, il passa en Belgique, tandis que sa femme, fille d'un artisan du faubourg Saint-Antoine qu'il avait épousée sans le consentement de l'empereur, en 1868, fondait à Londres, sans succès, une maison de couture.

Pierre Bonaparte passa dans l'obscurité les dernières années de sa vie. En dernier lieu il s'était retiré à Versailles. Officier de la Légion d'honneur du 3 novembre 1864, il avait reçu en outre, de Victor Emmanuel, la grand-croix des SS. Maurice et Lazare.

BONAPARTE (ANTOINE), frère du précédent, représentant à l'Assemblée législative de 1849, né à Tusculana (Italie), le 30 octobre 1816, mort à Florence (Italie), le 27 mars 1877, était le quatrième fils de Lucien, frère de Napoléon Ier; il passa ses premières années avec son père, en Italie, puis voyagea en Amérique (1832), revint en Europe, séjourna dans les Etats pontificaux où il eut, de même que son frère Pierre, plus d'un démêlé avec la force armée. Expulsé de Rome, il se remit à errer de pays en pays, et ne pénétra en France qu'en 1849. Le 15 octobre de cette année, il fut élu par la coalition des conservateurs de l'Yonne, représentant à la Législative, avec 21,402 voix sur 34,494 votants et 108,738 inscrits, contre deux candidats républicains : M. Auguste Rivière, qui obtint 8,092

voix et M. Victor Guichard, ancien représentant, qui en eut 4,346. Antoine Bonaparte remplaçait à l'Assemblée le représentant Robert décédé. Il siégea à droite, et vota, sans paraître à la tribune, avec la majorité monarchiste. Il appuya la politique de son cousin Louis-Napoléon, qui, cependant, après le coup d'État et le rétablissement de l'Empire, évita de lui conférer les mêmes honneurs qu'à ses autres parents. Antoine Bonaparte vécut assez retiré sous l'Empire : il n'avait pas été compris sur la liste des princes ayant rang à la cour.

BONAPARTE (JOSEPH-CHARLES-PAUL-NAPOLÉON PRINCE, dit JÉRÔME-NAPOLÉON), représentant aux Assemblées constituante et législative de 1848-1849, sénateur du second Empire, et député de 1876 à 1877, né à Trieste (Illyrie), le 9 septembre 1822, est le second fils de l'ex-roi Jérôme et de la princesse Frédérique de Würtemberg. Elevé d'abord à Rome par son aïeule, Mme Lætitia, il dut émigrer à Florence à cause de la part qu'avaient prise deux membres de sa famille à l'insurrection de la Romagne, et terminer ses études à Genève et à Arenenberg; il entra à l'Ecole militaire de Louisbourg (Wurtemberg), en sortit premier avec le grade de lieutenant, envoya peu après sa démission, et se mit à voyager en Allemagne, en Angleterre, en Espagne. Il obtint du ministère Guizot, à force d'insistance, l'autorisation de venir à Paris, et se lia avec quelques-uns des chefs du parti démocratique : le gouvernement de Louis-Philippe en prit ombrage et l'éloigna, mais lui permettre bientôt, à titre provisoire, (1847), de rentrer en France avec son père l'ex-roi Jérôme.

La révolution du 24 Février 1848 provoqua chez le prince Napoléon un vif enthousiasme; dès le 26, il publiait une lettre de formelle adhésion au gouvernement provisoire, « le devoir de tout bon citoyen étant de se réunir autour du gouvernement provisoire de la République; » il se présenta comme candidat républicain à l'Assemblée constituante, et fut élu, le 23 avril, représentant de la Corse, le 1er sur 6, par 39,229 voix (50,947 votants, 58,467 inscrits); il siégea à la gauche modérée et vota, au début de la session, avec la majorité : 28 juillet 1848, *pour* le décret sur les clubs ; 25 septembre, *contre* l'impôt progressif; 4 octobre, *contre* l'incompatibilité des fonctions; 7 octobre, *contre* l'amendement Grévy; 21 octobre, *contre* l'abolition du remplacement militaire : 12 janvier 1849, *pour* la proposition Rateau ; il s'était seulement rapproché de l'extrême gauche pour opiner en faveur de l'amnistie des transportés. Mais la mesure de révocation dont il fut l'objet, pour avoir quitté sans autorisation préalable son poste de ministre plénipotentiaire à Madrid, où l'avait envoyé le gouvernement, irrita son amour-propre; il prit place dans la gauche de l'Assemblée législative, où il avait été élu, le 13 mai 1849, par deux départements, la Sarthe, pour lequel il opta, avec 59,622 voix sur 103,029 votants et 135,640 inscrits, et la Charente-Inférieure, où il avait obtenu, le 6e sur 10, 42,694 voix (90,799 votants, 142,041 inscrits); il vota le plus souvent avec la gauche. Vers la fin de la législature, et aux premiers bruits de coup d'Etat, le prince Napoléon s'abstint, à dessein, de prendre parti dans les débats orageux qui signalèrent l'année 1851. Victor Hugo, dans l'*Histoire d'un crime*, raconte l'entrevue qu'il eut chez lui, rue de la Tour-d'Auvergne, 37, le 16 novembre 1851, avec un « homme considérable et distingué » qui avait le droit de dire, en désignant les Bonaparte, « ma famille. » Ce personnage exposa longuement à Victor Hugo la situation « à la fois désespérée et forte » où se trouvait la République. La République est perdue, lui dit-il, à moins que vous ne la sauviez. Et le moyen de salut qu'il indiqua se trouve résumé dans ces quelques mots :

« — Yon, le commissaire de police de l'Assemblée, est républicain?

— Oui.

— Il obéirait à un ordre signé de vous?

— Peut-être.

— Moi je dis : sans doute.

Il me regarda fixement.

« — Eh bien, faites, cette nuit, arrêter le président.

— Ce fut à mon tour de le regarder.

— Que voulez-vous dire?

— Ce que je dis.

— Arrêter le président! » m'écriai-je.

Alors il m'exposa que cette chose extraordinaire était simple, que l'armée était indécise, que dans l'armée, les généraux d'Af... se balançaient le président, que la garde nationale était pour l'Assemblée..., que la troupe ne résisterait pas à la garde nationale, que la chose se ferait sans coup férir, que Vincennes s'ouvrirait et se fermerait pendant le sommeil de Paris, que le président achèverait là sa nuit, et que la France à son réveil apprendrait cette double bonne nouvelle : Bonaparte, hors de combat et la République hors de danger... »

Victor Hugo résista aux avances du prince Napoléon et refusa de suivre son conseil. « J'aime mieux être, dit-il, proscrit que proscripteur. J'ai le choix entre deux crimes, mon crime et le crime de Louis Bonaparte, je ne veux pas de mon crime. » Et la conversation prit fin. (*Histoire d'un crime.* Tome II, chap. 8). Le coup d'Etat accompli, le prince Napoléon se mit d'abord à l'écart; mais cette attitude ne dura pas, et il accepta de l'Empire restauré l'hérédité éventuelle de la couronne, et le titre de prince français, qui comportait de droit celui de sénateur; les insignes de grand-croix de la Légion d'honneur et le grade de général de division étaient décernés, d'emblée et par surcroît, au prince Napoléon, qui n'avait jamais servi.

Lors de la campagne de Crimée, le prince Napoléon s'embarqua le 10 avril 1854, à Marseille, à la tête d'une division d'infanterie de réserve, qu'il laissa bientôt devant Sébastopol pour regagner la France et remplir les fonctions de président de la « commission impériale de l'Exposition universelle. » Ce retour précipité n'accrut pas la popularité du prince. Il voyagea ensuite (1857) dans les mers du Nord, fut quelque temps « ministre de l'Algérie et des Colonies » (1858-59) et donna sa démission, en raison de la tournure que prenaient les affaires italiennes : il venait d'épouser (30 janvier 1859) la fille de Victor-Emmanuel, Clotilde-Marie-Thérèse de Savoie. Quand la guerre d'Italie eut éclaté, le prince Napoléon fut envoyé à Livourne avec un corps d'armée : il y demeura jusqu'à la paix de Villafranca. Il brilla davantage comme orateur au Sénat, où il prononça plusieurs discours importants, par exemple le 1er mars 1861, et le 22 février 1862, contre le pouvoir temporel des papes; ces discours et l'attitude d'opposant qu'il prit souvent à l'égard du gouvernement lui attirèrent plus d'un désaveu de la part de son impérial cousin. A la suite d'une harangue prononcée en Corse, à l'occasion de l'inauguration de la statue de Napoléon Ier, il fut même nettement

blâmé par l'empereur, alors en Algérie, dans une lettre que publia l'*Officiel* : « L'empereur Napoléon, y était-il dit, pour empêcher l'anarchie des esprits, cette redoutable ennemie de la vraie liberté, avait établi, dans sa famille d'abord, dans son gouvernement ensuite, cette discipline sévère qui n'admettait qu'une volonté et qu'une action. Je ne saurais désormais m'écarter de la même règle de conduite. » Le prince se démit alors de ses fonctions de membre et vice-président du conseil privé, et de membre du conseil de régence, et bouda les Tuileries. Quand il y parut, ce fut avec la mauvaise humeur la plus marquée, refusant de porter à table la santé de l'impératrice Eugénie, son ennemie personnelle, ou se renfermant dans un mutisme obstiné. Au Sénat, il vota, seul, contre l'adresse de 1864. Sa disgrâce n'était d'ailleurs qu'officielle : il semblait tenir surtout à sa réputation de libre-penseur, et la petite cour du Palais-Royal, résidence officielle du prince, réunissait fréquemment About, Renan, Sainte-Beuve, que le parti catholique regardait comme ses plus dangereux ennemis. Entre temps, il voyageait en Europe, se promenait en Angleterre, en Corse, en Algérie, en Italie, sur un yacht à vapeur, construit pour lui, le *Jérôme-Napoléon*, visitait Lisbonne, les Açores, l'Amérique, l'Egypte, et, une autre fois, l'Autriche, la Hongrie, la Bohême. En 1869, lorsque l'Empire se fit parlementaire et « libéral », il passa pour avoir exercé quelque influence sur la politique nouvelle qu'annonçait le message du mois de juillet. La vérité est qu'il s'attacha dans un discours (août 1869) au Sénat, à propos de la discussion sur le sénatus-consulte, à revendiquer pour la France les garanties d'un gouvernement constitutionnel : son opinion fut combattue par M. Rouher, président du Sénat, avec une certaine vivacité.

Après le plébiscite, le prince Napoléon venait d'entreprendre un nouveau voyage sur les côtes de Norvège (2 juillet), quand les événements politiques le rappelèrent en France. Il n'obtint, cette fois, aucun commandement dans l'armée, et essaya vainement de décider Victor-Emmanuel à nous prêter son concours contre la Prusse; il apprit à Florence la capitulation de Sedan, et la proclamation de la République, se retira avec sa femme et ses enfants au château de Prangins en Suisse, et se tint à l'écart pendant toute la durée de la guerre. Il ne rentra en scène que le 7 octobre 1871, comme membre du conseil général de la Corse; son passage en France pour se rendre à son poste, à Ajaccio, donna lieu à des démonstrations hostiles contre sa personne, et le débat, au sein du conseil, sur la validation de son élection, amena la retraite de tous les membres bonapartistes, et la démission du prince, qui partit pour l'Italie. Réélu conseiller en 1872, il se vit expulser de France par le gouvernement de Thiers; le ministère du 24 mai lui refusa le rétablissement de son nom sur la liste des généraux de division. Vers la même époque, il proposa à un journal démocratique, l'*Avenir national*, que dirigeait M. Ed. Portalis, « un pacte d'alliance de la démocratie et des Napoléons pour soutenir le drapeau tricolore », mais les rédacteurs du journal se retirèrent aussitôt, et la proposition n'eut pas de suites. Les dissentiments, déjà profonds, entre le prince Napoléon et le fils de Napoléon III, prirent alors un caractère aigu. Aux élections législatives du 20 février 1876, le prince, posant sa candidature contre M. Rouher lui-même, se déclarait prêt à « accepter franchement la forme actuelle du gouvernement ». M. Rouher fut élu, mais invalidé par la Chambre, et, le 11 mai, le prince Napoléon l'emporta à son tour, avec 6,046 voix (10,726 votants). Sans s'inscrire à aucun des groupes de la majorité républicaine, il vota cependant avec elle, appuya, le 24 décembre 1876, la loi sur la collation des grades, et fut des 363. Soutenu, comme tel, par les journaux et les comités qui obéissaient au mot d'ordre de Gambetta, il n'eut à Ajaccio, le 14 octobre 1877, d'autre concurrent que M. Haussmann, candidat du « prince impérial » et de l'administration. Il échoua avec 4.419 voix contre 8,027 obtenues par son concurrent.

La mort imprévue du prince impérial au Cap de Bonne-Espérance vint raviver l'ambition du prince, qui, devenu le chef de la famille Bona-parte, ne fut toutefois accepté pour prétendant à l'Empire que par une fraction du parti bona-partiste : M. de Cassagnac fut de ceux qui re-fusèrent constamment de se rallier à lui, et lui opposèrent son fils aîné Victor-Napoléon, dési-gné par le prince impérial lui-même comme son successeur. Le prince Napoléon assista, à Chislehurst, au service funèbre de son jeune cousin, mais partit sans avoir vu l'ex-impéra-trice, et se fixa à Paris. Depuis lors, son rôle politique a été plus effacé. Il s'est réduit à la publication de quelques lettres et manifestes : par exemple, le 5 avril 1880, pour applaudir à la promulgation des décrets du 29 mars contre les congrégations, et plus tard, en 1884, pour protester contre la loi d'expulsion des princes qui l'obligea à quitter la France. La majorité des « jérômistes » a récemment adhéré à la campagne revisioniste du général Boulanger, et quelques-uns d'entre eux, entre autres M. Lenglé (V. ce nom), ont pris, dans les réu-nions publiques, le titre de « bonapartistes-répu-blicains ».

BONAPARTE — Voy. NAPOLÉON Ier et NAPO-LÉON III.

BONARDI (FRANÇOIS, COMTE), député au Corps législatif de l'an XII à 1815, né à Villa-nova (Italie), le 30 janvier 1767, mort à une date inconnue, fut d'abord prêtre résident à Cosal, puis professeur; il fut nommé ensuite commissaire administrateur de Montferrat et devint sous-préfet de Voghera. Élu, le 27 fruc-tidor an XII, par le Sénat conservateur, député du département de Marengo au Corps législatif, élection qui fut renouvelée le 3 octobre 1803, il vota docilement pour le gouvernement de l'empereur jusqu'en 1815.

BONARDI (RAYMOND-GASPARD, COMTE DE SAINT-SULPICE), pair de France, né à Paris, le 23 décembre 1761, mort à Paris, le 20 juin 1835, suivit la carrière militaire, fit les campagnes de l'Empire, et parvint au grade de lieutenant-général. Napoléon Ier l'avait fait comte le 6 juin 1808, et grand officier de la Légion d'hon-neur. La Restauration lui donna la croix de Saint-Louis, et l'admit à la retraite, le 18 jan-vier 1815, comme général de division. Après la révolution de juillet, il fut appelé à la pairie, le 19 novembre 1831 : il siégea obscurément, jusqu'à sa mort, dans les rangs de la majorité ministérielle.

BONAVENTURE (NICOLAS-MELCHIADÈS), dé-puté au Conseil des Cinq-Cents, né à Thion-ville (Moselle), le 10 février 1753, mort à Gettes (Belgique), le 24 avril 1831, quitta la France à la mort de son père, fit ses études à l'Univer-sité de Louvain, y prit sa licence et s'établit à Tournai, comme avocat (1775). Il devint, le 26 juin 1787, conseiller pensionnaire des échevi-nages. Pendant la révolution de 1790, les nouveaux magistrats que le peuple de Tournai avait choisis, le députèrent plusieurs fois à Bruxelles, notamment pour assister au congrès extraordinaire convoqué le 24 septembre et qui devait délibérer sur une note des puissances médiatrices invitant les Belges à une suspen-sion d'armes; puis au congrès du 17 octobre, au sujet d'une nouvelle note de ces puissances, et enfin à l'Assemblée des États-Généraux du 13 novembre, qui nommèrent souverain de la Belgique l'archiduc Charles, troisième fils de l'empereur Léopold. Après la rentrée des Au-trichiens dans Bruxelles, Bonaventure fit partie d'une députation chargée d'annoncer au maré-chal Bender qu'ils reconnaissaient la souve-raineté de l'empereur. Il reçut encore diverses missions et revint à Bruxelles. Après que la victoire de Dumouriez à Jemmapes eut fait tomber la Belgique aux mains des Français, Bonaventure fut élu par acclamation adminis-trateur provisoire de Tournai (12 novembre 1792). Le 3 janvier 1793, il fit adopter par ses collègues une remontrance à la Convention na-tionale contre le décret qui prononçait la réu-nion de la Belgique à la France, ainsi que contre la « conduite arbitraire » des généraux et des agents français. Ses pouvoirs lui furent renouvelés en février 1793. Bonaventure s'em-pressa d'ailleurs de se rallier à l'empereur François II, quand les Autrichiens occupèrent de nouveau la Belgique après la bataille de Neerwinden. Le 8 juin, en compagnie du grand prévôt, Bonaert, il appela François « le plus grand des princes et le plus tendre des pères ». Il n'en fut pas moins, à la seconde occupation française, appelé à faire partie de l'adminis-tration centrale et supérieure (26 brumaire an III) et du conseil du gouvernement (2e jour complémentaire de l'an III), que les représen-tants du peuple en mission établirent à Bruxelles. Le 23 germinal an V, il alla siéger au Conseil des Cinq-Cents, comme député du département de la Dyle, élu par 40 voix. Dans cette assemblée, il réclama, pour les départe-ments annexés, le droit de nommer un tribunal de cassation; se plaignit de la loi qui exigeait des ecclésiastiques une déclaration de fidélité; combattit le projet relatif à la vente des biens nationaux de la Belgique et à la liquidation de ses dettes, et enfin présenta un rapport sur la date à laquelle les lois envoyées dans les dé-partements réunis et non publiées étaient deve-nues obligatoires.

Le 1er messidor an VIII, il fut nommé par le premier consul juge au tribunal d'appel de la Dyle, puis président du tribunal criminel du même département. En 1806, l'empereur le fit membre du conseil de discipline et d'enseigne-ment de l'École de droit à Bruxelles. On l'accusa d'avoir pris part dans cette ville, en 1804, 1805 et 1806, à des arrestations arbitraires contre plusieurs centaines de citoyens. Bonaventure cessa ses fonctions à la cour de Justice crimi-nelle le 20 mai 1811; il fut créé baron de l'Empire et chevalier de la Légion d'honneur, et il est mort bourgmestre de la commune de Gettes, où il était propriétaire.

BONCENNE (PIERRE), né à Poitiers (Vienne) le 14 septembre 1774, mort à Poitiers le 22 fé-vrier 1840, fit ses études au collège de cette ville, entra dans l'armée, s'y distingua, et devint aide de camp du général Desclozeaux ; puis il quitta le service pour le barreau et s'improvisa *défenseur officieux*. Ses premiers essais devant les conseils de guerre et les commissions militaires l'engagèrent à compléter son éducation juridique, il travailla avec ardeur et succès : sa réputation et son savoir lui valurent bientôt (1806) une place de professeur suppléant à la Faculté de droit de Poitiers.

Nommé conseiller de préfecture en 1815, il fut, le 11 mai de la même année, élu représentant à la Chambre des Cent-Jours, par le collège de département de la Vienne, avec 78 voix sur 111 votants ; il y prit quelquefois la parole, non sans autorité, pour défendre le principe constitutionnel. Rendu à la vie privée après cette courte législature, il reprit ses occupations d'avocat et de professeur, plaida des causes importantes, et fut, le 24 juin 1822, nommé professeur titulaire de procédure civile et de législation criminelle : il commença alors son grand ouvrage sur la *Théorie de la procédure civile*, que la mort l'obligea de laisser inachevé. Doyen (1829) de la faculté de droit de Poitiers, décoré de la Légion d'honneur, il siégea, sous la Restauration et le gouvernement de Juillet, au conseil général de la Vienne.

BONCOMPAGNI (Louis), député au Corps législatif en l'an XIII, né à Pica (Italie), le 17 février 1773, mort à une date inconnue, fut successivement « substitut de l'avocat des pauvres », commissaire du gouvernement à Albe, et substitut du commissaire du gouvernement près le tribunal de première instance de Turin. — Le 3e jour complémentaire de l'an XIII, il fut élu, par le Sénat conservateur, député au Corps législatif pour y représenter le département du Pô : il y soutint la politique impériale jusqu'en 1806.

BONDANI (Louis-Octave-Marie-Philippe, chevalier), député au Corps législatif de 1811 à 1815, né à Sostri (Italie), le 22 janvier 1757, mort à une date inconnue, fut pendant cinq ans membre du corps municipal de Parme, et devint conseiller de préfecture (13 mars 1806.) Il occupait ce poste lorsque le Sénat conservateur le désigna, le 8 mai 1811, pour représenter au Corps législatif le département du Taro : il venait d'être créé (2 mai) chevalier de l'Empire. Il siégea jusqu'à la fin du règne de Napoléon, dont il appuya la politique.

BONDY (Pierre-Marie Taillepied, comte de), représentant à la Chambre des Cent-Jours, député de 1816 à 1820, de 1822 à 1831 et pair de France, né à Paris le 7 octobre 1766, mort à Paris, le 11 janvier 1847, d'une famille de financiers, était en 1792, directeur de la fabrication des assignats ; après le 10 août, il donna sa démission qui ne lui fut accordée qu'à grand'peine, et se retira de la vie politique jusqu'à l'avènement de l'Empire. Le prince Eugène, avec qui il s'était lié, le fit nommer chambellan de l'Empereur en 1805 ; il suivit Napoléon dans ses voyages, et, au retour de la campagne d'Autriche, fut nommé maître des requêtes et président du collège électoral de l'Indre (1809). Créé baron de l'Empire, le 19 novembre de la même année, et comte de l'Empire le 14 février 1810, il fut attaché à la personne des rois de Saxe et de Bavière, et fut du nombre des hauts dignitaires envoyés à Carlsruhe au-devant de la nouvelle impératrice Marie-Louise. Nommé préfet de Lyon en août 1810, il s'y distingua par une administration aussi active que vigilante, créa le nouveau quartier de Perrache sur des marais comblés et assainis, prévint la disette de 1812, et donna un grand essor aux travaux publics et au commerce de cette grande cité. Lors de l'attaque de Lyon par les alliés en 1814, il organisa lui-même la défense, et ne sortit de la ville qu'avec le dernier régiment.

Après la chute de l'Empereur, les Lyonnais demandèrent instamment au comte d'Artois de laisser M. le comte de Bondy à la tête du département, ce qui leur fut accordé pour quelque temps. Mais le gouvernement de la Restauration ne l'y maintint pas longtemps, et le nomma, en compensation, commandeur de la Légion d'honneur (20 novembre 1814). Aux Cent-Jours, Napoléon l'appela à la préfecture de la Seine, puis au Conseil d'Etat avec le titre de maître des requêtes. Elu représentant à la Chambre des Cent-jours, le 13 mai 1815, par l'arrondissement du Blanc (Indre), il sut, comme préfet, maintenir l'ordre à Paris, recommanda, à l'approche des troupes alliées, le calme et la prudence, et fut un des trois commissaires chargés de négocier la convention du 3 juillet. Il figura comme témoin à décharge dans le procès du maréchal Ney (décembre 1815). Elu député de l'Indre, au collège de département, le 4 octobre 1816, par 79 voix sur 134 votants et 180 inscrits, il siégea à gauche parmi les défenseurs de la Charte et des libertés qu'elle garantissait, et fut successivement réélu, le 20 octobre 1818, par 240 voix sur 409 votants et 729 inscrits, et, le 13 novembre 1822, dans le 2e collège électoral de l'Indre (La Châtre) par 124 voix sur 232 votants et 351 inscrits, contre 101 voix données à M. Delacou, avocat à Eguzon. Le 25 février 1824, il échoua dans le même collège, avec 89 voix contre 145 accordées à M. Bourdeau de Fontenay, élu ; huit jours après, il échoua également au collège de département, avec 19 voix contre 98 données à M. de Monthel. Mais le 17 novembre 1827, le 1er arrondissement électoral de l'Indre (Châteauroux) l'envoya à la Chambre par 178 voix sur 248 votants et 314 inscrits, contre 60 voix données à M. Louis Girard, maire de Châteauroux. Il vota l'adresse des 221 contre le ministère Polignac, et fut réélu, le 23 juin 1830, par 198 voix sur 265 votants et 318 inscrits, contre M. Louis Girard (60 voix). Après l'établissement de la monarchie de Juillet, il remplaça Odilon Barrot à la préfecture de la Seine, où il sut faire apprécier ses qualités d'administrateur habile, et quitta ces fonctions pour entrer (19 novembre 1831) à la Chambre des pairs, où il siégea parmi les ministériels. Il devint à la suite chambellan de la reine Marie-Amélie, et intendant de la liste civile sous le ministère Montalivet.

BONDY (François-Marie-Taillepied, comte de), fils du précédent, pair de France, représentant à l'Assemblée nationale de 1871, et membre du Sénat, né à Paris, le 23 avril 1802, fut destiné à l'état militaire, passa par l'Ecole polytechnique, et servit comme sous-lieutenant dans l'artillerie ; en 1826, il donna sa démission. Le gouvernement de Juillet le fit débuter dans l'administration, en 1831, comme préfet de l'Yonne ; il garda cette situation jusqu'en 1841. Membre du Conseil d'Etat, d'abord comme auditeur, puis comme maître des requêtes, il fut appelé à la pairie le 25 décembre 1841, et siégea au Luxembourg, parmi les défenseurs du gouvernement de Louis-Philippe ; la révolution de 1848 vint interrompre sa carrière. Il resta éloigné des affaires sous l'Empire, et ne rentra dans la politique active que le 8 février 1871, pour aller prendre place au centre droit de l'Assemblée nationale, comme représentant de l'Indre, élu par 44,772 voix (58,022 votants, 79,482 inscrits). Il fit partie de plusieurs commissions importantes, et vota avec la droite monarchiste : *pour* la paix, *pour* les prières publiques, *pour* l'abrogation des lois d'exil, *pour* le pouvoir constituant de l'Assemblée, *pour* la démission de Thiers, *pour* le septennat, *pour* l'état de siège, *pour* la loi des maires, *pour* le ministère de Broglie et *pour* la loi sur l'enseignement supérieur ; *contre* le retour à Paris, *contre* la dissolution, *contre* la proposition Périer et *contre* l'amendement Wallon. Il vota l'ensemble des lois constitutionnelles (25 février 1875). Aux élections du 30 janvier 1876, il fut élu, comme « constitutionnel », sénateur de l'Indre, par 166 voix sur 309 votants, avec l'appui de « l'Union conservatrice ». Il siégea au centre droit, contribua à la formation du petit groupe des constitutionnels, dont la plupart votèrent — M. de Bondy entre autres — la dissolution de la Chambre des députés en juin 1877; mais quand ce groupe se disloqua après les élections du 14 octobre 1877, M. de Bondy refusa de se rapprocher du centre gauche et d'appuyer le ministère Dufaure, et s'associa à la politique de la droite; il vota *contre* l'article 7 et les diverses lois sur l'enseignement présentées par le ministère Ferry, et *contre* tous les cabinets de gauche qui occupèrent le pouvoir à partir de 1879. Réélu le 5 janvier de cette année par 153 voix sur 301 votants, et réélu encore le 5 janvier 1888, il se prononça : *contre* l'amnistie, *contre* les lois sur la liberté de la presse et le droit de réunion, *contre* l'expulsion des princes et *contre* le divorce. M. de Bondy, qui est actuellement le doyen d'âge du Sénat, a voté *contre* le projet de loi Lisbonne restrictif de la liberté de la presse (18 février), et *contre* la loi de procédure à suivre devant le Sénat pour juger des attentats contre la sûreté de l'État (affaire Boulanger).

BONET (JEAN-PIERRE-FRANÇOIS, COMTE DE), pair de France sous Louis-Philippe et sénateur du second Empire, né à Alençon (Orne), le 8 août 1768, mort à Alençon, le 23 novembre 1857, débuta dans la carrière militaire comme simple soldat au régiment de Boulonnais; il franchit un à un tous les grades, et parvint, après avoir pris part aux guerres de la République, au grade de général de division (1803). Il se distingua en Belgique, à Hohenlinden, et principalement à la bataille des Arapiles, en Espagne, et à celle de Lutzen, où il soutint héroïquement le choc de la cavalerie russe. Après Waterloo, le général de Bonet, qui avait été fait commandeur de la Légion d'honneur le 25 prairial an XII, et comte de l'Empire le 2 mars 1811, fut investi quelque temps du commandement de la 13e division militaire (Rennes); mais le gouvernement de la Restauration le destitua en 1825. Après 1830, il rentra en activité et fut chargé, en 1832, de pacifier la Vendée, soulevée par les agents royalistes. L'année d'avant (19 novembre 1831) il avait été créé pair de France. Il fut nommé, vers la même époque, inspecteur des établissements militaires de l'Algérie. Rentré dans le cadre de réserve depuis 1835, et admis définitivement à la retraite le 30 mai 1848, il vivait retiré à Alençon, lorsqu'un décret du 31 décembre 1852 lui conféra la dignité de sénateur. Il ne se fit pas plus remarquer au Sénat du second Empire qu'à la Chambre des pairs de Louis-Philippe.

BONGUYOD (MARC-FRANÇOIS), membre de la Convention, né à Moirans (Jura), le 5 mai 1751), mort à Moirans, le 28 octobre 1805, était homme de loi à Moirans au moment de la Révolution, puis devint officier municipal de sa ville natale, membre du directoire du département, et administrateur du Jura (2 septembre 1791). Élu, le 7 septembre 1792, député à la Convention par le département du Jura, à la pluralité des voix, sur 439 votants, il siégea parmi les modérés, et, dans le procès de Louis XVI, répondit au 3e appel nominal : « Pressé par ma conscience, j'ai reconnu Louis coupable de haute trahison. On me demande mon opinion sur la peine, je crois que c'est la mort; mais l'intérêt de ma patrie me fait penser qu'il vaut mieux qu'il reste en détention, parce qu'elle peut hâter la paix. N'est-ce pas temps que le sang français cesse de couler ? Je demande la détention à perpétuité, sauf à ordonner la déportation si les circonstances le permettent. » Il vota également l'appel au peuple et le sursis. Il demanda aussi la parole dans les discussions des lois civiles, contre le divorce et contre la majorité de vingt et un ans. Après la session, il reprit sa profession d'avocat dans son pays natal. Très attaché à la République, la proclamation du premier Empire troubla sa raison, et il donna des signes fréquents d'aliénation mentale. Le 28 octobre 1805, on le trouva noyé dans une mare à Moirans.

BONJEAN (LOUIS-BERNARD), représentant à l'Assemblée constituante de 1848, et sénateur du second Empire, né à Valence (Drôme), le 4 décembre 1804, mort à Paris, le 24 mai 1871, était originaire de la Savoie. Il vint à Paris faire son droit, fut reçu docteur (1830), prit part à la révolution de Juillet, et se destina à l'enseignement du droit; il y renonça après avoir concouru, sans succès, pour une chaire à la Faculté, et acheta (1838) une charge d'avocat aux conseils du roi et à la Cour de cassation. Divers travaux de jurisprudence, un *Traité des actions* (1841-1844), une *Traduction des Institutes* de Justinien, etc., le mirent en réputation. Il entra dans la politique en 1848. Sur une profession de foi républicaine, il se fit élire, le 23 avril, représentant de la Drôme, le 1er sur 8, par 60,836 voix (76,005 votants, 92,501 inscrits), prit place néanmoins à la droite de l'Assemblée, et devint l'interprète des sentiments conservateurs et catholiques qui animaient la majorité, en dénonçant, dès le 16 mai 1848, le préfet de police Caussidière, qui donna sa démission le lendemain, et contre qui des poursuites furent votées trois mois après, et en appelant sur les circulaires de M. Carnot, ministre de l'Instruction publique, le blâme de l'Assemblée. Bonjean vota : 26 mai 1848, *pour* le bannissement de la famille d'Orléans; 9 août, *pour* le rétablissement du cautionnement; 26 août, *pour* les poursuites contre Louis Blanc et Caussidière; 1er septembre, *pour* le rétablissement de la contrainte par corps; 7 octobre, contre l'amendement Grévy; 2 novembre, *contre* le droit au travail; 25 novembre, *pour* l'ordre du jour : « Le général Cavaignac a bien mérité de la patrie »; 12 janvier 1849, *pour* la proposition Rateau; 22 janvier, *pour* le renvoi des accusés du 15 mai devant la haute Cour; 21 mars, *pour* l'interdiction des clubs; 16 avril, *pour* les crédits de l'expédition de Rome; 18 mai, *contre* l'abolition de l'impôt des boissons.

Non réélu à la Législative, bien qu'il eût, le 13 mai 1849, posé sa candidature dans la

Drôme, et qu'au mois de mars 1850, il eût obtenu à Paris, dans une élection complémentaire, 125,000 voix, il n'en continua pas moins à se mêler à la politique, se rapprocha de plus en plus de l'Élysée, et fut même appelé par le président, au début de l'année 1851, à prendre le portefeuille de l'Agriculture et du Commerce; mais il ne le garda que du 9 au 24 janvier. Il applaudit au coup d'État, fut compris parmi les membres du conseil d'État réorganisé (1852), et présida la section de l'intérieur. Puis, il entra dans la magistrature impériale, devint premier président de la Cour de Riom (1863) et président de chambre à la Cour de cassation (1865). Le 16 février 1855, il avait été nommé sénateur. On remarqua alors que ses opinions conservatrices prirent une teinte libérale, qui le mit parfois en contradiction avec la grande majorité de ses collègues : ainsi, en 1864, dans la discussion de l'adresse, il plaida la cause de la Pologne, et, en 1866, il fit, dans un discours qui eut quelque retentissement, le procès du pouvoir temporel. Enfin, il intervint dans le débat soulevé par le sénatus-consulte du 8 septembre 1869, en proposant un amendement qui avait pour objet de modifier les attributions du Sénat et même son mode de recrutement. L'amendement fut rejeté, et peu s'en fallut qu'on ne lui opposât la question préalable.

Après le 4 septembre 1870, Bonjean resta à Paris et prit part, comme garde national, à la défense de la capitale assiégée. Compris sous la Commune, parmi les personnes arrêtées comme otages, il fut enfermé à Mazas; après d'inutiles pourparlers tentés auprès de Thiers pour l'échange de ces prisonniers contre Blanqui, détenu alors en Bretagne au fort du Taureau, Bonjean fut compris dans l'exécution des otages fusillés à la Roquette par les troupes de la Commune, le 21 mai 1871. → On doit à Bonjean, outre ses ouvrages juridiques, un certain nombre d'écrits politiques : *Du pouvoir temporel et de la papauté* (1862), *Revision et Conservation du cadastre*, *Péréquation de l'impôt*, etc. — Grand officier de la Légion d'honneur du 14 août 1862.

BONMARCHANT (FRANÇOIS-MARIE-FERRÉOL DE), député en 1830, né à Salins (Jura), le 16 juin 1773, mort à une date inconnue, était propriétaire à Salins, et maire de cette commune, conseiller d'arrondissement et chevalier de Saint-Louis, quand il fut élu, le 3 juillet 1830, comme légitimiste, député par le collège de département du Jura. Il n'accepta pas la révolution de Juillet, refusa d'adhérer aux actes de la majorité nouvelle, et donna sa démission de député, le 23 août, par la lettre suivante :

« Monsieur le président,

« Les événements qui viennent d'avoir lieu ayant changé le mandat que j'ai reçu de mes commettants, et mes principes ne me permettant pas d'adhérer aux décisions prises jusqu'à ce jour par la Chambre des députés, je vous prie de vouloir bien lui faire agréer ma démission.

« J'ai l'honneur, etc...

DE BONMARCHANT,
député du Jura.

BONNAC (DE). — *Voy.* USSON.

BONNAIRE (FÉLIX, BARON), député au Conseil des Cinq-Cents, et représentant à la Chambre des Cent-Jours, né à Vitry-le-François (Marne), le 23 octobre 1766, mort à sa terre de la Brosse (Cher), le 2 décembre 1844, fut élève des Oratoriens, professa les humanités dans leurs établissements de La Flèche et de Bourges, puis fut élu membre suppléant de la Convention en 1792, sans y siéger, et administrateur du Cher. Ce département l'envoya, le 22 germinal an VI, par 115 voix, au Conseil des Cinq-Cents, où il fit constamment partie de la commission de l'instruction publique; il en fut même plusieurs fois le rapporteur, proposa l'établissement de fêtes décadaires et demanda que l'usage du calendrier républicain fût rendu obligatoire. Le 16 brumaire an VII, il appela l'attention du Conseil sur l'instruction nationale, dont il revendiquait pour l'État la direction exclusive. Il demanda encore, à l'occasion d'un emprunt forcé, la formation d'un jury pour taxer les fortunes d'origine scandaleuse, fit un rapport intéressant sur le nouveau système des poids et mesures, proposa d'expulser du territoire de la République, les prêtres insermentés dénoncés comme coupables de fomenter la guerre civile, et prit la défense des théophilanthropes, qu'attaquaient plusieurs de ses collègues.

Nommé, le 4 ventôse an VIII, par le premier consul, préfet des Hautes-Alpes, puis le 18 ventôse an X, préfet de la Charente, il passa sous l'Empire à la préfecture d'Ille-et-Vilaine : il se retira à la première Restauration, puis rentra dans l'administration pendant les Cent-Jours, comme préfet de la Loire-Inférieure, tandis que le collège de département d'Ille-et-Vilaine le désignait, le 12 mai 1815, pour siéger à la Chambre des représentants; mais il ne put se rendre à son poste de député, retenu qu'il était à Nantes par le mouvement des royalistes de l'Ouest. Bonnaire, que Napoléon Ier avait fait baron de l'Empire (1810) et officier de la Légion d'honneur (1811), n'hésita pas, après le second retour des Bourbons, à se rallier à la royauté. Son ancien condisciple, Fouché, devenu ministre de Louis XVIII, avait même obtenu pour lui la préfecture de la Vienne; mais la chute de ce personnage entraîna celle de son ami, qui se retira alors dans son château de la Brosse, près de Saint-Amand (Cher).

BONNAIRE (FLORESTAN-CHARLES, BARON), député de 1844 à 1846, fils du précédent, né à Angoulême (Charente), le 10 août 1803, mort à Nice (Alpes-Maritimes), le 23 août 1878, était notaire à Paris. Ayant hérité, en décembre 1844, des propriétés considérables que possédait son père, dans l'arrondissement de Saint-Amand, il songea à briguer, dans cette circonscription, la succession parlementaire du comte Jaubert, nommé pair de France, et fut élu député à sa place, le 28 décembre 1844, par 141 voix sur 315 votants et 431 inscrits, contre 105 voix à M. Mayet-Génétry, et 60 à M. Corbin. Bonnaire avait sollicité et obtenu le patronage de plusieurs membres du centre gauche et avait fait aux électeurs des déclarations libérales. Il vota d'abord conformément à ces déclarations, et repoussa (janvier 1845) l'indemnité Pritchard; mais bientôt il fit « un brusque changement de front, » dit une biographie de l'époque, et « oubliant sa parole, il passa au ministère. » Pourtant, lors du vote sur la proposition Rémusat relative aux députés fonctionnaires, il avait évité de venir à la Chambre : « La tactique pouvait être habile, elle fut déjouée : M. Bonnaire fut sommé de se prononcer », et il le fit dans une lettre qui ne laissa aucun doute sur sa conversion.

Florestan Bonnaire n'obtint que 115 voix aux élections du 1er août 1846, contre 216 données à son concurrent, M. Hochet, qui fut élu. Ce fut la fin de sa carrière politique.

BONNAUD (Jean-Charles-Émile), député de 1877 à 1881, né à Clermont-Ferrand (Puy-de-Dôme), le 1er décembre 1831, était banquier à Saint-Pourçain. Il fut élu le 14 octobre 1877, député de Gannat, par 9.404 voix sur 17.040 votants et 20.373 inscrits, contre 7.427 à M. Bonneton, candidat du gouvernement : il siégea dans la majorité républicaine, à la gauche modérée, et vota notamment : le 20 janvier 1879, *pour* l'ordre du jour de confiance au ministère Dufaure ; le 30 janvier, au Congrès, *pour* l'élection de M. Grévy à la présidence de la République ; le 16 mars 1880, *pour* l'application des lois existantes aux congrégations ; le 8 février 1881, *pour* le divorce. M. Bonnaud ne fit pas partie de la Chambre élue le 21 août 1881.

BONNAUD. — *Voy.* Archimbaud.

BONNAY (Charles-François, marquis de), député aux États-Généraux de 1789 et pair de France, né à Cossaye (Nièvre), le 22 juin 1750, mort à Paris le 25 mai 1825, d'une ancienne famille noble du Nivernais, entra, à 24 ans, dans les gardes du corps, et se retira, avant la Révolution, avec le grade de sous-aide major. Élu, le 23 mars 1789, député suppléant de la noblesse aux États-Généraux par le bailliage du Nivernais et du Donziois, il fut admis à siéger dès le 21 juillet suivant, en remplacement de M. de Damas d'Anlezy, démissionnaire. Élu président de l'Assemblée, le 13 avril 1799, puis le 5 juillet, il soutint les ministres, surtout M. de Montmorin, attaqué pour avoir autorisé le passage des troupes autrichiennes sur notre territoire, et défendit les gardes du corps accusés par M. de Chabroud d'avoir provoqué les journées des 5 et 6 octobre 1789. Réélu président en décembre suivant, il refusa. Au retour de Varennes, M. de Bonnay fut accusé d'avoir su la fuite du roi ; il s'en défendit avec succès : « Si le roi m'avait consulté, dit-il, je ne lui aurais pas conseillé ce voyage ; mais si j'avais reçu l'ordre de l'accompagner, je me serais empressé d'obéir et de mourir à ses côtés. » Quand le pouvoir exécutif fut retiré au roi, M. de Bonnay déclara qu'il ne prendrait plus part aux délibérations de l'Assemblée. Il émigra avec le comte de Provence (depuis Louis XVIII), remplit près de lui les fonctions de ministre pendant son séjour à Varsovie, et le suivit en Angleterre. En juin 1814, le roi le nomma ministre plénipotentiaire à Copenhague ; il resta à ce poste pendant les Cent-Jours. Pair de France, du 17 août 1815, il vota pour la mort dans le procès du maréchal Ney, fut promu lieutenant-général, le 31 octobre suivant, et nommé, le 2 mars 1816, envoyé extraordinaire et ministre plénipotentiaire à Berlin. Pendant la session de 1816, dans un discours à la Chambre haute, il se plaignit hautement des entraves que la Chambre introuvable apportait à la marche du gouvernement. M. de Bonnay est l'auteur spirituel d'un poème héroï-comique, la *Prise des Annonciades*, qu'il composa lorsque M. de Barentin fut vainement recherché dans ce couvent, dont sa sœur était abbesse.

BONNE (Claude-Louis), député de 1815 à

1816, né à Sennecey-le-Grand (Saône-et-Loire) le 7 août 1760, mort à Mâcon (Saône-et-Loire) le 9 août 1836, était négociant à Mâcon où il avait rempli les fonctions de maire : il présida le tribunal de commerce sous l'Empire, et présenta, à l'impératrice Marie-Louise, une adresse de fidélité à l'empereur dans laquelle « il remerciait, au nom de ses administrés, le héros qui conduisait leurs enfants à la gloire. » En 1814, il arbora à la hâte le drapeau blanc, et rendit sans coup férir Mâcon aux Cosaques, ce qui le fit destituer au retour de l'île d'Elbe. Louis XVIII le nomma chevalier de la Légion d'honneur. A la « Chambre introuvable » où l'envoya, le 22 août 1815, le département de Saône-et-Loire, par 84 voix (163 votants, 266 inscrits), il avait montré les opinions royalistes les plus accentuées. Il n'y prit, d'ailleurs, qu'une seule fois la parole : pour faire, à propos des impôts indirects, l'éloge de la commission du budget, et pour s'élever contre les « exercices ». « Ceux qui les défendent, dit-il, n'y tiennent que par un reste d'habitude d'un règne qui n'est plus. »

Le 3 janvier 1821, Bonne devint conseiller de préfecture de Saône-et-Loire ; il quitta ces fonctions à la révolution de Juillet.

BONNE-CHEVANT (Antoine), né à Brioude (Haute-Loire), le 10 août 1769, mort à une date inconnue, propriétaire à Brioude et adjoint au maire, fut élu, le 11 mai 1815, par l'arrondissement de Brioude, membre de la Chambre des représentants. Son rôle parlementaire fut obscur et prit fin après les Cent-Jours.

BONNECHOSE (Henri-Marie-Gaétan de), sénateur du second Empire, né à Paris, le 30 mai 1800, mort à Rouen (Seine-Inférieure) le 28 octobre 1883, fut destiné à la magistrature. Successivement substitut du procureur du roi à Rouen, procureur du roi à Neufchâtel, substitut près la Cour royale de Bourges, avocat général à Riom, puis à Besançon, il se démit de ses fonctions dans cette dernière résidence, après de longues conférences avec l'archevêque, M. de Rohan. Il entra au séminaire de Strasbourg, où il fut l'élève de l'abbé Bautain. Ordonné prêtre en 1835, il fut nommé professeur d'éloquence sacrée à la maison des hautes études de Besançon, et pendant une dizaine d'années, il séjourna en Franche-Comté et en Alsace. Puis, il prêcha avec succès à Paris, à Versailles, à Cambrai, en Suisse, à Rome, où il devint supérieur de la communauté de Saint-Louis des Français. En 1847, une ordonnance royale l'appela à l'évêché de Carcassonne, il passa à l'évêché d'Évreux le 1er novembre 1854. Trois ans plus tard, par un décret du 20 février 1858, il fut promu à l'archevêché de Rouen. Une dignité nouvelle lui ouvrit le Sénat de l'Empire : il fut nommé cardinal au consistoire du 21 décembre 1863, et presque aussitôt sénateur (24 janvier 1864). Le cardinal de Bonnechose parut plusieurs fois à la tribune du Sénat, et se signala comme le champion le plus actif du pouvoir temporel, qu'il défendit notamment le 12 février 1866, et le 29 novembre 1867. Au cours de ces discussions, il prononça un mot resté célèbre : « Le clergé est un régiment, il faut qu'il marche. » Il se distingua encore, en mai 1868, à propos de la pétition contre l'École de médecine de Paris, par la vivacité de ses accusations contre l'enseignement de l'État et contre les doctrines matérialistes.

Pendant la guerre de 1870, le cardinal de

Bonnechose alla, sur la prière des habitants de Rouen, trouver à Versailles le roi de Prusse et lui demander de réduire l'énorme contribution de guerre imposée à la ville. Depuis l'établissement de la République, il parut animé de sentiments de conciliation à l'égard des pouvoirs publics. Tout en s'élevant contre la loi du 28 mars 1882 sur l'enseignement, il ne mit pas d'entraves à son application, et ne rechercha pas les occasions de conflit entre l'Eglise et l'Etat. Il avait qualifié le « Seize-Mai » de *coup d'Etat*, et il entretenait, a-t-on dit, d'excellentes relations avec M. Jules Grévy, président de la République.

Le cardinal de Bonnechose s'était fait, dans la chaire, une réputation d'orateur : comme écrivain, on lui doit la publication, sous le titre de *Philosophie du christianisme*, de la correspondance de l'abbé Bautain. Il succomba à 83 ans aux suites d'une chute faite à Paris, en montant l'escalier de la gare Saint-Lazare, à son retour de Rome. — Commandeur de la Légion d'honneur du 11 août 1869.

BONNEFONS (JEAN-BAPTISTE-MARIE), député de 1830 à 1848, né à Saint-Paul-des-Landes (Cantal), le 30 juillet 1791, mort le 25 octobre 1868, fut reçu avocat en 1815, s'inscrivit au barreau d'Aurillac, et y devint conseiller municipal et suppléant du juge de paix. La campagne qu'il mena aux élections de 1829, en faveur du candidat libéral, le fit révoquer de ces modestes fonctions. En revanche, la révolution de 1830 lui ouvrit les portes de la Chambre des députés. Il avait rempli par intérim, au lendemain des journées de Juillet, les fonctions de maire d'Aurillac et venait d'être nommé (septembre) substitut du procureur du roi quand il fut élu, le 21 octobre, député du 1er collège électoral du Cantal, en remplacement de M. Higonet, démissionnaire. Il se déclara conservateur et, successivement réélu : le 21 juin 1834, par 170 voix (353 votants, 484 inscrits), le 4 novembre 1837, par 235 voix (418 votants, 569 inscrits), le 2 mars 1839, le 9 juillet 1842 et le 1er août 1846, il vota toutes les propositions agréables aux ministres doctrinaires, entre autres l'indemnité Pritchard. Il n'opina parfois avec l'opposition que durant le passage aux affaires de Thiers, qu'il ne trouvait pas assez exclusivement dévoué aux intérêts conservateurs, bien que le chef du cabinet lui eût personnellement adressé, dans la séance du 18 mars 1846, à propos de la motion Rémusat relative aux députés fonctionnaires, ces paroles flatteuses :

— « Quand je vois devant moi un honorable membre, M. Bonnefons, qui est substitut depuis quinze ans, et qui pouvait facilement obtenir de l'avancement s'il l'avait voulu, quand je vois ici de tels fonctionnaires, je suis saisi de respect pour eux, et je ne doute pas de leur indépendance... »

En effet Bonnefons conserva, pendant tout le règne de Louis-Philippe, ses fonctions de substitut, et la *Biographie des députés de 1842 à 1846* demandait s'il fallait voir là une preuve bien rare de désintéressement politique, ou bien une preuve d'insuffisance judiciaire. A la Chambre, il prit part à quelques discussions importantes: sur la conversion en impôt de quotité de la contribution personnelle et mobilière, sur l'organisation départementale, sur le recrutement de l'armée. Il appartint longtemps au conseil général du Cantal. — Décoré de la Légion d'honneur en 1831, il devint plus tard, président de chambre et fut admis à la retraite en 1860.

BONNEFOY (LOUIS DE), député à l'Assemblée constituante de 1789, né à Thiers (Puy-de-Dôme), le 3 juillet 1748, mort à Saint-Victor (Puy-de-Dôme), le 14 juillet 1797, était chanoine à Saint-Genès de Thiers. Elu, le 25 mai 1789, député du clergé aux Etats-Généraux par la sénéchaussée de Riom, il se rallia au tiers état, et, dans la séance du 18 août 1789, se prononça en ces termes pour la déclaration des droits présentée par Lafayette :

— « Après avoir comparé les divers plans de déclaration des droits avec celle de M. de Lafayette, j'ai vu que cette dernière est le texte dont les autres ne forment que le commentaire. Je trouve dans le plan de M. Mounier les mêmes maximes augmentées de plusieurs autres. Je conclus pour celui de M. de Lafayette, qui est simple et clair, et qui réunit en peu de mots les droits primitifs de l'homme. Je désire seulement qu'on y ajoute : « Que l'homme a un droit sacré à sa conservation et à sa tranquillité, et que l'Etre suprême a fait les hommes libres et égaux en droits. » L'abbé de Bonnefoy prêta le serment civique et accepta la constitution civile du clergé.

BONNEFOY-SIBOUR (JACQUES-ADRIEN), sénateur en 1876, né à Dieulefit (Drôme), le 18 novembre 1821, mort à Hyères (Var), le 12 décembre 1876, était le neveu par alliance de l'archevêque de Paris, dont il fut autorisé, par testament, à porter le nom. Après avoir hérité d'une grande fortune et d'une importante maison de commerce que lui laissa M. Sébastien Sibour, son beau-père, il lui succéda, sous l'Empire, comme maire de Pont-Saint-Esprit (Gard) et comme conseiller général de ce canton. Il tenta, sans succès, de se faire élire député au Corps législatif, lors des élections de 1869; il s'était présenté comme candidat indépendant. Rallié, après le 4 septembre 1870, à la République conservatrice présidée par Thiers, il fut révoqué de ses fonctions de maire par M. de Broglie, et devint le candidat des républicains modérés aux élections sénatoriales du 30 janvier 1876. Il fut élu sénateur du Gard par 223 voix sur 433 votants, prit place au centre gauche, et vota avec ce groupe politique contre la majorité alors monarchiste de la Chambre haute. Il mourut l'année de son élection.

BONNEGENS DES HERMITANS (JEAN-JOSEPH), député aux Etats-Généraux de 1789, né à Saint-Jean-d'Angély (Charente-Inférieure), le 24 juin 1750, mort à Saint-Jean-d'Angély, le 29 novembre 1817, avait été avocat à Saint-Jean-d'Angély, et était lieutenant général de cette sénéchaussée, lorsqu'il fut élu, le 21 mars 1789, député du tiers aux Etats-Généraux par la même sénéchaussée, avec 249 voix sur 303 votants. Il siégea parmi les modérés et, quoique magistrat instruit, ne se fit remarquer en aucune manière dans cette Assemblée ; il fut nommé commissaire pour recevoir l'argenterie des églises et ne figure qu'à cette occasion au *Moniteur*. Le gouvernement consulaire l'appela, le 24 floréal an VIII, aux fonctions de président du tribunal civil de Saint-Jean-d'Angély ; le 20 mars 1816, la Restauration le confirma dans ce poste, qu'il occupait encore au moment de sa mort.

BONNEL (LÉON), représentant à l'Assemblée nationale en 1873, et député de 1876 à 1880, né à Narbonne (Aude), le 24 août 1829, mort à Narbonne, le 18 janvier 1880, riche propriétaire et maire de sa ville natale, fut une première fois candidat, sans succès, le 8 février 1871 : il n'obtint alors que 13.758 voix. Le 14 décembre 1873, il fut élu avec l'appui des républicains de toute nuance, et en même temps que M. Marcou, représentant de l'Aude à l'Assemblée nationale. Il y avait deux vacances dans le département : M. Bonnet remplaçait M. Brousses, décédé. Il s'inscrivit à l'extrême gauche, vota *contre* la loi des maires, *contre* le ministère de Broglie, *pour* les propositions Malleville et Casimir-Périer, et *pour* l'ensemble des lois constitutionnelles. Réélu député de Narbonne, le 20 février 1876, par 10,960 voix (19,684 votants, 24.293 inscrits), contre 8,601 voix à M. Peyrusse, ancien député bonapartiste, il siégea à la gauche, vota l'ordre du jour des gauches dit des 363, contre le gouvernement du Seize-Mai, fut renvoyé à la Chambre, après la dissolution, le 14 octobre 1877, par 12,429 électeurs 22,160 votants, 26.311 inscrits), et continua d'opiner avec la majorité républicaine, *pour* les invalidations, *pour* l'élection (janvier 1879) de M. Grévy à la présidence de la République, et 21 février, *pour* l'amnistie. Il mourut pendant la session.

BONNEMAIN (ANTOINE-JEAN-THOMAS), membre de la Convention et député au Conseil des Cinq-Cents, né à Bucey-en-Othe (Aube), le 29 décembre 1756, mort à Arcis-sur-Aube (Aube), le 14 avril 1807, était avocat et littérateur. Il devint juge au tribunal, puis administrateur du district, et commissaire près le canton de Troyes. Élu membre de la Convention nationale par le département de l'Aube, le 5 septembre 1792, à la « pluralité des voix », sur 319 votants, il se prononça, dans le procès de Louis XVI, pour la « réclusion pendant la guerre et la déportation à la paix », et vota l'appel au peuple et le sursis. Au Conseil des Cinq-Cents, où il siégea, comme ancien conventionnel, du 4 brumaire an IV au 20 mai 1797, il compta aussi parmi les plus modérés. Partisan du 18 brumaire, il reçut du gouvernement de Bonaparte le titre de président du tribunal d'Arcis-sur-Aube et exerça ces fonctions jusqu'à sa mort. Bonnemain a laissé quelques publications parmi lesquelles des *Instituts républicains*, « développement analytique des facultés naturelles, civiles et politiques de l'homme. »

BONNEMAINS (PIERRE, BARON), député de 1830 à 1831, de 1837 à 1845, et pair de France, né à Tréauville (Manche), le 13 septembre 1773, mort au Mesnil-Garnier (Manche), le 9 novembre 1850, suivit la carrière militaire, fut successivement sous-lieutenant de dragons, aide de camp du général Tilly à l'armée de Sambre-et-Meuse, chef d'escadron, major du 6e régiment de chasseurs à cheval, et colonel du 5e régiment de chasseurs, à la tête duquel il se distingua (1806-1807) à Lubeck, Iéna et Trevitz, où il fut blessé. Il passa en Espagne en 1808, et se battit avec courage à Médelin et à Talavera, où il dégagea un bataillon d'infanterie enveloppé par la cavalerie ennemie, fut créé baron de l'Empire (3 juin 1808), général de brigade (6 août 1811), et fit, sous le prince Eugène, en 1813, à la tête des troupes italiennes, les campagnes de 1813 et 1814 : on lui doit en grande partie la victoire du Mincio (8 février 1814); il était membre de la Légion d'honneur du 4 germinal an XII, officier du même ordre du 26 prairial suivant, et grand officier (1814). La même année, le roi le nomma chevalier de Saint-Louis ; il commanda une brigade de cavalerie pendant les

Cent-Jours, et devint, sous la seconde Restauration, maréchal de camp, inspecteur de cavalerie, et inspecteur général de gendarmerie. Le 23 juin 1830, il posa pour la première fois sa candidature à la Chambre des députés dans le 4e arrondissement électoral de la Manche (Valognes), où il échoua avec 160 voix contre 211 données à M. de Bricqueville, élu. Huit jours après, il fut élu dans le collège de département de la Manche par 188 voix sur 339 votants et 392 inscrits. Aux élections du 5 juillet 1831, il échoua dans le 6e collège électoral de la Manche (Périers) avec 83 voix, contre M. Rihouet qui réunit 94 suffrages, mais fut plus heureux, le 4 novembre 1837, dans le 5e collège électoral (Coutances), qui l'élut par 180 voix sur 339 votants et 390 inscrits, et le réélut, le 2 mars 1839, par 273 voix sur 355 votants et 409 inscrits, contre M. Frédéric de Bérenger (51 voix). Son mandat lui fut encore renouvelé, le 9 juillet 1842, par 246 voix sur 363 votants et 457 inscrits, contre 105 voix données à M. Mary. Dans ces diverses législatures, le général Bonnemains fit partie des majorités ministérielles : il fut nommé pair de France le 14 août 1845, et fut admis à la retraite comme général de division, le 30 mai 1848, deux ans avant sa mort.

BONNEMANT (GUILLAUME DE), député à l'Assemblée constituante de 1789, né à Arles (Bouches-du-Rhône), le 3 septembre 1747, mort à Arles, le 4 mai 1820, avocat à Arles, fut élu, le 6 avril 1789, député du tiers aux États-Généraux par la sénéchaussée d'Arles. En 1791, il écrivit au *Moniteur* pour protester contre la nouvelle, qu'il déclare fausse, de l'exécution sommaire, par le peuple d'Arles, de « vingt-deux aristocrates. » Les troubles qui avaient éclaté dans cette ville amenèrent Bonnemant à la tribune, le 23 septembre 1791 : il exprima l'avis qu'il fallait rendre « le corps électoral et l'assemblée de département personnellement responsables de tous les événements. »

Après la session, Bonnemant, « ancien membre de l'Assemblée constituante, » parut à la barre de la Législative, le 24 avril 1792, comme « député extraordinaire des patriotes d'Arles. » Il lut un long mémoire, fréquemment interrompu par les murmures d'une partie de l'Assemblée et par les applaudissements des tribunes, et dans lequel il racontait les violences commises contre les patriotes par les « chiffonnistes et monnaidiers » d'Arles : quinze cents fusils arrêtés et retenus par eux, des fortifications et des remparts élevés contre la force publique, des visites inquisitoriales dans les maisons des citoyens, etc. Il inculpa les commissaires civils envoyés à Arles, ainsi que le directoire et le procureur-général syndic des Bouches-du-Rhône. L'impression du rapport de Bonnemant fut votée par l'Assemblée.

BONNEMÈRE (JOSEPH-TOUSSAINT), sieur de Chavigny, député de Maine-et-Loire à l'Assemblée législative de 1791, né à Souzay (Maine-et-Loire), le 1er novembre 1746, mort à Souzay, le 10 mai 1794, était fils de Nicolas Bonnemère de Chavigny, conseiller du roi en la sénéchaussée de Saumur, et lui succéda dans cette charge. Il prit le titre d'avocat au Parlement, adopta avec ardeur les principes de la Révolution, et, premier maire élu de Saumur (1789-1790), montra dans ces fonctions autant de modération que de fermeté. Le 2 juin 1790, il offrit en don patriotique, à l'Assemblée constituante, les émoluments de son office de conseiller.

Élu député de Maine-et-Loire à l'Assemblée législative, le 11 septembre 1791, au 3e tour de scrutin, par 202 voix sur 363 votants, il siégea à droite, et soutint de ses votes plus que de sa parole la monarchie constitutionnelle. Dans la journée du 10 août, pendant l'attaque des Tuileries, le ministre de la Justice ayant adjuré l'Assemblée d'envoyer auprès de Louis XVI une députation pour le protéger, Bonnemère osa seul prendre la parole, et, indigné du silence de l'Assemblée, appuya la demande du garde des sceaux. Cet acte de courage fut inutile, l'Assemblée passa à l'ordre du jour.

Rentré à Saumur en 1792, Bonnemère assista à la prise de cette ville par les Vendéens; il donna refuge à un volontaire républicain qui n'avait pu s'échapper, et logea en même temps quatre paysans de la division de Bonchamps. Ayant refusé de faire partie de la nouvelle municipalité, il se retira à sa campagne de Souzay, où il mourut bientôt du typhus contracté en soignant un de ses fermiers. Son petit-fils, Eugène Bonnemère est l'auteur de l'*Histoire des Paysans*.

BONNEROT (Edme-Louis), député à l'Assemblée législative de 1791, né à Sens (Yonne), le 10 septembre 1767, mort à Sens, le 29 mai 1807, était avocat à Sens. La Révolution le fit administrateur de son département: il devint plus tard juge de paix à Sens. Il siégea sans éclat, dans les rangs de la majorité de l'Assemblée législative, où l'avait appelé, le 1er septembre 1791, par 361 voix sur 464 votants, le département de l'Yonne.

BONNEROT (Henri), député de 1885 à 1886, né à Neuilly (Yonne), le 31 mai 1838, mort à Paris, le 28 janvier 1886, était avoué à Joigny. Maire de cette ville et membre du conseil général de l'Yonne, qu'il présida, il figura aux élections d'octobre 1885 sur la liste républicaine opportuniste, et fut élu au second tour de scrutin, le 18 octobre, député de l'Yonne, par 52,906 voix (86,690 votants, 109,551 inscrits). Il s'inscrivit à l'union des gauches, et vota avec la majorité pendant les quelques semaines qu'il passa au Parlement, étant mort au début de la session.

BONNESŒUR-BOURGINIÈRES (Simon-Jacques-Henri), membre de la Convention, député au Conseil des Anciens, et représentant à la Chambre des Cent-Jours, né à Coutances (Manche), le 27 avril 1754, mort à Barenton (Manche), le 30 octobre 1814, était avocat à Coutances au moment de la Révolution, dont il adopta les principes, et devint administrateur du département. Élu, le 8 septembre 1792, membre de la Convention par le département de la Manche, avec 311 voix sur 611 votants, il siégea à la Montagne, et, dans le procès de Louis XVI, répondit au 2e appel nominal: « Dans mon opinion, nous prononçons dans cette importante question comme législateurs et non comme juges; or, dans mon opinion, tous nos décrets doivent être soumis à la sanction expresse ou tacite du peuple souverain, surtout lorsque leur exécution peut produire un effet définitif et irrévocable; autrement les mandataires du peuple seraient eux-mêmes des despotes. Par ces motifs et par ceux exposés énergiquement par J.-B. Louvet, je dis les *oui*. »

Au 3e appel nominal, il dit : « La mort. Je prononce cette peine terrible d'après ma conviction intime ; le sang que Louis a fait répandre, la sûreté de l'État, le cri de ma conscience m'obligent à voter ainsi; mais parce que la Convention a rejeté l'appel au peuple, comme je vois s'élever contre elle des projets d'avilissement, comme je vois se former une faction désorganisatrice, je demande que le décret n'ait son exécution que vingt-quatre heures après le décret d'accusation contre Marie-Antoinette et le bannissement des Bourbons. »

Le 24 vendémiaire an IV, le département de la Manche l'élut au Conseil des Anciens par 168 voix; il y parla sur les questions de finances, vota l'exclusion de Job Aymé (1796), sortit du Conseil en 1797, et fut nommé commissaire du Directoire dans la Manche. Favorable au coup d'État de brumaire, il reçut du gouvernement consulaire les fonctions de président du tribunal de Mortain (22 germinal an VIII), qu'il conserva jusqu'en 1815. Le 11 mai de cette même année, l'arrondissement électoral de Mortain l'élut à la Chambre des représentants; banni par la loi du 12 janvier 1816 contre les régicides, il se réfugia en Angleterre, fut emprisonné quelque temps à Portsmouth par ordre du gouvernement anglais, puis mis en surveillance à Anvers. Le gouvernement de Louis XVIII lui permit de rentrer en France en 1818.

BONNET (Nicolas-Joseph), député à l'Assemblée constituante de 1789, né le 18 août 1737, mort à une date inconnue, était curé de la paroisse de Villefort (Gard). Élu, le 31 mars 1789, député du clergé aux États-Généraux par la sénéchaussée de Nimes et Beaucaire, il se réunit au tiers-état avec lui. La table générale du *Moniteur* le confond avec un autre Bonnet, curé de la paroisse de Saint-Michel, à Chartres, et qui fut élu, en 1791, évêque constitutionnel de cette ville.

BONNET (Pierre-François-Dominique), député à l'Assemblée constituante de 1789, membre de la Convention et député au Conseil des Anciens, dates de naissance et de mort inconnues, exerçait à Limoux la profession d'avocat, lorsqu'il fut nommé, le 25 mars 1789, député du tiers aux États-Généraux par la sénéchaussée de Limoux; il se plut peu remarquer à l'Assemblée constituante. Envoyé ensuite à la Convention par le département de l'Aube, le 4 septembre 1792, par 320 voix sur 377 votants, il y siégea parmi les Montagnards et répondit au 3e appel nominal, dans le procès de Louis XVI : « L'expression de la volonté générale est la loi; la loi condamne les conspirateurs à la mort; Louis a été, à l'unanimité, convaincu de conspiration : il mérite la mort. On a répété jusqu'à la satiété que la mort d'un roi n'était pas la mort de la royauté; mais le respect pour un tyran n'est pas le moyen d'expulser la tyrannie. On a dit que Louis, gardé en otage, nous servirait à repousser les ennemis; mais nous l'avons en otage : a-t-il servi à empêcher les armées étrangères de dévaster notre territoire? Le Code pénal nous force d'appliquer la peine de mort; je vote pour la mort. »

Bonnet fut ensuite envoyé en mission dans les départements de l'Eure et du Calvados. Son collègue, Robert Lindet, en mission avec lui, l'accusa (lettre à la Convention du 1er septembre 1793) d'irrégularités financières et demanda son rappel : « Quel bien croyez-vous que puisse faire un homme qui a retenu les secours de l'hôpital pendant un an et qui les a employés à son usage? Rappelez-le. Sa présence fait calomnier les représentants du peuple. » On l'envoya dans les Pyrénées-Orien-

tales d'où, à la date du 18 septembre 1793, il
rend compte à la Convention de l'accomplissement de sa tâche et annonce la défaite des
Espagnols à Peyres-Torrès. Une autre lettre,
du 7 octobre, mentionne la prise de Campredon par l'armée française; une autre porte que
« les troupes de la République ont forcé les
Espagnols à lever le camp d'Argelès. ». D'accord avec les représentants Expert et Fabre,
il destitua, en août 1793, le général en chef de
Flers, coupable « d'avoir perdu la confiance
des citoyens soldats »; de Flers fut jeté en
prison, conduit à Paris et exécuté.

Rappelé à l'Assemblée, sur sa demande, le
13 brumaire an II, il fut, en l'an III, un des
commissaires chargés d'examiner la conduite
de Carrier, et se prononça contre lui. Élu
député au Conseil des Anciens, le 24 germinal
an VI, par le département de l'Aube, avec 119
voix, il y combattit la résolution qui n'accordait d'indemnités qu'aux députés des assemblées
où il n'y avait pas eu de scission, et prit encore la parole en faveur d'un projet concernant les emprunts faits avec privilège sur les
rentes viagères.

BONNET (Louis-Ferdinand), député de
1820 à 1822 et de 1824 à 1827, né à Paris, le
10 juillet 1760, mort à Paris, le 6 décembre 1839,
était déjà célèbre comme avocat au début de la
Révolution. Après de brillantes études au collège Mazarin, il avait été désigné, dès 1786, par
le bâtonnier de l'ordre, à Paris, pour faire le
discours d'ouverture de la conférence instituée
pour les avocats stagiaires. Sa harangue sur
les « trois âges de l'avocat » fut considérée
alors comme un modèle. En 1788, il fut appelé
à défendre au Parlement la dame Kornmann,
sur la plainte en adultère dirigée contre elle
par son mari. Bergasse (V. ce nom) avait lancé
un premier mémoire au nom du plaignant, et
toute la verve de Beaumarchais, qui écrivait
pour la dame Kornmann, n'avait pu détruire
l'effet de cet habile factum. Bonnet réussit au
delà de toute espérance dans cette défense périlleuse. L'affaire occupa quinze audiences, et
donna lieu à soixante mémoires ou répliques;
elle se termina par un arrêt qui déclarait Kornmann non recevable et supprimait les mémoires
de Bergasse. La révolution de 1789 ayant entraîné la suppression des parlements, Bonnet en
garda, pour ainsi dire, rancune aux pouvoirs
nouveaux, refusa d'exercer la profession de
défenseur officieux, après l'abolition légale de
l'ordre des avocats, et se réfugia dans les bureaux du domaine national (1794), où M. Ducha-
tel, directeur, lui procura un emploi. Rentré au
barreau sous le Consulat, il se distingua dans
l'affaire Lanefranque, où il plaidait contre
MM. Blaque et Delamalle, et surtout dans la
défense du général Moreau. L'exorde seul de
son plaidoyer était écrit, et l'idée même de la
péroraison servant de résumé ne vint à son
esprit que pendant le court repos qu'il fut
obligé de prendre. On a raconté que l'empereur
de Russie, pendant son séjour à Paris en 1814,
fit demander ce plaidoyer et écrivit une lettre
flatteuse à l'avocat. « Le général Moreau, avait
dit Bonnet, le général Moreau est dans les fers!
Par les plus grands et les plus signalés services, par les plus brillantes victoires, par les
conquêtes les plus importantes, par le salut de
plusieurs armées, on n'acquiert pas sans doute
le droit de trahir son pays, de renverser son
gouvernement, d'exciter la guerre civile; on
n'acquiert pas le droit exécrable de déchirer le
sein de sa patrie. Loin de nous le système

d'une aussi affreuse compensation. Mais ces
exploits, ces conquêtes, ce dévouement héroïque
et sans bornes, tant de valeur, un si grand
nombre de victoires, tant de préjugés heureux,
vingt-cinq ans de probité qui les accompagnent,
seront-ils donc perdus pour la justification d'un
illustre accusé? Non, messieurs, la raison, la
justice et le sentiment proscrivent ce système,
dicté par l'irréflexion et l'ingratitude... »

Il termina par ces paroles :
— « La confiance de mon client est entière
dans votre justice, messieurs; vous ne devez
sûrement voir ici que les preuves, et vous n'y
verrez que les preuves. Vous jugerez le général
Moreau comme vous jugerez les autres accusés.
Chaque mesure sera pesée dans la balance;
vous ne condamnerez pas en masse; tout sera
vu, examiné, et ceux qui sont innocents doivent
conserver toute leur sécurité. Messieurs, votre
jugement interviendra sur un des procès les
plus célèbres que l'histoire puisse transmettre à
la postérité : il sera digne de l'impartialité qui
vous caractérise; il sera digne d'être émané de
la première ville de France. Songez-y, et
certes vous y avez déjà songé, votre conscience
est là, et c'est elle seule qui peut dicter votre
jugement; l'univers vous écoute pour l'entendre,
et la postérité vous en bénira, parce qu'il sera
conforme à la justice. »

Outre ce plaidoyer, Bonnet fit paraître, avec
la collaboration de Bellart et de Pérignon, ses
confrères, un mémoire en faveur du général.

La Restauration compta Bonnet, dès 1814,
parmi ses partisans. Devenu bâtonnier de l'ordre
en 1816, il fut, plus tard, désigné comme l'un des
deux avocats d'office chargé de la défense de Louvel (1820) devant la Chambre des pairs. La même
année, il fut élu député de la Seine, au collège
de département, par 1,017 voix (1,986 votants,
2,206 inscrits); il soutint le gouvernement, fut
réélu le 6 mars 1824 par le même collège, avec
1,233 voix sur 2,300 votants, et défendit le ministère Villèle, qui le nomma, le 18 janvier 1826,
conseiller à la Cour de cassation. Bonnet fut
aussi, sous la Restauration, membre du conseil
général du département de la Seine; il fut rapporteur de la « loi d'amour » (loi sur la presse,
février 1827), fit partie de la commission de
revision des lois du royaume, bien que la
science juridique fût chez lui très inférieure au
talent de l'avocat, et fut nommé chevalier de la
Légion d'honneur. Il conserva ses fonctions de
magistrat après l'avénement de Louis-Philippe,
et les exerça jusqu'à sa mort (1839).

BONNET (Adrien), représentant à l'Assemblée nationale de 1871, né à Bordeaux (Gironde),
le 29 août 1820, était propriétaire à Bordeaux
et s'occupait d'agriculture. Sans antécédents
politiques au moment de son élection comme
représentant de la Gironde, le 8 février 1871,
le 13e sur 14, par 95,446 voix (132,349 votants,
207,101 inscrits), il fut un des membres obscurs
de l'Assemblée nationale, siégea au centre
droit et vota : le 1er mars 1871, *pour* la paix;
le 16 mai, *pour* les prières publiques; le
10 juin, *pour* l'abrogation des lois d'exil; le
30 août, *pour* le pouvoir constituant de l'Assemblée; le 3 février 1872, *contre* le retour de
l'Assemblée à Paris; le 24 mai 1873, *pour* la
démission de Thiers; le 19-20 novembre, *pour*
le septennat; le 20 janvier 1874, *pour* la loi
des maires; le 30 janvier 1875, *contre* l'amendement Wallon; le 25 février, *contre* l'ensemble
des lois constitutionnelles. Il n'a pas fait partie
d'autres législatures.

BONNET (Louis-Eugène), sénateur de 1876 à 1885, né à Jujurieux (Ain), le 6 octobre 1815, se fit recevoir à Paris docteur en médecine, fut attaché quelque temps aux hôpitaux de Lyon comme interne chirurgical et alla exercer sa profession dans son pays natal. Conseiller général du canton de Poncin, il fut élu sénateur de l'Ain, le 30 janvier 1876, le 1er sur 2, par 350 voix sur 541 votants. Il fit partie de la gauche modérée du Sénat, vota (juin 1877), contre la dissolution de la Chambre des députés, et combattit avec la minorité républicaine le gouvernement du Seize-Mai, dont son frère, M. Jules Bonnet, devait être, sans succès, le candidat officiel aux élections du 14 octobre, dans l'arrondissement de Nantua. Il soutint en 1879 le ministère Dufaure ; se prononça le 9 mars 1880, pour l'article 7 du projet Ferry sur la liberté de l'enseignement supérieur ; le 9 juillet, pour le projet tendant à donner le caractère et les effets de l'amnistie aux grâces accordées à des condamnés de la Commune : en décembre 1882, pour la nouvelle loi sur le serment judiciaire ; en février 1883, pour le projet de loi sur l'expulsion des princes ; en 1884, pour le rétablissement du divorce. Il ne s'est pas représenté aux élections sénatoriales du 25 janvier 1885.

BONNET DE LESCURE (Antoine), député de 1824 à 1827, né à Marvejols (Lozère), le 12 décembre 1777, mort le 28 août 1849, était ingénieur des constructions navales. Membre du conseil général de la Lozère, chevalier de Saint-Louis et de la Légion d'honneur par la faveur du duc d'Angoulême (14 mars 1815), il se présenta, pour la première fois, aux élections à la Chambre des députés, le 28 janvier 1822, dans le 2e arrondissement de la Charente-Inférieure (Rochefort) ; mais il échoua avec 66 voix contre 162 accordées à son concurrent élu, Audry de Puyravault. Bonnet de Lescure n'entra au Parlement que le 25 février 1824 ; il obtint alors 226 voix (325 votants, 370 inscrits), et fit partie jusqu'en 1827 de la majorité royaliste et ministérielle. Le 8 novembre 1824, il écrivait à son collègue Agier la lettre suivante : « J'ai écrit confidentiellement à M. le garde des sceaux. Je lui ai exposé ce que vous savez aussi bien que moi : combien il était difficile, dans ce département, d'obtenir des élections qui n'envoyassent pas du renfort au côté gauche. Le seul moyen de combattre ces dispositions fâcheuses, c'est d'accorder quelques grâces sur la demande des députés. Le tribunal de commerce s'intéresse à la conservation de Lesueur, (c'était un huissier qui avait été révoqué), il me l'a recommandé. On reconnaîtrait dans cette occasion l'esprit d'un député qui n'appartient pas à l'opposition, s'il obtenait du ministère une faveur qui est désirée par tous nos négociants. » « S'il vote pour les ministres, écrivait à son sujet la Biographie des députés de la Chambre septennale, peut-être ne croit-il pas faire mal ; et s'il est ministériel, peut-être encore ne l'est-il pas exprès ; car, s'il arrivait qu'il échappât à M. de Villèle comme membre du conseil général, ne serait-il pas rattrapé par M. de Chabrol comme ingénieur des constructions navales ? » Aux élections de 1827, Bonnet de Lescure échoua avec 108 voix seulement contre 138 données au candidat libéral Audry de Puyravault ; il ne fut pas plus heureux le 23 juin 1830, contre le même concurrent.

BONNET DE MAUTRUY (Pierre-Louis), député à l'Assemblée législative de 1791, et membre de la Convention nationale, dates de

naissance et de mort inconnues. Maire de Caen, il fut élu, le 9 septembre 1791, député du Calvados à l'Assemblée législative par 250 voix sur 482 votants, sans s'y faire remarquer. Envoyé ensuite à la Convention nationale, par 508 voix sur 641 votants, il vota la mort de Louis XVI, « avec l'amendement de Mailhe », mais ne joua là encore aucun rôle important. Après la session, il fut nommé commissaire du Directoire exécutif dans le Calvados.

BONNET DE TREYCHES (Antoine-Joseph) député à l'Assemblée constituante de 1789, né le 29 septembre 1722, mort à Grazac (Haute-Loire), en 1809, était juge-mage, puis lieutenant général de la sénéchaussée de Puy-en-Velay, quand il fut élu, le 4 avril 1789, par cette sénéchaussée, député du tiers aux États-Généraux. Il y défendit avec modération les idées nouvelles. Les rares biographes qui ont parlé de lui l'ont tous confondu avec son fils. V. p. bas] Joseph-Balthazar Bonnet de Treyches.

BONNET DE TREYCHES (Joseph-Balthazar), fils du précédent, membre de la Convention, député au Conseil des Cinq-Cents, au Corps législatif de 1810 à 1815, et représentant à la Chambre des Cent-Jours, né à Saint-Jeures (Haute-Loire), le 28 mars 1757, mort à Paris, le 28 août 1828, était avocat dans son pays quand éclata la Révolution ; en 1791, il fut nommé juge de paix du canton de Monistrol, puis administrateur du département. Député de la Haute-Loire à la Convention nationale (5 septembre 1792), il vota la mort de Louis XVI, quoique ne siégeant pas à la Montagne, fut envoyé en mission en Normandie, puis rappelé. Ayant pris parti pour les Girondins, il fut mis hors la loi au 31 mai ; mais il parvint à s'échapper de Paris, erra pendant 18 mois, et rentra à la Convention après le 9 thermidor. Pendant cette période, sur l'ordre des représentants Faure et Lacoste en mission en Auvergne, il avait été brûlé en effigie, au Puy, comme complice de Dumouriez. Il fut alors envoyé en mission dans le département de la Loire, et réprima un mouvement contre-révolutionnaire à Chevrière. Le 22 vendémiaire an IV, il passa au Conseil des Cinq-Cents, où le département de la Haute-Loire le nomma député par 135 voix sur 177 votants. Il se montra favorable au coup d'État de brumaire, devint, sous l'Empire (1809), président du collège électoral d'Yssingeaux, et fut choisi pour député de la Haute-Loire au Corps législatif par le Sénat conservateur, le 10 août 1810 ; il y soutint la politique de Napoléon ; il était alors le seul régicide siégeant au Corps législatif, et il donna sa démission quelques jours avant la séance d'ouverture présidée par Louis XVIII, le 4 juin 1814. Le 11 mai 1815, l'arrondissement d'Yssingeaux l'élut à la Chambre des Cent-Jours. Bonnet de Treyches était un publiciste d'un certain renom. Attaché quelque temps, dans l'intervalle de ses fonctions de législateur, à la comptabilité de l'Opéra de Paris, il publia sur ce théâtre : De l'Opéra (an XII). On a de lui un mémoire (1804) intitulé : Du Gouvernement héréditaire et de l'influence de l'autorité d'un seul sur les arts ; un Mémoire théorique et pratique sur les moyens d'assurer la police des passeports (an VII), et des Observations sur la librairie et les arts et professions qui en dépendent (1808).

BONNET-DUVERDIER (Édouard-Guillaume), député de 1877 à 1882, né à Cadouin (Dordogne), le 13 septembre 1824, mort à Paris, le

21 novembre 1882, étudia quelque temps la médecine et s'adonna à l'enseignement. Il prit une part active avec Baudin, dont il était l'ami, au mouvement républicain de 1848. Proscrit après l'affaire du 13 juin 1849, dite du Conservatoire des arts et métiers, où il se trouvait à côté de Ledru-Rollin, il se retira à Jersey. Il y vécut plusieurs années, collaborant à divers journaux démocratiques, tels que la *Sentinelle du peuple*, dont il fut le directeur, et l'*Homme*, qu'il fonda avec Ribeyrolles. Bonnet-Duverdier ne rentra en France qu'au lendemain du 4 septembre 1870. Il devint, en 1871, administrateur du journal le *Peuple souverain*, et en avril 1873, il soutint, comme président du congrès démocratique de la Seine, la candidature de M. Barodet. Élu membre du conseil municipal de Paris en novembre 1874, pour le quartier Sainte-Marguerite (11e arrondissement), en remplacement de M. Ranc, démissionnaire, il prit une part importante aux travaux du conseil, qui le choisit, en 1875, pour son vice-président. Aux élections législatives du 20 février 1876, Bonnet-Duverdier, qui s'était nettement prononcé contre la politique « opportuniste » et contre la Constitution de 1875, obtint dans le 3e arrondissement de Paris, comme candidat républicain intransigeant, et sans avoir posé sa candidature, 455 voix contre M. Spuller, opportuniste, élu par 12,043 voix. Bonnet-Duverdier se présenta le 9 avril de la même année à l'élection complémentaire qui eut lieu pour remplacer Louis Blanc dans la 1re circonscription de Saint-Denis (Louis Blanc avait opté pour le 5e arrondissement); il réunit alors 5,765 voix contre 6,308 accordées à M. Camille Sée, élu. Nommé président du conseil municipal de Paris en 1877, Bonnet-Duverdier, au cours d'un voyage officiel qu'il fit à Londres en cette qualité, accepta un banquet que lui offrirent des proscrits de la Commune de 1871. Il présidait encore le conseil municipal lorsque, peu de jours après le coup d'État du 16 mai, dans une réunion privée tenue à Saint-Denis, il fit un discours où le maréchal de Mac-Mahon était personnellement attaqué et qui se terminait ainsi : « Luttons d'abord avec les urnes... puis il y a le moyen que vous connaissez. » Et Bonnet-Duverdier, a-t-on assuré, compléta sa pensée en faisant le geste d'un homme qui tire un coup de feu. Dénoncé aussitôt par la presse officieuse, il fut arrêté le 1er juin sous la prévention d'offenses et de menaces envers le président de la République, puis condamné à 15 mois de prison et 2,000 francs d'amende. Tandis qu'il subissait cette peine, le comité central de la 2e circonscription de Lyon, ayant rejeté la candidature de M. Francisque Ordinaire, député sortant, un des 363, choisit comme candidat Bonnet-Duverdier qui fut élu par 15,193 voix (19,937 votants, 24,524 inscrits), contre 1,832 à M. Ordinaire et 2,668 à M. Desgrange, candidat bonapartiste.

Le nouveau député sortit de prison et alla siéger à l'extrême gauche de la Chambre des députés, avec laquelle il vota constamment, mais sans jamais aborder la tribune, bien qu'il fût doué d'un réel talent de parole. Un incident qui fit assez de bruit avait motivé cette attitude. Au mois de janvier 1878, le conseil d'administration d'une école laïque du 9e arrondissement porta contre Bonnet-Duverdier une accusation des plus graves, relativement à l'emploi de fonds votés par le conseil municipal pour subventionner une bibliothèque populaire. Bonnet-Duverdier protesta; un jury d'honneur fut constitué, et ce jury, composé de MM. Charles Floquet, Horace de Choiseul, Madier de

Montjau, Langlois et Albert Joly, déclara que c'était « librement et irrévocablement que M. Bonnet-Duverdier avait remis entre les mains de MM. Vazelle, X. Langlois et Vézin, délégués du conseil d'administration de l'école, sa démission de représentant du Rhône à la Chambre des députés, et qu'il n'y avait pas lieu de la retirer. »

Bonnet-Duverdier la reprit cependant et porta la question devant ses électeurs. Après avoir entendu ses explications, la réunion organisée par les membres de son ancien comité électoral déclara que « le citoyen Bonnet-Duverdier conservait toute sa confiance. » Il continua donc de siéger à la Chambre, et, le 21 août 1881 fut réélu par deux circonscriptions de Lyon : par la 2e, avec 6,536 voix (13,315 votants, 19,943 inscrits), contre 6,345 à M. Thiers, et 154 à M. Lagrange; et par la 3e, avec 5,164 voix (10,168 votants, 14,565 inscrits), contre 4,882 à M. Crestin. Il opta pour la 2e circonscription, reprit son siège sur les bancs de l'extrême gauche, vota contre les ministères Duclerc et Gambetta, et soutint de ses votes chacun des articles de son programme radical socialiste.

BONNEVAL (GERMAIN), député à l'Assemblée législative de 1791, membre de la Convention nationale, né à Juvelise (Meurthe), le 28 janvier 1738, mort à Ogéviller (Meurthe), en 1812, était cultivateur à Ogéviller. Il fut, le 3 septembre 1791, élu député de la Meurthe à l'Assemblée législative, par 220 voix sur 379 votants, et siégea dans la majorité. Nommé membre de la Convention, le 5 septembre 1792, pour le même département, avec 390 voix sur 485 votants, il n'y prit la parole que pour voter « la mort » dans le procès de Louis XVI. Il avait été administrateur de son département.

BONNEVAL (ANATOLE-FERNAND-MARIE, VICOMTE DE), député depuis 1885, né à Bourges (Cher), le 5 novembre 1838, fut, pendant la guerre franco-allemande, capitaine adjudant-major des mobilisés du Cher puis lors de la formation de l'armée territoriale, nommé chef de bataillon au 61e régiment. Propriétaire à Issoudun, et membre de la minorité conservatrice du conseil municipal de cette ville, il fut candidat monarchiste aux élections législatives du 4 octobre 1885, dans le département de l'Indre, et passa, le 5e et dernier de la liste, avec 35,170 voix (69,748 votants, 83,936 inscrits). M. de Bonneval n'a jamais abordé la tribune ; il s'est borné à voter avec la droite.

BONNEVAL-DOULLÉE (PHILIPPE-ARMAND, COMTE DE), né à Farges (Cher), le 22 octobre 1773, mort à Bourges (Cher), le 22 juin 1840, était issu d'une vieille famille du Limousin, à laquelle appartint Claude-Alexandre de Bonneval, d'abord officier français, que son humeur aventureuse conduisit en Turquie, où il embrassa l'islamisme, et devint pacha à trois queues et gouverneur de la Roumélie. Le comte Armand de Bonneval-Doullée était de la branche cadette de cette maison. Conseiller général du Cher sous la Restauration et maire de Bourges, très dévoué à la cause royaliste, il fut appelé par Charles X, le 5 novembre 1827, à la Chambre des pairs. Il y siégea, dit un biographe légitimiste « jusqu'à la fatale révolution de 1830, qui, déracinant violemment le trône vénéré des fils de saint Louis, vint jeter le trouble et la désolation dans tous les cœurs honnêtes. » M. de Bonneval vota naturellement avec les plus fermes défenseurs de la branche aînée, et soutint le ministère Polignac. La révolution de 1830 le rendit à la vie privée.

BONNEVILLE (Nicolas, comte de), député à l'Assemblée constituante de 1789, né à Chamblac (Eure), le 18 décembre 1732, mort à Chamblac en 1806, portait le même nom, sans être de la même famille que son compatriote le publiciste girondin Nicolas de Bonneville, d'Evreux (1760-1828), imprimeur du *Cercle social*. Le comte de Bonneville suivit la carrière militaire, il était maréchal de camp à l'époque de la Révolution. Il fut, le 27 mars 1789, élu député de la noblesse aux Etats-Généraux par le bailliage d'Evreux. Favorable aux idées nouvelles, il servit à l'armée du Nord, en 1793, comme officier supérieur, mais dut bientôt obéir au décret qui interdisait aux nobles toute fonction publique. Sous le Consulat, il devint membre et président du conseil général de l'Eure.

BONNIER D'ALCO (Ange-Elisabeth-Louis-Antoine), député à l'Assemblée législative de 1791, membre de la Convention et député au Conseil des Anciens, né à Montpellier (Hérault), en 1750, tué sur la route de Rastadt, le 19 avril 1799, était fils d'un président à la Cour des comptes de Montpellier, et était lui-même président de la Chambre des aides de cette ville. A l'époque de la Révolution, il fut nommé par le département de l'Hérault député à l'Assemblée législative, le 6 septembre 1791, par 251 voix sur 453 votants. A la Convention nationale, où l'envoya son département, le 4 septembre 1792, par 400 voix sur 487 votants, il ne siégea pas à la Montagne et vota cependant la mort de Louis XVI : « D'après la nature du crime, dit-il, et pour la sûreté de la République, je vote pour la peine de mort. » Employé par le Directoire dans la diplomatie, il assista, en septembre 1797, aux conférences tenues sans succès à Lille avec lord Malmesbury. Au mois de novembre suivant, il passa au congrès de Rastadt, et devint bientôt le chef de la mission française. Vers la même époque, le 24 germinal an VI, il fut élu député de l'Hérault au Conseil des Anciens, et réélu le 25 germinal an VII. Le Conseil des Cinq-Cents avait pris une résolution pour l'éliminer, attendu qu'il ne pouvait être à la fois législateur et ministre plénipotentiaire : cette résolution fut rejetée par le Conseil des Anciens. Jomini, dans son histoire des *Guerres de la Révolution*, a raconté ainsi qu'il suit, la mission diplomatique de Bonnier : « En entrant en Souabe, Jourdan avait déclaré Rastadt ville neutre et donné une sauvegarde au congrès. Cette situation favorisait les desseins de la France, qui voulait détacher les princes de l'Empire de l'alliance de l'Autriche. Déjà la tournure des négociations promettait au Directoire un plein succès, quand la bataille de Stockach et la retraite de l'armée du Danube firent tout à coup pencher la balance du côté du vainqueur. Dès lors aussi le cabinet de Vienne prétendit régler le sort du midi de l'Allemagne. Désirant connaître jusqu'à quel point les princes de l'Empire s'étaient avancés vis-à-vis du Directoire, il chargea le comte de Lehrbach, son ministre plénipotentiaire, d'aviser aux moyens de se procurer leur correspondance avec les négociateurs républicains. Celui-ci n'en trouva pas de plus sûr que de faire enlever le caisson de la légation française au moment de la rupture du congrès, et fut autorisé par sa cour à requérir du prince Charles les troupes nécessaires à ce coup de

main. L'archiduc les refusa d'abord, objectant que ses soldats ne devaient pas se mêler d'affaires diplomatiques; mais le comte de Lehrbach ayant exhibé de nouveaux ordres, l'archiduc fut obligé de mettre à sa disposition un détachement de hussards de Szeckler. Le colonel de ce corps fut mis dans la confidence. L'officier chargé de l'expédition devait seulement enlever le caisson de la chancellerie, en extraire les papiers, et, par occasion, administrer la bastonnade à Jean Debry et Bonnier, en punition de la hauteur qu'ils avaient mise dans leurs relations diplomatiques. Roberjot, ancien condisciple du ministre autrichien et lié d'amitié avec lui, avait été nominativement excepté de cette dernière mesure.

« Après le départ du comte de Lehrbach, qui alla attendre dans les environs le succès de ses manœuvres, les hussards vinrent rôder autour de Rastadt; le congrès, ayant adressé des réclamations qui ne furent point écoutées, se hâta de se dissoudre. Les plénipotentiaires devaient se retirer le 28 avril; mais dans la soirée du 19 ils furent sommés de partir sur-le-champ. Ils se mirent donc en route la même nuit pour Strasbourg. A peine étaient-ils sortis de Rastadt, que les hussards, à l'affût de leur proie, enveloppèrent les voitures; mais oubliant leur consigne, ces soldats, ivres pour la plupart, frappèrent les envoyés, sans distinction de personnes, du tranchant de leurs sabres, et laissèrent sur place Bonnier et Roberjot, son collègue. L'autre envoyé, Jean Debry, blessé au bras et à la tête, se sauva par miracle, et alla, au point du jour, chercher un asile chez le ministre de Prusse. » (*Guerres de la Révolution*, t. XI.)

Cet attentat contre le droit des gens excita une colère unanime en France. A la séance du 21 floréal an VII, sur le rapport de Bailleul, le Conseil des Cinq-Cents décida que le crime serait dénoncé à tous les gouvernements; qu'une fête funèbre en l'honneur des ministres Bonnier et Roberjot serait instituée et une inscription commémorative placée dans tous les lieux publics. L'éloge de Bonnier fut prononcé par Curée. Enfin il fut décrété que pendant deux ans, la place de Bonnier au Conseil des Anciens resterait vacante et couverte d'un crêpe, et qu'à l'ouverture de chaque séance, le président rappellerait à l'Assemblée l'acte odieux dont l'empereur s'était rendu coupable : « Que le sang des ministres français, assassinés à Rastadt, disait le président à l'appel de son nom, retombe sur la maison d'Autriche. » — On doit à Bonnier des *Recherches historiques et politiques sur Malte* (1798).

BONNIÈRES (de). — *Voy.* Debonnières.

BONNIN (François-Urbain-Céleste), député de 1839 à 1848, représentant du peuple à l'Assemblée constituante de 1848, né à Nouaillé (Vienne), le 10 mars 1795, mort à Civray, (Vienne), le 17 mars 1862, étudia le droit à Poitiers, succéda en 1821 à son père qui était notaire à Voulesme dans la Vienne, et s'occupa en même temps avec zèle de politique libérale. Il fut un des promoteurs de la candidature et du succès électoral du général Demarçay, fit partie, après juillet 1830, de l'association nationale pour l'expulsion à perpétuité de la branche aînée des Bourbons, et publia quelques études sur des questions agricoles et économiques.

A la mort de Demarçay, le 3e collège électoral de la Vienne (Civray), ayant dû élire un n'avœu député, tit choix de M. Bonnin, qui avait adressé aux électeurs cette déclaration : « — Le rôle de solliciteur est en dehors de mon caractère, et irait mal à mes habitudes. Je n'accepterai ni places, ni fonctions, ni honneurs, ni distinctions. Mon ambition est de servir le pays, la France, l'humanité, et la liberté dont la saine intelligence doit un jour vivifier le monde. »

Arrivé au parlement, Bonnin prit place à gauche, vota avec Odilon Barrot et l'opposition dynastique, désapprouva l'adresse de 1841, appuya la proposition de loi relative au travail des enfants dans les manufactures, ainsi que plusieurs propositions d'utilité publique. Il fut nommé, en 1840, secrétaire du comité agricole qui s'était formé dans le sein de la Chambre et à l'organisation duquel il avait coopéré. Réélu le 9 juillet 1842, par 136 voix (223 votants, 288 inscrits), et le 1er août 1846, par 156 voix (280 votants, 330 inscrits , contre 120 à M. Bourlon, il continua de voter avec l'opposition, notamment contre l'indemnité Pritchard (1845): il combattit Guizot et s'associa (février 1848) à la demande de mise en accusation des ministres.

Républicain modéré, il fut élu, le 23 avril 1848, représentant de la Vienne à l'Assemblée constituante, par 49,900 voix sur 70,722 votants, et vota pour le gouvernement de Cavaignac, tout en se rapprochant parfois des républicains plus avancés. Il se prononça : le 9 août 1848, pour le rétablissement du cautionnement; le 26 août, pour les poursuites contre Louis Blanc et Caussidière; le 1er septembre, contre le rétablissement de la contrainte par corps; le 18 septembre, pour l'abolition de la peine de mort; le 4 octobre, pour l'incomptabilité des fonctions ; le 7 octobre, contre l'amendement Grévy; le 21 octobre, pour l'abolition du remplacement militaire; le 2 novembre, contre le droit au travail; le 25 novembre, pour l'ordre du jour en l'honneur de Cavaignac; le 27 décembre, pour la suppression de l'impôt du sel; le 12 janvier 1949, contre la proposition Rateau; le 21 mars, contre l'interdiction des clubs. Adversaire de L.-N. Bonaparte et de ses ministres, il vota : le 16 avril 1849, contre les crédits de l'expédition de Rome; le 14 mai, pour l'abolition de l'impôt des boissons, et le 26 mai, pour la mise en liberté des transportés.

M. Bonnin ne fit pas partie de l'Assemblée législative.

BONNOT (Jean-François), député au Corps législatif de l'an X à 1811, né à Briançon (Hautes-Alpes), le 18 août 1766, mort à Grenoble (Isère), le 1er septembre 1842, était fils d'un subdélégué de l'intendance. Il se déclara pour la Révolution, et fut envoyé par sa ville natale à la Fédération de 1790. Il était alors avocat à Briançon. Maire de cette ville en 1791, il devint bientôt membre de l'administration centrale des Hautes-Alpes, puis accusateur public à Briançon. Il occupait encore ce poste le 1er juin 1800, quand un arrêté du premier consul le nomma juge au tribunal d'appel de Grenoble. En même temps, il représentait au Corps législatif le département des Hautes-Alpes, par une décision du Sénat conservateur en date du 6 germinal an X, renouvelée le 17 février 1807. Sa carrière législative n'éveille aucun souvenir; elle prit fin en 1811. Il fut alors nommé conseiller à la Cour de Grenoble, et la Restauration, puis le gouvernement de Louis-Philippe le confirmèrent dans ce dernier poste.

BONTÉ-POLLET (Pierre-Joseph), repré-

sentant du peuple à l'Assemblée constituante de 1848, né à Lille (Nord), le 1er mai 1779, mort à Lille le 12 octobre 1864, était un ancien négociant, propriétaire à Lille. Il devint maire de cette ville, prit part sous la Restauration et sous Louis-Philippe aux luttes du parti libéral dans le département du Nord, et présida le banquet réformiste organisé par les radicaux de Lille. Élu, le 23 avril 1848, représentant du peuple à l'Assemblée constituante par le département du Nord, avec 167,844 voix sur 234,867 votants, 278,352 inscrits, il siégea parmi les républicains modérés, et vota : le 9 août 1848, pour le rétablissement du cautionnement: le 18 septembre, contre l'abolition de la peine de mort: le 7 octobre, contre l'amendement Grévy; le 21 octobre, contre l'abolition du remplacement militaire; le 2 novembre, contre l'ordre du jour au : le 25 novembre, contre l'ordre du jour : « Le général Cavaignac a bien mérité de la patrie : » le 28 décembre, pour la réduction de l'impôt du sel : le 12 janvier 1849, contre la proposition Rateau ; le 21 mars, contre l'interdiction des clubs ; le 16 avril, pour le crédit de 1,200,000 francs destiné à l'expédition de Rome: le 2 mai, pour l'amnistie des transportés; le 11 mai, contre la mise en accusation du président et de ses ministres; le 18 mai, contre l'abolition de l'impôt des boissons. Il ne fit pas partie d'autres législatures.

BONTIN (de). — Voy. Gislain.

BONTOUX (Paul-Benoît-François), député au Conseil des Cinq-Cents, né à Gap (Hautes-Alpes), le 15 novembre 1763, mort à Gap, en 1811, fut d'abord administrateur du département des Hautes-Alpes, et envoyé, le 22 vendémiaire an IV, par ce département, au Conseil des Cinq-Cents, « à la pluralité des voix », dit le procès-verbal de l'élection. Il n'y resta pas inactif; fit décider, le 7 pluviôse an IV, que « les appels des jugements des anciens tribunaux de la police correctionnelle, portés aux tribunaux de district avant leur suppression, seraient jugés par les tribunaux criminels des départements »; réclama contre l'inexécution des lois sur les émigrés, et fit prendre (19 prairial), une résolution établissant qu'en cas « d'impossibilité de constater le prédécès de deux personnes se succédant de droit et mises à mort dans la même exécution », la plus jeune serait présumé avoir survécu. Bontoux proposa aussi (floréal an V), l'abolition de plusieurs lois inconstitutionnelles. Il présenta la même année un rapport dont les conclusions tendaient à faciliter la rentrée en France de plusieurs individus qui avaient pris la fuite du temps de la mission de Saint-Just et de Lebas dans le département du Bas-Rhin. Bontoux adhéra au 18 brumaire, et fut nommé (12 prairial an VIII), président du tribunal civil de Gap. Il conserva cette situation jusqu'à sa mort.

BONTOUX (Paul-Eugène), député en 1877-78, né le 20 décembre 1820, était banquier et avait notamment en Autriche, depuis vingt-cinq ans, des intérêts financiers considérables, lorsqu'il fut élu, avec l'appui officiel du gouvernement du maréchal de Mac-Mahon, député conservateur de la circonscription de Gap (Hautes-Alpes), le 14 octobre 1877, par 8,120 voix sur 15,577 votants et 17,775 inscrits; son adversaire, M. Chaix, député républicain sortant, en avait réuni 7,374. La validation de cette élection vint en discussion devant la Chambre, le 17 décembre 1877. Vivement attaquée par le rapporteur, M. Rubillard, et par M. Nadaud, elle amena à la tribune le principal intéressé. M. Bontoux s'attacha à prouver que sa candidature n'avait point été une « candidature excentrique ». « Depuis quatre-vingt-dix ans, dit-il, les membres de ma famille ont représenté le département. » Il soutint que les électeurs avaient voté librement et que la candidature officielle n'avait nullement été pratiquée en sa faveur. Les conclusions du rapport furent néanmoins adoptées, et M. Bontoux, invalidé par 313 voix contre 201, se représenta devant ses électeurs et échoua, le 27 janvier 1878, avec 3,214 suffrages seulement contre M. Chaix, élu par 8,622 voix.

Au mois de janvier 1882, à la suite de la faillite de la Société financière, l'*Union générale*, M. Bontoux, président du conseil d'administration de cette société, fut arrêté sur l'ordre de M. Humbert, garde des sceaux, avec le directeur de l'*Union générale*, M. Feder. A la Chambre des députés, M. Salis (de l'Hérault) ayant interpellé, le 2 février 1882, le ministre de la Justice sur les mesures qu'il comptait prendre à l'égard des membres du conseil de surveillance de l'*Union générale*, M. Humbert répondit que la justice était saisie et qu'il fallait respecter l'indépendance des magistrats.

M. Bontoux fut condamné à quelques mois de prison. Il est aujourd'hui en Autriche, où il continue à s'occuper de finances.

BONTOUX (Félix), député de 1881 à 1885, né à Sisteron (Basses-Alpes), le 13 décembre 1846, était maire de Sisteron, et membre du conseil général des Basses-Alpes pour le canton de la Motte, quand il se présenta aux élections législatives complémentaires du 28 novembre 1880, contre M. Paulon, candidat conservateur, élu avec 2,779 voix; il en avait obtenu lui-même 2,704. Il s'agissait de remplacer M. Thourel, décédé. M. Félix Bontoux se présenta de nouveau aux élections générales de l'année suivante, et fut élu, cette fois, par 3,073 voix contre 2,618 accordées au député sortant, M. Paulon. Il s'inscrivit à la gauche radicale et vota avec ce groupe.

BONVICCINO (Constant-Benoit), député au Corps législatif en l'an XII, né à Fossano (Italie), le 18 janvier 1741, mort à une date inconnue, membre de la consulte piémontaise, était docteur en médecine et professeur à Centallo, lorsqu'il fut élu, le 14 vendémiaire an XII, par le Sénat conservateur, député du détement de la Stura au Corps législatif. Il en sortit en 1808.

BONVIÉ (Joseph-Joachim), représentant à la Chambre des Cent-Jours, né le 26 juillet 1770, mort à une date inconnue, était négociant, quand il fut élu, le 12 mai 1815, membre de la Chambre des représentants « pour le commerce et l'industrie », par le département du Nord, avec 16 voix sur 27 votants. Il fut un des membres obscurs de cette courte législature.

BONVOUST (Charles), député au Corps législatif de l'an XII à 1815, né à Mortagne (Orne), le 11 août 1737, mort à Paris, le 21 juin 1811. Volontaire dans l'artillerie de terre, le 1er mai 1753, il entra, en 1757, à l'Ecole d'artillerie de La Fère, puis à celle de Strasbourg en 1758, et fut nommé lieutenant en second, le 27 mars 1760, dans la première brigade d'artillerie, lieutenant en premier l'année suivante, capitaine en 1767, sous-aide major en 1768 et aide-major en 1771 : il fut détaché à la manufacture d'armes de Klingenthal en 1774, et promu major, puis lieutenant-colonel sous-directeur d'artillerie à Nantes : il mit cette place (1792) en état de défense. Bonvoust fit ensuite, comme colonel du 6e régiment d'artillerie à pied, les guerres de l'Ouest (1793), prit part, en l'an II, à cinq engagements contre les Vendéens, et fut enfin nommé général de brigade. Quelque temps suspendu de ses fonctions, il fut réintégré le 17 messidor an III et obtint sa retraite le 28 brumaire an XI. Commandeur de la Légion d'honneur (an XII), et président du collège électoral du département de l'Orne, il fut choisi le 9 thermidor an XII, par le Sénat conservateur, pour représenter ce département au Corps législatif, d'où il sortit en 1807.

BORD (Léonard), député au Corps législatif en l'an VIII, né à Vallières (Creuse), le 8 décembre 1744, mort à Paris, le 9 avril 1823, entra comme soldat, en 1762, au 17e régiment d'infanterie, ci-devant Auvergne, devenu 17e demi-brigade et plus tard 17e de ligne. Il fit la campagne de 1762 en Hanovre, passa par tous les grades inférieurs, devint porte-drapeau en 1782, sous-lieutenant (1785) après vingt-trois ans de services, et prit part à la guerre d'Amérique. Capitaine en 1791, chef de bataillon et chef de brigade en l'an II, il suivit toutes les campagnes, de 1792 à l'an VIII, aux armées du Nord, de Sambre-et-Meuse, du Rhin, d'Italie, de Rome, d'Helvétie, d'Angleterre, du Haut-Rhin et de Naples; en l'an VII les Anglais le firent prisonnier, puis le rendirent à la liberté. Il présida à Gènes l'unique conseil de guerre de l'armée d'Italie. Bord fut élu, le 8 prairial an VIII, par le Sénat conservateur, député de la Vienne au Corps législatif, et se montra le serviteur docile de la politique consulaire et impériale. En l'an XII, le premier consul le créa commandeur de la Légion d'honneur. Il fit partie de la députation qui se rendit auprès de Napoléon pour le complimenter sur son avènement à l'empire. Le Corps législatif, qui l'avait déjà élu candidat pour la questure, le nomma son vice-président dans la séance du 7 avril 1806.

Attaché (1808) à l'état-major général du 4e corps, aux ordres du duc de Dantzig, il reçut, le 1er novembre, le commandement de la place de Bilbao, rentra à Paris par congé en 1813, fut admis à la retraite en 1814, et mourut sous la Restauration.

BORDAS (Pardoux), député à l'Assemblée législative de 1791, membre de la Convention, et député au Conseil des Cinq-Cents, puis au Conseil des Anciens, né le 14 octobre 1748, mort à une date inconnue, fut, au début de la Révolution, président du district de Saint-Yrieix. Il fit partie de l'Assemblée législative, le 31 août 1791, comme député de la Haute-Vienne, élu par 218 suffrages sur 232 votants; son rôle y fut modeste. A la Convention, où Bordas représenta (2 septembre 1792) le même département, il vota « pour la réclusion » de Louis XVI, mais contre l'appel au peuple et contre le sursis. Prenant une part active aux discussions financières et administratives, il fit rendre plusieurs décrets de liquidations d'offices, et présenta, le 26 prairial an II, un rapport sur la succession des Rohan-Soubise. Devenu secrétaire de la Convention, après avoir pris parti pour les Thermidoriens, il parla encore sur la liquidation de la dette publique, sur la liquidation des dettes des émigrés, etc., et obtint un décret sur les certificats d'arrérages des rentes sur l'Etat. Avec son collègue Jean-Bon-Saint-André, envoyé en mission dans les départements de la Charente, de la Gironde et de la Dordogne, il écrivait de Bordeaux à la Convention, le 9 nivôse an III : « Qu'il est beau à voir, le peuple bordelais! S'il se souvient de ses maux passés, ce n'est, citoyens collègues, que pour mieux s'accrocher au bonheur qu'il n'attend que de vous. Le sceau de la confiance est imprimé sur tous les visages; l'amour de la liberté est gravé dans tous les cœurs; dans toutes les sociétés il n'est qu'un cri : Hors la Convention, point de salut!... » De retour à Paris, Bordas prononça, le 16 juin 1795, sur les bases de la Constitution, un discours auquel il semble devoir le faire nommer membre du comité de sûreté générale; dans ce discours, il combattait l'avis de la commission sur beaucoup de points, notamment quant aux pouvoirs à donner aux assemblées primaires; il désapprouvait les dénominations proposées pour le Corps législatif. « Le mot de conseil me semble, disait-il, insignifiant et trivial; celui d'anciens a quelque chose de dérisoire: j'aimerais mieux qu'une des sections s'appelât Chambre des Cinq-Cents, et l'autre Sénat. Ces noms plus caractéristiques, plus augustes, ces noms réveillent de grandes idées, en rappelant de grands souvenirs; ils commanderaient mieux le respect, par cela seul que le temps les a consacrés. » Il opina pour que les deux Chambres, en cas de désaccord, se réunissent pour délibérer en commun. « On éviterait du moins les grands chocs, et ce serait déjà beaucoup. »

Le 21 vendémiaire an IV, Bordas fut élu député au Conseil des Cinq-Cents, pour la Haute-Vienne, avec 147 voix; il intervint dans les débats relatifs au traitement du directeur général de la liquidation, aux assignats, au droit de successibilité des enfants naturels, etc. Sorti du Conseil des Cinq-Cents, il fut élu peu de temps après (23 germinal an V), par 110 voix, à celui des Anciens. Il demanda avec véhémence la déportation des conjurés de fructidor, et dit que, « pour profiter de la victoire, il fallait se montrer inexorable envers les vaincus. » Secrétaire, puis président de l'Assemblée, il prit encore plusieurs fois la parole : à propos des élections, des victoires de l'armée d'Italie, et de la « dépravation de l'esprit public par l'ancien Directoire » (13 messidor an VII). Adversaire du coup d'Etat de brumaire, il fit tous ses efforts pour s'opposer aux menées de Bonaparte, et fut en conséquence éliminé, le lendemain, du Conseil. Il parut, d'ailleurs, se rallier plus tard au gouvernement consulaire et impérial: car on le retrouve chef de bureau au ministère de la Justice, puis juge suppléant (1807) à la Cour de justice criminelle. Il passa en Suisse sous la Restauration.

BORDEAUX (Jean-Nicolas), député à l'Assemblée constituante de 1789, né à Fresneaux-Mont-Chevreuil (Oise), le 4 novembre 1737, mort à Fresneaux-Mont-Chevreuil, le 16 octobre 1825, était procureur du roi en l'élection de Chaumont. On ne sait, à son sujet, que la date (19 mars 1789) de son élection comme député du tiers aux Etats-Généraux par le bailliage de Chaumont-en-Vexin.

BORDERIE (Louis-Arthur Le Moyne de

la), représentant à l'Assemblée nationale de 1871, né à Vitré (Ille-et-Vilaine), le 5 octobre 1827, fut élève de l'Ecole des chartes, et se fit connaître par diverses publications d'archéologie historique, empreintes d'un caractère religieux, entre autres la Revue de Bretagne et de Vendée. Catholique et monarchiste, M. de la Borderie ne se rallia pas à l'Empire, et quand vinrent les élections du 8 février 1871 à l'Assemblée nationale, c'est comme conservateur royaliste qu'il figura sur la liste des élus d'Ille-et-Vilaine, le 10e sur 12, avec 88,286 voix (109,672 votants, 142,751 inscrits). Il avait été conseiller général du département. Il siégea à droite, s'inscrivit au « Cercle des Réservoirs » et à la « réunion Colbert », et manifesta en toute occasion son éloignement pour les institutions républicaines. Membre de la commission d'enquête sur les actes du gouvernement de la Défense nationale, il rédigea le rapport sur le camp de Conlie, aborda peu la tribune, mais interrompit fréquemment les orateurs de la gauche. « M. de la Borderie, écrivait M. Jules Clère dans sa Biographie des députés, est bien connu des habitués de la Chambre, à cause de l'étrange habitude qu'a l'honorable député d'Ille-et-Vilaine d'interrompre à tout propos et hors de propos les orateurs républicains par cette interruption : « Et la Commune! » Qu'il s'agisse de l'impôt sur le sel ou de la liberté de l'enseignement supérieur, M. de la Borderie ne varie pas son étrange interruption. » M. de la Borderie vota à l'Assemblée : 1er mars 1871, pour la paix; 16 mai, pour les prières publiques; 10 juin, pour l'abrogation des lois d'exil; 30 août, pour le pouvoir constituant de l'Assemblée; 3 février 1872, contre le retour de l'Assemblée à Paris; 24 mai 1873, pour la démission de Thiers; 19-20 novembre, pour le septennat; 20 janvier 1874, pour la loi des maires; 16 mai, pour le ministère de Broglie; 30 janvier 1875, contre l'amendement Wallon. M. de la Borderie s'abstint, le 25 février 1875, sur l'ensemble des lois constitutionnelles.

BORDES (Paul-Joseph), membre de la Convention, député au Conseil des Cinq-Cents, puis au Corps législatif en l'an VIII, né à Rimont (Ariége), le 14 avril 1761, mort à Rimont, le 13 août 1847, était administrateur municipal à Rimont; il fut plus tard juge de paix, puis commissaire près l'administration centrale du département. Elu, le 7 septembre 1792, membre suppléant de la Convention pour l'Ariége, avec 159 voix sur 305 votants, il fut admis à siéger en remplacement de Vadier, le 15 floréal an III : son passage à l'Assemblée n'a laissé aucune trace. Il entra au Conseil des Cinq-Cents, le 22 vendémiaire an IV (99 voix sur 189 votants), et y fut réélu le 24 germinal an VII. Il ne prit la parole qu'une seule fois dans cette Assemblée : pour protester (12 floréal an IV) contre le renvoi au Directoire de la pétition du citoyen Baby, commandant de l'armée révolutionnaire à Toulouse, qui réclamait des indemnités à cause des persécutions qu'il disait avoir essuyées après le 9 thermidor : Bordes l'accusait au contraire « d'avoir fait périr plusieurs habitants du département de l'Ariége, en les traduisant au tribunal révolutionnaire. » En 1798, Bordes revint à Toulouse en qualité de commissaire du Directoire exécutif. Partisan de Bonaparte et favorable au coup d'Etat de brumaire, il termina sa carrière parlementaire comme député au Corps législatif, choisi, le 4 nivôse an VIII, par le Sénat conservateur; il y siégea jusqu'en 1803.

BORDESOULLE Etienne Tardif de Pommeroux, comte de , député de 1815 à 1816, et pair de France, né à Luzeret (Indre), le 4 avril 1771, mort à Fontaine-les-Corps-Nus (Oise), le 3 octobre 1837, descendait en ligne directe de Jean Tardif, conseiller au Châtelet, qui fut mis à mort par les Ligueurs en 1591. Il entra au service en 1789, prit part à toutes les guerres de la République, et mérita, en 1802, un sabre d'honneur. A Austerlitz, il conquit le grade de colonel ; au combat de Gusstadt, trois jours avant Friedland, il enfonça un carré russe avec un seul escadron, et reçut les insignes de maréchal de camp. L'année suivante, il détruisit à Aranjuez les débris de l'armée de Castanos, et contribua à la victoire de Médelin : trois mois plus tard, Bordesoulle était à Wagram, ralliant ses troupes et chargeant l'ennemi à leur tête. En 1810 et 1811, il occupa le Mecklembourg ; en 1812, à la grande armée, il prit le commandement d'une brigade de cavalerie légère sous les ordres du maréchal prince d'Eckmühl, s'empara de Mohilew et se distingua à la Moskowa. Créé baron de l'Empire le 17 mai 1810, il fut promu lieutenant général en 1812 et commandeur de la Légion d'honneur, le 14 mai 1813. Il combattit encore à Lutzen, à Bautzen, à Dresde, à Leipsig, fit la campagne de France, et défendit pendant douze heures les hauteurs de Paris. Après l'abdication de Napoléon 1er, le général de Bordesoulle se rallia au gouvernement des Bourbons et suivit Louis XVIII à Gand. Elu, le 22 août 1815, député de la Charente, par le collège de département, avec 89 voix sur 171 votants et 289 inscrits (le même jour il était élu également député de l'Indre), il siégea dans la majorité de la Chambre introuvable et quitta la vie parlementaire en 1816, pour y rentrer comme pair de France, le 9 octobre 1823. Nommé la même année général en chef du corps de réserve à l'armée d'Espagne, il établit le blocus de Cadix et prit une grande part à la bataille du Trocadéro. Il ne refusa pas le serment au gouvernement de Louis-Philippe, et resta à la Chambre haute jusqu'à sa mort.

BORDET (Henri), député en 1876, né à Veuxaulles (Côte-d'Or), le 6 septembre 1820, fut nommé, en 1848, conseiller général de son département, et décoré le 15 août 1862. Pendant dix-huit ans, de 1852 à 1870, il fit partie du Conseil d'Etat impérial, comme auditeur et maître des requêtes. Il publia, durant cette période, quelques écrits relatifs à des matières économiques. Membre du conseil supérieur du commerce, il prit part, en 1870, à l'enquête sur la question monétaire. Il était aussi administrateur de la Société des agriculteurs de France, lorsque, après une première tentative infructueuse aux élections législatives du 8 février 1871, il fut élu, en 1876, député de l'arrondissement de Châtillon-sur-Seine, par 6,588 voix (12,876 votants, 14,857 inscrits), contre 6,203 voix à M. Leroy. Il siégea à droite, dans le groupe de l'appel au peuple, et vota contre les 363, avec la minorité conservatrice, pour le ministère du Seize-Mai. Mais la dissolution lui fit perdre son mandat. Le 14 octobre 1877, il n'obtint que 6,040 voix contre 7,014 à M. Leroy, son ancien concurrent, qui fut élu. Il n'eut pas plus de succès sur la liste conservatrice aux élections du 4 octobre 1885, il réunit 35,778 voix, tandis que le dernier élu des républicains, M. Lévêque, en avait 54,431.

BORDIER (Joseph-Etienne), député à l'Assemblée constituante de 1789, né à Nemours (Seine-et-Marne), le 23 novembre 1745, mort à Bougligny (Seine-et-Marne), le 11 décembre 1813, était maire de la ville de Nemours. Il fut élu, le 16 mars 1789, député suppléant du tiers aux Etats-Généraux par la sénéchaussée de Nemours, et entra à l'Assemblée le 28 janvier 1790, en remplacement de Berthier, décédé. Il vota avec la gauche de la Constituante et devint juge de paix en 1793.

BOREAU-LAJANADIE (Nicolas-François), député au Corps législatif en l'an IX, né en 1763, mort à une date inconnue, appartenait à la magistrature. Il était juge au tribunal civil de Confolens, quand il fut, le 24 nivôse an IX, élu député au Corps législatif pour la Charente, par décision du Sénat conservateur. Il siégea dans cette Assemblée pendant une année seulement.

BOREAU-LAJANADIE (Charles-Joseph-François), représentant à l'Assemblée nationale de 1871, et député de 1885 à 1889, petit-fils du précédent, né à Confolens (Charente), le 20 octobre 1825, ancien conseiller général, et conseiller à la Cour de Bordeaux, fut élu, le 8 février 1871, comme conservateur, représentant de la Charente à l'Assemblée nationale, le 2e sur 7, par 52,821 voix (70,607 votants, 114,376 inscrits). Il s'inscrivit d'abord à la réunion Feray, dont les membres déclarèrent vouloir le maintien « de la forme républicaine actuelle », puis il passa au centre droit. Il vota, d'ailleurs, constamment avec les conservateurs : 1er mars 1871, pour la paix : 16 mai, pour les prières publiques ; 18 juin, pour l'abrogation des lois d'exil ; 30 août, pour le pouvoir constituant de l'Assemblée ; 3 février 1872, contre le retour à Paris ; 24 mai 1873, pour la démission de Thiers ; 19-20 novembre, pour le septennat ; 4 décembre, pour le maintien de l'état de siège ; 20 janvier 1874, pour la loi des maires ; 30 janvier 1875, contre l'amendement Wallon, et 25 février, contre l'ensemble des lois constitutionnelles. Il fit partie de la commission du 4 septembre et de la commission du 18 mars, dont il fut même un des rapporteurs.

M. Boreau-Lajanadie ne fut pas réélu le 20 février 1876 : il échoua dans l'arrondissement de Confolens avec 3,062 voix contre 3,014 à M. Marchand, et 7,230 au candidat républicain élu, M. Ducland. Il rentra au Parlement le 4 octobre 1885, comme l'élu du département de la Charente, le 6e et dernier de la liste conservatrice, avec 47,623 voix (88,972 votants, 112,037 inscrits). Il siège à droite et a voté, notamment, dans la dernière session : contre le rétablissement du scrutin uninominal (11 février 1889), pour l'ajournement indéfini de la revision de la Constitution (14 février, chute du ministère Floquet), contre le projet de loi Lisbonne restrictif de la liberté de la presse, et contre les deux demandes de poursuites visant trois députés membres de la ligue des Patriotes (2 avril), et le général Boulanger (4 avril).

BOREL (Jean-Louis), ministre de la Guerre de 1877 à 1879, né à Fanjeaux (Aude), le 3 avril 1819, sortit, comme sous-lieutenant d'état-major, de l'Ecole de Saint-Cyr en 1840, et fut promu lieutenant en 1843, capitaine en 1845, major en 1855, lieutenant-colonel en 1858, colonel en 1864. Dans les campagnes de Crimée et d'Italie, il avait été attaché, comme aide de camp, au maréchal de Mac-Mahon. En 1869, ayant quitté le service actif, il fut nommé chef d'état-major de la garde nationale de Paris, mais la guerre franco-allemande, qui éclata l'année suivante, le fit rentrer dans l'activité. Promu général de brigade peu de temps après le 4 septembre 1870, il appartint, comme chef d'état-major, à l'armée de la Loire, puis à l'armée de l'Est. Il prit part, en 1871, à la répression de l'insurrection de la Commune, devint général de division, commanda quelque temps à Reims, fut appelé par le général du Barail, lors de son passage au ministère de la Guerre, aux fonctions de chef d'état-major du ministre, et occupa ensuite une situation analogue auprès du gouverneur de Paris. Après l'insuccès et la démission du cabinet présidé par M. de Rochebouët, le général Borel fut appelé à succéder à ce dernier comme ministre de la Guerre, dans le cabinet du 14 décembre 877. Malgré ses opinions conservatrices, son avènement au pouvoir ne fut pas vu avec défaveur par la presse républicaine, qui se plaisait à rappeler que M. Borel, devant la commission d'enquête instituée par l'Assemblée nationale pour examiner les actes du gouvernement de la Défense nationale, ne s'était pas montré hostile aux hommes du 4 Septembre. De fait, le nouveau ministre donna un gage à la majorité de gauche de la Chambre des députés, en décidant d'enlever le commandement d'un corps d'armée au général Ducrot, dont le rôle politique avait inquiété les gauches à la suite du Seize-Mai. Mais bientôt le général Borel montra une tendance de plus en plus marquée à se rapprocher de la droite; il n'hésita même pas en quelques circonstances, par exemple au Sénat, dans le débat relatif à la nouvelle loi sur l'état-major, à tenir un langage en opposition avec celui de ses collègues du cabinet. Des conflits s'élevèrent, et la presse républicaine s'en empara pour mener contre M. Borel une campagne assez vive. Lorsque les élections de janvier 1879 eurent définitivement déplacé la majorité du Sénat, en augmentant le nombre des sénateurs républicains, le général Borel dut se retirer : il donna sa démission le 13 janvier et reçut, en compensation, le commandement du 3e corps d'armée. — Le 12 juillet de la même année, il fut promu grand officier de la Légion d'honneur.

BOREL DE BRETIZEL (DURAND, CHEVALIER), député au Conseil des Cinq-Cents, puis de 1817 à 1820 et de 1822 à 1827, et à Beauvais (Oise), le 23 juillet 1764, mort à Paris, le 1er mai 1839, était issu d'une famille dont plusieurs membres avaient occupé les fonctions de lieutenants généraux civils et criminels du bailliage. Reçu, à l'âge de dix-neuf ans (1783), licencié en droit et avocat au Parlement de Paris, il remplit, après 1789, différentes fonctions administratives et judiciaires, fut inquiété en 1793 et remis en liberté après le 9 thermidor. Le 25 vendémiaire an IV, Borel de Bretizel fut élu, par 154 voix, député de l'Oise au Conseil des Cinq-Cents. Il y fit adopter (an IV) un mode de remplacement par élection des commissaires près les tribunaux civils, et fit prendre, en l'an V, une résolution pour régulariser les droits des usufruitiers des maisons vendues nationalement avec réserve d'usufruit. Il se prononça contre la loi d'ostracisme du 18 fructidor. Dans la discussion d'un projet sur les *institutions civiles*, Borel, tout en louant les intentions philanthropiques du rapporteur, s'éleva contre toutes les cérémonies religieuses dont on proposait d'accompagner la célébration des actes de naissance, de mariage et de sé-

pulture. Le 18 brumaire trouva dans Borel un zélé partisan : aussi vint-il prendre place, par le choix du Sénat, le 11 germinal an VIII, au Tribunal de cassation, et reçut-il, le 4 frimaire an XII, la croix de la Légion d'honneur. Il vota pour l'élévation de Bonaparte à l'empire. Converti, après 1815, au gouvernement de la Restauration, il fut nommé conseiller à la Cour de cassation. Ce fut lui qui fut chargé (*l'. le Moniteur du* 15 janvier 1816) d'offrir au roi, au nom des habitants de Beauvais, le mouton que cette ville, de temps immémorial, était dans l'usage de présenter aux rois de France au jour de l'an. Peu de temps après, le 20 septembre 1817, il fut élu député de l'Oise au collège de département, par 305 voix sur 502 votants et 1,181 inscrits, contre 197 voix à M. Stanislas de Girardin. Il siégea dans la majorité ministérielle jusqu'en 1820, fut réélu le 16 mai 1822, par 173 voix (278 votants, 320 inscrits), puis le 25 février 1824, dans le 1er arrondissement de l'Oise (Beauvais), par 281 voix sur 429 votants et 475 inscrits, contre 143 voix à M. Danse, magistrat. A la fin de cette dernière législature, chargé du rapport sur le projet de loi concernant le jury, il s'opposa à la question préjudicielle élevée par M. de la Bourdonnaye, et résuma avec talent la discussion générale. Borel de Brétizel échoua aux élections de 1827 et de 1830 contre M. Levaillant. Après la révolution de Juillet, le duc d'Orléans, qui l'avait précédemment admis, en 1814 dans son conseil particulier, le choisit, quand il fut devenu roi, pour administrer les biens considérables que le legs universel du duc de Bourbon transmit au jeune duc d'Aumale. En 1838, l'état de santé de Borel de Brétizel l'obligea à résigner ses fonctions de conseiller à la Cour de cassation. Il mourut l'année d'après.

BOREL-VERNIÈRES (JEAN-BAPTISTE-JULIEN), député au Conseil des Cinq-Cents, né le 24 juillet 1765, mort à une date inconnue, fut administrateur du département de la Haute-Loire, puis conseiller municipal à Brioude et président du tribunal de commerce de cette ville. Élu, le 24 germinal an VI, député de la Haute-Loire au Conseil des Cinq-Cents, il y fit voter (12 germinal an VII) l'ordre du jour sur « les propositions du citoyen Aubry, géomètre, relativement au système décimal pour lequel ce citoyen présentait une nomenclature nouvelle ». Le 16 germinal, il combattit une proposition tendant à faire aux coupables, qui dénonceraient leurs complices, remise de la peine qu'ils auraient encourue.

BORELLI (CHARLES-LUCE-PAULIN-CLÉMENT), pair de France, né à Villefort (Lozère), le 20 décembre 1771, mort à Paris, le 22 septembre 1849, entra au service en 1793, en qualité de sous-lieutenant, dans le 14e régiment de chasseurs à cheval, et, après plusieurs campagnes aux armées de l'Ouest et d'Italie, parvint au grade de chef d'escadron. Appelé à la grande armée en 1805, il fit, près du maréchal Lannes, les campagnes d'Allemagne, de Prusse et de Pologne. Dans la première, il reçut la croix d'officier de la Légion d'honneur, et dans la dernière, il fut nommé adjudant commandant. Il avait été blessé plusieurs fois. L'armée d'Espagne s'organisant, il obtint d'en faire partie et se rendit à Madrid. Le prince Murat, qui commandait en chef, le chargea d'aller à Ciudad-Rodrigo recevoir et inspecter l'armée portugaise qui passait au service de la France. En 1812, il fut nommé sous-chef d'état-major de la cavalerie à l'armée de Russie et se distingua aux combats de Vitepsk, Smolensk, Borodino, etc. Après la bataille de la Moskowa, il fut fait général de brigade ; chef d'état-major du 14ᵉ corps de la grande armée, en 1813, baron de l'Empire le 28 avril de la même année, le général de Borelli suivit le sort de la garnison de Dresde, et ne rentra en France qu'en 1815. Il fut, pendant les Cent-Jours, chef d'état-major de la garde nationale de Paris ; plus tard, le gouvernement de Juillet le confirma dans ce grade. En 1817, il avait été désigné pour présider le collège électoral du département de la Lozère, son pays natal. Le gouvernement de Louis-Philippe le fit pair de France, le 7 novembre 1839 ; la République de 1848 le mit à la retraite comme général de division.

BORGNIES-DESBORDES (François-Marie), député de 1818 à 1820, né à Brest (Finistère), le 14 juillet 1769, mort à une date inconnue, propriétaire, négociant et manufacturier, était d'Henvic, près Morlaix, depuis l'an IX, quand il fut élu, le 21 octobre 1818, député du Finistère au collège de département. Il siégea au côté gauche, comme son ami et collègue Guilhem, et vota avec les libéraux, dans la session de 1819, *contre* les lois d'exception. Il fut aussi des 95 opposants au nouveau système électoral. Une biographie de 1820 lui consacre cette brève notice : « *Desbordes-Borgnies. — Un des muets du côté gauche. Il a cinq pieds et cinquante ans. Son esprit, ses manières n'ont rien de bien distingué ; mais il est plein de patriotisme et de probité. C'est l'ombre de M. Guilhem.* »

BORIE (Jean), député à l'Assemblée législative de 1791, et membre de la Convention nationale, né à Saint-Basile-de-Meyssac (Corrèze), le 24 novembre 1756, mort à une date inconnue, était avocat, devint juge de paix dans son pays, adopta avec ardeur les principes révolutionnaires, et fut, le 31 août 1791, élu député de la Corrèze à l'Assemblée législative, par 262 voix sur 343 votants. Il siégea dans la majorité, mais s'occupa surtout de questions d'affaires, fit décréter l'organisation des bureaux de liquidation, amenda le projet de décret sur les coupons d'assignats, discuta la loi des passeports, obtint la suppression de la caisse des économats, etc. Dans la Convention, où la Corrèze l'envoya le 4 septembre 1792, à l'unanimité des votants, le rôle politique de Borie fut plus important. Outre un grand nombre de décrets de comptabilité, il fit voter, le 30 octobre 1792, une résolution obligeant les ministres à « énoncer dans leurs comptes, à chaque article de dépense, le décret qui l'a autorisée ». — « Ils détailleront les motifs qui ont donné lieu à chaque ordonnance, et produiront à l'appui les marchés, états et pièces qui peuvent constater la nécessité de la dépense. » Il vota la mort de Louis XVI, et motiva son opinion en ces termes : « La Convention a décrété qu'elle jugerait Louis Capet. Elle a décrété qu'elle le jugerait définitivement. C'était mon opinion, que je ne dois pas développer en ce moment. Elle a reconnu, à l'unanimité, que Louis Capet est coupable d'attentat contre la sûreté et la liberté du peuple français. Ce crime est puni de mort d'après le Code pénal. Je vous déclare la loi. Je vote pour la mort. » — Envoyé en mission près l'armée du Rhin avec ses collègues Milhaud et Ruamps, il écrivit, le 19 août 1793, à la Convention : « Nous avons fait paraître une proclamation que nous adressons à tout le peuple français, et en particulier aux habitants des frontières, afin de faire lever une armée révolutionnaire qui, au moment d'une bataille décisive, enfonce de toutes parts les rangs de l'ennemi et l'anéantisse pour jamais. Trois mille républicains des campagnes se sont ralliés aujourd'hui autour du commandant de la garde nationale de la commune de Pfaffenhofen. Ils sont partis ce matin à six heures, avec leurs armes et des vivres pour huit jours ; ils gardent les gorges de Barnenthal. Ces nouveaux Spartiates sont bien décidés de mourir tous à leur poste, plutôt que de laisser passer l'armée prussienne, qui se dispose à pénétrer par ce côté sur le territoire de la ci-devant Alsace... » Une nouvelle mission l'appela dans les départements du Gard et de la Lozère (1794). Dans le Gard, il prit un arrêté (4 juin 1794), déclarant suspect tout prêtre qui exercerait ses fonctions : « Le désœuvrement, ajoutait-il, est un crime politique ; les districts pourront employer ces prêtres aux travaux publics. » Dans la Lozère, de germinal à messidor an II, il poursuivit les prêtres même constitutionnels, « qui *refluent* les opinions républicaines ». N'ayant pu obtenir la création d'un tribunal révolutionnaire à Mende, il faisait transporter les suspects devant celui de Nîmes. Il rendit compte de ces missions dans une lettre qui fut lue à la séance du 6 messidor an II, et où il informait l'assemblée de la « régularité, de la précision et de la promptitude » avec laquelle le gouvernement révolutionnaire avait été organisé dans le Gard. Dans la séance de la 2ᵉ sans-culottide de l'an II (18 septembre 1794), il demanda compte de l'application de la loi contre les nobles et les prêtres et fit voter un décret pour hâter leur exécution. Le zèle révolutionnaire de Borie le rendit des plus suspects aux Thermidoriens. Plusieurs fois dénoncé à la tribune de la Convention, notamment par Berthezène et par des pétitionnaires du Gard qui l'appelaient « ce monstre de la nature, de la politique et des factions », il fut décrété d'arrestation les 1ᵉʳ et 2 prairial an III, avec les derniers Montagnards. Il évita cependant l'échafaud, ayant été compris dans l'amnistie du 4 brumaire.

BORIE (Nicolas-Yves), député au Corps législatif en l'an X, né à Tréguier (Côtes-du-Nord), le 24 février 1757, mort à Rennes (Ille-et-Vilaine), le 18 avril 1805, entra dans l'administration après le 18 brumaire et fut nommé préfet d'Ille-et-Vilaine. Le Sénat conservateur le choisit, à la date du 6 germinal an X, pour représenter ce département au Corps législatif, dont il fit partie jusqu'à sa mort.

BORIE (Etienne-Léon), député de 1885 à 1889, né à Dourgne (Tarn), le 21 mars 1843, passa quelques années dans l'enregistrement, puis quitta l'administration pour s'occuper d'industrie et de commerce, et fonda à Tulle une fabrique de pâtes alimentaires. Il se présenta une première fois aux élections législatives du 21 août 1881, mais il n'obtint alors, dans la 1ʳᵉ circonscription de Tulle, que 4,329 voix contre 5,299 à M. Vachal. En 1882, il devint maire de Tulle ; il avait résigné cette fonction lorsqu'il fut élu sur la liste républicaine radicale de la Corrèze, aux élections d'octobre 1885, au scrutin de ballottage, par 34,812 voix sur 53,252 votants et 88,737 inscrits. M. Borie siégea d'abord parmi les radicaux de la Chambre, et vota avec ce groupe. Dans la dernière

27

session, il s'est prononcé *contre* le rétablissement du scrutin uninominal (11 février 1889), *contre* l'ajournement indéfini de la revision de la Constitution (14 février), chute du ministère Floquet), *contre* les poursuites contre trois députés, membres de la Ligue des patriotes (14 mars), *contre* le projet de loi Lisbonne restrictif de la liberté de la presse (2 avril), *contre* les poursuites contre le général Boulanger (4 avril).

Activement mêlé au « mouvement boulangiste », il fut un des premiers députés qui donnèrent leur adhésion à la politique du général, et fut inscrit aussitôt sur la liste des membres du comité central du parti « républicain national », dit comité de la rue de Sèze.

BORIE-CAMBER (ÉTIENNE-MARIE), membre de la Convention et député au Conseil des Cinq-Cents, né à Sarlat (Dordogne), en 1737, mort à Cognac (Charente), le 18 juillet 1804, était avocat à Sarlat. Il fut élu membre de la Convention par le département de la Dordogne, le septembre 1792, par 437 voix sur 661 votants. Dans le procès de Louis XVI, il répondit au 3e appel nominal : « Je prononce la mort », et prit d'ailleurs peu de part aux grandes discussions de l'assemblée. Le 24 vendémiaire an IV, son département le réélut au Conseil des Cinq-Cents, par 167 voix sur 425 votants. Il adhéra au 18 brumaire, et devint (11 prairial an VIII) juge au tribunal civil de Cognac.

BORNE (LAURENT), député au Conseil des Cinq-Cents, né à Pradelles (Haute-Loire), le 24 août 1769, mort à Brioude (Haute-Loire), le 18 décembre 1844, procureur-syndic et administrateur de ce district, puis receveur de l'arrondissement, fut élu, le 23 vendémiaire an IV, député de la Haute-Loire au Conseil des Cinq-Cents. Au nom de la commission chargée d'examiner le message du Directoire exécutif sur la police criminelle de Paris, il fit, dans la séance du 11 nivôse an IV, un rapport dans lequel il proposa : l'augmentation du nombre des « directeurs du jury d'accusation », la formation quotidienne des tableaux du jury : suivant l'art. 492 du Code des délits et des peines, le directeur du jury ne pouvait former que le décadi son jury d'accusation, lequel ne s'assemblait que le décadi suivant. Les conclusions du rapport de Borne furent adoptées le 18 nivôse. Il demanda, le 22 du même mois, que chaque membre prêtât individuellement serment de fidélité à la Constitution de l'an III. Borne prit la parole plusieurs fois encore sur les troubles de Lyon et de Marseille et contre le recours en cassation de certains jugements de la Haute-Cour nationale; sur le droit de successibilité des ci-devant religieux, etc. Le 27 pluviôse an V, à propos d'une pétition des habitants de Toulouse, relative aux troubles qui s'étaient produits dans cette ville, il eut une violente altercation avec plusieurs membres de l'assemblée, notamment avec Lesage-Sénault, qui prononça, dit le *Moniteur officiel*, le mot de « conspirateur ». Borne insistait pour la lecture de la pétition, qui rejetait sur les « anarchistes » la responsabilité du mouvement et accusait les officiers municipaux. Le 20 floréal, il intervint dans la discussion du projet de Bontoux relatif aux lois inconstitutionnelles, et s'éleva avec vivacité contre le projet d'excepter de la déportation Barère, qu'il traita de « bourreau du peuple ». D'accord avec Dumolard, il combattit (5 messidor) le Directoire au sujet des affaires d'Italie, et réclama des

explications sur les événements qui avaient suivi, dans les États de Venise, le manifeste du général Bonaparte, et sur la révolution accomplie dans la République de Gênes. Compris, le lendemain du 18 fructidor, sur la liste des déportés, il se rallia plus tard au royalisme, fut nommé sous-préfet à Brioude en 1815, et conserva ce poste jusqu'en 1830.

BORNE DES FOURNEAUX (EDME-ÉTIENNE, COMTE), député au Corps législatif de 1811 à 1815, et représentant à la Chambre des Cent-Jours, né à Vezelay (Yonne), le 22 avril 1767, mort à Paris, le 20 février 1849, était sergent, en garnison à Amiens, au moment de la Révolution. Il contribua à réprimer dans cette ville un mouvement insurrectionnel, et fut nommé sous-lieutenant le 26 décembre 1790. Lieutenant, puis capitaine en 1791, lieutenant-colonel en 1792, il s'embarqua, à la tête du 48e régiment d'infanterie, pour Saint-Domingue, fut appelé au commandement de Saint-Marc (1793), se distingua dans plusieurs engagements et devint bientôt, dans la colonie, commandant en chef de « l'armée de l'Ouest ». De retour en France le 20 thermidor an II, un arrêté du comité de salut public le nomma général de division et le renvoya à Saint-Domingue, sous les ordres du général Lavaux. Il y prit le commandement de Port-au-Prince, et reçut, le 10 messidor an IV, le titre d'inspecteur général de l'Ouest et du Sud de la colonie. Après un nouveau séjour en France, il fut fait commandant de la Guadeloupe, reçut l'ordre de passer en Égypte en l'an IX, mais fut pris par les Anglais dans le détroit de Gibraltar; à la suite d'un combat acharné où il vit périr ses trois aides de camp, son frère, son neveu, et fut lui-même blessé à la poitrine, il revint en France, ayant été échangé sur parole. C'était le moment où se préparait une nouvelle expédition de Saint-Domingue; il repartit, sous les ordres du général Leclerc, et fit encore dans l'île une brillante campagne : le 25 pluviôse an X, il remporta à Plaisance une victoire complète sur les troupes de Toussaint-Louverture, et lui prit 5,000 hommes. Il revint en France le 24 vendémiaire an XI, et fut fait, le 25 prairial an XII, commandeur de la Légion d'honneur. Créé chevalier de l'Empire en 1808, il entra, le 4 mai 1811, au Corps législatif, par décision du Sénat conservateur, pour y représenter le département de l'Yonne. Vice-président de cette assemblée, il occupa plusieurs fois le fauteuil. Le 12 avril 1813, il reçut le titre de baron de l'Empire, parut se rallier à la première Restauration qui le fit grand-croix de la Légion d'honneur, revint pendant les Cent-Jours à la Chambre des représentants, et commanda les troupes chargées de défendre les hauteurs de Montmartre.

En non-activité depuis le 1er août 1815, il fut admis à la retraite le 30 décembre 1818, et fait comte par Louis XVIII. Remis en activité, du 1er avril 1820 jusqu'à la révolution de Juillet, il obtint définitivement sa retraite le 19 août 1831. Ses dernières années s'écoulèrent en dehors de la politique.

BORREL (HYACINTHE-MARCELLIN), membre de la Convention et député au Conseil des Cinq-Cents, né à la Salle (Hautes-Alpes), le 16 août 1756, mort le 2 mai 1796, était négociant à Briançon, devint procureur-syndic de ce district et fut élu, le 3 septembre 1792, membre de la Convention par le département des Hautes-Alpes, « à la pluralité des voix, sur 215 votants. » Borrel siégea dans la Plaine, se prononça pour la détention et le bannissement de Louis XVI, vota contre la Montagne et participa à la réaction de thermidor. Envoyé en mission en l'an III, dans les départements de l'Ain, de l'Isère, du Rhône, de la Loire et de Saône-et-Loire, il transmit à la Convention (séance du 14 germinal) une adresse des Lyonnais, puis le 23 prairial, une autre adresse des « citoyens de Grenoble, manifestant leur haine pour les anarchistes. » On a de Borrel des *observations* écrites, sur le rapport fait au nom du comité chargé de la revision des lois contre les émigrés. L'auteur exprime le vœu que ces lois soient adoucies : « L'article II du premier titre, n° 2, dit-il, excepte de l'émigration les Français absents antérieurement au premier juillet 1789, qui n'étaient pas rentrés au onze brumaire dernier sur le territoire de la République; mais en même temps il les considère comme ayant renoncé à tous leurs droits de citoyens, et, sous ce rapport, leurs biens sont acquis à la nation. Cette disposition me parait non seulement bien rigoureuse, mais même contraire aux intérêts de la nation. » Borrel affirme que « beaucoup de Français établis en pays étranger depuis plusieurs années avant 1789, s'y sont trouvés au moment où la guerre a été déclarée aux puissances du pays qu'ils habitent, et depuis cet instant toute communication ayant été fermée, ils n'ont plus été libres d'en' sortir. » Il rappelle que, parmi ces malheureux, il s'en trouve plusieurs qui, dès le commencement de la Révolution, n'ont cessé de donner des preuves de patriotisme et d'attachement à leur mère patrie. « Vous avez vu encore, dans le mois de germinal dernier, les citoyens des cinq maisons briançonnaises établies à Gênes, envoyer à Nice mille paires de souliers pour nos frères d'armes..., etc. » Borrel concluait en demandant que la Convention étendît à six mois le délai de deux décades accordé pour rentrer en France aux citoyens « dont l'absence a pour objet le commerce, l'éducation et le dessein d'acquérir des connaissances dans les sciences, arts et métiers. »

Il fut, le 21 vendémiaire an IV, élu député des Hautes-Alpes au Conseil des Cinq-Cents, s'y fit peu remarquer, et mourut l'année qui suivit son élection. Tous les biographes, et le *Moniteur officiel* également, l'ont confondu avec Borel de Bretizel (*V. pl. haut*) qui fut député de l'Oise au Conseil des Cinq-Cents.

BORRIGLIONE (ALFRED-FERDINAND), député de 1876 à 1889, né à Nice (Alpes-Maritimes). le 17 février 1841, exerça pendant plusieurs années à Nice la profession d'avocat. Il se fit remarquer par des tendances séparatistes qui lui furent souvent reprochées depuis. Elles influèrent certainement sur l'insuccès de sa candidature aux élections du 8 février 1871 : M. Borriglione ne réunit alors que 12,464 voix contre 13,362 obtenues par le dernier élu de la liste, M. Marc-Dufraisse. A l'élection complémentaire du 2 juillet de la même année, il échoua une seconde fois, avec 10,251 voix contre 13,579 à M. Henri Lefèvre. Rallié bientôt à la « République définitivement fondée, » il renonça publiquement à ses idées séparatistes dans une note qu'insérèrent les journaux de Nice, et donna un premier gage de sa conversion en soutenant la candidature au Sénat de M. Joseph Garnier; puis il fut élu lui-même, le 20 février 1876, député de la 1re circonscription de

Nice, par 5,317 voix (5,672 votants, 12,657 inscrits). Il n'avait pas eu de concurrent. M. Borriglione siégea au centre gauche et fut des 363. Réélu comme tel, et d'ailleurs sans concurrent, le 14 octobre 1877, par 7,443 voix (7,814 votants, 13,124 inscrits), il vota avec la majorité de gauche : 20 janvier 1879, *pour* l'ordre du jour de confiance au ministère Dufaure; 30 janvier, (au Congrès) *pour* l'élection de M. Jules Grévy à la présidence de la République. Il se prononça encore *contre* l'amnistie plénière, *pour* l'article 7 et *pour* l'application des lois existantes aux congrégations. Réélu le 21 août 1881 avec 8,096 voix sur 8,413 votants, il donna son suffrage à la politique opportuniste, vota pour les ministères Gambetta et Ferry et approuva les crédits du Tonkin. Les élections du 4 octobre 1885 ont maintenu M. Borriglione à la Chambre des députés : il a passé en effet, le 18 sur 3, avec 20,999 voix sur 38,488 votants et 58,085 inscrits. Dans cette législature 1885-1889 il a voté avec la gauche et, notamment dans la dernière session, *pour* le rétablissement du scrutin uninominal (11 février 1889), *contre* l'ajournement indéfini de la revision de la Constitution, *pour* les poursuites contre trois députés membres de la Ligue des patriotes, *pour* le projet de loi Lisbonne restrictif de la liberté de la presse, *pour* les poursuites contre le général Boulanger (4 avril).

BORY-SAINT-VINCENT (GENEVIÈVE-JEAN-BAPTISTE-MARCELLIN, BARON), représentant à la Chambre des Cent-Jours, et député en 1831, né à Agen (Lot-et-Garonne), le 6 juillet 1778, mort à Paris, le 22 décembre 1846, appartenait à une famille royaliste qui l'éleva dans des sentiments hostiles à la Révolution. Mais ses opinions se modifièrent bientôt. Il servit d'abord à l'armée de l'Ouest, puis à l'armée d'Allemagne sous les ordres de Moreau; comme il avait montré de bonne heure les plus heureuses dispositions pour les sciences naturelles, qu'il avait étudiées sous la direction de son oncle maternel, il fut désigné pour être adjoint en 1802, en qualité de naturaliste, à l'expédition du capitaine Baudin. On sait que dans cette malheureuse expédition près de la moitié des officiers et des savants, qui étaient à bord, abandonnèrent le capitaine à l'île de France. Bory-Saint-Vincent fut du nombre de ceux qui se retirèrent; il explora seul plusieurs îles des mers d'Afrique, visita surtout l'île de la Réunion, et de retour en France, publia une intéressante relation de son voyage, qui lui valut sa nomination de membre correspondant de la première classe de l'Institut. Promu capitaine, il passa au 5e régiment de dragons et fit, sous les ordres du maréchal Davoust, les campagnes d'Ulm, d'Austerlitz, d'Iéna, d'Eylau et de Friedland. Puis il entra dans l'état-major et alla en Espagne (1808) avec le maréchal Ney, qu'il quitta bientôt pour être attaché au maréchal Soult en qualité d'aide de camp : il se distingua au siège de Badajoz, aux batailles de la Quebara et de l'Albuhera. Les événements l'ayant placé à la tête des troupes qui formaient la garnison d'Agen, il se trouva commander sa ville natale pendant une quinzaine de jours. Rappelé peu de temps après à Paris, quand le maréchal Soult fut nommé ministre de la Guerre, Bory-Saint-Vincent, devenu colonel, fut employé au dépôt de la guerre jusqu'au 25 juillet 1815. Il s'occupa en même temps de travaux scientifiques et littéraires, et prit part à la rédaction du *Nain jaune* : les articles qu'il y publia sur l'armée française et ses détracteurs lui firent de nombreux ennemis. Élu, le 15 mai de la même année, député de Lot-et-Garonne à la Chambre des représentants, il y joua un rôle très actif, forma avec quelques députés du Gers, des Landes, etc., un comité où fut arrêté le projet de demander la mise hors la loi de Fouché, et désigna clairement le duc d'Otrante dans un rapport à la Chambre (V. le *Moniteur* du 2 juillet 1815) où il signalait une *main invisible* ourdissant la trahison et préparant à la patrie d'humiliantes destinées; l'impression du rapport à cent mille exemplaires fut décidée par acclamation. Fouché eut peur, demanda à Bory une entrevue et chercha à l'éloigner en lui offrant une mission à Londres auprès du duc d'Orléans, avec une somme de 30,000 francs. Bory Saint-Vincent refusa. Porté, après les Cent-Jours, sur les listes de proscription, Bory se réfugia d'abord dans la vallée de Montmorency, puis, quand la loi d'amnistie (12 janvier 1816) ne lui laissa plus d'asile en France, il gagna la Belgique, y fut encore traqué par les agents de l'ambassadeur de France, et dut passer en Allemagne. Expulsé d'Aix-la-Chapelle, il refusa de se soumettre à la décision qui lui assignait Kœnigsberg ou Prague pour résidence, et réussit enfin à vivre obscur et caché en Belgique jusqu'en 1820, époque où il lui fut permis de rentrer en France. Rayé du cadre de l'armée, privé de solde, il fut obligé, pour vivre, de s'adonner entièrement à des travaux de librairie. Mais en 1829, le ministère Martignac le remit en activité et l'appela, sur la désignation de l'Institut, à diriger la commission scientifique qu'on attacha à l'expédition de Grèce. Il rejoiguit à Navarin le général Maison, resta un an dans le pays, dont il avait mission de faire l'histoire physique et de relever la carte; il consigna les résultats de ses recherches dans un magnifique ouvrage sur la Grèce, analogue à celui de la commission d'Egypte.

Bory - Saint-Vincent était occupé de la rédaction d'une publication sur la *Morée*, entreprise par ordre du ministère, lorsque les ordonnances de Juillet vinrent réveiller ses sentiments politiques. Il combattit sur les barricades du faubourg Saint-Germain et fut des premiers à l'Hôtel de Ville. Réintégré au dépôt de la guerre dans le poste qu'il occupait en 1815, il fut, vers la même époque (5 juillet 1831), élu, en remplacement de M. de Martignac, député libéral du 3e collége du Lot-et-Garonne (Marmande). Dans sa profession de foi, il s'était prononcé contre l'hérédité de la pairie, qu'il déclarait contradictoire avec le principe de l'égalité devant la loi, pour « la revision des lois municipale, électorale et de la garde nationale, » et pour l'incompatibilité du mandat de législateur avec une fonction publique. Les tendances conservatrices de la majorité l'engagèrent presque aussitôt à donner sa démission de député. Il fut remplacé, en octobre 1831, par M. de Martignac.

On doit à Bory - Saint-Vincent un très grand nombre de travaux sur l'histoire naturelle, les sciences physiques, la géographie, etc.

BORYE. — *Voy.* DESRENAUDES.

BOSC (ETIENNE), député à l'Assemblée législative de 1791, né à Saint-Côme (Aveyron), le 8 mars 1744, mort à Lacalm (Aveyron), le 1er novembre 1811, était avocat, et fut commissaire de l'administration centrale de son département. Il remplissait les fonctions de juge à Espalion, quand il fut élu, le 4 septembre 1791, députéà l'Assemblée législative par l'Aveyron,

avec 224 voix sur 416 votants. Le *Moniteur* ne mentionne pas son nom.

BOSC (JEAN-JOSEPH-ANTOINE), député au Conseil des Cinq-Cents et membre du Tribunat né à Aprey (Haute-Marne), le 20 septembre 1764, mort à Besançon (Doubs), le 20 mai 1837, était entré fort jeune aux usines du Creusot, et allait être nommé inspecteur des mines et manufactures des Etats de Bourgogne, quand la Révolution éclata. L'expression un peu vive de ses regrets politiques l'obligea à quitter Dijon pour Troyes, où il fut incarcéré quelque temps. Après la tourmente terroriste, il fut nommé (an V) professeur de chimie à l'Ecole centrale, puis, le 26 prairial an VI, commissaire du Directoire exécutif dans l'Aube. Le 26 germinal an VII, le département de l'Aube l'élut député au Conseil des Cinq-Cents; après le 18 brumaire, il entra au Tribunat (4 nivôse an VIII); dans ces deux assemblées, il parla sur les moyens de fournir du travail aux ouvriers, sur la nécessité de multiplier les canaux, sur le nouveau système des monnaies, sur la caisse d'amortissement et sur la loi de ventôse an XIII; membre de la commission des finances, il se montra toujours hostile aux taxes de consommation. Délégué des consuls (en l'an VIII) dans la 16e division militaire, il rendit compte de sa mission dans la lettre suivante :

« Calais, le 29 frimaire an VIII.

« Le représentant du peuple, délégué des consuls dans la 16e division militaire, au président de la commisson législative du Conseil des Cinq-Cents.

« Citoyen président,

« Chargé par les consuls de la République française de l'honorable mission d'éclairer les citoyens de la 16e division militaire sur la nécessité de la révolution des 18 et 19 brumaire, je ne puis émettre à Paris mon vœu sur la nouvelle Constitution. Conformément à l'article 1er de la loi du 23 de ce mois, j'ai l'honneur de vous adresser ma déclaration, et je vous prie de la faire inscrire sur les registres que vous venez de faire ouvrir à la salle des inspecteurs.

« Dans toutes les communes que je viens de parcourir, les cœurs, longtemps en proie à l'inquiétude, se rouvrent à l'espérance. Chacun voit dans notre nouveau pacte social, le gage assuré du bonheur public, et le terme si désiré de la Révolution.

« Pour confirmer cet espoir, j'ai replacé dans les fonctions publiques les magistrats choisis par le peuple et dignes de toute sa confiance. L'intrigue et la perfidie les avaient éloignés, je les ai rappelés. La plus grande tranquillité règne dans toute l'étendue de ma division. Patout on honore les citoyens vertueux dont le courage a sauvé la patrie, et dont la raison guidée par l'expérience a fixé pour jamais les bases de la liberté civile et politique.

« Salut et respect,
           « Bosc. »

Le 25 prairial an XII, il fut nommé membre de la Légion d'honneur, et, le 5 germinal de la même année, directeur des droits réunis dans la Haute-Marne. La Restauration l'envoya exercer dans le département du Doubs les mêmes fonctions, qu'il occupa jusqu'au moment de sa retraite sous la monarchie de

Juillet. Bosc était très laborieux, et outre de nombreux rapports lus au Conseil des Cinq-Cents et au Tribunat, il a composé beaucoup de mémoires présentés devant les sept sociétés savantes dont il faisait partie. La ville de Dijon fit imprimer à ses frais son mémoire sur *l'Extinction de la mendicité*. Il prit part à trois expositions des arts et de l'industrie comme membre du jury des arts, et fut un des fondateurs et un des membres les plus zélés de la Société d'encouragement. La chimie industrielle lui doit d'utiles découvertes. On a de lui : *Moyens d'améliorer les arts en France par l'instruction* (1800); *De l'Accumulation des capitaux et des moyens de circulation chez les peuples modernes* (1802); *Traité de physique végétale appliquée à l'agriculture* (1804), etc.

BOSC (Paul-Jean-Antoine), député de 1828 à 1831, né à Saissac (Aude), le 16 avril 1770, mort à sa terre d'Alibert (Aude), le 28 juin 1851, était propriétaire et conseiller d'arrondissement. Le 26 décembre 1828, l'élection partielle à laquelle donna lieu, dans le 1er arrondissement de l'Aude (Castelnaudary), le décès d'Andréossi, envoya Bosc à la Chambre des députés, avec 254 voix sur 439 votants et 564 inscrits, contre 101 à M. Alexandre Guiraud. Il ne fut nommé qu'au scrutin de ballottage, grâce au désistement du général Clausel, dont la candidature « constitutionnelle » avait été posée au premier tour. Bosc prit place à la gauche de la Chambre, entre Daunou et de Grammont. Son élection, très bien accueillie par les libéraux qui rappellèrent « avec quelle persévérante énergie il avait lutté au conseil d'arrondissement contre les jésuites et les villéliens, » irrita vivement la *Quotidienne*, organe des « ultra-royalistes », qui s'exprima ainsi, dans son numéro du 14 janvier 1829 : « Il paraît que M. Bosc, qui n'est pas médecin comme on l'avait dit, est tout simplement un homme sans consistance et sans esprit, qui aura une boule de plus à donner au côté gauche, sans se mettre en peine de comprendre les discussions de la tribune. » Bosc fut des « 221 » qui votèrent l'adresse hostile au ministère Polignac. Réélu le 3 juillet 1830 par le collège de département de l'Aude, avec 149 voix sur 291 votants et 315 inscrits, il quitta la vie parlementaire l'année suivante.

BOSC (Jean-Jacques), député de 1829 à 1830, né à Espérausses (Tarn), le 10 avril 1757, mort à Bordeaux (Gironde), le 21 septembre 1840, était un des plus riches négociants de la Gironde. En remplacement de Ravez, nommé pair de France, il fut élu, le 13 novembre 1829, député de la Gironde au collège de département, et réélu le 23 juin 1830 par le 1er arrondissement de Bordeaux. Sans paraître à la tribune, Jean-Jacques Bosc vota à la Chambre avec les constitutionnels, fut, comme son homonyme, des 221 qui adoptèrent la fameuse adresse au roi, et prêta serment au gouvernement de Juillet.

BOSC (Adolphe-Jacques), député de 1879 à 1882, né à Nîmes (Gard), le 11 février 1827, mort à Nîmes, le 18 janvier 1882, fit son droit et s'inscrivit au barreau de sa ville natale. Les opinions républicaines dont il avait fait preuve sous l'Empire le désignèrent au choix du gouvernement de la Défense nationale pour le poste de sous-préfet d'Uzès; il l'occupa jusqu'au 13 juillet 1871. Étant encore en fonctions, il fut porté sur la liste républicaine dans le Gard, aux élections du 8 février 1871 : il n'obtint que 40,598 voix et échoua; le dernier élu de la liste conservatrice M. Baragnon, en avait réuni 49,649. M. Bosc n'entra à la Chambre des députés qu'en février 1879, à l'élection partielle qui suivit, dans l'arrondissement d'Uzès, le décès de M. Mallet : il fut élu au second tour de scrutin, par 9,403 voix (17,214 votants et 26,761 inscrits), contre 7,623 voix à M. Dumont. Il prit place à l'extrême gauche de la Chambre, et vota avec les radicaux, notamment *pour* l'application des lois existantes aux congrégations, *pour* l'amnistie plénière, *pour* le divorce, etc. Il se prononça contre la politique opportuniste, fut réélu le 21 août 1881, par 9,933 voix sur 17,306 votants et 26,957 inscrits, contre 5,780 à M. Bonnefoy-Sibour, candidat républicain conservateur, et reprit sa place à l'extrême gauche : mais il siégea à peine dans cette législature, et mourut au bout de quelques mois.

BOSCAL DE RÉALS (Charles-François, comte), député de 1820 à 1822, puis de 1824 à 1830, né à Vallans (Deux-Sèvres), le 4 juin 1777, mort au château d'Allery (Charente-Inférieure), le 4 octobre 1866, était issu d'une famille qui a donné plusieurs marins à la France et plusieurs députés à la Saintonge, entre autres, Léon Boscal de Réals, baron de Mornac, seigneur de Champagnac, qui fut député aux Etats-Généraux de 1649 et de 1661. La carrière législative du comte C.-F. Boscal de Réals s'ouvrit le 13 novembre 1820, au collège de département de la Charente-Inférieure, qui l'élut par 155 voix sur 306 votants; il était maire de Saintes depuis le 11 avril 1816. Il siégea au centre droit, et vota avec les royalistes de l'opinion la plus accentuée. Une lettre du 18 mars 1822 manifeste ses sentiments dynastiques : « Avant mon départ de Paris, ma famille et moi désirons vivement présenter nos hommages au Prince que la Providence a daigné accorder à nos vœux. » Il fut réélu : le 25 février 1824, par le 3e arrondissement de la Charente-Inférieure (Saintes), avec 212 voix, sur 244 votants et 292 inscrits, et, le 17 novembre 1827, par la même circonscription, avec 112 voix sur 204 votants, 254 inscrits. « Ignoré avant son arrivée à la Chambre, dit une biographie de 1829, il n'est guère connu aujourd'hui que de MM. de Villèle, Corbière et Peyronnet, à qui il a prêté constamment l'appui de son vote. Nommé, par les triumvirs, président du collège électoral de Saintes, où il exerce les fonctions de maire, M. Boscal ne voulut pas permettre que les constitutionnels eussent les yeux sur ses opérations. On assure qu'il se bornait à montrer à une seule personne du bureau les bulletins qui sortaient de l'urne électorale. Nous devons toutefois déclarer, dans l'intérêt de l'honorable membre, qu'il ne s'est élevé à la Chambre aucune contestation sur la validité de sa nomination. Il a repris la place qu'il occupait au centre, et soit amour pour le pouvoir, soit désir de conserver à sa famille les emplois dont il l'a pourvue sous M. de Villèle, son vote n'est pas moins favorable aux nouveaux ministres qu'il ne l'était à leurs prédécesseurs. M. Boscal de Réals aime les majorités. » Une lettre du 27 octobre 1825 justifie en partie ce jugement; M. Boscal de Réals y demande pour son frère une place de directeur des finances d'arrondissement : « Je n'ai, dit-il, jamais rien sollicité pour moi depuis six ans que je suis membre de la Chambre. L'avancement de mon frère est mon unique but; c'est la seule récompense que j'ose solliciter de ses services et des miens. »

Il prit activement parti en 1830 pour le ministère Polignac, envoya, le 29 mai, un mémoire contenant des vues politiques, et réclama contre la liberté de la presse, « une des plaies rongeantes de notre époque. »

Il ne fut pas réélu le 23 juin 1830, n'ayant obtenu que 110 voix contre 176 à M. Eschassériaux.

BOSCAL DE RÉALS (FRANÇOIS-LÉON, COMTE DE MORNAC), député de 1827 à 1830, né à Mornac (Charente-Inférieure), le 15 septembre 1783, mort à Napoléon-Vendée (Vendée), le 30 janvier 1858, était colonel d'infanterie quand il fut élu, le 17 novembre 1827, député du 1er arrondissement de la Vendée (Bourbon-Vendée). Il prit place au côté droit avec lequel il vota jusqu'en 1830. Un biographe parlementaire constatait que c'était « le seul *villéliste* » qui figurât alors dans la députation de la Vendée, et ajoute : « Mieux eût valu réélire le vicomte de Lézardière, qui, malgré son amour pour les privilèges, parlait quelquefois en faveur de nos libertés. »

A l'*Almanach royal*, M. François-Léon Boscal de Réals est inscrit sur la liste des députés sous le nom de comte de Mornac.

BOSCARY (JEAN-MARIE), dit BOSCARY LE JEUNE, député à l'Assemblée législative de 1791, né en 1746, mort à une date inconnue, était négociant à Paris. Il fut élu député de Paris à l'Assemblée législative, le 21 septembre 1791, avec 322 voix sur 643 votants, et se trouva mêlé, dès le début de l'année 1792, à une affaire assez grave qui l'obligea, au bout de quelques mois, à donner sa démission. La hausse extraordinaire du prix des sucres avait donné lieu à des soulèvements dans plusieurs quartiers de Paris. Dans la séance du 24 janvier 1792, le maire de Paris vint rendre compte à l'Assemblée de la situation. Le peuple, exaspéré, avait envahi les magasins d'un certain nombre de négociants des rues Saint-Martin, des Lombards, des Gravilliers, etc., que l'on accusait de vouloir *accaparer* les marchandises. Boscary était un des plus suspects; il adressa à l'Assemblée la lettre suivante, dont il fut donné lecture par un des secrétaires, dans la séance même du 24 :

« Le peuple, égaré par des malveillants, s'est porté hier en foule chez moi, et m'a empêché de me rendre à mon poste. On a répandu que ma maison de commerce, sous la raison de Chels-Boscary et Compagnie, avait fait des accaparements de sucre. C'est une assertion calomnieuse. On a voulu entrer de force dans ma maison. On a cassé toutes les vitres du premier étage, avant que la force publique ait pu m'accorder protection. Je suis encore menacé dans ce moment. On jette des pierres contre mes fenêtres. Je ne m'attendais pas à être l'objet de la fureur du peuple. Je n'ai jamais fait de mal à personne. J'ai fait du bien quand je l'ai pu. J'ai été constamment attaché à la Révolution par des places tant civiles que militaires.

« Signé : BOSCARY, député de Paris.

Au milieu des murmures des tribunes, un collègue de Boscary, son voisin, Léonard-Robin, également député de Paris, demanda et obtint le renvoi au pouvoir exécutif de la plainte que l'Assemblée venait d'entendre.

Mais, le 5 juin 1792, Boscary donna sa démission de député.

BOSCHER-DELANGLE (AUGUSTIN-MARIE), député en 1881 et depuis 1885, né à Loudéac (Côtes-du-Nord), le 13 mai 1840, s'engagea dans les zouaves pontificaux, fit partie, au siège de Paris, d'un régiment de marche, et eut la cuisse gauche traversée d'une balle au combat de l'Hay (30 septembre 1870). Banquier et maire à Loudéac, il entra au conseil général des Côtes-du-Nord en 1881, à la place de M. de Janzé, et, le 21 août de la même année, fut élu député à l'arrondissement électoral de Loudéac par 8.809 voix sur 16,850 votants et 23,804 inscrits, contre M. de Janzé, député sortant et centre gauche (7,970 voix). La lutte électorale avait été très personnelle et très vive entre les deux candidats. Mais l'élection fut invalidée pour cause d'immixtion exagérée du clergé, et les électeurs, convoqués de nouveau, le 29 janvier 1882, élurent M. de Janzé par 10,174 voix, contre 8,468 voix données à M. Boscher-Delangle. Les élections du 4 octobre 1885, au scrutin de liste, furent favorables à M. Boscher-Delangle, qui fut élu, le 8e sur 9 de la liste conservatrice, par 70,365 voix sur 113,479 votants et 163,318 inscrits.

Le nouvel élu prit place à l'extrême droite, et a voté avec ce groupe, notamment dans la dernière session (février-avril 1889), *contre* le rétablissement du scrutin uninominal, *contre* les demandes en autorisation de poursuites contre trois députés membres de la Ligue des patriotes, *contre* le projet de loi Lisbonne restrictif de la liberté de la presse, *contre* les poursuites contre le général Boulanger; il s'est abstenu dans le scrutin sur l'ajournement indéfini de la revision des lois constitutionnelles (chute du ministère Floquet).

BOSELLI (BENOIT-FRANÇOIS), député au Corps législatif du premier Empire, né à Savone (Italie), le 30 décembre 1768, mort à Paris, le 17 février 1826, fut député au gouvernement de Gênes, et remplit en outre les fonctions d'administrateur de la guerre et de la marine, de commissaire des relations commerciales à Marseille, et de ministre près la République batave. Elu, le 28 avril 1807, par le Sénat conservateur, député du département de Montenotte au Corps législatif de l'Empire, il y siégea parmi les défenseurs de la politique de Napoléon. On a de Boselli une brochure de 48 pages, publiée à Paris chez Didot, sous ce titre : *Nota d'un Italiano agli alti principi alleati, sulla necessita di una lega italica per la pace d'Europa*. (Parigi, dai torchi di P. Didot maggiore, 1814.)

BOSQUET (PIERRE-JOSEPH-FRANÇOIS), sénateur du second Empire, né à Mont-de-Marsan (Landes), le 8 novembre 1810, mort à Pau (Basses-Pyrénées) le 11 février 1861, passa par l'Ecole polytechnique et par l'Ecole d'application de Metz. Lieutenant d'artillerie en 1834, il s'embarqua pour l'Algérie, devint capitaine en 1839, fut blessé d'un coup de feu à la tête au combat de Sidi-Lakhdar (janvier 1841), et se distingua encore dans plusieurs autres engagements. Nommé, le 5 juin 1842, chef de bataillon des tirailleurs indigènes d'Oran, il exécuta, l'année suivante, contre la tribu des Flittas, une razzia qui lui valut une citation au rapport du gouverneur général. Bosquet devint lieutenant-colonel en 1845, colonel en 1847, et fut appelé, le 30 avril 1848, au commandement de la subdivision d'Orléansville. Il prit, en qualité de général de brigade, le commandement de Mostaganem, dirigea (1851) la colonne expéditionnaire dans la campagne de la grande Kabylie, et rentra en France en 1853, avec le grade de général de division.

Il joua bientôt un rôle brillant à la guerre de Crimée, et à la tête de la 2e division d'infanterie, contribua pour la plus grande part aux victoires de l'Alma (25 septembre 1854), et d'Inkermann (5 novembre). Le Parlement anglais lui vota des remerciements pour le secours efficace qu'il avait apporté aux troupes de lord Raglan, écrasées par le nombre. Il reçut alors le titre de commandant du 2e corps de l'armée d'Orient (10 janvier 1855), enleva aux Russes leurs travaux de contre-approches, s'empara, le 7 juin, des redoutes du Mamelon-Vert, enfin frappé d'un éclat d'obus à la prise de Sébastopol, reçut une blessure qui mit ses jours en danger et le força de revenir en France.

Nommé sénateur le 9 février 1856, le général Bosquet fut quelques jours après (18 mars) promu maréchal de France, en même temps que les généraux Canrobert et Pélissier. Grand-croix de la Légion d'honneur depuis 1855.

BOSQUILLON. *Voy.* FRESCHEVILLE (DE).

BOSQUILLON DE MARIGNY (JEAN-JACQUES-LOUIS), député au Conseil des Anciens, né en 1743, mort à une date inconnue, avocat à Montdidier, fut aussi administrateur du département de l'Oise. Son attitude le rendit très suspect aux représentants que la Convention envoya, en l'an II, dans le département de la Somme. Une lettre, lue à la séance du 24 août 1793, et insérée au *Moniteur* du 25, contient le passage suivant : « Avant-hier, nous nous sommes transportés à Montdidier. Notre présence a consolé les patriotes des tracasseries d'un petit nombre d'aristocrates, moins dangereux par eux-mêmes que par leurs intelligences avec les émigrés et les ennemis du dehors... On nous amena un ecclésiastique réfugié chez l'avocat Bosquillon. Nous l'interrogeâmes; il n'a prêté aucun serment, il n'a aucun certificat de résidence; il ne se croit obligé à rien en vivant caché comme il l'a fait depuis deux ans. Nous l'avons envoyé en arrestation à Amiens aux cris de *Vive la République!* poussés par la très grande majorité des habitants de Montdidier. Ce ne fut pas avec moins de satisfaction que les vrais citoyens virent conduire à la maison d'arrêt le recéleur d'un pareil individu. Que n'avions-nous à notre disposition un régiment tout entier pour visiter et fouiller la forteresse de ce Bosquillon ! Imaginez-vous un édifice en forme de labyrinthe dont les souterrains pourraient contenir près de dix mille hommes, et une infinité de portes et de chambres très propres à favoriser l'évasion des coupables. Mais, ce que vous ne croirez pas aisément, c'est que cette maison ouvre hors de la ville et dans les fortifications mêmes ». Plus tard, le 25 germinal an VI, Bosquillon fut élu député au Conseil des Anciens. Il y parla (26 frimaire an VII) sur les jugements en dernier ressort, et défendit (9 fructidor) une résolution relative aux émigrés naufragés à Calais. Après le coup d'État de brumaire, Bosquillon entra dans la magistrature. Nommé, le 12 messidor an VIII, juge au tribunal d'appel d'Amiens, il termina sa carrière comme conseiller à la Cour impériale d'Amiens.

BOSRESDON (JEAN-BAPTISTE-ALEXANDRE,

DUPONT DE), député au Corps législatif de 1868 à 1870, de 1876 à 1880, et sénateur de 1880 à 1885, né à Chavagnac (Dordogne), le 22 février 1831, se rattache à une ancienne famille originaire de l'Auvergne, et dont une branche se fixa dans le Quercy, puis en Périgord. Il était propriétaire à Salignac, quand il fut élu député au Corps législatif dans la 4e circonscription de la Dordogne, le 2 mai 1868 par 17,423 voix (28,234 votants, 35,253 inscrits), contre M. Lucien de Maleville, ancien pair de France, 10,700 voix. M. de Bosredon remplaçait M. Taillefer, décédé. Il siégea à la droite du Corps législatif, et vota régulièrement avec la majorité impérialiste. Réélu le 24 mai 1869, par 19,132 voix (28,377 votants, 34,827 inscrits), contre MM. Roger, candidat de l'opposition, 4,641 voix, et Gibiat, candidat « dynastique libéral », 4,535, il vota notamment la déclaration de guerre à l'Allemagne. Après le 4 Septembre, il se retira dans la Dordogne, ne fit point partie de l'Assemblée nationale de 1871 et reparut au Palais-Bourbon aux élections du 20 février 1876 : la 1re circonscription de Sarlat lui donna 9,256 voix sur 14,747 votants et 17,968 inscrits, contre 5,479 à M. de Selves. Il s'inscrivit au groupe de l'appel au peuple, fut de la minorité monarchiste qui soutint le gouvernement du Seize Mai, et, après la dissolution, obtint sa réélection, comme candidat du maréchal de Mac-Mahon, le 14 octobre 1877, avec 8,931 voix (14,922 votants, 17,674 inscrits), contre le candidat républicain, M. Landry, 5,972 voix. Il vota dans cette législature : le 20 janvier 1879, *contre* l'ordre du jour de confiance accordé au ministère Dufaure, le 30 janvier (au Congrès) *contre* l'élection de M. Grévy à la présidence de la République; le 21 février, *contre* l'amnistie, et quitta la Chambre des députés le 7 mars 1880, pour entrer au Sénat. ayant été nommé, à cette date, sénateur de la Dordogne en remplacement de M. Dupont, décédé. Sénateur bonapartiste, M. de Bosredon vota avec la droite: *contre* l'article 7, *contre* les projets de loi Ferry sur l'enseignement, *contre* la loi modifiant le serment judiciaire, *contre* la loi d'expulsion des princes, et *contre* le divorce. Il échoua aux élections sénatoriales de 1885, contre les candidats républicains. Chevalier de la Légion d'honneur, M. de Bosredon représente au Conseil général de la Dordogne le canton de Salignac.

BOSSCHAERT (JEAN-ALOYS-JOSEPH), député au conseil des Cinq-Cents, né à Anvers (Belgique), le 16 novembre 1757, mort à une date inconnue, fut d'abord échevin d'Anvers, et devint maire de cette ville le 5 floréal an VIII. Il entra au Conseil des Cinq-Cents, comme député du département des Deux-Nèthes, le 24 germinal an V, et siégea obscurément jusqu'en l'an VII.

BOTMILLIAU (RENÉ-LOUIS-MARIE-ADOLPHE, COMTE DE), représentant à l'Assemblée législative de 1849, né à Quimper (Finistère), le 18 décembre 1789, mort à Guingamp (Côtes-du-Nord), le 4 mars 1871, était propriétaire, et maire de Guingamp en 1849. Élu, le 13 mai, représentant des Côtes-du-Nord, le 5e sur 13, avec 72,138 voix (110,201 votants, 164,242 inscrits), il fut un des membres les plus obscurs de la droite de l'Assemblée avec laquelle il vota invariablement, notamment, *pour* l'expédition de Rome, *pour* les poursuites contre les représentants de la Montagne impliqués dans l'affaire du 13 juin, *pour* la loi du 31 mai 1850 contre le suffrage universel, et *pour* la loi Fal loux-Parieu sur l'enseignement. Il ne s'associa pas au coup d'État de décembre 1851, et essaya de lutter, comme candidat monarchiste, aux élections du Corps législatif, le 29 février 1852. Il obtint, dans la 3ᵉ circonscription des Côtes-du-Nord, 1,757 voix contre M. Le Gorrec, candidat officiel, élu par 10,845 suffrages. Les autres candidats indépendants réunirent : M. de Saisy, 4,123 voix, M. Glais-Bizoin 1,772 et M. Loyer 1,211.

BOTTA (Charles-Joseph-Guillaume), député au Corps législatif de l'an XII à 1815, né à Saint-Georges (Piémont), le 6 novembre 1766, mort à Paris le 10 août 1837, fit ses études de médecine à l'Université de Turin et s'adonna surtout à la botanique. Son enthousiasme pour les idées de la Révolution française le fit arrêter en 1792, et enfermer pendant deux ans par ordre du roi de Sardaigne. Libre, il gagna la France, devint, en l'an IV, médecin de 1ʳᵉ classe à l'armée des Alpes, puis à l'armée d'Italie, et fut envoyé au même titre dans les îles Ioniennes en l'an VI. En l'an VII, le général Joubert le nomma membre du gouvernement provisoire siégeant à Turin ; il concourut activement à la réunion du Piémont à la France, et, après Marengo (an VIII) fut nommé membre de la Consulta piémontaise, puis membre de la commission exécutive et du conseil d'administration générale de la 27ᵉ division militaire. Il vint à Paris, en 1803, présenter officiellement à Napoléon les remerciements du Piémont à l'occasion de la réunion à la France, et fut nommé par le Sénat conservateur, puis du département de la Doire au Corps législatif (22 thermidor an XII), mandat qui lui fut renouvelé dans les mêmes conditions le 2 mai 1809 ; le 28 octobre 1808, il avait été nommé vice-président du Corps législatif, mais souvent proposé pour la questure, il ne put l'obtenir de Napoléon, à qui déplaisaient l'indépendance et la franchise de ses opinions. Botta était membre de l'Académie des sciences. Le 25 février 1815, il se fit naturaliser français, quand le département de la Doire cessa de faire partie de la France, et fut nommé, la même année, recteur de l'Académie de Nancy, puis, le 6 novembre 1817, recteur de l'Académie de Rouen, poste qui lui fut retiré en 1822. Il continua de résider en France jusqu'à sa mort. On a de lui des publications variées, en italien et en français, entre autres : *Souvenir d'un voyage en Dalmatie* (1802); *Mémoires sur la nature des tons et des sons* (1803) ; *Précis historique sur la maison de Savoie* (1803); *Historique de la guerre de l'indépendance d'Amérique* (1810); *Histoire d'Italie de 1789 à 1814* (1814) ; *Histoire du peuple d'Italie* (1824), etc.

BOTTARD (Jean-Alphonse), représentant à l'Assemblée nationale de 1871, et député de 1876 à 1877, né à Châteauroux (Indre), le 16 avril 1819, mort à Bouesse (Indre), le 18 septembre 1886, ancien avoué, était inscrit au barreau de Châteauroux, lorsque le département de l'Indre l'élut représentant à l'Assemblée nationale, le 8 février 1871, le 5ᵉ et dernier de la liste, par 33,041 voix sur 58,022 votants et 79,482 inscrits. Sans antécédents politiques, il prit place au centre gauche, suivit les inspirations de Thiers, et soutint sa politique. Il vota : 1ᵉʳ mars 1871, *pour* la paix ; 16 mai, *pour* les prières publiques ; 10 juin, *pour* l'abrogation des lois d'exil; 30 août, *pour* le pouvoir constituant de l'Assemblée ; 3 février 1872, *pour* le retour à Paris ; 29 novembre,

pour le message présidentiel de Thiers; 24 mai 1873, *contre* la démission de Thiers ; 19-20 novembre, *contre* le septennat ; 4 décembre, *contre* le maintien de l'état de siège ; 20 janvier 1874, *contre* la loi des maires; 30 janvier 1875, *pour* l'amendement Wallon ; 25 février, *pour* l'ensemble des lois constitutionnelles.

M. Bottard, réélu député de la 1ʳᵉ circonscription de Châteauroux le 5 mars 1876 (au deuxième tour), avec 5,085 voix sur 14,188 votants et 17,398 inscrits, contre 4,819 à M. Lejeune, et 4,248 à M. Balsan, fit partie de la majorité républicaine, et vota avec elle : 3 juin, *pour* la discussion des articles de projet de loi sur la collation des grades ; 12 juillet, *pour* l'ensemble du projet modifiant la loi de 1874 sur les maires; 28 décembre, *contre* la discussion des articles du budget renvoyé à la Chambre par le Sénat ; 4 mai 1877, *pour* l'ordre du jour contre les menées ultramontaines. Il fut des 363, se représenta dans sa circonscription après la dissolution de la Chambre, mais échoua au scrutin de ballottage, le 28 octobre 1877, avec 6,887 voix contre 7,163 accordées à son concurrent bonapartiste, candidat officiel, M. Charlemagne. Vainement l'élection de ce dernier fut-elle invalidée : les électeurs, convoqués à nouveau le 3 mars 1878, ne donnèrent à M. Bottard que 6,207 voix, et renvoyèrent, par 7,465 suffrages, M. Charlemagne à la Chambre.

BOTTEX (Jean-Baptiste), député à l'Assemblée constituante de 1789, né à Neuville-sur-Ain (Ain), le 26 décembre 1743, mort à Paris, le 3 septembre 1792, était fils de Mamert Bottex, notaire royal, et d'Anne Montagnat. Il entra au séminaire de Saint-Irénée, à Lyon, et devint, dès 1773, professeur de logique dans ce séminaire. Ayant quitté l'enseignement, l'abbé Bottex, docteur en théologie, fut nommé vicaire à Saint-Jean-le-Vieux (Ain), puis curé de sa paroisse natale (Neuville-sur-Ain.) C'est alors qu'il fut choisi, le 3 avril 1789, par le bailliage de Bourg en Bresse, comme un des députés de l'ordre du clergé aux États-Généraux. Le *Moniteur officiel* constate qu'il se « réunit à l'Assemblée et prêta le serment civique». Puis, après la session, il se retira au séminaire des Missions étrangères. Là, ses relations avec l'abbé Maury et plusieurs anciens membres de la droite de la Constituante le firent arrêter comme suspect après le 10 août 1792 ; il fut conduit à la prison de la Force, refusa de prêter le nouveau serment demandé aux prêtres par l'Assemblée législative : *Je jure de maintenir la liberté et l'égalité et de mourir même pour les défendre*, et fut une des victimes des massacres de septembre.

BOTTIEAU (Émile-Adolphe), représentant à l'Assemblée nationale de 1871, et député de 1885 à 1887, né à Maubeuge (Nord), le 12 septembre 1822, mort à Paris, le 9 octobre 1887, fut avocat au barreau de Douai, puis entra dans la magistrature. Successivement substitut à Arras en 1848, et à Lille en 1852, procureur impérial à Boulogne en 1856 et à Valenciennes en 1862, il fut nommé, en 1866, conseiller à la Cour de Douai. Il occupait ce poste le 8 février 1871 quand il fut élu représentant du Nord à l'Assemblée nationale, le 9ᵉ sur 28, par 207,877 voix (262,927 votants, 326,440 inscrits). Il siégea au centre droit, se rapprochant parfois du groupe de l'appel au peuple, et déposa des propositions relatives à l'abrogation de la loi interdisant la publication des comptes-rendus des procès de presse, aux annonces judiciaires et légales, etc. Adversaire déclaré du gouvernement de Thiers, il vota contre lui en toutes circonstances ; il se prononça : 1er mars 1871, *pour* la paix ; 16 mai, *pour* les prières publiques; 10 juin, *pour* l'abrogation des lois d'exil ; 30 août, *pour* le pouvoir constituant de l'Assemblée ; 3 février 1872, *contre* le retour de l'Assemblée à Paris ; 29 novembre, *contre* le message de Thiers ; 24 mai 1873, *pour* l'acceptation de sa démission ; 19-20 novembre, *pour* la prorogation des pouvoirs du maréchal ; 20 janvier 1874, *pour* la loi des maires ; 30 janvier 1875, *contre* l'amendement Wallon, et 25 février, *contre* l'ensemble des lois constitutionnelles.

M. Bottieau se représenta, sans succès, dans la 2e circonscription d'Avesnes, aux élections du 20 février 1876 et à celles du 14 octobre 1877 : la première fois, il échoua avec 7,169 voix, la seconde, avec 8,945. Il avait pour concurrent M. de Marcère, qui fut élu. Il ne se représenta pas en 1881, fut mis à la retraite le 21 mars 1884, par application de la loi de 1883 sur la magistrature, et redevint député du Nord, le 4 octobre 1885, élu, le 16e sur 20, par 161,453 voix (292,696 votants, 348,224 inscrits) ; il siégea à droite, comme précédemment, et vota avec le groupe monarchiste jusqu'à sa mort, survenue pendant la session.

BOTTIN (Sébastien), représentant à la Chambre des Cent-Jours, né à Grimonviller (Meurthe), le 17 décembre 1764, mort à Paris, le 28 mars 1853, embrassa, avant la Révolution, la carrière ecclésiastique, et figura à la Fédération du 14 juillet 1790, comme aumônier des députés de la Haute-Marne. Ayant prêté, en 1791, le serment civique, il fut nommé curé constitutionnel de Favières (Meurthe); mais, entraîné par le mouvement révolutionnaire, il devint, de 1791 à 1792, procureur de la commune de Favières, puis en 1793 chef et payeur du bureau central des commissaires des guerres à Strasbourg, en l'an III receveur des domaines dans les pays conquis, en l'an IV chef de bureau adjoint au secrétaire en chef de l'administration centrale du Bas-Rhin, en l'an V greffier en chef du tribunal criminel du Bas-Rhin, en l'an VI secrétaire en chef de l'administration centrale du Bas-Rhin, et, à partir de l'an IX secrétaire général de la préfecture du Nord, fonction dans laquelle il fut confirmé, le 30 mars 1815.

Le 11 mai 1815, il fut élu représentant de l'arrondissement de Lille à la Chambre des Cent-Jours par 32 voix sur 63 votants ; il y montra assez de patriotisme. Bottin, qui ne fit point partie d'autres législatures, a créé d'importantes publications. Son *Annuaire statistique du département du Bas-Rhin de l'an VII à l'an IX* fut proposé par François de Neufchâteau comme modèle pour tous les ouvrages du même genre. De 1801 à 1845, Bottin édita annuellement une *Description statistique du département du Nord* ; en 1820, il fit paraître le *Livre d'honneur de l'industrie française*, mentionnant les récompenses décernées aux industriels, et, en 1825, le *Tableau statistique de toutes les foires de France*. Il est surtout connu par l'édition annuelle, de 1819 à 1853, de l'*Almanach du commerce de Paris et des principales villes du monde*, commencé par La Tynna en 1801, réuni, depuis 1857, à l'*Annuaire du commerce* de MM. Didot, et appelé couramment le *Bottin*.

BOUAISSIER (Charles), député au Conseil des Cinq-Cents, né à Dol (Ille-et-Vilaine), dates de naissance et de mort inconnues, exerçait les fonctions d'inspecteur de la loterie nationale. Il fut nommé, le 23 germinal an VI, député au Conseil des Cinq-Cents, par le département d'Ille-et-Vilaine. Il y siégea jusqu'en l'an VIII, sans paraître à la tribune.

BOUBÉE (Théodore), représentant du peuple à l'Assemblée constituante de 1848, né à Auch (Gers), le 11 octobre 1794, mort à Auch, le 21 novembre 1865, servit dans la cavalerie sous le premier Empire, puis s'occupa de médecine et de chimie, et se fit recevoir pharmacien. Il s'établit à Auch, se fit connaître par des spécialités pharmaceutiques, et se mêla en même temps au mouvement démocratique. Élu, le 23 avril 1848, par le département du Gers, représentant du peuple à l'Assemblée constituante, le 7e sur 8, avec 28,865 voix, il siégea parmi les républicains et vota avec la gauche modérée : le 28 juillet 1848, *pour* le décret sur les clubs ; le 26 août, *contre* les poursuites intentées à Louis Blanc et à Caussidière ; le 1er septembre, *pour* le rétablissement de la contrainte par corps; le 18 septembre, *contre* l'amendement Grévy ; le 2 novembre, *contre* le droit au travail ; le 27 décembre, *pour* la suppression de l'impôt du sel ; le 12 janvier 1849, *contre* la proposition Rateau ; le 22 janvier, *contre* le renvoi des accusés du 15 mai devant la Haute-Cour ; le 21 mars, *contre* l'interdiction des clubs; le 16 avril, *contre* le crédit de 1,200,000 francs pour l'expédition de Rome ; le 20 avril, *pour* la suppression du cautionnement des journaux ; le 18 mai, *pour* l'abolition de l'impôt des boissons; le 26 mai, *pour* la mise en liberté des transportés.

Les votes de M. Boubée s'accentuèrent dans le sens républicain après l'avènement à la présidence de L.-N. Bonaparte, dont il combattit nettement la politique. Il ne fit point partie de l'Assemblée législative. — On doit à M. Th. Boubée quelques mémoires spéciaux sur des questions de thérapeutique, entre autres *Sur le traitement de la goutte et des rhumatismes* (1834).

BOUBERT (François-Antoine, chevalier), représentant à la Chambre des Cent-Jours, né à Saint-Omer (Pas-de-Calais), le 13 juin 1748, mort à Saint-Omer le 3 mai 1828, entra dans la magistrature, devint président du tribunal criminel de Saint-Omer, et fut créé, le 9 mars 1810, chevalier de l'Empire. Il fit partie, pendant les Cent-Jours, de la Chambre des représentants, où l'envoya, le 13 mai 1815, le collège de département du Pas-de-Calais. — Membre de la Légion d'honneur, du 25 prairial an XII.

BOUCAU (Jean-Marie-Alexandre-Albert), représentant à l'Assemblée nationale de 1871, député de 1881 à 1885, et de 1886 à 1889, né à Dax (Landes), le 26 décembre 1826, était notaire à Lévignac, et membre du conseil général. Il était peu connu, lorsqu'il fut élu, par 37,436 voix sur 55,536 votants et 84,844 inscrits, représentant des Landes, à l'élection partielle qui eut lieu le 2 juillet 1871, pour remplacer MM. Thiers et Duclerc, ayant opté pour d'autres départements. Précédemment, lors des élections générales du 8 février, M. Boucau avait échoué avec 24,056 voix sur 54,902 votants. Il se fit inscrire aux réunions de la gauche et de l'union républicaine, et vota : le 30 août 1871, *contre* le pouvoir constituant de l'Assemblée ;

le 3 février 1872, *pour* le retour de l'Assemblée à Paris; le 24 mai 1873, *contre* l'acceptation de la démission de Thiers; le 19-20 novembre, *contre* le septennat; le 20 janvier 1874, *contre* la loi des maires; le 30 janvier 1875, *pour* l'amendement Wallon; le 25 février *pour* l'ensemble des lois constitutionnelles.

Après la session de l'Assemblée nationale, M. Boucau rentra dans la vie privée, et n'en sortit qu'aux élections du 21 août 1881, ayant été nommé, par 7,585 voix (8,193 votants), et 13,372 inscrits), député de la 2e circonscription de Mont-de-Marsan; il appartint jusqu'en 1885 à la majorité opportuniste qui appuya Gambetta et M. Jules Ferry au pouvoir, vota *contre* l'élection du maire de Paris, *contre* l'abolition du Concordat, *contre* l'élection de la magistrature, *pour* les crédits de l'expédition du Tonkin, *pour* le maintien de l'ambassadeur français au Vatican, etc. Porté sur la liste républicaine, dans les Landes, le 4 octobre 1885, M. Boucau échoua d'abord avec 33,230 voix contre 37,014 à M. de Favernay, le dernier élu de la liste conservatrice. Mais l'élection des Landes fut invalidée par la Chambre, et, au nouveau scrutin du 14 février 1886, M. Boucau, élu cette fois avec la liste républicaine, passa avec 38,080 voix (72,400 votants, 83,105 inscrits). Il s'inscrivit à « l'union des gauches, » et vota avec ce groupe. Dans la dernière session, il s'est abstenu sur le rétablissement du scrutin uninominal (11 février 1889), s'est prononcé *pour* l'ajournement indéfini de la revision de la Constitution (14 février, chute du ministère Floquet), *pour* les poursuites contre trois députés, membre de la Ligue des patriotes (14 mars), *pour* le projet de loi Lisbonne, restrictif de la liberté de la presse (2 avril), *pour* les poursuites contre le général Boulanger (4 avril).

BOUCAUMONT (Marie-Louis-Auguste), député au Corps législatif de 1863 à 1870, né à Montmarault (Allier), le 13 septembre 1803, mort à Nevers (Nièvre), le 2 septembre 1870, était fils d'un directeur des domaines et neveu du général Camus de Richemont, ancien député de l'Allier. Il entra à l'Ecole polytechnique en 1820, en sortit dans le corps des ponts et chaussées, fut chargé, comme ingénieur ordinaire, de la construction du pont de Nevers (1827-1832), passa ingénieur en chef dans les Ardennes (1840), puis dans la Nièvre (1843), où il dirigea la construction des travaux d'art du chemin de fer du Centre. Nommé inspecteur général honoraire des ponts et chaussées en novembre 1863, il fut admis à la retraite comme ingénieur en chef, le 11 mai 1864. Conseiller municipal à Nevers depuis 1844, administrateur des hospices de la ville, conseiller général de l'Allier pour le canton de Montmarault (1859), il fut élu, le 31 mai 1863, député au Corps législatif dans la 1re circonscription de la Nièvre par 17,868 voix, sur 18,021 votants et 30,402 inscrits; il siégea dans la majorité dynastique, passa, en 1866, du conseil général de l'Allier à celui de la Nièvre, pour le canton de Nevers, et fut réélu, le 24 mai 1869, par 18,697 voix sur 20,338 votants et 32,604 inscrits. Il vota la déclaration de guerre à la Prusse. — Chevalier de la Légion d'honneur en 1830, officier du même ordre (5 août 1851), et commandeur, de la promotion du 14 août 1866.

BOUCHARD (Henri), député au Corps législatif de 1811 à 1815, né à Villy (Côte-d'Or), le 18 février 1761, mort à Poitiers (Vienne), le 15 mai 1818, était avocat à Dijon avant la Révolution, et devint procureur de la commune, conseiller municipal de la même ville, conseiller de préfecture de la Côte-d'Or (16 mars 1809), et procureur général près la Cour impériale de Poitiers. Il fut nommé par le Sénat conservateur, le 4 mai 1811, député de la Côte-d'Or au Corps législatif, vota en 1814 la déchéance de Napoléon, présenta un rapport demandant la fermeture des boutiques les dimanches et fêtes, parla *contre* la liberté de la presse, *pour* le maintien de la taxe du sel, *pour* la restitution au clergé des biens d'église non vendus, et appuya énergiquement le gouvernement dans ses mesures fiscales, dans la question de l'organisation de la Cour de cassation, dans la défense des prérogatives de la Chambre des pairs, etc. Il n'a pas fait partie d'autres législatures. Michaud a dit, en parlant de lui, qu'il recevait 15,000 francs, comme procureur général, pour parler, et 10,000 francs, comme membre du Corps législatif, pour se taire.

BOUCHARD (Auguste), député de 1833 à 1839, né à Vémars (Seine-et-Oise), le 29 décembre 1785, mort à une date inconnue, avait appartenu à l'armée. Retraité comme officier, il s'adonna à l'agriculture, devint maire de Vémars et conseiller général de Seine-et-Oise, puis fut élu le 7 février 1833, député par le 7e collège de son département (Pontoise), avec 252 voix sur 402 votants et 584 inscrits, contre 133 voix accordées au général Darriule. Il s'agissait de remplacer Charles de Lameth, décédé. Auguste Bouchard fut réélu le 21 juin 1834 par 215 voix (383 votants et 611 inscrits), contre 139 à M. de Berville, et le 4 novembre 1837, par 295 voix (540 votants, 662 inscrits). Conservateur, il vota régulièrement avec la majorité ministérielle, notamment dans la session 1838-39, *pour* l'adresse amendée favorablement au ministère Molé.

BOUCHARD DESCARNAUX (Charles), représentant à la Chambre des Cent-Jours, député de 1821 à 1824, né à Plailly (Oise), le 28 février 1768, mort à Paris, le 5 novembre 1824, propriétaire à Vémars (Seine-et-Oise) et conseiller d'arrondissement, fut élu, sans antécédents politiques notables, représentant de Seine-et-Oise à la Chambre des Cent-Jours, le 11 mai 1815 : il avait obtenu, au collège de département 48 voix sur 87 votants et 226 inscrits. Il défendit, dans l'assemblée, l'opinion constitutionnelle modérée; puis il fut élu de nouveau, le 1er octobre 1821, membre de la Chambre des députés par le 1er arrondissement de Seine-et-Oise (Pontoise). Une biographie du temps constate en ces termes son peu de notoriété : « Nous ne sommes qu'à quatre lieues de Versailles, et cependant le nom de M. Descarnaux n'est pas encore parvenu jusqu'à nous ; est-ce la faute de M. Bouchard, ou est-ce la nôtre? C'est ce que la province semble vouloir décider. » Le député de Pontoise ne parut pas à la tribune et se contenta de voter avec les royalistes modérés. Réélu par sa circonscription, le 25 février 1824, il mourut quelques mois après.

BOUCHE (Charles-François), député à l'Assemblée constituante de 1789, né à Allemagne (Basses-Alpes), le 17 mars 1737, mort à Paris, le 19 août 1795, fut d'abord avocat au Parlement d'Aix. Elu député du tiers aux Etats-Généraux, le 6 avril 1789, par la sénéchaussée d'Aix, il prit aux débats de l'Assemblée une part active et originale. Favorable aux idées nouvelles, il se signala par son ardeur à combattre les doctrines du clergé et de la noblesse ; demanda, dès le premier jour, que les assemblées fussent quotidiennes, et proposa (5 août) de fixer à un maximum de cinq minutes la durée des discours. Il était, d'ailleurs, partisan de la monarchie ; membre du comité de constitution, il émit formellement un vœu tendant à la conservation de la forme du gouvernement, déclarant que le pouvoir législatif appartiendrait à la nation et le pouvoir exécutif au roi. Il opina aussi pour une manifestation en faveur de la religion, « sans laquelle aucune société ne peut exister ». Il vota le maintien de l'ancienne organisation provinciale, la suppression de toutes les pensions au-dessus de 300 livres, l'admission des mères de famille au serment civique et l'élection des juges par le peuple. En même temps, il appuyait la proposition de placer le buste du roi sur l'autel de la Fédération. Il fut de ceux qui se prononcèrent en faveur de la constitution civile du clergé, et réclama l'envoi dans les départements du décret relatif à cet objet. Bouche appuya la destruction des emblèmes rappelant la servitude, parla sur le traitement des évêques, sur l'abolition des costumes religieux, et sur diverses questions administratives et judiciaires. Il fut élu secrétaire de l'Assemblée constituante, et proposa la réunion du comtat d'Avignon à la France, après avoir attaqué en ces termes, à la séance du 27 août 1790, les prétentions des papes à cette propriété :

« Il est nécessaire, dit-il, d'établir le vice radical du titre translatif de propriété au profit des papes. Une reine jeune, faible et mineure, a disposé d'une partie de ses Etats grevés de substitution, pour fléchir son juge et obtenir une absolution. Il y aurait les plus grands inconvénients à laisser subsister au milieu de la France un petit territoire qui pourrait en intercepter toutes les communications, et qui, dans le système proposé du reculement des barrières, forcerait d'entourer cette province d'une armée de commis, et de gêner le commerce des départements circonvoisins. Le comtat donne une retraite indispensable à tous les fraudeurs, voleurs et banqueroutiers du royaume. C'est encore dans le comtat que réside toujours le foyer de la malveillance ; c'est là qu'a été imprimée la fameuse déclaration du 20 avril, d'où elle s'est répandue dans toutes les provinces du Midi ; c'est du Comtat venaissin que sont sortis, dans tous les temps, les intrigants et les factieux qui ont désolé et tourmenté la France..., etc. »
Le 7 avril 1791, Bouche soutint la motion de Robespierre proposant qu'aucun des membres de l'Assemblée ne pût, pendant quatre ans après la session, être nommé ministre, et demanda que cette exclusion fût étendue aux membres du Tribunal de cassation et de la Haute-Cour, ce qui fut voté.
Le 21 juillet 1791, un placard ayant cité Bouche comme président de la Société des Jacobins (Amis de la Constitution), il écrivit au Moniteur pour protester contre cette qualification : « J'ai l'honneur, dit-il, d'être président de la Société séante aux Feuillants, rue Saint-Honoré, et je ne le suis d'aucune autre. Ceux qui ont écrit ou fait imprimer mon nom au bas de cette prétendue déclaration ou lettre sont des faussaires insolents qu'on doit signaler comme de véritables ennemis de la Constitution. »
Après la session, Bouche fut nommé (10 septembre 1791) membre du Tribunal de cassation pour le département des Bouches-du-Rhône. — Il

s'était fait connaître, avant la Révolution, par de savantes recherches sur son pays natal. On a de lui un très grand nombre d'ouvrages : Essai sur l'histoire de Provence, suivi d'une notice des Provençaux célèbres (1785) ; Droit public de la Provence sur la contribution aux impositions (1788), etc. Un curieux mémoire signé de lui et intitulé : Question soumise à la décision des Etats-Généraux (1789), répond à un factum des députés de la noblesse de Provence : Louis-Henri-Joseph de Bourbon-Condé, duc de Bourbon, prince du sang, les marquis de Janson, de Grimaldi, de Sabran, le comte de Sade, etc., qui avaient voulu contester la légalité de la députation de Bouche et des autres députés par sénéchaussées.

BOUCHE (Pierre-Balthazard), député à l'Assemblée constituante de 1789, né à Forcalquier (Basses-Alpes), le 30 mai 1758, mort à Forcalquier, le 22 décembre 1850, était avocat dans cette ville. Il fut élu, le 15 avril 1789, par la sénéchaussée de Forcalquier, député du tiers aux Etats-Généraux, vota avec la majorité, et devint, après la session, administrateur de son département. Son rôle politique fut peu important. Quand il mourut à Forcalquier, à un âge très avancé, il se tenait, depuis longtemps, à l'écart des affaires publiques.

BOUCHE (François-Charles), député à l'Assemblée législative, dates de naissance et de mort inconnues, fut, comme Pierre-Balthazard Bouche, avocat et administrateur du département. — On ne connait, sur cet obscur député que la date (4 septembre 1791) de son élection comme député des Basses-Alpes à l'Assemblée législative, et le chiffre de voix qu'il obtint : 240 sur 296 votants.

BOUCHÉ (Jean-Hubert), représentant à l'Assemblée nationale de 1871, né à Rostrenven (Côtes-du-Nord), le 4 septembre 1827, était banquier à Pontivy. Elu, le 8 février 1871, représentant du Morbihan, le 7e sur la liste conservatrice, avec 54,839 voix (72,309 votants, 119,710 inscrits), il siégea à droite, vota : le 1er mars 1871, pour la paix ; le 16 mai, pour les prières publiques ; le 10 juin, pour l'abrogation des lois d'exil ; le 30 août, pour le pouvoir constituant de l'Assemblée ; le 3 février 1872, contre le retour de l'Assemblée à Paris ; le 29 novembre, contre le message de Thiers ; puis il donna sa démission dans le courant de l'année 1873, et fut remplacé par M. Du Bodan.

BOUCHER (Louis-Joseph), député à l'Assemblée constituante de 1789, né en 1728, mort en 1797, négociant et banquier à Arras, représenta la province d'Artois aux Etats-Généraux, où il fut envoyé comme député du tiers état, le 27 avril 1789. Le Moniteur ne fait aucune mention de L.-J. Boucher. Il mourut sous le Directoire.

BOUCHER (Louis-Jean-Baptiste), député à l'Assemblée législative de 1791, né en 1760, mort à une date inconnue, était homme de loi à Bonneval. Il devint administrateur du département d'Eure-et-Loir, qu'il représenta obscurément, à l'Assemblée législative, ayant été élu, le 28 août 1791, par 138 voix sur 225 votants. Les tables du Moniteur officiel réimprimé ont confondu ce Boucher, député d'Eure-et-Loir, avec son collègue de la Législative, Leboucher-Dulongchamp (V. ce nom), député de l'Orne, et lui ont attribué à tort des paroles qu'il n'a point prononcées.

Boucher entra plus tard dans la magistrature : il fut juge d'instruction à Châteaudun, et termina sa carrière comme juge au tribunal de cette ville.

BOUCHER (GATIEN, CHEVALIER), député au Corps législatif de 1809 à 1815, et représentant à la Chambre des Cent-Jours, né à Château-roux (Indre), le 8 octobre 1746, mort le 15 janvier 1824, était, sous le premier Empire, inspecteur général des ponts et chaussées. Napoléon l'avait créé chevalier de l'Empire, le 18 juin 1809. Il siégea parmi les défenseurs de la politique de l'empereur, d'abord au Corps législatif, où il fut élu par le Sénat conservateur, le 2 mai 1809, pour représenter le Loiret : puis à la Chambre des Cent-Jours, où le collège de ce département l'envoya, le 11 mai 1815, par 52 voix sur 70 votants et 267 inscrits. Il rentra dans la vie privée sous la Restauration. Le 18 septembre 1815, il avait été mis à la retraite comme inspecteur des ponts et chaussées.

BOUCHER (LOUIS-CLAUDE), député de 1820 à 1827, né à Laigle (Orne), le 9 août 1778, mort à une date inconnue, était un des plus riches négociants de Laigle. Membre du conseil général de l'Orne et du conseil des manufactures, lauréat de l'Exposition de 1819, chevalier de Saint-Louis et de la Légion d'honneur, il fut élu, le 14 novembre 1820, député de l'Orne, au collège de département, avec 225 voix (304 votants, 356 inscrits), et successivement réélu : le 9 mai 1822, par le 4e arrondissement de l'Orne (Mortagne), avec 192 voix sur 319 votants et 395 inscrits, contre 121 à M. Chaslon, ancien administrateur des domaines ; puis, le 25 février 1824, par 215 voix sur 267 votants et 307 inscrits, contre 48 à M. Gaspard Got, ancien député. Royaliste, il soutint le gouvernement, sans se joindre toutefois aux *ultras*. Il prit la parole, avec quelque succès, dans la discussion de la loi des rentes.

BOUCHER (JOSEPH-MARIE), député depuis 1885, né à Sizun (Finistère), le 23 septembre 1829, a été notaire à Landerneau, puis notaire honoraire, et est conseiller général pour le canton de Landerneau depuis 1879. Le 4 octobre 1885, il a été élu député du Finistère, le 8e sur 10 de la liste conservatrice, par 61,303 voix sur 121,966 votants et 167,617 inscrits. Il siège à droite, et vote avec les monarchistes. Dans la dernière session, il s'est prononcé *contre* le rétablissement du scrutin uninominal (12 février 1889), *pour* l'ajournement indéfini de la révision de la Constitution (14 février, chute du ministère Floquet), *contre* les poursuites contre trois députés membre de la Ligue des patriotes (14 mars), *contre* le projet de loi Lisbonne restrictif de la liberté de la presse (2 avril), *contre* les poursuites contre le général Boulanger (4 avril.)

BOUCHER-CADART (ALFRED - CHARLES - FERDINAND-JOSEPH), sénateur de 1882 à 1884, né à Douai (Nord), le 17 mai 1836, eut une carrière moins parlementaire qu'administrative et judiciaire. Juge, en 1869, au tribunal civil de Douai, il resta dans la magistrature, après le 4 septembre 1870, se rallia au gouvernement républicain, et fut conseiller à la Cour d'appel de sa ville natale en 1876. Le 18 décembre 1877, il fut appelé au ministère de l'Intérieur, comme directeur de la sûreté générale

puis il échangea ce poste, le 9 mars 1880, contre le siège de conseiller à la Cour de Paris.

Lors des élections sénatoriales du 8 janvier 1882, M. Boucher-Cadart, qui était déjà conseiller général du Pas-de-Calais, pour le canton de Hesdin, depuis novembre 1877, fut élu sénateur de ce département, comme candidat républicain conservateur, par 526 voix sur 1,013 votants. Il siégea au centre gauche, et vota avec la majorité : *pour* la nouvelle loi sur le serment judiciaire, *pour* l'expulsion des princes, *pour* la suspension de l'inamovibilité de la magistrature.

Ayant été nommé président de chambre à la Cour d'appel de Paris, M. Boucher-Cadart a donné sa démission de sénateur, le 9 février 1884. Chevalier de la Légion d'honneur, du 30 juillet 1878.

BOUCHER-SAINT-SAUVEUR (ANTOINE-SAUVEUR, dit), membre de la Convention et député au Conseil des Anciens, né à Paris, le 26 juin 1723, mort à Bruxelles en 1805, fut capitaine de cavalerie au service de l'Espagne et maître particulier (1753) des eaux et forêts en Touraine : puis il vint s'établir à Paris en 1766. Élu, le 18 septembre 1792, par le département de Paris, membre de la Convention nationale, avec 414 voix sur 704 votants, il se rangea d'abord parmi les Montagnards et, dans le procès de Louis XVI, dit : « Je vote pour la mort. » Mais il se sépara bientôt des plus avancés, et se démit des fonctions de membre du comité de sûreté générale, qui lui avaient été confiées. Il se prononça contre les Jacobins au 9 thermidor et participa à la réaction qui suivit les événements de cette journée. Traité de « coquin » par Bourdon (de l'Oise), il lui répondit dans un écrit intitulé : *Boucher-Sauveur injurié par Bourdon de l'Oise à ses concitoyens*, et qui n'est, d'ailleurs qu'une violente diatribe contre Robespierre et ses amis : « La terreur, dit-il, couvrait tout le territoire de la République ; elle régnait dans le sein même de la Convention. La présence de Robespierre dans l'assemblée produisait le même effet que la tête de Méduse... » Le 23 vendémiaire an IV, comme ancien conventionnel, au Conseil des Anciens, où il ne prit la parole qu'une fois : pour faire annuler l'élection d'un fonctionnaire municipal d'Alan (Meurthe). Il quitta l'assemblée l'année d'après, et fut nommé par le Directoire inspecteur de la loterie nationale. Puis il se retira chez son fils, en Belgique, où il mourut.

BOUCHEREAU (AUGUSTIN-FRANÇOIS), membre de la Convention nationale, né à Troizelet-Châtillon (Cher), le 28 août 1756, mort à Chauny (Aisne), le 23 janvier 1841, était fils de Jacques-Auguste Bouchereau et de Marie-Anne Geoffroy. « La biographie de ce personnage, n'est pas encore constituée, » écrivait dans la revue la *Révolution française* (Tome VIII ; Janvier-juin 1885), M. Étienne Charavay, qui déclarait ignorer la date de la naissance de Bouchereau et celle de sa mort. Le même recueil a pu rétablir ces deux dates dans le numéro suivant. Après avoir été commis archiviste, secrétaire du district et capitaine de la milice nationale de Chauny, Bouchereau fut élu, le 7 septembre 1792, par le département de l'Aisne, 2e membre suppléant de la Convention, avec 329 voix sur 329 votants, et fut admis, le 8 novembre, à prendre séance par suite de l'option de Thomas Payne pour le Pas-de-Calais, et du refus du premier suppléant, Pottofeux. Il prit part au jugement de Louis XVI, vota

« pour la mort avec l'amendement de Mailhe, » puis fut chargé par l'assemblée, en l'an III, d'une mission toute spéciale dans les départements de l'Aisne et de l'Oise : il s'agissait de veiller à la conservation des forêts et d'organiser l'approvisionnement de Paris en bois. Après la session de la Convention, il fut confirmé dans le même poste, pour deux années encore ; c'est ainsi qu'une résolution fut prise, le 5 vendémiaire an V, par le Conseil des Anciens, pour annuler un arrêté du « représentant Bouchereau », relatif à une concession de bois aux agents de l'administration forestière de Noyon. Au 18 brumaire, Bouchereau fut appelé à d'autres fonctions : il reçut le titre de conseiller de préfecture du département de l'Aisne, mais il en était peu satisfait, s'il faut en juger par la lettre suivante qu'il adressait « au premier consul de la République française : »

« Général Consul,

« Augustin-François Bouchereau, propriétaire à Chauny, département de l'Aisne,

... « Appelé à remplir la place de conseiller de préfecture au département de l'Aisne, n'hésita point à lui sacrifier celle d'agent forestier qu'il ne pouvait cumuler.

« Mais, comme il n'était point dans son intention de quitter la partie forestière, il y a sollicité de l'emploi lors de l'organisation dernière ; il a même été porté sur la liste des candidats, et cependant il n'a point été nommé parce qu'on a considéré qu'il était conseiller de préfecture,

... « C'est pourquoi, général consul, il vous supplie de le faire replacer dans cette partie de l'administration publique où il était précédemment employé et où il a acquis, par un long exercice, des connaissances suffisantes pour remplir les fonctions que vous voudrez bien lui confier... »

Bouchereau devint juge de paix à Chauny. Il exerçait encore ces fonctions à l'époque de sa mort, sous Louis-Philippe. Le 25 messidor an IV, suivant contrat passé devant Mennesson, notaire à Neufchâtel, Bouchereau avait acquis de M. Dedis Canquois-Delaplace, secrétaire du commissaire du Directoire exécutif près l'administration centrale du département de l'Aisne, l'immeuble où il est mort et qui servait naguère de presbytère, pour le curé de Notre-Dame (V. la *Révolution française*, loc. cit.

BOUCHERIE DE MIGNON (Jean-Baptiste), représentant à la Chambre des Cent-Jours, né à Duras (Lot-et-Garonne), le 12 août 1762, mort à Duras, le 22 juin 1852, fut maire de sa ville natale, où il exerça aussi les fonctions de juge de paix. Il fit partie de la Chambre des représentants, le 15 mai 1815, pour le département de Lot-et-Garonne, et rentra dans l'obscurité après les Cent-Jours.

BOUCHET (Jacques-Pierre), député à l'Assemblée constituante de 1789, né à Chinon (Indre-et-Loire), dates de naissance et de mort inconnues, fut élu par le bailliage de la Touraine député du tiers aux Etats-Généraux, le 24 mars 1789. Bouchet était avocat, et procureur du roi de la maréchaussée de Chinon.

BOUCHET (Pierre-Albert), député de 1827 à 1829, né à Lyon (Rhône), le 15 juillet 1765, mort à une date inconnue, était propriétaire et maire de Fareins, lorsqu'il fut élu, le 17 novembre 1827, député du 2e arrondissement de l'Ain (Trévoux), par 80 voix sur 134 votants et 169 inscrits, contre M. Leviste de Montbriant,

54 voix. Il se fit peu remarquer à la Chambre, et donna sa démission en 1829.

BOUCHET (Paul-Emile-Brutus), représentant à l'Assemblée nationale en 1872, et député de 1876 à 1885, né à Embrun (Hautes-Alpes), le 28 décembre 1840, fit son droit à Paris, puis s'inscrivit au barreau d'Embrun. Il commença à s'occuper de politique lors des élections municipales de 1869 ; il était conseiller d'arrondissement des Hautes-Alpes à la chute de l'Empire. Le gouvernement du 4 Septembre le nomma substitut du procureur de la République ; mais il quitta ces fonctions en mars 1871, fut compromis dans le mouvement insurrectionnel de Marseille et emprisonné préventivement, pendant trois mois, puis acquitté ; mais l'ordre des avocats lui interdit de rentrer au barreau. C'est alors qu'il fut élu représentant des Bouches-du-Rhône, à l'élection complémentaire du 7 janvier 1872, par 47,513 voix sur 81,766 votants et 149,508 inscrits. Il avait été, le 8 octobre de l'année précédente, élu conseiller général de son département pour un des cantons de Marseille. A l'Assemblée nationale, il siégea à l'union républicaine (extrême gauche), et vota le plus souvent avec ce groupe. Il se prononça *contre* le gouvernement du 24 mai et *contre* la démission de Thiers, *contre* la loi des maires, *pour* la dissolution de l'Assemblée, et, le 25 février 1875, *pour* l'ensemble des lois constitutionnelles. Réélu le 20 février 1876 dans la 3e circonscription de Marseille, par 8,872 voix sur 15,743 votants, 19,011 inscrits, contre MM. Guibert, 2,576 voix, et de Sabran-Pontevès, 3,202, il combattit le ministère du Seize-Mai et fut des 363 ; son mandat fut confirmé le 14 octobre 1877, par 10,818 voix (16,531 votants et 20,750 inscrits), contre 5,578 à M. Marrel. Il siégea alors dans la majorité, parmi ceux des députés radicaux qui suivirent les inspirations de Gambetta ; il vota, cependant, l'amnistie plénière chaque fois qu'elle fut proposée, ainsi que la séparation de l'Eglise et de l'Etat.

M. Bouchet avait abordé quelquefois la tribune. Il fut encore réélu le 21 août 1881, par 10,260 voix contre 1,138 à M. Bocca (11,937 votants, 21,780 inscrits) ; mais cette législature marqua la fin de sa carrière politique. Poursuivi comme un des administrateurs de la Société financière, le *Zodiaque*, pour contravention à la loi sur les sociétés, et condamné, le 10 décembre 1884, à huit mois de prison et dix mille francs d'amende, il en appela de ce jugement, obtint la réduction de sa peine à quatre mois de prison et 3,000 francs d'amende, et quitta la France presque aussitôt.

BOUCHET DE GRANDMAY (Charles-Armand), représentant du peuple à l'Assemblée législative de 1849, né à Aiffres (Deux-Sèvres), le 5 novembre 1793, mort au château de Grandmay (Deux-Sèvres), le 6 octobre 1872, suivit la carrière militaire, fit la campagne de 1812 dans les gardes d'honneur, passa dans les gardes du corps sous la Restauration, et, démissionnaire en 1830, vint faire de l'agriculture dans sa propriété de Grandmay. Porté sur la liste conservatrice des Deux-Sèvres aux élections d'avril 1848 pour la Constituante, il échoua avec toute sa liste, mais, le 13 mai 1849, aux élections pour la Législative, il fut élu représentant des Deux-Sèvres, le 2e sur 7, par 25,997 voix sur 56,851 votants et 93,149 inscrits. Il prit place à la droite, et vota toutes les mesures appuyées par ce groupe, telles que la loi du 31 mai restrictive du suffrage universel, l'expédition romaine, et la loi Falloux-Parieu sur la liberté de l'enseignement.

Il représenta, depuis le 2 août 1852, le canton de Mazières au conseil général des Deux-Sèvres; ce mandat lui fut renouvelé le 13 juin 1858. Hostile au coup d'Etat de 1851, il quitta la vie politique au rétablissement de l'Empire. Sans être jamais candidat depuis cette époque, il obtint encore des voix aux élections législatives : 306 voix, le 26 février 1852, dans la 1re circonscription, contre le candidat officiel, M. Ferdinand David, et 424 voix, le 1er juin 1863, dans la 2e circonscription, contre le candidat officiel, M. Lasnier, élu par 10,772 suffrages.

BOUCHET DE SOURCHES. — *Voy.* TOURZEL (MARQUIS DE).

BOUCHETAL-LAROCHE (PIERRE-CHRISTOPHE-RÉGIS), député au Corps législatif de 1852 à 1870, né à Saint-Bonnet-le-Château (Loire), le 26 novembre 1798, mort à Saint-Bonnet-le-Château, le 9 octobre 1879, était le fils d'un partisan de la cause napoléonienne qui essaya, en 1815, d'organiser. dans son pays, la résistance armée contre les Autrichiens. Membre du conseil de préfecture, puis du conseil général de la Loire, maire, pendant vingt ans, de la commune de Bonnet-le-Château, il se prononça en 1848. contre le socialisme et pour le parti de L.-N. Bonaparte, dont il fut, après le coup d'Etat, le candidat officiel aux élections du 29 février 1852, dans la 1re circonscription de la Loire. Elu député au Corps législatif, par 17,514 voix (19,235 votants, 35,826 inscrits), contre 1,591 à M. Levet, ancien représentant, il vota avec la majorité et fut maintenu au Corps législatif, toujours comme candidat du gouvernement, le 22 juin 1857, par 21,619 voix dans la 3e circonscription, sur 21,818 votants, 32.273 inscrits ; le 1er juin 1863, par 17,853 voix (25,435 votants, 33,354 inscrits), contre 7,553 à M. de Meaux; et le 24 mai 1869, par 16,858 voix sur 27,323 votants, 35,339 inscrits, contre 10.402 à M. de Meaux.

M. Bouchetal-Laroche vota, en juillet 1870, la déclaration de guerre à la Prusse. Depuis le 4 septembre, il ne reparut plus dans le Parlement, bien qu'il ait été candidat dans la 1re circonscription de Montbrison ; il n'y obtint que 4,712 voix, le 20 février 1876, contre 7,939 données à l'élu, M. Chavassieu, et 4,850, le 14 octobre 1877, contre 8,377 données au député sortant.

BOUCHETTE (FRANÇOIS-JOSEPH), député à l'Assemblée constituante de 1789, né à Winnezeele (Nord), en 1736, mort à une date inconnue, avocat à Bergues, appartient à la majorité réformatrice de l'Assemblée constituante. Il avait été élu député du tiers aux Etats-Généraux, par le bailliage de Bailleul, le 10 avril 1789.

BOUCHOT (JOSEPH-AUGUSTIN), député de 1830 à 1831, né à Pont-de-Roide (Doubs), le 3 octobre 1791, mort à l'Isle-sur-le-Doubs (Doubs), le 28 décembre 1858, était maître de forges dans cette dernière localité. Député, le 28 octobre 1830, du département du Doubs, il prêta serment au gouvernement de Louis-Philippe et siégea jusqu'à l'année suivante. Il ne fut pas réélu en 1831.

BOUCHOTTE (PIERRE-PAUL-ALEXANDRE), député aux Etats-Généraux de 1789, né à Bar-sur-Seine (Aube), le 18 juillet 1754, mort dans la même ville, le 23 avril 1821, était, avant la Révolution, procureur du roi à Bar-sur-Aube. Elu par ce bailliage, le 24 mars 1789, député du tiers aux Etats-Généraux, il proposa de substituer au papier monnaie qu'on demandait de créer, pour 30 millions de pièces de 3 à 6 sols frappées avec le métal provenant de la fonte des cloches. Au nom de la liberté des cultes, il refusa de reconnaître la religion catholique comme religion de l'Etat, demanda la destruction des statues représentant des nations enchaînées, placées autour de celle de Louis XIV sur la place des Victoires, et fut un des premiers à réclamer l'établissement du jury ; il prit en main la cause des noirs en 1791 et proposa, le 26 juin, de demander au roi et à la reine un rapport écrit sur leur voyage à Varennes. Ses opinions s'adoucirent avec le temps, car, le 20 mars 1816, il fut nommé juge suppléant au tribunal de 1re instance de Bar-sur-Seine. — On a de lui : *Observations sur l'accord de la raison et de la religion pour le rétablissement du divorce.*

BOUCHOTTE (JEAN-BAPTISTE-NOEL), ministre de la Guerre du 4 avril 1793 au 1er avril 1794, né à Metz, (Moselle), le 25 décembre 1754, mort à Metz en juin 1840, d'une famille considérée à Metz, entra, dès l'âge de seize ans, dans la carrière militaire, mais, n'étant pas noble, ne passa sous-lieutenant qu'au bout de cinq ans, et capitaine dix ans après ; c'est dans ce dernier grade qu'il fit la campagne de 1792 dans les hussards d'Esterazhy. Nommé gouverneur de Cambrai, et colonel (1793), plusieurs fois proposé pour le ministère de la Guerre, il fut appelé à ce poste, à l'unanimité, par la Convention, le 4 avril 1793; le moment était difficile, nos frontières du nord et du nord-est étaient envahies, et la Vendée venait de se soulever. Bouchotte organisa la levée de trois cent mille hommes, pourvut au besoin des armées et créa des magasins militaires. Les résultats ne répondaient malheureusement pas aux efforts du ministre, contrecarré d'ailleurs dans son administration par l'ingérence du comité de salut public ; les dénonciations vinrent de tous côtés ; Ruamps en mission à l'armée du Rhin, adressa à Billaud-Varennes, de Wissembourg, le 21 juin 1793, un véritable réquisitoire contre Bouchotte, prétendant que « Bouchotte a fait autant de mal à la République qu'un ministre envoïé de Coblentz. » Bouchotte se défendit sans colère, et continua d'activer énergiquement l'organisation militaire ; à la fin de 1793, le mouvement qu'il avait imprimé nous valait sept cent mille hommes sur pied de guerre, formant onze armées, et pourvus d'un matériel considérable. Les exigences de la politique du moment lui imposaient, au milieu de ces graves soucis, de puériles mesures: lorsque l'armée des Pyrénées (mai 1793) ne demandait que des renforts, Bouchotte ordonnait que « les fleurs de lys disparussent sur les boutons d'uniformes, dussent les soldats n'avoir pas du tout de boutons.» Les suspicions incessantes, les insinuations lancées par Phelippeaux dans son célèbre rapport sur sa mission en Vendée, les dénonciations de Fabre d'Eglantine lassèrent vite son courage et lui firent donner sa démission (25 mai 1793). La Convention l'accepta pour la forme, mais, afin de faire revenir Bouchotte sur sa détermination, le laissa en exercice sans lui donner de successeur. Il renouvela sa démission le 11 juin; le portefeuille, offert à Beauharnais, ayant été refusé, par ce dernier Bouchotte dut rester en fonctions, sans cesser d'insister pour son remplacement ; le comité de salut public déclarait en même temps que ce ministre était « d'une exacte probité et extrêmement laborieux. » Attaqué en décembre 1793 par Camille Desmoulins dans son journal, accusé d'avoir payé à Hébert 200,000 francs pour des numéros du *Père Duchesne*, dénoncé à la Convention par Bourdon (de l'Oise) à propos d'un retard dans le remboursement de sommes pour lesquelles on gardait à Mayence mille Français prisonniers, il prouva que les fonds, envoyés par lui, étaient retenus à la frontière par les représentants en mission à l'armée du Rhin. Le 19 mars 1794, Bourdon prétendit que le ministre avait répandu dans la banlieue de Paris des prisonniers autrichiens déguisés en patriotes, chargés de crier : « Vive le roi ! » Merlin de Thionville appuya l'accusation, dont la Convention, d'ailleurs, ne tint pas compte ; mais, le 29 mars, elle supprima les ministères, et les remplaça par des commissions exécutives, qui mettaient le pouvoir dans les mains des comités ; Bouchotte céda la direction de la « commission des armées » au général Pille, sans pourtant conjurer par sa retraite les haines politiques. Arrêté peu de jours après le 9 thermidor, il fut accusé d'avoir fait périr nombre de patriotes, de conspirer avec la commune de Paris, et d'être débiteur envers la nation de « plusieurs centaines de millions. » Les comités n'ayant pas suivi ces dénonciations, l'émartin dénonça Bouchotte (29 mars 1795) comme un des complices du 31 mai 1793 ; mais, malgré l'insistance de Bourdou, le comité ne fit point de rapport. Ce ne fut qu'au bout d'un an d'emprisonnement que Bouchotte, sur de nouvelles dénonciations, fut traduit devant le tribunal révolutionnaire d'Eure-et-Loir ; la procédure dura quatre mois, « nulle pièce, écrivait l'accusateur public à la Convention, ne m'étant parvenue, sur laquelle je puisse baser un acte d'accusation. » Bouchotte fut mis en liberté, et rentra dans la vie privée. Désireux de reprendre du service, il adhéra, en frimaire an VIII, à la nouvelle Constitution consulaire. Sa pauvreté, et par suite sa probité, sont attestées par une lettre curieuse qu'il écrivait, de Paris, au ministre de la guerre, le 9 ventôse an IX. Après lui avoir rappelé que c'est lui, Bouchotte, qui avait nommé Bonaparte général de brigade, il demandait pour lui-même le grade de général de brigade ou une pension comme ancien ministre, observant « qu'il est des choses de décence, qu'un ancien ministre ne doit pas être exposé à loger au mois, à courir pour avoir à dîner, et à chercher des distractions au café. » Sa demande ne fut pas accueillie, et il vécut jusqu'en 1840, d'une très mince pension de réforme. Bouchotte était l'oncle de Mme Amable Tastu.

BOUCHOTTE (Jean-Baptiste-Charles), député de 1830 à 1831, né à Metz (Moselle), le 4 janvier 1770, mort à Metz, le 23 janvier 1852, se destina de bonne heure à la carrière militaire, et entra en 1792, comme élève sous-lieutenant, à l'école de Châlons-sur-Marne. Après avoir occupé divers emplois, soit à l'armée, soit dans des établissements militaires, il obtint sa retraite en 1815 ; il avait alors le grade de lieutenant-colonel ; il s'adonna à l'agriculture, et devint membre du conseil municipal et du conseil général de la Moselle. Depuis le

25 prairial an XII, il était membre de la Légion d'honneur.

Élu, le 3 juillet 1830, député de la Moselle au collège de département, il fit partie de l'opposition, et fut d'ailleurs peu remarqué à la Chambre. — Ses travaux techniques sur la sylviculture, sur la vigne, etc., sont justement estimés. On doit aussi à Bouchotte l'invention d'un outil appelé *coupe-sève*, qui a l'avantage de hâter la maturité des fruits.

BOUDART (François-Simon), député à l'Assemblée constituante de 1789, né à Machecourt (Somme), le 28 octobre 1729, mort à une date inconnue, était curé de la Couture (Pas-de-Calais.) Son rôle fut très effacé à l'Assemblée constituante où l'avait envoyé, le 29 avril 1789, comme député du clergé, la province d'Artois.

BOUDET (Étienne, baron), député au Corps législatif de 1809 à 1815, et représentant à la Chambre des Cent-Jours, né à Caussade (Tarn-et-Garonne), le 19 octobre 1761, mort à une date inconnue, suivit la carrière des armes, entra à quinze ans au régiment royal des vaisseaux, devint, le 1er mars 1792, chef de bataillon dans la 85e demi-brigade, (plus tard 34e de ligne), et prit part aux guerres de la Révolution). Retraité le 1er vendémiaire an VIII, il fut nommé, le 1er germinal de la même année, maire de Laval, et conseiller général de la Mayenne en l'an XIII. Un décret impérial du 18 mars 1808 le maintint dans ses fonctions de maire. Un autre, du 5 août 1809, le fit chevalier de l'Empire.

Il fut, le 1er mai de la même année, choisi par le Sénat conservateur comme député de la Mayenne au Corps législatif, où il vota fidèlement selon les vœux du gouvernement impérial. Il reparut à la Chambre des Cent-Jours, comme l'élu de la Mayenne avec 52 voix obtenues au collège de département, sur 96 votants et 242 inscrits.

BOUDET (Pierre-Paul), député de 1831 à 1834, fils du précédent, né à Caussade (Tarn-et-Garonne), le 30 septembre 1799, mort à Caussade le 4 octobre 1844, était avocat dans sa ville natale. Il fut élu, le 5 juillet 1831, député du 2e collège de Tarn-et-Garonne (Caussade), avec 173 voix sur 334 votants et 510 inscrits, contre M. Rigail de Ladouis, 139 voix ; il siégea à gauche, vota jusqu'à la fin de la législature contre le ministère, fut de ceux qui repoussèrent (1831) l'ordre du jour Ganneron au sujet de la la politique extérieure, protesta contre les ordonnances de novembre 1831 relatives à la nomination des nouveaux pairs de France, et contre la dénomination inconstitutionnelle de « roi de France » et de « sujets », signa le *compte-rendu* des députés de l'opposition (28 mai 1832), et se récusa dans l'affaire de la *Tribune*.

BOUDET (Paul), député de 1834 à 1848, ministre et sénateur du second empire, né à Laval (Mayenne), le 13 novembre 1800, mort à Paris, le 17 novembre 1877, se fit inscrire au barreau de Paris en 1821, et manifesta dès cette époque ses sentiments libéraux, avec l'ardeur d'un caractère alors emporté. Après avoir été stagiaire dans le cabinet de Dupin aîné, et s'être affilié aux *Carbonari*, il se rallia avec enthousiasme à la monarchie de Juillet, et fut élu, le 4 février 1834, député du 1er collège électoral de la Mayenne (Laval), par 97 voix sur 153 votants et 311 ins-

crits, contre M. Sourdille de Lavalette (56 voix);
il remplaçait M. Delannay, démissionnaire. Il
échoua aux élections du 21 juin suivant, avec
54 voix contre M. Bidault, ancien député, élu
par 114 suffrages, mais fut élu, le 2 septembre
de la même année, dans le 2e collège électoral
de la Mayenne, par 52 voix sur 87 votants et
235 inscrits, contre M. Davivier (35 voix), en
remplacement de M. Ollivier, démissionnaire.
Réélu le 4 novembre 1837 par 110 voix sur
155 votants et 283 inscrits, et, le 2 mars 1839, il
fut, le 12 mai suivant, nommé par le ministre
de la justice, M. Teste, secrétaire général au
ministère de la Justice. et conseiller d'Etat:
soumis de ce chef à une réélection, son mandat
lui fut confirmé le 29 juin suivant. Il conserva
ces fonctions sous le ministère de Thiers, qu'il
suivit dans sa chute, rentra dans l'opposition,
fut renvoyé à la Chambre le 9 juillet 1842 par
145 voix sur 167 votants et 327 inscrits, contre
M. Bernard-Dutreil (14 voix), vota contre l'indemnité Pritchard (1843), et fut maintenu à la
Chambre aux élections du 1er août 1846, par 189
voix sur 193 votants et 335 inscrits. Il parut alors
se rapprocher de la droite, « restant, dit un biographe, avec l'opposition, mais modérément, de
manière à contenter ses électeurs et à garder
sa place », lorsque la révolution de 1848 supprima le Conseil d'Etat. M. Boudet se présenta
dans la Mayenne aux élections du 23 avril 1848
à l'Assemblée constituante, et fut élu, le 8e sur
9, par 39,966 voix, sur 93,437 votants et
105,259 inscrits. Il vota généralement avec la
droite, pour le rétablissement du cautionnement des journaux, contre le droit au travail,
contre l'institution des deux chambres, contre
l'amendement Grévy, pour le remplacement
militaire, pour la proposition Rateau, contre
la diminution de l'impôt du sel, pour la suppression des clubs. Désigné par cette Assemblée pour faire partie du nouveau Conseil
d'Etat, il y fut maintenu après le coup d'Etat
du 2 décembre 1851; il s'était rallié, depuis
l'élection du 10 décembre, à la politique du
prince Louis-Napoléon. Il avait soutenu, le
26 juin 1852, devant la Chambre, comme conseiller d'Etat, le projet de loi relatif aux inter-
dictions de séjour dans le département de la
Seine et à Lyon, et était président de la section du contentieux, quand l'empereur, mécontent du résultat des élections qui venaient
d'avoir lieu, le nomma (23 juin 1863), ministre
de l'Intérieur à la place de M. de Persigny. Son
administration fut sans éclat, et peu libérale
vis-à-vis de la presse. Remplacé à son tour, le
28 mars 1865, par M. de Lavalette, il fut promu
sénateur par décret du même jour, nommé le
31 du même mois, secrétaire de la haute assemblée, et vice-président (17 novembre 1865). Retraité comme ministre le 7 avril 1866, chevalier de la Légion d'honneur du 5 mai 1840, officier, de la promotion du 13 août 1855, grand-
officier, de la promotion du 14 août 1862, et
grand-croix du 6 novembre 1864, il rentra dans
la vie privée à la chute de l'Empire (septembre 1870).

BOUDET (LOUIS-AUGUSTE, COMTE), député au
Corps législatif de 1864 à 1870, né à Paris, le
28 août 1803, mort le 25 mars 1886, propriétaire,
fut élu le 24 juillet 1864, député au Corps législatif par la 2e circonscription de la Dordogne
avec 21,479 voix sur 24,737 votants et
33,779 inscrits, contre 3,109 à M. Delbetz,
ancien représentant; et réélu le 24 mai 1869
par 20,012 voix (28,305 votants et 34,130 inscrits, contre 6,007 à M. Delbetz, et 2,196 à

M. Nathan. Il siégea jusqu'au 4 septembre 1870
dans la majorité impérialiste, et s'associa à tous
ses votes. — Le 20 février 1876, candidat bonapartiste dans la 1re circonscription de Bergerac,
il échoua avec 6,286 voix contre 7,611 données
à l'élu républicain, M. Garrigat.

BOUDEVILLE (CHARLES-ALEXANDRE), député
de 1877 à 1885, né à Méru (Oise), le 23 septembre 1824, s'établit pharmacien dans cette
commune, dont il devint adjoint (1867), puis
maire (1870). Candidat, pour la première fois,
aux élections législatives du 20 février 1876, il
obtint, sur une profession de foi républicaine,
7,181 voix contre M. de Mouchy, candidat bonapartiste, élu par 8,224 suffrages. M. Boudeville fut plus heureux après la dissolution de
la Chambre : il battit, le 14 octobre 1877, le
député sortant, par 8,436 voix contre 8,384. Il
prit place aux bancs de l'Union républicaine,
vota pour les invalidations prononcées par la
majorité de la Chambre, pour l'ordre du jour
de confiance (20 janvier 1879) accordé au ministère Dufaure, pour l'élection (30 janvier) de
M. J. Grévy à la présidence de la République,
pour l'application (16 mars 1880) des lois existantes aux congrégations, pour le divorce
(8 février 1881). Réélu le 21 août 1881, par
8,707 voix contre 7,330 accordées au comte de
Salis (16,377 votants, 19,579 inscrits), il soutint
la politique opportuniste, le ministère Gambetta,
et l'expédition du Tonkin, vota contre l'abrogation du Concordat et contre l'élection des
sénateurs par le suffrage universel. — M. Boudeville, qui représente le canton de Méru au
Conseil général de l'Oise, n'a pas été réélu, le
4 octobre 1885. Porté sur la liste républicaine,
il a réuni 38,373 suffrages contre 59,802 accordées au dernier élu de la liste conservatrice,
M. Duchesne.

BOUDIN (JACQUES-ANTOINE), membre de la
Convention et député au Conseil des Cinq-Cents,
dates de naissance et de mort inconnues, était
président du district de Châteauroux, quand il
fut élu, le 6 septembre 1792, député à la Convention par le département de l'Indre, avec
155 voix sur 325 votants. Dans le procès de
Louis XVI, il répondit, au 3e appel nominal :
« Les électeurs de mon département se préparaient à renouveler leurs jurés à la Haute-
Cour nationale avant la clôture de leurs opérations... Je n'ai donc aucune mission de juge...
Mais comme le renvoi aux tribunaux pourrait
ne pas prévaloir dans la Convention nationale,
et que j'ai beaucoup plus de confiance dans les
lumières politiques de Thomas Payne que dans
les miennes, je demande avec lui que Louis
Capet soit tenu en prison jusqu'à la fin de la
guerre, et qu'à cette époque, il soit banni du
territoire de la République. »
Il ne se signala guère avant la mise en accusation de Carrier, mesure qu'il appuya à la tribune, fut nommé, (5 décembre 1794), membre du
comité de salut public, fit suspendre les décrets
de mise hors la loi, demanda une amnistie
pour les faits politiques, moins l'émigration, et
attaqua sans merci les Montagnards. Nommé
membre du comité de sûreté générale, le
3 juin 1795, et secrétaire de la Convention, le
4 frimaire an III, il fit décréter que les assemblées électorales seraient chargées d'opérer la
réduction du tiers de la Convention; mais le
décret fut rapporté quelques jours après, parce
qu'il favorisait les royalistes devenus influents
dans ces assemblées.
Elu, le 21 vendémiaire an IV, député de

l'Indre au Conseil des Cinq-Cents, par 88 voix sur 168 votants. Boudin attaqua à la tribune les parents d'émigrés, et réclama la déportation des fonctionnaires déserteurs, et de nouvelles rigueurs contre les prêtres insermentés. Son dernier acte politique fut la proposition d'une amnistie très large, qui fut repoussée. Sorti du Conseil en 1797, il ne fut plus mêlé à la politique.

BOUDIN. — *Voy.* TROMELIN (COMTE DE).

BOUDINHON (DOMINIQUE-FRANÇOIS), député au Conseil des Anciens, né en 1736, mort au Puy (Haute-Loire), le 7 mars 1810, fut accusateur public près le tribunal criminel de la Haute-Loire, après avoir exercé la profession d'avocat. Élu, le 23 germinal an VIII, député au Conseil des Anciens, pour le département de la Haute-Loire, il compta parmi les partisans du coup d'État de brumaire, et devint (28 floréal an VIII) juge au tribunal criminel du Puy. Il occupait encore ce poste quand il mourut.

BOUDOUSQUIÉ (PIERRE-ALAIN), député de 1834 à 1848, né à Cahors (Lot), le 9 mai 1791, mort à Cahors, le 4 septembre 1867, entra, le 11 mai 1810, au 18e régiment de ligne en qualité de sous-lieutenant. Il fut promu au grade de lieutenant le 5 mai 1812, et fit la campagne de Russie; blessé à l'affaire de Volontina, en avant de Smolensk, et à la bataille de la Moskowa, prisonnier à l'affaire de Krasnoï (18 novembre), il rentra en France en 1815, fut compris par Louis XVIII, à la veille de son départ pour Gand, dans les promotions militaires de la Légion d'honneur, promotion qui fut confirmée pour lui par un décret impérial du 29 mai suivant.

Retraité pour cause de blessures, le 25 mars 1816, Boudousquié embrassa une nouvelle carrière et il fut reçu avocat à la Cour d'appel de Paris, en 1818. Il exerça cette profession jusqu'à la révolution de 1830, à laquelle il prit une part active, qui lui valut la croix de Juillet (11 novembre 1831). Procureur du roi à Cahors, en septembre 1830, il donna sa démission au mois de décembre 1832, et fut nommé député par le 1er arrondissement du département du Lot, le 21 juin 1834, avec 127 voix (211 votants, 250 inscrits), contre 75 au député sortant, M. Conté. Au mois de novembre de l'année suivante (1835), il fut élu conseiller municipal de Cahors. A la Chambre, il prit place dans l'opposition dynastique, avec laquelle il vota le plus souvent, fut réélu : le 4 novembre 1837, par 176 voix sur 232 votants et 288 inscrits; le 2 mars 1839, puis le 9 juillet 1842, par 144 voix sur 241 votants et 288 inscrits contre MM. Berton, 34 voix, et Benech, 40; enfin le 1er août 1846, par 188 voix sur 315 votants et 346 inscrits, contre 127 à M. Martineau-Deschenez.

Boudousquié intervint dans un certain nombre de discussions. En 1837, il fut l'auteur d'un projet de loi, adopté, qui attribua le traitement aux sous-officiers et soldats amputés, nommés membres de la Légion d'honneur depuis leur admission à la retraite. Il siégea jusqu'à la révolution de Février. Son nom ne figure pas parmi les signataires de la demande de mise en accusation du ministère Guizot.

On a de Boudousquié un *Traité d'assurance contre l'incendie* (1820).

BOUESTARD DE LA TOUCHE (JEAN-JACQUES), député à l'Assemblée législative de 1791, né à Angers (Maine-et-Loire), le 17 décembre 1730, mort à Morlaix (Finistère), le 11 septembre 1810, reçu docteur-médecin à Caen en 1767, alla s'établir à Morlaix, où il créa un cours d'accouchement dont il fit traduire en bas breton et imprimer les prescriptions essentielles pour les sages-femmes de la campagne. Mis à la tête des commissaires chargés de réprimer une émeute à Lannion en 1789, nommé un des huit commissaires liquidateurs des affaires de Bretagne en 1790, il devint secrétaire du bureau des élections à Quimper (juin 1790) et administrateur du département. Élu, le 8 septembre 1791, député du Finistère à l'Assemblée législative, par 262 voix sur 415 votants, il fit décréter la publicité des séances des conseils administratifs et imposer silence aux tribunes dans le débat sur le comité autrichien. Comme officier municipal de Morlaix en 1793, il prononça successivement aux fêtes de la Raison et de l'Être-Suprême des discours officiels. Médecin de l'hôpital, il exerçait encore ces fonctions en 1802. A sa mort, il était maire de Saint-Martin des Champs. La première notice qui ait été publiée sur ce législateur date du mois de janvier 1889, et est due à M. Kerviler, à qui nous avons emprunté les principaux éléments de cette biographie.

BOUET (BERNARD-FLORIAN), député de 1837 à 1846, né à Saint-Vincent (Lot-et-Garonne), le 17 décembre 1798, mort à Agen (Lot-et-Garonne), le 9 mars 1880, entra dans la magistrature, et était avocat général à la Cour d'Agen, quand il fut élu, le 19 août 1837, député du 2e collège de Lot-et-Garonne (Agen), en remplacement de M. Merle-Massonneau, démissionnaire. Il siégea dans la majorité conservatrice et vota avec elle. Réélu, le 4 novembre 1837, par 206 voix sur 370 votants et 489 inscrits, puis le 2 mars 1839, il obtint encore le renouvellement de son mandat, à l'occasion de sa nomination comme président de chambre, le 23 avril 1842, puis aux élections générales du 9 juillet de la même année. M. Bouget donna sa démission de député en 1844, et rentra dans la vie privée.

BOUET-WILLAUMEZ (LOUIS-EDOUARD, COMTE), sénateur du second Empire, né à Brest (Finistère), le 24 avril 1808, mort à Maisons-Laffitte (Seine), le 9 septembre 1871, se destina à la marine. Élève de l'École navale en 1823, il était lieutenant de vaisseau en 1835, et après avoir pris part au bombardement de Mogador, il reçut la mission de relever le plan des côtes d'Afrique depuis le Sénégal jusqu'à l'Equateur. Capitaine de vaisseau en 1841, gouverneur du Sénégal (1844-1847), il fut élevé au grade de contre-amiral en 1854, et prit part aux opérations maritimes de l'expédition de Crimée. Depuis lors, Bouët-Willaumez passa préfet maritime à Cherbourg et à Toulon, et fut promu vice-amiral (1860). Le 5 août 1865, il entra au Sénat du second Empire, où il vota avec la majorité. Il commanda en chef la flotte de la Baltique le 19 juillet 1870, et mourut l'année suivante.

BOUEX. — *Voy.* VILLEMORT (MARQUIS DE).

BOUFFEY (LOUIS-DOMINIQUE-AMABLE), député au Corps législatif en 1808, né à Villers-Bocage (Calvados), le 31 août 1748, mort à Argentan (Orne), le 22 juin 1820, était, avant la Révolution, attaché comme médecin au comte de Provence, depuis Louis XVIII. Pendant l'émigration, il s'établit médecin à Argentan, fut administrateur, puis procureur-syndic du district, et sous-préfet d'Argentan en 1808. Le 3 octobre 1808, le Sénat conservateur le choisit pour représenter le département de l'Orne au Corps législatif; il y prit la parole pour combattre un projet de loi sur l'importation des fers étrangers (session de 1814). — On lui doit quelques travaux intéressants : *Essai sur les fièvres intermittentes* (1798); *Recherches sur l'influence de l'air dans le développement, le caractère et le traitement des maladies* (1799).

BOUFFLERS (STANISLAS-JEAN, MARQUIS DE, dit LE CHEVALIER DE), député aux Etats-Généraux de 1789, né à Lunéville (Meurthe), le 31 mai 1738, mort à Paris, le 18 janvier 1815, était le fils cadet de la célèbre marquise de Boufflers, dont Voltaire a célébré l'esprit et la grâce, et qui fit les délices de la cour de Stanislas, roi de Pologne retiré à Nancy. Il fut élevé par l'abbé Poriquet, et destiné à l'état ecclésiastique. Il publia, à peine entré à Saint-Sulpice, le conte galant d'*Aline, reine de Golconde*, refusa de se faire prêtre, mais, en qualité de chevalier de Malte, fut pourvu d'un bénéfice de l'ordre du Temple, et, avide de plaisirs, embrassa le métier des armes; il débuta comme capitaine de hussards, prit part à la guerre de Sept-Ans, et se battit courageusement à Amembourg. Envoyé, comme gouverneur à Saint-Louis, au Sénégal, à la suite d'une chanson sur la reine Marie-Antoinette, il n'y resta pas longtemps, et, de retour en France, s'adonna à la poésie facile et légère; l'amitié de Voltaire le mit en réputation. Elu, le 6 avril 1789, député de la noblesse aux Etats-Généraux par le bailliage de Nancy, il prit au sérieux son nouveau rôle politique, fonda, avec MM. de La Rochefoucault, Malouet et de Virieu, le club des Impartiaux (1791), fit décréter la propriété des brevets des inventions et des découvertes, et demanda des encouragements pour les arts et les sciences.

Il émigra à Berlin après la journée du 10 août 1792, fut nommé membre de l'Académie de cette ville, et y épousa Mme de Sabran; le roi Frédéric-Guillaume lui donna de vastes domaines en Pologne dans le but d'y établir une colonie d'émigrés, projet qui n'aboutit pas. Rayé de la liste des émigrés en 1800, Boufflers rentra en France, reprit ses occupations littéraires, et se lia avec Lucien Bonaparte; mais l'exil avait éteint ou alourdi sa verve, et ses œuvres d'alors sont empreintes de la prétentieuse métaphysique d'outre-Rhin. Le 4 nivôse an X, il réclamait au premier consul la restitution des sommes « qui lui étaient dues et qui avaient été versées dans les coffres de la République. » Ses relations avec la famille du premier consul, et les compliments flatteurs que les événements lui inspiraient ne purent lui faire obtenir la préfecture qu'il demandait, mais lui valurent le grade de maréchal de camp honoraire et la croix de la Légion d'honneur (26 frimaire an XII). Il fut admis à l'Institut en 1804, publia, dans des recueils périodiques, des contes aimables et enjoués, et resta, jusqu'à sa mort, étranger à la politique. Ses *Œuvres complètes*, en huit volumes, ont paru l'année même de sa mort. Sur sa tombe, placée auprès de celle de Delille, on a gravé ce vers de lui :

Mes amis, je crois que je dors.

BOUGAINVILLE (LOUIS-ANTOINE, COMTE DE), membre du Sénat conservateur, né à Paris, le 11 novembre 1729, mort à Paris, le 31 août 1811, fils d'un notaire de Paris, se fit d'abord recevoir avocat au Parlement, pour se conformer aux désirs de sa famille. Mais sa vocation pour l'état militaire, vocation qui s'était déjà manifestée par ses succès dans l'étude des sciences mathématiques, l'emporta bientôt; il entra dans les mousquetaires noirs, et passa, en 1753, en qualité d'aide-major, dans le bataillon provincial de Picardie. En 1754, il était aide de camp de Chevert, et fut, la même année, envoyé à Londres avec le titre de secrétaire d'ambassade. Deux ans après, il partit pour le Canada, comme aide de camp du marquis de Montcalm, chargé de la défense de cette colonie. Nommé, l'hiver suivant, commandant d'un détachement d'élite, il alla, à la suite d'une marche forcée de près de soixante lieues, brûler au fond du lac du Saint-Sacrement, une flottille anglaise, au pied même du fort qui la protégeait. Le 6 juin 1758, un corps de cinq mille Français se trouvait en vue d'une armée anglaise de vingt-quatre mille hommes; Bougainville émit et fit adopter l'avis d'attendre l'ennemi de pied ferme. En moins de vingt-quatre heures, un camp retranché fut construit, et l'ennemi repoussé fut obligé de se retirer, après avoir perdu six mille hommes; Bougainville avait été blessé à la tête, à la fin de l'action. Le gouverneur, ne croyant pas pouvoir défendre plus longtemps la colonie, envoya Bougainville demander des renforts à Paris. Bougainville retourna en Amérique, en 1759, avec le grade de colonel, mais sans avoir obtenu les secours qu'il demandait; le 10 septembre de la même année, la mort de Montcalm décida du sort de la colonie. Bougainville revint alors en Europe, et fut employé, en 1761, à l'armée d'Allemagne, en qualité d'aide de camp du général Choiseul-Stainville. Il s'y distingua si honorablement, que, pour le récompenser d'une manière particulière, le roi lui fit présent de deux canons de 4. La signature de la paix le rendit à la vie civile; mais son infatigable activité eut bientôt besoin d'un nouvel aliment. Ses voyages en Amérique l'avaient mis en relation avec des armateurs de Saint-Malo; il les engagea à fonder un établissement aux îles Malouines. Ses conseils furent suivis; les armateurs firent les frais de l'expédition; il fit ceux de l'établissement, dont le roi lui donna le commandement, avec le grade de capitaine de vaisseau. Bougainville partit de Saint-Malo avec sa flottille, en 1763, mais à peine était-il de retour, au bout de trois ans, que les Espagnols réclamèrent la propriété des îles Malouines. Le gouvernement français crut devoir céder à cette réclamation, et Bougainville fut chargé de remettre son établissement aux fonctionnaires espagnols, à la charge d'être remboursé des frais qu'il avait faits. Il partit, en 1766, avec la frégate la *Boudeuse* et la flûte l'*Etoile*. C'est en revenant de cette expédition qu'il fit le beau voyage de découvertes qui a immortalisé son nom. De retour en France, en 1769, il publia la relation de son *Voyage autour du monde*. Ce livre eut un succès immense; Bougainville s'était d'ailleurs déjà fait connaître comme savant et comme écrivain, par son *Traité du calcul intégral, pour servir de suite à l'analyse des infiniment petits, du marquis de l'Hospital*, Paris (1752). Il fut promu, en 1779, au grade de chef d'escadre, et, l'année suivante, à celui de maréchal de camp des armées de terre. En 1781, commandant d'une division de la flotte du comte de Grasse, il soutint un brillant combat, à la Martinique, contre l'amiral anglais Hood. Il prépara ensuite une expédition au pôle Nord, qui échoua par le mauvais vouloir du ministre Brienne, et fut chargé, en 1790, du commandement de l'armée navale de Brest, et du soin d'y rétablir la discipline ; il jugea bientôt cette partie de sa mission au-dessus de ses forces, et il donna sa démission : il avait dignement servi son pays pendant près de quarante ans. Les dernières années de sa vie furent consacrées aux sciences qu'il avait toujours aimées. Membre de la Légion d'honneur le 9 vendémiaire an XII, et grand officier de cet ordre le 25 prairial de la même année, comte de l'Empire le 26 avril 1808, membre de la section de géographie de l'Institut depuis 1796, ainsi que du bureau des Longitudes, le vice-amiral Bougainville avait été appelé au Sénat conservateur lors de la création de ce corps, le 4 nivôse an VIII. Il mourut dans sa quatre-vingt neuvième année. On a encore de lui un *Essai historique sur les navigations anciennes et modernes*, et une *Notice historique sur les sauvages de l'Amérique du Nord.*

BOUGET (Jacques-Jean), député au Corps législatif de l'an XII à 1810, né à Odenkirchen (Prusse), le 1er novembre 1762, mort à Paris, le 18 novembre 1810, fut membre de la régence du pays de Cologne, puis administrateur du département de la Roër, qui avait pour chef-lieu Aix-la-Chapelle, et qui fut formé, après le traité de Lunéville, d'une partie de l'électorat de Cologne, du duché de Clèves et de la Gueldre méridionale, du duché de Juliers, et du comté de Mœurs. Nommé sous-préfet de Crevelt, il fut élu, le 2 fructidor an XII, député au Corps législatif pour le département de la Roër, par le Sénat conservateur, qui renouvela son mandat le 10 août 1810 ; il mourut trois mois après cette dernière élection.

BOUGUERET (Jean-Baptiste-Edouard), représentant du peuple à l'Assemblée constituante de 1848, né à Gurgy-la-Ville (Côte-d'Or), le 29 mars 1809, mort à Paris, le 4 avril 1888, fut, sous le règne de Louis-Philippe, un des chefs les plus influents du parti démocratique dans son département, où il occupait une situation considérable par sa fortune et par sa situation de maître de forges à Voulaine et de directeur de la Société des maîtres de forges de Châtillon-sur-Seine. Elu, le 23 avril 1848, représentant du peuple à l'Assemblée constituante, par le département de la Côte-d'Or, le 7e sur 10, avec 46,480 voix, il siégea à gauche et vota avec les républicains modérés : 9 août 1848, *pour* le rétablissement du cautionnement ; 26 août, *contre* les poursuites intentées à Louis Blanc et à Caussidière ; 1er septembre, *pour* le rétablissement de la contrainte par corps ; 18 septembre, *pour* l'abolition de la peine de mort ; 7 octobre, *pour* l'amendement Grévy ; 2 novembre, *contre* le droit au travail ; 25 novembre, *pour* l'ordre du jour : « Le général Cavaignac a bien mérité de la patrie » ; 27 décembre, *pour* la suppression de l'impôt du sel ; 12 janvier 1849, *pour* la proposition Rateau ; 16 avril, *pour* l'expédition de Rome. M. Bougueret ne se rallia pas à la politique de l'Elysée. Non réélu à la Législative, il devint plus tard conseiller général de son département.

BOUGUES (Victor), député de 1881 à 1885, né à Saint-Gaudens (Haute-Garonne), le 7 mars 1848, étudia le droit, puis s'établit manufacturier dans son pays. Il n'avait jamais joué aucun rôle politique quand il fut, le 21 août 1881, élu député de l'arrondissement de Saint-Gaudens (1re circonscription), par 9,969 voix (15,322 votants, 20,357 inscrits), contre 5,077 à M. Lenglé, député sortant, bonapartiste. M. V. Bougues siégea à l'union républicaine et vota avec les opportunistes : *pour* les ministères Gambetta et Ferry, *contre* la séparation de l'Eglise et de l'Etat, *pour* les crédits de l'expédition du Tonkin, et *contre* la nomination des sénateurs par le suffrage universel. Il n'a pas fait partie d'autres législatures.

BOUHIER DE L'ÉCLUSE (Robert-Constant), représentant du peuple aux Assemblées constituante et législative de 1848 et 1849, député au Corps législatif de 1852, né aux Sables-d'Olonne (Vendée), le 18 octobre 1799, mort à Paris, le 24 janvier 1870, était avocat à Paris. « Tête et cœur de Vendéen, dit un biographe, M. Bouhier de l'Ecluse est un de ces braves enfants du Bocage dont la conscience n'a jamais varié, et qui conservent le culte de leur Dieu et de leur Roi à travers toutes les vicissitudes des révolutions. » Substitut du procureur du roi sous la Restauration, il refusa de prêter serment au gouvernement de Juillet et résigna ses fonctions. Il se signala par son ardeur à combattre le régime de 1830 ; puis, le 23 avril 1848, comme légitimiste, représentant de la Vendée à l'Assemblée constituante, le 6e sur 9, avec 44,572 voix (86,221 votants, 104,486 inscrits). M. Bouhier de l'Ecluse siégea à droite, parmi les partisans de la monarchie pure, ce qui ne l'empêcha pas d'opiner parfois avec la gauche. Il vota : 26 mai 1848, *contre* le bannissement de la famille d'Orléans ; 9 août, *pour* le rétablissement du cautionnement ; 26 août, *pour* les poursuites intentées à Louis Blanc et *contre* les poursuites intentées à Caussidière ; 2 septembre, *contre* le maintien de l'état de siège ; 18 septembre, *pour* l'abolition de la peine de mort ; 4 octobre, *pour* l'incompatibilité des fonctions ; 7 octobre, *pour* l'amendement Grévy ; 4 novembre, *contre* l'ensemble de la Constitution ; 27 décembre, *pour* la suppression de l'impôt du sel ; 12 janvier 1849, *pour* la proposition Rateau ; 16 avril, *pour* les crédits de l'expédition de Rome ; 2 mai, *contre* l'amnistie des transportés. Bouhier de l'Ecluse fut l'auteur, à la Constituante, d'un travail sur les banques hypothécaires, d'un projet de décret sur les ateliers nationaux, et d'un discours contre le droit au travail. Réélu à l'Assemblée législative de 1849, par le département de la Vendée, avec 40,567 voix (61,522 votants, 103,432 inscrits), il vota constamment avec la majorité de droite : *pour* l'expédition de Rome, *pour* les lois répressives, etc. En mai 1851, il déposa, au nom des légitimistes, une des cinq propositions de revision de la Constitution qui furent alors présentées à l'Assemblée ; il y demandait « l'élection d'une Assemblée constituante qui rendrait à la France ses lois fondamentales, ou plutôt qui se bornerait à les affirmer, ces lois n'ayant pu périr, car elles sont éternelles. » Vers la fin de la législature, il combattit la politique du prince président, et se montra opposé au coup d'Etat. Le 2 décembre, il ne se trouva pas à la mairie du Xe arrondissement parmi les protestataires, et il s'en expliqua dans une lettre qu'il adressa au journal l'*Union*, le 26 novembre 1868 ; la foule seule l'avait empêché d'arriver à temps; il était allé d'abord au Palais-Bourbon, et, là, avait protesté très énergiquement contre le coup d'Etat, devant le lieutenant-colonel et les officiers qui fermaient l'entrée du palais. Le 29 février 1852, il fut un des rares candidats de l'opposition qui, triomphant de l'hostilité du gouvernement, furent élus au Corps législatif : il y représenta la 3e circonscription de la Vendée, avec 9,462 voix sur 18,144 votants et 34,455 inscrits, contre 8,334 voix à M. Léon Gillaizeau, candidat officiel. A la séance de la prestation de serment aux Tuileries, il ne leva pas la main, et ce ne fut que sur l'interpellation directe de M. Fortoul, ministre de l'Instruction publique, « qu'il sembla, a-t-il dit, acquiescer au serment au président de la République ».

Dès la première séance, il souleva un vif incident relatif à la vérification de l'élection de M. de Saint-Hermine, dont il demandait l'annulation, et se fit rappeler à l'ordre par le président, M. Billault.

A l'ouverture de la session de 1853, le 15 février, M. Bouhier de l'Ecluse, décidé à ne pas prêter serment, ne se rendit pas à la séance d'ouverture aux Tuileries, et, de plus, écrivit au président de la Chambre une lettre de protestation contre l'Empire, lettre dont il pria plusieurs de ses collègues de demander lecture en séance publique, afin de lui donner la publicité du *Moniteur*. Le président ne parlant pas de la lettre reçue, M. Bouhier en réclama la lecture. Sur le refus du président, M. Bouhier demanda que l'Assemblée statuât sur le cas, et sortit de la salle, pour laisser toute liberté à ses collègues. Le président, M. Billault, sans consulter l'Assemblée, le déclara démissionnaire; après bien des pourparlers, la démission fut annulée, et M. Billault donna 15 jours à M. Bouhier pour prêter serment; pendant ce délai, il empêcha le député de voter et supprima trois fois ses votes comme inconstitutionnels. Le dernier jour de ce délai expiré (5 mars 1853), M. Bouhier se vit fermer l'entrée de la salle des séances, et le président le déclara définitivement démissionnaire.

La première séance qui suivit eut lieu le 11 mars; M. Bouhier de l'Ecluse pénétra dans le palais, mais un huissier lui présenta un ordre ainsi conçu :

« Corps législatif, Paris, le 11 mars 1853.

« M. Bouhier de l'Ecluse ayant cessé d'être député par suite du refus de serment, monsieur le président m'a donné l'ordre de l'empêcher d'entrer dans l'enceinte du palais législatif.

« Le chef des huissiers,

« POUGNY. »

Ce fut le dernier incident de la carrière parlementaire du député de la Vendée.

BOUILLAUD (JEAN-BAPTISTE), député de 1842 à 1846, né à Garat (Charente), le 16 septembre 1796, mort à Paris, le 28 octobre 1881, fut dirigé dans ses études par son oncle Jean Bouillaud, chirurgien-major des armées. Lui-même, après avoir suivi les cours du collège d'Angoulême, se fit recevoir docteur à Paris, le 23 août 1823; dès l'année suivante, il se faisait avantageusement connaître par sa coopération à un *Traité des maladies du cœur et de l'aorte*, dont R.-J. Bertin était l'auteur principal. Plus tard, il publia un *Traité clinique des maladies du cœur* (1835), qui établit sa réputation. Bouillaud, qui avait été nommé (1831) professeur de clinique médicale à l'hôpital de la Charité,

devint un des chefs de l'école médicale française : il se distingua par la sûreté de son diagnostic; en même temps le système de saignées à outrance qu'il mettait en pratique lui attirait des critiques assez vives. Dans les premières années de sa carrière, il avait défendu avec chaleur les idées et la méthode de Broussais; après des travaux longtemps poursuivis, il jeta lui-même les fondements d'une médecine nouvelle, à laquelle il donna le nom de médecine exacte : sous le titre de *Nosographie médicale*, il lui consacra un important ouvrage en 5 volumes (1846). Bouillaud était professeur à la Faculté de médecine de Paris quand il fut élu, le 9 juillet 1842, député du 1er collège de la Charente (Angoulême), par 594 voix sur 910 votants, et 1,032 inscrits, contre 398 à M. Albert, député sortant. L'élection fut annulée par la Chambre; mais les électeurs, consultés une seconde fois, renvoyèrent Bouillaud à la Chambre, le 24 septembre. Une nouvelle invalidation fut suivie encore d'une nouvelle réélection. Le député de la Charente siégea alors jusqu'à la fin de la législature, votant le plus souvent avec la gauche, notamment *contre* l'indemnité Pritchard (1845).

Membre du conseil supérieur de l'Université, il fut nommé, en 1848, doyen de la Faculté de médecine de Paris, en remplacement d'Orfila : cette nomination donna lieu à des incidents tumultueux, qui, finalement, obligèrent le nouveau doyen à se retirer.

On doit à Bouillaud nombre de mémoires remarquables, et par la science et par le style : des traités sur l'*Encéphalite*, le *Choléra*, les *Rhumatisme articulaire*, un *Essai sur la philosophie médicale*, un *Discours sur le vitalisme et l'organisme*, etc., etc. — Il fut membre de l'Académie de médecine et de l'Académie des sciences, et commandeur de la Légion d'honneur en 1864.

BOUILLÉ (FRANÇOIS-MARIE-MICHEL, COMTE DE), pair de France, né à la Martinique, le 13 janvier 1779, mort à Paris, le 7 juin 1853, appartenait à la célèbre famille de Bouillé, originaire du Maine et qui compta parmi ses membres, le général François-Claude-Amour de Bouillé (1739-1800), l'adversaire convaincu de la Révolution. Le comte François-Marie-Michel partagea les sentiments de tous les siens; il émigra avec eux, servit dans l'armée anglaise aux Antilles et au Canada, et suivit les Bourbons dans l'exil; quand ceux-ci remontèrent sur le trône, il rentra en France, devint aide de camp du comte d'Artois, gouverneur de la Martinique de 1825 à 1827, enfin pair de France, par ordonnance du 5 novembre 1827. Il avait composé une sorte de chant dynastique de la Restauration, dit *Chant français*, qui avait pour refrain : *Vive le roi! Vive la France!* M. de Bouillé soutint de ses votes, à la Chambre des pairs, la monarchie de Charles X et le ministère Polignac. Après 1830, il suivit de nouveau dans l'exil la légitimité déchue, et fut un des précepteurs du duc de Bordeaux.

BOUILLÉ (CHARLES, COMTE DE), représentant à l'Assemblée nationale de 1871, et sénateur de 1876 à 1879, né à Villars (Nièvre), le 30 août 1816, mort à Saint-Honoré-les-Bains (Nièvre), le 8 juillet 1889, était propriétaire et vice-président de la Société des agriculteurs de France, avant d'être appelé à la vie publique par les électeurs de la Nièvre, le 8 février 1871. Représentant de ce département à l'Assemblée nationale par 33,532 voix (64,512 votants, 97,485 inscrits), il siégea à la droite monarchiste, s'inscrivit à la réunion des Réservoirs, et s'occupa surtout d'intérêts agricoles. On lui doit le projet de création d'un Institut agronomique. Le comte de Bouillé vota : le 1er mars 1871, *pour* la paix ; le 16 mai, *pour* les prières publiques ; le 10 juin, *pour* l'abrogation des lois d'exil ; le 30 août, *pour* le pouvoir constituant de l'Assemblée ; le 3 février 1872, *contre* le retour à Paris ; le 24 mai 1873, *pour* la démission de Thiers ; le 24 juin, *pour* l'arrêté contre les enterrements civils ; le 19-20 novembre, *pour* la prorogation des pouvoirs du maréchal ; le 20 mars 1874, *pour* la loi des maires ; le 30 janvier 1875, *contre* l'amendement Wallon ; le 25 février, *contre* l'ensemble des lois constitutionnelles.

Au Sénat, où le département de la Nièvre l'envoya le 30 janvier 1876, par 192 voix sur 378 votants, M. de Bouillé vota de même avec les conservateurs : *pour* la dissolution de la Chambre en juin 1877, et *contre* la ministère Dufaure après les élections d'octobre. Il ne fit pas partie de la Chambre haute aux élections du 5 janvier 1879, n'ayant obtenu que 184 voix contre 190 accordées à M. Massé, candidat républicain.

BOUILLERIE (FRANÇOIS - MARIE - PIERRE ROULLET, BARON DE LA), député de 1816 à 1818, de 1820 à 1827, ministre et pair de France, né à La Flèche (Sarthe), le 27 avril 1764, mort à La Flèche, le 7 avril 1835, commença par être commis dans les bureaux de la marine, puis il passa chef de bureau. Il épousa alors Mlle de La Chapelle, fille de l'ancien commissaire général de la maison du roi, et obtint, à la faveur de ce mariage, la place de caissier particulier du premier consul. Il passa ensuite à l'armée des côtes d'Angleterre, dont Bonaparte le nomma trésorier général, et fut désigné, peu après, pour administrer les fonds extraordinaires de la caisse d'amortissement. Pendant la campagne de 1809, Roullet de la Bouillerie remplit à Vienne la place d'administrateur des fonds du pays conquis, fut nommé, après la paix, trésorier général du domaine extraordinaire dont Defermont était intendant, et élevé à la dignité de maître des requêtes du Conseil d'Etat, section des finances. Le 11 juillet 1810, il fut créé baron de l'Empire.

Nommé intendant de la liste civile du roi en 1814, il devint, en outre, par la protection du duc de Blacas, secrétaire général du ministère de la maison du roi. A son retour de l'île d'Elbe, Napoléon rendit momentanément à la vie privée le fonctionnaire qui avait abandonné sa cause ; mais la seconde Restauration le rétablit dans toutes ses places et dignités, et y ajouta (octobre 1815) celle de président du comité des finances, en l'absence du ministre chargé de ce portefeuille. Il avait été, le 22 août de la même année, pour la première fois, élu député de la Sarthe au collège de département, par 90 voix sur 166 votants et 228 inscrits. Il fut de la majorité de la « Chambre introuvable, » et resta d'ailleurs dans les rangs de la majorité parlementaire au cours des diverses législatures dont il fit partie. Réélu le 4 octobre 1816, par 105 voix sur 111 votants et 219 inscrits, il fut vivement attaqué par Dupont de l'Eure et par plusieurs autres députés du côté gauche pour la translation, sans ordonnance préalable, d'une somme de 800,000 francs, des caisses du domaine extraordinaire dans celles du Trésor. Le 13 février 1817, il prononça un grand discours, qui fut très applaudi par la droite, et dans lequel il traça un tableau de la situation financière de la France.

Roullet de la Bouillerie ne fut pas candidat aux élections de 1818 et 1819 ; il ne redevint député que le 13 novembre 1820, la Sarthe lui ayant donné, au collège de département, 261 voix sur 294 votants et 367 inscrits ; successivement, il obtint le renouvellement de son mandat : le 13 novembre 1822, dans le 3e arrondissement de la Sarthe (La Flèche), avec 222 voix (274 votants, 322 inscrits), contre 39 à Benjamin Constant ; et le 25 février 1824, avec 213 voix (224 votants, 312 inscrits). Il ne cessa de voter avec les plus ardents royalistes et fut quelque temps vice-président de la Chambre des députés. Le 5 novembre 1827, il fut nommé pair de France et, du 23 mai de la même année au 31 juillet 1830, il occupa les fonctions de ministre d'Etat par intérim, et d'intendant général de la maison du roi. La chute de Charles X mit fin à sa carrière politique.

BOUILLERIE (MARIE-JOSEPH-MÉLITE ROULLET, BARON DE LA), fils du précédent, représentant à l'Assemblée nationale de 1871 et ministre en 1873, né à Paris, le 26 mars 1822, fut, sous le second Empire sous-préfet à Argentan, puis à Sarlat et à Verdun, et enfin secrétaire général à Nancy. Il s'occupa aussi d'affaires financières. Riche propriétaire dans la Maine-et-Loire, où il possède le château de la Rochue, il fut élu par ce département, le 8 février 1871, représentant à l'Assemblée nationale, le 9e sur 11, avec 98,258 voix (120,174 votants, 151,583 inscrits) ; il prit place dans les rangs des légitimistes catholiques, s'inscrivit à la réunion des Réservoirs, signa la proposition de rétablissement de la monarchie, ainsi que l'adresse des députés conservateurs au pape en faveur du Syllabus, et vota : 1er mars 1871, *pour* la paix ; 16 mai, *pour* les prières publiques ; 10 juin, *pour* l'abrogation des lois d'exil ; 22 juillet, *pour* les pétitions des évêques « appelant l'attention du gouvernement sur la situation intolérable faite par le gouvernement italien au souverain pontife et sur la nécessité d'y porter remède » ; 30 août, *pour* le pouvoir constituant de l'Assemblée ; 3 février 1872, *contre* le retour de l'Assemblée à Paris ; 24 mai 1873, *pour* la démission de Thiers.

Le lendemain de cette journée, M. de la Bouillerie fut appelé à faire partie du premier cabinet « de combat » formé par le maréchal de Mac-Mahon ; il y prit le portefeuille de l'Agriculture et du Commerce, mais il ne le conserva que jusqu'au mois de novembre 1873, le vote de la prorogation des pouvoirs du maréchal et de l'organisation du septennat ayant eu pour conséquence la retraite de M. de la Bouillerie et celle de M. Ernoul, ministre de la Justice. Il reprit alors sa place à la droite monarchique, protesta, en octobre 1874, dans la commission de permanence, contre la reconnaissance du gouvernement espagnol et contre le rappel de l'*Orénoque*.

A ce sujet, il dit : « Nous voyons avec douleur, comme catholiques et comme Français, que le dernier témoignage matériel du respect et de l'attachement de la France au Saint-Siège a disparu. Nous voyons que la politique suivie dans les deux questions est contraire à la dignité de la France et dangereuse pour ses intérêts. » M. de la Bouillerie vota encore : 16 mai 1874, *contre* le ministère de Broglie ; 30 janvier 1875, *contre* l'amendement Wallon, et 25 février, *contre* l'ensemble des lois constitutionnelles. Il n'a pas fait partie d'autres législatures.

BOUILLEROT (ALEXIS-JOSEPH), membre de la Convention et député au Conseil des Anciens, dates de naissances et de mort inconnues, receveur du district à Bernay, siégea à la Convention, comme élu du département de l'Eure, le 10 septembre 1792, par 346 voix sur 520 votants. Il répondit : « La mort », au 3e appel nominal dans le jugement de Louis XVI, fut nommé, en 1794, directeur de l'Ecole de Mars, et ne joua, d'ailleurs, qu'un rôle effacé tant à la Convention que dans le Conseil des Anciens, où il représenta, le 22 vendémiaire an IV, le département du Gers, avec 149 voix sur 251 votants. A la Restauration, il fut obligé, par la loi du 12 janvier 1816, de quitter la France, et se retira en Allemagne.

BOUILLIEZ-BRIDOUX (ALPHONSE-LUCIEN), député de 1881 à 1885, né à Savy-Berlette (Pas-de-Calais), le 1er janvier 1845, mort à Arras (Pas-de-Calais), le 21 avril 1888, fut un des membres les moins en vue de la Chambre élue le 21 août 1881 ; il y représenta la 1re circonscription d'Arras, avec 11,136 voix (17,857 votants et 23,676 inscrits), contre 4,653 voix à M. Cavrois et 1,783 à M. Sens. M. Bouilliez-Bridoux était alors maire de la commune d'Habarcq et vice-président de la Chambre consultative d'agriculture d'Arras. Il siégea dans la majorité opportuniste de la Chambre, et vota avec elle *pour* les ministères Gambetta et Ferry, *pour* l'expédition du Tonkin, *pour* le maintien du Concordat, etc. Porté sur la liste républicaine dans le Pas-de-Calais, le 4 octobre 1885, il échoua avec 75,323 voix (180,439 votants, 216,227 inscrits) ; le dernier élu de la liste conservatrice, M. de Clercq, obtint 100,914 suffrages.

BOUILLOTTE (GUY), député à l'Assemblée constituante de 1789, né à Arnay-le-Duc (Côte-d'Or), le 28 octobre 1724, mort à Arnay-le-Duc, le 9 mars 1798, était curé de cette paroisse. Le 30 mars 1789, il fut élu député du clergé aux Etats-Généraux par le bailliage de l'Auxois. Il prêta le serment civique à la séance du 27 décembre 1790.

BOUISSEREN (JACQUES-MARIE-GABRIEL), député au Conseil des Anciens et au Corps législatif en l'an XIII, né à Toulouse (Haute-Garonne), le 2 mars 1756, mort à Angoulême (Charente), le 29 mai 1838, était procureur-syndic et membre de l'administration centrale du département de la Charente-Inférieure, qui, le 25 germinal an VII, l'élut au Conseil des Anciens. Après le coup d'Etat de brumaire an VIII, dont il s'était déclaré partisan, Bouisseren fut nommé (6 germinal an XII) directeur des droits réunis dans la Charente-Inférieure.

BOUISSON (ETIENNE-FRÉDÉRIC), représentant à l'Assemblée nationale de 1871, né à Mauguio (Hérault), le 14 juin 1813, mort à Montpellier (Hérault), le 26 mai 1884, fit ses études à Bordeaux, et ses cours de médecine à Montpellier, passa chef des travaux anatomiques à cette Faculté le 12 décembre 1834, agrégé stagiaire le 26 mars 1836, fut reçu le premier au concours d'agrégation de la même année, nommé professeur de physiologie à

Strasbourg l'année suivante, et professeur de pathologie chirurgicale à Montpellier, en 1840. Il acquit rapidement par ses travaux, par les soins qu'il donna aux blessés de la campagne de Crimée, par son initiative dans la reconstitution de l'Académie des sciences et lettres de Montpellier, une situation éminente, qui lui valut les titres de membre correspondant de l'Institut (1869) et de l'Académie de médecine de Bruxelles, associé de l'Académie de médecine (1859) et de la Société de chirurgie de Paris, et de doyen de la Faculté de Montpellier (1868). Membre du conseil municipal de Montpellier en 1847 et depuis 1860, il fut élu, le 8 février 1871, représentant de l'Hérault à l'Assemblée nationale, le 3e sur 8, par 51,724 voix sur 88,483 votants et 141,397 inscrits. Il siégea au centre droit, proposa, le 27 février 1872, une souscription publique pour la libération du territoire et s'inscrivit personnellement pour dix mille francs ; mais l'Assemblée repoussa la proposition. Il présida la commission chargée d'établir le régime des condamnés à la déportation, et vota *pour* la paix, *pour* les prières publiques, *pour* l'abrogation des lois d'exil, *pour* le pouvoir constituant de l'Assemblée, *pour* la démission de Thiers, *pour* l'arrêté *contre* les enterrements civils, *pour* le septennat, *pour* le maintien de l'état de siège, *pour* le ministère de Broglie, *contre* le retour de l'Assemblée à Paris, *contre* la dissolution de la Chambre, *contre* l'amendement Wallon, *pour* l'ensemble des lois constitutionnelles. Il ne se représenta pas aux suffrages des électeurs. — Officier de la Légion d'honneur de la promotion du 12 août 1864, et chevalier de Charles III d'Espagne, M. Bouisson a publié un certain nombre de travaux scientifiques spéciaux, et a collaboré à plusieurs journaux de médecine et de chirurgie.

BOULA DE COLOMBIERS (ANTOINE-JEAN-AMÉDÉE), député de 1828 à 1830, né à Paris, le 3 juin 1785, mort au château de Puiseux (Seine-et-Oise), le 21 novembre 1852, descendait d'une famille de magistrats. Reçu avocat en 1807, nommé auditeur au Conseil d'Etat en juillet 1809, et attaché en cette qualité à la section de l'intérieur, il fut envoyé en mission (juillet 1810) dans les départements des Bouches-du-Rhône et des Bouches-de-la-Meuse, puis il remplit, sous la direction du comte Maret, les fonctions d'inspecteur général de l'administration des vivres. Boula de Colombiers était spécialement chargé de surveiller l'approvisionnement de Paris. Au mois de mars 1812, il fut attaché comme « auditeur » au ministère de la Police et admis à assister aux délibérations du conseil ; peu de temps après, il se rendit à Wesel, en qualité de commissaire spécial de police ; il occupa encore un poste analogue à Mayence. Envoyé (1814) à Montmirail, peu de temps après la bataille, pour y constater les dégâts causés par les armées belligérantes, Boula y arriva la veille même du jour où un corps de cosaques vint de nouveau mettre cette ville au pillage ; il fut réduit à s'y cacher, et, conservant un incognito nécessaire, fut à la fois témoin et victime des événements qui s'y passèrent. De retour à Paris le 15 mars, il fut, à la suite de l'ordonnance royale qui fixait une nouvelle organisation du Conseil d'Etat, nommé maître des requêtes surnuméraire, puis membre de la commission du sceau, et attaché au comité des finances du Conseil d'Etat.

Préfet des Vosges le 14 juillet 1815, il protesta contre les demandes exorbitantes des étrangers qui occupaient le département, et se retira avec toute l'administration : les négociations du gouvernement avec les envahisseurs permirent bientôt au préfet, au secrétaire général et aux conseillers de préfecture de reprendre leurs fonctions. Boula de Colombiers resta préfet jusqu'en 1823.

Le 21 avril 1828, il fut élu député des Vosges, au collège de département, par 201 voix sur 262 votants et 303 inscrits. Déjà, l'année précédente, ayant été porté, quoique absent, candidat à la députation, il avait obtenu un grand nombre de voix dans le même département. Il prit place, à la Chambre, sur les bancs du centre gauche, vota généralement avec les libéraux, fut des 221, et obtint sa réélection le 23 juin 1830. Il ne fit pas partie de la Chambre de 1831.

BOULACH (BARON DE). — *Voy.* ZORN.

BOULANGER AMÉDÉE-FLORIMOND-ÉDOUARD, représentant du peuple à l'Assemblée constituante de 1848, né à Doignies (Nord), le 22 mai 1812, était cultivateur et marchand de betteraves à Doignies, quand il fut élu, le 23 avril 1848, représentant du département du Nord à l'Assemblée constituante, le 6e sur 28, par 184,919 voix sur 234,867 votants et 278,352 inscrits. Il siégea à la gauche modérée, fit partie du comité d'agriculture et vota : *pour* le rétablissement du cautionnement des journaux, *contre* le droit au travail, *pour* l'impôt progressif, *contre* l'institution des deux Chambres (proposition Duvergier de Hauranne), *contre* l'amendement Grévy sur la présidence, *pour* le remplacement militaire, *pour* la proposition Rateau, *pour* la diminution de l'impôt du sel, *pour* la suppression des clubs. Il n'a pas fait partie d'autres législatures.

BOULANGER (GEORGES-ERNEST-JEAN-MARIE), ministre, et député depuis 1888, né à Rennes (Ille-et-Vilaine), le 29 avril 1837, fils d'un ancien avoué de cette ville, fit ses études à Nantes, entra à l'École de Saint-Cyr, à sa sortie, fut nommé sous-lieutenant au 1er régiment de tirailleurs algériens, à Blidah (1er octobre 1856). Il prit part, en 1857, à l'expédition de la Grande-Kabylie, en 1859 à la campagne d'Italie, fut blessé à Turbigo (3 juin), décoré de la Légion d'honneur (17 juin), et, de retour en Afrique, nommé lieutenant au choix (28 octobre 1860).

Envoyé en Cochinchine, il reçut au flanc gauche un coup de lance au combat de Traï-Dan (20 avril 1861), passa capitaine (21 juillet 1862), puis fut détaché, comme capitaine instructeur, à l'École de Saint-Cyr (1866). Chef de bataillon (17 juillet 1870), il assista au siège de Paris, fut nommé lieutenant-colonel au 114e de ligne le 9 novembre, grièvement blessé à Champigny, promu officier de la Légion d'honneur (8 décembre), colonel du 114e (janvier 1871), blessé de nouveau, le 24 mai 1871, à la rentrée des troupes dans Paris, et fait commandeur de la Légion d'honneur (24 juin 1871).

La commission de revision des grades le replaça comme lieutenant-colonel au 109e de ligne ; il envoya alors sa démission qui fut refusée ; le 15 novembre 1874, il passa colonel au 133e de ligne, puis général de brigade, le 4 mai 1880, à la tête d'une brigade de cavalerie du 14e corps. Chef de la mission chargée de représenter la France aux fêtes du centenaire de l'indépendance des États-Unis, il fut appelé,

le 17 avril 1882, à la direction de l'infanterie au ministère de la Guerre, et, dans cette situation, réorganisa l'École des sous-officiers de Saint-Maixent, et le Prytanée de La Flèche. Le 18 février 1884, il était général de division, et appelé aussitôt au commandement de l'armée d'occupation en Tunisie ; là, il se trouva en désaccord avec le résident civil, M. Cambon, désaccord qui éclata à la suite d'une querelle privée et d'un soufflet donné au théâtre par un Italien à un lieutenant de chasseurs d'Afrique. L'Italien fut condamné à six jours de prison, ce qui parut au général une peine insuffisante pour l'offense faite à l'uniforme, et un ordre du jour il autorisa les soldats à se faire justice eux-mêmes. La Cour d'appel d'Alger éleva la peine à 15 jours d'emprisonnement ; mais la colonie française avait pris parti pour le général et la presse envenima l'incident par des commentaires exagérés. A Paris, le ministère donna raison à M. Cambon, qu'il nomma résident général avec les pouvoirs les plus étendus, et rappela à Paris (juillet 1885) le général Boulanger ; celui-ci, soutenu alors par le parti radical et par M. Clémenceau, reçut le portefeuille de la Guerre dans le cabinet du 7 janvier 1886, formé par M. de Freycinet. Le 1er février, le nouveau ministre obtenait, par 347 voix contre 153, un ordre du jour de confiance de la Chambre sur une interpellation de M. Gaudin de Vilaine relative au déplacement d'une brigade de cavalerie soupçonnée d'opinions réactionnaires. Le débat sur l'expulsion des princes (juin 1886) eut de plus sérieuses conséquences : il amena un duel, sans résultat, entre M. de Lareinty et le général Boulanger, et provoqua la publication d'anciennes lettres de remerciements écrites par le colonel Boulanger au duc d'Aumale, alors son général, lettres qui contrastaient avec l'attitude aggressive prise par le ministre dans la question de l'expulsion, et dont l'authenticité dut être reconnue après avoir été niée tout d'abord. En décembre suivant, au moment de la résistance opposée par M. Grevy, président de la République, à la demande de démission posée par la Chambre et par l'opinion publique, à la suite des affaires Wilson, un journal militaire de Limoges, la *France Nouvelle*, mit soudain en avant la dictature du général Boulanger ; le ministre de la Guerre adressa au journal une protestation, et, toujours soutenu par la presse radicale, conserva le portefeuille de la Guerre, dans le nouveau ministère Goblet, du 11 décembre 1886.

En février 1887, surgit un nouvel incident : le ministre de la Guerre avait cru devoir, sur son initiative personnelle, écrire une lettre au czar ; M. Flourens, ministre des affaires étrangères, arrêta la missive, et en fit informer l'ambassadeur d'Allemagne ; cette dernière démarche fut très discutée, mais ôta du moins au fait toute gravité, au point de vue extérieur. Vers la même époque, lors de la présentation au Parlement du nouveau projet de loi militaire, la commission nommée par la Chambre repoussa, après discussion, un article qui enlevait à l'École polytechnique son caractère militaire et établissait l'unité d'origine de tous les officiers de l'armée. Le général Boulanger protesta contre le rejet de cet article par une lettre rendue publique, où il accusait la commission « d'erreurs monarchiques » ; la commission protesta vivement à son tour ; une lettre d'excuse du ministre lui donna satisfaction (mars 1887).

Une demande de crédits, présentée par le ministre (mai 1887), au moment de l'incident

Schnaeblé sur la frontière franco-allemande, pour un essai de mobilisation de corps d'armée, parut intempestive, non moins qu'une fête annoncée à l'Opéra, pour le Cercle militaire, fondé par le ministre, en 1886, avec une importante subvention de l'Etat, fête dont le programme était « un grand bal militaire donné au camp, le soir d'une victoire ». Aussi, le renversement du cabinet Goblet, quelquesjours après le 17 mai, à l'occasion des économies budgétaires, visait-il moins le cabinet que le général Boulanger; les opportunistes ne voulaient pas le conserver au ministère de la Guerre, tandis que les radicaux voulaient au contraire en faire le pivot d'une nouvelle combinaison ministérielle; mais M. Clémenceau, qui ne fût été le chef, ne fut point appelé par le président de la République, et, malgré la campagne entreprise par l'*Intransigeant*, la *Lanterne* et la *Justice* en faveur du général, M. Rouvier, chef du nouveau cabinet, plaça à la Guerre le général Ferron; le général Boulanger fut nommé au commandement du 13e corps, à Clermont-Ferrand. Le parti qu'il avait conservé dans le Parlement continua à entretenir le bruit autour de son nom, par des lettres, par des articles, tels que ceux parus dans la *France*, et dans lesquels M. Laur, député, et ami du général, racontait, sous la signature XX, que le général avait refusé deux fois, en janvier à 94 généraux, en avril à une délégation de la droite, de faire un coup d'Etat. Les explications qui suivirent montrèrent que ces affirmations étaient plus qu'exagérées. A ce moment, se produisait à Paris l'affaire Limouzin-Caffarel-Wilson; les ennemis du général tentèrent de l'y impliquer. « Interviévé » par certains journaux, le général avoua qu'il considérait cette affaire comme dirigée en partie contre lui. Le ministre de la Guerre lui demanda par télégramme « si oui ou non » il reconnaissait l'exactitude des récits des journaux : « Je n'ai pu me procurer les numéros des journaux dont vous me parlez, répondit-il, prière de me les envoyer. » Trente jours d'arrêt furent la réponse du ministre de la Guerre, que la presse dévouée au général attaqua avec la plus grande vivacité.

Au début de 1888, une vaste campagne électorale fut entreprise sur le nom du général, qui, aux élections partielles du 26 février et sans s'être porté candidat, recueillit 14,083 voix dans la Loire, 4,663 dans le Loiret, 12,015 dans le Maine-et-Loire, 16,240 dans la Marne, et 9,500 dans la Côte-d'Or. Ces résultats avaient été obtenus, dans ces cinq départements, au moyen de bulletins distribués et d'affiches posées par les soins de M. Georges Thiébaud, président du comité d'initiative de Paris, ancien journaliste bonapartiste, et ex-candidat conservateur dans les Ardennes en 1885. Dans une lettre adressée de Clermont-Ferrand, le 3 mars, au ministre de la Guerre, le général Boulanger déclara néanmoins que « son désir formel était de se consacrer exclusivement à ses devoirs militaires »; mais le cabinet s'était ému, et, le 15 mars, le *Journal officiel* contenait un rapport du ministre de la Guerre prononçant la mise en non-activité par retrait d'emploi du général Boulanger. A l'*Intransigeant*, à la *Lanterne*, à la *Cocarde*, a la *France*, qui accablèrent le ministre de leurs invectives, se joignit l'*Autorité*, où Paul de Cassagnac défendit « l'apôtre de l'idée plébiscitaire. » MM. Laguerre, Laisant, Laur, Le Hérissé, députés, et Henri Rochefort posèrent, à nouveau, dans les Bouches-du-Rhône, pour le scrutin du 25 mars, la candidature du général, bien qu'il fût inéligible, mais à titre de protestation nationale. Un « comité républicain de protestation nationale » formé en même temps et comprenant MM. Borie, Laisant, Brugeilles, Vergoin, Michelin, Laur, Le Hérissé, Laguerre, de Susini, Duguyot, et Laporte (de la Nièvre), députés, et les rédacteurs en chef de l'*Intransigeant*, de la *France* et de la *Lanterne*, posa la même candidature dans le département de l'Aisne, appelé, le 25 mars également, à élire un député en remplacement de M. Béranger, décédé. Le 14 mars, sur une interpellation de la Chambre, le président du conseil, M. Tirard, déclara que le général Boulanger allait être traduit devant un conseil d'enquête composé de ses pairs. Les élections du 25 donnèrent au général, dans l'Aisne 45,125 voix au premier tour, au second tour il se désista en faveur de M. Doumer, qui fut élu; dans l'Aude, 8,440 voix; dans la Dordogne, il fut élu par 59,555 voix sur 100,365 votants et 148,899 inscrits, contre 35,759 voix accordées à son concurrent, M. Clerjounie; le 15 avril, il triomphait également dans le Nord, avec 172,796 voix, sur 268,764 votants et 365,977 inscrits, contre MM. Foucart, 75,706 voix, et Moreau, candidat radical, 9,724. Il opta pour ce département. Pendant ce temps, le conseil d'enquête, réuni le 26 mars, avait décidé que le général Boulanger était admis d'office à la retraite.

Cependant, ses succès électoraux multipliaient ses partisans, et ses revendications ralliaient autour de lui tous les mécontents : pendant que M. Clémenceau se tournait décidément contre lui, et fondait, avec MM. Ranc et Joffrin, la « Société des Droits de l'homme » contre « l'aventure boulangiste, » la droite de la Chambre le soutenait, et le comte de Paris lui-même revendiquait les doctrines plébiscitaires.

Le nouveau député du Nord, qui venait d'obtenir encore 14,374 voix dans une élection partielle de l'Isère, se présenta au Palais-Bourbon, le 4 juin, et monta à la tribune pour demander, conformément à son programme électoral, la revision de la Constitution, l'abolition de la responsabilité ministérielle, l'élection du Sénat par le suffrage universel, l'introduction du referendum populaire, etc. L'urgence fut repoussée par 359 voix contre 181. Après l'échec, dans la Charente, de la candidature Déroulède, qu'il avait patronnée, il remonta à la tribune, le 12 juillet, pour demander cette fois la dissolution de la Chambre. Une altercation violente avec M. Floquet, chef du cabinet, amena un vote de censure contre le général (vote à la suite duquel il remit au président sa démission de député), et un envoi de témoins. Le duel eut lieu le lendemain, le général fut atteint à la gorge. Cette blessure ne lui permit pas de soutenir en personne sa candidature posée dans l'Ardèche, au scrutin du 22 juillet; il échoua, avec 27,454 voix contre M. Beaussier, élu par 43,295 suffrages.

Décidé à se porter candidat partout où il y aurait des sièges vacants, le général se présenta simultanément, au scrutin du 19 août 1888, dans la Somme en remplacement de M. Deberly, décédé, dans le Nord en remplacement de MM. Plichon et Georges Brame, décédés, dans la Charente-Inférieure, en remplacement de M. Vast-Vimeux, décédé. Il fut élu dans les trois départements avec des majorités considérables : dans la Somme, par 76,155 voix sur 123,408 votants et 159,886 inscrits contre M. Bernot, opportuniste, 41,422 voix; dans le

Nord, par 130,303 voix en même temps que M. Kœchlin, revisionniste (126,639 voix), contre MM. Desmoutiers (97.463 voix) et Moreau (94,911); dans la Charente-Inférieure, par 57,242 voix, sur 101,437 votants et 143,572 inscrits, contre M. Lair (42,449 voix).

Il opta encore pour le Nord. Mais ces nouveaux succès multiplièrent les attaques de la presse officieuse et opportuniste; elle demandait l'application de toutes les lois « existantes au général et à ses complices : » M. Labordère, qui avait parlé, disait-on, « de le coller au mur », ne se défendit, dans une lettre adressée au *Soir*, le 24 novembre, que de la forme donnée à sa pensée. En même temps, la presse conservatrice militante soutenait énergiquement la politique de protestation du général, et prêtait sa publicité bienveillante à la campagne de banquets et de discours menée dans toute la France. Il manquait pourtant encore à l'élu du Nord la consécration électorale de Paris ; la mort imprévue d'un député obscur de la banlieue, M. Hude, fournit l'occasion désirée. L'élection parisienne fut fixée au 27 janvier 1889 ; le gouvernement présenta la candidature de M. Jacques, distillateur, président du conseil général de la Seine, et la soutint avec toutes les forces dont il pouvait disposer ; après une lutte ardente et une profusion inusitée d'affiches et de manifestes, le général fut élu à l'immense majorité de 245,236 voix sur 444,564 votants et 569,197 inscrits, contre 162,875 voix données à M. Jacques, radical, et 17,039 à M. Boulé, révolutionnaire socialiste.

Le ministère Floquet ne résista à cet échec, que pour tomber quinze jours plus tard sur la question de la revision, mais il se prépara au combat, excité par toute la presse opportuniste. Le scrutin uninominal, destiné à enrayer les « tentatives plébiscitaires », fut rétabli d'urgence (11 février 1889) ; la chute du cabinet (14 février) n'entrava pas les mesures annoncées, et le meilleur titre, devant la majorité, du ministère Tirard, qui vint après, fut précisément l'engagement de sévir contre « les menées boulangistes ». La dissolution de la Ligue des patriotes, dévouée au général, les poursuites demandées et votées contre MM. Laguerre, Laisant et Turquet, députés boulangistes (*V. ces noms*) furent une première satisfaction donnée à la Chambre ; mais ce n'était qu'un début : on apprit bientôt que le général et les membres du « parti national » allaient être arrêtés. Sur les conseils de ses amis, le général décida de se soustraire à cette mesure, et, le 31 mars au soir, il partit pour la Belgique. MM. Henri Rochefort et le comte Dillon l'y rejoignirent, et de nombreuses réunions boulangistes se tinrent à Bruxelles. Le gouvernement belge ayant prévenu le général des inconvénients internationaux que pouvait amener son attitude vis-à-vis du gouvernement actuel de la France, le général alla s'établir à Londres, où il est encore aujourd'hui. Son départ n'arrêta pas la procédure préparée contre lui ; le Sénat se constitua en Haute-Cour de justice, à la réquisition d'un nouveau procureur général, Quesnay de Beaurepaire, nommé à la place de M. Bouchez, procureur général, qui avait refusé de mettre son nom au bas du réquisitoire présenté à sa signature par le garde des sceaux, M. Thévenet. Une commission de 9 sénateurs fit une instruction secrète, dont les résultats furent consignés dans l'acte d'accusation signifié à MM. Boulanger, Dillon et Rochefort, le 16 juillet 1889. L'épreuve imprimée de l'instruction ayant été livrée aux partisans du général, et une partie des dépositions ayant été publiée dans les journaux, le général y répondit par un manifeste daté de Londres et publié dans les journaux du 6 août, sous ce titre : « Au Peuple, mon seul juge. » Le 14 août 1889, la Haute-Cour rendit son arrêt ; malgré la question de compétence soulevée par la droite sénatoriale qui se retira tout entière devant le refus de discussion préalable de la part de la majorité ; malgré les nombreux démentis qui ont accueilli les dépositions invoquées par l'accusation, enfin malgré la suspicion légitime encourue par les condamnations antérieures ou la situation policière des témoins les plus importants, la Haute-Cour a condamné, *par contumace*, le général Boulanger, le comte Dillon et Henri Rochefort, pour complot, attentat et détournements, à la déportation dans une enceinte fortifiée.

BOULANGER (ERNEST), membre du Sénat, né à Nantillois (Meuse), le 12 octobre 1831, était directeur général de l'enregistrement et des domaines, quand il fut élu, comme républicain, le 25 juillet 1886, sénateur de la Meuse, avec 620 voix sur 856 votants, contre 214 à M. Salmon, candidat conservateur. M. Ernest Boulanger prit place à la gauche modérée, et ne tarda pas à conquérir à la Chambre haute une solide réputation d'orateur d'affaires. Il intervint comme rapporteur et comme orateur dans de nombreux débats, notamment (octobre 1886), dans la discussion de la loi relative aux diamants de la couronne, dont la vente fut décidée sur sa proposition et sous réserve d'une délibération ultérieure pour fixer l'emploi du produit de cette vente ; (février 1888) dans la discussion du budget, dont il fut rapporteur; (avril 1888) dans la discussion de la nouvelle loi militaire, où il demanda de régler les détails de la taxe militaire, sans se contenter d'en affirmer seulement le principe, etc. Il fut encore rapporteur du budget de 1889, et, dans la discussion, défendit contre les attaques de la droite la gestion financière de la République, tout en reconnaissant que la plus extrême prudence était commandée. Dans la dernière session, il a voté (13 janvier 1889), *pour* le rétablissement du scrutin uninominal, *pour* le projet de loi Lisbonne restrictif de la liberté de la presse (18 février), et *pour* la procédure à suivre devant le Sénat contre toute personne accusée d'attentat contre la sûreté de l'Etat (29 mars, affaire du général Boulanger).

BOULANT (JEAN), représentant à la Chambre des Cent-Jours, né à Montauban (Tarn-et-Garonne), le 6 juin 1750, mort à Marseille (Bouches-du-Rhône), le 31 mai 1831, soldat au régiment de Champagne-Infanterie (1er bataillon), fit la campagne de 1770 en Corse, puis servit comme sergent à l'armée des côtes de Bretagne (1779-80), et obtint successivement les grades de sergent-major (1787), de porte-drapeau (1790), de sous-lieutenant (1791), de lieutenant et de capitaine (1792). Il servit de 1792 à l'an II, aux armées des Alpes et des Pyrénées-Orientales. Prisonnier de guerre au fort de Bellegarde le 6 messidor an II, il rentra en France le 22 vendémiaire an IV, fit les campagnes d'Italie, et partit pour l'expédition de Corse en l'an VI. Le 1er vendémiaire an VIII, à l'affaire du village de Fiumorbo, il commandait la 2e compagnie de grenadiers chargée de soumettre les insurgés qui s'étaient retranchés dans cette place. Il soutint contre eux un combat qui dura tout le jour, et y fut blessé d'un coup de feu qui lui perça les deux joues et lui fracassa la mâchoire ; dans cet état, il conserva le commandement de sa compagnie jusqu'à ce qu'elle eût emporté le village. Il fit encore à l'armée des Grisons une partie de la campagne de l'an IX. Légionnaire de droit et officier de l'ordre, les 1er vendémiaire et 25 prairial an XII. il prit sa retraite le 21 frimaire an XIII, et se retira à Marseille. C'est alors que le département des Bouches-du-Rhône l'envoya, à l'âge de 65 ans, le 15 mai 1815, siéger à la Chambre des représentants. Après la session, il retourna à Marseille, où il mourut.

BOULARD (Antoine-Marie-Henri), député au Corps législatif en l'an XI, né à Paris, le septembre 1754, mort à Paris, le 6 mai 1825, d'une famille depuis longtemps dans le notariat, fut lui-même notaire à Paris, mais se consacra principalement à la littérature, et acquit comme auteur et comme bibliophile une grande réputation à la fin du siècle dernier. Maire du XIe arrondissement de Paris sous le gouvernement consulaire, il fut, le 9 thermidor an XI, élu, par le Sénat conservateur, député au Corps législatif pour le département de la Seine. La Harpe le choisit comme exécuteur testamentaire. En 1808, il céda son étude à son fils, et ne s'occupa plus que de livres. En septembre 1815, une fraction importante du collège électoral du IVe arrondissement posa sa candidature qui échoua ; la Restauration le nomma maire du IXe arrondissement, le 9 janvier 1816, et, peu après, administrateur à l'École royale de dessin. On doit à Boulard un certain nombre de bonnes traductions d'auteurs anglais et allemands, et de nombreux travaux originaux sur l'histoire, la linguistique, les sciences, la religion, etc. Sa passion pour les livres lui fit réunir la bibliothèque la plus importante qu'aucun particulier ait possédée (plus de trois cent mille volumes), dont la vente, opérée après sa mort, fut un événement dans le monde des bibliophiles.

BOULARD (Henri-Simon), fils du précédent, député de 1824 à 1830, né à Paris, le 31 juillet 1783, mort à une date inconnue, succéda à son père, comme notaire, en 1808, devint membre du conseil général de l'Oise, et fut nommé, le 2 août 1820, maire du XIe arrondissement. Élu le 25 février 1824, député du 3e arrondissement électoral de l'Oise (Clermont), par 233 voix sur 407 votants et 454 inscrits, contre le député sortant, M. Tronchon, qui n'eut que 176 voix, il ne prit qu'une fois la parole dans la Chambre septennale, pour appuyer (1825) l'amendement de M. Breton, qui appelait au partage du milliard d'indemnité des émigrés les rentiers dépouillés par la Révolution.
Il échoua dans le même collège aux élections du 11 novembre 1827, avec 120 voix contre 211 accordées à M. Gérard, élu, mais, huit jours après, il fut élu par le collège de département, avec 134 voix sur 239 votants et 273 inscrits. Boulard n'a pas fait partie d'autres législatures.

BOULARD (Auguste-Henri), député de 1876 à 1885, né à Mehun-sur-Yèvre (Cher), le 3 avril 1825, se fit recevoir avocat et remplit les fonctions de juge de paix à Genlis (Côte-d'Or), sous le second Empire. Il quitta ce poste en 1871, et rentra dans sa ville natale, où il commença à s'occuper de politique. Nommé maire de Mehun, il fut révoqué le 24 mai 1873, devint conseiller général du canton et bientôt (20 février 1876), député de la 2e circonscription de

Bourges, élu par 7,621 voix 13,944 votants, 17,335 inscrits), contre MM. Callande de Clamecy, bonapartiste, 3,962 voix et Monnier, orléaniste, 2,293. Il s'était présenté comme républicain. Il siégea à gauche, et, sans paraître à la tribune, vota avec la majorité. Il fut des 363, et fut réélu, le 14 octobre 1877, par 8,927 voix (14,871 votants, 18,098 inscrits), contre 5,866 voix à M. Callande de Clamecy. M. Boulard reprit sa place à la gauche modérée, s'associa aux invalidations des députés de la droite. vota *pour* l'amnistie partielle et *contre* l'amnistie plénière, se prononça en faveur de l'article 7 et de l'application des lois existantes aux congrégations non autorisées. Tout dévoué à la politique opportuniste, il fut encore réélu, le 21 août 1881, par 6,514 voix sur 13,848 votants et 19,337 inscrits, contre MM. Hémery, monarchiste, 4,304 voix, et Edouard Vaillant, républicain socialiste, 2,973, et, dans la législature 1881-85, soutint de son vote les ministères Gambetta et Ferry. Il mit surtout son influence personnelle au service de M. Henri Brisson, dont il favorisa de son mieux la campagne électorale dans le Cher aux élections d'octobre 1885; il avait alors renoncé pour lui-même à la candidature. Après avoir présidé le comité opportuniste qui patronnait MM. H. Brisson, Pernolet, Lesage, Pajot, etc., il fut nommé conseiller à la Cour de Bourges, fonction qu'il occupe encore aujourd'hui.

BOULART (François-Marie-Eucher-Charles), député de 1876 à 1881, né à Linxe (Landes), le 16 novembre 1828, grand industriel, maître de forges et conseiller général des Landes pour le canton de Castets, fut élu, le 20 février 1876, grâce à « l'union conservatrice », député de la 2e circonscription de Dax, par 5,957 voix sur 11,466 votants et 14,402 inscrits, contre 5,465 voix à M. Dubois, candidat républicain. Il fit partie du groupe de l'appel au peuple, vota avec la minorité de la Chambre, et, après l'acte du Seize-Mai, fut un des 158 députés qui soutinrent de leur vote la politique du cabinet Broglie-Fourtou. Il fut réélu, le 14 octobre 1877, par 7,655 voix contre M. Dubois, 4,773 (12,462 votants, 14,901 inscrits), reprit sa place à droite, parmi les impérialistes, se prononça *contre* les invalidations prononcées par la majorité de la Chambre ; 20 janvier 1879, *contre* l'ordre du jour de confiance accordé au ministère Dufaure; 30 janvier (au Congrès), *contre* l'élection de M. Grévy à la présidence de la République ; 21 février, *contre* l'amnistie; 16 mars 1880, *contre* l'application des lois existantes aux congrégations ; 8 février 1881, *contre* le divorce. Le 21 août 1881, M. Boulart échoua avec 5,090 voix contre le candidat républicain, M. Léglise, élu par 7,055 suffrages.

BOULATIGNIER (Sébastien-Joseph), représentant du peuple à l'Assemblée constituante de 1848, né à Valognes (Manche), le 11 janvier 1805, fut élève du collège de Caen et de l'École de droit de Paris. Il entra (1837) comme chef de bureau au ministère de l'Intérieur, publia plusieurs ouvrages importants sur des questions administratives, notamment, en collaboration avec Macarel, un traité de la *Fortune publique en France* (1838-1841) et un *Traité sur les conflits*. M. Boulatignier fut ensuite nommé maître des requêtes en service ordinaire au Conseil d'Etat, et chargé des fonctions de ministère public.
Après la révolution de Février, le 23 avril 1848, il fut élu représentant de la Manche à

l'Assemblée constituante, le 8e sur 15, avec 79,302 voix ; il fit partie du comité des finances et vota toujours avec la droite : 28 juillet 1848, *pour* le rétablissement du cautionnement : 26 août, *pour* les poursuites contre Louis Blanc et Caussidière ; 1er septembre, *pour* le rétablissement de la contrainte par corps ; 18 septembre, *contre* l'abolition de la peine de mort ; 7 octobre, *contre* l'amendement Grévy ; 25 novembre, *pour* l'ordre du jour : « Le géné-ral Cavaignac a bien mérité de la patrie » ; 28 décembre, *contre* la réduction de l'impôt du sel ; 12 janvier 1849, *pour* la proposition Ra-teau ; 16 avril, *pour* les crédits de l'expédition de Rome. Il donna sa démission de représentant le 20 avril 1849, ayant été élu conseiller d'E-tat par l'Assemblée. Il compta alors parmi les partisans les plus modérés de la république constitutionnelle, ne s'associa pas tout d'abord à la politique de l'Elysée, et protesta, avec dix-sept de ses collègues du Conseil d'Etat, contre l'acte du 2 Décembre 1851.|Pourtant, il ne tarda pas à se rallier au coup d'Etat victorieux, fut appelé à faire partie du Conseil d'Etat réorganisé, et accepta en outre les fonctions de membre de la commission municipale de la ville de Paris, puis la croix de commandeur de la Légion d'honneur, que lui conféra le gou-vernement impérial, par la promotion du 12 août 1863. M. Boulatignier fut mis à la retraite comme président de section au Conseil d'Etat, le 12 novembre 1872.

BOULAY (Joseph-Pierre-Henri), député de 1837 à 1846, né Grasse (Var), le 10 janvier 1787, mort à une date inconnue, était négociant à Grasse. Il fut élu, le 16 décembre 1837, député du 4e collège du Var (Grasse), par 229 voix sur 272 votants et 328 voix inscrits, contre 38 voix à M. Partouneaux, en remplacement de M. Séme-rie, décédé. Boulay siégea sur les bancs de la majorité ministérielle, avec laquelle il vota constamment.

Réélu le 2 mars 1839, par 242 voix sur 271 votants et 328 inscrits, contre 25 à M. Pier-rhugues, banquier à Paris ; puis le 9 juillet 1842, par 214 voix sur 222 votants et 346 ins-crits, il opina contre toutes les réformes propo-sées par l'opposition, se prononça *contre* l'ad-jonction des capacités, *pour* l'indemnité Prit-chard, *contre* la proposition Rémusat relative aux députés fonctionnaires, et *contre* la propo-sition relative aux annonces judiciaires.

BOULAY (de la Meurthe), (Antoine-Jac-ques-Claude-Joseph, comte), député au Conseil des Cinq-Cents, et représentant à la Chambre des Cent-Jours, né à Chaumouzey (Vosges), le 19 fé-vrier 1761, mort à Paris, le 2 février 1840, était fils d'un cultivateur aisé, fut élevé par son oncle, simple curé de campagne aux environs de Nancy, et placé par lui au collège épiscopal de Toul, où le fils de l'instituteur de Saffrais, pe-tit village de Lorraine, François de Neufchâ-teau, plus tard son collègue et son ami, était déjà professeur de poésie française. Après de fortes études, il fut reçu avocat et se fit inscrire au barreau de Nancy puis à celui de Paris, lorsque la Révolution éclata. En 1792, enrôlé volontaire au bataillon de la Meurthe, avec Lobau et Drouot, il prit part à la bataille de Valmy. Dé-voué aux principes de 1789, au bout de quelque temps il se sépara néanmoins des révolution-naires avancés et devint un des chefs du parti modéré. Elu juge au tribunal civil de Nancy, destitué en 1793 par un représentant du peuple

en mission, frappé ensuite d'un mandat d'ar-rêt, et obligé de chercher un asile dans les bois, il ne put reparaître qu'après le 9 thermi-dor. Depuis cette époque, il remplit successive-ment les fonctions de président et d'accusateur public au tribunal de Nancy, et fut élu, le 23 vendémiaire an V, député de la Meurthe au Conseil des Cinq-Cents. Boulay fit d'abord, dans cette assemblée, une opposition assez énergique aux projets royalistes soutenus par un grand nombre de députés. Pour son début à la tribune, il combattit (9 juillet 1797) l'idée de faire rentrer les prêtres déportés et de les autoriser à exercer leur ministère, sans les en-gager par aucun serment au nouvel ordre de choses. Il voulait qu'on exigeât d'eux les plus fortes garanties et soutenait qu'ils étaient d'au-tant plus à craindre que, dépouillés de leurs biens, ils n'avaient plus rien à perdre. Il par-ticipa au 18 fructidor, et, nommé le soir même membre du comité de salut public, fit, dans un rapport, l'apologie de cette journée, concluant à la déportation des conspirateurs. « La dé-portation, dit-il quelques jours plus tard, doit être désormais le grand moyen de salut pour la chose publique. Cette mesure est avouée par l'humanité. » Boulay proposa encore l'expul-sion de la partie de la haute noblesse qui n'a-vait pas émigré, la jugeant plus dangereuse par sa présence que l'autre ; il s'éleva, d'ailleurs, contre les listes de proscription qu'il trouvait trop nombreuses, et combattit aussi le projet qui tendait à créer pour les délits politiques une juridiction exceptionnelle. Quand le Direc-toire, qu'il avait jusqu'alors soutenu de son in-fluence, lui parut vouloir porter trop loin les consé-quences de son triomphe, Boulay rompit avec lui ; ses derniers actes, comme ses derniers discours, furent empreints de cet esprit d'opposition. Par exemple, il fit rejeter par le Conseil un projet attribuant au Directoire le droit de destituer les accusateurs publics, et un autre lui don-nant la faculté de nommer aux places vacantes dans le Tribunal de cassation. Son hostilité s'accentua encore, lorsqu'à la fin de l'an VI, il se plaignit de ce que l'affermage des salines du Mont-Blanc et de la Meurthe par le Direc-toire avait fait renchérir le prix du sel. Enfin il protesta contre le système de scission dans les collèges électoraux, système qu'il accusait le gouvernement de vouloir favoriser, fit en-tendre maintes réclamations relatives au ré-gime de la presse, fut un des principaux ac-teurs de la journée du 30 prairial, et publia un écrit qui fit beaucoup de bruit, intitulé : *Essai sur les causes qui en 1649 amenèrent en An-gleterre l'établissement de la république, sur celles qui devaient l'y consolider, et sur celles qui l'y firent périr*. Comparant dans cette brochure la révolution anglaise de 1648 et notre Révolution, il annonçait un dénoûment militaire. Secrétaire, puis président du Conseil des Cinq-Cents, il compta, à la fin de la ses-sion, parmi ceux qui se rallièrent à la contre-révolution et favorisèrent le 18 brumaire. Bou-lay (de la Meurthe) avait acquis une très grande influence au Conseil : il s'y occupa activement et à plusieurs reprises de la question de l'or-ganisation de l'enseignement public ; il proposa de multiplier les écoles, d'élever le traitement des instituteurs et d'introduire diverses réfor-mes, tout en conservant aux pères de famille un droit de surveillance locale : certaines de ces idées avaient déjà cours sous l'ancien ré-gime, et ses contradicteurs, Louvet (de la Somme), André (du Bas-Rhin), en rendant jus-tice à « ses talents, à sa profondeur, à son érudition, » combattirent ce qu'ils appelaient ses « erreurs de principes ».

Après avoir abdiqué ses opinions républicaines, Boulay (de la Meurthe) accepta de présider la Commission législative intermédiaire formée par Bonaparte à la suite du coup d'Etat de brumaire, et en devint même le président. Il collabora à la Constitution de l'an VIII, entra au Conseil d'Etat et fut (4 janvier 1800) nommé président de la section de législation. Il prit une part importante aux discussions du Code civil, et fut chargé d'en présenter et d'en soutenir devant le Corps législatif les deux premiers projets. Il porta aussi devant la même assemblée le projet relatif à la clôture de la liste des émigrés, et à l'établissement des tribunaux spéciaux. Le premier consul l'appela aux fonctions de directeur du contentieux des domaines nationaux (14 septembre 1802): il instruisit, en cette qualité, près de vingt mille affaires, et selon l'ordre de Bonaparte fut « indulgent pour les personnes, mais très sévère pour les biens, » en maintenant toutes les ventes nationales. Créé comte de l'Empire le 26 avril 1808, grand officier de la Légion d'honneur le 30 juin 1811, et, redevenu président de la section de législation du Conseil d'Etat, il cumula ces fonctions avec celles de membre du conseil privé, puis du conseil de régence. Il y fit preuve d'une indépendance relative, défendit constamment l'institution du jury, contint les prétentions du clergé; et lorsque le gouvernement et le Corps législatif se divisèrent en 1813, il n'hésita pas à conseiller à Napoléon de faire droit aux justes réclamations des députés. Destitué en 1814, il reprit, au retour de l'île d'Elbe son ancienne situation, augmentée de la direction de la correspondance et de la comptabilité au ministère de la Justice. Elu, le 10 mai 1815, représentant de la Meurthe à la Chambre des Cent-Jours, il défendit vivement, à la séance du 22 juin, la cause de Napoléon II, et attaqua la faction d'Orléans, malgré les murmures de la Chambre. Il avait été nommé peu auparavant ministre d'Etat; mais la seconde Restauration survint, et l'ordonnance royale du 24 juillet 1815 l'exila, comme ayant conspiré pour le retour de Napoléon. Il passa quatre années en Allemagne et ne rentra en France qu'en 1820. Depuis ce temps jusqu'à sa mort, Boulay (de la Meurthe) vécut retiré au milieu de sa famille, exclusivement livré à des travaux historiques et littéraires et à la rédaction de curieux *Mémoires sur la révolution*.

BOULAY (DE LA MEURTHE) (HENRI-GEORGES, COMTE), fils aîné du précédent, député de 1837 à 1839 et de 1842 à 1848, représentant du peuple à l'Assemblée constituante de 1848, vice-président de la République, et sénateur du second Empire, né à Nancy (Meurthe), le 15 juillet 1797, mort à Paris, le 24 novembre 1858, avait accompagné son père en exil et terminé en Allemagne ses études judiriques commencées à Paris. De retour en France, il acquit une certaine notoriété au barreau de Paris; puis les événements de juillet 1830 l'appelèrent à la vie politique. Il avait, sous la Restauration, combattu les ultra-royalistes; la monarchie de Louis-Philippe parut d'abord lui donner pleine satisfaction; il fut décoré de la croix de Juillet, nommé colonel de la onzième légion de la garde nationale parisienne, et prit part à la répression de plusieurs mouvements insurrectionnels, notamment à l'époque du procès des ministres et lors de l'affaire de l'archevêché. Elu, le 4 novembre 1837, député du 3e collège

de la Meurthe (Lunéville) avec 153 voix sur 300 votants et 315 inscrits, il siégea dans l'opposition dynastique et vota généralement avec la gauche. Il reçut aussi la décoration d'officier de la Légion d'honneur. L'année suivante, le gouvernement l'appela aux fonctions de membre du conseil général de la Seine, qu'il occupa en même temps que celles de membre du comité central de l'instruction primaire. En 1840, il fut réélu colonel de la onzième légion, et en 1842, président de la Société pour l'instruction élémentaire. Boulay (de la Meurthe) s'intéressait particulièrement aux questions d'éducation et d'enseignement. C'est à la Seine doit l'adoption de la méthode Willhem (1835), l'introduction dans le programme des écoles de Paris du dessin linéaire, de la gymnastique, de l'hygiène et de la morale, la suppression des classes payantes, l'organisation des leçons monitoriales, une amélioration dans le traitement des instituteurs, l'organisation de l'école primaire supérieure, etc. Le 9 juillet 1842, il rentra à la Chambre des députés, cette fois député du 2e collège des Vosges (Mirecourt), avec 213 voix sur 407 votants et 441 inscrits, contre 193 à M. Daullé; il fut réélu le 1er août 1846, par 262 voix sur 371 votants et 421 inscrits, contre 99 à M. Résal. En 1843, il appuya à la tribune une pétition tendant à faire cesser l'exil de la famille Bonaparte et réclama l'abrogation de la loi de bannissement qui la concernait. Il reproduisit, sans plus de succès la même proposition en 1847; en souvenir de l'ère napoléonienne, il avait rétabli les fifres de la garde impériale dans sa onzième légion. Bien que votant souvent avec l'opposition, il ne s'associa pas, en février 1848, à la demande de mise en accusation du ministère Guizot, adhéra, cependant, au gouvernement républicain, et après avoir perdu son grade dans la onzième légion par le vote de la garde nationale, fut élu, dans les Vosges, le 23 avril 1848. représentant du peuple à l'Assemblée constituante, le 4e sur 11, par 65,277 voix (85,950 votants, 106,755 inscrits.) Il siégea parmi les plus modérés, soutint d'abord la politique de Cavaignac, et se fit remarquer, en juin, dans la répression de l'insurrection en se battant au Panthéon, à la tête de la garde nationale. Il appuya la proposition Pietri relative à la rentrée en France des Bonapartes, et soutint énergiquement en décembre 1848, la candidature de L.-Napoléon à la présidence. En dehors de la politique, Boulay (de la Meurthe) qui présidait le comité de l'instruction publique, eut une grande part à la fondation des salles d'asile et à l'extension des écoles primaires. D'autre part, le 20 janvier 1849, sur une liste de trois candidats présentés (les deux autres étaient Baraguey d'Hilliers et Vivien) par l'Assemblée constituante, il fut élu, par l'influence personnelle de Louis-Napoléon, aux fonctions de vice-président de la République. Piqué d'un refus de l'Assemblée constituante à propos d'une allocation pour frais de représentation, il ne voulut pas toucher la somme qui lui était accordée pour le poste de vice-président. Il continua de se montrer dévoué à la politique de l'Elysée, jusqu'au coup d'Etat inclusivement. « Jamais on ne vit, dit un biographe, un second moins incommode, s'effaçant toujours, ne se mêlant de rien, pas même de ses prérogatives. »

On raconte que M. Boulay (de la Meurthe), interrogé sur un changement de ministère, s'écria, très étonné: « A qui demandez-vous cela ? » Au lendemain du 2 décembre, son nom reparut sur la liste de la commission consultative; il passa de là au Conseil d'Etat, qu'il présida, et au Sénat (26 janvier 1852.) M. Boulay (de la Meurthe) a laissé sur diverses matières pédagogiques des discours et des rapports qui ne ne sont pas sans intérêt. Quand il mourut, il travaillait à la publication de la *Correspondance de Napoléon Ier*.

BOULAY (DE LA MEURTHE) (FRANÇOIS-JOSEPH, BARON), frère du précédent, sénateur du second Empire, né à Nancy (Meurthe), le 6 novembre 1799, mort à Paris, le 7 mai 1880, fut secrétaire général du ministère de l'Agriculture et du Commerce. Il était, depuis 1837, conseiller d'Etat, lorsque les suffrages de l'Assemblée constituante le maintinrent dans ses fonctions. En juillet 1855, il remplaça Bonjean comme président du comité de l'intérieur, de l'instruction publique et des cultes. François-Joseph Boulay (de la Meurthe) suivit la même carrière politique que son frère. Partisan de L.-N. Bonaparte et du coup d'Etat, il entra au Sénat impérial en 1857, et fut, le 19 septembre de la même année, admis à la retraite comme président de section au conseil d'Etat. Son rôle au Sénat fut peu important. Il fut cependant un des trois qui votèrent, le 3 septembre 1869, contre le sénatus-consulte qui tendait à faire quelques concessions au gouvernement parlementaire. Membre de la commission des caisses d'amortissement et des dépôts et consignations, membre du conseil du sceau des titres, du conseil de l'instruction publique, etc., M. Boulay de la Meurthe avait été nommé grand officier de la Légion d'honneur à la promotion du 13 août 1859.

BOULAY-PATY (PIERRE-SÉBASTIEN), député au Conseil des Cinq-Cents, né à Abbaretz (Loire-Inférieure), le 10 août 1763, mort à Donges (Loire-Inférieure), le 16 juin 1830, était avocat à 21 ans, avec dispense d'âge, devint sénéchal commissaire du roi à Nantes, puis commissaire national de la ville de Paimbœuf, qu'il défendit contre les Vendéens, et où il cacha dans sa maison l'ex-maire de Paris, Bailly. Appelé aux fonctions de commissaire du Directoire exécutif près le département de la Loire-Inférieure, il lutta contre Carrier, parvint à lui faire rapporter plus d'une fois des décrets iniques, fut arrêté par son ordre et mis en surveillance à Paimbœuf. Elu, le 26 germinal an VI, député du département au Conseil des Cinq-Cents, il devint secrétaire de cette Assemblée l'année suivante, demanda (2 juin 1799) des mesures pour prévenir les assassinats dont les républicains étaient victimes dans l'Ouest, prononça sur le commerce et sur la marine des discours qui lui valurent des adresses de remerciements des ports de Nantes, de Saint-Malo et du Havre, fit décréter que les ministres rendraient compte de leur administration dans le délai de deux mois, contribua activement à la journée du 30 prairial (18 juin 1799), qui força Lareveillière-Lépeaux et Merlin à quitter le Directoire, et réclama la mise en état d'arrestation de l'ex-ministre Schérer. Très hostile au coup d'Etat de brumaire, il fit partie, le lendemain, des membres exclus du Corps législatif et revint en Bretagne pour reprendre sa place au barreau; mais il accepta bientôt le fait accompli, et fut nommé, le 12 floréal an VIII, sur la demande de ses anciens collègues des Cinq-Cents, juge au tribunal d'appel de Rennes. A la réorganisation des tribunaux, il reçut (14 avril 1811) un siège de conseiller à la Cour impériale de Rennes et obtint de l'empe-

reur la création d'une chaire de droit commercial à la Faculté de Rennes, qu'il professa gratuitement jus qu'en 1814. La Restauration le confirma dans ses fonctions de conseiller, le 3 janvier 1816. — Il a publié: *Observations sur le projet du Code de commerce adressé aux tribunaux de la part du gouvernement* (1802), observations dont il a été tenu grand compte dans la rédaction définitive de ce Code. La ville de Donges a concédé gratuitement, à perpétuité, le terrain où il repose.

BOULAYE (VICOMTE DE LA). — *Voy.* DUBUISSON.

BOULENGER (LOUIS-CHARLES-ALEXANDRE, BARON LE), député à l'Assemblée législative de 1791, né à Rouen (Seine-Inférieure), le 26 février 1759, mort à Rouen, le 12 janvier 1822, fut d'abord président du tribunal de district de Rouen, puis administrateur du département. Elu député de la Seine-Inférieure à la Législative, le 7 septembre 1791, il prit part à quelques débats de cette assemblée. Membre de la minorité, il se fit infliger la censure, le 4 février 1792, pour avoir interrompu l'appel nominal qui termina la discussion sur plusieurs pétitions présentées contre les administrateurs du département de Paris. Le Boulenger fut dénoncé par divers membres comme ayant menacé par geste le président. Il s'en défendit vainement, et la censure fut prononcée au milieu des applaudissements de la majorité et des tribunes. Le 10 mars, il essaya, malgré les murmures, de défendre le ministre Delessart, décrété d'accusation; il protesta, le 25 mai, contre la déportation des prêtres insermentés, et, plus tard, intervint encore pour attaquer une adresse de Marseille contre la royauté, et pour s'opposer à l'admission à la barre de l'Assemblée d'une députation de fédérés. Le Boulenger, favorable au coup d'Etat de brumaire et à la politique de Bonaparte, fut nommé, le 31 mai 1810, chevalier de la Légion d'honneur. Il mourut sous la Restauration.

BOULLAY (ETIENNE), député depuis 1885, né à Saint-Sorlin (Saône-et-Loire), le 16 mai 1825, était négociant en vins à Mâcon, chevalier de la Légion d'honneur, et conseiller général républicain pour le canton nord de cette ville (1871-1886). Juge au tribunal de commerce (1863), fondateur de la Société d'Agriculture de Mâcon (1880), qu'il présida, il fut porté sur la liste républicaine radicale aux élections du 4 octobre 1885, obtint au premier tour de scrutin 46,710 voix sur 135,284 votants, et fut élu au scrutin de ballottage, le 18 octobre, par 80,580 voix (140,510 votants, 174,124 inscrits). M. Et. Boullay se fit inscrire à la gauche radicale et à l'extrême gauche, et vota avec ce groupe, notamment, dans la dernière session, *pour* le rétablissement du scrutin uninominal (11 février 1889), *contre* l'ajournement indéfini de la revision de la Constitution (14 février, chute du ministère Floquet), *pour* les poursuites contre trois députés membres de la Ligue des patriotes (14 mars), *contre* le projet de loi Lisbonne restrictif de la liberté de la presse (2 avril), *pour* les poursuites contre le général Boulanger (4 avril).

A la fin de la présente législature, et à la suite des derniers votes de la majorité, M. Boullay est entré, avec MM. Lockroy, Millerand, de Lanessan, dans le petit groupe de députés « indépendants » qui se sont séparés, en plusieurs circonstances, de ceux de leur collègues radicaux dont le *leader* est M. Clémenceau.

BOULLÉ (Jean-Pierre, baron), député aux Etats-Généraux de 1789 et au Conseil des Cinq-Cents, né à Auray (Morbihan), le 29 juillet 1753, mort au Vaumeno (Côtes-du-Nord), le 13 juin 1816, était avocat à Pontivy avant la Révolution. Elu, le 17 avril 1789, député du tiers aux Etats-Généraux par la sénéchaussée de Ploërmel, il fit partie d'une commission de conciliation entre la noblesse et le tiers, fut envoyé dans le Nord et dans le Pas-de-Calais pour prévenir les troubles qu'aurait pu causer la nouvelle de la fuite du roi, et suivit Rochambeau à l'armée du Nord. Le 23 vendémiaire an IV, le Morbihan l'élut député au Conseil des Cinq-Cents; il y parla contre l'institution d'une fête commémorative du 18 fructidor, et coopéra au coup d'Etat du 18 brumaire, concours qui lui valut d'être nommé, dès le 11 ventôse an VIII, préfet des Côtes-du-Nord. Membre de la Légion d'honneur du 25 prairial an XII, il fut créé baron de l'Empire le 31 janvier 1810, appelé à la préfecture de la Vendée le 6 avril 1811, et promu officier de la Légion d'honneur le 30 juin suivant. Il fut admis à la retraite comme préfet le 10 juin 1815.

BOULLÉ (Philippe-Marie), député au Corps législatif de 1854 à 1863, né à Pluneret (Morbihan), le 23 juin 1790, mort à Vannes (Morbihan), le 22 février 1868, suivit la carrière militaire et, parvenu au grade de maréchal de camp, quitta l'armée le 22 janvier 1852. Il entra bientôt dans la vie parlementaire. Elu député au Corps législatif dans la 1re circonscription du Morbihan, le 8 octobre 1854, par 17,218 voix sur 17,889 votants et 38,643 inscrits, contre 437 voix à M. Marziou (il remplaçait M. Jollivet de Castellot, décédé), il siégea dans la majorité impérialiste et vota constamment avec elle. Il fut réélu le 22 juin 1857, par 19,345 voix (19,543 votants, 38,075 inscrits), et rentra dans la vie privée en 1863, sans avoir laissé de traces notables de son passage au Parlement.

BOULLET (Charles-Marie), pair de France, né à Amiens (Somme), le 5 avril 1792, mort à Amiens, le 10 décembre 1858, était le fils d'un avocat distingué du barreau de cette ville. Il suivit la même carrière, puis entra dans la magistrature. Substitut au parquet d'Amiens, le 10 janvier 1816, puis substitut du procureur général (1819) au même siège, et avocat général le 5 novembre 1826, il accepta du gouvernement de Juillet les fonctions de sa nomination comme président de chambre, le 4 novembre 1820. Il se fit une solide réputation de jurisconsulte, et devint enfin, le 13 juillet 1837, premier président de la Cour royale d'Amiens. Il remplit, vers la même époque, dans son pays natal, diverses fonctions administratives, fut élu membre du conseil municipal d'Amiens, vice-président de la caisse d'épargne, etc., et fut appelé, le 25 décembre 1841, à siéger à la Chambre des pairs, où, jusqu'à la révolution de février 1848, il soutint de tous ses votes le gouvernement de Louis-Philippe.

BOULLIER (Etienne-Jacques-Auguste), représentant à l'Assemblée nationale de 1871, né à Roanne (Loire), le 22 février 1833. « C'est un riche propriétaire qui a beaucoup voyagé, dit une biographie, et quelque peu écrit pour charmer ses loisirs. Il est l'auteur de nombreux ouvrages dans lesquels il a consigné ses impressions de voyage. » M. Boullier, élu le 8 février 1871, représentant de la Loire à l'Assemblée nationale, le 6e sur 11, avec 48,629 voix (69,275 votants, 143,320 inscrits), siégea au centre droit, et, sans prendre jamais la parole, vota : le 1er mars 1871, *pour* la paix ; le 16 mai, *pour* les prières publiques; le 10 juin, *pour* l'abrogation des lois d'exil; le 30 août, *pour* le pouvoir constituant de l'Assemblée; le 3 février 1872, *contre* le retour de l'Assemblée à Paris ; le 24 mai 1873, *pour* la prorogation des pouvoirs du maréchal; le 4 décembre, *pour* le maintien de l'état de siège; le 20 janvier 1874, *pour* la loi des maires; le 30 janvier 1875, *contre* l'amendement Wallon; le 25 février, *pour* l'ensemble des lois constitutionnelles.

M. Boullier échoua aux élections législatives du 20 février 1876, dans la 2e circonscription de Roanne, avec 5,824 voix contre 10,680 accordées à l'élu républicain, M. Brossard. Il se présenta encore, sans succès, le 14 octobre 1877, et n'obtint que 6,737 voix contre 10,358 données au député sortant.

BOULLIER DE BRANCHE (Augustin), représentant à l'Assemblée nationale de 1871, né à Ernée (Mayenne), le 10 octobre 1827, fut avocat et figura, comme légitimiste sur la liste des candidats conservateurs aux élections du 8 février 1871, dans le département de la Mayenne, qui l'élut, le 7e et dernier, par 60,751 voix sur 72,352 votants et 98,165 inscrits. Il siégea à droite, fit partie de la réunion Colbert et du cercle des Réservoirs, et vota : *pour* la paix, *pour* les prières publiques, *pour* l'abrogation des lois d'exil, *contre* le retour de l'Assemblée à Paris, *pour* le 24 mai, *pour* les arrêtés contre les enterrements civils, *pour* l'état de siège, *contre* la dissolution, *pour* la loi des maires, et *pour* le ministère de Broglie. Il repoussa les amendements Wallon et Pascal Duprat à la Constitution de 1875, dont il rejeta également l'ensemble, le 25 février 1875. Il ne fit pas partie d'autres législatures.

BOULOGNE (François-Joseph), représentant à la Chambre des Cent-Jours, né à Desvres (Pas-de-Calais), le 27 décembre 1768, mort à une date inconnue, était avocat dans la ville dont il portait le nom, à Boulogne. Sans aucun antécédent politique, il figura parmi les membres obscurs de la Chambre des Cent-Jours, ayant été élu, le 13 mai 1815, représentant de Boulogne-sur-Mer. Il rentra dans la vie privée à la clôture de la session.

BOULOGNE (Etienne-Antoine, comte de), pair de France, né à Avignon (Vaucluse), le 26 décembre 1747, mort à Paris, le 13 mai 1825, d'une famille de fortune modeste qui avait des prétentions nobiliaires, fut destiné à l'état ecclésiastique. Après avoir obtenu les suffrages de l'Académie de Besançon pour son discours : *Il n'y a pas de meilleur garant de la probité que la religion*, il vint à Paris, fut attaché aux paroisses de Sainte-Marguerite et de Saint-Germain-l'Auxerrois, et, sur de faux rapports, fut interdit par l'archevêque Christophe de Beaumont, qui refusa de donner les raisons de cette rigueur. Dans un concours pour l'*Eloge du Dauphin*, père de Louis XVI, l'archevêque prétendit même enlever à l'abbé de Boulogne, prêtre censuré, le prix qu'il méritait; mais la Société des Amis de la religion et des lettres, qui avait institué le concours, maintint le prix à l'abbé ; la vengeance archiépiscopale réussit à faire enfermer pour trois mois le lauréat à

Saint-Lazare. La mort de M. de Beaumont mit un terme à ces persécutions, et ouvrit la voie des honneurs à l'abbé de Boulogne, qui devint successivement archidiacre, vicaire-général de Châlons-sur-Marne et prédicateur du roi. A la suite de son discours d'ouverture à l'assemblée provinciale de Champagne, il reçut, de l'évêque d'Autun, l'abbaye de Tonnay-Charente, puis fut élu député de la paroisse Saint-Sulpice à l'assemblée bailliagère de Paris en 1789. Il refusa le serment à la Constitution civile du clergé, fut arrêté trois fois sous la Terreur, et condamné à la déportation, au 18 fructidor, pour avoir attaqué les doctrines théophilanthropiques de Lareveillère-Lépeaux, mais il réussit à se cacher. Il adhéra au Concordat de 1801 avec un empressement dont Napoléon lui sut gré; chanoine et grand-vicaire de Lyon, puis chapelain de l'empereur, il fut appelé en 1807 à l'évêché d'Ac qu'il qu'il refusa, ne sachant pas l'italien, puis, en 1809, à celui de Troyes; il avait été créé, le 5 octobre 1808, baron de l'Empire. L'empereur n'eut pas de panégyriste plus enthousiaste : les mandements de l'évêque de Boulogne le représentaient « comme un autre Cyrus, conduit par la main de Dieu, et appelé dès le commencement des siècles pour relever les ruines du temple et rendre au sacerdoce toute sa majesté. » Cependant, ayant embrassé trop chaudement la cause du pape, au concile de 1811, il fut suspendu par « le nouveau Cyrus », et mis au secret à Vincennes; on exigea sa démission; après quoi il fut exilé à Falaise, et ne fut rétabli sur son siège qu'au retour des Bourbons. Le 21 janvier 1815, il prononça à Saint-Denis l'oraison funèbre de Louis XVI, et paya son retard à la Restauration sa dette de reconnaissance par l'*Instruction pastorale sur l'amour et la fidélité que les Français doivent au roi.* Il se retira à Vaugirard pendant les Cent-Jours, et reprit définitivement possession du siège de Troyes en avril 1816. Le gouvernement de la Restauration le nomma en 1817, à l'archevêché de Vienne, mais les événements rendirent nulle cette nomination; on l'en dédommagea en l'élevant à la pairie, le 31 octobre 1822. Autorisé à porter le titre d'archevêque, il collabora collabora d'une attaque d'apoplexie et fut enterré au Mont-Valérien. Lors de la construction des fortifications de Paris, son corps, réclamé par le clergé de Troyes, fut inhumé dans cette ville (11 mai 1842). Ses œuvres complètes ont été publiées en 1827; elles comprennent des mandements, des sermons, des panégyriques, etc. M. de Boulogne avait également collaboré à beaucoup de revues et de journaux religieux et politiques.

BOULON-MARTEL (Maximilien-Joseph), député en 1830, né à Abbeville (Somme), le 27 décembre 1779, mort à une date inconnue, était propriétaire à Abbeville. Il fut, le 23 juin 1830, élu député du 1er arrondissement de la Somme (Abbeville), par 172 voix sur 210 votants. Légitimiste, il refusa de prêter serment au gouvernement de Juillet dans la séance du 7 août 1830, et, trois jours après, adressa au président de la Chambre sa lettre de démission :

« Paris, le 10 août 1830.

« Monsieur le président,

« La déclaration que j'ai cru devoir faire à la Chambre dans la séance du 7 août, me plaçant nécessairement dans une position fausse et équivoque vis-à-vis du gouvernement, comme à l'égard du pays que je représente, et cet état

de choses pouvant être préjudiciable aux intérêts de mes commettants, je pense qu'il soit de mon devoir de la faire cesser immédiatement en vous priant de vouloir bien recevoir ma démission.

« Agréez, etc.

« BOULON-MARTEL, député de la Somme. »

BOULOUVARD (Pierre-Siffren), député à l'Assemblée constituante de 1789, né à Arles (Bouches-du-Rhône), le 17 janvier 1732, mort à Marseille, le 19 octobre 1793, était négociant à Arles. Il fut député du tiers-état de cette ville, le 6 avril 1789, aux Etats-Généraux, et s'éleva, dans une lettre qu'il signa avec son collègue Bonnemant et qu'ils adressèrent au *Moniteur*, contre les accusations dont la population d'Arles avait été l'objet. Boulouvard, devenu suspect en 1793, fut exécuté à Marseille, le 19 octobre de la même année

BOUQUELON (Noël), député au Corps législatif de 1807 à 1815, né à Conches (Eure), le 6 septembre 1763, mort à une date inconnue, fut avocat, puis secrétaire général du district d'Evreux, et administrateur du directoire du département. Le 18 février 1807, le Sénat conservateur fit choix de Noël Bouquelon pour représenter au Corps législatif le département de l'Eure. Ce mandat lui fut renouvelé le 6 janvier 1813. Bouquelon termina sa carrière comme juge au tribunal de première instance d'Evreux.

BOUQUEROT DE VOLIGNY (Thomas-André-Marie), député au Conseil des Anciens, né à Asnan (Nièvre), le 27 août 1755, mort à Paris, le 17 août 1841, était, en 1784, procureur fiscal. Il adopta les idées de la Révolution, devint, le 28 janvier 1791, juge suppléant au tribunal de Clamecy, et poursuivit sa carrière dans la magistrature. Commissaire, puis juge au même tribunal en 1792, il fut successivement nommé, le 6 nivôse an II, membre du tribunal criminel de la Nièvre, le 10 nivôse an III, agent national du district de Clamecy, et, le 18 vendémiaire an IV, accusateur public à Nevers. Comme il remplissait ces dernières fonctions, le département de la Nièvre l'élut député au Conseil des Anciens, par 168 voix, le 22 germinal an V. Il y siégea assez obscurément et se rallia au coup d'Etat de brumaire, qui le fit (8 floréal an VIII) juge à la Cour d'appel d'Orléans. Après avoir appartenu à la magistrature impériale, il accepta de la Restauration, le 20 mars 1816, le titre de président de chambre à la Cour royale de Bourges, et le conserva encore sous Louis-Philippe.

BOUQUET (Marie-Xavier-Jules), député de 1876 à 1881, né à Lyon (Rhône), le 23 septembre 1822, étudia la médecine et fut reçu docteur en 1847. Il fut à Marseille, sous l'Empire, un des chefs de l'opposition démocratique, et prit part aux campagnes électorales de 1863 et de 1869. Conseiller général des Bouches-du-Rhône pour le canton de Lambesc, il se présenta avec succès à l'élection complémentaire du 16 avril 1876, dans la 1re circonscription de Marseille, comme candidat républicain radical intransigeant. Il remplaçait Gambetta, qui avait opté pour une autre circonscription, et il réunit 4,244 voix sur 8,145 votants et 14,440 inscrits, contre 1,938 à Garnier-Pagès, et 1,732 à M. Delpech. Le docteur Bouquet s'inscrivit à l'extrême gauche, et vota : 18 mai 1876, *pour* l'amnistie plénière (proposition Raspail); 3 juin, *pour* le nouveau projet de loi sur la collation des grades; 12 juillet, *pour* le projet de loi sur l'élection des maires; 28 décembre, *contre* la discussion des articles du budget renvoyé à la Chambre par le Sénat; 4 mai 1877, *pour* l'ordre du jour Laussedat, Leblond, de Marcère contre les menées ultramontaines. Il fut des 363, et se vit réélu le 14 octobre 1877, par 8,758 voix (11,700 votants, 14,279 inscrits), contre 2,906 à M. Fournier. Il revint à l'extrême gauche, fit partie du petit groupe des députés intransigeants qui refusèrent de suivre Gambetta dans sa politique opportuniste, et vota : *pour* les invalidations prononcées contre les candidats officiels du Seize-Mai, *pour* l'application des lois existantes aux congrégations non autorisées, *pour* la liberté absolue de réunion et d'association, *pour* la séparation de l'Eglise et de l'Etat, *pour* l'amnistie plénière, *pour* le divorce, etc. — Le docteur Bouquet ne fut pas candidat aux élections pour la Chambre des députés, le 21 août 1881. Lors du renouvellement triennal du Sénat, le 6 janvier 1885, il obtint 166 voix comme candidat intransigeant, contre la liste opportuniste, dont le dernier élu, M. Barne, réunit 203 suffrages.

BOUQUIER (GABRIEL), membre de la Convention, né à Terrasson (Dordogne), le 10 novembre 1739, mort à Terrasson, le 6 octobre 1810, s'occupait avec succès de littérature et d'art. Elu député de la Dordogne à la Convention nationale, le 8 septembre 1792, par 450 voix sur 631 votants, il vota pour la mort de Louis XVI : « Louis a commis un assassinat, dit-il; il en a commis mille,... je le condamne à la mort. » Le 21 frimaire an II, il présenta à la Convention un intéressant projet de décret sur l'enseignement libre.

Il demandait qu'il y eût des écoles pour les notions élémentaires, et que les instituteurs fussent payés suivant un tarif, à raison du nombre de leurs élèves. Il proposait enfin l'établissement de quelques écoles supérieures gratuites pour les hautes sciences absolument nécessaires à la conservation de l'existence des citoyens et à la défense de la République. Quand la discussion eut été close, la priorité fut accordée, à une grande majorité, au plan proposé par Bouquier, qui le communiqua, le même jour, à la Société des Jacobins, où il obtint le même succès. La Convention l'adopta définitivement, article par article, dans les derniers jours de frimaire an II. Elle arrêta, sur la motion de Bouquet, les dispositions suivantes :

« — Les pères, mères, tuteurs ou curateurs, qui auront négligé de faire inscrire leurs enfants ou pupilles, seront punis, pour la première fois, d'une amende égale au quart de leurs contributions, et, pour la seconde fois, suspendus de leurs droits de citoyen pendant dix ans. — Les instituteurs et institutrices du premier degré recevront pour chaque enfant qui fréquentera leur école, savoir : les instituteurs, 20 livres, et les institutrices, 15 livres quelle que soit la population de la commune. — Ceux des jeunes gens qui, à l'âge de vingt ans accompli, n'auront pas appris une science, art ou métier utile à la société seront privés pour dix ans du droit de citoyen. La même peine aura lieu contre les pères, tuteurs ou curateurs convaincus d'avoir contribué à cette infraction à la loi. »

Président des Jacobins, puis secrétaire de la Convention, il fit encore, le 24 germinal an II,

un très remarquable rapport sur l'instruction publique, terminé par un long projet de décret sur les « moyens de propager l'instruction, les sciences et arts dont l'enseignement sera salarié par la République, de fixer le choix des instituteurs, etc. » (V. le *Moniteur* du 15 avril 1794). Dans ce rapport, Bouquier appréciait en ces termes les méthodes d'enseignement pratiquées par l'ancien régime :

— « Est-ce de nos écoles gothiques, où des docteurs en bonnet carré n'enseignaient d'autre science que celle d'obscurcir la raison par le raisonnement, de substituer aux idées simples qui naissent de la contemplation de la nature des idées métaphysico-mystiques; est-ce de ces écoles qu'a jailli ce feu patriotique qui porte les citoyens à se dépouiller de leur nécessaire pour secourir la République? Est-ce dans ces écoles que nos citoyennes ont appris à faire le sacrifice de leurs bijoux, de leurs modes, pour subvenir aux besoins des défenseurs de la liberté? Est-ce dans ces écoles qu'elles ont appris que la vertu est la plus belle, la plus riche parure de leur sexe? Est-ce dans les antres des *atqui* et des *ergo* qu'une foule de héros morts dans les combats avaient appris à haïr les tyrans, à adorer la liberté, à mourir pour la patrie? Est-ce enfin dans ces antres que le jeune Barra puisa ce courage héroïque qui, en le rendant le modèle éternel de la jeunesse républicaine, l'a conduit au Panthéon?... etc. » Le représentant Bouquier, en collaboration avec le citoyen Moline pour les paroles et le citoyen Porta pour la musique, fit représenter la même année, au théâtre de l'Opéra national, une pièce intitulée : *La Réunion du 10 août*, ou l'*Inauguration de la République française*, sans-culottide en 5 actes. « Plusieurs des morceaux déclamés, dit le compte rendu du *Moniteur*, sont pleins de chaleur et d'énergie. Tout respire le patriotisme le plus brûlant. La danse n'est pas un des moindres ornements de cette fête. Le citoyen Gardel a eu l'art d'en varier les genres, et d'en offrir de très comiques sans caricature. Il a su respecter la dignité du peuple jusque dans ses amusements. » — Enfin Bouquier fut l'auteur (6 messidor an II) d'un rapport présenté par le comité de l'instruction publique et qui concluait à l'ouverture d'un concours « pour la restauration des tableaux, statues, bas-reliefs, et de tous les monuments formant la collection du Muséum national. » Le projet de décret fut adopté.

Gabriel Bouquier devint juge de paix après la session de la Convention. Il mourut, sous l'Empire, dans son pays natal, après avoir consacré ses dernières années à la poésie et à la peinture.

BOURBEAU (LOUIS-OLIVIER), représentant du peuple à l'Assemblée constituante de 1848, député au Corps législatif de 1869 à 1870, ministre, sénateur en 1876, né à Poitiers (Vienne), le 2 mars 1811, mort à Poitiers, le 6 octobre 1877, fut dirigé par Boncenne (V. ce nom) dans ses études juridiques, et, reçu avocat, s'inscrivit au barreau de Poitiers. Il obtint bientôt, au concours, le grade d'agrégé (1841) et fut nommé professeur de procédure civile et de législation criminelle à la Faculté de droit de sa ville natale. Maire de Poitiers à la fin du règne de Louis-Philippe, il observa, en février 1848, une attitude réservée qui lui permit, non seulement de garder ses fonctions municipales, mais de se faire élire, le 23 avril, représentant de la Vienne à l'Assemblée constituante, le 5e sur 8, par

45,215 voix (70,722 votants). Il fit partie de plusieurs commissions, évita de se compromettre avec les conservateurs les plus décidés, et vota: tantôt avec la droite, tantôt avec la gauche; 26 mai 1848, *pour* le bannissement de la famille d'Orléans; 9 août, *pour* le rétablissement du cautionnement; 26 août, *pour les poursuites* contre Louis Blanc et Caussidière; 1er septembre, *pour* le rétablissement de la contrainte par corps; 18 septembre, *contre* l'abolition de la peine de mort; 7 octobre, *contre* l'amendement Grévy; 2 novembre, *contre* le droit au travail; 25 novembre, *pour* l'ordre du jour en l'honneur de Cavaignac; 28 décembre, *pour* la réduction de l'impôt du sel; 12 janvier 1849, *contre* la proposition Rateau; 21 mars, *contre* l'interdiction des clubs; 16 avril, *contre* l'expédition de Rome; 2 mai, *contre* l'amnistie des transportés; 11 mai, *contre* la mise en accusation du président et de ses ministres.

Non réélu à l'Assemblée législative, il revint au barreau de Poitiers, fut deux fois choisi comme bâtonnier de son ordre, puis nommé doyen de la Faculté de droit. Le 24 mai 1869, il se présenta avec l'appui de l'administration comme candidat au Corps législatif, en concurrence avec Thiers, dans la 3e circonscription de la Vienne, qui l'élut par 12,519 voix sur 20,222 votants et 26.417 inscrits. Il siégea parmi les membres du tiers-parti libéral, signa avec eux la demande d'interpellation dite des 116, qui portait « sur la nécessité de donner satisfaction aux sentiments du pays, en l'associant d'une manière plus efficace à la direction de ses affaires. » La constitution d'un ministère « responsable » ayant suivi de près cette manifestation parlementaire, M. Bourbeau fut appelé, le 17 juillet 1869, à entrer dans le cabinet remanié qui eut la mission d'établir le gouvernement sur de nouvelles bases, analogues à celles indiquées par l'interpellation. Il prit le portefeuille de l'Instruction publique en remplacement de M. Duruy. Mais son passage au ministère fut aussi court que peu brillant : l'avènement de M. Bourbeau aux affaires avait excité la verve des petits journaux, qui lui reprochaient à l'envi de « manquer de prestige ». A l'assemblée, un groupe de 116 députés, formé dans les premiers jours de décembre, et persistant à réclamer « l'application loyale du régime parlementaire », proposa, en opposition à la marche du cabinet dont faisait partie M. Bourbeau, un programme de réformes libérales que les ministres ne crurent pas pouvoir accepter : ils se retirèrent, le 27 décembre; le ministère Emile Ollivier fut alors formé, et M. Bourbeau eut pour successeur M. Segris. Promu, par compensation, commandeur de la Légion d'honneur, il continua de siéger au Corps législatif jusqu'au 4 septembre 1870, et fut rapporteur, en mars, de la proposition Jules Simon, relative à l'abolition de la peine de mort. C'est à M. Jules Simon, devenu là son tour ministre de l'Instruction publique, que M. Bourbeau dut de retrouver sa chaire à la Faculté de Poitiers, le 29 juillet 1871. Etranger à la politique militante depuis le 4 septembre, il se bornait à l'exercice de ses fonctions de professeur, quand les conservateurs de la Vienne le choisirent pour leur candidat au Sénat le 30 janvier 1876 : il fut élu par 294 voix sur 380 électeurs, prit place à droite, et vota notamment, *pour* la dissolution de la Chambre des députés en juin 1877. Il intervint dans la discussion du projet de loi Delsol sur le douaire de l'épouxsurvivant. On doit à M. Bourbeau jurisconsulte, la publication et la continuation du *Traité de procédure civile* de Boncenne.

BOURBON. — *Voy.* Angoulême (duc d')

BOURBON. — *Voy.* Berry (duc de).

BOURBON. — *Voy.* Charles X.

BOURBON. — *Voy.* Condé (prince de).

BOURBON-BUSSET (François-Louis-Joseph, comte de), pair de France, né à Paris, le 4 février 1782, mort à Paris, le 14 décembre 1856, appartenait à une ancienne famille, dont l'origine remonte à saint Louis; son père était lieutenant-général. Il fit ses études au collège militaire d'Effiat, servit quelque temps dans la cavalerie blanche de Saint-Domingue, et fut admis, comme lieutenant, au régiment des chevau-légers belges (1806), qui devint plus tard le 27e chasseurs à cheval. Capitaine en 1807, il fit les campagnes d'Allemagne, de Prusse et de Pologne, passa, en 1809, à l'armée d'Espagne, et se distingua à Talavera et à Albuera. Tombé aux mains des Anglais pendant cette dernière bataille, il resta un an sur les pontons, et revint prendre part à la guerre de France, en qualité de chef d'escadron. Après l'abdication de Napoléon, le comte de Bourbon-Busset se rallia à l'ancienne dynastie, fut nommé colonel aide-major des gendarmes du roi (1814), maréchal de camp (18 mars 1815), et, après avoir exercé deux fois les fonctions d'inspecteur général de la cavalerie, reçut, en 1821, le commandement d'une subdivision militaire. Le 23 décembre 1823, il fut nommé pair de France : tous les votes, jusqu'en 1830, furent acquis au pouvoir. Chef d'état-major général de la garde royale à l'armée d'Espagne (1823), il gagna à la suite de cette campagne le grade de lieutenant-général (22 mai 1825). Peu de temps après, il commanda une division au camp de Saint-Omer, puis à celui de Lunéville. Il resta fidèle à la branche aînée, résigna, en juillet 1830, son titre de pair de France, et sollicita son admission à la retraite qui fut définitivement réglée le 24 janvier 1838. Il était commandeur de la Légion d'honneur depuis le 31 décembre 1815.

BOURBOTTE (Pierre), membre de la Convention nationale, né à Vaux (Yonne), le 5 juin 1763, mort à Paris, le 16 juin 1795, était administrateur dans l'Yonne, quand il fut élu par ce département, le 7 décembre 1792, membre de la Convention. Il siégea à la Montagne, se fit remarquer par son ardeur révolutionnaire, et demanda, dès le 16 octobre 1792, une sentence de mort contre le roi et sa famille. Dans le procès de Louis XVI, au 3e appel nominal, il répondit : « Quand les armées prussiennes étaient aux portes de cette ville, quand le carrousel fumait encore du sang sous le tyran des Tuileries venait d'y faire couler; quand un cri général, sorti de toutes les extrémités de l'empire, appelait la vengeance nationale sur la tête de Louis, fidèle à un serment que je venais de prêter, encore tout plein d'un sentiment d'une juste horreur contre la tyrannie, entouré des mânes plaintifs de toutes les victimes immolées pour la défense de la liberté, le premier j'invoquai révolutionnairement une sentence de mort contre les prisonniers du Temple. Mon opinion n'est susceptible d'aucune versatilité, et je n'aurai jamais l'art de l'exprimer d'une manière évasive.

« Au lieu de nous former en tribunal révolutionnaire comme je le désirais à cette époque, vous crûtes qu'il fallait donner une plus grande solennité à ce procès, et vous l'avez enveloppé des formes judiciaires les plus imposantes. Le résultat de ce procédé vient de vous faire déclarer unanimement Louis convaincu de haute trahison et d'attentat contre la liberté et la sûreté générale de l'Etat. Laisser vivre un tyran quand la loi le condamne et qu'on doit le frapper est un crime aux yeux des peuples libres. Je vote pour la mort. » — Il vota de même contre l'appel au peuple et contre le sursis, et réclama la mise en jugement de la reine. Il se joignit à Albitte et à Chabot qui s'opposèrent à l'exécution du décret rendu contre les auteurs des massacres de septembre. Envoyé par la Convention à Orléans afin d'y examiner la conduite des chefs de la légion germanique, accusés d'incivisme, il passa ensuite dans la Vendée, où il donna des preuves de courage personnel. A la prise de Saumur par les Vendéens, son cheval ayant été tué sous lui, Bourbotte, entouré d'ennemis, se défendit seul, et tua plusieurs hommes; il allait succomber lorsque Moreau, alors simple officier, arriva à temps avec quelques soldats, et parvint à le délivrer. Dans une autre affaire, étourdi par un coup de crosse qu'il venait de recevoir sur la tête, il revient à lui, soulève d'une main le fusil du soldat qui l'ajustait, et de l'autre fend avec son sabre le front de celui qui allait lui donner la mort. « Ce farouche héros des champs de bataille, a écrit l'historien des *Derniers Montagnards*, M. Jules Claretie, était d'ailleurs le plus gai et le plus confiant des hommes. Il avait recueilli à Savenay, dans cette débâcle terrible des Blancs, à côté d'un tas de morts, un petit Vendéen orphelin, Pierre Jarry. Il l'appelait *Savenay* et le faisait élever avec son propre fils. » Rappelé par le comité de salut public et accusé de mesures oppressives, il fut acquitté, puis chargé d'une mission nouvelle à l'armée de Rhin et Moselle, où il montra la même intrépidité. Le 26 août 1794, il annonça à la Convention la prise de Reinsfeld, de Bingen et de Trèves. Les événements de thermidor rappelèrent Bourbotte à Paris. Fidèle à la Montagne, il combattit la faction dominante, puis il fut au premier rang des insurgés de prairial. Maître pendant quelque temps du pouvoir, il demanda l'arrestation des journalistes réacteurs « qui traînent dans la boue, dit-il, ceux qui ont défendu la liberté. » Puis il réclama l'abolition de la peine de mort; cette abolition fut votée, excepté pour les émigrés et les fabricateurs de faux assignats. A ce moment, Duquesnoy ayant proposé que le comité de sûreté générale fût cassé et renouvelé séance tenante, et que quatre de ses collègues fussent nommés pour s'emparer des papiers des comités et suspendre les membres qui les composaient, Bourbotte fut désigné pour faire partie de cette commission: il jura de remplir sa tâche avec courage. Mais bientôt l'insurrection fut vaincue; Legendre et Auguis marchaient à la tête des sections sur l'Assemblée; ils la prirent d'assaut. Sur la dénonciation de Delahaye, Bourbotte fut arrêté et décrété d'accusation, en même temps que Goujon, Romme, Duquesnoy, Duroy et Soubrany. Bourbotte alla de lui-même aux gendarmes. Transféré avec ses amis au château du Taureau dans le Finistère, puis ramené à Paris trois jours après, il fut comme eux traduit devant une commission spéciale militaire qui se tint à l'Hôtel de Ville. Bourbotte se défendit avec énergie, mais en vain. La commission le déclara coupable d'avoir « applaudi à toutes les propositions de Romme, Goujon, Duroy et autres, tendant au réarmement des terroristes, aux visites domiciliaires,

à la permanence des sections, au renouvellement des comités, et d'avoir dit, lorsqu'elles furent adoptées, que la commission venait de prendre d'excellentes mesures » (or, il fut prouvé que Bourbotte était, à ce moment, absent de la Convention): « d'avoir proposé l'arrestation de tous les folliculaires; d'avoir été l'un des quatre membres qui devaient former la commission extraordinaire, remplacer le comité de sûreté générale, s'emparer de ses papiers; d'avoir accepté cette place, promis d'en remplir les fonctions et d'être toujours prêt à exécuter les décrets de la Convention nationale. » Il fut condamné, ainsi que ses collègues, à la peine de mort. A midi, on lut ce jugement aux condamnés. Bourbotte s'écria: « Les ennemis de la liberté ont seuls demandé mon sang. Mon dernier vœu, mon dernier soupir sera pour la patrie! » Il était midi et demi, le tribunal allait suspendre la séance, lorsque l'officier de garde entra précipitamment, tenant à la main un couteau ensanglanté. On venait d'arracher cette arme à Bourbotte qui s'était frappé en entrant dans la salle du rez-de-chaussée, servant de prison aux accusés, — et non en descendant l'escalier, comme l'ont raconté plusieurs journaux du temps. Son exemple fut imité par Goujon, puis par Romme et successivement par les trois autres: tous se frappèrent au cœur. Comme Duroy se tordait de douleur: « Mon pauvre Duroy, lui dit Bourbotte, je te vois souffrant beaucoup: mais console-toi; c'est pour la République. » Bourbotte fut porté sur l'échafaud. Dans la charette, « indifférent, dit M. J. Claretie, presque enjoué, l'œil paisible, la chemise rabattue sur les épaules, couvert de sang, il regardait la foule. » Il fut exécuté le dernier; il vivait encore, et avant que le couteau retombât, il eut le temps de crier: Vive la République! »

BOURBOUSSON (THÉOPHILE-EUGÈNE), représentant aux Assemblées constituante et législative de 1848-1849, né à Gigondas (Vaucluse), le 6 juillet 1811, mort à Sablet (Vaucluse), le 27 septembre 1864, étudia la médecine, se fit recevoir docteur et fut attaché à l'établissement des eaux thermales de Vacqueyras, près d'Orange. Sous le règne de Louis-Philippe, il professait des opinions très libérales et fut porté par l'opposition au conseil général de Vaucluse. Le 23 avril 1848, il fut élu représentant de Vaucluse, le 6e et dernier de la liste, par 20,755 voix sur 59,634 votants. Membre du comité de l'agriculture et du crédit foncier, il fit partie de la majorité et demanda, avec Bérard (de Lot-et-Garonne), que l'élection des représentants se fît au chef-lieu de la commune. Il vota: *pour* les poursuites contre Louis Blanc et Caussidière; *pour* le rétablissement de la contrainte par corps; *contre* l'abolition de la peine de mort; *contre* l'amendement Grévy; *pour* la proposition Rateau; *pour* l'interdiction des clubs; *contre* l'amnistie des transportés; *pour* l'abolition de l'impôt sur les boissons. Réélu, le 1er sur 5, à l'Assemblée législative, par le même département, avec 32,603 voix (58,830 votants, 78,705 inscrits), il siégea à droite et s'associa à toutes les mesures répressives. Un jour que Victor Hugo était à la tribune de l'Assemblée, un membre l'interrompit avec persistance; l'orateur s'arrêta et voulut connaître le nom de l'interrupteur:

— C'est moi, Bourbousson! fit alors en se levant le député de Vaucluse.

— Je n'espérais pas tant, répliqua Victor

Hugo au milieu des rires, et il poursuivit son discours.

M. Borbousson, au coup d'État, fit partie de de la commission consultative. Il quitta la vie publique presque aussitôt après, et se retira dans son département, à Sablet, où il mourut.

BOURCIER (François-Antoine-Louis, comte), député de 1816 à 1820, et de 1821 à 1824, né à Petite-Pierre (Bas-Rhin), le 23 février 1760, mort à Ville-au-Val (Meurthe), le 8 mai 1828, était fils d'un ancien brigadier des gardes du corps du roi Stanislas, et, après une brillante éducation, fut placé dans un régiment de cavalerie. Quand éclata la Révolution, il était lieutenant au 1er régiment des chasseurs à cheval (Picardie). Aide de camp du duc d'Aiguillon (9 juin 1792), il passa, la même année, à l'état-major de Custine, fut adjudant général (8 mars 1793), général de brigade (20 octobre), chef d'état-major de l'armée du Rhin (22 octobre), fut suspendu momentanément de ses fonctions par les conventionnels en mission, puis réintégré et nommé général de division (9 juillet 1794). Le général Moreau l'ayant mis à la tête d'une division de cavalerie, il se distingua au combat d'Ingolstadt, et dans la célèbre retraite de 1796. Le 3 août 1797, il fut nommé inspecteur général de cavalerie, fit campagne en Suisse et à Naples, où il battit les insurgés à Andria, et reçut, en récompense de ses services, le titre de conseiller d'État et de membre du comité d'administration du ministère de la Guerre (27 décembre 1802), la croix de la Légion d'honneur (9 vendémiaire an XII) et celle de grand officier (25 prairial de la même année). Appelé (1804) au commandement de la réserve de cavalerie de l'armée des côtes, il prit part, en 1805, à la tête d'une division de dragons, aux batailles d'Ulm et d'Austerlitz, et, en 1806, à celle d'Iéna, et fut nommé, après la prise de Berlin, inspecteur général du dépôt des chevaux enlevés à l'ennemi. De là il passa en Espagne, revint en Autriche, se battit héroïquement à Wagram, suivit Napoléon en 1812, et, après les désastres de cette campagne, fut chargé de réorganiser à Berlin la cavalerie de la grande armée.

La Restauration le nomma chevalier de Saint-Louis, le 19 juillet 1814, et lui accorda sa retraite le 1er janvier 1816, puis l'appela au Conseil d'État en 1817, et lui donna les fonctions de commissaire du roi, puis la régie générale des subsistances militaires, administration qui fut modifiée quelque temps après. Le 4 octobre 1816, le collège de département de la Meurthe l'avait élu député par 97 voix sur 170 votants et 271 inscrits; il siégea au centre et vota avec la majorité. Les élections de 1820 lui furent défavorables, mais le même collège de département lui rendit son siège à la Chambre, le 10 octobre 1821; il le conserva jusqu'en 1824, et ne fit pas partie d'autres législatures.

BOURCIER DE VILLIERS (Charles-Jean-Baptiste, comte), député au Corps législatif de 1852 à 1864, né à Nancy (Meurthe), le 8 décembre 1798, mort à Nancy, le 12 juin 1874, était propriétaire à Gircourt, après avoir appartenu longtemps à l'armée comme officier de cavalerie. Étranger à la politique active jusqu'en 1852, il fut, le 29 février de cette année, élu député au Corps législatif par la 1re circonscription des Vosges, avec 14,439 voix (20,808 votants, 40,930 inscrits), contre 3,110 à M. Claudel, d'Épinal, et 2,742 à M. Maudheux, avocat.

M. Bourcier de Villiers, dont la candidature avait triomphé avec l'appui de l'administration, siégea dans la majorité, s'associa au rétablissement de l'Empire, et fut réélu, le 22 juin 1857, par 22,802 voix sur 23,358 votants et 38,582 inscrits. Il fut encore renommé le 1er juin 1863, mais par 14,524 voix seulement (28,986 votants, 40,905 inscrits). Son concurrent orléaniste, M. Buffet, obtint contre lui 14,331 voix. Au surplus, l'élection fut invalidée par le Corps législatif, à cause des manœuvres officielles dont on la jugea entachée; un nouveau scrutin eut lieu le 17 janvier 1864, et cette fois, M. Bourcier de Villiers échoua avec 13,478 voix contre 18,321 accordées à M. Buffet, élu.

BOURDEAU (Pierre-Alpinien-Bertrand), député de 1815 à 1831, de 1834 à 1837, ministre et pair de France, né à Rochechouart (Haute-Vienne), le 18 mars 1770, mort à Limoges (Haute-Vienne), le 11 juillet 1845, fut, pendant le premier Empire, un des premiers avocats de Limoges, dont il devint adjoint au maire à la première Restauration, en raison de ses opinions royalistes; il fut destitué pendant les Cent-Jours, puis réintégré après le retour de Gand, et nommé procureur général à la cour de Limoges. Élu député, le 22 août 1815, dans le collège de département de la Haute-Vienne, par 129 voix sur 178 votants et 218 inscrits, et successivement réélu, le 4 octobre 1816 par 117 voix sur 161 votants et 211 inscrits, et le 13 novembre 1820, il siégea jusqu'en 1824, parmi les ultra-royalistes, vota *pour* l'institution des cours prévôtales, *pour* la loi contre les cris séditieux, *pour* la loi dite d'amnistie (12 janvier 1816), *pour* la suspension de la liberté de la presse, déclarant même, dans cette discussion, qu'on n'avait pas le droit d'interpeller les ministres qui ne devaient répondre que quand ils le jugeaient à propos. Il avait déjà exposé cette théorie politique, lors du débat relatif à l'évasion du comte de Lavalette (22 décembre 1815): « Exiger un compte, disait-il alors, c'est empiéter sur l'autorité royale. Les Français ont trop d'esprit pour se méprendre sur nos intentions; en nous immisçant dans une affaire de police, ils verraient que nous n'avons plus de confiance dans les ministres de Sa Majesté » Il combattit aussi le droit de pétition. Le gouvernement l'avait nommé en 1816, procureur général près la cour de Rennes. Croyant, en 1824, à la chute imminente de M. de Villèle, Bourdeau se tourna du côté de la contre-opposition et vota contre le ministère, qui le destitua des fonctions de procureur général.

Réélu par le 2e collège électoral de la Haute-Vienne (Limoges), le 25 février 1824, il vota sans merci contre l'administration de MM. de Villèle et de Peyronnet, fit une vive opposition (1825) au projet de conversion des rentes, et traça un tableau très noir de l'agiotage qu'on allait déchaîner; il parla aussi contre les empiétements du clergé, à propos de la pétition d'un curé de village, qui demandait la conciliation, au point de vue du mariage, des lois canoniques et des lois civiles (1826). À la séance du 11 avril 1825, sur la loi du sacrilège, il avait pris le premier la parole contre le projet: « On invoque, dit-il, je ne sais quelles nécessités d'opinions dont je cherche vainement les interprètes et les organes. S'ils sortent de ces associations mystiques qui ne se mêlent des affaires du ciel que pour se rendre puissantes sur la terre, la France chrétienne et sincèrement royaliste les récuse et les désavoue. »

Le mandat de M. Bourdeau fut renouvelé,

le 17 novembre 1827, par 313 voix sur 427 votants et 476 inscrits, et, à la chute du ministère Villèle, il fut nommé par M. de Martignac (1828) directeur général de l'enregistrement et des domaines, et conseiller d'État en service extraordinaire.

L'année suivante, il passa sous-secrétaire d'État à la Justice, puis ministre de la Justice, du 14 mai au 8 août 1829. Dans ce court passage au ministère, il déploya quelque sévérité contre la presse.

Retraité comme ministre de la Justice, quatre jours seulement après sa sortie du ministère, il fut nommé premier président à Limoges et grand officier de la Légion d'honneur.

Il fut encore élu à la Chambre des députés, le 23 juin 1830, par 344 voix sur 483 votants et 525 inscrits contre M. Desales-Beauregard (128 voix). Son passé royaliste ne l'empêcha pas de prêter serment à la monarchie de Juillet, et, élu de nouveau, le 21 juin 1834, dans le 1er collège électoral de la Haute-Vienne (Limoges), par 226 voix sur 395 votants et 453 inscrits, contre Jacques Laffitte (145 voix), il fit partie de la majorité ministérielle. Le gouvernement de Juillet le nomma pair de France, le 3 octobre 1837. Il est moins connu par ses services administratifs et parlementaires que par le procès qu'il intenta pour diffamation au journal radical de Limoges, le *Progressif*, qu'il fit condamner, en police correctionnelle, à 10,000 fr. de dommages-intérêts. Le cautionnement du journal s'étant trouvé insuffisant, Bourdeau prétendit faire compléter la somme par les gérants antérieurs au gérant condamné. Le tribunal n'admit pas ce système de complicité rétrospective, célèbre, dans la presse de l'époque, sous le nom de « jurisprudence Bourdeau ».

BOURDEAU DE LAJUDIE (GABRIEL-GRÉGOIRE), député en 1830, né à Limoges (Haute-Vienne), le 11 janvier 1788, mort à Limoges, le 8 octobre 1877, était propriétaire dans cette ville, et y remplissait les fonctions de receveur de l'hospice. Élu, le 3 juillet 1830, député de la Haute-Vienne, au collège de département, il vota pour l'avènement de Louis-Philippe, et prêta, dès le 11 août, le serment de fidélité « au roi, à la charte constitutionnelle et aux lois du royaume. » Il ne fut pas réélu en 1831.

BOURDEAU-DESMARET DE FONTENAY (ANTOINE-FRANÇOIS), député de 1815 à 1818, puis de 1824 à 1827, né à La Châtre (Indre), le 29 novembre 1762, mort à La Châtre, le 8 juin 1838, était propriétaire dans l'Indre et n'avait joué aucun rôle politique quand il fut élu député pour la première fois à la « Chambre introuvable », le 22 août 1815, par le collège de département de l'Indre. Il prit place dans la majorité et s'associa silencieusement à tous ses actes. Il siégea aussi obscurément dans les sessions de 1816 à 1818, toujours comme député de l'Indre, réélu le 4 octobre 1816, par 81 voix sur 121 votants et 180 inscrits. Il rentra à la Chambre aux élections du 25 février 1824 ; sa candidature ultra-royaliste l'emporta dans le 2e arrondissement électoral de l'Indre (La Châtre), par 145 voix sur 264 votants et 341 inscrits, sur celle de M. de Boudy, qui en obtint 89. M. Bourdeau-Desmaret de Fontenay était alors tellement inconnu des biographes parlementaires, bien qu'il eût siégé au Palais-Bourbon dès 1815, que l'un d'eux, en 1826, faisait suivre son nom de cette simple mention : « Récompense honnête à qui pourra nous fournir quelques renseignements sur ce député. »

Il échoua, le 17 novembre 1827, avec 37 voix seulement contre 149 accordées à l'élu, M. Duris-Dufresne, et ne fit plus partie d'aucune législature.

BOURDEAUX (ÉTIENNE-AUGUSTIN), député à l'Assemblée constituante de 1789, né à Paris, le 7 juillet 1744, mort à une date inconnue, était négociant de son état. Il fut élu, le 9 avril 1789, député suppléant du tiers aux États-Généraux par le bailliage du Perche, et admis à siéger le 26 novembre de la même année, en remplacement de Margonne, décédé. Son rôle fut très modeste : il se borna à voter avec la majorité.

BOURDET (RENÉ-ROBERT), député à l'Assemblée constituante de 1789, né à Saint-Martin de Mayenne, en 1741, mort le 27 octobre 1790, était curé de Bouère. Il fut élu, le 25 mars 1789, député du clergé aux États-Généraux par la sénéchaussée du Maine, et passa inaperçu dans l'Assemblée. Il mourut pendant la session.

BOURDON (ANTOINE), député à l'Assemblée constituante, de 1789, né à Blois (Loir-et-Cher), le 14 avril 1752, mort à Boussac (Creuse), le 8 juillet 1815, était curé d'Évaux. Élu, le 27 mars 1789, député suppléant du clergé aux États-Généraux par la sénéchaussée de Riom, il fut admis à siéger dans l'Assemblée, le 24 novembre, en remplacement de Boyer, démissionnaire. Il se rallia aux députés du tiers, fut de la majorité et prit plusieurs fois la parole sur des questions assez importantes. Le 19 mars 1790, à propos de la suppression des ordres monastiques, il opina pour qu'il fût fait une distinction entre les jeunes moines non prêtres et les autres religieux, et que les premiers eussent un traitement moins fort : il voulait ainsi les empêcher de rester dans les couvents. Il intervint dans les débats sur la constitution civile du clergé, et comme on proposait de donner à l'évêque métropolitain le droit de refuser, dans certains cas, la confirmation canonique aux ecclésiastiques élus par le suffrage du peuple, il s'opposa à ce qu'une disposition pareille fût inscrite dans la constitution. Son avis ne fut pas adopté. Antoine Bourdon devint secrétaire de l'Assemblée constituante le 12 septembre 1790 ; il prêta le serment civique et parla encore sur le mode de répartition de la contribution foncière, sur un mandement de l'évêque de Clermont, qu'il dénonça à la tribune, enfin sur l'élection du gouverneur du Dauphin (28 juin 1791).

Après le coup d'État de brumaire, l'ancien curé d'Évaux entra dans l'administration : il fut nommé, le 14 germinal an VIII, sous-préfet de Boussac.

BOURDON (PIERRE-JACQUES-NICOLAS), député à l'Assemblée constituante de 1789, au Conseil des Anciens et au Corps législatif en l'an VIII, né à Dieppe (Seine-Inférieure), le 24 janvier 1748, mort à Rouen (Seine-Inférieure), en 1816, sous l'ancien régime, procureur du roi au bailliage d'Arques. Le 22 mars 1789, le bailliage de Caux le choisit comme député du tiers aux États-Généraux. Dans la séance de l'Assemblée du 29 avril 1790, le comité des rapports ayant rendu compte des troubles qui avaient eu lieu à Dieppe et aux environs, par suite de l'accaparement des grains, et Robespierre s'étant efforcé de mettre la majorité en garde contre les intentions secrètes de la municipalité de Dieppe qui lui semblait animée du désir de profiter de la situation pour armer le pouvoir exécutif aux dépens de la liberté, Bourdon prit à son tour la parole, défendit la municipalité de Dieppe et fit adopter le projet de décret du comité des rapports.

Après la session, Bourdon rentra dans son département, la Seine-Inférieure, qui l'envoya, le 23 germinal an VI, siéger au Conseil des Anciens; il y passa inaperçu. On sait seulement qu'il ne fut pas hostile à Bonaparte et qu'il fut, le 4 nivôse an VIII, appelé, par une décision du Sénat conservateur, à représenter encore la Seine-Inférieure au Corps législatif. Bourdon exerça ensuite les fonctions de juge au tribunal civil de son département.

BOURDON (François-Louis, dit BOURDON DE L'OISE), membre de la Convention et député au Conseil des Cinq-Cents, né à Rémy (Oise), en 1761, mort à Sinnamary (Guyane), le 22 juin 1798, était fils d'un cultivateur de Rémy. Ancien procureur au Parlement de Paris, il profita de la Révolution pour entrer dans la politique, et se signala dès le début par une violence qui chez lui n'excluait pas la dissimulation. Il se battit, le 10 août, à l'attaque des Tuileries; quelques jours après, dans une séance de la Convention, il demanda que les blessés de cette journée fussent présents quand le roi comparaîtrait. La manière dont il entra à l'assemblée, d'après un de ses biographes, ne lui ferait pas honneur. Son concurrent, Léonard Bourdon de la Crosnière (V. ce nom), ayant été nommé tout à la fois par le collège électoral de l'Oise et par celui du Loiret, opta pour ce dernier département; François-Louis Bourdon, candidat de l'Oise, profita de la similitude du nom (sans être de la même famille), pour se présenter à la Convention où il fut admis sans réclamation. Bourdon (de l'Oise) vota la mort du roi, se prononça contre le sursis et contre l'appel, et voua à toute la colère du peuple les députés qui parleraient en sens contraire. Il prit une grande part à la révolution du 31 mai 1793, défendit chaudement à plusieurs reprises le régime révolutionnaire, fit maintes sorties contre le côté droit, attaqua les « bureaucrates », les journalistes, accusa les monts-de-piété d'usure, demanda la suppression des ministres, dénonça Lavallette, Dufraisse, Hérault de Séchelles, Payne, Daubigny, Dentzel, Dalbarade, Mogue, Gaudin, Héron et beaucoup d'autres, et poursuivit Bouchotte des plus violentes accusations, ce qui le mit mal avec Robespierre. Il se déclara aussi l'adversaire acharné de Grégoire, à qui il reprochait de vouloir « christianiser » la Révolution, et obtint l'arrestation des fermiers généraux qui furent traduits au tribunal révolutionnaire et exécutés. Puis brusquement, il se fit un des plus ardents champions de la réaction, fut bientôt déclaré traître à la patrie par les Sociétés des Droits de l'homme et des Cordeliers, se posa en ennemi implacable des clubs révolutionnaires et en protecteur des prêtres et des nobles. Se réunissant à Tallien, Legendre, Léonard Bourdon et Lecointre, il joua un rôle actif dans les événements de Thermidor, s'opposa, le 8, à l'impression de la défense présentée par Robespierre en disant : « Ce discours contient des matières assez graves pour être examinées; il peut y avoir des erreurs comme des vérités, et il est de la prudence de la Convention de le renvoyer à l'examen des deux comités de salut public et de sûreté générale. » Le 9 thermidor au soir, il monta à la tribune pour déclarer que « la commune de Paris

s'était liguée avec les Jacobins pour opérer une insurrection ». Au mois de décembre 1794, il opina pour le rapport de la loi qui ordonnait aux ex-nobles de se tenir éloignés de Paris et provoqua celle qui portait que les biens des pères et mères d'émigrés seraient confisqués au profit de la nation. Adversaire acharné des derniers Montagnards, il les poursuivit de sa haine, coopéra, en prairial an III, à l'arrestation des représentants Duroy, Duquesnoy et autres, et dénonça surtout Goujon. Revenant sur des accusations maintes fois portées par lui à la tribune de la Convention, il demanda un rapport sur Pache et sur Bouchotte, dénonça encore Panis et Santerre, réclama la mise hors la loi de Charbonnier, s'opposa à la traduction des accusés de prairial devant le tribunal criminel de la Seine : « Je dis moi, s'écria-t-il à la séance du 10 prairial, que la Convention a laissé échapper le seul moyen qu'elle avait de s'assurer qu'une pareille rébellion ne se renouvellerait plus. Il fallait que, le lendemain du jour de cette scène sanglante, au milieu d'un bataillon carré, formé sur la place du Palais-National, le procès-verbal de cette soirée de crimes, et que ceux qui les avaient commis fussent fusillés sur le champ... Savez-vous ce qui, depuis le 9 thermidor, a ranimé l'audace de cette minorité factieuse, qui vous fatiguait et vous insultait sans cesse? C'est la faiblesse que vous avez eue de ne prendre que des demi-mesures. Suivez encore la même marche et tout sera perdu. Quoi! vous craindriez d'être fermes lorsque la dignité du peuple français a été violée, lorsqu'on a attenté à la vie de ses représentants, lorsque l'un d'eux est tombé sous le fer assassin! Eh! pour quels crimes, grands dieux, réservez-vous donc votre sévérité?... »

Bourdon (de l'Oise) demanda la déportation même de ses anciens alliés du 9 thermidor, tels que Billaud-Varennes, Collot d'Herbois et Barère. Il fut du nombre des conventionnels qui entrèrent, le 4 brumaire an IV, au Conseil des Cinq-Cents. Se rangeant toujours du côté du plus fort, il s'enrôla sous la bannière des Clichiens, et fut un des plus mortels ennemis de tout ce qui avait été républicain. Il était devenu fort riche en spéculant sur les assignats et les biens nationaux, et ce changement de position, qui avait déjà été une des causes de l'éloignement de Robespierre et de Saint-Just, contribua aussi à le pousser vers les conservateurs royalistes. Aussi le Directoire, qui avait à se venger de lui, l'inscrivit, au lendemain du 18 fructidor, sur la liste des déportés embarqués pour Cayenne. Il mourut peu de temps après son arrivée à Sinnamary.

BOURDON (François-Mathurin-Pierre), député au Conseil des Anciens, né le 31 décembre 1753, mort à une date inconnue, était président de l'administration centrale de l'Orne, quand il fut élu par ce département, le 23 germinal an VI, député au Conseil des Anciens. Il en devint secrétaire, le 1er floréal an VII, et y prit assez souvent la parole : pour présenter un rapport concernant les ascendants des émigrés, pour faire rejeter la résolution qui prononçait la dégradation civique contre les fonctionnaires publics qui s'intéresseraient dans les fournitures. Il parla encore sur la suspension des ventes des domaines nationaux, et annonça, le 2 brumaire an VIII, la défaite des « brigands » au Mans, par deux colonnes républicaines. Favorable au coup d'État de brumaire, il en fut récompensé par la place de juge au tribunal d'appel de l'Orne (22 germinal an VIII); il devint plus tard, le 12 mai 1811, conseiller à la Cour impériale de Caen.

BOURDON (FRANÇOIS-PRUDENT), représentant à l'Assemblée constituante de 1848, né à Seurre (Côte-d'Or), le 29 juillet 1797, mort à Paris, le 19 avril 1865, fit ses études au collège de Mâcon. Son père qui était, dans cette ville, propriétaire de bateaux de rivière et d'établissements de meunerie, l'associa à son industrie quand il fut sorti du collège. Quelques années après, François Bourdon fonda avec son frère un atelier de construction, se fit remarquer par de curieuses inventions, tenta, à Lyon, sur la Saône, entre la Mulatière et l'île Barbe, plusieurs essais de touage à vapeur, puis entra, en 1827, au Creusot, comme chef de l'atelier d'entretien des forges et de l'outillage. Il y resta jusqu'en 1833, et, après avoir voyagé en Amérique et en Angleterre, fut rappelé au Creusot par M. Schneider en 1837. C'est alors qu'il eut la plus grande part à la construction des bateaux le *Crocodile*, le *Marsouin* (1839), le *Mistral*, le *Sirocco* (1840), la *Foudre*, l'*Ouragan* (1841-42), et, de 1843 à 1848, le *Creusot*, le *Missouri*, le *Bourdon*, la *Ville d'Autun*, l'*Océan*, la *Méditerranée*, etc. Bourdon contribua puissamment à améliorer la navigation du Rhône. On lui doit, lors de la contruction des premiers navires transatlantiques français, l'invention d'un marteau mû par la vapeur, frappant verticalement à la manière du « mouton » des charpentiers, et qui reçut le nom de *marteau-pilon*. On lui doit encore la création d'un outillage complet appliqué à la construction des locomotives; et ces deux applications remarquables : le halage des navires sur cale inclinée, et le martelage du fer au moyen de la presse hydraulique. Directeur (1852) des forges et chantiers de la Méditerranée, il exécuta plusieurs machines pour vaisseaux et frégates, installa aux docks de Marseille une grande machine hydraulique dont les plans avaient été fournis par Armstrong, le célèbre ingénieur anglais, et entreprit nombre de travaux importants.

Le 23 avril 1848, il avait été élu représentant de Saône-et-Loire, le 3e sur 14, avec 127,008 voix (131,092 votants et 136,000 inscrits). Il avait siégé parmi les républicains très modérés, partisans de Cavaignac, et avait voté : 9 août, *pour* le rétablissement du cautionnement; 1er septembre, *contre* le rétablissement de la contrainte par corps; 2 novembre, *contre* le droit au travail; 25 novembre, *pour* l'ordre du jour : « Le général Cavaignac a bien mérité de la patrie »; 12 janvier 1849, *pour* la proposition Rateau; 21 mars, *contre* l'interdiction des clubs; 16 avril, *contre* les crédits de l'expédition de Rome; 2 mai, *pour* l'amnistie des transportés.

BOURDON (PIERRE-MATHIEU), représentant à l'Assemblée législative de 1849, né à Elbeuf (Seine-Inférieure), le 30 novembre 1799, mort à Elbeuf, le 27 janvier 1878, était gérant de la Compagnie anonyme du Gaz à Elbeuf, et chevalier de la Légion d'honneur. Les conservateurs de la Seine-Inférieure l'élurent, le 15 octobre 1849, avec 60,852 voix (91,629 votants, 210,743 inscrits), contre 28,956 à M. Deschamps, républicain. Bourdon remplaçait à l'Assemblée le représentant Victor Grandin, décédé. Il partie, obscurément, de la majorité de droite, vota la loi Falloux-Parieu sur l'enseignement, la loi restrictive du suffrage universel, etc.; il ne se rallia pas au coup d'État de décembre. Après la dissolution de l'Assemblée, candidat

indépendant dans la 2e circonscription de la Seine-Inférieure, il échoua avec 1,495 voix seulement, contre le candidat officiel élu, M. Quesné. Il se représenta encore le 1er juin 1863, et réunit cette fois 3,402 voix contre 12,692 données à M. Quesné, réélu.

BOURDON DE LA CRONIÈRE (LOUIS-JEAN-JOSEPH-LÉONARD), membre de la Convention, né à Longue (Orne), le 6 novembre 1754, mort à Breslau, le 29 mai 1807, fils d'un commis des finances mis à la Bastille par ordre de l'abbé Terray pour avoir publié clandestinement un projet de réforme, fut d'abord avocat au conseil du roi, puis fonda à Paris, en 1789, une maison d'éducation. Bourdon de la Cronière prit part à la prise de la Bastille, ainsi qu'à la journée du 10 août. En 1789, au moment où l'on venait d'amener à l'Assemblée constituante un serf du Jura de 120 ans, il demanda de « s'emparer de l'auguste vieillard, pour le faire servir dar des jeunes gens de tous les rangs, surtout par les enfants dont les pères avaient été tués à l'attaque de la Bastille. » On souscrivit à sa demande, et le vieillard fut emmené par Bourdon dans sa pension. Après le 10 août 1792, la commune de Paris le chargea d'aller à Orléans accélérer le transport des prisonniers devant la Haute-Cour nationale. Il devait les mener à Saumur, mais il les conduisit à Versailles où ils furent massacrés. Le 8 septembre 1792, il fut élu, par le département du Loiret, membre de la Convention, avec 183 voix sur 349 votants. Dès les premières séances, il demanda le renouvellement en masse des employés de toutes les administrations, qui n'étaient pas à la hauteur des périls et des exigences de la Révolution. Lorsque Louis XVI fut détenu au Temple, ce fut lui qui proposa de lui interdire toute communication avec sa famille, et lors du procès du roi, il vota la mort sans appel et pressa autant qu'il put l'exécution. « Louis était dans les fers quand le peuple m'a envoyé des pouvoirs illimités, répondit-il au 2e appel nominal; je ne veux point la guerre civile; je ne crains rien pour moi, je dis : *non*. » Et au 3e appel nominal : « Pour des raisons de sûreté générale et d'humanité, je vote la mort et l'exécution dans les vingt-quatre heures. » Envoyé en mission à Orléans (mars 1793), il insulta un factionnaire, à la suite d'un copieux repas, fut assez maltraité dans la rixe qui suivit, et malgré la déposition d'Albitte, qui déclara que Bourdon avait été l'agresseur, obtint de la Convention, un décret qui déclara la ville d'Orléans en état de rebellion. Le 8 août de la même année, Bourdon fut élu secrétaire de la Convention et, peu de temps après, président des Jacobins. Il provoqua la formation d'une armée révolutionnaire par département, et fit décréter, d'accord avec son homonyme Bourdon (de l'Oise), que les biens des détenus qui se suicideraient, et ceux des condamnés, reviendraient à la nation. Bourdon de la Cronière défendit vainement Vincent et Ronsin (28 janvier 1794), contre Robespierre; ils furent exécutés, le 4 ventôse suivant. Robespierre ayant accusé Bourdon d'être le complice d'Hébert, Bourdon s'en vengea au 9 thermidor : il marcha lui-même sur l'Hôtel de Ville, s'empara de Robespierre et des autres jacobins, et vint célébrer sa victoire devant la Convention.

Il fit retirer du Panthéon et jeter à la voirie le corps de Marat; mais impliqué dans l'insurrection du 12 germinal (1er avril 1795), il fut interné au château de Ham, et n'en sortit qu'à l'amnistie qui termina la session de la Convention (25 octobre 1795).

Contrairement à l'assertion de plusieurs biographes, il ne fit pas partie du Conseil des Cinq-Cents. Il y fut seulement dénoncé par Boissy-d'Anglas, qui, comme Legendre l'avait déjà fait à la Convention, le qualifia d'assassin. Devenu l'agent du Directoire à Hambourg, il en fit partir les émigrés. Bourdon de la Crosnière qui avait fondé, en 1794, à Paris, l'Ecole des élèves de la patrie, dirigeait encore, en 1803, une école primaire. — Il a publié un certain nombre d'ouvrages : *Mémoire sur l'instruction et l'éducation nationales*, 1789; *Recueil des actions civiques des républicains français* (1794), le *Tombeau des impostures, sans-culottide dramatique en trois actes* (1794), etc.

BOURDON DE VATRY (MARC-ANTOINE), ministre de la Marine du 15 messidor an VII au 2 frimaire an VIII, né à Saint-Maur-les-Fossés (Seine), le 21 novembre 1761, mort à Paris, le 22 avril 1828, était fils d'un premier commis des finances persécuté par l'abbé Terray. A 17 ans, Marc-Antoine était surnuméraire dans les bureaux de la marine, et un an après (1779), 1er commis du bureau du commerce; en 1781, il partit de Brest, comme secrétaire général de l'armée envoyée au secours des États-Unis. De retour en France, en 1785, il fut sous-chef au ministère des Finances, et, de 1792 à l'an V, directeur en chef de l'administration générale des colonies. Nommé, en l'an V, agent maritime à Anvers, il y rendit de grands services. Le succès de cette mission lui valut la bienveillance de Siéyès, alors président du Directoire, qui l'appela au ministère de la Marine en remplacement de l'amiral Bruix (15 messidor an VII). Le nouveau ministre chargea l'ingénieur Beautems de Beaupré des sondes de l'Escaut, fit passer des secours à l'armée des Alpes, et prépara secrètement, et à l'insu du Directoire les moyens d'une descente en Angleterre. Cette discrétion forcée, des mouvements dans l'Ouest, puis, à la dernière heure, l'indécision des amiraux et du Directoire entravèrent l'opération; à ce moment, Bonaparte, revenu d'Égypte, renversait le Directoire (18 brumaire), mais n'acceptait pas la démission de Bourdon de Vatry qui fut maintenu au ministère de la Marine et des Colonies. Quelques semaines après, ayant refusé au 1er consul l'envoi de deux vaisseaux à Malte, et ayant exigé les comptes d'un munitionnaire général, il résigna le portefeuille de la Marine, revint à Anvers comme ordonnateur général des mers du Nord (3 frimaire an VIII), fut destitué, puis envoyé à Lorient comme chef du port (9 fructidor an VIII), et enfin nommé préfet maritime au Havre (5 vendémiaire an X). Disgracié momentanément pour avoir prévu et annoncé trop haut les résultats de l'expédition de Saint-Domingue, il fut appelé à la préfecture de Vaucluse (30 fructidor an X), où il fit continuer les routes du Rhône et de la Durance, le lycée d'Avignon, et améliora le service vicinal, puis à celle de Maine-et-Loire (6 thermidor an XIII) où il répara les levées de la Loire. L'empereur le nomma (11 février 1809) préfet à Gênes; ce département lui doit de nombreux établissements publics, les beaux ponts sur la Scrivia et sur le Pô; les Génois lui offrirent son buste en marbre en reconnaissance de ses services. En 1814, Malouet, ministre de la Marine, le manda auprès de lui comme directeur du personnel en remplacement de M. Forestier, et le nomma intendant des armées navales (21 août 1814). Pendant les Cent-Jours, il fut commissaire extraordinaire près la 17e division militaire, et préfet de l'Isère. Après une vie si bien employée, il renonça aux fonctions publiques à la seconde Restauration, et prit sa retraite, que le gouvernement royal honora de la croix de Saint-Louis en 1824.

BOURDON DE VATRY (ALPHÉE, BARON), fils du précédent, député de 1835 à 1848, représentant à l'Assemblée législative de 1849, né à Paris, le 27 décembre 1793, mort au château de Chaalis (Oise), le 25 juillet 1871, avait appartenu à l'armée qu'il quitta avec le grade de chef d'escadron, et était devenu agent de change. Il entra à la Chambre des députés, le 7 novembre 1835, comme l'élu du 4e collège de la Meurthe (Château-Salins); il remplaçait M. Fleury de Chaboulon, décédé. Il s'assit sur les bancs du centre et vota avec la majorité conservatrice. Réélu le 4 novembre 1837, par 189 voix sur 223 votants et 281 inscrits, il se sépara quelque temps du cabinet « du 15 avril »; mais « il rentra bientôt, dit une biographie, dans le giron ministériel, » et il n'en sortit plus. Bourdon de Vatry obtint sa réélection jusqu'à la fin du règne de Louis-Philippe, aux divers renouvellements qui eurent lieu, le 2 mars 1839, le 9 juillet 1842 et le 1er août 1846. Il vota l'indemnité Pritchard et soutint le gouvernement en toute circonstance, sauf dans la question des députés fonctionnaires, où il opina avec l'opposition. Il défendit en 1848 le ministère Guizot, et fut l'adversaire de la réforme électorale, et de la révolution de février.

Il ne fit point partie de la Constituante. Mais le 13 mai 1849, les électeurs de la Meurthe l'envoyèrent, le 1er sur 9, par 51,321 voix (85,081 votants, 122,416 inscrits), siéger à l'Assemblée législative. Là il s'associa à tous les votes de la droite, approuva l'expédition de Rome, la mise en accusation des représentants compromis dans l'affaire du 13 juin, les lois sur l'enseignement, contre le suffrage universel, etc. Il ne favorisa pas le coup d'État de décembre, et rentra dans la vie privée en 1851. — M. Bourdon de Vatry était chevalier de la Légion d'honneur.

BOURDON DU ROCHER (ALEXANDRE-JEAN-LOUIS), député de 1827 à 1830, né à Chemiré-en-Charnie (Sarthe), le 29 juin 1777, mort en 1852, était maître de forges. Il fut élu, le 17 novembre 1827, député du 3e arrondissement de la Sarthe (La Flèche), avec 115 voix sur 216 votants et 234 inscrits, contre 76 voix au général Coutard. Il siégea parmi les royalistes, obtint, le 12 juillet 1830, sa réélection dans le même collège, par 145 voix (273 votants et 294 inscrits), contre 126 à M. d'Andigné de Resteau, refusa le serment à Louis-Philippe, et fidèle à la monarchie de Charles X, donna sa démission de député le 24 août 1830, comme n'ayant pas mandat suffisant pour faire un roi et représenter le pays dans les nouvelles circonstances.

BOURDONNAYE (FRANÇOIS-RÉGIS, COMTE DE LA BRETÈCHE), député de 1815 à 1830, et pair de France, né à la Varenne (Maine-et-Loire), le 19 mars 1767, mort au château de Mésangeau (Maine-et-Loire), le 28 juillet 1839, était sorti d'une noble famille bretonne dont l'écusson figure dans la salle des Croisades à Versailles, et dont une branche s'était depuis un siècle implantée en Anjou. Il entra, en 1786, comme officier au régiment d'Austrasie infanterie, et, dès les premiers jours de la Révolution, fit partie des *Chevaliers du poignard* qui mirent leur dévouement monarchique au service de Louis XVI. Arrêté aux Tuileries, le 28 février 1791, par la garde nationale, il fut renvoyé après quelques jours de détention à son régiment en garnison à Briançon, émigra à l'armée de Condé (octobre 1791), passa quelques mois en Suisse, après sa dissolution, puis rentra en France sous le Directoire, où, après un court séjour à Orléans sous le nom de Guibert, il alla se marier à Angers, le 23 fructidor an V, avec Mlle Volaige de Vaugirauld. Sous le coup de l'article 15 de la loi du 19 fructidor, forcé de quitter momentanément la France, il prit un passeport pour se retirer de nouveau en Suisse (vendémiaire an VI); il y resta jusqu'en octobre 1802, et revint alors habiter le château de Mésangeau, commune de Drain. La même année il fut appelé au collège électoral de département pour le canton de Chantoceaux, et le 16 fructidor an XI, nommé par décret conseiller général. Le préfet le désigna pour la surveillance du tirage dans son canton aux conscriptions de l'an XI et de l'an XII. En l'an XII, il entra au conseil municipal d'Angers dont il fit partie jusqu'en 1815. Ce fut lui qui proposa et soutint dans le conseil général l'adresse à Bonaparte pour l'hérédité de la couronne (1806), et deux fois il fut chargé par le conseil municipal et par le conseil général d'aller porter au pied du trône « le tribut de la reconnaissance et de l'admiration du département. » L'année suivante, il brigua et obtint la candidature au Corps législatif, mais sans y pouvoir entrer. Secrétaire du conseil général en 1807, il le présida en 1813 et en 1814, et à ce titre prêta le premier et reçut de ses collègues le serment de fidélité au roi.

Nommé, le 22 août 1815, député de Maine-et-Loire, au collège de département, par 107 voix sur 213 votants et 276 inscrits, il prit bientôt, dans le parti royaliste, dans l'extrême-droite de la Chambre introuvable, la situation dirigeante qui a rendu son nom célèbre. La partie la plus intransigeante de cette majorité le considéra comme son chef. Sa motion sur *l'amnistie* qui légalisait la vengeance, motion soutenue, dit un de ses panégyristes, « avec des paroles terribles », le plaça au premier rang des « réacteurs » les plus emportés. Il avait, dès le 11 novembre 1815, présenté en comité secret, une proposition tendant à étendre les listes de proscription du 24 juillet. Cette proposition débutait par une formule d'amnistie, mais elle en exceptait plusieurs catégories de personnes : 1° les titulaires des grandes charges administratives et militaires ayant constitué le gouvernement des Cent-Jours; 2° les généraux, les commandants de place ou de corps, les préfets ayant passé à l'usurpateur, fait arborer son drapeau ou exécuter ses ordres; 3° les régicides ayant accepté des places de l'usurpateur, siégé dans les Chambres ou signé l'Acte additionnel. Les individus compris dans les deux premières catégories devaient être immédiatement jugés et condamnés suivant l'article 87 du Code pénal, c'est-à-dire à la peine de mort; ceux de la troisième devaient être condamnés à la mort civile. Les revenus des uns et des autres devaient être séquestrés. Une commission fut chargée d'examiner ce projet qui reçut alors et a conservé le nom de *catégories La Bourdonnaye*. Le fameux projet de loi dite « loi d'amnistie », déposé par le duc de Richelieu, le 8 décembre, s'inspirait de la motion de La Bourdonnaye,

mais en atténuait la rigueur. Le projet ministériel fut adopté malgré les efforts du rapporteur, M. de Corbière, qui tenta de rétablir sous une autre forme les fameuses « catégories ». — L'*homme aux catégories*, comme on l'appelait alors, fut réélu le 4 octobre 1816, par 114 voix (220 votants, 269 inscrits.) Le ministère Decazes avait vivement combattu sa candidature; à son tour, il déclara une guerre implacable au cabinet. La discussion de la loi sur les élections (1816) lui offrait une première occasion qu'il ne laissa pas échapper. Il souleva des orages en contestant d'abord que cent mille électeurs pussent être considérés comme la représentation du peuple. Puis, au lieu de conclure logiquement à l'extension du droit électoral, il montra « des rassemblements immenses d'électeurs, accourant de tous les points des départements, à la manière des peuplades sauvages, et formant, dans leur nombreuse agglomération, l'image de ces caravansérails des gouvernements de l'Orient auxquels on essaie si souvent de nous façonner ». Puis encore : « Voyez, dit-il, quels sont les hommes dont vous allez réveiller l'ambition et l'audace. Ce sont des hommes que leur éducation et l'habitude des affaires portent à se croire propres à tout; ils verront la bannière levée, la carrière ouverte, et ils s'y précipiteront avec cet amour de richesses et de pouvoir qui les caractérise. » Toujours prêt à contrecarrer les vues du ministère, il combattit la loi sur la liberté individuelle (1817), la loi sur la presse, la loi sur le recrutement, qui par le droit d'avancement à l'ancienneté, limitait, suivant lui, les droits du roi, réclama une loi sur la responsabilité des ministres, et proposa, pour faire pièce au cabinet, l'abolition du timbre sur les brochures et journaux quotidiens. « C'est à cette occasion, dit M. Célestin Port dans le *Dictionnaire historique de Maine-et-Loire*, que la *Minerve*, organe libéral, ajouta aux nombreux surnoms de M. de La Bourdonnaye celui d'*Ajax du côté droit*. »

A l'ouverture de la session de 1820, La Bourdonnaye fut des plus hostiles à l'admission de l'abbé Grégoire comme député. Il proposa, le 2 février, après l'assassinat du duc de Berry, une adresse au roi pour lui témoigner la douleur de l'assemblée et le supplier de prendre les mesures propres à comprimer « les doctrines pernicieuses qui menaçaient le monde de bouleversements nouveaux ». Il contribua puissamment au renversement du ministère Decazes, puis, réélu, le 13 novembre 1820, avec 225 voix (401 votants et 424 inscrits), il reprit son poste et combat à la Chambre, intervint dans plusieurs discussions importantes et s'unit à la gauche pour combattre encore le second ministère Richelieu qui dut se retirer sous plusieurs votes hostiles (décembre 1821.) Le ministère Villèle aurait dû, semblait-il, lui donner satisfaction; il ne tarda pas cependant à lui montrer une hostilité marquée. A la session ouverte le 4 juin 1822, la Chambre avait porté La Bourdonnaye candidat en premier à la présidence, mais le roi préféra Ravez, qui avait obtenu 16 voix de moins, et La Bourdonnaye dut se contenter de la vice-présidence.

Irréconciliable dans son opposition, le matin même du jour où son ami Chateaubriand, succédant au vicomte de Montmorency, entra (1823) au ministère des Affaires étrangères, le fougueux député vint lui annoncer qu'il rompait avec lui. Il n'en défendit pas moins outrance la guerre d'Espagne, tout en reprochant amèrement à M. de Villèle de vouloir

« imposer à un roi captif et à une nation asservie une charte, garantie odieuse des intérêts nés de la révolte. » C'est dans la discussion du vote des fonds, à l'occasion d'une phrase interrompue, qui semblait faire l'éloge de la Révolution et de la Convention nationale, que La Bourdonnaye se précipita à la tribune, le 27 février 1823, pour demander l'expulsion du député Manuel. Cette expulsion avait déjà été proposée la veille. « Un tel attentat, s'écriait l'orateur, ne peut rester impuni, et c'est à la Chambre qu'il appartient d'en faire justice. Sa haute juridiction n'a pas besoin d'être écrite, elle est nécessaire, inaliénable, elle n'a de limites que celles mêmes du crime qu'elle est appelée à punir! » Sur son rapport même l'expulsion fut votée, le 1er mars. La Bourdonnaye, réélu le 6 mars 1824, n'hésita pas, l'année suivante, dans le débat sur l'indemnité des émigrés, à faire cette déclaration : « Oui c'est bien ce que nous voulons; les contribuables y perdront; mais en retour de ce sacrifice, ils verront la tranquillité assurée à jamais, et *toutes les classes de la société remises dans l'état où elles étaient avant la Révolution.* » En 1826, lors du procès fait par les ministres au *Journal du commerce*, il fut amené, par la nécessité de son opposition irréconciliable, à défendre la liberté de la presse et le gouvernement représentatif : « Tout ce réduit à ceci, s'écria-t-il, plus d'opposition! En voulant détruire toute opposition, c'est le gouvernement représentatif lui-même que vous attaquez dans sa base; car, sans l'opposition, le gouvernement représentatif ne serait plus qu'une tyrannie organisée; ce serait de tous les gouvernements le plus épouvantable; ce serait la Convention avec une seule tête. »

Après la dissolution de 1827, il obtint encore un nouveau mandat législatif le 24 novembre, avec 161 voix sur 301 votants et 333 inscrits; il faillit alors entrer dans le cabinet Martignac comme ministre des finances, et il échoua de même pour la présidence de la Chambre où un premier tour de scrutin lui avait donné la majorité relative de 178 voix. Il paraissait d'ailleurs, vers cette époque, avoir légèrement tempéré la véhémence de son opposition systématique d'autrefois, et il s'était sensiblement rapproché du ministère Villèle. Après la chute du ministère, en août 1829, le prince Jules de Polignac, appelé à recueillir sa succession, confia au comte de La Bourdonnaye le portefeuille de l'Intérieur. « Il faut bien essayer, aurait dit à ce propos Charles X, de ces gens qui se plaignent toujours! » Sa présence dans le cabinet causa une émotion profonde. La presse libérale l'accueillit par des manifestations peu équivoques, et le *Journal des Débats*, rappelant que La Bourdonnaye représentait « la faction de 1815, avec ses amnisties meurtrières, ses lois de proscription, sa clientèle de massacreurs méridionaux », ajouta : « Pressez, tordez ce ministère, il n'en dégoutte qu'humiliations, malheurs et dangers. » (L'article était d'un jeune rédacteur appelé Saint-Marc Girardin.) Au surplus, La Bourdonnaye ne resta pas longtemps aux affaires. Après avoir réglementé la boucherie de Paris, et pris différentes dispositions relatives à l'Ecole de médecine, à l'Ecole des Chartes, etc., il donna sa démission le 8 novembre, au moment où M. de Polignac venait d'être nommé président du conseil des ministres, afin de reprendre sa liberté, et désirant, comme il le dit, « ne jouer sa tête, que s'il tenait au moins les cartes. » Une ordonnance royale le nomma ministre d'Etat et membre du conseil privé. Le 27 janvier 1830, il fut élevé à la pairie, six mois avant la révolution qui devait mettre fin à sa carrière politique. Il se retira, après les journées de juillet, dans son château de Mésangeau.

BOURDONNAYE (MARIE-FERDINAND-RAOUL, VICOMTE DE LA), député de 1884 à 1889, né à Paris, le 12 mai 1837, fut, ses études achevées, attaché au ministère des Affaires étrangères (1857), puis envoyé comme attaché d'ambassade à Londres. En 1864, nommé secrétaire d'ambassade à Vienne, il fut en 1867, mis en disponibilité sur sa demande pour des raisons étrangères à la politique. Propriétaire du château de de Mésangeau en Anjou, il fut élu en 1871, conseiller général du canton de Champtoceaux, et, le 6 avril 1884, il remplaça M. de Durfort de Civrac, décédé, comme député de la 2e circonscription de Cholet, élu par 11,749 voix (12,834 votants, 19,807 inscrits.) Il se fit inscrire à la droite monarchiste, et prit part comme protectionniste à la discussion sur les droits protecteurs de l'agriculture en 1885. Pendant les cinq dernières années de la vie du comte de Chambord, il fut membre du comité royaliste de Maine-et-Loire. Porté sur la liste conservatrice au scrutin du 4 octobre 1885, M. de La Bourdonnaye fut élu le 5e sur 8 par 72,906 voix (123,110 votants et 151,859 inscrits.)

Il siégea comme précédemment, à la droite monarchique, se prononça contre tous les cabinets de gauche et vota dans la dernière session : *contre* le rétablissement du scrutin uninominal (11 février 1889), *pour* l'ajournement indéfini de la revision de la Constitution (14 février), *contre* les poursuites contre trois députés membres de la Ligue des patriotes (14 mars), *contre* le projet de loi Lisbonne restrictif de la liberté de la presse (2 avril), *contre* les poursuites contre le général Boulanger (4 avril).

BOURDONNAYE-BLOSSAC (CHARLES-ESPRIT-MARIE, COMTE DE LA), pair de France, né à Poitiers (Vienne), le 27 août 1753, mort à Paris, le 22 mai 1840, émigra, avec sa famille, à l'époque de la Révolution, et fut, dès les premiers jours de la Restauration, compris sur la liste des pairs de France, par ordonnance du 17 août 1815. Il vota la mort du maréchal Ney, soutint le gouvernement royal en toute circonstance, et prit la parole en mars 1826, pour défendre le « projet de loi des successions » présenté par le ministère Villèle-Corbière-Peyronnet. Ce projet de loi comme on sait. rétablissait le droit d'aînesse. Après la révolution de juillet, le comte de La Bourdonnaye-Blossac quitta la vie politique.

BOURDONNAYE-BLOSSAC (ARTHUR-CHARLES-ESPRIT, MARQUIS DE LA), député de 1827 à 1831, et de 1837 à 1844, né à Paris, le 29 janvier 1785, mort à Paris, le 11 avril 1844, partit comme simple volontaire dans le 7e régiment de hussards le 20 février 1805, fut nommé brigadier le 15 avril suivant, fourrier le 27 juin et maréchal des logis le 28 septembre. Il fit les campagnes des côtes de l'Océan et celle d'Allemagne, passa en 1806 à l'armée de Naples avec le grade de sous-lieutenant (17 janvier 1806) au 25e régiment de chasseurs à cheval. Atteint de deux balles pendant la campagne de 1807, il fut nommé lieutenant au 8e hussards le 8 janvier 1808, et peu de jours après fut attaché au général Lagrange en qualité d'aide-de-camp, jusqu'au 25 avril 1809, date à laquelle le maréchal Lannes l'appela auprès de lui au même titre. — Bientôt après il passa à la grande armée en Allemagne, fut blessé à Essling, nommé chevalier de la Légion d'honneur et baron de l'Empire. Officier d'ordonnance de Napoléon Ier, il devint chef d'escadron au 3e régiment de chasseurs (1812), eut la jambe fracassée à la bataille de la Moskowa, fit encore la campagne d'Allemagne et devint aide de camp du maréchal prince de Wagram (Berthier). La Restauration se l'attacha par de nombreuses faveurs. Colonel de chasseurs et commandeur de la Légion d'honneur en 1821, il fut bientôt promu au grade de maréchal de camp. En mars 1823, il fut plus spécialement attaché à la personne du roi comme gentilhomme de la Chambre; puis il prit le commandement d'une subdivision de la 11e division militaire. Il commanda aussi une brigade de cavalerie au camp de Lunéville, et fut chargé (1826) de l'inspection générale du 5e arrondissement de cavalerie.

Le marquis de La Bourdonnaye, qui avait été nommé membre du Conseil général du Morbihan en 1820, fut élu député du 3e arrondissement de ce département (Pontivy) le 17 novembre 1827, et réélu le 23 juin 1830; il prit place à la Chambre sur les bancs du centre droit et vota généralement avec la fraction politique qui suivait l'inspiration de M. de Martignac. Pendant les années 1828 et 1829, il intervint assez fréquemment dans les débats sur les questions militaires, et porta plusieurs fois la parole sur le budget de la guerre, sur les dispositions concernant l'état des officiers, les pensions militaires, les remontes, les haras, etc.

A l'époque des ordonnances de juillet 1830, la Bourdonnaye se trouvait à Saint-Cloud, en raison de son service, comme gentilhomme de la chambre; le 30, il reçut ordre de Charles X de se rendre à Paris auprès de M. de Mortemart, nommé la veille président du Conseil des ministres. Il fut arrêté près du fort de Grenelle par les postes avancés de l'insurrection populaire, conduit à l'Hôtel-de-Ville, gardé à vue pendant quelques heures, puis relâché par la « Commission provisoire ».

Il parvint alors à sortir de Paris, rejoignit la cour à Rambouillet, le 2 août, et revint, le lendemain assister à l'ouverture de la session de la Chambre des députés. Dans la séance du 7, il protesta contre ce qu'il appela la violation du pacte social », et fut un des 33 députés qui votèrent contre la Charte. Néanmoins il resta à son poste de député, défendit les ministres de Charles X, combattit (16 mars 1831) la proposition Baude, relative à l'exclusion de la branche aînée des Bourbons, la repoussant comme « inutile et injuste à beaucoup d'égards et sans autorité pour l'avenir », monta à la tribune le 16 avril pour parler en faveur des officiers de la garde royale non assermentés et déclara, à ce propos, n'avoir prêté serment à la nouvelle royauté que pour obéir à un devoir rigoureux.

Les électeurs n'imposèrent plus ce devoir à M. de la Bourdonnaye que le 4 novembre 1837 : il rentra alors à la Chambre, comme député du 4e collège du Morbihan (Lorient) avec 129 voix sur 221 votants et 310 inscrits. Il fut encore réélu le 2 mars 1839, et le 9 juillet 1842. Porté sur sa demande au cadre de réforme comme officier général, il reprit sa place à la droite de la Chambre, et vota constamment avec les légitimistes contre le gouvernement. Il se prononça, notamment, contre l'adresse de 1839, amendée favorablement au ministre Molé.

BOURDONNAYE-MONTLUC (CHARLES-OLI-

VIER-MARIE-SÉVÈRE, COMTE DE LA), député de 1823 à 1830, né à Bruz (Ille-et-Vilaine), le 25 septembre 1766, mort au château de Laillé (Ille-et-Vilaine), le 10 décembre 1859, émigra sous la Révolution, et combattit à l'armée des princes. Nommé après la seconde Restauration, colonel lieutenant de roi de la place de Lorient, il se présenta, le 7 mars 1823, pour remplacer à la Chambre, dans le 4e arrondissement électoral d'Ille-et-Vilaine (Redon, Jousselin-Delahaye, décédé). Il fut élu, puis réélu dans la même circonscription le 25 février 1824, et le 17 novembre 1827, à la presque unanimité des suffrages. Une biographie du temps lui consacre ces lignes : « M. Sévère de la Bourdonnaye prend rarement la parole, mais quand il est à la tribune, il y défend vigoureusement les intérêts de ses anciens compagnons d'armes, qui sont par trop délaissés depuis onze ans, et dont plusieurs sont morts dans la misère, sous le règne du roi pour qui ils avaient versé leur sang. Ah! si Charles X le savait! »

Légitimiste, le comte de la Bourdonnaye-Montluc vota jusqu'au bout pour le gouvernement de la Restauration. La révolution de 1830 le rendit à la vie privée. — Il avait été admis à la retraite comme colonel, le 21 décembre 1828.

BOURÉE (NICOLAS-PROSPER), sénateur du second Empire, né à Boulogne-sur-mer (Pas-de-Calais), le 26 mars 1811, mort le 9 juillet 1886, était issu d'une ancienne famille de magistrats au Parlement de Bourgogne. Il fit son droit et entra au ministère des Affaires étrangères en 1836; puis il suivit la carrière, devint en 1840 consul à Beyrouth, en 1846 consul général à la même résidence, en 1851 il était chargé d'affaires au Maroc et, comme tel, après le bombardement de la ville de Salé par le capitaine de Gueydon, il imposait aux autorités de Tanger les satisfactions réclamées par la France. Ministre en Chine (1852), chargé de missions d'exploration dans la Turquie en 1853 et 1854, il eut part à d'importantes négociations en vue de la guerre de Crimée, et stipula même, en 1855, comme ministre à Téhéran, le concours offensif et défensif du shah de Perse pour le cas où la guerre contre la Russie serait portée en Asie. Plus tard, il s'acquitta avec succès d'une autre mission en Allemagne, relative à la guerre d'Italie. Après la conclusion de la paix de Villafranca, il devint ministre en Grèce (1860), et occupa ce poste au moment de l'établissement de la dynastie danoise qui remplaça le roi Othon sur le trône. Il négocia encore diverses conventions avec le Portugal, où il représenta la France en 1864, avant d'être envoyé comme ambassadeur à Constantinople (1866). Le rôle de M. Bourée auprès du sultan Abd-ul-Aziz ne fut pas sans importance : il le poussa dans la voie des réformes, et obtint de lui, non seulement sa présence à l'Exposition universelle de 1867, à Paris, mais aussi un traité en vertu duquel les Français avaient le droit d'acquérir des propriétés dans l'empire ottoman. Grand officier de la Légion d'honneur, du 15 août 1861, M. Bourée fut le dernier sénateur nommé par l'Empire; le décret est daté du 20 juin 1870. Il a été admis à la retraite, comme ambassadeur, le 21 janvier 1872. — Son fils, qui est entré à son tour dans la carrière diplomatique, où il s'est distingué, occupe aujourd'hui le poste d'envoyé extraordinaire et ministre plénipotentiaire en Belgique.

BOURELLE. — *Voy.* SIVRY (DE).

BOURET (HENRI-CHARLES-GASPARD), membre de la Convention et député au Conseil des Anciens, né à Riez (Basses-Alpes), en 1752, mort à Paris, le 28 juillet 1805, était homme de loi à Riez. Élu, le 6 septembre 1792, par le département des Basses-Alpes, membre suppléant de la Convention, avec 140 voix sur 277 votants, et admis à siéger comme titulaire le 3 juin 1793, en remplacement de Verdelin, décédé, il fit accorder des secours à plusieurs militaires, fut envoyé en mission avec Legris dans le département du Morbihan, et écrivit de Lorient à la Convention le 3 frimaire an III : « C'est un spectacle bien intéressant pour les représentants du peuple en mission dans les départements maritimes que celui du pavillon ennemi humilié, contraint par nos braves marins à entrer dans nos ports et à y apporter des approvisionnements de tout genre,... etc. » Il devint secrétaire de la Convention.

Bouret avait pris violemment parti contre les Jacobins en thermidor. Chargé d'une nouvelle mission dans le département de la Manche, il en rendit compte en ces termes, le 23 floréal an III :

« Mon premier soin, en arrivant dans ce département, a été d'activer l'exécution de votre décret du 21 germinal sur le désarmement des terroristes. Ces *cannibales* osaient encore lever une tête insolente et nourrir de coupables espérances, s'exhaler en menaces et comprimer le zèle des vrais amis de la patrie... »

Membre du Conseil des Anciens le 23 vendémiaire an IV, comme ancien conventionnel, Bouret y prit la parole pour appuyer l'annulation des élections de Saint-Alban. Il mourut agent général et administrateur de l'*Établissement des aveugles* (hospice des Quinze-Vingts).

BOURG-LAPRADE (ANTOINE), député au Conseil des Cinq-Cents et au Corps législatif en l'an VIII, né à Meilhan (Lot-et-Garonne), le 17 septembre 1736, mort à Meilhan, le 14 novembre 1816, était trésorier de France avant la Révolution. Il fut élu, le 24 vendémiaire an IV, haut juré du Lot-et-Garonne, puis entra, le 23 germinal an V, comme député de ce département, au conseil des Cinq-Cents, élu par 94 voix. Il y prit quelquefois la parole : au sujet de la suppression du contre-seing, pour combattre une motion d'indemnité qui devait être attribuée aux jurés d'outre-mer, pour demander (26 floréal an VI) la question préalable sur le remplacement des juges. Après le coup d'État de brumaire an VIII, Bourg-Laprade entra, le 4 nivôse, au nouveau Corps législatif, pour y représenter le département de Lot-et-Garonne. Il fut nommé président de cette assemblée vers le 3 nivôse an IX, et se rendit en cette qualité auprès du premier consul pour lui exprimer « l'indignation » qu'inspirait au Corps législatif l'attentat qui avait eu lieu contre sa personne. Bourg-Laprade fut nommé chevalier de la Légion d'honneur le 4 frimaire an XIII ; choisi par son département (octobre 1803) comme candidat au Sénat conservateur, il ne fit jamais partie de cette assemblée.

BOURGAIN (DENIS-GUILLAUME), membre de la Convention et député au Conseil des Cinq-Cents, né à Paris, le 24 janvier 1751, mort à Paris, le 19 octobre 1810, fut élu membre suppléant de la Convention par le département de Paris, le 22 septembre 1792, avec 262 voix sur 453 votants. Il y remplaça, en 1793 un re-

présentant exécuté ; mais il y passa inaperçu, ainsi qu'au Conseil des Cinq-Cents, dont il fut admis à faire partie, le 4 brumaire an IV, comme ancien conventionnel.

BOURGANEL (PIERRE), député de 1885 à 1889, né à Pommiers (Loire), le 18 février 1850. Propriétaire agriculteur et maire de Pommiers depuis 1876, conseiller général depuis 1877, il prit dans son département une part active au développement de l'instruction et des voies de communication. Élu le 4 octobre 1885, le 6e sur 9 de la liste républicaine modérée, député de la Loire, par 64,668 voix (116,857 votants, 151,072 inscrits), il siégea à l'union des gauches, et vota avec les opportunistes, notamment *contre* la revision de la Constitution et *pour* les ministères Rouvier et Tirard. Dans la dernière session, M. Bourganel a voté : *pour* le rétablissement du scrutin uninominal (11 février 1889), *pour* l'ajournement indéfini de la revision de la Constitution (14 février, chute du ministère Floquet), *pour* les poursuites contre trois députés membres de la Ligue des patriotes (14 mars), *pour* le projet de loi Lisbonne restrictif de la liberté de la presse (2 avril), *pour* les poursuites contre le général Boulanger (4 avril).

BOURGEOIS (NICOLAS), membre de la Convention et député au Conseil des Anciens, dates de naissance et de mort inconnues, était médecin à Châteaudun, lors de son élection, le 6 septembre 1792, comme député d'Eure-et-Loir à la Convention nationale, par 217 voix sur 350 votants. Son rôle dans l'assemblée fut assez effacé. Dans le procès de Louis XVI, il répondit affirmativement au 1er appel nominal, et dit : « Comme citoyen je déclare que j'ai toujours cru Louis coupable. » Sur le 3e appel, il est porté *absent par maladie*. Dans la séance du 3 germinal an III, Bourgeois demanda le rappel à la Convention des représentants qui étaient alors dans les départements. « Je demande aussi, ajouta-t-il, que l'on fasse disparaître toutes les dénominations odieuses, que l'on rallie tous les Français sous un même titre, celui de républicains, et qu'on ouvre les prisons à ceux qui ne sont arrêtés que pour délits révolutionnaires. » Enfin, le 28 messidor, au nom des comités réunis de sûreté générale, des finances et des inspecteurs, il exposa que la malveillance pouvait profiter des issues sans nombre qui se trouvaient dans l'enceinte du jardin et du Palais national ; sur sa motion, l'assemblée adopta un projet de décret relatif à la police du palais et du jardin. Le 4 brumaire an IV, Nicolas Bourgeois fut du nombre des conventionnels qui entrèrent au Conseil des Anciens. Il y demanda et obtint, le 18 prairial, l'annulation des élections du canton de Montenoy (département du Doubs), et ne fit pas partie d'autres législatures.

BOURGEOIS (ADOLPHE-LOUIS-MARIE-FRANÇOIS), député de 1831 à 1834, né à Paris, le 10 septembre 1795, était propriétaire à Paris. Il se fit élire, le 5 juillet 1831, député du 4e collège de la Creuse (Boussac), siégea dans la majorité gouvernementale, et vota avec elle jusqu'à la fin de la session, notamment : en septembre 1831, *pour* l'ordre du jour motivé présenté par Ganneron et déclarant que « la Chambre était satisfaite des explications données par les ministres sur la situation extérieure, et qu'elle se confiait à leur sollicitude du soin de veiller à la dignité et aux intérêts de la France » ; et en avril 1833, *pour* le jugement et la condamnation du gérant du journal la *Tribune*.

BOURGEOIS (PAUL), représentant à l'Assemblée nationale de 1871, et député de 1876 à 1889, né à la Verrie (Vendée), le 6 mars 1827, médecin à la Verrie, débuta dans la vie politique comme conseiller général et maire de la Verrie, et brigua avec succès, le 8 février 1871, les suffrages des conservateurs de la Vendée, aux élections pour l'Assemblée nationale. Élu représentant, le 5ᵉ sur 8, par 59,748 voix (66,286 votants, 102,701 inscrits), il siégea à la droite monarchiste, s'inscrivit à la réunion Colbert et au cercle des Réservoirs, et vota : 1ᵉʳ mars 1871, *pour* la paix; 16 mai, *pour* les prières publiques; 10 juin, *pour* l'abrogation des lois d'exil; 30 août, *pour* le pouvoir constituant de l'Assemblée; 3 février 1872, *contre* le retour de l'Assemblée à Paris; 24 mai 1873, *pour* l'acceptation de la démission de Thiers; 19-20 novembre, *pour* le septennat; 4 décembre, *pour* le maintien de l'état de siège; 20 janvier 1874, *pour* la loi des maires; 16 mai, *pour* le ministère de Broglie; 30 janvier 1875, *contre* l'amendement Wallon. Il *s'abstint*, le 11 février 1875, dans le scrutin sur l'amendement Pascal Duprat (élection des sénateurs par le suffrage universel), et repoussa, le 25 février, l'ensemble des lois constitutionnelles.

Inscrit par ses amis politiques et même par un certain nombre de membres de la gauche sur la liste des sénateurs inamovibles, M. Bourgeois ne crut pas devoir accepter, et préféra se représenter, le 20 février 1876, comme député dans la 2ᵉ circonscription de la Roche-sur-Yon, qui l'élut par 8,106 voix (11,510 votants, 18,574 inscrits), contre 3,273 voix à M. Dugast-Matifeux. Il fut de la minorité conservatrice et vota *contre* les 363, *pour* le gouvernement du Seize-Mai, qui soutint sa réélection le 14 octobre 1877 : M. Bourgeois obtint, cette fois, 9,505 suffrages contre 4,935 à M. de Grancourt (14,498 votants, 19,283 inscrits). Il s'associa à tous les votes de la droite, se prononça *contre* les invalidations des députés conservateurs, *contre* l'ordre du jour de confiance accordé (20 janvier 1879) au ministère Dufaure, *contre* l'élection au Congrès (30 janvier) de M. J. Grévy comme président de la République; 16 mars 1880, *contre* l'application des lois existantes aux congrégations; 8 février 1881, *contre* le divorce. Réélu le 21 août 1881, par 9,485 voix (14,651 votants, 19,567 inscrits), contre 5,067 à M. Aug. Caucalon, il continua de siéger à droite, et de voter contre les ministres. M. Paul Bourgeois se prononça *contre* les divers cabinets de gauche qui occupèrent le pouvoir, refusa au ministère Ferry le vote des crédits du Tonkin, vota *contre* la séparation de l'Église et de l'État, *contre* la loi d'expulsion des princes, etc.

Porté sur la liste conservatrice du 4 octobre 1885, il passa, le 5ᵉ sur 7, avec 51,679 voix (92,162 votants, 120,430 inscrits), reprit sa place à droite, vota *contre* le projet de loi sur l'enseignement primaire, *pour* le maintien de l'ambassade du Vatican, *contre* les ministères Freycinet et Goblet, etc.

M. Paul Bourgeois a pris part à un certain nombre de discussions, non par de grands discours, mais par des réparties et des observations dont la forme humoristique n'est jamais blessante pour personne; il tourne fort agréablement les vers, comme le prouvent quelques pièces de circonstance reproduites dans les journaux. Dans la dernière session, il a voté *contre* le rétablissement du scrutin uninominal (11 février 1889), *pour* l'ajournement indéfini de la revision de la Constitution (14 février); *contre* les poursuites contre trois députés membres de la Ligue des patriotes (14 mars), *contre* le projet de loi Lisbonne restrictif de la liberté de la presse (2 avril, *contre* les poursuites contre le général Boulanger (4 avril).

BOURGEOIS (JEAN-BAPTISTE), député de 1885 à 1889, né à Roubaix (Nord), le 19 février 1831, s'établit, vers la fin de l'Empire, à Dôle (Jura), où il prit la direction d'une importante maison de commerce. Conseiller municipal de Dôle, président du tribunal de commerce, conseiller général pour le canton de Rochefort, M. Bourgeois s'occupa activement de politique et travailla dans son département à la propagation des idées républicaines en même temps qu'à la diffusion de l'enseignement populaire. Membre de la *Ligue* présidée par M. Jean Macé, il fonda dans l'arrondissement de Dôle une « Société républicaine d'instruction » et fit une opposition très marquée au ministère du Seize Mai. Lors des élections du 21 août 1881, M. Bourgeois obtint au premier tour, dans sa circonscription, 4,935 suffrages; mais il se désista en faveur de son concurrent, républicain de nuance plus modérée, qui fut élu.

Le 4 octobre 1885, il fut inscrit sur la liste radicale du Jura et élu, le 5ᵉ et dernier, par 39,299 voix (68,240 votants, 81,095 inscrits). Il prit place à la gauche radicale, vota *pour* l'interdiction du territoire de la République aux membres des familles ayant régné sur la France *pour* la loi sur l'enseignement primaire, *pour* l'amendement Colfavru portant suppression de sous-préfets, *pour* les propositions d'économie de la commission du budget (chute du ministère Goblet), *pour* la discussion immédiate de l'interpellation Clémenceau (chute du ministère Rouvier), *pour* l'urgence de la proposition de revision (chute du ministère Tirard, 31 mars 1888). Dans la dernière session, M. J.-B. Bourgeois s'est prononcé : *pour* le rétablissement du scrutin uninominal (11 février 1889), *s'est abstenu* sur l'ajournement indéfini de la revision de la Constitution (14 février, chute du ministère Floquet), a voté *pour* les poursuites contre trois députés membres de la Ligue des patriotes (14 mars), *pour* le projet de loi Lisbonne restrictif de la liberté de la presse (2 avril), *pour* les poursuites contre le général Boulanger (4 avril).

BOURGEOIS (LÉON-VICTOR-AUGUSTE), député de 1888 à 1889, né à Paris, le 29 mai 1851 fut, après de bonnes études, reçu docteur en droit, et entra presque aussitôt dans l'administration. Nommé le 26 décembre 1877, secrétaire général de la préfecture de la Marne, il passa sous-préfet de Reims, le 17 novembre 1880, préfet du Tarn le 8 novembre 1882, et secrétaire général de la préfecture de la Seine, le 19 octobre 1883. Dans ce dernier poste (1883-1884), il entretint de bonnes relations avec le conseil municipal de Paris. M. Bourgeois devint ensuite préfet de la Haute-Garonne, directeur du personnel et directeur des affaires départementales et communales au ministère de l'Intérieur. Il était un des plus jeunes fonctionnaires du ministère, lorsqu'il fut appelé, en novembre 1887 à remplir les fonctions du préfet de police. Il remplaçait M. Gragnon, révoqué pour son intervention dans l'affaire Caffarel-Limousin Wilson, et pour la disparition et la substitution de certaines pièces du dossier, manœuvres don l'enquête parlementaire qui autorisait les poursuites contre M. Wilson, l'avait reconnu responsable. M. Léon Bourgeois fit au conseil municipal de Paris (séance du 21 novembre 1887), des déclarations conciliantes : « Deux pensées, dit-il, dicteront chacun de mes actes : le dévouement absolu à la République et l'amour de notre cher et grand Paris. Quant à mes devoirs envers le conseil municipal, ils m'apparaissent nettement, et je les remplirai avec une entière loyauté... Nous sommes divisés sur une question de principe ; c'est une nécessité de notre situation réciproque... »

M. Hovelacque, alors président du conseil, lui répondit par des paroles sympathiques, tout en affirmant une fois de plus au nom de l'assemblée communale, la volonté d'en finir avec l'institution même de la préfecture de police, « cette institution consulaire qui est la honte de la République. »

Mais M. Léon Bourgeois ne resta pas longtemps préfet de police ; il donna sa démission après avoir été élu, le 26 février 1888, par 45,018 voix, 72,342 votants et 118,868 inscrits, député de la Marne. (Le général Boulanger avait obtenu 16,240 suffrages). M. Bourgeois siégea à la gauche radicale, et devint, en mai 1888, quelques semaines après la formation du ministère Floquet, sous-secrétaire d'État à l'Intérieur. Ces fonctions avaient été supprimées au mois de décembre 1886, sur la demande des radicaux : il fallut donc, pour les rétablir, soumettre aux Chambres un crédit spécial, que l'extrême gauche, cette fois, ne refusa pas. M. Bourgeois suivit la fortune du cabinet Floquet, et quitta le pouvoir avec lui le 14 février 1889 ; dans l'intervalle, il avait pris plusieurs fois la parole au nom du gouvernement, tant à la Chambre qu'au Sénat, notamment, au Luxembourg, dans la discussion d'un projet de loi étendant aux travaux des villes le bénéfice de la loi du 21 juin 1865 sur les associations syndicales et permettant à l'initiative privée de se substituer sous forme d'associations aux pouvoirs publics pour exécuter dans les villes, comme elle le fait déjà dans les campagnes, certains travaux d'utilité générale, tels que le percement d'une rue ou son assainissement.

Dans la dernière session, M. Léon Bourgeois a voté : *pour* le rétablissement du scrutin uninominal (11 février 1889) ; *contre* l'ajournement indéfini de la revision de la Constitution (14 février chute du ministère Floquet), *pour* les poursuites contre trois députés membres de la Ligue des patriotes (14 mars) ; *pour* les poursuites contre le général Boulanger (4 avril) ; il s'est abstenu (2 avril) lors du scrutin sur le projet de loi Lisbonne restrictif de la liberté de la presse.

BOURGEOIS. — *Voy.* JESSAINT (VICOMTE DE).

BOURGEOIS DE L'ÉPINE (CHARLES-NICOLAS), député à l'Assemblée constituante de 1789, né à Viviers (Aisne), en 1749, mort à une date inconnue, était laboureur à Viviers. Il fut, le 13 mars 1789, élu député du tiers aux États-Généraux par le bailliage de Villers-Cotterets, fit partie de la majorité de l'Assemblée constituante, et plus tard, sous le Consulat, devint conseiller général de l'Aisne.

BOURGOIN (AUGUSTE), représentant du peuple à l'Assemblée constituante de 1848, né à Nantes (Loire-Inférieure), le 24 décembre 1799, mort à Pondichéry (Indes françaises), le 1er mai 1869, avait été collecteur à Pondichéry ;

il devint ensuite commissaire adjoint de la marine et fut retraité en cette qualité le 14 février 1851. — Il fut élu le 31 janvier 1849, représentant suppléant à l'Assemblée constituante par nos établissements français dans l'Inde. Le titulaire était M. Lecour, qui, admis après vérification de ses pouvoirs, le 24 avril 1849, donna presque aussitôt sa démission. Bourgoin se trouva désigné pour siéger à sa place ; mais il n'eut le temps de prendre part à aucun vote avant la fin de la législature.

BOURGOING (PAUL-CHARLES-AMABLE, BARON DE), pair de France et sénateur du second Empire, né à Hambourg (Allemagne), le 19 décembre 1791, mort à Paris, le 16 août 1864, était le fils aîné d'un célèbre diplomate de l'Empire qui a laissé plusieurs ouvrages d'histoire. Entré au service militaire en 1811, il fit dans la jeune garde les campagnes de Russie et d'Allemagne et celle de France, comme aide de camp du général Mortier. Sous la Restauration, il entra dans la diplomatie, et fut attaché tour à tour aux ambassades de Berlin, de Munich et Vienne. En 1828, il était premier secrétaire d'ambassade à Saint-Pétersbourg, lorsque la guerre éclata entre la Turquie et la Russie. Il se rendit au quartier général de l'empereur Nicolas, accompagna l'état-major de l'armée d'invasion et se distingua au siège de Silistrie. Après la révolution de Juillet, il continua à représenter, comme chargé d'affaires, la France auprès du czar. Peut-être son attitude contribua-t-elle à calmer l'irritation que causait à l'empereur de Russie la chute de Charles X et à prévenir une rupture qui eût été le signal d'une guerre générale. Ministre plénipotentiaire en Saxe (1832), puis en Bavière (1835), il fut nommé pair de France le 25 décembre 1841, et se montra tout dévoué au gouvernement de Louis-Philippe. La République de 1848 l'écarta momentanément des affaires ; mais son nom, le rôle joué jadis par son père, et l'adhésion qu'il fit personnellement à la politique de l'Élysée, le désignèrent à L.-N. Bonaparte, à la fin de 1849, pour le poste d'ambassadeur à Madrid ; il l'occupa jusqu'en septembre 1851. Le 31 décembre 1852, il fut appelé au Sénat impérial et jusqu'à sa mort, il vota constamment en faveur du pouvoir, par exemple en 1858, *pour* la loi de sûreté générale.

BOURGOING (PHILIPPE, BARON DE), neveu du précédent, député au Corps législatif de 1863 à 1870 et de 1876 à 1879, né à Nevers (Nièvre), le 22 octobre 1827, mort à Paris, le 20 avril 1882, avait été écuyer de Napoléon III et premier inspecteur général des haras, quand il fut, le 19 septembre 1868, élu député au Corps législatif par la 2e circonscription de la Nièvre avec 15,706 voix (21,486 votants, 32,777 inscrits) contre 3,865 à M. Cyprien Girerd, candidat de l'opposition. M. Ferdinand Gambon, candidat inassermenté, obtint, malgré son refus de serment, 1,872 voix qui, dans le *Journal officiel*, furent mentionnées sous cette rubrique : « *voix annulées.* » M. Ph. de Bourgoing siégea sur les bancs de la majorité, fut réélu le 24 mai 1869, par 19,822 voix sur 26,399 votants et 33,031 inscrits, contre 6,439 à M. Malardier, ancien représentant, et vota la déclaration de guerre à la Prusse. Il prit part à cette campagne comme lieutenant-colonel d'un bataillon de mobiles de la Nièvre, et fut nommé à cette occasion commandeur de la Légion d'honneur. Une élection partielle devant avoir lieu dans la Nièvre le 24 mai 1874, M. Ph. de Bourgoing adressa aux électeurs une profession de foi où il s'exprimait en ces termes : « Mes convictions n'ont pas varié, je suis fidèle à l'Empire. Soumis aux lois de mon pays, je respecte les pouvoirs du maréchal de Mac-Mahon. Mais quand l'heure sera venue de choisir un gouvernement définitif, je demanderai qu'on en laisse le soin au pays, librement et directement consulté. Je crois en effet, avec le prince impérial, que l'appel au peuple, c'est le salut et c'est le droit.» Il fut élu par 37,568 voix (74,512 votants, 95,628 inscrits), contre M. Gudin du Pavillon, républicain modéré, qui obtint 32,109 voix. Il partit alors pour Chislehurst, afin de présenter son hommage à l'ex-impératrice et à son fils. Mais l'élection de M. Ph. de Bourgoing fut vivement contestée et souleva à l'assemblée de nombreuses réclamations. Une pièce dont M. C. Girerd, député, donna lecture à la tribune à propos du fameux comité central de l'appel au peuple, tendait à prouver qu'on avait cherché à gagner des voix au candidat par des manœuvres illicites. Le rapport sur l'élection de la Nièvre, présenté le 23 décembre 1874 par M. de Choiseul, insista sur la nécessité de faire pleine et entière lumière au moyen d'une enquête parlementaire. Cette demande d'enquête fut appuyée par M. Ricard, et votée par l'assemblée. Une commission fut nommée qui, sous la présidence de M. Albert Grévy, eut à examiner la part qu'avait prise le comité de l'appel au peuple à l'élection Bourgoing, et à juger le système de propagande suivi par les agents bonapartistes, non seulement dans la Nièvre, mais encore dans la plupart des départements. Les dépositions d'un très grand nombre de témoins, et particulièrement de M. Léon Renault, furent consignées dans un long rapport (25 février 1875) de M. Savary, au nom de la commission d'enquête parlementaire. Le garde des sceaux, M. Tailhand, ayant cru devoir refuser à la commission de lui communiquer certaines pièces, l'assemblée l'invita formellement à faire droit à sa réclamation. Peu de jours après, M. Tailhand se retira et fut remplacé par M. Dufaure, qui fournit les documents demandés. Un rapport final de M. Savary (9 juillet) demanda et obtint l'annulation de l'élection de la Nièvre. Mais la législature touchait à sa fin.

Réélu, le 20 février 1876, député de l'arrondissement de Cosne, par 9,047 voix (17,766 votants, 22,025 inscrits), contre 8,583 à M. Massé, ancien sous-préfet de la Défense nationale, et sur une déclaration ainsi conçue : « Respect du présent, réserve de l'avenir, » M. de Bourgoing siégea, comme précédemment dans le groupe de l'appel au peuple, vota avec lui pour la gouvernement du Seize Mai, et obtint sa réélection le 14 octobre 1877, par 9,725 voix (18,608 votants, 23,398 inscrits) contre 8,812 à M. Fleury, républicain modéré.

Son élection fut encore soumise à une enquête parlementaire (mai 1878), et la vérification en fut ajournée. Définitivement invalidé le 13 novembre, il ne se représenta pas, au scrutin du 2 février 1879, et obtint cependant 1,170 voix contre 10,957 accordées à l'élu républicain opportuniste, M. Fleury.

BOURGOIS (Jacques-François-Auguste), membre de la Convention, député au Conseil des Anciens et au Corps législatif en l'an VIII, né à Fresnoy-Folny (Seine-Inférieure), en 1741, mort à Aumale (Seine-Inférieure), le 16 juillet 1812, entra dans les ordres, et appartint à la congrégation des Lazaristes (prêtres de la mis-

sion). Il adopta les idées de la Révolution, quitta l'habit religieux et vint habiter Fresnoy-Folny, son lieu de naissance. Élu, le 12 septembre 1792, par le département de la Seine-Inférieure, membre de la Convention, il vota « pour la détention de Louis XVI pendant la guerre et pour la déportation ensuite », siégea parmi les plus modérés, et prit la parole le 23 germinal an III, en faveur de Delahaye, son collègue de la Seine-Inférieure, accusé par Laurent Lecointre d'avoir « contracté l'engagement de porter les armes avec les Chouans contre sa patrie. » Merlin (de Douai) ayant exprimé l'avis que l'accusation était dénuée de preuves, Bourgois intervint pour affirmer qu'il y avait confusion et que le vrai coupable était un « ci-devant gentilhomme des environs de Rennes, émigré et rentré sur le territoire de la République. » Bourgois fit partie du Conseil des Anciens. Son département l'y députa le 23 vendémiaire an IV, par 375 voix, et lui renouvela ce mandat le 24 germinal an VI. Il se montra partisan du coup d'État de brumaire, et fut désigné le 4 nivôse an VIII, comme député de la Seine-Inférieure au Corps législatif, où il siégea jusqu'en 1805.

BOURGON DE FOUCHERANS (Jean-Baptiste), député de 1827 à 1830, né à Besançon (Doubs), le 7 septembre 1780, mort à Besançon, le 5 février 1870, était conseiller à la Cour royale de cette ville et connu par ses sentiments conservateurs, quand il fut élu, le 24 novembre 1827, député du Doubs, au collège de département. « Le trône et nos institutions n'ont pas d'ami plus sincère », disent ses biographies. Il siégea au Centre droit, et vota, jusqu'à la fin de la législature, avec les royalistes modérés. Non réélu aux élections suivantes, il se consacra entièrement à ses fonctions de magistrat, devint, sous Louis-Philippe, président de chambre à la même Cour, et reçut, en 1853, le titre de président honoraire. Chevalier de la Légion d'honneur.

BOURGUET DE TRAVANET (Pierre-Nicolas-Joseph), député au Corps législatif en l'an X, né à Réalmont (Tarn), le 12 octobre 1753, mort à Paris, le 24 mars 1812, avait appartenu à l'armée avec le grade d'adjudant commandant. Après le 18 brumaire, il devint sous-préfet de Castres. Il occupait ce poste lorsque le Sénat conservateur le désigna, le 6 germinal an X, pour représenter le Tarn au Corps législatif, où il siégea jusqu'en 1810.

BOURGUIGNON-DUMOLARD (Claude-Sébastien), ministre de la Police générale, du 4 messidor an VII au 2 thermidor an VII, né à Vif (Isère), le 21 mars 1760, mort à Paris, le 22 avril 1829, était officier municipal au début de la Révolution. Arrêté, après le 31 mai 1793, comme fédéraliste influent du Midi, il fut remis en liberté et se rendit à Paris, où il se rangea parmi les adversaires de Robespierre. Nommé, le lendemain du 8 thermidor, secrétaire général du comité de sûreté générale, il mit sous scellés les papiers des deux Robespierres, et ordonna la mise en liberté d'un grand nombre de détenus. Il entra ensuite comme chef de division au ministère de l'Intérieur, puis comme secrétaire général à celui de la Justice, et il devint commissaire du Directoire près le tribunal civil de Paris, puis près la cour de Cassation. Gohier, à son entrée au Directoire, le fit nommer, le 4 messidor an VII, ministre de la Police générale, en remplacement de Duval; il n'y demeura que vingt-sept jours, céda la place à Fouché, et accepta les fonctions de régisseur de l'enregistrement et des domaines. Le gouvernement consulaire le nomma juge au tribunal criminel de Paris, et membre du conseil d'administration des droits réunis; l'empereur l'éleva au poste de substitut du procureur général impérial de la Haute Cour, et enfin de conseiller à la Cour impériale de Paris. Dans le procès du général Moreau, il opina, avec la majorité, pour une peine correctionnelle. Il fut mis à la retraite sous la seconde Restauration avec le titre de conseiller honoraire, et ouvrit un important cabinet d'avocat consultant à Paris. Bourguignon-Dumolard a publié de nombreux travaux de législation, entre autres un *Manuel d'instruction criminelle* (1810), le *Dictionnaire raisonné des lois pénales de France* (1811), la *Conférence des cinq Codes entre eux* (1818), les *Huit Codes annotés* (avec A. Dalloz) (1829), etc.

BOURJADE (Jean-Pierre-Catherine-Eulalie), député de 1846 à 1848, né à Olonzac (Hérault), le 13 mars 1795, mort le 12 octobre 1870, suivit la carrière militaire et parvint au grade de colonel d'état-major, avant d'entrer à la Chambre des députés, le 6 juin 1846, à la fin de la législature, comme député du 3e collège électoral du Tarn-et-Garonne (Castelsarrazin). Le colonel Bourjade, élu par 393 voix sur 735 votants, remplaçait M. Émile de Girardin, démissionnaire: il avait eu pour concurrent M. Alph. Constant, qui obtint 341 voix. Il siégea dans la majorité conservatrice et fut réélu le 1er août de la même année, par 412 voix contre 326 à M. Maison (741 votants, 861 inscrits). Son suffrage fut toujours acquis au ministère, et il soutint, jusqu'en février 1848, la politique de résistance de Guizot. Après le coup d'État de 1851, M. Bourjade fut promu au grade de général de brigade (3 janvier 1852).

BOURJOLLY (Jean-Alexandre Le Pays de), sénateur du second Empire, né à Saint-Domingue, le 24 mars 1791, mort à Tarbes (Hautes-Pyrénées), le 13 septembre 1865, vint à Paris sous le Consulat, et fut emmené en Hollande par Louis Bonaparte parmi ses pages. Il en sortit pour entrer dans le 2e régiment d'infanterie hollandaise comme sous-lieutenant, en 1807. Ce régiment, en 1808, faisait partie de l'armée d'occupation de Hanovre. Commandant un détachement de 18 à 20 hommes sur les côtes de l'Ouest-Frise, il eut occasion de se signaler en reprenant aux Anglais un navire que la marée descendante laissa à sec. Le baron Van der Capelle, alors ministre de la Guerre, témoigna par écrit à Bourjolly toute sa satisfaction sur cet acte, dont l'auteur n'était âgé que de dix-sept ans. Passé au service de la France en 1810, il suivit en qualité d'aide de camp le maréchal Bessières en Espagne, en Russie et en Allemagne, puis le maréchal Soult à Toulouse et à Waterloo. La Restauration interrompit sa carrière. Parvenu au grade de chef d'escadron en 1814, il resta en demi-solde jusqu'à la révolution de 1830, qui le remit en activité. Placé comme chef d'escadron au 8e régiment de dragons, il devint rapidement lieutenant-colonel, puis colonel du même régiment. Nommé maréchal de camp le 21 janvier 1840, et, après sept années de combats en Afrique, lieutenant général le 20 octobre 1845, il commanda par la suite plusieurs divisions militaires. Le second Empire l'appela à la présidence du comité consultatif de cavalerie, et par décret du 31 décembre 1852, le fit sénateur. Ses votes furent acquis au gouvernement. On doit à M. Le Pays de Bourjolly quelques écrits militaires, entre autres sur l'Algérie et son gouvernement. Grand officier de la Légion d'honneur, du 10 décembre 1849.

BOURKE (Jean-Raymond-Charles, comte), pair de France, né à Lorient (Morbihan), le 12 août 1772, mort à sa terre de Pléleur (Morbihan), le 29 août 1847, était fils de Richard Bourke, écuyer, et de dame Marie-Jacquette Saint-John. Il entra au service le 10 janvier 1788, comme cadet gentilhomme, dans le régiment de Walsh-infanterie (brigade irlandaise), fut nommé sous-lieutenant la même année, servit aux Indes jusqu'en 1790, puis à Saint-Domingue en 1791. Destitué et déporté par les commissaires civils, il fut ac quitté par la Convention, employé comme adjoint provisoire aux adjudants généraux de l'armée des côtes de Cherbourg, et rentra comme capitaine (brumaire an IV) dans son ancien régiment. Il fit les campagnes de l'Ouest, fut prisonnier des Anglais, et, de retour en France, devint commandant supérieur de Lorient en l'an IX. L'année d'après, il fit partie de l'armée expéditionnaire de Saint-Domingue, s'y distingua, devint premier aide de camp du général Leclerc, et revint en France le 27 nivôse an XI, avec le grade de chef de brigade. Sous les ordres du général Davoust, il assista à toutes les affaires navales, depuis Flessingue jusqu'à Ambleteuse. Membre et officier de la Légion d'honneur, les 4 germinal et 25 prairial an XII, il obtint en l'an XIII, le grade d'adjudant, combattit à Austerlitz, fit la campagne de Prusse, se signala à Auerstadt, à Eylau, à Friedland, et fut fait commandant de la Légion d'honneur en 1807. Il devint général de brigade sur le champ de bataille de Wagram où il eut deux chevaux tués sous lui. Envoyé à Anvers contre les Anglais, puis à Flessingue, il passa en Espagne (1810). En 1813, il fit la campagne de Saxe, reçut le grade de général de division et le gouvernement de Wesel. Assiégé dans cette place, il s'y défendit jusqu'au 18 avril 1814, et ramena en France toute sa garnison et 40 bouches à feu. La Restauration le mit d'abord en non activité, puis le plaça (1819), à la tête de la 10e division militaire. Il fut ensuite inspecteur général d'infanterie, le 21 avril 1821. L'Empire l'avait fait baron, les Bourbons lui conférèrent le titre de comte, puis la dignité de grand-croix de la Légion d'honneur. Bourke commanda, pendant la guerre d'Espagne (1823), la 2e division du 1er corps. Pair de France le 19 octobre 1823, il soutint le gouvernement royal jusqu'à la fin du règne de Charles X. Placé dans le cadre de réserve en 1829, il se retira dans ses terres, auprès de Lorient, et y mourut sous Louis-Philippe.

BOURLET (Antoine-Simon, baron), député au Conseil des Anciens, né à Versailles (Seine-et-Oise), le 17 juillet 1754, mort à Paris, le 5 septembre 1829, ancien lieutenant-colonel de cavalerie, devint, à la Révolution, officier municipal à Versailles, puis fut élu, le 23 germinal an V, député de Seine-et-Oise au Conseil des Anciens. Il ne s'y fit point remarquer. Rallié plus tard au gouvernement de la Restauration, il fut, le 19 avril 1817, créé baron par Louis XVIII.

BOURLIER (Jean-Baptiste, comte), député au Corps législatif de 1807 à 1813, membre du

Sénat conservateur et pair de France, né à Dijon (Côte-d'Or), le 1er février 1731, mort à Évreux (Eure), le 30 octobre 1821, d'une famille peu aisée, fit ses études ecclésiastiques chez les Robertins, succursale presque gratuite de Saint-Sulpice, et fréquenta, grâce à l'amabilité de son caractère, les meilleurs esprits de son temps. Il perdit, à la Révolution, le bénéfice dont il avait été pourvu, n'en resta pas moins dévoué aux idées nouvelles, et prêta serment à la constitution civile du clergé. Nommé, en vertu du Concordat évêque d'Évreux (3 floréal an X), il fut décoré de la Légion d'honneur le 16 messidor an XII et chargé par l'empereur de plusieurs missions de confiance auprès du pape, prisonnier à Fontainebleau. Appelé (mai 1806) à présider le collège électoral de l'Eure, il fut choisi comme candidat par ce collège au Corps législatif (novembre suivant) et agréé par le Sénat conservateur comme député du département (18 février 1807). Créé baron de l'Empire le 28 janvier 1809, il vit son mandat de député renouvelé le 6 janvier 1813, et fut appelé, le 5 avril suivant, au Sénat conservateur. L'impératrice Joséphine s'étant retirée après son divorce à Navarre, près d'Évreux, Bourlier fut chargé de distribuer ses aumônes. Son adhésion à la Restauration lui valut, le 14 juin 1814, d'être élevé à la pairie. Comme il n'avait accepté aucune fonction pendant les Cent-Jours, la seconde Restauration le maintint à la Chambre haute (août 1815).

BOURLIER (NICOLAS-CHARLES), député de 1885 à 1889, né à Langres (Haute-Marne), le 5 avril 1830, ancien professeur à l'École de médecine d'Alger, devint dans la colonie grand propriétaire de terres et de forêts. M. Bourlier a longtemps voyagé en Égypte, en Tripolitaine, en Tunisie, en Algérie, au pays des Touaregs, au Maroc. Il a visité aussi la Turquie d'Asie jusqu'à la Perse et jusqu'à la mer Rouge. Nommé membre du conseil supérieur du gouvernement en 1873, il fut, deux ans plus tard, choisi comme maire de la commune de Saint-Pierre et Saint-Paul, et élu conseiller général. A plusieurs reprises il a été désigné pour la présidence du conseil général et pour la vice-présidence du conseil supérieur du gouvernement.

Au scrutin du 4 octobre 1885, porté sur la liste républicaine opportuniste, il réunit 7,455 voix (15.045 votants et 22,153 inscrits) et fut élu député du département d'Alger. M. Bourlier siégea dans la majorité, fit partie du groupe de l'union des gauches et vota : *pour* l'expulsion des princes, *pour* le maintien de l'ambassade du Vatican, *contre* l'amendement Colfavru tendant à la suppression des sous-préfets, *contre* la discussion (19 novembre 1887) de l'interpellation Clémenceau, *contre* l'urgence (31 mai 1888) de la proposition de révision dirigée contre le ministère Tirard. Dans la dernière session, M. Bourlier s'est abstenu sur le rétablissement du scrutin uninominal (11 février 1889), et a voté *contre* l'ajournement indéfini de la revision de la Constitution (14 février), *pour* les poursuites contre trois députés membres de la Ligue des patriotes (14 mars), *pour* le projet de loi Lisbonne restrictif de la liberté de la presse (2 avril), *pour* les poursuites contre le général Boulanger (4 avril).

BOURLON (PIERRE-HENRI-DIEUDONNÉ), député au Corps législatif de 1852 à 1869, né à Port-au-Prince (Haïti), le 29 juin 1801, mort à Paris, le 25 octobre 1873, neveu puis gendre du maréchal Clauzel, vint de bonne heure en France et se destina à la haute industrie. A 29 ans, il était administrateur des Messageries générales, et, ayant pris une part active à la création des chemins de fer, devint administrateur de la Compagnie d'Orléans. Le 1er août 1846, il se porta candidat à la députation dans le 3e collège électoral de la Vienne (Civray, où il échoua avec 120 voix contre 156 accordées à M. Bonnin, député sortant. A une élection partielle du 13 janvier 1849, il eut le même sort, avec 8,832 voix contre 16,557 données au moins favorisé des deux élus, M. Hennecart. Mais, élu conseiller général de la Vienne par le canton de Charroux en 1852, il devint, le 29 février de la même année, député au Corps législatif dans la 1re circonscription électorale de ce département (Poitiers), par 22,164 voix sur 23,099 votants et 46,263 inscrits. Il siégea silencieusement dans la majorité impérialiste. Son mandat lui fut renouvelé, comme candidat officiel, le 22 juin 1857, par 14,858 voix, sur 21,141 votants et 42,240 inscrits, contre M. David de Thiais, ancien préfet (6,082 voix).

Les circonscriptions du département ayant été remaniées pour les élections du 1er juin 1863, M. Bourlon fut élu dans la 3e circonscription (Civray), par 10,775 voix sur 17,841 votants et 25,824 inscrits, contre MM. Serph (6,631 voix) et Bardy (155). Privé de l'appui de l'administration aux élections de 1869, il ne fut pas élu et rentra dans la vie privée. — Chevalier de la Légion d'honneur du 28 juillet 1849, et officier du même ordre de la promotion du 14 août 1862.

BOURMONT (LOUIS-AUGUSTE-VICTOR DE GHAISNE, COMTE DE) pair de France et ministre, né au château de Bourmont en Anjou, le 2 septembre 1773, mort au château de Bourmont, le 27 octobre 1846, était enseigne dans le régiment des gardes françaises depuis un an, quand éclata la Révolution. Son régiment se montra favorable au mouvement populaire et un assez grand nombre de gardes ayant participé à la prise de la Bastille, il demanda son changement et fut nommé sous-lieutenant aux hommes d'armes à pied. Le jeune officier émigra bientôt, et devint aide de camp du prince de Condé qui le chargea en 1790, d'une mission secrète auprès de la noblesse et du clergé de Nantes. Les royalistes de l'Ouest organisèrent leurs troupes, et Bourmont retourna à son poste. Il pénétra en Champagne avec Condé, à la campagne de 1793, une partie de celle de 1794 et passa en Vendée avec le grade de major général de l'armée commandée par M. de Scépaux. Hoche étant parvenu à pacifier la Vendée, Bourmont, qui avait déjà été une première fois envoyé en Angleterre par les Vendéens, retourna à Londres, où il fit tous ses efforts pour rallumer la guerre : elle éclata de nouveau en 1799. Nommé par le comte d'Artois maréchal de camp, et investi du commandement des provinces du Maine, du Perche, etc., il se mit à la tête des Chouans, attaqua les Républicains à Saumur, et remporta un succès important qui ne tarda pas à grossir son armée. Il s'empara du Mans, malgré une vive résistance et sans pouvoir empêcher de graves excès après la victoire. Dans les conférences qui suivirent l'armistice conclu peu après, Bourmont se montra résolu à continuer la guerre, et donna l'ordre à ses chefs de se préparer à combattre. Le 21 janvier 1800, il se trouvait au village de Grepin-de-Sablé, où il ordonna un service solennel pour le repos de l'âme de Louis XVI. Quelques semaines après, la capitulation de M. de la Prévalais et la soumission du comte de Châtillon l'obligèrent d'adhérer au traité de paix conclu par ces deux chefs avec les républicains; il écrivit même à George Cadoudal d'imiter son exemple, ce qui fit naître, dès ce moment, des soupçons sur sa fidélité; on l'accusa encore d'avoir indiqué aux républicains les rivières où étaient cachés les canons fournis par l'Angleterre. Il vint alors s'établir à Paris, épousa Mlle de Bec-de-Lièvre, fille de l'ancien président du Parlement de Bretagne, et se laire bien venir du premier consul, qui le consultait volontiers sur les affaires de l'Ouest. L'explosion de la machine infernale (3 nivôse an IX — 21 décembre 1800), fournit à Bourmont une nouvelle occasion de montrer son zèle; il se rendit sur-le-champ dans la loge de Bonaparte, à l'Opéra, et demanda la punition des « Jacobins », qu'il accusa d'être les auteurs de l'attentat; mais Fouché, qui redoutait sans doute l'ascendant que pouvait prendre sur le maître un autre confident que lui, fit surveiller de très près la conduite de Bourmont, et réussit à le perdre. Le sénateur Clément de Ris ayant été enlevé dans sa maison de Beauvais, près de Tours, le 23 septembre 1800, par six brigands armés qui s'étaient emparés de son argent et de son argenterie et l'avaient séquestré lui-même dans un lieu inconnu, Fouché impliqua le comte de Bourmont dans l'affaire, le fit arrêter, enfermer, mettre au secret au Temple, et transférer à la citadelle de Dijon, puis à celle de Besançon, d'où il s'évada en 1805, pour se réfugier en Portugal avec sa famille. Rentré en France après la prise de Lisbonne par le général Junot, en 1808, Bourmont obtint de Napoléon, qui avait confiance dans les talents militaires de l'ancien général vendéen, le grade de colonel-adjudant commandant de l'armée de Naples, et passa de là à l'état-major du prince Eugène, avec lequel il fit la campagne de Russie. Employé pendant les campagnes de 1813 et 1814, il reçut de Napoléon quelques missions importantes et fut mentionné honorablement dans les rapports officiels des batailles de Dresde. Promu général (octobre 1813), il eut le commandement d'une brigade de réserve, se signala (février 1814), à la défense de Nogent, et y gagna le grade de général de division.

Dès que les Bourbons furent remontés sur le trône, il s'empressa de les reconnaître, reçut d'eux, le 20 mai 1814, le commandement supérieur de la 6e division militaire et le titre de grand-officier de la Légion d'honneur. Il parvint encore à s'insinuer pendant les Cent-Jours dans les bonnes grâces de l'Empereur; Napoléon Ier, cédant, a-t-on dit, aux instances des généraux Gérard et Labédoyère, le plaça à la tête d'une des divisions de l'armée qui s'organisait dans le Nord. On sait quelle y fut sa conduite à la veille de Waterloo. Dans la nuit du 14 au 15 juin 1815, l'armée française venait d'entrer à Charleroi; tout à coup, le général de Bourmont quitta ses troupes et, sous leurs yeux, passa à l'ennemi. Au mois d'octobre de la même année, il figura comme témoin dans le procès du maréchal Ney et fut de ceux qui chargèrent le plus l'accusé. On se rappela alors qu'appartenant, en mars, comme général de division, au corps d'armée de Ney, il n'avait rien fait pour arrêter la défection des troupes, n'avait donné à son chef ni avis, ni conseil, et avait assisté et consenti à la lecture que fit le maréchal de la proclamation de Napoléon. Il contribua également à la condamnation du

général Bonnaire. Nommé, en 1816, commandant d'une des divisions de la garde royale, il prit, en 1823, une part active à l'expédition d'Espagne, et fut créé pair de France, le 9 octobre 1823. Il s'était fait peu remarquer à la Chambre haute, lorsque, le 8 août 1829, il accepta d'entrer dans le ministère Polignac avec le portefeuille de la guerre. Malgré l'énergiques protestations du parti libéral, le Journal des Débats l'appela « le déserteur de Waterloo, aujourd'hui exposé sur l'échafaud du ministère », malgré les démissions qu'envoyèrent aussitôt plusieurs généraux et officiers supérieurs, malgré ce mot cruel prononcé par Royer-Collard : « Aujourd'hui moins que jamais, je voudrais être président, car j'aurais peur d'être chargé de rappeler à l'ordre ceux qui s'en écarteraient vis-à-vis de M. de Bourmont », le nouveau ministre se présenta devant la Chambre. Pourtant M. de Polignac ayant senti la nécessité d'opérer une puissante diversion, l'expédition d'Alger fut décidée, et on confia le commandement en chef au comte de Bourmont, qui se rendit à Marseille pour hâter l'embarquement. Le 18 avril 1830, l'armée était embarquée; le 5 juillet, Alger capitula. Le 14, Charles X éleva Bourmont à la dignité de maréchal de France; un des quatre fils du commandant en chef avait été tué au combat de Staoueli. Mais pendant que le drapeau blanc flottait sur les murs d'Alger, le peuple renversait à Paris le trône de Charles X. La nouvelle en parvint bientôt en Afrique, portée par un navire marchand; Bourmont s'empressa d'adresser à l'armée une proclamation où il déclarait qu'il serait « toujours fidèle à ses serments et à la loi fondamentale du royaume ». Le 17 août, obéissant à des ordres officiels, l'armée d'Afrique arbora la cocarde nationale; le 2 septembre, le général Clauzel, désigné par le nouveau gouvernement pour remplacer Bourmont en Algérie, se rendit à son poste, et l'ancien ministre dut se retirer. Il se rendit en Angleterre, auprès de Charles X. Depuis, il essaya d'exciter la guerre en Vendée (1832), où il accompagna la duchesse de Berry dans son entreprise. Il mit aussi son épée au service du don Miguel en Portugal. Le gouvernement de Louis-Philippe lui appliqua les dispositions du Code concernant les Français qui servent en pays étranger sans autorisation; mais l'amnistie de 1840 lui permit de rentrer en France. Napoléon a dit de lui, à Sainte-Hélène : « Bourmont est une de mes erreurs. »

BOURNAT (FRANÇOIS-JOSEPH-CALIXTE), député au Corps législatif de 1863 à 1870, né à Jouques (Bouches-du-Rhône), le 4 octobre 1814, mort à Marseille, le 28 février 1886, appartenait à une famille de riches industriels. Il se fit recevoir avocat et inscrire au barreau de Marseille, puis il y exerça la profession d'avoué; conseiller général des Bouches-du-Rhône pour le canton de Peyrolles, d'où il était originaire, il fut élu, le 1er juin 1863, député au Corps législatif, par la 2e circonscription des Bouches-du-Rhône, avec 15,717 voix (23,591 votants, 37,484 inscrits); le gouvernement avait soutenu sa candidature contre celle de Thiers, candidat de l'opposition, qui obtint 7,717 voix. Il fut quelque temps secrétaire de la Chambre, appartint à la majorité dynastique et vota avec elle jusqu'au 4 septembre 1870, notamment pour la déclaration de guerre à la Prusse. Il avait été réélu, le 24 mai 1869, par 14,089 voix contre 9,864 à Jules Favre, républicain, et 3,495 à M. Poujoulat, légitimiste. En 1870, il rentra dans la vie privée. Il s'est porté, mais sans succès, comme candidat conservateur aux élections sénatoriales de janvier 1876, dans les Bouches-du-Rhône. — Officier de la Légion d'honneur, du 4 août 1867.

BOURNAZEL (JEAN-BUISSON, COMTE DE), député à l'Assemblée constituante de 1789, né à Bournazel (Aveyron), le 17 octobre 1736, mort à une date inconnue, vivait avec son père dans la terre et seigneurie de Bournazel en Rouergue, lorsqu'il fut élu, le 27 mars 1789, député de la noblesse aux États-Généraux par la sénéchaussée de Villefranche en Rouergue. Il fut un des membres les plus obscurs de la droite, et les procès-verbaux de l'Assemblée sont muets sur son compte. — Le *Moniteur* officiel de l'époque ne s'est occupé de lui que très indirectement (numéro du 22 mars 1790), pour rectifier, à l'article « Variétés », un fait intéressant le château de Bournazel, et inexactement rapporté par le *Mercure*. « Le château de M. de Bournazel (*sic*), père du député de ce nom à l'Assemblée nationale, avait écrit cette feuille, a été brûlé, et deux de ses domestiques massacrés. Ce vieillard de quatre-vingts ans a eu beaucoup de peine à se sauver. » Le *Moniteur* rétablit la vérité en ces termes : « Le château de Bournazel (Bournazel) a été pillé, mais non pas brûlé. M. de Bournazel, qui s'était retiré depuis quelque temps à Villefranche, avec toute sa maison, *n'a eu aucune peine à se sauver*. Aucun de ses domestiques n'a été massacré.

Des détails authentiques témoignent, d'ailleurs, que l'imprudence d'un détachement de milice de Villefranche, envoyé à Bournazel pour protéger le château, a donné lieu à ce fâcheux événement. Ce détachement s'était emparé d'une église qui communique au château; voyant des paysans alarmés accourir pour sonner le tocsin, on voulut les en empêcher; on en tua un, on en blessa trois ou quatre autres. Un grand nombre de paysans survinrent; ils firent retirer le détachement, et ayant ensuite trouvé le cadavre qu'on avait caché dans le château, ils devinrent furieux. Ce meurtre est la cause véritable du pillage du château, et même des autres mouvements qui ont éclaté dans cette province. »

BOURNEL (JEAN-FRANÇOIS), député à l'Assemblée législative de 1791, né à Rethel (Ardennes), le 23 février 1740, mort à Rethel, le 21 juin 1806, fut homme de loi dans cette ville, puis administrateur du district. Il ne prit jamais la parole dans l'Assemblée législative, où il siégea, parmi les membres de la majorité, comme député des Ardennes, élu, le 1er septembre 1791, à la pluralité des voix sur 312 votants. Partisan de Bonaparte, il entra dans la magistrature le 28 floréal an VIII, en qualité de commissaire près le tribunal civil de Rethel, et mourut procureur impérial.

BOURNEVILLE (DÉSIRÉ-MAGLOIRE), député de 1883 à 1889, né à Garancières (Eure), le 21 octobre 1840, vint étudier la médecine à Paris sous le second Empire, et, tout en suivant les cours de l'École, se mêla au mouvement démocratique. « En 1866, dit une biographie, bien que concourant pour l'internat, il quitta tout pour aller soigner les cholériques d'Amiens. » Puis il revint à Paris, collabora au *Réveil* de Delescluze, se fit recevoir docteur en 1870, et fut, pendant le siège, chirurgien-major au 160e bataillon de la garde nationale et chirurgien-major à l'ambulance du Jardin des plantes; en même

temps il remplissait les fonctions d'interne à la Pitié, il resta à ce poste pendant les deux sièges de Paris. Fondateur (1873) d'un journal spécial qui acquit bientôt de l'autorité, le *Progrès médical*, il entra, quelques années plus tard, au conseil municipal de Paris, où il représenta le 5e arrondissement, et se fit remarquer par son activité. Partisan de la réforme des établissements hospitaliers et particulièrement de la « laïcisation » de tous ces établissements, il fut le promoteur de la création des écoles municipales d'infirmières laïques destinées à remplacer les religieuses, publia une série de manuels à l'usage de ces infirmières, et, durant son passage au conseil, ne rédigea pas moins de trente-quatre rapports sur les améliorations à réaliser, d'après lui, dans les services de l'assistance publique. Le 4 février 1883, le docteur Bourneville fut élu député par la 1re circonscription du 5e arrondissement de Paris, en remplacement de Louis Blanc, décédé; il s'était présenté comme candidat républicain radical et avait obtenu 3,422 voix contre 2,673 à M. Engelhardt ancien préfet, ancien conseiller municipal de Paris, opportuniste, et 461 à M. Émile Gautier, anarchiste. M. Bourneville prit place sur les bancs de l'extrême gauche et vota, avec ce groupe, *contre* l'ordre du jour de confiance (6 mars 1883) accordé au ministère J. Ferry à propos de la revision. M. Bourneville se prononça encore *contre* les crédits du Tonkin, *contre* la loi sur les récidivistes, *contre* le maintien de l'ambassade auprès du pape et *pour* l'abrogation du Concordat, etc. Il fit un rapport intéressant sur l'assainissement de la Seine et l'utilisation agricole des eaux d'égout; mais il ne put obtenir que ce rapport fût discuté avant la fin de la législature. Aux élections du 4 octobre 1885, le docteur Bourneville fut porté dans le département de la Seine sur la liste élaborée par les principaux organes de la presse radicale et patronnée par M. Clémenceau. Il fut élu au scrutin de ballottage du 18 octobre, le 19e sur 35, par 285,715 voix (416,886 votants et 564,335 inscrits). Comme précédemment, il a voté avec les radicaux de la Chambre : le 8 février 1886, *pour* la proposition Michelin tendant à rechercher les origines et les causes de l'expédition du Tonkin, et à déterminer la responsabilité de ses auteurs; le 10 avril, *contre* l'ordre du jour pur et simple sur l'interpellation Maillard à propos de la grève de Decazeville. Il s'est prononcé *pour* l'adoption de la loi sur l'enseignement primaire, *contre* le budget des cultes, *pour* la suppression des sous-préfets ; le 17 mai 1887, *pour* la proposition de résolution de la commission du budget (chute du ministère Goblet); le 19 novembre, *pour* la discussion immédiate de l'interpellation Clémenceau (chute du ministère Rouvier); le 31 mars 1888, *pour* l'urgence de la proposition de revision (chute du ministère Tirard.) M. Bourneville a voté dans la dernière session, *pour* le rétablissement du scrutin uninominal (11 février 1889), *contre* l'ajournement indéfini de la revision de la Constitution (14 février, chute du ministère Floquet), *pour* les poursuites contre trois députés membres de la Ligue des patriotes (14 mars), *contre* le projet de loi Lisbonne restrictif de la liberté de la presse (2 avril), *pour* les poursuites contre le général Boulanger (4 avril).

BOURON (FRANÇOIS-ANNE-JACQUES), député à l'Assemblée constituante de 1789, né à Saint-Laurent-de-la-Salle (Vendée), le 2 octobre 1752, mort à Velandin, près Bazoges-en-Pareds (Vendée), le 30 avril 1832, était depuis douze ans avocat du roi en la sénéchaussée de Fontenay-le-Comte quand la Révolution éclata. Délégué du tiers-état à l'Assemblée provinciale du Poitou, convoquée par édit du 12 janvier 1787, et qui se réunit à Poitiers le 25 août suivant, il publia, le 12 décembre de la même année, un mémoire sur les futurs Etats-Généraux, sous le titre : *Moyens de sauver le royaume de la banqueroute*, par un ami de son temps.

Elu député du tiers aux Etats-Généraux par la sénéchaussée de Poitou (27 mars 1789), il siégea dans la majorité de l'Assemblée constituante, et, le 7 juin 1790, à propos du décret relatif à la fête de la Fédération projetée pour le 14 juillet, demanda que les députations des corps militaires à cette fête fussent désignées par la voie du sort. Après la session de la Constituante, Bouron fut élu haut juré de la Vendée. Il devint, le 7 septembre 1792, procureur général syndic dans le même département. Le consulat le nomma (24 floréal an VIII) juge au tribunal d'appel de la Vienne. Membre de la Légion d'honneur, du 23 prairial an XII, il fut, lors de la réorganisation judiciaire de 1811, promu conseiller à la Cour impériale de Poitiers, où il siégea jusqu'en 1818. Il fut alors nommé conseiller honoraire, et se retira près de Bazoges-en-Pareds, où il mourut.

BOURQUENEY (LOUIS-JOSEPH-XAVIER-FERDINAND), député de 1831 à 1834, né à Nozeroy (Jura), le 12 juillet 1786, mort à une date inconnue, était président de chambre à la Cour royale de Besançon. Le 5 juillet 1831, le 2e collège électoral du Doubs (Besançon) l'envoya siéger à la Chambre. Il vota dans la majorité conservatrice, notamment *pour* l'ordre du jour Ganneron (septembre 1831). Son nom ne figure pas parmi les votants, dans le procès de la *Tribune* devant la Chambre des députés, en avril 1833 ; il n'est pas davantage du nombre de ceux qui déclarèrent s'abstenir volontairement (M. Bourqueney était sans doute absent). Chevalier de la Légion d'honneur, il fut admis à la retraite comme président de chambre, le 10 janvier 1857.

BOURQUENEY (FRANÇOIS-ADOLPHE, BARON DE), sénateur du second Empire, né à Paris, le 7 janvier 1799, mort à Paris, le 26 décembre 1869, fit ses études au lycée Bonaparte, et débuta dans la carrière diplomatique à dix-sept ans, comme attaché d'ambassade aux Etats-Unis. Secrétaire de légation à Berne, il quitta ce poste pour entrer au *Journal des Débats*. Ce ne fut qu'après 1830 qu'il reprit ses fonctions diplomatiques. On le retrouve, en 1840, secrétaire d'ambassade à Londres, sous Guizot : ce fut lui qui signa, après le départ de celui-ci, en qualité de chargé d'affaires, la convention des détroits (1841), qui faisait rentrer la France dans le concert européen. Créé baron par Louis-Philippe en 1842, il fut nommé, un an après, ministre à Constantinople, reçut le titre d'ambassadeur en 1844, et donna sa démission à la révolution de 1848. Sa conduite avait été de tout point conforme à la politique de « paix à tout prix » suivie par le cabinet de cette époque. Il rentra dans la vie publique au début du second Empire, comme ministre plénipotentiaire à Vienne ; dans les conférences qui eurent lieu en cette ville (1854), il insista sur l'adoption des « quatre garanties » dont il fit la condition expresse de la paix. Il assista au congrès de Paris, puis fut accrédité comme ambassadeur à Vienne au mois de juin 1856. Le 31 mars de la même année, il avait été appelé

au Sénat impérial. M. de Bourqueney prit encore une part importante aux négociations qui terminèrent la guerre d'Italie. Signataire du traité de Zurich (1859), il reçut de Napoléon III, à cette occasion, le titre de comte. Admis à la retraite comme ambassadeur, le 2 mai 1860, il siégea jusqu'à sa mort parmi les sénateurs les plus dévoués au régime impérial, et intervint à plusieurs reprises dans les débats de la Chambre haute. — M. de Bourqueney était grand-croix de la Légion d'honneur.

BOURRAN DE MARSAC (JOSEPH, MARQUIS DE), député à l'Assemblée constituante de 1789, puis au Corps législatif de l'an XII à 1815, né à Villeneuve-d'Agen (Lot-et-Garonne), le 8 mars 1747, mort à Villeneuve-d'Agen, le 5 juillet 1821, était, en 1789, « propriétaire cultivateur » à Villeneuve. Il fut, le 26 mars 1789, élu député de la noblesse aux Etats-Généraux par la sénéchaussée d'Agen, se déclara pour la Révolution, et se réunit au tiers état. Il devint maire de Villeneuve, administrateur du conseil du département de Lot-et-Garonne, puis commissaire du gouvernement près l'administration municipale de sa ville natale, ainsi que membre de la commission des hospices. Après le coup d'Etat de brumaire, le « citoyen Bourran » fut nommé (3 floréal an VIII) sous-préfet de Villeneuve-d'Agen. Il quitta ce poste en 1804, et abandonna la vie politique.

BOURREAU. — *Voy.* BEAUSÉJOUR (DE),

BOURRÉE. — *Voy.* CORBERON (BARON DE).

BOURRIENNE (LOUIS-ANTOINE FAUVELET DE), député de 1815 à 1816, et de 1820 à 1827, né à Sens (Yonne), le 9 juillet 1769, mort à Caen (Calvados), le 7 février 1834, entra à l'Ecole militaire de Brienne où il fut le condisciple et l'ami de Napoléon Bonaparte « par une de ces sympathies de cœur, a-t-il écrit depuis, qui s'établissent bien vite ». Ne pouvant justifier des quatre quartiers de noblesse nécessaires alors pour aspirer aux hautes fonctions militaires, il quita l'Ecole de Brienne en 1788 pour entrer dans la diplomatie, alla étudier à Leipsig le droit et les langues étrangères, voyagea en Prusse et en Pologne, et de retour en France, en avril 1792, fut nommé secrétaire de légation à Stuttgard. Rappelé en France en mars 1793, en raison de la déclaration de guerre à l'Allemagne, il préféra ne pas revenir, s'établit à Leipzig et s'y maria. Arrêté par ordre de l'électeur de Saxe pour intelligences avec un agent français, il fut remis en liberté au bout de 70 jours, et dut quitter la Saxe. A son retour à Paris, en 1795, il se fixa à Sens et parvint à se faire rayer de la liste des émigrés, grâce à la protection de Bonaparte qui le recommanda à Merlin, membre du Directoire. Pendant la brillante campagne d'Italie (1797), il se rendit auprès de Bonaparte à Gratz (Styrie), devint son secrétaire intime (messidor an V), le suivit dans toutes ses campagnes, fut installé, au retour, aux Tuileries, et nommé conseiller d'Etat (an IX). Compromis, comme associé, dans la faillite de la banque Coulon, il tomba en disgrâce ; mais, soutenu par Fouché, il réussit, en l'an XIII, à se faire nommer ministre plénipotentiaire à Hambourg, près le cercle de la Basse-Saxe. Il occupa ce poste jusqu'en 1813, non sans encourir des accusations de concussions : l'enquête faite à ce sujet par ordre de l'empereur lui fut favorable. Chassé par l'invasion, il rentra à Paris, fut appelé, par le gouvernement provisoire (1814), à la direction générale des postes, fonctions dans lesquelles il ne fut pas maintenu par Louis XVIII, qui le nomma conseiller d'État honoraire, et lui donna (avril 1814) la croix de la Légion d'honneur. Une lettre du nouveau légionnaire, du 13 avril 1814, mérite d'être reproduite : « M. le prince de Bénévent, écrit-il, vient de me faire donner par le roi la décoration de la Légion d'honneur ; le roi me traite mieux que Bonaparte. Mais en fait il n'oblige pas un ingrat, car, même lors de ma liaison avec l'Empereur, je désirais toujours le retour en France de cet excellent prince et de son auguste maison. »

Au moment où Napoléon s'échappait de l'île d'Elbe, Bourrienne était nommé préfet de police (12 mars 1815): il venait de signer, comme début, l'arrestation de Fouché, quand, effrayé par l'arrivée foudroyante de l'Empereur, il partit pour Gand. Choisi, au retour des Bourbons, comme président du collège électoral de l'Yonne (17 août 1815), il fut élu député au collège de ce département, le 22 août, par 106 voix sur 179 votants et 246 inscrits : il ne fit pas partie de la Chambre élue en 1816, mais le même collège lui renouvela son mandat, le 13 novembre 1820, par 142 voix sur 180 votants, le 10 octobre 1821, par 144 voix sur 170 votants, et le 6 mars 1824. Il montra, sous ces législatures, des sentiments ultra-royalistes, combattit tous les projets libéraux, et fut un des fermes soutiens du ministère Villèle à la Chambre septennale. Son nom fut mêlé, en 1826, au procès d'une aventurière politique, de son vrai nom Mme Benoist, qui se faisait appeler marquise de Campestre. La révolution de juillet lui fit perdre sa fortune et la raison; enfermé, en 1832, dans une maison de santé de Caen, il y mourut, deux ans après, d'une attaque d'apoplexie.

BOURRILLON (Xavier), député de 1876 à 1877, de 1881 à 1885 et de 1886 à 1889, né à Mende (Lozère), le 8 novembre 1840. Grand industriel dans cette ville, où il possède une fabrique de draps, il fut élu, comme républicain, le 20 février 1876, député de l'arrondissement de Mende, avec 5,586 voix (9,963 votants, 13,105 inscrits), contre 4,366 à M. de Ligonnès, monarchiste. Membre de la gauche, il combattit le Seize-Mai, compta parmi les 363 et se représenta, après la dissolution de la Chambre, aux suffrages de ses électeurs : il échoua, le 14 octobre 1877, avec 3,218 voix ; l'élu conservateur, M. Monteils, en avait obtenu 7,524. M. Bourrillon fut ramené à la Chambre le 21 août 1881, par 8,148 voix sur 9,168 votants et 13,799 inscrits (M. Monteils ne s'était pas représenté). Il vota constamment avec la gauche opportuniste : *pour* les ministères Gambetta et Ferry, *pour* l'expédition du Tonkin, *pour* la loi sur les récidivistes, *contre* la séparation de l'Église et de l'État, *contre* l'élection des sénateurs par le suffrage universel. Le 4 octobre 1885, porté dans le département de la Lozère sur la liste républicaine, il ne réunit que 7,261 voix, tandis que le dernier élu de la liste conservatrice, M. Joly de Morey, en obtenait 16,534. Mais l'élection de la Lozère fut invalidée par la Chambre; un nouveau scrutin s'ensuivit, qui donna, cette fois, la majorité aux républicains, le 14 février 1886 : M. Bourrillon, élu par 16,333 voix (31,621 votants, 38,636 inscrits), reprit sa place dans le groupe opportuniste, à l'union des gauches, et soutint les ministères Rouvier et Tirard; dans la dernière

session, il s'est *abstenu* sur le rétablissement du scrutin uninominal (11 février 1889), et a voté *contre* l'ajournement indéfini de la révision de la Constitution (14 février), *pour* les poursuites contre trois députés membre de la Ligue des patriotes (14 mars), *pour* le projet de loi Lisbonne restrictif de la liberté de la presse (2 avril), *pour* les poursuites contre le général Boulanger (4 avril).

BOURSAULT-MALHERBE (Jean-François Boursault, dit), membre de la Convention et député au Conseil des Cinq-Cents, né à Paris, le 19 janvier 1750, mort à Paris, le 25 avril 1842, descendait de Edme Boursault, poète dramatique (1638-1701), et était fils d'un riche drapier du quartier des Innocents. Il quitta sa famille pour suivre des comédiens ambulants, au milieu desquels il occupa vite le premier rang, sous le nom de guerre de Malherbe. Le 5 décembre 1778, il débutait avec succès à Paris dans le *Philosophe marié* et dans la *Gageure imprévue*, allait à Marseille prendre la direction du Grand-Théâtre, puis partait pour Palerme, où la protection du vice-roi Carracciol assurait d'abord la fortune de son théâtre, mais pour peu de temps, puisque Boursault, ruiné, en était bientôt réduit à se jeter à la mer, au moment où le roi Ferdinand passait en voiture. Cette coïncidence lui valut l'intérêt du monarque, qui fit acquitter les dettes du malheureux directeur. Rentré à Paris en 1789, il adopta avec enthousiasme les idées nouvelles, se lia avec le comédien Collot d'Herbois, dont il avait été l'ami de collège, fonda, en 1790, le Théâtre-Molière, passage des Nourrices, entre les rues Saint-Martin et Quincampoix, et y fit représenter, entre autres, les pièces révolutionnaires du général Ronsin. Mais le théâtre fut fermé après le 10 août 1792; Boursault, sans emploi, se fit nommer électeur de Paris, et fut élu, le 20 septembre 1792, député suppléant à la Convention par le département de Paris, avec 320 voix sur 621 votants. Il ne fut admis à siéger que le 22 mars 1793, en remplacement de Manuel, démissionnaire; sous la Restauration, des journaux royalistes l'ayant accusé, à tort, d'avoir voté la mort de Louis XVI, Boursault leur fit un procès et le gagna.

A la Convention, il fut envoyé en mission en Vendée, fut accusé de concussion comme entrepreneur de charrois militaires (27 novembre 1793), contraria plus d'une fois, par son activité brouillonne et indépendante, les plans du général Hoche, du général Rossignol (27 juillet 1794), et passa à l'armée du Nord pour y rétablir l'ordre, mais sans y réussir. Au 31 mai 1793, il avait sauvé la vie à ses collègues Buzot, Savary, Lahaye et Lesage, en les déguisant en charretiers, et en les faisant conduire à Caen. Dénoncé à Robespierre, il fut sauvé par Collot d'Herbois qui lui fit donner la mission d'aller acheter des chevaux à Rennes. Dans une seconde mission en Bretagne, il montra beaucoup d'humanité, fit sortir des prisons les Brestois et les prêtres, et fit enlever la guillotine. Le gouverneur anglais de Jersey écrivait alors à son gouvernement : « Depuis que le représentant Boursault parcourt la Bretagne, le système de clémence qu'il a adopté est plus nuisible à nos intérêts que la présence d'une armée de cent mille bleus. » A Nantes, il mit en liberté des nobles et la sœur de Charette. Une nouvelle mission lui fut donnée, avant le 13 vendémiaire, dans le comtat Venaissin; il y arrêta autant qu'il put l'effusion du sang, et, poursuivi un jour par la populace, il tendit son bras nu à un boucher, qui paraissait le plus exalté : « Tu veux du sang, lui cria-t-il, tiens, mords! » Le 23 vendémiaire an IV, le département de Vaucluse l'élut député au Conseil des Cinq-Cents; il en sortit au premier renouvellement par cinquième, et racheta à Paris son ancien Théâtre-Molière, relevé par l'acteur directeur Lachapelle (guillotiné le 24 mars 1794, sous le nom de *Théâtre des Variétés nationales et étrangères*. Un peu désillusionné de la politique, Boursault n'y joua que des traductions de Shakespeare, Calderon, Lope de Vega, Schiller, etc. Après le décret de 1807, il renonça au théâtre, et obtint la concession des boues et vidanges de Paris et d'une maison de jeu, qui furent pour lui l'origine d'une grosse fortune: il l'employa à réunir une célèbre galerie de tableaux, et à cultiver, dans ses magnifiques jardins, les plantes les plus rares. Après 1830, le goût du théâtre lui revint; il acheta, pour trois millions, la salle Ventadour, et prit la direction de l'Opéra-Comique. Mais cette fantaisie dura peu, et il la liquida au plus tôt sans trop de perte. Il vendit alors sa collection de tableaux et ses fleurs, et fit construire, peu de temps avant sa mort, sur l'emplacement de son parc, des maisons de rapport, dont la rue centrale a pris et gardé le nom de rue Boursault.

BOURSIN (GUILLAUME), député au Conseil des Cinq-Cents, né à Mortain (Manche), en 1755, mort à Paris, le 17 février 1800, était curé de Mortain lors de la Révolution, dont il adopta les principes. Élu, le 25 vendémiaire an IV, député de la Manche au Conseil des Cinq-Cents, avec 216 voix, il prit la parole, à la séance du 18 floréal an VI, dans le débat sur la validation des élections. Au nombre des élus que le rapporteur, Bailleul, proposait d'invalider, se trouvait Guesdon, député de la Manche ; Boursin demanda à la commission « quels étaient les faits qu'elle pouvait reprocher au citoyen Guesdon. » Le 4 frimaire an VII, il appela l'attention du Conseil sur « les incertitudes des familles relativement à la question des droits d'hérédité. » Boursin fut réélu par le département de la Manche, le 25 germinal an VII, et mourut pendant la législature.

BOURZAT (PIERRE-SIMÉON), représentant du peuple aux Assemblées constituante et législative de 1848-49, né à Brive (Corrèze), le 18 février 1800, mort à Bruxelles (Belgique), le 4 mai 1868, était un avocat distingué du barreau de Brive. L'indépendance de son caractère et de ses opinions en fit dans son pays natal un des chefs du parti démocratique. Il salua avec joie la révolution de février 1848, et fut élu, le 23 avril, avec une profession de foi nettement républicaine, représentant de la Corrèze à l'Assemblée constituante, le 4e sur 8; il avait obtenu 21,175 voix. « M. Bourzat, lit-on dans la *Biographie des neuf cents députés à l'Assemblée nationale*, par C.-M. Lesaulnier, n'est pas seulement l'apôtre d'une théorie politique; il avait depuis longtemps mis ses préceptes en pratique, en se préoccupant utilement du sort des classes pauvres et déshéritées, en consacrant le fruit de son travail à répandre autour de lui des bienfaits qu'il poussait jusqu'à l'abnégation de son intérêt privé. M. Bourzat ne plaide jamais si bien que lorsqu'il défend un client qui ne lui payera ses honoraires qu'en reconnaissance et en actions de grâces. » A l'Assemblée, il siégea à gauche, et fut de ceux qui demandèrent, pour la première fois, dans la séance du

25 mai 1848, que les noms des représentants et leurs votes dans les principaux scrutins fussent insérés au *Moniteur*. La proposition, adoptée, fut mise en pratique le même jour, et appliquée tout d'abord au scrutin sur le bannissement de la famille d'Orléans. Il vota presque toujours avec le groupe le plus avancé : 9 août 1848, *contre* le rétablissement du cautionnement; 26 août, *contre* les poursuites intentées à Louis Blanc et à Caussidière; 1er septembre, *pour* le rétablissement de la contrainte par corps; 21 octobre, *pour* l'abolition du remplacement militaire; 2 novembre, *pour* le droit au travail; 27 décembre, *pour* la suppression complète de l'impôt du sel; 12 janvier 1849, *contre* la proposition Rateau; 22 janvier, *contre* le renvoi des accusés du 15 mai devant la Haute-Cour; 26 mai, *pour* la mise en liberté des transportés. Bourzat se sépara de la gauche pour voter, le 18 septembre 1848, le maintien de la peine de mort. Il était en congé le 25 novembre, lors du vote de félicitations au général Cavaignac.

Réélu, le 13 mai 1849, par la Corrèze, représentant du peuple à la Législative, le 3e sur 7, avec 35,626 voix (56,045 votants, 84,363 inscrits), il fit partie de la Montagne, vota avec la minorité républicaine *contre* l'expédition de Rome, *contre* la loi restrictive du suffrage universel et *contre* les projets de MM. de Falloux et de Parieu sur l'enseignement; il fit une opposition des plus vives au gouvernement présidentiel de L.-N. Bonaparte, et, lors du coup d'État de décembre, descendit dans la rue pour défendre la Constitution. Il était avec Baudin à la barricade de la rue du Faubourg-Saint-Antoine, et il eut son manteau troué d'une balle. Victor Hugo, racontant, dans l'*Histoire d'un crime*, les circonstances qui accompagnèrent la mort de Baudin, a parlé de Bourzat en ces termes : « Bourzat, à cause de la boue, selon son habitude, avait des sabots. Qui prendrait Bourzat pour un paysan, se tromperait; c'est un bénédictin. Bourzat, imagination méridionale, intelligence vive, fine, lettrée, ornée, a dans sa tête l'Encyclopédie et des sabots à ses pieds. Pourquoi pas? Il est esprit et peuple. » Il fut compris, au lendemain du coup d'État, sur la liste des représentants expulsés du territoire. Il se retira alors en Belgique, où il mourut. Aux élections du 29 février 1852, au Corps législatif, Bourzat, sans être candidat puisqu'il n'était pas éligible, obtint encore, dans la 2e circonscription de la Corrèze, 1,151 voix.

BOURZÈS (DURAND-LOUIS DE), député à l'Assemblée législative de 1791, né à Millau (Aveyron), en 1742, mort à Paris, le 2 janvier 1817, ancien officier, chevalier de Saint-Louis, devint maire de Millau et fut élu député de l'Aveyron à l'Assemblée législative, le 10 septembre 1791, par 183 voix sur 324 votants. Il ne s'y fit pas remarquer, et ne fit pas partie d'autres législatures.

BOUSMARD DE CHANTEREINE (HENRI-JEAN-BAPTISTE DE), député aux États-Généraux de 1789, né à Saint-Mihiel (Meuse), le 4 mars 1749, mort à Dantzig (Prusse), le 5 mai 1807, était fils d'un président à mortier au Parlement de Metz; il entra à l'École du génie de Mézières en 1765, et servit, comme officier, dans cette arme, à Belfort, à Brest, à Rocroy et à Verdun. Chargé de rédiger les cahiers des députés de la noblesse de Saint-Mihiel, il se montra dévoué aux classes laborieuses, et prépara un catéchisme des droits et des devoirs du peuple. Élu, le 16 mars 1789, député de la noblesse aux États-Généraux par le bailliage de Bar-le-Duc, il siégea parmi les modérés, demanda des récompenses pour les communes qui acquitteraient avec le plus de zèle leurs contributions, et vota le maintien au roi seul du droit de paix et de guerre.

Après la session, il reprit son service à Verdun comme capitaine du génie, et signa la capitulation de la ville au lieu et place du commandant Beaurepaire qui s'était brûlé la cervelle plutôt que de se rendre. M. de Boussmard passa alors en Allemagne, et habita Wiesbaden jusqu'en 1796. A cette époque, il se fit naturaliser prussien et entra au service de la Prusse avec le grade de major du génie. Chargé, en 1807, de la défense de Dantzig contre l'armée française, il fut tué d'un éclat d'obus français, la veille de la reddition de cette place. — On a de lui: *Essai général de fortifications pour l'attaque et la défense des places* (1797-1799), ouvrage dédié au roi de Prusse, Frédéric-Guillaume.

BOUSQUET (FRANÇOIS), député à l'Assemblée législative de 1791 et membre de la Convention nationale, né à Mirande (Gers), en 1750, mort à Leyrits-Montcassin (Lot-et-Garonne), le 12 juillet 1820, était médecin à Mirande, dont il devint maire, et où il remplit, en l'an II, les fonctions de juge de paix. Le 11 septembre 1791, il fut élu député de l'Hérault à l'Assemblée législative, par 208 voix sur 411 votants. Il n'y prit jamais la parole; on sait seulement qu'il y vota avec le parti avancé. Devenu membre de la Convention, le 6 septembre 1792, pour le département du Gers, qui lui donna 296 voix sur 471 votants, il vota la mort de Louis XVI: « Comme représentant du peuple, dit-il, je vote pour la mort. » Il remplit plusieurs missions à l'armée des Pyrénées et dans le département de la Loire; puis, après la session de la Convention, il se retira à la terre de Lapalu qu'il avait achetée. Sous le gouvernement impérial, il fut nommé inspecteur des eaux thermales de Bagnères-de-Bigorre. La loi de 1816 l'avait atteint comme « régicide »; mais, en raison de son âge, on la laissa mourir en France.

BOUSQUET (PAULIN-LOUIS-FRANÇOIS-ALPHONSE), député de 1831 à 1837, représentant du peuple à l'Assemblée constituante de 1848, né à Saint-Hippolyte (Gard), le 25 mai 1797, mort à Montpellier (Hérault), le 5 février 1855, propriétaire, débuta dans la vie parlementaire le 5 juillet 1831, comme député du 5e collège électoral du Gard (le Vigan). Il siégea dans l'opposition dynastique, vota, en septembre 1831, contre l'ordre du jour Ganneron, protesta contre les ordonnances du 31 novembre relatives à la nomination de 36 nouveaux pairs, ainsi que contre la dénomination inconstitutionnelle de « roi de France » et de « sujets du roi », signa le compte rendu des députés de l'opposition le 28 mai 1832, et se récusa, en avril 1833, dans l'affaire du journal la *Tribune*. La même année, il avait pris place au bureau de la Chambre comme secrétaire provisoire. Il fut réélu, le 21 juin 1834, dans le même collège, par 94 voix sur 177 votants et 237 inscrits, contre 83 voix à M. Roger de Ginestous, et vota avec la gauche jusqu'à la fin de la législature. En 1848, M. Bousquet fut élu, comme républicain, représentant du peuple (23 avril 1848) à l'Assemblée constituante, le 9e sur 10, par le département du Gard, avec

50,540 voix (103,556 votants, 116,415 inscrits). Il vota avec la gauche modérée: 26 août 1848, pour les poursuites contre Louis Blanc et Caussidière; 1er septembre, contre le rétablissement de la contrainte par corps; 18 septembre, contre l'abolition de la peine de mort: 7 octobre, contre l'amendement Grévy; 21 octobre, pour l'abolition du remplacement militaire (amendement Deville); 2 novembre, contre le droit au travail; 27 décembre, pour la suppression de l'impôt du sel: 12 janvier 1849, contre la proposition Rateau; 21 mars, contre l'interdiction des clubs; 16 avril, contre l'expédition de Rome; 2 mai, pour l'amnistie des transportés; 18 mai, pour l'abolition de l'impôt des boissons. Il ne fit pas partie de l'Assemblée législative.

BOUSQUET (VICTOR-ALPHONSE-JEAN), fils du précédent, député de 1876 à 1889, né à Saint-Hippolyte (Gard), le 20 avril 1839, étudia le droit à Paris, se fit recevoir docteur et s'inscrivit au barreau de Nîmes, dont il devint bâtonnier. Connu pour ses opinions républicaines, il fut nommé par le gouvernement du 4 Septembre sous-préfet au Vigan, y resta en fonctions quelques semaines seulement, devint plus tard conseiller général du Gard pour le canton de Lassalle, et enfin, le 20 février 1876, fut élu député de la 2e circonscription de Nîmes, par 14,009 voix (21,336 votants, 26,513 inscrits), contre 7,216 à M. Portalès. (Aux élections de l'Assemblée nationale, le 8 février 1871, M. Bousquet avait échoué, avec 43,319 voix; le dernier élu des conservateurs, M. Baragnon, avait obtenu 49,649 voix). Il siégea à l'union républicaine, vota avec la majorité: pour la nouvelle loi sur les maires, pour la loi sur la collation des grades, pour l'ordre du jour contre les menées ultramontaines, etc., et fut des 363. Sa réélection fut combattue par le gouvernement du Seize-Mai qui lui opposa M. Portalès. Le candidat officiel obtint 7,438 voix; mais M. Bousquet l'emporta avec 13,520 suffrages (21,020 votants, 26,550 inscrits). Il opina, comme précédemment, avec la gauche, suivit la politique de Gambetta, soutint le ministère Dufaure, et se prononça: 21 février 1879, pour le projet de loi d'amnistie partielle; 5 juin, pour l'invalidation de l'élection de Blanqui; 19 juin, pour le retour du Parlement à Paris; 16 mars 1880, pour l'ordre du jour Devès en faveur du gouvernement se déclarant prêt à appliquer les lois existantes aux congrégations non autorisées; 8 février 1881, pour le rétablissement du divorce. Le 21 août 1881, M. Bousquet fut réélu par 13,191 voix (13,503 votants, 25,726 inscrits). Il appuya les ministères Gambetta et Ferry et approuva l'expédition du Tonkin; il vota contre l'amendement J. Roche sur l'élection du maire de Paris, contre le principe de l'élection de la magistrature, et pour l'expulsion des princes. Aux élections d'octobre 1885, M. Bousquet fut le seul opportuniste du Gard qui réussit à être élu. Il arriva au second tour de scrutin, (18 octobre), grâce à la concentration qui s'opéra entre tous les républicains, le 1er sur 6, avec 58,478 voix sur 110,923 votants et 133,886 inscrits. M. Bousquet s'est montré favorable aux ministères Rouvier et Tirard; dans la dernière session, il a voté: pour le rétablissement du scrutin uninominal (11 février 1889), contre l'ajournement indéfini de la revision de la Constitution (14 février), pour les poursuites contre trois députés membres de la Ligue des patriotes (14 mars), pour le projet de loi Lisbonne restrictif de la liberté de la presse (2 avril), pour les poursuites contre le général Boulanger

4 avril . M. Bousquet a annoncé, par une lettre rendue publique, son intention de n'être pas candidat aux élections de 1889.

BOUSSI (François-Narcisse), représentant du peuple à l'Assemblée constituante de 1848, né à Thouars (Deux-Sèvres), le 1er mars 1795, mort à Bressuire (Deux-Sèvres), le 25 septembre 1848, était avocat à Bressuire. Il s'y était fait, sous la Restauration, une belle clientèle, mais, en 1830, il abandonna le barreau pour entrer dans la presse démocratique. Une place de procureur du roi à Bourbon-Vendée lui fut offerte alors par Dupont de l'Eure; Boussi la refusa. Il devint un des plus assidus collaborateurs de la *Tribune*, fondée avant la révolution de juillet, sous le titre de *Tribune des Départements*, par Charles Comte, Jules et Victor Favre, et qui avait alors pour principaux rédacteurs Germain Sarrat et Armand Marrast. En juin 1832, sa liberté étant menacée par la loi nouvelle dont s'était armé le gouvernement, Boussi se réfugia à Tours avec Germain Sarrat; arrêtés tous deux dans cette ville, ils y subirent un mois d'emprisonnement. Sorti de prison, il reprit sa plume de journaliste et ne la quitta que lorsque la *Tribune* cessa de paraître. Il en rédigea le dernier numéro. A l'époque de la mort d'Armand Carrel, Gisquet étant préfet de police, Boussi fut de nouveau arrêté: on l'accusa de complicité dans un attentat commis sur la personne de Louis-Philippe. « M. Boussi, dit une biographie parlementaire, n'eut pas de peine à prouver que, *s'il était allé se promener sur la route de Paris à Neuilly*, il ne s'y était rendu que dans les plus pacifiques intentions et porteur, pour toute arme, d'un parapluie comme le roi lui-même. » Il resta trois jours au secret et fut relâché. Républicain de la veille, Boussi fut élu, le 23 avril 1848, représentant du peuple par le département des Deux-Sèvres, avec 34,739 voix (78,335 votants). Les légitimistes avaient vivement combattu sa candidature, dont le succès fut dû surtout aux électeurs des deux arrondissements de Niort et de Melle. A l'Assemblée, Boussi vota avec la gauche modérée : 7 août, *contre* le rétablissement du cautionnement; 1er septembre, *contre* le rétablissement de la contrainte par corps; 18 septembre, *contre* l'abolition de la peine de mort; 7 octobre, *contre* l'amendement Grévy; 2 novembre, *contre* le droit au travail; 25 novembre, *pour* l'ordre du jour en l'honneur de Cavaignac ; 12 janvier 1849, *contre* la proposition Rateau; 22 janvier, *contre* le renvoi des accusés du 15 mai devant la Haute-Cour; 26 mai, *pour* la mise en liberté des transportés. Il prit plusieurs fois la parole dans les débats de l'Assemblée et défendit, notamment le 4 octobre 1848, l'amendement suivant : « Il y a incompatibilité entre les fonctions de représentant et toutes les autres fonctions publiques. » A la majorité de 548 voix contre 198, l'assemblée rejeta l'amendement Boussi, et adopta (article 28 de la Constitution) un système mixte, établissant en principe l'incompatibilité, sauf à déterminer plus tard les exceptions à cette règle générale. Boussi quitta la vie politique active après la session de la Constituante.

BOUSSINGAULT (Jean-Baptiste-Joseph-Dieudonné), représentant du peuple à l'Assemblée constituante de 1848, né à Paris, le 1er février 1801, mort à Paris, le 11 mai 1887, avait été reçu élève de l'Ecole polytechnique. Mais il fit partie de la promotion de 1815, qui ne fut pas admise. Il entra à l'Ecole des mines de Saint-Etienne, et en sortit pour se rendre, comme agent d'une compagnie anglaise, dans l'Amérique du sud : il y séjourna pendant douze ans, retrouva d'anciennes mines comblées depuis longtemps, les rouvrit et en dirigea l'exploitation; en même temps, il observait et notait une foule de phénomènes particuliers aux régions tropicales, ce qui lui permit de rapporter de ses voyages plus d'une observation utile à la science. Attaché à l'état-major de Bolivar, il parcourut la province de Venezuela et les contrées placées entre Carthagène et l'embouchure de l'Orénoque.

A son retour en France il fut nommé professeur de chimie à la Faculté des sciences de Lyon; il en devint doyen peu de temps après (4 novembre 1834). En 1839, il remplaça Huzard à l'Académie des sciences, suppléa M. Dumas à la Sorbonne, et obtint une chaire d'agriculture au Conservatoire des arts et métiers. Le 23 avril 1848, il fut élu représentant du Bas-Rhin à l'Assemblée constituante, le 12e sur 15 par 64,151 voix (123,968 votants, 132,186 inscrits). Il était le seul représentant de ce département qui n'y fût pas né: mais il se rattachait à l'Alsace par plus d'un lien, ayant épousé une Alsacienne, et étant alors directeur et copropriétaire de l'usine de Béchelbronn. M. Boussingault siégea parmi les républicains modérés et vota: le 9 août, *contre* le rétablissement du cautionnement; le 26 août, *pour* les poursuites contre Louis Blanc et Caussidière; le 1er septembre, *contre* le rétablissement de la contrainte par corps; le 18 septembre, *contre* l'abolition de la peine de mort; le 7 octobre, *contre* l'amendement Grévy; le 2 novembre, *contre* le droit au travail; le 12 janvier 1849, *contre* la proposition Rateau; le 21 mars *pour* l'interdiction des clubs. M. Boussingault donna sa démission de représentant le 26 avril 1849, et entra au Conseil d'Etat dans la section de législation; il en fit partie jusqu'au 2 décembre 1851. A partir de cette époque, il renonça à la vie politique, reprit ses travaux scientifiques, et vécut d'ailleurs en bonne intelligence avec le gouvernement impérial, qui le fit, le 14 mars 1857, commandeur de la Légion d'honneur.

C'est à M. Boussingault que l'on doit en partie l'appréciation comparative des engrais par le dosage de l'azote. En collaboration avec M. Dumas, il a déterminé les proportions exactes des principes constitutifs de l'air atmosphérique, et il a fait d'utiles recherches sur les rôles des différents végétaux dans l'alimentation des herbivores; enfin on lui est redevable d'une nouvelle méthode de préparation de l'oxigène par la baryte. Il a collaboré activement aux *Annales de physique et de chimie* et a publié d'intéressants *Mémoires* et *Rapports* sur les moyens de constater la présence de l'arsenic dans l'empoisonnement par ce toxique, sur l'Economie rurale, sur la statistique chimique des êtres organisés, etc., un traité d'*Agronomie et de chimie agricole* (1860-1874), et des études sur la transformation du fer en acier (1875).

M. Boussingault avait été promu grand officier de la Légion d'honneur le 23 août 1876.

BOUSSION (Pierre), député à l'Assemblée constituante de 1789, membre de la Convention et député au Conseil des Anciens, né à Lauzun (Lot-et-Garonne), le 6 janvier 1753, mort à Liège (Belgique), le 18 mai 1828, exerçait la médecine à Lausanne; au début de la Révolution, il se rendit en France, et fut élu le 26 mars 1789, député suppléant du tiers aux Etats-Généraux par la sénéchaussée d'Agen, et fut admis à siéger dans l'Assemblée, le 17 décembre, en remplacement de Péluzat, démissionnaire. Il en devint secrétaire, parla: sur les troubles du Midi, sur l'imposition foncière et l'impôt territorial en nature, sur les municipalités: s'opposa en 1791, aux poursuites que M. de Montmorin voulait exercer contre l'imprimeur du *Moniteur* à raison des dénonciations publiées par le journal contre ce ministre. Boussion obtint la suppression du traitement des ecclésiastiques qui se rétractaient après avoir prêté le serment civique. Élu, le 6 septembre 1792, dans le département de Lot-et-Garonne, par 397 voix sur 519 votants, membre de la Convention, il vota généralement avec les plus avancés, opina dans le procès de Louis XVI, pour la mort, en disant: « Quel que soit le décret que la Convention va rendre, la solennité de sa discussion l'a mise à l'abri de tout reproche. Vous avez déclaré que Louis était coupable de conspiration. J'aurais désiré que la troisième question fût la seconde. La Convention a déclaré que l'appel au peuple n'aurait pas lieu. Mon vœu était pour l'appel, parce que dans mon opinion, le peuple seul pouvait juger souverainement: mais je ne compose point avec les principes. La loi prononce la mort: je vote donc pour la mort. » Il fit ensuite plusieurs motions patriotiques contre les muscadins, en faveur des orphelins de la patrie, etc. En 1794, il présenta à l'assemblée, avec Pélissier, un rapport sur les papiers trouvés dans l'armoire de fer. Ces deux représentants avaient été chargés par les commissions réunies des douze et vingt et un, établies par décrets du 21 novembre et 6 décembre 1792, de certifier et clore l'inventaire général des pièces de la fameuse armoire, et de déposer le tout aux archives. Plus tard, Boussion fut envoyé en mission dans les départements de Lot-et-Garonne, de la Dordogne et de la Gironde; il contribua à rétablir la tranquillité à Bordeaux. Le 26 vendémiaire an IV, il fut député au Conseil des Anciens par son département. Il y appuya la prorogation de l'exécution du Code hypothécaire, fit décréter le dépôt des listes d'émigrés au secrétariat des administrations municipales, parla sur le mode d'examen des officiers de santé, et combattit la taxe d'entretien des routes. Après le coup d'État de brumaire, Boussion fut nommé (3 floréal an VIII) conseiller de préfecture. La loi de 1816 l'obligea à quitter la France; il se retira à Liège où il mourut.

BOUTARIC (GUILLAUME-JOSEPH), député à l'Assemblée constituante de 1789, né à Figeac (Lot), le 30 avril 1756, mort à une date inconnue, était en 1789, président de l'élection de Figeac. Il fut député du tiers aux États-Généraux, le 23 mars 1789, par la sénéchaussée du Quercy. Son nom ne figure au *Moniteur* que dans le procès-verbal de la séance du 19 avril 1790: comme l'Assemblée se disposait à abolir, par un décret, les droits de « ravage, fautrage, préage, parcours ou pâturage sur les prés avant la fauchaison de la première herbe, etc. » Boutaric exprima la crainte que le droit de vaine pâture se trouvât aboli du même coup; il observa que « cet objet mériterait d'être discuté. »

BOUTEILLE (JEAN-BAPTISTE-MICHEL-AUGUSTIN-OSWALD), député de 1876 à 1885 et sénateur, né à Manosque (Basses-Alpes), le 13 novembre 1825, était avocat à Manosque. Il devint maire de cette ville et membre du conseil général des Basses-Alpes, dont il fut le vice-président.

Après avoir échoué aux élections sénatoriales, il fut élu le 5 mars 1876, député de l'arrondissement de Forcal quier, par 4,339 voix (8,730 votants, 10,788 inscrits), contre 4,329 voix à M. de Salve conservateur; il siégea à la gauche modérée, fit partie des 363, et obtint le renouvellement de son mandat, le 14 octobre 1877, par 4,909 voix (9,348 votants, 10,892 inscrits), contre 4,486 à M. de Salve, qui était candidat du gouvernement. M. Bouteille s'associa à tous les votes de la majorité opportuniste, se prononça *pour* les invalidations des députés de la droite, *pour* l'article 7 et *pour* l'application des lois existantes aux congrégations, *pour* l'amnistie partielle, *pour* l'invalidation de l'élection de Blanqui, *pour* le divorce, etc. Réélu le 21 août 1881, par 6,050 voix (6,490 votants, 10,806 inscrits), il compta parmi les partisans de la politique de M. J. Ferry, approuva l'expédition du Tonkin et repoussa l'abrogation du Concordat. Au renouvellement triennal du Sénat, en janvier 1885, M. Bouteille fut élu sénateur des Basses-Alpes, le second sur deux, avec 254 voix (442 votants), contre 151 voix à M. Michel, sénateur sortant. Il a fait partie de la majorité de la Chambre haute, a voté la nouvelle loi militaire, et dans la dernière session s'est prononcé: *pour* le rétablissement du scrutin uninominal (13 février 1889), *pour* le projet de loi Lisbonne restrictif de la liberté de la presse (18 février), *pour* la procédure à suivre devant le Sénat contre toute personne accusée d'attentat contre la sûreté de l'État (affaire du général Boulanger, 29 mars.)

BOUTEILLER (JEAN-HYACINTHE DE), député au Corps législatif en l'an XIII, député en 1815, né à Espayel-et-Sacolle, le 27 juin 1746, mort à Nancy (Meurthe), le 27 mars 1820, appartenait à une noble et ancienne famille du Barrois. Suivant le vœu de son père, il étudia le droit, et fut reçu, à dix-huit ans, avocat au Parlement de Metz; puis à la suppression de cette cour (1771), il vint s'établir à Nancy. Il y acquit rapidement une grande réputation, qui lui ouvrit, en 1779, la carrière de la magistrature. Bouteiller, admis comme conseiller au Parlement de Nancy, fut choisi par la compagnie pour défendre en son nom le titre de son institution garanti par les traités, (les compagnies souveraines se voyaient alors menacées dans leur existence.) Il publia même un long mémoire : *Examen du système de législation établi par les édits du mois de mai 1788, adressé aux princes du sang royal et aux pairs de France* (Nancy 1788), où ces réclamations étaient méthodiquement exposées. Bouteiller appartenait à l'Académie de Nancy; il y fit, le jour de sa réception (1776), un discours sur les avantages que les personnes attachées au barreau peuvent retirer de la culture des belles-lettres. En 1789, il fut membre de l'assemblée provinciale de Lorraine. Son éloignement pour les doctrines de la Révolution le fit poursuivre et arrêter en 1793. Pourtant, il devint, en l'an IV, membre de l'administration centrale du département de la Meurthe; mais il se démit de cette fonction après le 18 fructidor. Sous l'Empire, il fit partie pendant cinq ans du Corps législatif, où l'avait envoyé, le 4e jour complémentaire de l'an XIII, une décision du Sénat conservateur. En 1811, après sa sortie de l'assemblée, Napoléon Ier le nomma président à la Cour de Nancy. Le gouvernement de la Restauration, auquel il s'empressa d'adhérer, le fit premier président à la même Cour. Il fut aussi nommé, le 22 août 1815, député de la Meurthe à la « Chambre introuvable »; il y fit partie de la majorité.

BOUTEILLER (Jacques-Nicolas-Jean-Antoine, chevalier), député au Corps législatif en l'an XIV, né à Abbeville (Somme), le 4 janvier 1758, mort à une date inconnue, avait appartenu à la magistrature de l'ancien régime, comme conseiller (9 août 1786) au présidial d'Abbeville. Il resta magistrat sous la Révolution, fut, le 17 décembre 1790, élu juge de paix à Abbeville et, le 23 avril 1793, juge au tribunal civil, dont il devint président, le 25 thermidor an VIII. Partisan de Bonaparte, il fut, après l'établissement de l'empire, désigné par le Sénat conservateur, le 2 vendémiaire an XIV, pour représenter au Corps législatif le département de la Somme : il quitta l'assemblée en 1810, fut créé, le 10 avril 1811, chevalier de l'Empire, puis décoré de la Légion d'honneur.

BOUTEILLER (Charles-Joseph-Ernest-Romaric de), député au Corps législatif de 1869 à 1870, né à Paris, le 10 février 1826, mort à Paris, le 25 mai 1883, était le petit-fils du député de la Meurthe sous l'Empire et la Restauration (V. p. haut), et le fils d'un général d'artillerie. Destiné lui-même à la carrière militaire, il fut élève de l'École polytechnique en 1846 et de l'École de Metz en 1851. Capitaine en 1856, il donna sa démission l'année d'après, et rentra momentanément dans la vie privée. Il fut nommé président de la Société de secours mutuels de la ville de Metz, et se distingua pendant l'épidémie cholérique de 1866. Le 24 mai 1869, la 1re circonscription de la Moselle l'envoya, par 19,298 voix (35,210 votants, 42,358 inscrits) siéger au Corps législatif : ses concurrents avaient obtenu : MM. J.-A. Barral, 10,719 voix ; le baron Sers, 2,980, et Rémond, 2,101. Il était déjà conseiller d'arrondissement; à la Chambre, il fut rapporteur d'un grand nombre de commissions, vota généralement avec le parti conservateur libéral, et adhéra au programme des 116. Il ne vota pas la déclaration de guerre à la Prusse. On a de M. de Bouteiller des travaux archéologiques et littéraires appréciés. Conseiller municipal de Metz depuis 1860, il est resté à ce poste jusqu'à l'expiration du délai d'option. Il a fondé à Paris la Société de prévoyance et de Secours mutuels des Alsaciens-Lorrains, et en a été nommé président en 1873.

BOUTEILLER DE CHATEAUFORT (Henri-Louis-Charles), député de 1827 à 1830, né au Mans (Sarthe), le 25 mars 1782, mort au Mans, le 4 octobre 1839, propriétaire et maire du Mans sous la Restauration, fut élu avec l'appui du gouvernement, le 17 novembre 1827, député du 1er arrondissement de la Sarthe (le Mans), avec 185 voix sur 354 votants et 374 inscrits, contre 167 à M. Ternaux aîné. Il siégea au côté droit et vota avec les royalistes ultras.

Il se représenta le 12 juillet 1830 dans sa circonscription; mais il échoua avec 185 voix seulement, contre 226 accordées à M. de la Vauguyon, élu. Huit jours après, il fut plus heureux au collège de département et l'emporta avec 164 voix (280 votants, 317 inscrits.) Mais il n'eut pas le temps de siéger : la révolution survint, et M. Bouteiller de Chateaufort, pour ne pas prêter le serment au nouveau roi, donna sa démission de député.

BOUTEILLIER (Charles-François), député au Corps législatif de 1810 à 1815, né à Nantes (Loire-Inférieure), le 18 juillet 1760, mort à Nantes, le 31 janvier 1845, appartenait, par sa mère, Éléonore Browne, à une ancienne famille d'Irlande. « Maître ès arts » de l'Université de Nantes, (on appelait ainsi celui qui avait obtenu de l'Université des lettres qui lui donnaient le droit d'enseigner la philosophie, la rhétorique, etc.), capitaine, puis commandant de la garde nationale à Nantes, président de canton, et plus tard conseiller de préfecture de la Loire Inférieure, il fut, le 10 août 1810, élu député de ce département au Corps législatif, par le Sénat conservateur. Il y siégea jusqu'en 1815. Après la déchéance de Napoléon Ier, dans la session de 1814, il se tint à égale distance des « ministériels » et des « constitutionnels », et le Guide électoral de Brissot-Thivars le qualifie d'incertain. Dans l'espoir, sans doute, de fixer ses préférences, Louis XVIII lui donna la croix de la Légion d'honneur. Il prit quelquefois la parole à la Chambre, notamment dans la discussion de la loi sur l'importation des fers étrangers. « Député d'un département maritime, dit un biographe (le Nécrologe universel), il défendit les intérêts de ses commettants avec une force de logique qui eût dû influer sur les déterminations de la Chambre, s'il n'y avait eu à l'avance un parti pris de donner gain de cause à l'intérêt prépondérant des maîtres de forges. »

Le 7 août 1830, Bouteillier donna sa démission de conseiller de préfecture, pour n'avoir pas à prêter le serment de fidélité à Louis-Philippe, et rentra dans la vie privée.

BOUTELIER (Claude-Henri), député au Corps législatif de 1866 à 1870, né à Louhans (Saône-et-Loire), le 21 février 1808, mort à Tournus (Saône-et-Loire), le 25 janvier 1881, était fils d'un magistrat de Louhans, étudia le droit et entra dans la magistrature au lendemain de la révolution de juillet. Après avoir débuté comme substitut du procureur du roi à Autun (1831), puis à Dijon (1833), il fut nommé en 1838 procureur du roi à Mâcon, en 1841, conseiller à la Cour royale d'Alger. Avocat général à Bourges en 1844, il résigna ses fonctions en 1848. Conseiller général du canton de Tournus de 1848 à 1871, il s'était une première fois, le 22 juin 1857, présenté sans succès au Corps législatif dans la 4e circonscription de Saône-et-Loire, mais il n'avait réuni que 6,629 voix contre 18,727 accordées à l'élu, M. de Chabrillan. Plus heureux le 9 décembre 1866, dans une élection partielle, il devint député de ce même collège par 18,607 voix (21,229 votants, 31,417 inscrits), contre M. Th. Nadaud, 2,576, et obtint sa réélection le 24 mai 1869, par 16,244 voix (23,670 votants, 33,377 inscrits), contre 4,855 à M. Chauliaux, et 2,503 à M. de Bouverand. M. Boutelier siégea parmi les impérialistes modérés. La révolution du 4 Septembre le rendit à la vie privée.

BOUTELLEAU (Pierre), député au Corps législatif en 1808, né à Cognac (Charente), le 8 octobre 1756, mort à une date inconnue, était propriétaire à Cognac. Dévoué aux institutions impériales, il représenta le département de la Charente au Corps législatif, où l'avait nommé le Sénat conservateur, depuis le 18 février 1808 jusqu'en 1812.

BOUTEVILLE DU METZ (Louis-Guislain, seigneur du Metz, dit) député aux États-Généraux de 1789, au Conseil des Anciens, membre du Tribunat et représentant à la Chambre des Cent-Jours, né à Albert (Somme), le 28 avril 1746, mort à Paris, le 7 avril 1821, était avocat en renom à Péronne, quand il fut élu, le 3 avril 1789, député du tiers aux Etats-Généraux pour le bailliage de Péronne. Il fut secrétaire de l'Assemblée en 1790, et, quoique d'opinions modérées, vota, après la fuite de Varennes, la suspension du roi jusqu'à l'achèvement de la constitution. Après la session, il fut élu juge à Péronne, puis président du tribunal civil. Arrêté sous la Terreur, il dut la liberté aux relations qu'il avait conservées à Paris, et fut chargé par le Directoire de plusieurs missions militaires et administratives. Le département de la Somme l'élut, le 24 germinal an VI, député au Conseil des Anciens, dont il devint secrétaire (19 fructidor an VI); il se montra favorable au coup d'Etat de brumaire, et entra au Tribunat, à sa formation (4 nivôse an VIII); il prit une grande part aux importants travaux législatifs de cette assemblée. A la dissolution du Tribunat (1807), il fut appelé aux fonctions de substitut du commissaire du tribunal de cassation, puis de juge au tribunal d'appel d'Amiens, enfin (2 avril 1811) de président de chambre à la Cour impériale d'Amiens. L'arrondissement électoral de Péronne l'élut, le 11 mai 1815, représentant à la Chambre des Cent-Jours. Dans les diverses assemblées dont il fit partie, il se montra toujours ami de la liberté et plus savant jurisconsulte qu'habile orateur.

BOUTHIER (CLAUDE-EUGÈNE), député de 1834 à 1837, né à Semur-en-Brionnais (Saône-et-Loire), le 4 août 1794, mort à Cauderan (Gironde), le 22 septembre 1861, étudia le droit et entra dans la magistrature. Il était conseiller à la Cour royale de Bordeaux quand il fut élu, le 21 juin 1834, député du 5e collège électoral de la Gironde (Bazas), par 106 voix sur 191 votants et 251 inscrits, contre 80 à M. Nicod. Bouthier siégea au centre et appartint au « tiers-parti ». Il vota, avec la majorité, la condamnation du journal le *Réformateur* (en mai 1835), puis donna sa démission la même année, et fut remplacé (octobre 1835) par M. de Bryas. Il resta conseiller à la Cour, devint plus tard président de chambre, et fut retraité en cette dernière qualité le 28 février 1863.

BOUTHIER DE ROCHEFORT (JEAN-BAPTISTE-AUGUSTIN), député de 1876 à 1885, né à Semur-en-Brionnais (Saône-et-Loire), le 8 avril 1814, propriétaire agriculteur, élève de l'Ecole de Grignon, et président de la Société d'agriculture de Charolles, dut aux propriétés considérables qu'il possédait dans ce département une influence personnelle qui le fit élire d'abord conseiller général du canton de Semur (1871), puis député, le 20 février 1876, de la 1re circonscription de Charolles, par 8,384 voix (13,713 votants, 17,269 inscrits), contre 5,295 à M. de Laguiche, ancien représentant à l'Assemblée nationale, monarchiste. D'opinions républicaines très modérées, M. Bouthier de Rochefort s'inscrivit au centre gauche, et vota : 3 juin 1876, *pour* la discussion des articles du projet de loi sur la collation des grades; 12 juillet, *pour* l'ensemble du projet relatif à l'élection des maires; 28 décembre, *contre* la discussion des articles du budget renvoyé à la Chambre par le Sénat; 4 mai 1877, *pour* l'ordre du jour Laussedat, Leblond et de Marcère contre les menées ultramontaines. Après le 16 mai, il fut des 363 qui refusèrent un vote de confiance au

ministère de Broglie. Il lutta avec succès, aux élections du 14 octobre 1877, contre le candidat de l'administration, M. Cheuzeville, et fut réélu par 8,178 voix (14,394 votants, 17,906 inscrits). Il vota, comme précédemment, avec la gauche modérée, soutint le ministère Dufaure, vota : l'amnistie partielle, l'invalidation de Blanqui, l'article 7, l'application des lois existantes aux congrégations, le rétablissement du divorce, etc. Réélu le 21 août 1881, par 7,695 voix (14,601 votants, 18,160 inscrits), contre 6,882 au comte de Rambuteau, il fit partie de la majorité opportuniste qui adopta la loi sur les récidivistes, accorda au ministère Ferry les crédits du Tonkin, repoussa la révision de la Constitution et la séparation de l'Eglise et de l'Etat. M. Bouthier de Rochefort figura aux élections d'octobre 1885, sur la liste opportuniste, et n'obtint que 31,155 voix, tandis que le dernier élu de la liste radicale, M. Maguien, réunit 79,293 suffrages.

BOUTHILLIER-CHAVIGNY (CHARLES-LÉON, MARQUIS DE), député aux Etats-Généraux de 1789, né à Paris, le 21 juin 1743, mort au château de Fillières (Seine-Inférieure), le 18 décembre 1818, appartenait à une vieille famille noble du Berry, et suivit la carrière des armes. Il avait le grade de colonel, quand il fut élu, le 27 mars 1789, député de la noblesse aux Etats-Généraux par le bailliage du Berry. Imbu des idées de l'ancien régime et hostile aux innovations, il s'opposa à la réunion des trois ordres, et combattit la confiscation des biens du clergé. Il fit partie du comité militaire, présenta un projet d'organisation de l'armée et de la garde nationale, fit adopter la séparation du génie et de l'artillerie, et établir « la masse » dans la comptabilité militaire. Nommé maréchal de camp le 20 mai 1790, il fut envoyé en mission, l'année suivante, dans la 2e division militaire. Après le retour de Varennes, il préta serment aux décrets de l'Assemblée, sous la réserve expresse de la sanction royale, mais ce fut la seule concession qu'il fit à la majorité, car, découragé par les événements qui suivirent, il émigra en 1792, et remplit les fonctions de major général dans l'armée de Condé, jusqu'à son licenciement. Le gouvernement consulaire lui rouvrit, en l'an VIII, les portes de la France, mais il vécut dans la retraite jusqu'au retour des Bourbons. Le 13 août 1814, Louis XVIII le nomma général de division et commandeur de l'Ordre de St-Louis.

BOUTHILLIER - CHAVIGNY (CONSTANTIN-MARIE-LOUIS-LÉON, MARQUIS DE), député de 1820 à 1827, fils du précédent, né à Paris, le 16 juin 1774, mort à Paris, le 5 octobre 1829, était nommé, le 16 juin 1789, capitaine dans le régiment du roi infanterie, à la demande de la reine, pour récompenser d'avoir réprimé, au prix de son sang, une révolte dans un régiment. Il donna sa démission en 1791, suivit son père dans l'émigration, et servit dans l'armée des princes. Rentré en France après le 18 brumaire, il se rallia au gouvernement de Bonaparte, fut nommé auditeur au Conseil d'Etat (1810), maire d'Antouillet (Seine-et-Oise), sous-préfet d'Alba (Stura) le 14 janvier 1811, et sous-préfet de Minden (Ems-Supérieur) à la fin de la même année. Louis XVIII l'appela, à son retour, à la préfecture du Var, et lui donna la croix de la Légion d'honneur; ayant voulu s'opposer par la force au retour de l'île d'Elbe, il fut enfermé au fort Lamalgue, à Toulon, avec sa famille, pendant les Cent-Jours. Délivré au retour de Gand, il fut nommé (juillet 1815) préfet de la Meurthe, et, le 12 août suivant, préfet du Bas-Rhin; l'ordonnance du 5 septembre 1819 amena sa destitution. Le 13 novembre 1820, le collège du département de Seine-et-Oise l'élut député par 148 voix sur 285 votants et 312 inscrits, et lui renouvela deux fois son mandat : le 10 octobre 1821, par 141 voix sur 281 votants et 309 inscrits, et le 6 mars 1824, par 152 voix sur 288 votants et 313 inscrits. Il siégea à l'extrême droite, et mit au service de la cause ultra-royaliste ses talents et sa réelle compétence d'administrateur.

BOUTOEY (Jean-François-Eugène), représentant du peuple à l'Assemblée constituante de 1848, né à Sauveterre (Basses-Pyrénées), le 11 juin 1800, mort à Bayonne, le 11 janvier 1861, était avocat au barreau de cette ville. Au lendemain de la révolution de 1848, le commissaire du gouvernement provisoire le nomma maire de Bayonne, et, lors des élections du 23 avril à l'Assemblée constituante, toutes les nuances du parti libéral et républicain s'accordèrent à soutenir sa candidature. Le 3e sur 11, par 64,232 voix (90,262 votants, 116,890 inscrits), il fut élu représentant des Basses-Pyrénées. Il siégea dans les rangs du parti démocratique modéré, vota : le 26 mai 1848, *pour* le bannissement de la famille d'Orléans, fut *en congé* jusqu'en octobre, se prononça : le 7 octobre, *contre* l'amendement Grévy; le 2 novembre, *contre* le droit au travail; le 25 novembre, *pour* l'ordre du jour en l'honneur de Cavaignac; le 28 décembre, *pour* la réduction de l'impôt du sel; le 12 janvier 1849, *contre* la proposition Rateau; le 21 mars, *contre* l'interdiction des clubs; le 16 avril, *contre* les crédits de l'expédition de Rome; le 2 mai, *pour* l'amnistie des transportés. L'élection de L.-N. Bonaparte à la présidence de la République avait rapproché Boutoey de la gauche avancée. Après la session, il resta, jusqu'à sa mort, étranger à la politique.

BOUTROUE (Louis-Martial-Stanislas), membre de la Convention et député au Conseil des Cinq-Cents, né à Chartres (Eure-et-Loir), le 11 mars 1757, mort à la Ferté-Bernard (Sarthe), le 28 février 1816, fut notaire à la Ferté-Bernard, puis devint membre du directoire de la Sarthe, et entra, le 6 septembre 1792, à la Convention nationale, comme député du ce département, élu « à la pluralité des voix » sur 525 votants. Il vota « la mort » dans le procès de Louis XVI, et ne se fit pas remarquer dans cette assemblée. Le 24 germinal an VI, le même département le nomma député au Conseil des Cinq-Cents. Il y passa inaperçu, et mourut dans son pays, sous la Restauration, l'année même du vote de la loi proscrivant les régicides, et avant que cette loi ait pu lui être appliquée.

BOUTRY (Louis-Guillaume), député à l'Assemblée législative de 1791, dates de naissance et de mort inconnues, était commissaire du roi au tribunal de Vire. Il fit partie de l'Assemblée législative pour le département du Calvados qui lui donna, le 7 septembre 1791, 290 voix sur 522 votants. Son nom ne figure pas aux procès-verbaux des séances.

BOUVATTIER (Jules-François), représentant du peuple à l'Assemblée législative de 1849, né à Paris, le 5 novembre 1808, mort à Coutances (Manche), le 16 juin 1884, était fils d'un négociant qui fut juge au tribunal de commerce de la Seine et maire du 8e arrondissement de Paris. M. Jules Bouvattier se destina d'abord à l'état militaire. En 1835, il donna sa démission d'officier au 1er régiment de lanciers, pour se marier à Avranches, où il se fixa. Il entra bientôt au conseil municipal de cette ville, et en devint maire en 1841. L'année d'après, il fut élu conseiller général de la Manche. Le 13 mai 1849, ce département l'élut représentant à l'Assemblée législative, le 4e sur 13, par 69,699 voix (94,481 votants et 163,192 inscrits). Il siégea à droite, vota l'expédition romaine, la loi sur l'enseignement, la loi restrictive du suffrage universel, et fut décoré de l'ordre de la Légion d'honneur en 1850, par le prince président.

En décembre 1851, M. Bouvattier fut d'abord tenté de protester contre le coup d'État; il fut même parmi les 220 représentants qui se trouvèrent séquestrés à la caserne du quai d'Orsay; mais il ne tarda pas à faire à l'acte présidentiel une adhésion si complète qu'il fut (mai 1852) nommé sous-préfet d'Avranches. Il garda ce poste pendant toute la durée de l'Empire, et fut admis à la retraite le 7 août 1870.

BOUVATTIER (Jules-Marie-François), fils du précédent, député en 1877 et de 1885 à 1889, né à Avranches (Manche), le 9 septembre 1843, étudia le droit, s'inscrivit comme avocat au barreau d'Avranches en 1867, fut nommé en 1873 sous-préfet de Sarlat, remplit ensuite les mêmes fonctions à Redon (1876), et à Marmande (1877), et quitta enfin l'administration pour entrer au Parlement.

Après avoir vainement tenté, aux élections du 20 février 1876, de se faire élire député de la circonscription d'Avranches (il obtint alors 4,446 voix contre 5,432 accordées à l'élu républicain, M. Morel), il réussit, le 14 octobre 1877, à l'emporter avec 5,503 voix (10,593 votants, 12,096 inscrits), sur MM. Morel, député sortant, 3,256 voix, et Sébline, 1,793. Mais son élection fut invalidée dans la séance du 26 mars 1878, sur les conclusions de M. Boissy d'Anglas, rapporteur, par 276 voix contre 173, et les électeurs, convoqués à nouveau le 5 mai 1878, élurent M. Morel à la place de M. Bouvattier, qui reprit sa place au barreau d'Avranches et devint bâtonnier de l'ordre. Aux élections du 4 octobre 1885, il fut porté sur la liste conservatrice dans le département de la Manche, et fut élu, le 5e sur 8, par 57,581 voix (109,795 votants, 139,724 inscrits); il alla siéger à droite, et vota : *pour* le maintien de l'ambassade du Vatican, *contre* le projet de loi interdisant le territoire de la République aux membres des familles ayant régné sur la France, *contre* le projet de loi sur l'enseignement primaire, *contre* la suppression des sous-préfets. Dans la dernière session, M. Bouvattier s'est prononcé : *contre* le rétablissement du scrutin d'arrondissement (11 février 1889), *pour* l'ajournement indéfini de la revision de la Constitution (14 février), *contre* les poursuites contre trois députés membres de la Ligue des patriotes (14 mars), *contre* le projet de loi Lisbonne restrictif de la liberté de la presse (2 avril), *contre* les poursuites contre le général Boulanger (4 avril).

BOUVENOT (Pierre), député à l'Assemblée législative de 1791, né à Arbois (Jura), le 12 mars 1748, mort à Vadans (Jura), le 15 novembre 1833, homme de loi et administrateur à Arbois, puis président du département du Doubs, fut élu, le 29 août 1791, par 209 voix sur 322 votants, député du Doubs à l'Assemblée législative : son rôle y fut des plus modestes. Partisan de la Révolution, mais favorable aux idées modérées, il devint suspect en 1794, fut destitué de ses fonctions administratives et traduit devant le tribunal révolutionnaire de Paris comme coupable d'avoir « conspiré contre l'unité et l'indivisibilité de la République et participé aux arrêtés liberticides des départements du Doubs et du Jura. » Fouquier-Tinville lui reprochait, dans son réquisitoire, d'avoir « provoqué lui-même, par un discours du 10 juin 1794, dans la grande salle de l'ancien Parlement, à Besançon, les mesures les plus violentes et les plus liberticides; discours à la suite duquel il a proposé et fait adopter la lecture des arrêtés fédéralistes du Jura et ceux de Marseille; d'avoir « proposé le serment fédéraliste, qui a été prêté sur le champ »; enfin d'avoir « fait arrêter qu'il serait nommé un comité provisoire de salut public, chargé de faire un rapport sur les mesures adoptées par le département du Jura ou autres, qu'il croirait convenables aux circonstances, et de présenter une série de questions relatives à ces mesures, etc. » (V. Recueil des jugements du Tribunal criminel révolutionnaire de Paris, an II, volume 8.) Plusieurs des coaccusés de Bouvenot furent condamnés à mort; il fut, lui, du nombre de ceux qui bénéficièrent d'une ordonnance d'acquittement, rendue le 24 messidor an II. Sous le Consulat, Bouvenot fut nommé (28 floréal an VIII) président du tribunal civil d'Arbois. La Restauration commença d'abord par le révoquer; puis elle le nomma, en 1820, président à Lons-le-Saulnier. Ses dernières années s'écoulèrent dans la retraite.

BOUVENS (DE), né à Bourg vers 1750, d'une ancienne famille de la Bresse, suivit la carrière ecclésiastique. Devenu grand vicaire de l'archevêque de Tours, M. de Conzié, il fut élu suppléant de ce prélat aux États-Généraux. Quand l'archevêque eut donné sa démission, l'abbé de Bouvens se présenta pour le remplacer et demanda, dans la séance du 2 mars 1791, « à prêter son serment de député. » Le président lui ayant donné la parole, il monta à la tribune et prononça ces mots : — « Je jure d'être fidèle à la Constitution décrétée par l'Assemblée nationale et acceptée par le roi, en exceptant les objets qui depuis ont touché au spirituel. » (De violents murmures s'élèvent dans la partie gauche). Tandis qu'un certain nombre de membres du côté droit, Foucault, Frondeville, Guillermy, etc., se levaient et applaudissaient au langage de l'abbé de Bouvens, plusieurs députés de la gauche faisaient observer avec vivacité que cette formule de serment n'était nullement recevable, et d'André concluait en proposant de lire par un secrétaire la formule véritable : « Que l'individu qui se présente en ce moment à la tribune dise simplement : Je le jure. S'il ne veut pas le dire il ne doit pas être admis dans cette assemblée. » (Applaudissements.) La motion adoptée, un secrétaire donna lecture de la formule du serment.

M. L'ABBÉ DE BOUVENS. — Je vais répéter la formule. (Les murmures de la partie gauche recommencent.)

Plusieurs voix s'élèvent dans la même partie de la salle. Dites : Je le jure.

Une voix de la partie gauche. — S'il ne le pense pas, il ne peut pas jurer.

M. le Président interpelle M. l'abbé de Bou-

vens de déclarer s'il veut prêter le serment pur et simple.

M. D'ANDRÉ. — Monsieur n'a pas le droit de parler dans cette Assemblée. Il doit dire simplement : je le jure, ou s'en aller. (On applaudit.)

M. l'abbé de Bouvens descend de la tribune et passe dans la partie droite de la salle.

Plusieurs voix s'élèvent dans la partie gauche : Sortez! Sortez!

M. l'abbé de Bouvens s'arrête et se mêle à quelques membres de la partie droite. M. l'abbé Maury descend de sa place et va parler à M. l'abbé de Bouvens.

M. l'abbé de Bouvens sort de la salle au milieu des applaudissements de l'Assemblée.

M. LE PRÉSIDENT. — M. l'abbé n'est pas admis membre de cette Assemblée. » (Moniteur du 4 mars 1791.)

À la suite de cet incident, l'abbé Maury s'efforça vainement d'obtenir la parole, pour protester contre la conduite du président. Dans la séance suivante, Bois-Rouvray pria l'Assemblée de revenir sur sa décision : l'abbé de Bouvens offrait de prêter le serment pur et simple. Mais l'Assemblée passa à l'ordre du jour, et l'ex-suppléant de l'archevêque de Tours fut déclaré déchu de son droit.

Bientôt il quitta la France, se joignit aux émigrés de Francfort, puis à ceux d'Angleterre; il fut employé quelque temps dans la chancellerie du frère de M. de Conzié qui était ministre du comte d'Artois, alors « lieutenant-général du royaume ». — L'abbé de Bouvens prononça en 1804, à Londres, dans la chapelle de Saint-Patrice, et en présence des princes de la maison de Bourbon, l'oraison funèbre du duc d'Enghien; il prononça aussi dans le même lieu et devant le même auditoire, en 1807, l'oraison funèbre de l'abbé Edgeworth, confesseur de Louis XVI, et enfin celle de la princesse Marie-Joséphine-Louise de Savoie, femme de Louis XVIII. Les Oraisons funèbres de l'abbé de Bouvens ont été réunies (1824) par leur auteur en un volume. Au retour des Bourbons, l'abbé de Bouvens fut nommé aumônier du roi, mais il était âgé et infirme et il fut obligé de demander sa retraite. Il quitta Paris lors de la révolution de juillet.

BOUVET (PIERRE-HENRI-ÉTIENNE-FRANÇOIS) député de 1830 à 1831, né à l'île Bourbon, le 28 novembre 1775, mort à Saint-Servan (Ille-et-Vilaine), le 18 juin 1860, fils d'un capitaine de vaisseau de la Compagnie des Indes, Pierre Bouvet, de Saint-Malo, s'embarqua, à douze ans, comme volontaire sur les vaisseaux du roi; en 1792, il faisait la campagne de la Méditerranée sur l'Aréthuse, comme aspirant, et, à la fin de la campagne, il devint enseigne et passa sur le Languedoc. Nommé, en l'an V, commandant de la seconde escadre de l'expédition d'Irlande, il fut disgracié par le Directoire pour n'avoir pas réussi dans sa mission. Il prit part à l'expédition de Saint-Domingue, sur le Redoutable, comme lieutenant de vaisseau (24 avril 1802), partit, en 1803, pour l'Océan austral sur l'Atalante, fit naufrage au cap de Bonne-Espérance en 1805, et fut chargé, par le capitaine-général de l'île de France, d'une croisière le long de la côte africaine, sur l'Entreprenant. Quoique armé d'un seul canon de 8, et ne comptant que 40 hommes d'équipage, il attaqua un paquebot anglais armé de 10 canons et monté par 70 hommes, et s'en empara. Après une affaire tout à son honneur avec le gouverneur espagnol de Manille, il reçut le commandement de la frégate la *Minerve*, capturée sur les Portugais par le capitaine Duperré, attaqua, seul, trois vaisseaux anglais, et, après le combat du Grand-Port, qui dura trois jours (août 1810), fut nommé capitaine de vaisseau (20 décembre). Monté sur l'*Aréthuse*, il battit encore l'*Amélia*, une des meilleures frégates de la flotte anglaise. La paix, qui suivit la Restauration, lui fit demander sa retraite, à 45 ans, avec le titre de contre-amiral honoraire.

Le 28 octobre 1830, le collège de département d'Ille-et-Vilaine l'élut député en remplacement de M. de Montbourcher dont l'élection avait été annulée. Nommé grand officier de la Légion d'honneur, le 26 avril 1831, il ne siégea, dans la majorité, que jusqu'aux élections générales du 5 juillet suivant, et se retira à Saint-Servan. En février 1853, Napoléon III le fit passer dans le cadre de réserve, avec le titre de contre-amiral. On a de lui : *Récit des campagnes du capitaine de vaisseau Pierre Bouvet*, et *Observations sur la marine* (1821).

BOUVET (François-Joseph-Francisque), représentant du peuple aux Assemblées constituante et législative de 1848-1849, né à Vieu-d'Izenave (Ain), le 25 avril 1799, mort à Lyon (Rhône), le 1er décembre 1871, était fils de Jean-Baptiste Bouvet, capitaine aux armées de la République. Il s'occupa de journalisme et de littérature, et débuta, en 1828, par un volume de poésies, *Loisirs de la solitude*, qu'il fit vendre au profit des Grecs. Rédacteur de la *Revue indépendante*, il fonda le *Réveil de l'Ain*, journal républicain, et fut élu, le 23 avril 1848, par le département de l'Ain, représentant du peuple, le 6e sur 9, par 48,221 voix. Il prit place à gauche et vota *pour* le bannissement de la famille d'Orléans, *contre* la proposition Proudhon, *contre* le rétablissement du cautionnement des journaux, *contre* les poursuites contre Louis Blanc et Caussidière, *pour* l'abolition de la peine de mort, *pour* l'ordre du jour de félicitations au général Cavaignac, *pour* la suppression de l'impôt du sel, *contre* la proposition Rateau, *pour* l'amnistie plénière, *contre* l'interdiction des clubs, *pour* l'amnistie des transportés, *pour* l'abolition de l'impôt des boissons. Il fit partie du comité des affaires étrangères, demanda la libération du service militaire des soldats de réserve qui avaient été autorisés à se marier, combattit la politique de l'Elysée, et l'expédition de Rome, mais vota *contre* la mise en accusation du président et de ses ministres.

Réélu par le même département, le 13 mai 1849, à l'Assemblée législative, le 1er sur 8, par 59,546 voix, sur 82,754 votants et 102,031 inscrits, il vota avec la Montagne, et protesta contre la loi du 31 mai, restrictive du suffrage universel. Le 26 juin, il demanda la réunion d'un congrès européen pour rechercher les moyens d'assurer la paix universelle, et, lors des votes annuels du contingent, il ne manqua pas de rappeler chaque fois son projet de congrès de la paix. Il rentra dans la vie privée après le coup d'Etat de décembre. Il en sortit pour réclamer, dans les débats soulevés par la question d'Orient, la formation d'une sorte de conseil amphictyonique dont l'arbitrage réglerait à l'amiable les prétentions des puissances rivales. Puis il accepta du gouvernement impérial la place de consul de France à Mossoul, et la décoration de la Légion d'honneur (1867). — On doit à Francisque Bouvet un grand nombre d'écrits politiques : *République et monarchie*

(1832) ; *Du principe de l'autorité en France; Conciliation des partis* (1859) ; *Du côle de la France dans la question d'Orient* (1849) ; *De la confession et du célibat des prêtres* (1845) ; et plus tard : *Napoléon III et la France dans la question romaine* (1860) ; *le Problème européen* (1866) etc., etc.

BOUVET (Aristide), représentant du peuple à l'Assemblée législative de 1849, né à Ambérieu (Ain), le 24 juillet 1807, mort à Lyon (Rhône), le 27 juin 1878, était parent du représentant Francisque Bouvet (*V. plus haut*). Médecin à Ambérieu, il fut élu, comme républicain avancé, représentant de l'Ain à l'Assemblée législative, le 6e sur 8, par 46,453 voix (82,754 votants, 102,031 inscrits). Il siégea à la Montagne, vota *contre* l'expédition romaine et *contre* les lois répressives, protesta contre le coup d'Etat, et rentra dans la vie privée après 1851.

BOUVET. — *Voy.* LOUVIGNY (COMTE DE).

BOUVET-JOURDAN (Pierre-Etienne-Nicolas), député à l'Assemblée constituante de 1789, né le 1er janvier 1745, mort le 30 janvier 1826, était négociant à Chartres et grand juge-consul en exercice. Elu, le 29 mars 1789, député du tiers aux Etats-Généraux par le bailliage de Chartres, il vota dans l'Assemblée avec la majorité. Plus tard, après brumaire, il devint conseiller de préfecture (21 germinal an VIII).

BOUVEYRON (Jean-François), député à l'Assemblée constituante de 1789, né à Treffort (Ain), le 8 octobre 1733, mort dans la même ville, le 29 avril 1818, est qualifié « bourgeois à Treffort », par le procès-verbal de son élection (3 avril 1789), comme député du tiers aux Etats-Généraux; il représenta dans l'Assemblée le bailliage de Bourg-en-Bresse. Le *Moniteur* est muet sur son compte.

BOUVIER (Godefroy-Gédéon-Antoine), député à l'Assemblée constituante de 1789, puis au Conseil des Cinq-Cents, né à Orange (Vaucluse), en 1760, mort à Orange, le 3 avril 1826, était un jurisconsulte de mérite. Professeur de droit civil et procureur du roi à Orange, il fut, le 3 avril 1789, élu par cette principauté député du tiers aux Etats-Généraux. Il prit place parmi les députés les plus avancés de la majorité, et, le 10 juillet 1790, il demanda la parole sur la pétition des Avignonnais, détenus à Orange, à la suite des troubles d'Avignon. Ils faisaient valoir leur qualité d' « étrangers » et de « sujets du pape », pour réclamer la protection de l'Assemblée et obtenir leur élargissement. Malouet, Crillon le jeune et l'abbé Maury appuyèrent vivement la requête des prisonniers. Bouvier se joignit au contraire à Robespierre, pour représenter à l'Assemblée le danger qu'il y aurait à soustraire ces détenus à leurs juges. « Les officiers municipaux d'Orange, dit-il, n'ont pu mettre le calme à Avignon qu'en promettant au peuple que les prisonniers seraient jugés : est-ce par vous que cette promesse sera violée ? Est-ce par vous que la guerre civile sera allumée ?... »(Il s'élève dans la partie droite un mouvement général ; on entend ces mots : *Allons donc !*) A la suite de ces paroles, un violent débat s'émut dans l'Assemblée, qui, finalement, passa à l'ordre du jour. Député de Vaucluse, le 24 germinal an VI, au Conseil des Cinq-Cents, Bouvier fut du nombre des républicains qui firent à la conspiration royaliste d'abord, aux menées de Bonaparte ensuite, la plus vive opposition : à la séance du 26 fructidor an VII, il monta à la tribune pour prouver, à l'aide de faits que « des bandes royalistes parcouraient impunément le département de Vaucluse » : il proposa, et le Conseil arrêta un message au Directoire sur cet objet. Au 18 brumaire, il fut exclu de la représentation nationale, et rentra dans la vie privée.

BOUVIER (CLAUDE-PIERRE, BARON), député au Corps législatif de 1809 à 1815, né à Dôle (Jura) le 9 novembre 1759, mort à Xenon (Jura) le 28 décembre 1843, était, avant la Révolution, avocat au Parlement de Dijon. Il fut nommé professeur, au concours, à l'Université de droit de cette ville, à l'âge de 27 ans. Ayant refusé de prêter le serment prescrit par les lois des 22 mars et 26 avril 1791, il dut quitter ses fonctions de professeur de droit, lutta contre les innovations qui lui paraissaient contraires aux intérêts du trône, et s'offrit pour otage et comme défenseur de Louis XVI. Proscrit, puis arrêté, et emprisonné comme suspect dans le château de Dijon, pendant dix mois, il ne dut la vie qu'au 9 thermidor, et devint maire de Dôle (an V), et président de l'administration centrale du département jusqu'au 18 fructidor, qui le destitua. Appelé à présider la commission des hospices civils, il adhéra au 18 brumaire, mais refusa la préfecture du Doubs qui lui fut offerte le 6 floréal an VIII, et préféra redevenir maire de Dôle; il s'y occupa surtout d'assurer l'instruction à toutes les classes sociales. Le gouvernement de l'empereur lui donna la présidence du collège électoral de son département; les électeurs de Dôle le choisirent comme candidat au Corps législatif, et le choix fut confirmé par le Sénat conservateur, le 2 mai 1809. Créé, le 23 juin 1810, chevalier de l'Empire, il accepta, 9 mai 1811, les fonctions de procureur général près la Cour impériale de Besançon, et fut promu, le 12 avril 1813, baron de l'Empire. Pendant la session de 1814, il prit souvent la parole en faveur de mesures libérales, et fut nommé officier de la Légion d'honneur (19 octobre). Il refusa de signer l'acte additionnel des Cent-Jours, et, dans le ressort de la Cour de Besançon, s'opposa à toute arrestation arbitraire, ainsi qu'au séquestre des biens de ceux qui avaient suivi le roi à Gand. Les collèges électoraux le désignèrent comme candidat à la Chambre des Cent-Jours, pour l'arrondissement de Besançon, mais il ne fut pas élu. Peu porté à seconder les passions politiques du moment, il fut destitué le 28 mars 1816; mais cette disgrâce dura peu, et, il fut nommé, en 1818, procureur général à la cour royale de Limoges, et peu après, président du collège électoral du département de la Haute-Saône. Le 4 juillet 1820, il quitta Limoges, avec le titre de président honoraire à la Cour royale de Besançon.

BOUVIER. — *Voy.* CACHARD (BARON DE).

BOUVIER. — *Voy.* YVOIRE (BARON D').

BOUVIER-DUMOLART (LOUIS, BARON), représentant à la Chambre des Cent-Jours, né à Bouzonville (Moselle), le 16 octobre 1780, mort à Paris, le 1er avril 1855, entra de bonne heure dans l'administration; il était, en l'an IX, chargé de la direction des bureaux du sous-préfet de Sarrebourg. Remarqué par Napoléon, à son passage dans le département, il fut nommé, successivement auditeur au Conseil d'Etat (26 floréal an XIII), intendant de la Carinthie

1er nivôse an XIV, commissaire impérial près la République de Raguse 16 juin 1806, intendant de la Saxe 23 octobre 1806, intendant des principautés de Cobourg et de Schwartzbourg 12 janvier 1807, sous-préfet de Sarrebruck 25 août 1808, préfet du Finistère 12 janvier 1810, et préfet de Tarn-et-Garonne 12 mars 1813. L'empereur lui avait conféré la croix de la Légion d'honneur, le 30 juin 1811. Lors des événements de 1814, M. Bouvier-Dumolart, alors préfet à Montauban, fut accusé d'avoir retardé la marche de l'officier chargé par le gouvernement provisoire d'informer le maréchal Soult de l'entrée des alliés à Paris, et d'avoir ainsi laissé s'engager la bataille de Toulouse, où périrent inutilement plusieurs milliers de soldats. Un historien de la campagne de 1814, M. de Beauchamp, qui avait relaté cette imputation, fut attaqué devant les tribunaux par M. Bouvier-Dumolart, qui plaida lui-même sa cause, et démontra la fausseté de l'allégation.

Appelé, pendant les Cent-Jours, à la préfecture de la Meurthe, il y organisa la garde nationale, et bien qu'il ne représentât de l'arrondissement de Thionville, le 13 mai 1815, par 99 voix sur 103 votants, il ne vint occuper son siège à la Chambre qu'après l'occupation de Nancy par les Autrichiens. Le zèle qu'il avait montré, pendant ces trois mois, le fit porter, en 1815, sur la liste des exilés. Il obtint, quelques années après, l'autorisation de rentrer en France, et de résider à Hazebrouck (Nord), où il avait des propriétés.

BOUVILLE (LOUIS-JACQUES GROSSIN, COMTE DE), député à l'Assemblée constituante de 1789, député de 1815 à 1816, et de 1820 à 1827, né à Rouen (Seine-Inférieure), le 21 septembre 1759, mort à Paris, le 15 février 1838, fut, avant 1789, conseiller au Parlement de Rouen. Elu, le 23 mars 1789, député de la noblesse aux Etats-Généraux par le bailliage de Caux, il prit parti contre la Révolution, siégea au côté droit de l'Assemblée et, le 25 janvier 1790, réclama la question préalable sur la motion de Robespierre en faveur de l'égalité politique. Il se résigna, après bien des hésitations, à prêter le serment civique, non sans chercher à l'entourer de restrictions; en septembre 1791, il protesta formellement contre les actes de la majorité réformatrice. Au mois d'octobre de la même année, il partit en émigration et ne rentra en France qu'après le 18 brumaire. Bouville reparut sur la scène politique après le second retour de Louis XVIII, en 1815. Elu député, le 22 août de cette année, au collège de département de la Seine-Inférieure, par 119 voix (197 votants, 248 inscrits), il appartint à la majorité de la Chambre introuvable, fut vice-président de l'assemblée, et prit plusieurs fois la parole. Dans le débat sur l'inamovibilité des juges, il proposa certaines épreuves à faire subir aux magistrats avant leur institution définitive. A propos de l'évasion de Lavalette, il se signala par son exaltation, accusa le gouvernement d'avoir protégé la fuite du prisonnier, réclama une enquête sévère et dit : « Le succès de cette trame tend à déconsidérer le pouvoir. » Il parla encore sur la loi d'amnistie, sur la loi électorale, sur le budget. Le ministère combattit vivement sa réélection en 1816, et réussit à l'écarter de la Chambre jusqu'en 1820. Il y reparut alors, le 13 novembre, redevint vice-président, et reprit sa place parmi les *ultras* du côté droit. Il intervint fréquemment dans les grandes discussions parlementaires, notamment le 23 janvier 1822, pour défendre le projet de loi sur la presse : il essaya vainement de faire adopter un amendement qui soumettait à une censure préalable tout journal en état de prévention. Membre de la commission du budget et autres commissions importantes, il s'associa à l'expulsion de Manuel, et fit, le 1er avril 1823, un discours pour prouver que le véritable défaut de notre système financier consistait à n'avoir d'autre papier législatif que des inscriptions de rente; il proposa d'émettre, concurremment aux rentes, des reconnaissances qui pourraient être couvertes en rente, comme l'étaient les anciennes reconnaissances de liquidation en 1816. Lors des élections de la Chambre septennale, nommé vice-président du collège de département de la Seine-Inférieure, il obtint des électeurs le renouvellement de son mandat (6 mars 1824). Réélu vice-président au début de la session, il vota (17 avril) en faveur de l'admission de Marchangy comme député; il défendit, le 28 avril, le projet de loi relatif au remboursement des rentes, mais proposa, par un amendement qui fut rejeté, d'ajouter qu'à dater du 1er janvier 1828 la caisse d'amortissement serait réduite à sa dotation primitive de 40 millions. Le 3 mars 1825, il se mêla à la discussion de l'indemnité des émigrés, et, le 22, vota contre le projet de conversion des rentes, motivant surtout son opposition par le danger de se mettre dans la dépendance des banquiers : « Voyez, s'écria-t-il, quel danger nous courrions, si aux intérêts des spéculateurs de capitaux venaient se joindre les intérêts politiques, qui jamais, vous en êtes bien avertis d'avance, ne seraient dans la direction des vôtres. Rappelez-vous toutes les insurrections qui ont eu lieu dans les deux mondes soudoyées par les spéculateurs en capitaux, rappelez-vous les Cortès puissamment secondées, pendant longtemps, contre la légitimité, défendues après leur chute, et conservant à présent encore un crédit que l'on espère faire triompher à la longue de la résistance d'un gouvernement légitime. » Le comte de Bouville se prononça, en 1826, contre le projet de loi relatif aux substitutions, demanda instamment que les membres du clergé inférieur profitassent des augmentations de crédit proposées pour le département des affaires ecclésiastiques, parla sur le dégrèvement de l'impôt foncier et développa inutilement un système tendant à séparer la loi de finances en deux projets séparés, l'un pour les *voies et moyens*, l'autre pour les dépenses. Il vota enfin (février 1827) contre la loi Peyronnet sur la police de la presse. Non-réélu en 1827, il vécut dans la retraite jusqu'à sa mort.

BOUVILLE (Louis-Alexandre-Henry Grossin, comte de), député de 1877 à 1881, né à Bouville (Seine-Inférieure), le 11 octobre 1814, fut rédacteur en chef du journal impérialiste le *Pays*. Entré dans l'administration au début du règne de Napoléon III, il fut successivement, jusqu'au 4 Septembre, préfet des Basses-Alpes, de la Manche, de la Haute-Vienne et de la Gironde. Candidat à l'Assemblée nationale, aux élections complémentaires du 2 juillet 1871, dans la Gironde, il échoua avec 27,534 voix. Une nouvelle tentative de sa part dans la Haute-Vienne, aux élections de 1876, eut encore moins de succès. Mais le 14 octobre 1877, l'appui officiel du gouvernement du Seize-Mai lui vint en aide et fit triompher sa candidature dans l'arrondissement de Lesparre

(Gironde). Il fut élu par 5,796 voix (10,705 votants, 13.955 inscrits), contre 4.823 voix données à M. Trarieux, républicain, siégea dans le groupe de l'appel au peuple, vota *contre* les invalidations des députés de la droite, *contre* le ministère Dufaure, *contre* les lois Ferry, *contre* l'amnistie, etc. Au mois de juillet 1880, un jugement de la 8e chambre du tribunal de la Seine frappa M. de Bouville, pour faits d'escroquerie, d'une peine de trois mois de prison, avec amende et dommages intérêts. Cette peine avait été prononcée par contumace. Six mois après, comme la Chambre allait statuer sur la déchéance du député de la Gironde, celui-ci reparut à Paris au commencement de l'année 1881, fit opposition au jugement de la 8e chambre, et obtint un congé illimité. M. de Bouville ne fut pas candidat aux élections de 1881. — L'Empire l'avait fait officier de la Légion d'honneur, en 1855, et commandeur à la promotion du 12 août 1866.

BOUYGUES (Jean-Pierre), membre de la Convention et député au Conseil des Cinq-Cents, né à Saint-Céré (Lot), le 13 novembre 1756, mort à Saint-Céré, le 20 juin 1836, fut, au début de la Révolution, membre du directoire du département du Lot, puis, le 6 septembre 1792, élu par ce département membre de la Convention. Il siégea dans la Plaine, et fit, lors du procès de Louis XVI, cette déclaration : « C'est en législateur que je prononce, et non en juge. Je vote pour la réclusion. » Il prit part au mouvement contre révolutionnaire de Thermidor, et, le 3 brumaire an IV, comme une motion du représentant Bentabole avait excité de la part des tribunes de bruyantes manifestations, il se leva, ainsi que plusieurs de ses collègues, demanda « justice de cette insulte », et s'écria avec emportement : « Est-ce que la Montagne veut ressusciter ? » Le 23 vendémiaire an IV, Bouygues fut élu, par 186 voix, député du Lot au Conseil des Cinq-Cents. Il n'y prit pas la parole, et quitta l'assemblée en l'an VII.

BOUZIQUE (Etienne-Ursin), représentant du peuple aux Assemblées constituante et législative de 1848-49, né à Châteauneuf-sur-Cher, le 7 février 1801, mort à Châteauneuf-sur-Cher, le 18 août 1877, fit de bonnes études au collège de Bourges, puis alla étudier le droit à Paris. Il s'inscrivit au barreau de Bourges et se fit connaître par ses opinions libérales en même temps que par des essais littéraires, parmi lesquels il faut citer une traduction des *Satires* de Juvénal en vers français (1843). Elu, en 1833, membre du conseil général du Cher, il y combattit l'administration préfectorale, et se déclara républicain. Nommé, en 1848, maire de la ville de Bourges, il réunit sur son nom, lors des élections du 23 avril 1848, toutes les nuances du parti républicain, et fut élu représentant du Cher à l'Assemblée constituante, le 1er sur 7, par 47,942 voix. Il fit partie du comité de la justice, siégea à gauche et vota avec les démocrates modérés : le 9 août, *contre* le rétablissement du cautionnement; le 26 août, *contre* les poursuites intentées à Louis Blanc et Caussidière; le 1er septembre, *contre* le rétablissement de la contrainte par corps; le 18 septembre, *pour* l'abolition de la peine de mort; le 7 octobre, *contre* l'amendement Grévy; le 25 novembre, *pour* l'ordre du jour : « Le général Cavaignac a bien mérité de la patrie; » le 27 décembre, *pour* la suppression de l'impôt du sel; le 12 janvier 1849, *contre* la proposition

Rateau; le 24 mars, *contre* l'interdiction des clubs; l· 16 avril, *contre* les crédits de l'expédition de Rome; le 2 mai, *pour* l'amnistie des transportés. Adversaire du gouvernement présidentiel de L. N. Bonaparte, M. Bouzique le combattit par ses votes, à la Constituante d'abord, puis à l'Assemblée législative où il fut réélu, le 2· sur 6, par 33,833 voix (61,469 votants. 82,313 inscrits : il fit partie, jusqu'à la fin de la législature, de la minorité républicaine de l'Assemblée, se prononça *contre* l'expédition romaine, *contre* la loi de 1850 sur l'enseignement, et *contre* la loi du 31 mai sur le suffrage universel. Le coup d'État le rendit à la vie privée. Il se retira à Châteauneuf-sur-Cher et ne prit plus aucune part aux affaires publiques. On lui doit plusieurs volumes de vers, une tragédie : *Servius Tullius*, et une *Histoire du Christianisme*, par E. C.-B., chrétien unitaire.

BOVIER-LAPIERRE (Pierre-Marie-Auguste-Esménard-Amédée), député de 1881 à 1889, né à Grenoble (Isère), le 27 mars 1837, avocat au barreau de cette ville et conseiller général de l'Isère pour le canton de Pont-de-Beauvoisin, se présenta comme candidat républicain à la Chambre des députés. Il échoua d'abord à une élection partielle (19 décembre 1880), ayant obtenu dans l'arrondissement de la Tour-du-Pin, en remplacement de M. Raymond, décédé, 6,994 voix radicales contre 7,208 à l'élu opportuniste, M. A. Dubost. Il prit sa revanche le 21 août 1881, et l'emporta dans la 2e circonscription de Grenoble avec 12,283 voix (15,198 votants, 23,573 inscrits), sur 2,640 accordées à M. Rossi. M. Bovier-Lapierre prit place à la gauche radicale, vota contre le ministère Ferry, repoussa les crédits du Tonkin, opina : 7 mars 1882, *pour* la proposition Boysset tendant à l'abrogation du Concordat : 29 janvier 1883, *pour* le principe de l'élection de la magistrature; 1er février, *pour* le projet de loi tendant à l'expulsion des princes; 6 mars, *contre* l'ordre du jour de confiance accordé au ministère Ferry. M. Bovier-Lapierre se prononça encore *contre* la loi sur les récidivistes, *contre* le maintien de l'ambassade auprès du pape, etc. Il combattit à la tribune, dans la discussion générale, un projet de loi de M. Lelièvre, adopté par le gouvernement et la commission, et destiné dans la pensée de M. Waldeck-Rousseau, ministre de l'Intérieur, à « combler les vides laissés dans le droit pénal par la loi de 1881 sur la presse. » Il s'agissait de créer une nouvelle catégorie de délits de presse et d'opinion et de les rendre justiciables de la police correctionnelle. M. Bovier-Lapierre s'attacha à prouver que la législation actuelle, la loi de 1881 sur la presse et celle de 1848 sur les attroupements, donnaient au gouvernement des armes plus que suffisantes pour réprimer les désordres sans porter atteinte à la liberté. Le projet gouvernemental, après avoir subi plusieurs modifications, finit par tomber dans l'oubli. M. Bovier-Lapierre prit encore plusieurs fois la parole, notamment au cours des débats sur le budget de 1886 : il obtint de la Chambre, à la majorité de 295 voix contre 128, la suppression de l'impôt sur le papier. Pour remplacer les 15 millions que cet impôt procurait au Trésor, le député de l'Isère proposait une majoration de 10 0/0 sur les tabacs de luxe. Mais comme cette majoration ne pouvait procurer plus de 3 millions, la commission du budget imagina de ne faire courir le dégrèvement du papier qu'à compter du 1er décem-

bre 1886. La Chambre se rallia à ce système. Porté, le 4 octobre 1885, sur la liste de concentration républicaine, dans le département de l'Isère, M. Bovier-Lapierre a été réélu, le 7· sur 9, par 59,524 voix (112,659 votants, 162,975 inscrits). Il a voté avec la gauche radicale : 27 novembre 1886, *contre* le maintien de l'ambassade du Vatican; 2 décembre, *pour* l'amendement Colfavru, portant suppression des sous-préfets; 19 novembre 1887, *pour* la discussion immédiate de l'interpellation Clemenceau (chute du ministère Rouvier); 31 mars 1888, *pour* l'urgence de la proposition de révision (chute du ministère Tirard). Dans la dernière session, il s'est prononcé *pour* le rétablissement du scrutin uninominal (11 février 1889), *contre* l'ajournement indéfini de la révision de la Constitution (14 février), *pour* les poursuites contre trois députés membres de la Ligue des patriotes (14 mars), *pour* les poursuites contre le général Boulanger (4 avril); il s'est abstenu (2 avril), sur le projet de loi Lisbonne restrictif de la liberté de la presse.

BOVIS (Honoré), député au Conseil des Cinq-Cents, né le 7 septembre 1748, mort à une date inconnue, était directeur des contributions dans les Basses-Alpes. Ce département l'envoya, le 24 vendémiaire an IV, siéger au Conseil des Cinq-Cents, avec 84 voix sur 124 votants. Bovis fit partie de cette assemblée jusqu'en l'an VII inclusivement. Le 1er fructidor an V, il se plaignit de la négligence du Directoire à « sceller et promulguer » la loi sur l'organisation de la garde nationale, dans le délai prescrit par la Constitution. Le 15 fructidor, il adhéra aux projets de Thibaudeau, relatifs à la marche des troupes et aux adresses des armées, et déclara que « des complots menaçants avaient été formés contre la sûreté et l'indépendance du Corps législatif ». Compris, le 18 fructidor, sur la liste des déportés, il en fut rayé, grâce à l'intervention de son collègue Bontoux, et renonça à la vie politique.

BOYARD (Nicolas-Jean-Baptiste), député de 1836 à 1837, né à Châteaumeillant (Cher), le 5 avril 1784, mort à Fontainebleau (Seine-et-Marne), le 4 janvier 1860, était président de la Cour royale d'Orléans et conseiller général. En remplacement du baron Fain, décédé, il fut élu, le 22 octobre 1836, député du 5e collège du Loiret (Montargis), siégea dans la majorité conservatrice, et vota avec elle jusqu'à la fin de la session. Il ne fit pas partie d'autres législatures.

BOYAVAL (Charles-Louis-Laurent), membre de la Convention et député au Conseil des Anciens, né à Prisches (Nord), le 11 janvier 1736, mort à une date inconnue, était cultivateur à Avesnes. En septembre 1792, il fut élu, par le département du Nord, membre de la Convention où il vota la mort du roi (son nom avait été omis dans la liste des votants; mais le *Moniteur officiel* rectifia l'erreur). Boyaval fit partie ensuite du Conseil des Anciens (23 vendémiaire an IV); il y représenta le département du Nord jusqu'en l'an VII. Il se rallia à Bonaparte, et accepta, le 7 messidor an VIII, la place de juge-suppléant au tribunal civil d'Arras, puis celle d'inspecteur des forêts à Trélon (Nord).

BOYELLEAU (Anne-Joseph), député au Corps législatif du premier Empire, né à Chalon-sur-Saône (Saône-et-Loire), le 21 octobre 1744, mort à une date inconnue, propriétaire à Chalon et maire de cette ville, représenta, sans éclat, le département de Saône-et-Loire au Corps législatif, depuis le 2 fructidor an XII, date de sa nomination, jusqu'en 1809.

BOYER (FRANÇOIS), député à l'Assemblée constituante de 1789, né à La Tour-Saint-Pardoux (Puy-de-Dôme). le 26 juillet 1737, mort à Néchers (Puy-de-Dôme), le 28 février 1809, était curé de Néchers. Député du clergé aux Etats-Généraux pour la sénéchaussée de Riom, le 24 mars 1789, il prit place à la droite de l'assemblée, tint pour l'ancien régime, et donna sa démission le 24 novembre.

BOYER (JEAN-BAPTISTE), député à l'Assemblée Constituante de 1789, né à Limoges (Haute-Vienne) en 1739, mort en 1804, était docteur en médecine à Limoges. Elu le 18 mars 1789, député suppléant du tiers aux Etats-Généraux par la sénéchaussée de Limoges, il ne prit séance dans l'assemblée que vers la fin de la session, le 24 mars 1791, en remplacement de Naurissat de Forest, démissionnaire. Son rôle y fut sans importance.

BOYER (FRANÇOIS-VICTOR-ROMAIN), député au Conseil des Cinq-Cents, né à Saint-Loup-sur-Sémouze (Haute-Saône), le 10 octobre 1754, mort à Maussans (Haute-Saône), le 2 mai 1826, était avant la Révolution, greffier du bailliage seigneurial de Saint-Loup-sur-Sémouze. Employé à Vesoul, quelques années plus tard, dans les bureaux de l'administration départementale de la Haute-Saône, puis nommé procureur-syndic du département, il fut élu, le 23 vendémiaire an IV, avec 170 voix, député de la Haute-Saône au Conseil des Cinq-Cents. Il ne parla qu'une fois pendant cette législature: ce fut pour demander l'exportation de certaines marchandises. En lisant son rapport sur ce sujet, on voit que les systèmes de protection et de libre-échange se trouvaient déjà en présence. A l'expiration de son mandat, il fut nommé inspecteur des douanes, et exerça ces fonctions à Mortain, puis à Saint-Hippolyte (Doubs). Admis à la retraite, il termina sa carrière comme juge de paix à Saint-Hippolyte.

Il mourut sous la Restauration, dans une propriété qu'il avait à Maussans (Haute-Saône).

BOYER (GEOFFROY), député au Conseil des Cinq-Cents, né à Nontron (Dordogne), le 31 décembre 1746, mort à Nontron, le 2 décembre 1833, était négociant dans sa ville natale. Il remplit durant la période révolutionnaire diverses fonctions administratives, fut conseiller général, administrateur du directoire de son district, et représenta (26 germinal an VII), le département de la Dordogne au Conseil des Cinq-Cents. Il s'y montra favorable au coup d'état de brumaire, et fut nommé par Bonaparte, le 5 floréal an VII, sous-préfet de Nontron.

BOYER (SATURNIN-MARC), député au Corps législatif en 1809, né à Foix (Ariège), le 6 octobre 1753, mort à une date inconnue, fut investi, sous l'ancien régime, de plusieurs fonctions et dignités. Inspecteur des haras du comté de Foix, le 22 décembre 1781, il fut nommé subdélégué le 30 juin 1782, et « major des ville et comté de Foix » le 1er novembre 1785. Comme il ne s'était pas montré hostile aux idées de la Révolution, il entra dans la magistrature (13 messidor an III), en qualité de juge au district de Tarascon. De là il passa

juge au tribunal civil de l'Ariège, le 20 vendémiaire an IV. Il fut, sous le Consulat, premier suppléant au tribunal criminel, puis juge de paix du canton de Foix. Choisi par le Sénat conservateur comme député de l'Ariège au Corps législatif le 1er mai 1809, il en sortit pour remplir (1811) les fonctions de vice-président du tribunal de Foix, fonctions dans lesquelles le confirma la Restauration, le 1er mai 1816.

BOYER (PIERRE-JOSEPH, CHEVALIER), pair de France, né à Toulouse (Haute-Garonne), le 14 novembre 1754, mort à Paris, le 24 février 1853, descendait d'une famille toulousaine anoblie par le Capitoulat de cette ville. Destiné à la magistrature, il préféra venir à Paris en 1781, et suivre la carrière du barreau : il y débuta avec quelque succès, sous les auspices d'Elie de Beaumont, Target, Tronçon du Coudray, etc. Puis le prince de Penthièvre l'attacha à sa personne et lui confia la direction de sa correspondance avec les tribunaux d'amirauté du royaume et les autres agents du grand amiral.

La Révolution de 1789 amena la suppression de la charge de grand amiral et des tribunaux d'amirauté. Boyer resta jusqu'en 1792 dans la maison de la duchesse d'Orléans, fille unique du prince de Penthièvre, défunt, et se tint à l'écart jusqu'à la formation du Directoire. Il fut alors appelé par Merlin (de Douai) dans les bureaux du ministère de la Justice, en qualité de membre du conseil établi auprès de ce ministère; plus tard, il fut chargé de la direction des affaires civiles.

Sous le Consulat, Boyer fut nommé par le Sénat conservateur membre du Tribunal de cassation; il conserva ce poste pendant toute la durée de l'Empire, de la Restauration et du règne de Louis-Philippe. En 1829, il fut élu président de la Cour suprême.

Appelé, le 11 octobre 1832, à la Chambre des pairs, il y débuta dans la discussion très vive qui s'éleva au sujet de l'abrogation, prononcée par la Chambre des députés, de la loi du 19 janvier 1816 : cette loi portait que le 21 janvier de chaque année « il y aurait un deuil général dans le royaume » et prescrivait des cérémonies expiatoires « du crime de ce malheureux jour. » La Chambre des pairs s'était refusée à sanctionner l'abrogation pure et simple, parce qu'elle avait peur de paraître approuver, indirectement, l'exécution de Louis XVI. La Chambre des députés, en apprenant la décision des pairs, renouvela la sienne séance tenante. Les pairs tinrent bon de leur côté : bref, le conflit était des plus aigus. Le président Boyer sauva la situation par un amendement dont la rédaction, tout en abrogeant la loi de 1816, réprouvait l'acte du 21 janvier; l'accord se trouva rétabli entre les deux Chambres.

En 1834, Boyer fut l'auteur d'un projet de loi sur les effets de la séparation de corps. Ce projet disposait que, dans le cas de séparation prononcée contre une femme pour cause d'adultère, les enfants nés de cette femme, plus de dix mois après la séparation, ne seraient pas réputés appartenir au mari, à moins de reconnaissance formelle de sa part. Le projet fut adopté par la commission du Luxembourg, qui en voulait même étendre les effets à toutes les séparations de corps, pour quelques causes qu'elles fussent prononcées; mais la Chambre des députés ne put l'adopter à son tour en temps utile, et il n'y fut pas donné suite. Le président Boyer figura dans presque toutes les commissions de la Chambre haute, chargées d'examiner les lois qui se rattachaient à l'ordre

31

judiciaire. Chevalier de l'Empire, lu 29 juin 1804, il fut fait grand officier de la Légion d'honneur le 31 mai 1837. Il mourut à 99 ans. Il était, depuis 1844, président honoraire à la Cour de cassation.

BOYER (JULES), représentant du peuple à l'Assemblée constituante de 1848, né à Albi (Tarn), le 20 septembre 1809, mort à Albi, le 22 octobre 1866, suivit les cours de droit de la Faculté de Toulouse, et vint exercer à Albi la profession d'avocat. Il se fit remarquer dans plusieurs procès civils, ainsi que dans l'affaire Coutaud de Gaillac, en cour d'assises. Nommé, le 31 août 1848, membre du conseil général du Tarn, il fut bientôt après, le 26 novembre, élu représentant de ce département à l'Assemblée constituante, par 20,855 voix (37,832 votants, 102,428 inscrits), contre 10,318 à M. Juéry, candidat républicain. M. J. Boyer remplaçait M. d'Aragon, décédé. Comme son prédécesseur, il siégea à droite, et ne se sépara de la majorité que pour voter, le 27 décembre, la suppression de l'impôt du sel. Il se prononça, d'ailleurs, le 12 janvier 1849, *pour* la proposition Rateau; le 22 janvier, *pour* le renvoi des accusés du 15 mai devant la Haute-Cour; le 1ᵉʳ février, *contre* l'amnistie générale. Vers cette époque, M. J. Boyer obtint un congé et ne prit plus, jusqu'à la fin de la session, aucune part aux travaux parlementaires.

BOYER (MARIE-FRANÇOIS-CHARLES-FERDINAND), représentant à l'Assemblée nationale de 1871, et député de 1876 à 1885, né à Nîmes (Gard), le 12 octobre 1823, mort à Royat (Puy-de-Dôme), le 26 juillet 1885, fils d'un avocat légitimiste qui fut un des familiers de Charles X, fut avocat lui-même, devint bâtonnier de l'ordre à Nîmes, fit à l'Empire une opposition assez vive, et parut, au lendemain du 4 septembre 1870, disposé à se rallier au gouvernement nouveau; en effet, il signa avec M. Baragnon la proclamation républicaine lancée par la commission municipale de cette ville. Mais il revint bientôt à des sentiments royalistes, et, comme M. Baragnon, fut porté, sur la liste conservatrice, candidat aux élections du 8 février 1871. Élu représentant du Gard à l'Assemblée nationale, le 7ᵉ sur 9, avec 54,522 voix (95,143 votants, 137,326 inscrits), il siégea à droite, fit partie de la réunion des Réservoirs, et vota : 16 mars, *pour* les prières publiques; 10 juin, *pour* l'abrogation des lois d'exil; 22 juillet, *pour* les pétitions des évêques; 30 août, *pour* le pouvoir constituant de l'Assemblée; 3 février 1872, *contre* le retour à Paris; 24 mai 1873, *pour* la démission de Thiers; 19-20 novembre, *pour* le septennat; 20 janvier 1874, *pour* la loi des maires; 16 mai, *contre* le ministère de Broglie; 30 janvier 1875, *contre* l'amendement Wallon; 25 février 1875, *contre* les lois constitutionnelles. Orateur de talent, il avait pris une part assez active à la discussion d'un certain nombre de projets de loi, et s'était montré notamment, en toute circonstance, défenseur des intérêts du clergé. Le 20 février 1876, M. Ferdinand Boyer fut réélu député de la 1ʳᵉ circonscription de Nîmes, par 8,794 voix sur 16,168 votants, et 19,933 inscrits, contre MM. Paul Manse, 5,857 voix et P. Baragnon, 1,472, tous deux candidats républicains. Dans sa profession de foi, il avait déclaré qu'il « respecterait la Constitution du 25 février, qui était la loi, et ajournerait la réalisation de ses espérances à l'époque de la révision de la Constitution. » Il suivit d'ailleurs, à la nouvelle Chambre, la même ligue politique que précédemment, vota *contre* la proposition d'amnistie, défendit la loi sur l'enseignement supérieur contre M. Waddington, ministre de l'Instruction publique, qui en demandait et en obtint la modification; se prononça *pour* le maintien du crédit des aumôniers militaires et généralement contre toutes les mesures présentées par les membres républicains de la Chambre. Il repoussa l'ordre du jour Leblond-Laussedat-de Marcère visant les menées ultramontaines, et, après l'acte du 16 mai, fut un des 158 députés qui accordèrent leur vote de confiance au ministère de Broglie. Candidat officiel aux élections du 14 octobre 1877, il fut réélu par 9,061 voix (16,551 votants, 20,904 inscrits), contre M. Manse, candidat républicain. M. F. Boyer compta encore, dans cette législature, parmi les principaux orateurs de la minorité. Il vota : 20 janvier 1879, *contre* l'ordre du jour de confiance en faveur du ministère Dufaure; 30 janvier (au Congrès), *contre* l'élection de M. J. Grévy comme président de la République; 19 juin (au Congrès), *contre* le retour du Parlement à Paris; 16 mars 1880, *contre* l'ordre du jour Devès en faveur du gouvernement se déclarant prêt à appliquer les lois existantes; 8 février 1881, *contre* la proposition tendant au rétablissement du divorce.

M. Ferd. Boyer parut plusieurs fois à la tribune, notamment pour combattre la proposition Varambon relative à l'organisation judiciaire, et pour s'opposer énergiquement aux projets de loi nouveaux sur l'enseignement. Il se prononça avec une vivacité particulière (mai 1880) contre le projet gouvernemental relatif aux titres de capacité exigés pour l'enseignement primaire, et insista avec MM. de la Bassetière, Keller, d'Gasté, Ganivet et Colbert-Laplace pour le maintien de la « lettre d'obédience ». Il revint à la charge, en juillet, lorsqu'il s'agit de discuter le projet de loi du gouvernement établissant « la gratuité absolue de l'enseignement primaire dans les écoles publiques »; en novembre, pour s'opposer à l'adoption de la proposition de MM. Lisbonne et Agniel, tendant à modifier les articles 336 et 340 du Code d'instruction criminelle (résumés des présidents d'assises), enfin en décembre pour attaquer l'impôt sur les revenus des communautés et congrégations religieuses.

Réélu le 21 août 1881, par 8,249 voix (16,063 votants, 22,193 inscrits), contre MM. Fernand Roux, 6,049 voix et Paul Manse, 1,648, il resta jusqu'au bout l'adversaire de la majorité républicaine et des ministères auxquels elle donnait sa confiance. Il vota notamment, dans la législature 1881-85 : 7 mars 1882, *contre* la proposition Boysset tendant à l'abrogation du Concordat; 29 janvier 1883, *contre* le principe de l'élection de la magistrature; 1ᵉʳ février, *contre* l'ensemble du projet de la commission et du gouvernement sur l'expulsion des princes, etc. Il repoussa les crédits demandés pour l'expédition du Tonkin. Vers la fin de la session, l'état de sa santé, très ébranlée, l'avait obligé de se rendre à Royat; il y mourut quelques mois avant l'époque du renouvellement de la Chambre.

BOYER (ANTIDE), député de 1885 à 1889, né à Aubagne (Bouches-du-Rhône), le 26 octobre 1850, suivit, dans son enfance, l'état de son père, ouvrier potier, puis il fit quelques années d'études au petit séminaire de Marseille, fut employé dans les chemins de fer, et élu conseiller municipal de Marseille. Porté, en octobre 1885, comme socialiste, sur la liste radicale qui l'emporta au scrutin de ballottage du 18, et qui comprenait aussi MM. Camille Pelletan, Peytral, Clovis Hugues, etc., il fut élu député des Bouches-du-Rhône, le dernier de la liste, par 52,593 voix (93,426 votants, 139,346 inscrits). Peu de temps après l'ouverture de la session, M. Antide Boyer contribua, avec MM. Basly, Camélinat et quelques autres, à la formation du petit groupe socialiste dit « groupe ouvrier », qui se constitua indépendamment de l'extrême-gauche. Dans la séance du 11 février 1886, il soutint avec vivacité l'interpellation de MM. Basly et Camélinat, relativement à l'attitude du gouvernement dans la grève de Decazeville, ainsi que les propositions émanant du groupe ouvrier. Le 12 mars, M. A. Boyer signa le manifeste où les membres de ce groupe résumaient leurs revendications. « Notre intervention, disaient-ils, portera sur les questions déjà élucidées par des études consciencieuses et dont la solution est d'une urgence unanimement reconnue par les intéressés. Nous réclamerons ainsi : une législation nationale et internationale du travail; l'abrogation de la loi contre l'Association internationale des travailleurs; la reconnaissance du droit de l'enfant au développement intégral de ses forces et de ses facultés, par la réglementation du travail; la garantie sociale contre les chômages, la maladie, les accidents et la vieillesse; la réorganisation, sur des bases plus équitables, des conseils de prud'hommes; l'indépendance assurée aux délégués mineurs et l'amélioration du sort des marins; la suppression des monopoles qui ont livré une large part du domaine national à des entreprises privées; l'organisation du crédit au travail et toutes les modifications nécessaires à l'intérêt social dans les travaux publics, l'industrie, l'agriculture, etc., etc. »

M. Antide Boyer vota naturellement contre l'ordre du jour pur et simple sur les affaires de Decazeville. Lors de l'interpellation de MM. Thévenet et Jamais sur les tarifs de chemins de fer, interpellation qui remit en question la législation tout entière, le rachat, l'exploitation par l'Etat, les conventions de 1883, etc., M. Antide Boyer se prononça, avec MM. Camélinat et Clovis Hugues, pour la dénonciation immédiate de ces conventions et, au besoin, pour la révocation des concessions. M. Boyer prit personnellement, au début de l'année 1887, l'initiative d'une proposition de suppression des armées permanentes. Il vota : 27 novembre 1886, pour la suppression de l'ambassade du Vatican; 2 décembre, pour l'amendement Colfavru, portant suppression des sous-préfets; 17 mai 1887, pour la proposition de résolution de la commission du budget; 31 mars 1888, pour l'urgence de la proposition de revision. Dans la dernière session, M. Ant. Boyer s'est prononcé : pour le rétablissement du scrutin uninominal (11 février 1889), contre l'ajournement indéfini de la revision de la Constitution (14 février), contre les poursuites contre trois députés membres de la Ligue des patriotes (14 mars), contre le projet de loi Lisbonne restrictif de la liberté de la presse (2 avril); il s'est abstenu (4 avril) sur les poursuites contre le général Boulanger.

BOYER DE PEYRELEAU (Eugène-Edouard, baron), député de 1831 à 1834, et de 1837 à 1841, né à Alais (Gard), le 18 septembre 1774, mort à Alais, le 5 septembre 1856, achevait ses études en 1793, quand la Révolution l'appela sous les drapeaux. Parti soldat, le 10 décembre, dans le 9e régiment de dragons, il fit les campagnes d'Italie, obtint plusieurs grades sur le champ de bataille, devint aide de camp du capitaine général Villaret-Joyeuse et le suivit à la Martinique (1802). En 1805, Boyer était commandant; il se rendit maître du fort Diamant dont les Anglais s'étaient emparé depuis dix-huit mois. Cependant les Français, pressés de toutes parts, se virent forcés de quitter la Martinique. Boyer dut rentrer en France. Il accompagna Villaret Joyeuse à Venise, dont Napoléon Ier l'avait nommé gouverneur général. A la mort de l'amiral (1812), il alla rejoindre l'armée en Russie, devint officier de la Légion d'honneur, baron de l'Empire, colonel, fit la campagne de 1813, en Allemagne, dans la cavalerie légère du général Latour-Maubourg, et protégea la retraite de Leipsig. En 1814, il passa dans le corps du général Gérard et prit une part honorable aux batailles sanglantes et multipliées des mois de janvier, février et mars.

Après la Restauration, nommé chevalier de Saint-Louis et commandant en second de la Guadeloupe, il prit possession de ce poste, en octobre 1814, sous les ordres de l'amiral Linois. Mais après les événements du 20 mars, un bâtiment impérial, pavoisé du drapeau tricolore, ayant paru en vue de la Guadeloupe, une insurrection éclata dans le pays; le colonel Boyer proclama la réunion de l'île à la métropole impériale. Arrêté plus tard et d'abord prisonnier de la flotte anglaise, Boyer fut transporté en France où le ministère de la Marine le fit traduire devant un conseil de guerre composé de : le lieutenant-général comte de Lauriston, président; le lieutenant-général Claparède; le lieutenant-général Bordesoulle; le lieutenant-général Dijeon; le maréchal de camp d'Aboville; le maréchal de camp Montbrun; le maréchal de camp de Montesquiou-Fezensac; le colonel de Sesmaisons, rapporteur; le chef d'escadron Mancini, suppléant; l'ordonnateur Sartelon, faisant fonction de procureur du roi.

Tandis que le contre-amiral Linois réussissait à se disculper et à obtenir un acquittement, Boyer, qui avait assumé toute la responsabilité de sa conduite, fut condamné à mort le 11 mars 1816; la peine fut commuée en une détention de vingt ans dans une prison d'Etat. Mais, après trois ans de captivité, il fut fait à Boyer remise entière de sa peine.

Le 5 juillet 1831, il fut, pour la première fois, élu député du 3e collège du Gard (Alais), avec une profession de foi où il se prononçait contre l'hérédité de la pairie et prenait l'engagement de « ne jamais servir ses intérêts particuliers aux dépens de son mandat », et de n'accepter aucune place pendant la durée de ses fonctions de député. Dès son arrivée à la Chambre, il dénonça (septembre 1831) les menées des légitimistes du Midi et de l'Ouest. A propos du rapport de Daunou sur une pétition de condamnés politiques, il rappela la réaction sanglante de 1815 et déplora la situation des victimes des cours prévôtales. Le 15 octobre, il soutint le droit des colonies à la représentation nationale. Adversaire du ministère Casimir Périer, il vota avec l'opposition contre les lois répressives de la presse, des associations, etc. Il signa le « compte rendu » de 1832, et appuya (27 janvier 1834) le projet de loi sur les pensions à accorder aux veuves de plusieurs généraux. Il se prononça enfin en faveur de la colonisation d'Alger (1er mai 1834). Non réélu aux élections suivantes, il rentra à la Chambre le 4 novembre 1837, comme député du 2e collège de l'Eure (Verneuil), élu par 177 voix sur 344 votants et 459 inscrits; la même circonscription lui renouvela son mandat le 2 mars 1839. Il en usa, comme précédemment, pour combattre dans les rangs de l'opposition constitutionnelle, avec laquelle il vota le plus souvent, jusqu'en 1841. Une cécité complète l'obligea à quitter la Chambre avant la fin de la législature. — On doit à Boyer de Peyreleau un ouvrage très estimé sur les Antilles 3 vol. 1823 qui se termine par des détails circonstanciés sur le fameux procès de 1816.

BOYER-FONFRÈDE (Jean-Baptiste), membre de la Convention, né à Bordeaux (Gironde), le 5 décembre 1760, exécuté à Paris, le 31 octobre 1793, était d'une riche famille de négociants. Le christianisme avait fait sur son esprit une impression profonde, et sa première pensée fut de renoncer au négoce et à la fortune pour entrer dans les ordres religieux et devenir missionnaire. Des causes indépendantes de sa volonté l'empêchèrent de réaliser ce projet, et bientôt une autre passion vint remuer sa jeune âme; il s'éprit d'un violent amour pour une jeune fille qu'il épousa, contrairement à la volonté de tous les siens. Peu de temps après, il alla s'établir en Hollande. Le séjour qu'il fit dans les Provinces-Unies dut avoir quelque influence sur ses idées politiques; il en revint républicain et fédéraliste. Boyer-Fonfrède était à Bordeaux quand la Révolution française éclata. Il en adopta les principes avec chaleur. « Il avait fait plus, écrit M. Th. Lebas (*Dictionnaire Encyclopédique de la France*), puisqu'il était déjà républicain, républicain modéré cependant, et prêt à prendre parti pour la classe bourgeoise contre la classe populaire; pour la province contre la capitale; en un mot républicain à la manière hollandaise, à la manière suisse, ou à la manière américaine. » Officier municipal à Bordeaux, en même temps que négociant estimé, il fut, le 7 septembre 1792, élu par le département de la Gironde, avec 408 voix sur 633 votants, membre de la Convention nationale. Libre de tout précédent monarchique, éloquent, courageux, il entra sincèrement dans le parti des Girondins, et plus d'une fois les Gensonné, les Guadet et les Vergniaud mirent à profit l'influence de son caractère et de son talent et s'abritèrent derrière son républicanisme éprouvé. Boyer-Fonfrède était un excellent soldat, toujours sur la brèche, et qui, une fois engagé dans la lutte contre les Montagnards, paya constamment de sa personne et alla jusqu'au bout.

Dans le procès de Louis XVI, il vota avec la Montagne contre l'appel au peuple, pour la mort et contre le sursis: « Citoyens, dit-il au 3e appel nominal, c'est avec le calme de la plus froide impartialité que j'ai examiné les accusations portées contre Louis, et les défenses qu'il a fournies; je me suis dépouillé même de cette haine vertueuse, que l'horreur de la royauté inspire à tout républicain contre tous les individus nés auprès du trône; je respecte même l'homme qui fut roi; alors que je vais le condamner, je ne lui reprocherai plus ses crimes; il est convaincu de haute trahison. Dès lors la loi, ainsi que l'intérêt de l'Etat, la justice universelle, ainsi que le salut du peuple, le condamnent à mourir. J'appliquerai donc la loi comme je le ferais à ma dernière heure; et si, lorsque je retranche un mortel du nombre des vivants, mon cœur est froissé de douleur, ma conscience tranquille n'a point de remords à craindre». A la suite de la discussion qui précéda le jugement, c'est Boyer-Fonfrède qui avait fait adopter la rédaction des trois questions relatives à la culpabilité, à l'appel au peuple et à la nature de la peine, sur lesquelles devra voter l'assemblée. Il prit une part considérable et brillante aux travaux de l'assemblée, et, plus jeune que ses collègues de Bordeaux, il se plaça pourtant, comme orateur, au premier rang après Vergniaud. En même temps, ses opinions, ses sentiments, ses amitiés lui assignèrent dans « la Gironde » une place à part. « En effet, il resta sans cesse dédaigneux pour Brissot, qui tout en se disant démocrate, pactisait avec la cour; sans cesse froid pour Roland, qui, tout en se croyant républicain, avait accepté les fonctions de ministre sous Louis XVI; mais ne sut pas résister aux prédications de Buzot qui était le défenseur et le théoricien du fédéralisme, l'inspirateur et le *roi* (c'est l'expression de l'époque), des partisans de ce système. En un mot, pour parler encore le langage du temps, Fonfrède ne fut ni *brissotin*, ni *rolandin*; il fut *buzotin*, ce qui, comme on vient de le voir, signifie qu'il était républicain fédéraliste. » Il était, de plus, personnellement très lié avec Ducos.

Si Boyer-Fonfrède condamna Louis XVI, il ne ménagea pas non plus l'ambition du duc d'Orléans; dès le 25 décembre 1792, il accusa Marat d'avoir pris ce personnage sous sa protection, et de vouloir un dictateur; depuis lors il se fit en toute occasion l'adversaire acharné de Marat. Le 8 mars 1793, alors que la lutte de la Montagne et de la Gironde était devenue systématique, Boyer-Fonfrède s'éleva violemment contre l'organisation du tribunal révolutionnaire, proposée par Robert Lindet et soutenue par Danton. Les jours suivants, il contribua à l'introduction d'un jury dans ce tribunal. Le 5 avril, il dénonça le jeune duc de Chartres comme complice de Dumouriez, et demanda que tous les Bourbons qui se trouvaient encore en France fussent détenus comme otages et répondissent sur leur tête du salut des commissaires conventionnels livrés à l'ennemi par le général rebelle. Ces propositions furent fortement appuyées et immédiatement adoptées. Boyer-Fonfrède fut moins heureux le 12 du même mois. Ayant attaqué Marat avec plus de vivacité que jamais, il le fit décréter d'accusation et traduire devant le tribunal révolutionnaire: l'acquittement de «l'Ami du peuple» par le tribunal fut généralement regardé comme un événement. Le 15, lorsqu'à leur tour trente-cinq sections de Paris vinrent demander l'exclusion de 22 députés appartenant au côté droit, Boyer-Fonfrède s'élança à la tribune et ne craignit pas de dire qu'il aurait tenu à l'honneur d'être inscrit sur la même liste: — «Pourquoi ne l'avez-vous pas mis mon nom sur la liste? Je vous aurais payé généreusement ce témoignage d'estime! » Puis, saisissant habilement une occasion de faire retomber sur la commune de Paris le reproche qu'elle avait coutume d'adresser aux Girondins, il soutint que, présentée par une faible fraction du peuple français, cette demande de proscription contre une partie de la représentation signalait une tendance réelle au fédéralisme. Enfin il proposa le renvoi de la pétition aux assemblées primaires: c'était un appel aux départements contre la ville de Paris.

Nommé président de la Convention pour la première quinzaine de mai, il tint en cette qualité le langage le plus ferme aux orateurs des différentes sections qui apportaient leurs plaintes à l'assemblée. Le 21 mai, jour de la création de la commission des *douze*, le parti de la Gironde, toujours prompt à mettre Boyer-Fonfrède en avant, le désigna, le premier, pour faire partie de cette commission, entièrement composée de députés du côté droit, et instituée, sur la proposition de Barrère, pour rechercher les auteurs de la conspiration *maratiste* du 20 mars. (On prêtait à quelques amis de Marat l'idée d'avoir voulu faire main basse sur les membres de la Convention les plus connus par leur haine contre Paris.) Mais Boyer-Fonfrède ne voulut pas s'associer à tous les actes de la commission des douze : il refusa, par exemple, son approbation et son vote à l'arrestation d'Hébert et de Dumas, ordonnée par ses collègues, et prit la parole, le 28, à la Convention, pour demander leur mise en liberté provisoire. Marat s'en souvint, lors des événements du 31 mai et du 2 juin, qui renversèrent le parti de la Gironde : bien qu'il fût l'ennemi personnel de Boyer-Fonfrède, il le fit rayer de la liste des proscrits, comme n'ayant pas signé l'arrestation d'Hébert et de Dumas. Mais cette exception ne devait pas profiter longtemps à Fonfrède. Le 15 juillet, Billaud-Varennes demanda sa mise en accusation. Elle fut prononcée le 3 octobre, à la demande du même représentant, et sur le rapport d'Amar. L'accusé avait demandé la parole; Albitte lui ferma la bouche par ces mots: « Tu parleras au tribunal révolutionnaire!» Déclaré coupable d'avoir trempé dans l'insurrection de Bordeaux, il fut condamné à mort par ce tribunal et porta sa tête sur l'échafaud le 31 octobre 1793. Il n'avait que trente-trois ans.

BOYER-FONFRÈDE (HENRI-JEAN-ETIENNE), fils du précédent, député en 1831, né à Bordeaux, (Gironde), le 21 février 1788, mort à Bordeaux, le 23 juillet 1841, fit ses études à l'école centrale de Bordeaux, puis se destina au barreau; mais l'état de sa santé ne lui permit pas de prendre tous ses grades. Contraint de regagner sa ville natale, il entra en qualité de commis dans une maison de commerce où il fut spécialement chargé de la correspondance. Plus tard il fonda avec son oncle, Armand Ducos, frère du conventionnel mort sur le même échafaud que son père, une maison qui subsista quelques années sous la raison H. Fonfrède et A. Ducos; puis il fut écrivain politique. Profitant du régime de tolérance fait à la presse par l'abolition temporaire de la censure, en 1819, Henri Boyer-Fonfrède créa à Bordeaux, sous le titre la *Tribune*, un journal d'opinions libérales et démocratiques assez avancées; ses polémiques attirèrent l'attention du parquet, et provoquèrent, d'ailleurs, de bruyantes manifestations dans la ville. Après le rétablissement de la censure, le jeune publiciste se résigna à garder le silence jusqu'en 1826 : il devint alors rédacteur de l'*Indicateur de Bordeaux*, où il défendit avec talent l'opposition dite *constitutionnelle*.
A la nouvelle des ordonnances de juillet, Boyer-Fonfrède donna à Bordeaux le signal de la résistance, et s'oppr sa lui-même aux entreprises des agents de l'autorité chargés d'apposer les scellés sur les presses de l'*Indicateur*. Mais après l'avènement de Louis-Philippe, il se montra, dit un biographe, « aussi ardent pour la modération qu'il l'avait été auparavant pour la cause populaire », et il se mit à défendre, dans la presse, les doctrines du parti conservateur. Le 5 juillet 1831, le choix des électeurs du 4e collège de la Gironde (Bordeaux), se porta sur lui : il fut proclamé député et se rendit à la chambre; mais son élection n'était

pas valable, et, à la séance du 20 août, le rapporteur du 4e bureau, M. Caumartin, déclara que M. Fonfrède lui-même avait eu la franchise de fournir sur son cens d'éligibilité des renseignements qu'on ne permettaient pas de l'admettre. Malgré quelques observations de M. Chalret-Durieux (de la Haute-Garonne), l'élection fut annulée. Quelque temps après, Boyer-Fonfrède fut rappelé à Paris par ses amis politiques qui lui confièrent la direction de diverses feuilles dévouées au gouvernement : il n'y obtint qu'un médiocre succès, et finit par retourner définitivement dans sa ville natale, où il rédigea jusqu'à sa mort le *Courrier de Bordeaux*.
Il était membre du conseil général de la Gironde. Outre ses nombreux articles, on lui doit quelques brochures sur des questions politiques.

BOYSSET (CHARLES-GUILLAUME), représentant à l'Assemblée nationale de 1871, député de 1876 à 1889, né à Chalon-sur-Saône (Saône-et-Loire), le 29 avril 1817, étudia le droit et se fit recevoir avocat. Connu de bonne heure pour ses opinions républicaines, il fut nommé procureur de la République à Chalon par le gouvernement provisoire de 1848; mais il ne conserva ses fonctions que quelques mois. Révoqué par la réaction, il collabora au journal le *Peuple*, de Proudhon, se présenta, le 13 mai 1849, aux élections pour l'Assemblée législative, et fut élu représentant de Saône-et-Loire, le 4e sur 12, avec 73,880 voix (100,200 votants 162,441 inscrits). Il siégea à la Montagne, vota à la fois contre la majorité de droite et contre les ministres de L.-N. Bonaparte, et se montra très opposé à l'expédition romaine, à la loi de 1850 sur l'enseignement, à la loi du 31 mai sur le suffrage universel, etc. Lors du coup d'Etat il fut arrêté, incarcéré à Lyon et envoyé en exil. Il parcourut la Suisse, l'Italie et l'Espagne, et ne rentra en France qu'en 1867; aussitôt il recommença la lutte contre l'Empire, par la publication dans la *Bibliothèque libérale* d'un livre de philosophie politique : le *Catéchisme du xixe siècle* (1868). Le 24 mai 1869, candidat de l'opposition démocratique dans la 2e circonscription de Saône-et-Loire, il obtint 4,208 voix contre 14,491 à M. Chagot, candidat officiel, élu. (Deux autres candidats d'opposition avaient obtenu de leur côté: M. Daron, 8,575 voix, M. d'Estampes, 1,276). Le même jour, M. Boysset réunissait dans une autre circonscription du même département, la 5e, 2,402 voix contre 12,893 accordées au candidat officiel élu, M. Lacroix. Après le 4 Septembre, il fut nommé maire de Chalon, puis commissaire du gouve. nement chargé d'organiser la défense dans les départements de la Côte-d'or et de Saône-et-Loire. Candidat aux élections générales du 8 février 1871, il échoua, et n'entra à l'Assemblée nationale, comme représentant de Saône-et-Loire, qu'à l'élection particelle du 2 juillet, avec 69,746 voix sur 103,778 votants et 170,329 inscrits. M. Boysset prit place à la gauche radicale (Union républicaine,) et vota : le 22 juillet 1871, *pour* l'amendement Marcel Barthe proposant de passer à l'ordre du jour sur les pétitions des évêques; le 30 août, *contre* le pouvoir constituant de l'Assemblée ; le 3 février 1872, *pour* le retour de l'Assemblée à Paris; le 24 mai 1873, *contre* l'acceptation de la démission de Thiers; le 19-20 novembre, *contre* le septennat; le 20 janvier 1874, *contre* la loi des maires; le 30 janvier 1875, *pour* l'amendement Wallon; le 25 février 1875, *pour* l'ensemble des lois constitutionnelles. Il présenta ou soutint, notamment, à la tribune de l'assemblée, une proposition réclamant la suppression du budget des cultes. Président du conseil général de Saône-et-Loire (1871-1886), il fut réélu, le 20 février 1876, député de la 1re circonscription de Chalon-sur-Saône, par 10.907 voix (15,640 votants, 19,556 inscrits), contre M. de la Chaise, candidat conservateur, 4,636, avec une profession de foi où il disait : « Ma vie, déjà longue, a été consacrée tout entière à la liberté, à la République, aux doctrines d'ordre et de progrès. Vous avez pu suivre ma conduite parlementaire. Mes votes ont été invariablement républicains. J'ai suivi M. Thiers tant qu'il a été président de la République, sachant que son ambition généreuse était de fonder cette République si ardemment combattue. Après le 24 mai, j'ai été l'adversaire du gouvernement de combat; puis je n'ai point hésité à concourir, au prix de concessions nécessaires, à l'institution républicaine du 25 février avec l'impartiale présidence du maréchal de Mac-Mahon »... M. Ch. Boysset siégea dans la majorité républicaine et fut des 363. Réélu le 14 octobre 1877, par 12,022 voix (16,409 votants, 20,316 inscrits), contre 4,307 au baron Paul Thénard il vota dans la législature, pour le ministère Dufaure, pour l'élection de M. Jules Grévy comme président de la République, pour le retour du Parlement à Paris, pour l'amnistie, pour l'article 7 et l'application des lois aux congrégations religieuses, ainsi que pour la séparation de l'Eglise et de l'Etat; pour le rétablissement du divorce, contre le rétablissement du scrutin de liste, et pour la liberté de réunion. Activement mêlé aux débats parlementaires, il fut l'auteur d'un très grand nombre de projets de loi; il déposa, le 22 mars 1879, une proposition tendant à l'investiture nouvelle de tous les magistrats en fonctions. Une autre, signée de lui et de MM. Menier et Laroche-Joubert, était relative au mode d'élection des juges de commerce; elle datait de 1877. Rapportée le 7 juin 1879 par M. Boysset, elle fut successivement l'objet d'une longue discussion, le premier jour entre M. Ribot, Giraud, Honoré Roux, Le Royer, Laroche-Joubert, R. Goblet, Gatineau et le rapporteur, puis d'un nouveau rapport de M. Boysset (17 juillet 1879). Alors intervint le projet de loi du gouvernement sur l'élection des juges consulaires. Un rapport définitif fut présenté par le député de Chalon sur les deux projets, et la loi fut votée en 1880. M. Boysset proposa encore la même année une motion tendant à modifier divers articles de la loi du 21 nov. 1872 sur le jury. En 1881, il fut le rapporteur de la proposition de loi de M. Bardoux sur le rétablissement du scrutin de liste. Contrairement aux conclusions du rapport, la proposition fut adoptée par la Chambre le 19 mai 1881 ; mais, le mois suivant, elle fut rejetée par le Sénat. Très attaché au maintien du scrutin uninominal, M. Boysset, dans son rapport, avait nettement et non sans quelque acrimonie, pris parti contre Gambetta, dont nul n'ignorait les préférences pour le scrutin de liste.

Il débutait en constatant que le pays ne réclamait nullement la réforme électorale et se demandait s'il était « opportun » de soulever une question qui divisait si profondément le parti républicain. Après le préambule, le rapporteur résumait et combattait les arguments des partisans du scrutin de liste. Il y répondait d'abord par l'historique des assemblées parlementaires françaises depuis 1789 jusqu'à nos jours, et concluait que les grandes assemblées sont les seules qui soient sorties du scrutin uni-

nominal. Il déclarait ensuite que l'intimité de l'électeur et de l'élu est la garantie rationnelle par excellence, et qu'il est inadmissible de choisir des candidats sur la foi de comités. Quant à la corruption et à la vénalité, le scrutin de liste ne parviendrait pas à modifier cet état de choses. On ne façonne pas les mœurs par un décret. Enfin le rapporteur affirmait que le scrutin de liste aboutit à l'écrasement des minorités. « Il y aura, disait-il, des régions entières où les candidatures républicaines seront défaites. Quinze à vingt départements seront perdus pour la cause républicaine. »

La lecture du rapport, rempli de personnalités contre M. Bardoux et ses « puissants amis », fut accueillie par les protestations des opportunistes; quittant le fauteuil présidentiel, Gambetta jugea nécessaire d'intervenir de sa personne dans la discussion.

Aux élections du 21 août 1881, M. Boysset obtint, par 10,672 voix (12,056 votants, 21,435 inscrits), contre 369 voix à M. Dumay, collectiviste, le renouvellement de son mandat. Il siégea à la gauche radicale, dont il devint le président et dont il rédigea le programme politique; à diverses reprises, il réclama la suppression du budget des cultes et la suppression des Facultés de théologie. Adversaire déclaré des cabinets Gambetta et Ferry, il les combattit constamment, repoussa les crédits demandés pour l'expédition du Tonkin et vota en outre : 4 mars 1882, pour l'amendement J. Roche sur l'élection du maire de Paris ; 29 janvier 1883, pour le principe de l'élection de la magistrature ; 6 mars, contre l'ordre du jour de confiance accordé au ministère Ferry, etc. M. Ch. Boysset se prononça enfin pour la revision de la Constitution de 1875. Porté, en octobre 1885, sur la liste républicaine radicale de Saône-et-Loire, il réunit au premier tour de scrutin 46,667 voix, et fut élu au scrutin de ballottage, le 18 octobre, par 80,245 voix sur 140,510 votants et 174,124 inscrits. Il appartint, comme dans la législature précédente, à la fraction la plus avancée de la gauche radicale, et vota : 8 février 1886, pour la proposition Michelin tendant à rechercher les origines et les causes de l'expédition du Tonkin et à déterminer la responsabilité de ses auteurs; 27 novembre, contre le maintien de l'ambassade du Vatican ; 2 décembre, pour l'amendement Colfavru, portant suppression des sous-préfets; 17 mai 1887, pour la proposition de résolution de la commission du budget (chute du ministère Goblet); 19 novembre, pour la discussion immédiate de l'interpellation Clémenceau (chute du ministère Rouvier); 31 mars 1888, pour l'urgence de la proposition de revision (chute du ministère Tirard). Dans la dernière session, M. Ch. Boysset s'est prononcé pour le rétablissement du scrutin uninominal (11 février 1889), contre l'ajournement indéfini de la revision de la Constitution (14 février), pour les poursuites contre trois députés membres de la Ligue des patriotes (14 mars), contre le projet de loi Lisbonne restrictif de la liberté de la presse (2 avril), pour les poursuites contre le général Boulanger (4 avril). Il a collaboré à plusieurs journaux et revues, notamment au *XIXe Siècle*, à l'*Evénement* et à la *Revue politique*, et a refusé la croix de la Légion d'honneur en 1871.

BOZÉRIAN (JEAN-FRANÇOIS JEANNOTTE), représentant à l'Assemblée nationale de 1871, et membre du Sénat, né à Paris, le 28 octobre 1825, fit de bonnes études au lycée Louis-le-Grand, suivit les cours de droit de la Faculté de Paris entra en 1851 au barreau de la capitale, sous les auspices de son ancien condisciple, M. Émile Ollivier, et y acquit bientôt de la réputation. Sa plaidoirie dans le procès de l'Opéra-Comique, pour l'étudiant Laugardière, lui valut une rapide renommée. Cette notoriété s'accrut encore en 1856, à la suite du procès de l'association protestante de Vendôme, qu'il gagna en appel, après l'avoir perdu en première instance. Il fut, peu de temps après, élu membre du conseil général du Loir-et-Cher. Devenu, en 1860, avocat au Conseil d'Etat et à la Cour de cassation, M. Bozérian fut chargé de soutenir les pourvois auxquels ont donné lieu la plupart des causes célèbres : la famille Lesurques, lors de la demande en revision du procès, soulevée par le gouvernement lui-même, lui confia ses intérêts. Enfin, c'est lui qui soutint les pourvois de Lapommerave et de Tropmann. Il se consacra en même temps à des travaux sur la jurisprudence industrielle et commerciale, et, au moment du procès intenté par la corporation des agents de change aux coulissiers, il publia un ouvrage qui attira l'attention : *La Bourse, ses opérations et ses opérateurs* (1860). Le 12 juin 1863, M. Bozérian se porta candidat de l'opposition dans la 2e circonscription de Loir-et-Cher et obtint 6,763 voix seulement contre 21,339 accordées au candidat officiel élu, M. Crosnier. Mais le 8 février 1871, les électeurs de ce département l'envoyèrent à l'Assemblée nationale, le 1er sur 5, par 32,189 voix sur 49,247 votants, 78,521 inscrits ; le 8 octobre suivant, il fut réélu conseiller général pour le canton de Vendôme. Il se fit inscrire, dans l'assemblée, à la gauche républicaine, déposa plusieurs projets tendant à déférer au jury la connaissance des délits de presse, à modifier la loi sur les brevets d'invention, à appliquer à la rente 5 0/0 les dispositions de la loi de 1862, et aussi divers amendements à la loi sur les conseils généraux, et prit part à un grand nombre de discussions financières et juridiques. Il vota avec la gauche modérée, soutint la politique de Thiers et combattit le gouvernement du 24 mai. Il s'abstint lors du vote sur l'abrogation des lois d'exil. En 1872, il se mêla activement aux débats sur l'organisation du Conseil d'Etat, sur le recrutement de l'armée et sur le jury. Le 25 février 1875, il adopta l'ensemble des lois constitutionnelles, à la préparation desquelles il avait contribué comme membre de la dernière commission des Trente. Aux élections sénatoriales du 30 janvier 1876, il se présenta dans le Loir-et-Cher en compagnie de M. Dufay, député sortant, et adressa de concert avec lui, aux électeurs, un manifeste collectif qui contenait cette déclaration : « La République, telle que nous la comprenons, est une République libérale, modérée, à la fois conservatrice et amie du progrès, protectrice de tous les droits, soucieuse de tous les intérêts, ouverte à tous les citoyens, à l'exception de ceux qui, s'en proclamant après coup les partisans temporaires, n'aspirent, en secret, qu'à la détruire. Nous, au contraire, nous n'en accepterions la revision que dans le sens démocratique. Un vote de l'assemblée a appelé à la présidence de la République M. le maréchal de Mac-Mahon ; nous respecterons sa personne et ses pouvoirs, et nous lui prêterons notre concours pour l'accomplissement de l'œuvre confiée à sa loyauté et à son patriotisme. » M. Bozérian fut élu sénateur de Loir-et-Cher, par 212 voix sur 354 votants. Il s'assit à la gauche modérée, vota, le 22 juin 1877, *contre* la dissolution de la Chambre des députés demandée par le gouvernement du Seize-Mai,

et fit partie, jusqu'en 1879, de la minorité républicaine, qui devint, après le premier renouvellement partiel du Sénat, la majorité. Il déposa un important projet de loi sur les dessins et modèles industriels. Dans le cours de l'année 1878, il dirigea les travaux du congrès de la propriété industrielle ; il reçut, la même année, la décoration de la Légion d'honneur comme président du comité du contentieux de l'Exposition universelle. Réélu sénateur, le 5 janvier 1879, par 300 voix sur 348 votants, M. Bozérian reprit sa place à gauche, vota l'article 7 et l'ensemble des projets du gouvernement sur l'enseignement. Il intervint plusieurs fois dans cette discussion, notamment à propos de l'organisation et de la composition du conseil supérieur de l'instruction publique. Avec la majorité, M. Bozérian vota : en 1882, la loi nouvelle sur le serment judiciaire ; en 1883, le projet de loi relatif à la situation des membres des familles ayant régné sur la France, et la loi suspendant l'inamovibilité de la magistrature ; en 1884, le rétablissement du divorce, etc. A la fin de la même année, le Sénat adopta un important projet de loi, dont M. Bozérian était le rapporteur, sur les sociétés par actions. Ce projet cherchait à garantir le public contre les sociétés véreuses, par l'organisation d'un système de publicité à la fois plus rigoureux et plus complet : il donnait aux porteurs d'obligations, à l'imitation de la législation belge, un droit de contrôle sur la gestion de la société, et interdisait aux sociétés de faire des actes de spéculation sur leurs propres titres. Lors du débat sur la réforme électorale sénatoriale, M. Bozérian opposa aux propositions du gouvernement un contre-projet signé de lui et de MM. Barthe et Bardoux, et qui, déclarant toute proportionnalité illusoire, conférait à tous les conseillers municipaux la qualité d'électeur sénatorial. M. Bozérian demandait en outre la répartition des sénateurs inamovibles en trois séries : ils auraient cessé leurs fonctions à l'expiration de trois, six ou neuf années. Ce système fut écarté. M. Bozérian soutint le ministère Ferry, et lorsque la Chambre eut renversé ce cabinet, le 30 mars 1885, il se fit à la tribune l'interprète des regrets de la majorité du Sénat. Rapporteur de la loi précédemment votée par la Chambre, et qui rétablissait le scrutin de liste pour l'élection des députés, il soutint que l'accroissement du nombre des députés, résultant de la loi nouvelle, n'était pas sans gravité ; il réclama aussi l'exclusion des étrangers. Mais le Sénat ne lui donna satisfaction que sur le second point ; d'accord avec la Chambre, il décida que toute fraction supérieure à 70,000 habitants, donnerait un député de plus. Enfin, M. Bozérian prit la parole dans plusieurs débats d'affaires : par exemple il combattit, d'ailleurs sans succès, une loi sur la liberté du taux de l'intérêt en matière commerciale. A l'époque des événements de Decazeville, le sénateur de Loir-et-Cher déposa une proposition tendant à réprimer d'une façon spéciale les provocations ou excitations publiques portant atteinte à la liberté du travail ; l'urgence fut votée, malgré M. Demôle, ministre de la Justice, qui s'estimait suffisamment armé par la législation existante. Enfin le Sénat renvoya à l'examen du Conseil d'Etat une proposition du même auteur qui modifiait le Code pénal et le Code d'instruction criminelle pour donner au jury la faculté d'accorder aux accusés des circonstances très atténuantes. M. Bozérian a été réélu encore le 5 janvier 1888, par 322 voix sur 617 votants. Dans la dernière législature, il était absent par congé lors du scrutin sur le rétablissement du scrutin uninominal (13 février 1889); il s'est abstenu (18 février) sur le projet de loi Lisbonne restrictif de la liberté de la presse, et a voté (29 mars) *pour* la proposition de loi sur la procédure à suivre devant le Sénat pour juger les attentats contre la sûreté de l'Etat (affaire du général Boulanger).

BOZI (JEAN-BAPTISTE), membre de la Convention nationale et député au Conseil des Anciens, né à Furiani (Corse), en 1744, mort à une date inconnue, était juge criminel à Furiani, quand il fut élu député de la Corse à la Convention nationale par 356 voix sur 386 votants, le 20 septembre 1792. Il siégea parmi les modérés de la Plaine, et répondit, dans le jugement de Louis XVI, au 3e appel nominal : « Je crois bien faire pour la ..trie en opinant pour la réclusion jusqu'à la paix, et, à cette époque, le bannissement. » Membre du Conseil des Anciens (23 vendémiaire au IV) comme ancien conventionnel, il combattit, à la séance du 5 pluviôse an VI, une résolution tendant à accorder des indemnités aux réfugiés corses. Il ne fit pas partie d'autres législatures.

BRABANT (JULES-EUGÈNE-AMÉDÉE), représentant à l'Assemblée nationale de 1871, né à Cambrai (Nord), le 14 janvier 1814, manufacturier, ancien maire de Cambrai, n'avait aucun antécédent politique quand il fut élu, le 8 février 1871, représentant du Nord à l'Assemblée nationale, le 8e sur 28, par 207,946 voix (262,927 votants, 326,440 inscrits). Il siégea au centre droit et vota : 1er mars 1871, pour la paix; 16 mai, *pour* les prières publiques; *s'abstint* sur la question de l'abrogation des lois d'exil; vota : 30 août 1871, *pour* le pouvoir constituant de l'Assemblée; 3 février 1872, *contre* le retour du Parlement à Paris; 24 mai 1873, *pour* la démission de Thiers; 19-20 novembre, *pour* le septennat; 20 janvier 1874, *pour* la loi des maires; 30 janvier 1875, *contre* l'amendement Wallon; 25 février, *contre* l'ensemble des lois constitutionnelles.

M. Brabant échoua aux élections du 20 février 1876 dans la 1re circonscription de Cambrai : il réunit 9,331 voix *contre* 11,359 à M. Desmoutier.

BRACKENHOFFER (JACQUES-FRÉDÉRIC), représentant à la Chambre des Cent-Jours, député de 1815 à 1816, et de 1819 à 1820, né à Strasbourg (Bas-Rhin), le 7 août 1759, mort à Strasbourg, le 13 mars 1838, fut conseiller de préfecture à Strasbourg et maire de cette ville, qui lui dut de nombreux embellissements. Le collège de département du Bas-Rhin le choisit, le 11 mai 1815, pour son représentant à la Chambre des Cent-Jours; il y siégea parmi les constitutionnels, et fut réélu par le même collège le 22 août 1815; à la « Chambre introuvable », il fut de la minorité. Il redevint député du Bas-Rhin le 12 septembre 1819, s'assit au côté gauche et se prononça, dans la session, *contre* les deux lois d'exception, et *pour* le nouveau système électoral amendé.

BRACQ (MARTIN-JOSEPH), député aux Etats-Généraux de 1789, né à Valenciennes (Nord) le 7 septembre 1743, mort à Ribécourt (Nord), le 22 décembre 1801, se fit recevoir licencié en droit et en théologie, était curé de Ribécourt, quand il fut élu, le 17 avril 1789, député du clergé aux Etats-Généraux pour le Cambrésis. Nommé commissaire par la chambre du clergé pour aviser, de concert avec le roi, à l'abaissement du prix trop élevé du blé en 1789, il vota, dans la même chambre, la vérification des pouvoirs en commun, et, tout en restant modéré, prêta le serment civique. Il refusa d'être évêque, pour retourner à Ribécourt à la fin de la session; lors de la suppression du culte, il fut nommé conservateur du musée de Cambrai et membre de la commission des écoles. Ses anciens paroissiens le choisirent pour leur juge de paix après la Terreur, et il venait d'être réélu aux mêmes fonctions, lorsqu'il mourut.

BRAFAULT (MATHIEU-NICOLAS), représentant à la Chambre des Cent-Jours, né à Châtellerault (Vienne), le 4 février 1771, mort à une date inconnue, avait rempli les fonctions de commissaire des poudres à Poitiers, lorsqu'il fut élu, le 10 mai 1815, représentant de l'arrondissement de Châtellerault à la Chambre des Cent-Jours, par 45 voix (71 votants, 108 inscrits.) Il n'y prit jamais la parole et vota avec les constitutionnels.

BRAHEIX (HIPPOLYTE), représentant du peuple à l'Assemblée constituante de 1848, né à Nantes (Loire-Inférieure), le 21 novembre 1795, mort à Nantes, le 8 novembre 1863, entra de bonne heure dans l'industrie, et devint un des principaux armateurs de Nantes. Président du tribunal de commerce de cette ville, vice-président de la chambre de commerce, et conseiller municipal, il fut élu, le 23 avril 1848, représentant de la Loire-Inférieure, à la Constituante, le 2e sur 13, avec 100,035 voix (124,699 votants, 153,494 inscrits.) Il vota régulièrement avec les conservateurs de l'Assemblée: *pour* les poursuites contre Louis Blanc et Caussidière, *pour* le rétablissement de la contrainte par corps, *contre* le droit au travail, *pour* la proposition Rateau, *pour* le renvoi des accusés du 15 mai devant la Haute-Cour, *contre* l'amnistie, *pour* l'interdiction des clubs, *pour* les crédits de l'expédition de Rome, etc ; il ne fit pas partie d'autres législatures.

BRAME (JULES-LOUIS-JOSEPH), député au Corps législatif de 1857 à 1870, et ministre, représentant à l'Assemblée nationale de 1871, sénateur de 1876 à 1878, né à Lille (Nord), le 9 juillet 1808, mort à Paris, le 1er février 1878, avocat en 1833, débuta dans la vie publique comme maître des requêtes au Conseil d'Etat sous la monarchie de Juillet. Dès 1837, il avait été élu membre du conseil général par les trois cantons d'Orchies, de Cysoing et de Tourcoing. En 1848, il se retira dans les propriétés de son père, et abandonna momentanément la politique pour l'agriculture. Il se fit alors une certaine réputation comme partisan des doctrines protectionnistes.

C'est comme tel qu'il fut élu, le 22 juin 1857, par la 2e circonscription du Nord, député au Corps législatif, avec 20,704 voix (35,067 votants. 44,480 inscrits), contre 14,293 à M. Descat. Conservateur dynastique, il se distinguait de la plupart de ses collègues de la majorité par une indépendance relative, surtout quand la question économique était en jeu. Il fut du nombre des quatorze députés qui votèrent, en 1858, contre la loi de sûreté générale. Orateur infatigable du protectionnisme, il se montra l'adversaire opiniâtre du traité de commerce de 1860 et de toutes les modifications introduites dans la législation des douanes. Il eut aussi l'occasion de dénoncer les abus des grands monopoles financiers et industriels. Réélu le 1er juin 1863, par 23,955 voix (24,204 votants, 34,976 inscrits), il siégea dans le tiers-parti, et en 1866, lors de la discussion de l'adresse, fit partie du groupe important qui se détacha de la majorité pour demander une plus large extension des libertés publiques : il fut un des signataires du célèbre amendement dit des quarante-six. Aux derniers jours de la législature, en 1869, M. Brame présenta à Napoléon III les délégués de la chambre consultative du commerce de Roubaix et de Tourcoing, porteurs d'une pétition couverte de près de 14,000 signatures, contre les traités de commerce. Il fut encore réélu le 24 mai 1869, par 26,145 voix (26,337 votants, 35,486 inscrits), signa, en juillet, l'interpellation des 116, et sembla vouloir accentuer son opposition au gouvernement. Lors de nos premières défaites dans la guerre franco-prussienne, il fit, comme président d'un groupe de députés du centre, une démarche auprès de l'impératrice-régente pour lui signaler l'insuffisance du ministère Ollivier et la nécessité de son remplacement. Vers la même époque, le Corps législatif adoptait l'ordre du jour Clément Duvernois, ainsi formulé : « La Chambre, décidée à soutenir un cabinet capable de pourvoir à la défense du pays, passe à l'ordre du jour. » Aussitôt, M. Émile Ollivier annonçait que tous les ministres venaient de remettre leurs démissions à la régente qui les avait acceptées, et avait chargé le général comte de Palikao de former un nouveau cabinet. C'est dans ce ministère, qui ne dura d'ailleurs que trois semaines, que le portefeuille de l'Instruction publique et des Beaux-Arts échut à M. J. Brame. Il avait pour collègues : MM. Henri Chevreau, Magne, de la Tour-d'Auvergne, Grandperret, Rigault de Genouilly, Jérôme David et Clément Duvernois. M. Brame n'eut que le temps de transformer en ambulances les lycées, collèges et écoles normales, et d'inviter les préfets des départements du Nord et de l'Est à organiser dans les écoles communales de leurs régions un service hospitalier. Après le 4 Septembre, M. Brame rentra dans la vie privée, jusqu'aux élections du 8 février 1871. Il fut alors élu représentant du Nord à l'Assemblée nationale, le 4e sur 28, par 213,859 voix (262,927 votants, 326,440 inscrits). Il alla d'abord siéger au centre droit, qu'il quitta pour entrer dans le groupe de l'appel au peuple ; mais « il conservait, dit la *Biographie des députés*, par M. J. Clère, un pied dans le camp orléaniste. » Il vota : *pour* la paix, *pour* les prières publiques, *pour* l'abrogation des lois d'exil, *pour* la démission de Thiers, *pour* le gouvernement du vingt-quatre mai, *pour* le septennat, *pour* l'état de siège, *pour* la loi des maires et *pour* le ministère de Broglie. Il se prononça : *contre* le retour du Parlement à Paris, *contre* la dissolution de l'Assemblée, et *contre* les lois constitutionnelles. Lors des premières élections sénatoriales, le 30 janvier 1876, il dut à l'appui des bonapartistes unis aux monarchistes le succès de sa candidature dans le Nord, avec 422 voix sur 821 votants. Il prêta son concours à toutes les tentatives de la droite, et s'associa notamment au vote de dissolution de la Chambre des députés en juin 1877; il se montra, jusqu'au bout, fidèle aux théories de la protection. — Il a écrit un ouvrage sur l'*Émigration des campagnes*.

BRAME (GEORGES-JULES-LOUIS), fils du précédent, député de 1876 à 1888, né à Paris, le 16 août 1839, mort à Paris, le 4 février 1888,

fut, sous l'Empire, auditeur au Conseil d'État Capitaine de mobilisés pendant la guerre et décoré de la Légion d'honneur, il dut en grande partie à l'influence de son père son élection comme député dans la 5e circonscription de Lille, le 20 février 1876, par 11,168 voix (17,648 votants et 21,627 inscrits), contre 6,294 à M. Desmazières. Il siégea à droite, vota *contre* l'amnistie, *contre* les projets de loi nouveaux sur la collation des grades et l'élection des maires, *contre* l'ordre du jour du 4 mai 1877 visant les « menées ultramontaines », et soutint, *contre* les 363, le gouvernement du Seize-Mai. La Chambre dissoute, il fut réélu le 14 octobre 1877, par 11,314 voix (18,985 votants, 22,125 inscrits) contre 7,345 à M. Coget, reprit sa place dans la minorité monarchiste, et opina contre tous les actes et contre le mouvement républicain. Il repoussa l'ordre du jour du 20 janvier 1879 favorable au ministère Dufaure, vota au Congrès *contre* l'élection de M. Grévy à la présidence de la République, *contre* l'amnistie, *contre* l'article 7, *contre* l'application des lois existantes aux congrégations non autorisées et *contre* le divorce. M. Brame fils était inscrit au groupe de l'appel au peuple : il en fit encore partie dans les législatures suivantes. Réélu le 21 août 1881, par 9,853 voix (18,844 votants, 22,850 inscrits) contre 8,802 à M. Bourgeois, il vota *contre* le ministère Ferry, *contre* les crédits du Tonkin, *pour* le maintien de l'ambassadeur auprès du pape, etc. Inscrit sur la liste conservatrice du Nord le 4 octobre 1885, il fut élu, le 5e sur 20, par 162,435 voix (292,696 votants, 348,224 inscrits). Jusqu'à l'époque de sa mort, survenue pendant la session, il s'associa à tous les votes de la droite, contre les ministères Freycinet et Goblet.

BRANCADORI (JOSEPH, CHEVALIER), député au Corps législatif de 1809 à 1815, né à Sienne (Italie), le 10 août 1756, mort à une date inconnue, appartenait à une famille noble de Sienne qui s'était distinguée dans les sciences et dans la littérature, et comptait parmi ses ancêtres Brancadori-Perini (1674-1711), chronologiste et historien de mérite. Devenu maire de sa ville natale, et dévoué aux institutions impériales, il fut, le 5 juillet 1809, élu député au Corps législatif par le Sénat conservateur, pour le département de l'Ombrone; le 18 mars de la même année, il avait été fait chevalier de la Légion d'honneur. L'année d'après (26 avril 1810), il reçut le titre de chevalier de l'Empire.

BRANCAS (LOUIS-LÉON-FÉLICITÉ, DUC DE LAURAGAIS DE), pair de France, né à Paris, le 3 juillet 1733, mort à Paris, le 8 août 1824, appartenait à une illustre famille, les Brancacci, originaire de Naples, et qui s'établit en Provence à la fin du XIVe siècle. « Elle a donné, dit Courcelles dans son *Histoire généalogique des pairs de France*, sept cardinaux, un évêque de Marseille en 1445, deux écuyers et chambellans des rois René et Louis III d'Anjou, un chancelier du premier de ces princes, et en même temps maître d'hôtel du duc de Calabre, des chambellans et gentilshommes, des lieutenants-généraux et gouverneurs de provinces, un maréchal et un amiral de France et un grand nombre d'officiers de distinction. » — Louis-Léon-Félicité de Brancas était le fils aîné de Louis II de Brancas duc de Lauragais, « pair de France, lieutenant-général des armées du roi, chevalier de la Toison d'or », et d'Adélaïde-Geneviève-Félicité d'O, marquise de Franconville, sa première femme. Il fut nommé mestre de camp lieutenant du régiment Royal-Roussillon, le 1er février 1749, et reçut le brevet de duc, le 5 janvier 1755, sous le titre de duc de Lauragais. Il se distingua dans les campagnes de la guerre de Sept ans, notamment dans celle de 1757. Doué d'un goût très vif pour les sciences, il fut lié dans sa jeunesse avec Lavoisier et devint membre de l'Académie des sciences en 1758. Il ne fut pas inquiété pendant la Révolution, vécut dans la retraite et prit le nom de duc de Brancas à la mort de son père.

Au retour des Bourbons, le 4 juin 1814, il fut nommé pair de France. Mais accablé d'infirmités, le duc de Brancas-Lauragais ne put prendre part aux délibérations de la Chambre haute. Il mourut à Paris d'un accès de goutte.

BRANCAS (Louis-Marie-Baptiste, duc de), pair de France, né à Paris, le 12 mai 1772, mort à Paris, le 2 mai 1852, était le neveu du duc de Lauragais de Brancas. Major du 7e régiment de hussards, puis colonel (31 décembre 1807) du 11e régiment de cuirassiers, officier de la Légion d'honneur, il fut admis par droit d'hérédité, le 12 avril 1825, à siéger à la Chambre des pairs en remplacement de son oncle. Il resta à la Chambre haute après la révolution de juillet et durant tout le règne de Louis-Philippe. — Louis-Marie-Baptiste fut le dernier représentant direct du titre de duc de Brancas. Son gendre, Ferdinand Hiron, comte de Frohen, ayant repris ce titre, un arrêt de la Cour d'appel de la Seine est intervenu pour lui interdire de le porter.

BRANCAS (Louis-Albert, duc de Céreste de), frère du précédent, pair de France, né à Paris, le 8 octobre 1764, mort au château de Fourdrain (Aisne), le 28 septembre 1851, était issu du second mariage du duc Louis II avec Diane-Adélaïde de Mailly-Nesle. Chevalier de Malte dès le berceau, il émigra en 1791, fit à l'armée des princes la campagne de 1792, puis passa dans les uhlans britanniques et servit quelque temps en Hollande. Rentré en France sous le gouvernement consulaire, il devint, en 1807, chambellan de Napoléon Ier. Celui-ci le nomma adjudant commandant de la place de Paris, le 8 janvier 1814. La Restauration le fit chevalier de St-Louis, colonel de la légion départementale de l'Aisne, officier de la Légion d'honneur, et gentilhomme honoraire de la chambre. Le 27 janvier 1830, il fut nommé pair de France.

BRANCHE (Maurice), député à l'Assemblée constituante de 1789, né à Paulhaguet (Haute-Loire), le 22 juin 1746, mort à Riom (Puy-de-Dôme), en 1822, avocat, fut député du tiers aux Etats-Généraux, où il fut nommé, par 196 voix sur 337 votants, la sénéchaussée de Riom. Il passa inaperçu dans l'assemblée. Le consulat le nomma (28 floréal an VIII), juge au tribunal d'appel de Riom, et l'Empire (17 avril 1811), conseiller à la même cour.

BRARD (Pierre-Lucien), représentant du peuple à l'Assemblée constituante de 1848, né à Soubran (Charente-Inférieure), le 8 janvier 1804, mort à Jonzac (Charente-Inférieure), le 1er février 1887, étudia la médecine à Paris, et, reçu docteur (1826), alla exercer sa profession dans son pays. En même temps, il soutint les intérêts électoraux démocratiques, et combattit la candidature de M. Duchâtel à Cognac.

Aux élections de l'Assemblée constituante du 23 avril 1848, Brard fut élu représentant du peuple dans la Charente-Inférieure, le 6e sur 12, par 64,917 voix (111,907 votants, 136,016 inscrits). Il vota avec la gauche : le 26 août 1848, *contre* les poursuites contre Louis Blanc et Caussidière ; le 1er septembre, *contre* le rétablissement de la contrainte par corps ; le 18 septembre, *pour* l'abolition de la peine de mort : le 7 octobre, *pour* l'amendement Grévy ; le 2 novembre, *pour* le droit au travail ; le 27 décembre, *pour* la suppression de l'impôt du sel : le 12 janvier 1849, *contre* la proposition Rateau ; le 16 avril 1849, *contre* l'expédition de Rome ; le 2 mai, *pour* l'amnistie des transportés ; le 11 mai, *pour* la demande d'accusation (dont Brard était signataire) contre le président et ses ministres. Au sujet de son vote du 2 novembre *pour* le droit au travail, il adressa à la presse, avec un certain nombre de ses collègues, la lettre suivante :

« Paris, 3 novembre 1848.

« Les commentaires de la presse, à propos du vote d'hier, nous ont paru nécessiter deux mots d'explication sur la part que nous y avons prise.

« Nous sommes de ceux qui croient, à tort ou à raison, que, lorsqu'on a assisté à une discussion, on doit avoir une opinion faite. La nôtre est arrêtée sur *le droit de propriété et sur le droit au travail*, tels qu'ils sont définis dans l'article VIII du préambule et dans l'article XIII de la Constitution. Nous voyons quelques dangers à ne pas inscrire franchement dans cette Constitution tous les droits qu'elle reconnaît. C'est ce qui explique notre vote en faveur de l'amendement de M. Félix Pyat.

« Quant au discours prononcé par cet orateur, s'il eût été question d'en dire notre avis, nous n'aurions pas hésité à lui refuser notre approbation ; non qu'il ne contienne d'excellentes vérités, mais parce qu'il exprime dans quelques passages, et notamment à la fin, des pensées qui ne seront jamais les nôtres.

BRARD (Charente-Inférieure) ; A. Médal (Aveyron) ; Breymaud (Haute-Loire) ; Bruckner (Bas-Rhin) ; Armand dargenteuil (Charente-Inférieure) ; Coutanceau (Charente-Inférieure) ; Gaudin (Charente-Inférieure) ; J. Saint-Gaudens (Basses-Pyrénées) ; Westercamp (Bas-Rhin). »

BRASME (Pierre-François), député de 1876 à 1877, né à Grenay (Pas-de-Calais), le 29 septembre 1820, mort à Arras (Pas-de-Calais), le 11 avril 1877, était raffineur à Bully. Maire de cette commune et membre du Conseil général du Pas-de-Calais, il se présenta sans succès comme candidat républicain dans ce département, le 8 février 1874, en remplacement de M. de Rincquesen, décédé : il obtint 67,606 voix contre 72,453 accordées à M. Sens, ancien député bonapartiste, élu. Une nouvelle élection partielle eut lieu le 1er novembre de la même année pour remplacer M. Fouler de Relingue, décédé ; M. Brasme échoua encore avec 74,282 voix contre M. Delisse-Engrand, bonapartiste, élu, avec 84,711 voix. Il n'obtint la majorité que le 20 février 1876, et fut nommé député de la 2e circonscription de Béthune, par 9,882 voix (19,466 votants, 23,578 inscrits), contre 9,529 à M. de Clercq. M. Brasme siégea à gauche, et vota : le 19 mai, *pour* l'amnistie partielle ; le 3 juin, *pour* la discussion des articles du projet de loi sur la collation des grades, modifiant la loi du 12 juillet 1875, dite de l'enseignement supérieur; le 12 juillet, *pour* l'ensemble du projet relatif à l'élection des maires, modifiant la loi de 1874 : le 28 décembre, *contre* la discussion des articles du budget renvoyé à la Chambre par le Sénat.

M. Brasme mourut pendant la session, avant l'acte du Seize-Mai.

BRASSART (Charles-Augustin-Dominique), député à l'Assemblée constituante de 1789, dates de naissance et de mort inconnues, avocat à Arras, fut élu, le 24 avril 1789, député du tiers de la province d'Artois aux Etats-Généraux. Il fut nommé adjoint du doyen (1er juin 1789), siégea dans la majorité de l'Assemblée constituante, et devint membre du comité de constitution (6 juillet).

BRASSAT-SAINT-PARTHEM (Jean-Antoine-Marie), député au Conseil des Anciens, dates de naissance et de mort inconnues, était juge au tribunal civil du département de l'Aveyron. Elu député de ce département au Conseil des Anciens, par 151 voix, le 24 germinal an VI, il n'y prit la parole que pour faire approuver plusieurs résolutions relatives à des opérations d'assemblées primaires.

BRAULT (Louis), député au Conseil des Anciens et au Corps législatif en l'an VIII, né en 1749, mort à une date inconnue, appartint à la magistrature. Président du tribunal criminel de Poitiers, il fut élu, le 22 vendémiaire an IV, député de la Vienne au Conseil des Anciens, et réélu le 24 germinal an VII. Il se montra favorable à la politique de Bonaparte, qui l'admit au Corps législatif le 4 nivôse an VIII. Le 19 prairial an XII, il fut nommé proviseur du lycée de Poitiers.

BRAULT (Charles, baron), pair de France, né à Poitiers (Vienne), le 4 août 1752, mort à Albi (Tarn), le 25 février 1833, entra dans les ordres, et fut, de très bonne heure, chargé d'enseigner la philosophie au séminaire de La Rochelle. Distingué par l'évêque de Poitiers, il rentra dans ce diocèse, fut nommé chanoine de Sainte-Radégonde à Poitiers, puis curé d'une des principales paroisses de la ville, et bientôt professeur de théologie à l'Université. Après s'être prononcé contre la Révolution, il fut forcé de quitter la France. Il n'y rentra qu'à l'époque du Concordat (1802); il fut alors pourvu de l'évêché de Bayeux. Il y réussit, disent les biographes, à apaiser les divisions qui troublaient son diocèse. Baron de l'Empire, le 18 mars 1809, il assista au concile de 1811, et fut du nombre des évêques qui se prononcèrent en faveur des quatre articles regardés comme le fondement de l'Eglise gallicane. Il fut élevé en 1823 à l'archevêché d'Albi, et, le 5 novembre 1827, nommé pair de France. En possession de cette double dignité, il fut admis à la retraite comme archevêque, le 2 août 1829, parce qu'il ne possédait qu'un revenu inférieur à 30,000 fr.

BRAUX (Augustin), représentant du peuple à l'Assemblée constituante de 1848, né à Rambervillers (Vosges), le 8 juin 1796, mort à Paris, le 5 octobre 1883, exerça quelque temps la profession d'avocat, puis s'établit à Roville-aux-Chênes, et se livra à l'agriculture. Le 23 avril 1848, élu représentant des Vosges à l'Assemblée constituante, le 11e et dernier de la liste, par 37,514 voix (85,950 votants, 106,755 inscrits), il

fit partie du comité de l'Algérie et des colonies. et vota avec la fraction la plus modérée du parti de Cavaignac : 9 août, *pour* le rétablissement du cautionnement; 26 août, *pour* les poursuites contre Louis Blanc et Caussidière; 1er septembre, *pour* le rétablissement de la contrainte par corps; 18 septembre, *contre* l'abolition de la peine de mort; 7 octobre, *contre* l'amendement Grévy; 2 novembre, *contre* le droit au travail; 25 novembre, *pour* l'ordre du jour en l'honneur de Cavaignac: 28 décembre, *contre* la réduction de l'impôt du sel; 12 janvier 1849, *contre* la proposition Rateau; 12 mars, *contre* l'augmentation de 50,000 francs par mois au traitement du président de la République. Il fut en congé du 19 mars au 17 avril, se prononça *contre* l'amnistie des transportés le 2 mai, et s'y rallia le 26. Il ne fit pas partie d'autres législatures.

BRAVARD (Toussaint), représentant du peuple à l'Assemblée constituante de 1848, né à Arlanc (Puy-de-Dôme), le 31 octobre 1808, mort à Jumeaux (Puy-de-Dôme), le 14 juillet 1871, était officier de santé. Elu, le 23 avril 1848, représentant du Puy-de-Dôme à l'Assemblée constituante, le 14e sur 15, avec 48,088 voix (125,432 votants, 173,000 inscrits), il vota constamment avec la gauche : 9 août 1848, *contre* le rétablissement du cautionnement; 26 août, *contre* les poursuites intentées à Louis Blanc et à Caussidière; 1er septembre, *contre* le rétablissement de la contrainte par corps; 18 septembre, *pour* l'abolition de la peine de mort; 7 octobre, *pour* l'amendement Grévy sur la présidence; 2 novembre, *pour* le droit au travail; 27 décembre, *pour* la réduction de l'impôt sur le sel; 12 janvier 1849, *contre* la proposition Rateau; 21 mars, *contre* l'interdiction des clubs; 2 mai, *pour* l'amnistie des transportés, etc. Bravard était en congé le 25 novembre 1848, au moment du vote de l'ordre du jour de félicitations à Cavaignac. Il n'a pas fait partie d'autres législatures.

BRAVARD-VEYRIÈRES (Pierre-Claude Jean-Baptiste), représentant du peuple aux Assemblées constituante et législative de 1848-49, né à Arlanc (Puy-de-Dôme), le 3 février 1804, mort à Paris, le 3 mars 1861, était fils d'un médecin. Entraîné par l'exemple de son parent Berlier (*V. ce nom*), il voulut, malgré les conseils de son père, étudier le droit, au sortir du collège Louis-le-Grand, où il avait eu pour camarades Zangiacomi, Duchâtel et de Sacy. Comme eux, il entra à l'Ecole de droit, fut reçu licencié à vingt ans (1824) et docteur l'année d'après. Après avoir plaidé pendant quelques années, le jeune docteur se présenta au concours pour l'enseignement du droit, et obtint, le 18 mai 1830, comme professeur suppléant, la chaire de droit commercial. Ses succès lui valurent bientôt, le 20 mars 1832, une dispense d'âge pour obtenir le rang de professeur titulaire. Après la révolution de février, il fut élu représentant du Puy-de-Dôme à l'Assemblée constituante, le 11e sur 15, par 50,812 voix (125,432 votants, 173,000 inscrits); il siégea à droite, et bien que précédemment signalé comme très libéral dans son enseignement, il se montra à l'Assemblée le défenseur des idées les plus conservatrices. Il contribua à faire repousser le projet des concordats amiables, et prit encore une part décisive à un débat sur une proposition de MM. Rouher et Astouin relative à la lettre de change. La lettre de change crée commerçant celui qui la souscrit; MM. Rouher et Astouin demandaient que les effets de cette qualité, qui entraînent la contrainte par corps, ne pussent s'appliquer au non-commerçant. Bravard-Veyrières soutint que c'était ruiner la lettre de change, partant le crédit commercial, dont elle est un moyen. Il intervint encore dans plusieurs discussions spéciales de la même nature. Bravard-Veyrières vota : 1er septembre 1848, *pour* le rétablissement de la contrainte par corps ; 25 septembre, *pour* l'impôt proportionnel ; 7 octobre, *contre* l'amendement Grévy ; 2 novembre, *contre* le droit au travail ; 25 novembre, *pour* l'ordre du jour de félicitations à Cavaignac ; 28 décembre, *contre* la réduction de l'impôt du sel ; 12 janvier 1849, *pour* la proposition Rateau ; 21 mars, *pour* l'interdiction des clubs ; 16 avril, *pour* les crédits de l'expédition de Rome ; 2 mai, *contre* l'amnistie des transportés ; 18 mai, *pour* l'abolition de l'impôt des boissons.

Réélu, le 13 mai 1849, à l'Assemblée législative par le Puy-de-Dôme, le 4e sur 13, avec 52,848 voix, Bravard-Veyrières continua de siéger à droite, et de voter avec la majorité conservatrice. Il resta neutre vis-à-vis de L.-N. Bonaparte et du coup d'Etat, quitta la vie politique en 1851, mais conserva sa chaire de professeur. Il avait été nommé chevalier de la Légion d'honneur le 25 avril 1847 ; il obtint la croix d'officier le 13 août 1860. — De 1827 à 1830, n'étant encore qu'avocat, Bravard rédigea pour le *Journal du Palais* et le *Recueil général des arrêts* de Sirey, les audiences de la Cour de cassation (chambre civile), qu'il accompagnait de notices et de notes. Il a donné en outre : *Leçons sur l'amortissement* (1833) ; *De l'Etude et de l'enseignement du droit romain* (1837) ; *Examen du titre des faillites, du Code de commerce* (1838) ; enfin un grand *Traité de droit commercial*, qui a été publié après sa mort par M. Demangeat.

BRAVAY (Louis-François), député au Corps législatif de 1863 à 1869, né à Pont-Saint-Esprit (Gard), le 25 novembre 1817, mort à Paris, le 6 décembre 1874, vint habiter la capitale en 1842, à la suite de revers de fortune éprouvés par sa famille : il fut d'abord employé dans le commerce des vins, puis il courut les aventures en Egypte, et se fixa à Alexandrie où une maison de commission, fondée par lui, ne tarda pas à prospérer. En 1848, il défendit le consulat de France contre une émeute, représenta plusieurs fois les intérêts de la colonie française et devint le protégé et le confident de Saïd Pacha. Après avoir amassé une fortune de plusieurs millions, il revint en France, se fit nommer conseiller général du Gard pour le canton de Pont-Saint-Esprit, et, le 4 juin 1863, fut, pour la première fois, élu député au Corps législatif, dans la 3e circonscription du Gard, par 13,116 voix (22,402 votants, 32,338 inscrits), contre 8,840 à M. Chabanon, député sortant. M. Bravay s'était alors présenté comme candidat indépendant. Son élection fut annulée comme entachée de faits de corruption. Il se représenta au nouveau scrutin qui eut lieu le 17 janvier 1864, et obtint encore la majorité (17,130 voix), contre MM. Boyer (4,811) et Brun (2,375). Les opérations électorales de la 2e circonscription du Gard donnèrent lieu alors à un débat assez vif dans la séance du Corps législatif du 19 février 1864. Au nom du 4e bureau, M. Chevandier de Valdrôme, rapporteur, exposa que des faits d'une gravité exceptionnelle avaient été relevés : une introduction frauduleuse de bulletins avait eu lieu à Nîmes ; on signalait dans plusieurs communes mainte irrégularité dans la supputation des émargements et dans l'admission au vote ; à Salazac, l'urne avait été enlevée et détruite dans la nuit du 17 au 18 janvier. De plus, on rappelait qu'une fête avait été donnée dans le pays, le 26 mai 1863, au nom d'une société qui n'était pas encore constituée, pour inaugurer l'exécution immédiate de travaux qu'une approbation régulière n'avait pas encore autorisés ; la fête du Pont du Gard avait déjà motivé l'annulation de la première élection ; elle servit encore une fois d'argument au rapporteur qui conclut à une nouvelle invalidation. M. Geoffroy de Villeneuve, puis M. Nogent-Saint-Laurens, tentèrent en vain de venir au secours de M. Bravay ; le rapporteur insista, et M. Eugène Pelletan vint dévoiler, à son tour, plus d'un piquant incident de l'élection du Gard : « Pour moi, dit-il, j'approuve le rapport de notre honorable collègue, M. Chevandier ; mais qu'il me permette de le lui dire, il y a un absent que je veux restituer à la discussion, car par sa présence il pourra éclairer le débat. Cet absent, c'est le préfet du Gard. La deuxième élection est solidaire de la première ; vous ne pouvez bien la juger qu'en vous reportant au scrutin du 4 juin dernier. Que s'est-il passé alors ? Le gouvernement avait maintenu la candidature officielle de l'honorable M. Chabanon, votre ancien collègue. Mais M. le préfet du Gard couvait au fond du cœur une autre candidature, c'était la candidature de M. Bravay, et, dans l'intérêt de son protégé, il avait modifié la circonscription électorale d'Uzès ; il en avait détaché la partie la plus intéressée à la création du canal des eaux du Midi. Et ainsi le département du Gard donnait ce singulier spectacle d'un candidat agréé par le gouvernement et d'un candidat agréable au préfet. Cette candidature à deux têtes, l'une officielle, l'autre officieuse, l'une patente, l'autre occulte, ressemblait en quelque sorte à ce qu'on appelait autrefois une reine de la main droite et une reine de la main gauche ; toute l'étiquette était pour la reine en titre, mais toute la réalité était pour Mme de Pompadour (Rires et interruptions diverses).

« ... Or, pendant que l'infortuné M. Chabanon (Hilarité) promenait mélancoliquement sa candidature officielle honoraire de commune en commune, et ne trouvait partout sur son passage que des maires distraits et des gardes champêtres indifférents... (Nouvelle hilarité), M. Bravay trouvait partout, au contraire, l'accueil empressé et le sourire complaisant de toute la hiérarchie champêtre. On voyait dans sa candidature la figure vivante du canal (On rit).

« Mais voici qu'au milieu de la campagne électorale, un ingénieur indiscret vient déclarer que la Compagnie des eaux du Midi n'est pas sérieuse, que le capital n'est pas réalisé et que le projet n'est pas réalisable. C'était le coup de mort porté à la candidature de M. Bravay... Alors que fit-on ? On voulut répondre à une critique par une manifestation, et on alla en grande pompe au Pont du Gard inaugurer solennellement un canal qui n'était pas autorisé, au nom d'une Compagnie qui n'était pas formée, sur un terrain qui n'était pas acheté... »

Enfin M. Bravay eut la parole. Il entreprit avec une émotion très vive sa défense personnelle, parla des « envieux », des « ennemis », que lui avait faits sa fortune, — un succès, dit-il, ne s'obtient pas impunément, — et il termina par ces paroles :

— Comment me suis-je présenté ? Comme un homme du gouvernement... En 1846, j'ai vu, en Egypte, le drapeau français traîné dans la boue. et personne n'a demandé satisfaction. En 1848, j'ai entendu de loin les cris de joie de la République, et j'ai vu que les populations du Levant en avaient peur. Est venue la présidence, et aussitôt j'ai vu les figures souriantes et heureuses. Enfin est arrivé l'Empire et quand j'ai vu le drapeau de la France élevé si haut, j'ai été fier d'être Français. »

A la majorité de 108 voix contre 80, l'élection de M. Bravay fut annulée. Pour la troisième fois, cependant, il réussit à l'emporter, par 14,766 voix sur 21,217 votants et 33,038 inscrits, et fut élu contre M. Chabanon, qui ne réunit que 6,370 suffrages. M. Bravay fut définitivement admis à la session de 1865. Il vota avec la majorité dynastique. La même année, il avait acheté, au prix de 200 francs, le journal quotidien la *Nation*. Dans le courant de 1869, ses intérêts personnels le rappelèrent en Égypte; il donna alors sa démission de député.

M. Bravay était mort depuis 4 ans, lorsque M. Alphonse Daudet publia son roman *le Nabab* (1878), qui souleva dans la presse parisienne, au sujet des personnages mis en scène. les polémiques les plus vives. Le héros du roman, Jansoulet, n'était autre, assurait-on, que l'ancien député du Gard, et c'est ce que l'auteur a, du reste, implicitement reconnu dans la *Déclaration* qu'il joignit aux nouvelles éditions de son livre. Il a voulu, dit-il, remettre en lumière « un singulier épisode du Paris cosmopolite d'il y a quinze ans. » Il ajoute : « J'ai connu le vrai *Nabab* en 1864. J'occupais alors une position semi-officielle qui m'obligeait à mettre une grande réserve dans mes visites à ce fastueux et accueillant Levantin. Plus tard je fus lié avec un de ses frères; mais à ce moment-là le pauvre Nabab se débattait au loin dans des buissons d'épines cruelles et on ne le voyait plus à Paris que rarement... Pour se rendre compte du travail cristallisant qui transporte du réel à la fiction, de la vie au roman, les circonstances les plus simples, il suffirait d'ouvrir le *Moniteur officiel* de février 1864, et de comparer certaine séance du Corps législatif au tableau que j'en donne dans mon livre. »

BRAVEIX (François), député au Conseil des Anciens, dates de naissance et de mort inconnues, était administrateur du département de l'Ardèche. Il fut, le 24 germinal an VII, élu député de l'Ardèche au Conseil des Anciens, où son rôle fut des plus effacés.

BRAVET (Louis), député à l'Assemblée législative de 1791, né à Chapareillan (Isère), le 9 décembre 1745, mort à Chapareillan, le 24 février 1811, était notaire dans cette localité. Il fit partie de la majorité de l'Assemblée législative, où les électeurs du département de l'Isère l'envoyèrent siéger le 30 août 1791, avec 282 voix sur 514 votants.

BRAVET (Ambroise), petit-fils du précédent, député de 1876 à 1882, né à Chapareillan (Isère), le 30 juin 1820, mort à Chapareillan, le 29 décembre 1882, avait été notaire dans son pays natal. Maire de Chapareillan et propriétaire agriculteur, il fut élu, comme républicain conservateur, le 20 février 1876, député de la 1re circonscription, de Grenoble, par 11,550 voix (12,034 votants, 20,109 inscrits); son concurrent était M. Aristide Rey, républicain radical. Il siégea au centre gauche, vota avec la majorité *pour* les nouvelles lois sur les maires et sur la collation des grades, etc., et fut des 363. Le 14 octobre 1877, il fut réélu

par 11,691 voix (16,128 votants, 19,994 inscrits), contre 4,390 à M. Gaillard, candidat officiel du gouvernement du Seize-Mai. M. Bravet reprit sa place à la gauche modérée et fit partie de la majorité opportuniste. Il se prononça : le 20 janvier 1879, *pour* l'ordre du jour de confiance accordé au ministère Dufaure; le 30 janvier (au Congrès), *pour* l'élection de M. Grévy à la présidence de la République; le 16 mars 1880, *pour* l'application des lois existantes aux congrégations; le 8 février 1881, *pour* le divorce. Réélu le 21 août 1881, avec 11,137 voix sur 11,554 votants et 19,820 inscrits, il vota jusqu'à sa mort, survenue pendant la session, avec les républicains modérés.

BRAYER (Michel-Sylvestre, comte), pair des Cent-Jours et pair de France, né à Douai (Nord), le 29 décembre 1769, mort à Paris, le 28 novembre 1840, s'engagea à l'âge de 15 ans, fut adjudant-major en 1792, fit les campagnes du Rhin, sauva par son courage (an V) la division du général Maupuis, au combat d'Emedrug-en-Brisgau, et gagna là le grade de capitaine. Une action d'éclat à l'affaire de Rochkembourg (Bavière) lui valut le brevet de chef de bataillon (an VIII); à Hohenlinden, il prit quatre canons à l'ennemi et le rejeta dans le bois; le général Moreau le nomma colonel sur le champ de bataille, mais le premier consul ne ratifia pas cette nomination. Major du 9e régiment de ligne, il se distingua à Holabrun (1805) où il culbuta une partie de l'arrière-garde russe en lui faisant huit cents prisonniers, et à Austerlitz où il fit capituler plusieurs régiments ennemis engagés dans un défilé (2 décembre 1805). Le 27 du même mois, il passait colonel du 2e régiment d'infanterie légère. Il commanda l'avant-garde du 10e corps dans la campagne de Prusse (1807), prit une part importante au siège de Dantzig, et fut nommé officier de la Légion d'honneur dont il était membre depuis le 4 germinal an XII. Blessé assez grièvement au combat de Heilsberg, il se rendit en Espagne, contribua, comme général de brigade, à la victoire de Burgos (1808), et, au combat de Saint-Vincent, fit deux régiments prisonniers, et s'empara de beaucoup d'approvisionnements et de munitions. Le camp retranché d'Oporto, en Portugal, fut enlevé sous ses ordres, et les Espagnols découragés par ses succès à Ocana, au combat de la Sierra-Morena, au Pina-Peros, évitèrent les occasions de l'attaquer. Créé baron de l'Empire le 9 mars 1810, il ne céda au nombre, à Albuera, qu'après avoir eu la jambe gauche fracassée par une balle. En 1813, on le revit, avec ses béquilles, sur les champs de bataille de la Prusse, gagner à Buntzlau, le grade de général de division, par une charge brillante qui obligea l'ennemi à se rendre. A Leipzig, il eut un cheval tué sous lui le troisième jour et fut fortement contusionné à la cuisse; il n'en fit pas moins toute la campagne de France (1814); il commandait à Lyon, au retour de l'île d'Elbe, et fut nommé par l'empereur commandant d'une division de la garde impériale, comte de l'Empire, pair (2 juin 1815), gouverneur du château de Versailles, et chargé de contenir les départements de l'Ouest, tâche dont il s'acquitta avec une rare prudence. A la rentrée des Bourbons, l'ordonnance du 24 juillet 1815 l'obligea de quitter la France. Il se réfugia d'abord en Prusse, puis aux États-Unis, et enfin dans l'Amérique du sud, où il prit du service dans la République argentine, service que les intrigues d'un cabinet étranger lui firent bientôt résigner. La loi d'amnistie du 12 janvier 1816 lui permit de rentrer en France et d'être réintégré dans tous ses droits; il fut mis à la retraite comme lieutenant-général le 24 octobre 1821. La monarchie de juillet le fit grand officier de la Légion d'honneur, le 29 mars 1831, et l'appela à la pairie le 11 octobre 1832; il siégea jusqu'à sa mort à la Chambre haute dans la majorité ministérielle.

BRÉARD (JEAN-JACQUES), député à l'Assemblée législative de 1791, membre de la Convention nationale, député au Conseil des Anciens et au Corps législatif de l'an VIII, né à Québec (Canada) en 1750, mort à Paris, le 2 janvier 1840, était fils d'un contrôleur de la marine. Lors de la Révolution, Jean-Jacques Bréard était propriétaire d'une charge de conseiller à l'élection de Marennes (Charente-Inférieure). Il fut successivement nommé : le 23 août 1789, président d'un comité fonctionnant à Marennes à défaut de municipalité; le 31 janvier 1790, maire de la ville, titre qu'il garda jusqu'au 7 juillet suivant; le 25 juin 1790, administrateur du département pour le district de Marennes; le 27 juillet, membre du directoire du département; le 22 novembre, vice-président de l'administration départementale; enfin le 28 août 1791, député de la Charente-Inférieure à l'Assemblée législative, par 298 voix sur 548 votants. Il prit une part active aux délibérations, compta parmi les plus ardents réformateurs, et provoqua, dès les premières séances, un décret d'accusation contre Gauthier, Malvoisin, Marc et fils, comme embaucheurs pour les princes émigrés. Puis il présenta un rapport (février 1792) sur les troubles d'Avignon, obtint que le Comtat serait divisé en deux districts, et parut à la tribune chaque fois que les intérêts et la situation de ce pays furent en discussion. Le 8 juillet, il dénonça le journal de Mallet-Dupan; le 30 août, il demanda que les fauteurs de troubles eussent leurs biens confisqués; enfin il fit décréter d'accusation l'évêque de Castellane et le maire de Mende. Élu, le 5 septembre 1792, membre de la Convention par la Charente-Inférieure, avec 338 voix sur 555 votants, il prononça, le 24 décembre, un grand discours sur « la situation actuelle des armées de la République française et sur les mesures à prendre pour affermir la liberté. » Il combattit l'idée de « vouloir opérer spontanément une révolution universelle qui doit être l'effet graduel des progrès de la raison et de la philosophie. » Bréard avait été chargé de retirer du greffe du tribunal du 17 août les pièces relatives à Louis XVI. Il prit part au jugement du roi, et motiva ainsi son vote, au troisième appel nominal : « Je demande, sans craindre les reproches de mes commettants, sans craindre le jugement de la postérité, qui ne peut blâmer celui qui fait son devoir, je demande la peine de mort contre Louis. » Puis, il fit la proposition d'envoyer à tous les départements le procès-verbal de la condamnation. A l'occasion de l'assassinat de Michel Lepelletier, il proposa des visites domiciliaires. Devenu secrétaire de la Convention, le 24 janvier, puis président le 8 février, il fit partie du premier comité de sûreté générale, ainsi que du premier comité de salut public, formé le 4 avril à l'occasion de la déclaration de guerre à l'Angleterre et à l'Espagne. Dès le 16 mai, Bréard dénonça Polverel et Santhonax, commissaires à Saint-Domingue, et réclama leur mise en accusation. Il attaqua Bouchotte, fit assimiler aux émigrés « tout citoyen qui se sera rendu dans une ville rebelle et n'en sortira pas dans les vingt-quatre heures, » et décréter l'arrestation de tous les étrangers suspects. Il présida de nouveau la Convention le 4 août, et fut envoyé le 25 à Brest pour y organiser l'escadre de réserve. « Je suis né dans un pays libre, disait-il, et y ai sucé le lait d'une sauvage. » Il voulut établir un tribunal révolutionnaire à Brest, mais Jean Bon St-André, qui l'accompagna, l'en empêcha en le faisant rapporter. Il appuya, le 15 avril 1794, le décret proposé par Saint-Just, ordonnant l'expulsion des nobles de Paris, et insista pour qu'il ne leur fût accordé qu'un délai de huit jours. Mais, lors des événements de thermidor, Bréard changea brusquement d'attitude, et se montra opposé aux Jacobins : il combattit violemment Robespierre le 8 thermidor, participa à la réaction qui suivit cette journée, et sembla se donner la tâche de faire oublier la part qu'il avait prise à plusieurs des actes politiques de la Montagne. Membre du comité de salut public, il réclama la liberté provisoire de Santhonax et de Polverel, qu'il avait contribué naguère à faire arrêter; il vota la suppression du maximum, appuya les demandes des habitants de Bédouin, victimes d'un incendie, et fit ordonner une fête funèbre en l'honneur des vingt et un Girondins morts sur l'échafaud. Bréard entra, le 21 vendémiaire an IV, au Conseil des anciens, comme député de la Charente-Inférieure, avec 200 voix sur 246 votants. Il fut secrétaire, puis président de cette assemblée, et parla : sur les commissaires de la trésorerie, sur l'envoi d'agents exécutifs dans les colonies, sur le projet relatif à la suppression du contre-seing, sur le jugement des prises maritimes, etc. Le tirage au sort du 15 ventôse an V le fit sortir du Conseil le 1er prairial an VI. Après le coup d'État du 18 brumaire, auquel il s'était montré favorable, il fut appelé par le Sénat (4 nivôse an VIII) à faire partie du nouveau Corps législatif; il y remplit encore les fonctions de secrétaire, et resta député jusqu'au 26 thermidor an X. Sous l'Empire, il entra dans l'administration des droits réunis où il occupa un emploi élevé. Il signa, en 1815, l'acte additionnel aux Constitutions de l'Empire. Exilé par la loi du 12 janvier 1816, il se retira à Bruxelles et ne rentra en France qu'après la révolution de 1830. Il vint s'établir à Paris, réclama au nouveau gouvernement, par une lettre du 8 septembre 1830, la pension dont il avait été privé comme conventionnel après 1816, et mourut, à l'âge de 90 ans, chez un de ses fils, lieutenant de cavalerie en retraite. — On a de lui, imprimés par ordre des assemblées, son opinion sur les armées, un projet de décret sur l'organisation de la marine, et un rapport sur les prises maritimes.

BRÉHIER (JACQUES-JOSEPH), représentant à l'Assemblée législative de 1849, né à Saint-Hilaire du Harcouët (Manche), le 30 novembre 1800, remplit sous Louis-Philippe les fonctions de sous-préfet. Il fut élu, le 13 mai 1849, représentant de la Manche à l'Assemblée législative, le 12e de 13, par 57,106 voix (94,481 votants, 163,192 inscrits), fit partie de la droite, et vota avec elle : pour l'expédition de Rome, pour les poursuites contre les députés de la Montagne compromis dans l'affaire du 13 juin, pour les lois sur l'enseignement et contre le suffrage universel, etc. Bréhier soutint la politique de L.-N. Bonaparte, se montra favorable au coup d'État, et fut compris par le prince président, au lendemain du Deux-Décembre, sur la liste des membres de la « Commission consultative. »

BRELAY (Pierre-Eugène-Emile), représentant à l'Assemblée nationale de 1871, député de 1876 à 1889, né à Puyravault (Charente-Inférieure), le 7 décembre 1817, négociant en tissus, se mêla, dès le règne de Louis-Philippe, au mouvement démocratique, et fut, en 1848, commandant dans l'artillerie de la garde nationale de Paris; il se présenta aux élections du 23 avril pour l'Assemblée constituante, mais ne fut pas élu. Sous l'Empire, M. Brelay, tout en s'occupant de ses affaires commerciales, fit une vive opposition au pouvoir; après le 4 Septembre, lors des premières élections municipales, il fut nommé adjoint au maire du 2e arrondissement. Il réunit 35,000 voix, aux élections du 8 février 1871, puis, lors des élections complémentaires qui eurent lieu à Paris, le 2 juillet de la même année, il fut élu représentant de la Seine à l'Assemblée nationale, le 19e sur 21, par 98,248 voix sur 290,823 votants et 458,774 inscrits. Il prit place à l'Union républicaine et vota toutes les mesures tendant à l'établissement du régime républicain; il se prononça *pour* la dissolution, *pour* le retour à Paris, *contre* la loi des maires, *contre* le gouvernement du 24 mai, *contre* la loi sur l'enseignement supérieur, et *pour* la Constitution du 25 février 1875. Porté sur la liste des gauches, lors des élections de sénateurs inamovibles, il échoua, faute d'une voix, et se présenta aux élections du 20 février 1876 pour la Chambre des députés; il fut élu député du IIe arrondissement, par 8,077 voix sur 13,039 votants, 16,633 inscrits, contre MM. Cresson, 3,203 voix, Thorel 753; Loiseau-Pinson, 461 et Haussmann, 262. Il suivit, à la nouvelle Chambre, la même ligne politique que précédemment, vota *pour* l'amnistie plénière et fut des 363. Réélu comme el, le 14 octobre 1877, par 10,622 voix 12,986 votants, 16,354 inscrits), contre MM. Marienval 571 voix, et Daguin 433. Il continua de faire partie de l'extrême-gauche, avec laquelle il vota le plus souvent, mais sans adhérer toutefois, à la politique intransigeante. Il se prononça : *pour* l'amnistie, *pour* l'invalidation de Blanqui, *pour* le retour du Parlement à Paris, *pour* l'application des lois existantes aux congrégations non autorisées, *pour* la proposition tendant au rétablissement du divorce, *pour* la liberté de réunion, etc. Réélu, o 21 août 1881, par 8,855 voix sur 11,098 votants et 15,833 inscrits, contre 611 voix, il se fit inscrire à la gauche radicale, vota le plus souvent avec la majorité et garda une sorte de neutralité entre les opportunistes et les radicaux. Aux élections du 4 octobre 1885, sa candidature fut admise par les comités radicaux de la Seine qu'après de vives contestations, à la suite d'un procès qu'il eut à subir pour infraction à la loi sur les sociétés, dans l'affaire du « Comptoir industriel » dont il fut l'un des administrateurs. Il avait, d'ailleurs, été acquitté par le tribunal. Au premier tour de scrutin, M. Brelay réunit 141,000 voix et fut classé le 5e sur la liste générale des candidats. Grâce à a « concentration » qui s'opéra au second tour entre les républicains, il fut élu le 18 octobre, ar 286,224 voix sur 416,886 votants, 564,338 inscrits. M. E. Brelay a voté *contre* le maintien de l'ambassade du Vatican, *pour* l'amendement olfavru portant suppression des sous-préfets, *pour* la proposition de résolution de la commission du budget (17 mai 1887), *pour* l'urgence de la proposition de revision (31 mars 1888), et, dans la dernière session : *contre* le rétablissement du scrutin uninominal (11 février 1889), *contre* l'ajournement indéfini de la revision de la Constitution (14 février), *pour* les poursuites contre trois députés membres de la Ligue des patriotes (14 mars), *contre* le projet de loi Lisbonne restrictif de la liberté de la presse (2 avril), *pour* les poursuites contre le général Boulanger (4 avril).

BRELIVET (Toussaint), député au Corps législatif en l'an XII, né à Pontivy (Morbihan), le 26 octobre 1743, mort à Loudéac (Côtes-du-Nord), le 9 décembre 1805, était négociant et conseiller général des Côtes-du-Nord. Le Sénat conservateur le choisit, le 14 nivôse an XII, comme député au Corps législatif pour y représenter ce département. Il mourut l'année d'après.

BRÉMONT-D'ARS (Pierre-René-Auguste, marquis de), député à l'Assemblée constituante de 1789, né à Saintes (Charente-Inférieure), le 16 décembre 1759, mort à Saintes, le 25 février 1842, appartenait à une très ancienne famille, qui compte, dit la *Biographie universelle* de Michaud, « un troubadour parmi ses membres; » il était « homme de lettres » et maire de Saintes. Élu, le 3 août 1789, député suppléant de la noblesse aux Etats-Généraux par sa sénéchaussée, il fut admis quelques jours après, le 28 août, à siéger en remplacement de La Tour-du-Pin, nommé ministre de la Guerre. Brémont-d'Ars fut de la minorité, défendit la royauté et l'Eglise, et signa les protestations des 12 et 15 septembre 1791. Il émigra en Belgique, puis en Hollande, y donna des leçons de mathématiques, et rentra en France en 1800, ayant perdu sa femme et un fils, et presque toute sa fortune; il vécut longtemps à la Chapelle-des-Pots, près de Saintes, s'occupant de la culture de la vigne. Il ne reparut sur la scène politique qu'après la révolution de juillet. Il fut alors mêlé à un incident qui fit quelque bruit. Le sous-préfet de Saintes ayant émis, dans un acte public, cette allégation que Louis-Philippe était le roi choisi par la majorité des Français, Brémont-d'Ars réclama et mit le fonctionnaire au défi de réunir la majorité des citoyens sur le nom de Louis-Philippe. Le sous-préfet prit la chose tellement au sérieux qu'il convoqua les électeurs pour répondre au défi, et se fit naturellement désavouer et révoquer.

Le marquis de Brémont-d'Ars avait un goût très vif pour la numismatique.

BRÉMONT-D'ARS (Guillaume, marquis de), fils du précédent, membre du Sénat, né à Saintes (Charente-Inférieure), le 19 mars 1810, entra à l'Ecole militaire de Saint-Cyr, en sortit sous lieutenant de cavalerie en 1830, et fut successivement promu lieutenant en 1833, capitaine en 1838, lieutenant-colonel en 1852, et colonel du 2e régiment de chasseurs d'Afrique en 1855. Il devint général de brigade le 13 août 1863, et, dans les dernières années de l'Empire, commanda la subdivision de la Charente. Nommé, par le gouvernement de la Défense nationale, général de division, il prit part à la guerre franco-allemande à la tête de la 1re division du 17e corps de l'armée de la Loire; il passa de là à l'armée de l'Est. Quant il atteignit la limite d'âge du service actif en 1874, il exerçait les fonctions d'inspecteur général de la cavalerie. D'opinions royalistes très accentuées, il entra alors dans la politique militante, et brigua, d'abord sans succès, aux élections de 1876, les suffrages des électeurs sénatoriaux de la Charente. Mais il fut élu par le même département, le 16 février 1879, à l'élection complémentaire qui suivit le décès de M. André. Il siégea à droite, vota *contre* les projets de loi sur l'enseignement, *contre* l'article 7 et l'application des lois aux congrégations. Il repoussa de même la loi d'expulsion des princes, la nouvelle loi sur la magistrature, le rétablissement du divorce, etc. Réélu le 6 janvier 1885, par 492 voix sur 891 votants, contre 364 voix accordées à ses concurrents républicains, il vota constamment avec la minorité, notamment *contre* la nouvelle loi militaire. Il s'est prononcé, dans la dernière session, *contre* le rétablissement du scrutin uninominal (13 février 1889), *contre* le projet de loi Lisbonne restrictif de la liberté de la presse (18 février), *contre* la procédure à suivre devant le Sénat pour juger les attentats contre la sûreté de l'État (29 mars, affaire du général Boulanger). Grand officier de la Légion d'honneur du 5 mai 1871.

BRÉMONTIER (GEORGES-THOMAS), député à l'Assemblée législative de 1791, au Conseil des Cinq-Cents et au Corps législatif de l'an VIII, dates de naissance et de mort inconnues, était négociant à Rouen. Député de la Seine-Inférieure à l'Assemblée législative, le 7 septembre 1791, il y opina avec la majorité, et prit la parole, dans la séance du 1er février 1792, contre le ministre de la Marine, Bertrand de Molleville. On lui reprochait de n'avoir pas mis à exécution, en temps voulu, la loi sur l'organisation de la marine : ce retard avait été cause de la défection d'un grand nombre d'officiers. Brémontier demanda à l'assemblée de décréter que son comité de législation lui présenterait « des observations motivées sur la conduite du ministre, afin que ces observations approuvées, s'il y a lieu, par le Corps législatif, puissent être transmises au roi. » La motion fut adoptée sous une forme un peu différente. Le 5 mars, Brémontier réclama un plan général sur l'approvisionnement des départements. Enfin, le 13 juin, il fit un rapport relatif à la surveillance de la fabrication des assignats et monnaies.

Plus tard, il appartint au Conseil des Cinq-Cents. Le département de la Seine-Inférieure l'y avait élu, le 24 germinal an VI. Il n'y fit guère parler de lui, non plus qu'au Corps législatif où il entra le 4 nivôse an VIII. Il termina sa carrière comme directeur des droits réunis du département du Calvados.

BRENET (HENRY-CATHERINE), député de 1815 à 1816 et de 1820 à 1827, né à Moissey (Jura), le 23 novembre 1764, mort à Paris, le 3 mai 1824, alla, après de brillantes études médicales à Paris, s'établir à Dijon, où il acquit une grande réputation. Royaliste avoué et sincère, il fut, sous la Terreur, détenu au château de Dijon, d'où il s'évada par une embrasure de canon; il se cacha dans les forêts du Jura, mais une grave épidémie ayant éclaté à Dijon, le comité révolutionnaire de la ville le rappela à la hâte, et il accourut.

Le 22 août 1815, le collège de département de la Côte-d'Or l'élut député, par 124 voix sur 162 votants et 260 inscrits; il se montra des plus modérés parmi les ultras de la « Chambre introuvable», mais l'opposition qu'il avait faite au ministère empêcha sa réélection en 1816. Il rentra au Parlement le 13 novembre 1820, comme l'élu du même collège, par 227 voix sur

404 votants et 435 inscrits, et fut réélu successivement, le 16 mai 1822, par 231 voix sur 357 votants et 400 inscrits, et le 6 mars 1824, par 233 voix sur 249 votants et 365 inscrits; il mourut moins de deux mois après cette dernière élection. Il était membre de plusieurs sociétés savantes et s'occupait volontiers de questions agricoles.

BRENIER DE MONTMORAND (ANTOINE-FRANÇOIS, COMTE), député en 1830, né à Saint-Marcellin (Isère), le 12 novembre 1767, mort à Saint-Marcellin, le 8 octobre 1832, entra dans les gendarmes de la maison du roi en juin 1786, fut successivement aide de camp des généraux Crillon et d'Albignac, et devint, le 19 juin 1793, chef de bataillon à l'armée des Pyrénées-Orientales. Chef de demi-brigade en l'an III, il eut sous ses ordres le 14e puis le 63e de ligne, avec lesquels il fit, jusqu'en l'an VI, les campagnes d'Italie et de Hollande. En l'an VII, il retourna à l'armée d'Italie, fut blessé, le 25 germinal, à la prise de Vérone par Souvarow, et promu général de brigade. Ses blessures le forcèrent à servir à l'intérieur. En l'an XII, lorsque le premier consul le nomma, le 19 frimaire, membre de la Légion d'honneur, il faisait partie de l'état-major de la 10e division militaire. En 1807, Napoléon Ier l'envoya en Portugal, sous les ordres de Junot. Il se fit remarquer au combat de Rorissa et à la bataille de Vimeiro, où, blessé, il tomba au pouvoir des Anglais. Rendu à l'armée par suite du traité de Lisbonne (30 août 1808), il fut ramené à Quiberon. Le général Brenier rentra bientôt en Espagne, fut chargé de la défense d'Almeida, réussit, après avoir détruit le matériel et les ouvrages, à se faire jour l'épée à la main, et à opérer sa jonction avec Masséna. Créé baron de l'Empire (12 février 1812), général de division, et grand officier de la Légion d'honneur (26 décembre 1813), il passa à la grande armée, où il commanda la seconde division du 3e corps, et se trouva à la bataille de Lutzen, où il y fut encore dangereusement blessé. En 1814, il commanda la place de Lille, qu'il mit en état de siège, adhéra aux actes du Sénat, et reçut la croix de Saint-Louis. Envoyé à Brest en 1815, il devint, la même année, commandant de la 7e division militaire. Pendant les années 1818 et 1819, il exerça les fonctions d'inspecteur général d'infanterie, et, après avoir commandé quelque temps la 17e division militaire (Corse), il rentra en France, se retira à Grenoble, et fut admis à la retraite comme lieutenant-général le 28 février 1827. Membre du conseil général de l'Isère, il fut en outre, le 3 juillet 1830, élu député par le collège de ce département. Il vota à la Chambre avec les royalistes modérés, ne donna pas sa démission à l'avènement de Louis-Philippe, et siégea jusqu'aux élections de 1831.

BRENIER DE RENAUDIÈRE (ALEXANDRE-ANATOLE-FRANÇOIS-HENRI, BARON), ministre et sénateur du second Empire, né à Paris, le 22 août 1807, mort à la Lucassière-Vouvray (Indre-et-Loire), le 27 mars 1885, était fils d'Henri Brenier de Renaudière, directeur des fonds et de la comptabilité au ministère des Affaires étrangères. Entré de bonne heure dans la diplomatie, le baron Brenier fut envoyé en mission à Athènes, en 1827, lors de l'expédition de Morée. Second secrétaire d'ambassade à Londres, en 1833, sous les ordres du prince de Talleyrand, puis premier secrétaire à Lisbonne et chargé d'affaires à Bruxelles en 1837, il fut nommé successivement consul à Varsovie et consul général à Florence, puis succéda à son père, en 1847, dans la direction des fonds et de la comptabilité aux affaires étrangères.

Le prince Louis-Napoléon le nomma, le 24 janvier 1851, ministre des Affaires étrangères. Le ministère tomba le 10 avril, et, par décret du 13 suivant, le baron Brenier fut promu ministre plénipotentiaire de 1re classe « en considération de ses services comme ministre des Affaires étrangères. »

Il entra au Conseil d'Etat, et fut appelé, le 12 janvier 1853, à l'ambassade de Constantinople. Une maladie grave ne lui permit pas de rejoindre son poste; chargé, à la fin de la même année, d'une mission politique en Italie, il fut envoyé comme ministre plénipotentiaire à Naples, en 1855.

Rappelé, comme le ministre anglais, au moment où les demandes de réformes présentées par les cabinets de Paris et de Londres échouèrent auprès du roi Ferdinand II, il fut nommé président de la commission d'organisation de la Cochinchine.

A l'avènement de François II au trône de Naples, le baron Brenier y fut renvoyé comme ambassadeur extraordinaire, et obtint enfin du nouveau roi une constitution libérale. Dans l'ardeur des conflits politiques du moment, il fut, le 27 juin 1860, victime d'une tentative d'assassinat, qui lui valut, de la part de la population, de touchantes marques de reconnaissance pour les services rendus au pays. L'invasion des Deux-Siciles par Garibaldi, en septembre 1860, ramena le baron Brenier en France. Il fut nommé sénateur le 24 mai 1861, et se montra partisan résolu de l'autorité impériale, telle que les votes populaires l'avaient établie; il se prononça notamment contre le sénatus-consulte de décembre 1861, qui étendait les attributions financières du Corps législatif aux dépens des prérogatives de l'empereur. Commandeur de la Légion d'honneur le 16 janvier 1851, il devint grand officier le 1er août 1855; il était grand-croix de plusieurs ordres étrangers. Le baron Brenier avait épousé Mlle Hely Hutchinson, nièce du comte de Donoughmore; deux filles sont nées de ce mariage.

BRESSAND DE RAZE (Pierre-François), député de 1820 à 1826, né à Raze (Haute-Saône), le 22 décembre 1755, mort à Paris, le 23 juin 1826, fit ses études à l'Université de Besançon et fut reçu avocat; mais, possesseur d'une fortune considérable, il délaissa le barreau pour surveiller l'exploitation de ses domaines. Il adopta, avec modération, les principes de 1789, fut, sous la Révolution, membre de la Haute-Cour d'Orléans, et fit partie du tribunal révolutionnaire après Thermidor. Devenu, sous le Consulat, maire de sa commune natale, puis membre du conseil général du département, il s'occupa, jusqu'à l'époque de la Restauration, moins de politique active que d'améliorations agricoles. Il fut, le 13 novembre 1820, élu député de la Haute-Saône au collège de département, par 68 voix (132 votants, 154 inscrits). contre 63 voix à M. Nourrisson, candidat de l'opposition libérale. Il vota pour le gouvernement, et proposa, dans la session de 1821, d'augmenter le traitement des curés, qui était de 750 francs, de préférence à celui des vicaires, lesquels, d'après lui, n'avaient ni les mêmes charges ni les mêmes obligations envers les pauvres. Cette proposition, qu'il eut à peine le temps de développer au milieu des conversations de la Chambre, fut écartée par l'ordre du jour. Depuis, Bressand ne reparut plus à la tribune. Réélu député, le 20 novembre 1822, par 75 voix (133 votants, 153 inscrits), contre 58 à M. de Grammont, libéral, puis le 6 mars 1824, par 81 voix sur 86 votants, il continua de soutenir le ministère et assista, comme président du conseil général de son département, au sacre de Charles X : à cette occasion, M. Bressand de Raze fut fait officier de la Légion d'honneur. De retour à Paris pour la session de 1826, il y mourut le 23 juin.

BRESSON (Jean-Baptiste-Marie-François), membre de la Convention et député au Conseil des Cinq-Cents, né à Darney (Vosges), le 15 août 1760, mort à Meudon (Seine-et-Oise), le 11 février 1832, était administrateur du directoire du district de Darney, quand il fut élu, le 4 septembre 1792, par le département des Vosges, membre de la Convention, par 198 voix sur 394 votants. Il siégea parmi les modérés, et fut l'apôtre de « l'Evangile de la douce et sage liberté », comme il disait. Dans le procès de Louis XVI, il répondit, au 3e appel nominal :

« Lorsque, sur la première question, j'ai dit Louis est coupable, j'ai prononcé d'après la conviction du législateur et non du juge, car je ne le suis pas, et une autorité supérieure à la vôtre, ma conscience, me défend d'en remplir les fonctions.

« Puisque je ne suis pas juge, je n'ai pas dû ouvrir le Code criminel pour y lire ma détermination; j'ai interrogé le bonheur de mon pays; il est pour moi la loi, la justice suprême.

« Non, citoyens, nous ne sommes pas juges, car les juges sont prosternés devant une loi égale pour tous, et nous, nous avons violé l'égalité pour faire une exception contre un seul.

« Nous ne sommes pas juges, car les juges ont un bandeau glacé sur le front, et la haine de Louis nous brûle et nous dévore.

« Nous ne sommes pas juges, car les juges se défendent des opinions sévères; ils les ensevelissent au fond de leur cœur, et ce n'est qu'avec une tardive et sainte honte qu'ils les laissent échapper; et nous, presque réduits à nous excuser de la modération, nous publions avec orgueil la rigueur de nos jugements, et nous nous efforçons de la faire adopter.

« Nous ne sommes pas juges enfin, car on voit des juges s'attendrir sur le scélérat qu'ils viennent de condamner, et adoucir l'horreur qui l'environne par l'expression de la pitié. Notre aversion pour Louis jusque sous la hache des bourreaux, et même j'ai quelquefois entendu prononcer son arrêt de mort avec l'accent de la colère, et des signes approbateurs répondaient à ce cri funèbre.

« Homme d'Etat, j'oublie les maux que Louis nous a faits sur le trône; je ne m'occupe que de ceux qu'il pourrait nous faire sur l'échafaud.

« De longues et silencieuses méditations m'ont convaincu que son existence sera moins funeste à ma patrie que son supplice, et je n'ai pas hésité.

« Je demande que Louis soit détenu jusqu'à l'époque où la tranquillité publique permettra de le bannir. »

Il fut des 72 conventionnels mis hors la loi lors de l'arrestation des Girondins (31 mai 1793), et fut réintégré à la Convention après le 9 thermidor. Le 23 vendémiaire an IV, plusieurs départements l'élurent député au Conseil des

Cinq-Cents; il opta pour le département des Vosges, et sortit du Conseil au renouvellement de 1798. Son adhésion au coup d'État de brumaire lui valut la place de juge suppléant au tribunal civil des Vosges. — Membre de la Légion d'honneur du 25 prairial an XII, il fut nommé, en 1811, juge au tribunal civil d'Épinal, et mis à la retraite comme magistrat, en 1825. Il a publié : *Réflexions sur les bases d'une Constitution* (1795).

BRESSON (FRANÇOIS-LÉOPOLD), représentant à la Chambre des Cent-Jours, né à Lamarche (Vosges), le 8 décembre 1771, mort à Paris, le 21 novembre 1848, avocat à Nancy, s'y fit une solide réputation qui lui valut, en 1821, la situation de bâtonnier de l'ordre. Il entra, en 1829, dans la magistrature comme conseiller à la Cour royale de Nancy, devint président de chambre le 23 juin 1831, procureur général à Metz en 1832, et conseiller à la Cour de cassation le 19 mai 1834. Bresson avait fait partie de la Chambre des : présentants, élue le 10 mai 1815, pour le département de la Meurthe. — Le 1er août 1848, il fut admis à la retraite comme conseiller à la Cour de cassation.

BRESSON (MARIE-STANISLAS-HECTOR), fils de BRESSON (Jean-Marie-François), député de 1831 à 1843, né à Darney (Vosges), le 14 février 1794, mort à Paris, le 13 mai 1843, remplit sous Louis-Philippe divers emplois administratifs. Tout dévoué au gouvernement de juillet, il fut pour la première fois élu député du 4e collège électoral des Vosges (Remiremont), le 5 juillet 1831. Il vota avec la majorité, notamment *pour* la condamnation du journal la *Tribune* (1833), et obtint sa réélection dans le même collège, le 21 juin 1834, avec 97 voix sur 106 votants et 150 inscrits; il vota les lois de septembre, de dotation et de disjonction. Nommé vers cette époque intendant civil en Afrique, M. Bresson dut reparaître devant ses électeurs, qui, le 9 août 1836, le renvoyèrent à la Chambre.

Il fut encore réélu, le 4 novembre 1837, par 82 voix (118 votants, 151 inscrits), et se montra, en toute occasion, l'ami fidèle du gouvernement, qui le fit directeur des eaux et forêts. Il reçut de sa circonscription, comme député, une nouvelle investiture, le 22 octobre 1838 ; enfin les élections du 2 mars 1839 lui donnèrent encore 105 voix sur 139 votants.

Dans le cours de cette nouvelle législature, M. Bresson fut promu directeur général des forêts; confirmé à nouveau dans son mandat de député, le 11 avril 1840, et réélu pour la dernière fois lors du renouvellement du 9 juillet 1842, il mourut peu de mois après l'ouverture de cette dernière législature. M. Bresson avait régulièrement voté avec la majorité conservatrice. Une biographie parlementaire de 1839 rappelle que « le député de Remiremont est un membre de cette famille Bresson si richement comblée des faveurs du pouvoir. »

BRESSON (CHARLES-JOSEPH, COMTE), pair de France, né à Épinal (Vosges), le 27 mars 1798, mort à Naples (Italie), le 2 novembre 1847, était fils d'un chef de division au ministère des Affaires étrangères, et fut destiné de bonne heure à la carrière diplomatique. Chargé par M. Hyde de Neuville, ministre des Affaires étrangères sous Charles X, d'une mission en Colombie, il alla ensuite en 1830, notifier à la Suisse, l'avènement de Louis-Philippe, puis passa premier secrétaire de légation à Londres, et fut un des deux secrétaires chargés de faire accepter par le gouvernement provisoire belge les décisions de la conférence de Londres, mission dont il s'acquitta avec habileté. Les négociations heureusement menées du mariage du nouveau roi Léopold avec la princesse Louise d'Orléans le mirent tout à fait en faveur, et, en 1833, il fut appelé au poste de chargé d'affaires à Berlin, où il rétablit nos relations compromises, et empêcha une alliance trop intime avec la Russie. Louis-Philippe lui offrit, le 12 novembre 1834, le portefeuille des Affaires étrangères, mais Bresson refusa et préféra rester à Berlin; le mariage du duc d'Orléans avec la princesse Hélène de Mecklembourg, alliée à la famille royale de Prusse, fut aussi son œuvre. Le roi le nomma, à cette occasion, comte et pair de France (6 mai 1839). A la Chambre haute, il défendit activement le projet des fortifications de Paris (1841). Envoyé, peu après, ambassadeur à Madrid, il eut une part considérable dans la conclusion des « mariages espagnols » (28 août 1846), à l'occasion desquels son fils fut créé grand d'Espagne de 1re classe, avec le titre de duc de Sainte-Isabelle. Rappelé en 1847, il passa quelques semaines à Londres, et fut envoyé, la même année, comme ambassadeur à Naples. Mais à peine installé dans cette résidence, à la suite de chagrins domestiques, il se coupa la gorge avec un rasoir.

BRESSON (EDOUARD-VICTOR-STANISLAS), fils du précédent, député de 1876 à 1889, né à Darney (Vosges), le 27 juin 1826, était sans antécédents politiques, et n'était connu que comme riche manufacturier, maire de Monthureux depuis de longues années, et révoqué après le 24 mai 1873, lorsque, aux élections du 20 février 1876, il devint, par 8,611 voix (15,765 votants, 18,990 inscrits), député de l'arrondissement de Mirecourt. Cette élection empruntait une réelle importance à la personnalité et à la qualité de son concurrent, M. Buffet, alors ministre de l'Intérieur. M. Bresson siégea au centre gauche, avec la majorité républicaine, fut des 363, et, malgré la très vive opposition de l'administration, obtint sa réélection, le 14 octobre 1877, par 9,719 voix (15,139 votants, 18,959 inscrits), contre M. Simonin, 5,286. Il soutint le ministère Dufaure, s'associa au vote de l'ordre du jour de confiance que lui accorda la Chambre le 20 janvier 1879, vota *pour* l'élection de M. Jules Grévy comme président de la République, et *pour* le retour du Parlement à Paris, *contre* l'amnistie plénière, *pour* l'article 7, *pour* l'ensemble de la loi sur la presse, etc. Le 21 août 1881, M. Bresson fut réélu par 9,982 voix (11,643 votants, 18,714 inscrits). Il donna constamment son suffrage à la politique opportuniste et au ministère Ferry, vota les crédits du Tonkin, la loi sur les récidivistes, le maintien de l'ambassade auprès du pape, et se prononça *contre* l'élection des sénateurs par le suffrage universel. Porté sur la liste opportuniste dans les Vosges, le 4 octobre 1885, il fut réélu député de ce département, le 4e sur 6, par 45,370 voix (87,635 votants 108,409 inscrits). M. Bresson s'inscrivit au groupe de l'*Union des gauches*, soutint les ministères Rouvier et Tirard, et opina, comme précédemment, avec la fraction la plus modérée de la majorité républicaine; dans la dernière session, il était absent par congé lors du scrutin sur le rétablissement du scrutin uninominal (11 février 1889); il a voté *pour* l'ajournement indéfini de la revision de la Constitution (14 février), *pour* les poursuites contre trois députés membres de la Ligue des patriotes (14 mars), *pour* le projet de loi Lisbonne restrictif de la liberté de la presse (2 avril), *pour* les poursuites contre le général Boulanger (4 avril).

BREST (JEAN-BAPTISTE), député à l'Assemblée législative de 1791, né à Issoire (Puy-de-Dôme), le 2 juin 1743, mort à Issoire, le 9 avril 1811, exerçait la médecine dans son pays natal. Il fut d'abord élu député suppléant du Puy-de-Dôme à l'Assemblée législative, le 12 septembre 1791, « à la pluralité des voix sur 255 votants »; puis, le député Téalier étant mort, il fut admis à siéger à sa place. Les paroles que lui attribue le *Moniteur* dans la séance du 16 décembre prouvent que Brest, qualifié médecin, s'était longtemps occupé de commerce. Donnant son avis sur la question des « coupures d'assignats », il invoqua son expérience, et dit : « Chaque jour l'argent devient plus rare par la baisse arrivée dans notre change. Nous vendons aux étrangers nos marchandises 50 0[0 de moins que l'année passé, et nous leur payons autant de plus leurs denrées. Nous pouvons peut-être au moment du plus grand discrédit... Il vous a été proposé de créer des assignats de 10 sous, c'est-à-dire de faire croire aux nations étrangères que vous êtes réduits au point de n'avoir plus que du papier-monnaie pour ressource. Est-il nécessaire, est-il utile de faire des assignats au dessous de 5 livres? Je ne le crois pas. (*On murmure.*)

« ... L'argent a été regardé comme une denrée et des hommes vils et méprisables en ont fait un honteux commerce. Eh bien ! vos petits assignats deviendront un nouvel aliment pour l'agiotage, ils augmenteront le prix des denrées, et la falsification en sera d'autant plus facile que la plupart de ceux qui les recevront ne savent pas lire... Je suis persuadé qu'il est possible d'arriver au but que vous vous proposez, en créant dans les départements des billets de confiance sous la surveillance des directoires. Ce papier est le seul qui puisse convenir, le seul qui nous conduise au but que nous ne devons pas perdre de vue, à la prospérité publique. Il est encore un objet qui mérite votre attention parce qu'il doit soulager les malheureux, qui ont toujours attiré votre sollicitude, c'est de hâter la fabrication de la monnaie du métal des cloches. » Et Brest proposa un projet de décret en dix-huit articles qui renfermaient les principales dispositions développées dans son discours. Mais l'Assemblée, aux applaudissement de la majorité, déclara la discussion close, et décréta qu'il y aurait des assignats au dessous de 5 livres.

BRET (CHARLES-WANGEL), sénateur du second Empire, né à Lyon (Rhône), le 24 février 1791, mort à Prétieux (Loire), le 15 septembre 1860, entra de bonne heure dans la carrière administrative et y obtint un avancement rapide. Préfet de la Loire en 1832, il devint préfet du Haut-Rhin l'année suivante, et resta jusqu'à la révolution de 1848 à la tête de ce département. « Il y contribua, dit un biographe, à la propagation de la vaccine gratuite. » La république l'avait rendu à la vie privée. En 1851, M. Bret fut replacé à la préfecture de la Loire, puis appelé à celles de la Haute-Garonne et du Rhône; dans ces divers postes, il seconda de tout son pouvoir les vues du gouvernement impérial. Nommé sénateur le 4 mars 1853, il fut admis à la retraite comme préfet le 6 juin de la même année. Il vota, à la Cham-

bre haute, constamment dans le sens gouvernemental et dynastique, et prit part, notamment, au vote (1858) de la loi de sûreté générale.

BRETEUIL (ANNE-FRANÇOIS-VICTOR LE TONNELIER DE), député aux Etats-Généraux de 1789, né à Paris, le 18 janvier 1724, mort dans la prison de Rouen, le 14 août 1794, fut destiné à la carrière ecclésiastique et bientôt nommé évêque de Montauban. Prélat fastueux, tenant une cour quasi-royale en son château de Bresolio, il ne s'en occupait pas moins activement de l'administration de son diocèse, s'efforçait d'égaliser les impôts, faisait percer trois grandes routes, créait une manufacture pour donner du travail aux ouvriers et aux enfants, réparait de ses deniers, en 1765, les ravages causés par l'inondation du Tarn; « plus de huit cents pauvres, dit un contemporain, puisèrent à cette occasion dans sa charité ».

Elu, le 22 avril 1789, député du clergé aux Etats-Généraux par le pays et jugerie de Rivière-Verdun, en Bas-Armagnac, il fit partie de la minorité hostile aux innovations, et protesta en ces termes, contre la réunion des trois ordres, le 1er juillet 1789 :

« Les cayers de l'ordre du clergé de la jugerie de Rivière-Verdun, diocèse de Toulouse, s'expriment ainsi :

« Art. 3. — Qu'il ne soit consenti aucun impôt qu'après que le roy aura sanctionné les différentes demandes de la nation.

« Art. 10. — Que l'on opine par ordre aux Etats-Généraux sans que deux ordres puissent lier le troisième à moins que des circonstances passagères ne déterminent les trois ordres à consentir unanimement l'opinion par tête.

« D'après cette forme et ces restrictions impératives qu'il m'est d'autant moins permis d'interpréter que je n'y ai en aucune part, n'ayant point assisté à cette Assemblée, je déclare me croire lié et restraint à ne pouvoir délibérer en attendant ou de nouveaux pouvoirs plus libres et plus étendus, ou les circonstances passagères et déterminées par le consentement unanime des trois ordres.

« A Versailles ce 1er juillet 1789.

« F. A. V. Ev. de Montauban. »

M. de Breteuil refusa son adhésion à la constitution civile du clergé (4 janvier 1791), signa la célèbre *Exposition des principes*, ainsi que les protestations générales de septembre 1791 contre les décrets de l'assemblée. A la dissolution de l'Assemblée, il se retira en Normandie, espérant se soustraire par la retraite à la réclusion décrétée contre les sexagénaires en place de la déportation. Mesdames Duteurtre et Solo, de Rouen, aidées par un garde des forêts nommé Hervieux, lui offrirent un asile; mais on l'y découvrit le 4 juillet 1794, et il fut emprisonné avec trois personnes d'abord dans la maison des Pères des Écoles chrétiennes, qui servait alors de prison, puis dans la prison de l'ancien Parlement. Six semaines après, M. de Breteuil y mourut de maladie; les trois autres co-détenus furent mis en liberté le 16 octobre suivant.

BRETEUIL (LOUIS-AUGUSTE LE TONNELIER, BARON DE), ministre des finances en juillet 1789, né à Aray-le-Ferron (Indre), le 7 mars 1730, mort à Paris, le 2 novembre 1807, d'une famille de noblesse pauvre, fut poussé dans la carrière militaire par son oncle, l'abbé de Breteuil, chancelier du duc d'Orléans, et fut nommé guidon de gendarmerie, puis premier cornette des chevaux légers de Bourgogne. On parla de son activité et de son intelligence à Louis XV, qui l'envoya, en 1759, comme ministre plénipotentiaire auprès de l'électeur de Cologne, puis l'appela au cabinet de sa correspondance secrète avec les cours étrangères sous la direction du duc de Broglie. Dès 1760, il partit comme ambassadeur en Russie. Absent de son poste lors de la mort tragique de Pierre III, il revint à la hâte à Saint-Pétersbourg, reçut un accueil flatteur de Catherine II, puis fut envoyé en Suède, où il défendit les intérêts français à la diète de 1769. Nommé à l'ambassade de Vienne en 1770, une intrigue de cour le fit presque aussitôt remplacer par le cardinal prince Louis de Rohan, dont il se vengea plus tard, lors de l'affaire du collier ; il reçut, en échange, le poste de Naples, puis fut rappelé à Vienne, en 1775, par Louis XVI, et prit part au congrès de Teschen (1778), qui parvint à régler pacifiquement la succession de l'électeur palatin de Bavière, Charles-Théodore.

Rentré en France en 1783, il fut nommé ministre d'Etat et de la maison du roi, avec le gouvernement de Paris : il disposait ainsi des lettres de cachet, mais il mit en liberté les victimes des ministères précédents, et fit du donjon de Vincennes un grenier d'abondance. Il s'occupa aussi d'embellir Paris, élargit le quai de Gèvres, établit le marché des Innocents, projeta la reconstruction de l'Hôtel-Dieu, et encouragea les arts et les sciences. Mais son esprit vindicatif et autoritaire lui créa des ennemis puissants; dans l'affaire du collier, il songea bien moins aux intérêts de la reine, qu'à la satisfaction de sa vengeance contre le cardinal de Rohan, qu'il arrêta lui-même, en habits pontificaux, dans l'antichambre de la chapelle de Versailles. En désaccord avec Calonne, il força ce dernier à abandonner le portefeuille des finances, mais il dut donner à son tour sa démission en 1788, devant la résistance du successeur de Calonne, Loménie de Brienne ; de Breteuil n'en garda pas moins la confiance du roi et de la reine, s'opposa pourtant en vain à la convocation des États-Généraux, et, au moment du renvoi de Necker fut mis, comme « chef du Conseil général des finances, » à la tête du ministère éphémère du 12 juillet 1789, dit « ministère des cent heures »; en effet, la journée du 14 juillet força Louis XVI à rappeler Necker. M. de Breteuil conseilla à ce moment au roi de se rendre à Compiègne au milieu de ses troupes; sur son refus, de Breteuil quitta la France, et se retira à Soleure, où il reçut en 1790, un rescrit de la main du roi avec plein pouvoir « de traiter avec les cours étrangères, et proposer en son nom toutes les mesures qui pourraient tendre à rétablir l'autorité royale et la tranquillité intérieure du royaume. » Ce pouvoir fut révoqué au moment de l'acceptation de la Constitution par le roi ; M. de Breteuil renonça alors à la politique, et se réfugia à Hambourg (1792).

Le sénatus-consulte de floréal an X lui permit de rentrer en France; il y vivait pauvrement, quand l'impératrice Joséphine obtint pour lui, de l'empereur, une pension de 12,000 fr., à laquelle vint se joindre un héritage par la mort de Mme de Créqui, sa parente. Le baron de Breteuil fréquenta particulièrement, dans ses dernières années, les salons de l'ex-conventionnel Cambacérès.

BRETEUIL (ACHILLE-CHARLES-STANISLAS-ÉMILE LE TONNELIER, COMTE DE), neveu du précédent, pair de France et sénateur du second Empire, né à Paris, le 29 mars 1781, mort à Paris, le 3 juin 1864, était élève au collège du Plessis en 1789 ; sa famille ne fut sauvée de l'échafaud que par le 9 thermidor. Admis à l'Ecole polytechnique, le 26 brumaire an IX, il entra, en l'an XI, au ministère des relations extérieures, où il resta huit mois, fut attaché à l'administration établie à Mayence pour la liquidation générale des dettes de l'Empire, et nommé par Talleyrand secrétaire de légation à Stuttgard. Auditeur au Conseil d'Etat le 11 février 1809, il alla porter le travail des ministres à la signature de Napoléon à Vienne, fut nommé, en juillet de la même année, intendant de la Styrie, puis, en décembre, de la Carinthie, et, en janvier 1810, de la Basse-Carniole, fut créé, le 9 mars 1810, baron de l'Empire, appelé, le 20 novembre 1810, à la préfecture de la Nièvre, et le 25 mars 1813, à celle des Bouches-de-l'Elbe. L'évacuation de Hambourg le ramena en France (1814) ; Louis XVIII le nomma maître des requêtes, et lui confia successivement, le 12 juillet 1815, la préfecture d'Eure-et-Loir, le 2 août 1820, celle de la Sarthe, et, le 9 janvier 1822, celle de la Gironde. Promu pair de France, le 23 décembre 1823, il fut rapporteur, en 1825, de la loi sur le sacrilège, qu'il qualifia d'attentat « déicide ». « Donnons aux tribunaux, disait-il, les moyens de venger la société, lorsqu'elle est attaquée dans l'objet de sa vénération, et ne craignons pas d'avouer que le plus grand des crimes est celui défini par l'art. 1er du projet de loi. » Il siégea à la Chambre haute jusqu'à la révolution de 1848, et fut appelé, le 26 janvier 1852, au Sénat du second Empire ; dans l'une et l'autre assemblée, M. de Breteuil vota avec les différentes majorités dynastiques.

BRETEUIL (HENRY-CHARLES-JOSEPH LE TONNELIER, COMTE DE), député de 1867 à 1881, puis de 1885 à 1889, né à Paris, le 17 septembre 1848, est le petit-fils de M. Fould, ancien ministre des Finances. Il suivit la carrière des armes, entra dans la cavalerie et fut nommé (1875) capitaine aux chasseurs à cheval. Peu de temps après, il quitta le service, et aborda la politique comme candidat officiel du gouvernement du Seize-Mai, aux élections du 14 octobre 1877 : il fut élu député de l'arrondissement d'Argelès, par 6,807 voix sur 10,145 votants, et 11,332 inscrits, contre M. Alicot, des 363, siégea à droite, et vota avec la minorité : contre les invalidations que prononça la Chambre, contre le cabinet Dufaure et les ministères qui suivirent, contre l'élection de M. J. Grévy à la présidence de la République, contre l'amnistie, contre l'article 7 et les lois sur l'enseignement, contre le divorce, etc. M. de Breteuil ne fit pas partie de la Chambre de 1881, ayant échoué le 21 août, avec 3,636 voix contre 5,354 accordées à son ancien concurrent républicain, M. Alicot, élu. Mais il reparut à la Chambre, en 1885; porté, le 4 octobre, sur la liste conservatrice des Hautes-Pyrénées, il passa, le 2e sur 4, avec 31,004 voix (54,119 votants, 65,208 inscrits). Il a repris sa place au milieu des conservateurs monarchistes, parmi lesquels il paraît représenter plus particulièrement les idées personnelles de M. le comte de Paris; il est monté à la tribune, non sans autorité, dans plusieurs discussions, et a voté contre le projet de loi sur l'enseignement primaire, pour le maintien de l'ambassade du Vatican, contre les ministères Freycinet, Goblet et Floquet. Au cours de la dernière session, dans un discours très diversement commenté, M. de Breteuil a apporté quasi officiellement au général Boulanger l'appoint de la droite orléaniste; il s'est prononcé *contre* le rétablissement du scrutin uninominal (11 février 1889), *pour* l'ajournement indéfini de la révision de la Constitution (14 février), *contre* les poursuites contre trois députés membres de la Ligue des patriotes (14 mars), *contre* le projet de loi Lisbonne restrictif de la liberté de la presse (2 avril), *contre* les poursuites contre le général Boulanger (4 avril).

BRETHOUS-LASSERRE (Bernard), représentant à la Chambre des Cent-Jours, né à Saint-Sever (Landes), le 11 décembre 1754, mort à Saint-Sever en 1820, appartenait à la magistrature et occupait le siège de président du tribunal de Saint-Sever, quand il fut élu, le 12 mai 1815, représentant des Landes à la Chambre des Cent-Jours. Après la session, il reprit ses fonctions de magistrat.

BRETHOUS-PEYRON (Pierre), député de 1832 à 1834, né à Saint-Sever (Landes) le 17 mai 1774, mort à Saint-Sever en 1842, était juge d'instruction à Saint-Sever et conseiller d'arrondissement, quand il fut, en remplacement du général Lamarque décédé, élu député du 3e collège des Landes (Saint-Sever), le 9 juillet 1832. M. Brethous-Peyron vota avec la majorité jusqu'à la fin de la législature.

BRETOCQ (Louis-Nicolas), député à l'Assemblée législative de 1791, (dates de naissance et de mort inconnues), cultivateur, fut élu administrateur du district de Saint-Étienne la-Tillaye, et, le 10 septembre 1791, député du Calvados à l'Assemblée législative, par 219 voix sur 486 votants. Il fut de la majorité et vota silencieusement avec elle.

BRETON (Louis-Henri), député de 1816 à 1822, et de 1824 à 1827, né à Paris, le 24 février 1776, mort à Paris, le 11 mai 1855, était notaire à Paris, membre du conseil général de Paris, du conseil des hospices, de la commission de surveillance de la caisse d'amortissement et notaire du roi, quand il fut élu, le 4 octobre 1816, député de la Seine, au collège de département, et réélu dans le même collège, le 20 septembre 1817, par 3,944 voix sur 7,378 votants et 9,677 inscrits. Il siégea dans la majorité de droite, s'opposa à l'achèvement du canal de l'Ourcq, et vota les lois contre la liberté individuelle et contre la liberté de la presse.

Réélu à la Chambre septennale, le 6 mars 1824, par 1,267 voix sur 2,300 votants, il continua de soutenir, le plus souvent, la politique ministérielle; il prit la parole, en 1826, à propos de la pétition d'un curé de village qui demandait la conciliation des lois civiles et des lois canoniques au sujet du mariage, et dénonça les empiétements du clergé, « dont le but est d'opérer dans les formes de notre état civil un renversement complet, et de transporter au pouvoir ecclésiastique une attribution que nos lois mettent avec raison dans le domaine de l'administration. Il est douloureux de le dire, mais nous devons au roi toute la vérité; une inquiétude que je crois trop fondée circule dans toutes les classes de la société; déjà frappé dans ses intérêts matériels par les mesures financières, chacun est blessé bien plus encore par des prétentions qui attaquent ses plus intimes affections, etc. » Breton ne fit pas partie d'autres législatures.

BRETON (Paul), représentant à l'Assemblée nationale de 1871, député de 1876 à 1878, né à Grenoble (Isère), le 30 septembre 1806, mort le 6 juin 1878, était fabricant de papier à Pont-de-Clain et avait été décoré en 1862 pour ses produits. Il n'avait aucun antécédent politique quand il fut élu, le 8 février 1871, représentant de l'Isère, le 4e sur 12, par 61,780 voix (92,816 votants, 162,174 inscrits). Il fit partie de la gauche républicaine, vota : *pour* la paix, *pour* le retour à Paris, *pour* la dissolution, *pour* l'amendement Wallon, *pour* l'amendement Pascal Duprat, *pour* les lois constitutionnelles, *contre* l'abrogation des lois d'exil, *contre* le pouvoir constituant de l'Assemblée, *contre* le gouvernement du 24 mai, *contre* le septennat, *contre* l'état de siège, *contre* la loi des maires et *contre* le ministère de Broglie. Il s'était abstenu dans le scrutin sur les « prières publiques ». Il se représenta le 21 février 1876, dans la 3e circonscription de Grenoble et fut élu par 7,808 voix (13,573 votants, 18,607 inscrits), contre 5,762 voix à M. Bérenger Richard. Il fut des 363, obtint la confirmation de son mandat le 14 octobre 1877, par 10,086 voix (14,004 votants, 18,474 inscrits), contre 3,877 à M. Champollion-Figeac, reprit sa place dans la majorité républicaine et mourut l'année suivante.

BRETTES-THURIN (François-Charles-Auguste, comte de), représentant à l'Assemblée nationale de 1871, né à Toulouse (Haute-Garonne), le 24 août 1829, était un des plus riches propriétaires de son département. Légitimiste influent, il brigua pour la première fois les suffrages des électeurs, le 24 mai 1869, comme candidat de l'opposition dans la 3e circonscription de la Haute-Garonne; il n'obtint alors que 3,732 voix contre le candidat officiel bonapartiste, M. Piccioni, élu par 16,523 suffrages. (Deux autres candidats d'opposition s'étaient présentés en même temps que lui et avaient réuni : le premier, M. Calès, 7,730 voix, le second, M. de Peyre, 4,147). M. de Brettes-Thurin, porté, le 8 février 1871, sur la liste conservatrice, fut élu, le 8e sur 10, représentant de la Haute-Garonne à l'Assemblée nationale, par 63,654 voix (122,845 votants, 145,055 inscrits). Il siégea à droite et s'inscrivit à la réunion des Réservoirs; il réclama, avec M. de Belcastel, le changement de M. de Guerle, préfet de son département, parce que ce préfet professait la religion protestante; il vota : *pour* la paix, *pour* les prières publiques, *pour* l'abrogation des lois d'exil, *pour* le pouvoir constituant de l'Assemblée, *pour* la démission de Thiers au 24 mai, *pour* le septennat, *pour* l'état de siège et *pour* la loi des maires; *contre* le retour du Parlement à Paris, *contre* le ministère de Broglie, *contre* la dissolution de l'Assemblée, *contre* l'amendement Wallon et *contre* l'ensemble des lois constitutionnelles. Il ne fit pas partie d'autres législatures.

BREUIL DE SAINT-GERMAIN (Albert Moreau du), représentant à l'Assemblée nationale de 1871, né à Chaumont (Haute-Marne), le 3 décembre 1838, avait été sous-préfet sous Louis-Philippe. Grand propriétaire dans la Haute-Marne, il démissionna à la révolution de 1848 et se livra à l'agriculture. Capitaine de mobiles pendant la guerre, il fut élu conseiller général de son département, et représentant, le 8 février 1871, à l'Assemblée nationale, par 20,907 voix sur 50,334 votants et 76,862 inscrits. Il siégea parmi les conservateurs, s'inscrivit à la fois au centre droit et à la réunion des Réservoirs, et vota : *pour* la paix, *pour* les prières publiques, *pour* l'abrogation des lois d'exil, *pour* le pouvoir constituant de l'Assemblée, *pour* la démission de Thiers au 24 mai, *pour* la prorogation des pouvoirs du maréchal, *pour* l'état de siège, *pour* la loi des maires et *pour* le ministère de Broglie ; *contre* le retour de l'Assemblée à Paris, *contre* la dissolution, *contre* les amendements Wallon et Pascal Duprat. Il *s'abstint* sur l'ensemble des lois constitutionnelles.

M. du Breuil de Saint-Germain déposa, en 1871, une proposition tendant à réintégrer dans leurs fonctions les conseils électifs dissous par la délégation du gouvernement de la Défense nationale.

Après la session, il se présenta, sans succès, dans l'arrondissement de Langres, aux élections de la Chambre des députés, le 20 février 1876 : il réunit 11,125 voix contre 12,123 accordées à l'élu républicain, M. Bizot de Fonteny. Il échoua encore : le 14 octobre 1877, avec 11,423 voix contre 13,010 à M. Bizot de Fonteny, député sortant, réélu ; puis le 21 août 1881, avec 10,113 voix contre 13,091 au même concurrent ; enfin le 4 octobre 1885, sur la liste conservatrice de la Haute-Marne, avec 29,070 voix ; le dernier élu de la liste républicaine, M. Steenackers, obtint 31,875 suffrages.

BREUWART (Jean-Léonard), député à l'Assemblée constituante de 1789, né à Sus-Saint-Léger (Pas-de-Calais), le 10 juillet 1739, mort à Lille (Nord), le 5 septembre 1814, était curé de Saint-Pierre de Douai quand il fut élu, le 4 avril 1789, député du clergé aux Etats-Généraux par le bailliage de Douai et d'Orchies. Il prêta le serment civique ; puis, le 7 mai 1791, il monta à la tribune pour appuyer les réclamations de la municipalité de Douai, accusée de n'avoir pas publié la loi martiale lors des troubles de cette ville et sur le point d'être traduite, de ce chef, devant la haute Cour nationale d'Orléans. M. Breuwart s'écria : « J'ose vous affirmer, messieurs, que si vous eussiez entendu les officiers municipaux, vous auriez été convaincu de leur innocence, comme le sont tous leurs concitoyens. J'ai reçu moi-même plusieurs lettres de Douai, et entre autres une de M. le commandant de la garde nationale, qui attestent qu'il était impossible de publier la loi martiale sans exposer la ville aux plus grandes horreurs et que le moindre mal qui en aurait pu résulter aurait été le mépris de cette loi dont on se serait moqué... » (Des murmures interrompent l'orateur.) L'Assemblée décida « qu'il n'y avait pas lieu à délibérer. »

BREVET DE BEAUJOUR (Louis-Etienne), député aux Etat-Généraux de 1789, né à Angers (Maine-et-Loire), le 25 juillet 1763, exécuté à Paris, le 15 avril 1794, était avocat du roi au présidial d'Angers, quand il fut élu, le 20 mars 1789, député du tiers aux Etats-Généraux par la sénéchaussée d'Anjou ; il siégea parmi les avancés, fut choisi, le 27 août 1790, comme secrétaire de l'Assemblée, demanda que les accusateurs publics fussent nommés par le peuple et non par le roi, et réclama, en octobre, le renvoi des ministres qu'il accusait de favoriser les nobles et les prêtres.

Le 12 septembre 1791, il fut élu haut juré du département de Maine-et-Loire ; mais la marche des événements ayant trompé l'ardeur de ses premières opinions, il se trouva compromis dans une conspiration sous la Terreur, fut arrêté, condamné à mort par le tribunal révolutionnaire, et exécuté.

BREYMAND (Abraham-Auguste), représentant du peuple aux Assemblées constituante et législative de 1848-1849, né au Puy (Haute-Loire), le 15 avril 1806, mort le 20 décembre 1873, se destina à la carrière militaire. Nommé sous-lieutenant, il partit pour l'Afrique, où il resta quatre ans. Puis il donna sa démission, revint dans son pays natal, et s'occupa de politique. Lié avec plusieurs chefs de l'opposition démocratique, il se déclara républicain, et, à la révolution de février 1848, prit possession, au nom du gouvernement provisoire, de l'administration départementale. Le 23 avril 1848, M. Breymand, commandant de la garde nationale du Puy, fut élu représentant du peuple par le département de la Haute-Loire, avec 25,218 voix (54,302 votants, 72,701 inscrits.) Il siégea à gauche et vota le plus souvent avec les républicains : le 26 août 1848, *contre* les poursuites intentées à Louis Blanc et à Caussidière ; le 1er septembre, *contre* le rétablissement de la contrainte par corps ; le 18 septembre, *contre* l'abolition de la peine de mort ; le 25 septembre, *contre* l'impôt progressif ; le 7 octobre, *pour* l'amendement Grévy ; le 21 octobre, *pour* le droit au travail ; le 25 novembre, *pour* l'ordre du jour en l'honneur de Cavaignac ; le 12 janvier 1849, *contre* la proposition Rateau ; le 21 mars, *contre* l'interdiction des clubs ; le 16 avril, *contre* les crédits de l'expédition de Rome ; le 11 mai, *pour* la demande de mise en accusation du président et de ses ministres ; le 26 mai, *pour* la mise en liberté des transportés. M. Breymand, réélu le 13 mai 1849, par le même département à l'Assemblée législative, avec 24,695 voix (43,874 votants, 77,111 inscrits), prit place à la Montagne et s'associa aux votes et aux manifestations de la minorité républicaine. Il fut même impliqué dans l'affaire du 13 juin, mais il réussit à se disculper et échappa aux poursuites que l'Assemblée avait ordonnées contre lui. Il vota contre les lois répressives et combattit jusqu'au bout la politique de l'Elysée. Il quitta la vie politique après le coup d'Etat de décembre 1851.

BRÉZÉ (marquis de). — *Voy.* Dreux-Brézé (de).

BREZETS (Nicolas-Antoine, baron), député au Corps législatif du premier Empire, né à Cubzac (Gironde), le 29 octobre 1744, mort à Bordeaux (Gironde), le 21 janvier 1823, était d'une ancienne famille noble du pays. Elu président du tribunal de district de Bordeaux en novembre 1790, vice-président du tribunal d'appel du même siège le 11 prairial an VIII, il devint président à la cour d'appel de Bordeaux le 28 floréal an XII. La même année il fut fait commandeur de la Légion d'honneur. Le 9 thermidor an XI, il avait été élu député de la Gironde au Corps législatif par le Sénat conservateur ; il resta dans cette assemblée jusqu'en 1806, fut créé baron de l'Empire, le 22 octobre 1810, et, à la réorganisation des cours et tribunaux en 1811, fut nommé premier président de la Cour impériale de Bordeaux. Après avoir conservé ces fonctions pendant la première Restauration et pendant les Cent-Jours, il fut admis à la retraite le 31 janvier 1816.

BRIALOU (Georges), député de 1883 à 188., né à Lyon (Rhône), le 14 février 1833, fut d'abord ouvrier tisseur, puis gazier dans sa ville natale; il fit partie de quelques comités démocratiques, et joua dans les grèves et lors des élections municipales un rôle qui le mit quelque peu en vue. Après la mort de Bonnet-Duverdier, député radical socialiste de la 2ᵉ circonscription de Lyon, la candidature ouvrière de M. Brialou fut proposée. Appuyée dans des réunions publiques, et soutenue par le journal le *Pet t Lyonnais*, elle triompha, au 2ᵉ tour de scrutin, avec 4,968 voix (11,893 votants, et 20,560 inscrits), contre celles de MM. Guillaumou 3,799, et Maire 2,957. M. Brialou s'était engagé à voter la revision de la Constitution dans le sens démocratique, il s'était prononcé pour la suppression du Sénat, de plus, il avait accepté le mandat impératif. Aussi, le jour de la validation de ses pouvoirs, vint-il faire à la tribune une déclaration tendant à établir qu'il considérait ce mandat impératif comme valable, malgré la loi. M. Brialou siégea à l'extrême gauche, et vota avec les radicaux *contre* les crédits du Tonkin, *pour* la séparation de l'Eglise et de l'Etat, *contre* le maintien de l'ambassade auprès du pape. Il fit décider par 225 voix contre 198, qu'il ne serait accordée aucune remise ou modération d'impôt foncier pour vacance d'appartement; il espérait ainsi amener les propriétaires à baisser leurs loyers. Le 4 octobre 1885, porté sur la liste républicaine radicale-socialiste du Rhône, il échoua avec 26,070 voix seulement; (la liste opportuniste passa à une forte majorité, et son dernier élu, M. Jacquier, eut 85,988 voix.) Mais M. Brialou fut compris, au bout de peu de temps, sur la liste dressée sous l'inspiration de M. Clémenceau par la presse radicale parisienne, lors de l'élection complémentaire de la Seine, le 13 décembre 1885; il fut alors élu par 154,610 voix (347,089 votants, 561,617 inscrits). Député de la Seine, M. Brialou reprit sa place à l'extrême gauche, et fut un des fondateurs du « groupe ouvrier socialiste », dont il signa, le manifeste le 12 mars 1886. Il intervint assez fréquemment dans la discussion des questions économiques, notamment dans celle qui occupa plusieurs séances (en février-mars 1886) sur les tarifs de chemins de fer; M. Brialou se prononça: 8 février 1886, *pour* la proposition Michelin tendant à rechercher les origines et les causes de l'expédition du Tonkin et à déterminer la responsabilité de ses auteurs; le 10 avril, *contre* l'ordre du jour pur et simple sur l'interpellation Maillard relative à la grève de Decazeville; le 27 novembre, *contre* le maintien de l'ambassade du Vatican; le 2 décembre, *pour* l'amendement Colfavru portant suppression des sous-préfets (chute du ministère Freycinet); le 17 mai 1887, *pour* la proposition de résolution de la commission du budget (chute du ministère Goblet); le 19 novembre *pour* la discussion immédiate de l'interpellation Clémenceau (chute du ministère Rouvier); le 31 mars 1888, *pour* l'urgence de la proposition de revision (chute du ministère Tirard). Dans la dernière session, M. Brialou a soutenu le ministère Floquet et a voté: *pour* le rétablissement du scrutin uninominal (11 février 1889), *contre* l'ajournement indéfini de la revision de la constitution (14 février), *contre* le projet de loi Lisbonne restrictif de la liberté de la presse (2 avril), *pour* les poursuites contre le général Boulanger (4 avril); il était absent par congé (14 mars) lors du scrutin sur les poursuites contre trois députés membres de la Ligue des patriotes.

BRIANÇON-VACHON *Voy.* BELMONT (MARQUIS DE).

BRIANT (PIERRE), député à l'Assemblée législative de 1791, né à Plonévez de Faou (Finistère) en 1749, mort à Briec (Finistère) le 7 novembre 1799, était cultivateur à Briec; il y fut nommé juge de paix en 1790, et devint, le 10 septembre 1791, député du Finistère à l'Assemblée législative par 204 voix sur 413 votants. Il fit partie de la majorité, mais son nom ne figure en aucune occasion au *Moniteur*. Après avoir subi son poste, il échappa plusieurs fois aux balles d'une bande de Chouans attachés à sa poursuite; le peuple attribuait son salut à ses livres de magie, ils ne le protégèrent pas longtemps. Le 7 novembre 1799, il dînait dans sa maison de Kerjossen-Briec, quand les Chouans le surprirent, le blessèrent, dans sa fuite, de plusieurs coups de feu, et l'achevèrent à quelques pas de là, dans l'Ode, où il s'était jeté pour leur échapper.

BRIANT DE LAUBRIÈRE (FRANÇOIS-MARIE), député de 1827 à 1830, né à Quimperlé (Finistère), le 9 mars 1781, mort à Hennebont (Morbihan), le 24 octobre 1863, était propriétaire à Quimper et maire de cette ville. Les élections du 24 novembre 1827 l'envoyèrent à la Chambre des députés, où il représenta le département du Finistère dans les rangs des royalistes dévoués à la politique de M. de Villèle. Réélu par le même collège le 3 juillet 1830, M. Briant de Laubrière resta fidèle au gouvernement de Charles X, et refusa de prêter serment à son successeur. Il adressa, le 18 août 1830, au président de la Chambre une lettre ainsi conçue :

« Paris, 18 août 1830.

« Monsieur le président,

« Elu député sous l'empire de la Charte de Louis XVIII et sous le règne de Charles X, je n'avais mandat que pour maintenir les institutions déjà existantes, ou pour contribuer à leur donner légalement le développement dont elles étaient susceptibles.

« Maintenant que je me trouve placé entre la nécessité d'adhérer aux décisions prises jusqu'à ce jour par la Chambre, ou de me démettre de mes fonctions de député, je crois de mon devoir et de ma conscience de prendre ce dernier parti.

« Je vous prie en conséquence, M. le président, de vouloir bien faire agréer ma démission à la Chambre, en l'assurant que, rendu à la vie privée, je ne cesserai de faire des vœux pour le repos et le bonheur de mon pays.

« J'ai l'honneur d'être, etc...

« BRIANT DE LAUBRIÈRE,
« député du Finistère. »

BRIAULT (JACQUES), député à l'Assemblée constituante de 1789, né à la Mothe-Saint-Héraye (Deux-Sèvres), le 28 septembre 1740, mort à Niort (Deux-Sèvres), le 25 septembre 1808, était avocat et sénéchal à la Mothe-Saint-Héraye quand éclata la Révolution. Il fut, le 24 mars 1789, élu député du tiers aux Etats-Généraux par la sénéchaussée du Poitou. Il n'y joua qu'un rôle effacé. Plus tard, il devint (24 germinal an VI) président du tribunal criminel des Deux-Sèvres, et, après le coup d'Etat de brumaire, juge au tribunal d'appel de Poitiers. Membre de la Légion d'honneur du 25 prairial an XII.

BRICE (MARC-ANTOINE), représentant à l'Assemblée nationale de 1871, né à Champigneulles (Meurthe), le 11 novembre 1805, mort à Champigneulles, le 25 juin 1877, possédait, avant 1870, d'importantes raffineries de sucre; ses usines furent presque complètement détruites pendant la guerre. Grand cultivateur de betteraves, vice-président de la Société centrale d'agriculture de Nancy, il fut élu, le 8 février 1871, représentant de la Meurthe à l'Assemblée nationale, le 3ᵉ sur 8, par 54,777 voix (83,223 votants, 120,231 inscrits), se fit inscrire à la « gauche républicaine », et vota : 1ᵉʳ mars 1871, *contre* la paix; il *s'abstint*, le 16 mai, sur la question des prières publiques, et se prononça : 30 juin, *contre* l'abrogation des lois d'exil; 70 août, *contre* le pouvoir constituant de l'Ass. mblée; 3 février 1872, *pour* le retour de l'Assemblée à Paris; 24 mai 1873, *contre* l'acceptation de la démission de Thiers; 19-20 novembre, *contre* le septennat; 20 janvier 1874, *contre* la loi des maires; 30 janvier 1875, *pour* l'amendement Wallon; 11 février, *pour* l'amendement Pascal Duprat; 25 février, *pour* l'ensemble des lois constitutionnelles. Il n'a pas fait partie d'autres législatures.

BRICE (René-Joseph), représentant à l'Assemblée nationale de 1871, député de 1876 à 1889, né à Rennes (Ille-et-Vilaine), le 23 juin 1839, d'une famille de commerçants, fit son droit, et reçu docteur, s'inscrivit au barreau de sa ville natale, où il exerça avec succès la profession d'avocat. Dans les dernières années de l'Empire, M. René Brice entra dans l'opposition, et combattit le pouvoir, de sa personne comme candidat libéral au conseil général dans le canton sud-ouest de Rennes, et de sa plume comme rédacteur d'un journal de circonstance, l'*Electeur indépendant*, publié en 1869. Conseiller municipal de Rennes, il fut, après le 4 septembre 1870, nommé par le gouvernement de la Défense nationale sous-préfet de Redon, mais il se démit presque aussitôt de ses fonctions, dans le dessein de rester éligible à l'Assemblée nationale, dont la convocation prochaine était annoncée. M. Brice fut, jusqu'à l'époque des élections, membre de la commission municipale de Rennes et adjoint au maire de cette ville.

Le 8 février 1871, sa candidature, de nuance très modérée, fut acceptée à la fois par les conservateurs et par les républicains, ce qui lui valut d'être élu représentant d'Ille-et-Vilaine à une grande majorité : 102,540 voix sur 109,672 votants et 142,751 inscrits. La même année, il devint conseiller général du canton de Sel; à la Chambre, il siégea au centre gauche, se déclara « républicain modéré, mais très convaincu », et dans un compte-rendu de son mandat, adressé en 1872, à ses électeurs, insista en disant : « Quelles garanties spéciales nous offre donc la monarchie, et ne vaut-il pas mieux une République régulière où les changements sont périodiques, s'accomplissent légalement, et où les pacifiques batailles électorales remplacent les révolutions? » Très favorable d'ailleurs aux opinions conservatrices, M. Brice vota d'abord le plus souvent avec la droite : *pour* les préliminaires de paix, *pour* la pétition des évêques, *contre* le retour de l'Assemblée à Paris. Il *s'abstint* dans le scrutin sur le pouvoir constituant de l'Assemblée. C'est à partir du 24 mai, qu'il se rapprocha sensiblement de la gauche; après s'être prononcé *contre* l'acceptation de la démission de Thiers, il vota encore *contre* le septennat, *contre* la loi des maires et *contre* le ministère de Broglie. Il soutint les propositions et projets de loi tendant à l'établissement de la République telle que l'organisa la Constitution de 1875, et vota l'ensemble de cette Constitution. Il prit la parole

dans plusieurs discussions, et présenta notamment à la loi sur les conseils généraux un amendement demandant que les journaux fussent autorisés à publier les séances sans être tenus à en reproduire le compte rendu officiel.

Aux élections du 20 février 1876, M. René Brice devint député de l'arrondissement de Redon, par 11,981 voix sur 17,825 votants et 21,893 inscrits, contre 5,836 à M. Delavigne. Il siégea de nouveau au centre gauche et fut des 363. Réélu, le 14 octobre 1877, par 12,345 voix (19,718 votants, 22,843 inscrits), contre 7,197 à M. Gérard, bonapartiste, candidat officiel, il fut élu par la majorité républicaine secrétaire de la Chambre, et s'associa à la plupart des votes de cette majorité : 20 janvier 1879, *pour* l'ordre du jour de confiance en faveur du ministère Dufaure; 30 janvier (au Congrès), *pour* l'élection de M. J. Grévy à la présidence de la République; 5 juin, *pour* l'invalidation de Blanqui, élu à Bordeaux; M. Brice se prononça pour les projets de loi du gouvernement sur l'enseignement, la liberté de la presse et le droit de réunion. Il aborda plusieurs fois la tribune, principalement dans les débats sur des questions d'affaires et y fit preuve d'une réelle compétence; il fut rapporteur (juin 1880) d'un projet de loi, déjà voté par le Sénat, sur la législation des chemins de fer d'intérêt local et des tramways, et il prit part, le 1ᵉʳ juillet de la même année, à la discussion qui précéda le vote de la loi sur l'organisation des caisses d'épargne postales, à l'exemple de l'Angleterre. M. René Brice obtint, sans concurrent, le renouvellement de son mandat dans sa circonscription, le 21 août 1881, par 11,461 voix sur 12,146 votants et 23,741 inscrits. Il soutint, dans cette législature, la politique opportuniste de M. Jules Ferry, et se prononça notamment, *contre* l'institution d'un maire de Paris élu, *contre* la proposition Boysset tendant à l'abrogation du Concordat, *contre* le principe de l'élection de la magistrature, *contre* la révision de la Constitution, *pour* le maintien de l'ambassade auprès du pape, etc. Il se déclara, en outre, *pour* les doctrines protectionnistes. Porté aux élections d'octobre 1885, sur la liste opportuniste d'Ille-et-Vilaine, il passa, le 2ᵉ sur 9, avec 62,084 voix sur 123,294 votants, 153,125 inscrits. Il a pris encore, dans cette Chambre, une part importante aux discussions parlementaires. Membre de la réunion du centre gauche, il a voté avec la fraction la plus modérée du parti républicain, *contre* les ministères radicaux, et *pour* les cabinets opportunistes Rouvier et Tirard. Au début de la législature, le 26 novembre 1885, il développa une interpellation dans laquelle il reprocha aux ministres de la Guerre et de la Marine d'avoir passé des marchés de fournitures qui permettaient aux adjudicataires de s'acquitter en produits étrangers; il voyait dans ce système un dommage réel fait à l'agriculture nationale. La majorité de la Chambre lui donna raison par l'adoption d'un ordre du jour qui admettait, en principe, la nécessité de réserver les fournitures à l'agriculture nationale. Le député d'Ille-et-Vilaine revint, d'ailleurs, à la charge, en juillet 1886, et renouvela ses reproches à l'administration de la Guerre au sujet des avoines achetées à l'étranger; le ministre ayant répondu que l'exclusion complète des avoines exotiques entraînerait un surcroît de dépenses de deux millions, la Chambre se borna à émettre le vœu que « la plus grande partie » des fournitures militaires devait être réservée aux producteurs français. Nouvelle interpellation de M. René Brice le 29 octobre 1887: l'orateur fut assez heureux pour faire revenir la Chambre sur une décision précédente, en obtenant, dans l'intérêt de la petite agriculture, le vote d'un ordre du jour invitant le général Ferron, ministre de la Guerre, à recourir au système de la gestion directe par les corps de troupes, au lieu des grandes entreprises pour la fourniture des fourrages militaires. Cette résolution nouvelle entraînant une dépense immédiate de 11 millions 1/2, parce qu'elle obligeait l'Etat à rembourser sur le champ aux entrepreneurs en exercice la valeur des approvisionnements qu'ils avaient constitués, l'obligation fut jugée trop onéreuse par la commission du budget, qui, en décembre de la même année, demanda à la Chambre de se déjuger encore une fois. Sur l'assurance de M. René Brice qu'il suffirait d'un crédit de 4 millions 1/2, la Chambre accorda seulement ce dernier chiffre, et maintint sa décision. Dans la dernière session de la législature, M. René Brice a voté : *pour* le rétablissement du scrutin uninominal (14 février 1889), *pour* l'ajournement indéfini de la revision de la Constitution (14 février), *pour* les poursuites contre trois députés membres de la ligue des Patriotes (14 mars), *pour* le projet de loi Lisbonne restrictif de la liberté de la presse (2 avril), *pour* les poursuites contre le général Boulanger (4 avril).

BRICHE (ANDRÉ), député à l'Assemblée législative de 1791, né à Boulogne-sur-Mer (Pas-de-Calais), le 25 octobre 1762, mort à une date inconnue, appartenait à l'armée. Capitaine d'artillerie à Strasbourg, il commandait les canonniers de cette ville quand il · fut, le 31 août 1791, élu député du Bas-Rhin à l'Assemblée législative, par 318 voix sur 591 votants. Briche, — que le *Moniteur officiel* appelle *Britche*, — débuta à l'Assemblée par un discours sur les manœuvres des émigrés et les dangers de la patrie, dans la séance du 22 novembre 1791. Le 22 décembre, il rendit compte d'un projet de décret relatif à l'arrestation faite à Belfort d'un convoi d'argent destiné à l'Etat de Soleure, et proposa de blâmer la municipalité. Il prit encore la parole pour demander la mise en accusation de Noailles, ambassadeur à Vienne : le ministre des Affaires étrangères venait de rendre compte (13 avril 1792) des ordres transmis à ce diplomate relativement à la dispersion des Français émigrés; Briche déclara qu'en n'exécutant pas ces instructions, M. de Noailles avait commis une véritable trahison. Le décret d'accusation fut voté par l'Assemblée. Il fut moins heureux, le 21 avril, lorsqu'il proposa d'incorporer dans les volontaires nationaux « tout soldat étranger qui quitterait l'armée ennemie », et de lui attribuer pendant la campagne une paye exceptionnelle, et, après la guerre, la qualité et les droits de « citoyen actif » avec la propriété de trois arpents de terre en friche. La motion fut accueillie par des murmures et renvoyée au comité militaire.

BRICHET (FRANÇOIS-AUGUSTIN), député au Conseil des Cinq-Cents, né à Contigné (Maine-et Loire), le 28 août 1764, mort à Angers (Maine-et-Loire), le 2 février 1842, était le fils d'un notaire, qui lui transmit sa charge. Nommé, dès les premières élections municipales de 1789, maire de Contigné, puis, en 1790, administrateur du district et, en 1791, administrateur du département, il occupa aussi un emploi au bureau des ponts et chaussées et fut chargé spécialement de la création des bataillons de volontaires. Destitué par un arrêté des représentants du peuple en mission (6 octobre 1793), il fut arrêté et emprisonné jusqu'au 9 thermidor. Il reprit alors ses fonctions , et fut, le 23 germinal an VI, élu député de Maine-et-Loire au Conseil des Cinq-Cents. C'est sur le rapport de Brichet que cette assemblée vota la loi sur la « répression des brigandages et assassinats organisés dans tout l'Ouest contre les patriotes. » Au moment même du dépôt de la loi, raconte M. C. Port (*Dictionnaire historique de Maine-et-Loire*), Brichet venait d'apprendre le meurtre de cinq de ses voisins et parents, enlevés de nuit par les Chouans, et fusillés. Brichet était assez attaché à la République pour être exclu, au 18 brumaire an VIII, de la représentation nationale. Il vint alors reprendre ses fonctions de notaire, qu'il continua jusqu'en 1826. En 1815, il entra au conseil municipal d'Angers, et, plus tard, en 1833, au Conseil général du département.

BRICOUT DE CANTRAINE(LOUIS-ANTOINE-MAXIMILIEN), député de 1820 à 1827, né au Cateau (Nord), le 22 avril 1763, mort à la Groise (Nord), le 25 mai 1848, venait d'être reçu avocat au Parlement de Flandre quand la Révolution obligea son père, notaire et échevin de la ville du Cateau, à émigrer. Imbu lui-même des idées de l'ancien régime, il fut, en 1793, arrêté et emprisonné à Valenciennes. Le 9 thermidor le rendit à la liberté. Il exerça quelque temps la profession d'avocat, puis se fit recevoir, sous le Consulat, notaire au Cateau. Il accueillit avec empressement le retour des Bourbons: élu le 14 novembre 1820, député par le collège de département du Nord, il prit place au côté droit de la Chambre. Il fut membre de diverses commissions parlementaires, et obtint sa réélection, dans le même collège, les 20 novembre 1822 et 6 mars 1824. En 1827 il cessa de faire partie de la Chambre élective, et se retira dans sa propriété de la Groise, tout en restant maire du Cateau. Membre du conseil général du Nord jusqu'à la révolution de juillet, il était en outre chevalier de la Légion d'honneur, du 11 août 1823.

BRICQUEVILLE (ARMAND - FRANÇOIS - BON-CLAUDE, COMTE DE), député de 1827 à 1837 et de 1841 à 1844, né à Bretteville (Manche), le 23 janvier 1785, mort à Paris, le 19 mars 1844, descendait d'une famille de vieille noblesse normande, son père fut fusillé par les républicains, en criant : Vive le roi! A 17 ans, il entra à l'Ecole militaire de Fontainebleau; il en sortit sous-lieutenant de cavalerie, passa lieutenant de dragons en 1807, et aide de camp du général Lebrun, fit les campagnes de Prusse, de Pologne, d'Espagne, de Russie, et de France; capitaine en 1808, chef d'escadron et officier d'ordonnance de Napoléon en 1812, et lieutenant-colonel des lanciers de la garde en 1813, il se distingua sur tous les champs de bataille par son intrépide valeur. A la chute de l'Empire, il voulut se retirer, mais, étant encore à la tête de ses lanciers, il rencontra Louis XVIII qui rentrait en France, suivi d'une escorte prussienne. Bricqueville se fit céder la place par l'officier étranger : « Sire, dit-il au roi, V. M. ne doit rentrer en France que sous la protection des Français. » Il accompagna le roi jusqu'à Saint-Ouen, et lui remit respectueusement sa démission. Aux Cent-Jours, colonel du 20e dragons, il eut la plus grande part à la victoire de Ligny, et fut mis à l'ordre du jour de l'armée; n'ayant pu, malgré ses instances, faire marcher

Grouchy du côté de Waterloo, il revenait à Paris, quand il rencontra près de Versailles une colonne de cavalerie prussienne ; il fondit sur l'ennemi, en tua un grand nombre, et eut lui-même la tête fendue d'un coup de sabre, et le poignet presque enlevé.

Il prit alors sa retraite, fut mêlé à plusieurs complots bonapartistes des premières années de la Restauration, et, le 17 novembre 1827, fut élu député dans le 4e arrondissement électoral de la Manche (Valognes), par 164 voix sur 318 votants et 402 inscrits, contre 144 voix données à M. Avoyne de Chantereine. Il siégea dans l'opposition, et vota constamment avec elle, en adversaire irréconciliable des Bourbons. Réélu le 23 juin 1830, par 211 voix sur 393 votants et 436 inscrits, contre M. de Bonnemains qui eut 160 voix, il applaudit à la révolution de juillet, et demanda le bannissement de la branche aînée des Bourbons, en déposant un projet de loi calqué sur la loi du 12 janvier 1816, par laquelle les Bourbons avaient frappé d'exil les membres de la famille Bonaparte. Mais la monarchie de juillet ne l'eut pas longtemps pour soutien ; « cette série d'actes arbitraires, d'humilités extérieures et d'usurpations hardies, masquée avec les mots d'ordre et de devoir » le jeta dans l'opposition constitutionnelle ; les électeurs du 3e collège électoral de la Manche (Cherbourg) lui ayant renouvelé son mandat de député, le 15 juillet 1831, par 176 voix sur 253 votants et 351 inscrits, contre 56 voix données à l'amiral de Rigny, il demanda, au nom de l'égalité devant la loi, la mise en jugement de la duchesse de Berry ; ayant vivement attaqué à la Chambre le maréchal Soult, il se battit en duel avec le fils de ce dernier, et déclara le lendemain à la tribune qu'il maintenait tout ce qu'il avait dit.

Réélu le 21 juin 1834, par 171 voix sur 331 votants et 394 inscrits, contre M. Quénault (160 voix), il échoua aux élections suivantes du 4 novembre 1837, avec 150 voix contre 313 données à M. Quénault, élu. M. Quénault ayant été nommé procureur général à la Cour de cassation, fut soumis, à la réélection, le 13 novembre 1841, et fut battu par M. de Bricqueville, élu par 275 voix contre 247 ; ce dernier l'emporta encore au scrutin du 6 juillet 1842, avec 274 voix sur 514 votants et 592 inscrits, sur le général Meslin (144 voix), et sur M. Noël (94). Quelques jours avant de mourir (mars 1844), et déjà gravement malade, le colonel de Bricqueville se fit porter à la Chambre pour demander que les restes du maréchal Bertrand fussent déposés aux Invalides, auprès de l'empereur. Il expira quelques jours après.

BRIDIEU (FRANÇOIS-HENRI-ANTOINE, MARQUIS DE), représentant à l'Assemblée nationale de 1871, né à Loches (Indre-et-Loire), le 7 janvier 1804, mort à Paris, le 17 mai 1872, était avocat à Paris et propriétaire dans son département d'origine. Élu, le 8 février 1871, représentant d'Indre-et-Loire à l'Assemblée nationale, le 5e sur 6, avec 50,157 voix (73,000 votants, 96,790 inscrits), il siégea sur les bancs de la droite monarchiste, et vota, jusqu'à sa mort, survenue l'année suivante : *pour* la paix, *pour* les prières publiques, *pour* l'abrogation des lois d'exil concernant les princes de la maison de Bourbon, *pour* les pétitions des évêques, et *pour* le pouvoir constituant de l'Assemblée. Il se prononça *contre* le retour de l'Assemblée à Paris. Le 8 octobre 1871, M. de Bridieu avait été nommé conseiller général du canton de Loches.

BRIENS (ERNEST-FRANÇOIS), député de 1883 à 1885, né à Cérences (Manche), le 13 août 1835, n'avait aucun antécédent politique, lorsqu'il brigua, le 6 mai 1883, dans la 1re circonscription de Coutances, la succession de M. Savary, démissionnaire. Il fut élu, comme candidat républicain très modéré, député de Coutances, par 7,368 voix sur 13,066 votants, 15,620 inscrits. Jusqu'à la fin de la législature, M. Briens s'associa à tous les votes de la majorité opportuniste : *pour* les crédits du Tonkin, *pour* le maintien de l'ambassade auprès du pape, *contre* l'élection des sénateurs par le suffrage universel, etc. Porté, le 4 octobre 1885, sur une liste opportuniste dans le département de la Manche, il échoua avec 49,250 voix seulement, tandis que le dernier élu de la liste conservatrice, M. du Mesnildot, obtenait 57,001 voix.

BRIÈRE (DANIEL-JACQUES-JEAN-DAVID), représentant à la Chambre des Cent-Jours, né à Dieppe (Seine-Inférieure), le 24 décembre 1761, mort à Paris, le 6 décembre 1835, était fils de « Jean Brière-Delesmont, trésorier de l'artillerie et de demoiselle Marie-Magdeleine-Elisabeth Lecanu. » Il entra dans la magistrature et devint avocat général à Rouen. Alors qu'il occupait cette fonction, il fut, le 12 mai 1815, élu représentant de la Seine-Inférieure à la Chambre des Cent-Jours, par le collège de département, qui lui donna 48 voix sur 91 votants. Il se rallia ensuite à la Restauration, et fut successivement nommé, le 17 décembre 1818 premier avocat général à Rouen, le 20 juin 1822 procureur général à Limoges, et le 29 mars 1823 conseiller à la Cour de cassation.

BRIÈRE DE MONDÉTOUR (ISIDORE-SIMON CHEVALIER), député au Corps législatif de 1808 à 1810, né à Saint-Chéron (Seine-et-Oise), le 17 mars 1753, mort à Paris, le 20 août 1810, descendait de maître Alain Chartier. Avocat à vingt-cinq ans, il obtint, en 1787, la charge de receveur général des économats. Cet emploi ayant été supprimé en 1792, il se retira dans la vie privée, et n'en sortit que pour accepter du gouvernement consulaire les fonctions de maire du IIe arrondissement de Paris (18 ventôse an VIII). Membre de la Légion d'honneur, le 25 prairial an XII, et successivement président de l'assemblée de canton de son arrondissement, et membre du collège électoral de la Seine, il fit partie en 1808 de la députation envoyée à Vienne pour recevoir de Napoléon les drapeaux enlevés à l'ennemi. La même année il fut créé chevalier de l'Empire et appelé par le Sénat conservateur (18 février) au Corps législatif, où il représenta le département de la Seine ; il y fit partie de la commission des finances.

BRIERRE (JACQUES-CHARLES-HYACINTHE), député de 1876 à 1885, né à Pithiviers (Loiret) le 14 janvier 1818, fils d'Isaac Brierre et de Victoire Guillemineau, était à la tête d'une importante maison de commerce de laine et de safran dans le Loiret. Membre du Conseil municipal de Pithiviers en 1852, adjoint au maire de cette ville en 1855, et maire en 1862, il comptait, sous l'Empire, parmi les fonctionnaires municipaux les plus dévoués au gouvernement, et fut décoré de la Légion d'honneur à la promotion du 4 août 1868. M. Brierre était encore maire de Pithiviers à la fin de septembre 1870, lorsque la ville fut envahie par les Prussiens. Sa conduite, diversement appréciée, dans cette circonstance, entraîna d'abord sa révocation par le préfet du Loiret, à la date

2 septembre; tenant compte d'une délibération favorable du Conseil municipal, le préfet apporta, le 9 octobre, son arrêté de révocation. Conseiller d'arrondissement depuis 1864, et conseiller général depuis 1870, M. Brierre se présenta comme candidat conservateur bonapartiste, aux élections législatives du 20 février 1876: il fut élu député de l'arrondissement de l'ithiviers par 8,647 voix (15,090 votants, 17.429 inscrits), contre un autre candidat conservateur, le comte Bernard d'Harcourt, député sortant, qui obtint 5,782 voix. Sa profession de foi contenait ce passage : « Défenseur convaincu du suffrage universel, persuadé qu'aucun gouvernement, s'il n'est fondé sur l'assentiment des citoyens, n'a jamais chance de durée, au cas où le chef de l'État viendrait, suivant son droit, proposer la revision de la Constitution pendant la durée de la législature, je demanderais que la question fût tranchée par une consultation directe du pays. » M. Brierre siégea à droite, dans le groupe de l'Appel au peuple, applaudit à l'acte du 16 Mai, et donna son vote au ministère Fourtou-de Broglie. Réélu, avec l'appui du gouvernement, le 14 octobre 1877, par 8,446 voix (15,514 votants, 17,761 inscrits), contre 6,961 à M. Dumesnil, il continua de s'associer aux votes comme aux protestations de la minorité monarchiste, se prononça contre les invalidations des députés de la droite, contre le ministère Dufaure à propos de l'épuration du personnel judiciaire et administratif, contre l'élection de de M. J. Grévy comme président de la République, contre le retour à Paris, contre l'amnistie, contre l'article 7 de la loi sur l'enseignement supérieur, contre l'application des lois existantes aux congrégations religieuses et contre le projet de rétablissement du divorce, etc. M. Brierre aborda quelquefois la tribune; il prit part notamment, en 18·0, à la discussion d'une proposition de la commission du budget tendant au dégrèvement des sucres et des crédits. Administrateur du chemin de fer de Bourges à Beaune-la-Rolande, le député de l'ithiviers obtint sa réélection le 21 août 1881, par 7,502 voix (14,948 votants, 17,928 inscrits), contre 7,330 à M. Dumesnil. Il ne cessa de voter avec la droite : contre les projets de séparation de l'Eglise et de l'Etat, contre l'expulsion des princes, pour le maintien de l'ambassade auprès du pape; il repoussa les demandes de crédits destinés à l'expédition du Tonkin. M. Brierre est sorti du Parlement au renouvellement général d'octobre 1885 : porté dans le Loiret, sur la liste conservatrice, il n'obtint que 35,089 voix, tandis que le dernier élu de la liste républicaine, M. Cochery fils, en réunissait 46,616.

BRIET DE RAINVILLIERS (Louis-Jean-Philippe), député de 1877 à 1878 et de 1885 à 1889, né à Boismont (Somme), le 8 novembre 1838, suivit la carrière militaire, entra à l'Ecole de Saint-Cyr, puis à l'Ecole d'état-major, et servit comme officier en Algérie et dans la guerre franco-allemande. M. Briet de Rainvilliers prit part aux combats de Wissembourg, de Reischoffen et de Sedan, et, fait prisonnier dans cette dernière bataille, fut interné en Allemagne jusqu'à la fin de la campagne. Il donna alors sa démission, et alla vivre dans la Somme où il reçut, lors de l'organisation de l'armée territoriale, le grade de lieutenant-colonel du 14e régiment d'infanterie. Conservateur monarchiste, et grand propriétaire, il se présenta, le 20 février 1876, à la députation, dans la 2e circonscription d'Abbeville; il obtint

7,369 voix contre 7,719 accordées au candidat républicain, M. le comte de Douville-Maillefeu qui fut élu. Après la dissolution de la Chambre, le patronage du gouvernement du Seize-Mai fit obtenir à M. Briet de Rainvilliers la majorité sur le député sortant : il le remplaça, le 14 octobre 1877, élu par 8,676 voix contre 8,019 (16,755 votants, 17,785 inscrits), mais pour quelques mois seulement : son élection, vivement attaquée par les républicains de la Somme, fut du nombre de celles que la Chambre invalida. Convoqués de nouveau le 3 mars 1878, les électeurs de la 2e circonscription d'Abbeville, par 8.240 voix contre 7,740 à M. Briet de Rainvilliers, envoyèrent à la Chambre M. de Douville-Maillefeu, qui fut encore réélu le 21 août 1881 (M. de Rainvilliers ne réunit plus alors que 6,537 voix.) Mais porté le 4 octobre 1885, sur la liste conservatrice de la Somme, il fut élu, le 4e sur 8, par 67.388 voix (133,484 votants, 158,196 inscrits), siégea à droite, vota contre la loi sur l'enseignement primaire, contre le projet de loi interdisant le territoire de la République aux membres des familles ayant régné sur la France, et combattit les ministères Freycinet, Goblet et Floquet; dans la dernière session, il s'est abstenu lors du scrutin sur le rétablissement du scrutin uninominal (11 février 1829), a voté pour l'ajournement indéfini de la revision de la Constitution (14 février), contre les poursuites contre trois députés membres de la Ligue des patriotes (14 mars), contre le projet de loi Lisbonne restrictif de la liberté de la presse (2 avril), contre les poursuites contre le général Boulanger (4 avril).

BRIEZ (Philippe-Constant-Joseph), membre de la Convention, né à Douai (Nord), le 11 juin 1759, mort à Hall (Belgique), le 23 juin 1795, était, au début de la Révolution, procureur-syndic du district de Valenciennes. Le 28 février 1792, dans une lettre datée de Valenciennes, et adressée à un membre de l'Assemblée législative, il soutenait cette thèse qu'il serait bon d'élire des soldats à toutes les fonctions municipales et administratives. En septembre 1792, le département du Nord l'appela à siéger à la Convention nationale. Il vota la mort de Louis XVI, en ces termes : – « Je vote pour la mort. Si, au contraire, la majorité était pour la réclusion, je fais la motion expresse qu'il soit décrété que si, d'ici au 15 avril prochain, les puissances étrangères n'ont pas renoncé au dessein de détruire notre liberté, ou leur envoie sa tête. » Commissaire à l'armée du Nord, il rendit compte de sa mission par une lettre du 11 avril 1793, et annonça que l'ennemi avait commencé le siège de Condé. Il ajoutait : « La nouvelle la plus importante d'aujourd'hui, citoyens nos collègues, est l'envoi de deux trompettes du général ennemi, au général en chef Dampierre; nous avons trouvé ces deux trompettes chargés d'un paquet d'imprimés et d'une lettre à l'adresse du général. Les imprimés sont une adresse aux Français de la part du général autrichien Cobourg, et un mémoire du traître Dumouriez sur ses projets liberticides, les motifs imposteurs sur lesquels il les fondait. » On demanda la lecture de la proclamation de Cobourg; mais Robespierre s'y opposa : « Quoique les propositions de transaction, dit-il, soient d'abord rejetées avec horreur, il est des esprits qui, à force de les entendre répéter, pourraient s'y accoutumer. » Cependant, Briez et son collègue Dubois-Dubay, ayant eux-mêmes échangé plusieurs lettres avec le « général en chef des armée: de l'empire », furent désavoués et rappelés par la Convention. Mais Briez parvint à se disculper ; il resta à son poste, et écrivit encore à l'Assemblée pour lui donner des nouvelles de l'armée du Nord. Il se conduisit avec courage lors du siège de Valenciennes par les Autrichiens ; la ville n'en fut pas moins forcée de capituler. Revenu à Paris, Briez donna lecture, à la séance du 25 septembre, d'un mémoire sur l'état actuel de l'armée et particulièrement sur la reddition de Valenciennes, reprochant au comité de salut public de n'avoir pas pris les mesures nécessaires. Il concluait à ce que les ordres les plus pressants fussent donnés pour renforcer nos soldats. Après cette lecture, la Convention rendit un décret qui adjoignait Briez au comité de salut public. Mais un débat des plus vifs s'engagea aussitôt : plusieurs membres du comité de salut public, entre autres Barère et Prieur, protestèrent énergiquement contre l'accusation de mollesse dont ils étaient l'objet, et Briez fut obligé de faire en quelque sorte amende honorable, en disant : « Citoyens, qu'il n'entre pas dans l'idée d'aucun de vous que j'aie voulu inculper le comité de salut public ; non, ce n'était pas là mon dessein. Je suis incapable d'intrigues et d'intentions perfides,... etc. » Il ajoutait : « Je déclare en outre que je ne me crois pas assez de talents pour être membre du comité de salut public ; ainsi je n'accepte point. » La Convention rapporta alors le décret qui adjoignait Briez au comité et qui ordonnait l'impression de son discours. Puis, aux applaudissements de la majorité, Robespierre exposa que la conduite du commissaire de la Convention avait été des plus suspectes : « Je vous le déclare, s'écria-t-il, celui qui était à Valenciennes lorsque l'ennemi y est entré, n'est pas fait pour être membre du comité de salut public (Vifs applaudissements). Ce membre ne répondra jamais à cette question : *Etes-vous mort!* (Applaudissements plusieurs fois réitérés.) Si j'avais été à Valenciennes dans cette circonstance, je n'aurais jamais été dans le cas de vous faire un rapport sur les événements de l'armée du siège ; j'aurais voulu partager le sort des braves défenseurs qui ont préféré une mort honorable à une honteuse capitulation. (On applaudit). Et puisqu'il faut être républicain, puisqu'il faut avoir de l'énergie, je ne serais point d'un comité dont un tel homme ferait partie. » Membre du comité des secours publics, Briez fit rendre un certain nombre de décrets relatifs à cet objet ; sur sa proposition on décida de subvenir aux besoins des réfugiés étrangers, des citoyens victimes des invasions, et des parents des défenseurs de la patrie. Le 4 juin 1794, il devint secrétaire de la Convention ; puis fut chargé d'une nouvelle mission dans le Nord et en Belgique. Il mourut au cours de cette mission, en 1795.

BRIFFAULT (Frédéric), représentant à l'Assemblée législative de 1849, né à Turin (Italie), le 14 mai 1805, mort à Florence (Italie), le 30 avril 1887, s'était attaché à la fortune du prince L. Napoléon ; en juin 1848, après la validation de la quadruple élection du prince, l'Assemblée fut sur le point de manifester sa résistance en privant le prince de ses droits civiques. Briffault lui fut dépêché à Londres, et, dès le lendemain, rapporta à l'Assemblée la démission du prince basée « sur les soupçons injurieux qu'avait fait naître son élection, sur les troubles dont elle a été le prétexte, et sur l'hostilité du pouvoir exécutif ». Après l'élec-

tion présidentielle, Briffault devint chef secrétariat du président de la République, fut élu, le 8 juillet 1849, à l'Assemblée législative, comme représentant d'Eure-et-Loir, remplacement du prince Ney de la Moskow qui venait d'opter pour la Moselle. Briffa avait obtenu 22,792 voix sur 31,068 votants 85,312 inscrits, contre MM. de Lamarti 2,837 voix, Manoury, avocat à Paris, 2,8; Raimbault, 1,141 et Ropton, médecin, 422. siégea à droite, prit part au vote de toutes lois répressives sur l'enseignement, sur presse, sur le suffrage universel, et resta d' leurs fidèle à l'Elysée jusqu'au coup d'E inclusivement.

BRIGES (Barnabé-Louis-Gabriel-Chart Malbec-Monjoé marquis de), député de 1 à 1816, né à Paris, le 4 mars 1784, mort à Pa le 17 avril 1857, était fils du comte de Brig premier écuyer de Louis XVI ; il appartena une famille noble qui tirait son nom et titres d'une terre située dans la Lozé Habitant à Versailles, dans son enfance, a ses parents, il fut témoin des événements 5 et 6 octobre 1789. A l'âge de six ans, il s vit sa famille en émigration et fut envoyé collège militaire de Soleure, en Suisse. retour en France, en octobre 1797, aprè mort de son père fusillé dans les guerres Vendée, il se fixa à Paris et vécut dans retraite jusqu'en 1814. Il adhéra des premiers gouvernement de la Restauration, devint c cier dans la garde nationale à cheval, et s'effor lors du débarquement de Napoléon en 1815, soulever le département de la Lozère ; il c tribua à l'arrestation des autorités impériale au désarmement de la gendarmerie des Céven et, nommé colonel d'un régiment qu'il avait l en partie à ses frais, il s'empara du maréc Soult, qui s'était retiré au Malzieu chez le gé ral Brun, son ancien aide de camp. Cette c duite valut à M. de Briges d'être candidat gouvernement aux élections du 22 août 18 dans le collège de département de la Lozè il y fut élu, par 65 voix (121 votants, 185 crits). M. de Briges siégea à droite, dans la jorité, et s'associa à tous ses votes. L'ord nance du 5 septembre 1816 qui prescrivait l' de quarante ans au moins pour la députat écarta le marquis de Briges du Parlement, o ne rentra plus.

BRIGNON (François-Caprais de), dépu l'Assemblée constituante de 1789, né à ponne (Haute-Loire), en 1738, mort à D l'Eglise (Puy-de-Dôme), le 20 novembre 1 était curé de Dore-l'Eglise. Député du cle 26 mars 1789, aux Etats-Généraux, pou sénéchaussée de Riom, il fut du nombre ecclésiastiques qui prêtèrent le serment civ à la tribune de l'Assemblée.

BRIGNON DE LEHEN (Pierre-Marie) puté de 1846 à 1848, né à Saint-Malo (Ill Vilaine), le 19 juillet 1783, mort à Plouër (C du-Nord), le 9 mars 1866, était propriéta Plouër et conseiller général des Côtes-du-N Il se présenta, comme candidat de l'opposi à la Chambre des députés, le 1er août 1846, le 3e collège des Côtes-du-Nord (Dinan), e élu par 173 voix sur 321 votants et 347 insc contre 142 voix à M. Dutertre, député sor L'opposition que fit au ministère M. Brigno Lehen fut modérée. Son nom ne figure parmi les signataires (février 1848) de demande de mise en accusation de Guizot et de ses collègues.

BRIGODE (Romain-Joseph, baron de), député au Corps législatif en l'an XIV, de 1815 à 1820, de 1828 à 1837, et pair de France, né à Lille (Nord), le 27 février 1775, mort à Enghien (Seine-et-Oise), le 5 août 1854, entra comme auditeur au Conseil d'Etat en 1803, et fut élu, par le Sénat conservateur, le 5 vendémiaire an XIV (1805), député du département du Nord au Corps législatif. Le décret qui fixait dorénavant à 40 ans l'âge de l'éligibilité le fit sortir du Corps législatif en 1810. Il rentra au Parlement à la seconde Restauration, élu successivement, par le collège de département du Nord, les 22 août 1815, 4 octobre 1816, et 26 octobre 1818. Il siégea à gauche, vota *contre* les lois d'exception et *contre* la nouvelle loi électorale, *pour* la liberté de la presse (1817), *pour* la loi militaire Gouvion-Saint-Cyr (1818), *contre* le monopole des tabacs, *contre* la censure, *pour* les indemnités réclamées par les départements qui avaient été occupés par l'ennemi, etc.

Non réélu en 1820, il n'obtint le renouvellement de son mandat législatif que le 28 août 1828, en remplacement de M. Ravez, qui, nommé aussi dans le Nord, avait opté pour la Gironde. Il siégea à la Chambre jusqu'en 1837, réélu, le 23 juin 1830, par le 4e collège électoral du Nord (Lille), le 5 juillet 1831, par le 2e collège électoral (Lille), avec 240 voix sur 421 votants et 534 inscrits, contre M. Josson qui obtint 106 voix; le 21 juin 1834, par 288 voix sur 520 votants et 640 inscrits, contre M. Eugène Janvier (159 voix).

La monarchie de juillet, dont il avait soutenu la politique, le nomma pair de France, le 3 octobre 1837; la révolution de 1848 le rendit à la vie privée. M. de Brigode était officier de la Légion d'honneur.

BRIGODE (Louis-Marie-Joseph, comte de), frère du précédent, pair de France, né à Lille (Nord), le 21 octobre 1776, mort à Bourbonne-les-Bains (Haute-Marne), le 22 septembre 1827, fut nommé, en 1802, maire de Lille par le premier consul, de passage dans cette ville; l'empereur l'appela aux fonctions de chambellan au moment de son couronnement, et il fit partie de la mission chargée d'aller chercher le pape à cette occasion. Toujours maire de Lille, il jura fidélité aux Bourbons en 1814, démissionna et s'éloigna pendant les Cent-Jours, fut réintégré par l'ordonnance du 7 juillet 1815, et fut nommé pair de France le 17 août 1815. Dans le procès du maréchal Ney, il s'abstint de prendre part au vote. En décembre 1815, il demanda que les départements et les communes gardassent la libre disposition de leurs revenus et de leurs centimes additionnels; il défendit (25 février 1817) la liberté de la presse, vota *contre* les lois d'exception et *contre* toutes les mesures en désaccord avec les principes constitutionnels établis par la Charte.

BRIGODE-KEMLANDT (Pierre-Oscar-Maximilien-Frédéric-Louis, comte de), représentant à l'Assemblée nationale de 1871, né à Lille (Nord), le 13 août 1814, mort à Paris, le 17 mai 1874, propriétaire dans son département, commanda un bataillon de mobiles pendant la guerre de 1870, et fut élu, comme conservateur monarchiste, le 8 février 1871, représentant du Nord à l'Assemblée nationale, le 19e sur 28, par 203,255 voix (262,927 votants, 326,440 inscrits). Il siégea à droite, et vota : le 1er mars

1871, *pour* la paix; le 16 mai, *pour* les prières publiques; le 10 juin, *pour* l'abrogation des lois d'exil; le 30 août, *pour* le pouvoir constituant de l'Assemblée; le 3 février 1872, *contre* le retour de l'Assemblée à Paris; le 24 mai 1873, *pour* l'acceptation de la démission de Thiers; les 19-20 novembre, *pour* la prorogation des pouvoirs du maréchal; le 20 janvier 1874, *pour* la loi des maires. M. de Brigode-Kemlandt mourut avant la fin de la session.

BRILLAT-SAVARIN (Jean-Anthelme, chevalier), député aux Etats-Généraux de 1789, né à Belley (Ain), le 2 avril 1755, mort à Paris, le 1er février 1826, était avocat à Belley avant 1789. Le bailliage de Bugey et Valromey l'élut député du tiers aux Etats-Généraux, le 27 mars 1789. Il siégea parmi les modérés, combattit l'institution du jury, et l'abolition de la peine de mort. Le 16 mars 1791, il avait été élu suppléant au tribunal criminel de l'Ain, et, de retour à Belley après la session, il fut nommé, au début de 1793, président du tribunal civil de l'Ain, et, quelques mois après, maire de Belley. En cette qualité, il avait été appelé à présider les réunions fédéralistes de sa commune; menacé par le représentant en mission, Gouly, d'être envoyé devant le tribunal révolutionnaire (décembre 1793), il se retira en Suisse, puis à New-York (1794) où il se créa des ressources en donnant des leçons de langue française et en tenant le premier violon dans un petit théâtre. La chute de Robespierre lui permit de rentrer en France. Il fut, sous le Directoire, secrétaire du général Augereau, « que son détestable estomac, a-t-il dit depuis, rendait brutal tant que durait la digestion »; il eut un moment le titre de secrétaire de l'état-major général des armées de la République en Allemagne. Il obtint, en l'an VI, les fonctions de commissaire près le tribunal criminel de Versailles, puis, le 11 germinal an VIII, celles de juge au Tribunal de cassation.

Il renonça complètement à la politique pour ne plus s'occuper que des devoirs de sa charge, et surtout de l'ouvrage qui a fait sa gloire : la *Physiologie du goût* (1825), code de l'épicuréisme gastronomique aimable et pratique, modèle en même temps de style élégant et pur, œuvre digne enfin de celui qu'on a justement appelé « le grand-prêtre de la gourmandise ». Brillat-Savarin mourut en 1826, conseiller à la Cour de cassation, ayant accepté tous les régimes, sans qu'aucune révolution, comme on l'a dit, ait pu troubler ses digestions. — Membre de la Légion d'honneur du 25 prairial an XII. Il avait publié, avant la *Physiologie* : *Vues et projets d'économie* (1802), des fragments d'une *Théorie judiciaire* (1808), un *Essai historique et critique sur le duel* (1819), et un *Mémoire sur l'archéologie du département de l'Ain* (1820).

BRILLET DE VILLEMORGE (Prégent, chevalier), député de 1824 à 1830, né à Angers (Maine-et-Loire), le 9 novembre 1770, mort à Angers, le 18 décembre 1836, fut page du prince de Condé en 1783. Il devint sous-lieutenant en 1788, émigra en 1791 avec trente-quatre officiers, fit la campagne des princes en 1792, et servit dans l'armée de Condé de 1793 à 1797. De retour en France en 1800, il fut amnistié en l'an XI, et nommé maire de la Potherie-Challain en 1808, puis conseiller général du département. Chef d'état-major de l'armée d'Anjou, en 1815, il fut un des plus ardents défenseurs de la monarchie restaurée, et, fut appelé en 1816, à la mairie d'Angers; il fit exécuter dans cette ville divers travaux importants. Mais le rôle politique joué par Brillet de Villemorge, son opposition passionnée à toutes les manifestations libérales, sa proclamation lors de l'entrée des députés d'Andigné et Guilhem, rendirent de jour en jour plus difficile l'exercice de ses fonctions municipales, qu'il cumulait, d'ailleurs, avec le mandat législatif. Le 6 mars 1824, il avait été, pour la première fois, élu député de Maine-et-Loire au collège de département, par 206 voix sur 322 votants et 383 inscrits; la même circonscription le renomma : le 24 novembre 1827, par 154 voix (301 votants, 333 inscrits), et le 19 juillet 1830, par 202 voix (354 votants, 387 inscrits). Il vota constamment avec la droite royaliste. La révolution de 1830 le rendit à la vie privée comme maire et comme député. En cette dernière qualité il adressa au président de la Chambre la lettre suivante :

« Paris, 12 août 1830.

« Monsieur le Président,

« Honoré du choix de mes concitoyens pour venir défendre à la Chambre l'intégrité de la Charte et des trois pouvoirs constitutifs de notre pacte social, je me trouve, aujourd'hui que des événements aussi rapides dans leur marche que graves dans leurs conséquences ont renversé l'ordre de choses existant en France, sans mandat suffisant pour continuer les fonctions qui m'étaient confiées. J'ai donc l'honneur de vous envoyer ma démission, vous priant de la faire connaître à la Chambre, et les motifs qui m'y déterminent.

« Agréez, monsieur..., etc.
« LE COMTE DE VILLEMORGE. »

BRILLIER (MARC-ANTOINE), représentant du peuple aux Assemblées constituante et législative de 1848-49, représentant en 1872, sénateur de 1876 à 1879, né à Heyrieux (Isère), le 2 août 1809, mort à Vienne (Isère), le 26 février 1888, était le fils d'un cultivateur. Il fit son droit à Paris, et vint exercer à Vienne la profession d'avocat. Ses opinions démocratiques, manifestées de bonne heure, le firent élire, le 7e sur 15, représentant du peuple à l'Assemblée constituante, pour le département de l'Isère, par 99,193 voix (136,486 votants, 159,723 inscrits.) Il y siégea à gauche, mais vota avec les républicains modérés et appuya le gouvernement de Cavaignac. Il opina : le 9 août 1848, contre le rétablissement du cautionnement; le 26 août, contre les poursuites intentées à Louis Blanc et Caussidière; le 2 septembre, pour le maintien de l'état de siège; le 18 septembre, contre l'abolition de la peine de mort; le 7 octobre, contre l'amendement Grévy; le 21 octobre, contre l'abolition du remplacement militaire; le 2 novembre, contre le droit au travail; le 25 novembre, pour l'ordre du jour : « Le général Cavaignac a bien mérité de la Patrie »; le 27 décembre, pour la suppression de l'impôt du sel; le 12 janvier 1849, contre la proposition Rateau; le 21 mars, contre l'interdiction des clubs; le 16 avril, contre le crédit de 1,200,000 francs pour l'expédition de Rome; le 2 mai, pour l'amnistie des transportés. L'avènement de L.-N. Bonaparte à la présidence de la République avait rapproché Brillier de la gauche avancée; nettement opposé à la politique de l'Elysée, il continua de la combattre à à l'Assemblée législative, où l'Isère le renvoya siéger, le 13 mai 1849, par 65,814 voix (105,869 votants, 160,450 inscrits). Il vota avec la Mon-

tagne, et, lors du coup d'État de décembre, n'hésita pas à prendre les armes pour défendre la Constitution. Brillier était un des sept représentants qui accompagnèrent sur la barricade leur collègue Baudin. En quittant la rue Sainte-Marguerite, il remonta, avec MM. Schœlcher, Clément Dulac et Malardier, le faubourg Saint-Antoine par les rues que la troupe n'avait pas encore occupées. « Ils criaient : Vive la République ! et apostrophaient le peuple sur le pas des portes » (Victor Hugo, Histoire d'un crime.) Après le succès du coup d'État, Brillier fut expulsé de France; puis il reprit sa place au barreau de Vienne, et se porta candidat de l'opposition au Corps législatif, le 1er juin 1863, dans la 4e circonscription de l'Isère : il obtint 9,688 voix contre 17,975 accordées au candidat officiel élu, le député sortant, Faugier. A la mort de ce dernier, une nouvelle élection ayant eu lieu pour le remplacer, Brillier réunit, le 6 avril 1867, 12,312 voix contre M. Joliot, élu par 18,664 suffrages. Enfin lors des élections générales du 24 mai 1869, les circonscriptions de l'Isère ayant subi un remaniement, c'est dans la 5e circonscription, de création nouvelle, qu'il engagea la lutte : M. Joliot fut réélu par 15,071 voix; Brillier n'en avait pas eu moins de 13,059. Préfet de l'Isère après le 4 septembre 1870, il ne garda ce poste qu'un mois, fut nommé maire de la ville de Vienne et élu conseiller général, le 8 octobre 1871. Porté sur une liste exclusivement républicaine, le 8 février, il avait obtenu, comme candidat à l'Assemblée nationale, 48,479 voix, tandis que le dernier élu de la liste mixte, qui triompha, en avait 52,068. Il n'entra à l'Assemblée que par suite de l'élection partielle du 7 janvier 1872, qui lui donna 67,689 voix (72,457 votants, 163,909 inscrits.) Inscrit aux deux groupes de la gauche et de l'union républicaine, il fut président de ce dernier groupe et vota avec la minorité républicaine : pour le retour de l'Assemblée à Paris; contre l'acceptation de la démission de Thiers et contre le gouvernement du 24 mai; contre la prorogation des pouvoirs du maréchal; contre l'état de siège et la loi des maires; pour l'amendement Wallon, l'amendement Pascal Duprat et l'ensemble des lois constitutionnelles. Aux élections sénatoriales du 30 janvier 1876, Brillier devint sénateur de l'Isère par 367 voix sur 661 votants. Il siégea à gauche, et vota, le 22 juin 1877, contre la dissolution de la Chambre des députés demandée, au nom du maréchal de Mac-Mahon, par le gouvernement du Seize-Mai. D'ailleurs, l'état de sa santé ne lui permit de ne prendre qu'une faible part aux travaux législatifs. Après s'être démis, en 1878, de son mandat de conseiller général de l'Isère, il fit annoncer par les journaux du département qu'il ne se représenterait pas au renouvellement sénatorial de janvier 1879.

BRIMONT (VICOMTE DE). — Voy. RUINART.

BRIOIS DE BEAUMETZ (BON-ALBERT), député à l'Assemblée constituante de 1789, né à Arras (Pas-de-Calais), le 23 décembre 1759, mort à Paris à une date inconnue, d'une famille de magistrats, était fils d'un premier président au conseil supérieur de l'Artois. Ses talents précoces le firent nommer à seize ans substitut surnuméraire du procureur général d'Arras; puis il obtint en 1785, la survivance de son père. «Chaque semaine, dit la Biographie universelle de Michaud, il tenait chez lui des conférences auxquelles assistait l'élite du barreau d'Arras, et où se discutaient les points de droit les plus épineux, et des questions de haute politique dont la nouveauté plaisait à de jeunes esprits, avides de changements. » Le 30 avril 1789, à la presque unanimité des suffrages, Briois de Beaumetz fut élu par la province d'Artois député de la noblesse aux Etats-Généraux. Tout d'abord, il se prononça contre la réunion des trois ordres ; mais il se laissa bientôt gagner à une opinion plus libérale et siégea à la gauche de l'Assemblée constituante. A la vérité, il resta attaché à la monarchie qu'il voulait constitutionnelle. Adjoint à différents comités, il se mêla activement aux travaux et aux délibérations de l'Assemblée, et fut souvent chargé de rapports importants. Il se prononça en septembre 1789, *pour le veto* suspensif, et le même mois donna lecture d'un mémoire considérable sur la réforme de la jurisprudence criminelle ; c'est sur sa proposition que furent décrétées la publicité des débats judiciaires et l'abolition de la torture. Beaumetz s'était exprimé en ces termes : « Déjà le roi, digne en tous points du titre glorieux que vous lui avez décerné, a banni de la France l'usage cruellement absurde d'arracher aux accusés, à force de tourments, l'aveu des crimes, vrais ou faux, dont ils étaient prévenus ; mais il vous a laissé la gloire de compléter ce grand acte de raison et de justice. Il reste encore dans votre code une torture préalable ; si les raffinements de la cruauté la plus inouïe ne sont plus employés à forcer les hommes de s'accuser eux-mêmes, ils sont encore mis en usage pour obtenir des révélations de complices. Fixer vos yeux sur ce reste de barbarie, n'est-ce pas, messieurs, en obtenir de vos cœurs la proscription ? Ce sera un beau, un touchant spectacle pour l'univers, de voir un roi et une nation, unis par les liens indissolubles d'un amour réciproque, rivaliser de zèle pour la perfection des lois, et élever, comme à l'envi, des monuments à la justice, à la liberté, à l'humanité. » (V. le *Moniteur* des 29 et 30 septembre 1789). Il intervint encore dans le débat sur les biens ecclésiastiques, soutint, en juriste, que ces biens n'appartenaient ni à la nation ni au clergé, « mais étaient *res nullius*, et appartenaient à Dieu comme on l'avait décidé en l'an 817, étant affectés au service du culte, à l'instruction des prêtres et à la subsistance des pauvres. » Il combattit d'abord, pour s'y rallier ensuite, le projet d'accorder aux Juifs l'éligibilité, demanda la publicité des audiences des conseils de guerre, et fut élu président de l'Assemblée le 27 mai 1790. Il défendit la politique économique de Necker, se prononça pour le système des assignats, et en fit émettre pour une somme de 800 millions, afin de faciliter la vente des domaines nationaux ; d'ailleurs, il opina, par la suite, contre les petits assignats, dont l'effet, suivant lui, devait être de rendre plus rares encore les monnaies de cuivre et d'argent. Il finit cependant, par adopter l'opinion de Rabaut Saint-Etienne en faveur de la création d'assignats de 5 livres jusqu'à la concurrence de 100 millions. Lorsque les ministres furent incriminés (octobre 1790) par les comités réunis, il demanda une exception en faveur de Montmorin. Puis, il fit un rapport (18 mars 1791) sur l'organisation de la trésorerie, réclama avec Buzot, le droit pour le Corps législatif de provoquer le renvoi des ministres, soutint, à propos du droit de pétition, que ce droit étant essentiellement individuel, toute pétition devait être signée, opina pour que les cendres de J.-J. Rousseau, au

lieu d'être transférées au Panthéon, fussent laissées à son ami Girardin. On lui dut encore un rapport (1er septembre 1791) sur le cérémonial à observer dans la présentation au roi de l'acte constitutionnel, et le 29, un projet d'instruction sur la police de sûreté et sur la procédure par jurés. Devenu, après la session, membre du directoire du département de Paris, il appuya les demandes des prêtres insermentés pour obtenir une pension. On se rappela alors qu'il avait régulièrement voté à l'Assemblée contre toutes les mesures de rigueur proposées à l'égard des émigrés ; il dut passer à l'étranger, séjourna en Allemagne, puis en Angleterre et en Amérique. On le retrouve à Calcutta en 1800 ; puis on perd sa trace. Il revint probablement terminer ses jours à Paris.

BRIOLAT (Jean-Baptiste), député à l'Assemblée législative de 1791, né le 27 février 1758, mort à une date inconnue, était avocat à Saint-Dizier. Nommé procureur-syndic de ce district, il fut, en outre, le 30 août 1791, élu député de la Haute-Marne à l'Assemblée législative, par 251 voix sur 355 votants. Il n'y prit jamais la parole et vota avec la majorité.

BRIOT (Pierre-Joseph), député au Conseil des Cinq-Cents, né à Orchamps (Jura), le 17 avril 1771, mort à Auteuil (Seine), le 16 mai 1827, avait été reçu avocat en 1789, et nommé en 1790, à la chaire de rhétorique du collège de Besançon. Entraîné par le mouvement de 1792, il s'enrôla avec ses élèves, et fit avec eux la première campagne de la Révolution. Obligé de rentrer à Besançon pour raison de santé, il s'occupa de littérature politique, attaqua Marat et Robespierre, combattit, dans les clubs, le système de la Terreur, et, député par les habitants de Besançon à la barre de la Convention, y prononça un discours qui le fit accuser de fédéralisme (1793). Pour échapper aux suites de cette accusation, il reprit du service, et devint aide de camp du général Réede ; mais, ayant négocié l'installation à Besançon de deux mille horlogers suisses, il fut chargé d'organiser notre première manufacture d'horlogerie avec le titre d'agent principal. Une violente altercation qu'il eut avec Robespierre jeune à la Société populaire amena son arrestation ; mis en liberté après le 9 thermidor, son opposition aux vainqueurs de cette journée le fit emprisonner de nouveau, cette fois comme terroriste ; il réclama vainement des juges, fut relâché par ordre de la Convention, et élu, en brumaire an IV, officier municipal à Besançon. Il passa de là à Paris comme fonctionnaire au ministère de la Police, démissionna, fut proscrit par le parti aristocratique, puissant alors dans les Conseils, se réfugia au 8e hussards, fut fait deux fois prisonnier pendant la célèbre retraite de Moreau, et deux fois parvint à s'échapper. Le Directoire le nomma, en l'an VI, accusateur public près le tribunal criminel du Doubs, et, le 22 germinal de la même année, il fut élu député du Doubs au Conseil des Cinq-Cents ; il siégea parmi les républicains, ennemis du système de bascule du Directoire, fit rejeter, le 3 juillet 1798, une demande de sursis du marquis d'Ambert condamné à mort comme émigré, (la Constitution n'autorisant pas le Corps législatif à accorder des sursis), devint secrétaire de l'assemblée, et demanda, dans un remarquable discours, la création d'une commission spéciale de législation en cas de guerre. Le 12 novembre 1798, il fit décréter la condamnation, comme émigrés, des prêtres qui ne rentreraient pas dans le délai d'un mois, défendit et sauva les naufragés de Calais, déplora (12 fructidor an VII) la division de la République : « La patrie, dit-il, cherche des enfants, et elle trouve des Chouans, des Jacobins, des modérés, des constitutionnels de 91, de 93, des clubistes, des amnistiés, des fanatiques, des scissionnaires, des anti-scissionnaires : elle appelle en vain des républicains!... J'attribue une partie de ces maux au ministère de la Police. C'est lui qui a organisé et soutenu le système de bascule politique, qui a alternativement agité, opprimé tous les partis, qui a créé ces conspirations imaginaires qui ont divisé les citoyens et les magistrats...; c'est lui qui rapetisse, rétrécit l'âme des gouvernants, les entretient sans cesse de quolibets frivoles, de rapports perfides, leur fait voir la République dans des tripots, dans des cafés, dans des groupes excités par les mouchards eux-mêmes; c'est le ministre de la Police qui fait, du plus vil des métiers, une institution constitutionnelle, un moyen de gouvernement. »

Après cette sortie contre Fouché, il attaqua si vivement Talleyrand, ministre des Relations extérieures, que celui-ci donna sa démission, sans répondre.

Briot fut un des républicains les plus ardents contre le 18 brumaire. Au moment où Lucien Bonaparte venait de renouveler à la tribune le serment à la Constitution de l'an III, il s'écria : Moniteur, écrivez. Aussi, fut-il compris nominativement sur la liste d'exclusion dressée le soir même par ce qui restait du Conseil des Cinq-Cents, sous ce titre : « Ne sont plus membres de la représentation nationale pour les excès auxquels ils se sont constamment portés, et notamment le plus grand nombre d'entre eux, dans la séance de ce matin, les individus ci-après nommés » : suivent soixante et un noms.

Un arrêté des consuls prononça bientôt la déportation de Briot à la Guyane, mais un arrêté suivant le plaça simplement sous la surveillance de la police, dont un troisième arrêté l'affranchit complétement le 5 nivôse an VIII. La bienveillance de Lucien le fit nommer secrétaire général de la préfecture du Doubs (15 floréal an VIII), puis commissaire général du gouvernement à l'île d'Elbe (8 pluviôse an XI). Mais il ne put s'entendre avec le gouverneur militaire, le général Rusca, offrit sa démission qui fut refusée, rentra à Paris où il refusa à son tour la direction des droits réunis, et finit par faire révoquer le général Rusca.

À l'avènement de l'Empire, il demanda un passeport pour l'étranger, et alla à Naples où le roi Joseph le nomma intendant des Abruzzes, puis de la Calabre, où il fit aux Anglais, en 1809, une courageuse résistance. Le roi Murat l'en récompensa en le faisant entrer dans son Conseil d'État. Briot, toujours républicain au fond, ne voulut accepter ni titres, ni décorations, et refusa de même de se faire naturaliser napolitain, quand cette formalité fut imposée aux Français employés dans le royaume des Deux-Siciles. Quand Murat se tourna contre la France, Briot le quitta, et revint en Franche-Comté où il s'occupa, jusqu'à sa mort, d'agriculture et d'industrie. On a de lui : *Défense du droit de propriété dans les rapports avec les fortifications des villes de guerre et les travaux publics* (1817); *Première lettre à M. B. sur la Caisse hypothécaire* (1818). Il aurait aussi écrit, dit-on, de curieux mémoires sur la période qui précéda le 18 brumaire.

BRIOT DE MONREMY (MARIE-GUSTAVE-ADOLPHE), député au Corps législatif de 1852 à 1858, né à Neuville-en-Vendomois (Meuse), le 3 mars 1810, mort à Verdun (Meuse), le 1er août 1858, fit ses études à Paris, suivit les cours de la Faculté de droit, et devint avocat en 1831. Rappelé quelque temps après dans la Meuse, il s'y occupa surtout d'agriculture, et fut nommé adjoint au maire, puis maire de Verdun, conseiller d'arrondissement et enfin conseiller général. M. Briot de Monremy soutint, lors du coup d'État de 1851, la politique présidentielle; sa candidature au Corps législatif dans la 2e circonscription de la Meuse, le 29 février 1852, obtint l'appui officiel du gouvernement, et il fut élu par 30,896 voix (32,242 votants, 46,086 inscrits), contre 260 voix à M. Villet-Collignon, et 107 à M. Saillet. Il s'associa à l'établissement de l'Empire et vota avec la majorité. Il fit partie de plusieurs commissions, où il s'occupa des questions financières, de la loi du jury, etc. Le 22 juin 1857, M. Briot de Monremy fut réélu par 18,193 voix (18,801 votants, 26,435 inscrits). Il mourut pendant la session.

BRISSAC (DUC DE). — *Voy.* COSSÉ.

BRISSON (MARCOU), député à l'Assemblée législative de 1791 et membre de la Convention, né à Saint-Aignan (Loir-et-Cher), le 26 février 1740, mort à Blois (Loir-et-Cher), le 30 septembre 1803, était procureur général syndic de son département, lorsqu'il fut élu, le 31 août 1791, député de Loir-et-Cher, à l'Assemblée législative, où il se fit peu remarquer. Élu, par le même département, membre de la Convention, « à la pluralité des voix sur 301 votants », il répondit au 3e appel nominal, dans le procès de Louis XVI :

« Les principes du droit naturel, l'éternelle raison, l'éternelle justice avec lesquels la déclaration des droits est, en cela, parfaitement d'accord, veulent que la loi soit égale pour tous, soit qu'elle protège, soit qu'elle punisse, et le Code pénal condamne à la mort tout conspirateur contre la sûreté intérieure et extérieure de l'État; d'ailleurs, nous devons un grand exemple et aux peuples qui furent toujours trop idolâtres des rois, et aux rois eux-mêmes qui, de leur côté, furent toujours, mais ne peuvent plus impunément être les tyrans des peuples; je vote donc pour la mort de Louis XVI. »

À la fin de la session, Brisson fut nommé commissaire du Directoire dans son département, et fut appelé par le gouvernement consulaire (28 floréal an VIII) aux fonctions de juge au tribunal criminel de Blois, poste qu'il occupa jusqu'à sa mort.

BRISSON (EUGÈNE-HENRI), représentant à l'Assemblée nationale de 1871, député de 1876 à 1889 et ministre, né à Bourges (Cher), le 31 juillet 1835, est le fils de M. Louis-Adolphe Brisson, qui fut pendant plus de cinquante ans avoué près la Cour de Bourges. « Les générations qui se sont succédé dans cette ville depuis cinquante années, a écrit un panégyriste de M. Henri Brisson, M. Hipp. Stupuy, y ont constamment vu passer un compatriote qu'elles ont connu jeune, puis homme fait, puis vieillard, mais toujours le même, c'est-à-dire vêtu de noir, cravaté de blanc, portant des lunettes d'or; maigre, pâle, fin et accentué, informé, compétent, d'une vive intelligence sous des apparences de froideur, austère et irréprochable, tel était M. Louis-Adolphe Brisson. » Le père de M. Henri Brisson était l'ami intime de Michel (de Bourges). — Après avoir fait au lycée de sa ville natale d'assez médiocres études, le futur homme d'Etat vint à Paris étudier le droit. Il collabora avec Barni. Frédéric Morin, Despois, Vacherot, au journal l'*Avenir*, entra dès 1856 dans les loges maçonniques, dont il devint un des membres les plus actifs, et se fit, en 1859, inscrire au barreau de Paris; mais il en fut éloigné presque aussitôt par une maladie du larynx qui l'obligea à entrer, comme chef du contentieux, dans la maison de M. François Coignet, industriel à Paris. Vers la fin de 1860, sa maladie s'aggravant, il alla passer un hiver en Egypte, puis revint à Paris et reprit son contentieux, sans renoncer à la politique. Collaborateur, en 1861, de la *Réforme littéraire* et du *Phare de la Loire*, en 1864 du journal le *Temps*, en 1865 de la *Morale indépendante* avec Massol, fondateur, en 1868, avec Gambetta et M. Challemel-Lacour, de la *Revue politique*, supprimée dès la première année de son existence, M. Henri Brisson passa, en 1869, à l'*Avenir national*, organe radical que dirigeait M. Peyrat. Il s'était déclaré républicain, et passait même, dans certains milieux, pour appartenir à une fraction assez avancée du parti démocratique; sa candidature à la députation fut posée en concurrence avec celle de Glais-Bizoin, considéré comme plus modéré, dans la circonscription électorale qui était formée des IXe et Xe arrondissements de Paris (il obtint 6,148 voix au premier tour, puis se retira au scrutin de ballottage). Pourtant Henri Brisson se montrait opposé, vers la même époque, aux candidatures d'*inassermentés*, et n'était pas éloigné de recommander à ses amis politiques, en vue de la lutte contre le régime impérial, une étroite alliance avec les conservateurs orléanistes. Après la révolution du 4 Septembre, il fut l'un des adjoints au maire de Paris; signataire, le 31 octobre au soir, avec MM. Etienne Arago, Dorian, Schœlcher, Floquet, Hérisson, d'une affiche qui convoquait les électeurs pour la nomination d'un conseil municipal, il donna sa démission quand cette mesure eut été désavouée par le gouvernement de la Défense nationale. Le 8 février 1871, il fut élu représentant de la Seine à l'Assemblée nationale, le 19e sur 43, par 115,594 voix (328,970 votants, 547,858 inscrits), siégea à l'*Union républicaine*, et déposa, en septembre, une proposition d'amnistie « pour tous les crimes et délits politiques ». La gauche modérée refusa de s'y associer, la déclarant prématurée et inopportune. Puis il intervint dans un grand nombre de discussions, et fit adopter (janvier 1872) la loi supprimant le régime exceptionnel en vertu duquel le vote et le règlement du budget extraordinaire de la ville de Paris étaient soumis à l'approbation du pouvoir législatif. Le 12 mars suivant, la majorité de la Chambre lui infligea la censure simple, au cours d'un débat relatif aux poursuites contre des représentants accusés d'avoir injurié l'Assemblée dans les journaux. Parmi les nombreux discours qu'il prononça à l'Assemblée nationale sur le ton calme et lent qui lui est habituel, on peut citer ceux qu'il fit à propos du conseil supérieur de l'instruction publique, contre la nouvelle loi du jury, contre la loi Ernoul donnant à la commission de permanence le droit de se quérir, durant les vacances, des poursuites en cas d'offense à l'Assemblée, contre la restitution aux princes d'Orléans des biens formant l'objet de la dotation du 7 août 1830, contre la loi des maires, contre la loi

électorale politique et la loi électorale municipale. M. H. Brisson devint successivement secrétaire, vice-président et président de l'*Union républicaine*; s'associant, vers la fin de la législature, à la politique conseillée par Gambetta et les chefs de la gauche, il vota, comme eux, l'ensemble des lois constitutionnelles. Aux élections générales du 20 février 1876, il devint député du Xe arrondissement de Paris, avec 15,631 voix sur 21,988 votants et 29,139 inscrits, contre MM. Dubail, républicain conservateur, 4,452 voix, et de Humbourg, légitimiste, 1,327. Il reprit son rang dans la majorité, et fut des 363 députés qui refusèrent un vote de confiance au gouvernement du Seize-Mai. En même temps, il collaborait activement au *Siècle*, dont il fut un des directeurs politiques. Réélu, le 14 octobre 1877, par 18,719 voix (22,404 votants, 27,972 inscrits), contre 3,101 à M. de Humbourg, M. Henri Brisson devint bientôt une des personnalités les plus marquantes du parti opportuniste, bien qu'il affectât, dans certaines circonstances, et sur certaines questions, une attitude et des opinions « radicales » et « puritaines » qui lui valurent un renom d'« austérité ». Nommé vice-président, puis rapporteur de la commission chargée de faire une enquête sur les élections des 14 et 28 octobre 1877, il demanda la mise en accusation des ministres du Seize-Mai. Il s'appuyait, pour motiver ces conclusions, sur la violation de la Constitution, la transgression des lois, la prévarication, les actes arbitraires attentatoires à la liberté individuelle ou aux droits des citoyens, sur la soustraction et l'enlèvement de papiers publics, etc. « Le 16 Mai, disait-il, a été un coup imprévu pour l'opinion publique; mais il avait été de longue date préparé par ses auteurs, c'est-à-dire par les hommes qui, durant cinq années, avaient essayé, dans l'Assemblée nationale, d'empêcher la fondation de la République et de restaurer la monarchie.

« Ils tenteront sans doute de se réfugier derrière certaines dispositions des lois constitutionnelles; ils prétendront, à l'aide d'interprétations subtiles, trouver dans tel ou tel texte un moyen de couvrir leurs illégalités. Ce n'est pas la première fois que des ministres coupables cherchent un abri derrière des textes en apparence équivoques; l'article XIV de la Charte est demeuré célèbre sous ce rapport. Les juges de 1830 ont pensé qu'une Constitution qui autoriserait un coup d'Etat légal serait un non-sens; les ministres de 1877 ne trouveront sans doute pas plus de grâce pour leurs arguties. » Le rapport de M. H. Brisson ne donna lieu, dans la séance du 8 mars 1879, qu'au vote d'un ordre du jour de blâme et de flétrissure contre le gouvernement du Seize-Mai. La même année, à l'ouverture de la session (janvier), M. Brisson avait été nommé vice-président de la Chambre; puis, le mois d'après, il avait été choisi comme président de la commission du budget. Il le fut encore l'année suivante, et prononça, comme tel, le 4 mars 1889, un discours où il disait à ses collègues de la commission: « ... Votre tâche, messieurs, est d'allier ce que réclame l'esprit de réforme à ce que permettent le bon ordre de nos finances et le maintien de notre crédit. On reproche quelquefois à la République de ne pas faire grand, vous ne vous laisserez pas trop émouvoir par ce reproche; ceux qui parlaient de faire grand ont laissé la France plus petite, etc. » M. Henri Brisson prit fréquemment la parole à la tribune de la Chambre, notamment sur le droit de réunion

33

(janvier 1880), et, en novembre, à propos du budget de 1881, pour défendre le célèbre amendement dont il était l'auteur et qui comprenait un ensemble de dispositions ayant pour but de mettre un terme aux immunités fiscales dont jouissent les congrégations. Cet amendement, que la commission du budget et la Chambre des députés adoptèrent successivement, fut considérablement modifié et atténué par le Sénat. *M.* Brisson insista vainement, en décembre, pour le maintien de la rédaction primitive : la solution de la Chambre haute prévalut définitivement. M. H. Brisson présenta encore, de concert avec M. Boulard, député du Cher, une proposition de loi tendant à la « réforme de la magistrature ». Enfin, cette même année 1883, à la suite des élections départementales du mois d'août, il était devenu président du conseil général du Cher, dont il faisait partie depuis 1871. M. Henri Brisson était alors très jaloux de l'influence politique qu'il possédait dans son département d'origine; mais cette influence ne tarda pas à être fortement entamée par suite du désaccord qui sépara bientôt le député de la Seine de son beau-frère et cousin germain, M. Eugène Brisson, alors maire de Bourges. Le père de M. Henri Brisson prit publiquement parti contre son fils, pour son neveu, et, à quelque temps de là, en 1884, M. Brisson, président de la Chambre, ne put se faire réélire conseiller général du Cher. Le 21 août 1881, la 2ᵉ circonscription du Xᵉ arrondissement de Paris lui donna 8,757 voix sur 9,986 votants, et 14,698 inscrits; il fut élu presque aussitôt président de la Chambre des députés, le 3 novembre, par 347 voix. Gambetta avait été élu tout d'abord *président provisoire* par 317 suffrages; puis, lors de l'élection du bureau définitif, il avait décliné la candidature; c'est alors que M. H. Brisson lui succéda. Pendant les sessions suivantes, il fut maintenu à ce poste, où il se renferma dans la plus stricte réserve, évitant de laisser pressentir son opinion personnelle sur les questions les plus brûlantes du moment, et refusant, aussi longtemps qu'il le put, d'accepter soit un portefeuille dans les diverses combinaisons ministérielles qui furent tentées, soit même la présidence du conseil pour laquelle on le désigna plus d'une fois, entre autres lors de la chute du ministère Freycinet (29 juillet 1882). M. Grévy lui avant fait des offres formelles, M. Brisson se déroba alors en alléguant son incompétence en matière de politique extérieure. Ce ne fut qu'après le renversement du cabinet Jules Ferry (31 mars 1885) et après les tentatives infructueuses de M. de Freycinet pour constituer un ministère, qu'il accepta enfin la mission de composer un cabinet : il y prit, avec la présidence du conseil, le portefeuille de la Justice, et entra en fonctions le 6 avril. Arrivant au pouvoir pour la première fois, vierge d'échecs comme de succès, il ne rencontra d'abord dans les divers groupes de gauche aucune hostilité systématique, et la majorité des Chambres lui accorda aisément, jusqu'à l'époque des élections générales, le crédit qu'il lui avait demandé. M. Brisson, qui avait pris pour mot d'ordre la concentration républicaine, recommanda, par une circulaire publique, à tous les fonctionnaires sous ses ordres, de garder, lors des élections prochaines, une entière neutralité. Toutefois ses adversaires politiques lui reprochèrent d'avoir mis en œuvre pour le succès de la liste opportuniste du Cher, sur laquelle il figurait en même temps que sur diverses listes dans la Seine, toutes les influences dont pouvait alors disposer le président du conseil. Ce succès ne fut obtenu d'ailleurs qu'après ballottage, et grâce au désistement des autres candidats républicains. Au premier tour, la liste conservatrice arriva en tête, avec plus de 30,000 voix; la liste de MM. Henri Brisson, Peulolet, Lesage, Mellot, etc., en obtint 22,000, tandis que la liste républicaine socialiste en réunissait 18,000; celle-ci se retira pour éviter le succès définitif des conservateurs, et M. Henri Brisson fut élu. Nommé, en même temps, dans le département de la Seine, au premier tour, par 215,853 voix, il opta pour le Cher. Dès le début de la session, le ministère Brisson, auquel les radicaux reprochaient son indécision et sa mollesse, eut seul à lutter contre la coalition de l'extrême gauche et des droites; la première bataille fut livrée à propos des crédits demandés pour l'occupation et l'organisation du Tonkin et l'exécution du traité de Tien-Tsin. La Chambre nomma une commission extraordinaire de 23 membres qui se trouva presque entièrement formée de députés hostiles à la politique coloniale soutenue par M. Brisson, à l'exemple de son prédécesseur. Les travaux de cette commission, véritable enquête rétrospective qui ne dura pas moins d'un mois, aboutirent à cette conclusion formellement exprimée : nécessité d'abandonner les territoires annexés ou mis sous notre protectorat dans l'Indo-Chine. Le ministère refusa nettement de s'associer à cette politique nouvelle. Après un débat de quatre jours (décembre 1885) dans lequel le président du Conseil intervint de sa personne, les crédits supplémentaires ne furent votés qu'à une majorité de quatre voix (274 contre 270). Encore cette majorité se trouva-t-elle réduite et peut-être même annulée par diverses rectifications au procès-verbal. Un autre insuccès de M. Henri Brisson, qui, malgré une assez vive campagne menée par ses amis, n'obtint, vers la même époque, que 68 suffrages, lors de la réélection de M. J. Grévy par le Congrès comme président de la République, l'obligea à quitter le pouvoir. Il fut remplacé par M. de Freycinet. Depuis lors, M. Brisson semble avoir pris une part moins active aux travaux parlementaires. En décembre 1887, au moment de l'élection d'un nouveau président de la République, par suite de la retraite de M. Jules Grévy, M. Henri Brisson se porta candidat, mais ne réunit qu'un petit nombre de suffrages (26 voix). Il a voté dans la dernière session : *pour* le rétablissement du scrutin uninominal (11 février 1889), *contre* l'ajournement indéfini de la revision des lois constitutionnelles (14 février), *pour* les poursuites contre trois députés membres de la Ligue des patriotes (14 mars), *pour* le projet de loi Lisbonne restrictif de la liberté de la presse (2 avril), *pour* les poursuites contre le général Boulanger (4 avril).

BRISSOT (JEAN-PIERRE, dit BRISSOT DE WARVILLE), député à l'Assemblée législative de 1791, et membre de la Convention, né à Chartres (Eure-et-Loir), le 14 janvier 1754, exécuté à Paris, le 31 octobre 1793, était le treizième enfant d'un riche aubergiste de Chartres et fut élevé à Ouarville près Chartres, dont il fit plus tard Warville (forme anglaise), en joignant ce nom au sien. Dès sa jeunesse, il se montra passionné pour l'étude; destiné au barreau par sa famille, il fut placé chez un procureur où il étudiait beaucoup moins les dossiers que les langues étrangères; il apprit ainsi l'anglais, l'italien, et commença l'allemand, l'espagnol et le grec; puis il alla prendre ses degrés à Reims, et se rendit à Paris dans le but de devenir avocat au

Parlement. Là, il entra en relations avec Voltaire, à qui il adressa la préface du livre qu'il avait en vue sous le titre : *Théorie des lois criminelles*, et fréquenta d'Alembert, et Linguet, qui le fit entrer au *Mercure*; gêné par les remontrances de sa famille, et redoutant l'influence du clergé sur l'esprit de son père, il écrivait, dès le 26 mars 1773 : « Je vois que les prêtres infectent l'esprit de mon père; dès à présent, je dévoue ma plume à cette maudite race qui fait le malheur de ma vie. » Il se rendit à Boulogne-sur-mer comme traducteur d'une feuille anglaise : *le Courrier de l'Europe*, puis revint à Paris étudier les sciences physiques, avec Fourcroy et Marat. La publication de la *Théorie* (1780), et de la *Bibliothèque des lois criminelles* (1782-1785), le mit en vue sans lui donner la fortune ; il songea à fonder à Londres une sorte d'académie internationale; il y intéressa d'Alembert, mais le projet n'aboutit pas; le *Journal du lycée de Londres* n'eut que quelques numéros, et Brissot revint à Paris, où il fut, dès son arrivée, enfermé à la Bastille comme coupable d'un pamphlet contre la reine, dont il n'était pas l'auteur (1785); le duc d'Orléans l'en fit sortir au bout de quatre mois.

Il entra dans les bureaux du duc d'Orléans, au Palais-Royal, et, impliqué dans un complot du Parlement tramé, disait-on, dans les bureaux du Palais-Royal, gagna Londres, sous la menace d'une lettre de cachet.

Ayant assisté aux séances de la Société pour l'abolition de la traite des noirs, il se décida à fonder à Paris la *Société des amis des noirs* (février 1788), qui compta bientôt parmi ses membres Clavière et Mirabeau, amis de Brissot, puis La Fayette, Volney, La Rochefoucauld, Pastoret, Sieyès, l'abbé Grégoire, etc. Brissot alla étudier sur place, en Amérique, les moyens pratiques d'émancipation, fut reçu par Washington et par Franklin, et, rappelé en France par les premières agitations de la Révolution, fonda, à son arrivée, le *Patriote français*, chargé de défendre les idées nouvelles, avec la collaboration de Roland, de Mme Roland, de Girey-Dupré et de Mirabeau. Son zèle patriotique le fit entrer au premier conseil municipal de Paris : en cette qualité, il reçut, dit-on, le 14 juillet 1789, les clefs de la Bastille où il avait été détenu quatre ans auparavant; il ne lui avait manqué que quelques voix pour être élu député suppléant aux Etats-Généraux; il fut appelé du moins au comité de Constitution, comme publiciste. Les électeurs du département de Paris le nommèrent à l'Assemblée législative, le 13 septembre 1791, par 409 voix sur 708 votants; il fut membre du comité diplomatique, et réclama autant de sévérité contre les émigrés qui couraient au dehors prendre les armes contre la France, que d'indulgence pour ceux qui n'allaient chercher qu'un abri contre les orages dont ils se croyaient menacés. En janvier 1792, il exposa les projets de l'Autriche, proposa d'en exiger satisfaction, demanda la mise en accusation du ministre Delessart, et poussa de toutes ses forces à la déclaration de guerre à l'empereur. En juillet, il prononça sur la situation de la France, sur les ennemis de la Constitution, et contre la cour, un discours qui souleva un vif enthousiasme et dont l'assemblée vota l'impression. S'efforçant pourtant de retenir l'assemblée sur la question de la déchéance, il s'attira les murmures et les insultes des tribunes, et les *Brissotins*, dont la future Gironde faisait alors partie, furent désignés à la haine du parti avancé. Après le 10 août, Brissot fut chargé de rédiger une dé-

claration de l'Assemblée aux puissances étrangères. Trois départements l'élurent membre de la Convention : l'Eure-et-Loir, le 5 septembre 1792, par 294 voix sur 349 votants, l'Eure, le 6 septembre par 306 voix sur 583 votants, et le Loiret, le 6 septembre également, par 324 voix sur 392 votants : il opta pour l'Eure-et-Loir. La Gironde qui siégeait à gauche à l'Assemblée législative, passa à droite avec Brissot. Brissot flétrit les massacres de septembre, fit, le 12 janvier 1793, au nom du comité de défense, un rapport sur nos relations avec l'Angleterre, et, dans le procès de Louis XVI, s'éleva si éloquemment, par 306 voix sur la politique, contre la mort du roi, que celui-ci, en apprenant son arrêt s'écria : « Je croyais que M. Brissot m'avait sauvé. » Brissot vota le renvoi aux assemblées primaires, et répondit, au 3e appel nominal :

« Dans l'opinion que j'ai présentée, j'ai déclaré que Louis paraissait coupable du crime de haute trahison, qu'il méritait la mort.

« J'étais, et je suis encore convaincu que le jugement de la Convention, quel qu'il fût, entraînerait de terribles inconvénients.

« J'étais et je suis encore convaincu que le jugement de la nation, quel qu'il eût été, n'aurait aucun de ces inconvénients, ou que, s'il s'en présentait, ils auraient été facilement écartés par la force de la toute puissance nationale.

« La Convention a rejeté cet appel ; et je le dis avec douleur, le mauvais génie qui a fait prévaloir cette décision a préparé des malheurs incalculables pour la France.

« Ils sont incontestables, quelque système qu'on adopte; car je vois dans la réclusion le germe de troubles, un prétexte aux factieux, un prétexte aux calomnies, qu'on ne manquerait pas d'élever contre la Convention, et d'accuser de pusillanimité, de corruption, qu'on dépouillerait de la confiance qui lui est nécessaire pour sauver la chose publique.

« Je vois dans la sentence de mort le signal d'une guerre terrible, guerre qui coûtera prodigieusement de sang et de trésors à ma patrie ; et ce n'est pas légèrement que j'avance ce fait : non pas que la France ait à redouter les tyrans et leurs satellites; mais les nations, égarées par des calomnies sur le jugement de la Convention, se joindront à eux; et c'est pourquoi j'avais soutenu l'appel au peuple, parce que dans ce système les tyrans auraient été forcés de respecter le jugement d'un grand peuple, parce que les nations n'auraient pu être égarées par eux, parce que, dans le cas d'attaque, le peuple français était là, tout entier pour écraser cette coalition.

« Convaincu que ce jugement va être suivi de malheurs, j'ai cherché longtemps le genre de peine

« Qui pût réunir à un plus haut degré la justice à l'intérêt de la chose publique;

« Qui pût faire respecter la Convention par tous les partis;

« Qui nous conciliât les nations;

« Qui effrayât les tyrans en même temps qu'il déjouait les calculs de leurs cabinets, qui tous veulent la mort de Louis, parce qu'ils veulent populariser leur guerre ;

« Qui déjouât les prétendants du trône;

« Qui pût enfin associer la nation au jugement de la Convention.

« Or, toutes ces conditions, je les ai trouvées dans la sentence de mort avec l'amendement Louvet; c'est-à-dire en suspendant son exécution jusqu'après la ratification de la constitution par le peuple.

« C'est par ces motifs que j'ai préféré ce mode à l'opinion de la réclusion, quoique en principe cette opinion ait le suffrage du publiciste philosophe, quoi qu'elle pût avoir, avec le suffrage de Thomas Payne, le vœu de quatre millions d'Américains libres; et je l'affirme avec confiance, parce que je connais ces braves républicains : à cette réclusion, que j'écarte à cause des circonstances particulières où se trouve la France, et des inconvénients qu'elle entraînerait si elle était prononcée par la seule Convention; à cette réclusion, je préfère la peine de mort, avec la suspension de l'exécution jusqu'après la ratification de la constitution, parce que cette suspension met votre jugement sous la sauvegarde nationale, parce qu'elle imprime a votre jugement ce caractère imposant de désintéressement et de magnanimité dont je désirerais l'environner; parce que enfin, elle associe à votre jugement la nation entière, et que cette association peut seule mettre la nation en état d'apaiser les troubles intérieurs, et de repousser les calamités extérieures.

« Mon opinion sera calomniée; c'était le sort réservé à mon opinion, quelle qu'elle fût. Je ne répondrai aux calomnies que par une vie irréprochable : car je défie mes adversaires de citer et de prononcer un seul fait; j'y répondrai par mon honorable pauvreté, que je veux léguer à mes enfants; et peut-être le moment n'est pas loin, où ils recueilleront ce triste legs; mais, jusqu'à ce moment, que j'attends avec tranquillité, je ne répondrai que par mon zèle infatigable à maintenir le système de l'ordre, sans lequel toute république n'est qu'un repaire de brigands.

« Citoyens, j'insiste et je dois insister sur ce point. Un orage s'avance; il sera violent : la France peut le repousser, mais son succès dépend d'un seul point. Si nous n'extirpons pas le principe désorganisateur qui nous travaille en tous sens, je le dis avec la confiance d'un homme qui connaît votre situation extérieure, vos ressources, celles de vos ennemis, leurs principaux appuis; si ce principe désorganisateur n'est pas anéanti, la République ne sera bientôt plus.

« Je vote pour la mort, en suspendant son exécution jusqu'après la ratification de la constitution par le peuple. »

Ce vote exaspéra la Montagne, et valut aux Girondins l'accusation de royalisme. En mars, la commune de Paris essaya de conspirer; le 10 avril, Robespierre dénonça les Girondins comme complices de Dumouriez; le 19 mai, Brissot, qui appréciait exactement le danger, écrivait à un ami : « On a guillotiné assez de cuisiniers, assez de cochers de fiacre; c'est sont des têtes de conventionnels qu'il faut à présent »; enfin, le 31 mai, les commissaires de 35 sections de Paris vinrent exiger ces têtes à la barre de la Convention, celles de Brissot et de vingt-et-un autres députés. Le 2 juin, sous la pression d'une insurrection populaire, la Convention les décréta d'arrestation. Le premier mouvement de Brissot fut de se soumettre, mais ses amis le pressèrent de fuir en Suisse. C'est en s'y rendant, qu'il fut arrêté à Moulins, le 11 juin, sous le nom d'Alexandre Ramus, négociant à Neuchâtel. Le 13, il écrivit au président de la Convention la lettre suivante :

Jean-Pierre Brissot, député, au président de la Convention nationale.

« Citoyen président, les menaces d'assassinat dont j'ai été particulièrement l'objet, depuis quelque temps, m'ont forcé de quitter Paris dans ce moment où la Convention délibérant sous les baïonnettes, a été contrainte de mettre en arrestation 35 de ses membres sans les avoir entendus. J'ai balancé je l'avoue, dans le premier instant; la fuite me paraissait indigne d'un représentant du peuple; mais réfléchissant que si d'un côté je devais me reposer sur la justice de la Convention et la loyauté du peuple de Paris, de l'autre il était évident que les puissances étrangères entretenaient dans cette ville une armée de brigands, pour massacrer les députés et dissoudre la Convention; réfléchissant qu'elle n'avait maintenant aucunes forces pour les réprimer, j'ai cru devoir attendre dans la solitude que la Convention ait repris l'autorité suprême dont elle était investie, et que ses membres pussent sûrement et librement repousser dans son sein les accusations fausses contre eux. C'est dans cet esprit que j'allais chercher un asile ignoré, lorsque j'ai été arrêté dans cette ville. Mon passeport était sous un nom étranger; c'est une faute, sans doute, mais les persécutions qui, en environnant mon nom d'une cruelle célébrité, me forçaient de le taire, la rendent sans doute excusable.

Je demande à la Convention, et c'est un acte de justice, d'être entendu contre tous mes calomniateurs; je voudrais l'être à la face de la France entière. Je demande surtout que la Convention, en ordonnant ma translation chez moi, à Paris, ne rende aucune décision sans m'entendre.

Signé : J. P. Brissot.

P. S. — Le citoyen Sougne, qui avait un passeport bien en règle, et qui, par amitié pour moi, m'a suivi dans mon voyage, a été arrêté avec moi. Je demande à la Convention de vouloir bien en ordonner la relaxation. S'il existe un délit, j'en suis seul coupable; et un ami généreux ne doit pas être puni de son dévouement. »

Le procès-verbal d'arrestation de Brissot donne de lui ce signalement : âge 39 ans; taille 5 pieds; cheveux châtain foncé, plats et en petite quantité; front élevé et un peu dégarni; yeux gris brun, assez grands et couverts; nez long, un peu gros; menton long avec une fossette; barbe noire; visage ovale et étroit du bas.

Ramené à Paris, il fut mis au secret dans la prison de l'Abbaye, le 24 juin 1793, et y écrivit des mémoires sous le titre de *Legs à mes enfants* : ce fut d'ailleurs tout l'héritage qu'il leur laissa. Mis en jugement avec les autres Girondins dans les derniers jours d'octobre, il fut condamné à mort et périt sur l'échafaud. Mme Roland a tracé de lui, dans ses *Mémoires*, un curieux et touchant portrait. Girey-Dupré, son ancien collaborateur, a dit de lui : « Il a vécu comme Aristide, il est mort comme Sidney. » Outre les ouvrages déjà cités, on a de lui : *Moyens d'adoucir les rigueurs des lois pénales* (1780); *De la vérité,* ou *Méditations sur les moyens de parvenir à la vérité dans toutes les connaissances humaines* (1782); *Tableau de la situation actuelle des Anglais dans l'Inde* (1784); *Discours sur la rareté du numéraire* (1790), etc.

BRIVAL (Jacques), député à l'Assemblée législative de 1791, membre de la Convention, député au Conseil des Anciens et au Conseil des Cinq-Cents, né à Tulle (Corrèze), le 14 février

1751, mort en exil à une date inconnue, était procureur général syndic à Tulle lorsque le département de la Corrèze le nomma, le 31 août 1791, député à l'Assemblée législative, par 200 voix sur 373 votants. Il avait eu, dans ses fonctions de magistrat, de graves démêlés avec les juges du tribunal présidial prévôtal qu'il avait accusés de prévarications; ceux-ci se défendirent avec une grande vivacité et invoquèrent le témoignage favorable de la municipalité de Tulle et des communes environnantes. Un libelle intitulé : *Observations sommaires des députés extraordinaires de la commune de Tulle* (Paris, de l'imprimerie de P.-Fr. Didot), mit les populations en garde contre « le venin d'une dénonciation atroce dans son principe, calomnieuse dans ses motifs, et dangereuse par l'esprit de vertige et d'insubordination à la loi, qu'elle peut propager dans les campagnes. » A l'Assemblée législative, Brival siégea parmi les partisans les plus décidés de la Révolution, et se signala par une motion contre les prêtres perturbateurs, par sa proposition (1792) de convertir en canons les statues de bronze des anciens rois de France, etc. Il dénonça les *chevaliers du poignard*, « qui se rendaient chez la reine pour y conspirer contre le peuple », et demanda la suppression des substitutions qui pourraient se faire sur les biens possédés aux colonies par les émigrés. Le 4 septembre 1792, le même département le nomma membre de la Convention. Il opina pour que la défense de Louis XVI fût signée de lui en même temps que de ses défenseurs, et vota la mort sans appel et sans sursis. Au 2e appel nominal, il répondit : « Citoyens, comme Louis n'a pas demandé la sanction du peuple pour livrer la France à nos ennemis; comme il ne l'a pas demandée quand il a tyrannisé et fait égorger 100,000 Français; comme nous sommes envoyés ici pour venger la nation, et comme nous ne devons mettre aucune différence dans la punition des coupables, et que la plupart de ceux qui ont commis les crimes dont le tyran devait profiter ont déjà péri sur l'échafaud, comme enfin je prends l'engagement de périr et d'exterminer le premier intrigant qui voudrait monter sur le trône, je manifeste mon opinion, et je dis *non*.» — Au 3e appel nominal : « Si on ne condamnait pas Louis à la mort, ce serait dire qu'il est d'une autre espèce d'hommes. On a dit que Louis servirait d'otage; mais il était déjà en otage, lorsqu'on a pris Longwy et Verdun, lorsque Lille a été bombardé. Etre indulgent envers Louis, ce serait se rendre complice de ses crimes. La Convention se couvrirait d'infamie si elle ne condamnait Louis à la mort. Je le condamne à la mort. »

Après le 31 mai, Brival se rendit à la commune de Paris pour la féliciter de sa conduite dans cette journée. Chargé au mois d'août 1793, d'une mission dans le centre, il en rendit compte par la lettre suivante, déposée aux Archives nationales :

8 fructidor, l'an 2e.

Le citoyen Brival, représentant du peuple dans les départements du Loiret, Loir-et-Cher et Indre-et-Loire; au citoyen président de la Convention nationale.

« Citoyen président, assez et trop longtemps la commune d'Orléans avait été livrée à l'erreur; les haines, les passions, les vengeances animaient tour à tour les différents partis; maintenant je puis vous assurer que cette commune est animée des meilleurs principes, que toutes les haines ont disparu. La Convention nationale peut même être assurée qu'il n'y règne d'autre parti que celui de la République, d'autre haine que celle des ennemis de la patrie. Les citoyens m'ont promis d'oublier tout esprit de vengeance; et quoique dans ce moment ils soient soumis à de grandes privations, vous apprendrez avec plaisir qu'ils ne se permettent même pas de se plaindre.

« Le *Journal des Débats* m'ayant appris qu'un de nos collègues avait fait la proposition d'accorder 300 liv. de secours au citoyen Larousse, condamné à cinq ans de fers pour avoir fourni un écritoire et du papier à un détenu, je dois prévenir mes collègues que déjà je m'étais occupé de ce citoyen, et que je lui avais fait donner un secours provisoire de 100 livres. Peut-être la Convention nationale ne voudra-t-elle pas que cette somme soit imputée sur celle qu'elle aura accordée, attendu que le citoyen Larousse et son épouse sont très malades en ce moment.

« Je dois également vous prévenir, citoyens collègues, que le citoyen Pierre Chenau, meunier, demeurant à Pithiviers, se trouvant dans le même cas que le citoyen Larousse, fut présenté au jury d'accusation de Pithiviers, qui déclara qu'il y avait lieu à accusation; que, l'affaire portée au tribunal criminel du Loiret, ce malheureux fut condamné à cinq années de fers. Comme la Convention nationale n'a pas deux poids et deux mesures, je pense qu'elle ne balancera pas à annuler ce jugement. Quant à moi, pour que ce citoyen ne reste pas plus longtemps privé de sa liberté, je l'ai élargi provisoirement, à la charge par lui de demeurer à Orléans jusqu'à ce que vous ayez prononcé. Je lui ai fait également donner une somme de 100 liv. à titre de secours provisoire.

« Je dois ici, citoyens collègues, rendre compte des intentions des membres du tribunal criminel du département du Loiret, et dire qu'elles étaient pures; ils ont été induits en erreur parce qu'ils ont cru que le porte-clefs et le concierge étaient fonctionnaires publics, attendu qu'ils sont salariés par la nation et qu'ils ont prêté serment. Je n'attribue donc ces jugements qu'à l'erreur. Ce sont eux qui, les premiers, ont réclamé contre le jugement dont je viens de vous parler; leurs cœurs sont navrés de douleur : tous les citoyens les regrettent, l'opinion générale parle en leur faveur.

« Salut et fraternité.

« BRIVAL. »

A la Convention, Brival prit une part assez active aux délibérations sur le Code civil, sur la restitution des biens des condamnés, sur l'application de la loi du 17 nivôse touchant les successions. Il fit rendre le nom de Gironde au département du « Bec-d'Ambès ». Brival se prononça contre les Jacobins dans la journée du 9 thermidor, et vota, en fructidor an III, le rappel en France de M. de Talleyrand-Périgord. Le 23 vendémiaire an IV, il entra, comme conventionnel, au Conseil des Anciens, où il parut rarement. Devenu, le 23 germinal an VI, député de la Corrèze au Conseil des Cinq-Cents, il n'y eut également qu'un rôle assez modeste. Après le 18 brumaire, il devint juge à la Cour d'appel de Limoges. Il échangea ces fonctions, le 1er juin 1811, contre celles de conseiller à la Cour impériale. Atteint par la loi du 16 janvier 1816 contre les régicides, Brival fut forcé de s'expatrier. Il se retira d'abord à Constance, qu'il fut obligé de quitter sans laisser connaître sa nouvelle retraite.

BRIVES (JACQUES), représentant du peuple aux Assemblées constituante et législative de 1848-49, né à Montpellier (Hérault), le 9 août 1800, mort à Montpellier, le 7 janvier 1889, appartenait à une famille républicaine influente de l'Hérault. Négociant dans sa ville natale, il se jeta, dès son jeune âge, dans le mouvement démocratique, fut, dans son département, à la tête de toutes les manifestations du parti radical sous Louis-Philippe, et organisa la campagne des banquets réformistes. Il accueillit avec enthousiasme la révolution de février 1848 et fut, jusqu'aux élections d'avril pour l'Assemblée constituante, commissaire général du gouvernement provisoire à Montpellier. Élu, comme candidat de la République démocratique et sociale, le 10e et dernier de la liste, représentant du peuple par le département de l'Hérault, avec 29,192 voix, il siégea à l'extrême gauche, dans le petit groupe de la Montagne, dont il ne se sépara jamais. M. Brives signa, le 26 mai 1848, la demande de scrutin public sur le décret de bannissement de la famille d'Orléans. Il protesta contre l'état de siège, et, lors des journées de juin, s'associa au manifeste des représentants les plus avancés de l'Assemblée, manifeste que publièrent, le 28, les journaux la *Réforme* et le *Représentant du peuple*. Ami personnel de Louis Blanc, il le protégea, dans une échauffourée, contre les violences de ses adversaires. Après avoir exceptionnellement voté avec la droite, le 1er septembre, *pour* le rétablissement de la contrainte par corps, il se prononça : le 7 octobre, *pour* l'amendement Grévy sur la présidence ; 21 octobre, *pour* l'abolition du remplacement militaire ; 2 novembre, *pour* le droit au travail ; 4 novembre, *contre* la Constitution ; 25 novembre, *contre* l'ordre du jour de félicitations à Cavaignac ; 12 janvier 1849, *contre* la proposition Rateau ; 1er février, *pour* l'amnistie générale ; 16 avril, *contre* le crédit destiné à l'expédition de Rome ; 18 mai, *pour* l'abolition de l'impôt des boissons. L'enjouement et la jovialité du caractère de M. Brives étaient en quelque sorte proverbiaux parmi ses collègues. Réélu à l'Assemblée législative, le 7e sur 8, par le département de l'Hérault, avec 31,424 voix (82,706 votants, 125,151 inscrits), il s'associa à l'interpellation de Ledru-Rollin sur les affaires de Rome, ainsi qu'à sa demande de mise en accusation du président et de ses ministres. Son nom ayant paru, le 13 juin, au bas de la proclamation qui invitait le peuple à prendre les armes, il fut arrêté et conduit préventivement à Sainte-Pélagie, mais aucune condamnation ne fut prononcée contre lui. Il reprit son siège de représentant, vota avec la minorité républicaine contre toutes les lois de réaction, et se signala, particulièrement, par son ardeur à combattre, dans le journal le *Vote universel*, qu'il avait contribué à fonder, la loi du 31 mai qui restreignait le suffrage universel. M. Brives combattit également de toutes ses forces la politique de Louis-Napoléon. Au lendemain du coup d'État, compris sur la liste des représentants proscrits, il se rendit à Bruxelles, où il fit le commerce des vins. Pendant cet exil, le 1er juin 1863, l'opposition démocratique se compta sur son nom, sans qu'il fût candidat, dans la 1re circonscription de l'Hérault, et lui donna 1,902 voix contre M. Pagézy, candidat officiel, élu député par 19,631 suffrages. Après la révolution du 4 septembre 1870, M. Brives revint en France. En 1871, il se trouvait à Paris : il prit part à l'insurrection du 18 mars et fut fonctionnaire de la Commune : arrêté de

ce chef par les troupes du général de Galliffet, il fut sur le point d'être passé par les armes. Il réussit à quitter la France et passa de nouveau en Belgique. Il habitait, à Bruxelles, la rue « des Trois-Jeunes-Hommes » et Félix Pyat lui écrivait de Londres : « Mon cher doyen..., vous habitez la rue des Trois-Jeunes-Hommes, et vous êtes certainement le plus jeune des trois. » L'amnistie de juin 1879 permit à M. Brives de rentrer en France. Il se retira à Montpellier, où il est mort, dans sa quatre-vingt-neuvième année.

BRIXHE (JEAN-GUILLAUME), député au Conseil des Cinq-Cents, né à Spa (Belgique), le 27 juillet 1758, mort à Liège (Belgique), le 25 février 1807, était homme de loi. Procureur à la cour de Spa, dès l'âge de dix-neuf ans, et immatriculé notaire en février 1784, Brixhe fut un des principaux promoteurs du mouvement libéral qui agita le pays de Liège, dans les dernières années du XVIIIe siècle. Au moment de la révolution de 1789, il était bourgmestre de Spa. Secrétaire, le 26 août, du congrès de Franchimont, assemblé « à l'effet de délibérer sur les moyens les plus efficaces et les plus constitutionnels d'obtenir le redressement des griefs de la nation », il prit une part active aux travaux de cette réunion, réclama la convocation d'une assemblée nationale, et fut un des cinq délégués qui portèrent à Liège les vœux de leurs commettants. Après bien des difficultés, après d'inutiles essais de conciliation avec Maximilien-Henri de Bavière, les idées du congrès de Franchimont étaient sur le point de triompher, quand les troupes autrichiennes ramenèrent le prince fugitif ; Brixhe fut alors proscrit par la commission impériale comme un des quatorze premiers chefs de la révolution ; il se réfugia en France avec Bassenge et quelques autres, et y devint membre du *Comité général des Belges et des Liégeois réunis*. Quand la guerre éclata (1792) entre la France et l'Autriche, les patriotes rentrèrent dans leurs foyers à la suite des armées républicaines. Brixhe, replacé à la tête de la municipalité de Spa, nommé par le peuple député général à l'*Administration provisoire du pays de Liège*, se montra chaud partisan de la Révolution française et de la réunion pure et simple du pays à la France. Lors de la retraite de Dumouriez, Brixhe fut de nouveau contraint de se réfugier à Paris ; il y fut employé dans les bureaux de la vérification générale des assignats. En prairial an II, le comité de salut public réuni à celui des finances le nomma vérificateur dans les départements du Nord et des Ardennes. Par divers arrêtés des représentants du peuple, il fut envoyé en cette même qualité dans les pays conquis, et continua de remplir le même emploi jusqu'à la suppression des assignats.

Il exerça aussi près les tribunaux civils et criminels des départements de l'Ourthe, de Sambre-et-Meuse et de la Meuse-Inférieure, les fonctions de défenseur officieux. En l'an VI, l'assemblée électorale scissionnaire le nomma, dit la *Biographie nationale* publiée par l'Académie des sciences, lettres et beaux-arts de Belgique, administrateur du département de l'Ourthe. Le 25 germinal an VII, le même département l'envoya siéger comme député au Conseil des Cinq-Cents. Républicain, il en fut exclu par le coup d'État du 18 brumaire an VIII. Il revint alors à Liège et y exerça la profession de défenseur officieux. Le 27 frimaire an IX, il fut nommé, par le premier consul, avoué près le tribunal d'appel séant à Liège, et, le 18 fructidor an XIII, l'Ecole de droit de Paris lui délivra le diplôme de licencié.

BROCA (Pierre-Paul), sénateur en 1880, né à Sainte-Foy-la-Grande (Gironde), le 28 juin 1824, mort à Paris, le 9 juillet 1880, fit de brillantes études médicales, qu'il mena jusqu'à l'agrégation. Chirurgien du bureau central, des hospices et hôpitaux de Bicêtre (1861), de la Salpétrière (1862), de Saint-Antoine (1865), de la Pitié (1867), des Cliniques (1872), membre de l'Académie de médecine en 1866, et professeur à la Faculté, où il fut chargé d'abord de la chaire de pathologie chirurgicale, puis de celle de clinique externe, le docteur Broca fut, en outre, un des fondateurs de la science anthropologique. Membre de la Société qui s'était vouée au développement de cette science, professeur à l'Ecole d'anthropologie (1875), et collaborateur actif de la *Revue d'anthropologie*, dont il devint rédacteur en chef, il publia un très grand nombre de travaux spéciaux, des plus estimés, sur plusieurs questions de médecine et de chirurgie. Il faut citer : sa thèse d'agrégation : *De l'Etranglement dans les hernies abdominales* (1853); *Des Anévrismes et de leur traitement* (1856); *Instructions générales pour les recherches anthropologiques* (1865); *Mémoires sur les caractères physiques de l'homme préhistorique* (1869); *L'Ordre des primates, parallèle anatomique de l'homme et des singes* (1870); *Mémoires d'anthropologie* (1871-71); *De la Topographie cranio-cérébrale* (1876), etc., etc. Chevalier de la Légion d'honneur depuis 1868, M. Broca fut promu officier le 27 juillet 1879. Enfin, le 5 février 1880, il fut élu, comme candidat républicain, sénateur inamovible par la majorité du Sénat. Les circonstances de cette élection ne furent pas sans influence sur l'attitude respective des groupes parlementaires. Le ministère Freycinet, tout récemment constitué, venait de communiquer aux Chambres une « déclaration » dont les membres les plus modérés du centre gauche avaient déjà paru s'émouvoir. Or, le succès de M. Broca accentua cette dissidence. Conformément au roulement adopté par les trois groupes de la majorité pour l'élection des sénateurs inamovibles, le choix d'un candidat, pour le siège devenu vacant par la mort de M. de Montalivet, appartenait à l'*Union républicaine*. L'Union ayant présenté le docteur Broca, une réunion plénière des gauches ratifia ce choix à l'unanimité; mais une vingtaine de membres du centre gauche s'étaient dispensés d'y assister, et, sous l'inspiration de M. Dufaure, adoptèrent la candidature de M. Bétolaud, ancien bâtonnier de l'ordre des avocats à la Cour de Paris. Les groupes de droite, heureux de profiter d'une scission qui leur permettrait sans doute de faire une recrue contre l'article 7 de la loi sur la liberté de l'enseignement supérieur, adoptèrent la candidature Bétolaud. Malgré cette coalition imprévue, M. Bétolaud n'obtint cependant, après deux tours de scrutin, que 132 voix contre 140 données à M. Broca. Le centre gauche ne dissimula pas sa mauvaise humeur de cet échec, et voici dans quels termes s'en expliqua le journal le *Parlement*, organe autorisé de M. Dufaure : « Le pays voit la République s'abandonner de plus en plus à des influences violentes; il commence à craindre que les conservateurs d'hier ne se laissent aller d'abord au découragement, puis à la complicité. Le pays, qui avait pris une part si active à l'établissement de la République, étonné de ce qui se passe, se désintéresse de l'action et en devient le spectateur attristé. »

M. Broca, inscrit au groupe de l'Union républicaine, vota avec la majorité sénatoriale *pour* le projet de loi réorganisant le conseil supérieur de l'instruction publique : *pour* l'article 7 de la loi sur l'enseignement supérieur, etc.; fut rapporteur, en juin 1880, du projet de loi sur l'enseignement secondaire des jeunes filles, et mourut le mois suivant, avant la fin de la session. — Une statue a été élevée au docteur Broca, à Paris, devant les nouveaux bâtiments de l'Ecole de médecine.

BROCHANT DE VILLIERS (André-Louis-Gustave), député au Corps législatif de 1858 à 1863, né à Saint-Ouen-l'Aumône (Seine-et-Oise), le 23 mai 1811, mort au château de Villiers (Seine-et-Oise) le 28 mai 1864, était fils du célèbre géologue et minéralogiste, Brochant de Villiers (1773-1840). Il entra dans la magistrature et était substitut près le tribunal de la Seine lorsque la 4e circonscription de Seine-et-Oise, où il avait des propriétés, le nomma député au Corps législatif, le 12 décembre 1858. C'était une élection partielle; il s'agissait de remplacer M. Delapalme, décédé. Avec l'appui du gouvernement, M. Brochant de Villiers fut élu, au 2e tour de scrutin, par 8,627 voix (22,258 votants, 26,732 inscrits), contre 8,356 à M. de La Rochefoucauld, et 5,222 à M. de Labriffe. Il siégea à droite et fit partie, jusqu'au bout de la législature, de la majorité dynastique.

BROCHET DE VERIGNY (Anne-Félix), député de 1821 à 1825, né à Paris, le 28 février 1775, mort à Balagny-sur-Thérain (Oise), le 20 octobre 1825, de famille bourgeoise, entra dans l'administration sous la première Restauration, et fut nommé maître des requêtes surnuméraire, le 5 juillet 1814, puis préfet du Gers le 20 février 1815. Il dut quitter ces fonctions pendant les Cent-Jours, pour les reprendre au second retour des Bourbons, passa, le 26 février 1817, à la préfecture de l'Indre, et le 19 juillet 1820 à celle de l'Oise. Elu député du 4e arrondissement du Calvados (Lisieux), le 1er octobre 1821, par 323 voix sur 562 votants et 846 inscrits, contre 228 voix à M. Nasse père, il siégea, comme député fonctionnaire, dans la majorité ministérielle, et fut appelé, le 23 mars 1822, à la préfecture de la Loire-Inférieure. Les électeurs de Lisieux lui renouvelèrent son mandat le 25 février 1824, par 332 voix sur 596 votants et 714 inscrits, contre 257 voix à M. Nasse; le 1er septembre de la même année il fut nommé conseiller d'Etat, un an avant sa mort. — Chevalier de la Légion d'honneur de la promotion du 1er janvier 1815.

BROCHETON (Charles-Fabio), député à l'Assemblée constituante de 1789, né à Soupir (Aisne), le 19 décembre 1736, mort à Paris, le 4 décembre 1814, était en 1789 avocat à Soissons. Le 20 mars, il fut élu député du tiers aux Etats-Généraux par le bailliage de Soissons, avec 157 voix sur 289 votants. Membre du comité de constitution, il se prononça dans l'Assemblée pour l'inamovibilité des juges : « La liberté des citoyens, dit-il ne sera-t-elle pas assurée par les bons choix qu'elle aura faits? », et, plus tard, prit la parole pour signaler des abus dans la nomination des bénéfices. Nommé président du tribunal civil d'Eure-et-Loir à la première organisation judiciaire, il devint dans la suite, juge au tribunal d'appel du département de la Seine, le 25 prairial an VIII, membre de la Légion d'honneur, le 25 prairial an XII, et conseiller à la Cour imperial de Paris, le 9 décembre 1810.

BROET (Louis-Auguste), représentant à l'Assemblée nationale de 1871, né à Bourg-Saint-Andéol (Ardèche), le 29 décembre 1811, mort à Paris, le 10 février 1884, était un publiciste d'un certain talent. Il fut collaborateur du *Journal des Débats*, adhéra aux doctrines saint-simoniennes, et, de même que beaucoup de ses co-religionnaires, entra dans l'administration des chemins de fer : il devint secrétaire général de la compagnie de Paris-Lyon-Méditerranée. Un de ses biographes, cité par M. J. Clère (*Biographie des députés*), ajoute qu'il fut décoré par Guizot et qu'il se retira de la politique à la suite d'un riche mariage. Le 8 février 1871, M. Broët fut élu, comme républicain conservateur, représentant de l'Ardèche à l'Assemblée nationale, le 2e sur 8, par 44,673 voix (73,015 votants, 115,623 inscrits). Inscrit à la réunion Feray, il évita d'abord d'opiner systématiquement avec les monarchistes, et, après avoir voté la paix, le 1er mars 1871, ainsi que les prières publiques et l'abrogation des lois d'exil, il se montra favorable au retour de l'Assemblée à Paris, et *s'abstint* lors de la démission de Thiers au 24 mai; mais, à partir de 1873, il se rallia complètement à la politique de la droite, et se prononça *contre* la dissolution, *pour* la loi des maires, *pour* le ministère de Broglie, *pour* le septennat, *contre* les amendements Wallon et Pascal Duprat. Il adopta l'ensemble des lois constitutionnelles. En 1872, M. Broët avait eu une idée originale : la translation du gouvernement à Saint-Cloud. Plus tard dans la séance où Thiers fut renversé, il avait vainement essayé de réconcilier la droite et le gouvernement en soumettant à l'Assemblée un ordre du jour ainsi conçu : « L'Assemblée, confiante dans les déclarations du gouvernement, et attendant de lui une politique *résolument conservatrice*, passe à l'ordre du jour. » M. Broët n'appartint pas à d'autres législatures.

BROGLIE (Victor-François, duc de), ministre de la guerre du 13 au 15 juillet 1789, né à Broglie (Eure), le 19 octobre 1718, mort en émigration à Munster (Allemagne), le 30 mars 1804, était le fils aîné du maréchal duc de Broglie (1691-1745), et fit ses premières armes sous les ordres de son père dans la guerre de 1733. Capitaine au régiment Dauphin-cavalerie (15 mars 1734), il se distingua au siège de Pizighettone, aux combats de Parmes et de Guastalla, fut chargé d'annoncer ces victoires à Louis XV, qui le nomma colonel du régiment de Luxembourg — infanterie, avec lequel il tint campagne en Italie jusqu'en 1736. La guerre ayant repris en 1741, il passa en Bavière, enleva Prague à l'escalade, après avoir contribué au succès de la prise d'Egra (1742), fut nommé (26 avril) brigadier des armées du roi, puis major-général de l'armée (1er avril 1743), passa, après la disgrâce de son père, à l'armée de la Haute-Alsace (1744), à celle du Rhin (1745), puis à celle de Flandres (1746) avec le grade d'inspecteur général de l'infanterie (21 mai). Il prit part aux batailles de Raucours, de Lawfeld et au siège de Maëstricht, et passa, à la paix, lieutenant général (10 mai 1748) et gouverneur de Béthune. A la guerre de Sept ans, il fut mis à

la tête d'un corps de réserve sous le maréchal d'Estrées, se battit à Hastenbeck (1757), prit Minden et Rheitein, rejoignit en Saxe le maréchal de Soubise, et ne put empêcher le désastre de Rosbach (5 novembre 1757), après lequel il ramena en Hanovre les débris de l'armée. La rupture du traité de Closterseven le ramena vers le centre de l'Allemagne : il prit Wegesack et Gropel, battit les Prussiens à Sondershausen (1758) et à Lutzelberg, fut créé chevalier des ordres du roi (1er janvier 1759), et, après la victoire de Berghen sur le duc Ferdinand de Brunswick, avec 29,000 Français contre 40,000 Prussiens et Hessois, il reçut de Louis XV le don de six pièces de canon, et de l'Empereur d'Allemagne, François 1er, le titre de prince du Saint-Empire.

Il poursuivit la campagne, fit évacuer Cassel et Minden, s'empara d'un matériel considérable, et allait envahir le Hanovre, quand un échec sous Minden, obligea l'armée française à battre en retraite sur la Lahn, où elle passa l'hiver de 1759. Le maréchal de Contades, qui commandait en chef, fut rappelé en France, et le duc de Broglie reçut, avec le bâton de maréchal (16 décembre 1759), le commandement en chef de l'armée d'Allemagne. Il battit encore (1760) le duc de Brunswick à Corbach et à Grymberg, et l'obligea à lever les sièges de Cassel et de Marburgt le blocus de Gœttingue. Mais la faveur de Mme de Pompadour ayant fait confier au prince de Soubise le commandement de l'armée d'Allemagne, et laisser seulement 25,000 hommes sous les ordres du maréchal de Broglie, la mésintelligence des deux généraux, qui devaient agir de concert, amena le désastre de Villinghausen (1761), dont la responsabilité fut portée devant le conseil d'Etat, qui exila le maréchal dans sa terre de Broglie. Paris prit parti pour lui; au théâtre on protestait contre cet arrêt, en faisant répéter les vers de Tancrède :

> On dépouille Tancrède, on l'exile, on l'outrage;
> C'est le sort des héros d'être persécuté.

La Cour le rappela en 1764, et lui donna, en février 1771, le commandement du camp rassemblé sous Metz. Aux premiers symptômes de la Révolution, Louis XVI lui remit le commandement des troupes réunies entre Paris et Versailles, et le nomma ministre de la guerre le 13 juillet 1789; mais le vieux maréchal ne se faisait aucune illusion sur la fidélité des troupes, et, « préférant se faire tuer à la tête d'une armée que d'attendre qu'on vint l'assassiner dans son hôtel », il remit sa démission de ministre le 15 juillet, deux jours après sa nomination, en apprenant que, devant une apparence de résistance de la population parisienne à la barrière d'Enfer, son armée venait d'abandonner son camp, ses munitions et ses bagages. Il voulut se retirer dans son gouvernement de Lorraine, faillit être tué à Verdun par une émeute, ne put se faire ouvrir les portes de Metz, et réussit à gagner le Luxembourg.

Le comité de recherches de l'Assemblée constituante le comprit dans la liste des conspirateurs; mais son fils (*Voy. plus bas*) prit sa défense, et un décret du 1er mai 1790 le déchargea de toute accusation; l'année d'après, son fils obtint même de l'Assemblée un décret solennel qui maintenait le maréchal de Broglie dans tous ses grades et dignités; mais le maréchal désavoua hautement ces démarches, et repoussa dédaigneusement le décret; il se mit à la tête des émigrés, et envahit la Champagn à la suite de l'armée prussienne en 1792. A la mort du roi, il fit partie du conseil de régence, passa en Angleterre en 1793, pour lever un corps qui fut réformé deux ans après, et se rendit en Russie, où on lui reconnut un grade égal à celui qu'il avait en France ses lettres de cette époque témoignent que l'exil lui pesait cruellement; pour en voir le terme, il consentit au serment de fidélité à Napoléon. Il se préparait à rentrer (1804), lorsqu'il tomba malade à Munster, et y mourut à l'âge de 86 ans. Il a laissé des Mémoires manuscrits, dont M. de Bourcet a tiré ses *Mémoires historiques sur la guerre*.

BROGLIE (CHARLES-LOUIS-VICTOR, PRINCE DE), fils aîné du précédent, député aux Etats-Généraux de 1789, né à Paris, le 22 septembre 1756, exécuté à Paris, le 27 juin 1794, débuta dans la carrière des armes sous les ordres de son père, successivement comme sous-lieutenant, capitaine et aide-major dans le régiment de Limousin-infanterie, et fut nommé, à 25 ans, colonel en second du régiment d'Aunis. Il servit aux Etats-Unis dans la guerre de l'indépendance, et fut nommé à son retour (1788) colonel du régiment de Bourbonnais et chef d'état-major au camp de Metz. Le 1er avril 1789, le bailliage de Colmar et Schlestadt l'élut député de la noblesse aux Etats-Généraux, où il défendit constamment la cause du peuple, se réunit au tiers état et vota presque toujours avec la gauche, notamment le 24 décembre 1789, en faveur de l'égalité de droit de tous les citoyens aux emplois de la magistrature et de l'armée. Membre des comités militaires et des rapports, il fut élu secrétaire de l'Assemblée en janvier 1790, et, chargé, le 2 mai 1791, de faire un rapport sur les troubles du Midi, fit licencier par décret, la légion d'Aspe, qui avait provoqué une émeute à Toulouse. Il prit la défense de son père (*Voy. plus haut*) accusé de conspirer avec les ennemis du dehors; mais les désaveux qu'il reçut du maréchal rendirent vains ses courageux efforts. Elu président de l'Assemblée nationale du 14 au 31 août 1791, il demanda, à la fin de la session, à reprendre du service actif, et fut envoyé comme maréchal de camp à l'armée du Rhin sous les ordres de Luckner. Il donna sa démission après le 10 août 1792, refusant de reconnaître le décret de déchéance porté contre le roi, et se retira à Bourbonne-les-Bains. Bien qu'il eût protesté de son civisme dans une lettre adressée au président de l'Assemblée législative, il fut arrêté peu de temps après, enfermé dans les prisons de Langres, et remis en liberté. Mais s'obstinant à rester en France, il fut arrêté une seconde fois, traduit devant le tribunal révolutionnaire et condamné à mort le 26 juin 1794, à l'âge de 38 ans. Il laissait quatre enfants de son mariage avec Mlle de Rauzan : la veille de son supplice, il lui recommandait de ne pas confondre la Révolution « avec les monstres qu'elle avait produits », et d'élever leurs enfants dans les principes de liberté de 1789. « Sans mépriser, a-t-il dit, ou dédaigner l'ancien régime, toute tentative de le rétablir me paraissait puérile. J'appartenais de cœur et de conviction à la société nouvelle, je croyais très sincèrement à ses progrès indéfinis; tout en détestant l'état révolutionnaire, les désordres qu'il entraîne et les crimes qui le souillent, je regardais la Révolution française, prise *in globo*, comme une crise inévitable et salutaire. » On a de lui : *Mémoire sur la défense des frontières de la Sarre et du Rhin*.

BROGLIE (VICTOR-AMÉDÉE-MARIE, PRINCE DE), frère du précédent, député de 1812 à 1820, né à Paris, le 23 octobre 1772, mort au château de Rânes (Orne), le 2 janvier 1852, fut destiné d'abord à l'Eglise, mais, conduit en Allemagne avec sa famille par l'émigration, il s'enrôla dans l'armée des princes, dans le « régiment des cocardes blanches », que commandait son père. Après la mort de son frère, il passa colonel de son régiment, fit campagne en 1796 et 1797 dans l'armée des alliés, reçut la croix de Saint-Louis en 1799, fut nommé gentilhomme d'honneur du duc d'Angoulême, et passa maréchal de camp à l'occasion du mariage de ce prince.

Rentré en France sous le Consulat, il contracta, dans l'Orne, un riche mariage, refusa, en 1813, le commandement d'un régiment de gardes d'honneur que lui offrait Napoléon, et fut nommé inspecteur de cavalerie sous la Restauration. Retiré dans l'Orne pendant les Cent-Jours, il fut chargé, au second retour du roi, de licencier les fédérés de la Normandie. Le 22 août 1815, le collège de département de l'Orne l'élut député, par 137 voix sur 189 votants et 255 inscrits ; il siégea à la droite modérée, et, réélu le 20 septembre 1817 par 551 voix sur 834 votants et 1,387 inscrits, vota inébranlablement avec la majorité ministérielle.

Aux élections du 25 février 1824, il échoua dans le 3e arrondissement électoral de l'Orne (Argentan), avec 54 voix contre 101 accordées à M. Legonidec, élu, et ne fit plus partie d'aucune législature. Il se retira alors dans son château de Rânes, fut admis à la retraite comme maréchal de camp, le 10 octobre 1835, et resta en dehors de la politique jusqu'à sa mort.

BROGLIE (ACHILLE-LÉONCE-VICTOR-CHARLES, DUC DE), fils de Claude-Victor de Broglie et neveu du précédent, pair de France, ministre, et représentant du peuple à l'Assemblée législative de 1849, né à Paris, le 28 novembre 1785, mort à Paris, le 25 janvier 1870, avait neuf ans lorsque son père périt sur l'échafaud. Au même moment, sa mère, Sophie de Rauzan, était en prison à Vesoul; un serviteur dévoué l'en fit évader; elle rentra en France après le 9 thermidor et épousa Voyer d'Argenson, qui se chargea de l'éducation du jeune de Broglie, sut lui conserver la belle terre de Broglie, le fit exempter de la conscription sous l'Empire, et nommer auditeur au Conseil d'Etat (1809), puis intendant en Illyrie, et attaché aux ambassades de Varsovie (1812) et de Vienne. Secrétaire de M. de Narbonne au congrès de Prague (1813), M. de Broglie se lia avec M. de Talleyrand qui le fit comprendre dans la première promotion des pairs de la Restauration (4 juin 1814). Lors du procès du maréchal Ney, il n'avait atteint que depuis peu de jours l'âge de 30 ans nécessaire pour prendre part aux délibérations de la Chambre haute, il revendiqua ce droit au moment du jugement, et il vota pour la déportation. Le 15 février 1816, il épousa à Livourne la fille de Mme de Staël; il reprit à cette occasion le titre de duc.

Il combattit les lois d'exception, notamment la « loi d'amnistie », défendit la liberté de la presse, parla en faveur de l'abolition de l'esclavage, et contre la contrainte par corps, et vota cependant, avec le ministère, la nouvelle loi électorale (1820). Membre de la Société « Aide-toi, le ciel t'aidera », et de la Société des « Amis de la liberté de la presse », il était alors suspect au gouvernement, qui le faisait surveiller. Le 18 février 1821, le duc de Broglie écrivait au baron Mounier, directeur général de la police : « Deux de mes domestiques, touchés de repentir, viennent de m'avouer que, depuis dix-huit mois, ils sont payés par votre administration pour épier ce qui se fait ou se dit dans ma maison, remettre mes lettres, copier et livrer mes papiers et ceux de ma femme. »

Aussi seconda-t-il de tous ses vœux la révolution de Juillet; dès le 30, le gouvernement provisoire le nommait secrétaire provisoire chargé du portefeuille de l'Intérieur, et, le 11 août, Louis-Philippe lui confiait, dans son premier ministère, le portefeuille de l'Instruction publique et des Cultes, et la présidence du Conseil d'État. Mais trouvant bientôt la marche du cabinet trop accentuée dans le sens des réformes, le duc de Broglie se retira le 2 novembre, et devint, à la Chambre des pairs, un des orateurs des plus influents du parti de la résistance; il vota notamment pour le maintien de l'hérédité de la pairie (la constitution anglaise lui semblait le modèle des constitutions), et en faveur de la cérémonie expiatoire du 21 janvier, anniversaire de la mort de Louis XVI.

A l'avénement du cabinet conservateur du 11 octobre 1832, le duc de Broglie reçut le portefeuille des Affaires étrangères, qu'il conserva jusqu'au 3 avril 1834; il fit voter par les Chambres l'emprunt grec, se retira un moment (13 avril 1834), devant l'opposition que rencontra une réclamation de 25 millions présentée par les États-Unis pour dommages causés à leur commerce sous Napoléon Iᵉʳ, puis rentra dans le cabinet le 18 novembre suivant, sous la présidence du duc de Trévise, et lorsque ce dernier se retira à son tour, joignit au portefeuille des Affaires étrangères la présidence du Conseil (12 mars 1835). Il parvint, le 21 avril, à faire voter les 25 millions des États-Unis, mais on reprocha au cabinet, une certaine pusillanimité en face des paroles blessantes contenues à ce sujet dans un message du président Jackson. C'est pendant ce ministère que le duc de Broglie conclut avec l'Angleterre la convention relative à la répression de la traite des noirs, convention qui consacrait le *droit de visite*, concession si souvent reprochée au gouvernement de Juillet. Le ministère de Broglie tomba le 6 février 1836, à deux voix de minorité, sur la question de la conversion de la rente. Le « parti doctrinaire », dont le duc de Broglie était le chef, montrait une raideur de formes et de principes dont les vues personnelles du roi ne s'accommodaient pas toujours; « il ne manquait au duc de Broglie, disait un de ses amis, pour se faire pardonner sa haute position aristocratique, son irréprochable probité, son désintéressement, son talent, que l'art de ménager les amours-propres, et il ne l'a jamais eu. » Le 30 avril 1836, le duc fut nommé grand-croix de la Légion d'honneur; dans les dernières années du règne, il sembla se rapprocher du libéralisme moins technique de MM. Thiers et Odilon Barrot, laissa passer la révolution de Février, et ne se présenta qu'aux élections pour l'Assemblée législative, dans l'Eure, qui le choisit, le 13 mai 1849, comme représentant du peuple, le 4ᵉ sur 9, par 55,021 voix sur 93,065 votants et 125,952 inscrits. Il était membre du comité électoral de la rue de Poitiers, et, au Palais-Bourbon, il devint le chef de la droite, compta parmi les « Burgraves », et déposa, en juillet 1851, une proposition de revision de la Constitution, qui n'ayant réuni que 446 voix contre 278, ne fut pas

adoptée, le chiffre des deux tiers, fixé par la Constitution de 1848, n'étant pas atteint (21 juillet). Au coup d'État de décembre, le duc de Broglie se retira de la vie politique, pour n'y plus rentrer; il était membre de l'Académie française et de l'Académie des sciences morales et politiques.

BROGLIE (Jacques-Victor-Albert, duc de), fils du précédent, représentant à l'Assemblée nationale de 1871, ministre, sénateur de 1876 à 1885, né à Paris, le 13 juin 1821, apprit la politique à l'école de son père, mais y apporta son tempérament particulier. Il avait quinze ans quand il perdit sa mère, qui appartenait à la religion protestante; on lui donna alors pour précepteur M. Dondan qui écrivait de lui un jour : «Je vous assure qu'Albert est charmant et fait de son mieux. » Nourri dans le « constitutionnalisme doctrinaire », il fit son apprentissage diplomatique durant la seconde partie du règne de Louis-Philippe, M. Guizot étant ministre, et M. Desages directeur de la politique. Le prince de Broglie, comme on l'appelait alors, fut envoyé pour ses débuts à Madrid, où M. Bresson dirigeait l'ambassade française : c'était, par suite des mariages espagnols, un des postes les plus importants où pût être appelé un diplomate. Il ne quitta Madrid que pour se rendre à Rome, sous les ordres du célèbre Rossi. M. Albert de Broglie vit naître la question italienne. Après la mort de Rossi, il regagna la France. Ni la république de 1848, ni le gouvernement issu du coup d'État de 1851 ne le comptèrent parmi leurs fonctionnaires : il se renferma alors dans la retraite et occupa ses loisirs à prendre part aux grandes controverses de ce temps. La *Revue des Deux-Mondes* eut ses premiers travaux; puis, ce fut au *Correspondant* qu'il les porta. Avec Montalembert, Lacordaire, de Falloux, Cochin, il s'était proposé d'inaugurer dans ce recueil une politique religieuse différente de celle de l'*Univers* et conforme aux doctrines de ce qu'on a appelé le « catholicisme libéral. » L'*Histoire de l'Église chrétienne et de l'Empire romain au ivᵉ siècle*, qu'il publia, ouvrit, dès 1863, à M. de Broglie les portes de l'Académie française, où il siégea à côté de son père; il remplaçait le Père Lacordaire. M. de Broglie acheva de se faire connaître, comme publiciste, par une traduction des œuvres de Leibnitz, une étude sur la réforme administrative en Algérie, et deux brochures intitulées : l'une, la *Souveraineté pontificale et la liberté*, l'autre la *Liberté divine et la liberté humaine.*

Dévoué en politique, à la cause de la monarchie constitutionnelle représentée par la famille d'Orléans, M. de Broglie se mêla de haut, en 1863, au mouvement électoral. « Les rouges et les blancs, écrivait Mérimée le 12 juin 1863, s'allient sans la moindre vergogne. Le duc de Broglie reçut chez lui Carnot, le ministre de l'instruction publique de 1848, qui signait les factums de Mme Sand. Cela effraye un peu les épiciers qui se souviennent que de poivre qu'on achetait alors. » En 1869, il entra personnellement dans la lutte, aux élections du 24 mai, comme candidat de l'opposition orléaniste, dans la 2ᵉ circonscription de l'Eure, et y obtint 3,581 voix contre le candidat officiel, député sortant, M. Fouquet, élu par 14,109 suffrages. Il accueillit le résultat de la journée du 4 septembre avec un sentiment assez complexe, qui se fait jour dans une lettre adressée par lui à son frère, l'abbé de Broglie : « Tout est fini, mon cher ami, nous aurons à la fois et 24 février et 1815. La Chambre a été envahie on ne sait trop par qui, par des gens du peuple, des gardes nationaux, le premier venu. Il n'y a pas eu de séance révolutionnaire, encore moins de résistance armée. Les députés de la gauche sont venus parler aux envahisseurs et sont partis bras dessus bras dessous avec eux pour l'Hôtel de Ville. On y a, dit-on, proclamé un gouvernement provisoire de noms modérés: Jules Favre, Ferry, Picard et Trochu à la tête, qui a conservé toute sa popularité. Qu'en fera-t-il? Et où est-il en ce moment? Je n'en sais rien, et viens de le chercher en vain de lieu en lieu... » Le duc de Broglie — la mort de son père avait fait passer sur sa tête le titre ducal qui appartient aux aînés de sa maison — appelait de ses vœux la restauration de la monarchie. En arrivant à Bordeaux comme représentant de l'Eure, à l'Assemblée nationale, élu, le 8 février 1871, le 4e sur 8, par 45,453 voix (59,749 votants, 122,706 inscrits), il se trouva au premier moment en pleine intimité avec Thiers, à qui l'unissaient des relations déjà anciennes, et qui le nomma presque aussitôt ambassadeur à Londres. Là, il eut à suivre et à terminer les négociations relatives au traité de commerce de 1872. En même temps, il s'était fait inscrire comme député au centre droit de l'assemblée, et sa situation d'ambassadeur ne l'empêchait pas de venir se mêler à la plupart des discussions et des votes parlementaires. C'est ainsi qu'il opina *pour* l'abrogation des lois d'exil, et *contre* le retour de l'Assemblée à Paris, et qu'au mois d'août 1871, il quitta son poste pour venir tout exprès combattre dans les bureaux la proposition Rivet. Cependant, entre le chef du pouvoir exécutif et le parti auquel appartenait M. de Broglie, les dissidences s'accentuaient et s'aggravaient de jour en jour : elles eurent pour conséquence la démission de l'ambassadeur de Londres, le 1er mai 1872. A partir de ce moment, M, de Broglie devint un des meneurs les plus actifs du centre droit, et l'âme de toutes les combinaisons parlementaires ourdies pour renverser le président de la République. Il fit partie de cette députation dite des *Bonnets à poil*, qui, à propos des élections républicaines du 9 juin 1872, alla réclamer du chef de l'État une politique conforme aux vœux de la droite. Rapporteur, en juillet, du projet de convention préparé entre le président de la République française et l'empereur d'Allemagne, « à l'effet d'abréger l'occupation étrangère, en rapprochant les termes de paiement de la contribution des cinq milliards, » il en proposa la ratification, non sans avoir vivement combattu le projet dans les bureaux; il fut sanctionné le 7, à l'unanimité, moins trois voix légitimistes. M. de Broglie fut encore, en février 1873, rapporteur de la fameuse commission des *Trente*, qui avait adopté un projet de résolution ainsi formulé : « L'assemblée ne se séparera pas sans avoir statué sur l'organisation et le mode de transmission des pouvoirs législatif et exécutif, sur la création et les attributions d'une deuxième Chambre et sur la loi électorale. » Le soin de préparer des projets de loi sur les trois points ci-dessus indiqués était confié au gouvernement. Le rapporteur proposait, en outre, d'adopter un système qui se résumait ainsi: « Le président de la République communique avec l'Assemblée par messages lus à la tribune par un ministre. Il peut cependant être entendu, après en avoir annoncé l'intention par un message. Aussitôt ce message reçu, la discussion est suspendue et ne peut être reprise dans la séance où le président a été entendu. Nulle délibération n'a lieu en sa présence. Le président promulgue les lois urgentes trois jours après l'adoption, et les lois non urgentes dans les trois mois; il peut, dans des délais fixés, et par messages motivés, demander une nouvelle délibération pour les premières, et l'ajournement à deux mois de la deuxième lecture pour les secondes. Le président a le droit d'être entendu sur les interpellations relatives à la politique extérieure; sur la politique intérieure, il ne peut l'être que d'après l'avis motivé du conseil des ministres transmis à l'Assemblée. La future assemblée n'entrera en fonctions qu'après la séparation de l'Assemblée actuelle. » En somme, la commission et son rapporteur voulaient deux choses: écarter Thiers des séances, et retarder l'heure de la dissolution. La discussion, ouverte le 27 février, se prolongea jusques et y compris le 13 mars, date du vote de la loi par 407 voix contre 225 et 65 abstentions. Encouragé par ce premier succès, M. de Broglie continua son œuvre, et fut le principal artisan du « 24 mai », dont il prépara le plan comme membre du comité des Six, et où il réussit à organiser pour quelque temps, contre la politique de la gauche, l'union conservatrice. Dans cette séance du 24 mai 1873, ce fut lui qui développa l'interpellation des Trois Cents « sur la nécessité de faire prévaloir dans le gouvernement une politique résolument conservatrice. » « Aux yeux des signataires, déclara M. de Broglie, la gravité de la situation se résume en ceci : la possibilité, révélée par les dernières élections, de voir arriver, dans un délai plus ou moins prochain, le parti radical à la tête des affaires par la voie du suffrage universel, tel qu'il s'est organisé aujourd'hui. La possibilité du triomphe du parti radical, voilà ce qui constitue à leurs yeux la gravité de la situation. » Puis l'orateur ajouta que, dans les conseils du gouvernement, deux tendances se combattaient : l'une, ouvertement décidée à agir énergiquement contre le parti radical, l'autre disposée, dans le but d'apaiser les passions, à user avec lui de douceur, de patience, à ne pas aller jusqu'au bout des moyens légaux, à ne réprimer que l'excès du désordre matériel, etc. Il s'efforça de prouver que, par les dernières modifications ministérielles (M. Casimir Périer et M. Waddington venaient d'entrer aux affaires), le cabinet « était un peu plus dans la voie des concessions, des ménagements, des compromis vis-à-vis du parti radical. » M. Dufaure, M. Casimir Périer, ministre de l'Intérieur et M. Thiers lui-même protestèrent contre les intentions qu'on leur prêtait ; mais en vain: l'ordre du jour pur et simple, réclamé par le gouvernement, fut repoussé, la rédaction de M. Ernoul adoptée, et la démission de Thiers acceptée. Le lendemain, le maréchal de Mac-Mahon, président de la République, chargeait M. de Broglie de la formation du ministère, dans lequel il prit le titre de vice-président du conseil avec le portefeuille des Affaires étrangères. Par la circulaire qu'il adressa, le 26, aux représentants de la France à l'étranger, le nouveau ministre annonça ne vouloir rien changer à la politique extérieure du gouvernement précédent. Le 5 novembre, l'assemblée ayant repris sa session, le vice-président du conseil donna lecture d'un message du président de la République, qui après avoir signifié la libération complète du territoire, rappelait à l'assemblée qu'elle avait mis à l'ordre du jour l'étude des lois constitutionnelles : « Pour donner au repos public une garantie sûre, ajoutait ce document, il manque au régime actuel deux conditions essentielles dont vous ne pouvez sans danger, le laisser privé plus longtemps; il n'a ni la stabilité, ni l'autorité suffisantes... » Immédiatement après cette lecture, le président de l'assemblée lut une proposition tendant à proroger les pouvoirs du maréchal de Mac-Mahon.

Cette proposition, légèrement modifiée sur le rapport de M. Ed. Laboulaye, fut adoptée par l'Assemblée : ce fut le *septennat*. Dans le remaniement ministériel qui suivit cette résolution, M. de Broglie conserva les fonctions de vice-président du conseil en échangeant seulement le portefeuille des Affaires étrangères contre celui de l'Intérieur. C'est sous son administration que s'élaborèrent tous les préparatifs de *fusion* et les divers projets de restauration monarchique. C'est à son gouvernement aussi qu'est due la déclaration par laquelle il promettait de se vouer à une œuvre de *préservation sociale*, et puisque l'ordre matériel existait, de rétablir, en outre, *l'ordre moral*. Une loi, votée par la même majorité qui avait fait le 24 mai, remettait aux conseils municipaux l'élection des maires. M. de Broglie ne crut pas pouvoir administrer utilement avec une telle loi : il présenta un projet de loi conférant au gouvernement la nomination des maires, soit par le président de la République, soit par les préfets. Le projet retirait aux maires la police municipale, pour en investir les préfets, sous-préfets ou un délégué spécial. Après en avoir d'abord ajourné la discussion, l'Assemblée finit par voter le projet, le 30 janvier 1874, avec cette seule modification que le gouvernement ayant la faculté de prendre les maires en dehors du conseil municipal, ne pourrait les prendre en dehors des électeurs communaux. Armé de cette loi, M. de Broglie ne tarda pas à révoquer la plupart des maires choisis parmi les membres républicains des conseils municipaux. Cependant les légitimistes purs, qui ne pouvaient lui pardonner d'avoir déclaré que le septennat fermait pour sept ans la porte à la monarchie, et d'avoir fait rejeter, le 27 mars 1874, la proposition Dahirel invitant l'Assemblée à statuer sans retard sur le gouvernement définitif de la France, firent sentir plusieurs fois à M. de Broglie le poids de leur rancune. Le fameux projet de Chambre haute ou de « Grand Conseil » qu'il avait songé à faire nommer moitié par le gouvernement, moitié par un corps spécial d'électeurs, acheva de lui aliéner l'extrême droite, qui y vit la consécration du septennat et surtout une combinaison orléaniste. L'Assemblée était rentrée le 12 mai : le 16, elle eut à décider si la Chambre, en réglant son ordre du jour, accorderait la priorité à la loi d'élections municipales ou à la loi d'élections politiques. M. de Broglie donnait la préférence à la première; les royalistes préféraient la seconde. C'est sur ce point que s'ouvrit le débat. Le ministre en fit une question de cabinet. L'Assemblée ayant repoussé, par 381 voix contre 317, la proposition ministérielle, le cabinet Broglie donna aussitôt sa démission. — Un cabinet d'affaires, présidé par M. de Cissey lui succéda.

Le système de M. de Broglie survécut à la chute de son auteur, et jusqu'au 25 février 1875 inclusivement (puisqu'il vota les lois constitutionnelles) l'esprit de l'ancien vice-président du conseil présida au gouvernement du pays. Tombé du ministère, il reprit la direction du centre droit et de la droite modérée, et monta à la tribune dans plusieurs occasions, notamment pour combattre la proposition Casimir Périer

en faveur de l'organisation de la République. Il repoussa de même l'amendement Wallon et l'amendement Pascal Duprat, mais se décida, à la fin de la législature, à adopter l'ensemble de la Constitution. L'hostilité des gauches et des légitimistes purs fit échouer, avec une très faible minorité, sa candidature aux élections des sénateurs inamovibles, en 1875. Il se présenta alors aux électeurs sénatoriaux de l'Eure, et fut élu au second tour, avec 408 voix sur 791 votants, grâce à l'appui des bonapartistes. Au Sénat, le duc de Broglie vota constamment avec les divers partis coalisés qui repoussèrent à diverses reprises les lois votées par la majorité républicaine de la Chambre des députés. Il se prononça notamment *contre* le projet de loi qui rendait à l'État la collation des grades universitaires, et *contre* le cabinet Dufaure. Lors du coup d'État parlementaire du maréchal de Mac-Mahon, qui força le ministère Jules Simon à donner sa démission, M. de Broglie fut appelé à former un cabinet de résistance. Il y prit la présidence du conseil et le portefeuille de la Justice (17 mai 1877). Son premier acte fut d'ajourner à un mois la Chambre des députés. Pendant que M. de Fourtou, son collègue à l'Intérieur, révoquait nombre de fonctionnaires de l'ordre administratif suspects d'opinions républicaines, M. de Broglie adressait une circulaire aux procureurs généraux dans laquelle il appelait sur ses adversaires les rigueurs de la magistrature; de concert avec les autres membres du cabinet, il employa toute son activité à faire revivre les mesures autoritaires qu'il avait déjà mises en pratique en 1873 et 1874. Il travailla à former dans le Sénat une majorité favorable à la dissolution de la Chambre, et quand il l'eut attachée à ses vues, le 16 juin, après la rentrée des Chambres, il lut à la Chambre haute un message du président de la République, demandant la dissolution de la Chambre des députés et faisant appel au pays pour qu'il nommât des députés favorables à *sa* politique. On sait que les élections du 14 octobre 1877 condamnèrent cette politique : le premier ministre se retira alors non sans avoir fréquemment abordé la tribune parlementaire. Un de ses admirateurs, M. Ernest Daudet, a écrit : « Le duc de Broglie est né orateur. Cela est si vrai qu'il est même parvenu à surmonter des difficultés propres à éteindre une inspiration moins sûre d'elle-même que la sienne. L'organe est mauvais, la voix mal posée, facilement étranglée dans la gorge; la prononciation défectueuse, parfois embarrassée. Mais ces défauts de nature n'enlèvent rien à la puissance de l'inspiration, à la sûreté de la pensée, à la solidité des arguments, à la beauté du langage... » La critique de M. Camille Pelletan, un adversaire politique il est vrai, est moins favorable : « Rien de pauvre, selon lui, comme cette parole qui a l'allure d'un article de revue. Encore sa laborieuse correction n'existe-t-elle qu'à l'*Officiel*; et si préparées qu'elles soient, les improvisations de M. de Broglie ont besoin d'être entièrement refaites après coup, pour ne pas prêter au sourire. » Redevenu simple sénateur, M. de Broglie prit part à toutes les manifestations de la droite jusqu'en 1885. Les questions de politique extérieure, à propos desquelles il interpella fréquemment le gouvernement républicain, et les questions d'enseignement (débats sur le conseil supérieur de l'instruction publique, etc.) l'amenèrent plus d'une fois à la tribune. Il lutta opiniâtrement pour le succès des idées conservatrices, vota, depuis 1879, contre les divers cabinets de gauche qui eurent la confiance de la nouvelle majorité sénatoriale, et quitta enfin le Sénat, le 6 janvier 1885, ayant échoué dans le département de l'Eure, avec 523 voix contre 533 accordées au dernier élu des républicains. M. Lecointe. Le suffrage universel ne lui fut pas plus favorable, le 4 octobre de la même année. Porté sur la liste conservatrice de l'Eure. il fut le seul candidat de cette liste qui se trouva en minorité : un républicain modéré, M. Papon, député sortant, l'emporta sur lui avec 40,554 voix contre 40,346.

Outre les ouvrages cités plus haut, on a de M. de Broglie deux ouvrages historiques plus récents : *Le Secret du roi*, et *Marie-Thérèse et Frédéric II*.

BROHIER DE LITTINIÈRE (CHARLES-JOA-CHIM), député au Corps législatif de 1852 à 1868, né à Coutances (Manche), le 14 août 1794, mort à Coutances, le 10 octobre 1868, fit son droit, s'inscrivit au barreau de Caen et exerça dans cette ville la profession d'avocat jusqu'en 1830. Conseiller municipal de Coutances, puis juge de paix sous le règne de Louis-Philippe, il fut destitué de cette dernière fonction par le gouvernement provisoire de 1848, puis devint conseiller d'arrondissement et maire de sa ville natale. Son adhésion à la politique de L.-N. Bonaparte lui valut la croix de la Légion d'honneur, qu'il reçut des mains du président. Le 29 février 1852, candidat officiel au Corps législatif dans la 3e circonscription de Coutances, Brohier de Littinière fut élu par 23,254 voix (23,584 votants, 40,214 inscrits.) Il prit part à l'établissement de l'Empire et vota constamment avec la majorité dynastique, dans les rangs de laquelle il siégeait. Quand il mourut, en 1868, il était encore député, ayant été successivement réélu : le 22 juin 1857, par 18,917 voix (24,855 votants, 38,320 inscrits), contre 5,875 à M. Plaine, et le 1er juin 1863, par 21,218 voix (22,098 votants, 37,718 inscrits). Officier de la Légion d'honneur en 1865.

BROHON (AUGUSTE-FRANÇOIS), député au Conseil des Cinq-Cents, dates de naissance et de mort inconnues, après avoir exercé les fonctions de lieutenant général civil et criminel, devint, sous la Révolution, le 24 germinal an V, député de la Manche au Conseil des Cinq-Cents, où il avait été élu par 344 voix. Brohon resta député jusqu'en l'an VII.

BROISE (MICHEL-GEORGES-RENÉ-LOUIS, CHE-VALIER DE LA), représentant à l'Assemblée législative de 1849, né à Cossé-le-Vivien (Mayenne), le 12 février 1794, mort à Laval (Mayenne), le 19 octobre 1871, avait été garde du corps sous la Restauration. Propriétaire dans la Mayenne et conseiller général, connu pour son attachement à la cause royaliste, il fut, le 13 mai 1849, l'élu des conservateurs de son département, le 2e sur 8, par 32,604 voix (70,210 votants, 106,272 inscrits). Il prit place sur les bancs de la droite. et vota constamment avec elle, notamment : le 20 octobre 1849, *pour* le projet de loi portant demande de crédits pour l'expédition romaine ; le 31 mai 1850, *pour* la nouvelle loi électorale restrictive du suffrage universel ; le 6 juin, *pour* l'interdiction des clubs ; le 16 juillet, *pour* le cantonnement et l'impôt du timbre sur les écrits périodiques, etc. Il ne s'associa pas à la politique personnelle du président. Adversaire du coup d'Etat, il fut, au 2 décembre 1851, parmi les représentants séquestrés à la caserne du quai d'Orsay. Sous l'Empire, il rentra dans la vie privée.

BROQUART. — *Voy.* BUSSIÈRES (DE).

BROSSARD (ETIENNE), député de 1876 à 1885, et membre du Sénat, né Pouilly-sous-Charlieu (Loire), le 9 mars 1839, passa par l'Ecole polytechnique et par l'Ecole des mines, et fut envoyé comme ingénieur en Algérie, pour faire dans le département de Constantine des études géologiques. De 1868 à 1870, il fut ingénieur des mines de Malfidana (Sardaigne). De retour en France, lors de la déclaration de guerre à la Prusse, il prit part à la campagne franco-allemande en qualité de capitaine de mobilisés. Puis il devint conseiller municipal et maire de Pouilly-sous-Charlieu, fut, à cause de ses opinions républicaines, révoqué de ses fonctions municipales par le ministère de Broglie, et se présenta, le 28 février 1876, à la députation. Il fut élu dans la 2e circonscription de Roanne, par 10,680 voix (16,570 votants, 20,849 inscrits), contre 5,824 voix données à M. Bouillier, conservateur monarchiste. M. Brossard s'inscrivit à la gauche républicaine, et vota avec ce groupe *contre* le gouvernement du Seize-Mai. Il fut des 363. Réélu aux élections du 14 octobre 1877, par 10,358 voix sur 17,115 votants et 21,154 inscrits, contre 6,737 à son ancien concurrent, alors candidat officiel, M. Bouillier, il reprit sa place à la gauche modérée, soutint le ministère Dufaure et la politique opportuniste, vota l'article 7 et l'application des lois existantes, et se prononça *contre* l'amnistie plénière, *pour* l'invalidation de l'élection Blanqui, etc. M. Brossard prit part à plusieurs discussions spéciales sur la question des mines : il fut (13 juillet 1880), rapporteur de la loi portant revision de celle du 21 avril 1810, et déposa, la même année, une proposition de loi tendant à la réorganisation des caisses centrales de pensions et de secours aux ouvriers mineurs. Il fut encore réélu le 21 août 1881, par 10,486 voix (11,473 votants, 21,735 inscrits), donna son suffrage au ministère Ferry, approuva l'expédition du Tonkin, et repoussa la séparation de l'Eglise et de l'Etat. Avant la fin de la législature, M. Brossard quitta la Chambre des députés pour entrer au Sénat. Par 549 voix sur 935 votants, contre 344 à M. Mulsant, il fut nommé sénateur de la Loire, à la place de M. Cherpin, décédé. Il vota régulièrement avec la majorité de la Chambre haute. Dans la dernière session, M. Brossard s'est prononcé : *pour* le rétablissement du scrutin uninominal (13 février 1889), *pour* le projet de loi Lisbonne restrictif de la liberté de la presse (18 février), *pour* la procédure à suivre devant le Sénat pour juger des attentats contre la sûreté de l'Etat (29 mars, affaire du général Boulanger).

BROSSE (ÉTIENNE-CHARLES-AUGUSTE), député de 1831 à 1832, né à Charnay (Saône-et-Loire), le 16 août 1782, mort à Paris, le 25 avril 1832, était fils d'un avocat au Parlement, et embrassa la carrière militaire ; sous-lieutenant de hussards en 1809, lieutenant en 1811, capitaine en 1813, il fut aide de camp du maréchal Suchet, blessé en Espagne, et décoré de la Légion d'honneur. A la Restauration, il se retira dans son département, où il possédait le château de Cormatin, et devint maire de Cormatin, lieutenant de louveterie et conseiller général de 1831 à 1832. Le 5 juillet 1831, il fut élu député dans le 2ᵉ collège électoral de Saône-et-Loire, par 205 voix sur 526 votants et 372 inscrits, contre 108 à M. Beadier. Brosse vota le plus souvent avec l'opposition dynastique; il s'abstint, en septembre 1831, dans le scrutin sur l'ordre du jour Ganneron, et fut de ceux qui protestèrent contre la dénomination inconstitutionnelle de *sujets*, employée en janvier 1832 par les ministres du roi; il avait protesté également contre les ordonnances du 31 novembre 1831, relatives à la pairie. Il mourut pendant la session.

BROSTARET (JEAN-BAPTISTE), député à l'Assemblée constituante de 1789, et au Conseil des Anciens, né à Casteljaloux (Lot-et-Garonne), le 17 janvier 1755, mort à Casteljaloux, le 9 juin 1824, était avocat au Parlement de Bordeaux. Élu, le 4 avril 1789, député du tiers aux États-Généraux par la sénéchaussée de Nérac, il siégea à la gauche de l'Assemblée, prit plusieurs fois la parole sur les questions judiciaires : nomination des grands juges, institution des jurés, tribunaux d'exception, traitement des officiers de justice. Après la session, il devint juge au tribunal du district de Casteljaloux, puis accusateur public près le tribunal criminel de Lot-et-Garonne. Les représentants, envoyés au nombre de neuf par la Convention dans ce département, le destituèrent, le 29 vendémiaire an II : il fut alors, d'après une pièce officielle, « traduit en réclusion à Auch par la gendarmerie », et ne fut mis en liberté qu'au bout d'un an (30 vendémiaire an III). En l'an IV, il fut élu, par 211 voix, député de Lot-et-Garonne au Conseil des Anciens. Il y appuya le rejet d'une résolution relative à la désertion, parla sur le paiement des contributions et des fermages en nature, fit approuver l'établissement d'un impôt sur les billets de spectacle, vota l'ajournement de l'organisation de la garde nationale, et conclut (17 ventôse an VI) à l'adoption de la résolution qui déterminait le nombre des députés à réélire dans le courant de l'année. Brostaret fut quelque temps secrétaire du Conseil des Anciens.

BROTHIER (MARTIN-NOEL), député au Conseil des Anciens, né à Bordeaux (Gironde), le 24 décembre 1755, mort à une date inconnue, exerçait la profession d'architecte. Élu, le 23 vendémiaire an IV, député de Saint-Domingue au Conseil des Anciens, il célébra, à la séance du 16 pluviôse an VI, dans un discours dont l'impression fut votée, l'anniversaire de la liberté des noirs, fit l'éloge de Toussaint-Louverture, et termina en exprimant le désir de voir consacrer, par une fête, la date de l'abolition de l'esclavage. Brothier parla aussi sur les élections de Saint-Domingue, combattit (15 germinal) la résolution relative à la contrainte par corps, et fit approuver (17 thermidor) celle qui concernait la célébration du décadi et des fêtes nationales. Il fut secrétaire du Conseil des Anciens. Quand il eut quitté l'assemblée, il devint par la suite (5 germinal an XII) directeur des droits réunis dans le département de l'Ariège.

BROTONNE (DE). — *Voy.* DEBROTONNE.

BROUARD (ÉTIENNE, BARON), représentant à la Chambre des Cent-Jours, né à Vire (Calvados), le 29 août 1765, mort à Paris, le 23 avril 1833, était avocat à Vire au moment de la Révolution. Il s'enrôla, en 1791, dans les volontaires du Calvados, passa, le 15 novembre de la même année, capitaine du 2ᵉ bataillon de ces

volontaires, fit la campagne de 1792 à l'armée du Nord, où il devint, le 20 avril 1793, capitaine adjoint à l'état-major général, et, le 29 août suivant, adjudant général chef de bataillon. Ayant manifesté trop ouvertement l'aversion que lui inspiraient les terroristes, il fut arrêté et incarcéré, et dut la liberté aux démarches de la députation entière du Calvados après le 9 thermidor. Il rejoignit l'armée du Nord, y fut nommé, le 25 prairial an III, adjudant général chef de brigade, servit, l'année suivante, à l'armée des côtes de Cherbourg, puis, en 1797, à l'armée d'Italie, et fit partie de l'expédition d'Égypte; il s'embarqua à Ajaccio, le 15 mai 1798, pour Malte, où il fut laissé pour défendre cette place comme chef d'état-major de la division de Vaubois; là, il soumit rapidement les Maltais, révoltés à l'instigation des Anglais, après le désastre d'Aboukir. Il défendit ensuite Malte contre les Anglais, fut grièvement atteint dans une sortie, et s'embarqua sur le *Guillaume-Tell*, qui évacuait les blessés et portait au Directoire les dépêches du commandant de Malte. Attaqué par une frégate et par un brick anglais, le *Guillaume-Tell* se mit en état de défense, et Brouard, quoique simple passager et malade, demanda et obtint le commandement d'une batterie, et reçut encore plusieurs blessures; fait prisonnier par les Anglais, il fut échangé peu de temps après, envoyé à l'armée des côtes de l'Océan, promu, le 18 prairial an XI, commandant supérieur de l'île d'Yeu, et nommé, le 15 pluviôse an XII, membre de la Légion d'honneur, et, le 25 prairial suivant, officier du même ordre. Il reçut, le 12 pluviôse an XIII, le grade de général de brigade, fit, en 1805 et 1806, les campagnes de Pologne et de Prusse, se distingua, après le passage du Bugon, en prenant d'assaut les retranchements russes, et, dans cette affaire, eut l'œil droit crevé par un biscaïen. Cette blessure le fit ramener en France, où on lui donna, le 8 mars 1808, le commandement de la 12ᵉ division militaire (Charente-Inférieure et île d'Aix) et, le 19 mars, le titre de baron de l'Empire. Le 11 mai 1815, l'arrondissement électoral de Nantes l'élut représentant à la Chambre des Cent-Jours, par 24 voix sur 38 votants et 148 inscrits, contre 11 voix données à M. Tardiveau, ancien député. Il siégea dans la majorité dévouée à l'empereur, et, huit jours après (19 mai), devint général de division ; la seconde Restauration annula d'abord cette promotion et mit le général Brouard à la demi-solde ; mais il fut bientôt rétabli au nombre des officiers disponibles, et admis à la retraite, comme général de division, le 31 décembre 1824.

BROUCKÈRE (CHARLES DE), député de 1813 à 1815, né à Thourout (Belgique), le 6 octobre 1757, mort à Bruges (Belgique), le 30 avril 1850, d'une vieille famille de Flandre anoblie par Guillaume Iᵉʳ, roi des Pays-Bas, était homme de loi. Il entra dans la magistrature, fut président de chambre à Bruxelles sous le premier Empire, puis député au Corps législatif, où le Sénat conservateur l'élut, le 6 janvier 1813, pour y représenter le département de la Lys. Après 1815, il se retira dans son pays natal. Son fils, Charles de Brouckère, fut l'un des auteurs principaux de la révolution de Belgique, et joua dans son pays un rôle politique considérable.

BROUILLET (JACQUES-ANTOINE), député à l'Assemblée constituante de 1789, né à Millau (Aveyron), en 1743, mort à une date inconnue, était curé d'Avize, en Champagne. Député, le 26 mars 1789, aux Etats-Généraux, par le clergé du bailliage de Vitry-le-François, il accepta la constitution civile du clergé. En septembre 1790, J.-A. Brouillet, curé d'Avize, soumit à l'Assemblée son « opinion sur les duels ». Cette opinion fit la matière d'un très curieux et très éloquent mémoire, publié à Paris, *chez Lejay fils, imprimeur-libraire,* rue de l'Echelle-Saint-Honoré, et qui débute ainsi : « Il fallait un César, ou un curé de campagne pour oser s'élever contre la fureur des duels, un bravo à l'abri de tout soupçon de crainte et de ce qu'on appelle lâcheté, ou un ouvrier obscur de la vigne du Seigneur, qui, sans autre prétention que le zèle de son ministère de paix, d'union, de charité, n'eût que les armes évangéliques à opposer à celles du désespoir et de la fureur. » Le curé Brouillet concluait en ces termes : « Le conflit qui a régné jusqu'ici entre les lois contre les duels, et le préjugé de l'opinion publique, est la seule cause de leur inefficacité. Or, cette opinion publique est à vos ordres; vous ne lui avez pas encore commandé en vain; associez-la donc à l'esprit de vos décrets, soumettez-vous-y les premiers. L'exemple est plus puissant que les paroles. Déclarez donc, messieurs, de la manière la plus solennelle : 1° Que l'honneur ainsi que la vertu étant personnels, nul citoyen ne peut en être dépouillé que par son propre fait, et qu'il ne saurait, en aucun cas, dépendre du caprice de qui que ce puisse être; 2° que tout citoyen convaincu d'avoir injurié par propos, gestes ou menaces, sera poursuivi devant les tribunaux ordinaires, comme perturbateur du repos public, et puni comme tel; 3° que toute personne qui en aura frappé une autre sera déclarée infâme; 4° que les lois contre les duels continueront, et seront mises en vigueur dans toute leur sévérité; 5° que ceux-là seuls doivent être déshonorés, qui, au mépris des lois, se permettront de proposer le cartel; 6° que ceux qui refuseront le cartel ne sauraient être déshonorés, le véritable honneur ne consistant que dans la soumission aux lois. Voilà, selon moi, messieurs, les bases de la plus saine philosophie et du plus pur patriotisme, en fait de législation. Elevez-vous à toute la hauteur de votre dignité! Jouissez d'avance de toutes les bénédictions de la patrie, de l'humanité, pour un décret aussi sage que désiré! Apprenez enfin à l'univers que les préjugés les plus chers, les plus invétérés disparaissent, chez vous, devant le divin flambeau de la raison. »

BROUSSE (JEAN-MATHIAS), député à l'Assemblée constituante de 1789, né à Thionville (Moselle), le 27 septembre 1725, mort à Versailles (Seine-et-Oise), le 11 juillet 1795, était curé de Volkrange, dans le pays messin. Elu, par le bailliage de Metz, député du clergé aux Etats-Généraux, le 16 mars 1789, il se réunit au tiers-état et prêta le serment civique.

BROUSSE (EMILE), député de 1881 à 1889, né à Perpignan (Pyrénées-Orientales), le 25 septembre 1850, se fit recevoir avocat et entra au barreau de Perpignan. Ses opinions radicales le firent élire, le 21 août 1881, dans la 2e circonscription de Perpignan, avec 4,001 voix (6,714 votants, 12,398 inscrits) contre deux concurrents républicains, de nuance différente, MM. Ramon, 2,326 voix et Lavigne, 300. Il alla siéger à l'extrême-gauche, et se prononça :

pour l'ensemble du projet de la commission et du gouvernement sur l'expulsion des princes, *contre* le maintien de l'ambassade auprès du pape, etc. Réélu, le 4 octobre 1885, député des Pyrénées-Orientales, sur la liste radicale de ce département, avec 26,692 voix (39,931 votants, 56,694 inscrits), il reprit sa place parmi les radicaux de la Chambre. A plusieurs reprises, et particulièrement lors de la constitution du ministère Goblet, il fut question de la nomination de M. Emile Brousse à un poste de sous-secrétaire d'Etat; mais il ne fut jamais donné suite à ce projet. M. Brousse prit une part assez active aux délibérations de la Chambre. Son projet sur l'expulsion des princes (1886) fut adopté par le gouvernement avant de l'être par la Chambre elle-même. Il opina avec l'extrême-gauche : 19 novembre 1887, *pour* la discussion immédiate de l'interpellation Clémenceau sur la politique générale (chute du ministère Rouvier) : 31 mars 1888, *pour* l'urgence de la proposition de loi de M. Camille Pelletan, relative à la révision des lois constitutionnelles (chute du ministère Tirard). A la fin de la législature, M. Brousse s'est abstenu sur le rétablissement du scrutin uninominal (11 février 1889), et s'est prononcé *contre* l'ajournement indéfini de la révision de la Constitution (14 février), *contre* les poursuites contre trois députés membres de la Ligue des patriotes (14 mars), *contre* le projet de loi Lisbonne restrictif de la liberté de la presse (2 avril), *pour* les poursuites contre le général Boulanger (4 avril).

BROUSSES (JEAN-LOUIS), député de 1831 à 1832, né à Limoux (Aude), le 27 février 1769, mort à Paris, le 19 janvier 1832, notaire à Limoux, fut élu, le 5 juillet 1831, député du 4e collège de l'Aude, par 124 voix (290 votants, 290 inscrits), contre 123 à M. Peyre, avocat à Limoux. M. Broussès s'associa, jusqu'à sa mort, survenue quelques mois après, aux votes de l'opposition dynastique. Il se prononça : en septembre 1831, *contre* l'ordre du jour Ganneron, et en novembre de la même année, *contre* les ordonnances relatives à la nomination de 36 nouveaux pairs.

BROUSSES (FORTUNÉ), représentant à l'Assemblée nationale de 1871, né à Limoux (Aude), le 11 octobre 1811, mort à Versailles (Seine-et-Oise), le 19 juin 1873, était propriétaire dans l'Aude, et sans antécédents politiques, lorsqu'il fut élu comme candidat républicain radical, le 2 juillet 1871, par 34,830 voix (60,306 votants, 92,667 inscrits), représentant de l'Aude à l'Assemblée nationale. Son concurrent conservateur, le général d'Ouvrier de Villegly, avait réuni 24,475 voix. M. Broussès remplaçait Thiers, élu dans plusieurs départements, et qui venait d'opter pour la Seine. Précédemment, aux élections générales du 8 février, il avait obtenu 19,834 voix. Il se fit inscrire à l'union républicaine et vota avec ce groupe, notamment *contre* le pouvoir constituant de l'Assemblée et *pour* le retour à Paris, etc. Il mourut à Versailles, le 19 juin 1873; ses obsèques, purement civiles, donnèrent lieu à un incident qui fit alors quelque bruit et qui eut, au Parlement, de graves conséquences. Suivant l'usage, une députation de l'Assemblée nationale devait assister à l'enterrement de M. Broussès; de plus, conformément au décret de messidor, un piquet avait été envoyé à la maison mortuaire, pour rendre au défunt les honneurs militaires.

reau de l'Assemblée, composée de MM. de Goulard, Cazenove de Pradines et Martin des Pallières quitta précipitamment la maison mortuaire, emmenant avec elle les soldats de service et jusqu'aux huissiers de l'Assemblée. La cérémonie ne s'en poursuivit pas moins jusqu'au cimetière, où M. Challemel-Lacour prononça les paroles suivantes : « Brousses n'avait pas besoin de ces vains et inutiles honneurs qu'au mépris de toutes les convenances lui conteste et lui refuse à la dernière heure un pouvoir dans le quel la France reconnaît, avec une surprise mêlée d'épouvante, le spectre et les passions de l'ancien régime! » La gauche de l'Assemblée décida qu'une interpellation serait adressée au ministère, à la fois sur le récent arrêté de M. Ducros, préfet du Rhône, contre les enterrements civils, et sur la violation du décret de messidor aux obsèques de M. Brousses. Ce fut M. Le Royer qui prit la parole (24 juin 1873), et qui revendiqua pour les libres penseurs le droit d'enterrer leurs morts à leur guise. Le ministre de l'Intérieur, M. Beulé, évita d'aborder la question elle-même, tandis que le ministre de la Guerre, général du Barail, ajoutait cette déclaration : « Les morts qui ne vont pas à l'église n'ont droit à aucun respect! » Au scrutin, le gouvernement obtint le vote d'un ordre du jour de M. de Belcastel, qui donnait à l'arrêté du préfet du Rhône et aux explications du ministre de la Guerre une entière approbation.

BROUSSONNET (Pierre-Marie-Auguste), député à l'Assemblée législative de 1791, né à Montpellier (Hérault), le 19 janvier 1761, mort à Montpellier, le 27 juillet 1807, était fils d'un médecin distingué de Montpellier, et se livra, dès l'enfance à l'étude de la botanique dans le cabinet de son père. Reçu docteur à 18 ans, il se rendit à Paris, se lia avec les savants de l'époque et tenta d'appliquer à la zoologie la nomenclature simplifiée que Linné avait établie pour la botanique; puis il voyagea, visita l'Angleterre où il fut admis au nombre des membres de la Société royale de Londres, et, après trois ans de séjour pendant lesquels il commença la publication d'un ouvrage *Ichtyologiæ Decas I* (1782), fut appelé par Daubenton comme son suppléant au Collège de France, et nommé bientôt membre de l'Académie des sciences. Après quelques travaux intéressants sur les poissons, il accepta, sur les instances de son ami, Berthier de Sauvigny, les fonctions de secrétaire de la nouvelle Société royale d'agriculture, et délaissa l'histoire naturelle; on lui doit l'introduction en France des premiers béliers mérinos, des chèvres d'Angora, du mûrier à papier, qui s'appelle aujourd'hui de son nom, *broussonetia*, etc. La Révolution vint à son tour le jeter dans la politique. Nommé électeur de Paris dès 1789, il fut chargé avec Vauvilliers de veiller à l'approvisionnement de la capitale, et fut élu, le 7 septembre 1791, député du département de Paris à l'Assemblée législative, par 414 voix sur 759 votants; il devint, le 10 janvier 1792, secrétaire de cette assemblée, où il se fit peu remarquer. Effrayé de la marche des événements, il se retira, à la fin de la session, dans une campagne près de Montpellier; il y fut arrêté comme girondin, et emprisonné dans la citadelle d'où il réussit à s'évader, et parvint à gagner l'Espagne, où l'amitié de ses confrères de la Société royale de Londres lui envoya un secours de mille guinées. Chassé de Madrid, comme ancien révolutionnaire, par les émigrés royalistes, il gagna Lisbonne s'y

cacha quelque temps dans l'hôtel de l'Académie des sciences, mais, ayant été dénoncé à l'Inquisition comme franc-maçon, fut obligé de partir pour le Maroc, où il devint médecin du chargé d'affaires des Etats-Unis.

Après le 18 brumaire, il se trouvait si bien au Maroc, qu'il demanda au gouvernement le consulat de Mogador, et plus tard celui des îles Canaries. Il allait remplir les mêmes fonctions au Cap de Bonne-Espérance, quand son parent, Chaptal, ministre de l'Intérieur, le nomma à la chaire de botanique de Montpellier. Il joignit bientôt à ce titre celui de directeur du Jardin des plantes de Montpellier, et mourut, peu de temps après, d'une attaque d'apoplexie. C'est à tort que tous les biographes ont avancé que Broussonnet avait fait partie du Corps législatif de 1805 à 1807; il ne fut que candidat dans l'Hérault, par 46 voix sur 87 votants, mais cette candidature ne fut pas agréée par le Sénat conservateur. On a de lui, outre les ouvrages déjà cités, d'intéressants travaux dans les *Mémoires de l'Académie des sciences*, et dans ceux de la *Société d'agriculture*.

BROUSSOUS (Louis), représentant à la Chambre des Cent-Jours, né à Florac (Lozère), le 24 août 1769, mort à une date inconnue, était avocat au début de la Révolution. Il devint, en l'an II, administrateur de son district, et en l'an VI, commissaire du Directoire exécutif près l'administration municipale du département de la Lozère. Il adhéra au coup d'Etat de brumaire, et fut nommé, le 13 thermidor an VIII, secrétaire général de la préfecture du Gard. Il occupa les mêmes fonctions sous l'Empire à Blois, le 16 août 1811, puis à Mende, pour la seconde fois, le 7 avril 1813. Pendant les Cent-Jours, Broussous siégea à la Chambre des représentants, où l'avait envoyé, le 14 mai 1815 le collège de département de la Lozère. Il demanda, à la séance du 17 juin, que « toutes propositions relatives aux Constitutions de l'Empire fussent ajournées jusqu'à la fin de la guerre. » Comme divers membres proposaient l'ordre du jour, l'opinant réclama et obtint la faveur du règlement pour développer sa proposition. Il insista, le 20 juin, et répéta qu'il n'était pas convenable de s'occuper en ce moment de discussions sur la Constitution, et qu'il fallait les ajourner. « Mon motif est que rien n'empêchera les membres de porter directement à la commission le produit de leurs méditations, et que nous économiserons un temps précieux.

BRUAT (Joseph), député à l'Assemblée législative de 1791, né à Grandvilliers (Haut-Rhin), le 16 mai 1763, mort à Altkirch (Haut-Rhin), le 31 mars 1807, fut, au début de la Révolution, dont il adopta les doctrines, administrateur du département du Haut-Rhin. Le 2 septembre 1791, élu député de ce département à l'Assemblée législative, par 232 voix sur 3 votants, il siégea dans la majorité, et prit la parole dans plusieurs débats importants : le 3 mars 1792, il fit un remarquable discours à propos de la dernière lettre de l'empereur et prouva que le traité de 1756 était ruiné pour la France et qu'il la livrait à l'Autriche. Il n'hésita pas à déclarer que l'Assemblée commettrait « une lâcheté » en ménageant davantage le « potentat » qui bravait son autorité. « Jusqu'à quand, s'écria-t-il, serons-nous dupes de tous ces subterfuges? Jusqu'à quand nous laisserons-nous conduire par la diplomatie vieillie de l'ancien régime? Que demande le peuple français? La paix ou la guerre, point de mili

et si les représentants électifs vont droit à ce but; si le représentant héréditaire tergiverse et balance; s'il n'est pas pénétré comme nous que nous mourons tous les jours d'inanition et d'anarchie, et que cet état est plus terrible que toutes les armées de nos ennemis; si la victoire, ne la justice garantit à un peuple libre, n'entre ut-être pas dans ses vues comme dans les nôtres; si nos ennemis, enfin, du dedans comme du dehors, redoutant l'enthousiasme d'un peuple fier de sa liberté, avaient conjuré de le faire expirer lentement au lieu de le heurter de front, faudrait-il encore en rester là? Non, non : j'en appellerais mille fois à votre conscience et à l'énergie de ce grand peuple. Mais il m'en coûterait trop de ne pas croire à la droiture des intentions du roi; je promets, au contraire, d'y croire, autant qu'il me sera possible, et dans ces sentiments je me repose avec confiance sur l'exercice des droits que lui assure la constitution au dehors; mais au dedans, pour des traités qui ne regardent que le système intérieur, le bien-être direct d'un peuple dont tous les intérêts nous sont confiés, c'est à nous à voir, à nous à juger s'ils ne se trouvent pas compromis par des traités honteux qui prendraient sa subsistance ou sur sa liberté. » Et Bruat demanda expressément un rapport du comité diplomati pue sur « les avantages et les désavantages qui résultent pour la France du traité passé entre elle et la maison d'Autriche, le 1er mai 1756 ». La proposition de Bruat fut renvoyée au comité. Plus tard (22 août 1792), le maréchal Lückner ayant témoigné le désir d'avoir des commissaires de l'Assemblée auprès de lui, Bruat lui fut envoyé en cette qualité avec ses collègues Laporte et Lamarque. Ils rendirent compte de leur mission à la séance du 6 septembre. « Ils ont parcouru, dit le procès-verbal officiel, les départements de la ci-devant Lorraine : partout ils ont trouvé des preuves de la trahison et de la perfidie du pouvoir exécutif; les villes dégarnies; l'importante place de Metz sans canons, sans bouches à feu sur le rempart; les soldats, soit gardes nationaux, soit de ligne, mal habillés et plusieurs sans armes; de faibles armées à opposer à des armées nombreuses. Tout est réparé ; Metz est dans le meilleur état de défense, les citoyens pleins de zèle et de courage, ainsi que les nouveaux corps administratifs et les généraux. » Bruat, après la session de l'Assemblée législative, remplit diverses fonctions, telles que celles de payeur en Suisse, de juge au tribunal du Haut-Rhin, et finalement (24 prairial an VIII), de président du tribunal civil d'Altkirch.

BRUAT (Armand-Joseph), sénateur du second Empire, né à Colmar (Haut-Rhin), le 26 mai 1796, mort à Messine (Italie), le 19 novembre 1855, servit dans la marine française. En 1829, il commandait le brick le *Silène*. Chargé de croiser devant Alger, il fut jeté sur la côte par une tempête et emmené prisonnier à Alger. Pendant sa détention, il réussit à faire parvenir à l'amiral Duperré une note détaillée sur l'état de la place. La conquête française le délivra. Devenu capitaine de frégate en 1831, capitaine de vaisseau en 1838, gouverneur des îles Marquises et des établissements de l'Océanie en 1843, il eut, dans ce dernier poste à combattre, auprès de la reine Pomaré, les intrigues anglaises, et réussit à imposer le protectorat de la France. En 1848, il fut nommé préfet maritime de Toulon, puis gouverneur de la Martinique et de la Guadeloupe. Il passa vice-amiral en 1852, commanda, pendant la guerre de

Crimée, une escadre dans la mer Noire, et succéda (décembre 1854) à l'amiral Hamelin comme chef de la flotte. Il prit une part brillante au siège de Sébastopol, à l'expédition de la mer d'Azow, à la prise de Kinburn, et à toutes les opérations de la guerre, et fut promu au grade d'amiral. Par suite de cette promotion, le 15 septembre 1855, il entra, de droit, au Sénat impérial. Mais en fait, il n'eut pas le temps d'y prendre séance, car il mourut en rade de Messine, alors qu'il revenait en France. — Grand officier de la Légion d'honneur, du 23 décembre 1847.

BRUCKNER (François-Auguste), représentant du peuple aux Assemblées constituante et législative de 1848-49, né à Strasbourg (Bas-Rhin), le 8 février 1814, fut élève de l'Ecole polytechnique; il en sortit officier d'artillerie. Il était capitaine, lorsque les électeurs du Bas-Rhin le nommèrent, le 15e et dernier de la liste, représentant du peuple à l'Assemblée constituante, par 46,193 voix (123,968 votants, 132,186 inscrits.) Il y fit partie du comité de la guerre, siégea à gauche et vota avec les républicains. Pourtant, il se sépara quelquefois du groupe de la Montagne : ses opinions le rapprochaient plutôt du parti démocratique modéré. C'est ainsi qu'il vota : le 9 août 1848, *contre* le rétablissement du cautionnement; le 26 août, *contre* les poursuites intentées à Louis Blanc et à Caussidière; le 1er septembre, *contre* le rétablissement de la contrainte par corps; le 18 septembre, *contre* l'abolition de la peine de mort; le 4 octobre, *contre* l'incompatibilité des fonctions; le 7 octobre, *pour* l'amendement Grévy; le 21 octobre, *pour* l'abolition du remplacement militaire; le 2 novembre, *pour* le droit au travail; le 25 novembre, *pour* l'ordre du jour : « Le général Cavaignac a bien mérité de la patrie »; le 27 décembre, *pour* la suppression de l'impôt du sel; le 12 janvier 1849, *contre* la proposition Rateau; le 1er février, *pour* l'amnistie générale; le 21 mars, *contre* l'interdiction des clubs; le 16 avril, *contre* les crédits de l'expédition de Rome; le 11 mai, *pour* la demande de mise en accusation du président et de ses ministres (il l'avait signée); le 18 mai, *pour* l'abolition de l'impôt des boissons. Bruckner, réélu, le 1er sur 12, à l'Assemblée législative par le même département, avec 51,726 voix (95,863 votants, 146,942 inscrits), fit partie de la gauche avancée, vota avec elle pendant toute la législature, et protesta, notamment, *contre* l'expédition de Rome, et plus tard, *contre* la loi du 31 mai 1850, restrictive du suffrage universel. Au coup d'État du 2 décembre, il fut du petit nombre des représentants qui prirent les armes : on le vit à la barricade de la rue Sainte-Marguerite, avec Baudin. Expulsé de France par L.-N. Bonaparte, il se réfugia en Belgique, et habita Liège, où il professa les mathématiques. Puis il passa en Suisse, et devint directeur de chemin de fer à Bâle. L'Empire l'avait rayé des contrôles de l'armée. Le 28 mars 1872, il fut admis à la retraite avec le grade de lieutenant-colonel d'artillerie. Il était, depuis longtemps, étranger à la politique.

BRUE (Louis-Urbain), membre de la Convention, député au Conseil des Cinq-Cents, né à Lorient (Morbihan), le 4 août 1762, mort à Lorient, le 19 août 1820, prit du service comme soldat, le 16 août 1789, dans la compagnie des volontaires-dragons de Lorient, incorporée au 15e régiment de chasseurs à cheval, et y fut

34

successivement nommé brigadier et maréchal des logis en 1790, sous-lieutenant en 1791, lieutenant en 1792 et enfin capitaine le 7 mars 1793. Dans l'intervalle, le 10 septembre 1792, Brüe avait été élu, par le département du Morbihan, membre de la Convention, avec 232 voix sur 413 votants. Il était en mission au moment du jugement de Louis XVI. Il fit partie de plusieurs expéditions sur les côtes de l'Ouest. Promu chef d'escadron de cavalerie le 7 ventôse an III, il entra au Conseil des Cinq-Cents, le 4 brumaire an IV, comme ancien conventionnel, et poursuivit sa carrière militaire aux armées d'Italie, de Rome, de Naples et de l'Ouest; il se distingua, en l'an VII, au combat de Nerpi, et fut nommé, sur le champ de bataille de Civita-Castellana, chef de brigade par le général en chef Championnet. Blessé de trois coups de sabre à l'affaire de Modène, le 24 prairial an VII, dans les charges faites contre la cavalerie autrichienne, le colonel Brüe prit le commandement de toute la cavalerie de la division Ollivier. Plus tard, on le retrouve employé au camp de Bayonne (ans XII et XIII). Membre de la Légion d'honneur le 4 frimaire an XII, il en fut nommé officier le 25 prairial suivant. De l'an XIV à 1808, il fit partie de l'armée d'Italie, devenue le 8e corps de la grande armée, et fit encore la guerre en Italie, en Prusse et en Pologne. Nommé sous-inspecteur de 3e classe aux revues (1808), il fut employé en cette qualité à l'armée d'Illyrie. Le colonel Brüe fut créé chevalier de Saint-Louis après la première Restauration, puis admis à la retraite, le 30 septembre 1816.

BRUEL (EUGÈNE-CHARLES), député de 1884 à 1885, et membre du Sénat, né à Moulins (Allier), le 19 avril 1834, exerça la profession de constructeur mécanicien, et fut négociant à Moulins. Il devint maire de cette ville, conseiller général de l'Allier, puis, le 6 avril 1884, en remplacement de M. Datas, de l'extrême-gauche, décédé, fut élu député de la 1re circonscription de Moulins, par 6,047 voix sur 10,828 votants et 13,624 inscrits, contre 4,671 à M. Paul Corne. M. Bruel avait fait aux électeurs des déclarations conformes au programme de son prédécesseur à la Chambre. Après son élection, il s'inscrivit au groupe de la gauche radicale, mais avec une tendance marquée à se rapprocher des opportunistes. Le 6 janvier 1885, il passa de la Chambre au Sénat. Élu sénateur de l'Allier par 441 voix sur 836 votants, il a fait partie de l'Union républicaine et a voté, notamment, dans la dernière session, pour le rétablissement du scrutin uninominal (13 février 1889), pour le projet de loi Lisbonne restrictif de la liberté de la presse (18 février), pour la procédure à suivre devant le Sénat pour juger les attentats commis contre la sûreté de l'État (29 mars, affaire du général Boulanger).

BRUÈRE DE VAUROIS (HECTOR-JOSEPH), député de 1815 à 1816, né à Châtillon-sur-Seine (Côte-d'Or), le 27 novembre 1769, mort à Châtillon-sur-Seine, le 26 décembre 1838, propriétaire et maire de Châtillon, officier de la Légion d'honneur, appartenait au parti légitimiste. Il siégea dans la majorité de la Chambre « introuvable », où l'envoya, le 22 août 1815, par 121 voix sur 162 votants et 260 inscrits, le collège de département de la Côte-d'Or.

BRUET (IGNACE-FRANÇOIS-XAVIER), député

aux États-Généraux de 1789, né à Arbois, Jura, le 3 juillet 1727, mort à Arbois, le 17 février 1821, d'une famille de vieille bourgeoisie d'Arbois, fut destiné à l'état ecclésiastique. A vingt-quatre ans, il était docteur en théologie, vicaire et chanoine, et devint, sur la demande de ses concitoyens, curé d'Arbois, le 29 juin 1771. Le 16 avril 1789, il fut élu député du clergé aux États-Généraux par le bailliage d'Aval; il siégea parmi les modérés de la majorité, et, effrayé bientôt de la marche des évènements, donna sa démission le 1er mars 1790. Il revint à Arbois exercer son ministère, qu'il n'interrompit pas, même pendant la Terreur, protégé par le dévouement de ses concitoyens, et prenant d'ailleurs toutes les précautions qu'exigeaient les circonstances. Lorsque le calme fut rétabli, Bruet resta curé d'Arbois; la mort seule put l'enlever à ce poste, après cinquante années de ministère, à l'âge de quatre-vingt quatorze ans.

BRUEYS D'AIGAILLIERS (GABRIEL-FRANÇOIS, BARON), député à l'Assemblée nationale de 1789, né à Uzès (Gard), le 28 février 1743, mort à une date inconnue, d'une ancienne famille noble du Languedoc, était officier dans les armées du roi. Il fut élu, le 30 mars 1789, député de la noblesse aux États-Généraux par la sénéchaussée de Nimes et Beaucaire, avec 115 voix. Il fut de la droite de l'Assemblée constituante.

BRUGEILLES (PIERRE-JOSEPH-LOUIS), député de 1885 à 1889, né à Aubazines (Corrèze) le 19 mars 1845, avocat, notaire à Tulle de 1878 à 1885, maire de sa ville natale et conseiller général, prit part, comme capitaine des mobilisés de la Corrèze, à la guerre franco-allemande. M. Brugeilles avait été lauréat du concours de droit de Toulouse en 1865, et avait obtenu une médaille d'or de la chambre des notaires de Bordeaux en 1870. Candidat républicain radical aux élections législatives d'octobre 1885, il fut élu au second tour, le 5e et dernier de la liste, par 23,456 voix (58,252 votants, 88,737 inscrits.) Il siégea à la gauche radicale, et vota notamment avec ce groupe : 27 novembre 1887, contre le maintien de l'ambassade du Vatican; 2 décembre, pour l'amendement Colfavru, portant suppression des sous-préfets : 19 novembre 1887, pour la discussion immédiate de l'interpellation Clémenceau (chute du ministère Rouvier); 31 mars 1888, pour l'urgence de la proposition de revision (chute du ministère Tirard), etc. Au début de la campagne politique menée par le général Boulanger, M. Brugeilles adhéra à ce mouvement et fut compté pendant quelque temps parmi les députés « boulangistes ». Mais, depuis lors, il a rompu avec le parti du général et a repris sa place dans les rangs de la gauche radicale. M. Brugeilles a voté, dans la dernière session : pour le rétablissement du scrutin uninominal (11 février 1889), contre l'ajournement indéfini de la revision de La Constitution (14 février), s'est abstenu (14 mars) sur les poursuites contre trois députés, membres de la Ligue des patriotes, et s'est prononcé contre le projet de loi Lisbonne restrictif de la liberté de la presse (2 avril), et pour les poursuites contre le général Boulanger (4 avril).

BRUGÈRE (FRANÇOIS-MARIE-JULES-AURÉLIEN), député de 1881 à 1889, né à Montpont (Dordogne), le 7 septembre 1841, riche propriétaire dans l'arrondissement de Ribérac et conseiller général de la Dordogne pour le canton le Montpont, fut élu, le 21 août 1881, député de l'arrondissement de Ribérac, par 8,154 voix 16,357 votants, 21,161 inscrits), contre 8,104 à M. Lanauve, bonapartiste, député sortant. Il s'inscrivit à l'Union républicaine et vota avec les opportunistes : *pour* le ministère Ferry, *contre* la revision, *pour* les crédits du Tonkin, *pour* le maintien de l'ambassadeur auprès du pape, *contre* la séparation de l'Eglise et de l'Etat, *contre* l'élection des sénateurs par le suffrage universel, etc. Porté sur la liste opportuniste de la Dordogne aux élections du 4 octobre 1885, il fut réélu, le 2e sur 8, avec 61,620 voix sur 120,527 votants et 146,593 inscrits. Il fit partie du groupe de l'*Union des gauches*, se prononça pour les ministères Rouvier et Tirard, et vota, dans la dernière session : *pour* le rétablissement du scrutin uninominal (11 février 1889), *pour* l'ajournement indéfini de la revision de la Constitution (14 février), *pour* les poursuites contre trois députés membres de la Ligue des patriotes (14 mars); absent par congé lors du scrutin sur le projet de loi Lisbonne restrictif de la liberté de la presse (2 avril), et lors du scrutin sur les poursuites contre le général Boulanger (4 avril).

BRUGEROLLES (Jean-Alfred), sénateur de 1882 à 1884, né à Massiac (Cantal), le 10 mai 1840, mort à Massiac, le 23 septembre 1884, se fit recevoir médecin, puis fut élu conseiller général du Cantal et sénateur du même département, le 11 juin 1882, en remplacement de M. Bertrand, de la droite, décédé. Il siégea à l'Union républicaine, et vota avec ce groupe : 4 décembre 1882, *pour* la loi nouvelle sur le serment judiciaire; juillet 1883, *pour* le projet de loi tendant à suspendre l'inamovibilité de la magistrature; mai 1884, *pour* la loi tendant au rétablissement du divorce, etc. Il mourut pendant la session; il n'était âgé que de 44 ans : c'était un des plus jeunes membres de la Chambre haute.

BRUGES (Michel-Ange-Benoît de), député aux Etats-Généraux de 1789, né à Vallabrègues (Gard), le 9 février 1743, exécuté à Paris, le 23 juillet 1794, avait embrassé l'état ecclésiastique ; il était vicaire général de l'évêque de Mende, lorsqu'il fut élu le 30 mars 1789, député suppléant du clergé aux Etats-Généraux par la sénéchaussée de Mende; il fut admis à siéger, le 1er décembre 1789, en remplacement de M. Brun, démissionnaire, et s'assit au côté droit de l'Assemblée. Il prit, contre Bouche, la défense de l'évêque de Vaison accusé par celui-ci de susciter des entraves à la réunion du Comtat Venaissin à la France, et réduisit l'accusateur au silence, en le sommant de produire des preuves à l'appui de sa dénonciation. Arrêté comme suspect après le 10 août 1792, l'abbé de Bruges fut enfermé aux Carmes, puis condamné à mort, le 5 thermidor an II, et exécuté.

BRUGIER. — *Voy.* Rochebrune (baron de).

BRUGIÈRE. — *Voy.* Barante (de).

BRUGIÈRES-LAVERCHÈRE (Claude-Ignace-Sébastien), député au Corps législatif du premier Empire, né à Riom (Puy-de-Dôme), le 23 février 1744, mort à une date inconnue, était sous-préfet de Thiers, depuis l'an VIII, quand il fut, le 18 février 1808, désigné par le Sénat conservateur pour entrer au Corps législatif comme député du Puy-de-Dôme. Il défendit, jusqu'en 1812, les institu... ...impériales.

BRUGNOT (Alfred-Barthélemy), député de 1881 à 1889, né à Mouthélie (Côte-d'Or), le 11 mai 1827, ancien notaire, épousa Mlle Jeanmaire, fille de l'ancien député des Vosges, et fut élu, lui-même, le 21 août 1881, député de la 1re circonscription d'Epinal, par 7,785 voix (8,843 votants, 14,819 inscrits). Il n'avait pas eu de concurrent. M. Brugnot siégea parmi les républicains modérés, soutint la politique de M. Jules Ferry et vota : 4 mars 1882, *contre* l'amendement Jules Roche sur l'élection du maire de Paris; 7 mars, *contre* la proposition Boysset tendant à l'abrogation du Concordat; 29 janvier 1883, *contre* le principe de l'élection de la magistrature; 6 mars, *pour* l'ordre du jour de confiance accordé au ministère J. Ferry à propos de la revision. Il se prononça encore *pour* les crédits du Tonkin, *pour* le maintien de l'ambassade auprès du pape, etc. Porté, le 4 octobre 1885, sur la liste opportuniste des Vosges, il passa, le 3e sur 6, avec 46,264 voix (87,635 votants, 108,409 inscrits), siégea à l'*Union des gauches*, et vota : *contre* la suppression des sous-préfets (amendement Colfavru); *contre* la proposition de résolution de la commission du budget (17 mai 1887 ; *contre* la discussion immédiate de l'interpellation Clémenceau sur la politique générale (chute du ministère Rouvier); *contre* l'urgence sur la proposition de loi de M. C. Pelletan relative aux lois constitutionnelles, etc. M. Brugnot s'est prononcé, dans la dernière session : *pour* le rétablissement du scrutin uninominal (11 février 1889), *pour* l'ajournement indéfini de la revision de la Constitution (14 février), *pour* les poursuites contre trois députés membres de la Ligue des patriotes (14 mars), *pour* le projet de loi Lisbonne restrictif de la liberté de la presse (2 avril), *pour* les poursuites contre le général Boulanger (4 avril).

BRUGOUX (Antoine), député à l'Assemblée législative de 1791, né à Figeac (Lot), en 1747, mort à une date inconnue, était homme de loi à Saint-Cirgues, devint administrateur de son département, et, le 3 septembre 1791, fut élu député du Lot à l'Assemblée législative, par 245 voix sur 406 votants. Il vota avec la majorité.

BRUGOUX (Jean-Baptiste), député au Conseil des Cinq-Cents, né à Figeac (Lot), le 28 juillet 1753, frère du précédent, fut, sous la Révolution, procureur-syndic du district de Figeac. Le 24 vendémiaire an IV, le département du Lot le nomma député au Conseil des Cinq-Cents, par 202 voix. Les procès-verbaux officiels de cette assemblée ne mentionnent pas une seule fois son nom.

BRUIX (Etienne-Eustache), ministre de la Marine, né à Saint-Domingue, le 17 juillet 1759, mort à Paris, le 18 mars 1805, descendait d'une famille de Béarn dont certains membres s'étaient illustrés par les armes. Il vint de bonne heure à Paris, s'embarqua, à 15 ans, sur un navire marchand, fut nommé garde de marine à Brest en 1778, fit ses premières campagnes sur le *Fox* et sur la *Concorde*, puis sur la *Médée* dans la guerre de l'indépendance des Etats-Unis, fut promu enseigne de vaisseau en 1783, commandant du *Pivert* en 1784, et chargé, avec M. de Puységur, de dresser la carte des côtes de Saint-Domingue. Lieutenant de vaisseau en 1789, il fit une croisière dans la Manche, en 1791, sur le brick le *Fanfaron*, passa aux îles du Vent, en 1792, sur la *Sémil-*

lante, et prit, en 1793, le commandement de l'*Indomptable*. Compris dans la mesure prise contre les officiers nobles, il fut réintégré dans son grade, en 1794, par le ministre Truguet qui lui confia l'*Eole*, et lui donna bientôt les fonctions de major-général de l'escadre commandée par Villaret-Joyeuse. Il passa, avec le même titre, sous les ordres de Morard-de-Galles, prit part à l'expédition d'Irlande, fut nommé, au retour, major-général de la marine à Brest, directeur de ce port, contre-amiral (1798), et ministre de la Marine, du 9 floréal an VI au 14 messidor an VII. Pendant son ministère, Masséna, bloqué dans Gênes, ayant réclamé des secours, Bruix courut à Brest, profita d'un coup de vent qui avait dispersé la flotte anglaise pour sortir du port, courut ravitailler Gênes, rallia au retour la flotte espagnole menacée par les Anglais, et rentra triomphalement avec elle dans le port de Brest. Il quitta ensuite le ministère, et prit le commandement de la flotte en rade de l'île d'Aix, mais l'état de sa santé le ramena à Paris, tandis que les Anglais renforçaient leur croisière et immobilisaient l'escadre destinée à aller prêter son concours au général Bonaparte en Égypte. Au retour de Bonaparte, Bruix fut un des premiers séduit par les avances du général, seconda ses projets du coup d'État, et reçut de lui la mission délicate d'obtenir de Barras, au lendemain du 18 brumaire, sa démission de directeur, mission qu'il remplit avec un plein succès. Aussi, lorsque la rupture de la paix d'Amiens fit concevoir à Napoléon le projet d'une descente en Angleterre, il nomma Bruix amiral (1803), et lui confia (fructidor an XII) le commandement de la flottille réunie à Boulogne. Ce projet avait été plus hardiment conçu que bien préparé; Bruix rencontra des difficultés de toute nature, de la part du ministre de la Marine et de l'entourage de Napoléon; il s'en plaignit amèrement, se trouva en butte à la mauvaise humeur du maître irrité, après examen, par les difficultés mêmes de l'entreprise. La santé de l'amiral en fut de nouveau ébranlée, et ne lui permit pas de continuer la tâche qu'il avait acceptée. Il revint à Paris, où il mourut quelques mois après, à peine âgé de 45 ans. — On a de lui un *Essai sur les moyens d'approvisionner la marine* (1794). Il avait été nommé grand-officier de l'Empire, conseiller d'État, grand-officier de la Légion d'honneur, et chef de la 12e cohorte.

BRULART DE GENLIS. — *Voy.* SILLERY (COMTE DE).

BRULEY (PRUDENT-JEAN), député à l'Assemblée législative de 1791, né à Tours (Indre-et-Loire), le 19 octobre 1759, mort à Tours, le 20 janvier 1827, adopta avec modération les principes de la Révolution, devint maire de la ville de Tours et député (29 août 1791) du département d'Indre-et-Loire à l'Assemblée législative, par 150 voix sur 212 votants. Son rôle dans l'Assemblée fut très effacé.

BRULLEMAIL (JACQUES CHAGRIN DE), député de 1827 à 1831, né à Brullemail (Orne), le 4 octobre 1783, mort au château d'Aché (Orne), le 31 mai 1839, propriétaire, conseiller d'arrondissement d'Alençon, et président du collège électoral de Mortagne (Orne), se présenta aux élections législatives du 17 novembre 1827 dans la 4e circonscription de l'Orne, à Mortagne. Après avoir échoué avec 75 voix contre 147 accordées à l'élu, M. Fleury, il fut plus heureux huit jours après, au collège de département, qui le nom-

ma député de l'Orne par 128 voix (218 votants, 277 inscrits). « M. de Brullemail, dit une biographie, n'a apporté à la chambre d'autre ambition que celle de soutenir un gouvernement sage et réparateur ». Il siégea au centre droit, et vota avec les royalistes constitutionnels. Réélu le 3 juillet 1830, par 144 voix sur 218 votants et 286 inscrits, il accepta, après la révolution de Juillet, le fait accompli, et prêta serment au gouvernement de Louis Philippe, dans la séance du 29 août. Il ne fit pas partie de la Chambre de 1831.

BRULLEY (THÉODORE-CLAUDE), député à l'Assemblée législative de 1791, (dates de naissance et de mort inconnues), était homme de loi à Sézanne, en Brie. Président du département de la Marne, il fut élu le 3 septembre 1791, député de ce département, à l'Assemblée législative, par 309 voix sur 473 inscrits; il ne s'y fit pas remarquer.

BRULLEY (AUGUSTIN-JEAN), député au Conseil des Cinq-cents, (dates de naissance et de mort inconnues), était colon à Saint-Domingue. A la séance de la Convention du 17 ventôse an II, il fut dénoncé comme perturbateur par Dufay, représentant de Saint-Domingue : Brulley était accusé d'avoir voulu soustraire la colonie à l'autorité nationale, et d'être venu en France pour intriguer dans ce dessein. Dufay donna lecture d'une lettre de Brulley datée de la Flèche, 30 juillet 1792, et adressée à deux négociants du Cap : « Je vous avoue, leur disait-il, que je ne reconnais plus la France; ce n'est plus la même température, ni la même manière d'être et de traiter d'affaires; on se trouve absolument neuf en reparaissant dans ce pays, etc. Quand vous aurez reçu la présente, vous aurez sans doute vu arriver le général Desparbès, le secrétaire Gattiscan, l'aide de camp Montbrun, les commissaires civils jacobins, etc. Il me tarde beaucoup d'apprendre ce que ces messieurs auront opéré à Saint-Domingue. Je serai bientôt dans le cas de vous mander si leur besogne tiendra. Je commence par vous annoncer d'avance que j'en doute. On touche ici au moment de la crise, et elle ne parait pas devoir être favorable aux décréteurs actuels. Ils commencent eux-mêmes à craindre. Ils parlent de transférer l'Assemblée nationale à Tours, mais ce n'est pas décidé. Les armées ennemies sont cependant entrées sur le territoire de France. Point d'union, point de subordination dans les armées nationales, très peu d'approvisionnement, beaucoup de dénonciations : c'est ce qu'écrivent des défenseurs campés sur les frontières. » Cette pièce fut renvoyée au comité de sûreté générale, et bientôt Brulley fut mis en état d'arrestation. La Convention l'y maintint, à la suite d'un long débat qui eut lieu à la séance du 5 fructidor. Il finit cependant par obtenir sa mise en liberté provisoire, ne cessa de protester contre les agissements des commissaires civils Polverel et Santhonax, et dénonça à son tour, le 28 prairial an III, les représentants de Saint-Domingue. Il devint lui-même député de cette colonie au Conseil des Cinq-cents. Mais le *Moniteur* est muet sur le rôle qu'il a pu y jouer, et l'on ignore même la date exacte de son élection. On sait seulement qu'il siégea en l'an VII.

BRUMEAU DE BEAUREGARD (VINCENT) député au Corps législatif de 1811 à 1815, né à Poitiers (Vienne), le 14 décembre 1754, mort à Poitiers, le 31 mai 1822, remplit diverses fonctions auprès de Ferdinand, duc de Parme : direc teur des fermes générales, puis directeur de l'enregistrement et des domaines, administra teur de la couronne, etc., il devint, après que le duché de Parme et Plaisance eut été annexé au territoire français sous le nom de départe ment du Taro, député de ce département au Corps législatif impérial, le 8 mai 1811. Il siégea jusqu'en 1815, et fut nommé, le 4 septembre sui vant, conseiller de préfecture de la Vienne.

BRUN (GUILLAUME), député à l'Assemblée constituante de 1789, né au Malzieu (Lozère), le 10 janvier 1745, mort à Mende (Lozère), le 24 septembre 1816, était curé de Saint-Chély. Le clergé de la sénéchaussée de Mende l'en voya, le 30 mars 1789, siéger aux Etats-Géné raux. Il se déclara pour l'ancien régime et donna bientôt sa démission (1er décembre 1789).

BRUN (ANTOINE), député à l'Assemblée législative de 1791, dates de naissance et de mort inconnues, représenta à l'Assemblée lé gislative le département de l'Hérault, qui lui avait donné 357 voix sur 441 votants. Il était maire de Pézenas au moment de son élection.

BRUN (JEAN), dit BRIN, membre de la Con vention, dates de naissance et de mort incon nues, était subdélégué à Angoulême au mo ment de la Révolution, dont il se montra par tisan ; il devint, le 5 septembre 1792, avec 182 voix sur 509 votants, membre de la Convention, et dit, lors du procès de Louis XVI : « Les pièces communiquées à Louis, et sa conduite, ne me permettent pas de douter qu'il ne soit coupable de conspiration. Je crois que, comme législateur et comme juge, je dois le condamner à mort. » Brun fut ensuite juge de paix, puis commissaire près le tribunal civil d'Angoulême. Plus tard il se rallia au gouvernement de la Restauration, car on le retrouve, le 13 mars 1816, juge au même tribunal.

BRUN (PIERRE-THOMAS-JOSEPH), représen tant à la Chambre des Cent-Jours, né à Bor deaux (Gironde), le 25 novembre 1774, mort à Bordeaux, le 8 avril 1838, était fils d'un des principaux négociants de cette ville. Il fit ses études classiques chez les Oratoriens de Ven dôme, puis suivit la carrière du commerce et fut président de la chambre de commerce de Bor deaux de 1829 à 1830. Ce fut le 18 mai 1815, com me représentant du commerce et de l'industrie, que le département de la Gironde l'envoya siéger à la Chambre des Cent-Jours ; il n'y prit pas la parole. En 1831, nommé conseiller général de la Gironde et maire de Bordeaux jusqu'à sa mort, il fit, en cette dernière qua lité, mettre l'octroi en régie et s'occupa acti vement des embellissements de la ville. — Officier de la Légion d'honneur.

BRUN (HENRI-LOUIS-LUCIEN), représentant à l'Assemblée nationale de 1871, puis membre du Sénat, né à Gex (Ain), le 2 juin 1822, se fit recevoir, à la Faculté de Paris, avocat et doc teur en droit, puis s'inscrivit au barreau de Lyon ; ses opinions politiques et religieuses ne tardèrent pas à lui conquérir une situation considérable et une belle clientèle dans la so ciété aristocratique lyonnaise ; il devint bâton nier de son ordre. Les élections du 8 février 1871 l'appelèrent au Parlement. Elu représen tant de l'Ain à l'Assemblée nationale, le 6e sur 7, par 41,463 voix (71,803 votants, 107,184 ins

crits), il alla siéger à droite : le réel talent qu'il montra dans plus d'une circonstance en fit bientôt un des chefs du parti monarchiste et catholique. Il vota pour les préliminaires de paix, pour les prières publiques, pour l'abrogation des lois d'exil, pour le pouvoir constituant, de l'assemblée, pour la démission de Thiers au 24 mai, pour le septennat et pour l'état de siège, s'abstint dans le scrutin sur la loi des maires, se montra très réservé à l'égard du gouverne ment du vingt-quatre mai, et, comme la plu part des légitimistes, contribua au renverse ment du ministère de Broglie. Doué d'une grande facilité de parole, il monta souvent à la tribune dans les discussions politiques. Il parla notamment sur la proposition Ravinel tendant à transférer définitivement à Versailles, auprès de l'Assemblée nationale, toutes les adminis trations publiques. Le retour du gouvernement à Paris n'eut pas d'adversaire plus déclaré que M. Lucien Brun, qui déclara que le pays avait donné mandat exprès à ses représentants de se prononcer comme il le faisait. M. L. Brun intervint encore dans la discussion de la loi sur les conseils généraux ; il déposa une proposi tion en faveur de l'adjonction des plus imposés aux conseils municipaux. Légitimiste convaincu, il soutint au nom de l'extrême droite une inter pellation relative à la suspension du journal l'U nion pour publication du manifeste du comte de Chambord, et signa, le 15 juin 1874, la propo sition en faveur du rétablissement de la mo narchie. Pourtant, lorsque le message adressé à l'Assemblée par Thiers, le 13 novembre 1872, eut amené une rupture entre le président de la République et la partie intransigeante de la majorité conservatrice, M. Lucien Brun, membre de la commission des quinze, nommée par la Chambre pour examiner le message présidentiel et y répondre, avait solennelle ment affirmé, le 29 novembre, à la tribune, qu'il n'y avait point de question engagée entre la République et la monarchie. « Ce que veut la droite, avait-il dit, c'est l'établissement d'un gouvernement de combat contre les doctrines révolutionnaires. Que M. Thiers nous accorde ce que nous lui demandons et nous lui donne rons notre confiance. » M. Brun fut aussi un des agents les plus actifs des tentatives de restauration monarchique qui marquèrent l'an née 1873. Au mois d'octobre, il se rendit à Salzbourg, avec M. Chesnelong, auprès du comte de Chambord, pour lui offrir le trône de France et lui demander son adhésion au pro gramme politique élaboré par la droite. Il fit partie de la seconde commission des Trente, et s'y prononça contre le suffrage universel. La nomination des maires, la loi électorale, la liberté de l'enseignement supérieur lui four nirent le texte de plusieurs discours importants à l'Assemblée. M. Lucien Brun vota contre les propositions C. Périer et Malleville, et déclara, le 22 janvier 1875, que si lui et ses amis avaient participé à l'organisation du septennat, en prorogeant le pouvoir du maréchal, ils n'a vaient pas entendu, ce jour-là, fermer la porte à la monarchie. Il combattit la Constitution du 25 février 1875 ; la loi votée en juillet de la même année, par l'Assemblée nationale, sur la « liberté de l'enseignement supérieur » eut toute son approbation. Après la session, M. Lucien Brun déclina la candidature dans le département de l'Ain, et reprit sa place au barreau de Lyon, en même temps qu'il de venait professeur à l'Université catholique de cette ville. C'est comme sénateur inamo vible, élu le 16 novembre 1877, qu'il fit sa ren rée au Parlement. Depuis lors, M. Lucien Brun a siégé à l'extrême droite de la Chambre haute, et s'est associé à tous ses votes. Il a présenté et développé plusieurs interpellations sur la politique religieuse du gouvernement républicain, a combattu par ses discours et par ses votes chacun des projets de loi sur l'enseignement, dus à l'initiative gouvernementale, s'est prononcé avec force *contre* l'article 7 et « l'application des lois existantes » aux congrégations, puis *contre* la formule nouvelle du serment judiciaire, *contre* l'expulsion des princes, *contre* la réforme de la magistrature, *contre* le rétablissement du divorce, *contre* la nouvelle loi militaire, etc. Il a voté notamment, dans les derniers temps de la législature : *contre* le rétablissement du scrutin uninominal (13 février 1889), *contre* le projet de loi Lisbonne restrictif de la liberté de la presse (18 février); il était absent par congé (29 mars) lors du scrutin sur la procédure à suivre devant le Sénat pour juger les attentats commis contre la sûreté de l'État (affaire du général Boulanger).

BRUN (CHARLES-MARIE), réprésentant à l'Assemblée nationale de 1871, sénateur de 1876 à 1889, et ministre de la Marine, né à Toulon (Var), le 22 novembre 1821, était ingénieur de la marine, officier de la Légion d'honneur, et sans antécédents politiques, quand il fut élu comme républicain, le 8 février 1871, représentant du Var à l'Assemblée nationale, le 1er sur 6, par 39,877 voix (41,928 votants, 89,418 inscrits). Il s'inscrivit au groupe de la gauche républicaine, et vota : le 1er mars 1871, *contre* la paix; le 10 juin, *pour* l'abrogation des lois d'exil; le 30 août, *contre* le pouvoir constituant de l'Assemblée; le 3 février 1872, *pour* le retour à Paris; le 24 mai 1873, *contre* l'acceptation de la démission de Thiers; les 19-20 novembre, *contre* la prorogation des pouvoirs du maréchal; le 30 janvier 1874, *contre* la loi des maires; le 30 janvier 1875, *pour* l'amendement Wallon; le 11 février, *pour* l'amendement Pascal Duprat; le 25 février, *pour* l'ensemble de la Constitution. Elu, le 30 janvier 1876, sénateur du Var, par 141 voix sur 208 votants, M. Ch. Brun fut nommé, la même année, directeur des constructions navales. Il vota avec la gauche *contre* la dissolution de la Chambre des députés, *pour* l'article 7 et l'application des lois existantes aux congrégations, *pour* la politique coloniale, etc., et obtint, le 8 janvier 1882, le renouvellement de son mandat sénatorial. Il siégeait à l'union républicaine et faisait partie, en outre, du conseil d'amirauté, quand il entra, le 21 février 1883, comme ministre de la Marine et des Colonies, dans le cabinet formé par M. J. Ferry, C'est lui qui eut, au début de la séance au 26 mai, la triste mission d'annoncer au Parlement la mort du commandant Rivière tué à Hanoï. Il déclara en même temps qu'il venait de donner l'ordre d'expédier les transports destinés à emporter les troupes, en vertu de la loi récemment votée par les Chambres. Il eut aussi à s'occuper de l'élaboration d'un projet d'organisation d'une armée colouiale. Mais l'état de sa santé ne permit pas à M. Charles Brun de conserver longtemps son portefeuille. Il s'en démit, le 9 août 1883, et fut promu, le lendemain, commandant de la Légion d'honneur. Il a été admis à la retraite, comme directeur des constructions navales, le 7 février 1884. Il a voté *pour* l'expulsion des princes, *pour* le rétablissement du divorce,

pour la nouvelle loi militaire, etc., et, a donné sa démission de sénateur à la fin de 1888.

BRUN DE VILLERET (PIERRE-LOUIS-BERTRAND, BARON), député de 1817 à 1820, de 1827 à 1830, et pair de France, né au Malzieu (Lozère), le 3 février 1773, mort au Malzieu, le 11 février 1845, était destiné au barreau. Il se prononça d'abord contre la Révolution, puis ses sentiments se modifièrent, et il se fit recevoir, en l'an VI, à l'École d'artillerie. Il en sortit en l'an VII, devint aide de camp de Soult. gagna à Austerlitz, Iéna, Eylau, Friedland, ses épaulettes de capitaine et de chef de bataillon, fut employé dans des négociations auprès du roi de Saxe, puis accompagna le maréchal Soult à l'armée de Portugal. Brun de Villeret, choisi pour aller rendre compte à Napoléon 1er des résultats de cette malheureuse expédition, ne resta pas moins de trois mois à Schœnbrunn, occupé sans cesse à combattre la fâcheuse impression que l'attitude de Soult avait fait naître dans l'esprit de l'empereur. Quand le duc de Dalmatie fut rappelé à Dresde, Brun de Villeret l'accompagna de nouveau; il fut alors créé baron de l'Empire, et promu général de brigade. Il se distingua à la bataille de Wurchen, à la journée d'Interboch, et fut fait prisonnier à la suite du désastre de Leipzig. Il ne put rentrer en France qu'après les événements de 1814. Nommé alors chevalier de Saint-Louis, commandant du département de la Lozère et commandeur de la Légion d'honneur, il fut, en outre, appelé par son protecteur, Soult, devenu ministre de la Guerre, à remplir auprès de lui les fonctions de secrétaire-général. Ce fut chez lui, au Malzieu que se cacha le duc de Dalmatie, compris dans l'ordonnance du 28 juillet 1815.

Aux élections de 1815 et à celles de 1816, Brun de Villeret fut, sans succès, le candidat du parti libéral dans la Lozère; il ne triompha que le 20 septembre 1817, au collége de département. Il siégea au centre, demanda que la Chambre s'occupât d'un Code rural en harmonie avec l'état actuel de la propriété, et appuya le projet de recrutement de l'armée, dont il défendit tous les articles, surtout celui qui concernait l'avancement. Dans la discussion sur le budget particulier de la guerre, il combattit les réductions proposées, et, en 1819, soutint qu'il fallait continuer les opérations relatives au cadastre. Brun de Villeret s'opposa à la proposition Lainé de Ville-l'Evêque, tendant à faire restituer aux émigrés leurs rentes sur l'Etat, tout en déclarant qu'il fallait secourir les émigrés; « mais, dit-il, le cri de l'humanité ne s'accorde pas toujours avec la raison d'Etat et avec les maximes d'une saine politique. » Il prit part en outre à la discussion relative aux subsistances de Paris, et prononça, sur la loi de tendance, les comptes et le budget, des discours qui eurent un certain retentissement. Son opposition à la loi du double vote lui valut, à son retour dans son pays, les félicitations des libéraux; mais le parti aristocratique dominait dans les colléges électoraux de la Lozère, et le général Brun de Villeret resta jusqu'en 1827 en dehors de la politique. Il rentra au Parlement le 17 novembre 1827 : le collége de département de la Lozère lui avait donné 164 voix sur 264 votants, et 333 inscrits. Il siégea, jusqu'à la révolution de 1830 parmi les constitutionnels. Louis-Philippe le nomma pair de France, le 11 septembre 1835 après l'avoir fait lieutenant général et lui avoir donné le commandement de la 19e division militaire. Grand-officier de la Légion d'honneur

BRUNCK (Jacques-Pierre-Simon, seigneur de Freundeck), député à l'Assemblée législative de 1791, né à Strasbourg (Bas-Rhin), le 18 octobre 1735, mort en 1807, était ancien colonel d'artillerie et chevalier de Saint-Louis, au moment de la Révolution, dont il soutint avec modération les principes. Président de l'administration du Bas-Rhin, il fut élu, le 29 août 1795, député de ce département à l'Assemblée législative, par 290 voix sur 578 votants. Il siégea parmi les constitutionnels et vota avec eux. Délégué près du roi, avec vingt-trois de ses collègues, pour le protéger dans la journée du 20 juin 1792, il rendit compte de cette mission à l'Assemblée, prit la défense de Lafayette, et contribua à son acquittement ; en sortant de la séance, il fut entouré par un parti de fédérés, auxquelles il n'échappa qu'à grand' peine. A la séance du 22 août, il déposa sur la tribune sa croix de Saint-Louis pour les veuves et les orphelins des citoyens tués dans la journée du 10 août, et se retira de la vie politique.

BRUNE (Guillaume-Marie-Anne), pair des Cent-Jours, né à Brive (Corrèze), le 13 mars 1763, tué à Avignon (Vaucluse), le 2 août 1815, était le fils d'un avocat, qui le destinait à la même profession ; il commença par étudier le droit et de préférence la littérature, et, à la suite d'un voyage en Poitou, publia, en 1788, un intéressant *Voyage pittoresque et sentimental dans quelques provinces occidentales de la France*; mais la Révolution vint l'arracher à ces distractions ; inscrit dans la garde nationale parisienne improvisée en 1789, il embrassa les idées nouvelles, se lia avec les principaux orateurs des Sociétés patriotiques, et après avoir dirigé pendant quelque temps, et sans succès, une imprimerie, s'enrôla dans le 2ᵉ bataillon de volontaires de Seine-et-Oise ; il y devint adjudant-major le 18 octobre 1791. Nommé adjoint aux adjudants généraux en 1792, il était près de Thionville, lorsqu'il fut appelé à Paris, avec les fonctions de commissaire général chargé de diriger les mouvements militaires et l'organisation des nouveaux bataillons, la remonte, la confection et l'envoi des armes et des munitions, et le service des transports de la guerre dans tous les départements. Mais le 25 septembre 1792, Brune demanda l'autorisation d'aller reprendre sa place dans l'état-major de l'armée, rejoignit le camp de Meaux, et gagna tous ses grades sur le champ de bataille. Il eut une très grande part dans les succès de Dumouriez et de Kellermann; puis on le vit, comme chef d'état-major, réduire les insurgés du Calvados. Nommé général de brigade, il se battit à Hondschoote et remplit avec succès une mission politique et militaire dont le comité de Salut public le chargea dans la Gironde, puis à Nice, à Marseille, et dans cette même ville d'Avignon où il devait périr assassiné.

Pendant la campagne d'Italie, il assista à toutes les affaires où fut engagée la division de Masséna, dont il faisait partie, et combattit à Rivoli, à Saint-Michel, à Feltre, dans les gorges de la Carinthie, etc. Bonaparte le nomma général de division ; à ce titre, Brune remplaça Augereau, et établit son quartier général à Brescia et à Vérone. Après la paix de Campo-Formio, il devint commandant en chef des troupes dirigées sur la Suisse, qu'il réussit à pacifier. Appelé, en 1799, au commandement de l'armée de Hollande, il mena encore une brillante campagne, battit le duc d'York à Bergen

et fut fait gouverneur du pays. Bientôt après, on l'envoya en Vendée, puis à l'armée des Grisons pendant trois mois, au bout desquels il passa de nouveau à l'armée d'Italie. Brune se signala dans tous les engagements, prit Vicence et Montebello, se rendit maître d'un grand nombre de places, soumit la basse et la haute Italie, et prépara la paix de Lunéville. En 1803, il fut nommé ambassadeur à Constantinople ; il y recueillit des notions politiques et géographiques fort intéressantes, fit connaître dans le Levant les produits des fabriques françaises, et établit les premières relations de la Perse avec la France. Après avoir rempli cette mission pendant deux ans, il revint à Paris (1805). Lors de l'organisation de l'Empire, Napoléon Iᵉʳ l'avait fait, en son absence, maréchal de France et grand aigle (13 pluviôse an XII) de la Légion d'honneur. Il commanda l'armée des côtes de l'Océan à Boulogne, ainsi que la flottille. En 1807, il fut fait gouverneur des villes hanséatiques ; bientôt après, il reçut le commandement du corps de réserve de la grande armée, battit l'ennemi à Martenshagen, prit Stralsund, et signa avec M. de Toll, général en chef de l'armée suédoise, une convention par laquelle l'île de Rugen et les îles adjacentes étaient cédées à la France. Brune ayant fait mention dans cet acte de l'*armée française* et non de l'armée de *Sa majesté impériale et royale*, encourut la disgrâce de Napoléon, qui le priva de son commandement. En avril 1814, Brune adhéra à la déchéance de l'empereur, mais il fut mal accueilli par les Bourbons. Il reprit l'épée pendant les Cent-Jours et fut mis à la tête de l'armée du Var. Vers la même époque, le 2 juin 1815, Napoléon le nomma pair de France. Pourtant Brune n'accepta son poste dans le Var qu'avec une certaine répugnance : « Je ne sais, disait-il à un ami en montrant sa lettre d'acceptation, il me semble que c'est mon arrêt de mort que je viens de signer. » Brune exerça son autorité avec modération. Après la rentrée de Louis XVIII, il fit sa soumission et fit prendre à ses troupes la cocarde blanche, remit son commandement au représentant du gouvernement royal dans le Midi, le marquis de Rivière, et muni d'un passe-port, partit pour Paris dans la nuit du 31 juillet au 1ᵉʳ août 1825. Arrêté un instant à la porte d'Aix, injurié, menacé, il parvint à passer et refusa de se détourner de la route directe, comme le lui conseillaient ses aides de camp. Arrivé à Avignon, il descendit pour déjeuner à l'hôtel du *Palais-Royal* où se trouvait la poste. L'entrée de la voiture avait attiré un groupe d'oisifs qui s'enquéraient quel était le voyageur. Un jeune homme, appelé Soulié, s'écria : « C'est le maréchal Brune ! » Et il raconta qu'en 1792, Brune avait été un des meurtriers de la princesse de Lamballe, et qu'il avait promené dans les rues de Paris le cœur de l'infortunée ! Or, Brune en septembre 1792, n'était pas à Paris. Soulié ajouta que Brune allait chercher l'armée de la Loire pour « châtier le midi. » Ces paroles, rapidement colportées, amenèrent devant l'hôtel un rassemblement menaçant. Le préfet de Vaucluse, M. de Saint-Chamans, arrivé le matin même, était descendu à l'hôtel aussi encore à l'hôtel du Palais-Royal. Grâce à son intervention, la voiture put repartir, devançant la foule, qui se jetta, pour la rejoindre, dans les rues latérales. Malheureusement, à la porte de la ville, il y avait un poste de gardes nationaux, dont le chef, nommé Verger, se fit exhiber le passe-port du maréchal, et, sous prétexte de l'omission d'une formalité, refusa de e laisser passer. Pendant ce débat, le maire, M. Puy, le préfet, le sous-préfet, M. de Balzac, avertis, accoururent pour dégager le maréchal et le ramener en ville. Ils étaient suivis d'une foule, grossissant d'instant en instant, qui escortait la voiture avec des cris de mort. On arriva néanmoins à l'hôtel, la porte se referma sur la voiture et fut solidement barricadée. Il était dix heures du matin. Les autorités, secondées par un faible peloton de gardes nationaux, luttaient contre les émeutiers qui voulaient envahir l'hôtel. Vers deux heures, une double détonation retentit à l'intérieur. « Ils sont entrés par les toits », cria la foule. En effet, par le toit d'une maison voisine, des assassins avaient gagné celui de l'hôtel et pénétré dans la chambre où se tenait le maréchal, lisant des lettres de sa femme : « Que me voulez-vous ? » demanda-t-il à deux hommes qui venaient d'entrer. Pour toute réponse l'un d'eux dirigea vers lui un pistolet que le maréchal détourna. « Je vais, dit l'autre, te montrer comment il fallait t'y prendre, » et d'un coup de carabine, il étendit le maréchal raide mort. Deux balles l'avaient frappé au cou et à la tête. Aussitôt l'assassin parut à la fenêtre et annonça la mort du maréchal ; la foule applaudit ; sa fureur n'était pas assouvie. Lorsque sortit de l'hôtel le cercueil contenant le corps de la victime, ils l'arrachèrent aux porteurs et le précipitèrent dans le Rhône. Le cadavre fut roulé par le fleuve jusqu'entre Tarascon et Arles, à 12 lieues d'Avignon, en f ce d'un domaine appartenant à M. de Chart ouse. Caché dans un fossé profond par c soins de trois serviteurs du domaine, il resta là deux ans. La veuve du maréchal connut alors le secret de cette tombe, et fit rapporter le corps de son mari à Paris, le 6 décembre 1817. Ce ne fut que le 19 mars 1819, qu'elle put obtenir l'autorisation de poursuivre les assassins, et les débats ne s'ouvrirent, devant la cour de Riom, que le 24 février 1821. L'individu qui avait tiré le premier coup de pistolet s'appelait Trestaillon ; il était mort quand la justice entama l'information. Quant à l'autre, Guindon, dit Roquefort, portefaix, il prit la fuite, et c'est par contumace que la Cour d'assises de Riom le condamna à la peine de mort. Comme il était insolvable, la veuve de la victime dut payer elle-même les frais du procès. Les concitoyens du maréchal Brune lui ont élevé un monument par souscription, à Brive-la-Gaillarde, en 1841.

BRUNEAU (VITAL), député de 1876 à 1885, né à Villaines-la-Juhel (Mayenne), le 3 janvier 1835, exerçait la médecine dans son pays natal, dont il représentait le canton au conseil général de la Mayenne. Il se présenta comme candidat républicain, le 20 février 1876, à la Chambre des députés, et fut élu dans la 2e circonscription de la Mayenne, par 9,891 voix (10,390 votants, 21,151 inscrits). Il siégea à gauche et fut des 363. Après sa réélection, le 14 janvier 1877, par 9,001 voix (16,195 votants, 21,612 inscrits), contre 7,155 à M. Sablé, il continua de voter avec les républicains modérés de la Chambre, le 20 janvier 1879, *pour* l'ordre du jour de confiance en faveur du ministère Dufaure ; le 21 février, *pour* l'amnistie partielle ; le 5 juin, *pour* l'invalidation de l'élection de Blanqui ; le 19 juin, *pour* le retour du Parlement à Paris ; le 16 mars 1880, *pour* l'ordre du jour Devès en faveur du gouvernement (application des lois aux congrégations), etc. Le 21 août 1881, M. Vital Bruneau obtint, sans concurrent, sa

réélection (9,501 voix sur 10,245 votants, 21,401 inscrits.) Il suivit la politique opportuniste, repoussa l'institution d'un maire de Paris élu, la proposition Boysset relative à l'abrogation du Concordat, l'élection de la magistrature, la revision, vota les crédits du Tonkin, le maintien de l'ambassade auprès du pape, etc., et se représenta, après le rétablissement du scrutin de liste, aux suffrages des électeurs de la Mayenne, le 4 octobre 1885 : il échoua cette fois avec 30,724 voix ; le dernier élu des conservateurs, M. Barouille, obtenait 41,217 suffrages.

BRUNEAU DE BEAUMETZ (ALBERT-MARIE-AUGUSTE, CHEVALIER), député au Corps législatif de l'an XII à 1815, représentant à la Chambre des Cent-Jours, né à Douai (Nord), le 18 janvier 1759, mort à Cambrai (Nord), le 11 septembre 1836, fut, sous l'ancien régime, avocat général au Parlement de Flandre, puis procureur général près la même cour, enfin conseiller au présidial d'Arras. Il n'entra dans la vie politique que le 27 brumaire an XII, ayant été désigné par le Sénat conservateur pour représenter au Corps législatif le département du Pas-de-Calais. Membre de la Légion d'honneur l'année suivante (14 brumaire an XIII), il soutint les institutions impériales, fut créé chevalier par Napoléon Ier le 28 janvier 1809, et confirmé dans ses fonctions législatives le 2 mai de la même année. Il était président de chambre à la Cour de Douai depuis le 6 avril 1811, lorsque l'arrondissement d'Arras l'envoya (15 mai 1815) siéger à la Chambre des Cent-Jours. Il conserva son siège de magistrat sous la Restauration et termina sa carrière avec le titre de président honoraire.

BRUNEL (IGNACE), membre de la Convention, né à une date inconnue, mort par suicide à Toulon, le 19 mai 1795, était maire de Béziers au début de la Révolution, et avait été suppléant de l'Hérault à l'Assemblée législative, où il ne fut pas appelé à siéger. Elu, le 6 septembre 1792, membre de la Convention pour le département de l'Hérault, par 285 voix sur 482 votants, il siégea parmi les modérés, vota, dans le procès de Louis XVI, pour l'appel au peuple et pour le sursis, et répondit au 3e appel nominal : « Je me renferme dans une mesure de sûreté générale, et mon avis est que Louis soit renfermé à perpétuité, sauf à le déporter, s'il y a lieu. » Après l'écrasement de la Gironde, au 31 mai 1793, il fut envoyé en mission à Lyon, avec Rouyer ; incapables de mesures violentes, ces représentants déplorèrent (juillet 1793) le sort que l'on réservait à Lyon : restés dans la ville, malgré le décret qui les rappelait, et sans pouvoirs, ils furent arrêtés et remis en liberté quelques jours après. Chabot accusa alors Brunel, à la Convention, d'être en correspondance avec les fédéralistes de Bordeaux, et le fit décréter d'arrestation ; Brunel fut sauvé par le 9 thermidor. Il reprit alors son siège à la Convention, demanda pour les personnes incarcérées depuis le 31 mai l'autorisation de revenir sur les transactions qu'elles avaient consenties, et partit dans le Midi soutenir le mouvement de réaction contre les terroristes. Mais, à Toulon, les Jacobins enlevèrent, malgré Brunel, les armes de l'arsenal, et le forcèrent à signer la mise en liberté des détenus ; Brunel se brûla la cervelle de désespoir. La Convention adopta sa veuve et ses enfants.

BRUNEL (ALEXIS), représentant à l'Assemblée

constituante de 1848, né à Brest (Finistère), le 15 décembre 1793, mort à Paris, le 8 avril 1849, appartenait en 1848 à la magistrature, comme président du tribunal civil de Brest. Par 73,272 voix, le département du Finistère le nomma (23 avril) son représentant à l'Assemblée constituante, le 9e sur 15. Il siégea à droite et vota, *pour* le rétablissement du cautionnement et de la contrainte par corps, *pour* les poursuites contre Louis Blanc et Caussidière, *contre* l'abolition de la peine de mort, *contre* l'amendement Grévy, *contre* le droit au travail, *contre* la réduction de l'impôt du sel, *pour* la proposition Rateau, *pour* l'interdiction des clubs, etc. M. A. Brunel mourut avant la fin de la session.

BRUNEL (Georges), député en 1885, né le 1er avril 1838, était maire de Castelmayran, et sans antécédents politiques, quand il fut élu, le 4 octobre 1885, député de Tarn-et-Garonne, le 4e et dernier de la liste conservatrice, par 30,745 voix (59,851 votants, 69,647 inscrits). M. Brunel prit place à droite; mais l'élection de Tarn-et-Garonne ayant été invalidée par la majorité de la Chambre, les électeurs furent appelés de nouveau au scrutin, le 20 décembre 1885, et, cette fois, M. Brunel échoua avec 30,626 voix. (Sur les quatre élus, il y eut deux conservateurs et deux républicains.)

BRUNET (Jacques-François), député au Conseil des Cinq-Cents, né à Paris, le 31 mars 1745, mort à Versailles (Seine-et-Oise), le 29 mars 1837, était avocat au Parlement de Paris. Il fut élu, en 1791, juge au tribunal du 4e arrondissement de Paris; en 1793, administrateur et membre du directoire du territoire de Gonesse; en l'an III, commissaire près le tribunal du même district; en l'an IV, commissaire près l'administration centrale du département de Seine-et-Oise. Le même département le nomma (23 germinal an V) député au Conseil des Cinq-Cents par 193 voix. Plus tard il rentra dans la magistrature, fut vice-président du tribunal civil de Versailles, en l'an XIII, et procureur impérial au même siège, en 1807. En 1830, J.-F. Brunet, chevalier de la Légion d'honneur, présidait le tribunal de Versailles et était conseiller général de Seine-et-Oise.

BRUNET (Jean-Baptiste), représentant du peuple à l'Assemblée constituante de 1848, et représentant à l'Assemblée nationale de 1871, né à Limoges (Haute-Vienne), le 3 novembre 1814, était fils d'un ancien officier. Destiné à la carrière militaire, il passa par l'Ecole polytechnique (1833), devint officier d'artillerie, et fut promu capitaine en 1840. Auteur d'un important ouvrage qui attira sur lui l'attention des spécialistes, l'*Histoire générale de l'artillerie* (1842, 2 vol.), il était attaché à la poudrerie de Vonges et au comité d'artillerie, fit campagne en Afrique comme aide de camp du maréchal Bugeaud, et acquit la réputation d'un officier de mérite. Ses compatriotes de la Haute-Vienne l'envoyèrent, le 23 avril 1848, siéger à l'Assemblée constituante, le 7e sur 8, par 27,175 voix (61,130 votants, 82,272 inscrits). Il fit partie du groupe des républicains modérés de la nuance du *National*, et vota : 9 août 1848, *contre* le rétablissement du cautionnement ; 26 août, *pour* les poursuites contre Louis Blanc et Caussidière ; 1er septembre, *contre* le rétablissement de la contrainte par corps ; 18 septembre, *contre* l'abolition de la peine de mort ; 7 octobre, *contre* l'amendement Grévy ; 2 novembre, *contre* le droit au travail ; 25 novembre, *pour*

l'ordre du jour en l'honneur de Cavaignac ; 12 janvier 1849, *pour* la proposition Rateau ; 16 avril, *pour* l'expédition de Rome ; 2 mai, *contre* l'amnistie des transportés. M. Brunet s'était rendu célèbre à l'Assemblée constituante par la longueur et la monotonie de ses discours, sans que rien pût encore faire prévoir quel rôle excentrique il lui serait donné de jouer plus tard dans une autre assemblée. Non réélu à la Législative, il rentra dans le service militaire actif; mais après le coup d'Etat de décembre 1851, il refusa le serment à L.-N. Bonaparte, qui le raya des cadres de l'armée. M. J. Brunet a raconté lui-même à la tribune de la République nationale que le président de la République, lui ayant alors vainement offert les positions les plus élevées « avait, de dépit, brisé la plus belle carrière de l'armée française. » Rendu à la vie privée, M. Brunet composa et publia divers ouvrages (*Nouvel Armement général des Etats* (1857), *Organisation vitale de la terre* (1858), le *Messianisme* (1858), etc., où apparaît pleinement l'exaltation de son esprit. Après s'être fait éconduire, au début de la guerre franco-allemande, par le maréchal Canrobert, à qui il offrait de lui indiquer « les moyens de rendre la guerre fructueuse pour notre pays, » M. Brunet se mit à publier dans le *Siècle*, pendant le siège, des articles de critique militaire qui lui valurent à Paris une certaine notoriété. Aussi fut-il élu, par une sorte de protestation contre les plans militaires du gouvernement de la Défense nationale, représentant de la Seine, le 8 février 1871, le 30e sur 43, par 91,914 voix (328,970 votants, 547,858 inscrits). Il s'était déclaré républicain, et il siégea d'abord à gauche. Il parla et vota *contre* les préliminaires de paix. Au cours du débat dans lequel le général Trochu rendit compte de la manière dont il avait exercé le pouvoir, M. Jean Brunet prononça une véritable autobiographie dont le président eut grand'peine à arrêter les digressions : « Au milieu des événements les plus terribles et les plus dangereux de la défense de Paris, disait-il, une grande partie de la population demanda que je fusse mis non seulement à la tête de la défense, mais placé avec le titre de major général à la direction supérieure des armées de toute la France pour lutter contre le génie stratégique du général de Moltke. » Dès ce jour, on dut s'attendre de la part de M. Brunet à toutes les fantaisies d'une imagination peu réglée. C'est vers cette époque qu'il rompit avec la gauche « qui en éprouva peu de regrets, dit une biographie, pour passer avec armes et bagages dans les rangs des conservateurs, qui n'en ressentirent qu'une joie des plus modérées. » Il agit d'ailleurs en irrégulier de la politique, et, illuminé inconscient, il déposa, le 11 janvier 1872, une proposition dans laquelle il demandait que « la France se vouât complètement à Dieu tout-puissant et à son Christ, et qu'en témoignage de ses nouveaux sentiments, elle élevât un temple au Christ sur la hauteur de Paris qui avait été consacrée au roi de Rome. » Cette proposition ne fut pas adoptée, mais l'initiative de M. Brunet ne fut probablement pas perdue, et c'est peut-être son projet qui, plus tard, donna l'idée de la construction, sur les hauteurs de Montmartre, de l'église du Sacré-Cœur. M. Jean Brunet avait voté *pour* les prières publiques, *pour* la pétition des évêques, *pour* l'abrogation des lois d'exil, qu'il avait demandée à la tribune, etc. Il n'eut plus désormais qu'une préoccupation, celle d'introduire dans toutes les lois, quel qu'en fût l'objet, un amendement religieux. C'est ainsi qu'il réclama l'exclusion de la liste du jury de tout électeur qui, par profession ou déclaration, refuserait de croire en Dieu : qu'il demanda que tout membre du conseil supérieur de l'instruction publique signât par écrit, avant de siéger, la déclaration suivante : « Je crois en Dieu l'éternel, le tout-puissant et souverainement juste, » etc. Il faut ajouter que M. Jean Brunet prononça, en 1872, au sujet de la réorganisation de l'armée, plusieurs discours où il faisait preuve d'une compétence réelle. Il vota, le 24 mai 1873, *pour* l'acceptation de la démission de Thiers, et soutint le gouvernement du 24 mai. Il adopta le septennat, proposa la réorganisation territoriale de la France, l'inscription sur tous les établissements d'instruction supérieure d'une formule glorifiant Dieu, « le créateur et le maître de l'intelligence universelle, etc. »

M. Jean Brunet se prononça *contre* l'ensemble des lois constitutionnelles. Après la session, il ne se représenta pas aux suffrages des électeurs, et rentra dans la vie privée et dans l'oubli.

BRUNET (Joseph-Mathieu), ministre, sénateur de 1876 à 1885, né à Arnac-Pompadour (Corrèze), le 4 mars 1829, entra, au début de l'Empire, dans la magistrature, fut substitut du procureur impérial à Saint-Yrieix, puis à Tulle, juge à Limoges, devint juge d'instruction à Paris, et succéda en qualité de président de la 7e chambre correctionnelle au célèbre magistrat Delesvaux : cette chambre était celle qui jugeait spécialement les procès de presse. M. Brunet présidait le tribunal lors du procès relatif à la souscription Baudin. Dévoué à la politique impérialiste, M. Brunet ne tarda pas à passer conseiller à la Cour d'appel de Paris. Il était, d'autre part, président du conseil général de la Corrèze, lorsqu'il se présenta, le 27 avril 1873, à la députation, comme candidat conservateur. Il échoua alors contre le candidat républicain, M. Latrade. Le 30 janvier 1876, il se fit élire sénateur de la Corrèze, par 237 voix sur 497 votants : la coalition des impérialistes et des monarchistes purs lui avait valu ce succès; aussi M. Joseph Brunet crut-il devoir protester contre la qualification de « bonapartiste » qui lui avait été donnée dans les journaux. Il alla siéger sur les bancs de la droite, vota, dans toutes les circonstances importantes, contre les républicains, notamment au sujet de la loi sur la collation des grades et fut appelé, lors du coup d'Etat parlementaire du maréchal de Mac-Mahon (17 mai 1877), à recevoir, comme représentant le parti impérialiste, le portefeuille de l'Instruction publique et des Cultes dans le ministère de Broglie-Fourtou. Les mesures de rigueur prises par son administration portèrent surtout sur les fonctionnaires de l'instruction primaire placés immédiatement sous l'autorité des préfets, mais n'atteignirent aucun des membres de l'enseignement secondaire ou supérieur. M. Brunet ne se signala, d'ailleurs, durant son passage aux affaires, par aucun acte important et se contenta de s'associer à la politique de ses collègues. Il remit comme eux sa démission après les élections d'octobre 1877, et redevint simple sénateur. M. Joseph Brunet vota *contre* le ministère parlementaire de M. Dufaure, *contre* les lois sur l'enseignement présentées et défendues par M. Ferry, notamment *contre* l'article 7 de la loi sur l'enseignement supérieur; il opina, le 4 décembre 1882, *contre* la loi nouvelle sur le serment judiciaire ; en 1883,

contre le projet de loi relatif à la situation des membres des familles ayant régné sur la France; la même année, *contre* le projet de loi tendant à suspendre l'inamovibilité de la magistrature; en 1884, *contre* le rétablissement du divorce. Admis à la retraite le 21 mars 1884, comme conseiller à la cour, M. Brunet ne s'est pas représenté, dans la Corrèze, aux élections sénatoriales de 1885. Après l'échec de la souscription du canal de Panama (mars 1889), M. Brunet a été nommé liquidateur de cette Société.

BRUNET. — *Voy.* Villeneuve (marquis de).

BRUNET DE CASTELPERS. — *Voy.* Panat (marquis et comte de).

BRUNET DE LA TUQUE (Pierre), député à l'Assemblée constituante de 1789, né à Puch-de-Gontaud (Lot-et-Garonne), le 3 avril 1757, mort à Puch-de-Gontaud, le 6 février 1821, était juge royal dans cette ville, où il fut, plus tard, nommé juge de paix. Le 4 avril 1789, le tiers-état de la sénéchaussée de Nérac l'envoya à l'Assemblée des Etats-Généraux. Il appartint à la majorité de la Constituante, et y fit une motion en faveur de l'éligibilité des non-catholiques, puis diverses observations sur le projet relatif aux tribunaux de paix et à ceux de famille.

BRUNET-DENON (Vivant-Jean, baron), député de 1842 à 1846, et au Corps législatif de 1852 à 1863, né à Givry (Saône-et-Loire), le 9 mai 1778, mort à Paris, le 13 juillet 1866, était le neveu du baron Denon (1747-1825), artiste, archéologue et diplomate, qui fut directeur général des musées. Avec lui, Brunet-Denon prit part à l'expédition d'Egypte, et fut choisi comme secrétaire de l'état-major général de l'armée d'Orient par Alexandre Berthier; c'est en cette qualité qu'il fit les campagnes de l'an VI et de l'an VII en Egypte et en Syrie, et qu'il revint en France avec Bonaparte après la bataille d'Aboukir. En brumaire an VIII, le jeune Brunet s'engagea au 9e régiment de dragons et fut nommé sous-lieutenant le 4 messidor de la même année, après Marengo. Lieutenant le 11 thermidor an X, et aide de camp du général Murat en Italie, il fut désigné par le premier consul pour faire partie des officiers employés près le major général des camps formant l'armée des côtes, et, peu après, nommé membre de la Légion d'honneur. Par ordre du ministre de la Guerre, daté de Boulogne, le 9 fructidor an XIII (août 1805), il rejoignit, en son ancienne qualité d'aide de camp, le prince Murat à Strasbourg, et fit avec lui les campagnes d'Ulm, de Vienne et d'Austerlitz. Après cette dernière bataille, où il eut un cheval tué sous lui et où il reçut un coup de feu au bras droit, l'aide de camp Brunet, qui avait été précédemment cité dans un des bulletins d'Ulm, fut nommé capitaine (1805). Il fit ensuite les guerres d'Allemagne et de Pologne (1806-1807), pendant lesquelles il fut nommé chef d'escadron (1806), et, le 1er juillet 1807, à Tilsitt, colonel du 24e régiment de chasseurs à cheval. Après la paix de Tilsitt, le colonel Brunet resta à la tête de son régiment en Allemagne; créé baron de l'Empire en 1808, il se rendit en 1809 à la grande armée qu'il rejoignit à Vienne, passa le Danube avec son régiment, le 20 mai, se distingua à la bataille d'Essling, où il perdit un bras, et fut promu officier de la

Légion d'honneur, puis nommé (10 août 1809) commandant en second, directeur des études de l'École militaire spéciale de cavalerie organisée à Saint-Germain-en-Laye. Il remplit ces fonctions jusqu'en août 1814 : le colonel Brunet devint alors maréchal de camp. Il conserva ce grade pendant les Cent-Jours et reçut en outre le commandement en second des dépôts de cavalerie réunis en Champagne sous les ordres du lieutenant général Defrance; ces dépôts devaient suivre les mouvements de l'armée. Après Waterloo, le général Brunet ramena ses soldats derrière la Loire. Le 1er août 1815, il avait été mis à la retraite, par ordonnance royale, comme officier général amputé. Après 1830, il fut placé dans le cadre de réserve des officiers généraux. Il fit une première tentative infructueuse, le 2 mars 1839, dans le 4e collège électoral de Saône-et-Loire, (Chalon-sur-Saône), où il obtint 203 voix contre 249 accordées au général Bachelu, puis fut élu, le 9 juillet 1842, dans la même circonscription, contre le député sortant, son ancien concurrent, le général Bachelu, par 251 voix (477 votants, 558 inscrits), contre 219. Jusqu'à la fin de la législature, Brunet-Denon vota comme le gouvernement, et fut promu commandeur de la Légion d'honneur (1845). Il se représenta sans succès aux élections générales du 1er août 1846, et n'obtint alors, dans le même collège, que 256 voix contre 344 au général Thiard, candidat de l'opposition, élu. Il reparut au Corps législatif de l'Empire. Candidat bonapartiste le 29 février 1852, dans la 3e circonscription de Saône-et-Loire, il fut élu par 25,516 voix sur 26,019 votants et 37,381 inscrits, contre 319 à M. Daron. Il s'associa au rétablissement de l'Empire, fit partie de la majorité dynastique, et obtint sa réélection le 22 juin 1857, par 17,822 voix (22,770 votants et 35,382 inscrits), contre M. Daron, 4,873. Il mourut grand-officier de la Légion d'honneur.

BRUNETEAU. — *Voy.* SAINTE-SUZANNE (MARQUIS ET COMTE DE).

BRUNIER (MARIE-FÉLIX), député de 1888 à 1889, né à Annecy (Haute-Savoie), le 26 octobre 1841, était avocat à Annecy. En remplacement de M. Philippe, décédé, il fut élu le 29 avril 1888, député de la Haute-Savoie, avec 23,138 voix (41,909 votants, 79,410 inscrits), contre 14,500 à M. Machard; il s'inscrivit à l'union des gauches et vota avec la majorité opportuniste. Dans la dernière session, il s'est prononcé *pour* le rétablissement du scrutin uninominal (11 février 1889), *pour* l'ajournement indéfini de la revision de la Constitution (14 février), *pour* les poursuites contre trois députés membres de la Ligue des patriotes (14 mars), *pour* le projet de loi Lisbonne restrictif de la liberté de la presse (2 avril), *pour* les poursuites contre le général Boulanger (4 avril).

BRUNON (BARTHÉLEMY), membre du Sénat, né à Rive-de-Gier (Loire), le 8 mai 1836, maître de forges, conseiller municipal et chevalier de la Légion d'honneur, fut élu, le 5 janvier 1888, sénateur de la Loire, par 480 voix sur 938 votants, contre M. de Rochetaillée, 440 voix. M. Brunon prit place à gauche. Il a voté la nouvelle loi militaire, et, dans la dernière session, s'est prononcé : *pour* le rétablissement du scrutin uninominal (13 février 1889), *pour* le projet de loi Lisbonne restrictif de la liberté de la presse (18 février), *pour* la procédure à suivre devant le Sénat pour juger les

attentats commis contre la sûreté de l'État (29 mars, affaire du général Boulanger).

BRUSLÉ DE VALSUZENAY (CLAUDE-LOUIS, BARON), député au Conseil des Cinq-Cents, né à Paris, le 5 décembre 1766, mort à Paris, le 2 mars 1825, adhéra aux idées de la Révolution, et fut nommé adjoint à l'adjudant général César Berthier (an III), commissaire du Directoire près le département des Deux-Nèthes (an VI), et élu député de ce département au Conseil des Cinq-Cents, le 26 germinal an VI; il y prit fréquemment la parole sur les questions de finances et d'administration commerciale. Adversaire, après le 18 brumaire an VIII, des idées de Sieyès, il ne fut pas nommé au nouveau Corps législatif; mais il se rallia bientôt au gouvernement consulaire qui l'appela à la préfecture de l'Aube (18 ventôse an VIII); à ce poste, il devint membre de la Légion d'honneur (25 prairial an XII), officier du même ordre (25 germinal an XIII), chevalier de l'Empire (2 juillet 1808), baron de l'Empire (31 janvier 1810), et passa à la préfecture de l'Oise le 12 février de la même année. Les talents d'administrateur qu'il montra dans ces fonctions lui valurent, le 14 avril 1814, la préfecture de la Gironde; la première Restauration le confirma dans ce poste, et le baron de Valsuzenay l'en remercia par un dévouement absolu aux intérêts de la maison de Bourbon, et, en particulier, aux efforts de la duchesse d'Angoulême à Bordeaux. Après le départ de la princesse et la révocation de tous les fonctionnaires de la ville, il revint à Paris, sans emploi; le 22 juillet 1815, la seconde Restauration le nomma de nouveau préfet de l'Aube, et, le 24 août suivant, conseiller d'État en service ordinaire. Il fut admis à la retraite le 1er septembre 1824.

BRUSSET (CLAUDE-JOSEPH-LAMBERT), député de 1815 à 1816, puis de 1824 à 1830, né à Gray (Haute-Saône), le 17 septembre 1774, mort à Cult (Haute-Saône), le 6 août 1832, entra comme sous-lieutenant dans le régiment Dauphin cavalerie en 1791, et émigra, l'année suivante, avec la plupart des officiers de ce corps. Il fit toutes les campagnes de l'armée des princes et reçut, le 8 avril 1800, le brevet de capitaine. Rentré peu de temps après en France, il fut nommé, en 1812, conseiller d'arrondissement de Gray, puis conseiller général. En 1815, il devint maire de cette ville, et usa de son crédit pour obtenir la réduction des charges occasionnées par la présence des troupes étrangères. Le 22 août de la même année, il fut élu député par le collège de département de la Haute-Saône, avec 123 voix (205 votants, 261 inscrits). Il appuya constamment de son vote les projets du gouvernement. Non réélu en 1816, il n'obtint un nouveau mandat que le 25 février 1824, dans le 1er arrondissement de la Haute-Saône (Gray), avec 177 voix sur 266 votants et 305 inscrits, contre 84 voix à M. de Marmier, puis le 17 novembre 1827, dans la même circonscription, avec 118 voix contre 102 (223 votants, 265 inscrits). Il continua à se montrer dévoué à la politique du gouvernement, qui récompensa son zèle par la place de sous-préfet de Gray, le 29 juin 1828. A la révolution de Juillet, Brusset se retira dans son domaine de Cult près de Marnay, et y mourut peu de temps après. Il était chevalier de Saint-Louis.

BRUYAS (JEAN-PIERRE, CHEVALIER), représentant à la Chambre des Cent-Jours, né à

Montbrison (Loire), le 24 septembre 1763, mort à Lyon (Rhône), le 20 septembre 1843, était dans la magistrature. Nommé, le 18 germinal an VIII, juge au tribunal d'appel de Lyon et président du tribunal criminel de la Loire séant à Montbrison, il devint membre de la Légion d'honneur, le 25 prairial an XII, et chevalier de l'Empire, le 15 janvier 1809. A la réorganisation judiciaire de 1811, il fut investi des fonctions de président de chambre à la Cour impériale de Lyon. L'arrondissement de Montbrison le choisit, le 12 mai 1815, pour son représentant à la Chambre des Cent-Jours, par 29 voix sur 34 votants, contre 5 à M. de Poncins, maire de Feurs. Il garda dans cette assemblée un silence modeste, mais n'en fut pas moins remplacé, comme magistrat, par le gouvernement de la Restauration. Il vécut, depuis, en dehors de la politique.

BRUYÈRES-CHALABRE (JEAN-LOUIS-FÉLICITÉ, COMTE DE), député de 1815 à 1820, et de 1824 à 1827, né à Chalabre (Aude), le 24 octobre 1762, mort à Chalabre, le 15 novembre 1838, était ancien chef d'escadron et habitait à Chalabre, quand il fut élu, le 22 août 1815, député de l'Aude, au collège de département, par 86 voix sur 167 votants et 221 inscrits. Le 9 novembre, il proposa un amendement à la loi relative aux écrits et ouvrages séditieux, ayant pour but de rendre les fonctionnaires publics responsables de l'exécution de la loi; le 30 décembre 1815, le gouvernement du roi le nomma conseiller général. Réélu, le 4 octobre 1816, par 86 voix sur 147 votants et 213 inscrits, il repoussa la loi électorale proposée dans cette session, protesta, dans la session de 1818-1819, contre la qualification de « représentants de la nation française », combattit une pétition en faveur des bannis, défendit la « Chambre introuvable, composée d'hommes les plus respectables », et vota avec l'extrême droite, jusqu'à l'expiration de son mandat (1820). Il ne reparut au Parlement qu'aux élections du 6 mars 1824, nommé par le collège de département de l'Aude, avec 202 voix sur 240 votants et 307 inscrits, et reprit sa place au côté droit. Aux élections du 17 novembre 1827, il se présenta dans le 1er arrondissement électoral de l'Aude (Castelnaudary), mais il échoua avec 157 voix contre 298 données à l'élu, M. Andréossy, et se retira de la vie politique.

BRUYS (ANTOINE-AMÉDÉE), représentant du peuple aux Assemblées constituante et législative de 1848-49, né à Cluny (Saône-et-Loire), le 29 octobre 1817, mort à Saint-Pierre-le-Vieux (Saône-et-Loire), le 28 décembre 1878, se fit recevoir avocat à Paris. Républicain militant, il s'affilia aux sociétés secrètes, et fit à la monarchie de Louis-Philippe une guerre sans trêve. A deux reprises, en 1836 et en 1838, Bruys subit des condamnations pour sa participation aux complots démocratiques. Il s'associa avec ardeur à la campagne des banquets réformistes, et, après la proclamation de la république, devint, le 23 avril 1848, par 67,178 voix (131,092 votants, 136,000 inscrits), représentant de Saône-et-Loire à l'Assemblée constituante. Il vota constamment avec la gauche : le 9 août 1848, contre le rétablissement du cautionnement; le 26 août, contre les poursuites intentées à Louis Blanc et à Caussidière; le 1er septembre, contre le rétablissement de la contrainte par corps; le 18 septembre, pour l'abolition de la peine de mort; le 7 octobre, pour l'amendement Grévy; le 2 novembre, pour le droit au travail; le

4 novembre, contre l'ensemble de la Constitution; le 28 décembre, pour la suppression de l'impôt sur le sel; le 12 janvier 1849, contre la proposition Rateau; le 16 avril, contre l'expédition de Rome; le 2 mai, pour l'amnistie des transportés, etc. Réélu représentant de Saône-et-Loire à la Législative, le 3e sur 12, par 74,975 voix (109,200 votants, 152,441 inscrits), il fut du groupe la Montagne, signa la demande de mise en accusation contre Louis-Napoléon et ses ministres (il l'avait déjà signée une première fois à la Constituante, le 11 mai 1849), et se signala par la vivacité de son opposition à la politique de l'Élysée. En toute occasion, il vota avec la minorité républicaine contre la droite monarchiste; adversaire du coup d'État de 1851, il fut, après le Deux-Décembre, expulsé du territoire français. Il se réfugia alors à Louvain, et ne rentra en France qu'à l'amnistie de 1859.

BRUYS DE CHARLY (GILBERT, CHEVALIER), député au Corps législatif de 1810 à 1815, né à Mazille (Saône-et-Loire), le 15 septembre 1744, mort à Mazille, le 6 août 1827, était un des vingt et un enfants du fermier général de l'abbaye de Cluny à Mazille, et avait été, avant la Révolution, licencié ès lois de l'Université de Dijon (1777), avocat au Parlement de Bourgogne, employé à la régie des chemins du Mâconnais, contrôleur et receveur général des domaines du roi à Boulogne-sur-Mer. Il passa dans la retraite la période révolutionnaire, fut nommé, le 1er juin 1800, conseiller général du canton de Mazille, et président du conseil général de 1803 à 1810. Le 9 août 1810, il fut choisi par le Sénat conservateur pour représenter Saône-et-Loire au Corps législatif. Il soutint avec zèle la politique impériale, et reçut de Napoléon, le 11 décembre 1813, le titre de chevalier, la croix de l'ordre de la Réunion (1813), et le grade d'officier de la Légion d'honneur (1814). Bruys de Charly présida la députation des 25 membres de la Chambre qui vinrent, le 29 avril 1814, au-devant de Louis XVIII, à Compiègne, pour le féliciter de son retour; c'est à cette occasion que le roi constitutionnel dit : « Vos sentiments me sont d'autant plus précieux que j'y vois le gage d'une union parfaite entre moi et les représentants de la nation. » L'année suivante, le roi confirma les lettres d'anoblissement que l'empereur avait accordées à Bruys de Charly, qui vécut, depuis cette époque, en dehors de la politique.

BRY (DE). — Voy. DERRY.

BRYAS (ALEXANDRE-FRANÇOIS-FERDINAND-GUISLAIN-MARIE, COMTE DE), député de 1827 à 1828, né à Morialme (Belgique), le 1er octobre 1781, mort à Paris, le 30 mai 1828, appartenait à une des plus anciennes familles de l'Artois. Il suivit la carrière militaire, dans la cavalerie, jusqu'au grade de colonel. Puis il fut élu, le 24 novembre 1827, député du Pas-de-Calais par le collège de département, avec 276 voix sur 278 votants. Son rôle fut très effacé à la Chambre, pendant les quelques mois qu'il y siégea. Il mourut le 30 mai de l'année suivante.

BRYAS (CHARLES-RAYMOND-ALPHONSE, MARQUIS DE), député de 1831 à 1834, et de 1835 à à 1837, né à Hesdin (Pas-de-Calais), le 16 février 1785, mort à Paris, en 1866, entra au service militaire comme engagé volontaire dans le 23e régiment de chasseurs à cheval, en 1802, fut promu, le 29 janvier 1808, au grade de sous-lieutenant dans le 17e régiment de dragons, passa, l'année suivante, au 11e régiment, puis fut réformé le 11 juin 1810, par suite de maladie. Attaché au parti bonapartiste, le marquis de Bryas se tint à l'écart sous la Restauration: il fut cependant nommé membre du conseil municipal de Bordeaux ainsi que du conseil d'arrondissement, et du conseil général de la Gironde (1828). Le 19 mai 1825, il fut fait chevalier de la Légion d'honneur. Mais en juin 1830, son attitude nettement hostile au gouvernement le fit révoquer, par ordonnance royale, de ses fonctions de conseiller général et de conseiller municipal. Peu de jours après éclatait la révolution de juillet 1830. Devenu membre de la commission municipale et bientôt maire de Bordeaux, il fut également réintégré par Louis-Philippe, le 10 août 1830, dans les fonctions de conseiller général. Le 10 avril 1831, en remplacement de M. Legris-Lassalle, démissionnaire, le marquis de Bryas fut élu député de la Gironde au collège de département; puis il fut réélu, le 5 juillet de la même année, par le 2e collège (Bordeaux). Il avait également été renommé, à une forte majorité, conseiller municipal de Bordeaux; mais ayant voté à la Chambre, avec l'opposition, contre le ministère Casimir Périer, il se vit destitué comme maire. M. de Bryas reparut à la Chambre, le 21 octobre 1835, comme l'élu du 5e collège (Bazas); il remplaçait, cette fois encore, un démissionnaire, M. Bouthier. Il continua de voter le plus souvent avec l'opposition, et fit partie d'un grand nombre de commissions parlementaires, notamment de celle des douanes. En 1837, il se retira à la campagne, où il s'occupa d'agriculture, s'appliquant surtout à répandre en France le système des drainages; puis il publia divers ouvrages techniques: *Études pratiques sur l'art de dessécher*; *Études d'agronomie pratique*, etc. Le second Empire le fit, à la suite de l'Exposition universelle de 1855, officier de la Légion d'honneur. Lors de la guerre d'Italie, en 1859, il voulut suivre l'armée française pour soigner les blessés et organiser des hôpitaux.

BRYAS (CHARLES-MARIE, COMTE DE), frère du précédent, représentant du peuple à l'Assemblée législative de 1849, puis représentant à l'Assemblée nationale de 1871, né à Paris, le 3 octobre 1820, mort à Cannes, le 16 février 1879, était un riche propriétaire du Pas-de-Calais. Ce département le nomma, le 13 mai 1849, représentant à l'Assemblée législative, le 6e sur 15, par 80,063 voix (129,691 votants, 194,088 inscrits); il y vota constamment avec la droite, *pour* l'expédition romaine, *pour* les lois sur l'enseignement, sur la presse, sur le suffrage universel, etc. M. C.-M. de Bryas, qui était légitimiste, ne se rallia pas au coup d'État de décembre. Il ne brigua, sous l'Empire, aucun mandat, et ne se représenta aux suffrages des électeurs du Pas-de-Calais que le 8 février 1871. Il redevint alors, par 136,483 voix (139,532 votants, 206,432 inscrits), représentant de ce département, s'inscrivit dans l'Assemblée nationale, à la réunion Colbert et à celle des Réservoirs, et vota avec la droite: 1er mars 1871, *pour* la paix; 16 mai, *pour* les prières publiques; 10 juin, *pour* l'abrogation des lois d'exil; 30 août, *pour* le pouvoir constituant de l'Assemblée; 3 février 1872, *contre* le retour de l'Assemblée à Paris; 24 mai 1873, *pour* l'acceptation de la démission de Thiers; 19-20 novembre, *pour* la prorogation des pouvoirs du maréchal; 20 janvier 1874, *pour* la loi des maires; 30 janvier 1875, *contre* l'amendement Wallon; 11

février, *contre* l'amendement Pascal Duprat. M. de Bryas *s'abstint*, le 25 février 1875, de prendre part au vote sur l'ensemble des lois constitutionnelles, et ne fit pas partie d'autres législatures.

BRYAS (EUGÈNE, COMTE DE), fils du précédent, député au Corps législatif de 1852 à 1858, né à Tournai (Belgique), le 21 juillet 1815, mort à Tours (Indre-et-Loire), le 13 décembre 1858, était propriétaire à Tours et conseiller général. Le 29 février 1852, il fut élu député de la 1re circonscription de l'Indre (département où il s'était marié), par 24,058 voix sur 24,953 votants et 37,424 inscrits, contre 351 à M. de Barbançois. Le gouvernement avait appuyé la candidature de M. Eugène de Bryas qui prit part au rétablissement de l'Empire, vota avec la majorité dynastique, et fut réélu, le 22 juin 1857, par 20,098 voix (25,529 votants, 36,634 inscrits), contre 5,191 à M. Michel Boyer: le nouvel élu mourut l'année suivante. Comme son père, il s'occupait d'agriculture.

BRYON (CHARLES-LOUIS-JUST), représentant à la Chambre des Cent-Jours, né à Salins (Jura), le 29 janvier 1786, mort à Saint-Hippolyte (Doubs), le 29 juillet 1855, n'avait pas d'antécédents politiques quand il fut élu, le 12 mai 1815, dans l'arrondissement de Saint-Hippolyte, représentant à la Chambre des Cent-Jours. Après la session, où il s'était peu fait remarquer, Bryon, avocat à Arbois, fut nommé par le gouvernement de la Restauration substitut à Lyon (1819). Il devint par la suite, dans la même ville, substitut du procureur général en juin 1821, et avocat général le 26 juillet 1826. Conseiller à la Cour de Paris en 1829, il revint à Lyon, comme procureur général, sous le règne de Louis-Philippe, le 28 mars 1837. Continuant sa brillante carrière dans la magistrature, il fut successivement nommé le 4 octobre 1837, premier président de la Cour de Riom; le 3 novembre 1839, conseiller à la Cour de cassation, et conseiller honoraire, le 14 octobre 1848. Quand il fut admis à la retraite, le 2 décembre 1852, il était premier président à Lyon.

BUCAILLE (FRANÇOIS-MAXIME-ALEXANDRE), député à l'Assemblée constituante de 1789, et au Corps législatif de l'an VIII, né à Boulogne-sur-Mer, le 16 février 1749, mort à une date inconnue, était curé de Frétin. Il fut élu (23 mars 1789), par le bailliage de Calais et Ardres, député du clergé aux États-Généraux. Bucaille prêta le serment civique. Rallié plus tard à la politique de Bonaparte, il entra, le 4 nivôse an VIII, au Corps législatif comme député du Pas-de-Calais; il y siégea jusqu'en 1804.

BUCELLE (HONORÉ-ANTOINE), député de 1820 à 1827, né à Turriers (Basses-Alpes), le 22 septembre 1762, mort à une date inconnue, receveur, puis directeur de l'enregistrement à Gap, fut élu, pour la première fois, député des Hautes-Alpes, au collège de département, le 13 novembre 1820, par 57 voix sur 106 votants et 118 inscrits, contre 29 à M. Arduin, ancien représentant. Il vota avec la droite, et fut réélu successivement: le 17 août 1822, par 100 voix sur 102 votants, et 133 inscrits, et le 19 février 1824, par 111 voix sur 112 votants, 137 inscrits. Une biographie parlementaire de 1826 représente M. Bucelle comme « une espèce de député bonasse, à qui un Démosthène ou un Cicéron ne parviendrait pas à démontrer qu'un salarié du gouvernement peut, si sa conscience le commande, voter, comme député, contre les ministres. En sa qualité de receveur de l'enregistrement, M. Bucelle se croit le droit de tout *contrôler*, excepté les actes du gouvernement. » — Chevalier de la Légion d'honneur.

BUCHER DE CHAUVIGNÉ (GUSTAVE), représentant du peuple à l'Assemblée législative de 1849, et député au Corps législatif de 1852 à 1866, né à Angers (Maine-et-Loire), le 12 avril 1802, mort à Angers, le 22 juin 1866, appartient à la magistrature sous la Restauration. Substitut du procureur du roi avant 1830, il donna sa démission à la révolution de Juillet, et fut nommé membre du conseil général de Maine-et-Loire. Il dut particulièrement à l'influence du clergé de ce département, son élection comme représentant à l'Assemblée législative, le 13 mai 1849, le 8e sur 11, par 62,327 voix (104,313 votants, 151,062 inscrits). Il siégea à droite et vota constamment avec ce groupe. M. Bucher de Chauvigné était l'ami personnel de M. de Falloux. Pourtant il différa d'avis avec lui, en 1852, sur la question de savoir si les membres du parti légitimiste devaient briguer la députation au Corps législatif, sous les conditions imposées. Il ne fit même point de difficulté pour accepter le patronage du gouvernement, qui le fit élire, le 29 février 1852, dans la 2e circonscription de Maine-et-Loire, par 22,809 voix (29,237 votants, 40,470 inscrits), contre 4,762 à M. de la Devansaye, 1,099 à M. de Contades, et 186 à M. Thuau. Successivement réélu : le 22 juin 1857, par 17,079 voix sur 17,827 votants et 38,288 inscrits, et le 1er juin 1863, par 18,297 voix (24,516 votants, 33,110 inscrits), contre 6,167 à M. Freslon, ancien représentant, M. Bucher de Chauvigné, rallié au gouvernement impérial, vota avec la droite du Corps législatif jusqu'à sa mort, survenue en 1866.

BUCHET (FRANÇOIS-LOUIS-JULIEN, BARON), pair de France, né à Ernée (Mayenne), le 16 avril 1777, mort à Toulon (Var), le 3 octobre 1862, était le fils d'un notaire, et devait succéder à son père, mais les évènements en décidèrent autrement. D'abord engagé volontaire à Laval, contre l'armée vendéenne, puis novice à bord du ponton le *Fort*, en 1797, et bientôt commis extraordinaire de la marine à Lorient, il passa ensuite dans l'armée de terre, et fit campagne en Italie comme simple soldat. Le 24 mars 1801, il accompagna le général Béthancourt, comme secrétaire, dans son expédition de la Guadeloupe, y devint sous-lieutenant, puis lieutenant et capitaine, et, de retour en France, prit part aux campagnes de 1805, 1806 et 1807 à la grande armée, et parvint au grade de commandant. Il se distingua en Espagne, devint sous-chef de l'état-major du 4e corps de l'armée qui opérait dans ce pays, combattit encore en Italie, en Russie, à Bautzen, à Leipsig, où il fut fait prisonnier par les Russes. Il était alors colonel du 6e régiment de ligne. Rentré en France le 7 juin 1814, et mis en non-activité, le colonel Buchet obtint pendant les Cent-Jours le commandement du 33e de ligne, et fit partie du corps d'observation du Var. A la seconde Restauration, il contribua à maintenir l'ordre parmi la garnison de Toulon, et devint successivement : colonel de la légion de l'Ardèche (1819), colonel du 4e régiment d'infanterie légère (1820), et maréchal de camp, le 22 juin 1825. En cette

qualité, il fut employé au 2e corps de l'armée des Pyrénées et se distingua à l'affaire de Lorca. Le général Buchet exerça en outre les fonctions d'inspecteur général de l'infanterie, commanda plusieurs subdivisions militaires sous le gouvernement de la Restauration et sous le règne de Louis-Philippe (il était à la tête du département du Rhône lors de l'insurrection de 1834), et fut promu lieutenant-général, le 31 décembre 1835. La même année (9 juillet), il avait été appelé à la pairie. La république de 1848 l'admit à la retraite comme général de division. Il portait le titre de baron depuis 1828.

BUCHEZ (PHILIPPE-BENJAMIN-JOSEPH), représentant à l'Assemblée constituante de 1848, né le 31 mars 1796, à Matagne-la-Petite, village de l'ancien pays wallon, qui faisait partie du département des Ardennes avant 1815, et appartient aujourd'hui à la Belgique, mort à Rodez (Aveyron) le 12 août 1865, fut élevé à Paris, suivit, au sortir du collége, les cours de sciences naturelles du Jardin des plantes, et se livra particulièrement aux recherches anatomiques. Il entra bientôt à l'Ecole de médecine, et fit de la politique libérale avec ses condisciples. Désirant être complètement indépendant du gouvernement, il se démit d'un modeste emploi qu'il occupait dans l'octroi de Paris. Membre influent de la *Société de médecine* et de la *Société philosophique*, il eut quelque part à la conspiration Nautil, du 19 août 1820, qui avorta, le secret ayant été livré à la police. Plusieurs des conjurés furent condamnés à la détention; Buchez ne fut pas compris dans les poursuites. Il songea alors à fonder, en France, à l'imitation de la *carbonara* napolitaine, une organisation du même genre. Quelques semaines après, la *charbonnerie française*, dont la « haute vente » se réunissait chez Buchez et dont la déclaration de principes était due à Buchez, Bazard et Flottard, comptait, a-t-on dit, tant à Paris que dans les départements, près de 200,000 membres. Lafayette, Jacques Kœchlin, Voyer d'Argenson, Mérilhou, Beauséjour, de Schonen, Dupont (de l'Eure). Cauchois-Lemaire, etc. faisaient partie de cette association, qui avait pour but le renversement des Bourbons et la création d'une assemblée nationale, appelée à décider du gouvernement de la France. Cette fois encore, les dispositions des «patriotes» furent mal prises ; 44 citoyens entrèrent dans les prisons royales; quant à Buchez, qui avait entrepris de soulever les départements de l'Est, arrêté à Metz et conduit de là à Colmar, il fut renvoyé aux assises, où le jury se partagea : six voix seulement s'étant prononcées pour la mort, il eut la chance d'être acquitté. Il reprit alors ses études médicales, et se fit recevoir docteur en 1824. Peu de temps avant ses derniers examens, il avait publié, avec son ami Trélat, un traité d'hygiène assez estimé. Puis il devint le principal rédacteur du *Journal du Progrès des sciences et institutions médicales*, où il inséra des articles sur l'organisation de la médecine en France, et publia des vues physiologiques qui rompaient directement avec l'école sensualiste. Lié avec Bazard et avec les anciens rédacteurs du *Producteur*, organe de la doctrine saint-simonienne, il se sépara d'eux lors de la transformation de cette doctrine sous l'influence d'idées qui d'abord lui avaient été étrangères. Au lendemain de la révolution de Juillet, il fonda, de concert avec Flocon, Thierry, Léon Pilet, etc., dans la salle du manége de la rue

Montmartre, le club des *Amis du peuple*, dont le gouvernement de Louis-Philippe fit fermer les portes le 25 septembre 1830. Peu de temps après, une modification profonde s'opéra dans les idées de Buchez : le catholicisme, ses dogmes et ses doctrines n'eurent bientôt pas de plus zélé défenseur, et il résolut d'en faire la base de ses théories politiques. Apôtre du *néocatholicisme*, il publia le *Journal des Sciences morales et politiques* (1831), puis l'*Introduction à la science de l'Histoire, ou science du développement de l'humanité* (1833); un *Essai d'un traité complet de philosophie au point de vue du catholicisme et du progrès* (1839). Le progrès, d'après Buchez, ne peut se concevoir sans un but, et ce but ne saurait être accidentel, ou fortuit : il doit être marqué d'avance, ou, selon lui, *révélé*. Voilà comment la notion du progrès conduisait Buchez, non seulement à la puissance divine, mais à la révélation. C'est encore sous le règne de Louis-Philippe que Buchez entreprit et termina la publication de celui de ses ouvrages qui a le plus contribué à sa réputation : l'*Histoire parlementaire de la Révolution française*, par Buchez et Roux (46 vol., 1834-1840). Les auteurs de cette compilation s'étaient à peu près bornés, il faut le dire, à découper, dans la collection du *Moniteur*, le compte rendu des séances de la Constituante et de la Convention, en ajoutant çà et là quelques phrases explicatives, avec une longue préface en tête de chaque volume.

Buchez ne prit aucune part directe à la révolution de 1848, ni à la proclamation de la République. Cependant les hommes du *National*, ou du moins ceux d'entre eux qui étaient restés ses amis, songèrent à lui faire jouer un rôle officiel dans le gouvernement issu de la Révolution. A peine Marrast eut-il succédé comme maire de Paris à Garnier-Pagès, appelé lui-même à remplacer Goudchaux au ministère des Finances, que l'auteur de l'*Histoire parlementaire de la Révolution française* devint l'adjoint de l'ex-rédacteur en chef du *National*. Sa spécialité d'écrivain religieux lui fit attribuer la fonction de répondre en « catholique républicain » aux membres du clergé qui venaient présenter des adresses de félicitations sympathiques au gouvernement provisoire. Les mêmes raisons et les mêmes influences le firent élire, le 23 avril 1848, représentant de la Seine à l'Assemblée constituante, le 17e sur 34, par 135,678 voix (267,888 votants, 399,191 inscrits); et, presque aussitôt, président de la nouvelle assemblée, à la majorité de 389 voix sur 727. Tous les partis s'accordèrent généralement à reconnaître que son passage au fauteuil fut peu brillant; d'ailleurs il dura à peine huit jours. Buchez occupait la présidence, lors de l'envahissement de l'Assemblée, le 15 mai 1848. Son attitude dans cette grave circonstance rencontra peu d'approbateurs : les uns, comme Raspail, Pierre Leroux, Cabet, allèrent jusqu'à y voir un piège tendu aux démocrates socialistes; les autres, dont Mme d'Agoult (Daniel Stern) s'est fait l'écho dans son *Histoire de la Révolution de 1848*, se contentèrent de constater que Buchez et son parti — « le parti de la République qu'on appelait bourgeoise », — n'avaient rien fait pour prévenir la manifestation, heureux peut-être d'avoir à la réprimer. Ce qu'il y a de sûr, c'est que, depuis plusieurs jours, le président était averti qu'il se préparait quelque chose. Le 14, en voyant sur les murs de Paris une lettre de convocation signée Huber et Sobrier, qui fixait au lendemain matin le rendez-vous populaire pour une grande ma-

nifestation en l'honneur de la Pologne et de l'organisation du travail, Buchez concerta diverses mesures avec la commission exécutive. Sur son ordre, un bataillon de garde mobile fut chargé de garder le pont de la Concorde; deux autres bataillons durent se placer dans le jardin du palais; un quatrième devait stationner sur l'esplanade des Invalides. Cependant le préfet de police, Caussidière, avait répondu de l'ordre, « à la condition qu'on ne ferait pas battre le rappel ». Lorsque les colonnes de manifestants eurent pénétré à l'intérieur du Palais-Bourbon, Buchez commença par se couvrir, puis il se découvrit, indiquant par là que la séance n'était pas interrompue. A diverses reprises, il pria Raspail et Louis Blanc d'intervenir auprès de la foule : ce fut sur ses instances que le premier donna lecture de la fameuse pétition en faveur de la Pologne : « Venez à notre aide, lui avait-il dit, lisez la pétition! » — et que Louis Blanc, à son tour, alla rejoindre Albert et Barbès et se mit, comme eux, à haranguer le peuple, massé dans la rue de Bourgogne. Ce fut lui qui, après avoir signé et remis à un officier d'état-major l'ordre écrit de faire battre le rappel, feignit de révoquer cet ordre : il quitta l'Assemblée, lorsque Huber l'eut déclarée « dissoute au nom du peuple », et Laviron, un des insurgés, en profita pour le remplacer au fauteuil et pour proposer à l'acceptation du peuple divers noms, en vue de l'établissement d'un nouveau gouvernement provisoire. Sur ces entrefaites, la garde mobile et la troupe vinrent disperser les manifestants. Buchez alors rentra en scène; il reprit sa place au fauteuil et dit qu'il était allé au palais du Luxembourg, auprès de la commission exécutive, et que le général Baraguey-d'Hilliers venait d'être nommé commandant supérieur des forces destinées à protéger la représentation nationale. La majorité de l'Assemblée accueillit favorablement cette communication; toutefois elle ne confirma pas Buchez dans les fonctions de président. A dater de ce jour, il ne se mêla que très rarement aux délibérations parlementaires, et son activité politique, en dehors des dépositions devant la Haute-Cour de Bourges au sujet de l'affaire du 15 mai, se borna à combattre, comme rapporteur du 10e bureau, l'opinion de Jules Favre, qui plaidait en faveur de l'admission de L.-N. Bonaparte, élu représentant. « Ce n'est pas le citoyen Bonaparte qui se présente, dit Buchez, c'est le prince Louis-Napoléon; c'est un prétendant qui est venu deux fois sur le sol français réclamer à main armée son droit héréditaire à l'empire. Aujourd'hui même, c'est par le cri de : Vive l'empereur! que ses partisans saluent son élection. » Buchez fit remarquer que le prince Louis Bonaparte n'avait pas reconnu la République. — Membre de la majorité, il vota : le 26 août, *pour* les poursuites contre Louis Blanc et Caussidière; le 2 septembre, *pour* le maintien de l'état de siège; le 18 septembre, *pour* l'abolition de la peine de mort; le 7 octobre, *contre* l'amendement Grévy; le 2 novembre, *contre* le droit au travail; le 25 novembre, *pour* l'ordre du jour en l'honneur du général Cavaignac. Après l'élection de Louis Bonaparte à la présidence de la République, il vota parfois avec la gauche, par exemple : le 12 janvier 1849, *contre* la proposition Rateau; le 21 mars, *contre* l'interdiction des clubs; il opina, le 16 avril, en faveur de l'expédition de Rome. — Non réélu à l'Assemblée législative, Buchez ne prit plus, jusqu'à sa mort, aucune part aux affaires publiques.

BUCHOT (PHILIBERT), ministre des Affaires étrangères, né à Maynal (Jura) en 1748, mort à Paris, le 1er septembre 1813, entra dans les ordres, et fut régent au collège de Lons-le-Saulnier. Partisan enthousiaste de la Révolution, il devint administrateur, puis procureur-syndic du district de Lons-le-Saulnier, membre de l'administration centrale du département (1792) et procureur-général-syndic du Jura (1793); le conventionnel Prost le chargea d'y combattre le fédéralisme; à Pontarlier, on lui reprocha sa modération, qui faillit le faire arrêter: il se réfugia à Paris, où Robespierre, à qui il avait été recommandé, le fit nommer substitut de l'agent national Payan, puis commissaire des relations extérieures, en remplacement d'Herman (29 germinal an III); il occupa jusqu'au 13 brumaire an III cette quasi-sinécure, la République n'entretenant alors de relations qu'avec Gênes, Saint-Marin, la Suède et les États-Unis. Les employés du ministère touchés de son dénûment, se cotisèrent pour pourvoir à sa subsistance; il trouva bientôt une place de commis sur le port au charbon, avec 600 f. d'appointements annuels. Sous le Consulat, Bonaparte ayant été informé de la situation de l'ancien ministre, lui accorda une pension de 6000 francs.

BUCQUET (NICOLAS-JOSEPH), député au Conseil des Cinq-Cents, dates de naissance et de mort inconnues, fut président de l'administration du département de l'Oise, puis directeur des contributions à Beauvais. Il appartint au Conseil des Cinq-Cents, comme député de l'Oise, depuis le 26 germinal an VII jusqu'en l'an VIII.

BUDES DE GUÉBRIANT (SYLVESTRE-LOUIS-ANGE-SPIRIDION, COMTE DE), pair de France, né à Paris le 19 janvier 1779, mort à Paris, le 16 novembre 1845, était « propriétaire », et demeurait « 33 rue du Bac, » lorsqu'il fut compris, le 5 novembre 1827, dans l'ordonnance qui nomma soixante-seize nouveaux pairs. «Inconnu, dit une biographie du temps, avant cette ordonnance, il n'est connu depuis que pour y avoir été inscrit. » Il vota suivant la politique du gouvernement, et, fidèle à la branche aînée, quitta la Chambre haute lors de l'avènement de Louis-Philippe.

BUÉE (JEAN-LOUIS), représentant à l'Assemblée nationale de 1871, né à Rouen (Seine-Inférieure), le 15 mai 1811, mort à Elbeuf (Seine-Inférieure) le 20 mai 1881, fut notaire dans cette ville pendant trente-deux ans, et présida la chambre des notaires. Maire d'Elbeuf en 1848, décoré sous l'Empire, constamment réélu membre du conseil municipal, élu, d'autre part, membre, puis président du Conseil d'arrondissement, et enfin conseiller général au mois de juin 1870, M. Buée fut nommé le 8 février 1871, représentant de la Seine-Inférieure à l'Assemblée nationale, le 9e sur 16, par 77,598 voix (120,899 votants, 203,718 inscrits). Il s'inscrivit au centre gauche, et vota avec la fraction la plus modérée de ce groupe parlementaire: pour la paix, l'abrogation des lois d'exil et le pouvoir constituant de l'Assemblée; pour le retour à Paris; contre la démission de Thiers au 24 mai; contre le septennat, la loi des maires et le ministère de Broglie; pour l'amendement Wallon et l'ensemble des lois constitutionnelles. M. Buée s'abstint de voter dans les scrutins sur les prières publiques et sur l'état de siège.

BUFFET (LOUIS-JOSEPH), représentant du peuple aux Assemblées constituante et législative de 1848-49, député au Corps législatif de 1864 à 1870, représentant à l'Assemblée nationale de 1871, ministre et sénateur inamovible, né à Mirecourt (Vosges), le 26 octobre 1818, fut d'abord avocat (1840). Sa carrière politique, qui fut si remplie, ne commence qu'à la révolution de 1848. Élu, à la suite d'une profession de foi assez avancée, représentant des Vosges à l'Assemblée constituante, le 23 avril 1848, par 71,492 voix (85,959 votants, 106,755 inscrits), il essaya, dit un biographe, d'allier ses promesses et ses tendances en allant siéger à droite et en votant la plupart des mesures adoptées par la majorité conservatrice, mais en adoptant l'ensemble de la Constitution qui proclamait la République. Après l'élection du 10 décembre, il se rallia au gouvernement de L.-N. Bonaparte, qui l'appela au ministère de l'Agriculture et du Commerce après la démission de M. Bixio. Il y resta jusqu'à la fin de 1849, et se retira avec Odilon Barrot, quand il vit s'accentuer la politique personnelle du prince-président. Réélu par son département à l'Assemblée législative le 1er sur 9, par 43.442 voix (71,000 votants, 116,982 inscrits), il s'y consacra aux questions d'affaire avec un zèle qui ne tarda pas à lui donner une sérieuse influence sur ses collègues. En 1850, il fit partie de la commission chargée d'élaborer avec Baroche le projet de réforme électorale : la loi du 31 mai dont il fut l'un des parrains, eut ce double effet de le faire rentrer au ministère avec Léon Faucher (10 avril 1851) et de le forcer à en sortir quand le président se prononça pour le retrait de la loi (14 octobre). Quelques jours après, il fut nommé chevalier de la Légion d'honneur.

Au Deux-Décembre, M. Buffet, qui s'était associé jusqu'au bout à la politique de la majorité de l'Assemblée, se trouva parmi les représentants séquestrés à la caserne d'Orsay ; le coup d'État ne l'exila pas plus loin qu'à Mirecourt, mais il l'y maintint jusqu'en 1864. Il n'avait rempli, durant cette période, que les fonctions de conseiller général des Vosges, et avait sollicité aussi le mandat de député au Corps législatif, sans obtenir, comme candidat « indépendant », le 22 juin 1857, dans la 2e circonscription des Vosges, plus de 2,494 voix contre 24,354 accordées à l'élu, M. Aymé de la Herlière; le 1er juin 1863, dans la 1re circonscription, il réunissait 14,334 voix contre 14,524 à M. Bourcier de Villiers. Ce dernier que soutenait le gouvernement, fut proclamé élu, mais l'élection fut invalidée et un nouveau scrutin fit triompher M. Buffet, avec 18,321 voix (31,876 votants, 40,083 inscrits) contre 13,478 à M. Bourcier de Villiers. M. Buffet siégea dans le tiers parti, dont il devint bientôt un des chefs, et montra le souci de concilier la cause des « libertés parlementaires » avec la fidélité à la dynastie. Il prit plusieurs fois la parole sur les questions de finances, et combattit particulièrement la théorie gouvernementale qui consistait à équilibrer les budgets par des emprunts. En 1868, il se prononça avec ses amis, MM. Brame, Lambrecht, Plichon, de Grammont, etc., contre la nouvelle loi militaire qui rétablissait le remplacement dans les conditions édictées par la loi de 1832, et qui élevait à neuf années, dont cinq dans l'armée active et quatre dans la réserve, le temps de présence sous les armes. Le tiers-parti s'était joint à l'opposition de gauche pour demander que la durée du service actif fût moins longue en temps de paix, quitte à rendre le service obligatoire pour un plus grand nombre de jeunes gens. Au début de la session de 1869, M. Buffet prit l'initiative d'une interpellation « sur la direction que le gouvernement se proposait de donner à la politique intérieure. » Réélu le 24 mai 1869, par 23,993 voix sur 25,459 votants et 42,605 inscrits, il signa, au cours de la session extraordinaire qui suivit les élections générales, la fameuse interpellation des 116, tendant à la constitution d'un « ministère responsable ». L'empereur étant décidé à entrer dans cette voie, des négociations furent entreprises, en vue de la formation du premier ministère de « l'Empire libéral ». Ces négociations furent laborieuses; dès leur début, le nom de M. Buffet y fut mêlé, au vif déplaisir de M. Buffet. Rouher qui écrivait alors dans une note destinée à Napoléon III : « M. Buffet est un esprit doctrinaire, et cependant toujours indécis, qui ne se donnera jamais tout entier, qui se présentera dans une combinaison ministérielle avec des conditions et un programme sur les choses et sur les personnes. Nous n'en sommes point, que je sache, à ce degré de régime parlementaire, et je ne crois pas l'empereur disposé à passer ainsi sous ses fourches caudines. » Le 2 janvier 1870, le ministère Ollivier fut péniblement enfanté; M. Buffet y prit le portefeuille des Finances, en remplacement de M. Magne. Parmi les principaux actes de son administration, le décret du 9 janvier sur les admissions temporaires, et le projet de budget présenté pour 1871 par le nouveau ministre soulevèrent au Corps législatif de vives discussions. M. Buffet sortit du cabinet Ollivier avec M. Daru, au moment du plébiscite, qu'il désapprouvait comme opposé aux véritables principes constitutionnels. Jusqu'à la fin du règne, il se tint prudemment sur la réserve; puis il protesta contre le Quatre-Septembre et se retira à Mirecourt pendant la guerre. Élu représentant à l'Assemblée nationale, le 8 février 1871, par le département des Vosges, avec 39,332 voix (58,175 votants, 119,746 inscrits), il siégea au centre droit, refusa le ministère des Finances que lui offrit Thiers dans le cabinet formé le 19 février, et ne tarda pas à se montrer en finances comme en politique, l'adversaire déterminé du chef du pouvoir exécutif, avec qui il avait toujours marché d'accord auparavant. Il vota *pour* les prières publiques, *pour* l'abrogation des lois d'exil, *pour* le pouvoir constituant de l'Assemblée; parla sur la question des indemnités aux départements envahis, et lors de la discussion sur les attributions et les rapports des pouvoirs publics, défendit l'article qui établissait, disait-il, une « responsabilité ministérielle approximative. » — Au cours du débat touchant le régime municipal de Lyon, une altercation entre deux députés ayant amené un tumulte par suite duquel M. Grévy, président de l'Assemblée, donna et maintint sa démission, M. Buffet, candidat de la droite, fut élu président de l'Assemblée par 304 voix contre 285 données à M. Martel, qu'appuyait le gouvernement. Depuis, M. Buffet fut six fois réélu au fauteuil. C'est sous sa présidence, on pourrait presque dire sous sa direction, que s'accompliront la chute de Thiers, la prorogation des pouvoirs du maréchal et le vote des lois constitutionnelles. Dans cette dernière circonstance son influence fut un moment décisive. C'était après le vote contre l'ensemble de la loi sur le Sénat. La droite ne voulait plus accepter aucune proposition nouvelle; l'insuccès du projet Wallon ne faisait aucun doute, lorsque M. Buffet expliqua que le règle-

ment permettait le dépôt de nouveaux amendements, et les admit d'office. Il reprit ainsi la campagne qui devait aboutir au vote du 25 février 1875. Aussi fut-il réélu président, la dernière fois, avec le concours de la gauche.

« Comme président, a écrit un biographe, M. Buffet a atteint et réalisé la perfection, l'idéal du genre, au point de vue scénique. Pas la moindre dissonance. A quelque groupe qu'on appartînt, droite, gauche ou centre, il fallait bien applaudir ce gentleman imperturbable et correct, dont rien ne troublait la gravité et ne dérangeait la cravate blanche...

« Au point de vue de l'impartialité pure et de l'équitable distribution des férules, il y aurait bien à formuler quelques réserves. M. Buffet abuse de sa myopie, ou, pour mieux dire, sa myopie l'abuse au point de lui faire prendre, en cas de rappel à l'ordre, M. Naquet pour M. Galloni d'Istria : ce qui humilie réciproquement les deux honorables collègues et jette une certaine confusion dans le banc des sténographes. On se rappelle aussi certaines séances coupées un peu court, certaines discussions brusquées, non pas à l'avantage de la gauche. L'homme n'est pas parfait, et le puritain le plus austère a ses moments de défaillance. » (*Les Portraits de Kelkun*, 1875.)

Le premier effet du vote des lois constitutionnelles fut l'avènement d'un cabinet présidé par M. Buffet, ministre de l'Intérieur (11 mars). M. d'Audiffret-Pasquier lui succéda comme président de l'Assemblée. M. Léon Say faisait partie du cabinet comme ministre des Finances; un conflit faillit éclater entre M. Buffet et lui, à propos d'un discours où M. Say avait fait ressortir l'amélioration considérable opérée dans la situation financière de la France, discours que le *Journal officiel* n'avait pas inséré. A la reprise de la session, M. Buffet, qui avait fait mettre en tête de l'ordre du jour la deuxième délibération de la loi électorale, obtint de la majorité de l'Assemblée qu'elle se prononçât (11 novembre) en faveur du scrutin d'arrondissement, contrairement au projet élaboré par la nouvelle commission des trente. Après un grand débat auxquels prirent part Ricard, Dufaure, Gambetta, le scrutin uninominal triompha par 357 voix contre 326. Toutefois, lorsque la loi revint en troisième lecture, l'Assemblée infligea au « vice-président du conseil de ministres » deux légers échecs: l'un, en remaniant la loi pour y insérer des mesures contre les manœuvres de corruption, et instituer des pénalités contre les fonctionnaires qui distribueraient des circulaires ou bulletins de vote; l'autre, en restituant un député à chacune des colonies de la Martinique, de la Guadeloupe, de la Réunion et de l'Inde française. Un insuccès plus grave fut éprouvé personnellement par M. Buffet lors des élections des sénateurs inamovibles par l'Assemblée nationale, en décembre 1875. A chaque tour de scrutin, le chef du ministère perdit des voix. On put croire qu'il allait quitter le pouvoir: il y resta pourtant, fit voter, le 29 décembre, malgré l'opposition de la gauche, une loi nouvelle sur la presse, et, aussitôt après sa promulgation, adressa à tous ses agents une circulaire qui donnait au texte adopté l'interprétation la plus rigoureuse. De nouveaux dissentiments entre M. Buffet et M. Léon Say, au sujet de la candidature « centre gauche » de ce dernier au Sénat, posée dans Seine-et-Oise, et que M. Buffet voulut obliger son collègue à retirer, amenèrent, cette fois, la démission du ministre des Finances. Cependant, l'époque fixée pour l'élection des nou-

35

velles assemblées de la République était révolue. En dépit de sa situation, M. Buffet, candidat au Sénat, échoua dans son pays natal, les Vosges. Il fut encore moins heureux auprès du suffrage universel : les quatre circonscriptions de Mirecourt, Commercy, Bourges et Castelsarrasin, où il se porta candidat, le rejetèrent à de fortes majorités. Il résolut alors de donner sa démission de ministre : le cabinet fut maintenu provisoirement, M. Dufaure devenant vice-président du conseil avec l'intérim de l'Intérieur. Lors du décès de M. Ricard, qui lui avait succédé à ce ministère, M. Buffet entra au Sénat comme membre inamovible, élu le 17 juin 1876 par 144 voix contre 141 à M. Renouard, ancien procureur général. Il prit place parmi les membres de la majorité conservatrice, et combattit à la tribune la nouvelle loi sur les maires.

Pendant la crise qui suivit l'acte du 16 Mai 1877, M. Buffet vota la dissolution de la Chambre; mais n'ayant pas été appelé à faire partie du ministère de Broglie, il se tint en quelque sorte à l'écart de la politique militante : la seule manifestation notable à laquelle il se livra fut un discours très agressif contre la majorité républicaine, prononcé au comice agricole de Wittel (Vosges). Mais, depuis la fin de 1877, M. Buffet n'a cessé de prendre aux travaux du Sénat une part des plus assidues. Parmi les discours, très nombreux, qu'il a prononcés sur les questions les plus importantes soumises à la Chambre haute, il y a lieu de citer ceux qui eurent trait, dans le cours de l'année 1880, aux divers projets de loi de M. J. Ferry sur l'enseignement; il défendit l'institution des « jurys mixtes », établis par la loi de 1875, attaqua vivement l'article 7 de la loi nouvelle, et nia formellement que les catholiques eussent la prétention de faire gouverner théocratiquement la société civile. En novembre, M. Buffet saisit le Sénat, sous forme d'interpellation, de la question de l'exécution des décrets : il accusa M. J. Ferry d'avoir rompu les négociations entamées avec le Vatican, et d'avoir usé de mauvaise foi à l'égard des congrégations. Quant à l'application même des lois, il affirma que des procédés de « malfaiteurs » avaient été employés : lui-même, un sénateur, n'avait-il pas été expulsé d'une maison religieuse où il assistait ses amis! Il intervint encore, en décembre de la même année, pour protester à la tribune contre l'enlèvement, ordonné par M. Hérold, préfet de la Seine, de tous les emblèmes religieux dans les écoles de la ville, et obtint le vote, par 151 voix contre 82, d'un ordre du jour « regrettant l'acte qui a fait l'objet de l'interpellation. » Les questions de finances et l'examen critique du budget appelèrent fréquemment aussi M. Buffet à la tribune, où il s'efforça de prouver l'infériorité de la politique financière des républicains au pouvoir. M. Buffet, depuis son entrée au Luxembourg, a constamment voté avec la droite, notamment, en 1882, contre la loi nouvelle sur le serment judiciaire, en 1883, contre la suspension de l'inamovibilité de la magistrature, en 1884, contre le rétablissement du divorce, etc. Il s'est prononcé, plus récemment, contre les projets de loi complémentaires sur l'enseignement, contre la nouvelle loi militaire, etc., et, dans la dernière session, s'est abstenu sur le rétablissement du scrutin uninominal (13 février 1889), a voté contre le projet de loi Lisbonne restrictif de la liberté de la presse (18 février), contre la procédure à suivre devant le Sénat pour juger les attentats commis contre la sûreté de l'État

(29 mars), et s'est associé aux protestations et à la scission de la droite (juillet 1889), provoquées, au cours du procès du général Boulanger, par le refus de la majorité d'examiner préalablement la question de compétence.

BUFFY (Louis-René), député à l'Assemblée constituante de 1789, né à Dourdan (Seine-et-Oise). le 16 mars 1742, une date inconnue, était notaire à Paris. Il fut élu, le 29 mars 1789, député du tiers aux États-Généraux par le bailliage de Dourdan, et fit obscurément partie de la majorité. Les tables du *Moniteur* l'ont confondu avec M. de Bussy, député du gouvernement de Péronne et Montdidier, qui donna sa démission en août 1789.

BUGEAUD DE LA PICONNERIE (Thomas-Robert, duc d'Isly), député de 1831 à 1848, et représentant du peuple aux Assemblées constituante et législative de 1848-1849, né à Limoges (Haute-Vienne), le 15 octobre 1784, mort à Paris le 10 juin 1849, était fils de Jean-Ambroise Bugeaud, marquis de la Ribrevole, seigneur de la Piconnerie, et de noble demoiselle Sulton de Clonard, seigneur de Lugo et autres lieux. Dans une lettre adressée au journal *la Tribune*, en 1833, le futur duc d'Isly, écrivait : « Mon grand-père était un forgeron; avec un bras vigoureux, et en se brûlant les yeux et les doigts, il acquit une propriété, que mon père, aristocrate oisif, exploita avec intelligence et activité. » A vingt ans, il s'engagea comme vélite dans les grenadiers à pied de la garde impériale, fit campagne sur les côtes de la Manche, puis à la grande armée (1805), devint caporal à Austerlitz (1805), fut nommé sous-lieutenant au 64e de ligne en 1806, et fut blessé à l'affaire de Pultusk (26 novembre). Envoyé à l'armée de Suchet, en Espagne, puis en Catalogne, sous les ordres de Lamarque, il passa capitaine. Il se distingua à Lérida et à Tarragone, fut promu chef de bataillon, mit en déroute, à Ordal, le 27e de ligne anglais, reçut, en récompense de ce fait d'armes, le grade de lieutenant-colonel, et le commandement du 14e de ligne, dont il fut nommé colonel à sa rentrée en France. La première Restauration lui inspira, en faveur des Bourbons, des vers assez ridicules; aux Cent-Jours, il revint à Napoléon qui l'envoya à la tête du 14e de ligne, sur la frontière des Alpes, où, avec 1,700 hommes et 40 chevaux, il culbuta, à l'Hôpital-sous-Conflos (Savoie), une division autrichienne de 6 000 hommes, 500 cavaliers et 6 canons, dont 400 restèrent sur le champ de bataille. Licencié à la seconde Restauration, il se retira à Excideuil, dans sa propriété, s'occupa d'agriculture, préconisa l'ensemencement des carottes, l'utilité de la betterave, l'emploi du plâtre comme engrais, etc. Au moment de la guerre d'Espagne (1823), il demanda vainement à reprendre du service; il entra alors discrètement dans les rangs de l'opposition libérale, et se présenta, le 4 juillet 1829, aux élections législatives, dans le collège de département de la Dordogne, où il n'obtint que 31 voix contre 116 accordées à l'élu, M. Debelleyme. La monarchie de Juillet le nomma maréchal de camp; candidat à la députation dans le 2e collège électoral de la Dordogne (Périgueux), il fut élu, le 5 juillet 1831, par 93 voix sur 181 votants, et 219 inscrits, contre 88 voix données au docteur Montagut. Il apporta à la tribune des idées singulières servies par une éloquence abrupte, qui excita plus d'une fois l'hilarité; les ministres eurent à reprocher plus d'une imprudence à l'ardeur de son dévouement, et, le souci de ses intérêts personnels, qu'il défendit toujours avec emportement, soit comme général, soit comme propriétaire rural, donna créance à des soupçons de vénalité, lancés par ses adversaires, et qui n'ont d'ailleurs jamais été prouvés. A la tribune, il combattit l'abaissement du cens (janvier 1832) et la publicité des séances des conseils généraux, et fut chargé par le gouvernement de garder dans la citadelle de Blaye, puis de reconduire plus tard à Palerme, la duchesse de Berry, arrêtée à Nantes après son échec en Vendée. On assure qu'il n'usa pas vis-à-vis de la prisonnière des égards que lui méritaient au moins ses malheurs. A la session de 1834, M. Dulong l'ayant à ce sujet, traité de « geôlier », une rencontre fut arrêtée et Dulong fut tué d'une balle au front (27 janvier). Quelques jours après, Bugeaud ayant interrompu Berryer en lui disant : « Je vous rappelle votre serment, sans lequel vous n'aviez pas le droit d'entrer à la Chambre, » celui-ci lui répondit d'une voix sévère : « Il ne s'agit pas, monsieur, de savoir comment on entre à la Chambre ni comment on en peut sortir, » réponse qui, accueillie par un long frémissement, valut en outre à Bugeaud une verte réprimande du président Dupin.

A l'insurrection d'avril 1834, le gouvernement appela Bugeaud au commandement d'une brigade chargée de réprimer l'émeute. On lui a reproché d'avoir recommandé aux soldats de ne faire *aucun quartier*, et d'avoir provoqué ainsi les « massacres de la rue Transnonain ; » on a exagéré peut-être, mais le général Bugeaud n'était pas homme à avoir grand'pitié pour des insurgés ; dans une lettre qu'il écrivait d'Excideuil à un colonel, le 18 juillet 1832, il le félicitait « d'avoir contribué à taper ces gredins de républicains dans les journées des 5 et 6 juin. »

Le 21 juin 1834, les électeurs de la Dordogne le renvoyèrent à la Chambre par 124 voix sur 200 votants et 228 inscrits, contre 73 voix données à M. Montagut ; dans cette législature et dans les suivantes, du 24 septembre 1836, après sa nomination comme général de division ; du 4 novembre 1837, par 131 voix sur 201 votants et 253 inscrits ; du 2 mars 1839, par 142 voix sur 189 votants contre 33 voix données à M. Périn ; du 1er février 1841, (après sa nomination comme gouverneur de l'Algérie), par 177 voix sur 268 votants et 338 inscrits, du 9 juillet 1842, par 178 voix sur 286 votants et 338 inscrits ; contre 107 voix données à M. Chavoix, du 1er août 1846, par 168 voix sur 303 votants et 335 inscrits, contre 141 voix données à M. Chavoix, Bugeaud, ennemi des théories et de ce qu'il appelait « l'aristocratie de l'écritoire », soutint tous les cabinets qui se succédèrent, et vota *contre* les associations, *contre* le jury, *contre* la liberté de la presse, et *pour* les lois de septembre ; « les ministères ont beau changer, disait Armand Marrast, Bugeaud n'en reste pas moins toujours ministériel. »

Bien qu'il n'eût aucune confiance dans l'avenir de notre conquête algérienne, Bugeaud fut envoyé en Afrique par le ministère Molé, et y montra de réelles qualités d'homme de guerre. Après avoir battu les Arabes en plusieurs rencontres, il conclut avec Abdel-Kader le traité de la Tafna (1837) qui fut vivement critiqué. A cette occasion, lors du procès intenté au général Brossard pour concussion, le général Bugeaud avoua à la tribune qu'il avait lui-même accepté une somme d'argent, mais qu'il l'avait appliquée aux chemins vicinaux d'Excideuil :

« J'ai manqué, ajouta-t-il, à la dignité du commandement. »

Le ministère Thiers, dit du 1er mars 1840, désireux de terminer la conquête, nomma le général Bugeaud gouverneur général de l'Algérie. Sa proclamation, datée d'Alger, 21 février 1841, exprima la ferme résolution d'en finir... « J'ai toujours fait des efforts pour détourner mon pays de s'engager dans cette conquête... Ma voix n'a pas été assez puissante ; le pays s'est engagé, je dois le suivre ; il faut que les Arabes soient soumis...! » Il appliqua alors à cette guerre sa maxime favorite : « Pour vaincre les Arabes, il faut se faire Arabe ; » par des courses rapides à travers le pays, il les harcela sans cesse, ne leur permit ni de semer, ni de récolter, et, en trois ans, soumit le pays, de Tunis au Maroc. Nommé maréchal de France, le 17 juillet 1843, il commença, en mai 1844, cette brillante campagne du Maroc, signalée par de nombreux succès et terminée par la victoire d'Isly (14 juillet) qui lui valut le titre de duc d'Isly ; le gouvernement y ajouta la remise des 18,000 francs de droit de sceau que le nouveau duc refusait de payer. Il revint en France, mais fut rappelé en Afrique (avril 1846) par les nouvelles tentatives d'Abd-el-Kader, fit campagne contre les tribus de l'Ouarencenis, puis, en avril 1847, pénétra en Kabylie, où les montagnards se soumirent à celui qu'ils appelaient « le maître de la Fortune. » En désaccord avec le gouvernement sur certaines questions, il envoya sa démission de gouverneur général en mai suivant, et fut remplacé, le 11 septembre, par le duc d'Aumale.

Le 24 février 1848, il reçut, à 3 heures du matin, des ministres Trézel et Duchâtel, le commandement supérieur de l'armée et des gardes nationales de Paris. Il était convaincu qu'il allait vaincre « l'émeute, » lorsqu'on ordonna de cesser le feu. Bugeaud offrit son concours au gouvernement provisoire, qui le refusa. N'ayant pu être élu représentant du peuple dans la Dordogne, il se présenta le 26 novembre 1848, dans la Charente-Inférieure, en remplacement du prince L. Napoléon qui avait opté pour un autre département ; et fut élu par 25,099 voix sur 29,540 inscrits et 135,506 votants. Il prit place à droite, montra des idées de conciliation qu'on ne lui connaissait pas, et vota, avec la droite, *pour* la proposition Rateau, et *pour* le renvoi des accusés du 15 mai devant la Haute-Cour ; il fut en congé pendant le reste de la session.

Louis-Napoléon, président de la République, nomma le maréchal Bugeaud commandant en chef de l'armée des Alpes. Le 13 mai 1849, la Charente-Inférieure l'élut représentant à la Législative, le 3e sur 10, par 75,148 voix sur 90,799 votants, et 142,041 inscrits ; mais le tumulte de la première séance, il fit entendre ces paroles : « Les majorités sont tenues à plus de modération que les minorités, » et, moins d'un mois après, il mourut, emporté par le choléra, après avoir reçu la visite du président de la République. Il fut enterré solennellement aux Invalides ; la ville d'Alger lui a élevé une statue sur la place d'Isly, le 14 août 1852. Il était officier de la Légion d'honneur. On a de lui : *Essai sur quelques manœuvres d'infanterie* (1815), *Mémoire sur l'impôt du sel* (1831), *De l'organisation unitaire des armées* (1835), et des publications sur l'Algérie (1838-1842).

BUISSON (AUGUSTIN-FRANÇOIS), député au Corps législatif de 1869 à 1870, représentant à l'Assemblée nationale de 1871, né à Hattenville

(Seine-Inférieure), le 21 novembre 1812, mort à Rouen (Seine-Inférieure), le 19 novembre 1876, avocat à Yvetot, conseiller général de son département, débuta dans la vie parlementaire le 24 mai 1869, date de son élection comme député au Corps législatif dans la 5e circonscription de la Seine-Inférieure, par 13,935 voix (28,861 votants, 33,517 inscrits), contre 12,839 accordées à M. Henri Barbet, ancien député. Précédemment, M. Buisson avait échoué dans la même circonscription, à l'élection partielle qui eut lieu en 1859, pour remplacer M. de Labédoyère, nommé sénateur ; il avait réuni 9,266 voix, tandis qu'à l'élu, M. Reiset, en obtenait 15,344. Au Palais-Bourbon, le député de la Seine-Inférieure siégea parmi les indépendants du centre ; il s'associa à l'élection partielle qui eut lieu ral, » ainsi qu'à l'interpellation des 116. Réélu, le 8 février 1871, représentant du même département à l'Assemblée nationale, le 3e sur 10, par 80,468 voix (120,899 votants, 203,718 inscrits), il prit place au centre gauche, se prononça, quoique timidement, en faveur des institutions républicaines, et s'abstint de voter dans plusieurs scrutins importants : sur la question des prières publiques (16 mai 1871), sur la circulaire confidentielle de M. Pascal (10 juin 1873), sur l'état de siège (4 décembre 1873), etc. Il opina pour la paix, pour l'abrogation des lois d'exil, et pour le pouvoir constituant de l'Assemblée ; mais il vota, avec la gauche, contre la démission de Thiers au 24 mai, contre le septennat et contre la loi des maires. Il se prononça pour les amendements Wallon et Pascal Duprat, ainsi que pour l'ensemble de la Constitution de 1875.

BUISSON (MARIE-DENIS-JULES), représentant à l'Assemblée nationale de 1871, né à Carcassonne (Aude), le 3 avril 1822, était inscrit au barreau de sa ville natale. Héritier d'une fortune assez considérable, il consacra aux arts les loisirs que lui laissa sa profession. Dessinateur spirituel, aquafortiste distingué, M. Jules Buisson venait à peine d'être élu (8 février 1871) représentant de l'Aude à l'Assemblée nationale, le 1er sur 6, par 35,464 voix (54,560 votants, 92,276 inscrits), qu'il exerçait aux dépens de ses collègues de gauche et de droite un réel talent de caricaturiste. Il ne se passa pas de séance qu'il n'exécutât, à son banc de député, la « charge » de quelqu'un des parlementaires qui posaient devant lui, le plus souvent sans s'en douter. Sous ce titre humoristique : *Musée des souverains*, M. Buisson a réuni ainsi un très curieux album de portraits à la plume, qui a été publié à un très petit nombre d'exemplaires ; la revue l'*Art* en a reproduit naguère quelques croquis. — Comme législateur, M. Buisson siégeait au centre droit. Son acte politique le plus important fut le rapport qu'il déposa sur les propositions de MM. Humbert et Duchâtel (10 janvier 1872), ayant pour objet de fixer à Paris la résidence de l'Assemblée et du gouvernement. Dans un style quelque peu emphatique, le rapporteur concluait au rejet et disait : « Restons, messieurs restons à Versailles, loin des manifestations, des démonstrations sans armes, des ébullitions d'un foyer à peine refroidi, dans le travail sans trêve, dans le recueillement. L'essai de la République se fait ici bien plus sûrement que dans la capitale. » D'autre part, le représentant de l'Aude intervint plusieurs fois dans les débats artistiques, combattit vivement la création d'un « Musée des copies », proposé par M. Jules Simon, et critiqua l'achat fait par M. Thiers

pour le Musée du Louvre, de la *Magliana*, fresque attribuée à Raphaël et dont l'authenticité a toujours paru contestable. — M. J. Buisson vota : *pour* la paix, *pour* les prières publiques, *pour* l'abrogation des lois d'exil, *pour* le pouvoir constituant de l'Assemblée, *pour* le gouvernement du 24 mai, *pour* le septennat, *pour* l'état de siège, *pour* la loi des maires ; *contre* le retour à Paris, *contre* la dissolution, *contre* l'amendement Wallon et *contre* l'amendement Pascal Duprat. Il se rallia, le 25 février 1875, au vote des lois constitutionnelles, et ne fit pas partie d'autres législatures.

BUISSON. — *Voy.* BOURNAZEL, (COMTE DE).

BUJAULT (JACQUES-PIERRE), représentant à la Chambre des Cent-Jours, député de 1822 à 1824, né à la Forêt-sur-Sèvre (Deux-Sèvres), le 1er janvier 1771, mort à Challoüe (Deux-Sèvres), le 24 décembre 1842, fit ses études au collège d'Angers, et fut, sans succès, libraire, imprimeur et avocat à Melle. Il quitta le barreau pour se consacrer à l'agriculture et fit valoir le domaine de Challoüe (canton de Celles) dont il venait d'hériter. Membre du conseil général, il fut élu le 11 mai 1815, représentant à la Chambre des Cent-Jours par le collège de département des Deux-Sèvres, avec 79 voix sur 106 votants : il y défendit de ses votes l'opinion constitutionnelle modérée. Puis il reprit ses occupations favorites, qu'il n'interrompit que pour siéger de nouveau à la Chambre des députés : le parti libéral lui donna, le 9 mai 1822, dans le 2e arrondissement électoral des Deux-Sèvres (Niort), une majorité de 343 voix sur 497 votants et 567 inscrits, contre 138 voix au général Aymé, et 9 à M. Morisset. Il vota avec les défenseurs de la Charte. Son rôle parlementaire fut des plus modestes ; mais c'est comme cultivateur et comme moraliste populaire que Jacques Bujault fit connaître son nom. Dès 1818, Paul-Louis Courier l'annonçait au public : « Projet d'amélioration de l'agriculture, par J. Bujault, avocat à Melle, département des Deux-Sèvres. Brochure de cinquante pages où l'on trouve des calculs, des remarques, des idées dignes de l'attention de tous ceux qui ont étudié cette matière. L'auteur aime son sujet, le traite en homme instruit et dont les connaissances s'étendent au delà. Il ne tiendrait qu'à lui d'approfondir les choses qu'il effleure en passant : plein de zèle, d'ailleurs pour le bonheur public et pour la gloire de l'État. Il veut qu'on dirige la nation vers l'économie rurale, qu'on instruise les cultivateurs, et il en indique les moyens. On n'est mieux pensé, ni plus louable. » Doué d'un esprit vif, alerte, incisif, Bujault qui écrivait non pour le public des villes, mais pour le paysan illettré de son temps et de son pays, mettait volontiers en proverbes et en adages l'enseignement technique et moral qu'il prodiguait dans ses livres. Voici quelques-uns des aphorismes du « patriarche de Challoüe », extraits des *Almanachs de Maître Jacques* : Écrire pour le laboureur, c'est faire l'aumône du pauvre. — Un petit trou à la barrique et le vin est à bas ; petit gaspillage à la maison, et la richesse s'en va. — Mes amis, c'est grand bonheur, si d'ivrogne on ne vient voleur. — On plume les poules au village, les plaideurs à la ville. — La femme est le bon Dieu de la maison. — La terre s'épuise par le blé, et elle se repose par le pré. — Jeunesse va vers le monde, vieillesse en revient, et si vieillesse ne cause, jeunesse ne saura rien.

Jacques Bujault contribua surtout à répandre l'usage des prairies artificielles. On lui doit de nombreuses améliorations agricoles dans les Deux-Sèvres. Il légua, en mourant, 75,000 fr. aux pauvres de la ville de Melle, et la même somme à ceux de Sainte-Blandine. Le 15 septembre 1789, la ville de Melle a inauguré un monument élevé en son honneur.

BULLE (Pierre-Ignace), député de 1815 à 1816, né à Dôle (Jura), le 14 décembre 1768, mort à Dôle, le 16 février 1817, appartenait à la magistrature. Il fut élu député, le 22 août 1815, par le collège de département du Jura, avec 105 voix (193 votants, 281 inscrits), siégea dans la majorité, et, après la session, fut nommé (14 février 1816) président du tribunal civil de Dôle. Il conserva ce poste jusqu'en 1840. — Chevalier de la Légion d'honneur.

BULLY (Charles-Joseph-Augustin de), député de 1822 à 1830, né à Paris, le 29 mai 1767, mort à Lille (Nord), le 3 janvier 1831, était inspecteur général du Trésor à Lille. Bien qu'on l'accusât d'avoir tenu pendant les Cent-Jours, au dire d'un biographe, une conduite « équivoque et versatile », il fut, le 13 novembre 1822, le candidat du gouvernement royal à la Chambre des députés dans le 3e arrondissement du Nord (Lille); il siégea, comme ses collègues du même département, dans la majorité royaliste, et, successivement réélu par la même circonscription, les 25 février 1824 et 17 novembre 1827, il se montra tout dévoué à la politique de M. de Villèle. — Chevalier de la Légion d'honneur.

BULLY (Joseph-Ambroise), député de 1882 à 1885, né à Meaux (Seine-et-Marne), le 8 février 1822, était procureur de la république avant le Deux-Décembre; sa carrière brisée au coup d'État. Conseiller général de l'Eure, il se présenta une première fois, sans succès, aux élections législatives du 21 août 1881, contre M. Lepouzé (il n'obtint alors que 1,027 voix). Il fut de nouveau candidat après la mort de ce député, et réclama dans son programme la séparation de l'Église et de l'État, la suppression de l'inamovibilité de la magistrature, la revision de la Constitution avec maintien et réforme du Sénat. Au premier tour de scrutin, qui eut lieu le 30 avril 1882, il réunit 5,160 voix contre 4,376 à M. L. Sevaistre, conservateur, et 3,549 à un autre candidat, républicain, M. Corbeau, ancien instituteur. La concentration républicaine s'étant opérée avant le scrutin de ballottage, M. Bully l'emporta, le 14 mai, par 7,838 voix contre 5,152 à M. Sevaistre (13,092 votants, 17,335 inscrits). Il vota le plus souvent avec l'Union républicaine, en se rapprochant parfois de la gauche radicale. M. Bully ne fit pas partie de la Chambre de 1885.

BUON (Edouard-François), député de 1834 à 1837, né à Saint-Symphorien (Sarthe), le 30 décembre 1802, était maître de forges à Sougé-le-Ganelon, au moment de son élection (18 septembre 1834), comme député du 7e collège de la Sarthe (Beaumont-sur-Sarthe), par 98 voix sur 175 votants et 267 inscrits, contre 75 suffrages accordés à M. Desson de Saint-Aignan. C'était une élection partielle, et M. Buon remplaçait un député démissionnaire, M. Chevalier. Il prit place au centre et vota avec le « tiers parti ». Le 25 mai 1835 notamment, quand vint devant la Chambre le procès du journal le *Réformateur*, M. Buon se sépara de la majorité, et, après la défense présentée

par M. Jafrenou, gérant du journal, fut du nombre des députés qui déclarèrent s'abstenir, « faute d'être suffisamment éclairés ».

BUONACORSI (Alexandre, comte, membre du Sénat conservateur, né à Macerata (Italie), le 5 août 1740, mort à Rome (Italie), le 24 avril 1817, se signala, pendant le règne de Napoléon Ier, par son dévouement au gouvernement de l'empereur, et fut désigné par lui, le 22 février 1811, pour faire partie du Sénat conservateur, où, en 1814, il vota, d'ailleurs, la déchéance. Buonacorsi avait été créé comte de l'Empire, le 23 octobre 1811.

BUQUET (Louis-Léopold, baron), représentant à la Chambre des Cent-Jours, député de 1820 à 1824, et de 1827 à 1830, né à Charmes (Vosges), le 5 mai 1768, mort à Nancy (Meurthe), le 25 avril 1835, embrassa de bonne heure la carrière militaire; nommé sergent-major dans le 4e bataillon des volontaires des Vosges le 28 août 1791, il fit les campagnes du Rhin, devint lieutenant quartier-maître le 15 décembre 1792, passa à l'armée de Sambre-et-Meuse en qualité d'adjoint provisoire auprès de l'adjudant général Kléber 30 mars 1793), et fut promu capitaine, le 25 juin suivant, et aide de camp de Kléber, le 16 août. Adjudant général chef de brigade (25 prairial an III), chef d'escadron dans la gendarmerie nationale (22 prairial an V), chef de la 18e division de gendarmerie à Metz (28 vendémiaire an VII), il fut décoré de la Légion d'honneur, le 15 pluviôse an XII, promu officier du même ordre le 25 prairial suivant, et général de brigade le 28 vendémiaire an XIII. Envoyé en Espagne en 1807, il se battit courageusement au combat de Talaveyra, fut blessé grièvement, fait prisonnier et interné à Cadix sur des pontons. Il parvint à s'échapper, rejoignit l'armée française, fut nommé commandeur de la Légion d'honneur le 30 juin 1811, et, à la première Restauration, chevalier de Saint-Louis (29 juillet 1814). Au début des Cent-Jours, l'empereur lui confia (3 avril 1815) l'inspection générale de la gendarmerie; il quitta le service militaire au second retour des Bourbons, et fut admis à la retraite le 7 avril 1819. Le 14 mai 1815, le collège de département des Vosges l'avait élu représentant à la Chambre des Cent-Jours, par 65 voix sur 123 votants; le même collège l'élut encore, le 13 novembre 1820; il siégea à la gauche modérée jusqu'en 1824, et n'obtint le renouvellement de son mandat que le 17 novembre 1827, dans le 2e arrondissement électoral des Vosges (Remiremont), par 67 voix sur 117 votants et 171 inscrits, contre 47 voix données à M. Richard d'Aboncourt, député sortant. Le baron Buquet n'a pas fait partie d'autres législatures.

BUQUET (Henri-Albert-Léopold, baron), fils du précédent, député au Corps législatif de 1852 à 1870, né à Paris, le 15 juillet 1809, mort à Nancy (Meurthe), le 12 juin 1889, propriétaire à Nancy, devint maire de cette ville et conseiller général de la Meurthe. La situation de son père, baron de l'empire, ancien député des Vosges, lui donnait, dit une biographie « des droits près des comités napoléoniens formés en 1849; aussi celui de Nancy le présenta-t-il chaudement aux suffrages des électeurs. Mais ceux-ci, qui n'avaient pas encore emboîté le pas, envoyèrent un autre représentant à la Législative. » Plus heureux le 29 février 1852, M. Buquet entra sans peine au Corps législatif, comme candidat du gouvernement, dans la

BUR 532 BUR

2ᵉ circonscription de la Meurthe, avec 26,801 voix sur 28,843 votants et 41,544 inscrits. Il passait alors pour un « bonapartiste solide. » Il justifia pleinement cette opinion et fut réélu successivement : le 22 juin 1857, par 23,926 voix (27,816 votants, 38,646 inscrits), contre 3,451 au général Cavaignac; le 1ᵉʳ juin 1863, par 19,606 voix, (29,080 votants, 36,273 inscrits). contre 9,024 à M. d'Adelsward, ancien représentant; et le 24 mai 1869, par 15,455 voix, (31,036 votants, 38,361 inscrits), contre 15,102 à M. Viox, ancien représentant. Très vivement battue en brèche cette fois par l'opposition démocratique, la candidature officielle de M. Buquet n'avait triomphé qu'à une très petite majorité. En minorité à Nancy même, le député de la Meurthe dut donner sa démission de maire. La révolution du 4 Septembre le rendit à la vie privée. — Le baron Buquet était commandeur de la Légion d'honneur.

BURDEAU (AUGUSTE-LAURENT), député de 1885 à 1889, né à Lyon (Rhône), le 10 septembre 1851, se destina à l'enseignement et fut admis à l'École normale supérieure. Lors de la déclaration de guerre à la Prusse, M. Burdeau s'engagea, fit la campagne, fut blessé et emmené prisonnier en Allemagne. Il reprit ses études après la conclusion de la paix, et les poussa jusqu'à l'agrégation de philosophie. Il professa cette classe à Lons-le-Saulnier, à Saint-Étienne, puis à Paris, au lycée Louis-le-Grand. Il avait publié dans la *Revue philosophique* des articles remarqués, et avait traduit en français plusieurs ouvrages de Herbert Spencer et de Schopenhauer, quand M. Paul Bert, devenu ministre de l'Instruction publique, le prit pour chef de cabinet (novembre 1881). Cette nouvelle situation acheva de le mettre en vue. Porté sur la liste républicaine opportuniste du Rhône, aux élections d'octobre 1885, M. Burdeau fut élu, au scrutin de ba lottage, le 9ᵉ sur 11, par 86,376 voix (136,430 votants, 178,887 inscrits). Il fit partie de la majorité, fut un des promoteurs (1886) du projet de loi interdisant le territoire de la République aux membres des familles ayant régné sur la France, et vota notamment : le 8 février 1886, *contre* la proposition Michelin tendant à rechercher les origines et les causes de l'expédition du Tonkin; le 19 novembre 1887, *contre* la discussion immédiate de l'interpellation Clémenceau (chute du ministère Rouvier;) le 31 mars 1888, *contre* l'urgence de la proposition de revision (chute du ministère Tirard). En 1887, M. Burdeau fut rapporteur du budget de l'instruction publique. Dans la dernière session, il s'est prononcé *pour* le rétablissement du scrutin uninominal (11 février 1889), *pour* l'ajournement indéfini de la révision de la Constitution (14 février), *pour* les poursuites contre trois députés membres de la Ligue des patriotes (14 mars), *pour* le projet de loi Lisbonne restrictif de la liberté de la presse (2 avril), *pour* les poursuites contre le général Boulanger (4 avril). M. Burdeau est l'auteur du livre : *Une famille républicaine : Les trois Carnot*, paru en 1888, sous la signature : *un député.*

BURDELOT (LOUIS, COMTE DE PONTORSON), député à l'Assemblée constituante de 1789, né à Avranches (Manche), le 23 juin 1735, mort à une date inconnue, fut maire de Pontorson et siégea dans l'Assemblée constituante, sans y prendre jamais la parole, comme député du tiers-état, élu par le bailliage de Coutances, le 28 mars 1789.

BUREAUX DE PUZY (JEAN-XAVIER), député aux États-Généraux de 1789, né à Port-sur-Saône (Haute-Saône), le 7 janvier 1750, mort à Gênes (Italie), le 2 février 1805, entra le 1ᵉʳ janvier 1771, à l'École du génie en qualité de lieutenant en second, et était capitaine en 1789, lorsqu'il fut élu, le 11 avril, député de la noblesse aux États Généraux par le bailliage d'Amont. Il se fit remarquer parmi les partisans les plus modérés des réformes promises ou espérées, tout en soutenant le pouvoir royal qui lui paraissait la plus sûre garantie de l'ordre et de la liberté. Membre de la plupart des comités, militaire, diplomatique, colonial, des finances, etc., il coopéra très activement à la nouvelle division territoriale de la France, combattit l'aliénation des biens du clergé, montra les dangers des restrictions imposées à l'autorité du roi sur l'armée, et fut, par trois fois, nommé président de l'Assemblée. Le 4 février 1790, il avait, en cette qualité, à répondre à un discours du roi; il fallait ménager à la fois la majesté du trône et les susceptibilités de la représentation nationale; Bureaux de Puzy sut, à force de tact et avec un sentiment parfait des convenances, satisfaire à la fois et la cour et l'Assemblée.

Après la session, il reprit son service de capitaine du génie, et continua à défendre les principes constitutionnels. Mandé. à ce sujet à la barre de l'Assemblée législative, il se justifia avec autant de sincérité que de dignité; la 1ᵉʳ janvier 1792, Louis XVI lui donna la croix de Saint-Louis. Mais les événements se précipitaient : l'Assemblée avait prononcé la déchéance du roi, et on exigeait de l'armée de nouveaux serments : Bureaux de Puzy résolut de passer en Amérique, et partit avec Lafayette, Latour-Maubourg et Lameth. A peine hors de France, il fut arrêté avec sa femme et ses compagnons par les troupes autrichiennes, et jeté dans les cachots d'Olmütz, où il resta cinq ans. En 1797. Bonaparte, vainqueur des Autrichiens, exigea, aux négociations d'Udine, et sur l'ordre exprès du Directoire, la délivrance des prisonniers d'Olmütz; le 29 septembre, cinq ans et un mois après leur arrestation, Bureaux de Puzy, sa femme et les autres furent délivrés et conduits à Hambourg. De là, Bureaux de Puzy passa aux États-Unis, où il reçut un accueil chaleureux comme compagnon d'infortune de Lafayette. On lui offrit de vastes concessions de terrain sur les rives de la Delaware, mais il n'avait pas renoncé à revenir en France, et, lorsque le gouvernement consulaire eut, après le coup d'État de brumaire, rayé de la liste des émigrés les membres de l'Assemblée constituante qui avaient reconnu la souveraineté du peuple, il s'empressa de rentrer, et reprit ses biens invendus. Le 11 brumaire an X, le premier consul l'appela à la préfecture de l'Allier, puis, le 11 thermidor de la même année, à celle du Rhône; il y fit preuve d'un esprit très conciliant, et s'y montra administrateur habile. Commandeur de la Légion d'honneur, du 25 prairial an XII, il fut nommé préfet de Gênes le 15 messidor an XIII; il eut à réprimer une émeute des Parmesans, et put, sans verser une goutte de sang, pacifier les campagnes génoises, en harranguant lui-même les mécontents. Son succès fut complet, mais il rapporta de cette expédition les germes de la maladie qui l'emporta quelques mois après.

BUREAUX DE PUZY (MAURICE-POIVRE), fils du précédent, député de 1834 à 1837, de

1842 à 1848, et représentant du peuple à l'Assemblée constituante de 1848, né à Paris, le 22 juin 1799, mort à Paris, le 12 mars 1864, sortit de l'École polytechnique en 1819, dans les premiers rangs, et était capitaine du génie en 1821. Ses opinions libérales et ses relations avec les principaux acteurs de la révolution de Juillet le désignèrent, en 1830, au choix du nouveau gouvernement, qui le nomma préfet des Hautes-Pyrénées, puis préfet de Vaucluse en 1832; il épousa à cette époque la fille de Georges de La Fayette. Mais incapable de sacrifier l'indépendance de ses opinions aux exigences ministérielles, il fut révoqué (1833), donna sa démission de capitaine du génie, et brigua, le 21 juin 1834, les suffrages des électeurs du 1er collège électoral des Hautes-Pyrénées (Tarbes), qui l'élurent par 85 voix sur 157 votants et 183 inscrits, contre 75 voix données à M. Dintrans. Cette élection fut invalidée, et le siège du 2e collège électoral de l'Allier (La Palisse) étant devenu vacant par suite de l'option de M. de Tracy pour Moulins, Bureaux de Puzy s'y présenta, et fut élu, le 10 janvier 1835, par 104 voix sur 196 votants et 371 inscrits.

Les élections qui suivirent la dissolution obtenue par le ministère Molé (30 octobre 1837) ne lui furent pas favorables; il échoua également, le 30 novembre 1841, à une élection partielle, dans le 1er collège électoral de l'Allier (Moulins), par 111 voix contre 288 accordées à M. Meilheurat, élu; mais il fut élu, aux élections générales du 9 juillet 1842, dans le 3e collège du même département (Gannat), par 143 voix sur 241 votants et 327 inscrits, contre 90 voix données à M. Gauthier d'Hauteserve; le même collège le réélut, le 1er août 1846, par 190 voix sur 298 votants et 354 inscrits, contre 108 voix à M. Gauthier d'Hauteserve. Dans ces diverses législatures, Bureaux de Puzy siégea dans l'opposition de gauche, ne fit pas de grands discours, mais critiqua plus d'une fois, dans de courtes et violentes improvisations, le système de gouvernement de Louis-Philippe. La république de février 1848 le trouva prêt à la servir, et il fut envoyé dans l'Allier comme commissaire du gouvernement; mais il protesta contre les circulaires de Ledru-Rollin, et finit par se retirer.

Élu représentant du peuple dans l'Allier, le 23 avril 1848, le 3e sur 8, par 66,088 voix sur 72,293 votants et 89,404 inscrits, il devint questeur de l'Assemblée constituante, suivit la politique de Cavaignac et vota tantôt avec la droite, tantôt avec la gauche, pour le bannissement de la famille d'Orléans, pour le décret contre les clubs, contre le rétablissement du cautionnement, contre les poursuites contre Louis Blanc et Caussidière, pour l'abolition de la peine de mort, contre l'impôt progressif, contre l'amendement Grévy sur la présidence, contre le droit au travail, pour l'ordre du jour de félicitations à Cavaignac, contre la suppression de l'impôt du sel, contre le renvoi des accusés du 15 mai devant la Haute-Cour, contre l'amnistie des transportés, contre la mise en accusation du président et de ses ministres. Non réélu à la Législative, il fut appelé par cette Assemblée, au premier tour de scrutin, dans le nouveau Conseil d'État; il fut membre de la section de législation jusqu'au coup d'État de 1851, qui le rendit à la vie privée. Retraité comme conseiller d'État, le 5 avril 1854, chevalier de la Légion d'honneur.

BURELLE (JEAN-FRANÇOIS), représentant à la Chambre des Cent-Jours, député en 1819-20,

né à Moulins (Allier), le 10 mai 1772, mort à une date inconnue, propriétaire et médecin, était « fils de Jean Burelle, avocat au Parlement, et d'Hélène Deguet, son épouse ». Il se prononça pour la Révolution, et occupa diverses fonctions publiques. Administrateur du département de l'Allier, puis conseiller de préfecture (18 germinal an VIII), il devint, le 20 avril 1815, sous-préfet de Moulins; (chaque chef-lieu de département avait alors un préfet et un sous-préfet.) Burelle laissa la réputation d'un bon administrateur, et, dans ces temps difficiles, empêcha que la ville de Moulins ne souffrît de la disette de grains. Élu, le 10 mai 1815, par 26 voix sur 48 votants et 133 inscrits, représentant de l'arrondissement de Moulins à la Chambre des Cent-Jours, il vota avec les constitutionnels. Une seconde fois il fit partie du Parlement, en 1819, ayant reçu mandat du collège de département de l'Allier, par 440 voix (738 votants, 1,139 inscrits). Il se prononça, dans la législature, contre les deux lois d'exception et pour le nouveau système électoral, amendé.

BURGARD (MÉDARD-JOSEPH), représentant du peuple à l'Assemblée législative de 1849, né à Wihr-au-Val (Haut-Rhin), le 8 juin 1810, fils de François-Joseph Burgard, notaire, et d'Elisabeth Hubler, commença ses études au collège de Porentruy, en Suisse, et les continua au collège de Colmar et au petit séminaire de la Chapelle-sous-Rougemont (Haut-Rhin). Son père le destinait au barreau; mais il préféra s'engager dans un régiment d'infanterie. Il fit, comme grenadier au 12e de ligne, les campagnes de Belgique en 1831-1832; la vie de garnison lui ayant déplu, il acheta un remplaçant et rentra dans ses foyers en 1833. « Un mariage d'inclination qu'il contracta quelques années plus tard, mit, dit un biographe, un terme aux erreurs d'une jeunesse assez agitée. » Conseiller municipal de sa commune natale en 1840, adjoint en 1843, et maire en 1848, M. Burgard se déclara républicain, et, lors des élections à l'Assemblée législative, le 13 mai 1849, fut nommé, le 4e sur 10, par 35,076 voix, représentant du peuple du Haut-Rhin. Il vota avec la gauche avancée, s'opposa à toutes les mesures répressives qui obtinrent l'assentiment d la majorité, combattit la politique de l'Élysée et fut proscrit après le coup d'État. Depuis son retour d'exil, en 1859, et à la suite des événements de 1870-71, M. Burgard a opté pour la nationalité française; il habite aujourd'hui les environs de Paris.

BURIGNOT DE VARENNES (JACQUES-PHILIBERT), député à l'Assemblée constituante de 1789, né à Chalon-sur-Saône (Saône-et-Loire), le 27 octobre 1751, mort à Chalon-sur-Saône, le 27 avril 1842, était qualifié « écuyer » avant la Révolution, et était fils d'Étienne Burignot, écuyer, lieutenant général au bailliage de Chalon, et de Jeanne de la Folie. Il fut un obscur député de la noblesse aux États-Généraux de 1789, où le bailliage de Chalon-sur-Saône l'avait élu, le 30 mars. Le gouvernement de la Restauration le nomma, en 1815, président du collège électoral de Chalon, puis l'envoya siéger au conseil général pour le canton de Chalon (ordonnance du 17 avril 1816), où il resta jusqu'en 1833, et dont il fut président d'âge depuis 1819; il entra aussi au conseil municipal de Chalon, fut maire de Sienne, et chevalier de la Légion d'honneur.

BURIGNOT DE VARENNES (JACQUES-ÉDOUARD, BARON), second fils du précédent et de demoiselle Marguerite-Claudia Bourbon, député de 1843 à 1846, sénateur du second Empire, né à Chalon-sur-Saône (Saône-et-Loire), le 21 septembre 1795, mort au château de Crénelin (Saône-et-Loire), le 14 septembre 1873, dut son titre de baron aux fonctions diplomatiques dont il fut investi. Ministre plénipotentiaire de France dans le Mecklembourg lors du mariage de la princesse Hélène avec le duc d'Orléans (1837), il passa ensuite en Portugal, où il resta ambassadeur jusqu'en 1848. Vers la même époque, il devint député de Saône-et-Loire. Après une première tentative infructueuse aux élections générales du 9 juillet 1842, où il obtint 193 voix contre le général de Thiard élu par 206 suffrages, M. Burignot de Varennes l'emporta, dans le 3e collège de Saône-et-Loire (Chalon-sur-Saône), à l'élection partielle du 13 février 1843. L'option de M. de Thiard pour un autre collège avait rendu cette circonscription vacante. M. Burignot de Varennes fut élu par 213 voix sur 374 votants et 483 inscrits, contre 157 voix à M. Jules Bastide, candidat de l'opposition. Il fit partie de la majorité gouvernementale. En 1852, il remplaça M. de Persigny comme ambassadeur à Berlin, d'où il revint pour entrer au Sénat (4 mars 1853). Il y siégea, jusqu'à la fin du règne, parmi les serviteurs dévoués du régime impérial.

BURIN-DESROZIERS (LAURENT-MARCELLIN-MARIE), député au Corps législatif de 1869 à 1870, né à Issoire (Puy-de-Dôme), le 25 mars 1812, mort à Issoire, le 4 décembre 1875, était fils de Joseph Burin-Desroziers, ancien conseiller général du Puy-de-Dôme. Il entra dans la magistrature et fut tour à tour substitut et juge d'instruction à Issoire, procureur de la république à Thiers et à Clermont-Ferrand, puis conseiller (1852) à la Cour d'appel de Riom. Tout dévoué au gouvernement impérial, M. Burin-Desroziers reçut, en 1864, la décoration de la Légion d'honneur. Puis, le 24 mai 1869, il accepta la candidature officielle au Corps législatif dans la 2e circonscription du Puy-de-Dôme, longtemps représentée par M. de Morny, et fut élu par 16,160 voix sur 28,993 votants et 34,730 inscrits, contre 12,721 accordées au député sortant, M. Girot-Pouzol, de l'opposition. M. Burin-Desroziers vota avec la majorité dynastique, notamment, pour la déclaration de guerre à la Prusse, et rentra au barreau d'Issoire après le Quatre-Septembre. Il avait été admis à la retraite, comme conseiller à la Cour de Riom, le 4 mars 1870.

BURLE (FRANÇOIS-CHARLES DE), député à l'Assemblée constituante de 1789, né à Sisteron (Basses-Alpes), le 21 janvier 1746, mort à Sisteron, le 20 octobre 1823, était lieutenant général civil de Sisteron. Elu, le 15 avril 1789, député de la noblesse aux Etats-Généraux par la sénéchaussée de Forcalquier, il ne fut pas systématiquement hostile aux idées nouvelles et il accepta la réunion des trois ordres.

BURMANIA-RENGERS (JUSTIN-SJUCK-GEROLD-JUCKEMA, VAN), né à Sneek (Hollande), le 13 août 1773, mort à La Haye (Hollande), le 28 novembre 1832, était conseiller d'Etat en Hollande. Présenté au choix de l'empereur sur une liste de plusieurs noms, il fut désigné par Napoléon, le 19 février 1811, pour représenter au Corps législatif le nouveau département de la Frise. Il siégea jusqu'en 1815, puis il retourna dans son pays, où il mourut.

BURNEQUEZ (JACQUES-JOSEPH), député à l'Assemblée constituante de 1789, dates de naissance et de mort inconnues, était curé de Mouthe, en Franche-Comté. Député du clergé aux Etats-Généraux (16 avril 1789) pour le bailliage d'Aval, il ne s'opposa pas à la réunion des trois ordres et prêta le serment civique.

BUROSSE (GEORGES-MARIE DE), député de 1824 à 1831, né à Lagraulet (Gers), le 14 novembre 1778, mort à une date inconnue, était propriétaire à Démer (Gers), maire de cette commune et conseiller général, lorsqu'il fut élu, pour la première fois, député, par la 2e circonscription de son département (Condom), le 22 novembre 1824. Il siégea au côté droit. « Le seul acte de la carrière politique de M. de Burosse qui soit venu à notre connaissance, dit une biographie, est ce que rapporte le procès-verbal de la Chambre des députés du 18 mai 1825, dans lequel on lit : « M. le président accorde la parole à M. de Burosse. M. de Burosse prend la parole sur les sels. » L'élection de M. de Burosse avait été vivement contestée; elle eut pour défenseur à la Chambre son collègue, M. de Galard-Terraube, qui excita, à ce sujet, l'hilarité de toute la Chambre, par l'imprudence et l'inopportunité de ses déclarations. M. de Burosse fut cependant proclamé élu. Il obtint, le 17 novembre 1827, le renouvellement de son mandat, et vota d'abord pour le ministère Villèle; mais il rompit avec lui vers la fin de la session de 1827, et se réunit à l'opposition d'extrême droite. M. de Burosse proposa quelques amendements à la loi Peyronnet. Nommé, le 8 février 1829, sous-préfet de Saint-Sever, il ne conserva ces fonctions que jusqu'à la révolution de 1830. — Chevalier de la Légion d'honneur.

BUROT DE CARCOUET (JEAN-JACQUES), député de 1827 à 1831, né à Nantes (Loire-Inférieure), le 2 février 1764, mort à une date inconnue, issu d'une vieille famille bretonne, suivit la carrière militaire. A la Révolution, il émigra avec ses deux frères, fit dans les « chasseurs nobles » toutes les campagnes de l'armée de Condé, et ne revint qu'après le licenciement de ce corps. Au retour des Bourbons, en 1814, il reçut la croix de St-Louis. En 1815, il combattit encore dans les armées royales; puis, lors de la seconde Restauration, il rentra d'abord dans la vie privée. Propriétaire à Héric, maire de cette commune, et conseiller général, ce n'est qu'en 1827 qu'il accepta une candidature à la députation. Elu, le 24 novembre, par le collège de département de la Loire-Inférieure, avec 130 voix sur 230 votants, et 274 inscrits, il siégea au côté droit dans les sessions de 1828 et 1829, et vota contre l'adresse des 221 qui provoqua la révolution de Juillet. Il obtint, après la dissolution, le 3 juillet 1830, le renouvellement de son mandat, par 153 voix sur 298 votants et 315 inscrits. M. Burot de Carcouët, sans se rallier à la monarchie de Louis-Philippe, fut de ceux qui ne donnèrent pas leur démission de député. Il siégea jusqu'en 1831, et ne se représenta pas aux élections suivantes.

BURY (JACQUES-EUGÈNE-CLÉMENT), député de 1881 à 1885, né à Saumur (Maine-et-Loire), le 7 août 1814, n'avait aucun antécédent politique quand il se présenta, le 21 août 1881, aux électeurs de l'arrondissement de Saumur, et fut élu député par 11,182 voix (22,192 votants,

28,088 inscrits), contre 10,890 à M. Berger, conservateur, député sortant. Républicain modéré, M. Bury siégea à l'*Union républicaine*, et vota dans la législature, avec la minorité de la Chambre *pour* le ministère Gambetta, dans la journée du 26 janvier 1882, puis avec la majorité *pour* le ministère Ferry, auquel il contribua à accorder les crédits demandés pour l'expédition du Tonkin, etc. Le 4 octobre 1885, porté sur la liste républicaine de Maine-et-Loire, M. Bury échoua avec 47,192 voix, tandis que le dernier élu de la liste conservatrice en obtenait 72,820.

BUSCHEY-DESNOES (ADRIEN-GEORGES), député à l'Assemblée constituante de 1789, né à Notre-Dame-du-Hamel (Eure), le 22 février 1736, mort à une date inconnue, fut, avant la Révolution, « conseiller au bailliage de Bernay ». Il siégea dans la majorité de l'Assemblée constituante, comme député du tiers-état (27 mars 1789) pour le bailliage d'Evreux. Après la session, Buschey-Desnoës fut élu premier haut juré de l'Eure (4 septembre 1791). Il entra ensuite dans la magistrature, et on le retrouve, le 25 mars 1811, conseiller à la Cour impériale de Rouen. Il conserva cette fonction sous la Restauration, puis passa conseiller honoraire. Son nom ne figure plus à l'*Almanach royal* de 1821.

BUSSIÈRES (CHARLES-FRANÇOIS-JOSEPH BROQUART DE), député de 1834 à 1848, représentant du peuple à l'Assemblée législative de 1849, né à Besançon (Doubs), le 27 janvier 1791, mort à Soissons (Aisne), le 2 septembre 1853, entra, en 1809, à l'Ecole polytechnique, d'où il sortit officier du génie. Capitaine en 1818, il quitta plus tard l'armée, se fixa à Soissons, se présenta, le 21 juin 1834, dans le 2e collège électoral de la Marne (Reims), et fut élu par 142 voix (204 votants, 326 inscrits), contre 30 accordées à M. de Salvandy. Il prit place dans la majorité ministérielle, et vota, notamment, *pour* les lois de septembre 1835. Réélu dans la même circonscription, le 4 novembre 1837, il ne put siéger dans cette législature, dit une biographie, « parce que la députation de la Marne comptait plus de la moitié de ses membres n'ayant pas leur domicile dans le département. » Il fut remplacé alors par M. Houzeau-Muiron, puis fut renommé député de la Marne aux renouvellements successifs des 2 mars 1839, 9 juillet 1842 et 1er août 1846. Il revint siéger au centre et vota selon le mot d'ordre du ministère. Il approuva l'indemnité Pritchard et toutes les mesures conservatrices. M. Broquart de Bussières fit partie encore de l'Assemblée législative, élue le 13 mai 1849 : il y représenta le département de l'Aisne, avec 51,096 voix (112,795 votants et 160,698 inscrits), siégea dans la majorité de droite et vota constamment avec elle.

BUSSIÈRES (VICOMTE DE).— *Voy.* RENOUARD.

BUSSON (JEAN-BAPTISTE-GUILLAUME), représentant à la Chambre des Cent-Jours, député de 1819 à 1820, et de 1827 à 1831, né à Châteaudun (Eure-et-Loir), le 10 décembre 1765, mort à Leige, le 20 septembre 1835, fut d'abord avocat au Parlement, puis avoué licencié au tribunal civil de Châteaudun. Procureur de la commune en 1792, il se vit destitué et incarcéré en 1793 par l'ordre de Thirion, commissaire de la Convention. Le 9 thermidor lui rendit la liberté et le fit procureur-syndic du district de Châteaudun ; bientôt après, il fut nommé juge suppléant et administrateur du département d'Eure-et-Loir. Le 10 mai 1815, l'arrondissement de Châteaudun l'envoya siéger à la Chambre des représentants ; il y vota avec les constitutionnels. Il revint au Parlement le 11 septembre 1819, comme député d'Eure-et-Loir, élu au collège de département ; il siégea au centre gauche et vota *contre* les deux lois d'exception présentées par le ministère. Lors de la discussion de la loi d'élection, il établit, dans un discours très remarqué, que cette loi, et notamment l'article premier, était en opposition formelle avec la Charte. Busson ne fut pas réélu à la législature suivante. Mais, le 17 novembre 1827, les électeurs libéraux du 1er arrondissement d'Eure-et-Loir (Chartres), réunirent leurs suffrages sur son nom ; il en fut de même le 23 juillet 1830. Busson donna son vote à la monarchie de Juillet.

BUSSON-BILLAULT (JULIEN-HENRY), député au Corps législatif de 1854 à 1870, né à Joigny (Yonne), le 24 juillet 1823, mort à Vertou (Loire-Inférieure), le 15 juillet 1888, étudia le droit et se fit recevoir docteur (août 1848). Il manifesta d'abord des opinions démocratiques et républicaines, plaida avec succès au barreau de Paris, et prononça devant la conférence des avocats, dont il était secrétaire, un remarquable *Eloge de Pothier*. Rallié à la politique bonapartiste, il entra, en 1854, dans la famille de M. Billault, dont, plus tard, il joignit le nom au sien. L'année même de son mariage, le 24 septembre, il succéda à son beau-père, nommé ministre, comme député de la 2e circonscription de l'Ariège au Corps législatif, avec 27,812 voix sur 27,817 votants et 34,593 inscrits : M. Busson-Billault était le candidat du gouvernement. Ce fut encore avec l'appui officiel qu'il obtint successivement son élection : le 22 juin 1857, par 29,484 voix (29,621 votants, 35,163 inscrits) ; le 1er juin 1863, par 28,520 voix (28,583 votants, 35,388 inscrits) ; enfin le 24 mai 1869, par 22,817 voix (28,009 votants, 35,959 inscrits), contre 5,088 à M. Arnaud, ancien représentant. Il était aussi conseiller général de l'Ariège pour le canton de Castillon. M. Busson-Billault prit une part assez active aux travaux législatifs, tant comme orateur que comme rapporteur d'un certain nombre de projets de lois ; il fut aussi vice-président de l'Assemblée. Sa rapidité d'élocution, à la tribune du Corps législatif, faisait le désespoir des sténographes, qui pouvaient à peine le suivre. Après la déclaration de guerre à la France et les premiers désastres de la campagne, M. Busson-Billault accepta, dans le cabinet Palikao (10 août 1870), le poste de ministre présidant le Conseil d'Etat : il succédait à M. de Parieu. Mais la révolution du 4 Septembre mit fin à sa carrière politique, malgré une tentative infructueuse qu'il fit après le Seize-Mai, aux élections du 14 octobre 1877, pour rentrer au Parlement. — Commandeur de la Légion d'honneur de la promotion du 14 août 1866.

BUSSON-DUVIVIERS (JACQUES-JEAN-ERNEST), représentant à l'Assemblée nationale de 1871, né à Courdemanche (Sarthe), le 28 juin 1832, mort à Nice (Alpes-Maritimes), le 13 décembre 1884, avocat, ancien conseiller général, s'occupait d'agriculture ; il avait échoué aux élections du 24 mai 1869, dans la 4e circonscription de la Sarthe, avec 9,048 voix, contre le candidat officiel, député sortant, M. Marc de Beauvau, 12,130 voix. Le 8 février 1871, ayant été élu, le 5e sur 9 de la liste conservatrice, par 53,008 voix (84,400 votants. 135,095 inscrits, il siégea à la droite de l'Assemblée nationale, fut l'auteur d'une proposition relative à la nomination d'une commission chargé d'examiner les conditions de l'emprunt Morgan, et vota : *pour* la paix, *pour* le pouvoir constituant de l'Assemblée, *pour* la démission de Thiers au 24 mai, *pour* la prorogation des pouvoirs du maréchal, *pour* l'état de siège *pour* la loi des maires, *pour* le ministère de Broglie, *contre* le retour à Paris, *contre* la dissolution, *contre* les amendements Wallon et Pascal Duprat et *contre* l'ensemble des lois constitutionnelles. Il *s'abstint* dans les scrutins sur les prières publiques et sur l'abrogation des lois d'exil.

BUSSY (CHARLES-FRANÇOIS DE), député à l'Assemblée constituante de 1789, dates de naissance et de mort inconnues, est qualifié par le procès-verbal d'élection : « cultivateur à Rouvrel (en Picardie). » Le tiers-état du bailliage de Péronne l'envoya, le 3 avril 1789, comme député aux Etats-Généraux. Mais il resta peu de temps dans l'Assemblée et donna sa démission le 24 août. Plus tard, il devint juge de paix, puis conseiller général de la Somme.

BUTENVAL (CHARLES-ADRIEN HIS, BARON DE), sénateur du second Empire, né à Navarrelez-Evreux (Eure), le 3 juin 1809, mort à Bagnères-de-Bigorre (Hautes-Pyrénées), le 15 mars 1883, était fils de Jean His (1782-1854), qui fut député de l'Orne sous la Restauration et sous le règne de Louis-Philippe. Il entra dans la diplomatie, fut secrétaire de légation à Lisbonne, puis secrétaire d'ambassade à Constantinople (1842), et ministre plénipotentiaire au Brésil. La révolution de 1848 interrompit sa carrière. Mais il reprit son dernier poste, le 18 septembre 1849, et fut encore, sous la présidence de L.-N. Bonaparte, ministre de France en Sardaigne, puis en Belgique. Par décret du 23 juin 1853, Napoléon III l'appela à siéger au conseil d'Etat, et le nomma ensuite sénateur, le 4 novembre 1855. Il vota constamment avec la majorité dynastique. Grand officier de la Légion d'honneur du 18 juillet 1851.

BUTTAFUOCO (MATHIEU, COMTE DE), député aux Etats-Généraux de 1789, né à Vescovato (Corse), le 28 décembre 1731, mort à Bastia (Corse) en 1806, embrassa de bonne heure la carrière des armes; en 1764, il était aide-major au régiment de royal-Corse. Lors de la réunion de la Corse à la France, à laquelle les Génois venaient de céder leurs droits (1768), il devint un des principaux agents choisis par le ministre Choiseul pour traiter avec Paoli, qui ne consentait qu'au protectorat français; Buttafuoco réussit à faire prévaloir l'annexion. Il était parvenu au grade de maréchal de camp, lorsque, le 6 juin 1789, la noblesse de l'île de Corse l'élut député aux Etats-Généraux; il siégea dans la minorité de résistance, et fut accusé par Mirabeau d'intelligences avec l'étranger; l'enquête ordonnée prouva simplement qu'il n'approuvait pas, dans ses lettres, la constitution civile du clergé. Ayant parlé contre Salicetti son compatriote, il eut à son tour à se défendre d'avoir provoqué des troubles à Bastia. Bien que, sur une réclamation des Génois, il eût déclaré à l'Assemblée que les Corses aimeraient mieux « se donner au diable qu'aux Génois (1791) », ses opinions rétrogrades lui aliénèrent ses électeurs; il fut plusieurs fois pendu en effigie, et, dans une lettre au club d'Ajaccio, Napoléon Bonaparte, alors lieutenant d'artillerie à Auxonne, l'attaqua

avec une grande vivacité. Buttafuoco signala les protestations de la minorité, en date des 12 et 15 septembre 1791, contre les décisions de l'Assemblée constituante, et émigra après la session. Il rentra en Corse, avec les Anglais, en 1791, et resta, à partir de ce moment, étranger à la vie politique.

Une curieuse collection de mémoires et d'ouvrages sur la Corse, qu'il avait réunie, fut détruite en 1768, pendant un pillage de sa maison. C'est lui qui avait été chargé par Paoli de correspondre avec J.-J. Rousseau, au sujet de la meilleure constitution à donner à la Corse.

BUVÉE (JEAN-JÉRÔME), député au Conseil des Cinq-Cents, né à Mirebeau-sur-Bèze (Côte-d'Or), le 13 février 1762, mort à Mirebeau-sur-Bèze, le 10 janvier 1839, fut élu maire de cette ville, puis devint, le 23 germinal an VI, député de la Côte-d'Or, au Conseil des Cinq-Cents, où il siégea obscurément jusqu'à l'an VIII.

BUVIGNIER (EUSÈBE-ISIDORE), représentant du peuple aux Assemblées constituante et législative de 1848-1849, né à Verdun (Meuse), le 3 avril 1812, mort à Verdun, le 7 novembre 1860, fit ses études de droit à Paris et à Dijon, s'affilia aux sociétés républicaines des « Amis du peuple » et des « Droits de l'homme », et, impliqué, en 1834, dans un procès politique, fut acquitté par le jury de la Côte-d'Or, mais n'en fut pas moins exclu, pour quatre ans, de toutes les Facultés de droit de France.

Ce terme expiré, il suivit les cours de droit de la Faculté de Toulouse, où il fut reçu licencié, fit son stage au barreau de Paris, où il collabora au *Journal du Peuple*, avec Godefroy Cavaignac, Louis Blanc, Dupaty, etc.

Il exerçait la profession d'avocat dans sa ville natale, quand éclata la révolution de février 1848; il contraignit les autorités de Verdun à proclamer la République, fut nommé sous-commissaire du gouvernement provisoire à Verdun, et fut élu, le 23 avril 1848, représentant du peuple de la Meuse, le 8e et dernier de la liste, par 29,960 voix. Il siégea à la Montagne, et vota *pour* le bannissement de la famille d'Orléans, *contre* la loi sur les attroupements, *pour* l'ordre du jour contre la proposition Proudhon, *contre* les poursuites contre Louis Blanc et Caussidière, *pour* l'abolition de la peine de mort (il avait présenté cette proposition avec Coquerel, et l'avait énergiquement soutenue à la tribune), *pour* l'impôt progressif, *pour* l'incompatibilité des fonctions, *pour* l'amendement Grévy sur la présidence, *pour* le droit au travail, *pour* la suppression complète de l'impôt du sel, *contre* le renvoi des accusés du 15 mai devant la haute Cour, *contre* l'ordre du jour sur les affaires de Piémont, *pour* l'amnistie des transportés, *pour* la demande d'accusation du président et de ses ministres, *contre* l'abolition de l'impôt des boissons; il s'était abstenu de voter sur l'ensemble de la Constitution.

Après l'élection du 10 décembre, il combattit vivement la politique du prince L.-Napoléon. M. Buvignier ne fut pas élu au scrutin de mai 1849; mais, le 10 mars 1850, les électeurs de Saône-et-Loire, ayant à remplacer six représentants condamnés par la haute Cour de Versailles pour participation au mouvement du 13 juin 1849, placèrent Buvignier sur la liste socialiste, où il fut élu, le 4e sur 6, par 61,315 voix sur 105,573 votants et 157,148 inscrits. Cette élection ayant été invalidée en bloc, les électeurs de Saône-et-Loire réélurent les mêmes députés, mais Buvignier ne put pas siéger, car quelques jours avant ce dernier scrutin, il avait été condamné par la cour d'assises de la Seine à un an de prison, cinq cents francs d'amende, et à la privation de ses droits civiques pendant cinq ans, comme membre d'une société secrète, la *Solidarité républicaine*, fondée publiquement en 1848, et dont, parait-il, il ne faisait même pas partie.

A l'expiration de sa peine, il reprit la lutte contre le prince L. Napoléon et contre la coalition des anciens partis, et il tentait de ressusciter le journal *la Réforme*, quand survint le coup d'État du 2 décembre. Expulsé du territoire, et condamné à la déportation à Cayenne, il se réfugia à Bruxelles, d'où il ne revint qu'en 1860, après l'amnistie. Rentré à Paris, il mourut au bout de quelques mois, d'une maladie contractée en exil.

BUVIGNIER (JEAN-CHARLES-VICTOR), frère du précédent député de 1881 à 1889, né à Verdun (Meuse), le 1er janvier 1823, étudia le droit et fut nommé après février 1848, sous-préfet de Montmédy. Ses opinions républicaines le firent exiler en 1851, lors du coup d'État; il ne rentra en France qu'après l'amnistie, et fut employé pendant quelque temps aux bureaux de la Compagnie du canal de Suez. Depuis 1870, M. Buvignier, qui avait précédemment publié quelques notes et recherches archéologiques sur la ville de Verdun, sur Jametz et ses seigneurs, etc., fut attaché à titre auxiliaire, au service des travaux historiques établi par la préfecture de la Seine. Candidat aux élections législatives de 1881 dans l'arrondissement de Verdun, il fut élu au scrutin de ballottage, le 4 septembre, comme républicain modéré, par 9,807 voix (18,043 votants, 22,438 inscrits), contre 8,031 accordées à M. Salles, candidat bonapartiste. Il s'inscrivit à la gauche modérée, et vota presque toujours avec la majorité. Il se prononça cependant en faveur de l'amendement Jules Roche sur la mairie de Paris, mais il soutint, avec le parti opportuniste, les ministères Gambetta et Ferry. Inscrit sur la liste républicaine de la Meuse, le 4 octobre 1885, il fut réélu le 1er sur 5, par 38,378 voix (70,523 votants, 83,103 inscrits). Il repoussa la proposition Michelin sur la responsabilité de l'expédition du Tonkin, se prononça *contre* l'interpellation Clémenceau qui renversa le ministère Rouvier et soutint également M. Tirard; dans la dernière session, il a voté *pour* le rétablissement du scrutin uninominal (11 février 1889), *pour* l'ajournement indéfini de la révision de la Constitution (14 février), *pour* les poursuites contre trois députés membres de la Ligue des patriotes (14 mars), *pour* le projet de loi Lisbonne restrictif de la liberté de la presse (2 avril), *pour* les poursuites contre le général Boulanger (4 avril).

BUYAT (ÉTIENNE), député de 1876 à 1887, né à Chaponnay (Isère), le 8 juillet 1831, mort à Paris, le 12 mars 1887, étudia le droit et s'inscrivit au barreau de Lyon. Il lutta contre la politique de l'Empire, se fit élire, comme candidat de l'opposition, membre du Conseil général de l'Isère, et fit campagne pour la nomination des maires par les conseils municipaux; il se déclara ouvertement contre le plébiscite. Le gouvernement de la Défense nationale le nomma secrétaire général à la préfecture de l'Isère. Aux élections du 8 février 1871, M. Buyat, porté sur une liste républicaine, obtint, sans être élu, 47,156 voix sur 92,816 votants. Il continua de s'occuper activement de politique: dans le conseil général de l'Isère, où il représentait le canton de Saint-Symphorien-d'Ozon, et dont il devint, plus tard, le président, dans le comité électoral sénatorial de l'Isère qu'il présida également en 1876, enfin, comme député de l'Isère, élu, le 20 février de la même année, dans la 1re circonscription de Vienne, par 9,791 voix (16,241 votants, 22,670 inscrits), contre 5,754 à M. Thivollet, radical. Il prit place dans la nouvelle majorité, au groupe de l'Union républicaine, et fut des 363. Aux élections du 14 octobre 1877, il fut réélu par 13,434 voix sur 18,567 votants et 22,937 inscrits contre M. Harel, candidat du gouvernement, 5,078. Il vota avec la gauche : le 20 janvier 1879, *pour* l'ordre du jour de confiance en faveur du ministère Dufaure, le 30 janvier (au Congrès) *pour* l'élection de M. Grévy à la présidence, *pour* la République; le 16 mars 1880, *pour* l'application des lois existantes aux congrégations : le 8 février 1881. *pour* le divorce. Réélu de nouveau, sans concurrent, le 21 août 1881, par 10,520 voix (11,611 votants, 22,973 inscrits), M. Buyat compta parmi les défenseurs de la politique opportuniste qui prévalut dans cette législature, contribua à l'adoption des crédits du Tonkin, au rejet de la séparation des Églises et de l'État, au maintien de l'ambassade auprès du pape, etc. Il soutint les ministère Gambetta et Jules Ferry ; mais, partisan fidèle de la liberté municipale, il se prononça, le 4 mars 1882, *pour* l'amendement Jules Roche sur l'élection du maire de Paris. Aux élections du 4 octobre 1885, M. Buyat passa, le 2e sur 9, avec 64,017 voix sur 112,659 votants et 162,975 inscrits. Il appartint au groupe de l'*Union des gauches*, qu'il présida et avec lequel il opina jusqu'à sa mort, 8 février 1886, *contre* la proposition Michelin relative aux responsabilités de l'expédition du Tonkin ; le 27 novembre, *pour* le maintien de l'ambassade du Vatican, etc. Le 12 janvier 1886, M. Buyat avait été nommé vice-président de la Chambre des députés, par 252 suffrages. Il succomba, pendant la législature, aux suites d'une pneumonie. En faisant part à la Chambre de son décès, M. le président Floquet rappela qu'il « descendait de l'un des membres de cette vaillante bourgeoisie du Dauphiné qui furent les précurseurs de la Révolution française. » Le 1er septembre 1889, un buste en bronze a été élevé par souscription à la mémoire de M. Buyat, sur la place publique de sa ville natale.

BUZOT (FRANÇOIS-NICOLAS-LÉONARD), député aux États-Généraux de 1789 et membre de la Convention, né à Evreux (Eure), le 1er mars 1760, mort à Saint-Magne (Gironde), le 25 juin 1794, était avocat au renom à Evreux avant 1789. Son contrat de mariage avec sa cousine, en date du 28 avril 1784, donne des détails précis sur sa famille et sur sa position :

« Au traité de mariage qui, au plaisir de Dieu, sera fait en face de notre mère sainte Église catholique, apostolique et romaine, entre Me François-Nicolas-Léonard Buzot, avocat au Parlement de Paris et aux sièges royaux, bailliage et siège présidial d'Evreux, fils aîné légitime de feu Me François Buzot, vivant procureur auxdits bailliage et siège présidial d'Evreux, et de demoiselle Marie-Madeleine Legrand, ses père et mère, d'une part;

« Et de demoiselle Marie-Anne Baudry, fille légitime du sieur Jean-Pierre Baudry, ancien maître de forges, directeur en chef et contrôleur pour le roy des forges et manufactures royales de Cosne-sur-Loire où se fabriquent les ancres, fers et autres agrès pour le service de la marine et colonies de Sa Majesté, et de demoiselle Marie-Anne Buzot, d'autre part... »

Ce document apprend que l'épouse apportait en dot 14,021 livres, et des meubles, hardes et argenterie estimés 2,800 livres.

Le 27 mars 1789, Buzot fut élu député du tiers aux Etats-Généraux par le bailliage d'Evreux, prêta serment de fidélité le même jour dans la cathédrale d'Evreux, et partit pour Versailles le 27 avril. A l'Assemblée, il s'éleva dès le début contre les prétentions du privilégiés, s'opposa à la reprise des négociations relatives à la vérification des pouvoirs en commun, et, après la séance royale du 23 juin 1789, réclama le maintien des arrêtés que Louis XVI venait d'annuler. Le 6 août, il fut le premier à soutenir que les biens d'Eglise appartenaient à la nation, attaqua le droit de chasse, parla en faveur de l'institution du jury, fit mander à la barre le garde des sceaux coupable de négligence dans la promulgation des lois, appuya la réunion du Comtat Venaissin à la France, demanda la création d'un tribunal chargé de poursuivre les crimes de lèse-nation, réclama l'extension du droit de pétition à toutes les réunions de citoyens, « l'insurrection étant sans cela le plus saint des devoirs », et vota, après le retour de Varennes, pour la mise en jugement du roi.

Après la session, il fut élu, le 3 septembre 1791, président du tribunal criminel de l'Eure, et fut envoyé à la Convention, le 4 septembre 1792, par le département de l'Eure, avec 449 voix sur 591 votants. Là il siégea avec les Girondins, dénonça les auteurs des massacres des prisons, accusa Robespierre (20 septembre) d'aspirer à la dictature, et dans un discours très net, qu'on releva plus tard contre lui, demanda (20 octobre) que chaque département fournît pour la garde de la Convention autant de fois quatre fantassins et deux cavaliers qu'il nommait de députés. Dans le procès de Louis XVI, il se prononça pour l'appel au peuple et pour le sursis, et dit, au 3e appel nominal:

« Mon opinion est comme je l'ai prononcée à cette tribune, je l'ai fait imprimer. — Je n'ai que quelques observations à ajouter, nécessaires au moment où nous sommes. — J'ai voté pour l'appel au peuple, parce que j'ai pensé que c'était la seule mesure propre à éloigner de la République les malheurs dont elle est menacée; parce que j'ai pensé que c'était une occasion favorable de donner aux autres départements l'influence politique qu'ils n'ont pas et qu'ils doivent avoir; parce que j'ai pensé que refuser au peuple la sanction d'un décret de cette importance, c'était commettre un délit national auquel je ne voulais pas participer. — Vous en avez jugé autrement, je respecte votre décret, je m'y soumets. Mais, citoyens, je ne vous dissimulerai pas que votre décision m'a plongé dans une cruelle incertitude. D'une part, la réclusion me paraît une mesure extrêmement dangereuse; elle double nos dangers; elle hâte l'instant de notre perte. Louis sera égorgé; du moins, c'est ce que je prévois. — On vous accusera de faiblesse, de pusillanimité, et vous perdrez la confiance dont vous avez besoin de vous environner pour sauver la chose publique. Cependant, citoyens, il me semble qu'il faut beaucoup plus de courage pour soutenir cette opinion que l'autre, et ce motif seul a suffi pour balancer longtemps celle que j'avais énoncée dans mon premier discours. D'ailleurs, la mort de Louis XVI, si elle est exécutée sur le champ, me présage aussi des malheurs, dont il est impossible de prévoir le terme; mais j'espère encore que dans cette position il vous restera du moins le temps de réunir tous vos efforts contre ceux de vos ennemis; il vous restera encore quelque moyen de sauver la liberté de votre pays. Je désire que la Convention, bien persuadée qu'en condamnant Louis XVI à la mort elle se charge d'une responsabilité immense, s'élève enfin à la hauteur des circonstances où elle s'est placée elle-même : elle pourra encore réparer tout si elle prend l'inébranlable résolution de le faire.

« Je condamne Louis à la mort. — Citoyens, en prononçant cet arrêt terrible, je ne puis me défendre d'un sentiment profond de douleur. Malheur à l'homme féroce qui pourrait le prononcer, malheur au peuple qui l'entendrait sans partager le même sentiment : car il n'y a plus rien à espérer là où il n'y a plus d'humanité, là où il n'y a plus de moralité.

« Citoyens, permettez-moi de vous présenter une réflexion à laquelle j'attache le plus haut prix. Je voudrais que la Convention mît entre le jugement et son exécution un intervalle quelconque. Cette mesure me paraît très politique; je la juge nécessaire. Vous prouveriez par là, à vos commettants, à l'Europe entière, que vous agissez sans passion : consultez, citoyens, consultez l'opinion publique; vous avez besoin de vous environner de cette force invincible sans laquelle vous n'êtes rien.

« Ainsi, mon opinion sur la peine à infliger à Louis XVI est celle-ci : Je condamne Louis XVI à la mort : ce jugement ne me laissera jamais aucun remords, aucun repentir; mais je vous réitère la demande que je vous ai faite de faire un intervalle entre le jugement que vous allez rendre et son exécution. Qu'on calomnie encore, si l'on veut, mes intentions; je déclare que l'avis de Louvet me paraît renfermer des mesures très raisonnables, très sages, mais comme je pense que la Convention discutera cette question, que je regarde comme très importante, je me réserve d'émettre mon opinion et, dans cette espérance, je prononce la mort de Louis. »

Avec la Gironde, il s'appliqua à lutter contre l'influence toujours croissante de la commune de Paris : « Si l'anarchie qui dévore Paris, dit-il à la tribune, n'est pas promptement réprimée, Paris verra bientôt l'herbe croître dans ses murs. » Le 25 mars, il fut nommé membre du comité de salut public et de défense générale; mais les sections, irritées de ses menaces, cherchaient à se venger : Marat avait déjà dénoncé les « hommes d'Etat » comme ne méritant pas la confiance des patriotes (3 avril); le 6 avril, une pétition de la section de Bon-Conseil appela les mesures les plus sévères contre les complices de Dumouriez parmi lesquels « la voix publique désigne les Brissot, les Guadet, les Gensonné, les Buzot, » etc. La dénonciation, après un violent débat, n'eut pas de suite. Le 20 mars, Buzot déclara à la Convention que la conspiration des Montagnards et des sections devait éclater la veille; elle n'était que retardée; le 31 mai les sections demandèrent la mise en accusation des 22 Girondins, dont la Convention vota l'arrestation le 2 juin. Le même jour, Buzot, mis en arrestation dans son domicile, parvint à s'échapper et gagna Evreux avec plusieurs de ses collègues; là, il essaya de soulever les populations contre la Convention, et se rendit à Caen, d'où il fut obligé de s'enfuir en Bretagne. Il s'embarqua pour Bordeaux avec Louvet, Guadet, Pétion et Barbaroux. Reconnus au

Bec-d'Ambez, ils réussirent à gagner Saint-Emilion (octobre 1793), où habitait la famille de Guadet, et furent cachés dans un souterrain, chez Mme Bouquey, parente de Guadet. Mais à la nouvelle d'une perquisition domiciliaire imminente, ils se séparèrent; Buzot, Barbaroux et Pétion se dirigèrent vers la côte pour tâcher de s'embarquer, s'égarèrent, et revinrent à Saint-Emilion, où ils trouvèrent un nouvel asile chez un perruquier nommé Trocquart. Mais leur présence était connue; le notaire Coste et l'aubergiste Nadal en informèrent les autorités de Bordeaux, qui mandèrent de Libourne deux régiments d'infanterie et un régiment de hussards, et firent cerner la ville. Guadet fut pris, mais les trois autres s'enfuirent, la nuit, à travers champs. Le lendemain, Buzot et Pétion furent trouvés morts dans un champ de blé, près de Saint-Magne, la face en partie dévorée par les loups. Mme Bouquey fut guillotinée le 2 thermidor, et Trocquart acquitté le 29 pluviôse (après le 9 thermidor), comme « peu éclairé, et considérant que, d'après la loi lu

27 frimaire dernier, Pétion, Buzot et Barbaroux auraient leur liberté aujourd'hui, et que celui qui les a reçus ne doit pas être traité avec plus de sévérité. »

La Montagne avait satisfait ses rancunes sous une autre forme. Le 8 juillet 1793, Saint-Just avait dénoncé Buzot comme complice des royalistes. On ordonna la démolition de sa maison à Evreux (fin juillet); on brûla son portrait; sur l'emplacement de la maison, la municipalité d'Evreux fit élever une pyramide en pierre avec cette inscription : « Ici fut l'asile du scélérat Buzot, qui, représentant du peuple, conspira contre l'unité et l'indivisibilité de la République française. » Cette pyramide subsista jusqu'au 24 février 1795. Buzot prévoyait-il ces événements quand il écrivait dans ses Mémoires : « Si ce ne peut être que par de tels excès, avec de tels hommes, par des moyens aussi infâmes que s'élèvent et se consolident les États républicains, il n'est pas de gouvernement plus affreux sur la terre ni plus funeste au bonheur du genre humain. »

C

CABANES. — *Voy.* CAUNA (BARON DE).

CABANES (ANTOINE-JOSEPH-GÉRARD), membre du Sénat, né à Aurillac (Cantal), le 13 octobre 1831, se fit recevoir avocat et inscrire au barreau d'Aurillac. Conseiller municipal et maire de cette ville, il faisait également partie du conseil général du Cantal, pour le canton de Laroquebrou, quand il se présenta aux élections législatives du 21 août 1881, candidat républicain dans l'arrondissement d'Aurillac, en concurrence avec un autre candidat républicain, le député sortant, M. Ad. Bastid, qui fut réélu. M. Cabanes reçut, en 1882, la décoration de la Légion d'honneur. Il se présenta aux élections sénatoriales du 25 janvier 1885; porté sur la plus modérée des deux listes républicaines qui furent opposées à la liste conservatrice, il fut élu, au 3e tour de scrutin, par 360 voix (588 votants) contre M. de Parieu, bonapartiste, sénateur sortant, et prit place à la gauche républicaine.

Il s'est associé, depuis son élection, à tous les votes de la majorité républicaine, s'est prononcé *pour* l'expulsion des princes, *pour* la nouvelle loi militaire, et a voté, dans la dernière session, *pour* le rétablissement du scrutin uninominal (13 février 1889), *pour* le projet de loi Lisbonne restrictif de la liberté de la presse (18 février), *pour* la procédure à suivre devant le Sénat pour juger les attentats contre la sûreté de l'État (29 mars, affaire du général Boulanger).

CABANES (LÉON-BERNARD), cousin du précédent, sénateur de 1885 à 1886, né à Saint-Mamet (Cantal), le 28 janvier 1840, mort à Aurillac (Cantal), le 11 juin 1886, était médecin à Saint-Mamet. Maire de cette ville et conseiller général, il fut plusieurs fois, sans succès, candidat du parti radical à la députation : en février 1871, et plus tard, le 23 mai 1880, lors de l'élection partielle qui suivit le décès de M. Raymond Bastid, il obtint alors 7,087 voix contre M. Adrien Bastid, qui fut nommé. Le

25 janvier 1885, le docteur Léon Cabanes fut élu, par 328 voix sur 588, sénateur du Cantal. Il prit place à l'Union républicaine du Sénat et vota avec la majorité. Il mourut l'année d'après.

CABANIS (PIERRE-JEAN-GEORGES, COMTE), député au Conseil des Cinq-Cents et membre du Sénat conservateur, né à Cosnac (Corrèze), le 5 juin 1757, mort à Rueil (Seine-et-Oise), le 5 mai 1808, était fils d'un avocat, agronome distingué, qui seconda Turgot, alors intendant à Limoges, dans l'acclimatation des mérinos en France. Pierre-Jean-Georges commença ses humanités chez un curé de campagne et fut placé, à dix ans, au collège de Brive, où, froissé par d'injustes punitions, il s'obstina à ne pas travailler, et se fit renvoyer chez ses parents. Son père se décida alors à le conduire à Paris, à l'âge de quatorze ans, et à lui laisser une entière liberté. Cabanis en usa pour se livrer à l'étude : la lecture des philosophes, des Pères de l'Eglise, de Voltaire, de Rousseau et surtout de Locke le passionna; son père le rappelait auprès de lui, lorsque Massaki, prince évêque de Wilna, lui proposa de l'emmener à Varsovie comme secrétaire (1773). Cabanis, séduit par la perspective de voyager, accepta; mais la désillusion que lui firent éprouver les intrigues et les désordres qui allaient bientôt amener le démembrement de la Pologne, le firent rentrer à Paris au bout de deux ans. Là, il retrouva l'ami de son père, Turgot, devenu contrôleur général; mais la prompte disgrâce de ce ministre, arrêté dans ses plans de réformes par l'influence des privilégiés, priva Cabanis de ce haut appui. Lié avec Roucher, poète des *Mois*, il publia quelques vers, et concourut sans succès devant l'Académie pour une traduction en vers d'un fragment de l'Iliade; ces tentatives malheureuses et les instances de son père le tournèrent d'un autre côté, et un ami, le docteur Dubreuil, l'engagea à étudier la médecine, dans laquelle il se lança aussitôt avec une ardeur qui faillit même compromettre sa santé; obligé pour cette raison d'habiter la campagne, et reçu docteur en 1783, il choisit Auteuil et y fréquenta le salon de la veuve d'Helvétius, où se rencontraient Diderot, Condillac, d'Alembert, Jefferson, Franklin, Thomas, le baron d'Holbach, etc. Là, toujours révolté contre toute autorité, Cabanis se montrait un des plus hardis champions des idées alors en fermentation. Ses *Observations sur les hôpitaux* (1789) le firent entrer dans l'administration des hospices de Paris; à la même époque, il fréquentait Mirabeau, dont il admirait le prodigieux talent, et dont il devint le médecin et l'ami; à la mort du grand orateur, il publia le *Journal de la maladie et de la mort de Mirabeau*, en réponse aux critiques qu'avait soulevées le traitement qu'il avait employé. Chez Franklin, il se lia avec Condorcet, dont il épousa bientôt la belle-sœur, Charlotte de Grouchy, sœur du futur maréchal de Grouchy. En 1793, il fut élu juré du tribunal révolutionnaire de Paris, fut nommé professeur d'hygiène à l'École centrale lors de son organisation (an III), membre de l'Institut (an IV), et professeur de clinique à l'École de médecine de Paris (an V). Le 25 germinal an VI, élu député de la Seine au Conseil des Cinq-Cents, il fut le rapporteur de la loi d'organisation des écoles de médecine, devint ami de Sieyès, et, lorsque Bonaparte revint d'Égypte, lui fut présenté par Lucien, et s'attacha aussitôt à sa politique. Ce fut Cabanis, qui, le 19 brumaire an VIII, rédigea la proclamation destinée à faire accepter au peuple français le nouvel état de choses; il fut nommé, ce même jour, membre de la Commission intermédiaire des Cinq-Cents, puis membre du Sénat conservateur à la création (3 nivôse an VIII), membre de la Légion d'honneur, le 9 vendémiaire an XII, et commandeur du même ordre, le 25 prairial suivant.

Sa santé, fatiguée par le travail, l'obligea de renoncer à la vie active de la politique et de la science, et il se retira, en 1807, près de Rueil, dans une maison de campagne de son beau-père, M. de Grouchy; il ne s'occupait plus que de faciles travaux littéraires, lorsqu'une attaque d'apoplexie l'enleva, à cinquante-deux ans. Cabanis a publié beaucoup de travaux, dont les principaux sont: *Degré de certitude de la médecine* (1797), *Traité du physique et du moral de l'homme* (1802), *Coup d'œil sur les révolutions, la réforme de la médecine* (1804), *Mélanges de littérature allemande*, etc. Philosophe autant que médecin, il donna à l'animisme de Stahl un développement nouveau, et son système peut se résumer en quelques mots: « C'est dans la physiologie que la médecine et la morale doivent chercher la solution de tous les problèmes, le point d'appui de toutes leurs vérités. » La nature et la vivacité de son imagination ne lui permirent pas de s'en tenir au matérialisme logique et rigoureux du système; si, d'un côté, il a affirmé que « le cerveau digère les impressions, et fait organiquement la sécrétion de la pensée », d'un autre côté, il a reconnu que les lois qui régissent l'univers sont l'ouvrage « de causes premières dont elles expriment la volonté », et ailleurs, « que l'esprit de l'homme ne peut éviter de reconnaître dans les forces actives de l'univers intelligence et volonté »; enfin, il a admis comme prouvée la persistance du *moi* après la mort, c'est-à-dire l'immortalité de l'âme.

CABANIS (JEAN-GUILLAUME-GASTON, fils du précédent, député de 1846 à 1847, né à Toulouse (Haute-Garonne), le 4 mai 1813, mort à Toulouse, le 20 juin 1847, était notaire dans cette ville. Maire de Toulouse et conseiller général de la Haute-Garonne, attaché à la politique du gouvernement de Louis-Philippe, il fut, le 1er août 1846, élu, comme conservateur, député de la 1re circonscription de son département (Toulouse), par 430 voix (724 votants, 846 inscrits), contre 286 à M. Joly. Il siégea dans la majorité, s'associa à tous ses votes, et mourut l'année d'après.

CABANON (BERNARD), député de 1819 à 1820, et de 1827 à 1833, né à Cadix (Espagne), de parents français, le 23 décembre 1766, mort à Rouen (Seine-Inférieure), le 5 juillet 1839, s'établit négociant à Rouen. Juge au tribunal de commerce en 1814, adjoint au maire de Rouen pendant les Cent-Jours, il fut élu député, le 11 septembre 1819, par le collège de département de la Seine-Inférieure, avec 1,527 voix sur 2,473 votants et 4,812 inscrits. Il prit place au côté gauche et vota constamment avec les libéraux. Lors de la présentation de la loi des douanes, Cabanon repoussa les amendements qui tendaient à augmenter les droits sur les laines étrangères; il s'éleva avec énergie *contre* la loi du double vote et *contre* les mesures d'exception. Il reparut à la Chambre aux élections du 24 novembre 1827. Élu, cette fois encore par le collège de département, il revint s'asseoir sur les bancs de la gauche, vota *contre* les ministère Villèle et Polignac, fut des 221, et concourut à l'établissement de la monarchie de Juillet. Mais il ne tarda pas à se ranger dans l'opposition, et réélu le 5 juillet 1831, par le 3e collège de la Seine-Inférieure, avec 207 voix sur 349 votants et 473 inscrits, il se trouva du nombre des députés qui votèrent (septembre 1831) *contre* l'ordre du jour Ganneron, qui protestèrent *contre* les ordonnances du 31 novembre de la même année, et, en janvier 1832, *contre* la dénomination inconstitutionnelle de « roi de France » et de « sujets du roi ». Enfin, il signa, le 28 mai 1832, le compte rendu des députés de l'opposition à leurs commettants. Cabanon donna sa démission de député dans le courant de l'année 1833.

CABANON (PIERRE), fils du précédent, député de 1842 à 1846, né à Rouen (Seine-Inférieure), le 26 février 1792, négociant à Rouen comme son père, devint, comme lui, député de la Seine-Inférieure, ayant été élu, le 9 juillet 1842, dans le 1er collège de ce département, par 543 voix (920 votants), contre 536 à M. Henry Barbet, député sortant. M. Cabanon joua un rôle effacé à la Chambre des députés : il se borna à voter le plus souvent avec l'opposition. Puis, à l'exemple de son père, il donna sa démission de député en 1846.

CABAROC (ANTOINE), membre de la Convention et député au Conseil des Anciens, dates de naissance et de mort inconnues, était procureur-syndic du district de Valence (Drôme). Élu, le 8 septembre 1792, membre suppléant de la Convention par le département de Lot-et-Garonne, avec 262 voix sur 506 votants, il fut admis à prendre séance, le 9 frimaire an II, en remplacement de Laroche, déclaré démissionnaire. Mais, plus tard, ce décret fut rapporté, et Laroche revint siéger. Cabaroc représenta encore le Lot-et-Garonne au Conseil des Anciens : élu membre de cette assemblée, le 22 vendémiaire an IV, par 169 voix, il y siégea silencieusement jusqu'en l'an VI.

CABET (Étienne), député de 1831 à 1834, né à Dijon (Côte-d'Or), le 2 janvier 1788, mort à Saint-Louis (Missouri), le 9 novembre 1856, était le fils d'un tonnelier, qui lui fit commencer ses études sous la direction du fameux réformateur de l'enseignement primaire, Jacotot. Cabet fut ensuite maître d'étude dans diverses pensions; il travaillait en même temps la médecine, puis le droit. Reçu avocat à force de persévérance, il s'inscrivit d'abord au barreau de Dijon, puis il vint à Paris, s'affilia à la *Charbonnerie française*, qui conspirait contre la Restauration, devint membre du comité directeur de cette société, fut quelque temps directeur du *Journal de Jurisprudence*, de Dalloz, et essaya de fonder une agence d'affaires. Après la révolution de Juillet, il fut nommé, par Dupont (de l'Eure), procureur général en Corse. Mais, partisan d'une révolution moins anodine que celle qui venait de s'opérer, il prononça, dès son arrivée à Bastia, un discours sur les améliorations à apporter à la Charte, et fut révoqué le 31 mai 1831, par le ministre de la Justice, Barthe. Il se présenta aussitôt à la députation, et, le 5 juillet 1831, fut élu député du 2ᵉ collège électoral de la Côte-d'Or (Dijon). Le ministère était resté neutre à l'égard de sa candidature, ouvertement appuyée par la Société *Aide-toi, le ciel t'aidera*. Au Palais-Bourbon, où il fut admis sans justifier du cens d'éligibilité, Cabet acheva de rompre avec le pouvoir, et se jeta dans l'opposition radicale. Il prit part, jusqu'à la fin de la législature, à toutes les manifestations de l'extrême gauche, publia une *Histoire républicaine de la révolution de 1830*, et fonda une feuille radicale : le *Populaire*, restée célèbre par ses nombreux démêlés avec le parquet d'abord, ensuite avec la police, qui prétendait avoir le droit d'en interdire la vente sur la voie publique. Condamné à deux ans de prison en mars 1834, pour un article en faveur des proscrits polonais, Cabet passa en Angleterre, où il continua de faire au gouvernement de Louis-Philippe une guerre continue de pamphlets, jusqu'à ce que l'amnistie de 1839 lui rouvrit les portes de la France. C'est à dater de cette époque que les théories sociales de Cabet, qui tendaient au communisme pur, commencèrent à se manifester et à se répandre : il les exposa dans une *Histoire de la révolution de 1789 à 1830*, et surtout dans le *Voyage en Icarie*, roman philosophique où l'on trouve l'exposition de la destinée promise par le penseur aux adeptes de sa doctrine. Le « communisme icarien », qui procède à beaucoup d'égards des théories de Fourier, de Saint-Simon et d'Owen, et rappelle aussi les aspirations égalitaires de Babeuf, peut se résumer ainsi : L'homme, essentiellement perfectible, bienveillant et sociable par nature, aspire au bonheur, et ne peut le trouver que dans l'égalité et la fraternité. Or la propriété privée et l'organisation sociale dont elle est le principe sont incompatibles avec l'établissement et la réalisation durables de l'égalité et de la fraternité. La communauté seule peut résoudre ce problème, la communauté des biens, qui implique l'éducation et le travail en commun, mais qui n'exclurait point l'État comme organisation politique, ni le mariage comme institution civile et religieuse, ni le maintien de la famille, ni les progrès ultérieurs de la civilisation. Cabet, qui s'était trouvé dans la seconde partie du règne de Louis-Philippe, en désaccord permanent avec les hommes et les doctrines du *National*, dut, pour user de l'influence de la presse dans l'in-

térêt de la propagation de ses idées, ressusciter son journal le *Populaire*, interrompu en 1834, et en faire le « Moniteur de l'Icarie »; vers la même époque, il publia régulièrement, pendant cinq ou six années consécutives, un *Almanach icarien* qui lui offrait un moyen facile et commode de vulgariser les théories communistes : en même temps les plus ardents parmi ses disciples se chargèrent de tenir, sous la dénomination de *cours icariens*, des conférences populaires où étaient lus et commentés les écrits du maître. « Le *Populaire* du bon Cabet, a écrit M. Hippolyte Castille (*Les hommes et les mœurs en France sous le règne de Louis-Philippe*), n'était pas uniquement fait par des ouvriers, quoiqu'il fût écrit avec une plume à peine taillée. Cette feuille, fort mal rédigée, n'en avait que plus de succès. Les Icariens n'ont aucun sentiment de l'art; ils le doivent considérer comme une monnaie de singe... Soit adresse, soit tempérament, le *Populaire* était écrit avec du plomb : ses phrases incolores ressemblaient aux communications sténographiées d'une maison de commerce écrivant à ses commettants. Était-ce de l'adresse? L'art ne va pas si loin, la seule nature arrive à ce degré de génie. Parmi les Icariens il n'y a point de dissidence : le maître a tout prévu : il n'est pas jusqu'aux angles des meubles qui ne soient prudemment arrondis, afin que les enfants puissent s'y cogner impunément. L'*Icarie* donne l'idée d'un bonheur plat dans un confort de salle d'asile. »

Quoiqu'il en soit, Cabet ayant réussi à rallier de très nombreux prosélytes, publia dans son journal en 1847, les statuts d'une association pour la fondation dans les pays d'outre-mer d'une colonie destinée à réaliser les descriptions du *Voyage en Icarie*. Il annonçait avoir obtenu une concession d'un million d'acres de terres au Texas, sur les bords de la Rivière-Rouge, et conviait ses fidèles à réaliser tout ce qu'il possédaient, à abandonner la vieille Europe et à venir fonder une société nouvelle. Déjà soixante-neuf personnes, formant l'avant-garde de l'armée icarienne s'étaient embarquées au Havre pour l'Amérique, quand éclata la révolution de février. Cabet suspendit son départ à la tête du gros de l'expédition, et posa, sans succès, sa candidature à l'Assemblée Constituante dans le département de la Seine. Quand la répression de l'insurrection de juin eut achevé de détruire les espérances qu'avaient pu concevoir les réformateurs socialistes à l'avènement du gouvernement nouveau, Cabet se décida à partir à son tour. Mais ayant été condamné à un mois de prison, parce que la garde nationale envahissant les bureaux du *Populaire* le 15 mai, y avait trouvé quelques fusils oubliés dans la chambre d'un employé, il ne put s'embarquer que le 13 décembre 1848. Il arriva à la Nouvelle-Orléans, le 19 janvier 1849 : le choléra y sévissait, et l'expédition était minée par les dissensions les plus graves : déjà plusieurs associés demandaient la dissolution et la liquidation de la société, lorsque Cabet fit décider, par la majorité des adhérents, qu'un établissement définitif serait organisé sur le Mississipi, dans l'Illinois, au-dessus de Saint-Louis, à Nauvoo, ville bâtie par les Mormons. Mais bientôt un nouveau schisme se produisit dans la communauté : les dissidents allèrent jusqu'à accuser Cabet d'escroquerie; un procès lui fut intenté à Paris, et, le 6 juin 1849, la chambre du conseil du tribunal correctionnel de Paris rendit une ordonnance autorisant des poursuites entre Cabet et son ami et mandataire, Louis Krolikowski. Assignation fut

donnée au bureau du *Populaire* à Paris, et l'affaire fut renvoyée au 27 septembre. Prévenu de « s'être personnellement approprié une partie du trésor commun montant à plus de deux cents mille francs, » Cabet fut condamné une première fois par défaut, le 30 septembre, à deux ans d'emprisonnement. Il protesta énergiquement contre cette décision, revint à Paris, publia (novembre 1850) une défense personnelle : *Défense du citoyen Cabet, accusé d'escroquerie devant la Cour d'appel de Paris*, et obtint un arrêt infirmant la décision des premiers juges. Dans cette *Défense* écrite, après avoir discuté et combattu point par point tous les griefs des « renégats de la communauté, » il concluait : « Tous ces malheureux qui m'accusent et veulent me perdre en me calomniant, je leur pardonne pour ce qui n'est personnel, parce qu'ils ne savent ce qu'ils font, car dans leur égarement ils se jettent dans les bras de leurs ennemis pour les aider à tuer un de leurs meilleurs amis. Ils sont victimes de leur mauvaise éducation et des vices de l'organisation sociale. Mais ils ont voulu faire et ils ont fait bien du mal à la cause populaire. Leur ingratitude, leur déloyauté, leurs calomnies, leurs violences, leurs parjures, leurs efforts pour me faire déshonorer par la presse antipopulaire, pour me faire condamner comme escroc (inconcevable infamie !) et pour perdre à la fois Icarie et les Icariens fidèles, déshonoreraient le peuple, si les vices de quelques-uns pouvaient suffire pour effacer les vertus de la masse... »
Cabet avait songé à se mettre sur les rangs pour l'élection présidentielle qui devait avoir lieu en France en mai 1852 ; les événements de décembre 1851 l'empêchèrent de donner suite à ce projet. Il alla mourir en Amérique.

CABIAS (PIERRE-AUGUSTE), député au Corps législatif de 1852 à 1857, né à Lyon (Rhône), le 1er octobre 1802, mort à Lyon, le 5 février 1876, fut élève au lycée de cette ville, puis se fit recevoir licencié en droit. Avoué à Lyon, il devint bientôt membre du conseil municipal, et maire du IVe arrondissement (Croix-Rousse) en 1849. Partisan de L.-N. Bonaparte, il appuya sa politique et fut son candidat, le 26 septembre 1852, au Corps législatif, dans la 2e circonscription du Rhône : M. Cabias fut élu par 8,758 voix (14,690 votants, 33,608 inscrits), contre 5,738 à Dupont (de l'Eure). Il remplaçait le docteur Hénon, dont l'élection venait d'être annulée pour cause de refus de serment. En 1856, M. Cabias devint conseiller général du Rhône. Il se représenta aux élections législatives du 22 juin 1857, après avoir voté durant toute la législature pour le gouvernement impérial avec la majorité dynastique; mais il échoua avec 10,349 voix contre 11,969 accordées à M. Hénon, de l'opposition. Aux élections de 1863, il lutta avec moins de succès encore contre le même concurrent.

CABOT. — *Voy.* DAMPMARTIN (VICOMTE DE).

CABROL (FRANÇOIS-GRACCHUS), député de 1846 à 1848, né à Rodez (Aveyron), le 17 février 1793, mort à Decazeville (Aveyron), le 8 juin 1882, appartint d'abord à l'armée; il la quitta avec le grade de capitaine d'artillerie, officier de la Légion d'honneur. Il était directeur de forges, lorsqu'il se présenta, le 1er août 1846, comme candidat conservateur, dans le 1er collège de l'Aveyron (Rodez) et fut élu par 238 voix, sur 454 votants 484 inscrits, contre 194 voix à M. Michel Chevalier, député sortant. Il vota jusqu'à la fin du règne de Louis-

Philippe, avec la majorité. La révolution de 1848 le rendit à la vie privée.

CACAULT (FRANÇOIS), député au Conseil des Cinq-Cents, au Corps législatif de l'an VIII, et membre du Sénat conservateur, né à Nantes (Loire-Inférieure), le 10 février 1743, mort à la Madeleine, près Clisson (Loire-Inférieure, le 18 octobre 1805, était, à l'âge de vingt ans, professeur de mathématiques à l'Ecole militaire de Paris. Une affaire d'honneur, dans laquelle il tua son adversaire, le força de s'expatrier en 1769. Il partit pour l'Italie, étudia les mœurs, la langue, le génie et le caractère du peuple au milieu duquel il s'était réfugié, et, de retour dans sa patrie, entra comme secrétaire particulier chez le maréchal d'Aubeterre, commandant des Etats de Bretagne (1775). Celui-ci l'emmena avec lui en Italie, et le fit nommer, en 1785, secrétaire d'ambassade à Naples, sous le baron de Talleyrand ; Cacault remplaça ce dernier en 1791. Chargé d'une mission diplomatique auprès du pape, il fut investi par le gouvernement de la République des fonctions d'agent général en Italie, et de celles de ministre plénipotentiaire à Gênes, et fut un des signataires du traité de Tolentino. De là il se rendit encore à Rome, puis à Florence; il fut ensuite rappelé à Paris. Le département de la Loire-Inférieure le nomma, le 27 germinal an VI, député au Conseil des Cinq-Cents, où il déposa, le 15 août 1796, un projet de reddition de comptes à imposer aux ministres. Favorable au 18 brumaire, il devint, le 4 nivôse an VIII, membre du nouveau Corps législatif, où le Sénat conservateur l'appela pour représenter la Loire-Inférieure. Ministre plénipotentiaire à Rome (1801-1803), il fut nommé, par décision du 9 germinal an XII, membre du Sénat, décoré de la Légion d'honneur le 9 vendémiaire an XII, et promu commandeur de l'ordre le 25 prairial suivant. Cacault mourut en 1805 dans une terre qu'il possédait près de Clisson. Il a publié : *Poésies lyriques* (1777), *Observations critiques sur plusieurs pièces de théâtre* (traduites de Lessing) (1785).

CACHARD (HERCULE-ANNET-CHRISTIN BOUVIER, BARON DE), député en 1815-1816, né à Boffres (Ardèche), le 5 novembre 1767, mort à une date inconnue, ancien « prieur commandataire », fut maire de sa ville natale et sous-préfet de Largentière sous la Restauration. Elu, le 22 août 1815, député de l'Ardèche, par le collège de département, avec 122 voix sur 178 votants et 267 inscrits, il siégea dans la majorité. Il ne fit pas partie d'autres législatures, et fut, le 29 janvier 1827, créé baron par Charles X.

CACQUERAY (FRÉDÉRIC-JOSEPH-MELLON DE), député de 1827 à 1830, né à Angers (Maine-et-Loire), le 14 décembre 1771, mort à la Jumellière (Maine-et-Loire), le 12 février 1845, était sous-lieutenant en 1786 dans Royal-cavalerie, que commandait alors son père comme lieutenant-colonel; il émigra à l'armée de Condé, fut admis en 1794 au régiment de Castries, embarqué à Hambourg pour l'Angleterre, puis envoyé en Portugal. Quand son régiment fut licencié, il rejoignit son père à Londres et s'occupa, pour vivre, d'enluminer des estampes. Rentré en France en 1802, il devint, sous l'Empire, maire de la Jumellière. Il accueillit avec joie la Restauration, qui le fit chevalier de Saint-Louis, commanda une division de la levée vendéenne de 1815, puis entra au conseil d'arrondisse-

...nt (1816) et au Conseil général de son département (1824). Le 17 novembre 1827, Cacqueray fut élu, au collège de département, comme candidat du gouvernement, député de Maine-et-Loire, par 91 voix sur 178 votants et 210 inscrits, contre 71 à M. Guérin de la Roussardière. Il vota constamment avec les royalistes du côté droit, et se mêla à plusieurs discussions : sur la presse périodique, sur la dotation des petits séminaires, sur les secours aux « soldats de l'armée de l'Ouest », sur les intérêts des membres de la Légion d'honneur, etc. Réélu, le 12 juillet 1830, par le 3e arrondissement de Maine-et-Loire (Beaupréau), avec 104 voix sur 183 votants et 211 inscrits, contre 76 à M. Jean-Jacques Duboys, il resta fidèle à ses opinions légitimistes, se démit de ses fonctions de maire de la Jumellière, après la révolution de 1830, et, refusant le serment à la monarchie de juillet, envoya sa démission de député en ces termes :

« Lacontrie, 14 août 1830.

« Monsieur le Président,

« J'admire ceux de mes honorables collègues qui ont défendu et qui défendent encore la monarchie au milieu des vicissitudes qu'elle vient d'éprouver. Mais il ne m'est pas donné de pouvoir suivre leurs traces.

« Les raisons de famille les plus impérieuses me retiennent dans mes foyers; il serait trop long de les exposer à la Chambre. Veuillez avoir la bonté, monsieur, de lui faire agréer ma démission.

« Je suis, etc.

Le chevalier DE CACQUERAY
député de Maine-et-Loire. »

Cacqueray fut compromis dans les troubles qui suivirent, comme ayant donné asile à deux insurgés du Bocage. Acquitté par le jury de Blois en octobre 1832, il revint à la Jumellière, où il est mort. On a de lui, outre ses *Discours et opinions*, divers choix de poésies et d'intéressants mémoires, intitulés : *Réflexions sur les choses et sur les hommes que j'ai vus de près* (1831) : la partie de ces souvenirs qui est relative au séjour de Cacqueray en Angleterre est particulièrement curieuse par les documents qu'elle renferme sur le monde des émigrés.

CADE (PIERRE-LOUIS), représentant à la Chambre des Cent-Jours, né à Florac (Lozère), le 15 août 1787, mort à une date inconnue, était avocat à Florac, quand il fut nommé, le 24 prairial an VIII, sous-préfet de cet arrondissement; il devint secrétaire général de la préfecture de la Lozère en 1815, le 14 mai 1815, entra comme représentant de l'arrondissement de Florac à la Chambre des Cent-Jours, où il ne se fit pas remarquer.

CADEAU D'ACY (EDOUARD-JACQUES), député de 1817 à 1818, né à Paris, le 13 décembre 1795, mort le 21 juin 1860, propriétaire dans la Somme, fut nommé, en 1825, maire de la commune rurale qu'il habitait (Villiers-aux-Erables), en raison de ses opinions légitimistes. Rallié, après Juillet, au gouvernement de Louis-Philippe, il devint, en 1833, membre du Conseil général de la Somme, fut élu secrétaire du conseil dans les sessions de 1839 et 1840 et président dans celle de 1841; en 1837, lorsque M. Rouillé de Fontaine fut promu à la pairie, M. Cadeau d'Acy vint le remplacer au Palais-Bourbon; il obtint, en effet, le 4 novembre, dans le 6e collège électoral de la Somme (Mont-didier), 199 voix sur 382 votants, 522 inscrits. Son mandat lui fut successivement renouvelé les 2 mars 1839, 9 juillet 1842, et 1er août 1846, la dernière fois, avec 314 voix sur 512 votants et 609 inscrits, contre 150 à M. de Morgan. Il vota régulièrement avec la majorité conservatrice pour toutes les propositions ministérielles.

CADEROUSSE (DE). — *Voy.* GRAMONT (DUC DE).

CADET (LOUIS-AUGUSTE), député de 1882 à 1885, né à Henrichemont (Cher) le 23 mars 1821, fit ses études au collège de Bourges, puis vint suivre à Paris les cours de l'Ecole supérieure de pharmacie. Mêlé à la politique active en 1851, il fut condamné à la déportation, mais réussit à passer en Angleterre, où il resta jusqu'à l'amnistie de 1859. Il devint alors propriétaire d'une brasserie importante à Paris, et se présenta avec succès au conseil municipal dans le quartier de la Folie-Méricourt (XIe arrondissement), après les événements de 1871. Constamment réélu conseiller municipal pendant dix années, il s'occupa particulièrement des questions d'hygiène, et fit campagne pour la crémation des corps qu'il avait réclamée dès 1877 dans une brochure intitulée : *Inhumation ou incinération des corps*. En politique, il vota généralement avec les opportunistes du conseil. Le 26 février 1882, M. Cadet brigua dans la 1re circonscription du XIe arrondissement de Paris la succession de M. Charles Floquet, récemment nommé préfet de la Seine, et qui venait de donner sa démission de député.

Il fut élu par 6,938 voix sur 11,517 votants et 19,477 inscrits, contre MM. Labusquière, collectiviste, 3,258 voix, et Gelez 656, siégea à l'Union républicaine, et se prononça : le 29 janvier 1883 *contre* le principe de l'élection de la magistrature; le 1er février, *pour* le projet de la commission et du gouvernement sur l'expulsion des princes; il vota en outre les crédits du Tonkin. Porré, le 4 octobre 1885, sur les listes purement opportunistes, dans le département de la Seine, M. Cadet n'obtint que 86,629 voix au premier tour, sur 434,011 votants; il rentra dans la vie privée.

CADIER. — *Voy.* VEAUCE (BARON DE).

CADILLAN (MARIE-JOSEPH-ALCIDE TEISSIER DE), député en 1877, né à Avignon (Vaucluse), le 10 décembre 1822, mort à Tarascon (Bouches-du-Rhône), le 21 juin 1882, était avocat à Paris et maire de la ville de Tarascon. Il n'était connu en politique que par l'insuccès de sa candidature, le 20 février 1876, dans l'arrondissement d'Arles, où il avait obtenu 9,218 voix contre 9,764 accordées à l'élu républicain, M. Tardieu, lorsqu'il fut élu, le 14 octobre 1877, par 11,313 voix (19,817 votants, 26,198 inscrits), contre 8,414 au député sortant. Mais cette élection, des plus contestées, fut invalidée par la majorité républicaine de la Chambre nouvelle. Examinée dans les séances des 25 et 26 janvier 1878, elle donna lieu à un long et curieux débat. M. de Cadillan se défendit, non sans habileté, contre les arguments du rapporteur, M. Martin-Feuillée. On lui reprocha d'avoir profité d'un sectionnement inusité et irrégulier de la ville d'Arles, d'avoir entravé le service de la batellerie et du roulage pour empêcher ses adversaires de voter, enfin d'avoir élevé de véritables barrières dans plusieurs salles de vote entre les électeurs et le bureau. M. de Cadillan s'efforça de se justifier de tous ces faits, et de plaider les circonstances atténuantes. Quant à un pamphlet diffamatoire publié à la dernière heure contre M. Tardieu, il déclara qu'il le regrettait; mais est-ce qu'on l'avait plus épargné que son concurrent? « Voici, dit-il, un article qui m'appelle: *Le dernier pacha de France* On rit)... Mes adversaires, dans leur cynisme, composent des chansons, (on rit), et, quoique vous ne compreniez pas le provençal, je vous lirai le dernier couplet. (Nouveaux rires).

De la peu de Carrié
N'en faren des souliè.
De tripo de Cadillan
N'en penjaren li capelan.

« De la peau de Carrié (le maire d'Arles), nous ferons des souliers. — Des boyaux de Cadillan, nous pendrons les curés.» (Mouvement). M. de Cadillan reconnut d'ailleurs qu'il avait été candidat officiel, et termina en implorant l'indulgence: « La majorité républicaine dit-il est assez forte pour se montrer clémente... » M. Baragnon eut beau intervenir en faveur de son collègue, l'élection de M. de Cadillan, après un discours de Gambetta, fut annulée à la majorité de 304 voix contre 211. Les électeurs d'Arles furent convoqués à nouveau, et, le 3 mars 1878, M. Tardieu fut élu, sans concurrent.

CADOINE. — *Voy.* GABRIAC (MARQUIS DE)

CADORE (DUC DE). — *Voy.* CHAMPAGNY (DE).

CADOT (LOUIS-MARIE-ERNEST), député de 1879 à 1881, né à Péronne (Somme), le 13 janvier 1841, était sans antécédents politiques, quand il fut élu, le 6 avril 1879, député de la 1re circonscription de Péronne, par 7,520 voix, sur 8,826 votants, et 14,227 inscrits, en remplacement de M. Mollien, décédé. Il siégea, comme son prédécesseur, à la gauche modérée, et vota avec la majorité opportuniste: le 5 juin, *pour* l'invalidation de l'élection de Blanqui dans la 1re circonscription de Bordeaux; le 19 juin (au Congrès), *pour* le retour du Parlement à Paris; le 16 mars 1880, *pour* l'ordre du jour Devès en faveur du gouvernement et de l'application des lois aux congrégations; le 8 février 1881, *pour* le projet de rétablissement du divorce, etc. M. Cadot ne fit pas partie de la Chambre de 1881.

CADROY (PAUL), membre de la Convention et député au Conseil des Cinq-Cents, né à Aire (Landes), le 26 décembre 1751, mort à Saint-Sever (Landes), le 23 novembre 1813, exerçait dans cette ville, lors de la Révolution, la profession d'avocat. Il n'adopta qu'avec beaucoup de réserves les idées nouvelles, et, après avoir rempli les fonctions de vice-président de l'administration du département des Landes, fut, le 4 septembre 1792, élu par ce département, membre de la Convention, avec 212 voix sur 340 votants; il siégea dans la minorité de l'Assemblée, se lia avec les Girondins, et lors du procès de Louis XVI, se prononça en ces termes contre la peine capitale: « Un décret a déclaré Louis coupable de conspiration. La peine est la mort. Mais est-ce dans le Code pénal qu'il faut chercher la peine? Il est certain que, comme juge, je ne puis m'écarter de la loi positive; mais comme juge législateur, je puis balancer avec elle l'intérêt national. Sous ce rapport, ce ne serait donc pas dans le Code pénal que je devrais chercher la peine. Je

dois me demander si, quand je trouve, d'un côté la peine de mort, de l'autre des formes protectrices, et que je vois la Convention s'écarter des formes, je dois déchirer la loi pour ce qu'elle offre de bienfaisant et prendre ce qu'elle a de plus rigoureux. Ici je me rappelle l'égalité et je dis que, si vous vouliez assujettir Louis au code pénal, vous ne deviez pas faire exception des personnes, en vous écartant des formes conservatrices instituées pour tous les citoyens. Or, vous n'avez pas voulu suivre les formes prescrites par le Code pénal: vous ne pouvez donc pas appliquer les peines qui y sont portées puisqu'elles ne s'appliquent que d'après les formes. Ce n'est donc point là qu'il faut chercher la peine à infliger à Louis; mais c'est une mesure de sûreté générale qu'il faut prendre. Mais est-il utile d'appliquer la peine de mort contre Louis? Outre que je ne crois pas en avoir le droit, j'y vois plus d'inconvénients que d'avantages pour la République. L'intérêt de ma patrie ne demande point son supplice. S'il meurt, je vois des partis s'élever, des prétentions se ranimer pour lui donner un successeur; s'il vit, je vois l'effroi des rois conspirateurs et l'exemple de l'univers. Indépendant, dans ma conscience, de toute puissance humaine, je vote pour la détention. »

Après le procès du roi, Cadroy jugea prudent de se renfermer dans un profond silence quant aux questions de pure politique, et se borna à présenter quelques observations sur le recrutement de l'armée, l'habillement des troupes, le droit de tester, etc. Ce ne fut qu'après le 9 thermidor, que, reprenant courage, il attaqua la Montagne, les sociétés populaires et la Constitution de 1793. Envoyé en mission dans le Midi, il prit une part active à la réaction anti-jacobine et, de concert avec son collègue, écrivit de Marseille à la Convention: « Le peuple ne veut plus de Montagne. Les jacobins, les robespierristes sont pour lui des *bêtes féroces* qu'il poursuit à outrance... » Le mouvement révolutionnaire s'étant, pour ainsi dire, réfugié dans le district d'Arles, Cadroy et son collègue mirent cette ville en état de siège. Cadroy réprima, d'autre part, avec le concours des représentants Guérin, Isnard, Chambon, Niou et Chappe, une insurrection populaire à Toulon; puis il fut chargé des approvisionnements de l'armée des Alpes. Il était à Lyon, en juin 1795, lorsque les prisons furent forcées, et que les jacobins qui s'y trouvaient en grand nombre furent égorgés. Il essaya d'atténuer la gravité de cet acte dans une lettre où il disait: « Les hommes qui sont morts dans les prisons avaient versé dans cette commune la désolation et le deuil. » Quelques jours après, Cadroy se transporta de nouveau à Toulon et fit une guerre implacable au parti montagnard qui s'était emparé de l'arsenal et des établissements militaires. La rigueur dont il fit preuve effraya la Convention qui le rappela à Paris: plus tard, il fut même dénoncé, par les représentants Pélissier et Blanc, comme provocateur de l'assassinat des patriotes dans le Midi. Le 23 vendémiaire an IV, Cadroy entra, comme ancien conventionnel, au Conseil des Cinq-Cents. La réprobation des habitants de Marseille l'y poursuivit. Leur pétition, dont la lecture en séance publique fut ordonnée le 17 frimaire an IV débutait ainsi: « Citoyens législateurs, les républicains ne connaissent que la vérité; en ces moments d'orages et de dangers, elle peut sauver la chose publique, ils vous la doivent, la voici: « Le Midi, la commune de Marseille surtout, a gémi longtemps sous le poids accblant de l'oppression la plus monstrueuse et la plus horrible. Le croiriez-vous, législateurs! des hommes chargés de sauver le peuple, de l'arracher à la tyrannie des factions; des représentants qui avaient reçu du peuple la mission expresse de consolider la liberté, l'ont assassiné, détruit, égorgé; et si quelques républicains énergiques ont échappé aux massacres qu'on avait si bien organisés, rendons-en grâce au génie de la République. Vous peindrons-nous ici, législateurs, le tableau effrayant qu'a offert Marseille pendant plus de six mois? Des cadavres mutilés à chaque pas, les rues teintes de sang humain, les voûtes du fort Jean empreintes des cervelles des plus courageux républicains, le sang sortant à gros bouillons de cet autre de mort et rougissant les flots de la Méditerranée; le fer, la soif, la faim dévorante, le feu... Épargnons à votre sensibilité le récit de ces horribles forfaits. Quel monstre assez audacieux tenterait aujourd'hui de les justifier, ou d'en atténuer l'atrocité? Serait-ce vous, Cadroy, Chambon et Mariette vous qui les avez fait commettre?... Législateurs, nous vous dénonçons les trois bourreaux du Midi...» Et les pétitionnaires affirmaient que Cadroy avait préparé les massacres des prisons, disant aux égorgeurs: « Si vous rencontrez des terroristes, frappez-les; si vous n'avez pas des armes, vous avez des bâtons, et si vous n'avez pas de bâtons, déterrez vos parents, vos amis, et, de leurs ossements, assommez qui osera vous regarder en face... » Cadroy nia les faits et les propos cités dans la pétition, et l'Assemblée passa à l'ordre du jour. Affilié au parti clichien, Cadroy, que ses adversaires n'avaient cessé de dénoncer, fut inscrit au 18 fructidor sur la liste des déportés; il réussit à s'échapper. Le 18 brumaire lui permit de rentrer dans son pays natal; il devint maire de Saint-Sever et reprit sa profession d'avocat. Il mourut peu de temps avant le retour des Bourbons.

CADUC (Armand), représentant à l'Assemblée nationale en 1872, député de 1878 à 1885, et membre du Sénat, né à Ladaux (Gironde), le 13 septembre 1818, fit ses études de droit à Poitiers, puis vint s'inscrire au barreau de La Réole. Lié avec les principaux membres du parti démocratique dans la Gironde, il fut, en 1848, rédacteur du journal républicain la *Tribune*, et se vit compromis, en 1851, dans le complot de Lyon : il bénéficia d'une ordonnance de non-lieu. Adversaire de la politique du prince L.-Napoléon et du coup d'État, il dut quitter la France en décembre 1851 : il habita successivement Guernesey, Jersey, Londres et l'Espagne, d'où le gouvernement français le fit expulser en 1853, comme ayant trempé dans l'attentat d'Orsini. M. Caduc rentra en France en 1859, se fixa de nouveau à La Réole, et se remit à plaider. Il devint bientôt un des chefs de l'opposition militante. Après le 4 septembre 1870, les électeurs républicains lui donnèrent, lors des élections générales du 8 février 1871, 32,914 voix; mais ce fut une liste mixte qui l'emporta; le dernier élu, M. Johnston, passa avec 94,944 voix. Le décès de M. Richier ayant déterminé dans la représentation de la Gironde une vacance dans la représentation de la Gironde, un scrutin complémentaire eut lieu le 20 octobre 1872. Le « congrès de la Ligue électorale républicaine » opposa à la candidature conservatrice de M. de Forcade la Roquette, soutenu par la coalition des bonapartistes et des légitimistes, celle de M. Armand Caduc, qui se prononçait, dans sa circulaire, pour l'instruction publique gratuite, obligatoire

et laïque, pour l'amnistie, contre les taxes sur les matières premières, et pour la liberté commerciale. Il annonçait qu'il soutiendrait M. Thiers « contre les menées de la droite monarchique », et qu'il se prononcerait en faveur de la dissolution de l'Assemblée. Élu par 66,308 suffrages contre 47,041, (115,045 votants, 198.728 inscrits), M. Caduc se conforma à ce programme; il s'inscrivit aux réunions de la gauche et de l'union républicaine, fit une opposition constante au gouvernement du 24 mai, et vota : contre le septennat, contre l'état de siège, contre la loi des maires, pour les amendements Wallon et Pascal Duprat, et pour l'ensemble des lois constitutionnelles. Lors des premières manifestations de la politique républicaine intransigeante, dont Louis Blanc et M. A. Naquet étaient les porte-paroles, il s'était prononcé pour la politique opportuniste recommandée par Gambetta: il échoua aux élections législatives du 20 février 1876, avec 5,807 voix, dans l'arrondissement de La Réole : ce fut le candidat bonapartiste, M. Robert Mitchell, (7,703 voix) qui l'emporta. M. Caduc reparut sur la scène politique le 10 février 1878, après avoir échoué une seconde fois, le 8 avril 1876, lors d'une élection partielle dans la 2e circonscription de Bordeaux, contre M. Louis Mie, radical, intransigeant, réélu en 1877. Le décès de Louis Mie motiva une nouvelle élection. Candidat des opportunistes, M. Caduc se borna dans sa profession de foi, à réclamer une « République franchement progressive et libérale, ouverte à tous les dévouements incontestables», et fut élu par 5,068 voix (12,695 votants, 24,544 inscrits), contre 3.242 voix à M. Delboy, 2,695 à M. Steeg, et 1,573 à M. Chavauty. Il fit partie de l'Union républicaine, et vota : pour l'article 7, pour l'application des lois existantes aux congrégations non autorisées, pour le projet de rétablissement du divorce, pour les nouvelles lois sur la presse et le droit de réunion, etc. Réélu le 21 août 1881, dans l'arrondissement de La Réole, avec 6,786 voix (13,116 votants, 17,418 inscrits), contre deux candidats bonapartistes, MM. Gauban, 5,618 voix, et Judde de Larivière, 540, il soutint la politique des cabinets Gambetta et Ferry, et vota les crédits du Tonkin. Avant la fin de la session, le 26 avril 1885, M. Armand Caduc passa au Sénat. Le sort avait désigné le département de la Gironde pour élire un successeur à M. Dupuy de Lôme, sénateur inamovible, décédé: M. Caduc fut élu par 774 voix contre 476 données au duc Decazes. Il a pris part, depuis lors, à tous les votes de la majorité : pour les lois sur l'enseignement primaire, pour l'expulsion des princes, pour la nouvelle loi militaire. Dans la dernière session, M. Armand Caduc s'est prononcé : pour le rétablissement du scrutin uninominal (14 février 1889), pour le projet de loi Lishonne restrictif de la liberté de la presse (18 février), pour la procédure à suivre devant le Sénat pour juger les attentats contre la sûreté de l'État (29 mars, affaire du général Boulanger).

CAFFARELLI (Louis-Marie-Joseph, comte de), pair des Cent-Jours, né au Falga (Haute-Garonne), le 21 février 1760, d'une famille noble d'origine italienne établie depuis deux siècles dans le Haut-Languedoc, mort à Lavelanet (Haute-Garonne), le 14 août 1845, fit ses premières armes dans l'infanterie, puis dans la marine, en Amérique, pendant la guerre de l'Indépendance. Parvenu au grade de lieutenant de vaisseau au commencement de la Révolution, il quitta quelque temps le service pour raison de santé, et fit dans le génie, à l'armée des Pyrénées-Orientales, les trois campagnes qui furent suivies de la prise de Figuières et de Roses. A l'époque de la création du Conseil d'Etat (an VIII), Caffarelli y fut appelé comme membre de la section de la marine. Puis il devint, la même année, préfet maritime de Brest; il y demeura pendant neuf ans, fut nommé membre et grand officier de la Légion d'honneur (an XII), et fut candidat au Sénat conservateur en 1804 et 1805, sans entrer dans cette assemblée. Napoléon le fit comte de l'Empire le 15 juillet 1810, et le chargea, au mois de janvier 1814, de se rendre, avec le titre de commissaire extraordinaire, dans la 10e division militaire pour y organiser des moyens de résistance. Aussitôt après son arrivée à Toulouse, il déclara, par un arrêté du 29 mars, le département de la Haute-Garonne en état de siège, mais il eut à lutter contre les efforts d'une association connue sous le nom de « Confédération chrétienne, » à laquelle, d'ailleurs, il laissa bientôt le champ libre. Après la prise de possession de Toulouse par Wellington et la capitulation de Paris, Caffarelli vint faire sa soumission à Louis XVIII. Maréchal de camp et conseiller d'Etat honoraire, il n'en reçut pas moins de Napoléon Ier, pendant les Cent-Jours, la dignité de pair de France (2 juin 1815). Il fit partie, le 9 du même mois, de la députation que la Chambre des pairs envoya à l'empereur pour lui présenter une adresse. A la seconde Restauration, il disparut de la scène politique et vécut jusqu'à sa mort dans une retraite absolue.

CAFFARELLI (MARIE-FRANÇOIS-AUGUSTE, COMTE DE), frère du précédent, pair de France, né au Falga (Haute-Garonne), le 7 octobre 1766, mort à Leschelles (Aisne), le 23 janvier 1849, fut destiné dès sa jeunesse à la carrière des armes. Il servit d'abord comme sous-lieutenant dans les troupes sardes, qu'il quitta, en 1791, au moment où la guerre était imminente entre le Piémont et la France, revint en France, et s'engagea, comme simple dragon, dans l'armée du Roussillon, contre les Espagnols. Après plusieurs actions d'éclat, il gagna successivement les grades de lieutenant, de capitaine, et, en l'an II, d'adjudant général. Après le 18 brumaire, le premier consul le choisit comme colonel de la garde des consuls, puis en fit un de ses aides de camp. Devenu général de brigade après Marengo, il accompagna Bonaparte en Belgique (an XI), fut promu membre et commandeur de la Légion d'honneur en l'an XII, et fut ensuite envoyé à Rome pour déterminer le pape à venir en France sacrer le nouvel empereur. Au retour, en 1805, il fut nommé gouverneur du château des Tuileries, général de division et président du collège électoral du Calvados, dont un de ses frères était préfet. Il commanda une division à Austerlitz, obtint (8 février 1805) la croix de grand officier, puis le grand cordon de la Légion d'honneur; il fut appelé, la même année, au ministère de la Guerre du royaume d'Italie, qu'il conserva jusqu'en 1810, époque à laquelle il passa à l'armée d'Espagne. Le 15 janvier 1809, Caffarelli avait reçu de Napoléon le titre de comte de l'Empire avec une dotation de 25,000 francs sur les domaines d'Altkloster, situés en Hanovre. Gouverneur de la Biscaye en 1811, il contribua, le 22 octobre 1812, avec le général Souham, commandant l'armée du Portugal, à faire lever le siège de Burgos, et remporta plu-

sieurs victoires sur les troupes espagnoles et britanniques. Ramené en France par les événements de 1814, Caffarelli accompagna jusqu'à Vienne Marie-Louise et le roi de Rome; puis rentré en France en janvier 1815, il accepta de Louis XVIII la croix de Saint-Louis et le commandement de la 13e division militaire. Pendant les Cent-Jours, il commanda la 1re division militaire (Paris); puis il se rendit à l'armée de la Loire, fut licencié comme ses compagnons d'armes, mis en disponibilité, et bientôt à la retraite. Après la révolution de Juillet, Caffarelli fut nommé pair de France (19 novembre 1831); il devint secrétaire de la Chambre haute en 1832, à la place du duc de Trévise, qui se rendait à Saint-Pétersbourg comme ambassadeur, et fut chargé (1840) du rapport sur le projet de loi relatif à la translation des dépouilles mortelles de Napoléon : « La demande de fonds qui vous est présentée, dit-il, à ce sujet, ne saurait être considérée comme une question d'argent. Nous n'hésitons pas à vous proposer l'adoption pure et simple du chiffre demandé, et nous ne doutons pas qu'en cas d'insuffisance la Chambre des pairs ne fût prête à voter des crédits supplémentaires qui pourraient encore vous être soumis. En vous proposant, à l'unanimité, de vous associer au projet du gouvernement, nous avons pensé qu'il était superflu de rappeler ici tout ce que fit l'empereur Napoléon pour le bonheur et la gloire du peuple français. Le souvenir en est vivant encore dans cette enceinte où siègent tant de témoins de sa gloire et de compagnons de ses travaux. » Il rentra dans la vie privée à la révolution de 1848.

CAFFARELLI (EUGÈNE-AUGUSTE, COMTE DE), fils du précédent, député au Corps législatif de 1852 à 1869, né à Milan (Italie), le 31 décembre 1806, mort à Paris, le 19 juillet 1878, fut nommé, en juillet 1832, auditeur au Conseil d'Etat; et devint maître des requêtes au mois d'août 1837. Ses attaches bonapartistes le firent désigner, aussitôt après l'élection du 10 décembre 1848, pour le poste de préfet d'Ille-et-Vilaine; il le conserva jusqu'au 9 mars 1851. Membre du conseil général de l'Aisne pour le canton de La Chapelle, il entra au Corps législatif le 29 février 1852, comme l'élu de la 2e circonscription d'Ille-et-Vilaine, avec 13,887 voix (14,148 votants, 32,910 inscrits). Il prit part au rétablissement de l'Empire, et, candidat officiel du gouvernement, auquel il ne cessa de donner l'appui de ses votes, il fut réélu successivement : le 22 juin 1854, par 19,428 voix (19,512 votants, 35,522 inscrits), et le 4 juin 1863, par 22,750 voix (22,846 votants, 33,928 inscrits). Il ne se représenta pas aux élections de 1869. — Chevalier de la Légion d'honneur.

CAHIER DE GERVILLE (BON-CLAUDE), ministre de l'Intérieur en 1791-1792, né à Bayeux (Calvados), le 30 novembre 1751, mort à Bayeux, le 15 février 1796, était fils d'un homme d'affaires jouissant de la confiance de plusieurs grandes familles du pays; sa mère était la fille naturelle, adoptive et richement dotée, d'un gentilhomme, M. Hélye de Bompart, capitaine au régiment de Berry; le père de Bon-Claude fut receveur de la ville de Bayeux en 1765. Bien qu'appartenant à la bourgeoisie, Bon-Claude prit un nom de terre, vanité autorisée par l'usage, et se fit appeler Cahier de Gerville. Après une bonne éducation, il étudia le droit à Paris, se fit recevoir avocat au Parlement, et publia, vers 1786, un Mémoire su l'*État civil des protestants*, qui précéda et provoqua peut-être l'édit par lequel Louis XVI rendit aux religionnaires la plénitude de leurs droits. En 1789, il débuta dans la vie politique comme électeur de Paris, et dut, à la vivacité de ses sentiments de *patriote*, le poste de procureur syndic adjoint de la commune de Paris (novembre 1789). Constitutionnel et rêvant la liberté sans excès, il dénonça à l'Assemblée constituante un libellé diffamatoire publié contre La Fayette (1790); des poursuites furent dirigées contre l'auteur.

Envoyé à Nancy comme commissaire, avec l'avocat Duveyrier, lors de la révolte de deux régiments, il accusa les officiers de manquer de patriotisme et fit mettre en liberté les soldats.

La proposition qu'il présenta à l'Assemblée, au nom de la municipalité de Paris, d'enlever au clergé la tenue des actes de l'état civil, devint la base de la loi du 20 septembre 1792, et le mit en évidence. Nommé ministre de l'Intérieur, le 27 novembre 1791, il se présenta devant l'Assemblée : « Le roi, dit-il, m'a appelé au ministère de l'Intérieur; j'ai cru devoir répondre à la confiance dont il m'a honoré; je ne parlerai pas de mes moyens, j'en connais la mesure; mais les principes que j'ai professés ne varieront jamais. Attaché depuis le 13 juillet 1790 à la commune de Paris, j'ai fait mes preuves, je resterai inviolablement attaché à la Constitution. »

Il écrivit au maire de Paris, le 30 novembre 1791, pour démentir le bruit d'une prochaine invasion des émigrés. Sa nomination comme ministre avait été bien accueillie du conseil général de la commune, et lorsqu'il s'y rendit, le 29 novembre, pour déposer l'écharpe populaire, et témoigner à ses anciens collègues le regret qu'il éprouvait de les quitter, il fut reçu par de vifs applaudissements. « Les esprits ordinaires, dit à ce sujet le compte rendu officiel de la séance du conseil, ne voudront pas croire au sacrifice que M. Cahier proteste avoir fait pour accepter la place de ministre. Il sera cependant facile de penser qu'un homme qui, comme lui, a une fortune de quinze à vingt mille livres de rentes, qui est d'une santé médiocre, et peut jouir d'une grande considération et de beaucoup d'agréments dans la société, n'a pas dû voir sans quelque crainte le fardeau qui lui est imposé dans ces moments d'orage et de confusion. » D'autre part, le peu de sympathie que Louis XVI lui avait montré, à son arrivée aux affaires, était bien fait pour augmenter ses appréhensions. On raconte que le roi lui dit brusquement, le premier jour : « Vous vous chargez là, monsieur, d'une tâche difficile. » — A quoi il aurait répondu : — « Sire, il n'y a rien d'impossible à un ministre populaire auprès d'un roi-patriote. » Cahier de Gerville prit plusieurs fois la parole dans l'Assemblée, notamment le 6 décembre 1791, pour rendre compte des troubles du Nord et du Pas-de-Calais; ces troubles étaient « occasionnés par les alarmes des citoyens relativement au renchérissement subit des subsistances. » L'accaparement des grains était attribué, par les uns à des agioteurs, par les autres aux émigrés. Le ministre annonça qu'il avait pris les dispositions que comportait la situation. Le 18 décembre, il présenta à l'Assemblée quatre mémoires : sur le canal de Bourgogne, sur les Écoles vétérinaires de Lyon et d'Alfort, sur les inconvénients de la multiplication des fabriques d'amidon dans les départements du Nord et du Pas-de-Calais, et sur ceux de la multiplicité des fabriques d'eau-de-vie et de genièvre. Plus tard, il parla encore sur la police des grandes routes, sur « la situation générale du royaume » (6 février 1792); il appela particulièrement l'attention sur les affaires « que l'on nomme religieuses » et exposa que beaucoup d'hommes appartenant à ce qu'on appelait autrefois l'ordre du tiers étaient émigrés : « On ne peut leur supposer aucune cause d'émigration, si ce n'est des inquiétudes religieuses. » Le 13 février, Cahier de Gerville présenta sur le même objet un rapport très détaillé, indiqua toutes les causes du malaise général : la rareté du numéraire, les entraves apportées à la libre circulation des grains, enfin le fanatisme religieux. Ses dernières paroles furent : « Le fanatisme est comme un torrent qui détruit et renverse toutes les barrières qu'on lui oppose, et qui s'écoule sans ravages, lorsqu'on lui ouvre des issues. Je désire que l'Assemblée accélère l'époque où l'état civil ne sera plus constaté par les ministres du culte, mais par des officiers publics; et je m'applaudis d'avoir été le rédacteur de l'adresse qui provoqua cette attribution à l'autorité civile. L'intérêt des prêtres ne doit entrer pour rien dans les combinaisons du législateur. La patrie attend une loi juste qui puisse entrer dans le code des peuples libres et qui dispense de prononcer ici ces mots : prêtres et religion. » (On applaudit). Mais bientôt les dissentiments qui éclatèrent entre les ministres, et principalement entre Cahier et Bertrand de Molleville, déterminèrent le ministre de l'Intérieur à donner sa démission. Il se retira le 15 mars 1792, publia un exposé de son administration, et se hâta de quitter Paris, où l'horizon s'assombrissait, pour se retirer à Bayeux; son père venait d'y être nommé président du tribunal de commerce. Le 13 octobre, lorsque Pétion fut réélu maire par la commune de Paris, Cahier de Gerville obtint un certain nombre de voix. Le 27 novembre suivant, anniversaire du jour où il avait été nommé ministre, les habitants de Bayeux l'élurent maire, mais il déclina ces fonctions, et, pour satisfaire le besoin d'activité qui le dévorait, offrit ses services à la Commission des Arts qui, composée d'hommes distingués (MM. Delauney, ancien constituant, Moisson de Vaux, botaniste de mérite, etc.) recueillait tous les objets précieux provenant de la suppression des établissements ecclésiastiques et de la confiscation des biens d'émigrés.

La loi des suspects menaça un moment Cahier de Gerville dans sa retraite; les représentants en mission, Bouret et Frémanger, lancèrent contre lui un mandat d'arrêt et ordonnèrent des poursuites domiciliaires (germinal an II). La Société populaire proclama son civisme, et l'ordre d'arrestation fut révoqué par Frémanger, qui reçut à cette occasion une bourse pleine de louis, des mains de M. Gardin de Méry qui le connaissait particulièrement.

Miné par les fatigues, les déceptions et les inquiétudes, Cahier de Gerville, célibataire, mourut deux ans après.

CAIGNART. — *Voy.* SAULCY (DE).

CAILHASSOU (FRANÇOIS-MARIE), député à l'Assemblée législative de 1791, dates de naissance et de mort inconnues, fut président du département de la Haute-Garonne, avant d'être élu, le 4 septembre 1791, député de ce département à l'Assemblée législative, par 360 voix sur 472 votants. Dans la séance du 3 avril 1792, il fit un long et important discours sur les causes du discrédit des assignats et sur les moyens d'y remédier. « On peut diviser, dit-il, en deux classes bien distinctes les causes du discrédit des assignats ; les unes sont matérielles, les autres doivent leur existence aux circonstances politiques où nous nous trouvons, aux efforts des mécontents pour détruire notre crédit et égarer l'opinion. » Il conclut en observant qu'il ne convenait de retirer qu'avec « une sage mesure et une circonspection extrême, » les assignats de la circulation, et proposa un emprunt national. — Le 27 avril, au nom des comités de l'ordinaire et de l'extraordinaire des finances, il demanda et fit voter l'émission de 300 millions d'assignats, spécialement destinés aux frais de la guerre et aux besoins de la trésorerie nationale. Le 15 mai, il appuya, contrairement à l'avis de Trouchon, la suspension des remboursements, « pour ne pas multiplier les assignats et épuiser nos ressources. » Enfin, le 12 juin, il présenta encore un long rapport sur le mode de paiement des biens nationaux. Le 21 juin, Caillassou fit, sans succès, à l'Assemblée la motion de se transporter au château des Tuileries pour défendre le roi contre un « rassemblement armé », qui venait d'être signalé par le procureur général-syndic du département de Paris, Rœderer. Il ne fit pas partie d'autres législatures.

CAILLARD (Antoine-Bernard), ministre des Affaires étrangères en l'an IX, né à Aignay-le-Duc (Côte-d'Or), le 28 septembre 1737, mort à Paris, le 6 mai 1807, était destiné d'abord à l'état ecclésiastique, mais protégé par Turgot, alors intendant à Limoges, il vint travailler sous ses ordres, fut attaché en 1769 au comte de Boisgelin, frère de l'archevêque d'Aix, comme secrétaire de légation à Parme (1769), puis passa en la même qualité (1773) auprès du comte de Vérac, ministre à Cassel, et le suivit à Copenhague en 1774. Nommé chargé d'affaires dans cette résidence en 1775, il se rendit à Saint-Pétersbourg avec le même titre en 1780, puis en Hollande (1785). De retour en France en 1792, Caillard fut envoyé à Ratisbonne comme ministre plénipotentiaire, retourna en Hollande quelque temps après, et revint à Berlin remplir les mêmes fonctions en l'an III. Il s'acquitta habilement de sa tâche, et obtint du roi de Prusse un traité secret qui reconnaissait la rive gauche du Rhin comme frontière de la France. Il fut appelé ensuite à la garde des archives au ministère des Relations extérieures, prit part à la négociation d'un traité avec la Bavière, et obtint, le 29 prairial an IX, sur la désignation spéciale de Talleyrand, ministre des Relations extérieures, et pendant son absence, l'intérim de ce ministère. Il n'exerça ces hautes fonctions que pendant peu de temps. Caillard se livrait aussi à des travaux littéraires et scientifiques ; on a de lui une traduction de *Lavater* (1781), un *Mémoire sur la Révolution de Hollande* (1787) et quelques bons articles dans le *Magasin encyclopédique* de Millin. Il a laissé à sa mort une fort belle bibliothèque. Membre de la Légion d'honneur du 25 prairial an XII.

CAILLARD D'AILLIÈRES (Augustin-Henry), député de 1837 à 1839, né à Aillières (Sarthe), le 21 mars 1784, mort à Aillières, le 26 mai 1857, fit ses études à Paris et débuta de bonne heure dans la carrière administrative, qu'il quitta pour s'occuper de ses intérêts privés. En 1809, il devint maire de sa commune (Aillières), puis, en 1829, conseiller général de la Sarthe.

Il s'occupait de travaux agricoles dans ses propriétés, après quelques tentatives infructueuses pour se faire élire député, lorsque, le 4 novembre 1837, les électeurs du 6e collège de la Sarthe (Mamers) l'envoyèrent, par 130 voix sur 247 votants, 328 inscrits, siéger à la Chambre. Il vota avec la majorité conservatrice, et ne prit, d'ailleurs, qu'une part peu importante aux travaux législatifs. Le 15 décembre 1839, M. Caillard échoua, dans le 6e collège, avec 119 voix contre 137 accordées à l'élu, M. Gustave de Beaumont ; il se représenta, avec moins de succès encore, contre le même concurrent, aux renouvellements de 1842 et de 1846, et se consacra, dès lors, aux travaux du conseil général et à ceux du comice agricole de son canton.

CAILLARD D'AILLIÈRES (Augustin-Fernand), député de 1882 à 1889, né à Paris, le 31 janvier 1849, fit, comme lieutenant de la garde mobile de la Sarthe, la campagne de 1870-71, et fut emmené en captivité en Allemagne. En 1873, il entra au Conseil d'État, et devint, en 1875, auditeur de première classe. Chef du cabinet du ministre de l'Agriculture et du Commerce, puis conseiller général de la Sarthe pour le canton de la Fresnaye (1877), il donna sa démission d'auditeur au Conseil d'État lors de la réorganisation de ce corps, et fut élu, comme conservateur, le 12 février 1882, député de la 2e circonscription de Mamers, par 7,672 voix sur 12,221 votants et 16,254 inscrits, contre 4,064 accordées à M. Levasseur, et 379 à M. Gaston Galpin. M. Caillard d'Aillières remplaçait à la Chambre M. de Perrochel, décédé. Il siégea à droite, et prit part à plusieurs discussions importantes, entre autres à celle de la loi municipale ; mais il intervint surtout dans les questions financières et dans les débats sur le budget. Ce fut lui que les droites chargèrent, avant la fin de la législature (1885), de déposer en leur nom une proposition tendant à ce qu'il fût rendu des comptes financiers avant les élections générales. Il s'occupa aussi des questions agricoles, réclama contre la mesure par laquelle on avait diminué d'un million par an les dégrèvements accordés aux agriculteurs en cas de sinistre, et fit voter une loi destinée à encourager les étalonniers au moyen de primes qui leur permettraient d'avoir des chevaux de plus grande valeur. Porté, le 4 octobre 1885, sur la liste conservatrice de la Sarthe, M. Caillard d'Aillières fut élu, le 2e sur 7, par 54,209 voix (107,837 votants, 127,345 inscrits) ; il reprit sa place à la droite monarchiste, se prononça, avec elle, contre les divers ministères, à l'exception du cabinet Rouvier, qui se succédèrent aux affaires depuis lors, et parla assez fréquemment sur les questions de finances, où sa compétence est généralement reconnue. Dans la dernière session, M. Caillard d'Aillières s'est prononcé contre le rétablissement du scrutin uninominal (11 février 1889), pour l'ajournement indéfini de la révision de la Constitution (14 février), contre les poursuites contre trois députés membres de la Ligue des patriotes (14 mars), contre le projet de loi Lisbonne restrictif de la liberté de la presse (2 avril), contre les poursuites contre le général Boulanger (4 avril).

CAILLAUX (Alexandre-Eugène), représentant à l'Assemblée nationale de 1871, ministre et sénateur, né à Orléans, (Loiret), le 8 septembre 1822, entra à l'École polytechnique, puis à l'École des Ponts et Chaussées, devint ingénieur ordinaire à Laval. d'à il passa au Mans, et fut attaché à la compagnie du chemin de fer de l'Ouest, à Paris, en qualité d'ingénieur en chef (1862). Il occupait ces fonctions, lorsqu'il débuta dans la vie politique, le 8 février 1871, ayant été élu représentant de la Sarthe à l'Assemblée nationale, le 6e sur 9, par 50,508 voix (84,400 votants, 135,095 inscrits). M. Caillaux donna alors sa démission d'ingénieur, siégea au centre et fit, au début de la législature, partie du groupe Target. On sait que l'attitude de ce groupe, qui prit parti, au 24 mai, contre le gouvernement de Thiers, décida du succès de la coalition des droites. Après avoir voté *pour* les préliminaires de paix, *pour* les prières publiques, *pour* l'abrogation des lois d'exil, *contre* le retour du Parlement à Paris, etc., M. Caillaux se prononça pour la politique qui prévalut au 24 mai. Jusque-là, en dehors de ses votes, il s'était occupé de préférence de questions d'affaires et avait été choisi notamment, en 1871 et en 1872, comme rapporteur du budget des travaux publics. Entièrement dévoué, depuis la chute de Thiers, aux intérêts conservateurs, il appuya toutes les mesures présentées par le ministère de Broglie, opina *pour* le maintien de l'état de siège, *pour* la loi des maires, et prit plusieurs fois la parole sur les questions d'impôts, de chemins de fer, etc. Le 22 mai 1874, il fut appelé par le maréchal de Mac-Mahon à remplacer M. de Larcy au ministère des travaux publics. Il parla en faveur du repos du dimanche, sur l'augmentation de l'impôt du sel, sur la juridiction des étrangers en Égypte, vota la Constitution de 1875, et resta dans les divers cabinets qui se succédèrent, y compris celui que présida M. Buffet (10 mars 1875), jusqu'aux élections générales de 1876. Il fut alors (9 mars) remplacé par M. Christophle. Pendant le cours de son administration, M. Caillaux eut à soutenir devant l'Assemblée nationale l'achèvement de notre réseau national de chemins de fer. Il se fit à ce sujet l'avocat des grandes compagnies. En outre, il s'occupa de divers projets d'intérêt public (amélioration du bassin de la Loire, des ports de Saint-Nazaire, de Dunkerque, de Calais, de Boulogne; projets de tunnel sous-marin entre la France et l'Angleterre, etc.) Porté aux élections sénatoriales du 30 janvier 1876, dans le département de la Sarthe, comme candidat de l'Union conservatrice, avec MM. de Talhouet et Vétillart, il se déclara, dans sa circulaire, prêt à poursuivre loyalement l'application de la constitution votée par l'Assemblée nationale. « Ce que le pays, ajoutait-il, doit attendre de ses nouveaux élus, c'est la fin des luttes politiques et des divisions de parti; c'est le droit de vivre et de travailler en paix, sans avoir chaque jour à se demander ce que sera le lendemain. » M. Caillaux, élu sénateur, le dernier sur trois, prit place dans les rangs de la droite monarchiste, vota constamment avec elle, et accepta le portefeuille des finances, le 17 mai 1877, dans le cabinet de Broglie-Fourtou. La situation de ministre des finances, particulièrement délicate, parce qu'elle comporta alors l'emploi par le titulaire de crédits non votés par la Chambre, donna à M. Caillaux un rôle dans les plus importants durant la lutte soutenue jusqu'aux élections d'octobre par la coalition des partis conservateurs et monarchistes contre la politique républicaine. Quand celle-ci eut triomphé, M. Caillaux quitta le pouvoir avec ses collègues, après avoir subi, comme eux, les votes de défiance et de blâme (20 novembre 1877) de la nouvelle majorité. Il ne cessa, d'ailleurs, de s'associer à la Chambre

haute, à tous les votes de la droite notamment contre l'article 7, et contre les projets Ferry, sur l'enseignement. Il quitta le Sénat en 1882, la liste républicaine l'ayant emporté dans la Sarthe au renouvellement du 8 janvier.

CAILLEL DU TERTRE (Victor), représentant à l'Assemblée législative de 1849, né à Vitré (Ille-et-Vilaine), le 18 octobre 1794, mort à Vitré, le 20 juin 1872, était, au moment de son élection, adjoint au maire de Vitré. Il fut un des membres obscurs de la majorité de l'Assemblée législative, où l'envoyèrent les conservateurs de son département, par 71,943 voix sur 106,407 votants et 154,958 inscrits. Légitimiste. M. Caillel du Tertre vota avec la droite. Il ne se montra point favorable au coup d'État de 1851 et protesta le 2 décembre contre l'acte du président. Il resta, depuis lors, étranger à la politique.

CAILLEMER (Charles-François-Louis), député au Conseil des Anciens et membre du Tribunat, né à Carentan (Manche), le 15 novembre 1757, mort au château de Breuilly (Manche), le 23 octobre 1843, était avocat en 1789. Il devint, au début de la Révolution, président de l'administration centrale du département de la Manche. Élu, le 25 germinal an VII, député de la Manche au Conseil des Anciens, il y appuya la création d'une marine auxiliaire, et se montra favorable à la politique de Bonaparte, qui l'admit, le 19 brumaire an VIII, dans la « Commission intermédiaire » formée de ses partisans choisis dans les deux Conseils. Puis, le 4 nivôse an VIII, il entra au Tribunat, où il se prononça contre le Code civil et en faveur des tribunaux spéciaux. Son rôle parlementaire terminé, Caillemer fut nommé, le 20 prairial an XI, commissaire général de police à Toulon. On le retrouve ensuite, le 31 mars 1815, lieutenant général de police à Rennes, et enfin, en 1830, juge de paix du canton de Tessy (Manche). Il mourut à un âge très avancé.

CAILLON (Simon-Henry), député au Conseil des Cinq-Cents, dates de naissance et de mort inconnues, était administrateur du département des Ardennes. Le 24 germinal an VII, il fut élu député de ce département au Conseil des Cinq-Cents, où il ne joua qu'un rôle effacé.

CAILLY (Charles), député au Conseil des Anciens, né à Vire (Calvados) en 1752, mort à Paris, le 8 janvier 1821, était entré au barreau. Après avoir rempli, au début de la Révolution, dans son département, diverses fonctions administratives et judiciaires, il devint suspect de modérantisme et fut mis hors de la loi. Il rentra dans les fonctions publiques après le 9 thermidor, encourut encore le reproche de favoriser les menées royalistes, et fut destitué en 1797, par le Directoire, de ses fonctions de commissaire près l'administration départementale du Calvados. Pourtant, ce département le nomma, le 24 germinal an VI, député au Conseil des Anciens, dont il devint secrétaire l'année suivante. Il y prit la parole sur le régime hypothécaire, sur l'organisation du notariat, et sur divers objets de législation. Le 22 germinal an VIII, Cailly entra dans la magistrature, comme vice-président du tribunal d'appel de Caen; il devint plus tard conseiller, puis (12 mai 1811) président de chambre à la Cour impériale de Caen. La Restauration le maintint dans ses fonctions.

CAIRON (ANNE-ALEXANDRE-GABRIEL-AUGUS-TIN, MARQUIS DE PANNEVILLE), député à l'Assemblée constituante de 1789, dates de naissance et de mort inconnues, était « propriétaire à Panneville. » Député de la noblesse aux États-Généraux, le 23 mars 1789, pour le bailliage de Caux, il siégea à la droite de l'Assemblée.

CAISSOTTI (CHARLES-FRANÇOIS-HYACINTHE), CHEVALIER DE CHIUSANO, député au Corps législatif en l'an XII, né à Turin (Italie), le 10 novembre 1756, mort à une date inconnue, enseigna dans le régiment d'Asti (infanterie du roi de Sardaigne) le 23 octobre 1769, devint capitaine en 1786, et major en 1792. Il se trouva aux affaires de Sospello, d'Agasino, de Peruso, et du Molinetto, et tint tête aux Français dans plus d'un combat important. Lieutenant-colonel (1794) du régiment de Verceil, il soutint, lors d'une attaque du petit Saint-Bernard, la retraite de l'armée piémontaise avec deux bataillons, et sauva plusieurs pièces d'artillerie. En 1795, il fut chargé du commandement d'un bataillon de grenadiers réuni au régiment de Verceil, et envoyé avec cette colonne sur le point menacé de Valgrisanche (vallée d'Aoste); au moment où les Français surprenaient les Piémontais au col Dumont, il reçut un coup de feu qui lui traversa la cuisse gauche. Puis il reprit le camp de Plouta, fut employé (1796) ? Ligurie et dans le Piémont, promu colonel, e se distingua encore à l'attaque de la Bicoca, dont nos troupes s'emparèrent avec peine.

Le colonel Caissotti prit part à la bataille de Mondovi (22 avril 1796) perdue par les Autrichiens. Fait prisonnier, et délivré un moment après par ses grenadiers, il couvrit la retraite de la colonne de gauche de l'armée. Réformé le 18 novembre de la même année, il n'eut plus de commandement militaire jusqu'en l'an IX. Mais quand le Piémont eut été réuni à la France, Caissotti devint maire de Coni. De retour à Turin en l'an VIII, il servit dans la garde nationale de cette ville comme chef de bataillon, et le 25 prairial an IX, il en commanda la 4e demi-brigade. Venu en députation à Paris, en l'an XII, pour exprimer à l'empereur les vœux des Piémontais, il fut nommé commandeur de la Légion d'honneur, et député au Corps législatif (14 vendémiaire an XII), pour le département de la Stura (chef-lieu : Coni). Le 15 octobre 1809, il fut créé chevalier de l'Empire. Entré dans l'armée française avec le grade de colonel de cavalerie, il reçut de Napoléon divers commandements militaires, entre autres celui du département de la Sesia. Admis à la retraite le 24 février 1812, il se retira à Turin, puis redevint, en 1815, étranger à la France.

CAIZERGUES (JEAN-RAYMOND), député de 1820 à 1827, né à Montpellier (Hérault), le 2 juin 1764, mort à Montpellier, le 3 septembre 1844, était avocat dans cette ville. Porté candidat dans l'Hérault, au collège de département, le 14 novembre 1820, il « trouva, dit un biographe, dans MM. de Villeneuve et Sarret de Coussergues deux concurrents redoutables; il fallait les écarter à tout prix, et M. Caizergues n'hésita point à promettre aux libéraux qu'il voterait avec M. Benjamin Constant, tandis qu'il prenait avec les royalistes l'engagement de siéger à l'extrême droite. Cette petite bascule électorale eut tout le succès qu'on en pouvait attendre, et M. Caizergues fut nommé à une immense majorité. Il est juste d'ajouter que, des deux côtés, on comptait sur lui pour relever la réputation oratoire de la députation de l'Hérault, et on a encore éprouvé un désappointement complet sur ce point. L'ancien avocat parleur, dont les accents avaient tant de fois retenti dans l'enceinte du tribunal de première instance, perdit tout à coup la parole en arrivant à la Chambre. Se rappelant ses promesses, peut-être voudrait-il garder, à l'exemple des Anglais, une neutralité lucrative; ce qui nous le ferait croire, c'est que M. Caizergues, qui avait promis, d'une part de siéger à droite, de l'autre de siéger à gauche, n'a trouvé d'autre moyen de concilier le tout qu'en s'installant au centre. » Caizergues soutint le gouvernement de ses votes; il fut réélu par le 3e arrondissement de l'Hérault (Lodève), le 9 mai 1822, puis le 25 février 1824. Nommé conseiller à la Cour royale de Montpellier, il conserva ce poste sous Louis-Philippe, jusqu'à sa mort. — Chevalier de la Légion d'honneur.

CALEMARD DE LAFAYETTE (JEAN-FRANÇOIS-GABRIEL), député de 1824 à 1829, né au Puy (Haute-Loire), le 2 avril 1781, tué à Paris, le 3 mai 1829, était d'une famille originaire d'Espagne, du bourg de Calomarde, qui lui aurait donné son nom. Cette famille s'établit en Auvergne et forma deux branches principales, celle du Genestous, et celle de Lafayette. Jean-François-Gabriel Calemard de Lafayette appartint à la magistrature de la Restauration. D'abord procureur du roi au Puy, puis président de chambre à la Cour royale de Lyon, et, en dernier lieu, premier président de la Cour royale de Grenoble, il fut élu, le 25 février 1824, député du 1er arrondissement de la Haute-Loire (le Puy), siégea dans la majorité royaliste de la Chambre septennale et fit partie de la commission chargée d'examiner le projet de loi relatif à l'indemnité des émigrés. La part qu'il prit aux travaux de cette commission causa sa mort. Le 2 mai 1829, en plein jour, comme il passait sur la place Louis XV, il reçut un coup de pistolet d'un ancien officier, le marquis Gineste de Pagniol, qui se brûla immédiatement la cervelle. Calemard de Lafayette expira le lendemain. Son meurtrier croyait avoir à lui reprocher de l'avoir mal servi dans la répartition de l'indemnité.

CALEMARD DE LAFAYETTE (PIERRE), frère du précédent, député de 1836 à 1842, né au Puy (Haute-Loire), le 20 avril 1783, mort au Puy, le 25 mai 1873, médecin au Puy, fut adjoint au maire de cette ville, puis conseiller de préfecture, le 25 janvier 1826. Le 1er mars 1836, en remplacement de M. Joseph Bertrand, démissionnaire, il fut élu député du 1er collège de la Haute-Loire, puis réélu, le 4 novembre 1837 (326 voix, sur 361 votants, 578 inscrits), et enfin le 2 mars 1839. Calemard de Lafayette siégea dans l'opposition légitimiste, vota contre le ministère, et prit part à la discussion du projet de loi sur les aliénés. Aux élections du 9 juillet 1842, il n'obtint que 241 voix et dut céder la place à M. Richond des Brus, conservateur, élu par 287 voix, et réélu en 1846 et en 1847. Cette dernière élection avait été motivée par la nomination du nouveau député de la Haute-Loire à une fonction de médecin-inspecteur : Calemard de Lafayette ne réunit alors, contre son concurrent, que 169 suffrages. Il se retira, et resta jusqu'à sa mort en dehors de la politique active.

CALEMARD DE LAFAYETTE (GABRIEL-

CHARLES), fils du précédent et de d^elle Félicie Peyronnet-Peghoux, représentant à l'Assemblée nationale de 1871, né au Puy (Haute-Loire), le 9 avril 1815, s'occupa tour à tour de poésie et d'agriculture. Parmi ses travaux littéraires, on peut citer : une étude sur *Dante, Michel Ange, Machiavel* (1852), le *Poème des champs* (1861), et divers ouvrages consacrés à la vulgarisation de la science agricole : *Petit Pierre* (1859), la *Prime d'honneur* (1866), l'*Agriculture progressive mise à la portée de tout le monde* (1867), etc. Il collabora à un certain nombre de journaux et de revues, présida la Société académique de sa ville natale, puis le congrès des sociétés savantes, et devint, le 8 février 1871, représentant à l'Assemblée nationale, le 4e sur 6, par 32,801 voix (48,379 votants, 84,079 inscrits). Il prit place au centre, vota *pour* la paix, *pour* les prières publiques, *pour* l'abrogation des lois d'exil, *pour* le pouvoir constituant de l'Assemblée, *pour* le septennat, *pour* l'état de siège, *pour* la loi des maires et *pour* le ministère de Broglie. Il *s'abstint* lors de la démission de Thiers, le 24 mai, et sur l'approbation de la circulaire Pascal et de l'arrêté relatif aux enterrements civils. M. Calemard de Lafayette se prononça *contre* la Constitution de 1875. — Conseiller général de la Haute-Loire pour le canton de Paulhaguet, il se représenta, le 20 février 1876, devant les électeurs de la 2e circonscription du Puy, et échoua, comme candidat conservateur, avec 5,924 voix contre M. Vissaguet, républicain, élu par 7,666 suffrages.

CALÈS (JEAN-MARIE), membre de la Convention et député au Conseil des Anciens, né à Cessales (Haute-Garonne), le 13 octobre 1757, mort à Liège (Belgique), le 14 avril 1834, était médecin à Toulouse. Partisan de la Révolution, il fut nommé colonel de la garde nationale de Saint-Béat, puis remplit des fonctions administratives. Élu, le 6 septembre 1792, membre de la Convention par le département de la Haute-Garonne, avec 348 voix sur 690 votants, il vota la mort du roi en ajoutant : « Tout mon regret est de n'avoir pas à prononcer sur tous les tyrans », et fit imprimer deux brochures intitulées : *Notes sur le plan de constitution*, et *Suite des Notes*, où il proposait d'établir quatre « degrés d'honneur » dans l'État : l'agriculteur, le guerrier, le savant et l'artisan, et se prononçait pour l'organisation d'une « république représentative » et non « absolue ». Le 15 juin 1793, Calès fut envoyé en mission près de l'armée des Ardennes. De retour à l'Assemblée, il garda le silence jusqu'au 9 thermidor ; s'étant prononcé contre Robespierre, il reçut du parti victorieux une nouvelle mission, dans la Côte-d'Or : dans une lettre à la Convention, il constata les excès commis par les terroristes, fit fermer le club de Dijon, se montra cependant impitoyable contre les prêtres, hors les prêtres mariés, fit casser les cloches, briser les croix et leurs piédestaux, et interdit la célébration du culte. Membre, en 1795, du comité de sûreté générale, il annonça, en octobre, qu'il avait dissous la réunion des électeurs de la section du Théâtre-Français, qui protestaient contre les décisions de la Convention. Élu, le 23 vendémiaire an IV, par son département, député au Conseil des Cinq-Cents, avec 209 voix, Calès prit part à la journée du 18 fructidor, et fit plusieurs rapports au Conseil sur le costume des représentants, sur celui des secrétaires, messagers d'État et huissiers du Corps législatif, sur la création d'écoles

de santé (12 brumaire an VI), et sur l'organisation de l'École polytechnique ; il demanda qu'on n'y admît que des jeunes gens connus par leur civisme. Après sa sortie du Conseil des Cinq-Cents, Calès revint à Toulouse. La loi de 1816 l'obligea à quitter la France. Il se réfugia à Liège, où il mourut.

CALÈS (JEAN-CHRYSOSTOME, BARON), représentant à la Chambre des Cent-Jours, né à Caraman (Haute-Garonne), le 27 janvier 1769, mort à une date inconnue, était fils de « Jean Calès, échevin de Caraman et de demoiselle de Rochas ». Il entra au service en 1792, en qualité de lieutenant dans le 5e bataillon de la Haute-Garonne, y devint capitaine la même année, passa, en l'an II, à l'armée des Pyrénées-Orientales, et se distingua (27 brumaire an III) à l'affaire de la Montagne-Noire. Envoyé à l'armée d'Italie, il fut blessé à Castiglione (an IV). De l'an VI à l'an IX, il servit aux armées de l'Ouest, de Batavie et du Rhin. Le 19 germinal an VIII, il commandait, à la bataille de Biberack, le bataillon des grenadiers réunis ; il repoussa l'ennemi et s'empara de 2 pièces de canon. Membre de la Légion d'honneur le 25 prairial an XII, et promu chef de bataillon le 3 germinal an XIII, il fit partie de la grande armée, se battit en Autriche, en Russie, en Pologne, et devint, en 1807, colonel du 96e régiment de ligne et officier de la Légion d'honneur. Après avoir pris encore à la guerre d'Espagne, et aux combats de Sommo-Sierra et de Talaveyra, il fut retraité le 15 mars 1810, créé baron de l'Empire le 15 mai de la même année, et, le 16 mai 1815, élu représentant à la Chambre des Cent-Jours, par l'arrondissement de Villefranche-de-Lauragais, avec 26 voix sur 48 votants et 116 inscrits, contre M. de Roquefort, 10 voix. Après la session, il se retira à Cessales.

CALÈS (GODEFROY), représentant du peuple à l'Assemblée constituante de 1848, né à Saint-Denis (Seine), le 21 mars 1799, mort à Villefranche-de-Garonne (Haute-Garonne), le 25 juillet 1863, était docteur médecin dans cette dernière localité. Républicain avancé, et très populaire dans son département, il fut élu, le 23 avril 1848, représentant du peuple de la Haute-Garonne à l'Assemblée constituante, le 7e sur 12, par 51,003 voix. Il siégea à la Montagne et vota constamment avec la gauche : 9 août 1848, *contre* le rétablissement du cautionnement ; 26 août, *contre* les poursuites contre Louis Blanc et Caussidière ; 1er septembre, *contre* le rétablissement de la contrainte par corps ; 16 septembre, *pour* l'abolition de la peine de mort ; 7 octobre, *pour* l'amendement Grévy ; 2 novembre, *pour* le droit au travail ; 25 novembre, *contre* l'ordre du jour : « Le général Cavaignac a bien mérité de la patrie » ; 27 décembre, *pour* la suppression de l'impôt sur le sel ; 12 janvier 1849, *contre* la proposition Rateau ; 16 avril, *contre* les crédits de l'expédition de Rome ; 2 mai, *pour* l'amnistie des transportés ; 18 mai, *pour* l'abolition de l'impôt des boissons. M. Godefroy Calès n'appartint pas à d'autres assemblées.

CALÈS (JEAN-JULES-GODEFROY), député de 1885 à 1889, né à Villefranche (Haute-Garonne), le 24 juillet 1828, est le fils de Godefroy Calès, représentant en 1848, et le petit-neveu de Jean-Marie Calès, conventionnel. Il étudia la médecine, et, reçu docteur, se fixa, en 1854, dans sa ville natale, dont il devint maire. Il prit part aux luttes du parti démocratique contre l'Em piro. et se présenta, le 24 mai 1869, comme candidat de l'opposition au Corps législatif dans la 3e circonscription de la Haute-Garonne : il échoua avec 7.730 voix contre 16,523 accordées au candidat officiel, le député sortant M. Piccioni, élu. Deux autres candidats indépendants obtinrent : M. de Peyre, 4,147 voix et M. de Brettes-Thurin, 3,732. Il fit une nouvelle tentative aux élections pour l'Assemblée nationale, le 8 février 1871 : il obtint alors, sur une liste républicaine, 27,349 voix : le dernier élu de la liste mixte qui l'emporta, M. de Belcastel, passa avec 63,123 suffrages. Il ne fut pas plus heureux le 21 août 1881 ; 4,229 voix opportunistes se réunirent sur son nom, dans la 2e circonscription de Toulouse, mais le député radical socialiste sortant, Armand Duportal, fut réélu par 4,618 voix. M. Calès fut nommé député de la Haute-Garonne en octobre 1885. Conseiller général du canton de Villefranche, il fut porté sur la liste modérée, et obtint 27,244 voix au premier tour. Les républicains de nuances diverses ayant opéré entre eux, au ballottage, une concentration destinée à arrêter le succès des monarchistes, dont deux candidats étaient déjà élus, M. Calès passa l'avant-dernier de la liste, le 18 octobre, avec 57,621 voix (113,803 votants et 138,226 inscrits.) Il siégea à la gauche radicale, et tint dans ses votes la balance à peu près égale entre les opportunistes et les radicaux. Il soutint le ministère Floquet; dans la dernière session, il s'est abstenu sur le rétablissement du scrutin uninominal (11 février 1889), et s'est prononcé contre l'ajournement indéfini de la revision de la Constitution, pour les poursuites contre trois députés membres de la Ligue des patriotes, pour le projet de loi Lisbonne restrictif de la liberté de la presse, pour les poursuites contre le général Boulanger.

CALLA (Louis-Marie-Pierre-François), député de 1883 à 1885, né à Paris, le 5 décembre 1840, était avocat à Paris. La démission de M. Marmottan, député du 16e arrondissement, ayant donné lieu à une élection complémentaire, les électeurs conservateurs opposèrent à la candidature opportuniste de M. Thulié, et à la candidature radicale de M. de Bouteiller, conseiller municipal de Paris, celle de M. Calla. Une campagne personnelle, d'une extrême vivacité, fut menée par les partisans de la candidature Thulié contre M. de Bouteiller, qu'ils accusaient de s'être rendu coupable, étant officier de marine, de faits entachant l'honneur. Au premier tour, les voix se répartirent ainsi : M. de Bouteiller, radical, obtint 2,587 voix ; M. Calla, conservateur, 2,309 ; M. Thulié, opportuniste, 2,299. Ce dernier, que patronnait M. Marmottan, se retira de la lutte après le premier tour de scrutin. Mais les attaques contre M. de Bouteiller ne cessèrent pas pour cela, et, une nouvelle candidature républicaine modérée, celle de M. Georges Renaud, fut posée en concurrence avec la sienne. A la faveur de cette division persistante, M. Calla, conservateur monarchiste, fut élu, le 20 mai 1883, par 3,036 voix (7,262 votants, 10,168 inscrits), contre 2,999 à M. de Bouteiller et 1,140 à M. G. Renaud. M. Calla siégea à droite, et vota contre l'expédition du Tonkin. Le 4 octobre 1885, porté sur la liste conservatrice de la Seine, il fut le plus favorisé de tous les candidats de cette liste, et réunit 110,119 voix ; il échoua cependant, et fut encore candidat, sans succès, aux élections complémentaires du 13 décembre 1885 : il n'obtint alors que 82,592 voix, contre

154.610 au dernier élu de la liste radicale M. Brialou. M. Calla n'a pas cessé pourtant de se mêler à la politique active ; il a organisé dans les départements une tournée de conférences politiques où il expose, défend et propage les principes conservateurs.

CALLAC (Alphonse-Clément-Adolphe Morand, comte de), membre du Sénat, né à Sixt, Ille-et-Vilaine, le 17 septembre 1821, docteur en droit, entra dans l'administration ; l'Empire le nomma préfet et officier de la Légion d'honneur. Conseiller général et maire de Sixt, M. de Callac fut élu, le 5 janvier 1888, sénateur d'Ille-et-Vilaine, par 606 voix (1,153 votants), contre M. Brune, républicain, qui réunit 549 suffrages. Membre de la droite, M. de Callac s'est prononcé dans la dernière session contre le rétablissement du scrutin uninominal (13 février 1889), contre le projet de loi Lisbonne restrictif de la liberté de la presse (18 février), contre la procédure à suivre devant le Sénat pour juger les attentats contre la sûreté de l'État (29 mars), affaire du général Boulanger).

CALLEN (Jean), sénateur de 1879 à 1885, né à Saint-Symphorien (Gironde), le 30 octobre 1820, était conseiller général de la Gironde, quand il fut élu sénateur de ce département, au premier renouvellement triennal du 5 janvier 1879, par 339 voix sur 664 votants, contre M. de Pelleport-Burète, sénateur sortant, qui en obtint 308. Inscrit à la gauche républicaine, M. Callen vota notamment : pour la loi nouvelle sur le serment judiciaire (1882), pour le projet tendant à suspendre l'inamovibilité de la magistrature (1883) ; pour le rétablissement du divorce (1884), etc. Il ne fut pas réélu en 1885.

CALLENDREAU (Pierre), représentant à la Chambre des Cent-Jours, né à Angoulême (Charente), le 14 décembre 1772, mort à une date inconnue, fils de, « Léonard Callendreau et d'Anne Bourguet, » était procureur impérial à Confolens. Il fut élu, le 14 mai 1815, représentant à la Chambre des Cent-Jours, par le collège de département de la Charente, par 90 voix sur 138 votants. Il resta dans la magistrature sous la Restauration, qui le nomma, le 13 mars 1816, procureur du roi à Angoulême.

CALLET (Pierre-Auguste), représentant du peuple aux Assemblées constituante et législative de 1848-49, représentant à l'Assemblée nationale de 1871, né à Saint-Etienne (Loire), le 27 octobre 1812, mort à Châtenay (Loire), le 10 janvier 1883, d'une famille peu aisée, se rendit fort jeune à Paris et ne tarda pas à se faire connaître par sa collaboration à plusieurs journaux et publications : la Gazette de France, l'Encyclopédie du XIXe siècle, etc. Il avait débuté par affirmer ses convictions royalistes, tout en défendant, avec M. de Genoude, le principe du suffrage universel. Il passa ensuite à l'école néo-catholique et fut l'ami de Buchez. En 1848, M. Callet rédigeait la Revue républicaine de Saint-Etienne, quand il fut élu, le 23 avril 1848, représentant de la Loire à l'Assemblée constituante, le 9e sur 11, par 41,607 voix ; il siégea à droite et vota avec la majorité. Après l'élection présidentielle, il opina pour l'expédition de Rome et soutint la politique de L.-N. Bonaparte. Réélu à la Législative par le même département, le 2e sur 9, avec 37,428 voix (75,232 votants, 118,427 inscrits), il s'associa à tous les votes des conservateurs monarchistes qui dominaient dans l'Assemblée, fut membre de la réunion de la rue de Poitiers, et se sépara du pouvoir exécutif à l'approche du coup d'Etat. Au Deux-Décembre, M. Callet se trouvait parmi les députés protestataires. Il s'exila volontairement en Belgique, et n'y resta d'ailleurs que jusqu'en 1853 : à cette époque il fut poursuivi et condamné pour avoir distribué des brochures dont il était l'auteur, et qui étaient dirigées contre le gouvernement. Ces brochures avaient pour titres : la *Veille du sacre* (1853), la *Magistrature impériale*, etc. On n'entendit plus parler de lui jusqu'à la fin du règne. Les élections du 8 février 1871 rendirent M. Callet à la vie publique. Il avait publié, après le 4 Septembre, dans le *Défenseur de Saint-Etienne*, des articles favorables au gouvernement républicain. Il disait :«La profonde division des partis et la situation générale ne permettent qu'une chose, c'est de travailler avec loyauté à l'établissement d'une république durable. » Il n'en fut pas moins élu par les conservateurs de son département représentant à l'Assemblée nationale, avec 46,938 voix (69,275 votants, 143,320 inscrits). Il siégea au centre droit, où il joua un rôle des plus actifs, non pas à la tribune, il n'y parut jamais, mais dans les coulisses parlementaires. M. Callet vota : le 1er mars 1871, *pour* la paix; le 16 mai, *pour* les prières publiques; le 17 juin, *pour* l'abrogation des lois d'exil; le 30 août, *pour* le pouvoir constituant de l'Assemblée; le 3 février 1872, *contre* le retour de l'Assemblée à Paris ; le 24 mai 1873, *pour* l'acceptation de la démission de Thiers. M. Callet soutint le gouvernement de combat et fit partie du comité des Neuf chargé de préparer une restauration monarchique et de s'entendre avec le comte de Chambord. Après l'échec de ces négociations, échec qui donna lieu entre M. de la Rochette, légitimiste pur, et M. Callet à une polémique assez curieuse où le centre droit à la droite se renvoyèrent « les responsabilités », le représentant de la Loire parut se résigner à accepter la république nominale. Il vota le septennat, repoussa toutefois les propositions Périer et Malleville et *s'abstint* de prendre part, le 25 février 1875, au vote sur l'ensemble de la Constitution. Après la législature, malgré une profession de foi où il déclarait qu'il fallait voter « pour les candidats qui adhéreraient, à titre de loyale épreuve, à la République conservatrice, » M. Callet ne fut point élu sénateur de la Loire, Il rentra alors dans la vie privée.

CALLEY-SAINT-PAUL (Adrien-Charles), député au Corps législatif de 1857 à 1870, né à **Paris**, le 28 décembre 1808, mort à Paris, le **8 avril 1873**, fut mêlé, comme banquier, à un grand nombre d'affaires financières importantes. Il s'occupa aussi d'entreprises industrielles, fut administrateur de plusieurs compagnies de chemins de fer et eut de grands intérêts dans les mines de Roche La Mollière et Firminy, de la Loire, etc. M. Calley-Saint-Paul, fondateur de l'*Union financière et industrielle*, important établissement de crédit mobilier, souscrivit l'emprunt de 50 millions du département de la Seine. Le 22 juin 1857, il fut élu, comme candidat officiel, député au Corps législatif dans la 2e circonscription de la Haute-Vienne, par 16,841 voix contre M. Albéric de Roffignac, 4,095 (21,068 votants, 38,867 inscrits). Il siégea dans la majorité dynastique, et fut réélu avec l'appui du gouvernement, le 1er juin 1863, par 25,411 voix (28,822 votants, 40,506 inscrits), contre 3,255 à M. Saint-Marc-Girardin.

M. Calley-Saint-Paul joua dans cette législature un rôle parlementaire assez marquant on dut à son initiative des réformes dans l'organisation du budget, le mode d'amortissement, le service des douanes et des contributions directes, etc. Il fit même preuve d'une certaine indépendance le 27 février 1869, en exposant, dans un discours qui eut beaucoup de retentissement, la situation financière de la ville de Paris, et les nombreuses irrégularités commises ou tolérées par l'administration. A la suite de ce discours, et d'une réponse embarrassée du ministre d'Etat, un traité de la ville avec le Crédit foncier fut, conformément à la motion de M. Calley-Saint-Paul, abandonné pour un emprunt direct au public. Le député de la Haute-Vienne perdit naturellement, aux élections de mai 1869, le titre de candidat officiel ; mais les électeurs lui confirmèrent, après ballottage, son mandat de député : il fut élu, au second tour, par 15,170 voix (25,894 votants, 37,705 inscrits), contre M. Bardinet fils, 10,598 voix. Il se réunit au tiers-parti libéral, signa la demande d'interpellation des 116, et ne vota pas la déclaration de guerre en 1870. Gendre de Gay-Lussac, M. Calley-Saint-Paul devint lui-même le beau-père du général Fleury et du duc d'Isly. Il était officier de la Légion d'honneur, de la promotion du 13 août 1864.

CALLUAUD (Pierre-Guillaume-Louis-Henri), représentant à l'Assemblée nationale de 1871, né à Marseille (Bouches-du-Rhône), le 8 août 1815, mort à Bordeaux, le 25 février 1871, avait été sous-préfet sous l'Empire. Elu, le 8 février 1871, représentant de la Somme à l'Assemblée nationale, le 11e et dernier de la liste, par 92,598 voix (123,345 votants, 167,374 inscrits), il eut à peine le temps de se rendre à Bordeaux pour prendre séance, et mourut trois semaines après son élection.

CALMELET-DAEN (Louis-François-Denis), député de 1827 à 1830, né à Amboise (Indre-et-Loire), le 22 avril 1762, mort à Tours (Indre-et-Loire), le 16 novembre 1837, était, depuis 1784, avocat au Parlement de Paris, quand il fut élu, en 1790, membre du conseil municipal d'Amboise, en même temps que capitaine dans la garde nationale de cette ville. Il devint (novembre 1791) membre du directoire du district d'Amboise, puis (janvier 1793), procureur de la commune. Juge de paix du canton de Brézé en vendémiaire an IV, commissaire du gouvernement près le tribunal d'Indre-et-Loire en ventôse an VI, procureur général en la cour de justice du même département le 28 floréal an XII, il passa, en 1811, à la cour d'Orléans, en qualité de substitut du procureur général impérial. Quand la loi du 25 décembre 1815 supprima ces fonctions, Calmelet rentra dans la vie privée, et reçut en 1820 le titre de conseiller honoraire à la cour d'Orléans. Le 17 novembre 1827, le 1er arrondissement électoral d'Indre-et-Loire (Tours) le nomma député. Il siégea sur les bancs de l'opposition libérale, fut des 221, et prit part au renversement de Charles X, ainsi qu'à l'établissement de la monarchie de Juillet. — Membre de la Légion d'honneur depuis le 25 prairial an XII, il fut promu officier de cet ordre le 31 mai 1833.

CALMÈTES (Adrien-Victor-Joseph), député au Corps législatif de 1869 à 1870, né à Figuieras (Espagne), le 19 septembre 1800, pendant l'émigration de sa famille, d'origine roussillonnaise, mort à Montpellier (Hérault), le 27 février 1871, reutra en France avec son père en l'an X, fit ses études au collége de Sorèze, et, reçu licencié en droit, s'inscrivit en 1821 au barreau de Perpignan. Il entra dans la magistrature, le 4 septembre 1830, comme conseiller à la cour royale de Montpellier, présida plusieurs fois les assises, fut décoré de la Légion d'honneur en 1835, élu conseiller général des Pyrénées-Orientales en 1842, et nommé président de chambre (1845) à Montpellier. Promu premier président de la cour de Bastia en décembre 1850, il parvint, sous le second Empire, à la dignité de conseiller à la Cour de cassation. Le 24 mai 1869, M. Calmètes fut élu député au Corps législatif par la 2ᵉ circonscription des Pyrénées-Orientales, avec 11,660 voix sur 19,064 votants, 25,639 inscrits, contre 5,065 voix accordées à M. Emmanuel Arago, républicain, et 2,214 à M. Michel Noé. Il vota avec la majorité dynastique, et se prononça notamment, en juillet 1870, pour la déclaration de guerre. M. Calmètes se retira à Montpellier après le 4 Septembre. Il avait été admis à la retraite comme magistrat, le 15 octobre 1869.

CALMETTE. — *Voy.* VALFONS (MARQUIS DE).

CALMON (GUILLAUME), député à l'Assemblée législative de 1791, né à Carlucet (Lot), en 1737, mort à Carlucet, le 12 septembre 1801, était un avocat consultant distingué de cette ville. Il devint, à la Révolution, administrateur du département du Lot, qu'il représenta ensuite à l'Assemblée législative, ayant été élu le 31 août 1791, par 363 voix sur 511 votants. Il entra plus tard dans la magistrature ; le 4 prairial an VIII, il fut nommé président du tribunal civil de Gourdon. Il occupait cette fonction quand il mourut.

CALMON (JEAN-LOUIS), fils du précédent, député de 1820 à 1824, puis de 1828 à 1848, né à Carlucet (Lot), le 18 juillet 1774, mort à Paris, le 13 mars 1857, fit de bonnes études et débuta modestement, au sortir du collége, dans un emploi subalterne de l'atelier de la fabrication des assignats. Puis il fut attaché au ministère de la Guerre. La loi militaire l'obligea à se rendre pendant un an aux armées où ses jeunes camarades lui conférèrent le titre de lieutenant. En l'an VI, il entra dans l'administration de l'enregistrement et des domaines ; son activité et ses talents le firent parvenir bientôt au rang d'inspecteur général. Désigné pour organiser les services administratifs à Corfou (îles Ioniennes), il accompagna en Westphalie le baron Louis, et eut à procéder à la liquidation de la dette publique de l'ancien évêché de Munster et à la vente des biens du clergé et des couvents convertis en biens nationaux. Calmon resta en fonctions sous le gouvernement de la Restauration, qui l'appela au Conseil d'État et à la direction générale de l'enregistrement. C'est à lui que sont dus la plupart des réglements encore en vigueur dans cette administration, et l'établissement des concours pour l'admission à tous les emplois depuis celui de surnuméraire. Élu député par le collége de département du Lot, le 4 novembre 1820, il siégea au centre gauche, et vota avec les royalistes constitutionnels. Il ne fut pas réélu en 1824 ; mais il redevint député du 2ᵉ arrondissement électoral du Lot (Puy-l'Évêque), le 8 avril 1828, en remplacement de M. de Folmont, démissionnaire, et reprit sa place parmi les partisans de la monarchie constitutionnelle. La chute du ministère Martignac,

qu'il avait activement soutenu, lui fit perdre la direction générale des domaines ; elle lui fut rendue après la révolution de Juillet. Réélu, le 23 juin 1830, dans l'arrondissement de Cahors, puis le 5 juillet 1831, dans le 4ᵉ collége du Lot (Gourdon), Calmon compta parmi les députés qui virent dans la royauté de Louis-Philippe la réalisation de leurs espérances politiques. Il fut, à plusieurs reprises, vice-président de la Chambre des députés, où la circonscription de Gourdon le renomma successivement : le 21 juin 1834, par 114 voix sur 115 votants et 173 inscrits ; les 4 novembre 1837, 2 mars 1839, 9 juillet 1842, toujours sans concurrent ; enfin le 1ᵉʳ août 1846, par 166 voix sur 181 votants et 246 inscrits, contre 15 seulement à M. de Saint-Priest, conservateur. Calmon n'hésita pas, cependant, après avoir approuvé, pendant les premières années du règne, le système du « juste milieu, » à refuser son suffrage aux lois de septembre, au projet de loi de disjonction, etc. Il fut dès lors de ceux qui formèrent le noyau de ce qu'on a appelé le tiers-parti, et s'unit à la coalition contre le ministère Molé. Le 6 mai 1840, il fut promu grand officier de la Légion d'honneur. A la révolution de 1848, il résigna ses fonctions administratives, et ne prit plus, jusqu'à sa mort, aucune part à la vie politique.

CALMON (MARC-ANTOINE), député de 1846 à 1848, représentant en 1873, et sénateur inamovible, né à Tamniès (Dordogne), le 3 mars 1815, étudia le droit à Paris, fut admis comme auditeur au Conseil d'État en 1836, et devint maître des requêtes en 1842. Bientôt il débuta dans la vie politique comme conseiller général du Lot, pour le canton de La Bastide (il présida ce conseil de 1844 à 1847), reçut la décoration de la Légion d'honneur, et brigua, aux élections législatives du 1ᵉʳ août 1846, les suffrages du 5ᵉ collége du Lot (Martel) ; il fut élu député par 180 voix sur 353 votants et 373 inscrits, contre 173 accordées au député sortant, M. de Saint-Priest. M. Calmon siégea jusqu'en 1848, à côté de son père, dans la majorité conservatrice. Il fut rendu à la vie privée par la révolution de Février, et ne fit partie d'aucune assemblée parlementaire pendant la République sous l'Empire. Il rentra seulement au conseil général du Lot en 1862, pour y représenter, cette fois, le canton de Peyrac. Jusqu'en 1870, M. Calmon se montra exclusivement attaché à la cause de la monarchie constitutionnelle, que son père et lui avaient servie. Mais les relations d'amitié qu'il entretenait depuis de longues années avec Thiers le déterminèrent à s'associer à la politique nouvelle inaugurée, après les désastres de la guerre franco-prussienne, par le chef du pouvoir exécutif. Lors de la constitution du premier ministère, dit « de conciliation, » formé dans les premiers temps de l'Assemblée nationale, en vue de donner satisfaction aux divers groupes politiques qui en composaient la majorité, M. Calmon fut appelé au poste de sous-secrétaire d'État du ministère de l'Intérieur (23 février 1871.) Un des principaux actes politiques auxquels il eut à participer en cette qualité fut l'expulsion, qu'il contresigna, du prince Jérôme Napoléon, rentré en France sans autorisation. Vers la même époque, il fut élu, comme membre libre, à l'Académie des sciences morales et politiques, en remplacement de M. Pellat. M. Calmon resta en fonctions jusqu'au 30 novembre 1872 : rallié à la République conservatrice, il quitta le ministère avec M. Victor Lefranc, devant l'attitude de la droite. Il fut, pede jours après, nommé préfet de la Seine, et continua de suivre, dans cette nouvelle situation, les inspirations et la fortune de M. Thiers. Quand ce dernier eut quitté le pouvoir, au 24 mai 1873, M. Calmon s'empressa de donner sa démission. Le 14 décembre de la même année, une élection complémentaire, motivée par le décès de M. de Jouvencel, le fit entrer à l'Assemblée nationale : il fut élu représentant de Seine-et-Oise, par 56,525 voix (98,202 votants, 143,687 inscrits), contre 39,136 à M. Levesque, conservateur monarchiste. Il siégea au centre gauche, dont il devint le vice-président, vota *contre* le gouvernement du 24 mai, puis se prononça en faveur de la Constitution de 1875 ; il déposa ensuite, mais sans succès, une proposition tendant à fixer la durée des travaux de l'Assemblée, ainsi que les lois à voter avant la dissolution. Lors du choix des 75 sénateurs inamovibles par l'Assemblée nationale, M. Calmon, porté sur la liste des gauches, fut élu, au 4e tour de scrutin, le 13 décembre 1875, par 349 voix sur 691 votants. Au Sénat, il fit partie de la minorité républicaine, et vota le 22 juin 1877, *contre* la dissolution de la Chambre des députés demandée au nom du maréchal de Mac-Mahon. Il prêta ensuite son concours à la propagande et à la résistance contre le gouvernement du Seize-Mai, et fut placé par les bureaux des trois groupes de la gauche sénatoriale, avec MM. Hérold et Peyrat, à la tête du comité institué pour diriger la conduite du parti républicain. Depuis lors, M. Calmon n'a cessé de voter à la gauche sénatoriale. Il soutint le ministère Dufaure, et quand M. Martel succéda (1879) à M. d'Audiffret-Pasquier, comme président du Sénat, M. Calmon fut un des vice-présidents ; il garda cette situation jusqu'en 1883. Il se prononça : *pour* l'article 7 et l'application des lois existantes aux congrégations, *pour* la loi nouvelle sur le serment judiciaire, *pour* la réforme judiciaire, *pour* le rétablissement du divorce, *pour* la nouvelle loi militaire, etc. Dans la dernière session, il a voté *pour* le rétablissement du scrutin uninominal (13 février 1889), *pour* le projet de loi Lisbonne restrictif de la liberté de la presse, et *pour* la procédure à suivre devant le Sénat pour juger les attentats commis contre la sûreté de l'Etat (affaire du général Boulanger).

On doit à M. Calmon plusieurs travaux intéressants sur des questions d'économie politique : les *Impôts avant 1789* (1865), une étude financière et parlementaire sur *William Pitt* (1865), une *Histoire parlementaire des finances de la Restauration*, les *Finances de l'Angleterre depuis la réforme de Robert Peel jusqu'à 1869* (1870), etc.

CALON (Etienne-Nicolas de), député à l'Assemblée législative de 1791 et membre de la Convention, né à Grandvilliers (Oise), le 1 novembre 1726, mort à Paris, le 4 juin 1807, avait suivi la carrière des armes, et était officier d'état-major et chevalier de Saint-Louis au moment de la Révolution, dont il adopta chaudement les idées. Nommé administrateur du département de l'Oise, il fut élu, le 3 septembre 1791, député de ce département à l'Assemblée législative, par 286 voix sur 459 votants ; il siégea parmi la parti hostile à la cour, tout en soutenant les principes constitutionnels. Au 10 août 1792, il était un des inspecteurs de la salle (questeur), et il promit au roi, enfermé dans la loge du logographe, le secours de la garde nationale, « s'il voulait se séparer des courtisans qui le conseillaient si mal » ; il de-

manda qu'on envoyât des commissaires aux Tuileries pour protéger le palais contre l'incendie, et fit hommage, le 22 août, de sa croix de Saint-Louis en faveur des veuves et des orphelins des citoyens tués dans la journée du 10.

Le même département l'élut membre de la Convention, le 4 septembre 1792, par 315 voix sur 627 votants : là, il prit place à la Montagne, vota, dans le procès du roi, contre le sursis et contre l'appel, et répondit seulement au 3e appel nominal : « La mort. » Envoyé en mission dans l'Yonne, du 11 au 28 messidor an II, il constata, dans une lettre à la Convention, que ce département était bien plus républicain que les départements voisins, « infectés d'enragés (de prêtres) » : « Il paraît ,écrit-il, que ces êtres immoraux pullulent à Autun. »

Le 7 septembre 1793, il fut promu au grade de général de brigade, reprit du service actif après la session, et fut mis à la retraite sous le gouvernement consulaire.

CALONNE - DAVESNES (Charles-François), député au Conseil des Cinq-Cents, né à Ham (Somme), le 15 octobre 1744, mort à Blangy-sur-Bresle (Seine-Inférieure), le 21 février 1840, avait appartenu à l'armée. Il s'en était retiré avec le grade de lieutenant-colonel quand il fut élu, le 24 germinal an V, par 245 voix, député de la Seine-Inférieure au Conseil des Cinq-Cents, où il siégea jusqu'en l'an VII.

CALOUIN. — *Voy.* Tréville (comte de .

CALVET (Méric-Jean-Jacques-Louis), député à l'Assemblée législative de 1791, né à Foix (Ariège), le 19 août 1760, mort à une date inconnue, était, avant la Révolution, garde du corps du roi, puis professeur à l'Ecole centrale de l'Ariège ; ce département l'élut, le 6 septembre 1791, député à l'Assemblée législative, à la pluralité des voix. Il siégea parmi les modérés, défendit la Constitution contre les jacobins, et, le 20 juin, s'opposa à l'admission des faubourgs à la barre de l'Assemblée. Membre des comités militaire et de surveillance, il défendit La Fayette qu'on voulait décréter d'accusation, et faillit, au sortir de la séance, être la victime de la fureur du peuple ; le 9 août, il écrivait au président de l'Assemblée :

« Monsieur le président, en sortant hier de la séance, j'ai été insulté, menacé ; dussé-je être victime de mon attachement à la Constitution, je continuerai de voter selon ma conscience, comme j'ai toujours fait.

« CALVET. »

Il ne siégea plus après le 10 août, et laissa passer, dans la retraite, la tourmente révolutionnaire. Le gouvernement consulaire le nomma censeur au lycée de Toulouse, puis président du collège électoral de l'arrondissement de Foix ; la Restauration, en souvenir de sa conduite à l'Assemblée législative, le fit chevalier de Saint-Louis, et le nomma, en 1817, conseiller de préfecture de l'Ariège ; il occupait encore ce poste le 1er octobre 1822, date de la lettre suivante, écrite par lui au préfet du département :

« Foix, 1er octobre 1822.

« Monsieur le préfet,

« Quand j'ai été nommé conseiller de préfecture en 1817, le roy voulut récompenser les preuves de dévoûment que j'ai donné à son auguste famille surtout au côté droit de l'Assemblée législative. Ma santé et mon âge, ainsi que les absences de M. de St-Blancat pour les sessions des Chambres, me font reconnaître que l'administration peut en souffrir, et ma délicatesse m'impose le devoir de donner ma démission dans l'intérêt du service du roy; j'espère, monsieur le préfet, qu'appréciant mon sacrifice, vous accueillerez la demande que je fais de présenter au gouvernement pour mon successeur M. Azam-Coustaud, mon parent par alliance, maire d'Arrabaux et qui réside à Foix. Sa capacité, sa moralité, son royalisme vous sont connus, et je me flatte que vous solliciterez pour lui la place que ma démission rendrait vacante d'ici au 1er janvier, comme une récompense de mon dévouement à la cause royale.

« Agréez, monsieur le préfet, l'assurance de mon respectueux attachement.

« J.-J.-L. CALVET-MÉRIC. »

CALVET DE MADAILLAN (JOSEPH-THIBAULT, BARON), député au Corps législatif en 1809, député de 1815 à 1820, né à Foix (Ariège), le 2 février 1766, mort à Foix, le 25 juillet 1820, avait appartenu à l'armée et y était devenu capitaine. Il entra, le 2 mai 1809, au Corps législatif, pour y représenter le département de l'Ariège, et fut agréé comme questeur, en 1813, par Napoléon qui le fit baron de l'Empire le 12 avril de la même année. Rallié à la Restauration, il fut élu député de l'Ariège, le 22 août 1815, au collège de département, par 78 voix sur 153 votants et 201 inscrits, et siégea dans la minorité ministérielle. Le baron Calvet de Madaillan obtint sa réélection le 4 octobre 1816, par 78 voix (142 votants, 193 inscrits) et le 11 septembre 1819, par 191 voix (313 votants, 383 inscrits). Confirmé dans ses fonctions de questeur par le gouvernement de Louis XVIII, il siégea au centre, et se prononça, en 1819, avec les royalistes modérés, *contre* les deux lois d'exception et *pour* le nouveau système électoral amendé.

CALVET-ROGNIAT (PIERRE-HERCULE-FERDINAND), député au Corps législatif de 1852 à 1870, né à Salles-Curan (Aveyron), le 11 août 1812, mort à Chamagnieu (Isère), le 30 août 1875, fit ses études aux lycées de Rodez et d'Orléans. Neveu de l'ancien ministre baron Capelle, il fut adopté, en 1842, par sa tante, Mme Capelle, sœur du général Rogniat (*V. ce nom*), et ce fut à dater de ce jour qu'il ajouta le nom de Rogniat à son nom de Calvet. Reçu avocat et devenu maire de Chamagnieu (Isère), où il avait des propriétés, et conseiller général de l'Aveyron, il fut élu, le 29 février 1852, avec l'appui de l'administration, député de l'Aveyron au Corps législatif, par 18,212 voix (25,141 votants, 36,731 inscrits), contre 6,695 à M. de Courtois, ancien député. Sa capacité politique n'était pas très étendue, à en juger par les quelques mots suivants des *Profils critiques et biographiques des sénateurs, conseillers d'Etat et députés* (1852) : — « M. Calvet-Rogniat est un homme complètement inconnu. On sait seulement qu'il adore le régime nouveau. » Mais, dès son entrée au Corps législatif, M. Calvet-Rogniat prit une part assez active aux travaux parlementaires, notamment pour demander le développement des voies ferrées dans le midi de la France et pour parler sur le blocus américain. Il fit partie, entre autres commissions, de celle qui avait été chargée d'étudier le projet de loi sur la suppression des prohibitions en matière de douanes (1856).

Il avait même été désigné comme rapporteur de cette loi, lorsque le gouvernement la retira, pour la remplacer, quatre ans après, par le traité de commerce avec l'Angleterre. Réélu, le 22 juin 1857, par 20,499 voix (20,620 votants, 34,396 inscrits), et le 1er juin 1863, par 15,052 voix (27,193 votants, 34,410 inscrits), contre 1,985 voix à M. de Courtois, il vit, cette dernière année, son élection très vivement attaquée par le marquis d'Andelarre, du tiers-parti, qui signala les moyens de séduction auxquels M. Calvet-Rogniat devait, selon lui, son influence et ses succès, et fit une description pittoresque des banquets offerts au corps électoral par le candidat du gouvernement : les veaux servis dans ces agapes devinrent bientôt légendaires. L'élection de M. Calvet-Rogniat n'en fut pas moins validée. Il prit la parole (1868) sur le traité passé entre M. Haussmann, préfet de la Seine et le Crédit foncier, et fut promu, la même année, officier de la Légion d'honneur. Enfin, il obtint encore une fois, le 24 mai 1869, sa réélection, par 16,247 voix 29,990 votants, 37,276 inscrits, contre 6,791 à M. de Bonald, 5,507 à M. Barascud, et 1,359 à M. Achille Villa. Il continua de soutenir de ses votes le régime impérial, tout en se rapprochant parfois du tiers-parti : il signa, par exemple, l'interpellation des 116.

CALVET-ROGNIAT (HENRI-FERDINAND-JOSEPH-ETIENNE, VICOMTE), fils du précédent, député de 1885 à 1889, né à Paris, le 12 novembre 1853, était conseiller général de l'Aveyron pour le canton de Pont-de-Salars, et avait dans le département de l'Eure des intérêts industriels considérables qu'il avait hérités de son père, lorsque, après une première tentative infructueuse aux élections législatives de 1881, dans l'arrondissement de Millau, il se présenta et fut élu député de l'Aveyron, le 4 octobre 1885, le 3e sur 6, par 53,116 voix (94,179 votants, 118,271 inscrits). M. Calvet-Rogniat n'avait alors, personnellement, aucun antécédent politique : appartenant, par sa famille, à la fraction impérialiste du parti conservateur, il s'était, d'autre part, rapproché de la société orléaniste par son mariage avec la petite-fille de M. Cuvillier-Fleury, de l'Académie française, ancien précepteur du duc d'Aumale. M. Calvet-Rogniat a pris place à droite, et a voté avec les conservateurs monarchistes : *contre* les divers ministères de gauche, *contre* la loi sur l'enseignement primaire, etc. Il s'est prononcé, dans la dernière session, *contre* le rétablissement du scrutin uninominal (11 février 1889), *pour* l'ajournement indéfini de la revision de la Constitution (14 février, chute du ministère Floquet), *contre* les poursuites contre trois députés membres de la Ligue des patriotes (14 mars), *contre* le projet de loi Lisbonne restrictif de la liberté de la presse (2 avril), *contre* les poursuites contre le général Boulanger (4 avril).

CALVIÈRE (EMMANUEL-JULES-NICOLAS, BARON DE), député de 1815 à 1827, né à Saint-Gilles (Gard), le 25 décembre 1762, mort à Saint-Gilles, le 30 juillet 1849, resta étranger à la politique jusqu'à la Restauration. En mars 1815, il fit partie, comme colonel d'infanterie, de l'armée que le duc d'Angoulême commanda dans le Midi, et, après Waterloo, excita le soulèvement des paysans des environs de Beaucaire et de Nîmes, contre Napoléon. Il prit le titre de préfet provisoire de Nîmes, et ne put ou ne voulut pas arrêter les excès de la réacion populaire qui ensanglantèrent à ce moment cette ville. Le 2 août 1815, il fut nommé sous-préfet de Grenoble, et, le 22 août, le collège de département du Gard l'élut député par 71 voix sur 140 votants et 262 inscrits : il siégea parmi es plus zélés ou ultras de la Chambre « introuvable », appuya la demande d'amnistie proposée par M. de Trinquelague pour les assassinats politiques, et conserva sa place sur es bancs de l'extrême droite dans les législatures suivantes, ayant été successivement réélu e 4 octobre 1816, par 115 voix sur 192 votants t 305 inscrits ; le 13 novembre 1820, par 157 voix sur 272 votants et 307 inscrits ; le 20 novembre 1822, par 156 voix sur 269 votants et 07 inscrits ; et le 6 mars 1824, par 152 voix sur 36 votants et 300 inscrits.

Admis à la retraite comme colonel, le 21 mars 821, il fut nommé préfet de Vaucluse le 2 janvier 1823, passa à la préfecture de l'Isère le avril 1824, à celle des Hautes-Pyrénées le 2 novembre 1828, et à celle du Doubs le avril 1830. La révolution de Juillet mit fin à a carrière politique ; il avait été décoré de la roix de Saint-Louis au commencement de la Restauration.

CALVIÈRE (CHARLES-FRANÇOIS-MARIE-ANNE-JOSEPH, MARQUIS DE), fils du précédent, député u Corps législatif de 1852 à 1857, né à Avignon (Vaucluse), le 12 août 1810, mort à Ostende (Belgique), le 29 octobre 1871, propriétaire, membre du Jockey-Club et chevalier de a Légion d'honneur, fut élu, le 29 février 1852, éputé au Corps législatif par la 3e circonscription du Gard, avec 18,769 voix (30,851 votants, 44,403 inscrits), contre 4,064 à M. Numa Leynadier et 5,498 à M. Edmond Pieyre. Dans cette élection, M. de Calvière, connu précédemment pour ses opinions royalistes, avait eu appui du gouvernement présidentiel, ce qui e dire à un biographe : « M. le marquis de Calvière était un légitimiste tellement fidèle qu'il eut un duel avec un autre membre du Jockey-Club, légitimiste rallié, à la suite de on vote pour l'indemnité Pritchard. Aujourd'hui M. de Calvière est légitimiste-napoléonien, eux qualifications qui hurlent de se trouver ensemble. M. de Calvière, s'il faut en croire es protestations, aurait été candidat du gouvernement malgré lui. Il a assez haut déclaré, n cette circonstance, son indépendance pour ue l'on doive y croire. » Au surplus M. de Calvière donna sa démission de député l'année ême de son élection, et fut remplacé, le 8 janvier 1853, par M. Varin d'Ainvelle.

CALVIÈRE DE VÉZENOBRES (JACQUES-ALEXIS, MARQUIS DE), député de 1822 à 1827 et air de France, de la famille du précédent, né u Vigan (Gard), le 10 juillet 1777, mort au hâteau de Vézenobres (Gard), le 18 décembre 844, fit partie de la maison du roi à la première Restauration, et fut nommé, en 1815, colonel des dragons de l'Hérault, fonctions qu'il changea, après son élection comme député, our celles d'officier d'ordonnance du ministre e la Guerre. Le 22 novembre 1822, le collège e département du Gard l'élut député, par 68 voix sur 257 votants et 307 inscrits, et lui enouvela son mandat, le 6 mars 1824, par 32 voix sur 236 votants et 300 inscrits. Le marquis de Calvière parut peu aux séances de a Chambre ; il vota avec la majorité lorsqu'il ccupa son siège. Nommé pair de France le novembre 1827, il fut promu au grade de maréchal de camp le 22 février 1828, et rentra

dans la vie privée après la révolution de Juillet.

CALVINHAC (LOUIS-GUSTAVE-FRANÇOIS), député de 1887 à 1889, né à Montauban, (Tarn-et-Garonne), le 24 juin 1849, vint étudier le droit à Paris, et prit, comme publiciste et surtout comme conférencier et orateur de réunions publiques, une part active au mouvement socialiste, notamment vers 1878. Élu à cette époque, comme candidat révolutionnaire, conseiller municipal de Paris pour le quartier de Charonne, il siégea quelque temps à l'Hôtel de Ville, mais vit bientôt son élection cassée, comme ne satisfaisant pas aux conditions de domicile exigées par la loi. Il se fixa ensuite à Toulouse, devint l'élu des radicaux-socialistes au conseil municipal de cette ville, et fut porté, en 1885, sur la liste républicaine la plus avancée, lors des élections législatives du 4 octobre : il échoua alors ; mais le pacte de concentration, qui détermina au second tour de scrutin l'union des républicains de toutes nuances pour le succès d'une liste commune, fit plus tard de M. Calvinhac le candidat du parti républicain de la Haute-Garonne à l'élection partielle qui suivit la mort de Duportal. Aussi ne fit-il appel, dans ses adresses aux électeurs, qu'au sentiment démocratique : « Tous unis, leur dit-il, vous marcherez au scrutin, groupés autour du drapeau national, le drapeau de la République, contre ceux qui, rêvant de renverser le gouvernement que vous vous êtes librement donné, veulent rétablir la royauté et la tyrannie, grâce à l'alliance monstrueuse du bonapartisme et du drapeau blanc. » Au premier tour de scrutin, qui eut lieu le 17 avril 1887, M. Duboul, candidat conservateur, obtint 50,750 voix, et M Calvinhac seulement 42,292. Il y avait eu 1,240 bulletins blancs, et 2,611 suffrages s'étaient perdus sur différents noms. La commission départementale de recensement avait eu à examiner de très près les chiffres de ce scrutin, qui avait donné lieu, de même qu'en 1885, à de nombreuses contestations, et qui ne fut pas définitif. Au ballottage, M. Calvinhac reprit l'avantage, avec 55,022 voix (109,657 votants, 143,815 inscrits), contre M. Duboul, qui n'obtint que 52,209 voix. Il prit place à l'extrême gauche de la Chambre des députés et vota avec ce groupe ; dans la dernière session, il s'est abstenu sur le rétablissement du scrutin uninominal (11 février 1889), et s'est prononcé contre l'ajournement indéfini de la revision de la Constitution (14 février), pour les poursuites contre trois députés membres de la Ligue des patriotes (14 mars), contre le projet de loi Lisbonne restrictif de la liberté de la presse (2 avril), pour les poursuites contre le général Boulanger (4 avril).

CAMBACÉRÈS (JEAN-JACQUES-RÉGIS DE), DUC DE PARME, membre de la Convention, député au Conseil des Cinq-Cents, ministre et pair des Cent Jours, né à Montpellier (Hérault), le 18 octobre 1753, mort à Paris, le 8 mars 1824, d'une vieille famille de noblesse de robe, et fils d'un conseiller en la Cour des comptes, aides et finances de Montpellier, fut destiné à la magistrature, et se livra avec ardeur à l'étude du droit. Il succéda à son père dans sa charge, en 1771, et fut choisi, en 1789, par l'ordre de la noblesse dont il faisait partie, comme secrétaire rédacteur de ses cahiers. Élu, en second, député de cet ordre, par la sénéchaussée de Montpellier, son élection fut annulée, la prétention de cette sénéchaussée à envoyer deux députés n'ayant pas été admise ; à la suppression des cours, il fut appelé à quelques fonctions administratives, puis à la présidence du tribunal criminel de l'Hérault. Le 6 septembre 1792, ce département l'élut membre de la Convention, par 248 voix sur 469 votants. Cambacérès avait adhéré aux idées nouvelles en légiste bien plus qu'en révolutionnaire, et avait contracté avec la Révolution un mariage de raison et non pas de sentiment ; aussi montra-t-il à la Convention beaucoup plus d'habileté et de prudence que d'enthousiasme et d'ardeur. Membre du comité de législation, il évita de se compromettre en se renfermant d'abord dans les questions de contentieux et de jurisprudence. Chargé, le 12 novembre 1792, d'aller demander à Louis XVI quels défenseurs il avait choisis, il obtint que ces défenseurs communiqueraient librement avec lui. Quand il fut appelé à porter son jugement sur le roi, il commença par déclarer que Louis était coupable, répondit au 2ᵉ appel nominal (la sanction du peuple) : « Nous devions aussi renvoyer à la sanction du peuple le décret par lequel nous nous sommes constitués juges de Louis ; nous ne l'avons pas fait : je dis *non* », et s'exprima ainsi au 3ᵉ appel (la peine) :

« Citoyens, si Louis eût été conduit devant le tribunal que je présidais, j'aurais ouvert le Code pénal, et je l'aurais condamné aux peines établies par la loi contre les conspirateurs ; mais ici j'ai d'autres devoirs à remplir. L'intérêt de la France, l'intérêt des nations ont déterminé la Convention à ne pas renvoyer Louis aux juges ordinaires, et à ne point assujettir son procès aux formes prescrites. Pourquoi cette distinction ? C'est qu'il a paru nécessaire de décider de son sort par un grand acte de la justice nationale ; c'est que les considérations politiques ont dû prévaloir dans cette cause sur les règles de l'ordre judiciaire ; c'est qu'on a reconnu qu'il ne fallait pas s'attacher servilement à l'application de la loi, mais chercher la mesure qui paraissait la plus utile au peuple. La mort de Louis ne nous présenterait aucun de ces avantages ; la prolongation de son existence peut au contraire nous servir. Il y aurait de l'imprudence à se dessaisir d'un otage, qui doit contenir les ennemis intérieurs et extérieurs.

« D'après ces considérations, j'estime que la Convention nationale doit décréter que Louis a encouru les peines établies contre les conspirateurs, par le Code pénal ; qu'elle doit suspendre l'exécution du décret jusqu'à la cessation des hostilités, époque à laquelle il sera définitivement prononcé par la Convention ou par le Corps législatif sur le sort de Louis, qui demeurera jusqu'alors en état de détention ; et néanmoins, en cas d'invasion du territoire français par les ennemis de la République, le décret sera mis à exécution. »

Malgré ce vote, il fut chargé de surveiller les décrets de la Convention relatifs à la destruction des restes du roi, et rendit compte de sa mission avec une impassibilité dont les royalistes se souvinrent en 1816. Le 10 mars 1793, il défendit Dumouriez dénoncé par la section Poissonnière, et, le même jour, demanda, d'urgence, l'organisation du tribunal révolutionnaire, et le remplacement des ministres : « Tous les pouvoirs vous ont été confiés, dit-il, vous devez les exercer tous ; il ne faut point suivre ici les principes ordinaires ; lorsque vous construirez la Constitution, vous discuterez celui de la séparation des pouvoirs : je demande

que, séance tenante, on organise le tribunal et le ministère. » Le 26 mars, nommé membre du comité de salut public à sa création, il dénonça immédiatement Dumouriez, en son propre nom ; la défection du général rendait trop compromettante la défense présentée seize jours auparavant. Le 6 avril, il fut élu comme suppléant au comité d'exécution créé par l'assemblée, et le 14 mai, il combattit la motion de Buzot réclamant de chaque député l'état et l'origine de sa fortune : « Les considérations personnelles, dit-il, ne doivent jamais influencer les hommes politiques. S'il en est parmi nous qui aient abusé de leur caractère pour augmenter leur fortune, l'opinion publique saura les signaler, et leurs départements respectifs en feront justice. » Il se tint ensuite à l'écart des débats politiques, vota avec la majorité, le 31 mai, contre les Girondins, et, décidé à s'enfermer dans les travaux de législation, présenta, le 1ᵉʳ juin, un rapport sur la situation des enfants naturels, et réclama, le 16 juin, l'établissement du jury en matière civile : « Les tribunaux ne pourront rendre de jugement, dit-il, que les faits n'aient été préalablement décidés par des jurés. » Chargé, avec Merlin (de Douai), de la classification des lois en un code unique, question qu'il avait toujours eue en vue, il présenta un premier rapport le 10 août 1793, exposa le projet lui-même en octobre, le défendit les 6 et 9 décembre, et le reproduisit plus tard aux Cinq-Cents : Cambacérès avait eu l'idée à laquelle Napoléon devait attacher son nom. Après le 9 thermidor, au moment de la rentrée des 73 conventionnels arrêtés au 31 mai au 2 juin 1793, il proposa une amnistie plénière pour les faits non prévus par le Code pénal ; le 5 novembre suivant, étant président de l'Assemblée, il fit voter, au nom des comités de salut public, de sûreté générale et de législation, une adresse au peuple français, dans laquelle on annonçait que « le régime qui a sauvé l'Etat sera maintenu, mais en le régularisant, en le dégageant des vexations, des mesures cruelles, des inquiétudes dont il a été le prétexte. » En janvier 1795, chargé du rapport des trois comités sur « les individus de la famille Capet » qui étaient encore détenus, il conclut à ce que le Dauphin fût gardé au Temple, « car il ne faut pas se dissimuler, dit-il, que l'inquiétude, le malaise, dont tout le monde se plaint, doit être attribué à ceux qui cherchent à persuader au peuple que le gouvernement républicain ne peut durer. » Nommé président du comité de salut public, il concentra presque entre ses mains le gouvernement, dont aucun acte n'était expédié sans sa signature ; il fit rejeter la motion de Personne sur la mise en accusation des membres des comités et tribunaux révolutionnaires, réclama d'importantes modifications à la Constitution de 1793, fit partie de la commission chargée de les préparer, et obtint la substitution du bannissement à la déportation contre les prêtres perturbateurs de l'ordre public.

Après le 13 vendémiaire, compromis par les papiers trouvés chez l'agent royaliste Lemaître, comme entretenant des relations avec les conspirateurs, il se justifia avec chaleur, et la Convention vota l'impression de son discours.

Après la législature, il dut à son vote modéré, lors du procès du roi, de ne pas faire partie du Directoire ; il n'entra même pas au Conseil des Cinq-Cents comme conventionnel, ainsi que le rapportent la plupart de ses biographes, mais comme l'élu de plus de cinquante départements (21 vendémiaire an IV), entre lesquels il opta pour l'Hérault, qui lui avait donné 210 voix sur 232 votants. Il fut nommé président de cette assemblée, et y fit adopter la création d'une commission de surveillance des actes du Directoire au point de vue législatif (qui n'empêcha pas le 18 fructidor), et l'institution de la contrainte par corps en matière civile (27 février 1797). Il sortit du Conseil le 20 mai suivant et fut réélu à Paris par l'assemblée électorale de l'Oratoire; mais le coup d'Etat directorial du 22 floréal an VI annula son élection. La journée du 30 prairial ayant chassé du Directoire Merlin et Treilhard, Cambacérès remplaça Lambrecht au ministère de la Justice, qu'il occupa du 2 thermidor an VII au 3 nivôse an VIII, c'est-à-dire, même après le coup d'Etat du 18 brumaire. Quand Bonaparte se fut débarrassé de Sieyès, il choisit Cambacérès comme 2e consul, avec la charge spéciale de l'organisation des pouvoirs judiciaires et de la préparation des lois. Le 28 floréal an XII il le nomma aussi chancelier de l'Empire, président du Sénat, puis grand officier de la Légion d'honneur le 10 pluviôse an XIII, et duc de Parme le 19 mars 1808; à cette occasion, on raconte que Cambacérès disait à un de ses amis : « Que vous m'appeliez Altesse en public, cela est très bien. Mais en particulier ce cérémonial est inutile. Appelez-moi tout simplement Monseigneur. » Le haut dignitaire, Altesse Sérénissime, devint aussi membre du conseil privé, président du Conseil d'Etat et de la Haute-Cour impériale, etc., et fut pourvu de toutes les décorations européennes. On croit qu'il blâma l'exécution du duc d'Enghien, les guerres d'Espagne et de Russie, et le mariage de Napoléon avec une archiduchesse; publiquement et officiellement il resta l'apologiste constant de l'Empire. Président du conseil de régence en 1814, il détermina l'impératrice à se retirer avec le roi de Rome au delà de la Loire, l'y accompagna, et envoya de Blois, le 7 avril, son adhésion, comme sénateur, à la déchéance de Napoléon. Réintégré dans toutes ses dignités au retour de l'île d'Elbe, il fut nommé, le 2 juin 1815, pair des Cent-Jours, président de la Chambre haute et, par intérim, ministre de la Justice, dont les fonctions furent exercées par M. Boulay, de la Meurthe, conseiller d'Etat. Mais à la seconde Restauration, banni à tort, comme régicide, en vertu de la loi du 12 janvier 1816, il se retira à Bruxelles, d'où une ordonnance royale du 13 mai 1818 le rappela, en lui restituant ses droits civils et politiques; au scrutin électoral de 1820, il déclara, en déposant son bulletin ouvert, « qu'il venait joindre son vote à celui des fidèles amis de la monarchie ». A sa mort, le gouvernement fit mettre ses papiers sous scellés, malgré l'opposition judiciaire de l'héritier. — Cambacérès a, dit-on, laissé des Mémoires, qui n'ont pas été publiés; il était membre de l'Institut (Académie française) depuis l'organisation de ce corps par la Convention (1795). D'après une lettre du marquis d'Aigrefeuille, en date du 17 germinal an IX, lettre appartenant à la collection d'autographes Fossé-Darcosse, la bibliothèque de Cambacérès, alors consul, aurait été formée avec des livres pris dans les bibliothèques publiques.

CAMBACÉRÈS (Etienne-Hubert, comte de), frère du précédent, membre du Sénat conservateur et pair des Cent-Jours, né à Montpellier (Hérault), le 10 septembre 1756, mort à Rouen (Seine-Inférieure), le 25 octobre 1818, était, en 1789, chanoine et vicaire général à Alais. Il traversa sans encombre la période révolutionnaire. L'élévation de son frère au second consulat, et, vers la même époque, la conclusion du Concordat appelèrent l'abbé de Cambacérès aux plus hautes dignités ecclésiastiques. Archevêque de Rouen en 1802, puis cardinal l'année suivante, il fut fait successivement membre, puis grand officier de la Légion d'honneur. Le 12 pluviôse an XIII (1805), il fut appelé à siéger dans le Sénat conservateur, et créé comte, le 18 septembre 1808. Dans un de ses mandements daté de 1806, le cardinal Cambacérès exprimait « avec effusion, dit la *Biographie universelle* de Michaud, sa reconnaissance et son amour pour l'heureux chef à qui lui et les siens devaient tant ». Mais son enthousiasme napoléonien parut se refroidir lorsqu'éclatèrent les dissentiments entre l'empereur et le pape Pie VII : Cambacérès refusa d'assister au mariage de Marie-Louise. Il vota la déchéance de l'empereur en 1814, et adhéra sans hésiter à la première Restauration. C'est pendant les Cent-Jours (2 juin 1815), qu'il fut admis sur la liste des pairs. Il s'abstint, d'ailleurs, de siéger, comme il s'était abstenu de paraître à la cérémonie du Champ-de-Mai, et demeura à la tête de son diocèse jusqu'à sa mort. La somptuosité de la table du cardinal comte de Cambacérès était légendaire.

CAMBACÉRÈS (Marie-Jean-Pierre-Hubert, duc de), neveu de l'archichancelier, pair de France et sénateur du second Empire, né à Solingen (Prusse), le 20 septembre 1798, mort à Paris, le 12 juillet 1881, était le fils du général baron de Cambacérès (1778-1826). Il fut admis en 1812 parmi les pages de l'empereur, fut nommé, en 1814, sous la Restauration, sous-lieutenant de chasseurs à cheval, et suivit, pendant les Cent-Jours, l'empereur à Waterloo. Fait prisonnier en portant un ordre au maréchal Ney, il fut remis en liberté peu après, donna sa démission, étudia le droit sur le conseil de son oncle, et s'inscrivit, en 1823, au barreau de Paris; mais il y brilla peu. Au sujet des papiers laissés par l'archichancelier, il eut avec l'Etat un procès qui dura quatre ans et qu'il gagna. Après la révolution de Juillet, il fut réélu 4 fois capitaine dans la 10e légion de la garde nationale. « En 1831, dit une biographie, M. de Cambacérès fils se fit un état dans le monde de sa charité. Si vous demandiez encore aujourd'hui (1852) ce qu'est M. de Cambacérès, on vous répondrait : charitable. Les journaux ont célébré ses œuvres de bienfaisance. On le nomma membre du conseil général de la Seine, et Louis-Philippe, ne voulant pas laisser à l'écart un nom pareil, le fit pair de France. » Il fut, en effet, élevé à la pairie, le 11 septembre 1835; il avait été nommé, l'année d'avant, membre du conseil général de la Seine. Son rôle au Luxembourg fut des plus effacés; il se borna à soutenir de ses votes les derniers ministères du règne de Louis-Philippe. La révolution de Février l'avait fait rentrer dans la retraite. Mais les traditions de sa famille le vouaient au service du régime établi par le coup d'Etat de décembre 1851, et il fut appelé à en profiter. Membre de la commission consultative au lendemain du Deux-Décembre, il fut, un mois après (26 janvier 1852), inscrit sur la liste des sénateurs. Il reçut le titre de duc, participa au rétablissement de l'Empire, et fut nommé grand maître des cérémonies de la maison de l'Empereur; il fut chargé en cette qualité de plusieurs missions de cour. Il opina, naturellement, pendant toute la durée du régime impérial, pour toutes les propositions agréables au gouvernement. — Grand officier de la Légion d'honneur depuis 1855, le 4 Septembre 1870 le rendit à la vie privée.

CAMBACÉRÈS (Etienne-Armand-Napoléon, comte de), frère du précédent, député de 1842 à 1848, représentant à l'Assemblée législative de 1849, et député de 1852 à 1857, né à Boulogne-sur-Mer (Pas-de-Calais), le 5 décembre 1804, mort à Paris, le 20 décembre 1878, était, lors de sa première élection, « propriétaire à Montgobert », dans le département de l'Aisne. Gendre du maréchal Davoust, il se rangea, sous Louis-Philippe, parmi les bonapartistes mécontents qui faisaient cause commune avec l'opposition, et, tandis que son frère Pierre-Hubert (V. p. haut) siégeait dans la majorité dynastique de la Chambre des pairs, lui se fit, le 9 juillet 1842, envoyer à la Chambre des députés, par les électeurs indépendants du 3e collège de l'Aisne (Saint-Quentin) : il avait obtenu 220 voix sur 418 votants et 446 inscrits, contre 193 à M. Bénédict Fould, député ministériel sortant. Il vota constamment avec l'opposition, et, réélu, le 1er août 1846, par 302 voix (477 votants, 551 inscrits), contre 161 à M. B. Fould, il s'associa au mouvement réformiste, prononça au banquet de Saint-Quentin un discours où il but « à la vérité du gouvernement représentatif ! » et signa la mise en accusation du ministère Guizot. Le comte Etienne de Cambacérès ne fit pas partie de l'Assemblée constituante. Mais, le 13 mai 1849, le département de l'Aisne l'élut représentant du peuple à la Législative, le 5e sur 12, par 62,287 voix (112,795 votants, 160,698 insc. its). Il observa tout d'abord une attitude très réservée, attendit les événements, et soutint la politique du ministère Barrot; puis il appuya celle du prince président. Il fit partie de la commission consultative nommée après le coup d'Etat, et reparut au Corps législatif du 29 février 1852, comme député de l'Aisne, élu par 17,810 voix (18,542 votants, 35,845 inscrits). Il vota, jusqu'à la fin de la législature, avec la majorité impérialiste, et se retira en 1857, pour faire place à son fils (V. p. bas). Le comte de Cambacérès vécut, dès lors, à l'écart de la politique militante. — Il était officier de la Légion d'honneur.

CAMBACÉRÈS (Louis-Joseph-Napoléon, comte de), fils du précédent, député de 1857 à 1863, né à Paris, le 22 août 1832, mort en Suisse, le 15 septembre 1868, suivit la carrière administrative et devint auditeur au Conseil d'Etat. Il succéda à son père, en 1857, comme député au Corps législatif pour la seconde circonscription de l'Aisne, qui lui donna 18,420 voix (19,135 votants, 33,308 inscrits); une élection nouvelle lui confirma son mandat le 27 décembre de la même année, par 19,946 voix sur 20,097 votants et 33,138 inscrits. Le comte Louis de Cambacérès se représenta le 1er juin 1863, mais, n'ayant obtenu au premier tour du scrutin que 6,218 voix, il se retira avant le scrutin de ballottage, et M. Malézieux, opposant, fut l'élu de la circonscription. M. Louis de Cambacérès avait épousé en premières noces la princesse Bathilde Bonaparte, la plus jeune des filles du prince de Canino, morte le 9 juin 1861.

CAMBE (Jean-Antoine), député au Conseil des Cinq-Cents, et membre du Tribunat, né à Rodez (Aveyron), le 1er octobre 1765, mort à Paris, le 11 août 1830, était avocat, et devint, sous la Révolution, administrateur du départe-

ment de l'Aveyron. Il fut élu député au Conseil des Cinq-Cents, le 25 germinal an VII. Il se prononça, le 8 messidor, pour la liberté des cultes, et proposa en même temps de charger le Directoire de veiller au maintien des institutions républicaines (la motion, appuyée par Lucien Bonaparte, fut adoptée par l'assemblée); il combattit, le 14, un projet de Delbrel tendant à annuler les congés et exemptions militaires. Enfin, le 22 du même mois, Cambe opina contre la proposition de Brichet, qui était d'avis de déclarer responsables des attentats commis dans chaque commune les parents d'émigrés et de nobles qui y avaient leur domicile. La sollicitude de Cambe pour les institutions républicaines ne l'empêcha pas de se rallier au coup d'Etat de brumaire, et de devenir, le 4 nivôse an VIII, membre du Tribunat. Il y combattit le projet de réduction des justices de paix, et en sortit en 1802, lors de l'élimination d'un cinquième des membres de cette assemblée.

CAMBIASO (Michel-Ange-Marie-Joachim, comte de), membre du Sénat conservateur, né à Gênes (Italie), le 2 septembre 1738, mort à Gênes, le 13 mars 1813, avait été revêtu, à Venise, des dignités de « doge » et de « sénateur ». Il entra, le 4 brumaire an XIV, au Sénat conservateur du premier Empire, et fut créé comte par Napoléon, le 28 janvier 1809.

CAMBIER (Jacob-Jean), député au Corps législatif de 1811 à 1815, né à Vianen (Hollande), le 29 juin 1756, mort à Wassenaer (Hollande), le 4 octobre 1831, occupa le poste de ministre de la Guerre en Hollande, avant la constitution de la République batave. Lorsque le pays eut été annexé au territoire français, Cambier devint député au Corps législatif impérial pour le département du Zuyderzee, qui l'y nomma directement, le 15 février 1811.

CAMBIS-D'ORSAN (Auguste-Marie-Jacques-François-Luc, marquis de), député de 1830 à 1837 et pair de France, né à Avignon (Vaucluse), le 11 juillet 1781, mort à Sauveterre (Gard), le 13 octobre 1860, appartenait à une ancienne famille de Vaucluse, originaire de Florence, et était un des plus riches propriétaires du Comtat. Jusqu'en 1830, il resta éloigné de la politique, et s'occupa plus spécialement d'agriculture. Élu, le 13 novembre 1830, député de Vaucluse, au collège de département, en remplacement de M. de Rochegude, démissionnaire, il se rangea, dès son arrivée à la Chambre, parmi les membres de la majorité conservatrice, et prit la parole, dans la première session, pour défendre les intérêts de son département, M. de Cambis-d'Orsan fut réélu, dans le 1er collège de Vaucluse (Avignon), le 5 juillet 1831, puis le 21 juin 1834. Il vota, jusqu'au bout, pour le gouvernement, et suivit l'inspiration de Guizot. Louis-Philippe le nomma pair de France, le 3 octobre 1837. Il continua de se montrer, jusqu'à la fin du règne, fidèle à la monarchie de Juillet.

CAMBIS-D'ORSAN (Henri-François-Marie-Augustin, comte de), fils du précédent, député de 1842 à 1848, né à Avignon (Vaucluse), le 8 juin 1810, mort à Avignon, le 24 août 1847, fut secrétaire d'ambassade sous la monarchie de Juillet, qu'il soutint fidèlement de ses votes, mais de ses votes seulement. Élu, pour la première fois, le 13 août 1842, dans le 1er collège de Vaucluse (Avignon), en remplacement de M. de Montfaucon, décédé, et réélu, le

1ᵉʳ août 1846, par 345 voix sur 547 votants et 631 inscrits, contre 196 à M. d'Olivier, le comte de Cambis-d'Orsan resta, dit une biographie, « muet pour tout le monde à la Chambre, excepté pour M. Clément (du Doubs), le distributeur des billets d'entrée. » (M. Clément était questeur de la Chambre). Il vota, notamment, pour l'indemnité Pritchard et appuya la politique de Guizot.

CAMBON (Pierre-Joseph), député à l'Assemblée législative de 1791, membre de la Convention, et représentant à la Chambre des Cent-Jours, né à Montpellier (Hérault), le 10 juin 1756, mort à Saint-Josse-Ten-Noode (Belgique), le 15 février 1820, était d'une famille de négociants, et appartenait à la religion réformée. Il avait succédé à son père dans son commerce, quand éclata la Révolution. Il l'accueillit avec enthousiasme, et le zèle qu'il apporta à remplir, dès 1790, les fonctions d'officier municipal à Montpellier, le désigna aux suffrages de ses concitoyens, qui le nommèrent (3 septembre 1791), par 295 voix sur 451 votants, député de l'Hérault à l'Assemblée législative. Il se mêla activement aux débats sur les matières de finances, et pas une question d'impôt ou de crédit ne se discuta sans lui. Pour ses débuts, il fut chargé d'un rapport important sur une demande de fonds et sur l'état des caisses de l'extraordinaire et de la trésorerie. Les connaissances dont il fit preuve attirèrent sur lui l'attention. Il usa de son influence naissante pour faire décréter que la nouvelle émission de 300 millions d'assignats ne s'opérerait que successivement, au fur et à mesure des besoins, et pour empêcher que la caisse de l'extraordinaire, sous quelque prétexte que ce fût, ne dérobât l'examen de ses comptes au contrôle de la représentation nationale. Il demanda, contrairement à l'avis des Girondins, que les prêtres fussent, comme tous les autres fonctionnaires publics, frappés de suspension en cas de désobéissance aux lois de l'État; il étendit cette mesure aux généraux d'armée et aux ministres, et dénonça sans ménagement tous ceux dont il surprit la main dans les marchés frauduleux. Lorsqu'en 1792, Bazire eut proposé la confiscation des biens des émigrés, il se joignit à lui pour faire rendre la loi qui déclarait ces biens en état de séquestre « afin, disait-il, de priver les ennemis de la patrie des moyens de lui faire la guerre, et d'avoir, dans la jouissance de leurs biens, l'indemnité des dommages qu'ils pourraient causer à l'État. » Cambon lut ensuite un rapport pour le renouvellement par quinzaine des commissaires de la trésorerie, proposa et fit adopter un projet sur les saisies réelles, défendit les sociétés populaires attaquées par les partisans de la cour, développa des vues sur les contributions foncière et mobilière de 1791 et 1792, provoqua un travail sur les secours à donner aux pauvres, et fit proroger le paiement des intérêts dus pour les emprunts des pays d'États. Il attaqua le ministre Bertrand de Molleville, à qui Louis XVI conservait sa confiance, et présenta à l'Assemblée un tableau général de la dette. En juillet, il fit la motion de convertir les statues des « tyrans » en canons pour la défense de la patrie. Cependant, à l'approche du 10 août, il combattit une pétition d'une section de Paris (la section de Mauconseil), qui sollicitait l'abolition du pouvoir royal, et provoqua la rédaction d'une adresse au peuple pour le modérer; puis, dans la journée même du 10 août, on le vit prendre des mesures pour la sûreté du roi et de sa famille, réfugiés dans une tribune de l'Assemblée. Mais il revint bientôt à des sentiments plus révolutionnaires, fit décréter la privation de traitement des ecclésiastiques qui refusaient de prêter le serment civique, vota la vente des diamants et joyaux de la couronne, et seconda de tous ses efforts la mise en accusation des ministres Lajard, de Grave et Narbonne. Le 16 septembre 1792, Cambon fut appelé au fauteuil de la présidence, et, cinq jours après, il prononça la clôture de l'Assemblée législative, arrivée au terme de ses travaux. Il alla prendre place sur les bancs de la Convention nationale, où l'envoyait, avec 451 voix sur 465 votants, un nouveau mandat du département de l'Hérault.

Jusque-là les vœux politiques de Cambon n'avaient pas été au delà d'un gouvernement monarchique constitutionnel. Mais s'il ne devança pas le mouvement, il le suivit, et devint républicain dès les premières séances de la Convention. Il n'hésita pas à proposer de nouvelles émissions d'assignats, puisque l'émigration augmentait continuellement la masse des gages offerts aux créanciers de l'État; et, sentant que ce gage deviendrait illusoire, si les biens des émigrés ne se vendaient pas, il fit rendre un décret ordonnant d'en accélérer la vente. Il prit parti contre Marat et contre la commune, mais sans grand succès, fut plus heureux dans la guerre qu'il fit contre les exactions qui se produisaient à l'administration des vivres, accusa de fraude Maréchal, Malus, d'Espagnac et Servan, et appuya de toutes ses forces le projet, enfin admis (15 décembre), de charger un comité de tous les achats. Dumouriez ayant traité ces mesures d'absurdes et refusé d'obéir, il démasqua à la tribune les menées de ce général. Le même jour, il fit décréter que « la Convention était pouvoir révolutionnaire partout où elle pénétrait par la force des armes. » Il appuya aussi l'expulsion de tous les Bourbons et l'ostracisme contre tous les chefs de parti dont l'influence compromettait la cause de la liberté. Dans le procès de Louis XVI, il vota la peine de mort sans appel, comme sans sursis, en disant : « Le vœu de tous les Français est parfaitement connu; tous veulent la destruction de tous les privilèges et la punition de ceux qui résisteraient à l'établissement du régime de l'égalité; déjà j'ai été obligé, dans l'Assemblée législative, pour l'intérêt suprême du salut de ma patrie, de prononcer la déportation d'une caste jadis privilégiée, qui n'avait fait d'autre crime que de refuser le serment de fidélité au nouveau régime. Avec vous j'ai été obligé de prononcer la peine de mort contre les émigrés, complices de Louis, et contre ceux qui, n'ayant pas pris les armes contre leur patrie, rentreraient en France; aujourd'hui j'ai à juger un privilégié, convaincu de trahison contre la patrie; la loi est positive : son crime est notoire, je me croirais coupable envers la justice nationale, si je me bornais à la déportation. Je vote pour la mort. » En revanche, Cambon se prononça contre la politique de Robespierre, et contre l'institution d'un tribunal révolutionnaire, après s'être associé à la motion de Gensonné qui demandait que l'on recherchât « les brigands, les cannibales des 2 et 3 Septembre. » Cambon eût voulu conserver à la seule Convention le pouvoir formidable dont le tribunal révolutionnaire allait être investi. « Si nous mettons ce pouvoir entre les mains de neuf intrigants, de neuf ambitieux, qui pourraient peut-être se vendre, quelles digues leur imposer? quel serait le terme de leur tyrannie? » Il n'en accepta pas moins, le 7 avril 1793, de faire partie du premier comité de salut public, se montra favorable aux Girondins et demanda l'ajournement d'une pétition qui avait pour objet leur mise en accusation. En même temps il continuait d'exercer une action décisive en matière de finances, recherchait, dans un rapport, les moyens de consolider la dette publique et de diminuer la circulation des assignats, faisait supprimer la Caisse d'escompte, la Compagnie d'assurances à vie, et toutes les associations dont le capital reposait sur des effets négociables, faisait comprendre les fournisseurs dans l'emprunt forcé, et décréter que les titres constatant des créances non viagères sur l'État ne pourraient être négociés, vendus, cédés ou transportés, et que tout fonctionnaire qui ralentirait la vente des biens des émigrés serait passible de dix ans de fers; il proposait aussi des mesures contre l'agiotage.

Président de la Convention, il inaugura son poste (22 septembre), en donnant l'accolade fraternelle à la femme de l'évêque constitutionnel de Périgueux, qui était venu à la Convention pour lui faire « hommage de son épouse » : « Je l'ai choisie, dit l'évêque, pauvre de fortune, mais riche en vertu, parmi la classe des sans-culottes. »

C'est à cette époque de la carrière politique de Cambon que se rapporte un de ses actes les plus importants: la création du grand-livre de la dette publique, qui lui revient en grande partie, à la suite d'un rapport qui portait ce titre : « Rapport sur la dette publique, sur les moyens à employer pour l'enregistrer sur un grand-livre et la consolider; pour admettre la dette consolidée en paiement des domaines nationaux qui sont en vente; pour retirer et annuler les anciens titres de créance; pour accélérer la liquidation; pour régler le mode annuel de paiement de la dette consolidée dans les chefs-lieux de districts, et pour retirer des assignats de la circulation, fait à la séance du 15 août 1793. » Le projet de décret était signé Cambon fils aîné, Chabot, Delaunay (d'Angers), Ramel, Mallarmé, tous membres de la commission des finances. Ce projet fut adopté dans son ensemble, le 24 août 1793; le mois suivant, Cambon vint annoncer à l'assemblée que la transcription était terminée. Un autre projet, non moins considérable, et auquel Cambon participa, fut celui d'un code civil uniforme pour toute l'étendue du territoire. Dans la mémorable journée du 8 thermidor, Cambon, dont les dissentiments avec Robespierre s'étaient aggravés de jour en jour, fut du nombre de ses accusateurs, et lui reprocha d'avoir « paralysé la volonté de la Convention. » Le lendemain, 9, la lutte recommença, plus vive et plus acharnée; Robespierre fut vaincu et condamné. Toutefois, à peine les thermidoriens eurent-ils triomphé qu'ils se tournèrent contre Cambon; il continua quelque temps de diriger les finances; mais bientôt, Tallien et ses amis le poursuivirent de récriminations incessantes, et finirent par le dénoncer comme complice « des tyrans. » Impliqué dans l'insurrection du 1er avril 1795, puis proclamé maire de Paris, le 20 mai, par un rassemblement à l'Hôtel de Ville, il n'échappa au décret d'arrestation rendu contre lui que par la fuite. Caché dans un grenier de la rue Saint-Honoré, il sut se soustraire à toutes les recherches qu'André Dumont et Tallien firent pour se saisir de sa personne; cependant la loi d'amnistie du 4 brumaire le rendit à la liberté. Il

jugea prudent de se retirer dans une terre qu'il possédait aux environs de Montpellier, et vécut assez obscurément jusqu'à la fin de l'Empire. Il ne reparut plus sur la scène politique qu'en 1815, ayant été élu, le 15 mai, représentant à la Chambre des Cent-Jours par le département de l'Hérault. Il y fut chargé de divers rapports; sa parole avait toujours un grand poids dans les questions de finances. Il opina, le 22 juin, pour que les membres de la commission de gouvernement ne pussent être choisis parmi les députés ou les sénateurs; le 26, il fit scinder le travail de la loi de finances alors soumise à la Chambre, et décider que vu l'urgence, et pour établir le plus vite possible, par des moyens extraordinaires, le pair entre les dépenses et les recettes de l'exercice 1815, l'assemblée s'occuperait dans ses bureaux des titres V, VI et X du budget. Le 27, il demanda en vain que cinq membres allassent prendre connaissance de l'état du Trésor pour en rendre compte à l'assemblée. Le 30, il fit des observations tendant à ce qu'on exprimât, dans l'adresse au peuple français, que jamais on ne voudrait des Bourbons; à ce que les gardes nationales fussent appelées à combattre sur les hauteurs de Paris avec la ligue; à ce qu'il y eût sans cesse cinq commissaires de la Chambre à chaque armée. Les derniers mots qu'il prononça, le 5 juillet, dans la discussion de l'acte constitutionnel, furent en faveur de la liberté des cultes. Mais Louis XVIII était aux portes de Paris. Cambon, compris, comme régicide, dans les dispositions de la loi de 1816, quitta sa patrie pour la Belgique, où il mourut dans un petit village, près de Bruxelles. Un très grand nombre de ses rapports sur les finances ont été imprimés, entre autres son Rapport, cité plus haut, sur le projet de formation du Grand-Livre (Paris, 1795.)

CAMBON (JEAN-FRANÇOIS-AUGUSTE, MARQUIS DE), député de 1824 à 1831, né à Toulouse (Haute-Garonne), le 26 mars 1774, mort à Toulouse, le 9 janvier 1836, émigra à l'âge de seize ans avec sa famille et revint en France en même temps qu'elle. Il ne servit aucun gouvernement jusqu'à la Restauration; il entra alors dans la « maison du roi », fit, avec le duc d'Angoulême, la campagne de la Drôme pendant les Cent-Jours, et fut ensuite attaché à l'état-major de la place de Paris. Élu, le 6 mars 1824, député de la Haute-Garonne au collège de département, il prit place au centre et combattit le ministère Villèle avec habileté et talent. Lors de la discussion du règlement des crédits et des dépenses de l'exercice 1823, il s'éleva, dans une improvisation très animée dont l'impression fut votée à l'unanimité, contre la politique suivie par le cabinet. Il s'agissait d'arrêter le compte de la guerre, et par suite celui du munitionnaire Ouvrard. « On vient de vous dire, s'écria-t-il, que vos attributions se réduisent à constater l'exactitude d'un compte; ce n'est, vous a-t-on dit, qu'une vérification de caisse; ainsi vous n'êtes que des vérificateurs de caisse. Je ne pense pas, messieurs, que vous acceptiez une pareille exhérédation; vous n'abdiquerez pas votre droit le plus important, celui de veiller à la fortune publique, de recevoir les comptes des ministres et de les débattre. Certes, ce n'est pas la peine de vous faire venir de si loin si vous n'êtes ici que pour vous entendre dire par les ministres : Vous nous avez alloué telle somme, et nous l'avons dépensée, mais ce n'est pas là ce qui doit vous occuper. Il n'est que trop vrai que les fonds ont été dépensés; on n'a que faire de vous pour le constater, et vous voudriez le nier que vous n'y pourriez rien. La question est de savoir s'ils l'ont été utilement pour l'État. La juste indignation que votre commission a manifestée et que vous avez partagée, en entendant les détails de cet exécrable traité, la honte de l'administration (les marchés de Bayonne pour l'expédition d'Espagne), prouve assez que cette partie morale, que vous avez à examiner, devait exercer une influence sur votre décision... »

Malgré la très vive opposition du ministère, le marquis de Cambon fut réélu député, le 24 novembre 1827. Il eut à répondre, vers cette époque, aux imputations de la presse officieuse, qui prétendit que son opposition était intéressée; il protesta par une lettre, qui parut dans la *Quotidienne* du 8 janvier 1828, en déclarant qu'il n'avait jamais sollicité et qu'il ne solliciterait jamais aucune faveur d'un ministère quelconque. Il fut cependant nommé, le 12 novembre 1828, conseiller d'État en service ordinaire. Il avait appuyé, dans la séance du 10 mars, la proposition de M. de Caumartin tendant à ce que le rapport sur les pétitions relatives aux élections obtînt la priorité sur tout autre de la commission des pétitions. « Il est temps, dit-il à ce sujet, qu'un jour éclatant soit porté sur les opérations électorales. Cela est d'autant plus important que, dans les élections récentes, on a vu se renouveler les mêmes scandales. Depuis que nous sommes réunis dans cette enceinte, des préfets ont continué à élever d'imprudents conflits et à mépriser les arrêts des Cours royales » (*Une voix* : C'est le préfet de Toulouse!) Le marquis de Cambon fut vice-président de la Chambre. Sa dernière élection est du 28 octobre 1830 : le collège de département de la Haute-Garonne l'élut, à cette date, en remplacement de M. de Saint-Félix, démissionnaire. Il ne fit pas partie de la Chambre de 1831.

CAMBON (Louis-Alexandre, baron de), frère du précédent, député de 1827 à 1831, puis pair de France, né à Toulouse (Haute-Garonne), le 23 septembre 1771, mort à Paris, le 21 mai 1837, était le fils aîné de Jean-Louis-Emmanuel, marquis de Cambon (1737-1808), qui occupa de hautes fonctions dans la magistrature de l'ancien régime. Sa mère avait péri sur l'échafaud en 1793. Il fut destiné de bonne heure à la carrière paternelle, émigra avec son père et revint en France en 1802. Après le mariage de Napoléon avec Marie-Louise, Alexandre de Cambon, nommé président de la députation du collège électoral de la Haute-Garonne, vint complimenter Napoléon (25 février 1811), et lui dit : « Avec quel religieux attendrissement nous contemplons la fille de tant de rois assise sur le plus beau trône de l'univers pour y perpétuer la plus auguste des dynasties! Nos cœurs sont pleins du bonheur qui nous est annoncé (la grossesse de Marie-Louise), et nos temples retentissent des prières les plus solennelles pour implorer les bienfaits de la Providence sur le jour si vivement désiré où le plus grand des rois sera le plus fortuné des pères... etc. »

Peu de temps après, M. de Cambon fut fait baron de l'Empire (18 mai), et attaché à la cour impériale de Toulouse en qualité de conseiller. L'Empire déchu, la famille de Cambon se rallia avec empressement à la Restauration; le baron Louis-Alexandre fut nommé, en 1818, président à la cour royale de Toulouse, et, en 1822, décoré de la Légion d'honneur. Après s'être présenté, sans succès, plusieurs fois à la députation, il devint enfin, le 24 novembre 1827, député du Tarn, par 123 voix sur 234 votants et 279 inscrits. Il avait été élu au collège de département comme royaliste modéré, et n'avait pas obtenu l'appui du ministère Villèle. Il siégea au centre droit, et soutint le cabinet Martignac, qui le nomma premier président de la cour royale d'Amiens. Réélu par sa circonscription, le 28 octobre 1830, avec 298 voix (539 votants, 1,307 inscrits), M. Alexandre de Cambon ne se montra pas hostile à la monarchie de Juillet, et fut élevé à la dignité de pair de France « en considération des services rendus par lui à l'État, » par ordonnance du 11 septembre 1835.

CAMBOULAS D'ESPAROU (Simon), membre de la Convention nationale et député au Conseil des Cinq-Cents, né à Saint-Geniez (Aveyron), le 2 juillet 1760, mort à Riom (Puy-de-Dôme), le 19 janvier 1840, était négociant à Saint-Geniez. Partisan de la Révolution, il fut élu, le 7 septembre 1792, membre de la Convention, par le département de l'Aveyron par 255 voix sur 501 votants. Il vota « la mort » dans le procès de Louis XVI, fit déclarer les colonies en état de guerre, demanda que le comité de salut public présentât un candidat à la fonction de ministre de la Guerre (mai 1793), et se prononça, le 7 juin, contre le « comité révolutionnaire central de Paris » et contre les arrestations provoquées par ce comité. Le lendemain, 8, il eut une altercation avec Chabot, qui avait dévoilé à la tribune une conversation particulière du représentant de l'Aveyron au sujet de la journée du 10 août. Camboulas aurait dit, en affirmant le tenir « d'un homme qui était fort bien à la cour », que le ci-devant roi avait promis et payé 6 millions à divers membres de l'Assemblée législative, à des commandants de la garde nationale de Paris, etc. pour prix de leurs efforts dans le but d'empêcher l'insurrection. Camboulas nia avoir tenu ce propos. Il prit la défense des Girondins au 31 mai. Le 4 brumaire an IV, il entra, comme conventionnel, au Conseil des Cinq-Cents, en sortit en vertu de la loi du 1er prairial an V, et rentra dans la vie privée.

CAMBOUT. — *Voy.* Coislin (marquis de).

CAMBRONE (Pierre-Jacques-Étienne, vicomte), pair des Cent-Jours, né à Nantes (Loire-Inférieure), le 26 décembre 1770, mort à Nantes, le 29 janvier 1842, était fils d'un négociant. Il fit ses études au collège des Oratoriens de Nantes, où Fouché exerçait alors les fonctions de régent. Après la mort de son père, Cambrone, qui s'était destiné au commerce, changea de résolution. Il entra, en 1792, comme grenadier dans le 1er bataillon de Mayenne-et-Loire, et fit la campagne de cette année à l'armée du Nord. Employé à celle des côtes de Brest, de Cherbourg et de l'Ouest, de 1793 à l'an IV, il entra comme sergent dans la 2e légion nantaise, devint sergent-major, puis capitaine de carabiniers en l'an III. Pendant les guerres de Vendée il sauva plusieurs royalistes traduits devant des commissions militaires. Il passa en l'an V à l'armée de Rhin-et-Moselle, servit en l'an VI à celle d'Angleterre, et fit la campagne de l'an VII à celle du Danube.

Il se signala encore dans l'armée du Rhin, au combat d'Ober-Hausen, où succomba Latour-d'Auvergne, et fut proclamé par ses compagnons d'armes héritier du titre de *premier grenadier de France*. Quand les hostilités cessèrent, il alla tenir garnison à Dunkerque où il resta pendant les ans X et XI. Il fit partie, en l'an XII et en l'an XIII, des troupes rassemblées au camp de Saint-Omer, et il reçut la décoration de l'ordre de la Légion d'honneur. Chef de bataillon au 88e régiment de ligne, il rejoignit la grande armée, se distingua à la bataille d'Iéna, fut nommé officier de la Légion d'honneur en 1807, et fit la campagne de Pologne. Employé à l'armée d'Espagne en 1808 et 1809, puis de 1810 à 1812, et nommé colonel-major du 3e régiment de voltigeurs de la garde, puis promu commandant de la Légion d'honneur, il prit part aux opérations de la grande armée pendant la campagne de Saxe, donna de grandes preuves de bravoure à la bataille de Hanau, le 30 octobre 1813, et fut nommé général de brigade-major du 1er régiment de chasseurs à pied de la vieille garde, le 20 novembre de la même année. Napoléon lui confia d'importants commandements pendant la guerre de 1814. Cambrone décida le sort de plusieurs affaires, et reçut quatre blessures, tant à Craone que sous les murs de Paris. Puis, il accompagna l'empereur déchu à l'île d'Elbe ; il le suivit encore au retour, et commanda l'avant-garde de la petite armée. Avec un détachement de 40 hommes, il s'empara, le 5 mars 1815, du pont et de la citadelle de Sisteron, prit, le 25, le commandement du 1er régiment de chasseurs à pied de la garde impériale, et fut nommé, le 1er avril, grand officier de la Légion d'honneur ; cette nomination ne fut reconnue que le 28 novembre 1831. Cambrone refusa le grade de lieutenant-général qu'avait voulu lui conférer Napoléon ; mais il accepta le titre de comte de l'Empire et fut compris parmi les pairs des Cent-Jours. Le 12 juin, il partit avec l'empereur pour se rendre à l'armée du Nord. Le 18, à Mont-Saint-Jean, son régiment fut presque entièrement détruit. Entourés d'ennemis et sommés de mettre bas les armes, les braves du 1er régiment de chasseurs à pied préférèrent une mort glorieuse, et Cambrone tomba au milieu des siens gravement atteint d'un coup de feu au sourcil gauche. Le mot héroïque qu'on lui prêta dans cette journée : *La garde meurt et ne se rend pas*, est devenu légendaire ; mais il est certain qu'il ne l'a pas prononcé et qu'il répondit aux Anglais avec une énergie beaucoup plus sommaire. Dans une page célèbre des *Misérables*, Victor Hugo s'est plu à rétablir en toutes lettres la vérité des faits. « Quand cette légion, a-t-il écrit, ne fut plus qu'une poignée, quand leur drapeau ne fut plus qu'une loque, quand leurs fusils épuisés de balles ne furent plus que des bâtons, quand le tas de cadavres fut plus grand que le groupe vivant, il y eut parmi les vainqueurs une sorte de terreur sacrée autour de ces mourants sublimes, et l'artillerie anglaise, reprenant haleine, fit silence. Ce fut une espèce de répit. Les combattants avaient autour d'eux, comme un fourmillement de spectres, des silhouettes d'hommes à cheval, le profil noir des canons, le ciel blanc aperçu à travers les roues et les affûts ; la colossale tête de mort que les héros entrevoient toujours dans la fumée au fond de la bataille s'avançait sur eux et les regardait. Ils purent entendre dans l'ombre crépusculaire qu'on chargeait les pièces ; les mèches allumées, pareilles à des yeux de tigre dans la nuit, firent un cercle autour de leurs têtes ; tous les boute-feu des batteries anglaises s'approchèrent des canons, et alors ému, tenant la minute suprême suspendue au-dessus de ces hommes, un général anglais, Colville selon les uns, Maitland selon les autres, leur cria : « Braves Français, rendez-vous ! » Cambrone répondit : « M....! » Conduit en Angleterre, Cambrone écrivit à Louis XVIII pour obtenir la permission de rentrer en France. Il revint sans avoir reçu de réponse, fut arrêté, conduit à Paris et traduit devant le 1er conseil de guerre de la 1re division militaire. Le maréchal de camp Latour-Foissac présidait le conseil ; les juges étaient les maréchaux de camp Edmond de Périgord et de la Chevallerie, le colonel Moulin, les chefs d'escadron vicomte de Pons et comte Louis de Vergennes, le capitaine Goui ; procureur du roi, le capitaine Duthuit ; rapporteur, le chef du bataillon Delon ; greffier, M. Boudin. Le général Cambrone était accusé « d'avoir attaqué le gouvernement du roi à main armée. » Il eut pour défenseur Berryer fils, qui, après avoir rappelé l'acquittement récent du général Drouot, s'écria : « Le général Drouot a été déclaré non coupable ; le général Cambrone pourrait-il être déclaré coupable ? Une contradiction aussi monstrueuse ne saurait exister... Assurément, messieurs, vous ne porterez point atteinte à la chose ainsi jugée, ainsi sanctionnée, pour frapper d'un supplice honteux cet homme d'une stoïque vertu. Ah ! conservez au roi un sujet qui peut être si précieux ; craignez, par la perte d'un homme digne d'estime, comme il serait digne de regrets, de flatter les honteuses espérances de ceux qui, cultivant nos dissensions comme leur fonds et leur propre héritage, s'efforcent d'immortaliser les passions, les querelles et les fureurs. N'appliquez point une loi terrible à ce brave qui, dans des temps plus désastreux, osa, au péril de sa vie, soustraire au supplice et des victimes de Quiberon, et des ministres de Dieu, que des juges d'enfer allaient égorger. C'est le moment pour lui de recevoir le prix de ses généreuses actions. Voyez au pied du tribunal ceux qu'il a arrachés à la mort vous demander sa vie ; que la voix de ceux qui périrent malgré tous ses efforts s'élève jusqu'à vous et pénètre vos âmes ! Ah ! surtout ne perdez point de souvenir comment, lorsque les vastes mers étaient ouvertes à sa fuite, soumis aux volontés de son nouveau roi, il les a traversées pour se livrer lui-même à la justice de son pays ! Déclarerez-vous rebelle celui qui sait ainsi obéir au péril de sa vie ? Quel cœur français aurait le courage de laisser tomber un si cruel arrêt sur cette tête sillonnée par tant de cicatrices ! Non, la main d'un bourreau n'achèvera pas ignominieusement cette mort que mille ennemis ont si glorieusement commencée. Enfin, pour emprunter aux livres sacrés une expression qui convient admirablement à notre sujet : Non, vous n'immolerez point ce lion qui est venu s'offrir comme une victime obéissante ! » (*Procès du maréchal baron Cambrone*, 1816). Cambrone fut acquitté le 26 avril 1816 ; il se retira alors à Nantes dans sa famille. L'année d'après, il fut présenté au duc d'Angoulême, qui le fit réintégrer sur les contrôles de l'armée. Il reçut ensuite la croix de Saint-Louis (1819), fut créé vicomte par Louis XVIII, et commanda, à Lille, la 1re subdivision de la 16e division militaire. Il fut admis à la retraite, sur sa demande, le 15 janvier 1823. La ville de Nantes a élevé une statue au général Cambrone.

CAMÉLINAT (ZÉPHIRIN), député de 1885 à 1889, né à Mailly-la-Ville (Yonne), le 14 septembre 1840, commença par être ouvrier vigneron, puis entra comme homme de peine dans une fabrique de tubes en cuivre, et fut employé plus tard comme ouvrier monteur en bronze dans les ateliers de la maison Beurdeley. Il prit part à l'organisation de l'*Internationale*, et à la fondation d'une chambre syndicale des ouvriers en bronze, et se mêla activement à la grève de 1867, pour laquelle il obtint le concours pécuniaire des *Trade's unions*. Condamné et emprisonné sous l'Empire pour son rôle dans l'*Association internationale des travailleurs*, il continua, après le 4 Septembre, de s'occuper de politique militante, servit pendant le siège, comme porte-drapeau au 200e bataillon de la garde nationale, et, au 18 mars, sous la Commune, fut délégué à la direction de la Monnaie, où il fit frapper pour deux millions de numéraire. « Ajoutons, dit M. Félix Ribeyre, *Biographie des 584 députés, 1886*, qu'il est sorti pauvre de la Monnaie, comme il y était entré. » Après la défaite de la Commune, il passa en Angleterre, où il demeura jusqu'à l'amnistie générale de 1880. Il fut nommé délégué de la corporation du bronze à l'Exposition d'Amsterdam et à celle de Boston. La popularité dont il jouissait parmi les travailleurs fit inscrire son nom, aux élections d'octobre 1885, sur les trois principales listes radicales et socialistes présentées dans le département de la Seine : celle que soutenait M. Clémenceau, celle de l'*Intransigeant*, et celle du « Comité central ». Il obtint au premier tour de scrutin un grand nombre de voix, et se trouva ainsi désigné pour figurer sur la liste définitive des élus du scrutin de ballottage. Il passa, le 18 octobre, le 32e sur 34, avec 269,093 voix (416,886 votants, 564,338 inscrits), et remercia ses électeurs par une lettre qui contenait ce passage : « Ancien militant de l'*Internationale*, ancien combattant de la Commune de Paris, je m'efforcerai d'être à la Chambre l'homme de mon passé, communaliste et socialiste. » M. Camélinat prit place à l'extrême gauche, concourut à la formation du groupe « ouvrier socialiste, » dont il signa le manifeste, et intervint, de sa personne, à la Chambre et au dehors, chaque fois que la question sociale fut en jeu. Il se rendit, avec son collègue, M. Basly, à Decazeville, puis à Vierzon, lors des grèves qui éclatèrent dans ces deux villes, et prit fréquemment la parole à la tribune de l'Assemblée sur les questions économiques et ouvrières, sur l'amnistie, sur les accidents du travail, sur le régime des chemins de fer, etc. M. Camélinat a voté : le 8 février 1886, *pour* la proposition Michelin tendant à rechercher les origines et les causes de l'expédition du Tonkin et à déterminer la responsabilité de ses auteurs ; le 10 avril, *pour* un ordre du jour blâmant le gouvernement à propos de la grève de Décazeville ; *pour* la confiscation des biens des familles ayant régné sur la France ; le 27 novembre, *contre* le maintien de l'ambassade du Vatican ; le 2 décembre, *pour* la suppression des sous-préfets ; le 17 mai 1887, *pour* la proposition de résolution de la commission du budget (chute du ministère Goblet) ; le 19 novembre *pour* la discussion immédiate de l'interpellation Clémenceau (chute du ministère Rouvier), et dans la dernière session : *contre* le rétablissement du scrutin uninominal (11 février 1889), *contre* l'ajournement indéfini de la revision de la Constitution, *contre* les poursuites contre trois députés membres de la Ligue des patriotes, *contre* le projet de loi Lisbonne restrictif de la liberté de la presse ; il s'est abstenu dans le scrutin relatif aux poursuites contre le général Boulanger.

CAMESCASSE (JEAN-LOUIS-ERNEST), député de 1881 à 1885, puis de 1887 à 1889, né à Brest (Finistère), le 23 septembre 1838, est le fils d'un ancien magistrat du second Empire, qui avait fait partie des commissions mixtes en 1851. Il étudia le droit et se fit recevoir avocat (1858), se déclara républicain vers la fin de l'Empire, et entra, après le 4 Septembre, dans l'administration. M. Camescasse fut préfet de plusieurs départements, entre autres du Cher et du Finistère, qu'il quitta à la chute de Thiers (24 mai 1873). Candidat malheureux aux élections de février 1876, à Brest, il passa à la préfecture de la Haute-Saône, fut révoqué le 16 mai 1877, et nommé préfet du Pas-de-Calais en décembre suivant. Appelé, le 11 janvier 1880, à la direction de l'administration départementale et communale au ministère de l'Intérieur, il devint préfet de police, le 17 juillet 1881, en remplacement de M. Andrieux, à la suite des conflits et de ce dernier avec le Conseil municipal et de l'espèce de désaveu que lui avait infligé le ministre de l'Intérieur devant la Chambre. Aux élections législatives suivantes (21 août), M. Camescasse se représenta comme républicain opportuniste, dans la 1re circonscription de Brest, sa ville natale. Il obtint, au premier tour de scrutin, 5,025 voix sur 10,270 votants et fut élu, au scrutin de ballottage du 4 septembre, par 5,055 voix, sur 9,674 votants et 20,218 inscrits, contre MM. de Gasté, 2,867 voix et Chiron, 1,654. Comme préfet de police, M. Camescasse n'eut pas avec le Conseil municipal de Paris des démêlés moins fréquents que son prédécesseur. L'enterrement de Blanqui, les incidents et manifestations du boulevard Saint-Michel, de l'esplanade des Invalides, de l'Hôtel de Ville, de la place de l'Opéra, de la salle Graffard, etc., lui fournirent autant d'occasions d'encourir, pour les instructions données par lui à ses agents, les votes de blâme de la majorité du conseil, qui, pendant plusieurs sessions consécutives, refusa systématiquement au préfet de police d'examiner son budget. La presse intransigeante et socialiste lui prodigua ses attaques, et la rédaction de l'*Intransigeant* lui fit un jour l'ironique cadeau d'un « casse-tête d'honneur » ; cet objet fut remis au député du Finistère pendant une séance de la Chambre. M. Camescasse se signala, d'autre part, par la fermeture, en octobre 1884, de plus de trente cercles, tripots et maisons de jeux. Il donna sa démission de préfet de police, le 23 avril 1885, après la chute du cabinet Jules Ferry, et sur la demande de M. Allain-Targé, ministre de l'Intérieur du nouveau cabinet Brisson.

Comme député, le rôle de M. Camescasse fut modeste. Il siégea à la gauche modérée et vota constamment avec les opportunistes : le 4 mars 1882, *contre* l'amendement Jules Roche sur l'élection d'un maire de Paris ; le 7 mars, *contre* la proposition Boysset tendant à l'abrogation du Concordat ; le 29 janvier 1883, *contre* le principe de l'élection de la magistrature ; le 6 mars, *contre* la revision. Il se prononça en outre : *pour* les crédits du Tonkin, *pour* le maintien de l'ambassadeur près du pape et *contre* la nomination des sénateurs par le suffrage universel. Aux élections législatives du 4 octobre 1885, M. Camescasse échoua, avec toute la liste républicaine du Finistère, n'ayant obtenu que 55,590 voix sur 121,966 votants, et dans le Pas-de-Calais où il réunit 74,526 voix sur 80,439 votants. Il échoua de même à l'élection sénatoriale partielle du 14 février 1886 dans ce dernier département, avec 860 voix contre 876 obtenues par le candidat conservateur monarchiste, M. d'Havrincourt, et ne rentra au Parlement que le 27 novembre 1887.

Le département du Pas-de-Calais lui donna alors 86,356 voix (163,464 votants, 217,532 inscrits), contre 74,554 à M. Labitte, conservateur. Il s'agissait de remplacer M. Dussaussoy, décédé. Elu, M. Camescasse prit place à l'Union des gauches, et vota avec ce groupe; dans la dernière session, il s'est prononcé *pour* le rétablissement du scrutin uninominal (11 février 1889), s'est abstenu sur l'ajournement indéfini de la révision de la Constitution (14 février, chute du ministère Floquet), et a voté *pour* les poursuites contre trois députés membres de la Ligue des patriotes (14 mars), *pour* le projet de loi Lisbonne restrictif de la liberté de la presse (2 avril), *pour* les poursuites contre le général Boulanger (4 avril).

CAMET DE LA BONARDIÈRE (Jean-Philippe-Gaspard, baron), député de 1815 à 1816. né à Saint-Pierre (Martinique), le 1er mai 1769, mort à Paris, le 19 octobre 1842, était conseiller au Châtelet de Paris en 1789; il rentra dans la vie privée à la suppression de sa compagnie en 1791, et se tint à l'écart durant la période révolutionnaire. Maire du 11e arrondissement Paris le 25 nivose an XI, il reçut la croix de la Légion d'honneur le 25 prairial an XII, et fut nommé, en l'an XIII, membre du bureau des hospices et de l'administration de l'Ecole de droit. Il fut encore administrateur du Mont-de-Piété (1807). La Restauration ne lui tint pas rigueur : Louis XVIII le fit officier de la Légion d'honneur, le 2 août 1814, et ce fut comme royaliste, de nuance très accentuée, qu'il devint, le 22 août 1815 député de la Seine, au collège de département. Il opina à la Chambre «introuvable» avec la majorité. Maître des requêtes au Conseil d'Etat le 2 janvier 1816, et baron, il reprit après la session parlementaire ses travaux administratifs, et fut confirmé par le roi dans ses fonctions de maire, qu'il garda jusqu'en 1822.

CAMINADE DE CHATENET (Jean-Jacques), représentant à la Chambre des Cent-Jours, né à Paris, le 21 novembre 1751, mort à une date inconnue, était fils de Jean Caminade, bourgeois de Paris, et de Marie-Anne Chalopin. Avocat à Cognac, il devint, sous la Révolution, président de l'administration départementale de la Charente, et le 8 fructidor an XI, sous-préfet de Cognac. Il entra, le 12 mai 1815, à la Chambre des Cent-Jours, comme représentant de l'arrondissement de Cognac, élu par 42 voix sur 58 votants.

CAMINADE DE CHATENET (Marie-Olivier-Jacques-Augustin), fils du précédent, député de 1831 à 1834, né à Cognac (Charente) le 6 janvier 1784, mort en 1861, fit de bonnes études, et succéda à son père comme sous-préfet de Cognac : il allait recevoir le titre de préfet quand l'Empire tomba. Destitué en 1816, il rentra dans la vie privée, et établit à Cognac une maison pour le commerce des eaux-de-vie. En même temps, il s'occupait de littérature. Elu, le 5 juillet 1831, député du 3e collège de la Charente (Cognac), avec 253 voix (398 votants, 453 inscrits), contre 139 à M. Hennessy, il soutint la monarchie de Louis-Philippe, mais avec une indépendance relative ; par exemple, il se prononça contre l'hérédité de la pairie ; la clôture de la discussion ayant été prononcée avant son tour d'inscription, Caminade fit imprimer son opinion : «Souvent, disait-il, en simplifiant les questions, on les éclaire. Dans nos mœurs, dans nos institutions actuelles,

les fonctions héréditaires ne doivent plus exister ailleurs que sur le trône... Mais dans la Chambre des pairs l'hérédité serait un privilège antipathique à l'immense majorité de la nation... L'opinion, en France, ne conçoit plus d'autres supériorités que celles des talents et des services. Elle ne pourrait comprendre ni autoriser une dignité perpétuée, dans de certaines familles, et transmissible en naissant. Elle veut bien que le fils d'un pair devienne pair à son tour, s'il sait se rendre digne, mais elle n'admet pas qu'il puisse naître pair, quels que doivent être un jour ses mérites. »

Conseiller général de la Charente en 1833, pour le canton de Segonzac, décoré de l'ordre de la Légion d'honneur en 1834, Caminade de Châtenet ne fut pas réélu député aux élections suivantes : il n'obtint, le 21 juin 1834, que 83 voix sur 197 votants. Il se consacra à la direction de sa maison de commerce, et occupa ses loisirs à des essais littéraires, en prose et en vers. Il était membre de la Société des gens de lettres.

CAMINET (Georges), député à l'Assemblée législative de 1791, né à Lyon (Rhône), le 22 juin 1739, mort à Paris, le 30 septembre 1814. était négociant à Lyon. Il fut élu le 3 septembre 1791, député du département de Rhône-et-Loire à l'Assemblée législative, par 267 voix sur 520 votants; il y prit plusieurs fois la parole, et toujours sur des questions de finances et d'affaires: c'est ainsi qu'il donna son opinion sur les coupures d'assignats, sur la vente des sels et tabacs; à ce sujet il émit le vœu qu'il fût statué par une loi sur le point de savoir si l'on pouvait vendre les tabacs en poudre et les sels au plus offrant et dernier enchérisseur; sur le surhaussement des denrées coloniales, sur l'organisation du bureau de comptabilité, sur la vente du numéraire. Il proposa d'augmenter les droits de sortie sur les cotons, et fit proroger le délai pour le paiement des biens nationaux. Le 1er pluviose an X, Caminet fut nommé membre du tribunal de commerce de Lyon.

CAMOU (Jacques), sénateur du second Empire, né à Sarrance (Basses-Pyrénées), le 1er mai 1792, mort à Paris, le 7 février 1868, entra au service en 1808. Capitaine d'infanterie en 1823, chef de bataillon en 1837, lieutenant-colonel en 1841, colonel en 1844, il devint général de brigade en avril 1848, et général de division le 6 février 1852. Longtemps employé en Algérie et signalé au siège de Zaatcha, il commanda en Crimée une division, puis un corps d'armée, fut promu, le 17 octobre 1857, grand-croix de la Légion d'honneur, et appelé, le 30 décembre 1863, à faire partie du Sénat. Il siégea jusqu'à sa mort parmi les défenseurs de la politique gouvernementale.

CAMPAIGNAC (Jean-Joseph-Victor), représentant à la Chambre des Cent-Jours, né à Bordeaux (Gironde), le 8 avril 1751, mort à une date inconnue, fut négociant et conseiller consulaire à Bordeaux, puis commissaire du gouvernement près l'administration municipale de cette ville, et conseiller de préfecture de la Gironde (19 germinal an VIII), avant de devenir représentant de ce département à la Chambre du 15 mai 1815, dite Chambre des Cent-Jours.

CAMPAIGNO (Jean-Marie-Anne-Benoit-Joseph-François-de-Paule Patras, comte de), député au Corps législatif de 1863 à 1870, né à Barcelone (Espagne), le 2 juillet 1805, mort à Toulouse (Haute-Garonne), le 12 octobre 1876, était fils d'un officier de l'armée royale d'Espagne. Il suivit, lui aussi, la carrière militaire, passa par l'Ecole de Saint-Cyr, et quitta l'armée avec le grade de capitaine de cuirassiers. Il se fixa alors à Toulouse, y devint propriétaire et fut nommé plus tard maire de la ville et conseiller général de la Haute-Garonne. Avec l'appui officiel du gouvernement, il se fit élire, le 4 juin 1863, député de ce département au Corps législatif, par 17,536 voix (27,190 votants, 34,782 inscrits), contre 9,488 à M. Paul de Rémusat, candidat indépendant. Il fut de la majorité dynastique, et obtint, au même titre, sa réélection le 24 mai 1869, par 16,801 voix (33,335 votants, 41,173 inscrits), contre MM. de Rémusat, 12,448 et Duportal, républicain, 3,915. M. Camparino vota la déclaration de guerre à la Prusse. Le 4 Septembre mit fin à sa carrière politique. Officier de la Légion d'honneur de la promotion du 14 août 1862.

CAMPARAN (VICTOR), membre du Sénat, né à Saint-Gaudens (Haute-Garonne), le 29 novembre 1832, se fit recevoir docteur-médecin à la Faculté de Paris, et alla exercer sa profession dans sa ville natale, où il devint inspecteur des eaux thermales. Son attitude indépendante et l'opposition qu'il fit aux candidats officiels de l'Empire, notamment lors des élections législatives de 1869, le firent destituer par le gouvernement. Il collabora alors activement aux divers journaux de la région, et s'occupa à la fois de politique, d'agriculture et d'hygiène. Réinstallé dans ses fonctions d'inspecteur après le 4 Septembre, il devint, en 1871, conseiller général de la Haute-Garonne, et fut deux fois, mais sans succès, le candidat des républicains aux élections du 20 février 1876 et du 14 octobre 1877, pour la Chambre des députés. M. Tron, conservateur bonapartiste, l'emporta sur lui. Mais le 5 janvier 1879, M. Camparan fut élu sénateur de la Haute-Garonne, par 377 voix sur 671 votants, contre 287 obtenues par M. de Belcastel, légitimiste. Il prit place à la gauche républicaine, vota (1880) *pour* les divers projets de loi sur l'enseignement, *pour* l'article 7, etc.; (1882) *pour* la loi nouvelle sur le serment judiciaire, (1883) *pour* la suspension de l'inamovibilité de la magistrature, (1884) *pour* le rétablissement du divorce, etc. Il se prononça encore en faveur de l'expulsion des princes et *pour* la loi militaire; dans la dernière session il a voté : *pour* le rétablissement du scrutin uninominal (13 février 1889), *pour* le projet de loi Lisbonne restrictif de la liberté de la presse, *pour* la procédure à suivre devant le Sénat pour juger les attentats contre la sûreté de l'Etat (affaire du général Boulanger).

CAMPENON (JEAN-BAPTISTE-MARIE-EDOUARD), membre du Sénat, ministre de la Guerre, né à Tonnerre (Yonne), le 4 mai 1819, passa par l'Ecole de Saint-Cyr et en sortit en 1840, avec le brevet de sous-lieutenant à l'Ecole d'application d'état-major. Lieutenant le 6 janvier 1843, capitaine le 13 mars 1849, il refusa après le 2 décembre 1851, de prêter le nouveau serment au prince président, et, exilé par L.-Napoléon, partit pour la Tunisie où il réorganisa les troupes de la régence. Il reprit ensuite du service en Algérie, fit la campagne d'Italie et y devint chef d'escadron (1er juillet 1859). Puis il prit part à l'expédition de Chine, et devint lieutenant-colonel (1860). Colonel (16 juillet 1870), il passa chef d'état-major de la division Legrand, et fut grièvement blessé à Gravelotte, s'enferma dans Metz, et, après la capitulation, fut interné à Aix-la-Chapelle. Après la guerre, M. Campenon fut nommé chef d'état-major du général Clinchant, à Lille. Général de brigade le 10 novembre 1875, général de division le 18 octobre 1879, et commandant de la 5e division d'infanterie à Paris, il se lia avec Gambetta, et, alors que ce dernier était président de la Chambre, la presse intransigeante prêta un moment aux opportunistes le projet de préparer la candidature militaire du général Campenon à la présidence de la République. Le 14 novembre 1881, il entra, comme ministre de la Guerre, dans le cabinet présidé par Gambetta (17 novembre 1881), en remplacement du général Farre. Le général Campenon fut, vers cette époque, l'objet d'attaques personnelles des plus violentes, de la part du journal l'*Intransigeant*. Il donna sa démission, le 26 janvier 1882, ainsi que tous ses collègues devant l'ordre du jour hostile au chef du cabinet, qui fut accepté par la majorité de la Chambre. L'année suivante, le 8 décembre 1883, il fut élu sénateur inamovible, par le Sénat, avec 173 voix sur 211 votants, en remplacement de M. Ferdinand Barrot, décédé; depuis deux mois, il était redevenu ministre de la Guerre après la retraite du général Thibaudin (octobre 1883). C'est au général Campenon qu'échut la tâche d'organiser et d'expédier au Tonkin les renforts successifs imposés par notre situation militaire dans l'Extrême-Orient; mais son sentiment personnel, contraire en principe aux expéditions lointaines, le plaçait, tant à l'égard du Parlement que vis-à-vis du chef du ministère, M. Jules Ferry, dans une situation assez délicate : à une interpellation de l'extrême-gauche de la Chambre (octobre 1883), il répondit, pour sa part, en affirmant que les renforts envoyés au Tonkin, soit dans l'infanterie de marine, soit dans les corps stationnés en Algérie, ne diminuaient en rien les ressources de la mobilisation en cas de guerre continentale. En novembre de la même année, le général déclara, au cours d'une discussion sur l'incompatibilité des fonctions publiques avec le mandat législatif, que « plutôt que de voir ses subordonnés se mêler aux luttes électorales, il préférait leur interdire complètement l'accès du Parlement. » Cette dernière solution prévalut. En décembre, devant le Sénat, le ministre de la Guerre dut affirmer une fois de plus la communauté de vues et de responsabilité qui l'unissait à ses collègues du cabinet en ce qui concernait l'expédition du Tonkin. Il prit aussi une part des plus actives à l'élaboration de la nouvelle loi militaire. En avril, mai et juin 1884, il se prononça notamment, à la Chambre des députés pour le service de trois ans, sans aucune exception : il lui fallait, dit-il, le contingent et tout le contingent, avec ses éléments les plus instruits, pour que le service de trois ans ne devint pas une ruine pour notre puissance militaire. Sur les instances des autres ministres, le général Campenon consentit cependant quoique à regret, à admettre l'amendement Durand qui accordait des sursis d'appel aux jeunes gens se destinant à l'enseignement public, aux docteurs en droit, aux élèves de certaines écoles et à ceux qui s'adonneraient au commerce dans les colonies; quant aux instituteurs et aux séminaristes, ils devaient faire trois ans de service. La Chambre repoussa d'ailleurs l'amendement. Il est vrai que le Sénat en introduisit d'autres plus tard, dans la loi définitive.

Après la chute du cabinet J. Ferry, le général Campenon consentit à reprendre son portefeuille, le 6 avril 1885, dans le cabinet H. Brisson. Son antipathie pour les expéditions lointaines ne l'empêcha pas de réclamer encore, en décembre, les derniers crédits qui furent alloués au ministère pour le Tonkin; quand ces crédits eurent été adoptés par la Chambre à une majorité si douteuse qu'elle était presque négative, 28 décembre), il s'associa à la démission de ses collègues. Depuis lors, il siège sur les bancs de la gauche du Sénat, dont il a partagé tous les votes. M. Campenon a été, au Luxembourg, rapporteur de la loi militaire en 1888; il en a défendu pied à pied et parfois sous une forme assez brutale tous les articles contre les attaques de la droite et contre les tentatives, parfois heureuses, qu'elle fit pour en atténuer les effets. Dans la dernière session, il était absent par congé lors des scrutins sur le rétablissement du scrutin uninominal (13 février 1889), sur le projet de loi Lisbonne restrictif de la liberté de la presse, et sur la procédure à suivre contre le général Boulanger accusé d'attentat contre la sûreté de l'Etat.

CAMPMARTIN (Pierre), membre de la Convention, député au Conseil des Anciens, dates de naissance et de mort inconnues, était apothicaire à Saint-Girons. Maire de cette ville au début de la Révolution, il fut élu, le 5 septembre 1792, membre de la Convention nationale par le département de l'Ariège, avec 208 voix sur 320 votants. Il se prononça, dans le procès de Louis XVI, contre l'appel au peuple et pour la mort sans sursis. Le 22 vendémiaire an IV, le même département, par 148 voix sur 188 votants, le nomma député au Conseil des Anciens; il en sortit en l'an VI. Le *Moniteur* et l'*Almanach national* du temps le désignent à tort sous le nom de *Champmartin*.

CAMPMAS (Jean-François), député à l'Assemblée constituante de 1789, né à Monestiès (Tarn), le 10 mai 1746, mort à une date inconnue, était docteur-médecin à Monestiès. Il fut, le 7 avril 1789, élu député du tiers aux Etats-Généraux par la 1re sénéchaussée du Languedoc (Toulouse), avec 718 voix sur 831 votants. Il ne prit pas la parole dans l'Assemblée.

CAMPMAS (Pierre-Jean-Louis), membre de la Convention, dates de naissance et de mort inconnues, fut élu, le 5 septembre 1792, membre de la Convention par le département du Tarn, avec 334 voix sur 435 votants. Il se prononça en ces termes, pour la mort de Louis XVI: « Comme représentant d'une nation qui veut être libre, je dis : La République, plus de rois, et la mort du tyran ». Après la session, il devint commissaire du Directoire, puis magistrat de sûreté à Alby. Pendant les Cent-Jours, l'empereur le nomma président à la cour impériale de Toulouse; mais compris, sous la seconde Restauration, parmi les régicides frappés par la loi du 12 janvier 1816, il se retira à l'étranger.

CAMPREDON (Jacques-David Martin, baron de), pair de France, né à Montpellier (Hérault), le 13 janvier 1761, mort à Montpellier, le 11 avril 1837, d'une famille du haut commerce de Montpellier, entra de bonne heure dans le génie et ne tarda pas à s'y distinguer. Son avancement fut rapide et brillant. Chef de bataillon du génie en l'an V, il fut bientôt promu, par Bonaparte, général d'artillerie. En l'an VIII, chargé de perfectionner les ouvrages que Suchet avait fait élever à la tête du pont du Var, pour défendre ce passage contre les Autrichiens, il s'acquitta de cette mission avec succès; il devint, en l'an XII, membre de la Légion d'honneur, et commandeur de l'ordre. A l'armée de Naples il eut la direction des travaux du génie, prit une part brillante au siège de Gaëte et aux autres succès de la campagne. Le 15 août 1806, il fut nommé général de division. Employé depuis presque constamment en Italie, il passa au service de Naples lorsque la couronne de cet Etat eut été placée sur la tête de Joseph, et fut chargé, en 1809, du portefeuille de la Guerre en remplacement du général Régnier. En 1813 il accompagna en Russie les troupes napolitaines, et se signala dans plusieurs rencontres avec l'ennemi. Après la retraite, il se renferma dans Dantzig, où il commanda l'arme du génie pendant le siège. Ayant été fait prisonnier, il envoya du lieu de sa captivité, le 4 juin 1814, son adhésion aux actes du Sénat. La paix le ramena en France. Louis XVIII le fit chevalier de Saint-Louis, et grand officier de la Légion d'honneur, et lui confirma le titre de baron qu'il tenait de l'empereur. Le 4 novembre 1827 il fut promu grand-croix. Le général de Campredon fut aussi, dans les dernières années du règne de Charles X, attaché à la commission d'examen de l'Ecole polytechnique. Une ordonnance du 11 septembre 1835 l'appela à la Chambre des pairs. Il mourut moins de deux ans après.

CAMUS (Armand-Gaston), député à l'Assemblée constituante de 1789, membre de la Convention et député au Conseil des Cinq-Cents, né à Paris, le 2 avril 1740, mort à Paris le 2 novembre 1804, étudia le droit dans sa jeunesse, et en particulier le droit canonique; il était, avant la Révolution, avocat du clergé de France au Parlement de Paris. L'électeur de Trèves et le prince de Salm le choisirent aussi pour leur conseiller. La connaissance très étendue qu'il avait de l'antiquité classique et sa traduction, la première qui parut, de l'*Histoire des animaux* d'Aristote, lui avaient ouvert, dès 1783, les portes de l'Académie des inscriptions et belles-lettres. La Révolution, dont il adopta avec ardeur les principes, fit de lui un homme politique. Connu parmi ses concitoyens pour ses principes libéraux, il fut, le 13 mai 1789, élu député du tiers aux Etats-Généraux par la ville de Paris, avec 718 voix, et, dès les premières séances, nommé secrétaire du bureau chargé de la vérification des pouvoirs. La salle d'assemblée de ce bureau ayant été fermée pour les préparatifs de la séance royale, Camus en enleva les papiers, se joignit à ses collègues réunis au Jeu de paume, et fut un des premiers à prêter le fameux serment. Durant la session, Camus parut très souvent à la tribune de l'Assemblée constituante, et se fit remarquer par l'âpreté de ses attaques contre les inégalités sociales. A la fois janséniste austère et républicain enthousiaste, vrai disciple de Pascal, alléguant constamment des textes sacrés, il voyait dans l'Assemblée une sorte de concile : « nous sommes, dit-il, une convention nationale : nous avons assurément le pouvoir de changer la religion, mais nous ne le ferons pas ». Le 1er juin 1790, il proposa la réduction de la liste civile, fit supprimer, sous des peines sévères, tous les titres de noblesse (30 juillet 1791), présenta divers projets de finance, dénonça le *Livre rouge* où étaient inscrites les pensions payées par le Trésor royal, et collabora pour la plus grande part à la constitution civile du clergé, qu'il appuya dans de nombreux discours (séances des 31 mai, 1er, 2, 7, 8, 9 et 11 juin 1790. V. le *Moniteur officiel*). Ce fut Camus qui poussa le plus à la réunion du Comtat Venaissin et qui fit enlever au pape les annates et les autres avantages pécuniaires qu'il avait en France. Il parla sur les pensions, sur le traitement des ecclésiastiques, sur les impôts, sur les assignats, sur la vente des biens nationaux, fit rendre un très grand nombre de décrets sur la responsabilité des municipalités quant à l'estimation des biens du clergé, sur la suppression des gouvernements militaires, etc.; fit hâter l'élaboration du projet de loi contre l'émigration, etc. Le 14 août 1789, l'Assemblée avait fait de lui son archiviste : les archives ne se composaient alors que des originaux des pouvoirs des députés, des actes relatifs à la constitution, aux lois, des registres de l'Assemblée; plus tard, on y ajouta les inventaires du matériel des établissements scientifiques, les papiers de l'armoire de fer, les pièces du procès du roi, etc. C'est par l'initiative et le zèle de Camus que se forma ainsi, peu à peu, de divers éléments, le dépôt de nos Archives nationales. Élu, le 5 septembre 1792, membre de la Convention « à la pluralité des voix », par le département de la Haute-Loire, il se mit en vue à la nouvelle assemblée par plusieurs propositions rigoureuses, fit réduire les pensions ecclésiastiques, demanda le décret d'accusation contre les ministres dilapidateurs, proposa et obtint la vente du mobilier des émigrés et des maisons religieuses, fit affecter le seizième de la vente des biens nationaux au paiement des dettes municipales, s'occupa de la conservation « des monuments des arts et des sciences », et fut adjoint aux commissaires près « l'armée de la Belgique ». Il était en mission lors du jugement de Louis XVI; mais il écrivit, le 13 janvier 1791, qu'il votait la mort, sans appel et sans sursis. A son retour, nommé membre du comité du salut public, il proposa de mander Dumouriez à la barre, pour y rendre compte de sa conduite, et fit voter que cinq commissaires seraient envoyés à l'armée avec le pouvoir de suspendre et de faire arrêter les généraux suspects. Camus fut lui-même un de ces commissaires; mais devancé par Dumouriez, il fut arrêté avec ses collègues et livré aux Autrichiens. D'abord transférés à Mons, où était le quartier général du prince de Cobourg, les commissaires de la Convention furent avertis par le colonel baron de Mack, depuis général, qu'ils étaient retenus en otages pour la reine et son fils, et que leurs têtes en répondaient, qu'ils eussent à l'écrire à la Convention. — « Nous sommes ici hors des terres de la République; nous n'avons aucun avis à donner à la Convention ». Mack leur répondit qu'ils n'étaient point là pour délibérer et que la République n'existait pas. « Et vous en particulier, monsieur Camus, vous pourriez être un peu plus réservé; votre tête pourrait n'être pas très ferme sur vos épaules. Songez que vous êtes ici en notre pouvoir. — Oui, dit Camus, et libre dans vos fers. » Détenu dans la suite à Maëstricht, Coblentz, Kœnigingratz et Olmütz, Camus occupa ces loisirs forcés en traduisant paisiblement le *Manuel* d'Epictète, jusqu'à l'échange des cinq commissaires à Bâle contre la fille de Louis XVI, depuis duchesse d'Angoulême, après 33 mois de captivité. Camus entra, comme ancien conventionnel, le 23 vendémiaire an IV, au Conseil des Cinq-Cents, et devint, le 24 frimaire de la même année, membre de l'Institut où il donna lecture de plusieurs dissertations et de travaux importants. Ce fut dans la séance du 12 nivôse que Camus et ses collègues Quinette, Bancal, Lamarque firent leur entrée dans la salle du Conseil, au milieu de la plus vive émotion. Tous les députés se levèrent; une foule de membres, dit le *Moniteur*, se pressèrent autour d'eux, les embrassèrent, et les conduisirent au bureau du président (c'était Treilhard), qui les salua au nom de l'assemblée. Camus obtint la parole à son tour et souleva d'unanimes applaudissements : « Le bonheur si longtemps attendu de revoir nos collègues, s'écria-t-il, est troublé uniquement par le regret de n'avoir pas participé à vos immenses travaux. La renommée les publie, et leur bruit, malgré l'épaisseur des murailles dont nous étions environnés, a pénétré dans nos retraites obscures... » Camus devint président du Conseil des Cinq-Cents et participa très activement à ses délibérations, surtout en matière d'administration et de finances. Deux ans après, il quitta l'assemblée. Il n'avait cessé de témoigner la plus constante sollicitude pour le dépôt des archives: aussi, après avoir refusé le poste de ministre des Finances, que lui offrit le Directoire, accepta-t-il, le 4 thermidor an VIII, le poste et le titre de « garde des archives générales ». Il s'était prononcé nettement contre l'établissement du gouvernement consulaire, et il montra toujours à l'égard de Bonaparte la plus ferme indépendance. Camus se renferma d'ailleurs, strictement, à partir de cette époque, dans ses travaux littéraires et dans l'accomplissement rigoureux de ses devoirs d'archiviste. On lui doit le classement méthodique des papiers des diverses assemblées parlementaires de la Révolution, et la rédaction d'excellentes tables analytiques pour les procès-verbaux de ces assemblées. Camus était encore en fonctions à l'époque de sa mort, survenue en 1804, à la suite d'une attaque d'apoplexie (Daunou lui succéda comme archiviste.) — Il a laissé un grand nombre d'écrits et d'ouvrages d'érudition, parmi lesquels : *Code matrimonial* (1770); *Lettres sur la profession d'avocat* (1772); plusieurs dissertations imprimées dans les *Mémoires de l'Institut*; un *Voyage dans les départements nouvellement réunis* (1803), etc., etc. Camus avait été nommé, le 27 ventôse an IX, membre du conseil général de l'administration des hospices de Paris.

CAMUS DE PONTCARRÉ DE LA GUIBOURGÈRE (Alexandre-Prosper), représentant du peuple aux Assemblées constituante et législative de 1848-1849, né à Paris, le 17 février 1793, mort au château de la Guibourgère (Loire-Inférieure), le 7 janvier 1853, appartenait à l'ancienne famille Camus de Pontcarré, dont plusieurs membres se sont illustrés dans les Parlements, l'Eglise et les armes. Son père, conseiller de grand'chambre au Parlement de Paris, mourut sur l'échafaud pendant la Terreur, le 20 avril 1794, avec MM. de Rosambo, Molé de Champlatreux et les autres membres du parlement signataires de la protestation du 14 octobre 1790 contre les atteintes portées aux lois et à l'ancienne constitution du royaume. Son grand-père, Jean-Baptiste-Elie de Pontcarré de Viarmes, conseiller du roi et intendant de Bretagne, s'était établi dans cette province par suite de son mariage, en 1736, avec l'héritière de la famille Raoul de la Guibourgère.

Pendant de fortes études faites à Paris, Alexandre-Prosper se lia intimement avec Berryer, et travailla le droit avec lui dans l'étude de Berryer père; au début de la Restauration, il vint se fixer en Bretagne, où sa grande fortune et l'usage généreux qu'il en faisait lui donna une réelle influence. Maire de Teillé (Loire-inférieure) pendant la Restauration, il ne conserva, après 1830, que les fonctions d'adjoint, auxquelles il joignit celles de conseiller d'arrondissement d'Ancenis, puis de conseiller général de la Loire-Inférieure.

A la révolution de Février, porté avec son ami, M. de Grandville, sur la liste d'union conservatrice du département, il fut élu, le 23 avril 1848, le 13e et dernier de la liste, par 68,184 voix, sur 124,699 votants et 153,494 inscrits. Il siégea à la droite légitimiste et vota: *contre* le bannissement de la famille d'Orléans, *contre* les clubs, *contre* la propositition Proudhon, *pour* les poursuites contre Louis Blanc et Caussidière, *contre* l'abolition de la peine de mort, *contre* l'impôt progresif, *contre* l'incompatibilité des fonctions, *contre* l'amendement Grévy sur la présidence, *contre* le droit au travail, *contre* la réduction de l'impôt du sel, *pour* le le renvoi des accusés du 15 mai devant la haute-Cour, *pour* l'interdiction des clubs, *pour* l'ordre du jour Oudinot, *contre* l'amnistie des transportés, *contre* l'abolition de l'impôt des boissons.

Réélu par le même département à l'Assemblée législative, le 13 mai 1849, le 5e sur 11, avec 70,162 voix, sur 148,353 inscrits, il continua de voter avec les monarchistes purs, protesta contre le coup d'Etat de décembre 1851, fut enfermé au Mont-Valérien, et, rendu à la liberté, rentra dans la vie privée.

CAMUS DE RICHEMONT (Louis-Auguste, baron), representant à la Chambre des Cent-Jours), député de 1827 à 1837, né à Montmarault (Allier), le 31 décembre 1771, mort à Decize (Nièvre), le 22 août 1853, entra de bonne heure au service et prit part comme officier du génie à diverses campagnes sur le Rhin, en Suisse et en Italie. Capitaine en 1799, il se battit héroïquement sur les côtes de l'Albanie, avec une poignée de Français, contre 14,000 Turcs. Fait prisonnier, il fut emmené à Constantinople, et ne recouvra la liberté qu'en 1801. De retour en France, il fut chargé d'une importante mission dans les mers de l'Inde : il s'agissait d'étudier les moyens d'y résister à la Grande-Bretagne. Il s'acquitta de cette tâche difficile malgré des difficultés sans nombre, et se rendit ensuite en Prusse et en Pologne, afin de présider aux préparatifs de l'expédition de Russie. Après la désastreuse retraite de 1812, il se renferma dans Dantzig, et durant une année entière, bravant les privations, il tint tête aux assiégeants. Enfin il dut capituler. Prisonnier des Russes, il revint en France à la conclusion de la paix; il avait été nommé général, et il reçut de Louis XVIII le commandement de l'Ecole de Saint-Cyr. Mais il offrit son épée à Napoléon après le retour de l'île d'Elbe, et prit, pendant les Cent-Jours, le commandement du génie du second corps de l'armée du Nord avec l'inspection des forteresses de la frontière. Le collège de département de l'Allier l'avait élu, le 10 mai 1815, représentant, par 51 voix sur 83 votants et 248 inscrits. La seconde Restauration mit Camus de Richemont en demi-solde. Il se retira alors dans son département d'origine, et vécut en dehors des affaires publiques jusqu'au 17 novembre 1827, époque à laquelle il rentra dans la vie parlementaire comme député du 2e arrondissement de l'Allier (Montluçon), avec 161 voix (256 vo-

tants, 343 inscrits), contre 71 à M. Aupetit-Durand, ancien député. Elu par les libéraux constitutionnels, il siégea au côté gauche et fut des 221; il fut réélu le 23 juin 1830, par 207 voix (299 votants, 358 inscrits), contre 87 à M. Chevenon de Bigny, ancien député. La monarchie de Juillet, dont il se déclara le partisan, le replaça à la tête de l'Ecole de Saint-Cyr; il dut alors se soumettre à la réélection, le 21 octobre 1830, et son mandat lui fut confirmé par 234 voix (238 votants, 385 inscrits). Successivement réélu le 5 juillet 1831, par le 4e collège de l'Allier (Montluçon), avec 95 voix (173 votants, 260 inscrits), contre 74 à M. Tourret, de l'opposition démocratique; puis le 21 juin 1834, avec 126 voix (217 votants, 311 inscrits), contre 73 à M. Tourret, Camus de Richemont vota généralement avec la majorité conservatrice. Il observa cependant une attitude indépendante sur la politique extérieure, étant l'adversaire du système de « l'entente cordiale » avec l'Angleterre. Le général Camus de Richemont a laissé plusieurs écrits sur des questions militaires, ainsi que des *Mémoires* que sa famille a publiés après sa mort. Grand officier de la Légion d'honneur.

CAMUSAT. — *Voy.* Riancey (de).

CAMUSAT DE BELOMBRE (Nicolas-Jacques), député à l'Assemblée constituante de 1789, né à Troyes (Aube), le 21 octobre 1735, mort à une date inconnue, était négociant à Troyes. Le 6 avril 1789, il fut élu député du tiers aux Etats-Généraux par le bailliage de Troyes, avec 107 voix sur 174 votants. Il fit partie de la majorité de la Constituante. Dans la séance des « communes » du 27 mai, avant la réunion des trois ordres, Camusat de Belombre proposa de tenter de nouveaux efforts auprès du clergé et de la noblesse et d'insister particulièrement pour prier les membres du clergé de continuer leur rôle de « conciliateurs » entre le tiers et la noblesse. Le 19 août, il annonça à l'Assemblée nationale que « les officiers du bailliage et siège présidial de Troyes » venaient de décider qu'ils jugeraient *gratuitement* « tous les procès et contestations, tant civils que criminels, qui seraient portés en leur tribunal en première instance et par appel. »

CANAPLE (François-Dominique-Edmond), député au Corps législatif de 1855 à 1863, né à Marseille (Bouches-du-Rhône), le 18 novembre 1797, mort à Marseille, le 8 juin 1876, fit ses études au collège de Juilly, puis suivit la carrière du commerce et ne tarda pas à conquérir dans sa ville natale une importante situation. Juge suppléant (1837), puis juge (1839) au tribunal de commerce, il en devint président en 1845 et fut réélu en 1848, 1851 et 1853. Conseiller municipal de Marseille et conseiller général des Bouches-du-Rhône, M. Canaple fut élu, en outre, comme candidat du gouvernement, le 7 janvier 1855, député de la 1re circonscription de ce département, par 4,067 voix sur 4,105 votants et 32,480 inscrits. Il remplaçait M. de Chantérac, nommé conseiller d'Etat. Il siégea dans la majorité impérialiste et fit partie de plusieurs commissions, mais n'aborda pas la tribune. Il fut réélu, le 22 juin 1857, par par 10,260 voix (15,194 votants, 35,286 inscrits), contre 4,777 à M. Taxile Delord, et continua de voter avec la majorité. Aux élections suivantes (1863), les circonscriptions des Bouches-du-Rhône ayant été remaniées, M. Canaple se présenta aux suffrages des électeurs de la 4e circonscription, de création récente ; mais il n'obtint que 6,282 voix contre 6,570 accordées à M. Marie, ancien membre du gouvernement provisoire, candidat de l'opposition, qui fut élu.

CANCLAUX (Jean-Baptiste-Camille, comte de), membre du Sénat conservateur, pair de 1814 à 1817, et pair des Cent-Jours, né à Paris, le 2 août 1740, mort à Paris, le 27 décembre 1817, d'une famille de magistrats, entra à l'Ecole de cavalerie de Besançon, puis fit, d'abord en qualité de cornette, ensuite comme capitaine, les six dernières campagnes de la guerre de Sept ans. Réformé après la paix de 1763, il retourna à l'Ecole de Besançon, mais cette fois en qualité d'aide-major ; il y enseigna la théorie des grandes manœuvres de cavalerie, et attira sur lui l'attention du ministre de la Guerre, duc de Choiseul, qui le nomma, en 1768, major dans le régiment de Clermont. Colonel en 1772, chevalier de Saint-Louis en 1773, il commanda jusqu'en 1784 le régiment de Conti, et parvint en 1788 au grade de maréchal de camp. La Révolution ayant amené une organisation nouvelle de l'armée, il fut chargé, en 1790, ainsi que plusieurs officiers généraux, de vérifier les comptes des régiments et de recueillir leurs griefs. Quand la Vendée se fut soulevée, en 1792, Canclaux y fut envoyé, et, le 8 juillet, près de Quimper, remporta un avantage important. Lieutenant-général le 7 septembre suivant, on le désigna dans les premiers jours de 1793, pour le commandement de l'armée des Pyrénées ; peu de temps après, il reçut la mission de veiller à l'embarquement des troupes pour Saint-Domingue ; puis il prit le commandement en chef de l'armée de l'Ouest. Il s'y comporta avec habileté et vaillance, et contribua par son énergie à empêcher la capitulation de la ville de Nantes, investie par 80,000 Vendéens qui s'étaient emparés du bourg de Nort. Le 29 juillet 1793, les Nantais et le petit nombre de troupes de ligne que Canclaux avait sous ses ordres soutinrent pendant vingt-quatre heures l'attaque de toute l'armée vendéenne, qui, après les plus grands efforts, fut obligée de se retirer en désordre. Le général eut ses habits criblés de balles. Le siège levé, il se rendit à Angers et tenta de rétablir les communications entre Nantes et La Rochelle ; puis il se jeta dans la basse Vendée, battit Charette à Montaigu et remporta encore une victoire près de Mortagne ; mais un décret de la Convention le destitua comme ancien noble, et le remplaça par le général Léchelle. Canclaux se retira alors dans sa terre de Saussay (département de l'Oise). Après le 9 thermidor, il reprit quelque temps le commandement de l'armée de l'Ouest ; puis il fut envoyé dans le Midi pour organiser l'armée d'Italie, et occupa, de l'an V à l'an VI, le poste d'ambassadeur près la cour de Naples. Le coup d'Etat de brumaire le trouva membre du comité militaire établi près du Directoire exécutif. Il adhéra à la politique de Bonaparte, accepta de lui, le 17 frimaire an VIII, le commandement de la 14ᵉ division militaire, et la situation d'inspecteur de cavalerie à la 2ᵉ armée de réserve et à celle des Grisons, ainsi que la décoration de l'ordre de la Légion d'honneur, dont il fut promu grand officier le 25 prairial an XII. Le 4 pluviôse de la même année, le collège électoral de Seine-et-Oise le présenta au Sénat, qui l'admit parmi ses membres le 30 vendémiaire an XIII, et le choisit comme secrétaire l'année d'après. Commandant des gardes nationales de la Seine-Inférieure et de la Somme,

comte de l'Empire, commissaire extraordinaire (1813) dans le département d'Ille-et-Vilaine, Canclaux vota, en 1814, la déchéance de Napoléon Iᵉʳ. Aussi Louis XVIII le comprit-il, le 4 juin 1814, sur la liste des pairs de France, et le fit-il, le 23 août suivant, commandeur de Saint-Louis. Il était alors complètement rallié à la Restauration ; car, bien que l'empereur, au retour de l'île d'Elbe, l'eût nommé pair à son tour (2 juin 1815), il refusa cette dernière nomination, et mérita de reprendre, sous les Bourbons, le 10 août, son siège au Luxembourg ; dans le procès du maréchal Ney, il vota pour la mort.

CANDAU (Jean-Alexandre-Louis-François Neys, marquis de), député de 1821 à 1827, né à Pau (Basses-Pyrénées), le 31 juillet 1765, mort au château de Castelès (Basses-Pyrénées, le 2 janvier 1839, était issu d'une des plus anciennes familles du Béarn. Il entra dans la magistrature et appartint au Parlement de Pau. Riche propriétaire dans les Basses-Pyrénées, il était déjà conseiller général de ce département, quand il en devint député, le 8 mars 1821, avec 30 voix sur 33 votants et 110 inscrits. M. de Candau remplaçait à la Chambre M. de Saint-Cricq, dont l'élection venait d'être annulée. Il vota avec la droite et fut réélu, le 6 mars 1824, par 60 voix (90 votants, 111 inscrits). La *Nouvelle biographie pittoresque des députés de la Chambre septennale* (1826) s'exprime ainsi sur son compte : « M. de Candau ne parle jamais à la Chambre ; il réserve tout son esprit pour les salons ; malgré ses cinquante ans, la fraîcheur et l'élégance de sa toilette le font encore passer pour un jeune homme. M. de Candau est un de ces hommes indispensables dans un salon. Le faubourg Saint-Germain se l'arrache. On peut le comparer sous quelques rapports à M. de Peyronnet dont il est un peu le parent. Le député quasi-ministériel des Basses-Pyrénées passe pour littérateur dans les boudoirs. Il n'est pas de vicomtesse ou de marquise qui n'affirmât qu'il est le plus fort latiniste du siècle. Il ne manque à M. de Candau rien de ce qui constitue un homme aimable ; malheureusement cette qualité ne suffit pas pour faire un bon député. »

CANEL (Alfred), représentant du peuple à l'Assemblée constituante de 1848, né à Pont-Audemer (Eure), le 30 novembre 1803, mort à Pont-Audemer, le 10 janvier 1879, se fit recevoir avocat et inscrire au barreau de sa ville natale. Ayant professé, sous le règne de Louis-Philippe, des opinions démocratiques, il fut nommé par le gouvernement provisoire en 1848, sous-commissaire de la République à Pont-Audemer ; le 23 avril, il devint représentant du département de l'Eure à l'Assemblée constituante. Elu par 64,418 voix sur 99,709 votants, il siégea à gauche, et vota parfois avec la majorité, pour la politique de Cavaignac ; il se prononça : *contre* le rétablissement du cautionnement, *pour* le droit au travail, *contre* l'impôt progressif, *contre* la proposition Duvergier de Hauranne sur les deux Chambres, *contre* l'amendement Grévy sur la présidence, *pour* le remplacement militaire, *contre* la proposition Rateau, *pour* la diminution de l'impôt du sel, *contre* la suppression des clubs, etc. Il combattit modérément la politique de L.-N. Bonaparte, et rentra dans la vie privée après la législature. M. Alfred Canel ne fit point partie d'autres assemblées. En dehors de la politique, il a laissé un nom estimé comme historien et archéologue : on a de lui un très grand nombre de mémoires et d'études sur les antiquités de la Normandie, qu'il possédait à fond. De 1835 à 1837, il dirigea la *Revue historique des cinq départements de la Normandie*: puis il publia des recherches sur les *États de l'ancienne province de Normandie*: des *Lettres sur l'Histoire de Normandie pendant le* XIVe *siècle*, une *Histoire de la barbe et des cheveux en Normandie* (2 vol.); des *Recherches historiques sur les jeux des rois de France*: un curieux travail sur les *Jeux d'esprit*, etc.

CANET (EDMOND-PIERRE-JACQUES), représentant du peuple à l'Assemblée législative de 1849, né à Montpellier (Hérault), le 13 janvier 1808, mort à Albi (Tarn), le 18 mai 1859, était avocat à Albi. D'opinions républicaines modérées, il fut, le 13 mai 1849, élu représentant du Tarn à l'Assemblée législative, le 3e sur 8, par 47,200 voix (79,583 votants, 107,875 inscrits); il siégea à gauche et vota le plus souvent avec la minorité démocratique contre la droite monarchiste et contre le gouvernement de l'Élysée. Après le coup d'État, il tenta de lutter, dans la 1re circonscription du Tarn, contre le candidat officiel, aux élections du Corps législatif, le 29 février 1852; mais il n'obtint que 4,016 voix; M. Gisclard, que soutenait le gouvernement, fut élu par 19,227 voix. Il échoua une seconde fois, le 22 juin 1857, avec 4,012 voix contre 19,960 accordées au même concurrent.

CANINO (PRINCE DE). — *Voy.* BONAPARTE.

CANOUVILLE (ANTOINE-ALEXANDRE-MARIE-FRANÇOIS, COMTE DE), député au Corps législatif de 1810 à 1815, et pair de France, né à Paris, le 7 juillet 1763, mort à Paris, le 18 décembre 1834, appartint aux armées du roi sous l'ancien régime. Chevalier de Saint-Louis, major en second du régiment de Chartres-infanterie, il se montra hostile aux idées de la Révolution, émigra en 1791, et fit campagne à l'armée des princes. Il resta à l'étranger jusqu'en 1802, se rallia au gouvernement de Bonaparte, et devint, en 1806, commandant des légions de gardes nationales de la Seine-Inférieure. Le 10 août 1810, il fut choisi par le Sénat conservateur pour représenter ce département au Corps législatif. Il soutint d'abord le gouvernement de l'empereur qui le fit, le 21 mai 1810, membre de la Légion d'honneur, et le 13 juillet 1813 baron de l'Empire. Puis il revint aux Bourbons, fut nommé par eux maréchal de camp, le 26 février 1817, et reçut le titre de comte. Enfin le gouvernement de Louis-Philippe, par une ordonnance du 11 octobre 1832, l'appela à siéger dans la Chambre des pairs où il fit partie de la majorité ministérielle.

CANROBERT (FRANÇOIS CERTAIN), sénateur du second Empire, et membre du Sénat actuel, né à Saint-Céré (Lot), le 27 juin 1809, d'une famille bretonne et d'un père qui servit à l'armée de Condé, entra en 1825 à l'École de Saint-Cyr, en sortit (1828) comme sous-lieutenant au 47e de ligne, et obtint un brillant avancement. Lieutenant en 1832, il passa en Algérie, assista à plusieurs combats, fut blessé à Constantine, promu capitaine (1837), reçut la décoration de la Légion d'honneur, revint en France en 1839, et fut chargé d'organiser un bataillon de la légion étrangère. Quelque temps après il retourna en Algérie, se distingua dans maintes expéditions dont on lui confia le commandement, au col de Mouzaïa, à l'affaire de

Sidi-Kalifa, etc. ; il était alors chef d'un bataillon de chasseurs à pied. Huit mois de luttes sans trêve lui ayant valu le grade de colonel (1847), il dirigea l'expédition contre Ahmed-Sghir, battit les Kabyles, délivra Bou-Sada dont la garnison était bloquée, monta avec les zouaves à l'assaut de Zaatcha, et gagna la croix de commandeur de la Légion d'honneur (1849). L'année suivante, le président L.-N. Bonaparte le rappela auprès de lui, se l'attacha comme aide de camp, après l'avoir nommé général de brigade (13 janvier 1850), et lui donna un commandement à Paris. En cette dernière qualité, M. Canrobert fut un des agents du coup d'État de 1851, mais ce ne fut pas, semble-t-il, sans avoir sérieusement hésité sur le parti à suivre. Victor Hugo a raconté ses perplexités au 2 Décembre : « On avait, écrit-il, des nouvelles de Canrobert. Le 2 au soir, il était allé voir madame Leflô, cette noble femme indignée. Le lendemain 3, il devait y avoir un bal chez Saint-Arnaud, au ministère de la Guerre. Le général Leflô et madame Leflô étaient invités et devaient s'y rencontrer avec le général Canrobert. Mais ce n'est point de cette danse que lui parla Mme Leflô. — « Général, lui dit-elle, tous vos camarades sont arrêtés, et c'est à cela que vous allez donner la main? — Ce que je vais donner, dit Canrobert, c'est ma démission. Et il ajouta : — Vous pouvez le dire à Leflô. Il était pâle, et se promenait de long en large, très agité. — Votre démission, général? — Oui, madame. — Est-ce sûr? — Oui, madame, si pourtant il n'y a pas d'émeute... — Général Canrobert, voilà un si qui me dit ce que vous allez faire. » Et pourtant Canrobert n'était certes point décidé encore. Le fond de Canrobert était l'incertitude. Pélissier, l'homme hargneux et bourru, disait : Fiez-vous donc aux noms des gens ! Je m'appelle *Aimable*, Randon s'appelle *César*, et Canrobert s'appelle *Certain*!... »

Il se décida pourtant. La brigade de Canrobert, ainsi que les brigades de Cotte, Bourgon, Dulac, Reybell, s'établit entre la rue de la Paix et le faubourg Poissonnière, et opéra sur les boulevards. Il accepta aussi la mission de parcourir les départements avec des pouvoirs extraordinaires, et d'étudier la situation politique. Le 14 janvier 1853, il fut promu général de division. Investi du commandement de la 1re division de l'armée d'Orient à la guerre de Crimée, ce fut lui qui, au passage de l'Alma, soutint le premier choc des Russes : ses soldats avaient été effroyablement décimés par le choléra. Un éclat d'obus le blessa au bras, tandis qu'il attendait l'arrivée du général Forey (24 septembre). Le maréchal Saint-Arnaud, qui mourut deux jours après, lui remit le commandement en chef. Canrobert se dirigea aussitôt sur Sébastopol, et commença les opérations du siège. Il fut blessé à la bataille d'Inkermann (5 novembre), livra les combats de Balaklava et d'Eupatoria, et tint tête aux continuelles sorties de l'ennemi. Des dissentiments avec lord Raglan, général en chef des troupes anglaises, l'ayant déterminé à résigner le commandement en chef, il le remit (16 mai 1855) entre les mains du général Pélissier, et ne garda pour lui que le commandement du 1er corps. Bientôt, d'ailleurs, il quitta la Crimée, et, de retour en France, fut élevé au grade de maréchal de France, en même temps qu'à la dignité de sénateur (18 mars 1856). Lors de la guerre d'Italie (1859), le maréchal Canrobert eut le commandement du 3e corps; mais son rôle dans cette campagne fut moins important. Il siégea au Sénat impérial d'une façon intermittente et opina presque toujours avec la majorité, sauf, cependant, le 6 mars 1861, date à laquelle il se prononça *contre* l'amendement favorable au maintien de la puissance temporelle du pape. Il reçut, en 1862, le commandement du camp de Châlons, puis celui du 4e corps d'armée à Lyon, en remplacement du maréchal de Castellane. En 1865, il succéda au maréchal Magnan comme commandant du 1er corps d'armée (Paris). Il occupait ce poste au moment de l'enterrement de Victor Noir, et les préparatifs de résistance combinés par lui en vue d'une insurrection possible lui valurent alors, dans la population parisienne, le surnom significatif de maréchal *Rrran!* Lors de la déclaration de guerre à la Prusse (juillet 1870), le gouvernement le mit à la tête des troupes et des bataillons de garde mobile réunis au camp de Châlons ; mais il garda peu de temps cette situation et, nommé chef du 6e corps, se rangea, après Forbach, sous les ordres de Bazaine, assista aux combats livrés sous Metz, aux batailles de Saint-Privat et de Gravelotte, et par suite de la capitulation, fut emmené prisonnier en Allemagne. Thiers l'accueillit favorablement à son retour, le nomma membre du conseil supérieur de la guerre, et lui permit d'assister (janvier 1873) aux funérailles de Napoléon III ; mais le maréchal Canrobert, déçu, a-t-on dit, dans son espoir d'être appelé au commandement de l'armée de Paris, se retira avec éclat du conseil supérieur (juin 1873). Plusieurs propositions, qu'il avait cru devoir décliner, lui avaient déjà été faites par le parti bonapartiste en vue d'une candidature législative dans le Lot ; il accepta, le 30 janvier 1876, d'être dans ce département le candidat des conservateurs aux élections pour le Sénat. M. Canrobert, que la presse de droite s'était plu à représenter comme l'ami du maréchal de Mac-Mahon et le vrai représentant de sa politique, fut élu au second tour de scrutin, le 1er sur 2, par 312 voix sur 386 votants, contre 178 à M. Roques, républicain. Il prit place à droite, dans le groupe de l'Appel au peuple, et se mêla assez fréquemment aux discussions militaires, notamment à celles sur le service des aumôniers et sur la loi d'organisation de l'armée (novembre 1876). Il vota, en juin 1877, la dissolution de la Chambre, et soutint le gouvernement du 16 Mai. Après l'échec électoral éprouvé le 14 octobre 1877 par le ministère Broglie-Fourtou, le bruit courut un moment que le maréchal de Mac-Mahon songeait à offrir à M. Canrobert la présidence d'un cabinet ; mais les évènements prirent une autre tournure. A peine remis d'une longue maladie, M. Canrobert fut officiellement chargé, en 1878, de représenter le gouvernement aux obsèques de Victor-Emmanuel. Le premier renouvellement partiel du Sénat, le 5 janvier 1879, fut défavorable à la candidature de Canrobert, qui échoua dans le Lot avec 140 voix contre 230 accordées à l'élu républicain, M. Delord ; mais l'élection complémentaire (9 novembre 1877), qui suivit dans la Charente le décès de M. Hennessy, renvoya le maréchal à la Chambre haute. Il reprit sa place à la droite impérialiste, et vota constamment avec les conservateurs, ne prenant d'ailleurs que très rarement la parole, et toujours sur des questions techniques intéressant l'armée. Il se prononça : *contre* les projets de loi sur l'enseignement, *contre* l'article 7, *contre* les divers ministères de gauche, *contre* la réforme judiciaire, *contre* l'expulsion des princes, *contre* le divorce, etc., et, réélu, le 6 janvier 1885,

sénateur de la Charente, par 492 voix sur 891 votants contre 364 à M. Duclaud, républicain, il se montra en toute circonstance le défenseur de l'ancienne organisation militaire. Il combattit dans le détail et repoussa dans son ensemble (1888) la nouvelle loi sur l'armée. Pendant la dernière session, il s'est abstenu sur le rétablissement du scrutin d'arrondissement (13 février 1889), sur le projet de loi Lisbonne restrictif de la liberté de la presse (18 février), et sur la procédure à suivre devant le Sénat dans le procès intenté au général Boulanger (29 mars).

CANSON (Anne-Jacques-Barthélemy Barou de), pair de France, né à Annonay (Ardèche), le 5 mai 1774, mort à la Lombardière (Ardèche), le 11 octobre 1858, était le fils d'un officier des armées du roi, qui le fit élever chez les Oratoriens. Devenu ingénieur, il suivit en cette qualité les armées de la République, et épousa une des filles d'Etienne de Montgolfier, inventeur des aérostats et fabricant de papier à Annonay. Après la mort de son beau-père, Barthélemy de Canson devint propriétaire de la fabrique ; il y apporta de nouvelles améliorations, et se distingua, à plusieurs expositions, par la supériorité de ses produits. « On lui doit, dit la *Biographie Didot*, la mise en activité en France d'une des premières machines à fabriquer le papier, le collage à la cuve, mis en pratique d'une manière efficace et complète, l'emploi des pompes pneumatiques appliquées à la fabrication du papier, etc. » Nommé pair de France le 11 octobre 1832, B. de Canson siégea à la Chambre haute parmi les partisans dévoués au gouvernement, jusqu'à la révolution de février 1848. — Chevalier de la Légion d'honneur.

CANTAGREL (François-Jean-Félix), représentant du peuple à l'Assemblée législative de 1849, député de 1876 à 1887, né à Amboise (Indre-et-Loire), le 27 juin 1810, mort à Paris, le 27 février 1887, étudia le droit, vint à Paris en 1827, et débuta dans la littérature, en donnant à la revue l'*Artiste*, de 1834 à 1838, des articles de critique. Architecte, ingénieur, et avocat, il fut vivement impressionné, vers cette époque, par la lecture des ouvrages de Charles Fourier, et se voua dès lors à la propagation de la doctrine « sociétaire. » Rédacteur, puis gérant du journal phalanstérien la *Phalange*, qui devint, en 1843, la *Démocratie pacifique*, il publia aussi diverses brochures destinées à vulgariser ses théories, entre autres, le *Fou du Palais-Royal*, satire dialoguée qui fut éditée aux frais de l'école sociétaire, *Mettray et Ostwald*, étude sur les colonies agricoles, *Quinze millions à gagner sur les bords de la Cisse*, etc. En même temps, un intéressant travail de lui sur la *Réforme des ponts et chaussées* (1847) était remarqué. Ce fut M. Cantagrel qui, le 3 février 1848, reçut aux bureaux de la *Démocratie pacifique* les étudiants porteurs de pétitions pour le rétablissement des chaires de Michelet, Quinet et Adam Mickiewicz ; il les harangua et les exhorta à « jeter un trait d'union entre 1830 et 1848. » Partisan décidé de la révolution de Février, M. Cantagrel réunit près de 15,000 voix sur la liste démocratique de l'Aveyron pour les élections à la Constituante ; mais la liste conservatrice l'emporta. Il fut plus heureux, le 13 mai 1849 : élu représentant du peuple à l'Assemblée législative par le département de Loir-et-Cher, avec 24,226 voix sur 54,330 votants et 71,600 inscrits, il prit place à la Montagne et ne siégea d'ailleurs que peu de temps. Les paroles qu'il fit entendre à la tribune pour protester contre la destruction de la république romaine, sa participation au manifeste de la Montagne et à l'appel aux armes le firent décréter d'accusation par l'Assemblée, et traduire devant la Haute-Cour de Versailles : il put quitter la France, ne fut condamné que par contumace « à la déportation à perpétuité » et se réfugia en Belgique, où il publia trois volumes sur la question religieuse : *Comment les dogmes commencent* (1857) ; *Nécessité d'un nouveau symbole* (1858) ; *D'où nous venons, où nous allons ; où nous sommes* (1858). Le résultat de ses recherches philosophiques semble avoir été une conception nouvelle de la divinité dans laquelle il prétend concilier le point de vue monothéiste, le point de vue polythéiste et le point de vue panthéiste, et par laquelle il croit satisfaire aux exigences des trois ressorts de l'âme humaine, cœur, sens et intelligence. En 1858 et en 1859, M. Cantagrel dirigea, à Neuchâtel, en Suisse, le journal l'*Indépendant*, qui prit une part importante aux travaux préparatoires de la constitution neuchâteloise. Rentré en France après l'amnistie de 1859, il fut employé dans l'administration du gaz parisien ; puis il rentra dans la vie politique. Sa candidature d'opposition dans la 1re circonscription de Loir-et-Cher, le 1er juin 1863, réunit 5,138 voix contre 21,420 accordées à M. Clary, candidat officiel, élu. En même temps, 583 suffrages se portaient sur son nom dans la 7e circonscription de la Seine, où M. Darimon fut nommé. Il recommença la lutte aux élections du 24 mai 1869, dans la 7e circonscription de la Seine : M. Savard était le candidat officiel, Jules Favre celui des républicains modérés, et M. Henri Rochefort celui des démocrates radicaux. M. Cantagrel, après avoir obtenu, au premier tour, 7,438 voix, exprima le désir qu'elles fussent reportées, au ballottage, sur M. H. Rochefort. — Peu de temps après la révolution du 4 septembre 1870, un délit de presse lui valut, à Nantes, une condamnation à six mois de prison : cette condamnation contribua, d'ailleurs, à rappeler sur lui l'attention, et ne fut pas inutile à son élection, le 30 juillet 1871, comme conseiller municipal du 18e arrondissement de Paris (quartier de La Chapelle) ; M. Cantagrel siégea, dans le conseil, à côté de son ami M. Vauthier, et s'y occupa activement de questions financières et administratives ; il fut réélu conseiller en 1874. Après les élections générales de février 1876, et l'option de Louis Blanc pour le 5e arrondissement de Paris, M. Cantagrel se présenta à sa place dans le 13e arrondissement, et obtint, le 9 avril, au second tour de scrutin, 5,586 voix sur 8,633 votants et 12,623 inscrits, contre 1,251 voix à M. Perron. Il donna sa démission de conseiller municipal pour se consacrer exclusivement à son mandat législatif, et siégea à l'extrême gauche de la Chambre des députés. Il vota l'amnistie plénière, déposa une proposition tendant à garantir l'exercice du droit d'association, combattit le gouvernement du Seize-Mai, et fut des 363. Il fut réélu, en conséquence, le 14 octobre 1877, par 8,327 voix (9,831 votants, 12,510 inscrits), contre 872 à M. Ramolini, et continua de voter avec les radicaux de la Chambre : *pour* l'amnistie plénière, *pour* le divorce, *pour* la liberté absolue de la presse, de réunion et d'association. Il fut réélu, le 21 août 1881, avec 8,417 voix (11,783 votants, 16,276

inscrits), contre 1,699 à M. Georges Martin, 888 à M. Quesnot et 305 à M. Ramolini, et se prononça : le 4 mars 1882, *pour* l'amendement Jules Roche sur l'élection du maire de Paris ; le 7 mars, *pour* la proposition Boysset tendant à l'abrogation du Concordat ; le 29 janvier 1883, *pour* le principe de l'élection de la magistrature ; le 6 mars, *contre* l'ordre du jour de confiance au ministère Ferry à propos de la revision. Il vota, en outre, *contre* les crédits du Tonkin, *contre* la loi sur les récidivistes, *contre* le maintien de l'ambassade auprès du pape, etc. En dehors des questions politiques, M. Cantagrel s'était énergiquement employé à la propagation et à la défense d'une idée qui lui était chère : celle de « Paris port de mer. » Quand vint le renouvellement général d'octobre 1885, porté à la fois sur la liste de la presse radicale et sur celle du comité central, il fut élu député de la Seine, au second tour de scrutin, le 4e sur 34, par 289,006 voix (416,886 votants, 564,338 inscrits). Dans cette législature, il vota : le 8 février 1886, *pour* la proposition Michelin tendant à rechercher les origines et les causes de l'expédition du Tonkin et à déterminer la responsabilité de ses auteurs ; le 10 avril, *contre* l'ordre du jour pur et simple sur l'interpellation Maillard à propos de la grève de Decazeville ; le 27 novembre, *contre* le maintien de l'ambassade au Vatican. « On voit, écrivait en 1886 M. F. Ribeyre (*La nouvelle Chambre*), ce grand vieillard de soixante-quinze ans à la forte barbe blanche, mais d'aspect solide, très assidu aux travaux de la Chambre, et se passionnant encore comme un jeune homme pour les questions politiques. » Il mourut en 1887, des suites d'un cancer aux reins.

CANUEL (SIMON, BARON DE), député de 1815 à 1816, né aux Trois-Moutiers (Vienne), le 29 octobre 1767, mort à Loudun (Vienne), le 11 mai 1840, fils d'un marchand de bois, s'enrôla parmi les volontaires de 1792, fut adjoint aux adjudants généraux en l'an Ier de la République, devint aide de camp de Rossignol, se distingua l'année suivante dans la Vendée, et gagna à Doué et à Savenay les épaulettes de général de division. Canuel professait alors les opinions démocratiques et révolutionnaires les plus marquées ; il se trouva même compromis après le 9 thermidor, se tint à l'écart tant que dura la réaction, et ne reprit de l'activité qu'en l'an V. Le Directoire lui confia le commandement de la ville de Lyon, où l'on soupçonnait des complots royalistes, et lui donna le pouvoir de mettre la ville en état de siège. En l'an XII, il fut nommé membre de la Légion d'honneur ; il obtint, l'année suivante, le commandement de la 2e division militaire à Mézières, et en 1806, celui de la 25e division à Liège. Puis ayant encouru la disgrâce de Napoléon, il fut renvoyé dans ses foyers et rayé du cadre des officiers-généraux. Cette circonstance fut sans doute le titre dont il se prévalut pour faire agréer ses services au gouvernement royal ; car l'ancien aide de camp de Rossignol fut, à la première Restauration, réintégré sur le cadre des officiers généraux en activité, et fait chevalier de Saint-Louis. Devenu aussi fougueux royaliste qu'il s'était montré fervent républicain, Canuel se chargea pendant les Cent-Jours de soulever le département de la Vienne et de ressusciter l'insurrection vendéenne ; major général du corps d'armée du marquis de La Rochejacquelein, il accepta, une fois encore, et pour une besogne bien différente, la poste de commandant de la place de Lyon, et fut, le 22 août 1815, élu député, par le collége de département de la Vienne à la Chambre dite introuvable, où il siégea dans la majorité. Après la dissolution de la Chambre, il alla reprendre le commandement de la 19ᵉ division militaire, où il réprima des troubles avec la dernière vigueur : les habitants furent rançonnés comme en pays ennemi, on fit feu dans les prisons, et Canuel s'écria, dit une biographie : « Je me suis mis dans le sang jusqu'à la cheville pour la République, je m'y mettrai jusqu'aux genoux pour le roi. » En 1817, il fut créé baron par Louis XVIII ; mais les reproches de cruauté qui pesaient sur le général obligèrent bientôt le gouvernement à lancer contre lui un mandat d'arrêt : il fut conduit à la Conciergerie. Après une instruction de cinq mois qui ne laissa transpirer aucun secret, il bénéficia d'un arrêt de non-lieu (3 novembre 1818). Il intenta alors un procès en calomnie à ses accusateurs, Charrier-Saimneville, maître des requêtes, ancien lieutenant de police à Lyon, et le colonel Fabvier, et obtint contre eux une condamnation à 3,000 francs d'amende. Il s'attira d'ailleurs cette apostrophe vigoureuse de l'un des avocats : « Nous direz-vous, général, comment il s'est fait que vous ne vous soyez jamais battu que contre des Français ? » Officier, puis commandeur, puis grand officier de la Légion d'honneur, il fut encore nommé inspecteur général d'infanterie, prit part à l'expédition d'Espagne, en 1823, et termina sa carrière militaire à la tête de la 21ᵉ division militaire à Bourges. Menacé dans son existence à la révolution de Juillet, il fut recueilli et protégé par un avocat du barreau de Bourges, nommé Mater, plus tard premier président de la cour royale de cette ville et député du Cher sous Louis-Philippe. On a de lui : *Mémoires sur la guerre de Vendée en 1815* (1817), *Réponse au colonel Fabvier sur les événements de Lyon* (1818).

CAPALTI (JOSEPH-ANTOINE), député au Corps législatif de 1811 à 1815, né à Civita-Vecchia (Italie), le 24 janvier 176., mort à une date inconnue, était en 1790 « assesseur à vie de Civita-Vecchia. » On le retrouve maire de Rome en 1809, et président du canton de Civita-Vecchia en 1811. Le 23 février de la même année, le Sénat conservateur le désigna pour représenter le département de Rome au Corps législatif; mandat qui lui fut renouvelé le 14 janvier 1813.

CAPBLAT (JEAN-BAPTISTE), député au Conseil des Cinq-Cents, dates de naissance et de mort inconnues, était homme de loi à Lapanouse (Aveyron). Le 24 germinal an V, il fut élu par 200 voix, député de ce département au Conseil des Cinq-Cents, où il siégea jusqu'en l'an VII sans y prendre jamais la parole. Il demeurait à Paris « rue Guillaume, faubourg Germain, nᵒ 5. »

CAPELLE (GUILLAUME-ANTOINE-BENOIT, BARON), ministre des Travaux publics, né à Salles-Curan (Aveyron), d'une famille de magistrats, le 9 septembre 1775, mort à Montpellier (Hérault), le 25 octobre 1843, se déclara, dès sa jeunesse, partisan enthousiaste de la Révolution, et, à 15 ans, représenta le district de Millau à la fédération de 1790. Nommé à 18 ans lieutenant du 2ᵉ bataillon de grenadiers des Pyrénées-Orientales. il servit, dans ce grade jusqu'en 1794. fut destitué à cette époque comme fédéraliste, revint à Millau, après avoir été un moment acteur nomade assez médiocre, se maria. et passa commandant de la garde nationale de la ville. Au 18 brumaire, il fut délégué à Paris par ses concitoyens pour féliciter le gouvernement consulaire, et, n'oubliant pas ses intérêts, réussit à entrer, par la protection de Chaptal, dans les bureaux du ministère de l'Intérieur (an IX). Secrétaire général du département des Alpes-Maritimes à la fin de la même année, puis du département de la Stura en l'an XIV. il obtint le 25 février 1808, à force de démarches, le poste de préfet du département de la Méditerranée (chef-lieu Livourne). « Cette nouvelle mission, dit la *Biographie universelle* de Michaud, n'était pas sans difficulté : sa préfecture continuait avec les Etats de la princesse de Lucques et de Piombino qui était extrêmement jalouse de son autorité. Capelle, doué de grands avantages extérieurs, trouva le moyen de se concilier la bienveillance de la princesse. La plus parfaite intelligence régnait entre eux ; cette intimité déplut à l'empereur qui fut sur le point de destituer l'heureux préfet. » Il se contenta de le changer de résidence, et le nomma, en 1810, préfet du Léman, à Genève. Capelle éprouva dans ce nouveau poste de sérieuses difficultés ; les Genevois ne l'aimaient pas, et il avait beaucoup de peine à se faire à leurs usages. A la fin de 1813, les troupes alliées arrivèrent devant la ville et l'obligèrent à capituler, d'autant plus aisément que la place était restée sans garnison et sans défense. Napoléon s'en prit au baron Capelle (il était baron de l'Empire), et le fit arrêter et tenir en prison jusqu'à la Restauration, malgré l'avis d'une commission d'enquête composée des conseillers d'Etat Lacuée, Réal et Faure. Irrité, Capelle accepta de Louis XVIII la préfecture de l'Ain (10 juin 1814), et du comte d'Artois la croix d'officier de la Légion d'honneur ; puis il se rendit à Gand pendant les Cent-Jours. Rentré en France à la suite du roi, il devint préfet du Doubs, et peu de temps après conseiller d'Etat. En décembre 1815, il vint faire à Paris, dans le procès du maréchal Ney, une déposition très étendue, d'après laquelle le prince de la Moskowa lui aurait dit, à Lons-le-Saulnier, que le retour de l'île d'Elbe était une affaire arrangée entre les généraux, lesquels avaient d'abord été sur le point d'offrir la couronne au duc d'Orléans, mais s'étaient vus ensuite entraînés par Hortense en faveur de Napoléon. Comme conseiller d'Etat « et commissaire du roi », Capelle fut très souvent chargé de soutenir à la tribune les projets de loi présentés par les ministres, et put dès lors prétendre aux emplois les plus élevés. Devenu en 1822, secrétaire-général du ministre de l'Intérieur, puis préfet de Seine-et-Oise (1828). il entra le 19 mai 1830, dans le cabinet reconstitué par M. de Polignac, après la démission de MM. de Chabrol et de Courvoisier; un nouveau département ayant été créé, celui des Travaux publics, une ordonnance royale le confia au baron Capelle qui accepta sa part dans la tâche de ses collègues. Avec eux, il signa les Ordonnances du 25 juillet 1830, et trois jours après, comme eux, il prit la fuite. Mis en accusation devant la cour des pairs, un jugement par coutumace le condamna à la prison perpétuelle, à la confiscation de ses biens, et à la perte de tous ses titres. Mais, quelques années plus tard, l'amnistie lui permit de rentrer en France, où il mourut oublié, dans la retraite.

CAPELLI (Charles-Mathieu, député au Corps législatif en 1808, né à Seavnafigi (Italie), le 6 mars 1765, mort à une date inconnue, était docteur en médecine à Savillay. Il devint en l'an VII, commissaire du gouvernement, puis sous-préfet de Coni, et député (28 septembre 1808) au Corps législatif impérial, où le Sénat conservateur l'envoya représenter le département de la Stura.

CAPIN (Joseph), député à l'Assemblée législative de 1791, membre de la Convention, né à Cazaubon (Gers), le 2 mai 1760, mort à Cazaubon, le 28 avril 1842, exerçait dans sa ville natale la profession d'homme de loi. Il fut élu, le 5 septembre 1791, député du Gers à l'Assemblée législative, par 151 voix sur 324 votants, et s'y fit peu remarquer. Partisan très modéré de la Révolution, il entra, le 4 septembre 1792, à la Convention nationale pour y représenter le même département, qui lui avait donné 281 voix sur 524 votants; il siégea à droite, et dit, lors du procès de Louis XVI : « Je crois qu'il suffit d'enlever au condamné les moyens de nuire; je vote pour la réclusion jusqu'à la paix, et pour le bannissement à cette époque. » Capin fut aussi conseiller général du Gers, et juge de paix du canton de Vic-Fezensac.

CAQUET (Jacques), député de 1816 à 1819, puis de 1820 à 1824, né à Eauze (Gers), le 18 août 1753, mort à Paris, le 14 juillet 1832, était propriétaire à Fontaine-Simon (Eure-et-Loir). Ses opinions royalistes le firent élire le 4 octobre 1816, député d'Eure-et-Loir, au collège de département, par 105 voix sur 189 votants et 295 inscrits. Il vota avec la droite, sans jamais prendre la parole à l'Assemblée, et ne figura au *Moniteur*, durant toute la législature, que pour avoir demandé, de 1817 à 1818, un congé pour « des intérêts de famille très urgents. » Il fut élu pour la seconde fois, le 13 novembre 1820, par le département d'Eure-et-Loir, avec 152 voix (266 votants, 293 inscrits), et siégea obscurément dans la majorité ministérielle jusqu'en 1824.

CARADEC (Vincent-Jean-Marie), député de 1834 à 1837, né à Vannes (Morbihan), le 14 mars 1783, mort à Vannes, le 21 mars 1862, était président du tribunal de Vannes et dévoué au gouvernement de Louis-Philippe, quand il fut nommé, le 21 juin 1834, député du 2e collège électoral du Morbihan (Muzillac', par 53 voix sur 72 votants et 150 inscrits. Il fut du « tiers-parti », et vota presque toujours avec la majorité.

CARADEC (Albert-Marie-Ambroise), député de 1885 à 1889, né à Vannes (Morbihan), le 12 mars 1831, était avocat à Vannes et conseiller général du Morbihan pour le canton d'Elven, où il possède le château de Kerdrun. Conservateur et catholique, il seconda M. de Mun dans l'organisation des « cercles catholiques », et, lors des élections législatives du 4 octobre 1885, fut porté sur la liste monarchiste qui l'emporta, dans le Morbihan, au premier tour de scrutin. M. Caradec, élu député, le 8e et dernier, par 59,902 voix (95,198 votants, 130,336 inscrits), siégea à la droite de la Chambre, et, sans aborder la tribune, vota régulièrement avec les conservateurs, contre les divers ministères qui eurent l'appui de la majorité. Dans la dernière session de la législature, M. Caradec s'est prononcé *contre* le rétablissement du scrutin uninominal, *pour* l'ajournement indéfini de la révision constitutionnelle, *contre* les poursuites contre trois députés boulangistes et contre le général Boulanger, et *contre* le projet de loi Lisbonne restrictif de la liberté de la presse.

CARAMAN (Maurice-Gabriel-Joseph Riquet, comte de), député au Corps législatif impérial, député de 1824 à 1827, pair de France, né à Roissy (Seine-et-Oise), le 7 octobre 1765, mort au château de Boussu (Belgique), le 3 septembre 1835, était, lors de la Révolution, major en second des chasseurs de Picardie. Il émigra avec sa famille, servit à l'armée des princes, et rentra en France sous le Consulat. Membre du conseil général du département de Jemmapes, il fut choisi le 2 mai 1809, par le Sénat conservateur, pour représenter au Corps législatif ce département. Il y soutint d'abord le gouvernement impérial, reçut le titre de baron de l'Empire et fut à deux reprises, en 1811 et en 1813, proposé par ses collègues comme candidat à la présidence. Puis, il adhéra à la déchéance de Napoléon, fut fait par les Bourbons maréchal de camp en 1814, et investi d'un commandement militaire à Angoulême et à Arras. Le 25 février 1824, il fut élu député par le 5e arrondissement du Nord (Maubeuge); il siégea dans la majorité ministérielle de la Chambre jusqu'au 5 novembre 1827, époque à laquelle une ordonnance royale l'appela à la Chambre des pairs. Le comte de Caraman ne ne se rallia pas, comme son frère, à la monarchie de Juillet. Il quitta la Chambre haute en 1830, et fut admis à la retraite, le 28 octobre 1832, comme maréchal de camp.

CARAMAN (Victor-Louis-Charles Riquet, marquis, puis duc de), frère du précédent, pair de France, né à Paris, le 23 décembre 1762, mort à Montpellier (Hérault), le 25 décembre 1839, était l'aîné des fils de Victor-Maurice Riquet, comte de Caraman (1727-1807), et descendait de Pierre-Paul Riquet, créateur du canal de Languedoc. Appelé, comme aîné de famille, à recueillir une des plus grandes fortunes de France, il se destina de bonne heure à la carrière diplomatique, et s'y prépara en visitant une grande partie de l'Europe. La protection de M. de Vergennes, ministre des affaires étrangères, lui donna accès auprès de Frédéric de Prusse, de Joseph II d'Autriche, de l'impératrice Catherine de Russie, etc. Il séjourna quelque temps à Constantinople et passa jusqu'en Asie-Mineure. Revenu en France (1785), il épousa mademoiselle de Mérode-Westerloo; puis il suivit la carrière militaire, resta attaché à la cause monarchique quand vint la Révolution, et remplit pour le compte de Louis XVI diverses missions auprès des rois coalisés. Après la campagne de 1791 et la mort du roi, ayant été placé sur la liste des émigrés, il se fit admettre dans l'armée prussienne, où il servit comme major, puis comme colonel de cavalerie. Il rentra en France en 1801, sur les instances de son père qui venait de se faire rayer de la liste de l'émigration. Mais Bonaparte le fit arrêter; il resta détenu pendant cinq ans, au bout desquels il reçut la permission de se fixer à Paris, sous la condition de quitter le service de la Prusse. Il ne recouvra son entière liberté qu'à la Restauration. Louis XVIII l'envoya à Berlin en qualité de ministre plénipotentiaire; il y fut chargé spécialement de rapatrier les prisonniers français revenant de Russie, de Pologne et de Prusse, et fut décoré de l'ordre prussien de l'Aigle Rouge (1814).

L'année suivante, par ordonnance du 17 août 1815, il fut nommé pair de France, vota pour la mort dans le procès du maréchal Ney, passa ambassadeur à Vienne (1816), et fut décoré des ordres du roi; il assista aux congrès d'Aix-la-Chapelle, de Troppau, de Laybach et de Vérone. Il fit ensuite un voyage en Espagne, fut retraité le 12 avril 1820, avec le grade de maréchal de camp, et se rallia en 1830, au gouvernement issu de la révolution de Juillet. Il accompagna, malgré son grand âge, le maréchal Clauzel dans l'expédition de Constantine, et vit périr, devant cette place, Victor de Caraman, son fils, qui commandait l'artillerie de siège. Il revint à Paris, prit part au jugement et à la condamnation des accusés d'avril, et mourut en 1839.

CARANT (Nicolas-Thérèse), député à l'Assemblée législative de 1791, né à Lamarche (Vosges), le 3 août 1751, mort à Neufchâteau (Vosges), le 21 juillet 1808, fut procureur-syndic du district de Lamarche, puis maire de cette commune. Elu (31 août 1791), député des Vosges à l'Assemblée législative par 225 voix sur 412 votants, il y fit adopter, le 3 juillet 1792, un long décret relatif aux comptes des receveurs particuliers, dont il s'agissait de hâter la reddition. (V. le *Moniteur* du 6 juillet). Carant devint, en l'an III, président de l'administration municipale de Lamarche. Au moment de sa mort, il était, depuis le 28 septembre 1807, conseiller référendaire à la Cour des Comptes.

CARAYON-LATOUR (Marie-Philippe-Catherine-Edmond, baron de), député de 1846 à 1848, représentant du peuple à l'Assemblée constituante de 1848, et député au Corps législatif de 1852 à 1863, né à Paris, le 15 juillet 1811, mort à Paris, le 3 mai 1887, était propriétaire au Fagel (Tarn). Son père, receveur général à Bordeaux, lui avait laissé une grande fortune. Il fut élu, le 1er août 1846, député du 3e collège du Tarn (Castres), par 348 voix sur 520 votants et 567 inscrits, contre 161 voix à M. Bernadou, et vota parfois avec l'opposition. Il devint représentant du Tarn à l'Assemblée constituante du 23 avril 1848, par 48,712 voix sur 90,456 votants, siégea à droite, et se prononça : *pour* le rétablissement du cautionnement et de la contrainte par corps, *pour* les poursuites contre Louis Blanc et Caussidière, *contre* l'amendement Grévy, *contre* le droit au travail, *contre* l'amnistie, *pour* la proposition Rateau, *pour* l'expédition de Rome, etc. Il soutint le gouvernement de Louis-Napoléon, et fut plus tard son candidat aux élections du Corps législatif, le 29 février 1852, dans la 2e circonscription du Tarn : il fut élu par 24,860 voix sur 25,237 votants, et 36,717 inscrits. Rallié à l'Empire, il soutint le gouvernement de ses votes, fut réélu le 22 juin 1857, par 20,949 voix sur 24,950 votants et 37,692 inscrits contre 2,938 voix à M. Nauzières, fabricant à Castres; mais ayant cessé d'être le candidat officiel, il échoua, le 1er juin 1863, avec 6,940 voix seulement contre le nouveau favori du ministère, M. Eugène Pereire, élu par 20,611 suffrages.

CARAYON-LATOUR (Philippe-Marie-Joseph de), parent du précédent, représentant à l'Assemblée nationale de 1871, sénateur inamovible de 1878 à 1886, né à Bordeaux (Gironde), le 10 août 1824, mort à Bordeaux le 17 septembre 1886, fut élève de l'Ecole polytechnique, mais s'occupa, jusqu'en 1870, à

peu près exclusivement d'agriculture, ses opinions légitimistes et catholiques l'ayant tenu sous l'Empire à l'écart des affaires publiques. Lors de la guerre franco-allemande, il fut mis à la tête du bataillon des mobiles de la Gironde, fit la campagne de l'Est, et prit part au combat de Nuits. Nommé chevalier de la Légion d'honneur et lieutenant-colonel, il dirigea l'internement de son bataillon en Suisse après la défaite du général Bourbaki. Aux élections du 8 février 1871 pour l'Assemblée nationale, M. de Carayon-Latour fut élu représentant de la Gironde, le 2e sur 14, par 103,688 voix (132,349 votants, 207,101 inscrits); il prit place à l'extrême droite et fit partie de la réunion des Réservoirs. Après avoir voté : *pour* la paix, *pour* les prières publiques, *pour* l'abrogation des lois d'exil, *contre* le retour à Paris, *pour* la démission de Thiers au 24 mai, etc., il se sépara, comme la plupart des royalistes purs, du ministère de Broglie, fut un des signataires de la proposition en faveur du rétablissement de la monarchie (15 juin 1874), et vota contre les lois constitutionnelles de 1875. Il prit quelquefois la parole à la tribune de l'Assemblée, et se signala surtout, dans la séance du 31 janvier 1875, par l'incident qu'il souleva, et qui était tout à fait étranger à la question alors en discussion, des marchés conclus à Lyon pendant la guerre. M. de Carayon-Latour accusa son collègue, M. Challemel-Lacour, d'avoir, étant préfet du Rhône, écrit en marge du rapport d'un de ses agents l'ordre formel au général Bressolles de fusiller des mobiles de la Gironde campés à Villeurbanne, aux environs de Lyon : « Fusillez-moi ces gens-là ! » aurait été la formule employée par le fonctionnaire du gouvernement de la Défense. M. Challemel-Lacour déclara n'avoir aucun souvenir de ce fait et demanda la production de la pièce portant la note incriminée. M. de Carayon-Latour ne la produisit pas. A la suite de cet incident, le général Bressolles, dans une lettre rendue publique, nia qu'il eût jamais reçu l'ordre en question. Cependant M. de Carayon-Latour revint à la charge, dans la séance du 19 février, affirmant de nouveau le fait, mais sans en faire autrement la preuve. M. de Carayon-Latour se présenta sans succès aux élections législatives du 20 février 1876, dans la 4e circonscription de Bordeaux; il n'obtint que 9,311 voix contre 10,917 accordées à l'élu, M. de Lur-Saluces; il échoua encore, après la dissolution de la Chambre, avec 6,945 voix contre 12,519 au député sortant. La mort du général d'Aurelle de Paladines, sénateur inamovible lui ouvrit, le 19 février 1878, les portes du Sénat : M. de Carayon-Latour fut nommé, au 5e tour de scrutin, par 140 voix contre 135 données à M. Victor Lefranc candidat des gauches. Au Sénat comme à l'Assemblée nationale, il siégea à la droite monarchiste, fit partie de la réunion dite des « chevau-légers », et vota avec elle : *contre* le ministère Dufaure, *contre* l'article 7 de la loi sur l'enseignement supérieur et les divers projets présentés par M. J. Ferry, *contre* l'application des décrets aux congrégations, *contre* les lois sur la presse et la liberté de réunion, *contre* la loi nouvelle (1882) sur le serment judiciaire, *contre* la suspension de l'inamovibilité de la magistrature (1883), *contre* le rétablissement du divorce (1884), etc. Il parut rarement à la tribune du Sénat, et mourut en 1886 dans son château de Virelade près de Bordeaux, des suites d'une maladie d'estomac. Ses obsèques eurent lieu à Podensac. M. de Carayon-Latour était lieutenant-colonel d'un régiment de l'armée territoriale. Son buste, œuvre de Chapus, a été offert par souscription à la mairie de Bordeaux.

CARBELOT (Claude-Joseph), député au Conseil des Cinq-Cents, né à Varennes-sur-Amance (Haute-Marne), le 29 décembre 1753, mort à Varennes-sur-Amance en 1817, fut administrateur de son département, puis conseiller général et juge de paix à Varennes. Élu, le 23 vendémiaire an IV, député de la Haute-Marne au Conseil des Cinq-Cents, par 124 voix, il n'y prit la parole qu'une seule fois, le 18 floréal an VI, pour combattre le projet de la commission des cinq sur les élections. Il siégea au Conseil jusqu'en l'an VIII.

CARBONARA (Louis-Dominique-Cajetan, comte), membre du Sénat conservateur, né à Gênes (Italie), le 11 mars 1753, mort à Gênes le 25 janvier 1826, étudia le droit, fut admis au collège des juges à Gênes, et exerça avec zèle l'emploi d'avocat des pauvres. En 1797, délégué à Milan auprès du général Bonaparte pour recevoir de lui une constitution démocratique, il fit partie, en 1799, du gouvernement provisoire de Gênes, et devint sénateur et membre de la cour de justice de la république ligurienne, charge qu'il exerça jusqu'en 1805. Après la réunion de la Ligurie à l'Empire français, Carbonara fut nommé premier président de la cour de Gênes; puis le 28 mars 1809, il entra au Sénat conservateur, et, le 15 octobre de la même année, fut créé comte de l'Empire. Il adhéra, en 1814, à la déchéance de l'empereur, et conserva d'importantes fonctions judiciaires dans son pays, après la session de Gênes au roi de Sardaigne.

CARBONNEAU (Pierre-Achille), représentant du peuple aux Assemblées constituante et législative de 1848-49, né à Lectoure (Gers), le 23 décembre 1798, mort à Lectoure, le 9 juin 1865, s'établit dans cette ville, comme avocat, et s'y fit une brillante clientèle. Républicain déclaré, il se signala par la vivacité de son opposition au gouvernement de Louis-Philippe, et fut élu par le parti démocratique membre du Conseil général du Gers. En 1848, le gouvernement provisoire le nomma sous-commissaire dans l'arrondissement de Lectoure. Il fut ensuite élu, le 23 avril, représentant du peuple à l'Assemblée constituante dans le département du Gers, par 28,631 voix, fit partie du comité de l'administration départementale et communale, siégea à gauche, parmi les républicains modérés, se rapprocha de la droite dans les questions sociales, et vota : 9 août 1848, contre le rétablissement du cautionnement; 26 août, contre les poursuites intentées à Louis Blanc et à Caussidière; 1er septembre, pour le rétablissement de la contrainte par corps; 18 septembre, contre l'abolition de la peine de mort; 7 octobre, contre l'amendement Grévy; 2 novembre, contre le droit au travail; 25 novembre, pour l'ordre du jour en l'honneur de Cavaignac; 12 janvier 1849, contre la proposition Rateau; 21 mars, contre l'interdiction des clubs; 2 mai, pour l'amnistie des transportés; 18 mai, pour l'abolition de l'impôt des boissons. Réélu, le 13 mai 1849, représentant du même département à la Législative, le 2e sur 7, par 38,095 voix (70,087 votants et 96,572 inscrits), il fut de la minorité républicaine, et vota avec elle contre l'expédition de Rome, et contre toutes les mesures présentées par le gouvernement et adoptées par la majorité de droite. Adversaire du coup d'État, il reprit, après le 2 décembre 1851, sa place au barreau de Lectoure.

CARBONNIER DE MARZAC (Louis), représentant à l'Assemblée nationale de 1871, né à Saint-Cyprien (Dordogne), le 11 mai 1810, mort à Lectoure (Gers), le 3 novembre 1875, se fit recevoir avocat et inscrire au barreau de Bordeaux. Ancien conseiller général, et sans antécédents politiques, il fut, le 8 février 1871, élu représentant de la Dordogne à l'Assemblée nationale, le 5e sur 10, par 76,311 voix (97,443 votants, 142,476 inscrits), et alla siéger au centre droit. Sans prendre jamais la parole, il vota : pour la paix, pour les prières publiques, pour l'abrogation des lois d'exil, pour le pouvoir constituant de l'Assemblée, pour la démission de Thiers, pour l'état de siège, pour la loi des maires, pour le ministère de Broglie, contre le retour de l'Assemblée à Paris, contre la dissolution, contre les amendements Wallon et Pascal Duprat, contre l'ensemble des lois constitutionnelles. Après la législature, il rentra dans la vie privée.

CARBONNIÈRES (baron de). — Voy. Raymond.

CARCARADEC (François-Louis-Jean Rogon de), député de 1824 à 1830, né à Saint-Malo (Ille-et-Vilaine), le 13 mars 1781, mort au château de Keryvon (Côtes-du-Nord), le 17 septembre 1850, était propriétaire à Lannion, maire de cette ville et conseiller général, quand les royalistes du 4e arrondissement électoral des Côtes-du-Nord, l'envoyèrent, le 25 février 1824, à la Chambre des députés. Il ne s'y fit remarquer que par l'étrangeté de son nom, dont s'égayaient les biographies libérales du temps : « La France semble ne pas se douter, écrivait l'un d'eux, qu'elle a un représentant du nom de Carcaradec. Déjà un mouvement de curiosité se montre sur la physionomie du lecteur, à ce mot de Carcaradec... On prétend que M. de Carcaradec sait à peine la langue française; qu'importe, il a un si beau nom qu'on peut bien lui passer cette vétille. » Il ne se faisait jamais entendre, dit un biographe de 1828, que dans les morceaux d'ensemble, où sa voix accompagnée des 299 autres voix du centre, faisait retentir les voûtes de la salle des cris : l'ordre! aux voix! la clôture! » M. de Carcaradec fut réélu par la même circonscription, le 17 novembre 1827 : il vota jusqu'au bout avec les ministériels.

CARDENEAU (Bernard-Augustin, baron de), député de 1818 à 1820, puis de 1830 à 1831, né à Dax (Landes), le 5 août 1766, mort à Tilh (Landes), le 21 janvier 1841, d'une famille distinguée dans le barreau, entra au service dans le 1er bataillon des Landes, le 1er avril 1791 et, nommé sous-lieutenant et lieutenant au 80e de ligne, les 12 et 14 juin 1792, il fit les guerres de 1792 à l'an III à l'armée des Pyrénées-Orientales. A la prise de la redoute Marie-Louise (8 thermidor an II), il fut nommé adjudant général chef de bataillon sur le champ de bataille, et confirmé dans ce grade le 18 du même mois. Adjudant général chef de brigade le 25 prairial an III, il fut d'abord attaché à l'état-major du général Moncey, et passa l'année suivante à l'armée des côtes de l'Océan commandée par le général Hoche. Réformé à la suppression de l'armée de l'Ouest, il resta sans emploi du 1er vendémiaire an V au 21 brumaire an VII. Le 21 frimaire de cette dernière année, il reçut l'ordre d'aller prendre le commandement de la 101e demi-brigade de ligne qui faisait alors partie de l'armée du Rhin, passa en l'an VIII à celle d'Italie. L'année suivante, il servit à la même armée sous les ordres du général Brune. Le 19 frimaire an XII, il reçut la décoration de la Légion d'honneur, et bientôt la croix d'officier. Employé à l'armée de Naples pendant la campagne de 1806, il devint général de brigade, le 1er mars 1807, commanda ensuite la division destinée pour les îles Ioniennes, où il resta de 1808 à 1813, fut créé (20 mars 1812), baron de l'Empire et ne rentra en France que le 25 juillet 1814. Mis en non-activité le 1er août 1815, il fut admis à la retraite en 1822. Le 20 octobre 1818, élu député par le collège de département des Landes, il vota avec les royalistes constitutionnels, contre les lois suspensives de la liberté de la presse et de la liberté individuelle (1819), et pour le nouveau système électoral amendé. Réélu député du 2e arrondissement des Landes (Dax), le 23 juin 1830, il se montra favorable au gouvernement de Juillet, qui le releva de la position de retraite pour le placer, jusqu'au 11 juin 1832, dans le cadre de réserve.

CARDENEAU DE BORDA (JEAN-BAPTISTE-ALEXANDRE, BARON DE), député en 1876-77, puis de 1885 à 1886, né à Tilh (Landes), le 28 octobre 1823, fils du précédent et de Mlle Catherine de Borda, obtint par décret du 12 décembre 1876, l'autorisation d'ajouter à son nom patronymique celui de de Borda, son oncle maternel, marin et mathématicien distingué, qui a donné son nom au vaisseau école de Brest. Le baron de Cardeneau n'avait pas d'antécédents politiques, quand il fut, le 20 février 1876, élu député dans la 1re circonscription de Dax par 5,605 voix (11.100 votants, 13,988 inscrits). Il siégea à droite, et fut de la minorité qui soutint, contre les 363, le ministère du 16 Mai. Réélu, le 14 octobre 1877, par 6,526 voix (12,448 votants, 14,731 inscrits), contre M. Loustalot, républicain, député sortant, qui obtint 5,869 suffrages, il vit son élection invalidée, et les électeurs, convoqués à nouveau pour le 7 avril 1878, donnèrent 5,502 voix seulement à M. de Cardeneau et 6,866 à M. Loustalot, qui l'emporta. — M. de Cardeneau redevint député le 4 octobre 1885, ayant été élu dans le département des Landes, le 4e sur 5 de la liste conservatrice, avec 37,188 voix (71,339 votants, 83,874 inscrits). Mais cette fois encore l'élection fut suivie d'une invalidation. Appelés au scrutin le 14 février 1886, les électeurs du département des Landes donnèrent la majorité à la liste républicaine, dont le dernier élu, M. Sourigues, réunit 37,878 suffrages, tandis que M. de Cardeneau n'en obtint que 33,771.

CARDEVAC. — Voy. HAVRINCOURT (MARQUIS D').

CARDON DE MONTIGNY (JULES-EVARISTE-JOSEPH, BARON), représentant du peuple à l'Assemblée législative de 1849, né à Arras (Pas-de-Calais), le 1er novembre 1804, mort au Mont-Dore (Puy-de-Dôme), le 14 août 1862, étudia le droit et entra dans la magistrature. Il devint, en 1830, conseiller-auditeur, puis conseiller à la cour royale de Paris. D'opinions conservatrices, il se présenta, le 13 mai 1849, aux suffrages des électeurs du Pas-de-Calais, et fut élu, le 12e sur 15, par 76,648 voix (129,691 votants, 194,088 inscrits), représentant à l'Assemblée législative. Il siégea à droite, et vota jusqu'au bout de la législature avec la majorité, sans se montrer favorable au coup

d'Etat de L.-N. Bonaparte. Chevalier de la Légion d'honneur, et conseiller honoraire à la Cour de Paris, il se présenta sans succès, comme candidat indépendant (orléaniste), aux élections du Corps législatif, le 29 février 1852 : il échoua dans la 5e circonscription du Pas-de-Calais avec 9,095 voix contre 14,644 au candidat officiel, M. Watebled, élu. Un autre candidat d'opposition, M. Degouve-Denuncques, avait réuni 5,012 voix. Il rentra alors dans la vie privée.

CARDON DE SANDRANS (JOSEPH FOLCH, BARON), député à l'Assemblée constituante de 1789, né à Châtillon-les-Dombes (Ain), en 1739, mort à Châtillon-les-Dombes, le 23 septembre 1799, était un ancien officier des armées du roi. Le 3 avril 1789, le bailliage de Bourg-en-Bresse le nomma député de la noblesse aux Etats-Généraux. Le Moniteur est muet sur son compte.

CARDONNEL (PIERRE-SALVI-FÉLIX, CHEVALIER DE), député au Conseil des Cinq-Cents, puis au Corps législatif de 1811 à 1815, député de 1815 à 1820 et de 1824 à 1829, né à Monestiés (Tarn), le 29 mai 1770, mort à Paris, le 11 juillet 1829, se fit recevoir avocat et entra dans la magistrature, sous la Révolution, comme juge au tribunal civil d'Albi. A peine âgé de vingt-cinq ans, le 24 vendémiaire an IV, il fut élu, par 114 voix, député du Tarn au Conseil des Cinq-Cents. Il y combattit le jacobinisme, dénonça la municipalité de Toulouse comme favorable aux révolutionnaires, et proposa une exception en faveur des émigrés qui cultivaient à l'étranger les arts ou les sciences. Cette dernière proposition n'eut pas de suite, le député Guillemardet ayant fait remarquer que c'était un moyen de les faire tous rentrer. En dehors de la politique, il se prononça contre le divorce pour incompatibilité d'humeur. contre l'aliénation des presbytères, et parla sur le rachat des baux à culture perpétuelle, sur le droit de succession des enfants naturels, etc. Cardonnel, qui ne cachait pas ses préférences royalistes, faillit être compris sur la liste des déportés du 18 fructidor; mais le général Lacombe-Saint-Michel intervint, et fit rayer son nom. M. de Cardonnel sortit du Conseil le 20 mai 1798, et, retiré à Albi, rentra dans la magistrature, dès qu'il eut l'âge requis pour remplir les fonctions; il fut nommé, en 1802, juge d'instruction, puis vice-président du tribunal d'Albi. Le 4 mai 1811, il fut appelé par le Sénat conservateur à siéger au Corps législatif comme député du Tarn. Il ne signa pas la déchéance de Napoléon, de qui il avait accepté le poste de conseiller à la Cour de Toulouse. Il accueillit pourtant avec empressement la première Restauration, qui le fit président de Chambre à Toulouse, et l'annoblit (février 1815); il prit dès lors une part active aux débats parlementaires. Il se prononça en 1814 contre la liberté de la presse, et pour le projet ministériel tendant à la restitution des biens des émigrés non vendus, et fut élu le 22 août 1815, par le collège de département du Tarn, avec 149 voix (183 votants, 245 inscrits), membre de la Chambre « introuvable. » Il y siégea dans la majorité, fut un des secrétaires de la Chambre, appuya le projet sur les tribunaux d'exception et insista sur la nécessité de confier aux prêtres les registres de l'état civil. Après la dissolution, Cardonnel obtint sa réélection, le 4 octobre 1816, avec 131 voix sur 194 votants et 233 inscrits. Il prit place alors au côté droit, parmi les ultra-royalistes, et combattit le ministère. Adversaire du projet de loi sur les élections, il se plaignit de l'influence exercée, dans la dernière période électorale par « des journaux vendus à l'iniquité, au mensonge » (*murmures*), attaqua la métaphysique obscure et les théories abstraites de Royer-Collard, demanda la plus grande restriction du nombre des électeurs (20 décembre), et se plut à mettre les ministres en contradiction avec eux-mêmes. Dans la discussion du budget, il attaqua la marche générale du gouvernement; puis il repoussa le projet de loi sur le recrutement, et se prononça contre l'abrogation de l'article de la loi qui refusait aux écrivains en prévention le bénéfice de la liberté sous caution. Réélu encore le 11 septembre 1819, il suivit la même politique, et vota les lois d'exception et le nouveau système électoral. Cardonnel fut nommé chevalier de Saint-Jean de Jérusalem (1819), et conseiller à la Cour de cassation (1821); il reparut à la Chambre le 25 février 1824, comme député du 1er arrondissement du Tarn (Albi), et vit son mandat confirmé par les mêmes électeurs, le 17 novembre 1827, avec 223 voix sur 314 votants et 475 inscrits, contre 84 voix à Royer-Collard. Il soutint la politique de Villèle et reçut les faveurs de la nouvelle administration : commandeur de la Légion d'honneur (1825), il remplit ses fonctions de magistrat, quoique aveugle, jusqu'à sa mort, et succomba, en 1829, à une attaque d'apoplexie.

CARELLI DE BASSY (François-Jean-Baptiste), comte de Cervins, seigneur de Bassy, Veytrens, etc., membre de la Convention, né à Chambéry (Savoie) en 1760, mort à une date inconnue, d'une ancienne et riche famille noble du Piémont établie en Savoie depuis un siècle, était docteur en droit de l'université de Turin en 1780, et, de 1785 à 1792, substitut avocat-général au Sénat de Savoie. Élu député à la Convention nationale par le département du Mont-Blanc, le 10 février 1793, au premier tour de scrutin sur 8, il ne joua qu'un rôle muet dans cette Assemblée, malgré l'ardeur de ses opinions révolutionnaires. Au plus fort, de la Terreur, il sembla vouloir se faire pardonner sa fortune, en offrant un don patriotique de cinquante mille francs; avec la Plaine, dont il faisait partie, il vota, le 9 thermidor, la chute de Robespierre, entra au comité des roulages et messageries, demanda en vain (1795) le maintien du décret contre le général Montesquiou pour ses opérations militaires en Piémont, et ne fut pas du nombre des conventionnels réélus en octobre 1795 à l'un ou à l'autre des nouveaux Conseils.

Nommé, en l'an IV, commissaire du gouvernement près l'administration centrale du Mont-Blanc, et, le 18 fructidor an V, juge au tribunal civil du Mont-Blanc, il passa, en l'an VI, président de l'administration municipale de sa commune et président du tribunal de justice criminelle du département du Léman.

Le temps et les événements ayant tempéré l'ardeur de ses convictions démocratiques, Carelli se rallia sans réserve à la fortune de Bonaparte; après le 18 brumaire, il devint substitut du procureur-général près la Cour d'appel de Lyon, président de son collége électoral, et procureur général impérial à Florence, sous le nom de comte Carelli de Cervins. La chute de l'empire le rendit à la vie privée.

CARETTE (Albert-Alexandre), député de 1882 à 1885, né à Abbeville (Somme), le 23 avril 1841, était sans antécédents politique quand il fut élu, le 26 février 1882, député d la 1re circonscription d'Abbeville, par 10,20 voix (11,684 votants et 18,983 inscrits). Il rem plaçait M. Labitte, démissionnaire. M. Alber Carette s'inscrivit à l'Union républicaine, e vota avec la gauche opportuniste : *pour* l'expé dition du Tonkin, *pour* le maintien de l'ambas sadeur près du pape, *pour* le maintien du budget des cultes et *contre* l'élection du Séna par le suffrage universel. Porté le 4 octobr 1885, sur une liste de « concentration répub caine », M. Carette échoua avec 56,852 voix contre 67,109 voix obtenues par le dernier él de la liste conservatrice, M. Deberly. Depuis M. Carette a fait un moment acte d'adhésion au « boulangisme »; mais il n'a pas persévér dans cette voie.

CAREZ (Joseph), député à l'Assemblée lé gislative de 1791, né à Toul (Meurthe), en 1753, mort à Toul, le 6 juillet 1801, fils de l'im primeur de l'évêque de Toul, s'éprit d'abord d l'état de chanteur, et figura même un instant à l'Opéra; mais l'insuccès le fit revenir à Tou où il reprit l'imprimerie paternelle. Ayant en tendu parler des essais de polytypage tentés pa Hoffmann, il se livra aux mêmes études dès 1783, inventa le clichage, qui substitue aux caractères mobiles des plaques de métal fond d'une seule pièce, et fit paraitre, en 1786, un livre d'église avec notes, tiré par ce procédé. Les éditions diverses et successives qui suivirent furent appelées par lui *omotypes*. La Révolu tion, dont il embrassa les principes, vint inter rompre ses travaux et le jeta dans la politique. Il devint administrateur du district de Toul, et fut élu, le 31 août 1791, député de la Meurthe à l'Assemblée législative, le 3e sur 8, par 344 voix sur 443 votants. Membre du comité des assignats, il indiqua des procédés de fabrica tion que sa profession lui avait rendus fami liers, siégea parmi les modérés, se déclara contre les mesures de rigueur contre les prêtres insermentés, et demanda la vérification par les départements de toutes les dénonciations portées contre eux. Après la session, Carez revint à Toul; ses ouvriers avaient aban donné l'imprimerie pendant son absence; il dut les remplacer lui-même, et imprima, d'après ses procédés de stéréotypage, un Diction .ire de la Fable et une Bible en petits caractères (corps 6) avec une grande netteté.

Nommé commandant du bataillon de la garde nationale auxiliaire de Toul, Carez fit cam pagne sur le Rhin, revint à ses presses après la levée du blocus de Landau, et publia des petits livres patriotiques assez exaltés : l'*Alphabet républicain*, l'*Ami des jeunes républicains*, etc. Carez se rallia au succès du coup d'État de bru maire, et fut nommé par le gouvernement con sulaire sous-préfet de Toul (1801); il mourut peu de mois après.

CARIOL (Gilbert-Antoine-Jules), député de 1834 à 1837, né à Gannat (Allier), le 9 août 1798, mort à Clermont-Ferrand (Puy-de-Dôme), le 13 avril 1843, était banquier à Clermont. Il devint maire de cette ville, puis conseiller général du Puy-de-Dôme, et, le 21 juin 1834, député du 1er collège de ce département (Clermont-Fer rand), qui lui donna 219 voix sur 422 votants et 468 inscrits, contre 202 à M. Blatin. M. Cariol siégea dans le « tiers-parti », et vota le plus souvent avec la majorité.

CARION (Antoine-Jules), représentant à

l'Assemblée nationale de 1871, né à Dijon (Côte-d'Or), le 24 novembre 1815, mort à Paris, le 26 juin 1875, se fit connaître de bonne heure par ses opinions démocratiques. La révolution de février 1848 le fit sous-commissaire dans le département de la Côte-d'Or ; il devint ensuite préfet de la Haute-Saône, mais donna sa démission au mois de juin. M. Carion, très hostile à la politique de L.-N.-Bonaparte, lui fit dans son département une opposition qui motiva, lors du coup d'Etat de 1851, son expulsion de France. Elu, plus tard, le 8 février 1871, représentant de la Côte d'Or, à l'Assemblée nationale, le 7e sur 8, par 37,724 voix (73,216 votants et 116,813 inscrits), il s'inscrivit aux groupes de la gauche et de l'Union républicaine et vota contre la paix, contre l'abrogation des lois d'exil, pour le retour de l'Assemblée à Paris, contre le pouvoir constituant de l'Assemblée, contre la démission de Thiers, pour la dissolution, contre le gouvernement du 24 mai, contre le septennat, contre l'état de siège, contre la loi des maires, pour les amendements Wallon et Pascal Duprat, et pour la Constitution du 25 février 1875.

CARITAT. — Voy. CONDORCET (MARQUIS DE).

CARL (LOUIS-CONSTANT-JACQUES), député de 1837 à 1842, né à Strasbourg (Bas-Rhin), le 10 octobre 1802, mort en 1853, issu d'une vieille famille bourgeoise de l'ancienne province d'Alsace, et neveu par alliance de Humann qui fut ministre des finances, entra à l'Ecole polytechnique, devint officier du génie, puis quitta la carrière militaire pour étudier le droit. Reçu licencié, il fut nommé, après la révolution de Juillet, procureur du roi près le tribunal civil de Strasbourg. Le 4 novembre 1837, sous les auspices de son oncle, il fut élu député dans le 1er collège du Bas-Rhin (Strasbourg), avec 210 voix sur 383 votants et 418 inscrits ; il siégea dans la majorité conservatrice et prit la parole dans un certain nombre de discussions, et notamment dans celles du projet de loi relatif aux tribunaux de première instance, du budget de l'instruction publique et du projet de loi sur les chemins de fer. Réélu par le même collège, le 2 mars 1839, M. Carl fut encore l'auteur d'une importante proposition sur la liberté de l'enseignement, tendant à abroger les articles 15, 16 et 22 du décret de 1811, à permettre aux chefs d'institution de donner un enseignement complet, et à dispenser les aspirants bacheliers de la production des certificats de rhétorique et de philosophie. Cette proposition dirigée contre l'Université et son « monopole, » ne fut pas adoptée.

CARLA (JEAN-PIERRE-VICTOR), représentant du peuple à l'Assemblée constituante de 1848, né à Cahors (Lot), le 8 avril 1803, mort à Toulouse (Haute-Garonne), le 6 mars 1865, était notaire dans sa ville natale. Il en devint maire dans les dernières années du règne de Louis-Philippe. Après la révolution de février, candidat des conservateurs aux élections du 23 avril 1848, il fut élu par eux représentant du Lot à l'Assemblée constituante, le 5e sur 7, avec 37,610 voix. Il vota le plus souvent avec la majorité, sauf contre les poursuites intentées à Louis Blanc et à Caussidière, et pour la réduction de l'impôt du sel. Il se prononça, d'ailleurs : le 9 août 1848, pour le rétablissement du cautionnement ; le 1er septembre, pour le rétablissement de la contrainte par corps ; le 7 oc-

tobre, contre l'amendement Grévy ; le 2 novembre, contre le droit au travail ; le 12 janvier 1849, pour la proposition Rateau ; le 21 mars, pour l'interdiction des clubs ; le 16 avril, pour les crédits de l'expédition de Rome. Il ne fut pas réélu à l'Assemblée législative. En 1850, il protesta, dans le conseil général du Lot dont il faisait partie, contre toute révision illégale de la Constitution.

CARLET JOSEPH-ANTOINE), député au Conseil des Cinq-Cents, né à Rives (Isère), le 18 juin 1741, mort à Seyssuel-Chasse (Isère), en 1825, était administrateur de son département, quand il en fut élu député au Conseil des Cinq-Cents, le 24 germinal an VII. Il ne s'y fit pas remarquer. Devenu, plus tard, membre du Conseil général du département de l'Isère, il publia en 1823 un Recueil de maximes et de réflexions morales.

CARLET (PIERRE-JOSEPH-HENRY), fils du précédent, député de 1831 à 1834, né à la Côte-Saint-André (Isère), le 16 février 1779, mort à Seyssuel-Chasse (Isère), à une date inconnue, maire de cette commune où il était propriétaire, fut élu le 24 septembre 1831, député du 4e collège de l'Isère (la Côte-Saint-André), en remplacement de M. Réal, qui avait opté pour le 1er collège du même département. Il vota jusqu'à la fin de la législature avec la majorité ministérielle.

CARLIER (PROSPER-HYACINTHE), député à l'Assemblée législative de 1791, né à Coucy-le-Château (Aisne), le 12 août 1755, mort à Coucy-le-Château, le 20 février 1849, fut lieutenant-général au bailliage de Coucy-le-Château, du 30 août 1780 au 9 décembre 1790, et, en même temps, membre de l'assemblée provinciale du Soissonnais, le 25 septembre 1787, maire de Coucy-le-Château, le 13 juin 1788, et président du directoire de Chauny, le 19 juin 1790. Président du tribunal de district de Chauny, du 10 décembre 1790 au 29 septembre 1791, il fut élu, le 8 septembre 1791, député du département de l'Aisne à l'Assemblée législative, par 463 voix sur 592 votants, siégea parmi les modérés, défendit les principes constitutionnels, et vota avec la droite. Nommé, le 8 brumaire an IV, conservateur des hypothèques, et le 15 floréal an V président de l'administration centrale de l'Aisne, il fut destitué après le 18 fructidor ; mais, après le coup d'Etat de brumaire, le gouvernement consulaire le choisit pour secrétaire général de la préfecture de l'Aisne (6 floréal an VIII), d'où il passa, le 12 août 1806, président du canton de Coucy-le-Château. Il renonça à la politique à la chute de l'Empire, et mourut à un âge très avancé (94 ans).

CARMES. — Voy. LABRUGUIÈRE (DE).

CARNÉ (LOUIS-JOSEPH MARCEIN, COMTE DE), député de 1839 à 1848, né à Quimper (Finistère), le 17 février 1804, mort au château du Péromou, près Quimper, le 12 février 1876, appartenait à une famille noble qui a joué un rôle marquant dans l'histoire de la Bretagne ; lui-même a pris soin de constater (Souvenirs de ma jeunesse au temps de la Restauration) qu'en 1248, Olivier de Carné fut de ceux qui s'embarquèrent à Nantes pour aller rejoindre en Egypte les croisés. Sa famille étant ruinée, Louis de Carné fut recueilli à seize ans par son grand oncle maternel, le chevalier de Lanzay-Trézurin, qui lui fit achever ses études à Paris. Catholique et royaliste, il entra en 1825, dans les bureaux du ministère des affaires étrangères, d'où il passa dans la carrière diplomatique, comme attaché et secrétaire d'ambassade, notamment à la légation de Lisbonne. Avant de se rendre à ce dernier poste, il avait fait, avec la permission du ministre, un voyage d'étude en Espagne. La révolution de 1830 modifia ses chances d'avenir : M. de Carné se rallia au gouvernement nouveau, conserva ses fonctions, fut élu (1833) conseiller général du Finistère, puis décoré de la Légion d'honneur (1837), et enfin, le 2 mars 1839, entra à la Chambre comme l'élu du 5ᵉ collège du Finistère (Quimper). Il défendit le ministère Molé contre la « coalition », et prit bientôt une part active aux travaux parlementaires. L'avènement du ministère Guizot lui rendit son indépendance. Il vota alors quelquefois avec l'opposition, et, réélu le 9 juillet 1842, par 182 voix (290 votants, 347 inscrits), contre MM. de Châtellier, 61, et Lebastard de Kerguiffinec, 43, il repoussa l'indemnité Pritchard et blâma l'ensemble de la politique extérieure suivie par le cabinet. Un de ses discours les plus importants fut celui qu'il prononça sur la question d'Orient, en 1840, dans le débat soulevé par les victoires d'Ibrahim. L'intérêt politique de ce discours a été exposé dans un passage de l'*Histoire de dix ans*, de Louis Blanc : « ... Tout autre était le système de M. de Carné. A la légitimité morte d'un droit condamné par les batailles, la civilisation et le destin, il opposait la vivante et féconde légitimité du fait. Il saluait dans Méhémet-Ali le régénérateur d'une race que mal à propos on avait jugée éteinte. Selon M. de Carné, la nationalité arabe allait refleurir sous les auspices du vice-roi, évidemment destiné à tenir le sceptre de l'Orient rajeuni. Il importait donc de ne rien jeter entre sa fortune et Constantinople. Après Kouiah, vingt marches l'eussent conduit au sérail ! Pourquoi l'avait-on arrêté ? Puisque la Turquie agonisait, puisqu'elle ne pouvait plus s'interposer efficacement entre l'Europe occidentale et les Russes, que ne cherchait-on à la remplacer ? On voulait l'intégrité de l'empire ottoman, et elle n'était plus possible au moyen du sultan et des Turcs : il fallait donc la rendre possible au moyen des arabes et de Méhémet-Ali. Sur le trône de Constantinople siégeait un fantôme : il y fallait mettre un homme armé. Méhémet-Ali, d'ailleurs, n'était-il pas un ami de la France ? Et l'Égypte, soumise à notre influence, ne faisait-elle pas de la Méditerranée ce qu'avait deviné le génie de Napoléon, un lac français ? » M. de Carné se montra un partisan déterminé de la liberté d'enseignement ; en 1845, il proposa un amendement qui réclamait, au nom du parti catholique, la liberté d'enseignement, avec l'abolition du certificat d'études, et se fit, contre Thiers, l'avocat des congrégations non autorisées. A l'ouverture de la même session, il proposa un amendement exprimant le regret « qu'une conduite prévoyante et ferme n'ait pas prévenu ou terminé d'une façon plus satisfaisante les complications de la politique étrangère » (épilogue de l'affaire Pritchard). Cet amendement qui menaçait l'existence du cabinet, fut rejeté, mais M. Drouyn de Lhuys fut renvoyé du ministère des Affaires étrangères par M. Guizot pour l'avoir voté, et, M. de Carné qui l'avait déposé, fut appelé par le même ministre, moins de deux ans après, à occuper aux Affaires étrangères le poste de M. Drouyn de Lhuys. M. de Carné parla encore sur le projet de loi relatif à l'augmentation de

nos forces navales, sur la propriété littéraire, sur le Conseil d'État, sur la proposition relative à la translation du domicile politique, sur le régime législatif des colonies, etc.

Réélu le 1ᵉʳ août 1846, avec 234 voix sur 324 votants et 373 inscrits, contre 90 à M. Le Bastard de Kerguiffinec, ancien député, il se rapprocha alors sensiblement du pouvoir, et accepta, au commencement de 1847, les fonctions de chef de la direction commerciale au ministère des affaires étrangères, en remplacement du comte Lambert admis à la retraite. Il dut, à la suite de cette nomination, se soumettre à une nouvelle réélection, qu'il obtint le 10 avril 1847, par 248 voix (334 votants, 373 inscrits) contre M. de Sivry, 79 voix. Il vota pour le gouvernement dans cette dernière législature, et fut rendu à la vie privée par la révolution de février. Sous la République et sous l'Empire, il ne garda que les fonctions de conseiller général du Finistère ; il essaya cependant, en 1869, d'entrer au Corps législatif ; il obtint alors 11,766 voix, comme candidat spécialement dévoué aux intérêts de l'Église et du pape, mais ne fut pas élu. — Comme publiciste, M. de Carné fut un collaborateur assidu de la *Revue des Deux Mondes* et du *Correspondant*. Ses ouvrages les plus remarquables ont pour titres : *Études sur le gouvernement représentatif en France* (1841), livre dont le ton est parfois agressif ; *Études sur les fondateurs de l'Unité française*, où l'auteur a réuni Suger, saint Louis, Duguesclin, Jeanne d'Arc, Louis XI, Henri IV, Richelieu et Mazarin ; *Histoire des États de Bretagne* (1868), et les *Souvenirs de ma jeunesse* (1872), pleins d'anecdotes agréables et de piquants aperçus sur les hommes et les choses de la Restauration, sur le salon de Mᵐᵉ de Montcalm, sœur du duc de Richelieu, où se réunissaient les membres du Corps diplomatique, sur celui de Mᵐᵉ d'Aguesseau, fille du ministre Lamoignon, chez laquelle se rencontraient Molé, Pasquier, Châteaubriand, et de jeunes écrivains comme Mérimée et Sainte-Beuve, le second, hésitant encore entre le couvent de la Trappe et l'abbaye de Thélème, car « les paris étaient ouverts, dit M. de Carné, pour savoir s'il mourrait disciple de Rancé ou disciple de Rabelais. » M. de Carné était de l'Académie française, depuis le 23 avril 1863 : il avait eu Littré pour concurrent.

CARNÉ (Henri-Jean-Baptiste-Antoine, marquis de), membre du Sénat, né à Sevignac (Côtes-du-Nord), le 17 janvier 1834, propriétaire à Broons, n'avait d'autres titres politiques que ceux de maire de sa commune natale et de conseiller général des Côtes-du-Nord, lorsqu'il fut élu, le 10 octobre 1880, par les conservateurs monarchistes de ce département, membre du Sénat en remplacement de M. Allenou, républicain, décédé : il avait obtenu 276 voix sur 380 votants. Il siégea sur les bancs de la droite sénatoriale et vota avec elle *contre* les lois sur la liberté de la presse et le droit de réunion (1881) ; *contre* la loi nouvelle sur le serment judiciaire (1882) ; *contre* la réforme judiciaire (1883) ; *contre* le rétablissement du divorce (1884) ; enfin *contre* les divers ministères de gauche qui se succédèrent au pouvoir. Réélu le 6 janvier 1887, par 739 voix (1271 votants) contre M. Armez, républicain, 560 voix, M. de Carné continua de s'associer à tous les votes de la minorité de droite contre la majorité ministérielle ; dans la dernière session, il s'est prononcé *contre* le rétablissement du scrutin uninominal (13 février 1889), *contre* la loi Lisbonne restrictive de la liberté de la presse, et *contre* la procédure à suivre contre le général Boulanger, accusé d'attentat contre la sûreté de l'État.

CARNOT (LAZARE-NICOLAS-MARGUERITE), député à l'Assemblée législative de 1791, membre de la Convention nationale, député au Conseil des Anciens, membre du Tribunat, pair des Cent-Jours et ministre, né à Nolay (Côte-d'Or), le 13 mai 1753, mort à Magdebourg (Prusse), le 2 août 1823, descendait d'une famille de vieille bourgeoisie, qui avait donné, dès le xvᵉ siècle, des hommes remarquables à l'Église et à l'armée. Son père, Claude Carnot, notaire à Nolay, qui eut 18 enfants, (14 fils et 4 filles), avait coutume de noter tous les événements qui marquaient dans l'existence des siens sur les dernières feuilles, restées blanches, d'un de ses cahiers de notes d'étudiant. Sur ce cahier, que ses descendants ont conservé, on peut lire à l'une des premières pages :

« Le dimanche 13 mai 1753, à l'issue des vêpres, sur les quatre heures, ma femme a mis au monde un fils qui a été baptisé le même jour par M. Boussey, prêtre-vicaire à Nolay; il a eu pour parrain sieur Nicolas-Clément, fils de Marie Carnot, ma sœur, et pour marraine demoiselle Marguerite Pothier, fille de M. Pothier, demeurant à Nolay, oncle de ma femme. Il est appelé Lazare-Nicolas-Marguerite. Cet enfant est né dans un temps de calamité par les morts promptes et fréquentes qui affligent ce pays, ainsi que tous ceux de la province. *Que Dieu lui présente ainsi sa colère dans tout le cours de sa vie, pour qu'il s'y conduise avec crainte, et mérite sa miséricorde.* »

À l'âge de douze ans, Lazare entra au collège d'Autun, où il eut pour camarade Joseph Bonaparte, le futur roi d'Espagne, et Lucien, qui devait présider les Cinq-Cents au 18 brumaire. Il en sortit à quinze ans, pour terminer ses études au petit séminaire d'Autun, et de là, se rendit à Paris dans une école spéciale pour la préparation au génie militaire, tenue par un M. de Longpré, au Marais. Il y renonça à ses pratiques religieuses, obtint les éloges et les encouragements de d'Alembert, et fut reçu, à peine âgé de dix-huit ans, à l'École du génie de Mézières, avec le titre de lieutenant en second. Il fallait pour être admis, prouver un certain nombre de quartiers de noblesse, et Chérin, généalogiste du roi, écartait les roturiers; il accepta Carnot, lui ayant trouvé un nombre suffisant d'ancêtres, bourgeois il est vrai, mais «de bourgeoisie vivant noblement». À l'École, Monge fut le guide et l'ami de Lazare Carnot qui sortit en 1773, avec le brevet de lieutenant du génie en premier. Il ne passa capitaine qu'à l'ancienneté, dix ans plus tard, après avoir mené dans ses garnisons successives, au Havre, à Béthune, à Arras, une existence retirée et laborieuse. Son premier ouvrage fut une étude sur les ballons (janvier 1784), qu'il adressa à l'Académie des sciences; puis il écrivit un *Essai sur les machines*, dans lequel il produisit une découverte mathématique de premier ordre, qui a gardé dans l'histoire des sciences le nom de *théorème de Carnot*, et qui le plaça d'emblée au premier rang des savants de son temps. Vers le même époque, l'Académie de Dijon ayant mis au concours l'éloge de Vauban, Carnot concourut et obtint le prix, par un mémoire dont la forme fut louée par Buffon, et dont le fond n'était pas sans hardiesse : rappelant les idées sociales de Vauban, l'auteur concluait ainsi : « Le maréchal de Vauban croyait que le gouvernement doit établir un équilibre entre les citoyens ou prévenir du moins l'affreuse misère des uns, l'excessive opulence des autres, et cette multitude de prérogatives qui condamnent la classe la plus sérieuse des hommes à l'indigence et au mépris. » Henri de Prusse, frère du grand Frédéric voulut alors engager Carnot au service de son pays; il refusa. Par contre, ses chefs, que mécontentaient ses idées nouvelles, notamment en fortifications, le firent mettre à la Bastille. La Révolution de 1789 vint, fort à propos pour lui, arrêter les conséquences de cette disgrâce. Dès le début, il mit sa plume, sa parole, ses actes, au service des principes de la Révolution. Il n'hésita pas à soumettre à la Constituante un mémoire pour le *rétablissement de nos finances*, où il proposait d'utiliser les biens du clergé pour le remboursement de la dette publique, dont les 250 millions d'intérêts annuels dévoraient le plus clair des revenus du Trésor. En même temps, il osait prendre tout haut la défense du régiment des Suisses de Châteauvieux, saisis et fouettés sur l'ordre de leurs officiers, pour leur avoir réclamé des comptes. Devançant la Législative qui, deux ans plus tard, devait faire sortir des galères les derniers survivants de ce régiment, il blâma publiquement Bouillé qui avait ordonné leur châtiment. Lazare Carnot, qui venait d'épouser Sophie Dupont, fille d'un administrateur militaire de Saint-Omer, (son cadet, Carnot-Feulins avait épousé auparavant la sœur de Sophie), fut élu le 27 août 1791, ainsi que son frère, député du Pas-de-Calais à l'Assemblée législative, avec 312 voix sur 564 votants, le 9ᵉ sur 11. Son début à la tribune fut un échec : comme on discutait les événements de Perpignan, où plusieurs officiers étaient accusés d'avoir voulu livrer à l'ennemi la citadelle, Carnot proposa de raser la citadelle de Perpignan et toutes les autres citadelles de France. On le soupçonna de trahison et on ne le lui cacha pas. Sans se troubler, il écrivit et fit imprimer un résumé de sa proposition qu'il distribua à tous ses collègues; il l'expliquait en ces termes : « Une citadelle est une monstruosité dans un pays libre, un repaire de tyrannie contre lequel doivent s'élever l'indignation des peuples et la colère des bons citoyens. Je demande la destruction de toutes les bastilles du royaume. Voilà, mes collègues, ce que c'est qu'une citadelle; voilà les vérités que vous n'avez pas voulu entendre. Eh! comment aurais-je été appuyé? Je suis militaire, je parle peu, et je ne veux être d'aucun parti. » L'Assemblée changea bientôt d'opinion sur son compte; elle le porta successivement au comité diplomatique, au comité d'instruction publique, au comité militaire. C'est dans ce dernier surtout qu'il exerça son influence. Il en saisit l'occasion lorsque Narbonne, ministre de la guerre, édicta son règlement sur la police et de discipline militaire. L'obéissance passive absolue, la responsabilité exclusive des chefs et l'irresponsabilité complète des subordonnés étaient les bases de cette ordonnance; Carnot y opposa la théorie de l'obéissance raisonnée, au moins tant que le soldat n'est pas devant l'ennemi. Le 31 juillet 1792, il fut nommé commissaire avec Gasparin et Lacombe Saint-Michel, pour l'organisation du camp de Châlons. Il détermina l'Assemblée à faire distribuer trois cent mille fusils et piques aux gardes nationales, à leur confier la police intérieure, à former avec les débris des gardes françaises, deux divisions de gendarmerie, à lever la suspension prononcée contre Pétion et Manuel, proposition dont le but était de fournir au peuple le moyen de résister à la Cour. Envoyé le 5 septembre suivant au camp de Châlons pour y former une nouvelle armée, Carnot était à peine parti, que le Pas-de-Calais le nommait (6 septembre 1792), par 677 voix sur 753 votants, membre de la Convention. Il y vint prendre part à la proclamation de la République, et, vingt-quatre heures après, repartit en mission avec ses collègues, Garrau et Lamarque, afin d'organiser la défense sur la frontière d'Espagne, dans le périmètre de Bayonne; il employa les Basques à former des compagnies de *miquelets*, sorte de chasseurs de montagnes, habiles à défendre les passes des Pyrénées, et traça à l'Assemblée, dans un remarquable rapport, tout un plan de travaux publics et de réorganisation de la région des Pyrénées. De retour à la Convention, il vota en ces termes la condamnation à mort de Louis XVI : « Dans mon opinion la justice veut que Louis meure, et la politique le veut également. Jamais, je l'avoue, devoir ne pesa davantage sur mon cœur, mais je pense que pour prouver notre attachement aux lois de l'égalité, pour prouver que les ambitieux ne vous effrayent point, vous devez frapper de mort le tyran. Je vote pour la mort. »

Cependant la conduite de Dumouriez, commandant en chef de l'armée du Nord, inquiétait les patriotes. La Convention délégua aussitôt à cette armée cinq de ses membres : Camus, Lamarque, Bancal, Quinette et Carnot. Ils avaient ordre d'amener le général suspect à la barre de l'Assemblée, et pouvoir de suspendre ou d'arrêter tout militaire, quel que fût son grade. On sait comment ces commissaires, arrêtés et livrés aux Autrichiens, furent traînés pendant trente mois à travers l'Allemagne et l'Empire, de prison en prison, et ne recouvrèrent la liberté que sous le Directoire, après de laborieuses négociations. Par une fortune extraordinaire, Carnot n'était pas avec eux lors de leur arrestation. Il fit face à la situation, avisa les municipalités, leur commanda la vigilance et des mesures impitoyables contre les agents de désordre et de défection, lança une proclamation énergique aux troupes qui hésitaient, et, huit jours après, le 6 avril, put écrire à la Convention : « Dumouriez est presque abandonné et sera bientôt seul... la situation de notre frontière devient chaque jour plus rassurante. » Il ajoutait : « Ainsi cette nouvelle trame n'aura servi, nous l'espérons, qu'à l'humiliation des traîtres, et la République en aura tiré le plus grand de tous les avantages, si cet événement peut enfin guérir les Français de leur idolâtrie pour les individus et du besoin d'admirer sans cesse. » Bientôt, grâce aux dispositions de Carnot, les revers que nos armées avaient éprouvées au commencement de la campagne de 1793 se changèrent en triomphes. Au mois d'octobre, le prince de Cobourg passe la Sambre avec une nombreuse armée, et vient menacer le camp de Maubeuge. En présence de cette manœuvre hardie, le comité de salut public, créé par la Convention le 6 avril 1793, résolut de livrer bataille, et dépêcha des commissaires pour se concerter avec le général Jourdan sur les opérations militaires. Un conseil présidé par Carnot arrêta les dispositions de la bataille de Wattignies (16 octobre 1793). En se retranchant sur ce plateau, Cobourg

avait dit : « Si les républicains me chassent d'ici, je me fais jacobin moi-même. » Il ne se fit pas jacobin, mais il dut reculer jusqu'au delà de la Sambre : Maubeuge était sauvée. La France couverte au Nord, pouvait reprendre l'offensive sur le Rhin, dans l'Alsace envahie. Élu et réélu plusieurs fois, à partir du 10 juillet 1793, membre du comité de salut public, spécialement chargé du bureau de la guerre, il y « organisa la victoire » suivant le mot si souvent répété, travaillant jusqu'à seize heures par jour, et faisant mouvoir du fond de son cabinet les quatorze armées organisées par ses soins. Sa puissance d'activité fut extraordinaire. Il ne demeurait pas étranger, d'ailleurs, à la politique intérieure et prenait part aux travaux de la Convention, dont il devint même le président en mai 1794. Ce fut lui qui proposa la suppression du conseil exécutif et son remplacement par des commissions particulières. On lui dut la reprise des quatre places des frontières du Nord et la réunion de la Belgique à la France; on lui doit aussi l'établissement d'une manufacture d'armes dans Paris et beaucoup d'autres créations. Ses dissentiments avec Robespierre ont été exagérés, car il y eut un accord presque constant entre tous les membres du comité de salut public; seulement Carnot ne voulut jamais faire partie de la Société des Jacobins. Lors de la réaction thermidorienne, le parti victorieux essaya d'envelopper Carnot dans la proscription des Montagnards. Il se défendit par ces paroles : « Ne mettra-t-on jamais dans la balance les services d'une part et les excès de l'autre? Les veilles, les fatigues indicibles essuyées pour tirer l'État de ses crises affreuses, n'entreront-elles jamais en compensation des erreurs et des fautes qu'on a pu commettre? Ne rapprochera-t-on jamais les faits des circonstances qui les ont déterminés? Sont-ce des circonstances ordinaires que celles où s'est trouvée la France? ou plutôt en a-t-il jamais existé de semblables dans l'histoire des nations? » Il termina par cette déclaration : « Un seul fait répondra, ce me semble, pour les prévenus : c'est que la France était aux abois lorsqu'ils sont entrés au comité de salut public, et qu'elle était sauvée lorsqu'ils en sont sortis. » Carnot ne put sauver ce jour-là ses collègues Billaud-Varennes, Collot-d'Herbois et Barrère. Mais les thermidoriens hésitaient à toucher à sa tête. Il fallut la recrudescence de réaction qui suivit le 4 prairial pour remettre en question sa sécurité. C'est alors que, de la Plaine s'éleva la voix d'un conventionnel, resté inconnu, qui s'écria : « Oserez-vous porter la main sur celui qui a organisé la victoire dans les armées de la République? » L'Assemblée applaudit, et l'accusation fut paralysée. Carnot s'associa de nouveau aux travaux et aux fondations de la Convention, création de l'École polytechnique, réorganisation de l'École de Metz, établissement du Conservatoire des arts et métiers et du Bureau des longitudes, introduction d'un système uniforme de poids et mesures, et fondation de l'Institut, dont il fut membre en 1795; exclu après le 18 fructidor, il y rentra en 1805 et en fut de nouveau expulsé en 1815.

Ce ne fut que le 1er germinal an III (21 mars 1795) que Carnot ut promu au grade de chef de bataillon. Il combattit vivement, lorsque la Convention en délibéra, la Constitution de l'an III, blâma la dualité des Chambres qu'elle instituait, et repoussa surtout l'organisation du pouvoir exécutif en Directoire. Après son élection (23 vendémiaire an IV), comme ancien conventionnel, au Conseil des Anciens, il accepta cependant de faire partie du Directoire dont il fut nommé membre avec Laréveillère, Letourneur, Barras et Rewbell. Il se réserva la direction des affaires militaires, arrêta avec Jourdan un plan d'opérations, remplaça Pichegru par Moreau, et nomma Bonaparte commandant en chef de l'armée d'Italie. Après que les élections de l'an V eurent amené aux Cinq-Cents et aux Anciens assez de royalistes pour former, avec le groupe des indécis, une majorité hostile aux institutions existantes, trois des Directeurs ne virent leur salut que dans un coup d'Etat. Carnot s'y opposa avec Barthélemy : cette dissidence le fit comprendre, au 18 fructidor, dans un arrêt de proscription. Il réussit à s'échapper, se cacha d'abord chez un menuisier, puis dans la maison du représentant Oudot, et put gagner la Suisse. Il fut alors déclaré déchu de ses fonctions de directeur, du caractère de représentant, de son siège à l'Institut. Son extradition ayant été obtenue, il dut quitter Genève pour le canton de Vaud. Son rappel suivit de près le 18 brumaire. Bonaparte jugea habile de lui confier le portefeuille de la guerre, et Carnot l'accepta. Il réorganisa l'administration militaire, fit transférer aux Invalides les cendres de Turenne, créa Latour-d'Auvergne *premier grenadier de la République*, etc.; mais Bonaparte ne tarda pas à prendre ombrage du génie de Carnot. Le ministre donna sa démission le 5 octobre 1800. Appelé par le Sénat (6 germinal an X) à faire partie du Tribunat, il écrivait à cette occasion d'Aire (Pas-de-Calais) où il s'était retiré, à un ami : « Cela contrarie le plan de vie que je m'étais formé, mais les circonstances ne permettent pas que je refuse le poste honorable auquel je suis appelé par le Sénat. » Il fut dans cette Assemblée un des rares opposants à Bonaparte, et combattit la création de la Légion d'honneur; mais son opposition sur ce point ne fut pas irréconciliable, puisque plus tard il porta le ruban de chevalier (25 prairial an XII.) Il fut plus intraitable sur la question du consulat à vie.

Les membres du Tribunat devaient voter en signant sur un registre. Lorsque vint le tour de Carnot, il écrivit : « Dussé-je signer ma proscription, rien ne saurait me forcer à déguiser mes sentiments. NON. *Carnot.* » Lucien Bonaparte ne trouva d'autre remède à un si grand scandale que de faire brûler le registre. Enfin, lors de la proposition qui tendait à faire du premier consul un Empereur, Carnot ne se borna pas à voter, il prononça un discours où il disait : « Quelques services qu'un citoyen ait pu rendre à sa patrie, il est des bornes que l'honneur autant que la raison imposent à la reconnaissance nationale. Si ce citoyen a restauré la liberté publique, sera-ce une récompense à lui offrir que le sacrifice de cette même liberté?... Le dépôt de la liberté a été confié à Bonaparte; il avait juré de la défendre. En tenant cette promesse, il eût rempli l'attente de la nation; il se fût couvert d'une gloire incomparable... Je vote contre la proposition. » Après la suppression du Tribunat (1807), Carnot vécut dans la retraite; une lettre de Clarke, de juin 1809, prouve qu'il désira à cette époque être nommé lieutenant-général, mais, sur le refus de Napoléon, il continua à se livrer à des travaux scientifiques, et écrivit notamment un *Traité de la Défense des places*, qui est devenu classique. L'orage de 1814 vint surprendre Carnot dans son domaine de Presles. Le 24 janvier, jour de la bataille de Bar-le-Duc, l'ennemi étant à cinquante lieues de Paris, il écrivit à Napoléon cette lettre :

« Sire, aussi longtemps que le succès a couronné vos entreprises, je me suis abstenu d'offrir à Votre Majesté des services que je n'ai pas cru devoir lui être agréables. Aujourd'hui que la mauvaise fortune met votre constance à une grande épreuve, je ne balance plus à vous faire l'offre des faibles moyens qui me restent. C'est peu de chose, sans doute, que l'offre d'un bras sexagénaire, mais j'ai pensé que l'exemple d'un ancien soldat, dont les sentiments patriotiques sont connus, pourrait rallier à vos aigles beaucoup de gens. »

« CARNOT. »

Napoléon chargea Carnot de la défense d'Anvers, alors notre arsenal maritime et notre boulevard aux frontières du Nord. On s'aperçut à ce moment, dans les bureaux de la guerre, que Carnot était toujours simple chef de bataillon; on le fit passer en quelques minutes par les grades de lieutenant-colonel, de colonel, de général de brigade et de général de division. Il arriva dans la place d'Anvers au moment même où commençait le bombardement; quelques jours ayant suffi pour ses préparatifs de défense, il ordonna immédiatement des sorties qui détruisirent les travaux des assiégeants, et organisa une vigoureuse résistance, qui permit la conservation des faubourgs de Willebrord et de Borgerhout. Après l'abdication, il adhéra aux actes du gouvernement provisoire et fut nommé aux fonctions d'inspecteur général du génie. Il adressa alors un *Mémoire au roi*, dont l'unique exemplaire fut remis par lui à Louis XVIII, et, qui plus tard fut publié clandestinement par les soins de la police. Bien que le roi eût paru faire bon accueil à ses avis, il inscrivit son nom en 1815 sur les listes d'arrestation. Il est vrai que, dans l'intervalle, croyant aux promesses libérales de Napoléon qui revenait de l'île d'Elbe et pensant que le « 20 mars allait nous faire remonter tout d'une haleine au 14 juillet », il avait accepté les fonctions de ministre de l'Intérieur (du 20 mars au 23 juin 1815), et la dignité de pair (2 juin) avec le titre de comte de l'Empire. C'est pendant cette période que Carnot donna un appui dévoué et décisif à une réunion de savants, de littérateurs et de publicistes qui forma le noyau de la *Société pour l'instruction élémentaire*. Après avoir combattu le projet d'une seconde abdication, il proposa (20 juin 1815) de déclarer la patrie en danger, d'appeler aux armes tous les gardes nationaux de France; Lucien ajoutait à tout cela la dictature, mais au moment de la rédaction du projet, on apprit que la Chambre s'était déclarée en permanence. Carnot fut nommé pour quelques jours, membre de la « Commission provisoire » formée par la Chambre « pour l'exercice du pouvoir exécutif ». Alors survint la seconde Restauration, et Carnot, frappé par l'ordonnance du 24 juillet, dut s'expatrier. Il habita d'abord la Pologne, puis se fixa en Prusse, à Magdebourg, où il mourut en 1823, d'un cancer à l'estomac. Sa dépouille fut mise dans un caveau de l'église catholique de Saint-Jean. Puis en 1832, lors d'une épidémie, il fut décidé que les restes seraient transférés dans le cimetière de la ville (Neustadt), où on lui éleva un monument composé d'une plaque de marbre noir, entourée de lierre, avec cette simple inscription : A 3172, CARNOT. En exécution d'une loi votée par les Chambres (1889), les cendres de Carnot ont été définitivement transférées de Magdebourg à Paris et ont été déposées au Panthéon. On a de lui un grand nombre d'ouvrages sur les mathématiques et sur les événements politiques auxquels il a été mêlé, ainsi que des *opuscules poétiques*, car il faisait d'assez mauvais vers, et publia même, en 1797, une pastorale : le *Fidèle berger*.

CARNOT (Lazare-Hippolyte), fils du précédent, député de 1839 à 1848, ministre, représentant du peuple aux Assemblées constituante et législative, député au Corps législatif impérial, représentant à l'Assemblée de 1871, et sénateur inamovible de 1875 à 1888, né à Saint-Omer (Pas-de-Calais), le 6 août 1801, mort à Paris, le 15 mars 1888, passa les années de son enfance à Presles, et celles de sa jeunesse en Allemagne, où son père était exilé. Il quitta ce pays au commencement de 1820, pour se rendre à Nolay, dans la maison paternelle, puis il revint à Magdebourg au bout de quelques mois, et rentra définitivement en France, après avoir rendu les derniers devoirs à Lazare Carnot, en 1823. Son premier projet fut d'entrer au barreau; il y renonça pour ne pas prêter serment aux Bourbons, et ne tarda pas à devenir un des plus fervents adeptes des doctrines philosophiques et sociales de Saint-Simon; ce fut chez lui que furent données les premières conférences saint-simoniennes. Collaborateur du journal le *Producteur*, il se lia en même temps avec les personnages les plus en vue du parti libéral, se fit admettre à la « Société de la morale chrétienne » qui s'était donné pour tâche de combattre la « Congrégation » sous un nom inattaquable, au moyen d'œuvres philanthropiques, à la « Société pour l'instruction élémentaire » dont son père avait été le fondateur, etc. Enfin il compléta le cercle de ses études par des voyages en Angleterre, en Suisse, en Hollande. En même temps il collaborait à la *Revue encyclopédique*, et traduisait des ouvrages allemands, notamment les *Chants helléniques*, de Wilhelm Müller (1828). C'est au milieu de ces occupations plus studieuses que militantes, qu'il fut surpris par la révolution de Juillet 1830. L'École Saint-Simonienne, en face du soulèvement de Paris, était très divisée : d'une part, Enfantin considérait que la doctrine n'avait rien à voir avec des querelles dont le seul objet était la forme du gouvernement; d'autre part, Bazard voyait dans le saint-simonisme le dépositaire des idées libérales et se déclarait favorable à la révolution. Carnot se rangea du côté de Bazard; il descendit dans la rue, fit le coup de feu sur les barricades, et le 29, se trouva porté parmi les membres de la municipalité improvisée de son arrondissement. Quelques jours plus tard, il refusa, dit un biographe, d'entrer dans les fonctions publiques sous le gouvernement nouveau, et reprenait le cours de ses travaux. Il continua sa participation à la propagande saint-simonienne, soutenant de sa plume et de sa fortune des journaux comme le *Globe*, l'*Organisateur*, jusqu'au jour où le Père Enfantin voulut tirer de la doctrine les dogmes d'une religion toute charnelle, et, par exemple, prétendit substituer au mariage un arrangement beaucoup plus libre des relations entre les deux sexes. Hippolyte Carnot rompit aussitôt avec les *Enfantiniens* de Ménilmontant, non sans protester hautement contre ce qu'il appela « le règlement de l'adultère ». La direction de la *Revue encyclopédique* l'occupa quelque temps; il voyagea encore en Angleterre, en Hollande et en Suisse, puis il se décida à entrer dans la politique active. Candidat

une première fois, sans succès, en 1837, dans quatre collèges électoraux de la Bourgogne, Dijon, Beaune, Autun et Chalon, il fut, le 2 mars 1839, élu député du 6ᵉ arrondissement de Paris, par 830 voix (1453 votants), contre 602 à M. Michel, président du tribunal de commerce. Il était alors à la tête du comité central des électeurs de Paris; la profession de foi, par laquelle il avait accepté la candidature à la députation réclamait : l'extension du droit de suffrage, la limitation de la prérogative royale, l'impôt proportionnel aux ressources des contribuables, l'abolition des fonds secrets, et plus de dignité dans la politique extérieure. Il prit place dans les rangs de l'opposition dynastique, mais ne traita pas le gouvernement en ennemi irréconciliable; il soutint même fréquemment le ministère Thiers. Parmi les discours, assez nombreux, qu'il prononça à la tribune de la Chambre des députés, on peut signaler ceux qu'il fit pour la réduction de la durée du service militaire et la création d'une puissante réserve nationale, pour combattre le régime cellulaire, pour réclamer contre une diminution des patentes, dont le but était d'éliminer du corps électoral les petits boutiquiers, etc. Il vota en faveur de l'abolition du scrutin secret à la Chambre, et fit une proposition tendant à dégrever d'abord les impôts indirects sur les denrées indispensables, comme le sel, ou sur les communications, comme le timbre des lettres de roulage et le port des lettres. Réélu le 9 juillet 1842, par 882 voix (1,450 votants, 1,706 inscrits), contre M. Paillet, avocat, 553, puis le 1ᵉʳ août 1846, par 725 voix (1,200 votants, 1,431 inscrits), contre M. Cotelle, 470, il fit campagne pour la réforme électorale, et formula, en 1847, la doctrine de son parti dans un écrit intitulé : les *Radicaux et la Charte*, où il s'efforçait de se placer sur le terrain purement constitutionnel et de démontrer que l'opposition était seule fidèle à l'esprit véritable de la Charte, tandis que le pouvoir exécutif essayait de la fausser. Mais la révolution de Février vint mettre fin à ce débat. Carnot accepta la proclamation de la République, et reçut dans le ministère formé le 24 février 1848 par le gouvernement provisoire, le portefeuille de l'Instruction publique; (les cultes, disait le décret, formeront une division de ce ministère.) Il s'adjoignit pour auxiliaires Jean Reynaud, le philosophe, et M. Édouard Charton, un de ses anciens compagnons en saint-simonisme. Ses actes répondirent à ses principes. Dès le 8 mars, il fit rendre par le gouvernement provisoire un décret ainsi conçu : « Une École d'administration, destinée au recrutement des diverses branches d'administration jusqu'ici dépourvues d'écoles préparatoires, sera établie sur des bases analogues à celles de l'École polytechnique. » Le vieux collège du Plessis servit d'asile à la nouvelle École, qui, d'ailleurs, fut supprimée après Carnot. Elle compta parmi ses maitres : Élie de Beaumont, Sainte-Claire-Deville, Guignault, Ampère, etc.

Nommé (23 avril 1848) représentant du peuple de la Seine à l'Assemblée constituante, le 9ᵉ sur 34, par 195,608 voix (267,888 votants, 399,191 inscrits), il prit, comme ministre et comme membre de l'Assemblée, une part importante aux travaux parlementaires, présenta, le 6 mai, un rapport sur l'organisation de l'Université, déposa et fit adopter dans les premiers jours de juin, un décret qui ouvrait un crédit d'un million destiné à améliorer le traitement des instituteurs primaires, et prépara un projet de loi sur la *gratuité* et l'*obligation* de l'instruction. Quant à la laïcité de l'école, qui depuis est devenue un point du programme républicain en matière scolaire, le projet n'en parlait point. Carnot rétablit à l'École normale supérieure la gratuité absolue, et songea à l'enseignement secondaire pour les jeunes filles. La majorité conservatrice de l'Assemblée constituante se montra bientôt hostile aux intentions comme aux actes du ministre de l'Instruction publique. On s'empara contre lui d'une circulaire qu'il avait adressée aux recteurs durant la période électorale, et où il disait : « La plus grande erreur contre laquelle il faille prémunir les populations de nos campagnes, c'est que, pour être représentant, il soit nécessaire d'avoir de l'éducation ou de la fortune. » On lui reprocha surtout les *Manuels* rédigés, sur son initiative, « pour l'enseignement civique des instituteurs, » et où l'on crut trouver l'expression de quelques idées socialistes. Il fut blâmé par l'Assemblée à une majorité de onze voix, et se retira le 5 juillet. Il aurait été maintenu à son poste lors des remaniements ministériels du 11 mai et du 28 juin. Il eût pour successeur M. Vaulabelle. Comme représentant, il vota à l'Assemblée, avec la fraction modérée du parti démocratique : le 9 août 1848, *contre* le rétablissement du cautionnement; le 18 septembre, *pour* l'abolition de la peine de mort; le 7 octobre, *pour* l'amendement Grévy sur la présidence; le 2 novembre, *contre* le droit au travail; le 25 novembre, *pour* l'ordre du jour en l'honneur de Cavaignac; le 12 janvier 1849, *contre* la proposition Rateau; le 21 mars, *contre* l'interdiction des clubs; le 16 avril, *contre* les crédits de l'expédition de Rome; le 2 mai, *pour* l'amnistie des transportés.

Carnot n'avait pas été réélu, le 13 mai 1849, à l'Assemblée législative; il n'y entra que le 10 mars 1850, lors d'une élection partielle, en remplacement du sergent Rattier, condamné par la Haute-Cour de Versailles pour l'affaire du 13 juin 1849. L'appui du parti démocratique socialiste le fit élire représentant de la Seine, sur la même liste que Vidal et de Flotte, avec 132,797 voix (260,198 votants, 366,655 inscrits). Le plus favorisé des conservateurs obtint 125,643 suffrages. Il vota avec la gauche, jusqu'au 2 décembre 1851, et fit partie, ainsi que Victor Hugo, de Flotte, Jules Favre, Mathieu de la Drôme, Madier de Montjau, Michel de Bourges, du comité de résistance qui tenta vainement de s'opposer au coup d'État; il signa les proclamations et les décrets rédigés par ce comité, puis, quand le coup d'État fut accompli, il réussit à passer à l'étranger. Il n'y resta d'ailleurs que fort peu de temps, le prince président ne l'ayant pas compris sur les listes de proscription. Cette circonstance lui permit d'être, le 29 février 1852, élu comme candidat de l'opposition, député de la 4e circonscription de Paris au Corps législatif, par 14,744 voix (32,085 votants, 42,669 inscrits), contre MM. Moreau, 13,511, et Dubail, 1,139. Il refusa de siéger, ne voulant pas prêter serment à Louis-Napoléon, et, réélu de même, le 22 juin 1857, dans la 5e circonscription, par 12,034 voix contre 8,426 à M. Monnin-Japy, il persista dans son refus. En 1864, cependant, il se décida à se soumettre à la formalité du serment préalable, et le 20 mars, en remplacement de M. Havin, qui avait opté pour la Manche, la 1re circonscription de Paris l'envoya, par 13,551 voix contre 4,979 à M. E. Pinard et 914 à M. Laboulaye, rejoindre les 35 opposants du Corps législatif. Il siégea

naturellement à gauche, et s'attacha surtout aux questions concernant les affaires étrangères et l'instruction publique. Il parla aussi dans la discussion de la loi militaire, le 24 décembre 1867, pour défendre le système qui, par la brièveté du service, rapproche l'armée de la nation. Carnot cessa en 1869 d'appartenir à la députation, Paris ne lui ayant donné, le 24 mai, que 11,604 voix contre 21,744 accordées à l'élu, Léon Gambetta, et le 22 novembre de la même année que 13,445 contre 17,978 à M. Henri Rochefort. Au 4 septembre 1870, il devint maire du 8e arrondissement de Paris; puis, lors des élections du 8 février 1871, il fut élu représentant de Seine-et-Oise à l'Assemblée nationale, le 7e sur 11, par 20,089 voix (53,390 votants, 123,875 inscrits). Il siégea à la gauche républicaine, vota avec la majorité *pour* les préliminaires de paix, et, avec la minorité *contre* le renversement de Thiers, *contre* le gouvernement du 24 mai, *contre* la loi des maires, *contre* le septennat, etc. Il adopta l'ensemble des lois constitutionnelles, et prit d'ailleurs peu de part aux discussions publiques. Élu, le 15 décembre 1875, par l'Assemblée, sénateur inamovible, au 6e tour, avec 344 voix sur 681 votants, il s'associa jusqu'à sa mort, survenue en 1888, à tous les votes des républicains de la Chambre haute dont, à la fin de sa vie, il était devenu le doyen. Il se prononça notamment : en 1877, *contre* la dissolution de la Chambre des députés; en 1879, *pour* le ministère Dufaure; en 1880, *pour* les divers projets de loi sur l'enseignement, et *pour* l'article 7; en 1881, *pour* les lois nouvelles sur le droit de réunion et la liberté de la presse; en 1883, *pour* la réforme judiciaire; en 1884, *pour* le divorce, etc. Hippolyte Carnot siégeait comme sénateur le 3 décembre 1887, à la séance du Congrès, où son fils, M. Sadi Carnot, fut nommé président de la République.

CARNOT (MARIE-FRANÇOIS-SADI), fils aîné du précédent, représentant à l'Assemblée nationale de 1871, député de 1876 à 1888, ministre, puis président de la République française, est né à Limoges (Haute-Vienne), le 11 août 1837, suivant l'acte de naissance ainsi conçu :

« Aujourd'hui, treize août mil huit cent trente-sept à neuf heures du matin, par devant nous, Jean Poncet des Nouailles, adjoint de M. le maire de la ville de Limoges, faisant les fonctions d'officier de l'état civil soussigné : A comparu monsieur Lazare-Hippolyte Carnot, propriétaire, âgé de trente-six ans, demeurant rue Sainte-Valérie, division nord, lequel nous a présenté un enfant du sexe masculin, né le 11 courant, à six heures du soir, de lui comparant et de dame Jeanne-Marie-Grâce-Claire Dupont, son épouse, auquel enfant il a déclaré donner les prénoms de Marie-François-Sadi; lesquelles présentation et déclaration faites en présence de Messieurs Antoine-Joseph-Edouard Dupont, officier de marine, âgé de vingt-sept ans, demeurant boulevard de la Pyramide, et de Gaucher Joseph Descoutures, conseiller à la cour royale de cette ville, âgé de cinquante ans, demeurant susdit boulevard; lesquels, ainsi que le père, ont signé avec nous le présent acte, après lecture faite.

« Ont signé au registre : H. Carnot, E. Dupont, Descoutures et Poncet père, adjoint. »

Le nouveau-né reçut le prénom de *Sadi*, nom d'un poète persan du XIIIe siècle, qui était déjà celui de son oncle paternel. Elevé à Paris, au lycée Bonaparte, qui a gardé le souvenir de ses succès scolaires (trois prix au concours généra de 1855), il y brillait comme helléniste : il apporta, une année, à la Saint-Charlemagne, une pièce de vers grecs. Il entra, le cinquième, en 1857, à l'École polytechnique; bientôt malade, il fut retardé d'un an ; mais il reprit vite son rang, et, en 1860, passa le premier à l'École des ponts et chaussées, d'où il sortit major en 1863. A l'Ecole polytechnique il avait été rejoint par son frère, M. Adolphe Carnot, plus jeune que lui de deux ans ; celui-ci, après avoir été élève, puis professeur à l'Ecole des Mines, est aujourd'hui directeur du laboratoire d'essai de cet établissement. A sa sortie de l'École des ponts, M. Carnot resta pendant un an à Paris comme secrétaire adjoint du Conseil supérieur des ponts et chaussées, puis fut envoyé dans la Haute-Savoie pour y diriger le service d'ingénieur. Il s'adonna à cette tâche jusqu'en 1870, et travailla utilement à l'œuvre d'assimilation de la nouvelle province (la Savoie venait d'être rattachée à la France et se voyait dotée de travaux publics importants). Quand la guerre éclata et que la République eut été proclamée, le jeune ingénieur se mit à la disposition du gouvernement de la Défense nationale, et lui apporta à Tours un modèle perfectionné de mitrailleuse qu'il avait inventée. M. de Freycinet s'attacha M. Carnot comme collaborateur jusqu'au 13 janvier 1871, puis lui confia la mission d'aller organiser au Havre la défense de la basse Seine, avec le titre de « préfet de la Seine-Inférieure et commissaire extraordinaire de la République dans la Seine-Inférieure, l'Eure et le Calvados. » Parvenu à son poste le 16 janvier, il s'entendit avec le général Loysel, le maire Ramel, le sous-préfet Leplieux, et, malgré les ressources médiocres d'un matériel et d'un effectif insuffisants, utilisa ses connaissances techniques pour mettre la ville du Havre en état de défense. Aux premiers bruits de la capitulation de Paris et de l'armistice, M. Carnot protesta par la dépêche suivante adressée au ministre de l'Intérieur, contre le projet d'élection d'une Assemblée chargée de traiter.

« Préfet à Intérieur. — 30 janvier. 11 h. 55 soir.

« Au ministre Gambetta, Bordeaux.

« Fidèle aux sentiments qui l'ont toujours animée, la démocratie de la Seine-Inférieure, émet le vœu suivant : Pas d'élections, lutte à outrance. »   CARNOT. »

Obligé cependant, d'exécuter les conditions de l'armistice signé par le gouvernement de Paris et engageant la France entière, le commissaire de la République s'efforça d'épargner des vexations aux communes envahies ou menacées par l'ennemi, et de sauver le matériel des chemins de fer afin de faciliter le ravitaillement de Paris. Quand le gouvernement de M. Jules Simon, favorable à la paix immédiate, remplaça à Bordeaux les ministres partisans de la « guerre à outrance, » M. Carnot, par une dépêche du 7 février 1871, adressa à M. Arago, ministre de l'Intérieur, sa démission de préfet :

« Si vous ne redoutez pas, lui disait-il, une Chambre telle que M. de Bismarck la désire, je ne puis vous suivre. En venant ici avec la mission d'organiser les forces de la défense, j'acceptais un poste de combat qui n'a de raison d'être qu'avec une Chambre fière et résolue, avec l'exclusion des partisans de la paix à tout prix. Pour rester fidèle à la ligne de conduite que je m'étais tracée, je vous remets donc mes fonctions et vous prie d'accepter ma démission ».

Le lendemain du jour où ces lignes étaient écrites, avaient lieu les élections pour l'Assemblée Nationale, et le département de la Côte-d'Or nommait parmi ses représentants, le 3e sur 8, avec 41,711 voix (73,216 votants, 116,813 inscrits), M. Sadi Carnot. Le nouveau député resta cependant à son poste jusqu'au renouvellement de l'armistice, et n'arriva à Bordeaux que le 19 février. Il prit place à gauche, se fit inscrire, comme son père, à la «gauche républicaine», et fut le secrétaire de ce groupe durant toute la législature. Il fut des 107 qui se prononcèrent contre le traité de Francfort, vota contre l'abrogation des lois d'exil concernant les Bourbons, contre le pouvoir constituant de l'Assemblée, pour le retour à Paris, contre la démission de Thiers et contre le gouvernement du 24 mai, repoussa le septennat, et adopta tous les projets qui aboutirent à l'établissement des lois constitutionnelles. Il prit part à un certain nombre de discussions économiques et financières, fut, en 1873, membre de la commission chargée d'examiner les comptes définitifs du budget de 1869, le dernier de l'Empire, et publia, en 1875, la traduction d'un ouvrage de Stuart Mill sur la « Révolution de 1848 et ses détracteurs. » Depuis 1871, M. Sadi-Carnot était conseiller général de la Côte-d'or, pour le canton de Nolay ; il devint, plus tard, en 1883, vice-président du Conseil. — Elu, le 20 février 1876, député de la 2e circonscription de Beaune, par 7,058 voix (12,797 votants, 15,496 inscrits), contre MM. Benoît-Champy, 3,805 voix et Villers de Faye, 1,881, il fut choisi pour secrétaire par la Chambre nouvelle, puis nommé membre de la commission du budget et rapporteur du budget des travaux publics, en 1876 et en 1877. Après la dissolution de la Chambre par le gouvernement du 16 mai, M. Sadi-Carnot, qui était des 363, fut réélu le 14 octobre 1877 dans sa circonscription par 7,584 voix (12,976 votants, 15,722 inscrits), contre 5,324 à M. Benoît-Champy. Il redevint secrétaire, membre de la commission du budget et rapporteur du budget des travaux publics, s'associa à tous les votes de la majorité républicaine et ne tarda pas à entrer dans le gouvernement. Il fut d'abord nommé sous-secrétaire d'Etat au ministère des travaux publics par M. de Freycinet (1878), et conserva ces fonctions en 1879 avec M. Varroy, quand M. de Freycinet devint président du conseil. Il opina: pour l'invalidation de l'élection Blanqui à Bordeaux, pour le retour des Chambres à Paris, pour l'article 7 et l'application des lois existantes aux congrégations, etc., et, le 23 septembre 1880, il remplaça M. Varroy comme ministre des travaux publics dans le premier cabinet Ferry. En cette qualité, M. Carnot accepta les conséquences, la charge et la responsabilité du fameux « plan Freycinet ». Il fut réélu député le 21 août 1881, par 9,038 voix (9,991 votants, 15,617 inscrits). Lorsque le ministère Gambetta, dit le « grand ministère », fut formé, il quitta le pouvoir pour reprendre son siège de député. « Malgré son attitude pendant la guerre, a écrit M. G. A. Hubbard, député de Seine-et-Oise (Célébrités contemporaines, Sadi-Carnot, 1888), M. Carnot, comme M. Tirard, dont il devait faire plus tard son président du Conseil, ne fut jamais dans le cercle des amis de Gambetta ; il était plus modéré que ceux-ci lorsqu'ils étaient des radicaux, et il resta plus libéral qu'eux, quand ils devinrent des modérés autoritaires en se ralliant à M. Ferry. Aussi ne trouve-t-on jamais M. Carnot dans le groupe de l'Union républicaine. Après la gauche républicaine il fit partie de l'Union démocratique, à la Chambre de 1881, mais il cessa de faire partie d'aucun groupe quand tous les éléments non-radicaux de la Chambre de 1885 se fondirent sous le nom d'*Union des gauches*. Il se montra toujours un modéré très ministériel dans ses votes, par goût de la stabilité, mais très indépendant dans ses relations avec les personnalités absorbantes. » En 1882, M. Carnot rentra à la commission du budget et fut de nouveau chargé du rapport sur les travaux publics. Il vota avec les modérés *contre* l'amendement J. Roche sur l'élection du maire de Paris, *contre* l'abrogation du Concordat, *contre* l'élection de la magistrature, fut vice-président de la Chambre de 1883 à 1885, et pendant l'année 1883, président de la commission du budget. Il produisit plusieurs grands rapports au nom des commissions des chemins de fer et des canaux, notamment sur le canal du Nord. M. Carnot rentra au pouvoir dans le ministère H. Brisson, le 7 avril 1885, avec le portefeuille des travaux publics. Mais, M. Clamageran s'étant retiré quelques jours après, M. Carnot passa des travaux publics aux finances. Il s'appliqua à restaurer les finances obérées, fit voter le budget, jeta les bases de la liquidation de la caisse des écoles et des chemins vicinaux, et organisa la conférence monétaire pour le renouvellement de l'Union latine. Vinrent les élections de 1885, au scrutin de liste: le député de Beaune fut élu député de la Côte d'Or sur la liste opportuniste, au second tour de scrutin, avec 55,833 voix (91,997 votants, 113,471 inscrits.) Quand le ministère Brisson se retira, M. Carnot fut conservé par M. de Freycinet: il dut aborder toutes les difficultés de la présentation du budget de 1887 à la Chambre renouvelée. Il le fit avec sincérité, avoua le déficit du budget ordinaire, et reconnut la nécessité de supprimer les budgets extraordinaires, qui, par leur système d'emprunts incessants, devenaient ruineux pour le pays. Il prit sur lui de limiter les fonds des caisses d'épargne mis en compte courant au trésor, mais ne s'associa que dans une mesure très restreinte à la volonté, brusquement manifestée par la majorité de la Chambre, de réduire les crédits des diverses administrations, et combattit fermement, sans passion, les demandes de réductions quand il les jugea excessives. « Sa parole, un peu terne et sans éclat, dit encore M. G. A. Hubbard, mais ferme, nourrie de faits, dédaignant les agréments oratoires ou extérieurs, a toujours été égale à elle-même; du reste M. Carnot n'a jamais abordé la tribune sans nécessité absolue. Il parle évidemment sans plaisir, pour traduire les pensées qu'il juge indispensable de communiquer à ses auditeurs. Il n'a aucune prétention d'émouvoir ni d'entraîner; il veut être compris, et pour cela il est toujours clair, ordonné, maître de sa marche un peu compassée, sacrifiant tous les ornements du discours à la solidité du fond. Il parle comme il marche, comme il règle ses affaires, comme il vit, très méthodiquement. » Le ministre fut battu sur plusieurs questions, à de fortes majorités; il s'inclina devant ces votes et se retira. Mais, après la chute du cabinet sur la question des sous-préfets, quand il y eut une nouvelle commission à élire pour examiner le budget du successeur de M. Carnot, M. Carnot lui-même fut le premier des membres élus de cette commission. Quelques mois plus tard, au cours des incidents scandaleux qui devaient amener la chute de M. Grévy, la Chambre rencontra une occasion nouvelle de rendre hommage à la probité du ministre Carnot. L'incident fit du bruit: M. Rou-

vier, ministre des finances et président du Conseil, discutant, le 5 novembre 1887, la nomination d'une commission d'enquête sur les faits reprochés au gendre de M. Grévy, M. Wilson, fut amené à rappeler le fait de la restitution par le Trésor au profit de M. Dreyfus, ami particulier du président Grévy, de certains droits régulièrement perçus. Le président du conseil constata que cette restitution n'avait pas été accordée du premier coup, et qu'un ministre avait su s'affranchir des sollicitations, si hautes qu'elles fussent. « Il ressort, dit-il, du dossier, qu'un de mes prédécesseurs, l'honorable M. Sadi-Carnot, a refusé la restitution qui lui était demandée. » (*Applaudissements prolongés.*) Cet hommage, auquel s'associa toute l'assemblée, empruntait un caractère particulier à la crise gouvernementale que traversait alors le pays. Les incidents de cette crise s'étant précipités, on en vint rapidement à songer à l'éventualité d'une vacance de la Présidence, et à l'intérêt qu'il y aurait à rajeunir, en le purifiant, le pouvoir exécutif. Après de longues tergiversations, M. Grévy donna sa démission. On avait déjà mis en avant pour lui succéder les noms des principaux personnages du parti républicain: M. J. Ferry, M. de Freycinet. M. Floquet, M. Henri Brisson. Chacun d'eux avait des partisans très dévoués et de violents adversaires. Une candidature surtout, celle de M. Ferry, divisait irrémédiablement les républicains. Quelques-uns, en face de ces candidats très combattus, mirent en avant M. Sadi Carnot. Le 1ᵉʳ décembre au matin, MM. Dide, membre du groupe le plus avancé du Sénat, Colfavru, de la gauche radicale, et Hubbard, de l'extrême gauche de la Chambre, se rendirent auprès de M. Carnot, et lui expliquèrent qu'à leurs yeux sa candidature s'imposait comme la seule qui pût sans contestation faire l'union dès la première heure; qu'il serait excellent pour la République de fêter le centenaire de 1789 avec la présidence d'un Carnot; qu'il était politique de mettre fin à la crise, en choisissant un homme modeste et probe, dégagé de l'esprit de coterie, et capable d'agir efficacement tout en restant dans les limites de son rôle constitutionnel. M. Carnot accepta. Au jour de l'élection (3 décembre), les candidats en combat disparurent au fur et à mesure des scrutins préparatoires qui eurent lieu soit au Palais-Bourbon, soit au théâtre des Variétés à Versailles. Le premier tour de scrutin de la réunion plénière des gauches donna les résultats suivants:

MM. Jules Ferry. . . .	200 voix
de Freycinet	192 —
Henri Brisson	81 —
Sadi Carnot	69 —
Saussier	7 —
Floquet	1 —
Ribot	1 —

Le deuxième tour, votants 552:

MM. Jules Ferry.	216 voix
de Freycinet	196 —
Brisson	79 —
Sadi Carnot	61 —

Le troisième tour, votants 502:

MM. Jules Ferry	179 voix
Sadi-Carnot	162 —
de Freycinet	109 —
Brisson	52 —

Enfin, dans le Congrès, les voix se trouvèrent ainsi réparties:

Premier tour de scrutin :

MM. Sadi-Carnot . . . . . 303 voix
Jules Ferry . . . . . 212 —
Général Saussier . . 148 —
de Freycinet . . . . 76 —
Général Appert. . . 72 —
Brisson . . . . . . 26 —
Floquet . . . . . . 5 —
Anatole de la Forge. 2 —
Félix Pyat . . . . 2 —
Pasteur . . . . . . 2 —
Spuller . . . . . . 1 —

Alors M. Ferry se désista, et le second tour de scrutin donna à M. Carnot, seul candidat des gauches, 616 suffrages, contre 188 au général Saussier, pour qui les droites avaient voté, sans qu'il eût accepté la candidature. Proclamé président de la République Française pour sept années, M. Carnot, après avoir reçu plusieurs hommes politiques de nuances diverses, chargea M. Tirard de constituer son premier ministère. Puis il adressa aux Chambres (12 décembre 1887), un message où il disait : « Le gouvernement s'efforcera de rendre facile l'accord nécessaire de vos volontés en vous appelant sur le terrain commun des intérêts moraux et matériels de la nation. Avec l'apaisement, la sécurité, la confiance, il voudra assurer au pays les progrès réfléchis, les réformes pratiques destinées à encourager le labeur national, à fortifier le crédit, à amener la reprise des affaires et à préparer les grandes assises industrielles de 1889. Il se préoccupera des mesures qui touchent les conditions du travail et de l'hygiène, de la mutualité et de l'épargne. Il s'attachera à l'amélioration des finances, au sérieux équilibre des budgets, à la simplification du fonctionnement administratif et judiciaire et à l'irréprochable gestion des affaires publiques... etc. » Tour à tour, suivant les indications parlementaires, le président de la République a confié la direction des affaires à MM. Floquet et Constans. Il a signé le décret de mise à la retraite d'office du général Boulanger, (27 mars 1888), et présidé solennellement à l'ouverture de l'Exposition universelle (mai 1889). M. Carnot a épousé Mᵉˡˡᵉ Dupont-White, fille de l'économiste (1807-1878).

CARNOT-FEULINS (CLAUDE-MARIE), frère de Lazare Carnot, député à l'Assemblée législative de 1791, représentant à la Chambre des Cent-Jours, né à Nolay (Côte-d'Or), le 15 juillet 1755, mort à Autun (Saône-et-Loire), le 17 juillet 1836, était capitaine du génie, lorsque la Révolution éclata. Il en adopta modérément les principes, s'établit dans le département du Pas-de-Calais, dont il devint administrateur en 1790, et fut, l'année suivante (27 août 1791), élu député de ce département, par 353 voix sur 637 votants. Il appartint au comité militaire pendant toute la durée de la session, et fit plusieurs rapports et motions sur l'organisation des comités, sur la gendarmerie, sur le recrutement de l'armée, sur la nomination des adjudants-généraux, sur la défense des places et sur diverses questions techniques. Le 10 août, il fut du nombre des commissaires envoyés à l'Hôtel de Ville et qui, ayant été accueillis par le feu des Suisses sur la place du Petit-Carrousel, rentrèrent à l'Assemblée, où Carnot-Feulins proposa d'inviter le roi à se rendre dans la loge du logographe, près du président. Il fit décréter l'envoi de commissaires aux armées, devint, après la session, directeur du département général des fortifications, et fut chargé d'aller vérifier l'état des armées sur la frontière du Nord. Il se rendit successivement aux armées de la Moselle et du Rhin, et plus tard, dirigea les fortifications de Dunkerque, lors du siège de cette place par les Anglais. Il coopéra, en 1793, à la prise de Furnes, puis il rendit d'importants services à la bataille de Wattignies. Lorsque son frère, Lazare Carnot devint membre du Directoire, Carnot-Feulins, promu maréchal de camp (16 prairial an IV), fut appelé auprès de lui à Paris ; il partagea sa proscription en l'an V, demeura en Bourgogne jusqu'en l'an VIII, mais ne rentra alors dans son grade que pour s'en démettre encore par suite d'une altercation qu'il eut avec le premier consul au sujet de l'expédition de Saint-Domingue, dans laquelle il devait prendre le commandement du génie. Il resta alors plusieurs années sans traitement ni pension. En 1814, il recouvra le grade de général, et y joignit les fonctions d'inspecteur général du génie. Élu, pendant les Cent-Jours, le 12 mai 1815, membre de la Chambre des représentants par l'arrondissement de Chalon-sur-Saône, avec 70 voix sur 114 votants, Carnot-Feulins devint un des secrétaires de cette assemblée : il proposa, après le désastre de Mont-Saint-Jean, de décréter que l'armée avait bien mérité de la patrie ; puis il fut chargé, avec ses collègues du bureau, d'aller porter à Napoléon l'acte d'acceptation de sa seconde abdication. Son frère, Lazare Carnot, étant alors appelé à faire partie du gouvernement provisoire, il le remplaça par intérim, au ministère de l'Intérieur, du 23 juin au 9 juillet 1815. Quelque temps après, il fut mis à la retraite parce qu'il avait atteint la limite d'âge. Une correspondance de lui avec son frère Lazare, alors en exil, le fit arrêter en juillet 1816 ; mais on le relâcha presque aussitôt, et le gouvernement royal lui tint si peu rigueur qu'il lui conféra, en 1817, un brevet de lieutenant-général. Carnot-Feulins mourut dans sa famille, à un âge avancé.

CAROILLON. — *Voy.* VANDEUL. (DE)

CARONDELET (FRANÇOIS-LOUIS DE), député à l'Assemblée constituante de 1789, né au château de Thumeries (Nord), le 29 août 1753, mort à Thumeries, le 25 mars 1833, était issu d'une ancienne famille bourguignonne, établie en Flandre à la fin du xvᵉ siècle. Prévôt du chapitre de Séclin il fut élu, le 7 avril 1789, par le bailliage de Lille, député du clergé aux États-Généraux. Son nom n'est point mentionné au *Moniteur.*

CARPENTIER (ANTOINE-FRANÇOIS), député à l'Assemblée législative de 1791, membre de la Convention, député au Conseil des Cinq-Cents, né le 1ᵉʳ septembre 1739, mort le 27 janvier 1829, devint, au début de la Révolution, président du district d'Hazebrouck (Nord). Il fut élu, le 31 août 1791, député du Nord, à l'Assemblée législative, le 7ᵉ sur 12, par 605 voix sur 908 votants, et siégea dans la majorité. Le même département le renvoya (septembre 1792), à la Convention nationale. Partisan du jugement et de la condamnation de Louis XVI, il s'opposa, le 15 décembre, à la proposition de Thuriot, tendant à soumettre les pièces déniées par le roi à une vérification d'experts. Lors du procès, il vota « la mort », sans développer son opinion, et ne prit plus la parole qu'à la séance du 9 juillet 1793, pour traiter de « tartufe » le représentant Couhey (des Vosges), membre du côté droit, qui essayait de se disculper du reproche d'avoir applaudi la lecture d'une proclamation réactionnaire du comité central de l'Hérault. Le 23 vendémiaire an IV, Carpentier passa au Conseil des Cinq-Cents, où il siégea jusqu'en l'an VI. Il demeurait alors à Paris « rue Serpente, n° 16 ». On perd sa trace à partir de cette époque. Atteint par la loi de 1816, il mourut en exil.

CARPENTIER PIERRE-JACQUES-FRANÇOIS), représentant à la Chambre des Cent-Jours, né à Orville (Orne), le 27 juin 1759, mort à une date inconnue, appartenait à la magistrature. Procureur impérial à Louviers, il fut élu, le 8 mai 1815, représentant de cet arrondissement à la Chambre des Cent-Jours, par 60 voix sur 73 votants. Là se borna son rôle politique.

CARPENTIN (JULES DE), député de 1837 à 1839, né à Nogent-le-Rotrou Eure-et-Loir), le 22 août 1783, mort à Abbeville (Somme), le 15 décembre 1841, propriétaire à Abbeville, maire de cette localité et conseiller général de la Somme, débuta dans la carrière politique en 1837. Il posa sa candidature le 29 juin, dans la 2e circonscription d'Abbeville, et obtint 51 voix contre 139 accordées à l'élu, M. Renouard, qui se trouvait soumis à la réélection par suite de sa nomination au poste de conseiller à la cour de cassation. M. de Carpentin fut plus heureux le 4 novembre de la même année, et fut élu dans le même collège par 210 voix (366 votants, 537 inscrits). Il fit partie, dans la session de 1838-39, de la majorité ministérielle, et ne fut pas réélu aux élections suivantes. Une *Biographie des députés* dit de lui : « M. de Carpentin vient de dire adieu à la vie politique : il n'a pas brillé, dans cette carrière d'un bien vif éclat, et le seul fait qui lui ait valu quelque célébrité pendant le cours de ses dix-huit mois de législature, c'est que, le jour même où il arrivait à Paris pour aller siéger au Palais-Bourbon, il recevait et acceptait la décoration de la Légion d'honneur. »

CARQUET (FRANÇOIS), représentant à l'Assemblée nationale de 1871, et membre du Sénat, né à Moutiers (Savoie), le 22 novembre 1810, avocat, docteur en droit, ancien député au Parlement sarde jusqu'à l'annexion, fut élu, le 8 février 1871, représentant de la Savoie à l'Assemblée nationale, le 1er sur 5, par 20,527 voix (38,875 votants, 66,544 inscrits). Il fit partie de la gauche modérée et vota *pour* la paix, *contre* l'abrogation des lois d'exil, *pour* le retour à Paris, *contre* le pouvoir constituant, *contre* l'acceptation de la démission de Thiers, *contre* le gouvernement du 24 mai, *contre* le septennat, *contre* l'état de siège, *contre* la loi des maires, *pour* les amendements Wallon et Pascal Duprat et *pour* la Constitution de 1875. M. Carquet était, depuis le 8 octobre 1871, conseiller général de la Savoie pour le canton de Bourg-Saint-Maurice. Rentré dans la vie privée après la législature, il reparut au parlement, le 8 janvier 1882, comme sénateur de la Savoie, élu par 306 voix sur 503 votants. Il a voté avec la majorité du Sénat : *pour* la loi nouvelle sur le serment judiciaire (1882), *pour* la réforme judiciaire 1883), *pour* le rétablissement du divorce (1884). *pour* les crédits du Tonkin, *pour* le ministère Ferry, et, plus récemment, *pour* l'adoption de la nouvelle loi militaire. Dans la dernière session, il s'est prononcé, *pour* le rétablissement du scrutin uninominal (13 février 1889), *pour* la loi Lisbonne restrictive de la liberté de la presse (18 février), *pour* la procédure à suivre devant le Sénat

pour juger les attentats contre la sûreté de l'État (29 mars, affaire du général Boulanger)

CARRA (JEAN-LOUIS), membre de la Convention nationale, né à Pont-de-Veyle (Ain), le 11 mars 1742, exécuté à Paris, le 31 octobre 1793, était d'une famille pauvre, qui lui fit commencer ses études. Une accusation de vol, qui ne fut jamais prouvée, l'obligea, tout jeune, à quitter son pays : il erra longtemps en Allemagne, et parvint à se placer comme secrétaire chez un hospodar de Moldavie ; puis il revint en France, et remplit les mêmes fonctions auprès du cardinal de Rohan qui obtint pour lui, du cardinal de Brienne, un emploi à la bibliothèque du roi, peu de temps avant la Révolution. Il ne tarda pas à jouer un rôle politique. Après avoir coopéré, en 1789, à la rédaction du *Mercure national*, ou *Journal d'État et du citoyen*, il devint, avec Mercier, le principal rédacteur d'un journal intitulé : *Annales patriotiques*, qui eut un succès prodigieux, et valut à Carra dans toute la France, une rapide popularité. Nommé électeur du district des Filles-Saint-Thomas, il provoqua l'établissement de la commune, celui de la garde bourgeoise, et prit une part importante aux discussions du club des Jacobins : Carra fut de ceux qui contribuèrent le plus à faire adopter l'idée d'une déclaration de guerre à l'empereur Léopold, pour laquelle il ne demandait que cinquante mille hommes, douze presses et du papier (1790). Il parla et écrivit contre les « intrigants et les contre-révolutionnaires qui entravaient les efforts des réformateurs » ; publia en 1792, une liste de proscription sons ce titre : *Liste des députés ministériels*, et proposa d'armer le peuple de piques. Il fut encore l'un des chefs de l'insurrection du 10 août, dont il avait tracé le plan. Le 8 septembre, il fit hommage à l'assemblée d'une tabatière en or, présent du roi de Prusse, à qui il avait dédié un de ses livres, et demanda qu'elle fût employée à faire la guerre à ce prince. Élu membre de la Convention non pas dans *deux* départements, comme l'ont répété tous les biographes, mais dans *six*, il ont à opter entre : le département de Saône-et-Loire, qui l'avait élu le 5 septembre 1792 ; le Loir-et-Cher qui l'avait élu le même jour, par 243 voix sur 277 votants ; l'Eure, le 6 septembre (343 voix sur 570); la Charente, le 6 septembre (330 voix sur 510); les Bouches-du-Rhône, le 8 septembre (691 voix sur 706); et la Somme, le 8 septembre (348 voix sur 410). Carra opta pour le département de Saône-et-Loire, siégea d'abord au côté gauche de l'Assemblée, dénonça les opérations du général Montesquiou, qui n'avançait pas en Savoie assez rapidement à son gré, défendit Westermann, et prit plusieurs fois la parole sur les questions militaires. Lors du procès de Louis XVI il s'exprima en ces termes, au 2e appel nominal : « Citoyens, comme la mesure d'appel au peuple peut être un moyen dangereux, que l'ombre d'un roi m'a toujours paru dangereuse pour la liberté, comme nous avons quatre ou cinq cent mille citoyens sur les frontières qui ne pourront pas se trouver aux assemblées primaires; comme je vois dans cet appel au moins un moyen de guerre civile, je dis *non*. » Au troisième appel nominal, il vota la mort : « En vertu de la déclaration faite par la Convention, que Louis Capet est convaincu de conspiration contre la liberté et d'attentat contre la sûreté générale de l'État; en vertu de la loi qui applique la peine de mort à ce genre de crime; pour satisfaire aux principes qui sont la vraie politique des nations; pour l'instruction des peuples dans tous les lieux, et pour l'effroi des tyrans, je vote pour la mort. » Malgré l'étalage quelque peu théâtral de ses sentiments démocratiques, sa liaison avec Roland, qui l'avait établi garde de la Bibliothèque nationale, et avec Brissot, ses relations avec le prince de Brunswick et avec Dumouriez, le rendirent des plus suspects au parti de la Montagne. Les dénonciations se multiplièrent contre lui. Marat, Couthon, Robespierre le firent rappeler d'une mission à Blois, le 12 juin 1793. Compris au nombre des quarante-six députés accusés par Amar, mis en jugement et condamné à mort avec les Girondins, par suite des événements du 31 mai, il fut exécuté le 31 octobre 1793. Carra, qui avait surtout des visées diplomatiques, avait publié un grand nombre de travaux, parmi lesquels : *Système de la raison* ou *le Prophète philosophe* (Londres 1775); *Essai particulier de politique, dans lequel on propose un partage de la Turquie européenne* (1777); *Histoire de la Moldavie et de la Valachie* (1778); *Histoire de l'ancienne Grèce* (1787); *Un petit mot de réponse à M. de Calonne* (1787); *Projet de cahier pour le tiers-état de la ville de Paris* (1789); *Mémoires sur la Bastille* (1790); etc.

CARRÉ (PIERRE-LOUIS-ALEXANDRE), représentant à la Chambre des Cent-Jours, député de 1815 à 1820, né à Lanouée (Morbihan), le 8 mai 1768, mort à une date inconnue, riche propriétaire de forges à Plémet, fit partie, aux Cent-Jours, de la Chambre des représentants, où il avait été élu par l'arrondissement de Loudéac, le 13 mai 1815, avec 56 voix sur 92 votants et 155 inscrits. Depuis lors, il fut successivement réélu à la Chambre dite « introuvable », par le collège de département des Côtes-du-Nord, avec 216 voix (231 votants, 289 inscrits) (il y vota avec la minorité libérale), puis, après la dissolution, à la Chambre nouvelle (4 octobre 1816), par 129 voix (208 votants, 274 inscrits). Il siégea alors au centre gauche, et se prononça, avec les constitutionnels, dans la session de 1819, *contre* les lois d'exception; il fut aussi des 95 qui protestèrent *contre* le nouveau système électoral. Carré fut député jusqu'en 1820.

CARRÉ (GUILLAUME-MARIE), représentant à la Chambre des Cent-Jours, né à Bruyères-le-Châtel (Seine-et-Oise), le 27 décembre 1770, mort à une date inconnue, était propriétaire à Bruyères, et devint, le 11 mai 1815, représentant de Seine-et-Oise à la Chambre des Cent-Jours : le collège de département lui donna 47 voix sur 76 votants et 226 inscrits. Il marqua peu dans cette courte législature.

CARRÉ (FÉLIX-PIERRE), représentant du peuple à l'Assemblée constituante de 1848, né à Laval (Mayenne), le 5 novembre 1794, mort au Rocher, près Langast (Côtes-du-Nord), le 17 février 1866, se livra d'abord à l'agriculture, particulièrement à l'élève des chevaux. D'opinions libérales, il fit quelque opposition dans son pays à la Restauration et au gouvernement de Juillet, et fut, le 23 avril 1848, élu par les Côtes-du-Nord le 9e sur 16, représentant du peuple à l'Assemblée constituante, avec 80.564 voix (144,377 votants, 167,673 inscrits). Membre du comité de la marine, il vota avec la fraction la plus modérée du parti démocratique : le 9 août 1848, *pour* le rétablissement du cautionnement; le 26 août, *pour* les poursuites contre Louis Blanc; le 1er septembre, *contre* le rétablissement de la contrainte par corps; le 18 septembre, *contre* l'abolition de la peine de mort; le 7 octobre, *contre* l'amendement Grévy; le 2 novembre, *contre* le droit au travail; le 27 décembre, *pour* la suppression l'impôt du sel; le 12 janvier 1849, *contre* la proposition Rateau; le 21 mars, *contre* l'interdiction des clubs; etc. Adversaire de la politique de l'Elysée, il avait accentué ses votes dans un sens républicain après l'élection du 10 décembre. M. F. Carré ne fut point réélu à l'Assemblée législative.

CARRÉ (FRANCK-PAUL-FRANÇOIS-EMILE), dit FRANCK-CARRÉ, pair de France, né à Montmorency (Seine-et-Oise), le 21 septembre 1800, mort à Cercamps (Pas-de-Calais), le 23 juin 1862, entra dans la magistrature en 1824 : il était en 1828 substitut près du tribunal de Fontainebleau. Il se rallia au régime issu de la révolution de Juillet, et le zèle particulier qu'il apporta à le servir, de préférence dans les questions politiques, le désigna à l'animadversion du parti démocratique. Successivement substitut du procureur du roi en septembre 1830, avocat général en 1834, procureur général à Paris et avocat général à la Cour de cassation (1836), il eut, comme chef du parquet, à porter la parole dans les affaires Fieschi, Alibaud, Quénisset, et dans celle du complot de Strasbourg ; ses réquisitoires étaient empreints d'une extrême violence. Il obtint la présidence de la Cour de Rouen, le titre de pair de France (25 décembre 1841), et le grade de commandeur de la Légion d'honneur. En 1845, il fut nommé membre du comité des hautes études de droit. Ce fut lui qui porta la parole en 1846, devant la cour des pairs, comme rapporteur dans l'affaire de l'attentat Lecomte, et qui obtint la condamnation à mort de l'accusé. La république de 1848 le laissa sur son siège de premier président à Rouen, qu'il conserva sous le gouvernement de L. N. Bonaparte. Les précédents réquisitoires de M. Franck-Carré contre l'auteur de la tentative de Strasbourg ne l'empêchèrent pas de présenter en 1849 au prince président, de passage à Rouen, ses félicitations empressées. Il resta en fonctions sous le second Empire, et reçut un an, avant sa mort, le 27 mai 1861, le titre de président honoraire et celui de grand officier de la Légion d'honneur.

CARRÉ-KÉRISOUET (ERNEST-LOUIS-MARIE), député au Corps législatif de 1869 à 1870, représentant à l'Assemblée de 1871, député de 1876 à 1877, né à Lamballe (Côtes-du-Nord), le 24 août 1832, mort à Paris, le 15 décembre 1877, appartenait à une famille qui avait déjà donné deux législateurs au département des Côtes-du-Nord, et qui, depuis trois générations, possédait les forges du Vaublanc. Il suivit les cours de l'Ecole centrale et se livra à l'étude de la métallurgie. Ingénieur civil, maire de la commune de Plémet, conseiller général de son département, il se présenta le 24 mai 1869, comme candidat indépendant au Corps législatif, et fut élu dans la 5e circonscription des Côtes-du-Nord, par 15,016 voix (24,972 votants, 30,448 inscrits) contre MM. de Janzé, 6,417 voix, et H. de Villeneuve, 3,537. Il siégea dans les rangs du tiers-parti libéral, fit une opposition modérée à l'Empire, signa l'interpellation des 116, et ne vota pas la déclaration de guerre en 1870. Pendant la campagne, il s'occupa avec son collègue, M. de Kératry, de l'organisation de l'armée de Bretagne; puis il fut, le 8 février 1871, élu représentant des Côtes-du-Nord à l'Assemblée nationale. le 6° sur 13. par 73,248 voix (106,809 votants, 163,398 inscrits.) Il prit place au centre gauche et suivit la politique de Thiers. Il évita de se prononcer sur les prières publiques et le pouvoir constituant de l'Assemblée, vota *pour* la paix, *pour* l'abrogation des lois d'exil, *pour* le retour à Paris, *contre* la démission de Thiers, *contre* le gouvernement du 24 mai, *contre* le septennat, *contre* la loi des maires, et *pour* les lois constitutionnelles de 1875. Le 20 février 1876, M. Carré-Kérisouët se porta candidat dans l'arrondissement de Loudéac ; mais il échoua avec 8,518 voix contre M. Veillet, conservateur monarchiste, élu par 9,700 suffrages. Cette élection ayant été invalidée, la circonscription de Loudéac donna, le 21 mai 1876, à M. Carré-Kérisouët une majorité de 10,213 voix (18,761 votants, 23,698 inscrits), sur M. Veillet, 8,524 voix. Il s'associa à la politique des gauches, combattit le ministère Broglie-Fourtou, et fut des 363. Malade, il ne se représenta pas aux élections qui suivirent la dissolution de la Chambre, et mourut peu de temps après.

CARREAU (EDME-MARIE-ALEXANDRE), représentant du peuple à l'Assemblée constituante de 1848, né à Tonnerre (Yonne), le 26 février 1790, propriétaire dans cette ville, ne joua qu'un rôle modeste dans l'Assemblée du 23 avril 1848, où il fut élu, le 9° et dernier de la liste de l'Yonne, par 30,680 voix. Il y vota généralement avec les républicains modérés : le 9 août 1848, *contre* le rétablissement du cautionnement ; le 26 août, *contre* les poursuites intentées à Louis Blanc et à Caussidière ; le 1er septembre, *contre* e rétablissement de la contrainte par corps ; e 18 septembre, *contre* l'abolition de la peine le mort ; le 7 octobre, *contre* l'amendement Grévy ; le 21 octobre, *pour* l'abolition du remplacement militaire ; le 2 novembre, *contre* le droit au travail ; le 12 janvier 1849, *contre* la proposition Rateau ; le 21 mars, *contre* l'interdiction des clubs ; le 16 avril, *contre* l'expédition de Rome ; le 2 mai, *pour* l'amnistie des transportés. Il ne fit point partie d'autres Assemblées.

CARRELET (GILBERT-ALEXANDRE, COMTE), sénateur du second Empire, né à Saint-Pourçain (Allier), le 14 septembre 1789, mort à Paris, le 22 mai 1874, entra à l'Ecole militaire de Fontainebleau, et prit part, comme officier de cavalerie, à diverses campagnes du premier Empire, entre autres à la guerre d'Espagne (1809-1811), où il reçut deux blessures. En 1814-1815, il fit la campagne de France et se trouva à Waterloo. La Restauration lui conserva le grade de capitaine, et le gouvernement de juillet, après l'avoir nommé chef d'escadron, le chargea d'organiser le service de la gendarmerie. Devenu colonel en 1838, il fut nommé maréchal de camp en 1842, et investi du commandement militaire du département du Gard. Général de division en 1848, il se fit un des soutiens les plus actifs du président L.-N. Bonaparte et le seconda dans son coup d'Etat de décembre 1851 : le général Carrelet fut de ceux qui combattirent, dans les rues de Paris, les tentatives de résistance des républicains. Il en fut récompensé, le 2 décembre 1852, par la dignité de sénateur et par la grand-croix de la Légion d'honneur (30 décembre 1855). Il était grand officier depuis le 31 octobre 1849. Le général Carrelet vota constamment, au Sénat, avec la majorité impérialiste.

CARRELET DE LOISY (ANTOINE-BERNARD), député de 1820 à 1827, né à Dijon (Côte-d'Or), le 1er décembre 1764, mort à Dijon, le 11 octobre 1838, fit ses études de droit, devint avocat, et fut admis en 1783, comme conseiller au Parlement de Bourgogne avec dispense d'âge. Après avoir habité Paris sous le Directoire, il se fixa en 1803, à Terrans (Saône-et-Loire), où il avait des propriétés, et dont il devint maire. Membre du conseil général du département (1810-1831), pour le canton de Chalon, et longtemps président de ce conseil,, il fut nommé conseiller à la Cour impériale de Dijon, en 1811. La Restauration, qu'il accueillit avec joie, le décora de l'ordre du Lys (août 1814) et de la Légion d'honneur (14 septembre suivant) ; il entra au conseil municipal de Dijon en 1815, et fut élu député, le 13 novembre 1820, dans le collège de département de Saône-et-Loire, par 254 voix sur 449 votants et 527 inscrits. Il siégea au centre, et vota fidèlement avec les ministériels.

Le 25 février 1824, il échoua dans le 2e arrondissement électoral de Saône-et-Loire (Chalon-sur-Saône), avec 271 voix contre 306 accordées au général Thiard, élu ; mais huit jours après, le 6 mars, il fut réélu au collège de département, par 229 voix sur 346 votants et 444 inscrits. Il ne monta qu'une fois à la tribune, pour demander la suppression du Conservatoire de musique. On a de lui quelques brochures sur le régime forestier, sur l'échelle mobile, etc.

CARRÈRE-LAGARIÈRE (JEAN-JOSEPH-CAPRAIS), député au Conseil des Cinq-Cents, né le 25 septembre 1755, mort à une date inconnue, était administrateur du département du Gers ; il en devint (24 germinal an V), le député au Conseil des Cinq-Cents. Républicain, il fut, le 19 brumaire, exclu par Bonaparte de la représentation nationale.

CARRET (CHARLES-ANTOINE), député à l'Assemblée législative de 1791, dates de naissance et de mort inconnues, était homme de loi. Il devint, sous la Révolution, vice-président du directoire du district de Gray, et fut élu, le 30 août 1791, député de la Haute-Saône à l'Assemblée législative, par 269 voix sur 349 votants. Il y fit partie de la majorité. Plus tard, Carret, rallié à Bonaparte, fut nommé (9 germinal an VIII) adjoint au maire de Gray.

CARRET (MICHEL), député au Conseil des Cinq-Cents et membre du Tribunat, né à Villefranche (Rhône), en 1752, mort à Paris le 20 juin 1818, était, avant la Révolution, un des premiers chirurgiens de Lyon. Partisan des idées nouvelles, il accepta, en 1790, des fonctions municipales, et fut président de la Société des Amis de la Constitution. Ses opinions modérées le firent arrêter en 1793 ; il réussit à s'échapper et vécut dans la retraite jusqu'à son élection au Conseil des Cinq-Cents comme député du Rhône, le 25 germinal an VII. Il y parla contre la liberté de la presse, et il provoqua les murmures des tribunes en assurant que l'assassinat des ambassadeurs français à Rastadt n'avait produit à Lyon aucune émotion. Envoyé en mission dans la 20e division militaire par le premier consul, après le 18 brumaire, pour faire accepter la nouvelle Constitution, il rendit compte de sa mission dans plusieurs lettres dont l'une figure aux Archives nationales :

... Angoulême, le 6 nivôse an VIII de la République.

« Carret, représentant du peuple, délégué des Consuls de la République dans la 20e division militaire,

« Au Président de la Commission législative du Conseil des Cinq-Cents.

« Citoyen Président,

« J'ai eu l'honneur de vous écrire de Périgueux, et de vous adresser des exemplaires des proclamations que j'ai cru devoir faire aux habitants des départements de la 20e division militaire.

« Faites-moi l'amitié de prévenir la commission législative du Conseil des Cinq-Cents, que j'ai signé l'acceptation de la Constitution de l'an huit.

« A Périgueux, le 30 frimaire,

« Salut et respect.

« CARRET. »

Nommé au retour (4 nivôse an VIII), membre du Tribunat, il y soutint toutes les propositions du gouvernement, devint secrétaire de cette Assemblée le 2 brumaire an XII, et membre de la Légion d'honneur le 25 prairial suivant. A la dissolution du Tribunat, il passa conseiller à la Cour des Comptes (28 septembre 1807). Président de la fédération parisienne pendant les Cent-Jours, il fit preuve de modération dans ce poste difficile; obligé d'abandonner ses fonctions à la Cour des comptes sous la Restauration, il obtint, dit-on, comme dédommagement, une retraite de cinq mille francs.

CARRET (JULES), député de 1883 à 1889, né à Aiguebelle (Savoie), le 10 janvier 1844, étudia la médecine et s'établit à Chambéry. Il s'occupa activement de politique, devint le chef du parti radical en Savoie, et fut élu, le 6 mai 1883, au second tour de scrutin, député de la 1re circonscription de Chambéry, par 7,734 voix (15,531 votants, 19,333 inscrits), contre 4,929 à M. Alphonse Mottet, et 2,798 à M. Bouvier. Il s'inscrivit à la gauche radicale, et vota avec ce groupe *contre* les crédits du Tonkin, *pour* l'abrogation du Concordat et la suppression de l'ambassade auprès du pape, et *pour* l'élection du Sénat par le suffrage universel. Il prit, mais sans succès, l'initiative d'une proposition tendant à la suppression des « fonds secrets ». Porté, le 4 octobre 1885, sur la liste républicaine de la Savoie, il fut élu, le 3e sur 4, avec 29,635 voix (53,829 votants, 67,617 inscrits), et continua de voter avec la gauche radicale, notamment : 19 novembre 1887, *pour* la discussion immédiate de l'interpellation Clémenceau sur la politique générale (chute du ministère Rouvier); 31 mars 1888, *pour* l'urgence sur la proposition de loi de M. C. Pelletan, relative à la révision des lois constitutionnelles (chute du ministère Tirard), M. Jules Carret soutint le cabinet Floquet, et se prononça, dans la dernière session de la législature : *pour* le rétablissement du scrutin uninominal (11 février 1889); *contre* l'ajournement indéfini de la révision de la Constitution (14 février, *pour* les poursuites contre trois députés membres de la Ligue des patriotes (14 mars), *contre* le projet de loi Lisbonne restrictif de la liberté de la presse (2 avril), *contre* les poursuites contre le général Boulanger (4 avril).

CARREY (PIERRE-EMILE), député de 1876 à 1880, né à Paris, le 26 septembre 1820, mort à Paris, le 9 février 1880, fit ses études au lycée Saint-Louis, puis se fit recevoir avocat et plaida quelque temps. Attaché, sous le règne de Louis-Philippe, à la conservation de la Bibliothèque de la Chambre des pairs, il fut chargé, en 1847, de négocier un échange annuel de documents parlementaires entre le Sénat de Washington et la Chambre des pairs; puis il publia un *Recueil des actes du gouvernement provisoire* (1848), voyagea dans l'Amérique du Sud, écrivit le récit de ses excursions sous l'Equateur, suivit en 1857 l'expédition de Kabylie, et se fixa en France, à Vieille-Eglise (Seine-et-Oise); il devint maire de cette commune. Républicain conservateur, il fut élu, le 20 février 1876, député de l'arrondissement de Rambouillet par 8,586 voix (14,985 votants, 19,017 inscrits), contre MM. Maurice Richard, 4,028 voix, et Joubert, 2,066. Il prit place au centre gauche, et vota avec la majorité jusqu'à la dissolution; il fut des 363. Réélu le 14 octobre 1877, député par 9,702 voix (16,245 votants, 19,095 inscrits), contre 6,394 à M. Paré, il reprit sa place parmi les républicains modérés et se prononça avec eux : *pour* le ministère Dufaure, *pour* l'élection de M. Grévy comme président de la République, *pour* l'invalidation de l'élection de Blanqui dans la 1re circonscription de Bordeaux, etc.

CARRICHON (ANTOINE-PHILIBERT-MARIE), député de 1831 à 1834, né à Rouen (Seine-Inférieure), le 4 mai 1789, mort à Lyon (Rhône), le 15 octobre 1847, était négociant dans cette dernière ville. Il fut élu le 5 juillet 1831, député du 5e collège du Rhône (Villefranche), par 256 voix sur 441 votants et 615 inscrits, contre 132 voix à M. Humblot-Conté. Il fit partie de la majorité, et ne fut pas réélu à la législature suivante. M. Carrichon mourut de mort violente : il se suicida en 1847.

CARRIÉ DE BOISSY (JEAN-AUGUSTIN, BARON), représentant à la Chambre des Cent-Jours, né à Entraygues (Aveyron), le 7 juillet 1764, mort à St-Martin-de-Buvel (Ain), le 31 octobre 1838, entra au service comme sous-lieutenant dans la gendarmerie de Lunéville (1782), et n'en sortit qu'à l'époque du licenciement de ce corps (1788). Il fut rappelé à l'activité comme capitaine dans le 1er bataillon de l'Aveyron, le 1er mai 1790, puis passa (1792) en qualité de sous-lieutenant dans la cavalerie de la légion du centre, et fit campagne à l'armée du Nord. Promu de nouveau capitaine en 1793, chef d'escadron en l'an III, il reçut plusieurs blessures dans les combats importants, fit les guerres des ans V, VI, VII, VIII, et IX à l'armée du Rhin, et devint colonel du 22e dragons. Membre de la Légion d'honneur en l'an XII, puis officier de cet ordre, il se battit de l'an XIV à 1807, en Autriche, en Prusse et en Pologne, et reçut, le 13 mai 1807, le grade de général de brigade. Il se fit remarquer encore à Friedland, fut fait baron de l'Empire, prit part aux guerres d'Espagne et de Portugal (1808-1812), et, criblé de blessures, fut fait prisonnier à la bataille de Salamanque. Rentré en France en juin 1814, il fut mis en non-activité par les Bourbons. Pendant les Cent-Jours, le général Carrié de Boissy fut élu (14 mai 1815) membre de la Chambre des représentants par l'arrondissement d'Espalion. Napoléon lui avait confié le commandement du département de l'Aveyron. Il conserva ces fonctions jusqu'à la seconde Restauration, et fut admis à la retraite le 6 octobre 1815.

CARRIER (JEAN-BAPTISTE), membre de la Convention, né à Yolet, près Aurillac (Cantal) en 1756, exécuté à Paris le 16 décembre 1794, était, en 1789, procureur du roi à Yolet. Élu, le 5 septembre 1792, par le département du Cantal, avec 194 voix sur 370 votants, membre de la Convention nationale, il vota la mort de Louis XVI en disant : « Les preuves que j'ai sous les yeux démontrent que Louis est un conspirateur; je le condamne à la mort. » Il contribua à la formation du tribunal révolutionnaire, demanda l'arrestation du duc d'Orléans, la destitution de Biron, réclama des mesures de rigueur contre Pétion et contre les membres du côté droit de l'Assemblée, et fut un des promoteurs de la journée du 31 mai 1793. Dans une première mission dont il fut chargé, dans les Côtes-du-Nord (septembre 1793), il préluda au rôle atroce qu'il devait jouer plus tard, en emplissant de suspects les prisons et les couvents. La Convention l'envoya à Nantes (8 octobre 1793), et là il s'abandonna à la fureur de sang qui le possédait. Les circonstances étaient exceptionnellement graves : la guerre civile embrasait les départements de l'Ouest : l'accaparement, l'agiotage se disputaient, à Nantes, l'agonie d'une population mourant de faim. Les royalistes du dedans entretenaient avec les Vendéens armés une correspondance suivie, et les révolutionnaires étaient en proie aux terreurs les plus vives. Mais la dictature de Carrier acheva de tout embraser. Outrepassant, dès le premier jour, les instructions qu'il avait reçues, il s'entoura d'énergumènes, d'un Grandmaison, d'un Pinard, forma une « compagnie » chargée d'opérer des visites domiciliaires et d'arrêter les suspects, encombra les prisons, et fut le pourvoyeur implacable de la guillotine. « La frénésie de cet homme était-elle de la démence? a écrit Louis Blanc (Histoire de la Révolution française, tome X). On serait tenté de le croire. Il prononça des paroles et il eut des emportements qui ramènent la pensée à Caligula et à Commode. Il parlait de jeter à la mer la moitié de la ville de Lorient... Qu'il ait appelé le meurtre au secours de ses débauches; qu'il ait fait fusiller sans jugement des maris qui gênaient ses amours; qu'il ait autorisé ou ordonné les mariages républicains, supplice qui aurait consisté à lier ensemble un jeune homme et une jeune fille et à les précipiter ainsi dans les flots, c'est ce qui ne fut nullement établi au procès. Une fois Carrier mis en jugement, toutes les haines, toutes les passions, toutes les terreurs, prirent à la fois la parole pour l'accabler; et le calomnia, comme si cela eut été nécessaire! Contre lui, ce qui est certain suffit, et au delà. » « Quel torrent révolutionnaire que la Loire ! » écrivait-il le 20 frimaire an II à la Convention; et, dans ce torrent, il inventa « les déportations verticales », « les baignades ». L'échafaud lui ayant paru un moyen trop lent, il organisa à la fin de brumaire, la noyade de 94 prêtres, jetés par ses ordres sur un bateau à soupape et coulés à fond dans la Loire. Le 13 frimaire (3 décembre), les Vendéens ayant attaqué Angers, l'alarme fut vive à Nantes. L'encombrement des prisons y avait produit une épidémie qui déjà envahissait la ville. Dans cette extrémité, un seul remède se présenta à l'esprit de Carrier : il fit assembler les corps administratifs de Nantes et les appella à délibérer sur la question de savoir si l'on procéderait, oui ou non, à une exécution en masse des prisonniers. Mais, cette fois, les victimes désignées en furent quitte pour la menace. Carrier ressaisit, dans la nuit du 24 au 25 frimaire, la proie qui lui échappait : 159 prisonniers furent fusillés en masse. Cependant la ville était aux

abois. Le typhus, sorti des prisons, l'avait envahie, et la Loire rejetait continuellement les cadavres noyés. Les membres du comité de salut public informés par Jullian, venu en mission à Nantes, se hâtèrent de rappeler Carrier (20 pluviôse an II); ce fut Robespierre qui provoqua ce rappel. Le décret de mise en accusation de Carrier fut voté, le 23 novembre 1794, par 498 voix sur 500 votants. Déjà le jour de sa mise en jugement était proche, quand il pensa être sauvé par la journée du neuf thermidor. Mais la réprobation publique réclamait avec trop d'énergie le châtiment du « proconsul »; il fut traduit devant le tribunal révolutionnaire, et après un long débat, condamné à mort et exécuté, le 16 décembre 1794. Le Moniteur a publié les détails de son procès, qui a été reproduit aussi dans un ouvrage de Gracchus Babeuf : le Système de dépopulation, ou la vie et les crimes de Carrier.

CARRIER-SAINT-MARC (GUILLAUME), député au Conseil des Cinq-Cents, dates de naissance et de mort inconnues, juge de paix sous la Révolution, fut élu, le 24 germinal an V, député de la Dordogne au Conseil des Cinq-Cents, par 124 voix. Il siégea jusqu'en l'an VII.

CARRION DE NISAS (MARIE-HENRI-FRANÇOIS-ELISABETH, MARQUIS DE), membre du Tribunat, né à Montpellier (Hérault), le 17 mars 1767, mort à Montpellier le 5 juillet 1842, était l'un des vingt-trois barons des états du Languedoc; mais ses biens étant passés par substitution aux Spinola, de Gênes, il se jeta dans la carrière des armes, et n'était qu'un pauvre officier de cavalerie quand la Révolution éclata. Partisan des idées nouvelles, il fut élu maire de la commune dont il avait été le seigneur, fut arrêté, en 1793, comme suspect de fédéralisme, et dut la liberté au 9 thermidor. Oublié dans une retraite où il s'occupait de littérature, il vint à Paris après le coup d'Etat de brumaire, pour faire représenter une tragédie, Montmorency, dont il était l'auteur, se trouva en rapports avec Bonaparte, qu'il avait connu à l'Ecole militaire, s'attacha à sa fortune, épousa Mlle de Vassa, proche parente de Cambacérès, et devint membre du Tribunat, le 18 pluviôse an XI. Pour ses débuts, il fit d'importants discours sur le divorce, sur le Concordat, et passa successivement et rapidement secrétaire (messidor an XI), puis président (11 floréal an XII) de cette assemblée. Parlant sur l'instruction publique, il réfuta les idées de J.-J. Rousseau, et, le 1er mai 1804, appuya énergiquement la motion de Curée demandant l'établissement du gouvernement impérial, et répondit aux objections de Carnot : « Le citoyen Carnot devrait plus que personne être intimement ramené par la réflexion et par l'expérience, et, si j'ose le dire, par ses malheurs et par ses fautes, aux sentiments qui dominent dans cette assemblée et dans la nation. Dans un premier système de démocratie, le citoyen Carnot a eu le malheur d'être exposé à siéger parmi des proscripteurs... etc. » Carrion de Nisas fut récompensé de son zèle par la décoration de la Légion d'honneur (4 frimaire an XII) et le titre de chancelier de la 13e cohorte. Mais ayant désapprouvé le décret qui excluait de l'hérédité les frères de l'empereur, il tomba en disgrâce, se tourna vers le théâtre, vit tomber, au Théâtre-Français, sa tragédie de Pierre-le-Grand (1804), reprit le métier des armes comme lieutenant dans les gendarmes d'ordonnance, se distingua à Zurmin, fut promu capitaine, et fut chargé de porter à l'impératrice Joséphine le traité de Tilsitt. Ayant, à son audience de congé, essayé de donner à Napoléon des conseils de paix et de modération, il faillit essuyer une nouvelle disgrâce, qui fut atténuée par l'empressement qu'il mit, en arrivant à Paris, à approuver la suppression du Tribunat (1807).

Chef d'escadron dans l'état-major de Junot, en Portugal, il sauva ce dernier à Vimeiro, passa adjudant-commandant au siége de Saragosse, puis à l'armée de Castille sous le roi Joseph, qui l'envoya porter à l'empereur les détails de la victoire de Talaveyra. Cette mission lui valut le titre de baron de l'Empire (2 novembre 1810); il retourna en Espagne, où il ravitailla Barcelone; mais s'étant laissé surprendre par l'ennemi, il fut destitué. Il s'engagea de nouveau comme simple soldat, assista, comme volontaire dans le 20ᵉ dragons aux batailles de Bautzen et de Leipsick, et se distingua pendant la campagne de France, par plusieurs actions d'éclat, notamment à Pavillon (Aube). Après l'abdication de l'Empereur, il fut des premiers à mettre son épée au service du roi, fut nommé (mars 1815), secrétaire général au ministère de la Guerre, proposa divers plans pour arrêter la marche de Napoléon au retour de l'île d'Elbe, mais se rallia à lui dès qu'il fut arrivé à Paris. L'empereur le chargea de la défense des ponts de St-Cloud et de Sèvres; ce fut lui qui rédigea l'adresse lue au Champ-de-Mars au nom du peuple français et de la députation centrale des électeurs.

Au pont de Saint-Cloud, il résista, avec 3,000 hommes, à l'attaque de 15,000 Autrichiens, ce qui lui valut, du gouvernement provisoire, le grade de maréchal de camp (5 juillet 1815). La seconde Restauration ne reconnut pas ce grade, et plaça, pour deux ans, Carrion de Nisas sous la surveillance de la haute police. Il ne s'occupa plus, jusqu'à sa mort, que de la culture des lettres, et fut admis à la retraite comme maréchal de camp, le 17 août 1832. On a de lui : *Discours sur le Concordat* (1802), *Essai sur l'histoire générale de l'art militaire* (1823), *Lettre à un électeur* (1820), etc.

CARRION DE NISAS (André-François-Victoire-Henri, marquis de), fils du précédent, représentant du peuple à l'Assemblée constituante de 1848, né à Lézignan-la-Cèbe (Hérault), le 24 janvier 1794, mort à Lézignan-la-Cèbe, le 23 novembre 1867, publia, pendant la Restauration, un grand nombre de brochures de politique libérale : *Bonaparte et Napoléon* (1821), *Coup d'œil sur l'Europe à propos du Congrès* (1822), *le Forgeron*, drame en 3 actes (1824), *les Idées républicaines*, *Principes d'économie politique*, *Résumé de l'histoire de la République de Venise*, etc.; il collabora également à *Victoires et Conquêtes*.

Décoré de juillet en 1830, Carrion de Nisas combattit bientôt le nouveau gouvernement, et échoua comme candidat d'opposition démocratique, le 9 juillet 1842, dans le 4ᵉ collège électoral de l'Hérault (Pézenas) avec 221 voix contre 309 accordées au candidat monarchiste, M. le marquis de Grasset, élu, et le 1ᵉʳ août 1846, dans le 3ᵉ collège du même département (Béziers), avec 174 voix contre 448 données au député ministériel sortant, M. Debès. Il fut plus heureux aux élections du 23 avril 1848 pour l'Assemblée constituante, et fut élu représentant du peuple, dans l'Hérault, le 6ᵉ sur 10, par 35,025 voix; il siégea à gauche, fit partie des comités de l'agriculture et du Crédit fon-

cier, et vota *pour* le bannissement de la famille d'Orléans, *contre* la proposition Proudhon, *contre* les poursuites contre Louis Blanc et Caussidière, *pour* l'abolition de la peine de mort, *contre* l'impôt progressif, *contre* l'amendement Grévy sur la présidence, *contre* le droit au travail, *contre* le renvoi des accusés du 15 mai devant la Haute-Cour, *contre* l'interdiction des clubs, *pour* l'amnistie des transportés, *pour* l'abolition de l'impôt des boissons. Il combattit énergiquement la politique du prince-président, et appuya la demande de mise en accusation du président et de ses ministres. Il n'a pas fait partie d'autres législatures.

CARRIS. — *Voy.* Barrotan (comte de).

CARRON (Emile-Eloi-Marie), représentant à l'Assemblée nationale de 1871, né à la Pointe à Pitre (Guadeloupe), le 20 juillet 1832, appartint à l'armée, et parvint au grade de capitaine dans le 8ᵉ hussards; il donna sa démission en 1867, et ne reprit du service que pendant la guerre, où il fut colonel du régiment des mobiles de Rennes, qui prit part en 1870 à la défense de Paris. Elu, le 8 février 1871, représentant d'Ille-et-Vilaine à l'Assemblée nationale, le 6ᵉ sur 12, par 90,277 voix (109,672 votants, 142,751 inscrits), il siégea à droite, et s'associa à toutes les motions des conservateurs-catholiques, notamment à une proposition de M. Fresneau sur l'organisation du service religieux dans l'armée. Il fit partie de la réunion Colbert et du cercle des Réservoirs, et vota : *pour* la paix, *pour* les prières publiques, *pour* l'abrogation des lois d'exil, *pour* le pouvoir constituant de l'Assemblée, *pour* le 24 mai, *pour* le septennat, *pour* l'état de siége, *pour* la loi des maires, *pour* le ministère de Broglie, *contre* la dissolution, *contre* les amendements Wallon et Pascal Duprat, et *contre* l'ensemble des lois constitutionnelles.

CARRON (Paul-Ange-Louis-Marie), député de 1886 à 1889, né à Paris, le 22 juillet 1852, était maire de Piré et conseiller général d'Ille-et-Vilaine, quand il fut élu, le 23 mai 1886, député de ce département par 57,450 voix (108,145 votants, 156,744 inscrits), contre M. Martin, 49,666. Il alla siéger à droite. Sans prendre la parole, il s'est prononcé *contre* tous les ministères de gauche qui, depuis lors, se sont succédé au pouvoir, et vota, dans la dernière session, *contre* le rétablissement du scrutin uninominal, *pour* l'ajournement indéfini de la révision de la Constitution, *contre* les poursuites contre trois députés, membres de la Ligue des patriotes, *contre* le projet de loi Lisbonne restrictif de la liberté de la presse, *contre* les poursuites contre le général Boulanger.

CARTERET (Nicolas-Henri), représentant du peuple à l'Assemblée législative de 1849, et député au Corps législatif de 1857 à 1862, né à Châtillon-sur-Seine (Côte-d'Or), le 7 novembre 1807, mort à Paris, le 9 janvier 1862, fut maire de Reims et devint, le 13 mai 1849, représentant de la Marne à l'Assemblée législative. Elu, le 6ᵉ sur 8, par 46,855 voix (78,836 votants, 105,296 inscrits), il fut de la majorité, se rallia à la politique du prince-président, et adhéra au coup d'Etat. Sous l'Empire, M. Carteret, candidat officiel du gouvernement, fut élu député au Corps législatif par la 3ᵉ circonscription de la Marne, le 22 juin 1857, avec 15,995 voix (21,536 votants, 35,604 inscrits), contre MM. Werlé, 2,545 voix, Cavaignac, 2,000, et

Dérode, 546. Il siégea, jusqu'à sa mort, dans la majorité dynastique, et vota notamment (1858) *pour* la loi dite de sûreté générale.

CARTIER (Jean), député à l'Assemblée constituante de 1789, né à Tours (Indre-et-Loire), le 23 janvier 1723, mort à Tours, le 19 mai 1810, était curé de la Ville-aux-Dames en Touraine. Le bailliage de cette province l'élut, le 27 mars 1789, député du clergé, aux Etats-Généraux. Son nom ne figure pas au *Moniteur*.

CARTIER-DOUINEAU (Joseph-Pierre-Sylvain), député à l'Assemblée législative de 1791, (dates de naissance et de mort inconnues), négociant à Tours, devint colonel de la garde nationale de cette ville, et fut élu, le 1er septembre 1791, député d'Indre-et-Loire à l'Assemblée législative, par 146 voix sur 251 votants. Il vota avec la majorité, fit partie du comité de l'extraordinaire des finances, et proposa à l'Assemblée, qui les adopta (1er juin 1792), deux décrets d'intérêt local concernant le département de la Dordogne et la municipalité de Gannat.

CARTIER-SAINT-RENÉ (Charles-Louis-André), député à l'Assemblée législative de 1791, né le 11 février 1752, mort à une date inconnue, fut contrôleur ordinaire des guerres. Le 1er septembre 1791, il fut élu député du Cher à l'Assemblée législative, le 6e et dernier, par 142 voix sur 258 votants, après trois tours de scrutin. Le collège électoral réuni à l'église des Carmes, à Bourges, avait mis trois jours pour élire ses six députés. Cartier-Saint-René marqua peu dans l'Assemblée; il devint, par la suite, agent cantonal (an II), puis président de l'administration municipale.

CARUEL DE SAINT-MARTIN (Paul, baron), député au Corps législatif de 1852 à 1869, né à Paris, le 8 décembre 1809, d'une famille noble de Normandie, était maire de Chesnay (Seine-et-Oise), et conseiller général de ce département; il entra au Corps législatif, le 29 février 1852, comme député de la 1re circonscription de Seine-et-Oise, avec 17,040 voix (20,381 votants, 36,294 inscrits), contre 443 au général Changarnier, et 366 à M. d'Albert de Luynes, (aucun de ces deux derniers n'était d'ailleurs candidat). Il fit partie de la majorité, et prit part à l'établissement de l'Empire, dont il soutint constamment les institutions. Avec l'appui du gouvernement, M. Caruel de Saint-Martin fut réélu : le 22 juin 1857, par 16,986 voix (23,571 votants et 35,511 inscrits), contre M. Landrin 6,192; puis, le 31 mai 1863, par 16,314 voix (28,206 votants, 37,869 inscrits), contre M. Barthélemy-Saint-Hilaire, 11,768 voix. Il ne se représenta pas aux élections de 1869. Chevalier de la Légion d'honneur. Le salon de Mme la baronne Caruel de Saint-Martin est aujourd'hui un des rares salons de Paris où l'on cause encore.

CARY (Pierre), représentant du peuple à l'Assemblée constituante de 1848, né à Boulogne-sur-Mer (Pas-de-Calais), le 1er avril 1793, mort à Béthune (Pas-de-Calais), le 1er octobre 1857, était « propriétaire dans cette ville », et n'avait qu'une notoriété locale, quand il fut élu, le 23 avril 1848, représentant du Pas-de-Calais à l'Assemblée constituante, le 8e sur 17, avec 78,809 voix (161,957 votants, 188,051 ins-

crits). Il prit place parmi les républicains très-modérés, et, jusqu'à l'élection présidentielle du 10 décembre, vota avec la majorité : 26 août, *pour* les poursuites contre Louis Blanc et Caussidière ; 18 septembre, *contre* l'abolition de la peine de mort : 7 octobre, *contre* l'amendement Grévy sur la présidence; 2 novembre, *contre* le droit au travail; 25 novembre, *pour* l'ordre du jour en l'honneur du général Cavaignac. Puis, il se rapprocha de la gauche avancée, combattit la politique de L.-N Bonaparte, et se prononça : 12 janvier 1849, *contre* la proposition Rateau; 21 mars, *contre* l'interdiction des clubs; 16 avril, *contre* les crédits de l'expédition de Rome; 2 mai, *pour* l'amnistie des transportés; 18 mai, *pour* l'abolition de l'impôt des boissons. — M. Cary ne fit point partie de la Législative.

CASABIANCA (Luce de), membre de la Convention, et député au Conseil des Cinq-Cents, né à Bastia (Corse), le 7 février 1762, tué à Aboukir (Egypte), le 1er août 1798, entra de bonne heure dans la marine, où il servit avec honneur. Elu le 18 septembre 1792, membre de la Convention par le département de la Corse, le 3e sur 6, avec 216 voix (398 votants), il vota ainsi dans le procès de Louis XVI : « Je ne crois pas la mort nécessaire au salut du peuple français. Je vote pour la détention, sauf les mesures que la Convention pourra prendre suivant l'exigence des circonstances. » Plus tard, il revint sur ce vote, et s'en excusa à la Société des Jacobins, le 22 frimaire an II : mais la Société, ayant décidé « l'épurement de ceux de ses membres qui étaient représentants du peuple », rejeta Casabianca comme n'ayant pas opiné pour la mort du tyran, bien qu'il eût allégué « son inexpérience », et qu'il eût rappelé la proscription dont l'avait frappé la faction Paoli. Le 22 messidor an II, Casabianca écrivait à Salicetti, et lui donnait des conseils dans le but d'amener à la République les Corses trop imbus de l'esprit de localité et de famille : « Justice exacte à tous, disait-il, et surtout point de prédilections; tu te dois tout à tous. » Le 23 vendémiaire an IV, il entra, comme ancien conventionnel, au Conseil des Cinq-Cents; il y parla (28 nivôse) sur l'organisation de la marine, appuya le message du Directoire à ce sujet, et développa cet avis « que la chose maritime ne peut être bien pensée et bien dirigée vers son vrai but que par des hommes de mer qui y appliquent le résultat de leur habituelle méditation. » Rentré au service, Casabianca fit partie de l'expédition d'Egypte comme capitaine du vaisseau l'*Orient*, et trouva la mort à la bataille d'Aboukir : atteint par un boulet, il fut englouti par l'explosion de son bâtiment, et périt avec son fils, âgé de dix ans, qui ne voulut pas le quitter. Le *Moniteur* du 19 vendémiaire an VII contient la relation de ce triste événement... « Un moment après, le capitaine du vaisseau amiral, le citoyen Casabianca, ancien député, fut mortellement blessé à la tête par un éclat de bois ; le feu prit dans ce beau vaisseau, et tous les efforts pour l'éteindre furent inutiles. Ce fut alors que le jeune Casabianca, enfant de dix ans qui, depuis le commencement du combat, faisait des prodiges de valeur, refusa de se sauver dans une chaloupe, pour ne pas abandonner son père blessé. Cependant il était parvenu à le placer sur un mât jeté à la mer, où il était lui-même, ainsi que l'intendant de l'escadre, lorsque l'*Orient*, de 120 canons, sauta en l'air avec un fracas horrible, et engloutit les trois malheureux... »

CASABIANCA (RAPHAEL, COMTE DE), frère du précédent, membre du Sénat conservateur, pair en 1814, pair des Cent-Jours et pair de France, né à Vescovato (Corse), le 27 novembre 1738, mort à Bastia (Corse), le 28 novembre 1825, d'une ancienne famille noble de l'île, prit d'abord du service comme capitaine dans les troupes de Louis XV chargées de soumettre la Corse, séjourna deux ans en France (1770-1772), et revint suivre sa carrière dans son pays, où il devint capitaine et major de grenadiers au régiment provincial-corse, lieutenant-colonel (1779), puis colonel, et fut un des quatre députés chargés d'aller remercier l'Assemblée constituante d'avoir reconnu la réunion de la Corse à la France. Colonel du régiment de Berry, il passa à l'armée du Nord, commanda l'aile droite au siège de Mons, et, malgré une conduite héroïque, forcé de battre en retraite, exécuta contre les uhlans qui le harcelaient un retour offensif resté légendaire. Promu au grade de maréchal de camp, il fut envoyé à l'armée des Alpes, commanda l'avant-garde de l'armée de Montesquiou, et suffit, par sa bravoure, à balayer les Piémontais jusqu'au petit Saint-Bernard. Envoyé à Ajaccio, afin de réunir les détachements désignés pour l'expédition de Sardaigne, il débarqua à Cagliari, et allait investir la place, lorsque l'insubordination d'un corps de Marseillais obligea les Français à se rembarquer. Quand les Anglais eurent répondu à l'appel de Paoli, Casabianca, commandant, avec 600 hommes de garnison, à Calvi, presque dépourvue de fortifications, sans munitions et sans vivres, soutint trente-neuf jours de siège, un bombardement qui brûla la plus grande partie de la ville, et ne capitula que lorsqu'il ne lui resta que quatre-vingts hommes exténués; il avait été, pendant ce siège, nommé général de division. Il rejoignit l'armée d'Italie, fut appelé au commandement des Alpes-Maritimes, envoyé en Corse pour y rétablir la domination française, nommé commandant du Liamone et, plus tard, de Gênes. Le Directoire l'envoya ensuite réprimer des mouvements séditieux à Rennes. Nommé membre du Sénat conservateur le 4 nivôse an VIII, membre de la Légion d'honneur le 9 vendémiaire an XII, grand officier du même ordre le 25 prairial suivant, il fut créé comte de l'Empire le 26 avril 1808. A la première Restauration, le roi le nomma pair de France le 4 juin 1814, et lui donna la croix de Saint-Louis (21 décembre suivant). Au retour de l'île d'Elbe, l'empereur le fit entrer à son tour à la Chambre des pairs, le 2 juin 1815; il en fut exclu à la seconde Restauration, puis réintégré par ordonnance royale du 21 novembre 1819. Admis à la retraite comme général de division, le 1er septembre 1817.

CASABIANCA (FRANÇOIS-JOSEPH-XAVIER, COMTE DE), représentant du peuple à l'Assemblée constituante et à l'Assemblée législative de 1848-49, ministre, sénateur du second Empire, député de 1876 à 1877, né à Nice (Alpes-Maritimes), le 27 juin 1796, mort à Paris, le 24 mai 1881, était le petit neveu du général comte Raphaël de Casabianca, pair de France. Il fit de bonnes études au lycée Napoléon, et suivit ensuite les cours de droit de la Faculté de Paris. En 1820, il s'inscrivit au barreau de Bastia, et exerça jusqu'en 1848 la profession d'avocat; M. de Casabianca était du nombre des bonapartistes que le gouvernement de Louis-

Philippe tint à l'écart des fonctions publiques. Elu, le 23 avril 1848, représentant de la Corse à l'Assemblée constituante, le 4e sur 6, par 15,932 voix (50,947 votants, 58,467 inscrits), il prit place dans la majorité, et vota généralement avec la droite : 9 août 1848, *pour* le rétablissement du cautionnement; 1er septembre, *pour* le rétablissement de la contrainte par corps; 7 octobre, *contre* l'amendement Grévy sur la présidence; 2 novembre, *contre* le droit au travail.

Après l'élection présidentielle du 10 décembre, il se montra un des plus zélés partisans de la politique du prince-président, et se prononça *pour* la proposition Rateau, *pour* le renvoi des accusés du 15 mai devant la Haute Cour, *pour* les crédits de l'expédition de Rome, etc. M. de Casabianca fut réélu, le 13 mai 1849, représentant de la Corse à l'Assemblée législative, le 3e sur 6, par 22,002 voix (41,078 votants, 57,687 inscrits). Il continua de seconder les vues de l'Elysée, tout en s'associant aux votes de la majorité monarchique. Membre du comité de la rue de Poitiers, il n'abandonna cette majorité que lorsque des conflits éclatèrent entre elle et Louis-Napoléon. Tout dévoué au bonapartisme, il entra, comme ministre de l'agriculture et du commerce, après la retraite du ministère Léon Faucher, le 26 octobre 1851, dans le nouveau cabinet où le général Saint-Arnaud prit le portefeuille de la guerre; quelques semaines après, M. de Casabianca passa aux finances (23 novembre). C'était le cabinet du coup d'Etat. Mais, personnellement, a-t-on dit, M. de Casabianca n'était pas l'homme des aventures périlleuses, et l'on a raconté depuis, qu'à la veille de l'action décisive, lorsque Louis-Napoléon fit part de ses projets au ministre des Finances, celui-ci, fort embarrassé, aurait répondu au président : — « Monseigneur, je suis père de famille. » — « C'est bien », dit le président, et il aurait fait enfermer M. de Casabianca, jusqu'au lendemain, dans une chambre de l'Elysée, en lui donnant pour successeur M. Fould. L'anecdote a été démentie récemment par le fils de celui qui en était le sujet; M. Joseph-Marie-Raphaël de Casabianca (*V. p. bas*), a affirmé que son père n'avait appris que dans la nuit du 2 décembre, à quatre heures du matin, au ministère même, le coup d'Etat et son remplacement par M. Fould, et communiqué aux journaux, à l'appui de son dire, la lettre suivante :

« Mon cher Monsieur de Casabianca,

« Je n'ai pas le temps de vous expliquer pourquoi je ne vous ai pas mis dans ma confidence et pourquoi je vous remplace momentanément mais croyez que je vous conserverai toujours les mêmes sentiments de haute estime et d'amitié. »

« LOUIS-NAPOLÉON. »
« Demain, l'Assemblée sera dissoute. »

Par compensation, M. de Casabianca fut chargé, le 22 janvier 1852, d'organiser le ministère d'Etat qui venait d'être créé; puis quitta ses fonctions de ministre pour entrer au Sénat le 28 juillet. Il prit part à l'établissement de l'Empire, et vota jusqu'au bout avec la majorité de la Chambre haute. Un décret du 5 mars 1864 le nomma procureur général impérial près la Cour des comptes. Le 4 septembre 1870 le rendit à la vie privée; il en sortit pour peu de temps, lorsqu'il fut élu, le 14 mai 1876 (en remplacement de M. Rouher, qui avait opté pour Riom), député de l'arrondisment de Bastia, par 9,418 voix (10,246 votants, 20,378 inscrits). Il siégea à droite, dans le groupe de l'appel au peuple, vota, contre les 363 pour le gouvernement du Seize-Mai, et ne se représenta pas en 1877, après la dissolution de la Chambre des députés. Grand officier de la Légion d'honneur en 1858.

CASABIANCA (Joseph-Marie-Raphael, vicomte de), fils du précédent, député de 1877 à 1881, né à Bastia (Corse), le 22 mars 1830, n'avait pas encore d'antécédents politiques, lorsque, son père s'étant désisté en sa faveur, aux élections législatives qui suivirent la dissolution de la Chambre le 14 octobre 1877, il fut élu, à son tour, député de l'arrondissement de Bastia, par 8,317 voix sur 13,182 votants et 20,637 inscrits, contre MM. de Corsi, républicain, 3,593 voix et Virgitti, 1,195 voix. Il siégea à droite, et vota avec le groupe impérialiste de l'appel au peuple; le 20 janvier 1879, *contre* l'ordre du jour de confiance accordé au ministère Dufaure; le 30 janvier, *contre* l'élection de M. J. Grévy à la présidence de la République; le 21 février, *contre* l'amnistie; le 16 mars 1880, *contre* l'application des lois existantes aux congrégations; le 8 février 1881, *contre* le divorce. M. R. de Casabianca n'a pas fait partie d'autres législatures.

CASABIANCA (Pierre-Paul de), membre du Sénat, né à Bastia (Corse), le 13 septembre 1839, débuta dans la vie politique, en se présentant sans succès, comme candidat républicain, aux élections du 21 août 1881, pour la Chambre des députés, contre le candidat bonapartiste; il obtint 6,533 voix, tandis que l'élu, M. Gavini, en réunissait 7,406. Le 25 janvier 1885, M. de Casabianca devint sénateur de la Corse, par 477 voix sur 744 votants. Il siégea dans la gauche modérée, et soutint, avec la majorité, les ministères qui se succédèrent depuis lors au pouvoir; dans la dernière session, il s'est prononcé *pour* le rétablissement du scrutin uninominal (13 février 1889), *pour* le projet de loi Lisbonne restrictif de la liberté de la presse, et s'est abstenu (29 mars) sur la procédure à suivre devant le Sénat pour juger les attentats contre la sûreté de l'Etat (affaire du général Boulanger).

CASAMAJOR (Pierre), député à l'Assemblée législative de 1791, dates de naissance et de mort inconnues, membre du district de Sauveterre, puis membre du Directoire des Basses-Pyrénées, fut élu par ce département, le 11 septembre 1791, député à l'Assemblée législative, le 6e et dernier, avec 150 voix sur 271 votants. Il siégea dans la majorité, et prit la parole pour demander, le 17 février 1792, une enquête sur la conduite de Faviani, capitaine du 12e bataillon de chasseurs, dénoncé comme ayant voulu livrer Perpignan aux Espagnols.

CASEMAJOR (Augustin-Bernard), député à l'Assemblée législative de 1791, né le 19 août 1755, mort à Oloron (Basses-Pyrénées), le 18 août 1806, avocat à Oloron, et plus tard commissaire civil près le tribunal de cette ville, fit partie de la majorité de l'Assemblée législative, où le département des Basses-Pyrénées l'envoya le 8 septembre 1791, le 1er sur 6 élus, par 214 voix (345 votants).

CASEMAJOR. — *Voy.* Gestas (comte de).

CASENAVE (Antoine, chevalier), membre

de la Convention, député au Conseil des Cinq-Cents, au Corps législatif de l'an VIII à 1805, puis de 1810 à 1815, représentant à la Chambre des Cent-Jours, né à Lambeye (Basses-Pyrénées), le 9 septembre 1763, mort à Paris, le 16 avril 1818, était, lors de la Révolution, substitut du procureur général au parlement de Pau. Après 1789, il devint officier municipal, et administrateur de son département, qui l'élut (6 septembre 1792) membre de la Convention, le 5e sur 7, par 238 voix (445 votants). Il siégea à la droite de l'Assemblée et vota contre la mort du roi. « La mort de Louis XVI, dit-il, est, dans mon intime conviction, le tombeau de la liberté publique et le triomphe des ennemis de la patrie. Les paradoxes et les sophismes que l'art a inventés, dans le cours de cette procédure, me confirment de plus en plus dans les principes que j'ai déjà manifestés; la cumulation de tant de pouvoirs incompatibles me paraît une monstruosité tyrannique à laquelle je ne veux avoir aucune part. Le seul Code pénal applicable à Louis est celui qui prononce sa déchéance : je ne l'ai déclaré coupable que dans ce sens. Le salut public commande à son égard une mesure de sûreté générale. Je conclus en conséquence : 1° à la réclusion de Louis et de sa famille jusqu'après la paix, et à leur exil perpétuel à cette époque; 2° à ce que les suffrages des membres qui n'ont point été à l'instruction de cette affaire ne comptent point pour le jugement; 3° à ce que, pour suppléer au défaut de récusation des membres qui sont suspects pour cette décision, la majorité des voix soit fixée aux deux tiers au moins. Je demande acte de mes propositions. » Casenave insista encore lors du débat sur la question du sursis, et proposa d'attendre l'acceptation de la constitution. Peu après, il demanda la mise en accusation de Marat, échappa aux proscriptions du 31 mai 1793, et sauva de l'échafaud Baraguay-d'Hilliers, le général Kilmaine et quelques autres. Après le 9 thermidor, envoyé en mission dans la Seine-Inférieure, il y prit des mesures pour l'approvisionnement des marchés, et ordonna le désarmement de la population, à qui des piques avaient été distribuées. Il passa au Conseil des Cinq-Cents, le 4 brumaire an IV, avec 207 voix, pour représenter son département, et obtint, le 25 germinal an VII, le renouvellement de son mandat. Casenave se montra favorable au 18 brumaire, et fut nommé par Bonaparte, le 19, membre de la « commission intermédiaire » chargée d'établir la nouvelle constitution. Député au Corps législatif dès son institution, le 4 nivôse an VIII, il en devint secrétaire en 1800, et fut appelé de nouveau à faire partie de l'Assemblée, (dont il devint le président), le 15 août 1810, par le Sénat conservateur, toujours comme représentant des Basses-Pyrénées; il avait cessé d'être député de 1805 à 1810. La Restauration le trouva en fonctions; il signala, le 8 juillet 1814, les abus résultant du droit que s'attribuaient diverses autorités municipales d'établir des contributions pour fournir à leurs dépenses, et fit décider que le recouvrement en serait interdit jusqu'à leur régularisation par une loi; il se prononça aussi *pour* la liberté de la presse, et *pour* le payement des dettes contractées par Louis XVIII à l'étranger. Elu enfin, le 13 mai 1815, représentant de l'arrondissement de Pau à la Chambre des Cent-Jours, par 41 voix (80 votants) contre MM. Gachet, avocat, 21 voix, et M. Perrin, avocat, 15 voix, il dit, au moment où le ministre de la Guerre vint annoncer que Paris était en état de se défendre, qu'il sacrifierait volontiers les deux maisons qu'il avait à Paris, et supplia ses collègues d'immoler tout intérêt particulier au salut de tous. Peu après, il obtint un congé pour cause de maladie. Les massacres du Midi et la mort de son ami, le général Mouton-Duvernet, l'achevèrent. Chevalier de l'Empire, du 15 juin 1812.

CASIMIR-PÉRIER (Jean-Paul-Pierre), député de 1876 à 1889, né à Paris, le 8 novembre 1847, est le petit-fils de Périer (Casimir, q. v.), ce nom ministre de la monarchie de Juillet, et le fils aîné du ministre de M. Thiers. Un décret du président de la République, rendu en avril 1874, l'autorisa « à joindre, dit un biographe, le prénom polonais de Casimir au nom normand de Périer, définitivement et indéfiniment jusqu'à la consommation des Périer, des Normands et des Polonais. » M. Jean Casimir-Périer fit au lycée Bonaparte, et, sous la direction d'un précepteur allemand, M. Struve, de sérieuses études classiques : lauréat du concours général, il prit sa licence ès-lettres, puis il suivit les cours de la Faculté de droit. Capitaine de la garde mobile de l'Aube, qui fut appelée à Paris pendant le siège, il se conduisit avec bravoure, prit part au combat de Bagneux (13 octobre 1870) et mérita d'être cité à l'ordre du jour et décoré de la Légion d'honneur. Du mois d'octobre 1871 au mois de février 1872, il remplit auprès de son père, alors ministre de l'Intérieur, les fonctions de chef du cabinet. Il débuta dans la carrière politique (juillet 1874) en se faisant élire, sous le patronage paternel, membre du Conseil général de l'Aube, puis il fit dans son département une vive campagne en faveur du général Saussier, candidat républicain conservateur à l'Assemblée nationale, contre l'ancien député bonapartiste, M. Argence. Il se présenta lui-même aux élections législatives du 20 février 1876, dans l'arrondissement de Nogent-sur-Seine : sans concurrent, il fut élu par 6,980 voix sur 8,033 votants et 10,933 inscrits, et prit place parmi les républicains modérés. Il s'inscrivit aux deux réunions du centre gauche et de la gauche républicaine, et vota : *contre* la proposition Raspail, tendant à l'amnistie plénière ; *pour* le projet de loi sur la collation des grades ; *pour* le projet de loi relatif à l'élection des maires, et modifiant la loi de 1874 ; *pour* l'ordre du jour Lausselat, Leblond, de Marcère contre les menées ultramontaines. Il fut des 363, et obtint sa réélection, comme tel, le 14 octobre 1877, par 6,415 voix sur 9,913 votants et 11,227 inscrits, contre 3,403 à M. Walckenaër. Lors de la formation du cabinet républicain du 14 décembre, M. Jean Casimir-Périer fut appelé au poste de sous-secrétaire d'État au département de l'instruction publique, des cultes et des beaux-arts, dont M. Bardoux était nommé ministre ; il le conserva jusqu'à la retraite du cabinet Dufaure (31 janvier 1879), et aborda plusieurs fois la tribune au nom du gouvernement. Il soutint la politique opportuniste, vota *pour* l'invalidation de Blanqui, *pour* le retour du Parlement à Paris, *pour* l'article 7 et les diverses lois sur l'enseignement, etc. Rapporteur, en 1880, de la proposition Louis Blanc sur l'amnistie plénière, il conclut au rejet. Il fut réélu le 21 août 1881, par 6,756 voix (9,126 votants, 10,082 inscrits), contre M. Peigné-Crémieux, 1,954. Dans la législature, il se prononça : *contre* la mairie de Paris, *contre* l'abrogation du Concordat, *contre* le principe de l'élection de la magistrature. Le 1er février 1883, il donna sa démission

de député pour ne pas s'associer à la mesure qui dépossédait les membres des familles ayant régné sur la France de leurs fonctions militaires. Il adressa alors à ses électeurs une lettre ainsi conçue :

Paris, 1er février 1883.

« Mes chers concitoyens,

« Les circonstances ne me permettant pas de concilier mes devoirs de famille avec la conduite que me dictent ma conscience et mes convictions républicaines, j'ai adressé ma démission de député à M. le président de la Chambre. Si, en renonçant à la vie politique, j'impose silence à mes opinions, je demeure invariablement fidèle à ma foi politique. Dans ma retraite, je chercherai, mes chers concitoyens, à vous être utile, et je n'oublierai jamais les témoignages de confiance et de sympathie que vous m'avez prodigués. Croyez, je vous prie, à ma reconnaissance et à mon dévouement. »

« CASIMIR-PÉRIER. »

M. J. Casimir-Périer se fit réélire un mois après, le 18 mars 1883. Il vint reprendre sa place dans la majorité et fut sous-secrétaire d'État à la guerre lors de l'entrée du général Campenon au ministère. Il vota *pour* les crédits du Tonkin, *pour* la loi sur les récidivistes, *pour* le maintien de l'ambassade auprès du pape, etc. Porté sur la liste opportuniste, le 4 octobre 1885, il fut élu député de l'Aube, avec 41,836 voix (66,086 votants, 78,207 inscrits.) La nouvelle Chambre le choisit pour un de ses vice-présidents. Il opina *contre* la revision, *pour* les cabinets Rouvier et Tirard, et s'est prononcé, dans la dernière session, *pour* le rétablissement du scrutin uninominal (11 février 1889), *pour* l'ajournement indéfini de la revision de la Constitution (14 février), *pour* les poursuites contre trois députés membres de la Ligue des patriotes (14 mars), *pour* le projet de loi Lisbonne restrictif de la liberté de la presse (2 avril), *pour* les poursuites contre le général Boulanger (4 avril).

CASIMIR PÉRIER. — *Voy.* PÉRIER.

CASSAGNAC (DE). — *Voy.* GRANIER.

CASSAGNEAU. — *Voy.* SAINT-GERVAIS (DE).

CASSAGNES DE BEAUFORT. — *Voy.* MIRAMON (MARQUIS DE).

CASSAIGNOLES (Louis-Jean-Marie), député de 1816 à 1820, de 1822 à 1824, de 1828 à 1831, et pair de France, né à Vic-Fezensac (Gers), le 6 septembre 1753, mort à Vic-Fezensac, le 25 août 1838, se montra partisan de la Révolution, fut incarcéré comme suspect pendant la Terreur, et rendu à la liberté après le 9 thermidor. Membre du directoire du Gers, il fut élu juge au tribunal d'Auch, siégea sous l'Empire au tribunal d'Agen, et était premier président à la cour royale de Nîmes, lorsqu'il fut élu député, le 4 octobre 1816, par le collège de département du Gers, avec 104 voix sur 202 votants et 267 inscrits. Il débuta à la Chambre en proposant l'abrogation de l'art. 11 de la loi du 9 novembre 1815 sur les cris séditieux, et réclama le droit commun pour ce genre de délit « qui ne suppose pas toujours un véritable esprit de sédition. » Dans la discussion du budget, il prit la défense des contribuables et demanda l'intervention des conseils d'arrondissement et des conseils généraux dans la confection du cadastre. Compris dans le renouvellement de la Chambre par cinquième, il fut réélu le 20 septembre 1817, dans son département, par 476 voix sur 797 votants et 1,245 inscrits, et fut rapporteur de la loi sur les délits de presse (1819.); il proposa de soumettre au jury l'appréciation du point de fait et de n'admettre la culpabilité qu'à la majorité de huit voix. Les élections de novembre 1820 ne lui furent pas favorables; mais, aux élections partielles du 9 mai 1822, le 2e arrondissement électoral du Gers (Condom), le renvoya à la Chambre par 157 voix sur 296 votants, et 339 inscrits, contre 117 voix données à M. de Barbotan aîné. Il siégea de nouveau avec les défenseurs de la Charte, ne fit pas partie de la Chambre septennale (1824), et ne rentra au parlement qu'à une élection partielle, dans l'Ardèche, le 22 décembre 1828, en remplacement de M. de Granoux, décédé; le collège de ce département lui donna alors 46 voix sur 78 voix et 89 inscrits; il fut un des 221 signataires de l'adresse au roi (10 mars 1830) contre le cabinet Polignac, et fut réélu, le 28 octobre 1830, dans le même collège du département de l'Ardèche, par 183 voix sur 191 votants et 398 inscrits, à la place M. de Blou, dont l'élection avait été annulée. Premier président honoraire de la cour royale de Nîmes, et conseiller général du Gers, dévoué d'ailleurs à la monarchie de juillet, il fut appelé à la pairie, le 27 juin 1833, et prit surtout une part importante aux travaux des commissions. Chevalier de la Légion d'honneur (novembre 1826).

CASSAING (Jean-Etienne-Eléonore), député au Conseil des Cinq-Cents, né à Varilhes (Ariège), le 18 juillet 1760, mort à Varilhes, le 16 juin 1849, était homme de loi dans cette localité; il devint procureur-syndic du district de Pamiers, conseiller général, suppléant du juge de paix, et fut, en outre, le 24 vendémiaire an IV, élu député au Conseil des Cinq-Cents par le département de l'Ariège, avec 124 voix sur 186 votants. Il y siégea jusqu'en l'an VIII.

CASSAL (Hugues-Charles-Stanislas), représentant du peuple à l'Assemblée législative de 1849, né à Altkirch (Haut-Rhin), le 1er avril 1818, mort à Londres (Angleterre), le 11 mars 1885, était maire d'Altkirch, quand il fut élu, le 13 mai 1849, représentant du peuple du Haut-Rhin à l'Assemblée législative, le 2e sur 10, par 38,800 voix (118,335 inscrits. Le chiffre des votants n'est pas mentionné au procès-verbal de l'élection.) Il siégea à gauche et vota avec la minorité démocratique *contre* l'expédition de Rome, *contre* la loi restreignant le suffrage universel, et *contre* la loi Falloux-Parieu sur l'enseignement. Très opposé à la politique de l'Elysée et au coup d'Etat de 1851, M. Cassal fut compris dans les décrets d'exil et dut quitter la France en janvier 1852. Retiré à Londres, il obtint de prendre du service dans l'enseignement en qualité de professeur de langue et de littérature française: il exerça successivement comme professeur à University-collège, et au Royal-naval-collège d'Angleterre, puis comme examinateur et inspecteur général. Un décret présidentiel du 12 juillet 1880 le fit chevalier de la Légion d'honneur.

CASSANYÈS (Jacques-Joseph-François), membre de la Convention et député au Conseil des Cinq-Cents, né à Canet (Pyrénées-Orientales), le 11 novembre 1758, mort à Canet, le 22 avril 1843, était fils de Jacques Cassanyès, chirurgien et de Magdeleine Bernis, descendants de vieilles familles rurales du pays. Il adopta, quoique sans enthousiasme au début, les principes de 89, et fut nommé maire de sa commune, puis membre du district et du directoire de Perpignan. Elu, le 4 septembre 1792, membre de la Convention par le département des Pyrénées-Orientales, le 5e et dernier, avec 74 voix sur 151 votants, il vota ainsi dans le procès de Louis XVI (3e appel nominal) : « Pénétré des conséquences qui peuvent résulter du grand objet qui nous occupe, mais appelé par ma patrie pour prendre la mesure la plus utile à son bonheur, c'est avec la plus grande sensibilité que je prononce la mort. » Plus important fut le rôle qu'il joua à l'armée des Pyrénées-Orientales où il fut envoyé en mission, par décret du 6 juillet 1793 : il prit une part directe aux succès de nos soldats et à la soumission de la Cerdagne espagnole. Rappelé par la Convention, il revint à Paris, se prononça contre Robespierre et contre la Commune le 9 thermidor, et, quelque temps après, repartit en mission à l'armée des Alpes, puis à celle d'Italie. Deux fois il remplit des missions politiques à Lyon et à Annecy. Le 21 vendémiaire an IV, il entra aux Cinq-Cents, avec 84 voix que lui donnèrent les électeurs des Pyrénées-Orientales. Il ne s'y fit pas remarquer, revint à Perpignan après l'expiration de son mandat, et fut élu membre de l'administration centrale du département, qu'il présida jusqu'au jour où il remit ses pouvoirs au « citoyen Charvet de Nancy », nommé préfet des Pyrénées-Orientales par le premier Consul. Après avoir un moment rempli les fonctions de juge de paix, Cassanyès revint à Canet et se livra à l'agriculture. Il resta maire de sa commune jusqu'à la Restauration, fut exilé en 1816 comme régicide, et dut se réfugier à Vevey (Suisse), puis en Espagne, d'où il put enfin regagner son village natal. Cassanyès avait employé le temps de son exil à la rédaction de curieux *Mémoires*, restés inédits, et sur lesquels la revue *la Révolution française* (année 1888) a appelé l'attention de ses lecteurs.

CASSE (Jean-Baptiste-Antoine de), représentant du peuple à l'Assemblée constituante de 1848, né à Marseille (Bouches-du-Rhône), le 17 janvier 1790, mort à Lavalanet (Ariège), le 23 juillet 1863, passa par l'Ecole polytechnique et par l'Ecole d'application de Metz, et fit, dans le génie militaire, les dernières campagnes de l'Empire. Sous la Restauration, il fut nommé capitaine au 1er régiment du génie et décoré de la Légion d'honneur en 1823. Mais les opinions libérales qu'il professait l'obligèrent à donner sa démission : il se retira en 1825 à Lavalanet (Ariège) et s'occupa d'agriculture. Elu, le 23 avril 1848, comme républicain modéré, représentant de l'Ariège à l'Assemblée constituante, le 5e sur 7, par 22,289 voix (65,072 votants, 71,717 inscrits), il fit partie du comité de la guerre, et soutint d'abord la politique de Cavaignac. Il se prononça : le 26 août, *contre* les poursuites contre Louis Blanc et Caussidière; le 18 septembre, *contre* l'abolition de la peine de mort; le 7 octobre, *contre* l'amendement Grévy; le 21 octobre, *contre* l'abolition du remplacement militaire; le 27 décembre, *pour* la suppression de l'impôt du sel. Puis, il se rallia à la politique du président L.-N.-Bonaparte, et s'associa, dans les derniers mois de la législature, à tous les votes de la majorité de droite : *pour* la proposition Rateau, *pour* l'interdiction des clubs, *pour* l'expédition de Rome, etc. Il ne fut pas réélu à l'Assemblée législative, et se retira à Lavelanet, où il mourut.

CASSE (Eugène-François-Germain), représentant à l'Assemblée nationale en 1873, député de 1876 à 1889, né à la Pointe-à-Pitre (Guadeloupe), le 23 septembre 1837, vint à Paris étudier le droit. Sa participation active, en 1866, au congrès socialiste de Liège, le fit exclure de toutes les facultés de France. L'opposition ardente qu'il faisait à l'Empire dans les réunions électorales de la fin du régne, et dans les petits journaux de la rive gauche, lui valut, en outre, plus d'une condamnation pour délits de presse et pour délits politiques. M. Germain Casse s'affilia à la plupart des sociétés qui conspiraient le renversement de Napoléon III et l'établissement de la République; il fit aussi partie de l'association internationale des travailleurs. « Républicain socialiste, révolutionnaire et athée », ainsi qu'il le déclara un jour, avec un fort accent créole, au président d'une des chambres correctionnelles de la Seine, qui lui demandait ses nom et qualités, il fut le collaborateur assidu de la *Marseillaise* de H. Rochefort, du *Réveil* de Delescluze ; après le 4 septembre 1870, il appartint à la rédaction du *Combat* et du *Vengeur* de Félix Pyat. Il envoya de Bordeaux à ce dernier journal le compte rendu des premières séances de l'Assemblée nationale, dont il devait devenir membre deux ans plus tard. Il était rédacteur du *Rappel* lorsque ses compatriotes de la Guadeloupe l'élurent député, le 5 octobre 1873, par 6,063 voix sur 10,771 votants, contre MM. Paul Granier de Cassagnac, 2,552 voix et Isambert, 1,550. Il remplaçait M. Rollin, démissionnaire. Passant de la tribune des journalistes sur les bancs de la Chambre, il s'inscrivit à l'Union républicaine, et vota : *contre* la prorogation des pouvoirs du maréchal Mac-Mahon, *contre* l'état de siège, *pour* la dissolution, *contre* la loi des maires, *contre* le ministère de Broglie, *pour* l'ensemble des lois constitutionnelles. La nouvelle loi électorale n'accordant qu'un député à chaque colonie, M. Germain Casse se présenta à Paris, d'abord dans le 12e arrondissement contre M. Greppo, puis, ayant obtenu le patronage du journal la *République française*, il transporta sa candidature dans le 14e, contre M. Louis Asseline, ancien maire de l'arrondissement. Il ne fut élu qu'au second tour de scrutin, le 5 mars 1876, par 7,651 voix (9,465 votants, 13,818 inscrits), et fut des 363 députés des gauches réunies qui refusèrent leur vote de confiance au ministère de Broglie, après le 16 mai 1877. Réélu le 14 octobre, par 9,007 voix (11,403 votants, 14,114 inscrits), contre 1,419 à M. G. Lachaud, bonapartiste, et 810 à M. Coltat, il s'attacha dès lors à la personne de Gambetta et à la politique « gambettiste». M. Casse vota l'amnistie pleine et entière, mais se sépara de l'extrème gauche, dans la plupart des circonstances où l'opportunisme et l'intransigeance se trouvèrent aux prises. Il fit partie de plusieurs commissions d'enquête électorale, et obtint sa réélection le 21 août 1881, dans le 14e arrondissement de Paris par 7,685 voix (13,656 votants et 18,436 inscrits) contre MM. Alphonse Humbert, radical socialiste, 3,135 voix, de Larmandic, 1,490, Périn, 681, et J. Manier, 457. Il se fit alors inscrire au groupe de la gauche radicale, mais vota le plus souvent avec les modérés, soutint le ministère Gambetta, et accorda au cabinet Ferry les crédits demandés pour le Tonkin. Il passa, à cette époque, pour se mêler d'affaires financières. Aussi ne fut-il porté, en octobre 1885, que sur les listes exclusivement « opportunistes » où figuraient des membres du groupe de l'Union républicaine. Le chiffre considérable de voix qu'il obtint au premier tour détermina, grâce à la concentration républicaine, son élection au scrutin de ballottage, le 16e sur 34, par 286,060 voix (416,886 votants, 564,338 inscrits.)Il avait repris depuis peu sa place à la Chambre, où il a soutenu de ses votes les divers ministères de gauche qui ont occupé le pouvoir, lorsqu'un incident appela l'attention sur lui. Sous l'empire d'une surexcitation passagère, dont le véritable mobile est demeuré inconnu, un artiste de quelque talent, M. Jean Baffier, alla demander M. Casse à la Chambre des députés, et lorsque celui-ci se présenta, lui porta un coup de canne à épée qui fit d'ailleurs une blessure insignifiante. Interrogé, l'agresseur allégua une raison politique : il aurait voulu châtier en M. Germain Casse un député traître à son mandat. M. Baffier ayant été traduit aux assises, le député fut le premier parmi les témoins à décharge qui réclamèrent l'indulgence du jury, et l'acquittement fut prononcé. Dans la dernière session de la législature, M. Germain Casse a voté *pour* le rétablissement du scrutin uninominal (11 février 1889), *contre* l'ajournement indéfini de la revision de la Constitution (14 février), *pour* les poursuites contre trois députés membres de la Ligue des patriotes (14 mars). *contre* le projet de loi Lisbonne restrictif de la la liberté de la presse (2 avril), *pour* les poursuites contre le général Boulanger (4 avril.)

CASSINI (Alexandre-Henri-Gabriel, vicomte de), pair de France, né à Paris, le 9 mai 1781, mort à Paris, le 16 avril 1832, étudia d'abord l'astronomie, science dans laquelle s'était illustrée sa famille, puis y renonça pour l'étude du droit. Juge au tribunal de première instance de la Seine en 1811, il passa vice-président de ce tribunal en 1815, conseiller (1er août 1816), puis président à la cour royale de Paris. Il consacrait ses loisirs à l'étude de la botanique, où il fit d'intéressantes découvertes. Membre de l'Académie des sciences (1827), conseiller à la Cour de cassation (1829), il fut nommé pair de France, le 19 novembre 1831, et mourut du choléra l'année d'après.

CASSOU (René), député de 1881 à 1885, né à Simacourbe (Basses-Pyrénées), le 31 mai 1827, avocat, ancien bâtonnier de son ordre et conseiller général des Basses-Pyrénées, fut élu, le 21 août 1881, député de la 2e circonscription de Pau, par 7,732 voix (13,891 votants, 17,100 inscrits), contre 6,045 à M. Dariste, député sortant. Républicain conservateur, il s'était affirmé catholique dans sa profession de foi, en avait déclaré que « si la religion se trouvait réellement menacée », il serait « des plus ardents à la défendre. » Il siégea dans la fraction la plus modérée de la majorité républicaine de la Chambre des députés, et vota avec elle: *contre* l'institution d'un maire de Paris élu, *contre* la proposition Boysset tendant à l'abrogation du Concordat, *pour* les crédits de l'expédition du Tonkin, *pour* le maintien de l'ambassadeur près du pape, *contre* l'élection du Sénat par le suffrage universel. Porté, le 4 octobre 1885, sur la liste opportuniste dans les Basses-Pyrénées, il échoua avec 38,406 voix sur 86,573 votants. (Le dernier élu de la liste conservatrice, M. Destandau, obtint 42,814 voix.)

CASTAGNÉ (Antoine), député au Conseil des Cinq-Cents et au Corps législatif de l'an VIII, représentant des Cents-Jours, né à Albi (Tarn) le 25 juin 1766, mort à Albi, le 20 janvier 1837, était juge dans cette ville. Élu, le 23 germinal an VI, député du Tarn au Conseil des Cinq-Cents, il se mêla aux discussions juridiques, et proposa, le 22 messidor, que les demandes en intervention et celles en garantie ne fussent pas soumises à la formalité de la conciliation. Après le 18 brumaire, dont il s'était déclaré partisan, Castagné fut admis par le Sénat conservateur (4 nivôse an VIII) au Corps législatif, pour y représenter le département du Tarn. Il y siégea jusqu'en 1803. Le 16 mai 1815, il fut élu représentant de l'arrondissement d'Albi à la Chambre des Cent-Jours, par 36 voix sur 56 votants.

CASTAIGNÈDE (Bertrand), député à l'Assemblée constituante de 1789, né à Commensacq (Landes) en 1734, mort à une date inconnue, était notaire à Commensacq. Il ne joua qu'un rôle effacé dans l'Assemblée constituante où, le 23 avril 1789, la sénéchaussée de Tartas l'envoya siéger comme député du tiers.

CASTAIGNÈDE (Jean-Émile), député de 1877 à 1881, né à Pissos (Landes) le 9 août 1825, avait exercé dans sa ville natale, dont il était maire, la profession de notaire. Conseiller général des Landes pour le canton de Sabres, M. Castaignède n'avait pas de passé politique quand il fut choisi comme candidat officiel par le gouvernement du Seize-Mai aux élections législatives du 14 octobre 1877. Appuyé par les divers partis conservateurs, il fut élu député de la 2e circonscription de Mont-de-Marsan, par 5,722 voix (10,906 votants, 13,403 inscrits), contre 5,157 voix obtenues par M. Victor Lefranc, républicain, député sortant. Il s'inscrivit au groupe de l'Appel au peuple, et vota *contre* les invalidations prononcées par la majorité de la Chambre des députés, *contre* le ministère Dufaure, *contre* l'amnistie, *contre* l'article 7, *contre* l'application des décrets aux congrégations religieuses, *contre* les lois nouvelles sur la presse et le droit de réunion. M. Castaignède ne fit pas partie des législatures suivantes.

CASTAING (Toussaint-Pierre-Louis-Samuel), membre de la Convention, député au Conseil des Cinq-Cents et au Corps législatif en l'an VIII, né à Alençon (Orne), le 26 juin 1767, mort à Mamers (Sarthe), le 15 janvier 1845, était maître particulier des Eaux et forêts à Alençon, quand il fut élu, le 18 novembre 1792, membre suppléant à la Convention pour le département de l'Orne, à la pluralité des voix sur 446 votants; il ne fut admis à siéger que le 12 frimaire an II, en remplacement de Dufriche-Valazé, condamné à mort et exécuté. Nommé député de l'Orne au Conseil des Cinq-Cents, le 25 germinal an VII, il fit partie du comité de législation forestière, dont il fut plusieurs fois rapporteur, s'opposa aux coupes extraordinaires décrétées par le Directoire, déposa des propositions pour réprimer les excès de la presse et pour réglementer l'exercice du notariat, et fit supprimer le supplément d'indemnité qui avait été accordé aux membres des Conseils. Favorable au 18 brumaire, il entra au Corps législatif, comme député de l'Orne, le 4 nivôse an VIII, et siégea jusqu'en 1803. Le gouvernement impérial lui confia les fonctions d'inspecteur principal des Eaux et forêts (1806), puis d'inspecteur général.

Ce fut lui qui présenta à l'empereur, le 28 mai 1815, la députation du collège électoral du département de l'Orne : il rentra dans la vie privée à la Restauration.

CASTÉJA (André Biaudos, comte de), député de 1824 à 1827, né à Framerville (Somme), le 22 janvier 1780, mort à Paris, le 11 mars 1828, maire de Framerville, entra, sous le premier Empire, dans l'administration. Auditeur au Conseil d'État en 1810, inspecteur général des vivres de la guerre, le 14 janvier 1811, puis sous-préfet de Boulogne-sur-Mer, le 8 avril 1813, il remplit encore pendant les Cent-Jours, les fonctions de préfet provisoire dans le Pas-de-Calais et dans le Haut-Rhin. Il se rallia au gouvernement de la Restauration, qui le nomma successivement : le 19 janvier 1819, préfet de la Haute-Vienne, le 27 juin 1823, préfet de la Vienne, et le 27 janvier 1818, préfet de la Meurthe. D'autre part, il fut élu le 6 mars 1824, député de la Haute-Vienne au collège de département, et soutint, comme tel, le ministère de ses votes. Il était officier de la Légion d'honneur.

CASTÉJA (Marie-Jean-François Biaudos, vicomte de), frère du précédent, député de 1827 à 1830, né à Framerville (Somme), le 23 septembre 1731, mort à Paris, le 28 août 1862, fut, en 1813, officier des gardes nationales actives, et assista au siège de Soissons. En 1814, il fut incorporé dans la maison du roi, fut promu en 1816, capitaine au 1er de cuirassiers, et, en 1820, chef d'escadron. Il fit la guerre d'Espagne (1823), puis il passa comme chef d'escadron aux lanciers de la garde royale, et entra, le 24 novembre 1827, dans la carrière parlementaire, comme député de la Somme, élu au collège de département par 200 voix. Il vota, avec les royalistes, pour le gouvernement, ne fut pas des 221, et, réélu le 3 juillet 1830, par le même collège, avec 197 voix contre MM. Debray, 180 voix, de Rumigny, 132, et le duc d'Orléans, 132, il se montra fidèle à la légitimité. Après la révolution qui renversa le trône de Charles X, M. de Castéja adressa au président de la Chambre des députés la lettre suivante :

« Paris, le 8 août 1839,

« Monsieur le président,

« Ayant reçu le mandat de député sous des conditions qui n'existent plus, je prie la Chambre de vouloir bien recevoir ma démission. »

« J'ai l'honneur d'être, etc.

« Le vicomte de Castéja, député de la Somme. »

Le 9 février 1838, il fut admis à la retraite comme lieutenant-colonel de cavalerie. Il était chevalier de la Légion d'honneur.

CASTEL (René-Richard-Louis), député à l'Assemblée législative de 1791, né à Vire (Calvados), le 6 octobre 1758, mort à Reims (Marne), le 15 juin 1832, fit de brillantes études à Louis-le-Grand, embrassa les opinions philosophiques en cours à la fin du XVIIIe siècle, et fut élu procureur-syndic de Vire, peu après la Révolution. Élu, le 10 septembre 1791, député du Calvados à l'Assemblée législative, par 264 voix sur 413 votants, il siégea parmi les constitutionnels modérés, et défendit la monarchie et le roi. Retiré en Normandie après la session, il ne revint à Paris que sous le gouvernement consulaire, qui le nomma professeur de belles-lettres à Louis-le-Grand; il occupa successivement ensuite, sous l'Empire et sous la Restauration, les fonctions d'inspecteur général de l'Université, d'inspecteur des études à Paris, et d'inspecteur des écoles royales militaires. On a de lui : *Poème des Plantes* (1797); *la Forêt de Fontainebleau* (1808); *Voyage de Paris à Créci* (1808), *l'Histoire naturelle de Buffon classée d'après le système de Linnée*, et un opéra, *le Prince de Catane* (1813).

CASTEL (Jean-Baptiste-Charles), député de 1815 à 1819, né à Dieppe (Seine-Inférieure), le 1er mars 1761, mort à Dieppe, le 11 mars 1841, négociant dans cette ville, fut nommé officier municipal à Dieppe, du 26 octobre 1790 au 21 novembre 1791, président du tribunal de commerce de cette ville le 9 prairial an III, membre du « comité de commerce » de Dieppe le 8 pluviôse au IX, conseiller municipal le 16 thermidor au XII, enfin conseiller d'arrondissement le 16 germinal an XIII. Il continua, sous l'Empire, de s'occuper d'affaires et d'intérêts locaux, et n'aborda le parlement qu'aux élections du 22 août 1815. Élu député de la Seine-Inférieure par 131 voix (200 votants, 248 inscrits), il fut de la majorité de la « Chambre introuvable », mais il n'y prit jamais la parole. Il obtint sa réélection après la dissolution, le 4 octobre 1816, avec 120 voix sur 188 votants et 233 inscrits, et siégea obscurément au centre, jusqu'en 1819. Conseiller général de la Seine-Inférieure depuis le 13 mars 1817, Castel fut nommé, en septembre 1819, membre du Conseil général du commerce.

CASTELANET (Antoine), député à l'Assemblée constituante de 1789, né à Marseille (Bouches-du-Rhône), le 23 août 1754, mort à une date inconnue, était notaire à Marseille. Élu, le 14 avril 1789, député suppléant du tiers aux États-Généraux par la sénéchaussée de cette ville, il fut admis à siéger le 20 juin, par suite du décès de M. Liquier. Il prit plusieurs fois la parole à l'Assemblée : pour donner lecture d'un rapport au sujet des troubles provoqués à Marseille par le colonel d'Ambert; sur la situation de cette ville; pour démentir le bruit qu'elle voulait s'ériger en République, etc. — Castelanet fut secrétaire de l'Assemblée et membre du comité colonial. Le 19 juin 1793, il fut question de lui à la Convention. Sur la proposition de Charlier, on décida qu'il serait invité à se justifier des accusations d'incivisme portées contre lui. Il était alors considéré comme un des chefs du parti contre-révolutionnaire à Marseille.

CASTELBAJAC (Marie-Barthélemy, vicomte de), député de 1815 à 1817, de 1819 à 1820, de 1821 à 1827 et pair de France, né à Vic-en-Bigorre (Hautes-Pyrénées), le 8 juillet 1776, mort à Paris, le 12 février 1868, émigra en 1790, et servit dans l'armée de Condé. Rentré en France avec les Bourbons, il fut élu le 22 août 1815, dans le collège de département du Gers, par 121 voix sur 199 votants et 272 inscrits, et se montra un des ultra-royalistes les plus ardents de la Chambre introuvable. Il réclama la peine de mort contre quiconque arborerait le drapeau tricolore, vota pour les exceptions à la loi dite d'amnistie (12 janvier 1816), et, malgré les efforts du ministère, fut réélu, le 4 octobre 1816, dans le même collège, par 105 voix sur 202 votants et 267 inscrits. Lors de la discussion de la nouvelle loi électorale (janvier 1817), il demanda

l'élection à deux degrés et la substitution des assemblées de corporations et de paroisses aux assemblées primaires : ce fut à cette occasion qu'il dit : « Nous avons entendu prononcer comme maxime : Méfiez-vous des ultra-royalistes, ce qui veut dire : méfiez-vous de ces hommes ultra-malheureux pour la cause royale, à qui il ne reste de leur fortune que des débris, de leur famille que des tombeaux, etc... »

Compris dans le premier renouvellement par cinquième de la Chambre, il échoua aux élections du 20 septembre 1817, et combattit dans le journal *le Conservateur*, la loi du recrutement et la création de soixante nouveaux pairs (ordonnance royale du 4 mars 1819). Candidat, le 11 septembre suivant, dans le collège du département de la Haute-Garonne, au troisième renouvellement partiel, il fut élu par 691 voix sur 1,371 votants et 1,657 inscrits, contre M. Durand, 653 voix. Il combattit les pétitions qui demandaient le maintien de la loi électorale : « Sont-ce, dit-il, des hommes lésés qui se plaignent? Non, ce sont des hommes qui, sans calculer les motifs du gouvernement, sans être même en position de les connaître, viennent exposer leur signature impérative au bas d'un papier suspendu aux murs d'un café, ou déposé partout ailleurs; et encore trouverait-on bon nombre de gens complaisants qui ne sauraient peut-être pas même vous dire ce qu'ils ont signé. »

Réélu au renouvellement du 1er octobre 1821, dans le 1er arrondissement électoral de la Haute-Garonne, par 243 voix sur 362 votants et 443 inscrits, contre M. Ferradou, avocat, qui obtint 95 voix, il s'était rapproché, depuis son élection dans la Haute-Garonne, de M. de Villèle, député du même département; lorsque ce dernier arriva au ministère (15 décembre 1821), M. de Castelbajac se sépara des ultra-royalistes pour prendre place sur les bancs ministériels, et fut récompensé de cette conversion par la direction générale des haras, de l'agriculture, du commerce et des manufactures (1823), qu'il quitta, l'année suivante, pour celles des douanes. Il fut encore réélu le 25 février 1824, par 278 voix sur 347 votants et 404 inscrits, contre le marquis de Tauriac (67 voix), fut nommé pair de France, le 5 novembre 1827, perdit la direction générale des douanes en 1828, et figura comme conseiller d'État en service ordinaire sur l'ordonnance parue au *Moniteur* le lundi 26 juillet 1830, ordonnance qui ne fut pas exécutée. Le gouvernement de juillet ne ratifia pas l'élévation à la pairie de M. de Castelbajac, qui se retira complètement, depuis lors, de la vie politique.

CASTELBAJAC (Barthélemy-Jacques-Dominique-Armand, marquis de), sénateur du second Empire, cousin du précédent, né à Ricaud (Hautes-Pyrénées), le 12 juin 1787, mort à Paris, le 3 avril 1864, fut destiné à la carrière des armes. Admis à l'École militaire de Fontainebleau, il en sortit en 1807 comme sous-lieutenant au 8e hussards, fit les campagnes d'Allemagne, de Russie, de Saxe, de France, et fut blessé à Wagram, à Ostrowno, à la Moskowa et à Brienne. Au bout de sept ans de service, il était parvenu au grade de chef d'escadron, lorsque la rentrée des Bourbons, à qui le rattachaient ses traditions de famille, vint accélérer son avancement. Nommé successivement colonel des chasseurs des Pyrénées en 1815, puis des dragons de la garde, et maréchal de camp en 1826, il remplit encore, sous la Restauration et sous le gouvernement de Juillet, les fonctions d'inspecteur de cavalerie. Il fut investi quelque temps du commandement militaire de la Moselle, puis il fit campagne en Algérie. Devenu lieutenant général et grand officier de la Légion d'honneur, le marquis de Castelbajac fut mis à la retraite par la République en 1848; mais le gouvernement présidentiel de L.-N. Bonaparte lui confia d'importantes fonctions. Envoyé extraordinaire et ministre plénipotentiaire en Russie (1849), il revint à Paris, en 1854, lorsque la déclaration de guerre de 1854 nécessita son rappel. Le 12 juin 1856, un décret impérial le fit entrer au Sénat. Il y vota jusqu'à sa mort avec la majorité dynastique.

CASTELLANE (Esprit-Victor-Elisabeth-Boniface, comte de), pair de France et sénateur du second Empire, né à Paris, le 21 mars 1788, mort à Paris, le 16 septembre 1862, était fils du marquis de Castellane-Novéjean (*Voy. plus bas*) et d'Adélaïde-Louise-Guyonne de Rohan-Chabot de Jarnac. Il entra au service le 2 décembre 1804, comme soldat au 5e léger et parcourut rapidement les grades inférieurs. Sous-lieutenant le 10 février 1806, il se fit remarquer, dès le début de sa carrière, par une turbulence et une excentricité d'allures qui devaient plus tard contribuer à le rendre célèbre et presque légendaire. Il fit partie de l'armée d'Italie. En décembre 1807, il alla rejoindre le général Mouton, depuis comte de Lobau, qui commandait un corps d'observation dans les Pyrénées, et auprès duquel il remplit les fonctions d'aide de camp. Ayant franchi avec lui la frontière d'Espagne (janvier 1808), il se signala aux batailles de Rio-Secco et de Burgos; puis il fut nommé lieutenant aide de camp, et prit part à la guerre d'Allemagne, qui lui valut le titre de chevalier de l'Empire, avec une dotation de 2.000 francs. Ce fut lui qui fut chargé de notifier aux rois de Westphalie et de Hollande la conclusion de la paix. Capitaine en 1810 et chevalier de la Légion d'honneur, il fit encore la campagne de Russie, devint chef de bataillon à Moscou le 3 octobre 1812, et assista aux combats de la Moskowa, de Witepsk, de Smolensk, de Krasnoé, de la Bérézina. Créé colonel-major au 1er régiment des gardes d'honneur le 1er juin 1813, il fit en cette qualité les guerres de 1813 et 1814. Après la chute de l'Empire, il se rallia à la Restauration, fut chargé, le 27 septembre 1815, de la formation des hussards du Bas-Rhin, reçut du roi la croix de Saint-Louis et le grade d'officier de la Légion d'honneur, et passa en 1822 au commandement des hussards de la garde. Le 14 janvier 1824, il prit rang dans le cadre des maréchaux de camp, et fut investi d'un commandement lors de l'expédition d'Espagne. Chargé d'occuper, à la tête de l'avant-garde de la division de Cadix, une étendue de pays qui embrassait un grand nombre de villes importantes : Puerto-Santa-Maria, Xérès, San-Lucar, Puerto-Réal, il passa pour avoir traité avec une douceur relative les habitants de ce pays; on dit même qu'il fut rappelé (1827), pour n'avoir pas voulu s'associer aux persécutions politiques dirigées par le roi Ferdinand, qui se plaignait de ses opinions « constitutionnelles ». Le général de Castellane refusa le commandement du département de la Nièvre, et fut chargé en 1829 de l'inspection de sept régiments; mais, ayant été nommé membre du Conseil général de l'Allier, il se vit frappé de destitution au commencement de juillet 1830,

pour avoir appuyé de son vote un candidat de l'opposition. Cette disgrâce le désignait aux faveurs du gouvernement de Louis-Philippe. Aussi fut-il nommé, 1831, commandant du département de la Haute-Saône, puis placé (avril 1832) à la tête de la 1re brigade d'infanterie de la 2e division de l'armée du Nord. Il assista au siège d'Anvers, et, au retour de cette campagne, fut promu lieutenant-général (9 janvier 1833). — Le 3 octobre 1837, le général de Castellane fut élevé à la dignité de pair de France. Dans la Chambre haute, il prit part aux discussions relatives au projet de loi sur les fortifications de Paris, à un appel de 80.000 hommes sur la classe de 1841, à l'organisation du cadre de l'état-major général de l'armée navale, à la réduction du travail des enfants dans les manufactures, etc.; il soutint le gouvernement. Il parut quelque temps en Afrique, mais revint bientôt en France, parce qu'il était mécontent de la situation qu'on lui avait faite. Investi, en 1847, du commandement de la 14e division militaire, dont le siège était à Rouen, le général de Castellane apprit dans cette ville, le 24 février, la proclamation de la République. Il refusa d'abord de reconnaître le gouvernement provisoire, fit distribuer des cartouches à ses hommes, évacua les casernes, alla prendre position sur la hauteur du mont Riboudet, à trois kilomètres de Rouen, et s'y établit militairement. Exaspérée de cette attitude, la population ouvrière de la ville s'était soulevée; enfin, le 28, au soir, le général se décida à réintégrer son poste et à publier un ordre du jour ainsi conçu : « Le gouvernement provisoire de la République est un fait accompli; il a déclaré qu'il se conformerait au vœu de la nation, qui sera consultée sur la forme de gouvernement qui conviendrait le mieux à la France. Le lieutenant général a fait, en conséquence, mettre à l'ordre de la division celui du ministère de la guerre à l'armée. » Bientôt une lettre du général Subervie, ministre de la guerre, annonça au général Castellane son remplacement dans la 14e division par le général Ordener. Le 17 avril 1848, il fut mis à la retraite. Mais il revint à l'activité en 1849, et reçut le commandement de la division de Bordeaux, puis celui des divisions de Nantes et de Rennes. S'étant fait, dans ces divers postes, un des agents les plus zélés de la politique de l'Élysée, il accompagna le prince-président à Angers, puis il se rendit (29 avril 1850) à Lyon, avec le commandement supérieur des 5e et 6e divisions. Son attitude au 2 décembre, fut des plus favorables aux projets de Louis-Napoléon; aussi se vit-il conférer quelques jours après le coup d'État, le titre de général en chef de l'armée de Lyon. Il fut nommé sénateur le 26 janvier 1852, et maréchal de France le 2 décembre de la même année. En 1859, son titre de commandant en chef se changea en celui de commandant du 4e corps d'armée. — Grand croix de la Légion d'honneur, depuis le 22 avril 1847. — Les boutades du maréchal de Castellane, les fantaisies parfois baroques dont il émailla son existence de militaire sont restées quasi proverbiales dans les casernes. On a souvent rappelé les déguisements bizarres dont il aimait à s'affubler pour éprouver la vigilance des sentinelles, l'attaque et le pillage d'une pâtisserie par une bande de gamins, embrigadés tout exprès et qu'il excitait du geste et de la voix, etc., etc.

CASTELLANE (Henri-Charles-Louis-Boniface, marquis de), fils du précédent, député de 1844 à 1847, né à Paris le 23 septembre 1814, mort à Rochecotte (Cantal), le 16 octobre 1847, était auditeur au Conseil d'Etat et conseiller général du Cantal, lorsque le 4ᵉ collège de ce département (Murat), le nomma député, le 2 mars 1844, par 106 voix sur 149 votants, contre 43 à M. Desclozeaux. L'élection était motivée par le décès de M. Teilhard-Nozerolles. Elle fut annulée une première fois par la Chambre, l'élu n'ayant pas l'âge prescrit par la loi. Un nouveau scrutin, le 27 mai 1844, ayant donné à M. de Castellane 112 voix sur 114 votants, il se vit invalidé encore pour le même motif. Élu pour la troisième fois, le 17 août, par 110 voix sur 112, et pour la troisième fois invalidé, il obtint enfin, d'une façon définitive, le 8 février 1845, par 86 voix sur 90, la confirmation de son mandat. M. de Castellane avait alors atteint sa trentième année. Il siégea à la Chambre, entre le pouvoir et l'opposition, et fut réélu le 1ᵉʳ août 1846, par 132 voix (135 votants, 178 inscrits). Il mourut pendant la session. Il avait épousé la petite nièce du prince de Talleyrand, dont il eut deux enfants.

CASTELLANE (MARIE-EUGÈNE PHILIPPE-ANTOINE-BONIFACE, MARQUIS DE), petit-fils du maréchal de Castellane (V. plus haut), représentant à l'Assemblée nationale de 1871, député de 1876 à 1877, né à Paris, le 12 mai 1844, commanda un bataillon de mobiles pendant la guerre franco-allemande et fut élu à l'âge de vingt-sept ans, le 8 février 1871, représentant du Cantal à l'Assemblée nationale, le 2ᵉ sur 5, par 24,946 voix (35,107 votants, 59,650 inscrits). Il s'inscrivit au centre droit et à la réunion monarchiste des « Réservoirs », bien qu'il eût, peu de temps auparavant, dans une circulaire en date du 24 septembre 1870 (époque à laquelle le gouvernement de la Défense avait d'abord fixé les élections), manifesté des sentiments favorables à un gouvernement démocratique. « Ordre et liberté, disait-il, tels sont les deux buts que j'ai toujours poursuivis. Le gouvernement républicain, en donnant satisfaction à ce double vœu, rendra à la France sa grandeur et son prestige. Notre devoir sera de le soutenir avec vigueur. Nous seconderons, à plus forte raison, ses efforts patriotiques pour défendre l'intégrité du territoire contre les convoitises irritantes d'un vainqueur orgueilleux. » M. de Castellane vota : pour la paix, pour les prières publiques, pour l'abrogation des lois d'exil, pour le pouvoir constituant de l'Assemblée, pour la démission de Thiers au 24 mai, contre le retour du Parlement à Paris, contre la dissolution, pour la loi des maires et pour le ministère de Broglie. Il repoussa les lois constitutionnelles. Dès le début de la législature, le marquis de Castellane avait pris une part active aux travaux de l'Assemblée, dont il devint un des orateurs les plus assidus et les plus féconds. Ses adversaires politiques se plurent à lui reconnaître « une franchise et une audace d'allures », dont ils lui savaient quelque gré. Partisan de la forme monarchique, M. de Castellane avait pour thème favori, à la tribune, la nécessité de sortir du provisoire et de ne pas laisser la France sans lendemain. Après l'échec des négociations dont l'objet était d'amener la fusion des deux branches de la famille des Bourbons et par suite l'établissement de la monarchie, on vit M. de Castellane insister à plusieurs reprises, pour obtenir l'ajournement des lois constitutionnelles. C'est ainsi qu'il proposa, en 1874, à l'Assemblée, de voter des lois de finances et de se séparer jusqu'au 15 décembre ; il invo-

quait les « chaleurs sénégaliennes de la saison » « oubliant, observe malicieusement un biographe, la pluie rafraîchissante qui tombait au moment même où était présenté cet étrange argument en faveur des vacances. » Secrétaire de l'Assemblée nationale, M. de Castellane intervint dans un assez grand nombre de questions politiques, économiques et financières ; il fut rapporteur du budget de la guerre. Lors des élections législatives de 1876, il se présenta dans l'arrondissement de Murat et fut élu au second tour (5 mars), par 3,048 voix sur 5,690 votants et 8,575 inscrits, contre 2,634 voix à M. Teissèdre, républicain. Il vota avec la droite, contre les 363, et ne fut pas réélu en 1877, malgré l'appui officiel que lui prêta le gouvernement du maréchal de Mac-Mahon ; son ancien concurrent, M. Teissèdre, l'emporta à une forte majorité. — Depuis lors, M. de Castellane s'est consacré, en dehors du Parlement, à l'étude des questions politiques et sociales. On lui devait déjà un Essai sur le suffrage universel de France (1872) ; Tout récemment il a donné à la Nouvelle Revue, sous ce titre : « Les cahiers conservateurs en 1889 », une série d'articles qui ont été remarqués. La pensée dominante de ces études c'est que les « conservateurs ne sont pas de leur temps. Ils piétinent sur place ; il n'offrent à la démocratie que des horizons bourgeois... ils se désagrègent en tant que parti politique et ne s'agrègent pas en tant que parti social. Ont-ils pour point de départ la révolution ou l'ancien régime ? Veulent-ils en revenir à l'Inquisition ou se fient-ils aux bienfaits de la liberté ?..., etc. » Puis l'auteur examine, d'un point de vue assez nouveau, la question de l'impôt, la question religieuse et le problème de l'émancipation des travailleurs. M. de Castellane n'hésite pas à se prononcer pour la séparation des pouvoirs spirituel et temporel, et il estime que l'initiative de la dénonciation du Concordat doit être prise par les conservateurs. « La monarchie chrétienne ayant disparu à jamais, c'est comme chrétien et conservateur, dit-il, que je demande la séparation de l'Eglise et de l'Etat. »

CASTELLANE-NOVÉJEAN (BONIFACE-LOUIS-ANDRÉ, MARQUIS DE), député aux Etats-Généraux de 1789, député en 1815 et pair de France, né à Paris le 4 août 1758, mort à Paris le 21 février 1837, descendait d'une famille d'anciens barons de Provence, indépendants sous les rois d'Arles, et dont le faste avait popularisé le vieil adage du roi René : « Dissolution des Castellane. » Il suivit la carrière des armes et était colonel de cavalerie au moment de la Révolution. Elu, le 12 mars 1789, député de la noblesse aux Etats-Généraux par le bailliage de Châteauneuf-en-Thymerais, il siégea parmi les libéraux, fut des premiers de son ordre à se réunir au tiers-état, vota la liberté des cultes et la déclaration des droits, réclama l'abolition des prisons d'Etat et la suppression des détentions arbitraires. Secrétaire de l'Assemblée (février 1790), il s'éleva contre les mesures de rigueur votées contre les émigrés, rentra à son corps après la session, et fut promu maréchal de camp, le 20 mars 1792. Il protesta contre le 10 août 1792, en donnant sa démission, fut incarcéré peu après comme suspect, et ne recouvra sa liberté qu'à la chute de Robespierre. Retiré à la campagne, il ne reparut que sous le gouvernement consulaire, fut nommé membre de la Légion d'honneur le 25 prairial an XII, et préfet des Basses-Pyrénées le 22 germinal suivant. Candidat au Sénat conservateur de l'Empire, sans y être admis, officier de la Légion d'honneur (22 juillet 1808), baron (14 février 1810) puis comte de l'Empire (9 mars de la même année), il n'en adhéra pas moins à la déchéance de l'empereur, ce qui lui mérita, de la Restauration, la croix de Saint-Louis (8 juillet 1814), et la plaque de commandeur de la Légion d'honneur (24 novembre suivant). Il se tint à l'écart pendant les Cent-Jours, et, président du collège électoral des Basses-Pyrénées, fut élu le 22 août 1815, député de ce département, à la Chambre introuvable, par 103 voix sur 146 votants et 226 inscrits; il ne siégea pas à la Chambre, car il avait été nommé, cinq jours auparavant, pair de France (17 août). Il défendit à la Chambre haute les libertés octroyées par la Charte, vota cependant pour la mort dans le procès du maréchal Ney, fut élevé au grade de général de division le 1er mai 1816, et promu grand officier de la Légion d'honneur le 19 août 1823.

CASTELLAS (JEAN-ANTOINE), COMTE DE LYON, député à l'Assemblée constituante de 1789, né à Rodez (Aveyron), le 8 juin 1735, mort à Douvres (Angleterre), en 1801, était un des dignitaires du clergé de Lyon, dont la sénéchaussée l'élut, le 27 mars 1789, comme député du clergé aux États-Généraux. Il y défendit les prérogatives de son ordre, et tint pour l'ancien régime. Après la session, il émigra en Angleterre où il mourut.

CASTELLI (JOSEPH-MARIE-ALOYSE), député de 1816 à 1819, né à Calvi (Corse), le 2 novembre 1746, mort à Paris, le 4 décembre 1820, entra dans la magistrature. Il était procureur du roi au tribunal de Corte, quand il fut élu le 4 octobre 1816, député de la Corse, au collège de département. Il siégea au centre et soutint le gouvernement. Dans la session de 1817-1818, il prit part au débat sur les douanes, et demanda que la Corse, « qui supporte les charges de l'État », fût traitée comme département français, et que toutes ses productions fussent admises en France par les ports désignés, franches de droits. En 1818-1819, il prit la parole comme rapporteur de plusieurs pétitions, entre autres de celle du sieur Petrucci, de Bastia, qui se plaignait qu'il « se commit en Corse beaucoup d'assassinats que la justice ne poursuit pas. » Castelli fit voter l'ordre du jour. Il le proposa de même pour une autre pétition signée Giacobbi, de Corte : celle-là dénonçait formellement l'assassinat commis sur la personne d'un conseiller de la Cour royale d'Ajaccio, comme n'ayant point été poursuivi. Castelli motiva son opinion sur ce que le signataire était inconnu, sur ce qu'il n'avait fait aucune démarche pour signaler aux tribunaux les auteurs du crime; il avoua toutefois que le fait de l'assassinat était venu à sa connaissance. Le 21 juillet 1819, Castelli fut nommé conseiller à la cour d'Ajaccio.

CASTELNAU (ALBERT), représentant à l'Assemblée nationale de 1871, député de 1876 à 1877, né à Montpellier (Hérault), le 25 septembre 1823, mort à Montpellier, le 6 octobre 1877, était un des plus riches propriétaires de son département. Appartenant à l'opinion républicaine radicale, il rédigeait à Montpellier une feuille démocratique de nuance avancée, la *Liberté de l'Hérault*, lors de son élection (2 juillet 1871) comme représentant de ce département à l'Assemblée nationale, par 50,589 voix (90,104 votants, 140,493 inscrits), en remplacement de Dufaure, qui avait opté pour un

autre département. Il avait déjà été candidat aux élections générales du 8 février, et avait réuni alors 38,668 voix contre 49,404 accordées au dernier élu de la liste conservatrice, M. de Rodez-Bénavent. Bientôt après (8 octobre), il fut élu aussi conseiller général pour le 1er canton de Montpellier. Il fit partie, à l'Assemblée, du groupe de l'Union républicaine, et vota : *pour* le retour à Paris, *contre* le pouvoir constituant, *contre* la démission de Thiers au 24 mai, *pour* la dissolution, *contre* le septennat, *contre* l'état de siège, *contre* la loi des maires et *contre* le ministère de Broglie. Il adopta l'ensemble des lois constitutionnelles. Après la législature, M. A. Castelnau se représenta, avec succès, dans la 1re circonscription de Montpellier ; il fut nommé par 12,505 voix (19,388 votants, 24,700 inscrits), siégea, jusqu'à la dissolution, dans la majorité républicaine, vota avec elle *pour* l'amnistie, *pour* les projets de loi nouveaux sur la collation des grades et sur l'élection des maires, et fut des 363. Il mourut avant le 14 octobre 1877, pendant la période électorale.

CASTERAN (HILAIRE), député au Conseil des Cinq-Cents, né à Tarbes (Hautes-Pyrénées), le 29 mai 1759, mort à une date inconnue, était, lors de la Révolution, juge au bailliage d'Ossun, depuis le 14 octobre 1785. Le 1er octobre 1790, il fut nommé commissaire du roi au district de Tarbes, resta en fonctions sous la République avec le titre de « commissaire national » (2 janvier 1793), puis remplit en l'an III, les fonctions d'accusateur public. Il fut élu le 25 germinal an VII, député des Hautes-Pyrénées au conseil des Cinq-Cents, se rallia à Bonaparte, devint, après le coup d'État de brumaire, conseiller à la cour de Pau, s'accommoda également de l'empire et du gouvernement des Bourbons, et termina sa carrière comme président de Chambre (13 mars 1816) à la cour royale de Pau.

CASTEX (BERTRAND-PIERRE, VICOMTE), député de 1821 à 1827, né à Pavie (Gers), le 29 juin 1771, mort à Strasbourg (Bas-Rhin), le 19 avril 1842, entra en 1792 comme maréchal des logis dans une compagnie franche du département de l'Aude, puis fut incorporé au 24e régiment de chasseurs à cheval, et fit, comme sous-lieutenant (18 août 1793), campagne dans les Pyrénées-Orientales. Devenu lieutenant, il partit pour l'Italie, où il resta jusqu'en 1799. Le 24e chasseurs vint alors à l'armée d'observation des Pyrénées : Castex était capitaine aide de camp du général de cavalerie Kilmann (7 janvier 1897). Promu chef d'escadron, le 22 décembre 1800, sous les ordres de Gouvion Saint-Cyr, et chevalier de la Légion d'honneur, il fut attaché comme major (29 octobre 1803) au 20e régiment de chasseurs, fit les campagnes d'Allemagne, de Prusse, de Pologne, fut mis à l'ordre de l'armée et nommé colonel sur le champ de bataille d'Iéna, le 14 octobre 1806, à la suite d'une charge brillante qui lui valut les félicitations de Napoléon. Il se distingua encore à Eylau, à Friedland, reçut en 1808 le titre de baron de l'Empire avec une dotation, et gagna à Wagram les épaulettes de général de brigade. La paix de Tilsitt lui permit de rentrer en France, où il fut chargé de l'inspection des troupes à cheval de la 5e division militaire (Strasbourg). Il se maria dans cette ville, puis il prit part à la campagne de Russie, fut blessé au passage de la Bérézina, et, à son retour à Paris, devint major des grenadiers à cheval de la garde. Il

40

se battit à Dresde, à Leipsig, à Hanau, et fut fait général de division le 28 novembre 1813. Envoyé à l'armée commandée dans les départements belges par le général Maison, Castex eut sous ses ordres 4000 chevaux de la garde, et fut blessé, en 1814, devant Liége; il se replia sur Anvers et rentra en France avec la garnison. Il passa dans la retraite la première Restauration; pendant les Cent-Jours, il eut le commandement de la cavalerie avec le général Lecourbe, et fit campagne aux environs de Belfort. Le second retour du roi le mit en non-activité. Il se retira alors dans sa terre du Val-de-Ville en Alsace; mais il fut rappelé en 1817, et pourvu du commandement de la 6ᵉ division militaire (Besançon). Il quitta ce commandement en 1823, pour faire la guerre d'Espagne. Le 6 mars 1824, il entra à la Chambre des députés, comme l'élu du collége de département du Bas-Rhin : il siégea parmi les royalistes modérés, et vota avec eux. Commandeur de Saint-Louis, et grand officier de la Légion d'honneur, il avait de plus été créé comte par la Restauration. Le 3 novembre 1827, il fut promu grand-croix de la Légion d'honneur. Il revint vivre en Alsace à la suite des événements de 1830, et fut élu par son canton, en 1833, membre du Conseil général du Bas-Rhin. — Une rue de Paris a reçu le nom du général Castex.

CASTIGLIONE (DUC DE). *Voy.* AUGEREAU.

CASTILHON (PIERRE-FRANÇOIS), membre de la Convention et député au Conseil des Anciens, né à Cette (Hérault), le 1ᵉʳ janvier 1746, mort à Largentière, le 3 mai 1804, négociant à Cette, adopta avec modération les principes de la Révolution, devint maire de sa ville natale et commandant de la garde nationale. Il écrivit (juillet 1790) à l'Assemblée constituante, pour lui dénoncer un complot contre-révolutionnaire : les conjurés devaient pénétrer en France par le pays de Cominges; ils feraient précéder leur marche d'un manifeste portant « qu'il serait rendu au roi tous les droits que la nation a repris; que la noblesse contribuerait à toutes les charges sans exception; que le clergé serait moins bien traité qu'il ne l'est par les décrets de l'Assemblée nationale; que la dime serait entièrement abolie; que les assignats auraient hypothèque sûre », etc. — « Il résulte, ajoutait l'auteur de cette communication, de l'espoir de tant d'avantages, qu'il est bien à craindre que le peuple ne se laisse séduire (*Une voix s'élève :* Nous les tenons, ces avantages.*) Il est d'autant plus urgent de prendre des précautions, que le projet est à la veille d'être exécuté; il est nécessaire d'augmenter nos forces, notre artillerie, d'armer notre garde nationale, de lui fournir des sabres, des fusils et des gibernes; il faudrait que l'Assemblée nationale autorisât notre ville à faire un emprunt de 15,000 livres pour subvenir à l'achat de ces objets. A Cette, le 16 juillet. *Signé :* François Castilhon, commandant de la garde nationale. » L'Assemblée fit peu de cas de la communication, et un membre s'écria : « Les 15,000 livres sont le motif de cette dénonciation. » Le 9 septembre 1792, Castilhon fut élu membre de la Convention par le département de l'Hérault, le 9ᵉ et dernier, avec 237 voix sur 450 votants. Il dit, lors du procès du roi : « Si je ne consultais que les crimes de Louis et la peine qu'il mérite, je ne balancerais pas à prononcer la mort; mais la crainte de voir mêler ce sang odieux à celui d'un peuple

que je chéris, me détermine à voter pour la réclusion et le bannissement à la paix. » Il ne prit que cette fois la parole dans cette Assemblée, accepta, en 1795, une mission pour activer les approvisionnements de la capitale, et passa, le 21 vendémiaire an IV, au Conseil des Anciens, avec 151 voix (232 votants), toujours comme député de l'Hérault. Il y proposa le rejet d'une résolution concernant le paiement des droits de douane, et l'adoption de celle qui avait trait à l'acquittement d'une partie des rentes en numéraire. Il fut un des secrétaires du Conseil. Il en sortit en 1797, et fut nommé inspecteur des contributions. Il mourut sous-préfet de Largentière.

CASTILLON (EMMANUEL-LOUIS-JACQUES-ANDRÉ). député au Conseil des Cinq-Cents, né le 28 janvier 1758, mort à une date inconnue, était président de l'administration du canton de Sassetot Seine-Inférieure. Le 26 germinal an VI, il fut élu député de la Seine-Inférieure au Conseil des Cinq-Cents, où il ne joua qu'un rôle effacé.

CASTILLON-SAINT-VICTOR (EUGÈNE-HIPPOLYTE, COMTE DE), représentant à l'Assemblée législative de 1849, né à Narbonne (Aude), le 8 septembre 1806, mort au château de Boutenac (Aude), le 20 janvier 1864, était sans antécédents politiques notables en 1849. Riche propriétaire de la Haute-Garonne, il fut élu, le 13 mai 1849, par les conservateurs de ce département, représentant à l'Assemblée législative, le 10ᵉ et dernier, avec 50,577 voix (94,485 votants, 139,605 inscrits). Il siégea à droite, fit partie de la majorité, et vota toutes les mesures proposées par la droite, depuis l'expédition romaine jusqu'aux lois sur l'enseignement et sur le suffrage universel. Il ne se rallia pas, en 1851, à la politique personnelle du président L.-N. Bonaparte, et rentra dans la vie privée après le coup d'État.

CASTRIES (ARMAND-CHARLES-AUGUSTIN DE LA CROIX, DUC DE), député aux Etats-Généraux de 1789 et pair de France, né à Paris, le 23 mai 1756, mort à Paris le 19 janvier 1842, descendait d'une illustre famille de vieille noblesse française, dont l'auteur connu, Guillaume de la Croix, fut trésorier de l'extraordinaire des guerres, en grand crédit auprès de Louis XI, de Charles VIII et de Louis XII, et acheta en 1495, la baronnie de Castries qui fut érigée en marquisat en 1645.

Armand-Charles-Augustin, d'abord connu sous le nom de comte de Castries, entra de bonne heure dans les armées du roi, fit, comme colonel, la guerre de l'indépendance d'Amérique, fut nommé brigadier de cavalerie (30 décembre 1782), et reçut, au brevet du duc de Castries, et le grade de maréchal de camp (3 mars 1788). Élu, le 7 mai 1789, député de la noblesse aux Etats-Généraux par la prévôté et vicomté de Paris, il y défendit énergiquement les prérogatives de la royauté, et blessa au bras Charles de Lameth dans un duel né d'une discussion politique. Le peuple ayant envahi et pillé l'hôtel de Castries à la suite de cet incident, le duc demanda un congé au président de l'Assemblée constituante, se retira à Lausanne, et passa de là en Allemagne dans l'armée des princes; en 1794, il organisa lui-même un corps spécial d'émigrés, soldé par l'Angleterre, conduisit ce corps en Portugal en 1795, et ne rentra en France qu'à la première Restauration. Le 4 juin 1814, le gouvernement royal le nomma pair de France, puis général de division, le 13 août 1814, et l'appela au commandement de la 15ᵉ division militaire (Rouen). A la Chambre haute, dans le procès du maréchal Ney, il vota pour la mort, reçut, le 4 novembre 1817, le commandement de la 2ᵉ division militaire (Châlons-sur-Marne), fut nommé, le 9 mai 1822, gouverneur du château de Meudon, et fut décoré du collier des ordres du roi à l'occasion du sacre de Charles X. En 1826, il était secrétaire de la Chambre des pairs. Malgré l'ardeur de son royalisme, il ne refusa pas le serment à la monarchie de Juillet, et siégea à la Chambre haute jusqu'à sa mort.

CASY (Joseph-Grégoire), représentant du peuple à l'Assemblée constituante de 1848, ministre, sénateur du second Empire, né à Auribeau (Alpes-Maritimes), le 8 octobre 1787, mort à Paris, le 19 février 1862, abandonna sa famille pour s'engager mousse à bord d'un bâtiment de l'Etat, mais ses parents le réclamèrent et lui firent terminer ses études. En 1802, il put suivre sa vocation et s'embarquer sur une corvette de guerre; aspirant l'année suivante, il fit plusieurs campagnes sur la *Pomone* et l'*Annibal*; puis il prit part, en 1808, avec le grade d'enseigne, aux opérations de l'amiral Cosmas devant Barcelone et Tarragone, et se distingua en 1813 dans l'expédition de la Méditerranée. M. Casy devint lieutenant de vaisseau sous la Restauration (1816), fut chargé (1819), de surveiller les côtes d'Afrique, et reçut encore la mission d'établir des relations amicales avec les Etats Américains. Après avoir pris part à la guerre d'Espagne en 1823, il fut attaché comme chef d'état-major au contre-amiral Rosamel; la campagne de trois ans, qu'il fit avec lui à bord de la *Marie-Thérèse*, lui valut le grade de capitaine de frégate (1827).

Il assista à l'expédition de Grèce (1828), à celle d'Alger (1830), à celle de Portugal; passa capitaine de vaisseau après la révolution de Juillet, sur le *Trident*, et eut à accomplir un certain nombre de stations navales dans l'Océan, aux Antilles, etc. Contre-amiral en 1839, il dirigea dans plus tard une escadre d'opérations, et fut nommé (1844) préfet maritime de Rochefort. Le 17 décembre 1845, il fut promu vice-amiral et nommé membre du conseil d'amirauté.

Sa première apparition sur la scène politique date de 1848. Ayant brigué les suffrages des électeurs du Var (où il avait rempli les fonctions de préfet maritime), il fut élu le 23 avril représentant de ce département à l'Assemblée constituante, le 7ᵉ sur 9, par 26,993 voix (87,328 votants, 95,216 inscrits). Il semblait alors s'être rallié au gouvernement républicain, et la commission exécutive crut pouvoir lui confier, le 11 mai 1848, dans le ministère Crémieux, Bastide, Charras, Recurt, Trélat, etc., le portefeuille de la marine. Il ne le garda que jusqu'à l'avènement de Cavaignac, et fut remplacé, le 28 juin, par l'amiral Leblanc; celui-ci n'ayant pas accepté, Bastide fut désigné pour ce portefeuille. M. Casy vota avec la gauche: 26 mai 1848, *pour* le bannissement de la famille d'Orléans, et 9 août, *contre* le rétablissement du cautionnement; puis, avec la droite: 26 août, *pour* les poursuites contre Louis Blanc et Caussidière; 18 septembre, *contre* l'abolition de la peine de mort; 7 octobre, *contre* l'amendement Grévy. Il demanda alors un congé, ne prit plus aucune part aux travaux parlementaires, et alla commander l'arrondissement maritime

de Toulon. Il présida aux préparatifs de l'expédition de Rome, et se déclara en faveur de la politique de L.-N. Bonaparte. Après le coup d'Etat, il fut appelé (26 janvier 1852), à siéger au Sénat. Il s'associa au rétablissement de l'Empire et mourut grand officier de la Légion d'honneur et vice-président du conseil d'amirauté.

CATELLAN-CAUMONT (Jean-Antoine, marquis de), député de 1815 à 1816 et pair de France, né à Toulouse (Haute-Garonne), le 11 avril 1759, mort à Toulouse, le 13 avril 1838, fut reçu, à 24 ans, avocat général au parlement de Toulouse. Il montra, dès cette époque, un esprit libéral, et c'est sur ses conclusions que l'état civil des protestants fut reconnu, en 1783. Enfermé au château de Lourdes sous le ministère de Brienne, pour avoir refusé de requérir l'enregistrement d'ordonnances qui lui semblaient contraires aux droits de la magistrature, il n'en sortit qu'à la chute de ce ministre, refusa d'émigrer, et put échapper au danger, sous la Terreur, en changeant sans cesse de domicile. En 1814, il refusa la place de premier président à la cour de Toulouse, qui lui fut offerte par le gouvernement royal, parce qu'il craignait, en raison des changements survenus dans la législation, de ne pas assez bien remplir tous les devoirs de sa charge. Les électeurs du collège de département de la Haute-Garonne l'envoyèrent, le 22 août 1815, siéger à la Chambre introuvable, par 109 voix sur 191 votants et 261 inscrits; il siégea parmi les modérés et, dans ses rapports sur les cours prévôtales, sur la tenue des registres de l'état civil, sur le renouvellement de la Chambre des députés, fut un défenseur convaincu de la monarchie constitutionnelle. Nommé pair de France le 5 mars 1819, il fut choisi, la même année, comme rapporteur, par la commission chargée de l'examen du projet de loi sur les délits de presse, et, en 1822, chargé également du rapport sur les modifications apportées à cette législation. Il prêta serment à la monarchie de Juillet, montra beaucoup de modération dans le procès des anciens ministres de Charles X (1830), et se retira de la Chambre haute en 1833, pour rentrer à Toulouse où il mourut.

CATOIRE-MOULAINVILLE (Jean-Baptiste-Dominique), député au Corps législatif en l'an XII, né à Verdun (Meuse), le 4 août 1762, mort à Verdun, le 14 mai 1815, entra dans la magistrature et fut substitut près le tribunal de Verdun, puis devint procureur impérial à Verdun et maire de cette ville. Le 8 frimaire an XII, il avait été choisi par le Sénat conservateur pour représenter au Corps législatif le département de la Meuse; il y siégea jusqu'à sa mort.

CAUBÈRE (Pierre), député à l'Assemblée législative de 1791, né à Saint-Girons (Ariège), le 5 mars 1748, mort à Toulouse (Haute-Garonne), le 4 mars 1823, homme de loi à Foix, fut élu, le 6 septembre 1791, député de l'Ariège à l'Assemblée législative, le 5ᵉ sur 6, à la pluralité des voix. Il vota avec la majorité, sans paraître jamais à la tribune; puis il entra dans la magistrature, devint (26 vendémiaire an IV) président du tribunal criminel de l'Ariège, (4 prairial an VIII) juge au tribunal d'appel de Toulouse, et (25 prairial an XII) membre de la Légion d'honneur. Il fut promu, le 30 avril 1811, conseiller à la cour de Toulouse, et confirmé dans ces fonctions par le gouvernement de la Restauration.

CAULAINCOURT (Gabriel-Louis, marquis de), membre du Sénat conservateur, né à Leschelles (Aisne), le 15 novembre 1740, mort à Paris, le 27 octobre 1808, était issu d'une illustre famille de Picardie, et descendait de ce seigneur de Caulaincourt qui, en 1551, se jeta avec cinquante hommes d'armes dans Saint-Quentin assiégé par les troupes impériales, et conserva cette place à la France. Il suivit la carrière militaire, s'y distingua et parvint au grade de lieutenant général; il prit alors son fils (v. p. bas) pour aide de camp. Mais ayant été destitué en 1792, comme ancien noble, il quitta l'armée, et ne recouvra son grade qu'après la période révolutionnaire. Il devint membre de la Légion d'honneur le 14 brumaire an XIII, et bientôt (12 pluviôse de la même année) fut appelé à faire partie du Sénat conservateur, où il se montra le dévoué serviteur de l'Empire. Le 24 avril 1808, il reçut de Napoléon le titre de comte.

CAULAINCOURT (Armand-Louis-Augustin, marquis de), duc de Vicence, membre du Sénat conservateur, ministre et pair des Cent-Jours, né à Caulaincourt (Aisne), le 9 décembre 1773, mort à Paris, le 19 février 1827, fils du précédent, entra au service à quinze ans. Il franchit rapidement les grades inférieurs, et était capitaine d'état-major en 1791, et aide de camp de son père. Après avoir fait la campagne de 1792, il fut destitué comme noble, incarcéré en 1793, et, aussitôt libre, s'enrôla dans le 17e bataillon de Paris comme grenadier, passa dans le 4e, puis dans le 16e chasseurs, puis fut réintégré en l'an III dans son ancien grade de capitaine, suivit en qualité d'aide de camp le général Aubert-Dubay et nommé ambassadeur à Constantinople, revint en France, et entra comme chef d'escadron au 8e cuirassiers, avec lequel il fit les campagnes du Rhin. Nommé colonel du 2e carabiniers, il fit, à la tête de ce régiment, la campagne de 1800, et fut blessé de deux coups de feu à Weinheim. Envoyé, après la paix, comme agent diplomatique en Russie, auprès du nouveau czar Alexandre, il ne réussit pas dans sa mission, n'en fut pas moins bien reçu, au retour, par le premier consul qui le nomma son troisième aide de camp, puis général de brigade, général de division le 11 pluviôse an XIII, et, le même jour, grand officier de la Légion d'honneur. Il reçut de l'empereur les fonctions de grand écuyer, d'ambassadeur à Saint-Pétersbourg en 1807, et le titre de duc de Vicence (7 juin 1808). La noblesse russe refusa d'abord d'entrer en relations avec lui, car on l'accusait de l'enlèvement du duc d'Enghien à Ettenheim; une note de l'empereur Alexandre (4 avril 1808), qui le justifiait de ce soupçon, mit fin à sa disgrâce et le duc de Vicence devint rapidement persona grata à la cour de Russie. Il sollicita son rappel en 1811, quand il vit les relations se tendre entre les deux empires; ses conseils ne purent empêcher la campagne de 1812, dans laquelle il accompagna Napoléon. Au retour, il fut appelé au Sénat conservateur (5 avril 1813), se rendit comme plénipotentiaire français auprès des rois coalisés, pendant la campagne de Saxe, signa l'armistice de Pleswitz (4 juin 1813), et assista au congrès de Prague. Appelé au ministère des affaires étrangères, en novembre suivant, il représenta la France au congrès de Châtillon (19 janvier 1814), où les prétentions de l'empereur rendirent la paix impossible.

Au moment de son abdication, Napoléon ne dut qu'à l'influence de Caulaincourt auprès d'Alexandre, la souveraineté de l'île d'Elbe. Le duc de Vicence se retira alors dans l'Aisne, épousa Mme de Canisy. Il reprit le portefeuille des affaires étrangères pendant les Cent-Jours, tenta en vain, dans une circulaire adressée à nos agents diplomatiques à l'étranger, de représenter le retour de Napoléon comme un gage de paix pour l'Europe, fut nommé pair le 2 juin 1815, et, après la seconde abdication, partie de la commission de gouvernement. Puis il s'éloigna de Paris au moment du retour du roi, et ne fut porté qu'un moment sur les listes de proscriptions du 24 juillet.

Sous la Restauration, il eut à se défendre à nouveau contre l'accusation relative à l'enlèvement du duc d'Enghien; mais, après avoir produit les documents qui le justifiaient, cessa de répondre, et vécut dans la retraite jusqu'à sa mort. Napoléon a dit de lui, à Sainte-Hélène: « Bassano et Caulaincourt, deux hommes de droiture et de cœur. »

CAULAINCOURT (Hervé-Anne-Olivier-Henri-Adrien, marquis de), fils du précédent, représentant à l'Assemblée législative de 18.., député au Corps législatif de 1852 à 1869, né à Paris, le 23 mars 1819, mort à Rome, le 9 février 1865, entra en 1837 à l'École de Saint-Cyr, fut placé en 1839, au 4e régiment de chasseurs d'Afrique, à sa formation à Bône, et se distingua dans plusieurs engagements. Lieutenant, il prit part au combat de l'Oued-Maléh contre les réguliers du Kaliffa Sidi-Embarack; là, il reçut d'un Arabe, à la hauteur de l'oreille un coup de pistolet qui lui fracassa la tête et le laissa presque mourant. Les événements de 1848 le déterminèrent à quitter l'armée pour se jeter dans la politique. Élu, le 13 mai 18.., représentant du Calvados à l'Assemblée législative, le 10e et dernier, par 37,836 voix (86,... votants, 137,851 inscrits), il vota avec la majorité de droite dont il ne se sépara, vers la fin de la législature, que pour appuyer la politique de Louis-Napoléon. En 1851, il fut nommé colonel d'état-major de la garde nationale aide de camp du général de Lawœsty, commandant en chef de ce corps. Partisan du coup d'État, il fut, après le 2 décembre, candidat du gouvernement aux élections du 29 février 1852 pour le Corps législatif, et devint député de la 4e circonscription du Calvados avec 21,648 voix (21,868 votants, 38,070 inscrits) s'associa au rétablissement de l'Empire, réélu, le 22 juin 1857, par 20,412 voix (21,... votants, 36,400 inscrits), puis le 4 juin 18.. par 18,267 voix (25,646 votants, 36,391 inscrits) contre 7,207 à M. Victor de Grouchy, il cessa de voter jusqu'au bout avec la majorité impérialiste. Membre du Conseil général du Calvados depuis 1848, il en était devenu président. Commandeur de la Légion d'honneur, du 13 août 1861.

CAULAINCOURT (Armand-Alexandre-Joseph-Adrien, de) duc de Vicence, sénateur du second Empire, frère aîné du précédent, né à Paris, le 13 février 1815, fut destiné à la diplomatie et fut attaché, en 1835, à l'ambassade de France à Turin, sous le marquis de Rumigny, puis à l'ambassade extraordinaire du maréchal Soult à Londres, lors du couronnement de la reine Victoria en 1837; il rentra ensuite dans la vie privée. Il se fit élire membre du Conseil général de la Somme (1842), et se présenta à la Chambre des députés; mais les électeurs de Péronne lui préférèrent l'ancien député de l'arrondissement. Auteur de quelques écrits des questions agricoles et d'économie politique, il devint vice-président du Conseil général de la Somme, se déclara en faveur de la politique présidentielle de L.-N. Bonaparte, et entra au nouveau Sénat, dès sa fondation (26 janvier 1852). Il y vota constamment pour le gouvernement impérial, et fut rendu à la vie privée en 1870. Depuis lors, il s'est consacré à une étude historique sur la lutte engagée au douzième siècle entre l'empire d'Allemagne et la papauté. — Commandeur de la Légion d'honneur en 1868.

CAUMARTIN (Jean-Baptiste-Marie-Bernard), représentant à la Chambre des Cent-Jours, député de 1837 à 1842, né à Amiens (Somme), le 14 octobre 1775, mort à Paris, le 23 mai 1842, embrassa dès 1806 la carrière de la magistrature. Nommé juge à la cour criminelle et spéciale de la Somme, il fut, l'année d'après, promu procureur impérial près le tribunal civil d'Amiens, et plus tard (1818), président du même tribunal. Jusqu'en 1815, il resta étranger aux luttes politiques; élu, pendant les Cent-Jours (11 mai) représentant de la Somme, par le collège de département, il siégea à côté de Dupont (de l'Eure), et vota avec les libéraux constitutionnels. Caumartin traversa toute la seconde restauration, jusqu'en 1827, en se tenant enfermé à peu près exclusivement dans les devoirs de sa charge : une seule fois, le 4 novembre 1820, il avait tenté la fortune électorale dans le 2e collège de la Somme (Amiens), et y avait obtenu 252 voix contre 277 accordées à l'élu, M. Daveluy-Bellencourt. Mais un incident qui survint dans sa carrière, en 1827, décida de son entrée définitive dans la vie parlementaire. Charles X, se rendant au camp de Saint-Omer, passa par Amiens. Caumartin dut le haranguer au nom du tribunal dont il était le chef; or, le discours qu'il fit entendre au roi eut le don d'irriter très vivement le « parti de la congrégation. » Le procureur général près la Cour d'Amiens, M. Morgan-Béthune, se fit l'organe de ces sentiments, dans la mercuriale qu'il prononça à l'occasion de la rentrée, mais le tribunal civil prit parti pour son président et décida qu'il n'irait pas faire au procureur général la visite d'usage. Le 17 novembre suivant, Caumartin fut élu par 330 voix député de l'arrondissement d'Amiens. Il prit place au centre gauche, parut plusieurs fois à la tribune, notamment en 1828, pour s'élever contre les manœuvres employées par quelques administrateurs pour empêcher des élections libérales, vota l'adresse des 221, et fut réélu, le 23 juin 1830, par 365 voix contre 127 à M. Daveluy-Bellencourt. Il se rendit aussitôt à Paris, et prit part, depuis le 29 juillet, à tous les actes d'abords constitutifs, puis législatifs de ses collègues. Il se rallia pleinement à la monarchie nouvelle, fut membre de la commission pour la mise en accusation des ministres de Charles X, et vota dès lors, en toutes circonstances, avec le gouvernement. Réélu le 5 juillet 1831, par le 1er collège de la Somme (Amiens), avec 551 voix, d'après une profession de foi où il affirmait son « invariable attachement aux principes de la liberté et de la légalité, ainsi qu'à ceux de la révolution », il continua de prêter son appui aux diverses propositions ministérielles : « Oh! révolution de Juillet! disait à ce propos la *Biographie des hommes du jour*. N'avait-il pas raison ce ministre qui, dans sa morgue doctrinaire, qualifiait l'événement de juillet 1830 de catastrophe? Ce fut en effet une catastrophe, non pas la révo-

lution des trois jours, mais bien celle qui fit succéder à l'immortel combat de la démocratie contre l'aristocratie et la théocratie, et à la grande et généreuse victoire du peuple, la puissance corrompue et corruptrice de quelques rénégats du vieux libéralisme... M. Caumartin est un de ces hommes dont le souffle du 13 mars a terni la réputation de courage, d'énergie et de généreux dévouement à la cause de la patrie... » Il fut successivement réélu : le 21 juin 1834, par 483 voix (663 votants, 889 inscrits); le 4 novembre 1837, par 545 voix (785 votants, 1,110 inscrits), et le 2 mars 1839, par 622 voix. Il vota constamment avec les différents ministères qui se succédèrent depuis 1831, et se mêla à un certain nombre de discussions. Membre de la commission chargée d'examiner le projet de loi sur les détenteurs des armes de guerre, il fut de ceux qui pensèrent que « la peine de mort n'était pas trop sévère contre les hommes sans mœurs auxquels on proposait de l'appliquer. » Caumartin était devenu président de Chambre à la cour d'Amiens, membre de la Légion d'honneur et conseiller général de la Somme.

CAUMARTIN (Jacques-Etienne), député de 1817 à 1820, et de 1822 à 1824, né à Chalon-sur-Saône (Saône-et-Loire), le 17 novembre 1769, mort à Montpellier (Hérault), le 31 janvier 1825, fils d'un notaire de Chalon, fut destiné d'abord à l'état ecclésiastique; mais la Révolution modifia ces projets, et il se livra au commerce. Suspect pendant la Terreur, il fut incarcéré pendant plusieurs mois jusqu'à la chute de Robespierre, contracta un mariage riche dans la Côte-d'Or, et se livra à l'exploitation des mines de Lacanche, dont il était devenu propriétaire. Depuis longtemps maire de Lacanche, il dut à ses opinions libérales d'être destitué en 1814, et fut élu député, le 20 septembre 1817, au collège de département de la Côte-d'Or, par 687 voix sur 1,213 votants et 1,558 inscrits. Il siégea parmi les défenseurs de la liberté, vota *pour* l'amendement qui soumettait au jury les procès de presse, et, dans la discussion sur le recrutement, osa dire « que la charte était de fait et de droit un véritable contrat entre la nation et le monarque, mais que celui-ci ayant stipulé seul, pour les deux parties, ce que la Charte n'avait pas prévu devait s'interpréter nécessairement en faveur de la partie qui n'avait pas été consultée dans la rédaction du contrat. » Il avait été nommé rapporteur de la proposition relative aux bannis de 1816, mais le ministère parvint à le faire remplacer, et Caumartin ne put que parler en leur faveur comme simple député (17 mai 1819); il prit aussi fréquemment la parole sur les questions de finances. Il sortit du parlement au renouvellement par cinquième de 1820, et fut réélu, le 9 mai 1822, dans le 3e arrondissement électoral de la Côte-d'Or (Châtillon-sur-Seine), par 162 voix sur 321 votants et 352 inscrits; il reprit sa place à la gauche constitutionnelle et siégea jusqu'aux élections générales de 1824. Caumartin était l'oncle et fut l'un des héritiers de Jules Van Loo, dernier descendant de la famille de ces noms, officier d'état-major, et forcé de s'expatrier en 1815. A sa mort, en 1820, Caumartin offrit à l'Etat, la part qu'il était appelé à recueillir dans sa succession, à la condition de créer pour les jeunes gens, une école de dessin linéaire appliqué aux arts mécaniques. Après une première acceptation, l'offre fut définitivement rejetée par l'administration en 1821.

CAUMONT-LAFORCE (Louis-Joseph Nompar, duc de), député au Corps législatif de 1811 à 1814, pair de France, né à Paris, le 20 avril 1768, mort à Saint-Brice le 22 octobre 1838, appartenait à une ancienne famille noble du Midi de la France, les Caumont, qui a produit deux branches bien connues, les Caumont-Laforce, protestants, et les Caumont-Lauzun, catholiques. Ces deux branches s'étaient séparées dès la fin du XIIe siècle; mais elles gardèrent le prénom de *Nompar*, qui leur appartenait depuis longtemps. La branche des Lauzun s'est éteinte à la mort du duc de Lauzun (1723); celle des Laforce s'est continuée jusqu'à nos jours. Louis-Joseph Nompar de Caumont-Laforce fut destiné à la carrière des armes. Adjoint commandant à Montauban, il fut, le 4 mai 1811, désigné par le Sénat conservateur pour représenter au Corps législatif le département du Tarn-et-Garonne. Il adhéra à la déchéance de Napoléon, et devint maréchal de camp le 23 août 1814, après avoir été fait pair de France, par ordonnance royale du 4 juin. Dans le procès du maréchal Ney, il se prononça *pour* la mort. Il vota d'ailleurs avec les royalistes modérés, et garda son siège sous le gouvernement de Juillet, jusqu'à sa mort. Officier de la Légion d'honneur, il fut retraité le 13 septembre 1832 comme maréchal de camp.

CAUMONT-LAFORCE (François-Philibert-Bertrand Nompar, comte de), député de 1815 à 1818, de 1824 à 1827 et pair de France, né à Paris, le 19 novembre 1772, mort à Paris, le 28 mars 1854, était « propriétaire, et colonel de la garde nationale à cheval de Paris. » Il fut élu député par le département de Tarn-et-Garonne, le 22 août 1815, et siégea dans la majorité ultra-royaliste. Il proposa d'accorder le cumul des pensions aux blessés des armées royales, et exprima « combien il était touché des sentiments qui animent les habitants de l'Ouest. » Combattant, à propos des impôts indirects, le projet de budget du ministère, il déclara que ce projet « mettrait le comble aux maux de la France » et réclama des économies sur « l'état-major de l'armée vexante » (agents des contributions indirectes). Réélu député à la Chambre du 4 octobre 1816, il siégea au côté droit, et parla, dans cette nouvelle législature, sur le projet de loi relatif aux élections. Il se prononça pour l'élection à deux degrés, soutint que la représentation ne doit être composée que de propriétaires, que tout citoyen payant 300 francs de contributions n'était pas électeur par ce seul fait, et qu'il fallait, pour lui mériter ce droit, une élection primitive. Il vota pour le rejet pur et simple du projet. Dans le débat sur le budget, il appuya l'emprunt, s'éleva contre le crédit en rentes, contre l'aliénation des biens du clergé et demanda des économies. En 1817-18, sur le projet relatif au recrutement, il se déclara favorable au système des engagés volontaires : « Les hommes engagés, dit-il, inspirent autant de confiance que ceux qu'appellent un recrutement forcé; » il appuya l'exemption des frères de la doctrine chrétienne. Il fit encore partie, toujours comme l'élu du département de Tarn-et-Garonne, de la Chambre du 6 mars 1824, et continua de voter avec la droite. Plus tard, (7 mars 1839), le comte de Caumont-Laforce accepta du gouvernement de Louis-Philippe la dignité de pair de France, (7 mars 1839), qu'il ne perdit qu'à la révolution de février.

CAUMONT-LAFORCE (Auguste-Luc Nompar, comte de), sénateur du second Empire, né à Paris, le 20 octobre 1803, mort à Paris, le 17 novembre 1882, suivit la carrière militaire, et fut nommé, en 1822, sous-lieutenant au 1er régiment de lanciers. Il passa, en 1827, aux lanciers de la garde, fit, après 1830, à l'état-major du maréchal Gérard, la campagne de Belgique, et fut fait chevalier de la Légion d'honneur (1833). Il sollicita sa mise en disponibilité, et fut candidat, sans succès, aux élections législatives dans la Gironde. Après le Deux-Décembre, il fut appelé au Sénat par un décret du 26 janvier 1852. Il fit partie, durant tout le règne de Napoléon III, de la majorité dévouée à l'Empire, et fut promu successivement officier, puis commandeur de la Légion d'honneur : cette dernière promotion est du 30 août 1865.

CAUNA (Jean-Arnaud-Vincent Cabannes, baron de), député de 1827 à 1829, né à Saint-Sever (Landes), le 19 juillet 1783, mort à Saint-Sever, le 20 janvier 1829, propriétaire dans sa ville natale, maire et chevalier de la Légion d'honneur, fut élu député, le 24 novembre 1827, par le collège du département des Landes. « Cet honorable, dit la *Biographie des députés*, par J. Dourille, remplace M. le comte Desperriers qui, après avoir longtemps voté pour le ministère vandale (le ministère Villèle), menaçait, vers la fin de la dernière session, de déserter ses drapeaux. Du reste, le noble baron n'est point orateur; il n'a paru jusqu'à présent à la tribune que pour déposer sa boulette *incertaine* dans l'urne législative. Il n'avait fait encore partie d'aucune assemblée. » M. de Cauna siégea au centre droit. Il venait d'être nommé sous-préfet de Saint-Sever, en remplacement de M. de Charitte, décédé, quand il mourut pendant la session.

CAUNEILLE (Pierre-Dominique), député à l'Assemblée constituante de 1789, né à Marsa (Aude), le 25 janvier 1747, mort à Campagneles-Bains (Aude) en 1835, était curé de Belvis, près de Campagne-sur-Aude. Ayant été élu, le 26 mars 1789, député du clergé aux Etats-Généraux par la sénéchaussée de Limoux, il ne suivit pas le tiers-état dans ses revendications, et protesta même contre la réunion des trois ordres par la lettre suivante :

« Le député du clergé de la sénéchaussée de Limoux, chargé d'opiner constamment par ordre, déclare à l'Assemblée des Etats-Généraux, qu'invité avec messieurs du clergé et de la noblesse par M. Bailly, président de l'ordre du tiers-état, à communiquer ses pouvoirs, il n'a point cru les soumettre à une vérification nouvelle; et encore qu'il ne saurait prendre aucune part aux délibérations communes (*sic*) jusqu'à ce qu'il ait reçu de nouveaux pouvoirs de ses comettans (*sic*); jusqu'à ce qu'ils lui soient accordés, il se réduira à la voix consultative avec toutes les réserves de droit. De quoi il demande acte. » — A Versailles, le 2 juillet 1789. *Signé*: Cauneille.

CAUPENNE D'AURON (Anne-Henri-Louis, marquis de), député à l'Assemblée constituante de 1789, né à Paris, le 4 janvier 1742, mort le 14 février 1798, suivit la carrière des armes. Parvenu au grade de maréchal de camp, il fut élu (23 avril 1789) député de la noblesse aux Etats-Généraux par le bailliage de Labour (Ustaritz). Le *Moniteur officiel* ne fait pas mention du nom de ce législateur.

CAURANT (Hippolyte), député de 1880 à

1885, né au Faou (Finistère), le 22 octobre 1839, étudia le droit, entra dans l'administration, devint conseiller de préfecture, puis secrétaire général du Cher. Le 31 octobre 1880, le décès de M. de Pompéry ayant déterminé une vacance dans la 1re circonscription de Châteaulin (Finistère), M. Caurant se présenta, comme candidat républicain très modéré, et fut élu par 6,038 voix (6,295 votants, 15,345 inscrits). Il prit place à la majorité modérée et vota jusqu'à la fin de la législature avec la majorité opportuniste. Il fut réélu par le même collège, le 21 août 1881, avec 5,803 voix (10,426 votants, 15,681 inscrits) contre 4,568 voix à M. Guermeur. Dans sa profession de foi, il avait défini la République « un gouvernement de paix, qui ne veut la guerre à aucun prix, et qui n'aura jamais recours aux armes, à moins d'y être contraint par une injuste agression; un gouvernement d'ordre, de travail, qui crée des routes, des chemins de fer, des canaux, des ports, qui dégrève progressivement les impôts. » Il ajouta que la République avait « augmenté le budget des cultes et les traitements des curés. » M. II. Caurant reprit sa place dans la majorité, et, sans paraître à la tribune, opina le 4 mars 1882, *contre* l'amendement J. Roche sur l'élection du maire de Paris; le 7 mars, *contre* la proposition Boysset tendant à l'abrogation du Concordat; le 29 janvier 1883, *contre* le principe de l'élection de la magistrature; le 6 mars, *pour* l'ordre du jour de confiance au ministère Jules Ferry à propos de la revision. Il approuva l'expédition du Tonkin, se prononça *pour* le maintien de l'ambassadeur près du pape, et *contre* l'élection des sénateurs par le suffrage universel. — Porté, le 4 octobre 1885, sur la liste républicaine opportuniste du Finistère, M. Caurant échoua avec 56,980 voix, tandis que le dernier élu de la liste conservatrice, M. Lorois, en obtenait 60,932.

CAUSANS DE MAULÉON (JACQUES VINCENS, MARQUIS DE), député aux Etats-Généraux de 1815 à 1819, et de 1820 à 1824, né à Jonquières (Vaucluse), le 31 juillet 1751, mort à Paris, le 14 avril 1824, suivit la carrière des armes, et était colonel, lorsqu'il fut élu, le 28 mars 1789, député de la noblesse aux Etats-Généraux pour la principauté d'Orange; il fut promu maréchal de camp le 17 avril 1790. A l'Assemblée, il siégea au côté droit, ne monta jamais à la tribune, et vota *contre* toutes les réformes proposées. Il vécut dans la retraite après la législature, et on le retrouve, en 1811, président du collège électoral d'Orange, et candidat au Corps législatif, où il n'entra pas. La première Restauration le nomma lieutenant-général (23 août 1814), et, le 22 août 1815, il fut élu député au collège du département de Vaucluse, par 81 voix sur 110 votants et 184 inscrits, contre M. Puy, 28 voix. Il siégea parmi les ultras de la Chambre introuvable, et reparut à la Chambre élue le 4 octobre 1816, le même collège lui ayant donné 66 voix sur 124 votants et 178 inscrits. Il prit deux fois la parole, pour protester contre l'aliénation de forêts qui étaient d'anciens biens d'église, et pour demander le retour au recrutement de l'ancien régime. Eliminé au renouvellement par cinquième de 1819, il fut renvoyé au parlement, le 24 avril 1820, par le collège de département de Vaucluse, avec 265 voix sur 387 votants et 561 inscrits, contre M. Soullier (102 voix), en remplacement de M. Puy, démissionnaire. Il mourut à la fin de la législature.

CAUSANS DE MAULÉON (PAUL-FRANÇOIS-

JOSEPH VINCENS, VICOMTE DE), fils du précédent, pair de France, né à Marseille (Bouches-du-Rhône), le 31 juillet 1790, mort à Causans (Vaucluse), le 15 avril 1875, était conseiller général de Vaucluse, et, comme toute sa famille, d'opinions royalistes très accentuées. Il fut, le 5 novembre 1827, compris par M. de Villèle sur l'ordonnance nommant des pairs de France, et, jusqu'à la révolution de Juillet, soutint de ses votes le gouvernement de la Restauration. Il quitta la Chambre haute en 1830.

CAUSSE (GUILLAUME-JACQUES-PASCAL), député de l'Assemblée législative de 1791, (dates de naissance et de mort inconnues), était négociant à Narbonne. Il devint administrateur du département de l'Aude, qui, le 2 septembre 1791, le nomma député à l'Assemblée législative, le 6e sur 8, par 187 voix sur 290 votants. Le *Moniteur* est muet sur le compte de ce législateur.

CAUSSIDIÈRE (LOUIS-MARC), représentant du peuple à l'Assemblée constituante de 1848, né à Lyon (Rhône), le 18 mai 1808, mort à Paris, le 27 janvier 1861, appartenait à une famille d'artisans. Il travailla jusqu'en 1834 dans les fabriques de Lyon et de Saint-Etienne, s'occupant aussi de courtage en marchandises, et ne se révéla comme révolutionnaire militant que lors des sanglantes collisions qui éclatèrent dans ces deux villes en avril 1834; il s'y mêla activement, dans les rangs des républicains, où sa haute stature et l'énergie de son caractère l'avaient vite mis en vue. Le gouvernement ayant résolu de traduire devant un tribunal exceptionnel les chefs des différents mouvements dont Lyon, Saint-Etienne, Grenoble, Besançon, Paris, Marseille, Lunéville et Epinal avaient été simultanément le théâtre, Caussidière, qui avait participé à l'insurrection de Saint-Etienne, comparut, avec 164 coaccusés devant la Cour des pairs, constituée en cour de justice. Il s'associa à toutes les protestations de ses camarades, et, condamné à la détention, fut enfermé au Mont-Saint-Michel. Une tentative d'évasion fut sur le point de réussir; mais un de ses amis, compagnon de sa fuite, s'étant cassé la jambe en franchissant une dernière muraille, Caussidière voulut rester avec lui. Sa captivité prit fin à l'amnistie générale accordée par le ministère Molé en 1837. Toujours animé de la même ardeur républicaine, Caussidière fut attaché, jusqu'à la révolution de Février, au journal radical la *Réforme*, en qualité de « voyageur » chargé de recruter à cette feuille des abonnés et des actionnaires; l'industrie qu'il exerçait depuis l'amnistie, à savoir le courtage des vins et des eaux-de-vie, le rendait particulièrement propre à cette mission, dont il s'acquitta avec succès: il recueillit de la sorte près de deux mille adhérents. Le 24 février 1848, Marc Caussidière, qui avait pris le fusil et avait lutté sur les barricades jusqu'au moment de la victoire de son parti, alla occuper la préfecture de police, dont la direction lui fut bientôt officiellement attribuée par le Gouvernement provisoire. Il montra dans ce poste de l'habileté et de la finesse, et résista ouvertement à la démonstration du 17 mars, organisée principalement par Blanqui. Son attitude dans la journée du 16 avril fut également celle d'un fonctionnaire entièrement dévoué au Gouvernement provisoire. Aussi fut-il, aux élections du 23 avril pour la Constituante, élu représentant du peuple de la Seine, le 20e sur 34, par

133,775 voix (267.888 votants et 399.191 inscrits). La bourgeoisie, qu'il avait tout à la fois rassurée et amusée pendant les jours de crise grâce au concours des combattants de février improvisés gardiens de la paix (les *montagnards* de Caussidière), ne prit pas moins de part à son élection que la population ouvrière. Il en résulta que, à l'ouverture des débats de l'Assemblée, lorsqu'elle fut appelée à constituer la « Commission exécutive », Ledru-Rollin obtint sans trop de peine que Caussidière restât à la préfecture de police. Mais celui-ci ne tarda pas à se convaincre que les dispositions de la majorité parlementaire étaient des plus défavorables à la fraction avancée du parti républicain, et que les anciens partis dynastiques allaient reprendre l'avantage. C'est pourquoi sa conduite, au 15 mai 1848, pendant l'envahissement du Palais Bourbon par les les manifestants, fut extrêmement réservée. Il avait d'ailleurs adressé, la veille, à la Commission exécutive et au président, des rapports circonstanciés, dans lesquels il affirmait que la démonstration serait pacifique, et répondait formellement du maintien de l'ordre, *pourvu qu'on ne fît pas battre le rappel*. Mais le 15, à partir de dix heures du matin, les relations de Caussidière avec l'autorité cessèrent absolument. Dans la nuit qui suivit cette journée, la commission exécutive manda au Petit Luxembourg le préfet de police afin qu'il expliquât son inaction : Caussidière se rendit à cet appel; fort de la présence de Ledru-Rollin, il n'hésita pas, loin de se justifier, à accuser la majorité modérée du gouvernement. « On n'a rien fait pour la Garde républicaine et les Montagnards; on les a négligés, oubliés à dessein, ils attendent encore la juste récompense des services qu'ils ont rendus à la République ». Et, comme, après deux heures de discussion, on priait le préfet de se retirer un moment pour aller attendre dans la pièce voisine la décision du Conseil, il tira sa montre : « Citoyens, fit-il, il est quatre heures du matin; si dans un quart d'heure, nous ne sommes pas rentrés à la préfecture de police, on vient nous chercher ici. Vous connaissez nos hommes; rien ne les fera reculer; ce qui peut arriver, je l'ignore; mais vous en serez responsables. » La délibération fut courte : Ledru-Rollin et Lamartine obtinrent de leurs collègues que Caussidière ne serait pas livré à ce que l'on commençait à appeler la réaction. On le laissa partir, et M. Garnier-Pagès lui serra la main, tandis qu'Arago lui promettait pour le lendemain le décret d'organisation de la *garde du peuple*, à la condition qu'elle admettrait dorénavant la garde nationale à faire concurremment avec elle le service de la préfecture de police. Auprès de l'Assemblée, Caussidière ne devait pas rencontrer la même bienveillance. Baroche demanda nettement la révocation du préfet de police. Le discours de celui-ci en réponse à l'orateur de la droite, fut, dit Daniel Stern (madame d'Agoult), « d'une verve surprenante et d'une singulière habileté ». Après avoir fait l'apologie de sa police, qu'il appela une police « de bon sens et de conciliation », après avoir exalté le dévouement de ses Montagnards qui, pendant deux mois et demi, avaient fait, sans se plaindre, le service le plus pénible *dans les pous et dans la vermine*, il s'excusa d'avoir relâché quelques prisonniers, en peignant le zèle excessif des dénonciateurs : « La moitié de Paris voulait emprisonner l'autre, » dit-il; puis il résuma son propre panégyrique par ce mot resté célèbre : « J'ai fait de l'ordre avec du désordre. »

Arrivant aux causes de l'insurrection, il s'attacha à en réduire l'importance, invoqua le témoignage de Lamartine qui, au commencement de la séance, s'était fait sa caution, et termina sa harangue par ces mots qui ne laissèrent pas que de produire quelque impression sur l'Assemblée : « Oui, je le confesse, s'écria-t-il, mes pensées et mes paroles sont pour le peuple que l'on doit aider. Rappelons à ce peuple qu'il est nous et que nous sommes lui; ne soyons ni la réaction, ni de la démagogie; faisons de la modération et de la politique. »

Mais, pendant que Caussidière réussissait presque à captiver l'attention de ses adversaires, la préfecture de police était cernée par ordre du pouvoir exécutif; au lieu du décret d'organisation de « la garde du peuple » promis à Caussidière, les généraux Bedeau et Clément Thomas, à la tête de quatre bataillons de ligne et de quelques canons, venaient, accompagnés du ministre de l'Intérieur, Recurt, sommer M. Mercier, beau-frère du préfet de police et colonel de la garde républicaine, de quitter la place. Le colonel refusa, et se montra tellement résolu à soutenir un siège en règle plutôt que de se rendre, que les généraux préférèrent transiger. Informé de ce qui se passait, Caussidière se plaignit à la tribune de ce que l'on braquait des canons sur la préfecture. Le général Bedeau donna quelques explications. Enfin, Lamartine, prenant Caussidière à part, obtint de lui qu'il lui donnerait sa démission, pour prévenir un conflit.

Dès qu'il l'eut donnée (17 mai), à la fois comme représentant et comme préfet de police, le décret de licenciement des montagnards et de la garde républicaine reçut son application. Réélu représentant de la Seine, le 1er sur 11, dans l'élection complémentaire du 4 juin, par 147,400 voix (248,392 votants, 414,317 inscrits), il reprit place à la Montagne, vota le 28 juillet, *contre* le décret sur les clubs, et le 9 août, *contre* le rétablissement du cautionnement, et dut bientôt reparaître à la tribune pour se défendre à nouveau contre les accusations persistantes et de plus en plus vives de la majorité. Compris, avec Louis Blanc, dans le réquisitoire du procureur général Corne, comme responsable de « l'attentat du 15 mai », il eut en outre à expliquer le rôle qu'on lui reprochait d'avoir joué dans l'insurrection de juin. Vainement, cette fois encore, il tâcha de remuer les esprits et de les intéresser par sa verve pittoresque; vainement il s'écria : « Je voudrais vous rappeler à la vraie fraternité que je comprends; je voudrais que ce ne fût pas seulement une chose écrite sur les murs de Paris, mais gravée dans le cœur de tous les habitants. J'y ai toujours visé; j'ai passé toute ma vie à pardonner. J'ai passé toute ma vie à être bon. Maintenant punissez-moi d'avoir été bon, vous me rendrez peut-être méchant. Voilà tout. » (*Mouvement*.) L'Assemblée accorda par 477 voix contre 268, sur le premier chef d'accusation, les poursuites demandées. Elle les rejeta sur le second chef par 458 voix contre 281 (séance de nuit du 25 au 26 août). Le gouvernement du général Cavaignac ferma les yeux sur le départ de Caussidière et de Louis Blanc pour l'Angleterre. Réfugié à Londres, Marc Caussidière y fit paraître des *Mémoires* (1848, 2 vol.) qui contiennent le récit et l'explication de sa conduite. Sorti de la vie politique, il reprit sa profession de courtier en vins et eaux-de-vie, et se fit même, a-t-on dit, une lucrative clientèle dans l'aristocratie britannique, qui accueillit avec empressement les offres de service du proscrit français.

CAUVEL DE BEAUVILLÉ (ANTOINE-AUGUSTE-FÉLIX), représentant à l'Assemblée nationale de 1871, né à Montdidier (Somme), le 30 septembre 1815, appartint à la magistrature. Il fut nommé, le 8 février 1871, par les conservateurs de la Somme, représentant à l'Assemblée nationale, le 8e sur 11, avec 94,298 voix (123,345 votants et 167,374 inscrits), et, la même année, conseiller général du même département pour le canton de Rozières. A l'Assemblée, il siégea à la droite monarchiste, s'inscrivit à la réunion Colbert et au cercle des Réservoirs, et vota : 16 mai 1871, *pour* les prières publiques; 10 juin, *pour* l'abrogation des lois d'exil; 22 juillet, *pour* les pétitions des évêques; il *s'abstint*, le 30 août sur la question du pouvoir constituant de l'Assemblée, et se prononça : 3 février 1872, *contre* le retour à Paris; 24 mai 1873, *pour* l'acceptation de la démission de Thiers; 19-20 novembre, *pour* la prorogation des pouvoirs du maréchal; 4 décembre, *pour* l'état de siège; 20 janvier 1874, *pour* la loi des maires; 16 mai, *pour* le ministère de Broglie; 30 janvier 1875, *contre* l'amendement Wallon; 25 février, *contre* l'ensemble des lois constitutionnelles. Il ne fit pas partie d'autres législatures.

CAUVET DE MONTFORT (JOSEPH), député au Conseil des Anciens, dates de naissance et de mort inconnues, fut élu, le 24 germinal an V, député du Var au Conseil des Anciens, par 166 voix. Son rôle y fut sans importance. Il quitta l'Assemblée en l'an VII. Cauvet de Montfort demeurait à Paris « place Vendôme, n° 17 ».

CAUVIN. — *Voy.* GALLOIS.

CAVAGNARI (PIERRE-JEAN-ANTOINE), député au Corps législatif de 1811 à 1815, né à Plaisance (Taro), le 7 [avril 1769, mort à une date inconnue, était banquier et propriétaire à Plaisance. Il devint « secrétaire du gouvernement général de Paris ». Le 8 mai 1811, il fut désigné par le Sénat conservateur, pour faire partie du Corps législatif, comme député du département du Taro.

CAVAIGNAC (JEAN-BAPTISTE, BARON DE LALANDE), membre de la Convention et député au Conseil des Cinq-Cents, né à Gourdon (Lot), le 10 janvier 1765, mort à Bruxelles, le 24 mars 1829, débuta comme avocat au Parlement de Toulouse; de 1786 à 1789, il fut membre de la juridiction consulaire. La Révolution, dont il se déclara partisan, lui valut son élection au poste d'administrateur du département de la Haute-Garonne, puis le mandat de représentant du Lot à la Convention nationale: élu le 6 septembre 1792, le 6e sur 10, « à la pluralité des voix », il y vota la mort de Louis XVI, en disant : « Un décret de la Convention m'a constitué juge de Louis; je dois m'y soumettre et agir en cette qualité. Hier Louis a été déclaré, à l'unanimité, convaincu de conspiration et d'attentat contre la liberté et la sûreté de l'État. En votant pour ce décret, je n'ai dû écouter et n'ai réellement écouté que le cri de ma conscience. Dans ce moment où il s'agit de déterminer la peine à infliger à Louis, je ne dois consulter que la loi; je ne suis que son organe. En conséquence, je déclare qu'en conformité de la loi, qui porte la peine de mort pour les crimes dont Louis est déclaré convaincu, Louis doit subir la mort. Le vœu terrible que je viens d'énoncer ne laisse dans mon âme d'autre amertume que celle qu'éprouve toujours l'homme sensible lorsque son devoir lui impose la cruelle obligation de prononcer la mort de son semblable. Un décret m'assure que demain la Convention s'occupera du sort du reste des Bourbons; je n'ai donc d'autre vœu à former à cet égard que celui de voir bientôt ma patrie débarrassée de tout ce qui peut faire ombrage à sa liberté. » Chargé, peu de temps après, d'un rapport à l'Assemblée sur la capitulation de Verdun, il appela toute la sévérité des lois sur les femmes de cette ville, coupables d'avoir assisté à un bal où était le roi de Prusse, et de lui avoir offert des dragées. Il fut ensuite envoyé à l'armée des côtes de l'Ouest, puis à l'armée des Pyrénées-Orientales, avec la mission de compléter la cavalerie : il fit part à la Convention de la découverte d'un plan de guerre civile dans les Landes, contribua à comprimer cette rébellion, et, de concert avec ses collègues Dartigoytte, Monestier et Pinet, prit les mesures que comportait la situation. Le 23 octobre, il contresigna un arrêté qui ordonnait « au citoyen Dumas » (le général Alexandre Dumas, nommé général de l'armée des Pyrénées-Orientales par le Conseil exécutif, « de sortir de Bayonne jusqu'à l'arrivée des représentants du peuple qui vont s'y rendre pour conférer ensemble sur les nouvelles nominations du Conseil exécutif. » Le 30 octobre, les représentants consentirent à garder le général Dumas comme simple divisionnaire, mais pas davantage. Cavaignac adressa aux soldats des Pyrénées d'ardentes proclamations, les excita à la victoire, et activa la prise de Fontarabie et celle de Saint-Sébastien. Mais sa conduite ayant donné lieu à des plaintes, il revint à Paris, (1794) et se rangea dès lors à l'opinion « modérée » qui prévalait dans l'Assemblée depuis la chute de Robespierre. Ce revirement politique le sauva, en engageant les membres influents de la réaction thermidorienne à regarder comme non-avenues les dénonciations dont il fut l'objet de la part de la société populaire de Bayonne. Une mission près de l'armée de Rhin et Moselle lui fut encore confiée : il s'y conduisit bravement. Il était depuis peu à Paris, lorsque éclata le mouvement insurrectionnel du 1er prairial; investi, dans cette circonstance du commandement supérieur de la force armée dont disposait la Convention, il ne put empêcher l'envahissement de la salle des séances. Au 13 vendémiaire an IV, il fut plus habile, et contribua à repousser les sections insurgées. Le 4 brumaire an IV, il entra comme ancien conventionnel au Conseil des Cinq-Cents; mais il en sortit peu de temps après, par le tirage au sort. Il dut alors accepter un modeste emploi de receveur aux barrières de Paris. Il s'occupa aussi de négoce, puis il fut nommé (30 ventôse an VIII), administrateur de la loterie et, après la paix d'Amiens, envoyé, en qualité de commissaire général des relations extérieures à Maskate (Arabie), dont le souverain réclamait depuis longtemps la présence d'un agent français. L'influence anglaise fit échouer cette mission. Cavaignac, à son retour en France, devint maire de Saint-Sauveur (an VIII), sous-préfet de Lesparre (2 thermidor an XII) et suivit son frère Jacques-Marie (*V. plus bas*), dans le royaume de Naples, où il fut chargé par Joseph Bonaparte d'organiser et de diriger l'administration des domaines et de l'enregistrement. Murat le nomma conseiller d'Etat; mais il fut rappelé 1813 dans son pays par le décret impérial visant tous les Français employés au service de l'étranger. Pendant les Cents-Jours, il écrivit, le 27 mai 1815, à Carnot, alors ministre de l'intérieur, de vouloir bien le présenter à l'empereur pour une préfecture. En marge, Carnot appuya la demande comme suit : *Recommandé pour une préfecture de second ordre*, et Napoléon, qui précédemment (1811) avait créé Cavaignac baron de l'Empire, le nomma préfet de la Somme (10 juin 1815). La seconde Restauration le destitua, et, de plus, le frappa de bannissement, en raison de son vote dans le procès de Louis XVI (loi de 1816). Il dut s'expatrier et se retirer à Bruxelles, où il mourut.

CAVAIGNAC (JACQUES-MARIE, VICOMTE DE BARAGNE), pair de France, né à Gourdon (Lot) le 11 février 1773, mort à Paris le 23 janvier 1855, frère du précédent, fit les premières campagnes de la Révolution comme sous-lieutenant au régiment de Navarre, puis passa dans les chasseurs à cheval, fut adjoint à l'état-major général de l'armée des côtes de la Rochelle, et servit successivement à celles des Pyrénées-Orientales et d'Italie. Promu chef d'escadron au passage du Tagliamento, il couvrit à la tête du 25e régiment de chasseurs à cheval la retraite de Moreau, et eut la jambe cassée d'un coup de feu pendant une reconnaissance; le premier consul le nomma colonel du 10e dragons, membre de la Légion d'honneur (19 frimaire an XII), et commandeur du même ordre (14 nivôse an XIII), à Austerlitz. Il suivit son frère au service du roi Joseph, comme écuyer de ce prince, et passa bientôt général de brigade, commandant de la place de Naples, où il rétablit l'ordre, et qu'il défendit contre les Anglais. Placé à la tête d'un des trois corps d'armées chargés par le roi Murat d'occuper la Sicile, il put seul opérer le débarquement de son corps, fut rappelé, et parvint, sous le feu de la flotte anglaise, à regagner sans perte les côtes de Calabre. Murat le félicita hautement de ce beau fait d'armes, et le nomma son premier aide de camp. Lorsque le roi exigea que tous les Français, employés civils et militaires, se fissent naturaliser napolitains, Cavaignac quitta son service, et rentra dans la grande armée comme général de brigade. A la tête de la cavalerie du 11e corps, il protégea la retraite de Moscou, se jeta dans Dantzig avec une poignée d'hommes, soutint vaillamment les efforts des assiégeants, et, au mépris des termes de la capitulation, fut envoyé prisonnier à Kiew. Il rentra en France en 1814, fut nommé par Louis XVIII lieutenant-général, chevalier de Saint-Louis (19 juillet 1814), créé baron (14 août 1818), puis vicomte de Baragne, et inspecteur général de la cavalerie.

Le 7 novembre 1839, le gouvernement de Louis-Philippe le nomma pair de France; il siégea parmi les ministériels jusqu'à la révolution de février, fut admis à la retraite d'office, comme général de division, le 30 mai 1848, réintégré dans l'armée active sous la présidence du prince Louis Napoléon, et définitivement retraité par décret du 19 février 1852. Lors de la candidature de son neveu, le général Eugène Cavaignac, à la présidence de la République (décembre 1848), il s'était vainement efforcé de rallier à cette candidature les chefs du parti orléaniste.

CAVAIGNAC (LOUIS-EUGÈNE), représentant aux Assemblées constituante et législative de 1848-49, chef du pouvoir exécutif, député au Corps législatif en 1852 et en 1857, né à Paris, le 15 octobre 1802, mort au Mans le 28 octobre 1857, était le fils cadet du conventionnel Cavaignac (v. p. haut), et de Julie-Marie Olivier de Corancez. Le fils aîné était Godefroy Cavaignac (1801-1845) dont le rôle, au milieu des luttes politiques de son temps, fut honoré même de ses adversaires. Louis-Eugène Cavaignac entra à l'Ecole polytechnique en 1820, et en sortit deux ans après pour passer à l'Ecole d'application de Metz ; puis, il fut admis en qualité de sous-lieutenant dans le 2e régiment du génie. Lieutenant en 1826, il fit (1828 et 1829) la campagne de Morée. Il se trouvait en garnison à Arras quand on y reçut la nouvelle de la révolution de juillet 1830. Il adhéra un des premiers au mouvement, et fut nommé capitaine le 1er octobre 1830. Mais partageant bientôt le mécontentement de son frère Godefroy et du parti républicain, il devint dès le début du règne un officier de l'opposition. Son colonel lui ayant, à la suite de quelques questions écrites sur ses projets de conduite, adressé l'interpellation suivante : « Si le régiment avait à se battre contre les républicains, vous battriez-vous ? » Il répondit : « Non ». « Il est à regretter observe un biographe, qu'en 1848, M. Cavaignac ait oublié la réponse faite à son colonel en 1830. » Cette déclaration détermina le ministre de la guerre à l'envoyer à l'armée d'Afrique, où Eugène Cavaignac ne tarda pas à se distinguer par des qualités militaires de premier ordre, « Ceux qui ont connu le général Cavaignac sur le champ de bataille, savent, a écrit M. Hipp. Castille, quelle intelligence et quelle énergie il déployait dans l'action. » A Oran (1833), à Mascara (1834), à Tlemcen (1836), il étonna par son flegme inaltérable des généraux comme le maréchal Bugeaud, qui fournit cette note sur le compte de son subordonné : « Eugène Cavaignac est un officier instruit, ardent, susceptible d'un grand dévouement, qui, joint à sa haute capacité, le rend propre aux grandes choses et lui assure de l'avenir, si sa santé n'y met obstacle. » Après avoir passé dix-huit mois avec une poignée d'hommes dans Tlemcen, où l'avait laissé le maréchal Clauzel, il eut la bonne fortune d'être promu chef de bataillon dans un corps essentiellement populaire, aux zouaves, le 4 avril 1837 ; il avait, a-t-on dit, refusé d'accepter ce grade tant qu'on n'aurait pas réparé l'oubli commis envers ses compagnons d'armes laissés sans avancement. Eugène Cavaignac prit alors une part brillante à divers combats. Jeté sans cesse dans des affaires d'avant et d'arrière-garde, il se battit durant douze jours à Cherchell, où il fut blessé le 29 avril 1840 ; puis on le retrouve à la retraite de Milianah, le 3 mai 1841, au passage des défilés de l'Oued-Fodda, etc. A travers les péripéties de cette existence guerroyante, il avait été successivement nommé : le 21 juin 1840, lieutenant-colonel ; le 11 août 1841, colonel ; enfin le 16 septembre 1844, maréchal de camp. La grande levée d'Abd-el-Kader proclamant la guerre sainte surprit le général au milieu de la colonisation d'Orléansville. Ce fut l'occasion d'une nouvelle guerre qui dura jusqu'au 30 mars 1846. Abd-el-Kader fait prisonnier, la guerre se calma. Cavaignac fut nommé, en remplacement de Lamoricière, au commandement de la province d'Oran : il s'y occupait, depuis deux mois, de donner une impulsion vigoureuse aux travaux de colonisation militaire, lorsque le bruit de la proclamation de la République à Paris se répandit en Afrique. Le général, dont les rapports avec le parti républicain étaient devenus plus rares et plus froids à mesure qu'il s'élevait dans les grades militaires, n'accueillit la nouvelle qu'avec une joie tempérée, bien que la République lui apportât sa nomination au grade de général de division, et au poste de gouverneur général de l'Algérie. En cette dernière qualité, il succédait au général Changarnier. Dans la proclamation qu'il adressa aux habitants de l'Algérie, Cavaignac attribua au souvenir de son frère la distinction dont il venait d'être l'objet; puis son premier acte fut de faire enlever la statue du duc d'Orléans à Alger. Devant l'attitude hostile de la population orléaniste de l'Algérie, il la fit presque aussitôt replacer. A peu de temps de là, le 20 mars, le gouvernement provisoire nomma le général Cavaignac ministre de la guerre; mais il refusa, par une lettre écrite d'Alger, le 27. Blessés de ce refus, les membres du Gouvernement répondirent en « enjoignant » au général, dans une réplique amère, de rester en Afrique. Survinrent les élections à l'Assemblée constituante. Cavaignac y fut élu, le 23 août, représentant du Lot, le 1er sur 7, par 44,545 voix. Il siégea parmi les républicains très modérés, et vota avec la majorité, pour le rétablissement du cautionnement, pour les poursuites contre Louis Blanc et Caussidière, contre l'abolition de la peine de mort, contre le droit au travail. Mais son rôle dans l'Assemblée, et au dehors, ne se borna pas à de simples votes. Le 17 mai, il acceptait ce qu'il avait refusé le 20 mars, et prenait le portefeuille de la guerre, avec le commandement en chef, précédemment confié au général Baraguay-d'Hilliers, des troupes chargées de protéger la représentation nationale.

La situation prépondérante que le général allait bientôt prendre dans la politique commença à se dessiner à la séance du 10 juin, à la suite de quelques mots prononcés par lui en réponse au représentant Heeckeren, à propos d'un régiment qui avait crié : Vive l'Empereur! « Je voue à l'exécration publique, s'écria-t-il, quiconque osera jamais porter une main sacrilège sur la liberté du pays! » De ce jour, un antagonisme se posait entre le général Cavaignac et le prince Louis-Napoléon. La commission exécutive était encore en fonctions. Mais Cavaignac autour duquel allait se presser une fraction considérable de la bourgeoisie, n'eut aucune peine à s'en débarrasser. La crise violente déterminée par l'insurrection de juin ne permit pas à la commission de rester plus longtemps au pouvoir. Comme elle avait décidé d'en finir avec les ateliers nationaux, une députation d'ouvriers, conduite par Pujol, s'était rendue le 22 auprès d'elle, pour demander que le licenciement se fît moins soudainement; elle ne put obtenir aucune satisfaction. Les ouvriers exaspérés se répandirent alors en tumulte dans Paris, puis se donnèrent rendez-vous pour le lendemain sur les barricades : « La révolution, avaient-ils dit, est à recommencer! » Ce fut le prélude de la longue et terrible bataille qui, durant les journées des 23, 24 et 25 juin, ensanglanta Paris. Le 23, M. de Falloux monta à la tribune et lut, au nom de la commission des ateliers nationaux, le rapport concluant à leur dissolution immédiate.

L'insurrection se trouva aussitôt grossie de cent mille hommes; en quelques heures elle se rendit maîtresse de la moitié de Paris, et partout se dressèrent de formidables barricades. Plu-

sieurs membres de la commission exécutive et Ledru-Rollin en particulier eussent souhaité qu'on prévînt l'insurrection générale et qu'on la gagnât de vitesse en s'opposant partout à la construction des barricades. Mais l'avis de Cavaignac (et il lui a été vivement reproché depuis) était tout différent. Concentrer les troupes, les masser autour de l'Assemblée, afin de la mettre hors de toute atteinte, même en cas de défaite: laisser la garde nationale défendre, comme il le disait dédaigneusement, ses maisons et ses boutiques; en aucun cas ne disséminer ses troupes: et si enfin l'armée ne pouvait tenir dans Paris, sortir des murs et livrer bataille en rase campagne, tel fut le plan stratégique qu'il exécuta fidèlement, après que toutes les forces militaires eurent été concentrés dans ses mains. La répression fut sanglante et laborieuse. Ministre de la guerre et général en chef, Cavaignac y prit personnellement la part la plus active et la plus directe. Le 23, Lamoricière, pressé de toutes parts, vit la situation désespérée, et fit demander du renfort. Cavaignac lui-même se mit en marche, et, avec sa colonne, se dirigea par le boulevard vers la rue Saint-Maur. Là il se trouva en présence d'une barricade dont les assises étaient formées de six rangs de pavés : elle s'élevait à la hauteur d'un premier étage et formait une véritable redoute défendue par une centaine d'hommes environ. Trois assauts successifs tentés par les sept bataillons qui composaient la colonne, n'eurent d'autre effet que de couvrir les trottoirs de cadavres. Vainement, Cavaignac fit avancer le canon; vainement il essaya de tourner la barricade par les rues latérales. Les heures passaient, les munitions s'épuisaient. Ce ne fut qu'après une lutte de près d'une heure que la barricade fut enfin prise. Le 24, l'insurrection était encore en progrès; elle prit l'offensive, et cerna l'Hôtel-de-Ville. C'est alors que les républicains modérés de l'Assemblée, d'accord avec la droite, décidèrent de conférer au général Cavaignac le pouvoir exécutif : la « réunion de la rue de Poitiers » s'étant entendue avec la « réunion du Palais national », la commission exécutive fut obligée de se retirer devant un vote conforme de l'Assemblée; en même temps l'état de siège était décrété, le tout sur la proposition de M. Pascal Duprat. Investi du pouvoir suprême, le général n'eut qu'à compléter les mesures qu'il avait prises comme ministre de la Guerre. Il maintint son quartier général à l'Assemblée, sa réserve sur la place de la Concorde, fit demander des renforts aux départements, enfin, publia trois proclamations, l'une, qui s'adressait, au nom de l'Assemblée, aux ouvriers, l'autre, en son propre nom, à la garde nationale, la troisième à l'armée. Entre les mains du général Cavaignac, l'état de siège prit la plus grande extension. En moins de vingt-quatre heures, il suspendit onze journaux, tandis que le combat continuait dans les rues de Paris et que le général poursuivait son œuvre de répression, qui lui valut d'enthousiastes félicitations, des malédictions furieuses, et les actions de grâces de la majorité de l'Assemblée. Dans une de ses proclamations, le chef du pouvoir exécutif disait aux combattants des barricades : « Citoyens, vous croyez vous battre dans l'intérêt des ouvriers, c'est contre eux que vous combattez, c'est sur eux seuls que retombera le sang versé. Si une pareille lutte pouvait se prolonger, il faudrait désespérer de l'avenir de la République, dont vous voulez tous assurer le triomphe irrévocable. Au nom de la patrie ensanglantée, au nom de la

République que vous allez perdre, au nom du travail que vous demandez et qu'on ne vous a jamais refusé, trompez les espérances de nos ennemis communs, mettez bas vos armes fratricides, et comptez que le gouvernement, s'il n'ignore pas que dans vos rangs il y a des instigateurs criminels, sait aussi qu'il s'y trouve des frères qui ne sont qu'égarés et qu'il appelle dans les bras de la patrie... » Plus de 25,000 personnes furent arrêtées pendant les quatres journées de combat et dans les jours qui suivirent. Dès le 27, le général Cavaignac ordonna de traduire les prisonniers devant les conseils de guerre, mais en réalité, ceux que l'on considéra comme les chefs de l'insurrection furent seuls déférés à cette juridiction ; les autres détenus, sur la demande de Cavaignac, furent soumis à la transportation. En apprenant à l'Assemblée la fin du combat, il annonça aussi l'intention de déposer les pouvoirs extraordinaires dont il avait été temporairement investi. C'est ce qu'il fit le 28, à l'ouverture de la séance. Mais l'Assemblée le confirma aussitôt dans les fonctions de chef du pouvoir exécutif, et le nomma président du conseil des ministres, ayant le droit de choisir ses collaborateurs. Le général Cavaignac bénéficia, du 28 juin au 20 décembre, de cette sorte de prolongation de la dictature. Dans le choix de ses ministres, il dut faire une part à la majorité de l'Assemblée dont il était devenu le favori ; toutefois il y conserva quelques-uns des ministres en exercice, entre autres Carnot, dont il se sépara d'ailleurs quelques jours après. Après avoir frappé de suspension les journaux hostiles, après avoir fait incarcérer le directeur de la Presse, Émile de Girardin, il prit l'initiative du rétablissement du cautionnement. Vint ensuite la discussion du projet de constitution. Les ministres s'étant déclarés en faveur de l'amendement Leblond, qui proposait de décider que le président de la République serait élu par l'Assemblée et révocable par elle, remirent, après l'échec de cette combinaison (12 octobre), leur démission collective au président du Conseil. Toutefois, dans la reconstitution du cabinet, Cavaignac n'admit que trois nouveaux membres, dont les deux premiers étaient membres de la réunion de la rue de Poitiers : MM. Dufaure, Vivien et Freslon. L'élection du président devint alors la grande préoccupation de la France entière. Cavaignac insista pour que l'élection eût lieu à la date la plus rapprochée : elle fut fixée au 10 décembre 1848. Cette résolution fut prise le 26 octobre ; la constitution avait été achevée le 25. L'état de siège était levé depuis le 19. Le 12 novembre, l'acte constitutionnel fut promulgué solennellement. place de la Concorde, par Armand Marrast et Cavaignac, en présence de l'Assemblée, de la garde nationale et de l'armée. Cependant les candidatures à la présidence de la République se produisaient. Une partie des socialistes purs portaient Raspail ; les démocrates radicaux avaient choisi Ledru-Rollin, les républicains modérés se partageaient entre Lamartine et Cavaignac. La candidature de Louis-Napoléon Bonaparte eut pour elle quelques légitimistes, un plus grand nombre d'orléanistes, enfin et surtout les masses ouvrières et populaires entraînées par le souvenir de la légende napoléonienne. Durant la période qui précéda le jour de l'élection, Cavaignac prit diverses mesures dont ses adversaires se firent autant d'armes contre lui. Il n'est pas jusqu'à ses opérations militaires pendant les journées de juin qui ne furent, de la part d'un représentant

d'opinions d'ailleurs très modérées, M. Barthélemy Saint-Hilaire, l'objet d'un véritable réquisitoire. Cavaignac répondit par un discours qui dura plusieurs heures ; le débat se termina (25 novembre) par la proposition de Dupont de l'Eure, et par le vote d'un ordre du jour confirmant le décret du 28 juin, et déclarant que « le général Cavaignac avait bien mérité de la patrie. » Un autre fait servit d'aliment à de vives polémiques. Le gouvernement apprenant par dépêches télégraphiques l'insurrection des Romains contre le pape, et par le nonce l'intention du pape de quitter Rome, peut-être pour venir en France, expédia à Toulon et à Marseille l'ordre d'embarquer une brigade de 3,000 hommes (26 novembre). Le 27, il envoya à Rome M. de Corcelles, pour offrir asile au pape. D'autre part le ministre de l'Instruction publique se rendit à Rome pour y recevoir Pie IX. Plusieurs représentants républicains, notamment Edgar Quinet, prirent texte de ces mesures, pour accuser Cavaignac d'attenter à la liberté du peuple romain, et d'avoir voulu se concilier les votes du clergé. L'Assemblée vota l'ordre du jour pur et simple. Le 10 décembre, les suffrages pour l'élection présidentielle se répartirent ainsi : Sur 9,936,000 électeurs inscrits, et 7,327,315 votants, Louis-Napoléon Bonaparte obtint 5,434,226 voix, Cavaignac 1,443,107, Ledru-Rollin 370,119, Raspail 36,920, Lamartine 17,910.

La validation (20 décembre) de l'élection de Louis Bonaparte comme président de la République fut immédiatement suivie de cette déclaration du général Cavaignac : « Citoyens représentants, dit-il à la tribune, j'ai l'honneur d'informer l'Assemblée que les ministres viennent de remettre à l'instant dans mes mains leur démission collective. Je viens à mon tour remettre entre les mains de l'Assemblée les pouvoirs qu'elle a bien voulu me confier. L'Assemblée comprendra mieux que je ne saurais l'exprimer quels sont les sentiments de reconnaissance que me laissera le souvenir de sa confiance et de ses bontés pour moi. » Cavaignac vota, jusqu'à la fin de la législature, contre la proposition Rateau, contre l'interdiction des clubs, contre l'expédition de Rome, contre la mise en accusation du président et de ses ministres. L'Assemblée constituante ayant terminé ses travaux, Eugène Cavaignac fut réélu, le 13 mai 1849, représentant du Lot à la Législative, le 3e sur 6, par 31,663 voix (65,958 votants, 90,046 inscrits.) Le même jour il obtenait aussi la majorité dans le département de la Seine : 111,305 voix sur 281,140 votants et 378,043 inscrits. Il prit place à gauche, au milieu des républicains modérés dont la plupart suivaient ses inspirations, et vota généralement avec la gauche, contre le gouvernement de l'Élysée. En diverses circonstances, il déploya à la tribune un remarquable talent d'orateur. Lors du coup d'État du 2 décembre 1851, le général Cavaignac fut arrêté à son domicile et emprisonné pendant quelques jours. « Un matin, écrit M. Hipp. Castille, la ville entière dormait. Des troupes silencieuses se dirigeaient rapidement dans les divers quartiers de la ville. Le coup d'État allait s'accomplir. Il était cinq heures du matin ; le général Cavaignac, qui demeurait à l'entre-sol d'une maison de la rue du Helder, au n° 17, est éveillé en sursaut. On frappe violemment à sa porte. Une femme attachée à son service répond que le général n'y est pas. Les coups redoublent. « Au nom de la loi, ouvrez ! » s'écrie le commissaire de police. Le général refuse. On le menace d'enfoncer la porte. Il ouvre. « Vous êtes mon prisonnier ! » s'écrie l'agent en se précipitant dans l'appartement, suivi de son escouade. Le général est exaspéré. A la surprise a succédé la fureur. Les personnes qui ont beaucoup fait arrêter ne comprennent pas qu'on les arrête. Ce retour de la fortune bouleverse leurs idées, Tant d'audace les confond. Revenu à lui-même, le général Cavaignac s'habilla, reprit sa dignité, écrivit quelques mots et demanda où on le conduisait. « A Mazas, lui répondit-on. » On le mit en effet dans cette prison cellulaire ; peu après il fut transféré au fort de Ham, d'où il sortit, le 29 décembre, pour épouser une jeune fille appartenant à une famille de la banque, Mlle Odier. » Mis à la retraite, sur sa demande, le 20 janvier 1852, le général Cavaignac fut élu, le 29 février de la même année, comme candidat de l'opposition, député de la 3e circonscription de la Seine, au Corps législatif, par 14,471 voix (30,196 votants 46,381 inscrits). Il refusa de prêter serment à l'Empire, et fut déclaré démissionnaire de droit. Il en fut de même aux élections du 22 juin 1857, où Cavaignac, ayant obtenu dans le même collège électoral 10,345 voix sur 21,426 votants et 34,865 inscrits, refusa le serment pour la seconde fois. Quand il mourut, il s'était retiré depuis plusieurs années dans les environs du Mans. Ses obsèques eurent lieu à Paris.

CAVAIGNAC (JACQUES-MARIE-EUGÈNE-GODEFROY), fils du précédent, député de 1882 à 1889, né à Paris, le 21 mai 1853, fit de bonnes études au lycée Charlemagne à Paris et fut élevé dans l'intimité des familles Dufaure, de Lasteyrie, etc. Lauréat du concours général de 1867, il souleva, lors de la distribution des prix à la Sorbonne, un incident qui eut du retentissement, en refusant de recevoir des mains du fils de Napoléon III, le prix de version grecque qu'il avait mérité. Pendant la guerre contre l'Allemagne, âgé de dix-sept ans, il s'engagea volontairement et fut décoré de la médaille militaire pour sa conduite au plateau d'Avron. A l'Ecole polytechnique en 1872, il en sortit dans les premiers rangs, et fut nommé ingénieur des ponts et chaussées à Angoulême. Puis, s'étant fait recevoir licencié en droit, il fut nommé maître des requêtes au Conseil d'Etat. C'est en 1882 que M. Godefroy Cavaignac aborda la carrière parlementaire : il fut élu le 26 février, en remplacement du comte de Perrochel, décédé, député de l'arrondissement de Saint-Calais (Sarthe), par 10,010 voix sur 11,096 votants et 18,115 inscrits, contre 510 voix à M. Charbonnier. Il se fit inscrire à l'Union républicaine et à l'Union démocratique, fut secrétaire de la Chambre, membre, pendant deux ans, de la commission du budget, et rapporteur des chemins de fer de l'Etat, qu'il a défendus à la tribune. M. G. Cavaignac prit plusieurs fois la parole, dans diverses questions économiques et techniques. A l'avènement du cabinet Brisson, (1885) il fut nommé sous-secrétaire d'Etat à la guerre. Il avait voté, durant la législature, constamment avec les opportunistes : le 4 mars 1882, *contre* l'amendement J. Roche sur l'élection du maire de Paris ; le 7 mars, *contre* la proposition Boysset tendant à l'abrogation du Concordat ; le 20 janvier 1883, *contre* le principe de l'élection de la magistrature ; le 6 mars, *contre* la revision et *pour* le ministère Ferry. Il s'était prononcé, en outre, *pour* l'expédition du Tonkin, *pour* le maintien de l'ambassadeur près du pape, *contre* l'élection du Sénat par le suffrage universel. Porté le 4

octobre 1885, sur la liste opportuniste, il fut élu député de la Sarthe, le 3e sur 7, par 54,128 voix (107,837 votants 127,345 inscrits.) Il se prononça *contre* la proposition Michelin tendant à rechercher les causes et l'origine de l'expédition du Tonkin, *contre* la suppression des sous-préfets, *pour* les ministères Rouvier et Tirard ; dans la dernière session, il a voté *pour* le rétablissement du scrutin uninominal (11 février 1889), *pour* l'ajournement indéfini de la revision de la Constitution, *pour* les poursuites contre trois députés, membres de la Ligue des patriotes, *pour* le projet de loi Lisbonne, restrictif de la liberté de la presse, *pour* les poursuites contre le général Boulanger.

CAVAILHON (LÉONARD), député au Conseil des Anciens, dates de naissance et de mort inconnues, était commissaire du Directoire exécutif dans le département de la Dordogne. Elu, le 26 germinal an VII, député de ce département au Conseil des Anciens, il y fit une motion d'ordre en faveur des sociétés politiques, et vota pour qu'il fût interdit aux fonctionnaires publics de s'intéresser dans les fournitures. Puis il entra dans la magistrature sous Bonaparte, et devint, le 12 mai 1811, conseiller à la cour impériale de Bordeaux.

CAVALHIÈS (JEAN-RAYMOND), député à l'Assemblée constituante de 1789, né à Saint-Pierre de Trivisy (Tarn), le 26 juillet 1742, mort à une date inconnue, fut élu député suppléant du tiers aux Etats-Généraux par la sénéchaussée de Castres (20 mars 1789) ; il était alors avocat à Saint-Pierre de Trivisy. Il ne fut admis à siéger que le 3 avril 1790, en remplacement de M. Royère, démissionnaire ; il vota avec la majorité.

CAVALIÉ (LOUIS-HENRI-ANGÉLI), député de 1876 à 1877 et de 1878 à 1889, né à Albi (Tarn), le 4 mars 1831, étudia le droit, puis s'établit notaire dans sa ville natale. Après avoir professé sous l'Empire des opinions bonapartistes, il se rallia, après 1870, à la République, devint maire et conseiller général d'Albi, fut révoqué de ses fonctions municipales par le ministère de Broglie, et se présenta aux élections législatives de 1876, comme candidat républicain, dans l'arrondissement d'Albi : il fut élu, au second tour de scrutin, le 5 mars, par 11,126 voix (21,541 votants, 28,068 inscrits), siégea à gauche, vota avec la nouvelle majorité républicaine, et fut des 363 opposants au Seize-Mai. Les élections du 14 octobre 1877 ne lui furent pas favorables : il échoua avec 11,618 voix contre 11,760 accordées à l'élu, M. Gorse, conservateur ; mais l'élection de ce dernier ayant été invalidée, M. Cavalié fut élu le 27 janvier 1878, par 14,222 voix (16,509 votants, 28,110 inscrits). Il soutint le ministère Dufaure et se prononça avec les opportunistes : *pour* l'invalidation de Blanqui, *contre* l'amnistie plénière, *pour* l'article 7 et les diverses lois sur l'enseignement, *pour* l'application des lois existantes aux congrégations, *pour* le divorce, *pour* les lois nouvelles sur la liberté de la presse et le droit de réunion, etc. Réélu le 21 août 1881, par 14,470 voix sur 17,398 votants et 29,603 inscrits, il suivit la politique préconisée par Gambetta, dont il soutint le ministère et vota *contre* l'abrogation du concordat, *contre* l'élection de la magistrature, *pour* l'expédition du Tonkin, etc. Il fut porté, en octobre 1885, sur la liste opportuniste, et fut nommé, le 5e sur 6, député du Tarn, par 47,639 voix 94.149 votants, 110,561 inscrits). Membre de l'Union des gauches. M. Cavalié a voté en faveur des ministères Rouvier et Tirard, et, dans la dernière session de la législature, s'est prononcé *pour* les poursuites contre trois députés membres de la Ligue des patriotes, *pour* le projet de loi Lisbonne restrictif de la liberté de la presse, *pour* les poursuites contre le général Boulanger.

CAVALLI-DOLIVA (Joseph-François-Alexandre, Chevalier), député au Corps législatif du premier empire, né à Turin (Italie), le 6 février 1761, mort à Casal (Italie), le 27 juin 1728, était le fils du président du sénat de Turin. Il étudia le droit, se fit recevoir docteur à l'université de sa ville natale, et fut substitut de l'avocat général des pauvres, puis avocat général en titre près la Chambre criminelle du sénat du Piémont. En cette qualité, ayant été soupçonné d'avoir, dans un procès politique, et pour sauver un des accusés, détourné une pièce du dossier, il dut se démettre de sa charge. L'occupation française l'appela aux fonctions de membre du gouvernement provisoire; il quitta le pays lorsque les Austro-Russes l'eurent envahi à leur tour, et s'attacha à la fortune de Bonaparte, qu'il accompagna dans la campagne de 1800, et au passage du Mont-Saint-Bernard. Bonaparte le nomma une seconde fois membre du gouvernement provisoire, après la bataille de Marengo. Juge, puis président à la Cour d'appel de Turin, il reçut, le 14 frimaire an XIII, la croix de la Légion d'honneur, et entra, le 3 octobre 1808, au Corps législatif impérial, comme député du département de Marengo. Son dévouement au gouvernement fut encore récompensé par le titre de chevalier de l'Empire (1809), et, après l'envahissement des Etats du pape, par le poste de premier président de la cour impériale de Rome (14 juillet 1811). Cavalli donna sa démission de magistrat lorsque le roi Murat occupa l'Etat romain au nom des puissances alliées (1814). Il se retira alors à Casal, où il mourut, laissant la réputation d'un jurisconsulte de mérite.

CAVÉ D'HAUDICOURT (Antoine-Claude-Jean), député de 1824 à 1827, né à Paris, le 25 novembre 1781, mort à Tartigny (Oise), le 3 juin 1839, était maire de cette commune, où se trouvaient ses propriétés. Il fut élu, le 6 mars 1824, par le collège de département de l'Oise, avec 194 voix sur 274 votants et 339 inscrits, membre de la Chambre des députés, où il vota en soutien fidèle du gouvernement. « Les mémoires, chroniques et biographies du siècle ne parlent pas plus de M. d'Haudicourt que lui ne s'occupe à la tribune de son département. C'est une des bonnes têtes du centre pur, c'est-à-dire du groupe formé derrière le banc des ministres. » (*Biographie des députés de la chambre septennale*, 1826).

CAVELIER (Blaise), député à l'Assemblée législative de 1791, né à Quimper (Finistère), le 22 février 1755, mort à la Garde (Var) le 29 septembre 1831, était chef de bureau du contrôle de la marine à Brest, au moment de la Révolution. Secrétaire du conseil général des ville et sénéchaussée de Brest, il prononça, le 27 février 1790, un discours sur le choix des officiers municipaux, dont l'impression fut votée, qui ne mit en vue son auteur. Il fut élu, le 10 septembre 1791, député du Finistère à l'Assemblée législative par 217 voix sur 432 votants, le 3e sur 8. Chargé, en 1792, de faire un rapport sur la conduite du ministre Bertrand de Molleville, il déclara que le ministre avait perdu la confiance de la nation. Nommé commissaire de marine de 3e classe le 1er novembre 1792, commissaire de 2e classe le 1er janvier 1793, commissaire de 1er classe le 1er nivôse an II, il passa contrôleur du port de Toulon, (1er germinal an IV), ordonnateur du même port (25 messidor an VI), inspecteur de la marine à Toulon (1er vendémiaire an XI), et membre de la Légion d'honneur (25 prairial an XII). En 1793, étant commissaire de 2e classe à Brest, il faisait partie du bataillon des fédérés du Finistère qui devait aller rejoindre les Girondins à Caen; mais Cavelier, devenu tout à coup Montagnard, jeta le désaccord parmi les fédérés de Brest, et conseilla à chacun de rentrer chez soi.

Il resta inspecteur de la marine jusqu'en 1816, époque à laquelle il fut réformé. On a de lui : *Renaud*, traduction en prose du Tasse, (1813).

CAVELIER *Voy.* Cuverville (de).

CAVENNE (François-Alexandre), sénateur du second Empire, né à Mont-d'Origny (Aisne), le 3 mai 1773, mort à Paris, le 11 avril 1856, fut élevé par son oncle, M. Godart, curé de Beaurieux, puis entra au collège Louis-le-Grand, à Paris, et se fit admettre en l'an III à l'Ecole polytechnique. Nommé ingénieur des ponts et chaussées en l'an V, il fut employé comme tel à Maëstricht, où il resta jusqu'en 1810; de là il fut appelé en Italie, aux fonctions d'ingénieur en chef du département de la Doire (Piémont). Il rentra en France trois ans après; ingénieur en chef du département du Rhône, il dirigea l'exécution du pont Charles X, de la digue du Rhône, des ponts de la Mulatière, d'Oullins et de Brignais. Nommé inspecteur divisionnaire le 16 janvier 1825, il fut promu au grade d'inspecteur général de première classe, le 31 août 1831, et devint en 1843 président du conseil et directeur de l'école des ponts et chaussées. Le 31 décembre 1852, il fut appelé à faire partie du Sénat impérial. Il mourut quatre ans après. Il avait été admis à la retraite le 8 septembre 1855. Commandeur de la Légion d'honneur du 7 mai 1840.

CAVROIS (Louis-Joseph) représentant du Pas-de-Calais à la Chambre des Cent-Jours, né à Saulty (Pas-de-Calais), le 27 juin 1756, mort à Pas-en-Artois, le 26 mars 1833, était l'aîné des six enfants d'une modeste famille de judicature de l'Artois. Ses parents le destinaient à l'église, et l'envoyèrent au collège de Saint-Vaast, à Douai; mais, à 20 ans, Cavrois s'engagea dans les dragons de Monsieur, en garnison à Douai (11 octobre 1776), passa, le 16 juillet 1779, au 2e chasseurs où il devint brigadier le 1er mars 1780, entra fourrier dans les chasseurs des Pyrénées le 21 septembre 1784, et devint maréchal des logis le 25 septembre 1787, puis adjudant sous-officier aux chasseurs de Guyenne le 1er mai 1789, et sous-lieutenant dans le 8e chasseurs à cheval le 25 septembre 1791. Lieutenant, du 24 juillet 1792, il prit part aux batailles de Valmy et de Jemmapes, et suivit Dumouriez jusqu'en Hollande où il fut fait capitaine le 21 février 1793. Envoyé à l'armée des Pyrénées comme chef d'escadron au 14e chasseurs le 5 mars 1793, Cavrois se distingua à l'assaut du camp espagnol de Peyrestortès, y entra le premier, et fut nommé sur le champ de bataille adjudant général chef de brigade, et bientôt après, général de brigade, le 27 octobre 1793.

Mais les insuccès du général Davoust éveillèrent les soupçons de la Convention: compris dans la proscription du 3 nivôse an II, Cavrois fut enfermé avec ses chefs dans la prison de Perpignan, d'où il put s'évader le 15 prairial an II, grâce à la complicité de la geôlière qui était sa compatriote. Il se cacha, à Perpignan, chez M. Vadié, et reprit du service après le 9 thermidor.

Il passa à l'armée du Rhin en septembre 1794, où il se battit vaillamment en plusieurs rencontres; fait prisonnier en vertu de la capitulation de Manheim, le 5 frimaire an IV, il resta dans une citadelle autrichienne jusqu'au 3 mai 1797, date du traité de Léoben. En raison des fatigues de la captivité et de ses blessures, il fut mis en service sur le territoire, et resta à Arras comme commandant l'arrondissement de l'Aisne et du Pas-de-Calais. Il se laissa alors porter à la députation, et obtint une honorable minorité.

Envoyé, le 4 fructidor an VII, à l'armée d'Angleterre, il prit part à la victoire de Bergen, fut chargé du commandement de la 15e division militaire en résidence à Maëstricht, et bientôt porté malgré lui au traitement de réforme (21 mai 1801). Bonaparte adoucit cette mesure, conséquence du traité de Lunéville, en lui donnant le commandement de la 12e division à Nantes (26 floréal an X), et en le nommant, en une seule année, an XII, chevalier, officier et commandeur de la Légion d'honneur. Le 1er septembre 1805, il obtenait de partir pour l'armée de Naples, puis en 1808, pour l'armée d'Espagne, où il lutta pendant quatre ans contre la disette de vivres et de fourrages ; il s'en plaignit vivement au ministre de la guerre, comte de Montbrun qui, pour toute réponse, le suspendit et le mit à la retraite (20 septembre 1813). Cavrois se retira à Nantes, après 37 années de services militaires. Nommé chevalier de Saint-Louis et maréchal de camp le 14 septembre 1814, Cavrois, qui venait de se fixer à Arras, fut élu représentant du Pas-de-Calais, par le collège de département, à la Chambre des Cent-Jours, le 13 mai 1815. Au retour de Louis XVIII, Cavrois se retira à Toulouse ; puis ayant envoyé son adhésion au roi, il vint se fixer à Paris jusqu'en 1821, puis à Pas-en-Artois, où il accepta les fonctions de maire, trois ans avant sa mort.

CAYLA (JEAN-BAPTISTE-ETIENNE), membre de la Convention, né à Fages (Lot) à une date inconnue, mort à Paris le 17 janvier 1793, avocat à Figeac au moment de la Révolution, était juge au tribunal de cette ville quand il fut élu, le 6 septembre 1792 membre de la Convention, par le département du Lot, le 8e sur 10, à la pluralité des voix ; il siégea à la Montagne, contribua à l'adoption de plusieurs mesures rigoureuses, et mourut avant la fin du procès du roi.

CAYLA (HERCULE-PHILIPPE-ETIENNE, BASCHI, COMTE DU), pair de France, né à Montpellier (Hérault), le 8 juin 1747, mort à Paris, le 3 avril 1826, appartenait comme officier aux armées du roi. Il émigra lors de la Révolution, et rentra en France avec les Bourbons. Il était alors maréchal de camp; il fut promu le 23 août 1814, lieutenant-général, et nommé pair de France le 17 août 1815. Il vota pour la mort dans le procès du maréchal Ney. Le comte du Cayla avait en outre le titre et les fonctions de «gentilhomme de la Chambre du roi.» Il fut admis à la retraite comme lieutenant-général le 7 avril 1819. Avant la Révolution, il avait contracté un premier mariage avec Mlle de Jaucourt, qui fut déclarée « divorcée de son mari » le 13 mars 1793, pour cause d'absence : il avait émigré. De retour en France, il se remaria avec sa femme divorcée: après la mort de celle-ci, il épousa en secondes noces Dlle Catherine Didier, veuve du sieur de Choiseul-Meuse, dont il avait eu une fille, qu'ils reconnurent et légitimèrent.

CAYLA (ACHILLE-PIERRE-ANTOINE BASCHI, COMTE DU), pair de France, né à Paris, le 17 février 1775, mort à Paris le 19 août 1851, était le fils du précédent et de sa première femme, Mlle de Jaucourt. Il fut, lui aussi, gentilhomme de la chambre du roi, et pair de France, après la mort de son père, le 17 juin 1826. « Le nom de M. du Cayla est fameux à la cour,» dit une biographie du temps. En effet, la liaison de la comtesse Zoé du Cayla avec le roi Louis XVIII appartient à l'histoire. Fille de l'avocat Talon (v. ce nom), qui fut député à l'Assemblée Constituante, et emprisonné sous l'Empire comme agent des princes, elle avait obtenu des deux ministres de la police, Fouché et Rovigo, la faveur de pénétrer auprès de son père, dans son cachot, jusqu'au moment où la liberté lui fut rendue. C'était encore sous l'Empire : elle consentit à se marier, et épousa le comte du Cayla. Sous la Restauration, le rang de son mari l'appela à la cour, et elle dut l'intimité de Louis XVIII à sa beauté, et surtout, a-t-on dit, à son esprit de conversation. Ce fut la dernière favorite des rois de la branche aînée. La comtesse du Cayla sut tirer parti de sa position nouvelle, brava la médisance publique et jusqu'aux accusations les plus graves, comme celle de trafiquer, à deniers comptants, des dignités et des charges que roi lui accordait. La sollicitude du roi lui fit accepter le pavillon de Saint-Ouen. Les dissentiments entre la comtesse et son mari s'étant aggravés de jour en jour, elle commença par perdre (1819) le procès qu'elle soutint contre lui, mais elle le gagna définitivement après la mort de Louis XVIII, devant la cour de Rouen; devenue libre, avec la disposition de ses biens, elle se retira dans son château de Saint-Ouen, où elle se fit bergère, «et la brillante héroïde commencée au sein des délices d'une galanterie fastueuse s'acheva et se termina par une pastorale. » Jusqu'en 1830, Mme du Cayla conserva du crédit à la cour. Sous Louis XVIII elle avait exercé à plusieurs reprises une influence décisive sur la marche des affaires; le « parti prêtre » lui avait dû plus d'une victoire, et elle avait eu une grande part à l'arrivée au ministère de MM. de Villèle et de Corbière.

CAYLA DE LA GARDE (JEAN-FÉLIX), député à l'Assemblée constituante de 1789, né le 17 février 1734, mort le 12 février 1800, était supérieur général de Saint-Lazare. Désigné le 16 mai 1789, par la ville de Paris, comme député suppléant du clergé aux Etats-Généraux, il fut admis à siéger le 6 novembre, en remplacement de M. Veytard, démissionnaire. Il fut de la minorité.

CAYLA DU MONTBLANC (MARC-ANTOINE, DU), député de 1831 à 1834, né à Saint-Chély (Lozère), le 23 mai 1767, mort à Aumont (Lozère), le 2 mai 1857, fut maire d'Aumont en

1792. Il commanda la garde nationale de cette ville et devint conseiller général de la Lozère. Le 5 juillet 1831, du Cayla du Montblanc fut élu député par le 3e collège de la Lozère (Marvéjols). Il siégea, durant toute la législature, dans la majorité ministérielle.

CAYLUS (Joseph-Louis Robert de Lignerac, duc de), député à l'Assemblée constituante de 1789 et pair de France, né à Paris, le 29 janvier 1761, mort à Paris, le 2 juillet 1823, était issu d'une famille originaire de la Marche limousine, où elle possédait depuis plusieurs siècles la terre de Lignerac; cette maison, titrée *duc de Caylus*, ne doit être confondue ni avec les anciens *comtes de Caylus*, branche cadette des Lévis, éteinte en la personne du favori de Henri III, ni avec d'autres familles qui, ayant possédé avant les Lignerac, la terre de Caylus en Languedoc, en avaient aussi pris le nom. — Joseph-Louis Robert de Lignerac succéda à son père dans les fonctions de grand bailli d'épée, lieutenant-général et commandant pour le roi dans la Haute-Auvergne. Créé grand d'Espagne et titré duc de Caylus en 1783, il devint, lors de la Révolution, (28 mars 1789) député de la noblesse aux Etats-Généraux pour le bailliage de Saint-Flour. Il défendit les privilèges de son ordre, repoussa la délibération par tête, et fut des premiers à protester par la lettre suivante, du 29 juin, contre la réunion des trois ordres : « Je soussigné, député de la Haute-Auvergne au bailliage de Saint-Flour, déclare regarder la vérification commune, tenant à l'opinion par tête, contraire aux droits de la noblesse ; en conséquence je ne peux prendre part aux délibérations de l'Assemblée jusqu'à ce que mes commettants m'aient donné de nouveaux pouvoirs. »

« DUC DE CAYLUS. »

Il resta pourtant dans l'Assemblée, où il siégea à droite. Ayant demandé à s'absenter (juin 1790), ainsi que plusieurs de ses collègues du côté droit, il eut une altercation avec Rewbell, qui avait déclaré que « beaucoup de membres s'abstenaient par poltronnerie ». La Restauration combla d'honneur le duc de Caylus. Il avait le grade de colonel : Louis XVIII le fit maréchal de camp (21 décembre 1814), chevalier de Saint-Louis et bientôt pair de France (17 août 1815) ; dans le procès du maréchal Ney, il vota *pour* la mort. Il soutint le gouvernement jusqu'à sa mort, survenue en 1823.

CAYRADE (Jules-Adolphe), député de 1881 à 1835, né à Decazeville.(Aveyron), le 5 avril 1840, mort à Decazeville, le 20 janvier 1886, se fit recevoir docteur en médecine et s'établit dans son pays natal. Républicain, il devint maire de Decazeville, et fut élu, le 21 août 1881, député de la 2e circonscription de Villefranche (Aveyron) par 6,910 voix (13,689 votants 17,481 inscrits), contre 6,648 voix à M. Ferdinand Mandagot. Il vota à la Chambre avec la partie indépendante du groupe de l'Union démocratique, et se prononça notamment *pour* le maintien du budget des cultes et *contre* l'élection du Sénat par le suffrage universel; il *s'abstint* dans un assez grand nombre de questions importantes, mais il vota avec les radicaux *contre* les crédits demandés pour l'expédition du Tonkin. Cette attitude motiva, aux élections de 1885, une scission entre lui et M. Mas d'une part, MM. Denayrouze et Joseph Fabre, de l'autre, tous députés de l'Aveyron; d'ailleurs aucun républicain ne fut élu, à cette date, dans ce département. Mais la notoriété de M. Cayrade lui vint bien moins de son rôle parlementaire que des événements qui se passèrent à Decazeville durant la période de la grève, depuis le 26 janvier jusqu'au milieu de juin 1886, et auxquels il se trouva, comme maire de la commune, directement mêlé. Lorsque le conseil municipal de Paris eut décidé l'envoi aux ouvriers de Decazeville d'une somme de dix mille francs, ce fut M. Cayrade qui reçut du préfet de la Seine la notification officielle de cet envoi, et qui surveilla la distribution des secours, en qualité de président du bureau de bienfaisance. Attaqué par la presse conservatrice, qui lui reprocha de n'avoir pas empêché, autant qu'il l'aurait pu, l'assassinat du directeur de l'exploitation, M. Watrin, M. Cayrade se montra très préoccupé du souci d'expliquer et de justifier sa conduite. Lors du procès qui amena plusieurs grévistes devant la cour de Rodez, il se défendit avec insistance; la presse intransigeante fit bon accueil à ses explications, et M. Cayrade fut invité au banquet offert le 18 juillet 1886, aux députés et aux journalistes socialistes. C'est au cours de ce banquet qu'il se trouva frappé d'une attaque d'apoplexie; il mourut deux jours après.

CAYRE (Paul), député au Conseil des Cinq-Cents et au Corps législatif en l'an VIII, né en 1736, mort à Lyon (Rhône), le 14 juin 1815, était négociant dans cette ville. Administrateur du département du Rhône, puis commissaire du Directoire à Lyon, il adressa au gouvernement, en l'an VI, une lettre dont fait mention le *Moniteur*, pour lui annoncer « l'effet salutaire que l'événement du 18 fructidor a produit sur la commune de Lyon ». Il fut élu, le 22 germinal an VI, député au Conseil des Cinq-Cents, se rallia au coup d'Etat de brumaire, fut admis par Bonaparte, le 4 nivôse an VIII, dans le nouveau Corps législatif, et devint enfin (12 germinal an XII) conseiller de préfecture.

CAYROL (Louis-Nicolas-Jean-Joachim de), député de 1820 à 1822, né à Paris, le 25 juin 1775, mort à Compiègne (Oise), le 12 septembre 1859, fut commissaire des guerres sous la Révolution, puis commissaire ordonnateur et sous-intendant militaire. Pleinement rallié à la Restauration, il fut élu, comme royaliste, député de la Nièvre au collège de département, le 13 novembre 1820, par 91 voix sur 139 votants et 175 inscrits. Il siégea au côté droit, et « prononça lors de son élection, dit une biographie, un petit discours où, en quelques lignes, il a trouvé moyen d'accuser de crimes des ministres tombés, la jeunesse de révolte et la société de folie; où il a demandé que l'autorité royale rentrât dans toute sa plénitude, et où il n'oublia que la Charte qu'il doit maintenir et les intérêts de la nation qu'il doit défendre. » — Membre de la Légion d'honneur du 2 messidor an XII, de Cayrol fut admis à la retraite, comme sous-intendant militaire, le 2 décembre 1831.

FIN DU PREMIER VOLUME

www.ingramcontent.com/pod-product-compliance
Lightning Source LLC
Chambersburg PA
CBHW071137270326
41929CB00012B/1786